INTRODUÇÃO

Este Dicionário Escolar da Língua Portuguesa busca ser um auxílio ao aluno. Volta e meia falta o significado de uma palavra, falta um sinônimo. Às vezes é difícil trazer para o trabalho quotidiano todas as expressões ou vocábulos necessários. Mas torna-se fácil quando se tem um dicionário à mão para tirar a dúvida.

Na longa experiência do magistério, aprendi que é mais simples contar com uma ferramenta prática para poder manejá-la na necessidade urgente. Não há pretensão de suprir todas as buscas, mas sim ajudar sempre que preciso.

A intenção é que seja um utensílio diário, diria até, um dicionário de bolso para todas as horas.

Prof. Alfredo Scottini

Atualizado, incorporando as normas do
Acordo Ortográfico da Língua Portuguesa
(1990), em vigor desde 1° de janeiro de 2009.

Dedico este trabalho a todos os professores de Língua Portuguesa, pois sabem quantas dificuldades os assaltam na luta diária em prol de uma linguagem correta, tanto na fala, quanto na escrita.

Apraz-me, todavia, destacar um mestre da Língua Portuguesa que ilustrou Blumenau, durante muitos anos, e ainda hoje nos glorifica com os ensinamentos retidos na mente de tantos alunos:

Frei Odorico Durieux OFM.

Igualmente, desejo fazer uma menção única e vaidosa para a minha filha, Ceres Oriana, que enveredou pelos caminhos da construção do conhecimento na Língua Portuguesa, trilhando os caminhos do pai. Os conhecimentos e as buscas não cessam, pois as línguas vivas mudam e nos mudam a cada instante.

SCOTTINI

dicionário escolar língua portuguesa

60 MIL verbetes

Todolivro

©TODOLIVRO LTDA.

Rodovia Jorge Lacerda, 5086 - Poço Grande
Gaspar - SC | CEP 89115-100

Compilação:
Alfredo Scottini

IMPRESSO NA ÍNDIA

Dados Internacionais de Catalogação na Publicação (CIP)
(Câmara Brasileira do Livro, SP, Brasil)

Scottini, Alfredo
Scottini - Dicionário Escolar da Língua Portuguesa / Gaspar, SC: Todolivro
Editora, 2023.

ISBN 978-85-376-2688-7

1. Português - Dicionários I. Título.

14-10740   CDD-469.3

Índices para catálogo sistemático:

1. Português : Dicionários 469.3

RESUMO DAS ALTERAÇÕES EFETUADAS PELO ACORDO ORTOGRÁFICO DA LÍNGUA PORTUGUESA (1990), EM VIGOR DESDE 1° DE JANEIRO DE 2009.

1. **Alfabeto:** Passou a ter 26 letras, com a introdução de **k, w** e **y**.
2. **Trema:** Abolido. Uso mantido apenas em palavras estrangeiras e suas derivadas: Hübner, hübneriano.
3. **Acentuação:**

3.a) Não se acentuam os ditongos abertos **éi** e **ói** de palavras paroxítonas (que têm acento forte na penúltima sílaba): ideia, plateia, heroico, paranoico. **Exceção:** paroxítonas terminadas em **r**: destróier, Méier.

3.b) Não são acentuados o **i** e o **u** fortes de palavras paroxítonas, quando estiverem depois de um ditongo (encontro de vogais): feiura, cauila, cheiinha.

3.c) Não são acentuadas as formas verbais **creem, deem, leem, veem** e **derivadas** (descreem, desdeem, releem, reveem).

3.d) Não são acentuadas as palavras terminadas em **ôo**: perdoo, abençoo, voo.

3.e) Abolido o acento agudo na vogal **u**, forte, nas formas do pres. do ind. dos verbos arguir e redarguir: (ele) argui; (tu) arguis; (eles) arguem.

Nota: Verbos terminados em **guar, quar** e **quir** (enxaguar, obliquar, delinquir, etc.) admitem duas pronúncias em algumas formas. Pronunciados com **a** ou **i** fortes, recebem acento: (eu) enx**á**guo; (eles) obl**í**quam; (tu) del**í**nquas. Do contrário, não levam acento: enxag**u**o; obliq**u**am; delinq**u**ir. No Brasil, é mais comum a pronúncia com o **a** e o **i** fortes.

3.f) Abolido o acento diferencial: para (verbo)/para (preposição); polo (extremidade geográfica)/polo (jogo); pelo (cabelo, penugem)/pelo (preposição); pera (fruta)/pera (preposição arcaica).

Notas: 1. Permanecem os acentos em: **pôde** (do verbo poder), para diferenciar de pode (3ª pessoa sing. pres. indic. do mesmo verbo); **pôr** (verbo), para diferenciar de por (preposição); **vêm** (pl., verbo vir); **têm** (pl., verbo ter).
2. É facultativo o uso de acento circunflexo em **fôrma** (substantivo) e forma (substantivo e verbo).

PRINCIPAIS ALTERAÇÕES QUANTO AO USO DO HÍFEN
COM HÍFEN

Palavras compostas (por extenso ou reduzidas) →	Decreto-lei; primeiro-ministro; tenente-coronel; joão-ninguém; luso-brasileiro; mãe-d'água; olho-d'água; para-brisa; para-choque. **Mas:** girassol, madressilva, pontapé, paraquedas, paraquedista e afins – **sem hífen** (consagradas pelo uso).
Elementos repetidos	Blá-blá-blá; zigue-zague; tico-tico; lenga-lenga; etc.
Com as formas *além, aquém, recém, bem, sem* →	Além-mar, aquém-mar, recém-eleito; bem-casado; bem-estar; bem-humorado; bem-ditoso. Em alguns compostos o advérbio *bem* se aglutina ao segundo elemento iniciado por consoante, quer esse elemento tenha ou não vida à parte: benfazejo; benfeitor; benquerer; etc.
Com o advérbio *mal* seguido de *vogal, h, l,* ou quando se aplica a doença →	Mal-**i**nformado; mal-**h**umorado; mal-**l**avado; mal-**f**rancês (ref. a sífilis), etc.
Com os adjetivos *grã, grão,* em forma verbal e ligados ou não por artigo	Grã-Bretanha; Grão-Pará; Passa-Quatro, Trás-os-Montes, etc.
Somente estas locuções, de uso já consagrado →	Água-de-colônia; arco-da-velha; cor-de-rosa; mais-que-perfeito; pé-de--meia; ao deus-dará; à queima-roupa.

RESUMO DAS ALTERAÇÕES EFETUADAS PELO ACORDO ORTOGRÁFICO DA LÍNGUA PORTUGUESA (1990), EM VIGOR DESDE 1° DE JANEIRO DE 2009.

Em compostos que designem espécies botânicas, zoológicas e afins →	Erva-doce; bem-me-quer (mas malmequer); andorinha-do-mar; couve-flor, feijão-verde, etc.
Com prefixos ou pseudoprefixos →	1. Terminados em vogal, diante de vogal igual: anti-**i**nflamatório; pseudo-**o**rador; micro-**o**nda. 2. Terminados em consoante, diante de consoante igual: ad-**d**igital; sub-**b**ásico. 3. Prefixos **pré-**, **pró-**, **pós-**, quando o segundo elemento tem vida à parte: pré-história; pró-ativo; pós-doutorado. 4. Terminados por **–m** ou **–n** diante de **vogal, h, m, n**: pan-eslavismo; pan-harmônico; circum-navegação; pan-**n**egritude; pan-**n**egritude. 5. Prefixos **ex-**, **sota-**, **soto-**, **vice-**, **vizo-**: ex-prefeito; sota-capitão; soto-general; vice-diretor; vizo-rei. 6. Elementos terminados por **vogal**, **sob-** e **sub-**, diante de elementos iniciados por **h**: geo-história; anti-histórico; sub-hepático; sub-horizonte. 7. Nas formações com os prefixos **hiper-**, **inter-** e **super-**, diante de elementos iniciados por r: hiper-requisitado; inter-regional; super-resistente. 8. Terminados por **b-** (ab-, ob-, sob-, sub-), **d-** (ad) diante de elementos iniciados por **b** ou **r**: ab-rupto; sob-rogar; sub-base; ad-referendum. **Nota**: adrenalina, adrenalite e afins estão consagradas pelo uso sem hífen.
Com sufixos de origem tupi-guarani →	**Açu, guaçu** e **mirim**, diante de elementos que terminem por vogal acentuada graficamente ou por exigência de pronúncia: Itajaí-Açu; Mogi-Guaçu; anajá-mirim.

SEM HÍFEN

1. Prefixos terminados em vogal, diante de vogal diferente: aut**oe**scola, anti**a**éreo, agr**oi**ndustrial.
2. Prefixos terminados por consoante, diante de vogal: hiperativo; interescolar; superinteressante.
3. Prefixos **co-**, **pro-**, **pre-** e **re-**: coautor; coedição, procônsul; preeleito; reedição. **Atenção**: coerdeiro (sem "h", cf. Ac. Bras. de Letras).
4. Elementos terminados por **vogal** diante de elementos iniciados por **r** ou **s** (dobram-se as consoantes): cor**r**éu; cos**s**eno; antir**r**eacionário; multis**s**ecular, etc. **Atenção**: *para-raios*.
5. Locuções em geral: juiz de paz; burro de carga; cor de vinho; quem quer que seja; à vontade; dia a dia; visto que, etc.
6. Prefixos **des-** e **in-** quando o segundo elemento perde o **h**: desumano; desumanidade; inumano, inábil, etc.

IMPORTANTE: AS DEMAIS REGRAS DE ACENTUAÇÃO/USO DO HÍFEN CONTINUAM EM VIGOR

ABREVIAÇÕES USADAS NESTA OBRA

a.C. - antes de Cristo
adj. - adjetivo
adj. e s. 2 gên. - adjetivo e substantivo comum de dois gêneros
adj. e s. 2 n. - adjetivo e substantivo comum de dois números
adv. - advérbio/adverbial
Anat. - Anatomia
ant. - antigo/antiquado
Antr. - Antropologia
art. def. - artigo definido
Art. Gráf. - Artes Gráficas
Art. Plást. - Artes Plásticas
Astrol. - Astrologia
Astron. - Astronomia
Bioq. - Bioquímica
Bot. - Botânica
bras. - brasileiro
Carp. - Carpintaria
ch. - chulo
Cir. - Cirurgia
conj. - conjunção
Constr. - Construção
Contr. - controle
Cul. - Culinária
dem. - demonstrativo
Ecol. - Ecologia
Elet. - Eletricidade
ex. - exemplo
expr. - expressão
fam. - familiar
Farm. - Farmácia/Farmacologia
fem. - feminino
fig. - figurado
Filol. - Filologia
Fís.-quím. - Físico-química
Fisiol. - Fisiologia
Fot. - Fotografia
Fr. - Francês
fut. - futuro
gal. - galicismo
Geof. - Geofísica
Geom. - Geometria
gír. - gíria
Gram. - Gramática
Heráld. /Her. - Heráldica
Hist. Nat. - História Natural
indef. - indefinido
ing. - Inglês
Inform. - Informática
interj. - interjeição
it. - Italiano
lat. - Latim
Ling. - Linguística
Lit. - Literatura
loc. - locução
Lud. - Ludologia
lus. - lusitano
Med. - Medicina
Mús. - Música
Náut. - Náutica
n. - número
num. - numeral
Pal. - Paleontologia
Pat. - Patologia
pej. - pejorativo
p. ex. - por exemplo
pl. - plural
pop. - popular
prep. - preposição
pron. - pronominal
Psic. - Psicologia
Psiq. - Psiquiatria
p.us. - pouco usado
Quím. - Química
Rel. - Religião
rg. mt. - regência múltipla
s.f. - substantivo feminino
s.m. - substantivo masculino
sing. - singular
Telec. - Telecomunicações
Vest. - Vestuário
v.int. - verbo de ligação
v.pron. - verbo pronominal
v.t. - verbo transitivo
Zool. - Zoologia

ABREVIATURAS COMUNS

A. - autor
a - are
AA. - autores
AC - Estado do Acre
a.C. - antes de Cristo
a/c - aos cuidados
a.D. anno Domini (ano do Senhor)
Aids - SIDA - Síndrome da Imunodeficiência Adquirida
AL - Estado de Alagoas
AM - Estado do Amazonas
APAE - Associação de Pais e Amigos dos Excepcionais
AP - Estado do Amapá
Ap. ou apt. - apartamento
Av., aviação ou avenida
BA - Estado da Bahia
B.C.G - Bacilo de Calmette-Guérin
Bel. - Bacharel
BR - Brasil
cap. - capítulo
c/c - conta corrente
CE - Estado do Ceará
Cel. - coronel
CI - Cédula de Identidade
Cia. - Companhia
cm - centímetro ou centímetros
cód. - código
coml. - comercial
CPF - Cadastro de Pessoa Física
cx. - caixa
d. - dom, senhor, digno
dam - decâmetro
d. C. - depois de Cristo
DD. - digníssimo
Del. - delegado
DF - Distrito Federal
dm - decímetro
Dr. - doutor
Dra. - doutora
ed. - edição
ES - Estado do Espírito Santo
ECT - Empresa de Correios e Telégrafos
ECA - Estatuto da Criança e do Adolescente
etc. - e outras coisas
EUA - Estados Unidos da América

ex. - exemplo
Exa. - excelência
FAB - Força Aérea Brasileira
FAO - Organização das Nações Unidas para a Agricultura e Alimentação
FEB - Força Expedicionária Brasileira
FIFA - Federação Internacional de Futebol Associação
fl. - folha
fls. - folhas
FMI - Fundo Monetário Internacional
g - grama ou gramas
Gen. - general
GO - Estado de Goiás
h - hora ou horas
ha - hectare
HP - cavalo a vapor (horsepower)
Ilmo. - Ilustríssimo
INSS - Instituto Nacional do Seguro Social
IPTU - Imposto Predial e Territorial Urbano
IR - Imposto de Renda
JC - Jesus Cristo
kg - quilograma ou quilogramas
km - quilômetro ou quilômetros
kV - quilovolt (s)
kW - quilowatt (s)
l - litro, litros
loc. - locução
Ltda. - limitada (comercialmente)
m - metro, metros
MA - Estado do Maranhão
mg - miligrama ou miligramas
MG - Estado de Minas Gerais
min - minuto ou minutos
mm - milímetro, milímetros
MM. - meritíssimo
MT - Estado do Mato Grosso
MS - Estado do Mato Grosso do Sul
N. - Norte
N.B. - note bem
NE - Nordeste
NO - Noroeste
N.S. - Nosso Senhor
N.T. - Novo Testamento
O - Oeste
OEA - Organização dos Estados Americanos

ABREVIATURAS COMUNS

OK - (inglês), certo, isso mesmo
ONU - Organização das Nações Unidas
Pe. - padre
PA - Estado do Pará
pág., p. - página
PB - Estado da Paraíba
PE - Estado de Pernambuco
p. ex. - por exemplo
pg. - pago
PI - Estado do Piauí
pl. - plural
PR - Estado do Paraná
prof. - professor
profa. - professora
P.S. - post scriptum - (escrito depois)
QG - quartel general, sede principal
ql. - quilate
R. - Rua
Revmo. - reverendíssimo
RJ - Estado do Rio de Janeiro
RN - Estado do Rio Grande do Norte
RO - Estado de Rondônia
rpm - rotação por minuto
RR - Estado de Roraima
RS - Estado do Rio Grande do Sul
s - segundo, segundos
S - Sul
S.A. - Sociedade Anônima
S.A. - Sua Alteza
SC - Estado de Santa Catarina
SE - Estado de Sergipe
S. Exa. - Sua Excelência
SO - Sudoeste
SOS - pedido de socorro urgente
SP - Estado de São Paulo
Sr. - Senhor
Sra. - Senhora
Srta. - Senhorita
S.S. - Sua Santidade
STF - Supremo Tribunal Federal
t - tonelada, toneladas
TC - Tribunal de Contas
TO - Estado do Tocantins
TV - televisão
USA - *United States of America*
v - volt, volts
V. - você
V.A. - Vossa Alteza
V.Exa. - Vossa Excelência
V.S.ª - Vossa Senhoria
V.T. - Velho Testamento
W.C. - *(water-closet)*, banheiro

PRONOMES DE TRATAMENTO

Altas Autoridades - Excelência - V. Exa. / S. Exa.
Reitores de Universidade - Vossa Magnificência - V.Mag.ª
Papa - Vossa Santidade - V.S.
Padres e Pastores - Reverendíssimo - V. Revma.
Reis e Rainhas - Vossa Majestade - V.M.
Príncipes - Vossa Alteza - V. A. / S. A.
Pessoas graduadas ou de cerimônia - Vossa Senhoria - V. S.ª
Doutor - Pessoas formadas - Dr. ou Sr. Dr.
Senhor - Todo homem - Sr.
Senhora - Toda mulher - Sra.
Senhorita - Mulher solteira - Srta.
Professor - Pessoa formada ou indivíduo perito - Prof.
Você - Pessoas em geral - V.

EXPRESSÕES E TERMOS DA LÍNGUA INGLESA, DE USO FREQUENTE

all right - tudo certo, tudo bem
charter - voo charter - voo fretado com saída e chegada predeterminadas
compact disc - CD - cedê
design - projeto, modelo
disquete - pequeno disco
feeling - sentimento, modo de agir
fifty-fifty - metade do negócio
fine - ótimo, muito bom
game - jogo, partida
go home - vá para casa, afaste-se
handicap - desvantagem, obstáculo
home - casa, lar
hot-dog - cachorro-quente
insight - olhada no interior do indivíduo, ideia que surge rapidamente
jeans - tipo de tecido
know-how - conhecimento, domínio de uma técnica
layout - plano, esquema
light - leve, brilhante
lobby - pressão para obter favor
nice - agradável, bom
ok - tudo bem, certo
on-line - na mesma linha, automático
outlet center - conjunto de lojas para vendas no varejo e atacado
paper - papel, resumo, minuta
partner - sócio, companheiro
point - local de encontro badalado
rafting - canoagem em corredeiras, rio de montanha
shopping center - centro comercial, centro de vendas

short - bermuda, calça curta
show - espetáculo, apresentação
show-room - mostruário, sala para expor produtos
skate - brinquedo para deslizar
soft - leve, suave
software - conteúdo de carga do micro, todos os recursos técnicos e humanos de um indivíduo ou empresa
stand by - espera, aguardo de
stand go - ir para frente, posição de avanço
surf - esporte aquático praticado no mar com uma prancha
tape - fita, filme
top - cume, ápice
top model - modelo de alto valor
traveler's check - cheque de viagem
upgrade - posição superior, degrau acima
v-chip - consulta para pronta resposta por intermédio da própria TV
very much - muito, grande
videocassette - aparelho para reproduzir fitas
video on demand - filme por pedido
videotape - gravação de um programa de televisão em fita
V.I.P. - (*very important person*) pessoa muito importante
walkie-talkie - aparelho para transmitir e receber mensagens
water-closet - banheiro
windows - programa de linguagem para computador
windsurf - tipo de disputa por barco
yankee - ianque, americano, designação depreciativa para americano

REGRAS DE ACENTUAÇÃO

1. Vocábulos oxítonos:

1.a) Devem ser acentuadas as palavras oxítonas e os monossílabos tônicos terminados em - **a, e, o** - seguidos ou não de **s**.
Ex.: atrás, lá, Alá, sofá, ananás, maracujá... - mês, pé, café, José, Zé, francês, você... - pó, nós, avô, vovó, paletó, forró, jiló...
Obs.: Não são acentuadas as palavras terminadas em **i** e **u** tônicos, seguidos ou não de s.
Ex.: ali, aqui, tatu, urubu, açu...
Atenção especial: São acentuadas as formas verbais terminadas em - **a, e, o** - quando seguidas dos pronomes - **la, las, lo, los**.
Ex.: amá-la, pintá-las, amarrá-lo, contá-los, vendê-la, vendê-las, metê-lo, contê-los, pô-la, repô-las, dispô-lo, dispô-los.

1.b) São acentuadas as palavras terminadas em - **em e ens** - com mais de uma sílaba.
Ex.: alguém, ninguém, armazém, parabéns...
Obs.: As formas verbais do verbo ter e vir são acentuadas quando estão no plural.
Ex.: ele tem, eles têm; ele vem, eles vêm.
Em formas derivadas, no singular há acento agudo; e no plural, circunflexo.
Ex.: ele contém, eles contêm; ele convém, eles convêm.

1.c) Levam acento agudo as palavras oxítonas que contenham os ditongos abertos **éi, éu** ou **ói**, podendo estes últimos ser seguidos ou não de s:
Ex.: papéis, céu(s), herói(s), véu(s), fiéis.

2. Vocábulos Paroxítonos:

2.a) São acentuadas as palavras paroxítonas terminadas em: **r, x, n, l**.
Ex.: açúcar, caráter, ônix, tórax, hífen, sêmen, fácil, móvel... e em **i(s), us, um, uns, ão(s), ã(s), ei(s), ps**. Ex.: júri, lápis, vírus, múnus, álbum, álbuns, sótão, órfãos, ímã, órfãs, afáveis, bíceps.

2.b) São acentuadas as palavras terminadas em ditongos crescentes.
Ex.: côdeas, róseo, argênteo, glória, memória, espécie, colégio, régio, mágoa, régua, água, tênue, ingênuo, contíguo...

2.c) Não são acentuados os ditongos abertos **ei** e **oi** em palavras paroxítonas.
Ex.: ideia; assembleia; epopeia; heroico; jiboia; paranoico.

2.d) Não são acentuados o **i** e o **u** tônicos nas palavras paroxítonas quando precedidos de ditongo.
Ex.: feiura; baiuca; boiuno; cheiinho; saiinha.

2.e) Não são acentuadas as formas verbais que têm o acento tônico na raiz, com **u** tônico precedido de **g** ou **q** e seguido de **e** ou **i**.
Ex.: averigue; apazigue; arguem.

2.f) Não recebem acento circunflexo, em palavras paroxítonas, as vogais tônicas fechadas.
Ex.: enjoo (substantivo e flexão do verbo enjoar); voo (substantivo e flexão do verbo voar); povoo (flexão do verbo povoar); perdoo (flexão do verbo perdoar), destoo (flexão do verbo destoar), etc.

2.g) Não levam acento agudo ou circunflexo as palavras paroxítonas que, tendo respectivamente vogal tônica aberta ou fechada, são homógrafas de palavras em próclise.
1. Para, (flexão do v. parar), e para (preposição).
2. Pela (flexão do v. pelar) e pela (combinação da prep. com o artigo).
3. Polo (substantivo) e polo (combinação antiga e popular de "por" e "lo").
4. Pelo (flexão do v. pelar), pelo (substantivo) e pelo (comb. da prep. com o art.).
5. Pera (fruta), pera (substantivo arcaico – pedra) e pera (preposição arcaica).

2.h) Não levam acento circunflexo as formas verbais paroxítonas que contêm um e tônico oral fechado em hiato com a terminação **–em** da 3ª pessoa do plural do presente do indicativo ou do conjuntivo dos verbos **crer, dar, ler** e **ver** e seus derivados.

REGRAS DE ACENTUAÇÃO

Ex.: creem, deem, leem, veem.

3. Vocábulos Proparoxítonos:
São acentuadas todas as palavras proparoxítonas da Língua Portuguesa:
Ex.: matemática, erótico, geógrafo, médico, ônibus, perímetro, quilômetro, belíssimo, período...

4. Hiatos:
São acentuados o **i** e o **u** tônicos quando forem a segunda vogal do hiato e não formarem sílaba com **l, m, n, r, x, z, u**, nem forem seguidos de **nh**.
Ex.: país; faísca; saúde; conteúdo; juiz (mas – juízes); raiz (mas – raízes); Itajaí, Jacareí, baú, Jaú.

5. Trema
Coloca-se o trema apenas em palavras derivadas de nomes próprios estrangeiros.
Ex.: Müller, mülleriano; Hübner, hübneriano, etc.

6. Acento Diferencial
Usa-se o acento circunflexo, obrigatoriamente, para distinguir um vocábulo de outro de grafia igual, nos seguintes casos:
Ex.: Pôr (verbo) e por (preposição).
Pode (pres. indic. do v. poder) pôde (pret. perfeito).

CRASE ou ACENTO GRAVE

A palavra crase significa **fusão**, sendo indicada pelo sinal gráfico grave - à - demonstrando que houve a fusão do artigo feminino "a" com a preposição "a".

A crase aparece ante uma palavra feminina e quando se pode substituí-la por um termo masculino, pelo qual aparece o artigo:
Vamos à escola - Vamos ao teatro. Chegamos à fazenda - Chegamos ao sítio. Refiro-me à professora de Português - Refiro-me ao professor de Português.
Venho a Portugal - Venho de Portugal. Venho da Bolívia - Vou à Bolívia

NB - Deve haver artigo; portanto, a palavra precisa estar determinada.

Nunca Há Crase:
1. Diante de palavras masculinas e verbos.
2. Diante de pronomes indefinidos.
3. Diante de nomes de cidades, a não ser quando estão adjetivados.
4. Diante da palavra casa, a não ser que esteja determinada.
5. Diante de pronomes de tratamento e dos pronomes "cuja", "cujo" e "quem".
6. Antes da palavra casa, com referência a lar, quando não estiver com modificativo.
   Ex.: Voltou a casa. (Mas: Voltou à casa da avó.)

Casos Especiais:
1. É facultativo o uso da crase ante pronomes possessivos e nomes próprios de mulheres.
   Ex.: Dei um livro à (a) minha irmã. Envio um livro à (a) Ana.
2. Inúmeras expressões adverbiais recebem o sinal de crase:
   Ex.: às escuras, às vezes, à tardinha...
3. Na indicação de horas, sempre se usa a crase:
   Ex.: Chegou às 13h30min. Faremos o encontro às nove. Deito-me às 24h.
4. Usa-se a crase diante de palavra masculina quando se subentender o termo "à moda de".
   Ex.: Pedro veste-se à índio (à moda de). Usa os cabelos à Castro Alves (à moda de).
5. A crase também se manifesta com os pronomes demonstrativos: **aquela(s), aquele(s), aquilo**.
   Ex.: Sempre me refiro àquilo tudo. Assistimos àquele filme.
   No uso de a que - Ouvimos a voz - à que - àquela que - à qual - todos se referem.

Observação: No uso da crase, vale sempre o bom senso e sentir se há uma ligação entre os termos ligados pelo "a". Estas normas são básicas, mas não abrangem tudo, pois as variações linguísticas são muitas.

CRASE

Na língua portuguesa, a *crase* é a ocorrência da contração de duas vogais idênticas.
A crase designa a contração da preposição *a* com o artigo feminino *a* ou *as*:
Ex.: Fui   *a*   +   *a*   aula ontem. (Fui **à** aula ontem.)
     (preposição) (artigo)

OBSERVE:
No caso acima, para saber se ocorre mesmo a crase, substitua a palavra "aula" por outra palavra que seja masculina e tenha o mesmo peso semântico.
Fui   *a*   +   *o*   colégio ontem. (Fui **ao** colégio ontem.)
  (preposição) (artigo)

Você saberá que há a necessidade da preposição *a*, pois ocorre a união da preposição *a* com o artigo masculino *o*.

Ocorre a crase também ao se efetuar a contração da preposição *a* com o "a" dos pronomes *aquela*, *aquele*, *aquilo* e seus plurais.
Ex.: A caixa perntence   *a*   +   *a*quela estante.
                      (preposição) (pronome)

Para que ocorra o acento grave (crase) é preciso levar em consideração fatores gramaticais; por isso, é importante que se tenha algum conhecimento de concordância verbal e nominal. Mas é possível se sair bem, utilizando-se de poucas regras.

A CRASE É OBRIGATÓRIA	EXEMPLO
Antes de substantivo feminino que admita artigo. (Pode ser substituído pela preposição "para".)	Foi **à** aula. (Foi para a aula.)
Antes de nomes de localidades que admitam artigo ou que estejam determinadas.	Mário foi **à** Europa. (Mário foi para a Europa.)
Na referência a horas, determinadas ou subentendidas.	Entrei no trabalho **às** *oito* da manhã e saí **às** *dez* horas da noite.
Antes das palavras moda ou maneira, mesmo quando estiverem apenas subentendidas, antes de nomes próprios ou adjetivos.	Saiu **à** francesa. (**à** maneira dos franceses). A mobília **à** Luís XV era caríssima. (**à moda** Luís XV).
Antes de locuções adverbiais, prepositivas ou conjuntivas, cujo núcleo seja uma palavra feminina.	Andava **às** *pressas*. Saiu **à** *noite*. **À** *medida* que tocava, o coração batia mais forte.

NÃO OCORRE A CRASE quando não há a contração da preposição *a* mais o artigo feminino *a;* daí, obviamente, não se usa o acento grave.

NÃO OCORRE CRASE...	EXEMPLOS
Antes de palavra masculina.	O carro pertence a Romeu. Ele cheirava a vinho. Escreveu a lápis.
Antes de verbo.	Começou a chover. Estava disposto a trabalhar.
Antes de substantivos femininos usados em sentido geral ou indeterminado.	É avesso a festas. O parque está fechado a visitas.
Nas locuções formadas com a repetição da mesma palavra.	Encheu o copo gota a gota. Ficou frente a frente com o ladrão. As pessoas entraram uma a uma.
OPCIONAL: antes de pronome possessivo.	Fiz um favor *a* sua irmã. / Fiz um favor **à** sua irmã. Recorri *a* minha mãe. / Recorri **à** minha mãe.

CRASE

Antes de artigos indefinidos e de pronomes pessoais e interrogativos.	Chegamos *a* uma cidade fantasma. Venho *a* Vossa Senhoria pedir calma. Falaste *a* que pessoa? Peço licença *a* Sua Magestade. Dei o presente *a* ela. (Não vale para senhora e senhorita.)
Antes de outros pronomes que rejeitam o artigo (a maioria dos indefinidos - como qualquer, toda, alguma, várias, nenhuma - e relativos e parte dos demonstrativos).	Entreguei a prova *a* todas (ou *a várias*, ou *a algumas*, ou *a muitas*) as alunas. Fez careta a Mário, *a* quem amava. Chegam muitos turistas *a* esta cidade. Não respondo *a* essa (ou *a esta*) pergunta. Ficamos *a* pouca (ou *a certa*) distância do muro.
À exceção dos pronomes que admitem artigo:	Fale **às** outras mulheres. Fui **à** tal pessoa e disse que sim. Aquelas denúncias, **às** quais rejeitei. Ofereceu bala *a* esta criança, mas **à** outra não.
Quando estiver precedido de preposição.	Compareceu perante *a* banca. Fui até *a* loja e comprei um sapato.

CASOS ESPECIAIS	EXEMPLOS
É facultativa antes de pronome possessivo feminino singular.	Referiu-se *a* (ou **à**) minha viagem.
Diante da palavra "casa" não ocorre crase quando tiver sentido de *lar*, *domicílio*.	Fui **à** *casa* de Alceu para me despedir. Voltei contente *a casa*. (lar) Chegou *a casa* para descansar. (domicílio)
Ocorre crase diante da palavra "terra", quando significa "planeta", "lugar de nascimento" ou "solo". Porém, quando em oposição a "bordo" ou "mar", não ocorre crase.	Voltei **à** *terra* onde cresci. A cápsula retornou **à** *Terra*. O capitão foi *a terra* para resolver problemas mercantis.
Diante de personagens femininos famosos ou célebres.	Referiram-se a *Joana D´Arc* como heroína.
Ocorre crase diante da expressão "distância de", sendo determinada, precisa ou não. Mas se antes ocorrer um adjetivo ou palavra que não admite artigo, não ocorrerá crase.	Eles ficaram **à** distância de vinte metros. Mantiveram-se **à** distância de alguns metros. Eles ficaram *a* distância. O caminhão passou *a* pouca distância da árvore e quase colidiu. Parou *a* respeitável distância da festa.

LOCUÇÕES ADVERBIAIS	**À** direita, **à** esquerda, **à** força, **à** farta, **à** mesa (estar à mesa), **à** risca, **à** vontade, **à** saída (na saída), **à** noite (de noite), **às** vezes, **à** toa, **às** claras, **às** pressas (ou **à** pressa), etc.
LOCUÇÕES PREPOSITIVAS	**À** custa de, **à** espera de, **à** procura de, **à** vista de, etc.
LOCUÇÕES CONJUNTIVAS	**À** medida que, **à** proporção que. (é opcional o uso do acento grave): Barco *a* (ou **à**) vela, escrever *a* (ou **à**) máquina, fechar *a* (ou **à**) chave, afugentar *a* (ou **à**) bala, etc.

USO DO HÍFEN

A. Em palavras compostas, locuções e encadeamentos vocabulares

1. Emprega-se o hífen em palavras compostas por justaposição que não contenham formas de ligação e cujos elementos, de natureza nominal, adjetival, numeral ou verbal mantenham significado e acento próprio, podendo o primeiro elemento estar reduzido: ano-luz; arco-íris, decreto-lei, alcaide-mor, afro-asiático, guarda-chuva.

Obs.: Certas compostas se aglutinam: madressilva; pontapé; paraquedas; paraquedista; girassol, etc.

2. Nos topônimos compostos iniciados pelos adjetivos grã, grão ou por forma verbal, ou cujos elementos estejam ligados por artigo: Grã-Bretanha; Grão-Pará; Passa-Quatro; Quebra-Dentes; Baía-de-Todos-os-Santos; Entre-os-Rios.

3. Nas palavras compostas que designam espécies botânicas e zoológicas, estejam ou não ligadas por preposição ou qualquer outro elemento: couve-flor; feijão-verde; ervilha-de--cheiro; bem-me-quer; formiga-branca; cobra--d'água; andorinha-do-mar.

4. Nos compostos com os advérbios bem e mal, quando estes se apresentem antes de qualquer palavra que tenha vida própria e este elemento comece por vogal ou h: bem-aventurado; bem-estar; bem-humorado; mal-humorado; mal-estar, mal-afortunado. Mas o advérbio bem (ao contrário de mal) pode não se aglutinar com palavras começadas por consoante: bem-ditoso (malditoso): bem-falante (malfalante); bem-nascido (malnascido); bem-visto (malvisto), etc.

Obs.: Às vezes, o advérbio bem aparece aglutinado com o segundo elemento, mesmo que este não tenha vida própria: benfazejo; benfeitor; benquerença, etc.

5. Nos compostos com os elementos além, aquém, recém e sem: além-mar; além-fronteiras; aquém-fiar; aquém-Pireneus; recém--casado; recém-nascido; sem-cerimônia; sem-vergonha.

6. Para ligar duas ou mais palavras que ocasionalmente se combinam, formando encadeamentos vocabulares: Liberdade-Igualdade-Fraternidade; a ponte Rio-Niterói; a ligação Paris-Londres. E nas combinações históricas ou ocasionais de topônimos: Áustria-Hungria; Alsácia-Lorena; Rio-Nova Iorque, etc.

7. Nas locuções adjetivas, pronominais, adverbiais, prepositivas ou conjuncionais em geral não se emprega o hífen, a não ser em algumas exceções consagradas pelo uso: água-de-colônia; arco-da-velha; cor-de-rosa; mais-que-perfeito; pé-de-meia; ao deus-dará; à queima-roupa.

B. Nas formações por prefixação, recomposição e sufixação

Nestes casos, o hífen somente é usado:

1. Quando o segundo elemento comece por h: anti-higiênico; pré-história; geo-história; semi-hospitalar; sub-hepático. **Mas atenção:** coerdeiro (cf. Acad. Bras. de Letras).

2. Nas formações em que o prefixo ou pseudoprefixo termina na mesma vogal com que se inicia o segundo elemento: anti-ibérico; contra-almirante; arqui-irmão; micro-onda; semi-interno; auto-análise.

Obs.: Nas formações com o prefixo **co-**, em geral este se aglutina com o segundo elemento, mesmo quando iniciado por "o": coobrigação, coordenar, cooperar, cooptação, coocupante, cooficiante, etc.

3. Nas formações com os prefixos **circum-** e **pan-**, quando o segundo elemento começa por **vogal, m** ou **n** (**além de h**): circum-escolar; circum-murado; circum-navegação; pan-americano; pan-africano; pan-negritude.

4. Nas formações com os prefixos **hiper-, inter-** e **super-**, quando combinados com elementos iniciados pela letra r: hiper-requintado; inter-resistente; super-revista.

5. Nas formações com os prefixos **ex-** (com o sentido de estado anterior ou cessamento), **sota-, soto-, vice-** e **vizo-**: ex-diretor; ex-hospedeira; ex-presidente; sota-piloto; soto--mestre; vice-reitor, etc.

6. Nas formações com os prefixos tônicos **pós-, pré-** e **pró-**, quando o segundo elemento tem vida própria: pós-graduação; pós-tônico; pré-escolar; pré-natal; pró-africano; pró-europeu.

7. Nas formações por sufixação só se emprega o hífen nos vocábulos terminados por sufixos de origem tupi-guarani que representem formas adjetivas, como **açu, guaçu** e **mirim**; quando o primeiro elemento acaba

USO DO HÍFEN

em vogal acentuada graficamente; ou quando a pronúncia exige a distinção gráfica dos dois elementos: Itajaí-Açu; capim-açu; Mogi-Guaçu; Aimoré-Guaçu; Itajaí-Mirim; Ceará-Mirim.

Atenção: não se emprega o hífen nos seguintes casos:

1. Nas formações em que o prefixo termina em vogal e o segundo elemento começa por **r** ou **s**, devendo estas consoantes duplicar-se: antirreligioso; contrarregra; extrarregular; antissemita; cosseno; minissaia. **Mas atenção:** para-raios.

2. Nas formações em que o prefixo ou pseudoprefixo termina em vogal e o segundo elemento começa por vogal diferente: antiaéreo; coeducação; plurianual; agroindustrial; hidroelétrico; autoaprendizagem.

3. Nas ligações da preposição **de** às formas monossilábicas do presente do indicativo do verbo haver: hei de, hás de, hão de, etc.

4. Nas formações com os prefixos **co-, pro-, pre-** e **re-** ocorre, em geral, a aglutinação: coabitar, procônsul, preeleito; reedição.

C. Na ênclise, na mesóclise e com o verbo haver

1. Emprega-se o hífen na ênclise e na mesóclise: enviá-lo; enviá-lo-ei; escrever-lhe; escrever-lhe-emos.

2. Nas ligações de formas pronominais enclíticas ao advérbio **eis** (ei-la, eis-me); e também nas combinações de formas pronominais como no-la, vo-las, quando em próclise.

USO DE POR QUE, POR QUÊ, PORQUE E PORQUÊ

POR QUE (separado e sem acento)

a. Quando "que" é um pronome interrogativo. Usa-se somente em orações interrogativas. Pode ser substituído "por qual razão" ou "por qual motivo".
Ex.: Por que a Terra é azul? (Por qual razão a Terra é azul?)

b. Quando "que" é um pronome relativo. Usa-se em orações que estabelece relação com significado de "pelo qual", "pelos quais", "pela qual" e "pelas quais".
Ex.: O professor explicou o motivo por que a Terra é azul. (O professor explicou o motivo pelo qual a Terra é azul.)

Observação: As palavras razão ou motivo estão subentendidas na frase.

POR QUÊ (separado e com acento).
Quando estiver no final de uma oração e venha antes de um ponto (ponto final, ponto de exclamação ou ponto de interrogação). Tem o significado de "por qual motivo" e "por qual razão".
Ex.: Por quê?
Afinal de contas, a ponte caiu por quê?
O professor saiu da sala sem dizer por quê.

PORQUE (junto e sem acento)
"Porque" é uma conjunção causal ou explicativa. Tem o valor de ou pode ser substituído por "pois", "uma vez que" ou "para que".
Ex.: Estou alegre porque tirei uma boa nota. (Estou alegre pois tirei uma boa nota).

PORQUÊ (junto e com acento)
É um substantivo e tem significado de "a causa", "o motivo". Admite o plural porquês.
Ex.: Explico depois o porquê de eu viajar agora. (Explico depois o motivo de eu viajar agora).

EMPREGO DAS LETRAS INICIAIS MAIÚSCULAS

1. **Ao iniciarmos uma frase, oração ou citação:**
   Ex.: A flor é belíssima.
   Deus disse: Haja luz.

2. **Nos substantivos próprios (nomes de pessoas, países, Estados, bairros ou logradouros públicos):**
   Ex.: Luís Carlos, Canadá, Brasil, Maranhão, São Paulo, Copacabana, Rua Sete de Setembro, etc.

3. **Nos nomes que designam artes, ciências ou disciplinas:**
   Ex.: Matemática, Música, Direito, Arte, Engenharia, Física, etc.

4. **Nos nomes de eras históricas e épocas notáveis:**
   Ex.: Idade Média, Independência do Brasil, Revolução Farroupilha, etc.

5. **Nos nomes que denotem altos conceitos religiosos, políticos ou funções:**
   Ex.: Arcebispo do Rio de Janeiro, Governador do Estado, Presidente, Estado (referindo-se a uma nação), País (referindo-se ao Brasil), Igreja, etc.

6. **Nos nomes dos pontos cardeais quando designam regiões:**
   Ex.: Os conflitos do Oriente.
   O clamor do Nordeste.

7. **Nos nomes de escolas, edifícios, agremiações culturais ou esportivas, empresas ou instituições públicas ou privadas:**
   Ex.: Colégio São José, Condomínio Palace, Clube de Regatas Flamengo, Ministério da Justiça, Teatro Carlos Gomes, etc.

8. **Nos títulos de revistas, jornais, livros, produções artísticas, literárias ou científicas:**
   Ex.: Isto É, O Globo, Brida, etc.

9. **Nas expressões de tratamento:**
   Ex.: Vossa Senhoria, Vossa Excelência, Sua Santidade, etc.

10. **Nos nomes de comemorações religiosas:**
    Ex.: Natal, Páscoa, Finados, etc.

11. **Nos nomes de corpos celestes:**
    Ex.: Lua, Sol, Via-Láctea, etc.

Observação: Os nomes dos meses devem ser escritos com inicial minúscula:
Ex.: agosto, dezembro, etc.

ALGARISMOS ROMANOS E ALGARISMOS ARÁBICOS

Romano	Arábico	Romano	Arábico	Romano	Arábico
I	1	XV	15	CCC	300
II	2	XVI	16	CD	400
III	3	XVII	17	D	500
IV	4	XVIII	18	DC	600
V	5	XIX	19	DCC	700
VI	6	XX	20	DCCC	800
VII	7	XL	40	CM	900
VIII	8	L	50	M	1000
IX	9	LX	60	MM	2000
X	10	LXX	70	MMXC	2090
XI	11	LXXX	80	MMD	2500
XII	12	XC	90	MMCM	2900
XIII	13	C	100		
XIV	14	CC	200		

NUMERAIS

Cardinais	Ordinais	Fracionários	Multiplicativos
1 um	primeiro	—	—
2 dois	segundo	meio	duplo
3 três	terceiro	terço	triplo
4 quatro	quarto	quarto	quádruplo
5 cinco	quinto	quinto	quíntuplo
6 seis	sexto	sexto	sêxtuplo
7 sete	sétimo	sétimo	sétuplo
8 oito	oitavo	oitavo	óctuplo
9 nove	nono	nono	nônuplo
10 dez	décimo	décimo	décuplo
11 onze	undécimo	onze avos	undécuplo
12 doze	duodécimo	doze avos	duodécuplo
13 treze	décimo terceiro	treze avos	—
14 quatorze	décimo quarto	catorze avos	—
15 quinze	décimo quinto	quinze avos	—
16 dezesseis	décimo sexto	dezesseis avos	—
17 dezessete	décimo sétimo	dezessete avos	—
18 dezoito	décimo oitavo	dezoito avos	—
19 dezenove	décimo nono	dezenove avos	—
20 vinte	vigésimo	vinte avos	—
30 trinta	trigésimo	trinta avos	—
40 quarenta	quadragésimo	quarenta avos	—
50 cinquenta	quinquagésimo	cinquenta avos	—
60 sessenta	sexagésimo	sessenta avos	—
70 setenta	septuagésimo	setenta avos	—
80 oitenta	octogésimo	oitenta avos	—
90 noventa	nonagésimo	noventa avos	—
100 cem	centésimo	centésimo	cêntuplo
500 quinhentos	quingentésimo	quingentésimo	—
600 seiscentos	sexcentésimo	sexcentésimo	—
1.000 mil	milésimo	milésimo	—
1.000.000 milhão	milionésimo	milionésimo	—

PAÍSES DO MUNDO, ADJETIVOS PÁTRIOS E MOEDAS

País	Capital	Nacionalidade	Unid. Monetária	Moeda Divisória
Afeganistão	Cabul	afegane	afegane	100 pules
África do Sul	Cidade do Cabo / Pretória	sul-africana	rand	100 centavos
Albânia	Tirana	albanesa	lek novo	quindarca
Alemanha	Berlim	alemã	marco alemão	pfennig (fênig)
Andorra	Andorra la Vella	andorrana	franco francês	100 cêntimos
Angola	Luanda	angolana ou angolense ou angola	novo cuanza	uei
Antigua	St. Johns	antiguana	dólar do Caribe	100 centavos
Arábia Saudita	Riad (sede do reinado) Jedá (capital administrativa)	saudita ou árabe-saudita	rial saudita	100 halalah
Argélia	Argel	argelina ou argeliana	dinar	100 cêntimos
Argentina	Buenos Aires	argentina	peso	centavos
Armênia	Jerevan	armênia	rublo	copeque
Austrália	Camberra	australiana	dólar	100 centavos
Áustria	Viena	austríaca	xelim	groschen
Azerbaidjão ou Azerbaijão	Baku	azerbaidjâni ou azerbeidjana	rublo	100 copeques
Bahamas	Nassau	baamês ou baamense	dólar baamiano	100 centavos
Bangladesh	Dacca	bengalesa ou bengali	taca	piosha
Barbados	Bridgetown	barbadiana	dólar barbadiano	100 centavos
Barein ou Bareine	Manama	barenita ou bareinita	dinar	1.000 fils
Bélgica	Bruxelas	belga	franco belga	100 cêntimos
Belize	Belmopán	belizenha	dólar de Belize	100 centavos
Benin	Porto Novo	beninense	franco CFA	100 cêntimos
Bielo-Rússia ou Belarus	Minsk	bielo-russa	taler	
Bolívia	La Paz	boliviana	boliviano	100 centavos
Bósnia-Herzegovina	Sarajevo	bósnio	novo dinar iugoslavo	100 paras
Botswana	Gaborone	betchuana	pula	100 tebe
Brasil	Brasília	brasileira	real	100 centavos
Brunei	Bandar Seri Begauan	bruneiana ou bruneana	dólar do Brunei	100 sen
Bulgária	Sófia	búlgara	leu	100 stotinki

PAÍSES DO MUNDO, ADJETIVOS PÁTRIOS E MOEDAS

País	Capital	Nacionalidade	Unid. Monetária	Moeda Divisória
Burkina	Magadugu	burquinense	franco CFA	100 cêntimos
Burundi	Bujumbura	burundinesa	franco do Burundi	100 cêntimos
Butão	Thimphu	butanesa	ngultrum	100 chetrum
Cabo Verde	Praia	cabo-verdiana	escudo do Cabo Verde	100 centavos
Camarões	Yaoundé	camaronesa	franco CFA	100 cêntimos
Camboja	Phnom Penh	cambojana ou cambojiana	riel novo	100 sen
Canadá	Ottawa	canadense	dólar canadense	100 centavos
Catar	Doha	catariana	rial do Catar	100 dirhams
Cazaquistão	Alma Atá	cazaque	rublo	100 copeques
Chade	Ndjamena	chadiana	franco CFA	100 cêntimos
Chile	Santiago	chilena	peso chileno	100 centavos
China	Pequim	chinesa	iuan ou iuane	100 fen
Chipre	Nicósia	cipriota ou cípria	libra cipriota lira turca	100 centavos 100 kurush
Cingapura	Cingapura	cingapuriana ou cingapurense	dólar de Cingapura	100 centavos
Colômbia	Bogotá	colombiana	peso colombiano	100 centavos
Congo	Brazzaville	congolesa ou congolense ou conguesa	franco CPA	100 cêntimos
Coreia do Norte	Pieongyang	norte-coreana	uon norte-coreano	100 chon
Coreia do Sul	Seul	sul-coreana	uon sul-coreano	100 chun
Costa do Marfim	Abidjan	ebúrnea ou marfiniana ou marfinense	franco CFA	100 cêntimos
Costa Rica	San José	costarriquense ou costarriquenha	colom costa-riquenho	100 cêntimos
Croácia	Zagreb	croata	dinar croata	
Cuba	Havana	cubana	peso cubano	100 centavos
Dinamarca	Copenhague	dinamarquesa	coroa dinamarquesa	100 ore
Djibuti	Djibuti	djibutiense ou djibutiana	franco do Caribe	100 cêntimos
Dominica	Roseau	dominicana	dólar do Caribe Oriental	100 centavos
Egito	Cairo	egípcia	libra egípcia	100 piastra
El Salvador	San Salvador	salvadorenha ou salvatoriana	colom salvadorenho	100 centavos
Emirados Árabes Unidos	Abu Dabi	árabe	dirrã	100 fils

PAÍSES DO MUNDO, ADJETIVOS PÁTRIOS E MOEDAS

País	Capital	Nacionalidade	Unid. Monetária	Moeda Divisória
Equador	Quito	equatoriana	sucre	100 centavos
Eslováquia	Bratislava	eslovaca		
Eslovênia	Liubliana	eslovena	tolar	100 stotins
Espanha	Madri	espanhola	peseta	100 cêntimos
Estados Unidos da América	Washington	americana	dólar	100 centavos
Estônia	Tallinn	estoniana	coroa estoniana rublo	
Etiópia	Adis-Abeba	etíope	dólar etíope	100 centavos
Fiji	Suva	fijiana	dólar de Fiji	100 centavos
Filipinas	Manila	filipina	peso filipino	100 centavos
Finlândia	Helsinki	finlandesa	marca	100 pennia
Formosa	Taipé	formosina ou taiuanesa	dólar	100 centavos
França	Paris	francesa	franco francês	100 cêntimos
Gabão	Libreville	gabonense ou gabonesa	franco CFA	100 cêntimos
Gâmbia	Banjul	gambiana	dalasi	100 bututi
Gana	Acra	ganense ou ganesa	cedi novo	100 pesewas
Geórgia	Tbilisi	georgiana	rublo	100 copeques
Grã-Bretanha	Londres	britânica	libra esterlina	100 centavos
Granada	St.George	granadina	dólar do Caribe	100 centavos
Grécia	Atenas	grega	dracma	100 leptae
Guatemala	Guatemala	guatemalteca ou guatemalense	quetzal ou quetçal	100 centavos
Guiana	Georgetown	guianense ou guianesa	franco	100 centavos
Guiné	Conacri	guineana	franco	100 cêntimos
Guiné-Bissau	Bissau	guineense	peso	100 centavos
Guiné Equatorial	Malabo	guinéu-equatoriana	franco CFA	100 cêntimos
Haiti	Porto Príncipe	haitiana	gurde	100 cêntimos
Holanda	Amsterdã	holandesa	florim	100 centavos
Honduras	Tegucigalpa	hondurenha	lempira	100 centavos
Hungria	Budapeste	húngara	florim	100 fillér
Iêmen	Sanaa	iemenita	rial iemenita	100 fils
Ilhas Comores	Moroni	comorense	franco comorense	100 cêntimos
Ilhas Marshall	Majuro	marshallina	dólar	100 centavos
Ilhas Salomão	Honiara	salomônica	dólar das ilhas de Salomão	100 centavos

PAÍSES DO MUNDO, ADJETIVOS PÁTRIOS E MOEDAS

País	Capital	Nacionalidade	Unid. Monetária	Moeda Divisória
Índia	Nova Délhi	indiana ou hindu ou índia	rupia indiana	100 paísa
Indonésia	Jacarta	indonésia	rupia	100 sen
Irã	Teerã	iraniana	rial iraniano ou real	100 dinares
Iraque	Bagdá	iraquiana	dinar iraquiano	100 dirrãs
Irlanda	Dublin	irlandesa	libra irlandesa	100 pence
Islândia	Reikjavik	islandesa	nova coroa irlandesa	100 aurar
Israel	Jerusalém	israelense ou israeliana	shekel ou siclo novo	100 agoras
Itália	Roma	italiana	lira italiana	100 centésimos
Iugoslávia	Belgrado	iugoslava	novo dinar	100 para
Jamaica	Kingston	jamaicana	dólar jamaicano	100 centavos
Japão	Tóquio	japonesa	iene	100 sen
Jordânia	Amã	jordaniana	dinar jordaniano	1.000 fils
Kiribati	Bairik	kiribatiana	dólar australiano	100 centavos
Kuwait	Al Kuwait	kuwaitiana	dinar kuwaiteano	1.000 fils
Laos	Vientiane	laosiana	kip novo	100 at
Lesoto	Maseru	lesota	loti (pl. maloti)	100 lisente
Letônia	Riga	letã ou leta	rublo letão	
Líbano	Beirute	libanesa	libra libanesa	100 piastras
Libéria	Monróvia	liberiana	dólar liberiano	100 centavos
Líbia	Trípoli	líbia	dinar líbio	1.000 dirrãs
Liechtenstein	Vaduz	liechtensteiniense	franco suíço	100 rappen
Lituânia	Vilnius	lituana	rublo	
Luxemburgo	Luxemburgo	luxemburguesa	franco luxemburguês	100 cêntimos
Macedônia	Skopje	macedônio	dinar	
Madagascar	Antananarivo	malgaxe	franco malgaxe	100 cêntimos
Malásia	Kuala Lumpur	malaísia	dólar malaísio	100 centavos
Malavi ou Malauí	Lilongüe	malaviana ou malauiana	cuacha maldívia	100 tambalas
Maldivas	Malê	maldívia	rupia maldívia	100 laaris
Mali	Bamaco	malinesa	franco CFA	100 cêntimos
Malta	Valeta	maltesa	libra maltesa	100 centavos
Marrocos	Rabat	marroquina	dirrã	100 cêntimos
Maurício	Port Louis	mauriciana	rupia mauriciana	100 centavos
Mauritânia	Nouakchott	mauritana	uguia	5 khum
México	Cidade do México	mexicana	peso mexicano	100 centavos

PAÍSES DO MUNDO, ADJETIVOS PÁTRIOS E MOEDAS

País	Capital	Nacionalidade	Unid. Monetária	Moeda Divisória
Mianmá	Yangum	birmanesa	quiat	100 pias
Micronésia	Kolonia	micronésia	dólar americano	100 centavos
Moçambique	Maputo	moçambicana	metical	100 centavos
Moldova	Kisinev	moldova	rublo	100 copeques
Mônaco	Mônaco-Ville	monegasca	franco francês	100 cêntimos
Mongólia	Ulan-Bator	mongol	tugrik	mongo
Namíbia	Windhoek	namibiana	rand	100 centavos
Nauru	Nauru	nauruana	dólar australiano	100 centavos
Nepal	Katmandu	nepalesa	rupia nepalesa	100 paisas
Nicarágua	Manágua	nicaragüense ou nicaraguana	córdoba novo	100 centavos
Níger	Niamei	nigerana	franco CFA	100 cêntimos
Nigéria	Lagos	nigeriana	naira	100 kobo
Noruega	Oslo	norueguesa	coroa norueguesa	100 ore
Nova Zelândia	Wellington	neozelandesa	dólar da Nova Zelândia	100 centavos
Omã	Mascate	omani ou omaniana	rial omani	1.000 baiza
Panamá	Cidade do Panamá	panamenha	balboa	100 cêntimos
Papua Nova Guiné	Port Moresby	papuásia ou papua	kina	100 toea
Paquistão	Islamabad	paquistanesa	rupée paquistanês	100 paisa
Paraguai	Assunção	paraguaia	guarani	100 cêntimos
Peru	Lima	peruana	inti	100 cêntimos
Polônia	Varsóvia	polonesa	zloty ou sloti	100 groszy
Portugal	Lisboa	portuguesa	escudo	100 centavos
Quênia	Nairobi	queniana	xelim queniano	100 centavos
Quirguízia	Bishkek	quirguiz	rublo	100 copeques
República Centro-Africana	Bangui	centro-africana	franco CFA	100 cêntimos
República Dominicana	São Domingo	dominicana	peso dominicano	100 centavos
República Tcheca	Praga	tcheca		
Romênia	Bucareste	romena	leu	100 bani
Ruanda	Kigali	ruandesa	franco de Ruanda	100 cêntimos
Rússia	Moscou	russa	rublo	100 copeques
Samoa Ocidental	Ápia	samoana	tala	100 sene
San Marino	San Marino	são-marinense	lira italiana	100 cêntimos
Santa Lúcia	Castries	santa-lucense	dólar do Caribe	100 centavos
São Cristóvão e Neves	Basseterre	são-cristovense	dólar do Caribe	100 centavos

PAÍSES DO MUNDO, ADJETIVOS PÁTRIOS E MOEDAS

País	Capital	Nacionalidade	Unid. Monetária	Moeda Divisória
São Tomé e Príncipe	São Tomé	são-tomense	dobra	100 cêntimos
São Vicente e Granadinas	Kingstown	são-vicentina	dólar do Caribe	100 centavos
Senegal	Dacar	senegalesa	franco CFA	100 cêntimos
Serra Leoa	Freetown	serra-leonesa	leone	100 centavos
Seichelas	Vitória	seichelense	rupia de Seichelas	100 centavos
Síria	Damasco	síria	libra síria	100 piastras
Somália	Mogadíscio	somali ou somaliana	xelim somaliano	100 centésimos
Sri Lanka	Colombo	cingalesa	rupia cingalesa	100 centavos
Suazilândia	Mbabane	suazi	lilangueni	100 centavos
Sudão	Cartum	sudanesa	libra sudanesa	100 millèmes
Suécia	Estocolmo	sueca	coroa sueca	100 ore
Suíça	Berna	suíça	franco suíço	100 centavos
Suriname	Paramaribo	surinamesa	florim surinamês	100 centavos
Tadjiquistão	Dusambe	tadjique	rublo	100 copeques
Tailândia	Bangcoc	tailandesa	baht	100 satangs
Tanzânia	Dodoma	tanzaniana	xelim tanzaniano	100 centavos
Togo	Lomé	togolesa	franco CFA	100 cêntimos
Tonga	Nuku Alofa	tonganesa	paanga	100 seniti
Trinidad e Tobago	Port of Spain	trinitina ou tobaguiana	dólar de Trinidad e Tobago	100 centavos
Tunísia	Túnis	tunisiana	dinar tunisiano	100 millièmes
Turquemenistão	Ashkhábad	turcomana	rublo	100 copeques
Turquia	Ancara	turca	lira turca	100 kurush
Tuvalu	Vaiaku	tuvaluana	dólar tuvaluano	100 centavos
Ucrânia	Kiev	ucraniana	rublo	100 copeques
Uganda	Kampala	ugandense	novo xelim	100 centavos
Uruguai	Montevidéu	uruguaia	peso uruguaio	100 centésimos
Uzbequistão	Taskent	uzbeque	rublo	100 copeques
Vanuatu	Porto Vila	vanuatense	vatu	100 cêntimos
Vaticano	Cidade do Vaticano		lira italiana	
Venezuela	Caracas	venezuelana	bolívar	100 cêntimos
Vietnã	Hanói	vietnamita	dong novo	100 xu
Zaire	Kinshasa	zairense	zaire	100 makuta
Zâmbia	Lusaka	zambiana	kuacha zambiana	100 ngui
Zimbábue	Harare	zimbabuana	dólar zimbabuano	100 centavos

ESTADOS BRASILEIROS, SUAS CAPITAIS E ADJETIVOS PÁTRIOS

Estado	Capital
Acre: acreano ou acriano	**Rio Branco:** rio-branquense
Alagoas: alagoano	**Maceió:** maceioense
Amapá: amapaense	**Macapá:** macapaense
Amazonas: amazonense	**Manaus:** manauense
Bahia: baiano	**Salvador:** salvadorense e soteropolitano (pouco usado este último)
Ceará: cearense	**Fortaleza:** fortalezense
Espírito Santo: espírito-santense ou capixaba	**Vitória:** vitoriense
Goiás: goiano	**Goiânia:** goianiense
Maranhão: maranhense	**São Luís:** são-luisense
Mato Grosso: mato-grossense	**Cuiabá:** cuiabano
Mato Grosso do Sul: mato-grossense-do-sul	**Campo Grande:** campo-grandense
Minas Gerais: mineiro ou montanhês	**Belo Horizonte:** belo-horizontino
Pará: paraense	**Belém:** belenense
Paraíba: paraibano	**João Pessoa:** pessoense
Paraná: paranaense	**Curitiba:** curitibano
Pernambuco: pernambucano	**Recife:** recifense
Piauí: piauiense	**Teresina:** teresinense
Rio de Janeiro: fluminense (Estado do Rio de Janeiro)	**Rio de Janeiro:** carioca
Rio Grande do Norte: rio-grandense-do-norte, norte-rio-grandense ou potiguar	**Natal:** natalense
Rio Grande do Sul: sul-rio-grandense, rio-grandense-do-sul ou gaúcho	**Porto Alegre:** porto-alegrense
Rondônia: rondoniense	**Porto Velho:** porto-velhense
Roraima: roraimense	**Boa Vista:** boa-vistense
Santa Catarina: catarinense ou barriga-verde	**Florianópolis:** florianopolitano
São Paulo: paulista (Estado de São Paulo)	**São Paulo:** paulistano (cidade de São Paulo)
Sergipe: sergipano	**Aracaju:** aracajuano
Tocantins: tocantinense	**Palmas:** palmense

ESCREVA E FALE CORRETAMENTE

Atenção: em negrito, expressão de forma adequada.

- Recebeu uma quantia *vultuosa*.
  Recebeu uma quantia **vultosa**.

- *Houveram* muitas festas.
  Houve muitas festas.

- *Fazem* dez anos que ele se casou.
  Faz dez anos que ele se casou.

- Eventos *beneficientes*.
  Eventos **beneficentes**.

- Espero que você *seje* feliz.
  Espero que você **seja** feliz.

- Ele era *de menor*.
  Ele era **menor**.

- *Devem haver* muitos candidatos ao cargo.
  Deve haver muitos candidatos ao cargo.

- Ocorreu grande *perca* de material.
  Ocorreu grande **perda** de material.

- Estamos na escola *afim* de estudar.
  Estamos na escola **a fim** de estudar.

- Aquela parte da apresentação é para *mim* ler.
  Aquela parte da apresentação é **para eu** ler.

- Graduou-se *há dois anos atrás*.
  Graduou-se **há dois anos**.
  Graduou-se **dois anos atrás**.

- *Aonde* eles estavam estudando?
  Onde eles estavam estudando?

- Prefiro refrigerante *do que* vinho.
  Prefiro refrigerante **a** vinho.

- Ela não encontrou *impecilhos* no trabalho.
  Ela não encontrou **empecilhos** no trabalho.

- Bebeu chá ao *invés* de refrigerante.
  Bebeu chá **em vez de** refrigerante.

- Éramos *em quatro* naquela casa.
  Éramos **quatro** naquela casa.

- Ela apôs sua *rúbrica* no documento.
  Ela apôs sua **rubrica** no documento.

- Eles residem *à* Rua São Paulo.
  Eles residem **na** Rua São Paulo.

- O executivo *interviu*.
  O executivo **interveio**.

- Na ocasião, ela agiu como bem *quiz*.
  Na ocasião, ela agiu como bem **quis**.

- Ela deixou *claro* sua ideia.
  Ela deixou **clara** sua ideia.

- *Aluga-se* apartamentos na praia.
  Alugam-se apartamentos na praia.

- Ela acorda *mau-humorada*.
  Ela acorda **mal-humorada**.

- A secretária ficou *ao par* das notícias.
  A secretária ficou **a par** das notícias.

- Ela ficou *meia* aborrecida.
  Ela ficou **meio** aborrecida.

- Não sei *porque* eles partiram cedo.
  Não sei **por que** eles partiram cedo.

- Ela era uma pessoa *à toa*.
  Ela era uma pessoa **à-toa**.

- A reunião começará às *9hrs*.
  A reunião começará às **9h**.

- Ela deu a *luz* a uma linda menina.
  Ela deu **à luz** uma linda menina.

- Ela viajou *às* cinco para as oito.
  Ela viajou **aos** cinco para as oito.

- Comprei *menas* frutas na quitanda.
  Comprei **menos** frutas na quitanda.

- Comprou *quinhentas* gramas de sal.
  Comprou **quinhentos** gramas de sal.

- Não a encontro *a* algum tempo.
  Não a encontro **há** algum tempo.

- A escolha ficou *entre eu* e ele.
  A escolha ficou **entre mim** e ele.

- O *auto-falante* era muito possante.
  O **alto-falante** era muito possante.

- Nervosa, fiquei fora de *si*.
  Nervosa, fiquei fora **de mim**.

- Estacionamento *grátis*.
  Estacionamento **gratuito**.

- Ela comprou uma saia *em* algodão.
  Ela comprou uma saia **de** algodão.

- *Ao* persistirem os sintomas, procure seu médico.
  A persistirem os sintomas, procure seu médico.

- É *proibido* a entrada de menores.
  É **proibida** a entrada de menores.
  É **proibido** entrar.

- Quem chega antes tem *previlégios*.
  Quem chega antes tem **privilégios**.

ESCREVA E FALE CORRETAMENTE

- O barulho passou quase *desapercebido*.
  O barulho passou quase **despercebido**.

- Alcançar sucesso na vida *implica em* muito trabalho.
  Alcançar sucesso na vida **implica** muito trabalho.

- O ministro proferiu um discurso *onde* mencionou vários problemas.
  O ministro proferiu um discurso **no qual** (ou **em que**) mencionou vários problemas.

- *Haja visto* os acontecimentos no carnaval.
  Haja vista os acontecimentos no carnaval.

- O teto daquela casa desabara *há* muito tempo.
  O teto daquela casa desabara **havia** muito tempo.

- Para *maiores* informações, consulte o catálogo.
  Para **mais** (ou **outras**) informações, consulte o catálogo.

- Ela lhe desejou bom *final de semana*.
  Ela lhe desejou bom **fim de semana**.

- A medida econômica foi adotada *a* nível estadual.
  A medida econômica foi adotada **em** nível estadual.

- *Ao* meu ver, o filme foi muito bom.
  A meu ver, o filme foi muito bom.

- A viagem ao campo foi *de encontro* aos desejos da menina.
  A viagem ao campo foi **ao encontro** do desejo da menina.

- O projeto do deputado recebeu *apoiamento* unânime.
  O projeto do deputado recebeu **apoio** unânime.

- Os telespectadores foram convidados a *conferir* a nova novela.
  Os telespectadores foram convidados a **assistir** à nova novela.

- Antigamente não havia TV *a* cores.
  Antigamente não havia TV **em** cores.

- Eu, *enquanto* ser humano, não aceito qualquer tipo de preconceito.
  Eu, **como** ser humano, não aceito qualquer tipo de preconceito.

- A *estadia* dos alunos naquele hotel foi muito proveitosa.
  A **estada** dos alunos naquele hotel foi muito proveitosa.

- A jovem providenciou a *estada* de seu carro no estacionamento local.
  A jovem providenciou a **estadia** de seu carro no estacionamento local.

- A jovem disse que, *independente* de autorização, fará a viagem.
  A jovem disse que, **independentemente** de autorização, fará a viagem.

- A autoridade de plantão expediu um *mandato* de prisão.
  A autoridade de plantão expediu um **mandado** de prisão.

- A presidente daquela associação tem um *mandado* de dois anos.
  A presidente daquela associação tem um **mandato** de dois anos.

- Machado de Assis foi um escritor *proeminente*.
  Machado de Assis foi um escritor **preeminente**.

- O médico recomendou-lhe fazer um exame de *raio X*.
  O médico recomendou-lhe fazer um exame de **raios X**.

*Ela foi *uma das que ficou* com a vaga.
  Ela foi **uma das que ficaram** com a vaga.

- Se minha amiga me *ver* cantando, estranhará.
  Se minha amiga me **vir** cantando, estranhará.

- Ontem depositei *hum* mil reais no banco.
  Ontem depositei **mil reais** no banco.

- Estava chovendo; *porisso* não fui ao cinema.
  Estava chovendo; **por isso** não fui ao cinema.

- *O Brasil ele é* um país de muitas belezas naturais.
  O Brasil **é** um país de muitas belezas naturais.

- As crianças revelam *por si só* suas intenções.
  As crianças revelam **por si sós** suas intenções.

- Os Estados Unidos *é* um país de grandes contradições.
  Os Estados Unidos **são** um país de grandes contradições.

- Ele esteve na cidade *antes de ontem*.
  Ele esteve na cidade **anteontem**.

- Sejam todos *benvindos* à reunião!
  Sejam todos **bem-vindos** à reunião!

- Ele tem muito *ciúmes* da esposa.
  Ele tem muito **ciúme** da esposa.
  Ele tem **ciúmes** da esposa.

- O *estrupo* é um crime dos mais violentos.
  O **estupro** é um crime dos mais violentos.

- Ele comprou uma camisa de *tons pastéis*.
  Ele comprou uma camisa de **tons pastel**.

- Ela precisou comprar *um* óculos de grau.
  Ela precisou comprar **óculos** de grau.
  Ela precisou comprar **uns óculos** de grau.

- As pesquisas mostram, *a grosso modo*, que o candidato vencerá.
  As pesquisas mostram, **grosso modo**, que o candidato vencerá.

EVITE AS REDUNDÂNCIAS (REPETIÇÕES DE IDEIA): OU AS IMPROPRIEDADES

- Abertura inaugural.
- Abusar demais.
- Amanhecer o dia.
- Breve alocução.
- Certeza absoluta.
- Comparecer em pessoa.
- Compartilhar conosco.
- Completamente vazio.
- Conclusão final.
- Criar novos.
- Detalhes minuciosos.
- Elo de ligação.
- Em duas metades iguais.
- Encarar de frente.
- Escolha opcional.
- Exceder em muito.
- Expressamente proibido.
- Fato real.
- Ganhar grátis.
- Há anos atrás.
- *Habitat* natural.
- Inaugurar a(o) nova(o).
- Interromper de uma vez.
- Juntamente com.
- Lançar novo.
- Monopólio exclusivo.
- Multidão de pessoas.
- Obra-prima principal.
- Outra alternativa.
- Passatempo passageiro.
- Pequenos detalhes.
- Planejar antecipadamente.
- Planos para o futuro.
- Preço barato.
- Preconceito intolerante.
- Regra geral.
- Repetir outra vez.
- Superávit positivo.
- Surpresa inesperada.
- Todos foram unânimes.
- Última versão definitiva.
- Vandalismo criminoso.
- Vereador da cidade.
- Veredito final.
- Viúva do falecido.
- Voltar atrás.

NOMES QUE ADMITEM FORMA COLETIVA

abelhas - enxame
acompanhantes - séquito
alhos - réstia
alunos - classe
anjos - coro, falange, legião
artistas - companhia, elenco
árvores - arvoredo, bosque
asnos - manada, récua
astros - constelação
atores - elenco
aves - bando
aviões - esquadrilha
balas - saraiva, saraivada
bois - boiada, manada, rebanho
burros - tropa
cabras - malhada, rebanho, fato
camelos - cáfila
caminhões - frota
cães - matilha
cardeais - conclave
carneiros - malhada, rebanho
carros - comboio
cavaleiros - cavalgada, cavalhada
cavalos - tropa
cebolas - réstia
chaves - molho, penca
clientes - clientela, freguesia
cobras - serpentário
cônegos - cabido
demônios - legião
deputados - câmara, assembleia
desordeiros - corja, malta, súcia, turba
dinheiro - bolada
discos - discoteca
elefantes - manada
escritos - antologia, coletânea, seleta
espigas - molho
estados - federação, nação
estrelas - miríade, constelação
filhotes - ninhada
flores - ramalhete, buquê
gafanhotos - nuvem, praga
garotos - bando
ilhas - arquipélago
índios - tribo
insetos - nuvem
jornais - hemeroteca
jumentos - récua
ladrões - bando, malta, quadrilha
lobos - alcateia
macacos - bando
malfeitores - quadrilha, súcia, tropa
mapas - mapoteca, atlas
marinheiros - marujada, tripulação
médicos - junta
montanhas - cordilheira, serra
músicos - orquestra
navios - frota, esquadra, armada
nomes - lista, rol
ovelhas - rebanho
padres - clero
panteras - alcateia
papéis - resma
passarinhos - nuvem, bando
peixes - cardume
pessoas - bando, multidão
porcos - vara
quadros - pinacoteca, galeria
selos - coleção
soldados - tropa, legião, batalhão, pelotão
vadios - cambada, caterva, corja, súcia
varas - feixe

AS ORIGENS DAS PALAVRAS DA LÍNGUA PORTUGUESA

Segundo Domingos Paschoal Segalla, as palavras que formam o arcabouço da língua portuguesa podem ser de origem latina, de formação vernácula ou de importação estrangeira. A maioria das palavras de nosso idioma é oriunda do latim vulgar (falado pelo povo), introduzido na Luzitânia duzentos anos antes de Cristo por soldados romanos. A formação da língua portuguesa teve um longo caminho: primeiramente, o povo rude e iletrado estabeleceu o seu formato, do século VI ao XI, e, depois, com a ascensão dos portugueses, surgiram estudiosos e escritores. Estes, até o século XVI, fizeram um estudo aprofundado da língua e estabeleceram as formas cultas (eruditas). Exemplos:

Formas populares	*cuidar - chave - chama - leal - siso - sarar - teia*
Formas cultas	*cogitar - clave - flama - legal - senso - sanar - tela*

No decorrer dos séculos, a língua portuguesa foi influenciada por línguas estrangeiras que, em vários momentos da história, estiveram ou estão em proximidade maior com a nossa cultura, e novas palavras vão se somando ao nosso léxico. Pequena amostra dessa influência:

LÍNGUA	EXEMPLOS
Hebraico	*aleluia, Páscoa, sábado, etc. (trazidas pela Bíblia)*
Alemão	*valsa, chope, hamster, blitz, etc.*
Árabe	*algodão, alfaiate, azeite, algema, etc.*
Francês	*greve, avenida, detalhe, guichê, etc.*
Inglês	*bife, clube, futebol, jóquei, xampu, etc.*
Italiano	*maestro, piano, soneto, pastel, etc.*
Espanhol	*castanhola, cavalheiro, ojeriza, etc.*
Russo	*mujique, esputinique, vodca, etc.*
Chinês	*chá, chávena, pequinês, etc.*
Japonês	*biombo, judô, quimono, gueixa, etc.*
Turco	*algoz, horda, lacaio, etc.*
Tupi	*tatu, saci, jiboia, pajé, etc.*
Línguas africanas	*quilombo, marimbondo, maxixe, vatapá, etc.*

SUFIXOS

Sufixos são os elementos que, acrescentados ao final de um radical, alteram a significação originária e formam novas palavras, as chamadas *palavras derivadas*.
A maioria dos sufixos é oriunda do latim e do grego e, na língua portuguesa, classificam-se em:

NOMINAIS	formam substantivos e adjetivos: dente - dent***ista*** / gosto - gost***oso***
VERBAIS	formam verbos: gota - got***ejar*** / cabeça - cabec***ear***
ADVERBIAIS	formam advérbios: justo - justa***mente*** / rápido - rapida***mente***

ALGUNS SUFIXOS NOMINAIS

SUFIXO	IDEIA DE COLEÇÃO, AGRUPAMENTO	SUFIXO	IDEIA DE COLEÇÃO, AGRUPAMENTO
-ada	garot*ada*, beir*ada*	-aria	churrasc*aria*, tabac*aria*
-agem	aterriss*agem*, ram*agem*	-ame	vasilh*ame*
-al	coqueir*al*, laranj*al*	-edo	arvor*edo*, roch*edo*
-alha	gent*alha*, cordo*alha*	-io	mulher*io*
SUFIXO	**AUMENTATIVO**	**SUFIXO**	**AUMENTATIVO**
-aço	bal*aço*, ric*aço*	-aréu	pov*aréu*
-aça	barc*aça*, popul*aça*	-ázio	cop*ázio*
-arra	boc*arra*	-ão	narig*ão*, vozeir*ão*
SUFIXO	**DIMINUTIVO**	**SUFIXO**	**DIMINUTIVO**
-acho	ri*acho*	-(z)inho	animal*zinho*, ded*inho*
-ejo	lugar*ejo*	-ote	velh*ote*
-ico	burr*ico*	-ucho	papel*ucho*, gord*ucho*
SUFIXO	**AÇÃO, QUALIDADE, ESTADO**	**SUFIXO**	**AÇÃO, QUALIDADE, ESTADO**
-ada	palm*ada*, brec*ada*	-ença	cr*ença*, indifer*ença*
-ança	govern*ança*, esper*ança*	-ência	impon*ência*, abstin*ência*
-ância	relut*ância*, ambul*ância*	-ez	altiv*ez*, surd*ez*
-ção	ora*ção*, malha*ção*	-eza	bel*eza*, lev*eza*, clar*eza*
-dade	mal*dade*, bel*dade*	-mento	feri*mento*, estabeleci*mento*
-dão	escuri*dão*, apti*dão*	-ura	pint*ura*, format*ura*
SUFIXO	**PROFISSÃO, OFÍCIO, AGENTE**	**SUFIXO**	**PROFISSÃO, OFÍCIO, AGENTE**
-ário	banc*ário*, bibliotec*ário*	-sor	agrimen*sor*, ascen*sor*
-eiro	pedr*eiro*, açougu*eiro*	-tor	inspe*tor*, inven*tor*
-dor	vende*dor*, salva*dor*	-nte	escreve*nte*, ouvi*nte*
SUFIXO	**ESTABELECIMENTO, REPARTIÇÃO, AÇÃO**	**SUFIXO**	**ESTABELECIMENTO, REPARTIÇÃO, AÇÃO**
-aria	maquin*aria*, grit*aria*	-eria	lot*eria*, leit*eria*, galant*eria*
SUFIXO	**QUE EXPRIME LUGAR**	**SUFIXO**	**QUE EXPRIME LUGAR**
-douro	bebe*douro*, ancora*douro*	-tório	labora*tório*, promon*tório*
SUFIXO	**IDEIA DE "MATAR", "QUE MATA"**	**SUFIXO**	**IDEIA DE "MATAR", "QUE MATA"**
-cida	formi*cida*, sui*cida*	-cídio	sui*cídio*, homi*cídio*
SUFIXO	**REFERÊNCIA, RELAÇÃO**	**SUFIXO**	**REFERÊNCIA, RELAÇÃO**
-al	celesti*al*, imperi*al*	-eo	vítr*eo*, férr*eo*, corpór*eo*
-ar	escol*ar*, lu*ar*, estel*ar*	-ea	instantân*ea*
SUFIXO	**NATURALIDADE, ORIGEM**	**SUFIXO**	**NATURALIDADE, ORIGEM**
-ano	paraib*ano*	-ês	chin*ês*
-ão	alem*ão*	-eu	europ*eu*
-eiro	brasil*eiro*, min*eiro*	-ino	florent*ino*
-ense	parana*ense*	-ista*	paul*ista*
SUFIXO	**ABUNDÂNCIA, SUPERQUALIFICAÇÃO**	**SUFIXO**	**ABUNDÂNCIA, SUPERQUALIFICAÇÃO**
-oso	gordur*oso*, coraj*oso*	-udo	cabel*udo*, pont*udo*
SUFIXO	**GRAU SUPERLATIVO DE ADJETIVOS**	**SUFIXO**	**GRAU SUPERLATIVO DE ADJETIVOS**
-imo	facíl*imo*	-érrimo	paup*érrimo*
-íssimo	bel*íssimo*, fe*íssimo*, muit*íssimo*		

(*) Ver "outros sufixos".

OUTROS SUFIXOS

SUFIXOS	INDICAM OU EXPRIMEM...	EXEMPLOS
-áceo, -ácea	(em botânica)	rubiáceo, rubiácea
-ado	grupo, lugar, abundância, etc.	bispado, consulado, barbado
-aico	relação, etc.	judaico, arcaico, prosaico
-ando	continuidade (em estudo), etc.	doutorando, examinando
-âneo	temporalidade, relação, etc.	instantâneo, conterrâneo
-ato	grupo, etc.	sindicato, cardinalato
-ato / -ol	(em química)	sulfato, bromato, fenol
-esa, essa, issa	título ou dignidade de pessoa (feminino)	baronesa, marquesa, condessa, sacerdotisa, profetisa
-ico	referência, relação	físico, histórico, olímpico, bíblico
-ista	naturalidade, partidarismo, profissão	paulista, comunista, maquinista
-ite	ideia de inflamação	apendicite, gastrite
-ivo	ação determinante de algo, etc.	corrosivo, explosivo
-oide	semelhança (adjetivos)	antropoide, esferoide, ovoide
-onho	manifestação exagerada, etc.	medonho, enfadonho
-ose	estado de morbidez, doença	neurose, psicose, tuberculose
-tério	denota lugar (substantivos)	batistério, cemitério, necrotério
-vel	latência de algo, etc.	inflamável, adorável, solúvel

PREFIXOS LATINOS

Na formação da língua portuguesa, os prefixos latinos e gregos dão precisão aos significados das palavras.
Principais prefixos de origem latina que integram o léxico português:

PREFIXOS DE ORIGEM LATINA	INDICAM OU EXPRIMEM...	EXEMPLOS
ab-, abs-, a-	afastamento, separação, privação	abnegado, abdicar, abster-se, abstêmio, aversão, afastar
a-, ad-	aproximação, passagem a um estado, tendência	ajuntar, avizinhar, admirar, adjacência
ambi-	duplicidade, dubiedade	ambíguo, ambiguidade, ambivalente
ante-	antes, antecedência	antepor, antevéspera, antebraço
ben(e)-, bem-, ben-	bem, excelência	beneficente, benevolência, bem-amado, benquerença
circum-, circun-, circu-	em redor, em torno	circumpolar, circunlóquio, circungirar, circunavegação
cis-	do lado de cá, aquém	cisandino, cisplatino
com-, con-, co	companhia, concomitância	compadre, confraternizar, cooperativa, colaborar, coautor

PREFIXOS LATINOS

Prefixo	Significado	Exemplos
contra-	direção contrária, oposição	contravenção, contramarcha, contramuro
de-	para baixo, separação	declínio, decrescer, decompor
des-, dis-	negação, ação contrária, separação, afastamento	desarmonia, desonesto, destravar, desterrar, dissociar
ex-, es-, e-	movimento para fora, estado anterior, conversão em	expulsar, expatriar, ex-marido, esfolar, esmigalhar, evaporar, ejetar
extra-	fora de	extraordinário, extrassensorial
in-, i-, en-, em-, e-	para dentro, conversão em, tornar	ingerir, imerso, engarrafar, engordar, empalidecer, engolir, embarcar, emudecer
in-, im-, i- (*)	negação, carência	infelicidade, imberbe, ilegível, ilegal, irreal, irracional, irredutível
infra-	abaixo, na parte inferior	infravermelho, infraestrutura, infrassom
inter-, entre-	posição intermediária, ação recíproca ou incompleta	interplanetário, intercomunicação, entreter, entrelinha, entreabrir
intra-, intro-	posição interior, dentro, movimento para dentro	intramuscular, introspectivo, introduzir, introvertido
justa-	proximidade, posição ao lado	justapor, justalinear
male-, mal-	opõem-se a bene ou ben-	malevolência, mal-educado, mal-estar, maldizer
multi-	muito(s)	multinacional, multissecular
ob-, o-	posição fronteira, oposição	objetivo, objeção, opor
pene-	quase	penumbra, penúltimo, península
per-	através de, ação completa	percorrer, pervagar, perfazer, perfeito
pluri-	ideia de multiplicidade	pluricelular, pluripartidário
post-, pos-, pós-	atrás, depois	póstumo, posteridade, postergar, pospor, pós-guerra
pre-, pré-	antes, acima	prefixo, predizer, pressupor, pré-escolar, pré-estreia
preter-	que vai além de	preterir, preterintencional
pro-, pró-	movimento para a frente, em lugar de, em favor de	progresso, prosseguir, pronome, propugnar, pró-cristão
re-	para trás, repetição, intensidade	regressar, retorno, reaver, remarcação, recomeçar, redobrar
retro-	para trás	retrocesso, retroativo
semi-	metade, meio	semicírculo, semicerrar
sesqui-	um(a) (quantidade) e meio(a)	sesquicentenário (150 anos - um século e meio), sesquipedal (pé e meio de comprido)
sub-, sob-, so-	posição inferior, debaixo, deficiência, ação incompleta	subaquático, subestimar, sobpor, sobraçar, soterrar, sopé, soerguer
super-, sobre-	posição superior, em cima, depois, excesso	supercílio, super-homem, superlotado, sobrecarga, sobreloja, sobrevir, sobreviver

PREFIXOS LATINOS

supra-	acima	supradito, supracitado, suprapartidário, suprarrenal
trans-, tras-, tra-, tres-	além, através de	transatlântico, trasladar (ou transladar), tradição, tresnoitar
tri-, tris-	três	triciclo, tricampeão, trisavô
ultra-	além de	ultrapassar, ultravioleta
uni-	um	unicelular, unificar, uníssono
vice-, vis	em lugar de, substituição:	vice-almirante, vice-presidente, vice-versa, visconde

(*) O prefixo **in-** reduz-se a **i-** antes de *l, m, n* e *r*: *ilegal, imóvel, inocente, irresponsável*. Antes de *b* e *p* assume a forma **im-**: *imberbe, improdutivo*.

PREFIXOS GREGOS

Na formação da língua portuguesa, os prefixos latinos e gregos dão precisão aos significados das palavras.
Principais prefixos de origem grega que integram o léxico português:

PREFIXOS DE ORIGEM GREGA	INDICAM OU EXPRIMEM...	EXEMPLOS
a-, an-	negação, carência	acéfalo, analfabeto, anarquia, anemia, anencefalia, anonimato, ateu
ana-	inversão, afastamento, decomposição	anagrama, anacronismo, analisar, anatomia
anfi-	em torno de, duplicidade	anfiteatro, anfíbio
anti-	oposição, contra	antítese, antipatia, antiaéreo
apo-	separação, afastamento	apócope, apócrifo, apogeu
arqui-, arque-, arce-	superioridade, primazia	arquipélago, arquibancada, arquétipo, arcebispo
cata-	movimento de cima para baixo	catadupa, catarro, catástrofe, cataclismo
di-	dois	dicéfalo, díptero, dissílabo
dia-	através, por meio de	diâmetro, diálogo, diáfano
dis-	afecção, dificuldade	disenteria, dispneia, disfagia
en-, em-	dentro, posição interna	encéfalo, empíreo
endo-	movimento para dentro	endocarpo, endovenoso
epi-	sobre, posição superior	epígrafe, epiderme, epitáfio
eu-, ev-	bem, bondade, excelência	eufemismo, euforia, eucaristia, evangelho
ex-, exo-, ec-	fora, movimento para fora	exorcismo, êxodo, eclipse, exogamia
hemi-	meio, metade	hemiciclo, hemisfério
hiper-	superioridade, excesso, demais	hipertensão, hipertrofia

PREFIXOS GREGOS

hipo-	sob, posição inferior, deficiência	hipogeu, hipocrisia, hipótese, hipotenusa
meta	mudança, atrás, além, depois de, no meio	metamorfose, metáfora, metafísica, metacarpo
para-	junto de, proximidade	parasita, paradigma, parábola, parapsicologia
peri-	em torno de	periferia, perímetro
pro-	antes, anterioridade	prólogo, prognóstico, próclise
sin-, sim-, si-	simultaneidade, companhia	sintonizar, sintaxe, síntese, simpatia, simetria

RADICAIS GREGOS

De indiscutível importância para a exata compreensão e fácil memorização de inúmeras palavras. Mesmo a língua latina sofreu grande influência do grego, daí o grande número de palavras em língua portuguesa. Listamos os radicais gregos de uso mais frequente:

RADICAL GREGO	SIGNIFICADO	EXEMPLOS
ácros	alto	acrópole, acrobacia, acrofobia
aér, aéros	ar	aéreo, aeródromo, aeronáutica
agogós	o que conduz	demagogo, pedagogo
agón	luta	agonia, antagonista, protagonista
álgos	dor	algofilia, analgésico, nevralgia
álos	outro	alopatia, alopata, alogamia
anér, andrós	homem, macho	androfobia, androceu
ánthropos	homem	antropologia, antropófago, filantropo
archáios	antigo	arcaico, arqueologia, arcaísmo
arché	comando, governo	anarquia, monarca, monarquia
áristos	o melhor	aristocracia, aristocrata
árthron	articulação	artrose, artrite, artrópode
astér, astéros	estrela	asteroide, asterisco
ástron	astro	astronomia, astronauta
atmós	gás, vapor	atmosfera
autós	próprio, mesmo	automóvel, autonomia, autônomo
báros	peso, pressão	barômetro, barostato
barýs	pesado, grave	barimetria, barítono
bathýs	profundo	batímetro, batiscafo, batisfera
biblíon	livro	biblioteca, bibliografia
bíos	vida	biologia, biografia, anfíbio
brachýs	curto, breve	braquicéfalo, braquidátilo
cir- (de chéir), quiro- (de cheirós)	mão	cirurgia, cirurgião, quiromante
chlorós	verde	cloro, clorofila, clorídrico
chróma, chrómatos	cor	cromático, policromia

RADICAIS GREGOS

chrónos	tempo	cronômetro, anacronismo
chrýsos	ouro	crisólito, crisóstomo, crisântemo
dáktylos	dedo	datilografia, datilografar
déka	dez	decálogo, decâmetro, decassílabo
démos	povo	democracia, demográfico, demografia
dérma, dérmatos	pele	dermatologia, epiderme, dermatose
dóxa	opinião, doutrina	ortodoxo, paradoxo
drómos	corrida	autódromo, hipódromo
dýnamis	força, potência	dínamo, dinamite, dinamômetro
eco- (de oikos)	casa, hábitat	economia, ecologia
élektron	âmbar, eletricidade	elétrico, eletrônica, elétron
eno- (de oinos)	vinho	enologia, enólogo
éthnos	povo, raça	étnico, etnografia, etnia
étymos	verdadeiro	etimologia, etimológico, étimo
gámos	casamento	polígamo, monogamia
gastér, gastrós	estômago	gastrite, gastrônomo, gástrico
géo- (de gê)	terra	geografia, geologia, geoide
glótta, glóssa	língua	poliglota, epiglote, glossário
gonía	ângulo	polígono, diagonal
grámma	letra, escrito	gramática, anagrama, telegrama
grápho	escrevo	grafia, ortografia, caligrafia
gymnós	nu	ginásio, ginástica, gimnofobia
gyné, gynaikós	mulher	gineceu, ginecologia
hédra	base, face, lado	poliedro, hexaedro, pentaedro
hélios	Sol	heliocêntrico, heliotropismo
hema-, hemo-	sangue	hematófago, anemia, hemorragia
heméra	dia	hemeroteca, efêmero
hépar, hépatos	fígado	hepático, hepatite, hepatologia
héteros	outro, diferente	heterogêneo, heterônimo
héxa-	seis	hexacampeão, hexágono
hierós	sagrado	hierarquia, hierático, hieróglifo
hippos	cavalo	hipódromo, hipopótamo
hómoios	semelhante, igual	homeopatia, homeopata
homós	semelhante, igual	homônimo, homogêneo
hydro-	água	hidratar, hidrografia, hidrômetro
hygrós	úmido	higrômetro
hýpnos	sono	hipnose, hipnotizar, hipnotismo
iatréia	tratamento médico	pediatria, psiquiatria
ichthýs (ictís), ichthyos	peixe	ictiófago, ictiografia
icon- (de eikón)	imagem	iconoclasta, iconografia
ídios	próprio	idioma, idiotismo
isos	semelhante, igual	isósceles, isotérmico, isonomia
kakós	mau	cacofonia, cacoete
kali-	belo	caligrafia, calidoscópio
kardía	coração	cardiologia, taquicardia

RADICAIS GREGOS

karpós	fruto	endocarpo, mesocarpo
kephalé	cabeça	acéfalo, cefálico
kínema, kinématos	movimento	cinema, cinematográfico
kósmos	mundo, adorno	cosmografia, cosmopolita, cosmético
krátos	poder, força, domínio	aristocracia, democracia, escravocrata
kyklos	círculo	ciclovia, triciclo
kýon, kynós	cão	cínico, cinismo, cinegética
kýstis	bexiga	cistite, cistoscopia
kýtos	célula	citologia, leucócito
latréia	culto, adoração	idolatria, heliolatria, idólatra
leukós	branco	leucócito, leucemia
líthos	pedra	aerólito, litografia
lógos	palavra, colóquio, estudo	diálogo, biologia, decálogo, logotipo
lýsis	dissolução, ato de desatar	análise, eletrólise
makrós	longo, grande	macróbio, macrobiótica
mancia-	adivinhação	cartomancia, quiromancia
manía	loucura, inclinação	cleptomania, manicômio, maníaco
mégas, megálo-	grande	megalomania, megatério
mésos	meio, do meio	mesocarpo, mesóclise, mesopotâmia
méter, metrós	mãe	metrópole, metropolitano
métron	medida	métrico, quilômetro, termômetro
makrós	pequeno	micróbio, microscópio, micro-onda
mísos	ódio, aversão	misógamo, misógino, misoneísmo
mnemo-	memória, lembrança	mnemônico, amnésia
mónos	um só, sozinho	monólogo, monocultura, monoteísta
morphé	forma	morfologia, amorfo, metamorfose
nekrós	morto, cadáver	necrotério, necropsia, necrológio
néos	novo	neologismo, neófito, neolatino
néuron	nervo	neurologia, neurose, nevralgia
nómos	lei, norma	autônomo, anomalia, anômalo
nósos	doença, moléstia	nosofobia, zoonose
odóus, odóntos	dente	odontologia, odontologista, mastodonte
olígos	pouco	oligarquia, oligofrenia, oligúria
óneiros	sonho	onirologia, onírico
ónoma, ónyma	nome	pseudônimo, antônimo
óphis, ophídion	cobra	ofídio, ofídico, ofidismo
ophthalmós	olho	oftalmologia, oftalmologista
óps, opós	vista	óptica, ótica, míope, ciclope
órnis, órnithos	ave	ornitologia, ornitólogo
orthós	reto, correto	ortografia, ortopedia
ous, otós	ouvido	otite, otorrino, otologia
páis, paidós	criança	pedagogia, pediatria, pediatra
pan, pantós	tudo, todo	panorama, panteísmo, pantógrafo
pathos	doença, sentimento	patologia, simpatia
pedo- (de paidéia)	educação, correção	ortopedia, enciclopédia

RADICAIS GREGOS

penta-	cinco	pentacampeão, pentágono
phílos	amigo	filosofia, filantropia
phóbos	medo, aversão	hidrofobia, claustrofobia
phoné	voz, som	telefone, cacofonia, afônico
phós, photós	luz	fotografia, fotógrafo, fósforo
phýsis, phýseos	natureza	fisiologia, físico, fisioterapia
phytón	vegetal	fitotecnia, fitogeografia, fitoteca
plóutos	riqueza	plutocracia, plutocrata
pnéuma, pnéumatos	respiração, ar, sopro	pneumática, pneumático (pneu)
pnéumon	pulmão	pneumonia, pneumologia
pólis	cidade	política, acrópole, metrópole
polýs	muito, numeroso	poliglota, polígono
pótamos	rio	hipopótamo, Mesopotâmia
pséudos	mentira, falsidade	pseudônimo, pseudotopázio
psittakós	papagaio	psitacismo, psitacídeos
psyché	alma	psicologia, psicose, psíquico
pterón	asa	pteroide, coleóptero, helicóptero
pyr, pyrós	fogo	pirosfera, pirotécnico, antipirético
rhéo / reuma	fluir, correr, fluxo	reumatismo, catarro, diarreia
(rhis-, rhinós) rino-	nariz	rinite, otorrino
riza	raiz	rizófago, rizotônico
seismós	abalo, tremor	sismógrafo, sísmico
seléne	Lua	selenita
síderos	ferro, aço	siderose, siderurgia
skopéo	ver, olhar	telescópio, microscópio, radioscópio
sóma, sómatos	corpo	somático, cromossomo
sophós	sábio	filósofo, filosofia
stoma, stómatos	boca	estomatite
(tachús) taqui-	rápido, breve	taquicardia, taquígrafo
táxis	arranjo, classificação	sintaxe, taxidermista
téchne	arte, ofício	tecnologia, tecnocracia
téle	longe	televisão, telefone, teleguiar
théke	caixa	biblioteca, discoteca
theós	deus	teologia, teólogo, apoteose
therapéia	tratamento	hidroterapia, fisioterapia
thérmos	calor, quente	hipotermia, termômetro
topo	local, lugar	topônimo, topografia, tópico
tráuma, tráumatos	ferimento	trauma, traumatismo
trophé	nutrição, alimentação	atrofia, hipertrofia
týpos	tipo, modelo	tipografia, protótipo
xénos	estrangeiro	xenofobia, xenófobo
xýlon	madeira	xilogravura, xilófago
zóon	animal	zoológico, zoonose

RADICAIS LATINOS

De indiscutível importância para a exata compreensão e fácil memorização de inúmeras palavras, listamos os latinos de uso mais frequente:

RADICAL LATINO	SIGNIFICADO	EXEMPLOS
ager, agri	campo	agrícola, agricultura
ambi-	ambos	ambidestro, ambíguo
ambulo, ambulare	andar	ambulatório, sonâmbulo, perambular
apis	abelha	apicultura, apicultor
arbor, arboris	árvore	arboricultura, arborizar
argentum, argenti	prata	argênteo, argentífero, argentino
bellum, belli	guerra	bélico, belicoso, beligerante
capillus, capilli	cabelo	capilar, capiliforme, capilaridade
caput, capitis	cabeça	capital, decapitar, capitoso
cinis, cineris	cinza	cinéreo, incinerar, incineração
cola- (de colo, tolere)	habitar, cultivar	arborícola, vitícola
cor, cordis	coração	cordiforme, cordial
cuprum, cupri	cobre	cúpreo, cúprico, cuprífero
digitus, digiti	dedo	digital, digitar, digitação
ego	eu	egocêntrico, egoísmo,ególatra
equi- (de aequus)	igual	equivalente, equinócio, equiângulo
evo (de aevum)	tempo, idade	longevo, longevidade, medievo
-fero	levar, conter	carbonífero, aurífero, lactífero
fluvius	rio	fluvial, fluviômetro
frater, fratris	irmão	fraterno, confraternizar
frigus, frigoris	frio	frigorífico, frigomóvel
fulmen, fulminis	raio	fulminante, fulminar
genu	joelho	genuflexão, genuflexório
gero, gerere	produzir, ter	lanígero, alígero
herba	erva	herbáceo, herbívoro, herbicida
ignis	fogo	ígneo, ignição, ignífero
lac, lactis	leite	lactífero, lactação, laticínio
lapis, lapidis	pedra	lápide, lapidificar, lapidar
lex, legis	lei	legislativo, legislar, legista
loquor, loqui	falar	locutor, loquaz, ventríloquo
noceo, nocere	prejudicar, causar mal	nocivo, inocente, inócuo
omnis	todo	onipresente, onisciente, ônibus
oryza	arroz	orizicultura ou rizicultura
os, oris	boca	ósculo, oral, orar, oráculo
pauper, pauperis	pobre	pauperismo, depauperar
pecus	rebanho	pecuária, pecuarista, pecúnia

RADICAIS LATINOS

petra	pedra	pétreo, petrificar, petróleo
piseis	peixe	piscicultura, piscina, piscívoro
pluvia	chuva	pluvial, pluviômetro
pulvis, pulveris	pó	pulverizar, pulverizador
radix, radicis	raiz	radical, radicar, erradicar
sidus, sideris	astro	sideral, sidéreo, siderar
silva	selva	silvícola, silvicultura
stella	estrela	estelar, constelação
sudor, sudoris	suor	sudorífero, sudorese
teilus, teliuris	terra, solo	telúrico, telurismo
triticum, tritici	trigo	triticultura, triticultor, tritícola
vinum, vivi	vinho	vinicultura, vinícola
oitis	videira	viticultura, viticultor, vitícola
volo, velle	querer, desejar	benévolo, malévolo
volo, volare	voar	volátil, noctívolo
vox, voeis	voz	vocal, vociferar

A

A, *s.m.*, primeira letra do alfabeto da língua portuguesa e primeira vogal. A - artigo feminino - colocado ante os substantivos com forma feminina. A expressão de A a Z - do começo ao fim de algo. Preposição *a*, indicando *para*. Pronome pessoal do caso oblíquo, terceira pessoa - *a*. Pronome demonstrativo, equivalente a *àquela*.

À, contração da preposição *a* com o artigo *a*, craseado.

AB, *pref.*, expressa ideia de separação, afastamento.

A.BA^1, *s.f.*, tipo de vestimenta rústica usada por árabes no deserto (do árabe Abá).

A.BA^2, *s.f.*, parte pendente de algumas peças do vestuário; bordas de um chapéu, de um casaco; dobra, beiral (telhado), sopé de montanha, orla.

A.BA^3, *pref.* e *suf.*, tupi-guarani, com a significação de homem, gente, povo, raça.

A.BA.BÁ, *s.m.*, indivíduo que pertence à tribo tupi-guarani do Mato Grosso.

A.BA.BA.DA.DO, *adj.*, enfeitado com babados, franzido.

A.BA.BA.DAR, *v.t.*, pregar babados ou ornamentar com eles.

A.BA.BA.LHA.DO, *adj.*, sujo de baba, babado.

A.BA.BA.LHAR, *v.t.*, sujar com baba, babar.

A.BA.BA.LO.A.LÔ, *s.m.*, o mesmo que babalaô.

A.BA.BA.XÉ DE XAN.GÔ, *s.m.*, ritual de iniciação para os adeptos sob as ordens de um orixá.

A.BA.BE.LA.DO, *adj.*, que se ababelou, confuso, desordenado.

A.BA.BE.LAR, *v.t.* e *pron.*, confundir, fazer uma babel, misturar os idiomas, fazer confusão.

A.BA.ÇA.NAR, *v.t.* e *pron.*, *do Fr. - basaner*: bronzear, tostar; escurecer; *adj.*, abaçanado.

A.BA.CA.TE, *s.m.*, fruto do abacateiro; fruta comum em todo o Brasil, comestível, tem polpa rica em óleo e caroço grande.

A.BA.CA.TEI.RO, *s.m.*, Bot., grande árvore da família das Lauráceas, que produz o abacate.

A.BA.CA.XI, *s.m.*, planta bromeliácea, tipo de ananás. Fruto comestível. Na fala popular, problema, situação desagradável. "Descascar um abacaxi" é resolver uma situação difícil.

A.BA.CA.XI.ZAL, *s.m.*, plantação de abacaxis, coletivo de abacaxizeiro.

A.BA.CA.XI.ZEI.RO, *s.m.*, Bot., planta que produz o abacaxi.

A.BA.CHA.RE.LAR, *v.i.*, *t.* e *pron.*, dar título de ou colar grau de bacharel, bacharelar(-se).

A.BA.CI.AL, *adj. 2 gên.*, próprio de abadia ou abade, relativo a uma abadia.

A.BA.CIS.TA, *s. 2 gên.*, quem usa o ábaco.

Á.BA.CO, *s.m.*, instrumento com várias fileiras de bolinhas móveis, para jogar ou fazer cálculos.

A.BA.DA, *s.f.*, porção de coisas que uma aba (de vestuário: saia, avental, etc.) pode conter; beiral de telhado.

A.BA.DA.LA.DO, *adj.*, em forma de ou parecido com badalo.

A.BA.DE, *s.m.*, superior de uma abadia, monge católico, religioso; *fig.*, homem gordo, bem nutrido; *fem.* abadessa.

A.BA.DI.A, *s.f.*, mosteiro, convento, comunidade religiosa dirigida por um abade ou por uma abadessa.

A.BA.DO, *adj.*, que tem aba grande ou levantada.

A.BA.E.TÊ, *s.m.*, do tupi-guarani, homem corajoso, sábio e inteligente.

A.BA.FA.DE.LA, *s.f.*, ato de abafar rapidamente.

A.BA.FA.DI.ÇO, *adj.*, abafado, irrespirável, com pouco ar, muito quente.

A.BA.FA.DO, *adj.*, sufocado, próprio para manter o calor, sufocante, local que impede a respiração.

A.BA.FA.DOR, *s.m.*, aquilo que abafa, peça usada para diminuir o som de um instrumento musical.

A.BA.FA.MEN.TO, *s.m.*, falta de ar, sufocação, pouco arejamento.

A.BA.FAN.TE, *adj. 2 gên.*, que abafa, sufocante.

A.BA.FAR, *v.t.*, tornar a respiração difícil; tampar para obter mais calor, reprimir; na linguagem popular - dominar, sobressair, destacar-se.

A.BA.GUN.ÇA.DO, *adj.*, desorganizado, desordenado.

A.BA.GUN.ÇAR, *v.t.*, o mesmo que bagunçar.

A.BAI.A.NA.DO, *adj.*, que tem jeito e maneiras de baiano.

A.BAI.NHAR, *v.t.*, fazer bainha em; colocar (punhal, espada, etc.) na bainha.

A.BAI.XA.MEN.TO, *s.m.*, ato de abaixar(-se).

A.BAI.XA.DO, *adj.*, que caiu em grau, reduzido, diminuído; *fig.*, humilhado.

A.BAI.XAR, *v.t.*, descer, carregar para baixo, enfraquecer, diminuir o valor, humilhar.

A.BAI.XO, *adv.*, estar em menor altura que outrem, nível inferior, sob, infra, debaixo.

A.BAI.XO-AS.SI.NA.DO, *s.m.*, texto contendo reivindicações e assinado por várias pessoas; *pl.*: abaixo-assinados.

A.BA.JUR, *s.m.*, quebra-luz, objeto com lâmpada, que se coloca na cabeceira da cama para ler.

A.BA.LA.DA, *s.f.*, correria, muita velocidade.

A.BA.LAN.ÇAR, *v.t.*, *int.* e *pron.*, pesar na balança; mover (algo) num balanço, balançar; *pron. fig.*, aventurar(-se).

A.BA.LAR, *v.t.* e *pron.*, mover, tirar do lugar, provocar emoções, desestabilizar, tirar a firmeza.

A.BA.LI.ZA.DO, *adj.*, conhecido, famoso, notável, competente, marcado com balizas.

A.BA.LI.ZAR, *v.t.*, tornar famoso, tornar conhecido, assinalar, marcar com balizas.

A.BA.LO, *s.m.*, ação ou efeito de abalar, tremor; susto, desmaio, comoção.

A.BA.LO.AR, *v.t.*, dar forma de balão.

A.BAL.RO.A.DA, *s.f.*, batida, choque de objetos, choque de carros.

A.BAL.RO.A.DO, *adj.*, batido de lado, batido pelo flanco, trombado.

A.BAL.RO.A.MEN.TO, *s.m.*, choque entre dois corpos,

ABALROAR — ABENUZ

choque de carros, batida, colisão.
A.BAL.RO.AR, *v.t.* bater em, chocar-se, encontro de dois veículos.
A.BA.NA.DO, *adj.*, o que, ou quem é ventilado, arejado, do verbo abanar.
A.BA.NA.DOR, *s.m.*, quem abana, abano, aparelho para arejar ou abanar, leque.
A.BA.NAR, *v.t. e pron.*, provocar com abano, ventilar, fazer vento, arejar.
A.BAN.CAR, *v.t., int. e pron.*, sentar-se, acomodar-se, ajeitar-se, sentar-se no banco.
A.BAN.DA.LHAR, *v.t. e pron.*, perder o respeito, aviltar-se, amesquinhar-se, rebaixar-se.
A.BAN.DI.DAR, *v.t. e pron.*, tornar-se bandido, virar bandido, assumir atitudes de bandido.
A.BAN.DO.NA.DO, *adj.*, largado, deixado ao léu, desamparado, relaxado; *fig.*, sem ter amparo de outras pessoas.
A.BAN.DO.NAR, *v.t.*, deixar alguma coisa de lado, desamparar, renunciar a, desistir, fugir de, abrir mão de.
A.BAN.DO.NO, *s.m.*, ato ou efeito de abandonar, desamparo, renúncia, fuga.
A.BA.NO, *s.m.*, leque, abanador, ventarola, peça que faz vento.
A.BAN.TES.MA, *s. 2 gên.*, assombração, fantasma, espectro.
A.BA.RÁ, *s.m.*, massa feita com feijão, cozida em folha de bananeira, podendo conter pimenta e algum tipo de azeite.
A.BAR.CAN.TE, *adj. 2 gên.*, que abarca, que contém, abrangente, continente.
A.BAR.CAR, *v.t.*, abranger, dominar, abraçar, compreender.
A.BAR.RO.TA.DO, *adj.*, muito cheio, completamente cheio, estufado.
A.BAR.RO.TAR, *v.t.*, encher completamente, estufar, tornar cheio.
A.BÁS.SI.DA, *adj. 2 gên.*, relativo à dinastia muçulmana que sucedeu à omíada; diz-se também califado abássida.
A.BAS.TA.DO, *adj.*, rico, farto, endinheirado, milionário, nababo.
A.BAS.TAN.ÇA, *s.f.*, fartura, muita riqueza, abundância, posse de muitos bens.
A.BAS.TAR, *v.t.*, prover do que é necessário; *v.i.* bastar(-se).
A.BAS.TAR.DA.DO, *adj.*, impuro, misturado, degenerado, proveniente de duas raças (animal).
A.BAS.TAR.DAR, *v.t.*, tornar bastardo, degenerar, tornar impuro.
A.BAS.TE.CE.DOR, *adj. e s.m.* que ou o que abastece.
A.BAS.TE.CER, *v.t. e pron.*, fornecer, repor o estoque, entregar mercadoria, prover do necessário.
A.BAS.TE.CI.MENTO, *s.m.*, ato ou efeito de abastecer; fornecimento.
A.BA.TA.TA.DO, *adj.*, em forma de batata, parecido com batata.
A.BA.TA.TAR, *v.t. e pron.*, dar forma ou aspecto de batata a; tornar(-se) arredondado e rombo.
A.BA.TE, *s.m.*, ato de matar animais para consumo, *fig.*, ato de matar; corte de árvores.
A.BA.TE.DOR, *adj. e s.m.*, que ou o que abate.
A.BA.TE.DOU.RO, *s.m.*, local onde se abatem animais para consumo, matadouro.
A.BA.TE.LA.DO, *adj.*, em forma de batel (barco pequeno).
A.BA.TER, *v.t.*, derrubar, matar animais para consumo, conceder desconto, vencer o inimigo; *pron.*, prostrar-se; humilhar-se.

A.BA.TI.DO, *adj.*, que foi derrubado, deprimido, humilhado; que obteve desconto.
A.BA.TI.MEN.TO, *s.m.*, ação ou efeito de abater, desconto; desânimo, depressão.
A.BA.TO.CAR, *v.t.*, pôr batoque em; arrolhar.
A.BAU.LA.MEN.TO, *s.m.*, curvatura, ato ou efeito de abaular, arqueamento.
A.BAU.LAR, *v.t. e pron.*, dar forma de baú, arquear, tornar convexo, arredondar.
AB.CIS.SA, *s.f.*, ver abscissa.
ABC, *s.m.*, á-bê-cê, abecedário, alfabeto.
AB.DI.CA.ÇÃO, *s.f.*, renúncia, ação ou efeito de abdicar, resignação, desistência, fuga de uma situação.
AB.DI.CA.DOR, *adj.*, que ou aquele que abdica.
AB.DI.CAR, *v.t. e v. int.*, renunciar, desistir, deixar de, fugir, resignar-se.
ÁB.DI.TO, *adj.*, oculto, afastado.
AB.DO.ME, *s.m.*, **AB.DÔ.MEN**, *s.m.*, barriga, ventre, *pl.*: abdomens e abdômenes.
AB.DO.MI.NAL, *adj.*, relativo ao abdome.
AB.DU.ÇÃO, *s.f.*, adução, rapto, condução de uma pessoa por violência, deslocamento de um membro do corpo ou de parte dele.
AB.DU.ZIR, *v.t.*, afastar, desviar do rumo, induzir.
A.BE.BE.RAR, *v.t. e pron.*, dar de beber, tirar a sede; *fig.*, ensinar, instruir-se.
A.BE.CAR, *v.t.*, agarrar pela gola.
Á-BÊ-CÊ, *s.m.*, alfabeto, abecedário; *fig.*, tudo o que seja primário, o que inicia algo.
A.BE.CÊ, *s.m.*, á-bê-cê.
A.BE.CE.DÁ.RIO, *s.m.*, alfabeto; começo de uma ação, início.
A.BEI.RAR, *v.t. e pron.*, chegar(-se) à beira de, aproximar(-se), alcançar, achegar-se.
A.BE.LHA, *s.f.*, inseto que forma enxames, vivendo em colmeias, produzindo mel e cera; *masc.*, zangão.
A.BE.LHA-A.FRI.CA.NA, *s.f.*, tipo de abelha de muita agressividade.
A.BE.LHAL, *s.m.*, enxame de abelhas.
A.BE.LHA-MES.TRA, *s.f.*, a.be.lha-ra.i.nha.
A.BE.LHA-RA.I.NHA, *s.f.*, única abelha fecunda e da qual nascem as outras; responsável pela preservação da espécie; é ela que produz os enxames ou a colmeia.
A.BE.LHEI.RO, *s.m.*, em Apicultura, homem que cuida de abelhas; em Ornitologia, ave que se nutre de abelhas.
A.BE.LHU.DI.CE, *s.f.*, curiosidade, indiscrição, intromissão em assuntos alheios.
A.BE.LHU.DO, *s.m., adj.*, curioso, metido, intrometido, indiscreto.
A.BE.MO.LAR, *v.t. e int.*, baixar em meio-tom uma nota musical; tornar(-se) mais suave.
A.BEN.ÇA, *s.f., bras., pop.*, abênção.
A.BÊN.ÇÃO, *s.f., pop.*, o mesmo que bênção.
A.BEN.ÇO.A.DEI.RA, *s.f.*, benzedeira, curandeira.
A.BEN.ÇO.A.DO, *adj.*, feliz, beato, realizado, bento, que recebeu a bênção.
A.BEN.ÇO.A.DOR, *adj. e s.m.*, que ou aquele que abençoa.
A.BEN.ÇO.AR, *v.t.*, dar a bênção, bendizer, tornar feliz, benzer, proteger.
A.BEN.DI.ÇO.AR, *v.t.*, o mesmo que abençoar.
A.BEN.GA.LAR, *v.t.*, dar forma de bengala.
A.BE.NUZ, *s.m.*, o mesmo que ébano.

ABERINJELAR — ABÓBADA

A.BE.RIN.JE.LAR, *v.t.*, *bras.*, dar forma ou cor de berinjela.
A.BER.RA.ÇÃO, *s.f.*, algo anormal, defeito, deformidade, erro, extravagância, monstro.
A.BER.RAN.TE, *adj.*, anormal, extravagante, incomum.
A.BER.RAR, *v. int. e pron.*, tornar-se uma aberração, perder a normalidade, tornar-se anormal.
A.BER.RA.TI.VO, *adj.*, em que há aberração.
A.BER.TA, *s.f.*, abertura, fenda, buraco, entrada, vala, clareira.
A.BER.TO, *adj.*, livre, que não está fechado, descerrado.
A.BER.TU.RA, *s.f.*, ação ou efeito de abrir, início de uma solenidade, entrada, acesso, recebimento, fenda, espaço vazio, guarida; ação de acolhida, cessão de algum direito para alguém.
A.BE.SA.NA, *s.f.*, junta de bois.
A.BE.SOU.RAR, *v.t.*, aturdir com zumbidos; *pop.*, chatear, azucrinar.
A.BES.PI.NHA.DO, *adj.*, que se abespinhou; que se deixa aborrecer com facilidade.
A.BES.PI.NHAR, *v.t. e pron.*, irritar, enraivecer, incomodar.
A.BES.TA.DO, *adj.*, que se abestou, aparvalhado, boquiaberto.
A.BES.TA.LHA.DO, *adj.*, animalesco, abobado, tolo, grosseiro, tosco.
A.BES.TA.LHAR-SE, *v. int. e pron.*, imbecilizar-se, tornar-se tolo, bestificar-se; tornar-se abestalhado, ficar bobo, atoleimar-se, abobar-se.
A.BES.TAR, *v.t. e int.*, ver bestificar.
A.BE.TA, *s.f.*, pequena aba.
A.BE.TES.GA.DO, *adj.*, semelhante a betesga, estreito, sinuoso.
A.BE.TO, *s.m.*, nome de árvore europeia da família das coníferas; pinheiro.
A.BE.TU.MAR, *v.t.*, cobrir com betume, calafetar.
A.BE.XI.GAR, *v.t.*, dar forma de bexiga a.
A.BI.BE, *s.f.*, tipo de ave europeia que se assemelha ao quero-quero.
A.BI.BLI.O.TE.CAR, *v.t.*, dispor em forma de biblioteca.
A.BI.CAR, *v.t. e int.*, pôr a proa (da embarcação) em direção a, aproar, ancorar; fazer o bico ou a ponta em; aguçar.
A.BI.CHA.DO, *adj.*, semelhante a bicho; diz-se do que criou bicheira (em seu interior).
A.BI.CHA.MEN.TO, *s.m.*, ato ou efeito de abichar.
A.BI.CHAR, *v.int.*, criar bicho em seu interior (fruta, cereal, etc.); *v.int. e pron.*, tornar(-se) semelhante a bicho.
A.BI.CHOR.NAR, *v.int.*, mostrar-se abatido, desanimado; *v.t. e int.*, vexar-se, acovardar(-se).
A.BI.EI.RO, *s.m.*, árvore de grande porte, original da Amazônia, de frutos comestíveis e boa madeira.
A.BÍ.E.TO, *s.m.*, o mesmo que abeto.
A.BI.GA, *s.f.*, espécie de pinheiro.
A.BI.O, *s.m.*, fruto do abieiro, comestível, de bom sabor.
A.BI.O.GÊ.NE.SE, *s.f.*, em Biologia, hipótese (refutada) da geração espontânea; abiogenesia.
A.BI.O.GE.NE.SI.A, *s.f.*, ver abiogênese.
A.BI.O.LO.GI.A, *s.f.*, estudo dos minerais ou dos seres inorgânicos, anorganologia.
A.BI.OM.BAR, *v.t.*, dar forma de biombo a, ocultar com biombo.
A.BI.O.SE, *s.f.*, ausência de vida, situação em que faltam elementos para que haja algum tipo de vida.
A.BI.Ó.TI.CA, *s.f.*, ciência do mundo inorgânico.
A.BI.Ó.TI.CO, *adj.*, rel. a abiose.
A.BI.QUEI.RAR, *v.t.*, dar forma de biqueira.

A.BIS.COI.TA.DO, *adj.*, que tem forma, gosto, etc., de biscoito; *pop.*, que se obteve; que foi roubado.
A.BIS.COI.TAR, *v.t.*, ganhar, conseguir, lograr, obter.
A.BIS.MA.DO, *adj.*, maravilhado, surpreso, absorto, extático.
A.BIS.MAL, *adj.* 2 *gên.*, relat. ou pertencente ao abismo, abissal; aterrador, tétrico.
A.BIS.MAR, *v.t. e pron.*, lançar em abismo, precipitar, maravilhar, admirar.
A.BIS.MO, *s.m.*, precipício, despenhadeiro, caos, buraco muito fundo; *fig.*, destruição, perdição, algo insondável.
A.BIS.MO.SO, *adj.*, em que há abismos, cercado de abismos; abismal.
A.BI.SO.NHAR, *v.t. e pron.*, tornar(-se) bisonho, tímido.
A.BIS.PAR, *v.t.*, o mesmo que avistar.
A.BIS.SAL, *adj.*, relativo a abismo, abismal, próprio do abismo, muito fundo.
A.BIS.SÍ.NIO, *adj. e s.m.*, natural ou habitante da Abissínia, antigo nome da atual Etiópia.
A.BI.TO.LAR, *v.t.*, o mesmo que bitolar.
AB.JE.ÇÃO, *s.f.*, baixeza moral, torpeza, vileza, imoralidade, safadeza.
AB.JE.TO, *adj.*, vil, desprezível, baixo, indigno, nojento, sujo, infame.
AB.JU.DI.CAR, *v.t.*, em Direito, desapossar, por meio legal, aquilo que, de forma indevida, foi apropriado por outrem.
AB.JU.GAR, *v.t.*, tirar do jugo; soltar, libertar.
AB.JUN.TO, *adj.*, afastado, separado, disjunto.
AB.JU.RA.ÇÃO, *s.f.*, ato ou efeito de abjurar; renegação.
AB.JU.RAR, *v.t.*, renegar, renunciar, renunciar por juramento, desistir, desistir de um credo professado.
A.BLA.ÇÃO, *s.f.*, ato de cortar, retirada, por cirurgia, de um órgão ou parte do corpo; extrair.
A.BLAC.TAR, *v.t.*, interromper o aleitamento de, desmamar.
A.BLAS.TIA, *s.f.*, em Botânica, falha na germinação ou desaparecimento de um órgão da planta.
A.BLAS.TO.LAR, *v.t.*, o mesmo que bitolar.
A.BLA.TI.VO, *adj.*, próprio da ablação; *s.m.*, na análise, o caso que refere as circunstâncias de tempo, lugar e modo, referencial de alguma circunstância da frase ou do verbo.
AB.LE.GA.DO, *adj.*, desterrado, banido, afastado; *s.m.*, encarregado, pelo papa, de levar o barrete ao cardeal.
AB.LE.GAR, *v.t.*, enviar para longe, banir, desterrar.
A.BLU.ÇÃO, *s.f.*, lavação, limpeza, purificação, tornar puro, ritual de purificação, higiene.
A.BLU.EN.TE, *adj.* 2 *gên.*, que ablui; *s.m.*, o que ablui, detergente.
A.BLU.IR, *v.t. e pron.*, fazer ablução, lavar, limpar, purificar, tirar manchas.
AB.NE.GA.ÇÃO, *s.f.*, ação ou efeito de abnegar, renúncia, desistência, desapego, fuga, renúncia a um direito em prol de outrem.
AB.NE.GA.DO, *adj. e s.m.*, que ou aquele que age com abnegação, altruísta.
AB.NE.GAR, *v.t. e pron.*, recusar, desistir, renunciar, desapegar-se, abster-se.
AB.NO.DAR, *v.t.*, cortar os nós das árvores.
AB.NO.DO.SO, *adj.*, que não tem nós (ger. árvores).
AB.NOR.MAL, *adj.* 2 *gên.*, o mesmo que anormal.
AB.NU.IR, *v.t. e int.*, não anuir; contestar, discordar.
A.BÓ.BA.DA, *s.f.*, teto em curva, firmamento, céu, teto abaulado.

ABOBADADO ··· 43 ··· ABORTAR

A.BO.BA.DA.DO, *adj.*, em forma de abóbada, coberto com abóbada, abaulado.

A.BÓ.BA.DI.LHA, *s.f.*, peça de tijolo com formato de pequena abóbada, usada em construção.

A.BO.BA.DAR, *v.t.*, construir abóbadas, fazer em forma de abóbada, abaular, arquear.

A.BO.BA.DO, *adj.*, tolo, bobo, abobalhado, ingênuo, boboca, muito bobo.

A.BO.BA.LHA.DO, *adj.*, toleirão, bobo, tolo, ingênuo.

A.BO.BAR, *v.t.* e *pron.*, tornar-se bobo, tornar-se tolo, perder o bom-senso.

A.BÓ.BO.RA, *s.f.*, fruto da aboboreira; no Nordeste, conhecido como jerimum.

A.BO.BO.REI.RA, *s.f.*, planta rasteira que produz a abóbora, abobreira.

A.BO.BREI.RA, *s.f.*, aboboreira, baraço que produz a abóbora.

A.BO.BRI.NHA, *s.f.*, pequena abóbora; *fig.*, conversa fiada, sem sentido.

A.BO.ÇA.DO, *adj.*, preso por meio de boças.

A.BO.CA.NHA.DO, *adj.*, que foi apanhado com a boca; *bras.*, que foi pego com esperteza ou força; *fig.*, difamado.

A.BO.CA.NHAR, *v.t.*, pegar com a boca, morder, segurar com a boca; *fig.*, aproveitar-se de maneira indevida, aproveitar-se.

A.BO.CAR, *v.t.*, prender com a boca, morder.

A.BO.ÇAR, *v.t.*, em Náutica, prender por meio de boças.

A.BO.CHOR.NA.DO, *adj.*, em que há bochorno, mormacento.

A.BO.CHOR.NAR, *v.int.*, tornar-se (o tempo) quente, abafado.

A.BO.ÇO, *s.m.*, em Náutica, parte do cabo virador, que aboça ou prende.

A.BOI.AR, *v.t.*, prender à boia; *v.int.*, boiar; *v.t.* e *int.* cantar para o gado para facilitar-lhe a marcha.

A.BOI.O, *s.m.*, canto triste com o qual os boiadeiros conduzem o gado.

A.BO.IZ, *s.m.*, armadilha para pássaros e coelhos; *fig.*, embuste, cilada.

A.BO.JAR, *v.t.*, dar forma ou semelhança a bojo a; colocar no bojo.

A.BO.LA.CHAR, *v.t.*, dar forma ou sabor de bolacha; achatar, comprimir.

A.BO.LA.DO, *adj.*, em forma de bola; em forma de bolo; amassado.

A.BO.LAR, *v.t.*, dar forma de bolo a; dar forma de bola a.

A.BO.LE.TA.DO, *adj.*, que se aboletou, refestelado.

A.BO.LE.TA.MEN.TO, *s.m.*, ato ou efeito de aboletar(-se).

A.BO.LE.TAR, *v.t.*, instalar, ajeitar, arrumar, alocar, refestelar.

A.BO.LHAR, *v.int.* e *pron.*, encher(-se) ou cobrir(-se) de bolhas.

A.BO.LI.ÇÃO, *s.f.*, ação ou efeito de abolir, extinção, extirpação, extinção da escravatura.

A.BO.LI.CI.O.NIS.MO, *s.m.*, movimento sociopolítico no Brasil, aos tempos da escravatura, que pregava o fim da escravidão; *fig.*, busca de libertação.

A.BO.LI.CI.O.NIS.TA, *s. 2 gên.*, pessoa que trabalha em favor da abolição; libertador.

A.BO.LI.DO, *adj.*, que se aboliu; que foi suprimido, eliminado; cuja lei foi revogada.

A.BO.LIR, *v.t.*, acabar, revogar, extinguir, anular, suprimir, colocar em desuso.

A.BO.LO.RE.CER, *v.t.*, *int.* e *pron.*, criar bolor, mofar, mofar-se, adquirir mofo.

A.BO.LO.REN.TAR, *v.int.*, abolorecer.

A.BOL.SAR, *v.t.*, o mesmo que bolsar.

A.BO.MA, *s.f.*, nome comum dado às grandes serpentes sul-americanas.

A.BO.MI.NA.ÇÃO, *s.f.*, ação de abominar, desprezo, ódio, nojo, aversão.

A.BO.MI.NA.DO, *adj.*, desprezado, rejeitado, odiado.

A.BO.MI.NAR, *v.t.*, detestar, odiar, sentir horror, sentir nojo.

A.BO.MI.NA.TÓ.RIO, *adj.*, que abomina.

A.BO.MI.NÁ.VEL, *adj.*, detestável, odioso, horrendo, ruim, nojento, muito ruim, péssimo.

A.BO.MI.NO.SO, *adj.*, o mesmo que abominável.

A.BO.NA.ÇÃO, *s.f.*, ação ou efeito de abonar, abono, aceitação, confiança.

A.BO.NA.DO, *adj.*, que foi abonado, rico, abastado, endinheirado, nababo, milionário.

A.BO.NA.DOR, *adj.*, que abona, abonativo; *s.m.*, aquele ou aquilo que abona; *Jur.*, fiador.

A.BO.NAN.ÇAR, *v.t.* e *int.*, sossegar, tranquilizar; serenar; *pron.*, acalmar-se.

A.BO.NAR, *v.t.* e *pron.*, afiançar, garantir, dar garantia, aprovar, aceitar.

A.BO.NA.TÁ.RIO, *adj.* e *s.m.*, abonador.

A.BO.NA.TI.VO, *adj.*, que abona, abonatório, abonador.

A.BO.NA.TÓ.RIO, *adj.*, próprio para abonar; que abona, abonador.

A.BO.NÁ.VEL, *adj. 2 gên.*, que pode ser abonado.

A.BO.NE.CAR, *v.t.* e *pron.*, dar forma ou semelhança de boneca; *pron.*, enfeitar-se com exagero.

A.BO.NO, *s.m.*, aceite, abonação, garantia, fiança, confiança, gratificação.

A.BO.QUE.JAR, *v.t.* e *int.*, o mesmo que boquejar.

A.BOR.CAR, *v.t.*, o mesmo que emborcar.

A.BOR.DA.DO, *adj.*, que se abordou.

A.BOR.DA.GEM, *s.f.*, ação ou efeito de abordar, contato, aproximação.

A.BOR.DAR, *v.t.* e *int.*, chegar a bordo, encostar, travar contato, aproximar-se, aproximar-se de navio para assalto.

A.BOR.DÁ.VEL, *adj.*, acessível, que se pode abordar, que oferece contato.

A.BOR.DO.AR, *v.t.* e *pron.*, bater com bordão; apoiar(-se) em bordão.

A.BO.RÍ.GE.NE, *s.m.*, *adj.*, habitante primitivo, primeiros habitantes de uma região, autóctone, nativo.

A.BOR.LE.TAR, *v.t.*, munir de borlas.

A.BOR.NA.LAR, *v.t.*, guardar ou meter no bornal, embornalar.

A.BOR.RAS.CA.DO, *adj.*, que tem aspecto de borrasca, tempestuoso.

A.BOR.RAS.CAR, *v.t.* e *pron.*, tornar(-se) borrascoso.

A.BOR.RE.CE.DOR, *adj.*, que aborrece; *s.m.*, aquilo ou aquele que aborrece.

A.BOR.RE.CER, *v.t.* e *int.*, incomodar, perturbar, enfadar, enfastiar, amuar.

A.BOR.RE.CI.MEN.TO, *s.m.*, ação ou efeito de aborrecer, incômodo, fastio, enjoo.

A.BOR.RE.CI.DO, *adj.*, contrariado, insatisfeito, incomodado, agastado.

A.BOR.TA.DO, *adj.*, que nasceu antes do tempo, que não se criou; *fig.*, frustrado.

A.BOR.TA.MEN.TO, *s.m.*, ato ou efeito de abortar; *fig.*, fracasso, malogro.

A.BOR.TAR, *v.t.* e *int.*, dar à luz antes do tempo normal, retirar o feto do útero antes do tempo; *fig.*, fracassar, dar-se

mal, sair errado.
A.BOR.TÍ.FE.RO, *adj.*, que provoca ou faz aborto.
A.BOR.TI.VO, *adj.*, que não permite o curso normal de algo, que faz aborto, prematuro.
A.BOR.TO, *s.m.*, ação ou efeito de abortar, expulsão do feto antes do tempo de nascer; *fig.*, monstruosidade, ato péssimo, imoral.
A.BOS.CAR, *v.t.*, ganhar, adquirir, obter; dar aparência de bosque.
A.BOS.TE.LAR, *v.int.*, criar bostela, pústula.
A.BO.TI.CAR, *v.t.*, arregalar os olhos.
A.BO.TI.JAR, *v.t.*, dar forma de botija; colocar em botija.
A.BO.TI.NAR, *v.t.*, dar forma de botina.
A.BO.TO.A.DEI.RA, *s.f.*, aparelho para abotoar, máquina usada para pregar botões.
A.BO.TO.A.DO, *adj.*, que está com os botões presos; *fig.*, tolo, ignorante.
A.BO.TO.A.DU.RA, *s.f.*, ação ou efeito de abotoar, prender com botões.
A.BO.TO.AR, *v.t., int. e pron.*, prender com botões, segurar, colocar os botões nas casinhas do vestuário.
A.BO.TO.CAR, *v.t.*, ver abatocar.
A.BRA.CA.DA.BRA, *s.m.*, palavra para fazer mágicas; *fig.*, um termo sem conteúdo.
A.BRA.ÇA.DEI.RA, *s.f.*, peça para prender uma outra, peça de metal para segurar, braçadeira, presilha.
A.BRA.ÇA.DO, *adj.*, envolvido por braços; *fig.*, envolvido, adotado.
A.BRA.ÇA.DOR, *adj. e s.m.*, que, aquilo ou aquele que abraça ou dá abraços.
A.BRA.ÇAR, *v.t. e pron.*, cingir com os braços, enlaçar com os braços, envolver com os braços, dar um amplexo; *fig.*, dedicar-se a (uma causa, ideal, etc.), abarcar, abranger.
A.BRA.ÇO, *s.m.*, ato ou efeito de abraçar, amplexo.
A.BRAN.CAR, *v.t.*, tornar branco, embrancar.
A.BRAN.DA.DO, *adj.*, que se abrandou ou se tornou brando, atenuou, suavizou.
A.BRAN.DA.MEN.TO, *s.m.*, ação ou efeito de abrandar, suavização, leveza, suavizamento.
A.BRAN.DAR, *v.t. e pron.*, suavizar, afrouxar, adoçar, diminuir, acalmar.
A.BRAN.GÊN.CIA, *s.f.*, capacidade de abranger, condições de cingir, espaço, campo de ação.
A.BRAN.GER, *v.t.*, abraçar, cercar, alcançar, atingir, abarcar, compreender, dominar, ver.
A.BRAN.GI.DO, *adj.*, que se abrangeu; que foi ou está contido, compreendido; cingido.
A.BRAN.GÍ.VEL, *adj. 2 gên.*, que se pode abranger, englobar, alcançar.
A.BRA.SA.DOR, *adj.*, que abrasa, que queima, escaldante, calorento, flamejante, inflamante.
A.BRA.SA.MEN.TO, *s.m.*, ação de acender o fogo, combustão, queima; *fig.*, entusiasmo, excitação, volúpia, desejo incontido.
A.BRA.SAN.TE, *adj. 2 gên.*, que abrasa, que queima; tórrido; *fig.*, que é intenso, que inflama, exalta.
A.BRA.SÃO, *s.f.*, desgaste de material devido a fricção, ação de limar ferro; erosão, desgaste.
A.BRA.SAR, *v.t., int. e pron.*, pôr em brasas, queimar, aquecer, escaldar; *fig.*, apaixonar-se.
A.BRA.SE.AR, *v.t.*, ver abrasar; *pron.*, tornar(-se) vermelho como brasa.
A.BRA.SI.DO, *adj.*, quente como brasa, escaldante; vermelho como brasa.
A.BRA.SI.LEI.RA.DO, *adj.*, que se abrasileirou, que adquiriu ou apresenta características de brasileiros.
A.BRA.SI.LEI.RAR, *v.t. e pron.*, dar jeito e feição de brasileiro, tornar(-se) brasileiro.
A.BRA.SI.LI.A.NAR, *v.t. e pron.*, o mesmo que abrasileirar.
A.BRA.SI.VO, *s.m.*, instrumento para afiar, polir ferramentas.
A.BRA.SOR, *s.m.*, instrumento para limar ou raspar (superfície óssea), abrasão.
A.BRE-A.LAS, *s.m., pl.*, pessoa, grupo ou carro que inicia um desfile carnavalesco.
A.BRE-CAR.TAS, *s.m., sing. e pl.*, espátula para rasgar sobrecartas.
A.BRE-LA.TAS, *s.m.*, instrumento para abrir latas, abridor de latas.
A.BRE.NUN.CI.AR, *v.t.*, repudiar, repelir, esconjurar; ter grande aversão por.
A.BRE.NÚN.CIO, *s.m.*, esconjuro; *interj.*, exclamação que expressa horror, cruz-credo.
A.BREU.GRA.FI.A, *s.f.*, registro radiográfico de imagens de órgãos interiores do corpo humano, sobretudo do pulmão.
A.BRE.VI.A.ÇÃO, *s.f.*, ato ou efeito de abreviar, sigla, resumo, letras indicativas de um termo longo.
A.BRE.VI.A.DO, *adj.*, resumido, sucinto; cifrado.
A.BRE.VI.AR, *v.t.*, resumir, tornar breve, reduzir, encurtar, sintetizar.
A.BRE.VI.A.TU.RA, *s.f.*, representar uma palavra somente com as primeiras letras, escrever um termo somente com as letras iniciais, redução de uma palavra a uma sigla, abreviação.
A.BRI.ÇÃO, *s.f.*, ação de abrir, abrimento.
A.BRI.CÓ, *s.m.*, fruto do abricoteiro, fruta parecida com o damasco, de polpa amarela e sementes pretas.
A.BRI.CO.TEI.RO, *s.m.*, árvore de grande porte, originária da América Central, cultivada no Brasil por causa dos frutos; abricozeiro.
A.BRI.CO.ZEI.RO, *s.m.*, abricoteiro.
A.BRI.DEI.RA, *s.f.*, aparelho usado para afiar ferramentas domésticas; *fig., pop.*, aperitivo tomado antes das refeições, para abrir o apetite.
A.BRI.DE.LA, *s.f.*, ato de abrir um pouco ou rapidamente (boca, olhos, janela, etc.).
A.BRI.DOR, *s.m.*, que abre; abre-latas; que descerra, utensílio para abrir garrafas, latas.
A.BRI.GA.DO, *adj.*, que se abrigou, que está protegido; agasalhado.
A.BRI.GAR, *v.t. e pron.*, amparar, pôr em abrigo, agasalhar, proteger.
A.BRI.GO, *s.m.*, proteção, casa preparada para recolher pessoas sem teto ou peregrinos, local para amparar alguém, agasalhamento, refúgio.
A.BRIL, *s.m.*, quarto mês do ano.
A.BRI.LHAN.TAR, *v.t. e pron.*, tornar brilhante, realçar, iluminar, dar luzes.
A.BRIR, *v.t.*, descerrar, destampar, tornar acessível, cavar, rasgar, inaugurar, estender, cortar.
AB-RO.GA.ÇÃO, *s.f.*, ato de ab-rogar.
AB-RO.GAR, *v.t.*, colocar em desuso, revogar, abolir.
AB-RO.GA.TÓ.RIO, *adj.*, que tem a faculdade de ab-rogar.
A.BRO.LHO, *s.m.*, rochas que despontam nas águas do mar;

nome de plantas rasteiras ou espinhosas.
AB-RUP.TE.LA, *s.f.*, terra desbravada.
A.BRU.MAR, *v.t.*, encher ou cobrir de bruma; *pron.*, tornar-se triste, apreensivo.
A.B-RUP.TO, *adj.*, íngreme, uma subida muito em pé, brusco, repentino.
A.BRU.TA.LHA.DO, *adj.*, grosseiro, de maneiras bruscas, estúpido, incivilizado.
A.BRU.TA.LHAR, *v.t. e pron.*, tornar(-se) bruto, rude, grosseiro.
A.BRU.TA.MEN.TO, *s.m.*, brutalidade, grosseria, rudeza.
A.BRU.TAR, *v.t. e pron.* tornar(-se) bruto, abrutalhar.
A.BRU.TE.CER, *v.t.*, abrutar, embrutecer.
A.BRU.TE.CI.MEN.TO, *s.m.*, embrutecimento.
ABS.CES.SO, *s.m.*, inflamação no corpo com pus, ferida com pus.
ABS.CIN.DIR, *v.t.*, cortar com violência, separar, var., abcindir.
ABS.CI.SÃO, *s.f.*, corte realizado em parte do corpo, excisão.
ABS.CIS.SA, *s.f.*, em Geometria, é a distância de uma reta entre um ponto e outro.
ABS.CIS.SÃO, *s.m.*, separação, corte.
ABS.CÔN.DI.TO, *adj.*, recôndito, escondido, oculto, tapado.
AB.SEN.TE, *adj.*, faltoso, distraído, ausente.
AB.SEN.TE.ÍS.MO, *s.m.*, abstenção do exercício do voto; var., absentismo.
AB.SEN.TE.ÍS.TA, *adj.*, diz-se de quem pratica o absenteísmo.
AB.SEN.TIS.MO, *s.m.*, absenteísmo, ausência de cumprimento de algo obrigatório; faltas costumeiras ao serviço.
AB.SEN.TIS.TA, *adj. e s. 2 gên.*, relativo ao absenteísmo; que não está presente.
AB.SI.DE, *s.f.*, lugar onde se situa o altar-mor em alguns templos.
AB.SIN.TO, *s.m.*, erva aromática de origem europeia; bebida extraída dessa erva, com sabor amargo e alto teor alcoólico.
AB.SIN.TO.SO, *adj.*, que é viciado em absinto; misturado com absinto.
AB.SOL.TO, *adj.*, absolvido, perdoado.
AB.SO.LU.ÇÃO, *s.f.*, absolvição, perdão.
AB.SO.LU.TA.MEN.TE, *adv.*, de maneira completa, total, completamente, cabalmente.
AB.SO.LU.TIS.MO, *s.m.*, sistema governamental no qual somente um comanda; tirania, despotismo.
AB.SO.LU.TIS.TA, *s. 2 gên.*, que pratica o absolutismo, quem prefere poderes ditatoriais.
AB.SO.LU.TO, *adj.*, independente, que concentra todo o poder; tirano, completo em si.
AB.SOL.VE.DOR, *adj. e s.m.*, que ou aquele que absolve; aquele que dá a absolvição.
AB.SOL.VEN.TE, *adj. e s. 2 gên.*, que ou aquele(a) que absolve.
AB.SOL.VER, *v.t.*, inocentar, perdoar uma culpa, perdoar os pecados, desculpar.
AB.SOL.VI.ÇÃO, *s.f.*, ação ou efeito de absolver, perdão, remissão, perdão dos pecados.
AB.SOL.VI.DO, *adj.*, que foi julgado inocente; perdoado.
AB.SOL.VI.MEN.TO, *s.m.*, o mesmo que absolvição.
AB.SOR.ÇÃO, *s.f.*, ação ou efeito de absorver, sucção, assimilação, concentração mental.
AB.SOR.TO, *adj.*, imerso em pensamentos, dedicado, extático, interessado.
AB.SOR.VE.DOR, *adj. e s.m.*, que ou aquele que absorve; absorvente.
AB.SOR.VEN.TE, *s.m., adj.*, que absorve, que suga, produto de higiene feminina.
AB.SOR.VER, *v.t.*, consumir, embeber, tragar aos poucos com os poros, puxar para dentro de si.
AB.SOR.VI.DO, *adj.*, embebido, sorvido, aspirado, inalado, aplicado, absorto.
AB.SOR.VÍ.VEL, *adj.*, que pode ser absorvido.
ABS.TE.MI.A, *s.f.*, faculdade de não tomar bebidas alcoólicas; sobriedade.
ABS.TÊ.MIO, *adj.*, que se abstém, não bebe, sóbrio, não consome bebidas alcoólicas.
ABS.TEN.ÇÃO, *s.f.*, ação ou efeito de abster-se, privação, abstinência, não participar, ficar de fora de algo.
ABS.TEN.CI.O.NIS.MO, *s.m.*, absenteísmo.
ABS.TEN.CI.O.NIS.TA, *s. 2 gên.*, pessoa que se abstém de votar.
ABS.TER, *v.t. e pron.*, deixar de, privar-se, não fazer ou aceitar, refrear-se.
ABS.TI.NÊN.CIA, *s.f.*, ação ou efeito de abster, privação, jejum, dieta.
ABS.TI.NEN.TE, *adj. e s. 2 gên.*, que pratica a abstinência; moderado.
ABS.TRA.ÇÃO, *s.f.*, ação ou efeito de abstrair, distração, alheamento, êxtase, estado de espírito de plena concentração, sem percepção do meio em que está.
ABS.TRA.CI.O.NIS.MO, *s.m.*, ideia construída apenas no pensamento, sem imagens ou figuras.
ABS.TRA.Í.DO, *adj.*, distraído, alheio, absorto.
ABS.TRA.I.MEN.TO, *s.m.*, abstração.
ABS.TRA.IR, *v.t.*, omitir, separar, tirar, recolher-se mentalmente, escolher.
ABS.TRA.TI.VO, *adj.*, que abstrai.
ABS.TRA.TO, *adj.*, distraído, extasiado, sonhador, mentalmente abstraído, que se ocupa apenas com ideias, substantivo que indica estado de outro ser ou coisa.
ABS.TRU.IR, *v.t.*, tornar incompreensivo, complicar, ocultar.
ABS.TRU.SO, *adj.*, de difícil compreensão, complicado, confuso, obscuro.
AB.SUR.DEZ, *s.f.*, qualidade do que é absurdo, estupidez, monstruosidade.
AB.SUR.DO, *adj.*, que é contra a razão, despropositado, oposto ao bom senso; *s.m.*, quimera, utopia, fantasia, algo impossível.
A.BU.LI.A, *s.f.*, diminuição, perda da vontade, sem vontade, sem iniciativa, sem ânimo, vontade fraca.
A.BÚ.LI.CO, *adj.*, sem vontade.
A.BUN.DÂN.CIA, *s.f.*, fartura, grande quantidade, abastança.
A.BUN.DAN.TE, *adj.*, farto, opulento, rico.
A.BUN.DAR, *v.t. e int.*, existir em abundância, com fartura, sobrar.
A.BUR.GUE.SA.DO, *adj.*, próprio de ou que tem modos de burguês.
A.BUR.GUE.SAR, *v.t.*, tornar burguês, assumir maneiras de burguês, demonstrar maneiras de burguês.
A.BU.SA.DO, *adj.*, quem abusa, atrevido, moleque, confiado, malcriado.
A.BU.SÃO, *s.f.*, engano, abuso, superstição, crendice.
A.BU.SAR, *v.t.*, usar mal, exceder-se no uso, passar dos limites do bom-senso, ofender a alguém.
A.BU.SI.VO, *adj.*, em que há abuso, desrespeitoso, malcriado, ofensivo.
A.BU.SO, *s.m.*, mau uso, desrespeito, má-criação, exorbitância.

A.BU.TRE, *s.m.*, ave de rapina, tipo de urubu com a cabeça sem penas, que se alimenta de carniça; indivíduo sem escrúpulos.

a.C., abreviação para indicar data anterior ao nascimento de Jesus Cristo.

AC, sigla do estado do Acre.

A.ÇA, *adj.* e *s. 2 gên.*, mulato aloirado, albino, sarará.

A.CA, *s.f., bras.*, mau cheiro, bodum, fedor.

A.CA.BA.DO, *adj.*, terminado, esgotado, completo, pronto.

A.CA.BA.MEN.TO, *s.m.*, ação ou efeito de acabar, término, remate, fim, conclusão.

A.CA.BA.NA.DO, *adj.*, refere-se a um bovino que tem os chifres inclinados para baixo; orelhas caídas ou chapéu com abas voltadas para baixo.

A.CA.BA.NAR, *v.t.*, inclinar as abas para baixo, instalar-se em cabana.

A.CA.BAR, *v.t., int. e pron.*, terminar, perfazer, concluir; romper uma relação, acabar-se, esgotar-se; *fig.*, matar alguém.

A.CA.BO.CLA.DO, *adj.*, com maneiras de caboclo, de origem cabocla.

A.CA.BO.CLAR, *v.t.*, dar maneiras de caboclo, acaipirar, amatutar, tornar caboclo.

A.CA.BRU.NHA.DO, *adj.*, abatido, desanimado, humilhado, triste.

A.CA.BRU.NHA.MEN.TO, *s.m.*, desânimo, tristeza, humilhação, aflição, depressão, prostração.

A.CA.BRU.NHAR, *v.t.*, desanimar, deprimir, oprimir, prostrar, abater, humilhar, envergonhar, entristecer.

A.CA.ÇÁ, *s.m.*, um bolinho feito com farinha de arroz ou de milho branco.

A.CA.ÇA.PA.DO, *adj.*, semelhante ao caçapo; agachado, encolhido.

A.CA.ÇA.PAR ou **A.CA.CHA.PAR**, *v.t., int. e pron.*, esconder-(se), agachar-se, diminuir a altura, abaixar-(se).

A.CÁ.CIA, *s.f.*, nome de uma árvore com flores amarelas ou brancas, em forma de cachos.

A.CA.DEI.RAR-SE, *v.pron.*, sentar-se em cadeira.

A.CA.DE.MI.A, *s.f.*, escola de ensino superior, faculdade, associação ou sociedade de literatos, poetas, escritores, cientistas.

A.CA.DE.MI.AL, *adj.*, acadêmico.

A.CA.DE.MI.CIS.MO, *s.m.*, atitude própria dos que compõem uma academia, mentalidade conservadora, estruturas com regras fixas, imitação de autores da era clássica.

A.CA.DÊ.MI.CO, *adj.*, relativo a academia, estudante universitário, membro ou aluno de academia.

A.CA.DE.MIS.MO, *s.m.*, doutrina estética da Antiguidade clássica; cópia de obras de arte que seguem essa doutrina; falta de originalidade; imitação.

A.CA.DE.MIS.TA, *s. 2 gên.*, estudante de academia.

A.CA.FA.JES.TA.DO, *adj.*, que se porta como cafajeste, tipo com jeito de cafajeste.

A.CA.FA.JES.TAR-SE, *v.pron.*, tornar-se cafajeste.

A.ÇA.FA.TE, *s.m.*, cesto baixo de vime, cestinha.

A.ÇA.FLOR, *s.m.*, açafrão.

A.ÇA.FRÃO, *s.m.*, planta de cujas flores se extrai um pó amarelo para tempero, corante e medicinal; é originária da Ásia e da Europa.

A.ÇA.FRO.AR, *v.t.*, tingir ou temperar com açafrão.

A.ÇA.Í, *s.m.*, fruto do açaizeiro, com o qual se faz um refresco.

A.ÇAI.MAR, *v.t.*, pôr açaimo, pôr focinheira, amordaçar, refrear.

A.ÇAI.MO, *s.m.*, mordaça, objeto que impede a fala; *fig.*, censura, proibição.

A.CAI.PI.RA.DO, *adj.*, do jeito caipira; tímido, acanhado.

A.CAI.PI.RAR-SE, *v. pron.*, tomar hábitos e comportamentos de caipira, tornar-se caipira.

A.ÇA.I.ZAL, *s.m.*, coletivo de açaís, plantação formada por açaís.

A.ÇA.I.ZEI.RO, *s.m.*, a palmeira que produz o açaí, do Norte do Brasil.

A.CA.JA.DAR, *v.t.*, bater com cajado; dar a forma de cajado.

A.CA.JU, *adj.*, que apresenta uma cor castanho-avermelhada, própria da madeira do mogno.

A.CA.LAN.TAR, *v.t.*, acalentar.

A.CA.LAN.TO, *s.m.*, acalento, canção para ninar criança, tipo de música.

A.CAL.CA.DO, *adj.*, calcado, comprimido.

A.CAL.CA.NHA.DO, *adj.*, pisado com calcanhar, humilhado, vexado; usado (calçado).

A.CAL.CA.NHAR, *v.t.*, colocar o calcanhar em, pisar pelo calcanhar, pisar, esmagar.

A.CAL.ÇAR, *v.t.*, calçar, prensar.

A.CA.LEN.TA.DO, *adj.*, embalado, aninhado ao peito; sossegado.

A.CA.LEN.TAR, *v.t. e pron.*, acalantar, cantar uma canção para a criança dormir, aconchegar ao peito, desejar, sonhar com.

A.CA.LEN.TO, *s.m.*, acalanto, canto ou música para fazer adormecer, ato de acalentar.

A.CAL.MA.DO, *adj.*, sossegado, calmo, quieto.

A.CAL.MAR, *v.t., int. e pron.*, tranquilizar, aquietar, tornar calmo, pacificar.

A.CA.LO.RA.DO, *adj.*, esquentado, aquecido; *fig.*, excitado, agitado, entusiasmado.

A.CA.LO.RAR, *v.t. e pron.*, esquentar, aquecer, dar calor; *fig.*, excitar-se.

A.CA.MA.DO, *adj.*, doente, deitado na cama, qualquer material em camadas sobrepostas.

A.CA.MAR, *v.t. e pron.*, pôr-se na cama, ficar doente, ir para a cama, colocar em camadas.

A.CA.MA.RA.DAR, *v.t., int. e pron.*, tornar-se camarada, tornar-se amigo, conhecer-se.

A.ÇAM.BAR.CA.DOR, *adj. e s.m.*, que ou aquele que açambarca, monopolizador.

A.ÇAM.BAR.CA.MEN.TO, *s.m.*, ação ou efeito de açambarcar; monopólio.

A.ÇAM.BAR.CAR, *v.t.*, monopolizar, tomar conta de algo, apoderar-se, dominar.

A.CAM.PA.DO, *adj.*, posto, colocado em acampamento.

A.CAM.PA.MEN.TO, *s.m.*, ação ou efeito de acampar, lugar posto em que se acampa.

A.CAM.PAR, *v.t., int. e pron.*, colocar-se em campo, em acampamento, residir provisoriamente.

A.CA.NA.LA.DO, *adj.*, em forma de canal, canelado, estriado.

A.CA.NA.LA.DU.RA, *s.f.*, cavidade em formato de canal ou rego.

A.CA.NA.LAR, *v.t.*, canelar, estriar; produzir acanaladuras em.

A.CA.NA.LHA.MEN.TO, *s.m.*, ato de acanalhar-se.

A.CA.NA.LHAR, *v.t. e pron.*, tornar ou tornar-se canalha, desprezível, avelhacar.

A.CA.NAS.TRAR, *v.t.*, pôr em canastra ou cesto; dar forma de canastra.

A.CA.NE.LAR, *v.t.*, dar cor de canela; cobrir com canela.

ACANHADO — ACEITADOR

A.CA.NHA.DO, *adj.*, envergonhado, tímido, medroso; local pequeno, restrito.
A.CA.NHA.MEN.TO, *s.m.*, timidez, medo, vergonha, pequenez.
A.CA.NHAR, *v.t.* e *pron.*, envergonhar, tornar tímido, não deixar crescer, reduzir o tamanho.
A.CA.NHO.NE.AR, *v.t.*, disparar canhões contra algo; bombardear.
A.CAN.TO, *s.m.*, designação de arbustos com folhas bonitas e variadas formas; enfeite na arquitetura que imita essas flores.
A.CAN.TO.AR, *v.t.*, pôr a um canto, separar; ocultar; procurar a solidão.
A.CAN.TO.NA.MEN.TO, *s.m.*, ato de acantonar; lugar onde se acantonam tropas.
A.CAN.TO.NAR, *v.t., int.* e *pron.*, acampar em uma habitação, instalar-se para acampar em um local protegido por telhado.
A.ÇÃO, *s.f.*, obra, ato ou efeito de atuar; atitude; momentos de uma peça teatral; cada parte de uma sociedade anônima.
A.CA.RÁ, *s.m.*, tipo de peixe de água doce, cará.
A.CA.RA.JÉ, *s.m.*, prato da comida afro-baiana, feito de massa de feijão-fradinho e camarão moído, cozido e frito em azeite de dendê.
A.CA.RA.ME.LAR, *v.t.*, tornar semelhante a caramelo.
A.CA.RA.PI.NHAR, *v.t.* e *pron.*, encarapinhar.
A.CAR.DI.A, *s.f.*, ausência de coração.
A.CA.RE.A.ÇÃO, *s.f.*, ação ou efeito de acarear.
A.CA.RE.A.DO, *adj.*, confrontado, cotejado.
A.CA.RE.AR, *v.t.*, juntar, reunir, pôr frente a frente duas pessoas para confrontar o depoimento de uma com a outra; confrontar o depoimento de duas testemunhas.
A.CA.RI, *s.m.*, designação de diversos peixes de água doce, cascudo.
A.CA.RÍ.A.SE, *s.f.*, proliferação de ácaros, sarna, doença provocada por ácaros.
A.CA.RI.CI.A.DO, *adj.*, acarinhado, afagado; mimado.
A.CA.RI.CI.A.DOR, *s.m.*, quem acaricia, acariciante.
A.CA.RI.CI.AN.TE, *adj.* e *s. 2 gên.*, acariciador.
A.CA.RI.CI.AR, *v.t.* e *pron.*, fazer carícias, acarinhar, afagar; lisonjear.
A.CA.RI.CI.DA, *s.m.*, qualquer substância que destrói, elimina ácaros.
A.CA.RI.NHA.DO, *adj.*, afagado, acariciado, mimado.
A.CA.RI.NHAR, *v.t.*, acariciar, fazer carinhos, afagar, fazer carícias.
A.CA.RI.NO.SE, *s.f.*, acaríase.
A.CAR.NEI.RA.DO, *adj.*, que se parece com carneiro; *fig.*, fiel a princípios, seguidor de um chefe, gregário, capanga.
A.CAR.NEI.RAR, *v.t.*, tornar semelhante a carneiro.
Á.CA.RO, *s.m.*, animal pequeno que infesta, como parasita, homens e animais domésticos, causando alergias e irritações epidérmicas.
A.CAR.PE.TA.DO, *adj.*, coberto ou revestido de carpete.
A.CAR.PE.TAR, *v.t.*, colocar tapete, colocar carpê.
A.CAR.RA.PA.TAR, *v.t.*, tornar semelhante ao carrapato.
A.CAR.RE.AR, *v.t.*, carrear; acarretar.
A.CAR.RE.TA.DO, *adj.*, posto em carreta; ocasionado.
A.CAR.RE.TA.MEN.TO, *s.m.*, ato de acarretar.
A.CAR.RE.TAR, *v.t.*, carregar em carreta, transportar, ocasionar; *fig.*, provocar, causar.
A.CAR.TO.NA.DO, *adj.*, que tem forma ou aspecto de cartão.
A.CAR.TO.NAR, *v.t.*, tornar semelhante ao cartão.
A.CAR.TU.CHAR, *v.t.*, dar o formato de cartuchos; prover de cartuchos.
A.CA.SA.LA.DO, *adj.*, acoplado, emparelhado, casado.
A.CA.SA.LA.MEN.TO, *s.m.*, ação ou efeito de acasalar; reunião de um casal, macho com fêmea.
A.CA.SA.LAR, *v.t., int.* e *pron.*, casar, casar-se, colocar juntos macho e fêmea.
A.CA.SO, *s.m.*, acontecimento imprevisto, fato repentino, sorte, destino; *adv.*, por acaso, casualmente.
A.CAS.TA.NHA.DO, *adj.*, com forma, gosto ou semelhança de castanhas, que tem semelhante a castanhas.
A.CAS.TE.LA.DO, *adj.*, em forma de castelo; fortalecido com castelo; encastelado.
A.CAS.TE.LAR, *v.t.*, construir como castelo; fortalecer com castelo; fortificar; *v. pron.*, encastelar-se; prevenir-se; precaver-se.
A.CAS.TE.LHA.NAR, *v.t.*, dar feição castelhana ou tornar castelhano.
A.CA.SU.LAR, *v.t.*, dar forma de casulo.
A.CA.TA.DO, *adj.*, respeitado, venerado.
A.CA.TA.LEP.SI.A, *s.f.*, incapacidade de compreender; dúvida.
A.CA.TAR, *v.t.*, aceitar, respeitar, honrar, obedecer.
A.CA.TÁ.VEL, *adj.*, digno de respeito; que pode ser acatado.
A.CAU.Ã, *s.f.*, ave brasileira, que canta ao anoitecer e ao amanhecer.
A.CAU.DI.LHAR, *v.t.*, atuar como caudilho; capitanear, comandar.
A.CAU.TE.LA.DO, *adj.*, prevenido, preparado, cauteloso.
A.CAU.TE.LA.MEN.TO, *s.m.*, cautela, prevenção, resguardo.
A.CAU.TE.LAR, *v.t., int.* e *pron.*, tomar cuidado, precaver-se, prevenir-se, ter cautela, reter com cautela.
A.CAU.TE.LA.TÓ.RIO, *s.m.* e *adj.*, que previne, cauteloso, que acautela.
A.CA.VA.LA.DO, *adj.*, de maneiras como cavalo; *fig.*, grosseiro, rústico, incivilizado.
A.CA.VA.LAR, *v.t.* e *pron.*, pôr algo em cima de um objeto, colocar por cima de.
A.CA.VA.LEI.RAR, *v.t.*, pôr a cavaleiro; amontoar, empilhar.
A.CE.BO.LA.DO, *adj.*, com gosto de cebola, com muita cebola, tempero à base de cebola.
A.CE.BO.LAR, *v.t.*, temperar com cebola, colocar cebola na comida.
A.CE.DÊN.CIA, *s.f.*, ato de aceder; anuência.
A.CE.DEN.TE, *adj.*, que acede, que aceita ou anui.
A.CE.DER, *v.t.* e *int.*, anuir, dar consentimento, concordar, conformar-se.
A.CÉ.DI.A, *s.f.*, acídia, falta de vontade, inércia, abulimia mental, preguiça mental, desordem interior.
A.CE.FA.LI.A, *s.f.*, deformidade em um feto, por estar sem cabeça; *fig.*, anarquia, falta de liderança.
A.CÉ.FA.LO, *adj.*, animal ou ser humano sem cabeça; *fig.*, grupo sem chefia, sem liderança.
A.CEI.RAR, *v.t.*, transformar ferro em aço, tornar resistente; isolar uma porção de terra para queimar o mato cortado sem alastrar o fogo.
A.CEI.RO, *s.m.*, isolamento, tapume, faixa limpa para impedir a propagação de fogo.
A.CEI.TA.BI.LI.DA.DE, *s.f.*, aceitação.
A.CEI.TA.ÇÃO, *s.f.*, ação ou efeito de aceitar, acolhida, consentimento.
A.CEI.TA.DOR, *adj.* e *s.m.*, que ou aquele que aceita; aprovador.

A.CEI.TA.MEN.TO, s.m., ato de aceitar, aprovação.
A.CEI.TAN.TE, adj., que aceita, que assina um título, que admite um compromisso.
A.CEI.TAR, v.t., admitir, consentir, aprovar, receber o que lhe é oferecido.
A.CEI.TÁ.VEL, adj., admissível, que se pode aceitar.
A.CEI.TE, s.m., o ato de assinar um título, assinatura para reconhecer um título.
A.CEI.TO, adj., acolhido, recebido.
A.CE.LEI.RAR, v.t., colocar em celeiro.
A.CE.LE.RA.ÇÃO, s.f., ação ou efeito de acelerar, aumento da velocidade.
A.CE.LE.RA.DO, adj., apressado, rápido, veloz, que tem aceleração.
A.CE.LE.RA.DOR, s.m., o que acelera, pedal usado em veículos motorizados para aumentar a velocidade.
A.CE.LE.RA.MEN.TO, s.m., aumento da velocidade; aceleração.
A.CE.LE.RAR, v.t., int. e pron., tornar rápido, veloz, célere, apressar.
A.CEL.GA, s.f., hortaliça comestível de folhas longas e macias; verdura assemelhada ao repolho.
A.CE.LU.LAR, adj. 2 gên., que não é constituído por células, que não tem células em sua composição.
A.CÉM, s.m., carne do lombo do boi.
A.CE.NA.MEN.TO, s.m., aceno, chamamento.
A.CE.NAR, v.t. e int., fazer acenos, fazer gestos, abanar, chamar a atenção.
A.CEN.DA.LHA, s.f., graveto, cavaco ou lasca de madeira usada para acender o fogo.
A.CEN.DE.DOR, s.m., quem ou o que acende, isqueiro, instrumento para acender a chama do gás.
A.CEN.DER, v.t., int. e pron., pôr fogo em, fazer arder, atear fogo, ligar a energia elétrica; fig., estimular.
A.CEN.DI.DO, adj., inflamado, aceso; excitado.
A.CEN.DI.MEN.TO, s.m., ato ou efeito de acender; excitação; irritação.
A.CEN.DÍ.VEL, adj., que tem a propriedade de irritar ou de acender; excitável.
A.CEN.DRAR, v.t., limpar com cinza; purificar; apurar.
A.CE.NO, s.m., ato de acenar, cumprimento, gesto, convite.
A.CEN.TO, s.m., timbre da voz para indicar o tipo de sílaba, sotaque; sinal gráfico para destacar as vogais tônicas das átonas, destaque, inflexão da voz.
A.CEN.TU.A.ÇÃO, s.f., ação ou efeito de acentuar; na gramática, conjunto de normas para colocar acentos gráficos em palavras.
A.CEN.TU.A.DO, adj., que recebe acento gráfico; saliente, destacado, enfático.
A.CEN.TU.AR, v.t., colocar os acentos gráficos, pronunciar com clareza, destacar, enfatizar.
A.CEP.ÇÃO, s.f., sentido com que se emprega uma palavra, conteúdo de um termo, significado.
A.CE.PI.LHA.DO, adj., polido, alisado, aplainado.
A.CE.PI.LHA.DOR, s.m., aquele que acepilha, polidor, desbastador.
A.CE.PI.LHA.DU.RA, s.f., ato de acepilhar; desbaste.
A.CE.PI.LHAR, v.t. e pron., alisar uma superfície com cepilho, dar acabamento, aperfeiçoar.
A.CE.PI.PE, s.m., aperitivo, algum tipo de comida servida antes da refeição.

A.CE.PI.PEI.RO, adj. e s.m., que ou aquele que gosta de acepipes; guloso.
A.CE.RA.ÇÃO, s.f., ato ou operação de acerar; revestimento de aço.
A.CE.RA.DO, adj., que tem a têmpera do aço.
A.CE.RA.DOR, adj., que acera.
A.CE.RA.GEM, s.m., operação de acerar, aceração.
A.CE.RAR, v.t., dar têmpera de aço a; transformar em aço; tornar pontiagudo.
A.CER.BAR, v.t., tornar acerbo; exacerbar; angustiar.
A.CER.BO, adj., amargo, de gosto amargo, acidulado, azedo; fig., difícil.
A.CER.CA, adv., junto de, perto de, vizinho; acerca de - a respeito de, quase, em torno de.
A.CER.CADO, adj., aproximado, avizinhado.
A.CER.CA.MEN.TO, s.m., avizinhação, aproximação.
A.CER.CAR(-SE), v.t. e pron., aproximar(se), chegar perto, avizinhar.
A.CE.RE.JA.DO, adj., que tem a cor da cereja.
A.CE.RE.JAR, v.t., dar a cor da cereja.
A.CE.RO.LA, s.f., pequeno arbusto, cujos frutos vermelhos, de gomos, são ricos em vitamina C.
A.CÉR.RI.MO, adj., superlativo de acre, muito azedo, extremado, radical.
A.CER.TA.DO, adj., sensato, combinado.
A.CER.TA.DOR, s.m., quem acerta, quem obtém o número da sorte, quem atinge o alvo.
A.CER.TA.MEN.TO, s.m., ato ou efeito de acertar, regulamento.
A.CER.TAR, v.t., fazer correto, ajustar, sair-se bem, pôr no alvo, coincidir, regular, dar a resposta correta, ter precisão em qualquer ação.
A.CER.TO, s.m., ajuste, ação ou efeito de acertar, fazer corretamente, sensatez.
A.CER.VE.JA.DO, adj., que tem gosto de cerveja; que gosta de cerveja.
A.CER.VO, s.m., coletivo, grande quantidade, montão de objetos, conjunto de bens.
A.CES.CEN.TE, adj., que principia a azedar-se.
A.CE.SO, adj., que está queimando, ardente, inflamado, em brasas; fig., que denota excitação.
A.CES.SÃO, s.f., ato de acessar, aproximação, achegamento, acesso.
A.CES.SAR, v.t., entrar em, adentrar, obter dados, contatar.
A.CES.SI.BI.LI.DA.DE, s.f., qualidade de ser acessível, que é acessível.
A.CES.SÍ.VEL, adj., que se pode atingir, alcançar, de acesso fácil.
A.CES.SI.VO, adj., que acresce; acessório.
A.CES.SO, s.m., ação ou efeito de chegar, entrada, ingresso, passagem.
A.CES.SÓ.RIO, adj., que não é fundamental; anexo, complementar, adicional; s.m. peça ou objeto que complemente outro; adereço.
A.CES.SU.AL, adj., que surge ou se manifesta por acesso(s).
A.CE.TÁ.BU.LO, s.m., cavidade em forma de vaso ou taça; antigo vaso para vinagre; em Anatomia, cavidade em forma de taça no esqueleto da bacia em que se articula a cabeça do fêmur.
A.CE.TA.TO, s.m., sal ou éster de ácido acético; lâmina transparente de plástico.
A.CÉ.TI.CO, adj., que se refere ao vinagre, próprio do vinagre.

ACETIFICAÇÃO ... 49 ... ACIGANAR-SE

A.CE.TI.FI.CA.ÇÃO, *s.f.*, ato ou efeito de acetificar(-se); reação química que transforma uma substância (vinho) em vinagre.
A.CE.TI.FI.CAR, *v.t.*, mudar para vinagre, envinagrar, azedar.
A.CE.TI.LE.NO, *s.m.*, gás que se usa em soldas ou em outros serviços.
A.CE.TÍ.ME.TRO, *s.m.*, instrumento com que se mede a porcentagem de ácido acético numa solução.
A.CE.TI.NA.DO, *adj.*, que se acetinou; macio e lustroso como cetim.
A.CE.TI.NAR, *v.t. e pron.*, tornar como cetim, tornar macio como cetim.
A.CE.TO.NA, *s.f.*, composto líquido incolor para dissolver, para limar; usado como solvente industrial.
A.CE.TO.NÚ.RIA, *s.f.*, presença de acetona na urina; var., acetonuria.
A.CE.TO.NÚ.RI.CO, *adj.*, relativo a acetonúria.
A.CE.TO.SO, *adj.*, que tem sabor de vinagre.
A.CHA, *s.f.*, pedaço de madeira para queimar, pau, madeira, lenha.
A.CHA.CA.DI.ÇO, *adj.*, mórbido, doentio, que pode pegar doenças com facilidade.
A.CHA.CA.DO, *adj.*, doente, enfermo, propenso a doença.
A.CHA.CAR, *v.t., int. e pron.*, maltratar, tirar dinheiro, incomodar.
A.CHA.DA, *s.f.*, ato ou efeito de achar; planície chapada do alto de uma montanha.
A.CHA.DI.ÇO, *adj.*, que se acha com facilidade.
A.CHA.DO, *adj.*, o que se encontrou, descoberto; *s.m.*, ação ou efeito de achar, descoberta, ideia.
A.CHA.DOR, *adj. e s.m.*, inventor, descobridor.
A.CHA.DOU.RO, *s.m.*, lugar onde se achou alguma coisa.
A.CHA.GA.DO, *adj.*, com chagas, ulceroso.
A.CHA.MA.LO.TA.DO, *adj.*, semelhante, parecido com chamalote.
A.CHA.QUE, *s.m.*, doença costumeira, ataques de doenças, indisposição.
A.CHAR, *v.t.*, encontrar casualmente, dar com, inventar, julgar, pensar, opinar, considerar.
A.CHA.TA.DE.LA, *s.f.*, pequeno achatamento.
A.CHA.TA.DO, *adj.*, que ficou chato, plano, liso; algo que perdeu o valor do preço.
A.CHA.TA.DU.RA, *s.f.*, achatamento; rebaixamento.
A.CHA.TA.MEN.TO, *s.m.*, ação ou efeito de achatar.
A.CHA.TAR, *v.t. e pron.*, tornar chato, tornar plano, aplainar, abaixar, nivelar.
A.CHA.VAS.CA.DO, *adj.*, grosseiro, tosco.
A.CHE.GA, *s.f.*, adiantamento, acréscimo; subsídio, ajuda.
A.CHE.GA.DO, *adj.*, propenso a, próximo, inclinado a.
A.CHE.GA.MEN.TO, *s.m.*, ato ou efeito de achegar; avizinhação, aproximação.
A.CHE.GAR, *v.t. e v. pron.*, aproximar-se, avizinhar-se, ir para perto de.
A.CHE.GO, *s.m.*, ação ou efeito de aproximar-se, achegar-se, aconchego, amparo.
A.CHIN.CA.LHA.ÇÃO, *s.f.*, achincalhamento, ofensa.
A.CHIN.CA.LHA.DO, *adj.*, ofendido, rebaixado.
A.CHIN.CA.LHA.DOR, *s.m.*, ofensor.
A.CHIN.CA.LHA.MEN.TO, *s.m.*, ofensa, ridicularização.
A.CHIN.CA.LHAR, *v.t. e pron.*, desprezar, escarnecer, zombar, rir-se de alguém, humilhar.
A.CHIN.CA.LHE, *s.m.*, chacota, desprezo, menoscabo, ação ou efeito de achincalhar.

A.CHI.NE.LAR, *v.t.*, dar forma de chinelo (ou de chinela) a; acalcanhar (o sapato).
A.CHI.NE.SA.DO, *adj.*, que apresenta jeito e atitude de chinês, com manias de chinês.
A.CHI.NE.SAR, *v.t.*, dar forma chinesa a; *v. pron.*, assumir modos ou hábitos de chinês.
A.CHIS.MO, *s.m.*, na linguagem popular, a mania de dar opinião sem nenhum fundamento.
A.CHO.CO.LA.TA.DO, *adj.*, todo produto feito com base em chocolate, com gosto de chocolate.
A.CHO.CO.LA.TAR, *v.t.*, dar gosto ou cor de chocolate.
A.CI.A.RI.A, *s.f.*, usina siderúrgica para produção de aço.
A.CI.CA.TAR, *v.t.*, ferir com o acite, bater com a espora; *fig.*, ridicularizar alguém.
A.CI.CA.TE, *s.m.*, espora simples, ferrão; *fig.*, chacota, estímulo, entusiasmo.
A.CÍ.CLI.CO, *adj.*, que não tem ciclo; em Química, diz-se de compostos orgânicos cuja molécula não forma cadeia fechada.
A.CI.CU.LA.DO, *adj.*, que tem a forma de agulha, acicular.
A.CI.CU.LAR, *adj.*, que apresenta formato de agulha, aciculado.
A.CI.DA.ÇÃO, *s.f.*, ato de acidar.
A.CI.DAR, *v.t. e pron.*, tornar(-se) ácido.
A.CI.DÁ.VEL, *adj.*, que tem a propriedade de se tornar ácido.
A.CI.DEN.TA.ÇÃO, *s.f.*, ato de se acidentar; qualidade de terreno acidentado.
A.CI.DEN.TA.DO, *adj.*, quem sofreu um acidente, terreno desnivelado; *s.m.*, vítima de um acidente.
A.CI.DEN.TAL, *adj.*, imprevisto, repentino, não esperado, de improviso.
A.CI.DEN.TAR, *v.t. e pron.*, tornar acidentado, sofrer um acidente, machucar.
A.CI.DEN.TE, *s.m.*, desastre, fato repentino ou casual, desgraça, acontecimento imprevisto.
A.CI.DEZ, *s.f.*, qualidade do que é ácido, picante no sabor, de sabor azedo.
A.CÍ.DIA, *s.f.*, inércia, preguiça, falta de vontade, melancolia, desordem mental; acédia.
A.CI.DÍ.FE.RO, *adj.*, que contém ou produz ácido.
A.CI.DI.FI.CA.ÇÃO, *s.f.*, ato ou efeito de se acidificar.
A.CI.DI.FI.CAN.TE, *adj.*, que acidifica.
A.CI.DI.FI.CAR, *v.t. e pron.*, tornar ácido, dar gosto de ácido.
A.CI.DI.FI.CÁ.VEL, *adj.*, que se pode acidificar.
A.CI.DI.ME.TRI.A, *s.f.*, processo volumétrico de análise que permite avaliar a acidez de uma solução.
A.CI.DÍ.ME.TRO, *s.m.*, instrumento que mede o grau de acidez de um líquido.
Á.CI.DO, *adj.*, azedo, picante, acre, sabor de vinagre; *s.m.*, composto químico que, misturado, pode originar um sal.
A.CI.DO.SE, *s.f.*, excesso de ácido em algum órgão do corpo.
A.CI.DU.LA.ÇÃO, *s.f.*, ato ou resultado de acidular(-se); acidificação.
A.CI.DU.LA.DO, *adj.*, acerbo, amargo, gosto azedo, azedo.
A.CI.DU.LAN.TE, *adj.*, que tem a propriedade de acidular.
A.CI.DU.LAR, *v.t. e pron.*, azedar-se, tornar ácido, tornar azedo.
A.CÍ.DU.LO, *adj.*, um pouco ácido, com acidez leve.
A.CI.GA.NA.DO, *adj.*, com jeito de cigano, que adota usos e modos de cigano.
A.CI.GA.NAR-SE, *v. pron.*, aculturar-se como cigano, assumir os modos de cigano.

ACIMA — ACOLITAR

A.CI.MA, *adv.*, por cima, na parte mais elevada, anterior, por primeiro.
A.CIN.TE, *s.m.*, vontade de ser contra, desrespeito, provocação, ofensa.
A.CIN.TO.SO, *adj.*, desagradável, provocador, desrespeitoso.
A.CIN.ZEN.TA.DO, *adj.*, cor de cinza, cinzento.
A.CIN.ZEN.TAR, *v.t., int. e pron.*, dar uma cor cinzenta, tornar de cor cinza.
A.CI.O.NA.DO, *adj.*, que tem contra si uma ação judicial; movimentado, ligado (aparelho, motor etc.).
A.CI.O.NA.DOR, *adj.*, que aciona; *s.m.*, peça ou dispositivo por meio do qual se aciona algo.
A.CI.O.NAL, *adj.*, relativo a ação.
A.CI.O.NA.MEN.TO, *s.m.*, ato ou efeito de acionar.
A.CI.O.NAR, *v.t.*, fazer funcionar, colocar em ação; processar, agir contra.
A.CI.O.NÁ.RIO, *s.m.*, acionista.
A.CI.O.NÁ.VEL, *adj.*, que pode ser acionado.
A.CI.O.NIS.TA, *s. 2 gên.*, possuidor de ações de uma empresa, sócio.
A.CIR.RA.DO, *adj.*, obstinado, intransigente, cabeçudo.
A.CIR.RA.MEN.TO, *s.m.*, provocação, irritação, ação ou efeito de acirrar.
A.CIR.RAN.TE, *adj.*, que acirra; irritante.
A.CIR.RAR, *v.t.*, provocar, exasperar, açular, irritar, incitar.
A.CI.TRI.NA.DO, *adj.*, da cor da cidra ou do limão.
A.CLA.MA.ÇÃO, *s.f.*, ação ou efeito de aclamar, saudação, aplauso.
A.CLA.MA.DO, *adj.*, proclamado, aplaudido, ovacionado, eleito, escolhido.
A.CLA.MAR, *v.t. e int.*, saudar, proclamar, aplaudir, eleger, escolher, ovacionar.
A.CLA.MA.TI.VO, *adj.*, relativo a aclamação; que encerra aclamação.
A.CLA.MA.TÓ.RIO, *adj.*, aclamativo.
A.CLA.RA.ÇÃO, *s.f.*, esclarecimento, explicação.
A.CLA.RA.DO, *adj.*, esclarecido, explicado, resolvido.
A.CLA.RA.DOR, *adj. e s.m.*, que ou o que aclara, elucida.
A.CLA.RA.MEN.TO, *s.m.*, aclaração, esclarecimento, elucidação.
A.CLA.RAR, *v.t., int. e pron.*, esclarecer, tornar claro, explicar, purificar.
A.CLI.MA.ÇÃO, *s.f.*, aclimatação, ação ou efeito de se adaptar a um clima.
A.CLI.MA.DO, *adj.*, adaptado a certo clima; *fig.*, adaptado, acostumado.
A.CLI.MA.DOR, *adj. e s.m.*, que ou aquele que aclima, adaptador.
A.CLI.MAR, *v.t. e pron.*, aclimatar, adaptar-se às variações climáticas, adaptar-se ao clima.
A.CLI.MA.TA.ÇÃO, *s.f.*, ação ou efeito de aclimatar, preparar para um clima.
A.CLI.MA.TA.DO, *adj.*, que se adaptou ao clima, ajustado, acomodado; *fig.*, aceito.
A.CLI.MA.TAR, *v.t. e pron.*, aclimatizar, adaptar ao clima, habituar-se, acostumar a um clima.
A.CLI.MA.TI.ZA.ÇÃO, *s.f.*, aclimatização.
A.CLI.MA.TI.ZA.DO, *adj.*, adaptado ao clima.
A.CLI.MA.TI.ZAR, *v.t. e pron.*, aclimar.
A.CLI.MÁ.VEL, *adj.*, que pode ser aclimado; fácil de se adaptar.
A.CLI.VE, *s.m.*, subida, rampa, terreno que sobe.

AC.ME, *s.m.*, ponto ou estágio mais alto, elevado; apogeu; clímax; perfeição.
AC.NE, *s.f.*, doença da pele que se caracteriza pelas espinhas e pelos cravos.
A.ÇO, *s.m.*, metal muito forte, obtido de uma liga de ferro com carbono; *fig.*, força, rijeza.
A.CO.BAR.DA.DO, *adj.*, acovardado, amedrontado.
A.CO.BAR.DA.MEN.TO, *s.m.*, ato de acobardar, intimidação.
A.CO.BAR.DAR, *v.t.*, tornar covarde; intimidar, amedrontar; *v. pron.*, acovardar-se; perder o ânimo.
A.CO.BER.TA.DO, *adj.*, dissimulado; encoberto; tapado, coberto.
A.CO.BER.TA.MEN.TO, *s.m.*, ação ou efeito de acobertar, proteção, ato de esconder.
A.CO.BER.TAR, *v.t. e pron.*, cobrir, esconder, proteger, dar proteção, esconder com pano.
A.CO.BRE.A.DO, *adj.*, da cor do cobre.
A.CO.BRE.AR, *v.t. e pron.*, adquirir a cor do cobre, escurecer.
A.CO.CHAR, *v.t. e pron.*, oprimir, dificultar, incomodar.
A.CO.CO.RA.DO, *adj.*, que está de cócoras, agachado.
A.CO.CO.RA.MEN.TO, *s.m.*, abaixamento, ação ou efeito de acocorar-se.
A.CO.CO.RAR, *v.t. e pron.*, colocar-se de cócoras, abaixar-se, agachar-se.
A.ÇO.DA.DO, *adj.*, precipitado, apressado, afobado.
A.ÇO.DA.MEN.TO, *s.m.*, ímpeto, instigação; *fig.*, descontrole emocional.
A.ÇO.DAR, *v.t. e pron.*, apressar, instigar, atiçar, fazer agir impensadamente.
A.COI.MA.MEN.TO, *s.m.*, ato de censurar ou repreender.
A.COI.MAR, *v.t. e pron.*, acusar, atacar, castigar.
A.ÇOI.TA.DO, *adj.*, chicoteado, fustigado.
A.ÇOI.TA.DOR, *adj. e s.m.*, que ou aquele que açoita.
A.ÇOI.TA.MEN.TO, *s.m.*, ato ou efeito de açoitar, castigo com açoite.
A.COI.TAR, *v.t. e pron.*, abrigar, esconder, ocultar, dar guarida.
A.ÇOI.TAR, *v.t. e pron.*, punir com açoite, chicotear, bater com chicote; *fig.*, magoar, ferir.
A.ÇOI.TE, *s.m.*, instrumento com tiras de couro para golpear, chicote; *fig.*, castigo, flagelo.
A.CO.LÁ, *adv.*, além, naquele lugar, ao longe.
A.COL.CHE.TA.DO, *adj.*, que está seguro ou preso com colchetes.
A.COL.CHE.TAR, *v.t.*, unir com colchetes, prender com colchetes.
A.COL.CHO.A.DI.NHO, *s.m.*, tecido delgado e fino, cosido em quadrinhos, que imita acolchoado.
A.COL.CHO.A.DO, *adj.*, revestido, coberto; *s.m.*, cobertor, coberta recheada com lã, algodão.
A.COL.CHO.A.DOR, *adj.*, que acolchoa, que forra.
A.COL.CHO.A.MEN.TO, *s.m.*, ato de forrar ou de acolchoar.
A.COL.CHO.AR, *v.t.*, forrar, encher com algodão, fazer um acolchoado.
A.CO.LHE.DOR, *adj., s.m.*, quem acolhe, hospitaleiro, bondoso.
A.CO.LHER, *v.t. e pron.*, hospedar, proteger, abrigar, atender; receber um pedido.
A.CO.LHI.DA, *s.f.*, acolhimento, recepção, hospedagem, atenção, refúgio.
A.CO.LHI.DO, *adj.*, recebido, hospedado, abrigado, atendido.
A.CO.LHI.MEN.TO, *s.f.*, acolhida, recepção, hospedagem.
A.CO.LI.TAR, *v.t.*, servir de acólito a; ajudar.

ACÓLITO — ACOTILEDÔNEO

A.CÓ.LI.TO, *s.m.*, ajudante, serviçal, pessoa que ajuda na missa.
A.CO.MA.DRAR-SE, *v.pron.*, fazer-se de comadre.
A.CO.ME.TE.DOR, *adj.* e *s.m.*, que ou o que acomete.
A.CO.ME.TER, *v.t. rg. mt.* e *pron.*, começar uma luta, investir contra, atacar, agredir.
A.CO.ME.TI.DA, *s.f.*, assalto inesperado, investida, ataque.
A.CO.ME.TI.DO, *adj.*, que sofre sintomas de uma doença ou lesão; atacado; hostilizado; assaltado.
A.CO.ME.TI.MEN.TO, *s.m.*, ato ou resultado de acometer; aparecimento repentino de doença; acometida.
A.CO.ME.TÍ.VEL, *adj.*, que pode ser acometido.
A.CO.MO.DA.ÇÃO, *s.f.*, ação ou efeito de acomodar ou acomodar-se, ajuste.
A.CO.MO.DA.DO, *adj.*, hospedado, ajeitado, tranquilo, impassível, inerte.
A.CO.MO.DAR, *v.t.*, oferecer cômodo a hóspedes, ajeitar, arrumar, colocar, hospedar, agasalhar.
A.CO.MO.DA.DI.ÇO, *adj.*, acomodatício.
A.CO.MO.DA.TÍ.CIO, *adj.*, relativo àquele que se acomoda facilmente; transigente.
A.CO.MO.DÁ.VEL, *adj. 2 gên.*, que pode ser acomodado; que se pode acomodar.
A.COM.PA.DRAR, *v.t.* e *pron.*, tornar-se compadre; *fig.*, ser cúmplice em algum negócio escuso.
A.COM.PA.NHA.DO, *adj.*, seguido, que forma um par, vigiado.
A.COM.PA.NHA.DOR, *adj.* e *s.m.*, que ou aquele que acompanha; acompanhante.
A.COM.PA.NHA.MEN.TO, *s.m.*, ação ou efeito de acompanhar, cortejo, comitiva, funeral.
A.COM.PA.NHAN.TE, *adj.*, *s. 2 gên.*, que acompanha, que vai junto, seguidor.
A.COM.PA.NHAR, *v.t.*, estar ou ir em companhia de alguém, ir junto, observar, seguir algo, tocar um instrumento musical junto com alguém.
A.CON.CHE.GA.DO, *adj.*, amparado; agasalhado; aproximado.
A.CON.CHE.GAN.TE, *adj.*, que aconchega, agasalhante, amigo, carinhoso.
A.CON.CHE.GAR, *v.t.* e *pron.*, confortar, abrigar, aproximar, achegar, agasalho, conchego.
A.CON.CHE.GO, *s.m.*, ação ou efeito de aconchegar, carinho, conforto, agasalho, conchego.
A.CON.DI.CI.O.NA.ÇÃO, *s.f.*, acondicionamento; acomodação; preservação.
A.CON.DI.CI.O.NA.DO, *adj.*, embalado, acomodado.
A.CON.DI.CI.O.NA.MEN.TO, *s.m.*, ato ou efeito de acondicionar, arrumação, empacotamento.
A.CON.DI.CI.O.NAR, *v.t.*, recolher, embalar, acomodar, ajeitar, guardar, empacotar.
A.CON.SE.LHA.DO, *adj.*, que recebeu conselho.
A.CON.SE.LHA.DOR, *adj.* e *s.m.*, que ou aquele que aconselha.
A.CON.SE.LHA.MEN.TO, *s.m.*, recomendação, conselho, orientação, indicação.
A.CON.SE.LHAR, *v.t.*, *int.* e *pron.*, dar conselho a, orientar, recomendar, avisar, persuadir.
A.CON.SE.LHÁ.VEL, *adj.*, que se pode aconselhar, orientável, recomendável.
A.CON.TE.CER, *v.t.* e *int.*, sobrevir, suceder, suceder sem esperar, ocorrer.
A.CON.TE.CI.DO, *adj.*, ocorrido, que aconteceu; *s.m.*, evento, acontecimento, efeméride.
A.CON.TE.CI.MEN.TO, *s.m.*, o que acontece, evento, caso, fato, efeméride, ocorrência.
A.CO.PLA.DO, *adj.*, juntado, ligado, unido.
A.CO.PLA.GEM, *s.f.*, acoplamento, junção, concatenação.
A.CO.PLA.MEN.TO, *s.m.*, ação ou efeito de acoplar, junção, reunião, junção de duas naves no espaço.
A.CO.PLAR, *v.t.* e *pron.*, fazer o acoplamento, juntar, reunir, concatenar, ajustar.
A.ÇOR, *s.m.*, tipo de falcão, espécie de ave de rapina.
A.ÇO.RAR, *v.t.*, sentir desejos exagerados, demonstrar avidez, deixar-se tomar por volúpias.
A.COR.CUN.DA.DO, *adj.*, com leve amostra de corcunda.
A.ÇOR.DA, *s.f.*, comida feita com pão, ovos, azeite e alho.
A.COR.DA.DO, *adj.*, desperto, sem sono, atento, atencioso, que acompanha um fato.
A.COR.DA.MEN.TO, *s.m.*, ato de acordar, despertamento.
A.COR.DAN.TE, *adj.*, conforme, concorde; harmonioso, acorde.
A.CÓR.DÃO, *s.m.*, sentença jurídica dada em tribunal superior de recursos.
A.COR.DAR, *v. rg. mt.* e *pron.*, despertar, terminar de dormir, cair em si; concordar, aceitar um acordo.
A.COR.DE, *adj.*, que está de acordo; *s.m.*, som musical, harmônico, afinado.
A.COR.DE.ÃO, *s.m.* acordeom, instrumento musical de palheta, gaita, harmônica, sanfona.
A.COR.DE.O.NIS.TA, *adj. 2 gên.* e *s. 2 gên.*, quem toca acordeão, sanfoneiro, músico.
A.COR.DO, *s.m.*, acerto, convenção, ajuste, conformidade, concordância.
A.COR.DO.AR, *v.t., int.* e *pron.*, colocar cordas, ligar com cordas.
A.ÇO.RI.A.NO, *adj.*, natural das ilhas dos Açores.
A.CO.RO.ÇO.A.DO, *adj.*, animado, entusiasmado, encorajado.
A.CO.RO.ÇO.AR, *v.t.* e *v. pron.*, tomar coragem, animar-se, encorajar-se.
A.COR.REN.TA.DO, *adj.*, preso com corrente; *fig.*, escravizado; subjugado.
A.COR.REN.TA.MEN.TO, *s.m.*, ato ou efeito de acorrentar.
A.COR.REN.TAR, *v.t.* e *pron.*, colocar correntes em, amarrar com correntes; subjugar; *fig.*, escravizar.
A.COR.RER, *v.t.* e *int.*, ir a algum lugar, acudir, prestar amparo.
A.COR.TI.NAR, *v.t.* e *pron.*, encortinar, colocar cortinas.
A.COS.SA.DO, *adj.*, perseguido, atormentado, procurado.
A.COS.SA.DOR, *adj.* e *s.m.*, perseguidor, instigador.
A.COS.SA.MEN.TO, *s.m.*, perseguição; instigação.
A.COS.SAR, *v.t.*, perseguir, atormentar, ficar sempre atrás de alguém.
A.COS.TA.DO, *adj.*, que se encostou; arrimado; amparado.
A.COS.TA.MEN.TO, *s.m.*, ação ou efeito de acostar, ficar de fora, as duas margens de uma rodovia.
A.COS.TAR, *v.t.* e *pron.*, chegar à costa, encostar, ficar à margem, usar como reforço.
A.COS.TÁ.VEL, *adj.*, que oferece acostamento, local onde se pode acostar.
A.COS.TU.MA.DO, *adj.*, que se acostumou; habituado.
A.COS.TU.MAR, *v.t.* e *pron.*, habituar-se, adquirir um modo, adquirir um costume, seguir uma rotina.
A.CO.TI.LÉ.DO.NE, *adj.*, que não tem cotilédones.
A.CO.TI.LE.DÔ.NEO, *adj.*, acotiledône.

A.CO.TO.VE.LA.DO, *adj.*, expremido, apertado, que bate com os cotovelos.

A.CO.TO.VE.LA.MEN.TO, *s.m.*, ato de acotovelar-se, reunião de muitas pessoas em pouco espaço.

A.CO.TO.VE.LAR, *v.t. e pron.*, reunir muitas pessoas num local, bater com os cotovelos um no outro, aglomeração.

A.ÇOU.GUE, *s.m.*, local onde se vendem carnes para uso humano; *fig.*, local onde se praticam crueldades.

A.ÇOU.GUEI.RO, *s.m.*, dono ou vendedor de carne em açougue; *fig.*, indivíduo assassino, mau cirurgião.

A.CO.VAR.DA.DO, *adj.*, intimidado, amedrontado.

A.CO.VAR.DA.MEN.TO, *s.m.*, ação ou efeito de se acovardar, medo, insegurança.

A.CO.VAR.DAR, *v.t. e pron.*, acobardar(-se), ficar com medo, intimidar, desanimar.

A.CRA.CI.A, *s.f.*, debilidade, falta de forças físicas, grande fraqueza.

A.CRA.NI.A, *s.f.*, ausência de crânio, falta de crânio, corpo sem o crânio.

A.CRE, *s.m.*, medida agrária com valor variável, de acordo com o local; *adj.*, picante, azedo, irritante, áspero, acerbo; superlativo: acérrimo.

A.CRE.DI.TA.DO, *adj.*, que tem crédito, em quem se acredita, o que se acredita.

A.CRE.DI.TA.DOR, *adj. e s.m.*, que ou aquele que acredita.

A.CRE.DI.TAR, *v.t. e int.*, crer, dar crédito a, tornar digno de crédito, designar alguém como representante.

A.CRE.DI.TÁ.VEL, *adj.*, que se pode acreditar, crível.

A.CRES.CEN.TA.DO, *adj.*, adicionado, acrescido, ajuntado.

A.CRES.CEN.TA.DOR, *adj.*, que faz acrescentar; *s.m.* o que faz acrescentar.

A.CRES.CEN.TA.MEN.TO, *s.m.*, acréscimo, adição; aumento.

A.CRES.CEN.TAR, *v.t.*, ajuntar, adicionar, aumentar, somar, colocar algo a mais junto.

A.CRES.CEN.TÁ.VEL, *adj.*, que se pode acrescentar.

A.CRES.CEN.TE, *adj. 2 gên. e s.m.*, que continua a crescer; acrescentamento.

A.CRES.CER, *v.t.*, aumentar, somar, tornar maior, acrescentar.

A.CRES.CI.DO, *adj.*, aumentado, somado, acrescentado.

A.CRES.CI.MEN.TO, *s.m.*, ato ou efeito de acrescer; acréscimo; aumento.

A.CRÉS.CI.MO, *s.m.*, soma a maior, o que foi acrescentado, aumento.

A.CRI.AN.ÇA.DO, *adj.*, com modos de criança, jeito de criança, infantilizado, pueril.

A.CRI.A.NO, *adj. e s.m.*, natural ou habitante do Estado do Acre.

A.CRI.DEZ, *s.f.*, azedume, asperidade no gosto, que tem sabor acre.

A.CRI.DO.CE, *adj. 2 gên.*, agridoce, sabor com gosto doce e amargo, ao mesmo tempo.

A.CRI.DO.FA.GI.A, *s.f.*, hábito de comer gafanhotos.

A.CRI.DÓ.FA.GO, *s.f.*, aquele que come gafanhotos.

A.CRÍ.LI.CO, *s.m.*, resina sintética transparente, com muitos usos no cotidiano.

A.CRI.MÔ.NIA, *s.f.*, acidez, mau humor, azedume, aspereza, sarcasmo.

A.CRI.MO.NI.O.SO, *adj.*, azedo, áspero, sarcástico; *fig.*, venenoso.

A.CRI.SO.LA.DO, *adj.*, purificado no crisol.

A.CRI.SO.LA.DOR, *adj. e s.m.*, purificador.

A.CRI.SO.LAR, *v.t. e pron.*, purificar, limpar, purificar metais no crisol, aperfeiçoar.

A.CRI.TU.DE, *s.f.*, acridez.

A.CRO.BA.CI.A, *s.f.*, a arte de acrobata, exercício de difícil execução, manobra perigosa.

A.CRO.BA.TA, *s. 2 gên.*, equilibrista, ginasta, quem pratica acrobacias, malabarista.

A.CRO.BÁ.TI.CO, *adj.*, que tem referência com a acrobacia ou com o acrobata.

A.CRO.BA.TIS.MO, *s.m.*, profissão ou arte de acrobata; exercícios de acrobata.

A.CRO.FO.BI.A, *s.f.*, medo de lugares altos, pavor de estar em lugares altos e expostos ao ar.

A.CRO.GRA.FI.A, *s.f.*, arte de gravar em relevo sobre pedra ou metal com o emprego de ácidos.

A.CRO.MA.NI.A, *s.f.*, loucura extrema, incurável.

A.CRO.MÁ.TICO, *adj.*, sem cor, descolorido.

A.CRO.MA.TIS.MO, *s.m.*, qualidade de objeto acromático.

A.CRO.MA.TI.ZA.ÇÃO, *s.f.*, ação de acromatizar.

A.CRO.MA.TI.ZA.DO, *adj.*, desprovido de cores irisadas.

A.CRO.MA.TI.ZAR, *v.t.*, tornar acromático.

A.CRO.MA.TOP.SI.A, *s.f.*, impossibilidade de distinguir as cores.

A.CRO.ME.GA.LI.A, *s.f.*, doença que se caracteriza pelo crescimento exagerado da ponta de alguns órgãos do corpo, como pés, mãos.

A.CRO.MI.A, *s.f.*, diminuição ou ausência de pigmentos da pele.

A.CRO.MO, *adj.*, que não tem cor, incolor.

A.CRO.NI.MO, *s.m.*, um tipo de sigla, palavra que se forma com as iniciais de uma instituição, como SENAI - Serviço Nacional de Aprendizagem Industrial.

A.CRO.PA.TI.A, *s.f.*, denominação comum às doenças que afetam as extremidades do corpo (ger. membros).

A.CRÓ.PO.LE, *s.f.*, nas cidades da Grécia antiga, era a parte mais alta da cidade, onde por vezes ficava o templo.

A.CRÓS.TI.CO, *s.m.*, poema cujas letras iniciais de cada verso formam uma palavra que pode ser o tema dele.

A.CRO.TIS.MO, *s.m.*, falta de pulso ou batimento cardíaco fraco.

A.CRO.TO.MI.A, *s.f.*, amputação das extremidades do corpo.

A.CRO.TÔ.MI.CO, *adj.*, relativo a acrotomia.

AC.TÍ.NIO, *s.m.*, elemento químico radioativo, de número atômico 89; símbolo: Ac.

AÇU, *adj. 2 gên.*, que é muito grande.

A.CU.A.ÇÃO, *s.f.*, ato de acuar.

A.CU.A.DO, *adj.*, acossado; perseguido.

A.CU.A.MEN.TO, *s.m.*, ação ou efeito de acuar, posição sem saída.

A.CU.AR, *v. int.*, retroceder, voltar, perseguir a caça, encurralar, deixar sem saída.

A.ÇÚ.CAR, *s.m.*, substância doce que se extrai da cana-de--açúcar ou da beterraba.

A.ÇU.CA.RA.DO, *adj.*, que contém açúcar; que se açucarou; adoçado.

A.ÇU.CA.RAR, *v.t.*, adoçar, colocar açúcar em; *fig.*, suavizar, tornar brando.

A.ÇÚ.CAR-CAN.DE, *s.m.*, açúcar diferente, que se forma com a cristalização da sacarose.

A.ÇU.CA.REI.RO, *s.m.*, recipiente em que se põe o açúcar, vasilha para pôr açúcar; *adj.*, próprio ou relativo ao açúcar.

A.ÇU.CE.NA, *s.f.*, planta que produz flores brancas, muito

perfumadas; uma flor.
A.ÇU.DA.GEM, *s.f.*, ação de açudar, de represar.
A.ÇU.DA.MEN.TO, *s.m.*, açudagem.
A.ÇU.DAR, *v.t. e int.*, ação de represar a água em açude, represar.
A.ÇU.DE, *s.m.*, construção na terra, feita para segurar as águas.
A.CU.DI.DO, *adj.*, socorrido, atendido, ajudado.
A.CU.DIR, *v.t.*, socorrer, auxiliar, ir ajudar, apresentar, pôr-se à disposição.
A.CUI.DA.DE, *s.f.*, agudeza, perspicácia, que enxerga com muita clareza.
A.ÇU.LA.DO, *adj.*, instigado, provocado, estimulado.
A.ÇU.LA.DOR, *adj.*, diz-se de quem açula; *s.m.*, aquele que açula.
A.CU.LÁ.LIO, *s.m.*, instrumento usado em escolas para surdos, para facilitar-lhes o aprendizado da fala.
A.ÇU.LA.MEN.TO, *s.m.*, ato ou efeito de açular(-se); incitação; provocação.
A.ÇU.LAR, *v.t.*, incitar, provocar, estimular, instigar.
A.CÚ.LEO, *s.m.*, espinho, ponta de galho de árvore.
A.CUL.TU.RA.ÇÃO, *s.f.*, ação ou efeito de aculturar, adquirir cultura, transferência de cultura diferente a alguém, pela convivência com grupos de cultura diversa da dele.
A.CUL.TU.RA.DO, *adj.*, que se aculturou, que domina algum tipo de cultura, civilizado.
A.CUL.TU.RAR, *v.t. e pron.*, adquirir outra cultura, adaptar-se a outra cultura, dominar uma nova cultura.
A.CU.MÃ, *s.f.*, ariri, um tipo de palmeira, com cujas fibras se produzem vassouras e outros objetos para uso geral.
A.CU.ME, *s.m.*, cume, pico, ponta fina e alta de um morro.
A.CU.MI.NA.DO, *adj.*, pontudo, agudo; *fig.*, perspicaz.
A.CU.MI.NAR, *v.t. e pron.*, tornar agudo, aguçar, tornar pontudo.
A.CUM.PLI.CI.AR-SE, *v. pron.*, tornar-se cúmplice, fazer parte de algum delito.
A.CU.MU.LA.ÇÃO, *s.f.*, ação ou efeito de acumular, ajuntamento, aumento, acréscimo.
A.CU.MU.LA.DA, *s.f.*, em apostas de loterias ou cavalos, o resultado de uma aposta se acrescenta à seguinte por falta de acertador nela.
A.CU.MU.LA.DO, *adj.*, aumentado, reunido, acrescido.
A.CU.MU.LA.DOR, *s.m.*, aparelho que transforma energia química em energia elétrica.
A.CU.MU.LAR, *v.t. e pron.*, ajuntar, acrescentar, aumentar, ampliar.
A.CU.MU.LA.TI.VO, *adj.*, que aumenta sempre, que ajunta seguidamente.
A.CÚ.MU.LO, *s.m.*, aumento, ajuntamento, amontoamento, acumulação.
A.CU.NHA.DO, *adj.*, que tem cunhas, fixado por cunhas.
A.CU.NHAR, *v. int.*, colocar cunhas em, proteger, resguardar.
A.CU.Ô.ME.TRO, *s.m.*, instrumento que mede a capacidade auditiva; audiômetro.
A.CU.PUN.TOR, *s.m.*, especialista em acupuntura.
A.CU.PUN.TU.RA, *s.f.*, segmento da medicina chinesa que busca curas, introduzindo agulhas em determinados pontos do corpo humano; terapia.
A.CU.PUN.TU.RAR, *v.t.*, praticar a acupuntura, fazer a acupuntura.
A.CU.RA.DO, *adj.*, cuidadoso, meticuloso, caprichado, muito bom.
A.CU.RAR, *v.t.*, tratar com cuidado, ter cuidado, ter zelo, esmerar-se.
A.CUR.RA.LAR, *v.t.*, pôr em curral; encurralar.
A.CUR.TA.MEN.TO, *s.m.*, ato ou efeito de acurtar.
A.CUR.TAR, *v.t.*, encurtar.
A.CUR.VA.DO, *adj.*, que se curvou; curvo; dobrado; *fig.*, abatido, desanimado.
A.CUR.VA.MEN.TO, *s.m.*, ato ou efeito de acurvar ou encurvar.
A.CUR.VAR, *v.t. e pron.*, curvar, encurvar, envergar, fazer curva, tornar curvo.
A.CU.SA.BI.LI.DA.DE, *s.f.*, possibilidade de sofrer uma acusação, sujeito a uma acusação.
A.CU.SA.ÇÃO, *s.f.*, ação ou efeito de acusar, denúncia, imputação de crime.
A.CU.SA.DO, *adj.*, que recebeu uma acusação, denunciado, censurado.
A.CU.SA.DOR, *s.m.*, quem acusa, denunciador, denunciante.
A.CU.SA.MEN.TO, *s.m.*, acusação.
A.CU.SAN.TE, *adj. e s. 2 gên.*, quem acusa, acusador, situação que acusa.
A.CU.SAR, *v.t., int. e pron.*, denunciar, arguir, culpar, atribuir culpa, imputar crime.
A.CU.SA.TI.VO, *adj.*, que acusa, da acusação; *s.m.*, nome latino do objeto direto.
A.CU.SA.TÓ.RIO, *adj.*, relativo a ou que envolve acusação.
A.CU.SÁ.VEL, *adj. 2 gên.*, que se deve ou se pode acusar.
A.CÚS.TI.CA, *s.f.*, ramo da ciência que estuda o som, qualidade da propagação do som, ressonância.
A.CÚS.TI.CO, *adj.*, relativo a acústica; relativo ao som.
A.CU.TÂN.GU.LO, *adj.*, que tem todos os ângulos agudos.
A.CU.TE.LA.DO, *adj.*, em forma de cutelo.
A.CU.TI.LA.MEN.TO, *s.m.*, ação de acutilar.
A.CU.TI.LAR, *v.t. e pron.*, ferir com cutelo, machucar com faca; *fig.*, atacar com expressões sarcásticas.
A.DAC.TI.LI.A, *s.f.*, ausência de dedos.
A.DÁC.TI.LO, *adj.*, que tem adactilia.
A.DA.GA, *s.f.*, arma branca, com lâmina curta e larga e dois gumes; punhal.
A.DA.GI.AR, *v.int.*, fazer adágios; citar provérbios.
A.DA.GI.Á.RIO, *s.m.*, coleção de adágios, conjunto de provérbios.
A.DÁ.GIO, *s.m.*, provérbio, dito, máxima; na música, movimento lento.
A.DA.MA.DO, *adj.*, com jeito de dama, afeminado, vinho de pouco teor alcoólico.
A.DA.MAN.TI.NO, *adj.*, parecido com diamante, semelhante a diamante; íntegro.
A.DA.MAR-SE, *v. pron.*, efeminar-se, adquirir modos e trejeitos de dama.
A.DA.MAS.CA.DO, *adj.*, que tem semelhança com o relevo do damasco ou gosto da fruta.
A.DA.MAS.CAR, *v.t.*, dar cor ou sabor de damasco.
A.DÂ.MI.CO, *adj.*, relativo a Adão, originário de Adão.
A.DA.MIS.MO, *s.m.*, seita herética do séc. II, cujos seguidores iam nus às cerimônias como representação da pureza de Adão.
A.DA.MI.TA, *adj. e s. 2 gên.*, relativo a ou seguidor do adamismo.
A.DAP.TA.BI.LI.DA.DE, *s.f.*, condição de adaptar-se, qualidade para adaptar-se.
A.DAP.TA.ÇÃO, *s.f.*, ação ou efeito de adaptar, acomodação, ajuste, harmonização.

A.DAP.TA.DO, *adj.*, ajustado, acomodado.
A.DAP.TA.DOR, *adj.* e *s.m.*, que ou aquele que adapta ou faz adaptação.
A.DAP.TAR, *v.t.* e *pron.*, ajustar duas coisas entre si, combinar, harmonizar.
A.DAP.TÁ.VEL, *adj. 2 gén.*, que pode ser adaptado, que se adapta.
A.DAP.TA.TI.VO, *adj.*, relativo a adaptação.
A.DE.GA, *s.f.*, cômodo da casa onde se guardam bebidas.
A.DE.JAR, *v. int.*, esvoaçar, voar de leve, pairar, manter-se parado no ar, batendo as asas.
A.DE.JO, *s.m.*, voo, ação de voar adejando.
A.DEL.GA.ÇA.DO, *adj.*, delgado, fino, leve, desengrossado; *fig.*, suavizado, amenizado.
A.DEL.GA.ÇA.MEN.TO, *s.m.*, ação ou efeito de adelgaçar.
A.DEL.GA.ÇAR, *v.t., int.* e *pron.*, tornar delgado, fino, leve; desbastar, desengrossar.
A.DE.MAIS, *adv.*, além disso, além do que.
A.DE.MA.NE, *s.m.*, gesto feito com as mãos, sinal, aceno, gesto.
A.DEN.DA, *s.f.*, adendo, o que se acrescenta a uma obra para complementá-la.
A.DEN.DO, *s.m.*, adenda.
A.DE.NI.TE, *s.f.*, inflamação de uma glândula.
A.DE.NOI.DE, *s.f.*, que possui forma de glândula, semelhante a uma glândula.
A.DE.NO.MA, *s.m.*, tumor, geralmente benigno.
A.DE.NO.PA.TI.A, *s.f.*, designação de infecções dos gânglios linfáticos.
A.DEN.SA.DO, *adj.*, denso, compacto, condensado, acumulado.
A.DEN.SAR, *v.t., int.* e *pron.*, tornar denso, compactar, condensar, acumular.
A.DEN.TRA.MEN.TO, *s.m.*, entrada, ato de adentrar, penetração; *fig.*, invasão.
A.DEN.TRAR, *v.t.*, entrar, penetrar no interior de um local, introduzir-se em.
A.DEN.TRO, *adv.*, parte interior, para dentro.
A.DEP.TO, *s.m.*, partidário, seguidor, sectário, companheiro, seguidor de um credo ou filosofia.
A.DE.QUA.ÇÃO, *s.f.*, ação ou efeito de adequar-se, ajuste, acomodação.
A.DE.QUA.DO, *adj.*, apropriado; ajustado.
A.DE.QUAR, *v.t.* e *pron.*, ajustar, acertar, amoldar, instalar.
A.DE.RE.ÇA.DO, *adj.*, enfeitado, ornamentado, adornado.
A.DE.RE.ÇA.MEN.TO, *s.m.*, ornamentação, ornato, ação de adereçar, adorno.
A.DE.RE.ÇAR, *v.t.* e *pron.*, enfeitar, adornar, ornamentar.
A.DE.RE.CIS.TA, *s. 2 gén.*, pessoa que faz adereços; pessoa encarregada dos adereços (teatro, cinema, etc.).
A.DE.RE.ÇO, *s.m.*, enfeite, adorno, joia, bijuteria.
A.DE.RÊN.CIA, *s.f.*, ação de aderir, ato de prender-se na superfície, adesão, união, ligação.
A.DE.REN.TE, *adj.*, que adere, que se prende, que se liga.
A.DE.RIR, *v. int.*, ligar-se, unir-se, ficar partidário, filiar-se, grudar.
A.DER.NA.DO, *adj.*, inclinado, com uma ponta submersa em navio, voltado para.
A.DER.NAR, *v. int.*, inclinar-se para o lado, virar.
A.DE.SÃO, *s.f.*, ação ou efeito de aderir, união, ligação.
A.DE.SIS.MO, *s.m.*, ação de aderir, impulso por aderir, vontade de aderir, adesionismo.
A.DE.SI.O.NIS.MO, *s.m.*, propensão de aderir a alguma ideia nova, deixar-se levar por novidades.
A.DE.SIS.TA, *adj. 2 gén.*, quem adere com facilidade, aquele que toma partido por interesse pessoal.
A.DE.SI.VO, *adj.*, que adere, que se liga; objeto que se gruda a um corpo; *s.m.*, fita com um lado que se cola em uma superfície.
A.DES.TRA.ÇÃO, *s.f.*, adestramento.
A.DES.TRA.DO, *adj.*, ensinado, qualificado, treinado, domado, capacitado.
A.DES.TRA.DOR, *s.m.*, domador, preparador, treinador.
A.DES.TRA.MEN.TO, *s.m.*, ação ou efeito de adestrar, treinamento, preparo, capacitação.
A.DES.TRAR, *v.t.* e *pron.*, habilitar, treinar, preparar, deixar pronto para uma ação.
A.DES.TRO, *adj.*, que vai junto; sobressalente; diz-se de cavalo que se usa para substituição num longo caminho.
A.DEUS, *interj.*, despedida, saudação para ir embora.
A.DI.Á.FA.NO, *adj.*, opaco, ofuscado, baço, não diáfano.
A.DI.A.MAN.TA.DO, *adj.*, que se assemelha ao diamante.
A.DI.A.MAN.TAR, *v.t.*, dar brilho de diamante, tornar duro como diamante.
A.DI.A.MEN.TO, *s.m.*, ação ou efeito de adiar, deixar para depois, prorrogação.
A.DI.AN.TA.DO, *adj.*, que está à frente dos demais, que evoluiu mais, evoluído.
A.DI.AN.TA.MEN.TO, *s.m.*, avanço, pagamento feito com antecedência, um sinal em dinheiro.
A.DI.AN.TAR, *v.t.* e *pron.*, colocar na frente, pôr para a frente, fazer progredir.
A.DI.AN.TE, *adv.*, ir para a frente, na vanguarda, na dianteira, na frente.
A.DI.AR, *v.t.*, dilatar, deixar para outro dia, transferir.
A.DI.Á.VEL, *adj.*, que pode ser adiado, que pode ser transferido.
A.DI.ÇÃO, *s.f.*, ação ou efeito de adir, soma, resultado de uma soma, acréscimo.
A.DI.CI.O.NA.DO, *adj.*, acrescido, somado, complementado, aumentado.
A.DI.CI.O.NA.DOR, *adj.* e *s.m.*, que ou aquele que adiciona; acrescentador.
A.DI.CI.O.NAL, *adj.*, o que se adiciona, complementar, acessório.
A.DI.CI.O.NA.MEN.TO, *s.m.*, ato ou efeito de adicionar, soma, acréscimo.
A.DI.CI.O.NAR, *v.t., int.* e *pron.*, somar, adir, aditar, acrescentar.
A.DIC.TO, *s.m.*, pessoa que é dependente de substância química; *adj.*, dependente; adjunto; afeiçoado.
A.DI.DO, *s.m.*, funcionário ajudante de outro superior, colocado junto; funcionário que detém cargo especial em uma embaixada.
A.DIM.PLE.MEN.TO, *s.m.*, ato ou efeito de preencher, cumprimento de uma obrigação.
A.DIM.PLÊN.CIA, *s.f.*, execução de obrigações, cumprimento de deveres.
A.DIM.PLEN.TE, *adj.* e *s. 2 gén.*, que cumpre suas obrigações, quem salda os compromissos.
A.DIM.PLIR, *v.t.*, preencher, completar, cumprir, executar.
A.DI.NA.MI.A, *s.f.*, fraqueza física, falta de forças, prostração moral.

A.DI.NÂ.MI.CO, *adj.*, relativo a adinamia; debilitado, fraco.
A.DÍ.NA.MO, *adj.*, enfraquecido, débil.
A.DI.NHEI.RA.DO, *adj.*, que tem dinheiro; endinheirado.
Á.DI.PE, *s. 2 gên.*, ádipo, a gordura comum nas carnes animais.
Á.DI.PO, *s.m.*, ádipe.
A.DI.PO.SE, *s.m.*, obesidade.
A.DI.PO.SI.DA.DE, *s.f.*, qualidade do que é adiposo, gordura.
A.DI.PO.SO, *adj.*, gordo, gorduroso.
A.DIR, *v.t.*, somar, acrescentar, juntar.
A.DI.TA.DO, *adj.*, feliz; próspero.
A.DI.TA.MENTO, *s.m.*, ação ou efeito de aditar, soma, acréscimo.
A.DI.TAR, *v.t.*, acrescentar, somar, adicionar.
A.DI.TÍ.CIO, *adj.*, acrescido, acrescentado, somado.
A.DI.TI.VO, *adj.*, acrescentável, o que se coloca a mais ou a menos.
Á.DI.TO, *s.m.*, o que se adicionou; entrada, acesso; momento propício; em Anatomia, abertura de uma cavidade.
A.DI.VI.NHA, *s.f.*, enigma, adivinhação, problema para ser adivinhado; mulher vidente.
A.DI.VI.NHA.ÇÃO, *s.f.*, ação ou efeito de adivinhar, previsão do futuro.
A.DI.VI.NHA.DOR, *s.m.*, quem adivinha, quem prevê o futuro, vidente.
A.DI.VI.NHÃO, *s.m.*, adivinho; bruxo; feiticeiro.
A.DI.VI.NHAR, *v.t. e pron.*, prever, decifrar, interpretar, conjeturar.
A.DI.VI.NHO, *s.m.*, quem prevê o futuro, adivinhador, vidente.
AD.JA.CÊN.CIA, *s.f.*, vizinhança, arredores, o que está ao derredor.
AD.JA.CEN.TE, *adj.*, próximo, vizinho, contíguo.
AD.JA.ZER, *v. int.*, estar deitado do lado, permanecer junto, ficar parado.
AD.JE.TI.VA.ÇÃO, *s.f.*, ação ou efeito de adjetivar, tornar adjetivo.
AD.JE.TI.VA.DO, *adj.*, qualificado, que recebeu um adjetivo, acompanhado.
AD.JE.TI.VAL, *adj. 2 gên.*, relativo ao adjetivo ou que é de sua natureza.
AD.JE.TI.VAR, *v.t.*, colocar adjetivo em uma palavra, tornar um termo adjetivo.
AD.JE.TI.VO, *s.m.*, palavra que acompanha o substantivo para qualificá-lo.
AD.JE.TO, *adj.*, unido; acrescentado.
AD.JU.DI.CA.ÇÃO, *s.f.*, ação ou efeito de adjudicar, delegação, atribuição.
AD.JU.DI.CA.DOR, *adj. e s.m.*, quem adjudica, cumpridor de uma adjudicação.
AD.JU.DI.CAR, *v.t. e pron.*, passar a posse de um objeto a alguém por meio de uma decisão judicial.
AD.JU.DI.CA.TÓ.RIO, *s.m.*, quem obtém, por meios legais, à posse de um bem.
AD.JUN.ÇÃO, *s.f.*, junção de alguém com outrem, de uma coisa com outra, de algo com uma pessoa.
AD.JUN.GIR, *v.t.*, associar, ligar, apegar, agregar, somar, adir.
AD.JUN.TAR, *v.t., int. e pron.*, juntar, reunir, congregar, somar.
AD.JUN.TO, *adj.*, que está junto, próximo, apegado, contíguo, agregado, adido.
AD.JU.RA.ÇÃO, *s.f.*, exorcização, ato de exorcizar, ab-rogo, rogo.
AD.JU.RA.DOR, *adj. e s.m.*, que ou aquele que adjura; exorcizador.
AD.JU.RAR, *v.t.*, falar sob juramento, exorcizar, rogar, esconjurar.
AD.JU.TOR, *s.m.*, auxiliador, ajudante.
AD.JU.TO.RAR, *v.t.*, dar adjutório a; auxiliar, ajudar.
AD.JU.TÓ.RIO, *s.m.*, auxílio, ajuda.
AD.JU.VAN.TE, *adj.*, que ajuda, que auxilia.
AD.JU.VAR, *v.t.*, ajudar, auxiliar, socorrer.
AD.MI.NIS.TRA.ÇÃO, *s.f.*, ação ou efeito de administrar, governo, direção, gestão.
AD.MI.NIS.TRA.DO, *adj.*, gerenciado, governado, aplicado.
AD.MI.NIS.TRA.DOR, *s.m.*, quem administra, quem governa, quem dirige.
AD.MI.NIS.TRAR, *v.t., int. e pron.*, governar, dirigir, gerenciar, conduzir.
AD.MI.NIS.TRA.TI.VO, *adj.*, relativo a administração, gerencial.
AD.MI.RA.BI.LI.DA.DE, *s.f.*, qualidade do que é admirável.
AD.MI.RA.ÇÃO, *s.f.*, ação ou efeito de admirar, surpresa, contemplação.
AD.MI.RA.DO, *adj.*, assombrado, extasiado.
AD.MI.RA.DOR, *s.m.*, quem admira, quem tem admiração por alguém, fã.
AD.MI.RAR, *v.t., int. e pron.*, contemplar com satisfação, com prazer, com espanto.
AD.MI.RA.TI.VO, *adj.*, que causa admiração, surpresa; que manifesta admiração.
AD.MI.RÁ.VEL, *adj.*, que é digno de admiração, extraordinário, maravilhoso.
AD.MIS.SÃO, *s.f.*, ação ou efeito de admitir, recepção, acolhida, acesso.
AD.MIS.SI.BI.LI.DA.DE, *s.f.*, ação de admitir, possibilidade de ser admitido.
AD.MIS.SÍ.VEL, *adj.*, que se pode admitir, aceitável, acessível.
AD.MI.TI.DO, *adj.*, aceito, acolhido, empregado, agregado.
AD.MI.TIR, *v.t. e pron.*, aceitar, acolher, dar acesso.
AD.MO.ES.TA.ÇÃO, *s.f.*, ação ou efeito de admoestar, conselho, repreensão, advertência.
AD.MO.ES.TA.DO, *adj.*, repreendido, aconselhado, advertido, censurado.
AD.MO.ES.TA.DOR, *adj. e s.m.*, que ou aquele que admoesta.
AD.MO.ES.TAR, *v.t. e int.*, avisar, repreender, aconselhar, lembrar, censurar.
AD.MO.ES.TA.TÓ.RIO, *adj.*, que encerra admoestação; que admoesta.
AD.NO.MI.NA.ÇÃO, *s.f.*, palavras de idiomas diferentes, mas que possuem semelhanças devido a etimologia comum.
AD.NO.MI.NAL, *adj.*, palavra que se refere a um substantivo, na análise sintática.
A.DO.BE, *s.m.*, tijolo cru, adobo, tijolo seco ao sol.
A.DO.ÇA.DO, *adj.*, que está adoçado, doce, açucarado; *fig.*, suave, fino, nobre.
A.DO.ÇA.MEN.TO, *s.m.*, ato de adoçar; *fig.* suavização.
A.DO.ÇAN.TE, *adj.*, que adoça, que torna doce, que abranda; *s.m.*, substância usada para adoçar, em substituição ao açúcar.
A.DO.ÇÃO, *s.f.*, ação ou efeito de adotar.
A.DO.ÇAR, *v.t.*, tornar doce, açucarar, suavizar, abrandar.
A.DO.CI.CA.DO, *adj.*, meio doce, pouco doce.
A.DO.CI.CAR, *v.t. e pron.*, tornar um pouco doce, suavizar, abrandar.
A.DO.E.CER, *v. int.*, ficar doente, adoentar-se.
A.DO.E.CI.MEN.TO, *s.m.*, ação ou efeito de adoecer, ficar

ADOENTADO

doente, doença.

A.DO.EN.TA.DO, *adj.*, meio doente, um pouco doente, com pouca saúde.

A.DO.EN.TAR, *v.t.* e *v. pron.*, tornar-se ou ficar meio doente, adoecer.

A.DOI.DA.DO, *adj.*, amalucado; desatinado; estouvado.

A.DOI.DAR, *v.t.* e *v. pron.*, tornar-se meio maluco, ficar um tanto maluco.

A.DO.LES.CÊN.CIA, *s.f.*, período entre os 12 e 18 anos da vida, juventude.

A.DO.LES.CEN.TE, *adj. 2 gên.*, que está na adolescência; *s. 2 gên.*, jovem; *fig.*, imaturo.

A.DO.LES.CER, *v. int.*, chegar à adolescência, crescer em anos, desenvolver-se.

A.DO.MIN.GAR-SE, *v. pron.*, vestir-se com roupas bonitas, preparar-se para uma festa.

A.DON.DE, *adv.*, aonde, para onde; *ant.*, onde.

A.DO.NIS.MO, *s.m.*, culto à beleza física, narcisismo, egolatria.

A.DÔ.NIS, *s.m.*, jovem de grande beleza, moço muito belo.

A.DO.RA.ÇÃO, *s.f.*, ação ou efeito de adorar, veneração, culto, paixão.

A.DO.RA.DO, *adj.*, venerado, amado, preferido.

A.DO.RA.DOR, *adj.* e *s.m.*, que adora, cultua, idolatra algo ou alguém; venerador; admirador.

A.DO.RAR, *v.t.*, prestar culto, venerar, reverenciar, amar com paixão.

A.DO.RA.TI.VO, *adj.*, que mostra condições para ser adorado, adorável.

A.DO.RÁ.VEL, *adj.*, digno de ser adorado, amável, apaixonante.

A.DOR.ME.CE.DOR, *adj.*, que faz adormecer, entorpecedor; *s.m.*, o que faz adormecer, soporífero, calmante.

A.DOR.ME.CER, *v.t.* e *int.*, pegar no sono, começar a dormir, dormir.

A.DOR.ME.CI.DO, *adj.*, que pegou no sono, adormentado; *fig.*, insensível, despreocupado.

A.DOR.ME.CI.MEN.TO, *s.m.*, ação ou efeito de dormir, entrada no sono.

A.DOR.MEN.TA.DO, *adj.*, adormecido, que está com sono leve, meio adormecido.

A.DOR.MEN.TA.DOR, *adj.* e *s.m.*, que ou o que adormenta, adormecedor.

A.DOR.MEN.TAR, *v.t.* e *pron.*, entrar em um sono leve, adormecer.

A.DOR.NA.DO, *adj.*, enfeitado, ornamentado, embelezado.

A.DOR.NAR, *v.t.* e *pron.*, enfeitar, embelezar, tornar enfeitado, ornar.

A.DOR.NO, *s.m.*, enfeite, ornato, ornamento.

A.DO.TA.DO, *adj.* e *s.m.*, que ou aquele que foi recebido como filho ou filha; tomado; escolhido; seguido; usado.

A.DO.TAN.TE, *s. 2 gên.*, quem adota; *adj.*, que adota.

A.DO.TAR, *v.t.* e *int.*, escolher, preferir, pegar a guarda de uma pessoa, assumir como filho legal, segundo a lei; alguém que não é filho biológico.

A.DO.TÁ.VEL, *adj.*, que pode ser adotado.

A.DO.TI.VO, *adj.*, que foi adotado, filho que foi recebido por escolha.

A.DOU.TRI.NAR, *v.t.* e *int.*, doutrinar, catequisar, persuadir a seguir um credo.

AD.QUI.REN.TE, *adj.* e *s. 2 gên.*, quem compra, que adquire a posse de um objeto, comprador.

AD.QUI.RI.ÇÃO, *s.f.*, ato ou efeito de adquirir, compra, aquisição.

AD.QUI.RI.DO, *adj.*, comprado.

AD.QUI.RI.DOR, *adj.* e *s.m.*, que ou aquele que adquire; comprador.

AD.QUI.RIR, *v.t.*, comprar, conseguir, alcançar, granjear, obter.

AD.QUI.RÍ.VEL, *adj.*, que se pode adquirir, comprável.

A.DRE.DE, *adv.*, de propósito, de caso pensado.

AD-RE.NAL, *adj.*, *s. 2 gên.*, suprarrenal.

A.DRE.NA.LI.NA, *s.f.*, substância hormonal que indica força, excitação.

A.DRI.Á.TI.CO, *adj.*, próprio, ou referente ao mar Adriático.

A.DRI.ÇA, *s.f.*, cabo destinado ao levantamento de bandeiras, velas em naves.

A.DRO, *s.m.*, pátio, terreno ao redor de um templo.

AD-RO.GA.ÇÃO, *s.f.*, ação ou efeito de ad-rogar; adoção.

AD-RO.GAR, *v.t.*, adotar, aceitar, escolher.

ADS.CRE.VER, *v.t.* e *int.*, acrescentar a um texto, escrever em um texto.

ADS.CRI.ÇÃO, *s.f.*, acréscimo ao que está escrito; aditamento.

ADS.CRI.TO, *adj.*, aditado; inscrito; arrolado.

AD.SOR.ÇÃO, *s.f.*, um processo químico pelo qual moléculas de gás ou líquido ficam retidas na superfície de um sólido.

AD.SOR.VEN.TE, *adj. 2 gên.*, diz-se de substância que possui a capacidade de adsorver; *s.m.*, essa substância.

AD.SOR.VER, *v.t.*, realizar a adsorção de.

ADS.TRI.ÇÃO, *s.f.*, constrição, aperto emocional.

ADS.TRIN.GÊN.CIA, *s.f.*, qualidade do que é adstringente, aperto.

ADS.TRIN.GENTE, *adj.*, que adstringe, que restringe, que aperta.

ADS.TRIN.GIR, *v.t.*, contrair, apertar, diminuir, limitar.

ADS.TRI.TI.VO, *adj.* e *s.m.*, que ou o que adstringe; adstringente.

ADS.TRI.TO, *adj.*, ligado a, incorporado, jungido, inscrito, sujeitado a.

A.DU.A.NA, *s.f.*, alfândega, repartição para vistoriar produtos importados de um país a outro.

A.DU.A.NA.DO, *adj.*, registrado ou despachado em aduana.

A.DU.A.NAR, *v.t.*, registrar, despachar na aduana.

A.DU.A.NEI.RO, *adj.* e *s.m.*, relativo a alfândega, quem trabalha na alfândega.

A.DU.BA.ÇÃO, *s.f.*, ação ou efeito de adubar, engorda da terra.

A.DU.BA.DO, *adj.*, estrumado, preparado para o plantio, pronto para a plantação.

A.DU.BA.DOR, *adj.* e *s.m.*, quem coloca o adubo na terra ou nas plantas.

A.DU.BA.GEM, *s.f.*, adubação, fertilização.

A.DU.BAR, *v.t.*, colocar adubo na terra, estrumar, preparar para o plantio.

A.DU.BO, *s.m.*, fertilizante, substância que se coloca na terra para fortificá-la.

A.DU.ÇÃO, *s.f.*, ação de aduzir, condução, convencimento.

A.DU.E.LA, *s.f.*, cada tira de madeira, arqueada, para formar o tonel, o barril; tira de madeira para dar acabamento aos vãos das portas e das janelas.

A.DU.FE, *s.m.*, um tipo de pandeiro.

A.DU.FEI.RO, *s.m.*, quem toca adufe.

A.DU.LA.ÇÃO, *s.f.*, ação ou efeito de adular, lisonja, bajulação, o que faz o puxa-saco (gíria).

A.DU.LA.DO, *adj.*, lisonjeado, bajulado.

ADULADOR ... 57 ... AEROESPACIAL

A.DU.LA.DOR, adj. e s.m., quem adula, quem bajula.
A.DU.LAR, v.t., louvar em excesso, lisonjear, elogiar muito para obter um favor.
A.DU.LA.TI.VO, adj., que encerra adulação; falsificação.
A.DU.LA.TÓ.RIO, adj., adulativo.
A.DUL.CO.RA.DO, adj., adocicado, com leve gosto de doce.
A.DUL.CO.RAR, v.t., adoçar; suavizar; mitigar.
A.DÚL.TE.RA, s.f., mulher dada ao adultério, companheira ou esposa que trai o companheiro ou marido, sexualmente.
A.DUL.TE.RA.ÇÃO, s.f., ação ou efeito de adulterar, alteração, falsificação.
A.DUL.TE.RA.DO, adj., falsificado, alterado, corrompido.
A.DUL.TE.RA.DOR, adj. e s.m., falsificador, falsário.
A.DUL.TE.RAR, v.t., int. e pron., falsificar, corromper, viciar.
A.DUL.TE.RI.NI.DA.DE, s.f., condição de adulterino.
A.DUL.TE.RI.NO, adj., que foi adulterado, falsificado; que provém de adultério; que pratica o adultério, adúltero.
A.DUL.TÉ.RIO, s.m., violação da fidelidade conjugal por parte de um dos cônjuges.
A.DÚL.TE.RO, adj. e s.m., que ou aquele que desrespeita a fidelidade do casal.
A.DUL.TO, s.m. e adj., que é crescido, com 18 ou mais anos; fig., maduro.
A.DU.NA.ÇÃO, s.f., adunamento, ação ou efeito de adunar, congregação, junção, reunião.
A.DU.NAR, v.t. e pron., congregar, reunir vários num todo, juntar, reunir.
A.DUN.CA.DO, adj., curvado, recurvado.
A.DUN.CO, adj., em forma de garra, retorcido, recurvado, sobretudo o nariz.
A.DUS.TÃO, s.f., queimadura, abrasamento, queima por excesso de calor.
A.DUS.TÍ.VEL, adj., combustível.
A.DUS.TO, adj., queimado pelo sol, calor excessivo.
A.DU.TOR, s.m., quem traz, quem aduz, quem conduz.
A.DU.TO.RA, s.f., canal, galeria, canal para levar líquidos.
A.DU.ZI.DO, adj., conduzido, exposto, trazido.
A.DU.ZIR, v.t., expor, apresentar, argumentar.
A.DU.ZÍ.VEL, adj., que pode ser aduzido.
AD.VE.NA, adj. e s. 2 gén., que(m) vem de fora, estrangeiro, forasteiro, quem chega.
AD.VE.NI.DA, s.f., chegada imprevista; investida; acometimento.
AD.VE.NI.EN.TE, adj., vindo depois, sucedido; acrescido.
AD.VEN.TÍ.CIA, s.f., em Anatomia, camada externa dos vasos sanguíneos: túnica adventícia.
AD.VEN.TÍ.CIO, adj. e s.m., o que veio de fora, estrangeiro.
AD.VEN.TIS.TA, adj. e s. 2 gén., membro de segmento religioso que centra o foco da fé na vinda de Jesus Cristo.
AD.VEN.TO, s.m., vinda, chegada; período de quatro semanas antes do Natal, nas igrejas cristãs.
AD.VER.BI.AL, adj., relativo ao advérbio.
AD.VER.BI.A.LI.DA.DE, s.f., tipo ou essência do advérbio, qualidade que traduz o advérbio.
AD.VER.BI.A.LI.ZAR, v.t., transformar em advérbio, tornar advérbio.
AD.VER.BI.AR, v.t., usar de um termo com a condição de advérbio, transformar em advérbio.
AD.VÉR.BIO, s.m., palavra invariável que se refere ao verbo, ao adjetivo e ao próprio advérbio, para dar-lhe uma circunstância.

AD.VER.SÃO, s.f., oposição, admoestação, advertência.
AD.VER.SAR, v.t., mostrar-se adverso; contradizer.
AD.VER.SÁ.RIO, s.m., aquele que se opõe, inimigo, rival, opositor, êmulo.
AD.VER.SA.TI.VO, adj., que faz oposição, contrário, adverso.
AD.VER.SI.DA.DE, s.f., contrariedade, calamidade, desgraça, algo contra.
AD.VER.SO, adj., contrário, contra, inimigo, adversário.
AD.VER.TÊN.CIA, s.f., ação ou efeito de advertir, chamada à atenção, aviso.
AD.VER.TI.DO, adj., admoestado, censurado, disposto, desperto, pronto.
AD.VER.TI.MEN.TO, s.m., admoestação, censura, conselho.
AD.VER.TIR, v.t., avisar, censurar, aconselhar, repreender.
AD.VIN.DO, adj., que veio, que adveio, chegado, aumentado.
AD.VIR, v.t., v. int., vir, chegar, chegar de súbito, acontecer, ocorrer.
AD.VO.CA.CI.A, s.f., profissão exercida pelo advogado de acordo com a lei.
AD.VO.CA.TÍ.CIO, adj., que se refere a advocacia, relativo ao trabalho de um advogado.
AD.VO.CA.TÓ.RIO, adj., que advoga, próprio da advocacia.
AD.VO.GA.DO, s.m., quem exerce a advocacia, defensor, protetor, causídico.
AD.VO.GAR, v. int., exercer a advocacia, defender, proteger.
A.E.DO, s.m., cantor ou poeta da Grécia antiga; o mesmo que poeta.
A.E.DES, s.m. e s. 2 gén., tipo de mosquito das regiões tropicais que transmite várias doenças endêmicas de malárias.
A.E.RA.ÇÃO, s.f., ação de arejar, ventilação, purificação do ar.
A.E.RA.DO, adj., arejado, que tem boa ventilação, ventilado.
A.E.RA.GEM, s.f., aeração.
A.E.RAR, v.t., ventilar, arejar, mudar o ar, purificar o ar.
A.É.REO, adj., que se locomove no ar, do ar, que vive no ar.
A.E.RÍ.CO.LA, s. 2 gén., que vive no ar, habitante do ar.
A.E.RÍ.FE.RO, adj., que leva o ar, que carrega o ar.
A.E.RI.FI.CA.ÇÃO, s.f., ato de pôr ar em algum local, purificação do ar.
A.E.RI.FI.CAR, v.t., reduzir a um estado gasoso.
A.E.RI.FOR.ME, adj., parecido com o ar, semelhante ao ar.
A.E.RÍ.VO.RO, adj., que se alimenta do ar, que vive de ar.
A.E.RI.ZA.ÇÃO, s.f., ato de aerizar ou aerificar.
A.E.RI.ZAR, v.t., aerificar, transformar em estado gasoso.
A.E.RO.BAR.CO, s.m., um tipo de barco que desliza na flor das águas.
A.E.RÓ.BI.CA, s.f., uma série de exercícios para ativar a respiração.
A.E.RÓ.BI.CO, adj., que tem um organismo necessitado de ar.
A.E.RÓ.BIO, adj. e s.m., que precisa de ar para viver, que deve respirar ar.
A.E.RO.CLU.BE, s.m., escola para formar pilotos, centro de afeiçoados a aviões.
A.E.RO.DI.NÂ.MI.CA, s.f., parte da Física que estuda a resistência do ar aos corpos em movimento, ou a resistência de um corpo a outro.
A.E.RO.DI.NÂ.MI.CO, adj., próprio, referente a aerodinâmica.
A.E.RÓ.DI.NO, adj., todo aparelho feito para voar, mas que é mais pesado do que o ar.
A.E.RÓ.DRO.MO, s.m., campo de aviação, aeroporto.
A.E.RO.DU.TO, s.m., encanamento próprio para conduzir o ar.
A.E.RO.ES.PA.CI.AL, adj., relativo ao espaço, ao que está

AEROESPAÇO ··· 58 ··· AFÁVEL

no ar do espaço.
A.E.RO.ES.PA.ÇO, *s.m.,* o espaço aéreo.
A.E.RO.FA.GI.A, *s.f.,* em Medicina, deglutição de ar acima do normal por pressa de engolir alimentos, ou em certos estágios doentios.
A.E.RO.FA.GO, *s.m.,* que se alimenta de ar.
A.E.RO.FO.BI.A, *s.f.,* ter muito medo do ar.
A.E.RÓ.FO.BO, *s.m.,* quem tem medo de ar.
A.E.RO.FÓ.LIO, *s.m.,* peça colocada na traseira de carros de corrida, ou comuns, para melhorar o desempenho deles.
A.E.RO.FO.TO, *s.m.,* foto tirada de uma nave no espaço.
A.E.RO.FO.TO.GRA.FI.A, *s.f.,* fotografia aérea.
A.E.RO.FO.TO.GRA.ME.TRI.A, *s.f.,* levantamento de uma área urbana ou rural, por meio de fotos tiradas de dentro de um avião ou balão.
A.E.RO.FO.TO.GRA.MÉ.TRI.CO, *adj.,* relativo a fotogrametria.
A.E.ROG.NO.SI.A, *s.f.,* parte da Física que trata das propriedades do ar.
A.E.ROG.NÓS.TI.CO, *adj.,* relativo a aerognosia.
A.E.RO.GRA.FI.A, *s.f.,* exposição enfocando o ar, ciência que estuda o ar da atmosfera.
A.E.RO.GRÁ.FI.CO, *adj.,* referente a aerografia.
A.E.RÓ.GRA.FO, *s.m.,* aparelho para avaliar as qualidades do ar, peça com ar comprimido usada pelos pintores, pela agilidade e qualidade.
A.E.RO.GRA.MA, *s.m.,* carta pré-franqueada.
A.E.ROI.DE, *adj.,* que tem a mesma natureza do ar, que é parecido com o ar.
A.E.RÓ.LI.TO, *s.m.,* meteorito.
A.E.RO.LO.GI.A, *s.f.,* estudo sobre o ar, texto analisando todos os aspectos do ar.
A.E.RO.LÓ.GI.CO, *adj.,* relativo a aerologia.
A.E.RO.MAN.CI.A, *s.f.,* a arte de prever, adivinhar fatos, usando as forças do ar.
A.E.RO.ME.TRI.A, *s.f.,* disciplina que mede a densidade do ar e dos seus componentes.
A.E.RO.MÉ.TRI.CO, *adj.,* relativo ou destinado à aerometria.
A.E.RÔ.ME.TRO, *s.m.,* instrumento para medir a densidade do ar.
A.E.RO.MO.ÇA, *s.f.,* pessoa feminina que nos aviões atende os passageiros.
A.E.RO.MO.DE.LIS.MO, *s.m.,* ciência que se dedica à projeção e fabricação de modelos de avião para esporte; esporte com modelos de aviões.
A.E.RO.MO.DE.LO, *s.m.,* miniatura de uma aeronave, avião para servir de modelo, brinquedo.
A.E.RO.MO.TO, *s.m.,* tempestade no ar, furacão, tremor violento no ar.
A.E.RO.NAU.TA, *s. 2 gên.,* aviador, quem anda em aeronave.
A.E.RO.NÁU.TI.CA, *s.f.,* a ciência que ensina como dirigir aeronaves, a força aérea de um país ou região.
A.E.RO.NÁU.TI.CO, *adj.,* relativo à Aeronáutica.
A.E.RO.NA.VAL, *adj.,* referente à Marinha e à navegação; próprio da força aérea marítima.
A.E.RO.NA.VE, *s.f.,* todo aparelho que navega no ar; aviões de todos os tipos.
A.E.RO.NA.VE.GA.ÇÃO, *s.f.,* navegação aérea.
A.E.RO.PIS.TA, *s.f.,* pista para aviões.
A.E.RO.PLA.NO, *s.m.,* o mesmo que aeronave, avião, nave.
A.E.RO.POR.TO, *s.m.,* aeródromo, local para pouso de aviões.
A.E.RO.POS.TAL, *adj.,* relativo ao correio aéreo.

A.E.ROS.CÓ.PIO, *s.m.,* instrumento usado para verificar e observar o ar.
A.E.ROS.FE.RA, *s.f.,* atmosfera.
A.E.ROS.SOL, *s.m.,* embalagem que expele o conteúdo para pulverizar uma superfície ou o ar.
A.E.ROS.TA.ÇÃO, *s.f.,* a habilidade de construir e conduzir aeróstatos.
A.E.RÓS.TA.TA, *s. 2 gên.,* quem dirige um aeróstato.
A.E.ROS.TÁ.TI.CA, *s.f.,* estudo físico das leis para obter o equilíbrio no ar.
A.E.ROS.TÁ.TI.CO, *adj.,* relativo à aerostação ou aos aeróstatos.
A.E.RÓS.TA.TO, *s.m.,* aparelho que voa e é mais leve que o ar.
A.E.RO.TEC.NI.A, *s.f.,* ciência que estuda o ar para a construção de máquinas voadoras.
A.E.RO.TE.RA.PÊU.TI.CA, *s.f.,* ciência que usa o ar para obter curas; *adj.,* relativo à aeroterapêutica.
A.E.RO.TRANS.POR.TE, *s.m.,* transporte de passageiros e cargas por aeronave.
A.E.RO.TRO.PIS.MO, *s.m.,* a possível influência do ar na vegetação e em seu crescimento.
A.E.RO.VIA, *s.f.,* corredor reservado a passagens dos aviões no espaço.
A.E.RO.VI.Á.RIO, *adj.,* próprio da aerovia; *s.m.,* empregado de empresa aérea ou de aeroportos.
A.É.TI.CO, *adj.,* imoral, antiético, contra a ética.
A.FÃ, *s.m.,* pressa para realizar um trabalho, ânsia, vontade de trabalhar.
A.FA.BI.LI.DA.DE, *s.f.,* bondade, gentileza, cortesia.
A.FA.DI.GAR, *v.t., int. e pron.,* cansar, provocar fadiga, extenuar.
A.FA.GA.DO, *adj.,* acariciado, acarinhado, mimado.
A.FA.DI.GA.DOR, *adj.,* que afadiga; cansativo.
A.FA.GA.MEN.TO, *s.m.,* ação ou efeito de afagar, acariciamento.
A.FA.GAN.TE, *adj.,* que afaga; acarinhador.
A.FA.GAR, *v.t.;* acarinhar, fazer afagos, fazer carinhos, acariciar.
A.FA.GO, *s.m.,* carinho, carícia, agasalho.
A.FAI.MA.DO, *adj.,* esfomeado, famélico.
A.FAI.MAR, *v.t.,* provocar fome.
A.FA.MA.DO, *adj.,* que tem fama, conhecido, famoso, notório.
A.FA.MAR, *v.t. e pron.,* dar fama, tornar famoso, ilustrar.
A.FA.NA.ÇÃO, *s.f.,* ação de afanar, furtar, tirar de alguém sem ser notado.
A.FA.NA.DO, *adj.,* furtado, surrupiado, desviado.
A.FA.NAR, *v.t., int. e pron.,* brasileirismo - furtar, tirar de alguém, carregar.
A.FA.NO, *s.m.,* ação ou efeito de afanar.
A.FA.NO.SO, *adj.,* muito preocupado com as atividades, atiço, trabalhador, laborioso.
A.FA.SI.A, *s.f.,* perda da voz, ficar sem voz devido a lesão cerebral.
A.FÁ.SI.CO, *adj.,* próprio da afasia, rouco.
A.FAS.TA.DO, *adj.,* longe, colocado a distância de um ponto, retirado.
A.FAS.TA.DOR, *adj. e s.m.,* que ou aquele que afasta.
A.FAS.TA.MEN.TO, *s.m.,* ação ou efeito de afastar, ausência, separação.
A.FAS.TAR, *v.t. e pron.,* distanciar, levar para longe, desviar do ponto.
A.FÁ.VEL, *adj.,* amável, gentil, cortês, delicado, meigo.

AFAZENDAR-SE   AFILHADO

A.FA.ZEN.DAR-SE, *v. pron.*, tornar-se proprietário de bens, de fazendas.

A.FA.ZER, *v.t. e pron.*, acostumar, habituar; sair-se bem, ter bons resultados.

A.FA.ZE.RES, *s.m., pl.*, trabalhos, ocupações, funções, deveres.

A.FE.A.DO, *adj.*, feio, enfeado.

A.FE.A.MEN.TO, *s.m.*, ato ou efeito de afear.

A.FE.AR, *v.t. e pron.*, tornar-se feio, enfear-se, dramatizar um fato, enfear.

A.FEC.ÇÃO, *s.f.*, doença, qualquer distúrbio que ataca a saúde de alguém.

A.FE.GA.NE, *adj. e s. 2 gên.*, afegão, habitante ou natural do Afeganistão, var., afegã.

A.FE.GÂ.NI.CO, *adj.*, relativo ao Afeganistão.

A.FE.GÃO, *adj., s.m.*, habitante ou natural do Afeganistão, afegane.

A.FEI.ÇÃO, *s.f.*, amor, carinho, afeto, ter amor por alguém, simpatia.

A.FEI.ÇO.A.DO, *adj.*, amigo, ligado por amor, que tem carinho por outro.

A.FEI.ÇO.A.DOR, *adj.*, que afeiçoa.

A.FEI.ÇO.A.MEN.TO, *s.m.*, ato de afeiçoar; afeição.

A.FEI.ÇO.AR, *v.t. e pron.*, criar carinho, ter amor, simpatizar, dar afeição, receber afeição.

A.FEI.TO, *adj.*, acostumado, habituado, preparado para um trabalho.

A.FÉ.LIO, *s.m.*, na órbita de um planeta em torno do Sol, o ponto de maior distância possível.

A.FE.MI.A, *s.f.*, afasia.

A.FE.MI.NA.ÇÃO, *s.f.*, efeminação, situação na qual um ser masculino adquire trejeitos femininos.

A.FE.MI.NA.DO, *adj.*, com jeito feminino, adamado, efeminado.

A.FE.MI.NAR, *v.t. e pron.*, tornar-se feminino, adquirir modos femininos.

A.FE.REN.TE, *adj. e s. 2 gên.*, que leva e traz, que transporta algo.

A.FÉ.RE.SE, *s.f.*, queda de uma letra inicial ou sílaba numa palavra.

A.FE.RI.ÇÃO, *s.f.*, ação ou efeito de aferir, medição.

A.FE.RI.DO, *adj.*, medido, enquadrado nos padrões pré-estabelecidos, conferido.

A.FE.RI.DOR, *s.m.*, quem faz a aferição, instrumento para testar e regular as aferições.

A.FE.RI.MEN.TO, *s.m.*, ação de aferir ou verificar a exatidão dos padrões previstos.

A.FE.RIR, *v.t.*, medir, acertar conforme os padrões existentes, conferir.

A.FE.RÍ.VEL, *adj.*, que pode ser aferido, medível, que se pode conferir.

A.FER.RA.DO, *adj.*, teimoso, seguro, intransigente, insistente, inexorável, determinado.

A.FER.RAR, *v.t., int. e pron.*, segurar com ferro, prender com ferro, navio que lança a âncora.

A.FER.RE.TA.DO, *adj.*, aferreteado, que está marcado com ferretes, assinalado.

A.FER.RE.TO.AR, *v.t.*, marcar com ferrão, agulhar, espicaçar, aferroar.

A.FER.RO, *s.m.*, ação ou efeito de aferrar-se, teimosia, obstinação.

A.FER.RO.AR, *v.t. e pron.*, machucar com ferrão.

A.FER.RO.LHA.DO, *adj.*, fechado com ferro, trancado, encarcerado.

A.FER.RO.LHAR, *v.t., int. e pron.*, trancar com o ferrolho, trancar, fechar, pôr na cadeia.

A.FER.VEN.TA.ÇÃO, *s.f.*, ação ou efeito de aferventar, fervura.

A.FER.VEN.TA.DO, *adj.*, fervido; *fig.*, excitado, acalorado.

A.FER.VEN.TAR, *v.t. e pron.*, dar uma fervida, ferver, ferver de leve.

A.FER.VO.RAR, *v.t. e int.*, pôr para ferver; pôr ou estar em fervura; *v.t.*, excitar fervor em; *v. pron.*, encher-se de zelo; incitar-se.

A.FER.VO.RI.ZAR, *v.t.*, inspirar ou causar fervor a.

A.FE.TA.ÇÃO, *s.f.*, ação ou efeito de afetar, vaidade, maneiras volúveis, frivolidades.

A.FE.TA.DO, *adj.*, presunçoso, pedante, frívolo, vaidoso, que se julga importante.

A.FE.TAR, *v.t. e pron.*, fazer-se passar por alguém que não é, fingir, aparentar, ser atacado por algo.

A.FE.TI.VI.DA.DE, *s.f.*, estado de quem está afetivo, carinho, sentimentos de afeto.

A.FE.TI.VO, *adj.*, carinhoso, amoroso, dedicado, afetuoso.

A.FE.TO, *s.m.*, carinho, amor, dedicação, simpatia, sentimento de carinho.

A.FE.TU.O.SI.DA.DE, *s.f.*, qualidade de afeto, carinho, tendência a afetuosidade.

A.FE.TU.O.SO, *adj.*, carinhoso, amoroso, dedicado.

A.FI.A.ÇÃO, *s.f.*, ação ou efeito de afiar, aguçamento, amolamento.

A.FI.A.DO, *adj.*, que tem gume cortante; aguçado; amolado.

A.FI.A.DOR, *s.m.*, quem amola, quem afia.

A.FI.A.DO, *adj.*, cortante, com muito corte, pessoa preparada, pronta; *fig.*, mordaz, picante.

A.FI.A.MEN.TO, *s.m.*, afiação, amolamento.

A.FI.AN.ÇA.DO, *adj.*, garantido, seguro.

A.FI.AN.ÇA.DOR, *adj. e s.m.*, quem afiança, garantidor.

A.FI.AN.ÇAR, *v.t.*, garantir, assegurar, ficar de fiador, abonar, garantir o pagamento de alguma dívida.

A.FI.AR, *v.t. e pron.*, tornar cortante, limar uma faca, dar fio, amolar, aguçar.

A.FI.CI.O.NA.DO, *adj.*, aficcionado, fã, entusiasmado por, afeiçoado.

A.FI.CI.O.NAR-SE, *v. pron.*, afeiçoar-se, ligar-se, simpatizar, tornar-se amigo.

A.FI.DAL.GA.MEN.TO, *s.m.*, ato ou efeito de afidalgar(-se).

A.FI.DAL.GAR, *v.t. e pron.*, tornar fidalgo, enobrecer.

A.FI.GU.RA.ÇÃO, *s.f.*, suposição, hipótese, imaginação.

A.FI.GU.RA.DO, *adj.*, suposto, imaginado, hipotético, possível.

A.FI.GU.RAR, *v.t. e pron.*, dar a figura, representar, imaginar, fazer-se passar.

A.FI.GU.RA.TI.VO, *adj.*, que contém uma figura, conotativo, figurado.

A.FI.LA.DO, *adj.*, fino, delgado, adelgaçado, tênue.

A.FI.LA.MEN.TO, *s.m.*, adelgaçamento, ação ou efeito de afilar.

A.FI.LAR, *v.t. e pron.*, dar forma de fio, afiar, tornar fino, apontar; excitar, provocar; colocar em fila, um após o outro.

A.FI.LHA.DA, *adj. e s.f.*, mulher em referência ao padrinho e madrinha.

A.FI.LHA.DIS.MO, *s.m.*, nepotismo; proteção dada aos afilhados.

A.FI.LHA.DO, *adj., s.m.*, protegido, a pessoa em relação aos padrinhos.

AFILIAÇÃO

A.FI.LI.A.ÇÃO, *s.f.*, tornar-se filho, ligar-se a, associar-se, inscrição em um partido.
A.FI.LI.AR, *v.t.* e *pron.*; juntar, associar, ligar a uma sociedade, agrupar.
A.FIM, *adj.*, que tem parentesco, próximo, que tem afinidade; *s. 2 gên.*, parente, amigo.
A FIM DE, *loc. prep. e conj. sub. adv. final*, para, com a finalidade de.
A.FI.NA.ÇÃO, *s.f.*, ação ou efeito de afinar, acertar todos os tons de um aparelho, ajuste dos sons e tons.
A.FI.NA.DO, *adj.*, instrumento musical com as cordas prontas para tocar, aprimorado, acabado.
A.FI.NA.GEM, *s.f.*, purificação dos metais.
A.FI.NAL, *adv.*, enfim, por fim, finalmente.
A.FI.NA.MEN.TO, *s.m.*, afinação.
A.FI.NAR, *v.t., int.* e *pron.*, regular os tons de um aparelho de música; tornar fino.
A.FIN.CA.DO, *adj.*, perseverante; pertinaz.
A.FIN.CA.MEN.TO, *s.m.*, afinco, teimosia, afã, insistência.
A.FIN.CAR, *v.t.* e *pron.*, ficar, pregar, cravar; *fig.*, teimar, ficar obstinado, afixar.
A.FIN.CO, *s.m.*, com bravura, com perseverança, com muita força, obstinação, operosidade.
A.FI.NI.DA.DE, *s.f.*, semelhança, parentesco, pontos de vista comuns, fraternidade sentimental.
A.FIR.MA.ÇÃO, *s.f.*, ação de afirmar, confirmação, dizer que sim.
A.FIR.MA.DOR, *adj. e s.m.*, que ou aquele que afirma.
A.FIR.MAN.TE, *adj. e s. 2 gên.*, que ou o que afirma.
A.FIR.MAR, *v.t., int.* e *pron.*, assegurar, dar como certo, atestar, confessar.
A.FIR.MA.TI.VA, *s.f.*, confirmação, assertiva, declaração confirmatória.
A.FIR.MA.TI.VO, *adj.*, relativo a uma afirmação, que assegura, que confirma.
A.FIR.MÁ.VEL, *adj.*, que é possível afirmar, possível, plausível.
A.FIS.TU.LA.DO, *adj.*, que tem fístula, que apresenta fístula.
A.FIS.TU.LAR, *v.t.* e *pron.*, transformar em fístula, cobrir de fístulas.
A.FI.VE.LA.DO, *adj.*, preso com fivela.
A.FI.VE.LA.MEN.TO, *s.m.*, ato ou efeito de afivelar.
A.FI.VE.LAR, *v.t.*, colocar fivela em, apertar, prender com fivela.
A.FI.XA.ÇÃO, *s.f.*, ação ou efeito de afixar, fixação.
A.FI.XA.DO, *adj.*, fixado, preso, firmado.
A.FI.XAR, *v.t.* e *pron.*, prender, fixar, prender em uma superfície.
A.FI.XO, *s.m.*, algo fixo; gramaticalmente, todo elemento que entra na composição de uma palavra, como prefixo, infixo, sufixo.
A.FLAU.TA.DO, *adj.*, que é semelhante a flauta; que tem um som como o de flauta; *fig.*, suave, afável.
A.FLAU.TAR, *v.t.*, imprimir em forma de flauta, suavizar a voz; *fig.*, adoçar a expressão.
A.FLEU.MAR, *v.t.* e *pron.*, adquirir fleuma, tornar-se pachorrento.
A.FLI.ÇÃO, *s.f.*, angústia, inquietação, dor, agonia, grande ânsia.
A.FLI.GI.DOR, *adj. e s.m.*, aquele que aflige; torturador.
A.FLI.GI.MEN.TO, *s.m.*, ação ou efeito de afligir.
A.FLI.GIR, *v.t.* e *pron.*, atormentar, causar aflição, perturbar, provocar dor.
A.FLI.TI.VO, *adj.*, que traz dor, doloroso, que causa aflição.
A.FLI.TO, *adj.*, perturbado, desassossegado, irrequieto, dolorido.
A.FLO.RA.ÇÃO, *s.f.*, ação ou efeito de aflorar, emersão, nivelamento, saída para a superfície.
A.FLO.RA.DO, *adj.*, exposto; aparecido; nivelado.
A.FLO.RA.MEN.TO, *s.m.*, em Geologia, qualquer exposição de camada; afloração.
A.FLO.RAR, *v.t.* e *int.*, trazer à superfície, vir à tona, emergir, tocar.
A.FLU.ÊN.CIA, *s.f.*, ação ou efeito de afluir, chegada, vinda.
A.FLU.EN.TE, *adj.*, que aflui, que chega; um rio que desemboca no outro.
A.FLU.IR, *v.t.*, ir para, correr para, convergir, chegar a, ajuntar-se, aglomerar-se.
A.FLU.XO, *s.m.*, ação ou efeito de afluir, chegada, aglomeração, afluência.
A.FO.BA.ÇÃO, A.FO.BA.MEN.TO, *s.m.*, pressa, afã, precipitação; nervosismo.
A.FO.BA.DO, *adj.*, precipitado, atrapalhado, desorientado, nervoso.
A.FO.BAR, *v.t.* e *pron.*, provocar afobação, atrapalhar, perturbar.
A.FO.CI.NHA.MEN.TO, *s.m.*, queda, caída, escavação na terra com o focinho.
A.FO.CI.NHAR, *v.t.* e *int.*, atacar com o focinho, forçar, bater com o focinho, mergulhar.
A.FO.FA.DO, *adj.*, que se tornou fofo, macio, suavizado.
A.FO.FA.MEN.TO, *s.m.*, ação ou efeito de afofar, suavização, maciez, fofura.
A.FO.FAR, *v.t., int.* e *pron.*, amolecer, tornar fofo, tornar macio, alisar, acarinhar.
A.FO.GA.DI.LHO, *s.m.*, urgência, pressa; de afogadilho; sem pensar, às pressas.
A.FO.GA.DO, *adj.*, que se afogou, morto por falta de respiração.
A.FO.GA.DOR, *adj. e s.m.*, que afoga, estrangulador, peça dos carros antigos para regular o combustível na entrada para o motor.
A.FO.GA.MEN.TO, *s.m.*, ação ou efeito de afogar, morte por afogar-se.
A.FO.GAR, *v.t.* e *pron.*, sufocar, asfixiar, perder a respiração por causa da água ou de outro elemento.
A.FO.GUE.A.DO, *adj.*, sufocante, muito quente, escaldante, avermelhado, rubro.
A.FO.GUE.A.MEN.TO, *s.m.*, ato de afoguear; entusiasmo.
A.FO.GUE.AR, *v.t.*, abrasar, pegar fogo, ficar vermelho, corar.
A.FOI.TAR, *v.t.*, tornar-se afoito, encorajar-se, enfrentar com coragem, incitar, animar.
A.FOI.TE.ZA, *s.f.*, qualidade de quem é afoito, arrojo, coragem, brio.
A.FOI.TO, *adj.*, destemido, corajoso, brioso, valente.
A.FO.NÍ.A, *s.f.*, perda da voz, ficar totalmente rouco.
A.FÔ.NI.CO, *adj.*, sem voz, rouco.
A.FO.RA, *adv.*, para fora, para além; *prep.*, além de, exceto, com exceção.
A.FO.RA.MEN.TO, *s.m.*, é o direito de usufruir um imóvel perpetuamente, sem lhe provocar alguma deterioração e com um pagamento anual e certo.
A.FO.RAR, *v.t., int.* e *pron.*, obter ou ceder a outrem por meio de aforamento.
A.FO.RI.A, *s.f.*, esterilidade da mulher; agenesia.
A.FO.RIS.MO, *s.m.*, provérbio, sentença, máxima, preceito moral, dito.

AFORISTA — ÁGAR

A.FO.RIS.TA, s. 2 gên., quem cita aforismos, quem cria aforismos.
A.FO.RÍS.TI.CO, adj., que encerra aforismo; da natureza do aforismo.
A.FOR.MO.SE.A.DOR, adj. e s.m., que ou aquele que aformoseia.
A.FOR.MO.SE.A.MEN.TO, s.m., ação ou efeito de aformosear, embelezamento.
A.FOR.MO.SE.AR, v.t. e pron., embelezar, tornar formoso, tornar belo.
A.FOR.QUI.LHA.DO, adj., que tem forma de forquilha, bifurcado.
A.FOR.QUI.LHAR, v.t., segurar com forquilha; dar forma de forquilha.
A.FOR.TA.LE.ZAR, v.t., construir ou dar forma de fortaleza; fortificar; v. pron., fortificar-se.
A.FOR.TU.NA.DO, adj., com sorte, feliz, ditoso, com fortuna.
A.FOR.TU.NAR, v.t. e pron., passar fortuna a, tornar feliz, dar sorte.
A.FOR.TU.NO.SO, adj., de sorte; afortunado.
A.FO.XÉ, s.m., grupo carnavalesco que canta em língua africana e acompanhamento de percussão.
A.FRAN.CE.SA.DO, adj., que tem franceses, que demonstra semelhanças com o francês.
A.FRAN.CE.SA.MEN.TO, s.m., ato ou efeito de afrancesar(-se).
A.FRAN.CE.SAR, v.t. e pron., adquirir ou tomar modos franceses em qualquer campo, assumir costumes franceses, a cultura francesa e outros modos.
A.FRE.GUE.SA.DO, adj., que recebe fregueses, procurado, aceito, convidativo para fregueses.
A.FRE.GUE.SAR, v.t. e pron., atrair fregueses, conseguir fregueses.
A.FRES.CAR, v.t., refrescar.
A.FRES.CO, adj. e s.m., pintura de origem medieval feita em paredes, sobre argamassa molhada.
A.FRE.TA.MEN.TO, s.m., contratar algum veículo para transporte, alugar um meio de transporte.
Á.FRI.CA, s.f., em Geografia, continente que, dentre os cinco existentes, leva esse nome.
A.FRI.CÂN.DER, A.FRI.CÂ.NER, adj., s.m., um dos idiomas falados na África do Sul; tipo sul-africano que fala esse idioma; próprio desse povo ou desse idioma.
A.FRI.CA.NIS.MO, s.m., tradições, cultura, conhecimentos vindos da África para outros locais, influenciando a vida das pessoas; termos africanos usados em outras línguas.
A.FRI.CA.NIS.TA, s. 2 gên., indivíduo que se dedica a estudar temas da África; crítico ou pesquisador de assuntos africanos.
A.FRI.CA.NI.ZAR, v.t., dar forma ou jeito de africano, introduzir os costumes da África.
A.FRI.CA.NO, adj. e s.m., natural ou habitante da África, o que se refere à África.
Á.FRI.CO, adj., africano; vento sudoeste.
A.FRO, adj. e s.m., povo antigo que deu origem aos povos da África e produziu o nome do continente africano.
A.FRO-BRA.SI.LEI.RO, adj., tudo que mostre a mistura de africano com brasileiro ou vice-versa, como costumes, comidas, músicas.
A.FRO.DI.SI.A, s.f., excitação sexual; puberdade.
A.FRO.DI.SÍ.A.CO, adj. e s.m., alimento ou ingrediente que excite os desejos sexuais.
A.FRON.TA, s.f., ofensa, ultraje, desprezo, injúria, desrespeito.
A.FRON.TA.ÇÃO, s.f., ação ou efeito de afrontar, enfrentamento, desafio.
A.FRON.TA.DO, adj., que sofreu afronta, enfrentado, desafiado, provocado.
A.FRON.TA.DOR, adj. e s.m., quem afronta, provocador.
A.FRON.TA.MEN.TO, s.m., ação ou efeito de afrontar, enfrentamento.
A.FRON.TAR, v.t. e pron., enfrentar, dar de frente, desrespeitar.
A.FRON.TO.SO, adj., injurioso, ofensivo, provocador.
A.FROU.XA.DO, adj., relaxado, despreocupado, descansado.
A.FROU.XA.MEN.TO, s.m., ação ou efeito de afrouxar, perda do estímulo.
A.FROU.XAR, v.t. e int., tornar frouxo, suavizar, enfraquecer, perder forças.
AF.TA, s.f., pequenas bolhas ou úlceras que aparecem nas mucosas bucais.
AF.TO.SA, s.f., doença contagiosa que ataca bovinos, com muitas aftas.
AF.TO.SE, s.f., toda doença produzida por efeito de aftas.
AF.TO.SO, adj., referente a afta, que tem muitas aftas.
A.FU.GEN.TA.DO, adj., espantado, fugido, amedrontado, expulso.
A.FU.GEN.TA.DOR, adj. e s.m., que afugenta.
A.FU.GEN.TAR, v.t., expulsar, pôr em fuga, espantar, enxotar.
A.FUN.DA.DO, adj., naufragado, submerso.
A.FUN.DA.MEN.TO, s.m., ato de afundar, ir a pique, submersão.
A.FUN.DAR, v.t., int. e pron., ir a pique, submergir, pôr no fundo.
A.FU.NI.LA.DO, adj., que tem forma de funil.
A.FU.NI.LAR, v.t. e pron., dar forma de funil, que começa com largura e se estreita.
A.FU.RO.AR, v.t., caçar com a ajuda do furão; buscar; indagar; procurar.
A.FU.SAR, v.t., construir com forma de fuso, afilar, afinar.
A.GÁ, s.m., o nome da letra h, H.
A.GA.CHA.DO, adj., que se agacha, humilhado, acocorado, rebaixado.
A.GA.CHA.MEN.TO, s.m., humilhação, rebaixamento.
A.GA.CHAR-SE, v. pron., abaixar-se, acocorar-se, ficar de cócoras.
A.GA.DA.NHAR, v.t., lançar o gadanho a; ferir com as unhas.
A.GAI.A.TA.DO, adj., que tem jeito de gaiato, brincalhão, cômico.
A.GAI.A.TAR-SE, v.p., fazer-se gaiato; adquirir modos de gaiato.
A.GAI.TA.DO, adj., que tem forma ou som de gaita.
A.GAI.LA.NAR, v.t. e pron., engalanar, enfeitar, ornamentar.
A.GAL.GAR, v.t., int. e pron., tornar semelhante a galgo; fig., enfraquecer; emagrecer.
A.GA.LHA.DO, adj., que tem galhos, engalhado.
A.GA.LHAR, v. int., formar galhos, lançar galhos, criar galhos.
A.GA.LO.A.DO, adj., com galões, enfeitado com galões.
A.GA.LO.A.MEN.TO, s.m., ato ou efeito de agaloar.
A.GA.LO.AR, v.t., dar galões, colocar galões em.
A.GA.LO.PA.DO, adj., semelhante a galope.
A.GA.LO.PAR, v.t., fazer galopar (o cavalo).
Á.GA.PE, s. 2 gên., banquete, refeição com amigos, antigo momento eucarístico entre os cristãos.
Á.GAR ou **Á.GAR-Á.GAR**, s.m., polissacarídeo mucilaginoso de certas algas, us. em exames bacteriológicos e em diversos

AGAROTADO

produtos industriais; gelose.

A.GA.RO.TA.DO, *adj.*, com jeito e modo de garoto, semelhante a garoto.

A.GA.RO.TAR-SE, *v. pron.*, tornar-se garoto, comportar-se como garoto.

A.GAR.RA.ÇÃO, *s.f.*, o mesmo que agarramento.

A.GAR.RA.DI.ÇO, *adj.*, que se agarra com facilidade, fácil de agarrar-se.

A.GAR.RA.DO, *adj.*, preso, preso com garras, detido, algemado.

A.GAR.RA.DOR, *adj. e s.m.*, que ou o que costuma agarrar.

A.GAR.RA.MEN.TO, *s.m.*, ação ou efeito de agarrar, apego exagerado, muito abraço.

A.GAR.RAR, *v.t. e pron.*, pegar, prender com garras, segurar, amarrar.

A.GAR.RO.TAR, *v.t.*, matar por meio de um garrote, enforcar.

A.GA.SA.LHA.DO, *adj.*, abrigado, coberto, acolhido, hospedado.

A.GA.SA.LHA.DOR, *adj. e s.m.*, hospedeiro, quem agasalha.

A.GA.SA.LHAR, *v.t. e pron.*, dar agasalho a, proteger, abrigar, recolher, hospedar.

A.GA.SA.LHO, *s.m.*, peça do vestuário para proteger do frio, ou roupa informal.

A.GAS.TA.DI.ÇO, *adj.*, que se irrita com facilidade, irritadiço, que se agasta logo.

A.GAS.TA.DO, *adj.*, irritado, perturbado, aborrecido.

A.GAS.TA.MEN.TO, *s.m.*, irritação, aborrecimento, perturbação.

A.GAS.TAR, *v.t. e pron.*, incomodar, perturbar, zangar, aborrecer.

Á.GA.TA, *s.f.*, pedra semipreciosa, com diversas cores.

A.GA.TA.NHAR, *v.t., int. e pron.*, ferir(-se) com as unhas; arranhar(-se).

A.GAU.CHA.DO, *adj.*, com jeito de gaúcho, que segue a tradição gaúcha.

A.GAU.CHAR, *v.t. e v. pron.*, aceitar ou assumir costumes e usos gaúchos.

A.GA.VE, *s.f.*, vários tipos de plantas, algumas das quais produzem o sisal ou outras fibras.

A.GA.ZU.A.DO, *adj.*, em forma de gazua.

A.GÊN.CIA, *s.f.*, estabelecimento ou repartição que atende o público.

A.GEN.CI.A.DEI.RA, *s.f.*, quem faz propaganda, propagandista.

A.GEN.CI.A.DO, *adj.*, que se agenciou; negociado (por meio de agenciador).

A.GEN.CI.A.DOR, *adj. e s.m.*, quem agencia, intermediário, negociador.

A.GEN.CI.A.MEN.TO, *s.m.*, ação ou efeito de agenciar, propaganda, negócio.

A.GEN.CI.AR, *v.t.*, trabalhar como agente, intermediar, negociar, promover.

A.GEN.DA, *s.f.*, brochura própria para marcar os compromissos, ocupação, pauta de trabalho.

A.GEN.DA.DO, *adj.*, que se agendou; marcado (compromisso) em agenda.

A.GEN.DA.MEN.TO, *s.m.*, ato ou efeito de agendar.

A.GEN.DAR, *v.t.*, marcar, datar, colocar na agenda.

A.GE.NE.SI.A, *s.f.*, incapacidade de gerar filhos, esterilidade; aforia.

A.GEN.TE, *s.m.*, quem age, tudo que age, negociante,

AGNOME

promotor.

A.GE.RA.SI.A, *s.f.*, condição de vida de pessoa que mantém o vigor, apesar da velhice.

A.GER.MA.NAR, *v.t. e pron.*, igualar, tornar irmão, congregar.

A.GEU.SI.A, A.GEUS.TI.A, *s.f.*, diminuição do sentido do paladar.

A.GI.GAN.TA.DO, *adj.*, com aparência de gigante, forte, hercúleo.

A.GI.GAN.TA.MEN.TO, *s.m.*, ato ou efeito de agigantar(-se); crescimento anormal.

A.GI.GAN.TAR, *v.t. e pron.*, tornar grande, engrandecer, aumentar.

Á.GIL, *adj.*, rápido, célere, veloz, esperto, inteligente.

A.GI.LI.DA.DE, *s.f.*, ação ou efeito de ser ágil, rapidez, velocidade, esperteza.

A.GI.LI.TA.DO, *adj.*, tornado ágil; desenvolto.

A.GI.LI.TAR, *v.t.*, agilizar, tornar veloz.

A.GI.LI.ZA.ÇÃO, *s.f.*, ato ou efeito de agilizar.

A.GI.LI.ZA.DO, *adj.*, bem ágil, rápido, veloz, que termina logo.

A.GI.LI.ZAR, *v.t. e pron.*, tornar ágil, tornar veloz, agilitar.

Á.GIO, *s.m.*, lucro em um negócio na compra e venda, sobretaxa nos negócios, usura, cobrança indevida.

A.GI.O.TA, *s.m.*, usurário, quem cobra juros além do permitido por lei.

A.GI.O.TA.GEM, *s.f.*, ação ou efeito da prática do agiota, ser agiota, cobrar juros extorsivos, usura.

A.GI.O.TAR, *v.int.*, viver em agiotagem; especular.

A.GIR, *v. int.*, proceder, atuar, movimentar-se, ter ação.

A.GI.RA.FA.DO, *adj.*, esguio como a girafa.

A.GI.TA.ÇÃO, *s.f.*, ação ou efeito de agir, movimentação, muito alvoroço, agitamento.

A.GI.TA.DI.ÇO, *adj.*, inconstante, que se agita muito, nervoso.

A.GI.TA.DO, *adj.*, irrequieto, agitadiço.

A.GI.TA.DOR, *adj. e s.m.*, quem agita, quem provoca desordem.

A.GI.TA.MEN.TO, *s.m.*, agitação, inquietude.

A.GI.TAR, *v.t.*, movimentar, excitar, sacudir, fazer com que todos se mexam.

A.GI.TÁ.VEL, *adj.*, que pode ser agitado.

A.GLO.ME.RA.ÇÃO, *s.f.*, ação ou efeito de aglomerar, afluência, reunião de muitas pessoas.

A.GLO.ME.RA.DO, *adj.*, juntado, conjunto, amontoado.

A.GLO.ME.RAN.TE, *adj.*, que aglomera.

A.GLO.ME.RAR, *v.t. e pron.*, ajuntar, afluir, amontoar.

A.GLU.TI.ÇÃO, *s.f.*, com falta de condições para engolir.

A.GLU.TI.NA.ÇÃO, *s.f.*, ação ou efeito de aglutinar, junção, reunião de duas coisas, de duas forças.

A.GLU.TI.NA.DO, *adj.*, reunido, juntado, ligado, jungido, assimilado.

A.GLU.TI.NA.MEN.TO, *s.m.*, aglutinação.

A.GLU.TI.NAN.TE, *adj. 2 gén.*, que aglutina, que reúne, que compõe.

A.GLU.TI.NAR, *v.t. e pron.*, juntar, reunir, compor duas forças.

A.GLU.TI.NA.TI.VO, *adj.*, próprio para aglutinar; aglutinante.

A.GLU.TI.NÁ.VEL, *adj.*, que se pode aglutinar, que pode ser composto.

AG.NA.TI.A, *s.f.*, falta do maxilar inferior.

ÁG.NA.TO, *adj. e s.m.*, que ou aquele que não apresenta mandíbula.

AG.NO.ME, *s.m.*, os antigos romanos não tinham sobrenome, então acrescentavam um apelido para distinguir os indivíduos nas famílias com nomes parecidos.

AGNOMINAÇÃO   ••• 63 •••   AGRICULTADO

AG.NO.MI.NA.ÇÃO, *s.f.*, repetição de uma palavra cujo sentido varia com a mudança de uma letra ou letras; paronomásia.

AG.NOS.TI.CIS.MO, *s.m.*, filosofia ou doutrina que nega a existência de qualquer divindade ou espiritualidade eterna.

AG.NÓS.TI.CO, *adj.*, que pertence ao agnosticismo, descrente, incrédulo.

A.GO.GÔ, *s.m.*, instrumento de percussão de origem africana.

A.GO.MAR, *v.int.*, lançar gomos ou rebentos a; germinar; cobri(-se) de gomos.

A.GO.NI.A, *s.f.*, situação do doente terminal, estar para morrer, luta; *fig.*, sofrimento muito grande.

A.GO.NI.A.ÇÃO, *s.f.*, estado de agonia.

A.GO.NI.A.DO, *adj.*, que sofre agonia, aflito, impaciente, ansioso, estressado.

A.GO.NI.A.DOR, *adj.* e *s.m.*, que produz agonia(s).

A.GO.NI.AR, *v.t.* e *pron.*, provocar agonia, ansiar, inquietar, estar moribundo.

A.GÔ.NI.CO, *adj.*, relativo a agonia.

A.GO.NI.ZAN.TE, *adj.*, que está para morrer, moribundo, prestes a morrer.

A.GO.NI.ZAR, *v.t.* e *int.*, estar em agonia, estar moribundo, estar quase morrendo.

A.GO.RA, *adv.*, neste momento, nesta hora, neste dia, ora, atualmente.

Á.GO.RA, *s.f.*, na Grécia antiga, era a praça central da cidade, na qual ocorriam assembleias, o povo se reunia para discussões políticas e religiosas; local para reunir as multidões.

A.GO.RA.FO.BI.A, *s.f.*, grande medo, temor de estar em locais públicos; medo de aglomerações humanas.

A.GO.RÁ.FO.BO, *s.m.*, quem tem medo de aglomerações humanas, quem tem pavor de público.

A.GO.RI.NHA, *adv., pop.*, há pouco, há poucos instantes.

A.GOS.TO, *s.m.*, oitavo mês do ano.

A.GOU.RA.DO, *adj.*, prenunciado, azarado, esconjurado, maldito.

A.GOU.RAR, *v.t., int.* e *pron.*, desejar algo de ruim, fazer agouro, vaticinar ruindade, prever azar.

A.GOU.REI.RO, *adj.*, que atrai mau agouro; agourento; *s.m.*, pressagiador; adivinho.

A.GOU.REN.TAR, *v.t.*, lançar mau agouro; agourar.

A.GOU.REN.TO, *adj.*, supersticioso, que traz azar, que traz agouro.

A.GOU.RI.CE, *s.f.*, insistência em agourar.

A.GOU.RO, *s.m.*, presságio, notícia futura e má, azar, superstição.

A.GRA.CI.A.ÇÃO, *s.f.*, ato de agraciar.

A.GRA.CI.A.DO, *adj.*, abençoado, bem-sucedido, distinguido, mencionado.

A.GRA.CI.A.DOR, *adj.* e *s.m.*, que ou quem confere graça ou comenda.

A.GRA.CI.A.MEN.TO, *s.m.*, ato ou efeito de agraciar; condecoração.

A.GRA.CI.AR, *v.t.*, dar uma graça ou honra a alguém, condecorar.

A.GRA.DA.DO, *adj.*, estimado, acontentado, prazeroso.

A.GRA.DAR, *v.t., int.* e *pron.*, ser estimado, ser delicado, causar prazer, contentar.

A.GRA.DÁ.VEL, *adj.*, que agrada, delicado, amável, gracioso, gostoso.

A.GRA.DE.CER, *v.t.* e *int.*, dar graças, mostrar-se amável, render gratidão.

A.GRA.DE.CI.DO, *adj.*, grato, reconhecido.

A.GRA.DE.CI.MEN.TO, *s.m.*, ação ou efeito de agradecer; gratidão.

A.GRA.DE.CÍ.VEL, *adj.*, que precisa ser agradecido, que merece um agradecimento.

A.GRA.DO, *s.m.*, ação ou efeito de agradar, mimo, carinho, gratidão, satisfação.

A.GRA.FI.A, *s.f.*, sem condições de usar a escrita, ausência de uso de escrita.

A.GRÁ.FI.CO, *adj.*, relativo a agrafia.

Á.GRA.FO, *s.m.*, aparelho cirúrgico para prender as extremidades das feridas.

A.GRA.MA.TIS.MO, *s.m.*, sem condições de escrever dentro das regras da gramática.

A.GRÁ.RIO, *adj.*, que se refere ao campo, rural; próprio da Agricultura.

A.GRA.VA.ÇÃO, *s.f.*, ato ou efeito de agravar(-se); piora.

A.GRA.VA.DO, *adj.*, que está mais grave, mais ofendido.

A.GRA.VA.DOR, *adj.*, agravante; *s.m.*, o que agrava.

A.GRA.VA.MEN.TO, *s.m.*, ação ou efeito de agravar, irritação.

A.GRA.VAN.TE, *adj.* e *s. 2 gén.*, o que agrava, que leva para ser mais grave.

A.GRA.VAR, *v.t., int.* e *pron.*, aumentar o grau de gravidade, dar mais peso, piorar; em processos judiciais, recorrer a uma instância superior do juizado.

A.GRA.VA.TI.VO, *adj.*, que agrava.

A.GRA.VÁ.VEL, *adj.*, que se pode agravar, que deve ser agravado.

A.GRA.VO, *s.m.*, ofensa, humilhação, afronta, recurso judicial.

A.GRAZ, *s.m.*, toda fruta que tenha um gosto muito azedo, por estar verde.

A.GRE, *adj.*, acre, azedo, de gosto ruim.

A.GRE.DI.DO, *adj.* e *s.m.*, ofendido, que foi atacado, ferido, machucado.

A.GRE.DIR, *v.t.*, atacar, ofender, machucar, ferir.

A.GRE.GA.ÇÃO, *s.f.*, ação ou efeito de agregar, reunião, afluência, associação, congregação.

A.GRE.GA.DO, *adj., s.m.*, associado, pertencente a grupo, agrupado, que se torna parente por casamento, congregado.

A.GRE.GAR, *v.t.* e *pron.*, ajuntar, reunir, agrupar, colocar num conjunto, congregar.

A.GRE.GA.TI.VO, *adj.*, que pode se agregar, agrupativo, congregável.

A.GRE.MI.A.ÇÃO, *s.f.*, pessoas reunidas em grêmio, associação, grupo.

A.GRE.MI.A.DO, *adj.*, que pertence ao grêmio; associado; reunido.

A.GRE.MI.AR, *v.t.* e *pron.*, reunir, agrupar, associar, congregar.

A.GRES.SÃO, *s.m.*, ação ou efeito de agredir, ofensa, ataque, afronta.

A.GRES.SI.VI.DA.DE, *s.f.*, característica de quem é agressivo, violento; violência.

A.GRES.SI.VO, *adj.*, violento, descontrolado, ofensivo.

A.GRES.SOR, *adj.* e *s.m.*, quem agride, quem ataca, quem fere.

A.GRES.TE, *adj.*, relativo ao campo, rude, rural, rústico, áspero.

A.GRES.TI.A, *s.f.*, estado ou condição de agreste; *fig.*, rudeza; rusticidade.

A.GRI.ÃO, *s.m.*, uma erva muito usada como verdura, com sabor forte.

A.GRÍ.CO.LA, *adj.*, que se refere à Agricultura, agrário, rural.

A.GRI.CUL.TA.DO, *adj.*, cultivado; lavrado.

AGRICULTAR ... AGUARDADO

A.GRI.CUL.TAR, *v.t. e int.*, cultivar terras, plantar na terra, lavrar a terra.
A.GRI.CUL.TÁ.VEL, *adj.*, que pode ser plantada, lavrável.
A.GRI.CUL.TOR, *s.m.*, o que trabalha no campo, na roça, lavrador, colono.
A.GRI.CUL.TU.RA, *s.f.*, ação ou efeito de cultivar a terra, lavoura, plantação.
A.GRI.DO.CE, *adj.*, azedo e doce ao mesmo tempo.
A.GRI.LHE.TAR, *v.t.*, prender com grilheta.
A.GRI.LHO.A.DO, *adj.*, preso com grilhões, algemado, aprisionado.
A.GRI.LHO.A.MEN.TO, *s.m.*, prisão, aprisionamento, encarceramento.
A.GRI.LHO.AR, *v.t. e int.*, algemar, pôr em ferros, prender, encarcerar.
A.GRI.MEN.SOR, *s.m.*, aquele que mede terras, quem traça os rumos das terras.
A.GRI.MEN.SÓ.RIO, *adj.*, relativo a agrimensura.
A.GRI.MEN.SU.RA, *s.f.*, ação de medir terras, delimitação das terras.
A.GRI.NAL.DAR, *v.t. e pron.*, pôr grinaldas em, enfeitar, ornamentar.
A.GRI.SA.LHA.DO, *v.t. e pron.*, tornar(-se) grisalho.
A.GRO, *s.m.*, de origem latina, significa o campo, terra cultivável, roça; *adj.*, acre, azedo, de gosto ruim, referente a campo, plantações agrícolas.
A.GRO.IN.DÚS.TRIA, *s.f.*, situação econômica que envolve a Agricultura e a indústria, como as indústrias que preparam comida vinda do agricultor.
A.GRO.LO.GI.A, *s.f.*, na Agricultura, é o segmento que estuda os solos.
A.GRO.MA.NI.A, *s.f.*, amor pela agricultura, paixão por tudo que se refira a agricultura.
A.GRO.MA.NÍ.A.CO, *adj. e s.m.*, maníaco pela agricultura.
A.GRO.NO.ME.TRI.A, *s.f.*, maneira de calcular a produção de um campo plantado ou de uma região.
A.GRO.NO.MÉ.TRI.CO, *adj.*, relativo a agronometria.
A.GRO.NO.MI.A, *s.f.*, estudo da Agricultura, a ciência que estuda tudo do campo.
A.GRO.NÔ.MI.CO, *adj.*, que se refere à Agronomia.
A.GRO.NÔ.MIS.TA, *s. 2 gén.*, o mesmo que agrônomo.
A.GRÔ.NO.MO, *s.m.*, pessoa com diploma e formação para a agricultura.
A.GRO.PAS.TO.RIL, *adj. 2 gén.*, o mesmo que agropecuário.
A.GRO.PE.CU.Á.RIA, *s.f.*, atividade econômica que reúne a agricultura e a criação de gado, suínos ou frangos.
A.GRO.PE.CU.Á.RIO, *adj.*, referente a agropecuária ou próprio dela.
A.GRO.PE.CU.A.RIS.TA, *s. 2 gén.*, quem se dedica ao trabalho com agropecuária.
A.GRO.TÓ.XI.CO, *s.m.*, produto que se utiliza para combater as pragas que atacam as lavouras; inseticida, veneno.
A.GRO.VI.A, *s.f.*, via que é usada para o transporte, sobretudo, de produtos da agroindústria, podendo ser uma rodovia, uma ferrovia, uma via fluvial, marítima.
A.GRU.MAR-SE, *v.pron.*, tomar a forma de grumos.
A.GRU.ME.LAR, *v.t.*, agrumular.
A.GRU.MU.LAR, *v.t.*, coalhar de grúmulos; *v.pron.*, coagular-se.
A.GRU.PA.ÇÃO, *s.f.*, reunião em grupos; agrupamento.
A.GRU.PA.DO, *adj.*, reunião em grupo, reunido.
A.GRU.PA.MEN.TO, *s.m.*, reunião, reunião de pessoas, grupo.
A.GRU.PAR, *v.t. e pron.*, reunir, ajuntar, aglomerar, associar, congregar.
A.GRU.PÁ.VEL, *adj.*, que se pode agrupar.
A.GRU.RA, *s.f.*, dificuldade, desgosto, sofrimento, dor.
Á.GUA, *s.f.*, líquido incolor, transparente, sem cheiro, formado de oxigênio e hidrogênio e essencial para a vida.
A.GUA.ÇA, *s.f.*, enxurrada.
A.GUA.ÇA.DO, *adj.*, que contém aguaça.
A.GUA.ÇAL, *s.m.*, águas represadas após chuvas intensas; brejal, águas retidas em um banhado.
A.GUA.CEI.RA, *s.f.*, líquido composto por água e saliva, que se expele da boca por alguma indisposição estomacal.
A.GUA.CEI.RA.DA, *s.f.*, grande aguaceiro.
A.GUA.CEI.RO, *s.m.*, uma pancada de chuva, chuvarada, chuva forte e rápida.
A.GUA.CEN.TO, *adj.*, parecido com água, impregnado com água.
A.GUA.CHA.DO, *adj.*, impregnado com água, cheio de água.
Á.GUA COM A.ÇÚ.CAR, *adj. e s. 2 gén.*, açucarado, que é muito fraco, carola, tíbio.
A.GUA.DA, *s.f.*, local onde se pode pegar água doce para uma viagem; reserva de água para viajar.
Á.GUA DE CHEI.RO, *s.f.*, água-de-colônia, perfume suave, desodorante.
Á.GUA DE CO.CO, *s.f.*, água saborosa, extraída dos cocos, quer verdes, quer secos.
Á.GUA-DE-CO.LÔ.NIA, *s.f.*, água de cheiro, perfume suave, desodorante, frasco com líquido aromático.
Á.GUA DE FLOR, *s.f.*, toda substância preparada com o néctar das flores, como flor-de-laranjeira, roseira, gardênia, hibisco.
A.GUA.DEI.RA, *s.f.*, mulher que vende ou transporta água.
A.GUA.DEI.RO, *s.m.*, em algumas regiões, o distribuidor de água.
A.GUA.DI.LHA, *s.f.*, secreção orgânica (saliva, suor, muco, etc.); garoa, chuvisco; alimento aguado.
A.GUA.DO, *adj.*, com muita água, algo diluído em muita água.
A.GUA.DOR, *s.m.*, vaso que se usa para regar; regador.
Á.GUA-FOR.TE, *s.f.*, solução de ácido nítrico; técnica artística com essa solução para fazer gravuras em metal.
Á.GUA-FOR.TIS.TA, *s.m.*, gravador que trabalha com água-forte.
Á.GUA-FUR.TA.DA, *s.f.*, o sótão de uma casa com janelas, casa pobre.
A.GUA.GEM, *s.f.*, ato ou efeito de aguar; movimento impetuoso de águas; correnteza.
Á.GUA-MÃE, *s.f.*, preparado especial com água para depositar cristais.
Á.GUA-MA.RI.NHA, *s.f.*, tipo de pedra, pedra preciosa.
A.GUA.MEN.TO, *s.m.*, doença que ataca animais que são forçados a trabalhos excessivos.
Á.GUA-MOR.NA, *s. 2 gén.*, pessoa hesitante, mole, pacata.
Á.GUA O.XI.GE.NA.DA, *s.f.*, líquido para desinfetar, limpar feridas.
A.GUA.PÉ, *s.f.*, erva que cresce na superfície das águas, sobretudo de lagoas.
A.GUA.PE.ZAL, *s.m.*, pedaço de terra com muita água e aguapés.
A.GUAR.DA, *s.f.*, ato ou efeito de aguardar; aguardamento.
A.GUAR, *v.t., int. e pron.*, colocar água em, molhar, regar, diluir água em.
A.GUAR.DA.DO, *adj.*, esperado, ansiado, desejado.

AGUARDAMENTO — AJARDINAMENTO

A.GUAR.DA.MEN.TO, *s.m.*, ato ou efeito de aguardar.
A.GUAR.DAR, *v.t. e int.*, esperar, espreitar, ficar na espera.
A.GUAR.DEN.TE, *s.f.*, bebida alcoólica, cachaça, pinga.
A.GUAR.DEN.TEI.RO, *s.m.*, o que faz ou vende aguardente.
Á.GUA-RÉ.GIA, *s.f.*, mistura de ácido nítrico com ácido clorídrico que dissolve ouro e platina.
A.GUAR.DO, *s.m.*, ato de aguardar, espera, espreita.
A.GUAR.RÁS, *s.f.*, essência de terebintina, produto do petróleo para limpeza.
Á.GUA-VI.VA, *s.f.*, nome de molusco com corpo gelatinoso, que provoca queimaduras na pele das pessoas.
A.GU.ÇA.DEI.RA, *adj.*, diz-se das pedras que servem para amolar; *s.f.*, pedra usada para amolar.
A.GU.ÇA.DO, *adj.*, afiado, cortante, pontudo.
A.GU.ÇA.DOR, *adj. e s.m.*, que ou o que aguça; amolador.
A.GU.ÇA.DU.RA, *s.f.*, ação de aguçar; gume; fio.
A.GU.ÇA.MEN.TO, *s.m.*, ato ou efeito de aguçar.
A.GUA.ZIL, *s.m.*, entre os árabes, era o governador nomeado pelo chefe supremo; antigamente, um tipo de juiz, oficial de justiça de pequeno posto; vereador.
A.GU.ÇAR, *v.t.*, tornar agudo, afiar, apontar, incitar, provocar.
A.GU.DA.MEN.TO, *s.m.*, aguçamento.
A.GU.DAR, *v.t.*, o mesmo que aguçar.
A.GU.DE.CER, *v.t.*, tornar (algo) agudo; agudizar.
A.GU.DEN.TO, *adj.*, bicudo, pontiagudo.
A.GU.DE.ZA, A.GU.DEZ, *s.f.*, característica do que é agudo, perspicácia, ver muito bem.
A.GU.DO, *adj.*, perspicaz, afiado, pontudo, que termina em ponta, picante.
A.GUEI.RA, *s.f.*, sulco que conduz as águas de irrigação; agueiro.
A.GUEI.RO, *s.m.*, escoadoro das águas dos telhados, condutor de águas pluviais.
A.GUEN.TA.DO, *adj.*, suportado, aturado, tolerado.
A.GUEN.TA.DOR, *adj. e s.m.*, que ou o que aguenta.
A.GUEN.TAR, *v.t., int. e pron.*, suportar, sustentar, aturar, tolerar.
A.GUER.REA.ÇÃO, *s.f.*, ato ou efeito de aguerrear; preparação para a guerra.
A.GUER.RE.AR, *v.t. e pron.*, preparar para a guerra, treinar para combates.
A.GUER.RI.DO, *adj.*, preparado para a guerra, valente, guerreiro, corajoso.
A.GUER.RI.LHAR, *v.t.*, formar guerrilhas; organizar-se em guerrilha.
A.GUER.RIR, *v.t. e pron.*, preparar-se para a guerra, treinar para combater, tornar-se soldado.
Á.GUIA, *s.f.*, tipo de ave de rapina de grande porte; *fig.*, pessoa inteligente, indivíduo velhaco.
A.GUI.LHA.DA, *s.f.*, vara longa com um ferrão na ponta, para estimular os bois a andarem.
A.GUI.LHÃO, *s.m.*, ponta de aguilhada, sofrimento, dor lancinante.
A.GUI.LHAR, *v.t.*, estimular os bois com a aguilhada, tocar os bois.
A.GUI.LHO.A.DA, *s.f.*, espetada com o aguilhão, picada.
A.GUI.LHO.A.DO, *adj.*, estimulado, tocado, empurrado.
A.GUI.LHO.A.DOR, *adj. e s.m.*, que ou o que fere com aguilhão.
A.GUI.LHO.A.MEN.TO, *s.m.*, ato ou efeito de aguilhoar.
A.GUI.LHO.AR, *v.t.*, ferir com o aguilhão, cutucar com ponta de ferro; *fig.*, ferir psiquicamente.
A.GUI.LHO.EI.RO, *s.m.*, o que faz ou vende aguilhões.

A.GU.LHA, *s.f.*, haste de metal com ponta em uma extremidade e buraco na outra, para fiar, coser, bordar; haste de metal para injetar remédios no corpo das pessoas ou de animais.
A.GU.LHA.DA, *s.f.*, picada com a agulha, ato de injetar remédio; *fig.*, ofensa, desafero, ingratidão.
A.GU.LHAR, *v.t.*, ferir com agulha, torturar.
A.GU.LHEI.RO, *s.m.*, estojo em que se colocam as agulhas.
A.GU.LHE.TA, *s.f.*, agulha grande para enfiar fitas, cordões; peça com que as mulheres prendem os cabelos.
A.GU.LHE.TEI.RO, *s.m.*, fabricante de agulhetas ou de agulhas.
AH!, *interj.*, exprime admiração, espanto, alegria.
AI, *s.m.*, grito de dor; *interj.*, exprime dor, dificuldade.
A.Í, *adv.*, nesse lugar, naquele lugar, lá, naquele ponto.
A.I.A, *s.f.*, babá, mulher que acompanha outra pessoa para educá-la; camareira, dama de companhia.
AI.A.TO.LÁ, *s.m.*, líder espiritual, chefe entre os xiitas muçulmanos.
AI.CE.BER.GUE, *s.m.*, um pedaço muito grande de gelo, que se desprende das geleiras polares e flutua nos mares, estando à vista apenas a ponta e a parte maior, submersa.
AI.DÉ.TI.CO, *adj.*, que está com AIDS, que sofre dessa doença, *s.m.*, portador da doença.
AIDS **ou SIDA**, *s.f.*, doença que se caracteriza pela Síndrome Imunológica de Deficiência Adquirida. A sigla original, em inglês, é a redução das palavras *Acquired Immunological Deficiency Syndrome*.
AI.MA.RÁ, *s. 2 gên.*, indígena da tribo dos aimarás; *adj. 2 gên.*, relativo a essa tribo.
AI.MO.RÉ, *adj. e s. 2 gên.*, denominação de todos os aborígines que não falavam o tupi.
A.IN.DA, *adv.*, além de, até agora, até esse instante, outra vez mais.
AI.O, *s.m.*, preceptor, encarregado de crianças para a educação delas.
AI.PIM, *s.m.*, mandioca; no Nordeste, macaxeira; raiz comestível, maniva.
AI.PO, *s.m.*, verdura usada como condimento em vários pratos.
AI.QUI.DÔ, *s.m.*, arte marcial de origem japonesa, na qual valem a habilidade e a astúcia contra a força física, por movimentos muito rápidos e inteligentes.
AIRBAG, *s.m.*, (érbegue), bolsa de ar, nos carros, que se solta em colisões, para proteger os ocupantes dos veículos.
AI.RO.SO, *adj.*, esbelto, honrado, esmerado, elegante.
A.IS.TÓ.RI.CO, *adj.*, que não tem nenhuma ligação com qualquer história ou tradição.
A.IUR.VE.DA, *adj. e s.m.*, todo o sistema filosófico e religioso dos Vedas, relatando religiões da Índia e as técnicas da cura da dor e das doenças.
A.IUR.VÉ.DI.CO, *adj.*, próprio, referente ao aiurveda, aos Vedas.
A.JA.E.ZA.DO, *adj.*, referente a montarias prontas com os arreios para serem cavalgadas.
A.JA.E.ZAR, *v.t. e pron.*, preparar a montaria com arreios.
A.JAN.TA.RA.DO, *adj.*, parecido com jantar; *s.m.*, refeição servida fora do horário habitual, sobretudo aos feriados e domingos.
A.JAR.DI.NA.DO, *adj.*, feito como jardim, pronto para receber as flores, enfeitado.
A.JAR.DI.NA.MEN.TO, *s.m.*, ação ou efeito de construir um jardim.

A.JAR.DI.NAR, v.t., dar forma de jardim, preparar como jardim, fazer um jardim.
A.JEI.RA.DO, adj., dividido em jeiras.
A.JEI.RAR, v.t., dividir em jeiras (medida agrária).
A.JEI.TA.DO, adj., arrumado, pronto, preparado.
A.JEI.TAR, v.t. e pron., arrumar, acertar, acomodar, preparar, obter.
A.JO.E.LHA.DO, adj., genuflexo, em posição de joelhos, humilhado.
A.JO.E.LHAR, v.t., int. e pron., dobrar os joelhos; refl., pôr-se sobre os joelhos, humilhar-se.
A.JOR.NA.LA.DO, adj., que trabalha pela jornada (pagamento por jornada).
A.JOR.NA.LAR, v.t. e pron., acertar para um trabalho por jornada, contratar para trabalhar por dia.
A.JOU.JA.DO, adj., amarrado, ligado, preso, unido.
A.JOU.JAR, v.t. e pron., amarrar, segurar com ajoujo, ligar, prender, unir.
A.JOU.JO, s.m., corda, correia para prender, jungir dois animais um no outro, como bois, cães, cavalos e outros.
A.JU.DA, s.f., ação ou efeito de ajudar, auxílio, socorro.
A.JU.DA.DO, adj., auxiliado, socorrido, secundado.
A.JU.DAN.TE, adj., que ajuda, que auxilia, agregado.
A.JU.DAN.TE DE OR.DEM, s. 2 gên., pessoa que serve a um superior hierárquico para cumprir ordens.
A.JU.DAR, v.t., int. e pron., dar auxílio, facilitar, proteger, socorrer, secundar.
A.JU.I.ZA.DO, adj., que tem juízo, sério, bem comportado.
A.JU.I.ZA.DOR, adj. e s.m., árbitro, avaliador, quem julga.
A.JU.I.ZAR, v.t., entrar com uma ação na Justiça, julgar, imaginar, avaliar.
A.JU.I.ZÁ.VEL, adj., que se pode avaliar, que se pode ajuizar.
A.JUN.TA.DEI.RA, s.f., mulher que ajunta e costura as peças superiores dos sapatos.
A.JUN.TA.DO, adj., recolhido, reunido, aproximado.
A.JUN.TA.DOR, adj. e s.m., que ou aquele que ajunta, que tem os meios para ajuntar.
A.JUN.TA.DOU.RO, s.m., lugar em que se juntam as águas das chuvas.
A.JUN.TA.MEN.TO, s.m., afluência, reunião, aglomeração, assembleia.
A.JUN.TAR, v.t. e pron., juntar, reunir, aproximar, recolher.
A.JUN.TÁ.VEL, adj., que se pode ajuntar.
A.JU.RA.MEN.TA.DO, adj. e s.m., que ou quem prestou juramento.
A.JU.RA.MEN.TAR, v.t. e pron., levar a jurar, comprometer-se por juramento.
A.JUS.TA.DO, adj., regulado, acertado, apertado, que sofreu um ajuste.
A.JUS.TA.DOR, adj. e s.m., quem ajusta, profissional que trabalha com ferramentas para regular máquinas.
A.JUS.TA.GEM, s.f., ação ou efeito de ajustar peças em máquinas, ofício para formar ajustadores.
A.JUS.TA.MEN.TO, s.m., ação ou efeito de ajustar, ajuste, acerto, combinação.
A.JUS.TAR, v.t. e pron., tornar justo, regular, acertar, pôr no lugar certo, apertar.
A.JUS.TÁ.VEL, adj., que pode ser ajustado, regulável.
A.JUS.TE, s.m., ajustamento, acerto; ajuste de contas, terminar um negócio.
A.JU.TÓ.RIO, s.m., auxílio, esmola, ajuda, ato de dar ajuda a alguém.
AL, sigla do Estado de Alagoas.
A.LA, s.f., fila, fileira, lado, parte lateral de um local.
A.LA.BAR.DA, s.f., lança antiga, cuja ponta possui uma lâmina com forma de meia-lua.
A.LA.BAS.TRO, s.m., tipo de rocha branca e diáfana.
Á.LA.CRE, adj., alegre, feliz, ditoso, contente.
A.LA.CRI.DA.DE, s.f., alegria, satisfação, contentamento.
A.LA.DEI.RA.DO, adj., que possui ladeiras, que tem aclives.
A.LA.DO, adj., que tem asas, asado.
A.LA.GA.ÇÃO, s.f., inundação, cheia, alagamento.
A.LA.GA.DEI.RO, s.m., terreno pantanoso, área alagada, terreno com águas paradas.
A.LA.GA.DI.ÇO, adj., pantanoso, cheio de água e lama, lamacento.
A.LA.GA.DO, adj., cheio de água, com muita água na superfície.
A.LA.GA.DOR, adj. e s.m., que alaga, que encharca; fig., indivíduo que gasta muito.
A.LA.GA.MAR, s.m., pequena baía, angra, na qual a maré entra com pouca força, devido às rochas altas que a cercam.
A.LA.GA.MEN.TO, s.m., inundação, cobertura de água.
A.LA.GAR, v.t. e pron., cobrir com água, inundar, banhar.
A.LA.GO.A.NO, adj., s.m., habitante ou natural do Estado de Alagoas.
A.LAM.BI.CA.DO, adj., produto alcoólico produzido em alambique, destilado.
A.LAM.BI.CAR, v.t. e pron., destilar bebidas, produzir bebidas destiladas.
A.LAM.BI.QUE, s.m., máquina que se usa para destilar líquido, como aguardente.
A.LAM.BI.QUEI.RO, s.m., quem trabalha com alambique, quem produz bebidas com alambique.
A.LAM.BRA.DO, adj., espaço cercado com arame; s.m., cerca de arame.
A.LAM.BRAR, v.int., cercar com arame.
A.LAM.BRE, s.m., âmbar.
A.LAM.BRE.A.DO, adj., que tem cor de âmbar.
A.LA.ME.DA, s.f., avenida ladeada de árvores, aleia, fileira de plantas.
Á.LA.MO, s.m., grande árvore ornamental, da família dos choupeiros.
A.LAN.CE.A.DO, adj., machucado com uma lança, ferido com lança; fig., ofendido.
A.LAN.CE.AR, v.t., ferir com lança, picar com lança; fig., ferir com palavras.
A.LA.NO, s.m., indivíduo do povo dos alanos, um dos povos bárbaros que invadiram o Império Romano.
A.LA.PA.DO, adj., oculto, escondido, acocorado.
A.LA.PAR, v.t. e pron., esconder em uma lapa, ocultar, esconder.
A.LA.PAR.DA.DO, adj., escondido; acaçapado; agachado.
A.LA.PAR.DAR-SE, v.pron., agachar-se para esconder-se de.
A.LAR, v.t., pôr asas, formar alas, dar forma de ala; adj., aliforme, com forma de asas, que se refere a asas.
A.LA.RAN.JA.DO, adj., com cor de laranja, cor laranja.
A.LA.RAN.JAR, v.t., colocar cor de laranja, transformar em laranja.
A.LAR.DE, s.m., barulho, ostentação.
A.LAR.DE.A.DO, adj., ostentado, exibido, mostrado.
A.LAR.DE.A.DOR, adj. e s.m., que ou aquele que alardeia, exibido; fanfarrão.

ALARDEAR ... 67 ... ALCALINIDADE

A.LAR.DE.AR, *v.t., int.* e *pron.*, fazer alarde, vangloriar-se, ostentar, gabar-se.
A.LAR.GA.DO, *adj.*, aumentado, dilatado, ampliado.
A.LAR.GA.DOR, *adj.* e *s.m.*, que ou aquele que alarga; espacejador.
A.LAR.GA.MEN.TO, *s.m.*, ato ou efeito de alargar, dilatação, aumento.
A.LAR.GAR, *v.t., int.* e *pron.*, tornar largo, aumentar, dilatar, ampliar.
A.LA.RI.DO, *s.m.*, barulho, confusão, gritaria, algazarra.
A.LAR.MA, *s.m.*, alarme.
A.LAR.MA.DO, *adj.*, assustado, inquieto.
A.LAR.MAN.TE, *adj.*, que assusta, que provoca alarme.
A.LAR.MAR, *v.t.* e *pron.*, amedrontar, assustar, provocar, inquietar.
A.LAR.ME, *s.m.*, alarma; dispositivo (contra ladrões) que chama a atenção por meio de luzes ou som alto.
A.LAR.MIS.MO, *s.m.*, tendência a exagerar as notícias, divulgação de notícias alarmantes.
A.LAR.MIS.TA, *s. 2 gên.*, quem difunde notícias alarmantes, boateiro.
A.LAR.VE, *adj.* e *s. 2 gên.*, tipo grosseiro, que é bronco; tolo, bobo, ignorante.
A.LAS.TRA.DO, *adj.*, espalhado, propagado, difundido.
A.LAS.TRA.MEN.TO, *s.m.*, ação ou efeito de alastrar, difusão.
A.LAS.TRAN.TE, *adj. 2 gên.*, que se alastra, se espalha.
A.LAS.TRAR, *v.t., int.* e *pron.*, espalhar, distribuir, propagar, difundir, ampliar.
A.LAS.TRIM, *s.m.*, doença causada por vírus, eruptiva e epidêmica; forma branda de varíola.
A.LA.TI.NA.DO, *adj.*, que tem forma e jeito latinos, imprimir uma cultura latina.
A.LA.TI.NAR, *v.t.*, dar forma latina, transformar em terminologia latina.
A.LA.Ú.DE, *s.m.*, instrumento de cordas, muito antigo, usado em orquestras.
A.LA.VAN.CA, *s.f.*, instrumento duro para levantar pesos, barra de ferro.
A.LA.VAN.CA.DO, *adj.*, levantado, impulsionado, empurrado.
A.LA.VAN.CA.MEN.TO, *s.m.*, levantamento, içagem, alavanca.
A.LA.VAN.CA.GEM, *s.f.*, levantamento por meio de alavanca, içamento.
A.LA.VAN.CAR, *v.t.*, levantar, impulsionar, dar a partida.
A.LA.ZÃO, *s.m.*, designação de cavalo pela cor do pelo, cor canela.
AL.BA, *s.f.*, primeiras luzes do amanhecer, alvorada, aurora, madrugada.
AL.BA.NÊS, *adj.* e *s.m.*, natural ou habitante da Albânia.
AL.BA.NO, *adj.* e *s.m.*, albanês, natural de Alba-Longa, antiga cidade romana; que designa a cor branca.
AL.BAR.DA, *s.f.*, sela tosca para cavalgadura, selim mal-acabado.
AL.BA.TROZ, *s.m.*, pássaro marinho muito grande, que se destaca pelas asas.
AL.BER.GA.DO, *adj.*, hospedado, recolhido, abrigado.
AL.BER.GA.DOR, *adj.* e *s.m.*, que ou quem alberga; hospedeiro.
AL.BER.GA.GEM, *s.f.*, o direito de ser recebido em albergue; hospedagem.
AL.BER.GA.MEN.TO, *s.m.*, ato ou efeito de albergar; albergagem.

AL.BER.GAR, *v.t., int.* e *pron.*, hospedar, recolher, colocar em albergue, abrigar.
AL.BER.GA.RI.A, *s.f.*, lugar ger. simples onde se alberga; estalagem; hospedagem.
AL.BER.GUE, *s.m.*, hospedaria, hospedagem, asilo para pessoas sem casa.
AL.BER.GUEI.RO, *s.m.*, dono de albergue, administrador de um albergue.
AL.BI.FI.CAR, *v.t.*, tornar branco, tornar alvo, esbranquiçar.
AL.BI.NIS.MO, *s.m.*, ausência de condições para a cor da pele, prevalecendo o branco.
AL.BI.NO, *adj.*, que tem albinismo, tendência a ter pele de total cor branca.
AL.BOR, *s.m.*, alvor, madrugada, aurora.
AL.BOR.NOZ, *s.m.*, manto largo e longo, de lã, usado pelos povos árabes.
AL.BU.GEM, *s.f.*, névoa alva que se cria nos olhos.
ÁL.BUM, *s.m.*, livro ou caderno que serve para colecionar fotos, selos.
AL.BU.ME, AL.BÚ.MEN, *s.m.*, albume, clara de ovo.
AL.BU.MI.NA, *s.f.*, a substância que forma a clara do ovo.
AL.BU.MI.NA.DO, *adj.*, que tem albumina.
AL.BU.MI.NA.TO, *s.m.*, combinação da albumina com alguns metais e ácidos.
AL.BU.MI.NI.FOR.ME, *adj. 2 gên.*, com forma de albumina.
AL.BU.MI.NOI.DE, *adj. 2 gên.*, da natureza da albumina.
AL.BU.MI.NO.SO, *adj.*, cheio de albumina, que mostra as qualidades da albumina.
AL.BU.MI.NÚ.RIA, *s.f.*, presença da albumina na urina.
AL.BU.MI.NÚ.RI.CO, *adj.* e *s.m.*, relativo a ou portador de albuminúria.
AL.ÇA, *s.f.*, peça para segurar, levantar caixas, caixões; argola.
ALCA, sigla para designar a Área de Livre Comércio das Américas.
AL.CÁCER, *s.m.*, fortaleza moura, palácio luxuoso.
AL.CA.CHO.FRA, *s.f.*, tipo de planta comestível, usada como verdura e como medicina.
AL.CA.ÇUZ, *s.m.*, planta das leguminosas, cuja raiz é usada para produtos terapêuticos.
AL.ÇA.DA, *s.f.*, jurisdição, competência, limites de ação de um juiz.
AL.ÇA.DO, *adj.*, levantado, içado, que está em posição vertical.
AL.ÇA.DOR, *adj.* e *s.m.*, que ou o que alça; levantador, elevador, alceador.
AL.ÇA.DU.RA, *s.f.*, ato ou efeito de alçar; levantamento.
AL.CA.GUE.TAR, *v.t.*, denunciar, delatar, relatar para a autoridade um fato.
AL.CA.GUE.TE, *s.m.*, delator, denunciador, traidor.
AL.CAI.DE, *s.m.*, antigo governador de castelo ou província; antigo funcionário da justiça; hoje, prefeito, governador.
ÁL.CA.LI, *s.m.*, soda, potassa, ácido usado para fazer sabão, desmanchar gorduras.
AL.CA.LI.CI.DA.DE, *s.f.*, alcalinidade, característica de produtos com álcalis.
AL.CA.LI.ME.TRI.A, *s.f.*, tipo de análise para verificar a quantidade de bases numa solução.
AL.CA.LI.MÉ.TRI.CO, *adj.*, relativo a alcalimetria.
AL.CA.LI.ME.TRO, *s.m.*, instrumento para medir a alcalinidade de um produto.
AL.CA.LI.NAR, *v.t.* e *pron.*, tornar(-se) alcalino; alcalinizar.
AL.CA.LI.NI.DA.DE, *s.f.*, qualidade dos produtos com álcalis.

ALCALINISMO ... ALDEOLA

AL.CA.LI.NIS.MO, *s.m.*, uso desmedido de substâncias alcalinas; resultado desse uso.
AL.CA.LI.NI.ZA.ÇÃO, *s.f.*, ação ou efeito de alcalinizar.
AL.CA.LI.NI.ZAR, *v.t.*, dar as propriedades alcalinas a um produto.
AL.CA.LI.NO, *adj.*, próprio ou referente a álcali.
AL.CA.LOI.DE, *s.m.*, que tem forma ou derivados de álcali, substância encontrada em alguns vegetais e que detém influência fisiológica nos animais.
AL.ÇA.MEN.TO, *s.m.*, ato ou efeito de alçar; alceamento.
AL.CAN.ÇA.DO, *adj.*, endividado, chegado, vencido, abraçado.
AL.CAN.ÇA.DOR, *adj.* e *s.m.*, que ou o que alcança.
AL.CAN.ÇA.DU.RA, *s.f.*, alcançadela; contusão na parte inferior dos membros do cavalo, quando o animal a faz em si mesmo ou toca no outro.
AL.CAN.ÇA.MEN.TO, *s.m.*, chegada, ação ou efeito de alcançar, consecução, vencimento.
AL.CAN.ÇAR, *v.t.*, *int.* e *pron.*, conseguir, ir até a, chegar, abraçar, vencer.
AL.CAN.ÇÁ.VEL, *adj.*, que se pode alcançar.
AL.CAN.CE, *s.m.*, ação ou efeito de alcançar, distância conseguida, possibilidade, entendimento, visão.
AL.CÂN.DO.RA, *s.f.*, vestimenta branca, parecida com uma camisa, que os mouros usam.
AL.CAN.DO.RA.DO, *adj.*, que está no alto do poleiro; *fig.*, elevado, famoso, profundo.
AL.CAN.DO.RAR-(SE), *v. pron.*, ave pousada no alto do poleiro; *fig.*, colocar-se no alto, estar em cima.
AL.CAN.FOR, *s.m.*, cânfora; alcânfora.
AL.CAN.TIL, *s.m.*, rocha com declive forte, local íngreme, escarpa, aclive de difícil acesso.
AL.CAN.TI.LA.DA, *s.f.*, uma série seguida de alcantis.
AL.CAN.TI.LA.DO, *adj.*, com forma de alcantil, peça com corte a prumo.
AL.CAN.TI.LAR, *v.t.* e *pron.*, dar forma de alcantil, talhar para formar alcantis.
AL.ÇA.PÃO, *s.m.*, abertura com tampa, para abrir e fechar, dando acesso ao sótão ou ao porão; *fig.*, armadilha.
AL.CA.PAR.RA, *s.f.*, planta de horta, usada como tempero na cozinha.
AL.CA.PAR.REI.RA, *s.f.*, arbusto da Europa que produz a alcaparra.
AL.ÇA-PÉ, *s.m.*, armadilha que prende as aves pelos pés; em lutas, um adversário dá um calça-pé.
AL.ÇA.PRE.MA, *s.f.*, aparelho para levantar pesos, instrumento para carregar pesos.
AL.ÇA.PRE.MA.DO, *adj.*, escorado ou levantado com a alçaprema; *fig.*, angustiado.
AL.ÇA.PRE.MAR, *v.t.*, levantar pesos com a alçaprema.
AL.ÇAR, *v.t.*, *int.* e *pron.*, levantar, erguer, edificar, engrandecer, elevar.
AL.CA.TEI.A, *s.f.*, bando de lobos, manada de animais ferozes; grupo de lobinhos no sistema escoteiro, crianças de 7 a 11 anos.
AL.CA.TI.FA, *s.f.*, musgos rasteiros, no chão, tapete, tudo que cobre o chão e é macio.
AL.CA.TI.FA.DO, *adj.*, atapetado com alcatifa.
AL.CA.TI.FAR, *v.t.*, cobrir, atapetar com alcatifa.
AL.CA.TI.FEI.RO, *s.m.*, fabricante ou vendedor de alcatifas.
AL.CA.TRA, *s.f.*, tipo de carne bovina, muito macia.
AL.CA.TRÃO, *s.m.*, substância viscosa e preta, derivada do petróleo, carvão ou madeira.
AL.CA.TRAZ, *s.m.*, ave de grande porte, cor escura, com a cauda em formato de tesoura, comum no litoral brasileiro.
AL.CA.TRE, *s.f.*, alcatra.
AL.CA.TRO.A.DO, *adj.*, coberto com alcatrão.
AL.CA.TRO.AR, *v.t.*, misturar com alcatrão, untar com alcatrão.
AL.CA.TRO.EI.RO, *s.m.*, fabricante ou vendedor de alcatrão.
AL.CA.TRUZ, *s.m.*, vasilha usada para tirar água de poços, cisternas ou de poças de água.
AL.CE, *s.m.*, grande veado do Hemisfério Norte, caracterizado pelos chifres.
AL.CE.A.DO, *adj.*, levantado, erguido.
AL.CE.A.ME, *s.f.*, conjunto de alças usado em navegação.
AL.CE.A.MEN.TO, *s.m.*, ato ou efeito de alcear.
AL.CE.AR, *v.t.*, erguer, alçar, levantar.
AL.CÍ.O.NE, *s.f.*, ave da família dos maçaricos, vivendo em regiões pantanosas.
AL.CO.FA, *s.f.*, cesto, cesta fabricada com vime, folhas de palmeira, com boa mobilidade.
ÁL.CO.OL, *s.m.*, líquido muito inflamável, obtido pela destilação de várias substâncias, tais como cana-de-açúcar, batata, milho, madeira, mandioca e outras.
AL.CO.Ó.LA.TRA, *adj. 2 gén.*, *s. 2 gén.*, pessoa viciada em bebida alcoólica, dependente de bebidas alcoólicas, alcoolista.
AL.CO.O.LE.MI.A, *s.f.*, presença de álcool no sangue.
AL.CO.Ó.LI.CO, *adj.*, relativo ao álcool, que contém álcool.
AL.CO.O.LIS.MO, *s.m.*, vício e abuso habitual de bebidas alcoólicas.
AL.CO.O.LIS.TA, *s. 2 gén.*, pessoa que é viciada em bebida alcoólica, alcoólatra.
AL.CO.O.LI.ZA.ÇÃO, *s.f.*, ação ou efeito de alcoolizar-se, bebedeira.
AL.CO.O.LI.ZA.DO, *adj.*, bêbado, cheio de álcool, embriagado.
AL.CO.O.LI.ZAR, *v.t.*, colocar bebida alcoólica, pôr álcool em, embriagar.
AL.CO.Ô.ME.TRO, *s.m.*, aparelho que verifica a quantidade de álcool no organismo ou em líquidos.
AL.CO.RÃO, *s.m.*, livro dos maometanos, que traz a doutrina muçulmana, ensinada por Maomé.
AL.CO.VA, *s.f.*, quarto sem janelas, quarto para dormir, local onde se repousa na casa.
AL.CO.VI.TA.GEM, *s.f.*, ação ou atividade de alcoviteiro; intermediar negócios escusos.
AL.CO.VI.TAR, *v.t.* e *int.*, mexericar, ser o intermediário em relações sexuais por dinheiro.
AL.CO.VI.TEI.RA, *s.f.*, mexeriqueira, fofoqueira.
AL.CO.VI.TEI.RO, *s.m.*, quem fica na intermediação de relações sexuais; *pop*, fofoqueiro.
AL.CU.NHA, *s.f.*, apelido, nome diferente.
AL.CU.NHA.DO, *adj.*, apelidado, denominado.
AL.CU.NHAR, *v.t.*, apelidar, dar nome diverso do oficial.
AL.DE.A.MEN.TO, *s.m.*, pessoas que moram em aldeia, ato de formar aldeia, povoado indígena.
AL.DE.ÃO, *s.m.*, pessoa que mora na aldeia, habitante da aldeia; *fig.*, simplório, de maneiras rudes.
AL.DE.AR, *v.t.*, separar em aldeias, colocar em aldeias, formar aldeias.
AL.DEI.A, *s.f.*, pequena localidade, povoação, povoado, grupo de índios.
AL.DE.O.LA, *s.f.*, pequena aldeia, povoado minúsculo, povoadozinho, lugarejo.

AL.DE.O.TA, *s.f.*, aldeota.
AL.DRA.VA, AL.DRA.BA, *s.f.*, peça metálica para trancar portas ou janelas; peça para bater na porta, avisando a chegada de visitas.
AL.DRA.VAR, *v.t.*, fechar com aldrava.
A.LE.A.TÓ.RIO, *adj.*, possível, incerto, provável, casual.
A.LE.CRIM, *s.m.*, arbusto aromático, usado para temperos e remédios, rosmaninho.
A.LEC.TO.RO.MA.QUI.A, *s.f.*, briga de galos, briga em rinhas.
A.LE.GA.ÇÃO, *s.f.*, ação ou efeito de alegar, desculpa, defesa.
A.LE.GA.DO, *adj.*, referido, aduzido, argumentado.
A.LE.GAR, *v.t.*, trazer como prova, referir, aduzir, trazer como defesa.
A.LE.GÁ.VEL, *adj.*, que pode ser alegado, possível de alegar.
A.LE.GO.RI.A, *s.f.*, apresentar uma ideia de maneira figurada, fábula, parábola.
A.LE.GÓ.RI.CO, *adj.*, referente a alegoria, figurado, conotativo, imaginativo.
A.LE.GO.RIS.TA, *adj. 2 gên.*, que explica alegoricamente ou que faz uso do estilo alegórico; *s. 2 gên.*, pessoa que faz uso de estilo alegórico ou trabalha com alegorias.
A.LE.GO.RI.ZAN.TE, *adj. 2 gên.*, que alegoriza.
A.LE.GO.RI.ZAR, *v.t.*, expor um tema em forma de alegoria, exprimir por alegoria.
A.LE.GRA.DO, *adj.*, satisfeito, feliz, contentado.
A.LE.GRA.DOR, *adj.* e *s.m.*, que alegra; animador; divertidor.
A.LE.GRAR, *v.t., int.* e *pron.*, satisfazer, tornar feliz, tornar alegre, contentar.
A.LE.GRAS, *s.f.*, rede com que se pratica a pesca da sardinha.
A.LE.GRA.TI.VO, *adj.*, que torna alegre; alegrador.
A.LE.GRE, *adj.*, feliz, contente, ditoso, satisfeito, sorridente.
A.LE.GRI.A, *s.f.*, felicidade, contentamento, satisfação.
A.LE.GRO, *adj.* e *s.m.*, na música, é um andamento forte e alegre.
A.LEI.A, *s.f.*, alameda, caminho ou rua ladeada de árvores.
A.LEI.JA.DO, *adj.*, defeituoso, com algum aleijão, magoado.
A.LEI.JA.MEN.TO, *s.m.*, ação ou efeito de aleijar, aleijão.
A.LEI.JÃO, *s.m.*, defeito físico, deformidade física, deformação.
A.LEI.JAR, *v.t.,int.* e *pron.*, provocar aleijão, ofender, magoar, quebrar.
A.LEI.LO.AR, *v.t.*, vender por meio de leilão, pôr em hasta pública.
A.LEI.TA.ÇÃO, *s.f.*, aleitamento, ação ou efeito de aleitar, dar de mamar a alguém.
A.LEI.TA.DO, *adj.*, amamentado, criado com leite.
A.LEI.TA.MEN.TO, *s.m.*, ação ou efeito de aleitar, dar de mamar leite.
A.LEI.TAR, *v.t.*, alimentar com leite, dar leite, fazer mamar.
A.LEI.VE, *s.m.*, calúnia, difamação, ofensa, desrespeito.
A.LEI.VO.SI.A, *s.f.*, insinuação maliciosa, traição, expressão maldosa, referência mordaz.
A.LEI.VO.SO, *adj.*, cheio de aleive, desleal, traidor, falso.
A.LE.LUI.A, *s.f.*, cântico de alegria na Páscoa; *interj.*, que bom!
A.LÉM, *adv.*, naquele lugar, do outro lado; *s.m.*, na outra vida, depois da morte física.
A.LE.MA.NIS.MO, *s.m.*, germanismo, ideias e tradições alemãs.
A.LE.MA.NI.ZAR-SE, *v. pron.*, tornar-se alemão, assumir costumes alemães.
A.LE.MÃO, *adj.* e *s.m.*, nascido na Alemanha, descendente de germânicos, germânico, teuto.

A.LÉM-MAR, *s.m.*, terras do outro lado do mar; *adv.*, ultramar, do outro lado do mar ou oceano.
A.LÉM-TÚ.MU.LO, *s.m.*, a vida após a morte, no reino dos mortos.
A.LEN.TA.DO, *adj.*, forte, enorme, grande, prolongado, corajoso.
A.LEN.TA.DOR, *s.m.* e *adj.*, encorajador, animador.
A.LEN.TAR, *v.t.* e *pron.*, encorajar, animar, inspirar, dar confiança.
A.LEN.TO, *s.m.*, ânimo, coragem, confiança, força.
A.LÉR.GE.NO, *s.m.*, toda substância que possa indicar alguma alergia.
A.LER.GI.A, *s.f.*, rejeição a alguma substância por parte do organismo, aversão.
A.LÉR.GI.CO, *adj.*, relativo a alergia, que tem alergia.
A.LER.GIS.TA, *s. 2 gên.*, profissional especializado em detectar e curar alergias.
A.LER.GO.LO.GI.A, *s.f.*, ramo da Medicina que estuda as alergias, origens e implicações na vida do ser humano, bem como a maneira de curá-las.
A.LER.GO.LO.GIS.TA, *adj. 2 gên.* e *s. 2 gên.*, o mesmo que alergista.
A.LER.TA, *adj.*, vigilante, de prontidão; *adv.*, atentamente; *s.m.*, sinal para avisar do perigo, aviso para todos se prepararem; *interj.*, pronto!
A.LER.TA.DO, *adj.*, preparado, prevenido, aconselhado.
A.LER.TAR, *v. int.* e *pron.*, prevenir, avisar do perigo, aconselhar.
A.LE.TA, *s.f.*, pequena ala; cada uma das asas do nariz; pequena asa articulada usada em aviação e em foguetes para a dirigibilidade na atmosfera.
A.LE.TRI.A, *s.f.*, tipo de macarrão fino.
A.LE.TRI.A.DO, *adj.*, em forma de aletria.
A.LE.VAN.TA.DO, *adj.*, levantado, erguido, alçado.
A.LE.VAN.TAR, *v.t., int.* e *pron.*, levantar, levantar-se; é uma palavra de uso mais antigo.
A.LE.VIM, *s.m.*, filhote de peixe, peixinho criado em viveiro para povoar águas doces.
A.LE.XAN.DRI.NO, *adj., s.m.*, verso com doze sílabas, usado em poemas heroicos, como o foi no Parnasianismo, principalmente; habitante, natural ou referente à Alexandria, cidade antiga no Egito.
A.LE.XI.A, *s.f.*, incapacidade de ler devido a lesão cerebral.
AL.FA, *s.m.*, primeira letra do alfabeto grego, *fig.*, começo, início.
AL.FA.BE.TA.ÇÃO, *s.f.*, ato ou efeito de alfabetar; disposição em ordem alfabética.
AL.FA.BE.TA.MEN.TO, *s.m.*, alfabetização.
AL.FA.BE.TAR, *v.t.*, organizar, colocar em ordem alfabética palavras, fichas, textos.
AL.FA.BÉ.TI.CO, *adj.*, que se refere ao alfabeto, posto conforme a ordem do alfabeto.
AL.FA.BE.TI.ZA.ÇÃO, *s.f.*, ação ou efeito de alfabetizar, método para ensinar a ler, a compreender e interpretar, condição de um indivíduo que lhe possibilite ler e interpretar um texto.
AL.FA.BE.TI.ZA.DO, *adj.* e *s.m.*, que(m) aprendeu a ler e a escrever, letrado, instruído.
AL.FA.BE.TI.ZAR, *v.t.*, ensinar a ler, compreender e interpretar.
AL.FA.BE.TO, *s.m.*, conjunto das letras de uma língua escrita, á-bê-cê.
AL.FA.CE, *s.f.*, planta cujas folhas são comestíveis; verdura para saladas.

ALFAFA

AL.FA.FA, *s.f.*, erva usada para alimentação de animais.
AL.FA.FAL, *s.m.*, porção ou plantação de alfafas.
AL.FAI.A, *s.f.*, objetos para decorar a casa; objetos de uso caseiro; enfeite.
AL.FAI.AR, *v.t. e pron.*, enfeitar com alfaias, ornamentar.
AL.FAI.A.TA.RI.A, *s.f.*, estabelecimento onde trabalha o alfaiate, ateliê.
AL.FAI.A.TE, *s.m.*, pessoa que faz roupas sob medida, costureiro, modelista.
AL.FÂN.DE.GA, *s.f.*, duana, aduana, repartição pública federal que controla a importação de qualquer tipo de mercadoria.
AL.FAN.DE.GA.GEM, *s.f.*, o ato de serem cobradas taxas pela alfândega; colocação de mercadorias na alfândega; atos praticados pela repartição.
AL.FAN.DE.GA.MEN.TO, *s.m.*, concessão das autonomias e privilégios de uma alfândega.
AL.FAN.DE.GAR, *v.t.*, usar uma alfândega, usar os trâmites de uma alfândega.
AL.FAN.DE.GÁ.RIO, *adj.*, relativo à alfândega, aduaneiro.
AL.FAN.DE.GUEI.RO, *adj.*, relativo à alfândega; aduaneiro; *s.m.*, funcionário de alfândega.
AL.FAN.JA.DA, *s.f.*, golpe de alfanje.
AL.FAN.JE, *s.m.*, sabre de lâmina curta e larga.
AL.FAR.RÁ.BIO, *s.m.*, livro antigo, coisas antigas.
AL.FAR.RA.BIS.TA, *s. 2 gên.*, vendedor ou colecionador de alfarrábios.
AL.FA.VA.CA, *s.f.*, planta caseira de forte odor, cujas folhas são usadas para tempero e remédio.
AL.FA.ZE.MA, *s.f.*, planta de flores azuis e perfumadas, usada para fazer perfumes.
AL.FA.ZE.MAR, *v.t.*, perfumar com alfazema.
AL.FEL.DA, *s.f.*, bala, doce feito com açúcar.
AL.FÉ.LOA, *s.f.*, melaço de açúcar com que se fabricam balas e outras guloseimas.
AL.FE.LO.EI.RO, *s.m.*, aquele que vende alféloa.
AL.FE.NA, *s.f.*, planta ornamental arbustiva europeia, cultivada também para extrair o corante do vinho; alfeneiro.
AL.FE.NIM, *s.m.*, doce preparado com óleo de amêndoas e açúcar; *fig.*, pessoa delicada, muito sensível.
AL.FE.RES, *s.m.*, posto militar antigo, no Brasil; segundo-tenente; Tiradentes era alferes.
AL.FI.NE.TA.DA, *s.f.*, dar uma picada com alfinete; *fig.*, ironia, sarcasmo.
AL.FI.NE.TA.DO, *adj.*, que recebeu uma alfinetada, picado, furado; *fig.*, ironia, sarcasmo.
AL.FI.NE.TAR, *v.t.*, picar com alfinete, furar com alfinete; *fig.*, ironizar.
AL.FI.NE.TE, *s.m.*, peça metálica fina, com ponta de um lado e cabeça do outro, que serve para espetar, segurar, prender objetos.
AL.FI.NE.TEI.RA, *s.f.*, objeto para prender alfinetes, almofada para espetar alfinetes.
AL.FO.BRE, *s.m.*, rego ou valeta por onde corre a água nas hortas; viveiro de plantas.
AL.FOM.BRA, *s.f.*, tapete grosso com cores diversas e maciez; alcatifa; camada de musgo no chão.
AL.FOM.BRA.DO, *adj.*, atapetado, coberto com tapete.
AL.FOM.BRAR, *v.t.*, cobrir com tapete, colocar alfombra em um espaço.
AL.FOR.JE, *s.m.*, saco ou sacola que se usa para carregar alimentos ou objetos.

ALGURES

AL.FOR.RI.A, *s.f.*, liberdade que o senhor concedia para o escravo, liberdade.
AL.FOR.RI.A.DO, *adj.*, liberto, libertado, livre.
AL.FOR.RI.AR, *v.t. e pron.*, libertar, dar a liberdade.
AL.GA, *s.f.*, tipo de planta que vive nas águas ou em locais úmidos.
AL.GÁ.CEO, *adj.*, que se refere a algas, próprio de algas.
AL.GA.ÇO, *s.m.*, plantas marinhas que o mar lança à praia.
AL.GAR, *s.m.*, barranco na terra provocado por enxurradas; caverna.
AL.GA.RA.VI.A, *s.f.*, linguagem de compreensão difícil.
AL.GA.RA.VI.A.DA, *s.f.*, rumor de vozes, confusão de vozes, gritaria.
AL.GA.RA.VI.AR, *v.t. e int.*, expressar-se por escrito ou oralmente, com confusão.
AL.GA.RIS.MO, *s.m.*, sinal para representar os números.
AL.GA.ZAR.RA, *s.f.*, barulho de vozes, gritaria, muita confusão, balbúrdia.
ÁL.GE.BRA, *s.f.*, parte da Matemática que constrói o conhecimento abstrato com letras do alfabeto.
AL.GÉ.BRI.CO, *adj.*, relativo à álgebra.
AL.GE.BRIS.TA, *s. 2 gên.*, especialista em álgebra.
AL.GE.BRI.ZAR, *v.t.*, transformar qualquer atividade em álgebra.
AL.GE.MA.DO, *adj.*, agrilhoado, preso, com as mãos presas.
AL.GE.MA, *s.f.*, peça metálica que serve para prender um indivíduo pelos pulsos; grilhões; *fig.*, prisão.
AL.GE.MA.DO, *adj.*, preso com algemas; *fig.*, oprimido; coagido.
AL.GE.MAR, *v.t.*, prender com algemas, acorrentar, segurar.
AL.GE.SI.A, *s.f.*, sensibilidade para com a dor, disposição constante para com a dor.
AL.GI.A, *s.f.*, dor no corpo sem lesão aparente.
AL.GI.BEI.RA, *s.f.*, bolso.
ÁL.GI.DO, *adj.*, gelado, muito frio, branco como gelo.
AL.GO, *pron. ind.*, qualquer coisa, qualquer objeto.
AL.GO.DÃO, *s.m.*, fibra fina e branca que envolve as sementes do algodoeiro, usada para fabricar fios; do caroço se extrai o óleo de algodão.
AL.GO.DÃO-PÓL.VO.RA, *s.m.*, ácido nítrico sobre algodão que resulta em solução explosiva.
AL.GO.DO.AL, *s.m.*, plantação de algodoeiros.
AL.GO.DO.AR, *v.t.*, cobrir com algodão, encher com algodão.
AL.GO.DO.A.RI.A, *s.f.*, fábrica de fios ou de tecidos de algodão.
AL.GO.DO.EI.RO, *s.m.*, planta que produz o algodão.
AL.GO.LO.GI.A, *s.f.*, na Botânica, é o segmento que se dedica ao estudo do algodão.
AL.GOR, *s.m.*, frio muito forte, frio penetrante.
AL.GO.RIT.MO, *s.m.*, conjunto de regras e processos com um número finito de etapas destinados à solução de um problema.
AL.GO.SO, *adj.*, que contém algas, cheio de algas.
AL.GOZ, *s.m.*, indivíduo pago para executar os condenados à morte, carrasco; *fig.*, tipo cruel.
AL.GUÉM, *pron. ind.*, uma pessoa, um ser indeterminado, um indivíduo incerto.
AL.GUI.DAR, *s.m.*, recipiente de barro ou metal, para uso geral doméstico.
AL.GUM, *pron. ind.*, um dentre dois ou mais, algo indeterminado, qualquer.
AL.GU.RES, *adv.*, em algum lugar, em ponto indeterminado.

ALHADA — ALIQUANTA

A.LHA.DA, *s.f.*, grande quantidade de alho, conjunto de alhos.
A.LHAL, *s.m.*, plantação de alho.
A.LHA.NAR, *v.t. e pron.*, tornar lhano, tornar polido, afabilizar.
A.LHAS, *s.f. e pl.*, folhas secas e soltas de alhos; *fig.*, ninharias; bagatelas.
A.LHE.A.BI.LI.DA.DE, *s.f.*, qualidade de alheável.
A.LHE.A.ÇÃO, *s.f.*, o mesmo que alheamento.
A.LHE.A.DO, *adj.*, alheio; distraído; absorto; alienado.
A.LHE.A.DOR, *adj. e s.m.*, que ou quem alheia ou aliena.
A.LHE.A.MEN.TO, *s.m.*, ação ou efeito de alhear ou alhear-se, distração.
A.LHE.AR, *v.t. e pron.*, ficar alheio, alienar, não dar importância.
A.LHE.A.TÓ.RIO, *adj.*, que se alheia, alienatório, que alheia.
A.LHE.Á.VEL, *adj.*, que se pode alhear; alienável.
A.LHEI.O, *adj.*, o que é dos outros, estranho, distraído; *s.m.*, o que pertence a outras pessoas.
A.LHEI.RO, *adj. e s.m.*, plantador ou comerciante de alho, cultivador de alho.
A.LHE.TA, *s.f.*, em Náutica, parte lateral do casco de uma embarcação que fica entre a popa e o través.
A.LHO, *s.m.*, planta com bulbos e que se usa na cozinha como tempero e para certos remédios.
A.LHO-PO.RÓ, A.LHO-POR.RO, *s.m.*, erva para tempero, com dois bulbos e usada na cozinha.
A.LHU.RES, *adv.*, em outro lugar, mais além, em lugar incerto.
A.LI, *adv.*, naquele lugar, acolá.
A.LI.Á, *s.f.*, fêmea do elefante, elefanta.
A.LI.A.DO, *adj.*, unido, sócio, partidário, ter aliança com alguém; *s.m.*, quem se alia, partidário.
A.LI.A.GEM, *s.f.*, ato ou efeito de aliar(-se); aliança.
A.LI.AN.ÇA, *s.f.*, acordo, combinação, união, pacto.
A.LI.AR, *v.t. e pron.*, unir, pactuar, combinar.
A.LI.ÁS, *adv.*, de outro modo, de maneira diferente.
A.LI.Á.VEL, *adj.*, que pode ser aliado, com que se pode obter aliança.
Á.LI.BI, *s.m.*, prova que o acusado apresenta para mostrar que estava em local e hora diferentes daqueles em que ocorreu o crime.
A.LI.CA.TE, *s.m.*, ferramenta metálica que se usa para segurar outras peças; torquês; com o alicate se cortam arames e metais.
A.LI.CER.ÇA.DO, *adj.*, fundamentado, consolidado, firmado, seguro.
A.LI.CER.ÇA.DOR, *adj. e s.m.*, que lança a base, consolidador, fundamentador.
A.LI.CER.ÇAR, *v.t.*, embasar, fundamentar, colocar alicerces, consolidar.
A.LI.CER.CE, *s.m.*, fundamento, base de uma construção.
A.LI.CER.CE.AR, *v.t.*, embasar, fundamentar, alicerçar.
A.LI.CI.A.ÇÃO, *s.f.*, ação ou efeito de aliciar, sedução, persuasão.
A.LI.CI.A.DO, *adj.*, seduzido, persuadido, subornado, enganado.
A.LI.CI.A.DOR, *adj. e s.m.*, sedutor, quem alicia, quem persuade.
A.LI.CI.A.MEN.TO, *s.m.*, ato de aliciar, aliciação, sedução, engano.
A.LI.CI.AN.TE, *adj. e s. 2 gên.*, que alicia, sedutor, enganador.
A.LI.CI.AR, *v.t.*, enganar, subornar, seduzir.
A.LI.E.NA.BI.LI.DA.DE, *s.f.*, possibilidade de alienar, condições para alienar.

A.LI.E.NA.ÇÃO, *s.f.*, ação ou efeito de alienar, dar, ceder ou vender uma coisa.
A.LI.E.NA.DO, *adj.*, que é cedido, transferido, vendido; *s.m.*, alguém que enlouqueceu, fora da realidade.
A.LI.E.NA.DOR, *adj. e s.m.*, que aliena, que transfere a posse.
A.LI.E.NAN.TE, *adj. 2 gên.*, que provoca alienação; *s. 2 gên.*, aquele que aliena a propriedade (numa venda, doação, etc.).
A.LI.E.NAR, *v.t., int. e pron.*, transferir, passar para outrem.
A.LI.E.NÁ.VEL, *adj.*, que pode ser alienado.
A.LI.E.NA.TÁ.RIO, *s.m.*, pessoa a quem for transferido algum título ou bem.
A.LI.E.NÍ.GE.NA, *s. 2 gên.*, quem é de fora do país, de outro planeta.
A.LI.E.NIS.TA, *s.m.*, quem cuida de alienados, de loucos, especialista em tratamento de loucos.
A.LI.FÁ.TI.CO, *adj.*, diz-se de composto orgânico de cadeia carbônica aberta; acíclico.
A.LÍ.FE.RO, *adj.*, que tem asas, alado.
A.LI.FOR.ME, *adj.*, que tem forma de asas.
A.LI.GÁ.TOR, A.LI.GA.TOR, *s.m.*, espécie de jacaré da América do Norte.
A.LI.GEI.RAR, *v.t. e pron.*, diminuir o peso, tirar a carga; tornar-se mais leve.
A.LI.JA.ÇÃO, *s.f.*, ato de alijar; alijamento.
A.LI.JA.MEN.TO, *s.m.*, descarga, esvaziamento da carga, jogar fora a carga.
A.LI.JAR, *v.t.*, atirar para fora da embarcação, despejar, tornar a carga mais leve.
A.LI.MÁ.RIA, *s.f.*, rês, qualquer animal, um quadrúpede; *fig.*, pessoa estúpida, tipo bruto.
A.LI.MEN.TA.ÇÃO, *s.f.*, ação ou efeito de alimentar, comida, alimento.
A.LI.MEN.TA.DO, *adj.*, nutrido, que recebeu comida.
A.LI.MEN.TAR, *v.t.*, dar comida, sustentar, nutrir, manter; *adj.*, referente a alimento, que se liga à alimentação.
A.LI.MEN.TÍ.CIO, *adj.*, que serve para alimento, comestível.
A.LI.MEN.TO, *s.m.*, sustento, comida, nutriente.
A.LIM.PAR, *v.t., int. e pron.*, limpar, tornar limpo, higienizar.
A.LIN.DA.DO, *adj.*, embelezado, enfeitado, ornamentado.
A.LIN.DA.MEN.TO, *s.m.*, ação ou efeito de alindar, enfeite, ornamentação.
A.LIN.DAR, *v.t.*, embelezar, enfeitar, tornar lindo.
A.LÍ.NEA, *s.f.*, espaço que marca o começo de um novo parágrafo, subdivisão de um artigo de lei.
A.LI.NHA.DO, *adj.*, que está colocado na linha; que está bem vestido, elegante.
A.LI.NHA.DOR, *adj. e s.m.*, ação de alinhar, instrumento para indicar uma direção.
A.LI.NHA.MEN.TO, *s.m.*, ação ou efeito de alinhar, organização, ordem.
A.LI.NHAR, *v.t., int. e pron.*, colocar na mesma linha, pôr em linha reta.
A.LI.NHA.VAR, *v.t.*, coser, costurar, fazer alinhavos em, esboçar uma costura.
A.LI.NHA.VO, *s.m.*, ação ou efeito de alinhavar, pontos de costura.
A.LI.NHO, *s.m.*, apuro, elegância, asseio.
A.LÍ.PE.DE, *adj.*, que possui asas nos pés.
A.LI.PO.TEN.TE, *adj.*, que tem asas possantes.
A.LI.QUAN.TA, *adj. e s.f.*, parte que não define com exatidão o todo.

ALÍQUOTA — ALOJADO

A.LÍ.QUO.TA, *s.f.*, percentual cobrado de imposto nas transações comerciais ou em outros negócios.
A.LI.SA.DO, *adj.*, amaciado, preparado, aplainado.
A.LI.SA.MEN.TO, *s.m.*, ação ou efeito de alisar, amaciamento, suavização.
A.LI.SAR, *v.t.*, amaciar, aplainar, preparar, suavizar.
A.LÍ.SIO, *s.m., adj.*, tipo de vento que sopra da região temperada para a equatorial.
A.LIS.TA.BI.LI.DA.DE, *s.f.*, faculdade de alistar-se.
A.LIS.TA.DO, *adj.*, engajado, inscrito no serviço militar, recrutado.
A.LIS.TA.MEN.TO, *s.m.*, ação ou efeito de alistar, recrutamento militar.
A.LIS.TAR, *v.t.*, colocar em lista, recrutar, inscrever-se para servir o Exército.
A.LIS.TÁ.VEL, *adj.*, que pode ser alistado, moço que atinge a idade para o alistamento militar.
A.LI.TE.RA.ÇÃO, *s.f.*, repetição das mesmas letras ou sílabas em vários versos, para imitar algum som, ruído, ou produzir alguma sensação diversa.
A.LI.TE.RAR, *v.t.* e *v.int.*, formar aliteração.
A.LI.VI.A.DO, *adj.*, liberto, libertado de alguma pressão, livre.
A.LI.VI.A.DOR, *adj.* e *s.m.*, que ou o que alivia.
A.LI.VI.A.MEN.TO, *s.m.*, alívio, libertação de pressões internas.
A.LI.VI.AR, *v.t., int.* e *pron.*, obter alívio, suavizar, abrandar uma dor, consolar, descarregar, diminuir algo ruim.
A.LÍ.VIO, *s.m.*, ação ou efeito de aliviar, consolo, diminuição do que perturba.
AL.JA.VA, *s.f.*, estojo para guardar as setas durante a andança; recipiente para pôr as setas.
AL.JÔ.FAR, *s.m.*, aljofre, pérola pequena, brilhante e regular; *fig.*, gota de orvalho ao sol da manhã.
AL.JO.FA.RAR, *v.t.* e *pron.*, espargir aljôfar, orvalhar, rorejar.
AL.JO.FRAR, *v.t.*, cobrir com orvalho; aljofarar.
AL.JÔ.FRE, *s.m.*, aljôfar.
AL.MA, *s.f.*, parte espiritual e imortal do ser humano, espírito, caráter, índole, âmago, essência; *fig.*, animador de encontros; alma penada - espírito, fantasma.
AL.MA.ÇO, *s.m.*, papel almaço, tipo de papel com linhas e tamanho padrão.
AL.MA.NA.QUE, *s.m.*, publicação contendo calendários e informações gerais.
AL.MEI.RÃO, *s.m.*, hortaliça de uso alimentar, com gosto um tanto amargo.
AL.ME.JA.DO, *adj.*, desejado, ansiado, esperado.
AL.ME.JAR, *v.t.*, desejar muito, ansiar por, querer.
AL.ME.JÁ.VEL, *adj.*, que se pode almejar; desejável.
AL.ME.JO, *s.m.*, anelo, desejo forte, desejo veemente.
AL.MI.RAN.TA.DO, *s.m.*, título de almirante, o grupo de almirantes de uma região ou país.
AL.MI.RAN.TE, *s.m.*, o posto mais elevado na hierarquia da Marinha.
AL.MÍS.CAR, *s.m.*, substância aromática que se encontra no almíscar macho.
AL.MIS.CA.RA.DO, *adj.*, com odor de almíscar.
AL.MIS.CA.RAR, *v.t.* e *pron.*, perfumar com almíscar.
AL.MIS.CA.REI.RO, *s.m.*, mamífero ruminante da família dos cervídios, do qual uma glândula produz o almíscar.
AL.MO.ÇA.DO, *adj., gir.*, que já almoçou, que já se alimentou com a refeição do meio-dia.
AL.MO.ÇAR, *v.int.*, comer ao meio-dia, servir-se do almoço.

AL.MO.ÇO, *s.m.*, refeição do meio-dia.
AL.MO.CRE.VA.RI.A, *s.f.*, grupo, magote de almocreves, conjunto de almocreves.
AL.MO.CRE.VE, *s.m.*, pessoa que conduz as récuas, conjunto de bestas de carga.
AL.MO.E.DA, *s.f.*, leilão, venda de objetos e bens em hasta pública.
AL.MO.E.DAR, *v.t.*, vender em leilão; leiloar.
AL.MO.FA.DA, *s.f.*, saco cheio de substâncias macias, que se usa como travesseiro, para sentar-se ou encostar-se; material impregnado de tinta para uso dos carimbos.
AL.MO.FA.DAR, *v.t.*, enfeitar ou cobrir com almofadas.
AL.MO.FA.DA.DO, *adj.*, que se constitui de almofadas.
AL.MO.FA.DÃO, *s.m.*, almofada grande.
AL.MO.FA.DI.NHA, *s.m.*, pessoa que busca vestir-se muito bem, janota, casquilho; *s.f.*, local para pregar alfinetes, pregadeira.
AL.MO.FA.RIZ, *s.m.*, instrumento para moer, triturar e misturar ingredientes sólidos.
AL.MÔN.DE.GA, *s.f.*, bolinho de carne moída com temperos.
AL.MO.RÁ.VI.DA, *s.m.*, que diz respeito aos almorávidas, mouros que dominaram a Espanha até 1492.
AL.MO.XA.RI.FA.DO, *s.m.*, local em que são depositados os materiais para uso de uma empresa ou de qualquer entidade.
AL.MO.XA.RI.FE, *s.m.*, quem chefia um almoxarifado, quem trabalha nele.
AL.MU.A.DEM, *s.m.*, sacerdote muçulmano que chama o povo à oração do alto do minarete; muezim.
A.LÔ!, *interj.*, cumprimento ao telefone, início do diálogo telefônico.
A.LO.CA.ÇÃO, *s.f.*, ação ou efeito de alocar, destinação, por orçamento, de verba para fim certo.
A.LO.CA.DO, *adj.*, destinado, posto, determinado.
A.LO.CAR, *v.t.*, posicionar algo, colocar alguma coisa ou alguém em lugar determinado, destinar algo.
A.LÓC.TO.NE, *adj.e s. 2 gên.*, pessoa que vive em país diferente do seu, que mora em país estranho.
A.LO.CRO.ÍS.MO, *s.m.*, diferença em uma cor, troca de tonalidade da cor.
A.LO.CRO.MA.TI.A, *s.f.*, distúrbio da visão em que o portador vê cores diferentes das cores reais.
A.LO.CRO.MÁ.TI.CO, *adj.*, relativo a alocromia.
A.LO.CRO.MI.A, *s.f.*, doença que provoca um distúrbio na pessoa, que vê cores diferentes das reais; problema em distinguir cores e luzes.
A.LO.CRÔ.MI.CO, *adj.*, alocromático, que se refere à alocromia; referência a metais cuja cor é diferente de um para o outro.
A.LO.CU.ÇÃO, *s.f.*, pequeno e rápido discurso, exposição oral rápida para cumprimentar alguém.
A.LO.É, ou **A.LO.ÉS**, *s.m.*, planta medicinal da família dos cactos, cuja seiva é usada para muitas curas; popularmente é chamada de babosa.
A.LO.É.TI.CO, *adj.*, que tem aloés em sua constituição.
A.LÓ.GE.NO, *adj.*, estrangeiro, forasteiro.
A.LO.GI.A, *s.f.*, falta de lógica; disparate; despropósito.
A.LÓ.GI.CO, *adj.*, que não precisa de prova nem de demonstração para se admitir o correto; evidente.
A.LOI.RA.DO, **A.LOU.RA.DO**, *adj.*, de cor loura ou loira.
A.LOI.RAR, *v.t., v. pron.*, tornar loiro ou louro, alourar.
A.LO.JA.DO, *adj.*, abrigado, acomodado, hospedado.

ALOJAMENTO ••• 73 ••• ALTERNAR

A.LO.JA.MEN.TO, *s.m.*, ação ou efeito de alojar, abrigo, hospedagem.

A.LO.JAR, *v.t., int. e pron.*, hospedar, colocar em alojamento, abrigar, acomodar.

A.LOM.BA.DO, *adj.*, que tem forma de lomba, encurvado, curvado.

A.LOM.BAR, *v.t.*, fazer ficar em forma de lombo; arquear; curvar.

A.LON.GA.DO, *adj.*, longo, comprido, encompridado.

A.LON.GA.MEN.TO, *s.m.*, ação ou efeito de alongar, esticamento.

A.LON.GAR, *v.t. e pron.*, esticar, puxar, tornar longo, prolongar.

A.LON.GIN.QUAR, *v.t.*, distanciar-se; afastar-se.

A.LÔ.NI.MO, *adj. e s.m.*, que ou aquele que usa outro nome que não o seu, ou nome alheio, em trabalho ou obra científica ou artística.

A.LO.PA.TA, A.LÓ.PA.TA, *s. 2 gên.*, profissional que usa a alopatia.

A.LO.PA.TI.A, *s.f.*, uso de remédios que provocam um efeito contrário ao da doença; método terapêutico oposto ao da homeopatia.

A.LO.PÁ.TI.CO, *adj.*, referente a alopatia.

A.LO.PE.CI.A, *s.f.*, falta ou queda de cabelos ou pelos.

A.LO.PÉ.CI.CO, *adj.*, que se refere à perda de cabelos ou pelos.

A.LO.PRA.DO, *adj.*, agitado, endoidecido, amalucado.

A.LO.PRAR, *v. int.*, tornar-se agitado, endoidecer, ficar amalucado.

A.LO.TRO.PI.A, *s.f.*, a propriedade que alguns elementos possuem de se apresentar sob duas formas.

A.LO.TRÓ.PI.CO, *adj.*, relativo a alotropia.

A.LÓ.TRO.PO, *adj. e s.m.*, diz-se de ou do elemento em que se dá a alotropia.

A.LOU.CA.DO, *adj.*, insano, enlouquecido.

A.LOU.CA.MEN.TO, *s.m.*, enlouquecimento; insanidade.

A.LOU.CAR-SE, *v.pron.*, endoidecer; enlouquecer.

A.LOU.RAR, *v.t.*, tornar louro, aloirar.

AL.PA.CA, *s.f.*, ruminante da América do Sul, coberto de lã; tecido feito com essa lã.

AL.PAR.CA, *s.f.*, calçado cuja sola se ajusta ao pé por meio de tiras de couro ou tecido; alpargata.

AL.PAR.CA.TA, *s.f.*, o mesmo que alpargata.

AL.PAR.CA.TEI.RO, *s.m.*, o mesmo que alpargateiro.

AL.PAR.GA.TA, *s.f.*, alpercata, sandália de couro que se prende com tiras.

AL.PAR.GA.TEI.RO, *s.m.*, que faz alpargatas ou alparcatas.

AL.PEN.DRA.DA, *s.f.*, um alpendre maior, grande.

AL.PEN.DRA.DO, *adj.*, que tem alpendre; que tem forma de alpendre.

AL.PEN.DRE, *s.m.*, varanda, parte da casa aberta, mas coberta.

AL.PER.CA.TA, *s.f.*, sandália, alpargata.

AL.PER.CA.TEI.RO, *s.m.*, que faz alparcas; alpargateiro.

AL.PES.TRE, *adj.*, próprio de montanhas, montanhoso, íngreme.

AL.PÍ.CO.LA, *adj. e s. 2 gên.*, pessoa que vive nos Alpes.

AL.PI.NIS.MO, *s.m.*, esporte que se especializou na subida de montanhas, sobretudo as dos Alpes.

AL.PI.NIS.TA, *adj. e s. 2 gên.*, quem pratica o alpinismo, que escala montanhas.

AL.PI.NO, *adj.*, referente aos Alpes, próprio dos Alpes.

AL.PIS.TE, *s.m.*, alpista, *s.f.*, planta que produz grãos que são alimento para aves.

AL.QUE.BRA.DO, *adj.*, enfraquecido, minguado, fraco, adoentado.

AL.QUE.BRA.MEN.TO, *s.m.*, fraqueza, esgotamento, ausência de forças físicas.

AL.QUE.BRAR, *v.t., int. e pron.*, dobrar, formar curvatura, enfraquecer, fraquejar, tirar as forças.

AL.QUEI.RA.MEN.TO, *s.m.*, ato de alqueirar.

AL.QUEI.RE, *s.m.*, unidade de medida agrária, com metragens diferentes de acordo com os vários locais e Estados; SP - 48,400 m² ; MG - 24,200 m².

AL.QUI.MI.A, *s.f.*, o nome usado para designar a química na Idade Média, que buscava transformar metais em ouro.

AL.QUÍ.MI.CO, *adj.*, próprio da química, referente à química.

AL.QUI.MIS.TA, *s. 2 gên.*, quem se dedicava a alquimia.

AL.TA, *s.f.*, aumento dos preços; permissão para o doente sair do hospital.

AL.TA-FI.DE.LI.DA.DE, *s.f.*, tecnologia que permite amplificar sons sem distorção.

AL.TA-COS.TU.RA, *s.f.*, grandes casas de moda em roupa, e que ditam a moda vigente na temporada.

AL.TA.NAR, *v. pron.*, erguer, envaidecer, tornar arrogante; *fig.*, mostrar-se superior a todos.

AL.TA.NEI.RO, *adj.*, elevado, grandioso, que está no alto.

AL.TAR, *s.m.*, mesa na qual se celebra a missa na igreja católica; ara.

AL.TAR-MOR, *s.m.*, altar central, principal num templo.

AL.TA-RO.DA, *s.f.*, grupo social de alto poder aquisitivo e político, grupo dominante.

AL.TE.A.DO, *adj.*, alto, elevado, superior, alevantado, levantado.

AL.TE.AR, *v.t. e pron.*, elevar-se, tornar mais alto, fazer subir.

AL.TEI.A, *s.f.*, nome de uma planta da família das malváceas.

AL.TE.RA.ÇÃO, *s.f.*, ação ou efeito de alterar, modificação, mudança.

AL.TE.RA.DO, *adj.*, mudado, diferente, perturbado.

AL.TE.RA.DOR, *adj. e s.m.*, modificador, alterante, perturbador.

AL.TE.RA.MEN.TO, *s.m.*, ato ou efeito de altear-se, de levantar-se.

AL.TE.RAN.TE, *adj. e s. 2 gên.*, modificador, perturbador.

AL.TE.RAR, *v.t. e pron.*, mudar, modificar, falsificar; *v. pron.*, irritar-se, enfezar-se.

AL.TE.RÁ.VEL, *adj.*, que está sujeito a alterações, mutável, perturbável.

AL.TER.CA.ÇÃO, *s.f.*, disputa, discussão, rixa, combate, discórdia, contestação.

AL.TER.CA.DO, *adj.*, que é objeto de altercação, disputa.

AL.TER.CA.DOR, *adj. e s.m.*, diz-se do, ou o que alterca.

AL.TER.CAR, *v.t. e int.*, discutir, polemizar, disputar, debater.

AL.TE.RI.DA.DE, *s.f.*, diferença, diversidade, situação do que é diferente.

AL.TER.NA.ÇÃO, *s.f.*, ação ou efeito de alternar, mudança, troca, alternância.

AL.TER.NA.DO, *adj.*, em que há alternação, revezamento.

AL.TER.NA.DOR, *s.m.*, peça no carro, que produz energia elétrica.

AL.TER.NÂN.CIA, *s.f.*, movimento que se repete de tempos em tempos, mudança de uma posição por outra repetidas vezes.

AL.TER.NAN.TE, *adj.*, mutável, mutante, que se alterna.

AL.TER.NAR, *v.t., int. e pron.*, fazer mudança, trocar lugares

ALTERNATIVA — ALUVIÃO

e posições, revezar; variar, intercalar.

AL.TER.NA.TI.VA, *s.f.*, opção entre duas coisas; escolha.

AL.TER.NA.TI.VO, *adj.*, que se pode alternar, que apresenta outra possibilidade.

AL.TER.NO, *adj.*, que se reveza, que se muda, que muda de posição.

AL.TE.RO.SO, *adj.*, elevado, alto, de altura elevada.

AL.TE.ZA, *s.f.*, tratamento que se dá aos príncipes de sangue real, altura, nobreza.

AL.TI.LO.QUÊN.CIA, *s.f.*, maneira estilizada de falar, falar termos complexos.

AL.TI.LO.QUEN.TE, *adj.*, que usa um estilo elevado, grandioso.

AL.TI.ME.TRI.A, *s.f.*, ciência para calcular a altura; a arte de medir alturas.

AL.TÍ.ME.TRO, *s.m.*, aparelho que mede a altitude de um objeto em relação ao nível do mar.

AL.TI.MU.RA.DO, *adj.*, que tem muros altos.

AL.TI.PLA.NO, *s.m.*, plaino sobre montes, planalto.

AL.TI.PLA.NU.RA, *s.f.*, altiplano; planalto.

AL.TI.PO.TEN.TE, *adj.*, poderoso, potente, muito poderoso.

AL.TÍS.SI.MO, *adj.*, superl. absoluto sintético de alto; *s.m.*, Ser Supremo, Deus.

AL.TIS.SO.NAN.TE, *adj.*, que soa alto, espalhafatoso, vistoso.

AL.TÍS.SO.NO, *adj.*, altissonante.

AL.TIS.SO.NO.RO, *adj.*, muito sonoro; altissonante.

AL.TIS.TA, *s. 2 gén.*, quem joga na alta de preços, especulador.

AL.TI.TO.NAN.TE, *adj. 2 gén.*, trovejante; estrondoso, retumbante.

AL.TI.TU.DE, *s.f.*, altura de um ponto em relação ao nível do mar.

AL.TI.VEZ, *s.f.*, orgulho, soberba, nobreza.

AL.TI.VO, *adj.*, orgulhoso, nobre, arrogante; elevado, majestoso.

AL.TO, *adj.*, elevado, profundo, que tem altura; *interj.*, pare!

AL.TO-AS.TRAL, *adj. e s. 2 gén.*, simpático, simpatia, empatia, ânimo bom, bom humor, entusiasmo.

AL.TO-CO.MIS.SÁ.RIO, *s.m.*, delegado, representante governamental com muitos poderes

AL.TO-FA.LAN.TE, *s.m.*, dispositivo usado em caixas acústicas, para aumentar o volume do som.

AL.TO-FOR.NO, *s.m.*, forno especial de fundições, aciarias, com revestimento metálico externo e com material refratário por dentro.

AL.TO-MAR, *s.m.*, parte do mar afastada da costa, longe da costa.

AL.TO-RE.LE.VO, *s.m.*, obra de arte, escultura, impressão que tem saliências mais altas que o fundo.

AL.TRU.ÍS.MO, *s.m.*, filantropia, amor por outros seres humanos.

AL.TRU.ÍS.TA, *adj. e s. 2 gén.*, filantropo, quem dá esmolas, que auxilia os outros.

AL.TRU.ÍS.TI.CO, *adj.*, que faz altruísmo, filantrópico, caridoso.

AL.TU.RA, *s.f.*, tamanho; dimensão de um corpo da parte baixa para cima, dimensão vertical, elevação.

A.LU.Á, *s.m.*, refresco obtido com cascas de frutas, suco de limão, farinha de milho ou arroz.

A.LU.A.DO, *adj.*, que recebe influências da Lua; *fig.*, lunático, adoidado.

A.LU.CI.NA.ÇÃO, *s.f.*, ação ou efeito de alucinar, loucura, doidice, delírio, desvario.

A.LU.CI.NA.DO, *adj.*, adoidado, louco, maluco, aloprado, desvairado.

A.LU.CI.NA.DOR, *adj. e s.m.*, que ou o que alucina; alucinante.

A.LU.CI.NAN.TE, *adj.*, que alucina, deslumbrante, apaixonante.

A.LU.CI.NAR, *v.t., int. e pron.*, causar alucinação, endoidecer, perder a razão.

A.LU.CI.NA.TÓ.RIO, *adj.*, endoidecedor, enlouquecedor, que desvaira.

A.LU.CI.NÓ.GE.NO, *s.m.*, droga que provoca alucinações; droga.

A.LU.DE, *s.m.*, massa de neve que despenca do alto, avalanche.

A.LU.DI.DO, *adj.*, referido, comentado, lembrado.

A.LU.DIR, *v.t.*, referir-se, fazer alusão, direcionar-se a.

A.LU.GA.ÇÃO, *s.f.*, ato ou efeito de alugar; aluguel; alugamento.

A.LU.GA.DO, *adj.*, tomado de aluguel; *s.m.*, trabalhador de uma empresa que trabalha alugado para outra.

A.LU.GA.DOR, *s.m.*, o que aluga; que toma em aluguel, locatário, inquilino.

A.LU.GAR, *v.t. e pron.*, dar ou tomar de aluguel, arrendar.

A.LU.GUEL, *s.m.*, contrato de uso de um imóvel, por preço e tempo ajustados; pagamento do uso.

A.LU.IR, *v.t. e int.*, prejudicar, arruinar, tornar instável, derrubar, deslocar.

A.LUM.BRA.DO, *adj.*, iluminado, espiritualizado, deslumbrado.

A.LUM.BRA.DOR, *adj. e s.m.*, alumiador.

A.LUM.BRA.MEN.TO, *s.m.*, iluminação, deslumbramento.

A.LUM.BRAR, *v.t., int. e pron.*, iluminar, deslumbrar, tornar luminoso.

A.LU.ME, A.LÚ.MEN, *s.m.*, nome genérico dado a sulfatos duplos, como os de alumínio e potássio, pedra-ume.

A.LU.MI.A.ÇÃO, *s.f.*, iluminação, esclarecimento, formação, privilégio.

A.LU.MI.A.DO, *adj.*, esclarecido, iluminado, claro.

A.LU.MI.A.DOR, *adj. e s.m.*, que ou o que alumia; *fig.*, inspirador.

A.LU.MI.A.MEN.TO, *s.m.*, ato ou efeito de alumiar; instrução; inspiração.

A.LU.MI.AR, *v.t., int. e pron.*, acender a luz, iluminar, aclarar.

A.LU.MI.NA.ÇÃO, *s.f.*, ação ou efeito de aluminar, iluminação.

A.LU.MI.NAR, *v.t., int. e pron.*, iluminar, esclarecer, fazer brilhar.

A.LU.MÍ.NI.CO, *adj.*, próprio do alumínio, referente ao alumínio.

A.LU.MI.NÍ.FE.RO, *adj.*, que contém alume ou alumínio.

A.LU.MÍ.NIO, *s.m.*, metal leve de muitas utilidades; elemento químico de nº atômico 13; símbolo: Al.

A.LU.NA.GEM, *s.f.*, alunissagem; pousar na Lua.

A.LU.NAR, *v. int.*, alunissar, descer no satélite Lua.

A.LU.NIS.SA.GEM, *s.f.*, pouso na Lua, descer na Lua.

A.LU.NIS.SAR, *v. int.*, descer na Lua, alunizar.

A.LU.NI.ZAR, *v. int.*, alunissar.

A.LU.NO, *s.m.*, que aprende, aprendente, que recebe instrução, discípulo, escolar.

A.LU.SÃO, *s.f.*, referência, ação ou efeito de aludir.

A.LU.SI.VO, *adj.*, referente, que faz alusão.

A.LU.VI.AL, *adj.*, próprio do aluvião, referente ao aluvião.

A.LU.VI.A.NO, *adj.*, diz-se do terreno formado pela ação recente das águas.

A.LU.VI.ÃO, *s. 2 gén.*, depósito de vários tipos de materiais carregados pelas águas, formando um solo.

ALUVIAR ... ÂMAGO

A.LU.VI.AR, *v.t.*, encher com matéria de aluvião.
A.LU.VI.O.NA.MEN.TO, *s.m.*, formação de aluviões.
A.LU.VI.O.NAL, *adj. 2 gên.*, o mesmo que aluvial.
AL.VA, *s.f.*, madrugada, as primeiras luzes do dia, aurora; veste branca usada por sacerdotes.
AL.VA.CEN.TO, *adj.*, esbranquiçado, meio branco, com brancura, alvadio.
AL.VA.DIO, *adj.*, alvacento, esbranquiçado.
AL.VAI.A.DE, *s.m.*, designação de um carbonato de chumbo, para produzir a cor branca, com uso em pinturas.
AL.VAR, *adj.*, esbranquiçado; tolo, ingênuo, bobo, abobalhado.
AL.VA.RÁ, *s.m.*, documento expedido por uma repartição pública, dando a licença para cumprir algum direito do cidadão; documento oficial para satisfazer requerimento de cidadão.
AL.VE.Á.RIO, *s.m.*, colmeia, conjunto de alvéolos; indica também a concha da orelha.
AL.VE.DRI.O, *s.m.*, arbítrio, livre-arbítrio, vontade livre.
AL.VE.JA.DO, *adj.*, que se tornou branco, alvo; que foi acertado (por arma).
AL.VE.JA.MEN.TO, *s.m.*, ato ou efeito de alvejar; branqueamento.
AL.VE.JAN.TE, *adj.* e *s. 2 gên.*, que alveja, esbranquiçador, que branqueia, que lava e torna branco.
AL.VE.JAR, *v.t.* e *int.*, tornar branco, embranquecer; dar um tiro em.
AL.VE.NA.RI.A, *s.f.*, a arte de construir com pedras, tijolos e cimento, obra feita assim.
ÁL.VEO, *s.m.*, leito de um rio, parte do rio coberta com água.
AL.VE.O.LA.DO, *adj.*, constituído de alvéolos, composto por alvéolos.
AL.VE.O.LAR, *adj.*, que se refere a alvéolos, próprio de alvéolos.
AL.VE.O.LA.RI.FOR.ME, *adj.*, que tem forma de alvéolo.
AL.VÉ.O.LO, *s.m.*, cavidade pequena, pequeno buraco, casulo, favo de mel.
AL.VI.ÃO, *s.m.*, instrumento de trabalho, enxadão, picareta.
AL.VÍS.SA.RAS, *s.f.*, boas-novas, recompensas, saudações, notícias agradáveis.
AL.VIS.SA.REI.RO, *adj.* e *s.m.*, promissor, que traz notícias agradáveis.
AL.VI.TRA.DOR, *adj.* e *s.m.*, juiz, árbitro.
AL.VI.TRA.MEN.TO, *s.m.*, julgamento, alvitre, decisão judicial.
AL.VI.TRAR, *v.t.*, julgar, decidir, sugerir, dar uma decisão.
AL.VI.TRE, *s.m.*, opinião, conselho.
AL.VO, *adj.*, branco, albo, cândido, puro; *s.m.*, ponto a ser atingido no tiro; fim, objetivo.
AL.VOR, AL.BOR, *s.m.*, alvorecer, madrugada, aurora; *fig.*, início, começo, princípio.
AL.VO.RA.DA, *s.f.*, aurora, madrugada, alva, amanhecer.
AL.VO.RAR, *v.int.*, elevar ao alto (mastro, vara), içar; erguer (haste), hastear; arvorar; inaugurar; dar começo.
AL.VO.RE.CEN.TE, *adj. 2 gên.*, relativo ao alvorecer.
AL.VO.RE.CER, *v. int.*, alvorar, amanhecer, clarear o dia; surgir, aparecer; *s.m.*, o amanhecer do dia.
AL.VO.RE.JAN.TE, *adj.*, que começa a se manifestar, a aparecer.
AL.VO.RE.JAR, *v.t.* e *int.*, alvorar, alvoroçar, amanhecer.
AL.VO.RO.ÇA.DA.MEN.TE, *adv.*, com alvoroço.
AL.VO.RO.ÇA.DO, *adj.*, assustado, sobressaltado, entusiasmado.
AL.VO.RO.ÇA.DOR, *adj.* e *s.m.*, que faz ou causa alvoroço; inquietante.
AL.VO.RO.ÇA.MEN,TO, *s.m.*, inquietação, inquietude, entusiasmo, ânimo.
AL.VO.RO.ÇAR, *v.t.* e *pron.*, provocar alvoroço, assustar, sobressaltar, animar.
AL.VO.RO.ÇO, *s.m.*, susto, sobressalto.
AL.VU.RA, *s.f.*, brancura, pureza.
AM, sigla para o Estado do Amazonas.
A.MA, *s.f.*, mulher que amamenta, educa criança alheia; aia, babá, criada.
A.MA.BI.LI.DA.DE, *s.f.*, qualidade de ser amável, delicadeza, gentileza, cortesia.
A.MA.CA.CA.DO, *adj.*, que se parece com macaco, que tem trejeitos de macaco.
A.MA.ÇA.RO.CA.DO, *adj.*, que se amaçarocou; embaraçado; enrolado.
A.MA.ÇA.RO.CAR, *v.int.*, dar forma de maçaroca; embaraçar; enlear.
A.MA.CHU.CA.DO, *adj.*, amarrotado, amassado, que não foi passado a ferro.
A.MA.CHU.CAR, *v.t.* e *pron.*, amarfanhar, amarrotar, amassar.
A.MA.CI.A.DO, *adj.*, suavizado, abrandado, aquietado.
A.MA.CI.A.MEN.TO, *s.m.*, suavização, aquietamento, abrandamento.
A.MA.CI.AN.TE, *adj.*, *s.m.*, que amacia, que torna macio; substância que amolece roupas para serem lavadas.
A.MA.CI.AR, *v.t.* e *pron.*, tornar macio, abrandar, suavizar, acalmar.
A.MA.DA, *adj.*, querida, preferida; *s.f.*, namorada, convivente, companheira.
A.MA.DEI.RA.DO, *adj.*, guarnecido com ou que imita madeira.
A.MA.DEI.RAR, *v.t.*, dar forma de madeira, dar cor de madeira.
A.MA DE LEI.TE, *s.f.*, mulher que amamenta o filho de outra mãe.
A.MA.DO, *adj.* e *s.m.*, querido, estimado; *s.m.*, namorado, convivente.
A.MA.DOR, *adj.* e *s.m.*, quem ama, quem pratica um esporte por gosto, que ainda não é profissional.
A.MA.DO.RIS.MO, *s.m.*, qualidade de amador, o que se faz por amor, sem salário.
A.MA.DO.RIS.TA, *adj.* e *s. 2 gên.*, pessoa que exerce uma função sem a devida classificação profissional, adepto do amadorismo.
A.MA.DRI.NHA.DO, *adj.*, todo ser que depende de outro, animal que acompanha outro.
A.MA.DRI.NHA.DOR, *s.m.*, aquele que auxilia na doma de cavalos e muares.
A.MA.DRI.NHAR, *v.t.*, prestar-se para ser madrinha, conduzir, proteger, dar segurança.
A.MA.DU.RA.DO, *adj.*, amadurecido, maduro, crescido.
A.MA.DU.RA.MEN.TO, *s.m.*, amadurecimento, crescimento.
A.MA.DU.RAR, *v.t.* e *int.*, tornar(-se) maduro; *fig.*, tornar(-se) experiente.
A.MA.DU.RE.CER, *v.t.* e *int.*, amadurar, tornar maduro, desenvolver-se, criar juízo; *fig.*, crescer, aprender.
A.MA.DU.RE.CI.DO, *adj.*, amadurado, maduro, crescido.
A.MA.DU.RE.CI.MEN.TO, *s.m.*, ação ou efeito de amadurecer, madureza; *fig.*, sensatez, senso.
Â.MA.GO, *s.m.*, o cerne, a parte mais interior, centro; *fig.*, alma, essência.

AMAINADO — AMARRAR

A.MAI.NA.DO, adj., acalmado, abrandado, suavizado.
A.MAI.NAR, v.t., int. e prón., baixar a vela, suavizar, amansar.
A.MAL.DI.ÇO.A.DO, adj., maldito, abominado.
A.MAL.DI.ÇO.A.DOR, adj. e s.m., quem amaldiçoa, abominador.
A.MAL.DI.ÇO.AR, v.t., lançar maldição em alguém, maldizer, abominar.
A.MÁL.GA.MA, s. 2 gên., liga de metais usada pelos dentistas para fechar dentes, mistura de metais.
A.MAL.GA.MA.ÇÃO, s.f., ato ou efeito de amalgamar-se; ligação íntima.
A.MAL.GA.MA.DO, adj., reunido, aglutinado, ligado.
A.MAL.GA.MAR, v.t. e pron., unir metais, aproximar, reunir, aglutinar, juntar forças.
A.MA.LU.CA.DO, adj., aloucado, endoidado, meio maluco.
A.MA.LU.CAR, v. pron., tornar maluco, endoidecer, endoidar, aloprar.
A.MA.MEN.TA.ÇÃO, s.f., ação ou efeito de amamentar.
A.MA.MEN.TA.DO, adj., aleitado, satisfeito, criado por amamentação.
A.MA.MEN.TA.DO.RA, s.f., ama, quem amamenta.
A.MA.MEN.TAR, v.t., dar de mamar, aleitar, criar no peito, mamando.
A.MAN.CE.BA.DO, adj. e s.m., amigado, convivente, amontoado.
A.MAN.CE.BA.MEN.TO, s.m., concubinato, amancebação, amigamento.
A.MAN.CE.BAR-SE, v. pron., amasiar-se, conviver maritalmente sem documentos oficiais.
A.MA.NEI.RA.DO, adj., que tem maneiras artificiais, afetado, frívolo, que é cheio de melindres.
A.MA.NEI.RAR, v.t. e pron., tornar amaneirado, afetar, dar maneiras de postura.
A.MA.NHÃ, adv., no dia seguinte ao atual; s.m., futuro.
A.MA.NHA.DO, adj., cultivado, terra preparada.
A.MA.NHA.DOR, adj. e s.m., que ou o que amanha; cultivador.
A.MA.NHAR, v.t., cultivar a terra, preparar a terra.
A.MA.NHE.CER, v. int., começar o dia, raiar o dia, alvorecer; s.m., o início do dia, o raiar do dia.
A.MA.NHE.CI.DO, adj., alvorecido, acordado, desperto.
A.MA.NHO, s.m., cultivo de lavouras, plantação, preparação do solo para o plantio; fig., roça.
A.MAN.SA.DOR, adj. e s.m., quem doma, quem amansa, quem domestica.
A.MAN.SA.MEN.TO, s.m., domesticação, domação, treino.
A.MAN.SAR, v.t. e pron., tornar manso, domesticar, pacificar, domar.
A.MAN.TE, adj. e s. 2 gên., que ama, pessoa que ama, cônjuge que mantém relações extraconjugais com outra pessoa.
A.MAN.TEI.GA.DO, adj., feito com manteiga, da cor da manteiga, com gosto de manteiga.
A.MAN.TEI.GAR, v.t., colocar manteiga, amolecer, dar cor de manteiga.
A.MA.NU.EN.SE, adj. e s. 2 gên., escrevente, que(m) escreve os textos manualmente, na burocracia antiga, era o oficial que copiava os textos à mão.
A.MA.PA.EN.SE, adj., nascido no Estado do Amapá; s.m., habitante ou natural desse Estado.
A.MA.PO.LA, s.f., planta que provém das cactáceas.
A.MAR, v.t., int. e pron., gostar muito de alguém, ter amor, ter afeição; v. int., manter relações sexuais com.

A.MA.RA.DO, adj., inundado, cheio de água, pousado na água.
A.MA.RA.GEM, s.f., pouso de um hidroavião nas águas.
A.MA.RAN.TO, s.m., nome dado a diversas plantas, apreciadas pelas belas flores e por suas sementes.
A.MA.RAR, v.t., amerissar, pousar na água do mar, pousar na água.
A.MA.RE.LA.DO, adj., que tem cor amarela, tendente ao amarelo.
A.MA.RE.LÃO, s.m., doença que se caracteriza pela cor amarela, ancilostomíase; tipo de arroz.
A.MA.RE.LAR, v.t. e int., dar cor amarela, ficar com cor amarela; fig., perder a coragem.
A.MA.RE.LE.CER, v. int., tornar-se amarelo, ficar com cor amarela, empalidecer.
A.MA.RE.LE.CI.DO, adj., amarelado, empalidecido.
A.MA.RE.LE.CI.MEN.TO, s.m., ação ou efeito de amarelecer, amarelidão.
A.MA.RE.LE.JAR, v.int., mostrar-se amarelo; luzir.
A.MA.RE.LEN.TO, adj., amarelado; doentio; s.m., doente de febre amarela.
A.MA.RE.LI.DÃO, s.f., cor amarela, amarelo-forte.
A.MA.RE.LI.DEZ, s.f., amarelidão, que tem cor amarela.
A.MA.RE.LI.NHA, s.f., brincadeira infantil, na qual os participantes pulam com uma perna só dentro de quadrados riscados no chão, mas pulando o quadrado onde cair algum objeto jogado.
A.MA.RE.LO, s.m., cor amarela; adj., da cor do ouro, da gema do ovo.
A.MAR.FA.NHA.DO, adj., amarrotado, amassado.
A.MAR.FA.NHAR, v.t., amarrotar, amassar, machucar.
A.MAR.GA.DO, adj., sofrido, padecido, dolorido, angustiado.
A.MAR.GAR, v.t., int. e pron., ter sabor amargo, sofrer, padecer.
A.MAR.GO, adj., que amarga, sabor desagradável, contrário de doce.
A.MAR.GOR, s.m., amargura, sabor amargo.
A.MAR.GO.SO, adj., que amarga ou que tem amargor; s.m., amargor.
A.MAR.GU.RA, s.f., amargor, sabor amargo, azedume; fig., dor, aflição.
A.MAR.GU.RA.DO, adj., triste, acabrunhado, cheio de amargura, macambúzio.
A.MAR.GU.RAR, v.t. e pron., provocar amargura, angustiar, machucar.
A.MA.RI.CA.DO, adj., pop., afeminado; efeminado.
A.MA.RI.CAR-SE, v.pron., pop., mostrar-se afeminado; efeminar-se.
A.MA.RÍ.LI.CO, adj., relativo à febre amarela.
A.MA.RÍ.LIS, s.f., nome de diversas plantas, de flores róseo-avermelhadas, também chamadas de açucenas.
A.MA.RO, adj., amargo, amarento; fig., angustiado.
A.MAR.RA, s.f., cabo que prende o navio no cais ou nos botes; fig., proteção.
A.MAR.RA.ÇÃO, s.f., ação ou efeito de amarrar, ancoradouro, trapiche.
A.MAR.RA.DO, adj., preso, ligado, atado.
A.MAR.RA.DOU.RO, s.m., lugar onde se amarra (embarcação).
A.MAR.RA.DU.RA, s.f., ato ou efeito de amarrar; cabo com que se prende a embarcação.
A.MAR.RAR, v.t., int. e pron., prender com amarras, ligar, atar, prender.

A.MAR.RI.LHO, s.m., qualquer cordão para amarrar; cordel de embarcação.
A.MAR.RO.QUI.NA.DO, adj., semelhante ao marroquim.
A.MAR.RO.QUI.NAR, v.t., dar aspecto de marroquim.
A.MAR.RO.TA.DO, adj., amassado, amarfanhado.
A.MAR.RO.TA.MEN.TO, s.m., amassamento, vincamento, amarfanhamento.
A.MAR.RO.TAR, v.t., amassar, amarfanhar, vincar.
A.MAR.TE.LAR, v.t. e pron., bater com martelo, malhar; fig., ferir, importunar.
A.MA.RU.GEM, s.f., sabor amargo (bebida, remédio); amargor; p.ext., tristeza.
A.MA.RU.JAR, v. int., amargar, dar um sabor amargo, produzir um gosto amargo.
A.MA.RU.LEN.TO, adj., amargo, muito amargo, amaríssimo.
A.MA.RU.LHAR, v.t., dar um som de marulho, produzir um ruído de ondas do mar.
A.MA.RU.ME, s.m., gosto amargo, azedume; fig., sofrimento, aflição.
A.MA-SE.CA, s.f., aia, babá.
A.MÁ.SIA, s.f., concubina, amancebada, amante.
A.MA.SI.A.DO, adj., concubinado, amancebado, amontoado.
A.MA.SI.AR-SE, v. pron., amancebar-se, concubinar-se.
A.MÁ.SIO, s.m., amancebado, concubino.
A.MAS.SA.DEI.RA, s.f., mulher que amassa, quem amassa o pão, máquina para preparar a massa.
A.MAS.SA.DO, adj., misturado, preparado, batido.
A.MAS.SA.DOR, adj. e s.m., quem amassa, operário que prepara a argamassa.
A.MAS.SA.DOU.RO, s.m., tabuleiro, pedra ou lugar onde se amassa alguma coisa.
A.MAS.SA.DU.RA, s.f., ação ou efeito de amassar, amassamento, batida, pancada.
A.MAS.SA.MEN.TO, s.m., ato ou efeito de amassar(-se); amassadura.
A.MAS.SAR, v.t. e pron., transformar em massa, em pasta, misturar, moldar.
A.MAS.SI.LHO, s.m., porção de farinha que se amassa de uma vez.
A.MA.TI.LHAR, v.t. e pron., congregar, reunir em matilha, formar como matilha.
A.MA.TRO.NAR-SE, v. pron., ter uma postura de matrona, portar-se como matrona; fig., envelhecer.
A.MÁ.VEL, adj., delicado, atencioso, gentil, cortês.
A.MA.VI.OS, s.m.,pl., feitiços, ingredientes para seduzir alguém.
A.MA.VI.O.SO, adj., seduzido, encantado, maravilhado.
A.MA.ZE.LA.DO, adj., que tem muitas mazelas, relaxado.
A.MA.ZE.LAR-SE, v.pron., encher-se de mazelas; tornar-se mazelento.
A.MA.ZO.NA, s.f., mulher que cavalga, cavaleira.
A.MA.ZO.NEN.SE, adj., relativo ao Estado do Amazonas; habitante ou natural desse Estado.
A.MA.ZÔ.NI.CO, adj., referente ao Amazonas.
ÂM.BAR, s.m., substância dura e de cheiro forte, com cor escura.
AM.BÁ.RI.CO, adj., relativo ao âmbar; feito de âmbar.
A.MA.BA.RI.NO, adj., relativo ao âmbar; ambárico.
AM.BA.RI.ZAR, v.t. e pron., aromatizar, perfumar por meio do âmbar, colorir como âmbar.
AM.BI.ÇÃO, s.f., desejo muito forte de poder e riqueza, ganância, cobiça.
AM.BI.CI.O.NA.DO, adj., desejado, almejado, pretendido, cobiçado.
AM.BI.CI.O.NAR, v.t., desejar ardentemente, cobiçar, querer a qualquer custo.
AM.BI.CI.O.SO, adj., que tem ambição, ganancioso, cobiçoso.
AM.BI.DES.TRI.A, s.f., qualidade de ambidestro.
AM.BI.DES.TRO, adj. e s.m., diz-se de ou pessoa que usa as duas mãos com a mesma habilidade.
AM.BI.ÊN.CIA, s.f., espaço em que os seres vivem; todas as condições de um local para os seres viverem.
AM.BI.EN.TA.ÇÃO, s.f., ato ou efeito de ambientar(-se).
AM.BI.EN.TA.DO, adj., aclimatado, acostumado, afeito, acomodado.
AM.BI.EN.TAL, adj., que se refere ao ambiente; local.
AM.BI.EN.TA.LIS.MO, s.m., conjunto de ideias e discussões com referência ao ambiente e sua importância na vida dos seres animados.
AM.BI.EN.TA.LIS.TA, s. 2 gên., quem se dedica a estudos e a trabalhos com o meio ambiente.
AM.BI.EN.TAR, v.t. e pron., formar um ambiente, dar condições para viver em uma situação.
AM.BI.EN.TE, s.m., local em que os seres vivem de acordo com sua natureza; lugar, bioesfera, habitat, espaço próprio.
AM.BI.GUI.DA.DE, s.f., propriedade do que é ambíguo, com duplo sentido.
AM.BÍ.GUO, adj., que tem duplo sentido, confuso, incoerente.
ÂM.BI.TO, s.m., espaço que cerca algo, recinto, círculo, nível, contexto.
AM.BI.VA.LÊN.CIA, s.f., propriedade do que tem dois valores, dois sentidos.
AM.BI.VA.LEN.TE, adj. e s. 2 gên., que(m) tem qualidades em duas ou mais atuações, que(m) demonstra habilidades em várias atividades.
AM.BLÍ.O.PE, adj. 2 gên. e s. 2 gên., que sofre de ou é portador de ambliopia.
AM.BLI.O.PI.A, s.f., desajuste na visão, enfraquecimento do poder de ver.
AM.BOS, num., os dois, duas pessoas citadas juntas.
AM.BRE.A.DA, s.f., substância que imita âmbar amarelo.
AM.BRE.A.DO, adj., que tem cor de âmbar, com aroma de âmbar.
AM.BRE.AR, v.t. e pron., ter cor de âmbar, espargir odores de âmbar.
AM.BRO.SI.A, s.f., na mitologia greco-romana, era uma comida que tornava os deuses imortais; comida saborosa, iguaria especial.
AM.BRO.SÍ.A.CO, adj., próprio da ambrosia, delicioso, saboroso, de sabor especial.
AM.BU.LÂN.CIA, s.f., carro preparado especialmente para transportar doentes e acidentados.
AM.BU.LAN.TE, adj. 2 gên., que anda sem rumo, vendedor sem ponto fixo, andarilho.
AM.BU.LA.TI.VO, adj., ambulante, errante, que anda sem rumo, vagabundo.
AM.BU.LA.TÓ.RIO, s.m., uma enfermaria, dentro do hospital, para atendimento de emergência.
AM.BUS.TÃO, s.f., cauterização de uma chaga.
A.ME.A.ÇA, s.f., palavra ou gesto indicando que se quer amedrontar alguém, intimidação.
A.ME.A.ÇA.DO, adj., amedrontado, assustado, coagido.
A.ME.A.ÇA.DOR, adj., que ameaça, que assusta, que

AMEAÇANTE

amedronta.

A.ME.A.ÇAN.TE, *adj. 2 gén.*, que ameaça; ameaçador.

A.ME.A.ÇAR, *v.t. e int.*, dirigir ameaças, apavorar, intimidar, amedrontar.

A.ME.A.ÇO, *s.m.*, ameaça; prenúncio de um perigo.

A.ME.A.LHA.DO, *adj.*, economizado, conquistado, ganho.

A.ME.A.LHA.DOR, *adj. e s.m.*, economizador, poupador, ganhador.

A.ME.A.LHAR, *v.t. e int.*, economizar, ajuntar valores, adquirir valores.

A.ME.BA, *s.f.*, indicação de vários animais protozoários, havendo um que é parasita do intestino humano.

A.ME.BI.A.NO, *adj.*, relativo a ameba; amébico.

A.ME.BÍ.A.SE, *s.f.*, infecção provocada por ameba.

A.MÉ.BI.CO, *adj.*, próprio da ameba, referente a ameba.

A.ME.DRON.TA.DO, *adj.*, intimidado, assustado, apavorado.

A.ME.DRON.TA.DOR, *adj. e s.m.*, que amedronta, apavorante, assustador.

A.ME.DRON.TAR, *v.t., int. e pron.*, intimidar, assustar, causar medo.

A.MEI.A, *s.f.*, parapeito superior com colunatas, nas muralhas e castelos, para proteção contra ataques dos inimigos.

A.MEI.GA.DO, *adj.*, acarinhado, afagado, mimado.

A.MEI.GAR, *v.t.*, acarinhar, afagar, suavizar a atitude.

A.MÊI.JOA, *s.f.*, molusco bivalve, de concha arredondada, apreciado como alimento.

A.MEI.XA, *s.f.*, fruto da ameixeira.

A.MEI.XAL, *s.m.*, conjunto de ameixeiras, pomar constituído de ameixeiras.

A.MEI.XEI.RA, *s.f.*, planta que produz uma fruta comestível, a ameixa.

A.ME.LA.DO, *adj.*, que tem cor de mel; que contém mel; *fig.*; adocicado.

A.MÉM!, *interj.*, expressão indicativa de que a oração acabou; *s.m.*, que assim seja, concordância.

A.MÊN.DOA, *s.f.*, fruto da amendoeira, fruto esverdeado e com caroço.

A.MEN.DO.A.DA, *s.f.*, emulsão de amêndoas; bolo português de amêndoas.

A.MEN.DO.A.DO, *adj.*, com forma de amêndoa, a forma de certos olhos.

A.MEN.DO.AL, *s.m.*, conjunto de amendoeiras, muitas amendoeiras.

A.MEN.DO.EI.RA, *s.f.*, árvore que produz a amêndoa.

A.MEN.DO.IM, *s.m.*, planta que produz sementes comestíveis, o fruto dessa planta.

A.ME.NI.DA.DE, *s.f.*, doçura, delicadeza, graça, maviosidade.

A.ME.NI.NA.DO, *adj.*, que se porta como menino, que tem atitudes de menino.

A.ME.NI.NAR-SE, *v.t. e pron.*, assumir modos de menino, infantilizar-se.

A.ME.NIS.TA, *s. 2 gén.*, indivíduo que diz amém a tudo; quem concorda com tudo e com todos.

A.ME.NI.ZA.ÇÃO, *s.f.*, abrandamento, suavizamento, acalmamento, bonança.

A.ME.NI.ZA.DO, *adj.*, suavizado, abrandado, acalmado, afagado.

A.ME.NI.ZA.DOR, *adj. e s.m.*, abrandador, que ameniza, pacificador.

A.ME.NI.ZAR, *v.t. e pron.*, tornar ameno, adoçar, suavizar, tornar aprazível.

AMIDALITE

A.ME.NO, *adj.*, agradável, suave, delicado, gostoso, aprazível.

A.ME.NOR.REI.A, *s.f.*, ausência de menstruação.

A.MER.CE.AR-SE, *v. pron.*, ter mercê, ter pena, ter compaixão.

A.ME.RI.CA.NA.DA, *s.f.*, maneira de americano; *depr.*, conjunto de norte-americanos.

A.ME.RI.CA.NIS.MO, *s.m.*, ideias e conceitos americanos; admiração por tudo que venha dos Estados Unidos; concepção política para os povos, forjada por líderes americanos.

A.ME.RI.CA.NIS.TA, *s. 2 gén.*, quem é afeiçoado a culturas e hábitos americanos, especialista em assuntos americanos, perito em americanismo.

A.ME.RI.CA.NI.ZA.ÇÃO, *s.f.*, ato ou efeito de americanizar-se.

A.ME.RI.CA.NI.ZA.DO, *adj.*, que assumiu hábitos americanos, que mostra costumes americanos.

A.ME.RI.CA.NI.ZAR, *v.t. e pron.*, tornar americano, dar costumes e jeito de americano.

A.ME.RI.CA.NO, *adj., s.m.*, relativo à América ou aos Estados Unidos; natural ou habitante da América.

A.ME.RÍ.CIO, *s.m.*, elemento químico radioativo, de número atômico 95, símbolo: Am.

A.ME.RÍN.CO.LA, *s. 2 gén.*, quem vive e mora na América.

A.ME.RÍN.DIO, *adj. e s.m.*, em relação aos índios das Américas.

A.ME.RIS.SA.GEM, *s.f.*, ação ou efeito de amerissar, pouso de avião na água.

A.ME.RIS.SAR, *v. int.*, pousar na água, pousar no mar.

A.MES.QUI.NHA.DO, *adj.*, humilhado, depauperado, deprimido, discriminado.

A.MES.QUI.NHA.DOR, *adj.*, que (se) amesquinha; *s.m.*, aquele que amesquinha.

A.MES.QUI.NHA.MEN.TO, *s.m.*, humilhação, depauperamento, depressão.

A.MES.QUI.NHAR, *v.t. e pron.*, tornar mesquinho, humilhar, vexar, depreciar.

A.MES.TRA.DO, *adj.*, domado, treinado, preparado, formado, ensinado.

A.MES.TRA.DOR, *adj. e s.m.*, domador, treinador, domesticador.

A.MES.TRA.MEN.TO, *s.m.*, treinamento, domesticação, domação, amansamento.

A.MES.TRAR, *v.t. e pron.*, transformar em mestre, treinar, preparar.

A.ME.TAL, *s.m.*, elementos químicos eletronegativos; não-metal.

A.ME.TIS.TA, *s.f.*, pedra semipreciosa, de cor roxa ou vermelha.

A.ME.TÍS.TI.CO, *adj.*, que tem cor de ou se assemelha a ametista.

A.ME.TRI.A, *s.f.*, o que não tem medida, ausência de medida.

A.MÉ.TRI.CO, *adj.*, relativo a ametria, próprio da ametria.

A.MÉ.TRO.PE, *adj. 2 gén. e s. 2 gén.*, que ou quem sofre de ametropia.

A.ME.TRO.PIA, *s.f.*, em Oftalmologia, deficiência da visão provocada pela perturbação na refração ocular.

A.MI.AN.TO, *s.m.*, mineral que resiste ao poder do fogo, usado por quem enfrenta o fogo.

A.MI.CAL, *adj.*, amigo, amigável, amistoso, camarada.

A.MI.DA, *s.f.*, composto orgânico que deriva de amônia pela substituição de hidrogênio por radicais ácidos.

A.MÍ.DA.LA, *s.f.*, as duas glândulas que ladeiam a garganta, amígdala.

A.MI.DA.LI.TE, *s.f.*, inflamação das amídalas; diz-se também amigdalite.

A.MI.DO, *s.m.*, substância que se extrai de vegetais, como batatas, mandioca e de alguns grãos.

A.MI.DO.A.DO, *adj.*, que contém amido.

A.MI.E.LI.A, *s.f.*, anomalia caracterizada pela ausência de medula espinhal.

A.MI.É.LI.CO, *adj.*, relativo a amielia.

A.MI.GA, *s.f.*, mulher que tem amizade com outrem; amante de alguém.

A.MI.GA.ÇÃO, *s.f.*, ato ou efeito de amigar(-se).

A.MI.GA.ÇO, *s.m.*, grande amigo; amigalhaço.

A.MI.GA.DO, *adj.* e *s.m.*, que está amancebado, quem convive maritalmente, amancebado, convivente.

A.MI.GA.LHA.ÇO, *s.m.*, um grande amigo, amigão.

A.MI.GÃO, *s.m.*, grande amigo, amigalhaço.

A.MI.GAR, *v.t.* e *pron.*, fazer-se amigo, tornar-se amigo, amancebar-se.

A.MI.GAR-SE, *v.pron.*, casar-se com alguém de maneira informal; amancebar-se; amasiar-se.

A.MI.GÁ.VEL, *adj.*, como amigo, com amizade, típico de amigo, amoroso.

A.MIG.DA.LA, A.MÍ.DA.LA, *s.f.*, as duas glândulas que ladeiam a garganta.

A.MIG.DA.LI.FOR.ME, *adj.*, em forma de amígdala.

A.MIG.DA.LI.TE, A.MI.DA.LI.TE, *s.f.*, inflamação das amígdalas.

A.MIG.DA.LO.PA.TI.A, *s.f.*, doença das amígdalas.

A.MI.GO, *adj.*, caro, dileto, dedicado; *s.m.*, um ser que ama o outro; alguém que faz tudo pelo outro; amante, amásio, amancebado.

A.MI.GO DA ON.ÇA, *s.m.*, *pop.*, falso amigo; pessoa que finge ser amiga.

A.MI.GO-O.CUL.TO, *s.m.*, brincadeira entre amigos e familiares, em que cada participante recebe por sorteio, de forma sigilosa, o nome da pessoa a quem deve presentear.

A.MI.GO-SE.CRE.TO, *s.m.*, o mesmo que amigo-oculto.

A.MI.GO-UR.SO, *s.m.*, o mesmo que amigo da onça.

A.MI.LÁ.CEO, *adj.*, que contém ou se assemelha ao amido.

A.MI.LA.SE, A.MÍ.LA.SE, *s.f.*, enzima que torna o amido solúvel e o transforma em açúcar.

A.MI.LA.SE.MI.A, *s.f.*, em Medicina, teor de amilase no sangue.

A.MI.MA.DO, *adj.*, mimado, protegido, bajulado.

A.MI.MA.DOR, *adj.* e *s.m.*, que, o que ou quem amima; acariciador; acarinhador.

A.MI.MA.LHAR, *v.t.*, tratar com mimo, com carinho; mimar.

A.MI.MAR, *v.t.*, usar de mimo, tratar com carinho especial, tratar muito bem.

A.MI.MI.A, *s.f.*, perda dos movimentos da face, totalmente ou em parte.

A.MI.NA, *s.f.*, classe de compostos orgânicos, os quais são derivados da amônia pela troca de um ou mais átomos de hidrogênio por radicais alcoólicos.

A.MI.NA.DO, *adj.*, que contém amina.

A.MI.NO.Á.CI.DO, *s.m.*, classe de compostos orgânicos que tem função ácida e função amina, características das proteínas.

A.MI.SE.RAR-SE, *v. pron.*, tornar-se miserável, depauperar-se, empobrecer-se.

A.MIS.TAR, *v.t.* e *pron.*, tornar-se amigo, criar amizade, conciliar-se.

A.MIS.TO.SO, *adj.*, que tem amizade, dado a amizade; jogo de futebol para alegria dos torcedores, sem fins de ganhar pontos ou renda.

A.MI.U.DA.DO, *adj.*, frequente, constante, repetido, ocorrente.

A.MI.U.DAR, *v.t., int.* e *pron.*, tornar frequente, repetir, cortar espaços entre duas situações.

A.MI.Ú.DE, *adv.*, com frequência, diversas vezes.

A.MI.ZA.DE, *s.f.*, sentimento de amigo entre duas pessoas, afeição, carinho, afinidade.

AM.NÉ.SIA, *s.f.*, a memória desaparece ou diminui; a pessoa esquece tudo.

AM.NÉ.SI.CO, *adj.*, desmemoriado, que não tem memória.

A.MO, *s.m.*, dono, patrão, proprietário, chefe.

A.MO.DER.NAR, *v.t.*, tornar moderno, modernizar, atualizar.

A.MO.DOR.RA.DO, *adj.*, indolente, preguiçoso, que está com modorra.

A.MO.DOR.RAR, *v.t.* e *pron.*, provocar modorra, deixar em estado de preguiça.

A.MO.E.DAR, *v.t.*, transformar em moeda; cunhar.

A.MO.FI.NA.ÇÃO, *s.f.*, irritação, aborrecimento, aflição, angústia.

A.MO.FI.NA.DO, *adj.*, irritado, desgastado, aflito, entristecido.

A.MO.FI.NA.DOR, *adj.* e *s.m.*, que ou aquele que amofina; importunador.

A.MO.FI.NAR, *v.t.* e *pron.*, irritar, afligir, incomodar, agastar, deixar triste.

A.MOI.TA.DO, *adj.*, oculto, escondido, tocaiado, escuso.

A.MOI.TAR, *v. pron.*, ficar na moita, ficar na espreita, esconder-se atrás de algo.

A.MO.JAR, *v.t., int.* e *pron.*, encher ou intumescer de leite.

A.MO.JO, *s.m.*, tetas ou seios cheios de leite.

A.MO.LA.ÇÃO, *s.f.*, ação ou efeito de amolar, incômodo, aborrecimento, fastio.

A.MO.LA.DEI.RA, *s.f.*, pedra de amolar; esmeril; mulher que chateia.

A.MO.LA.DO, *adj.*, incomodado, aborrecido, irritado, agastado.

A.MO.LA.DOR, *s.m., adj.*, que amola, instrumento para afiar ferramentas; por profissão, quem amola.

A.MO.LA.DU.RA, *s.f.*, ato ou efeito de amolar; amolação.

A.MO.LAN.TE, *adj. 2 gên.*, que amola, chateia; maçante.

A.MO.LAR, *v.t.*, afiar, dar corte nas facas; incomodar, enfastiar.

A.MOL.DA.DO, *adj.*, moldado, acostumado, habituado, conformado.

A.MOL.DA.MEN.TO, *s.m.*, ato ou efeito de moldar; ajuste; molde; modelação.

A.MOL.DAR, *v.t.* e *pron.*, colocar no molde, moldar, fabricar de acordo com o molde.

A.MOL.DÁ.VEL, *adj.*, que se pode amoldar, habituável, conformável.

A.MO.LE.CAR, *v.t.* e *pron.*, tornar moleque, dar um jeito e forma de moleque.

A.MO.LE.CA.DO, *adj.*, que tem atitudes de moleque, sapeca, espevitado.

A.MO.LE.CE.DOR, *adj.* e *s.m.*, que amolece, derretedor, que suaviza.

A.MO.LE.CER, *v.t.* e *int.*, tornar mole, suavizar, abrandar, dobrar a vontade de alguém.

A.MO.LE.CI.DO, *adj.*, abrandado, suavizado, dobrado.

A.MO.LE.CI.MEN.TO, *s.m.*, suavizamento, abrandamento, diluição.

A.MO.LEN.GA.DO, *adj.*, que se amolengou; ficou sem

AMOLENGAR — AMOVIBILIDADE

vigor; desanimado.

A.MO.LEN.GAR, *v.t.*, ficar ou fazer ficar molenga; amolecer; enfraquecer.

A.MO.LEN.TAR, *v.t.* e *int.*, tornar mole; perder o vigor; amolecer.

A.MO.LES.TAR, *v.t.*, o mesmo que molestar.

A.MOL.GA.DE.LA, *s.f.*, marca em objeto que foi amolgado; amolgadura.

A.MOL.GA.DU.RA, *s.f.*, ato ou efeito de amolgar(-se); amolgadela.

A.MOL.GA.DO, *adj.*, amassado, deformado, esmagado.

A.MOL.GAR, *v.t.*, *int.* e *pron.*, esmagar, amassar, deformando a forma original.

A.MOL.GÁ.VEL, *adj.*, que se amolga, deformável; dobrável, que se transforma.

A.MÔ.NIA, *s.f.*, solução aquosa de amoníaco.

A.MO.NI.A.CA.DO, *adj.*, amoniacal.

A.MO.NI.A.CAL, *adj.*, que tem amoníaco ou as suas propriedades.

A.MO.NÍ.A.CO, *s.m.*, gás composto de azoto e hidrogênio, solúvel em água.

A.MÔ.NIO, *s.m.*, grupamento formado por um átomo de azoto e quatro de hidrogênio.

A.MO.NÔ.ME.TRO, *s.m.*, instrumento para definir as doses de amônia.

A.MON.TO.A.ÇÃO, *s.f.*, acúmulo, empilhamento.

A.MON.TO.A.DO, *adj.*, colocado em um monte, empilhado, amancebado; *s.m.*, várias coisas juntas.

A.MON.TO.A.DOR, *s.m.*, aquele que amontoa.

A.MON.TO.A.MEN.TO, *s.m.*, amontoação, empilhamento, amancebamento.

A.MON.TO.AR, *v.t.*, *int.* e *pron.*, colocar em monte, ajuntar, recolher, guardar, poupar; amancebar-se.

A.MOR, *s.m.*, afeição, afeto, atração entre duas pessoas, intensa relação de afeto entre pessoas.

A.MO.RA, *s.f.*, fruto da amoreira.

A.MO.RA.DO, *adj.*, que se refere a amoras, que mostra cor ou forma de amora.

A.MO.RAL, *adj.*, que está isento de qualquer tipo de moral, neutro, infenso a uma posição.

A.MO.RA.LI.ZAR, *v.t.*, tornar amoral, perder a moral, não assumir compromissos morais.

A.MO.RÁ.VEL, *adj.*, ameigado, amoroso.

A.MOR.DA.ÇA.DO, *adj.*, que tem a boca trancada, proibido de falar, inibido.

A.MOR.DA.ÇA.MEN.TO, *s.m.*, proibição de expressão, tranca, prisão.

A.MOR.DA.ÇAR, *v.t.*, pôr mordaça em, não deixar falar, fechar a boca de, trancar a boca de alguém.

A.MO.RAN.GA.DO, *adj.*, semelhante ou que lembra morango.

A.MO.REI.RA, *s.f.*, planta que produz a amora e de cujas folhas se nutre o bicho-da-seda.

A.MO.REI.RAL, *s.m.*, plantação de amoras, conjunto de amoras.

A.MO.RE.NA.DO, *adj.*, moreno, bronzeado, escuro.

A.MO.RE.NAR, *v.t.* e *pron.*, tornar moreno, bronzear, escurecer a cor da pele.

A.MOR.FI.A, *s.f.*, sem forma determinada; deformidade; apatia; deficiência.

A.MÓR.FI.CO, *adj.*, em que não há forma determinada; amorfo.

A.MOR.FO, *adj.*, sem forma, apático, sem ação.

A.MO.RI.CO, *s.m.*, namorico, amor rápido, enamoramento momentâneo e leve.

A.MO.RIS.CAR-SE, *v. pron.*, enamorar-se, apaixonar-se, deixar-se tomar de amores.

A.MOR.NA.DO, *adj.*, esquentado, tornado tépido, que está levemente esquentado.

A.MOR.NAR, *v.t.* e *pron.*, tornar morno, esquentar levemente, tornar tépido.

A.MO.RO.SO, *adj.*, que possui muito amor, amável, cheio de amor.

A.MOR-PER.FEI.TO, *s.m.*, planta de jardim, cujas flores têm várias cores e uma beleza imensa.

A.MOR-PRÓ.PRIO, *s.m.*, amor por si mesmo, dignidade, respeito para consigo mesmo; egolatria.

A.MOR.RI.NHAR-SE, *v.t.* e *pron.*, padecer de morrinha, perder as forças, enfraquecer-se.

A.MOR.TA.LHA.DO, *adj.*, coberto por mortalha, envolto em mortalha.

A.MOR.TA.LHA.DOR, *adj.* e *s.m.*, que ou o que amortalha.

A.MOR.TA.LHA.MEN.TO, *s.m.*, ação ou efeito de colocar em mortalha.

A.MOR.TA.LHAR, *v.t.*, colocar em mortalha, envolver o cadáver em pano.

A.MOR.TE.CE.DOR, *s.m.*, *adj.*, que amortece, que suaviza; peça do carro para abafar dos solavancos e ruídos.

A.MOR.TE.CER, *v.t.*, *int.* e *pron.*, abafar, suavizar, diminuir o impacto e o ruído.

A.MOR.TE.CI.DO, *adj.*, abafado, suavizado, enfraquecido, amortizado.

A.MOR.TE.CI.MEN.TO, *s.m.*, ação ou efeito de amortecer, enfraquecimento.

A.MOR.TI.ÇA.DO, *adj.*, que se amortiçou; amortecido; enfraquecido; apagado; extinto.

A.MOR.TI.ÇAR, *v.t.* e *int.*, tornar-se mortiço; fraco; amortecer(-se).

A.MOR.TI.FI.CAR, *v.t.*, amortecer.

A.MOR.TI.ZA.ÇÃO, *s.f.*, ação ou efeito de amortizar, pagamento em prestações, pagamento.

A.MOR.TI.ZA.DO, *adj.*, amortecido, abafado, enfraquecido.

A.MOR.TI.ZAR, *v.t.* e *pron.*, pagar aos poucos uma dívida, liquidar o débito em parcelas seguidas.

A.MOR.TI.ZÁ.VEL, *adj.*, que se pode amortizar, abafável, pagável.

A.MOS.TAR.DA.DO, *adj.*, que tem gosto ou aparência de mostarda.

A.MOS.TRA, *s.f.*, ação ou efeito de mostrar, exibição, parte de um todo usada para avaliação das propriedades de um todo; modelo para vendas; mostra.

A.MOS.TRA.GEM, *s.f.*, ação ou efeito de amostrar, pesquisa por amostragem, pegando somente alguns tipos.

A.MOS.TRAR, *v.t.* e *pron.*, mostrar, exibir, ostentar.

A.MO.TI.NA.ÇÃO, *s.f.*, rebelião, revolta, motim.

A.MO.TI.NA.DO, *adj.*, rebelado, revoltado, insurreto, rebelde.

A.MO.TI.NA.DOR, *adj.* e *s.m.*, quem provoca um motim, insurgente.

A.MO.TI.NA.MEN.TO, *s.m.*, revolta, motim, revolução, insurreição.

A.MO.TI.NAR, *v.t.* e *pron.*, fazer um motim, revoltar, insurgir-se.

A.MOU.RIS.CAR, *v.t.*, adquirir aspecto ou caráter de mourisco.

A.MO.VER, *v.t.*, tirar do lugar, afastar, deslocar.

A.MO.VI.BI.LI.DA.DE, *s.f.*, que pode ser removido.

AMOVÍVEL ... 81 ... ANAFILÁTICO

A.MO.VÍ.VEL, *adj.*, afastável, removível.
AM.PA.RA.DO, *adj.*, apoiado, auxiliado, sustentado, protegido.
AM.PA.RA.DOR, *adj. e s.m.*, que ou aquele que ampara.
AM.PA.RA.MEN.TO, *s.m.*, ato ou efeito de amparar; amparo.
AM.PA.RAR, *v.t.*, proteger, apoiar, auxiliar, suster, segurar.
AM.PA.RO, *s.m.*, apoio, proteção, ação de amparar, patrocínio.
AM.PE.RA.GEM, *s.f.*, intensidade da corrente elétrica por amperes.
AM.PE.RE, *AMPÈRE*, *s.m.*, unidade de intensidade da corrente elétrica.
AM.PE.RÍ.ME.TRO, *s.m.*, instrumento para medir a amperagem.
AM.PE.RÔ.ME.TRO, *s.m.*, aparelho com que se mede a intensidade da corrente elétrica.
AM.PLA.MEN.TE, *adv.*, de modo amplo; extensamente.
AM.PLE.TI.VO, *adj.*, diz-se de órgão vegetal que enlaça outro.
AM.PLE.XI.VO, *adj.*, que forma amplexo, que abraça ou envolve.
AM.PLE.XO, *s.m.*, abraço.
AM.PLI.A.ÇÃO, *s.f.*, ação ou efeito de ampliar, aumento, alargamento.
AM.PLI.A.DO, *adj.*, espaçado, aumentado, dilatado, estendido.
AM.PLI.A.DOR, *adj. e s.m.*, que(m) amplia, aumentador, alargador.
AM.PLI.AR, *v.t., int. e pron.*, aumentar, engrandecer, alargar.
AM.PLI.A.TI.VO, *adj.*, que amplia, que aumenta, aumentativo.
AM.PLI.Á.VEL, *adj.*, aumentável, alargável.
AM.PLI.DÃO, *s.f.*, aquilo que é amplo, grandeza, enormidade, imensidão.
AM.PLI.FI.CA.ÇÃO, *s.f.*, ação ou efeito de amplificar, aumento.
AM.PLI.FI.CA.DO, *adj.*, ampliado, espaçado, dilatado.
AM.PLI.FI.CA.DOR, *adj.*, que amplifica; *s.m.*, aparelho eletrônico que amplifica um sinal de entrada de áudio ou de vídeo; aquele ou aquilo que amplifica.
AM.PLI.FI.CAR, *v.t.*, tornar amplo, aumentar, desenvolver.
AM.PLI.FI.CA.TI.VO, *adj.*, que amplifica, aumentativo.
AM.PLI.FI.CÁ.VEL, *adj.*, que se pode amplificar, aumentável.
AM.PLI.TU.DE, *s.f.*, o que é amplo, extensão, tamanho, âmbito, amplidão.
AM.PLO, *adj.*, vasto, grande, espaçoso, enorme.
AM.PO.LA, *s.f.*, reservatório de vidro, recipiente, bolha.
AM.PU.LHE.TA, *s.f.*, tipo de relógio antigo, que mede o tempo pela queda de areia de um vaso para o outro; relógio de areia.
AM.PU.TA.ÇÃO, *s.f.*, ação ou efeito de amputar, decepamento, corte.
AM.PU.TA.DO, *adj.*, mutilado, separado, tirado.
AM.PU.TA.DOR, *adj. e s.m.*, mutilador, separador, decepador.
AM.PU.TAR, *v.t.*, ato de cortar um membro, decepar, eliminar.
A.MU.A.DO, *adj.*, irritado, aborrecido, decepcionado.
A.MU.A.MEN.TO, *s.m.*, irritação, aborrecimento, decepção.
A.MU.AR, *v.t., int. e pron.*, ficar amuado, irritar-se, aborrecer-se.
A.MU.LA.TA.DO, *adj.*, que tem cor ou feições de mulato.
A.MU.LA.TAR-SE, *v.int.*, adquirir cor de mulato.
A.MU.LE.TO, *s.f.*, talismã, objeto que afasta os azares da vida, objeto para dar sorte.
A.MU.LHE.RA.DO, *adj.*, efeminado, com comportamentos de mulher.
A.MU.LHE.RAR-SE, *v. pron.*, adotar comportamentos de mulher, efeminar-se.
A.MU.MI.A.DO, *adj.*, semelhante à múmia; *p. ext.*, magérrimo; definhado.

A.MU.MI.AR, *v.t. e int.*, dar ou adquirir aparência de múmia; mumificar(-se); tornar(-se) magérrimo.
A.MUN.DI.ÇA.DO, *adj.*, de aspecto imundo; repugnante; grosseiro.
A.MU.NI.CI.A.MEN.TO, *s.m.*, municiamento.
A.MU.NI.CI.AR, *v.t.*, prover de munições, armar-se.
A.MU.O, *s.m.*, estado de quem está amuado, aborrecido, irritado.
A.MU.RA.DA, *s.f.*, em um navio, é o parapeito, construção lateral e elevada no convés.
A.MU.RA.LHA.DO, *adj.*, que está entre muralhas, protegido por muralhas.
A.MU.RA.LHAR, *v.t.*, construir uma cerca elevada, cercar um ambiente com cerca elevada e forte.
A.MU.RAR, *v.t.*, cercar com muro, construir um muro ao redor, rodear com muro.
A.MUR.CHE.CER-SE, *v.pron.*, tornar-se murcho; murchar.
A.NÃ, *s.f.*, forma feminina de anão, mulher de pequena estatura, estrela com luz fraca.
A.NA.BA.TIS.MO, *s.m.*, seita protestante que defende o batismo na idade adulta.
A.NA.BA.TIS.TA, *adj. 2 gên. e s. 2 gên.*, relativo a ou aquele que é adepto do anabatismo.
A.NA.BO.LIS.MO, *s.m.*, processo químico que ocorre no corpo após a ingestão de alimentos, incorporando substâncias destes às células.
A.NA.BO.LI.ZAN.TE, *adj. e s.m.*, substância que favorece o aumento da massa muscular.
A.NA.CA.RA.DO, *adj.*, da cor do nácar, avermelhado.
A.NA.CO.LU.TO, *s.m.*, figura de construção na qual um termo parece solto na frase, sem ligação sintática com os demais termos.
A.NA.CON.DA, *s.f.*, cobra de grandes dimensões, sucuri.
A.NA.CO.RE.TA, *s.m.*, eremita, pessoa que vive em solidão para orar; penitente; religioso.
A.NA.CRÔ.NI.CO, *adj.*, obsoleto, que está fora do tempo, da moda.
A.NA.CRO.NIS.MO, *s.m.*, que está fora do tempo normal, antiquado.
A.NA.CRO.NI.ZAR, *v.t.*, admitir ou praticar anacronismos, tornar anacrônico.
A.NA.BO.LIS.MO, *s.m.*, processo em que o organismo converte o alimento em energia para que ocorra o funcionamento e a regeneração das células.
A.NA.BO.LI.ZA.DO, *adj.*, que teve o processo de anabolismo.
A.NA.BO.LI.ZAN.TE, *s. 2 gên.*, substância que estimula o anabolismo, especialmente para o aumento de massa muscular; *adj. 2 gên.*, diz-se dessa susbstância; anabólico.
A.NA.BO.LI.ZAR, *v.t.*, realizar o anabolismo em; *fig.*, fazer crescer.
A.NA.DI.PLO.SE, *s.f.*, palavra ou frase escrita ou dita ao fim de um período e repetida no começo de outro.
A.NA.E.RÓ.BI.CA, *s.f.*, tipo de ginástica na qual se exige pouco da respiração.
A.NA.E.RÓ.BI.CO, *adj.*, que vive ou realiza uma função com pouco ou sem oxigênio.
A.NA.E.RÓ.BIO, *adj.*, que vive sem oxigênio; *s.m.*, organismo que vive e se reproduz sem oxigênio.
A.NA.E.RO.BI.O.SE, *s.f.*, em Biologia, vida orgânica que vive e se reproduz na ausência de oxigênio.
A.NA.FI.LÁ.TI.CO, *adj.*, próprio da anafilaxia.

ANAFILAXIA ·· 82 ·· **ANAVALHADO**

A.NA.FI.LA.XI.A, s.f., reação a um medicamento por parte do organismo.
A.NÁ.FO.RA, s.f., figura de linguagem que consiste na repeticção de um ou mais vocábulos no início de frases ou versos sucessivos; epanáfora; em Gramática, palavra que remete a outra anteriormente referida.
A.NA.FÓ.RI.CO, adj., relativo a anáfora.
A.NA.FRO.DI.SI.A, s.f., falta de impulso sexual, sem apetite para o sexo.
A.NA.FRO.DI.SÍ.A.CO, adj., que reprime os apetites sexuais.
A.NA.FRO.DI.TA, s. 2 gén., indivíduo que não tem inclinação para o sexo.
A.NA.FRO.DÍ.TI.CO, adj., que não é produzido por geração propriamente dita ou do concurso de dois sexos.
A.NAG.NO.SI.A, s.f., leitura e interpretação excessiva de textos.
A.NA.GRA.MA, s.m., as letras de um nome são mudadas de posição, para se obter outro nome; por ex., América forma Iracema.
A.NA.GRA.MÁ.TI.CO, adj., que se refere a anagrama.
A.NA.GRA.MA.TIS.MO, s.m., processo ou prática de fazer anagramas.
A.NA.GRA.MA.TI.ZAR, v. int., construir anagramas, fazer anagramas.
A.NÁ.GUA, s.f., tipo de saia usada debaixo de outra ou de vestido.
A.NAIS, s.m., a história de algum povo, pessoas, contada ano a ano.
A.NAL, adj., relativo ao ânus.
A.NAL.FA.BÉ.TI.CO, adj., iletrado, apedeuta, referente ao analfabeto.
A.NAL.FA.BE.TIS.MO, s.m., ignorância, desconhecimento da habilidade de ler e escrever.
A.NAL.FA.BE.TO, s.m., que não sabe ler nem escrever; ignorante, iletrado.
A.NAL.GE.SI.A, s.f., falta ou perda de sensibilidade para com a dor; o não sentir a dor.
A.NAL.GÉ.SI.CO, adj., remédio para tirar a dor.
A.NAL.GÉ.TI.CO, adj., analgésico.
A.NAL.GI.A, s.f., sem dor, ausência de dor.
A.NÁL.GI.CO, adj., referente a analgia, que não reproduz a dor.
A.NA.LI.SA.DO, adj., examinado, decomposto.
A.NA.LI.SA.DOR, adj. e s.m., quem analisa, examinador.
A.NA.LI.SAR, v.t., fazer a análise de, examinar com detalhes, decompor.
A.NA.LI.SÁ.VEL, adj., que pode ser analisado, examinável.
A.NÁ.LI.SE, s.f., ação ou efeito de analisar, exame, decomposição dos elementos que compõem o que se examinará.
A.NA.LIS.TA, s. 2 gén., todo indivíduo que faz análises, exames, examinador.
A.NA.LÍ.TI.CO, adj., que analisa, que examina.
A.NA.LO.GI.A, s.f., semelhança entre coisas comuns, similitude, semelhança.
A.NA.LÓ.GI.CO, adj., que possui analogia, semelhante.
A.NA.LO.GIS.MO, s.m., técnica de proceder conforme a analogia.
A.NA.LO.GIS.TA, s. 2 gén., pessoa que argumenta por analogia.
A.NA.LO.GÍS.TI.CO, adj., em que se deduz por analogia.
A.NÁ.LO.GO, adj., semelhante, parecido.
A.NAM.NE.SE, s.f., histórico de uma doença colhido por médico a partir das informações do paciente; p. ext., reminiscência.
A.NAM.NÉ.SIA, s.f., o mesmo que anamnese.
A.NA.NÁS, s.m., planta que produz uma fruta parecida com o abacaxi.
A.NA.NI.CA.DO, adj., diminuto, que tem jeito e estatura de anão; fig., amesquinhado, vil.
A.NA.NI.CAR, v.t., apequenar, diminuir o tamanho, tornar anão; fig., amesquinhar.
A.NA.NI.CO, adj., nanico, apequenado, reduzido de tamanho.
A.NÃO, s.m., pessoa que é menor do que o tamanho normal, muito pequeno.
A.NAR.QUI.A, s.f., situação sem governo, nem lei; baderna, confusão, desordem, desgoverno.
A.NAR.QUI.CO, adj., próprio da anarquia, desorganizado, desgovernado, badernado.
A.NAR.QUIS.MO, s.m., tese, ideia, pensamento que defende a existência da sociedade sem a intervenção do Estado, ou seja, sem a legislação organizadora de um Estado constituído.
A.NAR.QUIS.TA, s. 2 gén., seguidor da anarquia, quem combate a existência de governo, quem quer derrubar a ordem legal.
A.NAR.QUI.ZA.ÇÃO, s.f., ação ou efeito de anarquizar, baderna, confusão, desordem.
A.NAR.QUI.ZA.DO, adj., desordenado, confuso, badernado.
A.NAR.QUI.ZA.DOR, adj. e s.m., que ou aquele que anarquiza.
A.NAR.QUI.ZAN.TE, adj. 2 gén. e s. 2 gén., que anarquiza ou pessoa que anarquiza.
A.NAR.QUI.ZAR, v.t., tornar anárquico, desordenar, badernar, provocar confusão.
A.NAR.TRI.A, s.f., sem as devidas condições para articular palavras por causa de uma paralisia.
A.NAR.TRO, adj. e s.m., que ou aquele que sofre de anartria.
A.NA.SA.LA.DO, adj., com o som emitido pelo nariz; nasalado.
A.NA.SA.LAR, v.t., emitir som pelo nariz; nasalizar.
A.NÁS.TRO.FE, s.f., na frase, inversão da ordem natural dos termos.
A.NAS.TRO.FI.A, s.f., inversão de vísceras, problema com os intestinos.
A.NÁ.TE.MA, s.m., condenado a sair do sistema, maldição, excomunhão, segregado do grupo.
A.NA.TE.MÁ.TI.CO, adj., relativo a ou que envolve anátema.
A.NA.TE.MA.TI.ZA.ÇÃO, s.f., ação ou efeito de anatemizar, excomunhão por motivos de crença.
A.NA.TE.MA.TI.ZA.DO, adj., excomungado, desligado, afastado.
A.NA.TE.MA.TI.ZA.DOR, adj., que anatematiza.
A.NA.TE.MA.TI.ZAR, v.t., excomungar, expulsar de um grupo, amaldiçoar, massacrar.
A.NA.TO.CIS.MO, s.m., cobrança de juros sobre juros, juros estratosféricos.
A.NA.TO.MI.A, s.f., ciência que estuda o organismo interno dos seres.
A.NA.TÔ.MI.CO, adj., relativo a anatomia.
A.NA.TO.MIS.TA, adj. e s.m., diz-se de ou especialista em anatomia.
A.NA.TO.MI.ZA.ÇÃO, s.f., ação ou efeito de anatomizar.
A.NA.TO.MI.ZA.DO, adj., examinado, dissecado.
A.NA.TO.MI.ZAR, v.t. e int., estudar, analisar, dissecar.
A.NA.VA.LHA.DO, adj., que tem forma de navalha; muito afiado.

ANAVALHAR ... ANDROLOGIA

A.NA.VA.LHAR, *v.t.*, dar formato de navalha; navalhar.
AN.CA, *s.f.*, quadril traseiro dos quadrúpedes, quadril.
AN.CES.TRAL, *s.m.*, próprio dos antepassados, muito antigo.
AN.CES.TRA.LI.DA.DE, *s.f.*, o que é próprio dos ancestrais, antiguidade, ascendência.
AN.CES.TRE, *s.m.*, antepassado.
AN.CHO, *adj.*, cheio de si, muito vaidoso, soberbo; espaçoso.
AN.CHO.VA, *s.f.*, enchova, peixe de largo consumo na cozinha brasileira.
AN.CHO.VA.DO, *adj.*, que é preparado com anchova.
AN.CHU.RA, *s.f.*, atitude orgulhosa, ancho, vaidade; amplidão.
AN.CI.ÃO, *adj. e s.m.*, idoso, velho, vetusto, pessoa de muita idade, provecto.
AN.CI.A.NI.DA.DE, *s.f.*, qualidade de ancião, velhice; antiguidade.
AN.CI.LO.SAR, *v.t.*, causar ancilose a; sofrer de ancilose.
AN.CI.LO.SE, *s.f.*, perda ou queda de movimento em algum músculo do corpo.
AN.CI.LOS.TO.MÍ.A.SE, *s.f.*, doença encontrada em seres humanos e animais, produzida pela presença elevada de vermes, os quais provocam anemia no ser, ancilostomose.
AN.CI.LÓS.TO.MO, *s.m.*, verme que provoca a ancilostomíase.
AN.CI.LOS.TO.MO.SE, *s.f.*, ancilostomíase.
AN.CI.NHO, *s.m.*, instrumento de metal, com formato de pente, para recolher ervas ou palha em gramados.
AN.CO.RA, *s.f.*, peça de ferro usada nos navios, para ficarem presos a um local quando pretendem parar.
AN.CO.RA.ÇÃO, *s.f.*, ancoragem.
AN.CO.RA.DO, *adj.*, parado, navio parado, fundeado.
AN.CO.RA.DOU.RO, *s.m.*, local em que as embarcações param; parada de navio no porto.
AN.CO.RA.GEM, *s.f.*, ato de ancorar; ancoramento.
AN.CO.RA.MEN.TO, *s.m.*, ato ou efeito de ancorar; ancoragem.
AN.CO.RAR, *v.t.*, lançar âncora à água, parar o navio, fundear, parar.
AN.CO.RE.TA, *s.f.*, pequena âncora.
AN.CU.DO, *adj.*, que tem ancas grandes, que tem quadris amplos.
AN.DA, *s.f.*, denominação das pernas de pau usadas por acrobatas, cada vara ou cada perna de pau.
AN.DA.DA, *s.f.*, caminhada, trajeto percorrido a pé.
AN.DA.DEI.RA, *s.f.*, andadeiras, andador, instrumento que ajuda as crianças a andarem.
AN.DA.DEI.RAS, *s.f., pl.*, faixas de pano que seguram uma criança pela cintura para ensiná-la a andar.
AN.DA.DEI.RO, *adj.*, que tem pressa; andarilho.
AN.DA.DOR, *adj.*, que anda bem, que caminha com pressa; *s.m.*, utensílio que as crianças usam para andar mais depressa.
AN.DA.DU.RA, *s.f.*, modo de andar, modo de trotar das cavalgaduras.
AN.DAI.MA.DO, *adj.*, provido de andaime.
AN.DAI.MAR, *v.t.*, pôr andaime em.
AN.DAI.MA.RI.A, *s.f.*, conjunto de andaimes.
AN.DAI.ME, *s.m.*, armação de madeira ou outro material sobre o qual os operários trabalham nas construções.
AN.DA.LUZ, *adj. e s.m.*, natural, próprio, habitante da Andaluzia, região da Espanha.
AN.DA.MEN.TO, *s.m.*, ação de andar, maneira de andar; como um trecho musical é executado.
AN.DAN.ÇA, *s.f.*, ação de andar, caminhada, sorte, destino, lida, viagem.
AN.DAN.TE, *s. 2 gên.*, que anda, errante, andarilho, viajante.
AN.DAN.TI.NO, *adj.*, diz-se de música com andamento um pouco mais vivo que o andante; *s.m.*, trecho de música executado nesse andamento.
AN.DAR, *v. int.*, ir, caminhar, locomover-se, dar passos; maneira de caminhar.
AN.DA.RI.LHO, *s.m.*, andante, indivíduo que anda sem rumo nem local fixo.
AN.DE.JAR, *v. int.*, caminhar constantemente, caminhar sempre.
AN.DE.JO, *adj., s.m.*, andarilho, que está sempre andando, nômade.
AN.DI.NO, *adj.*, referente aos Andes; *s.m.*, habitante dos Andes.
AN.DI.RO.BA, *s.f.*, árvore muito grande, produtora de madeira de qualidade, com muitas flores, sendo que das sementes se extrai um óleo usado na Medicina.
AN.DOR, *s.m.*, padiola enfeitada para levar estátuas de santos em procissões.
AN.DO.RI.NHA, *s.f.*, pássaro muito comum e que migra no inverno para locais quentes.
AN.DO.RI.NHÃO, *s.m.*, denominação comum a várias aves da família dos apodídeos.
AN.DOR.RA.NO, *adj. e s.m.*, que se refere a Andorra; habitante ou costume desse país.
AN.DRA.GO.GI.A, *s.f.*, androgogia, educação de pessoas adultas, construção de conhecimentos com pessoas adultas.
AN.DRA.JO, *s.m.*, farrapo, roupa rasgada.
AN.DRA.JOS, *s.m.*, roupas usadas, farrapos, roupas estragadas.
AN.DRA.JO.SO, *adj.*, vestido com farrapos, vestido com roupas velhas e usadas.
AN.DRO.CEU, *s.m.*, estames; o todo dos órgãos masculinos de uma flor.
AN.DRO.FA.GI.A, *s.f.*, antropofagia, hábito de devorar carne humana.
AN.DRÓ.FA.GO, *s.m.*, antropófago.
AN.DRO.FI.LI.A, *s.f.*, predileção por homens, amor por seres masculinos.
AN.DRO.FO.BI.A, *s.f.*, horror ao sexo masculino, medo de seres masculinos.
AN.DRÓ.FO.BO, *adj. e s.m.*, que tem horror a seres masculinos.
AN.DRO.GÊ.NE.SE, *s.f.*, em Biologia, ovo que se desenvolve somente com o núcleo do gameta masculino.
AN.DRO.GE.NE.SI.A, *s.f.*, estudo do desenvolvimento físico e moral da espécie humana.
AN.DRÓ.GE.NO, *adj. e s.m.*, que ou o que origina os caracteres masculinos.
AN.DRO.GI.NI.A, *s.f.*, condição do andrógino ou da criatura humana sem sexo definido, meio homem e meio mulher.
AN.DRO.GI.NIS.MO, *s.m.*, o mesmo que androginia.
AN.DRÓ.GI.NO, *adj. e s.m.*, hermafrodita, ser vivente que possui as características dos dois sexos.
AN.DRO.GO.GI.A, *s.f.*, andragogia, educação de adultos, construção de conhecimentos com adultos.
AN.DROI.DE, *adj.*, semelhante a homem, com tipo de homem.
AN.DRÓ.LA.TRA, *s. 2 gên.*, quem adora um ser masculino.
AN.DRO.LA.TRI.A, *s.f.*, adoração para com um homem, amor exagerado para com um homem.
AN.DRO.LO.GI.A, *s.f.*, estudo do homem, sobretudo no que se refere às suas doenças.

ANDROLÓGICO ··84·· **ÂNFORA**

AN.DRO.LÓ.GI.CO, adj., que se refere a andrologia.
AN.DRO.MA.NI.A, s.f., adoração por ser masculino, paixão por ser masculino.
AN.DRÔ.ME.DA, s.f., constelação boreal; galáxia espiral mais próxima da Via-Láctea.
AN.DRO.PAU.SA, s.f., queda ou cessação da atividade sexual em um homem.
A.NE.DO.TA, s.f., narração detalhada de fatos engraçados, chiste, piada.
A.NE.DO.TÁ.RIO, s.m., coleção de anedotas, conjunto de anedotas.
A.NE.DÓ.TI.CO, adj., relativo a anedota.
A.NE.DO.TO.MA.NI.A, s.f., mania de anedotas.
A.NE.DO.TIS.TA, s. 2 gên., pessoa que conta anedotas.
A.NE.DO.TI.ZAR, v.t. e int., transformar em anedota, dar forma e jeito de anedota.
A.NE.GA.DO, s.m., rochedo ou recife coberto de água.
A.NE.GAR, v.t., cobrir de água; inundar; mergulhar.
A.NE.GRAR, v.t., tornar negro; enegrecer.
A.NE.GRE.JAR, v.t., tornar negro;
A.NE.GRIS.CAR, v.t., tornar um tanto negro; escurecer.
A.NEI.RO, adj., que corre bem ou mal como o ano; contingente; fig., inconstante.
A.NEL, s.m., pequena argola de metal que se usa nos dedos, arco, elo.
A.NE.LA.ÇÃO, s.f., desejo, anelo, ânsia por algo, impulso por algo.
A.NE.LA.DO, adj., cabelo encaracolado; em forma de anel.
A.NE.LA.DU.RA, s.f., ato de anelar; a forma de anel.
A.NE.LAR, v.t., dar forma de anel, desejar muito, ambicionar; adj., anular.
A.NE.LEI.RA, s.f., utensílio para recolher anéis, estojo para guardar anéis.
A.NE.LÍ.DEO, s.m., tipo de verme com formato de anel; adj., referente a anel, próprio de anel.
A.NE.LI.FOR.ME, adj., que possui forma de anel.
A.NE.LO, s.m., desejo ardente, grande desejo, ânsia.
A.NE.MI.A, s.f., poucos glóbulos vermelhos no sangue, fraqueza, debilidade.
A.NE.MI.AN.TE, adj., que definha, que enfraquece.
A.NE.MI.AR, v.t. e pron., produzir anemia, levar a uma anemia.
A.NÊ.MI.CO, adj., que sofre de anemia, sem forças, fraco, enfraquecido.
A.NE.MI.ZAR, v.t. e pron., enfraquecer, perder as forças, definhar, anemiar.
A.NE.MO.FI.LI.A, s.f., polinização das flores por meio do vento.
A.NE.MO.GRA.FI.A, s.f., estudo e descrição dos ventos, tratado sobre os ventos.
A.NE.MO.GRÁ.FI.CO, adj., próprio da anemografia, referente a ventos.
A.NE.MO.GRA.FO, s.m., quem estuda e explica os ventos; instrumento para registrar a direção e a força dos ventos.
A.NE.MO.LO.GI.A, s.f., estudo e tratado enfocando os ventos.
A.NE.MO.LÓ.GI.CO, adj., relativo a anemologia.
A.NE.MÓ.LO.GO, s.m., especialista em ventos, quem estuda e explica a anemologia.
A.NE.MO.ME.TRI.A, s.f., padrão para medir a força e a velocidade dos ventos.
A.NE.MO.MÉ.TRI.CO, adj., relativo a anemometria.
A.NE.MÔ.ME.TRO, s.m., aparelho usado para medir a força e a velocidade do vento.

A.NÊ.MO.NA, s.f., planta de largo cultivo por suas flores e por suas propriedades medicinais.
A.NE.MOS.CO.PI.A, s.f., tratado para mostrar a direção dos ventos.
A.NE.MOS.CÓ.PIO, s.m., aparelho próprio para mostrar a direção dos ventos.
A.NEN.CE.FA.LI.A, s.f., ausência parcial ou total do encéfalo.
A.NE.ROI.DE, adj. 2 gên., diz-se de instrumento que funciona sem o uso de mercúrio.
A.NE.ROI.DÓ.GRA.FO, s.m., barômetro aneroide que registra a pressão atmosférica munido de lâminas metálicas.
A.NES.TE.SI.A, s.f., substância usada nas cirurgias para provocar a perda total ou parcial da sensibilidade do corpo.
A.NES.TE.SI.A.DO, adj., que recebeu anestesia, insensibilizado, adormecido por anestesia.
A.NES.TE.SI.AN.TE, adj. 2 gên., que anestesia; anestésico.
A.NES.TE.SI.AR, v.t., reduzir ou eliminar a sensibilidade com o uso de anestesia.
A.NES.TÉ.SI.CO, s.m., produto médico que produz anestesia.
A.NES.TE.SI.O.LO.GI.A, s.f., ramo da medicina que trata da anestesia.
A.NES.TE.SIS.TA, s. 2 gên., quem aplica a anestesia, médico especialista em anestesia.
A.NES.TÉ.TI.CO, s.m., anestésico; adj., diz-se do que é belo naturalmente, sem a necessidade da arte envolvida.
A.NÉ.TI.CO, adj., que diminui a dor, analgésico; antiético, imoral, contra a moral.
A.NEU.RIS.MA, s.m., dilatação ao longo de uma artéria, quando suas paredes se distendem.
A.NEU.RIS.MAL, adj., que tem semelhança com aneurisma, referente a aneurisma.
A.NEU.RIS.MÁ.TI.CO, adj., aneurismal, referente a aneurisma.
A.NEU.RO.SE, s.f., ausência de atividade nervosa, sem ação dos nervos.
A.NE.XA.ÇÃO, s.f., ação ou efeito de anexar, incorporação, acréscimo, junção.
A.NE.XA.DO, adj., ligado, juntado, reunido, apensado.
A.NE.XA.DOR, adj. e s.m., que anexa, ajuntador.
A.NE.XAR, v.t., executar uma anexação, ajuntar, unir, ligar.
A.NE.XIM, s.m., anedota, piada, provérbio, adágio, máxima.
A.NE.XI.O.NIS.MO, s.m., teoria segundo a qual se preconiza a anexação dos pequenos estados aos grandes, seus vizinhos, sob fundamento de afinidades de raça, língua, costumes, etc.
A.NE.XI.O.NIS.TA, s. 2 gên., partidário do anexionismo.
A.NE.XO, adj., ligado, unido, incluso.
AN.FE.TA.MI.NA, s.f., medicamento para estimular o sistema nervoso em diversas doenças.
AN.FÍ.BIO, s.m., classe de animais que nascem na água, mas, em se tornando adultos, vivem tanto em terra como na água, como sapos e outros.
AN.FI.BI.O.GRA.FI.A, s.f., tratado sobre os anfíbios, explanação de anfíbios.
AN.FI.BO.LO.GI.A, s.f., em Gramática, ambiguidade de sentido apresentada por uma construção sintática.
AN.FI.TE.A.TRO, s.m., um espaço com arquibancadas para espetáculos; sala para conferências, palestras; sala em forma circular.
AN.FI.TRI.ÃO, s.m., quem recebe os convidados, o dono da casa que recebe convidados.
ÂN.FO.RA, s.f., vaso de barro grande, para líquidos, com

ANFRACTUOSIDADE — ANGUSTIANTE

duas alças.

AN.FRAC.TU.O.SI.DA.DE, *s.f.*, saliência, irregularidade, depressão.

AN.FRAC.TU.O.SO, *adj.*, que possui saliências, irregular, sinuoso, que tem superfície com saliências.

AN.GA.RI.A.ÇÃO, *s.f.*, recebimento, recolhimento, obtenção.

AN.GA.RI.A.DO, *adj.*, recebido, recolhido, obtido.

AN.GA.RI.A.DOR, *adj. e s.m.*, que ou aquele que angaria; arrecadador.

AN.GA.RI.A.MEN.TO, *s.m.*, angariação.

AN.GA.RI.AR, *v.t.*, obter, receber, recolher, ajuntar, granjear, obter por solicitação.

AN.GÉ.LI.CA, *s.f.*, planta medicinal com flores muito perfumadas.

AN.GE.LI.CAL, *adj.*, característico de anjo, puro, perfeito, angélico.

AN.GÉ.LI.CO, *adj.*, relativo a anjo, angelical, puro, divino, santo.

AN.GE.LIM, *s.m.*, árvore do Norte do Brasil, muito grande, usada como madeira.

AN.GE.LI.ZA.ÇÃO, *s.f.*, ato de angelizar.

AN.GE.LI.ZA.DO, *adj.*, tornado anjo, santificado, purificado.

AN.GE.LI.ZAR, *v.t.*, dar forma de anjo, assumir postura de anjo, ser puro.

AN.GE.LÓ.LA.TRA, *adj. e s.m.*, que ou aquele que idolatra anjos.

AN.GE.LO.LA.TRI.A, *s.f.*, adoração de anjos, paixão por anjos.

AN.GE.LO.LÁ.TRI.CO, *adj.*, relativo a angelolatria.

AN.GE.LO.LO.GI.A, *s.f.*, estudo dos anjos; crença na existência dos anjos.

AN.GE.LO.LÓ.GI.CO, *adj.*, relativo a angelologia.

ÂN.GE.LUS, *s.m.*, o toque dos sinos em algumas igrejas às 6h, às 12h e às 18h; ave-marias, preces.

AN.GI.CO, *s.m.*, árvore nativa em alguns países americanos e, no Brasil, usada como boa madeira.

AN.GI.NA, *s.f.*, doença inflamatória que ataca a garganta; dores fortes e constritivas que provêm do coração, afetando o sistema cardíaco.

AN.GI.O.GRA.FI.A, *s.f.*, descrição dos vasos sanguíneos; tratado que mostra os vasos sanguíneos.

AN.GI.O.GRÁ.FI.CO, *adj.*, relativo a angiografia.

AN.GI.O.GRA.MA, *s.m.*, reprodução radiográfica dos vasos sanguíneos mais próximos ao coração.

AN.GI.O.LO.GI.A, *s.f.*, estudo, tratado que se centra nos vasos sanguíneos.

AN.GI.O.LÓ.GI.CO, *adj.*, relativo a angiologia.

AN.GI.O.LO.GIS.TA, *s. 2 gên.*, médico especialista em angiologia.

AN.GI.O.MA, *s.m.*, tumor localizado nos vasos sanguíneos.

AN.GI.O.PA.TI.A, *s.f.*, qualquer doença que afeta o sistema cardíaco.

AN.GI.O.PÁ.TI.CO, *adj.*, relativo a angiopatia.

AN.GI.OS.CLE.RO.SE, *s.f.*, esclerose vascular; arteriosclerose.

ANGIOSE, *s.f.*, enfermidade com sede no sistema vascular sanguíneo.

AN.GI.OS.PER.MO, *adj.*, que tem as sementes revestidas de pericarpo distinto.

AN.GI.O.PLAS.TI.A, *s.f.*, cirurgia feita para arrumar um vaso sanguíneo.

AN.GLI.CA.NIS.MO, *s.m.*, religião cristã oficial e dominante na Inglaterra.

AN.GLI.CA.NO, *adj. e s.m.*, seguidor do anglicanismo.

AN.GLI.CIS.MO, *s.m.*, palavra inglesa usada em outros idiomas, principalmente em português.

AN.GLI.CI.ZAR, *v.t.*, inglesar, tornar inglês, anglizar.

AN.GLI.ZAR, *v.t.*, assumir modos e costumes de inglês, anglicizar, inglesar.

AN.GLO, *adj. e s.m.*, britânico, inglês, próprio da Inglaterra.

AN.GLO.FI.LI.A, *s.f.*, preferência por tudo que seja inglês, paixão por temas e assuntos britânicos.

AN.GLÓ.FI.LO, *adj. e s.m.*, amigo de tudo que seja inglês, apaixonado por temas ingleses.

AN.GLO.FO.BI.A, *s.f.*, aversão a tudo que seja inglês, ódio a coisas inglesas.

AN.GLÓ.FO.BO, *adj. e s.m.*, que(m) tem aversão a tudo que seja inglês.

AN.GLO.MA.NI.A, *s.f.*, mania por assuntos e coisas inglesas.

AN.GLO.MA.NÍ.A.CO, *adj. e s.m.*, que ou aquele que admira exageradamente os anglos.

AN.GLO-NOR.MAN.DO, *adj. e s.m.*, diz-se da fusão de normandos com anglo-saxões.

AN.GLO-SA.XÃO, *adj. e s.m.*, designação dos antigos povos que povoavam a Inglaterra; relativo aos ingleses, próprio dos habitantes da Inglaterra.

AN.GLO-SA.XÔ.NI.CO, *adj.*, anglo-saxão.

AN.GO.LA.NO, *adj. e s.m.*, natural ou habitante de Angola.

AN.GO.LEN.SE, *adj. e s.m.*, angolano.

AN.GO.LI.NHA, *s.f.*, galinha-d'angola, tipo de galinha originária de Angola.

AN.GO.RÁ, *s.m.*, tipo de gato caracterizado por seu pelo longo e brilhante.

AN.GRA, *s.f.*, enseada, pequena baía, porto natural na costa marítima.

AN.GU, *s.m.*, comida mole feita com farinha de milho, arroz e outros ingredientes; *pop.*, confusão.

AN.GU DE CA.RO.ÇO, *s.m.*, fato ou problema do cotidiano, de difícil solução; confusão.

AN.GUI.FOR.ME, *adj. 2 gên.*, que possui forma de cobra, semelhante a serpente.

AN.GUI.LI.FOR.ME, *adj.*, que tem forma de enguia; *s.m.*, família de peixes malacopterígios, cujo representante popular é a enguia.

AN.GU.LA.ÇÃO, *s.f.*, formação de ângulos, junção de ângulos.

AN.GU.LA.DO, *adj.*, que tem ângulos, cheio de ângulos, anguloso.

AN.GU.LAR, *adj.*, em forma de ângulo, básico; *v. int.*, formar ângulos, enviesar.

AN.GU.LA.RI.DA.DE, *s.f.*, qualidade do que tem ângulos, que tem forma de ângulo.

AN.GU.LÁ.RIO, *s.m.*, instrumento para medir ângulos.

ÂN.GU.LO, *s.m.*, figura geométrica formada pelo cruzamento de duas retas; canto, esquina, aresta, perspectiva.

AN.GU.LO.SI.DA.DE, *s.f.*, qualidade de anguloso; angularidade.

AN.GU.LO.SO, *adj.*, cheio de ângulos, angulado, que está cheio de esquinas.

AN.GÚS.TIA, *s.f.*, grande ansiedade, aflição, preocupação excessiva, dor, estresse.

AN.GUS.TI.A.DO, *adj.*, aflito, preocupado, aborrecido, estressado.

AN.GUS.TI.AN.TE, *adj.*, que angustia, que aflige, que causa dor.

AN.GUS.TI.AR, *v.t.* e *pron.*, causar angústia, afligir, atormentar.
AN.GUS.TI.O.SO, *adj.*, que causa angústia; angustiante.
AN.GUS.TO, *adj.*, reduzido, apertado, estreito, que tem uma passagem limitada.
AN.GUS.TU.RA, *s.f.*, local que oferece uma passagem estreita, lugar apertado para passar.
AN.GU.ZA.DA, *s.f.*, trapalhada, confusão, embrulhada.
A.NHAN.GÁ, *s.m.*, figura da crença tupi-guarani, protetor dos animais contra caçadores e pescadores.
A.NHAN.GUE.RA, *s.m.*, figura da crença tupi, manhosa e velhaca; um tipo de diabo tupi.
A.NHO, *s.m.*, cordeiro, filhote de ovelha.
A.NHU.MA, *s.f.*, ave da Amazônia, habitante das regiões com água, de plumagem preta e branca.
A.NI.A.GEM, *s.f.*, tecido de pouco acabamento, grosseiro, usado em confecções de produtos baratos ou de artesanato popular.
A.NI.CHA.DO, *adj.*, escondido, abrigado, posto em nicho, aninhado.
A.NI.CHAR, *v.t.* e *pron.*, colocar em nicho, abrigar-se em nicho, abrigar-se, recolher-se.
A.NÍ.DRI.CO, *adj.*, o mesmo que anidro.
A.NI.DRI.DO, *s.m.*, produto químico obtido dos ácidos com a remoção da água neles existente.
A.NI.DRO, *adj.*, que está desprovido de água, que não tem água.
A.NI.DRO.SE, *s.f.*, ausência ou redução do suor; falta de secreção de suor.
A.NIL, *s.m.*, corante azul; índigo.
A.NI.LA.DO, *adj.*, de cor anil, azulado.
A.NI.LAR, *v.t.*, dar cor azul, tingir de anil.
A.NI.LHO, *s.m.*, argolinha de metal, argola para prender panos e outros adereços.
A.NI.LI.NA, *s.f.*, composto muito utilizado para dar cor a produtos.
A.NI.MA.ÇÃO, *s.f.*, ação ou efeito de animar; entusiasmo, coragem, vontade.
A.NI.MA.DO, *adj.*, entusiasmado, disposto, com vontade.
A.NI.MA.DOR, *adj.* e *s.m.*, quem anima, dirigente de um grupo, quem anima uma equipe, comunicador.
A.NI.MAL, *s.m.*, todo ser vivo que se mantém e se locomove; *fig.*, pessoa bruta.
A.NI.MA.LA.DA, *s.f.*, conjunto de animais, coletivo para animais.
A.NI.MA.LE.JO, *s.m.*, animal pequeno; *fig.*, pessoa bronca; estúpida.
A.NI.MA.LES.CO, *adj.*, brutal, bestial, próprio de animal.
A.NI.MÁ.LIA, *s.f.*, animal irracional, besta, fera.
A.NI.MA.LI.DA.DE, *s.f.*, o todo das qualidades inerentes aos animais irracionais e do instinto dos racionais; bestialidade, brutalidade, selvageria, grosseria.
A.NI.MA.LIS.MO, *s.m.*, qualidade peculiar do animal; grupos de artistas que focam os motivos de sua arte em animais.
A.NI.MA.LI.ZA.ÇÃO, *s.f.*, ação ou efeito de animalizar, abrutalhamento.
A.NI.MA.LI.ZA.DO, *adj.*, embrutecido, abrutalhado, brutalizado.
A.NI.MA.LI.ZAR, *v.t.*, dar modos e jeitos de animal, brutalizar, tornar animal.
A.NI.MAN.TE, *adj.*, que anima, estimulante.
A.NI.MAR, *v.t.* e *pron.*, dar vida, entusiasmar, dirigir com entusiasmo, dar coragem.

A.NI.MÁ.VEL, *adj. 2 gên.*, que se pode animar.
A.NÍ.MI.CO, *adj.*, relativo a alma, próprio da alma, psíquico.
A.NI.MIS.MO, *s.m.*, suposição de que todas as criaturas, mesmo animais e fenômenos, teriam uma alma.
A.NI.MIS.TA, *s. 2 gên.*, quem segue o animismo, defensor do animismo.
Â.NI.MO, *s.m.*, espírito, mente, entusiasmo, coragem.
A.NI.MO.SI.DA.DE, *s.f.*, indisposição, aversão, antipatia, irritação.
A.NI.MO.SO, *adj.*, entusiasmado, valente, corajoso.
A.NI.NA.DO, *adj.*, acalentado; ninado.
A.NI.NAR, *v.t.*, ninar; acalentar; embalar.
A.NI.NHA.DO, *adj.*, abrigado; aconchegado.
A.NI.NHAR, *v.t., int.* e *pron.*, colocar no ninho, recolher-se, amparar-se.
A.NI.NHO, *s.m.*, cordeiro, filhote de ovelha com um ano ou menos de idade.
Â.NI.ON, *s.m.*, ion de carga elétrica negativa; anionte.
A.NI.ON.TE, *s.m.*, ânion.
A.NI.QUI.LA.ÇÃO, *s.f.*, o mesmo que aniquilamento.
A.NI.QUI.LA.DO, *adj.*, destruído, vencido, destroçado.
A.NI.QUI.LA.DOR, *adj.* e *s.m.*, que ou aquele que aniquila.
A.NI.QUI.LA.MEN.TO, *s.m.*, ação e efeito de aniquilar, aniquilação, destruição.
A.NI.QUI.LAR, *v.t.* e *pron.*, destruir, reduzir ao nada, extinguir, arrasar.
A.NIS, *s.m.*, planta aromática usada para fazer remédios e licores.
A.NI.SE.TE, *s.m.*, licor feito com anis.
A.NIS.TI.A, *s.f.*, ato que perdoa o fato e suas consequências; perdão total.
A.NIS.TI.A.DO, *adj.* e *s.m.*, quem recebeu a anistia, quem foi perdoado.
A.NIS.TI.AR, *v.t.*, dar anistia, perdoar, retirar as acusações, isentar de culpa.
A.NIS.TÓ.RI.CO, *adj.*, que é contra a história, que vai contra o processo histórico.
A.NI.VER.SA.RI.AN.TE, *s.m.*, quem aniversaria, quem completa anos.
A.NI.VER.SA.RI.AR, *v. int.*, completar anos, celebrar o dia de nascimento.
A.NI.VER.SÁ.RIO, *s.m.*, o dia no qual se nasceu, celebrado por completar anos; qualquer celebração para se comemorar anos.
AN.JI.NHO, *s.m.*, tratamento de carinho, um pequeno anjo, alguém inocente, um ser celestial.
AN.JO, *s.m.*, ser espiritual que liga os homens a Deus; habitante do céu, ser puro; *fig.*, pessoa pura, pessoa bela e inocente.
AN.JO DA GUAR.DA, *s.m.*, anjo que tem por encargo cuidar de uma pessoa; *fig.*, amigo, protetor.
A.NO, *s.m.*, espaço de 365 dias ou 12 meses; tempo entre 1° de janeiro e 31 de dezembro de cada ano.
A.NO-BOM, *s.m.*, usado na saudação de l.° de janeiro, desejo de que seja uma realidade.
A.NÓ.DI.CO, *adj.*, relativo a ânodo.
A.NÓ.DI.NO, *adj.*, que diminui a dor; *fig.*, algo ineficaz, algo que não produz o efeito desejado.
Â.NO.DO, A.NÓ.DIO, *s.m.*, eletrodo de entrada da corrente num voltímetro; o eletrodo positivo; *adj.*, diz-se do polo postivo de uma fonte eletrolítica.

ANODONTE

ANTEDILUVIANO

A.NO.DON.TE, *adj.*, desdentado, que está sem dentes, ser que não tem dentes.

A.NO.DON.TI.A, *s.f.*, ausência completa de dentes, falta de dentes.

A.NÓ.FE.LE, *s.m.*, em Zoologia, mosquito do gênero *anophele*, responsável pela transmissão da malária; mosquito-prego.

A.NOF.TAL.MI.A, *s.f.*, falta de visão, ausência do órgão da visão.

A.NOI.TE.CER, *v. int.*, escurecer, começar a noite; *s.m.*, a queda da noite, o lusco-fusco.

A.NO.JA.DO, *adj.*, que tem nojo, enlutado, entristecido, aborrecido.

A.NO.JA.MEN.TO, *s.m.*, anojo, luto, situação de luto, aborrecimento, tristeza.

A.NO.JAR, *v.t.*, causar nojo, anojar(-se); entediar; enfadar; desgostar; enlutar.

A.NO.JO, *s.m.*, luto, aborrecimento, tristeza.

A.NO-LUZ, *s.m.*, distância percorrida pela luz durante um ano, a 300.000 km/seg.

A.NO.MA.LI.A, *s.f.*, anormalidade, o que foge aos padrões, não é normal.

A.NÔ.MA.LO, *adj.*, que é anormal, diferente, excepcional.

A.NO.NA, *s.f.*, nona, fruta-do-conde, cortiça; ariticum (no Paraná).

A.NO.NÁ.CE.A, *s.f.*, espécie das anonáceas, que dão a fruta-do-conde.

A.NO.NI.MA.TO, *s.m.*, o que é anônimo, que é feito sem declarar o autor.

A.NO.NÍ.MIA, *s.f.*, o que está sem nome, o que é anônimo.

A.NÔ.NI.MO, *adj.*, sem nome; que vem sem a devida indicação do autor.

A.NO.RA.QUE, *s.m.*, agasalho com capuz e impermeável; casaco com couro, usado pelos esquimós.

A.NO.RE.XI.A, *s.f.*, distúrbio devido ao qual a pessoa não tem apetite.

A.NO.RÉ.XI.CO, *adj.*, que sofre de anorexia, que não tem apetite.

A.NOR.MAL, *adj.*, que não é normal, anômalo, excepcional, fora dos padrões.

A.NOR.MA.LI.DA.DE, *s.f.*, estado do que não é normal; excepcionalidade.

A.NOR.MAL.MEN.TE, *adv.*, de modo anormal, excepcionalmente.

A.NOR.QUI.A, *s.f.*, falta congênita dos testículos.

A.NOR.RIN.CO, *adj.*, em Zoologia, desprovido de bico ou nariz.

A.NO.TA.ÇÃO, *s.f.*, ação ou efeito de anotar, escrito, nota escrita.

A.NO.TA.DO, *adj.*, escrito, lembrado, redigido.

A.NO.TA.DOR, *adj. e s.m.*, que ou aquele que faz anotações.

A.NO.TAR, *v.t.*, escrever, tomar notas.

A.NO.VE.LA.DO, *adj.*, enovelado, enrolado, embrulhado.

A.NO.VE.LAR, *v.t.*, enrolar, enovelar.

AN.SEI.O, *s.m.*, desejo, aflição, aspiração, objetivo.

AN.SE.RI.FOR.MES, *s.m., pl.*, tipo de aves aquáticas como os patos, marrecos, cisnes, gansos e similares.

AN.SE.RI.NO, *adj.*, que possui semelhança com patos, gansos e marrecos.

ÂN.SIA, *s.f.*, desejo muito grande, angústia, enjoo, aflição.

AN.SI.A.DO, *adj.*, desejado, esperado, anelado, ambicionado.

AN.SI.AR, *v.t., int. e pron.*, causar ânsia, desejar muito, anelar, ambicionar.

AN.SI.E.DA.DE, *s.f.*, problemas na respiração, angústia, insegurança.

AN.SI.FOR.ME, *adj.*, que tem forma de asa, aliforme, que se assemelha a asa.

AN.SI.O.SO, *adj.*, que tem muita ansiedade, angustiado, inseguro, extremamente preocupado.

AN.TA, *s.f.*, um dos maiores mamíferos selvagens do Brasil, tapir; *fig.*, indivíduo tolo, apatetado.

AN.TA.GÔ.NI.CO, *adj.*, contrário, adversário, oposto.

AN.TA.GO.NIS.MO, *s.m.*, rivalidade, situação em que dois se combatem, um se opõe ao outro, adversatividade.

AN.TA.GO.NIS.TA, *s. 2 gên.*, opositor, contrário.

AN.TA.GO.NI.ZAR, *v.t. e pron.*, procurar antagonismo, combater.

AN.TAL.GI.A, *s.f.*, aquilo que combate a dor.

AN.TÁL.GI.CO, *adj.*, que se opõe à dor, próprio para acalmar a dor.

AN.TA.NHO, *adv.*, outrora, antigamente, nos tempos passados.

AN.TAR.QUIS.MO, *s.m.*, posição contra todos os tipos de governo, contra todo governo.

AN.TAR.QUIS.TA, *s. 2 gên.*, quem é adepto do antarquismo.

AN.TÁR.TI.CO, *adj.*, próprio do Polo Sul, da Antártica.

AN.TE, *prep.*, antes de, diante de, na frente de.

AN.TE.A.TO, *s.m.*, peça introdutória à principal, em um teatro.

AN.TE.AU.RO.RA, *s.f.*, o primeiro alvor da madrugada.

AN.TE.BO.CA, *s.f.*, a parte anterior da boca.

AN.TE.BRA.ÇO, *s.m.*, parte do braço entre o pulso e o cotovelo.

AN.TE.BRA.QUI.AL, *adj.*, que se refere ao antebraço.

AN.TE.CÂ.MA.RA, *s.f.*, sala de espera, antessala, local para esperar o atendimento.

AN.TE.CE.DÊN.CIA, *s.f.*, o que acontece ou é feito antes, fato anterior.

AN.TE.CE.DEN.TE, *adj. e s. 2 gên.*, precedente, anterior, que vem antes.

AN.TE.CE.DER, *v.t.*, vir antes, preceder, estar na frente.

AN.TE.CES.SOR, *s.m.*, precedente, predecessor, o que veio antes.

AN.TE.CI.PA.ÇÃO, *s.f.*, ação ou efeito para antecipar, precedência.

AN.TE.CI.PA.DA.MEN.TE, *adv.*, que vem antes, precedentemente.

AN.TE.CI.PA.DO, *adj.*, adiantado, realizado antes do horário.

AN.TE.CI.PA.DOR, *adj.*, que antecipa; *s.m.*, aquele que se antecipa; pessoa que prenuncia algo.

AN.TE.CI.PAR, *v.t. e pron.*, trazer para antes, realizar antes do marcado, adiantar.

AN.TE.CI.PA.TÓ.RIO, *adj.*, que antecipa; antecipador.

AN.TE.CLÁS.SI.CO, *adj.*, que ocorreu antes do período clássico.

AN.TE.CON.JU.GAL, *adj.*, que ocorre antes do casamento; pré-matrimonial.

AN.TE.CO.RO, *s.m.*, aposento anterior ao coro (*q.v.*).

ANTE.COS, *s.m., pl*, habitantes que vivem no mesmo meridiano, mas em latitude oposta no globo terrestre.

AN.TE.DA.TA, *s.f.*, antecipação de um evento, realização anterior à data marcada.

AN.TE.DA.TAR, *v.t.*, predatar, datar para antes do marcado, datar com antecedência.

AN.TE.DI.LU.VI.A.NO, *adj.*, que aconteceu antes do dilúvio, muito antigo, antiquado, obsoleto.

ANTEDIZER

AN.TE.DI.ZER, *v.t.*, dizer antes, predizer, profetizar, prever, prenunciar.
AN.TE.GOS.TAR, *v.t.*, gostar antecipadamente; antegostar.
AN.TE.GOS.TO, *s.m.*, gosto que se imagina de algo antes de prová-lo; *fig.*, antegozo.
AN.TE.GO.ZAR, *v.t.*, gozar antes, gozar antes do esperado.
AN.TE.GO.ZO, *s.m.*, gozo antecipado, gozo antes do esperado.
AN.TE.GUAR.DA, *s.f.*, vanguarda, o que vem na frente.
AN.TE-HIS.TÓ.RI.CO, *adj.*, pré-histórico, antigo, antes de a história ser escrita.
AN.TE.MA.NHÃ, *s.f.*, a parte do tempo que precede a manhã; hora antes do amanhecer.
AN.TE.MÃO, *s.f.*, *na loc. adv.* - de antemão: com antecedência, antecipadamente.
AN.TE.ME.RI.DI.A.NO, *adj.*, que precede o meio-dia, que vem antes do meio-dia.
AN.TE.MU.RA.DO, *adj.*, que é fortalecido de parapeitos ou antemuros; defendido.
AN.TE.MU.RAR, *v.t.*, cercar com antemuros; defender; *fig.*, colocar obstáculos a.
AN.TE.MU.RO, *s.m.*, muro que se situa antes do muro, muro para proteger o principal.
AN.TE.NA, *s.f.*, peça metálica usada para a recepção dos sinais de rádio e televisão ou outras transmissões; órgão de alguns animais para o tato e olfato.
AN.TE.NA.DO, *adj.*, relativo a antena; *fig.*, bem informado, pronto para ouvir e receber informações.
AN.TE.NAL, *adj. 2 gên.*, em Zoologia, relativo aos órgãos que se assemelham a antenas em certos animais.
AN.TE.NO.ME, *s.m.*, prenome, título que precede o nome, nome anterior ao principal.
AN.TE.NAR-SE, *v. pron., bras., fig.*, informar-se, estar a par de notícias, estar ciente dos fatos.
AN.TÊ.NU.LA, *s.f.*, pequena antena.
AN.TE.NUP.CI.AL, *adj.*, pré-nupcial, que ocorre antes do casamento.
AN.TE.O.CU.PAR, *v.t.*, ocupar antes, tomar posse com antecedência.
AN.TE.O.LHOS, *s.m.*, objetos postos ao lado dos olhos de animais para evitar que se espantem; viseira.
AN.TE.ON.TEM, *adv.*, no dia anterior ao de ontem.
AN.TE.PA.GAR, *v.t.*, pagar antes, pagar antecipadamente.
AN.TE.PA.RAR, *v.t. e pron.*, colocar anteparo, pôr proteção, evitar.
AN.TE.PA.RO, *s.m.*, proteção, tudo que se antepõe para proteção.
AN.TE.PAS.SA.DO, *s.m.*, ascendente, antecessor, que veio antes.
AN.TE.PAS.TO, *s.m.*, aperitivo, comidas servidas antes das refeições.
AN.TE.PE.NÚL.TI.MO, *adj. e s.m.*, o que, ou quem veio antes do penúltimo.
AN.TE.POR, *v.t. e pron.*, colocar antes, dar preferência, pôr na frente.
AN.TE.POR.TO, *s.m.*, em alguns portos, lugar abrigado à entrada.
AN.TE.PO.SI.ÇÃO, *s.f.*, ação ou efeito de antepor, preferência.
AN.TE.POS.TO, *adj.*, colocado na frente, colocado antes.
AN.TE.PO.SI.TI.VO, *s.m.*, que se coloca antes, objeto posto antes do previsto.
AN.TE.PRO.JE.TO, *s.m.*, plano para analisar o que se fará,

ANTICÂNCER

projeto inicial para concluir um definitivo.
AN.TE.RA, *s.f.*, em Botânica, porção que contém os grãos de pólen nas flores.
AN.TÉ.RI.CO, *adj.*, relativo a antera.
AN.TE.RI.NO, *adj.*, relativo às ou que vive nas flores.
AN.TE.RI.OR, *adj.*, que está na frente, que veio antes, precedente.
AN.TE.RI.O.RI.DA.DE, *s.f.*, antecedência, precedência, prioridade.
AN.TE.RO.LA.TE.RAL, *adj.*, relativo à parte lateral anterior.
AN.TER.ROS.TO, *s.m.*, página do livro que contém o título, colocada antes da folha principal.
AN.TES, *adv.*, em local anterior, primeiro, com preferência.
AN.TES.SA.LA, *s.f.*, sala de espera, sala em frente da principal; local próprio para ser atendido por alguém.
AN.TE.TEM.PO, *adv.*, antes do tempo próprio.
AN.TE.VER, *v.t.*, prever, ver com antecedência.
AN.TE.VÉS.PE.RA, *s.f.*, dia anterior, dia anterior ao da véspera.
AN.TE.VI.SÃO, *s.f.*, previsão, ver antes de acontecer, vidência.
AN.TI, *pref. gr.*, indica sempre contra, contrário, oposição.
AN.TI.Á.CI.DO, *adj.*, que desfaz os efeitos do ácido, que neutraliza um ácido.
AN.TI.A.É.REO, *adj.*, que combate os objetos aéreos, contra os aviões.
AN.TI.A.FRO.DI.SÍ.A.CO, *adj.*, que anula os apetites sexuais, que modera os impulsos do sexo.
AN.TI.AL.CO.Ó.LI.CO, *adj.*, tudo que combate a ação do álcool, contra as bebidas alcoólicas.
AN.TI.A.LÉR.GI.CO, *adj. e s.m.*, o que combate a alergia.
AN.TI.A.MA.RÍ.LI.CO, *adj.*, que evita ou combate a febre amarela.
AN.TI.A.PO.PLÉ.TI.CO, *adj.*, que previne a apoplexia.
AN.TI.A.ME.RI.CA.NO, *adj. e s.m.*, quem é contra o americano, os que são oposição aos americanos.
AN.TI.A.RIS.TO.CRA.TA, *s. 2 gên.*, quem é contra a aristocracia, inimigo dos aristocratas.
AN.TI.A.RIS.TO.CRÁ.TI.CO, *adj.*, que é inimigo da aristocracia.
AN.TI.AR.TRÍ.TI.CO, *adj. e s.m.*, que combate o artritismo.
AN.TI.AS.MÁ.TI.CO, *adj.*, que é contra a asma, que combate a asma.
AN.TI.BAC.TE.RI.A.NO, *adj.*, que se opõe a bactérias, que destrói bactérias.
AN.TI.BA.LA, *adj. 2 gên. e s. 2 gên.*, que é à prova de balas.
AN.TI.BA.LÍS.TI.CO, *adj.*, que é usado para destruir mísseis balísticos.
AN.TI.BÁ.RI.ON, *s.m.*, em Física, antipartícula de um bárion.
AN.TI.BE.LI.CIS.MO, *s.m.*, ser contra o belicismo, pacifismo.
AN.TI.BE.LI.CIS.TA, *adj 2 gên.*, relativo ao antibelicismo; *s. 2 gên.*, adepto do pacifismo.
AN.TI.BÉ.LI.CO, *adj.*, que se opõe à guerra.
AN.TI.BÍ.BLI.CO, *adj.*, que é contrário aos preceitos da Bíblia.
AN.TI.BI.Ó.TI.CO, *adj. e s.m.*, composto químico que impede a proliferação de micro-organismos ou bactérias.
AN.TI.BRA.SI.LEI.RO, *adj.*, que é contra o brasileiro, que tem aversão a tudo que é brasileiro.
AN.TI.BUR.GUÊS, *adj. e s.m.*, que ou aquele que se opõe ao modo de vida burguês.
AN.TI.CÂN.CER, *adj. 2 gên. e s. 2 gên.*, que ou aquilo que se emprega na cura ou na prevenção do câncer.

AN.TI.CÁ.RIE, adj. 2 gên. e s. 2 gên., que combate ou evita cáries.
AN.TI.CA.PI.TA.LIS.MO, s.m., conjunto de ideias que combate o capitalismo.
AN.TI.CAS.PA, adj. e s. 2 gên., que combate a caspa, substância usada no combate à caspa.
AN.TI.CI.CLO.NE, s.m., movimento da massa atmosférica com alta velocidade.
AN.TI.CI.EN.TÍ.FI.CO, adj., que é contrário à ciência ou ao método científico.
AN.TI.CÍ.VI.CO, adj., que é contrário ao civismo, que combate o civismo.
AN.TI.CI.VIS.MO, s.m., oposição ao civismo, aos deveres do cidadão.
AN.TI.CLÁS.SI.CO, adj., que combate o clássico, contrário ao classicismo.
AN.TI.CLE.RI.CAL, adj. e s. 2 gên., quem é contra o clero, que combate o clero, inimigo do clero.
AN.TI.CLÍ.MAX, s.m., a parte mais alta de uma narrativa; auge, cimo.
AN.TI.CO.A.GU.LAN.TE, adj. e s. 2 gên., que não permite a coagulação do sangue, substância contra a coagulação de algum produto.
AN.TI.CO.LES.TE.ROL, adj. 2 gên. e s. 2 gên., diz-se de substância que reduz os níveis sanguíneos de colesterol.
AN.TI.CO.MER.CI.AL, adj., que é contra o comércio, que se opõe ao comércio.
AN.TI.CO.MU.NIS.MO, s.m., que é contra ou combate as ideias do comunismo.
AN.TI.CO.MU.NIS.TA, adj. 2 gên. e s. 2 gên., relativo a ou seguidor do anticomunismo.
AN.TI.CON.CEP.ÇÃO, s.f., método para evitar a concepção de filhos.
AN.TI.CON.CEP.CI.O.NAL, adj. e s.m., substância que evita a concepção de vida.
AN.TI.CON.CEP.TI.VO, s.m., substância para evitar a concepção, preservativo.
AN.TI.CON.JU.GAL, adj., contra o casamento, que combate o matrimônio e a vida dos cônjuges.
AN.TI.CONS.TI.TU.CI.O.NAL, adj., que é contra a constituição de uma nação.
AN.TI.COR.PO, s.m., toda substância que anula a ação de algum vírus, antídoto contra agentes nocivos.
AN.TI.COR.RO.SI.VO, adj. e s.m., que combate a corrosão, que impede a corrosão.
AN.TI.CRIS.TÃO, adj. e s.m., contrário ao cristianismo, que tem aversão ao cristianismo.
AN.TI.CRIS.TO, s.m., figura que se opõe a Cristo; pela Bíblia, um falso profeta, inimigo de Cristo.
AN.TI.DE.MO.CRÁ.TI.CO, adj., que é contra a democracia, que combate a democracia.
AN.TI.DE.PRES.SI.VO, adj. e s.m., medicamento para remediar a depressão, substância para combater a depressão em uma pessoa.
AN.TI.DER.RA.PAN.TE, adj. e s. 2 gên., que evita, impede, previne a derrapagem.
AN.TI.DIF.TÉ.RI.CO, adj. e s.m., que ou substância que atua contra a difteria.
AN.TI.DÍ.NI.CO, adj. e s.m., diz-se de ou medicamento usado contra a vertigem.
AN.TI.DI.VOR.CIS.TA, adj. e s. 2 gên., quem é contrário ao divórcio.
AN.TÍ.DO.TO, s.m., contraveneno, todo remédio cuja função é cortar a ação de um veneno.
AN.TI.DRA.MÁ.TI.CO, adj., que é contrário às regras da arte dramática.
AN.TI.E.CO.NÔ.MI.CO, adj., que provoca gastos maiores, que aumenta as despesas, que traz prejuízo.
AN.TI.ES.PAS.MÓ.DI.CO, adj., que suaviza os espasmos, que abranda os espasmos.
AN.TI.ES.TÉ.TI.CO, adj., que se opõe à estética, contrário à estética.
AN.TI.É.TI.CO, adj., que é contrário à ética.
AN.TI.E.TI.MO.LÓ.GI.CO, adj., que é contrário à etimologia.
AN.TI.EU.FÔ.NI.CO, adj., que é contra a eufonia, que emite algo desagradável.
AN.TI.FE.BRIL, adj., que é contra a febre, que combate a febre.
AN.TI.FLA.TU.LEN.TO, adj. e s.m., diz-se de ou medicamento que combate a flatulência.
AN.TÍ.FO.NA, s.f., verso que se recita ou canta, na leitura de salmos; introdução ao salmo.
AN.TI.FRA.SE, s.f., uso de locução ou frase, expressando um sentido contrário ao previsto; frase que destoou no sentido geral.
AN.TI.GA.MEN.TE, adv., em tempos passados, outrora.
AN.TI.GO, adj., velho, de outros tempos, do passado, de antanho.
AN.TI.GRA.MA.TI.CAL, adj., que é contra a Gramática, que se opõe à Gramática.
AN.TI.GRI.PAL, adj., que combate a ação da gripe, preventivo contra a gripe.
AN.TI.GUER.RA, adj. 2 gên., que se opõe à guerra.
AN.TI.GUER.RI.LHA, adj. 2 gên., que se opõe à guerrilha.
AN.TI.GUI.DA.DE, s.f., o que é antigo, tempos muito antigos, outrora.
AN.TI-HE.RÓI, s.m., contra-herói, quem age contra qualquer atitude de um herói.
AN.TI-HE.PÁ.TI.CO, adj. e s.m., que ou o que provoca afecções no fígado.
AN.TI-HI.DRO.FÓ.BI.CO, adj., s.m., que é antirrábico, que previne a hidrofobia.
AN.TI-HI.GI.Ê.NI.CO, adj., contra a higiene, sujo, imundo.
AN.TI-HIS.TÓ.RI.CO, adj., que contraria a História, contrário à História.
AN.TI-HIS.TA.MÍ.NI.CO, adj. 2 gên. e s. 2 gên., diz-se de ou medicamento que combate a ação da histamina.
AN.TI-HO.RÁ.RIO, adj., que é contrário ao horário, que se opõe ao horário.
AN.TI-HU.MA.NO, adj., o mesmo que desumano.
AN.TI-IN.FEC.CI.O.SO, adj., que evita infecções, que combate infecções, que previne infecções.
AN.TI-IN.FLA.ÇÃO, adj. 2 gên. e 2 n., diz-se de uma ou várias estratégias para combater a inflação.
AN.TI-IN.FLA.CI.O.NÁ.RIO, adj., que é contrário à inflação, que combate a inflação.
AN.TI-IN.FLA.MA.TÓ.RIO, adj., medicamento para anular inflamações, substância contra inflamações.
AN.TI-IN.TE.LEC.TU.AL, adj., que se opõe à postura ou ao modo de entender dos intelectuais.
AN.TI.JU.DAI.CO, adj., que combate o judeu, antissemita, que tem aversão a judeu.
AN.TI.JU.RÍ.DI.CO, adj., que é contra a norma jurídica, que desrespeita a lei, ilegal.

AN.TI.LA.DRÃO, *adj. 2 gên.* e *2 n.*, que combate a ação dos ladrões; *s.m.*, dispositivo usado para identificar veículos roubados.
AN.TI.LHA.NO, *s.m.* e *adj.*, natural ou habitante das Antilhas.
AN.TI.LO.GI.A, *s.f.*, paradoxo, aparência de ideias contrárias em um pensamento.
AN.TÍ.LO.PE, *s.m.*, mamífero muito veloz, originário da África.
AN.TI.MAG.NÉ.TI.CO, *adj.*, que evita a magnetização, que não se deixa prender pela magnetização.
AN.TI.MA.TÉ.RIA, *s.f.*, conforme a Física, haveria uma matéria composta por anticorpos.
AN.TI.MI.LI.TA.RIS.MO, *s.m.*, opiniões contra o uso da máquina militar, opinião contra militares.
AN.TI.MI.LI.TA.RIS.TA, *adj. 2 gên.*, relativo ao antimilitarismo; *s.m. 2 gên.*, aquele que se opõe ao militarismo.
AN.TI.MÍS.SIL, *s.m.*, todo armamento que destrói míssil inimigo, contramíssil.
AN.TI.MO.NAR.QUIS.MO, *s.m.*, sistema e opinião contrários a todo sistema de governo monárquico.
AN.TI.MO.NAR.QUIS.TA, *adj. 2 gên.*, relativo ao antimonarquismo; contrário à monarquia; *s. 2 gên.*, indivíduo contrário à monarquia.
AN.TI.MÔ.NIO, *s.m.*, elemento químico de muito uso em ligas metálicas, de nº atômico 51, símbolo: Sb.
AN.TI.NA.TU.RAL, *adj.*, que é contra a lei da Natureza, que contraria o que é próprio da Natureza.
AN.TI.NE.FRÍ.TI.CO, *adj.*, que se pode usar contra a nefrite.
AN.TI.NO.MI.A, *s.f.*, parodoxo, nome contra outro, oposição.
AN.TI.NÔ.MI.CO, *adj.*, que contém ou forma antinomia, contraditório.
AN.TI.NO.MIS.MO, *s.m.*, raciocínio filosófico a partir de conceitos antinômicos.
AN.TI.NUP.CI.AL, *adj.*, que é contrário ao casamento, que se opõe ao matrimônio.
AN.TI.O.FÍ.DI.CO, *adj.*, contra o veneno de cobras.
AN.TI.O.VU.LA.TÓ.RIO, *adj.* e *s.m.*, diz-se de ou o medicamento que evita a ovulação.
AN.TI.O.XI.DAN.TE, *adj.*, que não permite a oxidação, que impede a oxidação.
AN.TI.PA.PIS.MO, *s.m.*, ideias que se opõem ao governo do papa, oposição ao sistema papal.
AN.TI.PAR.LA.MEN.TA.RIS.MO, *s.m.*, oposição à forma de governo parlamentarista.
AN.TI.PAR.LA.MEN.TA.RIS.TA, *adj.* e *s. 2 gên.*, que ou pessoa que é partidária do antiparlamentarismo.
AN.TI.PA.TI.A, *s.f.*, sentimento de não gostar de alguém, aversão, repulsa.
AN.TI.PÁ.TI.CO, *adj.*, que traz antipatia, desagradável.
AN.TI.PA.TI.ZA.DO, *adj.*, detestado, que é rejeitado, desagradável.
AN.TI.PA.TI.ZAR, *v. int.*, sentir antipatia, não gostar de.
AN.TI.PA.TRI.O.TA, *adj.* e *s. 2 gên.*, que é contra a sua pátria, quem trai a pátria, quinta-coluna.
AN.TI.PA.TRI.Ó.TI.CO, *adj.*, que se opõe à pátria, que desonra a pátria.
AN.TI.PA.TRI.O.TIS.MO, *s.m.*, ausência de patriotismo, ato lesivo à pátria.
AN.TI.PE.DA.GÓ.GI.CO, *adj.*, que é contra a pedagogia, que desrespeita as normas da Pedagogia.
AN.TI.PES.TI.LEN.TO, *adj.*, que combate a peste.
AN.TI.PES.TO.SO, *adj.*, que combate a peste; antipestilento.
AN.TI.PI.RÉ.TI.CO, *adj.* e *s.m.*, diz-se de ou o medicamento que combate a febre.
AN.TÍ.PO.DAS, *s. 2 gên.*, habitantes da Terra que estão em lugares diametralmente opostos, por ex., brasileiros e japoneses.
AN.TI.PÓ.LIO, *adj.*, que combate a poliomielite, que contraria a pólio.
AN.TI.PO.PU.LAR, *adj.*, que contraria os anseios populares, que fere a vontade do povo.
AN.TI.PRO.GRES.SIS.TA, *adj.* e *s. 2 gên.*, que é contra o progresso, que combate o progresso.
AN.TI.QUA.DO, *adj.*, superado pelo tempo, obsoleto, em desuso.
AN.TI.QUA.LHA, *s.f.*, objetos antigos, roupas velhas, acervo de objetos em desuso.
AN.TI.QUÁ.RIO, *s.m.*, quem estuda ou comercializa coisas antigas.
AN.TI.QUÍS.SI.MO, *adj.*, antiguíssimo, muito antigo, muito velho no tempo.
AN.TIR.RÁ.BI.CO, *adj.*, contra a hidrofobia, contra a doença da raiva dos cães.
AN.TIR.RE.GI.MEN.TAL, *adj.*, que contraria o regimento, que vai contra um regimento.
AN.TIR.ROU.BO, *adj. 2 gên.* e *2 n.*, diz-se da ação ou do dispositivo que previne ou impede o roubo.
AN.TIR.RU.Í.DO, *s.m.*, que previne contra ruídos, que evita ruídos.
AN.TIS.SE.MI.TA, *adj.*, contra os hebreus, contra os judeus.
AN.TIS.SE.MÍ.TI.CO, *adj.*, relativo a antissemitismo ou antissemita.
AN.TIS.SE.MI.TIS.MO, *s.m.*, combate aos semitas, aversão a judeus, fobia a hebreus.
AN.TIS.SEP.SI.A, *s.f.*, combate às bactérias, destruição de bactérias.
AN.TIS.SÉP.TI.CO, *adj.*, tudo que destrói bactérias, antibactérias.
AN.TIS.SO.CI.AL, *adj.*, que é contra a sociedade, inimigo do social.
AN.TI.TE.ÍS.MO, *s.m.*, em Teologia, sistema que considera essencialmente opostas a natureza divina e a humana.
AN.TI.TÉR.MI.CO, *adj.*, que protege do calor; em Medicina, diz-se de remédio que faz baixar a febre; *s.m.*, esse remédio, antifebril, antipirético.
AN.TÍ.TE.SE, *s.f.*, figura que expressa oposição de ideias, contraste.
AN.TI.TE.TÂ.NI.CO, *adj.*, que é contra o tétano, contrário ao tétano.
AN.TI.TÉ.TI.CO, *adj.*, que insere antíteses.
AN.TI.TÓ.XI.CO, *adj.*, que anula tóxicos, *s.m.*, contraveneno.
AN.TI.TO.XI.NA, *s.f.*, substância que combate a toxina dentro do organismo.
AN.TI.TRUS.TE, *adj.*, contrário ao truste, que combate o truste.
AN.TI.VA.RI.Ó.LI.CO, *adj.*, que impede a varíola, que evita a varíola.
AN.TI.VI.RAL, *adj.*, que combate vírus, que impede a chegada de vírus, antivirótico.
AN.TI.VI.RÓ.TI.CO, *adj.*, que impede vírus, antiviral.
AN.TI.VÍ.RUS, *s.m.*, substância que impede os vírus, substância que destrói vírus.
AN.TO.JAR, *v.t.*, enjoar, provocar náuseas, enojar.
AN.TO.JO, *s.m.*, náusea, nojo, enjoo, repulsa.

AN.TO.LHAR, *v.t.*, encontrar por acaso, topar.
AN.TO.LHOS, *s.m. e pl.*, duas peças postas ao lado dos olhos dos animais, para que olhem apenas para a frente; *fig.*, viseira, indivíduo que tem visão somente para o que lhe indicam.
AN.TO.LO.GI.A, *s.f.*, coleção de textos; conjunto de textos selecionados; em Botânica, estudo das flores).
AN.TO.LO.GIS.TA, *s. 2 gên.*, organizador ou autor de antologia; em Botânica, especialista em Antologia (estudo das flores); *adj. 2 gên.*, relativo a Antologia.
AN.TO.LO.GO, *s.m.*, o mesmo que antologista.
AN.TO.LÓ.GI.CO, *adj.*, que se refere a Antologia; bonito, diferente, exótico.
AN.TO.NÍ.MIA, *s.f.*, característica de palavras contrárias entre si, de antônimos.
AN.TÔ.NI.MO, *s.m.*, palavra que tem sentido contrário.
AN.TO.NO.MÁ.SIA, *s.f.*, figura de palavras pela qual se substitui um nome por um apelido; por exemplo, Castro Alves por "poeta dos escravos".
AN.TO.NO.MÁS.TI.CO, *adj.*, que se refere a antonomásia, que faz referência a um nome.
AN.TRA.CI.TE, *s.f.*, tipo de carvão fóssil que se caracteriza pelo brilho negro, forte.
AN.TRA.COI.DE, *adj.*, parecido com o carvão, similar ao carvão.
AN.TRAZ, *s.m.*, carbúnculo, tipo de doença que ataca pessoas e animais, com pústulas na pele.
AN.TRO, *s.m.*, cova, caverna que impõe medo; local de maus costumes.
AN.TRO.PO.CÊN.TRI.CO, *adj.*, que defende o antropocentrismo, que é adepto do antropocentrismo.
AN.TRO.PO.CEN.TRIS.MO, *s.m.*, tese, conhecimento dos antigos, que consideravam o homem como o centro do universo.
AN.TRO.PO.CEN.TRIS.TA, *adj. 2 gên. e s. 2 gên.*, relativo a ou adepto do antropocentrismo.
AN.TRO.PO.FÁ.GI.CO, *adj.*, canibalismo, consumo de carne humana por outros humanos.
AN.TRO.PO.FÁ.GI.CO, *adj.*, relativo a antropofagia; próprio de antropófago.
AN.TRO.PÓ.FA.GO, *s.m.*, ser humano que devora carne humana, canibal.
AN.TRO.PO.FO.BI.A, *s.f.*, aversão a homem, misantropia, horror ao ser humano.
AN.TRO.PÓ.FO.BO, *s.m.*, quem tem horror a homem, ser que tem aversão a homem.
AN.TRO.PO.GE.NI.A, *s.f.*, o que estuda e analisa a geração dos seres humanos.
AN.TRO.PO.GÊ.NI.CO, *adj.*, que se refere à antropogenia.
AN.TRO.PO.GRA.FI.A, *s.f.*, descrição do ser humano, enfocando-lhe o corpo e atividades.
AN.TRO.PO.GE.O.GRÁ.FI.CO, *adj.*, relativo a antropogeografia.
AN.TRO.POI.DE, *s.m. e adj.*, parecido com homem, semelhante ao homem; andróide, robô com predicados de homem.
AN.TRO.PÓ.LA.TRA, *s. 2 gên.*, adorador de ser humano, quem adora um homem.
AN.TRO.PO.LA.TRI.A, *s.f.*, adoração de um ser humano; escolha de um homem como deus.
AN.TRO.PO.LÁ.TRI.CO, *adj.*, relativo a antropolatria.
AN.TRO.PO.LO.GI.A, *s.f.*, estudo do ser humano em seu habitat; estudo do homem e sua origem.
AN.TRO.PO.LÓ.GI.CO, *adj.*, referente a Antropologia.
AN.TRO.PO.LO.GIS.TA, *s. 2 gên.*, antropólogo, especialista em Antropologia.
AN.TRO.PÓ.LO.GO, *s.m.*, estudioso de Antropologia.
AN.TRO.PO.ME.TRI.A, *s.f.*, o conjunto de técnicas para medir o corpo humano e suas partes.
AN.TRO.PO.MÉ.TRI.CO, *adj.*, relativo a antropometria.
AN.TRO.PO.MOR.FI.A, *s.f.*, semelhança com a forma humana, qualidade de antropomorfo.
AN.TRO.PO.MOR.FIS.MO, *s.m.*, conceito de atribuir a Deus, deuses ou seres inanimados semelhanças com a forma, atitudes ou sentimentos atribuídos aos seres humanos.
AN.TRO.PO.MOR.FIS.TA, *adj. 2 gên. e s. 2 gên.*, relativo a ou adepto do antropomorfismo.
AN.TRO.PO.MOR.FO, *adj.*, que tem forma de homem, que é assemelhado a um ser humano.
AN.TRO.PO.NÍ.MIA, *s.f.*, tratado que estuda os nomes próprios de pessoas.
AN.TRO.PO.NÍ.MI.CO, *adj.*, relativo a antroponímia.
AN.TRO.PO.PÔ.NI.MO, *s.m.*, nome de pessoa, apelido de um indivíduo.
AN.TRO.POS.SO.CI.O.LO.GI.A, *s.f.*, em Antropologia, estudo das sociedades humanas dentro dos princípios da Antropologia.
AN.TRO.POS.SO.CI.O.LÓ.GI.CO, *adj.*, relativo a antropossociologia.
AN.TÚ.RIO, *s.m.*, tipo de folhagem criada à sombra e que produz flores grandes.
A.NU, A.NUM, *s.m.*, ave comum no Brasil; há com cor preta e com cor esbranquiçada.
A.NU.AL, *adj.*, relativo ao ano, que acontece uma vez por ano.
A.NU.A.LI.DA.DE, *s.f.*, característica do que é anual, qualidade do que ocorre por ano.
A.NU.A.LI.ZA.ÇÃO, *s.f.*, ato ou efeito de anualizar.
A.NU.A.LI.ZA.DO, *adj.*, que se anualizou.
A.NU.A.LI.ZAR, *v.t.* em Economia, cálculo de determinado valor representado num total previsto para um ano, com base em índice mais curto; dar intervalo anual a.
A.NU.AL.MEN.TE, *adv.*, de ano em ano.
A.NU.Á.RIO, *s.m.*, livro que registra tudo que acontece em um ano, publicação anual.
A.NU.CLE.A.DO, *adj.*, em Biologia, que não tem núcleo (a célula).
A.NU.ÊN.CIA, *s.f.*, ação de anuir, concessão, ato de ceder.
A.NU.EN.TE, *adj.*, concordante, que anui, que consente.
A.NU.I.DA.DE, *s.f.*, prestação que se paga uma vez por ano, anualidade.
A.NU.IR, *v. int.*, dar anuência, concordar, consentir.
A.NU.LA.BI.LI.DA.DE, *s.f.*, o que é anulável, anulação.
A.NU.LA.ÇÃO, *s.f.*, ação ou efeito de anular, cancelamento.
A.NU.LA.DO, *adj.*, cancelado, inutilizado, invalidado.
A.NU.LA.DOR, *adj. e s.m.*, que anula, inutilizador.
A.NU.LAN.TE, *adj. 2 gên.*, que anula, anulador.
A.NU.LA.TI.VO, *adj.*, que anula, anulatório.
A.NU.LAR, *v.t. e pron.*, cancelar, inutilizar, invalidar; *adj.*, referente ao anel; *s.m.*, nome do dedo da mão - dedo anular, dedo do anel.
A.NU.LA.TÓ.RIO, *adj.*, que anula, que invalida, que inutiliza.
A.NU.LÁ.VEL, *adj.*, que pode ser anulado, invalidável.
Â.NU.LO, *s.m.*, o mesmo que anel.
A.NU.LO.SO, *adj.*, que é formado por ou tem forma de anel.

A.NUM, A.NU, s.m., ave comum no Brasil, de cor preta ou esbranquiçada.
A.NUN.CI.A.ÇÃO, s.f., ação ou efeito de anunciar, proclamação, anúncio.
A.NUN.CI.A.DO, adj., proclamado, referido, dito.
A.NUN.CI.A.DOR, adj. e s.m., que ou o que anuncia; anunciante.
A.NUN.CI.AN.TE, s. 2 gên., quem anuncia, quem remete anúncios para a imprensa.
A.NUN.CI.AR, v.t. e pron., comunicar, colocar em anúncio, propagandear.
A.NUN.CI.A.TI.VO, adj., que anuncia, proclamador, comunicativo.
A.NÚN.CIO, s.m., aviso, comunicação para tornar público um fato, uma ideia, um produto, uma necessidade; material para divulgação.
A.NU.RE.SE, s.f., redução anormal do fluxo da urina.
A.NÚ.RIA, s.f., supressão da secreção urinária.
A.NU.RO, adj., o que está sem cauda; s.m., batráquio, os sapos, pererecas.
Â.NUS, s.m., abertura inferior nos organismos para expelir as fezes.
A.NU.VI.A.DO, adj., escurecido, coberto de nuvens; fig., entristecido, desanimado.
A.NU.VI.AR, v.t. e pron., cobrir com nuvens, escurecer, fig., entristecer, desanimar.
AN.VER.SO, s.m., parte principal de uma medalha, de uma folha, contraverso, lado da moeda onde está a efígie, a imagem.
AN.ZOL, s.m., peça metálica recurvada, para pescar, sendo que na ponta vai a isca.
AN.ZO.LA.DO, adj., que tem semelhança com anzol, que tem forma de anzol.
AN.ZO.LAR, v.t., dar forma de anzol, fazer como se fosse anzol.
AO, combinação da preposição a com o artigo masculino o, ou com o pronome demonstrativo o.
A.ON.DE, adv., a que lugar, para onde, indica sempre direção.
A.OR.TA, s.f., grande artéria que sai do coração, levando sangue para o corpo.
A.OR.TAL.GI.A, s.f., dor devido a uma lesão na aorta.
A.ÓR.TI.CO, adj., relativo ou pertencente à aorta.
A.OR.TI.TE, s.f., inflamação da aorta.
A.OR.TO.PA.TI.A, s.f., doença da aorta.
AP, sigla para indicar o Estado brasileiro do Amapá.
A.PA.CHE, s. 2 gên., designa os indígenas da tribo apache, dos Estados Unidos.
A.PA.CHOR.RAR-SE, v.int., encher-se de pachorra, de muita calma, fleuma.
A.PA.CI.FI.CA.ÇÃO, s.f., o mesmo que pacificação.
A.PA.CI.FI.CAR, v.t., tornar pacífico; pacificar.
A.PA.DRI.NHA.DO, adj., afilhado, protegido, patrocinado, defendido.
A.PA.DRI.NHA.DOR, adj. e s.m., que ou aquele que apadrinha, protetor.
A.PA.DRI.NHA.MEN.TO, s.m., ato ou efeito de apadrinhar(-se).
A.PA.DRI.NHAR, v.t., tornar-se padrinho de; proteger, defender, cuidar de.
A.PA.DRO.A.MEN.TO, s.m., ato ou efeito de apadroar.
A.PA.DRO.AR, v.t., ser padroeiro de; v.int., apadrinhar(-se).
A.PA.GA.DI.ÇO, adj., que se apaga facilmente, de brilho amortecido.
A.PA.GA.DO, adj., sem força, eliminado, sem fogo, desanimado.
A.PA.GA.DOR, s.m. e adj., que apaga, quem apaga; peça usada para apagar a escrita no quadro, nas salas de aula.
A.PA.GA.MEN.TO, s.m., apagão, desligamento de todas as luzes.
A.PA.GÃO, s.m., falta súbita de energia elétrica, deixando tudo no escuro.
A.PA.GAR, v.t. e pron., extinguir o fogo, tirar da vista, exterminar, fig., matar, liquidar.
A.PA.GÁ.VEL, adj. 2 gên., que pode ser apagado.
A.PAI.NE.LADO, adj., com formato ou feitio de painel.
A.PAI.NE.LAR, v.t., dar forma de painel a; enfeitar com painéis.
A.PAI.SA.NA.DO, adj., que assume atitudes de paisano, que se comporta como paisano.
A.PAI.SA.NAR, v.t., tornar paisano, assumir a atitude de paisano.
A.PAI.XO.NA.DI.ÇO, adj., que se apaixona facilmente.
A.PAI.XO.NA.DO, adj., tomado pela paixão, muito enamorado, arrebatado.
A.PAI.XO.NA.MEN.TO, s.m., ato ou efeito de apaixonar(-se).
A.PAI.XO.NAR, v.t. e pron., provocar paixão, entusiasmar; gostar muito de algo.
A.PAI.XO.NÁ.VEL, adj., que se apaixona, que leva a uma paixão.
A.PAI.XO.NI.TE, s.f., o mesmo que paixonite, paixão passageira.
A.PA.LA.DA.DO, adj., que tem paladar.
A.PA.LA.DAR, v.t., dar sabor ou paladar a.
A.PA.LA.VRA.DO, adj., combinado, ajustado, acertado.
A.PA.LA.VRA.MEN.TO, s.m., compromisso, acerto, acordo.
A.PA.LA.VRAR, v.t. e pron., combinar de viva voz, contratar com palavras, combinar.
A.PA.LE.AR, v.t., espancar com pau, dar pauladas.
A.PA.LER.MA.DO, adj., atoleimado, tolo, bobo, abobado.
A.PA.LER.MAR, v.t. e pron., tornar palerma, apatetar, abobar, tornar tolo.
A.PAL.MAR, v.t., o mesmo que espalmar.
A.PAL.PA.ÇÃO, s.f., apalpadela, apalpamento.
A.PAL.PA.DE.LA, s.f., apalpação, toque suave com as mãos e dedos, toque rápido.
A.PAL.PA.DOR, adj. e s.m., que ou aquele que apalpa.
A.PAL.PA.MEN.TO, adj. e s.m., ato ou efeito de apalpar(-se); apalpação.
A.PAL.PAR, v.t., int. e pron., tocar com a mão, sentir com o tato, examinar, analisar.
A.PAL.PO, s.m., apalpadela.
A.PA.NÁ.GIO, s.m., glória, vantagem particular, distinção, diferencial, privilégio.
A.PA.NA.GIS.TA, adj., relativo a apanágio; s. 2 gên., pessoa que possui algum tipo de apanágio.
A.PA.NHA, s.f., colheita; resumo, compreensão.
A.PA.NHA.DEI.RA, s.f., mulher que apanha frutas, colhedeira.
A.PA.NHA.DO, adj., colhido, captado, compreendido; s.m., resumo, o que se ouviu, compreendeu.
A.PA.NHA.DOR, adj. e s.m., que(m) apanha, colhedor, quem apanha frutas.
A.PA.NHA-MOS.CAS, s.m. e 2 n., objeto usado para apanhar moscas; s.f. e 2 n., planta cujas folhas se fecham para prender um inseto para seu alimento.
A.PA.NHAR, v.t., colher, recolher, pegar com a mão; ser

surrado; contrair doença; ser enganado.

A.PA.NI.GUA.DO, *adj.* e *s.m.*, asseclа, protegido, capanga, partidário, associado.

A.PA.NI.GUAR, *v.t.*, dar proteção, associar a um grupo para proteção, tornar asseclа.

A.PAN.TU.FAR, *v.t.*, dar aspecto de ou usar pantufas.

A.PA.PA.GAI.A.DO, *adj.*, que se assemelha a um papagaio; exageradamente enfeitado.

A.PA.PA.RI.CAR, *v.t.*, tratar com paparicos.

A.PA.RA, *s.f.*, limalha, restos de corte, o que sobra no trabalho de materiais.

A.PA.RA.DE.LA, *s.f.*, ação ou efeito de aparar, ajustagem, arrumação.

A.PA.RA.DO, *adj.*, cortado, tosado, desbastado.

A.PA.RA.DOR, *s.m.*, peça da mobília da sala de jantar, cômoda.

A.PA.RA.FU.SA.DO, *adj.*, preso com parafuso; parafusado.

A.PA.RA.FU.SAR, *v.t.*, fixar com parafuso.

A.PA.RA.MEN.TOS, *s.m.* e *pl.*, o mesmo que paramentos.

A.PA.RA.MEN.TAR, *v.t.*, paramentar.

A.PA.RAR, *v.t.*, segurar, firmar, cortar saliências, ajustar, ajeitar, arrumar.

A.PA.RAS, *s.f.* e *pl.*, fragmentos de papel após corte com lâmina; sobras ou lascas de queijo ou outro alimento.

A.PA.RA.TAR, *v.t.*, tornar aparatoso, dar aspecto de pompa ou ostentação; enfeitar(-se).

A.PA.RA.TO, *s.m.*, brilho, luxo, magnificência, ostentação.

A.PA.RA.TO.SO, *adj.*, em que há aparato, luxuoso.

A.PAR.CEI.RA.DO, *adj.*, associado, ligado, combinado.

A.PAR.CEI.RAR, *v.t.* e *pron.*, tornar parceiro, tornar-se parceiro, constituir parceria, associar-se.

A.PAR.CE.LA.DO, *adj.*, que está tomado por recifes, escolhos, rochas.

A.PAR.CE.LAR, *v.t.*, dominar com escolhos, rochedos, recifes.

A.PA.RE.CER, *v. int.*, mostrar-se, exibir-se, surgir, fazer-se ver.

A.PA.RE.CI.DO, *adj.* e *s.m.*, que(m) apareceu, exibido, surgido, mostrado.

A.PA.RE.CI.MEN.TO, *s.m.*, surgimento, comparecimento, exibição.

A.PA.RE.LHA.DO, *adj.*, pronto, preparado, instalado, composto.

A.PA.RE.LHA.DOR, *adj.* e *s.m.*, que ou aquele que aparelha ou prepara.

A.PA.RE.LHA.GEM, *s.f.*, o conjunto de aparelhos em um local, ou aparelhos necessários para uma obra.

A.PA.RE.LHA.MEN.TO, *s.m.*, preparo, estratégia de ação, várias medidas para executar um propósito.

A.PA.RE.LHAR, *v.t.* e *pron.*, preparar, colocar todos os aparelhos necessários, instalar.

A.PA.RE.LHÁ.VEL, *adj.*, que se pode aparelhar, instalável.

A.PA.RE.LHO, *s.m.*, máquina, instrumento, utensílio; conjunto de órgãos do corpo.

A.PA.RÊN.CIA, *s.f.*, o que se vê, aspecto externo de uma coisa, figura, visão.

A.PA.REN.TA.DO, *adj.*, que possui parentesco com, que é afim, parecido, assemelhado.

A.PA.REN.TAR, *v.t.* e *pron.*, mostrar pela aparência, mostrar, fazer ver.

A.PA.REN.TE, *adj.*, visível, irreal, suposto, imaginário.

A.PA.REN.TE.MEN.TE, *adv.*, visivelmente, supostamente.

A.PA.RI.ÇÃO, *s.f.*, ação ou efeito de aparecer, visão sobrenatural; surgir sem ser esperado.

A.PA.RO, *s.m.*, ação ou efeito de aparar, corte para alisar uma ponta.

A.PA.RO.QUI.AR-SE, *v.pron.*, tornar-se paroquiano ou freguês.

A.PAR.REI.RA.DO, *adj.*, cercado de parreira; com a semelhança de parreira.

A.PAR.REI.RAR, *v.t.*, plantar parreiras; tornar semelhante a parreira.

A.PAR.TA.ÇÃO, *s.f.*, separação, disjunção, desunião.

A.PAR.TA.DO, *adj.*, separado, afastado, *s.m.*, pessoa que desfez união conjugal.

A.PAR.TA.DOR, *adj.* e *s.m.*, que(m) aparta, separador.

A.PAR.TA.MEN.TO, *s.m.*, parte de um prédio, moradia em prédio com apartamentos.

A.PAR.TAR, *v.t.*, separar, colocar em partes, afastar, separar pessoas em litígio.

A.PAR.TE, *s.m.*, intervenção que se faz quando alguém está discursando.

A.PAR.TE.AR, *v.t.* e *int.*, interromper um discurso com falas, fazer apartes, intervenção.

APARTHEID, *s.m.*, ing., segregação, discriminação entre pessoas, diferenciar o trato com pessoas.

A.PART-HO.TEL, *s.m.*, prédio de apartamentos que conjuga os serviços próprios de um hotel.

A.PAR.TI.DÁ.RIO, *adj.*, *s.m.*, que(m) não está inscrito em nenhum partido, que se exime de partidos.

A.PAR.TI.DA.RIS.MO, *s.m.*, atitude ou sistema que exclui a interferência de partido político.

A.PAR.TIS.TA, *s. 2 gên.*, quem tem o vezo de apartear, intrometido.

A.PAR.VA.LHA.DO, *adj.*, atoleimado, abobado, tolo, imbecil.

A.PAR.VA.LHA.MEN.TO, *s.m.*, ação ou efeito de aparvalhar, imbecilidade.

A.PAR.VA.LHAR, *v.t.* e *pron.*, atoleimar, abobar, imbecilizar.

A.PAR.VE.JAR, *v.t.*, aparvalhar.

A.PAR.VO.A.DO, *adj.*, que é parvo, apalermado.

A.PAR.VO.AR, *v.t.* e *pron.*, tornar parvo, tornar idiota, imbecilizar.

A.PAS.CEN.TA.DO, *adj.*, guiado, doutrinado; pastoreado.

A.PAS.CEN.TA.DOR, *adj.* e *s.m.*, quem apascenta, pastor, guia, condutor.

A.PAS.CEN.TA.MEN.TO, *s.m.*, ato ou efeito de apascentar(-se).

A.PAS.CEN.TAR, *v.t.* e *pron.*, conduzir ao pasto, pastorear, deixar pastando; zelar, cuidar de alguém.

A.PAS.SI.O.NA.DO, *adj.*, apaixonado, seduzido, persuadido, atraído.

A.PAS.SI.VA.ÇÃO, *s.f.*, ação ou efeito de apassivar, subjugação, submissão.

A.PAS.SI.VA.DO, *adj.*, subjugado, submisso, dominado.

A.PAS.SI.VA.DOR, *adj.* e *s.m.*, quem apassiva, quem domina, dominador.

A.PAS.SI.VA.MEN.TO, *s.m.*, ato ou efeito de apassivar; em Gramática, emprego verbal da voz passiva.

A.PAS.SI.VAN.TE, *adj.* e *s. 2 gên.*, que(m) apassiva, dominante, subjugante.

A.PAS.SI.VAR, *v.t.* e *pron.*, tornar passivo, pôr na voz passiva, submeter, subjugar.

A.PA.TA.CA.DO, *adj.*, abastado, endinheirado.

A.PA.TA.CAR-SE, *v.pron.*, encher-se de patacas; endinheirar-se.

APATETADO ·· 94 ·· APERREAÇÃO

A.PA.TE.TA.DO, *adj.,* idiota, demente, tolo, bobo, imbecil.
A.PA.TE.TAR, *v.t.,* tornar pateta, apalermar, atoleimar, aparvalhar.
A.PA.TI.A, *s.f.,* inércia, abulia, falta de vontade para, desânimo, indolência.
A.PÁ.TI.CO, *adj.,* sem vontade, abúlico, desanimado.
A.PA.TI.FAR, *v.t.* e *int.,* tornar(-se) ou mostrar(-se) patife.
A.PA.TIS.MO, *s.m.,* o mesmo que apatia.
A.PA.TI.ZAR, *v.t.* e *pron.,* tornar(-se) apático.
A.PA.TO.GÊ.NI.CO, *adj.,* não patogênico (que não causa doenças).
A.PÁ.TRI.DA, *adj.* e *s. 2 gên.,* sem pátria, quem perdeu a nacionalidade por lei.
A.PA.TRI.O.TA, *adj.* e *s. 2 gên.,* que ou aquele que não tem patriotismo.
A.PA.VO.NA.DO, *adj.,* que tem semelhanças com as penas de pavão; *fig.,* vaidoso.
A.PA.VO.NAR, *v.t.* e *pron.,* ajeitar-se como pavão, enfeitar-se e colorir como pavão, empavonar-se.
A.PA.VO.RA.DO, *adj.,* aterrorizado, amedrontado.
A.PA.VO.RA.DOR, *adj.,* que apavora, apavorante.
A.PA.VO.RA.MEN.TO, *s.m.,* amedrontamento, terror.
A.PA.VO.RAN.TE, *adj.,* que apavora, amedronta, causa medo.
A.PA.VO.RAR, *v.t., int.* e *pron.,* causar pavor a, aterrorizar, transmitir medo.
A.PA.ZI.GUA.DO, *adj.,* pacificado, acalmado, aquietado.
A.PA.ZI.GUA.DOR, *adj.* e *s.m.,* pacificador, aquietador.
A.PA.ZI.GUA.MEN.TO, *s.m.,* ação ou efeito de apaziguar, pacificação.
A.PA.ZI.GUAN.TE, *adj. 2 gên.,* apaziguador.
A.PA.ZI.GUAR, *v.t.* e *pron.,* pacificar, acalmar, tornar pacífico, aquietar.
A.PE.A.DO, *adj.,* desembarcado, deposto.
A.PE.AR, *v.t.,* descer de montaria, pisar a terra, descer de um veículo, tirar do poder, depor.
A.PE.ÇO.NHAR, *v.t.,* empeçonhar, envenenar.
A.PE.ÇO.NHEN.TAR, *v.t.,* empeçonhar, envenenar.
A.PE.DEU.TA, *adj. 2 gên.* e *s. 2 gên.,* apedeuto, analfabeto, alguém sem instrução.
A.PE.DRAR, *v.t.* e *int.,* recobrir com pedras, enfeitar com pedras, dar acabamento com pedras.
A.PE.DRE.GU.LHAR, *v.t.,* encher de pedregulhos.
A.PE.DRE.JA.DO, *adj.,* lapidado, ferido com pedras, morto a pedradas; *fig.,* ferido, ofendido.
A.PE.DRE.JA.DOR, *adj.* e *s.m.,* diz-se de ou aquele que apedreja; *fig.,* pessoa maledicente.
A.PE.DRE.JA.MEN.TO, *s.m,* ação ou efeito de apedrejar, lapidação; *fig.,* difamação, desonra.
A.PE.DRE.JAR, *v.t.* e *int.,* atirar pedras em, ferir com pedras, executar com pedras, lapidar; *fig.,* ofender, falar mal de alguém, difamar.
A.PE.GA.ÇÃO, *s.f.,* ação ou efeito de apegar-(se), agarramento, empenho; *fig.,* persistência.
A.PE.GA.DI.ÇO, *adj.,* que se prende logo, pegajoso, viscoso, grudento.
A.PE.GA.DI.LHA, *s.f.,* aquilo com o que se apega; motivo.
A.PE.GA.DO, *adj.,* ligado, afeiçoado; *fig.,* amigo, afim.
A.PE.GAR, *v.t.* e *pron.,* pegar, contagiar, ligar-se a alguém, dedicar-se.
A.PE.GO, *s.m.,* ligação, afeição, agarramento, estar cativado.
A.PE.LA.ÇÃO, *s.f.,* ação ou efeito de apelar, pedido, ato jurídico em outra instância por discordar de uma sentença, modo desonesto de obter o pretendido.
A.PE.LAN.TE, *adj.* e *s. 2 gên.,* que(m) apela, quem recorre contra uma sentença.
A.PE.LAR, *v.t.* e *int.,* recorrer, pedir socorro, chamar por ajuda.
A.PE.LA.TÓ.RIO, *adj.,* relativo a apelação.
A.PE.LÁ.VEL, *adj. 2 gên.,* de que se pode apelar.
A.PE.LI.DA.DO, *adj.,* que recebeu apelido; alcunhado; nomeado.
A.PE.LI.DAR, *v.t.* e *pron.,* dar apelido, alcunhar.
A.PE.LI.DO, *s.m.,* nome de família, alcunha, cognome, sobrenome familiar.
A.PE.LO, *s.m.,* chamada, convocação, chamado de socorro, solicitação veemente.
A.PE.NA.DO, *adj.,* condenado, que recebeu uma pena.
A.PE.NAR, *v.t.,* dar pena a alguém, condenar, condenar por sentença.
A.PE.NAS, *adv.,* somente, tão somente.
A.PÊN.DI.CE, *s.m.,* o que se acrescenta ao principal, cauda, anexo, parte final do ceco, no intestino.
A.PEN.DI.CI.TE, *s.f.,* inflamação do apêndice do ceco.
A.PEN.DI.CU.LA.DO, *adj.,* que é terminado por um apêndice.
A.PEN.DI.CU.LAR, *adj.,* que se refere a apêndice, acessório; *v.t.,* reunir como apêndice.
A.PEN.DÍ.CU.LO, *s.m.,* pequeno apêndice.
A.PE.NHO.RA.MEN.TO, *s.m.,* ato ou efeito de apenhorar.
A.PE.NHO.RAR, *v.t.,* dar penhor a, empenhar.
A.PE.NIN.SU.LA.DO, *adj.,* semelhante a península.
A.PEN.SAR, *v.t.,* ajuntar, pôr em apenso um documento, acrescentar.
A.PEN.SO, *s.m.,* parte que se junta aos autos ou a uma obra, sem ser parte integrante dela; o que vai anexo.
A.PE.QUE.NA.DO, *adj.,* diminuído, reduzido; *fig.,* deprimido, humilhado.
A.PE.QUE.NAR, *v.t.* e *pron.,* tornar pequeno, diminuir, reduzir.
A.PE.RAL.TAR, *v.t.,* assumir atitudes de peralta, amolecar-se.
A.PER.CE.BER, *v.t.* e *pron.,* notar, avistar.
A.PER.CE.BI.DO, *adj.,* verificado, notado, feito.
A.PER.CE.BI.MEN.TO, *s.m.,* verificação, precaução.
A.PER.CEP.ÇÃO, *s.f.,* percepção, verificação, precaução.
A.PER.CEP.TI.BI.LI.DA.DE, *s.f.,* percepção, apercepção.
A.PER.CEP.TÍ.VEL, *adj.,* que se pode perceber, ver ou distinguir facilmente.
A.PER.FEI.ÇO.A.DO, *adj.,* melhorado, apurado, bem acabado.
A.PER.FEI.ÇO.A.DOR, *adj.* e *s.m.,* que ou o que aperfeiçoa.
A.PER.FEI.ÇO.A.MEN.TO, *s.m.,* ação ou efeito de aperfeiçoar, acabamento, apuro.
A.PER.FEI.ÇO.AR, *v.t.* e *pron.,* tornar perfeito, melhorar, apurar, esmerar-se.
A.PER.FEI.ÇO.Á.VEL, *adj.,* que se pode aperfeiçoar, melhorável.
A.PER.GA.MI.NHA.DO, *adj.,* que é semelhante a pergaminho.
A.PER.GA.MI.NHAR, *v.t.,* tornar semelhante a pergaminho.
A.PE.RI.TI.VO, *s.m.,* tudo que sirva para abrir o apetite, entradas.
A.PE.RO.LAR, *v.t.,* dar forma de pérola, tornar-se semelhante a pérola.
A.PER.RA.DO, *adj.,* que se aperrou.
A.PER.RAR, *v.t.,* engatilhar, deixar a arma de fogo pronta para o disparo.
A.PER.RE.A.ÇÃO, *s.f.,* ação ou efeito de aperrear, incômodo,

dissabor.

A.PER.RE.A.DO, *adj.*, incomodado, desgostoso, aborrecido, agastado.

A.PER.RE.A.DOR, *adj. e s.m.*, que ou aquele que aperreia, chateia os outros.

A.PER.RE.A.MEN.TO, *s.m.*, incômodo, desgosto, aborrecimento.

A.PER.RE.AR, *v.t. e pron.*, molestar, incomodar, perturbar, aborrecer, agastar.

A.PER.REI.O, *s.m.*, aperreação.

A.PER.TA.DO, *adj.*, justo, sem folga, estreito, pequeno, limitado.

A.PER.TA.DOR, *adj. e s.m.*, que(m) aperta, compressor, estreitador.

A.PER.TÃO, *s.m.*, aperto forte.

A.PER.TAR, *v.t., int. e pron.*, estreitar, comprimir, encolher.

A.PER.TO, *s.m.*, ação ou efeito de apertar, dificuldade, carência.

A.PER.TU.RA, *s.f.*, estreitamento, o que é estreito, urgência, necessidade premente.

A.PE.SAR DE, *loc. prep.*, a despeito de; apesar de que, *conj. subordinada concessiva*, embora, não obstante que, mesmo que.

A.PES.SO.A.DO, *adj.*, com boa aparência, distinto, agradável.

A.PES.TA.NA.DO, *adj.*, que tem pestanas.

A.PES.TAR, *v.t.*, empestar, expor à peste.

A.PE.TA.LO, *adj.*, que não tem pétalas.

A.PE.TE.CE.DOR, *adj. e s.m.*, que(m) apetece, que abre o apetite, o que torna algo apetitoso.

A.PE.TE.CER, *v.t.*, estar com apetite, querer, ambicionar, desejar.

A.PE.TE.CÍ.VEL, *adj.*, que apetece, que desperta o apetite, que incita a comer.

A.PE.TÊN.CIA, *s.f.*, apetite, vontade de comer.

A.PE.TEN.TE, *adj.*, que demonstra apetite, que tem apetite.

A.PE.TI.TE, *s.m.*, vontade de comer, gosto pela comida, atração por comida.

A.PE.TI.TI.VO, *adj.*, que sente apetite, apetitoso.

A.PE.TI.TO.SO, *adj.*, que abre o apetite, saboroso, gostoso.

A.PE.TRE.CHA.DO, *adj.*, preparado, munido, aparelhado.

A.PE.TRE.CHAR, *v.t. e pron.*, aparelhar, preparar, munir do necessário.

A.PE.TRE.CHO, *s.m.*, utensílio, objeto para trabalho.

A.PE.ZI.NHAR, *v.t.*, espezinhar.

A.PI.A.DAR, *v.t.*, forma antiga de *apiedar*.

A.PI.Á.RIO, *s.m.*, local em que se criam abelhas e se produz mel.

Á.PI.CE, *s.m.*, o ponto mais alto, cume, cimo, pico.

A.PI.CUL.TOR, *s.m.*, criador de abelhas.

A.PI.CUL.TU.RA, *s.f.*, criação de abelhas, atividade econômica para criação de abelhas.

A.PI.E.DA.DO, *adj.*, compadecido, misericordioso.

A.PI.E.DA.DOR, *adj. e s.m.*, que ou o que trata com piedade.

A.PI.E.DAR-(SE), *v.t. e v. pron.*, ter piedade, conseguir piedade, ter compaixão, compadecer-se.

A.PI.MEN.TA.DO, *adj.*, que contém pimenta, condimentado com pimenta; *fig.*, mordaz, ferino.

A.PI.MEN.TAR, *v.t.*, colocar pimenta em, condimentar com pimenta; *fig.*, ser sarcástico, mordaz.

A.PIN.CE.LAR, *v.t.*, passar levemente um pincel de tinta, dar maneira de pincel.

A.PI.NHA.DO, *adj.*, aglomerado, cheio, enchido.

A.PI.NHAR, *v.t. e pron.*, dar forma de pinha; encher, aglomerar, juntar pessoas, objetos.

A.PI.PA.DO, *adj.*, que tem ou tomou a forma de pipa.

A.PI.PAR, *v.t.*, dar a forma de pipa a.

A.PI.SO.AR, *v.t.*, consolidar o terreno batendo com soquete; na ind. têxtil, bater o pano com o pisão para deixá-lo mais encorpado.

A.PI.TA.DO, *adj.*, estridulado, tocado o apito.

A.PI.TAR, *v. int.*, soar o apito, tocar o apito.

A.PI.TO, *s.m.*, instrumento para apitar, para assobiar.

A.PLA.CA.ÇÃO, *s.f.*, ação ou efeito de aplacar, de sossegar, de serenar, de aliviar.

A.PLA.CA.DO, *adj.*, aliviado, serenado, sossegado.

A.PLA.CA.DOR, *adj. e s.m.*, que ou o que aplaca.

A.PLA.CAR, *v.t.i., int. e pron.*, aliviar, serenar, achatar, sossegar.

A.PLA.CÁ.VEL, *adj.*, que pode ser aplacado.

A.PLAI.NA.DO, *adj.*, alisado com plaina, nivelado.

A.PLAI.NA.DOR, *s.m.*, o que aplaina.

A.PLAI.NA.MEN.TO, *s.m.*, alisamento, nivelamento.

A.PLAI.NAR, *v.t. e pron.*, alisar, tornar plano, aplanar, nivelar.

A.PLA.NA.ÇÃO, *s.f.*, ação ou efeito de aplanar, nivelamento, aplainamento.

A.PLA.NA.DO, *adj.*, nivelado, alisado, aplainado.

A.PLA.NA.DOR, *adj. e s.m.*, aquele ou aquilo que aplana.

A.PLA.NA.MEN.TO, *s.m.*, ato ou efeito de aplanar, aplainamento.

A.PLA.NAR, *v.t.*, aplainar, alisar, tornar plano.

A.PLAU.DI.DO, *adj.*, louvado, aprovado, elogiado.

A.PLAU.DI.DOR, *adj. e s.m.*, aplaudente, que aplaude.

A.PLAU.DIR, *v.t., int. e pron.*, bater palmas, louvar, dar aprovação, aprovar, elogiar.

A.PLAU.SÍ.VEL, *adj.*, que se pode aplaudir, aceitável.

A.PLAU.SO, *s.m.*, ação ou efeito de aplaudir, aprovação, louvor.

A.PLI.CA.BI.LI.DA.DE, *s.f.*, ação de aplicar, aplicação, empregabilidade.

A.PLI.CA.ÇÃO, *s.f.*, ação ou efeito de aplicar, investimento; concentração num trabalho ou no estudo.

A.PLI.CA.DO, *adj.*, esforçado, estudioso, investido.

A.PLI.CA.DOR, *adj. e s.m.*, investidor, quem aplica, executor.

A.PLI.CAN.TE, *adj. e s. 2 gên.*, quem aplica, aplicador.

A.PLI.CAR, *v.t. e pron.*, investir dinheiro em, colocar, empregar.

A.PLI.CA.TI.VO, *s.m.*, programa executado no micro, para executar uma tarefa determinada; *adj.*, que se aplica a algo.

A.PLI.CÁ.VEL, *adj.*, que pode ser aplicado.

A.PLI.QUE, *s.m.*, adorno, enfeite, aplicado sobre um tecido, sobre os cabelos, para embelezamento.

A.PLÚ.VIO, *s.m.*, depósito de materiais transportados pelas águas da chuva.

AP.NEI.A, *s.f.*, parada rápida da respiração, interrupção momentânea da respiração.

AP.NE.O.LO.GI.A, *s.f.*, estudo da apneia.

AP.NEU.MÁ.TI.CO, *adj.*, sem ar; que se move ou trabalha sem a pressão do ar.

A.PO.CA.LIP.SE, *s.m.*, o último livro do Novo Testamento, dito de São João; fim do mundo, terrores, catástrofes; previsões catastróficas sobre o fim do mundo.

A.PO.CA.LÍP.TI.CO, *adj.*, catastrófico, aterrorizante, derradeiro.

A.PO.CO.PA.DO, *adj.*, que passou por uma apócope.

A.PO.CO.PAR, *v.t.*, suprimir uma letra no final da palavra;

fig., reduzir, encurtar.
A.PÓ.CO.PE, *s.f.*, supressão de uma letra no fim da palavra.
A.PÓ.CRI.FO, *adj.*, que não é autêntico, falso; *s.m.*, obra cuja autenticidade não está comprovada.
A.PO.DA.DOR, *adj. e s.m.*, que apoda, zombador, mordaz, cáustico.
A.PO.DAR, *v.t.*, zombar, escarnecer, ridicularizar.
Á.PO.DE, *adj.*, sem pés.
A.PO.DE.RA.DO, *adj.*, tomado, dominado, pego, subjugado.
A.PO.DE.RAR-SE, *v. refl.*, tomar conta, dominar, subjugar.
A.PO.DI.A, *s.f.*, ausência dos pés.
A.PO.DO, *s.m.*, alcunha, apelido, ato zombeteiro, chiste zombeteiro.
A.PO.DRE.CER, *v.t., int. e pron.*, tornar podre, corromper, exalar mau cheiro.
A.PO.DRE.CI.DO, *adj.*, podre, fedido, corrompido, putrefato; *fig.*, moralmente antiético.
A.PO.DRE.CI.MEN.TO, *s.m.*, putrefação, decomposição.
A.PO.DRI.DO, *adj.*, que começou a apodrecer.
A.PO.DRIR, *v.int.*, começar a apodrecer.
A.PO.FI.SÁ.RIO, *s.m.*, relativo a apófise.
A.PÓ.FI.SE, *s.f.*, saliência na superfície de um osso, elevação da parte de um osso.
A.PO.FI.SI.Á.RIO, *s.m.*, o mesmo que apofisário.
A.PO.FO.NI.A, *s.f.*, alteração do som de uma vogal, na mudança de número ou gênero.
A.PO.GEU, *s.m.*, quando o ponto de distância de um astro, em sua órbita, alcança a maior distância do centro da Terra; *fig.*, auge, clímax.
A.PO.GÍS.TI.CO, *adj.*, referente ao apogeu, próprio do apogeu.
A.PO.GRÁ.FI.CO, *adj.*, próprio de apógrafo.
A.PÓ.GRA.FO, *s.m.*, reprodução de um texto, fotocópia de texto, fotocópia de desenhos.
A.POI.A.DO, *adj.*, que tem apoio, protegido; *interj.*, muito bem!, bravo!
A.POI.A.MEN.TO, *s.m.*, ato ou efeito de apoiar.
A.POI.AR, *v.t. e pron.*, dar apoio, firmar, suportar, aguentar, aprovar, aplaudir.
A.POI.O, *s.m.*, amparo, sustentáculo, aprovação, base.
A.PO.JA.DO, *adj.*, cheio de um líquido, intumescido.
A.PO.JA.DU.RA, *s.f.*, afluência de leite aos seios ou tetas; apojamento.
A.PO.JA.MEN.TO, *s.m.*, apojadura.
A.PO.JAR, *v.t. e pron.*, encher(-se), intumescer(-se) de leite (seios) ou de outro líquido, amojar.
A.PO.JA.TU.RA, *s.f.*, apojadura, apojamento.
A.PO.JO, *s.m.*, a parte do leite mais densa.
A.PO.LE.GAR, *v.t.*, amassar com os dedos, machucar.
A.PÓ.LI.CE, *s.f.*, documentação que garante um seguro; indicativo que possui ações de uma empresa.
A.PO.LÍ.NEO, *adj.*, referente a Apolo, que é belo como Apolo, um deus grego; formoso.
A.PO.LÍ.NI.CO, *adj.*, apolíneo.
A.PO.LÍ.TI.CO, *adj.*, que não tem ligação partidária, sem vínculo com política.
A.PO.LO.GÉ.TI.CO, *adj.*, que traz apologia, defensivo.
A.PO.LO.GI.A, *s.f.*, defesa, elogio; discurso para elogiar e defender alguém.
A.PO.LO.GIS.MO, *s.m.*, apologia, defesa, elogio.
A.PO.LO.GIS.TA, *s. 2 gên.*, quem faz apologias, defensor, quem compõe e expõe louvores.

A.PO.LO.GI.ZAR, *v.t.*, fazer apologias, defender, elogiar.
A.PÓ.LO.GO, *s.m.*, fábula, historieta com animais para dar uma lição de moral aos homens.
A.POL.TRO.NAR-SE, *v.int.*, revelar-se medroso, covarde.
A.POM.PAR, *v.t.*, tornar pomposo.
A.PON.TA.DO, *adj.*, que tem ponta, hora e local marcados, anotado.
A.PON.TA.DOR, *s.m.*, instrumento para fazer a ponta; indivíduo que fica cuidando do tempo de trabalho em certas obras.
A.PON.TA.MEN.TO, *s.m.*, ação ou efeito de apontar, nota, resumo do que se leu.
A.PON.TAR, *v.t e int.*, mirar um ponto ou alvo, marcar, tomar nota, mostrar algo.
A.PON.TÁ.VEL, *adj.*, que se pode apontar, dirigível, direcionável.
A.PON.TO.AR, *v.t.*, firmar, segurar, fazer pontos em, destacar.
A.PO.PLÉC.TI.CO, A.PO.PLÉ.TI.CO, *adj.*, que está atacado por apoplexia, irritado.
A.PO.PLE.XI.A, *s.f.*, paralisia repentina do cérebro e coma.
A.PO.QUEN.TA.ÇÃO, *s.f.*, mal-estar, irritação, aborrecimento.
A.PO.QUEN.TA.DO, *adj.*, incomodado, aborrecido, importunado.
A.PO.QUEN.TA.DOR, *adj. e s.m.*, quem incomoda, aborrecedor, importunador.
A.PO.QUEN.TAR, *v.t e pron.*, incomodar, afligir, importunar.
A.POR, *v.t.*, colocar junto, acrescentar, aplicar.
A.POR.FI.AR, *v.int.*, ver porfiar; discutir.
A.POR.TA.DA, *s.f.*, chegada de um navio a um porto.
A.PO.RIS.MO, *s.m.*, problema de difícil solução, áporo.
Á.PO.RO, *s.m.*, o mesmo que aporismo.
A.POR.RI.NHAR, *v.t.*, apoquentar, aborrecer, irritar, incomodar.
A.POR.TA.DO, *adj.*, levado, conduzido, ancorado, fundeado.
A.POR.TA.MEN.TO, *s.m.*, aportada, entrada de navio no porto.
A.POR.TAR, *v. int.*, entrar no porto, desembarcar, chegar a um lugar seguro.
A.POR.TE, *s.m.*, contribuição para alguma finalidade, subsídio.
A.POR.TU.GUE.SA.DO, *adj.*, que assume forma e maneiras portuguesas; termo estrangeiro adaptado ao português.
A.POR.TU.GUE.SA.MEN.TO, *s.m.*, ato ou efeito de aportuguesar-se.
A.POR.TU.GUE.SAR, *v.t. e pron.*, ajeitar ao modo, forma ou uso português.
A.PÓS, *prep.*, depois de, atrás de, em seguida; *adv.*, depois.
A.PO.SEN.TA.DO, *adj. e s.m.*, que se aposentou, pensionista.
A.PO.SEN.TA.DO.RI.A, *s.f.*, ação ou efeito de aposentar-se, direito que assiste a quem, depois de 30 a 35 anos de contribuição ao INSS, pode receber sem trabalhar.
A.PO.SEN.TAR, *v.t. e pron.*, dar aposentadoria, deixar o trabalho por doença ou tempo de serviço.
A.PO.SEN.TÁ.VEL, *adj. 2 gên.*, que se pode aposentar.
A.PO.SEN.TO, *s.m.* quarto, qualquer compartimento da casa, cômodo.
A.PO.SI.ÇÃO, *s.f.*, junção, união entre duas partes, justaposição.
A.POS.SA.DO, *adj.*, apoderado, empossado, tomado.
A.POS.SAR, *v.t. e pron.*, empossar, dar posse a, entregar o cargo.
A.POS.TA, *s.f.*, contrato entre pessoas sobre o final de algo, e quem perder paga uma quantia.
A.POS.TA.DO, *adj.*, jogado em aposta, contratado, arriscado.
A.POS.TA.DOR, *adj. e s.m.*, quem aposta, jogador, investidor.

APOSTAR   ••• 97 •••   APRESAMENTO

A.POS.TAR, *v.t.* e *pron.*, fazer apostas, jogar na sorte.

A.POS.TA.SI.A, *s.f.*, negação de uma crença, abandono de um credo, renúncia a uma maneira de vida.

A.PÓS.TA.TA, *s. 2 gên.*, quem nega a própria fé, quem renuncia a um credo.

A.POS.TA.TAR, *v.t.* e *int.*, renegar a religião, mudar de credo, abandonar a sua religião por outra.

A.POS.TE.MA, *s.m.*, abscesso que tem supuração, inflamação forte.

A.POS.TE.MAR, *v.t., int.* e *pron.*, supurar, inflamar, infectar; *fig.*, corromper, tornar corrupto.

A POSTERIORI, expr. latina, depois, após os fatos, depois de tudo visto.

A.POS.TI.LA, *s.f.*, caderno com notas, resumo, comentários feitos à margem de um livro.

A.POS.TI.LA.DO, *adj.*, posto em forma de apostila, confeccionado, encadernado.

A.POS.TI.LA.DOR, *s.m.*, aquele que apostila.

A.POS.TI.LAR, *v.t.*, pôr em apostila, encadernar, confeccionar cadernos.

A.POS.TI.LHA, *s.f.*, apostila, temas escolares em cadernos apostilados para estudo.

A.POS.TO, *adj.*, junto de, anexo, colocado junto; *s.m.*, termo que explica outro, entre vírgulas, na análise sintática.

A.POS.TO.LA.DO, *s.m.*, trabalho do apóstolo, atrair para sua crença, sedução em prol de um credo.

A.POS.TO.LAR, *v.t* e *int.*, agir como apóstolo; *adj.*, próprio de apóstolo, relativo a apóstolo.

A.POS.TO.LI.CAL, *adj.*, apostólico, próprio dos apóstolos.

A.POS.TO.LI.CI.DA.DE, *s.f.*, qualidade do que é apostólico, carisma pessoal de viver e proclamar a doutrina apostólica.

A.POS.TÓ.LI.CO, *adj.*, relativo aos apóstolos, referente ao papa.

A.POS.TO.LI.ZAR, *v.t.* e *int.*, pregar a apostolicidade, anunciar as verdades evangélicas.

A.PÓS.TO.LO, *s.m.*, cada um dos 12 que acompanharam Jesus Cristo; pregador, anunciador do Evangelho, profeta, pessoa que acredita no que prega.

A.POS.TRO.FA.DO, *adj.*, parado, interrompido, aparteado, demovido de.

A.POS.TRO.FAR, *v.t.*, lançar apóstrofes, interromper uma fala, expor pontos de vista.

A.PÓS.TRO.FE, *s.f.*, interrupção em um discurso; o orador se dirigindo a algum tema estranho ou pessoa ausente, mas voltando em seguida ao objetivo da peça oratória; intercalação de uma ideia diferente.

A.PÓS.TRO.FO, *s.m.*, sinal gráfico (') que indica a queda de uma letra.

A.PÓ.TE.MA, *s.m.*, perpendicular baixada do centro de um polígono regular a um dos lados.

A.PO.TE.O.SAR, *v.t.*, provocar uma apoteose, glorificar, enaltecer, louvar.

A.PO.TE.O.SE, *s.f.*, grande cerimônia, festa final grandiosa.

A.PO.TE.Ó.TI.CO, *adj.*, exaltado, engrandecido.

A.POU.CA.DO, *adj.*, reduzido, diminuído; *fig.*, humilhado, discriminado.

A.POU.CA.DOR, *adj.* e *s.m.*, que ou o que diminui, amesquinha.

A.POU.CA.MEN.TO, *s.m.*, ação ou efeito de apoucar, diminuição, rebaixamento.

A.POU.CAR, *v.t.* e *pron.*, diminuir, reduzir a dimensão, apequenar, restringir.

A.PRA.ZA.DO, *adj.*, agendado, determinado, marcado.

A.PRA.ZA.DOR, *s.m.*, o que dá ou estende o prazo.

A.PRA.ZA.MEN.TO, *s.m.*, ato ou resultado de aprazar.

A.PRA.ZAR, *v.t.* e *int.*, agendar uma data para reunião, determinar dia e hora.

A.PRA.ZER, *v.t.* e *pron.*, ser agradável, agradar, ser aprazível.

A.PRA.ZI.BI.LI.DA.DE, *s.f.*, qualidade de aprazer, agradabilidade, satisfação.

A.PRA.ZI.MEN.TO, *s.m.*, agrado, agradabilidade.

A.PRA.ZÍ.VEL, *adj.*, agradável, saboroso, alegre, delicioso, satisfatório.

A.PRE.ÇA.DOR, *s.m.*, o que determina ou diz o preço.

A.PRE.ÇA.MEN.TO, *s.m.*, ato ou resultado de apreçar, fixar preço.

A.PRE.ÇAR, *v.t.*, indicar os preços, marcar os valores, informar os custos.

A.PRE.CI.A.ÇÃO, *s.f.*, ação ou efeito de apreciar, análise, estudo.

A.PRE.CI.A.DO, *adj.*, avaliado, analisado, valorizado.

A.PRE.CI.A.DOR, *s.m.*, que aprecia, degustador, saboreador.

A.PRE.CI.AR, *v.t.*, dar apreço, analisar, degustar, saborear, avaliar.

A.PRE.CI.A.TI.VO, *adj.*, que busca apreciação, apreciável, valorizado.

A.PRE.CI.Á.VEL, *adj.*, que se pode apreciar, valorizado.

A.PRE.ÇO, *s.m.*, estima, consideração, respeito.

A.PRE.EN.DE.DOR, *adj.* e *s.m.*, apreensor.

A.PRE.EN.DER, *v.t.* e *pron.*, efetuar a apreensão de, apoderar-se, compreender, colocar na mente o conhecimento, confiscar, reter.

A.PRE.EN.DI.DO, *adj.*, compreendido, preso, retido, confiscado.

A.PRE.EN.SÃO, *s.f.*, ação ou efeito de apreender, tomada de posse, percepção.

A.PRE.EN.SI.BI.LI.DA.DE, *s.f.*, qualidade ou condição do que é apreensível; faculdade de apreender.

A.PRE.EN.SÍ.VEL, *adj.*, que se pode apreender.

A.PRE.EN.SI.VO, *adj.*, que apreende, preocupado, preocupante.

A.PRE.EN.SOR, *adj.*, relativo a apreensão; que apreende algo; *s.m.*, aquilo ou aquele que apreende.

A.PRE.EN.SÓ.RIO, *adj.*, que serve ou se usa para apreender.

A.PRE.GO.A.DO, *adj.*, anunciado, proclamado.

A.PRE.GO.A.DOR, *adj.*, que apregoa, que proclama; *s.m.*, quem apregoa, quem proclama ou anuncia.

A.PRE.GO.AR, *v.t.*, proclamar em voz alta, anunciar por meio do pregão.

A.PRE.NDEN.TE, *s. 2 gên.*, quem aprende, aluno, aprendiz, discípulo.

A.PREN.DER, *v.t.* e *int.*, instruir-se, adquirir conhecimento, estudar, construir conhecimento.

A.PREN.DI.DO, *adj.*, estudado, dominado, retido.

A.PREN.DIZ, *s.m.*, quem aprende, principiante, aluno, aprendente.

A.PREN.DI.ZA.DO, *s.m.*, aprendizagem, estado do aprendiz.

A.PREN.DI.ZA.GEM, *s.f.*, ação ou efeito de aprender, aprendizado.

A.PRE.SA.DOR, *adj.* e *s.m.*, que ou aquele que apresa ou toma como presa.

A.PRE.SA.MEN.TO, *s.m.*, ação ou efeito de apresar, captura, assalto.

APRESAR ··98·· **APUPO**

A.PRE.SAR, *v.t.,* prender, capturar, assaltar, apoderar-se, tomar como presa.

A.PRE.SEN.TA.ÇÃO, *s.f.,* condição de apresentar, aspecto, figura, vista.

A.PRE.SEN.TA.DO, *adj.,* exposto, exibido, mostrado.

A.PRE.SEN.TA.DOR, *s.m.,* quem apresenta, quem mostra, quem expõe.

A.PRE.SEN.TAN.TE, *adj.* e *s. 2 gên.,* que(m) apresenta, apresentador, dirigente de um ato público.

A.PRE.SEN.TAR, *v.t.* e *pron.,* colocar na vista de, mostrar, fazer ver, exibir.

A.PRE.SEN.TÁ.VEL, *adj.,* que se pode apresentar, indivíduo apessoado.

A.PRE.SI.LHAR, *v.t.,* ligar por meio de presilhas, colocar presilhas em.

A.PRES.SA.DO, *adj.,* que tem pressa, veloz, rápido, célere.

A.PRES.SA.DOR, *adj.* e *s.m.,* que, aquele ou aquilo que apressa, acelera, precipita.

A.PRES.SAR, *v.t.* e *pron.,* incentivar, reclamar pressa, acelerar.

A.PRES.SU.RA.DO, *adj.,* diligente, apressado, pressionado, impelido.

A.PRES.SU.RA.MEN.TO, *s.m.,* ato ou efeito de apressurar.

A.PRES.SU.RAR, *v.t.* e *pron.,* apressar, formar pressão, pressionar.

A.PRES.TA.DO, *adj.,* acabado, terminado, finalizado.

A.PRES.TA.DOR, *adj.* e *s.m.,* que(m) apresta, finalizador, aprontador.

A.PRES.TAR, *v.t.* e *pron.,* aprontar, acabar, finalizar.

A.PRES.TO, *s.m.,* acabamento, finalização, aprontamento.

A.PRI.MO.RA.DO, *adj.,* aperfeiçoado, bem-acabado, perfeito.

A.PRI.MO.RA.MEN.TO, *s.m.,* ação ou efeito de aprimorar, aperfeiçoamento.

A.PRI.MO.RAR, *v.t.* e *pron.,* aperfeiçoar, tornar aprimorado.

A PRIORI, expr. latina, indica que é sem experiência anterior, sem delongas.

A.PRI.O.RIS.MO, *s.m.,* argumento antes de qualquer conclusão, tomada de posição anterior.

A.PRI.O.RIS.TA, *s. 2 gên.,* quem usa de apriorismo.

A.PRI.O.RÍS.TI.CO, *adj.,* relativo a apriorismo ou a apriorista.

A.PRIS.CO, *s.m.,* curral, local em que se recolhem as ovelhas; redil, *fig.,* reunião religiosa.

A.PRI.SI.O.NA.DO, *adj.,* encarcerado, preso, metido na cadeia.

A.PRI.SI.O.NA.DOR, *adj.* e *s.m.,* que ou aquele que aprisiona.

A.PRI.SI.O.NA.MEN.TO, *s.m.,* ação ou efeito de aprisionar, prisão, cadeia, xilindró, encarceramento.

A.PRI.SI.O.NAR, *v.t.,* encarcerar, pôr na cadeia, capturar, prender.

A.PRO.A.MEN.TO, *s.m.,* ato ou efeito de aproar.

A.PRO.AR, *v.t.* e *int.,* pôr a proa do barco em determinada direção, direcionar, tomar um rumo.

A.PRO.BA.TI.VO, *adj.,* que aprova, aprobatório, que concede aprovação.

A.PRO.BA.TÓ.RIO, *adj.,* aprobativo, que aprova.

A.PRO.FUN.DA.DO, *adj.,* que se aprofundou; estudado ou examinado minuciosamente.

A.PRO.FUN.DA.MEN.TO, *s.m.,* ação ou efeito de aprofundar.

A.PRO.FUN.DAR, *v.t.* e *pron.,* tornar fundo, profundo, cavar mais fundo, penetrar mais.

A.PRON.TA.DO, *adj.,* pronto, preparado, aparelhado, arrumado.

A.PRON.TA.MEN.TO, *s.m.,* preparação, aparelhamento.

A.PRON.TAR, *v.t.* e *pron.,* deixar pronto, preparar, aparelhar, vestir-se, arrumar, fazer travessuras, ser sapeca.

A.PRON.TO, *s.m.* preparo; aprontamento; aprestamento.

A.PRO.PO.SI.TA.DO, *adj.,* conveniente, idealizado.

A.PRO.PO.SI.TAR, *v.t.,* estabelecer um propósito, programar.

A.PRO.PRI.A.ÇÃO, *s.f.,* ação ou efeito de apropriar-se, tomada de posse; adaptação.

A.PRO.PRI.A.DO, *adj.,* próprio, adequado, oportuno, certo.

A.PRO.PRI.A.DOR, *adj.* e *s.m.,* que, aquele ou aquilo que se apropria de algo.

A.PRO.PRI.AR, *v.t.* e *pron.,* tornar próprio, adequar, tornar conveniente.

A.PRO.VA.ÇÃO, *s.f.,* ação ou efeito de aprovar, adesão, aceite.

A.PRO.VA.DO, *adj.,* autorizado, aceito, concordado.

A.PRO.VA.DOR, *adj.* e *s.m.,* que ou aquele que aprova.

A.PRO.VAR, *v.t.,* dar aprovação, aceitar, autorizar, habilitar, promover.

A.PRO.VA.TI.VO, *adj.,* que aprova, que autoriza, que promove.

A.PRO.VÁ.VEL, *adj. 2 gên.,* digno de aprovação.

A.PRO.VEI.TA.DO, *adj.,* algo tornado útil, proveitoso, lucrativo; poupado.

A.PRO.VEI.TA.DOR, *s.m.,* que se aproveita de, oportunista, enganador, especulador.

A.PRO.VEI.TA.MEN.TO, *s.m.,* ação ou efeito de aproveitar, uso, desfrute.

A.PRO.VEI.TAN.TE, *adj.* e *s.m.,* que ou quem aproveita.

A.PRO.VEI.TAR, *v.t., int.* e *pron.,* tirar proveito de, usar, utilizar, lucrar, beneficiar-se.

A.PRO.VEI.TÁ.VEL, *adj.,* que se pode aproveitar, utilizável, útil.

A.PRO.VI.SI.O.NA.DO, *adj.,* abastecido, provido, completo, cheio.

A.PRO.VI.SI.O.NA.MEN.TO, *s.m.,* abastecimento, provisão, reserva de segurança.

A.PRO.VI.SI.O.NAR, *v.t.* e *pron.,* fazer provisões, abastecer, prover de.

A.PRO.XI.MA.ÇÃO, *s.f.,* ação ou efeito de aproximar, achegamento, previsão, estimativa.

A.PRO.XI.MA.DO, *adj.,* próximo, vizinho, aliado, relacionado, parceiro.

A.PRO.XI.SI.O.NA.DOR, *adj.* e *s.m.,* que, aquele ou aquilo que aprovisiona, abastece.

A.PRO.XI.MAR, *v.t.* e *pron.,* achegar a, avizinhar, levar para perto, relacionar.

A.PRO.XI.MA.TI.VO, *adj.,* que se aproxima, estimado, próximo.

A.PRU.MA.DO, *adj.,* que está no prumo, correto, ereto.

A.PRU.MAR, *v.t.* e *pron.,* colocar no prumo, em posição vertical, acertar.

A.PRU.MO, *s.m.,* posição vertical, posição correta de cima para baixo.

AP.TI.DÃO, *s.f.,* habilidade, capacidade, vocação, pendor.

AP.TO, *adj.,* pronto, hábil, habilidoso, capaz.

A.PU.NHA.LA.DA, *adj.,* ferida ou morta com punhal, atraiçoada.

A.PU.NHA.LA.DO, *adj.,* esfaqueado, ferido ou morto com punhal.

A.PU.NHA.LAR, *v.t., int.* e *pron.,* ferir com punhal.

A.PU.PA.DA, *s.f.,* vaia, zombaria, insulto, desprezo, assuada, apupo.

A.PU.PA.DO, *adj.,* vaiado, zombado, desprezado.

A.PU.PAR, *v.t.,* dirigir apupos, vaiar, assuar.

A.PU.PO, *s.m.,* troça, vaia, zombaria, assuada.

APURAÇÃO — **ARABIZAR**

A.PU.RA.ÇÃO, s.m., ação ou efeito de apurar, exame; contagem de votos em eleição.

A.PU.RA.DO, adj., onde há apuro, esmerado, bem-feito; em situação difícil.

A.PU.RA.DOR, adj. e s.m., que tem por função apurar; que, aquele ou aquilo que apura.

A.PU.RA.MEN.TO, s.m., apuração, seleção, cálculo.

A.PU.RAR, v.t. e pron., esmerar, tornar perfeito, aperfeiçoar, selecionar, calcular, contar votos.

A.PU.RA.TI.VO, adj., que purifica; depurativo.

A.PU.RO, s.m., esmero, capricho, aperfeiçoamento, requinte.

A.QUA.DRI.LHA.MEN.TO, s.m., ação ou efeito de aquadrilhar, formação de quadrilha.

A.QUA.DRI.LHAR, v.t. e pron., formar quadrilha, agrupar indivíduos malfeitores.

AQUALUNG, s.m., aparelho que os mergulhadores usam para respirar sob as águas.

A.QUA.PLA.NA.GEM, s.f., pouso ou subida de hidroavião, usando as águas; derrapagem por existência de água em uma pista.

A.QUA.RE.LA, s.f., substâncias de várias cores, diluídas em água para pinturas; pintura com essa técnica.

A.QUA.RE.LAR, v.t., pintar por aquarela, servir-se na pintura da técnica da aquarela.

A.QUA.RI.A.NO, adj. e s.m., do signo de aquário, relativo a aquário.

A.QUÁ.RIO, s.m., recipiente com água para criar vegetais, peixes ou outros animais aquáticos.

A.QUA.RI.O.FI.LI.A, s.f., criação de peixes em aquário, cultura de peixes em aquário.

A.QUAR.TE.LA.DO, adj., posto em quartel; assumiu o regime de quem vive em quartel.

A.QUAR.TE.LA.MEN.TO, s.m., fechado em quartel, alojamento militar, período de reclusão no quartel.

A.QUAR.TE.LAR, v.t. e pron., colocar em quartel, tornar-se soldado.

A.QUÁ.TI.CO, adj., relativo a água, que vive na água.

A.QUA.VI.A, s.f., hidrovia, via fluvial, via constituída por água.

A.QUA.VI.Á.RIO, adj., relativo a aquavia; hidroviário.

A.QUE.BRAN.TAR, v.t., quebrantar, quebrar, cansar, dificultar.

A.QUE.CE.DOR, s.m., aparelho que esquenta, eletrodoméstico para aquecer ambientes.

A.QUE.CER, v.t., int. e pron., esquentar, tornar quente, dar calor; animar.

A.QUE.CI.DO, adj., esquentado, quente, animado, acalorado.

A.QUE.CI.MEN.TO, s.m., ação ou efeito de aquecer, esquentamento.

A.QUE.CÍ.VEL, adj., que se pode aquecer.

A.QUE.DU.TO, s.m., construção para levar água, galeria para transporte de água.

A.QUE.LA, pron. dem., indica a terceira pessoa feminina, a mais afastada da primeira.

A.QUE.LE, pron. dem., indica a terceira pessoa, a que está mais longe do pronome pessoal eu.

A.QUÉM, adv., do lado de cá, menos, inferior.

A.QUEN.TA.DO, adj., que se aquentou, aqueceu; s.m., comida requentada.

A.QUEN.TAR, v.t., fazer ficar ou tornar-se quente; aquecer.

A.QUEU, adj., relativo ou pertencente aos aqueus; s.m., indivíduo dos aqueus, ramo antigo do povo grego.

A.QUI, adv., neste lugar.

A.QUÍ.CO.LA, adj. e s. 2 gên., que(m) vive na água, habitante da água.

A.QUI.CUL.TOR, adj. e s.m., que(m) obtém produtos por meio da água, dono de fazenda marinha.

A.QUI.CUL.TU.RA, s.f., cultivo de vegetais ou plantas na água; cultura feita na água.

A.QUI.ES.CÊN.CIA, s.f., ação ou efeito de aquiescer, consentimento, concordância.

A.QUI.ES.CEN.TE, adj. e s. 2 gên., que(m) aquiesce, concordante, que aceita.

A.QUI.ES.CER, v. int., concordar, consentir, aceitar.

A.QUI.E.TA.ÇÃO, s.f., pacificação, serenidade.

A.QUI.E.TA.DO, adj., acalmado, serenado, pacificado.

A.QUI.E.TA.DOR, adj. e s.m., que ou aquele que aquieta, pacificador.

A.QUI.E.TAR, v.t., int. e pron., acalmar, serenar, pacificar.

A.QUÍ.FE.RO, adj. e s.m., que contém água, reservatório subterrâneo de água.

A.QUI.LA.TA.DO, adj., avaliado, ajustado, apreciado.

A.QUI.LA.TAR, v. pron., avaliar, julgar, avaliar quantos quilates de ouro, prata.

A.QUI.LHA.DO, adj., que tem quilha (embarcação).

A.QUI.LI.A, s.f., em Medicina, ausência de um lábio ou de ambos.

A.QUI.LÍ.FE.RO, adj., entre os antigos romanos, o porta-estandarte que leva a águia; que ostenta águia(s).

A.QUI.LI.NO, adj., referente a águia, encurvado como o bico da águia.

A.QUI.LO, pron. dem., uma coisa determinada e distante; coisa sem valor.

A.QUI.NHO.A.DO, adj., dividido, doado, presenteado.

A.QUI.NHO.A.MEN.TO, s.m., ação ou efeito de aquinhoar, divisão, recepção.

A.QUI.NHO.AR, v.t. e pron., separar em quinhões, dividir em partes, presentear, doar.

A.QUI.RI.ÇÃO, s.f., aquisição.

A.QUI.RIR, v.t., adquirir.

A.QUI.SI.ÇÃO, s.f., ação ou efeito de adquirir, compra, conquista.

A.QUI.SI.TI.VO, adj., que se refere a aquisição, que se pode adquirir.

A.QUIS.TAR, v.t., adquirir, granjear.

A.QUO.SI.DA.DE, s.f., qualidade de aquoso.

A.QUO.SO, adj., como se fosse água, próprio da água, cheio de água.

AR, s.m., sistema gasoso que forma a atmosfera, atmosfera, clima; fig., graça, aparência, tipo.

A.RA, s.f., pedra de altar, altar de pedra para sacrifícios, altar.

Á.RA.BE, adj. e s.m., habitante ou nativo da Arábia, idioma falado nos países árabes.

A.RA.BES.CO, s.m., desenho formado de linhas e folhas entremeadas para enfeite.

A.RA.BES.CAR, v.t., fazer traços à semelhança de arabesco.

A.RÁ.BI.CO, adj., relativo ao árabe, aos árabes, próprio dos árabes.

A.RA.BIS.MO, s.m., expressão ou costume de árabe, tradição vinda dos árabes.

A.RA.BIS.TA, s. 2 gên., quem se dedica a estudos de costumes e tradições arábicas.

A.RA.BI.ZAR, v.t., int. e pron., incutir em modos árabes, assumir feições e modos árabes.

ARABIZAÇÃO   ARCADA

A.RA.BI.ZA.ÇÃO, *s.f.*, ato ou efeito de arabizar.
A.RA.ÇÁ, *s.m.*, fruta silvestre da família das goiabas, na cor amarela e vermelha; fruta do araçazeiro.
A.RA.CA.JU.A.NO, *adj.* e *s.m.*, habitante ou natural de Aracaju, capital do Sergipe, aracajuense.
A.RA.ÇA.ZEI.RO, *s.m.*, arbusto que produz o araçá.
A.RAC.NI.CUL.TOR, *adj.* e *s.m.*, diz-se de ou o indivíduo que se dedica à aracnicultura.
A.RAC.NÍ.DEO, *s.m.*, da família das aranhas, dos escorpiões, carrapatos e ácaros.
A.RAC.NO.FI.LI.A, *s.f.*, amizade a aranhas.
A.RAC.NO.FO.BI.A, *s.f.*, aversão a aranhas, horror a aranhas, medo de aranhas.
A.RAC.NO.FÓ.BI.CO, *adj.* e *s.m.*, que ou aque que sofre de aracnofobia.
A.RAC.NOI.DE, *adj.* e *s. 2 gên.*, parecido com aranha, assemelhado com aranha; membrana fina e transparente que envolve o cérebro.
A.RAC.NO.LO.GI.A, *s.f.*, em Zoologia, estudo das aranhas.
A.RAC.NO.LO.GIS.TA, *adj. 2 gên.* e *s. 2 gên.*, diz-se de ou aquele que se especializou em aracnologia.
A.RAC.NÓ.LO.GO, *s.m.*, o mesmo que aracnologista.
A.RA.DO, *s.m.*, instrumento agrícola para o trabalho na terra, charrua.
A.RA.DOR, *adj.* e *s.m.*, que(m) ara, quem conduz o arado.
A.RA.DOU.RO, *s.m.*, o mesmo que arado.
A.RA.DU.RA, *s.f.*, ação ou efeito de arar, produção de sulcos na terra com o arado.
A.RA.GEM, *s.f.*, vento suave e fresco, brisa, aura, zéfiro.
A.RAL, *s.m.*, terra pronta para cultura.
A.RA.MA.DO, *adj.*, que está envolto com arame, ligado por arame.
A.RA.MA.DOR, *s.m.*, aquele que fabrica rede de arame.
A.RA.MA.GEM, *s.f.*, gradeamento de arame.
A.RA.MAI.CO, *adj.* e *s.m.*, língua muito antiga, falada na Mesopotâmia, na Palestina e regiões vizinhas.
A.RA.MAR, *v.t.*, envolver com arame, amarrar com arame.
A.RA.ME, *s.m.*, fio de metal fino, longo, flexível.
A.RA.MEI.RO, *s.m.*, pessoa que trabalha com arame.
A.RA.MI.FÍ.CIO, *s.m.*, empresa que trabalha com arame, indústria que fabrica arame.
A.RA.MIS.TA, *s. 2 gên.*, acrobata que trabalha no arame.
A.RAN.DE.LA, *s.f.*, peça fixada na parede para prender lâmpadas; suporte no castiçal para aparar a cera.
A.RA.NHA, *s.f.*, animal artrópode, que faz uma teia para caçar suas presas.
A.RA.NHA-CA.RAN.GUE.JEI.RA, *s.f.*, aranha muito grande, com o corpo coberto por pelos e de aspecto assustador.
A.RA.NHEN.TO, *adj.*, que se refere a aranhas, que contém muitas aranhas.
A.RA.NHOL, *s.m.*, local onde há muitas teias de aranha.
A.RA.NHO.SO, *adj.*, que tem aranhas, que está cheio de aranhas.
A.RAN.ZEL, *s.m.*, verborreia, discurso longo e aborrecido, exposição enfadonha.
A.RA.PON.GA, *s.f.*, pássaro silvestre, cujo canto imita a pancada de uma bigorna; *fig.*, elemento que faz espionagem secreta.
A.RA.PU.CA, *s.f.*, armadilha para prender animais terrestres; *fig.*, cilada, logro, engano, armadilha.
A.RAR, *v.t.* e *int.*, cortar a terra com o arado, amanhar a terra, cultivar a terra.
A.RA.QUE, *s.m.*, somente usado na expressão "de araque": sem valor, ruim.
A.RA.RA, *s.f.*, ave da família dos Psitacídeos, de muitas cores e beleza.
A.RA.RU.TA, *s.f.*, planta que produz fécula alimentícia; esse produto.
A.RA.TI.CUM, A.RA.TI.CU, *s.m.*, fruta silvestre, caracterizada pelo tamanho dos gomos e doçura; em várias regiões conhecida como cortiça.
A.RAU.CÁ.RIA, *s.f.*, pinheiro do Paraná.
A.RAU.TO, *s.m.*, na Idade Média, representante da autoridade para anunciar decisões, leis; quem anuncia, apregoador, mensageiro.
A.RÁ.VEL, *adj.*, que se pode arar, agriculturável.
AR.BI.TRA.DOR, *adj.* e *s.m.*, árbitro, quem arbitra, juiz.
AR.BI.TRA.GEM, *s.f.*, decisão tomada por meio do parecer de um árbitro; direção de um jogo.
AR.BI.TRAL, *adj.*, que arbitra, que julga, decisivo.
AR.BI.TRA.MEN.TO, *s.m.*, julgamento, arbitragem, solução negociada.
AR.BI.TRAR, *v.t.*, julgar como árbitro, juiz; decidir, solucionar.
AR.BI.TRA.RI.E.DA.DE, *s.f.*, abuso de poder, uso indevido, mau uso da lei, desrespeito a uma lei.
AR.BI.TRÁ.RIO, *adj.*, sem considerar a lei, parecer pessoal, parcial.
AR.BÍ.TRIO, *s.m.*, vontade pessoal, poder de decisão pessoal, decisão de acordo com o parecer pessoal, sem levar em conta os aspectos da lei.
ÁR.BI.TRO, *s.m.*, juiz, quem resolve uma disputa entre duas partes por consenso; quem apita um jogo.
AR.BÓ.REO, *adj.*, semelhante a árvore, relativo a árvore.
AR.BO.RES.CEN.TE, *adj.* e *s. 2 gên.*, que parece uma árvore, que surge como árvore.
AR.BO.RE.TO, *s.m.*, bosque plantado para fins científicos, mata, capoeira.
AR.BO.RÍ.CO.LA, *s. 2 gên.*, ser que vive em árvores, animal que mora em árvores.
AR.BO.RI.CUL.TOR, *s.m.*, quem cultiva árvores, cultivador de árvores.
AR.BO.RI.CUL.TU.RA, *s.f.*, cultivo de árvores, cultura de árvores.
AR.BO.RI.FOR.ME, *adj.*, que tem forma de árvore, que se assemelha a uma árvore.
AR.BO.RI.ZA.ÇÃO, *s.f.*, ação ou efeito de arborizar, plantio de árvores, plantação de árvores em ruas.
AR.BO.RI.ZA.DO, *adj.*, que possui árvores, que contém plantas.
AR.BUS.TI.FOR.ME, *adj.*, que tem forma de arbusto, que se parece com um arbusto.
AR.BO.RI.ZAR, *v.t.*, plantar árvores, colocar árvores.
AR.BUS.TI.VO, *adj.*, próprio do arbusto.
AR.BUS.TO, *s.m.*, vegetal pequeno, cheio de galhos e folhas; arvoreta.
AR.CA, *s.f.*, uma caixa grande para guardar roupas e objetos.
AR.CA.BOU.ÇO, *s.m.*, esqueleto, o conjunto dos ossos do corpo, armação de uma construção; carcaça.
AR.CA.BUZ, *s.m.*, arma de fogo antiga, portátil; hoje, mais peça de museu.
AR.CA.BU.ZAR, *v.t.*, disparar com arcabuz; p. ext., fuzilar.
AR.CA.DA, *s.f.*, fila de arcos, construção feita com muitos

ÁRCADE

arcos, dentadura.
ÁR.CA.DE, *s. 2 gén.*, literato do Arcadismo, próprio desse período literário.
AR.CÁ.DIA, *s.f.*, sociedade literária do setecentismo, neoclassicismo, arcadismo.
AR.CÁ.DI.CO, *adj.*, que pertence ao Arcadismo, que tem ideias da arcádia.
AR.CA.DIS.MO, *s.m.*, época literária que defendia estilo próprio para escrever e fazer versos, com base em uma forma literária grega, neoclassicismo; no Brasil, Escola Mineira.
AR.CA.DO, *adj.*, que tem uma figura semelhante a arca; curvado, encurvado.
AR.CA.DU.RA, *s.f.*, encurvamento, curvatura, dobradura.
AR.CAI.CO, *adj.*, muito antigo, obsoleto, em desuso.
AR.CA.ÍS.MO, *s.m.*, palavra fora de uso, expressão antiquada.
AR.CA.I.ZAR, *v.t. e pron.*, tornar arcaico, envelhecer, tirar de moda.
AR.CAN.GÉ.LI.CO, *adj.*, relativo ou próprio de evangélico.
AR.CAN.JO, *s.m.*, anjo de alto posto na hierarquia angélica.
AR.CA.NO, *s.m. e adj.*, que é misterioso, secreto; segredo profundo.
AR.ÇÃO, *s.m.*, armação para a sela dos animais de montaria.
AR.CAR, *v.t.*, dobrar, dar forma de arco, curvar, arquear, assumir, ter o ônus de algo.
AR.CA.RI.A, *s.f.*, conjunto de arcadas, construção que usa arcadas.
AR.CAZ, *s.m.*, uma arca de grandes proporções e com gavetas.
AR.CE.BIS.PA.DO, *s.m.*, território comandado por um arcebispo; jurisdição, governo de um arcebispo.
AR.CE.BIS.PAL, *adj.*, que se refere a bispo, próprio de arcebispo.
AR.CE.BIS.PO, *s.m.*, bispo que dirige uma arquidiocese.
AR.CHEI.RO, *s.m.*, combatente que usava o arco e a flecha para lutar.
AR.CHE.TE, *adj.*, pequena arca, arqueta.
AR.CHO.TA.DA, *s.f.*, procissão noturna iluminada por archotes.
AR.CHO.TE, *s.m.*, tocha, facho de material inflamável que se acende.
AR.CI.FOR.ME, *adj.*, que tem forma de arco, que se assemelha a arco.
AR.CI.PRES.TE, *s.m.*, título antigo, distribuído entre os padres.
AR.CO, *s.m.*, parte da circunferência, curva de um círculo, arma antiga.
AR.CO-DA-VE.LHA, *s.m.*, arco-íris; *fig.*, algo muito antigo, algo obsoleto.
AR.CO-Í.RIS, *s.m.*, fenômeno da Natureza, do espectro solar, mostrando as sete cores.
AR.CON.DI.CIO.NA.DO, *s.m.*, aparelho elétrico que mantém a temperatura no grau desejado no ambiente.
AR.DÊN.CIA, *s.f.*, o que é ardente, queimante, escaldante, que queima.
AR.DEN.TE, *adj.*, que arde, que queima, inflamado; impetuoso, apaixonado.
AR.DEN.TI.A, *s.f.*, fosforescência que se observa no mar, à noite.
AR.DER, *v. int.*, queimar, incendiar-se, abrasar-se.
AR.DI.DEZ, *s.f.*, queimadura, abrasamento; valentia.
AR.DI.DO, *adj.*, queimado, que arde, valente, destemido.
AR.DIL, *s.m.*, tramoia, armadilha, manha, esperteza.
AR.DI.LO.SO, *adj.*, manhoso, astucioso, espertalhão.
AR.DI.MEN.TO, *s.m.*, ardência, queimadura.

ARESTA

AR.DOR, *s.m.*, muito calor, quentura; grande amor, paixão, picância.
AR.DO.RO.SO, *adj.*, caloroso, quente, apaixonado, picante.
AR.DÓ.SIA, *s.f.*, pedra para construção, de cor cinzenta ou azulada.
AR.DU.ME, *s.m.*, ardência, ardimento, queimadura, queimação.
ÁR.DUO, *adj.*, duro, difícil, arriscado.
A.RE, *s.m.*, medida agrária com cem metros quadrados.
Á.REA, *s.f.*, superfície, base.
A.RE.A.ÇÃO, *s.f.*, ação ou efeito de arear, limpeza, faxina, lavação.
A.RE.A.DO, *adj.*, limpo, escovado, lavado.
A.RE.AL, *s.m.*, terreno em que há muita areia, areão, terreno arenoso.
A.RE.ÃO, *s.m.*, areia grossa, areia com pedras maiores.
A.RE.AR, *v.t., int. e pron.*, cobrir com areia, limpar usando areia, polir com areia.
A.RE.EI.RO, *s.m.*, lugar de onde se extrai areia.
A.RE.EN.TO, *adj.*, cheio de areia, com muita areia, arenoso.
A.REI.A, *s.f.*, material que provém da erosão das rochas.
A.RE.JA.DO, *adj.*, ventilado, que tem ar limpo; *fig.*, que tem ideias novas.
A.RE.JAR, *v.t. e int.*, ventilar, fazer correr o ar, abrir a entrada do ar, criar novas ideias.
A.RE.NA, *s.f.*, lugar nos circos romanos, onde lutavam os gladiadores; local onde se fazem apresentações ao ar livre; palco, local de lutas.
A.RE.NA.DO, *adj.*, que está coberto com areia.
A.REN.GA, *s.f.*, discurso longo e enjoativo, fala cansativa e ruim, conversa insossa.
A.REN.GA.DA, *s.f.*, discurso longo e enfadonho, conversa enjoativa.
A.REN.GA.DOR, *s.m.*, o que arenga.
A.REN.GAR, *v.t.*, fazer discurso longo e monótono.
A.REN.GUEI.RO, *s.m.*, quem gosta de expor arengas, expositor enfadonho.
A.RE.NÍ.FE.RO, *adj.*, que contém areia.
A.RE.NI.TO, *s.m.*, pedra, rocha que se forma com grãos de areia, pedra arenosa.
A.RE.NO.SO, *adj.*, cheio de areia, com muita areia, próprio da areia.
A.REN.QUE, *s.m.*, um tipo de peixe que vive nos mares frios.
A.RE.O.GRA.FI.A, *s.f.*, em Astronomia, é o estudo da superfície dos planetas sólidos, como Mercúrio, Vênus e Marte, bem como de satélites como a Lua.
A.RÉ.O.LA, *s.f.*, pequena área; qualquer círculo iluminado ao redor de um objeto, de um corpo; *fig.*, carisma, vocação especial.
A.RE.O.LA.DO, *adj.*, que tem aréolas.
A.RE.O.LAR, *adj.*, relativo a ou da aréola.
A.RE.O.ME.TRI.A, *s.f.*, especialidade em calcular a densidade dos líquidos.
A.RE.O.MÉ.TRI.CO, *adj.*, que se refere a areometria.
A.RE.Ô.ME.TRO, *s.m.*, instrumento de precisão para avaliar a densidade e o peso de líquidos.
A.RE.Ó.PA.GO, *s.m.*, espaço em Atenas, Grécia antiga, para reunir juízes, literatos, filósofos e outros mestres da intelectualidade.
A.RE.O.SO, *adj.*, que contém muita areia, arenoso.
A.RES.TA, *s.f.*, esquina, junção de duas linhas formando um ângulo reto.

A.RES.TO, *s.m.*, decisão judicial, retirada de bens em pagamento de dívidas.
AR.FA.DA, *s.f.*, arfagem, respirada, ofegação, ondulação na superfície de líquidos.
AR.FAN.TE, *adj.*, ofegante, que respira com dificuldade.
AR.FAR, *v. int.*, respirar com dificuldade, respirar forte.
AR.GA.MAS.SA, *s.f.*, substância obtida com a mistura de cimento, areia, cal e água para segurar os tijolos nas construções de alvenaria.
AR.GA.MAS.SA.DOR, *s.m.*, que prepara a argamassa.
AR.GA.MAS.SAR, *v.t.*, prender, unir com argamassa.
AR.GA.NA, *s.f.*, máquina de guerra; (antigo) guindaste.
AR.GE.LI.NO, *adj.* e *s.m.*, habitante ou nativo da Argélia; argeliano.
AR.GEN.TA.DO, *adj.*, que contém prata, prateado, da cor da prata.
AR.GEN.TA.DOR, *adj.* e *s.m.*, que ou o que prateia.
AR.GEN.TAR, *v.t.*, pratear, dar cor de prata, imprimir forma e jeito de prata.
AR.GEN.TA.RI.A, *s.f.*, prataria, louças de prata, baixela de prata.
AR.GEN.TÁ.RIO, *s.m.*, pessoa masculina muito rica; quem possui muitos bens materiais.
AR.GEN.TE.AR, *v.t.*, argentar, pratear, dar cor e forma de prata.
AR.GÊN.TEO, *adj.*, feito de prata, argentino, cor de prata, próprio da prata.
AR.GÊN.TI.CO, *adj.*, relativo a prata; em Química, diz-se de um composto que tem a prata como base.
AR.GEN.TÍ.FE.RO, *adj.*, que contém prata, que carrega prata em sua estrutura.
AR.GEN.TI.NIS.MO, *s.m.*, peculiaridade da Argentina ou dos argentinos.
AR.GEN.TI.NO, *adj.* e *s.m.*, habitante ou nascido na Argentina, que(m) tem um timbre de voz muito alto e puro.
AR.GEN.TO, *s.m.*, prata.
AR.GEN.TÓ.FI.LO, *adj.* e *s.m.*, que(m) tem paixão por prata, quem adora prata.
AR.GI.LA, *s.f.*, mistura de terra e outros minerais que, amassados com água, podem ser moldados e tornam-se duros (resistentes) sob a ação do calor.
AR.GI.LÁ.CEO, *adj.*, argiloso, que é feito de argila, que contém argila.
AR.GI.LEI.RA, *s.f.*, mina de argila, lugar de onde se retira a argila.
AR.GI.LÍ.FE.RO, *adj.*, que tem argila, que contém argila, que é feito de argila.
AR.GI.LI.FOR.ME, *adj.*, que tem forma de argila, que tem semelhança com argila.
AR.GI.LO.FI.LI.A, *s.f.*, paixão por argila, adoração por argila.
AR.GI.LO.FO.BI.A, *s.f.*, aversão a argila, horror a argila.
AR.GI.LO.SO, *adj.*, próprio da argila, composto com muita argila.
AR.GI.RI.A, *s.f.*, intoxicação por sais de prata.
AR.GI.VO, *adj.*, relativo a Argos, cidade do Peloponeso; p. ext., relativo à Grécia; *s.m.*, nativo desse lugar.
AR.GO, *s.f.*, constelação austral também conhecida por *Navis*; navio dos argonautas; personagem da mitologia, que tinha cem olhos; var., argos.
AR.GO.LA, *var.*, anel de metal ou madeira.
AR.GO.LA.DA, *s.f.*, batida com argola, choque com argola.
AR.GO.LA.DO, *adj.*, que tem argola, que está preso por argola; *fig.*, que está em dificuldades.
AR.GO.LA.GEM, *s.f.*, sistema de cilindros nos engenhos que moíam a cana de açúcar.
AR.GO.LÃO, *s.m.*, argola grande; anelão.
AR.GO.LEI.RO, *s.m.*, empresário que fabrica argolas, profissional que produz argolas.
AR.GO.NAU.TA, *s. 2 gên.*, aventureiro, navegador valente, tipo arrojado, pessoa destemida.
AR.GO.NÁU.TI.CO, *adj.*, que se refere a argonauta, próprio dos argonautas.
AR.GÔ.NIO, *s.m.*, gás nobre usado em lâmpadas, soldas e outras atividades industriais; elemento químico de nº atômico 18, símbolo: Ar.
AR.GÚ.CIA, *s.f.*, perspicácia, sutileza de espírito, esperteza.
AR.GU.CI.O.SO, *adj.*, que possui argúcia, perspicaz, sutil, esperto.
AR.GUEI.RAR, *v.t.*, procurar argueiros; *fig.*, esmiuçar.
AR.GUEN.TE, *adj. 2 gên.* e *s. 2 gên.*, que ou aquele que argui ou argumenta.
AR.GUI.ÇÃO, *s.f.*, ação ou efeito de arguir, interrogatório, exame.
AR.GUI.DO, *adj.*, argumentado, examinado, analisado.
AR.GUI.DOR, *s.m.*, o que argui, censura.
AR.GUIR, *v.t., int.* e *pron.*, interrogar, censurar, repreender, acusar, discutir.
AR.GUI.TI.VO, *adj.*, semelhante a argumento.
AR.GU.MEN.TA.ÇÃO, *s.f.*, ação ou efeito de argumentar, discussão.
AR.GU.MEN.TA.DO, *adj.*, discutido, debatido, comprovado.
AR.GU.MEN.TA.DOR, *adj.* e *s.m.*, que(m) argumenta; debatedor, raciocinador.
AR.GU.MEN.TAR, *v.t.* e *int.*, discutir, raciocinar, dar argumentos, apresentar provas.
AR.GU.MEN.TA.TI.VO, *adj.*, que contém argumento, comprovador, raciocinativo.
AR.GU.MEN.TÁ.VEL, *adj. 2 gên.*, que se pode argumentar.
AR.GU.MEN.TIS.TA, *adj. 2 gên.* e *s. 2 gên.*, que ou aquele que se baseia em ou escreve ou argumentos.
AR.GU.MEN.TO, *s.m.*, prova para mostrar o que se afirma; lógica.
AR.GU.TO, *adj.*, perspicaz, atilado, inteligente, esperto.
Á.RIA, *s.f.*, peça musical para uma só voz, em óperas e outras composições musicais, melodia.
A.RI.A.NIS.MO, *s.m.*, doutrina discriminatória, que afirma a superioridade dos povos brancos sobre os demais.
A.RI.A.NI.ZA.ÇÃO, *s.f.*, ato, processo ou efeito de arianizar(-se).
A.RI.A.NI.ZAR, *v.t.*, assimilar ou adquirir a doutrina do arianismo ou suas características.
A.RI.A.NO, *adj.* e *s.m.*, adepto do arianismo; povos que conservam os costumes arianos, os puros, os brancos; pessoa ligada ao signo de Áries.
A.RI.DEZ, *s.f.*, o que é árido, secura, infertilidade, improdutividade.
A.RI.DI.FI.CAR, *v.t.*, tornar árido.
Á.RI.DO, *adj.*, estéril, improdutivo, infértil, seco, esturricado.
A.RÍ.E.TE, *s.m.*, máquina já usada pelos romanos para derrubar muralhas; arma de guerra.
A.RI.RA.NHA, *s.f.*, animal carnívoro de pequeno porte, comum no Brasil.
A.RIS.CAR, *v.t.* e *pron.*, assustar-se, atrever-se, expor-se,

ser temerário.

A.RIS.CO, *adj.*, medroso, fugidio, selvagem, indomável.

A.RIS.TO.CRA.CI.A, *s.f.*, camada social dominante, constituída pelos nobres; nobreza, elite.

A.RIS.TO.CRA.TA, *s. 2 gên.*, membro da aristocracia, adepto da aristocracia, indivíduo rico, de maneiras elegantes.

A.RIS.TO.CRÁ.TI.CO, *adj.*, que se refere à aristocracia, nobre, fino, polido.

A.RIS.TO.CRA.TIS.MO, *s.m.*, dominação de ideias e modos aristocráticos, tendências aristocráticas.

A.RIS.TO.CRA.TI.ZA.ÇÃO, *s.f.*, ação ou efeito de aristocratizar, tendência a valorizar a aristocracia.

A.RIS.TO.CRA.TI.ZA.DO, *adj.*, que se aristocratizou.

A.RIS.TO.CRA.TI.ZAR, *v.t. e pron.*, tornar aristocrata, dar modos e maneiras de aristocrata.

A.RIS.TO.DE.MO.CRA.CI.A, *s.f.*, governo no qual participa parte da nobreza e parte do povo.

A.RIS.TO.TÉ.LI.CO, *adj.*, seguidor da filosofia de Aristóteles, relativo à filosofia de Aristóteles.

A.RIS.TO.TE.LIS.MO, *s.m.*, conjunto filosófico de Aristóteles, o qual propiciou o surgimento da Ética e da Lógica; a doutrina formatada por Aristóteles.

A.RIS.TO.TE.LI.ZAR, *v. int.*, filosofar ou citar como Aristóteles.

A.RIT.MÉ.TI.CA, *s.f.*, ramo da ciência que estuda os números e as operações com eles realizáveis.

A.RIT.MÉ.TI.CO, *adj.*, que se refere à aritmética, que lida com números e operações aritméticas.

A.RIT.MO.LO.GI.A, *s.f.*, ciência que estuda os números, as medidas e as grandezas desse setor.

A.RIT.MO.LÓ.GI.CO, *adj.*, relativo a etimologia.

AR.LE.QUIM, *s.m.*, antiga personagem da comédia italiana; tipo de palhaço; farsante, palhaço.

AR.LE.QUI.NA.DA, *s.f.*, ação ou causa das ações de um arlequim, palhaçada, farsa.

AR.LE.QUI.NAL, *adj.*, que se refere a arlequim.

AR.LE.QUI.NES.CO, *adj.*, que tem características de arlequim.

AR.MA, *s.f.*, instrumento para ataque ou defesa; arma de fogo, arma branca, qualquer objeto para defesa pessoal ou ataque contra outrem; *expr.*, de armas e bagagem - de todo, completamente.

AR.MA.ÇÃO, *s.f.*, arcabouço, o todo de peças para o suporte de algo, estrutura; *fig.*, artimanha para lograr alguém, cilada fina para ludibriar a boa fé de uma pessoa.

AR.MA.DA, *s.f.*, esquadra de navios para guerra.

AR.MA.DEI.RA, *s.f.*, nome comum às aranhas da fam. dos ctenídeos, muito agressiva e de picada venenosa.

AR.MA.DI.LHA, *s.f.*, cilada, traição, ardil, tocaia.

AR.MA.DO, *adj.*, que porta arma, que usa armas, preparado, pronto.

AR.MA.DOR, *s.m.*, quem arma; dono de navios mercantes; no futebol, o jogador que prepara o ataque e distribui a bola; *fig.*, quem articula artimanhas para lograr o próximo.

AR.MA.DU.RA, *s.f.*, conjunto de peças metálicas que revestiam o antigo cavaleiro medieval para proteger-se em combate; proteção, escudo.

AR.MA.GE.DOM ou **AR.MA.GE.DÃO**, *s.m.*, a batalha final no fim dos tempos, conforme escrito no livro Apocalipse; a batalha final, uma grande catástrofe contra a Humanidade; luta do bem contra o mal.

AR.MA.MEN.TAR, *v.t.*, armar, dar armas, preparar para uma luta com armas.

AR.MA.MEN.TIS.MO, *s.m.*, tendência existente entre os povos, de se construírem ou comprarem muitas armas; busca tecnológica de novas armas para superar os adversários.

AR.MA.MEN.TIS.TA, *s. 2 gên.*, adepto de armamento, quem busca armamentos, quem deseja armar exércitos.

AR.MA.MEN.TO, *s.m.*, conjunto de armas, estoque de armas.

AR.MA.NHA, *s.f.*, conversa propositalmente confusa para induzir ao engano, artimanha.

AR.MAR, *v.t. e pron.*, abastecer-se de armas, preparar uma arma, dar armas a alguém.

AR.MA.RI.A, *s.f.*, coletivo de armas, depósito com muitas armas, conjunto de muitas armas.

AR.MA.RI.NHEI.RO, *s.m.*, dono de armarinho.

AR.MA.RI.NHO, *s.m.*, um pequeno armário, loja onde se vendem roupas e tecidos.

AR.MÁ.RIO, *s.m.*, móvel com repartições internas para colocar as roupas, guarda-roupa.

AR.MAS, *s.f. e pl.*, as forças militares de um país (Exército, Marinha e Aeronáutica).

AR.MA.ZÉM, *s.m.*, local onde se vende todo tipo de mercadoria alimentar e outras para uso da casa.

AR.MA.ZE.NA.DO, *adj.*, estocado, aprovisionado, depositado.

AR.MA.ZE.NA.DOR, *adj. e s.m.*, que armazena, aquele ou aquilo que armazena ou é capaz de armazenar.

AR.MA.ZE.NA.GEM, *s.f.*, ação ou efeito de armazenar; estoque, depósito.

AR.MA.ZE.NA.MEN.TO, *s.m.*, o mesmo que armazenagem.

AR.MA.ZE.NAR, *v.t. e pron.*, estocar, provisionar, recolher, guardar.

AR.MEI.RO, *s.m.*, quem trabalha com armas, fabricante ou consertador de armas, encarregado da guarda de armas.

AR.MÊ.NIO, *s.m. e adj.*, habitante ou nascido na Armênia.

AR.MEN.TAL, *adj.*, que pertence ao armento.

AR.MEN.TO, *s.m.*, rebanho, coletivo de animais, manada.

AR.MÉU, *s.m.*, porção de lã ou de linho que se põe na roca para fiar.

AR.MI.NHO, *s.m.*, animal das regiões polares do Norte, cuja pele é muito cobiçada.

AR.MI.PO.TÊN.CIA, *s.f.*, qualidade de armipotente.

AR.MI.PO.TEN.TE, *adj. e s. 2 gên.*, guerreiro, lutador.

AR.MIS.TA, *s. 2 gên.*, pessoa versada em armaria ou brasão.

AR.MIS.TÍ.CIO, *s.m.*, trégua em uma luta por acordo das partes; parada; paz momentânea.

AR.MO.RI.A.DO, *adj.*, que possui brasões, que ostenta brasões de herança familiar.

AR.MO.RI.AL, *s.m.*, livro de heráldica, livro em que são anotados os brasões da nobreza.

AR.MO.RI.AR, *v.t.*, desenhar brasões, colocar armas em um escudo, mostrar brasões.

AR.MUR, *s.m.*, espécie de tecido.

AR.NÊS, *s.m.*, a armadura dos guerreiros de outros tempos, arreios; *fig.*, segurança, proteção, amparo.

AR.NI.CA, *s.f.*, erva cultivada pelo valor medicinal e ornamental.

AR.NI.CAR, *v.t.*, tratar com arnica.

A.RO, *s.m.*, argola, anel, armação circular das rodas de carro.

A.RO.EI.RA, *s.f.*, tipo de árvore andina, da qual se usa a madeira, a resina medicinal da casca e as frutas; a planta nativa no Brasil produz muitos frutos vermelhos e pequenos, para as aves.

A.RO.MA, *s.m.*, perfume, odor, fragrância.

AROMADO — ARRAIA

A.RO.MA.DO, *adj.*, com aroma, aromatizado, perfumado.
A.RO.MAL, *adj.*, que se refere ao aroma, aromático, perfumado, odoroso, olente.
A.RO.MAR, *v.t.*, o mesmo que aromatizar.
A.RO.MA.TE.RA.PI.A, *s.f.*, ciência medicinal pela qual se procede a curas de várias doenças, usando o poder dos aromas, aromoterapia.
A.RO.MÁ.TI.CO, *adj.*, que exala aroma, perfumado.
A.RO.MA.TI.ZA.ÇÃO, *s.f.*, ação ou efeito de aromatizar, perfumação.
A.RO.MA.TI.ZA.DO, *adj.*, perfumado, odorizado.
A.RO.MA.TI.ZA.DOR, *adj.* e *s.m.*, que(m) aromatiza, instrumento para aromatizar um ambiente.
A.RO.MA.TI.ZAN.TE, *adj.*, que aromatiza, que perfuma.
A.RO.MA.TI.ZAR, *v.t.* e *pron.*, perfumar, dar odor agradável.
A.RO.MIS.TA, *s. 2 gén.*, indivíduo especializado na utilização de aromas naturais na indústria.
A.RO.MO.SO, *adj.*, o mesmo que aromático.
A.RO.MO.TE.RA.PI.A, *s.f.*, aromaterapia.
AR.PA.DO, *adj.*, que tem dentes na ponta, arpeado.
AR.PÃO, *s.m.*, peça metálica usada na pesca de grandes peixes.
AR.PAR, *v.t.*, armar com arpão, arpear.
AR.PE.AR, *v.t.*, arpar.
AR.PE.IAR, *v.t.*, arpoar.
AR.PE.JAR, *v. int.*, tirar sons, arpejos da harpa, tocar a harpa, tocar alguma música.
AR.PE.JO, *s.m.*, execução de notas musicais, sons musicais, toques de notas musicais.
AR.PÉU, *s.m.*, instrumento com ponta de ferro em forma de garfo; arma para abordagem de barcos.
AR.PO.A.ÇÃO, *s.f.*, ação ou efeito de arpoar, prender com arpão.
AR.PO.A.DOR, *adj.* e *s.m.*, quem arpoa, quem prende com arpão.
AR.PO.A.MEN.TO, *s.m.*, ato ou efeito de arpoar.
AR.PO.AR, *v.t.*, atirar o arpão em, ferir com o arpão.
AR.PO.EI.RA, *s.f.*, corda que vai presa ao arpão.
AR.QUE.A.ÇÃO, *s.f.*, ato ou efeito de arquear, a curvatura de um arco.
AR.QUE.A.DO, *adj.*, encurvado, curvado, arcado, que tem forma de arco.
AR.QUE.A.DOR, *adj.* e *s.m.*, que ou aquele que arqueia.
AR.QUE.A.DURA, *s.f.*, curvatura em arco, arqueamento.
AR.QUE.A.MEN.TO, *s.m.*, arqueadura.
AR.QUE.AR, *v.t.* e *pron.*, encurvar, dar forma de arco, curvar.
AR.QUEI.RO, *s.m.*, quem fabrica arcos, quem luta com arco e flecha.
AR.QUE.JA.DO, *adj.*, arqueado, encurvado.
AR.QUE.JA.MEN.TO, *s.m.*, ação ou efeito de arquejar, ofegação, respiração difícil.
AR.QUE.JAN.TE, *adj.*, que arqueja, ofegante.
AR.QUE.JAR, *v.t.* e *int.*, respirar com dificuldade, ansiar, ofegar.
AR.QUE.JO, *s.m.*, respiração forte, respiração anormal, ato de respirar com muita força.
AR.QUE.O.GE.O.LO.GI.A, *s.f.*, geologia da pré-história.
AR.QUE.O.GRA.FI.A, *s.f.*, descrição dos monumentos da Antiguidade.
AR.QUE.O.LÍ.TI.CO, *adj.*, relativo à idade arqueológica do planeta Terra.
AR.QUE.O.LO.GI.A, *s.f.*, estudo das obras de arte da Antiguidade, busca de conhecimentos antigos.
AR.QUE.O.LÓ.GI.CO, *adj.*, que se refere a assuntos de Arqueologia.
AR.QUE.Ó.LO.GO, *s.m.*, quem se dedica à Arqueologia.
AR.QUE.O.ZOI.CO, *adj.*, diz-se da primeira fase da vida na Terra.
AR.QUE.TA, *s.f.*, uma arca pequena.
AR.QUÉ.TI.PO, *s.m.*, modelo, protótipo, paradigma.
AR.QUI, *prefixo grego*, usado no início de palavras para indicar superioridade.
AR.QUI.A.NO, *s.m.* período geológico no qual se formaram as rochas mais antigas em que existem sinais dos primeiros seres vivos; azoico; *adj.*, diz-se desse período.
AR.QUI.A.VÔ, *s.m.*, um avô muito distante, ancestral de várias gerações.
AR.QUI.BAN.CA.DA, *s.f.*, série de assentos nos estádios, circos e teatros para os espectadores se acomodarem.
AR.QUI.CHAN.CE.LER, *s.m.*, chaceler principal.
AR.QUI.DI.O.CE.SA.NO, *adj.* e *s.m.*, que se refere a uma arquidiocese, membro de uma diocese.
AR.QUI.DI.O.CE.SE, *s.f.*, diocese comandada por um arcebispo ou cardeal; arcebispado.
AR.QUI.DU.CA.DO, *s.m.*, domínio de terras de um arquiduque, na nobreza europeia.
AR.QUI.DU.CAL, *adj.*, que se refere a arquiducado.
AR.QUI.DU.QUE, *s.m.*, título na nobreza, maior que o de duque; título nobiliárquico.
AR.QUI.E.PIS.CO.PA.DO, *s.m.*, arcebispado, jurisdição de um arcebispo.
AR.QUI-I.NI.MI.GO, *adj.* e *s.m.*, o maior inimigo, inimigo figadal.
AR.QUI.MI.LI.O.NÁ.RIO, *s.m.*, muitas vezes milionário, multimilionário.
AR.QUI.MI.NIS.TRO, *adj.* e *s.m.*, título dado ao primeiro-ministro nos reinados franceses.
AR.QUI.PÉ.LA.GO, *s.m.*, grupo de ilhas vizinhas entre si.
AR.QUIR.RI.VAL, *adj.* e *s. 2 gén.*, arqui-inimigo, um grande rival, um inimigo muito forte.
AR.QUI.TE.TA.DO, *adj.*, projetado, desenhado, planejado.
AR.QUI.TE.TAR, *v.t.* e *int.*, projetar, desenhar construções, planejar, fazer o projeto arquitetônico; *fig.*, imaginar, programar.
AR.QUI.TE.TO, *s.m.*, profissional com diploma em Arquitetura.
AR.QUI.TE.TÔ.NI.CO, *adj.*, que se refere a Arquitetura.
AR.QUI.TE.TU.RA, *s.f.*, arte do arquiteto, ciência para criar e desenhar espaços habitacionais para os seres humanos em prédios e casas.
AR.QUI.TE.TU.RAL, *adj.*, que se refere a Arquitetura.
AR.QUI.TRA.DI.CI.O.NAL, *adj.* e *gén.*, tradicional ao extremo.
AR.QUI.VA.DO, *adj.*, posto no arquivo, engavetado, encerrado.
AR.QUI.VA.MEN.TO, *s.m.*, ação ou efeito de arquivar, engavetamento, encerramento.
AR.QUI.VAR, *v.t.*, colocar em arquivo, guardar, recolher.
AR.QUI.VI.LÃO, *s.m.*, o maior dos vilões.
AR.QUI.VIS.TA, *s. 2 gén.*, profissional que cuida do arquivo.
AR.QUI.VÍS.TI.CA, *s.f.*, o mesmo que arquivologia.
AR.QUI.VO, *s.m.*, local em que se arquivam materiais e documentos; móvel para recolher documentos.
AR.QUI.VO.LO.GI.A, *s.f.*, ciência que estuda a organização dos arquivos, arquivística.
AR.RA.BAL.DE, *s.m.*, arredores, vizinhança, bairros vizinhos, periferia urbana.
AR.RAI.A, *s.f.*, peixe com nadadeiras peitorais bem grandes

ARRAIADA ... 105 ... ARREBANHO

e com um ferrão.
AR.RAI.A.DA, *s.f.*, aurora, amanhecer, alvorecer, alba.
AR.RAI.AL, *s.m.*, pequena localidade, acampamento, lugarejo.
AR.RAI.AR, *v.t.*, raiar, alvorecer.
AR.RAI.A-MI.Ú.DA, *s.f.*, estrato social mais humilde, plebe, ralé, gentalha, escumalha.
AR.RAI.GA.DO, *adj.*, firmado, embutido, preso pelas raízes.
AR.RAI.GAR, *v.t.*, *int.* e *pron.*, embutir, colocar bem firme, prender-se pela base, pelas raízes.
AR.RAIS, *s.m.*, dono de barco, comandante de barco.
AR.RA.MA.DO, *adj.*, cheio de ramos ou de rama.
AR.RA.MAR, *v.int.* e *pron.*, encher(-se) de rama (as árvores); *fig.*, alastrar(-se).
AR.RAN.CA, *s.f.*, ato ou efeito de arrancar.
AR.RAN.CA.DA, *s.f.*, ação ou efeito de arrancar, extração, puxada, começo de corrida.
AR.RAN.CA.DEI.RA, *s.f.*, máquina para arrancar; aquela que arranca.
AR.RAN.CA.DE.LA, *s.f.*, ato ou efeito de arrancar; arrancar pouco e rapidamente (pelos da pele).
AR.RAN.CA.DO, *adj.*, extraído, pulado, extirpado.
AR.RAN.CA.DOR, *s.m.*, pessoa ou instrumento que arranca.
AR.RAN.CA.DU.RA, *s.f.*, ação de arrancar, porção que se arranca de uma vez.
AR.RAN.CA.MEN.TO, *s.m.*, ato ou efeito de arrancar.
AR.RAN.CA-PRE.GOS, *s.m.* de 2 n., alavanca de ferro com uma fenda na extremidade, adequada para arrancar pregos; pé de cabra.
AR.RAN.CAR, *v.t.*, *int.* e *pron.*, iniciar com violência, pular, correr muito, desabalar, extrair.
AR.RAN.CA-RA.BO, *s.m.*, confusão, discussão, briga, tumulto.
AR.RAN.CHA.DO, *adj.* e *s.m.*, diz-se de ou soldado que come no quartel; que ou aquele que está abrigado no rancho.
AR.RAN.CHAR, *v.t.*, *int.* e *pron.*, pôr pessoas em ranchos, agrupar, estabelecer-se; comer o rancho.
AR.RAN.CHO, *s.m.*, abrigo, acolhida, hospedagem.
AR.RAN.CO, *s.m.*, impulso, arranque, peça do motor automotivo que dá a partida.
AR.RAN.NHA-CÉU, *s.m.*, prédio de muitos andares, espigão.
AR.RA.NHA.DA, *s.f.*, ferimento superficial, arranhão.
AR.RA.NHA.DE.LA, *s.f.*, arranhadura.
AR.RA.NHA.DO, *adj.*, machucado, ferido com unhas, ferido com algo pontudo.
AR.RA.NHA.DU.RA, *s.f.*, arranhão, arranhada, ferimento na pele.
AR.RA.NHÃO, *s.m.*, ferimento com unhas, arranhada.
AR.RA.NHAR, *v.t.*, *int.* e *pron.*, ferir com unhas, machucar com algum objeto.
AR.RAN.JA.ÇÃO, *s.f.*, combinação interesseira ou fraudulenta; arranjo.
AR.RAN.JA.DEI.RO, *adj.*, cuidadoso, metódico.
AR.RAN.JA.DE.LA, *s.f.*, o mesmo que arranjamento.
AR.RAN.JA.DO, *adj.*, arrumado, acertado, ajeitado.
AR.RAN.JA.DOR, *adj.* e *s.m.*, que ou aquele que faz arranjos (musicais ou ornamentais).
AR.RAN.JA.MEN.TO, *s.m.*, ato ou efeito de arranjar; arranjo; disposição ou ordem em que as coisas se colocam.
AR.RAN.JAR, *v.t.* e *pron.*, ajustar, pôr em ordem, arrumar, ajeitar.
AR.RAN.JÁ.VEL, *adj.* 2 gên., que se pode arranjar.
AR.RAN.JO, *s.m.*, ação ou efeito de arranjar, ordem, ajuste, harmonia, combinação.
AR.RAN.QUE, *s.m.*, partida súbita, arranco, arrancada, início de corrida, peça de motor para dar a partida.
AR.RA.RAR, *v.t.*, tornar raro; rarear.
AR.RAS, *s. f. pl.*, em um contrato, pagamento feito como sinal da validade dele ou como garantia.
AR.RA.SA, *s.f.*, ato de arrasar medidas.
AR.RA.SA.DO, *adj.*, destruído, acabado, lesado; deprimido, triste.
AR.RA.SA.DOR, *adj.* e *s.m.*, destruidor, arruinador, catastrófico.
AR.RA.SA.DU.RA, *s.f.*, ato ou efeito de arrasar; arrasamento; demolição; deixar raso na medida.
AR.RA.SA.MEN.TO, *s.m.*, destruição, desmanche, ruína.
AR.RA.SAR, *v.t.*, *int.* e *pron.*, destruir, desmanchar, arruinar, varrer.
AR.RA.SO, *s.m.*, ato de arrasar; *pop.*, pessoa que faz muito sucesso onde passa.
AR.RAS.TA, *s.f.*, em Portugal, o mesmo que zorra (carro baixo para arrastar pedras).
AR.RAS.TA.DA.MEN.TE, *adv.*, de modo arrastado.
AR.RAS.TA.DI.ÇO, *adj.*, que se arrasta facilmente; que se deixa influenciar.
AR.RAS.TA.DO, *adj.*, puxado, persuadido, seduzido, forçado.
AR.RAS.TA.DOR, *adj.* e *s.m.*, puxador, sedutor.
AR.RAS.TA.MEN.TO, *s.m.*, ato ou efeito de arrastar.
AR.RAS.TÃO, *s.m.*, atividade dos pescadores recolhendo a rede na pesca marítima; assalto generalizado contra muitas pessoas, praticado pela bandidagem.
AR.RAS.TA-PÉ, *s.m.*, dança do povo, baile popular, festa em família.
AR.RAS.TAR, *v.t.*, *int.* e *pron.*, levar ou puxar à força, puxar de qualquer maneira, forçar a ir; seduzir, persuadir.
AR.RAS.TE, *s.m.*, arrasto.
AR.RAS.TO, *s.m.*, ato ou efeito de arrastar(-se), arrastamento; rede de arrastar, pesca feita com rede de arrastar.
AR.RA.ZO.A.DO, *adj.* e *s.m.*, argumentado, debatido, tese para defesa de um argumento.
AR.RA.ZO.A.DOR, *adj.* e *s.m.*, aquele que arrazoa.
AR.RA.ZO.A.MEN.TO, *s.m.*, argumentação, persuasão, defesa.
AR.RA.ZO.AR, *v.t.* e *int.*, argumentar, apresentar argumentos em um debate, repreender.
AR.RE, *interj.*, exprime raiva, irritação; tom para comandar os animais.
AR.RE.A.DO, *adj.*, ajaezado, preparado, pronto para montar, mobiliado.
AR.RE.A.MEN.TO, *s.m.*, ornamento, preparação para montaria.
AR.RE.AR, *v.t.* e *pron.*, pôr os arreios em um animal, preparar uma montaria para cavalgar, mobiliar.
AR.RE.A.TA, *s.f.*, cabresto, corda ou couro para prender e levar animais.
AR.RE.A.TAR, *v.t.*, prender pela arreata ou cabresto.
AR.RE.BA.NHA.DO, *adj.*, reunido, juntado, congregado, conduzido.
AR.RE.BA.NHA.DOR, *adj.* e *s.m.*, condutor, guia, pastor.
AR.RE.BA.NHAR, *v.t.* e *int.*, reunir, juntar em um rebanho, ajuntar, congregar.
AR.RE.BA.NHO, *s.m.*, operação agrícola de aplanamento da terra por uma espécie de vassoura presa ao arado, a fim de cobrir as sementes nos regos com terra.

AR.RE.BA.TA.DA.MEN.TE, *adv.*, ato ou resultado de arrebatar(-se); enlevo espiritual, exaltação.
AR.RE.BA.TA.DO, *adj.*, levado por sentimentos; arrancado com força.
AR.RE.BA.TA.DOR, *adj. e s.m.*, que ou aquilo que arrebata.
AR.RE.BA.TA.MEN.TO, *s.m.*, rapto, violência, excitação furiosa, carregamento.
AR.RE.BA.TAR, *v.t. e pron.*, carregar com força, sequestrar, raptar, levar com violência, levar subitamente.
AR.RE.BA.TE, *s.m.*, movimento violento, ímpeto.
AR.RE.BEN.TA.ÇÃO, *s.f.*, choque, batida das ondas contra a praia, ponto em que as ondas se arrebentam.
AR.RE.BEN.TA.DI.ÇO, *adj.*, que arrebenta ou pode arrebentar com facilidade; frequência de arrebentação das ondas do mar nas pedras.
AR.RE.BEN.TA.DO, *adj.*, rebentado, quebrado, destruído.
AR.RE.BEN.TA.DOR, *adj. e s.m.*, que ou o que arrebenta.
AR.RE.BEN.TA.MEN.TO, *s.m.*, ação ou efeito de arrebentar, quebra, destruição.
AR.RE.BEN.TAR, *v.t., int. e pron.*, rebentar, quebrar, destruir.
AR.RE.BEN.TO, *interj.*, que expressa irritação ou aborrecimento.
AR.RE.BI.TA.DO, *adj.*, com a ponta virada, aquilino, entortado.
AR.RE.BI.TA.MEN.TO, *s.m.*, ato de arrebitar(-se).
AR.RE.BI.TAR, *v.t. e pron.*, trabalhar uma peça com arrebite, ou seja, virar a ponta para cima; rebitar.
AR.RE.BI.TE, *s.m.*, peça metálica com forma de prego, usada para prender chapas e cuja cabeça é achatada para firmar o serviço.
AR.RE.BOL, *s.m.*, cor vermelha nas nuvens, ao amanhecer ou ao anoitecer; rosicler.
AR.RE.BO.LA.DO, *adj.*, com feitio de bola.
AR.RE.BO.LAR, *v.t.*, dar forma de bola, rebolar; dar cor de arrebol.
AR.RE.BU.NHAR, *v.t. e pron.*, arranhar(-se).
AR.RE.CA.DA.ÇÃO, *s.f.*, ação ou efeito de arrecadar, tributos, impostos, taxas.
AR.RE.CA.DA.DO, *adj.*, obtido, conseguido, cobrado.
AR.RE.CA.DA.DOR, *adj. e s.m.*, que(m) arrecada, cobrador, taxador.
AR.RE.CA.DA.MEN.TO, *s.m.*, arrecadação, cobrança.
AR.RE.CA.DAR, *v.t. e int.*, recolher tributos, cobrar impostos, taxar.
AR.RE.CA.DA.TÓ.RIO, *adj.*, relativo a arrecadação.
AR.RE.CA.DÁ.VEL, *adj.*, que se pode arrecadar, que se pode cobrar de imposto.
AR.RE.CE.AR, *v.t.*, o mesmo que recear.
AR.RE.CI.FE, *s.m.*, recife, rochedo, penedo, escolhos.
AR.RE.DA, *interj.*, afasta, muda a direção, desvia.
AR.RE.DA.DO, *adj.*, afastado, desviado.
AR.RE.DA.MEN.TO, *s.m.*, afastamento, desvio, mudança de direção.
AR.RE.DAR, *v.t., int. e pron.*, afastar, colocar longe, remover.
AR.RE.DÁ.VEL, *adj.*, que se pode arredar, que se pode afastar.
AR.RE.DI.O, *adj.*, arisco, evasivo, fugidio, tímido.
AR.RE.DON.DA.DO, *adj.*, que tem forma redonda, encurvado.
AR.RE.DON.DA.MEN.TO, *s.m.*, ação ou efeito de arredondar, encurvamento.
AR.RE.DON.DAR, *v.t. e pron.*, tornar redondo, dar forma circular; cobrar números redondos, ou seja, somente inteiros.
AR.RE.DOR, *adv.*, em torno, em volta de, em derredor de.

AR.RE.DO.RES, *s.m.*, cercanias, vizinhanças, subúrbios, periferia.
AR.RE.FE.ÇAR, *v.t.*, aviltar, rebaixar.
AR.RE.FE.CE.DOR, *adj. e s.m.*, que ou o que faz arrefecer.
AR.RE.FE.CER, *v.t., int. e pron.*, esfriar, diminuir o ímpeto, suavizar, desanimar.
AR.RE.FE.CI.DO, *adj.*, esfriado, suavizado, amortecido.
AR.RE.FE.CI.MEN.TO, *s.m.*, ação ou efeito de arrefecer; esfriamento, desânimo.
AR.RE.GA.ÇA.DO, *adj.*, desdobrado, enrolado.
AR.RE.GA.ÇA.MEN.TO, *s.m.*, ato de enrolar ou puxar as mangas.
AR.RE.GA.ÇAR, *v.t., int. e pron.*, enrolar as mangas, puxar as pontas para cima, enrolar.
AR.RE.GA.ÇO, *s.m.*, condição do que está arregaçado.
AR.RE.GA.LA.DO, *adj.*, esbugalhado.
AR.RE.GA.LAR, *v.t. e pron.*, esbugalhar os olhos, abrir muito os olhos.
AR.RE.GA.NHA.MEN.TO, *s.m.*, ato ou efeito de arreganhar.
AR.RE.GA.NHA.DO, *adj.*, exposto, aberto; *fig.*, interessado.
AR.RE.GA.NHAR, *v.t., int. e pron.*, mostrar os dentes por alegria, raiva ou outro sentimento súbito; gargalhar-se, expor-se; *fig.*, demonstrar interesse por alguém.
AR.RE.GA.NHO, *s.m.*, ato de areganhar; ato de mostrar os dentes.
AR.RE.GAR, *v.int.*, querer arrego, querer desistir; renunciar; amedrontar.
AR.RE.GA.TAR, *v.t.*, fazer regato para as sementes.
AR.RE.GI.MEN.TA.ÇÃO, *s.f.*, ação ou efeito de arregimentar, recrutamento, convocação.
AR.RE.GI.MEN.TA.DO, *adj.*, alistado, engajado, aliado, comprometido.
AR.RE.GI.MEN.TA.DOR, *adj. e s.m.*, que ou aquele que arregimenta.
AR.RE.GI.MEN.TAR, *v.t. e pron.*, alistar, entrar para o serviço militar, agrupar-se, passar a ser soldado.
AR.RE.GLA.DO, *adj.*, (RS) ajustado, combinado, em ordem.
AR.RE.GLAR, *v.t.*, (RS) ajustar, solucionar, combinar, organizar.
AR.RE.GLO, *s.m.*, (RS) ajuste, combinação.
AR.RE.GO, *s.m.*, de uso na expressão "pedir arrego": propor trégua, entregar-se, desistir de lutar, pedir carinho, mostrar-se dependente.
AR.RE.GRAR, *v.int.*, pedir arrego, acovardar-se, amedrontar-se, desistir, renunciar.
AR.REI.GAR, *v.t.*, forma popular de *arraigar*.
AR.REI.O, *s.m.*, conjunto de peças usadas para montar um animal ou colocá-lo para puxar a carroça, coriama, curiama; enfeite; adorno.
AR.RE.LI.A, *s.f.*, confusão, encrenca, desavença, entrevero, briga.
AR.RE.LI.A.DO, *adj.*, provocado, irritado, aborrecido, desgastado.
AR.RE.LI.A.DOR, *adj. e s.m.*, que ou o que arrelia.
AR.RE.LI.A.MEN.TO, *s.m.*, irritação, aborrecimento, desgaste, incômodo.
AR.RE.LI.AR, *v.t. e pron.*, provocar arrelia, irritar-se, aborrecer, perturbar, incomodar.
AR.RE.LI.EN.TO, *adj.*, encrenqueiro, perturbador, brigão.
AR.RE.LI.GI.O.SO, *adj.*, que não tem ou é indiferente a religião.

ARRELIOSO   ARRIBADA

AR.RE.LI.O.SO, *adj.*, que causa arrelia.
AR.REL.VA.DO, *adj.*, coberto ou ornado de relva.
AR.REL.VAR, *v.t.*, cobrir ou ornar de relva, enrelvar.
AR.RE.MAN.GAR, *v.int.*, arregaçar as mangas.
AR.RE.MA.TA.ÇÃO, *s.f.*, ação ou efeito de arrematar, compra de um bem por leilão.
AR.RE.MA.TA.DO, *adj.*, leiloado, ganho em leilão, comprado, adquirido, encerrado.
AR.RE.MA.TAN.TE, *s.m.*, quem arremata, ganhador do leilão, quem termina, quem encerra.
AR.RE.MA.TAR, *v.t. e int.*, concluir, finalizar; nos leilões, pagar o preço mais alto para comprar o objeto leiloado.
AR.RE.MA.TE, *s.m.*, término, fim, arrematação, encerramento, conclusão.
AR.RE.ME.DA.DO, *adj.*, imitado, zombado, escarnecido.
AR.RE.ME.DA.DOR, *s.m.*, o que arremeda.
AR.RE.ME.DAR, *v.t.*, imitar, imitar por escárnio, fazer o que alguém faz por zombaria.
AR.RE.MEN.DAR, *v.t.*, o mesmo que remendar.
AR.RE.ME.DO, *s.m.*, imitação, reprodução de um ato por zombaria, imitação burlesca.
AR.RE.MES.SA.DO, *adj.*, atirado, jogado, impulsionado, empurrado.
AR.RE.MES.SA.DOR, *s.m.*, quem arremessa, atirador.
AR.RE.MES.SÃO, *s.m.*, lançamento, ação de arremessar, arremesso.
AR.RE.MES.SAR, *v.t. e pron.*, atirar com força, jogar com violência; correr com muita velocidade.
AR.RE.MES.SO, *s.m.*, ação ou efeito de arremessar, investida, jogada; ato de atirar.
AR.RE.ME.TE.DOR, *adj. e s.m.*, que ou o que arremete, agressor.
AR.RE.ME.TU.RA, *s.f.*, ato de arremeter, arremetida.
AR.RE.ME.TEN.TE, *adj.*, que arremete.
AR.RE.ME.TER, *v.t. e int.*, investir, lançar-se com ímpeto, jogar-se contra, atirar com força; em Aeronáutica, interromper aterrissagem devido a algum problema, voltando a distanciar-se do solo.
AR.RE.ME.TI.DA, *s.f.*, ação ou efeito de arremeter; investida, ataque, jogada.
AR.RE.ME.TI.DO, *adj.*, que se arremeteu; lançado, jogado, empurrado, arremessado.
AR.REN.CAR, *v.t.*, *pop.*, arrancar.
AR.REN.DA.ÇÃO, *s.f.*, arrendamento.
AR.REN.DA.DO, *adj.*, alugado, cedido por contrato e pagamento.
AR.REN.DA.DOR, *adj. e s.m.*, que ou aquele que cede um bem em arrendamento.
AR.REN.DA.MEN.TO, *s.m.*, ato de arrendar; contrato de posse de um imóvel durante determinado tempo, mediante uma renda.
AR.REN.DAR, *v.t.*, alugar, colocar para receber renda.
AR.REN.DA.TÁ.RIO, *s.m.*, quem pega de aluguel algo; locatário.
AR.REN.DÁ.VEL, *adj.*, que pode ser arrendado, alugável.
AR.RE.NE.GA, *s.f.*, ato de arrenegar, irritação.
AR.RE.NE.GA.ÇÃO, *s.f.*, ato ou efeito de arrenegar-se, irritação, zanga.
AR.RE.NE.GA.DO, *adj.*, renegado, detestado.
AR.RE.NE.GA.DOR, *s.m.*, aquele que arrenega.
AR.RE.NE.GAR, *v.t. e int.*, renegar, detestar, ter aversão.

AR.RE.NE.GO, *s.m.*, ato ou efeito de arrenegar.
AR.RE.PA.NHA.DO, *adj.*, obtido com força, extorquido, apropriado.
AR.RE.PA.NHAR, *v.t.*, conseguir com violência, furtar, extorquir, apropriar-se.
AR.RE.PE.LA.ÇÃO, *s.f.*, ato ou efeito de arrepelar os cabelos.
AR.RE.PE.LA.DOR, *adj.*, que arrepela.
AR.RE.PE.LA.MEN.TO, *s.m.*, arrepelão.
AR.RE.PE.LÃO, *s.m.*, ato ou efeito de arrepelar-se, repelão, puxão (de cabelos, penas); esbarrão.
AR.RE.PE.LAR, *v.t. e pron.*, puxar ou arrancar os cabelos, desgrenhar os cabelos com puxões.
AR.RE.PEN.DER-SE, *v. pron.*, sentir remorso pelos erros cometidos, prometer não repeti-los.
AR.RE.PEN.DI.DO, *adj.*, contrito, que se sente culpado e busca o perdão.
AR.RE.PEN.DI.MEN.TO, *s.m.*, ato de arrepender-se, remorso por algo cometido.
AR.RE.PI.A.DO, *adj.*, ouriçado, eriçado, apavorado, assustado.
AR.RE.PI.A.DOR, *adj.*, arrepiante.
AR.RE.PI.A.MEN.TO, *s.m.*, ação ou efeito de arrepiar; arrepio, tremor causado pelo susto, frio ou calafrios.
AR.RE.PI.AN.TE, *adj.*, que arrepia, que provoca arrepios (frio, medo, etc.).
AR.RE.PI.AR, *v.t., int. e pron.*, encrespar, ter os cabelos em pé; apavorar-se.
AR.RE.PI.O, *s.m.*, estremecimento provocado por frio ou susto; susto, medo.
AR.RE.PO.LHAR, *v.t. e int.*, tomar ou dar forma de repolho a; plantar repolho.
AR.REP.SI.A, *s.f.*, dúvida, hesitação, incerteza.
AR.RES.TAN.TE, *s. 2 gén.*, em Direito, a parte que requer o arresto.
AR.RES.TAR, *v.t.*, retirar bens em prol de dívida, tomar por lei os bens de alguém.
AR.RES.TO, *s.m.*, determinação judicial para retirar bens de um devedor em prol de dívida.
AR.RE.TA.DO, *adj.*, que se arretou; *pop.*, que tem qualidades muito positivas.
AR.RE.TAR, *v.t. e int.*, fazer recuar; deter (rebanho); deter-se; voltar atrás; vender sob condição de poder reaver a coisa vendida; assanhar.
AR.RE.VE.SA.DO, *adj.*, posto às avessas, complicado, de expressão complexa; *fig.*, intratável.
AR.RE.VE.SA.MEN.TO, *s.m.*, ato ou efeito de arrevesar.
AR.RE.VE.SAR, *v.t.*, pôr do avesso, virar para o contrário, provocar muita confusão.
AR.RI.A.ÇÃO, *s.f.*, ação ou efeito de arriar, deposição, descida da bandeira.
AR.RI.A.DO, *adj.*, descido, deposto; *fig.*, cansado, estressado.
AR.RI.A.MEN.TO, *s.m.*, ato ou efeito de arriar(-se).
AR.RI.AR, *v.t. e int.*, descer a bandeira do mastro, descer, abaixar, largar um peso; *fig.*, perder as forças.
AR.RI.BA, *interj.*, para cima, avante, em frente.
AR.RI.BA.ÇÃO, *s.f.*, chegada das aves migratórias, mudança de local, deslocamento de seres.
AR.RI.BA.DA, *s.f.*, arribação, deslocamento de aves para outros climas; *fig.*, volta às origens.
AR.RI.BA.DI.ÇO, *adj.*, que se refere à ave migratória, migratório, deslocado.
AR.RI.BA.DA, *s.f.*, arribação, entrada aceita de navio no porto.

AR.RI.BAR, v.t., atracar, aportar, chegar ao porto, ao ancoradouro, ir a outro local, mudar-se.
AR.RI.EI.RA.DO, adj., próprio de arrieiro.
AR.RI.EI.RO, s.m., condutor de tropa de cavalgaduras, tropeiro.
AR.RI.MA.DO, adj., protegido, amparado, auxiliado.
AR.RI.MAR, v.t. e pron., proteger, dar proteção, dar segurança, amparar.
AR.RI.MO, s.m., proteção, amparo, segurança, auxílio.
AR.RIS.CA.DO, adj., difícil, arrojado, problemático.
AR.RIS.CAR, v.t. e pron., que está em risco, jogar na sorte, correr o risco.
AR.RIT.MI.A, s.f., falta de ritmo, descompasso, desordem.
AR.RÍT.MI.CO, adj., que não tem ritmo, descompassado.
AR.RI.VIS.TA, s. 2 gên., quem chega sem ser esperado, inescrupuloso, intrometido.
AR.RI.ZO.TÔ.NI.CO, adj., designa a palavra ou verbo cujo acento tônico não recai na raiz. Ex.: eu passeio, passeamos. Portanto, fora do radical de passear.
AR.RO.BA, s.f., medida de peso com 15 quilos, usada em pesagens maiores.
AR.RO.BA.MEN.TO, s.m., ato de arrobar, pesar por arrobas.
AR.RO.BAR, v.t. pesar por arrobas, vender a olho; avaliar peso de algo pelo tato ou a olho.
AR.RO.BUS.TA.DO, adj., que se tornou robusto.
AR.RO.BUS.TAR-SE, v.pron., tornar-se robusto.
AR.RO.CHA.DO, adj., endurecido, apertado, dificultado.
AR.RO.CHA.DOR, s.m., aquele ou aquilo que arrocha.
AR.RO.CHAR, v.t. e pron., apertar, tornar duro, dar duro, exigir muitas forças.
AR.RO.CHO, s.m., rigor, dureza, linha dura, ato de arrochar.
AR.RO.DEAR, v.t., o mesmo que rodear.
AR.RO.DE.LA.DO, adj., semelhante a rodela.
AR.RO.DE.LAR, v.t., cobrir com rodela, dispor a modo de rodela.
AR.RO.DI.LHAR, v.t., dar forma de rodilha, enrodilhar; v.int., ajoelhar-se encurvado.
AR.RO.GA.ÇÃO, s.f., ação ou efeito de arrogar, apropriação.
AR.RO.GA.DOR, adj. e s.m., que ou aquele que se arroga ou arroga.
AR.RO.GÂN.CIA, s.f., altivez, orgulho, atrevimento, soberba.
AR.RO.GAN.TE, adj., orgulhoso, atrevido, presunçoso, soberbo.
AR.RO.GAR, v.t. e pron., tornar-se dono de, fazer como seu, apoderar-se de, achar-se no direito de.
AR.ROI.O, s.m., regato, riacho, pequeno rio, córrego, ribeirão.
AR.RO.JA.DI.ÇO, adj., que se pode facilmente arrojar; destemido; ousado.
AR.RO.JA.DO, adj., valente, destemido, corajoso, brioso.
AR.RO.JA.MEN.TO, s.m., arrojo, temeridade, ousadia.
AR.RO.JAR, v.t. e pron., jogar, jogar longe, enfrentar, ser valente.
AR.RO.JO, s.m., coragem, destemor, audácia, dinamismo, determinação.
AR.RO.LA.DO, adj., catalogado, listado, levantado.
AR.RO.LA.MEN.TO, s.m., levantamento, catalogação.
AR.RO.LAR, v.t. e pron., fazer um levantamento, enumerar em uma lista, catalogar.
AR.RO.LÁ.VEL, adj. 2 gên., que pode ser arrolado.
AR.RO.LHA.DO, adj., fechado com rolha, tampado, fechado.
AR.RO.LHAR, v.t., fechar, tapar com rolha, tampar.
AR.RO.LHO, s.m., ato de arrolhar.

AR.RO.LO, s.m. canto para fazer a criança dormir enquanto é embalada.
AR.ROM.BA, s.f., ritmo musical rápido que se executa na viola; expr., de arromba - algo muito bom, execução especial de algo, atuação brilhante.
AR.ROM.BA.DA, s.f., rombo, arrombamento.
AR.ROM.BA.DO, adj., forçado, arrebentado, destruído.
AR.ROM.BA.DOR, adj. e s.m., quem força, quem arrebenta algo, destruidor.
AR.ROM.BA.MEN.TO, s.m., ação ou efeito de arrombar, forçar uma entrada, derrubada.
AR.ROM.BAR, v.t., quebrar, arrebentar, destruir, forçar.
AR.ROS.TA.DO, adj., enfrentado, batido.
AR.ROS.TAR, v.t. e pron., enfrentar, bater de frente, enfrentar sem medo.
AR.RO.TAR, v. int., dar arrotos, soltar gases pela boca; fig., fazer-se passar por bom.
AR.RO.TA.DOR, adj. e s.m., que ou aquele que arrota; fanfarrão.
AR.RO.TE.A.DO, adj., lavrado, preparado, amanhado.
AR.RO.TE.A.MEN.TO, s.m., cultivo, amanho da terra.
AR.RO.TE.AR, v.t., preparar o solo para o plantio, cultivar uma área de terra.
AR.RO.TO, s.m., ação ou efeito de arrotar, emissão de gases pela boca.
AR.ROU.BA.DO, adj., arrebatado, extasiado, enlevado.
AR.ROU.BA.MEN.TO, s.m., enlevo, êxtase, encanto.
AR.ROU.BAR, v.t., enlevar, extasiar, arrebatar.
AR.ROU.BO, s.m., encanto, fervor, êxtase, entusiasmo.
AR.ROU.PA.DO, adj., enroupado.
AR.ROU.PAR, v.t., enroupar.
AR.RO.XAR, v.t. e pron., arroxear, ter a cor roxa, atingir a cor roxa.
AR.RO.XA.DO, adj., que se arroxou, de cor semelhente ao roxo.
AR.RO.XE.A.DO, adj., arroxado, de cor roxa, semelhante a roxo.
AR.RO.XE.AR, v.t. e pron., tornar-se roxo, adquirir a cor roxa; fig., perder o ar.
AR.ROZ, s.m., erva, o grão comestível dessa planta; o tipo de comida de arroz.
AR.RO.ZA.DA, s.f., iguaria feita com arroz.
AR.RO.ZAL, s.m., arrozeira, plantação de arroz.
AR.RO.ZEI.RA, s.f., pedaço de terra limitado para o plantio do arroz.
AR.RO.ZEI.RO, s.m., quem planta ou cultiva arroz.
AR.RU.A.ÇA, s.f., badernа, confusão feita na rua, desordem, tumulto, molecagem.
AR.RU.A.ÇA.DOR, s.m., o que faz arruaça, arruaceiro.
AR.RU.A.ÇAR, v. int., promover arruaça, badernar, desordenar.
AR.RU.A.CEN.TO, adj., badernento, barulhento.
AR.RU.A.CEI.RO, s.m., baderneiro, moleque, desordeiro.
AR.RU.A.DEI.RO, adj., disposto em ruas; s.m., arruamento.
AR.RU.A.DO, adj., que tem ruas, que está com ruas traçadas.
AR.RU.A.MEN.TO, s.m., traçamento de ruas, construção de ruas, projeto de novas ruas.
AR.RU.AR, v.t., int. e pron., fazer ruas, construir ruas, abrir ruas.
AR.RU.DA, s.f., tipo de planta para fins medicinais, a qual exala um odor muito forte.
AR.RU.E.LA, s.f., anel de qualquer material para vedações, ou para firmar melhor a porca do parafuso.

ARRUELADO — ARTIFICIALIDADE

AR.RU.E.LA.DO, *adj.*, que tem arruelas, preparado para o uso de arruelas.

AR.RU.FA.DO, *adj.*, zangado, irritado, incomodado.

AR.RU.FAR, *v.t., int.* e *pron.*, irritar, zangar-se, incomodar-se; ficar com o cabelo arrepiado, encrespar.

AR.RU.FO, *s.m.*, zanga, aborrecimento, desconforto, arrepio.

AR.RU.GA.DO, *adj.*, cheio de rugas, enrigado.

AR.RU.GA.MEN.TO, *s.m.*, ato ou efeito de arrugar.

AR.RU.GAR, *v.t.*, encher de rugas, enrugar, engelhar; encrespar (superfície).

AR.RUI.NA.DO, *adj.*, destruído, prejudicado, destroçado, arrasado.

AR.RUI.NA.DOR, *adj.* e *s.m.*, quem provoca ruínas, destruidor, arrasador.

AR.RUI.NA.MEN.TO, *s.m.*, arruinação, destruição, arrasamento.

AR.RUI.NAR, *v.t., int.* e *pron.*, destruir, arrasar, prejudicar.

AR.RU.IR, *v.int.*, o mesmo que ruir.

AR.RUI.VA.DO, *adj.*, que assume a cor ruiva, que tem cabelo de cor ruiva.

AR.RUI.VAR, *v.t.*, tornar ruivo ou arruivado.

AR.RU.LAR, *v.int.*, o mesmo que arrulhar.

AR.RU.LHA.DOR, *adj.*, que arrulha.

AR.RU.LHAR, *v.int.*, emitir arrulhos, imitar a voz dos pombos.

AR.RU.LHO, *s.m.*, canto característico de pombas e rolas; *fig.*, voz dolorida do poeta.

AR.RU.MA.ÇÃO, *s.f.*, ação ou efeito de arrumar, acomodação, assentamento.

AR.RU.MA.DO, *adj.*, ajeitado, colocado em ordem, preparado.

AR.RU.MA.DEI.RA, *s.f.*, empregada que arruma os quartos de um hotel, faxineira, trabalhadora em domicílios.

AR.RU.MA.DE.LA, *s.f.*, pequena arrumação, arrumação leve.

AR.RU.MA.DI.NHO, *adj., pop.*, arrumado com capricho.

AR.RU.MA.DO, *adj.*, que se arrumou.

AR.RU.MA.DOR, *adj.*, que, aquele ou aquilo que arruma.

AR.RU.MAR, *v.t.* e *pron.*, organizar, ajeitar, pôr em ordem.

AR.SE.NAL, *s.m.*, depósito de armas, conjunto de armas de uma entidade.

AR.SÊ.NI.CO, *s.m.*, produto branco e venenoso, com aplicação em indústrias.

AR.SÊ.NIO, *s.m.*, elemento químico para ligas, semicondutores e outros fins industriais.

ART DÉCO, *loc.s.*, estilo da década de 1930 que influenciou a arquitetura, desenho industrial e decoração de interiores, inovando em materiais como plástico, concreto etc.; *loc.adj.*, relativo a esse estilo.

AR.TE, *s.f.*, conjunto de atos e atividades pelos quais se busca o belo; a habilidade de fazer, realizar um propósito; a busca do belo, do nobre; a habilidade inata de produzir obras-primas.

AR.TE.FA.TO, *s.m.*, tudo que é produzido de modo artificial.

AR.TE.FA.TU.AL, *adj. 2 gên.*, relativo a artefato.

AR.TE.FI.NAL, *s.f.*, é o acabamento de um projeto de arte gráfica; projeto pronto para a impressão.

AR.TE-FI.NA.LIS.TA, *adj.* e *s.m.*, diz-se de ou daquele que trabalha com arte-final.

AR.TE.IEI.RI.CE, *s.f.*, manha, traquinagem, peraltice.

AR.TEI.RO, *adj.*, criança que é criativa, fazendo traquinagens; peralta, sapeca.

AR.TEI.RO.SO, *adj.*, arteiro, manhoso.

AR.TE.LHO, *s.m.*, tornozelo, no popular: dedo do pé.

AR.TE.MÍ.SIA, *s.f.*, em Botânica, planta da família das compostas, como o absinto e o estragão.

AR.TÉ.RIA, *s.f.*, vaso que leva o sangue do coração para todo o corpo; *fig.*, grande rodovia, uma rodovia, uma rua, uma avenida.

AR.TE.RI.AL, *adj.*, referente a artéria.

AR.TE.RI.A.LI.ZA.DO, *adj.*, tornado arterial.

AR.TE.RI.A.LI.ZAR, *v.t.*, tornar (sangue venoso) em arterial.

AR.TE.RI.O.GRA.FI.A, *s.f.*, exame radiológico das artérias.

AR.TE.RI.O.LO.GI.A, *s.f.*, estudo do sistema arterial.

AR.TE.RI.OS.CLE.RO.SE, *s.f.*, doença que degenera as funções das paredes das artérias, provocando seu endurecimento.

AR.TE.RI.OS.CLE.RÓ.TI.CO, *adj.*, relativo a arteriosclerose, arteriosclerozo.

AR.TE.RI.O.SO, *adj.*, que pertence às artérias; arterial.

AR.TE.RI.TE, *s.f.*, inflamação das artérias.

AR.TES, *s.f.* e *pl.*, mesmo que *belas-artes*.

AR.TE.SA.NAL, *adj.*, próprio do artesanato, referente a artesanato; *fig.*, rústico, simples, comum.

AR.TE.SA.NA.TO, *s.m.*, o que é feito com trabalho manual, produção manual, a arte de compor obras com produtos reciclados ou em desuso.

AR.TE.SÃO, *s.m.*, artífice, quem trabalha com artesanato, quem produz obras com arte pessoal.

AR.TE.SI.A.NIS.MO, *s.m.*, propriedade das águas subterrâneas que jorram à superfície ao fazer um furo no solo, em virtude do equilíbrio hidrostático do lençol freático.

AR.TE.SO.AR, *v.t.*, guarnecer de artesões (ou ornamentos) as abóbadas ou teto.

AR.TE.SI.A.NO, *adj.*, com referência a poços artesianos, de grande profundidade, com a água jorrando pela pressão.

AR.TE.TE.RA.PI.A, *s.f.*, em Psicologia, uso da arte como forma de terapia.

AR.TI.CE, *s.f., ant.*, arteirice.

RA.TI.CI.DA, *adj. 2 gên.* e *s.m.*, diz-se de ou o preparado para matar ratos.

ÁR.TI.CO, *adj.*, referente ao Polo Norte, nórdico.

AR.TI.CU.LA.ÇÃO, *s.f.*, ação ou efeito de articular; junção de duas partes ou forças; pronúncia clara das palavras, letra por letra; ligação; *fig.*, junção de forças políticas.

AR.TI.CU.LA.DA.MEN.TE, *adv.*, com articulação plena; com pronúncia clara e distinta.

AR.TI.CU.LA.DO, *adj.*, unido, aparceirado, ajuntado, combinado, ligado.

AR.TI.CU.LA.DOR, *adj.* e *s.m.*, que ou aquele que articula.

AR.TI.CU.LAN.TE, *adj.*, que articula ou faz articular.

AR.TI.CU.LAR, *v.t.* e *pron.*, juntar, unir, prender, fixar; pronunciar bem todas as sílabas.

AR.TI.CU.LA.TÓ.RIO, *adj.*, relativo a, ou próprio de articulação.

AR.TI.CU.LÁ.VEL, *adj. 2 gên.*, que pode ser articulado.

AR.TI.CU.LIS.TA, *s. 2 gên.*, pessoa que escreve artigos para jornais, revistas; colaborador, jornalista.

AR.TÍ.CU.LO, *s.m.*, artigo, divisão em um texto, incisos legais; em Anatomia, falange dos dedos.

AR.TI.CU.LO.SO, *adj.*, que tem ou é composrto por artículos.

AR.TÍ.FI.CE, *s.m.*, artesão, quem produz, quem fabrica, quem faz com arte.

AR.TI.FI.CI.AL, *adj.*, feito pela indústria, fabricado; falso, enganador.

AR.TI.FI.CI.A.LI.DA.DE, *s.f.*, qualidade do que é artificial,

ARTIFICIALISMO ··· 110 ··· ASCENDENTAL

artificialismo.
AR.TI.FI.CI.A.LIS.MO, *s.m.*, o mesmo que artificialidade.
AR.TI.FI.CI.A.LI.ZA.ÇÃO, *s.f.*, ato ou efeito de artificializar.
AR.TI.FI.CI.A.LI.ZA.DO, *adj.*, que sofreu artificialização.
AR.TI.FI.CI.A.LI.ZAR, *v.t.* e *int.*, tornar(-se) artificial.
AR.TI.FI.CI.AL.MEN.TE, *adv.*, de maneira artificial; com artifício.
AR.TI.FI.CI.AR, *v.t.*, fazer com artifício, aperfeiçoar, engenhar.
AR.TI.FÍ.CIO, *s.m.*, modo pelo qual se faz algo, processo para se obter algum produto, expediente, engenho, meio, esperteza, manha.
AR.TI.FI.CI.O.SO, *adj.*, esperto, manhoso, que tem artifícios.
AR.TI.GO, *s.m.*, categoria gramatical que antecede o substantivo; divisões dos capítulos da lei; tema publicado na imprensa; produto comercial, artículo.
AR.TI.LHA.MEN.TO, *s.m.*, ato de artilhar.
AR.TI.LHAR, *v.t.* e *pron.*, armar com artilharia, preparar com artilharia.
AR.TI.LHA.RI.A, *s.f.*, conjunto de material bélico pesado; ataque forte contra alguém.
AR.TI.LHEI.RO, *s.m.*, quem usa a artilharia; no futebol, quem marca muitos gols.
AR.TI.MA.NHA, *s.f.*, manha, esperteza, astúcia, vivacidade, ardil.
AR.TI.MA.NHO.SO, *adj.*, cheio de artimanhas.
AR.TI.MÃO, *s.m.* em Náutica, primeiro mastro à popa de um navio de três mastros; a vela desse mastro.
AR.TI.O.DÁ.TI.LO, AR.TI.O.DÁC.TI.LO, *s.m.*, ordem dos mamíferos herbívoros que têm cascos com dedos pares, como os suínos, camelos e ruminantes.
AR.TI.O.ZO.Á.RIO, *s.m.*, em Zoologia, animal com simetria bilateral.
AR.TIS.TA, *s. 2 gên.*, quem pratica a arte; quem produz obras de arte; quem finge ser o que não é.
AR.TIS.TI.CA.MEN.TE, *adv.*, de modo artístico, com arte.
AR.TÍS.TI.CO, *adj.*, referente às artes, das artes.
ART NOUVEAU, *loc. subst.*, do francês, para indicar um estilo de adorno de objetos artísticos com linhas longas e assimétricas, buscando inspiração na Natureza.
AR.TÓ.FO.RO, *s.m.*, cesto ou cofre em que se guardavam as hóstias consagradas.
AR.TO.LA, *s.m.*, em Portugal, valdevinos, janota.
AR.TO.LAR, *v.int.*, levar vida de artola, gandaiar.
AR.TO.LA.TRI.A, *s.f.*, adoração do pão.
AR.TO.LI.CE, *s.f.*, atos ou modos de artola.
AR.TO.NO.MI.A, *s.f.*, arte ou fabricação de pão.
AR.TO.SO, *adj.*, que tem arte, habilidoso.
AR.TRAL.GI.A, *s.f.*, dor nas articulações.
AR.TRI.TE, *s.f.*, inflamação ou dor nas articulações; reumatismo.
AR.TRÍ.TI.CO, *adj.*, reumático, que tem inflamações reumáticas.
AR.TRI.TIS.MO, *s.m.*, reumatismo.
AR.TRO.CÉ.FA.LO, *adj.*, diz-se dos crustáceos que têm a cabeça separada do tórax.
AR.TRO.PA.TI.A, *s.f.*, doença nas articulações, dores nas articulações.
AR.TRÓ.PO.DE, *s.m.*, espécime dos animais que pertencem ao filo dos invertebrados: corpo segmentado, carapaça quitinosa e membros articulados, como caranguejos, aranhas etc.; *adj. 2 gên.*, relativo a esse filo.

AR.TRO.SE, *s.f.*, *med.* doença crônica, não inflamatória, de uma articulação.
A.RU.A.QUE, *s.m.*, indígena dos aruaques, povos da Amazônia; idioma desses povos.
A.RÚS.PI.CE, *s.m.*, entre os romanos, era a pessoa que tinha poderes para prever o futuro, examinando os intestinos das vítimas ofertadas aos deuses.
AR.VI.ÃO, *s.m.*, ave, gavião.
AR.VÍ.CO.LA, *adj.*, que vive nos campos semeados; *s.m.*, o que habita no campo; lavrador.
AR.VI.CUL.TOR, *adj.* e *s.m.*, arboricultor, quem cultiva árvores.
AR.VI.CUL.TU.RA, *s.f.*, plantio de árvores, cultura de árvores.
AR.VO.A.DO, *adj.*, tonto, estabanado, tresloucado, adoidado.
AR.VO.A.MEN.TO, *s.m.*, perturbação, endoidamento, perda da razão.
AR.VO.AR, *v. int.*, perder a razão, estontear, perturbar-se.
AR.VO.RA.DO, *adj.*, que tem as velas içadas; desfraldado, solto.
AR.VO.RA.GEM, *s.f.*, desfraldamento, içamento, partida.
AR.VO.RAR, *v.t.* e *pron.*, soltar as velas para o navio partir, hastear a bandeira, levantar, colocar no alto.
ÁR.VO.RE, *s.f.*, planta, vegetal com tronco, ramos e folhas; árvore genealógica - todo o histórico da ascendência e descendência de uma pessoa; coletivo: bosque, aleia, alameda.
AR.VO.RE.CÊN.CIA, *s.f.*, arborescência.
AR.VO.RE.CEN.TE, *adj.*, arborescente.
AR.VO.RE.CER, *v.int.*, arborescer.
AR.VO.RE.DO, *s.m.*, grupo de árvores, bosque, capoeira, capoeirão.
AR.VO.RE.JAR(-SE), *v.t.*, guarnecer de árvores; *v.pron.*, cobrir-se de árvores que crescem espontaneamente.
AR.VO.RE.TA, *s.f.*, árvore pouco maior que o arbusto.
AR.VO.RI.FOR.ME, *adj.*, que tem forma de árvore, arboriforme.
AS[1], *m.*, plural, e com crase escreve-se *ás*.
AS[2], feminino plural do artigo *a*, ou do *pron. dem. a* (aquela).
ÁS, *s.m.*, carta do baralho; *fig.*, pessoa brilhante no que faz, especialista, astro.
A.SA, *s.f.*, membro das aves com penas, apropriado para possibilitar o voo; tudo que seja apêndice e tenha semelhança com asa.
A.SA-DEL.TA, *s.f.*, armação metálica, com tecidos especiais, feita para a prática do voo livre.
A.SA.DO, *adj.*, que tem asas, alado.
A.SAR, *v.t.*, colocar asas em, dar asas a, alar.
AS.BES.TO, *s.m.*, mineral que não sofre ação nenhuma do fogo, sendo destaque o amianto.
AS.BES.TOI.DE, *adj.* e *s.m.*, que ou aquilo que se assemelha ao asbesto.
AS.BES.TO.SE, *s.f.*, doença pulmonar que se origina por se respirar partículas de asbesto.
AS.CA, *s.f.*, aversão, asco, tédio.
AS.CA.REN.TO, *adj.*, asqueroso.
AS.CA.RI.CI.DA, *s.m.*, medicamento que combate a ascaridíase.
AS.CA.RI.DÍ.A.SE, *s.f.*, doença que provém da presença de vermes ascarideídeos nos intestinos.
AS.CA.RI.DÍ.DEO, *s.m.*, verme parasita que vive nos intestinos de vertebrados, ascarídeo.
AS.CEN.DÊN.CIA, *s.f.*, os que vêm antes na linha de família, anteriores; ação de subir algo elevado, ascensão.
AS.CEN.DEN.TAL, *adj.*, ascendente.

AS.CEN.DEN.TE, *adj.*, que sobe a um ponto mais alto; *s.m.*, parente anterior, antepassado.
AS.CEN.DER, *v.t. e int.*, subir, elevar-se, ir para o alto, ser promovido.
AS.CEN.DI.MEN.TO, *s.m.*, ação de ascender, ascenção, elevação.
AS.CEN.SÃO, *s.f.*, ação ou efeito de ascender, subida, elevação, promoção; festa das igrejas cristãs para celebrar a subida de Jesus Cristo aos céus.
AS.CEN.CI.O.NA.BI.LI.DA.DE, *s.f.*, qualidade de ascensional.
AS.CEN.SI.O.NAL, *adj.*, que sobe, que tende a subir, que força a subida.
AS.CEN.SI.O.NAR, *v.int.*, realizar ascenção; elevar-se.
AS.CEN.SI.O.NÁ.RIO, *adj.*, ascensional, que sobe, que vai para cima.
AS.CEN.SI.O.NIS.TA, *adj. e s. 2 gên.*, que(m) sobe em uma montanha, alpinista, que(m) sobe no elevador.
AS.CEN.SÍ.VEL, *adj.*, que pode subir, que sobe.
AS.CEN.SO, *s.m.*, o mesmo que ascensão; *fig.*, promoção a um cargo melhor.
AS.CEN.SOR, *adj., s.m.*, que sobe; elevador, aparelho que sobe, quem sobe em elevados, elevações.
AS.CEN.SO.RI.AL, *adj. 2 gên.*, que impele para cima.
AS.CEN.SO.RIS.TA, *s. 2 gên.*, indivíduo que maneja um elevador, pessoa que controla um elevador.
AS.CE.SE, *s.f.*, sistema espiritual para atingir a perfeição, meditação, reflexão sobre Deus.
AS.CE.TA, *s. 2 gên.*, quem se dedica a ascese, quem vive em ascese, quem medita para a perfeição.
AS.CÉ.TI.CA, *s.f.*, doutrina dos ascetas.
AS.CE.TI.CIS.MO, *s.m.*, ascetismo.
AS.CÉ.TI.CO, *adj.*, que(m) é dado ao asceticismo ou relativo a ele.
AS.CE.TIS.MO, *s.m.*, asceticismo, crença pessoal que põe por primeiro na vida o domínio de todas as vontades e sentimentos, como caminho para chegar a Deus; um todo de práticas físicas e espirituais para alcançar a presença de Deus e espiritualizar-se sempre mais.
AS.CE.TI.ZAR, *v.t. e pron.*, tornar(-se) asceta.
AS.CO, *s.m.*, nojo, aversão, repugnância.
AS.CÓR.BI.CO, *adj.*, que se refere a ácidos encontrados em frutas cítricas.
AS.CO.RO.SI.DA.DE, *s.f.*, qualidade do que é ascoroso, asquerosidade.
AS.CO.RO.SO, *adj.*, asqueroso.
AS.CO.SI.DA.DE, *s.f.*, qualidade do que é ascoso.
AS.CO.SO, *adj.*, asqueroso, repugnante.
A.SE.LHA, *s.f.*, pequena asa, pegadeira, presilha; *s. 2 gên.*, pessoa desajeitada.
A.SE.LHA.DO, *adj.*, que tem aselha ou asa (em xícara).
AS.FAL.TA.DEI.RA, *s.f.*, máquina para asfaltar vias.
AS.FAL.TA.DO, *adj.*, que recebeu uma cobertura de asfalto, coberto por asfalto.
AS.FAL.TA.DOR, *s.m.*, o que asfalta.
AS.FAL.TA.GEM, *s.f.*, ato de asfaltar.
AS.FAL.TA.MEN.TO, *s.m.*, ação ou efeito de asfaltar, cobertura de asfalto.
AS.FAL.TAR, *v.t.*, passar asfalto em uma superfície, cobrir com asfalto.
AS.FÁL.TI.CO, *adj.*, que se refere a asfalto, próprio do asfalto.
AS.FAL.TO, *s.m.*, subproduto da destilação do petróleo, camada feita dessa substância.
AS.FI.XI.A, *s.f.*, corte do ato de respirar, afogamento, sufocação.
AS.FI.XI.A.DO, *adj.*, sufocado, que está sem ar, afogado.
AS.FI.XI.A.DOR, *adj. e s.m.*, sufocador, sufocante, afogador.
AS.FI.XI.AN.TE, *adj.*, que asfixia, que sufoca.
AS.FI.XI.AR, *v.t., int. e pron.*, provocar asfixia, sufocar, cortar o ar da respiração.
AS.FI.XI.O.SO, *adj.*, asfixiante.
A.SI.A.NO, *adj.*, asiático.
A.SI.Á.TI.CO, *adj. e s.m.*, natural ou habitante da Ásia.
A.SI.A.TIS.MO, *s.m.*, conjunto de características ou influências dos países asiáticos.
A.SI.LA.DO, *adj.*, quem está no asilo, recolhido, banido, expatriado.
A.SI.LA.DOR, *adj.*, que asila.
A.SI.LAR, *v.t. e pron.*, colocar em asilo, internar em asilo, amparar.
A.SI.LO, *s.m.*, casa para recolher pessoas necessitadas de amparo, abrigo, recolhimento.
A.SI.NAL, *adj.*, de asno, burro.
A.SI.NÁ.RIO, *adj.*, relativo a asno.
Á.SIO, *adj.*, da Ásia.
Á.SIO-BRA.SI.LEI.RO, *adj.*, relativo ao que é brasileiro e da Ásia.
Á.SIO-POR.TU.GUÊS, *adj.*, relativo ao que é português e da Ásia; *s.m.*, língua portuguesa falada na Ásia.
A.SI.NI.NO, *adj.*, próprio do asno, tolo, bobo, ignorante.
A.SIR, *v.t.*, agarrar, empunhar.
AS.MA, *s.f.*, doença que se caracteriza por oferecer dificuldades na respiração.
AS.MÁ.TI.CO, *adj.*, quem sofre de asma.
AS.MEN.TO, *adj. e s.m.*, cheio de asma, asmático.
AS.MO, *adj.*, ázimo, que não tem sabor.
AS.NA.DA, *s.f.*, manada ou récua de asnos.
AS.NAL, *adj.*, próprio do asno; semelhante ao asno; bestial; estúpido.
AS.NE.AR, *v. int.*, expor bobagens, dizer besteiras, mostrar-se ignorante.
AS.NEI.RA, *s.f.*, coisa de asno, tolice, bobagem, sandice, estultice, expressão insossa.
AS.NEI.RA.DA, *s.f.*, disparate; tolice.
AS.NEI.RAR, *v.int.*, dizer asneiras.
AS.NEI.REN.TO, *adj.*, que diz muitas asneiras.
AS.NI.CE, *s.f.*, asneira, tolice, sandice, estultice.
AS.NO, *s.m.*, jumento, burro, animal da família dos asnos, quadrúpede; *fig.*, tolo, imbecil.
AS.PA, *s.f.*, cruz em forma de X, cruz de Santo André; antigo instrumento de tortura; chifre em cabeça de animal.
AS.PA.DO, *adj.*, que está entre aspas, grifado.
AS.PAR, *v.t.*, colocar aspas.
AS.PA.RA.GI.CUL.TOR, *s.m.*, aquele que cultiva aspargos.
AS.PA.RA.GI.CUL.TU.RA, *s.f.*, cultura de aspargos.
AS.PAR.GO, *s.m.*, broto comestível dessa planta, broto a ser cozido para uso na culinária.
AS.PAR.TA.ME, *s.m.*, substância sintética usada como adoçante.
AS.PAR.TA.DO, *s.m.*, em Química, sal que resulta da combinação do ácido aspártico com uma base.
AS.PAS, *s.f. pl.*, sinal gráfico (" ") para destacar uma citação no texto; ou para indicar que o termo usado não confere

ASPEAR — ASSAZONAR

com a verdade.
AS.PE.AR, *v.t.*, em Gramática, pôr entre aspas.
AS.PEC.TO, *s.m.*, **AS.PE.TO**, circunstância, momento, contexto, situação, âmbito.
AS.PE.RA.MEN.TE, *adv.*, com aspereza; rudemente.
AS.PE.RE.JAR, *v.int.*, (RS) tratar asperamente; repreender violentamente.
AS.PE.RE.ZA, *s.f.*, o que é áspero, dureza; *fig.*, grosseria, má-educação.
AS.PER.GI.DO, *adj.*, que se aspergiu; borrifado, asperso.
AS.PER.GI.MEN.TO, *s.m.*, bênção com água, purificação.
AS.PER.GIR, *v.t.*, molhar com gotas de água: abençoar, purificar.
AS.PER.MA.TIS.MO, *s.m.*, em Medicina, dificuldade ou impossibilidade de ejacular.
AS.PER.MI.A, *s.f.*, em Botânica, ausência de sementes em frutos; em Medicina, ausência de esperma; aspermatismo.
AS.PER.MO, *adj.*, que não tem esperma; que não produz sementes.
ÁS.PE.RO, *adj.*, que é duro, enrugado, cheio de altos e baixos, rugoso.
AS.PER.SÃO, *s.f.*, ação ou efeito de aspergir.
AS.PER.SAR, *v.t.*, aspergir, benzer com água.
AS.PER.SO, *adj.*, aspergido, borrifado, purificado.
AS.PER.SOR, *s.m.*, quem asperge, quem benze; regador, instrumento para benzer com água benta.
AS.PER.SÓ.RIO, *s.m.*, aspersório, instrumento com reservatório para água para aspergir fiéis ou plantas, flores.
AS.PI.CI.EN.TE, *adj. 2 gên.*, que olha.
ÁS.PI.DE, *s.f.*, cobra da Europa, com tons marrons e pretos.
AS.PI.RA.ÇÃO, *s.f.*, ação ou efeito de aspirar; desejo, anelo, ambição.
AS.PI.RA.DO, *adj.*, sugado, desejado, ambicionado.
AS.PI.RA.DOR, *s.m.*, aparelho para sugar o pó.
AS.PI.RAN.TE, *s. 2 gên.*, indivíduo que aspira algo; *s.m.*, graduação militar, antes de tenente.
AS.PI.RAR, *v.t.*, puxar o ar para os pulmões, sorver, cheirar; desejar, querer, almejar, pretender.
AS.PI.RA.TI.VO, *adj.*, que aspira, aspirante, desejado.
AS.PI.RA.TÓ.RIO, *adj.*, relativo a aspiração.
AS.PI.RI.NA, *s.f.*, pílula, nome do ácido acetilsalicílico.
AS.QUE.AR, *v.t.*, ter asco a; aborrecer.
AS.QUE.RO.SI.DA.DE, *s.f.*, nojo, náusea, asco.
AS.QUE.RO.SO, *adj.*, que provoca asco, nojento.
AS.SA.BO.RAR, *v.t.*, dar sabor a; tornar saboroso.
AS.SA.BO.RE.AR, *v.t.*, o mesmo que saborear.
AS.SA.CA.DO, *adj.*, declarado, caluniado, atacado, provocado.
AS.SA.CA.DI.LHA, *s.f.*, acusação infundada; imputação caluniosa.
AS.SA.CA.DO, *adj.*, que se assacou, que foi atacado caluniosamente.
AS.SA.CA.DOR, *adj. e s.m.*, que ou o que assaca.
AS.SA.CAR, *v.t.*, atacar, caluniar, declarar algo sem fundamento, dizer inverdades.
AS.SA.DEI.RA, *s.f.*, utensílio doméstico para assar carnes, peixes.
AS.SA.DEI.RO, *adj.*, que é próprio de assar; *s.m.*, recipiente para assar, assadeira, assador.
AS.SA.DO, *adj.*, o que foi assado; *s.m.*, pedaço de carne assada.
AS.SA.DOR, *adj. e s.m.*, que(m) assa, pessoa que comanda um churrasco.
AS.SA.DU.RA, *s.f.*, ação ou efeito de assar; ferida provocada na pele pelo calor.
AS.SA.LA.RI.A.DO, *adj. e s.m.*, quem trabalha em troca de um salário; proletário.
AS.SA.LA.RI.A.DOR, *adj. e s.m.*, que(m) assalaria, quem contrata por salário.
AS.SA.LA.RI.AR, *v.t. e pron.*, contratar para um trabalho em troca de um salário, empregar mediante pagamento.
AS.SAL.TA.DO, *adj.*, que sofreu um assalto, roubado, furtado, logrado.
AS.SAL.TA.DOR, *adj. e s.m.*, que(m) assalta, furtador, assaltante.
AS.SAL.TAN.TE, *adj. e s.m.*, quem assalta, quem rouba.
AS.SAL.TAR, *v.t.*, assaltear, atacar, agredir, acometer para roubar ou matar.
AS.SAL.TE.AR, *v.t.*, o mesmo que assaltar.
AS.SAL.TO, *s.m.*, ação ou efeito de assaltar, agressão repentina para roubar.
AS.SA.MEN.TO, *s.m.*, o ato de assar; assadura da pele.
AS.SA.MOU.CA.DO, *adj.*, que foi construído sem cuidado.
AS.SA.MOU.CAR, *v.t.*, construir sem cuidado ou capricho.
ÁS.SA.NA, *s.f.*, as várias posições que se praticam na ioga.
AS.SA.NHA, *s.f.*, ato de assanhar-se; irritação.
AS.SA.NHA.ÇÃO, *s.f.*, assanhamento.
AS.SA.NHA.ÇO, *s.m.*, variação de sanhaço.
AS.SA.NHA.DI.ÇO, *adj.*, que se mostra assanhado, ouriçado, irrequieto.
AS.SA.NHA.DO, *adj.*, excitado, raivoso, irado, perigoso, furioso.
AS.SA.NHA.MEN.TO, *s.m.*, fúria, raiva, irritação, sanha; *fig.*, tendência erótica, paixão por alguém.
AS.SA.NHAR, *v.t. e pron.*, despertar a sanha, insinuar-se para alguém, enraivecer.
AS.SA.NHO, *s.m.*, sanha, assanhamento.
AS.SA.PA.DO, *adj.*, acaçapado.
AS.SA.PAR, *v.int.*, acaçapar-se, esconder-se, desmoronar-se.
AS.SA.QUE, *s.m.*, ato de assacar.
AS.SAR, *v.t. e int.*, cozer, deixar cozido com a ação direta do calor.
AS.SA.RAN.ZA.DO, *adj.*, abobado, atrapalhado; trapalhão, azaranzado.
AS.SA.RAN.ZAR-SE, *v.pron.*, abobalhar-se, atrapalhar-se, intimidar-se; azaranzar-se.
AS.SAS.SI.NA.DO, *adj.*, quem foi morto por ato de alguém, que perdeu a vida por violência de outrem.
AS.SAS.SI.NA.DOR, *adj. e s.m.*, que ou aquele que assassina, assassino.
AS.SAS.SI.NAR, *v.t.*, matar alguém, cometer um homicídio, tirar a vida de uma pessoa.
AS.SAS.SI.NA.TO, *s.m.*, assassínio, homicídio.
AS.SAS.SI.NÁ.VEL, *adj. 2 gên.*, que pode ser assassinado.
AS.SAS.SÍ.NIO, *s.m.*, assassinato, homicídio.
AS.SAS.SI.NO, *s.m.*, quem comete o homicídio, homicida, matador.
AS.SA.TI.VO, *adj.*, próprio para assar.
AS.SAZ, *adv.*, bastante, muito, demais.
AS.SA.ZO.A.DO, *adj.*, assazonado.
AS.SA.ZO.AR, *v.t.*, assazonar.
AS.SA.ZO.NA.DO, *adj.*, sazonado, pronto para colher, maduro.
AS.SA.ZO.NAR, *v.t.*, sazonar, temperar, tornar-se maduro.

ASSEADO ••• 113 ••• ASSEVERADOR

AS.SE.A.DO, *adj.*, higiênico, limpo, que tem asseio.
AS.SE.A.MEN.TO, *s.m.*, ato de assear.
AS.SE.AR, *v.t. e pron.*, tornar limpo, limpar, purificar, higienizar.
AS.SE.CA.LHA.DO, *adj.*, quase seco.
AS.SE.CLA, *s. 2 gên.*, seguidor, partidário, discípulo, imitador, comparsa.
AS.SE.DEI.RO, *s.m.*, instrumento de madeira que torna o linho assedado, assedador.
AS.SE.DA.DO, *adj.*, diz-se do linho limpo, liso e macio como seda.
AS.SE.DA.DOR, *s.m.*, aquilo que torna o linho assedado, assedeiro.
AS.SE.DAR, *v.t.*, tornar como seda, amaciar como seda.
AS.SE.DI.A.DO, *adj.*, perturbado, molestado, rodeado, buscado.
AS.SE.DI.A.DOR, *adj. e s.m.*, que(m) assedia, perturbador, molestador.
AS.SE.DI.AN.TE, *adj. e s. 2 gên.*, que(m) assedia, molestador, perturbador.
AS.SE.DI.AR, *v.t.*, cercar, procurar com insistência, insistir em, perturbar, buscar favores sexuais.
AS.SÉ.DIO, *s.m.*, ação ou efeito de assediar, cerco, insistência, sítio militar; molestamento com insistência de favores sexuais, desrespeito a subordinado na intimidade.
AS.SE.GU.RA.ÇÃO, *s.f.*, ação ou efeito de assegurar, segurança, apoio, confirmação.
AS.SE.GU.RA.DO, *adj.*, confirmado, garantido, apoiado.
AS.SE.GU.RA.DOR, *adj. e s.m.*, que, aquele ou aquilo que assegura, firma ou certifica.
AS.SE.GU.RA.DO.RA, *s.f.*, seguradora.
AS.SE.GU.RAR, *v.t. e pron.*, confirmar, garantir; dar segurança, apoiar.
AS.SEI.O, *s.m.*, limpeza, situação do que é asseado.
AS.SEL.VA.JA.DO, *adj.*, que mostra modos e atitudes selvagens, embrutecido.
AS.SEL.VA.JA.DOR, *adj.*, que torna selvagem, brutal.
AS.SEL.VA.JA.MEN.TO, *s.m.*, ato de asselvajar(-se), abrutalhar(-se).
AS.SEL.VA.JAR, *v.t. e pron.*, tornar selvagem, embrutecer.
AS.SE.MÂN.TI.CO, *adj.*, que não tem interpretação possível por não se enquadrar em regras semânticas.
AS.SEM.BLEI.A, *s.f.*, reunião de pessoas; grupo de pessoas com interesses comuns; congresso; congregação; câmara de deputados estaduais.
AS.SEM.BLE.ÍS.MO, *s.m.*, tendência de discutir em assembleia assuntos do interesse comum.
AS.SEM.BLE.ÍS.TA, *s. 2 gên.*, adepto do assembleísmo; *adj.*, dependente de decisões em assembleia.
AS.SE.ME.LHA.ÇÃO, *s.f.*, ato ou efeito de assemelhar-se.
AS.SE.ME.LHA.DO, *adj.*, parecido, semelhante.
AS.SE.ME.LHA.MEN.TO, *s.m.*, semelhança, similaridade.
AS.SE.ME.LHAR, *v.t. e pron.*, reputar semelhante, achar semelhante, julgar parecido, ser similar, parecer.
AS.SE.ME.LHÁ.VEL, *adj. 2 gên.*, que pode ser assemelhado ou tornar-se semelhante a outro.
AS.SE.NHO.RA.DO, *adj.*, que tem modos de senhora, ridiculamente senhoril.
AS.SE.NHO.RAR-SE, *v.pron.*, o mesmo que assenhorear-se.
AS.SE.NHO.RE.A.DO, *adj.*, tornado senhor que domina, que se apropriou.
AS.SE.NHO.RE.A.MEN.TO, *s.m.*, ato ou efeito de assenhorear-se.
AS.SE.NHO.RE.AR(-SE), *v.t. e pron.*, dominar, comandar, apossar-se de, como dono; tomar o domínio.
AS.SEN.SO, *s.m.*, o mesmo que assentimento.
AS.SEN.TA.DEI.RA, *s.f.*, máquina para assentar tecidos.
AS.SEN.TA.DO, *adj.*, que está sentado, colocado, firmado, posto.
AS.SEN.TA.DOR, *adj. e s.m.*, que(m) assenta, colocador, fixador.
AS.SEN.TA.MEN.TO, *s.m.*, ação ou efeito de assentar, registro, escritura de um fato jurídico, colocação de materiais em uma construção, acampamento de pessoas, distribuição de terras.
AS.SEN.TAR, *v.t., int. e pron.*, colocar no assento, fixar, estabelecer, determinar, fixar na terra, dar um golpe, acertar, estabelecer em.
AS.SEN.TE, *adj.*, assentado, posto em, acomodado, baseado, alicerçado, consentido, permitido.
AS.SEN.TI.MEN.TO, *s.m.*, consentimento, concordância, aceite.
AS.SEN.TIR, *v.t. e int.*, aceitar, concordar, ser concorde com.
AS.SEN.TO, *s.m.*, local para se sentar, tudo que ofereça um posto para sentar-se, nádegas.
AS.SEN.ZA.LA.DO, *adj.*, semelhante à senzala.
AS.SEN.ZA.LAR, *v.t.*, dar aparência de senzala a.
AS.SEP.SI.A, *s.f.*, tudo que se faça para prevenir as defesas contra germes de infecção em um ambiente.
AS.SÉP.TI.CO, *adj.*, típico de assepsia; asseado.
AS.SER.ÇÃO, *s.f.*, declaração, afirmação, confirmação, assertiva, alegação, asserto.
AS.SE.RE.NAR, *v.t., int. e pron.*, tornar(-se) sereno, calmo.
AS.SE.RI.DO, *adj.*, que se asseriu, declarado, afirmado, anexado.
AS.SE.RIR, *v.int.*, afirmar de maneira categórica, asseverar.
AS.SER.TI.VA, *s.f.*, asserção, afirmação, declaração, confirmação, asserto.
AS.SER.TI.VI.DA.DE, *s.f.*, qualidade do que é assertivo.
AS.SER.TI.VO, *adj.*, afirmativo, declaratório, confirmativo.
AS.SER.TO, *s.m.*, assertiva, asserção, afirmação.
AS.SER.TÓ.RIO, *adj.*, assertivo, afirmativo.
AS.SES.SOR, *s.m.*, quem ajuda uma pessoa com funções específicas, auxiliar, assistente.
AS.SES.SO.RA.DO, *adj.*, que se assessorou; *s.m.*, o mesmo que assessoria.
AS.SES.SO.RA.MEN.TO, *s.m.*, ato ou efeito de assessorar, assessoria.
AS.SES.SO.RAR, *v.t.*, auxiliar, prestar ajuda técnica, dar assistência.
AS.SES.SO.RI.A, *s.f.*, assistência, atividade do assessor ou assessora, grupo de trabalho auxiliar.
AS.SES.SÓ.RIO, *adj.*, relativo ao assessor, coadjuvante.
AS.SES.TA.DO, *adj.*, mirado, apontado, dirigido.
AS.SES.TAR, *v.t.*, mirar com arma de fogo, apontar, dirigir para um alvo.
AS.SES.TO, *s.m.*, ação ou efeito de mirar, ajuste para o alvo.
AS.SE.TE.A.DO, *adj.*, aquele que asseteia.
AS.SE.TE.AR, *v.t.* ferir com seta; disparar seta contra; *fig.*, ferir, molestar.
AS.SE.VE.RA.ÇÃO, *s.f.*, ação ou efeito de asseverar, afirmação, confirmação.
AS.SE.VE.RA.DO, *adj.*, confirmado, afirmado, dito.
AS.SE.VE.RA.DOR, *adj. e s.m.*, que ou aquele que assevera.

ASSEVERANTE ASSOBERBAMENTO

AS.SE.VE.RAN.TE, *adj.*, que assevera.

AS.SE.VE.RAR, *v.t.*, confirmar, afirmar de modo categórico, dizer.

AS.SE.VE.RA.TI.VO, *adj.*, que afirma asseverando, confirmativo.

AS.SE.XO, *adj.*, que não tem sexo, assexuado.

AS.SE.XU.A.DO, *adj.*, sem sexo, que não tem atuação sexual, assexual.

AS.SE.XU.AL, *adj.*, que não fecunda, que não recebe fecundação.

AS.SE.XU.A.LI.DA.DE, *s.f.*, qualidade, estado e condição de assexual.

AS.SE.XU.A.LI.ZAR, *v.t.*, tornar assexo, castrar, esterilizar.

AS.SI.A.LI.A, *s.f.*, falta de saliva.

AS.SI.BI.LA.ÇÃO, *s.f.*, sibilação, ação ou efeito de assibilar.

AS.SI.BI.LAR, *v.t.* e *pron.*, sibililar, expressar a voz como sibilo, assoviar.

AS.SI.DU.A.MEN.TE, *adv.*, de modo assíduo.

AS.SI.DU.I.DA.DE, *s.f.*, próprio de quem é assíduo, pontualidade, frequência.

AS.SÍ.DUO, *adj.*, pontual, constante, perseverante.

AS.SI.LA.BI.A, *s.f.*, afasia em que o doente, apesar de distinguir as letras, não consegue pronunciar as sílabas.

AS.SI.LÁ.BI.CO, *adj.*, relativo a assilabia; *s.m.*, aquele que tem assilabia.

AS.SI.LÁ.BO, *adj.* e *s.m.*, o mesmo que assilábico.

AS.SIM, *adv.*, dessa maneira, desse modo, ao mesmo tempo; *conj.*, deste modo, portanto; *loc. adv.*, bem como, do mesmo modo, desta maneira.

AS.SI.ME.TRI.A, *s.f.*, sem simetria, sem harmonia de linhas no conjunto.

AS.SI.MÉ.TRI.CO, *adj.*, que não tem simetria, desarmonioso, irregular.

AS.SI.ME.TRI.ZAR, *v.t.*, tornar assimétrico.

AS.SI.MI.LA.BI.LI.DA.DE, *s.f.*, qualidade de assimilável.

AS.SI.MI.LA.ÇÃO, *s.f.*, ação ou efeito de assimilar, aprendizagem; aproveitamento pelo corpo dos alimentos ingeridos.

AS.SI.MI.LA.DO, *adj.*, retido, contido, incorporado.

AS.SI.MI.LA.DOR, *adj.* e *s.m.*, que(m) incorpora assimilação, que(m) retém conhecimentos.

AS.SI.MI.LAR, *v.t.* e *pron.*, tornar similar, reter os conhecimentos estudados, incorporar, aprender.

AS.SI.MI.LA.TI.VO, *adj.*, relativo a assimilação, assimilador.

AS.SI.MI.LÁ.VEL, *adj.*, que pode ser assimilado.

AS.SI.NA.ÇÃO, *s.f.*, ação ou efeito de assinar, firma, assinatura.

AS.SI.NA.DO, *adj.*, que contém assinatura, firmado.

AS.SI.NA.LA.ÇÃO, *s.f.*, impressão, marca, distinção.

AS.SI.NA.LA.DA.MEN.TE, *adv.*, de modo assinalado, distintamente, especialmente.

AS.SI.NA.LA.DO, *adj.*, impresso, destacado, marcado, distinto.

AS.SI.NA.LA.MEN.TO, *s.m.*, ato ou efeito de assinalar; marca feita em rês como resgistro de propriedade.

AS.SI.NA.LAR, *v.t.* e *pron.*, imprimir algum sinal, destacar, marcar, sinalizar, distinguir.

AS.SI.NA.LÁ.VEL, *adj. 2 gên.*, que deve ou pode ser assinalado.

AS.SI.NA.DO, *adj.*, firmado, marcado, concordado.

AS.SI.NA.MEN.TO, *s.m.*, assinação.

AS.SI.NAN.TE, *s. 2 gên.*, quem assina algum impresso.

AS.SI.NAR, *v.t.*, firmar, escrever o próprio nome em, subscrever, concordar.

AS.SI.NA.TU.RA, *s.f.*, ação ou efeito de assinar, firma; rubrica; contrato para receber um impresso.

AS.SI.NÁ.VEL, *adj.*, que pode ser assinado, firmável.

AS.SIN.CRO.NIS.MO, *s.m.*, ausência de sincronia, falta de ritmo, inconstância.

AS.SÍN.CRO.NO, *adj.*, que não tem sincronia, inconstante, que não segue ritmo próprio.

AS.SIN.DÁC.TI.LO, AS.SIN.DÁ.TI.LO, *adj.*, que não possui dedos.

AS.SIN.DÉ.TI.CO, *adj.*, em que não há conjunção para ligar dois termos.

AS.SIN.DE.TO, *s.m.*, ausência de conjunção na ligação de dois termos.

AS.SIN.GE.LAR, *v.t.*, tornar singelo, simplificar.

AS.SIN.TO.MÁ.TI.CO, *adj.*, que não apresenta os sintomas próprios, livre de certos sintomas.

AS.SÍN.TO.TA, *s.f.*, em Geometria, reta que é tangente de uma curva, sem jamais chegar ao ponto de tangência.

AS.SIN.TO.TIS.MO, *s.m.*, propriedade de duas linhas assíntotas.

AS.SÍ.RIO, *adj.*, natural ou habitante da Síria.

AS.SI.SA.DO, *adj.*, que não tem siso, desajuizado.

AS.SIS.TE.MÁ.TI.CO, *adj.*, inconstante, desregulado, sem normas de sistematização.

AS.SIS.TÊN.CIA, *s.f.*, ação ou efeito de assistir; grupo de espectadores; socorro, ajuda, amparo.

AS.SIS.TEN.CI.AL, *adj.*, que dá assistência, auxiliar, que socorre, que presta ajuda.

AS.SIS.TEN.CI.A.LIS.MO, *s.m.*, doutrina política que defende a assistência aos mais carentes, mas que muitas vezes é usada de forma a contabilizar benefícios políticos.

AS.SIS.TEN.CI.A.LIS.TA, *s. 2 gên.*, instituição ou tipo que presta assistência com fins pessoais, sem examinar a finalidade da assistência ou com fins políticos ou de credo religioso.

AS.SIS.TEN.TE, *s. 2 gên.*, quem assiste a algo, espectador; quem ajuda, socorre.

AS.SIS.TI.DO, *adj.*, socorrido, ajudado, visto, presenciado.

AS.SIS.TI.MEN.TO, *s.m.*, menstruação.

AS.SIS.TIR, *v.t.* e *int.*, socorrer, auxiliar, ajudar; *v.t. ind.*, presenciar, ver, ser plateia; morar, habitar.

AS.SIS.TÍ.VEL, *adj.*, que se pode assistir.

AS.SO.A.DE.LA, *s.f.*, ação de assoar.

AS.SO.A.DO, *adj.*, que está com o nariz limpo; limpo, asseado.

AS.SO.A.LHA.DO, *adj.*, recoberto com assoalho.

AS.SO.A.LHA.DOR, *adj.* e *s.m.*, quem coloca assoalho, quem cobre com assoalho.

AS.SO.A.LHA.MEN.TO, *s.m.*, ação ou efeito de colocar assoalho; assoalho, revestimento com tábuas.

AS.SO.A.LHAR, *v.t.*, cobrir o piso com algum material.

AS.SO.A.LHO, *s.m.*, revestimento do piso, camada inferior de qualquer casa.

ÁS.SO.AN.TE, *adj.*, que possui assonância, que difere pela pronúncia.

AS.SO.AR, *v.t.* e *pron.*, limpar o nariz, extrair o muco nasal.

AS.SO.BAR.CAR, *v.t.*, segurar debaixo do braço ou do sovaco, sobraçar.

AS.SO.BER.BA.DO, *adj.*, que tem soberba, vaidoso, arrogante; muito ocupado, atarefado.

AS.SO.BER.BA.MEN.TO, *s.m.*, tarefas demasiadas,

arrogância.
AS.SO.BER.BAR, *v.t., int.* e *pron.*, assumir muitas tarefas, estressar-se com serviços excessivos.
AS.SO.BI.A.DA, *s.f.*, assovio, assobio, vaia.
AS.SO.BI.A.DE.LA, *s.f., pop.*, ato de assobiar.
AS.SO.BI.A.DO, *adj.*, assoviado, vaiado.
AS.SO.BI.A.DOR, *adj.* e *s.m.*, quem assobia, vaiador.
AS.SO.BI.AN.TE, *adj.* e *s. 2 gên.*, que(m) assobia, que assovia, vaiador.
AS.SO.BI.AR, AS.SO.VIAR, *v. int.*, dar assobios, soltar assobios.
AS.SO.BI.Á.VEL, AS.SO.VI.Á.VEL, *adj. 2 gên.*, que se pode assobiar.
AS.SO.BI.O, AS.SO.VIO, *s.m.*, ação ou efeito de assobiar, apito, silvo.
AS.SO.BRA.DA.DO, *adj.*, que se assobradou.
AS.SO.BRA.DAR, *v.t.*, soalhar, ensobradar.
AS.SO.CA.DOU.RO, *s.m.*, arado próprio para assocar.
AS.SO.CAR, *v.t.*, cobrir de estrume e terra a semente.
AS.SO.CI.A.BI.LI.DA.DE, *s.f.*, qualidade de associável.
AS.SO.CI.A.ÇÃO, *s.f.*, grupo, agrupamento de pessoas, sociedade.
AS.SO.CI.A.CI.O.NIS.MO, *s.m.*, em Psicologia, sistema em que os fenômenos psicológicos são explicados pela livre associação de ideias.
AS.SO.CI.A.CI.O.NIS.TA, *adj. 2 gên.* e *s. 2 gên.*, relativo a associacionismo; diz-se de, ou pessoa que é adepta do associacionismo.
AS.SO.CI.A.DO, *adj.*, sócio, quem pertence a uma associação.
AS.SO.CI.A.DOR, *adj.* e *s.m.*, agrupador, associante.
AS.SO.CI.AL, *adj. 2 gên.*, que não se integra socialmente, antissocial.
AS.SO.CI.A.LI.ZA.ÇÃO, *s.f.*, ato ou efeito de assocializar.
AS.SO.CI.A.LI.ZAR, *v.t.* e *pron.*, tornar social; construir em associação.
AS.SO.CI.AR, *v.t.* e *pron.*, agrupar em sociedade, ligar, reunir.
AS.SO.CI.A.TI.VI.DA.DE, *s.f.*, qualidade de associativo; tendência para associar-se.
AS.SO.CI.A.TI.VIS.MO, *s.m.*, movimento organizado de grupos ou instituições em associações ou sociedades.
AS.SO.CI.A.TI.VO, *adj.*, que associa, que agrupa, que reúne.
AS.SO.CI.Á.VEL, *adj. 2 gên.*, que se pode associar.
AS.SO.CI.O.LÓ.GI.CO, *adj.*, que não é sociológico.
AS.SO.LA.ÇÃO, *s.f.*, ação ou efeito de assolar, destruição, arrasamento.
AS.SO.LA.DO, *adj.*, devastado, destruído, arrasado.
AS.SO.LA.DOR, *adj.* e *s.m.*, que(m) assola, destruidor, arrasador.
AS.SO.LA.MEN.TO, *s.m.*, ação ou efeito de assolação, destruição, arrasamento.
AS.SO.LA.PA.DO, *adj.*, cavado, escavado, esburacado.
AS.SO.LA.PA.DOR, *adj.* e *s.m.*, solapador.
AS.SO.LA.PAR, *v.t.*, escavar, cavar, esburacar.
AS.SO.LAR, *v.t.*, destruir, arrasar, devastar, arruinar.
AS.SOL.DA.DA.DO, *adj.*, que serve (alguém) por soldo.
AS.SOL.DA.DAR, *v.t.*, servir (armas) em troca de soldo; p. ext., assalariar; *v.pron.*, alistar-se.
AS.SO.LE.A.DO, *adj.*, diz-se de animal que está cansado por caminhar longo período ao sol.
AS.SO.LE.AR, *v.t.* e *int.*, cansar-se de caminhar longo período ao sol.

AS.SO.LHAR, *v.t.*, solhar; divulgar.
AS.SOL.TO, *adj.*, o mesmo que absolto.
AS.SO.MA.DA, *s.f.*, ato de assomar, assomo; cume; altura, auge.
AS.SO.MA.DA.MEN.TE, *adv.*, com assomo, altivamente.
AS.SO.MA.DI.ÇO, *adj.*, que é facilmente irritável.
AS.SO.MA.DO, *adj.*, aparecido, apontado, surgido.
AS.SO.MAR, *v.t., int.* e *pron.*, aparecer, surgir, apontar, surgir de repente.
AS.SOM.BRA.ÇÃO, *s.f.*, ação ou efeito de assombrar; aparição, surgimento de almas do outro mundo.
AS.SOM.BRA.DI.ÇO, *adj.*, que assombra, assustadiço, intimidável.
AS.SOM.BRA.DO, *adj.*, assustado, amedrontado, intimidado.
AS.SOM.BRA.DOR, *adj.*, que assombra.
AS.SOM.BRA.MEN.TO, *s.m.*, ação ou efeito de assombrar, assustamento.
AS.SOM.BRAR, *v.t.*, provocar sombra em; assustar, amedrontar.
AS.SOM.BRE.A.DO, *adj.*, que tem ou faz sombra.
AS.SOM.BRE.A.MEN.TO, *s.m.*, ação ou efeito de assombrear, escurecimento, colocação de sombra.
AS.SOM.BRE.AR, *v.t., int.* e *pron.*, provocar sombra, causar sombra.
AS.SOM.BRO, *s.m.*, grande susto, espanto, admiração.
AS.SOM.BRO.SO, *adj.*, que causa muito assombro, espantoso, amedrontador.
AS.SO.MO, *s.m.*, ímpeto, surgimento, aparecimento.
AS.SO.NÂN.CIA, *s.f.*, semelhança de sons, tonalidades parecidas.
AS.SO.NAN.TE, *adj.*, que provoca assonância, que tem sons parecidos, similares.
AS.SO.NÂN.TI.CO, *adj.*, relativo a assonância; assonante.
AS.SO.NAR, *v.int.*, ressoar; ecoar.
AS.SO.NO.REN.TA.DO, *adj.*, mesmo que *sonolento*.
AS.SON.SA.DO, *adj.*, que se assonsou, cansado; (SP) apalermado.
AS.SON.SAR, *v.t.* e *int.*, (RS) cansar-se um pouco o cavalo.
AS.SO.PE.AR, *v.t.*, o mesmo que sopear.
AS.SO.PRA.ÇÃO, *s.f.*, ato ou efeito de assoprar, assoprada.
AS.SO.PRA.DA, *s.f.*, assopração.
AS.SO.PRA.DE.LA, *s.f.*, pequeno sopro.
AS.SO.PRA.DA.DO, *adj.*, soprado, expelido o ar.
AS.SO.PRA.DOR, *adj.* e *s.m.*, que(m) assopra, expelidor de ar.
AS.SO.PRA.MEN.TO, *s.m.*, ato ou efeito de assoprar ou soprar.
AS.SO.PRAR, *v.t.* e *int.*, soprar, expelir ar em.
AS.SO.PRO, *s.m.*, sopro.
AS.SO.RE.A.DO, *adj.*, entulhado, que tem o leito cheio de barro.
AS.SO.RE.A.MEN.TO, *s.m.*, acúmulo de terras e areia no leito dos rios, entulhamento.
AS.SO.RE.AR, *v.t.* e *pron.*, provocar assoreamento em, entulhar, encher um local.
AS.SOS.SE.GA, *s.f., fam.*, sono, sossega.
AS.SOS.SE.GA.DOR, *adj.*, que assossega.
AS.SOS.SE.GAR, *v.t.* e *int.*, sossegar(-se), aquietar(-se), acalmar(-se).
AS.SOS.SE.GO, *s.m.*, sossego.
AS.SO.TA.DO, *adj.*, que possui sótão, semelhante a sótão.
AS.SO.TAR, *v.t.*, construir em forma de sótão.

AS.SO.TER.RAR, v.t. e pron., cobrir(-se) de terra, soterrar.
AS.SO.VI.A.DOR, s.m., assobiador.
AS.SO.VI.AR, v. int., assobiar, silvar.
AS.SO.VI.NA.DO, adj., tornado sovina.
AS.SO.VI.NAR, v.t., ferir ou picar com sovina; poupar com mesquinhez; v.pron., tornar-se sovina.
AS.SO.VI.O, s.m., assobio, silvo.
AS.SU.A.DA, s.f., vaia, arruaça, baderna, balbúrdia, apupo.
AS.SU.AR, v.t., vaiar, apupar.
AS.SU.BIR, v.int., subir.
AS.SU.CE.DER, v.int., suceder.
AS.SU.I.NA.DO, adj., que é semelhante a, ou lembra suíno ou porco.
AS.SU.JEI.TAR, v.t., o mesmo que sujeitar.
AS.SU.MI.DA.MEN.TE, adv., de modo assumido, declaradamente.
AS.SU.MI.DO, adj., responsabilizado, aceito, adotado.
AS.SU.MIR, v.t., responsabilizar-se, tomar sob sua responsabilidade, adotar.
AS.SUN.ÇÃO, s.f., ação ou efeito de assumir; carregamento para o alto; elevação da Virgem Maria aos céus, festa celebrada aos 15 de agosto de cada ano.
AS.SUN.TAR, v.t., pegar um tema, entrar em um assunto, perceber, estudar um tema, notar.
AS.SUN.TI.VO, adj., que assume, que aceita, que toma sob responsabilidade.
AS.SUN.TO, s.m., tema, matéria de que se fala ou escreve.
AS.SUR.GIR, v.int., surgir.
AS.SUS.TA.ÇÃO, s.f., ato ou efeito de assustar(-se).
AS.SUS.TA.DI.ÇO, adj., que se assusta facilmente, medroso.
AS.SUS.TA.DO, adj., amedrontado, apavorado.
AS.SUS.TA.DOR, adj., que assusta, que amedronta, que apavora.
AS.SUS.TA.DO.RA.MEN.TE, adv., de modo assustador.
AS.SUS.TAR, v.t e pron., provocar susto em, amedrontar, apavorar.
AS.SUS.TO.SO, adj., que causa susto.
AS.SU.TI.LAR, v.t., tornar sutil.
AS.TE.CA, adj. e s. 2 gên., povo indígena que vivia no México antes da invasão espanhola; idioma desse povo.
AS.TE.NI.A, s.f., debilidade do organismo, fraqueza física.
AS.TÊ.NI.CO, adj., próprio da astenia, fraco, débil.
AS.TE.RIS.CO, s.m., sinal gráfico com forma de estrela (*), para indicar alguma nota ou destaque.
AS.TER.NAL, adj., em Anatomia, designação da costela que não se articula com o esterno.
AS.TE.ROI.DE, s.m., corpo celeste em forma de estrela. Todo corpo celeste que circula entre as órbitas de Marte e Júpiter.
AS.TE.RO.MA, s.m., gênero de cogumelos.
AS.TE.RÓS.CO.PO, s.m., inseto lepidóptero.
AS.TIG.MA.ÇÃO, s.f., em Fotografia, aberração de posição da imagem nas matizes.
AS.TIG.MÁ.TI.CO, adj., que sofre de astigmatismo.
AS.TIG.MA.TIS.MO, s.m., problema de visão, resultante da curvatura do cristalino; pode ser corrigido mediante intervenção cirúrgica.
AS.TIG.MI.A, s.f., o mesmo que astigmatismo.
AS.TRA.CÃ, s.m., pele obtida de cordeiros recém-nascidos ou abortados, com pelos escuros; tecido de lã parecido com essa pele.
AS.TRAL, adj., que se refere a astro.

AS.TRÍ.GE.RO, adj., que possui astros, que leva astros.
AS.TRO, s.m., todo corpo celeste do cosmo: planeta, estrela, satélite.
AS.TRO.BI.O.LO.GI.A, s.f., ciência que estuda formas de vida em outros planetas.
AS.TRO.BI.O.LÓ.GI.CO, adj., relativo a astrobiologia.
AS.TRO.BI.O.LO.GIS.TA, s. 2 gên., especialista em astrobiologia, astrobiólogo.
AS.TRO.BI.Ó.LO.GO, s.m., o mesmo que astrobiologista.
AS.TRO.FÍ.SI.CA, s.f., parte da Física que estuda os astros, suas origens e movimentos no Universo.
AS.TRO.FÍ.SI.CO, s.m., especialista em Astrofísica.
AS.TRO.FO.BI.A, s.f., medo de astros, pavor de relâmpagos, aversão a trovoadas.
AS.TRO.FÓ.BI.CO, adj., relativo a astrofobia.
AS.TRÓ.FO.BO, s.m., quem sofre de medo dos astros.
AS.TRO.LÁ.BIO, s.m., instrumento para medir a altura dos astros, usado ao tempo das caravelas.
AS.TRÓ.LA.TRA, s. 2 gên., pessoa que adora astros.
AS.TRO.LA.TRI.A, s.f., adoração de astros, religião que adora os astros.
AS.TRO.LO.GI.A, s.f., arte de prever, pelos astros, o destino dos seres humanos e outros fatos.
AS.TRÓ.LO.GO, s.m., quem se dedica à Astrologia, especialista em Astrologia.
AS.TRO.MAN.CI.A, s.f., habilidade de adivinhar os fatos por meio dos astros.
AS.TRO.MAN.TE, s. 2 gên., pessoa que se dedica à Astromancia.
AS.TRO.NAU.TA, s. 2 gên., pessoa que viaja ao espaço; cosmonauta.
AS.TRO.NÁU.TI.CA, s.f., ciência que orienta como navegar no cosmos, nas viagens interplanetárias.
AS.TRO.NÁU.TI.CO, adj., relativo à astronáutica ou a astronauta.
AS.TRO.NA.VE, s.f., veículo, foguete que viaja pelos astros.
AS.TRO.NA.VE.GA.ÇÃO, s.f., o mesmo que astronáutica.
AS.TRO.NO.MI.A, s.f., ciência que estuda os astros em seus movimentos e leis.
AS.TRO.NÔ.MI.CO, adj., referente à Astronomia.
AS.TRÔ.NO.MO, s.m., estudioso dos astros e de suas leis, especialista em Astronomia.
AS.TRO.QUÍ.MI.CO, adj., relativo a astroquímica.
AS.TROS.CO.PI.A, s.f., estudo e observação dos astros.
AS.TÚ.CIA, s.f., manha, habilidade, esperteza, sagacidade, burla.
AS.TU.CI.O.SA.MEN.TE, adv., com astúcia.
AS.TU.CI.O.SO, adj., manhoso, hábil, esperto, espertalhão.
AS.TU.RI.A.NO, adj., das Astúrias ou típico dessa região; s.m., indivíduo natural ou que vive nas Astúrias.
AS.TU.TA.MEN.TE, adv., com astúcia, inteligentemente, ardilosamente.
AS.TU.TO, adj., esperto, espertalhão, manhoso.
A.TA, s.f., documento escrito do que ocorre durante a reunião de um grupo constituído; bras., pinha, fruta-do-conde.
A.TA.BA.CA.DO, adj. e s.m., que ou aquele que sofreu ataque.
A.TA.BA.FA.DO, adj., abafado, agasalhado, coberto para não perder o calor.
A.TA.BA.FAR, v.t., abafar.
A.TA.BA.LHO.A.DA.MEN.TE, adv., de modo atabalhoado, confusamente.

ATABALHOADO   ··· 117 ···   ATAÚDE

A.TA.BA.LHO.A.DO, *adj.*, atrapalhado, desorientado, confuso.
A.TA.BA.LHO.A.DOR, *adj.*, que atabalhoa.
A.TA.BA.LHO.A.MEN.TO, *s.m.*, desorientação, confusão, baderna.
A.TA.BA.LHO.AR, *v.t.*, atrapalhar, desorientar, confundir, desorganizar.
A.TA.BA.QUE, *s.m.*, instrumento de percussão, feito com pele de animal, em um lado, usado nas cerimônias de origem afro-brasileira.
A.TA.BA.QUEI.RO, *s.m.*, tocador de atabaque, quem toca um atabaque.
A.TA.BER.NA.DO, *adj.*, que parece ser uma taberna, que tem ares de taberna.
A.TA.BER.NAR, *v.t.*, vender em taberna; vender por miúdo; *v.pron.*, converter-se em taberna, frequentar tabernas.
A.TA.CA, *s.f.*, cadarço com que são amarrados os sapatos, atacador; tira de cordão, fita ou couro para amarrar peças de vestuário.
A.TA.CA.DIS.TA, *adj., s. 2 gên.*, o comerciante que vende em grandes partidas, que negocia por atacado.
A.TA.CA.DO, *adj.*, quem sofreu ataque; *s.m.*, venda de mercadorias em grande quantidade.
A.TA.CA.DOR, *s.m.*, fita ou cordão usado para atacar ou fechar uma roupa; o mesmo que ataca; cordel com que se amarram os sapatos, cadarço; vareta com a qual se socava pólvora no cano de armas de fogo.
A.TA.CA.DU.RA, *s.f.*, ação ou efeito de atacar, investimento, acometimento.
A.TA.CA.NHAR, *v.t. e pron.*, tornar-se tacanho.
A.TA.CAN.TE, *adj., s. 2 gên.*, que ataca; no futebol, jogador que joga na frente para marcar gols.
A.TA.CAR, *v.t. e pron.*, acometer, investir contra, ir contra; repreender, desgastar; atirar-se sobre a comida, agredir, insultar.
A.TA.CÁ.VEL, *adj.*, que pode ser atacado; vulnerável.
A.TA.CO.A.DO, *adj.*, em que se puseram tacões; *fig.*, mal consertado.
A.TA.CO.AR, *v.t.*, pôr tacão em calçado; *fig.*, consertar à pressa e mal.
A.TA.DA, *s.f.*, feixe, molho que se amarra com corda; feixe ligado com embira ou corda.
A.TA.DEI.RO, *adj.*, que serve para atar ou amarrar; *s.m.*, barbante ou cordel com que se ata algo.
A.TA.DI.LHO, *s.m.*, parte inferior da guitarra, onde estão os botões ou pregos que seguram as cordas.
A.TA.DO, *adj.*, ligado, amarrado, enfeixado.
A.TA.DOR, *adj. e s.m.*, quem amarra, ligador.
A.TA.DU.RA, *s.f.*, ação ou efeito de atar, faixa usada para cobrir ferida.
A.TA.FU.LHA.DO, *adj.*, muito cheio, abarrotado.
A.TA.FU.LHA.MEN.TO, *s.m.*, ato ou efeito de atafulhar-se.
A.TA.FU.LHAR, *v.t.*, encher demais; abarrotar; empanturrar-se.
A.TA.LAI.A, *s.f.*, vigia, guarda, sentinela, ponto elevado para observar a vizinhança.
A.TA.LAI.A.DO, *adj.*, provido de atalaia ou vigias; vigiado.
A.TA.LAI.A.DOR, *adj.*, aquele que está em atalaia, sentinela.
A.TA.LAI.AR, *v. int.*, vigiar, montar guarda, observar.
A.TA.LHA.ÇÃO, *s.f.*, ação de atalhar.
A.TA.LHA.DA, *s.f.*, atalho feito na beira do roçado, para que o fogo não se estenda para o mato.
A.TA.LHA.DI.ÇO, *adj.*, que fica atalhado ou perplexo facilmente.
A.TA.LHA.DO, *adj.*, que se atalhou; indeciso, perplexo.
A.TA.LHA.DOR, *adj. e s.m.*, que(m) faz o aceiro, que executa a atalhada.
A.TA.LHA.MEN.TO, *s.m.* ato de atalhar; tudo o que atalha ou obsta qualquer coisa.
A.TA.LHAR, *v.t., int. e pron.*, desviar, interromper; passar por atalho, encurtar o caminho; resumir, abreviar.
A.TA.LHO, *s.m.*, estrada mais curta; caminho que encurta a distância, senda, picada.
A.TA.LIS.CA.DO, *adj.*, feito em taliscar, estilhaçado.
A.TA.MAN.CA.DO, *adj.*, que está com tamancos, apressado.
A.TA.MAN.CA.DOR, *s.m.*, aquele que atamanca.
A.TA.MAN.CA.MEN.TO, *s.m.*, ato ou efeito de atamancar.
A.TA.MAN.CAR(-SE), *v.t. e pron.*, realizar algo de qualquer jeito, fazer às pressas.
A.TA.MEN.TO, *s.m.*, ato ou efeito de atar, atadura; *fig.*, enlace.
A.TA.NA.DO, *s.m.*, casca de carvalho triturada de forma a aproveitar o tanino; couro curtido por taninos.
A.TA.NAR, *v.t.*, curtir couro com casca de carvalho.
A.TA.PE.RA.DO, *adj.*, que está em ruínas.
A.TA.PE.RAR, *v.t.*, arruinar, reduzir a tapera.
A.TA.PE.TA.DO, *adj.*, coberto com tapetes, forrado.
A.TA.PE.TAR, *v.t.*, colocar tapetes, colocar carpete, forrar.
A.TA.QUE, *s.m.*, ação ou efeito de atacar; agressão, ofensa; mal súbito; jogada contra os adversários.
A.TA.QUEI.RAS, *s.f., pl.*, embaraços, dificuldades.
A.TA.QUEI.RO, *s.m.*, fabricante ou vendedor de atacas.
A.TAR, *v.t. e pron.*, ligar, enlaçar, amarrar.
A.TA.RAN.TA.ÇÃO, *s.f.*, atrapalhação, confusão.
A.TA.RAN.TA.DE.LA, *s.f.*, o mesmo que atarantação.
A.TA.RAN.TA.DO, *adj.*, abobado, atoleimado, atrapalhado, atabalhoado.
A.TA.RAN.TA.MEN.TO, *s.m.*, ato ou efeito de atarantar-se, confusão, perturbação.
A.TA.RAN.TAR, *v.t. e pron.*, perturbar, atrapalhar, atabalhoar, confundir.
A.TAR.DAR, *v.t. e int.*, tardar.
A.TA.RE.FA.DO, *adj.*, ocupado, com muito trabalho.
A.TA.RE.FA.MEN.TO, *s.m.*, ato de atarefar(-se), estado em que se atarefa.
A.TA.RE.FAR, *v.t. e pron.*, aplicar uma tarefa, dar serviço, ocupar.
A.TA.ROU.CAR, *v.t.*, tornar tarouco; fazer coisa ou agir de forma idiota.
A.TAR.RA.CA.DO, *adj.*, tipo de pequena estatura e gorducho, baixinho encorpado.
A.TAR.RA.CA.DOR, *adj. e s.m.*, que ou o que atarraca.
A.TAR.RA.CAR, *v.t.*, ajeitar o pé do cavalo para pregar-lhe a ferradura.
A.TAR.RA.XA.DO, *adj.*, firmado, apertado, ligado.
A.TAR.RA.XA.DOR, *s.m.*, aquilo com que se atarraxa.
A.TAR.RA.XAR, *v.t.*, apertar, segurar com tarraxa.
A.TAS.CA.DEI.RO, *s.m.*, lamaçal, atoleiro.
A.TAS.CAL, *s.m.*, (RS) o mesmo que atascadeiro.
A.TAS.CAR, *v.t. e pron.*, atolar-se, ficar preso na lama, cair no vício, corromper-se por um vício.
A.TAS.SA.LHA.DOR, *adj.*, o que atassalha, que retalha mal.
A.TAS.SA.LHAR, *v.t.*, cortar em retalhos, retalhar; *fig.*, destroçar; difamar, caluniar.
A.TA.Ú.DE, *s.m.*, caixão de defunto.

A.TA.VER.NA.DO, *adj.*, atabernado.
A.TA.VER.NAR, *v.t.* e *pron.*, atabernar.
A.TA.VI.A.DO, *adj.*, ornamentado, adornado, enfeitado, ajeitado.
A.TA.VI.A.DOR, *s.m.*, aquele que atavia.
A.TA.VI.A.MEN.TO, *s.m.*, ato ou efeito de quem atavia, atavio.
A.TA.VI.AR, *v.t.* e *pron.*, enfeitar, ornamentar, adornar.
A.TÁ.VI.CO, *adj.*, relacionado com atavismo, próprio do atavismo.
A.TA.VI.O, *s.m.*, enfeite, adorno, ornato.
A.TA.VIS.MO, *s.m.*, tudo que se relaciona aos ascendentes em termos de costumes e tradições na família.
A.TA.VO.LAR, *v.t.*, jogar na távola.
A.TA.XO.FO.BI.A, *s.f.*, aversão patológica à desordem.
A.TA.XO.FÓ.BI.CO, *adj.*, relativo a, ou que sofre de taxofobia; *s.m.*, indivíduo que sofre de ataxofobia.
A.TA.ZA.NA.DO, *adj.*, perturbado, incomodado, aborrecido, estressado.
A.TA.ZA.NA.DOR, *adj.* e *s.m.*, que ou aquele que atazana; que ou aquilo que aperta com tenaz; atanazador, atenazador.
A.TA.ZA.NA.MEN.TO, *s.m.*, ato ou efeito de atazanar.
A.TA.ZA.NAR, *v.t.*, atenazar, perturbar, incomodar, aborrecer, enfastiar.
A.TÉ, *prep.*, delimita o ponto para ir, distância, tempo; *adv.*, também.
A.TE.A.DO, *adj.*, inflamado, acendido.
A.TE.A.DOR, *s.m.*, o que ateia.
A.TE.AR, *v.t.*, *int.* e *pron.*, inflamar, fortalecer o fogo, acender o fogo.
A.TE.DI.AR, *v.t.*, o mesmo que entediar.
A.TEI.MAR, *v.int.*, teimar.
A.TE.ÍS.MO, *s.m.*, pensamento que nega que Deus existe; materialismo.
A.TE.ÍS.TA, *adj. 2 gên.* e *s. 2 gên.*, relativo a ou aquele que é adepto do ateísmo.
A.TE.LHAR, *v.t.*, cobrir ou revestir de telhas.
A.TE.LI.Ê, *s.m.*, oficina, salão, estúdio, local em que o artista produz suas obras.
A.TE.MO.RI.ZA.ÇÃO, *s.f.*, ato ou efeito de atemorizar-se.
A.TE.MO.RI.ZA.DO, *adj.*, apavorado, assustado, amedrontado.
A.TE.MO.RI.ZA.DOR, *adj.* e *s.m.*, que, aquele ou aquilo que atemoriza.
A.TE.MO.RI.ZA.MEN.TO, *s.m.*, initimidação, temor.
A.TE.MO.RI.ZAN.TE, *adj.* e *s. 2 gên.*, atemorizador, que(m) atemoriza, amedrontador.
A.TE.MO.RI.ZAR, *v.t.* e *pron.*, causar temor a, amedrontar, assustar.
A.TEM.PE.RAR, *v.t.*, o mesmo que temperar.
A.TEM.PO.RAL, *adj.*, que não muda por causa do tempo, que está acima do tempo.
A.TEM.PO.RA.LI.DADE, *s.f.*, qualidade ou condição do que não muda com o tempo, intemporalidade.
A.TE.NA.ZA.DO, *adj.*, atazanado.
A.TE.NA.ZAR, *v.t.*, atanazar.
A.TEN.ÇA, *s.f.*, ato de ater-se, confiança, esperança.
A.TEN.ÇÃO, *s.f.*, cuidado, respeito, interesse, tenção.
A.TEN.CI.O.SA.MEN.TE, *adv.*, de modo atencioso.
A.TEN.CI.O.SO, *adj.*, cheio de atenção, gentil, respeitoso, prestativo.
A.TEN.DA, *v.t.*, montar tenda, acampar.
A.TEN.DEN.TE, *adj.* e *s. 2 gên.*, que atende, que dá atenção, quem recebe os que chegam.
A.TEN.DER, *v.t.* e *int.*, dar atenção a, receber, acolher, considerar.
A.TEN.DI.DO, *adj.*, que se atendeu, que teve ajuda, que teve o pedido deferido.
A.TEN.DI.MEN.TO, *s.m.*, ação ou efeito de atender, acolhida.
A.TEN.DÍ.VEL, *adj.*, que se pode atender, considerável.
A.TE.NEU, *s.m.*, escola, colégio, instituição de ensino.
A.TE.NI.EN.SE, *adj.* e *s. 2 gên.*, natural ou habitante de Atenas, capital da Grécia.
A.TE.NO.RAR, *v.t.*, tornar ou dar qualidades de tenor.
A.TEN.RAR, *v.t.*, tornar tenro.
A.TEN.TA.DA.MEN.TE, *adv.*, com atento, prudentemente, maduramente.
A.TEN.TA.DO, *s.m.*, tentativa, ataque, impacto, tentativa de crime; crime.
A.TEN.TA.DO, *adj.*, que é precavido, prudente; moleque, endiabrado.
A.TEN.TA.MEN.TE, *adv.*, com atenção, com cuidado, respeitosamente.
A.TEN.TA.MEN.TO, *adv.*, com atenção, de modo atento.
A.TEN.TAR, *v.t.* e *int.*, considerar, olhar com atenção, tentar, levar para o mal, fazer cometer pecado.
A.TEN.TA.TÓ.RIO, *adj.*, que tenta contra, que comete tentativa de crime.
A.TEN.TI.VO, *adj.*, em que há atenção.
A.TEN.TO, *adj.*, que tem atenção, aplicado, cuidadoso.
A.TE.NU.A.ÇÃO, *s.f.*, ação ou efeito de atenuar, diminuição, redução.
A.TE.NU.A.DA.MEN.TE, *adv.*, com atenuação.
A.TE.NU.A.DO, *adj.*, diminuído, reduzido, apequenado.
A.TE.NU.A.DOR, *adj.* e *s.m.*, que, aquele ou aquilo que atenua ou suaviza.
A.TE.NU.A.DO.RA.MEN.TE, *adv.*, de modo atenuador.
A.TE.NU.AN.TE, *adj.*, que atenua, que reduz; *s.f.*, fato que diminui a pena na condenação por crime.
A.TE.NU.AR, *v.t.*, diminuir, reduzir, dar atenuidade, reduzir a pena do crime.
A.TE.NU.A.TI.VA.MEN.TE, *adv.*, com atenuação.
A.TE.NU.A.TI.VO, *adj.*, que serve para atenuar.
A.TER, *v.pron.*, estar preso a; valer-se de; fiar-se; limitar-se a.
A.TE.RE.CER, *v.t.* e *pron.*, inteiriçar(-se) de frio; enregelar.
A.TE.RI.CA, *s.f.*, inseto lepidóptero noturno.
A.TER.MAL, *adj.*, diz-se das águas minerais frias.
A.TER.MA.NI.DA.DE, *s.f.*, qualidade de térmico.
A.TÉR.MA.NO, *adj.*, atérmico.
A.TER.MAR, *v.t.*, *ant.*, atempar, delimitar; aprazar; *v.pron.*, impor-se um prazo.
A.TER.MI.A, *s.f.*, falta de calor, ausência de calor.
A.TÉR.MI.CO, *adj.*, que é insensível ao calor, que não conserva o calor que recebe.
A.TE.RO.MA, *s.m.*, degenerescência da parte interna da parede das artérias.
A.TE.ROS.CLE.RO.SE, *s.f.*, afecção degenerativa das artérias que, ao se espalhar, associa as lesões da arteriosclerose e do ateroma.
A.TER.RA.DO, *adj.*, local em que se aterrou, foi posta terra para nivelar.
A.TER.RA.DOR, *adj.*, que causa terror, aterrorizante.
A.TER.RA.GEM, *s.f.*, ação ou efeito de aterrar, encher com terra, jogar terra em, aterrissagem.

ATERRAMENTO ... 119 ... ATLETICISMO

A.TER.RA.MEN.TO, s.m., ato ou efeito de aterrar; aterro; depósito de terra para elevar ou nivelar terreno.

A.TER.RA.PLE.NAR, v.t., mesmo que terraplenar.

A.TER.RAR, v.t. e pron., o avião pousa em terra; encher com terra, cobrir com terra; aterrissar.

A.TER.RE.CER, v.t. e pron., esterrecer, aterrar(-se), apavorar(-se).

A.TER.RIS.SA.GEM, s.f., aterrar, descida em terra de um aparelho voador, descida de paraquedista.

A.TER.RIS.SA.DO, adj., pousado, descido, firme na terra.

A.TER.RIS.SAR, v. int., aterrar, pousar em terra, descer em terra; fig., algum estranho que surge de repente em outro meio.

A.TER.RO, s.m., colocação de barro para nivelar o solo, ação ou efeito de aterrar.

A.TER.RO.RAR, v.t., aterrorozar.

A.TER.RO.RI.ZA.DO, adj., horrorizado, apavorado, amedrontado.

A.TER.RO.RI.ZA.DOR, adj. e s.m., que ou aquele que aterroriza, aterrador.

A.TER.RO.RI.ZAN.TE, adj. 2 gên., que aterroriza, aterrorizador.

A.TER.RO.RI.ZAR, v.t., causar terror, apavorar, amedrontar.

A.TER-SE, v. int. e pron., limitar-se, permanecer em uma única atividade, não participar de algo.

A.TE.ROS.CLE.RO.SE, s.f., impregnação das paredes das artérias com placas de gordura.

A.TE.SA.MEN.TO, s.m., ato de atesar.

A.TE.SAR, v.t. entesar (velas de navio, a corda do arco e flécha, etc.).

A.TE.SOU.RAR, v.t., entesourar.

A.TES.TA.ÇÃO, s.f., ação ou efeito de atestar, declaração, afirmação.

A.TES.TA.DO, s.m., declaração escrita sobre uma situação, certificado, documento para validar uma situação; adj., confirmado, declarado.

A.TES.TA.DOR, s.m., vasilha com que se atestam tonéis e pipas; certificador.

A.TES.TA.MEN.TO, s.m., ato de atestar.

A.TES.TAN.TE, adj. e s. 2 gên., que(m) atesta, declarante.

A.TES.TAR, v.t. e int., escrever uma declaração sobre, afirmar, confirmar.

A.TES.TA.TÓ.RIO, adj. que atesta ou que serve para atestar ou provar.

A.TEU, s.m., o indivíduo que não acredita em Deus, incrédulo.

A.TI.ÇA.DO, adj., incentivado, estimulado, motivado.

A.TI.ÇA.DOR, adj. e s.m., que ou aquele que atiça, instiga, açula.

A.TI.ÇA.MEN.TO, s.m., incitação, estimulação, estímulo.

A.TI.ÇAR, v.t., provocar, instigar, açular; incitar; fomentar; avivar (o fogo).

A.TI.ÇAR, v.t., estimular, incentivar, fortalecer o fogo.

A.TI.CIS.MO, s.m., elegância e delicadeza, finura (de estilo).

Á.TI.CO, adj., ateniense, referente a Atenas, próprio da península da Ática.

A.TI.ÇO.AR, v.t., queimar com tições.

A.TI.ÇO.NA.DO, adj., que tem malhas escuras ou negras.

A.TI.ÇU, s.m., cesto usado pelos nambiquaras.

A.TI.DO, adj., que se atém.

A.TI.GRA.DO, adj., semelhante a pele de tigre, mosqueado.

A.TI.JO.LA.DO, adj., coberto com tijolos, revestido de tijolos.

A.TI.JO.LAR, v.t., cobrir com tijolos, revestir com tijolos.

A.TI.LA.DA.MEN.TE, adv., de modo atilado, discretamente.

A.TI.LA.DO, adj., inteligente, esperto, ativo, sensato, arguto, preparado.

A.TI.LA.MEN.TO, s.m., ação ou efeito de atilar, inteligência, esperteza, sensatez.

A.TI.LAR, v.t. e pron., fazer algo com inteligência, esclarecer, abrir a mente, praticar com atenção.

A.TI.LHO, s.m., estopim, barbante para atar, coletivo de espigas de milho.

Á.TI.MO, s.m., momento, instante, minuto, num piscar de olhos.

A.TI.NA.DA.MEN.TE, adv., com tino, prudentemente.

A.TI.NA.DO, adj., sagaz, inteligente, esperto.

A.TI.NAR, v. int., descobrir, chegar ao ponto, encontrar, solucionar.

A.TI.NÊN.CIA, s.f., relatividade, concernência.

A.TI.NEN.TE, adj., referente, relativo, que diz respeito a.

A.TIN.GI.DO, adj., que se atingiu, alcançado.

A.TIN.GI.MEN.TO, s.m., ato ou efeito de atingir, alcance, conquista.

A.TIN.GIR, v.t., alcançar, chegar até, conseguir, ganhar, obter, conquistar.

A.TIN.GÍ.VEL, adj., que pode ser obtido, alcançado; alcançável.

A.TI.NO, s.m., ação ou efeito de atinar, tino, tirocínio, acerto.

A.TIN.TAR, v.t., dar leve mão de tinta em.

A.TI.PI.A, s.f., irregularidade nos acessos de doença periódicas.

A.TI.PI.CI.DA.DE, s.f., qualidade do que é atípico.

A.TÍ.PI.CO, adj., que não é normal, anormal, anômalo.

A.TI.RA.DA, s.f., ação ou efeito de atirar, lançamento, jogada.

A.TI.RA.DEI.RA, s.f., funda, estilingue.

A.TI.RA.DI.ÇO, adj., que gosta de seduzir, petulante, atrevido.

A.TI.RA.DO, adj., que se atirou, denodado, valente, experimentador, petulante.

A.TI.RA.DOR, s.m., quem atira, aquele que dispara uma arma.

A.TI.RA.MEN.TO, s.m., ato ou efeito de atirar.

A.TI.RAR, v.t. e pron., jogar, disparar, arremessar; dar tiros.

A.TI.RE.OI.DI.A, s.f., falta da glândula tireoide.

A.TI.TAR, v.int., soltar atitos, silvar.

A.TI.TO, s.m., grito ou silvo agudo (de aves quando bravas).

A.TI.TU.DE, s.f., jeito, atitude, comportamento, visão de.

A.TI.TU.LAR, v.t., intitular.

A.TI.VA, s.f., estar no trabalho, ser pessoa que trabalha.

A.TI.VA.ÇÃO, s.f., ação ou efeito de ativar, impulso, incitação.

A.TI.VA.DO, adj., que voltou a ser ativo, movido, incitado.

A.TI.VA.DOR, adj. e s.m., que, aquilo ou aquele que ativa, ativante; estimulante.

A.TI.VA.MEN.TE, adv., de modo ativo.

A.TI.VAN.TE, adj. 2 gên., o mesmo que ativador.

A.TI.VAR, v.t., pôr em funcionamento, dar a partida.

A.TI.VI.DA.DE, s.f., labuta, trabalho, exercício, missão.

A.TI.VIS.MO, s.m., atividades exageradas, dedicação muito forte a algum tipo de filosofia.

A.TI.VO, adj., que exerce atividades, quem age, que trabalha, laborioso, incansável.

A.TLÂN.TI.CO, adj. e s.m., relativo ao Oceano Atlântico ou o próprio.

A.TLAS, s.m. pl., livro que traz todos os mapas do globo.

A.TLE.TA, s. 2 gên., pessoa que pratica o atletismo, que faz esportes; forte.

A.TLÉ.TI.CA, adj., a arte ou profissão do atleta.

A.TLE.TI.CA.MEN.TE, adv., de modo atlético.

A.TLE.TI.CIS.MO, s.m., atletismo.

ATLÉTICO — ATOUCINHAR

A.TLÉ.TI.CO, *adj.*, típico do atleta forte, musculoso.
A.TLE.TIS.MO, *s.m.*, conjunto de todos os exercícios atléticos, atividades esportivas individuais.
AT.MÔ.ME.TRO, *s.m.*, em Física, instrumento que mede a evaporação.
AT.MOS.FE.RA, *s.f.*, camada de gases que envolve a Terra, o ar respirável.
AT.MOS.FÉ.RI.CO, *adj.*, relativo a atmosfera, próprio da atmosfera.
AT.MOS.FE.RO.GRA.FI.A, *s.f.*, descrição da atmosfera.
AT.MOS.FE.RO.GRÁ.FI.CO, *adj.*, relativo a atmosferografia.
AT.MOS.FE.RO.LO.GI.A, *s.f.*, estudo do ar ou da atmosfera.
AT.MOS.FE.RO.LÓ.GI.CO, *adj.*, relativo ou pertencente à atmosferologia.
A.TO, *s.m.*, ação, feito, tudo que é feito, solenidade, parte de um drama teatral, declaração pública.
À TO.A, *adj., s. 2 gên.*, vil, desprezível, sem caráter; *loc. prep.*, estar à toa, sem ter o que fazer, estar livre, estar desocupado.
A.TO.A.GEM, *s.f.*, ação de atoar, reboque de embarcação.
A.TO.A.LHA.DO, *adj.*, com forma de toalha; *s.m.*, toalha de mesa, guarnição de mesa.
A.TO.A.LHAR, *v.t.*, cobrir com toalhas.
A.TO.AR, *v.t.*, levar por meio de toa, rebocar (embarcação); *v.pron.*, seguir cegamente opinião de outrem ou doutrina; ligar-se com toa.
A.TO.CHA.DO, *adj.*, que se atochou, atulhado, entulhado, entalado.
A.TO.CHA.DOR, *s.m.*, aquilo que firma ou atocha; *pop.*, loroteiro.
A.TO.CHA.MEN.TO, *s.m.*, ato ou efeito de atochar; *pop.*, lorota.
A.TO.CHAR, *v.t.*, atulhar, encher muito, empurrar para dentro.
A.TO.CHO, *s.m.*, ação de atochar; coisa com que se atocha.
A.TOL, *s.m.*, tipo de recife, com o cimo formando uma laguna.
A.TO.LA.DA.MEN.TE, *adv.*, de modo atolado, atoleimadamente.
A.TO.LA.DEI.RO, *s.m.*, atoleiro.
A.TO.LA.DE.LA, *s.f., fam.*, o mesmo que atoleiro, *fig.*, situação embaraçosa.
A.TO.LA.DI.ÇO, *adj.*, alagadiço, banhado, brejento.
A.TO.LA.DO, *adj.*, encharcado, preso no brejo, enlameado.
A.TO.LA.DOR, *s.m.*, paul, charco, brejo, banhado.
A.TO.LA.DOU.RO, *s.m.*, atoleiro, lamaçal.
A.TO.LA.MEN.TO, *s.m.*, ato ou efeito de atolar-se.
A.TO.LAR, *v.t. e pron.*, cair em atoleiro, entrar na lama, embaraçar-se.
A.TO.LEI.MA.DO, *adj.*, abobalhado, bobo, tolo, imbecil.
A.TO.LEI.MAR, *v. pron.*, apatetar, tornar tolo, vir a ser bobo.
A.TO.LEI.RO, *s.m.*, lamaçal, brejo; *fig.*, baixeza moral.
A.TO.MA.TA.DO, *adj.*, que lembra ou contém tomate.
A.TO.MA.TAR, *v.t.*, avermelhar como tomate, engonhar, confundir.
A.TOM.BAR, *v.t.*, incluir em tombo, tombar.
A.TO.MI.CI.DA.DE, *s.f.*, propriedade dos átomos de se unirem a outros para formar moléculas; número de átomos de uma molécula.
A.TÔ.MI.CO, *adj.*, referente a, próprio do átomo.
A.TO.MIS.MO, *s.m.*, teoria filosófica que procura explicar tudo pelos átomos.
A.TO.MIS.TA, *adj. 2 gên. e s. 2 gên.*, relativo ao atomismo ou partidário dessa doutrina.
A.TO.MÍS.TI.CA, *s.f.*, teoria segundo a qual toda matéria é fomada por átomos.
A.TO.MI.ZA.DO, *adj.*, diminuído no tamanho, reduzido.
A.TO.MI.ZAR, *v.t.*, reduzir uma substância a átomos; diminuir o tamanho.
Á.TO.MO, *s.m.*, a partícula menor que compõe um elemento.
A.TO.MO.LO.GI.A, *s.f.*, tratado ou estudo sobre os átomos e suas propriedades.
A.TOMO.LÓ.GI.CO, *adj.*, relativo a Atomologia.
A.TO.MO.LO.GIS.TA, *s.m.*, especialista em Atomologia.
A.TO.NA.DO, *adj.*, que vem à tona (o peixe).
A.TO.NAL, *adj. 2 gên.*, diz-se de música de tonalidade definida.
A.TO.NA.LIS.MO, *s.m.*, em Música, conceito musical baseado na atonalidade.
A.TO.NAR, *v.int.*, vir à tona (da água).
A.TO.NE.LA.DO, *adj.*, que tem forma de tonel.
A.TO.NI.A, *s.f.*, fraqueza, debilidade, falta de forças.
A.TO.NI.CI.DA.DE, *s.f.*, em Gramática, qualidade de átono.
A.TÔ.NI.CO, *adj.*, fraco, débil, enfraquecido.
A.TÔ.NI.TO, *adj.*, espantado, surpreso, maravilhado.
A.TO.NI.ZA.DO, *adj.*, fraco, debilitado, abatido.
A.TO.NI.ZAR, *v.t.*, causar atonia, debilitar, enfraquecer.
Á.TO.NO, *adj.*, que não tem acento tônico.
A.TON.TA.DI.ÇO, *adj.*, que entontece facilmente.
A.TON.TA.DO, *adj.*, tonto, entontecido.
A.TON.TAN.TE, *adj.*, que entontece.
A.TON.TAR, *v.t. e pron.*, tornar(-se) tonto, entontecer.
A.TON.TE.AR, *v.t.*, atontar, entontecer.
A.TO.PE.TA.DO, *adj.*, abarrotado, cheio, enchido.
A.TO.PE.TAR, *v.t.*, chegar ao topo, abarrotar, encher, fazer um topete.
A.TO.PI.A, *s.f.*, situação de estar fora do lugar; em Medicina, tendência hereditária a reações alérgicas.
A.TÓ.PI.CO, *adj.*, relativo a atopia; que está fora do lugar.
A.TOR, *s.m.*, indivíduo que representa, que trabalha em teatro, novela, filmes.
A.TO.RA, *s.f.*, pedaço de pau cortado em toras.
A.TO.RÁ.CI.CO, *adj.*, que não tem tórax.
A.TO.RAR, *v.t.*, fazer em toras; *v.int., bras.*, ir-se embora.
A.TOR.DO.A.DO, *adj.*, zonzo, tonto, sem equilíbrio.
A.TOR.DO.A.MEN.TO, *s.m.*, ação ou efeito de atordoar.
A.TOR.DO.AN.TE, *adj. 2 gên.*, que atordoa, atordoador.
A.TOR.DO.AR, *v.t. e int.*, atrapalhar, perturbar, deixar tonto, estontear, tornar zonzo.
A.TOR.MEN.TA.ÇÃO, *s.f.*, perturbação, aborrecimento, enfastio.
A.TOR.MEN.TA.DI.ÇO, *adj.* suscetível de ser atormentado.
A.TOR.MEN.TA.DO, *adj.*, perturbado, incomodado, aborrecido.
A.TOR.MEN.TA.DOR, *adj. e s.m.*, que, aquilo ou aquele que atormenta.
A.TOR.MEN.TAR, *v.t. e pron.*, perturbar, incomodar, aborrecer, enfastiar.
A.TOR.MEN.TA.TI.VO, *adj.*, aflitivo, que atormenta.
A.TOR.RE.A.DO, *adj.*, guarnecido de torres.
A.TOR.RE.AR, *v.t.*, guarnecer de torres.
A.TOR.RES.MAR, *v.t.*, fazer ficar semelhante a ou reduzir a torresmos.
A.TOU.CA.DO, *adj.*, que usa touca, que parece ser touca.
A.TOU.ÇAR, *v.t.*, dar forma de touças às; dispor em touças.
A.TOU.CI.NHA.DO, *adj.* semelhante ou que contém toucinho, gordo.
A.TOU.CI.NHAR, *v.t.*, tornar semelhante a toucinho; engordar

a fim de fazer toucinho.
A.TO.XI.CAR, v.t., toxicar.
A.TÓ.XI.CO, adj., que não é tóxico, não tóxico.
A.TRA.CA.ÇÃO, s.f., ação ou efeito de atracar; parada de navio no porto.
A.TRA.CA.DE.LA, s.f., atracação.
A.TRA.CA.DO, adj., ancorado, fundeado, parado no porto.
A.TRA.CA.DOR, s.m., lugar onde o navio atraca.
A.TRA.CA.DOU.RO, s.m., atracador, lugar em que os navios param.
A.TRA.CA.DU.RA, s.f., pouco us., ato ou efeito de atracar; atracação.
A.TRA.CA.GEM, s.f., ato ou efeito de atracar (embarcação); atracação.
A.TRA.CA.MEN.TO, s.m., atracagem; atracação; ato ou efeito de atracar-se, engalfinhar-se; agarramento.
A.TRA.ÇÃO, s.f., ação ou efeito de atrair, sedução, puxamento.
A.TRA.CAR, v.t., int. e pron., colocar o navio no cais, amarrar o navio no porto.
A.TRA.EN.TE, adj., que atrai, sedutor, envolvente.
A.TRA.FE.GAR-SE, v.pron., pop., sobrecarregar-se, fatigar-se.
A.TRAI.ÇO.A.DA.MEN.TE, adv., com traição, refalsadamente.
A.TRAI.ÇO.A.DO, adj., traído, delatado.
A.TRAI.ÇO.A.DOR, adj. e s.m., que ou quem atraiçoa.
A.TRAI.ÇO.AR, v.t. e pron., trair, delatar, abandonar.
A.TRA.Í.DO, adj., puxado, seduzido, induzido, carregado para.
A.TRAI.DOR, adj. e s.m., que, aquilo ou aquele que atrai.
A.TRAI.MEN.TO, s.m., atração, sedução, puxamento.
A.TRA.IR, v.t., puxar, carregar para, seduzir.
A.TRA.MAR, v.int., atremar; ter tino.
A.TRAN.CA.MEN.TO, s.m., ato ou efeito de atrancar.
A.TRAN.CAR, v.t., trancar o caminho ou o curso; atravancar.
A.TRAN.QUEI.RA.DO, adj., que tem tranqueira.
A.TRA.PA.LHA.ÇÃO, s.f., perturbação, confusão, desorientação.
A.TRA.PA.LHA.DA.MEN.TE, adv., de forma atrapalhada, confusamente.
A.TRA.PA.LHA.DO, adj., perturbado, confuso, desorientado.
A.TRA.PA.LHA.DOR, adj. e s.m., que ou o que atrapalha.
A.TRA.PA.LHAR, v.t., int. e pron., perturbar, desorientar, confundir.
A.TRA.PA.LHO, s.m., ato de atrapalhar, atrapalhação.
A.TRÁS, adv., detrás, tempo anterior, local anterior.
A.TRA.SA.DO, adj., que chega depois da hora, demorado no estudo.
A.TRA.SA.DOR, adj. e s.m., que ou o que faz atrasar, ou que serve para atrasar o movimento de.
A.TRA.SA.MEN.TO, s.m., atraso, demora, perda da hora.
A.TRA.SAR, v.t., int. e pron., demorar, realizar depois da data indicada, retardar a hora.
A.TRA.SO, s.m., demora, perda da hora, perda de prazos.
A.TRA.TI.VI.DA.DE, s.f., o que é atrativo, sedução.
A.TRA.TI.VO, adj., sedutor, atraente; s.m., quem atrai, algo que seduz, sedutor, incentivo.
A.TRAU.MÁ.TI.CO, adj., que não causa ou em que não ocorre trauma.
A.TRA.VAN.CA.DO, adj., atrapalhado, embaralhado, encalhado, entulhado.
A.TRA.VAN.CA.DOR, adj. e s.m., que ou o que atravanca.
A.TRA.VAN.CA.MEN.TO, s.m., perturbação, estorvo, atrapalhação.
A.TRA.VAN.CAN.TE, adj., que atravanca.
A.TRA.VAN.CAR, v.t., perturbar, estorvar, atrapalhar.
A.TRA.VAN.CO, s.m., ato ou efeito de atravancar, atravanco.
A.TRA.VÉS, adv., de um lado ao outro; de ponta a ponta; loc. prep., por meio de.
A.TRA.VES.SA.DEI.RO, s.m., (SC) atalho de uma estrada.
A.TRA.VES.SA.DI.ÇO, adj., que se atravessa, que passa através.
A.TRA.VES.SA.DO, adj., passado, cortado, que corta o caminho.
A.TRA.VES.SA.DOR, s.m., elemento que compra e revende produtos, obtendo bons lucros; quem age no meio de uma operação, quem atravessa.
A.TRA.VES.SA.DOU.RO, s.m., caminho que atravessa um lugar; travessa, atalho.
A.TRA.VES.SAR, v.t., passar através de, furar, perfurar.
A.TRA.VES.SÁ.VEL, adj., que se pode atravessar.
A.TRA.VIN.CA.DO, adj., seguro com travinca, apertado.
A.TRA.VIN.CAR, v.t., segurar com travinca, segurar apertado.
A.TRE.GUAR, v.int., ajustar tréguas.
A.TRE.LA.DO, adj., preso, engajado, metido em, direcionado.
A.TRE.LA.GEM, s.f., ato ou efeito de atrelar-se; dispositivo para atrelar locomotivas aos vagões.
A.TRE.LA.MEN.TO, s.m., ação ou efeito de atrelar, engajamento, contingência.
A.TRE.LAR, v.t. e pron., prender, colocar sob sua direção, engajar.
A.TRE.VER(-SE), v. pron., ter coragem, meter-se, arriscar.
A.TRE.VI.DA.ÇO, adj. e s.m., muito atrevido, insolente, moleque.
A.TRE.VI.DA.MEN.TE, adv., de modo atrevido.
A.TRE.VI.DO, adj., desrespeitoso, insolente, desaforado, sapeca; s.m., quem se atreveu, moleque.
A.TRE.VI.DO.TE, adj., um tanto atrevido.
A.TRE.VI.DU.RA, s.f., pouco us., atrevimento.
A.TRE.VI.MEN.TO, s.m., insolência, desrespeito, ousadia.
A.TRI.AL, adj. 2 gên., em Anatomia, relativo ao átrio do coração.
A.TRI.BUI.ÇÃO, s.f., ação ou efeito de atribuir, autoridade, prerrogativa.
A.TRI.BU.Í.DO, adj., concedido, imputado, dado, conferido.
A.TRI.BUI.DOR, s.m., o que atribui.
A.TRI.BU.IR, v.t., conferir, conceder, imputar, outorgar.
A.TRI.BU.Í.VEL, adj., que se pode atribuir, imputável, conferível.
A.TRI.BU.LA.ÇÃO, s.f., dor moral, sofrimento, tormento, castigo.
A.TRI.BU.LA.DA.MEN.TE, adv., de modo atribulado, aflitivamente.
A.TRI.BU.LA.DO, adj., atormentado, aflito, ferido.
A.TRI.BU.LA.DOR, adj. e s.m., que ou o que atribula ou causa atribulações.
A.TRI.BU.LAR, v.t., int. e pron., atormentar, afligir, ferir, magoar.
A.TRI.BU.LA.TI.VO, adj., que causa atribulação.
A.TRI.BU.TAR, v.t., conferir tributo a, tributar.
A.TRI.BU.TI.VA.MEN.TE, adv., de modo atributivo.
A.TRI.BU.TI.VO, adj., que atribui, indicativo, concedível, imputável.
A.TRI.BU.TO, s.m., o que é peculiar de alguém, qualidade, predicado; o que se atribui a alguém.
A.TRI.ÇÃO, s.f., ato de atritar, atrito, desgaste do atrito.
A.TRI.GA.DO, adj., que tem cor de trigo; pálido, adoentado;

apressado, inquieto.
A.TRI.GAR, *v.int. e pron.*, adquirir a cor do trigo; adoentar(-se); inquietar(-se); achanhar(-se).
A.TRI.GUEI.RA.DO, *adj.*, relativo a trigueiro.
A.TRIN.CHEI.RAR, *v.t.*, o mesmo que entrincheirar.
Á.TRIO, *s.m.*, pátio, vestíbulo, entrada de uma casa.
A.TRIS.TAR, *v.t. e pron.*, tornar triste, entristecer.
A.TRI.TA.DO, *adj.*, que sofre ou sofreu atrito.
A.TRI.TAR, *v.t.*, provocar atrito em, oferecer resistência; encrencar, provocar.
A.TRI.TO, *s.m.*, resistência ao ar, a um corpo, fricção.
A.TRIZ, *s.f.*, mulher que representa em teatro, novela, cinema.
A.TRO, *adj.*, tenebroso, horrendo, escuro; *fig.*, azarado, horrível.
A.TRO.A.DA, *s.f.*, estrondo enorme, barulho intenso, ruído muito forte.
A.TRO.A.DOR, *adj. e s.m.*, aturdidor, troante, barulhento.
A.TRO.A.MEN.TO, *s.m.*, estrondo, barulho, atroada.
A.TRO.AN.TE, *adj.*, que atroa, atroador.
A.TRO.AR, *v.t. e int.*, reproduzir um grande estrondo, fazer barulho, troar.
A.TRO.CI.DA.DE, *s.f.*, característico do que é atroz, barbaridade, ferocidade.
A.TRO.ÇO.AR, *v.t.*, dividir em troços, reduzir a fragmentos.
A.TRO.FI.A, *s.f.*, falta de desenvolvimento, enfraquecimento, deficiência.
A.TRO.FI.A.DO, *adj.*, enfraquecido, definhado, fraco.
A.TRO.FI.A.DOR, *adj. e s.m.*, que ou o que atrofia, atrofiante.
A.TRO.FI.A.MEN.TO, *s.m.*, atrofia, enfraquecimento.
A.TRO.FI.AN.TE, *adj.*, que atrofia, atrofiador, enfraquecedor.
A.TRO.FI.AR, *v.t. e pron.*, provocar atrofia em, diminuir o desenvolvimento.
A.TRÓ.FI.CO, *adj.*, definhado, enfraquecido.
A.TRO.GA.LHA.DO, *adj.*, semelhante a trogalho, feito com pressa e mal.
A.TRO.LHAR, *v.int.*, cavar a terra para cobrir a semente.
A.TROM.BA.DOR, *s.m.*, o que atromba.
A.TROM.BAR, *v.t. e int.*, *pop.*, comer ou beber muito.
A.TROM.BE.TA.DO, *adj.*, semelhante a, ou que soa como trombeta.
A.TRO.NAR, *v.int.*, *pop.*, trovejar.
A.TRO.PE.LA.ÇÃO, *s.f.*, ação ou efeito de atropelar, atropelamento.
A.TRO.PE.LA.DA, *s.f.*, ato de atropelar.
A.TRO.PE.LA.DA.MEN.TE, *adv.*, de maneira atropelada; apressadamente, confusamente.
A.TRO.PE.LA.DO, *adj.*, sofrer um atropelamento, vítima de atropelamento.
A.TRO.PE.LA.DOR, *adj. e s.m.*, que ou o que atropela, atropelante.
A.TRO.PE.LA.MEN.TO, *s.m.*, ação ou efeito de atropelar, ser vítima atropelada.
A.TRO.PE.LAN.TE, *adj.*, que atropela, que derruba, que tromba.
A.TRO.PE.LAR, *v.t. e pron.*, pisar passando por cima, atingir uma pessoa com carro ou outro veículo.
A.TRO.PE.LO, *s.m.*, ação ou efeito de atropelar, atropelamento, corrida, tumulto.
A.TROZ, *adj.*, terrível, cruel, bárbaro.
A.TROZ.MEN.TE, *adv.*, de modo atroz, barbaramente.
A.TRU.SAR, *v.t.*, encafuar.
A.TRU.TA.DO, *adj.*, semelhante a truta (cor, gosto, feitio).
A.TU.A.ÇÃO, *s.f.*, ação ou efeito de atuar, atividade, ação.
A.TU.A.DO, *adj.*, agido, obrado, efetuado.
A.TU.A.DOR, *adj. e s.m.*, que ou que atua; *s.m.*, dispositivo que movimenta cargas em um mecanismo.
A.TU.AL, *adj.*, do momento, de hoje, presente.
A.TU.A.LI.DA.DE, *s.f.*, próprio do que é atual, de hoje, do momento.
A.TU.A.LI.DA.DES, *s.f. e pl.*, notícias atuais ou da época atual.
A.TU.A.LIS.MO, *s.m.*, estudo dos acontecimentos do passado, suas relações com os fatos do presente e sua influência sobre eles.
A.TU.A.LIS.TA, *adj. 2 gên. e s. 2 gên.*, diz-se de, relativo ao atualismo ou adepto do atualismo.
A.TU.A.LÍS.TI.CO, *adj.*, relativo a atualismo ou a atualista.
A.TU.A.LI.ZA.ÇÃO, *s.f.*, ação ou efeito de atualizar, modernização.
A.TU.A.LI.ZA.DO, *adj.*, instruído, recomposto, adquirido.
A.TU.A.LI.ZA.DOR, *adj. e s.m.*, que ou o que atualiza, que ou aquilo que é capaz de atualizar.
A.TU.A.LI.ZAR, *v.t. e pron.*, instruir, tornar atual, levar a adquirir o conhecimento necessário.
A.TU.AN.TE, *adj.*, que atua, ativo, ágil, hábil.
A.TU.AR, *v.t. e int.*, agir, obrar, labutar.
A.TU.Á.RIA, *s.f.*, ciência que estuda o uso dos seguros e a matemática a eles aplicada.
A.TU.A.RIAL, *adj. 2 gên.*, relativo à atuária.
A.TU.Á.RIO, *s.m.*, técnico em seguros, especialista em seguros.
A.TU.Á.VEL, *adj.*, que se pode atuar ou exercer, manobrável.
A.TU.CA.NA.DO, *adj.*, semelhante a tucano ou ao seu bico; importunado.
A.TU.CA.NAR, *v.t.*, importunar, apoquentar; bicar.
A.TU.EI.RA, *s.f.*, rede de apanhar atuns.
A.TU.FA.DO, *adj.*, que se atufou, dilatado.
A.TU.FAR, *v.t. e pron.*, inchar, tornar cheio, completar.
A.TU.LHA.DA.MEN.TE, *adv.*, de modo atulhado, abarrotadamente.
A.TU.LHA.DO, *adj.*, enchido, cheio, entupido.
A.TU.LHA.MEN.TO, *s.m.*, entulhamento, enchimento, complementação.
A.TU.LHAR, *v.t. e pron.*, encher com entulho, encher de todo, colocar muitas coisas.
A.TU.LHO, *s.m.*, ato ou efeito de atulhar.
A.TUM, *s.m.*, designação de uma espécie de peixes marinhos, de carne muito apreciada.
A.TU.MUL.TU.A.DO, *adj.*, amotinado, desordenado, alvoroçado.
A.TU.MUL.TU.A.DOR, *s.m.*, o que tumultua, amotinador.
A.TU.MUL.TU.AR, *v.t.*, tumultuar, amotinar.
A.TU.O.SI.DA.DE, *s.f.*, qualidade de ser atuoso, atividade.
A.TU.O.SO, *adj.*, que atua, ativo, operante.
A.TU.RA.DA.MEN.TE, *adv.*, sem interrupção, constantemente.
A.TU.RA.DO, *adj.*, suportado, resistido, aguentado.
A.TU.RA.DOR, *adj. e s.m.*, que ou o que atura.
A.TU.RA.DOU.RO, *adj.*, que pode aturar, resistente.
A.TU.RAR, *v.t. e int.*, lidar, suportar, aguentar, resistir.
A.TU.RÁ.VEL, *adj.*, que é possível aturar, suportável.
A.TUR.DI.DO, *adj.*, atordoado, confuso, espantado, zonzo, tonto.
A.TUR.DI.DOR, *adj.*, que aturde ou estonteia.
A.TUR.DI.MEN.TO, *s.m.*, atordoamento, confusão.

ATURDIR

A.TUR.DIR, *v.t.* e *pron.*, atordoar, tornar confuso, sofrer problemas mentais; maravilhar, espantar.
A.TUR.VAR, *v.t.*, o mesmo que turvar.
AU.DÁ.CIA, *s.f.*, ousadia, atrevimento, impulso.
AU.DA.CI.O.SA.MEN.TE, *adv.*, de modo audacioso.
AU.DA.CI.O.SO, *adj.*, valente, ousado, corajoso, audaz.
AU.DAZ, *adj.*, audacioso, valente, corajoso, ousado.
AU.DAZ.MEN.TE, *adv.*, de modo audaz.
AU.DI.BI.LI.DA.DE, *s.f.*, condição do que se pode ouvir, possibilidade de ouvir.
AU.DI.ÇÃO, *s.f.*, o sentido para ouvir, escutar; propriedade de ouvir.
AU.DI.ÊN.CIA, *s.f.*, ação de receber alguém para ouvi-lo, como fazem os políticos. O número de espectadores de um jogo, de um show; sessão de tribunal.
AU.DI.EN.TE, *adj.*, que ouve, ouviente.
AU.DÍ.ME.TRO, *s.m.*, dispositivo que mede a audiência em rádio e tevê.
ÁU.DIO, *s.m.*, som, transmissão de som, sinal sonoro.
AU.DI.O.FRE.QUÊN.CIA, *s.f.*, frequência sonora perceptível ao ouvido humano.
AU.DI.O.GRA.MA, *s.m.*, demonstração entre a frequência do som e a percepção dele.
AU.DIO.LI.VRO, *s.m.*, gravação em voz de narrador de um livro.
AU.DI.O.LO.GI.A, *s.f.*, designação da audição e possíveis males; cuidados com a audição.
AU.DI.O.LO.GIS.TA, *s. 2 gên.*, especialista em Audiologia.
AU.DI.Ó.LO.GO, *s.m.*, audiologista.
AU.DI.O.ME.TRI.A, *s.f.*, exame feito com um perito, para verificar a capacidade de audição de alguém.
AU.DI.Ô.ME.TRO, *s.m.*, aparelho para avaliar o nível de audição de uma pessoa.
AU.DI.O.TE.CA, *s.f.*, local onde se guarda em ordem coleção de documentos sonoros.
AU.DI.O.TEX.TO, *s.m.*, gravação para atendimento eletrônico, caixa eletrônica ou outros serviços de informação com voz.
AU.DI.O.VI.SU.AL, *s.m.*, aparelho que expressa algo falando, escrevendo; *por ex.*, videocassete, retroprojetor, data-show.
AU.DI.TA.DO, *adj.*, que se auditou ou passou por auditoria.
AU.DI.TA.GEM, *s.f.*, o mesmo que auditoria.
AU.DI.TAR, *v.t.*, realizar auditoria.
AU.DI.TI.VI.DA.DE, *s.f.*, qualidade de auditivo.
AU.DI.TI.VO, *adj.*, relativo a audição, que se ouve.
AU.DI.TOR, *s.m.*, quem ouve, quem faz auditorias, quem examina as contas de uma instituição.
AU.DI.TO.RA.DO, *adj.*, ver auditado.
AU.DI.TO.RAR, *v.t.*, fazer auditoria em.
AU.DI.TO.RI.A, *s.f.*, revisão de contas, investigação contábil de um negócio.
AU.DI.TÓ.RIO, *s.m.*, anfiteatro, local em que se ouvem músicas, discursos, palestras, peças teatrais.
AU.DÍ.VEL, *adj.*, que se pode ouvir, que se percebe, que pode ser ouvido.
AU.FE.RIR, *v.t.*, conseguir, obter, colher, conquistar.
AU.FE.RÍ.VEL, *adj.*, que pode ser auferido.
AU.GE, *s.m.*, apogeu, ponto mais alto, clímax.
AU.GIR, *v.t.*, alcançar o auge de.
AU.GU.RAL, *adj.*, pressagiável, que se pode adivinhar.
AU.GU.RAR, *v.t.* e *int.*, predizer, prever, pressagiar, adivinhar.
AU.GU.RA.TO, *s.m.*, cargo de áugure na antiga Roma; augúrio, vaticínio.
AU.GU.RA.TÓ.RIO, *s.m.*, lugar em que se reuniam os áugures; *adj.*, que encerra augúrio.
ÁU.GU.RE, *s.m.*, sacerdote, na antiga Roma, que previa o futuro pelo canto e voo das aves; adivinho.
AU.GÚ.RIO, *s.m.*, presságio, desejo, adivinhação, predição.
AU.GUS.TAL, *s.m.*, moeda de ouro da Sicília; *adj. 2 gên.*, majestoso, augusto.
AU.GUS.TA.MEN.TE, *adv.*, de maneira augusta, majestosamente.
AU.GUS.TO, *adj.*, nobre, digno, majestoso, respeitável.
AU.LA, *s.f.*, sala na qual se ministra uma lição; a própria lição, aprendizagem.
AU.LE.TA, *s.m.*, tocador de aulo ou flauta na antiga Grécia.
AU.LÉ.TI.CA, *s.f.*, a arte de tocar flauta.
AU.LÉ.TRI.DE, *s.f.*, mulher que toca aulo ou flauta, na antiguidade grega.
AU.LI.CIS.MO, *s.m.*, caráter ou qualidade de áulico.
ÁU.LI.CO, *adj.*, cortesão, palaciano, que vive na corte do rei; *fig.*, bajulador, servil.
AU.LI.DO, *s.m.*, uivo ou grito de cães e lobos; *fig.*, grito plangente.
AU.LIS.TA, *adj.* e *s. 2 gên.*, que frequenta aulas, estudante, aluno.
AU.LO, *s.m.*, flauta dos antigos gregos.
AU.MEN.TA.ÇÃO, *s.f.*, ação ou efeito de aumentar, aumento, acréscimo.
AU.MEN.TA.DO, *adj.*, expandido, engrandecido, tornado maior.
AU.MEN.TA.DOR, *adj.*, que aumenta, que é capaz de aumentar; *s.m.*, aquele ou aquilo que aumenta, o que é capaz de aumentar.
AU.MEN.TAR, *v.t.*, *int.* e *pron.*, engrandecer, tornar maior, expandir.
AU.MEN.TA.TI.VO, *adj.*, o que aumenta, o que amplia.
AU.MEN.TÁ.VEL, *adj.*, que pode ser aumentado.
AU.MEN.TO, *s.m.*, ação ou efeito de aumentar, ampliação, acréscimo.
AU.NAR, *v.t.* reunir num todo, ajuntar; unificar; *v.pron.*, ajuntar-se, unir-se.
AU.RA, *s.f.*, brisa, zéfiro, vento suave; energia que emana das pessoas.
AU.RÉ.LIA, *s.f.*, planta da família das compostas, originárias do México; grindélia.
AU.RE.LI.A.NO, *adj.*, relativo a Marco Aurélio, imperador romano.
ÁU.REO, *adj.*, feito de ouro, cor de ouro, dourado.
AU.RÉ.O.LA, *s.f.*, esplendor, círculo luminoso que ilumina a cabeça dos santos, prestígio.
AU.RE.O.LA.DO, *adj.*, luminoso, iluminado, prestigiado, conhecido.
AU.RE.O.LAR, *v.t.* e *pron.*, colocar auréola em, coroar alguém.
AU.RE.O.LI.ZA.ÇÃO, *s.f.*, ato de aureolizar.
AU.RE.O.LI.ZAR, *v.t.*, o mesmo que aureolar.
ÁU.RI.CO, *adj.*, de ouro, áureo.
AU.RI.CO.LOR, *adj.*, que tem cor de ouro, que reproduz a cor do ouro.
AU.RÍ.CO.MO, *adj.*, Poét., que tem cabelos ou folhas da cor do ouro.
AU.RÍ.CU.LA, *s.f.*, o pavilhão do ouvido; as cavidades superiores do coração.
AU.RI.CU.LA.DO, *adj.*, provido de aurícula.

AU.RI.CU.LAR, *adj.*, que se refere ao ouvido e ao coração.
AU.RI.CU.LÍ.FE.RO, *adj.*, que tem auricular.
AU.RI.CU.LI.FOR.ME, *adj.*, que tem forma de aurícula.
AU.RI.CU.LIS.TA, *s.m.*, especialista em doenças do ouvido.
AU.RÍ.CU.LO, *s.m.*, aurícula.
AU.RI.CU.LO.SO, *adj.*, que tem aurículas.
AU.RI.CU.LO.TEM.PO.RAL, *adj.*, que diz respeito a um ramo do nervo maxilar inferior.
AU.RI.CU.LO.VEN.TRI.CU.LAR, *adj.*, que diz respeito às aurículas e aos ventrículos.
AU.RÍ.FE.RO, *adj.*, que tem ouro, que produz ouro.
AU.RI.FI.CA.ÇÃO, *s.f.*, mudança para ouro, transformação em ouro.
AU.RI.FI.CAR, *v.t.*, obturar com ouro.
AU.RÍ.FI.CE, *s.m.*, ourives, profissional que produz peças feitas de ouro.
AU.RI.FÍ.CIO, *adj.*, que fabrica ouro, com que se adquire ouro, que converte em ouro.
AU.RI.FI.CO, *adj.*, que contém ouro.
AU.RI.FLA.VO, *adj.*, louro, dourado.
AU.RI.FOR.ME, *adj.* diz-se das conchas bivalves que têm forma de orelha.
AU.RI.FUL.GEN.TE, *adj.*, brilhante, que brilha como ouro.
AU.RI.FÚL.GI.DO, *adj.*, aurifulgente.
AU.RI.GA, *s.m.*, condutor de carro, cocheiro; em Astronomia, a constelação do Cocheiro.
AU.RI.GÁ.RIO, *s.m.*, na antiga Roma, o cocheiro do circo.
AU.RI.LU.ZEN.TE, *adj.*, que brilha como ouro, aurifulgente.
AU.RI.LU.ZIR, *v. int.*, que brilha como ouro, luzir, reluzir.
AU.RIR.RÓ.SEO, *adj.*, que tem cor de ouro e rosa.
AU.RIR.RO.XO, *adj.*, que é dourado e roxo.
AU.RIR.RU.BRO, *adj.*, que é dourado e rubro.
AU.RIS.PLEN.DEN.TE, *adj.*, esplendente como ouro.
AU.RI.TRÉ.MU.LO, *adj.*, que cintila como ouro.
AU.RI.VER.DE, *adj.*, de cor verde-amarela, com as cores da bandeira nacional.
AU.RÍ.VO.RO, *adj.*, que come ouro, que devora ouro; *fig.*, gastador, perdulário.
AU.RO.RA, *s.f.*, o nascer do dia, alvorada, alba.
AU.RO.RAL, *adj.*, que se refere a aurora, próprio da aurora.
AU.RO.RAR, *v.t.*, que ilumina como a aurora.
AU.RO.RE.AL, *adj.*, auroral.
AU.RO.RE.AR, *v.t.*, aurorar.
AU.RO.RE.JAR, *v.int.*, romper a aurora, alvorecer.
AU.RO.RES.CER, *v.int.*, romper o dia.
AUS.CUL.TA.ÇÃO, *s.f.*, ato de auscultar, observação.
AUS.CUL.TA.DO, *adj.*, examinado, observado, perquerido, inquerido.
AUS.CUL.TA.DOR, *adj.*, que ausculta; *s.m.*, quem ausculta, estetoscópio, todo aparelho para auscultar.
AUS.CUL.TAR, *v.t.*, examinar com muita atenção, observar, perquerir.
AU.SÊN.CIA, *s.f.*, não comparecer, a falta, carência, estar fora.
AU.SEN.TA.DO, *adj.*, ausente, retirado, remoto, arredado.
AU.SEN.TAR-SE, *v. pron.*, sair, tornar-se ausente, retirar-se.
AU.SEN.TE, *adj.*, faltante, que se afastou, saído, ido embora.
AUS.PI.CAR, *v.t.*, auspiciar; *v.int.* tomar os auspícios; prognosticar.
ÁUS.PI.CE, *s.m.*, áugure, adivinho.
AUS.PI.CI.A.DO, *adj.*, previsto, predito, desejado.
AUS.PI.CI.A.DOR, *adj.*, que auspicia.

AUS.PI.CI.AR, *v.t.*, predizer, antever, prever, predizer algo bom.
AUS.PÍ.CIO, *s.m.*, presságio, agouro, o que virá, previsão.
AUS.PI.CI.O.SA.MEN.TE, *adv.*, de modo auspicioso, esperançosamente.
AUS.PI.CI.O.SO, *adj.*, previsão boa, futuro promissor.
AUS.TAR, *v.t.*, reforçar amarras, emendar.
A.ÚS.TE, *s.m.*, em Náutica, amarra de cabo de navio.
AUS.TE.RA.MEN.TE, *adv.*, de maneira austera, com austeridade.
AUS.TE.RE.ZA, *s.f.*, qualidade de austero, austeridade.
AUS.TE.RI.DA.DE, *s.f.*, rigor, severidade, dureza.
AUS.TE.RIS.MO, *s.m.*, excesso de austeridade.
AUS.TE.RI.ZAR, *v.t.*, tornar austero.
AUS.TE.RO, *adj.*, severo, rigoroso, duro.
AUS.TRAL, *adj.*, meridional, do Hemisfério Sul.
AUS.TRA.LI.A.NO, *adj.* e *s.m.*, habitante da Austrália ou seu nativo.
AUS.TRÁ.LI.CO, *s.m.*, gênero de insetos coleópteros tetrâmeros.
AUS.TRA.LO-A.FRI.CA.NO, *adj.*, relativo à Austrália e à África.
AUS.TRA.LO-A.SI.Á.TI.CO, *adj.*, relativo à Austrália e à Ásia.
AUS.TRA.LO.PI.TE.CO, *s.m.*, nome comum aos primatas da fam. dos hominídeos, gên. Australopithecus, bípedes e de postura ereta.
AUS.TRÍ.A.CO, *adj.*, habitante da Áustria ou seu nativo.
AUS.TRÍ.FE.RO, *adj.*, que traz chuva ou vento do sul.
AUS.TRI.NO, *adj.*, austral.
AUS.TRO, *s.m.*, sul, meridião, o vento do Sul.
AUS.TRO-A.FRI.CA.NO, *adj.*, sul-africano.
AUS.TRO-A.SI.Á.TI.CO, *adj.*, situado ao sul da Ásia.
AUS.TRO-CEN.TRAL, *adj.*, situado na parte central de uma região meridional.
AUS.TRO-HÚN.GA.RO, *adj.*, do império austro-húngaro, característico desse país ou de seu povo; *s.m.*, aquele que nasceu ou que viveu no antigo império austro-húngaro.
AUS.TRO-O.CI.DEN.TAL, *adj.*, situado a sudoeste.
AUS.TRO-O.RI.EN.TAL, *adj.*, situado a sudeste.
AU.TAR.CA, *s. 2 gên.*, aquele que governa por si; autocrata; membro de autarquia local; edil.
AU.TAR.QUI.A, *s.f.*, instituição com certa autonomia, mas sob administração pública e normas públicas.
AU.TÁR.QUI.CO, *adj.*, que se refere a autarquia.
AU.TAR.QUIS.MO, *s.m.*, doutrina político-econômica dos que preconizam a autarquia.
AU.TAR.QUI.ZAN.TE, *adj. 2 gên.*, que adquire ou confere características de autarquia.
AU.TEN.TI.CA.ÇÃO, *s.f.*, ação ou efejto de autenticar, reconhecimento.
AU.TEN.TI.CA.DO, *adj.*, validado, reconhecido, dado como real.
AU.TEN.TI.CAR, *v.t.*, tornar autêntico, declarar verdadeiro, dar amparo legal.
AU.TEN.TI.CÁ.VEL, *adj.*, que pode ser autenticado.
AU.TEN.TI.CI.DA.DE, *s.f.*, qualidade do que é autêntico, exatidão.
AU.TÊN.TI.CO, *adj.*, verdadeiro, exato, confiável, crível.
AU.TEN.TI.FI.CAR, *v.t.*, o mesmo que autenticar.
AU.TIS.MO, *s.m.*, em Psiquiatria, estado mental que leva a pessoa a fechar-se em si mesma, alheando-se do mundo exterior.

AUTISTA   AUTOCONSCIENTIZAÇÃO

AU.TIS.TA, adj. 2 gên., s. 2 gên., pessoa que sofre de autismo.
AU.TO, s.m., uma forma reduzida de automóvel, termo de largo uso no RS; registro de atos públicos, sobretudo na Justiça; forma primitiva de teatro, de largo uso na Idade Média.
AU.TO.A.BAS.TE.CER-SE, v.t., int., abastecer a si mesmo, prover-se.
AU.TO.A.BAS.TE.CI.MEN.TO, s.m., ato ou efeito de autoabastecer-se, de fazer provimento para si.
AU.TO.AB.SOL.VI.ÇÃO, s.f., ato ou efeito de absolver a si mesmo.
AU.TO.A.CEI.TA.ÇÃO, s.f., ato ou efeito de aceitar a si mesmo como é de fato.
AU.TO.A.CU.SA.ÇÃO, s.f., atitude psíquica na qual alguém acusa a si mesmo.
AU.TO.A.DE.SI.VO, s.m., material que se pode colar em uma superfície, com mensagem.
AU.TO.AD.MI.NIS.TRA.ÇÃO, s.f., ato ou efeito de adaptar a si mesmo a novas situações.
AU.TO.A.FIR.MA.ÇÃO, s.f., imposição de vontade própria, ação de alguém afirmar a sua autoridade.
AU.TO.A.FIR.MAR-SE, v.int., fazer-se respeitar pelos outros, impor-se.
AU.TO.A.FIR.MA.TIVO, adj. que contém ou manifesta autoafirmação.
AU.TO.A.JU.DA, s.f., busca de meios para superar problemas pessoais, derivados sobretudo dos sentimentos; tipo de literatura que incentiva a cura dos problemas pessoais por meio de leituras otimistas; a ação de solucionar os próprios problemas com sua atuação.
AU.TO.A.JUS.TÁ.VEL, adj. 2 gên., que se ajusta ou que pode ajustar-se por si mesmo.
AU.TO.A.LAR.ME, s.m., alarme de automóveis.
AU.TO.A.LI.MEN.TA.DO, adj., diz-se de motor ou dispositivo que dispensa fonte de alimentação externa.
AU.TO.A.LI.MEN.TAR-SE, v. int., alimentar a si mesmo, levando alimento à boca; alimentar com bateria ou outra fonte própria.
AU.TO.A.NÁ.LI.SE, s.f., processo introspectivo no qual alguém busca, sozinho, a compreensão de si mesmo.
AU.TO.A.NIS.TI.A, s.f., anistia concedida a si mesmo.
AU.TO.A.PE.LI.DO, s.m., apelido dado a si mesmo.
AU.TO.A.PLI.CA.ÇÃO, s.f., ato de aplicar algo a si mesmo.
AU.TO.A.PLI.CAR-SE, v.t., aplicar algo em si mesmo.
AU.TO.A.PLI.CÁ.VEL, adj. 2 gên., que se aplica ou pode ser aplicado por si mesmo.
AU.TO.A.PREN.DI.ZA.DO, s.m., aprendizado consigo mesmo, sem mestre.
AU.TO.A.PREN.DI.ZA.GEM, s.f., autoaprendizado.
AU.TO.A.PRE.SEN.TA.ÇÃO, s.f., ação de apresentar a si mesmo.
AU.TO.A.PRE.SEN.TAR-SE, v.int. e pron., apresentar a si mesmo.
AU.TO.A.PRI.MO.RA.MEN.TO, s.m., aprimoramento de si mesmo.
AU.TO.A.PRO.VA.ÇÃO, s.f., aprovação de si mesmo.
AU.TO.A.TI.VA.ÇÃO, s.f., ação ou capacidade de um dispositivo de ativar a si mesmo, automaticamente.
AU.TO.A.TRI.BUI.ÇÃO, s.f., ação de atribuir a si mesmo (qualidades, trabalho, etc.).
AU.TO.A.VA.LI.A.ÇÃO, s.f., ação de avaliar a si mesmo.
AU.TO.BE.NE.FI.CI.AR-SE, v.int., conceder benefício a si mesmo.
AU.TO.BI.O.GRA.FI.A, s.f., escrita da própria vida, texto que retrata a vida do autor.
AU.TO.BI.O.GRÁ.FI.CO, adj., relativo a autobiografia.
AU.TO.BI.O.GRA.FAR, v.t., redigir a própria biografia.
AU.TO.BI.O.GRÁ.FI.CO, adj., que se refere a autobiografia.
AU.TO.BI.O.GRÁ.FI.A, s.f., o escrito da própria vida; um livro que conta a vida do autor.
AU.TO.CA.PA.CI.TA.ÇÃO, s.f., ato de capacitar a si mesmo.
AU.TO.CA.RI.CA.TU.RA, s.f., ação de fazer caricatura de si mesmo.
AU.TO.CAR.RO, s.m., automóvel, coletivo de passageiros.
AU.TO.CAS.TRA.ÇÃO, s.f., ação de castrar a si mesmo; fig., autocensura.
AU.TO.CEN.SU.RA, s.f., censura aos próprios atos, reprimenda às próprias ações.
AU.TO.CEN.SU.RAR-SE, v.int., exercer autocensura.
AU.TO.CEN.TRA.DO, adj., que se baseia nos próprios recursos; que se centra em si mesmo.
AU.TO.CEN.TRA.MEN.TO, s.m., atitude de quem tem a si mesmo como o centro de interesse.
AU.TO.CI.TA.ÇÃO, s.f., citação que se faz de si mesmo.
AU.TO.CLA.VE, s.f., aparelho para a esterilização de instrumentos cirúrgicos e afins com a pressão de vapor; espécie de forno com diversas aplicações industriais.
AU.TO.CLÍ.NI.CA, s.f., estudo de uma doença feito pelo paciente em si próprio.
AU.TO.CO.BRAN.ÇA, s.f., exigência que se faz a si mesmo.
AU.TO.COM.BUS.TÃO, s.f., queima de uma substância sem que haja quem a inicie.
AU.TO.CO.MI.SE.RA.ÇÃO, s.f., autopiedade.
AU.TO.CO.MI.SE.RA.TI.VO, adj., que revela autocomiseração.
AU.TO.COM.PAI.XÃO, s.f., compaixão que se tem por si mesmo; autopiedade.
AU.TO.COM.PLA.CÊN.CIA, s.f., ação de ter complacência por si mesmo; transigente consigo mesmo.
AU.TO.COM.PLA.CEN.TE, adj. 2 gên., que é condescendente consigo mesmo.
AU.TO.CON.CE.DI.DO, adj., que é concebido a si próprio ou em benefício de si próprio.
AU.TO.CON.CES.SÃO, s.f., concessão que se faz a si próprio.
AU.TO.CON.DE.NA.ÇÃO, s.f., condenação ou reprimenda que se faz a si próprio.
AU.TO.CON.FE.RIR-SE, v.t., conferir determinada coisa a si mesmo.
AU.TO.CON.FI.AN.ÇA, s.f., confiança que a pessoa tem em si mesma.
AU.TO.CON.FI.AN.TE, adj. 2 gên., que tem confiança em si mesmo.
AU.TO.CON.FI.NA.MEN.TO, s.m., reclusão imposta pela própria pessoa.
AU.TO.CON.FIS.SÃO, s.m., confissão feita a si mesmo (de que não agiu bem).
AU.TO.CO.NHE.CI.MEN.TO, s.m., conhecimento que se tem de si mesmo; autoconsciência.
AU.TO.CON.SA.GRA.ÇÃO, s.f., consagração de si mesmo.
AU.TO.CONS.CI.ÊN.CIA, s.f., consciência ou conhecimento que se tem de si mesmo; autoconhecimento.
AU.TO.CONS.CI.EN.TI.ZA.ÇÃO, s.f., conscientização que se tem de si próprio.

AU.TO.CONS.TRU.ÇÃO, *s.f.*, modalidade de construção de casa de baixo custo, com mão de obra executada pelo futuro usuário.
AU.TO.CONS.TRU.TOR, *adj.* e *s.m.*, que ou aquele que constrói sua própria casa.
AU.TO.CON.SU.MO, *s.m.*, absorção da produção para satisfazer às necessidades do agente econômico que a produziu (ger. produtor agrícola).
AU.TO.CON.TA.MI.NA.ÇÃO, *s.f.*, contaminação por agentes patogênicos produzidos por ou oriundos de si mesmo.
AU.TO.CON.TEM.PLA.ÇÃO, *s.f.*, contemplação de si mesmo, ger. das próprias qualidades, inclinações.
AU.TO.CON.TEN.ÇÃO, *s.f.*, contenção de si mesmo; autocontrole.
AU.TO.CON.TRO.LE, *s.m.*, controle que a pessoa tem de si mesma.
AU.TO.CON.VEN.CI.MEN.TO, *s.m.*, ato ou efeito de convencer a si mesmo (de algo).
AU.TO.CON.VO.CA.ÇÃO, *s.f.*, convocação de si mesmo (para evento com registro em ata).
AU.TO.CON.VO.CAR-SE, *v.int.*, convocar a si mesmo (para efeito de ata).
AU.TO.CÓ.PIA, *s.f.*, arte ou escrita feita pelo autocopista.
AU.TO.CO.RO.AR-SE, *v.pron.*, coroar a si mesmo.
AU.TO.COR.RE.ÇÃO, *s.m.*, correção dos próprios erros; em Informática, correção automática de texto.
AU.TO.CRA.CI.A, *s.f.*, tipo de governo no qual uma única pessoa detém o poder absoluto e total.
AU.TO.CRA.TA, *s. 2 gên.*, quem dirige uma autocracia.
AU.TO.CRÁ.TI.CO, *adj.*, que se refere a uma autocracia.
AU.TO.CRA.TIS.MO, *s.m.*, sistema de governo que se baseia na autocracia.
AU.TO.CRÍ.TI.CA, *s.f.*, correção dos erros pessoais, análise pública das ações próprias.
AU.TO.CRI.TI.CAR-SE, *v.int.*, fazer autocrítica de si mesmo.
AU.TO.CRÍ.TI.CO, *adj.*, que expressa ou que faz autocrítca.
AU.TO.CRO.MÁ.TI.CO, *adj.*, relativo a autocromia.
AU.TO.CRO.MI.A, *s.f.*, processo fotográfico da reprodução direta das cores.
AU.TO.CRO.MO, *s.m.*, chapa fotográfica que reproduz as cores do original com exatidão.
AU.TÓC.TO.NE, *s. 2 gên.*, natural, nativo, aborígine; *adj.*, que é natural, que nasceu ali.
AU.TO.CU.RA, *s.f.*, ato ou efeito de alguém curar a si mesmo; cura de si mesmo.
AU.TO.CU.RAR-SE, *v.int.*, curar a si mesmo.
AU.TO.CUS.TE.AR, *v.int.*, pagar as dívidas com o próprio dinheiro; *v.t.*, custear as próprias despesas (com dinheiro conquistado com suor).
AU.TO.CUS.TEI.O, *s.m.*, custeio das próprias despesas.
AU.TO.DE.CI.FRAR-SE, *v.int.*, decifrar a si mesmo (seus mistérios, suas complexidades, etc.).
AU.TO.DE.CLA.RAR-SE, *v.t.*, fazer declaração de si mesmo (inocente, culpado, etc.).
AU.TO.DE.FEN.DER-SE, *v.int.*, fazer a defesa de si mesmo.
AU.TO.DE.FEN.SI.VO, *adj.*, que defende os próprios interesses; que protege a si mesmo.
AU.TO.DE.FE.SA, *s.f.*, fazer a própria defesa, defender a si mesmo.
AU.TO.DE.FI.NI.ÇÃO, *s.f.*, definição de si mesmo.
AU.TO.DE.FI.NIR-SE, *v.int.*, definir a si mesmo.
AU.TO.DE.LE.GAR-SE, *v.t.*, delegar a si mesmo (poder, tarefa, etc.).
AU.TO.DE.NO.MI.NA.ÇÃO, *s.f.*, denominação que se atribui de si para si.
AU.TO.DE.NO.MI.NA.DO, *adj.*, que se autodenominou.
AU.TO.DE.NO.MI.NAR-SE, *v.pron.*, denominar-se a si mesmo.
AU.TO.DE.NUN.CI.AR-SE, *v.int.*, denunciar a si mesmo.
AU.TO.DE.SA.TI.VA.ÇÃO, *s.f.*, desativação automática que torna (arma, máquina, etc.) temporariamente ou indefinidademente inoperante.
AU.TO.DES.CO.BER.TA, *s.f.*, descoberta de si mesmo (de características que antes não sabia possuir).
AU.TO.DES.CRE.VER-SE, *v.int.*, descrever a si mesmo.
AU.TO.DE.SEN.VOL.VI.MEN.TO, *s.m.*, desenvolvimento de si mesmo; busca no crescimento pessoal e/ou profissional.
AU.TO.DE.SIG.NAR-SE, *v.int.*, designar a si mesmo.
AU.TO.DES.LI.GAR-SE, *v.int.*, desligar a si mesmo (aparelho automático).
AU.TO.DES.PRE.ZO, *s.m.*, falta de apreço ou de estima por si mesmo.
AU.TO.DES.TRU.I.ÇÃO, *s.f.*, destruição de si mesmo.
AU.TO.DES.TRU.IR-SE, *v.int.*, destruir a si próprio (também de modo figurado).
AU.TO.DES.TRU.TI.VI.DA.DE, *s.f.*, característica ou qualidade de quem ou do que é autodestrutivo.
AU.TO.DES.TRU.TI.VO, *adj.*, que se destrói a si mesmo ou contribui para isso.
AU.TO.DE.TER.MI.NA.ÇÃO, *s.f.*, direito de decidir o próprio destino.
AU.TO.DE.TER.MI.NA.DO, *adj.*, que se governa por si, que se determina por sua vontade.
AU.TO.DE.TER.MI.NAR, *v.t.*, determinar, decidir por si, autogovernar-se.
AU.TO.DE.VO.RA.DOR, *adj.*, *fig.* diz-se de quem ou devora ou destrói a si mesmo.
AU.TO.DE.VO.RAR-SE, *v.int.*, *fig.* destruir a si mesmo.
AU.TO.DI.DA.TA, *s.m.*, pessoa que estudou sozinha, sem ir à aula.
AU.TO.DI.DA.TIS.MO, *s.m.*, qualidade de autodidática; ato de instruir-se por si, sem auxílio de um professor.
AU.TO.DI.FE.REN.CI.A.ÇÃO, *s.f.*, teoria da diferenciação das espécies, segundo a qual cada espécie se modifica de acordo com as qualidades próprias para adaptação ao mudar de ambiente.
AU.TO.DI.NA.MI.A, *s.f.*, propriedade daquilo que se move por força própria.
AU.TO.DI.NÂ.MI.CO, *adj.*, relativo a autodinamia.
AU.TO.DI.RE.CI.O.NAL, *adj. 2 gên.*, que se direciona a si mesmo executando manobra de maneira automática.
AU.TO.DI.RE.CI.O.NÁ.VEL, *adj. 2 gên.*, o mesmo que autodirecional.
AU.TO.DO.MÍ.NIO, *s.m.*, domínio sobre si mesmo; capacidade de controlar as próprias ações; autocontrole.
AU.TÓ.DRO.MO, *s.m.*, local em que se realizam corridas de carros.
AU.TO.E.DU.CA.ÇÃO, *s.f.*, educação adquirida sem o envolvimento da escola.
AU.TO.E.LI.MI.NA.ÇÃO, *s.f.*, ato ou efeito de provocar a própria eliminação (de concurso, trabalho, etc.); ato de eliminar a própria vida, suicídio.
AU.TO.E.LO.GI.O, *s.m.*, elogio de si mesmo.

AUTOEMANCIPAÇÃO — AUTOINCRIMINAÇÃO

AU.TO.E.MAN.CI.PA.ÇÃO, *s.f.*, ato ou efeito de obter a própria liberdade ou independência.

AU.TO.EN.GA.NA.ÇÃO, *s.f.*, ato de esconder a verdade de si mesmo.

AU.TO.EN.GA.NA.DO, *adj.*, que enganou a si mesmo.

AU.TO.EN.TRE.GA, *s.f.*, ato de entregar-se ou render-se; *fig.*, ato de submeter-se (à vontade de alguém, a uma religião, etc.).

AU.TO.E.RÓ.TI.CO, *adj.*, relativo a autoerotismo.

AU.TO.E.RO.TIS.MO, *s.m.*, prazer sexual consigo mesmo; masturbação.

AU.TO.ES.CO.LA, *s.f.*, entidade especializada na habilitação de futuros motoristas.

AU.TO.ES.CUL.TU.RA, *s.f.*, escultura de uma pessoa, feita por ela mesma.

AU.TO.ES.TI.MA, *s.f.*, condição de quem valoriza a si próprio, permitindo-lhe ter confiança no modo de ser e de agir.

AU.TO.ES.TI.MU.LA.ÇÃO, *s.f.*, o mesmo que autoestímulo.

AU.TO.ES.TÍ.MU.LO, *s.m.*, incentivo a si próprio, a fim de alcançar determinado objetivo; autoestimulação.

AU.TO.ES.TRA.DA, *s.f.*, uma grande rodovia com várias pistas, autovia.

AU.TO.E.XAL.TA.ÇÃO, *s.f.*, exaltação das próprias qualidades ou feitos.

AU.TO.E.XA.ME, *s.m.*, exame de si mesmo (para detectar alterações ou indícios de algum caroço nas mamas ou axilas).

AU.TO.E.XI.LA.DO, *adj.*, que ou aquele que se exilou por vontade própria.

AU.TO.E.XI.LAR-SE, *v.t.*, exilar-se por conta própria.

AU.TO.EX.PLI.CA.TI.VO, *adj.*, que explica o próprio funcionamento ou conteúdo.

AU.TO.EX.PLO.SÃO, *s.f.*, explosão automática acionada por dispositivo de tempo no próprio objeto; acionamento de bomba ligada ao próprio corpo.

AU.TO.EX.PRES.SÃO, *s.f.*, expressão por meio de palavra, gesto ou arte do próprio pensamento ou opinião.

AU.TO.FA.GI.A, *s.f.*, processo em que uma célula devora a outra; comer a si mesmo.

AU.TO.FÁ.GI.CO, *adj.*, relativo a ou próprio da autofagia.

AU.TO.FA.GIS.MO, *s.m.*, o mesmo que autofagia.

AU.TÓ.FA.GO, *adj.*, que se devora a si mesmo.

AU.TO.FA.VO.RE.CI.MEN.TO, *s.m.*, ato de favorecer a si mesmo.

AU.TO.FE.CUN.DA.ÇÃO, *s.f.*, fecundação de si mesmo, sem a participação de outro parceiro.

AU.TO.FE.CUN.DA.DO, *adj.*, que se fecundou por si mesmo.

AU.TO.FE.CUN.DAN.TE, *adj.*, autofecundo.

AU.TO.FE.CUN.DAR-SE, *v. pron.*, fecundar a si mesmo.

AU.TO.FER.TI.LI.ZA.ÇÃO, *s.f.*, autofecundação.

AU.TO.FER.TI.LI.ZAR-SE, *v. pron.*, autofecundar-se.

AU.TO.FI.NAN.CI.A.MEN.TO, *s.m.*, aplicação de recursos em si ou em sua empresa, ger. oriundos de seus ganhos ou lucros.

AU.TO.FI.NAN.CI.AR, *v.t.*, financiar a si ou à sua empresa com seus próprios recursos obtidos de lucros.

AU.TO.FI.NAN.CI.Á.VEL, *adj. 2 gén.*, diz-se de financiamento que pode ser bancado por si próprio ou pela própria empresa, ger. visando autoaprimoramento.

AU.TO.FLA.GE.LA.ÇÃO, *s.f.*, ato de aplicar castigo ou flagelo a si mesmo.

AU.TO.FLA.GE.LAR-SE, *v.int.*, aplicar castigo a si mesmo.

AU.TO.FLA.GE.LO, *s.m.*, o mesmo que autoflagelação.

AU.TO.FO.BI.A, *s.f.*, aversão a si mesmo; medo irracional da solidão.

AU.TO.FO.CA.LI.ZA.ÇÃO, *s.f.*, dispositivo que focaliza por si próprio de modo automático (acoplado a câmaras, filmadoras, telescópios, etc.).

AU.TO.FO.TO.GRA.FI.A, *s.f.*, ato de fotografar a si mesmo; dispositivo automático que fotografa automaticamente por mecanismo de segurança; máquina que revela e reproduz automaticamente fotos.

AU.TO.GA.MI.A, *s.f.*, processo que ocorre com flores, pois uma faz a própria polinização.

AU.TÓ.GA.MO, *adj.*, que se refere a autogamia.

AU.TÓ.GE.NO, *adj.*, que é produzido sem a intervenção de agentes externos.

AU.TO.GE.RÊN.CIA, *s.f.*, o mesmo que autogerenciamento.

AU.TO.GE.REN.CI.A.MEN.TO, *s.m.*, ação de se autogerenciar, de gerir a própria atividade, autogerência.

AU.TO.GE.RIR, *v.t.*, autogerenciar.

AU.TO.GES.TÃO, *s.f.*, modalidade de administração na qual os próprios empregados administram a empresa.

AU.TO.GI.RO, *s.m.*, antiga aeronave, antecessora do helicóptero.

AU.TO.GLO.RI.FI.CA.ÇÃO, *s.f.*, glorificação de si mesmo.

AU.TO.GO.VER.NAR-SE, *v.int.*, governar a si mesmo, autocontrole; *fig.*, ser dono de si.

AU.TO.GO.VER.NO, *s.m.*, ato de autogovernar-se.

AU.TO.GO.ZA.ÇÃO, *s.f.*, *pop.*, gozação que se faz de si mesmo; rir de si.

AU.TO.GRA.FA.DO, *adj.*, que tem um autógrafo.

AU.TO.GRA.FAR, *v.t.*, dar uma assinatura de próprio punho em obra sua.

AU.TÓ.GRA.FO, *s.m.*, ato de dar um autógrafo.

AU.TO.I.DEN.TI.DA.DE, *s.f.*, consciência da individualidade própria e única de si e como pertencente a uma coletividade, um grupo, uma nação, etc.

AU.TO.I.DEN.TI.FI.CA.ÇÃO, *s.f.*, ato ou efeito de reconhecer a própria identidade.

AU.TO.I.DO.LA.TRI.A, *s.f.*, veneração de si mesmo; autolatria.

AU.TO.IG.NI.ÇÃO, *s.f.*, em motor a explosão, ignição espontânea do combustível.

AU.TO.I.LU.MI.NA.ÇÃO, *s.f.*, capacidade de gerar luz por si mesmo; *Rel.*, no budismo, estado em que uma pessoa enxerga a verdadeira natureza das coisas.

AU.TO.I.LU.MI.NA.DO, *adj.*, iluminado por si mesmo; *Rel.*, diz-se de quem passou pelo processo de autoiluminação.

AU.TO.I.MA.GEM, *s.f.*, imagem que se tem de si mesmo.

AU.TO.I.MO.LA.ÇÃO, *s.f.*, sacrifício de si mesmo por vontade própria.

AU.TO.IM.POR-SE, *v.t.*, *int.* e *pron.*, impor algo a si mesmo.

AU.TO.IM.POR.TÂN.CIA, *s.f.*, conceito muito elevado de si mesmo.

AU.TO.I.MU.NE, *adj.* e *s. 2 gén.*, que tem autoimunidade, que se autodefende.

AU.TO.I.MU.NI.DA.DE, *s.f.*, patologia pela qual um organismo acaba por ser agredido pelos próprios anticorpos.

AU.TO.I.MU.NI.ZA.ÇÃO, *s.f.*, capacidade de o sistema imunológico produzir anticorpos para imunizar o organismo; *fig.* ato ou efeito de criar defesas contra algo ou alguém.

AU.TO.IN.CLU.SÃO, *s.f.*, ato de incluir a si mesmo.

AU.TO.IN.CRI.MI.ZA.ÇÃO, *s.f.*, ato de incriminar a si mesmo.

AUTOINCRIMINAR-SE   AUTÓPSIA

AU.TO.IN.CRI.MI.NAR-SE, *v.t. e pron.*, incriminar a si mesmo, por vontade ou não.

AU.TO.IN.DU.ÇÃO, *s.f.*, indução produzida num circuito elétrico por variações de uma corrente no próprio circuito.

AU.TO.IN.DUL.GÊN.CIA, *s.f.*, disposição para ser indulgente com os próprios erros.

AU.TO.IN.DUL.GEN.TE, *adj. 2 gên.*, diz-se de quem perdoa os próprios erros.

AU.TO.IN.FEC.ÇÃO, *s.f.*, infecção espontânea do organismo, ou de parte dele.

AU.TO.IN.FLA.MA.ÇÃO, *s.f.*, o mesmo que autoignição.

AU.TO.I.NO.CU.LA.ÇÃO, *s.f.*, inoculação de um vírus existente no corpo de uma pessoa em uma outra parte do mesmo corpo.

AU.TO.IN.TO.XI.CA.ÇÃO, *s.f.*, ato de ingerir substância tóxica de propósito ou não; intoxicação por substância que o organismo do próprio indivíduo produz.

AU.TO.IN.TO.XI.CAR-SE, *v.pron.*, intoxicar a si próprio; adoentar-se por autointoxicação.

AU.TÓ.LA.TRA, *adj.*, que adora a si mesmo,ególatra.

AU.TO.LA.TRI.A, *s.f.*, adoração de si mesmo, autoidolatria.

AU.TO.LI.MI.TA.ÇÃO, *s.f.*, ato ou efeito de limitar a si mesmo; restrição a si próprio.

AU.TO.LIM.PAN.TE, *adj. 2 gên.*, diz-se de eletrodoméstico que faz a própria limpeza.

AU.TO.LIM.PAR-SE, *v.int.*, limpar a si mesmo.

AU.TO.LIM.PE.ZA, *s.f.*, limpeza de si mesmo ou que se faz automaticamente.

AU.TO.MA.ÇÃO, *s.f.*, sistema comandado por máquinas, sem interferência do ser humano.

AU.TO.MAN.TER-SE, *v.int.*, manter-se por conta própria ou com os próprios recursos.

AU.TO.MA.TI.CI.DA.DE, *s.f.*, condição do que é automático; automatismo.

AU.TO.MÁ.TI.CO, *adj.*, que tem movimentos de autômato, que é maquinal.

AU.TO.MA.TIS.MO, *s.m.*, característica do que é automático.

AU.TO.MA.TI.ZA.DO, *adj.*, tornado automático, que se usa automaticamente.

AU.TO.MA.TI.ZAR, *v.t.*, tornar automático, tornar maquinal, empregar automatismo.

AU.TÔ.MA.TO, *s.m.*, máquina com movimentos próprios, máquina que se move com desenvoltura, como um ser humano, androide; indivíduo que age automaticamente.

AU.TO.ME.DI.CA.ÇÃO, *s.f.*, ingestão de remédios por decisão pessoal, usar remédios sem receita médica.

AU.TO.ME.DI.CA.MEN.TO, *adj.*, relativo a automedicação.

AU.TO.ME.DI.CAR-SE, *v. pron.*, tomar remédios por sua conta, sem consultar receita médica.

AU.TO.ME.DON.TE, *s.m.*, cocheiro hábil.

AU.TO.MO.BI.LIS.MO, *s.m.*, esporte com automóveis.

AU.TO.MO.BI.LIS.TA, *s. 2 gên.*, quem pratica o automobilismo ou dirige automóvel.

AU.TO.MO.BI.LÍS.TI.CO, *adj.*, relativo ao automobilismo.

AU.TO.MO.DE.LIS.MO, *s.m.*, arte e técnica de construir modelos de carros em tamanho pequeno; lazer com esse tipo de atividade.

AU.TO.MO.DI.FI.CAR-SE, *v.int.*, modificar a si mesmo.

AU.TO.MO.TI.VO, *adj.*, que se refere à indústria automobilística, próprio do automóvel.

AU.TO.MO.TOR, *adj.*, que se movimenta por suas próprias forças, que se move por um motor.

AU.TO.MO.TRIZ, *s.m.*, carro que tenha motor próprio para se locomover.

AU.TO.MÓ.VEL, *s.m.*, carro com motor e que se locomove pela própria força; carro, veículo, transporte.

AU.TO.MU.TI.LA.ÇÃO, *s.f.*, mutilação feita por alguém em si mesmo.

AU.TO.MU.TI.LA.DOR, *adj.*, relativo a ou o que contém automutilação.

AU.TO.NO.MI.A, *s.f.*, independência, liberdade, liberdade de ação.

AU.TÔ.NO.MO, *adj.*, que se administra por si, que se governa por sua vontade.

AU.TO-OB.SER.VA.ÇÃO, *s.f.*, observação ou análise de si mesmo.

AU.TO-Ô.NI.BUS, *s.m.*, ônibus.

AU.TO.PE.ÇA, *s.f.*, loja, casa comercial que vende peças para carro.

AU.TO.PER.CEP.ÇÃO, *s.f.*, percepção ou consciência que se tem de si mesmo.

AU.TO.PER.PE.TU.A.ÇÃO, *s.f.*, ato ou efeito de autoperpetuar-se.

AU.TO.PER.PE.TU.AR-SE, *v.t. int. e pron.*, tornar a si mesmo perpétuo; produzir condições para a autoperpetuação.

AU.TO.PI.E.DA.DE, *s.f.*, piedade de si próprio.

AU.TO.PIS.TA, *s.f.*, autoestrada, rodovia, grande rodovia.

AU.TO.PO.LI.CI.AR-SE, *v.int.*, policiar a si mesmo; fazer controle dos próprios atos.

AU.TO.PO.LI.NI.ZA.ÇÃO, *s.f.*, em Botânica, a polinização de uma flor pelo seu próprio pólen.

AU.TO.POS.TO, *s.m.*, posto para abastecimento para automóveis e/ou caminhões.

AU.TO.PRE.MI.A.ÇÃO, *s.f.*, ato de premiar a si mesmo.

AU.TO.PRE.SER.VA.ÇÃO, *s.f.*, ato ou efeito de autopreservar-se, autoproteger-se.

AU.TO.PRO.CLA.MA.ÇÃO, *s.f.*, ato ou efeito de autoproclamar-se.

AU.TO.PRO.DU.ÇÃO, *s.f.*, produção (de bens, alimentos, energia, etc.) para o próprio consumo; produção (de algo) por si mesmo, sem intervenção de fatores externos.

AU.TO.PRO.DU.TOR, *s.m.*, aquele que produz para o próprio uso.

AU.TO.PRO.DU.ZIR-SE, *v.int.*, produzir a si mesmo, embelezar-se.

AU.TO.PRO.GRA.MA.ÇÃO, *v.int.*, fazer a própria programação; dispositivo que programa a si mesmo para manter o funcionamento.

AU.TO.PRO.MO.ÇÃO, *s.f.*, ato ou efeito de autopromover-se.

AU.TO.PRO.MO.CI.O.NAL, *adj. 2 gên.*, relativo a autopromoção; que faz autopromoção.

AU.TO.PRO.MO.VER-SE, *v.int.*, fazer propaganda de si mesmo; promover-se.

AU.TO.PRO.MO.VI.DO, *adj.*, que se autopromoveu.

AU.TO.PRO.PUL.SÃO, *s.f.*, propulsão executada por seus próprios meios.

AU.TO.PRO.TE.ÇÃO, *s.f.*, ato ou efeito de proteger a si mesmo.

AU.TO.PRO.TE.TOR, *adj.*, que protege a si mesmo.

AU.TÓP.SIA, AU.TOP.SI.A, *s.f.*, exame cadavérico, exame que o médico faz no cadáver para tentar descobrir a causa da morte.

AU.TOP.SI.A.DO, *adj.*, que sofreu autópsia.
AU.TO.PU.NI.ÇÃO, *s.f.*, punição que a pessoa impõe a si mesma.
AU.TO.PU.NIR-SE, *v.int.*, punir a si próprio; castigar-se.
AU.TO.PU.NI.TI.VO, *adj.*, diz-se de decisão cujo objetivo é punir a si mesmo; que tem caráter de autopunição.
AU.TO.PU.RI.FI.CA.ÇÃO, *s.f.*, purificação de si mesmo.
AU.TO.QUA.LI.FI.CAR-SE, *v.int. e pron.*, preparar-se para ser capaz de realizar determinado trabalho; caracterizar a si próprio; classificar-se.
AU.TOR, *s.m.*, quem age, quem faz, o provocador, quem escreve um livro, quem move uma ação judicial contra outrem (*fem.*: autora).
AU.TO.RAL, *adj.*, próprio do autor, relativo ao autor.
AU.TO.RA.MA, *s.m.*, brinquedo constituído de uma pista para carros de corrida, movido a eletricidade.
AU.TO.RI.A, *s.f.*, qualidade de ser autor, criador, escritor de um texto, de um ato.
AU.TO.RI.DA.DE, *s.f.*, comando, poder, quem possui o poder dado pela lei.
AU.TO.RI.TÁ.RIO, *adj.*, que dispõe de autoridade, que tem poder, que manda.
AU.TO.RI.TA.RIS.MO, *s.m.*, excesso de autoridade, comando total, poder completo.
AU.TO.RI.ZA.ÇÃO, *s.f.*, licença, permissão, dar uma ordem para.
AU.TO.RI.ZA.DO, *adj.*, permitido, concedido, licenciado.
AU.TO.RI.ZA.DOR, *adj.* e *s.m.* que autoriza, aquele ou aquilo que autoriza.
AU.TO.RI.ZA.MEN.TO, *s.m.*, autorização.
AU.TO.RI.ZAR, *v.t.*, dar autoridade, permitir, conceder licença.
AU.TOR.RÁ.DIO, *s.m.*, aparelho de rádio que é instalado em automóveis.
AU.TOR.RE.A.LI.ZA.ÇÃO, *s.f.*, busca do aprimoramento e transformação das próprias potencialidades e realizar, efetivamente, os grandes objetivos.
AU.TOR.RE.A.LI.ZAR-SE, *v.int. e pron.*, buscar a transformação das próprias potencialidades para efetivar realizações e sonhos.
AU.TOR.RE.FLE.XÃO, *s.f.*, reflexão sobre si mesmo, a fim analisar sentimentos e ideias a respeito das coisas.
AU.TOR.RE.GE.NE.RA.ÇÃO, *s.f.*, ato ou efeito de regenerar-se ou reabilitar-se.
AU.TOR.RE.GER-SE, *v.int.*, governar por si próprio; ditar as próprias regras.
AU.TOR.RE.GU.LA.ÇÃO, *s.f.*, capacidade ou processo (de uma economia ou de um sistema) de se regular por si.
AU.TOR.RE.GU.LA.DO, *adj.*, que passou por processo de autorregulação.
AU.TOR.RE.GU.LA.DOR, *adj.*, que se regula por si mesmo.
AU.TOR.RE.NO.VA.ÇÃO, *s.f.*, renovação por si mesmo; capacidade (que se tem) de se autorrenovar.
AU.TOR.RES.PEI.TO, *s.m.*, sentimento de respeito e dignidade para consigo mesmo.
AU.TOR.RE.TRA.TO, *s.m.*, pintura que o autor faz de si mesmo, referência pessoal de alguém sobre si.
AU.TOS, *s.m. pl.*, nos processos judiciais, é o conjunto de todas as peças do processo.
AU.TOS.CO.PI.A, *s.f.*, fenômeno paranormal ou alucinatório, pois alguém pode ver o próprio corpo, o que também pode ocorrer em sonhos.

AU.TOS.SER.VI.ÇO, *s.m.*, sistema pelo qual o cliente se serve do que deseja; serviço que dispensa balconistas ou auxiliares.
AU.TOS.SU.FI.CI.ÊN.CIA, *s.f.*, independência, meios próprios para a subsistência.
AU.TOS.SU.FI.CI.EN.TE, *adj.* e *s. 2 gên.*, independente, que consegue viver sem depender de outros, que é capaz de suprir todas as suas necessidades.
AU.TOS.SU.GES.TÃO, *s.f.*, sugestão que uma pessoa exerce sobre si mesma.
AU.TOS.SUS.TEN.TA.ÇÃO, *s.f.*, capacidade de algo ou alguém sustentar-se por meios próprios.
AU.TOS.SUS.TEN.TÁ.VEL, *adj.*, que se sustenta a si mesmo, que consegue o próprio sustento.
AU.TO.VA.LO.RI.ZA.ÇÃO, *s.f.*, ato ou efeito de valorizar a si mesmo.
AU.TO.VI.A, *s.f.*, rodovia.
AU.TO.VI.A.ÇÃO, *s.f.*, serviço de ônibus que fazem determinadas linhas, ger. de viagem.
AU.TU.A.ÇÃO, *s.f.*, ação ou efeito de autuar, sanção.
AU.TU.A.DO, *adj.*, que foi multado, que recebeu a sanção, a pena da lei.
AU.TU.AR, *v.t.*, multar, impor uma pena por ter infringido uma lei.
AU.XI.LI.A.DO, *adj.*, socorrido, amparado, ajudado.
AU.XI.LI.A.DOR, *adj.*, diz-se de quem ou do que auxilia; *s.m.*, aquele ou aquilo que auxilia.
AU.XI.LI.AR, *v.t.*, ajudar, socorrer, amparar.
AU.XI.LI.AR, *adj.* e *s. 2 gên.*, ajudante, quem auxilia.
AU.XÍ.LIO, *s.m.*, ajuda, socorro, amparo.
A.VA.CA.LHA.ÇÃO, *s.f.*, desmoralização, tumulto, desagregação.
A.VA.CA.LHA.DO, *adj.*, desmoralizado, desordenado, desorganizado.
A.VA.CA.LHAR, *v.t e pron.*, desmoralizar, tumultuar, desagregar, desordenar, desorganizar.
A.VAL, *s.m.*, garantia, servir de seguro para alguém ao assinar um título conjuntamente.
A.VA.LAN.CHA, A.VA.LAN.CHE, *s.f.*, grande massa de neve que rola montanha abaixo, destruindo tudo, alude; *fig.*, uma multidão de seres, objetos, fatos que cheguem.
A.VA.LI.A.ÇÃO, *s.f.*, ato ou efeito de avaliar, apreciação.
A.VA.LI.A.DO, *adj.*, apreciado, estimado, calculado.
A.VA.LI.A.DOR, *adj.*, que faz avaliação; *s.m.*, aquele que faz avaliação.
A.VA.LI.A.MEN.TO, *s.m.*, avaliação.
A.VA.LI.AR, *v.t.*, dar um valor, estimar quanto vale, calcular algo.
A.VA.LI.A.TI.VO, *s.m.*, o mesmo que avaliação.
A.VA.LI.Á.VEL, *adj.*, que se pode avaliar, digno de avaliação.
A.VA.LIS.TA, *s. 2 gên.*, quem dá um aval, quem avaliza.
A.VA.LI.ZA.DO, *adj.*, garantido, que tem aval, seguro.
A.VA.LI.ZA.DOR, *adj.* e *s.m.*, avalista.
A.VA.LI.ZAR, *v.t.*, ser avalista, dar aval, garantir, dar garantias.
A.VAN.ÇA.DA, *s.f.*, ataque, ímpeto, investida.
A.VAN.ÇA.DO, *adj.*, que está na frente; que alcançou o pico de uma atividade; moderno, que tem visão de vanguarda, que está na frente dos demais.
A.VAN.ÇA.DOR, *adj.* e *s.m.*, que, aquele ou aquilo que avança.
A.VAN.ÇA.MEN.TO, *s.m.*, ação ou efeito de avançar, investida, arremetida.

AVANÇAR

A.VAN.ÇAR, *v.t. e int.*, ir para a frente, prosseguir, adiantar-se.
A.VAN.ÇO, *s.m.*, ato de avançar, prosseguimento, deslocamento.
A.VAN.TA.JA.DO, *adj.*, que tem um físico além do normal, volumoso, grandalhão.
A.VAN.TA.JA.MEN.TO, *s.m.*, ato de avantajar ou avantajar-se.
A.VAN.TA.JAR, *v.t.*, ter vantagem sobre, melhorar, crescer.
A.VAN.TE, *adv.*, para diante, para a frente.
A.VA.QUEI.RA.DO, *adj.*, que tem jeito de vaqueiro.
A.VA.RAN.DA.DO, *adj.*, que tem varanda; *s.m.*, construção que possui varanda ao redor.
A.VA.REN.TA.MEN.TE, *adv.*, de modo avarento.
A.VA.REN.TO, *adj. e s.m.*, unha de fome, avaro, sovina, pão-duro.
A.VA.RE.ZA, *s.f.*, qualidade de quem é avaro, mesquinhez.
A.VA.RI.A, *s.f.*, estrago, problema, prejuízo, defeito mecânico.
A.VA.RI.A.DO, *adj.*, arruinado, estragado, quebrado.
A.VA.RI.AR, *v.t.*, arruinar, estragar, danificar.
A.VA.RO, *adj.*, avarento, sovina.
A.VAS.CU.LAR, *adj. 2 gên.*, que é desprovido de vasos condutores.
A.VAS.SA.LA.DO, *adj.*, dominado, oprimido, mandado.
A.VAS.SA.LA.DOR, *adj. e s.m.*, dominador, opressor, mandatário.
A.VAS.SA.LA.MEN.TO, *s.m.*, domínio, vassalagem, mando.
A.VAS.SA.LAN.TE, *adj. 2 gên.*, o mesmo que avassalador.
A.VAS.SA.LAR, *v.t. e pron.*, tornar vassalo, dominar, oprimir, comandar.
A.VA.TAR, *s.m.*, de acordo com uma crença hindu, um deus assume uma forma humana ou animal.
A.VE, *s.f.*, todo animal vertebrado que tem o corpo coberto de penas; *interj.*, salve!, olá!
A.VE-DO-PA.RA.Í.SO, *s.f.*, pássaro que tem uma plumagem de rara beleza e vive na Nova Guiné.
A.VEI.A, *s.f.*, planta cujos grãos alimentam homens e animais.
A.VE.LÃ, *s.f.*, fruto da aveleira.
A.VE.LA.DO, *adj.*, com aspecto de avelã; avelanado.
A.VE.LA.MEN.TO, *s.m.*, ato ou efeito de avelar (enrugar por secura).
A.VE.LA.NA.DO, *adj.*, que parece uma avelã, que se assemelha a vela na cor.
A.VE.LEI.RA, *s.f.*, árvore cujo cultivo se dá em função dos frutos muito usados em alimentos, doces e até em remédios.
A.VE.LHA.CA.DO, *adj.*, que demonstra ser velhaco, que tem jeito de velhaco.
A.VE.LHA.CAR, *v.t. e pron.*, tornar(-se) velhaco, envilecer(-se).
A.VE.LHA.DO, *adj.*, que mostra ser velho, que é um tipo velho.
A.VE.LU.DA.DO, *adj.*, semelhante a veludo, parecido com veludo, macio, suave, sedoso.
A.VE.LU.DAR, *v.t.*, que recebeu forma de veludo, amaciar, abrandar.
A.VE-MA.RI.A, *s.f.*, oração católica para Nossa Senhora, a Virgem Maria.
A.VE-MA.RI.AS, *s.f., pl.*, o toque dos sinos às 6h, às 12h e às 18h, pela vitória das tropas católicas contra os muçulmanos em Belgrado, desde muitos anos.
A.VEN.CA, *s.f.*, tipo de samambaia para decoração de jardins e casas.
A.VEN.ÇA, *s.f.*, acordo, ajuste, concordância entre elementos de uma disputa.
A.VEN.ÇA.DO, *adj.*, que se avençou, combinado, ajustado.

AVESTRUZ

A.VEN.ÇAL, *adj. e s. 2 gên.*, avençado, ajustado, combinado; que paga avença ou presta serviços por meio de avença.
A.VEN.ÇAR-SE, *v. pron.*, concluir uma avença, chegar a um acordo.
A.VE.NI.DA, *s.f.*, via urbana ladeada de árvores, alameda, via arborizada.
A.VE.NIR, *v.t. e pron.*, avir.
A.VEN.TAL, *s.m.*, peça que se veste na parte dianteira do corpo para proteger contra alguma sujeira.
A.VEN.TA.DO, *adj.*, sugerido, hipotizado, suposto.
A.VEN.TAR, *v.t.*, sugerir, hipotizar, supor, ventilar.
A.VEN.TU.RA, *s.f.*, peripécia, proeza, uma ação difícil e perigosa, algo imprevisto.
A.VEN.TU.RA.DO, *adj.*, enfrentado, arriscado, exposto.
A.VEN.TU.RAR, *v.t., bit., int. e pron.*, enfrentar perigos, enfrentar um trabalho desconhecido, arriscar-se.
A.VEN.TU.REI.RO, *s.m.*, que se mete em aventura, explorador.
A.VEN.TU.RES.CO, *adj.*, que acarreta ou tem relação com aventura.
A.VEN.TU.RO.SO, *adj.*, que tem muitas aventuras, perigoso, temerário.
A.VER.BA.ÇÃO, *s.f.*, averbamento, ação ou efeito de averbar, registrar em documento próprio.
A.VER.BA.DO, *adj.*, registrado, anotado, inscrito, apensado.
A.VER.BA.MEN.TO, *s.m.*, ação ou efeito de averbar, averbação, anotação feita em algum documento, registro em documento para marcar algum fato.
A.VER.BAR, *v.t. e pron.*, registrar, inscrever em livro próprio, anotar na margem, registrar em apenso.
A.VER.DU.GAR, *v.int.*, ser (a árvore) flexível ou vergar ao peso dos frutos.
A.VER.GA.LHAR, *v.t.*, bater com vergalho.
A.VER.GAR, *v.t. e pron.*, vergar; arquear.
A.VER.GO.NHA.DO, *adj.*, envergonhado.
A.VER.GO.NHAR, *v.t. e pron.*, envergonhar.
A.VE.RI.GUA.ÇÃO, *s.f.*, ação ou efeito de averiguar, exame, inquérito.
A.VE.RI.GUA.DO, *adj.*, investigado, pesquisado, examinado.
A.VE.RI.GUA.DOR, *adj. e s.m.*, que ou aquele que averigua.
A.VE.RI.GUAR, *v.t.*, investigar, examinar, pesquisar, inquerir.
A.VE.RI.GUÁ.VEL, *adj.*, que pode ser averiguado.
A.VER.ME.LHA.DO, *adj.*, cor de tons vermelhos.
A.VER.ME.LHA.MEN.TO, *adj.*, vermelhidão, cor vermelha.
A.VER.ME.LHAR, *v.t.*, dar uma tonalidade vermelha.
A.VER.NAL, *adj.*, do averno, infernal.
A.VER.NO, *s.m.*, (poético) inferno; *adj.*, avernal.
A.VER.NO.SO, *adj.*, o mesmo que avernal.
A.VER.RU.GAR, *v.t.*, cobrir de verrugas, enverrugar.
A.VER.RU.MAR, *v.t.*, furar com verruma; ferir, afligir, torturar.
A.VER.SA.MEN.TE, *adv.*, com aversão, de má vontade.
A.VER.SÃO, *s.f.*, asco, nojo, repugnância, desprezo.
A.VES.SA.DO, *adj.*, feito às avessas; hostil.
A.VES.SA.MEN.TE, *adv.*, às avessas, de modo contrário ao que deveria ser; de má vontade.
A.VES.SAS, *s.f. pl.*, coisas ao contrário, opostas; às avessas, ao contrário.
A.VES.SI.DA.DE, *s.f.*, o mesmo que avessia.
A.VES.SO, *adj.*, reverso, oposto, lado contrário.
A.VES.TRUZ, *s.m.*, a maior ave, que corre com muita velocidade; originária da África, hoje está sendo criada no Brasil, para aproveitamento da carne e das penas.

AVEXAÇÃO   AVOSAR

A.VE.XA.ÇÃO, *s.f.*, o mesmo que vexação.
A.VE.XA.DO, *adj.* envergonhado, vexado; impaciente.
A.VE.XA.DOR, *adj.* e *s.m.*, que ou o que vexa, o mesmo que vexador.
A.VE.XA.MEN.TO, *s.m.*, ato ou efeito de avexar, vexame.
A.VE.XAR, *v.t.*, *int.* e *pron.*, vexar(-se).
A.VE.ZA.DO, *adj.*, acostumado, habituado, conduzido.
A.VE.ZAR, *v.t.*, pegar o vezo, acostumar, adquirir o costume.
A.VI.A.ÇÃO, *s.f.*, sistema de navegação aérea, tudo que envolva os aviões, ciência da navegação aérea.
A.VI.A.DO, *adj.*, preparado, pronto, receitado, acabado.
A.VI.A.DOR, *s.m.*, quem avia, prepara; piloto de avião.
A.VI.A.MEN.TO, *s.m.*, ação ou efeito de aviar, preparação, manipulação.
A.VI.ÃO, *s.m.*, aparelho usado na navegação aérea, aeroplano, jato; *fig.*, pessoa bela.
A.VI.AR, *v.t.*, *int.* e *pron.*, pôr em via, em caminho; preparar, executar, preparar uma receita médica, despachar.
A.VI.Á.RIO, *s.m.*, viveiro de aves, local em que se criam aves; *adj.*, que se refere a aves, próprio de viveiro de aves.
A.VI.A.TÓ.RIO, *adj.*, referente a aviação, próprio da aviação, que se refere a aviões.
A.VÍ.CO.LA, *s. 2 gên.*, criador de aves, avicultor.
A.VI.CU.LAR, *adj.*, relativo a aves e a avícolas.
A.VI.CU.LÁ.RIO, *adj.* relativo a ou que vive em ninho de aves; *s.m.*, pessoa que trata de sustento e criação de aves.
A.VI.CUL.TOR, *s.m.*, avícola.
A.VI.CUL.TU.RA, *s.f.*, criação de aves domésticas.
A.VI.DA.DO, *adj.*, com vides (com madeira para segurar a árvore em crescimento ou armação de videira).
A.VI.DA.MEN.TE, *adv.*, com ânsia, com avidez, com voracidade.
A.VI.DEZ, *s.f.*, cobiça, ânsia, ganância, cupidez.
Á.VI.DO, *adj.*, ganancioso, faminto, ansioso, que tem avidez.
A.VI.GO.RA.DO, *adj.*, fortalecido, robustecido.
A.VI.GO.RA.MEN.TO, *s.m.*, fortalecimento, robustez.
A.VI.GO.RAR, *v.t.* e *pron.*, dar vigor, fortalecer, robustecer, fortificar.
A.VIL.TA.DO, *adj.*, que se tornou vil, envilecido, desmoralizado, humilhado; que perdeu o valor, desvalorizado.
A.VIL.TA.DOR, *adj.* e *s.m.*, que ou aquele que avilta, aviltante.
A.VIL.TA.MEN.TO, *s.m.*, desonra, humilhação, baixeza, imoralidade.
A.VIL.TAN.TE, *adj. 2 gên.*, que desonra, que humilha, que avilta.
A.VIL.TAR, *v.t.*, *int.* e *pron.*, tornar vil, desprezível, rebaixar, humilhar.
A.VIL.TO.SO, *adj.*, que avilta, aviltante.
A.VI.NA.GRA.DO, *adj.*, com gosto de vinagre, vinho que se torna vinagre.
A.VI.NA.GRAR, *v.t.* e *pron.*, temperar com vinagre, dar gosto de vinagre, perder o gosto original.
A.VIN.CAR, *v.t.*, enrugar, o mesmo que vincar.
A.VIN.CU.LAR, *v.t.* e *pron.*, o mesmo que vincular.
A.VIN.DO, *adj.*, estabelecido, combinado, acertado, preparado.
A.VI.NHA.DO, *adj.*, que tem sabor de vinho, que se parece com vinho.
A.VI.NHAR, *v.t.*, misturar ou temperar com vinho; *v.pron.*, embriagar(-se).
A.VI.O, *s.m.*, preparação, execução, manejo de ingredientes para cumprir uma receita.
A.VI.O.LE.TA.DO, *adj.*, que é parecido ou lembra violeta.

A.VI.O.LE.TAR, *v.t.*, assemelhar a violeta; dar tom da cor violeta.
A.VIR, *v.t.* e *pron.*, pacificar, apaziguar, harmonizar, ajustar.
A.VI.SA.DO, *adj.*, notificado, cientificado, comunicado.
A.VI.SA.DOR, *adj.* e *s.m.*, que ou o que avisa; alvissareiro.
A.VI.SA.MEN.TO, *s.m.*, aviso.
A.VI.SAR, *v.t.*, prevenir, tornar ciente, dar um recado, comunicar.
A.VI.SO, *s.m.*, ação ou efeito de avisar, recado, mensagem, comunicação.
A.VIS.TA.DO, *adj.*, visto, enxergado, notado, percebido.
A.VIS.TA.GEM, *s.f.*, ato ou efeito de avistar.
A.VIS.TAR, *v.t.*, ver, enxergar, distinguir, deparar com.
A.VIS.TÁ.VEL, *adj.*, que se pode avistar.
A.VI.VA.DO, *adj.*, animado, estimulado, inflamado.
A.VI.VA.DOR, *adj.* e *s.m.*, que ou o que aviva ou desperta.
A.VI.VA.MEN.TO, *s.m.*, animação, estímulo, ânimo.
A.VI.VAR, *v.t.* e *pron.*, dar mais vida, alimentar, dar força, animar, estimular, inflamar, excitar.
A.VI.VEN.TA.ÇÃO, *s.f.*, alimentação, reforço, animação, estimulação.
A.VI.VEN.TAR, *v.t.* e *pron.*, animar, alimentar, estimular.
A.VI.ZI.NHA.MEN.TO, *s.m.*, ato ou efeito de avizinhar.
A.VI.ZI.NHA.DO, *adj.*, aproximado, vizinho, próximo, amigo, acamaradado.
A.VI.ZI.NHAR, *v.t.* e *pron.*, tornar vizinho, achegar, aproximar, encostar, tornar amigo, acamaradar.
A.VO, *s.m.*, nas frações matemáticas, indica as partes em que se divide uma unidade.
A.VÔ, *s.m.*, pai do pai ou da mãe; vovô, vô.
A.VÓ, *s.f.*, mãe do pai ou da mãe; vovó, vó, vozinha.
A.VO.A.ÇÃO, *s.f.*, ato ou efeito de avoar.
A.VO.A.ÇAR, *v. int.* e *pron.*, esvoaçar, bater as asas para voos rápidos.
A.VO.A.DEI.RA, *s.f.*, certa ave da ilha da Madeira.
A.VO.A.DO, *adj.*, distraído, desconcentrado, desatento, ausente.
A.VO.A.DOR, *adj.* e *s.m.*, *gír.*, velhaco, trapaceiro.
A.VO.A.MEN.TO, *s.m.*, ato de avoar, avoação; qualidade de avoado, distraído; avoação.
A.VO.CA.ÇÃO, *s.f.*, intimação para uma causa em juízo, chamamento.
A.VO.CA.MEN.TO, *s.m.*, ato ou efeito de avocar; o mesmo que avocação.
A.VO.CAR, *v.t.*, assumir a responsabilidade por um ato, assumir, responsabilizar-se, lembrar.
A.VO.CA.TÓ.RIO, *adj.*, relativo a, ou que expressa ou contém avocação.
A.VO.E.JAR, *v.t.*, o mesmo que voejar.
A.VO.EN.GO, *adj.*, próprio dos avós, que vem dos avós, antigo, de outros tempos.
A.VO.GAR, *v.t.* forma antiga de *avocar*.
A.VO.LU.MA.DO, *adj.*, aumentado, ampliado, engrandecido.
A.VO.LU.MA.MEN.TO, *s.m.*, ato de avolumar.
A.VO.LU.MAR, *v.t.*, *int.* e *pron.*, aumentar o volume, ampliar, tornar maior, engrandecer.
A.VOS, *s.m.*, *pl.*, termo que se usa na declaração das frações, referindo-se ao número cardinal.
A.VÓS, *s.m. pl.*, o avô e a avó.
A.VO.SAR, *v.t.*, dar tratamento usando o *pron.pess.* vós a (alguém).

A.VO.ZE.AR, v.t., aclamar em altas vozes.
A.VUL.SÃO, s.f., ação de arrancar algo com violência, extração de algo, retirada dolorida de órgão.
A.VOL.SI.VO, adj., que tem grande volume, que se avolumou ou tornou-se volumoso.
A.VUL.SO, adj., destacado, à parte, solto, não participante, estranho a um conjunto.
A.VUL.TA.DO, adj., que ficou com vulto, volumoso, grande, crescido.
A.VUL.TAN.TE, adj., que avulta.
A.VUL.TAR, v.t. e int., aparecer, crescer, aumentar.
A.VUL.TO.SO, adj., o mesmo que avultado.
A.VUN.CU.LAR, adj., próprio dos tios, quer seja tio ou tia.
A.XA.DRE.ZA.DO, adj., que lembra um desenho do tabuleiro quadricular do xadrez; parecido com o tabuleiro de xadrez.
A.XA.DRE.ZAR, v.t., enxadrezar, tornar semelhante a xadrez.
A.XE, s.m., o mesmo que áxis.
A.XÉ, s.m., cada um dos objetos sagrados do orixá; interj., usado para expressar votos de felicidade; oxalá; tomara.
A.XI.AL, adj., relativo a eixo.
A.XI.CA.RA.DO, adj., que tem forma de xícara, parecido com xícara.
A.XI.CA.RAR, v.t., dar forma de xícara a.
A.XÍ.FE.RO, adj., que tem eixo, que possui um eixo.
A.XI.FOR.ME, adj., que tem forma de eixo.
A.XI.LA, s.f., cavidade sob o braço, onde o ombro se prende ao tronco, sovaco.
A.XI.LAR, adj., que se refere a axila, próprio de axila.
A.XI.LO.SE, s.f., suor exagerado que vem das axilas, axilas que exalam odores fortes.
A.XI.O.GRA.MA, s.m., declaração feita pela própria pessoa de valores e defeitos que têm relação a si mesma.
A.XI.O.LO.GIA, s.f., parte da filosofia que estuda os valores morais.
A.XI.O.LÓ.GI.CO, adj., relativo a axiologia ou ao caráter de um valor (moral).
A.XI.O.MA, s.m., todo problema que não precisa de prova, por ser clara a evidência; sentença, o que está completo por si; dedução óbvia, conclusão.
A.XI.O.MÁ.TI.CO, adj., típico de axioma, claro, óbvio.
A.XI.O.MA.TI.ZAR, v.t., dar caráter de axioma; formalizar de modo matemático.
Á.XIS, s.m., em Matemática, eixo.
A.XOI.DE, adj., que tem a forma ou serve de eixo.
A.XÔ.NIO, s.m., em Biologia, prolongamento do neurônio que leva impulsos elétricos a outro neurônio.
AZ, s.f., ala do Exército, fila, fileira.
A.ZA.DO, adj., que dá azo, fácil, cômodo, oportuno.
A.ZÁ.FA.MA, s.f., pressa, correria, tarefa imensa.
A.ZA.FA.MA.DO, adj., apressado, sobrecarregado.
A.ZA.FA.MAR, v.t. e pron., ter pressa, impor pressa.
A.ZA.GA, s.f., retaguarda do exército.
A.ZA.GAI.A, s.f., lança curta para ser lançada, lança para arremesso.
A.ZA.LEI.A, A.ZÁ.LE.A, s.f., planta arbustiva que floresce no inverno e início da primavera.
A.ZAR, s.m., má sorte, agouro, infelicidade, desgraça.
A.ZA.RA.ÇÃO, s.f., bras., gír., ato ou efeito de azarar; paquera.
A.ZA.RA.DO, adj., que tem azar, infeliz.
A.ZA.RAN.ZA.DO, adj., abobado, o mesmo que assaranzado.
A.ZA.RAN.ZAR-SE, v.pron., abobalhar-se, o mesmo que assaranzar-se.
A.ZA.RÃO, s.m., cavalo que, apesar de ter poucas condições de ganhar uma corrida, torna-se o vencedor dela; pessoa vencedora sem ter as condições preliminares.
A.ZA.RAR, v.t., dar azar, atrapalhar, infelicitar, desgraçar.
A.ZA.REN.TO, adj., que traz azar, que dá má sorte.
A.ZA.RO.LHAR, v.int., pop., tornar(-se) zarolho.
A.ZE.BRAR, v.t., cobrir de azebre.
A.ZE.BRE, s.m., verdete de cobre (óxido de cobre).
A.ZE.DA.DO, adj., avinagrado, azedo; fig., confuso, perturbado.
A.ZE.DA, s.f., nome dado às plantas oxalídeas e poligôneas, cujo sabor é azedo.
A.ZE.DAR, v.t., int. e pron., tornar azedo, avinagrar; fig., causar confusão, iniciar luta.
A.ZE.DI.NHA, s.f., nome comum às plantas da família das oxalidáceas; trevo.
A.ZE.DO, adj., avinagrado, ácido, acre; fig., duro, áspero.
A.ZE.DU.ME, s.m., sabor acre, sabor azedo, mau humor.
A.ZEI.TA.DA, s.f., porção derramada de azeite para tempero; porção grande de azeite.
A.ZEI.TA.DO, adj., lubrificado, que tem azeite; fig., que recebe dinheiro ilícito.
A.ZEI.TAR, v.t., colocar azeite, lubrificar; fig., pagar comissão por fora.
A.ZEI.TE, s.m., óleo extraído da azeitona; óleo de outros grãos, gorduras ou frutos.
A.ZEI.TE DE DEN.DÊ, s.m., bras., óleo extraído do fruto do dendezeiro, usado como alimento; dendê.
A.ZEI.TEI.RA, s.f., louça usada para servir o azeite.
A.ZEI.TO.NA, s.f., fruto da árvore chamada oliveira.
A.ZEI.TO.NA.DO, adj., que se parece com azeitona, que tem sabor de azeitona.
A.ZEI.TO.NAR, v.t., dar aspecto ou sabor de azeitona.
A.ZÊ.MO.LA, s.f., animal de carga; fig., pessoa estúpida e tola.
A.ZE.NHA, s.f., monjolo, moinho movido com a força da água.
A.ZE.VI.CHE, s.m., substância mineral de cor preta, com uso na fabricação de bijuterias.
A.ZI.A, s.f., azedume no estômago, ardência no estômago.
A.ZI.AR, s.m., instrumento com que se aperta o focinho das bestas; fig., tormento, aflição.
A.ZI.A.GO, adj., que traz desgraça, funesto, fúnebre, triste, azarento.
A.ZI.MI.A, s.f., falta de fermento.
A.ZÍ.MI.CO, adj., relativo ao pão ázimo.
Á.ZI.MO, adj., pão fabricado sem fermento.
A.ZI.MU.TAL, adj. 2 gên., relativo a azimute.
A.ZI.MU.TE, s.m., cálculo para verificar uma posição geográfica, considerando o arco horizontal com o meridiano e o círculo vertical em relação a um ponto terrestre.
A.ZI.NHA.VRE, s.m., cobertura de cor verde, que surge no cobre quando exposto ao ar.
A.ZI.Ú.ME, s.m., azedume, irritação, desconforto, estresse.
A.ZO, s.m., oportunidade, momento, ensejo; em Química, composto que contém o grupo bivalente N = N.
A.ZO.A.DA, s.f., barulho que atordoa, zoada; zanga.
A.ZO.A.DO, adj., tonto, enfadonho, incomodado, aborrecido.
A.ZO.AR, v.t. e int., incomodar, enfadar, aborrecer.
A.ZOI.CO, adj., em Química, diz-se do composto que contém o grupo azo; s.m., em Geologia, período azoico.
A.ZOI.NAR, v.t., incomodar, perturbar.
A.ZO.NAL, adj. 2 gên., em Geologia, diz-se de solo

recém-formado.
A.ZON.ZA.DO, *adj.*, meio zonzo, azuretado.
A.ZO.QUE, *s.m.*, mercado árabe.
A.ZU.RE.TA.DO, A.ZO.RE.TA.DO, *adj.*, *bras.*, *pop.*, meio atordoado, desorientado; transtornado; amalucado.
A.ZO.RE.TAR, A.ZO.RE.TAR, *v.int.*, *bras.*, *pop.*, ficar amalucado.
A.ZOR.RA.GAR, *v.t.*, bater com azorrague, chicotear.
A.ZOR.RA.GUE, *s.m.*, chicote; *fig.*, sofrimento, tormento, suplício.
A.ZOR.RAR, *v.t.*, arrastar pesadamente.
A.ZO.TA.DO, *adj.*, que está com azoto, que contém azoto.
A.ZO.TAR, *v.t.*, pôr azoto em, misturar azoto a alguma substância.
A.ZO.TO, *s.m.*, nome dado ao oxigênio, em outros tempos.
A.ZO.TO.SO, *adj.* o mesmo que nitroso.
A.ZOU.GA.DO, *adj.*, inquieto, irrequieto, nervoso.
A.ZOU.GA.MEN.TO, *s.m.*, qualidade de azougado, vivacidade.
A.ZOU.GAR, *v.t.*, misturar com azougue; *fig.*, inquietar.
A.ZOU.GUE, *s.m.*, palavra popular para o mercúrio; *fig.*, indivíduo atilado, vivo, esperto.
A.ZU.CRI.NA.ÇÃO, *adj.*, importunação, maçada.
A.ZU.CRI.NA.DO, *adj.*, incomodado, aborrecido, irritado.
A.ZU.CRI.NAN.TE, *adj.*, que azucrina, importuno, irritante, aborrecido.
A.ZU.CRI.NAR, *v.t. e int.*, incomodar, aborrecer, importunar.
A.ZUL, *adj.*, da cor do céu, sem nuvens, anil.
A.ZU.LÁ.CEO, *adj.*, relativo a azul, azulado.
A.ZU.LA.DO, *adj.*, cor com tendência para o azul.
A.ZU.LÃO, *s.m.*, azul muito forte, nome de uma ave muito comum.
A.ZU.LAR, *v.t., int. e pron.*, dar cor azul; *fig. pop.*, fugir, escapar-se.
A.ZU.LE.CER, *v.t. e int.*, azular, azulejar.
A.ZU.LE.GO, *adj.*, que tem cor levemente azul, azulado.
A.ZU.LE.JA.DO, *adj.*, que está revestido com azulejos; com forma de azulejo, com cor de azulejo.
A.ZU.LE.JAR, *v.t.*, colocar azulejos.
A.ZU.LE.JIS.TA, *s. 2 gên.*, quem fabrica azulejos, colocador de azulejos.
A.ZU.LE.JO, *s.m.*, cerâmica ou ladrilho usado para revestir paredes.
A.ZU.LI.NO, *adj.*, que tem cor azul.
A.ZUL-MA.RI.NHO, *s.m., adj.*, azul que mostra a cor do mar.
A.ZUL-PIS.CI.NA, *s.m., adj.*, azul com proximidade ao verde, glauco.
A.ZUL-TUR.QUE.SA, *adj.*, *s. 2 gên.*, azul que mostra a cor da pedra turquesa.
A.ZUL-VI.O.LE.TA, *s.m., adj.*, cor arroxeada com azul, que apresenta esta cor.
A.ZUM.BRA.DO, *adj.*, um tanto corcunda, um tanto corcovado.
A.ZUM.BRAR, *v.int.*, corcovar; vergar.
A.ZUR.RA.DOR, *adj.* e *s.m.*, zurrador.
A.ZUR.RAR, *v. int.*, emitir zurros, soltar zurros.

B

B, *s.m.*, a segunda letra do á-bê-cê e primeira consoante.
B, símbolo químico do boro.
BA, símbolo do bário.
BÁ, *s.f.*, *bras.*, redução da forma de babá; ama-seca.
BA, sigla do Estado da Bahia.
BA.A.MI.A.NO, BA.A.MEN.SE, *adj.* e *s. 2 gên.*, habitante ou natural das Ilhas Bahamas.
BA.BA, *s.f.*, saliva; saliva que sai pela boca.
BA.BÁ, *s.f.*, ama de leite, mulher que cuida de criança, aia.
BA.BA.BI, *s.m.*, *bras.*, (PE) sova, surra; briga.
BA.BA.CA, *adj. s. 2 gên.*, *pop.*, indivíduo tolo, bobo, fácil de se enganar.
BA.BA.ÇA, *adj.* e *s. 2 gên.*, *bras.*, irmão ou irmã gêmea.
BA.BA.ÇÃO, *s.f.*, ato ou efeito de babar(-se); *pop.*; bajulação.
BA.BA.ÇU, *s.m.*, palmeira do Norte do Brasil, de cujo coco se produz óleo comestível.
BA.BA.ÇU.AL, *s.m.*, conjunto de babaçus; aglomerado de palmeiras babaçu.
BA.BA.ÇU.ZAL, *s.m.*, o mesmo que babaçual.
BA.BA.DEI.RO, *s.m.*, o mesmo que babadouro.
BA.BA DE MO.ÇA, *s.f.*, doce da Bahia, feito com leite de coco e ovos.
BA.BA.DI.NHO, *adj.*, que deseja muito algo (a ponto de ser piegas).
BA.BA.DO, *s.m.*, tira de fazenda para enfeitar saias, cortinas; *adj.*, com baba, molhado com baba.
BA.BA.DOR, *s.m.*, peça de pano presa no pescoço da criança, para evitar que suje a roupa; qualquer objeto para evitar que suje a vestimenta.
BA.BA.DOU.RO, BA.BA.DOI.RO, *s.m.*, babador.
BA.BA.DU.RA, *s.f.*, ato de babar(-se).
BA.BAL, *s.m.*, espécie de tanga usada por algumas tribos de índios brasileiros.
BA.BA.LA.Ô, *s.m.*; *bras.*, sacerdote ioruba e guia espiritual (pai de santo) do terreiro de candomblé; var., ababaloalô, babaloxá.
BA.BAN.TE, *adj.*, que baba; babento.
BA.BÃO, *s.m.*, quem baba muito.
BA.BA-O.VO, *s. 2 gên.*, *pop.*, bajulador, adulador.
BA.BA.QUA.RA, *adj.* e *s. 2 gên.*, tolo, babaca, imbecil, atoleimado.
BA.BA.QUI.CE, *s.f.*, tolice, bobagem, asneira, imbecilidade, ignorância.
BA.BAR, *v.t.*, *int.* e *pron.*, sujar com baba, soltar baba, sentir muita gula por algo; *fig.*, estar apaixonado.
BA.BA.TAR, *v.int.*, *bras.*, tatear; apalpar como os cegos, andar às apalpadelas.
BA.BAU, *interj.*, expressão familiar que indica que algo se acabou.
BA.BEI.RO, *s.m.*, o mesmo que babador.
BA.BEL, *s.f.*, mistura de vozes, mistura de línguas, confusão, caótico.
BA.BE.LES.CO, *adj.*, babélico.
BA.BÉ.LI.CO, *adj.*, que se refere à Babel bíblica; confuso.
BA.BE.LI.ZAR, *v.t.*, tornar(-se) babélico, caótico; confundir; balburdiar; bagunçar.
BA.BEN.TO, *adj.*, *bras.*, o mesmo que babante.
BA.BE.SI.O.SE, *s.f.*, em Medicina, nome dado às doenças provocadas pelos protozoários do gên. babésia.
BA.BI.LÔ.NIA, *s.f.*, grande confusão, desordem, baderna.
BA.BI.LÔ.NI.CO, *adj.*, babilônio.
BA.BI.LÔ.NIO, *adj.*, próprio da Babilônia ou do Império Babilônico; natural ou habitante dessa cidade; que é muito grande, imenso.
BA.BI.LO.NIS.MO, *s.m.*, qualidade, aspecto de grandioso.
BA.BI.LO.NI.ZAR, *v.t.*, tornar babilônico (algo), corromper.
BA.BO.SA, *s.f.*, planta da família das liliáceas, usada como remédio, conhecida como aloé-vera.
BA.BO.SEI.RA, *s.f.*, algo tolo, bobagem, tolice.
BA.BO.SI.CE, *s.f.*, o mesmo que baboseira.
BA.BO.SO, *adj.*, que se baba, que está cheio de baba; *fig.*, apaixonado, enamorado.
BA.BU.GEM, *s.f.*, coisas de pequeno valor, restos de algo, restos de comida.
BA.BU.Í.NO, *s.m.*, macaco africano muito grande.
BA.BU.JAN.TE, *adj.*, que babuja, que (se) suja.
BA.BU.JAR, *v.t.* e *pron.*, sujar(-se), babar(-se); *fig.*, lisonjear, bajular.
BA.BU.JA.RI.A, *s.f.*, bajulação, adulação.
BA.BU.ZAR, *s.m.*, certa águia marítima, que se aninha nos rochedos e se alimenta de peixes.
BA.CA.BAL, *s.m.*, onde crescem as bacabeiras.
BA.CA.BEI.RA, *s.f.*, *bras.*, espécie de palmeira do gên. *Oenocarpus* (bacaba-de-leque).
BA.CÁ.CEO, *adj.*, nome do fruto que se assemelha a uma baga.
BA.CA.LHAU, *s.m.*, peixe dos mares frios, cuja carne, seca e salgada, é muito consumida.
BA.CA.LHO.A.DA, *s.f.*, muito bacalhau, comida preparada com bacalhau.
BA.CA.LHO.EI.RO, *s.m.*, pescador de bacalhau, quem vende bacalhau.
BA.CA.MAR.TA.DA, *s.f.*, tiro de bacamarte.
BA.CA.MAR.TE, *s.m.*, arma de fogo de antigamente.
BA.CA.NA, *s.m.* e *adj.*, *pop.*, bonito, elegante, de aparência fina, bem vestido.
BA.CA.NAL, *s.m.*, festa em honra ao deus Baco; orgia, festa licenciosa.
BA.CA.NE.AR-SE, *v.t.*, *bras.*, *gír.*, fazer-se de bacana; pavonear-se.
BA.CAN.TE, *s.f.*, sacerdotisa de Baco, mulher de bacanal.
BA.CA.RÁ, *s.m.*, tipo de jogo de azar.
BA.CA.RÉU, *s.m.*, em Zoologia, pequeno veado.
BA.CE.LA.DA, *s.f.*, plantação de bacelos; vinha nova.

BACELADOR ··· 135 ··· **BAGAÇA**

BA.CE.LA.DOR, *s.m.*, plantador de bacelos.
BA.CE.LAR, *v.t. e int.*, plantar de bacelos.
BA.CE.LO, *s.m.*, muda de videira tirada dos ramos da vide, muda nova.
BA.CEN.TO, *adj.*, um tanto baço, embaçado.
BA.CHA.REL, *s.m.*, toda pessoa que completa o estudo em faculdade.
BA.CHA.RE.LA.DO, BA.CHA.RE.LA.TO, *s.m.*, ação de se formar bacharel.
BA.CHA.RE.LAN.DO, *s.m.*, estudante que está graduando bacharel (ou se formando) em curso universitário.
BA.CHA.RE.LAR, *v. pron.*, receber o grau de formação como bacharel.
BA.CHA.RE.LES.CO, *adj.*, próprio de ou relativo a bacharel.
BA.CHA.RE.LIS.MO, *s.m.*, estilo de falar cansativo e pretencioso; bacharelice.
BA.CI.A, *s.f.*, recipiente, vasilha de forma arredondada, para uso de casa; bacia fluvial - conjunto de rios, do rio maior com os afluentes.
BA.CI.A.DA, *s.f.*, quantidade contida em uma bacia; uma bacia cheia.
BA.CI.A.DO, *adj.*, que é baço ou de cor baça; embaciado.
BA.CI.AL, *adj.*, relativo a bacia.
BA.CI.FOR.ME, *adj.*, que tem forma ou consistência de baga.
BA.CI.LAR, *adj.*, que se refere ao bacilo, que tem formato comprido e delgado como o bacilo.
BA.CI.LEN.TO, *adj.*, o mesmo que macilento.
BA.CI.LÍ.FE.RO, *adj.*, em Medicina, portador de bacilos sem apresentar qualquer doença.
BA.CI.LI.FOR.ME, *adj. 2 gên.*, que tem a forma de bacilo; bacilar.
BA.CI.LO, *s.m.*, vírus, micróbio, bactéria.
BA.CI.LO.SE, *s.f.*, doença provocada por bacilo; epidemia causada por bacilo.
BA.CI.NE.TE, *s.m.*, em Anatomia, pelve renal que tem a função de atuar como funil para os ureteres do rim; *ant.*, conjunto de armadura que cobria a cabeça do guerreiro.
BA.CI.O, *s.m.*, vaso do sanitário, vaso para uso no banheiro; penico.
BA.CÍ.VO.RO, *adj.*, que se alimenta de bagas.
BACKUP, *s.m.*, becape, palavra inglesa, de uso corrente em português – cópia de segurança de programas ou documentos feitos no computador.
BA.CO, *s.m.*, deus do vinho na mitologia greco-romana; *fig.*, bebedeira.
BA.ÇO, *adj.*, de cor escura, embaciado, difícil para se olhar através de; *s.m.*, órgão do corpo humano que exerce várias funções.
BA.CO.CO, *adj. e s.m.*, *pop.*, ingênuo, simplório, palerma.
BACON, *s.m.*, termo inglês para designar toucinho (pronúncia: beicon).
BA.CO.NI.A.NO, *adj.*, relativo a ou próprio do filósofo inglês Francis Bacon (1561-1626), *s.m.*, seguidor ou conhecedor das ideias de Bacon.
BA.CO.RE.JAR, *v.t. e int.*, propor, prever, sugerir; grunhir, voz do porco.
BA.CO.RE.JO, *s.m.*, proposta, previsão, suspeita.
BA.CO.RI.NHO, *s.m.*, leitãozinho, pequeno bácoro, porquinho novo.
BA.CO.RIM, *s.m.*, pequeno bácoro, leitãozinho, leitão.
BÁ.CO.RO, *s.m.*, leitão, porco novo, porquinho.

BAC.TÉ.RIA, *s.f.*, micro-organismo vegetal; micróbio.
BAC.TE.RI.CI.DA, *s.m. e adj.*, que mata bactérias, que destrói bactérias.
BAC.TE.RI.Ó.FA.GO, *s.m.*, quem anula bactérias, quem mata bactérias.
BAC.TE.RI.O.LO.GI.A, *s.f.*, ciência que estuda as bactérias.
BÁ.CU.LO, *s.m.*, cajado, bastão, instrumento que o pastor de ovelhas usa.
BA.CU.RI, *s.m.*, *pop.*, criança masculina, menino, rapazinho.
BA.DA.LA.ÇÃO, *s.f.*, ação ou efeito de badalar; elogios exagerados; *fig.*, bajulação, ovação social.
BA.DA.LA.DA, *s.f.*, som que o sino emite quando batido pelo badalo.
BA.DA.LA.DO, *adj.*, na fala popular, muito comentado, muito falado e mostrado.
BA.DA.LAR, *v. int.*, bater as badaladas, soar; *pop.*, comentar nas rodas sociais.
BA.DA.LHO.CA, *s.f.*, aquilo que fica pendente, como os testículos; sujeira com excremento presa na lã de ovelha; pedaços de fezes humanas presas nos pentelhos; repulsa, aversão, nojo.
BA.DA.LO, *s.m.*, peça de metal posta na parte interna dos sinos, para provocar seu som.
BA.DE.JO, *s.m.*, tipo de peixe comestível, semelhante ao bacalhau.
BA.DER.NA, *s.f.*, confusão, desordem, barulheira, balbúrdia, bagunça.
BA.DER.NA.ÇO, *s.m.*, *pop.*, tumulto, confusão, reclamação contra autoridades por meio de desordens públicas.
BA.DER.NAR, *v. int.*, fazer confusão, baderna.
BA.DER.NEI.RO, *s.m. e adj.*, que faz badernas, desordeiro, barulhento.
BA.DER.NIS.TA, *s. 2 gên.*, arruaceiro, baderneiro, perturbador da ordem.
BA.DU.LA.QUE, *s.m.*, cozido português de fígado e bofes; qualquer coisa; cacareco; trastes, objetos de pouco valor.
BA.E.TA, *s.f.*, tipo de tecido com felpas e de lã.
BA.E.TÃO, *s.m.*, baeta grossa; *bras.*, tipo de cobertor de lã.
BA.FA.FÁ, *s.m.*, *pop.*, baderna, confusão, intrigas.
BA.FA.GEM, *s.f.*, bafo, aragem, aura, brisa.
BA.FAR, *v. int.*, soltar, expelir o bafo, soltar o ar dos pulmões.
BA.FE.JA.DO, *adj.*, espirado, assoprado.
BA.FE.JA.DOR, *adj.*, que bafeja.
BA.FE.JAR, *v.t. e int.*, soltar o bafo, assoprar; *fig.*, animar, dar sorte.
BA.FE.JO, *s.m.*, sopro, soltar o bafo, ação ou efeito de bafejar.
BA.FI.O, *s.m.*, cheiro que vem de locais úmidos e pouco arejados.
BA.FO, *s.m.*, ar solto pelos pulmões; hálito, respiração.
BA.FO.EI.RA.DA, *s.f.*, baforada.
BA.FÔ.ME.TRO, *s.m.*, aparelho usado pela polícia para medir, através do ar expelido, o teor de álcool que a pessoa retém no sangue.
BA.FO.RA.DA, *s.f.*, a quantidade de bafo que a pessoa solta; fumaça que o fumante expele.
BA.FO.RAR, *v.t. e int.*, soltar o bafo, expelir o ar dos pulmões.
BA.FUN.TAR, *v.int.*, o mesmo que morrer.
BA.FUR.DAR, *v.int.* chafurdar, revolver-se na água.
BA.GA, *s.f.*, fruto carnudo e de forma redonda de muitas plantas, como jabuticaba, uva e outras frutas; gota.
BA.GA.ÇA, *s.f.*, *bras.*, coisa que incomoda, restolho de bagaço.

BAGAÇADA ••• 136 ••• **BAIXARIA**

BA.GA.ÇA.DA, s.f., monte de bagaço, muito bagaço; fig., tipos de pouco valor moral.
BA.GA.CEI.RA, s.f., nos engenhos de cana, local em que se acumulam os bagaços; tipo de aguardente.
BA.GA.CEI.RO, adj., que se alimenta de bagaço; que se mistura com a plebe; gír., que é muito popular, pejorativamente; s.m., aquele que lança o bagaço na bagaceira; gír., pessoa desclassificada.
BA.GA.ÇO, s.m., resíduos de frutas espremidas da cana-de-açúcar; restos de qualquer coisa; fig., estar muito cansado, gasto.
BA.GA.DA, s.f., pop., grande quantidade de bagas ou pingos.
BA.GA.GEI.RO, s.m., local em que se põe a bagagem; quem carrega a bagagem; no carro, diz-se porta-malas.
BA.GA.GEM, s.f., conjunto de objetos que alguém carrega; todos os objetos que o viajante leva consigo.
BA.GA.LHÃO, s.m., bago ou baga grande.
BA.GA.NA, s.f., ponta de cigarro, xepa, ponta de baseado após o cigarro ser fumado.
BA.GAN.DA, s. 2 gên., pessoa ordinária, sediciosa ou desordeira.
BA.GA.RO.TE, s.m., pequeno bago; bras., ant., gír., antiga nota ou moeda de mil réis.
BA.GA.TE.LA, s.f., ninharia, nonada, coisa sem valor, insignificância.
BA.GA.TE.LEI.RO, adj. e s.m., que ou quem se preocupa muito com bagatelas, meticuloso em excesso.
BA.GO, s.m., fruta da videira; toda fruta pequena e arredondada; grão.
BA.GRE, s.m., tipo de peixe do mar ou de água doce, com couro e comestível.
BA.GUÁ, adj. e s.m., bras., bagual.
BA.GUAL, adj. 2 gên., (termo gaúcho) diz-se de animal arisco; diz-se de potro ou cavalo arisco; fig., assustado; pouco sociável; muito bonito e vistoso; s.m., potro ou cavalo bagual.
BA.GUE.TE, s.f., tipo de pão fino e comprido.
BA.GUE.TEI.RA, s.f., aparelho que faz massa de pão no formato de baguete.
BA.GU.LHA.DO, adj., bagulhento, que está cheio de bagulhos, que contém bagulhos.
BA.GU.LHEN.TO, adj., que tem muito bagulho (a uva).
BA.GU.LHO, s.m., bras., semente do bago de uva; coisa sem valor, traste; pessoa feia.
BA.GU.LHO.SO, adj., o mesmo que bagulhado ou bagulhento.
BA.GUN.ÇA, s.f., pop., baderna, confusão, desordem, balbúrdia.
BA.GUN.ÇA.DO, adj., gír., que está desarrumado, mal organizado; malvestido.
BA.GUN.ÇAR, v.t., pop., badernar, provocar confusão, desorganizar.
BA.GUN.CE.AR, v.int., gír., fazer bagunça ou desordem.
BA.GUN.CEI.RO, s.m., pop., baderneiro, baderneto, desordeiro.
BAH!, interj., expressão de espanto, desdém, asco.
BAI.A, s.f., nas cavalariças, o local em que se aloja um cavalo; nas avenidas, reentrância para parada de veículos, boxe.
BA.Í.A, s.f., porção de água do mar que entra na terra por meio de uma cavidade estreita; angra, enseada.
BAI.A.CU, s.m., peixe miúdo, de água doce ou salgada, que incha quando se sente ameaçado.
BAI.A.NA, s.f., mulher natural da Bahia, cozinheira de bons quitutes; expr., rodar a baiana - provocar muita confusão para conseguir direitos próprios.
BAI.A.NA.DA, s.f., história de baiano; costume e ação de baiano; festa de baianos.
BAI.A.NI.ZA.ÇÃO, s.f., ato de assemelhar-se às características de baiano.
BAI.A.NI.ZAR, v.t. e int., assumir ou dar características dos baianos (hábitos, linguagem, etc.).
BAI.A.NO, adj. e s.m., habitante ou natural do Estado da Bahia.
BAI.ÃO, s.m., tipo de dança e canto popular.
BAI.LA, s.f., bailado; de uso na expressão - vir à baila: ser recordado, a propósito.
BAI.LA.DEI.RA, s.f., dançarina, quem dança, bailadora.
BAI.LA.DO, s.m., dança, baile, representação de uma dança.
BAI.LA.DOR, s.m., dançarino, quem baila, quem dança.
BAI.LAN.TE, adj. e s. 2 gên., que ou aquele que baila.
BAI.LÃO, s.m., aquele que baila muito.
BAI.LAR, v.t. e int., dançar, executar passos de dança.
BAI.LA.RI.NO, s.m., dançarino, quem baila, quem dança por profissão.
BAI.LE, s.m., dança, festa com dança; fig., dar um baile - vencer logo.
BAI.LE.CO, s.m., baile sem importância, bailezinho.
BAI.LO.MA.NI.A, s.f., paixão por bailes.
BA.I.NHA, s.f., estojo de qualquer material para pôr uma arma branca; dobra no pano de alguns tipos de vestimenta; invólucro de alguns frutos, na Natureza.
BAI.NHAR, v.t., fazer bainha, embainhar.
BAI.NHEI.RO, s.m., pessoa que faz bainhas (de espadas e armas brancas).
BAI.O, adj., s.m., cavalo de cor ligeiramente amarelada.
BAI.O.NE.TA, s.f., tipo de faca, espada, que se coloca na ponta do fuzil.
BAI.O.NE.TA.DA, s.f., golpe com a baioneta; ataque com uso de baioneta.
BAI.O.NE.TAR, v.t., dar golpes de baioneta em.
BAIR.RIS.MO, s.m., próprio de bairrista; interesse exagerado por seu bairro ou sua terra.
BAIR.RIS.TA, s.m., adj., habitante de um bairro; quem defende apenas o que diz respeito à sua terra.
BAIR.RO, s.m., divisões de áreas urbanas; conjunto de quarteirões.
BAI.TA, adj., pop., grande, enorme, exagerado.
BAI.TA.CA, s.f., tipo de papagaio; fig., pessoa falante, quem muito fala.
BAI.U.CA, s.f., casa pequena, suja; loja de pouca expressão, bodega.
BAI.U.QUEI.RO, adj., relativo a baiuca; s.m., dono ou frequentador de baiucas.
BAI.XA, s.f., baixada, saída do serviço militar, diminuição de preço, relevo negativo no terreno.
BAI.XA.DA, s.f., terreno em declive, planície grande, local bem plano, planície entre morros.
BAI.XA.DÃO, s.m., uma grande baixada, uma planície vasta, várzea ampla.
BAI.XA-MAR, s.f., maré baixa, refluxo, vazante.
BAI.XÃO, s.m., instrumento musical de sopro de som grave, que lembra o fagote.
BAI.XAR, v.t e v. int., fazer descer, diminuir, reduzir, apear; fig., abater, deprimir, humilhar.
BAI.XA.RI.A, s.f., pop., má educação, despropósito, usar de

BAIXEL ... 137 ... BALBUCIAMENTO

atitudes ou palavras de baixo nível.
BAI.XEL, *s.m.*, barquinho, embarcação, pequeno navio.
BAI.XE.LA, *s.f.*, conjunto de objetos e louças da cozinha, trem de cozinha, louças para os serviços da mesa.
BAI.XE.ZA, *s.f.*, o que é baixo, imoralidade, depravação, safadeza, pilantragem.
BAI.XI.NHO, *adv.*, com voz fraca, voz quase imperceptível; *s.m.*, indivíduo de estatura reduzida, nanico.
BAI.XI.O, *s.m.*, banco de areia, qualquer obstáculo que está à flor da água.
BAI.XIS.TA, *s. 2 gên.*, quem toca um instrumento de sopro, o baixo ou o contrabaixo.
BAI.XO, *adj.*, de altura pequena; inferior, perverso, desprezível; a pouca altura do solo; *s.m.*, cantor de voz grossa e tons baixos.
BAI.XO-AS.TRAL, *s.m.*, estado de espírito que desanima e deprime a pessoa; *fig.*, moral fraco.
BAI.XO-LA.TIM, *s.m.*, o latim usado na Idade Média, do qual vieram as línguas neolatinas; latim de cunho popular, dito macarrônico; latim popular.
BAI.XO-RE.LE.VO, *s.m.*, escultura encravada na superfície, escultura.
BAI.XO.TE, *adj.* e *s.m.*, quem é muito baixo, baixinho; que é baixo, pequeno.
BAI.XO-VEN.TRE, *s.m.*, parte inferior do ventre, parte inferior do abdômen.
BAI.XU.RA, *s.f.*, lugar baixo, depressão de terreno; baixeza.
BA.JAR, *v.int.*, em agricultura, criar, lançar, dar, produzir vagens.
BA.JES.TO, *s.m.*, coisa insignificante.
BA.JOU.JAR, *v.t.*, adular, acarinhar, fazer muitas carícias, afagar.
BA.JOU.JO, *adj.* e *s.m.*, adulador, parvo, baboso.
BA.JU.LA.ÇÃO, *s.f.*, elogios exagerados, adulação, *pop.*, puxa-saquismo.
BA.JU.LA.DO, *adj.*, adulado, lisonjeado.
BA.JU.LA.DOR, *s.m.*, quem bajula, adula, elogia por demais.
BA.JU.LAR, *v.t.*, elogiar com exagero, adular, lisonjear, buscar favores.
BA.JU.LA.TI.VO, *adj.*, em que se pratica bajulação.
BA.JU.LA.TÓ.RIO, *adj.*, que contém bajulação ou que é característico de bajulador.
BA.JU.LI.CE, *s.f.*, bajulação.
BA.LA, *s.f.*, objeto de metal que se usa nas armas de fogo, projétil (ou projetil); produto com açúcar e outros ingredientes; doce, caramelo.
BA.LA.CLA.VA, *s.f.*, tipo de capuz que cobre a cabeça com abertura para os olhos ou o rosto, us. por pilotos de corrida, bombeiros, etc.; para segurança contra incêndio; também us. como disfarce, ger. por militares em serviço.
BA.LA.ÇO, *s.m.*, grande bala ou tiro de arma de fogo, balázio; em futebol, chute muito violento.
BA.LA.CO.BA.CO, *s.m.*, *pop.*, us. na expr. *do balacobaco*: ótimo, excelente, fora do comum.
BA.LA.DA, *s.f.*, historieta em forma de poema, narrando fatos do povo, podendo ser acompanhada por música; gênero de música sentimental; *pop.*, dança noturna licenciosa.
BA.LAI.A.DA, *s.f.*, conjunto de balaios; conteúdo de um balaio.
BA.LA.DEI.RA, *s.f.*, (Norte e Nordeste), atiradeira, estilingue.
BA.LAI.O, *s.m.*, cesto, recipiente feito de bambu ou cipó, para carregar objetos.

BA.LA.LAI.CA, *s.f.*, instrumento com três cordas, de uso comum na Rússia.
BA.LA.ME, *s.m.*, coleção de balas, pilha de balas.
BA.LAN.ÇA, *s.f.*, instrumento que se usa para pesar, medida de peso.
BA.LAN.ÇA.DO, *adj.*, oscilado, equilibrado, sacudido.
BA.LAN.ÇAN.TE, *adj. 2 gên.*, que balança ou faz balançar, oscilante.
BA.LAN.ÇAR, *v.t., int.* e *pron.*, equilibrar, oscilar, brincar no balanço, sacudir; *fig.*, desequilibrar, comover.
BA.LAN.CE.A.DO, *s.m., adj.*, alimento preparado de acordo com técnicas alimentares; comida exata para alimentar.
BA.LAN.CE.A.DU.RA, *s.f.*, o mesmo que balanceamento.
BA.LAN.CE.A.MEN.TO, *s.m.*, ação ou efeito de balançar, equilíbrio, ajuste mecânico nas rodas do carro.
BA.LAN.CE.AR, *v.t.* e *int.*, executar o balanceamento, equilibrar, firmar, colocar os ingredientes certos em um alimento.
BA.LAN.CEI.O, *s.m.*, ação ou efeito de balançar.
BA.LAN.CE.TE, *s.m.*, pequeno balanço, balanço parcial, demonstrativo contábil de uma parte de todo o balanço.
BA.LAN.CIM, *s.m.*, peça central para movimentar outras peças; peça usada nas carroças, para prender os tirantes dos animais que as puxam.
BA.LAN.CIS.TA, *s.m.*, pessoa que faz aferição das balanças; encarregado da balança (em matadouros e frigoríficos).
BA.LAN.ÇO, *s.m.*, ação ou efeito de balancear, demonstrativo do movimento contábil de uma empresa; objeto pendurado para se brincar, impulsionando-o de um lado para o outro.
BA.LAN.GAN.DÃ, *s.m.*, enfeite usado pelas mulheres baianas, em dias de festa.
BA.LAN.GAR, *v.t.* e *int.*, oscilar(-se), balançar(-se), balouçar(-se).
BA.LA.NOI.DE, *adj.*, semelhante a bolota.
BA.LÃO, *s.m.*, aerostato em forma oval, feito de vários materiais que, tendo o ar ou o gás aquecido, sobe; bola com ar aquecido; objeto colorido que se compra para encher com ar e enfeitar aniversários, sobretudo de crianças; espaço em revistas em quadrinhos para inserir os textos.
BA.LÃO DE EN.SAI.O, *s.m.*, peça usada em laboratórios para pesquisas; *fig.*, experiência, tentativa de verificação de uma hipótese.
BA.LÃO-SON.DA, *s.f.*, balão especial que os cientistas colocam no alto da atmosfera para observações.
BA.LAR, *v.t.* e *int.*, dar balidos, balir.
BA.LAS.TRAR, *v.t.*, cobrir de balastro.
BA.LAS.TRO, *s.m.*, mistura de areia e cascalho, etc., para dar segurança aos dormentes nas vias férreas; lastro.
BA.LA.TA, *s.f.*, goma semelhande ao látex extraído de uma árvore da família das sapotáceas, denominada balateira.
BA.LA.US.TRA.DA, *s.f.*, série de balaústres, corrimão de escada, parapeito feito de balaústres.
BA.LA.ÚS.TRE, *s.m.*, pequena coluna para suportar corrimãos, varandas.
BAL.BO, *adj.*, o mesmo que gago.
BAL.BU.CEI.O, *s.m.*, ato de balbuciar ou gaguejar.
BAL.BU.CI.A.ÇÃO, *s.f.*, ato ou efeito de balbuciar; balbuciamento; balbucio.
BAL.BU.CI.A.DE.LA, *s.f.*, balbuciação.
BAL.BU.CI.A.DO, *adj.*, articulado por sílaba, falado com dificuldade.
BAL.BU.CI.A.MEN.TO, *s.m.*, vício ou impedimento que limita

a correta articulação das palavras; balbucio.
BAL.BU.CI.AN.TE, adj. 2 gên., que balbucia, que hesita na pronunciação; fig. tímido, inseguro.
BAL.BU.CI.AR, v.t. e int., falar com dificuldade, falar articulando sílaba por sílaba, gaguejar.
BAL.BU.CI.O, s.m., balbuciação, fala de difícil articulação.
BAL.BÚR.DIA, s.f., confusão, baderna, bagunça, barulho.
BAL.CA.NI.ZA.DO, adj., que sofreu o processo de balcanização.
BAL.CA.NI.ZAR, v.t., dividir ou subdividir um território em diversos países menores, por meros caprichos políticos, sem atender aos aspectos culturais, religiosos e linguísticos.
BAL.CÃO, s.m., mostruário, varanda das casas, um tipo de mesa para receber fregueses em casas de comércio.
BAL.CO.NIS.TA, s. 2 gên., vendedor, pessoa que atende os fregueses nas lojas; atendente, recepcionista.
BAL.DA, s.f., mau costume, vezo, mania, vício.
BAL.DA.DA, s.f., conteúdo que um balde contém; arremesso desse conteúdo.
BAL.DA.DO, adj., malogrado, inútil, frustrado.
BAL.DÃO, s.m., ant., impropério, doesto, afronta.
BAL.DA.QUIM, BAL.DA.QUI.NO, s.m., cobertura feita com tecidos finos, para cobrir algum altar ou ser levado em procissões com o auxílio de cabos de madeira, a fim de cobrir o andor do santo.
BAL.DA.DO, adj., inutilizado, frustrado.
BAL.DAR, v.t. e pron., inutilizar, frustrar, fazer com que dê errado.
BAL.DE, s.m., vasilha de metal ou plástico, para recolher líquidos ou objetos.
BAL.DE.A.ÇÃO, s.f., ato ou efeito de baldear, mudança, transferência.
BAL.DE.A.DO, adj., mudado de ponto, transferido, deslocado.
BAL.DE.A.DOR, adj. e s.m. que ou o que baldeia.
BAL.DE.AR, v.t., mudar pessoas ou objetos de um ponto para outro; mudar, transferir, deslocar.
BAL.DI.O, adj., s.m., sem utilidade, terreno abandonado, em uso, terra não cultivada.
BAL.DO, adj., que está em carência, desprovido de (algo); malogrado, baldado; ocioso, inútil; em jogo de cartas, que não tem cartas de certo naipe.
BAL.DRA.ME, s.m., fundamento, alicerce.
BAL.DRO.QUEI.RO, adj., mexeriqueiro, var., baldrogueiro.
BA.LÉ, s.m., dança cadenciada, com fins artísticos.
BA.LE.A.DO, adj. e s.m., ferido com bala de arma de fogo; fig., prostrado, fraco, inutilizado.
BA.LE.AR, v.t., machucar ou ferir com bala de arma de fogo; machucar.
BA.LE.EI.RA, s.f., barco próprio para manobras de baldeação ou transporte de pessoas e cargas.
BA.LE.EI.RO, adj. e s.m., quem pesca baleias; quem negocia com carne de baleia; barco para a pesca de baleias.
BA.LEI.A, s.f., o maior animal dos mares, cetáceo e mamífero.
BA.LEI.RO, s.m., ambulante que vende balas, doces, recipiente para colocar balas, caramelos.
BA.LE.LA, s.f., boato, história sem fundamento, nonada, piada.
BA.LE.O.TE, s.m., baleia menor que as comuns da família; pequena baleia, baleia-anã.
BA.LI.DO, s.m., som emitido pela voz da ovelha; voz da ovelha; fig., sussurro, som fraco.
BA.LIR, v. int., o modo de a ovelha emitir sua voz, balar.

BA.LIS.TA, s.f., máquina antiga para arremessar pedras, sobretudo em guerras.
BA.LÍS.TI.CA, s.f., ciência que estuda a trajetória das balas.
BA.LÍS.TI.CO, adj., relativo à balística.
BA.LI.ZA, s.f., marco, ponto que limita, ponto de referência, estaca, limite nas provas para condutores de veículos, direções e ações a serem seguidas.
BA.LI.ZA.DO, adj., sinalizado, marcado, limitado.
BA.LI.ZA.DOR, s.m., quem baliza, sinalizador.
BA.LI.ZA.GEM, s.f., ato de pôr balizas; marcação.
BA.LI.ZA.MEN.TO, s.m., ação ou efeito de balizar, limitação.
BA.LI.ZAR, v.t., marcar com balizas, limitar, direcionar.
BA.LI.ZEI.RO, adj., pertencente ou relativo a baliza; s.m., balizador.
BAL.NE.A.BI.LI.DA.DE, s.f., qualidade ou estado do que é balneável.
BAL.NE.A.ÇÃO, s.f., ato de balnear.
BAL.NE.AR[1], adj., referente a banhos, próprio do balneário; balneário.
BAL.NE.AR[2], v.t., ir a um balneário, passar férias na praia, banhar-se no mar.
BAL.NE.Á.RIO, s.m., casa ou local próprio para banhos, estância para banhos, praia marítima.
BÁL.NE.AS, s.f., pl., banhos públicos na antiga Roma.
BAL.NE.A.TÓ.RIO, adj., relativo aos banhos; balneário.
BAL.NE.O.LO.GI.A, s.f., estudo dos banhos.
BAL.NE.O.TE.RA.PI.A, s.f., em Medicina; tratamento de doenças com o emprego de banhos.
BA.LO.EI.RO, s.m., quem solta balões, fabricante de balões.
BA.LO.FI.CE, s.f., qualidade ou situação de balofo; impostura.
BA.LO.FO, adj., mole, massa grande e de pouco peso, gordo, inchado.
BA.LO.NÊ, adj. 2 gên., saia em forma de balão.
BA.LO.NIS.MO, s.m., a ciência ou a arte de dirigir balões, de conduzir balões na atmosfera.
BA.LO.NIS.TA, adj. 2 gên., do ou relativo à prática do balonismo; s. 2 gên.; pessoa que pratica o balonismo ou que solta balão.
BA.LOU.ÇAN.TE, adj., que balouça.
BA.LOU.ÇAR, v.t., int. e pron., balançar, empurrar num balanço, ninar.
BAL.RO.AR, v.t. e int., o mesmo que abalroar.
BAL.SA, s.f., embarcação para transporte de cargas, jangada, barcaça.
BAL.SA.MAR, v.t., produzir bálsamo, aromatizar, perfumar; fig., suavizar, amenizar uma situação.
BAL.SA.MEI.A, s.f., o suma do bálsamo.
BAL.SA.MEI.RO, s.m., árvore que produz o bálsamo.
BAL.SA.MI.FI.CAR, v.t., o mesmo que balsamizar.
BAL.SA.MI.ZAR, v.t., balsamar, perfumar, aromatizar.
BAL.SÂ.MI.CO, adj., referente ao bálsamo, perfumado, cheiroso, aromático.
BÁL.SA.MO, s.m., tipo de perfume, ingrediente para massagear, aroma.
BAL.SE.A.DOR, adj. e s.m., que ou aquele que faz transporte com balsas.
BAL.SEI.RO, s.m., barqueiro, quem conduz uma balsa.
BA.LU.AR.TE, s.m., fortaleza, lugar de segurança, algo muito forte.
BA.LU.DO, adj., bras., (Nordeste), endinheirado; ricaço.
BAL.ZA.QUI.A.NA, adj. e s.f., expressão que se refere a mulheres descritas por Balzac, escritor francês, solteiras

após os 30 anos de idade.

BAL.ZA.QUI.A.NO, *adj.*, que se refere a Honoré de Balzac, escritor francês do Realismo.

BAM.BA, *adj.* e *s. 2 gén.*, gíria - valente, valentão, metido a valente, encrenqueiro.

BAM.BA.LE.A.DU.RA, *s.f.*, bamboleamento, bamboleadura.

BAM.BA.LE.A.MEN.TO, *s.m.*, ver bamboleamento, bambaleadura, bamboleio.

BAM.BA.LE.AN.TE, *adj.*, que bambaleia, ver bamboleante.

BAM.BA.LE.AR, *v.t., int.* e *pron.*, bambolear, balançar.

BAM.BAR, *v.t.*, ver bambear.

BAM.BE.AR, *v.t.* e *pron.*, afrouxar, afrouxar-se, tornar-se mole, perder a coragem.

BAM.BEI.O, *s.m.*, ato ou efeito de bambear.

BAM.BEI.RA, *s.f.*, que é ou está bambo.

BAM.BI, *s.m.*, filhote de corça ou de gazela.

BAM.BI.NE.LA, *s.f.*, cortina com franjas, feita em duas partes verticais, mas presas nos lados.

BAM.BO, *adj.*, frouxo, mole, fraco, que balança.

BAM.BO.AN.TE, *adj.*, que bamboa.

BAM.BO.AR, *v.t.*, bambolear, balouçar.

BAM.BO.CHA, *s.m.*, indivíduo dado a bambochatas; pândego.

BAM.BO.CHAR, *v.int., bras.*, fazer patuscada; pandegar.

BAM.BO.CHA.TA, *s.f.*, estilo de pintura que representa cenas de festas populares ou burlescas; *fig., pop.*, pândega; patuscada; orgia.

BAM.BO.LÊ, *s.m.*, objeto plástico de forma circular, para a prática de bamboleio.

BAM.BO.LE.A.DO, *adj.*, que bamboleia; gingado.

BAM.BO.LE.A.DU.RA, *s.f.*, bambaleadura; ver bamboleamento.

BAM.BO.LE.A.MEN.TO, *s.m.*, ato de bambolear(-se); bambaleio, bomboleio.

BAM.BO.LE.AN.TE, *adj.*, oscilante, que bamboleia.

BAM.BO.LE.AR, *v. int.* e *pron.*, oscilar, sacudir-se, menear, sacudir os quadris.

BAM.BO.LEI.O, *s.m.*, ação ou efeito de bambolear, ginga.

BAM.BO.LIM, *s.m.*, um tipo de sanefa para uso em cortinas.

BAM.BO.LI.NA, *s.f.*, em teatro, parte de cima do cenário que une os bastidores, simulando o céu, folhagem, etc.

BAM.BU, *s.m.*, tipo de planta das gramíneas, com o caule em gomos e ocos.

BAM.BU.A.DA, *s.f.*, pancada com o bambu; var., bambucada.

BAM.BU.AL, *s.m.*, bambuzal, conjunto de bambus.

BAM.BUR.RAL, *s.m.*, vegetação pobre e emaranhada, em lugar pantanoso; em Botânica, planta das labiadadas (*Hyptis umbrosa*), cujas folhas têm uso terapêutico.

BAM.BUR.RAR, *v. int.*, ser sortudo no garimpo, encontrar o que se deseja no garimpo.

BAM.BUR.RI.CE, *s.f.*, bambúrrio.

BAM.BÚR.RIO, *s.m.*, sorte muito grande; felicidade inesperada; acerto ao acaso.

BAM.BUR.RO, *s.m.*, mato emaranhado, charravascal.

BAM.BU.SA, *s.f.*, do gên. *Bambusa*, que compreende as espécies de bambus.

BAM.BU.ZAL, *s.m.*, grupo de bambus, bambual, moita ou touceira de bambus.

BA.NAL, *adj.*, comum, ordinário, do dia a dia, normal, trivial.

BA.NA.LI.DA.DE, *s.f.*, o que é banal, trivialidade, vulgaridade.

BA.NA.LI.ZA.ÇÃO, *s.f.*, ato ou efeito de banalizar(-se), de se tornar trivial.

BA.NA.LI.ZA.DO, *adj.*, trivializado, vulgarizado, rotineiro.

BA.NA.LI.ZA.DOR, *adj.* e *s.m.*, que ou quele que banaliza.

BA.NA.LI.ZAN.TE, *adj. 2 gén.*, que banaliza, torna banal ou comum.

BA.NA.LI.ZAR, *v.t.*, tornar banal, vulgarizar, trivializar.

BA.NA.NA, *s.f.*, fruta que se colhe da bananeira, peça de dinamite; *pop.*, pessoa sem fibra, molenga.

BA.NA.NA.DA, *s.f.*, geleia de banana, doce de banana, comida à base de banana.

BA.NA.NA-DA-TER.RA, *s.f.*, tipo de banana maior que as normais, que deve ser cozida para o consumo.

BA.NA.NAL, *s.m.*, plantação de bananeiras; bananeiral.

BA.NA.NA-MA.ÇÃ, *s.f.*, tipo especial de banana, a qual tem certo sabor de maçã.

BA.NA.NA-NA.NI.CA, *s.f.*, banana comum, também chamada de petiça, por estar em bananeira de pequena estatura; banana-petiça.

BA.NA.NA-OU.RO, *s.f.*, tipo de banana muito pequena, muito doce e de sabor especial.

BA.NA.NA-O.VO, *s.f.*, banana cujo interior, quando madura, assemelha-se à gema do ovo.

BA.NA.NA-PRA.TA, *s.f.*, tipo de banana muito doce, casca bem amarela, de largo consumo.

BA.NA.NA-RO.XA, *s.f.*, banana com cor roxa e gosto forte; quando madura, a cor se avermelha.

BA.NA.NA-SÃO-TO.MÉ, *s.f.*, banana com formato arredondado e usada como remédio para vários males na medicina caseira.

BA.NA.NAL, *s.f.*, uma plantação de bananas, bananeiral.

BA.NA.NEI.RA, *s.f.*, planta que produz a banana.

BA.NA.NEI.RAL, *s.m.*, o mesmo que bananal.

BA.NA.NEI.RI.NHA, *s.f.*, conhecida planta bras.,ornamental, também chamada helicônea, caeté ou bananeira do mato (*Heliconia angustifolia*).

BA.NA.NEI.RO, *adj.*, relativo a banana; *s.m.*, aquele que cultiva, faz negócios com bananas.

BA.NA.NA.NI.CE, *s.f.*, embaraço, atrapalhação.

BA.NA.NI.CUL.TOR, *s.m.*, pessoa que tem como ramo a bananicultura.

BA.NA.NI.CUL.TU.RA, *s.f.*, cultivo de bananas, técnica para cultivar bananas.

BA.NA.NI.NHA, *s.f.*, doce da cozinha caipira feito com bananas, farinha de trigo e açúcar.

BA.NA.NÍ.VO.RO, *adj.*, que se alimenta de bananas.

BA.NA.NO.SA, *s.f.*, usada informalmente, estar numa banaosa - entrar em situação complicada.

BAN.CA, *s.f.*, mesa, escritório de advogado, grupo de pessoas que examinam algum candidato.

BAN.CA.DA, *s.f.*, monte de bancos, mesa comprida para fabricar peças nas mecânicas gerais.

BAN.CA.DO, *adj.*, aceito, apresentado, examinado.

BAN.CA.DOR, *adj.* e *s.m.*, que ou aquele que banca.

BAN.CAL, *s.m.*, pano de cobrir bancos e mesas; em Mecânica, mancal de eixo; peça de ferro chumbada na parte superior do peso de pedra, onde assenta o balurdo, nos lagares de azeite.

BAN.CAR, *v.int.*, apresentar-se, fazer-se passar por, dirigir uma banca do jogo ilegal de bicho, julgar-se; *fig.*, pagar todas as despesas.

BAN.CÁ.RIO, *adj.*, empregado que trabalha em banco, funcionário de banco.

BAN.CA.RI.ZA.ÇÃO, *s.f.*, poder econômico e concentração

BANCARROTA ·· 140 ·· BANHISTA

de recursos financeiros nas mãos dos bancos.

BAN.CAR.RO.TA, *s.f.*, quebra de uma casa bancária, falência, quebradeira.

BAN.CAR.RO.TE.AR, *v.int.*, *bras.*, abrir bancarrota; falir.

BAN.CAR.RO.TIS.MO, *s.m.*, sequência de bancarrotas.

BAN.CÁ.VEL, *adj.2 gên.*, que se pode bancar ou merece ser bancado.

BAN.CO, *s.m.*, peça, móvel para sentar-se; casa bancária, instituição para gerir valores monetários; *fig.*, pessoa com muito dinheiro, que socorre amigos.

BAN.CO.CRA.CI.A, *s.f.*, grande influência dos banqueiros na política e na economia que determina o governo deles.

BAN.CO.CRÁ.TI.CO, *adj.*, relativo a bancocracia.

BAN.DA, *s.f.*, parte lateral, lugar afastado, conjunto musical, localidade, flanco.

BAN.DA.DA, *s.f.*, bando numeroso de aves.

BAN.DA.GEM, *s.f.*, ataduras ou faixas para envolver ferimentos.

BAND-AID, *s.m.*, termo inglês para designar um pequeno curativo adesivo na pele.

BAN.DA.LHA, *s.f.*, bandalheira; ato vil ou depravado; manobra irregular no trânsito.

BAN.DA.LHEI.RA, *s.f.*, bandalhice, indecência, sem-vergonhice, safadeza, desonestidade.

BAN.DA.LHEI.RO, *adj. e s.m.*, que ou aquele que faz bandalhas.

BAN.DA.LHI.CE, *s.f.*, ato de que faz bandalha; baixeza; bandalheira.

BAN.DA.LHO, *s.m.*, tipo sem dignidade, cafajeste, pilantra, baderneiro.

BAN.DA.NA, *s.f.*, grande lenço colorido que se põe na cabeça e us. como enfeite.

BAN.DAR, *v.t.*, guarnecer de bandas, pôr bandas em.

BAN.DA.RI.LHA, *s.f.*, farpa enfeitada com bandeiras ou fitas, que, em corridas, se espeta no lombo dos touros.

BAN.DA.RI.LHAR, *v.t.*, cravar bandarilhas (na nuca do lombo de touro); farpear.

BAN.DA.RI.LHEI.RO, *s.m.*, aquele que crava bandarilhas (nos touros); toureiro.

BAN.DAR.RA, *s. 2 gên.*, pessoa que frequenta encontros festivos, irresponsável, malandro, vagabundo; *s.f.*, reunião festiva ou ruidosa, pândega; meretriz.

BAN.DE.A.DO, *adj.*, que se bandeou (mudou de opinião ou de lado).

BAN.DE.AMEN.TO, *s.m.*, ação ou efeito de bandear.

BAN.DE.AR, *v.t. e pron.*, agrupar em bando, formar uma quadrilha, mudar de partido, trair os amigos.

BAN.DEI.RA, *s.f.*, peça feita de tecido e em cores, para ser o símbolo de um país ou de uma entidade; estandarte, pavilhão; grupo de pessoas para explorar o sertão.

BAN.DEI.RA.DA, *s.f.*, taxa cobrada na partida do táxi; todo sinal dado por uma bandeira.

BAN.DEI.RAN.TE, *s.m.*, indivíduo que participava das bandeiras, na exploração dos sertões; membro de um grupo que cultiva ideias de Baden Powell, sem estar ligado a grupos escoteiros.

BAN.DEI.RAN.TIS.MO, *s.m.*, entidade escoteira que dedica suas atividades à educação de adolescentes, meninas e moças.

BAN.DEI.RAR, *v.int.*, ser bandeirante, participar ou organizar bandeira expedicionária; *bras.*, no futebol, atuar como bandeirinha (árbitro assistente); *bras.*, *gír.*, revelar inadvertidamente.

BAN.DEI.REI.RO, *s.m.*, fabricante ou vendedor de bandeiras; participante de bandeira; bandeirante.

BAN.DEI.RI.NHA, *s.f.*, auxiliar do juiz no jogo de futebol; bandeira pequena.

BAN.DEI.RIS.MO, *s.m.*, conjunto de fatos relacionados às bandeiras, à sua época e os seus integrantes; atos de proceder que são próprios de bandeirantes; bandeirantismo.

BAN.DEI.RÍS.TI.CO, *adj.*, *bras.*, relativo às bandeiras (expedições).

BAN.DEI.RO, *adj.*, que faz parte de bando, faccioso; volúvel, versátil; parcial.

BAN.DEI.RO.LA, *s.f.*, bandeirinha, peça móvel por sobre as portas das casas.

BAN.DEI.RO.LO.GI.A, *s.f.*, tratado, estudo ou pesquisa sobre as bandeiras.

BAN.DEI.RO.SO, *adj.*, *gír.*, que se expõe, que gosta de aparecer, que se mostra muito, exibido.

BAN.DE.JA, *s.f.*, tabuleiro para servir algo, travessa.

BAN.DE.JAR, *v.t.*, limpar com bandeja (o trigo).

BAN.DE.JÃO, *s.m.*, lanchonete ou restaurante no qual o cliente se serve com os alimentos, usando uma bandeja grande com o prato dentro; marmita.

BAN.DI.DA.ÇO, *s.m.*, grande bandido.

BAN.DI.DA.DA, *s.f.*, numeroso agrupamento de bandidos.

BAN.DI.DIS.MO, *s.m.*, banditismo.

BAN.DI.DO, *s.m.*, criminoso, assaltante, marginal, malfeitor, ladrão.

BAN.DI.TIS.MO, *s.m.*, ato praticado pelo bandido; criminalidade.

BAN.DO, *s.m.*, grupo de pessoas ou animais; quadrilha, corja.

BAN.DÔ, *s.m.*, tira de pano usada nas cortinas, para encobrir a parte superior.

BAN.DO.LEI.RA, *s.f.*, correia para se pôr a tiracolo, a fim de segurar algo; fem. de bandoleiro.

BAN.DO.LEI.RO, *s.m.*, bandido, criminoso, salteador, assaltante.

BAN.DO.LIM, *s.m.*, tipo de viola com quatro cordas duplas.

BAN.DO.LI.NIS.TA, *adj. 2 gên. e s. 2 gên.*, diz-se de ou daquele que toca bandolim.

BAN.DÔ.NIO, *s.m.*, bandônion, gaita, tipo de gaita, harmônica.

BAN.DU.LHO, *s.m.*, *pop.*, estômago, barriga.

BAN.GA.LÔ, *s.m.*, tipo arquitetônico de casa, residência, morada com um telhado quadrado.

BAN.GUÊ, *s.m.*, antigo engenho para a produção de açúcar e melado com a cana.

BAN.GUE-BAN.GUE, *s.m.*, tipo de filme, centrado em tiros trocados entre bandidos e mocinhos; luta entre grupos rivais; tiroteio intenso.

BAN.GUE.LA, *s.f.*, ponte pênsil, descer declive com o carro em ponto morto; *pop.*, pessoa que não tenha um dente na frente.

BA.NHA, *s.f.*, gordura animal, pingue, gordura de suíno.

BA.NHA.DAL, *s.m.*, *bras.*, região coberta de banhados; terreno alagadiço.

BA.NHA.DO, *s.m.*, brejo, charco, paul, pântano.

BA.NHAR, *v.t. e pron.*, dar banho, molhar, regar, tomar banho.

BA.NHEI.RA, *s.f.*, utensílio próprio para tomar banho.

BA.NHEI.RO, *s.m.*, cômodo da casa para tomar banho, local para fazer as necessidades físicas, WC, toalete.

BA.NHIS.TA, *s. 2 gên.*, quem frequenta praias ou locais para banho.

BA.NHO, s.m., ação ou efeito de banhar-se; imersão na água, lavar o corpo todo, ducha; dar um banho - vencer com facilidade.

BA.NHO DE LO.JA, s.m., compra total de roupas novas, aquisição de vestimentas novas.

BA.NHO DE SAN.GUE, s.m., matança, mortandade, assassinatos em massa, acidente com muitas mortes.

BA.NHO DE SOL, s.m., tomar sol, expor-se ao sol para bronzear a pele.

BA.NHO-MA.RI.A, s.m., tipo de doce; processo de cozimento, pondo uma panela com um doce dentro de outra cheia de água.

BA.NHO TUR.CO, s.m., banho com água muito quente e trocada por água fria.

BA.NHU.DO, adj., que tem muita banha, que é muito gordo.

BA.NI.DO, adj., exilado, expulso do país, expatriado.

BA.NI.MEN.TO, s.m., exílio, degredo, expulsão da pátria.

BA.NIR, v.t., exilar, expulsar de sua terra, suprimir.

BA.NÍ.VEL, adj., que pode ou deve ser banido.

BAN.JA, s.f., trapaça no jogo.

BAN.JIS.TA, s. 2 gên., pessoa que toca banjo, banjoísta; pessoa que faz banja (trapaça em jogo).

BAN.JO, s.m., instrumento musical de três cordas.

BAN.JO.ÍS.TA, adj. 2 gên. e s. 2 gên., pessoa que toca banjo; banjista.

BANNER, s.m., em Publicidade, espécie de cartaz impresso de um ou dos dois lados, próprio para ser exposto; bandeira, bandeirola; em Informática, anúncio com link para a página do anunciante.

BAN.QUEI.RO, s.m., dono de banco, diretor de banco.

BAN.QUE.TA, s.f., banco pequeno, banquinho.

BAN.QUE.TE, s.m., refeição com comidas finas e fartas, ágape, refeição lauta.

BAN.QUE.TE.AR, v.t. e pron., dar um banquete, comer muito e bem.

BAN.QUE.TE.A.DOR, s.m., aquele que dá banquetes.

BAN.QUE.TEI.RO, s.m., organizador ou quem prepara banquetes.

BAN.QUI.SA, s.f., grande porção de gelo em alguma costa marítima; areia acumulada na água.

BAN.TO, adj. e s.m., idioma de uma tribo numerosa de negros habitantes de regiões africanas, havendo representantes entre os trazidos ao Brasil; designação dos referidos povos.

BAN.ZA, s.f., viola ou guitarra.

BAN.ZAR, v.t. e int., provocar confusão, tumultuar; pop., pensar, meditar.

BAN.ZÉ, s.m., confusão, baderna, barulho.

BAN.ZE.AR, v.int., estar banzeiro.

BAN.ZEI.RA, s.f., falta de energia, apatia; desanimação.

BAN.ZEI.RO, adj., tonto devido ao álcool; pensativo e triste sem motivo; desanimado, mole; desordem, tumulto.

BAN.ZO, s.m., doença que atingia os negros escravos; um tipo de saudade.

BA.O.BÁ, s.m., árvore com tronco muito grosso e de raízes grossas e fortes, popularizada no livro "O Pequeno Príncipe", de Antoine de Saint-Exupéry.

BA.QUA.RA, adj. 2 gên., bras., do tupi-guarani, vivo, esperto, sabido.

BA.QUE, s.m., ruído, barulho da queda de um corpo, desastre, queda.

BA.QUE.A.DO, adj., caído, amolecido, definhado.

BA.QUE.AR, v. int. e pron., cair, amolecer, perder a firmeza.

BA.QUE.LI.TA, s.f., tipo de resina para colar, ou confecção de utensílios de uso comum; baquelite.

BA.QUE.LI.TE, s.f., nome comum à resina obtida pela condensação de fenol com o formaldeído.

BA.QUE.TA, s.f., varinha de madeira ou plástico com que se bate nos tambores.

BA.QUE.TE.AR, v.int., bater (em tambor) com baquetas.

BA.QUIS.TA, adj. e s. 2 gên., diz-se de, ou a pessoa que é dada a tomar vinho, à embriaguez ou a orgias.

BAR, s.m., ponto comercial para a venda de bebidas; tipo de balcão para bebidas nas casas.

BA.RA.CHA, s.f., travessão de lama que divide os compartimentos das salinas.

BA.RA.ÇO, s.m., corda fina, cipó, vegetal cujo tronco é uma corda.

BA.RA.FUN.DA, s.f., banzé, confusão de pessoas, barulho, algazarra.

BA.RA.FUN.DO, adj., em que há barafunda.

BA.RA.FUS.TAR-SE, v.t., int. e pron., entrar brusca ou violentamente (em); agitar-se, debater-se, aborrecer-se.

BA.RA.LHA.DA, s.f., mexida no baralho, arrumada no baralho.

BA.RA.LHA.DO, adj., embaralhado, confundido, misturado.

BA.RA.LHA.DOR, adj. e s.m., que, o que ou aquele que baralha.

BA.RA.LHA.MEN.TO, s.m., ação ou resultado de baralhar.

BA.RA.LHAR, v.t., int. e pron., embaralhar, misturar as cartas, confundir.

BA.RA.LHO, s.m., conjunto de cartas para fazer um jogo.

BA.RAN.GA, adj. e s. 2 gên., pej. - algo sem valor; mulher deselegante e feia, cafona.

BA.RÃO, s.m., título de nobreza; fem., baronesa.

BA.RA.TA, s.f., inseto comum da família dos blatídeos.

BA.RA.TA-D'Á.GUA, s.f., nome comum dado aos insetos aquáticos da família dos belostomatídeos.

BA.RA.TÃO, s.m., grande barata.

BA.RA.TA.RI.A, s.f., conjunto de baratas, grande quantidade de baratas.

BA.RA.TE.A.DOR, adj. e s.m., que, o que ou aquele que barateia.

BA.RA.TE.A.MEN.TO, s.m., ação ou efeito de baratear algo; abatimento no preço de algo; barateio.

BA.RA.TE.AR, v.t., int. e pron., diminuir o preço, diminuir os custos, abaixar o preço.

BA.RA.TEI.RA, s.f., armadilha para apanhar baratas.

BA.RA.TEI.RO, adj., s.m., que vende por preço pequeno, quem comercia produtos baratos.

BA.RA.TE.ZA, s.f., condição do que é barato; preço baixo.

BA.RA.TI.NA.DO, adj., endoidado, enlouquecido, desajuizado.

BA.RA.TI.NAR, v. int. e pron., pop., endoidar, enlouquecer, perder a razão.

BA.RA.TO, adj., de preço baixo, de pouco custo.

BA.RA.TRÔ.ME.TRO, s.m., instrumento que mede a direção das correntes submarinas.

BAR.BA, s.f., os pelos que crescem no rosto do homem adulto.

BAR.BA-A.ZUL, s.m., conquistador de mulheres; quem fica viúvo diversas vezes; sedutor, Don Juan.

BAR.BA.ÇA, s.m., barba grande, barbacenas.

BAR.BA.ÇAS, s.f., pl., barba comprida e farta; ancião honrado e respeitável; variedade de cão especializado na caça de

BARBAÇUDO — BARÍTONO

coelhos e lebres.
BAR.BA.ÇU.DO, *adj.*, que tem muita barba ou barbas grandes.
BAR.BA.DA, *s.f.*, cavalo favorito em um páreo; coisa fácil de ganhar, vitória fácil.
BAR.BA.DO, *adj.*, que tem barba; indivíduo adulto.
BAR.BAN.TE, *s.m.*, cordel, corda, peça para amarrar.
BAR.BAR, *v.int.*, começar a ter barba.
BAR.BA.RIA, *s.f.*, barbaridade, selvageria.
BAR.BÁ.RI.CO, *adj.*, próprio de bárbaro; rude.
BAR.BA.RI.DA.DE, *s.f.*, ato cometido por bárbaros, monstruosidade, barbárie.
BAR.BÁ.RIE, *s.f.*, estado ou situação do que é bárbaro, barbárie.
BAR.BA.RIS.MO, *s.m.*, barbárie, erro na pronúncia ou construção de frases, incultura.
BAR.BA.RIS.SO.NAN.TE, *adj.*, que soa a barbarismo.
BAR.BA.RI.ZA.ÇÃO, *s.f.*, ação ou efeito de barbarizar(-se).
BAR.BA.RI.ZA.DO, *adj.*, tornado bárbaro, selvagem, massacrado, torturado.
BAR.BA.RI.ZA.DOR, *adj.*, que barbariza.
BAR.BA.RI.ZAR, *v.t. e pron.*, tornar bárbaro, colocar em estado de barbárie, massacrar alguém, torturar.
BÁR.BA.RO, *s.m., adj.*, rude, grosseiro, desumano, pertencente aos povos bárbaros.
BAR.BA.TA.NA, *s.f.*, membro dos peixes para facilitar a natação.
BAR.BA.TI.MÃO, *s.m.*, nome dado a algumas árvores da família das leguminosas, *esp.* da subfamília das mimosáceas, de cujos frutos se extrai tanino para curtir couro.
BAR.BA.TO, *s.m.*, que tem barba comprida; leigo de ordem religiosa que traz barba comprida.
BAR.BE.A.DO, *adj.*, que aparou ou fez a barba.
BAR.BE.A.DOR, *s.m.*, aparelho para cortar a barba.
BAR.BE.A.DU.RA, *s.f.*, barbeação.
BAR.BE.AR, *v.t. e pron.*, fazer a barba, cortar a barba.
BAR.BE.A.RI.A, *s.f.*, local onde se pode cortar a barba e os cabelos.
BAR.BEI.RA, *s.f.*, feminino de barbeiro.
BAR.BEI.RA.GEM, *s.f., fig.*, ato de guiar mal um carro; má direção.
BAR.BEI.RI.CE, *s.f.*, ação ou dito próprio de barbeiro.
BAR.BEI.RO, *s.m.*, quem corta o cabelo e a barba, ou apenas um dos dois; inseto que provoca a doença de Chagas; *pop.*, motorista que dirige mal; em Entomologia, nome comum do inseto (*Triatoma infestans*) hemíptero hematófago, da família dos reduviideos, causador da doença de Chagas.
BAR.BE.LA, *s.f.*, penduricalho de barba na parte inferior do pescoço do bode, de cervos e outros animais.
BAR.BE.LA.DO, *adj.*, com barbela.
BAR.BI.AR.GÊN.TEO, *adj.*, de barba branca ou cor de prata.
BAR.BI.CA.CHO, *s.m., bras.*, cordões presos ao chapéu e que passam sob o queixo para segurá-lo à cabeça; cabresto de corda; dificuldade, embaraço.
BAR.BI.CA.NO, *adj.*, que tem pelos brancos na barba.
BAR.BI.CHA, *s.f.*, barba pequena, barba rala; barba de bode.
BAR.BÍ.FE.RO, *adj.*, que possui barba, barbado, que já mostra barba.
BAR.BI.FOR.ME, *adj.*, que tem forma de barba.
BAR.BI.LHÃO, *s.m.*, filamento que sobressai aos cantos da boca de certos peixes; barbilho.
BAR.BI.LHO, *s.m.*, tipo de focinheira usada em animais para que não mordam, comam, mamem; o mesmo que barbilhão.
BAR.BI.LON.GO, *adj.* com barbas longas.
BAR.BI.NE.GRO, *adj.* com barbas negras.
BAR.BÍ.PE.DE, *adj. 2 gên.*, cujos pés apresentam pelos.
BAR.BIR.RUI.VO, *adj.*, que tem penas ou pelos ruivos.
BAR.BI.TÚ.RI.CO, *s.m.*, medicamento que provoca sonolência e acalma.
BAR.BU.DO, *s.m. e adj.*, quem possui um rosto com muita barba, que tem barba farta.
BAR.CA, *s.f.*, embarcação, chata, canoa, barbaça.
BAR.CA.ÇA, *s.f.*, grande barca; embarcação para transporte de cargas.
BAR.CA.GEM, *s.f.*, carregamento, carga ou frete de uma barca.
BAR.CA.RO.LA, *s.f.*, canção cantada pelos gondoleiros em Veneza, canção; pequena barca.
BAR.CO, *s.m.*, barca, embarcação, canoa, navio.
BAR.DA, *s.f.*, sebe de espinheiros ou silvas; pranchão para tapume de algum curral; tipo de muro para proteger obra; *ant.*, espécie de proteção em armadura que se colocava no peito do cavalo.
BAR.DÃO, *s.m.*, espécie de armadura equestre, utilizada por cavalos de batalha.
BAR.DAR, *v.t.*, cobrir (um cavalo) com a armadura; cercar com bardas ou sebes.
BÁR.DI.CO, *adj.*, relativo aos bardos, à sua poesia, à sua época.
BAR.DO, *s.m.*, poeta, cantor (entre os celtas e gauleses); trovador.
BA.RE.JEI.RA, *s.f.*, varejeira.
BAR.GA, *s.f.*, palhoça, choupana; espécie de rede de emalhar.
BAR.GA.NHA, *s.f.*, pechincha, negócio escuso, troca, troca feita fora da lei.
BAR.GA.NHA.DO, *adj.*, negociado, pechinchado, promovido por negócios escusos.
BAR.GA.NHAR, *v.t.*, pechinchar, negociar, pedir redução dos preços, promover negócios escusos.
BAR.GAN.TE, *s.m.*, homem atrevido, de maus costumes, brejeiro.
BA.RI.CEN.TRO, *s.m.*, em Física, centro de gravidade.
BA.RI.FO.NI.A, *s.f.*, dificuldade na emissão da voz.
BA.RI.ME.TRI.A, *s.f.*, conferência ou avaliação de peso e medida.
BA.RÍ.ME.TRO, *s.m.*, aparelho usado para medir o peso ou a gravidade.
BA.RI.NEL, *s.m.*, embarcação pequena de um único mastro, movida a vela ou a remo.
BÁ.RIO, *s.m.*, elemento químico com uso em sistemas que exijam ignição; número atômico 56, símbolo: Ba.
BÁ.RI.ON, *s.m.*, nome de partículas subatômicas compostas por três *quarks*, unidos devido à força forte.
BA.RI.RI, *s.m.*, (do tupi) corrente de rio ou riacho onde as águas são mais velozes; corredeira.
BA.RIS.FE.RA, *s.f.*, o núcleo central da Terra.
BA.RIS.MO, *s.m.*, arte no preparo de café.
BA.RIS.TA, *s. 2 gên.*, pessoa especialista no preparo do café e de bebidas à base de café.
BA.RI.TA, *s.f.*, mineral que forma cristal ortorrômbico de sulfato natural de bário; baritita; baritina; em Química, óxido ou monóxido de bário.
BA.RÍ.TO.NO, *s.m.*, cantor com voz entre o tenor e o baixo.

BARLAVENTEADOR   ••• 143 •••   BARRILHA

BAR.LA.VEN.TE.A.DOR, *adj.*, que barlaventeia.
BAR.LA.VEN.TE.AR, *v.int.*, em Náutica, navegar o navio contra a parte de onde sopra o vento.
BAR.LA.VEN.TO, *s.m.*, o lado do navio que recebe o vento.
BARMAN, *s.m.*, *termo inglês*, pessoa que atende no balcão do bar.
BAR.NA.BÉ, *s. 2 gén.*, pessoa humilde, funcionário público com salário baixo.
BA.RO.DI.NÂ.MI.CA, *s.f.*, estudo do movimento dos corpos, considerando a gravidade.
BA.RÓ.GRA.FO, *s.m.*, barometrógrafo.
BA.RO.LO.GI.A, *s.f.*, tópico da Física que engloba a gravidade.
BA.RO.MÉ.TRI.CO, *adj.*, relativo a barômetro; medido ou calculado por meio de barômetro.
BA.RÔ.ME.TRO, *s.m.*, instrumento que se usa para obter a pressão do ar.
BA.RO.ME.TRÓ.GRA.FO, *s.m.*, instrumento que apresenta graficamente as variações do barômetro.
BA.RO.NA.TO, *s.m.*, título de barão, feudo de um barão, terras sob o mando de um barão.
BA.RO.NE.SA, *s.f.*, forma feminina para barão.
BA.ROS.CÓ.PI.O, *s.m.*, aparelho que mostra a pressão do ar.
BA.ROS.TÁ.TI.CA, *s.f.*, estudo do equilíbrio dos corpos produzido pela gravidade.
BA.RÓS.TA.TO, BA.ROS.TA.TO, *s.m.*, dispositivo que serve para regular pressões.
BAR.QUEI.RO, *s.m.*, indivíduo que dirige um barco, remador.
BAR.QUE.JAR, *v.int.* dirigir ou viajar em barco.
BAR.QUE.TA, *s.f.*, barquinho, barco pequeno, barquinha.
BAR.QUI.NHA, *s.f.*, barcarola, pequena barca, barqueta.
BAR.RA, *s.f.*, peça grossa e longa de metal; peça metálica para a prática de educação física; *pop.*, algo difícil, um problema.
BAR.RA.CA, *s.f.*, tenda, abrigo de lona para acampamento; casebre, choupana.
BAR.RA.CÃO, *s.m.*, barraca grande; rancho, construção rústica para colocar os utensílios de trabalho; casa humilde.
BAR.RA.ÇÃO, *s.f.*, ação ou efeito de barrar.
BAR.RA.CO, *s.m.*, casa humilde, de favela; qualquer casa pobre; choupana; *fig.*, tumulto, encrenca.
BAR.RA.CU.DA, *s.f.*, peixe avantajado, mas cuja carne é considerada tóxica.
BAR.RA.DO, *adj.*, *s.m.*, fechado com barras, fechado, proibido; deserdado.
BAR.RA.GEM, *s.f.*, dique, construção para conter águas, obstrução.
BAR.RA-LIM.PA, *adj.* e *s. 2 gén.*, que é confiável, pessoa afim, quem inspira confiança.
BAR.RAL, *s.m.*, lugar de muito barro, terreno barrento.
BAR.RA.MEN.TO, *s.m.*, ação ou efeito de pôr barras; conjunto de barras colocadas paralelamente; em Eletricidade, circuito(s) ao qual outros condutores ou circuitos podem ser conectados; em Informática, conjunto de linhas de comunicação que interligam dispositivos de um sistema de computação.
BAR.RAN.CA, *s.f.*, barranco, aclive íngreme, terra cortada a pino, margem alta de rio.
BAR.RAN.CEI.RA, *s.f.*, ribanceira muito alta, de rio; tipo de rocha de argila na beira do rio.
BAR.RAN.CO, *s.m.*, barranca, corte na terra para abrir uma saída, corte em pé.
BAR.RAN.QUEI.RA, *s.f.*, sucessão de barrancos; ribanceira.

BAR.RAN.QUEI.RO, *adj.* e *s.m.*, diz-se de, ou quem mora ao pé de barranco; *bras.*, (BA e MG), diz-se de, ou ribeirinho das margens do rio São Francisco.
BAR.RÃO, *s.m.*, verrasco, porco macho não castrado.
BAR.RA-PE.SA.DA, *adj.* e *s. 2 gén.*, *pop.*, indivíduo perigoso, alguém dado a barbaridades e crimes.
BAR.RA.QUEI.RO, *adj.*, *s.m.*, quem negocia barracas, quem mora em barraca; *fig.*, quem arma confusão.
BAR.RAR, *v.t.*, cobrir com barro, impedir, colocar barras, fechar a entrada.
BAR.RAS.CO, *s.m.*, porco novo para ser capado, a fim de engordá-lo; porquinho.
BAR.RE.A.DO, *adj.*, que se cobriu de barro; enlameado; *bras.*, (PR) prato típico que consiste de carne cozida durante horas em panela de barro e acompanhado de frutas.
BAR.RE.AR, *v.t.*, revestir ou encher de barro; barrar; rebocar (com barro).
BAR.REI.RA, *s.f.*, cerca, algo que impeça a passagem, empecilho, grupo de policiais para revistar carros, passageiros, controlar o trânsito.
BAR.REI.RAR, *v.t.* cercar de barreiras, abarreirar.
BAR.REI.REN.TO, *adj.*, em que há barreiros.
BAR.REI.RO, *s.m.*, lugar de onde se tira barro, muita lama, muito barro.
BAR.RE.LA, *s.f.*, tipo de limpeza que se faz na lavação de roupas, lixívia.
BAR.RE.LEI.RO, *s.m.*, cinza extraída da água fervida para barrela; pano para coar os resíduos da barrela; cesto grande em que se faz a barrela; *adj.*; diz-se desse cesto.
BAR.REN.TA, *adj.*, diz-se de variedade de azeitona; diz-se da sardinha salgada em barricas.
BAR.REN.TO, *adj.*, local com muito barro solto, estrada com lama.
BAR.RE.TA.DA, *s.f.*, golpe com o barrete, cumprimentar com o barrete; *fig.*, falar de modo indireto alguma maldade a alguém.
BAR.RE.TE, *s.m.*, tipo de boné, gorro.
BAR.RE.TE.AR, *v.t.*, barrar.
BAR.RE.TEI.RO, *s.m.*, aquele que faz barretes.
BAR.RI.CA, *s.f.*, barril, recipiente de madeira para bebidas; *pop.*, pessoa gorda.
BAR.RI.CA.DA, *s.f.*, empecilho feito com barricas, obstáculo para a passagem, proteção que os grevistas armam nas ruas para proteger-se da polícia.
BAR.RI.CAR, *v.t.*, fechar uma rua com barricas, fechar o trânsito por meios ilegais.
BAR.RI.GA, *s.f.*, ventre, abdome, pança; *pop.*, empurrar com a barriga - fazer com vagar e sem esforço.
BAR.RI.GA.DA, *s.f.*, golpe com a barriga; comida à base de intestinos.
BAR.RI.GA-D'Á.GUA, *s.f.*, hidropisia, barriga muito volumosa.
BAR.RI.GAL, *adj.*, relativo a barriga.
BAR.RI.GÃO, *s.m.*, barriga grande.
BAR.RI.GA-VER.DE, *s.m.*, apelido dos catarinenses; natural de Santa Catarina.
BAR.RI.GU.DO, *adj.*, com barriga grande, pançudo, gordo.
BAR.RI.GUEI.RA, *s.f.*, nos arreios, correia que segura a sela, passando pela barriga da cavalgadura.
BAR.RIL, *s.m.*, barrica, pipa, tonel.
BAR.RI.LA.DA, *s.f.*, a quantidade que enche um barril.
BAR.RI.LE.TE, *s.m.*, barril pequeno, barrilote.
BAR.RI.LHA, *s.f.*, nome comum para os carbonatos de

BARRIO ... 144 ... BASTONAR

potássio e sódio, para vários fins industriais.
BAR.RI.O, *s.m.*, barral; terreno barrento.
BAR.RI.QUEI.RO, *s.m.*, quem fabrica barris.
BAR.RIR, *v.int.*, soltar a voz (o elefante).
BAR.RI.TO, *s.m.*, voz de animais, especialmente do elefante.
BAR.RO, *s.m.*, terra, terra cavada, terra com limo.
BAR.RO.CA, *s.f.*, terra cavada pela erosão, local com barro cavado.
BAR.RO.CA.DA, *s.f.*, uma sequência de barrocas.
BAR.RO.CO, *s.m. e adj.*, estilo das artes no século XVII; obras rebuscadas, exageradas nos detalhes; também denominado Seiscentismo; no Brasil, teve destaque na Bahia e em Minas Gerais, com a construção de templos em estilo barroco.
BAR.RO.QUEI.RA, *s.f.*, série de barrocas.
BAR.RO.QUEI.RAL, *s.m.*, lugar onde há barroqueiros.
BAR.RO.SO, *adj.*, com muito barro, barrento; de pelo com cor amarelada ou cor de barro.
BARROTADO, *adj.*, abarrotado; *s.m.*, sistema de barrotes colocados de maneira que suportem vigas ou a que prendem fasquias.
BAR.RO.TAR, *v.t.*, segurar com barrotes; barrotear.
BAR.RO.TE, *s.m.*, trave, peça de madeira para firmar o sótão, o telhado ou o assoalho.
BAR.RO.TE.AR, *v.t.*, o mesmo que barrotar.
BAR.RU.FO, *s.m.*, *bras.*, borrifo.
BA.RU.LHA.DA, *s.f.*, barulheira, muito barulho, grande barulho.
BA.RU.LHAR, *v.t.*, *int. e pron.*, fazer barulho; pôr(-se) em barulho, em desordem; confundir(-se).
BA.RU.LHEI.RA, *s.f.*, barulho muito forte, algazarra, ruído forte.
BA.RU.LHEN.TO, *adj.*, ruidoso, com barulho, rumoroso.
BA.RU.LHO, *s.m.*, rumor, ruído, algazarra, desordem, baderna, confusão.
BA.RU.LHO.SO, *adj.*, o mesmo que barulhento.
BA.SAL, *adj.*, básico, da base; atividade mínima de algo em repouso.
BA.SÁL.TI.CO, *adj.*, que se refere a basalto, feito de basalto.
BA.SAL.TI.FOR.ME, *adj.*, semelhante ao basalto.
BA.SAL.TO, *s.m.*, pedra, rocha de cor preta, semelhante ao asfalto.
BAS.BA.QUE, *s.m.*, tolo, bobo, ingênuo, quem se espanta com tudo.
BAS.BA.QUEI.RA, *s.f.*, basbaquice.
BAS.BA.QUI.CE, *s.f.*, *pop.*, ato de basbaque, tolice.
BAS.CO, *adj.*, *s.m.*, vasco, natural ou habitante da região dos bascos, situada entre a França e a Espanha.
BÁS.CU.LA, *s.f.*, balança para cargas de muito peso, básculo.
BAS.CU.LAN.TE, *s.m.*, tipo de caminhão, cuja carroceria é móvel para carregar a carga, usado para transporte de produtos a granel; primeira camada que cobre uma superfície.
BAS.CU.LAR, *v.t.*, mover ou fazer rodar de um lado para outro sobre um eixo horizontal (ou vertical), baixando uma das extremidades para elevar a outra.
BAS.CU.LHO, *s.m.*, vasculho.
BÁS.CU.LO, *s.m.*, peça achatada que gira sobre uma cavilha para abrir ou fechar alternadamente dois ferrolhos de uma porta ou janela; ponte levadiça que possui contrabalanço.
BA.SE, *s.f.*, alicerce, fundamento, ponto sobre o qual se assenta algo.
BA.SE.A.DO, *adj. e s.m.*, fundamentado, alicerçado, originado; *pop.*, pacotinho de maconha para o usuário fumar.
BA.SE.A.MEN.TO, *s.m.*, parte de uma construção que, ao firmar-se em alicerces, ressai além do corpo que a sustenta.
BA.SE.AR, *v.t. e pron.*, pôr a base, firmar-se, embasar, apoiar-se, alicerçar-se.
BASEBALL, *s.m.*, ver beisebol.
BAS-FOND, *s.m.*, parte da sociedade considerada marginal, de meretrício; ralé.
BÁ.SI.CO, *adj.*, fundamental, que serve na base, essencial.
BA.SI.CA.MEN.TE, *adv.*, fundamentalmente; essencialmente; principalmente.
BA.SI.CI.DA.DE, *s.f.*, em Química, propriedade que um corpo tem de agir como base em certas combinações.
BA.SÍ.DIO, *s.m.*, célula de fundo que produz esporos.
BA.SI.FI.CA.ÇÃO, *s.f.*, em Química, ato ou processo de se basificar; passagem de um corpo para o estado de base.
BA.SI.FI.CAR, *v.t. e pron.*, em Química, converter(-se) em base; tornar(-se) alcalino.
BA.SI.FO.BI.A, *s.f.*, em Psiquiatria, medo de cair enquanto se caminha; basofobia.
BA.SI.LAR, *adj.*, básico, que serve como base, fundamental.
BA.SÍ.LI.CA, *s.f.*, templo católico consagrado pelo bispo, com privilégios e graças para os fiéis que ali vão para orar.
BA.SI.LI.CAL, *adj.*, relativo a basílica.
BA.SI.LI.CO, *s.m.*, nome de uma família de ervas com forte odor, como o manjericão, que é desse grupo.
BA.SI.LIS.CO, *s.m.*, nome de um lagarto ou serpente, lendários, que podiam matar com o olhar, o bafo ou outros truques.
BAS.QUE.TE, *s.m.*, ou **BAS.QUE.TE.BOL**, esporte no qual se deve pôr a bola no cesto, bola ao cesto.
BAS.QUE.TE.BO.LIS.TA, *s. 2 gên.*, *bras.*, aquele que joga ou é especialista em basquetebol.
BAS.SÊ, *s.m.*, tipo de cachorro cujas pernas são curtas, mas o corpo e o focinho, longos; raça canina.
BAS.TA!, *interj.*, cessar; *ex.*: Chega! Acabou!
BAS.TAN.ÇA, *s.f.*, ver abastança.
BAS.TAN.TE, *adj. e adv.*, assaz, suficiente, que satisfaz.
BAS.TAN.TE.MEN.TE, *adv.*, bastante, assaz; suficientemente.
BAS.TÃO, *s.m.*, bordão; objeto de madeira para a pessoa se apoiar; bengala.
BAS.TAR, *v.t.*, *int. e pron.*, ser suficiente, satisfazer, chegar, completar.
BAS.TAR.DI.A, *s.f.*, naturalidade do bastardo, filiação ilegítima.
BAS.TAR.DO, *s.m.*, filho ilegítimo; o que nasceu fora do matrimônio.
BAS.TE.CER, *v.t.*, abastecer; *v.t.*, tornar basto.
BAS.TEI.RA, *s.f.*, machucado no lombo do animal feito pelo arreio; mancha de pelos brancos no animal devido a escoriações.
BAS.TI.ÃO, *s.m.*, fortaleza, forte, baluarte, parte frontal de uma fortaleza.
BAS.TI.DÃO, *s.f.*, qualidade do que é basto; espessura; multidão.
BAS.TI.DOR, *s.m.*, dois aros paralelos, para colocar um pano a ser bordado.
BAS.TI.DO.RES, *s.m., pl.*, coxias, espaço de contorno ao palco atrás do cenário; *fig.*, o local em que são tomadas decisões importantes sem o conhecimento de muitos, muito menos da imprensa.
BAS.TO, *adj.*, espesso, compacto, abundante, farto.
BAS.TO.NA.DA, *s.f.*, batida com o bastão, golpe com um bastão; *fig.*, desgraça.
BAS.TO.NAR, *v.t.*, bater com bastão, dar bengaladas.

BAS.TO.NE.TE, *s.m.*, bastão pequeno; designação de microcorpos como os bacilos.
BAS.TU.RA, *s.f.*, ver bastidão.
BA.TA, *s.f.*, roupão, vestimenta de monge, batina, burel.
BA.TA.LHA, *s.f.*, luta, combate, pugna, disputa, qualquer luta entre dois.
BA.TA.LHA.ÇÃO, *s.f.*, ato ou efeito de batalhar, luta; *pop.*, trabalho persistente e sem desânimo.
BA.TA.LHA.DOR, *s.m.*, lutador, combatente, persistente.
BA.TA.LHAN.TE, *adj. 2 gên.*, que batalha; em Heráldica, diz-se de animal que está representado em ação de luta em escudo.
BA.TA.LHÃO, *s.m.*, subdivisão em um exército; grupo grande, aglomeração.
BA.TA.LHAR, *v.t. e int.*, lutar, combater, dar duro, insistir.
BA.TA.TA, *s.f.*, tubérculo comestível; batata-doce; batatinha; *batata da perna*: panturrilha; *fig.*, *ter uma batata quente na mão*: enfrentar um problema.
BA.TA.TA-BA.RO.A, *s.f.*, tipo de batata com tubérculos longos e casca amarela; batata-salsa.
BA.TA.TA.DA, *s.f.*, muitas batatas; doce de batatas; *fig.*, asneiras, tolices.
BA.TA.TA-DO.CE, *s.f.*, tipo de batata a ser cozida ou assada, com gosto doce.
BA.TA.TA-IN.GLE.SA, *s.f.*, tubérculo da família das solanáceas (*Solanum tuberosum*), nativa da América do Sul e cultivada em todo o mundo; batatinha.
BA.TA.TAL, *s.f.*, plantação de batatas.
BA.TA.TA-SAL.SA, *s.f.*, batata de cor amarela, alongada e de largo uso na cozinha.
BA.TA.TEI.RAL, *s.m.*, o mesmo que batatal.
BA.TA.TI.NHA, *s.f.*, nome da batata usada na culinária, indevidamente dita inglesa.
BA.TA.VO, *adj. e s.m.*, holandês.
BA.TE-BO.CA, *s.m.*, *pop.*, discussão, entrevero, combate, briga.
BA.TE-BO.LA, *s.m.*, jogo de futebol sem compromisso, jogo de amadores.
BA.TE-CO.XA, *s.m.*, *pop.*, dança, baile liberal.
BA.TE.DEI.RA, *s.f.*, aparelho eletrodoméstico para misturar comidas, frutas, massas.
BA.TE.DOR, *s.m.*, quem bate, indivíduo que vai à frente para guardar autoridades.
BA.TE.DU.RA, *s.f.*, o ato de bater.
BA.TE.EI.RO, *s.m.*, *bras.*, indivíduo que trabalha com a bateia.
BA.TE-ES.TA.CA, *s.m.*, máquina usada para enterrar estacas.
BÁ.TE.GA, *s.f.*, pancada de chuva grossa, toró.
BA.TEI.A, *s.f.*, bacia de madeira para procurar ouro; gamela, bacia de madeira.
BA.TEI.RA, *s.f.*, pequena embarcação, canoa, barca.
BA.TEL, *s.m.*, barco pequeno, barquinho.
BA.TE.LA.DA, *s.f.*, carga que é levada por um batel; grande quantidade, enormidade.
BA.TE.LÃO, *s.m.*, barcaça ou chata para transporte de carga pesada.
BA.TE.LEI.RO, *s.m.*, proprietário de um batel, condutor de um batel.
BA.TEN.TE, *s.m.*, o que bate, peça de madeira para fechar a porta; *pop.*, trabalho, serviço, ocupação.
BA.TE-PA.PO, *s.m.*, conversa, diálogo, colóquio, conversa informal.
BA.TE-PÉ, *s.m.*, baile, sapateado; *fig.*, teimosia total.
BA.TE-PRON.TO, *s.m.*, posto de seguradoras para atendimento rápido a carros acidentados; devolução rápida de uma bola; resposta pronta, solução instantânea de um problema.
BA.TER, *v.t., int. e pron.*, dar pancada em, surrar, sovar, colidir com, provocar ruído, responder com presteza, furtar objetos; usar em demasia, gastar; digitar textos, copiar na máquina de escrever.
BA.TE.RI.A, *s.f.*, ação ou efeito de bater; conjunto de utensílios para cozinha; conjunto de aparelhos para percussão; peça para dar eletricidade ao motor do carro; conjunto de armas de fogo de grosso calibre.
BA.TE.RIS.TA, *s. 2 gên.*, quem toca em bateria, membro de uma fanfarra, banda, orquestra.
BA.TI.CUM, *s.m.*, ritmo monótono e repetitivo de certas músicas; pulsações constantes e fortes do coração; rumor de certas danças; todo ruído constante e repetido.
BA.TI.DA, *s.f.*, ato ou efeito do que foi batido; bebida alcoólica à base de limão, açúcar e gelo; cachaça; busca policial; choque entre carros ou do carro com outro obstáculo.
BA.TI.DO, *adj.*, que sofreu batida, calcado, amassado, derrotado, comum, diário; *gír.*, despercebido.
BA.TI.MEN.TO, *s.m.*, ação ou efeito de bater, batida, pulsação irregular do coração, ruído constante.
BA.TI.ME.TRI.A, *s.f.*, estudo da profundidade de águas ou locais muito fundos; ciência de medição de profundidades.
BA.TI.NA, *s.f.*, vestimenta de religiosos, bata, hábito religioso, burel.
BA.TIS.CA.FO, *s.m.*, minissubmarino para explorar as partes mais fundas do oceano.
BA.TIS.FE.RA, *s.f.*, aparelho composto de um globo que permite a um explorador descer ao fundo do mar para efetuar pesquisas.
BA.TIS.MAL, *adj.*, próprio do batismo, relativo ao batismo.
BA.TIS.MO, *s.m.*, sacramento das religiões cristãs; iniciação, ato para entrar na comunidade; primeiro ato no começo de uma atividade, purificação, porta de entrada para uma solenidade.
BA.TIS.TA, *s. 2 gên.*, quem aplica o batismo em outra pessoa, membro de um credo que batiza as pessoas somente quando adultas.
BA.TIS.TÉ.RIO, *s.m.*, pia do batismo, local com água pronta para fazer o batismo.
BA.TI.ZA.DO, *adj. e s.m.*, que recebeu o batismo; cerimonial para batizar, *fig.*, inauguração, abertura.
BA.TI.ZAN.DO, *s.m.*, quem deve ser batizado, neófito.
BA.TI.ZAR, *v.t.*, ministrar o batismo, passar pelo cerimonial; iniciar alguém; *fig.*, a primeira vez de alguma atividade.
BA.TOM, *s.m.*, cosmético para pintar os lábios.
BA.TÔ.ME.TRO, *s.m.*, instrumento usado para medir a profundidade do mar.
BA.TO.QUE, *s.m.*, abertura no cimo dos barris, na qual se põe um tampão de madeira ou outro material para vedar; tampão, rolha.
BA.TO.TA, *s.f.*, casa de jogo, trapaça em jogo, certo jogo de azar, p. ext., artimanha, ardil, trapaça.
BA.TRÁ.QUIO, *s.m.*, anuro, família que engloba os sapos e as rãs.
BA.TU.CA.DA, *s.f.*, ritmo dos tambores, dança com batuque.
BA.TU.CA.DO, *adj.*, tamborilado, dançado, tocado.
BA.TU.CA.DOR, *adj. e s.m.*, quem batuca, quem toca tambores, quem bate no ritmo do tambor.

BA.TU.CAR, v.int., bater os tambores, bater com ritmo, dançar ao ritmo do batuque.
BA.TU.QUE, s.m., ruído de batidas ritmadas; batidas em tambores, dança ritmada.
BA.TU.QUEI.RO, adj. e s.m., que ou aquele que batuca, que toca instrumento de percussão; diz-se de, ou aquele que é frequentador de batuques ou batucadas.
BA.TU.TA, s.f., varinha com a qual os maestros regem uma orquestra; comando; elemento capaz, experiente.
BA.Ú, s.m., caixa grande, retangular, com tampa, mala; coisas do passado; pop., alguém indesejável.
BAU.DE.LAI.RI.A.NO, adj., relativo ao poeta francês Charles Baudelaire (1821-1867); diz-se de quem é admirador ou conhecedor da obra de Baudelaire; diz-se do estilo inspirado em Baudelaire; s.m., indivíduo admirador ou conhecedor de Baudelaire e da sua obra.
BAU.NI.LHA, s.f., tipo de vegetal cujos frutos produzem uma essência ou pó aromático; o produto dessa planta.
BAU.RU, s.m., duas fatias de pão com queijo e outros ingredientes servidos quentes.
BAU.XI.TA, s.f., o minério básico para obtenção do alumínio.
BÁ.VA.RO, adj. e s.m., natural ou habitante da Baviera, Estado Livre da Alemanha.
BA.ZAR, s.m., loja de comércio, produtos variados; loja, venda.
BA.ZÓ.FIA, s.f., lorota, trapaça, história para enganar alguém.
BA.ZO.FI.A.DOR, adj. e s.m., fanfarrão, trapaceiro.
BA.ZO.FI.AR, v.int., vangloriar-se, contar vantagens, blasonar-se.
BA.ZU.CA, s.f., arma de guerra portátil, para atirar contra tanques, helicópteros e outros alvos.
B.C.G., s.f., sigla indicativa da vacina aplicada em pessoas para evitar a tuberculose.
BÊ, s.m., o nome da primeira consoante do alfabeto português.
BE.A.BÁ, s.m., alfabeto, abecedário; primeiro conhecimento de qualquer tema.
BE.A.TA, s.f., mulher morta, que recebeu o título por beatificação na Igreja Católica; mulher que exagera nos atos religiosos, carola.
BE.A.TÃO, s.m., hipócrita, santo falso, carola.
BE.A.TI.CE, s.f., exagero na atividade religiosa, devoção fanática por algum santo ou ato religioso.
BE.A.TI.FI.CA.ÇÃO, s.f., ato de beatificar, tornar beata.
BE.A.TI.FI.CA.DO, adj. declarado beato, religioso; fig., feliz, contente.
BE.A.TI.FI.CA.DOR, adj. e s.m., que ou aquele que beatifica.
BE.A.TI.FI.CAR, v.t. e pron., declarar beato(a) após o processo religioso; pré-santificação.
BE.A.TI.FI.CO, adj., beato, feliz, santo.
BE.A.TÍS.SI.MO, s.m., devoção exagerada; beatice.
BE.A.TI.TU.DE, s.f., qualidade de quem é beato, misticismo, enlevo.
BE.A.TO, adj., s.m., homem que recebeu a beatificação; carola.
BÊ.BA.DO, adj. e s.m., bêbado, embriagado.
BE.BÊ, s.m., criança recém-nascida; nenê; fig., pessoa chorona, manhosa.
BE.BE.DEI.RA, s.f., ato ou efeito de ter ingerido muito álcool; embriaguez.
BE.BE.DI.CE, s.f., vício de beber; estado embriagado; bebedeira.
BÊ.BE.DO, adj., bêbado, embriagado.
BE.BE.DOR, s.m., quem bebe, quem ingere bebidas.
BE.BE.DOU.RO, s.m., local para se beber, utensílio usado para beber.
BE.BE.DU.RA, s.f., ação de beber; bebida.
BE.BER, v.t. e int., ingerir líquido, tomar, engolir líquido; servir-se com bebida alcoólica, tragar.
BE.BE.RA.GEM, s.f., infusão de ervas; ervas fervidas com água.
BE.BE.RAR, v.t. e pron., matar a sede, ingerir alguma bebida.
BE.BE.RE.TE, s.m., refeição ligeira e leve, acompanhada de licores e vinhos; p. ext., tira-gosto.
BE.BE.RI.CA.ÇÃO, s.f., aperitivação, ingestão de bebidas.
BE.BE.RI.CA.DOR, adj. e s.m., diz-se de, ou quem beberica.
BE.BE.RI.CAR, v.t., beber de leve, beber aos poucos, aperitivar.
BE.BER.RÃO, s.m., viciado em bebida, alcoólatra, quem ingere muita bebida alcoólica.
BE.BER.RAZ, adj., pop., beberrão.
BE.BER.RI.CE, s.f., vício de embriaguez; bebedice.
BE.BES, s.m. e pl., bebidas em geral.
BE.BI.DA, s.f., todo líquido que se ingere; líquido com álcool para tomar.
BE.BI.DO, adj., tomado, ingerido, bêbado, embriagado.
BE.BÍ.VEL, adj., que se pode beber, tragável.
BE.BUM, adj. 2 gên. e s. 2 gên, pop., diz de quem, ou aquele que costuma se embriagar.
BE.CA, s.f., veste que é usada por formandos de universidade, juízes e advogados; vestimenta usada em solenidades como destaque.
BE.ÇA, s.f., na expr. à beça - muito, grande quantidade.
BE.CA.PE, s.m., termo inglês aportuguesado para indicar a cópia de segurança que se faz dos arquivos do computador.
BE.CO, s.m., rua pequena e sem saída; ruazinha, ruela; fig., problema, momento difícil; expr., estar num beco sem saída - problema de solução difícil.
BE.DA.ME, s.m., formão estreito e comprido para abrir encaixes de madeira; formão usado por escultores em pedra.
BE.DEL, s.m., pessoa encarregada da chamada dos alunos e do ponto dos professores nas escolas.
BE.DE.LHAR, v.int., entrar em assunto que não lhe diz respeito ou ao qual não é chamado.
BE.DE.LHO, s.m., tranca ou ferrolho de porta; gir., meter o bedelho - intrometer-se.
BE.DU.Í.NO, s.m., habitante nômade do deserto, pessoa nômade.
BEE.THO.VI.A.NO, adj., relativo ao compositor alemão Ludwig von Beethoven (1770-1827), ao seu estilo e à sua obra; s.m., admirador ou grande conhecedor da música de Beethoven; var., beethoveniano.
BE.GE, adj., que possui cor meio amarelada.
BE.GÔ.NIA, s.f., tipo de planta de jardim e, sobretudo, em vasos para interiores, com flores e folhas vistosas.
BE.HA.VI.O.RIS.MO, s.m., postura psicológica que se baseia na observação do comportamento humano e animal, estudando os estímulos e reações.
BE.HA.VI.O.RIS.TA, adj. 2 gên., em Psicologia, respeitante ao behaviorismo; diz-se do indivíduo que é adepto ou especialista em behaviorismo; s. 2 gên., esse indivíduo.
BEI.ÇA.DA, s.f., beiço grosso e caído, beiçana; beiços dos animais.
BEI.ÇAL, adj. 2 gên., relativo a beiço.
BEI.ÇA.NA, s.f., beiços grandes e grossos; beiçada.

BEI.CI.NHO, s.m., beiço pequeno; *fazer beicinho*: imitar choro de criança; *fig.*, aborrecimento.
BEI.ÇO, s.m., lábios, bordas da boca; *fazer beiço*: amuar-se.
BEI.ÇO.LA, s.f., lábio carnudo e vistoso.
BEI.ÇO.SO, adj., diz-se de indivíduo que tem beiços grossos e proeminentes.
BEI.ÇU.DO, adj., s.m., que tem beiços grossos, beiçola.
BEI.JA.ÇÃO, s.f., ação de beijar muito e constantemente.
BEI.JA.DEI.RA, adj., diz-se de quem beija afetuosamente a todos.
BEI.JA.DO, adj., que recebeu beijo(s); tocado levemente: rosto beijado pela brisa.
BEI.JA.DOR, adj. e s.m., diz-se de ou pessoa que beija, beijocador; que ou aquele que beija com insistência, beijoqueiro; s.m., em Zoologia, peixe de água doce ornamental (*Helostoma temmincki*), originário da Malásia e da Indonésia.
BEI.JA-FLOR, s.m., ave de cores intensas, alimenta-se do néctar das flores e de insetos; consegue pairar; colibri, cuitelo.
BEI.JA-MÃO, s.m., cerimonial do beija-mão, reverência para com o chefe, ao cumprimentá-lo.
BEI.JA-PÉ, s.m., cerimônia religiosa, recordando a noite de Quinta-Feira Santa, quando os pés são lavados e beijados, em sinal de humildade.
BEI.JAR, v.t. e pron., encostar os lábios em outra pessoa em sinal de afeto, oscular.
BEI.JI.NHO, s.m., diminutivo de beijo; beijo dado com ternura; a flor, a nata, a quintessência; tipo de pequeno búzio; em Culinária, pequeno bolo, muito saboroso, também chamado de beijo-de-sinhá.
BEI.JO, s.m., ato de beijar, ósculo.
BEI.JO.CA, s.f., beijo rápido; beijar com estalos.
BEI.JO.CA.DOR, adj. e s.m., quem beija muito, que está sempre beijando as pessoas.
BEI.JO.CAR, v.t., dar beijos em, dar beijinhos em.
BEI.JO.IM, s.m., benjoim, tipo de bálsamo.
BEI.JO.QUEI.RO, s.m., quem gosta de dar beijos, que está sempre beijando.
BEI.JU, s.m., bolo feito com farinha de aipim, mandioca, tapioca ou macaxeira.
BEI.JU.EI.RA, s.f., *bras.*, mulher que faz beijus.
BEI.RA, s.f., margem, orla, borda, limite externo de um local, objeto; *expr.*, sem eira nem beira, sem nada, pobre ao extremo.
BEI.RA.DA, s.f., beira, parte que está para o lado de fora, margem.
BEI.RA.DE.AR, v.t., ver beiradejar.
BEI.RA.DEI.RO, adj. e s.m., diz-se de, ou morador rude que vive à beira de pequenas vilas; (PE) diz-se de, ou pessoa que habita às margens de estrada de ferro; diz-se de, ou a pessoa que mora na beira de rio.
BEI.RA.DE.JAR, v.t., caminhar nas imediações de; abeirar, contornar, beiradear.
BEI.RA.DO, adj., contornado, rodeado; s.m., beiral.
BEI.RAL, s.m., parte do telhado que se estende fora do corpo da casa, beirada.
BEI.RA-MAR, s.f., orla marítima, praia, litoral.
BEI.RA.ME, s.m., *ant.*, pano branco de algodão muito fino, da Índia.
BEI.RAN.TE, adj., que beira.
BEI.RAR, v.t., estar na beira, orlar, margear, estar perto, estar quase chegando.
BEI.RA-RI.O, s.f., área à margem de ou junto a um rio.

BEI.RU.TE, s.m., sanduíche feito com pão árabe, havendo queijo e rosbife, ou outros ingredientes.
BEI.SE.BOL, s.m., jogo com bola, de origem americana.
BEI.SE.BO.LIS.TA, adj. e s.m., diz-se de, ou aquele que pratica beisebol.
BE.JU, s.m., o mesmo que beiju.
BE.LA, s.f., mulher de muita beleza.
BE.LA.DO.NA, s.f., planta medicinal, usada na farmácia caseira.
BE.LA.DÔ.NIO, s.m., extrato de beladona (planta).
BE.LA.MEN.TE, adv., de modo belo, de modo esteticamente aprazível.
BE.LAS-AR.TES, s.f., pl., compreende todas as artes plásticas, como escultura, pintura.
BE.LA.SI.A.NO, adj., em Geologia, diz-se de certo terreno cretáceo.
BE.LAS-LE.TRAS, s.f., pl., as artes literárias e poéticas, manifestação literária vista pela qualidade estética.
BE.LA.TRI.CE, s.f., o mesmo que belatriz.
BE.LA.TRIZ, adj., no sentido poético: belicosa, guerreira. s.f., mulher guerreira; em Astronomia, estrela de primeira grandeza, situada em Órion.
BÉL.BU.TE, s.m., tecido de algodão aveludado.
BEL.CHI.OR, s.m., comerciante de objetos velhos e usados; p. ext., estabelecimento onde são vendidos tais objetos; brechó, ferro-velho.
BEL.DA.DE, s.f., qualidade do que é belo, beleza; mulher bela.
BE.LE.LÉU, *expr.* - ir para o beleléu - acabar, perder tudo, morrer.
BE.LE.MI.TA, adj. e s. 2 gên., habitante de Belém da Judeia, hoje cidade do povo palestino, onde nasceu Jesus Cristo, segundo os Evangelhos.
BE.LEN.DEN.GUE, s.m., cavaleiro veterano que defende as fronteiras.
BE.LE.NEN.SE, adj. e s. 2 gên., habitante ou natural de Belém do Pará.
BE.LE.TRE.AR, v.int., dedicar-se às belas letras; ser beletrista.
BE.LE.TRIS.MO, s.m., criação de obras literárias; *pej.*, literatura amadora, de menor qualidade.
BE.LE.TRIS.TA, s. 2 gên., pessoa que aprecia ou é literato devotado à beletrística.
BE.LE.TRÍS.TI.CA, s.f., conjunto de obras que constituem a literatura amena, recreativa.
BE.LE.ZA, s.f., predicado do que é belo, formosura, maravilha, encanto; *fig.*, algo que está bem.
BE.LE.ZO.CA, s.f., *pop.*, pessoa ou coisa muito bela.
BE.LE.ZU.RA, s.f., *pop.*, pessoa ou coisa bonita de se admirar.
BEL.FA, s.f., bazófia; orgulho.
BEL.FAS, s.f. e pl., bochechas.
BEL.FO, adj., que possui o lábio inferior pendente do muito mais grosso que o superior.
BEL.FU.DO, adj., que tem belfas, bochechudo.
BEL.GA, adj., s.m., habitante ou natural da Bélgica.
BÉL.GI.CO, adj., relativo à Bélgica ou aos belgas.
BÉ.LI.CA, s.f., *ant.*, coluna diante do templo de Belona, antiga Roma, contra a qual atirava-se uma lança ao se decretar guerra.
BE.LI.CHE, s.m., camas sobrepostas nos navios ou nas casas.
BÉ.LI.CO, adj., relativo a guerra, guerreiro, próprio da guerra.
BE.LI.CO.SA.MEN.TE, adv., de modo belicoso, beligerantemente.

BELICOSIDADE

BE.LI.CO.SI.DA.DE, *s.f.*, beligerância, animosidade, instinto para a guerra, para a luta.

BE.LI.CO.SO, *adj.*, propenso à guerra, guerreador.

BE.LI.DA, *s.f.*, nódoa perene, na córnea, devido a algum traumatismo.

BE.LI.GE.RÂN.CIA, *s.f.*, qualidade de quem é beligerante, estado de guerra.

BE.LI.GE.RAN.TE, *adj.*, belicoso, guerreiro.

BE.LÍ.GE.RO, *adj.*, que serve na (ou para a) guerra.

BE.LI.PO.TEN.TE, *adj.*, que é poderoso na guerra, que está bem armado.

BE.LI.SÁ.RIA, *s.f.*, moeda que um jogador dá a outro que não tem dinheiro para apostar.

BE.LI.SÁ.RIO, *adj.* desventurado, pobre; *bras.*, antiga moeda de 50 réis.

BE.LIS.CA.DA, *s.f.*, ato ou efeito de beliscar; ato ou efeito de comer pequena porção de alimento.

BE.LIS.CA.DO, *adj.*, que foi beliscado, atingido por um aperto na pele.

BE.LIS.CA.DOR, *s.m.*, *bras.*, *fig.*, aquele que belisca insistentemente; que tem por hábito comer pequenas porções de algum alimento.

BE.LIS.CA.DU.RA, *s.f.*, ação de beliscar, beliscão.

BE.LIS.CÃO, *s.m.*, beliscadura, ato de beliscar.

BE.LIS.CAR, *v.t.*, *int.* e *pron.*, segurar e apertar com as pontas dos dedos a pele de outrem; *fig.*, comer muito pouco.

BE.LIS.CO, *s.m.*, beliscão, beliscadura, ação de beliscar; *fig.*, comer muito pouco.

BE.LÍS.SO.NO, *adj.*, que tem ou cujo som é guerreiro.

BELLE ÉPOQUE, *loc.subst.*, época de grande euforia vivida pela aristocracia europeia, entre o fim do século XIX e início da Primeira Guerra Mundial.

BE.LO, *adj.*, formoso, atraente, lindo, bonito, perfeito.

BE.LO-HO.RI.ZON.TI.NO, *adj.*, *s.m.*, habitante ou natural de Belo Horizonte (MG).

BE.LO.NA.VE, *s.f.*, navio próprio para a guerra, embarcação de guerra.

BE.LO.NO.FO.BI.A, *s.f.*, medo mórbido do que possa picar.

BE.LÓS.TO.MO, *s.m.*, insetos da ordem dos hemípteros, da família dos belostomatídeos, como a barata-d'água.

BEL-PRA.ZER, *s.m.*, de acordo com sua vontade, arbítrio, de livre e espontânea vontade.

BEL.TRA.NO, *s.m.*, beltrão, uma terceira pessoa, indicação para não se dizer o nome.

BEL.TRÃO, *s.m.* ver beltrano.

BE.LU.Á.RIO, *s.m.*, homem que lutava com as feras nos anfiteatros romanos; escravo encarregado do tratamento dos animais nos circos.

BE.LU.GA, *s.f.*, em Zoologia, nome dado ao esturjão-branco (*Huso huso*), oriundo dos mares Negro e Cáspio, de cujas ovas se prepara o caviar; cetáceo (*Delphinapterus leucas*) da família dos monodontídeos, conhecido por baleia-branca, que habita as águas frias do Círculo Polar Ártico.

BE.LU.Í.NO, *adj.*, relativo a feras; selvagem, bruto, grosseiro; *s.m.*, fera; animal carniceiro.

BEL.VE.DER, **BEL.VE.DE.RE**, *s.m.*, mirante, ponto para admirar uma paisagem.

BEL.ZE.BU, *s.m.*, chefe dos demônios, diabo, satanás, satã, anjo do mal, lúcifer; *fig.*, pessoa cheia de maldades e que mostra possuir uma luz em seu rosto.

BEM, *s.m.*, tudo aquilo que é perfeição, bondade, caridade, beleza e justiça; propriedade, riqueza; *adv.*, muito, bastante; de modo bom e justo, perfeitamente; *adj.*, que é nascido em família conhecida e rica.

BEM-A.CA.BA.DO, *adj.*, realizado com muito cuidado, caprichado, que está perfeito.

BEM-A.CEI.TO, *adj.*, que teve boa acolhida (por uma ou mais pessoas).

BEM-A.FOR.TU.NA.DO, *adj.*, feliz, felizardo, santo, que tem sorte.

BEM-A.JAM.BRA.DO, *adj.*, bem-apresentado (pessoa ou coisa).

BEM-A.MA.DO, *adj.* e *s.m.*, que é muito amado, estimado; quem é alvo de muito amor.

BEM-A.PA.NHA.DO, *adj.*, *pop.*, que tem boa aparência, bonito.

BEM-A.PES.SO.A.DO, *adj.*, que tem uma aparência bela, agradável.

BEM-AR.RAN.JA.DO, *adj.*, bem-vestido, bem-arrumado, bem-composto.

BEM-A.VEN.TU.RA.DO, *adj.*, feliz, santo, quem está no céu.

BEM-A.VEN.TU.RAN.ÇA, *s.f.*, felicidade, bem-estar total.

BEM-A.VEN.TU.RAR, *v.t.* e *pron.*, tornar(-se) feliz, felicitar(-se).

BEM-A.VI.SA.DO, *adj.* que procede com acerto e reflexão; prudente, sensato.

BEM-BOM, *s.m.*, vida confortável, luxo, bem-estar total.

BEM-CA.SA.DO, *s.m.*, bolinho feito de farinha de trigo, ovos, açúcar e recheado de doce de leite; casadinho.

BEM-COM.POR.TA.DO, *adj.*, que tem bom comportamento, que segue as regras e maneiras de se portar; comportado.

BEM-CRI.A.DO, *adj.*, educado, respeitoso, polido, fino.

BEM-DO.TA.DO, *adj.* e *s.m.*, inteligente, esperto, prendado; quem demonstra grande capacidade intelectual.

BEM-E.DU.CA.DO, *adj.*, que tem boa educação, que é gentil, cortês; que adquiriu saber, que é instruído.

BEM-ES.TAR, *s.m.*, conforto, vida boa, sensação agradável.

BEM-FA.LAN.TE, *adj.*, que fala bem, eloquente.

BEM-FA.ZER, *v. int.*, ajudar, beneficiar, agradar.

BEM-FEI.TO, *adj.*, que foi feito com capricho, com esmero; que é bem-proporcionado, cujá forma é elegante: *corpo bem-feito*.

BEM-HU.MO.RA.DO, *adj.*, que tem bom humor, alegre, satisfeito, contente.

BEM-IN.TEN.CI.O.NA.DO, *adj.* e *s.m.*, que tem boas intenções, aquele que tem boas intenções.

BEM-ME-QUER, *s.m.*, tipo de planta com flor do mesmo nome.

BEM-NAS.CI.DO, *adj.* e *s.m.*, de berço nobre, quem nasce de ascendência rica, poderosa; quem traz bens e fortuna desde o nascimento.

BE.MOL, *s.m.*, nas pautas musicais, sinal que abaixa em meio tom a nota que lhe está à direita.

BE.MO.LI.ZAR, *v.t.*, abaixar um semitom de (nota musical); *fig.*, abrandar, suavizar.

BEM-OU.VI.DO, *adj.*, obediente, dócil; *pl.*: bem-ouvidos.

BEM-POS.TO, *adj.*, elegante, janota, bem vestido; bem exposto, bem colocado.

BEM-QUE.RER, *s.m.*, benquerença, amor, afeto, inclinação por uma pessoa ou por uma coisa.

BEM-SO.AN.TE, *adj.* e *s.m.*, que ou o que soa bem; melodioso.

BEM-SO.NAN.TE, *adj.*, o mesmo que bem-soante.

BEM-SU.CE.DI.DO, *adj.*, que mostra sucesso na vida, que colheu louros.

BEM-TA.LHA.DO, *adj.* ver talhado.

BEM-TE-VI, *s.m.*, pássaro cujo nome traduz o canto.

BEM-VIN.DO, adj., bem-recebido, acolhido com prazer.
BEM-VIS.TO, adj., de boa reputação; bem-conceituado; benquisto.
BEN.ÇA, s.f., bras., pop., o mesmo que abença; bênção.
BÊN.ÇÃO, s.f., ação ou efeito de benzer, abençoar, transmitir as graças de Deus.
BEN.DI.TO, adj., abençoado, bento, amigo.
BEN.DI.ZEN.TE, adj., s. 2 gên., que(m) abençoa, que(m) diz o bem.
BEN.DI.ZER, v.t., dizer bem, agradecer, abençoar, glorificar.
BE.NE.DI.ÇÃO, s.f., bênção.
BENEDICTUS, s. 2 gên., em Religião, oração de ação de graças.
BE.NE.DI.TI.NO, s.m., da ordem dos beneditinos, fundada por São Bento no início do segundo milênio; fig., eremita, pessoa dedicada ao trabalho e à oração.
BE.NE.FI.CÊN.CIA, s.f., prática do bem, caridade.
BE.NE.FI.CEN.TE, adj., caridoso, amigo, bondoso, que faz o bem, altruísta, filantropo.
BE.NE.FI.CI.A.ÇÃO, s.f., ação ou efeito de beneficiar, beneficiamento, melhoria.
BE.NE.FI.CI.A.DO, adj., favorecido, abençoado.
BE.NE.FI.CI.A.DOR, adj. e s.m., quem beneficia, prepara os cereais para consumo.
BE.NE.FI.CI.A.DO.RA, adj. e s.f., na Indústria, diz-se da, ou a indústria que beneficia.
BE.NE.FI.CI.AL, adj. 2 gên., que é respeitante aos benefícios dos eclesiásticos.
BE.NE.FI.CI.A.MEN.TO, s.m., beneficiação, melhoria, preparo para o uso.
BE.NE.FI.CI.AR, v.t., fazer benefícios, fazer o bem; preparar cereais para o comércio; ser útil a.
BE.NE.FI.CI.Á.RIO, adj. e s.m., quem aufere, recebe benefícios, lucra.
BE.NE.FÍ.CIO, s.m., favor, graça, concessão, ajuda para.
BE.NE.FI.CI.O.SO, adj., o mesmo que benéfico.
BE.NÉ.FI.CO, adj., que faz o bem, auxiliador.
BE.NE.ME.RÊN.CIA, s.f., bondade, benevolência, mérito, honra.
BE.NE.ME.REN.TE, adj. e s. 2 gên., que merece um benefício, que está para receber uma recompensa.
BE.NE.MÉ.RI.TO, adj., benfeitor, caridoso, que é digno de ser honrado.
BE.NE.PLÁ.CI.TO, s.m., dizer que pode fazer, consentimento.
BE.NES.SE, s.f., contribuição para fins religiosos, lucro, entrada de verba, facilidades e lucros em negócios.
BE.NE.VO.LA.MEN.TE, adv., de maneira benévola, benevolentemente.
BE.NE.VO.LÊN.CIA, s.f., afeto, amizade, bondade, carinho.
BE.NE.VO.LEN.TE, adj., bondoso, caridoso, compreensivo, humano.
BE.NE.VO.LEN.TE.MEN.TE, adv., com benevolência, generosamente.
BE.NÉ.VO.LO, adj., bondoso, cheio de benevolência.
BEN.FA.ZE.JO, adj., s.m., praticante de ações boas, bondoso, caridoso, filantropo.
BEN.FEI.TOR, s.m., benemérito, quem faz o bem, caridoso.
BEN.FEI.TO.RI.A, s.f., algo bem feito, alguma obra para melhorar uma propriedade.
BEN.FEI.TO.RI.ZAR, v.t. fazer benfeitorias em.
BEN.GA.LA, s.f., cajado, bordão, peça de madeira ou metal, para ajudar a pessoa a andar.
BEN.GA.LÃO, s.m., bengala grossa e pesada.
BEN.GA.LA.DA, s.f., pancada com a bengala, batida, bastonada, ataque.
BEN.GA.LEI.RO, s.m., quem vende, quem fabrica bengalas.
BEN.GA.LEN.SE, adj. e s. 2 gên. o mesmo que bengalês.
BEN.GA.LÊS, adj. e s.m., natural ou habitante de Bengala (região da Índia); relativo ou pertencente a esse país; s.m., idioma que aí se fala, bengali, bengalim.
BEN.GA.LI, adj. 2 gên. e s. 2 gên., ver bengalês; s.m., língua oficial de Bangladesh e de Bengala (região da Índia).
BEN.GA.LÃO, s.m., begala grande e pesada.
BEN.GA.LÓ.RIO, s.m., pop., o mesmo que bengalão.
BEN.GUE.LEN.SE, adj. 2 gên., relativo ou pertencente a Benguela (Angola); s. 2 gên., natural ou habitante de Benguela.
BE.NIG.NA.MEN.TE, adv., de modo benigno, docemente.
BE.NIG.NI.DA.DE, s.f., bondade, benevolência, compaixão.
BE.NIG.NO, adj., bondoso, benévolo.
BEN.JA.MIM, s.m., caçula, o preferido dentre os irmãos; peça na eletricidade para fixar uma lâmpada incandescente.
BEN.JO.EI.RO, s.m., planta que produz o benjoim.
BEN.JO.IM, s.m., resina com aroma forte, usada na fabricação de perfumes, bem como na Medicina.
BE.NO.DÁC.TI.LO, BE.NO.DÁ.TI.LO, adj.e s.m., diz-se de, ou os animais que caminham sobre os dedos.
BEN.QUE.REN.ÇA, s.f., afeição, afeto, bem-querer, amor.
BEN.QUE.REN.TE, adj., afetivo, amoroso.
BEN.QUIS.TAR, v. int., tornar amado, tornar-se benquisto.
BEN.QUIS.TO, adj., amado, preferido, estimado.
BENS, s.m., pl., os imóveis e outras riquezas que compõem um patrimônio.
BEN.TI.NHO, s.m., figa, escapulário, algum objeto religioso usado para ter proteção.
BEN.TO, adj., que foi abençoado, que recebeu uma bênção, consagrado, benzido.
BEN.TOS, s.m., em Biologia, fauna e flora que vivem no fundo dos mares, lagos e rios.
BEN.ZE.ÇÃO, s.m., ato de benzer.
BEN.ZE.DEI.RA, s.f., mulher que teria o poder de curar pessoas de doenças e outros males.
BEN.ZE.DEI.RO, s.m., curandeiro, pessoa que teria o poder de curar as pessoas de seus males.
BEN.ZE.DE.LA, s.f., o mesmo que benzedura.
BEN.ZE.DOR, s.m., indivíduo que dá bênçãos, quem abençoa para obter curas.
BEN.ZE.DU.RA, s.f., ação ou efeito de benzer, benzimento, bênção.
BEN.ZÊ.NI.CO, adj., em Química, relativo ou próprio do benzeno, ou que o contém.
BEN.ZE.NO, s.m., derivado de petróleo, líquido usado em solventes e na produção de tintas.
BEN.ZER, v.t. e pron., abençoar, dar a bênção.
BEN.ZI.DO, adj., bento, abençoado.
BEN.ZI.LHEI.RA, s.f., benzedeira, bruxa, feiticeira.
BEN.ZI.MEN.TO, s.m., ação ou efeito de benzer, benzedura.
BEN.ZI.NA, s.f., produto para solver, tipo de gasolina, produto do petróleo.
BEN.ZI.NHO, s.m., fam., tratamento que se dá a pessoas queridas.
BEN.ZO.CA, s. 2 gên., fam., benzinho.
BEN.ZO.CA.Í.NA, s.f., denominação genérica do

BEÓCIO · 150 · BESTEIRADA

aminobenzoato de etila, usado como anestésico local.

BE.Ó.CIO, *adj. e s.m.*, habitante ou natural da antiga Beócia, Grécia; ignorante, tolo, apatetado.

BE.QUA.DRO, *s.m.*, nas pautas musicais, sinal que desfaz a indicação do bemol ou do sustenido.

BE.QUE, *s.m.*, zagueiro, jogador de futebol.

BE.QUEI.RA, *s.m., pop.*, no futebol, o conjunto dos beques (dois ou três), zaga.

BÉ.CUER, *s.m.*, recipiente cilíndrico de vidro com graduação milimétrica, usado em experiências de laboratório; bécher.

BER.BE.QUIM, *s.m.*, instrumento para furar madeira ou pedra, consistindo de uma haste com ponta de aço, a qual gira por meio de manivela ou cordão; o mesmo que furadeira, em Portugal.

BÉR.BE.RE, *adj. e s. 2 gên.*, relativo ao, ou indivíduo que pertence à tribo africana dos bérberes.

BER.BE.RES.CO, *adj.*, próprio dos bérberes ou que lhes diz respeito.

BER.BI.GUEI.RA, *s.f.*, o mesmo que sambaqui.

BER.ÇAR, *v.t.*, ninar, acalentar; *v.int.*, dormir.

BER.ÇÁ.RIO, *s.m.*, sala própria para colocar os recém-nascidos na maternidade ou creche.

BER.ÇO, *s.m.*, caminha para crianças de colo; nascimento; origem; local onde se nasce; pátria, terra natal.

BER.ÇU.DO, *adj.*, que tem muitas folhas; cabeludo, peludo.

BE.RE.BA, *s.f.*, ferida, chaga.

BE.RÉ-BE.RÉ, *s.m., bras.*, pessoa considerada sem valor, joão-ninguém, zé-ninguém.

BE.RE.RÉ, *s.m., bras.*, conflito, briga, barulho, motim.

BE.RE.RÉ, *s.m., bras.*, nome comum ao peixe acará, da Amazônia (*Cichlasoma festivum*).

BER.GA.MO.TA, *s.f.*, tangerina, mexerica; o termo bergamota é mais usado no RS.

BER.GA.MO.TEI.RA, *s.f.*, (RS, SC) pé de bergamota, o mesmo que tangerineira.

BER.GAN.TIM, *s.m.*, embarcação leve, que tem somente dois mastros.

BERG.SO.NI.A.NO, *adj.*, relativo a Bergson ou ao bergsonismo.

BERG.SO.NIS.MO, *s.m.*, doutrina do filósofo francês Henri Bergson (1859-1941), que interpreta toda a realidade como movimento criador e desintegrante.

BE.RI.BÁ, *s.m., bras.*, comprador de cavalos.

BE.RI-BÉ.RI, *s.m.*, doença causada por deficiência de vitamina B; notada por impedir a locomoção.

BE.RÍ.LIO, *s.m.*, metal de atômico n.º 4, alcalino terroso, símbolo: Be.

BE.RI.LO, *s.m.*, pedra semipreciosa.

BE.RIM.BAU, *s.m.*, instrumento de percussão, para repercutir durante as lutas de capoeira.

BE.RIM.BE.LO, *s.m., bras.*, (Norte) penduricalho.

BE.RIN.JE.LA, *s.f.*, planta originária da Índia; produz um fruto comestível, de muito uso na cozinha.

BER.LIN.DA, *s.f.*, pequeno coche com até seis lugares, preso com dois suportes de madeira e puxado por cavalgadura; jogo infantil; *expr.*, estar na berlinda - ser o centro das atenções gerais.

BER.LI.NEN.SE, *adj. e s. 2 gên.*, habitante ou natural de Berlim, capital da Alemanha.

BER.LI.NÊS, *adj. e s.m.*, berlinense.

BER.LO.QUE, *s.m.*, objeto para adorno, que se prende em uma corrente ao pescoço ou em pulseira.

BER.MU.DA, *s.f.*, calça que vai até os joelhos ou um pouco abaixo.

BER.MU.DÃO, *s.m.*, bermuda longa e folgada.

BER.NAR.DO, *adj. e s.m.*, religioso da ordem de S. Bernardo.

BER.NE, *s.m.*, larva provocada por intervenção de uma mosca; larva instalada sob a pele.

BER.NE.AR, *v.int. bras.*, ter berne (o gado).

BER.NEN.TO, *adj.*, que está cheio de bernes, que está tomado por bernes.

BER.NÊS, *adj. e s. 2 gên.*, natural ou habitante da cidade de Berna, Suíça.

BER.NI.CI.DA, *s.m.*, ingrediente para combater os bernes, preparado para eliminar os bernes.

BE.RÔN.CIO, *s.m., bras.*, pessoa desconfiada; retraída.

BER.QUÉ.LIO, *s.m.*, elemento metálico de número atômico 97, radiativo e instável, símbolo: Bk.

BER.RA.ÇA.DA, *s.f., bras.*, (RS) o mesmo que berreiro.

BER.RA.DO, *adj.*, diz-se de som emitido muito alto, gritado.

BER.RA.DOR, *adj. e s.m.*, que(m) berra, gritador, berrante.

BER.RA.DU.RA, *s.f.*, berraria.

BER.RAN.TE, *adj. e s.m.*, que berra, que grita; cor muito forte, viva; chifre de boi preparado pelos boiadeiros, para chamar o gado.

BER.RAN.TEI.RO, *s.m.*, tocador de berrante.

BER.RAR, *v.t. e int.*, gritar, urrar, dar berros, falar alto.

BER.RA.RI.A, *s.f.*, sequência de berros; gritaria; berreiro.

BER.RA.TÓ.RIO, *s.m.*, confusão de berros.

BER.RE.GAR, *v.int.*, berrar muito, com frequência.

BER.REI.RO, *s.m.*, gritaria, ação de berrar, baderna, reclamação; choro ruidoso.

BER.RO, *s.m.*, grito, vozes de animais domésticos.

BER.RU.GA, *s.f.*, verruga, saliência na pele.

BER.RU.GO.SO, *adj.*, ver verrugoso.

BE.SOU.RA.DA, *s.f.*, grande quantidade de besouros.

BE.SOU.RA.GEM, *s.f.*, intriga, aleivosia.

BE.SOU.RAL, *adj.*, próprio de besouros; semelhante a besouro; var., besoiral.

BE.SOU.RO, *s.m.*, nome dado a todos os insetos coleópteros; var., besoiro.

BES.TA, *s.f.*, animal para carga, mula, burro; pessoa tola, grosseira, tipo de carro importado; antiga arma para atirar setas; *adj.*, algo de pouco valor, estúpido, grosseiro; *expr.*, metido a besta - intrometido, pretender fazer o que não lhe compete.

BES.TA-FE.RA, *s.f.*, animal muito feroz; *fig.*, pessoa cruel, insensível e desumana.

BES.TA.GEM, *s.f.*, ato ou efeito de bestar; besteira.

BES.TA.LHÃO, *adj., s.m.*, bobalhão, ignorante, despreparado, estúpido.

BES.TA.MEN.TE, *adv.*, de modo besta, tolamente, por motivo fútil, tolo, por nada.

BES.TAN.ÇA, *s.f.*, ato ou dito de besta, besteira.

BES.TAR, *v. int.*, comportar-se como besta, falar tolices, apresentar-se sem o devido conhecimento.

BES.TA.RI.A, *s.f.*, porção de besteiros ou de bestas; arte de manejar bestas.

BES.TEI.RO, *s.m.*, soldado armado de besta (arma de atirar setas); fabricante de bestas.

BES.TEI.RA, *s.f.*, tolice, asnice, bobagem, asneira.

BES.TEI.RA.DA, *s.f.*, muita besteira.

BES.TEI.ROL, *s.m.*, estilo cultural de humor popular dos anos 90, abordando o dia a dia de forma escrachada com crítica social e política.
BES.TI.A.GEM, *s.f.*, conjunto de bestas, como cavalos, mulas, jumentos.
BES.TI.AL, *adj.*, brutal, selvagem, horrível, desumano.
BES.TI.A.LI.DA.DE, *s.f.*, brutalidade, selvageria, insensatez, insensibilidade humana.
BES.TI.A.LIS.MO, *s.m.*, prática libidinosa com animal; bestialidade.
BES.TI.A.LI.ZA.ÇÃO, *s.f.*, ação ou efeito de bestializar, embrutecimento, comportamento bestial.
BES.TI.A.LI.ZA.DO, *adj.*, embrutecido, selvagem, bestificado.
BES.TI.A.LI.ZA.DOR, *adj.*, que bestializa.
BES.TI.A.LI.ZAR, *v.t. e pron.*, desumanizar, embrutecer, bestificar, ficar semelhante a uma besta.
BES.TI.AL.MEN.TE, *adv.*, de modo bestial, selvagem.
BES.TI.A.LO.GI.A, *s.f.*, ação de besta, estudo de atitudes bestas, exposição louca.
BES.TI.CE, *s.f.*, asneira, bobice, tolice.
BES.TI.FI.CA.ÇÃO, *s.f.*, ação ou efeito de bestificar, embrutecimento.
BES.TI.FI.CA.DO, *adj.*, espantado, apavorado, atoleimado, embrutecido.
BES.TI.FI.CA.DOR, *adj.*, que bestifica.
BES.TI.FI.CAN.TE, *adj.*, *2 gên.*, que bestifica; *fig.*, que causa assombro.
BES.TI.FI.CAR, *v.t. e pron.*, tornar besta, amedrontar, espantar.
BES.TI.NHA, *s.f.*, pequena besta; *fig.*, pessoa estúpida.
BEST-SEL.LER, *s.m.*, termo em inglês, para indicar que um livro tem vendagem alta.
BES.TUN.TAR, *v.t.*, tirar do bestunto.
BES.TUN.TO, *s.m.*, cabeça, tino, inteligência pequena.
BE.SUN.TA.DE.LA, *s.f.*, pequena engraxada, untada leve.
BE.SUN.TA.DO, *adj.*, que se besuntou, lambuzado de gordura ou óleo.
BE.SUN.TAR, *v.t.*, passar qualquer substância oleosa, como graxa, manteiga; untar.
BE.SUN.TU.RA, *s.f.*, ato de besuntar.
BE.TA, *s.m.*, segunda letra do alfabeto grego, usada para indicações, raios e outros temas.
BE.TA.CIS.MO, *s.m.*, em Fonética, emprego do *b* excessivamente.
BE.TÃO, *s.m.*, concreto, mistura de vários materiais para obter um mais consistente e resistente.
BE.TAR, *v.t.*, listrar de várias cores, matizar; *v.int.*, combinar-se, ajustar-se, harmonizar-se.
BÉ.TA.TRON, *s.m.*, em Física, aparelho para aceleração de elétrons a grande velocidade e potencial energético, impulsionados pela indução magnética.
BE.TER.RA.BA, *s.f.*, planta que produz um tubérculo de cor vermelha, usada como salada e, na Europa, para fazer açúcar.
BE.TER.RA.BAL, *s.m.*, grande plantação de beterrabas.
BE.TES.GA, *s.f.*, rua estreita; beco sem saída; fundo de saco; corredor escuro; *fig.*, pequena loja sem outra saída além da que é usada pela entrada.
BE.TO.NA.DA, *s.f.*, revestimento ou camada de betão.
BE.TO.NA.DO, *adj.*, cimentado ou revestido de betão.
BE.TO.NAR, *v.t.*, cimentar ou revestir de betão.
BE.TO.NEI.RA, *s.f.*, máquina que processa a mistura de areia, pedras, cimento, água, e que se transforma em concreto.

BE.TO.NI.LHA, *s.f.*, betão composto de areia e cimento para revestir pavimentos.
BÉ.TU.LA, *s.f.*, nome de um tipo de planta do Hemisfério Norte.
BE.TU.LÁ.CE.AS, *s.f., pl.* em Botânica, família da ordem das Fagales, do *gên. Betula*, constituída de árvores pequenas e arbustos.
BE.TU.LE.TO, *s.m.*, extensa plantação de bétulas.
BE.TU.MA.DO, *adj.*, coberto com betume; juntado com betume; diz-se de papel em cuja superfície passou-se uma camada de betume para impermeabilizá-lo.
BE.TU.MAR, *v.t.*, cobrir com betume, revestir, calafetar, isolar.
BE.TU.ME, *s.m.*, mistura de vários produtos do petróleo, usados para isolar.
BE.TU.MEI.RO, *s.m.*, vendedor ou fabricante de betume.
BE.TU.MI.NO.SO, *adj.*, que está feito de betume, que se refere ao betume.
BE.XI.GA, *s.f.*, órgão do corpo humano para armazenar a urina; em algumas regiões, significa balão; tipo de doença que deixa marcas na pele.
BE.XI.GA.DA, *s.f.*, golpe dado com uma bexiga.
BE.XI.GAL, *adj.*, relativo às bexigas.
BE.XI.GAR, *v.int.*, *fam.*, caçoar, chalacear.
BE.XI.GO.SO, *adj.*, bexiguento.
BE.XI.GU.DO, *adj. e s.m.*, que ou o que é bexigoso.
BE.XI.GUEI.RO, *adj.*, *fam.*, caçoador.
BE.XI.GUEN.TO, *adj.*, o mesmo que bexigoso; que foi acometido de varíola.
BE.ZER.RA.DA, *s.f.*, grande grupo de bezerros.
BE.ZO.AN.TE, *adj.*, que bezoa, que solta berros (de cabra).
BE.ZO.AR¹, *v.int.*, berrar (voz de cabra), balir.
BE.ZO.AR², *s.m.*, petrificação de substâncias que se formam no estômago e intestinos dos quadrúpedes, *esp.* a cabra; antigamente era considerado um antídoto para alguns males.
BE.ZER.RO, *s.m.*, filhote de vaca, vitela.
BI, *s.m.*, abreviação ou forma reduzida de termos como um bilhão, bis.
BI-, *pref.*, exprime noção de duplo ou duas vezes.
BI.A.BA, *s.f.*, *bras.*, *pop.*, pancada, bordoada; assalto a mão armada.
BI.A.LA.DO, *adj.*, que tem duas asas.
BI.A.NE.JO, *adj.*, diz-se do animal de dois anos.
BI.AN.GU.LA.DO, *adj.*, figura com dois ângulos.
BI.AN.GU.LAR, *adj.*, que possui dois ângulos.
BI.A.NU.AL, *adj.*, bienal, que ocorre a cada dois anos.
BI.AR.TI.CU.LA.DO, *adj.*, que é articulado em dois pontos: ônibus biarticulado.
BI.AR.TI.CU.LAR, *adj. 2 gên.*, com duas articulações: *músculo biarticular*.
BI.AU.RI.CU.LAR, *adj.*, relativo às duas orelhas.
BI.BÁ.SI.CO, *adj.*, em Química, diz-se de um sal que contém base dupla.
BI.BE.LÔ, *s.m.*, qualquer objeto que sirva para enfeite.
BI.BI.CO, *adj.*, diz-se de chapéu de dois bicos; diz-se de gorro de soldado de duas pontas, à frente e atrás; *s.m.*, esse chapéu; esse gorro.
BÍ.BLIA, *s.f.*, coleção dos 73 livros que compõem as Sagradas Escrituras.
BI.BLI.Á.TRI.CA, *s.f.*, arte de restaurar os livros.
BÍ.BLI.CO, *adj.*, relativo à Bíblia.
BI.BLI.O.CAN.TO, *s.m.*, peça usada para manter os livros na posição correta, nas estantes dos armários.

BI.BLI.O.CLAS.TA, s. 2 gên., o que ou aquele que destrói livros.
BI.BLI.Ó.FA.GO, adj., diz-se de animal que se alimenta de ou destrói livros; fig., pessoa que lê com avidez.
BI.BLI.O.FI.LI.A, s.f., amor pelos livros, paixão por livros, mania por livros.
BI.BLI.O.FÍ.LI.CO, adj., relativo a bibliofilia e a bibliófilo.
BI.BLI.Ó.FI.LO, s.m., apaixonado por livros, amigo dos livros, quem gosta muito de livros.
BI.BLI.O.FO.BI.A, s.f., horror a livros, aversão a livros.
BI.BLI.Ó.FO.BO, s.m., quem não gosta de livros, quem tem horror a livros.
BI.BLI.O.GÊ.NE.SE, s.f., origem ou criação de um livro ou livros.
BI.BLI.O.GÊ.NI.CO, adj., relativo a bibliogênese.
BI.BLI.O.GRA.FI.A, s.f., relação de livros consultados; relação de obras de um autor ou das obras relativas a determinado assunto; conhecimento e descrição de livros.
BI.BLI.O.GRÁ.FI.CO, adj., que se refere a bibliografia.
BI.BLI.Ó.GRA.FO, s.m., quem se dedica a livros, que estuda e trabalha com livros.
BI.BLI.Ó.LA.TRA, s. 2 gên., aquele ou aquela dada a bibliolatria.
BI.BLI.O.LA.TRI.A, s.f., culto dos livros, idolatria dos livros.
BI.BLI.O.LO.GI.A, s.f., ciência que estuda a história e a produção dos livros.
BI.BLI.Ó.LO.GO, s.m., especialista em bibliologia.
BI.BLI.O.MAN.CI.A, s.f., pretensão de adivinhar algo futuro, abrindo um livro.
BI.BLI.O.MA.NI.A, s.f., mania por livros, paixão por livros, fixação por livros.
BI.BLI.O.MA.NÍ.A.CO, adj., que tem bibliomania; s.m., pessoa que tem bibliomania, bibliômano.
BI.BLI.O.MAN.TE, s. 2 gên., pessoa que pratica a bibliomancia.
BI.BLI.O.NÍ.MIA, s.f., coleção dos nomes dos livros.
BI.BLI.O.TE.CA, s.f., local onde se colocam os livros, lugar para expor os livros aos leitores.
BI.BLI.O.TE.CAL, adj., que diz respeito a biblioteca.
BI.BLI.O.TE.CÁ.RIO, s.m., indivíduo que cuida de uma biblioteca.
BI.BLI.O.TE.CO.GRA.FI.A, s.f., descrição das bibliotecas.
BI.BLI.O.TE.CO.LO.GI.A, s.f., estudo das bibliotecas (organização, conservação e funcionamento).
BI.BLI.O.TE.CO.NO.MI.A, s.f., curso em nível universitário que trata da administração de bibliotecas.
BI.BLI.O.TE.CO.NO.MIS.TA, adj., especialista em biblioteconomia, bibliotecônomo.
BI.BLI.O.TE.CÔ.NO.MO, s.m., o mesmo que biblioteconomista.
BI.BLIS.TA, s. 2 gên., exegeta, quém estuda a Bíblia, perito na Bíblia.
BI.BLÍS.TI.CA, s.f., conhecimento bibliográfico da Bíblia.
BI.BO.CA, s.f., local sem importância, local afastado do nosso, coisa sem valor.
BI.BO.CAL, s.m., bras., lugar cheio de bibocas.
BI.CA, s.f., cano por onde escorre a água; fonte, local para beber água.
BI.CA.DA, s.f., golpe com o bico de ave, picada; comer um pouco, experimentar uma comida.
BI.CA.DO, adj., que foi tocado por uma bicada, picado.
BI.CA.MA, s.f., móvel de quarto com duas camas, uma sotoposta e embutida na outra.

BI.CA.ME.RAL, adj. 2 gên., relativo a duas câmaras ou ao bicameralismo.
BI.CA.ME.RA.LIS.MO, s.m., sistema de governo no qual o poder legislativo fica dividido entre duas câmaras, geralmente deputados e senadores.
BI.CA.ME.RA.LIS.TA, adj. e s. 2 gên., relativo ao bicameralismo; partidário desse regime político.
BI.CAM.PE.ÃO, s.m., time ou pessoa que se torna campeão por duas vezes.
BI.CAM.PE.O.NA.TO, s.m., time que ganha um campeonato pela segunda vez.
BI.CAN.CA, s.f., pop., nariz longo, grande nariz; nariz adunco.
BI.CAN.ÇO, s.m., pop., bico grande.
BI.CÃO, s.m., bico grande, tipo que entra em festas sem ser convidado; penetra.
BI.CA.PSU.LA.DO, adj., o mesmo que bicapsular.
BI.CA.PSU.LAR, adj., em Botânica, que tem duas cápsulas.
BI.CAR, v.t., ferir com o bico, picar.
BI.CAR.BO.NA.DO, adj., em Química, que contém duas proporções de carbono.
BI.CAR.BO.NA.TO, s.m., tipo de sal usado no fabrico de doces.
BI.CA.RE.NA.DO, adj., que tem duas carenas.
BI.CAU.DA.DO, adj., que tem duas caudas.
BI.CÉ.FA.LO, adj., que tem duas cabeças.
BI.CE.LU.LAR, adj., que tem duas células.
BI.CEN.TE.NÁ.RIO, s.m., que existe por dois séculos; celebração de duzentos anos de existência.
BÍ.CEPS, s.m., nome de músculos, principalmente os do braço.
BI.CHA, s.f., designa animais longos, sem pernas e pelos, como as lombrigas, minhocas; gír., homens efeminados; grupo de pessoas em fila indiana, uma depois da outra.
BI.CHA.ÇO, s.m., fam., aumentativo de bicho; homem rico ou importante; homem muito fino ou muito astuto.
BI.CHA.DO, adj., estragado, podre.
BI.CHA.DOR, s.m., bras., pequena haste de madeira com que são tirados os vermes das bicheiras dos animais.
BI.CHA-LOU.CA, s.m., gír., indivíduo do sexo masculino muito efeminado, gay.
BI.CHA.NA.DA, s.f., muitos gatos reunidos; gataria.
BI.CHA.NA.DO, adj., pronunciado em voz baixa; segredado.
BI.CHA.NAR, v.int., falar em segredo, pronunciando em voz baixa.
BI.CHA.NO, s.m., gato.
BI.CHÃO, s.m., bicho grande; bras., pop., homem grande e forte; gír., valentão; pessoa experiente, valente; cobra.
BI.CHAR, v. int., criar bichos, estragar-se.
BI.CHA.RA.DA, s.f., grupo de bichos.
BI.CHA.RE.DO, s.m., bras., bicharada; grande quantidade de bichos (insetos, vermes, etc.); adj., diz-se de animal excelente ou grande.
BI.CHA.RI.A, s.f., ajuntamento de bichos; reunião de muita gente de várias categorias; var., bicharada.
BI.CHAR.RÃO, s.m., bicho grande.
BI.CHEI.RA, s.f., ferida causada por bichos, sobretudo por larvas de certas moscas.
BI.CHEI.RO, s.m., indivíduo que administra uma banca de jogo do bicho.
BI.CHEN.TO, adj., que tem bichos no corpo, que é infestado por bichos-de-pé.
BI.CHI.CE, s.f., quantidade de bichos, de animais; meiguice excessiva; gír., condição ou comportamento de efeminado.

BICHINHO — BIFRONTE

BI.CHI.NHO, *s.m.*, bicho pequeno; tratamento carinhoso familiar.

BI.CHO, *s.m.*, todo animal, todo ser vivente do reino animal; pessoa muito brava, pessoa feia.

BI.CHO-CA.BE.LU.DO, *s.m.*, lagartixa com pelos altos e que queima a pele das pessoas; taturana.

BI.CHO-CAR.PIN.TEI.RO, *s.m.*, escaravelho, nome dos besouros que furam troncos para sua instalação.

BI.CHO-DA-GOI.A.BA, *s.m.*, nome comum às larvas de moscas do gênero *Anestrepha*, que se desenvolvem na polpa da goiaba, entre outras frutas; *bras., fig., pop.*, pessoa que não pega sol, de pele muito branca.

BI.CHO-DA-SE.DA, *s.m.*, lagartixa que, ao se transformar em casulo, produz a matéria-prima para a seda.

BI.CHO-DE-PÉ, *s.m.*, bicho que penetra na pele dos pés das pessoas e se instala ali; comum em lugares sujos e com animais.

BI.CHO DO MA.TO, *s.m.*, tipo bronco, alguém selvagem, alguém grosseiro; alguém que foge dos outros.

BI.CHO-GRI.LO, *s.m., bras., pop.*, indivíduo fora dos padrões convencionais, que leva uma vida alternativa.

BI.CHO-PA.PÃO, *s.m.*, fantasma, papão, algum ente que assusta; figura para assustar crianças.

BI.CHO-PAU, *s.m., bras.*, em Zoolologia, insetos da ordem *Phasmatodea*, que possuem forma e cor semelhantes a gravetos como disfarce contra os predadores.

BI.CHO-PRE.GUI.ÇA, *s.m., bras.*, ver preguiça.

BI.CI.CLE.TA, *s.f.*, velocípede com duas rodas e armação metálica; lance no futebol, no qual o jogador chuta a bola de costas para a rede e no ar, na posição horizontal.

BI.CI.CLE.TA.RI.A, *s.f.*, lugar onde se fabricam ou consertam bicicletas.

BI.CI.CLE.TÁ.RIO, *s.m., bras.*, lugar destinado para estacionar e/ou guardar bicicletas.

BI.CI.CLE.TEI.RO, *s.m., ant.*, ver bicicletista.

BI.CI.CLE.TIS.TA, *s. 2 gên., ant.*, pessoa que anda em bicicleta; ciclista.

BI.CI.CLIS.TA, *s. 2 gên., ant.*, pessoa que anda em bicicleta.

BI.CI.CLI.ZAR, *v.int., ant.*, andar em bicicleta.

BI.CI.CLO, *s.m.*, velocípede de duas rodas de tamanhos desiguais.

BI.CI.CROSS, *s.m. 2 gên.*, corrida de bicicletas em pista acidentada.

BI.CI.LÍN.DRI.CO, *adj.*, que possui dois cilindros *ger.* paralelos.

BI.CO, *s.m.*, boca das aves, cuja extremidade pontuda é córnea; ponta aguda; meter o bico - intrometer-se; fechar o bico - calar-se.

BI.CÓ, *adj., Bras.*, diz-se de animal que não tem rabo, cotó, pitoco, rabicó.

BI.CO-DE-LA.CRE, *s.m.*, ave pequena que anda em bandos, com o bico na cor vermelho-coral.

BI.CO DE PA.PA.GAI.O, *s.m.*, anormalidade na coluna, por defeito nas vértebras.

BI.CO DE PE.NA, *s.m.*, técnica que produz desenhos com uma pena especial e uso de tinta nanquim.

BI.CO.LOR, *adj.*, que possui duas cores.

BI.CÔN.CA.VO, *adj.*, côncavo de ambos os lados.

BI.COM.BUS.TÍ.VEL, *adj. 2 gên.*, diz-se de motor ou de veículo que pode ser movido por dois combustíveis, como, *p.ex.*, álcool e gasolina.

BI.CON.CA.VI.DA.DE, *s.f.*, qualidade ou condição do que é bicôncavo.

BI.CÔN.CA.VO, *adj.*, diz-se do que tem duas faces côncavas opostas.

BI.CÔ.NI.CO, *adj.*, que possui dois cones.

BI.CON.VE.XO, *adj.*, convexo de ambos os lados.

BI.CO.RA.DA, *s.f., bras.*, ato ou efeito de bicar, de bater com o bico; bicada.

BI.CO.RAR, *v.t.*, dar bicadas (em); bicar.

BI.COR.NE, *adj.*, que apresenta dois chifres ou duas pontas.

BI.CÓR.NEO, *adj.*, o mesmo que bicorne.

BI.CO.SO, *adj.*, que come muito pouco; o mesmo que biqueiro.

BI.CO.TA, *s.f.*, beijinho, osculinho.

BI.CRO.MÁ.TI.CO, *adj.*, que apresenta duas cores.

BI.CRO.MI.A, *s.f.*, processo de impressão em que são usados dois clichês de autotipia com cores direntes.

BI.CU.DA, *s.f., bras.*, nome de vários peixes esfirenídeos de mar, vorazes, agressivos, que atingem 3 a 4 metros, como o barracuda (*Sphyraena barracuda*); *gír.*, em futebol, chute com o dedão do pé.

BI.CU.DEZ, *s.f.*, qualidade do que é bicudo ou difícil.

BI.CU.DO, *adj.*, ave com bico grande; indivíduo mal-humorado.

BI.DÊ, *s.m.*, vaso que se usa nos banheiros.

BI.DEN.TA.DO, *adj.*, que tem dois dentes, bidênteo, bidental, bidenteado.

BI.DEN.TE, *s.m., ant.*, alvião; gadanho com dois dentes.

BI.DEN.TE.A.DO, *adj.*, bidênteo.

BI.DI.MEN.SI.O.NAL, *adj. 2 gên.*, em duas dimensões (desenho).

BI.DI.MEN.SI.O.NA.LI.DA.DE, *s.f.*, característica ou estado do que é bidimensional.

BI.DI.RE.CI.O.NAL, *adj. 2 gên.*, relativo a, ou que funciona em duas direções, *ger.* opostas.

BI.DÓ, *s.m., bras.*, (AM), bolo de macaxeira.

BÍ.DUO, *s.m.*, intervalo de dois dias.

BI.EB.DO.MA.DÁ.RIO, *adj.*, o mesmo que bissemanal.

BI.E.LA, *s.f.*, peça do motor dos carros.

BI.E.LO-RUS.SO, *adj., s.m.*, habitante ou natural da Bielo-Rússia.

BI.E.NAL, *adj.*, feito a cada dois anos, o que se realiza no espaço de dois anos.

BI.Ê.NIO, *s.m.*, espaço de tempo de dois anos, ou a cada dois anos.

BI.ES.TÁ.VEL, *adj.*, todo conjunto elétrico ou eletrônico que tem dois estados estáveis.

BI.FA.CE.TA.DO, *adj.*, que tem duas faces.

BI.FA.DA, *s.f.*, porção de bifes; tabefe; fartum, mau hálito.

BI.FAR, *v.t., fam.*, furtar, surripiar.

BI.FÁ.SI.CO, *adj.*, que tem duas fases.

BI.FE, *s.m.*, carne bovina ou suína, cortada em fatias finas para fritar ou assar.

BI.FEN.DI.DO, *adj.*, que se divide em duas partes por causa de uma fenda.

BÍ.FI.DO, *adj.*, fendido em duas partes; bifendido.

BI.FLE.XO, *adj.*, dobrado para dois lados.

BI.FO.CAL, *adj.*, com dois focos; óculos que atendem a dois defeitos na visão - ver longe e ver perto.

BI.FO.LI.A.DO, *adj.*, que tem duas folhas.

BI.FOR.ME, *adj.*, que tem duas formas, que tem duas possibilidades.

BI.FRON.TAL, *adj. 2 gên.*, o mesmo que bifronte.

BI.FRON.TE, *adj. 2 gên.*, que tem duas frontes, duas caras,

BIFURCAÇÃO

duas faces; *fig.*, que não é o que aparenta ser, falso, traiçoeiro.

BI.FUR.CA.ÇÃO, *s.f.*, encruzilhada de caminhos; um caminho que se divide em duas direções.

BI.FUR.CA.DO, *adj.*, dividido em duas direções.

BI.FUR.CA.MEN.TO, *s.m.*, o mesmo que bifurcação.

BI.FUR.CAR, *v.t.*, dividir em duas direções; transformar em trevo.

BI.GA, *s.f.*, carro com duas ou quatro rodas, puxado por uma parelha de cavalos na Roma antiga, usado para demonstrações esportivas ou para transporte de pessoas.

BI.GA.MI.A, *s.f.*, situação na qual um homem se casa com duas mulheres, simultaneamente.

BÍ.GA.MO, *adj.* e *s.m.*, estado de bigamia, que tem dois cônjuges (parceiros) ao mesmo tempo.

BI.GO.DE, *s.m.*, parte da barba que cresce entre a boca e o nariz.

BI.GO.DEI.RA, *s.f.*, bigode amplo, farto e vistoso.

BI.GO.DU.DO, *adj.*, bigodes grandes.

BI.GOR.NA, *s.f.*, utensílio de ferro ou aço sobre o qual se batem outros metais.

BI.GOR.RI.LHA, *s.f.*, indivíduo sem caráter, desprezível, safado, desavergonhado.

BI.GO.TIS.MO, *s.m.*, falsa devoção; beatismo; velhacaria.

BI.GUÁ, *s.m.*, tipo de pássaro preto, corvo-marinho.

BI.JU, *s.m.*, beiju, bolo de farinha de aipim, mandioca, tapioca ou macaxeira.

BI.JU.TE.RI.A, *s.f.*, objetos para adorno, joias falsas.

BI.LA.BI.A.DO, *adj.*, que tem dois lábios.

BI.LA.BI.AL, *adj.*, letra pronunciada com os dois lábios, conforme a fonética.

BI.LA.MI.NA.DO, *adj.*, que consta de duas lâminas.

BI.LA.TE.RA.DO, *adj.*, em Botânica, diz-se das folhas colocadas em dois lados opostos.

BI.LA.TE.RAL, *adj.*, com dois lados laterais; em Direito, contrato com duas partes que tenham obrigações recíprocas.

BI.LA.TE.RA.LI.DA.DE, *s.f.*, qualidade ou condição de bilateral.

BI.LA.TE.RA.LIS.MO, *s.m.*, em Economia, tipo de acordo entre dois países, no qual são concedidos privilégios comerciais recíprocos.

BIL.BO.QUÊ, *s.m.*, brinquedo constituído de uma haste e no cimo um buraco, onde o jogador deve encaixar um bastonete de madeira que está na ponta da corda.

BI.LE, *s.f.*, bílis.

BI.LHA, *s.f.*, vaso de barro com bojo largo e gargalo estreito.

BI.LHÃO, *s.m.* e *num.*, mil milhões.

BI.LHAR, *s.m.*, jogo de mesa, usando-se o taco para mover as bolas; local ou casa para uso desse jogo.

BI.LHA.RIS.TA, *adj.* e *s. 2 gên.*, jogador de bilhar.

BI.LHE.TA.GEM, *s.f.*, *bras.*, sistema eletrônico de emissão, venda e validação de bilhetes.

BI.LHE.TE, *s.m.*, escrito curto, aviso breve; ficha para ingresso em locais para passagens, para loterias ou loterias.

BI.LHE.TEI.RO, *s.m.*, quem escreve bilhetes.

BI.LHE.TE.RI.A, *s.f.*, local em que se compram bilhetes para viajar, loterias ou outros fins.

BI.LI.AR, *adj.*, relativo a bílis.

BI.LI.ÃO, *num.*, bilhão.

BI.LI.AR.DÁ.RIO, *s.m.*, bilionário.

BI.LI.Á.RIO, *adj.*, o mesmo que biliar.

BI.LÍN.GUE, *adj.*, quem fala duas línguas.

BINOCULAR

BI.LIN.GUIS.MO, *s.m.*, em uma região ou país, a coexistência de duas línguas oficiais; grupo que se comunica por meio de duas línguas.

BI.LI.O.NÁ.RIO, *s.m.* e *adj.*, quem é duas vezes milionário; rico, nababo.

BI.LI.O.NÉ.SI.MO, *num.*, fracionário e ordinal correspondente a bilhão.

BI.LI.O.SO, *adj.*, produção excessiva de bílis; pessoa raivosa, desumana.

BÍ.LIS, *s.f.*, líquido esverdeado, proveniente do fígado, para auxiliar a digestão.

BI.LI.TE.RAL, *adj.*, cuja raiz (de uma palavra) é formada por duas letras.

BI.LI.TE.RIS.MO, *s.m.*, em Filologia, qualidade de biliteral; uso de raízes biliterais.

BI.LÍ.TE.RO, *adj.*, de duas letras.

BI.LO.CA.ÇÃO, *s.f.*, propriedade que uma pessoa adquire de estar, ao mesmo tempo, em dois locais.

BI.LOM.BA.DO, *adj.*, com dois lombos.

BI.LON.TRA, *adj.* e *s. 2 gên.*, velhaco, pilantra, safado, espertalhão.

BI.LON.TRA.GEM, *s.f.*, velhacaria, pilantragem.

BIL.RO, *s.m.*, peça de madeira, com forma de fuso, utilizada para fazer rendas.

BIL.TRE, *s.m.*, safado, patife, vil, desprezível.

BI.MA.NO, *adj.*, ser que tem duas mãos.

BIM.BA.LHA.DA, *s.f.*, acordes de sinos, conjunto de sons de sinos, carrilhão de sinos.

BIM.BA.LHAR, *v.t.*, soar dos sinos, badalar de sinos e campainhas.

BIM.BAR, *v.t.*, bater fortemente uma coisa contra outra; cortar com um galho as bimbaduras das salinas; *bras.*, *vulg.*, copular; fazer sexo.

BI.MEN.SAL, *adj.*, realizado no espaço de dois meses; a cada dois meses.

BI.MES.TRAL, *adj.*, a cada dois meses, feito durante dois meses.

BI.MES.TRA.LI.DA.DE, *s.f.*, qualidade ou característica do que é bimestral.

BI.MES.TRE, *s.m.*, espaço de dois meses.

BI.MO.DAL, *adj. 2 gên.*, cujo processo possui dois modos (de trabalhar).

BI.MO.NE.TA.RI.ZA.ÇÃO, *s.f.*, em Economia, adoção de duas moedas ou fatores monetários.

BI.MO.TOR, *s.m.*, avião que tem dois motores.

BI.NA, *s.f.*, aparelho eletrônico que, acoplado ao telefone, identifica e grava o número da chamada.

BI.NA.CI.O.NAL, *adj.*, que é efetuado por duas nações.

BI.NÁ.RIO, *adj.*, o que se realiza em dois tempos; compasso musical com dois tempos.

BIN.GA, *s. 2 gên.*, *ant.*, chifre; isqueiro rústico feito de chifre; tabaqueira de chifre em que se guardava o rapé; o mesmo que beija-flor.

BIN.GO, *s.m.*, jogo feito com números cantados e no qual os jogadores preenchem cartelas; grito (bingo!) de quem preencheu a cartela e se habilitou a ganhar o prêmio; grito para indicar que se ganhou algo.

BIN.GUEI.RO, *s.m.*, dono de casa de jogo de bingo.

BI.NO.CU.LA.DO, *adj.*, que tem dois olhos.

BI.NO.CU.LAR, *adj.*, relativo a ambos os olhos (no caso de dois olhos); que serve a dois olhos ou a dois óculos.

BI.NO.CU.LI.ZAR, *v.t.* e *int.*, ver binocular.
BI.NÓ.CU.LO, *s.m.*, duas lentes fortes em um aparelho para ver a distância.
BI.NO.MI.NAL, *adj.*, que tem dois nomes ou usa uma combinação de dois nomes.
BI.NÔ.MIO, *s.m.*, número ou expressão que se compõe de duas partes.
BI.NU.CLE.A.DO, *adj.*, que tem dois núcleos.
BI.NU.CLE.AR, *adj.*, binucleado.
BI.O.-, *pref.* ou *suf.* que exprime a noção de vida, biologia (ciência) ou micróbio (vida diminuta).
BI.O.AR.QUE.O.LO.GI.A, *s.f.*, estudo dos fósseis de ossos de animais ou humanoides encontrados em sítios arqueológicos.
BI.O.CI.CLO, *s.m.*, as várias sequências por que passa a vida de certos seres vivos.
BI.O.CI.ÊN.CIA, *s.f.*, Biologia.
BI.O.CLI.MA.TO.LO.GI.A, *s.f.*, estudo das interações entre a biosfera e a atmosfera terrestre e seus efeitos climáticos, especialmente em relação às estações do ano.
BI.O.COM.BUS.TÍ.VEL, *s.m.*, combustível produzido com matéria orgânica.
BI.O.DE.GRA.DA.BI.LI.DA.DE, *s.f.*, propriedade ou condição do que é biodegradável.
BI.O.DE.GRA.DA.ÇÃO, *s.f.*, decomposição parcial ou completa de um composto orgânico, por micro-organismo.
BI.O.DE.GRA.DAR, *v.t.* e *pron.*, decompor uma substância por qualquer meio.
BI.O.DE.GRA.DÁ.VEL, *adj.*, toda substância que se desmancha com a ação de micro-organismos.
BI.O.DIE.SEL, *s.m.*, combustível biodegradável e renovável, obtido através de processo químico a partir de óleos vegetais ou gorduras animais.
BI.O.DI.GES.TÃO, *s.f.*, processo de reciclagem anaeróbica, que consiste na produção de gás combustível e adubo a partir de compostos orgânicos.
BI.O.DI.GES.TOR, *s.m.*, apetrecho usado sobretudo no campo, para produzir gás, com a biodigestão de adubos e outros materiais.
BI.O.DI.NÂ.MI.CA, *s.f.*, em Biologia, ramo que trata das forças vitais ou da ação dos organismos vivos.
BI.O.DI.VER.SI.DA.DE, *s.f.*, conjunto de toda a flora e fauna que compõe um ambiente.
BI.O.E.LE.TRI.CI.DA.DE, *s.f.*, em Biologia, corrente elétrica que flui nos organismos vivos ou se propaga por eles.
BI.O.E.LÉ.TRI.CO, *adj.*, relativo a bioeletricidade ou próprio dela.
BI.O.E.NER.GÉ.TI.CA, *s.f.*, ramo da Biologia que avalia a energia nos seres vivos; terapia que busca curar os males físicos com o uso de energia.
BI.O.E.NER.GI.A, *s.f.*, energia produzida por fontes renováveis, como o álcool da cana-de-açúcar.
BI.O.EN.GE.NHA.RI.A, *s.f.*, engenharia genética, trabalho da engenharia para criar aparelhos que possam sanar problemas de saúde.
BI.O.EN.GE.NHEI.RO, *s.m.*, especialista em bioengenharia.
BI.O.É.TI.CA, *s.f.*, reflexões quanto à ética no uso e aplicação das invenções que mexem com a vida dos seres humanos e dos animais.
BI.O.É.TI.CO, *adj.*, relativo à bioética; conforme a bioética.
BI.O.FER.TI.LI.ZAN.TE, *s.m.*, fertilizante produzido por biodigestores.

BI.O.FI.LI.A, *s.f.*, amor à vida; instinto de sobrevivência e conservação da própria vida.
BI.Ó.FI.LO, *adj.* e *s.m.*, diz-se de, ou indivíduo que ama a vida.
BI.O.FÍ.SI.CA, *s.f.*, ciência que estuda os fenômenos vitais pela Física.
BI.O.FÍ.SI.CO, *adj.* e *s.m.*, que se relaciona com a Biofísica.
BI.Ó.FI.TO, *s.m.*, em Botânica, planta que vive a partir de outra ou que é parasita.
BI.O.FO.BI.A, *s.f.*, aversão à vida, horror à vida.
BI.O.GÁS, *s.m.*, gás obtido através da fermentação de produtos orgânicos.
BI.O.GÊ.NE.SE, *s.f.*, estuda a origem dos seres, princípio da vida.
BI.O.GE.NÉ.SI.CO, *adj.*, relativo à biogênese.
BI.O.GE.NÉ.TI.CO, *adj.*, relacionado com a biogenética.
BI.O.GE.NI.A, *s.f.*, o mesmo que biogênese.
BI.O.GÊ.NI.CO, *adj.*, relativo à biogenia, biogenético.
BI.O.GRA.FA.DO, *adj.*, que tem a biografia escrita, o protagonista de uma biografia.
BI.O.GRA.FAR, *v.t.*, escrever a biografia de.
BI.O.GRA.FI.A, *s.f.*, descrever a vida de uma pessoa, história da vida de alguém.
BI.O.GRÁ.FI.CO, *adj.*, relativo a biografia.
BI.Ó.GRA.FO, *s.m.*, quem escreve uma biografia.
BI.O.LO.GI.A, *s.f.*, ciência que estuda todos os seres vivos.
BI.O.LÓ.GI.CO, *adj.*, relativo a biologia.
BI.O.LO.GIS.TA, *adj. 2 gên.*, relativo a biologismo; *s. 2 gên.*, o mesmo que biólogo.
BI.Ó.LO.GO, *s.m.*, biologista, quem estuda ou conhece a Biologia.
BI.O.LU.MI.NES.CÊN.CIA, *s.f.*, luz que certos seres vivos espargem.
BI.O.MA, *s.m.*, conjunto de seres, vegetais vivos, caracterizados por homogeneidade, como as florestas de araucária.
BI.O.MAS.SA, *s.f.*, materiais de origem vegetal ou animal, renováveis, que são usados para produzir energia, como grãos, cana-de-açúcar e outros.
BI.O.MA.TE.RI.AL, *s.m.*, material próprio para implantes ou reparos de partes danificadas, us. em Medicina.
BI.OM.BO, *s.m.*, divisão móvel numa sala para obtenção de vários cômodos.
BI.O.ME.CÂ.NI.CA, *s.f.*, aplicação das leis da mecânica aos seres vivos, para dar maior conforto.
BI.O.ME.DI.CI.NA, *s.f.*, medicina que busca, nas leis naturais, maneiras de melhor atender à saúde das pessoas.
BI.O.MÉ.DI.CO, *adj.*, próprio da ou relativo a biomedicina; *s.m.*, médico especialista em biomedicina.
BI.O.ME.TRI.A, *s.f.*, análise de fatos biológicos e conclusões por números.
BI.O.MÉ.TRI.CO, *adj.*, relativo ou pertencente a biometria, que auxilia na identificação de um indivíduo.
BI.O.MO.LÉ.CU.LA, *s.f.*, em Biologia, molécula característica dos seres vivos.
BI.O.MO.LE.CU.LAR, *adj. 2 gên.*, em Bioquímica; relativo à estrutura das biomoléculas.
BI.Ô.NI.CA, *s.f.*, ciência que estuda as relações das técnicas com a vida.
BI.Ô.NI.CO, *adj.*, que se refere à Biônica.
BI.O.PA.TO.LO.GI.A, *s.f.*, estudos das doenças dos seres vivos.
BI.O.PES.TI.CI.DA, *s.m.*, pesticida que não agride o meio

BIOPLASMA ·· 156 ·· **BISBILHOTAR**

ambiente; *adj. 2 gên.*, diz-se desse tipo de pesticida.
BI.O.PLAS.MA, *s.m.*, o mesmo que protoplasma.
BI.O.PRO.DU.ÇÃO, *s.f.*, produção de seres vivos.
BI.ÓP.SIA, *s.f.*, **BI.OP.SI.A, BI.OP.SE**, retirada de tecidos do corpo humano para exames minuciosos.
BI.O.PSI.CO.LO.GI.A, *s.f.*, psicologia que se dedica a estudar a base biológica dos processos mentais.
BI.O.QUÍ.MI.CA, *s.f.*, estudo do que ocorre no corpo humano.
BI.O.QUÍ.MI.CO, *adj.*, que se refere a Bioquímica; *s.m.*, profissional que trabalha com Bioquímica.
BI.OR.RE.A.TOR, *s.m.*, tanque de fermentação para a produção de biomassa, que é aproveitada em processos industriais.
BI.OR.RIT.MO, *s.m.*, hipótese de que as reações das pessoas mudam sempre, de acordo com o sistema rítmico vital.
BI.OS.FE.RA, *s.f.*, conjunto dos ecossistemas da Terra; qualquer ponto em que existe ou pode existir vida na Terra.
BI.OS.SÍN.TE.SE, *s.f.*, atividade para obter compostos químicos por meio dos seres vivos.
BI.OS.SIN.TÉ.TI.CO, *adj.*, relativo a biossíntese; que foi obtido a partir da biossíntese.
BI.OS.SIS.TE.MA, *s.m.*, o mesmo que ecossistema.
BI.O.TA, *s.f.*, o todo dos seres que povoam uma região.
BI.O.TA.XI.A, *s.f.*, conjunto de estudos de todos os seres organizados.
BI.O.TÉC.NI.CA, BI.O.TEC.NI.A, *s.f.*, experiências técnicas com seres vivos, para obtenção de recursos que possam sanar melhor os problemas de saúde do ser humano.
BI.O.TEC.NO.LO.GI.A, *s.f.*, desenvolvimento de experiências da Biologia aliadas à técnica; desenvolvimento de seres vivos, visando obter material para a cura de certas doenças.
BI.O.TER.MI.A, *s.f.*, técnica ou estudo da aplicação de temperaturas diferenciadas específicas para diminuir ou eliminar inflamação, ou mesmo combater enfermidades, em alguma parte do corpo.
BI.O.TÉR.MI.CO, *adj.*, relativo a biotermia.
BI.Ó.TI.CA, *s.f.*, o todo de estudos e conhecimentos das funções de vida.
BI.O.TI.NA, *s.f.*, substância existente na gema de ovos, no fígado; útil para o crescimento dos animais.
BI.Ó.TI.PO, BI.O.TI.PO, *s.m.*, grupo de pessoas que possuem semelhanças genéticas.
BI.O.TI.PO.LO.GI.A, *s.f.*, estudo dos biótipos das pessoas.
BI.O.TÔ.NI.CO, *adj.* e *s.m.*, diz-se de, ou o tônico que fortifica e age como antianêmico.
BI.O.VU.LAR, *adj.*, que se forma a partir de dois ovos.
BI.Ó.XI.DO, *s.m.*, óxido que se encontra em átomos do oxigênio.
BIP, *s.m.*, ver bipe.
BI.PAR, *v.t.*, procurar, chamar alguém por meio de um aparelho chamado bipe.
BÍ.PA.RO, *adj.*, que se produz e reproduz aos pares; que produz dois seres num só parto.
BI.PAR.TI.ÇÃO, *s.f.*, divisão em duas partes.
BI.PAR.TI.DÁ.RIO, *adj.*, relativo a ou que apresenta bipartidarismo; bipartidarista; que envolve dois partidos.
BI.PAR.TI.DA.RIS.MO, *s.m.*, local em que há apenas dois partidos; governo político com apenas dois partidos.
BI.PAR.TI.DO, *adj.*, dividido em duas partes.
BI.PAR.TIR, *v.t.*, dividir em dois, repartir.
BI.PAR.TI.TE, *adj. 2 gên.*, que é formado por duas partes.

BI.PE, *s.m.*, aparelho que emite um sinal sonoro, quando acionado, para obter a atenção de seu portador.
BI.PE.DAL, *adj. 2 gên.*, relativo aos animais bípedes, inclusive o homem.
BI.PE.DA.LIS.MO, *s.m.*, ver bipedismo.
BÍ.PE.DE, *s.m.* e *adj.*, ser vivo que se locomove sobre dois pés.
BI.PE.DIS.MO, *s.m.*, qualidade do que é bípede; capacidade de se locomover sobre dois pés ou duas patas; bipedalismo.
BI.PLA.NO, *s.m.*, aeroplano que se sustenta por dois planos.
BI.PO.LAR, *adj.*, com dois polos, que concentra em um local único os dois polos.
BI.PO.LA.RI.DA.DE, *s.f.*, existência de dois polos em um único corpo.
BI.PO.LA.RIS.MO, *s.m.*, ver bipolaridade.
BI.PO.LA.RI.ZA.ÇÃO, *s.f.*, ato ou efeito de tornar(-se) bipolar, de dividir(-se) em dois polos.
BI.PO.LA.RI.ZA.DO, *adj.*, que se bipolariza ou bipolarizou; que se dividiu em dois polos.
BI.PO.LA.RI.ZAR, *v.t.* e *pron.*, tornar ou ficar bipolar.
BI.QUA.DRA.DO, *adj.*, que tem dois quadrados.
BI.QUEI.RA, *s.f.*, bico na ponta de calçado, acessório que se acrescenta a algum objeto.
BI.QUEI.RO, *adj., bras., pop.*, que come pouco; que escolhe para comer; *s.m., pop.*, o chute com o dedão do pé; o baile de arrasta-pé.
BI.QUÍ.NI, *s.m.*, tipo de maiô de duas peças pequeníssimas.
BI.RA, *s.m., bras.*, buraco que se faz no chão para o jogo do pião; bura.
BI.RI.BA, *s.f.*, jogo de cartas, variante da canastra; jogo de canastra.
BI.RI.TA, *s.f., pop.*, qualquer bebida alcoólica destilada, sobretudo a cachaça.
BI.RI.TEI.RO, *adj.*, que gosta de birita, beberrão; pé de cana.
BIR.MA.NE, *adj.* e *s. 2 gên.*, birmanês, birmã, habitante ou natural da Birmânia.
BI.RÔ, *s.m.*, escrivaninha, escritório, ateliê, oficina de composição gráfica, ateliê de editoração.
BI.RO.CA, *s.f.*, buracos feitos na terra, onde se têm de acertar as bolinhas de gude; p. ext., jogo de bolinhas de gude.
BI.ROS.CA, *s.f.*, bistrô, botequim, casa que vende bebidas, mas de má fama.
BI.RO.TE, *s.m.*, cabelo encaracolado no alto da cabeça.
BIR.RA, *s.f.*, teimosia, ato de não ceder em nada, obstinação.
BIR.RAR, *v. int.*, ter birras, ser teimoso.
BIR.REN.TO, *adj.*, obstinado, teimoso, rebelde.
BI.RU.TA, *adj. s.m.*, saco que se incha com o vento, para mostrar a direção deste, a fim de orientar o voo dos dois aviões; *pop.*, maluco, com ideias loucas.
BI.RU.TI.CE, *s.f.*, ato, feito ou dito de biruta.
BIS, *s.m.*, bi, duas vezes; *interj.*, mais uma vez!
BI.SA, *s.f.*, forma carinhosa de tratar a bisavó.
BI.SA.DO, *adj.*, repetido, feito duas vezes.
BI.SÃO, *s.m.*, tipo de boi; espécie de búfalo dos Estados Unidos.
BI.SAR, *v.t.*, repetir, fazer duas vezes, reproduzir.
BI.SA.VÓ, *s.f.*, duas vezes avó; mãe da avó.
BI.SA.VÔ, *s.m.*, duas vezes avô; pai do avô.
BIS.BI.LHAR, *v.int., bras.*, fazer bisbilho; murmurar.
BIS.BI.LHO, *s.m., bras.*, ato de bisbilhar.
BIS.BI.LHO.TA.GEM, *s.f.*, bisbilhotice.
BIS.BI.LHO.TAR, *v. int.*, intrometer-se, entrar onde não se

é chamado.
BIS.BI.LHO.TEI.RO, *s.m.*, intrometido, enxerido, metido, curioso, indiscreto.
BIS.BI.LHO.TI.CE, *s.f.*, intromissão, indiscrição, fofocas.
BIS.CA, *s.f.*, jogo de baralho; *fig.*, prostituta, mulher pilantra e dissoluta, tipo de mau caráter.
BIS.CA.TE, *s.m.*, trabalho avulso, serviço ilegal, serviço sem caráter de tempo definido; *pop.*, prostituta de rua, mulher que pratica sexo pelas ruas, por dinheiro.
BIS.CA.TE.AR, *v. int.*, fazer biscates; trabalhar com autonomia, trabalhar na informalidade.
BIS.CA.TEI.RO, *s.m.*, biscateador, quem faz biscates.
BIS.COI.TAR, *v.t.*, o mesmo que abiscoitar (mas menos usado); var., biscoutar.
BIS.COI.TA.RI.A, *s.f.*, fábrica de biscoitos; lugar onde se vendem biscoitos e bolachas, var., biscoutaria.
BIS.COI.TEI.RO, *s.m.*, aquele que faz ou vende biscoitos; var., biscouteiro.
BIS.COI.TO, *s.m.*, massa de farinha de trigo, ovos, açúcar e sal cozida no forno; var., biscouto.
BIS.CUIT, *s.m.*, massa de porcelana, artesanato que produz bijuterias e outros produtos.
BI.SEL, *s.m.*, corte oblíquo no encontro de duas superfícies, de modo que não termine em aresta viva; chanfradura; a borda assim cortada; em Música, abertura chanfrada na embocadura de uma flauta.
BI.SE.LAR, *v.t.*, cortar a aresta de; chanfrar.
BIS.MU.TO, *s.m.*, elemento químico usado em fusíveis e em extintores de incêndio.
BIS.NA.GA, *s.f.*, tubo de plástico ou metal, que contém tinta, cola ou produtos gelatinosos, líquidos.
BIS.NE.TO, *s.m.*, filho do neto em relação ao seu avô.
BI.SO, *s.m.*, forma carinhosa de tratar o bisavô.
BI.SO.NHAR, *v.int.*, ser bisonho, mostrar-se bisonho.
BI.SO.NHI.CE, *s.f.*, qualidade ou comportamento de quem é bisonho.
BI.SO.NHO, *adj.*, ingênuo, inexperiente, inábil, incapacitado.
BI.SON.TE, *s.m.*, bisão.
BIS.PA.DO, *s.m.*, região comandada por um bispo; o governo de um bispo; *adj.*, visto, entrevisto.
BIS.PAL, *adj.*, que se refere a bispo, próprio do bispado.
BIS.PAR, *v. int.*, ver com dificuldades, entrever, ver ao longe.
BIS.PO, *s.m.*, sacerdote consagrado para governar uma diocese na igreja católica; título que se arrogam outras pessoas; no jogo de xadrez, peça que se move diagonalmente, sendo um do quadrado preto e outro do branco.
BIS.PO.TE, *s.m.*, *gír.*, urinol, penico.
BIS.SE.ÇÃO, *s.f.*, **BIS.SEC.ÇÃO**, o que se subdivide em duas secções, duas partes.
BIS.SE.MA.NAL, *adj.*, que ocorre duas vezes por semana; que se faz duas vezes por semana.
BIS.SE.CU.LAR, *adj. 2 gên.*, que abrange dois séculos; que ocorre há dois séculos.
BIS.SE.MA.NAL, *adj. 2 gên.*, que se realiza ou se publica duas vezes por semana, biebdomadário.
BIS.SE.MES.TRAL, *adj. 2 gên.*, que se realiza, se publica ou se sucede duas vezes a cada seis meses.
BIS.SE.MI.A, *s.f.*, o mesmo que dissemia.
BIS.SE.TOR, *adj. e s.m*, em Geometria, que, aquele, aquilo que divide (espaço, ângulo, superfície, etc.) em duas partes iguais.
BIS.SE.TRIZ, *s.f.*, semirreta, vindo do vértice de um ângulo e dividindo-o em dois ângulos iguais.
BIS.SE.XO, *adj.*, que tem os dois sexos, hermafrodita.
BIS.SEX.TO, *adj.*, ano que tem 366 dias, porque fevereiro tem 29 dias; ocorre a cada 4 anos.
BIS.SE.XU.A.DO, *adj.*, o que apresenta características dos dois sexos.
BIS.SE.XU.AL, *adj.*, que contém as características dos dois sexos.
BIS.SE.XUA.LI.DA.DE, *s.f.*, hermafroditismo, ser que tem as características dos dois sexos.
BIS.SE.XU.A.LIS.MO, *s.m.*, o mesmo que bissexualidade.
BIS.SÍ.LA.BO, *adj.*, que tem duas sílabas.
BIS.SUL.TOR, *adj. e s.m.*, que ou aquele que se vingou duas vezes.
BIS.TE.CA, *s.f.*, bife, carne bovina, contrafilé, cortada para grelhar ou fritar; lombinho de porco cortado em rodelas com o osso, para fritar ou assar.
BIS.TRÔ, *s.m.*, bar pequeno ou restaurante diminuto, mas aconchegante.
BIS.TU.RI, *s.m.*, aparelho médico para fazer incisões, cortes.
BIT, *s.m.*, a parcela menor para armazenar informações processadas em um computador.
BI.TA, *s.f.*, instrumento com o qual se soca o balastro para assentar os dormentes das vias férreas.
BI.TÁ.CULA, *s.f.*, caixa da bússola.
BI.TA.FE, *s.m.*, *ant.*, epitáfio.
BI.TEI.RO, *s.m.*, aquele que trabalha com a bita.
BI.TO.LA, *s.f.*, largura de qualquer objeto, largura de ferrovia.
BI.TO.LA.DO, *adj.*, que está dentro da bitola, pessoa limitada na visão das coisas, tacanho.
BI.TO.LA.MEN.TO, *s.m.*, ato ou efeito de bitolar; *bras.*, estreiteza de pensamento a normas rígidas.
BI.TO.LAR, *v.t.*, colocar na bitola desejada, medir, ajustar.
BI.TRAN.SI.TI.VO, *adj.*, verbo que pede o objeto direto e o indireto.
BI.TRI.BU.TA.ÇÃO, *s.f.*, ato que tributa duas vezes o mesmo fato; incidência de tributos.
BI.TRI.BU.TAR, *v.t.*, estabelecer a bitributação sobre; tributar duas vezes.
BI.TRI.BU.TÁ.RIO, *adj.*, relativo a bitributação, que cobra dois tributos no mesmo ato.
BI.TU, *s.m.*, *bras.*, espantalho para amedrontar crianças; papão; certa cantiga popular; macho da saúva.
BI.TU.CA, *s.f.*, *pop.*, chepa, toco de cigarro.
BI.U.NÍ.VO.CO, *adj.*, que se relaciona a cada um dos elementos de outro conjunto.
BI.VA.LÊN.CIA, *s.f.*, qualidade ou condição de bivalente.
BI.VA.LEN.TE, *adj.*, que vale, em química, para duas posições; que apresenta dois usos e duas funções.
BI.VAL.VE, *adj. 2 gên.*, relativo aos bivalves; em Zoologia, diz-se do que tem duas valvas; diz-se do molusco cuja concha é bivalve; *s.m.*, espécime dos bivalves.
BI.VAL.VU.LAR, *adj.*, que tem duas válvulas.
BI.VA.QUE, *s.m.*, acampamento; no escotismo, atividade na qual os lobinhos permanecem no local só por um dia, sem pernoite.
BI.VI.TE.LI.NO, *adj.*, que tem dois ovos, óvulos; que se relaciona à situação de fetos produzidos por dois óvulos.
BI.ZÂN.CIO, *s.m.*, antiga moeda de ouro do Império Bizantino, que correu o mundo, inclusive Portugal.
BI.ZAN.TI.NIS.MO, *s.m.*, estudos sobre os temas filosóficos,

culturais e históricos do Império Bizantino.

BI.ZAN.TI.NO, *adj. e s.m.*, natural ou habitante de Bizâncio, nome antigo de Istambul; o que se refere a Bizâncio.

BI.ZAR.RI.A, *s.f.*, o mesmo que bizarrice.

BI.ZAR.RI.CE, *s.f.*, esquisitice, elegância, excentricidade.

BI.ZAR.RO, *adj.*, estranho, excêntrico, elegante, nobre.

BLÁ-BLÁ-BLÁ, *s.m.*, conversa sem conteúdo.

BLACK-OUT, *s.m.*, palavra inglesa, ver blecaute.

BLACK-TIE, *s.m.*, vestimenta solene para festividades, roupa para cerimônias especiais.

BLA.GUE, *s.f.*, zombaria, caçoada, escárnio.

BLAN.DÍ.CIA, *s.f.*, suavidade, maciez, meiguice, afago.

BLAN.DÍ.CIE, *s.f., s.m.*, ver blandícia.

BLAN.DI.CI.O.SO, *adj.*, que tem ou faz blandícia; meigo; carinhoso.

BLAN.DÍ.FLUO, *adj.*, que corre brandamente; que desliza com suavidade.

BLASÉ, *s.m., do francês*, diz-se de, ou aquele que manifesta tédio ou indiferença por afetação; *fem.:* blasée.

BLAS.FE.MA.DOR, *adj. e s.m.*, quem blasfema, quem profere blasfêmias, blasfemo.

BLAS.FE.MAR, *v.t. e int.*, dizer blasfêmias, proferir palavrões, proferir grosserias contra o sagrado.

BLAS.FE.MA.TÓ.RIO, *adj.*, em que há ou contém blasfêmias.

BLAS.FÊ.MIA, *s.f.*, palavra que ofende a religião, a divindade, os santos; ofensa contra pessoas; palavra ofensiva, grosseria.

BLAS.FE.MO, *s.m.*, quem diz blasfêmias, blasfemador.

BLA.SO.NA.DOR, *adj. e s.m.*, que ou o que blasona.

BLA.SO.NAR, *v.t. e int.*, vangloriar-se, glorificar-se, ostentar-se, ostentar, exibir.

BLA.TE.RAR, *v.t.*, som que produz a voz do camelo; *fig.*, falar demais e de modo enfadonho.

BLE.CAU.TE, *s.m., do Ingl. black-out*, queda geral da energia elétrica em uma região; apagão, tudo escuro, escuridão.

BLE.FAR, *v.t. e int.*, enganar as pessoas, dar a entender que se possui o que não se tem; simular.

BLE.FA.RI.TE, *s.f.*, inflamação nas pálpebras.

BLE.FA.RO.PLE.GI.A, *s.f.*, paralisia nas pálpebras.

BLE.FA.ROP.TO.SE, *s.f.*, em Medicina, queda da pálpebra superior.

BLE.FE, *s.m.*, engano, logro, artimanha, armadilha, pilantragem.

BLE.FIS.TA, *adj. e 2 gên., bras.*, que ou o que blefa.

BLÊI.SER, *do Ingl. blazer, s.m.*, casaco, blusa.

BLE.NOR.RA.GI.A, *s.f.*, doença sexualmente transmissível, inflamação da mucosa genital, gonorreia.

BLE.NOR.RÁ.GI.CO, *adj.*, que se refere a blenorragia.

BLE.NOR.REI.A, *s.f.*, blenorragia.

BLIN.DA.DO, *s.m.*, todo veículo revestido com chapas grossas para enfrentar tiros de grosso calibre.

BLIN.DA.GEM, *s.f.*, revestimento metálico para proteger, proteção, escudo.

BLIN.DAR, *v.t. e pron.*, revestir com proteção, colocar blindagem em, proteger.

BLITZ, *s.f.*, vistoria, batida policial, investigação de surpresa.

BLO.CO, *s.m.*, conjunto de; massa compacta de concreto; massa grande de qualquer material; grupo de pessoas com os mesmos propósitos; em bloco - em conjunto.

BLO.QUE.A.DO, *adj.*, fechado, trancado, cerrado.

BLO.QUE.A.DOR, *adj.*, que bloqueia, bloqueante; *s.m.*, aquele ou aquilo que bloqueia.

BLO.QUE.AN.TE, *adj. 2 gên.*, que bloqueia, bloqueador.

BLO.QUE.AR, *v.t.*, fazer um bloqueio, fechar, trancar, cerrar; impedir a passagem ou a entrada (de alguém ou algo).

BLO.QUEI.O, *s.m.*, entrave, obstáculo, barricada.

BLU.ME.NAU.EN.SE, *adj.*, natural ou habitante de Blumenau, cidade catarinense.

BLU.SA, *s.f.*, casaco, vestimenta para cobrir a parte superior do corpo.

BLU.SÃO, *s.m.*, casaco, jaqueta, vestimenta mais quente que se coloca sobre as demais.

BO.A, *s.f.*, cobra de dimensões grandes, da família da jiboia.

BO.A-FÉ, *s.f.*, boas intenções, confiança, confiabilidade.

BO.A.NA, *s.f.*, coletivo, indicativo de peixes miúdos, cardume.

BO.A-NOI.TE, *s.f.*, saudação à noite; tipo de planta que floresce durante a noite.

BO.A-NO.VA, *s.f.*, notícia interessante, notícia boa; para os cristãos, o Evangelho.

BO.A-PIN.TA, *s.m.*, indivíduo de aparência bela, bem vestido, com elegância.

BO.A-PRA.ÇA, *s.m., pop.*, pessoa simpática, pessoa afável, afetuosa.

BO.AS-FES.TAS, *s.f., pl.*, votos de felicitações dados por ocasião das festas de Natal e Ano Novo.

BO.AS-VIN.DAS, *s.f., pl.*, satisfação manifestada na chegada de uma pessoa estimada.

BO.A.TAR, *v. int.*, soltar boatos, fazer fofocas.

BO.A-TAR.DE, *s.f.*, saudação à tarde.

BO.A.TA.RI.A, *s.f.*, muitos boatos.

BO.A.TE, *s.f.*, danceteria, local de diversão; em certas regiões do país, prostíbulo.

BO.A.TEI.RO, *s.m.*, quem inventa boatos, fofoqueiro.

BO.A.TO, *s.m.*, rumores, notícias infundadas, fofoca.

BO.A-VI.DA, *s.m., pop.*, quem pouco trabalha e quer muito conforto, tipo sem responsabilidade.

BO.BA.GEM, *s.f.*, qualidade do que é bobo, asneira, tolice.

BO.BA.LHÃO, *s.m.*, indivíduo muito bobo, toleirão, apalermado.

BO.BE, *s.m.*, rolo que as mulheres usam para prender o cabelo.

BO.BE.AR, *v.t. e int.*, comportar-se como tolo, bobo; enganar-se; perder a oportunidade.

BO.BEI.RA, *s.f.*, piadinha sem graça, tolice, bobagem; marcar bobeira - engano.

BO.BI.CE, *s.f.*, tolice, asneira, ignorância.

BO.BI.NA, *s.f.*, peça redonda na qual se enrolam fios, cordas, panos, papéis; peça elétrica para carregar eletricidade em motores.

BO.BI.NA.GEM, *s.f.*, ação de enrolar em bobina.

BO.BI.NAR, *v.t.*, embobinar, enrolar em bobina.

BO.BO, *adj.*, tolo, imbecil, quem diz asneiras.

BO.BÓ, *s.m.*, comida feita com feijão mulatinho, pimenta, azeite de dendê, inhame ou aipim.

BO.BO.CA, *adj.*, muito tolo, idiota, imbecil.

BO.BO DA COR.TE, *s.m.*, indivíduo que divertia os soberanos ou cortesãos nas cortes reais; bufão; quem fala bobagens; num grupo, o mais tolo.

BO.CA, *s.f.*, cavidade da cabeça dos homens e animais por onde é ingerida a comida; os lábios; abertura, orifício; *fig.*, alguém a ser alimentado, posto de venda de drogas; *expr.*, pegar com a boca na botija - pegar em flagrante, surpreender.

BO.CA DE SI.RI, *s., gír.*, silêncio, total discrição, reserva nas palavras, poucas palavras.

BO.CA DE FO.GO, s.f., arma de fogo.
BO.CA-DE-LE.ÃO, s.f., planta de jardim que produz flores de várias cores.
BO.CA DE LO.BO, s.f., bueiro, entrada para as águas pluviais nas ruas.
BO.CA.DO, s.m., uma porção, um quinhão, pedaço que cabe na boca.
BO.CA DO LI.XO, s.f., região onde campeia a prostituição e o comércio de drogas.
BO.CAI.NA, s.f., plano, vale entre montanhas, vale, planície.
BO.CAL, s.m., abertura de um vaso, embocadura, boca.
BO.ÇAL, adj., indivíduo que quer aparentar mais do que é; estúpido, ignorante.
BO.ÇA.LI.DA.DE, s.f., ignorância, arrogância, vaidade, exibicionismo.
BO.CA-LI.VRE, s.f., festa com comida gratuita e à vontade.
BO.CA-RI.CA, s.f., condições de obter dinheiro com pouco esforço; sortudo.
BO.CAR.RA, s.f., boca grande, boca enorme, bocão.
BO.CE.JA.DOR, adj. e s.m., que ou aquele que boceja.
BO.CE.JAR, v. int., soltar bocejos, abrir a boca por cansaço e enjoo.
BO.CE.JO, s.m., abrir a boca sem querer para expirar; enjoo, cansaço.
BO.CEL, s.m., em Arquitetura, moldura redonda na base das colunas, mais fina que o toro; moldura em meia-cana, que as peças de artilharia de bronze têm no primeiro reforço.
BO.CE.TA, s.f., pequena caixa para guardar objetos de valor; ant., caixa de rapé; ch., ver vulva.
BO.CE.TEI.RA, s.f., (PE) vendedora ambulante de rendas e quinquilharias, que são acomodadas em caixas ovais.
BO.CHA, s.f., jogo realizado em uma cancha com 24 m de comprimento e dois de largura, usando bolas de madeira.
BO.CHE.CHA, s.f., a parte saliente das faces.
BO.CHE.CHA.DA, s.f., palmada nas bochechas; bochecho.
BO.CHE.CHAR, v.t. e int., sacudir um líquido dentro da boca para limpeza.
BO.CHE.CHO, s.m., ação ou efeito de bochechar; agitar um líquido na boca para limpeza, sobretudo dos dentes.
BO.CHE.CHU.DO, adj., quem tem as bochechas grandes.
BO.CHI.CHO, s.m., reunião de muitas falas, murmúrio de pessoas, conversas baixas, boatos.
BÓ.CIO, s.m., aumento no volume da glândula tireoide, papo, papeira.
BO.CÓ, adj., tolo, bobo, ingênuo, boboca.
BO.CO.RO.CA, s.f., buraco provocado pela água pluvial.
BO.DA, s.f., termo mais usado no plural - bodas; celebração de matrimônio; celebração de um fato importante.
BO.DAS, s.f., pl., celebração de casamento; festa do tempo de um matrimônio; bodas de ouro, 50 anos; bodas de prata, 25 anos.
BO.DE, s.m., animal da família dos caprídeos; macho da cabra; fig., tipo fora do normal, bode expiatório - quem sofre as consequências de qualquer ato.
BO.DE.GA, s.f., birosca, vendola, taberna, vendinha.
BO.DO.CA.DA, s.f., tiro com o bodoque.
BO.DO.QUE, s.m., arma feita com madeira flexível e uma corda, para lançar pedras ou outros objetos.
BO.DO.QUEI.RO, s.m., bras., atirador de bodoque.
BO.DUM, s.m., fedor típico de bode macho; mau cheiro, fedor.
BO.Ê.MIA, s.f., **BO.E.MI.A**, modo de viver de boêmio; farra, vida desregrada, vagabundagem.
BO.Ê.MIO, adj. e s.m., quem vive somente em farra, vagabundo.
BÔ.ER, BÓ.ER, adj., s. 2 gên., na República da África do Sul, descendentes de holandeses que se estabeleceram na região.
BO.FE, s.m., a fressura dos animais; pop., pessoa feia.
BO.FES, s.m., pl., a fressura de animais; coisas desagradáveis.
BO.FE.TA.DA, s.f., golpe no rosto, com a mão aberta; pancada com a mão; ofensa, tapa, tapaço.
BO.FE.TÃO, s.m., bofetada forte, tapa.
BO.FE.TE.AR, v.t., o mesmo que esbofetear.
BO.GA.RI, s.m., planta arbustiva, com flores perfumosas e usada para chás medicinais e bebidas.
BOI, s.m., animal macho, mamífero, da família dos bovídeos; quadrúpede usado para trabalhos e para corte; expr., pé de boi - alguém muito esforçado e trabalhador.
BÓI, s.m., do Ingl. office-boy, rapaz de escritório, estafeta de escritório, mandalete.
BOI.A, s.f., objeto flutuante que retém a água em um determinado nível; o que flutua; pop., comida, prato feito, gororoba.
BOI.A.DA, s.f., manada, grupo de bois e vacas.
BOI.A.DEI.RO, s.m., indivíduo que conduz os bois.
BOI.A-FRI.A, s.m., trabalhador rural sem o amparo da lei; trabalhador por dia.
BOI.AN.TE, adj. 2 gên., que boia, flutua; vacilante.
BOI.ÃO, s.m., vaso de barro para conservar comida.
BOI.AR, v. int. ficar à superfície da água, flutuar; gír., não compreender algo; pop., comer.
BOI-BUM.BÁ, s.m., dança folcl., boi de mamão, variação do bumba meu boi.
BOI.CO.TA.DO, adj., oposto, rebelado.
BOI.CO.TA.GEM, s.f., ver boicote.
BOI.CO.TAR, v.t., opor-se, rebelar-se contra; deixar de comprar algo.
BOI.CO.TE, s.m., oposição; negação.
BOÍ.DEO, s.m., família de serpentes na qual se encontram as sucuris e as jiboias.
BOI DE MA.MÃO, s.m., boi-bumbá, bumba meu boi.
BOI.LER, s.m., caldeira elétrica para esquentar água.
BOI.NA, s.f., tipo de chapéu sem abas, gorro redondo.
BOI.TA.TÁ, s.m., fogo-fátuo, fogo que sai dos gases dos brejos.
BO.JO, s.m., parte vazia interna de um recipiente, interior, âmago.
BO.JU.DO, adj., que tem um bojo grande.
BO.LA, s.f., objeto redondo usado em diversos esportes; gír., dar bola - dar confiança; certo da bola - que tem juízo; estar com toda a bola - ser importante e poderoso.
BO.LA AO CES.TO, s.m., basquete, basquetebol.
BO.LA.CHA, s.f., bolinhos chatos feitos de massa de trigo; biscoito; fig., tapa, bofetada.
BO.LA.CHEI.RO, s.m., quem fabrica bolachas, quem vende bolachas.
BO.LA.ÇO, s.m., pancada com bola, bolada forte.
BO.LA.DA, s.f., uma bola forte; soma expressiva de dinheiro; pancada com bola.
BO.LA.DO, adj., projetado, imaginado, previsto.
BO.LA DE CRIS.TAL, s.f., bola feita de cristal, transparente, na qual certos videntes poderiam ver o futuro; adivinhação, previsão dos fatos futuros.
BO.LA DE NE.VE, s.f., fig., situação que se avoluma rapidamente, algo que cresce com rapidez.

BOLÃO 160 **BOMBONA**

BO.LÃO, *s.m.*, bola grande, bola enorme; prêmio elevado em dinheiro.
BO.LAR, *v.t.*, imaginar, criar, engendrar.
BO.LAS, *interj.*, *expr.* - ora bolas - sem dar importância.
BOL.BO, *s.m.*, em Botânica, gema que se abre como flor e dá origem a outra planta, como a cebola.
BOL.CHE.VI.QUE, BOL.CHE.VIS.TA, *adj.*, *s. 2 gên.*, membro do antigo partido comunista russo.
BOL.CHE.VIS.MO, *s.m.*, em História, doutrina política baseada nas teses defendidas por Lênin e implantadas na Rússia em 1917; comunismo.
BOL.DO, *s.m.*, planta usada na medicina caseira, para problemas de estômago e fígado.
BOL.DRI.É, *s.m.*, correia estendida no mastro, onde se firma a bandeira.
BO.LE.A.DEI.RAS, *s.f.*, *pl.*, aparelho formado de três bolas entrelaçadas em couro, que no Rio Grande do Sul era usado para pegar animais pelas pernas.
BO.LE.A.DO, *adj.*, arredondado, jogado com força.
BO.LE.A.DOR, *adj.* e *s.m.*, que atira as bolas.
BO.LE.AR, *v.t.*, *int.* e *pron.*, buscar uma forma de bola; jogar as boleadeiras; jogar com força na bocha.
BO.LE.EI.RO, *s.m.*, quem comanda a boleia, cocheiro.
BO.LEI.A, *s.f.*, em carroças, assento do cocheiro; em caminhões, cabine do motorista.
BO.LEI.O, *s.m.*, ato ou efeito de bolear; boleamento, arredondamento.
BO.LE.RO, *s.m.*, música e dança de origem espanhola.
BO.LE.TIM, *s.m.*, noticiário, resumo de notícias, informativo; relação das notas de um aluno.
BO.LE.TO, *s.m.*, documento usado pelos bancos para cobrança de contas.
BO.LHA, *s.f.*, glóbulo, pele elevada pela ação do calor; vesícula à superfície da pele.
BO.LHAR, *v. int.*, criar bolhas, borbulhar.
BO.LI.CHE, *s.m.*, jogo com bolas atiradas contra pinos, numa cancha.
BO.LI.CHEI.RO, *s.m.*, frequentador ou proprietário de boliche.
BÓ.LI.DE, *s.m.*, meteorito, carro em grande velocidade, bólido.
BÓ.LI.DO, *s.m.*, aerólito, meteoro em queda, meteorito; carro em grande velocidade, bólide.
BO.LIM, *s.m.*, bola pequena que serve para fazer o ponto na bocha.
BO.LI.NA, *s.f.*, nos veleiros, é o cabo que estica a vela para o vento; chapa usada para equilibrar o barco a vela.
BO.LI.NAR, *v.t.,ch.*, alisar, passar a mão em alguém de maneira erótica, com propósito libidinoso, assediar.
BO.LI.VI.A.NO, *adj.*, *s.m.*, habitante ou natural da Bolívia.
BO.LO, *s.m.*, massa composta de farinhas, amassada para alimento, com ovos, açúcar e outros ingredientes; *gír.*, dar o bolo - enganar.
BO.LO.NHÊS, *adj.*, *s.m.*, habitante ou natural da Bolonha, cidade da Itália.
BO.LOR, *s.m.*, mofo, substância esbranquiçada que surge em comida velha; coisa muito velha, objeto em desuso.
BO.LO.RÊN.CIA, *s.f.*, mofo.
BO.LO.REN.TO, *adj.*, cheio de bolor, cheio de mofo.
BO.LO.TA, *s.f.*, bola pequena, fruta do carvalho.
BOL.SA, *s.f.*, tipo de saquinho para carregar objetos pessoais; local em que se negociam títulos, ações de empresas, valores; quantia que as autoridades concedem para quem vai estudar fora de sua terra.
BOL.SA.DA, *s.f.*, pancada com uma bolsa.
BOL.SA-FA.MÍ.LIA, *s.f.*, programa do governo federal, que concede certa quantia a famílias carentes.
BOL.SEI.RO, *s.m.*, quem fabrica bolsas, quem vende bolsas.
BOL.SIS.TA, *s. 2 gên.*, *adj. 2 gên.*, quem recebe uma bolsa de estudos, beneficiário de uma bolsa.
BOL.SÃO, *s.m.*, bolsa grande, região que engloba algo, como bolsão de miséria.
BOL.SO, *s.m.*, espécie de saquinho que se prende nas calças, por dentro, e nos paletós por fora.
BOM, *adj.*, aquilo ou aquele que segue todas as virtudes humanas; bondoso, amoroso.
BOM.BA, *s.f.*, artefato, projétil com carga que explode sendo acionada; notícia ruim e inesperada; motor com que se puxa a água de um poço; haste de metal para sorver o chimarrão.
BOM.BA.CHAS, *s.f.*, *pl.*, calças típicas do vestuário gaúcho.
BOM.BA.DA, *s.f.*, cada movimento no manejo de bomba para tirar água do poço.
BOM.BA.DO, *adj.*, reprovado, negado; *gír.*, exaltado, gloriado.
BOM.BAR, *v.t.*, puxar a água, bombear, trazer a água para um local mais alto; *gír.*, exaltar-se, gloriar-se; mostrar-se muito.
BOM.BAR.DA, *s.f.*, grande canhão dos séc. XV a XVII, que era carregado pela boca e lançava pedras contra os inimigos; barcaça que transportava obuses e morteiros para atacar praça marítima, canhoneira.
BOM.BAR.DÃO, *s.m.*, contrabaixo de pistão; tuba.
BOM.BAR.DE.A.DO, *adj.*, atingido por bombas, guerreado.
BOM.BAR.DE.A.DOR, *adj.* e *s.m.*, que, ou o que bombardeia.
BOM.BAR.DE.A.MEN.TO, *s.m.*, ato de bombardear, de lançar bombas; bombardeio.
BOM.BAR.DE.AR, *v.t.*, guerrear com bombas, jogar bombas em.
BOM.BAR.DEI.O, *s.m.*, ato ou efeito de bombardear, bombardeamento.
BOM.BAR.DEI.RO, *s.m.*, avião especialmente preparado para jogar bombas.
BOM.BAR.DI.NO, *s.m.*, instrumento de sopro, usado em banda musical.
BOM.BA-RE.LÓ.GIO, *s.f.*, artefato explosivo, programado com relógio para explodir em hora certa.
BOM.BÁS.TI.CO, *adj.*, exagerado, empolado, destruidor.
BOM.BE.A.ÇÃO, *s.f.*, ação de bombear água, extração de água.
BOM.BE.A.DO, *adj.*, puxada, água tirada por bombeamento.
BOM.BE.A.DOR, *s.m.*, *bras.*, aquele que bombeia ou espiona (algo ou o inimigo).
BOM.BE.A.MEN.TO, *s.m.*, ato ou efeito de bombear.
BOM.BE.AR, *v.t.* e *int.*, puxar um líquido com bomba, puxar água.
BOM.BEI.RO, *s.m.*, membro do corpo de bombeiros; soldado especial para combater incêndios.
BOM.BI.LHA, *s.f.*, bomba para sorver a água do chimarrão.
BÔM.BIX, *s.m.*, bicho-da-seda.
BOM.BO, *s.m.*, tambor grande.
BOM-BO.CA.DO, *s.m.*, doce gostoso, tudo que satisfaça ao paladar.
BOM.BOM, *s.m.*, bala, caramelo, doce feito com chocolate, açúcar e coco.
BOM.BO.NA, *s.f.*, recipiente para armazenagem de produtos ou gases comprimidos.

BOM.BO.NEI.RA, *s.f.*, vasilha com tampa, geralmente de cristal, para bombons, balas.

BOM.BOR.DO, *s.m.*, o lado do navio, na esquerda, indo da popa à proa.

BOM-DI.A, *s.m.*, saudação durante o dia, sobretudo pela manhã.

BOM-MO.ÇO, *s.m.*, quem se mostra um tipo sério; indivíduo hipócrita.

BOM-TOM, *s.m.*, elegância, fineza, boa educação.

BO.NA.CHÃO, *adj.*, *s.m.*, quem se distingue por grande bondade.

BO.NA.CHEI.RÃO, *s.m.*, bonachão, quem é muito bondoso.

BO.NAN.ÇA, *s.f.*, tempo tranquilo no mar; tranquilidade, calma, paz.

BO.NAN.ÇAR, *v. int. e pron.*, estar em bonança, acalmar-se, aquietar-se.

BON.DA.DE, *s.f.*, o que é bom, magnanimidade.

BON.DE, *s.m.*, antigo veículo movido a eletricidade, e que rodava sobre trilhos nas cidades; *expr.*, perder o bonde - perder a hora, a oportunidade.

BON.DO.SO, *adj.*, muito bom, cheio de bondade.

BO.NÉ, *s.m.*, quepe, tipo de chapéu com aba longa, para proteger os olhos.

BO.NE.CA, *s.f.*, brinquedo com forma de menina ou de mulher, para crianças; *fig.*, mulher bonita, indivíduo do sexo masculino efeminado.

BO.NE.CO, *s.m.*, brinquedo com forma de menino; homem sem vontade própria, projeto de uma revista, de um jornal, de um livro.

BO.NE.QUEI.RO, *s.m.*, quem fabrica ou vende bonecas.

BO.NI.FI.CA.ÇÃO, *s.f.*, concessão de alguma vantagem, abono sobre um direito.

BO.NI.FI.CA.DO, *adj.*, beneficiado, agraciado; agraciado com vantagens.

BO.NI.FI.CAR, *v.t.*, conceder vantagens, beneficiar.

BO.NI.FRA.TE, *s.m.*, fantoche, marionete; *fig.*, quem é manipulado por outrem, tipo ridículo.

BO.NI.TE.ZA, *s.f.*, beleza, formosura.

BO.NI.TO, *adj.*, agradável, formoso, elegante, generoso, belo e bom, que é ensolarado e ameno.

BO.NI.TO, *interj.*, pode exprimir aprovação, espanto, ou até reprovação de um ato.

BO.NI.TO, *s.m.*, tipo de peixe de água doce, da bacia do rio Paraná.

BO.NO.MI.A, *s.f.*, característica de quem é bom, grande bondade.

BON.SAI, *s.m.*, técnica nipônica para manter uma planta em tamanho pequeno, embora envelheça.

BÔ.NUS, *s.m.*, o que é dado como prêmio, gratificação.

BON.ZO, *s.m.*, nome dado a sacerdotes budistas.

BO.QUE.AR, *v. int.*, criar bocas, ter dificuldades para abrir a boca, bocejar.

BO.QUEI.RA, *s.f.*, ferida que surge no canto da boca.

BO.QUEI.RÃO, *s.m.*, grande vale, boca grande, reentrância no solo, vala, canal.

BO.QUE.JAR, *v.t.*, falar muito baixinho, falar com mau humor, falar enrolado.

BO.QUI.A.BER.TO, *adj.*, estupefato, admirado, espantado.

BO.QUI.A.BRIR, *v.t. e pron.*, causar grande admiração, admirar(-se).

BO.QUI.LHA, *s.f.*, piteira, apetrecho com interior oco para fumar cigarros; embocadura de cigarro.

BO.QUI.NHA, *s.f.*, boca pequena, beijinho; *fig.*, fazer refeições fora de hora.

BO.RA.TO, *s.m.*, qualquer um dos sais do ácido bórico.

BÓ.RAX, *s.m.*, pó usado como antisséptico.

BOR.BO.LE.TA, *s.f.*, inseto, tipo de inseto da ordem dos lepidópteros; peça na entrada dos ônibus ou catraca; técnica de nadar; parafuso com duas asinhas para apertar e fixar; *fig.*, indivíduo inconstante e frívolo.

BOR.BO.LE.TE.A.MEN.TO, *s.m.*, ato ou efeito de borboletear.

BOR.BO.LE.TE.AN.TE, *adj. 2 gên.*, que borboleteia.

BOR.BO.LE.TE.AR, *v.t. e int.*, dar voos curtos e indefinidos, locomover-se sem rumo; sonhar.

BOR.BO.RIG.MO, *s.m.*, ruído provocado por gases no intestino, borborismo.

BOR.BO.RIS.MO, *s.m.*, *pop.*, o mesmo que borborigmo.

BOR.BO.TÃO, *s.m.*, jato de água, de sangue, ou de outro líquido.

BOR.BO.TAR, *v.t. e int.*, expelir líquidos com força, saltar, jorrar, brotar, surgir.

BOR.BU.LHA, *s.f.*, bolhas na água fervente.

BOR.BU.LHA.GEM, *s.f.*, série de borbulhas.

BOR.BU.LHAN.TE, *adj.*, borbulhento, que tem muitas borbulhas.

BOR.BU.LHAR, *v.t. e int.*, ferver, soltar bolhas.

BOR.BU.LHEN.TO, *adj.*, que tem borbulhas.

BOR.CO, *s.m.*, *expr.* de borco - de boca para baixo, emborcado.

BOR.DA, *s.f.*, orla, margem, limite.

BOR.DA.DEI.RA, *s.f.*, mulher que trabalha com bordados.

BOR.DA.DO, *s.m.*, trabalho feito com fios coloridos em um tecido.

BOR.DA.DOR, *adj. e s.m.*, que(m) borda.

BOR.DA.DU.RA, *s.f.*, ação ou efeito de bordar, bordado.

BOR.DA.MEN.TO, *s.m.*, o mesmo que bordadura.

BOR.DÃO, *s.m.*, cajado, bastão; palavra sempre repetida, provérbio.

BOR.DAR, *v.t. e int.*, tecer bordados em, enfeitar; bordejar.

BOR.DE.JAR, *v. int.*, dirigir um barco de um lado para outro, rodear, andar em volta de, andar na borda.

BOR.DE.JO, *s.m.*, navegação de um lado para o outro, navegação em zigue-zague.

BOR.DEL, *s.m.*, prostíbulo, lupanar, casa própria para prostitutas.

BOR.DE.RÔ, *s.m.*, lista detalhada de produtos, rol de títulos.

BOR.DO, *s.m.*, cada um dos lados do navio; estar a bordo - estar no navio.

BOR.DÔ, *adj.*, o que apresenta a cor do vinho tinto.

BOR.DO.A.DA, *s.f.*, golpe com um bordão, paulada, cajadada, cacetada, bastonada.

BOR.DU.NA, *s.f.*, tacape, arma usada pelos indígenas, constituída de um pau grosso e forte.

BO.RÉ, *s.m.*, flauta indígena que emite sons roucos.

BO.RE.AL, *adj.*, relativo ao Hemisfério Norte; setentrional, nórdico.

BO.RES.TE, *s.m.*, estibordo, o lado direito de um barco.

BO.RI.CA.DO, *adj.*, que contém ácido bórico.

BÓ.RI.CO, *adj.*, em Química, relativo ou pertencente ao boro, ou derivado dele; diz-se especialmente do ácido ou do óxido bórico.

BOR.LA, *s.f.*, barrete usado por doutores e magistrados; pompom com franjas pendentes.

BOR.NAL, *s.m.*, saco feito de pano ou couro, para levar alimentos ou outros objetos; mochila, embornal.
BO.RO, *s.m.*, elemento químico de uso em aços, semicondutores e até em reatores nucleares.
BO.RO.CO.XÔ, *adj., s.m.*, pessoa mole; indivíduo tristonho, desanimado.
BO.RO.RO, *adj., s.m.*, bororó, indígena de uma tribo do Mato Grosso.
BOR.RA, *s.f.*, restos de substâncias que ficam no fundo de uma garrafa, como vinho, café.
BOR.RA-BO.TAS, *s.m.*, tipo sem valor, covarde, sem caráter.
BOR.RA.CEI.RO, *adj.*, que tem muita borra; ligeiramente chuvoso; *s.m.*, chuva miúda e persistente.
BOR.RA.CHA, *s.f.*, substância obtida do látex de certas plantas, ou por processos químicos de largo uso industrial; peça escolar para apagar escritos; *expr.*, entrar na borracha - apanhar; passar uma borracha - perdoar, esquecer.
BOR.RA.CHA.DA, *s.f.*, clister com seringa de borracha; pancada com porrete de borracha.
BOR.RA.CHA.RI.A, *s.f.*, oficina em que se consertam ou se negociam pneus.
BOR.RA.CHEI.RA, *s.f.*, bebedeira, alguém estar totalmente bêbado.
BOR.RA.CHEI.RO, *s.m.*, quem atende na borracharia ou é dono dela.
BOR.RA.CHO, *adj., s.m.*, quem está bêbado, quem bebe muita bebida alcoólica.
BOR.RA.CHU.DO, *s.m.*, tipo de pernilongo que vive de sugar o sangue das pessoas.
BOR.RA.DA, *s.f.*, sujeira, derramar tinta em; sujeirada.
BOR.RA.DE.LA, *s.f.*, borrão, tinta espalhada na escrita.
BOR.RA.DO, *adj.*, sujado, sujo.
BOR.RA.DOR, *s.m.*, quem borra, papel-chupão para secar a tinta, tipo de rascunho, caderno para notas.
BOR.RA.LHEI.RA, *s.f.*, depósito de cinzas, local em que se amontoam as cinzas.
BOR.RA.LHEI.RO, *adj., s.m.*, que ou quem vive cheio de cinzas, quem trabalha apenas na cozinha.
BOR.RA.LHO, *s.m.*, cinzas do fogão a lenha, cinzas, sujeira, brasas com cinza.
BOR.RÃO, *s.m.*, mancha de tinta, sujeira, borrada.
BOR.RAR, *v.t. e pron.*, sujar, sujar com tinta; *fig.*, borrar-se - passar muito medo, defecar nas calças.
BOR.RAS.CA, *s.f.*, temporal, tempestade, chuva e vento fortes.
BOR.RAS.CO.SO, *adj.*, tempestuoso, que está com trovoada muito forte.
BOR.RE.GO, *s.m.*, cordeiro, filhote de ovelha até um ano de idade.
BOR.RE.LI.O.SE, *s.f.*, doença provocada por piolhos e carrapatos.
BOR.REN.TO, *adj.*, cheio de borra.
BOR.RE.TE.AR, *v.t.*, traçar muitas vezes um desenho; deitar borrões em; apagar.
BOR.RI.CEI.RO, *adj.*, diz-se de tempo levemente chuvoso, borriço.
BOR.RI.ÇO, *s.m.*, tempo levemente chuvoso; borraceiro.
BOR.RI.FA.ÇÃO, *s.f.*, ato ou o efeito de borrifar.
BOR.RI.FA.DA, *s.f.*, ato de borrifar rapidamente (algo).
BOR.RI.FA.DO, *adj.*, regado, molhado, gotejado, rorejado.
BOR.RI.FA.DOR, *adj.*, que borrifa; *s.m.*, utensílio us. para borrifar; regador.
BOR.RI.FAR, *v.t. e int.*, regar, molhar, molhar com gotas, gotejar, rorejar.
BOR.RI.FO, *s.m.*, gota, pingo de água.
BOR.RO, *s.m.*, carneiro entre um e dois anos de idade.
BOR.ZE.GUIM, *s.m.*, botina, bota de que se fecha o cano com cadarços.
BÓS.NIO, *adj.*, pertencente ou relativo à Bósnia-Herzegovina (Europa), seus habitantes e sua língua; *s.m.* natural ou habitante desse país; a língua desse país.
BÓ.SON, *s.m.*, em Física, partícula elementar de *spin* inteiro que obedece à estatística Bose-Einstein, como os mésons, fótons e glúons.
BOS.QUE, *s.m.*, mato, mata, pequena floresta, normalmente de árvores da mesma espécie.
BOS.QUE.JA.DO, *adj.*, desenhado, esboçado, rascunhado.
BOS.QUE.JAR, *v.t. e int.*, desenhar, esboçar, rascunhar, fazer projetos; pendor, tendência; bossa nova - movimento musical brasileiro da década de sessenta.
BOS.QUE.JO, *s.m.*, esboço, rascunho, desenho simples de um projeto maior, início de desenho.
BOS.SA, *s.f.*, corcunda, inchação de um ponto do corpo devido a uma pancada.
BOS.TA, *s.f.*, excremento de gado bovino ou de qualquer animal; *vulg.*, fezes; *interj., vulg.*, exprime desagrado.
BOS.TEI.RO, *s.m.*, em Zoologia, espécie de escaravelho coprófago.
BOS.TE.LA, *s.f.*, pequena ferida com crosta; pústula.
BO.TA, *s.f.*, tipo de sapato de cano longo, encobrindo a perna.
BO.TA.DO, *adj.*, colocado, posto.
BO.TA-FO.RA, *s.m.*, festa de despedida de alguém; finalização de uma convivência.
BO.TÂ.NI.CA, *s.f.*, ciência que estuda os vegetais no seu todo.
BO.TÂ.NI.CO, *adj., s.m.*, que se refere a botânica; especialista em botânica.
BO.TÃO, *s.m.*, peça que se usa para prender vestimentas; peça usada nos antigos aparelhos eletrônicos, para mudar a sintonia e volumes; parte do vegetal que cresce e se transforma em flor.
BO.TAR, *v.t., int. e pron.*, colocar, pôr, vestir, ajeitar, calçar, arrumar, introduzir; *ex.*, a galinha bota o ovo.
BO.TA.RÉU, *s.m.*, pilar posto longe da parede, mas que a apoia na estrutura e aguenta o peso da cobertura.
BO.TE, *s.m.*, embarcação pequena, canoa; assalto, golpe, ataque, ataque da cobra.
BO.TE.CO, *s.m.*, botequim, birosca, vendola, bar no interior.
BO.TE.LHA, *s.f.*, recipiente, garrafa, invólucro para líquidos.
BO.TE.QUEI.RO, *s.m.*, dono ou frequentador de boteco ou botequim.
BO.TE.QUIM, *s.m.*, ponto comercial no qual se vendem bebidas; boteco, bodega, vendola.
BO.TE.QUI.NEI.RO, *s.m.*, dono, administrador de um botequim; bodegueiro.
BO.TI.CA, *s.f.*, farmácia que manipula remédios mediante receita médica; farmácia de manipulação.
BO.TI.CÃO, *s.m.*, instrumento que o dentista usa para extrair dentes.
BO.TI.CÁ.RIO, *s.m.*, dono de botica; quem manipula remédios mediante receita; farmacêutico.
BO.TI.JA, *s.f.*, recipiente de barro com gargalo estreito; *gír.*, pegar alguém com a boca na botija - pegar em flagrante.
BO.TI.JÃO, *s.m.*, bujão, recipiente para colocar gás.

BO.TIM, *s.m.*, bota de cano curto, *ger.* provida de elástico.
BO.TI.NA, *s.f.*, bota pequena, calçado com cano longo.
BO.TI.NA.DA, *s.f.*, pancada ou agressão forte com a botina.
BO.TI.NAR, *v.t.*, chutar (algo) usando botina; *fig.*, livrar-se de (alguém ou algo); chutar.
BO.TI.QUEI.RO, *s.m.* dono ou encarregado de botica; boticário.
BO.TO, *adj.*, que está sem fio, rombudo; *fig.*, que não tem inteligência, bronco, tolo.
BO.TO, *s.m.*, cetáceo muito conhecido pelas brincadeiras que pratica.
BO.TO.AR, *v.t.*, *int.* e *pron.*, abotoar.
BO.TO.A.RI.A, *s.f.*, fábrica, loja dedicada ao fabrico e comércio de botões.
BO.TO.CU.DO, *adj.* e *s.m.*, indígena da tribo dos botocudos; o nome vem do botoque que usam.
BO.TO.EI.RA, *s.f.*, casa para botões, pequena abertura nas vestimentas para prender o botão.
BO.TO.EI.RO, *s.m.*, aquele que faz botões.
BO.TO.QUE, *s.m.*, rodela de madeira que os membros de algumas tribos indígenas prendem nos lábios inferiores e nas orelhas.
BO.TOX, *s.m.*, em Estética, cosmético que se injeta sob a pele para provocar a suavização das linhas do rosto e retirar as rugas de expressão.
BO.TRI.ÃO, *s.m.*, em Medicina, úlcera arredondada na córnea.
BO.TU.CA, *s.f.*, *do tupi*, ver butuca.
BO.TU.LÍ.NI.CO, *adj.*, relativo a, ou que provoca o botulismo.
BO.TU.LIS.MO, *s.m.*, doença provocada pela ingestão de alimentos enlatados deteriorados.
BOU.BA, *s.f.*, doença infecciosa, cujo efeito lembra a sífilis; tipo de peste contagiosa, que contamina galináceos.
BO.VI.CI.DA *adj.* e *s. 2 gên.*, que ou o que sacrifica ou mata bois.
BO.VÍ.DEO, *adj.*, *s.m.*, próprio de alguns tipos de quadrúpedes, cujos chifres não se ramificam, como os dos bovinos, caprinos e carneiros; genericamente, bovino.
BO.VI.NI.CE, *s.f.*, *pej.*, comportamento de obediência cega que lembra o dos bovinos.
BO.VI.NO, *adj.*, próprio dos bois.
BO.VI.NO.CUL.TOR, *adj.* e *s.m.*, cultivador de bovinos, quem trabalha com bovinos.
BO.VI.NO.CUL.TU.RA, *s.f.*, criação extensiva de gado bovino.
BO.VI.NO.TEC.NI.A, *s.f.*, a parte da Zootecnia que cuida dos bovinos.
BO.XE, *s.m.*, esporte praticado com luta corporal, pugilismo; compartimento destinado para carro, chuveiro; posto reservado em algum local; quadrado como destaque em uma leitura.
BO.XE.A.DOR, *s.m.*, lutador, quem pratica o boxe.
BO.XE.AR, *v. int.* e *pron.*, esmurrar alguém, bater com os punhos fechados e luvas em alguém.
BÓ.XER, *s.m.*, raça canina de origem germânica, de tamanho médio.
BO.XIS.TA, *s. 2 gên.*, quem luta boxe.
BR, símbolo químico do bromo.
BR, *s.f.*, designativo de rodovia, ou seja, Brasil Rodovias.
BRA.BE.ZA, *s.f.*, característica de quem é brabo, irritação, estresse.
BRA.BO, *adj.*, bravo, irritado, ruim, mal-acabado, maldoso.
BRA.BU.RA, *s.f.*, *Bras.*, braveza.
BRA.ÇA, *s.f.*, medida de comprimento, usada antigamente, de 2,2 m, sobretudo nas medidas de terras.

BRA.ÇA.DA, *s.f.*, distância que se alcança com os braços abertos, movimento na natação.
BRA.ÇA.DO, *s.m.*, o mesmo que braçada.
BRA.ÇAL, *adj. 2 gên.*, relativo ou pertencente aos braços; que é feito com os braços; *s.m.*, *ant.*, parte de armadura que cobria o braço.
BRA.CE.JA.DOR, *adj.*, que braceja.
BRA.ÇA.DEI.RA, *s.f.*, tira de pano usada no braço; peça metálica para ajustar extremidades de canos.
BRA.ÇA.RI.A, *s.f.*, arte de arremessar projetis (granadas, lanças, etc.) com o braço.
BRA.CE.JA.MEN.TO, *s.m.*, ação ou efeito de movimentar os braços; bracejo, mexida com os braços.
BRA.CE.JAR, *v.t.* e *int.*, mexer os braços, agitar os braços, movimentar os braços na água.
BRA.ÇAL, *adj.*, que se refere a braço, manual, que se faz com a força dos braços.
BRA.CE.AR, *v.int.*, bracejar; gesticular; nadar de braçada; trabalhar arduamente; *v.t.*, em Náutica, manobrar (as vergas) horizontalmente por meio de cabos chamados braços.
BRA.CEI.RA, *s.f.*, peça na parte posterior do escudo em que se coloca o braço a fim de manejá-lo; braçadeira.
BRA.CE.JA.DOR, *adj.*, que braceja.
BRA.CE.JA.MEN.TO, *s.m.*, ato ou eleito de bracejar.
BRA.CE.JAN.TE, *adj. 2 gên.*, que braceja; que movimenta os braços.
BRA.CE.JAR, *v.t.* e *int.*, agitar os braços; agitar(-se) ou mover(-se) como braços; estender(-se) como braços.
BRA.CE.JO, *s.m.*, ato de bracejar.
BRA.CE.LEI.RA, *s.f.*, o mesmo que braçal.
BRA.CE.LE.TE, *s.m.*, adorno, corrente que se usa no braço.
BRA.ÇO, *s.m.*, cada qual dos membros superiores do corpo humano; a parte que liga o ombro ao antebraço, instrumentos semelhantes ao braço; braço mecânico.
BRA.ÇO DE FER.RO, *s.m.*, indivíduo enérgico, autoridade austera, tipo autoritário.
BRA.ÇO DE RIO, *s.m.*, desvio de um rio para um menor e que retorna ao principal.
BRA.ÇO DI.REI.TO, *s. 2 gên.*, o assessor mais importante de uma pessoa, um ajudante de confiança.
BRA.ÇO ME.CÂ.NI.CO, *s.m.*, braço artificial em alguém que haja perdido o original; máquina para levantar cargas muito pesadas.
BRÁC.TEA, *s.f.*, folha de uma planta, modificada por estar sob uma flor.
BRA.ÇU.DO, *adj.*, que tem braços fortes e longos; forte, resistente.
BRA.DA.DO, *s.m.*, dito aos brados; em voz bem alta; brado; em Música, canto litúrgico que, no domingo de Ramos e na Sexta-Feira Santa, canta as falas de Pilatos, do Evangelho.
BRA.DA.DOR, *adj.* e *s.m.*, que, aquele ou aquilo que brada.
BRA.DAN.TE, *adj. 2 gên.* e *s. 2 gên.*, bradador.
BRA.DAR, *v.t.* e *int.*, berrar, gritar, falar alto.
BRA.DI.CAR.DI.A, *s.f.*, diminuição do ritmo do coração a menos de 60 batimentos por minuto.
BRA.DI.PO.DÍ.DE.OS, *s.m., pl.*, família de animais formada pelas preguiças.
BRA.DO, *s.m.*, berro, grito, clamor.
BRA.GA, *s.f.*, bragas, antigo calção, antigamente - calças curtas.
BRA.GUI.LHA, *s.f.*, abertura na parte da frente das calças

masculinas.
BRAI.LE, *s.m.*, sistema de escrita para a leitura sensitiva dos cegos, por meio dos dedos.
BRA.MA, *s.m.*, o deus supremo da religião hindu; cio dos veados.
BRA.MA.DOR, *adj.* e *s.m.*, que, ou o que brama.
BRÂ.MA.NE, *s.m.*, sacerdote da casta dominante nos estratos sociais da Índia, destinado aos cerimoniais religiosos orientados pelos Vedas.
BRA.MAN.TE, *adj.* e *s. 2 gén.*, bramador.
BRA.MA.NIS.MO, *s.m.*, religião praticada em muitas regiões da Índia e países vizinhos.
BRA.MAR, *v. int.*, berrar; a voz forte de alguns animais, quando no cio; gritar muito forte.
BRA.MI.DO, *s.m.*, grito, urro, berro.
BRA.MIR, *v.t.* e *int.*, urrar, gritar, rugir; rugir do mar furioso.
BRAN.CA.CEN.TO, *adj.*, esbranquiçado, meio branco, quase branco, branquicento.
BRAN.CA.RA.NA, *s.f.*, mulata mais clara, pessoa meio escura.
BRAN.CO, *adj.*, *s.m.*, cor do leite, claro, alvo; quem pertence, pela cor, à raça branca; dar um branco - esquecer tudo; verso branco - verso sem rima.
BRAN.CU.RA, *s.f.*, característica do que é branco, alvura, branquidez.
BRAN.DI.MEN.TO, *s.m.*, ação ou efeito de brandir, agitação, movimento forte.
BRAN.DIR, *v.t.* e *int.*, sacudir, agitar.
BRAN.DO, *adj.*, suave, fraco, mole, meigo, carinhoso, blando.
BRAN.DU.RA, *s.f.*, meiguice, suavidade, maviosidade, moleza.
BRAN.QUE.A.ÇÃO, *s.f.*, ação ou efeito de branquear, branqueamento.
BRAN.QUE.A.DOR, *s.m.* e *adj.*, que branqueia, que torna branco, alvejante.
BRAN.QUE.A.DO, *adj.*, que se tornou branco; tornado mais claro.
BRAN.QUE.A.DU.RA, *s.f.*, o mesmo que branqueamento.
BRAN.QUE.A.MEN.TO, *s.m.*, ato de branquear, ato de tornar branco, branqueação.
BRAN.QUE.AR, *v.t.*, *int.* e *pron.*, tornar branco.
BRAN.QUE.JAN.TE, *adj.*, que branqueia, embranquecedor.
BRAN.QUE.JAR, *v. int.*, esbranquiçar, tornar branco, embranquecer.
BRAN.QUE.LA, *s. 2 gén.*, indivíduo branco em relação ao negro, pessoa de tez muito branca.
BRAN.QUIA, *s.f.*, órgão pelo qual o peixe respira, guelra.
BRAN.QUI.AL, *adj. 2 gén.*, relativo às brânquias.
BRAN.QUI.DÃO, *s.f.*, característica do que é branco; brancura.
BRAN.QUI.CEN.TO, *adj.*, esbranquiçado, brancacento.
BRAN.QUI.NHA, *s.f.*, cachaça, pinga, aguardente.
BRA.QUI.AL, *adj.*, que se refere ao braço, próprio do braço.
BRA.QUI.CE.FA.LI.A, *s.f.*, estado de braquicéfalo.
BRA.QUI.CÉ.FA.LO, *adj.*, diz-se de pessoa ou animal cujo crânio é curto é largo; *var.*, braquicefálico.
BRA.QUÍ.CE.ROS, *s.m.*, *pl.*, ordem dos animais que designa as moscas.
BRA.QUI.LO.GI.A, *s.f.*, uma palavra é reduzida para algumas letras, sem perder o sentido; *ex.*, cinema - cine.
BRA.SA, *s.f.*, pedaço de lenha aceso; carvão aceso, algo muito quente; *expr.*, estar em brasas - estar muito nervoso ou ardendo de paixão.
BRA.SÃO, *s.m.*, bandeira, desenho com as armas de uma família, insígnias; representação das armas de uma nação.
BRA.SEI.RA, *s.f.*, muitas brasas, recipiente no qual são colocadas as brasas.
BRA.SEI.RO, *s.m.*, muitas brasas, braseira.
BRA.SI.DO, *s.m.*, muita brasa; braseiro; calor forte do fogo.
BRA.SIL, *adj.*, relativo a brasa; da cor de brasa; *s.m.*, o mesmo que pau-brasil.
BRA.SI.GUAI.O, *s.m.*, brasileiros que se estabelecem, ilegalmente, no Paraguai, para fins de trabalho.
BRA.SI.LEI.RI.CE, *s.f.*, costumes de brasileiro, modo de ser de brasileiro.
BRA.SI.LEI.RIS.MO, *s.m.*, modos e maneiras dos brasileiros na linguagem e nas tradições.
BRA.SI.LEI.RO, *adj.* e *s.m.*, relativo, habitante ou natural do Brasil.
BRA.SI.LI.A.NA, *s.f.*, o conjunto de obras que retratam o Brasil.
BRA.SI.LI.A.NIS.TA, *s. 2 gén.*, pessoa estrangeira especializada em temas e assuntos brasileiros.
BRA.SÍ.LI.CO, *adj.*, relativo aos indígenas do Brasil; o mesmo que brasileiro; *s.m.*, indivíduo brasileiro; brasiliense.
BRA.SI.LI.DA.DE, *s.f.*, qualidade de ser brasileiro, amor ao Brasil, brasileirismo.
BRA.SI.LI.EN.SE, *adj.* e *s.m.*, relativo ao Brasil; relativo a, ou natural da cidade de Brasília; *pl.*, seus habitantes.
BRA.SI.LI.ZA.ÇÃO, *s.f.*, ato ou efeito de brasilizar.
BRA.SI.LI.ZA.DO, *adj.*, que se brasilizou.
BRA.SI.LO.GRA.FI.A, *s.f.*, tratado que retrata as características do povo brasileiro.
BRA.SI.LO.LO.GI.A, *s.f.*, o mesmo que brasilografia.
BRA.Ú.NA, *s.f.*, tipo de árvore que se destaca pela cor escura da madeira.
BRA.VA.TA, *s.f.*, arrogância, fanfarronice, atitude arrogante, alardear qualidades que não se tem.
BRA.VA.TA.RI.A, *s.f.*, muita bravata.
BRA.VA.TE.A.DOR, *adj.* e *s.m.*, fanfarrão, gabola, indivíduo que se vangloria, exibicionista.
BRA.VA.TE.AR, *v.t.* e *int.*, dizer bravatas, ostentar fanfarronices.
BRA.VA.TEI.RO, *s.m.*, quem conta bravatas, loroteiro.
BRA.VE.JAR, *v.t.* e *int.*, ver esbravejar.
BRA.VE.ZA, *s.f.*, brabeza, raiva, irritação; coragem, arrojo.
BRA.VI.O, *adj.*, selvagem, bruto, violento.
BRA.VO, *adj.*, valente, denodado, forte; furioso, perigoso; *interj.*, apoio.
BRA.VU.RA, *s.f.*, característica de quem é bravo, valentia, coragem.
BRE.A.DU.RA, *s.f.*, ato ou efeito de brear; breagem.
BRE.A.GEM, *s.f.*, o mesmo que breadura.
BRE.AR, *v.t.*, revestir com breu, escurecer.
BRE.CA, *s.f.*, *expr.*, levado da breca - sapeca, traquinas, moleque.
BRE.CA.DA, *s.f.*, *bras.*, ato ou efeito de brecar; freada.
BRE.CA.DO, *adj.*, parado, segurado, freado.
BRE.CAR, *v.t.*, frear, acionar o freio.
BRE.CHA, *s.f.*, fenda, abertura, local para se passar, orifício.
BRE.CHÓ, *s.m.*, posto de venda de artigos usados; loja para venda de roupas de segunda mão.
BRE.GA, *adj.* e *s. 2 gén.*, *gír.*, algo cafona, o que revela mau gosto, tipo que se exibe, mas sem elegância nem jeito.
BRE.GUES.SO, *s.m.*, *pop.*, roupas velhas, trastes, cacarecos, objetos pessoais, qualquer coisa.
BRE.JAL, *s.m.*, brejo grande.

BRE.JÃO, *s.m., bras.,* brejal; brejo grande.
BRE.JEI.RI.CE, *s.f.,* faceirice, malícia, malandragem.
BRE.JEI.RO, *adj.,* próprio do brejo; travesso, ordinário, malicioso, vadio.
BRE.JEN.TO, *adj.,* banhado, pantanoso.
BRE.JO, *s.m.,* banhado, charco, paul, pântano.
BRE.NHA, *s.f.,* mata espessa, mato fundo, floresta.
BRE.QUE, *s.m.,* freio, peça para segurar e parar carros, motos, carroças, bicicletas.
BRE.TÃO, *adj. e s.m.,* habitante ou natural da Grã-Bretanha, esta formada pela Inglaterra, Escócia e País de Gales; habitante ou natural da Bretanha, província francesa.
BREU, *s.m.,* derivado do alcatrão, de cor muito escura, usado para isolar locais.
BRE.VE, *adj.,* momentâneo, curto, que dura pouco, transitório.
BRE.VE, *s.m.,* objeto com uma oração para proteger o portador; documento papal; *loc., adv.,* em breve - logo, imediatamente.
BRE.VÊ, *s.m.,* certificado para quem completa o curso de aviador.
BRE.VE.MEN.TE, *adv.,* em pouco tempo, de modo breve; rapidamente.
BRE.VE.TAR, *v. int.,* conseguir um brevê, dominar os conhecimentos para ser aviador.
BRE.VI.Á.RIO, *s.m.,* livro com as horas canônicas, para as rezas diárias de religiosos; resumo.
BRE.VI.DA.DE, *s.f.,* o que é breve, rapidez, celeridade.
BRI.AL, *s.m.,* túnica que os cavaleiros usavam sobre as armas, e por cima apertavam o cinto da espada; vestido longo de tecido rico; enxoval necessário.
BRI.CA.BRA.QUE, *s.m.,* objetos de arte e artesanato antigos, móveis, bijuterias, roupas, etc.; estabelecimento onde são comprados e vendidos esses objetos.
BRI.DA, *s.f.,* rédea; *expr.,* a toda brida - em disparada, em alta velocidade.
BRI.DÃO, *s.m.,* freio de cavalgadura que consta apenas do bocal, articulado no meio; jóquei que utiliza esse freio.
BRIDGE, *s.m.,* ing., jogo que se desenvolve com cartas de baralho..
BRI.GA, *s.f.,* luta, disputa, combate, discussão.
BRI.GA.DA, *s.f.,* uma parte da tropa; no RS, denominação da força policial militar.
BRI.GA.DEI.RO, *s.m.,* chefe de uma brigada; comandante máximo na Aeronáutica; tipo de doce à base de leite condensado.
BRI.GA.DEI.RO DO AR, *s.m.,* oficial que ocupa o posto entre o de major-brigadeiro e o de coronel-aviador.
BRI.GA.DI.A.NO, *s.m.,* soldado da brigada no RS, policial militar.
BRI.GA.DIS.TA, *adj. e s. 2 gên.,* diz-se de, ou o soldado que é integrante de brigada.
BRI.GA.DO, *adj.,* que está ressentido, de relações cortadas, zangado (com outra pessoa ou pessoas).
BRI.GA.DOR, *adj. e s.m.,* que ou aquele que briga muito; brigão; que ou aquele que não se deixa abater diante das dificuldades e luta por seus objetivos, batalhador.
BRI.GA.LHA.DA, *s.f.,* tumulto, briga envolvendo muitos lutadores; rixa.
BRI.GÃO, *s.m., adj.,* que está brigando, quem briga muito, quem gosta de brigas.
BRI.GAR, *v.t e int.,* lutar, disputar, engalfinhar-se.
BRIGOSO, *adj.,* que gosta de brigas, brigão.

BRI.GUE, *s.m.,* veleiro antigo com dois mastros; navio antigo.
BRI.GUEN.TO, *adj. e s.m.,* brigão, lutador, rixento, provocador.
BRI.LHA.DOR, *adj.,* brilhante.
BRI.LHÂN.CIA, *s.f., neol.,* brilho; em Mineralogia, brilho específico de uma joia após a lapidação; luminância.
BRI.LHAN.TE, *adj.,* que brilha, luminoso, esplendoroso; *s.m.,* diamante..
BRI.LHAN.TE.MEN.TE, *adv.,* de modo brilhante.
BRI.LHAN.TI.NA, *s.f.,* cosmético perfumado que se passa nos cabelos para deixá-los lisos.
BRI.LHAN.TIS.MO, *s.m.,* o que é brilhante, luminosidade.
BRI.LHAR, *v. int.,* iluminar, luzir; tornar-se notável, conhecido.
BRI.LHO, *s.m.,* luminosidade, intensidade da luz, claridade.
BRI.LHO.SO, *adj.,* que brilha; brilhante, reluzente.
BRIM, *s.m.,* tecido de algodão.
BRIN.CA.DEI.RA, *s.f.,* ato de brincar, festa, diversão.
BRIN.CA.DOR, *adj. e s.m.,* que ou o que brinca, brincalhão.
BRIN.CA.LHÃO, *s.m.,* disposto, quem gosta de brincar.
BRIN.CAN.TE, *s. 2 gên. e s.m.,* que ou aquele que brinca; diz-se de, ou aquela (criança) que é participante de brincadeiras.
BRIN.CÃO, *adj. e s.m.,* o mesmo que brincalhão.
BRIN.CAR, *v.t. e int.,* divertir-se, espairecer, distrair-se, arejar a mente.
BRIN.CO, *s.m.,* enfeite colocado nas orelhas.
BRIN.CO-DE-PRIN.CE.SA, *s.f.,* folhagem de folhas roxas, muito apreciada pela beleza.
BRIN.DA.DO, *adj.,* saudado, cumprimentado.
BRIN.DAR, *v.t., int. e pron.,* saudar, dar um presente, beber em companhia de alguém.
BRIN.DE, *s.m.,* presente, saudação, cumprimento, partilha de uma saudação mútua para uma bebida.
BRINJELA, *s.f.,* berinjela.
BRIN.QUE.DO, *s.m.,* diversão para as pessoas, coisa usada para a criança divertir-se.
BRI.O, *s.m.,* dignidade, honra, coragem, honradez.
BRI.O.CHE, *s.m.,* doce de origem francesa, feito com massa folheada, açúcar, ovos e outros ingredientes.
BRI.O.SO, *adj.,* honrado, valente, digno.
BRI.Ó.FI.TAS, *s.f.,* grupo de vegetais nos quais se incluem os musgos.
BRI.QUE.TE, *s.m.,* serragem de madeira aglomerada em um objeto compactado, semelhante a um tijolo, para uso em fogões a lenha ou churrasqueira.
BRI.SA, *s.f.,* aragem, ar leve, zéfiro; uma brisa - nada, coisa inútil.
BRI.TA, *s.f.,* cascalho, pedras quebradas, pequenas pedras.
BRI.TA.DEI.RA, *s.f.,* máquina usada para reduzir pedra a brita, quebrar a pedra.
BRI.TA.DO, *adj.,* quebrado, esfarelado.
BRI.TA.DOR, *s.m.,* quem brita; britadeira.
BRI.TA.MEN.TO, *s.m.,* ato de britar.
BRI.TÂ.NI.CO, *adj.,* relativo, habitante ou natural da Grã-Bretanha (Inglaterra), inglês; bretão, anglo.
BRI.TAR, *v.t.,* rachar pedra, reduzir pedra a pedaços.
BRO.A, *s.f.,* docinho feito de farinha de milho.
BRO.CA, *s.f.,* ferramenta que se engata na furadeira para fazer furos.
BRO.CA.DO, *s.m.,* tecido de seda com bordados de ouro, prata ou outros adereços.
BRO.CA-DO-CA.FÉ, *s.f.,* praga que ataca e destrói os cafezeiros.

BRO.CAR.DO, s.m., axioma jurídico, síntese de toda uma alocução jurídica, máxima.
BRO.CHA, s.f., prego com cabeça larga, mas curto; fig., ch., sexualmente impotente.
BRO.CHA.DO, adj., que recebeu uma capa, costurado; fig., impotente.
BRO.CHA.DOR, adj. e s.m., que ou o que brocha (livros).
BRO.CHAR, v.t., pregar brochas em; formar brochuras; colocar capa dura em um caderno.
BRO.CHE, s.m., enfeite, joia ou bijuteria para enfeitar.
BRO.CHE.TE, s.f., espetinho para assar carnes na brasa; espetinho.
BRO.CHU.RA, s.f., livro com capa simples, livro sem encadernação.
BRÓ.CO.LIS, s.m., brócolos, verdura que produz pequenas flores.
BRÓ.DIO, s.m., refeição festiva, ágape, banquete.
BRO.EI.RO, adj. que gosta ou se alimenta de broa; que é rústico; s.m., vendedor de broas.
BRO.MA.DO, adj., que possui bromo em sua composição.
BRO.MA.TO.LO.GI.A, s.f., parte da ciência que estuda alimentos.
BRO.MA.TO.LÓ.GI.CO, adj., relativo à bromatologia.
BRO.MA.TO.LO.GO, s.m., especialista em bromatologia.
BRO.MÉ.LIA, s.f., planta nativa no Brasil, da família das bromeliáceas, cultivada pela beleza de suas florações, mas, na mata, preservada pelo Serviço do Meio Ambiente.
BRO.ME.LI.Á.CEAS, s.f. pl., famílias das bromélias, às quais pertencem, também, os abacaxis e ananases.
BRO.ME.TO, s.m., sais e outros derivados do bromo, em composição com várias substâncias.
BRO.MÍ.DRI.CO, adj., diz-se do ácido bromídrico, um dos mais corrosivos que existem, com acidez pKa -9; usado na produção de brometos; s.m., esse ácido.
BRÓ.MIO, s.m., em Química, ver bromo; do latim - bromiu, vinho.
BRO.MO, s.m., elemento químico de número atômico 35, de cor vermelho-escura, venenoso e de cheiro repugnante, símbolo Br.
BRO.MO.FÓR.MIO, s.m., em Química, líquido incolor (CHBr3), de cheiro adocicado, antes usado como anestésico; hoje tem seu uso controlado e restrito.
BRON.CA, s.f., reprimenda, repreensão, admoestação.
BRON.CO, adj., rude, estúpido, deseducado, inculto.
BRON.CO.PNEU.MO.NI.A, s.f., inflamação dos brônquios.
BRON.COS.CO.PI.A, s.f., em Medicina, endoscopia específica dos brônquios.
BRON.COS.CÓ.PIO, s.m., em Medicina, instrumento com o qual se examina o interior do brônquio.
BRON.QUE.A.DO, adj., repreendido, aconselhado; fig., desgostoso.
BRON.QUE.AR, v.t. e int., repreender, chamar a atenção, aconselhar.
BRON.QUI.AL, adj., que se refere aos brônquios.
BRON.QUI.CE, s.f., qualidade de quem é bronco, estúpido; ato ou dito de quem é bronco.
BRÔN.QUI.CO, adj., relativo a brônquio; bronquial.
BRÔN.QUIO, s.m., cada um dos dois tubos que levam o ar aos pulmões.
BRON.QUI.TE, s.f., inflamação que ataca os brônquios.
BRON.ZE, s.m., liga metálica formada por cobre, estanho e zinco.

BRON.ZE.A.DO, adj., da cor do bronze, amorenado, escurecido.
BRON.ZE.A.DOR, s.m., substância que as pessoas passam no corpo quando ao sol, para não terem a pele queimada.
BRON.ZE.A.MEN.TO, s.m., ação ou efeito de bronzear, amorenamento, escurecimento da pele.
BRON.ZE.AR, v.t. e pron., adquirir cor de bronze, tornar-se moreno.
BRÔN.ZEO, adj., da cor do bronze, escuro, feito de bronze.
BRO.QUE.A.DO, adj., furado com broca, furado.
BRO.QUE.AR, v. int., furar com broca, perfurar.
BRO.QUEL, s.m., pequeno escudo, égide.
BRO.TA.DO, adj., que se apresenta coberto de brotos, que deitou brotos.
BRO.TA.MEN.TO, s.m., ação ou efeito de brotar, nascimento, crescimento.
BRO.TAR, v.t. e int., nascer, crescer, surgir.
BRO.TI.NHO, s.m., pequeno broto; adolescente, moço, garoto, mocinha, garota.
BRO.TO, s.m., tudo que brota, galho, novo ramo, rebento.
BRO.TO.E.JA, s.f., bolhinhas que cobrem a pele e provocam coceira.
BROWSER, s.m., ing., indicativo, na Informática, para navegar na Internet, inclusive em alguns celulares.
BRO.XA, s.f., um pincel grande e grosso; pop., aquele que perdeu a potência sexual.
BRO.XAN.TE, adj. e s.m., ch., que faz perder a virilidade, enjoativo, perturbador, que incomoda.
BRO.XAR, v.t., dar pinceladas, pintar com broxa.
BRU.A.CA, s.f., saco, sacola confeccionada com couro cru, própria para viagens; fig., mulher velha e feia; pessoa que incomoda por ser irritante.
BRU.CE.LO.SE, s.f., doença infecciosa, adquirida pelo ser humano por contato com bovinos, caprinos e ovinos, ou por tomar o leite deles.
BRU.ÇOS, s.m., pl., expr. - estar de bruços - deitado de barriga para baixo, com o rosto voltado para o chão.
BRU.MA, s.f., cerração, nevoeiro, névoa; em Petrópolis/RJ - dito: ruço.
BRU.MA.CEI.RO, adj., diz-se do tempo fechado, brumoso, sombrio e úmido.
BRU.MAL, adj. 2 gên., relativo a bruma, brumoso; sombrio, triste.
BRU.MO.SO, adj., nevoento, enfumaçado.
BRU.NI.DO, adj., polido, lustrado; engomado.
BRU.NI.DOR, adj. e s.m., quem vai brunir, polidor, limpador, alisador.
BRU.NI.DU.RA, s.f., ação ou efeito de brunir, limpeza, polimento.
BRU.NIR, v.t., limpar até que brilhe, polir.
BRU.NO, adj., moreno, amorenado.
BRUS.CO, adj., rude, repentino, áspero; descortês, deselegante.
BRUS.QUI.DÃO, s.f., sofreguidão, pressa, aspereza.
BRU.TAL, adj., selvagem, cruel, desumano.
BRU.TA.LI.DA.DE, s.f., selvageria, estupidez, grosseria.
BRU.TA.LI.ZAR, v.t. e pron., levar a ser bruto, agir com brutalidade, machucar muito alguém, seviciar.
BRU.TAL.MEN.TE, adv., de modo brutal.
BRU.TA.MON.TES, s.m., brutamonte, gigante, indivíduo enorme, tipo grosseiro, tipo brutal.

BRU.TE.ZA, s.f., qualidade de bruto, brutalidade.
BRU.TI.FI.CAR, v. int., tornar bruto, brutalizar, seviciar.
BRU.TO, adj., próprio do estado natural, inculto, grosseiro; peso bruto - peso que inclui os recipientes e outros.
BRU.XA, s.f., megera, feiticeira; mulher feia e cruel, pessoa maldosa, mulher inescrupulosa.
BRU.XA.RI.A, s.f., ato feito por uma bruxa, maldade.
BRU.XE.DO, s.m., ver bruxaria.
BRU.XIS.MO, s.m., vezo de ranger os dentes durante o sono.
BRU.XO, s.m., feiticeiro, mago; fig., quem consegue realizar obras extraordinárias.
BRU.XU.LE.AN.TE, adj., tremulante, esvoaçante.
BRU.XU.LE.AR, v. int., luz de vela que treme, luz tremulante.
BRU.XU.LEI.O, s.m., ato ou efeito de bruxulear.
BU.BÃO, s.m., inchaço nos gânglios, inflamação, pústula.
BU.BÔ.NI.CA, adj., s.f., epidemia, peste, que surge pelos bubões.
BU.BÔ.NI.CO, adj., que se refere à peste bubônica.
BU.CAL, adj., referente a boca, oral.
BU.CHA, s.f., invólucro de tecido ou outro material colocado em buracos para tapá-los; material plástico para prender parafusos na parede de alvenaria; trepadeira cujo fruto se compõe de material fibroso para massagem e limpeza da pele; peça de balão para acender o fogo do aquecimento do ar; pop., algum tipo de comida; fig., um problema, uma situação difícil de solucionar.
BU.CHA.DA, s.f., estômago de animais; prato à base de bucho; dobradinha.
BU.CHO, s.m., estômago; barriga; pop., encher o bucho - comer muito; pop., fig., pessoa feia e horrível, ou velha e de mau aspecto.
BU.CLÊ, s.m., fio de vários materiais para tecer um tecido com textura mais rústica.
BU.ÇO, s.m., penugem que surge em homens e mulheres.
BU.CÓ.LI.CA, s.f., écloga, poema de cunho pastoril, típico dos árcades.
BU.CÓ.LI.CO, adj., campestre, imagens do campo com animais domésticos.
BU.CO.LIS.MO, s.m., conjunto de ideias sobre a beleza e a paz da vida campestre; vida no sítio.
BU.DIS.MO, s.m., sistema religioso e filosófico criado por Buda, nome de Sidarta Gautama.
BU.DIS.TA, s.m. e adj., o que se refere a Buda; seguidor de Buda, na busca da libertação espiritual e das dores físicas humanas.
BU.EI.RO, s.m., valo tapado para a passagem das estradas; abertura ou encanamento para o escoamento das águas pluviais em ruas, estradas.
BU.FA.DOR, adj. e s.m., que(m) bufa, fungador, que assopra com força.
BU.FA.LI.NO, adj., relativo a búfalo.
BÚ.FA.LO, s.m., animal selvagem, parecido com o boi, com chifres recurvos, corpulento, cuja carne e leite estão entrando no cardápio das pessoas.
BU.FÃO, s.m., artista cômico, farsante, quem imita, de modo caricato, uma pessoa séria; bobo da corte.
BU.FAR, v. int., expelir o ar com força; ficar irritado; reclamar contra algo.
BU.FÊ, s.m., cardápio de um restaurante; serviço para os fregueses se servirem de comida à vontade; serviço de preparação de alimentos e sistema de serviço para os comensais.
BU.FE.TE, s.m., aparador de sala de jantar; serviço ou mesa em que as pessoas se servem; lugar em estação ferroviária, onde está servida a mesa para os viajantes; o mesmo que bufê.
BU.FO, s.m., som produzido por quem está bufando, respiração forte de quem está irritado.
BUF.TAL.MI.A, s.f., em Medicina, aumento do volume do globo ocular, primeiro estágio do glaucoma infantil.
BUF.TAL.MO, s.m., o mesmo que buftalmia.
BU.FUN.FA, s.f., pop., dinheiro, moeda sonante.
BUG, s.m., defeito, falha, erro em um programa de informática.
BU.GA.LHO, s.m., pequeno nó formado na casca do carvalho, por ação de insetos; expr., alhos e bugalhos - muitas coisas misturadas.
BU.GAN.VÍ.LIA, s.f., trepadeira, cujas flores de cores luminosas florescem na primavera; por isso, também, conhecidas como primavera.
BU.GI.AR, v.int., fazer bugiaria.
BU.GI.A.RI.A, s.f., trejeito ou modos de um bugio; bagatela, quinquilharia.
BU.GI.GAN.GA, s.f., treco, coisa sem valor, resto, nonada, ninharia.
BU.GI.O, s.m., tipo de macaco comum nas matas brasileiras; fig., pessoa feia ou com cabelos monos.
BU.GRA.DA, s.f., grupo de bugres, índios, indiarada; fig. e pop., grupo sem organização.
BU.GRE, s.m., índio, indígena, aborígene, designação geral dos habitantes de nossas matas.
BU.GREI.RO, s.m., em outros tempos, caçador de índios.
BU.GRIS.MO, s.m., ascendência índia.
BU.GUE, s.m., veículo pequeno, especial para transitar em terrenos arenosos.
BU.JÃO, s.m., butijão; recipiente de metal para armazenagem de gás; tampa para vedar orifícios em tanques de gasolina, gás, ou outros ingredientes.
BU.JA.RO.NA, s.f., vela grande e de forma triangular, içada na proa.
BU.LA, s.f., carta escrita pelo papa; impresso que acompanha um medicamento, contendo instruções quanto às suas propriedades e modo de ingestão.
BUL.BAR, adj. 2 gên., relativo ou pertencente a bulbo; que tem forma de bulbo.
BUL.BO, s.m., órgão vegetal em forma de batata, do qual nascem folhas, como a cebola, o alho; certas palmas, tulipas.
BUL.BO.SO, adj., que tem muitos bulbos.
BUL.DO.GUE, s.m., tipo de cão de origem inglesa.
BUL.DÔ.ZER, s.m., trator fabricado para terraplenagem, tendo uma lâmina frontal para melhor cavar a terra.
BU.LE, s.m., recipiente de metal no qual se faz ou se serve o café; fig., ter café no bule - ter condições de realizar muitas obras.
BU.LE.VAR, s.m., alameda, rua ampla e arborizada.
BÚL.GA.RO, adj., referente, habitante ou natural da Bulgária.
BU.LHA, s.f., tumulto, barulho, estrépito, confusão; desordem, rixa.
BU.LHAR, v. int., provocar bulha, fazer ruídos, estrepitar.
BU.LHEN.TO, adj., ruidoso, barulhento, estrepitoso.
BU.LHU.FAS, s.f., pl., nada, coisa nenhuma, absolutamente nada.
BU.LÍ.CIO, s.m., ruído, concerto de rumores, sussurros,

sons de auras leves.

BU.LI.ÇO.SO, *adj.*, inquieto, agitado, que não para, traquinas, sapeca.

BU.LI.MI.A, *s.f.*, ter um apetite insaciável; disfunção psíquica para a comida.

BU.LIR, *v. int.* e *pron.*, tocar, mexer com leveza, incomodar, mover-se, aborrecer.

BUM! *interj.*, indica ruído de tiro, queda de algo pesado.

BUM.BA!, *interj.*, denota ruído, estrondo.

BUM.BA MEU BOI, *s.m.*, boi de mamão, festejos folclóricos natalinos, para celebrar o nascimento e ressurreição de Jesus Cristo.

BUM.BO, *s.m.*, bombo, tambor grande com sons fortes e graves.

BUM.BUM, *s.m.*, ruído, som forte; *pop.*, nádegas, traseiro.

BU.ME.RAN.GUE, *s.m.*, arma que os aborígines da Austrália arremessam e que retorna à mão do atirador; tudo que vai e volta.

BUN.DA, *s.f.*, *ch.*, nádegas.

BUN.DA-MO.LE, *s. 2 gên.*, *pop.*, pessoa medrosa, covarde, bundão.

BUN.DÃO, *s.m.*, bundona; o mesmo que bunda-mole.

BUN.DO.NA, *s.f.*, bunda grande, bundão.

BU.QUÊ, *s.m.*, maço de flores; aroma de vinho e outras bebidas, odor, perfume.

BU.RA.CA.DA, *s.f.*, muitos buracos, rua com muitos buracos, buraqueira.

BU.RA.CO, *s.m.*, furo, cova, abertura, orifício, abertura em uma superfície; local pobre e distante de centros maiores; jogo de cartas, semelhante ao da canastra.

BU.RA.QUEI.RA, *s.f.*, muitos buracos, inúmeros buracos em uma estrada ou rua; buracada.

BUR.BU.RE.JAR, *v. int.*, provocar rumor de burburinho; rumor de água pulando em cascata.

BUR.BU.RI.NHAR, *v.int.*, fazer burburinho.

BUR.BU.RI.NHO, *s.m.*, ruído de todas as coisas e animais; murmúrio, agitação suave.

BU.REL, *s.m.*, batina, hábito de frade, sobretudo franciscano; veste de tecido grosseiro.

BU.RE.TA, *s.f.*, em Química, tubo graduado de vidro e com uma torneira na parte inferior, us. em análises volumétricas.

BUR.GO, *s.m.*, na Idade Média, castelo ao centro de vários prédios, fortificados e cercados por muralhas e que se tornaram cidades; cidade fortificada; povoado.

BUR.GO.MES.TRE, *s.m.*, em várias regiões da Europa, cargo equivalente ao de prefeito.

BUR.GUÊS, *adj.*, afinado com a burguesia; *s.m.*, pessoa que tem posses, endinheirado e sem cultura; primitivamente, habitante do burgo; quem ganhava a vida sem trabalhos braçais; *fig.*, *depr.*, tipo sem escrúpulos, sem respeito, que vive de barganhas e negociatas.

BUR.GUE.SI.A, *s.f.*, classe que surgiu na Europa, com o desenvolvimento dos burgos para cidades e passou a dominar o comércio; o poder e a política; classe média, a classe dos burgueses.

BU.RIL, *s.m.*, instrumento metálico, de aço duro, para fazer incisões em metal, cinzel.

BU.RI.LA.DO, *adj.*, polido, aperfeiçoado, aprimorado, esmerilhado.

BU.RI.LA.DOR, *s.m.* e *adj.*, que ou o que burila.

BU.RI.LAR, *v.t.*, escrever com buril, gravar com buril, aperfeiçoar, aprimorar, tornar melhor.

BU.RI.TI, *s.m.*, palmeira de cujos cocos se extrai óleo.

BU.RI.TI.ZAL, *s.m.*, aglomeração de buritis.

BUR.LA, *s.f.*, engano, logro, trapaça, vigarice; teatro em forma de farsa.

BUR.LA.DO, *adj.*, que foi vítima da burla, ludibriado, escarnecido.

BUR.LA.DOR, *adj.* e *s.m.*, que ou o que burla; trapaceiro.

BUR.LAR, *v.t.*, enganar, lograr.

BUR.LA.RI.A, *s.f.*, ação de burlar.

BUR.LES.CO, *adj.*, que provoca riso, grotesco, farsante, ridículo, risível, bufão.

BU.RO.CRA.CI.A, *s.f.*, sistema que controla a administração pública; nos negócios, atendimento ao povo e gestão de pessoas, dentro de uma hierarquia e sob lei própria com direitos e deveres estabelecidos; todo sistema rígido sob a lei quanto ao público.

BU.RO.CRA.TA, *s. 2 gên.*, indivíduo que trabalha na burocracia; funcionário público.

BU.RO.CRÁ.TI.CO, *adj.*, típico da burocracia, referente a burocracia.

BU.RO.CRA.TI.ZAR, *v.t.*, tornar burocrata, complicar.

BUR.QUI.NEN.SE, *adj. 2 gên.*, relativo a Burquina (África); *s. 2 gên.*, natural ou habitante de Burquina.

BUR.RA, *s.f.*, fêmea do burro; *pop.*, cofre, arca em que se guarda dinheiro; *fig.*, pessoa ignorante.

BUR.RA.DA, *s.f.*, tropa de burros; burrice, tolice, bobagem.

BUR.RI.CA.DA, *s.f.*, porção de burros; asneira, parvoíce.

BUR.RI.CE, *s.f.*, tolice, bobagem, asneira.

BUR.RI.CO, *s.m.*, burro pequeno, burrinho.

BUR.RI.FI.CAR, *v. int.*, emburrecer, tornar burro, tornar tolo, atoleimar.

BUR.RI.NHO, *s.m.*, burrico; bomba para trazer óleo a outro local; peça, nos carros antigos, para controlar o nível de óleo no motor do carro; também chamado de cebola.

BUR.RO, *s.m.*, animal bastardo, produto do cruzamento de égua com jumento; alguém tolo, alguém sem inteligência; alguém grosseiro.

BUR.SI.TE, *s.f.*, inflamação de algum órgão do corpo, sobretudo dos ombros, braços.

BU.RUN.DI.NÊS, *adj.* e *s. 2 gên.*, habitante, natural ou relativo ao Burundi, país da África.

BUS.CA, *s.f.*, procura, investigação, revista.

BUS.CA.DO, *adj.*, procurado, investigado, examinado.

BUS.CA.DOR, *adj.* e *s.m.*, que, aquele ou aquilo que busca.

BUS.CA-PÉ, *s.m.*, fogo de artifício que corre pelo chão.

BUS.CAR, *v.t.* e *pron.*, procurar, investigar, examinar, colher.

BU.SÍ.LIS, *s.m.*, o âmago da dificuldade, o nó principal de um problema.

BÚS.SO.LA, *s.f.*, instrumento cuja agulha magnética aponta sempre para o Polo Norte; o que orienta.

BUS.TI.Ê, *s.m.*, corpete sem alças, tapando apenas os seios.

BUS.TO, *s.m.*, parte superior do corpo humano; quadro ou foto dessa parte do corpo.

BU.TA.NO, *s.m.*, tipo de gás.

BU.TI.Á, *s.m.*, palmeira cujos frutos são comestíveis e usados para fazer licores e doces.

BU.TI.RÔ.ME.TRO, *s.m.*, instrumento que faz avaliação da quantidade de manteiga existente no leite.

BU.TI.QUE, *s.f.*, loja especializada para a venda de vestuários, loja.

BU.TU.CA, *s.f.*, mutuca, tipo de mosca grande, cuja ferroada é dolorosa; *fig.*, ficar de butuca - ficar na espreita, ficar de olho em.

BU.XO, *s.m.*, nome de um tipo de plantas ornamentais.

BU.ZI.NA, *s.f.*, peça que emite um silvo nos carros; trombeta.

BU.ZI.NA.ÇÃO, *s.f.*, ato ou efeito de buzinar; som continuado de buzina; pieira.

BU.ZI.NA.ÇO, *s.m., pop.*, conjunto de buzinas tocando, ruído intenso de buzinas.

BU.ZI.NA.DA, *s.f.*, som emitido pela buzina.

BU.ZI.NAR, *v. int.*, acionar a buzina, imitar o som de uma buzina; *pop.*, fazer fofocas.

BÚ.ZIO, *s.m.*, molusco; pequenas conchas de moluscos.

BÚ.ZIOS, *s.m., pl.*, conchas de moluscos que os videntes usam para prever o destino e o futuro das pessoas.

BU.ZO, *s.m.*, jogo popular que usa rodelas de casca de laranja, grãos de milho, botões, etc.; violão.

BY.RO.NI.A.NO, *adj.*, relativo ou pertencente ao poeta inglês Byron (1788-1824); *s.m.*, estudioso ou profundo conhecedor de Byron.

BYE-BYE, (baibai), *s.m.*, ing., saudação de despedida.

BYTE (baite), *s.m.*, do inglês *binary*, unidade básica usada no mundo da Informática.

C

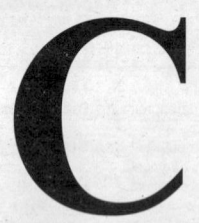

C, *s.m.*, terceira letra do á-bê-cê português; número 100 romano, mas maiúsculo (C); nos degraus das classes sociais, classe C, de menor poder aquisitivo que as classes A e B.
C, símbolo químico do carbono.
CA, símbolo químico do cálcio.
CÁ, *adv.*, neste lugar, aqui; para este lugar.
CÁ, *s.m.*, nome da letra k.
CÃ, *s.f.*, (sing. de cãs), cabelo branco.
CA.A.BA, *s.f.*, pedra preta, sagrada para os muçulmanos, guardada em uma mesquita em Meca, na Arábia Saudita.
CA.A.PO.RA, *s. 2 gên.*, denominação dada pelos índios ao roceiro, caipira.
CA.A.TIN.GA, *s.f.*, vegetação rasteira e rala, característica da região semiárida do Nordeste brasileiro.
CA.BA, *s.f.*, nome comum aos insetos himenópteros, do grupo das vespas sociais e dos marimbondos.
CA.BA.ÇA, *s.f.*, catutu, fruto com sementes, o qual é serrado ao meio e serve para fazer cuias e vasos; vaso, cuia, bacia, feitos com esse material.
CA.BA.CEI.RO, *s.m.*, arbusto que produz esse fruto.
CA.BA.ÇO, *s.m., ch.*, o hímen; virgindade da mulher ou do homem.
CA.BAL, *adj.*, total, pleno, peremptório, decisivo, incisivo.
CA.BA.LA, *s.f.*, ramo do saber que estuda as coisas ocultas; doutrina de origem hebraica, que estuda as ciências ocultas.
CA.BA.LAR, *v.t. e int.*, fazer cabala, conspirar, seduzir eleitores, obter votos com conversas reservadas.
CA.BA.LE.TA, *s.f.*, em Música, trecho breve, de ritmo animado e leve, que se repete ao final de certas obras musicais; parte final de ritmo vivo de algumas obras operísticas.
CA.BA.LIS.TA, *s. 2 gên.*, quem é especialista na cabala.
CA.BA.LÍS.TI.CO, *adj.*, relativo a cabala, próprio da cabala, secreto, oculto.
CA.BAL.MEN.TE, *adv.*, de modo cabal, definitivo, pleno.
CA.BA.NA, *s.f.*, choupana, casebre, casa rústica.
CA.BA.NA.DA, *s.f.*, designação dada a uma revolta, ocorrida em Pernambuco, em 1832.
CA.BA.NA.GEM, *s.f.*, rebeldia, revolta, oposição.
CA.BA.NAL, *s.m.*, abrigo coberto de colmo ou telha, junto às eiras, onde os cereais são protegidos contra o mau tempo.
CA.BA.NE.JO, *s.m.*, grande cesto feito de verga ou vime; cabaneiro, cabano.
CA.BA.NO, *adj., s.m.*, acabanado, animal cujos chifres se direcionam para baixo; cabaneiro (cesto); integrante da Revolta da Cabanagem (1835-1840).
CA.BAR.BAN.DA, *s.f.*, cinto ornamentado com prata ou ouro, usado por orientais.
CA.BA.RÉ, *s.m.*, casa de prostituição, bordel, lupanar, prostíbulo, casa de meretrício; casa de show e dança.
CA.BA.RE.TEI.RO, *s.m.*, empregado, dono ou frequentador ávido de cabaré.
CA.BAR.RO, *s.m.*, inclinação das paredes de um vaso, para dar-lhe forma de cone truncado.
CA.BAZ, *s.m.*, cesto fundo de cipó, vime, bambu, para carregar frutas; cesto, balaio.
CA.BA.ZA.DA, *s.f.*, o conteúdo de um cabaz, grande quantidade (de coisas).
CA.BA.ZEI.RO, *s.m.*, fabricante ou vendedor de cabazes.
CA.BE.ÇA, *s.f.*, parte superior do corpo humano, onde ficam o cérebro e outros órgãos; o crânio coberto com cabelos; ter cabeça - ter juízo; de cabeça - de cor; o cabeça - o chefe.
CA.BE.ÇA-CHA.TA, *s. 2 gên.*, apelido aplicado a nordestinos; tipo de tubarão caçado pelo sabor de sua carne, o couro com várias aplicações e o fígado, para extração do óleo.
CA.BE.ÇA.DA, *s.f.*, golpe com a cabeça; negócio errado; dar-se mal.
CA.BE.ÇA DE CHA.VE, *s. 2 gên.*, time escolhido antes de haver o sorteio dos outros times concorrentes de uma chave (grupo), por ser favorito na disputa.
CA.BE.ÇA DE NE.GRO, *s.f.*, tipo de bomba usada em festas juninas, com estampido muito forte; planta com fins medicinais, através das raízes.
CA.BE.ÇA DE PON.TE, *s.f.*, a posição mais avançada de uma tropa invadindo o território inimigo.
CA.BE.ÇA DE POR.CO, *s.f.*, conjunto de casas pobres, cortiço, prédio com apartamentos de tamanho reduzido.
CA.BE.ÇA DE PRE.GO, *s.f.*, tipo de inseto que ataca árvores; um pequeno furúnculo na pele.
CA.BE.ÇA DE VEN.TO, *s.m., fig.*, indivíduo sem juízo; tipo leviano; alguém sem responsabilidade.
CA.BE.ÇA-DU.RA, *s.m.*, tipo teimoso, alguém com dificuldades para assimilar conhecimentos.
CA.BE.ÇA-FEI.TA, *adj. 2 gên.*, diz-se de, ou a pessoa que tem opinião formada, que não se deixa influenciar por opiniões alheias.
CA.BE.ÇA.LHO, *s.m.*, parte frontal de um livro, de um trabalho.
CA.BE.ÇÃO, *s.m.*, cabeça grande, gola maior em algumas vestimentas para clérigos.
CA.BE.CE.A.DA, *s.f.*, ver cabeçada.
CA.BE.CE.A.DOR, *s.m.*, jogador que toca a bola com a cabeça, no futebol; quem cabeceia.
CA.BE.CE.AR, *v. int.*, golpear a bola com a cabeça; mexer a cabeça.
CA.BE.CEI.O, *s.m.*, ato de cabecear.
CA.BE.CEI.RA, *s.f.*, a parte onde fica a cabeça, na cama; ponta da mesa; local em que nasce um rio; parte da ponte em que se liga à rodovia.
CA.BE.CI.LHA, *s. 2 gên.*, chefe ou líder de bando.
CA.BE.ÇO, *s.m.*, o cimo de um monte, convexo e de forma arredondada.
CA.BE.ÇOR.RA, *s.f.*, cabeça enorme, cabeçona, cabeça grande.
CA.BE.ÇO.TE, *s.m.*, peça do motor de carros, pequena cabeça.
CA.BE.ÇU.DA, *s.f.*, em Zoologia, tartaruga de água doce

CABEÇUDO   171   CABRITA

(*Podocnemis dumeriliana*); fem. de cabeçudo.

CA.BE.ÇU.DO, *adj.*, *s.m.*, teimoso, obstinado, cabeça-dura.

CA.BE.DAL, *s.m.*, o acervo de bens, o conjunto de predicados intelectuais e conhecimentos de alguém.

CA.BE.DE.LO, *s.m.*, monte de areia que se forma na desembocadura de um rio; monte de areia; pequeno cabo.

CA.BEI.O, *s.m.*, ação de cabear; movimento violento e rápido da cauda do cavalo.

CA.BEI.RO *adj.* e *s.m.*, diz-se de, ou aquele que faz cabos de madeira para uso diverso.

CA.BE.LEI.RA, *s.f.*, cabelos longos, muitos cabelos, coma.

CA.BE.LEI.REI.RO, *s.m.*, homem que corta e arruma cabelos, especialista em estética pessoal.

CA.BE.LO, *s.m.*, a cobertura de pelos da pele da cabeça; pelos.

CA.BE.LU.DI.NHA, *s.f.*, cabeludeira, cabeluda, planta de frutas brancas que produz uma fruta amarela, no próprio tronco.

CA.BE.LU.DO, *adj.*, que possui muito cabelo; *fig.*, algo horrível.

CA.BER, *v.t.* e *int.*, ter o tamanho apropriado para um local; estar dentro, vir na ocasião própria; ser compatível; tocar a; ser a parte de.

CA.BI.DA, *s.f.*, aceitação, momento, oportunidade, azo, oferta.

CA.BI.DE, *s.m.*, peça que se usa para pendurar roupas ou chapéus; *fig.*, cabide de emprego - proteção para obter um emprego; ação de um governo para empregar todos os partidários.

CA.BI.DE.LA, *s.f.*, mistura feita com pontas de asas, pés, pescoço e miúdos de galinha, frango; guisado preparado com esses miúdos.

CA.BI.DO, *s.m.*, grupo de padres que compõem o conselho de uma catedral, junto ao bispo; *adj.*, que coube, que cabe, cabido.

CA.BIL.DA, *s.f.*, povoado de mouros; grupo de mouros que vagueiam à procura de pasto para os animais.

CA.BI.MEN.TO, *s.m.*, ato ou efeito de caber; propósito, jeito.

CA.BI.NA, *s.f.*, cabine, compartimento para passageiros ou pilotos de avião; local em que se pode usar o telefone público; boxe, compartimento no trem; cabine eleitoral - lugar em que se vota.

CA.BI.NA.DO, *adj.*, que tem cabine.

CA.BI.NE, *s.f.*, cabina.

CA.BI.NEI.RO, *s.m.*, quem presta atendimento no trem.

CA.BIS.BAI.XO, *adj.*, com a cabeça baixa, desanimado, desesperançado.

CA.BIS.CA.Í.DO, *adj.*, o mesmo que cabisbaixo.

CA.BI.Ú.NA, *s.f.*, tipo de jacarandá, cuja madeira é muito valiosa, de cor escura.

CA.BÍ.VEL, *adj.*, possível, factível, que cabe, que pode ser aceito.

CA.BO, *s.m.*, o primeiro grau na escala militar, após o soldado raso; a parte final, extremo; peça que se coloca nas ferramentas para o trabalho.

CA.BO.CHÃO, *s.m.*, pedra preciosa polida, porém não facetada.

CA.BO.CLA.DA, *s.f.*, conjunto de caboclos; grupo de caboclos.

CA.BO.CLIS.MO, *s.m.*, sentimento de caboclo, ideias e projetos de caboclo, caipirismo.

CA.BO.CLO, *s.m.*, resultado da mistura do índio com o branco; matuto, sertanejo, caipira.

CA.BO.CÓ, *s.m.*, variedade de queijo; canal por onde escoa a água saída dos cubos das rodas dos engenhos de moer cana-de-açúcar, var., cavocó e cavoucó.

CA.BO DE GUER.RA, *s.m.*, atividade esportiva, na qual duas equipes se postam e puxam as extremidades de uma corda forte; sai vencedor quem arrastar a outra para além da meta.

CA.BO.DI.FU.SÃO, *s.f.*, sistema de transmissão de programas por cabo e não por antena, com circuito fechado cujos espectadores são *ger.* assinantes.

CA.BO.GRA.MA, *s.m.*, telegrama mandado por cabo submarino.

CA.BO.RÉ, *s.m.*, tipo de coruja; tipo feio.

CA.BO.TA.GEM, *s.f.*, navegação feita apenas na costa de terra firme.

CA.BO.TAR, *v. int.*, realizar cabotagem, navegar na costa, servir aos portos da costa.

CA.BO.TI.NA.GEM, *s.f.*, vida de cabotino, costumes e atos de cabotino.

CA.BO.TI.NI.CE, *s.f.*, ação de cabotino.

CA.BO.TI.NIS.MO, *s.m.*, ideias e atos de cabotino, tolices, asneiras, fanfarronices.

CA.BO.TI.NO, *adj.* e *s.m.*, alguém que gosta de se exibir, fanfarrão, exibicionista.

CA.BRA, *s.f.*, mamífero ruminante; fêmea do bode; *fig.*, tipo valente e lutador; *fig.*, mulher devassa.

CA.BRA-CE.GA, *s.f.*, brincadeira infantil em que um dos integrantes, com os olhos vendados, deve pegar um de seus parceiros, que o deve substituir.

CA.BRA.DA, *s.f.*, grande quantidade de cabras.

CA.BRA.LHA.DA, *s.f.*, rebanho de cabras, grupo de cabras.

CA.BRA.LI.NO, *adj.*, no Brasil, relativo a Pedro Álvares Cabral (1460-1520); em Portugal, relativo a Bernardo da Costa Cabral (1803-1889), que era autoritário, *fig.*, que é autoritário.

CA.BRA-MA.CHO, *s.m.*, *fig.*, tipo corajoso, homem destemido.

CA.BRÃO, *s.m.*, macho da cabra; bode; *fig.*, alguém chorão, criança chorona.

CÁ.BREA, *s.f.*, tipo de guindaste.

CA.BREI.RO, *s.m.*, pastor de cabras, que age com rapidez e cuidado; *pop.*, tipo desconfiado, irritado.

CA.BRE.MA, *s.f.*, corda usada para amarrar a dianteira da carga de cana transportada em muares.

CA.BRES.TAN.TE, *s.m.*, mecanismo para levantar grandes pesos, sobretudo em porto para navios.

CA.BRES.TÃO, *s.m.*, cabresto reforçado para grandes animais.

CA.BRES.TE.AR, *v.int.*, deixar-se conduzir (o cavalo) pelo cabresto, obediente; *fig.*, deixar-se manobrar na vida por outrem servilmente.

CA.BRES.TEI.RO, *s.m.*, quem fabrica cabrestos, profissional que fabrica cabrestos.

CA.BRES.TI.LHO, *s.m.*, cabresto pequeno, cabrestinho.

CA.BRES.TO, *s.m.*, peça com que se prendem cavalgaduras; *fig.*, qualquer coisa que subjuga, domina.

CA.BRE.Ú.VA, *s.f.*, árvore de madeira nobre, com folhas de valor medicinal.

CA.BRI.ÃO, *s.m.*, pessoa que incomoda ou molesta sem cessar.

CA.BRIL, *s.m.*, local para recolher as cabras; *adj.*, próprio de cabras, referente a cabras.

CA.BRI.O.LA, *s.f.*, cambalhota, pulo de cabra, mudança, salto de dançarino.

CA.BRI.O.LAR, *v. int.*, pular, dar cabriolas, saltar.

CA.BRI.O.LÉ, *s.m.*, tipo de tílburi, carruagem de duas rodas, puxada por um único cavalo.

CA.BRI.TA, *s.f.*, pequena cabra; *fig.*, moça nova.

CA.BRI.TA.DA, *s.f.*, muitos cabritos.
CA.BRI.TAR, *v. int.*, pular como cabrita, saltar como cabrita, var., cabritear.
CA.BRI.TEI.RO, *s.m.*, pastor de cabras, criador de cabras.
CA.BRI.TO, *s.m.*, bode novo e pequeno, menino sapeca; indivíduo mulato.
CA.BRI.Ú.VA, *s.f.*, madeira de cor escura, usada em construções e móveis.
CA.BRO.CHA, *s. 2 gên.*, mulata jovem; mulher que aprecia dançar.
CA.BRUM, *adj.*, próprio das cabras, referente a cabras; *s.m.*, odor de cabra ou bode.
CÁ.BU.LA, *s.f.*, vadiagem, falta às aulas, modo de faltar às aulas.
CA.BU.LA.GEM, *s.f.*, faltar às aulas, "matar" a aula, fugir à aula.
CA.BU.LAR, *v. int.*, não comparecer às aulas, faltar à aula, inventar desculpas para fugir às aulas.
CA.BU.LO.SO, *adj.*, agourento, que produz azar, azarento, aborrecido.
CA.BÚ.QUI, *s.m.*, gênero de peça teatral popular do Japão, onde atores homens, maquiados e performáticos, dançam, fazem recitais ao som de músicas com flautas e tambores.
CA.BU.RÉ, *s.m.*, tipo de coruja, mocho que poderia ser agourento; cafuzo; tipo feio e melancólico.
CA.CA, *s.f.*, fezes humanas; sujeira, imundície.
CA.ÇA, *s.f.*, ato de caçar, perseguir animais para abatê-los, caçada, perseguição; *s.m.*, tipo de avião leve e bem armado para atacar outros aviões.
CA.CA.DA, *s.f.*, cacaria, um monte de cacos, muitos cacos juntos.
CA.ÇA.DA, *s.f.*, ação ou efeito de caçar, busca, procura.
CA.ÇA.DEI.RO, *adj.*, que caça, próprio para a caça.
CA.ÇA.DO, *adj.*, perseguido, procurado, buscado.
CA.ÇA.DOR, *s.m.*, quem se dedica à caça, por gosto ou profissão.
CA.ÇA.DO.TES, *s. 2 gên.*, pessoa pobre que procura casar-se com alguém rico, para enriquecer.
CA.CAI.O, *s.m.*, na BA e em MG, saco ou alforje que se prende aos braços e se carrega às costas.
CA.ÇAM.BA, *s.f.*, balde preso em uma corda, para tirar água de um poço; grande recipiente colocado em caminhões - caminhões-caçamba - para fazer carregamentos.
CA.ÇAM.BA.DA, *s.f.*, quantidade que se pode conter em uma caçamba.
CA.ÇAM.BEI.RO, *s.m.*, quem maneja caçambas, motorista de um caminhão-caçamba.
CA.ÇA-MI.NAS, *s.m.*, navio preparado para detectar e recolher minas nas águas.
CA.ÇA-NÍ.QUEIS, *s.m.*, máquina destinada a jogos de azar, e que funciona com a introdução de moedas; a própria máquina devolve o prêmio, em moedas, ao ganhador.
CA.ÇAN.JE, *adj. 2 gên.*, relativo ao dialeto do português falado em Angola; *s.m.*, esse dialeto falado em Angola; *pej.*, escrita ou fala grafada ou articulada erradamente.
CA.ÇÃO, *s.m.*, tubarão de pequeno porte, comum e comestível.
CA.ÇA.PA, *s.f.*, bolsa que se coloca nas mesas de sinuca para receber as bolas atiradas pelos jogadores.
CA.ÇA.PO, *s.m.*, filhote de coelho, láparo; homem gordo e baixote.
CA.ÇAR, *v.t. e int.*, procurar, ir atrás de animais selvagens para matá-los; pegar, perseguir.

CA.CA.RE.CO, *s.m.*, coisa velha, tralhas, bugigangas, objetos velhos e imprestáveis.
CA.CA.RE.JA.DOR, *adj.*, que cacareja.
CA.CA.RE.JAN.TE, *adj. 2 gên.*, que cacareja, cacarejador.
CA.CA.RE.JAR, *v. int.*, o cantar da galinha; *fig.*, tagarelar.
CA.CA.RE.JO, *s.m.*, o canto da galinha; depreciativo para voz desagradável ou monótona.
CA.CA.RI.A, *s.f.*, porção de cacos, monte de cacos, cacada.
CA.ÇA.RO.LA, *s.f.*, panela de ferro ou alumínio, com tampa e cabo; tacho.
CA.CA.TU.A, *s.f.*, papagaio de vários tamanhos e tipos.
CA.CAU, *s.m.*, fruto do cacaueiro, matéria-prima para o chocolate.
CA.CAU.AL, *s.m.*, plantação de cacaueiros.
CA.CAU.EI.RO, *s.m.*, Bot., árvore da família das esterculiáceas, que produz o cacau; cacauzeiro.
CA.CAU.I.CUL.TOR, *adj. e s.m.*, diz-se ou o lavrador que cultiva cacau.
CA.CAU.I.CUL.TU.RA, *s.f.*, cultivo de cacaueiros, plantação de cacaueiros.
CA.CAU.LIS.TA, *s. 2 gên.*, pessoa que planta ou negocia cacau.
CA.CAU.ZEI.RAL, *s.m.*, ver cacaual.
CA.CAU.ZEI.RO, *s.m.*, ver cacaueiro.
CA.CE.TA.DA, *s.f.*, ação de dar com um cacete; pancada, golpe, paulada.
CA.CE.TAR, *v.t.*, cacetear, espancar com cacete.
CA.CE.TE, *s.m.*, pau grosso, bordão, porrete; *pop.*, pênis.
CA.CE.TE.A.ÇÃO, *s.f.*, incômodo, aborrecimento, desagrado.
CA.CE.TE.AR, *v.t.*, incomodar, perturbar, aborrecer.
CA.CE.TEI.RO, *s.m.*, pessoa que usa cacete para agredir, espancar; valentão, desordeiro; pessoa que amola, chateia.
CA.CE.TI.NHO, *s.m.*, *dim.* de cacete; em AL, tipo de biscoito fino e reto; no RS, pão francês.
CA.CHA.ÇA, *s.f.*, aguardente, bebida destilada a partir do caldo da cana-de-açúcar; *pop.*, pinga, branquinha; água que passarinho não bebe.
CA.CHA.DA, *s.f.*, muita cachaça; bebedeira.
CA.CHA.ÇA.RI.A, *s.f.*, lugar onde se fabrica cachaça; estabelecimento especializado em tipos de cachaça.
CA.CHA.CEI.RO, *s.m.*, tipo que consome cachaça, beberrão, pau-d'água.
CA.CHA.ÇO, *s.m.*, a parte detrás do pescoço; macho suíno para reproduzir.
CA.CHA.LO.TE, *s.m.*, baleia comprida com mais de 20 m.
CA.CHA.MOR.RA, *s.f.*, cacete, borduna, bordão, cajado.
CA.CHA.MOR.RA.DA, *s.f.*, pancada com cachamorra; cacetada.
CA.CHÃO, *s.m.*, borbotão, jorro; efervescência de um líquido; em MG, cachoeira.
CA.CHE, *s.m.*, em Informática, dispositivo de acesso rápido de um computador, o qual armazena os dados em meios com a finalidade de serem recuperados mais rapidamente por programas que estão sendo executados.
CA.CHÊ, *s.m.*, pagamento efetuado a quem trabalha em programas de tevê, rádio, teatro ou outros espetáculos.
CA.CHE.A.DO, *adj.*, que possui cabelos em forma de cachos; pregueado.
CA.CHE.AR, *v.t. e int.*, fazer cachos em; escovar os cabelos para que formem cachos.
CA.CHE.COL, *s.m.*, xale, peça de tecido própria para proteger o pescoço; echarpe.

CACHENÊ ··· 173 ··· CACUME

CA.CHE.NÊ, *s.m.*, peça para cobrir a metade inferior do rosto.
CA.CHE.PÔ, *s.m.*, recipiente de madeira, metal, porcelana, etc., us. de forma decorativa e dentro do qual são colocados vasos de plantas.
CA.CHE.TA, *s.f.*, tipo de jogo de baralho.
CA.CHE.TAR, *v.int.*, brincar, zombar, caçoar.
CA.CHIM.BA.DA, *s.f.*, o tanto de fumo que cabe num cachimbo; fumar uma carga de cachimbo.
CA.CHIM.BAR, *v. int.*, fumar cachimbo.
CA.CHIM.BO, *s.m.*, peça com um recipiente pequeno e um cabo oco para fumar.
CA.CHI.NA.DA, *s.f.*, gargalhada zombeteira.
CA.CHI.NAR, *v.int.*, rir muito alto; gargalhar escarnecendo.
CA.CHO, *s.m.*, uma penca de frutas ou de flores presas entre si; madeixas.
CA.CHO.AN.TE, *adj.*, que cachoa.
CA.CHO.AR, *v.int.*, formar cachão ou cachoeira; borbotar, acachoar; *fig.*, agir de maneira tumultuada.
CA.CHO.EI.RA, *s.f.*, cascata, queda-d'água, catadupa, cachoeiro.
CA.CHO.EI.RIS.TA, *s. 2 gên.*, indivíduo que tem prática em fazer viagens por rios com cachoeiras.
CA.CHO.EI.RO, *s.m.*, cachoeira, cascata, catadupa.
CA.CHO.LA, *s.f.*, cabeça, crânio.
CA.CHO.LE.TA, *s.f.*, batida com o dorso da mão na cabeça de um indivíduo.
CA.CHO.PA, *s.f.*, rapariga, moça, cacho grande.
CA.CHOR.RA, *s.f.*, cadela, cão fêmea.
CA.CHOR.RA.DA, *s.f.*, bando de cachorros; *fig.*, safadeza, malvadeza, sem-vergonhice.
CA.CHOR.RI.CE, *s.f.*, o mesmo que cachorrismo, cachorrada, canalhice.
CA.CHOR.RO, *s.m.*, cão; *fig.*, indivíduo safado, desonesto.
CA.CHOR.RO-QUEN.TE, *s.m.*, sanduíche feito com um pãozinho recheado com molho, salsicha e muito tempero.
CA.CHU.CHA, *s.f.*, dança espanhola com castanholas; pequena embarcação.
CA.CHU.DO, *adj.*, que dá grandes cachos.
CA.CI.CA.DO, *s.m.*, tipo de sociedade primitiva que tem como líder o cacique.
CA.CI.CAL, *adj.*, relativo a cacique.
CA.CI.FAR, *v.int.* e *v.t.*, guardar (dinheiro) em cofre, em caixa; p. ext., recolher o cacife (dinheiro) ganho em jogo.
CA.CI.FE, *s.m.*, quantia que cada jogador coloca para abrir o jogo.
CA.CI.FEI.RO, *s.m.*, quem recolhe os cacifes nos jogos.
CA.CI.FO, *s.m.*, cofre, caixa; pequeno armário instalado ou embutido em parede; pequeno aposento, cubículo; em Medicina, depressão na pele causada por algum tipo de retração do tecido.
CA.CIM.BA, *s.f.*, poça-d'água, poço raso, buraco na terra para reter a água.
CA.CIM.BA, *s.f.*, poço para extração de água; no Nordeste, cova em solo úmido ou leito seco de rio, a fim de recolher água.
CA.CIM.BA.DO, *adj.*, que tem cacimbas ou poços; terreno encharcado em vários pontos; que tem barro próprio para uso em olaria.
CA.CIM.BÃO, *s.m.*, cova ou poço grande, onde se tem ajuntado água, no Ceará; buraco grande e fundo num despenhadeiro.
CA.CIM.BAR, *v. int.*, encher cacimbas de água, formar cacimbas.
CA.CIM.BEI.RO, *s.m.*, quem constrói cacimbas.
CA.CI.QUE, *s.m.*, chefe de uma tribo indígena; o chefe; o que manda.
CA.CI.QUIS.MO, *s.m.*, procedimento próprio de cacique; autoritarismo de um mandante; arbitrariedade; predominância despótica de chefes em regime político.
CA.CIZ, *s.m.*, sacerdote mouro.
CA.CO, *s.m.*, qualquer pedaço de um objeto estilhaçado; coisa inútil, tipo imprestável.
CA.ÇO.A.DA, *s.f.*, zombaria, troça, riso, escárnio.
CA.ÇO.A.DOR, *adj.* e *s.m.*, que ou aquele que caçoa.
CA.ÇO.AR, *v.t.* e *int.*, fazer caçoada, troçar, zombar, rir de alguém, fazer escárnio.
CA.CO.CRO.MI.A, *s.f.*, conjunto de cores que não combinam, feias, sem estética.
CA.ÇO.EI.RA, *s.f.*, rede de arrasto para a pesca em alto-mar.
CA.CO.E.TE, *s.m.*, um gesto, um termo sempre repetido por alguém, trejeito, vício, mania.
CA.CO.FA.GI.A, *s.f.*, problema da pessoa que come excrementos humanos.
CA.CÓ.FA.GO, *s.m.*, indivíduo que sofre de cacofagia.
CA.CÓ.FA.TO, *s.m.*, som desagradável na pronúncia de duas palavras; junção de sílabas de palavras diferentes, produzindo um som desagradável.
CA.CO.FO.NI.A, *s.f.*, sons desagradáveis, conjunto de sons que machucam a audição.
CA.CO.FÔ.NI.CO, *adj.*, que tem som desagradável, que se refere a cacofonia.
CA.CO.GRA.FAR, *v.t.*, cometer erros de ortografia.
CA.CO.GRA.FI.A, *s.f.*, erro de ortografia.
CA.CO.GRÁ.FI.CO, *adj.*, relativo a cacografia.
CA.CO.GRA.FIS.MO, *s.m.*, prática da cacografia, cacografia.
CA.ÇO.ÍS.TA, *s. 2 gên.*, zombador, irônico, zombeteiro.
CA.ÇO.LE.TA, *s.f.*, pequena panela de barro; pequena quantidade de prata ou de ouro para recozimento; dispositivo das armas antigas, que, ao bater, acende a pólvora para o disparo; escorva; medalha que se usa em correntinhas ou na corrente dos relógios; *bras., pop.*, bater a caçoleta: morrer.
CA.CO.LO.GI.A, *s.f.*, erro na expressão escrita ou oral.
CA.CO.LÓ.GI.CO, *adj.*, relativo a, ou em que há cacologia.
CA.CÓ.LO.GO, *s.m.*, pessoa que comete cacologias.
CA.ÇO.NE.TE, *s.m.*, pequeno cação; caçote.
CA.CO.PA.TI.A, *s.f.*, dor maligna; doença do mau caráter.
CA.CO.PÁ.TI.CO, *adj.*, relativo a cacopatia.
CA.ÇO.TE, *s.m.*, ver caçonete; no Nordeste, o mesmo que rã.
CA.CO.TI.MI.A, *s.f.*, em Medicina, perturbação das faculdades morais.
CAC.TÁ.CEAS, *s.f. e pl.*, em Botânica, família de plantas sem folhas, caule grosso para reserva de água, com ocorrência de espinhos e floração; algumas *esp.* muito apreciadas como ornamentais.
CAC.TO, *s.m.*, cáctus, vegetal que possui espinhos no caule, crescendo sobretudo em regiões de deserto.
CA.ÇU.Á, *s.m.*, cesto feito à mão, de cipó, vime ou bambu, com tampa e alças para carregar pouca coisa e que se prende à cangalha de animais; rede de pescar em alto mar, caçoeira.
CA.ÇU.LA, *s.m.*, o mais novo entre os filhos de uma família.
CA.CU.LO, *s.m.*, o que nasceu primeiro entre gêmeos.
CA.CU.ME, *s.m.*, a parte que está no topo daquilo que termina em ponta; *var.*, cacúmen.

CA.CUN.DA, s.f., dorso, corcunda, costas tortas para a frente.
CA.DA, pron. ind., que compõe um todo; cada um; todo indivíduo.
CA.DA.FAL.SO, s.m., peça preparada para enforcar condenados, patíbulo; fig., lugar difícil.
CA.DAR.ÇO, s.m., fita ou linha de pano, cordão para amarrar os calçados.
CA.DAS.TE, s.m., em Náutica, peça da popa em que se prendem as ferragens do leme.
CA.DAS.TRA.DO, adj., elencado, fichado, organizado.
CA.DAS.TRA.GEM, s.f., ato de fazer o levantamento de cadastro ou efetuar cadastro.
CA.DAS.TRAL, adj. 2 gên., relativo a cadastro.
CA.DAS.TRA.MEN.TO, s.m., ação ou efeito de cadastrar, organização, levantamento de quantidades.
CA.DAS.TRAR, v.t., elencar, organizar, estruturar, fichar, incluir.
CA.DAS.TRO, s.m., ficha com dados, registro, ficha com os dados pessoais de uma pessoa, organização.
CA.DA.VA, s.f., conjunto dos troncos ou caules que ainda ficam de pé após as queimadas.
CA.DÁ.VER, s.m., o corpo humano após a morte; indivíduo que está mal, doente; fig., alguém com uma aparência de defunto.
CA.DA.VÉ.RI.CO, adj., referente ao cadáver, próprio do cadáver, pálido como cadáver.
CA.DA.VE.RI.ZA.ÇÃO, s.f., ação ou efeito de tornar cadáver.
CA.DA.VE.RI.ZAR, v.t., tornar cadáver, fazer morrer.
CA.DA.VE.RO.SO, adj., que é próprio do cadáver, cadavérico.
CA.DÊ, adv., corresponde: onde está?
CA.DE.A.DO, s.m., fechadura, peça metálica que se usa para trancar portas.
CA.DEI.A, s.f., corrente, corrente formada por elos metálicos; prisão, cárcere; todo conjunto de lojas, montanhas, casas comerciais; toda ação que se liga a outra e prossegue em conjunto, como as cadeias ecológicas, meteorológicas.
CA.DEI.RA, s.f., peça para a pessoa se sentar; posto para alguém, disciplina, matéria; quadril, anca.
CA.DEI.RA.DO, s.m., fila de cadeiras presas às paredes de um coro, aula, etc.; cadeiral; adj., que tem grandes ancas.
CA.DEI.RAL, s.m., o mesmo que cadeirado.
CA.DEI.RAN.TE, s. 2 gên., indivíduo que se locomove em uma cadeira com rodas.
CA.DEI.RAS, s.f. pl., quadris, ancas.
CA.DEI.REI.RO, s.m., pessoa que fabrica ou vende cadeiras; Bras., ant., pessoa que carrega cadeirinha, liteira.
CA.DEI.RU.DO, adj. e s.m., relativo a, ou pessoa ou animal que tem ancas ou quadris largos.
CA.DE.LA, s.f., cachorra, fêmea do cão; fig., prostituta, mulher de má fama.
CA.DE.NA, s.f., nó engenhoso de tirar o laço dos chifres do touro, sem perigo, em que este se acha preso; na dança, entrelaçamento dos pares.
CA.DÊN.CIA, s.f., ritmo, movimentos que se repetem em tempo igual, compasso.
CA.DEN.CI.A.DO, adj., com ritmo, ritmado, compassado.
CA.DEN.CI.AR, v.t., compassar, ritmar, impor cadência.
CA.DE.NE.TAS, s.f. e pl., bordado em ponto cadeia.
CA.DEN.TE, adj., que cai, estrela cadente.
CA.DER.NE.TA, s.f., pequeno caderno, caderno para apontamentos, caderno para registros; ex., caderneta de poupança no sistema bancário.
CA.DER.NO, s.m., um conjunto de folhas grampeadas ou coladas, que servem para o aluno anotar, apontar ou escrever.
CA.DE.TE, s.m., aluno de escola militar superior do Exército ou da Aeronáutica.
CA.DI.NHO, s.m., forninho para obter calores muito altos, a fim de fundir metais; fig., purificador, momento de purificação do ser interior.
CA.DI.MES, s.m. e pl., em construção naval, tábuas do costado do navio que se arqueiam para formar o cadaste.
CA.DI.NHO, s.m., vaso em forma de cone, utilizado para se fundir nele minérios, crisol; parte de um alto-forno onde se realiza a fusão do metal.
CÁD.MIO, s.m., elemento químico com número atômico 48, usado em reatores nucleares.
CA.DU.CA.DO, adj., que passou do prazo, fora do prazo; que ficou maluco; louco.
CA.DU.CAN.TE, adj. e s. 2 gên., que(m) caduca, decadente, que(m) está se tornando caduco.
CA.DU.CAR, v. int., passar do tempo, perder o prazo; perder a razão, o juízo.
CA.DU.CEU, s.m., vara, baquete com duas serpentes entrelaçadas, tendo asas na extremidade, como as insígnias de Mercúrio; emblema de várias profissões.
CA.DU.CI.DA.DE, s.f., qualidade do que é caduco, perda de valor devido ao prazo, estado de loucura.
CA.DU.CÍ.FE.RO, adj., que traz o emblema ou a insígnia do caduceu.
CA.DU.CO, adj., doido, amalucado, desvalorizado.
CA.DU.QUEZ, s.f., o mesmo que caducidade.
CA.DU.QUI.CE, s.f., situação de quem está caduco, loucura, perda de alguma faculdade mental.
CA.E.TÉ, s.m., designação de alguns tipos de vegetais comuns na Mata Atlântica, de muito uso em adornos, pela beleza das folhas e flores; tribo de indígenas em regiões do Norte e Nordeste do Brasil.
CA.FA.JES.TA.DA, s.f., bando de cafajestes; safadeza, cafajestice.
CA.FA.JES.TE, s.m., indivíduo sem princípios morais nem escrúpulos.
CA.FA.JES.TI.CE, s.f., ação de cafajeste, safadeza, desonestidade.
CA.FAN.GA, s.f., fingimento com desdém daquilo que se deseja; embuste; defeito, melindre.
CA.FAN.GAR, v.int., observar defeitos em pessoas que não os têm; maldizer, zombar.
CA.FAN.GO.SO, adj., cheio de cafangas, defeitos ou baldas.
CA.FAR.NA.UM, s.m., lugar em que ocorrem tumultos e desordens; lugar bagunçado onde se guardam objetos velhos; cafundó.
CA.FAR.RO, s.m., tributo que se cobrava (dos árabes) na Terra Santa.
CA.FÉ, s.m., fruto do cafeeiro, infusão que se obtém com o pó de café, água quente e açúcar; desjejum; lanche; lugar próprio para o comércio da bebida pronta.
CA.FE.AL, s.m., cafezal.
CA.FÉ-CON.CER.TO, s.m., local público, no qual as pessoas tomam café, comem e ouvem músicas ao vivo.
CA.FÉ COM LEI.TE, s.m., a cor do café misturada com leite; tipo de política praticada antigamente, entre Minas e São Paulo.
CA.FÉ-CO.LO.NI.AL, s.m., nas regiões de colonização alemã e italiana, é um café com muitos salgados, como linguiças,

morcelas, queijos, presuntos e pães caseiros.
CA.FÉ DA MA.NHÃ, s.m., primeira refeição do dia; o desjejum; colação.
CA.FE.DÓ.RIO, s.m., pop., café malfeito, aguado e sem sabor.
CA.FE.EI.RAL, s.m., plantação de cafeeiros.
CA.FE.EI.RO, s.m., Bot., arbusto da família das Rubiáceas, que produz os grãos do café; cafezeiro.
CA.FE.I.CO, adj., diz-se de um ácido extraído do café.
CA.FE.I.CUL.TOR, s.m., a pessoa que planta café, quem cultiva café.
CA.FE.I.CUL.TU.RA, s.f., cultura do café, cultivo de café.
CA.FE.I.DI.NA, s.f., em Química, alcaloide que se obtém da cafeína.
CA.FE.Í.NA, s.f., essência existente no café e em outros produtos.
CA.FE.I.NA.DO, adj., diz-se do que se adicionou cafeína.
CA.FE.I.NAR, v.t., adicionar cafeína a.
CA.FE.O.CRA.CI.A, s.f., governo ou influência poderosa dos proprietários dos grandes cafezais.
CA.FE.O.NA, s.f., princípio atribuído ao aroma do café torrado.
CA.FE.TÃ, s.f., túnica larga, usada por alguns povos árabes.
CA.FE.TÃO, s.m., indivíduo que vive às custas de mulheres.
CA.FE.TEI.RA, s.f., recipiente para fazer o café ou para servi-lo.
CA.FE.TEI.RO, s.m., dono de estabelecimento que vende café; botequineiro; aquele que faz ou serve café.
CA.FE.TI.NA, s.f., mulher que vive da exploração sexual de outras mulheres.
CA.FE.ZAL, s.m., plantação de cafeeiros.
CA.FE.ZEI.RO, s.m., cafeeiro, pé de café.
CA.FE.ZI.NHO, s.m., pequeno café; café em recipientes pequenos.
CA.FE.ZIS.TA, adj. 2 gên. e s. 2 gên., que ou aquele que gosta muito de café; plantador ou negociante de café.
CA.FI.FA, s.f., amolação, implicância; azar; pipa (brinquedo); s. 2 gên., pessoa azarada no jogo.
CA.FI.FAR, v.t., dar má sorte (no jogo); encafifar.
CA.FI.FE, s.m., série de contrariedades; frequentes derrotas; achaque; doença que traz desânimo; certo inseto denominado popularmente de piolho-de-galinha, var., cafinfim.
CA.FI.FEN.TO, adj., que tem má sorte no jogo; que fica encafifado com facilidade.
CÁ.FI.LA, s.f., grupo de camelos; coletivo para uma caravana de camelos.
CA.FIN.FIM, s.m., pop., piolho-de-galinha; membro de facção política.
CA.FI.O.TE, s.m., mala ou baú velho.
CA.FI.O.TO, s.m., adepto da macumba; macumbeiro.
CA.FO.FA, s.f., comida preparada com carne seca frita e farinha de mandioca.
CA.FO.FO, s.m., pop., lugar simples e pobre em que se mora, mas agradável; morada; esconderijo; poço de ascensor; entrada entre pedras; cavidade para alicerce de construção.
CA.FO.NA, s. 2 gên., tipo que não sabe se vestir, que não conhece a etiqueta.
CA.FO.NI.CE, s.f., qualidade de quem é cafona; gestos de cafona.
CA.FRE, adj. 2 gên. e s. 2 gên., do ou relativo a, ou indivíduo pertencente a algumas populações bantas da África do Sul, a Cafraria; pej., rude, ignorante, cruel.
CA.FRI.CE, s.f., ação própria de cafres, crueldade, barbaridade.
CA.FRI.NO, adj., cafre, bárbaro, cruel.
CAF.TA, s.f., em Culinária, iguaria de origem árabe, tipo de almôndega assada, feita de carne moída com farinha de trigo e condimentada com temperos diversos.
CÁF.TEN, s.m., cafetão.
CAF.TI.NAR, v.int., exercer o lenocínio; alcovitar.
CA.FU.A, s.f., cova, buraco, lugar escuro e isolado, local para deixar alguém de castigo; cafundó.
CA.FU.LE.TA, s.f., nas jangadas, caixa de madeira com tampa de couro; vasilha de madeira com que se mede a ração de farinha nas baleeiras.
CA.FUN.DÓ, s.m., lugar muito afastado de tudo, lugarejo, lugar distante, cafua.
CA.FU.NÉ, s.m., carícia, carinho, coçar a cabeça de alguém para adormecê-lo.
CA.FUN.GAR, v.int. e v.t., fungar para sentir o olfato (de algo); fig. fuçar; investigar, fuçar; cheirar.
CA.FUR.NA, s.f., o mesmo que cafua.
CA.FU.ZO, s.m., cafuz, filho de negro com índio.
CA.GA.ÇO, s.m., grande susto, pavor, terror.
CA.GA.DA, s.f., ch., ato de defecar, fig., coisa malfeita, lambança; golpe de sorte.
CÁ.GA.DO, s.m., Zool., nome genérico de vários répteis quelônios, tartarugas de água doce.
CA.GA.DO, adj., cheio de fezes, defecado; fig., chulo, azarado, complicado.
CA.GA.NEI.RA, s.f., pop., diarreia.
CA.GÃO, s.m., quem defeca muito ou está com diarreia; quem é medroso, tipo muito medroso.
CA.GAR, v.int., v.t. e v.pron., evacuar; defecar; expelir pelo ânus; sujar(-se); gír., fracassar.
CAI.A.ÇÃO, s.f., ação ou efeito de caiar.
CAI.A.DO, adj., que se caiou, alvejado; fig., dissimulado, disfarçado.
CAI.A.DOR, adj. e s.m., que ou aquele que caia.
CAI.A.DU.RA, s.f., ação de caiar, caiação, caiadela; revestimento de cal; branqueamento (da pele) por algum cosmético.
CAI.AM.BO.LA, s.m., quilombola.
CAI.A.NA, s.f., tipo de cana-de-açúcar, originária de Caiena (Guiana Francesa).
CAI.A.PÓ, adj. 2 gên., do ou relativo aos caiapós; s. 2 gên., indígena pertencente a um dos grupos caiapós dos Estados de MT e PA; s.m., língua falada pelos caiapós; s.f., em Zoologia, ver saúva.
CAI.A.QUE, s.m., caíque, pequeno bote para esporte, barco esquimó feito com ossos de baleia.
CAI.A.ÇÃO, s.f., ação ou efeito de caiar, pintura em parede para dar a cor branca.
CAI.AR, v.t., passar cal, tornar branco, branquear.
CAI.AU.É, s.m., tipo de palmeira que dá um óleo semelhante ao dendê; dendezeiro-do-pará.
CAI.BO, s.m., pop., lugar ou espaço onde se cabe.
CÃI.BRA, s.f., quando um músculo se contrai, provocando dor.
CAI.BRA.MEN.TO, s.m., ato de caibrar, conjunto dos caibros de um telhado.
CAI.BRAR, v.t., pôr caibros em; fixar ou escorar com caibros.
CAI.BRO, s.m., uma tira de madeira, usada para pôr as telhas nas casas ou prender assoalho.
CAI.CAI, s.m., veículo com que são transportadas aves, hortaliças, etc.; nome de uma rede de pesca.

CAI.ÇA.RA, s.f., cerca construída com varas; habitante de beira-mar que vive da pesca.
CA.Í.CO, s.m., peixe miúdo, seco e salgado; pequena embarcação de fundo chato, com duas proas.
CA.Í.DA, s.f., tombo, queda.
CA.I.DEI.RO, adj., caduco (que se diz de certos frutos que caem do pé).
CA.I.DI.ÇO, adj., que cai muito, que tem propensão a quedas; caduco; caideiro.
CA.Í.DO, adj., que caiu; derrubado; decaido, abatido, triste; combalido; que está enamorado; s.m. e pl., rendimentos vencidos e não cobrados; sobras, restos.
CA.I.DOR, adj. e s.m., que ou aquilo que cai; bras., lugar em que o gado pode atravessar um rio sem se machucar ou se afogar.
CAI.EI.RA, s.f., forno para fazer cal; fábrica de cal.
CAI.EI.RO, s.m., trabalhador que fabrica a cal; servente que lhe ministra a cal.
CA.IM, s.m., mitologicamente, um dos filhos de Adão, homicida de Abel; fig., homem assassino, tipo perverso, fratricida.
CÃ.IM.BRA, s.f., cãibra.
CÃ.IM.BRO, s.m., cãibro.
CA.I.MEN.TO, s.m., tombo, queda, inclinação, tendência, pendência.
CA.IN.GAN.GUE, adj., do ou relativo aos indígenas caingangues; s. 2 gên., indivíduo pertencente aos grupos caingangues que se espalham por RS, SC, PR e SP; s.m., subgrupo linguístico destes grupos.
CAI.NHAR, v. int., som que imita a voz dos cães, gemer de dor como cão.
CA.I.NHE.ZA, s.f., qualidade de cainho, sovinice.
CA.I.NHO, adj., próprio do cão; avaro, sovina.
CAI.O.VÁ, adj. 2 gên., do ou relativo aos indígenas caiovás; s. 2 gên., indivíduo pertencente ao subgrupo dos caiovás; s.m., dialeto linguístico guarani dos caiovás.
CAI.PI.RA, s.m., capiau, matuto, caboclo, sertanejo, jeca.
CAI.PI.RA.DA, s.f., grupo de caipiras, modos de caipiras, caipirice.
CAI.PI.RI.CE, s.f., ato, dito ou modos de caipira; caipirada.
CAI.PI.RI.NHA, s.f., bebida à base de limão amassado com açúcar e gelo.
CAI.PI.RIS.MO, s.m., caipirada, caipirice.
CAI.PI.RÍS.SI.MA, s.f., gír., caipira feita com limão, gelo, açúcar e vodca.
CAI.PO.RA, s. 2 gên., figura mitológica indígena que protegia as matas; tipo azarado.
CAI.PO.RI.CE, s.f., caiporismo.
CAI.PO.RIS.MO, s.m., estado de má sorte, azar contínuo e constante.
CA.Í.QUE, s.m., pequeno barco de fundo chato para navegar em águas baixas e curtas distâncias; barco de origem oriental, com dois mastros e velas triangulares; tipo de esquife usado no Bósforo.
CA.IR, v. int., tombar, levar uma queda, parar no chão, desabar, fraquejar, descer, perder posições, perder um cargo, diminuir a fama.
CAI.RI, s.m., em Culinária, guisado de frango com sementes de abóbora, pimenta, azeite de dendê, etc.
CAI.RO.TA, s. 2 gên., habitante da cidade do Cairo, referente ao Cairo.
CAIS, s.m., a parte do porto em que os navios atracam, param, desembarcam; atracadouro.
CÁI.SER, s.m., imperador na Alemanha, forma germânica de César.
CAI.TI.TU, s.m., tipo de porco selvagem, parente do porco doméstico.
CAI.UÁ, adj. 2 gên., do ou relativo aos indígenas caiuás; s. 2 gên., indivíduo dos caiuás, do MS.
CA.Í.VA, s.f., mato ruim; tipo de planta ruim; terreno impróprio para a cultura.
CAI.XA, s.f., recipiente para colocar objetos, estojo, cofre; local em lojas e bancos onde se paga e se recebe dinheiro; s.m., livro de registros das entradas e saídas de dinheiro; s. 2 gên., funcionário de empresa ou banco, encarregado de fazer os pagamentos; caixa eletrônico, local em banco onde se pode tirar dinheiro com cartão.
CAI.XA-AL.TA, s.f., na escrita, letra grande, maiúscula; s.m., tipo com muito dinheiro.
CAI.XA-D´Á.GUA, s.f., recipiente usado nas casas, para estocar água; reservatório de água potável.
CAI.XA DE GOR.DU.RA, s.f., reservatório para reter os restos de comida, saídos da pia de cozinha, na qual se lava a louça.
CAI.XA-E.LE.TRÔ.NI.CO, s.m., computador encerrado em uma caixa metálica, que propicia aos clientes o pagamento de contas ou o saque de dinheiro pelo uso de um cartão magnético, 24 horas por dia.
CAI.XA-FOR.TE, s.f., cofre, lugar em estabelecimentos que trabalham com valores para deixá-los em segurança; segurança; indivíduo que dispõe de muito dinheiro.
CAI.XA.MA.RIM, s.m., barco de dois mastros, próprio para a cabotagem.
CAI.XÃO, s.m., caixa grande, recipiente para pôr os cadáveres, ataúde.
CAI.XA-PRE.TA, s.f., dispositivo existente nos aviões, no qual são gravadas as falas e acontecimentos, em caso de acidente; fig., algo em uma instituição, de difícil interpretação; segredos insondáveis.
CAI.XA-PRE.GOS, s.f., lugar muito afastado; cafundó.
CAI.XA.RI.A, s.f., conjunto de caixas, depósito de caixas.
CAI.XEI.RA.GEM, s.f., ofício de caixeiro.
CAI.XEI.RAR, v.int., exercer a função de vendedor em casa comercial.
CAI.XEI.RO, s.m., termo antigo para indicar o balconista, atendente em loja comercial, quem cuidava do caixa.
CAI.XEI.RO.LA, s.m., caixeiro insignificante.
CAI.XEI.RO-VI.A.JAN.TE, s.m., termo antigo que designava o representante comercial; quem viajava para vender produtos comerciais; fig., quem viaja muito.
CAI.XE.TA, s.f., caixinha, caixa pequena.
CAI.XI.LHA.RI.A, s.f., conjunto de caixilhos.
CAI.XI.LHO, s.m., moldura para vidros, quadros, aberturas.
CAI.XI.NHA, s.f., caixeta, pequena caixa; fig., pop., gorjeta, caixa comum para divisão num grupo.
CAI.XO.LA, s.f., caixinha, caixa pequena.
CAI.XO.TA.RI.A, s.f., conjunto de caixotes; lugar ou estabelecimento em que se fazem caixotes.
CAI.XO.TE, s.m., caixa pequena.
CAI.XO.TEI.RO, s.m., pessoa que constrói caixas ou caixotes.
CAI.XO.TIM, s.m., cada uma das divisórias das caixas tipográficas em que são separados os tipos (letras).
CA.JÁ, s.m., fruto do cajazeiro.
CA.JÁ, s.m., fruto da cajazeira.

CA.JA.DA.DA, *s.f.*, pancada com um cajado; paulada, bastonada, golpe com bordão.
CA.JA.DE.LA, *s.f.*, o mesmo que cajadada.
CA.JA.DO, *s.m.*, pau grosso, bordão, bengala, bastão.
CA.JA.EI.RO, *s.m.*, o mesmo que cajazeira.
CA.JA.ZEI.RA, *s.f.*, em Botânica, árvore da Amazônia (*Spondias mombin*), da fam. das anacardiáceas, que atinge uns 25 m de altura, cujo fruto é o cajá e cujas raízes, folhas, flores, frutos e sementes são de uso medicinal; cajazeiro, cajaeiro.
CA.JA.ZEI.RO, *s.m.*, ver cajazeira.
CA.JE.TI.LHA, *s.m.*, *bras.*, termo usado na roça para janota.
CA.JU, *s.m.*, em Botânica, parte comestível e carnosa do fruto do cajueiro, rica em vitamina C, usada também para fazer sucos e doces.
CA.JU.A.DA, *s.f.*, bebida feita com caju.
CA.JU.EI.RAL, *s.m.*, plantação de cajueiros, bosque de cajueiros.
CA.JU.EI.RO, *s.m.*, a árvore frutífera da fam. das anacardiáceas (*Anacardium occidentale*), que dá o caju.
CA.JU.Í, *s.m.*, pequena árvore da fam. das anacardiáceas, cujo nome popular é caju-do-campo.
CA.JU.Í.NA, *s.f.*, bebida feita com suco de caju.
CA.JU.RA.NA, *s.f.*, pequena árvore simarubácea da Amazônia; pitombeira.
CA.JU.RU, *s.m.*, limite ou entrada da mata.
CA.JU.ZEI.RO, *s.m.*, ver cajueiro.
CA.JU.ZI.NHO, *s.m.*, em Culinária, doce de chocolate e amendoim, em forma de caju, comum em festas de crianças.
CAL, *s.f.*, produto proveniente do óxido de cálcio (cal virgem), usado na construção e de cor branca.
CA.LA, *s.f.*, ato de estar calado, mudo; silêncio, calada; pequena enseada entre penhascos ou rochedos.
CA.LA.BAR, *s.m.*, língua falada no delta do rio Níger.
CA.LA.BOU.ÇO, *s.m.*, calabouço, prisão subterrânea, enxovia, xilindró, cadeia.
CA.LA.BRE, *s.f.*, cabo grosso de piaçaba; em Náutica, cabo grosso, amarra, amarreta.
CA.LA.BRE.AR, *v.t.*, adulterar vinhos com outros menos nobres; mudar para pior, confundir, enganar, perverter, lograr.
CA.LA.BRÊS, *adj. e s.m.*, habitante ou natural da Calábria, região ao Sul da Itália; típico dessa região.
CA.LA.BRE.SA, *adj. e s.f.*, forma feminina de calabrês; tipos de comida, pizza calabresa, linguiça calabresa, pimenta calabresa.
CA.LA.ÇA, *s.f.*, preguiça, modorra, indolência.
CA.LA.DA, *s.f.*, silêncio, grande silêncio.
CA.LA.DO, *adj.*, silencioso, que nada fala; *s.m.*, o quanto a quilha do navio penetra na água para o fundo.
CA.LA.FA.TE, *s.m.*, aquele que calafeta ou veda buracos (de embarcações); vento forte, que sopra do leste no RJ.
CA.LA.FE.TA.ÇÃO, *s.f.*, ação ou efeito de calafetar, vedação, fechamento.
CA.LA.FE.TA.DOR, *adj. e s.m.*, que ou aquele (profissional) que calafeta.
CA.LA.FE.TA.GEM, *s.f.*, ato ou efeito de calafetar, calafetação; calafetamento; p. ext., aquilo com que se calafeta.
CA.LA.FE.TA.MEN.TO, *s.m.*, calafetagem.
CA.LA.FE.TAR, *v.t.*, vedar, tapar todos os buracos, fechar completamente.
CA.LA.FE.TE.AR, *v.t.*, o mesmo que calafetar.
CA.LA.FE.TO, *s.m.*, meio ou substância com que se calafeta.
CA.LA.FRI.A.DO, *adj.*, que sente calafrios.
CA.LA.FRI.O, *s.m.*, tremura, tremidela, arrepio; arrepios na pele e no corpo, por febre ou medo.
CA.LA.MAR, *s.m.*, outro nome dado à lula.
CA.LA.MEN.TO, *s.m.*, ver cala; em Náutica, porção de cabo necessária para um barco fundear.
CA.LA.MI.DA.DE, *s.f.*, catástrofe, grande desastre público, desgraça.
CA.LA.MÍ.DEO, *adj.*, que tem forma de pena.
CA.LA.MI.FOR.ME, *adj.*, que tem forma de colmo.
CA.LA.MI.NA, *s.f.*, silicato de zinco hidratado; carbonato de zinco natural.
CA.LA.MI.TO.SO, *adj.*, danoso, que traz calamidades, azarado, prejudicial.
CÁ.LA.MO, *s.m.*, em Botânica, caule herbáceo de gramínea e outros vegetais; caniço cortado de cana com ponta para escrever; p. ext., pena (de escrita); *fig.*, Poét. flauta.
CA.LA.MO.CA.DA, *s.f.*, *pop.*, pancada na cabeça.
CA.LA.MO.CAR, *v.t.*, *pop.*, bater na cabeça; ferir.
CA.LA.MOI.DE, *adj.*, calamídeo.
CA.LAN.DRA, *s.f.*, grande máquina, hoje automatizada, para a produção de ferramentas e execução de trabalhos em gráficas e fábricas têxteis.
CA.LAN.DRA.DO, *adj.*, que se calandrou, que passou pela calandra; acetinado.
CA.LAN.DRA.GEM, *s.f.*, ato ou efeito de calandrar; alisar com a calandra.
CA.LAN.DRAR, *v.t.*, dar forma cilíndrica ou ondulada (papel, tecido, etc.) por meio da calandra.
CA.LAN.GO, *s.m.*, pequeno lagarto que vive no solo.
CA.LÃO, *s.m.*, tipo de linguagem com palavrões, palavras chulas.
CA.LAR, *v. int. e pron.*, fazer silêncio, nada dizer, fechar a boca.
CA.LA.SI.A, *s.f.*, em Oftalmologia, separação entre a córnea e a esclerótica; em Medicina, mal funcionamento que relaxa um músculo ou esfíncter.
CA.LAU, *s.m.*, em Zoologia, gênero de aves do *gên.* buceros, que ocorrem na África e Ásia, notáveis por seu bico com uma placa córnea sobre ele.
CA.LÁ.ZIO, *adj.*, em Medicina, pequeno tumor na borda da pálpebra; terçol, calaza.
CAL.CA, *s.f.*, ação de calcar.
CAL.ÇA, *s.f.*, peça de tecido que cobre a parte inferior do corpo humano.
CAL.ÇA.DA, *s.f.*, faixa lateral das ruas para a passagem dos pedestres; parte que acompanha os fundamentos da casa, a fim de evitar a entrada de água.
CAL.ÇA.DÃO, *s.m.*, *bras.*, calçada ou passeio, *ger.* em zona central ou turística, próprio para caminhadas de lazer, esportivas ou para fazer compras.
CAL.ÇA.DEI.RA, *s.f.*, peça que ajuda o ato de calçar sapatos.
CAL.ÇA.DIS.TA, *adj. 2 gên.*, relativo à indústria de calçados ou que os fabrica; *s. 2 gên.*, o que é fabricante de calçados.
CAL.ÇA.DO, *adj.*, pisado com força; esmagado; humilhado.
CAL.ÇA.DO, *adj.*, que está com sapatos; seguro; *s.m.*, sapatos, tênis.
CAL.ÇA.DOR, *adj. e s.m.*, que(m) calça, calçadeira.
CAL.CA.MEN.TO, *s.m.*, ação ou efeito de calcar, compressão, amassamento.
CAL.ÇA.MEN.TO, *s.m.*, ação ou efeito de calçar; cobrir ruas

com paralelepípedos.
CAL.CÂ.NEO, *adj.,* próprio do calcanhar, referente ao calcanhar.
CAL.CA.NHAR, *s.m.,* saliência na parte de trás do pé.
CAL.CA.NHAR DE A.QUI.LES, *s.m.,* qualquer ponto fraco, vulnerabilidade.
CAL.CA.NHEI.RA, *s.f.,* parte do calçado ou da meia, próprio para o calcanhar; dobra na parte posterior dos sapatos, a fim de que sejam calçados como chinelos.
CAL.CA.NHO, *s.m.,* calcanhar.
CAL.CAN.TE, *adj. 2 gên.,* que calca, capaz de calcar; *s.m.,* gír., sapato; calçado; pé.
CAL.CAR, *v.t.,* pisar, amassar, comprimir.
CAL.ÇÃO, *s.m.,* bermuda, calça que fica acima do joelho.
CAL.ÇAR, *v.t.,* pôr os sapatos, botas, tênis; fazer um calçamento; *s.m.,* em Botânica, prolongamento oco ou tubular que se encontra na corola ou no cálice de certas flores.
CAL.CA.RA.DO, *adj.,* dotado de calcar (substantivo).
CAL.CA.RE.NI.TO, *s.m.,* rocha do tamanho de grãos de areia formada por carbonato calcítico.
CAL.CÁ.RIO, *adj.,* próprio da cal; *s.m.,* tipo de rocha usada para retificar solos.
CAL.CA.RI.ZA.ÇÃO, *s.f.,* ato de calcarizar.
CAL.CA.RI.ZAR, *v.t.,* tornar calcário; misturar com cal.
CAL.ÇAS, *s.f., pl.,* calça, peça de vestuário que cobre a parte inferior do corpo de homens e mulheres.
CAL.CE.DÔ.NIA, *s.f.,* tipo de criptocristalina de quartzo translúcido.
CAL.CEI.FOR.ME, *adj.,* que tem forma de sapato ou chinelo.
CAL.CEI.RO, *s.m.,* fabricante de calças; parte do guarda-roupas para ajeitar as calças.
CAL.CE.TAR, *v.t.,* calçar ruas com pedras, colocar pedras nas ruas.
CAL.CEI.RO, *s.m.,* aquele que faz (alfaiate) ou fabrica calças; armação para as calças dentro de armários.
CAL.CÊS, *s.m.,* parte do mastro em que é encapelada a enxárcia real.
CAL.CE.TA, *s.f.,* argola de ferro com que se prendia um prisioneiro pelo tornozelo, ligada à sua cintura ou à argola de outro prisioneiro por corrente; p. ext., trabalho forçado do prisioneiro; *s.m.,* preso condenado a trabalhos forçados.
CAL.CE.TA.MEN.TO, *s.m.,* ação ou efeito de calcetar.
CAL.CE.TAR, *v.t.,* calçar ou pavimentar com pedras.
CAL.CE.TA.RI.A, *s.f.,* profissão de calceteiro; trabalho de calceteiro.
CAL.CE.TEI.RO, *s.m.,* quem calça ruas, quem coloca paralelepípedos.
CÁL.CI.CO, *adj.,* relativo a ou que contém cálcio; calcário.
CAL.CI.FI.CA.ÇÃO, *s.f.,* endurecimento dos ossos por excesso de cálcio.
CAL.CI.FI.CA.DO, *adj.,* sedimentado, endurecido.
CAL.CI.FI.CAR, *v.t. e pron.,* endurecer, sedimentar a cal; tornar duro e resistente.
CAL.CÍ.ME.TRO, *s.m.,* instrumento para avaliar a proporção da cal nos solos.
CAL.CI.NA.ÇÃO, *s.f.,* ação ou efeito de calcinar.
CAL.CI.NA.DO, *adj.,* queimado, aquecido, endurecido pelo calor.
CAL.CI.NAR, *v.t. e int.,* transformar em cal pelo calor, queimar; aquecer muito.
CAL.CI.NA.TÓ.RIO, *adj.,* com que se pode calcinar.

CAL.CI.NÁ.VEL, *adj.,* que se pode calcinar.
CAL.CI.NHA, *s.f.,* calcinhas, peça íntima do vestuário feminino.
CAL.CI.NO.SE, *s.f.,* em Medicina, calcificação; depósitos anormais de sais de cálcio no organismo.
CÁL.CIO, *s.m.,* elemento metálico de cor prata.
CAL.CI.O.TE.RA.PI.A, *s.f.,* uso do cálcio para curar algumas doenças.
CAL.CI.TA, *s.f.,* carbonato natural de cálcio, que se cristaliza em formato hexagonal; espato-calcário.
CAL.CI.TRAN.TE, *adj.,* recalcitrante, revoltante, revoltado.
CAL.CI.TRAR, *v. int.,* recalcitrar, revoltar-se, reclamar, não aceitar objeções.
CAL.CO, *s.m.,* desenho ou gravura por decalque.
CAL.ÇO, *s.m.,* cunha ou objeto que se coloca embaixo de um móvel para firmá-lo.
CAL.CO.GRA.FAR, *v.t.,* gravar em metal.
CAL.CO.GRA.FI.A, *s.f.,* técnica de gravação em metal (ger. cobre); gravura obtida dessa forma.
CAL.CO.GRÁ.FI.CO, *adj.,* relativo à calcografia.
CAL.CÓ.GRA.FO, *s.m.,* o que reproduz desenhos por meio do calco.
CAL.ÇO.LA, *s.f.,* no Nordeste, calcinha.
CAL.ÇO.LAS, *s.f. e pl.,* ver calçola.
CAL.CO.LÍ.TI.CO, *adj.,* que é relativo ao bronze e à pedra, conjuntamente; *s.m.,* período de transição entre o Neolítico e a Idade do Bronze.
CAL.CO.MA.NI.A, *s.f.,* o mesmo que decalcomania.
CAL.CO.TI.PI.A, *s.f.,* processo de gravar em relevo sobre cobre.
CAL.CO.TÍ.PI.CO, *adj.,* relativo à calcotipia.
CAL.ÇU.DO, *adj.,* assim se denomina o galináceo com penas nas pernas.
CAL.ÇU.DO, *adj.,* que usa calças muito compridas.
CAL.CU.LA.BI.LI.DA.DE, *s.f.,* característica do que é calculável.
CAL.CU.LA.DO, *adj.,* avaliado, medido, contado, estimado.
CAL.CU.LA.DOR, *adj. e s.m.,* que(m) calcula, contador, calculista.
CAL.CU.LA.DO.RA, *s.f.,* máquina para fazer cálculos, contas.
CAL.CU.LAN.TE, *adj.,* que calcula, que faz cálculos.
CAL.CU.LAR, *v.t.,* fazer cálculos, fazer contas, avaliar, estimar, prever.
CAL.CU.LAR, *v.int. e v.t.,* realizar cálculos (matemáticos); determinar por meio de cálculos; computar; fazer estimativa de; imaginar; conceber, supor; confiar.
CAL.CU.LÁ.VEL, *adj. 2 gên.,* que se pode calcular (risco calculável).
CAL.CU.LIS.TA, *s. 2 gên.,* quem faz cálculos; calculador, tipo que visa sempre a lucros pessoais.
CÁL.CU.LO, *s.m.,* ato de calcular, previsão de todas as variantes em qualquer previsão de dados ou objetivos; pedra nos rins, na vesícula.
CAL.CU.LO.SE, *s.f.,* formação de cálculos ou "pedras" nos rins; litíase.
CAL.CU.LO.SO, *adj.,* em Medicina, que tem cálculos ou que é produzido por cálculos.
CAL.DA, *s.f.,* açúcar dissolvido pela ação do calor.
CAL.DA.GEM, *s.f.,* ação de caldar.
CAL.DA.ÍS.MO, *s.m.,* caldeísmo.
CAL.DAR[1], *v.t.,* deitar calda de cal em.
CAL.DAR[2], *v.t.,* tornar cálido, aquecer.

CAL.DÁ.RIO, *adj.*, que se refere a águas termais.
CAL.DE.A.ÇÃO, *s.f.*, ação de caldear.
CAL.DE.A.DO, *adj.*, diz-se do ferro que passou por uma ou mais caldas, sendo em seguida batido.
CAL.DE.A.MEN.TO, *s.m.*, miscigenação, mistura de povos e raças, casamentos entre indivíduos de várias raças e povos.
CAL.DE.AR, *v.t. e int.*, aquecer qualquer substância até o ponto de liquefação; esquentar muito; misturar, tornar mestiço.
CAL.DEI.A, *adj. e s.f.*, feminino de caldeu, povo da Caldeia; região sita no atual Iraque.
CAL.DEI.RA, *s.f.*, recipiente de metal para esquentar, ferver qualquer coisa; tacho.
CAL.DEI.RA.DA, *s.f.*, conteúdo de uma caldeira; quantidade produzida por uma caldeira.
CAL.DEI.RAR, *v.t.*, meter em caldeira.
CAL.DEI.RA.RI.A, *s.f.*, oficina de caldeireiro, *fig.*, ofício de caldeireiro.
CAL.DEI.RÃO, *s.m.*, caldeira grande, panela grande para ferver líquidos.
CAL.DEI.REI.RO, *s.m.*, quem fabrica caldeiras, quem cuida de uma caldeira, quem mantém caldeiras.
CAL.DEI.RE.TA, *s.f.*, caneca para cerveja, maior que o copo mais comum.
CAL.DEI.RI.NHA, *s.f.*, caldeira pequena; pequeno pote para água benta; *bras. ant.*, copo para viagem, cantil.
CAL.DEI.RO, *s.m.*, caldeira para cozinhar; vaso com o qual se tira água dos poços; bacia usada pela segunda vez nas salinas.
CAL.DE.ÍS.MO, *s.m.*, a civilização dos caldeus, seus usos e costumes.
CAL.DEU, *adj. e s.m.*, povo da antiga Caldeia, região do atual Iraque; língua desse povo.
CAL.DO, *s.m.*, sopa, molho, substâncias líquidas na comida.
CAL.DO.SO, *adj.*, que tem muita calda; que parece calda; xaroposo.
CA.LE.ÇA, *s.f.*, caleche, carruagem própria para transportar cadáveres ao necrotério ou ao cemitério.
CA.LE.CEI.RO, *s.m.*, condutor de caleça.
CA.LE.CHE, *s.f.*, caleça.
CA.LE.FA.ÇÃO, *s.f.*, ação de calafetar, vedação, sistema de aquecimento em casas de clima mais frio, para manter uma temperatura mais elevada; aquecimento.
CA.LEI.DOS.CÓ.PIO, *s.m.*, calidoscópio, tubo em forma de cilindro revestido internamente com vidros, e no qual são colocados objetos coloridos, para formar imagens diversas; *fig.*, algo maravilhoso, imagem colorida.
CA.LE.JA.DO, *adj.*, que tem calos, experiente.
CA.LE.JA.DOR, *adj.*, que caleja.
CA.LE.JA.MEN.TO, *s.m.*, ação ou efeito de calejar; *fig.*, experiência, conhecimentos.
CA.LE.JAR, *v.t., int. e pron.*, fazer calos, machucar as mãos com o trabalho; tornar experiente.
CA.LEM.BUR, *s.m.*, trocadilho, joguete de palavras, fundado na semelhança do som, que dá lugar a equívocos.
CA.LEN.DÁ.RIO, *s.m.*, folhinha, impresso com todos os dias e meses do ano, distribuídos por mês.
CA.LEN.DA.RIS.TA, *s. 2 gên.*, pessoa que faz calendários.
CA.LEN.DA.RI.ZA.ÇÃO, *s.f.*, fixação antecipada de datas para a realização de determinados eventos ou atividades.
CA.LEN.DAS, *s.f. pl.*, entre os antigos romanos, era o primeiro dia do mês.

CA.LÊN.DU.LA, *s.f.*, planta anual que produz flores alaranjadas, e que a medicina doméstica usa para combater febres, e outros para compor perfumes.
CA.LE.TE, *s.m.*, qualidade, categoria, gênero; no Nordeste, compleição física, *ger.* grande e robusta.
CA.LHA, *s.f.*, peça com um canal pelo qual escorrem as águas da chuva.
CA.LHA.MA.ÇO, *s.m.*, livro muito grande, impresso enorme, livro com muitas páginas.
CA.LHAM.BE.QUE, *s.m.*, carro antigo, carro velho.
CA.LHAN.DRA, *s.f.*, tipo de ave cujo canto é sonoro e forte.
CA.LHAR, *v. int.*, coincidir, ser oportuno, suceder, ocorrer.
CA.LHAU, *s.m.*, pedaço de pedra, seixo, qualquer pedrinha.
CA.LHE, *s.f.*, rua estreita, viela, congosta; vereda, azinhaga, carreiro.
CA.LHOR.DA, *s. 2 gên.*, tipo safado, inescrupuloso, cafajeste, pilantra, trapaceiro.
CA.LI.BRA.ÇÃO, *s.f.*, ato ou efeito de calibrar; calibragem; em Física, correspondência entre os valores de uma grandeza física e as leituras de um instrumento em que esta grandeza é medida.
CA.LI.BRA.DO, *adj.*, regulado, preparado, que está com as medidas exatas.
CA.LI.BRA.DOR, *s.m.*, instrumento para calibrar, para dar as medidas ou pesos exatos; quem calibra pneus.
CA.LI.BRA.GEM, *s.f.*, ação ou efeito de calibrar.
CA.LI.BRAR, *v.t.*, dar o calibre, regular a pressão, colocar a quantidade exata.
CA.LI.BRE, *s.m.*, o tamanho exato, a abertura de uma arma de fogo, o diâmetro de um orifício, a dimensão de um espaço.
CA.LI.ÇA, *s.f.*, fuligem, entulho, restos de materiais de construção.
CÁ.LI.CE, *s.m.*, copo, copinho; vaso usado para a celebração da missa na Igreja Católica; parte envolvente do botão floral.
CA.LI.CI.DA, *s.m.*, substância usada para tirar calos, para eliminar calosidades.
CA.LI.CU.LA.DO, *adj.*, em Botânica, que tem calículo.
CA.LI.CI.FOR.ME, *adj.*, em forma de calículo.
CA.LI.CU.LO, *s.m.*, invólucro de pequenas brácteas na base das sépalas do cálice, formando um pequeno cálice; epicálice.
CA.LI.DEZ, *s.f.*, qualidade ou estado de cálido.
CÁ.LI.DO, *adj.*, quente, caloroso, que solta calor, fogoso, acolhedor, receptivo.
CA.LI.DOS.CÓ.PIO, *s.m.*, caleidoscópio, cilindro revestido com vidros espelhados, cheio de objetos coloridos e que, ao ser girado, produz imagens maravilhosas.
CA.LI.FA, *s.m.*, título dado a um governante muçulmano com autoridade política e religiosa.
CA.LI.FA.DO, *s.m.*, governo de um califa, no tempo e no espaço físico; sistema religioso instituído por Maomé e seguido por seus discípulos.
CA.LI.FA.SI.A, *s.f.*, a arte de falar, eloquência, facúndia, expressão oral de muito agrado para os ouvintes.
CA.LÍ.FE.RO, *adj.*, diz-se do forno em que se fabrica a cal.
CA.LI.FO.NI.A, *s.f.*, beleza da voz.
CA.LI.FOR.NI.A.NO, *adj. e s.m.*, habitante ou natural da Califórnia, relativo a esse Estado americano.
CA.LI.FÓR.NIO, *s.m.*, elemento químico artificial e radioativo, de número atômico 98, de símbolo: Cf.
CA.LI.GAN.TE, *adj. 2 gên.*, que perturba a vista; que causa vertigens.

CA.LI.GI.NO.SO, *adj.*, escuro e tenebroso; que produz sensação de visão obscurecida; *fig.*, diz-se de falta de discernimento.
CA.LI.GRA.FA.DO, *adj.*, que se caligrafou.
CA.LI.GRA.FAR, *v.t.* e *int.*, escrever à mão, segundo os padrões de harmonia e correção.
CA.LI.GRA.FI.A, *s.f.*, escrita manual, a arte de escrever à mão, escrita bela e manual.
CA.LI.GRÁ.FI.CO, *adj.*, que se refere a caligrafia.
CA.LI.GRA.FIS.TA, *s. 2 gên.*, ver calígrafo.
CA.LÍ.GRA.FO, *s.m.*, quem pratica a caligrafia.
CA.LI.GRA.MA, *s.m.*, texto (ger. poema) escrito de forma gráfica, cujas linhas ou caracteres se dispõem em forma de desenho e que tem relação com o conteúdo.
CA.LIM, *s. 2 gên.*, nome que se dá aos ciganos.
CA.LI.NA.DA, *s.f.*, dito ou comportamento de calino; tolice.
CA.LI.PÍ.GIO, *adj.*, que tem nádegas belas, que atrai os olhares pela beleza das nádegas.
CA.LIP.SO, *s.m.*, tipo de música caribenha muito viva e com sons atraentes.
CA.LIS.TA, *s. 2 gên.*, especialista no trato de calos; quem retira calos.
CÁ.LIX, *s.m.*, cálice.
CAL.MA, *s.f.*, tranquilidade, ambiente sem ventos; calmaria, serenidade, fleugma.
CAL.MAN.TE, *adj.*, que tranquiliza, acalma; *s.m.*, remédio para acalmar as pessoas.
CAL.MA.RI.A, *s.f.*, tranquilidade, serenidade, calma, ausência de ventos.
CAL.MO, *adj.*, tranquilo, sereno, quieto.
CAL.MO.SO, *adj.*, em que há calmaria; quente, abafado.
CA.LO, *s.m.*, saliência endurecida, que cresce na pele por atrito.
CA.LOM, *s.m.*, cigano do Brasil; calim.
CA.LO.MA.NI.A, *s.f.*, condição em que a pessoa superestima a própria beleza.
CA.LOM.BEN.TO, *adj.*, que tem muitos calombos.
CA.LOM.BO, *s.m.*, inchaço, protuberância, geralmente de sangue coagulado ou outro líquido; mossa.
CA.LOR, *s.m.*, temperatura alta; percepção de um corpo quente; animação, coragem, fogosidade.
CA.LO.RÃO, *s.m.*, calor muito grande, calor excessivo.
CA.LO.REN.TO, *adj.*, que sente muito o calor.
CA.LO.RI.A, *s.f.*, unidade para medir a quantidade de calor ou energia.
CA.LO.RI.CI.DA.DE, *s.f.*, faculdade que os corpos vivos têm de produzir calor.
CA.LÓ.RI.CO, *adj.*, relativo a calor ou a caloria; que tem valor energético (para um organismo vivo).
CA.LO.RÍ.FE.RO, *adj.*, que traz calor, que produz calor, calorento.
CA.LO.RI.FI.CAR, *v.t.*, comunicar calor ou caloria a.
CA.LO.RÍ.FI.CO, *adj.*, que traz calor, que produz calor; aparelho que produz calor.
CA.LO.RÍ.FU.GO, *adj.*, que evita o calor; diz-se do que não conduz o calor; antônimo: calorífero.
CA.LO.RÍ.ME.TRO, *adj.*, relativo a calorimetria ou a calorímetro.
CA.LO.RO.SA.MEN.TE, *adv.*, de modo caloroso, com calor, com ardor.
CA.LO.RO.SO, *adj.*, com muito calor; entusiasmado, receptivo, amigável; veemente; afetuoso; cordial; que tem calor ou provoca sensação de calor; cálido, quente.
CA.LO.SI.DA.DE, *s.f.*, qualidade do que é caloso; dureza calosa.
CA.LO.SO, *adj.*, que tem calos; calejado; *fig.*, que se torna insensível com o tempo.
CA.LO.TA, *s.f.*, parte de uma esfera; peça metálica que cobre a parte externa da roda de um automóvel; parte da Terra que cobre os polos.
CA.LO.TE, *s.m.*, logro, não pagar uma dívida, desonestidade.
CA.LO.TE.AR, *v.t.* e *int.*, não pagar o que deve, enganar, lograr.
CA.LO.TEI.RO, *s.m.*, enganador, quem pratica calotes, embusteiro, desonesto.
CA.LOU.RA.DA, *s.f.*, ajuntamento de calouros; o grupo dos calouros.
CA.LOU.RO, *s.m.*, aluno iniciante numa faculdade, inexperiente, neófito.
CA.LU.DA, *interj.*, expressão para obter silêncio, atenção.
CAL.PA, *s.f.*, urna funerária.
CA.LUM, *s.m.*, casta de videira; espécie de uva.
CA.LUN.DU, *s.m.*, mau humor ou irritação; irascibilidade, amuo.
CA.LUN.GA.GEM, *s.f.*, *pop.*, graçola, gracejo; vadiagem.
CA.LUN.GO, *s.m.*, *pop.*, camundongo.
CA.LÚ.NIA, *s.f.*, mentira prejudicial, dizer mal de alguém, falsificar a verdade.
CA.LU.NI.A.DO, *adj.*, difamado, falado mal, sobre quem se falsificou a verdade.
CA.LU.NI.A.DOR, *adj.* e *s.m.*, difamador, falsificador, que(m) calunia.
CA.LU.NI.AR, *v.t.*, difamar, dizer mal, falsificar algo.
CA.LU.NI.Á.VEL, *adj.*, que se pode caluniar.
CA.LU.NI.O.SO, *adj.*, que contém calúnia, cheio de calúnia.
CA.LUN.DU, *s.m.*, mau humor, irritação, estresse, nervosismo.
CAL.VA, *s.f.*, careca, parte superior da cabeça sem cabelos.
CAL.VÁ.RIO, *s.m.*, lugar onde Cristo foi crucificado; *fig.*, local de sofrimento; sofrimento.
CAL.VE.JAR, *v.t.* e *int.*, tornar calvo, tornar-se careca.
CAL.VÍ.CIE, *s.f.*, próprio de careca, sem cabelos.
CAL.VI.NIS.MO, *s.m.*, conjunto de ideias religiosas pregadas por Calvino, teólogo suíço.
CAL.VI.NIS.TA, *s. 2 gên.*, adepto de Calvino, seguidor do sistema religioso de Calvino.
CAL.VI.VA, *s.f.*, substância em que predomina o óxido de cálcio (cal virgem).
CAL.VO, *adj.*, careca, sem cabelos.
CAL.VU.RA, *s.f.*, o mesmo que calvície.
CA.MA, *s.f.*, peça para se dormir nela, leito.
CA.MA-BE.LI.CHE, *s.f.*, beliche, duas camas sobrepostas para economizar espaço.
CA.MA.CI.TA, *s.f.*, composto do ferro dos meteoros.
CA.MA.DA, *s.f.*, matéria estendida em faixas, uma sobre a outra; classe.
CA.MA DE GA.TO, *s.f.*, brincadeira de crianças, na qual se entrelaça um pedaço de barbante na ponta dos dedos; golpe, sobretudo no futebol, em que se empurra alguém sobre outro que está agachado atrás dele, a fim de derrubar o adversário.
CA.MA.FEU, *s.m.*, pedra semipreciosa com duas camadas, sendo que em uma é gravada uma figura em alto-relevo.
CA.MA.FON.GE, *s.m.*, no Nordeste, moleque travesso; indivíduo desprezível; gatuno.

CA.MAL.DU.LAS, s.f., rosário de contas grossas.
CA.MA.LE.ÃO, s.m., nome de um lagarto brasileiro que pode adaptar a própria cor à cor do ambiente, a fim de se esconder dos inimigos; pop., quem muda sempre de opinião.
CA.MAR, v.t., p. us., ver acamar.
CA.MA.RÁ, s.m., nome comum a algumas plantas da fam. das verbenáceas, como a *Lantana camara*, arbusto nativo do Brasil.
CÂ.MA.RA, s.f., cômodo, quarto; o mesmo que câmera; congresso, grupo que dirige uma associação, como a do comércio; instrumento para filmar, objeto de borracha que se enche de ar para pôr dentro dos pneus.
CÂ.MA.RA-AR.DEN.TE, s.f., ambiente onde se velam defuntos; sala para velório.
CA.MA.RA.DA, s. 2 gên., companheiro, colega; no partido comunista - companheiro de partido.
CA.MA.RA.DAR, v.t. e pron., ver acamaradar.
CA.MA.RA.DA.GEM, s.f., coleguismo, amizade, convivência entre pessoas.
CÂ.MA.RA DE AR, s.f., peça de borracha que se enche de ar para manter os pneus duros, nas bicicletas e nos pneus antigos de carro.
CÂ.MA.RA DE CO.MÉR.CIO, s.f., associação de empresas dedicadas ao comércio.
CÂ.MA.RA DI.GI.TAL, s.f., tipo de máquina fotográfica que produz fotos sem o uso de filme.
CÂ.MA.RA FRI.A, s.f., local com temperatura muito baixa, para conservar carnes e outros ingredientes.
CA.MA.RÃO, s.f., crustáceo de vários tamanhos e tipos.
CA.MA.REI.RA, s.f., aia, criada pessoal de uma dama; mulher que arruma os quartos nos hotéis, navios; arrumadeira.
CA.MA.RÁ.RIO, adj., relativo à câmara (esp. câmara legislativa).
CA.MA.REI.RO, s.m., homem que arruma quartos de hotéis, beliches de navios, atende aos hóspedes.
CA.MA.RI.LHA, s.f., bando, grupo de indivíduos que buscam proveitos próprios junto ao governo; quadrilha.
CA.MA.RIM, s.m., pequena câmara, câmara em que os artistas se aprontam.
CA.MA.RI.NHA, s.f., quarto de dormir, alcova; aposento de uso pessoal; gabinete; em Botânica, fruto da camarinheira ou da cambroeira.
CA.MA.RO.EI.RO, s.m., barco que se dedica à captura de camarão; rede para pescar camarões.
CA.MA.RO.NÊS, adj. e s.m., habitante ou natural da República dos Camarões.
CA.MA.RO.TE, s.m., alojamento para passageiros em navios, câmaras especiais nos teatros, para espectadores; pequena câmara.
CA.MAR.TE.LA.DA, s.f., pancada com camartelo.
CA.MAR.TE.LAR, v.t., bater ou destruir com camartelo.
CA.MAR.TE.LO, s.m., tipo de martelo para quebrar pedras, com forma aguda de um lado, redonda do outro.
CAM.BA.DA, s.f., conjunto de seres ou coisas ligadas entre si; fig., quadrilha, corja, grupo de malandros, súcia, matula.
CAM.BA.DE.LA, s.f., uma entortada leve, cambalhota.
CAM.BA.DO, adj., inclinado, virado, caído para um lado.
CAM.BAI.O, adj., que tem pernas tortas ou puxa por uma perna ao andar; cambado.
CAM.BAL, s.m., anteparo feito nas mós, a fim de que a farinha não se espalhe.

CAM.BA.LA.CHAR, v.int., fazer cambalacho.
CAM.BA.LA.CHEI.RO, s.m., safado, pilantra, cafajeste.
CAM.BA.LA.CHO, s.m., negócio ilícito, safadeza, tramoia, fig., mensalão.
CAM.BA.LE.AN.TE, adj. e s. 2 gên., que(m) cambaleia, vacilante, bruxoleante.
CAM.BA.LE.AR, v. int., caminhar quase caindo, caminhar como bêbado; vacilar.
CAM.BA.LEI.O, s.m., ato de cambalear; passo ou andamento inseguro.
CAM.BA.LHO.TA, s.f., pulo, salto no ar virando o corpo.
CAM.BA.LHO.TAR, v.int., dar cambalhotas.
CAM.BÃO, s.m., madeira que liga o carro ou a carroça com a parte da frente, onde se prendem os cavalos ou bois; canga para impedir algum boi de passar nas cercas.
CAM.BAR, v. int., mudar, transformar-se, virar-se.
CAM.BA.RÁ, s.m., árvore de grande porte, com flores de cor amarela.
CAM.BAU, s.m., triângulo de madeira que se coloca no pescoço de cabras e bodes para impedi-los de fugir pelas cercas.
CAM.BA.XIR.RA, s.f., cambaxilra, ave muito pequena, com peito de cor claro-amarela, que busca o néctar das flores.
CAM.BE.TA, adj. e s. 2 gên., que(m) tem pernas tortas.
CAM.BE.TE.AR, v.int., caminhar com as pernas tortas; mancar, coxear.
CAM.BI.A.ÇÃO, s.f., ato ou efeito de cambiar; troca, mudança.
CAM.BI.A.DOR, adj. e s.m., cambista, que joga com dinheiro, quem troca moedas de um país pelas de outro.
CAM.BI.A.GEM, s.f., cambiação.
CAM.BI.AL, adj., referente ao câmbio; documento do câmbio.
CAM.BI.A.LI.ZA.ÇÃO, s.f., ato de emitir papel-moeda sobre cambiais.
CAM.BI.AN.TE, adj., o que cambia, o que muda, o que se transforma.
CAM.BI.AR, v.t., mudar, transformar, trocar.
CAM.BI.Á.RIO, adj., próprio do câmbio, relativo aos negócios de câmbio, negócios com títulos.
CAM.BI.CHO, s.m., rabicho (paixão amorosa); coisa torta, desajeitada.
CÂM.BIO, s.m., troca de moedas de países; negócio com troca de moedas; no carro, mecanismo para cambiar as marchas manuais.
CAM.BIS.MO, s.m., influência do câmbio nas relações comerciais; operações de câmbio financeiro.
CAM.BIS.TA, s.m., cambiador, quem negocia com o câmbio.
CAM.BI.TEI.RO, s.m., no Nordeste, indivíduo que leva pequenas cargas em cambitos nos lombos dos animais.
CAM.BI.TO, s.m., tanto na mulher como no homem, a perna fina; pernil de suíno; galho fino, bifurcado, no qual se dependuram lenha e molhos à cangalha de cavalo, burro ou boi.
CAM.BO, adj., cambaio, toroto; s.m., cambada, súcia; vara (com ou sem gancho na ponta) usada para sacudir ou apanhar frutas.
CAM.BO.JA.NO, adj. e s.m., habitante ou natural do Camboja.
CAM.BO.NA, s.f., no Sul, tipo de panela ou marmita com que se preparam mate, chá, café; chaleira improvisada que se usa em viagem; em Náutica, mudança rápida na direção das velas; gír., tapa, bofetada.
CAM.BO.TA, s.f., em Arquitetura, molde ou suporte de madeira, arqueado, para dar forma a arcos e abóbadas; certas peças, ger. de madeira, que possuem forma arqueada,

CAMBRAIA ··· 182 ··· CAMONIANO

us. na carpintaria, construção, etc.; *adj. 2 gén.* e *s. 2 gén.*, que tem as pernas tortas, que manca, cambaio.

CAM.BRAI.A, *s.f.,* tipo de tecido fino; pode ser de linho ou algodão.

CAM.BRI.A.NO, *adj.,* em Geologia, relativo ao primeiro período da Era Paleozoica, quando deu-se o desenvolvimento dos animais invertebrados; *s.m.,* esse período.

CÂM.BRI.CO, *adj.,* em Geologia, ver cambriano; relativo ao País de Gales; *s.m.* o idioma céltico.

CAM.BU.CÁ, *s.m.,* árvore frutífera, cujo fruto de cor amarela tem um sabor especial.

CAM.BU.CA.ZEI.RO, *s.m.,* a árvore que produz o cambucá.

CAM.BU.CI, *s.m.,* arvoreta da fam. das mirtáceas (*Campomanesia phaea*), oriunda do Brasil, de flores brancas e frutos comestíveis, utilizados principalmente para suco; o fruto dessa árvore.

CAM.BU.DO, *adj.,* adunco.

CAM.BU.EI.RO, *s.m.,* no Nordeste, vento tempestuoso que sopra do Sul.

CAM.BU.Í, *s.m.,* nome a várias árvores e arvoretas pertencentes à fam. das mirtáceas; fruto dessa planta.

CAM.BU.I.ZAL, *s.m.,* mata de cambuís.

CAM.BU.LHA.DA, *s.f.,* acervo de objetos, muitas coisas; cambada.

CAM.BU.LHO, *s.m.,* pequena rodela de barro, com um orifício ao centro, us. por pescadores para fundearem as redes.

CAM.BU.QUI.RA, *s.f.,* no Sul, broto da aboboreira; em Culinária, brotos de aboboreira, os quais se comem guisados com outras ervas ou como acompanhamento.

CAM.BU.TA, *s. 2 gén.,* pessoa cambaia; pessoa enfezada; pessoa raquítica, mal nutrida.

CA.ME.LA.DA, *s.f.,* ajuntamento de camelos.

CA.ME.LAR, *v.int.,* trabalhar muito duro; mourejar.

CA.ME.LEI.RO, *s.m.,* quem guia camelos, condutor de camelos, guia de camelos.

CA.MÉ.LIA, *s.f.,* arbusto que produz flores brancas, rosa e mescladas com aroma suave; ornamento dos jardins.

CA.ME.LÍ.DEOS, *s.m., pl.,* família de mamíferos que conta com os seguintes animais: camelos, dromedários, lhamas, vicunhas e guanacos.

CA.ME.LI.CE, *s.f.,* tolice, asneira, bobagem.

CA.ME.LI.FOR.ME, *adj.,* semelhante ao camelo.

CA.ME.LI.NO, *adj.,* relativo a camelo.

CA.ME.LO, *s.f.,* mamífero da família dos camelídeos; ruminante usado nos desertos, com duas corcovas; *fig.,* indivíduo ignorante, tolo.

CA.ME.LÔ, *s.m.,* alguém que vende artigos em barracas pelas ruas.

CA.ME.LÓ.RIO, *adj.,* que se refere ou pertence a camelo.

CA.ME.LO.TE, *s.m., gír.,* espólio.

CA.ME.NA, *s.f.,* o mesmo que musa.

CÂ.ME.RA, *s.f.,* câmara; *s. 2 gén.,* indivíduo que maneja a câmara; quem filma para televisão ou cinema.

CA.ME.RAL, *adj. 2 gén.,* relativo ou pertencente a câmara ou câmera.

CA.ME.RA.TA, *s.f.,* em Música, grupo musical de poucos integrantes, especializado em executar composições escritas para o gênero música de câmara; o concerto desse grupo musical.

CA.ME.RIS.TA, *adj. 2 gén.* e *s. 2 gén.,* diz-se de, ou aquele que executa músicas de câmara.

CA.MÈ.RÍS.TI.CO, *adj.,* relativo à música de câmara.

CA.MER.LEN.GO, *s.m.,* título que se dá ao cardeal que substitui o papa quando este falece, até a eleição de um novo.

CA.MI.ÃO, *s.m.,* o mesmo que caminhão.

CA.MI.CA.SE, *s.m.,* em História, piloto da força aérea japonesa que fazia ataques suicidas às armadas de nações inimigas, na Segunda Guerra Mundial; avião dessa força aérea carregado de explosivos.

CA.MI.LHA, *s.f.,* pequena cama; encosto para a sesta.

CA.MI.NHA.DA, *s.f.,* ato de caminhar, o que se anda num dia, jornada.

CA.MI.NHA.DOR, *adj.* e *s.m.,* caminhante, que(m) caminha, andador, andejo.

CA.MI.NHAN.TE, *s. 2 gén.,* quem caminha, pedestre, passante, transeunte, andarilho.

CA.MI.NHÃO, *s.m.,* um veículo grande para transportar cargas.

CA.MI.NHAR, *v. int.,* andar, locomover-se com os pés.

CA.MI.NHEI.RO, *s.m.,* quem caminha, caminhante, peregrino, andarilho.

CA.MI.NHO, *s.m.,* estrada, faixa para locomoção; rumo, direção, destino, vida.

CA.MI.NHO.NEI.RO, *s.m.,* motorista de caminhão, profissional do caminhão.

CA.MI.NHO.NE.TE, *s.f.,* caminhão pequeno, veículo para passageiros e com dispositivo para cargas; caminhoneta, camioneta.

CA.MI.NO.LO.GI.A, *s.f.,* tratado de construção das chaminés.

CA.MI.O.NEI.RO, *s.m.,* motorista de caminhão, caminhoneiro.

CA.MI.O.NE.TA, *s.f.,* caminhão pequeno, carro mais alto e com motor mais forte.

CA.MI.SA, *s.f.,* peça do vestuário para cobrir o tronco humano; peça que se incendeia no lampião a gás.

CA.MI.SA DE FOR.ÇA, *s.f.,* peça especial, semelhante à camisa; feita com tecido forte, para segurar os braços de uma pessoa em algum acesso de loucura; *fig.,* toda maneira ou objeto para impedir alguém de fazer atos voluntários.

CA.MI.SA DE VÊ.NUS, *s.f.,* invólucro feito de látex, usado nas relações sexuais para evitar a gravidez ou as doenças venéreas; camisinha; preservativo.

CA.MI.SA.RI.A, *s.f.,* fábrica de camisas ou loja que vende camisas.

CA.MI.SEI.RA, *s.f.,* costureira ou vendedora de camisas; camiseiro.

CA.MI.SEI.RO, *s.m.,* quem fabrica camisas; parte do guarda-roupas para colocar as camisas.

CA.MI.SE.TA, *s.f.,* pequena camisa, camisa de malha com mangas curtas.

CA.MI.SE.TE, *s.f.,* camiseta feminina com mangas curtas e ajustada ao corpo, com relevos no tecido.

CA.MI.SI.NHA, *s.f.,* preservativo usado na relação sexual; camisa de vênus.

CA.MI.SO.LA, *s.f.,* pequena camisa, veste longa do vestuário feminino, usada para dormir.

CA.MI.SO.LÃO, *s.m.,* camisola feminina comprida, us. ger. para dormir; veste us. por pacientes em determinados exames.

CA.MO.MI.LA, *s.f.,* erva de cunho medicinal, com cujas folhas são feitas infusões para curar várias enfermidades; usada também para banhos contra a friagem.

CA.MO.NI.A.NO, *adj.,* que se refere a Luiz Vaz de Camões, o maior poeta da língua portuguesa, autor de Os Lusíadas, a grande epopeia lusa.

CA.MO.NIS.MO, *s.m.*, estudo das obras de Camões; influência literária de Camões, camonianismo.
CA.MO.NIS.TA, *adj.e s. 2 gén.*, camoniano, camonianista.
CA.MO.NO.LO.GI.A, *s.f.*, tratado acerca de Camões; estudos camonianos.
CA.MOR.RA, *s.f.*, máfia, quadrilha de bandidos com muita organização, máfia napolitana.
CA.MOR.RIS.MO, *s.m.*, organização e influência da camorra (que corrompe os meios legais).
CA.MOU.CO, *s.m.*, crosta ou côdea pedregosa.
CA.MOU.RO, *adj.*, que faz que não ouve.
CAM.PA, *s.f.*, pedra que cobre a sepultura, lousa.
CAM.PA.DOR, *s.m.*, aquele que sai à noite à procura de amores.
CAM.PA.I.NHA, *s.f.*, sino pequeno, instrumento para avisar, chamar pessoas.
CAM.PAL, *adj.*, relativo ao campo, ao ar livre.
CAM.PA.NA, *s.f.*, sino, campainha; *expron.*, fazer campana - vigiar alguém para obter provas.
CAM.PA.NA.DO, *adj.*, em forma de sino; *gír.*, cercar alguém para espionar ou assaltar; var., acampanar.
CAM.PA.NAR, *v.t.*, o mesmo que acampanar.
CAM.PA.NÁ.RIO, *s.m.*, torre para pôr os sinos.
CAM.PA.NEI.RO, *adj.*, diz-se daquele que toca o sino nas igrejas; *s.m.*, tangedor de campana; sineiro.
CAM.PA.NHA, *s.f.*, grande descampado, região de campo; operações de guerra; movimento político para pedir votos; propaganda extensa.
CAM.PA.NI.FOR.ME, *adj.*, que tem forma de campana, sino.
CAM.PA.NÓ.LO.GO, *s.m.*, especialista em executar músicas em sinos e sinetas.
CAM.PA.NU.DO, *adj., s.m.*, fanfarrão, bombástico, arrogante, atrevido.
CAM.PÂ.NU.LA, *s.f.*, pequeno sino, algo com forma de sino, redoma.
CAM.PE.A.ÇÃO, *s.f.*, ato de campear; ação de percorrer os campos ou de sair à procura de gado; campeio.
CAM.PE.A.DOR, *adj.*, diz-se do indivíduo que campeia; diz-se do cavalo com que se percorre o campo com o gado.
CAM.PE.A.ÇÃO, *s.f.*, ato ou resultado de campear, de percorrer os campos (*esp.* em montaria) ou de sair à procura de gado; campeio.
CAM.PE.A.DOR, *adj.*, diz-se de pessoa que campeia; campeiro.
CAM.PE.ÃO, *s.m.*, vencedor, quem ganhou uma competição.
CAM.PE.AR, *v.t., int. e pron.*, buscar, procurar; andar pelo campo atrás de animais fugidos.
CAM.PE.CHE, *s.m.*, em Botânica, árvore da fam. das leguminosas, subfam. das cesalpináceas (*Haematoxylon campechianum*), originárias da América Central; pau-campeche.
CAM.PEI.RO, *adj. e s.m.*, referente ao campo, quem vive no campo, próprio do campo.
CAM.PE.NO.MI.A, *s.f.*, parte da gramática que trata da flexão das palavras gênero (número, grau, flexão verbal); camptologia.
CAM.PE.O.NA.TO, *s.m.*, prova, torneio, disputa entre vários para ver quem é o melhor em determinada modalidade esportiva.
CAM.PE.SI.NA.TO, *s.m.*, grupo social formado por camponeses, por pequenos proprietários de terras e trabalhadores rurais.
CAM.PE.SI.NO, *adj.*, campestre, campesinho, referente ao campo, próprio do campo.
CAM.PES.TRE, *adj.*, referente ao campo, rural, campesino, do interior.
CAM.PI.ME.TRI.A, *s.f.*, em Medicina, exame realizado que analisa a percepção do campo visual; perimetria.
CAM.PÍ.ME.TRO, *s.m.*, instrumento com que se mede a extensão do campo visual.
CAM.PI.NA, *s.f.*, várzea, planície grande, campo com poucas árvores e plano.
CAM.PI.NEI.RO, *adj. e s.m.*, natural ou habitante de Campinas, SC.
CAMPING, *s.m.*, esporte que consiste em se acampar ao ar livre, em barracas; lugar próprio para acampar.
CAM.PIS.MO, *s.m.*, ação de acampar, ato de se abrigar em barracas, na natureza.
CAM.PIS.TA, *s. 2 gén.*, indivíduo que gosta de acampar, quem aprecia a prática de acampar; morador ou natural da cidade de Campos (RJ).
CAM.PO, *s.m.*, grande área de terra desmatada, interior; áreas de terra para criação de gado; local em que se realizam competições esportivas; a perspectiva de trabalho que uma pessoa possui para agir, estudar ou trabalhar.
CAM.PO-GRAN.DEN.SE, *adj. e s. 2 gén.*, habitante ou natural de Campo Grande.
CAM.PO.NÊS, *s.m.*, morador do campo, colono, tipo rude.
CAM.PÔ.NIO, *s.m.*, camponês, quem mora no campo, habitante do interior; *fig.*, matuto.
CAM.PO-SAN.TO, *s.m.*, cemitério.
CAM.PO.SO, *adj.*, amplo, campero.
CAM.PUS, *s.m.*, área na qual se encontram as instalações (prédios, laboratórios, etc.) e terrenos de uma universidade.
CA.MU.FLA.DO, *adj.*, disfarçado, escondido, simulado.
CA.MU.FLA.GEM, *s.f.*, disfarce, engano, ato ou efeito de camuflar, simulação.
CA.MU.FLAR, *v.t.*, disfarçar, ludibriar, esconder, simular.
CA.MUN.DON.GO, *s.m.*, pequeno rato, ratinho, pequeno roedor.
CA.MUR.ÇA, *s.f.*, animal caprino dos montes europeus; o couro dele, para usos gerais de vestimentas; tipo de tecido.
CA.MUR.ÇA.DO, *adj.*, ver acamurçado.
CA.MUR.CI.NA, *s.f.*, pano que lembra a camurça.
CA.MU.TAN.GA, *s.f.*, papagaio típico de algumas florestas brasileiras; o mesmo que acumatanga.
CA.NA, *s.f.*, tronco de certos vegetais com gomos; *pop.*, cadeia, cachaça.
CA.NÁ.BIS, *s.f. 2 n.*, em Botânica, planta da fam. das canabáceas (*Cannabis sativa*), originária da Ásia Central, conhecida como cânhamo ou maconha; cânabe.
CA.NA.BIS.MO, *s.m.*, intoxicação por fumo ou ingestão de folhas de cânabis ou por haxixe.
CA.NA-DE-A.ÇÚ.CAR, *s.f.*, planta da família das gramíneas, cultivada para extrair açúcar, álcool, aguardente.
CA.NA-DE-CHEI.RO, *s.f.*, gramínea de odor forte, usada para chás contra vários males; capim-limão.
CA.NA-DO.CE, *s.f.*, em Botânica, nome dado também à cana-de-açúcar.
CA.NA.DEN.SE, *adj. e s. 2 gén.*, habitante ou natural do Canadá.
CA.NAL, *s.m.*, meio de comunicação, abertura natural ou artificial para conduzir líquidos; concessão do governo para explorar a transmissão de TV.

CANALETA •• 184 •• **CANDE**

CA.NA.LE.TA, s.f., calha, sulco, conduto para passar fios, canalzinho por onde passa água.

CA.NA.LE.TE, s.m., sulco, abertura em parede para escoar líquidos ou passar fios.

CA.NA.LHA, s. 2 gên., cafajeste, tipo inescrupuloso, vil, biltre.

CA.NA.LHA.DA, s.f., ação ou efeito de atividade de canalha; canalhice.

CA.NA.LHI.CE, s.f., típico de canalha; ação de canalha; safadeza, canalhada.

CA.NA.LHIS.MO, s.m., ação de canalha; canalhice.

CA.NA.LHO.CRA.CI.A, s.f., nome sarcástico para designar a preponderância dos canalhas.

CA.NA.LI.CU.LA.DO, adj., em Botânica, que tem canalículo.

CA.NA.LÍ.CU.LO, s.m., canal de pequeno porte.

CA.NA.LI.FOR.ME, adj., que tem forma de canal.

CA.NA.LI.ZA.ÇÃO, s.f., ação ou efeito de canalizar, conjunto de canais, colocar em canal.

CA.NA.LI.ZA.DO, adj., ligado por canal, posto em canal, direcionado.

CA.NA.LI.ZA.DOR, adj. e s.m., construtor de canais, direcionador, que liga, que transmite.

CA.NA.LI.ZAR, v.t., construir canais; encontrar-se com através de canais; ligar.

CA.NA.LI.ZÁ.VEL, adj., que pode ser canalizado: rio canalizável.

CA.NA.NEU, adj. e s.m., habitante ou natural da Cananeia, antiga região na Palestina; fem., cananeia.

CA.NA.PÉ, s.m., tipo de sofá pequeno; salgadinho oferecido em recepções, composto de pão com patê.

CA.NA.RI.CUL.TU.RA, s.f., criação de canários.

CA.NA.RI.NHO, s.m., em Ornitologia, canário de cor amarela ou amarelo-esverdeada, canário-da-terra; adj. 2 gên., bras., pop., diz-se da seleção brasileira de futebol, por ter a camisa de cor amarelo-canário.

CA.NA.RI.NO, adj., da ou próprio das ilhas Canárias; s.m., indivíduo nascido ou que vive nas ilhas Canárias; canário.

CA.NÁ.RIO, s.m., pequeno pássaro de penas amareladas, canoro e comum, canário-da-terra, canarinho, canário-do-reino.

CA.NAS.TRA, s.f., baú, mala ou cesta para carregar objetos; jogo de cartas.

CA.NAS.TRÃO, s.m. gír. - mau ator, farsante, quem representa mal o próprio papel.

CA.NAS.TREI.RO, s.m., aquele que faz ou vende canastras.

CA.NAS.TRI.CE, s.f., bras., interpretação ruim de um ator ou atriz em teatro, cinema ou televisão; p. ext., qualquer atitude ruim, incompetente ou desagradável.

CA.NA.VI.AL, s.m., plantação de cana-de-açúcar.

CA.NA.VI.EI.RO, adj., próprio da cana-de-açúcar, referente aos negócios com cana-de-açúcar.

CA.NAZ, s.m., grande cão; homem vil.

CAN.CÃ, s.m., dança de uso francês, em Paris, na qual as mulheres executam gestos com o levantamento das saias e muita rapidez.

CAN.ÇÃO, s.f., canto, modinha, poesia para ser cantada.

CAN.CE.LA, s.f., porteira, portão, entrada.

CAN.CE.LA.DO, adj., diz-se do que foi anulado, suspenso; eliminado; excluído; em Direito, diz-se de processo concluído ou no qual não se vai mais adiante; diz-se do que tem padrão semelhante a cancela; em Botânica, diz-se de folha com nervuras ou em forma de rede.

CAN.CE.LA.DU.RA, s.f., ação de cancelar; traço (riscado) com que se cancela o que está escrito.

CAN.CE.LA.MEN.TO, s.m., ação ou efeito de cancelar; ato de desmarcar, suspensão, canceladura.

CAN.CE.LAR, v.t., anular, desmarcar, tornar sem efeito algo marcado.

CAN.CE.LÁ.VEL, adj. 2 gên., que pode ser cancelado a qualquer momento.

CÂN.CER, s.m., constelação do zodíaco; trópico de Câncer, no Hemisfério Norte; nome comum de diversos tumores malignos e mortais; fig., corrupção, maldade extrema.

CAN.CE.RA.DO, adj. que tem câncer; encancerado.

CAN.CE.RAR, v.int. e pron., tornar-se ou agravar-se em câncer; apodrecer.

CAN.CE.RI.A.NO, adj., relativo ao signo de Câncer, próprio desse signo.

CAN.CE.RI.CI.DA, adj. 2 gên., diz-se de substância (medicamento ou agente) que pode destruir células cancerosas.

CAN.CE.RI.FOR.ME, adj., que tem forma de câncer, que se parece com câncer (caranguejo).

CAN.CE.RÍ.GE.NO, adj., que provoca o câncer.

CAN.CE.RI.ZA.ÇÃO, s.f., ação ou efeito de cancerizar, modificação para câncer.

CAN.CE.RI.ZAR, v.t. e pron., transformar em câncer, tornar câncer; fig., corromper muito.

CAN.CE.RO.LO.GI.A, s.f., estudo do câncer; na Medicina, o segmento que se dedica ao câncer.

CAN.CE.RO.LÓ.GI.CO, adj., relativo a cancerologia; oncológico.

CAN.CE.RO.LO.GIS.TA, s. 2 gên., especialista em cancerologia.

CAN.CE.RO.SO, adj., que padece de câncer, próprio do câncer.

CAN.CHA, s.f., local em que se realizam competições, jogos; ter cancha - saber.

CAN.CHE.A.DO, adj. e s.m., bras., no Sul, diz-se da, ou a erva-mate picada em pequenos pedaços.

CAN.CHE.A.DOR, s.m., bras., instrumento destinado a canchear (triturar) a erva-mate; exportador de cancheada.

CAN.CHE.AR, v.t., bras., no Sul, picar a erva-mate ou reduzi-la a pó.

CAN.CHEI.RO, adj., bras., que está habituado (o cavalo) a canchas; s.m., bras., pop., jogador experiente; canchudo.

CAN.CI.O.NEI.RO, s.m., livro com canções ou poesias; conjunto de canções; conjunto de poemas.

CAN.CI.O.NIS.TA, s. 2 gên., compositor de canções, poeta, quem escreve letras de música.

CAN.ÇO.NE.TA, s.f., pequena canção, poesia sutil e humorada, poema de cunho levemente satírico.

CAN.ÇO.NE.TEI.RO, s.m., coleção de cançonetas.

CAN.CRI.FOR.ME, adj., que tem forma de caranguejo; canceriforme.

CAN.CRÍ.VO.RO, adj., que come caranguejo.

CAN.CRO, s.m., câncer, moléstia na pele, ferida na pele com origem venérea.

CAN.CROI.DE, adj. 2 gên., que é semelhante ao câncer; s.m., em Medicina; tumor com grau de malignidade menor do que o de outros tipos de câncer.

CANCROSO, adj., canceroso.

CAN.DAN.GO, s.m., operário braçal; primeiros construtores de Brasília; nome dado pelos africanos aos portugueses.

CAN.DE, s.m., açúcar-cande, tipo de açúcar para a fabricação de bolos e confeitos.

CAN.DE.A.RI.A, *s.f.*, conjunto de candeeiros.

CAN.DE.EI.RO, *s.m.*, aparelho no qual se colocam líquidos inflamáveis para iluminar ambientes; lamparina, luminária.

CAN.DEI.A, *s.f.*, lamparina, pequena lâmpada, luminária a gás ou querosene.

CAN.DE.LA, *s.f.*, ver candeia.

CAN.DE.LA.BRO, *s.m.*, castiçal, peça para colocar velas para acendê-las.

CAN.DE.LÁ.RIA, *s.f.*, a festa das candeias ou da purificação de N. Senhora, celebrada em 2 de fevereiro.

CAN.DÊN.CIA, *s.f.*, estado candente.

CAN.DEN.TE, *adj.*, que queima, em chamas, em brasas, quente, calorento.

CAN.DI, *s.m.*, cande, toda guloseima à base de açúcar, guloseima açucarada.

CÂN.DI.DA, *s.f.*, nome genérico a vários fungos que causam doenças, tais como vaginite, afta, sapinho.

CAN.DI.DA.MEN.TE, *adv.*, de modo cândido, com pureza, candura, inocência.

CAN.DI.DA.TAR-SE, *v. pron.*, ser candidato, concorrer a uma posição.

CAN.DI.DA.TO, *s.m.*, quem deseja um cargo; pretendente a um cargo político por meio de eleição; pretendente.

CAN.DI.DA.TU.RA, *s.f.*, ação de candidatar-se, homologação de um candidato a algum cargo.

CAN.DI.DEZ, *s.f.*, candura, ingenuidade, brancura, pureza, candideza.

CAN.DI.DÍ.A.SE, *s.f.*, em Medicina, infecção causada por fungos do gênero *Candida*.

CÂN.DI.DO, *adj.*, puro, branco, limpo, ingênuo.

CAN.DIL, *s.m.*, pequena lâmpada; candeia; fosforescência nas águas.

CAN.DOM.BLÉ, *s.m.*, celebração religiosa de culto afro--brasileiro.

CAN.DON.GA, *s.f.*, pessoa querida, amor fingido; intriga, fofoca.

CAN.DON.GAR, *v.int.*, fazer candonga.

CAN.DOR, *s.m.*, candura, inocência, ingenuidade.

CAN.DO.RO.SO, *adj.*, em Poética, que tem candor; alvo.

CAN.DU.RA, *s.f.*, o que é cândido; candidez, pureza, brancura.

CA.NE.CA, *s.f.*, vaso com uma asa para tomar líquido.

CA.NE.CA.DA, *s.f.*, uma caneca cheia; golpe com uma caneca.

CA.NE.CO, *s.m.*, tipo de caneca; taça para campeões; vaso para certos jogos com dados.

CA.NÉ.FO.RA, *s.f.*, escultura representando uma mulher com uma cesta na cabeça.

CA.NE.LA, *s.f.*, tipo de árvore conhecida pela qualidade da madeira de lei, caneleira; parte dianteira da perna; casca aromática de uma árvore oriental, usada como condimento.

CA.NE.LA.DA, *s.f.*, batida na ou contra a canela da perna.

CA.NE.LA.DO, *adj.*, que mostra canelura, que tem forma de canelura.

CA.NE.LAR, *v.t.*, ver acanelar; nas máquinas têxteis, enrolar na canela o fio da tecelagem.

CA.NE.LEI.RA, *s.f.*, a planta de madeira chamada canela; proteção usada na canela da perna.

CA.NE.LEI.RO, *s.m.*, árvore, o mesmo que caneleira; aquele que trabalha com caneleiras de tecer; *adj.* e *s.m.*, que ou o que dá caneladas (nos jogos de futebol).

CA.NE.LI.NHA, *s.f.*, diminutivo de canela; em Botânica, nome de várias plantas da fam. das lauráceas.

CA.NE.LO.NE, *s.m.*, em Culinária, massa cozida, com recheios variados (carnes, peixes, legumes, etc.), enrolada em cilindro(s) e assada adicionando-se um molho.

CA.NE.LU.DO, *adj.*, que tem uma canela grande, que dá caneladas nos outros, que tem canela dura.

CA.NE.LU.RA, *s.f.*, estria ou risca aberta em superfície de madeira; pano, plástico.

CA.NE.MA, *s.f., bras.*, mato ruim; erva com mau cheiro, empregada em mandingas.

CA.NES.CEN.TE, *adj.*, grisalho, encanecido.

CA.NE.TA, *s.f.*, peça que se usa para escrever; caneta à tinta ou esferográfica.

CA.NE.TA.DA, *s.f.*, ato ou efeito de canetar; ato oficial burocrático.

CA.NE.TAR, *v.t.*, gír., dedurar, denunciar, destacar; multar; oficializar; validar regra ou lei com assinatura.

CA.NE.TA-TIN.TEI.RO, *s.f.*, caneta que escreve à tinta e possui um reservatório interno com tinta, ou pode ser enchida em um reservatório de tinta, o tinteiro.

CÂN.FO.RA, *s.f.*, substância branca extraída da canforeira e usada na Medicina.

CAN.FO.RA.DO, *adj.*, que tem cânfora na composição.

CAN.FO.RAR, *v.t.*, polvilhar com cânfora; alcoforar.

CAN.FO.RA.TO, *s.m.*, em Química, sal ou éster do ácido canfórico.

CAN.FO.REI.RA, *s.f.*, planta que produz a cânfora.

CAN.FÓ.RI.CO, *adj.*, em Química, que contém cânfora ou se refere a ela.

CAN.GA, *s.f.*, peça de madeira que se põe no pescoço do boi para o trabalho de tração; tira grande, de pano colorido, que as mulheres usam quando estão de roupa de praia; *fig.*, opressão, mando.

CAN.GÁ, *s.m., bras.*, Bahia, tipo de alforje.

CAN.GA.CEI.RO, *s.m.*, salteador, bandido do sertão brasileiro.

CAN.GA.ÇO, *s.m.*, estilo de vida do cangaceiro.

CAN.GA.DO, *adj.*, dominado, submetido ao mando de outrem; preso, subjugado.

CAN.GA.LHA, *s.f.*, armação usada no lombo das cavalgaduras para o transporte de cargas; *fig.*, óculos.

CAN.GA.LHA.DA, *s.f.*, mobília velha, cacareco.

CAN.GA.LHEI.RO, *adj.*, relativo a cangalha; *bras.*, diz-se de cavalgadura exclusiva para carregar carga; *s.m.*, aquele que conduz bestas com cangalhas; recoveiro.

CAN.GAM.BÁ, *s.m.*, em Zoologia, mamífero da fam. dos mustelídeos, que, quando atacado, expele um líquido malcheiroso pelas glândulas anais.

CAN.GA.PÉ, *s.m.*, pancada súbita que se aplica na barriga da perna de alguém.

CAN.GAR, *v.t.*, colocar canga em, dominar, subjugar, oprimir.

CAN.GA.RA.ÇO, *s.m., bras.*, cangaço; pedúnculo seco dos coqueiros que caem ao chão.

CAN.GI, *s.m.*, ver kangi.

CAN.GO.TE, *s.m.*, cogote, nuca, pescoço posterior.

CAN.GO.TE.AR, *v.t.*, agarrar pelo cangote ou pescoço.

CAN.GO.TU.DO, *adj.*, bras., pescoçudo, cogotudo.

CAN.GU.ÇU, *s.m.*, apelido da onça-pintada; onça.

CAN.GU.RU, *s.m.*, mamífero australiano; marsupial que se alimenta de ervas e se locomove aos pulos.

CA.NHA, *s.f.*, pop., mão esquerda; canhota.

CA.NHA.DA, *s.f.*, baixada, planura, várzea.

CÂNHAMO ·· 186 ·· CANONIZAR

CÂ.NHA.MO, *s.m.*, arbusto de cujas fibras se obtêm fios, linhas e cordas; das folhas se obtêm a maconha e o haxixe.

CA.NHA.NHA, *s. 2 gên.*, indivíduo desprovido de dentes; banguela; *adj. 2 gên.*, diz-se daquele que não tem dentes; banguela.

CA.NHÃO, *s.m.*, arma da artilharia pesada; *fig.*, tipo feio, mulher feia.

CA.NHE.NHO, *s.m.*, livro de lembranças ou de notas; caderneta; *fig.*, a memória.

CA.NHEN.GUE, *adj.*, bras., Norte, sovina.

CA.NHES.TRO, *adj.*, sem habilidades, tímido, medroso.

CA.NHO.NA.ÇO, *s.m.*, tiro de canhão, disparo com um canhão.

CA.NHO.NA.DA, *s.f.*, tiro de canhão, disparo de canhão, tiro forte e barulhento.

CA.NHO.NE.AR, *v.t.*, atirar com o canhão, bombardear com tiros de canhão.

CA.NHO.NEI.O, *s.m.*, muitos tiros de canhão, canhonada.

CA.NHO.NEI.RO, *adj.*, guarnecido de canhões; que tem artilharia.

CA.NHO.TA, *s.f.*, a mão esquerda; quem chuta com o pé esquerdo.

CA.NHO.TEI.RO, *s.m.*, que usa a mão ou perna esquerda.

CA.NHO.TIS.MO, *s.m.*, tendência natural a ter maior habilidade com o lado esquerdo do corpo.

CA.NHO.TO, *adj.*, quem possui mais habilidades com a esquerda; indivíduo inábil, desajeitado; *s.m.*, a parte esquerda de qualquer objeto; jogador que usa a perna esquerda.

CA.NI.BAL, *s. 2 gên.*, antropófago, quem se alimenta de carne humana; tipo cruel e desumano.

CA.NI.BA.LES.CO, *adj.*, próprio de canibal, referente a canibal.

CA.NI.BA.LIS.MO, *s.m.*, ato de se alimentar com carne humana; antropofagia.

CA.NI.BA.LI.ZA.ÇÃO, *s.f.*, ato ou efeito de canibalizar.

CA.NI.BA.LI.ZA.DO, *adj.*, que perdeu a civilidade, abrutalhado.

CA.NI.BA.LI.ZAR, *v.t.*, levar à prática do canibalismo; nas indústrias, desmanchar uma máquina para aproveitar as peças na reforma de outras máquinas; abrutalhar, tornar selvagem.

CA.NI.ÇA.DA, *s.f.*, grade feita de caniços para sustentação de trepadeiras.

CA.NI.ÇAL, *s.m.*, conjunto de caniços, aglomeração de caniços, juncal.

CA.NI.CI.DA, *s. 2 gên.*, aquele que mata um cão.

CA.NI.CÍ.DIO, *s.m.*, ato de matar um cão.

CA.NI.CHO, *s.m.*, cãozinho, diminutivo de cão.

CA.NÍ.CIE, *s.f.*, embranquecimento dos cabelos, cãs.

CA.NI.ÇO, *s.m.*, cana fina, usada para a pesca com anzol, vareta; *fig.*, alguém muito magro.

CA.NI.ÇO.SO, *adj.*, cheio de canaviais ou de caniçais.

CA.NÍ.CU.LA, *s.f.*, época muito quente, verão muito forte.

CA.NI.CU.LAR, *adj.*, relativo à canícula; *fig.*, abrasante, queimante, quente.

CA.NI.CUL.TOR, *s.m.*, quem cria cães, criador de cachorros.

CA.NI.CUL.TU.RA, *s.f.*, criação de cães, trabalho com cães, desenvolvimento de atividades com cães.

CA.NÍ.DEOS, *s.m., pl.*, família de animais carnívoros, como cães e outros.

CA.NÍ.FO.BO, *adj. e s.m.*, que tem horror aos cães.

CA.NI.FOR.ME, *adj. 2 gên.*, que tem forma de cana.

CA.NI.FRAZ, *s.m. e adj.*, homem magro como cão esfomeado.

CA.NIL, *s.m.*, local em que se colocam os cães; lugar para prender cães.

CA.NI.NA.NA, *s.f.*, cobra comprida, não venenosa, que aparece perto das casas, também chamada de rateira; *fig.*, pessoa enjoativa.

CA.NIN.DÉ, *s.m.*, tipo de arara com várias cores.

CA.NI.NHA, *s.f.*, pinga, cachaça, aguardente, cana.

CA.NI.NO, *adj.*, referente a cães, próprio de cachorro; dentes laterais da frente.

CÂ.NI.ON, *s.m.*, desfiladeiro profundo entre montanhas, com um rio no meio dele.

CA.NIS, *s.m.*, denominação de um gênero de canídeos, que inclui o cão, o lobo, o coiote e o chacal.

CA.NI.VE.TA.ÇO, *s.m.*, canivete grande, canivete enorme.

CA.NI.VE.TA.DA, *s.f.*, ataque com um canivete.

CA.NI.VE.TE, *s.m.*, tipo de faca que se recolhe no cabo.

CA.NI.VE.TE.AR, *v. int.*, usar o canivete, cortar com canivete.

CA.NI.VE.TEI.RO, *s.m.*, fabricante ou vendedor de canivetes.

CAN.JA, *s.f.*, sopa de frango com arroz, talharins; *fig.*, algo fácil.

CAN.JE.RÊ, *s.m.*, bruxaria.

CAN.JI.CA, *s.f.*, comida feita à base de grãos de milho, leite e açúcar; queixo alongado.

CAN.JI.CA.DA, *s.f.*, bras., festejos nas festas juninas, em que a canjica é o prato principal.

CAN.JI.QUEI.RA, *s.f.*, bras., máquina em que se prepara o milho para canjica.

CAN.JI.QUI.NHA, *s.f.*, bras., papa de milho verde, curau; milho cujo farelo é us. no preparo de alguns pratos; canjica; bras., pequeno inchaço.

CAN.JI.RÃO, *s.m.*, jarro grande, com asa, us. para vinho ou cerveja; *fig.*, indivíduo ou objeto grande e desajeitado.

CA.NO, *s.m.*, tubo, peça de metal ou plástico ou por dentro, para transporte de líquido; dar o cano - enganar; entrar pelo cano - sair-se mal.

CA.NO.A, *s.f.*, bote, embarcação pequena.

CA.NO.A.GEM, *s.f.*, esporte praticado com canoas, descendo rios encachoeirados, corredeiras.

CA.NO.A FU.RA.DA, *s.f.*, erro, engano, empreitada ruim, empreendimento fadado a quebrar.

CA.NO.EI.RO, *s.m.*, quem conduz uma canoa, quem dirige a canoa.

CA.NO.ÍS.TA, *s. 2 gên.*, aquele que pratica a canoagem.

CÂ.NON, cânone, *s.m.*, cânone, lei publicada pelo Direito Canônico da Igreja Católica; lei, dogma, norma; canção na qual um estribilho, iniciado por uma voz, é repetido pelo coral.

CA.NO.NI.CAL, *adj. 2 gên.*, relativo a cônego ou a canonicato.

CA.NO.NI.CA.TO, *s.m.*, cargo de cônego; honraria de cônego.

CA.NO.NI.CI.DA.DE, *s.f.*, qualidade ou caráter do que é canônico; autenticidade; legitimidade; veracidade.

CA.NÔ.NI.CO, *adj.*, próprio do direito da Igreja Católica; dogmático.

CA.NO.NIS.TA, *s. 2 gên.*, pessoa versada em Direito Canônico ou conhecedora dos cânones.

CA.NO.NI.ZA.ÇÃO, *s.f.*, ação ou efeito de canonizar, santificação, declarar santo.

CA.NO.NI.ZA.DO, *adj.*, santificado, declarado santo, que recebeu grandes honras, honrado.

CA.NO.NI.ZA.DOR, *adj. e s.m.*, que ou o que canoniza; glorificador; adulador.

CA.NO.NI.ZAN.TE, *adj. 2 gên.*, que canoniza.

CA.NO.NI.ZAR, *v.t.*, declarar santo; elevar uma pessoa às honras de santo.

CA.NO.NI.ZÁ.VEL, adj., que pode ser canonizado.
CA.NO.RO, adj., que canta harmoniosamente.
CAN.SA.ÇO, s.m., fadiga, resultado de trabalho, extenuação, aborrecimento.
CAN.SA.DO, adj., extenuado, fatigado; que perdeu o vigor.
CAN.SAR, v.t. e int., fatigar, aborrecer, deixar sem forças, extenuar.
CAN.SA.TI.VA.MEN.TE, adv., de modo cansativo; exaustivamente; fatigantemente.
CAN.SA.TI.VO, adj., que cansa, que deixa fatigado.
CAN.SÁ.VEL, adj., que se pode cansar; suscetível de cansaço.
CAN.SEI.RA, s.f., grande cansaço, extenuação, exaustão.
CAN.TÁ.BI.LE, adj. 2 gên., em Música, diz-se de linha melódica e suave, que se destaca num trecho musical.
CAN.TA.DA, s.f., ato ou efeito de cantar, entoar uma canção; fig., pretender seduzir pessoa do outro sexo, aliciar, assediar.
CAN.TA.DEI.RA, s.f., mulher que gosta de cantar; cantora; em Ornitologia, ave rangedeira.
CAN.TA.DE.LA, s.f., pequena canção, entonação rápida de um canto.
CAN.TA.DO, adj., entoado; fig., aliciado, seduzido.
CAN.TA.DOR, s.m., quem canta, quem entoa; cantor.
CAN.TAN.TE, adj., que canta, que emite melodias, que emite sons.
CAN.TÃO, s.m., divisão territorial como município, na Suíça.
CAN.TAR, v. int., soltar a voz, observando notas musicais e ritmo; entoar; fig., pretender seduzir alguém, aliciar, assediar.
CAN.TA.REI.RA, s.f., prateleira para pôr vasos, prateleira para vasos.
CAN.TA.RI.A, s.f., pedra cortada para usar em construção, pedra.
CAN.TA.RIS.TA, adj. 2 gên., que canta muito; s. 2 gên., cantador.
CÂN.TA.RO, s.m., vaso de barro para líquidos, jarra; ex. pron., - chover a cântaros - chover muito.
CAN.TA.RO.LA, s.f., pop., ato de cantarolar a meia-voz; cantoria.
CAN.TA.RO.LA.DO, adj., cantado suavemente, entoado baixinho.
CAN.TA.RO.LAN.TE, adj. 2 gên., que cantarola ou costuma cantarolar.
CAN.TA.RO.LAR, v.t. e int., cantar baixinho, cantar de leve.
CAN.TA.RO.LÁ.VEL, adj., que se pode cantarolar.
CAN.TA.TA, s.f., canção religiosa, parte para ser cantada por poucas vozes; poema religioso e musicado para ser cantado.
CAN.TA.TRIZ, s.f., cantora, feminino de cantor.
CAN.TÁ.VEL, adj., que se pode cantar.
CAN.TEI.RA, s.f., pedreira, local de onde são extraídas pedras.
CAN.TEI.RO, s.m., divisão no jardim ou na horta, para plantio de flores, verduras, lugar em que se situam os trabalhos para construções.
CAN.TE.LA, s.f., peça de ferro do carro de bois que aperta a camba.
CÂN.TI.CO, s.m., canto, poema.
CAN.TI.GA, s.f., poema, tipo de poema para cantar, poesia trovadoresca; fig., repetição enfadonha.
CAN.TIL, s.m., recipiente para levar líquidos.
CAN.TI.LE.NA, s.f., cantiga monótona; fig., narrativa enjoativa.
CAN.TI.LÉ.VER, s.m., em Arquitetura, viga com apenas um ponto de apoio, engastada a uma parede; suporte ou cornija semelhante a uma consola.
CAN.TIM.PLO.RA, s.f., vasilha metálica para resfriar a água;
funil para vazar vinho ou outro líquido (em tonéis); tubo comunicante para esguicho de água; regador; bueiro que se faz na base de muros.
CAN.TI.NA, s.f., tipo de lanchonete; adega; restaurante com comida à italiana.
CAN.TI.NEI.RO, s.m., quem administra uma cantina, dono de cantina, bodegueiro.
CAN.TI.NHO, s.m., pequeno canto; fig., lugar aconchegante onde se pode acomodar.
CAN.TO, s.m., voz modulada seguindo notas musicais; ponto de encontro de duas paredes na casa; ângulo; local afastado de tudo, lugar ermo.
CAN.TO.CHÃO, s.m., canto gregoriano, música religiosa, constituída por poucas notas e melodia de tons inteiros e grande suavidade.
CAN.TO DE SA.BI.Á, s.m., bras., boqueira, estomatite impetiginosa.
CAN.TO.NAL, adj., que se refere a cantão, que é próprio de um cantão.
CAN.TO.NEI.RA, s.f., peça ou prateleira que se adapta às linhas dos cantos.
CAN.TO.NI.ZA.ÇÃO, s.f., teoria separatista que visa deixar uma comunidade étnica em total isolamento político, econômico, social e administrativo.
CAN.TO.NI.ZAR, v.t., dividir em cantões.
CAN.TOR, s.m., quem canta, cantante; profissional que usa a voz para apresentar-se.
CAN.TO.RI.A, s.f., canto, concerto de cantores.
CA.NU.DO, s.m., diploma, cano grande.
CÂ.NU.LA, s.f., pequena cana, tubo fino de instrumentos de sopro, tubo fino usado para microcirurgias nos órgãos interiores do corpo humano.
CANYON, s.m., em Geologia, vale profundo e extenso, ger. com um rio na sua parte mais baixa.
CAN.ZAR.RÃO, s.m., cão enorme, cão avantajado, cão grande, aumentativo para cão.
CAN.ZIL, s.m., canga; os paus da canga para prender o pescoço do boi.
CÃO, s.m., animal doméstico, mamífero, quadrúpede da família dos canídeos; peça das armas de fogo; fig., tipo maldoso e raivento.
CA.O.LHO, s.m., zarolho, quem tem defeito na visão, vesgo, estrábico.
CAOS, s.m., situação confusa antes da formação do mundo; grande confusão.
CA.Ó.TI.CO, adj., confuso, desorganizado, disforme.
CÃO-TI.NHO.SO, s.m., demônio, satã, diabo, capeta, tibinga, lúcifer.
CA.O.TI.ZA.ÇÃO, s.f., bras., ato ou efeito de caotizar.
CA.O.TI.ZAR, v.t., bras., tornar caótico, sem sentido, sem ordem.
CA.PA, s.f., capote, agasalho contra o frio ou a chuva; tudo que envolve algo; proteção.
CA.PA.ÇÃO, s.f., ação de capar, castração.
CA.PA.CE.TE, s.m., proteção metálica para defender a cabeça.
CA.PA.CE.TE.RI.A, s.f., local onde se guardam ou consertam capacetes.
CA.PA.CHO, s.m., tapete, objeto colocado ante as portas, para limpar os pés calçados; fig., indivíduo que procura agradar aos poderosos; bajulador, tinhoso.
CA.PA.CHIS.MO, s.m., ato, comportamento ou atributo de

capacho; servilismo.
CA.PA.CHO, s.m., tapete resistente, colocado à entrada de uma casa para se limpar a sola dos calçados; *fig.*, *pej.*, pessoa servil e bajuladora.
CA.PA.CI.DA.DE, s.f., ato ou efeito de conter, de abrigar; o volume que um recipiente pode receber.
CA.PA.CÍ.ME.TRO, s.m., na Eletrônica, instrumento para medir capacitância.
CA.PA.CI.TA.ÇÃO, s.f., ato ou efeito de capacitar(-se).
CA.PA.CI.TA.DO, adj. aquele que é capaz ou que se capacitou; habilitado; apto.
CA.PA.CI.TA.DOR, s.m., aquele que capacita ou promove a capacitação; pessoa treinada em capacitar; *adj.*, diz-se do que ou de quem capacita.
CA.PA.CI.TÂN.CIA, s.f., capacidade de certos dispositivos para armazenar carga elétrica; capacidade elétrica; razão entre a energia contida em um dos dois condutores do capacitor e a diferença de potencial entre eles.
CA.PA.CI.TAR, v.t. e pron., tornar capaz, habilitar, preparar para.
CA.PA.CI.TÁ.VEL, adj., que pode ser capacitado.
CA.PA.CI.TOR, s.m., peça que retém energia elétrica.
CA.PA.DE.TE, s.m., porco novo capado para engordar.
CA.PA.DO, adj., que foi castrado, que teve os testículos retirados; s.m., eunuco, porco castrado, porco para engorda.
CA.PA.DÓ.CIO, adj., s.m., habitante ou natural da antiga Capadócia; tolo, ignorante, paspalho, canalha.
CA.PA.DOR, s.m., aquele que capa.
CA.PA.DU.RA, s.f., ação de capar; capação; capa.
CA.PA.NE.MA, s.m., *bras.*, mato ruim; formicida líquido.
CA.PAN.GA, s.m., guarda-costas; apaniguado, protetor pago por alguém; s.f., bolsa para levar documentos.
CA.PAN.GA.DA, s.f., grupo de capangas, bando de safados.
CA.PÃO, s.m., animal capado, pequeno bosque isolado no meio do campo.
CA.PAR, v.t., castrar, retirar os testículos de um macho; cortar os brotos de uma planta, como o tabaco.
CA.PA.TAZ, s.m., encarregado, feitor, quem comanda os trabalhadores.
CA.PA.TA.ZI.A, s.f., a função de um capataz, comando de capataz; *fig.*, chefe autoritário.
CA.PAZ, adj., hábil, competente, honrado; quem tem mais de 18 anos pela lei.
CAP.CI.O.SO, adj., arguto, ardiloso, malicioso, fraudulento.
CA.PE.A.DO, adj., que tem capa, encapado.
CA.PE.A.DOR, adj. e s.m., que ou aquele que capeia; toureiro, furta-capas.
CA.PE.A.MEN.TO, s.m., ação ou efeito de colocar capa, encapamento.
CA.PE.AR, v.t. e int., pôr capa em, encapar, cobrir, revestir uma superfície.
CA.PE.BA, s.m., capinha; toureiro; furta-capas.
CA.PEI.RO, s.m., aquele que veste capa nas procissões e em outras cerimônias religiosas; encarregado do guarda-roupa.
CA.PEI.RO.TE, s.m., capinha; capuz.
CA.PE.LA, s.f., construção religiosa para rezar, oratório, ermida.
CA.PE.LÃ, s.f., mulher que exerce as funções de capelania.
CA.PE.LA.NA.TO, s.m., ministério de capelão; capelania.
CA.PE.LA.NI.A, s.f., exercício de atividades em capela, assistência a grupos de soldados, doentes; cargo do capelão.
CA.PE.LÃO, s.m., padre que atende a uma capela ou dá assistência religiosa a batalhões militares, hospitais; padre.
CA.PE.LE.TE, s.m., iguaria feita de massa cortada em pequenos pasteizinhos recheados (com carne, frango, ricota ou outros) e fechados em forma de um triângulo.
CA.PE.LO, s.m., dignidade de cardeal; o chapéu usado por essa dignidade; antigo capuz de frade.
CA.PEN.GA, s. 2 gên., coxo, perneta, pessoa que anda com problemas.
CA.PEN.GAN.TE, adj., que capenga, que coxeia.
CA.PEN.GAR, v. int., coxear, andar com dificuldade, ter problemas.
CA.PEN.GUE.AR, v.int., o mesmo que capengar.
CA.PE.RO.TA.DA, s.f., guisado feito de pedaços de aves já assados.
CA.PE.TA, s.f., diabo, demônio, satanás, satã; *fig.*, pessoa muito atilada, moleque, criança espevitada.
CA.PE.TÃO, s.m., pequeno pão preparado entre os dedos, com feijão e farinha.
CA.PE.TA.GEM, s.f., ações de capeta, molecagem, diabruras.
CA.PE.TICE, s.f., *fam.*, ato de quem é travesso; diabrura; travessura.
CA.PE.TI.NHA, s. 2 gên., *pop.*, criança traquinas; diabinho.
CA.PI.AU, s.m., caipira, caboclo, tabaréu, matuto, rústico; *fem.*, capioa.
CA.PI.LA.MEN.TO, s.m., fibra muito fina; cabeladura.
CA.PI.LAR, adj., referente ao cabelo, fino como cabelo, o que é muito fino.
CA.PI.LÁ.RIA, s.f., em Botânica, nome de várias plantas de folhas flexíveis como a avenca-cabelo-de-vênus; em Zoologia, vermes nematoides da fam. dos Tricurídeos.
CA.PI.LA.RI.DA.DE, s.f., qualidade do que é capilar, grupo de vasos capilares.
CA.PI.LA.RI.ZA.DO, adj., que está espalhado como fios de cabelo; distribuído.
CA.PI.LÉ, s.m., xarope usado para fazer refresco.
CA.PI.LI.FOR.ME, adj., que tem forma de cabelo.
CA.PIM, s.m., todas as plantas usadas na alimentação dos animais, gramínea.
CA.PIM-CI.DREI.RA, s.m., capim-limão; erva-cidreira; capim-de-cheiro.
CA.PIM-GOR.DU.RA, s.m., *bras.*, em Botânica, erva (*Melinis minutiflora*) viscosa e de odor agradável da fam. das gramíneas; capim-gordo; capim-melado; caatingueiro.
CA.PIM-LI.MÃO, s.m., gramínea de odor forte, para a medicina caseira; cana-de-cheiro.
CA.PI.NA, s.f., capinagem, capinação, ação de capinar, tirar o capim e ervas.
CA.PI.NA.ÇÃO, s.f., ver capina.
CA.PI.NA.DEI.RA, s.f., máquina usada para capinar, para limpar.
CA.PI.NA.DOR, s.m. e adj., diz-se de, ou quem capina um terreno ou uma plantação.
CA.PI.NA.GEM, s.f., ato de capinar; capina; capinação.
CA.PI.NAL, s.m., *bras.*, o mesmo que capinzal.
CA.PI.NAR, v.t. e int., arrancar as ervas de uma plantação com a enxada; limpar plantas.
CA.PIN.CHO, s.m., ver capivara.
CA.PI.NEI.RO, s.m., quem capina, recolhedor de capim, cortador de capim.
CA.PIN.ZAL, s.m., porção de capim.
CA.PI.O.A, s.f., feminino de capiau, cabocla, caipira.

CA.PIS.CAR, *v.t., pop.*, perceber (uma intriga ou armadilha); entender (algo); compreender, entender.

CA.PIS.TA, *s. 2 gên.*, profissional que elabora ou faz ilustrações de capas de livros, revistas, etc.

CA.PIS.TRO, *s.m.*, tipo de atadura para a cabeça; em Zoologia, parte da cabeça das aves em volta do bico.

CA.PI.TA.ÇÃO, *s.f.*, em Direito, imposto que se paga igualmente por pessoa; quantia fixa atribuída a cada indivíduo.

CA.PI.TAL, *adj.*, essencial, fundamental; *s.m.*, sede do governo de um estado ou país; bens imóveis, posses, riquezas, valores econômicos.

CA.PI.TA.LIS.MO, *s.m.*, sistema econômico que defende os valores do capital privado e do lucro sobre os valores agregados aos produtos.

CA.PI.TA.LIS.TA, *adj.*, referente a capital; *s.m.*, indivíduo que vive do que lhe rende um capital; pessoa abastada.

CA.PI.TA.LI.ZA.ÇÃO, *s.f.*, ação ou efeito de capitalizar.

CA.PI.TA.LI.ZA.DO, *adj.*, acumulado, enriquecido, amontoado.

CA.PI.TA.LI.ZA.DOR, *adj.e s.m.*, diz-se de, ou aquele que investe capital em algo.

CA.PI.TA.LI.ZAR, *v.t.*, amontoar, acumular, tornar sempre maior o capital; enriquecer.

CA.PI.TA.LI.ZÁ.VEL, *adj.*, que pode ser capitalizado, que se enquadra na capitalização.

CA.PI.TAL.MEN.TE, *adv.*, de um modo capital; principalmente.

CA.PI.TA.NE.A.DO, *adj.*, comandado, liderado, dirigido, governado.

CA.PI.TA.NE.AR, *v.t.*, comandar, liderar, governar.

CA.PI.TA.NE.A.DOR, *adj. e s.m.*, diz-se de, ou aquele que capitaneia, comanda ou governa.

CA.PI.TA.NE.AR, *v.int. e t.*, comandar como capitão; dirigir, governar, liderar.

CA.PI.TA.NI.A, *s.f.*, exercício do cargo de capitão, comando de um porto marítimo, secção da Marinha para proceder a inspeções; a capitania hereditária - antiga doação de terras, pelo rei de Portugal, a nobres portugueses no Brasil-Colônia.

CA.PI.TA.NI.A, *s.f.*, nas esquadras antigas, o navio que comandava os demais.

CA.PI.TA.NI.A-MOR, *s.f.*, funções, jurisdição ou cargo de capitão-mor.

CA.PI.TÃO, *s.m.*, oficial do Exército, da Polícia ou da Marinha; jogador que busca entusiasmar os colegas de time.

CA.PI.TÃO-A.VI.A.DOR, *s.m.*, em Aeronáutica, na Força Aérea Brasileira, posto imediatamente superior ao de primeiro-tenente aviador; oficial que ocupa tal posto.

CA.PI.TÃO DE COR.VE.TA, *s.m.*, posto na hierarquia da Marinha, abaixo do capitão de fragata.

CA.PI.TÃO DE FRA.GA.TA, *s.m.*, posto na hierarquia da Marinha, como subcomandante do navio.

CA.PI.TÃO DE MAR E GUER.RA, *s.m.*, na Marinha do Brasil, posto imediatamente inferior ao de contra-almirante, oficial que ocupa tal posto.

CA.PI.TÃO DO MA.TO, *s.m.*, no tempo da escravatura, era o comandante dos caçadores de escravos fugidos.

CA.PI.TÃO-MOR, *s.m.*, título que recebiam os donatários de capitanias hereditárias.

CA.PI.TEL, *s.m.*, em uma coluna, a parte superior, a que está próxima ao teto; pequena construção para prestar homenagem a algum santo e orar a Deus, pedindo-lhe bênçãos.

CA.PI.татод.A, *s.f.*, capitã, termo feminino para capitão.

CA.PI.TO.LI.NO, *adv.*, do ou pertencente ao Capitólio, templo em homenagem a Júpiter (em Roma).

CA.PI.TÓ.LIO, *s.m.*, templo dedicado a Júpiter, em Roma; templo ou palácio importante de certos governos republicanos.

CA.PI.TO.SO, *adj.*, que inebria, que embriaga.

CA.PI.TU.LA.ÇÃO, *s.f.*, ato ou efeito de capitular; rendição, desistência, sujeição.

CA.PI.TU.LA.DO, *adj.*, que foi dividido em capítulos, rendido, cessado.

CA.PI.TU.LA.DOR, *adj. e s.m.*, que ou aquele que organiza capítulos; capitulante; acusador.

CA.PI.TU.LAN.TE, *adj. 2 gên.*, que tem voz em um capítulo; o que contrata capitulação; o que entrega por capitulação.

CA.PI.TU.LAR, *v. int.*, render-se, entregar-se, submeter-se, ceder; *adj.*, que se relaciona com um capítulo; *s.m.*, membro de um capítulo.

CA.PI.TU.LAR.MEN.TE, *adv.*, em capítulos, em forma de cabido.

CA.PI.TU.LÁ.VEL, *adj.*, passível de ser capitulado.

CA.PI.TU.LI.FOR.ME, *adj.*, que tem forma de capítulo; em Botânica, em forma de cabecinha.

CA.PI.TU.LO, *s.m.*, cada parte de um livro; dizeres da Bíblia; cada fase de um momento; divisões das novelas televisivas; reunião eletiva ou de eleição em ordens religiosas.

CA.PI.VA.RA, *s.f.*, animal mamífero da família dos cavídeos; o maior roedor da América do Sul.

CA.PI.XA.BA, *adj.*, espírito-santense, natural ou habitante do Espírito Santo.

CA.PÔ, *s.m.*, peça na parte anterior do carro, para cobrir o motor.

CA.PO.EI.RA, *s.f.*, pequena mata, mato crescido após a derrubada da floresta; esporte de ataque e defesa corporal.

CA.PO.EI.RA.DA, *s.f., bras.*, grupo de capoeiras.

CA.PO.EI.RA.GEM, *s.f.*, luta dos capoeiristas; modo de vida de capoeira; modo de vida de malandro, desordeiro.

CA.PO.EI.RAL, *s.m.*, área de capoeira.

CA.PO.EI.RÃO, *s.m., bras.*, capoeira muito densa e alta; capoeiraçu; capoeiruçu; homem feito; homem de idade avançada.

CA.PO.EI.RI.NHA, *s.f.*, capoeira nova, pouco espessa.

CA.PO.EI.RIS.TA, *s. 2 gên.*, pessoa que pratica a capoeira; capoeira.

CA.PO.RAL, *s.m.*, variedade de fumo, de qualidade inferior; *ant.*, antiga graduação militar equivalente a cabo.

CA.PO.TA, *s.f.*, cobertura de veículos.

CA.PO.TA.DA, *s.f.*, ver capotagem.

CA.PO.TA.DO, *adj.*, virado, tombado, caído, desnorteado.

CA.PO.TA.GEM, *s.f.*, ato de capotar, virada do carro, capotamento.

CA.PO.TA.MEN.TO, *s.m.*, tombamento, capotagem.

CA.PO.TÃO, *s.m.*, o mesmo que sobretudo.

CA.PO.TAR, *v. int.*, virar ou tombar caindo de costas; *fig.*, perder o rumo.

CA.PO.TE, *s.m.*, capa longa e grossa, para proteger contra o frio e a chuva.

CA.PO.TEI.RO, *s.m., bras.*, aquele que faz, vende ou conserta capotas de automóveis.

CAPPUCCINO, *s.m.*, bebida preparada com café e leite, aos quais se acrescentam canela, chocolate ou chantili, servido quente.

CA.PRI, *s.f.*, tipo de calça feminina de comprimento pouco abaixo dos joelhos.

CA.PRI.CHA.DO, *adj.*, esmerado, cuidado, que está bem

acabado.
CA.PRI.CHAR, *v.t.,* esmerar-se, ter muitos cuidados.
CA.PRI.CHO, *s.m.,* cuidado, zelo; teimosia, manha, extravagância.
CA.PRI.CHO.SO, *adj.,* cuidadoso, esmerado.
CA.PRI.CHO.SA.MEN.TE, *adv.,* de modo caprichoso, por capricho.
CA.PRI.COR.NI.A.NO, *adj., s.m.,* próprio do signo de Capricórnio.
CA.PRI.CÓR.NIO, *s.m.,* constelação do zodíaco; décima figura do signo do zodíaco.
CA.PRÍ.DEO, *adj.,* diz-se do que é relativo ou semelhante ao bode ou à cabra.
CA.PRI.FI.CAR, *v.t.,* picar os figos para apressar a maturação.
CA.PRI.NO, *adj.,* referente a cabras e bodes.
CA.PRI.NO.CUL.TOR, *s.m.,* aquele que cria bodes e cabras; *adj.,* em que há criação de bodes e cabras.
CA.PRO, *s.m.,* bode; *adj.,* relativo a bode ou a cabras.
CA.PRUM, *adj.,* referente a cabras e bodes.
CÁP.SU.LA, *s.f.,* invólucro para várias substâncias; cápsula espacial - pequena nave usada no espaço.
CAP.SU.LAR, *adj.,* relativo a cápsula, que apresenta forma de cápsula.
CAP.TA.ÇÃO, *s.f.,* ação ou efeito de captar, compreensão.
CAP.TA.DO, *adj.,* compreendido, assimilado, afeito.
CAP.TA.DOR, *adj. e s.m.,* que(m) capta, captador, predador, captor.
CAP.TA.GEM, *s.f.,* ato de captar ou recolher; aproveitamento de águas.
CAP.TAN.TE, *adj.,* que capta; *s. 2 gén.,* captador.
CAP.TAR, *v.t.,* compreender, assimilar; conseguir de modo ardiloso.
CAP.TA.TÓ.RIO, *adj.,* relativo a captação.
CAP.TÁ.VEL, *adj. 2 gén.,* que pode ser captado.
CAP.TOR, *s.m.,* quem capta, quem prende, quem aprisiona.
CAP.TU.RA, *s.f.,* ação ou efeito de capturar, prisão, dominação.
CAP.TU.RA.DO, *adj.,* preso, dominado, captado.
CAP.TU.RA.DOR, *adj., s.m.,* que(m) captura, prendedor, dominador.
CAP.TU.RAR, *v.t.,* prender, aprisionar, encarcerar.
CA.PU.CHA, *s.f.,* ordem da regra de São Francisco; convento dessa ordem.
CA.PU.CHAR, *v.t.,* pôr capuz ou capucha em; cobrir com capuz; *fig.,* dissimular.
CA.PU.CHI.NHA, *s.f.,* em Botânica, nome de várias plantas trepadeiras da fam. das tropaeoláceas.
CA.PU.CHI.NHO, *s.m.,* um capuz pequeno; religioso da ordem franciscana dos capuchinhos.
CA.PU.CHO, *s.m.,* frade franciscano, capuchinho; acessório de capa ou casaco que cobre a cabeça, capuz; *adj.,* que é severo no cumprimento das práticas religiosas; austero; misantropo, solitário.
CA.PU.CI.NO, *s.m.,* ver cappuccino.
CA.PU.CO, *s.m.,* sabugo de milho, batuera.
CA.PU.LHO, *s.m.,* cápsula na qual se forma o algodão; em Botânica; envoltório da flor, quando ainda em forma de botão.
CA.PUT, *s.m.,* em Ciência Jurídica, termo que designa o enunciado de um artigo de lei, com incisos e/ou parágrafos.
CA.PUZ, *s.m.,* peça de tecido que serve para proteger a cabeça.
CA.QUEN.TO, *adj.,* cheio de caca, melequento.

CA.QUEI.RA.DA, *s.f.,* muitos cacos, quantidade de cacos, conjunto de cacos.
CA.QUÉ.TI.CO, *adj.,* desnutrido, magro, magricela.
CA.QUE.XI.A, *s.f.,* em Medicina, enfraquecimento por falta de alimentos, anorexia, desnutrição.
CA.QUI, *s.m.,* fruta da planta chamada caquizeiro; fruta vermelha, doce e com pequenas sementes.
CÁ.QUI, *adj.,* cor marrom-amarelada, cor de barro.
CA.QUI.ZEI.RO, *s.m.,* árvore que produz o caqui.
CA.RA, *s.f.,* rosto, face, semblante; ter cara - atrevimento; encher a cara - embriagar-se; bater com a cara - dar-se mal, estar na cara - ter claro, evidente; *gir., s.m.,* tipo, indivíduo.
CA.RÁ, *s.m.,* planta trepadeira ou em baraços pelo chão, que produz uma batata comestível.
CA.RA.BI.NA, *s.f.,* fuzil, espingarda, arma de fogo.
CA.RA.BI.NA.DA, *s.f.,* golpe com uma carabina, pancada com a carabina.
CA.RA.BI.NEI.RO, *s.m.,* soldado que luta com a carabina, lutador, combatente.
CA.RA.CA, *s.f.,* casca de ferida, crosta de ferida sarada, secreção do nariz ressequida; *interj.,* expressa admiração, surpresa ou irritação.
CA.RA.ÇA, *s.f.,* cara grande, cara imensa e larga.
CA.RA.CA.XÁ, *s.f.,* chocalho para crianças; em Música, o mesmo que reco-reco.
CA.RA-CHA.TA, *adj. e s.m.,* diz-se de ou o caminhão de cabine frontal ou avançada.
CA.RA.COL, *s.m.,* nome de muitos moluscos terrestres.
CA.RA.CO.LAR, *v. int.,* caracolear, obrigar o cavalo a dar corcovos, mover-se em caracol.
CA.RA.CO.LE.AR, *v.int. e t.,* o mesmo que caracolar.
CA.RA.CO.LEI.RO, *s.m.,* em Botânica, caracol (trepadeira).
CA.RAC.TE.RE, *s.m.,* qualquer número, letra, símbolo ou sinal convencional us. na escrita; em Informática, unidade de código digital ASCII de controle ou símbolo especial us. em computação.
CA.RAC.TE.RES, *s.m., pl.,* tipos de letra.
CA.RAC.TE.RÍS.TI.CA, *s.f.,* traço essencial, o que distingue uma coisa da outra; *var.,* caraterística.
CA.RAC.TE.RIS.TI.CA.MEN.TE, *adv.,* de modo característico; distintamente; *var.,* caraterísticamente.
CA.RAC.TE.RÍS.TI.CO, *adj.,* típico, próprio; *var.,* caraterístico.
CA.RAC.TE.RI.ZA.ÇÃO, *s.f.,* distinção, evidência, tipificação, disfarce; *var.,* caraterização.
CA.RAC.TE.RI.ZA.DO, *adj.,* disfarçado, distinto, tipificado, evidenciado; *var.,* caraterizado.
CA.RAC.TE.RI.ZA.DOR, *adj. e s.m.,* que(m) caracteriza, tipificador, disfarçador; *var.,* caraterizador.
CA.RAC.TE.RI.ZAN.TE, *adj. 2 gén.,* que caracteriza; característico; caracterizador.
CA.RAC.TE.RI.ZAR, *v.t. e int.,* destacar o caráter, distinguir, indicar, evidenciar, tipificar, maquiar, disfarçar para representar uma personagem; *var.,* caraterizar.
CA.RAC.TE.RI.ZÁ.VEL, *adj. 2 gén.,* que se pode caracterizar; *var.,* caraterizável.
CA.RAC.TE.RO.LO.GI.A, *s.f.,* ciência que analisa as facetas do caráter humano e sua psicologia.
CA.RAC.TE.RO.LÓ.GI.CO, *adj.,* que se refere a caracterologia.
CA.RA.CU, *s.m.,* espécie bovina com pelo curto.
CA.RA DE PAU, *adj. e s. 2 gén.,* sem-vergonha, velhaco.

CA.RA.DU.RA, s. 2 gên., tipo desavergonhado, cara de pau, cínico, pilantra.
CA.RA.Í.BA, s. 2 gên., nome que os índios davam ao homem branco ou europeu; nome dado a indivíduos dos povos nativos do Caribe; s.m. coisa sobrenatural; xamã, entre os antigos tupis; adj. 2 gên., relativo ou pertencente aos caraíbas e suas línguas; s.f. em Botânica, nome dado a duas árvores borragináceas.
CA.RA.JÁ, s. 2 gên., indígena da tribo dos carajás; macaco.
CA.RA.MAN.CHÃO, s.m., construção de madeira revestida de trepadeiras.
CA.RA.MA.NHO.LA, s.f., pequena garrafa que se encaixa em um suporte preso no quadro de bicicletas.
CA.RAM.BA, interj., que exprime espanto, admiração.
CA.RAM.BO.LA, s.f., bola de bilhar; fruta da carambolaira; fruta com muito sumo e formada por arestas, como se fosse uma estrela.
CA.RAM.BO.LAR, v. int., ludibriar, enganar, fazer carambola em jogos de bilhar.
CA.RAM.BO.LEI.RA, s.f., planta que produz a carambola.
CA.RAM.BO.LEI.RO, s.m., o mesmo que carambolaira; fig., indivíduo trapaceiro, tratante; adj., diz-se desse indivíduo.
CA.RAM.BO.LI.CE, s.f., logro, engano, ludíbrio.
CA.RA.ME.LA.DO, adj., que se converteu em caramelo (calda, açúcar queimado); caramelizado; em Culinária, diz-se de doce ou fruta coberta com calda de açúcar quente, tornando-se vítrea ao esfriar; s.m., esse doce.
CA.RA.ME.LAR, v.t. e pron., cobrir com calda de caramelo.
CA.RA.ME.LEI.RO, s.m., aquele que faz confeitos e/ou outros doces à base de caramelo.
CA.RA.ME.LI.ZA.ÇÃO, s.f. transformação do açúcar em caramelo.
CA.RA.ME.LI.ZA.DO, adj., que se caramelizou; caramelado.
CA.RA.ME.LI.ZAR, v.t., o mesmo que caramelar.
CA.RA.ME.LO, s.m., açúcar queimado; bala desse tipo de açúcar.
CA.RA.ME.TA.DE, s.f., a esposa para com o marido.
CA.RA.MIN.GUÁ, s.m., bras., pop., dinheiro, ou certa quantia (indefinida) em dinheiro.
CA.RA.MIN.GUÁS, s.m., pl., dinheiro miúdo, trocados, baú; fig., pobreza.
CA.RA.MI.NHO.LAS, s.f., pl., fantasias, histórias, imaginações.
CA.RA.MU.NHA, s.f., lamúria de crianças.
CA.RA.MU.JO, s.m., tipo de molusco aquático, fechado em sua concha.
CA.RA.MU.RU, s.m., enguia, moreia.
CA.RAN.GA, s.f., bras., pop., automóvel; carango.
CA.RAN.GO, s.m., carro antigo, carro de coleção.
CA.RAN.GUE.JA.DA, s.f., prato preparado com caranguejos.
CA.RAN.GUE.JAR, v. int., andar da mesma forma que o caranguejo, vacilar.
CA.RAN.GUE.JEI.RA, s.f., nome dado a várias aranhas grandes e peludas.
CA.RAN.GUE.JEI.RO, s.m., quem recolhe caranguejos.
CA.RAN.GUE.JO, s.m., tipo de crustáceo carnívoro.
CA.RAN.GUE.JO.LA, s.f., armação pouco firme de madeira; amontoado de coisas; em Zoologia, grande crustáceo decápode semelhante ao caranguejo.
CA.RAN.TO.NHA, s.f., cara feia, máscara, cara medonha.
CA.RAN.TU.LAS, s.f., pl., imagens, figuras mágicas de bruxos.
CA.RÃO, s.m., cara grande, cara feia, cara de mau humor.
CA.RA.O.QUÊ, s.m., ver karaokê.
CA.RA.PA.ÇA, s.f., camada óssea que protege as costas das tartarugas e dos cágados.
CA.RA.PÁ.LI.DA, s. 2 gên., o homem branco (dito de modo irônico).
CA.RA.PE.TA, s.f., lorota, peta, mentirinha.
CA.RA.PE.TAR, v. int., mentir, contar carapetas.
CA.RA.PI.NA, s.f., carpinteiro com pouco treino, carpinteiro iniciante.
CA.RA.PI.NHA, s.f., cabelo crespo, típico da raça negra.
CA.RA.PI.NHA.DO, adj., diz-se de cabelo muito crespo, característico de pessoas negras.
CA.RA.PI.NHO, adj., crespo, encrespado.
CA.RA.PIN.TA.DA, s. 2 gên., pessoa que se expõe na rua, com o rosto pintado em sinal de protesto ou reivindicação.
CA.RA.PU.ÇA, s.f., tipo de boné com forma de cone, disfarce, máscara.
CA.RA.PU.CEI.RO, s.m., quem fabrica carapuças, quem usa carapuças.
CA.RA.TÊ, s.m., luta corporal praticada no rito oriental.
CA.RA.TE.CA, s. 2 gên., pessoa que luta caratê.
CA.RÁ.TER, s.m., qualidade que é inerente a um indivíduo que distingue uma pessoa de outra; modo de ser de um indivíduo ou de um grupo; índole; temperamento; firmeza moral; tipo de imprensa, marca, característica, tipo inerente a cada indivíduo.
CA.RA.TE.RÍS.TI.CA, s.f., ver característica.
CA.RA.TE.RÍS.TI.CO, adj., ver característico.
CA.RA.TE.RI.ZAR, v.t. e pron., ver caracterizar.
CA.RA.TIN.GA, s.m., em Botânica, trepadeira da fam. das dioscoreáceas (Dioscorea glandulosa), com tubérculos lisos e comestíveis; cará-de-folha-colorida; cará-de-pele-branca e outras.
CA.RA.VA.NA, s.f., grupo de pessoas ou animais.
CA.RA.VA.NEI.RO, s.m., quem participa de uma caravana, guia de caravana.
CA.RA.VA.NIS.MO, s.m., ação, costume ou atividade de viajar em caravanas.
CA.RA.VE.LA, s.f., pequena embarcação a vela.
CA.RA.VE.LEI.RO, s.m., quem trabalha em caravela, guia de caravela.
CAR.BO.I.DRA.TO, s.m., todo composto químico que se compõe de oxigênio, hidrogênio e carbono.
CAR.BOL, s.m., em Química, o mesmo que fenol.
CAR.BO.NA.ÇÃO, s.f., carburação, submissão de um corpo à ação do carvão.
CAR.BO.NÁ.CEO, adj., que é da natureza do carvão; carbonoso; que contém porcentagem elevada de matérias carbonosas.
CAR.BO.NA.DO, s.m., tipo de diamante, preto, sem forma, que detém extrema dureza.
CAR.BO.NA.DOR, s.m., carburador.
CAR.BO.NAN.TE, adj. e s.m., carburante.
CAR.BO.NAR, v. int., misturar um produto inflamável ao ar, ou a outra substância sólida, a fim de adquirir propriedades combustíveis.
CAR.BO.NA.RIS.MO, s.m., doutrinas ou práticas dos carbonários.
CAR.BO.NA.TAR, v. int., transformar em carbonato, entupir de ácido carbônico.
CAR.BO.NA.TO, s.m., sal do ácido carbônico.

CARBONETO — CARDIOGÊNICO

CAR.BO.NE.TO, *s.m.*, designação de vários compostos que encerram carbono e outros elementos.

CAR.BÔ.NI.CO, *adj.*, relativo ao gás carbono.

CAR.BO.NÍ.FE.RO, *adj.*, que produz carvão; relativo ao carvão.

CAR.BO.NI.FI.CAR, *v.t.*, carbonizar.

CAR.BO.NI.ZA.ÇÃO, *s.f.*, ato ou efeito de reduzir a carvão, queimação.

CAR.BO.NI.ZA.DO, *adj.*, queimado, reduzido a carvão.

CAR.BO.NI.ZA.DOR, *adj.*, que carboniza; *s.m.*, aparelho ou retorta para fazer da madeira carvão.

CAR.BO.NI.ZAN.TE, *adj.*, que carboniza.

CAR.BO.NI.ZAR, *v.t.*, reduzir a carvão, queimar.

CAR.BO.NI.ZÁ.VEL, *adj.*, que pode ser carbonizado.

CAR.BO.NO, *s.m.*, elemento atômico com o n.º 6, pertencente à química orgânica.

CAR.BO.NO.SO, *adj.*, que é da natureza do carvão; carbonáceo.

CAR.BO.QUÍ.MI.CA, *s.f.*, em Química, na indústria, ramo que produz derivados do carvão.

CAR.BO.QUÍ.MI.CO, *adj.*, relativo à carboquímica; diz-se de quem é especializado em carboquímica; *s.m.*, especialista em carboquímica.

CAR.BO.XI.LA, *s.f.*, em Química, grupo funcional (-COOH) presente em ácidos carboxílicos.

CAR.BO.XÍ.LI.CO, *adj.*, em Química, diz-se de ácido ou éster que contém o radical carboxila.

CAR.BÚN.CU.LO, *s.m.*, antraz, pústulas que atacam a pele de pessoas ou animais, provocando um processo que apodrece a parte atacada.

CAR.BU.RA.ÇÃO, *s.f.*, mistura de ar com combustível para mover o motor.

CAR.BU.RA.DO, *adj.*, diz-se de motor que possui carburador.

CAR.BU.RA.DOR, *s.m.*, peça do motor dos antigos carros para provocar a carburação.

CAR.BU.RAN.TE, *s.m.*, combustível.

CAR.BU.RAR, *v.t.*, efetuar a carburação.

CAR.BU.RE.TO, *s.m.*, carboneto.

CAR.CA.ÇA, *s.f.*, esqueleto, ossada, o que sobrou de alguma coisa velha.

CAR.CA.MA.NO, *s.m.*, vendedor ambulante de tecidos e produtos de armarinho; *pej.*, nascido na Itália, macarrone; designativo dado aos sírios, no Maranhão.

CAR.CA.RÁ, *s.m.*, caracará, grande ave brasileira falaconídea (gavião-de-queimada); *fig.* pessoa ruim, cruel.

CAR.CE.LA, *s.f.*, fita, tira de pano, faixa.

CAR.CE.RA.GEM, *s.f.*, ato ou efeito de encarcerar; prisão.

CAR.CE.RÁ.RIO, *adj.*, próprio do cárcere, relativo ao cárcere.

CÁR.CE.RE, *s.m.*, cadeia, prisão, xilindró.

CAR.CE.REI.RO, *s.m.*, guarda de cárcere, encarregado de cuidar dos presos.

CAR.CHE.AR, *v.t.*, roubar (dos derrotados ou mortos); aproveitar ações militares para se apossar de (animais, objetos, etc.).

CAR.CHEI.O, *s.m.*, ato de carchear, de praticar a pilhagem.

CAR.CI.NI.CUL.TU.RA, *s.f.*, criação de crustáceos com técnica específica.

CAR.CI.NO.GÊ.NE.SE, *s.f.*, em Medicina, formação de câncer.

CAR.CI.NO.GÊ.NI.CO, *s.m.*, em Medicina, carcinógeno.

CAR.CI.NÓ.GE.NO, *s.m.*, em Medicina, agente que faz desenvolver o carcinoma no organismo.

CAR.CI.NO.LO.GI.A, *s.f.*, tratado dos crustáceos.

CAR.CI.NO.LO.GIS.TA, *s. 2 gên.*, especialista em carcinologia, carcinólogo.

CAR.CI.NO.MA, *s.m.*, câncer, tumor canceroso, tumor maligno.

CAR.CI.NO.SE, *s.f.*, estado mórbido, provocado por algum câncer.

CAR.CO.MA, *s.f.*, insetos que perfuram a madeira, caruncho, carpinteiro; o pó da madeira produzido por esses insetos; aquilo que consome, devora ou arruína; em Botânica, podridão da madeira; carcome.

CAR.CO.ME, *s.m.*, ato de carcomer; ver carcoma.

CAR.CO.MER, *v.t.*, destruir, desmanchar, corroer, destruir aos poucos.

CAR.CO.MI.DO, *adj.*, corroído, destruído.

CAR.DA, *s.f.*, máquina usada nas indústrias têxteis, para preparar o algodão cru destinado à fiação; ferramenta para limpar o algodão das impurezas e das sementes.

CAR.DÃ, *s.m.*, sistema de tração que utiliza eixos com pontas móveis que possibilitam a transmissão da potência do motor à roda traseira; *adj.*, diz-se de eixo que utiliza esse sistema.

CAR.DA.DA, *s.f.*, a quantidade de lã preparada de uma única vez na carda.

CAR.DA.DO, *adj.*, penteado, preparado.

CAR.DA.DOR, *adj. e s.m.*, que(m) carda, quem dirige a carda.

CAR.DA.DU.RA, *s.f.*, ação de cardar; filaça cardada.

CAR.DA.GEM, *s.f.*, ação ou operação de cardar; carda; cardação; cardadura; arte ou oficina de cardador.

CAR.DA.MO.MO, *s.m.*, erva especial para tempero e medicina caseira, de origem asiática.

CAR.DÃO, *s.m.*, da cor da flor do cardo; cavalo da cor azul-violáceo.

CAR.DÁ.PIO, *s.m.*, rol dos pratos servidos, menu.

CAR.DAR, *v.t.*, limpar, desembaraçar algodão, preparar o algodão para ser fiado.

CAR.DE.AL, *adj.*, os quatro pontos cardeais; *s.m.*, bispo da Igreja Católica honrado com esse título, que lhe dá direito de participar da eleição do papa; designação de várias espécies de pássaros.

CAR.DEI.RO, *s.m.*, aquele que faz e/ou vende cardas.

CÁR.DE.O, *adj.*, da cor da flor do cardo, azul-violeta, cardão.

CÁR.DIA, *s.f.*, em Anatomia, abertura superior do estômago.

CAR.DÍ.A.CO, *adj.*, relacionado com o coração; quem tem problemas com o coração.

CAR.DI.AL, *adj. 2 gên.*, em Anatomia, relativo ou pertencente à cárdia.

CAR.DI.A.ZOL, *s.m.*, em Farmácia, agente capaz de induzir convulsões.

CÁR.DI.CO, *adj.*, em Anatomia, relativo ou pertencente à cárdia; cardial; cardíaco.

CAR.DI.DO, *adj.*, diz-se da madeira que, estando muito tempo debaixo de água, apodreceu, atacada por cogumelos, como o *Trametes pini*.

CAR.DI.GÃ, *s.m.*, tipo de casaco aberto no peito.

CAR.DI.NAL, *adj.*, relativo aos números que indicam quantidade.

CAR.DI.NA.LA.TO, *s.m.*, mandato, cargo de cardeal, tempo total em que o cardeal ocupa o posto.

CAR.DI.NA.LÍ.CIO, *adj.*, que se refere a cardeal.

CAR.DI.NA.LI.DA.DE, *s.f.*, qualidade do que é cardinal; em Matemática, número de elementos diferentes em um determinado conjunto.

CAR.DI.O.GÊ.NI.CO, *adj.*, em Medicina, originado no coração.

CAR.DI.O.GE.RI.A.TRI.A, s. 2 gên., médico geriatra especialista em Cardiologia.
CAR.DI.O.GRA.FI.A, s.f., carta descritiva dos movimentos cardíacos.
CAR.DI.Ó.GRA.FO, s.m., aparelho que mostra por desenho como está o movimento do coração.
CAR.DI.O.GRÁ.FI.CO, adj., relativo a cardiografia ou a cardiógrafo.
CAR.DI.Ó.GRA.FO, s.m., instrumento que faz o registro gráfico do estado ou das funções do coração.
CAR.DI.O.GRA.MA, s.m., mapa que o cardiógrafo desenha dos movimentos do coração.
CAR.DI.O.LO.GI.A, s.f., parte da Medicina especializada no cuidado com o coração.
CAR.DI.O.LÓ.GI.CO, adj., relativo a cardiologia.
CAR.DI.O.LO.GIS.TA, s. 2 gên., médico especialista em Cardiologia.
CAR.DI.Ó.LO.GO, s.m., cardiologista, especialista em Cardiologia.
CAR.DI.O.PA.TA, s. 2 gên., pessoa que sofre de cardiopatia.
CAR.DI.O.PA.TI.A, s.f., toda e qualquer doença que afete o coração.
CAR.DI.O.PÁ.TI.CO, adj., em Medicina, relativo a cardiopatia.
CAR.DI.OR.RE.NAL, adj. 2 gên., em Medicina, relativo ao coração e aos rins; nefrocardíaco.
CAR.DI.OR.RES.PI.RA.TÓ.RIO, adj., em Medicina, relativo ao coração e ao aparelho respiratório, simultaneamente.
CAR.DI.O.VAS.CU.LAR, adj., referente ao coração e aos vasos cardíacos.
CAR.DO, s.m., planta que se caracteriza por espinhos nas folhas.
CAR.DU.ME, s.m., quantidade de peixes; fig., estrelas.
CA.RE.A.ÇÃO, s.f., ação ou efeito de acarear, acareação, confrontação.
CA.RE.A.DO, adj., confrontado, acareado, que se põe frente à frente para verificar a verdade, carregado.
CA.RE.AR, v. int., carregar, conseguir, acarear, conduzir.
CA.RE.CA, adj., s.m., calvo; pessoa calva, com calvície; fig., pneu totalmente desgastado.
CA.RE.CE.DOR, adj., que carece, carecente.
CA.RE.CEN.TE, adj. 2 gên., que carece, necessitado.
CA.RE.CER, v. int., não ter, precisar de, necessitar de.
CA.RE.CI.DO, adj., necessitado, precisado.
CA.RE.CI.MEN.TO, s.m., necessidade, carência, falta de algo.
CA.REI.O, s.m., ato de carear; acareação; meio com que se acareia.
CA.REI.RO, adj., que custa muito, que cobra caro, que tem alto custo.
CA.RE.NA, s.f., quilha, parte inferior de uma embarcação.
CA.RE.NA.DO, adj., que se carenou.
CA.RE.NA.GEM, s.f., ato ou procedimento de carenar; revestimento protetor de veículos como aeronaves, lanchas, etc., para reduzir a resistência do ar e do atrito resultante.
CA.RE.NAR, v. int., virar a embarcação, colocar a quilha para cima.
CA.RÊN.CIA, s.f., necessidade, falta, ausência.
CA.REN.CI.AL, adj. 2 gên., relativo a carência.
CA.REN.TE, adj., necessitado, miserável.
CA.RES.TI.A, s.f., falta, necessidade extrema; muito caro.
CA.RE.TA, s.f., palhaçada, trejeito, momices; indivíduo fora de moda.
CA.RE.TE.AR, v.int., fazer caretas, exprimir por meio de caretas.
CA.RE.TEI.RO, adj. e s.m., que(m) faz caretas, trejeitos.
CA.RE.TI.CE, s.m., o que é careta, fora de moda.
CA.RE.ZA, s.f., situação de algo caro, valor elevado, preço muito alto.
CAR.GA, s.f., quantidade a ser transportada, peso.
CAR.GA-D'Á.GUA, s.f., pancada de chuva, chuva repentina e forte.
CAR.GO, s.m., incumbência, missão, compromisso, encargo, função.
CAR.GO.SE.AR, v.t., discutir com teimosia; insistir em (algo); molestar; gabar-se; jactar-se.
CAR.GUEI.RO, s.m., transportador de cargas, qualquer meio de transporte que leve carga.
CAR.GUIS.MO, s.m., ato de contratar pessoas a cargos públicos com objetivos políticos; empreguismo.
CA.RI.A.DO, adj., estragado, que tem cáries.
CA.RI.AR, v. int., provocar cárie, criar cáries.
CA.RI.Á.TI.DE, s.f., em Arquitetura, tipo de coluna com figura feminina ou masculina que sustenta uma cornija ou arquitrave.
CA.RI.BE, adj.2 gên., caraíba.
CA.RI.BE.NHO, adj., s.m., natural ou habitante do Caribe.
CA.RI.BO.CA, s.m., mestiço, pessoa que tem sangue europeu com indígena; caboclo.
CA.RI.CA.TO, adj., que é uma caricatura, ridículo, desprezível.
CA.RI.CA.TU.RA, s.f., desenho grotesco e satírico de uma pessoa ou coisa; charge.
CA.RI.CA.TU.RA.DO, adj., que se representou em caricatura; s.m., aquele ou aquilo (acontecimento, fato, etc.) que foi representado em caricatura; caricaturizado.
CA.RI.CA.TU.RAL, adj. 2 gên., relativo a caricatura ou que se presta a ela; caricaturesco.
CA.RI.CA.TU.RAL.MEN.TE, adv., de modo caricatural.
CA.RI.CA.TU.RAR, v.t., fazer representação em caricatura ou grotescamente.
CA.RI.CA.TU.RÁ.VEL, adj. 2 gên., que se pode caricaturar ou se presta a ser caricaturado.
CA.RI.CA.TU.RES.CO, adj., relativo a caricatura; caricatural; o mesmo que caricato.
CA.RI.CA.TU.RIS.TA, s. 2 gên., quem faz caricaturas, chargista.
CA.RI.CA.TU.RI.ZA.ÇÃO, s.f., ato ou efeito de caricaturizar.
CA.RI.CA.TU.RI.ZA.DO, adj., que se caricaturizou, que se representou em caricatura.
CA.RI.CA.TU.RI.ZAR, v.t., o mesmo que caricaturar.
CA.RÍ.CIA, s.f., afeição, toque físico, carinho.
CA.RI.CI.AR, v. int., acariciar, fazer carícias.
CA.RI.CI.Á.VEL, adj., meigo, agradável, caricioso.
CA.RI.CI.O.SO, adj., carinhoso, que faz muitas carícias.
CA.RI.DA.DE, s.f., amor, bondade, amor puro para com Deus e os homens, ágape.
CA.RI.DO.SO, adj., cheio de caridade, bondoso.
CÁ.RIE, s.f., destruição da parte externa dos dentes.
CA.RI.JÓ, s.m., tipo de ave salpicada de preto e branco; membro de uma tribo de índios.
CA.RIL, s.m., condimento da Índia; molho com esse condimento.
CA.RI.MÃ, s.m., farinha de mandioca seca e fina; em Culinária, mingau com água preparado com essa farinha; bolo preparado com essa farinha; praga que ataca as plantações de cana; pelagem do gado bovino do que tem coloração

branca e ferruginosa.
CA.RIM.BA.ÇÃO, s.f., ato ou efeito de carimbar; carimbada; carimbagem.
CA.RIM.BA.DA, s.f., ato ou resultado de carimbar; carimbação.
CA.RIM.BA.DO, adj., marcado, que tem carimbo; fig., marcado com uma pancada forte.
CA.RIM.BA.DOR, adj. e s.m., diz-se de, ou a pessoa que carimba.
CA.RIM.BA.GEM, s.f., ato ou resultado de carimbar; carimbação; carimbada.
CA.RIM.BAR, v.t., pôr carimbo em, marcar.
CA.RIM.BO, s.m., peça que contém dados e, recebendo tinta, imprime num papel, selo; fig., marcar com um projétil.
CA.RIM.BO.TO, s.m., pej., apelido atribuído pelos farrapos aos legalistas, também chamados de absolutistas reformadores, restauradores, camelos.
CA.RI.NHO, s.m., afeto, desvelo, manifestação de afeto.
CA.RI.NHO.SO, adj., afetivo, afetuoso, terno, amigo.
CA.RI.O.CA, adj., natural ou relativo à cidade do Rio de Janeiro.
CA.RI.O.CA.DA, s.f., grupo de cariocas; pej., carioquice; carioquismo, cariocagem.
CA.RI.O.CA.GEM, s.f., tendência bairrista dos moradores em favor da cidade do Rio de Janeiro; cariocada; carioquice; carioquismo.
CA.RI.O.LO.GI.A, s.f., em Histologia, estudo do núcleo.
CA.RI.O.QUÊS, s.m., maneira própria de os cariocas falarem.
CA.RI.O.QUI.CE, s.f., pej., o mesmo que cariocada.
CA.RI.O.QUIS.MO, s.m., pej., o mesmo que cariocada.
CA.RI.O.TE.CA, s.f., em Biologia, membrana que cobre o núcleo das células eucarióticas.
CA.RI.Ó.TI.PO, s.m., em Biologia, conjunto de características próprias de um núcleo celular.
CA.RIS.MA, s.m., dom e graça para exercer uma função; poder de atração que uma pessoa exerce sobre as outras; vocação; predicado de um líder persuasivo.
CA.RIS.MÁ.TI.CO, adj., s. 2 gén., persuasivo, iluminado, convincente, líder, guru.
CA.RI.TA.TI.VO, adj., que demonstra caridade, caridoso.
CA.RI.TÓ, s.m., casa humilde; casebre; casinhola; cavidade, vão ou prateleira a um canto nas casas sertanejas; gaiola para prender caranguejos; aposento para guardar cacarecos; p. ext., ficar solteira.
CA.RIZ, s.m., expressão da face; fisionomia; semblante; aspecto, aparência; em Botânica, o mesmo que alcaravia.
CAR.LIN.GA, s.f., cabine do avião; a parte, no avião, em que se instalam os pilotos e comandantes.
CAR.LO.TA, s.f., tipo de manga miúda e muito doce; cepa de oliveira; azeitona dessa oliveira.
CAR.MA, s.m., segundo as religiões orientais, condições boas ou más de uma pessoa para viver, trabalhar e agir no dia a dia.
CAR.ME, s.m., canto, poema, poema para ser cantado, expressão poética.
CAR.ME.LI.NA, s.f., lã de vicunha de qualidade inferior.
CAR.ME.LI.TA, adj. e s. 2 gén., pessoa que ingressou no convento de Nossa Senhora do Carmo; fig., recluso, que vive em silêncio.
CAR.ME.NO, adj., de ou relativo a carme; poético; lírico.
CAR.ME.SIM, s.m., cor vermelho-forte.
CÁR.MI.CO, adj., de ou relativo a carma.
CAR.MIM, s.m., corante carmesim; vermelho-forte.

CAR.MI.NA.DO, adj., que tem cor de carmim, avermelhado.
CAR.MI.NAR, v. int., dar tom vermelho, pintar de vermelho.
CAR.MÍ.NEO, adj., que tem cor de carmim.
CAR.MO.NA, s.f., o mesmo que cremona.
CAR.NA.ÇÃO, s.f., a cor da carne, da pele; nas Artes Plásticas, representação do corpo humano em cor natural; em Heráldica, corpo humano representado em esmalte natural num brasão.
CAR.NA.GEM, s.f., matança de animais para alimentação do ser humano; provisão de carne animal; fig., matança de gente; carnificina; chacina.
CAR.NA.Í.BA, s.f., em Botânica, ver carnaúba.
CAR.NAL, adj., referente a carne, que é de carne; dado às fraquezas carnais, sensual.
CAR.NA.LI.DA.DE, s.f., sensualidade; lascívia.
CAR.NA.LI.ZA.ÇÃO, s.f., ação de tornar carnal.
CAR.NA.LI.ZAR, v.t. e int., tornar(-se) carnal; dar aspecto de carne a; ver carnar.
CAR.NAR, v.t., unir por parentesco.
CAR.NA.Ú.BA, s.f., carnaubeira, palmeira do Nordeste do Brasil, de cujas folhas se recolhe uma cera preciosa no fabrico de muitos utensílios.
CAR.NA.U.BAL, s.m., conjunto, bosque de carnaúbas.
CAR.NA.VAL, s.m., os três dias dos festejos - domingo, segunda e terça, antes da Quarta-Feira de Cinzas; fig., expron., fazer um carnaval - desorganizar, tumultuar um ambiente.
CAR.NA.VA.LES.CO, adj., referente a carnaval.
CAR.NA.VA.LI.ZA.ÇÃO, s.f., ação ou efeito de carnavalizar; determinada manifestação cultural, artística ou social que tem caráter carnavalesco.
CAR.NA.VA.LI.ZA.DO, adj., que sofreu carnavalização; carnavalesco.
CAR.NA.VA.LI.ZA.DOR, adj. e s.m., diz-se de ou aquele ou aquilo que carnavaliza.
CAR.NA.VA.LI.ZAR, v.t. e int., dar feição ou caráter carnavalesco (a); transformar em carnaval.
CAR.NE, s.f., tecido que envolve a ossada dos animais e dos seres humanos; alimento de alguns homens e animais carnívoros; fig., polpa de fruta; fig., as tendências do ser humano a valorizar mais os aspectos materiais que os espirituais.
CAR.NÊ, s.m., bloco pequeno para pagamentos mensais de compras a crédito.
CAR.NE.A.ÇÃO, s.f., ação ou efeito de carnear.
CAR.NE.AR, v. int., abater animais para consumo de sua carne, preparar a carne para o consumo; fig., matar uma pessoa, sobretudo com arma branca.
CAR.NE DE SOL, s.f., carne salgada e seca ao sol.
CAR.NE.GÃO, s.m., bras., parte purulenta que se forma nos furúnculos e outros tumores; carnicão e carnigão.
CAR.NEI.RA, s.f., pele de carneiro, tira de papel ou couro que fecha o dorso do livro, sepultura.
CAR.NEI.RA.DA, s.f., grupo de carneiros, rebanho de carneiros; fig., grupo de pessoas submissas.
CAR.NEI.REI.RO, s.m., quem cuida de carneiros, quem os vende.
CAR.NEI.RO, s.m., mamífero ruminante precioso pela lã; o macho da ovelha; fig., indivíduo manso; indivíduo que segue sempre os outros.
CAR.NEO, adj., relativo a carne; que é formado de carne; cheio de carne, carnoso, carnudo; da cor da carne.
CAR.NE-SE.CA, s.f., charque, carne preparada no sal, para

CARNIÇA ••• 195 ••• CARRANCISMO

ser conservada.
CAR.NI.ÇA, s.f., cadáver de animal apodrecido, carne podre; algo muito fedido; fig., pessoa imprestável.
CAR.NI.ÇA.RI.A, s.f., carnificina, matança, açougue, mortes brutais.
CAR.NI.CEI.RO, s.m., ser que se alimenta de carne, açougueiro; fig., tipo cruel, sanguinário.
CAR.NI.FI.CE, s.m., carrasco, matador, verdugo, pistoleiro, assassino, homicida.
CAR.NI.FI.CI.NA, s.f., matança, carniçaria, mortandade, massacre.
CAR.NI.FOR.ME, adj. 2 gên., que tem aparência, aspecto de carne.
CAR.NÍ.VO.RO, s.m., ser que se alimenta principalmente de carne.
CAR.NO.SI.DA.DE, s.f., protuberância de carne, excrescência de carne.
CAR.NO.SO, adj., cheio de carne, com muita carne.
CAR.NU.DO, adj., que tem muita carne.
CA.RO, adj., que custa muito, preço alto; estimado, querido, amado.
CA.RO.Á, s.m., planta da qual se usam as fibras para confeccionar tapetes, cordas, linhas.
CA.RO.Á.VEL, adj. 2 gên., carinhoso, afeiçoado, amável, gentil; predisposto a.
CA.RO.A.ZAL, s.m., plantação de caroás.
CA.RO.BA, s.f., planta de flores belas e de madeira muito procurada.
CA.RO.ÇA.DO, adj., que tem carroceria; ver encaroçado.
CA.RO.CHA, s.f., tipo de inseto, escaravelho; carapuça de papel ou pano para castigar crianças.
CA.RO.CHI.NHA, s.f., forma diminutiva de carocha; contos da carochinha - histórias inventadas, imaginadas para retratar alguma verdade ou para mera diversão infantil e adulta.
CA.RO.ÇO, s.m., parte dura e interna das frutas, contendo a semente; fig., caroço duro de roer - dificuldade grande.
CA.RO.ÇU.DO, adj., cheio de caroços; caroçado; encaroçado.
CA.RÓ.FI.TA, s.f., em Botânica, grupo das plantas carófitas, divisão do reino vegetal.
CA.RO.LA, adj., s. 2 gên., pessoa muito ligada à religião, fanática, beata; fig., xiita.
CA.RO.LI.CE, s.f., atitudes de carola, devoções exageradas, fanatismo religioso.
CA.RO.LI.NA, s.f., em Botânica, árvore da fam. das leguminosas (Adenanthera pavonina), originária da Índia e cultivada no Brasil, utilizada em marcenaria de luxo.
CA.RO.LÍN.GIO, adj. e s.m., descendentes reais da família do imperador Carlos Magno, da França, e dominador de grande parte do Império Romano na Europa.
CA.RO.LI.NO, adj. o mesmo que carolíngio; diz-se de uma espécie de arroz exótico; pertencente ou relativo às ilhas Carolinas; s.m., habitante das Carolinas.
CA.RO.LO, s.m., pancada na cabeça de alguém com os dedos da mão fechados; espiga de milho; comida preparada com milho para aves.
CA.RO.NA, s.f., nos arreios de cavalgadura, uma pessoa que se coloca no pelo do animal, antes da sela; pessoa que é levada de graça em carros; transporte gratuito.
CA.RO.NEI.RO, s.m., aquele que viaja pegando carona, sem pagar passagem; caronista.
CA.RO.NIS.TA, s. 2 gên., o mesmo que caroneiro.

CA.RO.TE.NO, s.m., substância amarela, laranja ou vermelha encontrada na cenoura, batatas-doces, gema do ovo, na manteiga, etc., e da qual deriva a vitamina A.
CA.RÓ.TI.DA, s.f., qualquer das duas veias da aorta; var., carótide.
CAR.PA, s.f., peixe de água doce, comum nos pesque-pague.
CARPACCIO, s.m., fatias finas ger. de carne de boi ou de peixe cruas, temperadas com limão, azeite e molhos diversos.
CAR.PAL, adj. 2 gên., em Anatomia, relativo ao carpo.
CAR.PE.LO, s.m., cada uma das folhas modificadas que formam o gineceu; folhelhos que envolvem a espiga de milho; camisa.
CAR.PE.TA, s.f., pano (verde) com que se forra a mesa de jogo; jogo de azar; casa de jogos.
CAR.PE.TAR, v.t., forrar com carpete, acarpetar, atapetar, forrar.
CAR.PE.TE, s.m., forro, tapete.
CAR.PE.TE.AR, v.int., no Sul, jogar em carpetas, frequentá-las.
CAR.PE.TEI.RO, s.m., no Sul, jogador de cartas; o que tem o vício de jogar.
CAR.PE.TIS.TA, s.m., no Sul, carpeteiro.
CAR.PI.ÇÃO, s.f., ação ou efeito de capinar; capina; capinação.
CÁR.PI.CO, adj., em Botânica, relativo a ou próprio de carpo; carpal; cárpeo.
CAR.PI.DEI.RA, s.f., mulher paga para chorar em velório e em enterros.
CAR.PI.DO, s.m., lamento, choro, gemidos.
CAR.PI.DOR, adj. e s.m., que(m) capina, capinador.
CAR.PI.DU.RA, s.f., ato de carpir.
CAR.PI.MEN.TO, s.m., ação ou efeito de carpir, capinação, choro, lamúrias.
CAR.PIN.TA.RI.A, s.f., trabalho de carpinteiro, oficina de carpinteiro.
CAR.PIN.TEI.RO, s.m., profissional que constrói casas de madeira, profissional de carpintaria.
CAR.PIR, v.t. e int., lastimar, prantear, chorar; capinar, limpar um roçado, colher.
CAR.PO, s.m., parte do corpo humano entre a mão e o antebraço, formada por oito ossos; fruto.
CAR.PO.FA.GI.A, s.f., qualidade de carpófago.
CAR.PÓ.FA.GO, s.m., que se nutre com frutos, o ser que vive de frutos.
CAR.PO.FI.LI.A, s.f., preferência por frutos, paixão por frutas.
CAR.PO.LO.GI.A, s.f., em Botânica, estudo dos frutos e das sementes.
CAR.PÓ.LO.GO, s.m., indivíduo especialista em carpologia.
CAR.PO.MOR.FO, adj., que tem forma de fruto.
CAR.PO.TE.CA, s.f., em Botânica, coleção de frutos conservados, ger. para fins de pesquisa.
CAR.QUE.JA, s.f., planta usada como remédio ou para emagrecer.
CAR.QUE.JAL, s.m., terreno onde cresce carqueja.
CAR.QUI.LHA, s.f., ruga, saliência da pele, prega, rugosidade da pele.
CAR.RA.DA, s.f., quantidade de carga para um carro, carga, total transportado.
CAR.RAL, adj., relativo a carros.
CAR.RAN.CA, s.f., cara muito feia; feiura; cara de mau humor.
CAR.RAN.ÇA, s.f., apego às tradições, quem vive preso ao passado, saudosista.
CAR.RAN.CIS.MO, s.m., qualidade de carrança.

CAR.RAN.CU.DO, adj., com carranca, feição feia, mal-humorado.

CAR.RAN.QUE.AR, v. int., fazer carranca, mostrar uma cara mal-humorada.

CAR.RÃO, s.m., carro grande; grande carruagem, churrião; o seis duplo no dominó; tacada em que o taco toca em duas bolas no jogo de bilhar.

CAR.RA.PA.TAL, s.m., local infestado por carrapatos.

CAR.RA.PA.TE.AR, v.int., extrair carrapato de animais; tratar (animais) com carrapaticidas, imunizando-os.

CAR.RA.PA.TI.CI.DA, s.m., veneno para matar carrapatos.

CAR.RA.PA.TO, s.m., nome de vários ácaros que se prendem à pele dos animais e lhes sugam o sangue; fig., alguém que está sempre grudado em outrem.

CAR.RA.PE.TA, s.f., o mesmo que carapeta; peça circular, ao lado das máquinas de escrever, para girar o rolo.

CAR.RA.PI.CHO, s.m., nome dado a várias ervas com espinhos e pelos grudentos, que se prendem à pele e às roupas das pessoas.

CAR.RA.RI.A, s.f., conjunto de carros, grande quantidade de carros.

CAR.RAS.CAL, s.m., bosque de carrasqueiros.

CAR.RAS.CA.RI.A, s.f., o mesmo que carrascal.

CAR.RAS.CO, s.m., verdugo, algoz, quem executa o condenado à morte; tipo de arbusto anão e que forma um bosque, carrasqueira; fig., tipo cruel e desalmado.

CAR.RAS.CO.SO, adj., terreno cheio de carrascos.

CAR.RAS.PA.NA, s.f., bebedeira, grande consumo de bebida alcoólica.

CAR.RAS.QUEI.RO, s.m., em Botânica, arbusto ou arvoreta da fam. das fagáceas (*Quercus coccifera*), também conhecida como carrasco.

CAR.RÉ, s.f., do francês, costelas de animais de corte (boi, porco, etc.); em Culinária, iguaria com carne desse corte, ger. partida em bifes com osso.

CAR.RE.A.ÇÃO, s.f., ato ou efeito de carrear.

CAR.RE.A.DO, adj., levado no carro, carregado, remetido, desviado.

CAR.RE.A.DOR, adj. e s.m., que(m) carrega, carregador, remetente.

CAR.RE.AR, v.t. e int., levar no carro, carregar no carro, carregar, desviar, remeter, conduzir.

CAR.RE.A.TA, s.f., cortejo de carros para comemorações ou reclamações.

CAR.RE.GA.ÇÃO, s.f., ato ou efeito de carregar; carga; carrego, carregamento; grande quantidade.

CAR.RE.GA.DEI.RA, s.f., toda formiga que carrega folhas e alimentos; saúva.

CAR.RE.GA.DO, adj., que recebeu carga; carrancudo.

CAR.RE.GA.DOR, s.m., quem carrega, quem transporta cargas, carreador.

CAR.RE.GA.MEN.TO, s.m., ação de carregar, carga, peso.

CAR.RE.GAR, v.t., int. e pron., pôr carga em, transportar, encher, acumular.

CAR.RE.GÁ.VEL, adj. 2 gên., que se pode carregar.

CAR.RE.GO, s.m., ação ou efeito de carregar, carregamento, quantidade que se carrega.

CAR.REI.RA, s.f., corrida rápida; curso; andamento profissional da pessoa, desenvolvimento da pessoa em uma profissão ou sistema de trabalho.

CAR.REI.RÃO, s.m., pop., repreensão; descompostura.

CAR.REI.RIS.MO, s.m., modo de agir para subir na carreira profissional por meios escusos; oportunismo.

CAR.REI.RIS.TA, s. 2 gên., quem usa qualquer coisa para ascender a um cargo; quem só olha os fins, nunca os meios usados; indivíduo inescrupuloso que se serve de todos os meios para atingir cargos; maquiavélico.

CAR.REI.RO, s.m., quem conduz o carro de boi, picada, trilha, fila de formigas, correição.

CAR.RE.TA, s.f., carro de carga, caminhão grande para transporte de grandes cargas, jamanta.

CAR.RE.TA.DA, s.f., o mesmo que carrada.

CAR.RE.TA.GEM, s.f., carreto, cobrança por um carreto, preço de uma ação de transporte.

CAR.RE.TA.ME, s.m., no Sul, muitas carretas; carretama.

CAR.RE.TÃO, s.m., carroceiro; carreteiro.

CAR.RE.TAR, v.t., carrear, transportar, carregar.

CAR.RE.TEI.RA, s.f., no RS, estrada para o trânsito de carroças.

CAR.RE.TEI.RO, s.m., quem dirige carreta, carro; em Culinária, prato típico do Sul, chamado arroz de carreteiro, em que o arroz é cozido com charque, em água e sal, sem refogar; arroz tropeiro.

CAR.RE.TEL, s.m., cilindro para enrolar fios, bobina.

CAR.RE.TI.LHA, s.f., peça de cozinha com roda dentada para cortar massas; parte do anzol para esticar a corda de pesca.

CAR.RE.TO, s.m., frete, ato de transportar.

CAR.RI.ÇA.DA, s.f., bras., reunião de pipas, barcos, madeiros, etc., amarrados de forma conveniente para facilitar-lhes a condução.

CAR.RIL, s.m., trilhos da ferrovia; sulcos deixados por pneus na terra.

CAR.RI.LA.MEN.TO, s.m., ato de carrilar.

CAR.RI.LAR, v.t., colocar nos carris (veículos, trens).

CAR.RI.LHÃO, s.m., conjunto de sinos; sons combinados de vários sinos.

CAR.RI.NHO, s.m., pequeno carro, carro de brinquedo.

CAR.RI.NHO DE LOM.BA, s.m., um carrinho tosco que as crianças usam para descidas rápidas de morros; rolimã.

CAR.RI.O.LA, s.f., carrinho de mão, carro pequeno com duas rodas e puxado por um boi.

CAR.RO, s.m., veículo com rodas, com ou sem motor, para transportar pessoas e coisas.

CAR.RO-AN.FÍ.BIO, s.m., carro que se move sobre a água, como um barco, quanto sobre a terra.

CAR.RO-BOM.BA, s.m., carro armado com bombas para efetuar atentados mortíferos.

CAR.RO.ÇA, s.f., veículo com rodas gradeadas de madeira para transportar cargas; carro velho ou antiquado; carro que anda muito devagar.

CAR.RO.ÇA.DA, s.f., quantidade de carga que uma carroça leva de uma vez.

CAR.RO.ÇA.DO, adj., que tem peças próprias da carroçaria.

CAR.RO.ÇÃO, s.m., carroça grande, puxada por animais.

CAR.RO.ÇAR, v.int., andar em carroça; v.t., conduzir, transportar.

CAR.RO.ÇA.RI.A, s.f., carroceria, armação colocada sobre o chassi, para uso no transporte de cargas.

CAR.RO.ÇÁ.VEL, adj. 2 gên., que é próprio para o tráfego de veículos como carros, carroças, etc.

CAR.RO.CEI.RO, s.m., quem conduz uma carroça, pessoa que dirige carro de boi ou carroça.

CARROCERIA — CARTORÁRIO

CAR.RO.CE.RI.A, *s.f.*, a parte dos carros que compõe o corpo, sobre o chassi, e na qual se acomodam os passageiros e cargas; no caminhão, a parte que recebe as cargas.

CAR.RO-CHE.FE, *s.m.*, o ponto mais importante; num conjunto, o que se destaca pela importância, valor ou beleza.

CAR.RO.CIM, *s.m.* carroça pequena; coche pequeno.

CAR.RO.CI.NHA, *s.f.*, pequena carroça.

CAR.RO DE SOM, *s.m.*, carro com alto-falantes para fazer propaganda pelas ruas.

CAR.RO-GUIN.CHO, *s.m.*, carro dotado de guindaste próprio para rebocar outros carros.

CAR.RO-FOR.TE, *s.m.*, carro blindado para carregar valores.

CAR.RO-PI.PA, *s.m.*, caminhão com tanque para transportar água; caminhão-pipa.

CAR.ROS.SEL, *s.m.*, brinquedo dos parques de diversão, com cavalos de madeira.

CAR.RU.A.GEM, *s.f.*, carro puxado por cavalos.

CAR.TA, *s.f.*, escrito que se manda a alguém dentro de um envelope; missiva, epístola; mapa; peça do baralho; carta magna - Constituição.

CAR.TA.DA, *s.f.*, ato no jogo de cartas, golpe, aventura.

CAR.TA.GI.NÊS, *adj. e s.m.*, natural ou habitante de Cartago, antiga cidade no Norte da África, que os romanos destruíram por volta de 149 a.C.

CAR.TÃO, *s.m.*, papel impresso com desenhos ou fotos; bilhete; cartão de crédito - documento plástico com o qual se pode efetuar pagamentos ou sacar dinheiro em caixa eletrônico; *c. de crédito*, cartão magnético que os bancos e financeiras fornecem aos clientes para efetuarem compras a crédito à vista, em qualquer lugar do mundo e pagáveis em sua agência de origem.

CAR.TA.LO.GI.A, *s.f.*, coleção de cartas geográficas.

CAR.TÃO-POS.TAL, *s.m.*, cartão que se manda como correspondência.

CAR.TA.PÁ.CIO, *s.m.*, livro antigo, mal conservado; livro enorme; exposição muito longa e enfadonha.

CAR.TAS, *s.m., pl.*, baralho, jogo de cartas, conjunto de cartelas numeradas e coloridas para jogar.

CAR.TA-TES.TA.MEN.TO, *s.f.*, em Jurisprudência, carta que contém a última vontade de uma pessoa; carta testamentária.

CAR.TAZ, *s.m.*, papel com anúncios, avisos.

CAR.TA.ZEI.RO, *s.m.*, pessoa que afixa cartazes.

CAR.TA.ZE.TE, *s.m.*, em Publicidade, cartaz pequeno para ser exposto em espaços interiores (ônibus, pontos de venda, etc.).

CAR.TA.ZIS.TA, *s. 2 gên.*, quem confecciona cartazes, quem trabalha na confecção de cartazes.

CAR.TE.A.DO, *s.m.*, jogo de cartas, jogo de baralho.

CAR.TE.A.MEN.TO, *s.m.*, ação ou efeito de cartear, distribuição das cartas no jogo.

CAR.TE.AR, *v.t., int. e pron.*, distribuir as cartas no jogo de baralho.

CAR.TEI.O, *s.m.*, carteamento.

CAR.TEI.RA, *s.f.*, bolsa para colocar o dinheiro, papéis; mesinha em sala de aula; documento oficial para garantir os direitos do cidadão; conjunto de ações que alguém possui.

CAR.TEI.RA.ÇO, *s.m., pop.*, uso de uma carteira oficial para obter algum benefício ou perdão de alguma falta.

CAR.TEI.RI.NHA, *s.f.*, diminutivo de carteira; carteira ger. de estudante.

CAR.TEI.RO, *s.m.*, estafeta, quem entrega cartas.

CAR.TEL, *s.m.*, grupo de empresas que dominam um setor de mercadorias.

CAR.TE.LA, *s.f.*, pequeno invólucro para pílulas, pastilhas; papel com números para efetuar jogos.

CAR.TE.LI.ZA.ÇÃO, *s.f.*, ação ou resultado de cartelizar; formação de cartel.

CAR.TE.LI.ZA.DO, *adj.*, que se cartelizou; organizado em cartel.

CAR.TE.LI.ZA.DOR, *adj.*, que proporciona ou facilita a formação de cartel.

CAR.TE.LI.ZAR, *v.t.*, submeter às regras de cartel; constituir cartel.

CÁR.TER, *s.m.*, peça no motor do carro que regula o óleo.

CAR.TE.SI.A.NIS.MO, *s.m.*, sistema filosófico criado por René Descartes, francês, 1596-1650, difundido por seus discípulos, cuja metodologia busca a verdade de tudo por meio do raciocínio.

CAR.TE.SI.A.NO, *adj.*, que é discípulo do cartesianismo; que segue um método para buscar a verdade.

CAR.TI.LA.GEM, *s.f.*, tecido elástico que se encontra na extremidade dos ossos.

CAR.TI.LA.GI.NO.SO, *adj.*, formado por cartilagem, como as orelhas.

CAR.TI.LHA, *s.f.*, livro próprio para ensinar a ler; qualquer início em uma ciência; o começo.

CAR.TO.FI.LI.A, *s.f.*, fã de cartões, quem faz coleção de cartões-postais e outros.

CAR.TO.GRA.FA.DO, *adj.*, que se cartografou, que foi objeto de estudo cartográfico.

CAR.TO.GRA.FAR, *v.t. e int.*, fazer mapa de; fazer levantamento cartográfico, mapear.

CAR.TO.GRA.FI.A, *s.f.*, habilidade de fazer mapas, a arte de desenhar locais para localizar pontos.

CAR.TO.GRÁ.FI.CO, *adj.*, que se refere à Cartografia.

CAR.TÓ.GRA.FO, *s.m.*, quem desenha mapas.

CAR.TO.LA, *s.f.*, chapéu de abas altas, usado em festas a rigor; *s.m.*, indivíduo da alta sociedade; chefe de clubes de futebol.

CAR.TO.LA.GEM, *s.f., pop., pej.*, dirigentes de clubes de futebol que usam o cargo para obter vantagens para si e para o time.

CAR.TO.LI.NA, *s.f.*, tipo de papel mais fino que o papelão.

CAR.TO.MAN.CI.A, *s.f.*, método de adivinhar a sorte das pessoas por meio da leitura de cartas.

CAR.TO.MA.NI.A, *s.f.*, mania ou hábito de colecionar cartas, cartões (postais ou telefônicos), etc.

CAR.TO.MAN.TE, *s. 2 gên.*, tipo que busca adivinhar o futuro por meio de cartas de baralho ou outras cartas.

CAR.TO.MÂN.TI.CO, *adj.*, relativo a cartomante ou a cartomancia.

CAR.TO.NA.DO, *adj.*, encadernado com capa de cartão duro, sobre a qual uma capa solta de papel mais fino traz a identificação da obra (diz-se de livro).

CAR.TO.NA.DOR, *s.m.*, o que faz cartonagem.

CAR.TO.NA.GEM, *s.f.*, empresa gráfica que encaderna livros, brochuras e produz cartões.

CAR.TO.NAR, *v.t.*, revestir com cartão, encadernar com cartão.

CAR.TO.NI.FÍ.CIO, *s.m.*, indústria de cartão ou papelão, ou de artefatos produzidos com esse material.

CARTOON, *s.m.*, ver cartum.

CAR.TO.RÁ.RIO, *adj., s.m.*, funcionário de cartório, que trabalha em cartório.

CARTORIAL ·· 198 ·· **CASCABURRENTO**

CAR.TO.RI.AL, *adj.*, relativo a cartório, próprio do cartório.
CAR.TO.RI.A.LIS.MO, *s.m.*, curso de ação destinado a beneficiar determinados grupos.
CAR.TO.RI.A.LIS.TA, *adj. 2 gên.*, relativo a ou que é adepto do cartorialismo; *s. 2 gên.*, adepto do cartorialismo.
CAR.TÓ.RIO, *s.m.*, local próprio para registros ou emissão de documentos; privilégios de uns poucos interessados.
CAR.TU.CHA.ME, *s.m.*, estoque de cartuchos para armas de fogo; reserva de munição.
CAR.TU.CHEI.RA, *s.f.*, bolsa própria para carregar cartuchos; cinto com orifícios para pôr cartuchos.
CAR.TU.CHO, *s.m.*, invólucro de papel que contém a carga para disparar um tiro; peça metálica com explosivo para disparar um tiro.
CAR.TUM, *s.m.*, desenho humorístico, charge, caricatura.
CAR.TU.NES.CO, *adj.*, relativo a ou próprio de cartum; que tem semelhança com o cartum.
CAR.TU.NIS.MO, *s.m.*, atividade ou arte dos cartunistas.
CAR.TU.NIS.TA, *s. 2 gên.*, quem faz cartuns; chargista.
CAR.TU.XA, *s.f.*, ordem religiosa de regra muito rígida, fundada por São Bruno, em 1006; o convento dessa ordem.
CAR.TU.XO, *adj., s.m.*, religioso da ordem da cartuxa, quem segue a regra de São Bruno.
CA.RUM.BÉ, *s.m.*, o macho do jabuti.
CA.RUN.CHA.DO, *adj.*, que tem caruncho, que está coberto por caruncho.
CA.RUN.CHAR, *v. int.*, pegar caruncho, ficar cheio de caruncho.
CA.RUN.CHEN.TO, *adj.*, que está tomado por caruncho.
CA.RUN.CHO, *s.m.*, carcoma, inseto que destrói livros, madeiras; o pó dos objetos com caruncho.
CA.RUN.CHO.SO, *adj.*, cheio de caruncho, carcomido, estragado.
CA.RÚN.CU.LA, *s.f.*, excrescência carnosa saliente, avermelhada, de algumas aves, como as cristas dos perus ou dos galos; em Botânica, excrescência mamilar existente em algumas sementes.
CA.RU.RU, *s.m.*, comida afro-baiana, feita com quiabo, camarão, azeite de dendê e pimenta.
CÁ.RUS, *s.m. 2 gên.*, em Medicina, último grau do estado comatoso; insensibilidade mórbida; coma profundo.
CA.RUS.MA, *s.f.*, cinzas que se levantam no ar quando se assopra o fogo na madeira.
CAR.VA.LHAL, *adj.*, relativo ou semelhante a carvalho; *s.m.*, mata de carvalhos.
CAR.VA.LHO, *s.m.*, árvore muito grande, cuja madeira tem largo uso, sobretudo na fabricação de tonéis com a finalidade de envelhecer bebidas.
CAR.VÃO, *s.m.*, substância vegetal obtida por meio da combustão; carvão mineral, hulha; brasa apagada; *fig.*, algo muito negro, escuro.
CAR.VÃO DE PE.DRA, *s.m.*, carvão de origem fóssil, hulha, carvão extraído de minas.
CAR.VO.A.RI.A, *s.f.*, local onde se processa a madeira para obter o carvão.
CAR.VO.EI.RA, *s.f.*, mina de carvão, local do qual se retira o carvão.
CAR.VO.EI.RO, *s.m.*, fabricante de carvão, vendedor de carvão.
CAR.VO.E.JAR, *v.int.*, fazer carvão; negociar em carvão.
CAR.VO.EN.TO, *adj.*, que tem o aspecto ou é semelhante ao carvão.
CÃS, *s.f.*, cabelos brancos, cabelos encanecidos.
CA.SA, *s.f.*, toda construção para moradia, domicílio, lar, residência, morada; estabelecimento comercial; nas roupas, a abertura para encaixar o botão; quadrados do jogo de xadrez; toda empresa privada, sobretudo a matriz.
CA.SA.CA, *s.f.*, tipo de paletó comprido, para uso cerimonioso.
CA.SA.CÃO, *s.m.*, casaco grande.
CA.SA.CO, *s.m.*, paletó, vestimenta que se sobrepõe a uma camisa.
CA.SA.CU.DO, *s.m., bras., pop.*, homem rico ou importante.
CA.SA.DI.NHO, *s.m.*, tipo de biscoito recheado com doce ou geleia; tipo de salgadinho recheado.
CA.SA.DO, *adj.*, unido pelo matrimônio, esposado, ligado, associado.
CA.SA.DOU.RO, *adj., s.m.*, em idade própria para casar, quem pode se casar.
CA.SA-FOR.TE, *s.f.*, nas casas bancárias, lugar onde ficam instalados os cofres.
CA.SA-GRAN.DE, *s.f.*, a casa senhoril dos fazendeiros, no Brasil Colônia e Império, onde residiam os proprietários da fazenda ou dos engenhos de açúcar; casa dos proprietários, solar.
CA.SAL, *s.m.*, par formado por um macho e uma fêmea, ou um homem e uma mulher.
CA.SA.LAR, *v. int.*, acasalar, juntar um casal.
CA.SA.MA.TA, *s.f.*, local protegido, blindado em uma trincheira de guerra; proteção.
CA.SA.MA.TA.DO, *adj.*, que tem casamatas ou sua forma.
CA.SA.MA.TAR, *v.t.*, prover de casamata; fortificar.
CA.SA.MEN.TEI.RO, *adj., s.m.*, quem promove casamentos, que(m) ajuda na realização de casamentos.
CA.SA.MEN.TÍ.CIO, *adj.*, relativo a casamento, casamenteiro, matrimonial.
CA.SA.MEN.TO, *s.m.*, junção oficial ou consentida pelas partes, de um homem e uma mulher; matrimônio, núpcias.
CA.SA.NO.VA, *s.m.*, mulherengo, conquistador de mulheres, don juan.
CA.SA.NO.VIS.MO, *s.m.*, atitude ou comportamento de casanova.
CA.SÃO, *s.m.*, aumentativo de casa.
CA.SA.QUI.NHA, *s.f.*, dim. fem. de casaca; corpete com abas estreitas e curtas que as mulheres usam.
CA.SAR, *v.t. e int.*, unir pelo matrimônio, contrair núpcias, ligar por laços matrimoniais.
CA.SA.RÃO, *s.m.*, casa grande, solar, casa senhoril, palacete, mansão.
CA.SA.RE.DO, *s.m.*, casario, dito de modo pejorativo, por serem casas velhas ou pobres.
CA.SA.RI.A, *s.f.*, o mesmo que casario.
CA.SA.RI.O, *s.m.*, casaria, conjunto de casas, série de casas, fileira de casas.
CA.SÁ.VEL, *adj. 2 gên.*, que pode contrair casamento; casadouro; núbil.
CAS.BÁ, *s.f.*, palácio que pertence ao soberano, nas cidades árabes.
CAS.CA, *s.f.*, cobertura externa de plantas, frutas, verduras, ovos; aparência.
CAS.CA.BU.LHO, *s.m.*, casca de várias sementes, muitas cascas de frutas ou legumes.
CAS.CA.BUR.REN.TO, *adj.*, rugoso, áspero.

CASCAL ... 199 ... CASQUINHEIRO

CAS.CAL, *s.m.*, aglomeração de cascas, casqueiro.
CAS.CA-GROS.SA, *s. 2 gên.*, tipo insensível, mal-educado, pessoa grosseira.
CAS.CA.LHA.DA, *s.f.*, gargalhada; zunido de vento forte; ventania; cascalheira.
CAS.CA.LHEI.RA, *s.f.*, terreno em que o cascalho se ajunta; terreno de aluvião; movimento ruidoso de cascalhos ou objetos miúdos; respiração muito difícil e ruidosa.
CAS.CA.LHEN.TO, *adj.*, que contém cascalho.
CAS.CA.LHO, *s.m.*, pedrinhas usadas para cobrir estradas de barro.
CAS.CA.LHO.SO, *adj.*, que está cheio de cascalho, que tem muito cascalho.
CAS.CA.LHU.DO, *adj.*, cheio de cascalho.
CAS.CAL.VO, *adj.*, que tem cascos brancos.
CAS.CÃO, *s.m.*, casca dura; sujeira encardida.
CAS.CAR, *v. int.*, cair, arremesar, desferir pancadas.
CÁS.CA.RA, *s.f.*, cobre bruto; em Botânica, denominação comum à casca de diversas plantas de caráter medicinal; entre elas estão a cáscara-sagrada e a cáscara-amara.
CAS.CA.RAL, *s.f.*, muitas cascas, um monte de cascas.
CAS.CA.RI.LHA, *s.f.*, em Botânica, casca da planta (*Croton eleuteria*) da fam. das euforbiáceas, amarga, tônica e estimulante.
CAS.CA.RI.NA, *s.f.*, princípio ativo da cáscara.
CAS.CA.RO.SO, *adj.*, que tem casca grossa.
CAS.CA.TA, *s.f.*, queda-d'água, catadupa, cachoeira; *pop.*, conversa mole.
CAS.CA.TE.AN.TE, *adj.*, que produz um ruído como o da cascata, buliçoso, ruidoso.
CAS.CA.TE.AR, *v. int.*, preparar como cascata, dar forma de cascata, contar vantagens, contar lorotas.
CAS.CA.TEI.RO, *s.m.*, tipo conversador, contador de vantagens, mentiroso.
CAS.CA.VEL, *s.f.*, cobra venenosa com anéis na cauda; *fig.*, pessoa maldosa, quem tem língua ferina.
CAS.CA.VI.LHA.DOR, *adj.* ou *s.m.*, que ou aquele que cascavilha.
CAS.CA.VI.LHAR, *v.t. e int.*, buscar remexendo à procura de alguma coisa; bisbilhotar; investigar de forma minuciosa; esmiuçar.
CAS.CO, *s.m.*, couro duro; quilha do navio; cobertura dura que envolve alguns animais.
CAS.CO.SO, *adj.*, que tem muita casca ou casca grossa; cascudo; casquento.
CAS.CU.DO, *s.m.*, tipo de peixe com casco duro; bofetada, pancada com a mão fechada; o que tem a pele dura; *adj.*, que tem a casca dura, grosseiro.
CA.SE.A.DO, *adj.*, acabado, costurado, pronto.
CA.SE.A.DOR, *s.m.*, o que caseia.
CA.SE.A.ÇÃO, *s.f.*, ação ou efeito de casear, acabamento, arremate.
CA.SE.AR, *v.t. e int.*, dar acabamento em uma roupa, acabar a casa do botão.
CA.SE.BRE, *s.f.*, casinha, choupana, cabana, casa pobre, tugúrio.
CA.SE.I.FI.CAR, *v.t.*, transformar em queijo; fazer a caseificação.
CA.SE.I.FOR.ME, *adj.*, em forma de queijo.
CA.SE.Í.NA, *s.f.*, proteína existente no leite.
CA.SEI.RO, *adj.*, referente a casa, próprio da casa, feito em casa; *s.m.*, profissional que cuida da casa de alguém, chacareiro.
CA.SE.LA, *s.f.*, nas lombadas de livros, entrenervo; casinhola; cada um dos quadrados no jogo da amarelinha.
CA.SE.MI.RA, *s.f.*, ver casimira.
CA.SE.O.SO, *adj.*, que tem a natureza do queijo; queijoso.
CA.SER.NA, *s.f.*, vida no Exército, vila militar.
CA.SER.NA.RI.A, *s.f.*, coisas ou ações próprias da caserna.
CA.SER.NEI.RO, *s.m.*, entre os militares, o que faz a guarda e a conservação das casernas.
CA.SE.TA, *s.f.*, casa pequena.
CASH, *s.m. 2 n.*, dinheiro vivo; *adv.*, em dinheiro vivo.
CA.SI.MI.RA, *s.f.*, tecido especial feito de seda.
CA.SI.NHA, *s.f.*, casa pequena; *pop.*, latrina que fica fora da residência, construída sob um buraco aberto como fossa; privada.
CA.SI.NHO.LA, *s.f.*, casebre, casa pequena, tapera.
CAS.MÓ.FI.TO, *s.m.*, em Botânica, vegetal que cresce nas fendas das rochas.
CAS.MUR.RA.DA, *s.f.*, o mesmo que casmurrice.
CAS.MUR.RAL, *adj.*, próprio de casmurro.
CAS.MUR.RAR, *v.int.*, tornar-se casmurro.
CAS.MUR.RI.CE, *s.f.*, teimosia, taciturnidade, tristeza.
CAS.MUR.RO, *adj., s.m.*, teimoso, tristonho, calado, taciturno.
CA.SO, *s.m.*, acontecimento, fato, casualidade, historieta, efeméride, aventura.
CA.SÓ.RIO, *s.m.*, *pop.*, festança de casamento, casamento, enlace matrimonial.
CA.SO.TO, *s.m.*, casebre.
CAS.PA, *s.f.*, escama do couro cabeludo ou da pele.
CAS.PEN.TO, *adj.*, cheio de caspa, com muita caspa.
CÁS.PI.TE, *interj.*, espanto, admiração, surpresa, novidade.
CAS.PO.SO, *adj.*, que está cheio de caspa, caspento.
CAS.QUE.A.MEN.TO, *s.m.*, tratamento que consiste em aparar e limpar os cascos de equinos e bovinos.
CAS.QUEI.RA, *s.f.*, uma porção de cascas, muitas cascas.
CAS.QUEI.RO, *s.m.*, a parte externa serrada das toras, casca da madeira.
CAS.QUE.JAR, *v.int.*, criar novo casco, ger. no pé de cavalo ou boi.
CAS.QUEN.TO, *adj.*, que tem casca grossa, grosseiro, insensível.
CAS.QUE.TE, *s.m.*, boné, cobertura de pano para a cabeça.
CAS.QUI.CHEI.O, *adj.*, que tem casco cheio; presunçoso.
CAS.QUI.LHA, *s.f.*, pequena casca; pedaço de casca.
CAS.QUI.LHAR, *v.int.*, andar casquilho; janotear; aperaltar-se.
CAS.QUI.LHA.RI.A, *s.f.*, vestuário e enfeites de casquilho; garridice, tafularia.
CAS.QUI.LHO, *adj., s.m.*, pessoa que exagera no vestir-se; janota, almofadinha.
CAS.QUI.MO.LE, *adj.*, que tem os cascos moles (falando da besta).
CAS.QUI.NA.DA, *s.f.*, risada, gargalhada, risada forte.
CAS.QUI.NA.DOR, *adj. e s.m.*, que ou o que casquina.
CAS.QUI.NAR, *v. int.*, rir, rir-se, gargalhar, rir forte.
CAS.QUI.NHA, *s.f.*, casca bastante fina; *bras.*, copinho de massa para colocar sorvete, iguaria feita em casca de siri com temperos; *expron.*, tirar uma casquinha - aproveitar uma situação.
CAS.QUI.NHEI.RO, *s.m.*, o que reveste o cobre, o latão, etc., de casquinha.

CAS.SA, *s.f.*, tecido fino, transparente de linho ou de algodão.
CAS.SA.ÇÃO, *s.f.*, ação ou efeito de cassar, supressão, extinção de direitos, corte.
CAS.SA.CO, *s.m.*, trabalhador em engenhos de açúcar; serventre de padaria; em Zoologia, no que se dá pop. para o gambá; certo rato do mato.
CAS.SA.DO, *adj.*, que sofreu cassação (de seus direitos políticos); *s.m.*, o indivíduo que foi cassado.
CAS.SAN.DRA, *s.f.*, pessoa que prediz desgraças.
CAS.SAR, *v.t.*, tirar os direitos, anular, extinguir, acabar.
CAS.SA.TA, *s.f.*, em Culinária, tipo de sorvete em camadas, com recheio de pão de ló e frutas cristalizadas.
CAS.SA.TÓ.RIO, *adj.*, que dispõe poderes para cassar.
CAS.SÁ.VEL, *adj. 2 gên.*, que pode ser cassado.
CAS.SE.TE, *s.m.*, estojo que contém fita para gravar ou já gravada.
CAS.SE.TE.TE, *s.m.*, bastão curto de madeira ou borracha, de uso policial.
CÁS.SIA, *s.f.*, em Botânica, gênero de plantas da fam. das leguminosas, muitas apreciadas como ornamentais, e outras com usos medicinais.
CAS.SI.DÔ.NEA, *s.f.*, uma variedade de pera.
CAS.SIM, *s.m.*, pequeno vaso ou tigela de metal de que usam os tintureiros.
CAS.SI.NA, *s.f.*, espécie de azevinho.
CAS.SI.NE.TA, *s.f.*, tecido de lã fina e leve.
CAS.SI.NO, *s.m.*, lugar de jogos de azar, onde o jogador pode apostar as quantias desejadas.
CAS.SI.O.PEI.A, *s.f.*, em Astronomia, constelação próxima do polo norte celeste.
CAS.SIS, *s.m.*, em Botânica, arbusto originário da Europa do Norte; seus frutos negros e aromáticos são a groselheira-preta ou o cassis; licor que se fabrica do cassis.
CASSOULET, *s.m.*, em Culinária, prato preparado com feijão branco cozido com carne de ganso, pato, porco ou carneiro.
CAS.SI.TE.RI.TA, *s.f.*, minério natural de que se extrai o estanho.
CAS.TA, *s.f.*, classe social na Índia, na qual todos os membros gozam de direitos iguais, quer no casamento, quer na religião e política; camada, raça, estrato social.
CAS.TA.NHA, *s.f.*, fruto produzido por várias plantas, sobretudo pelo castanheiro.
CAS.TA.NHA.DA, *s.f.*, porção de castanhas.
CAS.TA.NHAL, *s.m.*, plantação de castanheiros, grupo de castanheiros.
CAS.TA.NHEI.RA, *s.f.*, mulher que vende castanhas assadas; *s.f.*, em Botânica, árvore europeia da família das fagáceas (*Castanea vesca*).
CAS.TA.NHEI.RO, *s.m.*, árvore que produz os frutos denominados castanhas.
CAS.TA.NHE.TA, *s.f.*, estalido produzido com os dedos em danças espanholas.
CAS.TA.NHE.TE.AR, *v.int.*, tocar castanhetas.
CAS.TA.NHO, *adj.*, com a cor da castanha, marrom.
CAS.TA.NHO.LAR, *v.int.*, tocar castanholas; soar como castanholas.
CAS.TA.NHO.LAS, *s.f., pl.*, instrumento de percussão formado por duas peças de madeira ou marfim, para acompanhar o ritmo de danças.
CAS.TA.NHO.SO, *adj.*, que tem castanhais ou castanheiros.
CAS.TÃO, *s.m.*, acabamento em objetos de uso pessoal, como a bengala.
CAS.TE.A.DO, *adj.*, diz-se do gado cruzado.
CAS.TE.AR, *v.t. e int.*, formar casta ou raça (cruzando animais); reproduzir, procriar (o animal).
CAS.TE.LÃ, *s.f.*, esposa de castelão; senhora de castelo; dona de um castelo.
CAS.TE.LÃO, *s.m.*, proprietário de castelo, dono de castelo.
CAS.TE.LA.RI.A, *s.f.*, o território em que os senhores de um castelo tinham jurisdição; alcaidaria; o governo de um castelo e território circunvizinho.
CAS.TE.LEI.RO, *adj. e s.m.*, que se refere a castelo, administrador de castelo, dono de castelo.
CAS.TE.LE.JO, *s.m.* pequeno castelo ou castro; a parte mais elevada do castelo; nome dado a pequenos castros pré-românicos.
CAS.TE.LE.TE, *s.m.* castelo pequeno.
CAS.TE.LHA.NIS.MO, *s.m.*, expressão ou postura típica do castelhano, expressão castelhana usada na língua portuguesa.
CAS.TE.LHA.NI.ZA.DO, *adj.*, tornado castelhano; espanholizado.
CAS.TE.LHA.NI.ZAR, *v.t.*, o mesmo que espanholizar.
CAS.TE.LHA.NO, *adj., s.m.*, referente ou habitante de Castela, na Espanha; espanhol.
CAS.TE.LO, *s.m.*, fortaleza em que moravam nobres na Idade Média; lugar forte, fortaleza.
CAS.TE.LÓ.RIO, *s.m.* pequeno castelo.
CAS.TI.ÇA.MEN.TE, *adv.*, de modo castiço, vernaculamente.
CAS.TI.ÇAL, *s.m.*, peça para colocar velas.
CAS.TI.ÇAR, *v.t. e int.*, tornar castiço, purificar, fazer cruzamentos entre animais de várias raças.
CAS.TI.CIS.MO, *s.m.*, qualidade de castiço.
CAS.TI.ÇO, *adj.*, puro, lídimo, perfeito.
CAS.TI.DA.DE, *s.f.*, pureza, virgindade, qualidade de quem é casto, puro.
CAS.TI.FI.CA.ÇÃO, *s.f.* ato ou efeito de castificar.
CAS.TI.FI.CAR, *v.t.*, fazer casto; purificar; fazer com que não ofenda a castidade.
CAS.TI.GA.DO, *adj.*, penalizado, advertido, que recebeu um castigo.
CAS.TI.GA.DOR, *adj. e s.m.*, que ou aquele que castiga; castigante.
CAS.TI.GA.MEN.TO, *s.m.*, ato de castigar.
CAS.TI.GAN.TE, *adj. 2 gên.*, que castiga; castigador.
CAS.TI.GAR, *v.t. e pron.*, penalizar, dar castigo, infligir penas a, advertir.
CAS.TI.GÁ.VEL, *adj.*, que pode ser castigado, punível.
CAS.TI.GO, *s.m.*, penas, sanções, penalidades.
CAS.TIN.CEI.RA, *s.f.*, em Botânica, variedade de castanheiro silvestre, cujo fruto não é comestível.
CAS.TIS.MO, *s.m.*, sistema indiano de castas; espírito de castas, orgulho de pertencer a uma casta.
CAS.TO, *adj.*, puro, virgem, cândido.
CAS.TOR, *s.m.*, roedor mamífero do Hemisfério Norte, que consegue construir diques nos rios trazendo toras de madeira, que ele corta com os dentes.
CAS.TRA.ÇÃO, *s.f.*, ato ou efeito de castrar, capação.
CAS.TRA.DO, *adj.*, capado, oprimido, impedido de realizar os sonhos.
CAS.TRA.DOR, *adj. e s.m.*, capador, quem castra, opressor, que limita.

CAS.TRA.MEN.TO, *s.m.*, castração.
CAS.TRAR, *v.t.*, extrair os testículos do macho; capar.
CAS.TRÁ.VEL, *adj. 2 gên.*, que pode ou deve ser castrado.
CAS.TREN.SE, *adj.*, próprio do quartel, militar, relativo ao exército militar.
CA.SU.AL, *adj.*, que acontece sem razão, imprevisto, acidental.
CA.SU.A.LI.DA.DE, *s.f.*, acaso, sorte, destino, fortuidade.
CA.SU.A.LIS.MO, *s.m.*, em Filosofia, doutrina segundo a qual todos os fenômenos ocorrem por acaso.
CA.SU.AL.MEN.TE, *adv.*, de maneira casual; por acaso.
CA.SU.AR, *s.m.*, Zoologia, denominação comum às grandes aves não voadoras do gên. *Casuarius*; ave desse gênero.
CA.SU.A.RI.NA, *s.f.*, várias espécies de árvores da Ásia, plantadas como ornamento.
CA.SU.ÍS.MO, *s.m.*, submissão completa a uma lei, estratagema para impingir uma ideia própria, contrária aos princípios legais.
CA.SU.ÍS.TA, *s. 2 gên.*, quem expõe a moral através de sonhos; quem ouve casos para explicá-los por experiências feitas.
CA.SU.ÍS.TI.CA, *s.f.*, parte da teologia moral que estuda o sistema dos casuístas; maneira de discutir e analisar casos por meio de sutilezas e artifícios; aplicação falsa dos princípios apresentados pela lei.
CA.SU.ÍS.TI.CO, *adj.*, relativo ao casuísmo.
CA.SU.LA, *s.f.*, vestimenta dos sacerdotes católicos, colocada sobre as demais vestes.
CA.SU.LO, *s.m.*, invólucro feito pelos fios tecidos pela lagarta de alguns bichos.
CA.SU.LO.SO, *adj.*, cheio de casulos; que tem a forma de casulo.
CA.TA, *s.f.*, busca, procura; ir à cata de - ir à procura de.
CA.TÁ.BA.SE, *s.f.*, em Medicina, período de declínio de uma doença.
CA.TA.BÁ.TICO, *adj.*, relativo a catábase.
CA.TA.BÓ.LI.CO, *adj.*, relativo a catabolismo.
CA.TA.BO.LIS.MO, *s.m.*, em Fisiologia, parte do metabolismo que compreende a decomposição de nutrientes, em ger. permitindo a liberação de energia.
CA.TA.ÇÃO, *s.f.*, ato ou efeito de catar; cata.
CA.TA.CE.GO, *adj., pop.*, que enxerga mal; que anda ou se orienta às apalpadelas.
CA.TA.CLÍS.MI.CO, *adj.*, que se refere a cataclismo.
CA.TA.CLIS.MO, *s.m.*, grande desastre ecológico, terremoto, furacão, desgraça; ruína.
CA.TA.CLIS.MO.LO.GI.A, *s.f.*, estudo ou história dos cataclismos.
CA.TA.CRE.SE, *s.f.*, o uso de um termo figurado por falta de um próprio, como pé de mesa, braço da cruz.
CA.TA.CUM.BA, *s.f.*, sepultura subterrânea na Roma antiga, para os cristãos; sepultura.
CA.TA.CUM.BAL, *adj.*, que diz respeito às catacumbas.
CA.TA.DEI.RA, *s.f.*, mulher que recolhe algum produto, máquina que seleciona grãos pelo tamanho e pelo peso.
CA.TA.DO, *adj.*, achado, encontrado, buscado, pesquisado.
CA.TA.DOR, *adj. e s.m.*, que(m) cata, ajuntador, colhedor.
CA.TA.DU.PA, *s.f.*, cachoeira, cascata, catarata.
CA.TA.DU.PE.JAR, *v.int.*, cair em catadupa.
CA.TA.DU.RA, *s.f.*, aparência, fisionomia, semblante.
CA.TA.FAL.CO, *s.m.*, estrado para colocar o caixão com o defunto no velório; essa.
CA.TA.FA.SI.A, *s.f.*, em Medicina, perturbação da fala em que o paciente repete as respostas muitas vezes.
CA.TA.FÁ.SI.CO, *adj.*, referente a catafasia.
CA.TA.FO.NI.A, *s.f.*, som refletido; eco.
CA.TA.FRAC.TO, *adj. e s.m.*, couraçado.
CA.TA.LÃ.NI.CO, *adj.*, relativo aos catalães ou à Catalunha.
CA.TA.LÃO, *adj., s.m.*, habitante ou natural da Catalunha, região da Espanha.
CA.TA.LEP.SI.A, *s.f.*, estado em que o corpo perde todos os movimentos e se torna insensível.
CA.TA.LÉP.TI.CO, *adj.*, que se refere a catalepsia.
CA.TA.LI.SA.ÇÃO, *s.f.*, ação ou efeito de catalisar, aceleramento de um processo de catálise.
CA.TA.LI.SA.DO, *adj.*, em que se produziu catálise.
CA.TA.LI.SA.DOR, *s.m.*, substância química que provoca a catálise; o que acelera mudanças.
CA.TA.LI.SAR, *v. int.*, acelerar ou deixar devagar um processo químico.
CA.TÁ.LI.SE, *s.f.*, estado em que uma substância acelera um processo de mudança sem sofrer qualquer mudança.
CA.TA.LÍ.TI.CO, *adj.*, que se liga com catálise.
CA.TA.LO.GA.ÇÃO, *s.f.*, ação ou efeito de catalogar.
CA.TA.LO.GA.DO, *adj.*, organizado, colocado em ordem, organizado.
CA.TA.LO.GA.DOR, *adj. e s.m.*, que(m) cataloga, organizador.
CA.TA.LO.GAR, *v.t.*, organizar, colocar em ordem, enumerar.
CA.TÁ.LO.GO, *s.m.*, relação, rol, lista, índice.
CA.TA.LO.GRA.FI.A, *s.f.*, conjunto das regras de catalogação em bibliografia.
CA.TA.LO.GRÁ.FI.CO, *adj.*, relativo a catalografia.
CA.TA.MA.RÃ, *s.m.*, barco a vela, com dois cascos paralelos.
CA.TAM.NÉ.SIA, *s.f.*, acompanhamento da evolução de um paciente após ter recebido alta.
CA.TA.NA, *s.f.*, espada curva e curta, de origem japonesa; faca comprida e larga; pessoa que fala mal dos outros; em Botânica, espata de palmeira; *adj. 2 gên.*, diz-se de rês que só tem um chifre inteiro.
CA.TA.NA.DA, *s.f.*, golpe de catana, espadeirada, repreensão ou censura acerba.
CA.TAN.DU.VA, *s.f.*, capoeira espinhenta.
CA.TAN.DU.VAL, *s.m.*, pinheiral.
CA.TA.NE.AR, *v.int.*, bater com catana, discutir com calor.
CA.TÃO, *s.m.*, homem severo, pessoa rígida, indivíduo de maneiras radicais.
CA.TA.O.VO, *s.m.*, diz-se do chapéu de pano, de abas caídas, geralmente usado por piloto de planador.
CA.TA.PIM.BA, *interj.*, expressa o desfecho de uma ação; pimba.
CA.TA.PLAS.MA, *s.m.*, substância preparada para pôr sobre uma ferida ou parte dolorida.
CA.TA.PLÉC.TI.CO, *adj.*, relativo a cataplexia, var., cataplético.
CA.TA.PLE.XI.A, *s.f.*, em Medicina, perda súbita dos sentidos.
CA.TA.PO.RA, *s.f.*, varicela.
CA.TA.PRUM, *interj.*, expressa ação rápida ou repentina.
CA.TA.PUL.TA, *s.f.*, máquina romana de guerra para atirar pedras e outros objetos; aparelho para ajudar aviões a alçarem voo.
CA.TA.PUL.TA.DO, *adj.*, arremessado por meio de catapulta; elevado, promovido.
CA.TA.PUL.TAR, *v.t.*, arremessar com catapulta; lançar com força e longe; impulsionar; *fig.*, fazer subir (na profissão) com rapidez; fazer com que algo aumente ou cresça rapidamente.

CATAR   CATIMBA

CA.TAR, v.t. e pron., procurar, pesquisar, buscar; retirar tudo.
CA.TA.RA.TA, s.f., queda-d'água, catadupa; doença no olho, que impede a chegada dos raios luminosos à retina.
CA.TA.RA.TEI.RO, s.m. e adj., que ou aquele que trata de cataratas; s.m., que ou quem sofre de cataratas.
CA.TA.RI.NA, adj., s. 2 gên., nome carinhoso dado aos catarinenses.
CA.TA.RI.NEN.SE, adj., s. 2 gên., habitante ou natural de Santa Catarina; barriga-verde.
CÁ.TA.RO, s.m., membro de uma das seitas que professavam o dualismo maniqueísta e condenadas pela Igreja Católica; adj., relativo a essa seita ou a seu membro.
CA.TAR.RAL, adj., que se refere a catarro.
CA.TAR.RE.AR, v.int., tossir para expelir catarro; pigarrear.
CA.TAR.REI.RA, s.f., grande quantidade de catarro.
CA.TAR.REN.TO, adj., que está com muito catarro; propenso a catarro; sujo de catarro.
CA.TAR.RO, s.m., gosma que escorre do nariz gripado; secreção nasal.
CA.TAR.RO.SO, adj., que tem catarro; que se refere a catarro.
CA.TAR.SE, s.f., purificação, limpeza, libertação.
CA.TAS.SOL, s.m., furta-cor; em Zoologia, certo caracol encontrado na Bahia.
CA.TÁS.TA.SE, s.f., estado sanitário geral; temperamento; em discurso, parte em que o orador anuncia o assunto a ser discutido.
CA.TÁS.TRO.FE, s.f., acontecimento trágico, calamidade, desgraça.
CA.TAS.TRÓ.FI.CO, adj., trágico, calamitoso, desgraçado.
CA.TAS.TRO.FIS.MO, s.m., mania de ver a chegada de catástrofes, ansiedade ante possíveis catástrofes.
CA.TAS.TRO.FIS.TA, adj. 2 gên., relativo a ou que demonstra ser adepto ao catastrofismo; s. 2 gên., indivíduo que é adepto da teoria do catastrofismo.
CA.TA.TAU, s.m., baixo, baixote, pequeno, tamanho pequeno.
CA.TA.TO.NI.A, s.f., em Psiquiatria, tipo de esquizofrenia, em que se alternam períodos de excitação, passividade, e caracterizada por estupor, rigidez, mutismo, agitação, etc.
CA.TA.TÔ.NI.CO, adj. e s.m., relativo a, ou a pessoa que sofre de catatonia.
CA.TA.TO.NIS.MO, s.m., em Psiquiatria, o mesmo que catatonia.
CA.TA.TRAZ, interj., ruído que imita pancadaria ou a queda de um corpo pesado.
CA.TAU, s.m., na Marinha, dobra que se faz em um cabo para encurtá-lo provisoriamente; maneira de enrolar uma bandeira de modo que ela se desfralde apenas se for puxada por um cabo.
CA.TA-VEN.TO, s.m., chapa de metal que gira, indicando a direção do vento; instrumental que, usando a força do vento, retira água de poços.
CA.TE.CIS.MO, s.m., compêndio que contém as verdades essenciais de uma religião; ensino religioso.
CA.TE.CU.ME.NA.TO, s.m., fase da vida na qual a pessoa está sendo instruída para assumir uma prática religiosa; iniciação, início.
CA.TE.CÚ.ME.NO, s.m., pessoa que se instrui para receber o batismo.
CÁ.TE.DRA, s.f., cadeira, posto de um professor em uma universidade, cadeira do papa.
CA.TE.DRAL, s.f., a igreja-sede de um bispado.

CA.TE.DRA.LES.CO, adj., relativo a catedral; fig. monumental.
CA.TE.DRÁ.TI.CO, s.m., professor efetivo, com título superior em alguma universidade.
CA.TE.GO.RI.A, s.f., divisões, camadas, classes, grupos.
CA.TE.GO.RI.AL, adj., relativo a categoria.
CA.TE.GÓ.RI.CO, adj., definitivo, claro, decisivo; próprio da categoria.
CA.TE.GO.RIS.MO, s.m., qualidade do que é categórico; dogmatismo.
CA.TE.GO.RI.ZA.ÇÃO, s.f., ato ou efeito de categorizar.
CA.TE.GO.RI.ZA.DO, adj., organizado por ou ordenado em categorias; que tem categoria; de idoneidade; importante.
CA.TE.GO.RI.ZA.DOR, s.m., aquele que categoriza.
CA.TE.GO.RI.ZAR, v.t. e pron., dar categoria, definir, tornar decisivo.
CA.TEN.GA, s.f., em Zoologia, o mesmo que lagartixa.
CA.TE.NÍ.FE.RO, adj., que tem cadeias ou traço em forma de cadeia.
CA.TE.NI.FOR.ME, adj., que é semelhante a cadeia.
CA.TÊ.NU.LA, s.f., pequena cadeia; traço em forma de cadeia.
CA.TE.NU.LA.DO, adj., que tem forma de catênula.
CA.TE.QUE.SE, s.f., ensino didático e metodológico de religião; iniciação a um novo conhecimento.
CA.TE.QUÉ.TI.CA, s.f., relativo à parte da teologia pastoral que se dedica à pedagogia da instrução religiosa.
CA.TE.QUÉ.TI.CO, adj., relativo a catequese; adj., em Pedagogia, diz-se do processo em que o professor ministra por preleção.
CA.TE.QUIS.MO, s.m., ver catecismo.
CA.TE.QUIS.TA, s. 2 gên., quem dá catequese, quem ensina religião.
CA.TE.QUÍS.TICO, adj., relativo a catequista; que tem forma de catecismo.
CA.TE.QUI.ZA.ÇÃO, s.f., ação ou efeito de catequizar.
CA.TE.QUI.ZA.DO, adj., doutrinado, instruído, encaminhado.
CA.TE.QUI.ZA.DOR, adj. e s.m., que(m) catequiza, doutrinador.
CA.TE.QUI.ZAN.DO, s.m., aquele que está em processo de catequização.
CA.TE.QUI.ZAN.TE, adj. 2 gên., catequizador.
CA.TE.QUI.ZAR, v.t., ensinar religião, instruir na religião, doutrinar.
CA.TÉ.RE.SE, s.f., hemorragia natural; esgotamento.
CA.TE.RE.TÊ, s.m., dança interiorana executada em duas filas opostas, com palmas e cantos.
CA.TER.VA, s.f., corja, súcia, cambada.
CA.TE.TE, s.m., um tipo de milho.
CA.TE.TER, s.m., instrumento médico que se insere no organismo humano para retirar substância para exame ou inocular remédios.
CA.TE.TE.RIS.MO, s.m., verificação interna no organismo, por meio do cateter.
CA.TE.TE.RI.ZA.ÇÃO, s.f., ação ou resultado de cateterizar.
CA.TE.TE.RI.ZAR, v.t., introduzir o cateter em (pessoa ou animal).
CA.TE.TO, s.m., dois lados do triângulo em oposição à hipotenusa, os quais formam um ângulo reto.
CA.TE.TÔ.ME.TRO, s.m., em Física, instrumento para medir diferenças de nível entre dois pontos.
CA.TI.LI.NÁ.RIA, s.f., que se refere a Catilina, personalidade romana; acusação violenta, crítica.
CA.TIM.BA, s.f., pop., malícia, manha, astúcia.

CATIMBADO

CATURREIRA

CA.TIM.BA.DO, *adj.*, *gír.*, no Esporte, em que há catimba.
CA.TIM.BAR, *v.int.*, agir com manha, malícia ou astúcia; fazer catimba no esporte.
CA.TIM.BAU, *s.m.*, catimbó, feitiçaria.
CA.TIM.BAU.ZEI.RO, *s.m.*, macumbeiro, indivíduo que pratica a macumba; catimbozeiro.
CA.TIM.BEI.RO, *adj.*, *gír.*, no Esporte, aquele que faz catimba.
CA.TIM.BÓ, *s.m.*, prática de feitiçaria, misturando elementos de várias origens.
CA.TIM.BO.ZEI.RO, *s.m.*, catimbauzeiro, macumbeiro, indivíduo que frequenta reuniões de macumba.
CA.TIN.GA, *s.f.*, fedor, mau cheiro.
CA.TIN.GA, *s.f.*, caatinga, mata rala, vegetação que cobre a área árida do Nordeste.
CA.TIN.GAL, *s.m.*, grande faixa de terra coberta com caatinga.
CA.TIN.GAN.TE, *adj.*, o mesmo que catingoso.
CA.TIN.GAR, *v. int.*, soltar mau cheiro, feder.
CA.TIN.GO.SO, *s.m.*, o mesmo que catinguento.
CA.TIN.GU.DO, *adj.*, o mesmo que catinguento.
CA.TIN.GUEI.RA, *s.f.*, fedor, mau cheiro, bodum.
CA.TIN.GUEN.TO, *adj.*, catingoso, que fede, fedorento.
CÁ.TION, *s.m.*, em Física., em Química, íon de carga elétrica positiva, que perdeu elétrons.
CA.TI.Ô.NI.CO, *adj.*, relativo a cátion.
CA.TIP.NO.SE, *s.f.*, doença do sono.
CA.TI.RA, *s.f.*, dança caipira, dança do interior.
CA.TI.RI.PA.PO, *s.m.*, *pop.*, um tapa, um bofetão, um soco.
CA.TI.TA, *s. 2 gên.*, bem vestido, bem enfeitado, bem arrumado.
CA.TI.TAR, *v.int.*, mostrar-se catita.
CA.TI.TI.CE, *s.f.*, traje elegante, vestimenta elegante.
CA.TI.TIS.MO, *s.m.*, a qualidade de ser catita; janotismo, casquilhice; elegância no traje.
CA.TI.VA.ÇÃO, *s.f.*, ação ou resultado de cativar.
CA.TI.VA.DO, *adj.*, que se deixou cativar ou seduzir.
CA.TI.VA.DOR, *adj.*, o mesmo que cativante.
CA.TI.VAN.TE, *adj.*, que cativa, que seduz, que atrai, que fascina, atraente.
CA.TI.VAR, *v.t. e pron.*, seduzir, atrair, encantar, fascinar.
CA.TI.VEI.RO, *s.m.*, prisão, encarceramento, escravidão.
CA.TI.VO, *adj.*, preso, escravo, encantado, seduzido, fascinado.
CA.TÓ.DI.CO, *adj.*, relativo a cátodo.
CA.TÓ.DIO, *s.m.*, cátodo.
CA.TO.DO, *s.m.*, em Física, eletrodo de carga elétrica negativa num circuito galvânico; catódio.
CA.TO.DON.TE, *s.m.*, em Zoologia, mamífero cetáceo denominado cachalote, que tem dentes apenas na maxila inferior.
CA.TO.LI.CI.DA.DE, *s.f.*, ato de ser católico, prática do catolicismo, qualidades do catolicismo.
CA.TO.LI.CIS.MO, *s.m.*, sistema religioso cristão, que segue normas próprias há mais de dois mil anos, consoante determinado pelo Direito Canônico e pelo ensinamento do Evangelho.
CA.TO.LI.CO, *adj.*, *s.m.*, que pratica o catolicismo, seguidor do catolicismo.
CA.TO.LI.ZA.ÇÃO, *s.f.*, ação de tornar católico, persuasão para seguir as normas católicas.
CA.TO.LI.ZA.DO, *adj.*, que segue a religião católica, seguidor do catolicismo.
CA.TO.LI.ZAR, *v. int.*, tornar católico, levar a seguir a religião católica.

CA.TO.NIS.MO, *s.m.*, qualidade de catão; austeridade; severidade; *fig.*, austeridade afetada.
CA.TO.NI.ZAR, *v.t. e pron.*, tornar(-se) catão, austero, rigoroso.
CA.TO.PÉ, *s.m.*, em Folclore, nome regional da congada em Minas Gerais.
CA.TÓP.TRI.CA, *s.f.*, parte da física que trata da reflexão da luz.
CA.TÓP.TRI.CO, *adj.*, que tem relação com a reflexão da luz.
CA.TOR.ZE, *num.*, ver quatorze.
CA.TO.TA, *s.f.*, no Nodeste, secreção nasal ressequida, meleca.
CA.TRA.CA, *s.f.*, máquina nas entradas, para pagar o bilhete e numerar quantos entram e saem; borboleta; roleta.
CA.TRA.CA.DO, *adj.*, que tem uso da catraca.
CA.TRA.FI.LAR, *v.t.*, capturar; prender; encarcerar.
CA.TRAI.A, *s.f.*, pequeno bote, canoa.
CA.TRAI.AR, *v.int.*, fazer transportes em catraia; navegar em catraia.
CA.TRA.I.EI.RO, *s.m.*, barqueiro de catraia, tripulante de catraia.
CA.TRA.ME, *s.m.*, alcatrão.
CA.TRA.PIS.CA.DOR, *adj. e s.m.*, que ou o que catrapisca, namoradeiro.
CA.TRA.PIS.CAR, *v.t. e int.*, piscar o olho; flertar (piscando o olho).
CA.TRA.PO.ÇO, *s.m.*, coisa inútil, imprestável.
CA.TRA.PUS, *s.m.*, o galopar do cavalo; *interj.* imitativa do galopar do cavalo ou do som de uma queda.
CA.TRE, *s.m.*, cama pobre, enxerga.
CA.TRE.FA, *s.f.*, caterva.
CA.TRO.ZA.DA, *s.f.*, grande porção.
CA.TRU.MA.NO, *s.m.*, caipira, matuto, tabaréu.
CA.TU.A.BA, *s.f.*, planta com poderes medicinais considerados afrodisíacos.
CA.TU.AL, *s.m.*, funcionário importante em alguns povos do Oriente; governador.
CA.TU.A.LI.A, *s.f.*, funções e dignidade de catual.
CA.TU.CA.ÇÃO, *s.f.*, *pop.*, ação de catucar.
CA.TU.CA.DA, *s.f.*, *pop.*, cutucada.
CA.TU.CA.ÉM, *s.f.*, em Botânica, árvore da fam. das proteáceas, também chamada carne-de-vaca e carvalho-brasileiro.
CA.TU.CÃO, *s.m.*, *pop.*, cutucão.
CA.TU.CAR, *v.t.*, *pop.*, cutucar.
CA.TU.EI.RO, *s.m.*, anzol próprio para peixes grandes.
CA.TU.LÉ, *s.m.*, Botânica, palmeira do Nordeste, de cujas sementes se extrai óleo; o fruto dessa palmeira.
CA.TU.LO, *s.m.*, cachorro.
CA.TU.PÉ, *s.m.*, *bras.*, antiga dança brasileira.
CA.TU.QUI, *s.m.*, espécie de maruim.
CA.TU.QUI.RA, *s.f.*, *bras.*, mosquito pequeno que pica fortemente; birigui.
CA.TUR, *s.m.*, embarcação indiana que se locomove a vela e a remos.
CA.TU.REI.RO, *s.m.*, tripulante de catur.
CA.TUR.RA, *s. 2 gên.*, indivíduo teimoso, apegado a coisas antigas, retrógrado.
CA.TUR.RA.DA, *s.f.*, em Náutica, ação de caturrar; movimento para baixo da proa da embarcação; caturro.
CA.TUR.RAN.TE, *adj.*, que caturra, questionador; teimoso.
CA.TUR.RAR, *v. int.*, teimar, discutir.
CA.TUR.REI.RA, *s.f.*, o mesmo que caturrice.

CA.TUR.RE.NHO, *adj.*, caturra; aferrado; insistente.
CA.TUR.RI.CE, *s.f.*, apego a coisas obsoletas, mania de discutir coisas inúteis, teimosia.
CA.TUR.RIS.MO, *s.m.*, ver caturrice.
CA.TUR.RI.TA, *s.f.*, Zoologia, periquito (*Myiopsitta monachus*) da fam. dos psitacídeos, que ocorre no Brasil (RS e MS), Bolívia, Paraguai, Uruguai e Argentina; periquito-do-pantanal.
CA.TUR.RI.TAR, *v.int.*, falar muito, em excesso; tagarelar.
CA.TU.TA, *s.f., bras., pop.*, cachaça, aguardente.
CA.TU.ZA.DO, *adj., bras.*, inutilizado, estragado (diz-se de gado); cheio de calos.
CAU.Ã, *s. 2 gên.*, ver acauã.
CAU.A.BA, *s.f.*, vasilha que contém o cauim.
CAU.BI, *s.m.*, na Amazônia, mato verde.
CAU.BI.LA, *adj.* e *s.m.*, sovina, fona.
CAU.BÓI, *s.m., ing.*, vaqueiro, rapaz que cuida do gado.
CAU.ÇÃO, *s.f.*, garantia, fiança; em negócios, é o que se oferece para garantir a transação.
CAU.CA.SI.A.NO, *adj.* e *s.m.*, habitante ou natural do Cáucaso.
CAU.CÁ.SI.CO, *adj.* e *s.m.*, o mesmo que caucasiano.
CAU.CA.SOI.DE, *s. 2 gên.*, pessoa pertencente à divisão étnica caucasiana; *adj. 2 gên.*, relativo ao caucasoide, ao grupo étnico branco.
CAU.CHEI.RO, *s.m.*, quem extrai látex do caucho, seringalista.
CAU.CHO, *s.m.*, planta com látex, utilizada na obtenção de borracha.
CAU.CI.O.NA.DO, *adj.*, diz-se do que é garantido por caução; *fig.*, defendido, resguardado.
CAU.CI.O.NAN.TE, *adj.* e *s. 2 gên.*, que presta caução; quem assume a alguma responsabilidade.
CAU.CI.O.NAR, *v.t.*, dar em garantia, penhorar, dar em caução.
CAU.CI.O.NÁ.RIO, *adj.* e *s.m.*, quem assume a responsabilidade, que se refere a caução.
CAU.DA, *s.f.*, rabo, parte traseira, apêndice, parte prolongada do corpo de certos animais.
CAU.DA.DO, *adj.*, que tem cauda; em Zoologia, relativo aos caudados; *s.m.*, em Zoologia, espécime da ordem dos caudados, anfíbios que incluem o tritão e a salamandra.
CAU.DAL, *adj.*, referente a cauda; caudaloso; *s. 2 gên.*, rio caudaloso, rio de montanha.
CAU.DA.LO.SI.DA.DE, *s.f.*, qualidade de caudaloso; caudal.
CAU.DA.LO.SO, *adj.*, em que corre muita água.
CAU.DA.TÁ.RIO, *s.m.*, pessoa que segura a cauda do manto de alguém em uma solenidade; partidário.
CAU.DA.TO, *adj.*, que tem cauda.
CAU.DEI.RO, *s.m.*, caudatário.
CAU.DE.LA.RI.A, *s.f.*, terra (fazenda ou sítio) usada na procriação, seleção e aperfeiçoamento de animais, esp. cavalos; haras.
CÁU.DEX, *s.m.*, cáudice.
CÁU.DI.CE, *s.m.*, a parte sem ramos de uma árvore, tronco.
CAU.DI.CI.FOR.ME, *adj.*, em Botânica, que não tem ramificações.
CAU.DÍ.CU.LO, *s.m.*, pequeno cáudice.
CAU.DÍ.FE.RO, *adj.*, que tem cauda.
CAU.DI.LHA.MEN.TO, *s.m.*, ato de caudilhar ou capitanear.
CAU.DI.LHAR, *v.t.*, acaudilhar.
CAU.DI.LHEI.RO, *adj.*, que diz respeito a caudilho.
CAU.DI.LHES.CO, *adj.*, relativo a caudilho; próprio ou semelhante a caudilho.
CAU.DI.LHIS.MO, *s.m.*, condução à maneira de caudilho; ideias ditatoriais.
CAU.DI.LHO, *s.m.*, chefe, comandante de um bando, chefe militarista.
CAU.DÍ.MA.NO, *adj.*, Zoologia, de cauda preênsil.
CAU.IM, *s.m.*, bebida indígena, fabricada a partir da mandioca ou do milho e fermentada.
CAU.I.RA, *s. 2 gên., bras.*, sovinice; *gír.*, indivíduo avarento; *adj. 2 gên., bras., gír.*, diz-se de quem é avarento.
CAU.I.XI, *s.m., bras.*, substância esponjosa que se junta às raízes das árvores à beira de alguns rios da Amazônia, e cujas cinzas, misturadas com barro, são usadas para fabricar louça.
CAU.LE, *s.m.*, tronco, haste das plantas.
CAU.LE.O.SO, *adj.*, em Botânica, que tem caule; diz-se de raiz que se converte em caule ou tronco.
CAU.LES.CÊN.CIA, *s.f.*, qualidade de caulescente.
CAU.LES.CEN.TE, *adj.*, que possui caule.
CAU.LÍ.CU.LO, *s.m.*, pequeno caule, diminutivo de caule.
CAU.LÍ.FE.RO, *adj.*, que tem caule, caulescente.
CAU.LI.FI.CA.ÇÃO, *s.f.*, formação do caule, criação do caule.
CAU.LI.FLO.RO, *adj.*, diz-se das plantas que têm flores no caule.
CAU.LIM, *s.m.*, argila branca, por ser refratária, de largo uso no fabrico de porcelanas.
CAU.LI.NAR, *adj. 2 gên.*, em Botânica, relativo a, ou próprio de caule.
CAU.LI.NI.TA, *s.f.*, em Mineralogia, designa caules fósseis ou seus vestígios em terrenos calcários; mineral monoclínico (silicato de alumínio hidratado) branco ou quase branco, importante componente da argila; caulim.
CAU.LI.NI.ZA.ÇÃO, *s.f.*, ato de caulinizar.
CAU.LI.NI.ZAR, *v.t.*, transformar em caulim.
CAU.LI.NO, *adj.*, em Botânica, relativo a, ou próprio do caule; *s.m.*, em Mineralogia, ver caulim.
CAU.LOI.DE, *adj. 2 gên.*, que se assemelha a caule; *s.m.*, em Botânica, parte de um talo que se assemelha a um caule, em seu exterior.
CAU.MÃ, *s.m., bras.*, grande ave de rapina.
CA.Ú.NA, *s.f.*, em Botânica, nome de várias plantas aquifoliáceas do gênero *Ilex*, us. como erva para infusão, inclusive substituindo a erva-mate, embora de qualidade inferior.
CAU.RIM, *s.m.*, em Zoologia, pequeno molusco gastrópode, que em algumas povoações africanas serve de moeda; *pop.*, logro, calote.
CAU.RI.NAR, *v.t., pop.*, lograr, enganar, passar calote; pregar caurim.
CAU.RI.NEI.RO, *s.m., pop.*, trapaceiro, caloteiro, velhaco.
CAU.SA, *s.f.*, a razão de um fato, o porquê de um fato; origem, incidente, princípio.
CAU.SA.ÇÃO, *s.f.*, ato ou resultado de causar; causa, processo causativo, conjunto de causas.
CAU.SA.DO, *adj.*, que é ou foi causa ou motivo de; produzido, gerado por.
CAU.SA.DOR, *s.m.*, o agente, o provocador de um fato, quem inicia.
CAU.SAL, *adj.*, o que provoca, o que origina algo.
CAU.SA.LI.DA.DE, *s.f.*, situação em que se verifica relação direta entre a causa e o efeito de algo.
CAU.SA.LIS.MO, *s.m.*, relação entre causa e efeito, causalidade.
CAU.SA.LIS.TA, *adj. 2 gên.*, relativo ou concernente a causa.

CAU.SA.LI.ZAR, v.t., tornar causal.
CAU.SA MOR.TIS, loc. s., do latim, a "causa da morte" que determina a morte de uma pessoa ou animal; loc. adj. Jur., relativo à taxação de uma herança ou legado.
CAU.SAN.TE, adj. e s. 2 gên., o mesmo que causador.
CAU.SAR, v.t., provocar, iniciar, originar.
CAU.SA.TI.VO, adj., relativo ou inerente a causa; causador.
CAU.SÍ.DI.CO, s.m., advogado, quem possui a licença da OAB para a prática da advocacia.
CAU.SO, s.m., caso, história, fato, acontecimento.
CÁUS.TI.CA, s.f., em Física, curva formada pelo cruzamento dos raios luminosos e caloríficos que são refletidos ou refratados por uma superfície curva.
CAUS.TI.CA.ÇÃO, s.f., ação ou efeito de causticar, enfado, aborrecimento, incômodo.
CAUS.TI.CAN.TE, adj., que caustica, queimante, abrasador; irônico, malicioso, mordaz.
CAUS.TI.CAR, v.t., abrasar, causticar, torrar, deixar muito quente.
CAUS.TI.CI.DA.DE, adv., de modo cáustico, mordaz, sarcástico.
CÁUS.TI.CO, adj., corrosivo como ácido, que destrói; fig., mordaz, ferino.
CAUT.CHU, s.m., substância resultante da coagulação do látex, extraída da seringueira (*Hevea brasiliensis*) e de outras plantas, us. na produção de matéria-prima para indústrias de borracha.
CAU.TE.LA, s.f., prevenção, cuidado, precaução.
CAU.TE.LA.DO, adj., o mesmo que acautelado.
CAU.TE.LAR, v.t., int. e pron., acautelar, providenciar, prevenir; adj. 2 gên., que serve para prevenir em ação judicial um mal maior; que se refere a cautela, acautelatório.
CAU.TE.LO.SA.MEN.TE, adv., com cautela, cuidadosamente.
CAU.TE.LO.SO, adj., cheio de cautela, cuidadoso.
CAU.TÉ.RIO, s.m., agente usado - pode ser químico, físico, a fim de sarar uma ferida ou estancar o sangramento.
CAU.TE.RI.ZA.ÇÃO, s.f., ação ou efeito de cauterizar, queimadura de uma ferida, cura.
CAU.TE.RI.ZA.DO, adj., curado, queimado, sanado.
CAU.TE.RI.ZA.DOR, adj. e s.m., que ou o que cauteriza.
CAU.TE.RI.ZAN.TE, adj. 2 gên., diz-se do que cauteriza.
CAU.TE.RI.ZAR, v.t., queimar uma ferida para sarar a parte afetada; curar, aplicar o cautério.
CAU.TO, adj., cauteloso, cuidadoso, precavido.
CA.VA, s.f., ato de cavar, abertura, abertura em algumas peças de vestuário, fosso em torno de fortalezas.
CA.VA.CA, s.f., acha, lasca de lenha, pedaço de madeira, cavaco.
CA.VA.ÇÃO, s.f., ação ou efeito de cavar, escavação, negócio em que há artimanhas de uma das partes.
CA.VA.CAR, v.t., cavar; fazer buracos em; ver escavar.
CA.VA.CA.RI.A, s.f., grande quantidade de cavacos.
CA.VA.CO, s.m., lasca de madeira, resto de algo, restolho; pop., conversa informal e leve.
CA.VA.DEI.RA, s.f., tipo de trator que serve para cavar.
CA.VA.DE.LA, s.f., pequena escavação, cavação ligeira.
CA.VA.DI.ÇO, adj., que se extrai da terra cavando.
CA.VA.DO, adj., aberto, escavado.
CA.VA.DOR, adj. e s.m., que(m) cava, escavador.
CA.VA.DO.RA, s.f., máquina agrícola para escavar camada terrosa.

CA.VA.LA, s.f., peixe muito procurado pelo sabor alimentício.
CA.VA.LA.DA, s.f., tropa de cavalos.
CA.VA.LA.GEM, s.f., modo de andar a cavalo; em Zoologia, cobrição; o preço da cobrição.
CA.VA.LÃO, s.m., aumentativo de cavalo; em Zoologia, espécie de cavalo grande, de porte avantajado; fig., pessoa muito alta e forte; pessoa de modos rudes, grosseiros; pessoa estúpida.
CA.VA.LAR, adj., próprio de cavalo; enorme; fig., tipo mal-educado.
CA.VA.LA.RI.A, s.f., tropa militar com homens a cavalo; tropa numerosa de cavalos.
CA.VA.LA.RI.A.NO, s.m., soldado da cavalaria, policial montado.
CA.VA.LA.RI.ÇA, s.f., baia, local em que se abrigam os cavalos.
CA.VA.LA.RI.ÇO, s.m., servo das cavalariças, quem cuida da cavalariça.
CA.VA.LE.AR, v.t., o mesmo que cavalgar.
CA.VA.LEI.RA, s.f., mulher que sabe andar a cavalo; amazona.
CA.VA.LEI.RO, s.m., quem anda a cavalo, quem cavalga.
CA.VA.LEI.RAR, v.int., marchar a cavalo.
CA.VA.LHEI.RES.CO, adj., próprio de cavalheiro; cavaleiroso.
CA.VA.LEI.RO.SO, adj., relativo ou inerente a cavaleiro; altivo, denodado, valoroso.
CA.VA.LE.TE, s.m., armação de madeira para sustentar e segurar objetos, como telas para pintar.
CA.VAL.GA.ÇÃO, s.f., ação ou efeito de cavalgar; cavalgamento.
CA.VAL.GA.DA, s.f., grupo de cavaleiros cavalgando; ajuntamento de pessoas e cavalos.
CA.VAL.GA.DOR, adj. e s.m., que ou o que cavalga; cavalgante.
CA.VAL.GA.DU.RA, s.f., animal para ser montado, besta; fig., tipo bruto, grosseiro.
CA.VAL.GA.MEN.TO, s.m., ação ou efeito de cavalgar, montagem, cavalgação.
CA.VAL.GAN.TE, adj. e s. 2 gên., que ou pessoa que monta a cavalo; cavaleiro.
CA.VAL.GAR, v. int., andar a cavalo, montar.
CA.VA.LHA.DA, s.f., tropilha de cavalos, récua de cavalos.
CA.VA.LHA.RI.ÇA, s.f., pop., cavalariça.
CA.VA.LHEI.RES.CO, adj., característico de cavalheiro, distinto, nobre.
CA.VA.LHEI.RI.CE, s.f., modos ou procedimento de cavalheiro.
CA.VA.LHEI.RIS.MO, s.m., nobreza, gentileza, fineza, distinção.
CA.VA.LHEI.RO, s.m., pessoa educada, nobre, distinta.
CA.VA.LHEI.RO.SO, adj., que é próprio de cavalheiro; nobre, brioso, obsequioso.
CA.VA.LHEI.RO.TE, s.m., pej., pessoa de pouco cavalheirismo.
CA.VA.LI.CE, s.f., pop., grosseria, rudeza; brutalidade; cavalada.
CA.VA.LI.CO.QUE, s.m., pej., pop., cavalo pequeno, magro, de pouco valor; petiço, pileca.
CA.VA.LI.NHA, s.f., diminutivo de cavala; em Ictiologia, espécie de peixe marinho da fam: dos gempilídeos, prateado.
CA.VA.LI.NHO, s.m., diminutivo de cavalo; tipo de couro curtido e envernizado de cavalo; tipo de jogo de azar semelhante a roleta; em Astronomia, constelação boreal próxima ao equador celeste.

CA.VA.LO, *s.m.*, animal doméstico, mamífero, usado para tração e montaria.

CA.VA.LO.A.DA, *s.f.*, salto de cavalo; ímpeto de cavalo.

CA.VA.LO.AR, *v.int.*, saltar como cavalo; atirar-se como cavalo; andar aos saltos; traquinar.

CA.VA.LO DE PAU, *s.m.*, cavalete para praticar exercícios de ginástica ou saltos; freada repentina para inverter a direção de um veículo.

CA.VA.LO DE TROI.A, *s.m.*, inimigo dissimulado, que se infiltra em uma família, instituição, etc.

CA.VA.LO-FOR.ÇA, *s.m.*, em Física, o mesmo que cavalo-vapor.

CA.VA.LO-MA.RI.NHO, *s.m.*, peixe pequeno, cuja cabeça assemelha-se à de um cavalo.

CA.VA.LO-VA.POR, *s.m.*, unidade de força padrão, estimada em elevar o peso de 75 kg em 1 m de altura, em 1 segundo; normalmente, abreviado pelo termo inglês hp.

CA.VA.MEN.TE, *adv.*, de modo cavo; com som rouco e profundo.

CA.VA.NHA.QUE, *s.m.*, barba crescida somente no queixo.

CA.VA.QUE.A.DOR, *adj. e s.m.*, que(m) conversa, palrador, falante.

CA.VA.QUE.AR, *v.t. e int., pop.*, conversar familiarmente, conversa fiada.

CA.VA.QUEI.RA, *s.f., pop.*, conversa fiada, conversa mole, diálogo informal.

CA.VA.QUEI.RO, *s.f., bras., pop.*, conversa espontânea, informal, sem assunto fixo; bate-papo.

CA.VA.QUI.NHA, *s.f.*, diminutivo de cavaca; em Biologia, nome comum a diversos crustáceos da fam. dos cilarídeos; em Culinária, tipo de biscoito feito de farinha de milho.

CA.VA.QUI.NHO, *s.m.*, viola pequena com quatro cordas.

CA.VA.QUIS.TA, *adj. 2 gên.*, diz-se de quem se irrita facilmente, agastado; *s. 2 gên.*, em Música, aquele que toca cavaquinho.

CA.VAR, *v.t., int. e pron.*, escavar, abrir a terra com qualquer instrumento, esburacar, aumentar um buraco; *pop.*, obter vantagens e favores.

CA.VA.TI.NA, *s.f.*, em óperas, uma ária rápida, uma canção curta.

CA.VE, *s.f., galic.*, o mesmo que adega.

CÁ.VEA, *s.f.*, gaiola, jaula, covil; a plateia em semicírculo, na antiguidade romana.

CA.VEI.RA, *s.f.*, somente os ossos da cabeça, sem nenhuma cobertura; *fig.*, pessoa magra.

CA.VEI.RA.DO, *adj.*, diz-se do soalho cujas tábuas não seguem na mesma direção diversa, de forma que a superfície fica dividida em diferentes retângulos.

CA.VEI.RO.SO, *adj.*, com aspecto de caveira; descarnado.

CA.VER.NA, *s.f.*, cavidade, buraco natural dentro da terra.

CA.VER.NAL, *adj.*, que se refere a caverna.

CA.VER.NA.ME, *s.m., pop.*, conjunto de ossos de um vertebrado; esqueleto; na Construção Naval, o conjunto das cavernas de uma embarcação.

CA.VER.NO.SI.DA.DE, *s.f.*, qualidade de cavernoso.

CA.VER.NO.SO, *adj.*, com muitas cavernas; som rouco.

CA.VI.AR, *s.m.*, alimento raro; ovas de um peixe de nome esturjão.

CA.VI.DA.DE, *s.f.*, cova, depressão, buraco, reentrância.

CA.VI.LA.ÇÃO, *s.f.*, trama, ardil, manha, subterfúgio para lograr alguém.

CA.VI.LA.DOR, *adj. e s.m.*, enganador, mentiroso, sofista, falso filósofo.

CA.VI.LA.GEM, *s.f.*, cavilação.

CA.VI.LAR, *v. int.*, enganar, mentir, ludibriar.

CA.VI.LHA, *s.f.*, peça metálica ou de madeira, para prender madeiras, pino, parafuso, prego.

CA.VI.LHA.ÇÃO, *s.f.*, ato ou efeito de cavilhar; cavilação.

CA.VI.LHA.DOR, *s.m.*, aquele que cavilha.

CA.VI.LHA.MEN.TO, *s.m.*, ação ou efeito de cavilhar, cavilhação.

CA.VI.LHAR, *v.t.*, pregar cavilhas em.

CA.VI.LO.SI.DA.DE, *s.f.*, qualidade de caviloso.

CA.VI.LO.SO, *adj.*, ardiloso, manhoso, capcioso.

CA.VI.TAR, *v.int.*, em Física, formar-se vácuo parcial (em um líquido) durante a circulação.

CA.VI.TÁ.RIO, *adj.*, relativo a, ou que tem cavidade; em Anatomia, diz-se de órgãos que se situam numa cavidade.

CA.VO, *adj.*, cavado, aprofundado, cavernoso.

CA.VOU.CA.DO, *adj.*, cavucado, cavado, esburacado.

CA.VOU.CA.DOR, *adj. e s.m.*, que(m) cavouca, cavador, esburacador.

CA.VOU.CAR, *v. int.*, cavucar, esburacar.

CA.VOU.CO, *s.m.*, fosso, buraco, vala.

CA.VOU.QUEI.RO, *adj., pej.*, diz-se de pessoa incompetente; diz-se de pessoa mentirosa; *s.m.*, pessoa que abre cavoucos; pessoa que escava pedreiras para extrair rochas.

CA.VU.CAR, *v.t. e int.*, fazer buracos, esburacar, cavoucar, cavocar.

CA.XAM.BU, *s.m.*, tambor grande, tipo de samba dançado com esses tambores.

CA.XAN.GÁ, *s.m.*, tipo de caranguejo.

CA.XA.RE.LO, *s.m.*, termo designativo do macho da baleia, caxaréu.

CA.XA.RÉU, *s.m., bras.*, em Zoologia, o macho adulto da baleia; var., caxaréu.

CA.XE.MI.RA, *s.f.*, lã fina e macia da Índia; fio dessa lã; xale que imita a caxemira com desenhos típicos.

CA.XE.TA, *s.f.*, árvore cuja madeira tem muitos usos.

CA.XI.AS, *adj., s. 2 gên.*, indivíduo muito radical no cumprimento dos deveres, muito dinâmico.

CA.XIN.GA, *s.f., bras.*, o mesmo que catinga.

CA.XIN.GAR, *v.int., bras.*, o mesmo que coxear, claudicar.

CA.XIN.GÓ, *adj.*, que caxinga, manco; ruim, mau.

CA.XIN.GUE.LÊ, *s.m.*, esquilo, pequeno roedor mamífero de nossas matas.

CA.XIN.GUEN.TO, *adj., bras.*, que tem caxinga, catinguento.

CA.XIN.XA, *s. 2 gên., bras.*, banguela.

CA.XI.XI, *adj.*, diz-se de aguardente de qualidade inferior; *s.m., bras.*, em Música, instrumento musical de percussão que consiste numa pequena cesta de taquara fechada, contendo sementes secas.

CA.XUM.BA, *s.f.*, doença que faz inchar a parte externa da garganta.

CA.ZA.QUE, *adj. 2 gên.*, da República do Cazaquistão; que é típico desse país ou de seu povo; *s. 2 gên.*, nascido ou que vive na República do Cazaquistão; a língua falada no Cazaquistão.

CD - *s.m.*, pequeno disco para gravações, audição de temas ou músicas.

CD - símbolo químico do cádmio.

CD-ROM, *s.m.*, disco que armazena muitas informações: escritos, imagens, músicas.

**CE, **em Química, símbolo do elemento cério.
**CÊ, ** s.m., nome da letra c.
CE - sigla do Estado do Ceará.
**CE.AR, ** v. int., tomar a ceia, comer à noite, jantar.
**CE.A.RÁ, ** s.m., no Nordeste, ver charque.
**CE.A.REN.SE, ** adj., habitante ou natural do Ceará.
**CE.A.TA, ** s.f., ceia copiosa, refeição noturna com muita comida; ágape.
**CE.BI.CHE, ** s.m., em Culinária, prato típico do Peru, feito de peixe cozido, frito ou assado, limão e temperos, var., ceviche.
**CE.BÍ.DEOS, ** s.m., pl., em Zoologia, família de macacos platirríneos, que compreende várias subfamílias, nas quais se incluem o bugio, o mico, o mono, etc.
**CE.BO.LA, ** s.f., planta da família das liliáceas, cujo bulbo é comestível como salada e usado como tempero.
**CE.BO.LA.DA, ** s.f., prato feito apenas com cebolas, guisado de cebolas.
**CE.BO.LA-DE-CHEI.RO, ** s.f., ver cebolinha.
**CE.BO.LA.ME, ** s.m., fam., porção de cebolas, muitas cebolas.
**CE.BO.LAL, ** s.m., plantação de cebolas, faixa de terras coberta por cebolas.
**CE.BO.LÃO, ** s.m., relógio de bolso, usado antigamente no bolsinho do casaco ou da calça, com uma corrente longa, movido a corda.
**CE.BO.LI.NHA, ** s.f., planta usada para condimentar a comida, cebola-de-cheiro; na parte inferior do cárter dos motores dos carros, mantém o nível do óleo.
**CE.BU.A.NO, ** s.m., língua falada nas Filipinas.
**CE.CAL, ** adj. 2 gên., em Anatomia, pertencente ou relativo ao ceco.
**CE.CÉ, ** s.m., ver tsé-tsé.
**CE.CE.A.DU.RA, ** s.f., ato de cecear, ceceio.
**CE.CE.AR, ** v. int., maneira de pronunciar o s e o z por entre os dentes, modo de pronúncia.
**CÊ-CE.DI.LHA, ** s.m., a letra c com o sinal gráfico - cedilha.
**CE.CEI.O, ** s.m., modo como se pronuncia o s e o z; dificuldades de prolação, de fala.
**CE.CE.O.SO, ** adj., que tem ceceios, que mostra dificuldades na prolação.
**CI.CÍ.DIO, ** s.m., em Botânica; alteração do tecido vegetal causada pela ação de insetos, fungos, etc., que se manifesta de formas variadas; bugalho.
**CE.CO, ** s.m., o começo do intestino grosso.
**CE.CO.GRA.FI.A, ** s.f., sistema de escrita para cegos; o ato de ensinar os cegos a escrever.
**CE.COS.TO.MI.A, ** s.f., em cirurgia, procedimento que abre um orifício artificial de comunicação entre o ceco e o meio exterior para servir de ânus.
**CE.CRÓ.PIA, ** s.f., em Botânica, gênero de árvores urticáceas dos trópicos americanos, ao qual pertence a embaúba.
**CÉ.CUM, ** s.m., em Anatomia, ver ceco.
**CE.DÊN.CIA, ** s.f., ação ou efeito de ceder, transferência, cessão.
**CE.DEN.TE, ** adj., s.m., quem cede, quem transfere um direito, que cede.
**CE.DER, ** v.t. e int., passar adiante direitos, dar concessões, conceder; não aguentar.
**CE.DI.ÇO, ** adj., obsoleto, fora de moda, podre; fig., sabido por todos.
**CE.DI.DO, ** adj., que foi objeto de cessão; ofertado, doado; emprestado.

**CE.DI.LHA, ** s.f., sinal gráfico colocado no c, para mudar-lhe a pronúncia forte antes de a,o,u.
**CE.DI.LHA.DO, ** adj., que tem cedilha.
**CE.DI.LHAR, ** v.t., colocar cedilha.
**CE.DI.MEN.TO, ** s.m., o mesmo que cessão.
**CE.DI.NHO, ** adv., muito cedo, bem cedo.
**CE.DÍ.VEL, ** adj. que se pode ceder ou dar.
**CE.DO, ** adv., antes da hora marcada, com antecedência.
**CÉ.DRIA, ** s.f., resina do cedro.
**CE.DRI.NHO, ** s.m., em Botânica, árvore (Cedrela fissilis) da fam. das meliáceas.
**CE.DRO, ** s.m., nome de várias árvores, cuja madeira é muito valiosa.
**CE.DRO-DO-LÍ.BA.NO, ** s.m., em Botânica, grande árvore (Cedrus libani) da fam. das pináceas.
**CÉ.DU.LA, ** s.f., documento assinado para fins de direito; dinheiro de papel; papel para eleição.
**CE.DU.LAR, ** adj. 2 gên., relativo a cédula.
**CE.FA.LAL.GI.A, ** s.f., dor de cabeça, cefaleia.
**CE.FA.LÁL.GI.CO, ** adj., que se refere à cefalalgia.
**CE.FA.LEI.A, ** s.f., dor de cabeça, cefalalgia.
**CE.FA.LEI.CO, ** adj., relativo a cefaleia.
**CE.FÁ.LI.CO, ** adj., próprio da cabeça ou do encéfalo.
**CE.FA.LI.TE, ** s.f., em Medicina, inflamação do cérebro; congestão cerebral.
**CE.FA.LI.ZA.ÇÃO, ** s.f., em Biologia, forma de concentração gradativa, no processo de evolução, de órgãos e componentes do sistema nervoso na extremidade anterior do corpo dos animais, resultando na formação da cabeça.
**CE.FA.LO.GRA.FI.A, ** s.f., descrição da cabeça.
**CE.FA.LO.GRÁ.FI.CO, ** adj., relativo a cefalografia.
**CE.FA.LOI.DE, ** adj., que tem a forma de cabeça.
**CE.FA.LO.LO.GI.A, ** s.f., estudo anatômico da cabeça.
**CE.FA.LO.ME.TRI.A, ** s.f., em Anatomia, medição da cabeça de indivíduos vivos.
**CE.FA.LÓ.PO.DES, ** s.m., pl., classe dos moluscos, como os polvos e lulas.
**CE.FA.LO.TÓ.RAX, ** s.m 2 n., em Anatomia e Zoologia, parte do corpo composta da união dos segmentos corporais da cabeça e do tórax, entre os aracnídeos e crustáceos.
**CE.FEI.DA, ** s.f., em Astronomia, estrela variável pulsante de curto período; var., cefeida.
**CE.FEU, ** s.m., em Astronomia, constelação do hemisfério setentrional.
**CE.GA, ** s.f., fem. de cego; loc. adv., às cegas: às apalpadelas, cegamente; fig., inconscientemente; sem conhecimento.
**CE.GA.GEM, ** s.f., em Agricultura, supressão dos olhos ou gemas das árvores.
**CE.GA.MEN.TE, ** adv., às cegas; no escuro; sem conhecimento.
**CE.GA.MEN.TO, ** s.m., cegueira, falta de visão; fig., obstinação, teimosia.
**CE.GAN.TE, ** adj. 2 gên., que cega; fig., que ofusca ou deslumbra.
**CE.GAR, ** v.t., int. e pron., perder a visão, tornar-se cego, não enxergar.
**CE.GA-RE.GA, ** s.f., ant., cigarra; instrumento que imita a cigarra; fig., fam., pessoa que fala muito, repetindo a mesma coisa e no mesmo tom.
**CE.GAS, ** s.f., pl., usado na expron., às cegas.
**CE.GO, ** adj. e s.m., sem visão, privado da vista; fig., desvairado, louco, desajuizado.
**CE.GO.NHA, ** s.f., ave pernalta que migra de acordo com a

estação; caminhão que transporta carros.
CE.GO.NHÃO, s.m., pop., medo, susto, sobressalto.
CE.GO.NHEI.RA, s.f., caminhão especial para o transporte de carros.
CE.GO.NHEI.RO, s.m., motorista de caminhão que transporta carros.
CE.GUEI.RA, s.f., falta de visão.
CE.GUE.LHA, s. 2 gên. e adj., cegueta.
CE.GUE.TA, adj. 2 gên., que vê mal; s. 2 gên., pessoa que vê mal.
CE.GUI.DÃO, s.f., cegueira.
CE.GUI.NHO, s.m., dim. de cego; bras., peixe silurídeo, de água doce.
CEI.A, s.f., jantar; refeição da noite, refeição feita mais tarde.
CEI.FA, s.f., colheita, colher com a ceifadeira.
CEI.FA-CO.LHE.DEI.RA, s.f., em Agricultura, tipo de máquina agrícola que ceifa e colhe, esp. cereais.
CEI.FA.DEI.RA, s.f., máquina agrícola para colher cereais, segadeira.
CEI.FA.DEI.RO, s.m., ceifeiro.
CEI.FA.DO, adj., que foi cortado ou colhido com foice; fig., de que se tirou a vida, fig., que foi eliminado, destruído.
CEI.FA.DOR, adj. e s.m., que ou o que ceifa.
CEI.FÃO, s.m., o mesmo que ceifeiro.
CEI.FAR, v.t. e int., colher, cortar o cereal, segar.
CEI.FEI.RA, s.f., ver ceifadeira; mulher que trabalha na ceifa.
CEI.FEI.RO, s.m., quem ceifa, colhedor, apanhador.
CEI.LO.NEN.SE, adj. 2 gên. e s. 2 gên., ver cingalês.
CEI.TIL, s.m., ant., antiga moeda portuguesa; p. ext., quantia insignificante, ninharia.
CE.LA, s.f., aposento, quarto de monges, frades e monjas em conventos e mosteiros; aposento para presos.
CE.LA.DA, s.f., parte da armadura de ferro que proteje a cabeça.
CE.LA.GEM, s.f., a cor do céu ao nascer e pôr do sol; cariz.
CE.LA.TU.RA, s.f., gravação com cinzel; baixo-relevo.
CE.LE.BÉR.RI.MO, adj., forma erudita superlativa do adjetivo célebre.
CE.LE.BRA.ÇÃO, s.f., ação ou efeito de celebrar, comemorar, festejar.
CE.LE.BRA.DO, adj., comemorado, festejado, lembrado.
CE.LE.BRA.DOR, adj. e s.m., que(m) celebra, comemorador, festejador.
CE.LE.BRÃO, s.m., fam., pessoa ou fato muito célebre.
CE.LE.BRAR, v.t., solenizar, comemorar, realizar uma cerimônia.
CE.LE.BRA.TI.VO, adj., que celebra, que é próprio para celebrar, em que se celebra.
CE.LE.BRÁ.VEL, adj., que se deve celebrar, comemorável.
CÉ.LE.BRE, adj., famoso, conhecido, notável, notório, renomado.
CE.LE.BREI.RA, s.f., fam., extravagância, singularidade, mania; pej., fama, celebridade.
CE.LE.BRI.DA.DE, s.f., o que é célebre, indivíduo muito conhecido; fama, notoriedade.
CE.LE.BRI.ZA.ÇÃO, s.f., ação ou resultado de celebrizar(-se).
CE.LE.BRI.ZAR, v.t. e pron., tornar célebre, notabilizar, tornar famoso.
CE.LE.BRÓ.RIO, adj., fam., esquisito, singular, excêntrico.
CE.LEI.REI.RO, s.m., guarda ou administrador de celeiro.
CE.LEI.RO, s.m., paiol, construção para recolher os cereais.
CE.LEN.TE.RA.DOS, s.m. e pl., Zoologia, filo também chamado de cnidária, cujos indivíduos aquáticos são as hidras de água doce, e nos oceanos as mais famosas são os corais, as anêmonas-do-mar, etc.
CE.LE.RA.DA.MEN.TE, adv., de modo celerado; com malvadez; perversamente.
CE.LE.RA.DEZ, s.f., qualidade de celerado; perversidade.
CE.LE.RA.DO, adj., s.m., bandido, assassino, malfeitor, criminoso, delinquente.
CÉ.LE.RE, adj., veloz, rápido.
CE.LE.RI.DA.DE, s.f., rapidez, velocidade.
CE.LE.RÍ.ME.TRO, s.m., instrumento que mede a distância percorrida por um veículo; velocímetro, taxímetro.
CE.LE.RÍ.PE.DE, adj., que tem os pés rápidos.
CE.LES.TA, s.f., em Música, instrumento musical semelhante ao piano vertical, de lâminas metálicas em vez de cordas.
CE.LES.TE, adj., do céu, celestial, feliz.
CE.LES.TI.AL, adj., do céu, celeste, divino.
CE.LES.TI.NO, adj., celeste, que se refere ao céu.
CE.LE.TIS.TA, adj. 2 gên., bras., relativo à lei da Consolidação das Leis Trabalhistas (CLT).
CE.LEU.MA, s.f., rumor, barulho, discussão, algazarra.
CE.LEU.ME.AR, v. int., celeumar.
CEL.GA, s.f., acelga, tipo de couve macia.
CE.LHAS, s.f. e pl., cílios, pestanas; sobrancelhas.
CE.LHE.A.DO, adj., que tem celhas.
CE.LÍ.A.CO, adj., em Anatomia, relativo ao, ou próprio do abdome, situado no abdome.
CE.LI.BA.TÁ.RIO, s.m. e adj., quem não se casou, solteiro, solteirão.
CE.LI.BA.TA.RIS.MO, s.m., situação de celibatário, celibato.
CE.LI.BA.TO, s.m., ato de quem não se casou, pessoa solteira.
CÉ.LI.CO, adj., celeste (poética).
CE.LÍ.CO.LA, s. 2 gên., habitante do céu.
CE.LÍ.FLUO, adj., que dimana ou ocorre do céu.
CE.LÍ.GE.RO, adj., que sustenta o céu (na Mitologia, Hércules e Atlas).
CE.LI.PO.TEN.TE, adj. 2 gên., que é poderoso no céu.
CE.LIS.TA, s. 2 gên., violoncelista.
CE.LO, s.m., em Música, abreviatura de violoncelo.
CE.LO.FA.NE, s.m., plástico transparente para uso doméstico.
CE.LO.MA, s.m., em Zoologia, cavidade originada no mesoderma.
CE.LO.MA.DO, adj., provido de celoma ou relativo aos celomados; s.m., espécie dos celomados.
CEL.SI.TU.DE, s.f., sublimidade, elevação.
CÉL.SIUS, adj. 2 gên., 2 n., o mesmo que centígrados (classificação em homenagem ao físico e astrônomo sueco Anders Celsius (1701-1744).
CEL.SO, adj., sublime, excelso, elevado.
CEL.TA, adj. s. 2 gên., povo antigo que povoou muitas regiões da Europa; o idioma desse povo.
CEL.TE, s.m., nome comum dos instrumentos cortantes de pedra de eras pré-históricas.
CEL.TI.BÉ.RI.CO, adj., relativo ou pertencente aos celtíberos; ibero-céltico.
CEL.TI.BE.RO, adj., relativo a pessoa pertencente ao povo que viveu na Celtibéria (antiga Espanha), resultante da fusão de celtas com iberos.
CEL.TI.CI.DA.DE, s.f. qualidade de celta.
CEL.TI.CIS.MO, s.m. características célticas.
CÉL.TI.CO, adj., próprio dos celtas e de sua língua e costumes.

CELTO-ROMANO — CENTAFOLHO

CEL.TO-RO.MA.NO, *adj.*, relativo aos celtas e aos romanos.
CÉ.LU.LA, *s.f.*, cela pequena; uma parte mínima na composição de um corpo.
CE.LU.LA.DO, *adj.*, que tem células.
CÉ.LU.LA-MÃE, *s.f.*, em Biologia, célula que dá origem a outras, semelhantes a ela (células-filhas) ou de tipo diferente.
CÉ.LU.LA-O.VO, *s.f.*, em Biologia, célula originada da fertilização de um óvulo por um espermatozoide; zigoto.
CE.LU.LAR, *adj.*, próprio da célula, nascimento de células.
CE.LU.LAR, *s.m.*, telefone sem fio.
CE.LU.LÍ.FE.RO, *adj.*, em Biologia, que tem células.
CE.LU.LI.FOR.ME, *adj.*, que tem forma de célula.
CE.LU.LÍ.FU.GO, *adj.*, em Biologia, que se afasta do núcleo da célula.
CE.LU.LÍ.PE.TO, *adj.*, em Biologia, que se aproxima do núcleo da célula.
CE.LU.LI.TE, *s.f.*, inflamação do tecido celular; excesso de gorduras na pessoa.
CE.LU.LÍ.TI.CO, *adj.*, em Medicina, relativo a celulite.
CE.LU.LOI.DE, *s.m.*, substância transparente, elástica, de uso na fabricação de filmes.
CE.LU.LO.SE, *s.f.*, substância extraída do lenho das plantas, usada no fabrico de papel.
CE.LU.LO.SI.DA.DE, *s.f.*, qualidade da matéria que possui celulose.
CE.LU.LO.SI.NA, *s.f.*, substância incombustível que tem por base a celulose.
CE.LU.LO.SO, *adj.*, que possui celulose.
CEM, *num.*, uma centena, numeral cardinal 100.
CE.MEN.TA.ÇÃO, *s.f.*, ato ou processo de cementar(-se); em Metalurgia, processo de obter um metal de uma solução de um de seus compostos pela precipitação com outro metal.
CE.MEN.TAR, *v. int.*, ligar materiais diversos com o calor, para obter uma peça única.
CE.MEN.TO, *s.m.*, tecido duro que reveste os dentes.
CE.MI.TE.RI.AL, *adj. 2 gên.*, relativo a cemitério.
CE.MI.TÉ.RI.CO, *adj.*, ver cemiterial.
CE.MI.TÉ.RIO, *s.m.*, local próprio para o sepultamento dos mortos, necrópole, campo-santo.
CEM.PAS.SO, *s.m.*, medida de superfície correspondente a cem passos em quadro.
CE.NA, *s.f.*, divisão de um ato teatral, fato, espetáculo.
CE.NÁ.CU.LO, *s.m.*, casa onde Jesus celebrou a Santa Ceia; grupo de pessoas afins.
CE.NA.GAL, *s.m.*, ver ceno.
CE.NA.GO.SO, *adj.*, cenoso.
CE.NÁ.RIO, *s.m.*, decoração para a representação teatral, paisagem, panorama.
CE.NA.RIS.TA, *s. 2 gên.*, quem constrói cenários, decorador.
CEN.DAL, *s.m.*, tecido fino e transparente; véu para o rosto ou para o corpo inteiro.
CEN.DRAR, *v.t.*, o mesmo que acendrar.
CEN.DRO.SO, *adj.*, que possui cinza em sua constituição; acendrado, acinzentado.
CE.NHO, *s.m.*, fisionomia, semblante, rosto.
CE.NHO.SO, *adj.*, carrancudo.
CE.NHU.DO, *adj.*, carrancudo, cenhoso.
CÊ.NI.CO, *adj.*, próprio da cena.
CE.NIS.MO, *s.m.*, barbarismo, vício de linguagem que usa termos estrangeiros, mesmo havendo o correspondente em legítimo vernáculo.

CE.NÓ.BIO, *s.m.*, convento, mosteiro para monges, habitação para monges.
CE.NO.BIS.MO, *s.m.*, vida em cenóbio, vida de cenobita.
CE.NO.BI.TA, *s. 2 gên.*, monge radicado em comunidade; *fig.*, eremita.
CE.NO.BI.TIS.MO, *s.m.*, estado ou modo de vida de cenobita.
CE.NO.FI.LI.A, *s.f.*, em Psiquiatria, gosto acima do normal por grandes espaços abertos e/ou desabitados.
CE.NÓ.FI.LO, *adj.*, *s.m.*, em Psiquiatria, que ou aquele que sofre de cenofilia; var., cenofílico.
CE.NO.FO.BI.A, *s.f.*, em Psiquiatria, medo doentio de espaços abertos ou locais públicos; agorafobia.
CE.NO.FÓ.BI.CO, *adj.*, relativo a cenofobia; que sofre de cenofobia; cenófobo.
CE.NÓ.FO.BO, *adj.*, *s.m.*, em Psiquiatria, o mesmo que cenofóbico.
CE.NO.GRA.FAR, *v.t.*, fazer a cenografia de.
CE.NO.GRA.FI.A, *s.f.*, a arte de preparar os cenários de um palco, de uma paisagem.
CE.NO.GRÁ.FI.CO, *adj.*, relativo a cenografia.
CE.NO.GRA.FIS.TA, *s. 2 gên.*, o mesmo que cenógrafo em Cinema, Teatro e Televisão; especialista em cenografia; cenarista.
CE.NO.LO.GI.A, *s.f.*, estudo da encenação; em Física, estudo do vácuo.
CE.NÓ.GRA.FO, *s.m.*, especialista em armar a cenografia.
CE.NO.SI.DA.DE, *s.f.*, qualidade do que é cenoso; lodaçal; torpeza.
CE.NO.SO, *adj.*, lodoso, imundo.
CE.NO.TÁ.FIO, *s.m.*, sepulcro em homenagem a alguém cujo corpo não foi encontrado ou está sepultada em outro lugar.
CE.NO.TÉC.NI.CA, *s.f.*, em Cinema, Teatro e Televisão, técnica de criação, montagem e utilização de cenários.
CE.NO.TÉC.NI.CO, *adj. e s.m.*, relativo a cenotécnica ou ao profissional que trabalha nela.
CE.NOU.RA, *s.f.*, raiz comestível de uma hortaliça, planta umbelífera.
CE.NO.ZOI.CO, *s.m.*, era histórica na qual os dinossauros foram extintos no planeta Terra.
CEN.SA.TÁ.RIO, *s.m.*, quem custeia um censo.
CEN.SI.TÁ.RIO, *adj.*, que se refere a censo.
CEN.SO, *s.m.*, recenseamento, contagem; pesquisa para obter dados e números quanto aos habitantes de um local ou dados econômicos.
CEN.SOR, *s.m.*, quem censura, quem proíbe atos públicos.
CEN.SÓ.RIO, *adj.*, que se refere a censo.
CEN.SU.AL, *adj. 2 gên.*, relativo a censo; censitário.
CEN.SU.A.LIS.TA, *s. 2 gên.*, indivíduo que recebe os censos.
CEN.SU.Á.RIO, *adj.*, o mesmo que censatário.
CEN.SU.RA, *s.f.*, ato de censurar, exame de obras, atos e situações para dar permissão ou não.
CEN.SU.RA.DO, *adj.*, examinado, proibido, não permitido.
CEN.SU.RAN.TE, *adj. 2 gên.*, que censura ou é capaz de censurar; *s. 2 gên.*, aquele que censura ou é capaz de fazer censura.
CEN.SU.RA.DOR, *adj. e s.m.*, que(m) censura, censor, quem censura exibições públicas.
CEN.SU.RAR, *v.t.*, repreender, criticar, proibir, condenar.
CEN.SU.RÁ.VEL, *adj.*, que pode ser censurado.
CEN.TA.FO.LHO, *s.m.*, no estômago do gado vacum, a parte que tem muitas dobras.

CEN.TÃO, *s.m.*, manta de retalhos; manta ou cobertor grosseiro; cobertura de peças de artilharia; poesia composta de versos ou fragmentos de versos de um ou mais autores; obra cheia de pensamentos e frases de diversos escritores.

CEN.TÁU.REO, *adj.*, relativo ao centauro.

CEN.TAU.RO, *s.m.*, figura da Mitologia, que era metade homem, metade cavalo.

CEN.TA.VO, *s.m.*, a centésima parte; moeda que representa a centésima parte de um real.

CEN.TE.AL, *s.m.* seara do centeio.

CEN.TE.EI.RO, *adj.*, de centeio.

CEN.TEI.O, *s.m.*, planta cujo grão se presta ao fabrico de pão e outros alimentos.

CEN.TE.LHA, *s.f.*, faísca, partícula luminosa, fagulha; *fig.*, inspiração.

CEN.TE.LHA.DOR, *s.m.*, dispositivo formado por dois elétrodos, de forma a permitir a passagem de cargas entre eles em forma de centelhas; aparelho para descarregar baterias ou acumuladores.

CEN.TE.LHA.MEN.TO, *s.m.*, ato ou efeito de centelhar; em Eletricidade, produção de centelhas no ar por um arco elétrico devido ao contato entre dois polos opostos.

CEN.TE.LHAR, *v. int.*, brilhar por centelhas, fagulhar, faiscar.

CEN.TE.NA, *s.f.*, cento, conjunto de cem unidades.

CEN.TE.NAR, *s.m.*, o mesmo que centena.

CEN.TE.NÁ.RIO, *s.m.*, com cem anos, secular; celebração de cem anos.

CEN.TE.NA.RIS.TA, *s. 2 gên.*, o que é apologista da celebração de centenários.

CEN.TE.SI.MAL, *adj.*, que se refere ao centésimo, divisão de um todo em cem partes iguais.

CEN.TÉ.SI.MO, *num.*, ordinal de cem dividido em suas unidades; o que algumas igrejas cobram dos fiéis por mês sobre os ganhos salariais, a título de ajuda a Deus.

CEN.TI.A.RE, *s.m.*, centésima parte de um are (que equivale a um metro quadrado).

CEN.TI.FÓ.LIO, *adj.*, que possui cem folhas.

CEN.TI.GRA.DO, *adj.*, divisão dos graus em cem.

CEN.TI.GRA.MA, *s.m.*, centésima parte do grama.

CEN.TI.LI.TRO, *s.m.*, centésima parte do litro.

CEN.TÍ.MA.NO, *adj.*, que tem cem mãos.

CEN.TI.ME.TRA.GEM, *s.f.*, medição ou medida em centímetros; em Publicidade, espaço em anúncio publicitário (jornal, revista, etc.), medido em centímetros.

CEN.TI.MÉ.TRI.CO, *adj.*, relativo a centímetro.

CEN.TÓ.CU.LO, *adj. e s.m.*, que ou o que tem cem olhos.

CEN.TO, *num.*, centena, cem, conjunto que somente cem unidades.

CEN.TO.NI.ZAR, *v.t.*, converter em centões um valor.

CEN.TO.PEI.A, *s.f.*, nome de vários insetos com muitas patas, lacraia.

CEN.TÍ.ME.TRO, *s.m.*, a centésima parte do metro.

CÊN.TI.MO, *s.m.*, a centésima parte de moedas de alguns países.

CEN.TÍ.PE.DE, *adj.*, que tem cem pés.

CEN.TRA.DO, *adj.*, que está situado no centro ou em ponto central; centralizado; *fig.*, diz-se de pessoa equilibrada.

CEN.TRA.GEM, *s.f.*, ação de centrar.

CEN.TRAL, *adj.*, que está no centro; *s.f.*, sede, matriz.

CEN.TRA.LI.DA.DE, *s.f.*, qualidade do que é central, do que ocupa o centro.

CEN.TRA.LIS.MO, *s.m.*, sistema administrativo ou político em que as decisões são tomadas por um pequeno grupo de pessoas.

CEN.TRA.LIS.TA, *adj. 2 gên. e s. 2 gên.*, que ou aquele que é adepto do centralismo.

CEN.TRA.LI.ZA.ÇÃO, *s.f.*, ação ou efeito de centralizar, concentração de poder nas mãos de um ou de poucos; comando único num grupo de trabalho.

CEN.TRA.LI.ZA.DO, *adj.*, que está no centro, concentrado, comandado por um.

CEN.TRA.LI.ZA.DOR, *adj. e s.m.*, que, aquele ou aquilo que centraliza ou tende a centralizar.

CEN.TRA.LI.ZAN.TE, *adj. 2 gên.*, que centraliza; centralizador.

CEN.TRA.LI.ZAR, *v.t.*, concentrar, pôr no centro, reunir.

CEN.TRA.MEN.TO, *s.m.*, ação ou resultado de centrar.

CEN.TRAR, *v.t. e int.*, colocar no centro, localizar no centro, jogar para o centro.

CEN.TRÍ.FU.GA, *s.f.*, aparelho que gira em alta velocidade sobre o centro.

CEN.TRI.FU.GA.ÇÃO, *s.f.*, ato ou efeito de centrifugar; em Física, separação de substâncias de densidades diferentes pela força centrífuga.

CEN.TRI.FU.GA.DO, *adj.*, que se submeteu a centrifugação.

CEN.TRI.FU.GA.DOR, *adj.*, que centrifuga; *s.m.*, o que centrifuga; centrífuga.

CEN.TRI.FU.GA.DO.RA, *s.f.*, o mesmo que centrífuga; máquina de centrifugar (roupas).

CEN.TRI.FU.GAR, *v.t.*, passar na centrífuga.

CEN.TRI.FU.GIS.MO, *s.m.*, tendência ao afastamento do centro.

CEN.TRÍ.FU.GO, *adj.*, que se centra, que busca manter-se no centro.

CEN.TRI.PE.TIS.MO, *s.m.*, tendência para o centro.

CEN.TRÍ.PE.TO, *s.m.*, que vai para o centro.

CEN.TRIS.MO, *s.m.*, situação em que as posições ficam equidistantes de cada extremo; concordância com todas as facções.

CEN.TRIS.TA, *s. 2 gên.*, participante de um grupo que tende para o centro das ideias, em oposição à esquerda ou direita.

CEN.TRO, *s.m.*, meio, ponto à mesma distância de todos os demais; o lugar mais central de uma cidade.

CEN.TRO.A.VAN.TE, *s. 2 gên.*, no jogo de futebol, o jogador de ataque, posto no centro do campo.

CEN.TRO.BÁ.RI.CO, *adj.*, que depende do centro de gravidade.

CEN.TROI.DE, *adj. 2 gên.*, em Física, relativo ou pertencente ao centro de massa (de um corpo); *s.m.*, o centro de massa (desse corpo).

CEN.TROS.FE.RA, *s.f.*, em Geologia, núcleo da Terra; barisfera.

CEN.TÚN.VI.RO, *s.m.*, um dos cem magistrados de alta hierarquia na antiga Roma.

CEN.TU.PLI.CA.DO, *adj.*, multiplicado por cem, aumentado.

CEN.TU.PLI.CAR, *v.t.*, multiplicar por cem.

CÊN.TU.PLO, *num.*, o multiplicativo de cem.

CEN.TÚ.RIA, *s.f.*, divisão no exército romano, contendo cem soldados ou cavaleiros; centena, um século, cem anos.

CEN.TU.RI.A.DO, *s.m.*, centurionato.

CEN.TU.RI.AL, *adj.*, relativo a centúria e a centurião.

CEN.TU.RI.ÃO, *s.m.*, no exército romano, quem comandava uma centúria, ou seja, cem homens.

CEN.TÚ.RIO, *s.m.*, o mesmo que centurião.

CEN.TU.RI.O.NA.TO, *s.m.*, cargo de centurião.

CE.NU.RO, *s.m.*, em Zoologia, larva ou embrião de uma tênia (*Taenia coenurus*) que cresce nos intestinos dos vertebrados.

CE.NU.RO.SE, *s.f.*, doença provocada pelos cenuros.

CEP, *s.m.*, Código de Endereçamento Postal - código que indica o número do bairro, a rua, e determinada localização nessa rua.

CE.PA, *s.f.*, videira, tronco da videira, tipo de uva, origem, origem étnica.

CE.PÁ.CEO, *adj.*, que tem forma de cebola; que cheira a cebola.

CE.PI.LHAR, *v. int.*, tirar o cepilho, alisar uma tábua, acepilhar.

CE.PI.LHO, *s.m.*, plaina manual, ferramenta que o marceneiro usa para alisar madeira.

CE.PO, *s.m.*, a parte do tronco que fica na terra, com as raízes; *fig.*, origem.

CEP.TI.CIS.MO, *s.m.*, cetismo, filosofia da dúvida, descrença, negação da verdade.

CÉP.TI.CO, *adj.*, cético, descrente, quem duvida de tudo.

CE.PU.DO, *adj.*, que tem feitio de cepo; tosco, mal feito.

CE.RA, *s.f.*, substância colhida dos favos de abelhas, para vários fins; substância química usada para lustrar assoalhos e móveis, cerume; *fig.*, prática de jogadores em demorar para jogar.

CE.RÁ.CEO, *adj.*, que se refere a cera, próprio da cera, semelhante a cera.

CE.RA.DA, *s.f.*, enceradura.

CE.RÂ.MI.CA, *s.f.*, arte de usar o barro no fabrico de louças, tijolos e outros objetos de barro cozido; fábrica de objetos de cerâmica, como azulejos.

CE.RÂ.MI.CO, *adj.*, relativo a cerâmica, próprio da cerâmica.

CE.RA.MIS.TA, *s. 2 gên. e adj.*, quem trabalha com cerâmica, operário de uma fábrica de cerâmica.

CÉ.RA.MO, *s.m.*, na antiguidade grega, vaso de barro.

CE.RA.MO.GRA.FI.A, *s.f.*, descrição de louças antigas.

CE.RAR, *v.t.*, fechar com cera, lacrar.

CE.RA.TI.NA, *s.f.*, substância semelhante a cera, comum nos cabelos, na pele e unhas do corpo humano; substância usada na estética para embelezar os cabelos; queratina.

CE.RA.TI.NI.ZA.ÇÃO, *s.f.*, ato ou efeito de ceratinizar; processo de conversão em ceratina ou em tecido ceratino.

CE.RA.TI.NI.ZA.DO, *adj.*, que sofre ceratinização.

CE.RA.TI.NI.ZAR, *v.t. e int.*, queratinizar, passar cera em.

CÉR.BE.RO, *s.m.*, na Mitologia, cão monstruoso de três cabeças, que guardava o reino subterrâneo dos mortos.

CER.CA, *adv.*, perto, quase, em torno de; *s.f.*, muro, obra para dividir terrenos, proteger casas.

CER.CA.DA, *s.f.*, tipo de armadilha de pesca, também denominada curral de peixe.

CER.CA.DO, *adj., s.m.*, cerca, muro, pedaço de terra limitado por cerca; que é protegido por cerca.

CER.CA.DOR, *adj. e s.m.*, que ou o que põe cerco a uma praça; sitiador.

CER.CA.DU.RA, *s.f.*, cerca, ação ou efeito de cercar, proteção.

CER.CA.MEN.TO, *s.m.*, ato ou efeito de cercar; rodear; cerco.

CER.CA.NI.A, *s.f.*, lugar perto de outro, arredor; imediação; vizinhança.

CER.CA.NI.AS, *s.f.*, cercania, arredores, vizinhanças, proximidades.

CER.CAN.TE, *adj. e s. 2 gên.*, que ou o que cerca.

CER.CÃO, *adj.*, que é das cercanias; vizinho; próximo.

CER.CAR, *v.t. e pron.*, fazer cerca, construir cerca.

CER.CA-VI.VA, *s.f.*, cerca feita com plantas; sebe viva.

CER.CE, *adv.*, pela raiz, rente.

CER.CE.A.DO, *adj.*, proibido, limitado, raspado.

CER.CE.A.DOR, *adj. e s.m.*, que(m) cerceia, limitador, cortador.

CER.CE.A.DU.RA, *s.f.*, ação de cercear; *s.f. e pl.*, aparas.

CER.CE.AL, *s.f.*, casta de uva branca, vinho desta cepa, var., sercial.

CER.CE.A.MEN.TO, *s.m.*, ação ou efeito de cercear, limitação, proibição.

CER.CE.AR, *v.t.*, cortar pela raiz, eliminar, raspar, limitar.

CER.CEI.O, *s.m.*, o mesmo que cerceamento.

CER.CI.LHAR, *v.t.*, abrir o cercilho em; tonsurar.

CER.CI.LHO, *s.m.*, coroa ou tonsura muito larga de que usavam alguns frades; *ant.*, as bordas irregulares do pergaminho que se cerceiam ou aparam.

CER.CO, *s.m.*, ação de cercar; fechamento; controle centrado pela polícia ou pelo exército.

CER.CO.PI.TE.CÍ.DEO, *adj.*, em Zoologia, relativo aos cercopitecídeos; *s.m.*, espécime dos cercopitecídeos, família de primatas da África e da Ásia, como o macaco-rhesus, o mandril e os babuínos, entre outros.

CER.CO.PI.TE.CO, *s.m.*, em Zoologia, gênero de macacos africanos, de cauda longa e muito coloridos.

CER.DA, *s.f.*, pelo duro de vários animais, como cavalo, javali.

CER.DE.AR, *v.t. e int.*, o mesmo que tosquiar.

CER.DO, *s.m.*, ver porco.

CER.DO.SO, *adj.*, que está cheio de cerdas; que tem muitas cerdas, peludo, peloso.

CE.RE.AL, *s.m.*, produtos agrícolas em forma de grãos, como trigo, milho, soja.

CE.RE.A.LI.CUL.TU.RA, *s.f.*, cultura de cereais.

CE.RE.A.LIS.TA, *s. 2 gên.*, quem negocia com cereais.

CE.RE.BE.LAR, *adj.*, que se refere ao cerebelo.

CE.RE.BE.LI.TE, *s.f.*, em Medicina, inflamação do cerebelo.

CE.RE.BE.LO, *s.m.*, parte posterior do cérebro, que fica em cima da medula.

CE.RE.BRA.ÇÃO, *s.f.*, atividade cerebral ou intelectual.

CE.RE.BRAL, *adj.*, referente ao cérebro, próprio do cérebro.

CE.RE.BRA.LI.DA.DE, *s.f.*, pertencente ao cérebro, condições cerebrais.

CE.RE.BRA.LIS.MO, *s.m.*, teoria de que a consciência é meramente função ou produto do cérebro; valorização dos aspectos ou ideias intelectuais e racionais; intelectualismo.

CE.RE.BRAS.TE.NI.A, *s.f.*, fadiga do cérebro, cansaço do cérebro.

CE.RE.BRI.FOR.ME, *adj. 2 gên.*, que tem forma e aparência de cérebro.

CE.RE.BRI.NO, *adj.*, cerebral; fantasioso, imaginoso.

CE.RE.BRI.TE, *s.f.*, em Medicina, inflamação do cérebro.

CÉ.RE.BRO, *s.m.*, parte do encéfalo, situada na parte anterior e superior do crânio, inteligência, *fig.*, alguém muito inteligente.

CE.RE.BRO.PA.TI.A, *s.f.*, doença do cérebro.

CE.RE.BRO.VAS.CU.LAR, *adj.*, em Anatomia, relativo ou pertencente ao cérebro e aos vasos sanguíneos que o irrigam.

CE.RE.JA, *s.f.*, fruto da cerejeira, de cor vermelha quando madura.

CE.RE.JAL, *s.m.*, plantação de cerejeiras, bosque de cerejeiras.

CE.RE.JEI.RA, *s.f.*, árvore muito alta, cuja madeira é usada

CÉREO

na fabricação de móveis.
CÉ.REO, *adj.*, *poética*, de cera, da cor da cera; semelhante a cera.
CE.RES, *s.f.*, deusa da agricultura na mitologia romana; *fig.*, semente.
CE.RI.EI.RA, *s.f.*, planta que produz cera vegetal; cerieiro.
CE.RÍ.FE.RO, *adj.*, que produz cera, que fabrica cera.
CE.RÍ.FI.CO, *adj.*, o mesmo que cerifero.
CE.RI.MÔ.NIA, *s.f.*, rito, procedimentos em uma solenidade, festa, solenidade, modos gentis entre pessoas; cortesia exagerada.
CE.RI.MO.NI.AL, *s.m.*, ritual; o conjunto das cerimônias em uma festa.
CE.RI.MO.NI.A.LIS.MO, *s.m.*, cumprimento de normas e regras cerimoniais; formalismo.
CE.RI.MO.NI.A.LIS.TA, *adj. 2 gên.*, que defende as normas cerimoniais; *s. 2 gên.*, responsável pela organização de um cerimonial; formalista; ritualista.
CE.RI.MO.NI.AR, *v.t.*, dirigir o cerimonial de; tratar com cerimônia.
CE.RI.MO.NI.O.SA.MEN.TE, *adv.*, de modo cerimonioso.
CE.RI.MO.NI.O.SO, *adj.*, cheio de cerimônias, com muita cortesia, excesso de gestos gentis.
CÉ.RIO, *s.m.*, elemento químico, de número atômico 58, símbolo: Ce.
CER.NAR, *v.t.*, cortar até o cerne (o tronco da árvore); descobrir o cerne; tirar o cerne de; limpar os madeiros da casca, do alburno e das costaneiras.
CER.NE, *s.m.*, a parte interna e dura dos troncos das árvores; firmeza; *fig.*, caráter.
CER.NEI.RA, *s.f.*, parte lenhosa de troncos e ramos de árvores, a casca e o alburno; parte da madeira extraída do cerne.
CER.NEI.RO, *adj.*, que tem cerne.
CER.NE.LHA, *s.f.*, em Zoologia, parte do corpo de quadrúpedes no ponto onde se unem as espáduas, formando uma cruz; garrote.
CER.NIR, *v.t.*, saracotear; *ant.*, peneirar, purificar.
CER.NO, *s.m.*, o mesmo que cerne.
CER.NO.SO, *adj.*, no RS, que tem cerne espesso; *fig.*, homem resistente, forte, de boa saúde.
CE.ROI.DE, *adj.*, que tem aparência de cera.
CE.ROL, *s.m.*, mistura de sebo, cera e pez, us. pelos sapateiros para encerar as linhas; mistura de vidro moído com cola que se passa indevidamente na linha das pipas para cortar as linhas de outras pipas.
CE.RO.MA, *s.f.*, pat. tumor que se forma em alguns tecidos devido a uma degeneração da gordura; em Zoologia, protuberância mole do bico das aves, o mesmo que cera.
CE.RO.PLÁS.TI.A, *s.f.*, ceroplástica; habilidade artística de plasmar objetos de arte com cera.
CE.RO.PLÁS.TI.CO, *adj.* relativo a ceromancia.
CE.RO.SO, *adj.*, o mesmo que céreo; em Química, relativo ao elemento céreo.
CE.ROU.LA, *s.f.*, ceroila, peça do vestuário usada sob as calças, indo até os tornozelos.
CER.QUEI.RO, *adj.*, que cerca, que envolve; diz-se de quem cultiva uma cerca viva; *s.m.*, pessoa que cultiva cerca viva.
CER.RA.ÇÃO, *s.f.*, nevoeiro, bruma, névoa.
CER.RA.DA.MEN.TE, *adv.*, com cerração, teimosamente, pertinazmente.
CER.RA.DÃO, *s.m.*, faixa de terra improdutiva.

CÉRVICE

CER.RA.DO, *adj.*, fechado, compacto, espesso; *s.m.*, região do Brasil central com vegetação herbácea.
CER.RA.DU.RA, *s.f.*, ato ou efeito de cerrar, de fechar; cerramento.
CER.RA-FI.LA, *s.m.*, na Marinha, navio que vai na retaguarda; em âmbito militar, soldado que fiscaliza a execução das ordens referentes à marcha; qualquer indivíduo na última fileira de uma coluna.
CER.RA.MEN.TO, *s.m.*, ato ou resultado de apertar, comprimir; encerramento, conclusão.
CER.RAR, *v.t. e pron.*, fechar, acabar, tapar, encerrar, finalizar.
CER.RI.LHA, *s.f.*, a borda branca dos dentes incisivos em animais.
CER.RI.TO, *s.m.*, pequeno cerro; elevação de terreno pedregoso.
CER.RO, *s.m.*, cômoro, pequena elevação, colina.
CER.TA, *expron.*, - na certa - com certeza.
CER.TA.ME, *s.m.*, certâmen, luta, disputa, torneio.
CER.TA.MEN.TE, *adv.*, com certeza; não absolutamente certo, embora bastante provável.
CER.TAR, *v. int.*, lutar, combater, batalhar.
CER.TEI.RO, *adj.*, no ponto, bem dirigido, direcionado.
CER.TE.ZA, *s.f.*, convicção, firmeza, conhecimento completo.
CER.TI.DÃO, *s.f.*, documento oficial que afirma o registro de um ato oficial.
CER.TI.FI.CA.ÇÃO, *s.f.*, ação ou efeito de certificar, comprovação.
CER.TI.FI.CA.DO, *s.m.*, documento para registrar um ato; *adj.*, confirmado, acertado.
CER.TI.FI.CA.DOR, *adj.*, *s.m.*, que(m) certifica, quem dá um certificado, diplomador.
CER.TI.FI.CAN.TE, *adj. 2 gên. e s. 2 gên.*, ver certificador.
CER.TI.FI.CAR, *v.t. e pron.*, confirmar a certeza de algo; assegurar.
CER.TI.FI.CA.TI.VO, *adj.*, que certifica ou se usa para certificar.
CER.TI.FI.CA.TÓ.RIO, *adj.*, ver certificativo.
CER.TI.FI.CÁ.VEL, *adj.*, que se pode certificar.
CER.TO, *adj.*, exato, verdadeiro, preciso.
CE.RÚ.LEO, *adj.*, *poético* - da cor do céu, celeste.
CE.RU.ME, *s.m.*, cerúmen, cera do ouvido.
CE.RU.MI.NO.SO, *adj.*, relativo ao cerume ou da sua natureza.
CER.VA, *s.f.*, fêmea do cervo, fêmea de veado.
CER.VAN.TES.CO, *adj.*, que se refere a Miguel de Cervantes, criador da obra Don Quixote.
CER.VAN.TI.NO, *adj.*, em Literatura, relativo ao escritor espanhol Miguel de Cervantes Saavedra (1547-1616) ou à sua obra; cervantesco.
CER.VE.JA, *s.f.*, bebida alcoólica, fermentada, feita de cevada, lúpulo e outros cereais.
CER.VE.JA.DA, *s.f.*, ingerir uma porção de cervejas; rodada de cerveja.
CER.VE.JA.DO, *adj.*, *pop.*, aquele que, por tomar muita cerveja, ficou em estado de embriaguês.
CER.VE.JAR, *v.int.*, beber ou bebericar cerveja.
CER.VE.JA.RI.A, *s.f.*, fábrica de cerveja, local em que se vende cerveja.
CER.VE.JEI.RO, *s.m.*, fabricante de cerveja, dono de cervejaria.
CER.VI.CAL, *adj.*, próprio da nuca, referente à parte inferior e posterior da cabeça.
CÉR.VI.CE, *s.f.*, em Anatomia, porção inicial e estreitada

de um órgão; colo.
CER.VÍ.DEOS, *s.m., pl.*, família de animais ruminantes, que engloba veados, cervos e alces.
CER.VI.NO, *adj.*, relativo ou pertencente ao cervo ou veado.
CER.VIZ, *s.f.*, nuca, a parte superior do pescoço.
CER.VO, *s.m.*, tipo de veado do Hemisfério Norte.
CER.ZI.DEI.RA, *s.f.*, pessoa que cerze; especialista em cerzir.
CER.ZI.DO, *adj.*, costurado, cosido sem que se perceba a costura.
CER.ZI.DOR, *adj. e s.m.*, que(m) cerze; quem cose sem deixar a costura à vista.
CER.ZI.DU.RA, *s.f.*, ação ou efeito de cerzir, cerzimento, costura invisível.
CER.ZI.MEN.TO, *s.m.*, ato ou efeito de cerzir; cerzidura.
CER.ZIR, *v.t.*, costurar alguma peça sem que se perceba o sinal, coser.
CE.SÁ.REA, *adj. e s.f.*, cesariana, operação cesariana.
CE.SÁ.REO, *adj.*, que se refere a César, que faz referência aos imperadores da Roma antiga.
CE.SA.RI.A.NA, *s.f.*, operação médica para retirar o nenê de dentro da mãe.
CE.SA.RI.A.NO, *adj.*, que se refere a César, cesáreo.
CE.SA.RIS.MO, *s.m.*, em História, governo dos césares romanos; p. ext., sistema de governo de um só mandante; despotismo.
CE.SA.RIS.TA, *adj. 2 gén.*, relativo ao cesarismo; *s. 2 gén.*, pessoa partidária do cesarismo.
CÉ.SIO, *s.m.*, elemento químico radioativo de muitos usos, inclusive na Medicina.
CÉS.PE.DE, *s.m.*, terreno coberto de grama; leira; em Botânica, gramíneas ou musgos que se espalham pelo chão de um terreno.
CES.SA.ÇÃO, *s.f.*, ação ou efeito de cessar; cessamento, parada.
CES.SA.DO, *adj.*, parado, terminado, findo.
CES.SA.MEN.TO, *s.m.*, ato ou efeito de cessar; cessação.
CES.SAN.TE, *adj.*, que cessa, que termina, que finda.
CES.SÃO, *s.f.*, ato de ceder, transferência de direitos, concessão.
CES.SAR, *v.t. int.*, parar, interromper, deixar de existir.
CES.SAR-FO.GO, *s.m. 2 n.*, em âmbito militar, interrupção temporária ou definitiva dos combates, numa guerra; acordo que suspende os combates; trégua; armistício.
CES.SI.BI.LI.DA.DE, *s.f.*, qualidade do que pode ser cedido.
CES.SI.O.NÁ.RIO, *adj. e s.m.*, que faz cessão de algum direito, pessoa que transfere direitos, cedido.
CES.SÍ.VEL, *adj.*, que se pode ceder.
CES.TA, *s.f.*, recipiente para transportar objetos, cesto.
CES.TA.DA, *s.f.*, conteúdo de uma cesta ou de um cesto.
CES.TÃO, *s.m.*, aumentativo de cesto; cesto grande cheio de terra para formar parapeito e abrigar os sitiantes; gabião; em Náutica, jangada para passar os rios.
CES.TA.RI.A, *s.f.*, grande quantidade de cestos; fábrica ou local de vendas de cestos e cestas.
CES.TEI.RO, *s.m.*, quem faz cestos, fabricante de cestos.
CES.TI.NHA, *s.f.*, cesta pequena; *s. 2 gén.*, no jogo de basquete, o jogador que faz mais cestas, que faz mais pontos.
CES.TO, *s.m.*, cesta, recipiente para levar objetos.
CES.TO.BOL, *s.m.*, em Esporte, ver basquetebol.
CES.TOI.DE, *adj. 2 gén.*, relativo a cesto; que tem forma de fita ou cinto.

CE.SU.RA, *s.f.*, ação ou efeito de cortar, corte de aparelho cirúrgico, parada, corte na tonalidade de declamação de um poema.
CE.SU.RA.DO, *adj.*, que se cesurou, cortou.
CE.SU.RAR, *v.t.*, fazer cesura; efetuar cesura em; abrir cesura, golpear, lancetar.
CE.TÁ.CEO, *adj.*, relativo aos cetáceos; *s.m.*, em Zoologia, espécime dos cetáceos, mamíferos aquáticos, como baleias, golfinhos, botos, etc., com nadadeira caudal horizontal e orifícios no alto da cabeça.
CE.TÁ.CEOS, *s.m., pl.*, ordem de mamíferos aquáticos, como baleia, golfinhos.
CE.TI.CIS.MO, *s.m.*, cepticismo, dúvida, descrença, incredulidade, desconfiança.
CÉ.TI.CO, *adj.*, céptico, descrente, incrédulo, desconfiado.
CE.TIM, *s.m.*, tipo de tecido fino e lustroso.
CE.TI.NE.TA, *s.f.*, tecido assemelhado ao cetim, porém, feito de algodão ou outro material.
CE.TI.NO.SO, *adj.*, fino e macio como o cetim; acetinado.
CE.TO.GÊ.NI.CO, *adj.*, em Química, que produz substâncias cetônicas ou induz à sua produção; cetógeno.
CE.TO.LO.GI.A, *s.f.*, estudo dos cetáceos.
CE.TO.NA, *s.f.*, em Química, compostos orgânicos (como a acetona, etc.) caracterizados pelo grupo carbonila, ligada a dois átomos de carbono.
CE.TÔ.NI.CO, *adj.*, da ou relativo a cetona; que contém cetona ou deriva dela.
CE.TO.NÚ.RIA, *s.f.*, em Medicina, presença de corpos cetônicos na urina.
CE.TO.SE, *s.f.*, em Medicina, aumento anormal de corpos cetônicos no organismo.
CE.TRI.NO, *adj.*, poética, o mesmo que vermelho.
CE.TRO, *s.m.*, bastão que o rei usa para indicar o seu poder de mando.
CÉU, *s.m.*, firmamento, espaço no qual se movem todos os astros; *fig.*, local onde habita Deus com os anjos e santos; paraíso.
CÉUS, *interj.*, expressa dor, desalento, impaciência, etc.
CE.VA, *s.f.*, ação de cevar, engorda, curral para engordar animais.
CE.VA.DA, *s.f.*, gramínea produtora de um grão alimentício usado na fabricação de cerveja.
CE.VA.DEI.RA, *s.f.*, peça da tapioca para moer o aipim; saco para dar alimento a animais.
CE.VA.DEI.RO, *s.m.*, lugar onde se cevam porcos; local onde se preparam as iscas para pescar.
CE.VA.DI.ÇO, *adj.*, que se pode cevar, que é bom de cevar.
CE.VA.DO, *adj.*, engordado, pronto para o abate.
CE.VA.DOR, *adj. e s.m.*, que(m) engorda animais, engordador.
CE.VA.DOU.RO, *s.m.*, local no qual se engordam animais; cevação.
CE.VA.DU.RA, *s.f.*, ceva; restos (da caça) para a ceva de aves de rapina; carnificina.
CE.VAN.DO, *adj.*, que se prepara para a ceva.
CE.VÃO, *s.m.*, porco cevado na pocilga ou curral.
CE.VAR, *v.t. e pron.*, engordar, preparar para ficar gordo; *fig.*, preparar uma armadilha para alguém.
CE.VA.TÍ.CIO, *adj.*, que é bom para cevar ou engordar animais.
CE.VEI.RA, *s.f.*, cereais próprios para a ceva.
CE.VEI.RO, *s.m.*, lugar para pôr comida, iscas, a fim de atrair peixes e pescá-los.

CEVIANA

CE.VI.A.NA, *s.f.*, em Geometria, reta que passa por um vértice de um triângulo e um ponto no lado oposto; segmento de reta que une o vértice de um triângulo a um ponto no lado oposto.
CE.VI.CHE, *s.m.*, ver cebiche.
CE.VO, *s.m.*, ceva, engorda.
CG, abreviação de centigrama.
CHÁ, *s.m.*, folhas de uma planta das Teáceas, preparadas, secadas e feitas em infusão com água; bebida; toda infusão com ervas.
CHÃ, *s.f.*, terreno plano, planura, várzea; *adj.*, humilde, plaino.
CHA.BU, *s.m.*, *bras.*, *pop.*, estouro chocho ou falha em fogos de artifício; p. ext., malogro em qualquer ação.
CHA.ÇA, *s.f.*, no jogo da péla, lugar onde a bola para; sinal que marca tal lugar; *fig.*; comoção; briga; contenda.
CHA.CAL, *s.m.*, mamífero carnívoro da família dos canídeos; *fig.*, cruel, traiçoeiro.
CHA.ÇAR, *v.int.*, *ant.*, fazer ou dar chaça.
CHÁ.CA.RA, *s.f.*, pequena propriedade para passatempo de pessoas.
CHA.CA.REI.RO, *s.m.*, quem cuida de uma chácara.
CHÁ-CHÁ-CHÁ, *s.m.*, em Música, dança de salão, de origem cubana.
CHA.CIM, *s.m.*, *ant.*, porco.
CHA.CI.NA, *s.f.*, grande matança, morticínio, carnificina.
CHA.CI.NA.DO, *adj.*, assassinado, morto, trucidado.
CHA.CI.NA.DOR, *adj.* e *s.m.*, assassino, matador, pistoleiro, criminoso.
CHA.CI.NAR, *v.t.*, assassinar, fazer uma chacina.
CHA.CI.NEI.RO, *s.m.*, vendedor de carne de porco.
CHA.CO.A.LHA.DA, *s.f.*, *pop.*, violenta oscilação; movimento de sacudir, de balançar rapidamente.
CHA.CO.A.LHA.DO, *adj.*, sacudido, balançado, mexido.
CHA.CO.A.LHAN.TE, *adj.* 2 gên., *pop.*, que chacoalha; que sacode, que balança com energia.
CHA.CO.A.LHÃO, *s.m.*, *pop.*, agitação ou oscilação intensa, violenta e rápida; sacudida, solavanco.
CHA.CO.A.LHAR, *v.t.* e *int.*, sacudir, balançar, revirar, mexer muito com.
CHA.CO.A.LHO, *s.m.*, *pop.*, ato de chacoalhar; solavanco, trepidação.
CHA.CO.NA, *s.f.*, em Música, dança popular originalmente espanhola, com andamento animado e compasso ternário.
CHA.CO.NIS.TA, *s.m.*, músico que compõe no estilo da chacona.
CHA.CO.SO, *adj.*, *ant.*, que tem achaques ou moléstias frequentes; achacoso.
CHA.CO.TA, *s.f.*, zombaria, desprezo, ato de ridicularizar.
CHA.CO.TE.A.ÇÃO, *s.f.*, ação de chacotear; chacota.
CHA.CO.TE.A.DOR, *s.m.*, aquele que faz chacotas; zombador, mofador, trocista.
CHA.CO.TE.AR, *v. int.*, zombar, desprezar, ridicularizar.
CHA.CO.TI.CE, *s.f.*, chacota, ação de chacotear.
CHA.CRA, *s.f.*, *pop.*, o mesmo que chácara, *s.m.*, relativo aos budistas, hinduístas, iogues e esotéricos, cada um dos centros de energia espiritual (vórtices de energia vital) do corpo humano.
CHA.CREI.RO, *s.m.*, *pop.*, chacareiro.
CHA.CRI.NHA, *s.f.*, *pop.*, pequena chácara; *s.f.*, conversa animada de um grupo de pessoas; panelinha; *gír.*, agitação desordenada e barulhenta.
CHA.FA.RI.CA, *s.f.*, *pop.*, baiuca, taberna; loja maçônica.

CHAMAMENTO

CHA.FA.RI.QUEI.RO, *s.m.*, *pej.*, o que tem chafarica, maçônico.
CHA.FA.RIZ, *s.m.*, construção com uma bomba, para jogar água e fazê-la jorrar para o alto.
CHA.FUR.DA, *s.f.*, lamaçal, imundície.
CHA.FUR.DA.DO, *adj.*, enlameado, preso na lama.
CHA.FUR.DAR, *v.t. int.*, enlamear-se, revolver-se na lama.
CHA.FUR.DI.CE, *s.f.*, imundície, sujeira.
CHA.GA, *s.f.*, ferida, cicatriz, ferida já cicatrizada.
CHA.GA.DO, *adj.*, que tem chagas, ulcerado.
CHA.GAR, *v. int.*, cobrir com chagas, ferir, ulcerar, provocar úlceras.
CHA.GUEN.TO, *adj.*, que tem chagas, que está cheio de chagas.
CHÁ-IN.GLÊS, *s.m.*, planta malvácea, o mesmo que erva--do-chá.
CHA.LA.ÇA, *s.f.*, sarcasmo, zombaria, gracejo abusado.
CHA.LA.CE.AR, *v.t.*, fazer ou dizer chalaças, rindo ou fazendo rir de (alguém); troçar, escarnecer de outrem; chalaçar.
CHA.LA.CEI.RO, *s.m.*, aquele que chalaceia, que diz chalaças; trocista.
CHA.LA.NA, *s.f.*, *bras.*, pequena embarcação de fundo chato, us. para o transporte de mercadorias e poucos passageiros.
CHA.LAN.DRA, *s.f.*, barco de pesca.
CHA.LÉ, *s.m.*, tipo arquitetônico de construção, casa de campo, casa construída com madeiras.
CHA.LEI.RA, *s.f.*, utensílio doméstico para ferver água; tem alças e tampa.
CHA.LEI.RA.MEN.TO, *s.m.*, *pop.*, ato de chaleirar; chaleirismo.
CHA.LEI.RAR, *v.t.*, *pop.*, adular, bajular, mostrar-se servil.
CHE.LEI.RIS.MO, *s.m.*, *pop.*, bajulação, adulação.
CHA.LEI.RIS.TA, *adj.*, *s.m.* 2 gên., *pop.*, o mesmo que chaleira.
CHA.LO, *s.m.*, em SP, cama de varas sobre estacas.
CHAL.RA, *s.f.*, vozerio confuso de várias pessoas falando ao mesmo tempo.
CHAL.RAR, *v. int.*, vozes de aves, palrar; *fig.*, falar muito.
CHAL.RE.A.DA, *s.f.*, o ruído de vozes e risos de muitas pessoas, esp. crianças, ao mesmo tempo; gralhada, o pipilar de pássaros.
CHAL.RE.A.DOR, *adj.* e *s.m.*, tagarela, que(m) fala muito.
CHAL.RE.A.DU.RA, *s.f.*, o mesmo que chalreada.
CHAL.RE.AR, *v.int.* e *t.*, falar muito e sem assunto específico; tagarelar; palrar.
CHAL.REI.O, *s.m.*, o mesmo que chalreada.
CHA.LU.PA, *s.f.*, navio antigo com dois mastros a vela; navio para transportes costeiros.
CHA.MA, *s.f.*, labareda, fogo que se desprende de lenha, material aceso.
CHA.MA.DA, *s.f.*, ato de chamar, chamamento; telefonema; repreensão, conferência que o professor faz em sala de aula dos alunos presentes; manchete em jornal ou revista.
CHA.MA.DEI.RA, *s.f.*, chamariz; bagalhão de linho que, quando maduro, começa a abrir.
CHA.MA.DI.LHO, *s.m.*, ação de chamar; chamado.
CHA.MA.DO, *adj.*, apelidado, referido, nominado; *s.m.*, apelo, chamada, convocação.
CHA.MA.DOR, *adj.*, que chama; *s.m.*, aquele que chama; no RS, aquele que segue à frente da tropa.
CHA.MA.DU.RA, *s.f.*, chamamento.
CHA.MA.LO.TE, *s.m.*, tecido de pelo ou lã, às vezes misturada com seda; tecido rústico de camelo ou de cavalo.
CHA.MA.MEN.TO, *s.m.*, chamamento, apelo, tendência,

vocação.

CHA.MAR, *v.t., int.* e *pron.*, invocar, buscar a atenção de, nominar, dar nome, denominar, despertar.

CHA.MA.RE.LA, *s.f., pop.*, incêndio; fogo.

CHA.MA.RIS.CO, *s.m.*, chamariz, isca, aquilo que atrai.

CHA.MA.RIZ, *s.m.*, o que chama, o que atrai; *fig.*, engano.

CHÁ-MA.TE, *s.m.*, infusão com erva-mate, chá feito com folhas de mate.

CHA.MA.TI.VO, *adj.*, apelativo, que atrai, que desperta a atenção, convidativo.

CHAM.BÃO, *s.m.*, carne de qualidade inferior, cheia de tendões e peles; *adj.* e *s.m. fig.*, que é, ou pessoa rude, grosseira; que é ou pessoa malvestida.

CHAM.BO.QUEI.RO, *adj.*, no Nordeste, grosseiro, de feições rudes.

CHAM.BRE, *s.m.*, roupão.

CHA.ME.AN.TE, *adj.*, que chameia.

CHA.ME.AR, *v.int.* e *t.*, chamejar.

CHA.ME.GAR, *v.t.* e *int., pop.*, fazer carícias (em); cobrir de atenções, carinhos, com admiração e desvelo.

CHA.ME.GO, *s.m.*, excitação sensual, apelos libidinosos; amizade íntima, tendência a agarramentos.

CHA.ME.GUEN.TO, *adj., pop.*, próprio de chamego; que se dá ao chamego, assanhado; que é zeloso de suas coisas.

CHA.ME.JA.MEN.TO, *s.m.*, ação ou efeito de chamejar, brilho, impulso.

CHA.ME.JAN.TE, *adj.*, flamejante, brilhante.

CHA.ME.JAR, *v. int.*, expelir chamas, arder, brilhar, flamejar.

CHA.ME.JO, *s.m.*, ato ou resultado de chamejar, chamejamento.

CHA.MI.NÉ, *s.f.*, tubo que leva a fumaça de um fogão ou forno para o exterior.

CHA.MOR.RI.CE, *s.f.*, ação própria de chamorro.

CHA.MOR.RO, *adj.*, diz-se de cabelo tosquiado; diz-se de pessoa que tem o cabelo raspado ou curto; *s.m.*, em História, alcunha que os espanhóis davam aos portugueses na época de D. João I (1385-1433).

CHA.MO.TA, *s.f.*, em Tecnologia, mistura de alumínio e sílica acrescentada à argila e depois submetida ao calor para constituir material refratário.

CHAM.PA, *s.f.*, prancha de espada.

CHAM.PA.DA, *s.f.*, pancada com champa.

CHAM.PA.NHE, *s. 2 gên.*, champanha, vinho, tipo especial de vinho.

CHAM.PA.NHI.ZA.ÇÃO, *s.f.*, ato ou efeito de champanhizar.

CHAM.PA.NHI.ZAR, *v.t.*, dar qualidades de champanha (a um vinho).

CHAM.PI.NHOM, *s.m.*, do fr., champignon, cogumelo.

CHAM.PÚR.RIO, *s.m.*, em jogo, ato de dar, a cada parceiro, as cartas todas juntas.

CHA.MUR.RO, *s.m.*, no Nordeste, novilho castrado; boi incorretamente castrado.

CHA.MUS.CA, *s.f.*, ação ou efeito de chamuscar, queimadela.

CHA.MUS.CA.DA, *s.f.*, queimada leve.

CHA.MUS.CA.DE.LA, *s.f., bras.*, ação ou efeito de chamuscar(-se), leve ou superficialmente.

CHA.MUS.CA.DO, *adj.*, queimado, tocado levemente pelo fogo.

CHA.MUS.CA.DOR, *adj.* e *s.m.*, que ou aquele que chamusca.

CHA.MUS.CA.DU.RA, *s.f.*, chamuscada, queimada.

CHA.MUS.CA.MEN.TO, *s.m.*, ação ou resultado de chamuscar; chamusco; enegrecimento pelo fogo.

CHA.MUS.CAR, *v.t.* e *pron.*, queimar de leve.

CHA.MUS.CO, *s.m.*, odor de queimada, fedor de algo se queimando.

CHAN.CA, *s.f.*, pé grande; perna alta e fina demais; calçado grande e tosco.

CHAN.CE, *s.f.*, oportunidade, ocasião.

CHAN.CE.LA, *s.f.*, assinatura através de carimbo, permissão, licença, liberação.

CHAN.CE.LA.DO, *adj.*, que recebeu chancela; referendado; aprovado.

CHAN.CE.LA.DOR, *adj.*, que ou aquele que chancela, que aprova, homologa, avaliza, endossa, valida.

CHAN.CE.LAR, *v.t.*, assinar, confirmar, aprovar; homologar; endossar; validar.

CHAN.CE.LA.RI.A, *s.f.*, órgão do governo no qual se obtém a aplicação de selo oficial, sinete; cargo do chanceler ou palácio que abriga o ministério do exterior.

CHAN.CE.LER, *s.m.*, ministro das relações exteriores; em alguns países, o primeiro-ministro.

CHAN.CHA.DA, *s.f.*, peça teatral de humor, filme do mesmo gênero.

CHAN.CHA.DEI.RO, *s.m., bras.*, nos anos 70, produtor de chanchadas.

CHAN.CHA.DES.CO, *adj., bras.*, espetáculo (filme, televisão, teatro) de humor grosseiro e produção barata.

CHA.NE.CO, *s.m., bras.*, em MG, terreno descampado e de pouco valor para a cultura.

CHA.NES.CO, *adj., pop.*, mal-acabado, tosco, grosseiro.

CHA.NE.ZA, *s.f.*, planura do terreno; *fig.*, simplicidade, singeleza, lhaneza.

CHAN.FA.LHA.DA, *s.f.*, pancada com chanfalho.

CHAN.FA.LHÃO, *s.m.*, chanfalho velho e grande; *adj., pop.*, brincalhão, jovial.

CHAN.FA.LHAR, *v.int., pop.*, tocar mal; *fig.*, folgar; patuscar.

CHAN.FRA.DO, *adj.*, que apresenta chanfraduras; biselado.

CHAN.FRA.DOR, *adj.* e *s.m.*, que ou aquele que chanfra; diz-se de, ou o aparelho que é usado para chanfrar.

CHAN.FRA.DU.RA, *s.f.*, ação de chanfrar, corte em ângulo ou diagonal.

CHAN.FRAR, *v.t.*, cortar em ângulo ou em diagonal; aparar as saliências ou arestas.

CHAN.FRO, *s.m.*, corte em qualquer superfície plana (vidro, madeira ou pedra), talhada em bisel; canto biselado; chanfradura.

CHAN.GA, *s.f., bras.*, transporte de carga leve ger. efetuado por biscateiros, carreto; pagamento por esse serviço; gorjeta; dinheiro.

CHAN.GA.DOR, *s.m.*, pessoa que faz transporte de cargas; biscateiro.

CHAN.GAR, *v.int., bras.*, no RS, ver changuear.

CHAN.GUE.AR, *v.int., bras.*, no RS, fazer changas.

CHAN.GUEI.RAR, *v.int., bras.*, no Sul, correr mal ou pouco como changueiro.

CHAN.GUEI.RO, *s.m., bras.*, no RS, cavalo para corridas, mas não de campeonatos importantes; parelheiro medíocre; changador; *adj.*, mal-arranjado; diz-se de cavalo que não emparelha; diz-se de animal feio.

CHA.NÍS.SI.MO, *adj.*, sup. de chão, muito plano.

CHAN.TA.GE.A.DO, *adj.*, que sofreu chantagem.

CHAN.TA.GE.A.DOR, *adj.* e *s.m.*, que ou aquele que

chantageia; chantagista.
CHAN.TA.GE.AR, v.t., praticar chantagem, extorquir.
CHAN.TA.GE.Á.VEL, adj. 2 gên., que pode ser chantageado.
CHAN.TA.GEM, s.f., extorsão de algo de alguém; cobrar pagamento para não revelar segredos ou escândalos.
CHAN.TA.GIS.TA, s. 2 gên., quem usa a chantagem.
CHAN.TEL, s.m., a última peça que fica no fundo do tonel ou nos tampos da vasilha.
CHAN.TI.LI, s.m., creme, ingrediente para doce ou bolo à base de açúcar e leite.
CHAN.TRE, s.m., eclesiástico que dirige o coro em igrejas; ant., entoador de música litúrgica.
CHA.NU.RA, s.f., grande terreno plano; planície.
CHÃO, s.m., solo, terra, pavimento, superfície; adj., sincero, humilde.
CHA.PA, s.f., peça plana, peça metálica ou de madeira; lista de candidatos a uma eleição, radiografia, placa de carro; pop., s.m., quem espera serviço para carga e descarga de caminhões, colega, amigo.
CHA.PA-BRAN.CA, adj., s. 2 gên., carro de uso de repartição pública; fig., tipo conservador.
CHA.PA.DA, s.f., planalto; terreno elevado e plano, plano em cima de montes.
CHA.PA.DÃO, s.m., chapada grande, um conjunto de chapadas, várias chapadas seguidas.
CHA.PA.DEI.RO, s.m., em MG, certa raça bovina; caipira das chapadas; característica da chapada.
CHA.PA.DO, adj. e s.m., completo, pronto; fig., pop., drogado, zonzo, tonto.
CHA.PAR, v.t., colocar chapa em, transformar em chapa, chapear.
CHA.PA.RI.A, s.f., conjunto de chapas, enfeites com chapas.
CHA.PAR.RAL, s.m., mata de chaparro; área de chaparreiros.
CHA.PAR.REI.RO, s.m., ver chaparro.
CHA.PAR.RO, s.m., pequena árvore de tronco tortuoso que serve para lenha; sobreiro novo; em Botânica, designativo de várias árvores, como carvalho mexicano, chaparro-preto, chaparro-manteiga, etc.
CHA.PE, s.m., ruído de algo que bate ou cai na água.
CHA.PE.A.DEI.RA, s.f., máquina utilizada para chapear.
CHA.PE.A.DO, adj., que é revestido ou guarnecido de chapas, metálicas ou não; que foi reduzido a chapas ou lâminas, laminado; s.m., revestimento feito com chapas.
CHA.PE.A.MEN.TO, s.m., ação de chapear.
CHA.PE-CHA.PE, s.m., onomatopeia de ruído de passos na lama.
CHA.PE.AR, v.t., cobrir com chapas.
CHA.PEI.RA.DA, s.f., porção que pode caber num chapéu; caldeirada.
CHA.PEI.RÃO, s.m., chapéu de grandes abas, chapelão; capuz; bras., espécie de capuz que desce até os ombros.
CHA.PEI.RO, s.m., bras., atendente de lanchonete que aquece ou faz sanduíches na chapa.
CHA.PE.JAR, v.t. e int., o mesmo que chapinhar.
CHA.PE.LA.DA, s.f., porção que cabe num chapéu; chapelada; pancada com chapéu, barretada.
CHA.PE.LÃO, s.m., chapéu grande.
CHA.PE.LA.RI.A, s.f., fábrica de chapéus; loja onde se comerciam chapéus.
CHA.PE.LEI.RA, s.f., local ou móvel em que se guardam os chapéus; mulher que fabrica e comercia chapéus.
CHA.PE.LEI.RO, s.m., fabricante de chapéus, vendedor de chapéus.
CHA.PE.LE.TA, s.f., chapéu pequeno, extremidades com pontas finas.
CHA.PE.LE.TE, s.m., chapéu pequeno.
CHA.PÉU, s.m., cobertura para a cabeça, de vários materiais e de todos os tamanhos, de acordo com a cabeça de cada pessoa.
CHA.PÉU-CO.CO, s.m., chapéu masculino de feltro rígido, com copa bem redonda e aba estreita, ligeiramente voltada para cima nos lados.
CHA.PÉU DE CHU.VA, s.m., guarda-chuva, qualquer chapéu muito grande.
CHA.PÉU DE SOL, s.m., guarda-sol, chapéu próprio para a praia.
CHA.PIM, s.m., calçado feminino elegante, de sola grossa e alta; patim de gelo; coturno usado em representações teatrais trágicas; chapa de metal colocada entre os trilhos e os dormentes nas estradas de ferro.
CHA.PI.NA.DA, s.f., pancada com chapim.
CHA.PI.NAR, v.t. e int., o mesmo que chapinhar.
CHA.PI.NHA, s.f., diminutivo de chapa; pequena peça de metal; instrumento que pressiona o cabelo e muda sua estrutura através do calor para alisá-lo.
CHA.PI.NHAR, v.t. e int., derrapar na lama, mexer na lama, agitar a lama.
CHA.PIS.CA.DO, adj., que se chapiscou; coberto com chapisco.
CHA.PIS.CAR, v.t., aplicar chapisco em, rebocar.
CHA.PIS.CO, s.m., massa de cimento com pouca areia para aplicar na parede.
CHA.PI.TÉU, s.m., em Náutica, a parte mais elevada da proa e da popa do navio.
CHA.PLI.NI.A.NO, adj. e s.m., relativo ao ou o cineasta Charles Chaplin; relativo à obra ou à biografia de Chaplin.
CHA.PO.TAR, v.t., retirar ramos inúteis de árvore; decotar (árvores).
CHA.PU.LE.TA.DA, s.f., pop., golpe de pouca intensidade aplicado com a mão aberta; chapoletada.
CHA.PU.LHAR, v.t. e int., o mesmo que chapinhar.
CHA.RA.CI.NA, s.f., modo, costume ou estilo chinês; var., charachima.
CHA.RA.DA, s.f., enigma; uma questão difícil de se resolver.
CHA.RA.DIS.MO, s.m., arte de fazer e decifrar charadas.
CHA.RA.DIS.TA, s. 2 gên., pessoa que resolve ou cria charadas; tipo enigmático.
CHA.RAM.BA, s.f., dança popular nos Açores.
CHA.RA.ME.LA, s.f., gaita de foles, flauta.
CHA.RA.ME.LAR, v.int., tocar charamela; fig., divulgar, tornar público.
CHA.RA.ME.LEI.RO, s.m., aquele que toca charamela.
CHA.RAN.GA, s.f., banda musical; qualquer conjunto musical de pouca afinação.
CHA.RAN.GUEI.RO, s.m., pop., músico de charanga.
CHA.RÃO, s.m., tipo de verniz à base de laca, originário da China; objeto revestido com esse verniz; em Botânica, planta da fam. das ancardiáceas (Rhus succedanea), de cuja resina provém esse verniz.
CHAR.CO, s.m., banhado, brejo, atoleiro, paul, pântano.
CHAR.CO.SO, adj., em que há charcos.
CHAR.CU.TA.RI.A, s.f., salsicharia; var., charcuteria.

CHARCUTEIRO   ··· 217 ···   CHAVEIRO

CHAR.CU.TEI.RO, *s.m.*, quem fabrica linguiças, linguiceiro.

CHAR.GE, *s.f.*, cartum com figura satírica, imitação grotesca de uma realidade.

CHAR.GIS.TA, *s. 2 gên.*, quem faz charges.

CHARIA, *s.f.*, ver *xaria*.

CHA.RI.VA.RI, *s.m.*, confusão, barulho, desordem.

CHAR.LA, *s.f.*, conversa, palestra, tagarelice, conversa fiada.

CHAR.LA.DOR, *adj. e s.m.*, que ou aquele que charla, que gosta de charlar ou costuma charlar.

CHAR.LAR, *v. int.*, tagarelar, falar muito sem sentido, conversar.

CHAR.LA.TA.NA.RI.A, *s.f.*, atitudes e habilidades de charlatão; modo de enganar as pessoas.

CHAR.LA.TA.NE.AR, *v.t. e int.*, portar-se como charlatão, exibir modos de charlatão.

CHAR.LA.TA.NES.CO, *adj.*, próprio de charlatão ou relativo a ele.

CHAR.LA.TA.NI.CE, *s.f.*, obra de charlatão, atividade de charlatão.

CHAR.LA.TÁ.NI.CO, *adj., bras.*, o mesmo que charlatanesco.

CHAR.LA.TA.NIS.MO, *s.m.*, charlatanice, atividade de charlatão.

CHAR.LA.TÃO, *s.m.*, indivíduo que se faz passar por aquilo que não é; falso profissional, curandeiro.

CHAR.LES.TON, *s.m.*, dança rápida, que surgiu nos Estados Unidos na década de 1920.

CHAR.LO.TA, *s.f.*, pastelão de carne ou marmelada, cercado de tiras de pão de ló e creme.

CHAR.LO.TE, *s.m.*, tipo de sapato trançado ou de malha fina, ger. colorido e com uma cara de gato; também o chamam de sapato cara de gato.

CHAR.ME, *s.m.*, encanto, simpatia, beleza, carisma.

CHAR.MO.SO, *adj.*, que tem charme, belo, atraente.

CHAR.NE.CA, *s.f.*, planície ampla e inculta, brejal, pântano.

CHA.RO.LA, *s.f.*, andor, peça para carregar santos.

CHA.RO.LEI.RO, *s.m.*, aquele que faz charolas ou andores.

CHAR.PA, *s.f.*, larga banda de pano, que serve de boldrié ou de cinto; suspensório preso ao pescoço para sustentar um braço doente; tipoia.

CHAR.QUE, *s.m.*, carne seca, carne desossada e preparada no sal para ser conservada para o consumo.

CHAR.QUE.A.ÇÃO, *s.f.*, ação ou efeito de charquear, produção de charque.

CHAR.QUE.A.DA, *s.f.*, local em que se prepara o charque.

CHAR.QUE.A.DOR, *s.m.*, dono de charqueada; preparador ou fabricante de charque.

CHAR.QUE.AR, *v.t. e int.*, preparar a carne para ser charque.

CHAR.QUEI.O, *s.m.*, charqueação.

CHAR.QUEI.RO, *adj.*, do ou relativo a charco; pantanoso; *s.m.*, o mesmo que charco.

CHAR.RAS.CAL, *s.m.*, charrasqueiro.

CHAR.RA.VAS.CAL, *s.m.*, vegetação quase impenetrável; chavascal; ver charneca.

CHAR.RE.TE, *s.f.*, carro puxado por um cavalo, cabriolé.

CHAR.RE.TEI.RO, *s.m.*, condutor de charrete.

CHAR.RU.A, *s.f.*, arado, instrumento para revirar a terra.

CHAR.RU.A.DA, *s.f.*, terra lavrada.

CHAR.RU.AR, *v.t.*, lavrar com charrua.

CHAR.TER, *s.m.*, avião fretado; voo fretado; contrato de frete para transporte.

CHA.RU.TA.RI.A, *s.f.*, local em que se vendem charutos e outros produtos de fumo.

CHA.RU.TEI.RA, *s.f.*, estojo para guardar charutos.

CHA.RU.TEI.RO, *s.m.*, fabricante de charutos; dono de charutaria; aquele que faz ou manipula charutos; espécie de tabaco.

CHA.RU.TO, *s.m.*, rolo feito com folhas de fumo para ser fumado.

CHAS.CO, *s.m.*, zombaria, caçoada, sátira, ironia.

CHÁS.PU.LHO, *s.m.*, em Teatro, elementos cenográficos que são colocados isolados na cena, representando flores, plantas, etc.

CHÁS.QUE, *s.m., bras.*, mensageiro, portador; chasco.

CHAS.QUE.A.DA, *s.f.*, zombaria, pilhéria.

CHAS.QUE.A.DOR, *adj. e s.m.*, que ou o que chasqueia, que gosta de chasquear; escarnecedor.

CHAS.QUE.AR, *v. int.*, zombar, caçoar, satirizar, ironizar.

CHAS.QUEI.RO, *adj.*, no RS, diz-se do trote largo dos cavalos.

CHAS.QUEN.TO, *adj.*, no RS, elegante, bonito, bem vestido.

CHAS.SI, *s.m.*, estrutura básica para montar o carro.

CHAT, *s.m.*, comunicação feita através de uma rede de computadores, com uso da internet, na qual se trocam mensagens escritas em tempo real entre os participantes; bate-papo.

CHA.TA, *s.f.*, barcaça, embarcação sem calado para navegar em rios; *fig.*, pessoa enjoada.

CHA.TA.DA, *s.f.*, no RS, repreenda, quinau; resposta indireta e desagradável.

CHA.TE.A.ÇÃO, *s.f., pop.*, incômodo, aborrecimento, enjoo.

CHA.TE.A.DO, *adj.*, aborrecido, incomodado, enjoado.

CHA.TE.AR, *v.t. e int., pop.*, aborrecer, incomodar, atrapalhar.

CHA.TE.ZA, *s.m.*, qualidade do que é chato, plano; chatice, maçante, aborrecido.

CHA.TI.CE, *s.f., pop.*, chateza, característica do que é chato.

CHA.TI.NA.DOR, *s.m.*, o mesmo que chatim.

CHA.TI.NA.GEM, *s.f.*, ação de chatim; traficância.

CHA.TI.NAR, *v.int.*, traficar, mercadejar; *v.t.*, subornar.

CHA.TO, *adj., pop.*, plano, liso; aborrecido, enjoativo; *pop.*, inseto que se instala nos pelos do púbis.

CHA.TÔ, *s.m., bras., pop.*, casa ou apartamento para solteiro; aposento para solteiro.

CHAU.DEL, *s.m.*, manto vistoso de Bengala; xale fino, de uma só cor, usado por mulheres da Índia ou do Irã.

CHAU.VI.NIS.MO, *s.m.*, mania de achar que somente o seu próprio país é bom.

CHAU.VI.NIS.TA, *s. 2 gên.*, quem luta contra tudo que não seja de seu país natal.

CHA.VÃO, *s.m.*, modelo, tipo, chave grande; expressão gasta pelo uso.

CHA.VA.RI.A, *s.f.*, coleção de chaves; em Zoologia, ave pernalta da região sul-americana, que defende as aves domésticas contra as de rapina, quando domesticada.

CHA.VAS.CA.DA, *s.f., pop.*, golpe desferido com força, com as mãos; pancada; bordoada.

CHA.VAS.CA.DO, *adj.*, o mesmo que achavascado; tosco.

CHA.VAS.CAL, *s.m.*, lugar sujo, pocilga; charravascal; mata de espinheiros e outras plantas silvestres.

CHA.VAS.QUI.CE, *s.f.*, qualidade do que é chavasco ou chavascado.

CHA.VE, *s.f.*, peça metálica para trancar ou abrir fechaduras, alguns instrumentos para trabalho; o que explica um fato; sinal gráfico para isolar termos ou expressões.

CHA.VEI.RO, *s.m.*, quem faz chaves, conserta chaves; local para colocar as chaves; peça usada para carregar

CHAVELHA

chaves no bolso.

CHA.VE.LHA, *s.f.*, peça do arado à qual se prendem os animais que o puxam; timão do arado.

CHA.VE.LHO, *s.m.*, chifres, cornos.

CHÁ.VE.NA, *s.f.*, xícara, xícara para chá.

CHA.VE.TA, *s.f.*, pequena chave, uma peça que fixa a roda no eixo, os fixadores de uma dobradiça.

CHA.VE.TA.DO, *s.m.*, preso com chaveta.

CHA.VE.TAR, *v. int.*, prender, fechar, ligar.

CHA.VO, *s.m.*, moeda de pouco valor; pequena quantia.

CHA.ZA.DA, *s.f.*, *fam.*, uma xícara de chá; infusão de ervas medicinais.

CHA.ZEI.RO, *s.m.*, quem aprecia muito o chá, quem só toma chá.

CHÊ, *s.m.*, expressão que indica tratamento amigo entre pessoas, como no RS.

CHE.CA.DA, *s.f.*, *pop.*, ação de checar; checagem.

CHE.CA.DO, *adj.*, conferido, verificado; particípio do verbo checar.

CHE.CA.DOR, *s.m.*, aquele que é encarregado de checar (algo).

CHE.CA.GEM, *s.f.*, ato ou efeito de checar.

CHE.CA.MEN.TO, *s.m.*, ato ou efeito de checar; checada; checagem.

CHE.CA.PE, *s.m.*, do Ingl. *check-up*, bateria de exames cobrindo todo o organismo.

CHE.CAR, *v.t.*, conferir, examinar, verificar.

CHE.CHÊ.NIO, *s.m.*, indivíduo dos chechênios, povo do Cáucaso; natural ou habitante da República da Chechênia; *adj.*, relativo aos chechênios ou próprio desse povo, típico desse país; var., checheno.

CHECK-IN, *s.m.*, ing., expressão relativa à apresentação do passageiro com bilhete de embarque em voo ou na recepção de um hotel para hospedagem.

CHECK-UP, *s.m.*, ver checape.

CHE.CO, *adj.*, *s.m.*, habitante ou natural da República Tcheca; tcheco.

CHE.DA, *s.f.*, cada uma das pranchas laterais do leito do carro de bois.

CHEESEBURGER, *s.m.*, em Culinária, hambúrguer em que se acrescenta, além da carne moída frita, uma fatia de queijo.

CHE.FA.DO, *s.m.*, dignidade de chefe; chefia.

CHE.FÃO, *s.m.*, poderosa, importante; influente; mandão; manda-chuva.

CHE.FA.TU.RA, *s.f.*, repartição policial, chefia de polícia.

CHE.FE, *s.m.*, quem comanda, dirigente, comandante, superior.

CHE.FE.TE, *s.m.*, *pej.*, chefe sem ou de autoridade muito limitada.

CHE.FI.A, *s.f.*, comando, direção.

CHE.FI.A.DO, *adj.* e *s.m.*, que ou aquele que está sob chefia (de alguém).

CHE.FI.AR, *v.t.*, comandar, dar ordens, dirigir, mandar.

CHE.GA, *s. 2 gên.*, *fam.*, reprimenda, repreensão, crítica; *interj.*, basta!

CHE.GA.DA, *s.f.*, vinda, achegamento.

CHE.GA.DE.LA, *s.f.*, ação de chegar; *fig.*, repreensão, tunda.

CHE.GA.DI.NHA, *s.f.*, em Botânica, planta medicinal (*Aeolanthus suavis*) da família das labiadas, também conhecida por manjericão-miúdo.

CHE.GA.DO, *adj.*, próximo, vizinho, achegado.

CHE.GA.DOR, *adj.* e *s.m.*, que ou aquele que chega; que ou aquele que é decidido.

CHE.GAN.ÇA, *s.f.*, no Folclore, peça ou brincadeira popular natalina com danças e encenações com barcos em que se rememora a vitória sobre os mouros e a sua conversão.

CHE.GAN.TE, *adj.*, aquele que vem, que está prestes a chegar.

CHE.GA-PRA-LÁ, *s.m.*, *gír.*, negação (de algo que se queria); encontrão, empurrão.

CHE.GAR, *v. int.*, vir, achegar-se, aproximar-se, bastar, alcançar.

CHEI.A, *s.f.*, enchente; inundação, quando os rios sobem acima das margens.

CHEI.O, *adj.*, pleno, completo, repleto, saturado; *fig.*, aborrecido, farto.

CHEI.RA.DOR, *adj.* e *s.m.*, que(m) cheira, curioso.

CHEI.RAR, *v.t.* e *int.*, perceber o cheiro, exalar o cheiro, sentir pelo olfato.

CHEI.RO, *s.m.*, odor, percepção do olfato, odor, fragância, perfume; fedor.

CHEI.RO-VER.DE, *s.m.*, em Culinária, planta herbácea, aromática, us. como tempero; salsinha; salsa.

CHEI.RO.SO, *adj.*, cheio de cheiro, odoroso.

CHE.QUE, *s.m.*, ordem de pagamento à vista, documento bancário para efetuar um pagamento.

CHI.A.DA, *s.f.*, reclamação, vozerio, conjunto de vozes barulhentas.

CHI.A.DEI.RA, *s.f.*, chiado; gritaria exasperante de vozes desafinadas; *fig.*, reclamação ou protesto veemente; ver chiada.

CHI.A.DO, *s.m.*, ato de chiar, ruído, barulho.

CHI.A.DOR, *adj.* e *s.m.*, que ou o que chia ou produz chiado(s).

CHI.A.DOU.RO, *s.m.*, ação de chiar com frequência; chio, chiadeira.

CHI.AN.TE, *adj. 2 gên.*, que chia; em Gramática, diz-se de consoantes fricativas pré-palatais, como *ch* e *j*.

CHI.AR, *v. int.*, soltar chios, berrar, reclamar.

CHI.BA, *s.f.*, cabrita, cabra nova.

CHI.BAN.TE, *adj. 2 gên.*, orgulhoso, soberbo; bem vestido; valentão, fanfarrão; *s. 2 gên.*, indivíduo que se encaixa nessas qualidades.

CHI.BAN.TE.AR, *v.int.*, *pop.*, portar-se como chibante; ostentar valentias.

CHI.BAN.TI.CE, *s.f.*, *pop.*, o mesmo que chibantaria.

CHI.BAR, *v.int.*, o mesmo que chibantear.

CHI.BAR.RA.DA, *s.f.*, rebanho de bodes.

CHI.BAR.RO, *s.m.*, cabrito, bode pequeno.

CHI.BA.TA, *s.f.*, vara para bater em pessoas e animais; chicote.

CHI.BA.TA.DA, *s.f.*, golpe com a chibata.

CHI.BA.TA.DO, *adj.*, que foi submetido ao castigo da chibata; açoitado; chicoteado.

CHI.BA.TAR, *v.t.*, golpear com chibata, chicotear.

CHI.BA.TE.A.MEN.TO, *s.m.*, ação de chibatear.

CHI.BA.TE.AR, *v.t.*, chibatar.

CHI.BA.TEI.RO, *adj.*, no AL, reles, baixo, ordinário.

CHI.BA.TO, *s.m.*, cabrito com mais de seis meses e menos de um ano; chibo.

CHI.BO, *s.m.*, cabrito com menos de um ano.

CHI.CA.NA, *s.f.*, ardil, tramoia, maneira enganosa para lograr alguém.

CHI.CA.NAR, *v.t.* e *v.int.*, fazer chicanas; usar de chicanas em matéria de processo; p. ext., contestar sem fundamento; provocar dificuldades por capricho e má-fé.

CHI.CA.NEI.RO, *s.m.*, quem pratica chicanas.

CHI.CA.NO, *adj., s.m.*, nos Estados Unidos, é como são designados os mexicanos.
CHI.CHA, *s.f.*, carne picada, carne moída.
CHI.CHE.LO, *s.m.*, sapato velho acalcanhado; chinelo.
CHI.CHI.AR, *v.int.*, chiar muito.
CHI.CHOR.RO, *s.m., ant.*, peça menor que o meio-berço da antiga artilharia.
CHI.CLE, *s.m.*, em Botânica, planta apocinácea (*Zschokkea lactescens*); goma obtida do látex us. para mascar.
CHI.CLE.TE, *s.m.*, chicle; goma de mascar.
CHI.CÓ.RIA, *s.f.*, verdura apreciada pelo amargor de suas folhas.
CHI.CO.TA.ÇO, *s.m.*, chicotada, golpe com chicote.
CHI.CO.TA.DA, *s.f.*, golpe com o chicote.
CHI.CO.TAR, *v.t.*, açoitar com chicote, flagelar, zurzir.
CHI.CO.TE, *s.m.*, tira de couro com cabo, para bater em animais, pessoas.
CHI.CO.TE.A.MEN.TO, *s.m.*, ação ou resultado de chicotear.
CHI.CO.TE.AN.TE, *adj. 2 gên.*, que desfere chicotadas; que faz movimentos como o de um chicote.
CHI.CO.TE.AR, *v.t.*, fustigar com o chicote, chicotar, bater, surrar.
CHI.FRA.ÇO, *s.m.*, golpe com os chifres.
CHI.FRA.DA, *s.f.*, golpe com os chifres, galhada.
CHI.FRA.DEI.RA, *s.f.*, em SP, correia com que se juntam, pelas pontas dos chifres, bois de junta.
CHI.FRA.DO, *adj.*, ferido por chifres, corneado.
CHI.FRAR, *v.t.*, atacar com os chifres; cornear.
CHI.FRE, *s.m.*, os dois cornos localizados na testa de alguns animais; corno.
CHI.FRU.DO, *adj.*, de chifres grandes, demônio; *fig., pop.*, o consorte traído pelo outro.
CHI.HUA.HUA, *s.m.*, em Cinologia, raça de cães de porte pequeno, de cabeça arredondada e orelhas pontudas, de origem mexicana.
CHI.LE.NO, *adj., s.m.*, referente ou habitante do Chile.
CHI.LI, *s.m.*, tipo de molho à base de pimenta, muito forte.
CHI.LI.DO, *s.m.*, a voz aguda e fraca dos passarinhos.
CHI.LI.QUE, *s.m.*, rápida perda dos sentidos, desmaio.
CHIL.RE.A.DOR, *s.m.*, tagarela, falador, que emite chilros.
CHIL.RAR, *v.int.*, chiar; chalrear; pipilar; *fig.*, palrar.
CHIL.RE, *adj. 2 gên.*, ver chilro.
CHIL.RE.A.DA, *s.f.*, o mesmo que chilrada.
CHIL.RE.AN.TE, *adj.*, que chilreia.
CHIL.RE.AR, *v. int.*, gorjear, voz de passarinho, pipilar.
CHIL.REI.O, *s.m.*, ação de chilrear, canto dos pássaros.
CHIL.REI.RO, *s.m.*, ato de chilrear; o som da voz de vários pássaros; chilro.
CHIL.RO, *s.m.*, voz dos pássaros, canto.
CHIM, *adj. e s.m.*, habitante ou natural da China; chinês, china.
CHI.MAR.RÃO, *s.m.*, água fervente passada no mate moído, na cuia e absorvida pela bomba.
CHI.MAR.RE.AR, *v.int.*, no RS, tomar chimarrão; chimarronear.
CHI.MAR.RI.TA, *s.f.*, no RS, dança e música do fandango, que se aproxima do samba urbano.
CHI.MAR.RO.NE.AR, *v.int.*, no RS, ver chimarrear.
CHIM.BAU, *s.m.*, certo instrumento de percussão.
CHIM.BE.AR, *v.int.*, no RS, vagabundear, vadiar.
CHIM.PAN.ZÉ, *s.m.*, chipanzé, macaco muito grande, o maior dos primatas.
CHI.NA, *s. 2 gên.*, habitante da China, nascido na China, descendente de chineses.
CHIN.CA.DA, *s.f.*, ação de chincar; no Nordeste, indireta de modo grosseiro; represália indireta.
CHIN.CHA, *s.f.*, cincha, tira de couro; *expron.*, acertar na chincha - acertar logo em tudo; rede de arrasto de tamanho pequeno, embarcação em que se usa essa rede.
CHIN.CHAR, *v. int.*, apertar com a chincha, amarrar com a chincha; prender.
CHIN.CHA.REL, *s.m.*, ver xinxarel.
CHIN.CHI.LA, *s.f.*, roedor dos Andes, cuja pele é muito procurada, criado em viveiros domésticos.
CHIN.CHOR.RO, *s.m.*, tipo de chincha; *fig.*, animal ou veículo que se desloca muito devagar; p. ext., pessoa vagarosa, lenta e preguiçosa.
CHIN.CHO.SO, *adj.*, que tem chinche.
CHI.NE.LA, *s.f.*, mesmo que chinelo; no Sul, casco de rês que teve aftosa.
CHI.NE.LA.DA, *s.f.*, golpe com chinelo ou chinela.
CHI.NE.LAR, *v.int.*, andar de chinelos.
CHI.NE.LEI.RO, *s.m. e adj.*, que faz ou o que faz chinelas, que gosta de andar de chinelas; *fig.*, pessoa baixa, ordinária, reles.
CHI.NE.LO, *s.m.*, tipo de calçado liso, para uso em casa.
CHI.NÊS, *adj.*, habitante ou natural da China; china, chim.
CHIN.FRIM, *adj.*, sem valor, comum, obsoleto, insignificante.
CHIN.FRI.NA.DA, *s.f.*, algo ridículo, nonada, bagatela.
CHI.NÓ, *s.m.*, peruca, cabeleira artificial.
CHI.O, *s.m.*, pio, voz dos pássaros, voz de outros animais; *fig.*, reclamações de pessoas.
CHIP, *s.m.*, circuito eletrônico de dimensões reduzidas, integrado em todas as máquinas eletrônicas.
CHI.PA, *s.f.*, pequena rosca de polvilho e queijo ralado; em Culinária, bolo de milho e leite em que o milho é socado, fervido e peneirado.
CHI.PAN.ZÉ, *s.m.*, ver chimpanzé.
CHI.QUE, *adj.*, bem-apessoado, elegante, bem-vestido.
CHI.QUEI.RAR, *v.t.*, prender em chiqueiro; isolar o bezerro da vaca, a fim de desmamar.
CHI.QUEI.RO, *s.m.*, local para colocar porcos na engorda, pocilga; *fig.*, lugar imundo.
CHI.QUE.ZA, *s.f., pop.*, qualidade ou condição de quem é chique.
CHI.QUIS.MO, *s.m.*, luxo, elegância, formosura.
CHIR.CAL, *s.m.*, no RS, terra coberta de chircas.
CHI.RI.PA, *s.f.*, ganhar no jogo por acaso; bambúrrio.
CHIR.RI.A.DO, *s.m.*, som estrídulo e prolongado; var., chirriada.
CHIR.RI.AN.TE, *adj.*, que chirria; agudo, estrídulo.
CHIR.RI.AR, *v.int.*, cantar a coruja; produzir um som como o canto da coruja.
CHI.RU, *adj. e s.m.*, no Sul, que ou quem é caboclo ou índio; acaboclado.
CHI.RU.ZA.DA, *s.f.*, no Sul, porção de chirus.
CHIS.PA, *s.f.*, fagulha, centelha, faísca.
CHIS.PA.DA, *s.f.*, ato ou efeito de chispar; corrida, disparada.
CHIS.PA.DO, *s.m.*, ação ou resultado de chispar; disparado.
CHIS.PA.LHA.DA, *s.f.*, em Culinária, prato de feijão branco com chispe de porco, orelha, chouriço, legumes, etc.
CHIS.PAN.TE, *adj. 2 gên.*, que lança chispas; lampejante.
CHIS.PAR, *v.t. e int.*, soltar faíscas, chispas; correr, disparar.
CHIS.PE, *s.m.*, pé de porco.
CHIS.PE.AN.TE, *adj.*, que lança chispas; brilhante.
CHIS.PE.AR, *v. int.*, chispar, correr, sumir.

CHISTE

CHIS.TE, s.m., piada, gracejo, pilhéria, anedota.
CHIS.TO.SO, adj., engraçado, cômico, que faz rir.
CHI.TA, s.f., tecido comum de algodão estampado em cores.
CHI.TA.DO, adj., diz-se de boi ou cavalo cujo pelo apresenta pequenas malhas.
CHI.TÃO, s.m., chita com estampado grande.
CHI.TA.RI.A, s.f., estabelecimento ou fábrica de chitas.
CHO.CA, s.f., galinha que fica chocando os ovos até nascerem os pintinhos.
CHO.ÇA, s.f., cabana, choupana, casebre, tugúrio.
CHO.CA.DEI.RA, s.f., incubadora, aparelho elétrico para chocar ovos.
CHO.CA.DO, adj., que se chocou; abalado, comovido; espantado; surpreso; ofendido; escandalizado.
CHO.CA.GEM, s.f. ato de chocar.
CHO.CA.LHA.DA, s.f., batida com o chocalho.
CHO.CA.LHAN.TE, adj. 2 gên., que chocalha; chacoalhante.
CHO.CA.LHAR, v. int., agitar o chocalho, fazer barulho.
CHO.CA.LHEI.RA, s.f. e adj., mulher indiscreta, mexeriqueira.
CHO.CA.LHEI.RO, adj., que chocalha; que tem ou faz chocalho(s); mexeriqueiro; s.m., pessoa mexeriqueira, indiscreta.
CHO.CA.LHO, s.m., instrumento com bolinhas ou peças no interior; quando sacudido, produz ruídos.
CHO.CAN.TE, adj., impressionante, que choca, tocante.
CHO.CAR, v.t. e int., bater contra, ir de encontro a, impressionar; aquecer para nascerem os pintinhos; incubar; fig., pretender algo, cobiçar.
CHO.CAR.RE.AR, v.int., dizer chocarrices, gracejar.
CHO.CAR.REI.RO, adj. e s.m., que ou aquele que faz gracejo(s), zombaria(s), que diz chocarrices.
CHO.CHI.CE, s.f., insipidez, monotonia, aborrecimento.
CHO.CHA.DO, adj., que ficou murcho, seco; que não frutificou; gorado.
CHO.CHAR, v.int., ficar chocho, seco, sem suco.
CHO.CHO, adj., sem substância interior, vazio; fig., desanimado, sem vigor, sem forças.
CHO.CO, s.m., período em que os ovos estão sendo chocados; ave chocando os ovos; fig., sem atividade.
CHO.CO.LA.TA.RI.A, s.f., fábrica de chocolate, posto para venda de chocolate.
CHO.CO.LA.TE, s.m., massa feita com açúcar, cacau e outras substâncias; bebida feita com cacau; fig., cor escura.
CHO.CO.LA.TEI.RA, s.f., recipiente para preparar o chocolate.
CHO.CO.LA.TEI.RO, s.m., aquele que fabrica ou vende chocolate; neol., pessoa que cultiva ou vende cacau.
CHO.CÓ.LA.TRA, adj. 2 gên., neol. e s. 2 gên., que ou a pessoa que sente necessidade de comer chocolate; que ou a pessoa que é viciada em chocolate.
CHO.FER, s.m., motorista, quem dirige um carro.
CHO.FE.RA.GEM, s.f., ação de conduzir um veículo como chofer.
CHO.FE.RAR, v.t. e int., trabalhar como chofer; guiar (o automóvel) como chofer; dirigir.
CHO.FRA.DA, s.f., tiro, pancada ou dito de chofre.
CHO.FRAR, v. int., parar de súbito, parar instantaneamente.
CHO.FRE, s.m., ataque repentino, choque inesperado; expron., de chofre - de repente, repentinamente.
CHO.FREI.RO, adj. e s.m., que ou aquele que faz alguma coisa de chofre; repentista.
CHO.FRIS.TA, adj. e s.m., diz-se do caçador que atira à queima-roupa.

CHOUTADOR

CHOL.DRA, s.f., escumalha, ralé, escória, patuleia, gentalha, súcia, tipos de baixa qualidade.
CHO.PA.DA, s.f., reunião ou festa em que se bebe chope.
CHO.PE, s.m., tipo de cerveja servida em barril.
CHO.PEI.RA, s.f., peça usada para tirar o chope do barril.
CHO.PE.RI.A, s.f., local de venda de chope.
CHO.QUE, s.m., batida, colisão, oposição, descarga elétrica.
CHO.QUEI.RO, s.m., o local onde a galinha choca os ovos.
CHO.RA, s.f., pop., ato de chorar, geada no campo de cereais.
CHO.RA.DA, adj., choro breve; s.f., gír., pedido em forma de choro para conseguir o que se deseja.
CHO.RA.DEI.RA, s.f., muito choro, choro longo e forte; fig., lamentações, reclamações.
CHO.RA.DO, adj., pranteado, lamentado.
CHO.RA.DOR, adj. e s.m., diz-se de, ou a pessoa que chora, que se lastima ou se enternece com facilidade.
CHO.RA.DOU.RO, s.m., fio de água que corre das represas.
CHO.RA.MIN.GA.DOR, adj. e s.m., que ou aquele que choraminga.
CHO.RA.MIN.GÃO, s.m., o mesmo que choraminga; choramingas.
CHO.RA.MIN.GAR, v. int., chorar, chorar por muito tempo e sem motivos; chorar por manha.
CHO.RA.MIN.GAS, s. 2 gên., pessoa chorona, quem chora muito.
CHO.RA.MIN.GUEI.RO, adj., que choraminga.
CHO.RA.MIN.GUEN.TO, adj., que choraminga com frequência; choramingas.
CHO.RÃO, s.m., quem chora muito, quem está sempre chorando.
CHO.RAR, v.t. e int., prantear, derramar lágrimas, lamentar-se.
CHO.RI.NHO, s.m., tipo de música viva e rápida.
CHO.RO, s.m., ato ou efeito de chorar; pranto.
CHO.RO.NA, adj., diz-se de, ou a mulher que chora muito; s.f., em Botânica, certa variedade de samambaia; no RS, espora com grande roseta, ger. dos adestradores.
CHO.RO.RÔ, s.m., gír., pop., choro, choradeira.
CHO.RO.SA.MEN.TE, adv., de maneira chorosa; fig., sentidamente.
CHO.RO.SO, adj., que chora muito.
CHOR.RI.LHAR, v.t., pej., sair em chorrilho, jorrar; fig., dizer, falar em chorrilho.
CHOR.RI.LHO, s.m., uma série de coisas seguidas, chorrilho de milho.
CHOR.RO, s.m., ver jorro.
CHO.RU.ME, s.m., banha, gordura; fig., abundância.
CHO.RU.ME.LA, s.f., bagatela, ninharia, nonada, algo de pouco valor.
CHO.RU.MEN.TO, adj., que tem chorume.
CHOU.PAL, s.m., em Botânica, área de muitos choupos.
CHOU.PA.NA, s.f., choça, cabana, casebre, tugúrio.
CHOU.PA.NEI.RO, s.m., habitante de choupana.
CHOU.PO, s.m., espécie de árvore que contempla os salgueiros.
CHOU.RÉM, s.m., no RS, pessoa sarnenta, pesteada.
CHOU.RI.ÇA.DA, s.f., grande quantidade de chouriços.
CHOU.RI.CEI.RO, s.m., quem faz ou vende chouriços.
CHOU.RI.ÇO, s.m., tipo de linguiça de carne ou sangue de porco, com gorduras e temperos.
CHOU.TA.DOR, adj. e s.m., diz-se de, ou o animal (ger. cavalo) que anda a chouto, a trote.

CHOUTÃO / **CHUPITAR**

CHOU.TÃO, adj. e s.m., ver choutador.
CHOU.TAR, v.int., andar de chouto; vagarosamente; var., choutear.
CHOU.TO, s.m., trote curto de cavalo.
CHO.VE.DI.ÇO, adj., que ameaça chuva; que chove a miúde.
CHO.VE.DOR, adj. e s.m., que ou aquilo que faz chover.
CHO.VE.DOU.RO, s.m., direção de onde geralmente vem a chuva.
CHO.VE NÃO MO.LHA, s.m., indecisão, algo que não é decidido.
CHO.VER, v. int., fenômeno de descer água das nuvens, despencar água do alto.
CHO.VI.DO, adj., molhado, banhado.
CHU.CA-CHU.CA, s.m., fam., tufe de cabelos no alto da cabeça dos bebês, penteado em forma de caracol.
CHU.ÇAR, v.t., atacar ou ferir com chuço ou instrumento de ponta similar.
CHU.CHA.DO, adj., chupado, magrela, muito magro.
CHU.CHAR, v.t e int., chupar, mamar, sugar os seios, sorver líquido; fig., provocar, instigar.
CHU.CHU, s.m., fruto verde do chuchuzeiro, comestível cozido, inclusive a semente.
CHU.CHUR.RE.A.DO, adj., diz-se de beijo ruidoso e demorado.
CHU.CHUR.RE.AR, v.int., beber devagar, bebericar; fazer ruído com os lábios (ao beber, beijar, etc.); p. ext., emitir som característico.
CHU.CHUR.REI.O, s.m., ato de chuchurrear.
CHU.CHU.ZEI.RO, s.m., em Botânica, ver chuchu.
CHU.ÇO, s.m., lança, estaca de ferro ou madeira, com uma ponta de ferro.
CHU.CRO, adj., s.m., brabo, indomado, não domesticado, violento.
CHU.CRU.TE, s.m., repolho curtido em vasilhames fechados.
CHU.É, adj. 2 gên., ruim, de má qualidade, reles; pífio, mal--arranjado, desleixado, desalinhado.
CHU.EN, s.m., calendário do movimento dos planetas feito pelos maias.
CHU.FA, s.f., zombaria, caçoada, troça; expressão mordaz.
CHU.FA.DOR, s.m e adj., que ou o que faz chufas.
CHU.FAR, v.t., mofar, zombar de.
CHU.LA, s.f., dança popular lusa; dança gaúcha com gaita e sapateado.
CHU.LÉ, s.m., fedor nos pés.
CHU.LE.A.DO, adj., cosido, costurado.
CHU.LE.AR, v.t., coser as bordas de um tecido para que não se desfie.
CHU.LEI.O, s.m., ação de chulear, alinhavo.
CHU.LEI.RO, s.m., ato ou efeito de chulear; ponto com que se chuleia.
CHU.LE.PEN.TO, adj., que tem chulé.
CHU.LE.TA, s.f., corte carne, ger. costela, de certos animais; no Sul, costeleta.
CHU.LI.CE, s.f., expressão chula, vulgaridade, baixeza.
CHU.LIS.MO, s.m., expressão chula, reles.
CHU.LIS.TA, adj 2 gên. e s. 2 gên., diz-se de, ou tocador ou dançador da chula, chuleiro; que ou aquele que faz ou diz chulices.
CHU.LO, adj., baixo, grosseiro, termos de baixeza.
CHU.MA.ÇAR, v.t., estofar, encher com chumaços.
CHU.MA.ÇO, s.m., floco de algodão, porção de algum material flexível.
CHUM.BA.ÇÃO, s.f., ação ou resultado de chumbar, de tapar com chumbo; gír., paixão.
CHUM.BA.DA, s.f., tiro com chumbo; fig., uma refrega, uma derrota.
CHUM.BA.DO, adj., soldado com chumbo, fechado com chumbo derretido.
CHUM.BA.DOR, adj. e s.m., que ou o que chumba.
CHUM.BA.DOU.RO, s.m., haste ou unha em chumbo fundido para ligar peças de cantaria; parte do gonzo de uma porta que fica presa à parede.
CHUM.BA.GEM, s.f., ato de chumbar.
CHUM.BAR, v.t., soldar usando chumbo derretido, machucar com balas de chumbo.
CHUM.BE.A.ÇÃO, s.f., ato ou efeito de chumbear.
CHUM.BE.A.DO, adj., que se embebedou; gír., enamorado.
CHUM.BE.AR, v.t., chumbar, ferir com balas de chumbo.
CHUM.BI.NHO, s.m., pequeno projétil de chumbo para arma de ar comprimido; em Botânica, certa planta leguminosa; tipo de feijão; pop., nome popular de substância us. como raticida; em MG, alcunha dos portugueses; galego.
CHUM.BIS.MO, s.m., na época da Independência, termo com que em São Paulo se alcunhava a afeição partidária ao regime colonial.
CHUM.BIS.TA, s. 2 gên., pessoa que se dá ao vício da embriaguez.
CHUM.BO, s.m., metal, grãos desse metal; fig., balas de metal.
CHU.PA-CA.BRA, s.m., entidade imaginária que mata animais (ger. cabras) em áreas rurais de Porto Rico, Flórida, Nicarágua, Chile, México e Brasil; gír., equipamento instalado por criminosos nos caixas eletrônicos e que copia os dados dos cartões dos clientes.
CHU.PA.DA, s.f., ação ou efeito de chupar, sugada.
CHU.PA.DEI.RA, s.f., pop., primeiras penas que nascem nos frangos.
CHU.PA.DE.LA, s.f., pequena chupada, chupada rápida.
CHU.PA.DO, adj., que foi sugado, sorvido; fam., que está muito magro, fino; pop., embriagado; gír., copiado, plagiado.
CHU.PA.DOR, adj. e s.m., que ou o que chupa; diz-se de, ou o que sorve.
CHU.PA.DOU.RO, s.m., orifício por onde se chupa ou absorve qualquer líquido; chupeta.
CHU.PA.DU.RA, s.f., ato de chupar.
CHU.PÃO, s.m., chupada grande, chupada intensa; barbeiro, mosquito causador da doença de Chagas.
CHU.PAR, v.t., int. e pron., sugar, sorver, extrair algo com a força da boca.
CHU.PA-SAN.GUE, s.m., animal que se alimenta sugando o sangue de pessoas ou animais; fig., aquele que se aproveita do trabalho de outrem; sanguessuga.
CHU.PE.TA, s.f., bico de borracha ou plástico, com forma de mamilo, para as crianças mamarem.
CHU.PIM, s.m., pássaro de cor preta, que tem por hábito pôr ovos nos ninhos de outros pássaros; fig., pessoa que vive às custas dos outros.
CHU.PI.NHA.DOR, adj., que vive às custas dos outros, como o chupim.
CHU.PI.NHAR, v.t., pop., aproveitar-se de outrem, abusar da confiança.
CHU.PI.TAR, v.t., chupar ou beber bem devagar, repetidas vezes; gír., alcançar ou obter recompensa.

CHUR.RAS.CA.DA, *s.f.*, comida à base de carne, à base de churrasco.

CHUR.RAS.CA.RI.A, *s.f.*, local em que se servem refeições, cujo prato fundamental é o churrasco.

CHUR.RAS.CO, *s.m.*, carne bovina, com sal, assada sobre brasas de carvão ou de madeira.

CHUR.RAS.QUE.A.DA, *s.f.*, no RS, ato de churrasquear; festa ou reunião em que se come churrasco.

CHUR.RAS.QUE.A.DO, *s.m.*, no RS, que se churrasqueou.

CHUR.RAS.QUE.AR, *v.t.* e *int.*, no RS, fazer churrasco; comer churrasco.

CHUR.RAS.QUEI.RA, *s.f.*, utensílio no qual se assam os churrascos.

CHUR.RAS.QUEI.RO, *s.m.*, aquele que prepara e assa churrasco.

CHUR.RAS.QUI.NHO, *s.m.*, tipo churrasco feito com pedaços pequenos de carne espetados em palitos; espetinho.

CHUR.RI.A.DO, *adj.*, diz-se de gado bovino que tem sobre a cor dominante outra cor ou listras.

CHUR.RI.ÃO, *s.m.*, carruagem grande e pesada, para transporte de passageiros; pessoa grande e pesada.

CHUR.RO, *s.m.*, quitute feito com farinha, frito e servido com açúcar.

CHUS.MA, *s.f.*, muitas moscas, muitas pessoas, tipos que aborrecem; *ant.*; tripulação de marinheiros; equipagem náutica.

CHUS.PA, *s.f.*, no RS, bolsa feita de pele de papo de ema ou outro material, destinada a guardar dinheiro, fumo, papel de cigarro, etc.

CHU.TA.DO, *adj.*, golpeado, atirado com os pés.

CHU.TA.DOR, *adj.* e *s.m.*, diz-se de, ou o jogador de futebol que chuta forte e tem boa pontaria.

CHU.TAR, *v.t.* e *int.*, dar golpes com os pés; *fig.*, dar palpites sem saber.

CHU.TE, *s.m.*, pontapé desferido em qualquer objeto; *fig.*, mudança de vida.

CHU.TEI.RA, *s.f.*, calçado com formato próprio para a prática de futebol.

CHU.TÔ.ME.TRO, *s.m.*, *gír.*, informação baseada no palpite.

CHU.VA, *s.f.*, ato de chover, queda de água das nuvens.

CHU.VA.CEI.RO, *s.m.*, pancada de água, chuveiro.

CHU.VA.DA, *s.f.*, chuva abundante, forte.

CHU.VA.DO, *adj.*, na Agricultura, diz-se de produto que sofreu os efeitos da chuva ou foi mal lavado.

CHU.VÃO, *s.m.*, no Nordeste, chuvarada, chuvada.

CHU.VA.RA.DA, *s.f.*, grande chuva, chuva intensa.

CHU.VEI.RA.DA, *s.f.*, banho de chuveiro rápido; banho curto.

CHU.VEI.RÃO, *s.m.*, grande bátega de água.

CHU.VEI.RI.NHO, *s.m.*, pequeno chuveiro de uso manual; no Futebol, ato em que se lança a bola alto sobre a área do time adversário.

CHU.VEI.RO, *s.m.*, aparelho com aquecimento elétrico e do qual a água quente cai por uma peneira para o banho.

CHU.VI.NHA, *s.f.*, chuva miúda e ligeira.

CHU.VI.NHAR, *v.int.*, em Portugal, o mesmo que chuviscar.

CHU.VIS.CA.DO, *adj.*, em que chuviscou; que caiu em chuvisco.

CHU.VIS.CAR, *v. int.*, garoar, chuva fina.

CHU.VIS.CO, *s.m.*, chuva fina, miúda.

CHU.VIS.QUEI.RO, *s.m.*, chuva fina; chuvisco.

CHU.VO.SO, *adj.*, muita chuva, chuva contínua e prolongada.

CIABATTA, *s.f.*, em Culinária, tipo de pão italiano feito de farinha de trigo e azeite, com casca fina e crocante.

CI.A.NE.TO, *s.m.*, denominação geral dos sais do ácido cianídrico; cianureto.

CI.A.NÍ.DRI.CO, *adj.*, em Química, diz-se de ácido que na temperatura ambiente apresenta a forma de líquido incolor, extremamente venenoso ao ser inalado.

CI.A.NIS.MO, *s.m.*, intensidade do azul-celeste.

CI.A.NO, *s.m.*, cor primária de pigmentação, usada na quadricromia, para elaboração de outras cores.

CI.A.NO.DER.MI.A, *s.f.*, coloração azul da pele.

CI.A.NO.GÊ.NIO, *s.m.*, gás incolor altamente tóxico.

CI.A.NÔ.ME.TRO, *s.m.*, instrumento para averiguar a intensidade do azul do ar.

CI.A.NO.SE, *s.f.*, por algum distúrbio, a pele assume uma coloração azulada.

CI.A.NÓ.TI.CO, *adj.*, relativo a cianose.

CI.Á.TI.CA, *s.f.*, dores no nervo ciático.

CI.Á.TI.CO, *adj.*, nervo mais longo da coxa.

CI.BE.RES.PA.ÇO, *s.m.*, em Informática, rede de computadores interligada pela Internet, cujas informações são concebidas no ambiente virtual.

CI.BER.NAU.TA, *s.m.*, em Informática, usuário da Internet e frequentador do ciberespaço.

CI.BER.NÉ.TI.CA, *s.f.*, ciência que controla e de que se faz a comunicação nos sistemas biológicos, eletrônicos e mecânicos.

CI.BER.NÉ.TI.CO, *adj.*, relativo a cibernética; que é de acordo com os processos da cibernética.

CI.BÓ.RIO, *s.m.*, cálice com tampa para guardar hóstias.

CI.CA, *s.f.*, gosto amargo e adstringente das frutas verdes (p. ex., banana e caju verdes), assim como de folhas, cascas, etc.; travo; travor.

CI.CAR.DI.A.NO, *adj.*, em Biologia, diz-se do ritmo desempenhado pelas funções do organismo em ciclos de 24 horas, desde o metabolismo digestivo, crescimento e renovação de células.

CI.CA.TRIZ, *s.f.*, sinal que fica de uma ferida sarada; lembrança desagradável de uma dor.

CI.CA.TRI.ZA.ÇÃO, *s.f.*, ferida que se fecha, que se cura.

CI.CA.TRI.ZA.DO, *adj.*, sarado, sanado, que formou cicatriz.

CI.CA.TRI.ZA.DOR, *adj.* e *s.m.*, que ou aquilo que promove ou estimula a cicatrização.

CI.CA.TRI.ZAN.TE, *adj.*, que cicatriza, medicamento com essa qualidade.

CI.CA.TRI.ZAR, *v.t.*, *int.* e *pron.*, sarar, curar a ferida.

CI.CA.TRI.ZÁ.VEL, *adj.*, que é fácil ou possível de cicatrizar.

CI.CE.RA.GEM, *s.f.*, ação de fazer a marcação de um trabalho tipográfico em cíceros, antes de sua composição.

CÍ.CE.RO, *s.m.*, unidade de medida tipográfica equivalente a 12 pontos (Didot).

CI.CE.RO.NE, *s.m.*, guia, anfitrião, guia de turista.

CI.CE.RO.NE.A.DO, *adj.*, que foi recebido por um cicerone.

CI.CE.RO.NE.AR, *v. int.*, guiar visitantes, turistas, mostrar locais e fazer referências a eles.

CI.CE.RO.NI.A.NO, *adj.*, relativo a Cícero (Marco Túlio Cícero, séc. I a.C.), grande político, escritor e orador romano; que segue o estilo de Cícero.

CI.CI.A.DO, *adj.*, diz-se de som muito pouco audível; som sibilante.

CI.CI.A.MEN.TO, *s.m.*, ato de ciciar, cicio.

CI.CI.AN.TE, *adj. 2 gén.*, que cicia; que produz leves rumores; que sussurra; murmurante; sibilante.

CI.CI.AR, *v.t. e int.*, provocar cicio.

CI.CI.O, *s.m.*, o farfalhar das folhas, o som suave da brisa nas folhas; murmúrio, murmurejo.

CI.CI.O.SO, *adj. e s.m.*, que ou o que cicia, que ou o que é sussurrante, sibilante ou que fala cicioso.

CI.CLA.MA.TO, *s.m.*, nome comum do adoçante artificial cicloexilsulfamato de sódio.

CI.CLA.ME, CI.CLÂ.MEN, *s.m.*, em Botânica, nome comum às plantas do gên. *Cyclamen*, da fam. das primuláceas; por suas flores vistosas, brancas, róseas ou purpúreas são cultivadas como ornamentais; a cor arroxeada dessa planta; *adj. 2 gén.*, diz-se de, ou que tem essa cor.

CI.CLI.CI.DA.DE, *s.f.*, qualidade ou característica do que é cíclico; periodicidade.

CÍ.CLI.CO, *adj.*, de ou relativo a ciclo; que se repete periodicamente ou em intervalos regulares; em Medicina, diz-se de doença que tem um período de repetição por alguns dias; em Literatura, relativo aos poetas cíclicos, poesias cíclicas da Grécia; *s.m.*, poeta que escreve sobre o período cíclico da Grécia.

CI.CLÍ.DEO, *s.m.*, espécime de peixe da família dos ciclídeos, que ocorrem na América e na África tropicais; *adj.*, relativo ou pertencente aos ciclídeos.

CI.CLIS.MO, *s.m.*, esporte com o uso de bicicleta.

CI.CLIS.TA, *s. 2 gén.*, quem anda de bicicleta.

CI.CLÍS.TI.CO, *adj.*, em Esporte, relativo ao ciclismo ou aos ciclistas.

CI.CLO, *s.m.*, época, o que retorna de tempos em tempos; período.

CI.CLO.FAI.XA, *s.f.*, faixa exclusiva demarcada de via urbana que se destina aos ciclistas.

CI.CLOI.DE, *adj.*, que possui forma de ciclo.

CI.CLO.ME.TRI.A, *s.f.*, técnica de medir círculos ou ciclos.

CI.CLO.ME.TRO, *s.m.*, instrumento para medir círculos ou ciclos.

CI.CLO.MO.TOR, *s.m.*, bicicleta movida a motor.

CI.CLO.NAL, *adj. 2 gén.*, relativo a ciclone(s); ciclônico.

CI.CLO.NE, *s.m.*, tornado, vendaval, tufão, furacão.

CI.CLÔ.NI.CO, *adj.*, relativo a ciclone; ciclonal.

CI.CLO.PE, *s.m.*, conforme a Mitologia grega, era um gigante com um olho só no meio da testa.

CI.CLÓ.PI.CO, *adj.*, em Mitologia, de ou próprio de ciclope; semelhante ao ciclope; *fig.*, gigantesco, colossal, extraordinário.

CI.CLO.TI.MI.A, *s.f.*, em Psiquiatria, temperamento caracterizado por instabilidade cíclica do humor, alternando períodos de depressão com outros de excitação.

CÍ.CLO.TRO, CÍ.CLO.TRON, *s.m.*, em Física, aparelho para aceleração de partículas eletrizadas, e no qual se utiliza o princípio da ressonância.

CI.CLO.TU.RIS.MO, *s.m.*, o uso de bicicleta como meio para praticar o turismo.

CI.CLO.VI.A, *s.f.*, via para bicicletas, estrada destinada ao tráfego de bicicletas.

CI.CLO.VI.Á.RIO, *adj.*, relativo a ciclovia.

CI.CÔ.NIA, *s.f.*, em Ornitologia, gênero das aves de plumas brancas, pernas finas e longas e bico comprido, como a cegonha (*Ciconia ciconia*).

CI.CU.TA, *s.f.*, várias plantas que produzem veneno; veneno muito forte.

CI.CU.TI.NA, *s.f.*, princípio ativo de cicuta.

CI.DA.DA.NI.A, *s.f.*, as qualidades de vida que a lei atribui a cada pessoa.

CI.DA.DÃO, *s.m.*, quem mora em cidade, quem possui todos os direitos civis e políticos; *pop.*, qualquer pessoa, tratamento dado a quem não se conhece.

CI.DA.DE, *s.f.*, aglomerado urbano de porte; conjunto de casas e prédios, indústria, comércio e serviços, escolas e trânsito.

CI.DA.DE-DOR.MI.TÓ.RIO, *s.f.*, cidade cujos habitantes trabalham em outra; cidade de trabalhadores.

CI.DA.DE-ES.TA.DO, *s.f.*, estado independente formado por uma cidade e suas áreas vizinhas.

CI.DA.DE-FAN.TAS.MA, *s.f.*, cidade que está abandonada pelas pessoas; cidade sem pessoas.

CI.DA.DE.LA, *s.f.*, fortaleza, parte da cidade que está fortificada para defesa.

CI.DA.DE.LHA, *s.f.*, fortaleza que protege uma cidade; p. ext., lugar onde se pode ficar protegido ou se defender de ataques inimigos.

CI.DA.DE-SA.TÉ.LI.TE, *s.f.*, cidade menor localizada na periferia de outra maior ou de uma metrópole da qual tem dependência econômica.

CI.DA.DES.CO, *adj.*, relativo a cidade.

CI.DA.RI.FOR.ME, *adj.*, em forma de turbante ou de boné.

CI.DE, *s.m.*, título honorífico árabe, correspondente a senhor ou a príncipe.

CI.DRA, *s.f.*, fruto da planta denominada cidreira; fruta cítrica, cuja casca se usa no fabrico de doces.

CI.DRA.DA, *s.f.*, doce de cidra.

CI.DRAL, *s.m.*, pomar de cidreiras.

CI.DRÃO, *s.m.*, em Botânica, variedade de cidra de casca grossa; arbusto da fam. das verbenáceas (*Lippia citriodora*), nativo da América do Sul; em Culinária, doce feito com a casca da cidra.

CI.DREI.RA, *s.f.*, árvore de flores alvas e madeira amarela, que produz a cidra.

CI.EI.RO, *s.m.*, em Medicina, fendas ou gretas pequenas que o frio ou os ácidos formam na pele; em Agricultura, degradação da lavra recente devido ao calor e sol intenso.

CI.ÊN.CIA, *s.f.*, conhecimento, saber, conjunto de conhecimentos obtidos por experiência em um campo; domínio de tecnologias.

CI.EN.CI.A.DO, *adj.*, que tem ciência; ciente; sabedor.

CI.ÊN.CI.AS, *s.f. e pl.*, disciplinas ditas exatas, que tratam do estudo da Natureza e da Matemática (p. ex.: Química, Física, Biologia e Matemática).

CI.EN.TE, *adj.*, conhecedor, avisado, informado.

CI.EN.TI.FI.CA.DO, *adj.*, informado, avisado, instruído.

CI.EN.TI.FI.CA.MEN.TE, *adv.*, de modo científico; pelos processos científicos.

CI.EN.TI.FI.CAR, *v.t. e int.*, informar, avisar, dar conhecimento de.

CI.EN.TI.FI.CI.DA.DE, *s.f.*, qualidade ou condição do que é científico.

CI.EN.TI.FI.CIS.MO, *s.m.*, conceito infundado de que a ciência resolve tudo; apego exagerado à ciência.

CI.EN.TI.FI.CIS.TA, *adj. 2 gén. e s. 2 gén.*, diz-se de, ou próprio do cientificismo; diz-se de, ou a pessoa adepta do cientificismo ou que tem essa tendência.

CI.EN.TÍ.FI.CO, *adj.*, próprio da ciência, relativo à ciência,

trabalho com metodologia exata.
CI.EN.TIS.MO, *s.m.*, ver cientificismo.
CI.EN.TIS.TA, *s. 2 gên.*, quem cultiva ciências, sábio, pesquisador.
CI.EN.TO.LO.GI.A, *s.f.*, filosofia religiosa que se baseia na crença de que o homem cria suas próprias condições de vida através do conhecimento da sua ciência.
CI.EN.TO.LÓ.GI.CO, *adj.*, relativo a ou próprio da cientologia.
CI.EN.TO.LO.GIS.TA, *adj. 2 gên.*, relativo a ou próprio da cientologia; diz-se de pessoa adepta ou seguidora da cientologia; cientólogo; *s. 2 gên.*, essa pessoa.
CI.EN.TÓ.LO.GO, *s.m.*, integrante da cientologia; cientologista.
CI.FO.SE, *s.f.*, em Medicina, desvio da coluna vertebral em que o corpo fica arqueado para a frente.
CI.FÓ.TI.CO, *adj. e s.m.*, relativo a, ou diz-se do indivíduo que apresenta cifose.
CI.FRA, *s.f.*, quantia, quantidade.
CI.FRA.DO, *adj.*, codificado, que tem linguagem própria.
CI.FRAN.TE, *s.m.*, livro com os sinais de escrita secreta.
CI.FRÃO, *s.m.*, sinal de dinheiro $.
CI.FRAR, *v.t. e pron.*, usar de linguagem cifrada, usar código.
CI.GA.NA.DA, *s.f.*, grupo de ciganos, ação de ciganos.
CI.GA.NO, *s.m.*, pertencente ao povo cigano, povo nômade; nômade; povo com muitas tradições.
CI.GAR.RA, *s.f.*, inseto conhecido pelo canto dos machos; toda campainha elétrica com sons estridentes.
CI.GAR.REI.RA, *s.f.*, mulher que fabrica cigarros, estojo para transportar cigarros.
CI.GAR.REI.RO, *s.m.*, operário de fábrica de cigarros; variedade de tabaco.
CI.GAR.RE.TE, *s.m.*, cigarrilha, cigarro fino, imitando charuto; calça feminina longa e justa nas coxas e pernas.
CI.GAR.RI.LHA, *s.f.*, tipo de charuto.
CI.GAR.RI.NHA, *s.f.*, inseto predador da seiva de muitos vegetais, por isso nocivo na agricultura.
CI.GAR.RIS.TA, *s.m.* fumante de cigarros.
CI.GAR.RO, *s.m.*, fumo moído envolto por papel para ser fumado.
CI.LA.DA, *s.f.*, armadilha, arapuca, traição.
CI.LHA, *s.f.*, tira de couro ou outro material, para firmar a sela na barriga da cavalgadura.
CI.LHA.DO, *adj.*, apertado com cilha; p. ext., cintado.
CI.LHÃO, *s.m.*, cilha grande; peça dos arreios do cavalo composta por cataplasma e cilha; cavalo que tem o dorso em forma de cilha muito acentuada; *adj.*, diz-se desse tipo de cavalo.
CI.LHAR, *v. int.*, apertar com a cilha, prender, amarrar bem forte.
CI.LI.A.DO, *adj.*, que tem cílios.
CI.LI.AR, *adj.*, relativo aos cílios.
CI.LI.CI.AR, *v.t.*, pôr cilício; *v.pron.*, usar cilícios; torturar-se (penitentes) com cilícios.
CI.LÍ.CIO, *s.m.*, cinturão com argolas de metal, posto sob as roupas, em cima da pele, para fazer penitência, mortificar-se; sacrifício, sofrimento em prol de uma divindade.
CI.LI.FOR.ME, *adj.*, que tem forma de cílio.
CI.LIN.DRA.DA, *s.f.*, o máximo de gás em um motor a explosão, para uma arrancada.
CI.LIN.DRA.DOR, *s.m.*, instrumento que serve para cilindrar.
CI.LIN.DRA.GEM, *s.f.*, ato ou efeito de cilindrar; cilindramento.
CI.LIN.DRA.MEN.TO, *s.m.*, cilindragem.
CI.LIN.DRAR, *v.t.*, ação de cilindrar; dar formato de cilindro.

CI.LIN.DRI.CI.DA.DE, *s.f.*, forma ou qualidade do que é cilíndrico.
CI.LÍN.DRI.CO, *adj.*, que tem semelhança ou forma de cilindro.
CI.LIN.DRI.FOR.ME, *adj.*, que tem forma de cilindro.
CI.LIN.DRO, *s.m.*, peça metálica arredondada e do mesmo calibre no comprimento todo.
CI.LIN.DROI.DE, *adj.*, que tem a forma de cilindro; cilíndrico; *s.m.*, Geometria, sólido de formato semelhante ao de um cilindro.
CÍ.LIO, *s.m.*, pelo das pálpebras.
CI.LI.Ó.FO.RO, *adj.*, em Zoologia, relativo ou pertencente aos cilióforos; *s.m.*, espécime dos cilióforos, dotados de cílios para se locomover e se alimentar.
CI.MA, *s.f.*, cimo, pico, a parte mais alta; *expron.*, em cima, por cima.
CI.MA.LHA, *s.f.*, a parte superior da parede, na qual se firma a armação do telhado.
CIM.BA, *s.f.*, em Poética, embarcação pequena, canoa.
CÍM.BA.LA, *s.f.*, em Música, registro de órgão, composto de duas ou três ordens de tubos afinados em oitavas e quintas.
CÍM.BA.LO, *s.m.*, em Música, instrumento de percussão de bandas e orquestras, tocado por dois pratos.
CIM.BRAR, *v.t.*, dobrar, curvar; o mesmo que azumbrar.
CIM.BRE, *s.m.*, em Arquitetura, armação de madeira, para molde de arco ou abóbada; cambota.
CI.MEI.RA, *s.f.*, reunião de cúpula, reunião muito importante; um grupo de expressão econômica; enfeite no alto de um objeto de arte.
CI.MEI.RO, *adj.*, que se situa no cimo, altaneiro.
CI.MÉ.LIO, *s.m.*, coisa preciosa; alfaia de igreja.
CI.MEN.TA.ÇÃO, *s.f.*, ação ou efeito de cimentar(-se); em Geologia, processo de fechamento dos poros e fissuras de rocha ou mineral, que resulta na sua consolidação.
CI.MEN.TA.DO, *adj.*, preso com cimento, construído com cimento, feito com cimento.
CI.MEN.TAN.TE, *adj. 2 gên.*, que tem a propriedade de cimentar(-se).
CI.MEN.TAR, *v.t.*, ligar com cimento, cobrir com cimento, colocar cimento em.
CI.MEN.TEI.RA, *s.f.*, fábrica de cimento.
CI.MEN.TEI.RO, *adj.*, relativo a cimento; produção cimenteira; que produz cimento.
CI.MEN.TO, *s.m.*; substância calcária que, misturada com água e areia, forma uma liga para unir outros corpos ou cobrir paredes; todo piso feito com cimento; *fig.*, algo forte.
CI.MI.TAR.RA, *s.f.*, sabre árabe com a lâmina curva e larga, um lado cortante apenas; espada; *fig.*, poder.
CI.MO, *s.m.*, cume, pico, o ponto mais alto.
CI.MO.SO, *adj.*, em Botânica, disposto em cima ou cimeira.
CI.NÁ.BRIO, CI.NA.BRE, *s.f.*, em Mineralogia, sulfeto de mercúrio, principal fonte de obtenção de mercúrio.
CI.NA.MO.MO, *s.m.*, árvore de porte elevado, apreciada pela qualidade da madeira; arbusto.
CIN.CA.DA, *s.f.*, falha, engano, erro.
CIN.CAR, *v.int.*, em certos jogos, dar cinca, errar, falhar, perder pontos.
CIN.CEI.RO, *s.m.*, nevoeiro denso.
CIN.CER.RO, *s.m.*, campainha que se prende no pescoço de um animal, para que guie o rebanho.
CIN.CHA, *s.f.*, tira de tecido ou couro, passando por baixo da barriga da cavalgadura, a fim de segurar a sela.

CIN.CHAR, *v.t.*, apertar a cincha; deixar a cincha mais apertada; puxar pela cincha (o animal); pôr (queijo) no cincho (molde) em que se lhe aperta a massa.
CIN.CHO, *s.m.*, fôrma de madeira para dar forma e espremer o queijo.
CIN.CO, *num.*, algarismo 5.
CIN.DI.DO, *adj.*, separado, seccionado, dividido.
CIN.DIR, *v.t.* e *pron.*, separar, repartir, cortar, secionar, dividir.
CI.NE, *s.m.*, forma abreviada, reduzida, de cinema.
CI.NE.AS.TA, *s. 2 gên.*, quem produz filmes, quem trabalha com cinema.
CI.NE.BI.O.GRA.FI.A, *s.f.*, em Biografia, criada ou adaptada para o cinema.
CI.NE.CLU.BE, *s.m.*, associação de fãs aficionados a filmes e novidades do cinema.
CI.NE.CLU.BIS.MO, *s.m.*, conjunto de atividades ligadas a cineclube.
CI.NE.CLU.BIS.TA, *adj. 2 gên.* e *s. 2 gên.*, relativo a atividade de cineclube, que é membro frequentador de cineclube.
CI.NE.CLU.BÍS.TI.CO, *adj.*, relativo a cineclubismo ou cineclubista.
CI.NE.DO.CU.MEN.TÁ.RIO, *s.m.*, documentário feito esp. para o cinema.
CI.NE.DO.CU.MEN.TA.RIS.TA, *s. 2 gên.*, cineasta que faz cinedocumentário.
CI.NE.FI.LI.A, *s.f.*, paixão por cinema, afeição grande por filmes.
CI.NÉ.FI.LO, *adj.*, apaixonado por cinema, amigo de cinema.
CI.NE.GÉ.TI.CA, *s.f.*, arte de caçar, esp. com a utilização de cães.
CI.NE.GRA.FI.A, *s.f.*, em Cinema, o mesmo que cinematografia.
CI.NE.GRA.FIS.TA, *s. 2 gên.*, quem maneja a câmera para fazer as filmagens na TV ou no cinema.
CI.NE.JOR.NAL, *s.m.*, noticiário que é exibido no cinema.
CI.NE.JOR.NA.LIS.MO, *s.m.*, tipo de jornalismo divulgado pelo cinema.
CI.NE.MA, *s.m.*, a arte de fazer filmes; local para exibição de filmes.
CI.NE.MA.NI.A, *s.f.*, adoração por cinema; obsessão por cinema.
CI.NE.MA.NO.VIS.TA, *adj. 2 gên.*, relativo ao Cinema Novo, estilo cinematográfico que surgiu no Brasil na década de 1960; *s. 2 gên.*, esse adepto.
CI.NE.MA.TE.CA, *s.f.*, lugar em que se recolhem filmes, como arquivo histórico e consulta dos pesquisadores e estudiosos.
CI.NE.MÁ.TI.CA, *s.f.*, pela Física, estudo do movimento dos corpos; cinética.
CI.NE.MÁ.TI.CO, *adj.*, que se refere aos movimentos mecânicos.
CI.NE.MA.TI.ZAR, *v.t.*, fazer filme cinematográfico de; dar feição cinematográfica a.
CI.NE.MA.TO.GRA.FAR, *v. int.*, gravar imagens com a filmadora.
CI.NE.MA.TO.GRA.FI.A, *s.f.*, o conjunto de artes e técnicas para produzir filmes; tudo que envolve cinema, filmes e produções destes.
CI.NE.MA.TO.GRÁ.FI.CO, *adj.*, relativo a cinematografia; próprio do cinema; que lembra situações do cinema.
CI.NE.MA.TO.GRA.FIS.TA, *s. 2 gên.*, aquele que se dedica a, ou trabalha em atividades técnicas e/ou artísticas ligadas ao cinema.
CI.NE.MA.TÓ.GRA.FO, *s.m.*, antigo aparelho para projetar filmes, projetor de cinema.
CI.NE.RAL, *s.m.*, montão de cinzas.
CI.NE.RA.MA, *s.m.*, em Cinema, tipo de projeção cinematográfica que cria a ilusão, no espectador de projeção em três dimensões, de estar dentro da cena.
CI.NE.RAR, *v. int.*, reduzir a cinzas, incinerar.
CI.NE.RÁ.RIA, *s.f.*, Botânica, nome comum de várias plantas da família das compostas, de regiões tropicais.
CI.NE.RÁ.RIO, *adj., s.m.*, próprio das cinzas, urna com as cinzas de um defunto.
CI.NÉ.REO, *adj.*, cinzento, da cor das cinzas.
CI.NE.RI.FOR.ME, *adj.*, que tem forma de cinzas.
CI.NES.CO.PI.A, *s.f.*, em Eletrônica, técnica de produção de imagens num cinescópio.
CI.NES.CÓ.PIO, *s.m.*, tubo de imagem do televisor.
CI.NE.SE, *s.f.*, movimento, movimentação.
CI.NE.SI.A, *s.f.*, capacidade de se mover; movimento.
CI.NÉ.SI.CO, *adj.*, relativo a cinesia.
CI.NE.SI.O.LO.GI.A, *s.f.*, em Anatomia, estudo dos movimentos humanos, com ênfase nas estruturas anatômicas correspondentes.
CI.NE.SI.O.LÓ.GI.CO, *adj.*, referente a cinesiologia; diz-se de fenômeno analisado pela cinesiologia.
CI.NES.TE.SI.A, *s.f.*, Fisl., sensação dos movimentos musculares do corpo.
CI.NE.TE.A.TRO, *s.m.*, casa de espetáculos que serve tanto para apresentação de peças de teatro quanto para exibição de filmes cinematográficos.
CI.NÉ.TI.CA, *s.f.*, parte da Física que estuda as mudanças dos corpos e os deslocamentos; cinemática.
CI.NÉ.TI.CO, *adj.*, em Física, relativo ou inerente a movimento.
CI.NE.TÓ.GRA.FO, *s.m.*, aparelho para obtenção das películas fotográficas do cinetoscópio.
CI.NE.TO.SE, *s.f.*, em Medicina, distúrbio originado por movimentos não habituais, como aceleração de avião, ondulação de navio, chacoalhar de automóvel, etc.
CIN.GA.LÊS, *adj.* e *s.m.*, natural ou habitante de Sri Lanka, antigo Ceilão.
CIN.GA.PU.REN.SE, *adj. 2 gên.*, de Cingapura; típico desse país ou de seu povo; *s. 2 gên.*, natural ou habitante da República de Cingapura.
CIN.GEL, *s.m.*, junta de bois.
CIN.GE.LEI.RO, *s.m.*, o que possui ou conduz uma junta de bois.
CIN.GI.DO, *adj.*, enlaçado, ligado, preso.
CIN.GIR, *v.t.* e *pron.*, colocar em volta, ligar, colocar na cintura, enlaçar.
CÍN.GU.LO, *s.m.*, cinto, cordão branco com o qual o sacerdote católico, celebrante, cinge a alva, veste branca usada na celebração da missa.
CÍ.NI.CO, *adj.*, desavergonhado, sem princípios.
CI.NIS.MO, *s.m.*, sem-vergonhice, descaramento, imoralidade.
CI.NÓ.DRO.MO, *s.m.*, campo de corridas para cães, especialmente galgos.
CI.NO.FA.GI.A, *s.f.*, costume de comer carne de cão.
CI.NO.FI.LI.A, *s.f.*, amizade por cães, paixão por cães.
CI.NÓ.FI.LO, *adj.* e *s.m.*, quem é amigo de cães, quem se dedica à criação de cães.
CI.NO.FO.BI.A, *s.f.*, qualidade do cinófobo; receio, desamor

dos cães.
CI.NÓ.FO.BO, *adj.*, que tem medo dos cães ou os detesta.
CI.NO.GRA.FI.A, *s.f.*, estudo sobre cães, compêndio com referências a cães.
CI.NO.GRÁ.FI.CO, *adj.*, relativo ou inerente a cinografia.
CI.NO.LA.TRI.A, *s.f.*, adoração a cães.
CI.NO.LO.GI.A, *s.f.*, estudo dos cães.
CI.NO.LÓ.GI.CO, *adj.*, relativo a cinologia.
CI.NO.MO.SE, *s.f.*, em Veterinária, virose que acomete cães e outros animais, paralisando os seus membros posteriores e afetando os órgãos respiratórios.
CIN.QUE.CEN.TO, *s.m.*, o século XVI na Itália, relativo à produção artística e literária dessa época; quinhentismo.
CIN.QUE.NA, *s.f.*, o espaço de cinco dias; junção de cinco coisas ou seres.
CIN.QUEN.TA, *num.*, cardinal 50.
CIN.QUEN.TA.VO, *s.m.*, quinquagésima parte (1/50).
CIN.QUEN.TÃO, *s.m.*, quem chegou aos 50 anos.
CIN.QUEN.TE.NÁ.RIO, *s.m.*, aniversário de 50 anos.
CIN.TA, *s.f.*, faixa de couro ou pano que se coloca em torno da barriga para apertar ou segurar as calças, ou como enfeite na vestimenta feminina.
CIN.TA-CAL.ÇA, *s.f.*, peça do vestuário íntimo feminino, que consiste numa calça elástica capaz de comprimir e modelar o corpo da mulher, esp. a região do abdômen e dos quadris.
CIN.TA.DA, *s.f.*, golpe aplicado com cinto.
CIN.TA.DO, *adj.*, que se cintou; apertado; preso com cinta ou ajustado à cintura; cinturado.
CIN.TA-LAR.GA, *s. 2 gên.*, membro da tribo dos indígenas Cintas-Largas.
CIN.TA-LI.GA, *s.f.*, presilha que se usa para prender as meias, sobretudo femininas.
CIN.TAR, *v.t.*, pôr cinta ou cinteiro em; cingir com cinto ou faixa.
CIN.TEI.RO, *s.m.*, pessoa que fabrica ou vende cintos ou cintas; faixa que protege o umbigo dos recém-nascidos; espécie de cabide para pendurar cintos; fita que cerca a copa do chapéu junto à aba.
CIN.TI.LA.ÇÃO, *s.f.*, brilho, luminosidade.
CIN.TI.LA.DOR, *adj.* e *s.m.*, em Física, diz-se de, ou o material que cintila quando irradiado.
CIN.TI.LAN.TE, *adj.*, brilhante, luminoso.
CIN.TI.LAR, *v. int.*, brilhar, emitir luzes, faiscar.
CIN.TI.LO.GRÁ.FI.CO, *adj.*, referente a cintilografia.
CIN.TO, *s.m.*, cinta, faixa para apertar a barriga, segurar as calças.
CIN.TO DE SE.GU.RAN.ÇA, *s.m.*, cinto obrigatório nos carros, para prender o viajante ao assento.
CIN.TU.RA, *s.f.*, local do corpo em que se põe o cinto; parte da barriga em que a cinta segura as calças; parte média entre o umbigo e os quadris.
CIN.TU.RA.DO, *adj.*, que tem cintura proporcional, que está com o peso ideal.
CIN.TU.RÃO, *s.m.*, cinto maior, de couro ou outro material, para prender objetos de uso rápido; faixa entre duas partes; periferia das cidades, como cinturão verde, cinturão de miséria.
CIN.TU.RAR, *v.t.*, colocar cinto ou cinta em; construir algo ao redor de; no Esporte, aplicar uma cintura no adversário, golpe que envolve o meio da barriga.
CIN.TU.RIS.TA, *s. 2 gên.*, o que faz ou vende cintos.
CIN.ZA, *s.f.*, restos do que fica da lenha queimada; resíduos.
CIN.ZAS, *s.f.* e *pl.*, o mesmo que cinza; resíduos de defunto submetido a cremação.
CIN.ZEI.RO, *s.m.*, objeto usado para recolher as cinzas de cigarros, charutos.
CIN.ZEL, *s.m.*, instrumento cortante na ponta, para modelar, alisar materiais.
CIN.ZE.LA.DO, *adj.*, esculpido, alisado, modelado.
CIN.ZE.LA.DOR, *adj.* e *s.m.*, que(m) cinzela, modelador, esculpidor.
CIN.ZE.LA.DU.RA, *s.f.*, lavor feito a cinzel, cinzelagem.
CIN.ZE.LA.GEM, *s.f.*, ação ou efeito de cinzelar; cinzeladura, cinzelamento.
CIN.ZE.LA.MEN.TO, *s.m.*, ato ou operação de cinzelar.
CIN.ZE.LAR, *v.t.*, alisar, trabalhar, esculpir.
CIN.ZEN.TO, *adj.*, cor de cinza, semiescuro.
CÍN.ZEO, *adj.*, acinzentado.
CI.O, *s.m.*, instinto sexual dos animais, para a reprodução.
CI.O.SA.MEN.TE, *adv.*, com ciúme, com zelo.
CI.O.SO, *adj.*, ciumento, cuidadoso, zeloso, preocupado.
CI.PÓ, *s.m.*, planta trepadeira que solta as hastes das árvores para o chão.
CI.PO.A.DA, *s.f.*, golpe com um cipó, pancada com cipó.
CI.PO.AL, *s.m.*, muitos cipós; *fig.*, problema, situação difícil.
CI.PO.A.MA, *s.f.*, mata cheia de cipós; cipoal.
CI.PO.AR, *v.t.*, bater com cipó.
CI.PO.ZAL, *s.m.*, mata cheia de cipós; cipoal; cipoama.
CI.PRES.TAL, *s.m.*, terreno em que crescem ciprestes.
CI.PRES.TE, *s.m.*, nome de muitas árvores com copas esguias, usadas como ornamento e pela madeira, com odores fortes; *fig.*, no Império Romano, era o símbolo do luto.
CI.PRI.O.TA, *adj.*, *s. 2 gên.*, natural ou habitante da ilha de Chipre, no Mar Mediterrâneo.
CI.RAN.DA, *s.f.*, tipo de peneira, cantiga infantil de roda; algo que muda muito, como ciranda financeira durante a inflação.
CI.RAN.DA.DO, *adj.*, que se cirandou; joeirado, peneirado.
CI.RAN.DA.GEM, *s.f.*, o ato de cirandar.
CI.RAN.DAR, *v. int.*, brincar de roda.
CI.RAN.DEI.RO, *s.m.*, cantor das rodas de ciranda; *adj.*, que canta nas rodas de ciranda; relativo a ciranda.
CIR.CA.DI.A.NO, *adj.*, relativo ao período de um dia ou de aproximadamente 24 horas; que diz respeito à regularidade do funcionamento diário do organismo.
CIR.CA.MA.RÉ, *adj. 2 gên.*, relativo ao período de 12,4 horas correspondente à mudança das marés.
CIR.CEN.SE, *adj.*, próprio do circo, relativo ao circo.
CIR.CI.AR, *v.t.*, passar com o círcio.
CIR.CO, *s.m.*, pavilhão circular coberto com lona, para apresentação de jogos ou espetáculos ao público.
CIR.CUI.TAR, *v. int.*, andar em roda, girar, rodopiar.
CIR.CUI.TA.RI.A, *s.f.*, rede de circuitos biológicos ou eletrônicos.
CIR.CUI.TO, *s.m.*, trajeto, linha, giro, caminho, contorno, pista para os carros correrem; sistema elétrico pelo qual passa a energia através de condutores.
CIR.CU.LA.ÇÃO, *s.f.*, movimento, caminhada, trânsito de veículos e pessoas; a função do organismo de espalhar e recolher sangue por todo o organismo.
CIR.CU.LA.DA, *s.f.*, *pop.*, ação de se movimentar, de aparecer em um lugar ou entre pessoas durante breve tempo.
CIR.CU.LA.DO, *adj.*, que circulou, que passou de mão em mão.
CIR.CU.LA.DOR, *s.m.*, aparelho que movimenta a água de um recipiente, que põe em circulação.

CIRCULANTE

CIR.CU.LAN.TE, *adj.*, que circula, que gira; girante.
CIR.CU.LAR, *s.f.*, carta comum a vários destinatários, ofício; tipo de ônibus que cumpre um trajeto de ida e retorno.
CIR.CU.LAR, *v. int.*, andar em círculos, rodear, envolver, transmitir de pessoa para pessoa, renovar-se.
CIR.CU.LA.RI.DA.DE, *s.f.*, qualidade ou característica do que é circular; caráter do que é cíclico.
CIR.CU.LAR.MEN.TE, *adj.*, em círculo, à roda, de modo circular.
CIR.CU.LA.TÓ.RIO, *adj.*, que se move por círculos, circulador, circulante.
CÍR.CU.LO, *s.m.*, esfera, superfície compreendida entre uma circunferência; aro, elo, extensão redonda.
CIR.CUM-AD.JA.CEN.TE, *adj.*, que jaz justaposto em roda.
CIR.CUM-ME.RI.DI.A.NO, *adj.*, que se dá ou fica nas cercanias do meridiano.
CIR.CUM-MU.RA.DO, *adj.*, cercado de muro ou muralha.
CIR.CUM-NA.VE.GA.ÇÃO, *s.f.*, ação de navegar ao redor, navegar sem rumo definido.
CIR.CUM-NA.VE.GA.DO, *adj.*, ao redor de que se navegou.
CIR.CUM-NA.VE.GA.DOR, *s.m.*, aquele que faz uma circum-navegação.
CIR.CUM-NA.VE.GAR, *v.t.*, navegar ao redor, rodear.
CIR.CUM.PO.LAR, *adj. 2 gên.*, que acontece em volta ou perto do polo terrestre; em Astronomia, relativo aos astros que se localizam nas proximidades do polo.
CIR.CUN.CI.DA.DO, *adj.*, que foi submetido a circuncisão.
CIR.CUN.CI.DAR, *v.t.*, operar a circuncisão em.
CIR.CUN.CI.SA.DO, *adj.*, ver circuncidado.
CIR.CUN.CI.SA.DOR, *s.m.*, ver circundador.
CIR.CUN.CI.SÃO, *s.f.*, ato das religiões judaica e muçulmana, que consiste em retirar a pele que cobre o prepúcio na ponta do pênis.
CIR.CUN.CI.VO, *adj. e s.m.*, quem foi circuncidado, que está circuncidado.
CIR.CUN.DA.ÇÃO, *s.f.*, ação ou resultado de circundar; cercamento.
CIR.CUN.DA.DO, *adj.*, rodeado, girado em torno.
CIR.CUN.DA.DOR, *adj. e s.m.*, que ou o que circunda.
CIR.CUN.DA.MEN.TO, *s.m.*, circuito; barreira.
CIR.CUN.DAN.TE, *adj.*, que anda em volta, que rodeia.
CIR.CUN.DAR, *v.t.*, rodear, andar ao redor, girar em volta de.
CIR.CUN.DU.ÇÃO, *s.f.*, ação ou resultado de circundar; movimento de rotação em torno de um eixo.
CIR.CUN.DU.TAR, *v.t.*, tornar nulo.
CIR.CUN.DU.TO, *adj.*, em Jurisprudência, diz-se da citação que foi julgada nula e que deve ser repetida.
CIR.CUN.FE.RÊN.CIA, *s.f.*, linha circular, contorno, círculo, a linha que contorna o círculo.
CIR.CUN.FE.REN.CI.AL, *adj. 2 gên.*, relativo a circunferência; em forma de circunferência.
CIR.CUN.FE.REN.TE, *adj.*, que anda à volta, que gira em torno.
CIR.CUN.FLE.XÃO, *s.f.*, ação ou efeito de dobrar em forma de arco.
CIR.CUN.FLE.XO, *adj. e s.m.*, na ortografia, é o acento fechado ^ para as vogais a,e,o.
CIR.CUN.FLU.ÊN.CIA, *s.f.*, movimento ao redor de, volta em torno de.
CIR.CUN.FLU.EN.TE, *adj.*, que se move em torno.
CIR.CUN.FLU.IR, *v. int.*, mover-se ao redor, andar em torno de.
CIR.CUN.FUN.DIR, *v.t.*, espalhar em volta; derramar em volta.

CIRRO

CIR.CUN.FU.SÃO, *s.f.*, ato ou efeito de circunfundir.
CIR.CUN.FU.SO, *adj.*, posto ao derredor, colocado em volta.
CIR.CUN.GI.RAR, *v. int.*, andar em torno, girar ao redor.
CIR.CUN.JA.CEN.TE, *adj. e s.m.*, que está ao redor, que está no local, circundante, circunstante.
CIR.CUN.JA.ZER, *v.int.*, estar em volta; ser circunvizinho.
CIR.CUN.LO.CU.ÇÃO, *s.f.*, giro em torno, perífrase, circunlóquio.
CIR.CUN.LO.QUI.AL, *adj. 2 gên.*, que emprega circunlóquios.
CIR.CUN.LÓ.QUIO, *s.m.*, divagação, rodeio de palavras, linguagem de difícil compreensão.
CIR.CUN.LU.NAR, *adj. 2 gên.*, que gira em torno da Lua; que envolve a Lua.
CIR.CUNS.CRE.VER, *v.t. e pron.*, circular, andar em torno, limitar-se.
CIR.CUNS.CRI.ÇÃO, *s.f.*, divisão administrativa em um território.
CIR.CUNS.CRI.TO, *adj.*, limitado a um local, que se restringe a um círculo.
CIR.CUNS.CRI.TOR, *adj.*, que circunscreve; que faz circunscrição.
CIR.CUNS.PEC.ÇÃO, *s.f.*, circunspeção, qualidades de ser circunspecto, ponderação, cautela, precaução.
CIR.CUNS.PEC.TO, CIR.CUNS.PE.TO, *adj.*, circunspecto, precavido, ponderado, cauteloso, discreto.
CIR.CUNS.TÂN.CIA, *s.f.*, momento, ocorrência, fato temporal, indicação, particularidade.
CIR.CUNS.TAN.CI.A.DO, *adj.*, em que são apresentadas todas as circunstâncias; pormenorizado.
CIR.CUNS.TAN.CI.A.DOR, *adj.*, que circunstancia.
CIR.CUNS.TAN.CI.AL, *adj.*, momentâneo, ligado a uma circunstância.
CIR.CUNS.TAN.CI.A.LI.DA.DE, *adj.*, qualidade do que é circunstancial.
CIR.CUNS.TAN.CI.AR, *v.t.*, relatar as circunstâncias de; apresentar provas, indícios, sinais de.
CIR.CUNS.TAN.TE, *adj. e s 2 gên.*, alguém presente, quem aparece num fato, que surge.
CIR.CUNS.TE.LAR, *adj. 2 gên.*, relativo a, ou próprio do que envolve as estrelas; que envolve o universo conhecido, às vezes figuradamente.
CIR.CUN.VA.GAR, *v. int.*, vagar ao léu, girar, andar sem rumo.
CIR.CÚN.VA.GO, *adj.*, em Poética, que vagueia em torno; que rodeia.
CIR.CUN.VA.LAR, *v.t. e pron.*, cercar(-se) de valados, fossos ou barreiras.
CIR.CUN.VI.ZI.NHAN.ÇA, *s.f.*, arredores, cercanias, vizinhança, adjacências.
CIR.CUN.VI.ZI.NHAR, *v.t. e int.*, rodear ou estar na vizinhança; nos arredores de.
CIR.CUN.VI.ZI.NHO, *adj. e s.m.*, periférico, limítrofe, vizinho, próximo.
CIR.CUN.VO.AR, *v.t.*, voar em roda de.
CIR.CUN.VO.LU.ÇÃO, *s.f.*, movimento circular, giro em torno de um centro ou eixo.
CÍ.RIO, *s.m.*, uma vela grande, círio pascal.
CI.RI.O.LO.GI.A, *s.f.*, emprego exclusivo de expressões próprias.
CI.RI.O.LÓ.GI.CO, *adj.*, relativo a ciriologia.
CIR.RI.FOR.ME, *adj.*, que tem forma de caracol, de cirro.
CIR.RO, *s.m.*, tipo de nuvem, a grandes altitudes da atmosfera,

composta com cristais de gelo; em Botânica, apêndice de algumas plantas com que se ligam aos corpos vizinhos; gavinha; em Zoologia, certos filamentos ou apêndices delgados que servem de tentáculos, pés, braços, etc.; em Medicina, tumor canceroso duro.
CIR.RO-CÚ.MU.LO, *s.m.*, em Meteorologia, flocos brancos enfileirados de nuvens; cúmulo-cirro.
CIR.RO-ES.TRA.TO, *s.m.*, em Meteorologia, nuvens de grande altitude, esbranquiçada e de aspecto fibroso; estrato-cirro.
CIR.ROI.DE, *adj.*, que tem forma de cirro.
CIR.RO.SE, *s.f.*, doença que ataca o fígado, sobretudo por causa de excesso de álcool.
CIR.RO.SI.DA.DE, *s.f.*, tumor por causa de cirrose, situação do que tem cirrose.
CIR.RO.SO, *adj.*, em Meteorologia, que é da natureza do cirro, que tem aparência do cirro; em Medicina, relativo a, ou que tem aparência de cirro, cirrose; em Botânica; relativo a, ou de aspecto do cirro.
CIR.RÓ.TI.CO, *adj.*, relativo a cirrose ou próprio dela; que sofre de cirrose; *s.m.*, indivíduo que sofre de cirrose.
CI.RUR.GI.A, *s.f.*, divisão da Medicina que opera para tratar de doenças.
CI.RUR.GI.ÃO, *s.m.*, médico-cirurgião, médico operador, médico especializado em cirurgias.
CI.RUR.GI.ÃO-DEN.TIS.TA, *s.m.*, dentista, dentista especializado em operações na parte dentária.
CI.RÚR.GI.CO, *adj.*, próprio da cirurgia, relativo a cirurgias.
CI.SA.LHA, *s.f.*, tipo de tesoura.
CI.SA.LHAR, *v.t.*, cortar as bordas de (papel, cartão, etc.); causar a deformação ou a fratura de (algo).
CI.SAL.PI.NO, *adj.*, que está aquém dos Alpes.
CI.SAN.DI.NO, *adj.*, sito do lado de cá dos Andes.
CI.SÃO, *s.f.*, dissidência, ideias contrárias, oposição, cisma, divisão, divergências.
CI.SA.TLÂN.TI.CO, *adj.*, que está situado aquém do Atlântico.
CIS.BOR.DO, *s.m.*, abertura no costado do navio para passagem de pessoas, carga ou veículos; resbordo.
CIS.CA.DA, *s.f.*, porção de cisco; detritos vegetais que as enchentes deixam nas margens dos rios.
CIS.CA.DEI.RA, *adj.*, diz-se de galinha que cisca.
CIS.CA.DO, *s.m.*, ação ou resultado de ciscar, de revolver o solo.
CIS.CA.DOR, *adj.*, que cisca; *s.m.*, espécie de ancinho para juntar detritos vegetais e de outros tipos.
CIS.CA.LHA.DA, *s.f.*, grande quantidade de cisco.
CIS.CA.LHA.GEM, *s.f.*, quantidade de cisco, alimpaduras.
CIS.CA.LHO, *s.m.*, porção de cisco.
CIS.CAN.TE, *adj.*, que cisca; *s.f.*, *gír.*; galinha.
CIS.CAR, *v.t.* e *pron.*, ajuntar com o bico restos, grãos; ato próprio das aves.
CIS.CO, *s.m.*, restos, lixo, o que se recolhe com a vassoura, partícula que cai no olho.
CIS.JOR.DA.NI.A.NO, *adj.*, que se situa aquém da Jordânia.
CIS.MA, *s.f.*, ideia, pensamento, desconfiança; sonho, imaginação; cisão, divisão, discordância.
CIS.MA.DO, *adj.*, desconfiado, prevenido, precavido.
CIS.MA.DOR, *adj.*, que se inclina a pensar, a meditar; *s.m.*, aquele que cisma, que pensa, que medita.
CIS.MAR, *v. int.*, preocupar-se, sonhar com, distrair-se, estar absorto.
CIS.MA.REN.TO, *adj.*, que cisma, meditativo.

CIS.MÁ.TI.CO, *adj.*, que cisma, que pensa em alguma coisa; em Religião, que se afastou de uma religião por divergência doutrinária; *s.m.*, aquele que se afastou de uma religião.
CIS.MA.TI.VO, *adj.*, em Religião, que aderiu ao cisma; cismático.
CIS.MEN.TO, *adj.*, que cisma; cismador.
CIS.MON.TA.NO, *adj.* e *s.m.*, que ou aquele que se situa aquém dos montes.
CIS.NE, *s.m.*, ave palmípede da família dos Anatídeos.
CIS.PLA.TI.NO, *adj.*, localizado do lado de cá do rio da Prata.
CIS.QUEI.RO, *s.m.*, local em que as aves podem ciscar; porção de cisco.
CÍS.SIL, *adj.*, capaz de cissão, que se pode fender.
CIS.SI.O.NIS.TA, *adj.* e *s.m.*, que é relativo a, ou partidário da cisma; cismático.
CIS.SI.PA.RI.DA.DE, *s.f.*, qualidade do que é cissíparo ou fissíparo; em Biologia, forma de reprodução assexuada, em que um organismo unicelular se divide em dois organismos unicelulares semelhantes.
CIS.SÍ.PA.RO, *adj.*, o mesmo que fissíparo.
CIS.SU.RA, *s.f.*, fissura; fenda; sulco.
CIS.TAL.GI.A, *s.f.*, dor na bexiga, sofrimento por causa da bexiga.
CIS.TÁL.GI.CO, *adj.*, relativo a cistalgia.
CIS.TER.CI.EN.SE, *adj.* e *s.m.*, diz-se de ou membro da ordem de Cister, fundada na Borgonha do séc. XI.
CIS.TER.NA, *s.f.*, poço, local para conservar a água da chuva.
CIS.TI.CER.CO, *s.m.*, Zoologia, nome comum às larvas dos platelmintos cestoides que ocorrem nos vertebrados.
CÍS.TI.CO, *adj.*, relativo a, ou da vesícula biliar; relativo a, ou que contém cisto.
CIS.TI.TE, *s.f.*, em Medicina, inflamação da bexiga.
CIS.TÍ.TI.CO, *adj.*, que se refere à vesícula biliar.
CIS.TO, *s.m.*, quisto, tumor.
CIS.TOI.DE, *adj.*, semelhante a uma bexiga.
CIS.TO.SO, *adj.*, que tem a natureza ou a forma do cisto.
CI.TA.ÇÃO, *s.f.*, ato ou efeito de citar, intimação; chamado judicial.
CI.TA.CI.O.NIS.MO, *s.m.*, hábito (às vezes exagerado) de fazer citações.
CI.TA.CI.O.NIS.TA, *adj.*, relativo a citacionismo; que tem o hábito de fazer citações.
CI.TA.DI.NO, *adj.* e *s.m.*, habitante de uma cidade, que é da cidade.
CI.TA.DOR, *adj.*, que cita, que faz citações.
CI.TAN.TE, *adj.* e *s.m.*, o ou a que faz a citação.
CI.TAR, *v.t.*, chamar, convocar, intimar, mandar vir, referir.
CI.TA.RIS.TA, *s. 2 gên.*, músico que toca cítara; *adj. 2 gên.*, que diz respeito ao músico que toca cítara.
CÍ.TA.RA, *s.f.*, instrumento musical de cordas.
CI.TA.TÓ.RIO, *adj.*, que contém citações; destinado a citar; *s.f.*, carta de citação.
CI.TO.BI.O.LO.GI.A, *s.f.*, em Biologia, o mesmo que biologia celular.
CI.TÁ.VEL, *adj.*, que se pode citar, referível.
CI.TO.FO.RO, *s.m.*, em Histologia, massa central esferoide das espermatogônias não modificadas.
CI.TÓ.LI.SE, *s.f.*, em Biologia, desagregação ou destruição celular.
CI.TO.LO.GI.A, *s.f.*, estudo do desenvolvimento e estrutura das células.

CITOLÓGICO ••• 229 ••• **CLARIFICADOR**

CI.TO.LÓ.GI.CO, *adj.*, que se refere a citologia, referente a células.
CI.TÓ.LO.GO, *s.m.*, especialista em citologia.
CI.TÔ.ME.TRO, *s.m.*, instrumento que se destina à contagem e medição de células.
CI.TO.PA.TO.LO.GI.A, *s.f.*, em Biologia, área da Medicina ligada às pesquisas e estudos que abrangem exames microscópicos e avaliação de amostas celulares.
CI.TO.PLAS.MA, *s.m.*, fluido que circula nas células, sobretudo no núcleo delas.
CI.TO.PLAS.MÁ.TI.CO, *adj.*, em Biologia, relativo a, ou próprio de citoplasma; citoplásmico.
CI.TRA.TO, *s.m.*, em Química, qualquer sal ou éster do ácido cítrico.
CÍ.TRI.CO, *adj.*, referente aos frutos cítricos, como laranja, limão, lima.
CI.TRI.CUL.TOR, *s.m.*, quem cultiva citros, plantador de laranjeiras.
CI.TRI.CUL.TU.RA, *s.f.*, plantio e cultura de árvores frutíferas cítricas.
CI.TRI.NO, *adj.*, que tem a coloração do limão.
CI.TRO, *s.m.*, Botânica, designação comum às árvores e arbustos do gênero Citrus, como o limoeiro, a laranjeira, etc.
CI.TRO.NE.LA, *s.f.*, arbusto de cujas folhas, com odor de limão, se extraem essências.
CI.U.MA.DA, *s.f.*, demonstração exagerada de ciúme; ciumeira.
CI.U.MAR, *v.int.*, ter ciúme.
CI.U.MA.RI.A, *s.f.*, grande ciúme; conjunto de todos os sentimentos que despertam o ciúme.
CI.U.ME, *s.m.*, suspeita, desconfiança, medo de perder um amor, psicose da desconfiança.
CI.U.MEI.RA, *s.f.*, grande ciúme, desconfiança exagerada, tendência de posse exacerbada.
CI.U.MEN.TO, *adj.*, que tem ciúme.
CI.U.MO.SO, *adj.*, o mesmo que ciumento.
CÍ.VEL, *adj.*, referente ao Direito Civil.
CÍ.VI.CO, *adj.*, referente à pátria, patriótico, próprio do cidadão.
CI.VIL, *adj.*, que não é militar nem eclesiástico; referente ao relacionamento dos cidadãos entre si.
CI.VI.LI.DA.DE, *s.f.*, cortesia, urbanidade, educação.
CI.VI.LIS.MO, *s.m.*, posição de alguém a favor do poder apenas para os civis.
CI.VI.LIS.TA, *s. 2 gên.*, quem defende o civilismo.
CI.VI.LI.ZA.ÇÃO, *s.f.*, ato ou efeito de civilizar, domínio da cidadania; liberdade, desenvolvimento.
CI.VI.LI.ZA.CI.O.NAL, *adj. 2 gên.*, relativo a civilização.
CI.VI.LI.ZA.DO, *adj.*, educado, instruído.
CI.VI.LI.ZA.DOR, *adj. e s.m.*, que(m) civiliza, educador, transformador.
CI.VI.LI.ZAR, *v.t. e pron.*, educar, humanizar, tornar cidadão.
CI.VI.LI.ZÁ.VEL, *adj.*, que pode ser civilizado, educável.
CI.VIL.MEN.TE, *adj.*, de maneira polida, educada, racional, moderada.
CI.VIS.MO, *s.m.*, respeito à pátria, culto para com a pátria.
CI.ZÂ.NIA, *s.f.*, tipo de erva nociva a outras plantas; *fig.*, discórdia, desavença.
CL, *s.m.*, símbolo do elemento cloro.
CL, símbolo de centilitro.
CLÃ, *s.m.*, grupo familiar, conjunto de famílias sob o mando do patriarca.
CLA.MA.DO, *adj.*, berrado, chamado, gritado.

CLA.MA.DOR, *adj. e s.m.*, relativo a, ou aquele que clama; diz-se de, ou o que grita, que berra.
CLA.MAN.TE, *adj. e s.m.*, que ou aquele que clama; clamador.
CLA.MAR, *v.t. e int*, berrar, gritar, chamar em alta voz, suplicar, implorar.
CLA.MOR, *s.m.*, brado, berro, reclamação, vozerio, grito.
CLA.MO.RO.SA.MEN.TE, *adv.*, com clamores, de maneira clamorosa, ruidosamente.
CLA.MO.RO.SO, *adj.*, forte, claro, saliente, patente.
CLAN.DES.TI.NI.DA.DE, *s.f.*, situação de alguém que vive escondido da lei e da autoridade.
CLAN.DES.TI.NO, *adj.*, ilegal, fora das normas da lei, escondido, oculto.
CLAN.GOR, *s.m.*, barulho, rumor forte, som como o de trompas, trombetas, pistões.
CLAN.GO.RAR, *v.int.*, o mesmo que clangorejar.
CLAN.GO.RE.JAR, *v.int.*, soltar clangor; *fig.*, apregoar certo fato ou acontecimento.
CLAN.GO.RO.SO, *adj.*, em que há clangor; semelhante ao som da trombeta; estridente.
CLÂ.NI.CO, *adj.*, relativo a clã.
CLA.QUE, *s.f.*, grupo de indivíduos pagos para que aplaudam; *fig.*, macaco de auditório.
CLA.QUE-CLA.QUE, *s.m.*, barulho repetido de algo que estala; estalido.
CLA.QUE.TE, *s.f.*, em Cinema e Televisão, pequeno quadro no qual se demaraca a tomada de uma cena e se registra a sequência que está sendo rodada.
CLA.QUIS.TA, *s. 2 gên.*, pessoa que faz parte da claque; clanguista.
CLA.RA, *s.f.*, a parte que envolve a gema do ovo.
CLA.RA.BE.LA, *s.f.*, instrumento de manivela cujos sons são produzidos por uma coleção de timbres.
CLA.RA.BOI.A, *s.f.*, abertura envidraçada no teto, em casas, para a entrada de luz.
CLA.RA.MEN.TE, *adv.*, de maneira clara, límpida, compreensível.
CLA.RÃO, *s.m.*, brilho forte, luz muito forte, de pequena duração.
CLA.RAS, *s.f. e pl.*, usado na loc. *às claras*; abertamente, publicamente, sem rodeios, sem preconceitos.
CLA.RE.A.ÇÃO, *s.f.*, esbranquecimento, branqueação.
CLA.RE.A.DO, *adj.*, que se clareou, que recebeu luz natural ou artificial; iluminado.
CLA.RE.A.MEN.TO, *s.m.*, ação ou efeito de clarear; clareação.
CLA.RE.AN.TE, *adj.*, que clareia; *s.m.*, o que se usa para clarear; alvejante.
CLA.RE.AR, *v.t. e int.*, tornar claro, esclarecer, acabar dúvidas, dirimir as dúvidas.
CLA.REI.RA, *s.f.*, local sem vegetação, no meio da mata; espaço aberto entre árvores.
CLA.RE.TE, *adj. 2 gên.*, que tem a cor suavemente avermelhada do vinho clarete; diz-se dessa cor; *s.m.*, em Enologia, vinho tinto de cor vermelho-clara, de sabor suave; a cor clarete.
CLA.RE.ZA, *s.f.*, qualidade do que é claro; luminosidade, limpidez.
CLA.RI.DA.DE, *s.f.*, luminosidade, brilho.
CLA.RI.FI.CA.ÇÃO, *s.f.*, ação ou efeito de clarificar, esclarecimento, branqueação.
CLA.RI.FI.CA.DO, *adj.*, que se clarificou, aclarou; purificado.
CLA.RI.FI.CA.DOR, *adj. e s.m.*, relativo a, ou o que clarifica,

CLARIFICANTE

que ou o que torna mais claro.
CLA.RI.FI.CAN.TE, *adj.*, que clarifica, que torna claro, límpido.
CLA.RI.FI.CAR, *v.t.* e *pron.*, tornar claro, purificar, limpar, esclarecer.
CLA.RI.FI.CA.TI.VO, *adj.*, que clarifica.
CLA.RIM, *s.m.*, instrumento de sopro, semelhante a corneta.
CLA.RI.NA.DA, *s.f.*, toque ou som de clarim.
CLA.RI.NE.TA, *s.f.*, ver clarinete.
CLA.RI.NE.TE, *s.f.*, instrumento musical de sopro com palheta.
CLA.RI.NE.TIS.TA, *s. 2 gên.*, tocador de clarineta, músico que toca clarineta.
CLA.RI.NIS.TA, *s. 2 gên.*, pessoa que toca clarinete.
CLA.RÍS.SO.NO, *adj.*, cujo som é claro.
CLA.RI.VI.DÊN.CIA, *s.f.*, aptidão de entender e pensar bem, percepção de fatos futuros.
CLA.RI.VI.DEN.TE, *adj.*, *s. 2 gên.*, quem vê com clareza, quem tem facilidade para ver, quem vê o futuro; que vê com clareza, que prevê o futuro.
CLA.RO, *adj.*, luminoso, com a luz solar, fácil, evidente, visível, alvo, branco, diáfano; *expron.*, às claras, na vista de todos, publicamente.
CLA.RO, *s.m.*, falha, deficiência, lacuna, clareira; *interj.*, com certeza, sim.
CLA.RO-ES.CU.RE.CER, *v.int.*, formar-se claro-escuro.
CLA.RO-ES.CU.RO, *adj.*, posição de contraste entre as duas cores; tons cambiantes do claro para o escuro.
CLA.RO.NE, *s.m.*, em Música, clarinete baixo.
CLA.ROR, *s.m.*, clarão.
CLA.RU.ME, *s.m.*, o mesmo que claridade.
CLAS.SE, *s.f.*, cada camada em que se divide a população; estrato, categoria; sala para dar aula, grupo de alunos que formam uma sala; *bras.*, estilo de comportamento.
CLAS.SI.CA.MEN.TE, *adv.*, de uma maneira clássica.
CLAS.SI.CIS.MO, *s.m.*, momento artístico embasado na cultura greco-latina, que ocorreu de 1500 até fins de 1700; costumes e maneiras tradicionais.
CLAS.SI.CIS.TA, *adj. 2 gên.*, relativo ao ou próprio do, que é seguidor ou admirador do classicismo; que se especializa nos clássicos; *s. 2 gên.*, seguidor ou admirador do classicismo; especialista dos clássicos.
CLAS.SI.CI.ZAN.TE, *adj.*, que tende para o clássico.
CLÁS.SI.CO, *adj.*, próprio do classicismo, relativo ao momento literário; tradicional, modelar; *s.m.*, autor tradicional, obra de arte dentro dos modelos tradicionais; obra que obedece a critérios já constituídos.
CLAS.SI.FI.CA.ÇÃO, *s.f.*, ação ou efeito de classificar, organização.
CLAS.SI.FI.CA.DO, *adj.*, *s.m.*, que se classificou, que está na relação prevista; quem se classificou; anúncio de propaganda em jornal ou revista; anúncio.
CLAS.SI.FI.CA.DOR, *adj.* e *s.m.*, que ou o que classsifica ou serve para classificar; que ou pessoa que classsifica.
CLAS.SI.FI.CAR, *v.t.* e *pron.*, colocar em classes, ordenar, organizar, qualificar; obter uma aprovação em concurso; determinar a ordem de fatores.
CLAS.SI.FI.CA.TÓ.RIO, *adj.*, que classifica ou serve para classificar.
CLAS.SI.FI.CÁ.VEL, *adj. 2 gên.*, que pode ser classificado.
CLAS.SIS.MO, *s.m.*, tendência a valorizar certas classes sociais.
CLAS.SIS.TA, *adj. 2 gên.*, que representa uma classe ou seus

CLAVIJA

interesses; *s. 2 gên.*, pessoa que representa uma classe ou defende os interesses dela.
CLAS.SU.DO, *adj.*, *pop.*, diz-se de pessoa que tem muita classe, que tem modos educados e elegantes.
CLÁS.TI.CO, *adj.*, separável em partes, diz-se de modelos anatômicos que podem ser desmontados em partes; em Geologia, diz-se de rocha sedimentar composta por fragmentos de outros grupos minerais.
CLAU.DI.CA.ÇÃO, *s.f.*, ato ou efeito de claudicar; defeito; erro.
CLU.DI.CÂN.CIA, *s.f.*, claudicação, vacilação, incerteza.
CLAU.DI.CAN.TE, *adj.*, *s. 2 gên.*, que manca, que coxeia.
CLAU.DI.CAR, *v. int.*, mancar, coxear, manquejar, andar com dificuldades; *fig.*, errar, ter problemas.
CLAUS.TRAL, *adj.*, que se refere ao claustro, próprio do claustro.
CLAUS.TRA.LI.DA.DE, *s.f.*, reclusão em claustro; vida conventual; clausura.
CLAUS.TRAR, *v.t.*, converter em claustro; enclaustrar.
CLAUS.TRO, *s.m.*, átrio, pátio interno de um convento, de um mosteiro; mosteiro.
CLAUS.TRO.FO.BI.A, *s.f.*, pavor de ficar em lugar fechado, fobia por estar em elevadores.
CLAUS.TRO.FÓ.BI.CO, *adj.* e *s.m.*, relativo a, ou o indivíduo que sofre de claustrofobia.
CLAUS.TRÓ.FO.BO, *adj.*, *s.m.*, o mesmo que claustrofóbico.
CLAUS.TRO.MA.NI.A, *s.f.*, em Psiquiatria, tendência mórbida para ficar em espaço fechado.
CLAUS.TRO.MA.NÍ.A.CO, *adj.* e *s.m.*, em Psiquiatria, que diz respeito a, diz-se de, ou o indivíduo que sofre de claustromania.
CLÁU.SU.LA, *s.f.*, cada condição de um contrato, tópicos e normas de um contrato.
CLAU.SU.LA.DO, *adj.*, em Jurisprudência, que está inserido em, que consta de cláusula.
CLAU.SU.LAR, *adj.*, relativo a cláusulas.
CLAU.SU.RA, *s.f.*, parte de um convento na qual o acesso é permitido somente aos religiosos; parte do convento proibido sobretudo para mulheres; *fig.*, local fechado, local vetado.
CLAU.SU.RA.DO, *adj.*, o mesmo que enclausurado.
CLAU.SU.RAL, *adj.*, relativo a clausura.
CLAU.SU.RAR, *v.t.e pron.*, ver enclausurar(-se).
CLA.VA, *s.f.*, arma usada pelos índios, feita com madeira dura, tacape.
CLA.VE, *s.f.*, sinal gráfico, escrito no início da pauta, a fim de colocar as notas para a execução da música.
CLA.VI.CÓR.DIO, *s.m.*, instrumento antigo, usado em orquestras, com cordas e teclado.
CLA.VÍ.CU.LA, *s.f.*, no ombro, o osso que se junge com a omoplata e o esterno.
CLA.VI.CU.LA.DO, *adj.*, em Anatomia, que tem clavícula, *s.m.*, *pl.*, divisão da ordem dos mamíferos roedores, que compreende os que têm clavículas perfeitas, como o rato, o castor, etc.
CLA.VI.CU.LAR, *adj.*, relativo a clavícula, que tem forma de clavícula.
CLA.VI.CU.LÁ.RIO, *s.m.*, aquele que guarda das chaves de cofre ou arquivo; chaveiro.
CLA.VI.FOR.ME, *adj. 2 gên.*, que tem forma de clava; clavado.
CLA.VI.JA, *s.f.*, cavelha de ferro que liga o jogo dianteiro ao jogo traseiro dos carros; a coluna em que está colocada a meada para tecer nos teares; escápula para pendurar as

meadas dos tintureiros para as enxugar.
CLE.MÊN.CIA, *s.f.*, misericórdia, bondade, benevolência.
CLE.MEN.CI.AR, *v.t.*, dispensar clemência a.
CLE.MEN.TE, *adj.*, bondoso, misericordioso, indulgente, suave.
CLEP.SI.DRA, *s.f.*, relógio de água.
CLEP.TO.CRA.CI.A, *s.f.*, em Política, regime que se caracteriza pela prática da corrupção e desvio de dinheiro.
CLEP.TO.MA.NI.A, *s.f.*, inclinação doentia para o furto; ato de quem furta por vício, furto.
CLEP.TO.MA.NÍ.A.CO, *adj.*, que sofre de cleptomania; furtador.
CLEP.TÔ.MA.NO, *adj.* e *s.m.*, em Psicologia, o mesmo que cleptomaníaco.
CLE.RE.TÓ.RIO, *s.m.*, em Arqueologia, nas igrejas medievais, o conjunto das janelas laterais do pavimento superior.
CLE.RI.CAL, *adj.*, próprio do clero, referente a clérigos.
CLE.RI.CA.LIS.MO, *s.m.*, atitude política do clero em pretender dominar os outros poderes.
CLE.RI.CA.LIS.TA, *adj.* e *s. 2 gên.*, partidário do clericalismo; clerical.
CLE.RI.CA.LI.ZA.ÇÃO, *s.f.*, ação ou efeito de clericalizar.
CLE.RI.CA.LI.ZAR, *v.t.* e *pron.*, tornar(-se) clerical.
CLE.RI.CA.татонов, *s.m.*, condição ou dignidade de sacerdote; sacerdócio.
CLÉ.RI.GO, *s.m.*, pessoa que recebeu as ordens sacras ou está em vias de recebê-las.
CLE.RO, *s.m.*, todo o conjunto de religiosos, sacerdotes da Igreja Católica.
CLE.RO.CRA.CI.A, *s.f.*, governo exercido pelo clero ou influenciado por este.
CLI.CA.DO, *adj.*, em Informática, que sofreu a ação de clicar; em Fotografia, que foi fotografado.
CLI.CAR, *v. int.*, apertar o mouse no micro.
CLI.CÁ.VEL, *adj. 2 gên.*, em Fotografia, que pode ser clicado, fotografado.
CLI.CHÊ, *s.m.*, peça usada nas tipografias, com desenhos, imagens, gravuras para a reprodução; placa para impressão; *fig.*, *pop.*, lugar comum, repetição.
CLI.CHE.RI.A, *s.f.*, estabelecimento especializado na fabricação de clichês.
CLI.EN.TE, *s. 2 gên.*, toda pessoa que é atendida por um estabelecimento, por profissional liberal ou outro tipo de atendimento; freguês, comprador.
CLI.EN.TE.LA, *s.f.*, o todo de clientes, freguesia, frequentadores de um estabelecimento.
CLI.EN.TE.LES.CO, *s.m.*, *pej.*, o mesmo que clientelista.
CLI.EN.TE.LIS.MO, *s.m.*, costume de políticos em prestar favores, em troca de votos.
CLI.EN.TE.LIS.TA, *adj. 2 gên.*, relativo a clientela; relativo a clientelismo; *s. 2 gên.*, defensor ou beneficiário das práticas do clientelismo.
CLI.EN.TE.LÍS.TI.CO, *adj.*, *pej.*; relativo a clientelismo ou clientelista.
CLI.MA, *s.m.*, as condições atmosféricas de uma região, temperatura, correntes de ar, umidade, chuvas; meio ambiente; *fig.*, haver clima - uma situação propícia, aprazada.
CLI.MA.TÉ.RI.CO, *adj.*, que se refere ao clima.
CLI.MÁ.TI.CO, *adj.*, próprio do clima.
CLI.MA.TÉ.RIO, *s.m.*, em Medicina, período da vida em que há alterações fisiológicas e psicológicas ligadas ao final da fase ou capacidade reprodutiva do indivíduo (na mulher: menopausa).

CLI.MÁ.TI.CO, *adj.*, do, relativo ou pertencente ao clima; climatológico.
CLI.MA.TIS.MO, *s.m.*, aquilo que se refere às estâncias climáticas; permanência em clima suave para melhora da saúde.
CLI.MA.TI.ZA.ÇÃO, *s.f.*, condições de manter um clima artificial em qualquer ambiente.
CLI.MA.TI.ZA.DO, *adj.*, que tem clima artificial, temperatura arranjada com aparelhos.
CLI.MA.TI.ZAR, *v.t.* e *pron.*, modificar a temperatura de um ambiente artificialmente.
CLI.MA.TO.LO.GI.A, *s.f.*, estudo do clima, tratado que busca saber qual a tendência do clima.
CLI.MA.TO.LÓ.GI.CO, *adj.*, relativo a climatologia; climático.
CLI.MA.TO.LO.GIS.TA, *adj. 2 gên.* e *s. 2 gên*, diz-se de, ou o especialista em climatologia.
CLI.MAX, *s.m.*, apogeu, o ponto ou momento mais alto.
CLI.NÂ.MEN, *s.m.*, em Filosofia, segundo Lucrécio (99-55 a.C), é o desvio espontâneo e imprevisível dos átomos e, assim, resulta na constituição de todas as formas do universo.
CLIN.CHE, *s.m.*, Pug., no boxe, lance em que o lutador abraça seu adversário para impedi-lo de desferir golpes.
CLÍ.NI.CA, *s.f.*, local em que se pratica a Medicina; prática profissional do médico, local para atividades médicas.
CLI.NI.CAR, *v. int.*, trabalhar em clínica, praticar a Medicina.
CLÍ.NI.CO, *adj.*, referente ao cuidado médico; *s.m.*, médico.
CLI.NÔ.ME.TRO, *s.m.*, em Topografia, instrumento que mede a inclinação de uma superfície plana.
CLI.NO.TE.RA.PI.A, *s.f.*, em Medicina, tratamento pelo descanso deitado.
CLI.NO.TE.RÁ.PI.CO, *adj.*, relativo a clinoterapia.
CLI.PA.DO, *adj.*, que se clipou; que foi submetido a clipagem (matéria jornalística).
CLI.PA.GEM, *s.f.*, em Jornalismo; seleção, recorte e arquivamento organizado de matérias jornalísticas.
CLI.PE, *s.m.*, prendedor de papéis; imagem rápida sobre qualquer tema; forma abreviada de videoclipe.
CLI.PEI.FOR.ME, *adj.*, que tem a forma de escudo.
CLÍ.PER, *s.m.*, navio pequeno, com 3 a 5 metros; naviozinho.
CLI.QUE, *s.m.*, ato de clicar; ruído breve produzido por algum mecanismo; estalido; em Informática, ato de apertar o botão do mouse; *interj.*, onomatopeia que representa um estalido breve e seco.
CLIS.TER, *s.m.*, injeção de água ou medicamentos líquidos por via anal, para o intestino grosso.
CLI.TO.RI.DI.A.NO, *adj.*, relativo ao clitóris.
CLI.TÓ.RIS, *s.m.*, saliência na parte superior da vulva, grelo.
CLI.VA.DO, *adj.*, que passou por processo de clivagem.
CLI.VA.GEM, *s.f.*, propriedades de certos minerais de se dividirem de acordo com certos planos; série de divisão de células para formação de outros corpos.
CLI.VAR, *v.t.*, cortar conforme a clivagem do mineral; seguir as linhas próprias para a divisão.
CLI.VO, *s.m.*, encosta de monte; outeiro; ladeira.
CLI.VO.SO, *adj.*, que está em declive; escarpado.
CLO.A.CA, *s.f.*, fossa, local imundo; *Zool.*, orifício comum para saída de material fecal, urinário e reprodutor nos anfíbios, répteis e aves.
CLO.A.CA.GEM, *s.f.*, instalação de cloacas.
CLO.A.CAL, *adj. 2 gên.*, relativo a cloaca; cloacino; *fig.*, imundo, sórdido.
CLO.NA.ÇÃO, *s.f.*, em Biologia, o mesmo que clonagem.

CLO.NA.GEM, s.f., ato ou processo de clonar, de produzir clone(s).
CLO.NAL, adj. 2 gên., relativo a clone.
CLO.NÁ.VEL, adj., que pode ser clonado.
CLO.NE, s.m., série de seres originários de um só, por multiplicação assexuada; criação fantasiosa de seres humanos iguais a um original; fig., quem faz exatamente o que outro pratica.
CLO.NI.CO, adj., relativo a clone.
CLO.PE.MA.NI.A, s.f., impulso incontrolável para o furto, cleptomania.
CLO.PE.MA.NÍ.A.CO, adj. e s.m., o mesmo que cleptomaníaco.
CLO.RA.ÇÃO, s.f., ação ou efeito de clorar, mistura de cloro na água.
CLO.RA.DO, adj., que contém cloro; que passou por processo de cloração; cloragem.
CLO.RAL, s.m., em Química, substância tóxica, derivada do acetaldeído, usado na fabricação de DDT.
CLO.RAN.TO, adj., que tem a flor verde.
CLO.RAR, v.t., colocar cloro, ajuntar cloro a.
CLO.RA.TO, s.m., em Química, sal do ácido clórico ou ânion proveniente dele.
CLO.RE.MI.A, s.f., presença de cloro no sangue de uma pessoa.
CLO.RE.TO, s.m., em Química, sal derivado do ácido clorídrico.
CLÓ.RI.CO, adj., relativo ao cloro.
CLO.RI.DRA.TO, s.m., em Química, cloreto que resulta da adição do ácido clorídrico a uma base orgânica.
CLO.RÍ.DRI.CO, adj., em Química, diz-se do ácido composto de volumes iguais de hidrogênio e de cloro, de cheiro forte, us. industrialmente.
CLO.RI.NI.DA.DE, s.f., em Química, quantidade de cloro em uma substância.
CLO.RI.ZA.ÇÃO, s.f., ato ou efeito de clorizar.
CLO.RI.ZAR, v.t., transformar em cloro; dar a cor ou os caracteres do cloro a.
CLO.RO, s.m., elemento químico adicionado à água, para eliminação de germes.
CLO.RO.FI.LA, s.f., substância existente nas folhas para realizar a fotossíntese.
CLO.RO.FI.LA.DO, adj., que contém clorofila.
CLO.RO.FI.LAR, v. int., expelir clorofila.
CLO.RO.FI.LI.A, s.f., em Botânica, estudo, pesquisa, conhecimento a respeito da clorofila.
CLO.RÓ.FI.TO, s.m., em Botânica, gênero de plantas liliáceas tropicais e ornamentais.
CLO.RO.FLU.OR.CA.BO.NE.TO, s.m., em Química, qualquer dos compostos gasosos que contêm carbono, cloro e flúor, us. como propelente em diversos motores.
CLO.RO.FLU.OR.CAR.BO.NO, s.m., em Química, o mesmo que clorofluorcarboneto.
CLO.RO.FOR.MA.DO, adj., em que há clorofórmio.
CLO.RO.FÓR.MI.CO, adj., relativo ao clorofórmio.
CLO.RO.FOR.MI.ZAR, v.t., aplicar clorofórmio em.
CLO.RO.FÓR.MIO, s.m., líquido químico usado para anestesiar pessoas e para outros fins.
CLO.RO.ME.TRI.A, s.f., em Química, determinação da quantidade de cloro contida numa combinação.
CLO.RO.SE, s.f., anemia exclusiva da mulher.
CLO.RO.SO, adj., que contém cloro.
CLOSE, s.m., tomada das câmaras de televisão ou filmes, em tamanho grande e em primeiro plano.
CLOSET, s.m., pequeno cômodo us. para guardar casacos, sapatos, roupas e utensílios domésticos.
*****CLOSE-UP**, s.m., tomada de câmera que destaca um rosto, em detalhe; primeiro plano.
CLT, Sigla de Consolidação das Leis Trabalhistas.
CLU.BE, s.m., grupo de pessoas associadas para fins culturais e recreativos.
CLU.BIS.MO, s.m., tendência a formar clubes ou espírito de dedicação a um clube.
CLU.BIS.TA, s. 2 gên., sócio de clube, que pertence a um clube.
CLU.BÍS.TI.CO, adj., referente a clubismo ou a clubista.
CM, s.m., abreviação de centímetro.
CNBB - s.f., sigla da Conferência Nacional dos Bispos do Brasil.
CNI.DÁ.RIO, adj., relativo ou pertencente aos cnidários; s.m., espécime dos cnidários, filo de animais invertebrados aquáticos, incluindo a água-viva, os corais, as anêmonas-do-mar.
CNPQ, Sigla do Conselho Nacional de Desenvolvimento Científico e Tecnológico.
CO - s.m., símbolo do cobalto.
CO.A.BI.TA.ÇÃO, s.f., convivência, vida em comum, vida de marido e mulher.
CO.A.BI.TA.DOR, adj. e s.m., que ou o que coabita; coabitante.
CO.A.BI.TAN.TE, adj. e. s. 2 gên., que ou o que coabita; coabitador.
CO.A.BI.TAR, v.t. e int., viver junto, dividir a habitação, conviver, viver maritalmente com alguém.
CO.A.ÇÃO, s.f., ação ou efeito de coagir, obrigação.
CO.A.DA, s.f., suco de legumes passados por coador; o mesmo que barrela.
CO.A.DAP.TAR, v.t., adaptar duas coisas uma à outra.
CO.A.DEI.RA, s.f., o mesmo que coador.
CO.AD.JU.TOR, s.m., imediato, quem ajuda, ajudante, auxiliar, sacerdote auxiliar do pároco.
CO.AD.JU.TO.RI.A, s.f., cargo ou funções de coadjutor.
CO.AD.JU.VA.ÇÃO, s.f., ato de coadjuvar, colaboração; auxílio; cooperação.
CO.AD.JU.VA.DOR, adj. e s.m., coadjuvante.
CO.AD.JU.VAN.TE, adj., que ajuda, auxiliar; s.m., artista que exerce papel secundário.
CO.AD.JU.VAR, v.t. e pron., ajudar, auxiliar, colaborar.
CO.AD.MI.NIS.TRAR, v.t., administrar juntamente com outro.
CO.A.DO, adj., que foi passado por coador; filtrado.
CO.A.DOR, s.m., filtro para reter o pó é deixar passar o líquido limpo; saco, peneira.
CO.AD.QUI.RIR, v.t., adquirir em comum ou simultaneamente.
CO.A.DU.NA.BI.LI.DA.DE, s.f., qualidade do que é coadunável.
CO.A.DU.NA.DO, adj., reunido, agrupado, juntado.
CO.A.DU.NA.ÇÃO, s.f., ato ou efeito de coadunar(-se); condição do que se coaduna; harmonia; conformação.
CO.A.DU.NA.DOR, adj. e s.m., que ou o que coaduna.
CO.A.DU.NAR, v.t. e pron., juntar, reunir, agrupar.
CO.A.GEN.TE, adj., que coage, que obriga.
CO.A.GI.DO, adj., forçado, obrigado, constrangido.
CO.A.GIR, v.t., forçar, obrigar, constranger.
CO.A.GU.LA.ÇÃO, s.f., ato ou efeito de coagular, solidificação.
CO.A.GU.LA.DO, adj., endurecido, coalhado.
CO.A.GU.LA.DOR, s.m., substância que coagula, substância que endurece um líquido.
CO.A.GU.LAN.TE, adj., que coagula, que pode ser coagulado.

CO.A.GU.LAR, *v.t.* e *pron.*, solidificar, endurecer, coalhar.
CO.A.GU.LÁ.VEL, *adj. 2 gén.*, que é suscetível de coagulação.
CO.Á.GU.LO, *s.m.*, pedaço coagulado de um líquido; massa dura no sangue ou na linfa.
CO.A.GU.LO.GRA.MA, *s.m.*, em Medicina, em hematologia clínica, série de testes laboratoriais que medem os vários parâmetros da coagulação sanguínea.
CO.A.LA, *s.m.*, marsupial de pequeno porte, da Austrália, que vive em árvores e se alimenta de folhas.
CO.A.LES.CÊN.CIA, *s.f.*, justaposição, ligação.
CO.A.LES.CEN.TE, *adj.*, que se liga, que se justapõe.
CO.A.LES.CER, *v. int.*, ligar, justapor, juntar.
CO.A.LHA.DA, *s.f.*, leite coalhado, leite que se torna pasta por calor ou mistura de algum ingrediente.
CO.A.LHA.DO, *adj.*, coagulado, endurecido.
CO.A.LHA.DOU.RO, *s.m.*, o que faz coalhar.
CO.A.LHA.MEN.TO, *s.m.*, o mesmo que coagulação.
CO.A.LHAR, *v. int.*, coagular, endurecer o leite.
CO.A.LHEI.RA, *s.f.*, substância tirada da barriga do bezerro antes dos oito dias, para servir de coalho, na fabricação do queijo.
CO.A.LHO, *s.m.*, substância que se coloca no leite para formar o queijo.
CO.A.LI.ZA.ÇÃO, *s.f.*, aliança, junção de forças, acordo.
CO.A.LI.ZAR-SE, *v.int.*, fazer pacto com objetivo comum; aliar-se; coligar-se.
CO.A.NHA, *s.f.*, espécie de vassoura, que nas eiras se emprega para separar dos grãos o palhiço ou rabeiras.
CO.A.NHAR, *v.t.*, separar (dos grãos) palhiço ou as rabeiras, na eira.
CO.A.PRE.SEN.TA.DOR, *s.m.*, aquele que faz apresentação (programa, show) com o primeiro apresentador.
CO.AP.TA.ÇÃO, *s.f.*, união de forças, união, ligação.
CO.AP.TAR, *v.t.*, ligar, unir, ajustar as extremidades.
CO.AR, *v.t.* e *pron.*, filtrar, limpar, peneirar.
CO.ARC.TAR, *v.t.*, coartar, restringir, limitar, impor limites.
CO.AR.REN.DA.DOR, *s.m.*, aquele que coarrenda; rendeiro com outro.
CO.AR.REN.DA.MEN.TO, *s.m.*, arrendamento feito com outro; ato de coarrendar.
CO.AR.REN.DAR, *v.t.*, arrendar juntamente com outrem.
CO.AR.TA.DO, *adj.*, limitado, obrigado, coagido.
CO.AR.TAR, *v.t.*, obrigar, coagir, constranger.
CO.AR.TI.CU.LA.ÇÃO, *s.f.*, articulação que envolve, de modo simultâneo, mais de um ponto para a produção de um som ou movimento.
CO.AS.SO.CI.A.DO, *s.m.*, o que é sócio com outros.
CO.A.TAR, *v.t.*, tornar coato; coagir.
CO.A.TI.VAR, *v.t.*, ativar conjuntamente.
CO.A.TI.VO, *adj.*, que coata, que coage.
CO.A.TO, *adj.*, coagido, obrigado, forçado.
CO.A.TOR, *s.m.*, aquele que coage; aquele que obriga ou constrange por força.
CO.AU.TOR, *s.m.*, quem participa da autoria de algo com outrem; sócio do feito.
CO.AU.TO.RI.A, *s.f.*, sociedade, construção de uma obra por duas pessoas em conjunto.
CO.A.VA.LIS.TA, *s.m.*, aquele que, juntamente com outro, se obriga por aval no mesmo título.
CO.A.XA.DA, *s.f.*, o mesmo que coaxo.
CO.A.XAN.TE, *adj.*, que coaxa.

CO.A.XAR, *v.t.* e *int.*, voz do sapo, da rã.
CO.A.XI.AL, *adj.*, que possui um eixo em comum.
CO.A.XO, *s.m.*, ruído emitido pela voz do sapo e da rã; voz desses dois anuros.
CO.BAI.A, *s.f.*, mamífero roedor de largo uso em experiências médicas; indivíduo que serve em ou como experiência de qualquer espécie.
CO.BÁL.TI.CO, *adj.*, relativo a cobalto.
CO.BAL.TI.ZAR, *v.t.*, dar cor de cobalto a.
CO.BAL.TO, *s.m.*, elemento metálico de número atômico 27.
CO.BAL.TO.SO, *adj.*, em Química, diz-se de um ácido do cobalto.
CO.BAR.DE, *adj.*, covarde, medroso, temeroso.
CO.BAR.DI.A, *s.f.*, covardia, temeridade, medo.
CO.BE, *s.m.*, lugar ermo, afastado, pouco transitado.
CO.BEI.A, *s.f.*, em Botânica, planta trepadeira e ornamental da família das polemoniáceas.
CO.BER.TA, *s.f.*, o que cobre, o que tampa; cobertor, agasalho.
CO.BER.TO, *adj.*, fechado, tapado, protegido, oculto, escondido.
CO.BER.TOR, *s.m.*, peça de tecido, de lã, de algodão para cobrir as pessoas durante o sono; agasalho.
CO.BER.TU.RA, *s.f.*, o que cobre, proteção, abrigo; o apartamento mais alto em um prédio de apartamentos.
CO.BI.ÇA, *s.f.*, vontade incontrolável de possuir algo, ganância, ambição, busca desenfreada por bens.
CO.BI.ÇA.DO, *adj.*, desejado, ambicionado.
CO.BI.ÇA.DOR, *adj.* e *s.m.*, que ou aquele que cobiça.
CO.BI.ÇAN.TE, *adj.*, que cobiça ou deseja avidamente.
CO.BI.ÇAR, *v.t.*, ambicionar, desejar, querer.
CO.BI.ÇÁ.VEL, *adj. 2 gén.*, que se cobiça ou deseja ardentemente; que é digno de ser cobiçado.
CO.BI.ÇO.SO, *adj.*, ganancioso, ambicioso, ávido.
CO.BRA, *s.f.*, denominação de todos os ofídios; serpente; *fig.*, pessoa maldizente; pessoa maldosa; pessoa muito hábil.
CO.BRA-CO.RAL, *s.f.*, tipo de cobra com faixas transversais de cor vermelha, preta e branca, sendo que várias são venenosas.
CO.BRA-D'Á.GUA, *s.f.*, em Zoologia, denominação comum a diversas serpentes da fam. dos colubrídeos, esp. aquela do gên. *Helicops*, que vive próximo a lagoas, açudes e pequenos rios.
CO.BRA.DO, *adj.*, exigido, postulado.
CO.BRA.DOR, *s.m.*, a pessoa que faz cobranças em dinheiro, quem recebe valores.
CO.BRA.DO.RI.A, *s.f.* agência cobradora; recebedoria.
CO.BRAN.ÇA, *s.f.*, ação ou efeito de cobrar.
CO.BRAR, *v.t.* e *pron.*, receber, receber dívidas, pedir pagamentos, deveres.
CO.BRÁ.VEL, *adj.*, que se pode cobrar.
CO.BRE, *s.m.*, metal de cor amarelada, bom condutor de eletricidade, maleável, muito usado no transporte de energia elétrica.
CO.BRE.AR, *v.t.*, ver acobrear.
CO.BREI.RO, *s.m.*, irritação da pele provocada por vírus; tipo de herpes-zóster.
CO.BRE.JAR, *v. int.*, serpentear, portar-se como cobra.
CO.BRES, *s.m.* e *pl.*, dinheiro em moedas de pouco valor (originalmente de cobre); p. ext., pequena quantia em dinheiro; trocados.
CO.BRI.DOR, *adj.* e *s.m.*, que ou aquilo que cobre.

COBRIL

CO.BRIL, *s.m.*, lugar onde se guardam e se criam cobras; serpentário.

CO.BRI.MEN.TO, *s.m.*, ato de cobrir; aquilo que cobre.

CO.BRIR, *v.t. e pron.*, tapar, colocar cobertura em, proteger, esconder, defender, disfarçar, pôr chapéu, boné, burca na cabeça.

CO.BRO, *s.m.*, ação ou resultado de cobrar, arrecadar; cobrança; arrecadação.

CO.CA, *s.f.*, arbusto de cujas folhas se extrai a cocaína.

CO.ÇA, *s.f.*, tunda, sova, surra, pancadaria.

CO.CA.DA, *s.f.*, doce feito com coco, doce de coco.

CO.ÇA.DO, *adj.*, gasto, imprestável, findo.

CO.CA.Í.NA, *s.f.*, narcotizante obtido das folhas de coca; droga.

CO.CA.I.NO.MA.NI.A, *s.f.*, vício de usar cocaína.

CO.CAL, *s.m.*, ver coqueiral.

CO.CÃO, *s.m.*, cada um dos afixadores de madeira nas pranchas laterais do carro de bois, entre os quais gira o eixo e cujo vão forma a empolgueira.

CO.CAR, *s.m.*, enfeite de penas usado na cabeça por caciques; acessório (penacho) de penas para usar no chapéu ou no capacete.

CO.ÇAR, *v.t. e pron.*, esfregar com as mãos, com as unhas ou com um objeto alguma parte do corpo.

COC.ÇÃO, *s.f.*, ação ou efeito de cozer; cozimento.

COC.CÍ.GEO, *adj.*, que se refere ao cóccix.

COC.CÍ.NEO, *adj.*, em Poética, de cor escarlate.

CÓC.CIX, *s.m.*, osso pequeno que fica na extremidade da coluna vertebral.

CÓ.CE.GA, *s.f.*, ver cócegas.

CÓ.CE.GAS, *s.f. e pl.*, reação de riso, quando se toca o corpo de alguém.

CO.CE.GUEN.TO, *adj.*, que tem cócegas, que sente muitas cócegas.

CO.CEI.RA, *s.f.*, comichão, ato que leva a coçar a pele.

CO.CHAR, *v.t.*, torcer (fio ou cabo); cerrar; apertar; recomendar, proteger, apoiar.

CO.CHE, *s.m.*, carruagem de antigamente e de muito luxo.

CO.CHEI.RA, *s.f.*, local em que se abrigam os cavalos; baia, cavalariça.

CO.CHEI.RO, *s.m.*, o condutor de uma carruagem.

CO.CHI.CHA.DA, *s.f.*, ação de cochichar.

CO.CHI.CHA.DO, *adj.*, que se cochichou, sussurrado.

CO.CHI.CHA.DOR, *adj. e s.m.*, que(m) cochicha, intrigante, fofoqueiro.

CO.CHI.CHAR, *v. int.*, falar baixinho, falar no ouvido de alguém; murmurar.

CO.CHI.CHO, *s.m.*, murmúrio, fala baixa.

CO.CHI.LA.DA, *s.f.*, cochilo, dormidela, pequena dormida, sesta.

CO.CHI.LAR, *v. int.*, dormir de leve, dormitar, sestar.

CO.CHI.LO, *s.m.*, cochilada, dormida leve.

CO.CHI.LO.SO, *adj.*, que cochila, preguiçoso.

CO.CHIN.CHI.NA, *s.f.*, raça de galinhas, oriundas da Cochinchina; *gír.*, lugar muito longe.

CO.CHI.NAR, *v. int.*, grunhir, imitar o som que faz o porco.

CO.CHO, *s.m.*, gamela, vasilha de madeira para dar comida a animais; recipiente antigo para transportar argamassa para os trabalhos do pedreiro.

CO.CI.EN.TE, *s.m.*, ver quociente.

COCKPIT, *s.m.*, cabine ou compartimento do piloto e/ou do copiloto, com os instrumentos de controle (em carros,

COEFICIENTE

barcos e aviões).

CO.CO, *s.m.*, fruto do coqueiro e palmeiras; *pop.*, cabeça.

CO.CÔ, *s.m.*, excremento, fezes; *fig.*, algo ruim.

CÓ.CO.RAS, *s.f., pl., loc. adv.* - ficar de cócoras - agachado, sentado nos calcanhares.

CO.CO.RI.CAR, *v.int.*, cantar (o galo).

CO.CO.RI.CÓ, *interj.*, som que imita o canto do galo.

CO.CO.RO.TE, *s.m.*, pancada na cabeça dada com os nós dos dedos; cascudo, coque.

CO.CO.TA, *s.f.*, do fr., *cocotte*, menina pré-adolescente muito vaidosa.

CO.CU.RU.TO, *s.m.*, a parte mais alta da cabeça; uma saliência no plano.

CO.DA, *s.f.*, umidade congelada, códão.

CO.DÃO, *s.m.*, congelação da umidade infiltrada no solo; coda; síncelo; geada.

CÔ.DEA, *s.f.*, casca, crosta, a parte da ponta de um pão com casca.

CO.DE.JA.DO, *adj.*, em que há codo.

CO.DE.JAR, *v.int.*, formar-se o codo.

CO.DE.O.SO, *adj.*, que tem côdea ou côdea grossa.

CO.DE.VE.DOR, *s.m.*, responsável por uma dívida juntamente com outrem.

CÓ.DEX, *s.m.*, ver códice.

CÓ.DI.CE, *s.m.*, códex, livro manuscrito de antigamente.

CO.DI.CI.LO, *s.m.*, alteração em um testamento, se houver disposição anexa a ele.

CO.DI.FI.CA.ÇÃO, *s.f.*, ação ou efeito de codificar, colocação em código.

CO.DI.FI.CA.DO, *adj.*, que foi objeto de codificação; organizado, reunido, compilado em código.

CO.DI.FI.CA.DOR, *adj.*, que produz ou elabora código; que organiza, sistematiza leis, regras, documentos; *s.m.*, aquele que codifica, que produz um código; aquele ou aquilo que converte informações ou mensagens recebidas para representações em códigos.

CO.DI.FI.CAR, *v.t.*, colocar em código, colocar em caracteres secretos.

CÓ.DI.GO, *s.m.*, conjunto de leis, como Código Civil, Penal, Tributário; lei; tipo de letra; sistema de comunicação.

CO.DI.NO.ME, *s.m.*, nome com que se oculta a identidade de uma pessoa, um grupo, etc.; p. ext., pop., apelido, alcunha.

CO.DI.RE.ÇÃO, *s.f.*, ação de dirigir (empresa, teatro, cinema, etc.) em duas ou mais pessoas conjuntamente.

CO.DI.RE.TOR, *s.m.*, cada um dos diretores de um mesmo empreendimento.

CO.DI.RI.GIR, *v.t.*, dirigir conjuntamente com outro.

CO.DO.NA.TÁ.RIO, *s.m.*, aquele que é donatário juntamente com outro.

CO.DOR.NA, *s.f.*, ave de pequeno tamanho, cujos ovos são muito apreciados.

CO.DOR.NEI.RO, *s.m.*, criador de codornas; cão caçador de codornas.

CO.DOR.NIZ, *s.f.*, ver codorna.

CO.E.DI.TAR, *v.t.*, fazer publicação em associação com editoras ou editores.

CO.E.DI.TOR, *s.m.*, editor de uma publicação em coedição.

CO.E.DU.CA.ÇÃO, *s.f.*, educação em conjunto para crianças de ambos os sexos; educação em que haja parceria entre duas entidades ou pessoas.

CO.E.FI.CI.EN.TE, *s.m.*, em Matemática, um número que é

COELEITOR — COIRMÃO

multiplicado por outro; a propriedade de um número de ser avaliado numericamente.

CO.E.LEI.TOR, *s.m.*, aquele que é eleitor juntamente com outros.

CO.E.LHEI.RO, *s.m.*, caçador de coelhos.

CO.E.LHO, *s.m.*, mamífero pequeno, doméstico e também selvagem.

CO.EN.TRO, *s.m.*, planta de cultivo nas hortas de flores brancas, cujas sementes são usadas como tempero.

CO.ER.ÇÃO, *s.f.*, obrigação, constrangimento, pressão, força sobre.

CO.ER.CI.BI.LI.DA.DE, *s.f.*, ação de coagir, coerção, pressão.

CO.ER.CI.TI.VI.DA.DE, *s.f.*, qualidade de coercitivo; coercibilidade.

CO.ER.CI.TI.VO, *adj.*, que exerce coerção, que pode coagir.

CO.ER.CÍ.VEL, *adj.*, obrigável, reprimível.

CO.ER.CI.VO, *adj.*, que pratica coerção, obrigatório.

CO.ER.DAR, *v.t.*, herdar em conjunto com alguém.

CO.ER.DEI.RO, *s.m.*, quem é parceiro em uma herança; quem é herdeiro com outros.

CO.E.RÊN.CIA, *s.f.*, concordância na prática de atos, nexo, lógica.

CO.E.REN.TE, *adj.*, lógico, que tem nexo.

CO.E.RI.DO, *adj.*, ligado; aderente, aderido em reciprocidade.

CO.E.RIR, *v.int.*, fazer coesão; ligar ou aderir reciprocamente.

CO.E.SÃO, *s.f.*, união, junção, forças unidas; *fig.*, harmonia.

CO.E.SI.VO, *adj.*, que liga, que une, unitivo.

CO.E.SO, *adj.*, unido, ligado, junto, harmônico.

CO.E.SOR, *adj.*, que facilita a coesão; *s.m.*, em Física, receptor de ondas elétricas, na telegrafia sem fio.

CO.ES.TA.DO, *s.m.*, estado que exerce soberania, juntamente com outro numa região, noutro país, etc.

CO.ES.TA.DU.A.NO, *adj., s.m.*, que é do mesmo estado; quem pertence ao mesmo estado.

CO.ES.TRE.LAR, *v.t.*, estrelar conjuntamente com outra(s) estrela(s).

CO.E.TA.NEI.DA.DE, *s.f.* qualidade de coetâneo; contemporaneidade.

CO.E.TÂ.NEO, *adj., s.m.*, contemporâneo, da mesma época, coevo.

CO.E.TER.NO, *adj.*, que existe junto desde a eternidade.

CO.E.VI.DA.DE, *s.f.*, qualidade de coevo; coetaneidade.

CO.E.VO, *adj.*, da mesma época, coetâneo, contemporâneo.

CO.E.VO.LU.ÇÃO, *s.f.*, série de mudanças recíprocas em duas ou mais espécies estreitamente relacionadas, que mutuamente se ajudam na adaptabilidade ao meio ambiente.

CO.E.XIS.TÊN.CIA, *s.f.*, vida ao mesmo tempo.

CO.E.XIS.TIR, *v. int.*, que existe ao mesmo tempo.

CO.FA.TOR, *s.m.*, cada um dos fatores que contribuem para gerar um efeito.

CO.FI.A.DOR, *s.m.*, fiador de outro fiador.

CO.FI.AR, *v.t.*, alisar a barba, o bigode.

CO.FO.SE, *s.f.*, surdez absoluta.

CO.FRE, *s.m.*, peça de metal com fechadura, para guardar valores, documentos.

CO.FRE-FOR.TE, *s.m.*, ver caixa-forte.

CO.FRES PÚ.BLI.COS, *sm., pl.*, erário; o Tesouro Nacional; valores de um governo.

CO.GI.TA.BUN.DO, *adj.*, que está imerso em pensamento; meditativo; pensativo.

CO.GI.TA.ÇÃO, *s.f.*, pensamento, reflexão, meditação, raciocínio.

CO.GI.TA.DO, *adj.*, pensado, meditado, refletido.

CO.GI.TAR, *v. int.*, pensar, refletir, raciocinar.

CO.GI.TA.TI.VO, *adj.*, o mesmo que cogitabundo.

CO.GI.TÁ.VEL, *adj. 2 gên.*, que se pode imaginar, pensar.

COG.NA.TO, *adj.* e *s.m.*, parente da mesma origem, da mesma linhagem; palavras que têm a mesma raiz.

COG.NI.ÇÃO, *s.f.*, ato de chegar a um conhecimento, construção de conhecimentos.

COG.NI.TI.VIS.TA, *adj. 2 gên.*, do cognitivismo ou relativo a ele; *s. 2 gên.*, em Filosofia, adepto do cognitivismo.

COG.NI.TI.VO, *adj.*, próprio da cognição, referente ao conhecimento.

CÓG.NI.TO, *adj.*, conhecido, sabido.

COG.NO.ME, *s.m.*, apelido, alcunha, nome de família.

COG.NO.MI.NA.ÇÃO, *s.f.*, apelido, nomeação, alcunha.

COG.NO.MI.NA.DO, *adj.*, apelidado, alcunhado.

COG.NO.MI.NAR, *v.t.* e *pron.*, dar nome, apelidar.

COG.NOS.CEN.TE, *adj. 2 gên.*, que conhece, que toma conhecimento; *s. 2 gên.*, sujeito cognoscente.

COG.NOS.CER, *v.t.*, o mesmo que conhecer.

COG.NOS.CI.BI.LI.DA.DE, *s.f.*, o que é cognoscível.

COG.NOS.CÍ.VEL, *adj.*, que se pode conhecer.

CO.GO.TE, *s.m.*, cangote, nuca, a parte do pescoço que fica atrás.

CO.GU.LA, *s.f.*, uma túnica mais larga, com capuz, para religiosos.

CO.GU.ME.LO, *s.m.*, champinhom, designação genérica de vários fungos, uns comestíveis, outros não, e até venenosos.

CO.I.BI.ÇÃO, *s.f.*, impedimento, veto, proibição.

CO.I.BI.DO, *adj.*, que se coibiu; reprimido; proibido; *s.m.*, o que foi proibido.

CO.I.BI.DOR, *adj.*, que coíbe, repressor; *s.m.*, o que coíbe.

CO.I.BIR, *v.t.* e *pron.*, proibir, vetar, impedir, não deixar fazer.

CO.I.BI.TI.VO, *adj.*, que coíbe; impeditivo; repressivo.

COI.CE, *s.m.*, golpe que os quadrúpedes dão com os membros traseiros; *fig.*, má-criação, safadeza, agressão.

COI.CEI.RO, *adj.* e *s.m.*, que(m) costuma dar coices, estúpido, grosseiro.

COI.FA, *s.f.*, tipo de touca.

COI.FA.DO, *adj.*, revestido, coberto.

CO.Í.FE.RO, *adj.*, que apresenta formato de coifa.

COI.MA, *s.f.*, pequena multa, penalidade em dinheiro por crimes leves.

COI.MAR, *v.t.*, dar apelidos, dar nome depreciativo.

COI.MÁ.VEL, *adj.*, sujeito a coima.

CO.IN.CHAR, *v. int.*, grunhir.

CO.IN.CHO, *s.m.*, som emitido pelos suínos; cuincho, grunhido.

CO.IN.CI.DÊN.CIA, *s.f.*, atos que se realizam ao mesmo tempo; simultaneidade, espontaneidade.

CO.IN.CI.DEN.TE, *adj.* e *s. 2 gên.*, que coincide, pertinente, simultâneo.

CO.IN.CI.DIR, *v. int.*, acontecer ao mesmo tempo, ser simultâneo, ter as mesmas medidas.

CO.IN.DI.CA.ÇÃO, *s.f.*, ato de coindicar.

CO.IN.DI.CAR, *v.t.*, indicar ao mesmo tempo.

CO.IN.VES.TI.MEN.TO, *s.m.*, investimento conjunto.

COI.Ó, *adj., s. 2 gên.*, bobo, tolo, idiota, imbecil.

COI.O.TE, *s.m.*, lobo dos Estados Unidos; *fig.*, indivíduo covarde.

CO.IR.MÃO, *s.m.*, primos irmãos, quem tem afinidade de irmão.

COI.SA, *s.f.*, tudo e qualquer objeto, ser existente; o que existe; causa, motivo, fato, razão.
COI.SA.DA, *s.f.*, grande quantidade de coisas, muitas coisas.
COI.SA-FEI.TA, *s.f.*, feitiçaria, bruxaria, macumba, ação para dar azar.
COI.SAR, *v.t. e int.*, fazer, verbo substituto para quem não dispõe da palavra própria.
COI.SA-RU.IM, *s.f., pop.*, demônio, satanás, diabo, lúcifer, satã.
CO.I.SI.FI.CA.ÇÃO, *s.f.*, ato ou efeito de coisificar; objetificação.
CO.I.SI.FI.CA.DO, *adj.*, reduzido a coisa, destituído das propriedades de ser humano.
CO.I.SI.FI.CAR, *v.t.*, reduzir a simples coisa ou algo que tem somente valor material.
COI.TA.DO, *adj., s.m.*, que é digno de pena, quem é um miserável; *interj.*, infeliz.
COI.TO, *s.m.*, ato sexual; relação sexual.
COI.VA.RA, *s.f.*, queimada dos ramos e lenha que sobram numa roça; queimada para limpar o terreno.
COI.VA.RAR, *v. int.*, fazer uma coivara, roçar, desmatar.
CO.LA, *s.f.*, substância usada para unir papéis, objetos; cópia oculta para ser usada nas provas escritas.
CO.LA.BO.RA.ÇÃO, *s.f.*, ação de colaborar, ajuda, auxílio.
CO.LA.BO.RA.CI.O.NIS.MO, *s.m.*, colaboração com o inimigo ocupante de um território.
CO.LA.BO.RA.CI.O.NIS.TA, *adj. 2 gên. e s. 2 gên.*, o que ou aquele que apoia ou colabora com as forças inimigas que ocupam um território ou país.
CO.LA.BO.RA.DO, *adj.*, ajudado, auxiliado, trabalhado junto.
CO.LA.BO.RA.DOR, *adj. e s.m.*, auxiliador, ajudante.
CO.LA.BO.RAR, *v.t.*, trabalhar junto, ajudar, auxiliar, ser amigo.
CO.LA.BO.RA.TI.VO, *adj.*, que envolve colaboração.
CO.LA.ÇÃO, *s.f.*, primeira refeição do dia; recebimento de um diploma em um curso.
CO.LA.CI.A, *s.f.*, relação entre colaços; intimidade.
CO.LA.CI.O.NAR, *v.t.*, conferir, contejar; trazer à colação; verificar se os cadernos estão na ordem correta antes de costurar ou colar.
CO.LA.ÇO, *adj. e s.m.*, irmão de leite, quem mama na mesma aia.
CO.LA.DA, *s.f.*, garganta larga entre montes ou montanhas.
CO.LA.DO, *adj.*, preso, unido, copiado.
CO.LA.DOR, *adj. e s.m.*, que(m) cola, prendedor, unificador.
CO.LA.GEM, *s.f.*, ato de colar, união de objetos por cola, obra de arte colada em um quadro.
CO.LAP.SO, *s.m.*, queda, parada de funções vitais no corpo, num organismo, num sistema; alteração das atividades de qualquer sistema; pane.
CO.LAR, *s.m.*, adorno, enfeite, para o pescoço; *v.t.*, unir algo com cola, aplicar cola; copiar clandestinamente em provas.
CO.LA.RI.NHO, *s.m.*, gola de tecido na camisa, rodeando o pescoço.
CO.LA.RI.NHO-BRAN.CO, *s.m.*, funcionário público, chefe, alto escalão do governo.
CO.LA.TE.RAL, *s.m. e adj.*, que está do lado, que está na lateral, parente.
CO.LA.TE.RA.LI.DA.DE, *s.f.*, qualidade do que é colateral.
CO.LA.TE.RA.LI.ZA.DO, *adj.*, obtido por meio de uma garantia.
CO.LA.TE.RAL.MEN.TE, *adv.*, em linha colateral.
CO.LA.TI.VO, *adj.*, que se refere a colação, que adere, adesivo.

COL.CHA, *s.f.*, cobertor para a cama; coberta.
COL.CHÃO, *s.m.*, armação de pano recheada de materiais próprios, macia, colocada sobre o estrado da cama.
COL.CHEI.A, *s.f.*, figura musical que vale a metade da semínima.
COL.CHE.TE, *s.m.*, pequeno prendedor, gancho para segurar tecidos; sinal gráfico para intercalar uma palavra ou uma ideia { }.
COL.CHO.A.DO, *adj.*, ver acolchoado.
COL.CHO.AR, *v.t.*, o mesmo que acolchoar.
COL.CHO.A.RI.A, *s.f.*, fábrica de colchões, loja especializada na venda de colchões.
COL.CHO.NE.TE, *s.m.*, um colchão pequeno para acampar.
COL.DRE, *s.m.*, estojo para levar uma arma de fogo presa ao cinto.
CO.LE.A.DO, *adj.*, sinuoso, que se move como uma cobra.
CO.LE.A.MEN.TO, *s.m.*, ação de colear, de serpejar; coleadura, coleio.
CO.LE.AR, *v. int.*, andar em sinuosidades como se fosse uma cobra.
CO.LE.ÇÃO, *s.f.*, reunião de objetos, série.
CO.LE.CI.O.NA.DO, *adj.*, reunido, juntado, arrumado em um conjunto.
CO.LE.CI.O.NA.DOR, *adj. e s.m.*, que(m) coleciona, que(m) reúne objetos para coleção.
CO.LE.CI.O.NA.MEN.TO, *s.m.*, ato de colecionar.
CO.LE.CI.O.NAR, *v.t.*, fazer coleção, reunir em coleção.
CO.LE.CI.O.NÁ.VEL, *adj. 2 gên.*, que se pode colecionar.
CO.LE.CI.O.NIS.MO, *s.m.*, colecionamento, no jargão dos colecionadores.
CO.LE.CI.O.NIS.TA, *s. 2 gên.*, o mesmo que colecionador.
CO.LE.GA, *s. 2 gên.*, quem ocupa funções iguais, companheiro.
CO.LE.GI.A.DO, *adj.*, que se reúne com outras pessoas em colégio; *s.m.*, pessoa que se reúne com outras em colégio.
CO.LE.GI.AL, *s. 2 gên.*, aluno de colégio, escolar, estudante.
CO.LÉ.GIO, *s.m.*, estabelecimento de ensino para o ensino fundamental ou médio; escola; todos os eleitores de uma circunscrição; grupo de pessoas que têm fins comuns.
CO.LE.GUIS.MO, *s.m.*, amizade entre colegas, afinidade no grupo.
CO.LEI.O, *s.m.*, movimento coleante, caminhada em sinuosidade.
CO.LEI.RA, *s.f.*, peça de couro ou de ferro, para envolver o pescoço de um animal; vários tipos de aves silvestres.
CO.LEI.RA.DO, *adj.*, que tem coleira; p. ext., diz-se de animais que têm um colar de pelo ou de penas em torno do pescoço, e que é diferente da cor do resto do corpo.
CO.LEN.DO, *adj.*, respeitável, digno, honrado, reverenciado.
CO.LE.ÓP.TE.RO, *adj.*, relativo aos coleópteros; *s.m.*, espécime dos coleópteros, cujos insetos mais conhecidos são os besouros.
CÓ.LE.RA, *s.f.*, raiva, ira, ódio; *s. 2 gên.*, nome de uma doença infecciosa que se caracteriza por vômitos, diarreia e cãibras, podendo ser mortal.
CO.LÉ.RI.CO, *adj.*, raivoso, irritado; atacado pela cólera.
CO.LES.TE.ROL, *s.m.*, produto que vem das células dos animais vertebrados, existente nas gorduras deles; em nível elevado, causa problemas sérios para a saúde humana.
CO.LE.TA, *s.f.*, recolhimento de algo; esmola, o quanto se paga para obter um serviço.
CO.LE.TA.DO, *adj.*, cobrado, recolhido, ajuntado.

COLETADOR   **COLOMBA**

CO.LE.TA.DOR, *adj.* e *s.m.*, que ou quem faz coleta.
CO.LE.TÂ.NEA, *s.f.*, coleção de obras, quadros, livros.
CO.LE.TÂ.NEO, *adj.*, extraído de várias obras; coligido.
CO.LE.TAR, *v.t.*, cobrar imposto, estabelecer quanto se deve pagar.
CO.LE.TÁ.VEL, *adj.*, que pode ser coletado; diz-se de matéria coletável.
CO.LE.TE, *s.m.*, peça do vestuário, sem mangas, que se usa por sobre a camisa, espartilho; colete à prova de balas - colete de aço para enfrentar tiros.
CO.LE.TI.VA, *s.f.*, entrevista que uma pessoa dá para um grupo de jornalistas.
CO.LE.TI.VA.MEN.TE, *adv.*, em sentido coletivo, juntamente.
CO.LE.TI.VI.DA.DE, *s.f.*, o povo, a população, a comunidade.
CO.LE.TI.VIS.MO, *s.m.*, sistema político-econômico que pretende a exploração dos recursos e produção de bens de modo coletivo.
CO.LE.TI.VIS.TA, *adj. 2 gên.*, relativo ou inerente ao coletivismo; que é adepto ou praticante do coletivismo; cooperativista; *s. 2 gên.*, pessoa que pratica o coletivismo.
CO.LE.TI.VI.ZAR, *v.t.* e *pron.*, tornar(-se) coletivo.
CO.LE.TI.VO, *s.m.* e *adj.*, que é de todos, propriedade da sociedade; na Gramática, o substantivo que indica um conjunto.
CO.LE.TO, *adj.*, coligido, reunido, escolhido.
CO.LE.TOR, *s.m.*, exator, funcionário público que cuida da cobrança dos impostos; todo aparelho que reúne ou coleta alguma substância.
CO.LE.TO.RI.A, *s.f.*, repartição pública que recolhe os impostos estaduais; exatoria.
COL.GA.DO, *adj.*, pendurado, dependurado.
COL.GA.DU.RA, *s.f.*, estojo, adorno, que se pendura nas paredes ou janelas, para ser admirado.
COL.GAR, *v.t.*, pendurar.
CO.LHE.DEI.RA, *s.f.*, instrumento usado pelos pintores para reunir tintas.
CO.LHE.DOR, *adj.* e *s.m.*, que(m) colhe, recolhedor.
CO.LHEI.TA, *s.f.*, ação de colher, safra, messe, recolher produtos, apanha.
CO.LHEI.TA.DEI.RA, *s.f.*, máquina para colher produtos agrícolas, como arroz, milho.
CO.LHEI.TEI.RO, *s.m.*, aquele que colhe, que faz colheitas; lavrador.
CO.LHER¹, *s.f.*, talher com uma concha para tomar líquidos.
CO.LHER², *v.t.* e *int.*, apanhar, recolher, tirar do pé.
CO.LHE.RA, *s.f.*, no Sul, ajoujo com que se jungem dois animais entre si.
CO.LHE.RA.ÇA, *s.f.*, grande colher.
CO.LHE.RA.DA, *s.f.*, uma colher cheia.
CO.LHE.REI.RO, *s.m.*, fabricante ou vendedor de colheres; em Ornitologia, ave pernalta, de bico achatado e semelhante a uma colher; pescoço branco, ventre e asa róseos.
CO.LHI.DO, *adj.*, recolhido, apanhado, juntado.
CO.LHI.MEN.TO, *s.m.*, ação de colher.
CO.LI.BRI, *s.m.*, beija-flor, cuitelo.
CÓ.LI.CA, *s.f.*, dor na barriga, no estômago.
CÓ.LI.CO, *adj.*, em Anatomia, relativo ou inerente ao cólon ou culo; *adj.*, da ou relativo a bile.
CO.LI.DEN.TE, *adj. 2 gên.*, que colide, que conflita, que é contraditório.
CO.LI.DIR, *v.t.* e *pron.*, bater de frente, encontrar, ir de encontro.
CO.LI.FOR.ME, *adj.* e *s. 2 gên.*, bacilo que vem das fezes humanas e polui mananciais e comidas.
CO.LI.GA.ÇÃO, *s.f.*, ação de juntar, reunião, junção, agrupamento, aliança.
CO.LI.GA.DO, *adj.*, que está ou foi unido por coligação; ligado; que é membro de coligação; *s.m.*, membro de uma coligação.
CO.LI.GAR, *v.t.* e *pron.*, juntar, reunir, agrupar, aliar-se.
CO.LI.GA.TI.VO, *adj.*, que coliga; relativo a coligação.
CO.LI.GI.DO, *adj.*, escolhido, selecionado, colecionado.
CO.LI.GIR, *v.t.*, reunir em coleção, colecionar, ajuntar.
CO.LI.MA.ÇÃO, *s.f.*, escopo, objetivo, pretensão.
CO.LI.MA.DO, *adj.*, pretendido, objetivado, pretendido.
CO.LI.MA.DOR, *s.m.*, em Astronomia, instrumento para determinar o ponto horizontal.
CO.LI.MAR, *v.t.*, pretender, objetivar, ter por escopo.
CO.LI.NA, *s.f.*, pequeno monte, montículo, outeiro, cômoro, elevação.
CO.LI.NE.AR, *adj. 2 gên.*, em Geometria; diz-se do ponto que está sob a mesma reta que outro ou que tem uma reta partilhada com outro(s) ponto(s).
CO.LI.QUA.ÇÃO, *s.f.*, liquificação, fusão, derretimento.
CO.LI.QUAR, *v.t.*, fundir, liquifazer, derreter.
CO.LÍ.RIO, *s.m.*, remédio para usar nos olhos; *fig.*, visão agradável.
CO.LI.SÃO, *s.f.*, ato de colidir, impacto de dois objetos; batida, choque.
CO.LI.SEU, *s.m.*, anfiteatro grande, ginásio de grandes proporções.
CO.LI.SI.VO, *adj.*, em que há colisão, oposição; contrário.
CO.LI.TE, *s.f.*, inflamação do cólon.
COL.MA.DO, *adj.*, cheio; *s.m.*, rancho, palhoça.
COL.MA.GEM, *s.f.*, ato de colmar.
COL.MAR, *v.t.*, encher, apinhar, tornar cheio.
COL.MA.TA, *s.f.*, ato de colmatar.
COL.MA.TAR, *v.t.*, levantar um terreno por meio de entulho, terra, etc.; atulhar, aterrar; tapar brechas.
COL.ME.AL, *s.m.*, conjunto de colmeias.
COL.ME.EI.RO, *s.m.*, aquele que cuida de colmeias ou negocia com colmeias; apicultor.
COL.MEI.A, *s.f.*, colmeia, enxame, reunião de abelhas.
COL.ME.I.FOR.ME, *adj.*, que tem forma de colmeia.
COL.MI.LHO, *s.m.*, dente canino.
COL.MO, *s.m.*, nas gramíneas é o caule.
CO.LO, *s.m.*, pescoço, regaço.
CO.LO.CA.ÇÃO, *s.f.*, ação de colocar, ajuste; emprego, graduação em vestibular e concurso.
CO.LO.CA.DO, *adj.*, posto, afixado, acomodado.
CO.LO.CA.DOR, *adj.* e *s.m.*; diz-se de, ou aquele que coloca.
CO.LO.CAR, *v.t.* e *pron.*, pôr, afixar, acomodar, fazer.
CO.LO.FÃO, CÓ.LO.FON, *s.m.*, em Editoração, anotação final, posta na última página dos livros, que fornece informações sobre o impressor.
CO.LO.FÔ.NIA, *s.f.*, em Química, substância obtida de resinas oleosas ou de madeira morta de pinheiro, us. para vernizes, tintas de impressão, cola, sabões; breu.
CO.LOI.DAL, *adj.*, que se refere aos coloides, que se assemelha a cola.
CO.LOI.DE, *s.m.*, semelhante a cola; em Química, substância de propriedades especiais, que tem a capacidade de não se cristalizar e, por isso, muito us. na indústria.
CO.LOM.BA, *s.f.*, em Culinária, pão doce em forma de pomba, consumido ger. na época da Páscoa.

CO.LOM.BI.A.NO, *adj.* e *s.m.*, referente ou natural da Colômbia.
CO.LOM.BI.NA, *s.f.*, personagem de teatro, mulher fútil e volúvel.
CÓ.LON, *s.m.*, em Anatomia, porção média do intestino grosso, que vai do íleo ao reto; colo.
CO.LO.NA.TO, *s.m.*, sistema político-social de colônia; estado ou instituição de colono.
CO.LÔ.NIA, *s.f.*, região habitada por colonos; grupo de pessoas num local estranho; propriedade de um colono; tipo de perfume.
CO.LO.NI.AL, *adj.*, próprio da colônia, natural, originário de uma colônia.
CO.LO.NI.A.LIS.MO, *s.m.*, política do mais forte, quando uma nação mantém uma outra sob o domínio militar, político e econômico, a fim de usufruir as riquezas da dominada.
CO.LO.NI.A.LIS.TA, *adj. 2 gên.*, relativo ou próprio do colonialismo ou da colônia; que exerce ou é partidário do colonialismo; *s. 2 gên.*, partidário do colonialismo ou quem o exerce.
CO.LO.NIS.TA, *s.m.*, aquele que se dedica a questões coloniais; colonial.
CO.LO.NI.ZA.ÇÃO, *s.f.*, povoamento novo, plantação, desbravamento.
CO.LO.NI.ZA.DO, *adj.*, desbravado, povoado, iniciado.
CO.LO.NI.ZA.DOR, *s.m.*, pessoa que coloniza; *adj.*, que coloniza, que promove colonização.
CO.LO.NI.ZAN.TE, *adj.*, que coloniza; colonizador.
CO.LO.NI.ZAR, *v.t.*, fundar uma colônia, desbravar, plantar, povoar.
CO.LO.NI.ZÁ.VEL, *adj.*, que é suscetível de ser colonizado.
CO.LO.NO, *s.m.*, participante de uma colônia, agricultor, trabalhador rural.
CO.LO.NOS.CO.PIA, *s.f.*, em Medicina, exame do interior do cólon e da porção superior do reto, com uso do colonoscópio.
CO.LO.QUI.AL, *adj.*, linguagem do dia a dia, modo de falar simples.
CO.LO.QUI.A.LI.DA.DE, *s.f.*, em Linguística, qualidade de coloquial (no discurso).
CO.LO.QUI.A.LIS.MO, *s.m.*, característica do que é coloquial; em Linguística, estilo de linguagem informal, coloquial; em Literatura, estilo de escrever e discorrer próximo da linguagem comum, cotidiana.
CO.LO.QUI.AR, *v.int.*, estabelecer colóquio, conversar informalmente.
CO.LÓ.QUIO, *s.m.*, conversa, conversação; *pop.*, bate-papo.
CO.LO.RA.ÇÃO, *s.f.*, ação de colorir; pintura, pigmentação.
CO.LO.RA.DO, *adj.*, que se coloriu ou colorou; que tem ou recebeu cor; colorido.
CO.LO.RAN.TE, *adj.* e *s.m.*, que dá cor, usado para colorir, produto para dar cor.
CO.LO.RAR, *v.t.*, colorir, dar cor.
CO.LO.RA.TU.RA, *s.f.*, arranjo florido em música vocal; elaboração de ornamentos vocais em alta velocidade; cantora soprano virtuose na voz aguda e extensa; *adj. 2 gên.*, diz-se de quem tem voz de soprano muito aguda e extensa.
CO.LO.RAU, *s.m.*, produto colhido de uma planta comum, usado como tempero e para avermelhar a comida, sobretudo a carne.
CO.LO.RI.DO, *adj.*, com cores, pintado.
CO.LO.RÍ.FI.CO, *adj.*, que produz cor.
CO.LO.RIR, *v.t.*, *int.* e *pron.*, dar cor a, pintar, passar cores.
CO.LO.RIS.TA, *adj. 2 gên.* e *s. 2 gên.*, que ou aquele que colore.

CO.LO.RI.ZA.ÇÃO, *s.f.*, ato ou efeito de colorizar; coloração; manifestação ou mudança de cor.
CO.LO.RI.ZA.DO, *adj.*, que passou por (processo de) colorização; que recebeu cor; colorido.
CO.LO.RI.ZA.DOR, *s.m.*, o que é próprio para colorir (equipamento necessário).
CO.LO.RI.ZAR, *v.t.*, dar cores a; colorir; em Cinema, técnica de colorir filmes feitos originalmente em preto e branco.
CO.LOS.SAL, *adj.*, enorme, gigantesco, imenso.
CO.LOS.SO, *s.m.*, algo muito grande; algo maravilhoso; gigantismo.
CO.LOS.TRO, *s.m.*, líquido amarelado que precede o leite, nos primeiros dias após o parto.
COL.PI.TE, *s.f.*, vaginite, inflamação na vagina.
COL.POR.TOR, *adj.* e *s.m.*, diz-se de, ou a pessoa que vende de porta a porta, ger. livros.
COL.TAR, *s.m.*, alcatrão, produzido pela destilação da hulha.
COL.TA.RI.ZA.ÇÃO, *s.f.*, ato ou operação de coltarizar.
COL.TA.RI.ZAR, *v.t.*, revestir de coltar.
CO.LU.BRE.AR, *v.int.*, o mesmo que colubrejar.
CO.LU.BRE.JAR, *v.int.*, mover-se como uma cobra; serpentear, serpejar, colear.
CO.LU.BRI.NO, *adj.*, que pertence ou é semelhante a cobra; enroscado.
CO.LU.DIR, *v.int.*, entender-se fraudulentamente; fazer colusão.
CO.LUM.BÁ.RIO, *s.m.*, construção sepulcral para receber urnas funerárias na antiga Roma; construção provida de nichos, nos quais se depositam urnas com as cinzas humanas; pombal.
CO.LUM.BI.CUL.TOR, *adj.* e *s.m.*, que(m) cria pombos, especialista na criação de pombos.
CO.LUM.BÍ.DEOS, *s.m.* e *pl.*, em Zoologia, família de aves, que abrange os pombos e as rolas e cujo tipo é o gênero columba.
CO.LUM.BI.FOR.MES, *s.m.* e *pl.*, Zoologia, ordem de aves a que pertencem as pombas e rolas.
CO.LUM.BI.NO, *s.m.*, classe de aves a que pertencem as pombas.
CO.LUM.BO.FI.LI.A, *s.f.*, apreço por pombos; amizade com pombos; amor para com pombos.
CO.LUM.BÓ.FI.LO, *s.m.*, amigo de pombos, apaixonado por pombos.
CO.LU.ME.LA, *s.f.*, pequena coluna; em Botânica, eixo vertical dos frutos; em Anatomia, eixo central cônico do osso em caracol do ouvido dos mamíferos; em Zoologia, eixo interior das conchas.
CO.LU.NA, *s.f.*, armação que sustenta o teto, pesos; uma linha vertical de palavras; espinha do corpo humano; posição de seres um atrás do outro, força militar em ação.
CO.LU.NAR, *adj. 2 gên.*, relativo a coluna; em forma de coluna; *v.t.*, disposto em colunas.
CO.LU.NA.TA, *s.f.*, série de colunas, fileira de colunas em uma construção.
CO.LU.NÁ.VEL, *adj. 2 gên.*, diz-se de pessoa que, por sua posição social ou mérito, pode ser citado em coluna de jornal ou de revista de expressão; *s. 2 gên.*, pessoa colunável.
CO.LU.NE.TA, *s.f.*, coluna pequena e estreita.
CO.LU.NÍ.FERO, *adj.*, que tem colunas.
CO.LU.NIS.MO, *s.m.*, atividade exercida por colunista em qualquer mídia escrita ou falada.

CO.LU.NIS.TA, s. 2 gén., jornalista que escreve um trecho em jornal ou revista, todos os dias.
CO.LU.SÃO, s.f., acordo fraudulento em prejuízo de terceiros; conluio.
CO.LU.SI.VO, adj., relativo a colusão; em que há colusão.
COM, prep., junto de, em companhia de, ao lado de.
CO.MA, s.m., estado em que a pessoa perde a consciência, ficando mergulhada em sono profundo.
CO.MA.DRE, s.f., a madrinha de alguém com referência aos pais; fig., urinol para ser usado na cama por doentes.
CO.MAN.DAN.TE, s. 2 gén., quem comanda, chefe, mandante.
CO.MAN.DAR, v.t., mandar, impor as ordens, dirigir.
CO.MAN.DI.TA, s.f., sociedade com vários sócios, sendo que alguns aportam com capital, mas não administram a empresa.
CO.MAN.DI.TÁ.RIO, s.m., na sociedade por comandita, é o sócio que entra com o dinheiro maior.
CO.MAN.DI.TAR, v.t., fornecer fundos numa sociedade em comandita.
CO.MAN.DO, s.m., governo, autoridade, ação de comandar; grupo de ação, liderança, chefia.
CO.MAN.DO-GE.RAL, s.m., cargo de quem comanda na alta hierarquia, esp. forças militares; repartição desse comando e seus funcionários.
CO.MAR.CA, s.f., circunscrição judicial, território sob a ação de um juiz de direito.
CO.MA.TO.SO, adj., relativo a, ou próprio de coma.
COM.BA, s.f., vale que se vai elevando entre dunas ou montanhas.
COM.BA.LI.DO, adj., enfraquecido, abalado, definhado.
COM.BA.LIR, v.t. e pron., enfraquecer, diminuir as forças, abalar.
COM.BA.TA.RI.A, s.f., grande combate; muitos combates ou sucessão deles.
COM.BA.TE, s.m., luta, pugna, briga.
COM.BA.TE.DOR, adj. e s.m., o mesmo que combatente.
COM.BA.TEN.TE, adj. e s. 2 gén., que combate, lutador.
COM.BA.TER, v.t. e pron., lutar, pugnar, engalfinhar-se, opor-se, enfrentar.
COM.BA.TI.BI.LI.DA.DE, s.f., atributo ou característica do que é combatível.
COM.BA.TI.DO, adj., que se combateu, atacado, contestado.
COM.BA.TI.MEN.TO, s.m., combate.
COM.BA.TI.VEL, adj., que deve ser combatido, lutável.
COM.BA.TI.VI.DA.DE, s.f., persistência na luta, firmeza nos propósitos.
COM.BA.TI.VO, adj., lutador, que combate sempre, persistente no combate.
COM.BI.NA.ÇÃO, s.f., ajuste, acerto, acordo, ação de combinar; peça íntima do vestuário feminino.
COM.BI.NA.DO, adj. e s.m., acertado, ajustado, contratado; time formado por jogadores de vários clubes.
COM.BI.NA.DOR, adj. e s.m., que ou o faz combinações.
COM.BI.NAN.TE, adj.; que combina.
COM.BI.NA.TÓ.RIO, adj., relativo a combinação ou combinações; em que há combinação ou combinações.
COM.BI.NAR, v.t., int. e pron., ajustar, contratar, acordar, harmonizar.
COM.BI.NÁ.VEL, adj. 2 gén., que pode ser combinado.
COM.BO, adj. 2 gén., diz-se de dispositivo que executa duas ou mais funções, não necessariamente completas, em um só equipamento; s.m., em Tecnologia, equipamento que desempenha diversas funções num único componente físico.

COM.BOI.A.DO, adj., que é ou foi escoltado, acompanhado para ter mais segurança.
COM.BOI.AR, v.t., conduzir, guiar, levar.
COM.BOI.O, s.m., caravana de carros, caminhões para o transporte; vagões de trem, o próprio trem.
COM.BOI.EI.RO, adj., que escolta ou guia comboio; s.m., o que conduz comboio.
COM.BU.REN.TE, adj. e s.m., que mantém a combustão; o combustível que provoca a combustão.
COM.BU.RI.DO, adj., queimado, submetido a combustão; combusto.
COM.BU.RIR, v. int., queimar combustível, usar comburente para acionar um motor.
COM.BUS.TÃO, s.f., ação de queimar, queima, queimada.
COM.BUS.TI.BI.LI.DA.DE, s.f., diz-se do que é combustível, diz-se do que arde.
COM.BUS.TÍ.VEL, s.m., toda substância que possui a propriedade de queimar.
COM.BUS.TI.VO, adj., combustível.
COM.BUS.TOR, adj., que arde ou queima; s.m., aquilo que arde ou queima.
CO.ME.ÇA.DO, adj., iniciado, principiado.
CO.ME.ÇA.DOR, adj. e s.m., que dá ou que começa; iniciador.
CO.ME.ÇAR, v.t. e int., iniciar, principiar, dar começo.
CO.ME.ÇAN.TE, adj., que começa, incipiente, que está em princípio; principiante.
CO.ME.ÇO, s.m., princípio, início, origem, nascimento.
CO.MÉ.DIA, s.f., no teatro, no cinema, cenas para divertir, satirizar; fig., ato ridículo.
CO.ME.DI.A.DOR, s.m., mediador com outrem num negócio.
CO.ME.DI.AN.TE, s. 2 gén., quem participa de comédia, artista; fig., impostor, palhaço, enganador.
CO.ME.DI.AR, v.t., converter em comédia.
CO.ME.DI.DO, adj., controlado, limitado, comportado.
CO.ME.DI.MEN.TO, s.m., controle, limite, ajuste; iniciativa correta, com cautela.
CO.ME.DI.O.GRA.FI.A, s.f., arte de construir comédias; especialidade literária de manifestação por meio da comédia.
CO.ME.DI.Ó.GRA.FO, s.m., autor de comédias, escritor de comédias.
CO.ME.DI.O.TA, s.f., em Teatro, peça teatral cômica sem importância e sem grandes pretensões.
CO.ME.DIR, v.t. e pron., moderar, ajustar, limitar.
CO.ME.DIS.TA, s.m., comediógrafo.
CO.ME.DOR, adj. e s.m., que(m) come, comilão, glutão, devorador; fig., sedutor.
CO.ME.DOU.RO, s.m., ver comedor; lugar onde habitualmente animais silvestres vão comer.
CO.ME.MO.RA.ÇÃO, s.f., ação ou resultado de comemorar; festa ou reunião em que se comemora algo; evento em homenagem a alguém ou na lembrança de um fato, de uma realização, etc.
CO.ME.MO.RA.DO, adj., que se comemorou; que foi celebrado festivamente.
CO.ME.MO.RAR, v.t., festejar, celebrar, recordar.
CO.ME.MO.RA.TI.VO, adj., que comemora, que celebra, que festeja.
CO.ME.MO.RÁ.VEL, adj., que se deve comemorar, celebrável, que é digno de comemoração.
CO.MEN.DA, s.f., honraria, distinção, cerimônia para prestigiar uma pessoa.

COMENDADOR — COMISSIONAR

CO.MEN.DA.DOR, *s.m.*, quem recebeu uma comenda, quem recebeu a honra.

CO.MEN.DA.DO.RI.A, *s.f.*, dignidade de comendador; benefício da comenda.

CO.ME.NOS, *s.m.*, momento, instante, ocasião; *expron.*, nesse comenos - nesse momento, nessa oportunidade.

CO.MEN.SAL, *adj.* e *s. 2 gên.*, pessoa que come com outros, colega de refeição; na Natureza, animal que vive em comensalismo com outro.

CO.MEN.SA.LI.DA.DE, *s.f.*, qualidade de comensal; camaradagem entre comensais.

CO.MEN.SA.LIS.MO, *s.m.*, a refeição de comensais, dois animais que vivem da mesma nutrição.

CO.MEN.SU.RA.ÇÃO, *s.f.*, ato de comensurar.

CO.MEN.SU.RAR, *v. int.*, medir, mensurar, verificar as medidas.

CO.MEN.SU.RÁ.VEL, *adj.*, que se pode medir, mensurável, medível.

CO.MEN.TA.DO, *adj.*, falado, referido, explicado.

CO.MEN.TA.DOR, *s.m.*, quem faz comentários, comentarista.

CO.MEN.TAN.TE, *adj.* e *s 2 gên.*, que ou o que comenta; comentador, comentarista.

CO.MEN.TAR, *v.t.*, tecer comentários, interpretar, explicar.

CO.MEN.TÁ.RIO, *s.m.*, explicações, observações, críticas.

CO.MEN.TA.RIS.MO, *s.m.*, tendência para o predomínio de comentários, muitas vezes sem apoio dos fatos.

CO.MEN.TA.RIS.TA, *s. 2 gên.*, comentador, quem comenta.

CO.MER, *v.t.* e *int.*, mastigar, engolir um alimento, alimentar-se, nutrir-se.

CO.MER.CI.AL, *adj.* e *s.m.*, referente ao comércio; propaganda, anúncio de algo.

CO.MER.CI.A.LIS.MO, *s.m.*, predomínio, influência ou importância do que é comercial.

CO.MER.CI.A.LIS.TA, *adj.*, relativo ao comercialismo. *s. 2 gên.*, especialista em assuntos comerciais; em Direito, tratadista de direito comercial.

CO.MER.CI.A.LI.ZA.ÇÃO, *s.f.*, ação ou efeito de comercializar, vendas.

CO.MER.CI.A.LI.ZA.DO, *adj.*, negociado, comprado, vendido.

CO.MER.CI.A.LI.ZAR, *v.t.*, negociar, comprar e vender.

CO.MER.CI.AN.TE, *s. 2 gên.*, quem pratica o comércio, negociante, dono de estabelecimento comercial.

CO.MER.CI.AR, *v.t.* e *int.*, comprar e vender, negociar, comercializar.

CO.MER.CI.Á.RIO, *s.m.*, quem trabalha no comércio, empregado do comércio.

CO.MER.CI.Á.VEL, *adj. 2 gên.*, que pode ser comerciável; próprio para o comércio.

CO.MÉR.CIO, *s.m.*, ato negocial de comprar e vender; negócio.

CO.MES, *s.m.* é *pl.*, petiscos, acepipes.

CO.MES.TÍ.VEL, *adj.*, que pode ser comido.

CO.MES.TI.VO, *adj.* e *s.m.*, o mesmo que comestível.

CO.ME.TA, *s.m.*, astro gasoso que gira no espaço e tem cauda.

CO.ME.TÁ.RIO, *adj.*, de ou que tem relação com cometa.

CO.ME.TE.DOR, *adj.* e *s.m.*, que ou o que comete; empreendedor.

CO.ME.TEN.TE, *s. 2 gên.*, ver comitente.

CO.ME.TER, *v.t.* e *pron.*, praticar, efetuar, fazer.

CO.ME.TI.DA, *s.f.*, ataque, arremetida.

CO.ME.TI.DO, *adj.*, praticado, feito, realizado.

CO.ME.TI.MEN.TO, *s.m.*, ação ou efeito de cometer; ação, prática.

CO.ME.ZAI.NA, *s.f.*, reunião festiva para comer; muita comida e festa.

CO.ME.ZI.NHO, *adj.*, fácil, simples, de pouca importância, sem muito valor.

CO.MI.CHÃO, *s.f.*, coceira.

CO.MI.CHAR, *v.t.* e *int.*, provocar comichão, provocar coceira.

CO.MI.CHEN.TO, *adj.*, o mesmo que comichoso.

CO.MI.CHO.SO, *adj.*, sujeito a ter comichões.

CO.MI.CI.DA.DE, *s.f.*, ato que provoca o riso; graça.

CO.MI.CI.EI.RO, *adj.*, comicial.

CO.MÍ.CIO, *s.m.*, reunião de pessoas em lugar público, para tratar de assuntos de interesse público ou de classe; reunião de pessoas em campanha eleitoral.

CÔ.MI.CO, *adj.*, próprio de comédia, engraçado, divertido.

CO.MI.DA, *s.f.*, alimento, nutrimento, gêneros alimentícios.

CO.MI.DA.DE, *s.f.*, delicadeza no trato, afabilidade, urbanidade, lhaneza; liberalidade.

CO.MI.DO, *adj.*, que se comeu, que foi ingerido; *fig.*, roído, gasto; ganho de uma peça no jogo de xadrez ou damas; saltado ou omitido, pulado; suprimido; cortado.

CO.MI.GO, *pron.*, pronome pessoal que se refere à primeira pessoa.

CO.MI.LAN.ÇA, *s.f.*, muita comida, comer muito; var., comilância.

CO.MI.LÃO, *s.m.*, quem come muito, guloso, glutão.

CO.MI.NA.ÇÃO, *s.f.*, ameaça, referência de ações contrárias a alguém.

CO.MI.NA.DO, *adj.*, em Direito, que recebeu castigo ou pena por infração; ameaçado por infração à lei.

CO.MI.NA.DOR, *adj.* e *s.m.*, que ou o que exprime cominação; ameaçador.

CO.MI.NAR, *v.t.*, ameaçar, fazer ameaças, referir que tomará medidas contra alguém.

CO.MI.NA.TI.VO, *adj.*, que traz ameaça, ameaçador, provocativo.

CO.MI.NA.TÓ.RIO, *adj.*, relativo a cominação; cominativo; que envolve ameaça; ameaçador.

CO.MI.NHO, *s.m.*, planta cujas sementes são usadas como tempero.

CO.MIS.CAR, *v.int.*, comer aos poucos ou amiúde, por guloseima.

CO.MI.SE.RA.ÇÃO, *s.f.*, piedade, dó, compaixão, pena.

CO.MI.SE.RA.DO, *adj.*, que sente pena, dó, compaixão; apiedado; condoído.

CO.MI.SE.RA.DOR, *adj.*, propenso a suavizar os males alheios; compadecido.

CO.MI.SE.RAR, *v.t.* e *pron.*, causar piedade, ter pena, sentir compaixão.

CO.MI.SE.RA.TI.VO, *adj.*, que cria comiseração, que causa piedade.

CO.MIS.SÃO, *s.f.*, grupo de trabalho, comitê.

CO.MIS.SÁ.RIA, *s.f.*, aeromoça, moça que trabalha nos aviões em voo.

CO.MIS.SA.RI.A.DO, *s.m.*, local de trabalho, grupo que dirige um trabalho.

CO.MIS.SÁ.RIO, *s.m.*, indivíduo que representa o governo; pessoa que exerce seus trabalhos em avião; encarregado de fiscalizar uma concordata.

CO.MIS.SI.O.NA.DO, *adj.*, encarregado, designado.

CO.MIS.SI.O.NAR, *v.t.*, dar comissão, atribuir uma tarefa, encarregar, designar.

CO.MIS.SI.O.NIS.TA, s.m., indivíduo encarregado de comissão comercial ou industrial.

CO.MIS.SI.VO, adj., que decorre especificamente de uma ação, nunca de um acaso.

CO.MIS.SU.RA, s.f., sutura, fenda, ponto de junção.

CO.MI.TÊ, s.m., comissão, grupo para desenvolver um trabalho.

CO.MI.TEN.TE, s. 2 gên., que(m) dá comissão, indivíduo que distribui a comissão.

CO.MI.TIS.TA, s.m., membro de comício, de comissão.

CO.MI.TI.VA, s.f., grupo de indivíduos; acompanhantes, séquito, cortejo.

CO.MI.TI.VEI.RO, adj. e s.m., que, ou o que faz parte de uma comitiva, especialmente de boiadeiros.

CO.MÍ.VEL, adj., comestível.

COMMÓDITY, s.f., em Economia; matéria-prima em estado bruto ou produto mineral ou vegetal produzido em larga escala, ger. destinado ao comércio externo, cujo preço é regulado pela oferta e procura.

CO.MO, adv., à maneira de, o modo de, a quanto; conj., da mesma forma que, conforme.

CO.MO.ÇÃO, s.f., ação ou efeito de comover, sentimento.

CÔ.MO.DA, s.f., móvel de quarto de dormir para colocar roupas.

CO.MO.DA.TÁ.RIO, s.m., quem aceita um comodato, quem contrai o dever de um comodato.

CO.MO.DA.TO, s.m., empréstimo de um bem por tempo determinado, com a responsabilidade de restituição do bem integral.

CO.MO.DI.DA.DE, s.f., tranquilidade, sossego, bem-estar.

CO.MO.DIS.MO, s.m., tranquilidade, o próprio bem-estar, sossego.

CO.MO.DIS.TA, s. 2 gên., quem cuida bem de si mesmo, quem gosta de viver bem confortavelmente.

CÔ.MO.DO, adj., tranquilo, facilitado, agradável.

CO.MO.DO.RO, s.m., comandante de algum navio ou nave espacial; oficial da marinha na Inglaterra e nos Estados Unidos.

CO.MO.RAR, v.int., morar juntamente com alguém; coabitar.

CÔ.MO.RO, s.m., colina, pequeno monte, elevação do terreno.

CO.MO.SO, adj., que tem coma; comado.

CO.MO.VE.DOR, adj. e s.m., comovente, que comove, enternecedor.

CO.MO.VER, v.t., int. e pron., causar comoção, enternecer, conseguir a piedade.

CO.MO.VI.DO, adj., abalado, emocionado, impressionado, entristecido.

COM.PA.CI.DA.DE, s.f., qualidade ou estado daquilo que é compacto, denso.

COM.PAC.TA.DO, adj., reduzido, concretizado.

COM.PAC.TA.DOR, adj., que ou aquele que compacta; s.m., máquina usada para a compactação de solos ou para operações de concretagem e asfaltamento.

COM.PAC.TAR, v.t., tornar compacto, reduzir, concretizar.

COM.PAC.TO, adj., muito unido, coeso, duro.

COM.PAC.TU.A.DO, adj., que foi objeto de pactuação ou ajuste.

COM.PAC.TU.AR, v.t., fazer pacto com alguém.

COM.PA.DE.CE.DOR, adj., que desperta a compaixão.

COM.PA.DE.CER, v.t. e pron., ter dó, ter compaixão, enternecer-se, sentir o sofrimento do próximo.

COM.PA.DE.CI.DO, adj., enternecido, que tem compaixão, sentido.

COM.PA.DE.CI.MEN.TO, s.m., compaixão, comoção, piedade.

COM.PA.DRA.DO, adj., feito compadre.

COM.PA.DRA.GEM, s.m., qualidade ou condição de compadres; pop., intimidade de família; pej., favorecimento.

COM.PA.DRAR, v.t. tornar-se compadre; ter grande amizade.

COM.PA.DRE, s.m., padrinho de um filho em relação aos pais; relação entre padrinhos e pais.

COM.PA.DRI.O, s.m., ligação entre compadres, proteção exagerada de alguém para um amigo.

COM.PA.DRIS.MO, s.m., relação entre compadres; compadrice; compadrio; fig., expressão de amizade, de cordialidade.

COM.PAI.XÃO, s.f., piedade, ter pena de; sentir dó de.

COM.PA.NHEI.RA, s.f., esposa, consorte, cônjuge, convivente.

COM.PA.NHEI.RIS.MO, s.m., camaradagem, amizade, convivência.

COM.PA.NHEI.RO, s.m., colega, marido, consorte, convivente.

COM.PA.NHI.A, s.f., indivíduo com quem se convive, o que acompanha, comitiva, cortejo, convivência; sociedade empresarial.

COM.PA.RA.ÇÃO, s.f., ação ou efeito de comparar, confrontação, igualação.

COM.PA.RA.DO, adj., assemelhado, confrontado, igualado.

COM.PA.RA.DOR, adj. e s.m., que ou aquele que compara.

COM.PA.RAR, v.t. e pron., confrontar, ver as semelhanças, medir o que iguala.

COM.PA.RA.TI.VA.MEN.TE, adv., de um modo comparativo, em comparação; feita a comparação; proporcionalmente.

COM.PA.RA.TI.VIS.MO, s.m., em Linguística, teoria e métodos de gramática comparada; comparatismo.

COM.PA.RA.TI.VIS.TA, adj., em Linguística, que se dedica ao comparativismo; comparatista.

COM.PA.RA.TI.VO, adj., que serve para comparação, que estabelece níveis de comparação.

COM.PA.RÁ.VEL, adj. 2 gên., que se pode comparar com outras coisas; diz-se de alguém ou algo que tem qualidades semelhantes às de outro; análogo.

COM.PA.RE.CÊN.CIA, s.f., o mesmo que comparência.

COM.PA.RE.CEN.TE, adj., que comparece ou compareceu.

COM.PA.RE.CER, v.t. e v. int., vir a, aparecer, chegar a, apresentar-se.

COM.PA.RE.CI.DO, adj., que compareceu, que se apresentou em determinado lugar.

COM.PA.RE.CI.MEN.TO, s.m., vinda, chegada, apresentação.

COM.PAR.SA, s. 2 gên., personagem que, em cinema, tevê ou teatro, desempenha papel secundário na cena; coadjuvante; figurante.

COM.PAR.SA.RI.A, s.f., pej., conjunto de comparsas.

COM.PAR.TI.LHA.DO, adj., que foi repartido, que se compartilhou; compartido.

COM.PAR.TI.LHA.DOR, adj., que estabelece ou define um compartilhamento; s.m., que compartilha alguma coisa.

COM.PAR.TI.LHA.MEN.TO, s.m., ato ou efeito de compartilhar.

COM.PAR.TI.LHAR, v.t., partilhar, ter parte em, ser parte.

COM.PAR.TI.MEN.TA.ÇÃO, s.f., ato ou efeito de separar em compartimentos; divisão em compartimentos.

COM.PAR.TI.MEN.TA.DO, adj., separado em compartimentos, classes ou categorias.

COM.PAR.TI.MEN.TA.DOR, adj., relativo ao que dispõe ou divide em compartimentos; s.m., o que divide ou dispõe em compartimentos.

COMPARTIMENTALIZAÇÃO ·· 242 ·· COMPLEXIFICAR

COM.PAR.TI.MEN.TA.LI.ZA.ÇÃO, *s.f.*, ato ou efeito de separar em compartimentos ou categorias; compartimentação.

COM.PAR.TI.MEN.TA.LI.ZA.DO, *adj.*, dividido ou separado por compartimentos; compartimentado.

COM.PAR.TI.MEN.TA.LI.ZAR, *v.t.*, dividir ou separar em compartimentos, classes, categorias.

COM.PAR.TI.MEN.TAR, *v.t.*, dividir ou separar em compartimentos.

COM.PAR.TI.MEN.TO, *s.m.*, cada divisão interna de uma casa, de um móvel, de um automóvel.

COM.PAR.TIR, *v.t.*, dividir em compartimentos, dividir em partes iguais, compartilhar.

COM.PAR.TÍ.VEL, *adj.*, que se pode compartir; partilhável, repartível, partível.

COM.PAS.SA.DO, *adj.*, ritmado, cadenciado.

COM.PAS.SAR, *v.t. e pron.*, ritmar, cadenciar, medir com compasso.

COM.PAS.SI.VA.MEN.TE, *adv.*, de um modo compassivo.

COM.PAS.SI.VO, *adj.*, que mostra compaixão, apiedado.

COM.PAS.SO, *s.m.*, instrumento matemático para traçar círculos; na música, é a cadência.

COM.PA.TI.BI.LI.DA.DE, *s.f.*, qualidade do que é compatível.

COM.PA.TI.BI.LI.ZA.ÇÃO, *s.f.*, ação ou resultado de compatibilizar(-se).

COM.PA.TI.BI.LI.ZA.DO, *adj.*, compatível, ajustado.

COM.PA.TI.BI.LI.ZAR, *v.t.*, tornar compatível, tornar factível.

COM.PA.TÍ.VEL, *adj.*, coexistente, duas coisas que se ajustam.

COM.PA.TRÍ.CIO, *adj. e s.m.*, compatriota.

COM.PA.TRI.O.TA, *s. 2 gên.*, pessoas que possuem a mesma pátria.

COM.PA.TRI.O.TIS.MO, *s.m.*, estado ou qualidade de compatriota.

COM.PE.LI.DO, *adj.*, empurrado, forçado, obrigado, levado.

COM.PE.LIR, *v.t.*, empurrar, forçar, obrigar.

COM.PEN.DI.A.DO, *adj.*, registrado em compêndio; resumido ou sintetizado em compêndio.

COM.PEN.DI.A.DOR, *adj. e s.m.*, que ou aquele que compendia.

COM.PEN.DI.AR, *v.t.*, resumir, sintetizar.

COM.PÊN.DIO, *s.m.*, artigo resumido de qualquer assunto; livro escolar.

COM.PEN.DI.O.SO, *adj.*, resumido, sintetizado.

COM.PE.NE.TRA.ÇÃO, *s.f.*, absorção, seriedade, reflexão.

COM.PE.NE.TRA.DO, *adj.*, absorto, fixo no pensamento, sério.

COM.PE.NE.TRAR, *v.t. e pron.*, penetrar bem, convencer a si mesmo, abstrair-se.

COM.PEN.SA.ÇÃO, *s.f.*, ação de compensar; troca de valores entre bancos.

COM.PEN.SA.DO, *s.m.*, chapa feita de madeira, chapa construída por madeira.

COM.PEN.SA.DOR, *adj. e s.m.*, que(m) paga a dívida, retribuidor.

COM.PEN.SAR, *v.t. e pron.*, devolver o que se deve, pagar, equilibrar.

COM.PEN.SA.TI.VO, *adj.*, que pode compensar, que estabelece a balança, equilibrador.

COM.PEN.SA.TÓ.RIO, *adj.*, relativo a, que envolve ou contém compensação.

COM.PEN.SÁ.VEL, *adj. 2 gên.*, que pode ser compensado, passível de se compensar.

COM.PE.TÊN.CIA, *s.f.*, habilidade, qualidade de obter resultados, capacidade legal do juiz, arte de fazer.

COM.PE.TEN.TE, *adj.*, apto, hábil, capaz, conhecedor.

COM.PE.TI.ÇÃO, *s.f.*, disputa, luta, torneio.

COM.PE.TI.DOR, *s.m.*, quem luta, quem disputa, lutador, combatente.

COM.PE.TI.MEN.TO, *s.m.*, ação de competir; questão, briga, competência.

COM.PE.TIR, *v.t. e int.*, lutar, disputar, batalhar, concorrer, rivalizar.

COM.PE.TI.TI.VI.DA.DE, *s.f.*, qualidade do que ou de quem é competitivo.

COM.PE.TI.TI.VO, *adj.*, relativo a, ou em que existe competição; que tem ambiente favorável para se obter bons resultados sobre a concorrência.

COM.PE.TI.TÍ.VEL, *adj.*, com que se é capaz de competir.

COM.PI.LA.ÇÃO, *s.f.*, ação ou efeito de compilar, redigir, compor, coletar.

COM.PI.LA.DO, *adj.*, redigido, coletado, composto, feito.

COM.PI.LA.DOR, *adj. e s.m.*, compositor, coletador, redator.

COM.PI.LAR, *v.t.*, redigir, coletar, compor, fazer, realizar, efetuar.

COM.PLA.CÊN.CIA, *s.f.*, tolerância, benignidade, bondade.

COM.PLA.CEN.TE, *adj.*, tolerante, benigno.

COM.PLA.NA.ÇÃO, *s.f.*, ato ou efeito de complanar; aplanação.

COM.PLA.NAR, *v.t. e pron.*, aplainar, aplanar, nivelar, alisar.

COM.PLEI.ÇÃO, *s.f.*, estrutura, forma física, aspecto físico, temperamento.

COM.PLEI.ÇO.A.DO, *adj.*, que tem boa ou má compleição; compleiçonado; acompleiçoado.

COM.PLE.MEN.TA.ÇÃO, *s.f.*, acabamento, finalização.

COM.PLE.MEN.TA.DO, *adj.*, acabado, finalizado.

COM.PLE.MEN.TAR, *adj.*, que completa, que acaba, acessório; *v.t.*, completar, dar acabamento, acabar.

COM.PLE.MEN.TA.RI.DA.DE, *s.f.*, qualidade ou condição do que é complementar.

COM.PLE.MEN.TO, *s.m.*, acabamento, finalização, remate.

COM.PLE.TA.DO, *adj.*, acabado, finalizado, terminado.

COM.PLE.TA.MEN.TE, *adv.*, de modo completo, totalmente; inteiramente; integralmente.

COM.PLE.TAR, *v.t.*, inteirar, acabar, finalizar, arrematar, tornar completo.

COM.PLE.TAS, *s.f., pl.*, a última parte das orações diárias para os religiosos.

COM.PLE.TE.ZA, *s.f.*, qualidade, condição, circunstância de estar completo; completude.

COM.PLE.TÍ.VEL, *adj.*, que pode ser abraçado ou abrangido.

COM.PLE.TI.VO, *adj.*, que ou aquilo que completa; que serve de complemento; que abrange, que cobre ou compreende.

COM.PLE.TO, *adj.*, perfeito, acabado, inteiro.

COM.PLE.TU.DE, *s.f.*, estado ou condição do que é completo, do que nada falta.

COM.PLE.XA.DO, *adj.*, diz-se de pessoa que tem complexo; p. ext., diz-se de pessoa que, por sua timidez ou por ser de difícil trato, parece ter complexo; *s.m.*, essa pessoa.

COM.PLE.XÃO, *s.f.*, junção, encadeamento, ligação.

COM.PLE.XI.DA.DE, *s.f.*, o que é complexo; problemática, dificuldade.

COM.PLE.XI.FI.CA.ÇÃO, *s.f.*, ato ou efeito de tornar as coisas mais complexas.

COM.PLE.XI.FI.CAR, *v.t.*, tornar (algo) complexo ou mais

complexo.
COM.PLE.XO, *adj.*, difícil, complicado, de solução difícil; *s.m.*, conjunto; conjunto de indústrias que fabricam produtos diversos.
COM.PLI.CA.ÇÃO, *s.f.*, dificuldade, problema.
COM.PLI.CA.DO, *adj.*, difícil, complexo, atrapalhado.
COM.PLI.CA.DOR, *adj.* e *s.m.*, dificultador, atrapalhador.
COM.PLI.CAR, *v.t.* e *pron.*, dificultar, tornar complexo, enredar, atrapalhar.
COM.PLÔ, *s.m.*, tramoia, conspiração, armadilha.
COM.PO.NE.DOR, *s.m.*, utensílio tipográfico no qual o compositor forma as palavras pelo ajuntamento dos caracteres móveis; compositor tipográfico.
COM.PO.NEN.TE, *adj.* e *s. 2 gên.*, que compõe algo, que entra na composição de algo, participante.
COM.PO.NER, *v.t.* e *pron.*, compor.
COM.PO.NIS.TA, *s.m.*, compositor de música.
COM.POR, *v.t.*, *int.* e *pron.*, criar, ajuntar, escrever uma composição, acordar, conceber, harmonizar.
COM.POR.TA, *s.f.*, dique, construção para reter águas.
COM.POR.TA.DO, *adj.*, respeitoso, aceito, submisso.
COM.POR.TA.MEN.TO, *s.m.*, maneira de comportar-se, atitudes, conduta, procedimento.
COM.POR.TAR, *v.t.*, *int.* e *pron.*, permitir, aceitar, sustentar.
COM.POR.TÁ.VEL, *adj.*, aceitável, tolerante.
COM.PO.SI.ÇÃO, *s.f.*, ação de compor, redação, obra musical, acerto, acordo.
COM.PO.SI.TI.VO, *adj.*, relativo a composição; que entra numa composição; que é próprio para compor.
COM.PO.SI.TOR, *s.m.*, quem compõe, quem compõe músicas.
COM.POS.TA.DOR, *s.m.*, encarregado da compostagem; recipiente de processamento da compostagem.
COM.POS.TAR, *v.t.*, fazer entrar em decomposição e fermentar para formar adubo natural.
COM.POS.TÁ.VEL, *adj. 2 gên.*, passível de compostar, de entrar em fermentação.
COM.POS.TO, *adj.*, formado por dois ou mais elementos.
COM.POS.TU.RA, *s.f.*, comportamento adequado; modo de agir com discrição ao tomar atitudes.
COM.PO.TA, *s.f.*, frutas cozidas em calda de açúcar, para serem conservadas.
COM.PO.TEI.RA, *s.f.*, recipiente para guardar compotas.
COM.PRA, *s.f.*, aquisição, apropriação.
COM.PRA.DO, *adj.*, adquirido, apropriado, aceito.
COM.PRA.DOR, *s.m.*, quem compra, pessoa que trabalha no setor de compras.
COM.PRAR, *v.t.*, adquirir, apropriar-se.
COM.PRA.ZER, *v.t.* e *int.*, agradar, realizar a gosto; regozijar-se.
COM.PRA.ZI.MEN.TO, *s.m.*, agrado, satisfação, aceitação.
COM.PRE.EN.DER, *v.t.*, entender, dominar o conteúdo, adquirir.
COM.PRE.EN.SÃO, *s.f.*, entendimento, aquisição de, inclusão.
COM.PRE.EN.SI.BI.LI.DA.DE, *s.f.*, qualidade do que é compreensível; capacidade ou faculdade de compreender.
COM.PRE.EN.SÍ.VEL, *adj.*, que compreende, que se pode compreender.
COM.PRE.EN.SI.VO, *adj.*, que compreende, que entende.
COM.PRES.SA, *s.f.*, gaze ou pano que se aplica sobre uma ferida.
COM.PRES.SÃO, *s.f.*, ação ou efeito de comprimir.
COM.PRES.SI.BI.LI.DA.DE, *s.f.*, a quantidade de compressão de um corpo, elasticidade.
COM.PRES.SÍ.VEL, *adj.*, que aceita ser comprimido.
COM.PRES.SI.VO, *adj.*, que se pode comprimir.
COM.PRES.SO, *adj.*, que se comprime; comprimido, apertado.
COM.PRES.SOR, *s.m.*, quem comprime, quem aperta, máquina para comprimir materiais.
COM.PRES.SÓ.RIO, *adj.*, próprio para comprimir.
COM.PRI.DEZ, *s.f.*, comprimento, longitude.
COM.PRI.DO, *adj.*, longo, com comprimento.
COM.PRI.MEN.TO, *s.m.*, lonjura, tamanho, dimensão, extensão.
COM.PRI.MI.DO, *s.m.*, pílula, medicamento, pastilha; *adj.*, apertado, condensado.
COM.PRI.MIR, *v.t.* e *pron.*, apertar, condensar, oprimir, contrair.
COM.PRO.BA.ÇÃO, *s.f.*, ato ou efeito de comprovar; exame; comprovação.
COM.PRO.BA.TÓ.RIO, *adj.*, que comprova, que prova.
COM.PRO.ME.TE.DOR, *adj.*, *s.m.*, que(m) compromete, responsabilizador.
COM.PRO.ME.TER, *v.t.* e *pron.*, responsabilizar-se, sentir-se obrigado.
COM.PRO.ME.TI.DO, *adj.*, obrigado, responsabilizado.
COM.PRO.ME.TI.MEN.TO, *s.m.*, ação ou resultado de comprometer(-se); compromisso.
COM.PRO.MIS.SA.DO, *adj.*, que assumiu ou prestou compromisso; comprometido.
COM.PRO.MIS.SO, *s.m.*, promessa recíproca, ajuste, acordo.
COM.PRO.VA.ÇÃO, *s.f.*, ação de comprovar, prova.
COM.PRO.VA.DO, *adj.*, provado, demonstrado.
COM.PRO.VA.DOR, *adj.*, que comprova ou que leva à comprovação.
COM.PRO.VAN.TE, *adj.* e *s.m.*, que comprova, que atesta a validade; recibo, documento.
COM.PRO.VAR, *v.t.*, provar, demonstrar.
COM.PRO.VA.TI.VO, *adj.*, que se pode comprovar, comprovável.
COM.PRO.VÁ.VEL, *adj.*, que pode ser comprovado.
COM.PUL.SÃO, *s.f.*, impulso, arranque, estímulo.
COM.PUL.SAR, *v. int.*, examinar, analisar, manusear.
COM.PUL.SI.VO, *adj.*, compulsório, que obriga, que força.
COM.PUL.SÓ.RIO, *adj.*, obrigatório, forçado.
COM.PUN.ÇÃO, *s.f.*, compungimento, contrição, arrependimento.
COM.PUN.GI.DO, *adj.*, arrependido, pesaroso; sensibilizado, enternecido.
COM.PUN.GIR, *v.t.*, *int.* e *pron.*, magoar, ferir, arrepender-se.
COM.PU.TA.ÇÃO, *s.f.*, avaliação, ciência da informática.
COM.PU.TA.DO, *adj.*, que foi incluído, abrangido, calculado.
COM.PU.TA.DOR, *s.m.*, máquina eletrônica com muitos recursos técnicos.
COM.PU.TA.DO.RI.ZA.DO, *adj.*, realizado com o auxílio de computador.
COM.PU.TA.DO.RI.ZAR, *v.t.*, computorizar.
COM.PU.TAR, *v.t.*, realizar o cômputo, avaliar, calcular, verificar.
COM.PU.TÁ.VEL, *adj.*, avaliável, que se pode calcular.
CÔM.PU.TO, *s.m.*, contagem, soma, valor.
COM.PU.TO.RI.ZAR, *v.t.*, prover de computador ou de um sistema de informática; informatizar; processar.
COM.TIS.MO, *s.m.*, sistema filosófico de Augusto Comte, referido como positivismo.

CO.MUM, *adj.*, coletivo, geral, normal, barato, sem valor, trivial.
CO.MUM DE DOIS, *s.m.*, substantivo que tem uma única forma para os dois gêneros.
CO.MU.MEN.TE, *adv.*, habitualmente, de modo geral.
CO.MU.NA, *s.f.*, na Idade Média, cidade autônoma; cidade, município; *fig.*, comunista.
CO.MU.NAL, *adj. 2 gên.*, da, relativo a, ou pertencente a comuna; *s.m.*, habitante de uma comuna.
CO.MUN.GA.DO, *adj.*, que tomou a comunhão, agrupado, participado.
CO.MUN.GAN.TE, *adj.*, que vai comungar.
CO.MUN.GAR, *v. int.*, participar da eucaristia; reunir-se, agrupar-se, participar de; dividir ideias.
CO.MU.NHÃO, *s.f.*, sacramento da eucaristia; comparticipação; ideias comuns.
CO.MU.NI.CA.BI.LI.DA.DE, *s.f.*, condições de estabelecer comunicação, troca de ideias.
CO.MU.NI.CA.ÇÃO, *s.f.*, ação ou efeito de comunicar, transmissão, processo de transmissão e recepção de ideias, aviso, declaração, mensagem, esclarecimento.
CO.MU.NI.CA.DO, *adj. e s.m.*, referido, transmitido; informe oficial, notícia.
CO.MU.NI.CA.DOR, *s.m.*, quem comunica, declarante, animador.
CO.MU.NI.CAN.TE, *adj.*, que comunica, que transmite.
CO.MU.NI.CAR, *v.t. e pron.*, avisar, declarar, informar, transmitir.
CO.MU.NI.CA.TI.VO, *adj.*, franco, expansivo, que comunica.
CO.MU.NI.CÁ.VEL, *adj. 2 gên.*, que se pode ou deve comunicar; passível de ser comunicado; contagiante.
CO.MU.NI.CO.LO.GI.A, *s.f.*, estudo das teorias da comunicação.
CO.MU.NI.CÓ.LO.GO, *s.m.*, pessoa formada em curso de comunicação ou muito entendida no assunto; comunicador.
CO.MU.NI.DA.DE, *s.f.*, sociedade, o conjunto de pessoas, o povo.
CO.MU.NIS.MO, *s.m.*, sistema filosófico e político que prega que todas as coisas são de todos.
CO.MU.NIS.TA, *s. 2 gên.*, quem pratica o comunismo, quem prega o comunismo.
CO.MU.NI.TÁ.RIO, *adj.*, que é da comunidade, relativo à comunidade.
CO.MU.NI.TA.RIS.MO, *s.m.*, sistema de governo que privilegia o que é comunitário ou que é realizado com a participação da comunidade; qualidade do que caracteriza a comunidade.
CO.MU.NI.TA.RIS.TA, *s.m.*, seguidor ou defensor do comunitarismo.
CO.MU.TA.ÇÃO, *s.f.*, negociação, atenuação de uma pena.
CO.MU.TA.DOR, *adj. e s.m.*, que(m) atenua pena, chave para alterar a direção da corrente elétrica.
CO.MU.TAR, *v.t.*, trocar, atenuar.
CO.MU.TA.TI.VO, *adj.*, que comuta.
CO.MU.TÁ.VEL, *adj. 2 gên.*, que se pode ou deve comutar; permutável.
CO.NA.TU.RAL, *adj.*, congênito, que se conforma com a natureza.
CO.NA.TU.RA.LI.ZAR, *v.t.*, dar naturalidade igual à de outrem.
CON.CA.TE.NA.ÇÃO, *s.f.*, ligação, encadeamento.
CON.CA.TE.NA.DO, *adj.*, que se concatenou, ligado, encadeado; *adj.*, ligado numa sequência lógica ou orgânica, relacionado.
CON.CA.TE.NA.DOR, *adj. e s.m.*, que ou o que concatena.

CON.CA.TE.NA.MEN.TO, *s.m.*, o mesmo que concatenação.
CON.CA.TE.NAR, *v.t.*, prender, ligar, amarrar, encadear.
CON.CA.VAR, *v.t.*, tornar côncavo; escavar.
CON.CA.VI.DA.DE, *s.f.*, cavidade, o que é côncavo, depressão.
CÔN.CA.VO, *adj.*, que tem uma curva para a parte interna.
CON.CE.BER, *v.t. e int.*, fecundar o óvulo; criar, imaginar, projetar.
CON.CE.BI.DO, *adj.*, fecundado, criado, projetado.
CON.CE.DEN.TE, *adj. 2 gên.*, que concede; *s.m.*, o responsável pela concessão; concessor.
CON.CE.DER, *v.t.*, dar, doar, outorgar, presentear.
CON.CE.DI.DO, *adj.*, dado, doado, outorgado.
CON.CEI.ÇÃO, *s.f.*, o mesmo que concepção; moeda portuguesa de ouro, da época de d. João VI; em Religião, concepção de Maria.
CON.CEI.TO, *s.m.*, ideia, opinião, reputação, sentença.
CON.CEI.TU.A.ÇÃO, *s.f.*, ação ou resultado de conceituar, de criar um conceito; ação ou resultado de fazer ou dar uma avaliação.
CON.CEI.TU.A.DO, *adj.*, avaliado, definido, opinado.
CON.CEI.TU.AL, CON.CEP.TU.AL, *adj. 2 gên.*, relativo a; que diz respeito a conceito.
CON.CEI.TU.A.LI.ZA.ÇÃO, CON.CEP.TU.A.LI.ZA.ÇÃO, *s.f.*, ato ou efeito de conceituar, de criar ou desenvolver conceitos.
CON.CEI.TU.A.LI.ZA.DO, CON.CEP.TU.A.LI.ZA.DO, *adj.*, que foi objeto de conceitualização.
CON.CEI.TU.AR, *v.t.*, avaliar, definir, formar opinião.
CON.CEI.TU.O.SO, *adj.*, que tem conceito, voltado a conceito.
CON.CEN.TRA.ÇÃO, *s.f.*, ação ou efeito de concentrar, reunião de jogadores para se prepararem para as atividades, mentalização, pensamento.
CON.CEN.TRA.DO, *adj.*, ajuntado, compactado, apertado, pensativo, absorto.
CON.CEN.TRA.DOR, *adj. e s.m.*, que ou o que concentra.
CON.CEN.TRAR, *v.t. e pron.*, centralizar, reunir, congregar, adensar, meditar.
CON.CEN.TRI.CI.DA.DE, *s.f.*, qualidade, condição ou estado do que é concêntrico.
CON.CÊN.TRI.CO, *adj.*, que possui o mesmo centro.
CON.CEP.ÇÃO, *s.f.*, ação ou efeito de conceber, nascimento, imaginação, criação.
CON.CEP.CI.O.NAL, *adj.*, relativo a concepção.
CON.CEP.TI.BI.LI.DA.DE, *s.f.*, qualidade de ser conceptível.
CON.CEP.TÍ.VEL, *adj.*, criável, imaginável.
CON.CEP.TI.VO, *adj.*, concebido, gerado.
CON.CEP.TU.AL, *adj. 2 gên.*, relativo a concepção, apropriado a concepção; conceptivo; relativo a conceito; conceitual.
CON.CEP.TU.A.LIS.MO, *s.m.*, doutrina filosófica que prega a existência de verdades universais como conceitos mentais, nunca como realidades.
CON.CEP.TU.A.LIS.TA, *s. 2 gên.*, quem segue e pratica o conceptualismo.
CON.CEP.TU.A.LI.ZAR, *v.t.*, ver conceituializar, conceptualizar.
CON.CER.NÊN.CIA, *s.f.*, referência, pertinência, afetação.
CON.CER.NEN.TE, *adj.*, respeitante, referente.
CON.CER.NIR, *v.t. e int.*, referir-se, voltar-se para, caber a.
CON.CER.TA.DO, *adj.*, harmonizado, ajustado.
CON.CER.TAR, *v. int. e pron.*, concordar, harmonizar-se; compor.
CON.CER.TI.NA, *s.f.*, sinfonia, música harmônica.
CON.CER.TIS.TA, *s. 2 gên.*, artista, solista, quem apresenta

um concerto.
CON.CER.TA.DO, *adj.*, calmo; recatado, moderado.
CON.CER.TA.DOR, *adj.* e *s.m.*, que ou o que concerta; *fig.*, que concilia dissidentes.
CON.CER.TAN.TE, *adj. 2 gén.*, que combina, ajusta, pactua; em Música, diz-se da parte solística de um concerto.
CON.CER.TAR, *v.t.* e *int.*, pôr(-se) em acordo, em recíproca aceitação ou concordância; conciliar; harmonizar; combinar (algo); tramar (algo); endireitar; compor.
CON.CER.TO, *s.m.*, acordo, ajuste, obra musical, execução de peça musical.
CON.CES.SÃO, *s.f.*, ato de conceder, permissão, licença.
CON.CES.SI.O.NÁ.RIA, *s.f.*, empresa que recebe por licitação uma concessão pública.
CON.CES.SI.O.NÁ.RIO, *adj.* e *s.m.*, dono de uma concessão, que tem uma concessão.
CON.CES.SÍ.VEL, *adj.*, que é possível conceder.
CON.CES.SI.VO, *adj.*, que se refere a concessão.
CON.CES.SOR, *adj.*, diz-se de quem faz concessão (de algo); *s.m.*, aquele que faz concessão.
CON.CES.SÓ.RIO, *adj.*, relativo a ou que envolve concessão; concessivo.
CON.CHA, *s.f.*, invólucro de certos animais, como o dos moluscos; uma colher com cabo para servir caldos, sopas ou comidas mais líquidas.
CON.CHA.RI.A, *s.f.*, grande quantidade de conchas.
CON.CHA.VA.DO, *adj.*, combinado, ajustado, negociado.
CON.CHA.VAR, *v.t.* e *int.*, pôr(-se) junto, reunir; *fig.*, entrar em entendimento; fazer uma combinação; acertar.
CON.CHA.VO, *s.m.*, conluio, tramoia, armadilha.
CON.CHE.A.DO, *adj.*, que tem forma de concha.
CON.CHE.AR, *v. int.*, imprimir forma de concha.
CON.CHE.GAR, *v.t.*, aproximar(-se) de, pondo em contato, em busca de conforto, proteção; apertar(-se) contra; aconchegar(-se).
CON.CHEI.RA, *s.f.*, conjunto de conchas, sambaqui; porção de conchas, uma concha grande.
CON.CHO, *adj.*, arrogante, vaidoso.
CON.CHO.SO, *adj.*, abundante em conchas.
CON.CI.DA.DÃO, *s.m.*, quem tem a mesma cidadania de outros pares; cidadão comum de vários.
CON.CI.LI.A.ÇÃO, *s.f.*, harmonização, amizade, reconciliação.
CON.CI.LI.A.DO, *adj.*, harmonizado, reconciliado.
CON.CI.LI.A.DOR, *adj.* e *s.m.*, harmonizador, reconciliador, pacificador.
CON.CI.LI.AN.TE, *adj.*, que concilia; que tende a conciliar.
CON.CI.LI.AR, *v.t.* e *pron.*, harmonizar, reconciliar, tornar amigos.
CON.CI.LI.A.TÓ.RIO, *adj.*, que concilia, harmonioso, pacificador.
CON.CI.LI.Á.VEL, *adj. 2 gén.*, que se pode conciliar.
CON.CÍ.LIO, *s.m.*, na Igreja Católica, reunião dos bispos para confirmar decisões importantes; reunião, assembleia.
CON.CI.SÃO, *s.f.*, brevidade, resumo, laconicidade.
CON.CI.SO, *adj.*, breve, lacônico, sucinto.
CON.CI.TA.ÇÃO, *s.f.*, instigação, açulamento, provocação.
CON.CI.TA.DO, *adj.*, que se concitou; instigado, excitado.
CON.CI.TA.DOR, *adj.* e *s.m.*, que ou o que concita; incitador, excitador.

CON.CI.TAR, *v.t.*, aguçar, instigar, açular, provocar.
CON.CLA.MA.ÇÃO, *s.f.*, ação ou efeito de conclamar; chamado, apelo, convocação.
CON.CLA.MA.DO, *adj.*, animado, incitado, gritado, chamado.
CON.CLA.MAR, *v.t.* e *int.*, berrar, animar, incitar.
CON.CLA.VE, *s.m.*, reunião dos cardeais com direito a voto, para elegerem um novo papa; reunião, assembleia, concílio, congregação.
CON.CLU.DÊN.CIA, *s.f.*, condição ou qualidade do que é concludente.
CON.CLU.DEN.TE, *adj.*, que conclui, conclusivo, terminante.
CON.CLU.Í.DO, *adj.*, terminado, acabado, finalizado.
CON.CLU.IR, *v.t.* e *int.*, terminar, acabar, arrematar, deduzir, achar.
CON.CLU.SÃO, *s.f.*, arremate, finalização, término, desfecho.
CON.CLU.SI.VO, *adj.*, que conclui, que finaliza, que termina o debate.
CON.CLU.SO, *adj.*, acabado, terminado.
CON.CO.MI.TÂN.CIA, *s.f.*, simultaneidade.
CON.CO.MI.TAN.TE, *adj.*, simultâneo, que ocorre ao mesmo tempo, paralelo.
CON.CO.MI.TAR, *v.t.*, produzir-se ao mesmo tempo, acompanhar, ser concomitante.
CON.COR.DA.DO, *adj.*, acordado, ajustado.
CON.COR.DÂN.CIA, *s.f.*, ação de concordar, acordo, harmonização; na Gramática, a adequação dos termos em gênero, número, pessoa e grau.
CON.COR.DAN.TE, *adj.*, que concorda, ajustável.
CON.COR.DAR, *v.t.* e *int.*, acordar, chegar a um acordo, ajustar-se.
CON.COR.DA.TA, *s.f.*, instituto jurídico que permite ao comerciante ou industrial sustar os pagamentos, por estar devedor, e pagar a todos mediante um acerto com os credores, a juros mais baixos que os cobrados no mercado financeiro, conforme sentença judicial; o administrador da concordata nomeado pelo juiz é denominado de comissário.
CON.COR.DA.TÁ.RIO, *adj.* e *s.m.*, que concorda com a concordata, negociante que entrou em concordata.
CON.COR.DE, *adj.*, que concorda, que é da mesma opinião.
CON.CÓR.DIA, *s.f.*, paz, harmonia, pacificação, amizade.
CON.COR.RÊN.CIA, *s.f.*, ação ou efeito de concorrer, disputa por coisa comum, rivalidade.
CON.COR.REN.TE, *adj.* e *s. 2 gén.*, que(m) concorre, rival, êmulo.
CON.COR.RER, *v.t.* e *int.*, afluir, convergir, rivalizar, disputar, lutar por um ponto comum, bater-se para conseguir um objetivo.
CON.COR.RI.DO, *adj.*, a que concorre, muito frequentado; que foi objeto de competição, de disputa.
CON.CRE.ÇÃO, *s.f.*, ato ou efeito de concretar, solidificação, concretação.
CON.CRE.TA.ÇÃO, *s.f.*, o mesmo que concretização.
CON.CRE.TA.GEM, *s.f.*, ação ou resultado de concretar.
CON.CRE.TA.MEN.TE, *adv.*, de uma maneira concreta.
CON.CRE.TAR, *v.t.*, colocar a massa para obter o concreto; concretizar.
CON.CRE.TIS.MO, *s.m.*, predomínio do que é concreto; movimento artístico do início do séc. XX, cuja característica é a concretização material dos conceitos.
CON.CRE.TIS.TA, *adj. 2 gén.*, relativo ao concretismo, ou a qualquer arte concreta; que é adepto do concretismo; *s. 2*

CON.CRE.TI.ZA.ÇÃO, *s.f.*, ação ou efeito de concretizar, efetivação, realização.
CON.CRE.TI.ZA.DO, *adj.*, concretado, realizado, plasmado.
CON.CRE.TI.ZAR, *v.t. e pron.*, realizar, efetivar, tornar concreto, fazer.
CON.CRE.TO, *adj.*, real, plástico, claro; *s.m.*, massa elaborada com a mistura de cimento, areia, britas e água para obter uma mistura dura.
CON.CRI.A.ÇÃO, *s.f.*, ação ou efeito de concriar, criação conjunta.
CON.CRI.AR, *v. int.*, criar em conjunto, unir forças.
CON.CU.BI.NA, *s.f.*, mulher que convive maritalmente com um homem, sem estar legalmente casada.
CON.CU.BI.NA.GEM, *s.f.*, união livre de casal não legalmente casado, m. que concubinato.
CON.CU.BI.NAR-SE, *v. pron.*, amancebar-se: Simão de Noronha, resolvido a concubinar-se com a prima.
CON.CU.BI.NA.TO, *s.m.*, situação social de um casal que vive junto sem ser legalmente casado.
CON.CUL.CA.DO, *adj. e s.m.*, que ou o que se conculcou; espezinhado; desprezado.
CON.CUL.CAR, *v.t., fig.*, desprezar; aviltar; pisar repetidamente em, calcar com os pés; espezinhar; pisotear.
CON.CU.NHA.DA, *s.f.*, esposa do cunhado de uma pessoa em relação a essa pessoa; cunhada de um dos cônjuges em relação ao outro cônjuge.
CON.CU.NHA.DO, *s.m.*, cunhado de um dos cônjuges do casal, em relação ao outro.
CON.CU.PIS.CÊN.CIA, *s.f.*, luxúria, ganância por bens materiais, avidez, volúpia.
CON.CU.PIS.CEN.TE, *adj. e s 2 gên.*, adepto da concupiscência, ávido, voluptuoso.
CON.CU.PIS.CIR, *v.int.*, ter ou saciar desejos concupiscentes.
CON.CUR.SA.DO, *adj.*, que passou por concurso, aprovado em concurso.
CON.CUR.SAR, *v.t.*, fazer passar por concurso para selecionar e admitir ou contratar.
CON.CUR.SO, *s.m.*, concorrência, afluência; exame para selecionar pessoas para um cargo.
CON.CUS.SÃO, *s.f.*, choque forte, crime cometido por funcionário público, por uso do seu poder.
CON.CUS.SI.O.NÁ.RIO, *adj. e s.m.*, corruptor, que(m) usa a concussão.
CON.CU.TIR, *v.t.*, abalar, tremer.
CON.CU.TOR, *s.m.*, órgão das espoletas de concussão.
CON.DA.DO, *s.m.*, título de um conde, terras de propriedade de um conde; divisão territorial e administrativa em alguns países.
CON.DAL, *adj.*, pertencente, concernente a conde.
CON.DÃO, *s.m.*, varinha de condão, mágica, dom, poder.
CON.DE, *s.m.*, título na nobreza, poder e posse de terras; *fem.*, condessa.
CON.DE.CO.RA.ÇÃO, *s.f.*, ação de condecorar, premiação, troféu.
CON.DE.CO.RA.DO, *adj.*, premiado, distinguido, nobilitado.
CON.DE.CO.RAR, *v.t. e pron.*, premiar, dar uma insígnia, distinguir.
CON.DE.NA.ÇÃO, *s.f.*, ato ou efeito de condenação, penalidade, castigo, sanção.
CON.DE.NA.DO, *adj. e s.m.*, que sofreu penalidade, submetido a castigo, castigado, julgado.
CON.DE.NA.DOR, *adj.*, que condena; que provoca condenação; que censura, critica; *s.m.*, o que condena.
CON.DE.NAR, *v.t. e pron.*, reputar condenado, penalizar, dar pena.
CON.DEN.SA.ÇÃO, *s.f.*, ato ou efeito de condensar; mudança do estado gasoso para líquido, como a chuva.
CON.DEN.SA.DO, *adj.*, espessado, liquefeito, resumido.
CON.DEN.SA.DOR, *adj.*, que condensa; *s.m.*, qualquer instrumento ou dispositivo que condensa alguma coisa; em Eletricidade, dispositivo que conserva energia elétrica num circuito; capacitor.
CON.DEN.SAR, *v.t e pron.*, espessar, tornar o vapor líquido, resumir.
CON.DEN.SÁ.VEL, *adj.*, que se pode condensar.
CON.DEN.SOR, *adj.*, o mesmo que condensador.
CON.DES.CEN.DÊN.CIA, *s.f.*, transigência, aceitação, concordância.
CON.DES.CEN.DEN.TE, *adj. e s 2 gên.*, anuente, concordante.
CON.DES.CEN.DER, *v.t. e int.*, ceder, anuir, concordar.
CON.DES.SA, *s.f.*, mulher de conde, dona de um condado.
CON.DES.TÁ.VEL, *s.m.*, chefe, comandante, mandatário.
CON.DI.ÇÃO, *s.f.*, base para um acordo, situação social, sistema de vida.
CON.DI.CEN.TE, *adj.*, condizente, adequado, ajustável.
CON.DI.CI.O.NA.DO, *adj. e s.m.*, que está sob condição, limitado; ar condicionado, quem depende de uma condição.
CON.DI.CI.O.NA.DOR, *s.m.*, aquilo que condiciona, aparelho para manter a temperatura no grau desejado, ar-condicionado; tipo de xampu para dar acabamento na lavagem dos cabelos.
CON.DI.CI.O.NAL, *adj.*, que depende da situação; preso que vive em semiliberdade após alguns anos de prisão; na Gramática antiga, era o futuro do passado.
CON.DI.CI.O.NAN.TE, *adj. 2 gên. e s. 2 gên.*, que ou o que condiciona ou estabelece condição para a realização ou cumprimento de algo.
CON.DI.CI.O.NAR, *v.t.*, impor condições, submeter a, exigir normas.
CON.DIG.NI.DA.DE, *s.f.*, mérito, dívida, merecimento.
CON.DIG.NO, *adj.*, digno de mérito, merecido, devido.
CON.DI.MEN.TA.ÇÃO, *s.f.*, ato ou efeito de condimentar.
CON.DI.MEN.TA.DO, *adj.*, temperado, preparado.
CON.DI.MEN.TAR, *v.t.*, temperar, preparar com condimento.
CON.DI.MEN.TO, *s.m.*, tempero, preparo.
CON.DIS.CÍ.PU.LO, *s.m.*, colega dos discípulos, discípulo de um grupo, aluno, colega.
CON.DI.TÍ.CIO, *adj.*, que é dado para guardar.
CÔN.DI.TO, *s.m., ant.*, medicamento de composição secreta.
CON.DI.ZEN.TE, *adj.*, que condiz, relativo, adequado, condicente.
CON.DI.ZER, *v.t. e int.*, harmonizar-se, ajustar-se, estar de acordo.
CON.DO.ER, *v.t. e pron.*, apiedar, inspirar dó, causar pena.
CON.DO.Í.DO, *adj.*, apiedado, penalizado, que tem compaixão.
CON.DO.LÊN.CIA, *s.f.*, sentimento de pesar ou quem se condói; compaixão, pena.
CON.DO.LÊN.CIAS, *s.f., pl.*, pêsames, manifestações de pesar, dor, tristeza, etc. à pessoa enlutada.
CON.DO.LEN.TE, *adj.*, pesaroso, entristecido, apiedado.
CON.DO.MÍ.NIO, *s.m.*, posse em conjunto com outro; prédio de apartamentos.

CON.DÔ.MI.NO, *s.m.*, sócio de um condomínio, proprietário de uma parte de um condomínio.
CON.DOR, *s.m.*, ave de rapina muito grande, que vive nos Andes.
CON.DO.REI.RO, *adj.*, estilo da Época Romântica, caracterizada por termos e ideias muito elevadas.
CON.DRAL.GI.A, *s.f.*, em Medicina, dor em cartilagem.
CON.DRI.FI.CA.ÇÃO, *s.f.*, ato ou efeito de condrificar-se.
CON.DRI.FI.CAR, *v.t. e pron.*, tornar(-se) cartilaginoso.
CON.DU.ÇÃO, *s.f.*, transporte, carga, veículo, carro.
CON.DU.CEN.TE, *adj. e s. 2 gén.*, que conduz, condutor, quem conduz.
CON.DU.Í.TE, *s.m.*, tubo ou mangueira embutida na parede, a fim passar os fios elétricos ou de telefone.
CON.DU.TA, *s.f.*, comportamento, atitude, ação, atividade.
CON.DU.TI.BI.LI.DA.DE, *s.f.*, propriedade que alguns corpos possuem de deixar a corrente elétrica fluir por eles com maior velocidade.
CON.DU.TÍ.VEL, *adj.*, que se pode conduzir; passável; que possui condutibilidade.
CON.DU.TI.VO, *adj. e s.m.*, que conduz; condutor, quem conduz, que leva.
CON.DU.TO, *s.m.*, tubo, objeto que permite passagem.
CON.DU.TOR, *s.m.*, guia, dirigente, tubo que deixa passar líquidos, gases, energia.
CON.DU.ZI.DO, *adj.*, que se conduziu; que foi levado, transportado; dirigido, guiado.
CON.DU.ZIR, *v.t.*, guiar, comandar, governar, orientar.
CO.NE, *s.m.*, figura geométrica com forma arredondada, fina no topo e larga na base.
CO.NEC.TA.DO, *adj.*, que se conectou; unido; ligado; plugado.
CO.NEC.TAR, *v.t.*, ligar, unir, juntar, atar, fixar.
CO.NEC.TI.VI.DA.DE, *s.f.*, qualidade do que é conectivo; em Informática, capacidade que um computador (ou dispositivo) tem de operar em ambiente de rede, conectando-se e trocando dados com outro(s).
CO.NEC.TI.VO, *adj.*, que liga, une ou conecta; *s.m.*, aquilo que serve como elemento ou meio de ligação; em Gramática, elemento de ligação entre palavras ou orações.
CO.NEC.TOR, *adj.*, que serve para ligar ou conectar; conetivo; *s.m.*, peça que estabelece ligações elétricas ou eletrônicas entre dois dispositivos; em Gramática, o mesmo que conectivo.
CÔ.NE.GO, *s.m.*, membro do clero secular, título honorífico para certos padres.
CO.NE.TI.VO, *adj. e s.m.*, o mesmo que conectivo.
CO.NE.XÃO, *s.f.*, união, ligação, amarração.
CO.NE.XI.DA.DE, *s.f.*, estado ou qualidade do que é conexo.
CO.NE.XI.VO, *adj.*, que conecta, que liga, que une.
CO.NE.XO, *adj.*, ligado, que tem conexão, unido.
CON.FA.BU.LA.ÇÃO, *s.f.*, conversa, troca de ideias, tramoia, armação revolucionária.
CON.FA.BU.LA.DOR, *adj. e s.m.*, que ou o que confabula.
CON.FA.BU.LAR, *v.t. e int.*, conversar, falar, trocar ideias, tramar, ter conversas secretas.
CON.FA.BU.LA.TÓ.RIO, *adj.*, que diz respeito a confabulação; que permite confabulação.
CON.FEC.ÇÃO, *s.f.*, ação ou efeito de confeccionar, local em que se fazem roupas; vestimenta pronta.
CON.FEC.CI.O.NA.DO, *adj.*, acabado, pronto, costurado.
CON.FEC.CI.O.NA.DOR, *adj.*, que confecciona; *s.m.*, aquele que confecciona; fabricante.
CON.FEC.CI.O.NAR, *v.t.*, fazer, dar acabamento, preparar, costurar.
CON.FEC.CI.O.NIS.TA, *adj. 2 gén.*, relativo a confecção; que é dono de ou trabalha em confecção; *s.m.*, funcionário ou dono de confecção.
CON.FE.DE.RA.ÇÃO, *s.f.*, união de federações, reunião de associações.
CON.FE.DE.RA.DO, *adj.*, reunido, associado, ligado.
CON.FE.DE.RAR, *v.t. e pron.*, associar, fazer confederação.
CON.FE.DE.RA.TI.VO, *adj.*, relativo a confederação.
CON.FEI.TAR, *v.t.*, enfeitar com açúcar, usar açúcar para arrematar.
CON.FEI.TA.RI.A, *s.f.*, local em que se fazem confeitos, doces.
CON.FEI.TEI.RA, *s.f.*, mulher que prepara confeitos, pessoa que enfeita bolos.
CON.FEI.TEI.RO, *s.m.*, homem que trabalha com confeitos, quem enfeita doces.
CON.FEI.TO, *s.m.*, bolinhas de açúcar para adornar, doce, enfeite.
CON.FE.RÊN.CIA, *s.f.*, palestra, reunião para discutir algo, assembleia.
CON.FE.REN.CI.A.DOR, *s.m.*, aquele que faz conferências; conferencista.
CON.FE.REN.CI.AL, *adj.*, relativo a conferência; que tem forma de conferência.
CON.FE.REN.CI.AR, *v.t. e int.*, discutir, examinar um assunto, buscar um acordo, buscar saídas para um problema, dialogar.
CON.FE.REN.CIS.TA, *s. 2 gén.*, quem profere conferências, palestrante.
CON.FE.REN.TE, *s. 2 gén.*, quem confere, examinador.
CON.FE.RI.ÇÃO, *s.f.*, ação ou resultado de conferir; conferência.
CON.FE.RI.DO, *adj.*, que foi verificado, comparado, confrontado; concedido; outorgado.
CON.FE.RI.DOR, *adj. e s.m.*, que ou o que confere.
CON.FE.RIR, *v.t. e int.*, verificar, examinar, confrontar, verificar a exatidão.
CON.FES.SA.DO, *adj.*, contado, declarado, relatado, referido.
CON.FES.SA.DOR, *adj. e s.m.*, o mesmo que confessor.
CON.FES.SAR, *v.t., int. e pron.*, contar, declarar, dizer; relatar os pecados; relatar algum fato na polícia, seguir alguma norma.
CON.FES.SÁ.VEL, *adj. 2 gén.*, que se pode ou deve confessar.
CON.FES.SI.O.NAL, *adj. 2 gén.*, relativo à confissão; que diz respeito a uma crença religiosa.
CON.FES.SI.O.NÁ.RIO, *s.m.*, local nas igrejas em que as pessoas declaram os pecados; local em que o padre ouve as confissões; *fig.*, qualquer local em que alguém relate os problemas.
CON.FES.SO, *adj.*, que declarou as culpas, adepto de uma religião.
CON.FES.SOR, *s.m.*, quem ouve as confissões, ouvinte.
CON.FES.SÓ.RIO, *adj.*, pertinente a confissão; em Direito, diz-se da ação contra o réu confesso.
CON.FE.TE, *s.m.*, rodelas de papel colorido, que durante o carnaval são atiradas aos punhados.
CON.FI.A.BI.LI.DA.DE, *s.f.*, qualidade do confiável, certeza de confiança, ação de confiar plenamente.
CON.FI.A.DO, *adj.*, que se confiou, confiante, seguro; *pop., fig.*, atrevido.
CON.FI.AN.ÇA, *s.f.*, crédito, crença, ato de confiar, bom

conceito.
CON.FI.AN.TE, *adj. e s. 2 gên.*, que(m) confia, esperançoso, que(m) acredita.
CON.FI.AR, *v. int.*, acreditar, crer, esperar, ter fé.
CON.FI.Á.VEL, *adj.*, merecedor de confiança, que transmite confiança.
CON.FI.DÊN.CIA, *s.f.*, segredo, contar o que ninguém sabe, discrição.
CON.FI.DEN.CI.AL, *adj.*, secreto, reservado, oculto.
CON.FI.DEN.CI.AR, *v.t. e pron.*, referir como segredo, segredar.
CON.FI.DEN.CI.O.SO, *adj.*, relativo a confidência; revelado ou dito em confidência.
CON.FI.DEN.TE, *adj. e s. 2 gên.*, que(m) acolhe uma confidência, que(m) faz uma confidência.
CON.FI.GU.RA.ÇÃO, *s.f.*, formato, figura, desenho, projeção.
CON.FI.GU.RA.DO, *adj.*, figurado, projetado, desenhado.
CON.FI.GU.RA.DOR, *adj.*, que configura; *s.m.*, o que configura.
CON.FI.GU.RAR, *v.t. e pron.*, figurar, projetar, desenhar.
CON.FI.GU.RÁ.VEL, *adj. 2 gên.*, que se pode configurar.
CON.FIM, *adj.*, limítrofe, confinante, que confina.
CON.FI.NA.DO, *adj.*, que se confinou, que é mantido em confinamento.
CON.FI.NA.DOR, *adj.*, que limita, circunscreve, demarca; *s.m.*, aquele que trabalha com confinamento de gado de corte.
CON.FI.NA.MEN.TO, *s.m.*, ato de confinar; estado ou situação de confinado.
CON.FI.NAN.TE, *adj.*, limitante, que faz limites, extremante.
CON.FI.NAR, *v.t. e int.*, estar limítrofe; limitar, fazer limites, fazer fronteiras, extremar.
CON.FINS, *s.m., pl.*, limites, fronteiras, parte extrema de um território; *fig.*, lugar muito afastado.
CON.FIR.MA.ÇÃO, *s.f.*, ação ou efeito de confirmar, declaração, afirmação, comprovação; em algumas igrejas, o mesmo que crisma, ato pessoal para confirmar a própria fé.
CON.FIR.MA.DO, *adj.*, afirmado, comprovado, sustentado, declarado.
CON.FIR.MA.DOR, *adj. e s.m.*, que ou o que confirma.
CON.FIR.MAN.TE, *adj. 2 gên.*, que confirma; confirmador.
CON.FIR.MAR, *v.t. e pron.*, declarar certo, afirmar, comprovar, sustentar.
CON.FIR.MA.TI.VO, *adj.*, que pode ser confirmado, confirmável.
CON.FIR.MA.TÓ.RIO, *adj.*, que diz respeito a, ou envolve confirmação; comprobatório.
CON.FIR.MÁ.VEL, *adj.*, que será confirmado, afirmável, comprovável.
CON.FIS.CA.ÇÃO, *s.f.*, ação ou efeito de confiscar, retenção, arresto.
CON.FIS.CA.DO, *adj.*, preso, arrestado, retido.
CON.FIS.CAR, *v.t.*, reter para o fisco, prender para a fazenda pública, reter bens em prol de dívidas.
CON.FIS.CÁ.VEL, *adj.*, que pode ser confiscado.
CON.FIS.CO, *s.m.*, arresto, retenção.
CON.FIS.SÃO, *s.f.*, ato ou efeito de confessar, declaração, revelação.
CON.FLA.GRA.ÇÃO, *s.f.*, guerra, grande incêndio, desastre.
CON.FLA.GRA.DO, *adj.*, incendiado, provocado.
CON.FLA.GRAR, *v.t. e pron.*, incendiar, provocar guerras, causar desastres, criar confusões.
CON.FLI.TAN.TE, *adj., s. 2 gên.*, que conflita, quem provoca conflitos, litigante, que desagrega.
CON.FLI.TAR, *v.t.*, provocar conflitos, desagregar, trazer confusão.
CON.FLI.TI.VO, *adj.*, que tem caráter conflituoso, colidente; conflitante.
CON.FLI.TO, *s.m.*, luta, guerra, confusão, desentendimento.
CON.FLI.TU.O.SO, *adj.*, que provoca conflitos.
CON.FLU.ÊN.CIA, *s.f.*, afluência, junção de rios, convergência.
CON.FLU.EN.TE, *adj. e s. 2 gên.*, que conflui, quem vai para uma direção igual a de outros, convergente.
CON.FLU.IR, *v.t. e int.*, ir para o mesmo ponto, afluir, deslocar-se para ponto comum a dois.
CON.FOR.MA.ÇÃO, *s.f.*, configuração, ajuste, medidas de acordo com um projeto.
CON.FOR.MA.DA.MEN.TE, *adv.*, de maneira conformada.
CON.FOR.MA.DO, *adj.*, ajustado, limitado, medido.
CON.FOR.MAR, *v.t.*, dar forma, ajustar, colocar dentro dos limites.
CON.FOR.MÁ.VEL, *adj.*, que se pode conformar, que é capaz de se conformar.
CON.FOR.ME, *adj.*, com a mesma forma, idêntico, semelhante, similar; *conj.*, consoante, como.
CON.FOR.MES, *s.m. e pl.*, aquilo que é considerado como padrão, que é normalmente esperado ou previsto.
CON.FOR.MI.DA.DE, *s.f.*, semelhança, identidade, igualdade, analogia.
CON.FOR.MIS.MO, *s.m.*, passividade, aceitação de tudo, sujeição.
CON.FOR.MIS.TA, *adj. 2 gên. e s. 2 gên.*, que ou quem se conforma com facilidade.
CON.FOR.TA.BI.LI.DA.DE, *s.f.* qualidade ou caráter de confortável.
CON.FOR.TA.DO, *adj.*, consolado, apoiado.
CON.FOR.TA.DOR, *adj. e s.m.*, que ou quem dá conforto; confortante; que ou quem dá ânimo, força; que ou quem consola, alivia.
CON.FOR.TAN.TE, *adj.*, que conforta, que consola, que dá apoio.
CON.FOR.TAR, *v.t. e pron.*, consolar, dar forças, apoiar.
CON.FOR.TÁ.VEL, *adj.*, cômodo, agradável, que oferece conforto.
CON.FOR.TO, *s.m.*, consolo, agrado, comodidade, bem-estar.
CON.FRA.DE, *s.m.*, participante de uma confraria, sócio, associado.
CON.FRA.GO.SO, *adj.*, dificultoso; escabroso; áspero.
CON.FRAN.GER, *v. int.*, deprimir, tornar ansioso, inquietar, oprimir.
CON.FRAN.GI.DO, *adj.*, deprimido, inquieto.
CON.FRAN.GI.MEN.TO, *s.m.*, depressão, opressão, inquietação.
CON.FRA.RI.A, *s.f.*, associação, sociedade com fins determinados.
CON.FRA.TER.NAR, *v. int.*, confraternizar, irmanar, irmanizar.
CON.FRA.TER.NI.DA.DE, *s.f.*, união ou boas relações entre confrades; amizade mútua como a de irmãos.
CON.FRA.TER.NI.ZA.ÇÃO, *s.f.*, irmanização, convivência de irmãos.
CON.FRA.TER.NI.ZAR, *v.t. e int.*, unir-se como irmãos, irmanizar-se.
CON.FREI, *s.m.*, tipo de erva medicinal com folhas grossas e ásperas, de origem europeia.
CON.FRON.TA.ÇÃO, *s.f.*, ação ou efeito de confrontar,

CONFRONTADO ... 249 ... CONJETURA

enfrentamento.
CON.FRON.TA.DO, *adj.*, enfrentado, desafiado, posto ante.
CON.FRON.TA.DOR, *s.m.*, aquele que confronta; confrontamento; *s.m.*, ação ou resultado de confrontar(-se); confrontação.
CON.FRON.TAR, *v.t. e pron.*, pôr defronte, colocar diante de.
CON.FRON.TÁ.VEL, *adj.*, suscetível de confronto.
CON.FRON.TE, *adj. 2 gên.*, que está em frente; posto defronte; fronteiriço.
CON.FRON.TO, *s.m.*, enfrentamento, comparação, desafio.
CON.FU.CI.O.NIS.MO, *s.m.*, filosofia religiosa transmitida por Confúcio, sábio chinês.
CON.FU.CI.O.NIS.TA, *s. 2 gên.*, adepto de Confúcio, seguidor desse filósofo.
CON.FUN.DI.DO, *adj.*, desordenado, misturado, atrapalhado.
CON.FUN.DIR, *v.t. e pron.*, misturar coisas diversas, unir desordenadamente; fazer confusão.
CON.FUN.DÍ.VEL, *adj. 2 gên.*, que se pode confundir, sujeito a confusão; comum; igual.
CON.FU.SÃO, *s.f.*, desordem, tumulto, baderna, rumor.
CON.FU.SO, *adj.*, atrapalhado, desordenado, tumultuado.
CON.FU.TAR, *v.t.*, exprimir opinião ou argumento contrário a; rebater; contestar; refutar; reprimir.
CON.FU.TÁ.VEL, *adj.*, suscetível de ser confutado.
CON.GA, *s.f.*, tipo de dança.
CON.GA.DA, *s.f.*, bailado veloz para retratar a coroação de um rei do Congo.
CON.GE.LA.ÇÃO, *s.f.*, ação de congelar um líquido que se transforma em gelo ou do estado sólido.
CON.GE.LA.DO, *adj.*, que está feito gelo, esfriado, gelado.
CON.GE.LA.DOR, *s.m.*, parte da geladeira na qual se forma gelo; muito frio.
CON.GE.LA.MEN.TO, *s.m.*, ato de congelar, resfriamento total; *fig.*, fixar preços em valores determinados por algum índice.
CON.GE.LAN.TE, *adj. 2 gên.*, que congela ou é capaz de congelar.
CON.GE.LAR, *v.t., int. e pron.*, solidificar um líquido, tornar gelo.
CON.GE.LÁ.VEL, *adj.*, que é suscetível de ser congelado.
CON.GE.MI.NAR, *v.t.*, pensar muito sobre algo; refletir; imaginar; cismar; aumentar em quantidade, multiplicar; intensificar.
CON.GÊ.NE.RE, *adj.*, gênero igual, semelhante.
CON.GE.NÉ.RI.CO, *adj. 2 gên.*, que pertence ao mesmo gênero; que é idêntico ou semelhante; que tem a mesma origem que outro.
CON.GÊ.NI.TO, *adj.*, que nasceu da mesma raiz, nasceu junto, inato, inerente.
CON.GES.TAN.TE, *adj.*, congestionante.
CON.GES.TÃO, *s.f.*, excesso de sangue em um órgão; problemas estomacais por excesso de comida ou bebida.
CON.GES.TI.O.NA.DO, *adj.*, inflado, cheio, engarrafado.
CON.GES.TI.O.NA.MEN.TO, *s.m.*, engarrafamento, excesso de veículos em um local.
CON.GES.TI.O.NAN.TE, *adj.*, que congestiona.
CON.GES.TI.O.NAR, *v.t. e pron.*, encher, inflar, inchar, engarrafar.
CON.GES.TI.VO, *adj.*, relativo a congestão; que é acompanhado de congestão.
CON.GES.TO, *adj.*, congestionado, cheio, engarrafado.
CON.GLO.BAR, *v.t. e pron.*, juntar, reunir, unificar em forma de globo, globalizar.
CON.GLO.ME.RA.ÇÃO, *s.f.*, reunião, ajuntamento, agrupamento, globalização.
CON.GLO.ME.RA.DO, *adj. e s.m.*, aglomerado, reunido; tipo de rocha, conjunto ou grupo econômico, formado por empresas de diversos ramos da economia.
CON.GLO.ME.RAR, *v.t. e pron.*, reunir, agrupar, ajuntar.
CON.GLU.TI.NA.ÇÃO, *s.f.*, ação e efeito de conglutinar.
CON.GLU.TI.NAR, *v.t.*, ajuntar, conglobar, reunir, ligar junto de.
CON.GLU.TI.NA.TI.VO, *adj.*, o mesmo que conglutinante.
CON.GO.LÊS, *adj. e s.m.*, natural, habitante do Congo, país africano.
CON.GO.NHA, *s.f.*, em Botânica, nome comum a vários arbustos assemelhados à erva-mate; no RS, folha de erva-mate deixada secar à sombra e us. no preparo do mate.
CON.GRA.ÇA.DO, *adj.*, unido, harmonizado, reunido.
CON.GRA.ÇA.DOR, *adj. e s.m.*, unificador, harmonizador, pacificador.
CON.GRA.ÇA.MEN.TO, *s.m.*, harmonização, companhia amigável, celebração, festa de amigos.
CON.GRA.ÇAR, *v.t. e pron.*, harmonizar, unir, pacificar.
CON.GRA.TU.LA.ÇÕES, *s.f., pl.*, felicitações, parabéns.
CON.GRA.TU.LA.DO, *adj.*, felicitado, cumprimentado.
CON.GRA.TU.LA.DOR, *adj. e s.m.*, que(m) cumprimenta, se congratula; cumprimentador, saudador.
CON.GRA.TU.LAR, *v.t. e pron.*, felicitar, cumprimentar.
CON.GRE.GA.ÇÃO, *s.f.*, reunião de pessoas, como professores, religiosos, adeptos de um mesmo credo.
CON.GRE.GA.DO, *adj.*, unido a uma congregação, agregado, assembleado.
CON.GRE.GAR, *v.t. e pron.*, unir, juntar, agregar, fazer encontro, reunir em assembleia.
CON.GRES.SIS.TA, *s. 2 gên.*, membro de um congresso; deputado, senador.
CON.GRES.SO, *s.m.*, reunião de pessoas com fins idênticos; a câmara dos deputados e senado, assembleia, fórum.
CON.GRU.ÊN.CIA, *s.f.*, coerência, semelhança, igualdade, bom senso.
CON.GRU.EN.TE, *adj.*, ajuizado, coerente, direcionado.
CON.GRU.IR, *v.t.*, estar em concordância, em harmonia.
CÔN.GRUO, *adj.*, ajustado, apto, preparado.
CO.NHA.QUE, *s.m.*, bebida destilada à base de uva.
CO.NHE.CE.DOR, *adj. e s.m.*, que(m) conhece, avaliador, perito.
CO.NHE.CER, *v.t. e pron.*, saber, ter noções, ter visão, dominar, avaliar, reputar; manter relações sexuais.
CO.NHE.CI.DO, *adj.*, notado, renomado, notório; *s.m.*, pessoa com quem há relacionamento.
CO.NHE.CI.MEN.TO, *s.m.*, saber, noção, domínio, instrução, erudição, documento para despacho de mercadorias.
CO.NHE.CÍ.VEL, *adj. 2 gên.*, que pode ser conhecido; cognoscível.
CO.NI.CI.DA.DE, *s.f.*, forma cônica, figura cônica.
CÔ.NI.CO, *adj.*, que tem forma de cone, coniforme.
CO.NÍ.FE.RAS, *s.f., pl.*, tipos de plantas das quais se notam os pinheiros e similares.
CO.NÍ.FE.RO, *adj.*, em Botânica, que tem o fruto em forma de cone.
CO.NI.FOR.ME, *adj.*, que tem forma de cone, cônico.
CO.NI.VÊN.CIA, *s.f.*, cumplicidade, conluio, aceitação de erros de outro.
CO.NI.VEN.TE, *adj.*, concordante, que aceita erros de outrem.
CON.JE.TU.RA, *s.f.*, ideia, hipótese, projeto, estimativa;

var., conjectura.

CON.JE.TU.RA.DOR, *adj.* e *s.m.*, que ou aquele que conjetura.

CON.JE.TU.RAL, *adj.*, hipotético, calcado em conjeturas, estimado; var., conjectural.

CON.JE.TU.RAR, *v.t.* e *int.*, imaginar, traçar hipótese, projetar, estimar; var., conjecturar.

CON.JE.TU.RÁ.VEL, *adj.*, que se pode conjeturar, traçável, estimável; var., conjecturável.

CON.JU.GA.ÇÃO, *s.f.*, ação ou efeito de conjugar, junção; flexão dos verbos nos modos, tempos, pessoas e números.

CON.JU.GA.DO, *adj.*, ligado, unido, junto, verbo referido em suas desinências.

CON.JU.GAL, *adj.*, próprio do cônjuge, referente ao matrimônio.

CON.JU.GAN.TE, *adj.*, que conjuga, que se conjuga.

CON.JU.GAR, *v.t.*, *int.* e *pron.*, flexionar um verbo, unir, ligar.

CON.JU.GA.TI.VO, *adj.*, em Filologia, que diz respeito a conjugação.

CON.JU.GÁ.VEL, *adj.*, flexionável, que se pode unir.

CÔN.JU.GE, *s. 2 gên.*, cada um do par que forma o casal; consorte.

CON.JU.MI.NA.ÇÃO, *s.f.*, ato ou efeito de conjuminar; conjuminância.

CON.JU.MI.NAR, *v.t.* e *pron.*, *pop.*, combinar(-se), ligar(-se), juntar(-se).

CON.JUN.ÇÃO, *s.f.*, união, ligação, afluência; categoria gramatical que serve para ligar orações.

CON.JUN.GIR, *v.t.*, unir, ligar; casar, consorciar.

CON.JUN.TA.MEN.TE, *adv.*, de um modo conjunto, unidamente, associadamente; simultaneamente, de combinação.

CON.JUN.TAR, *v.t.*, ligar, unir, atar, juntar.

CON.JUN.TI.VA, *s.f.*, membrana que cobre a parte anterior do globo ocular.

CON.JUN.TI.VI.TE, *s.f.*, inflamação da conjuntiva.

CON.JUN.TI.VO, *adj.*, unitivo, ligador, conectivo.

CON.JUN.TO, *s.m.*, grupo, união, grupo de músicos; trajes.

CON.JUN.TU.RA, *s.f.*, fato, ocasião, acontecimento, situação, momento.

CON.JUN.TU.RAL, *adj. 2 gên.*, relativo ou pertencente a conjuntura; que resulta ou depende de determinada conjuntura.

CON.JU.RA, *s.f.*, conjuração, sedição, tramoia.

CON.JU.RA.ÇÃO, *s.f.*, revolução, sedição, conspiração, armadilha.

CON.JU.RA.DO, *adj.*, conspirado, tramado.

CON.JU.RA.DOR, *s.m.*, aquele que conjura; aquele que promove a conjuração.

CON.JU.RAR, *v.t.* e *pron.*, conspirar, tramar revolução.

CON.JU.RO, *s.m.*, invocação feita com imprecação; pedido insistente, súplica; esconjuro; prática religiosa para expulsar espíritos malignos, exorcismo.

CON.LUI.A.DO, *adj.*, tramado, conjurado.

CON.LU.IAR, *v.t.* e *pron.*, maquinar, tramar, conjurar.

CON.LUI.O, *s.m.*, tramoia, sedição, sociedade de vários elementos para negociatas.

CO.NOI.DE, *adj.*, que tem a forma parecida com a de um cone; *s.m.* sólido cônico cuja base é elíptica.

CO.NO.PEU, *s.m.*, *ant.*, véu de mosquiteiro; em Liturgia, véu do sacrário em que se guardam as hóstias consagradas.

CO.NOS.CO, *pron.*, estar junto com, em companhia, pronome pessoal oblíquo que indica companhia.

CO.NO.TA.ÇÃO, *s.f.*, sentido figurado da palavra, figura; outros conteúdos do termo.

CO.NO.TAR, *v.t.*, usar a palavra no sentido figurado.

CO.NO.TA.TI.VO, *adj.*, próprio da conotação, figurativo.

CON.QUAN.TO, *conj.*, ainda que, mesmo que, embora, apesar de que.

CON.QUI.FOR.ME, *adj.*, que tem forma de concha.

CON.QUIS.TA, *s.f.*, vitória, triunfo, o que se adquire pela luta.

CON.QUIS.TA.DO, *adj.*, obtido, conseguido, submetido.

CON.QUIS.TA.DOR, *s.m.*, quem conquista, vencedor; *fig.*, *pop.*, sedutor de mulheres.

CON.QUIS.TAR, *v.t.*, obter, conseguir, submeter, apoderar-se.

CON.SA.BI.DO, *adj.*, sabido, conhecido por muitos ou por todos.

CON.SA.GRA.ÇÃO, *s.f.*, ação ou efeito de consagrar, aplauso, homenagem, exaltação.

CON.SA.GRA.DO, *adj.*, que é louvado; que se consagrou; confirmado; ratificado; reconhecido; em Religião, que se consagrou ao serviço de Deus ou da Igreja.

CON.SA.GRA.DOR, *adj.* e *s.m.*, que ou o que consagra.

CON.SA.GRAR, *v.t.* e *pron.*, sacralizar, tornar sagrado, abençoar, benzer.

CON.SAN.GUÍ.NEO, *adj.*, que tem o mesmo sangue, parente.

CON.SAN.GUI.NI.DA.DE, *s.f.*, parentesco, afinidade.

CONS.CI.ÊN.CIA, *s.f.*, conhecimento de si mesmo, honradez, convicção, retidão.

CONS.CI.EN.CI.O.SO, *adj.*, precavido, escrupuloso, ciente, sabedor, ético.

CONS.CI.EN.TE, *adj.*, que tem consciência do que sabe ou do que faz; *s.m.*, conjunto dos fatos psíquicos de que temos ciência.

CONS.CI.EN.TI.ZA.ÇÃO, *s.f.*, esclarecimento, conhecimento, informação.

CONS.CI.EN.TI.ZA.DO, *adj.*, informado, esclarecido, conhecido.

CONS.CI.EN.TI.ZAR, *v.t.* e *pron.*, esclarecer, informar; conhecer algo.

CÔNS.CIO, *adj.*, sabedor do que faz, consciente da situação.

CONS.CRI.ÇÃO, *s.f.*, alistamento militar.

CONS.CRI.TO, *adj.*, recrutado, alistado, marcado.

CON.SE.CU.ÇÃO, *s.f.*, ação ou efeito de conseguir, obtenção, realização.

CON.SE.CU.TI.VO, *adj.*, seguidor, que vem depois, sequente.

CON.SE.GUI.DO, *adj.*, obtido, amealhado, alcançado, colhido.

CON.SE.GUI.DOR, *adj.* e *s.m.*, que ou aquele que consegue.

CON.SE.GUIN.TE, *adj. 2 gên.*, que vem de outro; que segue outro; consecutivo; *por conseguinte:* consequente.

CON.SE.GUIR, *v.t.*, obter, alcançar, colher, amealhar, lograr.

CON.SE.GUÍ.VEL, *adj.*, que se pode conseguir.

CON.SE.LHEI.RIS.MO, *s.m.*, ação ou qualidade própria de cavalheiro.

CON.SE.LHEI.RO, *s.m.*, que aconselha, membro de um conselho, orientador.

CON.SE.LHO, *s.m.*, orientação, ideia, opinião, aviso, corpo consultivo de organizações governamentais ou empresariais; grupo de pessoas selecionadas para comandar ações de um grupo.

CON.SEN.CI.EN.TE, *adj.*, que consente; consentâneo.

CON.SEN.SO, *s.m.*, concordância, acerto de ideias; ideia comum.

CON.SEN.SU.AL, *adj.*, consentido, de comum acordo.

CON.SEN.SU.A.LI.ZAR, *v.t.*, pôr em consenso, em

concordância.
CON.SEN.TÂ.NEO, *adj.*, adequado, próprio, coerente.
CON.SEN.TI.DO, *adj.*, permitido, anuído, concordado.
CON.SEN.TI.MEN.TO, *s.m.*, permissão, resposta positiva, sim.
CON.SEN.TIR, *v.t.* e *int.*, permitir, anuir, concordar, deferir, tolerar.
CON.SE.QUÊN.CIA, *s.f.*, efeito, resultado, conclusão.
CON.SE.QUEN.TE, *adj.*, que segue, que ocorre por um ato anterior, racional, congruente, lógico.
CON.SE.QUEN.TE.MEN.TE, *adv.*, por conseguinte.
CON.SER.TA.DO, *adj.*, que passou por conserto ou restauração; que foi posto em ordem.
CON.SER.TA.DOR, *adj.*, que ou aquele que faz consertos.
CON.SER.TAR, *v.t.*, reparar, arrumar, remendar.
CON.SER.TÁ.VEL, *adj. 2 gên.*, que é passível de ser consertado; reparável; restaurável.
CON.SER.TO, *s.m.*, reparo, acerto, correção.
CON.SER.VA, *s.f.*, alimento preparado para ser usado em outra ocasião em calda, em vinagre, ou outros conservantes.
CON.SER.VA.ÇÃO, *s.f.*, ação ou efeito de conservar, preservação, manutenção.
CON.SER.VA.CI.O.NIS.MO, *s.m.*, conjunto de princípios, técnicas e mecanismos (sociais e políticos) us. na preservação do meio ambiente e na utilização racional e de forma sustentável dos recursos naturais.
CON.SER.VA.CI.O.NIS.TA, *adj 2 gên.*, diz-se de pessoa que defende a conservação dos recursos naturais.
CON.SER.VA.DO, *adj.*, mantido, preservado, retido.
CON.SER.VA.DOR, *s.m.*, quem só aceita situações obsoletas, estático, conservante.
CON.SER.VA.DO.RIS.MO, *s.m.*, hábito de se apegar a ideias ou coisas antigas; preso a tradições.
CON.SER.VAN.TE, *s.m.*, ingrediente posto em conservas de alimentos, a fim de mantê-los para o uso.
CON.SER.VAR, *v.t.* e *pron.*, preservar, manter, reter as qualidades alimentícias do alimento.
CON.SER.VA.TI.VO, *adj.*, relativo a, ou que envolve conservação; conservante; conservatório.
CON.SER.VA.TÓ.RIO, *s.m.*, instituição própria para o ensino de artes, sobretudo da música.
CON.SER.VÁ.VEL, *adj.*, que se pode conservar.
CON.SI.DE.RA.ÇÃO, *s.f.*, respeito, deferência, apreço, estima.
CON.SI.DE.RA.DO, *adj.*, respeitado, reconhecido, conhecido.
CON.SI.DE.RAN.DO, *s.m.*, cada uma das razões enumerados em parágrafos em sentença, discurso, decreto, etc.; motivo, argumento.
CON.SI.DE.RAR, *v.t.*, *int.* e *pron.*, reputar, conhecer, meditar, analisar.
CON.SI.DE.RÁ.VEL, *adj.*, enorme, de valor.
CON.SI.DE.RA.VEL.MEN.TE, *adv.*, de maneira considerável; notadamente.
CON.SIG.NA.ÇÃO, *s.f.*, ação ou efeito de consignar, repasse de mercadorias para a venda.
CON.SIG.NA.DQ, *adj.*, repassado, comissionado, registrado.
CON.SIG.NA.DOR, *adj.* e *s.m.*, que ou aquele que consigna.
CON.SIG.NAR, *v.t.*, registrar, repassar, comissionar mercadorias, repassar mercadorias para venda futura.
CON.SIG.NA.TÁ.RIO, *s.m.*, quem aceita mercadoria de outrem para a venda.
CON.SIG.NA.TI.VO, *adj.*, quantia que se dá para receber determinada renda anual durante tempo determinado.
CON.SIG.NA.TÓ.RIO, *adj.*, Jur.; relativo a consignação.
CON.SI.GO, *pron.*, pronome pessoal oblíquo que tem a ideia de companhia.
CON.SI.LI.Á.RIO, *adj.* e *s.m.*, o mesmo que conselheiro.
CON.SÍ.LIO, *s.m.*, deliberação; consulta.
CON.SIS.TÊN.CIA, *s.f.*, solidez, persistência, teimosia.
CON.SIS.TEN.TE, *adj.*, duro, sólido, permanente.
CON.SIS.TIR, *v.t.* e *int.*, compor-se, constituir-se, fazer parte de.
CON.SIS.TÓ.RIO, *s.m.*, concílio, reunião dos cardeais da Igreja Católica, sob a presidência do papa, para tratar de temas relevantes da própria igreja.
CON.SO.A.DA, *s.f.*, ceia, jantar leve, refeição já pela noite, em dia de pouca comida.
CON.SO.AN.TE, *adj.*, que soa junto; *conj.*, conforme, como; *gram.*, fonema que não forma sílaba, se não por meio da junção com uma vogal.
CON.SO.AR, *v. int.*, soar junto, produzir um som em conjunto.
CON.SO.BRI.NHO, *s.m.*, sobrinho da mulher do tio ou do marido da tia.
CON.SO.CI.A.ÇÃO, *s.f.*, ato ou efeito de consociar.
CON.SO.CI.AR, *v. int.*, formar uma sociedade, associar, tornar sócio.
CON.SÓ.CIO, *s.m.*, sócio junto, confrade, um sócio igual ao outro.
CON.SO.LA.ÇÃO, *s.f.*, alívio, consolo, agrado.
CON.SO.LA.DO, *adj.*, conformado, confortado, ajeitado, alegrado.
CON.SO.LA.DOR, *adj.* e *s.m.*, que(m) consola, aliviador.
CON.SO.LAR, *v.t.* e *pron.*, aliviar, tirar a aflição, alegrar, desanuviar.
CON.SO.LÁ.VEL, *adj.*, que se pode consolar, alegrável.
CON.SO.LE, *s.m.*, móvel usado nas casas, para pôr enfeites, consolo (ó).
CON.SO.LI.DA.ÇÃO, *s.f.*, reunião de leis, confirmação de leis, promulgação; afirmação, alicerçamento.
CON.SO.LI.DA.DO, *adj.*, solidificado, firmado, embasado, fundamentado.
CON.SO.LI.DA.DOR, *adj.* e *s.m.*, solidificador, firmador, fundamentador.
CON.SO.LI.DAR, *v.t.* e *pron.*, solidificar, firmar, basear, alicerçar.
CON.SO.LO, (Ó), *s.m.*, console, pequeno móvel para colocar enfeites.
CON.SO.LO, *s.m.*, alívio, consolação, volta ao bem-estar interior.
CON.SO.MÊ, *s.m.*, do fr., *consommé*, em Culinária, caldo claro, de carne, galinha ou peixe, apurado por uma longa cozedura.
CON.SO.NÂN.CIA, *s.f.*, sons que se ouvem ao mesmo tempo; acordes uníssonos; concordância, anuência.
CON.SO.NAN.TAL, *adj.*, próprio da consoante.
CON.SO.NAN.TE, *adj.*, que apresenta consonância.
CON.SO.NAN.TI.ZAR, *v. int.*, transformar em consoante.
CON.SOR.CI.A.DO, *adj.* e *s.m.*, que está em um consórcio, participante de consórcio.
CON.SOR.CI.AR, *v.t.* e *pron.*, formar um consórcio, associar, reunir.
CON.SÓR.CIO, *s.m.*, associação, junção, reunião, sociedade de deveres mútuos; grupo de pessoas que se associam para a aquisição de determinado bem, mediante regras predefinidas.
CON.SOR.TE, *s. 2 gên.*, cônjuge, qualquer um dos dois componentes do casal.

CONS.PI.CU.I.DA.DE, s.f., qualidade do que é conspícuo.
CONS.PÍ.CUO, adj., colendo, eminente, notável, notório, sábio, austero, sério.
CONS.PI.RA.ÇÃO, s.f., sedição, ato de tramar contra alguém, tramoia, conjuração.
CONS.PI.RA.DO, adj., tramado, provocado, maquinado.
CONS.PI.RA.DOR, adj. e s.m., que(m) conspira, provocador, maquinador, conspirador.
CONS.PI.RAR, v.t. e int., tramar, provocar sedição, conjurar, maquinar contra.
CONS.PI.RA.TI.VO, adj., que conspira, provocativo, maquinador.
CONS.PI.RA.TÓ.RIO, adj., o mesmo que conspirativo.
CONS.PUR.CA.ÇÃO, s.f., sujeira, difamação, desonra, mancha.
CONS.PUR.CA.DO, adj., sujo, difamado, desonrado, manchado.
CONS.PUR.CA.DOR, adj. e s.m., que ou o indivíduo que conspurca, que desonra ou macula; difamador; corruptor.
CONS.PUR.CAR, v.t. e pron., sujar, difamar, falar mal, desonrar, manchar.
CONS.TÂN.CIA, s.f., assiduidade, frequência, qualidade do que é constante, tenacidade, persistência.
CONS.TAN.TE, adj., persistente, assíduo, consistente, contínuo; s.f., na Matemática, grandeza cujo valor é estável.
CONS.TAN.TE.MEN.TE, adv., de maneira constante; com frequência ou regularidade; frequentemente.
CONS.TAR, v.t. e int., fazer parte, estar na relação, consistir.
CONS.TA.TA.ÇÃO, s.f., ato de constatar; comprovação; confirmação; averiguação.
CONS.TA.TA.DO, adj., que se constatou; averiguado; verificado; comprovado.
CONS.TA.TAR, v.t., observar, notar, verificar, conferir.
CONS.TE.LA.ÇÃO, s.f., grupo de estrelas, formando figuras imaginárias; fig., grupo de coisas grandiosas.
CONS.TE.LA.DO, adj., cheio de estrelas; estrelado; com forma de estrela; fig., repleto, coberto.
CONS.TE.LAR, v. int., enfeitar com estrelas, dar forma de estrela.
CONS.TER.NA.ÇÃO, s.f., desgosto, aflição, tristeza, depressão.
CONS.TER.NA.DO, adj., desgostoso, aflito, entristecido.
CONS.TER.NA.MEN.TO, s.m., ato ou efeito de consternar; consternação.
CONS.TER.NAR, v.t. e pron., causar desgosto, afligir, entristecer.
CONS.TI.PA.ÇÃO, s.f., resfriado, gripe forte; prisão de ventre.
CONS.TI.PA.DO, adj., resfriado, gripado.
CONS.TI.PAR, v.t., provocar constipação, resfriar, resfriar-se.
CONS.TI.TU.CI.O.NAL, adj., de conformidade com a Constituição.
CONS.TI.TU.CI.O.NA.LI.DA.DE, s.f., que possui a característica de constitucional.
CONS.TI.TU.CI.O.NA.LIS.MO, s.m., sistema governamental que adota a Constituição como base de todas as ações legais e governamentais.
CONS.TI.TU.CI.O.NA.LIS.TA, s. 2 gên., quem defende a Constituição; cidadão defensor de uma Constituição.
CONS.TI.TU.CI.O.NA.LI.ZA.ÇÃO, s.f., ação ou efeito de constitucionalizar, dar a Constituição a um povo.
CONS.TI.TU.CI.O.NA.LI.ZAR, v. int., votar uma Constituição a um povo, governar por Constituição.
CONS.TI.TU.I.ÇÃO, s.f., ato ou efeito de constituir, organização, formação; conjunto de leis que asseguram o regime democrático de um país, regendo todos os atos, acima de todos; carta magna.
CONS.TI.TU.Í.DO, adj., que se constituiu; formado; organizado.
CONS.TI.TU.I.DOR, adj. e s.m., que ou o que constitui; formador; constituinte.
CONS.TI.TU.IN.TE, adj. e s. 2 gên., que constitui, que formaliza, que nomeia, indivíduo que outorga poderes a outro para representá-lo; quem nomeia outro para o seu lugar.
CONS.TI.TU.IR, v.t. e pron., elaborar, constituir uma organização, formar, estabelecer.
CONS.TI.TU.TI.VO, adj., que constitui, que forma, que estabelece.
CONS.TRAN.GE.DOR, adj. e s.m., que(m) constrange, humilhador.
CONS.TRAN.GER, v.t., forçar, obrigar a, forçar contra a vontade, humilhar, rebaixar.
CONS.TRAN.GI.DO, adj., obrigado, forçado, coagido, humilhado, rebaixado.
CONS.TRAN.GI.MEN.TO, s.m., embaraço, vergonha, humilhação, coação.
CONS.TRI.ÇÃO, s.f., ação ou efeito de constringir.
CONS.TRIN.GEN.TE, adj., que constringe, sufocante, oprimente.
CONS.TRIN.GI.DO, adj., sufocado, oprimido, pressionado.
CONS.TRIN.GIR, v.t. e pron., apertar, sufocar, oprimir, pressionar.
CONS.TRI.TI.VO, adj., sufocante, opressivo.
CONS.TRI.TOR, adj. e s.m., que(m) sufoca, opressor, sufocador.
CONS.TRU.ÇÃO, s.f., ato ou efeito de construir, edificação, prédio; na Gramática, a maneira pela qual se colocam as palavras na frase, de acordo com a eufonia e o sentido da ideia.
CONS.TRU.Í.DO, adj., edificado, erguido, criado, manipulado.
CONS.TRU.IR, v.t. e int., edificar, erguer, fazer, elaborar, criar, manipular, projetar.
CONS.TRU.TI.VIS.MO, s.m., ação ou tendência para construir; em História da Arte, doutrina estética elaborada em 1920 (que elegeu novos materiais como o concreto, o aço, o vidro, etc.) para opor à arte tradicional de massa de então.
CONS.TRU.TI.VIS.TA, adj. 2 gên. e s. 2 gên., relativo a, ou o indivíduo adepto do construtivismo.
CONS.TRU.TI.VO, adj., próprio para construir, otimista, esperançoso.
CONS.TRU.TOR, s.m., quem constrói, edificador, mentor, criador.
CONS.TRU.TO.RA, s.f., empresa especializada na arte de construir, mulher que constrói.
CON.SUBS.TAN.CI.A.ÇÃO, s.f., concretização, realização, união, efetivação.
CON.SUBS.TAN.CI.A.DO, adj., concretizado, efetivado, realizado.
CON.SUBS.TAN.CI.AL, adj., realizável, que se concretiza, transformável.
CON.SUBS.TAN.CI.AR, v.t. e pron., concretizar, efetivar, realizar, unir, transformar em substância.
CON.SU.E.TU.DI.NÁ.RIO, adj., habitual, costumeiro, ligado aos costumes e hábitos tradicionais.
CÔN.SUL, s.m., diplomata que representa o seu país em outro.

CONSULADO ••• 253 ••• CONTEMPLADOR

CON.SU.LA.DO, s.m., sede de trabalho de um cônsul, cargo do cônsul.

CON.SU.LAR, adj. 2 gên., relativo, inerente ou pertencente a cônsul ou a consulado.

CON.SU.LEN.TE, adj. e s. 2 gên., que consulta, pessoa que consulta.

CON.SU.LE.SA, s.f., feminino de cônsul, mulher que exerce as funções de cônsul.

CON.SUL.TA, s.f., conselho, ideia, exame médico, busca de um parecer.

CON.SUL.TA.DO, adj. e s.m., que ou aquele que se consulta ou se consultou; que ou aquele que recebe ou recebeu consulta.

CON.SUL.TA.DOR, adj. e s.m., que ou o que consulta.

CON.SUL.TAN.TE, adj. 2 gên. e s.m., que ou aquele que consulta ou faz consulta.

CON.SUL.TAR, v.t., int. e pron., pedir um exame, uma ideia; procurar uma diretriz, buscar a opinião de alguém.

CON.SUL.TÁ.VEL, adj., que se pode consultar; que serve para consulta.

CON.SUL.TI.VO, adj., que dá opinião, que emite consulta.

CON.SUL.TOR, s.m., quem emite parecer, quem realiza consultas, quem declara algo.

CON.SUL.TO.RI.A, s.f., ação de prestar uma consulta, ato de expedir uma opinião quanto a algo.

CON.SUL.TÓ.RIO, s.m., gabinete em que são dadas consultas.

CON.SU.MA.ÇÃO, s.f., ação de consumar, conclusão, despesa; o quanto se consome em uma celebração, festa; total de gastos em uma festa.

CON.SU.MA.DO, adj., terminado, finalizado.

CON.SU.MA.DOR, adj. e s.m., que ou aquele que consuma.

CON.SU.MAR, v.t. e pron., acabar, terminar, arrematar, finalizar.

CON.SU.MI.ÇÃO, s.f., destruição, aniquilamento, sofrimento, perda de ânimo.

CON.SU.MI.DO, adj., que se consumiu; que foi comido ou bebido; que foi queimado, destruído.

CON.SU.MI.DOR, s.m., quem consome, comprador, adepto do consumismo.

CON.SU.MIR, v.t. e pron., gastar, gastar pelo uso, desfazer, usar.

CON.SU.MIS.MO, s.m., exagero no ato de consumir.

CON.SU.MIS.TA, adj. 2 gên. e s. 2 gên., que ou quem consome (geralmente sem necessidade).

CON.SU.MÍ.VEL, adj., que pode ser consumido, que se apresenta para ser consumido.

CON.SU.MO, s.m., ato ou efeito de consumir, gasto, satisfação de necessidades.

CON.SUN.ÇÃO, s.f., definhamento, perda das forças.

CON.SÚ.TIL, adj., que tem costura.

CON.TA, s.f., cálculo, 4 operações aritméticas; o que se deve pagar numa compra; estima, responsabilidade; fig., ter em conta - apreciar, estimar.

CON.TÁ.BIL, adj., que se refere a Contabilidade, contabilizável.

CON.TA.BI.LI.DA.DE, s.f., sistema técnico de escriturar as contas de débito e crédito, nas empresas privadas e no serviço público; local em que se procede à escrituração fiscal, despesas.

CON.TA.BI.LIS.TA, s. 2 gên., técnico em Contabilidade, quem pratica a Contabilidade.

CON.TA.BI.LÍS.TI.CO, adj., relativo à prática da contabilidade.

CON.TA.BI.LI.ZA.ÇÃO, s.f., ação ou efeito de contabilizar, inserção em conta contábil, avaliação.

CON.TA.BI.LI.ZA.DO, adj., colocado na Contabilidade, avaliado, escriturado.

CON.TA.BI.LI.ZAR, v.t., colocar em Contabilidade, inserir na conta corrente, avaliar, escriturar.

CON.TA.BI.LI.ZÁ.VEL, adj., que pode ser contabilizado, avaliável.

CON.TA-COR.REN.TE, s.f., o cliente de um banco tem uma conta numerada, na qual são feitas entradas e saídas de dinheiro; na Contabilidade são escrituradas as entradas e saídas de dinheiro.

CON.TA.DO, adj., que se contou; dado por conta; referido; que se narrou (um conto).

CON.TA.DOR, s.m., contabilista, quem trabalha com Contabilidade, narrador; aparelho para medir água, gás, eletricidade; medidor.

CON.TA.DO.RI.A, s.f., secção nas quais são feitas as verificações de contas.

CON.TA.GEM, s.f., ato ou efeito de contar, placar, total.

CON.TA.GI.A.DO, adj., que se contagiou, contaminou; contaminado; fig., influenciado.

CON.TA.GI.AN.TE, adj., inebriante, contagioso.

CON.TA.GI.AR, v.t., contaminar, ser atacado por contágio, espalhar, transmitir.

CON.TÁ.GIO, s.m., propagação, transmissão, contato.

CON.TA.GI.O.SO, adj., que provoca contágio, transmissivo, que contamina.

CON.TA.GI.ROS, s.m. 2 n., aparelho que mede a rotação de um motor ou de um eixo; taquímetro.

CON.TA-GO.TAS, s.m., pl., pequeno frasco próprio para pingar líquidos.

CON.TAI.NER, s.m., ver contêiner.

CON.TA.MI.NA.BI.LI.DA.DE, s.f., caráter ou qualidade do que é contaminável.

CON.TA.MI.NA.ÇÃO, s.f., contágio, transmissão de vírus, infecção por contato.

CON.TA.MI.NA.DO, adj., que sofreu contágio, infectado.

CON.TA.MI.NA.DOR, adj. e s.m., que(m) contamina, infectador, transmissor de doenças.

CON.TA.MI.NAN.TE, adj. 2 gên. e s. 2 gên., que ou o que contamina ou é capaz de contaminar, infectar.

CON.TA.MI.NAR, v.t., passar algum vírus, doença a outrem, infeccionar.

CON.TA.MI.NÁ.VEL, adj., infeccionável, que pode ser contaminado.

CON.TAN.TO, conj., loc. conj. - contanto que - uma vez que, dado que.

CON.TAR, v.t. e int., narrar, referir, verificar, examinar.

CON.TA.TA.DO, adj., que se contatou, que foi objeto de contato.

CON.TA.TAR, v.t. e int., aproximar(-se) de, ligar(-se); tocar, aproximar, achegar-se, var., contactar.

CON.TA.TÁ.VEL, adj. 2 gên., que se pode contatar.

CON.TA.TO, s.m., aproximação, toque; var., contacto.

CON.TÁ.VEL, adj., que pode ser contado, narrável.

CON.TA-VOL.TAS, s.m., instrumento us. para contar rotações de uma máquina; ver tacômetro.

CON.TÊI.NER, s.m., grande caixa para o acondicionamento de carga.

CON.TEM.PLA.ÇÃO, s.f., ação ou efeito de contemplar, atenção, meditação.

CON.TEM.PLA.DO, adj., olhado, fixado, mirado, admirado.

CON.TEM.PLA.DOR, adj. e s.m., que ou aquele que contempla

CONTEMPLAR •• 254 •• CONTORCER

ou gosta de contemplar.
CON.TEM.PLAR, *v.t.* e *pron.*, olhar, fixar, mirar, admirar, examinar.
CON.TEM.PLA.TI.VO, *adj.*, que contempla, que se entrega à meditação.
CON.TEM.PLÁ.VEL, *adj.*, suscetível de se contemplar; próprio para ver; considerável.
CON.TEM.PO.RA.NEI.DA.DE, *s.f.*, atualidade, que é contemporâneo.
CON.TEM.PO.RÂ.NEO, *adj.*, ser do mesmo tempo, mesma época, coetâneo.
CON.TEM.PO.RÃO, *adj.* e *s.m.*, o mesmo que contemporâneo.
CON.TEM.PO.RI.ZA.ÇÃO, *s.f.*, acomodação, espera do tempo.
CON.TEM.PO.RI.ZA.DO, *adj.*, acomodado, parado, inerte.
CON.TEM.PO.RI.ZA.DOR, *s.m.*, quem contemporiza, quem se acomoda no tempo, quem espera.
CON.TEM.PO.RI.ZAR, *v.t.* e *int.*, enquadrar-se no tempo, acomodar-se, esperar, dar tempo ao tempo.
CON.TEN.ÇÃO, *s.f.*, ação ou efeito de conter, suspensão, parada.
CON.TEN.CI.O.SO, *adj.*, *s.m.*, litigioso, secção para resolver pendências financeiras.
CON.TEN.DA, *s.f.*, discussão, luta, batalha, litígio, controvérsia.
CON.TEN.DE.DOR, *adj.* e *s.m.*, que ou o que contende ou luta.
CON.TEN.DEN.TE, *adj.* e *s. 2 gên.*, o mesmo que contendedor.
CON.TEN.DER, *v.t.* e *int*, lutar, batalhar, disputar.
CON.TEN.DOR, *adj.* e *s.m.*, lutador, batalhador, disputador.
CON.TEN.DÍ.VEL, *adj.*, suscetível de contenda; discutível, contestável.
CON.TE.NE.DOR, *adj.*, que contém; abrangedor.
CON.TEN.SÃO, *s.f.*, esforço exagerado pela mente.
CON.TEN.TA.DI.ÇO, *adj.*, que se contenta com facilidade, pouco exigente para contentar-se.
CON.TEN.TA.MEN.TO, *s.m.*, alegria, satisfação, felicidade.
CON.TEN.TAR, *v.t.* e *pron.*, alegrar, satisfazer, acalmar, sossegar.
CON.TEN.TÁ.VEL, *adj.*, que se pode contentar.
CON.TEN.TE, *adj.*, alegre, satisfeito, feliz, bem-humorado.
CON.TEN.TO, *s.m.*, satisfação, contentamento; *loc. adv.* - a contento - adequadamente, satisfatoriamente.
CON.TEN.TOR, *adj.*, que contém, que é capaz de conter; *s.m.*, aquele ou o que contém, que é capaz de conter.
CON.TER, *v.t.* e *pron.*, incluir, encerrar, conservar, moderar-se.
CON.TER.RÂ.NEO, *adj.*, originário do mesmo local; compatriota; da mesma terra.
CON.TES.TA.BI.LI.DA.DE, *s.f.*, condição do que é contestável.
CON.TES.TA.ÇÃO, *s.f.*, oposição, polêmica, réplica, resposta violenta.
CON.TES.TA.DO, *adj.*, oposto, negado, replicado, contrário.
CON.TES.TA.DOR, *adj.* e *s.m.*, que ou aquele que contesta, protesta; contestante.
CON.TES.TAN.TE, *adj. 2 gên.* e *s. 2 gên.*, que ou o que contesta; contestador.
CON.TES.TAR, *v.t.* e *int.*, provar o contrário, opor-se, negar.
CON.TES.TA.TÓ.RIO, *adj.*, relativo a ou que envolve contestação.
CON.TES.TÁ.VEL, *adj.*, que pode ser contestado, negável.
CON.TES.TE, *s. 2 gên.*, quem comprova o depoimento de outrem, quem depõe para corroborar.
CON.TE.Ú.DO, *s.m.*, o contido em algo, tema, assunto,
teor, mensagem.
CON.TEX.TO, *s.m.*, ideias principais de um texto, momento, assunto, situação, âmbito, circunstâncias.
CON.TEX.TU.AL, *adj. 2 gên.*, relativo a contexto, que varia conforme o contexto.
CON.TEX.TU.A.LI.ZA.ÇÃO, *s.f.*, construção de um texto, transformação de uma ideia em texto.
CON.TEX.TU.A.LI.ZA.DO, *adj.*, transformado em texto, construído.
CON.TEX.TU.A.LI.ZAR, *v.t.*, integrar um tema em um texto, transformar uma ideia em texto, para determinado fim e momento.
CON.TEX.TU.AR, *v.t.*, incluir ou intercalar num texto.
CON.TEX.TU.RA, *s.f.*, a ligação de várias partes de um texto no todo final.
CON.TI.DO, *adj.*, que está dentro, no interior de algo; abrangido; *fig.*, refreado; reprimido.
CON.TI.GO, *pron.*, em tua companhia; referente a ti; dirigido a ti.
CON.TI.GUI.DA.DE, *s.f.*, limite, vizinhança, proximidade.
CON.TÍ.GUO, *adj.*, limitado, vizinho, próximo, encostado.
CON.TI.NÊN.CIA, *s.f.*, domínio das vontades, abstenção, preservação, controle da vontade; modo de saudação entre os militares, usando-se a mão direita.
CON.TI.NEN.TAL, *adj.*, próprio do continente, referente a um continente.
CON.TI.NEN.TE, *adj.*, que contém, casto, puro, moderado; *s.m.*, as grandes massas sólidas da Terra, em oposição às águas dos oceanos.
CON.TIN.GÊN.CIA, *s.f.*, eventualidade, ocasião, aquilo que é contingente.
CON.TIN.GEN.CI.A.DO, *adj.*, que se contingenciou.
CON.TIN.GEN.CI.AR, *v.t.*, estabelecer contingências; em Economia, impor limites e regras à exportação ou importação.
CON.TIN.GEN.TE, *adj.*, eventual, ocasional, momentâneo; *s.m.*, o que se deve dar ou receber em comum, quinhão; auxílio; quantidade máxima de pessoas ou objetos.
CON.TI.NU.A.ÇÃO, *s.f.*, sequência, continuidade, prosseguimento.
CON.TI.NU.A.DO, *adj.*, sequente, seguido.
CON.TI.NU.A.DOR, *adj.* e *s.m.*, que(m) continua, prosseguidor.
CON.TI.NU.AR, *v.t.* e *int.*, seguir, ir adiante, prosseguir.
CON.TI.NU.A.TI.VO, *adj.*, que tende a continuar, a tornar-se contínuo.
CON.TI.NU.I.DA.DE, *s.f.*, sequência, permanência, estabilidade.
CON.TI.NU.ÍS.MO, *s.m.*, política que mantém os mesmos eleitos no poder, sempre.
CON.TI.NU.ÍS.TA, *s. 2 gên.*, quem é adepto do continuísmo.
CON.TÍ.NUO, *adj.*, *s.m.*, continuado, que prossegue sempre; nome dado a funcionários subalternos do serviço público, encarregados de pequenos serviços, como o transporte de papéis ou documentos de um setor a outro.
CONTINUUM, *s.m.*, do lat., sequência ininterrupta; contínuo.
CON.TIS.TA, *s. 2 gên.*, autor ou autora de contos; quem escreve contos.
CON.TO, *s.m.*, uma narrativa breve e de ficção ou não; história, mentira, engano.
CON.TO DO VI.GÁ.RIO, *s.m.*, engano, tramoia, embuste.
CON.TOR.ÇÃO, *s.f.*, ação ou efeito de contorcer, torção, contração.
CON.TOR.CER, *v.t.* e *pron.*, torcer com exagero, obrigar

CONTORCIDO · · 255 · · CONTRAMESTRE

a torções.
CON.TOR.CI.DO, *adj.*, torcido, dobrado, retorcido.
CON.TOR.CI.O.NAR, *v.t. e pron.*, contorcer(-se); fazer contorções.
CON.TOR.CI.O.NIS.TA, *s. 2 gên.*, quem se contorce, ginasta, acrobata.
CON.TOR.NA.DO, *adj.*, rodeado, rodado, andado, envolvido.
CON.TOR.NAR, *v.t.*, andar em torno, rodear, andar em roda; negociar, buscar outra solução.
CON.TOR.NÁ.VEL, *adj. 2 gên.*, que se pode contornar.
CON.TOR.NO, *s.m.*, perímetro, limite externo de uma área, periferia.
CON.TRA, *prep.*, oposto, versus, ir de encontro.
CON.TRA-AL.MI.RAN.TE, *s.m.*, na hierarquia da Marinha, cargo anterior ao de vice-almirante.
CON.TRA-AR.GU.MEN.TAR, *v.t.*, apresentar argumento em contrário.
CON.TRA-A.TA.CAR, *v.t.*, revidar, vingar-se.
CON.TRA-A.TA.QUE, *s.m.*, revide, vingança.
CON.TRA.BAI.XIS.TA, *s. 2 gên.*, indivíduo que toca contrabaixo.
CON.TRA.BAI.XO, *s.m.*, na orquestra, instrumento de cordas de maior tamanho e sons mais graves.
CON.TRA.BA.LAN.ÇA.DO, *adj.* equilibrado, igualado em peso; *fig.*, compensado.
CON.TRA.BA.LAN.ÇAR, *v.t.*, equilibrar o peso, compensar.
CON.TRA.BAN.DE.AR, *v.t. e int.*, importar sem as devidas notas fiscais, sonegar, fraudar o fisco.
CON.TRA.BAN.DIS.TA, *s. 2 gên.*, quem pratica o contrabando, sonegador, fraudador.
CON.TRA.BAN.DE.A.DO, *adj.*, que se contrabandeia ou se contrabandeou.
CON.TRA.BAN.DIS.TA, *s. 2 gên.*, pessoa que faz contrabando ou que eventualmente contrabandeia.
CON.TRA.BAN.DO, *s.m.*, importação ou exportação de mercadorias sem o pagamento dos devidos impostos; sonegação de impostos.
CON.TRA.ÇÃO, *s.f.*, ato ou efeito de contrair, compressão.
CON.TRA.CA.PA, *s.f.*, cada uma das duas partes opostas às capas de livros e revistas.
CON.TRA.CE.NA.ÇÃO, *s.f.*, ato ou efeito de contracenar, de atuar em cena com outro artista.
CON.TRA.CE.NAR, *v.t. e int.*, atuar como ator, participar como ator.
CON.TRA.CEP.ÇÃO, *s.f.*, infertilidade, uso de anticoncepcionais.
CON.TRA.CEP.TI.VO, *adj.*, que se usa para não engravidar.
CON.TRA.CHE.QUE, *s.m.*, holerite, folha que indica o salário e descontos.
CON.TRA.COR.REN.TE, *s.f.*, corrente que flui em sentido oposto ao da corrente principal; contrafluxo; *fig.*, opinião contra a tendência geral, oposição.
CON.TRA.CUL.TU.RA, *s.f.*, movimento ou ideias culturais que se opõem aos movimentos do momento.
CON.TRA.CUL.TU.RAL, *adj. 2 gên.*, relativo a contracultura.
CON.TRA.DAN.ÇA, *s.f.*, dança na qual os pares, em frente um do outro, fazem vários passos contrários.
CON.TRA.DI.ÇÃO, *s.f.*, ação ou efeito de contradizer, incoerência, oposição.
CON.TRA.DI.TA, *s.f.*, em processos, as afirmações feitas contra as alegações do adversário.

CON.TRA.DI.TA.DO, *adj.*, contraposto, negado, argumentado contra.
CON.TRA.DI.TAR, *v.t.*, apresentar uma contradita, argumentar contra a outra parte.
CON.TRA.DI.TO, *adj.*, negado, dito contra.
CON.TRA.DI.TOR, *adj. e s.m.*, que(m) contradiz, argumentador, negador.
CON.TRA.DI.TÓ.RIA, *s.f.*, tese contrária a outra, contraproposta.
CON.TRA.DI.TÓ.RIO, *adj.*, em que há contradição, contrário; *s.m.*, direito que possui o acusado de se defender em juízo de toda acusação que lhe é movida.
CON.TRA.DI.ZER, *v.t., int. e pron.*, dizer contra, ir contra, falar ao contrário, provar o contrário.
CON.TRA.EN.TE, *adj. e s. 2 gên.*, quem contrai, que contrai.
CON.TRA.ES.PI.O.NA.GEM, *s.f.*, ação de combate às atividades dos espiões inimigos; organização com essa finalidade.
CON.TRA.E.XEM.PLO, *s.m.*, exemplo que se dá com o fim de contrariar uma afirmação ou teoria.
CON.TRA.FA.ÇÃO, *s.f.*, pirataria, imitação enganosa de um produto, falsificação.
CON.TRA.FA.ZER, *v.t.*, imitar, fazer contra, fazer ao contrário, adulterar.
CON.TRA.FÉ, *s.f.*, cópia do documento de intimação ou citação judicial entregue à outra parte.
CON.TRA.FEI.TO, *adj.*, forçado, constrangido, obrigado, coagido.
CON.TRA.FI.LÉ, *s.m.*, tipo de carne bovina macia.
CON.TRA.FLU.XO, *s.m.*, fluxo em direção oposta a de outro fluxo; contracorrente.
CON.TRA.FOR.ÇA, *s.f.*, força em sentido contrário.
CON.TRA.FOR.TE, *s.m.*, peça metálica ou de madeira para amparar uma coluna; peça de reforço.
CON.TRA.GOL.PE, *s.m.*, golpe contrário, revide de um golpe, devolução de um ato na mesma medida.
CON.TRA.GOS.TO, *s.m., loc. adv.* - a contragosto - contra a vontade, contra o que se quer.
CON.TRA.Í.DO, *adj.*, envergonhado, contrafeito, diminuído.
CON.TRA.IN.DI.CA.ÇÃO, *s.f.*, indicação contrária, negativa.
CON.TRA.IN.DI.CA.DO, *adj.*, indicado ao contrário, negado, vetado.
CON.TRA.IN.DI.CAR, *v.t.*, não indicar, vetar, contrariar a indicação.
CON.TRA.IN.FOR.MA.ÇÃO, *s.f.*, ação ou resultado de impedir o acesso ilegal ou de um inimigo a informações que devem ser protegidas; em Militarismo, o mesmo que contraespionagem.
CON.TRA.IN.TE.LI.GÊN.CIA, *s.f.*, atividade cujo objetivo é neutralizar a inteligência adversa com a finalidade proteger o governo, forças armadas, agências de inteligência ou setores estratégicos de empresas.
CON.TRA.IR, *v.t. e pron.*, estreitar, apertar, adquirir.
CON.TRA.Í.VEL, *adj.*, que se pode contrair.
CON.TRAL.TO, *s.m.*, em corais femininos, a voz mais grave; cantora com esse tipo de voz.
CON.TRA.LUZ, *s.f.*, direção inversa à da luz; luz desviada.
CON.TRA.MÃO, *s.f.*, direção contrária à estabelecida pela autoridade.
CON.TRA.MAR.CHA, *s.f.*, marcha que vai no sentido contrário; marcha em recuo.
CON.TRA.MES.TRE, *s.m.*, cargo abaixo do mestre, quem

substitui o mestre.
CON.TRA.MU.RAR, v.t., pôr um muro contra, erguer um muro contra.
CON.TRA.MU.RO, s.m., muro contrário, muro oposto.
CON.TRA.NA.TU.RAL, adj., que é contra a natureza.
CON.TRA.O.FEN.SI.VA, s.f., estratégia cujo objetivo é superar uma posição defensiva (devido a um ataque) e tomar a iniciativa do ataque.
CON.TRA.OR.DEM, s.f., ordem contrária, ordem oposta.
CON.TRA.PA.REN.TE, s. 2 gén., parente distante; pessoa afim; parente de longe.
CON.TRA.PAR.TE, s.f., a parte contrária; contrapartida.
CON.TRA.PAR.TI.DA, s.f., contraparte, equivalência, a parcela da outra parte em um negócio, a contraoferta, quanto o outro lado oferece para complementar um negócio.
CON.TRA.PAS.SO, s.m., em Militarismo, meio passo, com o mesmo pé, para recuperar andamento e cadência da marcha.
CON.TRA.PÉ, s.m., pé de apoio; esteio; fig., surpresa que tira a base de apoio; no Esporte; situação em que, por estar firmado no pé de apoio, impede o movimento de uma ação imediata.
CON.TRA.PE.ÇO.NHA, s.f., antídoto, contraveneno.
CON.TRA.PE.SAR, v. int., corresponder com outro peso, balançar.
CON.TRA.PE.SO, s.m., peso posto no outro prato da balança, em oposição aos pesos; tudo que se põe para equilibrar uma das partes.
CON.TRA.PON.TO, s.m., na música, harmonia para duas ou mais notas em oposição; ponto oposto.
CON.TRA.POR, v.t. e pron., colocar-se contra, opor-se, enfrentar.
CON.TRA.POS.TO, adj.; que se contrapôs; em posição ou sentido contrário; oposto.
CON.TRA.PRO.DU.CEN.TE, adj., que dá resultado contrário ao esperado, improdutivo.
CON.TRA.PRO.PA.GAN.DA, s.f., toda propaganda para combater outra; má propaganda, que produz um resultado contrário ao desejado.
CON.TRA.PRO.POR, v.t. e int., apresentar algo contra, fazer nova proposta.
CON.TRA.PRO.POS.TA, s.f., proposta para buscar uma solução ante uma proposta de pouca aceitação.
CON.TRA.PRO.TES.TO, s.m., reprovação, protesto contrário a outro protesto.
CON.TRA.PRO.VA, s.f., prova contrária, prova oposta a uma prova.
CON.TRA.RI.A.DO, adj., aborrecido, desgostoso.
CON.TRA.RI.A.DOR, adj. e s.m., que ou o que contraria; contraditor.
CON.TRA.RI.AR, v.t. e pron., ir contra, aborrecer, desgostar.
CON.TRA.RI.Á.VEL, adj., que pode ser contrariado.
CON.TRA.RI.E.DA.DE, s.f., desgosto, aborrecimento, dificuldade, contratempo.
CON.TRÁ.RIO, adj., oposto, do contra, contraditório.
CON.TRAR.RE.FOR.MA, s.f., reforma que se opõe a outra anteriormente realizada.
CON.TRAR.RE.FOR.MIS.TA, adj., relativo ou pertencente a contrarreforma.
CON.TRAR.RE.GRA, s. 2 gén., quem controla a entrada e saída dos atores.
CON.TRAR.RES.POS.TA, s.f., em Música, resposta ao contrassujeito de uma fuga.
CON.TRAR.RE.VO.LU.ÇÃO, s.f., revolução feita para combater outra.
CON.TRAS.SE.NHA, s.f., resposta a uma senha, termo que responde a uma senha.
CON.TRAS.SEN.SO, s.m., besteira, tolice, disparate, absurdo.
CON.TRAS.TA.DO, adj., que se contrastou.
CON.TRAS.TA.DOR, adj., que contrasta, contrastante.
CON.TRAS.TAN.TE, adj. 2 gén., que contrasta ou faz contraste.
CON.TRAS.TAR, v.t., fazer contraste, opor-se.
CON.TRAS.TE, s.m., oposição, antítese, algo que é contra uma coisa.
CON.TRAS.TE.A.ÇÃO, s.f., ação ou efeito de contrastear.
CON.TRAS.TE.A.DOR, adj. e s.m., avaliador, analista, que(m) faz a contrasteação.
CON.TRAS.TE.AR, v. int., avaliar, analisar, conferir a qualidade de um metal.
CON.TRA.TA.ÇÃO, s.f., emprego, aceitação, contrato, ajuste.
CON.TRA.TA.DO, adj., aceito, ajustado, empregado.
CON.TRA.TA.DOR, s.m., contratante, quem contrata, quem admite por contrato.
CON.TRA.TAN.TE, s. 2 gén., quem contrata, contratador.
CON.TRA.TAR, v.t., int. e pron., fazer um contrato, empregar, dar emprego.
CON.TRA.TÁ.VEL, adj., que se pode contratar.
CON.TRA.TEM.PO, s.m., contrariedade, adversidade; compasso musical.
CON.TRÁ.TIL, adj., que se contrai, que se encolhe, que se dobra; var., contráctil.
CON.TRA.TO, s.m., pacto, acordo, documento que registra um acordo.
CON.TRA.TOR.PE.DEI.RO, s.m., navio de guerra com mais velocidade que os outros para atirar torpedos.
CON.TRA.TU.AL, adj., referente a contrato, o que se celebra por contrato.
CON.TRA.TU.RA, s.f., diminuição, encolhimento.
CON.TRA.VA.POR, s.m., navio para puxar ou empurrar outro navio.
CON.TRA.VEN.ÇÃO, s.f., delito, crime, infração, transgressão.
CON.TRA.VE.NE.NO, s.m., antídoto, substância que anula um veneno.
CON.TRA.VEN.TO, s.m., em Náutica, vento contrário à direção da embarcação, barlavento; guarda-vento.
CON.TRA.VEN.TOR, s.m., quem comete contravenção, malfeitor, infrator, delinquente, criminoso.
CON.TRA.VER.SÃO, s.f., inversão, informação contrária.
CON.TRA.VER.TER, v.t., virar para o lado oposto, inverter, opor.
CON.TRI.BU.I.ÇÃO, s.f., ação de contribuir, ajuda, pagar uma conta, auxílio.
CON.TRI.BU.I.DOR, adj. e s.m., que ou o que contribui.
CON.TRI.BU.IN.TE, s. 2 gén. e adj., quem paga contribuição.
CON.TRI.BU.IR, v.t. e int., pagar, colaborar, auxiliar, ajudar.
CON.TRI.BU.I.TI.VO, adj., relativo a contribuição; que tem caráter de contribuição.
CON.TRI.BU.TI.VO, adj., que contribui, próprio da contribuição.
CON.TRI.BU.TO, s.m., aquilo com que se contribui; contribuição.
CON.TRI.ÇÃO, s.f., arrependimento, dor por ter pecado.
CONS.TRIS.TA.DO, adj., que se contristou; consternado; entristecido; desgostoso.

CON.TRIS.TAR, *v.t.*, entristecer, molestar, tornar triste.
CON.TRI.TO, *adj.*, arrependido, que tem contrição.
CON.TRO.LA.CI.O.NIS.TA, *adj. 2 gên.*, relativo ou inerente a controle; *fig.*, que exerce exagerado controle (sobre qualquer situação).
CON.TRO.LA.DO, *adj.*, comportado, comedido, que se domina.
CON.TRO.LA.DOR, *adj.* e *s.m.*, que ou o que exerce controle sobre algo; que ou aquele que tem como profissão controlar algo ou fazer teste de controle.
CON.TRO.LA.DO.RI.A, *s.f.*, órgão oficial que exerce controle sobre o controle financeiro (de governos); função de quem exerce o controle.
CON.TRO.LAR, *v.t.* e *pron.*, dominar, dirigir.
CON.TRO.LÁ.VEL, *adj. 2 gên.*, que pode ser controlado; *fig.*, que se pode comandar, dominar, manipular com certa facilidade.
CON.TRO.LE, *s.m.*, domínio, governo, direção.
CON.TRO.VÉR.SIA, *s.f.*, polêmica, divergência, discordância, embate.
CON.TRO.VER.SO, *adj.*, discutível, polêmico, divergente.
CON.TRO.VER.TER, *v.t.*, discutir, debater, opor-se, polemizar.
CON.TRO.VER.TI.DO, *adj.*, discutido, polemizado, duvidoso.
CON.TU.DO, *conj.*, todavia, no entanto, mas, porém.
CON.TU.MÁ.CIA, *s.f.*, persistência, teimosia, obstinação, pertinácia.
CON.TU.MAZ, *adj.*, teimoso, pertinaz, obstinado.
CON.TUN.DÊN.CIA, *s.f.*, qualidade ou condição do que é contundente; firmeza.
CON.TUN.DEN.TE, *adj.*, incisivo, categórico, definitivo, decisivo.
CON.TUN.DI.DO, *adj.*, que sofreu contusão; machucado; lesionado; *fig.*, abalado, ferido, magoado.
CON.TUN.DIR, *v.t.*, provocar contusão, machucar, ferir.
CON.TUR.BA.ÇÃO, *s.f.*, perturbação, confusão.
CON.TUR.BA.DO, *adj.*, perturbado, confuso, atrapalhado.
CON.TUR.BA.DOR, *adj.* e *s.m.*, perturbador, atrapalhador.
CON.TUR.BAR, *v.t.* e *pron.*, perturbar, confundir, atrapalhar.
CON.TU.SÃO, *s.f.*, lesão, machucadura, ferida.
CON.TU.SO, *adj.*, machucado, ferido, lesionado.
CO.NU.BI.AL, *adj.*, nupcial, matrimonial, conjugal.
CO.NÚ.BIO, *s.m.*, matrimônio, casamento.
CON.TUR.BA.ÇÃO, *s.f.*, ação ou resultado de conturbar(-se); perturbação de ordem emocional; *fig.*, perturbação da ordem pública, sublevação, motim.
CON.VA.LES.CEN.ÇA, *s.f.*, recuperação da saúde, melhoria da saúde; var., convalescência.
CON.VA.LES.CEN.TE, *adj.* e *s. 2 gên.*, que(m) recupera a saúde, quem melhora da saúde.
CON.VA.LES.CER, *v. int.*, recuperar a saúde, melhorar.
CON.VA.LES.CI.DO, *s.m.*, o mesmo que convalescente.
CON.VA.LI.DA.ÇÃO, *s.f.*, ato ou efeito de convalidar.
CON.VA.LI.DAR, *v.t.*, tornar válido.
CON.VEC.ÇÃO, *s.f.*, em Física, processo de transmissão ou propagação de calor nos líquidos e gases, para que se forme a corrente em que a parte mais quente sobe e a mais fria desce.
CON.VE.LIR, *v.t.*, abalar; extirpar, arrancar; convulsionar.
CON.VEN.ÇÃO, *s.f.*, acordo, contrato, ajuste, acerto; reunião, encontro.
CON.VEN.CE.DOR, *adj.* e *s.m.*, que(m) persuade.
CON.VEN.CER, *v.t.* e *pron.*, persuadir, levar a aceitar um argumento.

CON.VEN.CI.DO, *adj.*, persuadido, certo, convicto.
CON.VEN.CI.MEN.TO, *s.m.*, persuasão, convicção, aceite.
CON.VEN.CI.O.NAL, *adj.*, *s.m.*, membro de uma convenção; referente a convenção, estabelecido.
CON.VEN.CI.O.NA.LIS.MO, *s.m.*, modos sociais, hábitos, atitudes, etiquetas.
CON.VEN.CI.O.NAR, *v.t.*, acordar algo, estabelecer um ponto, contratar.
CON.VEN.CÍ.VEL, *adj.*, que pode ser convencido.
CON.VE.NI.A.DO, *adj.*, que é ou foi objeto de convênio.
CON.VE.NI.AR, *v.t.*, fazer um convênio, acordar, pactuar.
CON.VE.NI.ÊN.CIA, *s.f.*, proveito, vantagem, privilégio; serviços por 24 horas.
CON.VE.NI.EN.TE, *adj.*, vantajoso, útil, próprio.
CON.VÊ.NIO, *s.m.*, acordo, ajuste, acerto para fazer negócios.
CON.VEN.TO, *s.m.*, local em que moram e trabalham religiosos; casa de recolhimento e meditação.
CON.VEN.TU.AL, *adj.*, *s.m.*, próprio do convento; secção da ordem franciscana, cujos frades seguem alguns detalhes e se diferenciam dos outros: franciscanos menores e capuchinhos.
CON.VER.GÊN.CIA, *s.f.*, afluência, confluência, direção para ponto único.
CON.VER.GEN.TE, *adj.*, confluente, afluente, que se dirige à mesma direção.
CON.VER.GIR, *v.t. int.*, dirigir-se para o mesmo ponto, afluir, confluir.
CON.VER.SA, *s.f.*, colóquio, conversação, diálogo.
CON.VER.SA.ÇÃO, *s.f.*, ato ou efeito de conversar, conversa, fala, colóquio.
CON.VER.SA.DO, *adj.*, falado, referido, exposto.
CON.VER.SA.DOR, *adj.* e *s.m.*, falador, tagarela, falastrão.
CON.VER.SA-FI.A.DA, *s.f.*, conversa informal, conversa de pouco conteúdo, conversação sem sentido.
CON.VER.SÃO, *s.f.*, ato ou efeito de converter, mudar a crença, mudar uma ideia, mudar o rumo.
CON.VER.SAR, *v.t.* e *int.*, falar com outros, falar, discorrer.
CON.VER.SI.BI.LI.DA.DE, *s.f.*, aquilo que pode ser convertido.
CON.VER.SÍ.VEL, *adj.*, que se pode converter; *s.m.*, automóvel cuja capota pode ser levantada ou abaixada.
CON.VER.SI.VO, *adj.*, que pode ser convertido; que é mutável.
CON.VER.SOR, *adj.* e *s.m.*, que(m) muda, transformador, alterador.
CON.VER.TE.DOR, *adj.* e *s.m.*, que ou o que converte.
CON.VER.TER, *v.t.* e *pron.*, mudar, transformar, mudar a direção, a crença.
CON.VER.TI.BI.LI.DA.DE, *s.f.*, qualidade ou estado do que é convertível, do que é modificável; conversibilidade.
CON.VER.TI.DO, *adj.*, mudado, transformado.
CON.VER.TI.MEN.TO, *s.m.*, o mesmo que conversão.
CON.VER.TÍ.VEL, *adj. 2 gên.*, que se pode converter; conversível.
CON.VÉS, *s.m.*, superfície superior do navio.
CON.VES.CO.TE, *s.m.*, piquenique, passeio.
CON.VE.XI.DA.DE, *s.f.*, o que é convexo, curvatura exterior.
CON.VE.XO, *adj.*, com curvatura na parte externa.
CON.VIC.ÇÃO, *s.f.*, certeza, opinião.
CON.VIC.TO, *adj.*, convencido, certo, com opinião definitiva, persuadido, seguro.
CON.VI.DA.DO, *adj.*, *s.m.*, quem recebeu convite.
CON.VI.DAN.TE, *adj.*, que convida; convidativo.
CON.VI.DAR, *v.t.* e *pron.*, solicitar o comparecimento, pedir

para vir.
CON.VI.DA.TI.VO, *adj.*, atraente, sedutor, agradável, chamativo.
CON.VIN.CEN,TE, *adj.* e *s. 2 gên.*, que convence, quem convence, persuasivo.
CON.VIR, *v.t.* e *int.*, estar conforme, agradar, ser interessante, ser útil.
CON.VI.TE, *s.m.*, ato de convidar, solicitação.
CON.VI.VA, *s. 2 gên.*, quem atende a um convite, convidado.
CON.VI.VÊN.CIA, *s.f.*, vida em comum, vida com outros, convívio.
CON.VI.VEN.TE, *s. 2 gên.*, que(m) convive, quem vive em companhia de.
CON.VI.VER, *v. int.*, viver junto, viver em companhia, dar-se bem.
CON.VÍ.VIO, *s.m.*, convivência, vivência em conjunto.
CON.VI.ZI.NHAN.ÇA, *s.f.*, vizinhança comum, grupo de vizinhos em determinada rua ou prédio.
CON.VI.ZI.NHAR, *v.int.*, estar em convizinhança; ser convizinho; ter relações de vizinho; aproximar-se, avizinhar-se.
CON.VI.ZI.NHO, *s.m.*, vizinho comum, vizinho de outros vizinhos.
CON.VO.CA.ÇÃO, *s.f.*, ação de convocar, chamado.
CON.VO.CA.DO, *adj.*, convidado, intimado, chamado, requisitado.
CON.VO.CA.DOR, *adj.* e *s.m.*, que ou o que convoca.
CON.VO.CAR, *v.t.*, convidar, chamar, intimar.
CON.VO.CA.TÓ.RIA, *s.f.*, carta-circular ou ordem de convocação para determinada reunião.
CON.VO.CA.TÓ.RIO, *adj.*, que convoca, que chama, chamatório.
CON.VOS.CO, *pron.*, pronome pessoal - estar com vós, para vós, junto de vós.
CON.VUL.SÃO, *s.f.*, agitação, ataque dos músculos e nervos; desastre, cataclismo.
CON.VUL.SAR, *v. int.*, convulsionar, perturbar, incomodar, aborrecer.
CON.VUL.SI.O.NA.DO, *adj.*, agitado, provocado, revolucionado.
CON.VUL.SI.O.NAR, *v.t.*, agitar, provocar agitação, revolucionar.
CON.VUL.SI.VO, *adj.*, que se liga a convulsão, agitado, agitante.
CON.VUL.SO, *adj.*, em que há ou que denota convulsão; ver convulsivo.
CO.O.BRI.GA.ÇÃO, *s.f.*, uma de várias obrigações conjuntas.
CO.O.BRI.GA.DO, *adj.* e *s.m.*, quem possui obrigações com outro, que assumiu obrigação com outros.
CO.O.NES.TAR, *v.t.*, dar aparência de honesto, fazer crer que é honesto.
CO.O.PE.RA.ÇÃO, *s.f.*, ajuda mútua, colaboração, trabalho conjunto.
CO.O.PE.RA.DO, *s.m.*, sócio de uma cooperativa.
CO.O.PE.RA.DOR, *adj.* e *s.m.*, que(m) coopera, colaborador.
CO.O.PE.RAN.TE, *adj.* e *s.m.*, que ou aquele que coopera.
CO.O.PE.RAR, *v. int.*, trabalhar em conjunto, ajudar, colaborar.
CO.O.PE.RA.TI.VA, *s.f.*, associação de pessoas com interesses comuns, que pretendem obter melhores preços.
CO.O.PE.RA.TI.VA.DO, *s.m.*, membro de cooperativa; o mesmo que cooperado.
CO.O.PE.RA.TI.VIS.MO, *s.m.*, ideia econômica que defende a implantação de cooperativas, como maneira de tornar o comércio melhor e mais rentável para todos os seus usuários.
CO.O.PE.RA.TI.VIS.TA, *s. 2 gên.*, associado de cooperativa, cooperador.
CO.O.PE.RA.TI.VA.ÇÃO, *s.f.*, transformação (de empresa, entidade, agrupamento ou serviço) em cooperativa.
CO.O.PE.RA.TI.VO, *adj.*, que coopera, colaborativo.
CO.OP.TA.ÇÃO, *s.f.*, persuasão, atração, convencimento.
CO.OP.TA.DO, *adj.*, arrastado, atraído, persuadido.
CO.OP.TA.DOR, *adj.*, que coopta; *s.m.*, o que coopta.
CO.OP.TAR, *v.t.*, trazer para um organismo por convencimento, persuadir a fazer algo, carregar para o seu lado, atrair para o seu partido.
CO.OP.TÁ.VEL, *adj. 2 gên.*, que se pode cooptar.
CO.OR.DE.NA.ÇÃO, *s.f.*, ato ou efeito de coordenar(-se); ato metódico de organização que estabelece relação recíproca entre coisas em que esse método se exerce.
CO.OR.DE.NA.DA, *s.f.*, linha imaginária que ajuda a localizar um ponto no espaço; rumo, direção; na Gramática, a oração coordenada se liga a outra, mantendo-se independente, pois as duas são iguais.
CO.OR.DE.NA.DAS, *s.f.* e *pl.*, em Geometria, as abscissas e as ordenadas por que passa um ponto de uma linha ou de uma superfície.
CO.OR.DE.NA.DO, *adj.*, liderado, ajustado, organizado, ordenado.
CO.OR.DE.NA.DOR, *s.m.*, quem coordena, líder, dirigente.
CO.OR.DE.NA.DO.RI.A, *s.f.*, atividade ou cargo de coordenador.
CO.OR.DE.NAR, *v.t.* e *pron.*, classificar, organizar, ordenar, dirigir.
CO.OR.DE.NA.TI.VO, *adj.*, que coordena, que liga, que une; as conjunções coordenadas que, ligando orações de igual valor, têm valor coordenativo.
CO.OR.TE, *s.f.*, grupo de pessoas, grupo de soldados, conjunto de seres.
CO.PA, *s.f.*, cômodo da casa contíguo à cozinha; parte superior dos ramos das árvores; taça, torneio esportivo que oferece um troféu ao vencedor.
CO.PA.ÇO, *s.m.*, copo grande, copázio.
CO.PA.DA, *s.f.*, a copa grande de uma árvore, copa.
CO.PA.DO, *adj.*, que tem copa ou grande ramagem no cimo; frondoso; que tem forma de copa.
CO.PA.GEM, *s.f.*, copa das árvores.
CO.PAL, *adj. 2 gên.*, diz-se de resinas vítreas, ou espécie de goma, extraídas de diversas árvores tropicais.
CO.PAR, *v. int.*, formar copa em, dar uma copa.
CO.PAR.TI.CI.PA.ÇÃO, *s.f.*, participação conjunta, participação associada.
CO.PAR.TI.CI.PAN.TE, *s. 2 gên.*, quem participa junto, que faz companhia em um negócio.
CO.PAR.TI.CI.PAR, *v. int.*, estar na mesma atividade, associar-se para um mesmo fim.
CO.PAR.TÍ.CI.PE, *s. 2 gên.*, cada um dos participantes de um plano de ação; coparticipante.
CO.PAS, *s.f.*, *pl.*, naipe do baralho, representado por um coração vermelho.
CO.PA.TRO.CI.NAR, *v.t.*, patrocinar em conjunto.
CO.PÁ.ZIO, *s.m.*, grau aumentativo de copo; copo grande.
CO.PEI.RA, *s.f.*, mulher que serve à mesa, serviçal caseira.
CO.PEI.RA.GEM, *s.f.*, quantidade de copeiros, conjunto

COPEIRO — **CORCOVEIO**

dos copeiros.

CO.PEI.RO, *s.m.*, serviçal doméstico para servir à mesa; quem cuida da copa.

CO.PE.QUE, *s.m.*, moeda russa na divisão do rublo.

CÓ.PIA, *s.f.*, reprodução fiel de algo, imitação.

CO.PI.A.DO, *adj.*, reproduzido, imitado, plagiado, fotocopiado.

CO.PI.A.DOR, *s.m.*, quem copia, copista, imitador, plagiador.

CO.PI.A.DO.RA, *s.f.*, máquina que tira cópias, máquina que reproduz textos e figuras; fotocopiadora.

CO.PI.A.GEM, *s.f.*, operação de copiar.

CO.PI.ÃO, *s.m.*, em Cinema, primeira cópia de um negativo sem corte, que servirá de guia para montagem ou edição de um filme.

CO.PI.AR, *v.t.*, fazer cópia, transcrever, reproduzir; *s.m.*, varanda anexa à casa.

CO.PI.DES.QUE, *s.m.*, revisão de um texto para ser usado em trabalhos de editoração; parte da editora em que se executa esse serviço.

CO.PI.LA.ÇÃO, *s.f.*, compilação, escrita, composição, redação.

CO.PI.LA.DO, *adj.*, compilado, escrito, que reúne várias formas.

CO.PI.LAR, *v.t.*, escrever, compilar, reunir escritos, compor.

CO.PI.LO.TO, *s.m.*, piloto ajudante, quem ajuda na direção de algo.

CO.PI.O.GRA.FAR, *v.t.*, reproduzir por meio do copiógrafo.

CO.PI.O.GRÁ.FI.CO, *adj.*, relativo a copiografia.

CO.PI.O.SI.DA.DE, *s.f.*, abundância, fartura, fertilidade, grande quantidade.

CO.PI.O.SO, *adj.*, abundante, fértil, farto.

CO.PIS.TA, *s. 2 gên.*, quem copia, quem transcreve textos.

COPYRIGHT (ING), *s.m.*, ing., direito comprado, na forma da lei, para reproduzir, copiar algum produto de outrem; marca, franquia.

CO.PO, *s.m.*, recipiente arredondado para água, de vidro ou cristal.

CO.PO-DE-LEI.TE, *s.m.*, tipo de flor branca, com formato de taça funda.

CO.PRO.DU.ÇÃO, *s.f.*, ato de produzir em conjunto com outro(s) produtor(es).

CO.PRO.DU.TOR, *s.m.*, cada um dos produtores responsáveis pela produção de um.

CO.PRO.DU.ZIR, *v.t.*, produzir juntamente com outro(s).

CO.PRO.FA.GI.A, *s.f.*, em Zoologia, modo de alimentação dos animais que se nutrem de excrementos; escatofagia.

CO.PRO.FO.BI.A, *s.f.*, em Psiquiatria, aversão mórbida a fezes e ao ato de defecar.

CO.PRÓ.LI.TO, *s.m.*, em Paleontologia, excremento fossilizado de animais.

CO.PRO.MO.TOR, *s.m.*, cada um de dois ou mais promotores que trabalham em conjunto.

CO.PRO.PRI.E.DA.DE, *s.f.*, posse conjunta de um bem por parte de duas ou mais pessoas.

CO.PRO.PRI.E.TÁ.RIO, *s.m.*, quem é proprietário junto com alguém; sócio.

CO.PRO.TE.TOR, *s.m.*, o que protege juntamente com outrem.

COP.TA, *s. 2 gên.*, língua falada em algumas regiões do Egito, e que se perpetuou em diversos escritos bíblicos, como em alguns evangelhos apócrifos.

CÓ.PU.LA, *s.f.*, reunião, união, coito, relação sexual.

CO.PU.LA.ÇÃO, *s.f.*, união, coito, reunião, ação de copular, acasalamento.

CO.PU.LAR, *v.t. e int.*, ligar, unir, atar, manter relação sexual, acasalar.

CO.PU.LA.TI.VO, *adj.*, que se une, que se liga, unitivo.

CO.QUE, *s.m.*, golpe com os dedos de uma mão fechada, cocorote, cascudo; tipo de penteado; resíduo do carvão mineral.

CO.QUEI.RAL, *s.m.*, grupo de coqueiros.

CO.QUEI.RO, *s.m.*, tipo de palmeira que produz cocos.

CO.QUE.LU.CHE, *s.f.*, tosse comprida, tosse que dura muito tempo; *fig.*, ídolo popular, quem merece as preferências.

CO.QUE.TE, *s.f.*, mulher que se arruma muito bem para ser admirada; mulher que só cuida dos aspectos físicos; *fig.*, frívola, leviana.

CO.QUE.TEL, *s.m.*, reunião com serviço de bebidas; mistura de várias bebidas; tipo de bebida composta por outros vários tipos.

CO.QUE.TE.LA.RI.A, *s.f.*, arte de preparar coquetéis.

CO.QUE.TE.LEI.RA, *s.f.*, recipiente próprio para preparar e servir coquetéis.

CO.QUE.TIS.MO, *s.m.*, atitude de uma coquete, frivolidade, leviandade, exibicionismo.

COR^1, *s.m.*, entra na *expron.*, *adv.*: saber de cor - de memória, decorado, memorizado.

COR^2, *s.f.*, reflexão do arco-íris; reflexão das sete cores fundamentais; reflexo do preto e branco; aspecto, realce, coloração, pigmentação, matiz.

CO.RA.ÇÃO, *s.m.*, em Anatomia, órgão central da circulação do sangue, centro, âmago, cerne; *fig.*, o centro dos sentimentos, amor, afeto, carinho, amizade, intimidade.

CO.RA.DO, *adj.*, que tem cor, faces avermelhadas.

CO.RA.DOU.RO, *s.m.*, local em que se coloca a roupa lavada a corar, a alvejar.

CO.RA.GEM, *s.f.*, ousadia, energia de enfrentar tudo sem medo.

CO.RA.JO.SO, *adj.*, valente, destemido, ousado, valoroso.

CO.RAL, *s.m.*, formações de minúsculos seres sobrepostos no mar; grupo de cantores; cobra-coral.

CO.RA.LI.NO, *adj.*, relativo ao coral, próprio do coral.

CO.RA.LIS.TA, *s. 2 gên.*, pessoa que canta num coro; corista. *adj. 2 gên.*, de ou próprio de coralista.

CO.RA.MI.NA, *s.f.*, substância usada para estimular o coração e as vias respiratórias.

CO.RAN.TE, *adj.*, que dá cor, que tinge; substância química para tingir.

CO.RÃO, *s.m.*, alcorão, livro sagrado da religião muçulmana, com as leis e visões dadas por Maomé.

CO.RAR, *v.t., int. e pron.*, dar cor a, tingir, colorir; quarar; ficar vermelho, enrubescer, ficar envergonhado.

COR.BE.LHA, *s.f.*, cesta com arranjo de flores, frutas, açafate.

COR.ÇA, *s.f.*, fêmea do corço, fêmea do veado.

COR.CEL, *s.m.*, cavalo, cavalo que se usa em corridas.

COR.ÇO, *s.m.*, veado de tamanho pequeno e chifres curtos; veado de tamanho pequeno.

COR.CO.VA, *s.f.*, corcunda giba; defeito físico que mostra saliência nas costas ou no peito.

COR.CO.VA.DO, *adj.*, que possui uma corcova.

COR.CO.VE.AN.TE, *adj. 2 gên.*, que corcoveia, que dá corcovos, saltos e contorções.

COR.CO.VE.AR, *v. int.*, pular, saltar, dar pinotes; *fig.*, estar muito irritado.

COR.CO.VEI.O, *s.m.*, salto dado por animal, ger. cavalo, arqueando o dorso para cima; pinote.

COR.CO.VO, *s.m.*, pinote, pulo de cavalo.
COR.CUN.DA, *s.f.*, curva anormal da coluna dorsal; cacunda, corcova.
COR.DA, *s.f.*, cabo, fios entrelaçados formando um fio grosso.
COR.DA.DO, *adj.*, relativo aos cordados; espécime dos cordados, filo que inclui, além dos vertebrados; *s.m.*, filo do reino animal caracterizado pela presença de uma notocorda e de fendas branquiais em ao menos uma das fases da vida.
COR.DA.GEM, *s.f.*, o mesmo que cordame.
COR.DA.ME, *s.m.*, muitas cordas, cabos.
COR.DÃO, *s.m.*, corda fina; corrente de ouro usada ao pescoço.
COR.DA.TO, *adj.*, que concorda, sensato, cauteloso, prudente.
COR.DE.A.DO, *adj.*, que se cordeou.
COR.DE.AR, *v.t.*, medir com corda; alinhar com corda; marcar com cordel.
COR.DEI.RA, *s.f.*, ovelha, ovelha nova, fêmea de cordeiro; *fig.*, pessoa mansa e pacífica.
COR.DEI.RO, *s.m.*, filhote de carneiro e ovelha, anho.
COR.DEL, *s.m.*, corda fina, barbante, embira; folheto de cordel; poemas romanceados, lavrados no Nordeste brasileiro, enfocando façanhas de pessoas, de modo geral, de improviso.
COR.DE.LIS.TA, *adj. 2 gên.*, relativo à literatura de cordel, às suas obras e técnicas; diz-se de quem compõe cordéis; *s. 2 gên.*, aquele que compõe literatura de cordel, escrevendo ou publicando essas narrativas.
COR-DE-RO.SA, *adj.*, com cor rosa; rosado, róseo.
COR.DI.AL, *adj.*, carinhoso, amigo, sincero, cortês, gentil.
COR.DI.A.LI.DA.DE, *s.f.*, afetuosidade, amizade, lhaneza, cortesia, gentileza.
COR.DI.FOR.ME, *adj.*, que tem forma de coração.
COR.DI.LHEI.RA, *s.f.*, cadeia, sequência de montanhas, serras.
COR.DO.A.LHA, *s.f.*, conjunto das cordas de um navio.
COR.DO.A.RI.A, *s.f.*, fábrica ou local de venda de cordas.
COR.DO.EI.RO, *s.m.*, que fabrica ou negocia cordas.
COR.DU.RA, *s.f.*, qualidade de quem é cordato, mansidão, calma.
CO.RÉ, *s.m.*, *reg.*, de origem açoriana, porco capado para engorda.
CO.RE.A.NO, *adj. e s.m.*, natural, habitante, referente à Coreia; coreano do Norte e coreano do Sul.
CO.REI.A, *s.f.*, tipo de dança; doença que leva o indivíduo a praticar movimentos bruscos, sobretudo com os ombros e quadris.
CO.RE.O.GRA.FAR, *v.t.*, fazer coreografia; criar, conceber ou desenvolver coreografia de uma obra.
CO.RE.O.GRA.FI.A, *s.f.*, a especialidade de criar movimentos para bailados; os passos a serem dados em um bailado; a arte de mostrar uma ideia por dança.
CO.RE.O.GRÁ.FI.CO, *adj.*, que se refere a coreografia.
CO.RE.Ó.GRA.FO, *s.m.*, quem desenvolve coreografias, especialista em coreografias.
CO.RE.TO, *s.m.*, coro pequeno, construção no meio das praças para apresentação de bandas, orquestras e corais.
COR.GO, *s.m.*, córrego, arroio, riacho, regato.
CO.RI.Á.CEO, *adj.*, que é feito de couro, parecido com o couro.
CO.RI.A.MA, *s.f.*, coriamas, arreios, apetrechos de couro com que se atrelam os cavalos nas carroças.
CO.RI.FEU, *s.m.*, em Teatro, regente dos cânticos executados pelo coro; *fig.*, chefe; diretor; líder; mestre; pessoa que chefia uma seita; líder de partido ou sociedade, etc.
CO.RIM.BA, *s.f.*, nos cultos afro-brasileiros, cântico com que se homenageiam ou se evocam os orixás.
CO.RIN.GA, *s.f.*, pequena vela; *s.m.*, carta que substitui qualquer outra no jogo de baralho; *fig.*, pessoa que substitui outras com facilidade.
CO.RÍN.TIO, *adj.*, relativo a Corinto; em Arquitetura, diz-se de uma das três ordens da arquitetura grega clássica; *s.m.*, nascido na cidade de Corinto.
CO.RIS.CA.ÇÃO, *s.f.*, ação ou efeito de coriscar; brilho, faiscação.
CO.RIS.CAR, *v. int.*, faiscar, brilhar, brilho do relâmpago.
CO.RIS.CO, *s.m.*, relâmpago, raio; *fig.*, algo muito rápido, veloz.
CO.RIS.TA, *s. 2 gên.*, pessoa que participa de um coro, de um coral; *s.f.*, pessoa que participa de espetáculo de teatro de revista.
CO.RI.ZA, *s.f.*, inflamação da mucosa nasal, escorrimento, secreção de muco.
COR.JA, *s.f.*, cambada, súcia, malta, caterva.
COR.NA.CA, *s.f.*, guia, condutor de elefantes.
COR.NA.ÇO, *s.m.*, chifre grande.
COR.NA.DA, *s.f.*, chifrada, pancada com o corno de um animal.
COR.NA.GEM, *s.f.*, respiração difícil e sibilante; pieira; buzinagação.
COR.NE, *s.m.*, trompa, um tipo de oboé.
CÓR.NEA, *s.f.*, membrana transparente na parte anterior do olho e que pode ser transplantada de uma pessoa para outra.
COR.NE.A.DO, *adj.*, chifrado, galhado; *pop.*, marido traído.
COR.NE.AR, *v.t.*, dar uma chifrada; *pop.*, trair o cônjuge no matrimônio, ser infiel.
CÓR.NEO, *adj.*, referente ao corno, rígido como chifre, duro como corno.
CÓR.NER, *s.m.*, escanteio, tiro de uma bola que saiu no fundo do campo e o jogador chuta do campo para a frente da trave.
COR.NE.TA, *s.f.*, instrumento de sopro, clarim, buzina.
COR.NE.TA.DA, *s.f.*, toque de corneta.
COR.NE.TE.AR, *v.t. e int.*, tocar corneta.
COR.NE.TEI.RO, *s.m.*, quem toca a corneta; *fig.*, falador, fofoqueiro.
COR.NE.TIM, *s.m.*, pequena corneta, instrumento de sopro.
COR.NI.CHO, *s.m.*, pequeno corno, tentáculo de insetos.
COR.NÍ.FE.RO, *adj.*, que tem chifres, cornígero, cornudo.
COR.NI.FOR.ME, *adj.*, que tem forma de corno.
COR.NÍ.GE.RO, *adj.*, cornífero, que tem chifres.
COR.NI.JA, *s.f.*, moldura saliente para dar acabamento na parte superior de portas, janelas e paredes de madeira.
COR.NO, *s.m.*, chifre; *pop.*, marido traído pela esposa.
COR.NU.CÓ.PIA, *s.f.*, vaso com forma de chifre, ostentando flores, frutas; em outros tempos, era o símbolo da fertilidade; hoje, da agricultura e do comércio.
COR.NU.DO, *adj.*, que tem chifres grandes, chifrudo; *fig.*, marido traído pela esposa.
CO.RO, *s.m.*, grupo de pessoas que se reúnem para cantar; coral; nos templos, recinto para o coral se apresentar aos fiéis.
CO.RO.A, *s.f.*, joia de forma circular que os reis põem na cabeça para ostentar o seu poder; conserto de dente; arranjo de flores em forma ovalada, para defuntos; *pop.*, pessoa que já ultrapassou a mocidade cronologicamente.
CO.RO.A.ÇÃO, *s.f.*, ação de coroar, solenidade que marca a sagração de um novo rei.
CO.RO.A.DO, *adj.*, que tem coroa na cabeça, pessoa

importante.

CO.RO.A.MEN.TO, s.m., o mesmo que coroação; em Arquitetura, adorno no alto de um edifício; remate.

CO.RO.AR, v.t. e pron., colocar a coroa em; eleger, aclamar, tornar rei, pontifice; premiar, terminar um trabalho com êxito.

CO.RO.CA, adj., gagá, caduco, muito velho, decrépito.

CO.RO.GRA.FI.A, s.f., levantamento e estudo de uma região, detalhando todos os pontos do relevo e aspectos visíveis para conhecimento geral.

CO.RO.GRÁ.FI.CO, adj., que se refere a corografia.

CO.RO.I.NHA, s.m., acólito, menino que serve o sacerdote durante a missa; s. 2 gên., menina que ajuda o celebrante na missa.

CO.RO.LA, s.f., o todo das pétalas de uma flor.

CO.RO.LÁ.CEO, adj., que tem a aparência de corola.

CO.RO.LÁ.RIO, s.m., resultado, demonstração segura de algo já provado.

CO.RO.NA, s.f., em Botânica, linha de apêndices nas corolas de numerosas plantas; em Arquitetura, bloco ornamental saliente ou relevo, usados nas interseções, em abóbadas góticas ou painéis de teto, etc.

CO.RO.NAL, adj., que tem forma ou semelhança com uma coroa, que apresenta formato de coroa.

CO.RO.NÁ.RIA, s.f., cada uma das artérias que levam sangue ao coração.

CO.RO.NEL, s.m., oficial do Exército ou da Polícia Militar; fazendeiro rico e dominador; caudilho.

CO.RO.NEL-A.VI.A.DOR, s.m., cargo na hierarquia da Aeronáutica, patente de oficial da Aeronáutica.

CO.RO.NE.LA.TO, s.m., posto ou dignidade de coronel.

CO.RO.NE.LIS.MO, s.m., em Política, sistema político-social vigente no Brasil interiorano do fim do Império e da Primeira República, com base nas oligarquias dos coronéis latifundiários.

CO.RO.NE.LIS.TA, adj. 2 gên. e s. 2 gên., que ou a pessoa partidária do coronelismo.

CO.RO.NHA, s.f., parte de arma de fogo, na qual se pega para atirar.

CO.RO.NHA.DA, s.f., golpe com a coronha.

COR.PA.ÇO, s.m., corpo grande; corpanzil; corpo de feições belas e harmoniosas.

COR.PAN.ZIL, s.m., corpo grande, corpaço.

COR.PÃO, s.m., o mesmo que corpaço.

COR.PE.TE, s.m., corpinho, blusa para o peito feminino.

COR.PO, s.m., tudo que ocupa algum espaço, objeto sólido; estrutura física humana ou animal; a parte principal de máquinas, de construções, textos; fig., grupo de pessoas; na filosofia platônica, oposição a alma.

COR.PO A COR.PO, s.m., luta diária, luta corporal, combates constantes.

COR.PO DA GUAR.DA, s.m., o grupo principal de guardas em um ambiente.

COR.PO.RA.ÇÃO, s.f., grupo de pessoas associadas com normas únicas; associação; na Idade Média, grupo de pessoas com a mesma profissão, ordem, associação.

COR.PO.RAL, adj., referente ao corpo.

COR.PO.RA.LI.DA.DE, s.f., qualidade de algo que tem corpo.

COR.PO.RA.LI.ZAR, v.t., transformar em corpo, colocar em um corpo.

COR.PO.RA.TI.VIS.MO, s.m., sistema que privilegia as corporações.

COR.PO.RA.TI.VIS.TA, s. 2 gên., quem defende as corporações, adepto de corporações.

COR.PO.RA.TI.VO, adj., que se associa a corporações, que atua em prol das corporações.

COR.PÓ.REO, adj., corporal, material, dentro de um corpo sólido.

COR.PO.RI.FI.CA.ÇÃO, s.f., ato ou efeito de corporificar.

COR.PO.RI.FI.CA.DOR, adj. e s.m., que ou aquele que corporifica.

COR.PO.RI.FI.CAR, v.t. e pron., dar corpo a, colocar em um corpo.

COR.PO.RI.FOR.ME, adj., que tem forma de corpo.

COR.PU.LÊN.CIA, s.f., corpo muito grande, pessoa corpulenta.

COR.PU.LEN.TO, adj., que tem um corpo grande, agigantado.

COR.PÚS.CU.LO, s.m., corpo pequeno, corpinho, unidade mínima de matéria.

COR.RA.DI.CAL, adj., que tem a mesma raiz, congênito, corradicial.

COR.RÉ, s.f., mulher participante de um crime, sendo julgada com os demais malfeitores.

COR.RE.A.ME, s.m., coriama, conjunto de correias de equipamentos à base de couro.

COR.RE.ÃO, s.m., correia grande, correia maior.

COR.RE.ÇÃO, s.f., ação ou efeito de corrigir, emenda, conserto; pena, castigo.

COR.RE.CI.O.NAL, adj., que corrige, que emenda, que reeduca.

COR.RE-COR.RE, s.m., correria, azáfama, grande afã, afobação, ansiedade por fazer uma obra.

COR.RE.DEI.RA, s.f., desnível no leito de um rio de montanha, no qual as águas correm com mais velocidade; termo indígena - itoupawa.

COR.RE.DI.ÇA, s.f., peça de metal ou outro material colocada sob gavetas, portas ou outras peças, para promover seu deslizamento fácil e seguro.

COR.RE.DI.ÇO, adj., escorregadio, que desliza com facilidade, que corre bem.

COR.RE.DOR, s.m., quem corre; atleta que corre para receber troféu; acesso interno aos quartos nas residências.

COR.RE.DU.RA, s.f., líquido que adere à medida e corre em prejuízo do comprador.

COR.RE.GE.DOR, s.m., profissional da justiça, polícia, de assembleias, tribunais, escolhido para verificar abusos e emendar erros de colegas da corporação.

COR.RE.GE.DO.RI.A, s.f., função, cargo ou posição de corregedor, corpo de corregedores.

COR.RE.GÊN.CIA, s.f., regência exercida simultaneamente por diversos.

COR.RE.GEN.TE, s.m., aquele que é regente ao mesmo tempo que outro ou outros.

COR.RE.GER, v.t., o mesmo que corrigir, consertar.

CÓR.RE.GO, s.m., riacho, arroio, regato, ribeiro, rego.

COR.REI.A, s.f., tira de couro para amarrar; no carro, tira metálica para puxar, movimentar peças do motor.

COR.REI.ÇÃO, s.f., correção, ação ou efeito de corrigir; visita do corregedor para verificações; fila de formigas carregadeiras.

COR.REI.O, s.m., órgão público que movimenta a correspondência e as encomendas das pessoas e entidades.

COR.RE.LA.ÇÃO, s.f., relação recíproca entre duas pessoas ou coisas; analogia, semelhança.

CORRELACIONADO — CORRUPTELA

COR.RE.LA.CI.O.NA.DO, *adj.*, ligado, relacionado, mútuo, intercambiado.
COR.RE.LA.CI.O.NAR, *v.t.*, ligar, relacionar duas pessoas entre si.
COR.RE.LA.CI.O.NÁ.VEL, *adj. 2 gên.*, que se pode correlacionar.
COR.RE.LA.TAR, *v.t.*, pôr em mútua relação, estabelecer relação entre.
COR.RE.LA.TI.VI.DA.DE, *s.f.*, qualidade ou estado do que é correlativo.
COR.RE.LA.TI.VO, *adj. e s.m.*, que ou o que apresenta correlação.
COR.RE.LA.TO, *adj.*, junto, que está ao lado, correlacionado.
COR.RE.LI.GI.O.NÁ.RIO, *s.m.*, companheiro, colega, partidário, que tem as mesmas convicções.
COR.REN.TE, *adj.*, que corre, usual, comum, diário; *s.f.*, correnteza, caudal, rio de montanha; energia elétrica; correia de elos metálicos.
COR.REN.TE.MEN.TE, *adv.*, de modo corrente, comum.
COR.REN.TE.ZA, *s.f.*, rio de montanha, caudal, corrente, ponto do rio em que as águas correm mais depressa.
COR.REN.TIS.TA, *s. 2 gên.*, quem tem uma conta bancária.
COR.REN.TO.SO, *adj.*, que tem forte corrente ou correnteza: ribeiro correntoso.
COR.RER, *v. int.*, andar com velocidade, caminhar depressa.
COR.RE.RI.A, *s.f.*, confusão, baderna, corrida confusa e ruidosa.
COR.RES.PON.DÊN.CIA, *s.f.*, aceitação mútua entre duas pessoas; remessa de cartas, telegramas, fax.
COR.RES.PON.DEN.TE, *adj.*, próprio, adequado; *s.m.*, quem manda correspondência, quem escreve; jornalista, repórter.
COR.RES.PON.DER, *v.t., int. e pron.*, correlacionar-se com alguém, ser adequado, relacionar-se com outrem, satisfazer às expectativas.
COR.RES.PON.DI.DO, *adj.*, que se corresponde, que encontra correspondência.
COR.RES.PON.SA.BI.LI.DA.DE, *s.f.*, responsabilidade compartilhada, responsabilidade dividida com outrem.
COR.RES.PON.SA.BI.LI.ZAR-SE, *v.pron.*, tornar-se corresponsável em.
COR.RES.PON.SÁ.VEL, *adj.*, que tem responsabilidade em conjunto com alguém.
COR.RE.TA.GEM, *s.f.*, serviço de corretor, trabalho de corretor.
COR.RE.TA.MEN.TE, *adv.*, de um modo correto, sem erros, conforme as regras.
COR.RE.TAR, *v. int.*, prestar trabalhos de corretor, intermediar um serviço entre uma empresa e um cliente.
COR.RE.TIS.MO, *s.m.*, procedimento correto, correção.
COR.RE.TI.VO, *adj., s.m.*, que corrige; líquido para apagar algo errado; castigo.
COR.RE.TO, *adj.*, exato, certo, justo, corrigido, acertado.
COR.RE.TOR, *s.m.*, quem corrige; vendedor de imóveis ou seguros.
COR.RE.TO.RA, *s.f.*, empresa financeira que atua no mercado de capitais; mulher que exerce o cargo de corretor.
COR.RÉU, *s.m.*, participante de um mesmo crime, no ato de julgamento.
COR.RI.DA, *s.f.*, ação de correr, competição de rapidez com atletas, carros, cavalos; busca desenfreada de pessoas em alguma liquidação de mercadorias; o tanto que o táxi cobra pelo transporte.
COR.RI.DE.LA, *s.f., pop.*, corrida.
COR.RI.DI.NHA, *s.f., fam.*, pequena corrida.
COR.RI.DO, *adj.*, que correu, que foi corrido, que passou, enxotado.
COR.RI.GEN.DA, *s.f.*, correção, errata, emenda, admoestação, reprimenda.
COR.RI.GI.BI.LI.DA.DE, *s.f.*, possibilidade de corrigir, ação de conserto.
COR.RI.GI.DO, *adj.*, que se corrigiu; consertado; reparado.
COR.RI.GIR, *v.t. e pron.*, consertar, reparar, emendar, acertar, retificar; castigar.
COR.RI.GÍ.VEL, *adj.*, reparável, retificável, que pode ser castigado.
COR.RI.MÃO, *s.m.*, apoio que acompanha a escada para colocar a mão.
COR.RI.MEN.TO, *s.m.*, secreção, escorrimento de fluidos de algum órgão do corpo humano.
COR.RI.O.LA, *s.f.*, arruaça, corja, bando, quadrilha, cambada.
COR.RI.QUEI.RI.CE, *s.f.*, trivialidade, banalidade, usualidade.
COR.RI.QUEI.RO, *adj.*, comum, usual, trivial, banal, diário.
COR.RO.BO.RA.ÇÃO, *s.f.*, argumentação, confirmação, consentimento.
COR.RO.BO.RA.DO, *adj.*, reforçado, argumentado, ajudado.
COR.RO.BO.RAN.TE, *adj.*, que corrobora, que dá forças.
COR.RO.BO.RAR, *v.t. e pron.*, reforçar, argumentar, confirmar.
COR.RO.BO.RA.TI.VO, *adj.*, que corrobora.
COR.RO.DEN.TE, *adj.*, que corrói.
COR.RO.ER, *v.t.*, roer aos poucos, gastar, danificar, carcomer, destruir aos poucos.
COR.RO.Í.DO, *adj.*, carcomido, gasto, puído, roto.
COR.ROM.PE.DOR, *adj. e s.m.*, o mesmo que corruptor.
COR.ROM.PER, *v.t. e pron.*, estragar, apodrecer, perverter, depravar.
COR.ROM.PI.DO, *adj.*, apodrecido, estragado, pervertido, depravado.
COR.ROM.PI.MEN.TO, *s.m.*, corrupção, depravação, perversão.
COR.RO.SÃO, *s.f.*, ação ou efeito de corroer, desgaste, ferrugem.
COR.RO.SI.BI.LI.DA.DE, *s.f.*, a qualidade de ser corrosível ou corrosivo.
COR.RO.SÍ.VEL, *adj.*, que pode ser corroído, deturpável.
COR.RO.SI.VI.DA.DE, *s.f.*, qualidade daquilo que é corrosivo.
COR.RO.SI.VO, *adj.*, que corrói, que enferruja e destrói, destrutivo.
COR.RU.ÇÃO, *s.f.*, o mesmo que corrupção.
COR.RU.GA.DO, *adj.*, que tem rugas, enrugado, com pregas na pele.
COR.RU.GAR, *v. int.*, criar rugas, enrugar, fazer pregas na pele.
COR.RU.Í.RA, *s.f.*, nome de uma ave comum na fauna brasileira.
COR.RUP.ÇÃO, *s.f.*, ato ou efeito de corromper, depravação, destruição moral, devassidão, negociata de favores em repartições governamentais em troca de pagamentos.
COR.RU.PI.ÃO, *s.m.*, ave canora que imita o canto de outras aves.
COR.RU.PI.AR, *v. int.*, rodopiar, rodar em grande velocidade.
COR.RU.PI.O, *s.m.*, brincadeira infantil, na qual duas crianças de mãos dadas rodam em alta velocidade.
COR.RUP.TE.LA, *s.f.*, pequena corrupção, pequeno erro, engano; var., corrutela.

CORRUPTÍVEL   ··· 263 ···   COSEDURA

COR.RUP.TÍ.VEL, *adj.*, que pode ser corrompido, que se deixa fraudar; var., corrutível.

COR.RUP.TO, *adj.*, corrompido, pervertido, devasso; var., corruto.

COR.RUP.TOR, *s.m.*, quem corrompe, que(m) perverte; var., corrutor.

COR.SÁ.RIO, *s.m.*, quem pratica o corso, piratiaria, assalto a navios para roubá-los; *s.f.*, calça feminina com enfeites, que alcança os joelhos.

CÓR.SI.CO, *adj.*, relativo à Ilha de Corsa, no Mediterrâneo, pertencente à França.

COR.SO, *adj.*, *s.m.*, pirataria, apressamento de navios para pilhá-los, ataque e roubo de valores em navios mercantes; habitante ou relativo à Ilha de Corsa, onde nasceu Napoleão Bonaparte.

COR.TA.DA, *s.f.*, no Esporte, jogada de ataque, que consiste em dar pancada forte na bola (vôlei, tênis, pingue-pongue); rua pequena ou passagem entre vias preferenciais e maiores; travessa.

COR.TA.DEI.RA, *s.f.*, máquina para cortar vários objetos, carretilha.

COR.TA.DE.LA, *s.f.*, pequeno corte, corte de raspão.

COR.TA.DO, *adj.*, que recebeu um corte, decepado, destacado, afastado.

COR.TA.DOR, *adj.* e *s.m.*, que(m) corta, decepador, talhador.

COR.TA.DU.RA, *s.f.*, ato ou efeito de cortar.

COR.TA.MEN.TO, *s.m.*, ação ou efeito de cortar, corte.

COR.TAN.TE, *adj.*, afiado, com muito corte.

COR.TA-PA.PEL, *s.m.*, utensílio de madeira ou de osso, ou de outra substância, em forma de faca e próprio para cortar papel dobrado.

COR.TAR, *v.t.*, *int.* e *pron.*, decepar, separar com objeto afiado, ferir, dividir, reduzir, tolher; cruzar, atravessar águas, fazer parar; no jogo de baralho, dividi-lo em duas partes.

COR.TÁ.VEL, *adj. 2 gên.*, que se pode cortar; seccionável.

COR.TA-VEN.TO, *s.m.*, moinho de vento; em Ornitologia, ave caradriídea da América do Sul; narceja.

COR.TE, (ó) *s.m.*, ação ou efeito de cortar; talho com instrumento cortante, incisão, fio, supressão; pedaço de tecido para confeccionar uma vestimenta.

COR.TE, (ô) *s.f.*, residência de reis e de todas as pessoas que nela trabalham; palácio, paço, o grupo de cortesãos que rodeia o soberano; galanteio, palavras de agrado a alguém; tribunal de justiça.

COR.TE.JA.DO, *adj.*, namorado, galanteado, cumprimentado, bajulado.

COR.TE.JA.DOR, *s.m.*, quem namora, galanteador, quem quer namorar alguém.

COR.TE.JAR, *v.t.*, cumprimentar, elogiar, fazer a corte a, pretender namorar.

COR.TE.JO, *s.m.*, séquito, acompanhamento, grupo de pessoas.

COR.TÊS, *adj.*, educado, fino, gentil, polido.

COR.TE.SÃ, *s.f.*, prostituta, meretriz, rameira que vive no luxo, coquete de luxo.

COR.TE.SÃO, *adj.*, *s.m.*, relativo à corte, quem vive na corte, palaciano, bajulador.

COR.TE.SI.A, *s.f.*, gentileza, nobreza, educação, polidez.

CÓR.TEX, *s.m.*, córtiça, casca de árvore.

COR.TI.ÇA, *s.f.*, casca de árvore usada para fazer rolhas para garrafas de vinho e outras bebidas alcoólicas.

COR.TI.CAL, *adj. 2 gên.*, relativo a córtex ou córtice.

COR.TI.ÇO, *s.m.*, caixa para as abelhas montarem sua casa, colmeia; amontoado de casebres; conjunto de pessoas miseráveis morando juntas.

COR.TI.COI.DE, *adj. 2 gên.* e *s.m.*, em Bioquímica, diz-se de ou o esteroide, como a cortisona, sintetizado ou extraído do córtex das glândulas suprarrenais.

COR.TI.NA, *s.f.*, peça de tecido que reveste as janelas para vedar o sol ou para servir de adorno.

COR.TI.NA.ÇÃO, *s.f.*, colocação de cortinas, arrumação de cortinas.

COR.TI.NA.DO, *adj.* e *s.m.*, conjunto de cortinas, que está com cortinas.

COR.TI.NA.ME, *s.m.*, o mesmo que cortinado.

COR.TI.NAR, *v.t.*, colocar cortinas.

COR.TI.SOL, *s.m.*, hormônio esteroide, produzido pelas glândulas suprarrenais ou de forma sintética, us. em medicina como anti-inflamatório.

COR.TI.SO.NA, *s.f.*, hormônio que vem das glândulas suprarrenais.

CO.RU.JA, *s.f.*, nome de várias aves de rapina, de hábitos noturnos; *fig.*, pais corujas, os que exageram nos cuidados com os filhos.

CO.RU.JA.DA, *s.f.*, *fam.*, atenção ou mimo excessivo a alguém ou familiar.

CO.RU.JÃO, *s.m.*, em Ornitologia, espécime pertencente ao gênero Bubo, das aves estrigiformes, chamadas popularmente de bubo ou corujão.

CO.RU.JAR, *v.int.*, emitir canto como o da coruja, piar; fazer ouvir vozes da coruja; *pop.*, ir noite a dentro ou madrugar.

CO.RU.JI.CE, *s.f.*, *fam.*, comportamento de quem é coruja, de quem mima e elogia demais os filhos ou pessoas queridas; corujismo.

CO.RUS.CA.ÇÃO, *s.f.*, ação ou efeito de coruscação, brilho, resplandecimento.

CO.RUS.CA.DO, *adj.*, resplandecente, brilhado.

CO.RUS.CAR, *v.t.* e *int.*, brilhar, resplandecer, jogar luzes.

CO.RUS.CO, *s.m.*, fulgor súbito; clarão; cintilação; coruscação.

COR.VE.JA.DO, *adj.*, grasnado, gritado, berrado.

COR.VE.JAN.TE, *adj.*, que corveja (voz de corvo).

COR.VE.JAR, *v. int.*, grasnar como corvo, gritar como corvo.

COR.VE.TA, *s.f.*, pequeno navio de combate, usado no patrulhamento.

COR.VE.TE.AR, *v. int.*, dar pinotes, corcovear, saltar.

COR.VI.NA, *s.f.*, peixe com escamas prateadas e estrias negras, de muita procura pelo sabor de sua carne e alto preço de mercado.

COR.VO, *s.m.*, ave com penas e bico pretos, que vive na Europa.

COR.VO-BRAN.CO, *s.m.*, urubu-rei, um pássaro grande, da família dos urubus; *fig.*, pessoa idosa, com os cabelos muito brancos.

CÓS, *s.m.*, tira de tecido na cintura; parte da vestimenta em que se ajusta essa tira.

COS.CO.RÃO, *s.m.*, em Culinária, filhó de farinha e ovos, passado em calda de açúcar; *fam.*, casca espessa de ferida; vida muito dura.

CO.SE.DOR, *s.m.*, costurador, aparelho para costura, que(m) cose.

CO.SE.DU.RA, *s.f.*, costura, ação ou efeito de coser; costuração, costuramento.

CO.SER, *v.t.*, costurar, ligar, unir.
CO.SI.CAR, *v.int.*, *fam.*, fazer costura miúda; pequenos trabalhos de costura.
CO.SI.DE.LA, *s.f.*, ato ou efeito de coser.
COS.MÉ.TI.CA, *s.f.*, ciência que estuda e pesquisa a aplicação de produtos para embelezamento das pessoas.
COS.MÉ.TI.CO, *adj.*, *s.m.*, produto de beleza para a pele ou cabelos, que usa a cosmética.
CÓS.MI.CO, *adj.*, próprio do cosmos, referente ao cosmos.
COS.MO, *s.m.*, universo, cosmos, o mundo em toda a sua extensão.
COS.MO.GO.NI.A, *s.f.*, ideia de como haveria sido criado o cosmo.
COS.MO.GÔ.NI.CO, *adj.*, que se refere a cosmogonia.
COS.MO.GRA.FI.A, *s.f.*, descrição do cosmo, estudo detalhado do Universo.
COS.MO.GRA.FO, *s.m.*, quem estuda e pesquisa a cosmografia.
COS.MO.LO.GI.A, *s.f.*, ciência que estuda as leis e movimentos do Universo.
COS.MÓ.LO.GO, *s.m.*, quem estuda a Cosmologia.
COS.MO.ME.TRI.A, *s.f.*, a parte da ciência que se ocupa com as medidas e distâncias do Universo.
COS.MO.NAU.TA, *s. 2 gên.*, astronauta, navegador do cosmo.
COS.MO.NÁU.TI.CA, *s.f.*, o que compreende as navegações no espaço, Astronáutica.
COS.MO.NA.VE, *s.f.*, nave que anda no cosmo, espaçonave.
COS.MO.PO.LI.TA, *s. 2 gên.*, cidadão do mundo, habitante da Terra toda.
COS.MO.PO.LIS, *s.f.*, cidade, localidade frequentada por forasteiros vindos de todas as partes do mundo.
COS.MO.PO.LI.TIS.MO, *s.m.*, ideias e filosofias de vida que abarcam o mundo todo, o Universo.
COS.MO.PO.LI.TI.ZA.ÇÃO, *s.f.*, ato ou efeito de cosmopolitizar, de tornar cosmopolita; universalização; internacionalização.
COS.MO.PO.LI.TI.ZAR, *v.t.* e *int.*, tornar(-se) cosmopolita.
COS.MOS, *s.m.*, cosmo, Universo.
COS.QUEN.TO, *adj.*, que tem cócegas.
COS.SA.CO, *adj.* e *s.m.*, que(m) pertence ao povo dos cossacos, tribo guerreira do Sul da Rússia, celebrada pela sua cavalaria veloz e tradições folclóricas.
COS.SE.CAN.TE, *s.f.*, linha secante de um complemento de um ângulo.
COS.SE.NO, *s.m.*, no ângulo de um triângulo-retângulo, o resultado entre o cateto adjcente e a hipotenusa.
COS.SIG.NA.TÁ.RIO, *adj.*, aquele que é signatário juntamente com outro ou outros.
COS.SO.VAR, *adj.*, *s. 2 gên.*, natural ou habitante do Kosovo (lê-se Cossovo); var., kosovar.
COS.TA, *s.f.*, praia, litoral, parte da terra que bate no mar.
COS.TA.DO, *s.m.*, costas; parte externa dos navios.
COS.TAL, *adj. 2 gên.*, em Anatomia, relativo ou pertencente às costas, relativo às costelas; *s.m.*, fardo que se pode levar às costas; fardo ou mercadoria que compõe a carga de uma cangalha.
COS.TAL.GI.A, *s.f.*, dor nas costelas, problemas com as costas.
COS.TÁL.GI.CO, *adj.*, que se refere a dores nas costas.
COS.TÃO, *s.m.*, costa desabrigada e sem enseadas, costa a prumo que permite acostar o navio.

COS.TA.RI.QUE.NHO, *adj.*, *s.m.*, natural, habitante da Costa Rica, país da América Central.
COS.TAS, *s.f.*, *pl.*, dorso, costas, a parte posterior do corpo humano.
COS.TE.A.GEM, *s.f.*, navegação costeira, cabotagem.
COS.TE.A.MEN.TO, *s.m.*, ação de costear.
COS.TE.AR, *v.t.* e *int.*, navegação de cabotagem, navegar ao lado da costa, navegar perto da terra.
COS.TEI.O, *s.m.*, ato ou resultado de costear (o gado), arrebanhá-lo.
COS.TEI.RA, *s.f.*, *ant.*, costa marítima; elevação à beira-mar.
COS.TEI.RO, *adj.*, da costa, referente à costa, próximo à costa.
COS.TE.LA, *s.f.*, os vários ossos que formam a caixa torácica.
COS.TE.LA.DA, *s.f.*, porção de costela bovina assada no carvão em brasa.
COS.TE.LE.TA, *s.f.*, nos dois lados da cabeça, a barba crescida até meia face; suíças.
COS.TI.FOR.ME, *adj.*, que tem forma de costela.
COS.TU.MA.DO, *adj.*, acostumado, habituado.
COS.TU.MAR, *v.t.*, *int.* e *pron.*, ter como hábito, costume, habituar-se.
COS.TU.MÁ.RIO, *adj.*, costumeiro.
COS.TU.ME, *s.m.*, hábito, vezo, modo de agir, procedimento, tradição; traje para solenidades ou ocasiões especiais.
COS.TU.MEI.RA, *s.f.*, costume mau ou pouco importante, usança.
COS.TU.MEI.RO, *adj.*, habitual, consuetudinário, costumário.
COS.TU.RA, *s.f.*, ato de costurar, cosimento.
COS.TU.RA.DO, *adj.*, cosido, ligado, unido.
COS.TU.RA.DOR, *adj.*, que costura, cosedor; *fig.*, diz-se de motorista que ultrapassa mudando de faixa de modo perigoso; *s.m.*, aquele que costura; operador de costuradeira; *fig.*, articulador de conchavos políticos.
COS.TU.RA.GEM, *s.f.*, ato ou efeito de costurar.
COS.TU.RAR, *v.t.* e *ini.*, coser, ligar com fios e agulha, unir, ligar.
COS.TU.REI.RA, *s.f.*, mulher que costura por profissão.
COS.TU.REI.RO, *s.m.*, profissional da costura, alfaiate, profissional da moda.
CO.TA, *s.f.*, quota, quantia, quantidade, quinhão.
CO.TA.ÇÃO, *s.f.*, valor, preço, quotação.
CO.TA.DO, *adj.*, avaliado, valorizado, que tem preço.
CO.TA.DOR, *adj.* e *s.m.*, que(m) cota, avaliador.
CO.TA.MEN.TO, *s.m.*, ação ou efeito de cotar, cotação.
CO.TAN.GEN.TE, *s.f.*, tangente do complemento de um ângulo.
CO.TA.PAR.TE, *s.f.*, parte individual a pagar ou a receber em qualquer negócio por quotas; parcela de cada participante, cota individual.
CO.TÃO, *s.m.*, pelo ou lanugem, pelo que se solta dos panos; felpa que se prende embaixo ou atrás dos móveis, fundo dos bolsos, entre costuras de roupas, etc.; lanugem de certos frutos.
CO.TAR, *v.t.*, estabelecer o preço, valorizar, quotar.
CO.TÁ.VEL, *adj.*, que se pode cotar, que é suscetível de cotação.
CO.TE.JA.DO, *adj.*, comparado, confrontado, equiparado.
CO.TE.JA.DOR, *adj.* e *s.m.*, que(m) coteja, avaliador, comparador.
CO.TE.JAR, *v.t.*, comparar, confrontar.
CO.TE.JO, *s.m.*, comparação, cotação, cotação de valor.
CO.TÍ.CU.LA, *s.f.*, pedra de toque, pedra dura de ouro ou

prata, para fazer cotejos.
CO.TI.DI.A.NO, *adj.*, diário, de todo dia, quotidiano.
CO.TI.LÉ.DO.NE, *s.m.*, Botânica, folha embrionária responsável pela nutrição da planta, no início de seu desenvolvimento.
CO.TI.LE.DÔ.NEO, *adj.*, Botânica, relativo a cotilédone.
CO.TIS.TA, *adj.*, *s. 2 gên.*, que(m) tem cotas, quotista.
CO.TI.ZA.ÇÃO, *s.f.*, parcelamento, divisão em partes iguais, grupo que se reúne para ajudar alguém, contribuindo com parcelas equiparadas.
CO.TI.ZA.DO, *adj.*, parcelado, dividido, igualado em valores.
CO.TI.ZAR, *v.t. e pron.*, dividir em cotas, parcelar, dividir em partes iguais.
CO.TI.ZÁ.VEL, *adj.*, parcelável, que se pode pagar em prestações.
CO.TO, *s.m.*, parte final de uma vela; toco; parte que sobra de um membro amputado; cotoco.
CO.TÓ, *s.m.*, animal com rabo cortado.
CO.TO.CO, *s.m.*, coto, resto de um membro amputado.
CO.TO.NE.TE, *s.m.*, palito com chumaço de algodão nas pontas.
CO.TO.NI.CUL.TOR, *s.m.*, plantador de algodão, quem cultiva algodão.
CO.TO.NI.CUL.TU.RA, *s.f.*, plantação, cultivo de algodão, lavoura de algodão.
CO.TO.NI.FÍ.CIO, *s.m.*, fábrica ou facção que trabalha com tecidos de algodão; empresa que limpa o algodão e o prepara para as fiações.
CO.TO.VE.LA.ÇO, *s.m.*, pancada forte com o cotovelo; cotovelada.
CO.TO.VE.LA.DA, *s.f.*, golpe com os cotovelos.
CO.TO.VE.LA.DO, *adj.*, acotovelado, golpeado com o cotovelo.
CO.TO.VE.LAR, *v.t., int. e pron.*, acotovelar, golpear com o cotovelo.
CO.TO.VE.LEI.RA, *s.f.*, peça de metal ou lona que os desportistas usam no cotovelo.
CO.TO.VE.LO, *s.m.*, junção do braço com o antebraço; *fig.*, conexão curva para tubos, canos, ângulo de rua, estrada, rio, rodovia.
CO.TO.VI.A, *s.f.*, ave europeia de voz melodiosa e penas marrons, famosa pelas narrativas da vida de São Francisco de Assis.
CO.TUR.NA.DO, *adj.*, que tem coturno nos pés; que tem forma de coturno.
CO.TUR.NO, *s.m.*, bota de cano alto amarrada com cordões, ger. us. por militares; em Teatro, calçado de sola muito alta, us. nas representações de tragédias gregas; *pop.*, peúga.
COU.DE.LA.RI.A, *s.f.*, empresa especializada no fabrico de selas e outros apetrechos de uso em cavalos.
COULOMB, *s.m.*, em Física, unidade de medida no Sistema Internacional para a carga elétrica.
COU.RA.ÇA, *s.f.*, armação metálica para proteger o peito e as costas, colete; proteção.
COU.RA.ÇA.DO, *s.m.*, navio de grande porte, com proteção metálica, de uso em guerras.
COU.RA.ÇAR, *v.t. e pron.*, armar, proteger com couraça, blindar.
COU.REI.RO, *s.m.*, vendedor de couros; var., coireiro.
COU.RO, *s.m.*, pele que protege o corpo de muitos animais.
COU.SA, *s.f.*, COISA (cousa - de maior uso em Portugal).
COU.TO, *s.m.*, asilo, refúgio, esconderijo.
COU.VAL, *s.m.*, plantação de couves, quintal com muitas couves.
COU.VE, *s.f.*, planta, verdura de muito uso na cozinha.
COU.VE-FLOR, *s.f.*, tipo de couve de que se comem as flores.
COUVERT, *s.m.*, antepasto, alimento servido antes do prato escolhido; conjunto de objetos necessários à refeição e que são colocados na mesa.
CO.VA, *s.f.*, buraco, abertura no solo; sepultura, armadilha.
CO.VA.CHO, *s.m.*, cova pequena.
CÔ.VA.DO, *s.m.*, medida de comprimento muito antiga, com 66 cm.
CO.VA.GEM, *s.f.*, cavação de covas, escavação.
CO.VA.LÊN.CIA, *s.f.*, em Química, capacidade de ligação entre átomos ou moléculas que compartilham um par de elétrons.
CO.VA.LEN.TE, *adj. 2 gên.*, em Química, relativo à covalência ou que implica esse tipo de ligação.
CO.VAR.DE, *adj.*, medroso, sem coragem; var., cobarde.
CO.VAR.DI.A, *s.f.*, medo, temor, var., cobardia.
CO.VAR.DI.CE, *s.f.*, o mesmo que covardia.
CO.VA.RI.A.ÇÃO, *s.f.*, em Estatística, correlação entre a variação simultânea de variáveis ou grandezas estatísticas.
CO.VE, *s.m.*, armadilha para pegar peixes de água doce, feita de bambu e cipós.
CO.VE.AR, *v. int.*, abrir covas, fazer buracos para o plantio na agricultura.
CO.VEI.RO, *s.m.*, quem abre covas; quem abre a cova para a sepultura; *fig.*, azarão.
CO.VER, *s. 2 gên.*, pessoa (ou grupo de pessoas) que se apresenta como imitação de um artista ou conjunto musical famoso.
CO.VIL, *s.m.*, local em que se abrigam as feras, toca; centro, antro de ladrões.
CO.VI.LHE.TE, *s.m.*, tipo de pires plano, para uso doméstico.
CO.VI.NHA, *s.f.*, cova pequena; pequena cavidade no queixo ou nas bochechas.
CO.VI.NHA.DO, *adj.*, que apresenta covinhas.
CO.VO, *s.m.*, armação feita de vime ou tiras de bambu para pescar ou armar em rios, a fim de pegar peixes que giram; cesto para prender galinhas.
COWBOY, *s.m.*, ver caubói.
CO.XA, *s.f.*, parte entre o joelho e o quadril, ancas; *pop.*, obter nas coxas - com facilidade.
CO.XAL, *adj.*, que se refere a coxa, ligado às ancas.
CO.XAL.GI.A, *s.f.*, dor na coxa.
CO.XE.AN.TE, *adj. 2 gên.*, que coxeia, manca; claudicante.
CO.XE.AR, *v. int.*, mancar, andar com dificuldade.
CO.XEI.O, *s.m.*, o mesmo que coxeadura.
CO.XEI.RA, *s.f.*, manqueira de animal; coxeadura, manqueira.
CO.XI.A, *s.f.*, nos teatros; o espaço atrás do palco e nas laterais para as manobras dos dirigentes, e não visto pelo público; baia, cômodo de cada cavalo na cavalariça; cadeira móvel para acolher espectadores em excesso ao número de assentos.
CO.XI.LHA, *s.f.*, planície com pequenas elevações contínuas, colina, cômoro.
CO.XI.LHÃO, *s.m.*, no RS, coxilha grande.
CO.XIM, *s.m.*, travesseiro, sofá sem encosto nem braços; colchonete, almofada para sentar-se no chão.
CO.XO, *adj.*, manco, perneta.
CO.XO.NI.LHO, *s.m.*, manta, cobertura feita de seda.
CO.ZE.DEI.RA, *s.f.*, panela para cozer alimentos.
CO.ZE.DOR, *s.m. e adj.*, quem ou que coze.
CO.ZE.DU.RA, *s.f.*, cozimento, ação ou efeito de cozer.

COZER

CO.ZER, *v.t. e int.*, cozinhar.
CO.ZI.DO, *adj.*, o que foi cozinhado; *s.m.*, prato com verduras e carne cozidas.
CO.ZI.MEN.TO, *s.m.*, cozedura, ação ou efeito de cozer.
CO.ZI.NHA, *s.f.*, cômodo da casa onde se faz a comida.
CO.ZI.NHA.DA, *s.f.*, o mesmo que cozinhado.
CO.ZI.NHAR, *v.t. e int.*, cozer, preparar alimentos com a ação do calor.
CO.ZI.NHEI.RA, *s.f.*, mulher que domina a arte de cozinhar, profissional de cozinha.
CO.ZI.NHEI.RO, *s.m.*, homem profissional na arte de cozinhar.
CNPJ - sigla de Cadastro Nacional de Pessoas Jurídicas, para fins de imposto.
CPD - sigla para indicar Centro de Processamento de Dados.
CPF - no Imposto de Renda, sigla de Cadastro de Pessoas Físicas.
CPI - sigla usada para indicar Comissão Parlamentar de Inquérito.
CPU - sigla para Central de Processamentos de Unidades, ou seja, no computador, é a parte que contém todo o sistema de processamento, de escrita e resolução do que é colocado para produção de trabalhos e que se visualiza no monitor.
CR, símbolo químico de cromo.
CRM - Conselho Regional de Medicina.
CRA.CA, *s.f.*, nome geral de crustáceos marinhos que vivem presos a pedras ou rochas.
CRA.CHÁ, *s.m.*, cartão fixo no peito, para identificar o portador dentro de repartições, escritórios, empresas, congressos.
CRACK, *s.m.*, termo vindo do inglês - droga muito potente, que causa dependência em poucas semanas.
CRACKER, *s.m.*, em Informática, especialista em programação de computadores e sistemas de redes que invade computadores alheios com a intenção de causar algum prejuízo.
CRAI.OM, CREI.OM, *s.m.*, substância metálica ou terrosa que se usa como lápis.
CRA.NI.AL, *adj.*, que se refere ao crânio; próprio do crânio.
CRA.NI.A.NO, *adj.*, próprio do crânio, referente ao crânio.
CRÂ.NIO, *s.m.*, caixa óssea que protege o cérebro na cabeça; *fig.*, pessoa inteligente, mentor.
CRA.NI.O.GRA.FI.A, *s.f.*, radiografia do crânio, estudo detalhado do crânio.
CRA.NI.O.GRÁ.FI.CO, *adj.*, que se refere ao crânio.
CRA.NI.Ó.GRA.FO, *s.m.*, especialista em craniografia; instrumento aplicado na craniografia.
CRA.NI.O.LO.GI.A, *s.f.*, estudo do crânio, ciência que estuda o crânio e sua importância.
CRA.NI.O.LO.GIS.TA, *s. 2 gén.*, especialista em crânio, quem estuda e trata do crânio.
CRA.NI.O.ME.TRI.A, *s.f.*, medição do crânio, ciência para verificar as medidas do crânio.
CRA.NI.Ô.ME.TRO, *s.m.*, aparelho para proceder às medições do cérebro.
CRA.NI.OS.CO.PI.A, *s.f.*, exame do cérebro por meio de aparelhos que mostram o seu interior.
CRA.NI.OS.CÍ.PIO, *s.m.*, aparelho para realizar as cranioscopias.
CRA.NI.O.TO.MI.A, *s.f.*, incisão médica para abrir o cérebro e fazer-lhe reparos.
CRÁ.PU.LA, *s. 2 gén.*, safado, canalha, cafajeste, pessoa devassa, pessoa libertina, pilantra, ladra contumaz, calhorda.
CRA.QUE, *s.m.*, cavalo de corrida muito veloz; jogador de qualquer esporte com muita habilidade; pessoa exímia em sua profissão.
CRA.SE, *s.f.*, fusão do artigo feminino *a* com a preposição *a*, indicada pelo sinal gráfico, ou seja, acento grave.
CRA.SE.A.DO, *adj.*, que recebeu uma crase.
CRA.SE.A.MEN.TO, *s.m.*, em Gramática, ato ou efeito de crasear.
CRA.SE.AR, *v.t.*, colocar a crase.
CRAS.SO, *adj.*, enorme, grande, gordo, cerrado.
CRA.TE.RA, *s.f.*, abertura do vulcão por onde saem lavas e fumaça; *fig.*, buraco grande.
CRA.TE.RI.FOR.ME, *adj. 2 gén.*, em forma de cratera.
CRA.VA.ÇÃO, *s.f.*, ação ou efeito de cravar, colocação, engaste.
CRA.VA.DO, *adj.*, penetrado, enfiado, colocado dentro.
CRA.VA.DOR, *s.m.*, aquele que crava algo; artista que crava ou engasta pedras preciosas; instrumento usado pelos sapateiros para cravar pinos nos calçados.
CRA.VA.GEM, *s.f.*, doença que ocorre em certas gramíneas, causada por um fungo.
CRA.VA.MEN.TO, *s.m.*, ver cravação.
CRA.VAR, *v.t. e pron.*, enfiar, penetrar, colocar dentro, engatar.
CRA.VEI.RO, *s.m.*, planta que produz o cravo; fabricante de cravos e ferraduras para cavalgaduras.
CRA.VE.JA.DO, *adj.*, fixado com cravos, engastado.
CRA.VE.JA.DOR, *s.m.* aquele que faz cravos de ferradura.
CRA.VE.JA.MEN.TO, *s.m.*, ação ou efeito de cravejar, engaste.
CRA.VE.JAR, *v.t.*, fixar com cravos, prender joias, engastar pedras preciosas.
CRA.VE.LHO, *s.m.*, trava que roda presa a um prego ou parafuso para fechar pequenas portas, postigos ou janelas; tramela; taramela.
CRA.VI.NA, *s.f.*, em Botânica, cravo pequeno; clavelina; nome de várias espécies de plantas semelhantes ao cravo: cravo-bordado; cravo-mimoso, etc.
CRA.VIS.TA, *s. 2 gén.*, pessoa que toca cravo, pianista.
CRA.VO, *s.m.*, prego, prego grande; flor do craveiro, usada como tempero; instrumento de corda semelhante ao piano.
CRA.VO-DA-ÍN.DIA, *s.m.*, especiaria produzida pelo craveiro, aproveitada em botão ou madura.
CRÉ, *s.m.*, tipo de calcário formado por materiais marinhos.
CRE.CHE, *s.f.*, casa para as mães ou pais deixarem os filhos enquanto trabalham; centro de educação infantil.
CRE.DEN.CI.AIS, *s.f., pl.*, documento que oficializa a representação de um diplomata; documento para se entrar em lugares oficiais.
CRE.DEN.CI.A.DO, *adj.*, aceito, autorizado, recebido.
CRE.DEN.CI.A.DOR, *adj. e s.m.*, que ou aquele que credencia, que confere credencial.
CRE.DEN.CI.AL, *s.m.*, título ou documento de autorização dada por alguém para uma determinada obra; *adj.*, digno de crédito, crível.
CRE.DEN.CI.A.MEN.TO, *s.m.*, ato ou efeito de credenciar(-se).
CRE.DEN.CI.AR, *v.t. e bit.*, entregar as credenciais a alguém, autorizar, permitir.
CRE.DEN.CI.Á.RIO, *s.m.*, o sacristão ou o encarregado do altar-mor.
CRE.DI.Á.RIO, *s.m.*, sistema pelo qual a pessoa pode comprar a crédito, pagando em prestações.
CRE.DI.A.RIS.TA, *s. 2 gén.*, quem compra por meio de crediário.

CREDIBILIDADE

CRE.DI.BI.LI.DA.DE, *s.f.*, reputação, boa-fé, confiança que se dá ou que se recebe, confiabilidade.
CRE.DI.TA.DO, *adj.*, acreditado, confiado, posto na conta bancária de alguém.
CRE.DI.TAR, *v.t.*, dar como crédito; colocar na conta bancária de.
CRE.DI.TÍ.CIO, *adj.*, próprio do crédito, que dá crédito, que tem crédito.
CRÉ.DI.TO, *s.m.*, confiança, crença; fama de que se pode comprar para pagar depois ou em prestações; fé, confiança.
CRE.DI.TÓ.RIO, *adj.*, que se refere a crédito.
CRE.DO, *s.m.*, profissão pública da fé; oração da Igreja Católica que se inicia com o termo *credo*, em Latim e em Português - creio; crença de uma pessoa ou grupo, segmento religioso; *interj.*, espanto: (credo!).
CRE.DOR, *s.m.*, quem tem a receber uma dívida; *adj.*, confiável, merecedor de crédito.
CRE.DU.LI.DA.DE, *s.f.*, crença, ingenuidade, boa-fé.
CRÉ.DU.LO, *adj.*, ingênuo, tolo, inocente, que acredita com facilidade.
CREI.OM, *s.m.*, tipo de lápis de grafite, para desenhar; desenho obtido com esse lápis.
CRE.MA.ÇÃO, *s.f.*, ação ou efeito de cremar, incineração, queima, incineração de cadáveres.
CRE.MA.DO, *adj.*, incinerado, queimado.
CRE.MA.DOR, *adj.* e *s.m.*, que(m) crema, queimador, incinerador.
CRE.MA.LHEI.RA, *s.f.*, máquina ou trilho dentado para engatar uma peça, a fim de obter um movimento.
CRE.MAR, *v.t.*, incinerar cadáveres, queimar cadáveres.
CRE.MA.TO.FO.BI.A, *s.f.*, em Psiquiatria, aversão patológica ao dinheiro, à riqueza.
CRE.MA.TÓ.RIO, *s.m.*, forno para incinerar mortos, forno crematório.
CRE.ME, *s.m.*, nata, parte gorda do leite; doce.
CRE.MO.NA, *s.f.*, ferragem própria para fechar portas ou janelas.
CRE.MO.SI.DA.DE, *s.f.*, característica ou condição de cremoso.
CRE.MO.SO, *adj.*, com muito creme.
CRE.NA, *s.f.*, em uma roda, é a denominação do espaço entre os dentes.
CREN.ÇA, *s.f.*, fé, credo, fé religiosa.
CREN.DEI.RO, *s.m.*, pessoa que acredita em coisas tolas, que aceita mitologias e balelas.
CREN.DI.CE, *s.f.*, crença religiosa sem fundamento, fé popular, ostentação de fé sentimental.
CREN.TE, *adj.* e *s. 2 gén.*, que(m) acredita; quem confessa uma crença, adepto, seguidor.
CRE.O.FA.GI.A, *s.f.*, costume de alimentar-se com carne.
CRE.Ó.FA.GO, *s.m.*, quem se alimenta com carne.
CRE.O.LI.NA, *s.f.*, substância com cheiro forte, usada na limpeza; desinfetante germicida.
CRE.O.SO.TO, *s.m.*, em Química, destilado do alcatrão, oleoso e volátil, us. como expectorante e no tratamento de cáries.
CRE.PE, *s.m.*, tipo fino com saliências onduladas; tira de pano preto usada para indicar luto; tipo de panqueca frita.
CRÉ.PI.DO, *adj.*, crespo, cabelo crespo.
CRE.PI.TA.ÇÃO, *s.f.*, estalido, rumor, barulho.
CRE.PI.TAN.TE, *adj.*, que crepita, que estala.
CRE.PI.TAR, *v. int.*, ruído da madeira ao se queimar.

CRIANÇADA

CRE.PI.TO.SO, *adj.*, o mesmo que crepitante.
CRE.POM, *s.m.*, crepe mais gordo; tipo de papel de seda enrugado.
CRE.PUS.CU.LAR, *adj.*, referente a crepúsculo.
CRE.PÚS.CU.LO, *s.m.*, lusco-fusco, os momentos do amanhecer e anoitecer em que há meia-luz; *fig.*, fim, declínio, os últimos tempos.
CRER, *v.t., int.* e *pron.*, acreditar, julgar, reputar, supor, achar, pensar.
CRES.CEN.ÇA, *s.f.*, crescimento, desenvolvimento, aumento.
CRES.CEN.DO, *s.m.*, som que se intensifica na música, em que há crescimento da intensidade.
CRES.CEN.TE, *s.m.*, quarto crescente da Lua; o que cresce; forma de meia-lua.
CRES.CER, *v. int.*, aumentar o volume, tamanho, dimensão; avolumar-se.
CRES.CI.DO, *adj.*, aumentado, avolumado, desenvolvido.
CRES.CI.MEN.TO, *s.m.*, ato ou efeito de crescer, desenvolvimento, maturamento, amadurecimento.
CRES.PAR, *v. int.*, encrespar, enrugar, encarapinhar.
CRES.PI.DÃO, *s.f.*, aspereza, rugosidade, encrespamento.
CRES.PO, *adj.*, áspero, rugoso, cabelo anelado.
CRES.TA, *s.f.*, queimação, chamuscamento.
CRES.TA.DEI.RA, *s.f.*, instrumento de ferro para crestar as colmeias; utensílio com que se dá a cor de tostado a certas iguarias.
CRES.TA.DO, *adj.*, queimado, chamuscado.
CRES.TA.MEN.TO, *s.m.*, queimadura, tostamento, chamuscamento.
CRES.TAR, *v.t.* e *pron.*, chamuscar, queimar de leve, ressecar, amorenar.
CRE.TÁ.CEO, *s.m.*, terceiro período geológico da era mezosoica, período mais recente.
CRE.TEN.SE, *adj.* e *s. 2 gén.*, natural ou habitante da Ilha de Creta, no mar Egeu, Grécia.
CRE.TI.NI.CE, *s.f.*, cretinismo, tolice, bobeira, asneira.
CRE.TI.NIS.MO, *s.m.*, burrice, tolice, cretinice, asneira.
CRE.TI.NI.ZA.ÇÃO, *s.f.*, ação ou efeito de cretinizar, abobalhamento.
CRE.TI.NI.ZA.DO, *adj.*, abobado, atoleimado, imbecilizado.
CRE.TI.NI.ZAR, *v. int.*, abobalhar, atoleimar, imbecilizar, abobar, idiotizar.
CRE.TI.NO, *adj.*, idiota, tolo, bobo, palerma, imbecil, bobalhão.
CRE.TO.NE, *s.m.*, tipo de tecido forte de algodão.
CRI.A, *s.f.*, filhote, animal que mama.
CRI.A.ÇÃO, *s.f.*, ato ou efeito de criação; todos os seres e obras criadas; todos os animais domésticos de uma casa.
CRI.A.CI.O.NIS.MO, *s.m.*, teoria pela qual o Universo é obra de Deus, a partir do nada.
CRI.A.DA.GEM, *s.f.*, o grupo de criados de uma casa.
CRI.A.DEI.RA, *s.f.*, ama de leite, babá, incubadeira, incubadora.
CRI.A.DO, *adj., s.m.*, empregado doméstico, empregado particular; que foi criado.
CRI.A.DO-MU.DO, *s.m.*, móvel com mesinha e gavetas no quarto de dormir.
CRI.A.DOR, *s.m.*, quem cria, quem inventa, quem faz novo.
CRI.A.DOU.RO, *s.m.*, local destinado a criações, viveiro.
CRI.AN.ÇA, *s.f.*, infante, ser humano na época da infância até os 12 anos; *fig.*, pessoa inocente.
CRI.AN.ÇA.DA, *s.f.*, bando de crianças, grupo de crianças.

CRI.AN.CI.CE, *s.f.*, infantilidade, atos próprios de criança, imaturidade, puerilidade.

CRI.AN.ÇO.LA, *s. 2 gên.*, pessoa que não se desenvolveu mentalmente; comportamento de criança, quem age como criança.

CRI.AR, *v.t. e pron.*, formar do nada, engendrar, inventar, educar, alimentar.

CRI.A.TI.VI.DA.DE, *s.f.*, arte de criar, arte de inventar, capacidade de criar.

CRI.A.TI.VO, *adj.*, inventivo, fértil, produtivo.

CRI.A.TU.RA, *s.f.*, todo ser criado, ente, vivente.

CRI.A.TU.RAL, *adj.*, relativo a ou próprio das criaturas.

CRI.CI.Ú.MA, *s.f.*, tipo de gramínea com uso no fabrico de cestos.

CRI.CRI, *s.m.*, voz do galo, tipo inoportuno, tipo impertinente.

CRI.CRI.LAR, *v. int.*, imitar a voz do grilo, falar de modo impertinente.

CRI.ME, *s.m.*, violação de uma lei penal; delito, infração.

CRI.MI.NA.ÇÃO, *s.f.*, atribuição de crime, imputação criminal, recriminação.

CRI.MI.NA.DO, *adj.*, incriminado, que é acusado de crime.

CRI.MI.NA.DOR, *adj. e s.m.*, acusador, incriminador.

CRI.MI.NAL, *adj.*, referente ao crime, próprio do crime.

CRI.MI.NA.LI.DA.DE, *s.f.*, típico de criminoso, qualidade de praticar o crime.

CRI.MI.NA.LIS.MO, *s.m.*, estudo, ação do criminalista.

CRI.MI.NA.LIS.TA, *s. 2 gên.*, especialista na área dos crimes; advogado especializado em defender criminosos.

CRI.MI.NA.LI.ZA.ÇÃO, *s.f.*, em Direito, ação, processo ou resultado de criminalizar(-se).

CRI.MI.NA.LI.ZA.DO, *adj.*, que se criminalizou ou foi considerado criminoso.

CRI.MI.NA.LI.ZAR, *v.t.*, julgar como crime, tornar como crime.

CRI.MI.NAR, *v.t.*, imputar um crime a, considerar como criminoso; acusar.

CRI.MI.NO.LO.GI.A, *s.f.*, ciência que enfoca o estudo dos crimes e criminosos.

CRI.MI.NO.LO.GIS.TA, *s. 2 gên.*, cientista do crime, especialista em Criminologia.

CRI.MI.NO.SA.MEN.TE, *adv.*, de modo criminoso, culposamente.

CRI.MI.NO.SI.DA.DE, *s.f.*, qualidade ou característica do que é criminoso.

CRI.MI.NO.SO, *adj. e s.m.*, autor de crimes, malfeitor, assassino.

CRI.NA, *s.f.*, pelos longos no pescoço de vários animais, sobretudo do cavalo.

CRI.NAL, *adj.*, relativo a crina; *s.m.* crineira.

CRI.NEI.RA, *s.f.*, crina, juba, cabelos compridos no alto da cabeça.

CRI.NU.DO, *s.m.*, pessoa muito peluda ou cabeluda; *adj.*, *bras.*, que tem crina farta e longa; p. ext., diz-se de quem tem muito pelo ou cabelo.

CRI.O.GE.NI.A, *s.f.*, experiência embasada em baixas temperaturas, para conservar a vida de pessoas ou certas substâncias.

CRI.O.TE.RA.PI.A, *s.f.*, em Medicina, tratamento baseado em aplicações de frio intenso.

CRI.OU.LA.DA, *s.f.*, conjunto de crioulos, coletivo para crioulos.

CRI.OU.LO, *s.m.*, indivíduo de raça negra; negro nascido nas Américas; dialeto português falado em ex-possessões portuguesas da África; linguagem misturada com a fala africana e europeia.

CRIP.TA, *s.f.*, parte subterrânea nos antigos templos, que servia como cemitério; galeria subterrânea.

CRIP.TO.GRA.FI.A, *s.f.*, escrita em código, escrita com caracteres indecifráveis.

CRIP.TO.GRA.MA, *s.m.*, que usa caracteres secretos na escrita; letra indecifrável.

CRIP.TO.LO.GI.A, *s.f.*, ciência do ocultismo, ocultismo.

CRIP.TÔ.NIO, *s.m.*, gás nobre para uso em fluorescentes; elemento atômico com número 36.

CRÍ.QUE.TE, *s.m.*, em Esporte, jogo originário da Inglaterra, que se joga com tacos e bolas de cortiça e couro.

CRI.SÁ.LI.DA, *s.f.*, estado intermediário entre uma lagarta e a posterior borboleta.

CRI.SA.LI.DA.ÇÃO, *s.f.*, ato ou efeito de transformar-se em crisálida.

CRI.SÂN.TE.MO, *s.m.*, planta que produz vários tipos de flores.

CRI.SE, *s.f.*, qualquer perturbação no curso normal da existência; alteração, crise econômica, financeira, de saúde.

CRIS.MA, *s.m.*, óleo que o bispo católico consagra na catedral, para uso com os sacramentos da Quinta-Feira Santa, antes do domingo de Páscoa; *s.f.*, efetivação do sacramento da confirmação, cerimônia religiosa presidida por um bispo, confirmando a fé católica do crismando.

CRIS.MA.DO, *adj.*, relativo ao sacramento da crisma; confirmando.

CRIS.MAL, *s.m.*, em Liturgia, pano de linho usado na crisma.

CRIS.MAR, *v.t. e pron.*, dar a crisma; *fig.*, algo que acontece pela primeira vez com alguém.

CRI.SOL, *s.m.*, pequeno forno para derreter metais.

CRIS.PA.ÇÃO, *s.f.*, crispamento, contração de algum músculo, gesto involuntário de um músculo.

CRIS.PA.DO, *adj.*, franzido, enrugado.

CRIS.PAN.TE, *adj. 2 gên.*, que crispa; contraído; franzido.

CRIS.PAR, *v.t. e pron.*, enrugar, franzir o semblante.

CRIS.TA, *s.f.*, saliência carnosa nos galináceos; cume, parte mais alta da onda; estar na crista - ser conhecido, saliente.

CRIS.TA.DO, *adj.*, que tem crista.

CRIS.TAL, *s.m.*, pedra transparente ou branca; tipo de vidro com chumbo, que atinge a beleza pela transparência.

CRIS.TA.LEI.RA, *s.f.*, guarda-louça com porta de vidro para colocar objetos de cristal.

CRIS.TA.LEI.RO, *s.m.*, fabricante ou vendedor de objetos de cristal; perito na exploração de cristais; garimpeiro.

CRIS.TA.LÍ.FE.RO, *adj.*, que contém cristal, que possui cristal em sua composição.

CRIS.TA.LI.NI.DA.DE, *s.f.*, brilho de cristal, transparência, claridade.

CRIS.TA.LI.NO, *adj.*, transparente, puro, límpido; *s.m.*, parte do olho que regula a visão.

CRIS.TA.LI.ZA.ÇÃO, *s.f.*, ação ou efeito de cristalizar, endurecimento.

CRIS.TA.LI.ZA.DO, *adj.*, fruta seca com açúcar.

CRIS.TA.LI.ZA.DOR, *adj. e s.m.*, o que cristaliza, endurecedor.

CRIS.TA.LI.ZAR, *v.t., int. e pron.*, mudar-se em cristal, tornar cristal.

CRIS.TA.LI.ZÁ.VEL, *adj. 2 gên.*, que se pode cristalizar.

CRIS.TA.LO.GRA.FI.A, *s.f.*, ciência que estuda os cristais e suas utilidades.

CRIS.TA.LO.GRÁ.FI.CO, *adj.*, relativo a cristalografia.

CRIS.TA.LÓ.GRA.FO, *s.m.*, perito em cristalografia.

CRISTALOTERAPIA   CRONOGRAMA

CRIS.TA.LO.TE.RA.PI.A, *s.f.*, terapia obtida com o uso de cristais.
CRIS.TAN.DA.DE, *s.f.*, conjunto dos povos cristãos com as suas igrejas; todos os seguidores de Cristo.
CRIS.TÃO, *adj.* e *s.m.*, quem segue os ensinamentos de Cristo; adepto do cristianismo.
CRIS.TÃO-NO.VO, *s.m.*, denominação dada aos hebreus, na Península Ibérica, que foram obrigados a se filiar ao cristianismo.
CRIS.TI.A.NIS.MO, *s.m.*, doutrina de Jesus Cristo, sistema filosófico religioso deixado por Jesus Cristo para os seguidores se purificarem e por Ele irem ao Deus-Pai.
CRIS.TI.A.NI.ZA.ÇÃO, *s.f.*, ação ou efeito de tornar cristão; conversão para o sistema religioso de Jesus Cristo.
CRIS.TI.A.NI.ZA.DO, *adj.*, que se tornou cristão; cristão.
CRIS.TI.A.NI.ZA.DOR, *adj.* e *s.m.*, que ou aquele que cristianiza.
CRIS.TI.A.NI.ZAR, *v.t.*, tornar cristão, trazer para a lei cristã.
CRIS.TO, *s.m.*, o ungido do Senhor, a imagem de Jesus; *fig.*, sofredor, alguém muito sofrido.
CRI.TÉ.RIO, *s.m.*, parâmetro, medida para distinguir o certo do errado, discernimento, medida.
CRI.TE.RI.O.SO, *adj.*, ajuizado, justo, sensato.
CRÍ.TI.CA, *s.f.*, arte de julgar, senso em escolher entre o bom e o ruim; exame, habilidade em avaliar uma ação; obra, para escolher a parte melhor.
CRI.TI.CA.DO, *adj.*, avaliado, examinado, verificado.
CRI.TI.CA.DOR, *s.m.*, aquele que criticar; aquele que por hábito falar das pessoas em tom de crítica.
CRI.TI.CAN.TE, *adj.* e *s. 2 gên.*, que ou aquele que critica; criticador.
CRI.TI.CAR, *v.t.*, examinar, julgar, verificar, distinguir o belo do feio, censurar, indicar parâmetros para melhorar qualquer obra.
CRI.TI.CÁ.VEL, *adj.*, que pode ser criticado, avaliável.
CRI.TI.CI.DA.DE, *s.f.*, qualidade de crítico; conhecimento e capacidade crítica.
CRI.TI.CIS.MO, *s.m.*, mania de criticar tudo, condenar, sem a intenção de melhorar o objeto.
CRI.TI.CIS.TA, *adj.*, relativo ao criticismo.
CRÍ.TI.CO, *adj.*, perigoso, ponto exato; *s.m.*, quem critica, quem julga, quem examina.
CRI.VA.ÇÃO, *s.f.*, ação ou efeito de crivar, exame, detalhamento, análise.
CRI.VA.DO, *adj.*, examinado, analisado, detalhado.
CRI.VAR, *v.t.* e *pron.*, fazer um crivo, examinar com detalhes; encher, furar muito.
CRÍ.VEL, *adj.*, que pode ser aceito, em que se pode acreditar, acreditável.
CRI.VO, *s.m.*, peneira, coador, peneira metálica; *fig.*, exame detalhado.
CRI.VO.SO, *adj.*, em Botânica, que tem crivos, por onde circula a seiva elaborada.
CRO.Á.CIO, *adj.* e *s.m.*, habitante ou morador da Croácia; o mesmo que croata.
CRO.A.TA, *adj.* e *s.m.*, natural ou habitante da Croácia.
CRO.CAN.TE, *adj.*, leve, que faz barulho ao ser mastigado.
CRO.CHÊ, *s.m.*, tipo de renda que se confecciona com uma agulha especial e linha própria.
CRO.CI.TAN.TE, *adj.*, que fala de modo desagradável, que imita a voz do corvo.
CRO.CI.TAR, *v. int.*, voz do corvo, falar de modo desagradável.
CRO.CI.TO, *s.m.*, a voz do corvo e de outras aves; *fig.*, uma voz desagradável e impertinente.
CRO.CO.DI.LO, *s.m.*, grande réptil anfíbio, de clima quente.
CROISSANT, *s.m.*, em fr., pequeno pão feito de massa folhada em forma de meia-lua, composto de farinha, açúcar, sal, leite, fermento, manteiga e ovo.
CRO.MA.DO, *adj.*, que está coberto com cromo, que tem cor de cromo.
CRO.MA.GEM, *s.f.*, ato ou efeito de cromar; cromação.
CRO.MAR, *v.t.*, cobrir uma peça com cromo, dar uma tonalidade de cor diferente.
CRO.MÁ.TI.CA, *s.f.*, habilidade de combinar os tons musicais ou as cores.
CRO.MÁ.TI.CO, *adj.*, referente a cores.
CRO.MA.TI.NA, *s.f.*, em Citologia, substância do núcleo celular, das células eucarióticas.
CRO.MA.TIS.MO, *s.m.*, disposição das cores em um campo.
CRO.MA.TI.ZA.ÇÃO, *s.f.*, ato de dar coloração irisada.
CRO.MA.TI.ZAR, *v.t.*, efetuar a cromatização de.
CRÔ.MIO, *s.m.*, em Química, o mesmo que cromo.
CRO.MO, *s.m.*, elemento de metal com o número atômico 24; impressão gráfica em litografia.
CRO.MO.FO.BI.A, *s.f.*, medo que alguém tem de cores; aversão a cores.
CRO.MÓ.FO.BO, *s.m.*, quem tem medo de cores; quem tem aversão a cores.
CRO.MO.GRA.FI.A, *s.f.*, técnica litográfica de reprodução em cores por meio de impressões sucessivas.
CRO.MO.GRÁ.FI.CO, *adj.*, que tem relação com a cromolitografia.
CRO.MOS.SO.MÁ.TI.CO, *adj.*, relativo aos cromossomo.
CRO.MOS.SÔ.MI.CO, *adj.*, em Biologia, o mesmo que cromossomático.
CRO.MOS.SO.MO, *s.m.*, corpúsculo no gênero humano que contém a essência genética de cada ser.
CRO.MO.TE.RA.PI.A, *s.f.*, terapia para curar doenças por meio das cores ambientais.
CRO.MO.TI.PI.A, *s.f.*, em Artes Gráficas, método de impressão tipográfica colorida; cromotipografia.
CRO.MO.TI.PO.GRA.FI.A, *s.f.*, o mesmo que cromotipia.
CRÔ.NI.CA, *s.f.*, narrativa histórica; história dos reis; artigo enfocando um fato do cotidiano; relato.
CRO.NI.CAR, *v.t.* e *int.*, registrar em crônica; escrever crônicas.
CRO.NI.CI.DA.DE, *s.f.*, em Medicina, qualidade ou estado do que é crônico.
CRÔ.NI.CO, *adj.*, antigo, de muito tempo; que retorna de vez em quando.
CRO.NI.QUEI.RO, *s.m.*, autor de crônicas, escritor de crônicas de baixa qualidade.
CRO.NIS.TA, *s. 2 gên.*, quem escreve crônicas.
CRO.NI.ZAR, *v.t.*, fazer crônica de; cronicar, croniquizar.
CRO.NO.BI.O.LO.GI.A, *s.f.*, em Biologia, estudo dos ritmos das atividades biológicas.
CRO.NO.GRA.FI.A, *s.f.*, estudo da arte de compor crônicas e todas as suas variantes.
CRO.NO.GRÁ.FI.CO, *adj.*, relativo a cronografia.
CRO.NÓ.GRA.FO, *s.m.*, quem estuda a arte das crônicas ou sua composição.
CRO.NO.GRA.MA, *s.m.*, desenho das várias etapas de um trabalho.

CRONOLOGIA ··270·· CUBIFORME

CRO.NO.LO.GI.A, *s.f.*, estudo sistemático do tempo, em suas variações.
CRO.NO.LÓ.GI.CO, *adj.*, que se refere a cronologia; temporal.
CRO.NO.LO.GIS.TA, *adj. 2 gên.* e *s. 2 gên.*, diz-se de, ou o especialista em cronologia.
CRO.NÓ.LO.GO, *s.m.*, o mesmo que cronologista.
CRO.NO.ME.TRA.DO, *adj.*, que se aferiu por cronometragem.
CRO.NO.ME.TRA.GEM, *s.f.*, ato ou efeito de cronometrar.
CRO.NO.ME.TRAR, *v.t.*, marcar com o relógio a duração de um ato.
CRO.NO.ME.TRI.A, *s.f.*, estudo das técnicas para a medição de tempo.
CRO.NO.MÉ.TRI.CO, *adj.*, referente a cronometria ou cronômetro.
CRO.NO.ME.TRIS.TA, *s. 2 gên.*, pessoa encarregada de marcar o tempo de duração de um ato.
CRO.NÔ.ME.TRO, *s.m.*, aparelho para medir o tempo; relógio de precisão.
CRO.NO.TRÓ.PI.CO, *adj.*, que diz respeito a, ou que coordena a regularidade de um ritmo.
CROONER, *s. 2 gên.*, vocalista de música popular, que canta acompanhado de pequena orquestra ou conjunto musical.
CRO.QUE, *s.m.*, ferramenta comprida com um gancho na ponta; na Marinha, vara com um gancho de metal na extremidade, usada para facilitar a atracação de barcos; *pop.*, pancada na cabeça igual a um cascudo.
CRO.QUE.TE, *s.m.*, bolinho de carne moída, preparado em forma de bola.
CRO.QUI, *s.m.*, esboço, projeto, desenho detalhado.
CROS.TA, *s.f.*, camada externa de qualquer corpo, casca.
CROS.TO.SO, *adj.*, recoberto de ou semelhante a crosta.
CRU, *adj.*, que não foi cozido; duro, seco, áspero.
CRU.CI.A.ÇÃO, *s.f.*, mortificação, dor, sofrimento, angústia, crueldade.
CRU.CI.A.DOR, *adj. e s.m.*, que ou o que crucia.
CRU.CI.AL, *adj.*, relativo a cruz; em forma de cruz; difícil, cruel.
CRU.CI.AN.TE, *adj.*, aflitivo, angustiante, que tortura.
CRU.CI.AR, *v. int.*, torturar, mortificar, fazer sofrer.
CRU.CI.FE.RÁ.RIO, *s.m.*, quem carrega a cruz em procissões.
CRU.CÍ.FE.RO, *adj.*, que tem cruz, que carrega a cruz.
CRU.CI.FI.CA.ÇÃO, *s.f.*, ação ou efeito de crucificar; suplício, tortura.
CRU.CI.FI.CA.DO, *adj.*, pregado na cruz, atormentado, sofrido.
CRU.CI.FI.CA.DOR, *adj. e s.m.*, quem crucifica, atormentador.
CRU.CI.FI.CA.MEN.TO, *s.m.*, ação ou efeito de crucificar, pregação na cruz, tormento.
CRU.CI.FI.CAR, *v.t.*, pregar na cruz, torturar, fazer sofrer muito, atormentar.
CRU.CI.FI.XÃO, *s.f.*, ação ou efeito de crucificar, crucificação.
CRU.CI.FI.XAR, *v. int.*, fixar em uma cruz, crucificar.
CRU.CI.FI.XO, *s.m.*, reprodução da imagem de Jesus Cristo pregado na Cruz.
CRU.CI.FOR.ME, *adj.*, que tem forma de cruz.
CRU.CÍ.GE.RO, *adj.*, em Botânica, que apresenta flores em forma de cruz; crucífero.
CRU.CI.GI.AR, *v.t.*, dar forma de cruz a.
CRU.EL, *adj.*, implacável, selvagem, monstruoso, torturador.
CRU.EL.DA.DE, *s.f.*, qualidade de quem é cruel, selvageria.
CRU.EN.TAR, *v.t.*, o mesmo que ensanguentar.
CRU.EN.TO, *adj.*, em que há sangue, sanguinário.
CRU.E.ZA, *s.f.*, crueldade; o que é cru.

CRU.OR, *s.m.*, parte do sangue que coagula ao ser derramada.
CRU.Ó.RI.CO, *adj.*, diz-se do sangue que coagula.
CRU.PE, *s.m.*, difteria na garganta.
CRU.PI.Ê, *s.m.*, profissional que trabalha em casas de jogo.
CRU.RAL, *adj.*, que se refere à coxa.
CRUS.TÁ.CEO, *adj.*, que está coberto de crostas; que se refere a animais como camarões, lagostas; *s.m.*, a espécie desses animais invertebrados.
CRUS.TO.DER.ME, *adj.*, que tem a pele dura.
CRUZ, *s.f.*, figura formada por duas hastes de madeira unidas ao meio; sinal da religião cristã; dificuldades, dor.
CRU.ZA.DAS, *s.f.*, expedições militares na Idade Média para, por exemplo, reaver a posse da Palestina contra os maometanos; luta em prol de; missão especial, luta conjunta.
CRU.ZA.DIS.TA, *adj. 2 gên.* e *s. 2 gên.*, diz-se de ou a pessoa que se dedica a palavras cruzadas.
CRU.ZA.DO, *adj. e s.m.*, participante das Cruzadas; que é dado pelo lado.
CRU.ZA.DOR, *s.m.*, tipo de navio de guerra.
CRU.ZA.MEN.TO, *s.m.*, ato ou efeito de cruzar; ponto de encontro de caminhos, encruzilhada; acasalamento de animais.
CRU.ZAN.TE, *adj.*, diz-se da raça de animais que melhora no seu cruzamento com outra.
CRU.ZAR, *v.t. e pron.*, colocar em forma de cruz, atravessar; provocar acasalamento entre animais.
CRUZ-CRE.DO, *interj.*, expressão de susto, espanto, medo ou repugnância; credo.
CRUZ DE MAL.TA, *s.f.*, cruz em que seus quatro segmentos partem de um centro comum e vão se alargando até as extremidades; em Botânica, nome de diversas plantas do gênero *Jussiaea*.
CRU.ZEI.RO, *s.m.*, grande cruz; trajeto recreativo de um navio; antiga unidade monetária brasileira, uma constelação de veneração nacional - Cruzeiro do Sul.
CRU.ZE.TA, *s.f.*, pequena cruz, peça do motor do carro.
CRU.ZE.TA.DO, *adj.*, que possui forma de cruzeta.
CRU.ZI.LHA.DA, *s.f.*, o mesmo que encruzilhada.
CTÔ.NI.CO, *adj.*, em Mitologia, que reside nos subterrâneos ou cavidades da Terra.
CTÔ.NIO, *adj.*, subterrâneo; ver ctônico.
CU - símbolo químico do cobre.
CU.A.TÁ, *s.m.*, macaco do gênero Ateles, p. ex., o macaco-aranha.
CU.BA, *s.f.*, vasilha grande, caldeira.
CU.BA.GEM, *s.f.*, ação ou efeito de cubar; a quantidade contida em uma cuba; medida de enchimento de um recipiente.
CU.BA.NO, *adj. e s.m.*, habitante ou natural de Cuba, ilha do Caribe.
CU.BAR, *v.t.*, pôr no cubo, avaliar a quantidade.
CU.BA.TA, *s.f.*, habitação tipicamente africana, cujo telhado ger. é coberto de folhas ou palha; choça.
CU.BA.TU.RA, *s.f.*, medida exata de uma cuba, quanto contém uma cuba.
CU.BI.CA.GEM, *s.f.*, ato de cubicar; cubagem.
CU.BI.CAR, *v.t. e int.*, procurar o volume de um corpo, cubar.
CÚ.BI.CO, *adj.*, que se refere a um cubo, que traduz a quantidade contida em um cubo.
CU.BI.CU.LAR, *adj.*, que se refere a um cubículo.
CU.BÍ.CU.LO, *s.m.*, cela, quarto pequeno, cela de cadeia.
CU.BI.FOR.ME, *adj.*, o mesmo que cuboide.

CUBISMO

CU.BIS.MO, *s.m.*, escola de pintura em que os objetos são representados sob formas geométricas.
CU.BI.TAL, *adj.*, que se refere ao cúbito.
CÚ.BI.TO, *s.m.*, osso que, junto com o rádio, forma o antebraço.
CU.BO, *s.m.*, sólido contornado por seis faces quadradas iguais.
CU.BOI.DE, *s.m.*, que tem semelhança a um cubo; que possui a forma de um cubo.
CU.CA, *s.f.*, bicho-papão; mestre de cozinha; tipo de bolo feito na região Sul do Brasil; *fig.*, mente, inteligência, cabeça.
CU.CAR, *v.t.*, cocar; *v.int.*, cantar (o cuco).
CU.CO, *s.m.*, ave europeia emigratória; relógio imitando-lhe a voz.
CU.CUR.BI.TÁ.CEAS, *s.f. pl.*, plantas rastejantes como as que produzem abóboras, melões, melancias.
CU.CU.RI.TAR, *v. int.*, que faz o galo; reproduzir esse som.
CU.E.CA, *s.f.*, peça íntima da vestimenta masculina.
CU.EI.RO, *s.m.*, fralda.
CUI.A, *s.f.*, tipo de cabaça que se corta ao meio e serve como vasilha; cuia para chimarrão.
CUI.A.BA.NO, *s.m. e adj.*, habitante ou natural de Cuiabá.
CU.Í.CA, *s.f.*, tipo de tambor usado para marcar o ritmo em sambas.
CUI.DA.DO, *adj.*, vigiado, assistido; *s.m.*, atenção, cautela, desvelo, zelo.
CUI.DA.DOR, *adj. e s.m.*, que ou que cuida ou trata de alguma coisa; diligente, zeloso.
CUI.DA.DO.SA.MEN.TE, *adv.*, de uma maneira cuidadosa; com cuidado.
CUI.DA.DO.SO, *adj.*, desvelado, preocupado, atencioso, zeloso.
CUI.DAR, *v.t., int. e pron.*, imaginar; achar; zelar, velar, preocupar-se.
CUI.TE.LO, *s.m.*, beija-flor, ave de dimensões muito pequenas, de muita beleza e que consegue pairar.
CU.JO, *pron. rel.*, de quem, de que.
CU.LA.TRA, *s.f.*, parte posterior de uma arma de fogo.
CU.LI.CI.FOR.ME, *adj.*, que se assemelha a mosquito.
CU.LI.NÁ.RIA, *s.f.*, arte de cozinhar; habilidades demonstradas na cozinha.
CU.LI.NÁ.RIO, *adj.*, que se refere à arte de cozinhar.
CUL.MI.NA.ÇÃO, *s.f.*, ação ou efeito de culminar, culminância, clímax.
CUL.MI.NÂN.CIA, *s.f.*, o ponto mais elevado, pico, cume, auge, clímax.
CUL.MI.NAN.TE, *adj.*, o mais alto.
CUL.MI.NAR, *v.t. e int.*, alcançar o ponto mais alto, terminar, acabar.
CU.LO.TE, *s.m.*, tipo de calça larga no cós e apertada nas pernas, própria para cavaleiros; excesso de gordura nas coxas.
CUL.PA, *s.f.*, ação contra alguma lei; infração, delito, crime.
CUL.PA.BI.LI.DA.DE, *s.f.*, culpa, possibilidade de ser culpável.
CUL.PA.BI.LI.ZA.ÇÃO, *s.f.*, ação ou efeito de culpabilizar, culpabilidade, culpa.
CUL.PA.BI.LI.ZAR, *v. int.*, tornar culpado, fazer com que fique culpado.
CUL.PA.DO, *adj.*, que praticou um delito, acusado.
CUL.PAR, *v.t. e pron.*, acusar, atribuir culpa a alguém.
CUL.PÁ.VEL, *adj.*, que tem culpa, que pode ser culpado.
CUL.PO.SO, *adj.*, que está cheio de culpa, culpado.
CULT, *adj. 2 gên. e s. 2 num.*, *pop.*, diz-se de pessoa, movimento artístico, obra de arte, etc., que é cultuado nos meios artísticos ou pelo público.
CUL.TIS.MO, *s.m.*, qualidade ou condição do que é culto; do que tem cultura; civilizado; eruditismo.
CUL.TI.VA.ÇÃO, *s.f.*, ação ou efeito de cultivar, cultivo, amanho.
CUL.TI.VA.DO, *adj.*, plantado, amanhado.
CUL.TI.VA.DOR, *adj. e s.m.*, quem cultiva, plantador.
CUL.TI.VAR, *v.t. e pron.*, plantar, preparar a terra para plantar, amanhar; cultuar.
CUL.TI.VÁ.VEL, *adj.*, que pode ser cultivado, plantável.
CUL.TI.VO, *s.m.*, preparo da terra, amanho.
CUL.TO¹, *adj.*, que tem cultura, instruído, erudito, cultivado.
CUL.TO², *s.m.*, cerimônia religiosa, função religiosa, ato de cunho religioso no qual não existe a missa.
CUL.TOR, *s.m.*, quem cultua, cultivador, quem presta reverência a algo.
CUL.TU.A.DO, *adj.*, venerado, admirado, respeitado.
CUL.TU.AR, *v.t.*, render culto, venerar, admirar.
CUL.TU.Á.VEL, *adj. 2 gên.*, que pode, deve ou merece ser cultuado; digno de culto.
CUL.TU.RA, *s.f.*, modo de cultivar a terra e as plantas; desenvolvimento intelectual, sabedoria, conhecimento; domínio de tradições, modo próprio de agir e ver a vida.
CUL.TU.RAL, *adj.*, relativo a cultura.
CUL.TU.RA.LIS.MO, *s.m.*, estudo pelo qual a cultura constitui realidade objetiva e influencia na natureza coletiva, de modo que os fatos e elementos que determinam a cultura são apreendidos dentro do contexto geral.
CUL.TU.RA.LIS.TA, *adj. 2 gên.*, relativo ou pertencente ao culturalismo; *s. 2 gên.*, adepto ou defensor do culturalismo.
CUL.TU.RIS.MO, *s.m.*, série de exercícios físicos com o objetivo de desenvolver certos grupos de músculos para fins estéticos e/ou competitivos; fisiculturismo; fisioculturismo.
CUL.TU.RIS.TA, *adj. 2 gên.*, relativo ao inerente ao culturismo; diz-se de quem pratica culturismo; *s. 2 gên.*, aquele que pratica culturismo.
CUM.BU.CA, *s.f.*, uma cabaça com um pequeno orifício, para armazenar líquidos; *expron.*, meter a mão em cumbuca - meter-se em um problema, fazer algo errado.
CU.ME, *s.m.*, ponto mais elevado, pico, cimo.
CU.ME.A.DA, *s.f.*, a linha formada por cumes de montanhas, cumeeira; trilha pelo alto do monte; *var.*, encumeada.
CU.ME.EI.RA, *s.f.*, a parte elevada do telhado, cimo, cimeira.
CU.MIM, *s.m.*, auxiliar de garçom, ajudante de garçom.
CUM.PIN.CHA, *s. 2 gên.*, cupincha, cúmplice, apaniguado, comparsa.
CÚM.PLI.CE, *s.m.*, quem acompanhou em uma infração; comparsa, asseclá.
CUM.PLI.CI.A.DO, *adj.*, apaniguado, comparsa.
CUM.PLI.CI.AR, *v. int.*, tornar-se cúmplice, apaniguar-se.
CUM.PLI.CI.DA.DE, *s.f.*, coautoria, acompanhante de infração.
CUM.PRI.DO, *adj.*, efetuado, realizado, concluído.
CUM.PRI.DOR, *adj. e s.m.*, quem cumpre, realizador.
CUM.PRI.MEN.TA.DO, *adj.*, que recebeu cumprimentos.
CUM.PRI.MEN.TA.DOR, *adj. e s.m.*, que ou aquele que cumprimenta.
CUM.PRI.MEN.TAR, *v.t. e int.*, saudar, enviar cumprimentos.
CUM.PRI.MEN.TEI.RO, *adj.*, que faz cumprimentos demasiados.
CUM.PRI.MEN.TO, *s.m.*, execução, realização, efetivação;

saudação, congratulação.
CUM.PRIR, *v.t., int. e pron.*, executar, fazer, realizar.
CUM.PRÍ.VEL, *adj. 2 gên.*, que se pode cumprir.
CU.MU.LA.ÇÃO, *s.f.*, ação ou efeito de cumular, acumulação, reunião.
CU.MU.LAR, *v.t. e pron.*, acumular, reunir grande quantidade em um ponto único, doar muito, encher de.
CU.MU.LA.TI.VO, *adj.*, que acumula, que reúne, que ajunta sempre mais.
CÚ.MU.LO, *s.m.*, amontoado de coisas, o máximo, o ponto mais alto.
CÚ.MU.LO-CIR.RO, *s.m.*, ver cirro-cúmulo.
CÚ.MU.LO-ES.TRA.TO, *s.m.*, em Meteorologia, ver estrato-cúmulo.
CÚ.MU.LO-NIM.BO, *s.m.*, nuvem alta que contém gelo, granizo, com formas diferentes.
CU.NEI.FO.LI.A.DO, *adj.*, em Botânica, que tem folhas em forma de cunha.
CU.NEI.FOR.ME, *adj.*, em forma de cunha, escrita dos assírios.
CU.NHA, *s.f.*, calço, ponta de ferro ou de madeira usada para rachar algo.
CU.NHÃ, *s.f.*, a mulher jovem (indígena); a mulher do caboclo; em Botânica, nome de certas plantas trepadeiras leguminosas.
CU.NHA.DA, *s.f.*, irmã de um dos cônjuges com referência ao outro; parente.
CU.NHA.DO, *s.m.*, irmão de um dos cônjuges com referência ao outro.
CU.NHA.DOR, *adj. e s.m.*, que(m) cunha, fabricante de objetos de metal.
CU.NHA.GEM, *s.f.*, ato de fabricar moedas.
CU.NHAR, *v.t.*, imprimir, gravar, estampar moeda, fabricar moedas.
CU.NHO, *s.m.*, peça de metal duro para gravar moedas ou objetos; impressão de um sinal em moedas e medalhões; selo, sinete, símbolo, sinal; *fig.*, caráter, estilo, impressão pessoal.
CU.NI.CU.LAR, *adj. 2 gên.*, relativo a(os) coelho(s) ou próprio dele(s).
CU.NI.CUL.TOR, *s.m.*, quem cultiva coelhos, quem tem cultura de coelhos.
CU.NI.CUL.TU.RA, *s.f.*, cultura de coelhos, criação de coelhos.
CU.PÃO, *s.m.*, cupom.
CU.PÊ, *s.m.*, carro com duas portas.
CU.PI.DEZ, *s.f.*, ambição, ganância, desejo, cobiça, gula.
CU.PI.DO, *s.m.*, deus do amor, personificação do amor.
CÚ.PI.DO, *adj.*, ganancioso, ávido, cobiçoso.
CU.PIM, *s.m.*, inseto que se alimenta de madeira, corcova do boi zebu.
CU.PIN.CHA, *s. 2 gên.*, comparsa, colega, cumpincha.
CU.PIN.ZA.DA, *s.f.*, grande quantidade, enxame de cupins; cupinzama.
CU.PIN.ZA.MA, *s.f.*, grande quantidade de cupins.
CU.PIN.ZEI.RO, *s.m.*, casa de cupins, ninho de cupins.
CU.POM, *s.m.*, cupão, a parte descartável de um documento; ação, bilhete de entrada, cupão.
CÚ.PRE.O, *adj.*, relativo a cobre; da cor do cobre.
CÚ.PRI.CO, *adj.*, que se refere a cobre, próprio do cobre.
CU.PRÍ.FE.RO, *adj.*, que leva cobre, que contém cobre.
CÚ.PRI.NO, *adj.*, que se refere a cobre.
CU.PRO.SO, *adj.*, que contém pouca quantidade de cobre.
CÚ.PU.LA, *s.f.*, abóbada; chefes, dirigentes, reunião de mandatários políticos.
CU.PU.LA.DO, *adj.*, que tem cúpula, abobadado.
CU.PU.LAR, *adj. 2 gên.*, relativo a cúpula ou a esta assemelhado.
CU.PU.LI.FOR.ME, *adj.*, que tem forma de cúpula.
CU.PU.LIS.MO, *s.m.*, hábito de ou tendência para decisões de cúpula.
CU.RA, *s.f.*, ação ou efeito de curar, recuperação da saúde; *s.m.*, padre, vigário, pároco.
CU.RA.BI.LI.DA.DE, *s.f.*, qualidade de ser curado, que é curável.
CU.RA.DO, *adj.*, sarado, com saúde de novo.
CU.RA.DOR, *s.m.*, pessoa designada por juiz para administrar a vida e os bens de alguém incapaz; curador de menores, membro do ministério público.
CU.RA.DO.RI.A, *s.f.*, função do curador, curatela.
CU.RAN.DEI.RIS.MO, *s.m.*, ofício de curandeiro, atividades de curandeiro.
CU.RAN.DEI.RO, *s.m.*, quem pratica a Medicina sem diploma, pessoa que exerce a Medicina como amador.
CU.RAN.DI.CE, *s.f.*, ações de curandeiro, curandeirismo.
CU.RAR, *v.t., int. e pron.*, sarar, sanar, devolver a saúde.
CU.RA.RE, *s.m.*, veneno muito forte dos índios sul-americanos.
CU.RA.TE.LA, *s.f.*, curadoria, função do curador.
CU.RA.TE.LAR, *v. int.*, atuar como curador.
CU.RA.TI.VO, *adj.*, próprio da cura; *s.m.*, colocação de remédios para curar.
CU.RA.TO, *s.m.*, cargo do cura, residência ou administração do cura.
CU.RA.TO.RI.AL, *adj. 2 gên.*, relativo a ou próprio de curador de evento, projeto, etc.
CU.RAU, *s.m.*, alimento doce com milho verde ralado.
CU.RÁ.VEL, *adj.*, que pode ser curado, que se pode curar.
CU.RE.TA, *s.f.*, instrumento cirúrgico usado para efetuar raspagens, na curetagem.
CU.RE.TA.DO, *adj.*, que teve uma curetagem.
CU.RE.TA.GEM, *s.f.*, raspagem feita com a cureta em alguma cavidade interna.
CU.RE.TAR, *v. int.*, operar com a cureta.
CÚ.RIA, *s.f.*, conjunto de pessoas que formam a administração do Vaticano em conjunto com o papa; grupo de bispos na administração eclesiástica.
CU.RI.AL, *adj. 2 gên.*, relativo a ou próprio da cúria; que tem autoridade no foro; *fig.*, próprio, conveniente, adequado ao uso forense; *s.m.*, indivíduo da cúria eclesiástica.
CU.RI.AN.GO, *s.m.*, ave de vida noturna, de penas pardo-amareladas.
CU.RI.BO.CA, *s.m.*, mestiço, caboclo; cariboca.
CU.RIN.GA, *s.m.*, carta do baralho que se pode usar em qualquer situação.
CU.RI.Ó, *s.m.*, pássaro canoro muito disputado pela voz.
CÚ.RIO, *s.m.*, em Química, elemento químico artificial radioativo, de número atômico 96; símbolo: Cm.
CU.RI.O.SI.DA.DE, *s.f.*, desejo muito forte de saber, descobrir as coisas.
CU.RI.O.SO, *adj.*, desejoso de aprender, saber; indiscreto.
CU.RI.TI.BA.NO, *adj. e s.m.*, referente, habitante ou natural de Curitiba.
CUR.RA, *s.f., pop.*, ato de currar; ato de praticar violência sexual e coletiva em cumplicidade.
CUR.RAL, *s.m.*, local para abrigar o gado; curral político

- eleitores fiéis a um chefe político.
CUR.RA.LEI.RO, *adj.*, diz-se de gado recolhido e que dorme em curral; *s.m.*, guardador de curral de animais.
CUR.RAR, *v.t., pop.*, praticar a violência sexual com a cumplicidade de outros.
CUR.RI.CU.LAR, *adj. 2 gên.*, relativo a currículo.
CUR.RÍ.CU.LO, *s.m.*, carreira; todas as matérias que compõem o estudo de um curso escolar.
CUR.RI.CU.LUM VI.TAE, *s.m.*, todos os dados que se registram na vida de uma pessoa; identificação, estudos, experiências profissionais, hobbies e outros.
CURRY, *s.m.*, em Culinária, condimento em pó, de origem indiana, amarelo, composto de gengibre, coentro, cúrcuma, pimenta-do-reino, etc., e us. para preparar carnes, peixes, vegetais, crustáceos; caril.
CUR.SA.DO, *adj.*, versado, habituado, prático, conhecedor.
CUR.SAN.TE, *adj. e s. 2 gên.*, o mesmo que cursista.
CUR.SAR, *v.t.*, estudar, seguir o curso de uma escola, andar.
CUR.SÁ.VEL, *adj.*, que pode correr ou ter curso em toda parte.
CUR.SI.LHO, *s.m.*, sistema de cursos para preparar as pessoas para o exercício de atos religiosos e catequeses.
CUR.SI.NHO, *s.m.*, curso montado para preparar o estudante para o vestibular.
CUR.SIS.TA, *s. 2 gên.*, quem participa de um curso.
CUR.SI.VO, *s.m.*, forma da letra manuscrita.
CUR.SO, *s.m.*, percurso, caminho, rota; determinado estudo.
CUR.SOR, *s.m.*, peça que se move; sinal que corre na tela do computador.
CUR.TA-ME.TRA.GEM, *s.m.*, filme de pouca duração, de até 30 minutos.
CUR.TE.ZA, *s.f.*, o que é curto, de comprimento pequeno; *fig.*, falta de cultura, ignorância.
CUR.TI.ÇÃO, *s.f., gír*, sentir prazer, usufruir, gozar.
CUR.TI.DO, *adj.*, alimento temperado, apimentado.
CUR.TI.DOR, *adj. e s.m.*, quem curte couro.
CUR.TI.MEN.TO, *s.m.*, preparo de couro, preparação de couro; comida que fica para ser temperada.
CUR.TIR, *v.t. e int.*, preparar o couro, preparar comidas com temperos fortes; *gír.*, desfrutar ao máximo.
CUR.TO, *adj.*, comprimento pequeno, breve, escasso, rápido.
CUR.TO-CIR.CUI.TO, *s.m.*, encontro de dois fios eletrizados, provocando estouro e fogo.
CUR.TU.ME, *s.m.*, indústria para curtir couros.
CU.RUM.BA, *s. 2 gên.*, no Nordeste, indivíduo que deixa o sertão para buscar trabalho nas estradas ou fábricas; pessoa que foge da seca do sertão; retirante.
CU.RU.MIM, *s.m.*, de linguagem indígena, menino, garoto; var., curumi.
CU.RU.MIN.ZA.DA, *s.f.*, grupo de curumins.
CU.RU.PI.RA, *s.m.*, personagem do folclore brasileiro, um índio de pés virados para trás, escondido nas matas e que se diverte atormentando os viajantes, var., currupira.
CU.RU.RU, *s.m.*, sapo muito grande e de pele enrugada.
CUR.VA, *s.f.*, sinuosidade, forma de arco.
CUR.VA.DO, *adj.*, sinuoso, arqueado, entortado.
CUR.VA.MEN.TO, *s.m.*, ação ou resultado de curvar ou arquear; arqueamento.
CUR.VAR, *v.t. e pron.*, tornar curvo, vergar, entortar.
CUR.VA.TU.RA, *s.f.*, inclinação, curva.
CUR.VE.TA, *s.f.*, pequena curva, curva de estrada.
CUR.VE.TE.AR, *v.t. e int.*, fazer curvetas (o cavalo); erguer-se, dobrando as patas dianteiras ou movimentar(-se) fazendo pequenas curvas.
CUR.VI.LÍ.NEO, *adj.*, com linhas curvas.
CUR.VÍ.PE.DE, *adj.*, que tem pernas curvas.
CUR.VO, *adj.*, inclinado, vergado, arcado.
CUS.CUZ, *s.m.*, tipo de comida brasileira feita à base de milho, farinha de mandioca, condimentos.
CUS.CU.ZEI.RO, *s.m.*, fabricante ou vendedor de cuscuz.
CUS.PA.DA, *s.f.*, quantidade de cuspe, cuspida.
CUS.PA.RA.DA, *s.f.*, muito cuspe, expulsão de muito cuspe da boca.
CUS.PE, *s.m.*, cuspo, saliva, expulsão de cuspo.
CUS.PI.DA, *adj.*, em que se cuspiu, que recebeu cuspe; *s.m.*, ato de cuspir.
CUS.PI.DEI.RA, *s.f.*, recipiente próprio para se cuspir; escarradeira.
CUS.PI.DE.LA, *s.f.*, o mesmo que cuspidura; ato de cuspir furtiva ou rapidamente.
CUS.PI.DO, *adj.*, expelido, salivado.
CUS.PI.DOR, *adj. e s.m.*, que ou aquele que cospe muito.
CUS.PI.NHAR, *v. int.*, cuspir com frequência.
CUS.PIR, *v.t. e int.*, lançar saliva, expelir saliva.
CUS.PO, *s.m.*, saliva, cuspe.
CUS.TA, *s.f.*, despesa; *expron.*, à custa de, às expensas de, a cargo de.
CUS.TAR, *v.t. e int.*, ter preço, ter despesa.
CUS.TAS, *s.f. pl.*, despesas, o preço de uma compra.
CUS.TE.A.DO, *adj.*, que teve despesas pagas ou providas; subsidiado; financiado.
CUS.TE.AR, *v.t.*, pagar, fornecer meios para saldar.
CUS.TEI.O, *s.m.*, o total de despesas feitas com algo, custeamento.
CUS.TO, *s.m.*, o que se paga por uma aquisição; valor em moeda.
CUS.TÓ.DIA, *s.f.*, guardar um ser ou um objeto; proteção.
CUS.TO.DI.AR, *v.t.*, guardar, proteger.
CUS.TÓ.DIO, *s.m., adj.*, que(m) guarda, que (me) vigia.
CUS.TO.SO, *adj.*, muito caro, com muitas despesas.
CU.TÂ.NEO, *adj.*, próprio da pele.
CU.TE.LA.RI.A, *s.f.*, fábrica de cutelos, oficina para fabricar facas e objetos similares.
CU.TE.LEI.RO, *s.m.*, quem fabrica objetos cortantes, como facas, facões.
CU.TE.LO, *s.m.*, qualquer objeto cortante, faca, facão.
CU.TI.A, *s.f.*, roedor de vida noturna com pelo rijo, apreciado pela sua carne.
CU.TÍ.CU.LA, *s.f.*, pelezinha que salta ao redor das unhas.
CU.TI.CU.LAR, *adj.*, relativo à cútis, à cutícula.
CU.TI.CU.LO.SO, *adj.*, que tem forma de cutícula.
CU.TI.LA.DA, *s.f.*, golpe com o cutelo, ataque com faca.
CU.TI.LAN.TE, *adj.*, que cutila.
CU.TI.LAR, *v.t.*, dar cutiladas; trabalhar ou ferir com cutelo.
CÚ.TIS, *s.f.*, pele humana, pele do rosto, epiderme, tez.
CU.TU.CA.DA, *s.f.*, ato de cutucar.
CU.TU.CÃO, *s.m.*, empurrão, batida no outro.
CU.TU.CAR, *v.t.*, tocar alguém, acotovelar, empurrar; *fig.*, provocar.
CV, cavalo-vapor, medida de força.
CZAR, *s.m.*, título do imperador da Rússia, original de César; var., tzar.
CZAR.DA, *s.f.*, dança húngara.

CZA.RI.NA, *s.f.*, forma feminina de czar, esposa do czar.
CZA.RIS.MO, *s.m.*, sistema político-administrativo em vigor nos tempos em que os czares comandavam a Rússia; var., tzarismo.
CZA.RIS.TA, *adj.* e *s. 2 gên.*, que diz respeito ao czarismo; partidário ou adepto do czar ou do czarismo; var., tzarista.

D

D, quarta letra e terceira consoante do á-bê-cê latino; nos números romanos D = 500; diante de nomes próprios significa dom, dona.
DA, combinação da preposição *de* com o artigo *a* (ou pron. dem. fem.).
DÁ.BLIO, *s.m.,* (dábliu), nome da letra w.
DÁC.TI.LA, *s.f.,* em Botânica, gênero de plantas gramíneas.
DAC.TI.LA.DO, *s.m.,* em Zoologia, gênero de peixes; *adj.,* que é da cor da tâmara.
DAC.TI.LAR, *adj.,* que é relativo ao dedo; relativo à tâmara.
DAC.TI.LEI.RA, *s.f.,* tamareira.
DAC.TI.LI.O.TE.CA, *s.f.,* coleção ou museu de joias, pedras preciosas e anéis; var., datilioteca.
DÁC.TI.LO, *s.m.,* na versificação grega e latina, último verso formado de uma sílaba longa seguida de duas breves; nome científico da tâmara.
DA.DA.ÍS.MO, *s.m.,* nome de um movimento literário lançado pelo poeta Tristan Tzara, em 1816.
DA.DA.ÍS.TA, *s. 2 gên.,* participante do Dadaísmo, adepto deste movimento.
DÁ.DI.VA, *s.f.,* presente, dom, donativo, favor, graça.
DA.DI.VO.SO, *adj.,* generoso, caridoso, bondoso, amigo.
DA.DO, *adj.,* ofertado, habituado, cortês, afável; *s.m.,* cubinho usado para certos jogos, com pontos marcados em cada uma das seis faces de 1 a 6; resultado colhido para expor alguma verificação econômica, social ou financeira.
DA.DOR, *adj. e s.m.,* quem dá, ofertador, que dá, que oferta.
DAF.NE, *s.f.,* gênero de plantas timeleáceas, constituído de arbustos e árvores eurasianas, com cerca de 40 espécies, algumas com fruto e casca medicinais.
DA.GUER.RE.O.TI.PAR, *v.t.* reproduzir pelo processo de daguerreótipo; *fig.,* pintar com muita exatidão; *v.pron.,* retratar-se pelo daguerreótipo; *fig.,* mostrar-se, apresentar-se tal qual é.
DA.GUER.RE.O.TI.PI.A, *s.f.,* em Fotografia, método fotográfico antigo em que uma placa de prata sensibilizada sofre a ação do vapor de iodo sobre ela.
DA.GUER.RE.Ó.TI.PO, *s.m.,* aparelho fotográfico inventado, em 1839, pelo físico e pintor francês Louis Jacques Mandé Daguerre (1787-1851).
DA.Í, *adv.,* então, a partir de.
DA.LAI-LA.MA, *s.m.,* chefe espiritual do Tibete, destronado do poder civil pela China.
DA.LI, combinação da preposição *de* com o advérbio *ali.*
DÁ.LIA, *s.f.,* tipo de flor com várias cores, de nossos jardins.
DA.LI.NA, *s.f.,* substância do bolbo da dália, também chamada inulina.
DÁL.MA.TA, *s.m.,* tipo de cão de raça com tamanho avantajado, pelo curto, malhas pretas ou castanhas.
DAL.MÁ.TI.CA, *s.f.,* vestimenta que os diáconos e subdiáconos colocam sobre a alva.
DAL.MÁ.TI.CO, *adj.,* o mesmo que dálmata.
DAL.TÔ.NI.CO, *adj.,* próprio do daltonismo, que sofre de daltonismo.
DAL.TO.NIS.MO, *s.m.,* defeito na visão que inibe a pessoa de distinguir entre cores, como vermelho e verde.
DA.MA, *s.f.,* senhora, mulher casada, mulher da nobreza, mulher que faz par com um cavalheiro; peça do xadrez (jogo); no baralho, uma carta com figura feminina.
DA.MAR, *s.m.,* nome de várias resinas extraídas das espécies do gênero *Agathis*.
DA.MAS, *s.f., pl.,* jogo desenvolvido com peças, sobre um tabuleiro xadrez com 64 quadrados.
DA.MAS.CE.NO, *adj. e s.m.,* natural ou habitante de Damasco, capital da Síria; damasquino.
DA.MAS.CO, *s.m.,* fruto do damasqueiro, comestível e usado em doces; tipo de tecido.
DA.MA.SE.LA, *s.f.,* tecido fino do século XVIII.
DA.MAS.QUEI.RO, *s.m.,* árvore que produz o damasco, muito cultivada em alguns países.
DA.MAS.QUI.NA.DO, *adj.,* enfeitado com incrustações de ouro, prata ou outro metal; ornado com damasco; tecido trabalhado em relevo.
DA.MAS.QUI.NA.GEM, *s.f.,* em Metalurgia, ato ou efeito de damasquinar; trabalho com incrustações.
DA.MAS.QUI.NAR, *v.t.,* ornamentar com pedras incrustadas ou trabalhar damasquinaria.
DA.MAS.QUI.NA.RI.A, *s.f.,* arte de embutir desenhos de ouro ou prata em metal.
DA.MAS.QUI.NO, *adj.,* relativo a Damasco (Síria); tauxiado em Damasco ou à moda de Damasco.
DA.NA.ÇÃO, *s.f.,* ato ou efeito de danar, maldição, ruína, balbúrdia, condenação, confusão, fúria, raiva.
DA.NA.DO, *adj.,* raivoso, desordenado, furioso, furibundo, zangado, irado.
DA.NAR, *v.t., int. e pron.,* irritar, enraivecer; provocar dano em, confundir; levar ao inferno.
DAN.ÇA, *s.f.,* ação de dançar, baile, sequência de ritmos seguidos com os passos.
DAN.ÇA.DEI.RA, *s.f.,* mulher que dança, dançarina, bailarina.
DAN.ÇA.DOR, *s.m.,* homem que dança, dançarino, bailador.
DAN.ÇAN.TE, *adj.,* que dança, bailante.
DAN.ÇAR, *v. int.,* movimentar o corpo seguindo o ritmo musical; bailar.
DAN.ÇA.RI.NA, *s.f.,* mulher que dança, bailarina.
DAN.ÇA.RI.NO, *s.m.,* quem gosta de dançar; pessoa que é profissional da dança, bailarino.
DAN.CE.TE.RI.A, *s.f.,* local no qual se dança; local público para a dança.
DÂN.DI, *s.m.,* quem procura se vestir com muita elegância; janota, almofadinha, casquilho.
DAN.DIS.MO, *s.m.,* preocupação em se apresentar sempre com muito apuro nas aparências.
DA.NÊS, *adj. e s.m.,* o mesmo que dinamarquês.

DANIFICAÇÃO — DEBATIMENTO

DA.NI.FI.CA.ÇÃO, *s.f.*, ação ou efeito de danificar, prejuízo, estrago, destruição.

DA.NI.FI.CA.DO, *adj.*, prejudicado, estragado, destruído, arruinado.

DA.NI.FI.CA.DOR, *adj. e s.m.*, que(m) danifica, destruidor.

DA.NI.FI.CA.MEN.TO, *s.m.*, ato ou efeito de danificar, danificação.

DA.NI.FI.CAR, *v.t.*, prejudicar, provocar um dano, destruir.

DA.NI.NHA.DOR, *adj. e s.m.*, que ou o que daninha.

DA.NI.NHAR, *v. int.*, prejudicar, danificar, fazer traquinagens.

DA.NI.NHE.ZA, *s.f.*, qualidade de daninho, traquinada.

DA.NI.NHO, *adj.*, que provoca dano, peralta, nocivo, ervas daninhas.

DA.NO, *s.m.*, prejuízo, destruição, incômodo, perturbação.

DA.NO.SO, *adj.*, prejudicial, que arruína, arruinado, estragado.

DAN.TA.NHO, contr. da prep. *de* com o *adv.* antanho.

DAN.TES, *adv.*, outrora, antigamente, em outros tempos, antes de.

DAN.TES.CO, *adj.*, próprio de Dante Alighieri; que retrata cenas parecidas com as que Dante descreve em sua grande obra, A Divina Comédia, sobretudo em O Inferno.

DA.NU.BI.A.NO, *adj.*, que se refere ao rio Danúbio, que corta a Europa até a Turquia.

DA.PÍ.FE.RO, *s.m., ant.*, que ou aquele que servia à mesa dos ricos, nobres e reis.

DA.QUE.LE, combinação da preposição *de* com o pronome demonstrativo *aquele*.

DA.QUI, combinação da preposição *de* com o advérbio *aqui*.

DA.QUI.LO, combinação da preposição *de* com o pronome demonstrativo *aquilo*.

DAR, *v.t., int. e pron.*, oferecer, doar, ofertar, ceder algo grátis, outorgar, praticar, ministrar, entregar, bater, espancar, consagrar.

DA.RAN.DI.NA, *s.f.*, lufa-lufa; azáfama.

DAR.DE.JA.DO, *adj.*, arremessado, que jogou dardos, brilhante.

DAR.DE.JA.MEN.TO, *s.m.*, arremesso, emissão de raios.

DAR.DE.JAN.TE, *adj.*, que brilha, brilhante, que é arremessado.

DAR.DE.JAR, *v.t. e int.*, atirar dardos contra, arremessar dardos, flamejar, emitir raios luminosos.

DAR.DO, *s.m.*, antiga arma com ponta de ferro; lança pequena; haste de madeira com ponta de ferro, usada para arremesso em disputas esportivas.

DAR.MA, *s.m.*, na religião dos hindus, é o caminho da busca total da virtude.

DAR O CA.NO, *expr., pop.*, não cumprir o combinado, enganar, lograr, ludibriar.

DAR.TRO, *s.m.*, mancha, nódoa na pele; cárie inicial em dente.

DAR.TRO.SO, *adj.*, que diz respeito ao dartro.

DAR.WI.NI.A.NO, *adj.*, que se refere a Darwin, próprio da ciência de Darwin.

DAR.WI.NIS.MO, *s.m.*, teoria de Charles Darwin, estabelecendo a origem das espécies de modo natural.

DAR.WI.NIS.TA, *adj.2 gên., s. 2 gên.*, especialista na doutrina darviniana, seguidor e estudioso de Darwin.

DA.SÍ.CE.RO, *s.m.*, em Zoologia, gênero de insetos coleópteros.

DA.SI.PO.DÍ.DEO, *s.m.*, família de mamíferos desdentados, na qual se incluem os tatus.

DA.TA, *s.f.*, dia e hora marcados, momento, época.

DA.TA.DO, *adj.*, que tem data, agendado, marcada a data.

DA.TAL, *adj.*, que se refere a data.

DA.TAR, *v.t.*, marcar o dia, indicar o dia, determinar o momento de uma atividade.

DA.TI.LO.GRA.FA.DO, *adj.*, escrito à máquina; texto elaborado com o uso de máquina de escrever.

DA.TI.LO.GRA.FAR, *v.t.*, escrever à máquina.

DA.TI.LO.GRA.FIA, *s.f.*, habilidade de escrever à máquina.

DA.TI.LO.GRÁ.FI.CO, *adj.*, que se refere à datilografia.

DA.TI.LÓ.GRA.FO, *s.m.*, pessoa que sabe escrever à máquina; quem escreve com máquina de escrever, usando os dez dedos das mãos.

DA.TI.LO.MAN.CI.A, *s.f.*, suposta habilidade de prever e adivinhar fatos pelo formato dos dedos.

DA.TI.LO.MÂN.TI.CO, *adj.*, referente à datilomancia.

DA.TI.LOS.CO.PI.A, *s.f.*, modo de descobrir algo pela impressão deixada pelos dedos.

DA.TI.LOS.CÓ.PI.CO, *adj.*, referente à datiloscopia.

DA.TI.VO, *adj. e s.m.*, advogado indicado por juiz para defender algum réu sem condições de pagar as custas; caso gramatical, correspondente ao objeto indireto e, por vezes, ao complemento nominal, na análise da frase latina.

DAU.CI.FOR.ME, *adj.*, em Botânica, em forma de cenoura.

DAU.CÍ.PE.DE, *adj.*, de pés fusiformes, em forma de cenoura.

DAU.CO, *s.m.*, em Botânica, nome científico da cenoura.

DAU.CO.FOR.ME, *adj.*, dauciforme.

DA.VÍ.DI.CO, *adj.*, relativo a Davi (1055-1014 a.C.), segundo rei da monarquia hebraica.

d.C., *abr.*, usado em datas, significando após o nascimento de Jesus Cristo.

DC, abreviatura de decilitro.

DDD, sigla para indicar Discagem Direta a Distância.

DDI, sigla para Discagem Direta Internacional.

DE, *prep.*, traduz várias relações entre duas palavras, como posse, lugar, tempo, causa e outras.

DÊ, *s.m.*, nome da letra *d*.

DE.AL.BAR, *v. int.*, branquear, embranquecer, amanhecer, clarear do dia, var., dealvar.

DE.AM.BU.LA.ÇÃO, *s.f.*, passeio, giro, caminhada, andança.

DE.AM.BU.LAR, *v. int.*, caminhar sem rumo, andar ao léu, estar à toa.

DE.ÃO, *s.m.*, dignitário eclesiástico ligado a bispo, decano eclesiástico; o professor mais antigo em uma congregação de professores.

DE.AR.TI.CU.LA.ÇÃO, *s.f.*, pronúncia exageradamente clara de cada sílaba.

DE.AR.TI.CU.LAR, *v.t.*, pronunciar com clareza e ênfase cada sílaba.

DE.BA.CLE, *s.m.*, queda geral, destruição, fracasso.

DE.BAI.XO, *adv.*, parte inferior, sob.

DE.BAL.DE, *adv.*, em vão, inutilmente, sem resultado.

DE.BAN.DA.DA, *s.f.*, saída de forma, fuga.

DE.BAN.DA.DO, *adj.*, que debandou.

DE.BAN.DAR, *v. int.*, sair de forma, espalhar-se, fugir, sair correndo.

DE.BAS.TAR, *v.t.*, o mesmo que desbastar.

DE.BA.TE, *s.m.*, disputa, discussão, troca de ideias, diálogo.

DE.BA.TE.DOR, *adj. e s.m.*, que ou quem participa de debate.

DE.BA.TER, *v.t. e pron.*, discutir, argumentar; sacudir-se, pular.

DE.BA.TI.DO, *adj.*, que se debateu, foi discutido, examinado.

DE.BA.TI.MEN.TO, *s.m.*, o mesmo que debate.

DEBELAÇÃO — DECAGRAMA

DE.BE.LA.ÇÃO, *s.f.*, ação ou efeito de debelar, extinção, término.

DE.BE.LA.DO, *adj.*, extinto, acabado, vencido.

DE.BE.LA.DOR, *adj. e s.m.*, que(m) debela, extintor.

DE.BE.LAR, *v.t.*, extinguir, acabar, apagar um fogo, vencer, terminar.

DE.BE.LA.TÓ.RIO, *adj.*, que debela.

DE.BE.LA.TRIZ, *s.f.*, aquela que debela, que doma, que sujeita.

DE.BEN.TU.RA.GEM, *s.f.*, bras., ação de debenturar; emissão de debêntures.

DE.BEN.TU.RAR, *v. int.*, emitir debêntures.

DE.BÊN.TU.RE, *s.f.*, título emitido por uma empresa, cujo pagamento está garantido pelo patrimônio da própria empresa ou que pode ser convertido em ação.

DE.BEN.TU.RIS.TA, *s. 2 gên.*, em Economia, possuidor de debênture(s).

DE.BEN.TU.RÍS.TI.CO, *adj.*, bras., relativo a debênture.

DE.BI.CA.DOR, *adj.*, que debica.

DE.BI.CAR, *v.t. e int.*, comer pouco, comer com o bico, alimentar-se com muito pouco.

DÉ.BIL, *adj.*, fraco, frágil, suave, leve, imperceptível.

DE.BI.LI.CAR, *v.t.*, ant., o mesmo que debilitar.

DE.BI.LI.DA.DE, *s.f.*, fraqueza, falta de forças.

DE.BI.LI.TA.ÇÃO, *s.f.*, enfraquecimento, perda das forças.

DE.BI.LI.TA.DO, *adj.*, enfraquecido, fraco, definhado.

DE.BI.LI.TA.DOR, *adj.*, que ou o que debilita, enfraquece; debilitante.

DE.BI.LI.TA.MEN.TO, *s.m.*, ato ou efeito de debilitar(-se).

DE.BI.LI.TAN.TE, *v.t.*, ant., o mesmo que debilitar.

DE.BI.LI.TAR, *v.t. e pron.*, tornar fraco, enfraquecer, perder as forças.

DE.BI.LI.TÁ.VEL, *adj.*, que se pode debilitar.

DE.BI.LOI.DE, *adj.*, quem tem forma e jeito de débil, imbecil, idiota.

DE.BI.QUE, *s.m.*, ato ou efeito de debicar, debochar.

DE.BI.QUEI.RO, *adj.*, fam., que debica; que come muito pouco; biqueiro.

DE.BI.TA.DO, *adj.*, cobrado, devedor, que tem de pagar.

DE.BI.TAR, *v.t. e pron.*, colocar na conta de alguém, cobrar, tornar alguém devedor.

DÉ.BI.TO, *s.m.*, dívida, o ato de dever, conta devedora.

DE.BLA.TE.RA.ÇÃO, *s.f.*, ação ou efeito de deblaterar.

DE.BLA.TE.RAR, *v.t. e int.*, falar, gritar, clamar contra tudo e todos, xingar.

DE.BLO.QUE.AR, *v.t.*, o mesmo que desbloquear.

DE.BO.CHA.DO, *adj.*, alguém irônico, cínico, desavergonhado, mordaz, cáustico.

DE.BO.CHA.DOR, *adj. e s.m.*, que(m) debocha, ironizador, zombador.

DE.BO.CHAR, *v.t. e int.*, rir-se de alguém, troçar de alguém, ironizar, ridicularizar, fazer pouco de.

DE.BO.CHA.TI.VO, *adj.*, bras., escarninho, desprezador.

DE.BO.CHE, *s.f.*, cinismo, sem-vergonhice, troça, zombaria, escárnio.

DE.BO.TAR, *v.t.*, o mesmo que desbotar.

DE.BRE.AR, *v.t. e int.*, embrear, deixar o motor em ponto morto; pela embreagem, ficar no ponto morto.

DE.BRA.VAR, *v.t.*, o mesmo que desbravar.

DE.BRE.A.GEM, *s.f.*, bras., ação de debrear; ver embreagem.

DE.BRE.AR, *v.t. e int.*, acionar a embreagem de (um veículo); embrear.

DE.BRI.DA.MEN.TO, *s.m.*, em Medicina, remoção de corpo estranho ou de tecido desvitalizado; *s.m.*, em Zoologia, ato de um cavalo soltar-se do freio.

DE.BRIS, *s.m.*, restos de qualquer coisa destruída, fragmentos, cacos.

DE.BRU.A.DEI.RA, *s.f.*, máquina para costurar o debrum de peças de vestuário.

DE.BRU.A.DO, *adj.*, que tem debrum, acabado, terminado.

DE.BRU.AR, *v.t.*, costurar um debrum, dar acabamento com um debrum.

DE.BRU.ÇAR, *v.t. e pron.*, ajeitar-se de bruços, colocar-se com o rosto para o chão, inclinar-se.

DE.BRUM, *s.m.*, fita que se costura na borda de um tecido para o acabamento; acabamento.

DE.BU.LHA, *s.f.*, ato ou efeito de debulhar, extrair grãos, bagos ou sementes; debulhamento.

DE.BU.LHA.DA, *s.f.*, o mesmo que debulha.

DE.BU.LHA.DEI.RA, *s.f.*, ver debulhadora.

DE.BU.LHA.DO, *adj.*, separado, escolhido.

DE.BU.LHA.DOR, *s.m.*, máquinas para debulhar grãos, sobretudo milho; quem debulha grãos.

DE.BU.LHA.DO.RA, *s.f.*, máquina de debulhar cereais; debulhadeira.

DE.BU.LHAR, *v.t.*, separar os grãos, tirar os grãos de milho do sabugo.

DE.BU.LHO, *s.m.*, resíduo dos cereais depois de debulhados; *bras.*, alimentos triturados e em princípio de digestão no estômago dos ruminantes.

DE.BU.TAN.TE, *s.f.*, adolescente que estreia aos quinze anos com baile junto à sociedade; iniciante, neófito; *fig.*, quem inicia alguma atividade.

DE.BU.TAR, *v. int.*, estrear, iniciar a vida social.

DE.BU.XA.DOR, *adj. e s.m.*, desenhista, esboçador.

DE.BU.XAN.TE, *adj.*, que desenha, desenhista.

DE.BU.XAR, *v.t., bit. e pron.*, esboçar, desenhar, fazer o debuxo.

DE.BU.XO, *s.m.*, esboço, desenho de algo por meio dos contornos gerais.

DE.CA.CAM.PE.ÃO, *adj. e s.m.*, relativo a ou aquele que sagrou-se campeão por dez campeonatos, consecutivos ou não.

DÉ.CA.DA, *s.f.*, dez anos, dez números, decênio.

DE.CA.DÁC.TI.LO, *adj.*, tem dez dedos.

DE.CA.DÊN.CIA, *s.f.*, o que cai, decai, decresce, perde a validade, extinção.

DE.CA.DEN.TE, *adj.*, que cai, que decai, que perde a validade, que perde as posses.

DE.CA.DEN.TIS.MO, *s.m.*, em Literatura, estilo caracterizado pelo pessimismo, pelo tédio e descrédito nas instituições humanas, refinamento e sensibilidade, valorização dos prazeres sensuais; decadismo.

DE.CA.DEN.TIS.TA, *adj. 2 gên.*, em Literatura, reativo ao decadentismo; *s. 2 gên.*, adepto, entusiasta do decadentismo.

DE.CA.É.DRI.CO, *adj.*, em Geometria, que tem a forma de decaedro.

DE.CA.E.DRO, *s.m.*, figura geométrica de dez faces, ou seja, de dez lados.

DE.CA.GO.NAL, *adj.*, que possui dez ângulos.

DE.CÁ.GO.NO, *s.m.*, figura geométrica com dez ângulos e dez lados.

DE.CA.GRA.MA, *s.m.*, unidade de massa correspondente

a dez gramas.
DE.CA.Í.DA, *s.f.*, queda, declínio, perda.
DE.CA.I.MEN.TO, *s.m.*, queda, declínio, descida.
DE.CA.IR, *v. int.*, perder a posição, regredir, diminuir.
DE.CAL.CA.DO, *adj.*, reproduzido por meio de decalque; copiado.
DE.CAL.CAR, *v.t.*, fazer um desenho, colocando sobre o original e transcrevendo; imitar, plagiar.
DE.CAL.CO, *s.m.*, decalque, reprodução, fotocópia.
DE.CAL.CO.MA.NI.A, *s.f.*, maneira de copiar figuras ou letras por transposição, pondo em cima do que se quer reproduzir.
DE.CA.LI.TRO, *s.m.*, medida para dez litros, vasilhame que comporta dez litros.
DE.CÁ.LO.GO, *s.m.*, os dez mandamentos bíblicos; lei com dez normas.
DE.CAL.QUE, *s.m.*, desenho feito por decalque, decalco, reprodução, cópia.
DE.CAL.VA.ÇÃO, *s.f.*, ato ou efeito de decalvar.
DE.CAL.VAR, *v.t.*, o mesmo que escalvar.
DE.CA.MÉ.TRI.CO, *adj.*, relativo a o que se mede em decâmetro; que tem um decâmetro (10 metros).
DE.CÂ.ME.TRO, *s.m.*, medida para dez metros.
DE.CAM.PA.MEN.TO, *s.m.*, mudança de acampamento.
DE.CAM.PAR, *v. int.*, mudar de campo, transferir o acampamento de local.
DE.CA.NA.DO, *s.m.*, dignidade de deão.
DE.CA.NAL, *adj.*, relativo a decanado.
DE.CA.NI.A, *s.f.*, predicado de decano, congregação presidida por decano.
DE.CA.NO, *s.m.*, o mais velho de um grupo.
DE.CAN.TA.ÇÃO, *s.f.*, purificação da água por repouso.
DE.CAN.TA.DO, *adj.*, purificado, limpo.
DE.CAN.TA.DOR, *adj., s.m.*, que ou o que decanta; *s.m.*, recipiente que serve para decantar líquidos.
DE.CAN.TA.MEN.TO, *s.m.*, ação ou efeito de decantar, de purificar um líquido por gravidade; decantação.
DE.CAN.TAR, *v.t.*, purificar, separar o sólido do líquido por repouso; celebrar um fato, descrever em verso e prosa uma façanha.
DE.CAN.TA.TÓ.RIO, *adj.*, relativo ao processo de decantação, que é próprio para se decantar; em que há decantação.
DE.CAN.TER, *s.m.*, frasco para decantar ou para guardar líquidos decantados; garrafa trabalhada, própria para servir vinho.
DE.CA.PA.GEM, *s.f.*, ato ou efeito de decapar.
DE.CA.PAN.TE, *adj.*, que decapa.
DE.CA.PAR, *v.t.*, em Química, limpar a camada de óxido que reveste um metal.
DE.CA.PI.TA.ÇÃO, *s.f.*, ação de decapitar, corte da cabeça.
DE.CA.PI.TA.DO, *adj.*, decepado, degolado, cortada a cabeça.
DE.CA.PI.TAR, *v.t.*, cortar a cabeça, degolar, matar pelo corte da cabeça, decepar a cabeça do corpo.
DE.CÁ.PO.DE, *s.m.*, animal que tem dez pés ou patas; tipo de animal como os camarões.
DE.CA.PSU.LAR, *v.t.*, o mesmo que descapsular.
DE.CAS.SI.LÁ.BI.CO, *adj.*, relativo a decassílabo; que tem dez sílabas.
DE.CAS.SÍ.LA.BO, *s.m.*, verso que tem dez sílabas.
DE.CAS.SÉ.GUI, *s.m.*, descendente de japoneses e que vai ao Japão para trabalhar e ganhar muito dinheiro.
DE.CAS.TI.LO, *s.m.*, edifício ou monumento com dez colunas na fachada.
DE.CA.TIR, *s.m., bras.*, certa máquina de chapelaria.
DE.CA.TLO, *s.m.*, prova esportiva que se compõe de várias modalidades: lançamento, corrida e salto.
DE.CE.MES.TRAL, *adj.*, de dez em dez meses; relativo a decemestre.
DE.CE.MES.TRE, *s.m.*, espaço de dez meses.
DE.CEM.PAR.TI.DO, *adj.*, partido em dez partes.
DE.CEM.PAR.TIR, *v.t.*, partir, dividir em dez partes.
DE.CE.NAL, *adj.*, com duração de dez anos, de dez em dez anos.
DE.CE.NÁ.RIO, *adj.*, que é dividido em dezenas, que tem dez anos.
DE.CÊN.CIA, *s.f.*, dignidade, respeito, atitude, honra.
DE.CEN.DI.AL, *adj. 2 gên.*, relativo a decêndio, que dura dez dias.
DE.CEN.DI.Á.RIO, *adj.*, o mesmo que decendial.
DE.CÊN.DIO, *s.m.*, espaço de dez dias.
DE.CÊ.NIO, *s.m.*, período com dez anos, uma década.
DE.CE.NO.VE.NAL, *adj.*, que dura dezenove anos.
DE.CEN.TE, *adj.*, que tem decência, honrado, digno, comportado, honesto, correto.
DE.CEN.TE.MEN.TE, *adv.*, com decência.
DE.CEN.VI.RA.DO, *s.m.*, a função do cargo dos decenviros, na antiga Roma; var., decenvirato.
DE.CEN.VI.RAL, *adj.*, relativo a decênviro.
DE.CEN.VI.RA.TO, *s.m.*, o governo dos decênviros.
DE.CÊN.VI.RO, *s.m.*, magistrados em número de dez, que codificavam as leis romanas.
DE.CE.PA.ÇÃO, *s.f.*, corte da cabeça, degola, mutilação.
DE.CE.PA.DO, *adj.*, cortado, mutilado, degolado, amputado.
DE.CE.PA.DOR, *adj. e s.m.*, que(m) decepa, cortador, amputador, degolador.
DE.CE.PA.GEM, *s.f.*, corte de (árvores).
DE.CE.PA.MEN.TO, *s.m.*, decepação, mutilação, amputação, corte.
DE.CE.PAR, *v.t.*, cortar pela raiz, raspar, cortar, amputar.
DE.CEP.ÇÃO, *s.f.*, frustração, desapontamento, desilusão, tristeza.
DE.CEP.CI.O.NA.DO, *adj.*, frustrado, desiludido, desapontado.
DE.CEP.CI.O.NAN.TE, *adj. 2 gên.*, que causa decepção; frustrante.
DE.CEP.CI.O.NAR, *v.t.*, frustrar, desiludir, desapontar.
DE.CER.TO, *adv.*, certamente, por certo, com certeza.
DE.CES.SO, *s.m.*, óbito, morte, queda, descida, sucumbência.
DE.CES.SOR, *s.m., ant.*, o que saiu antes; antecessor.
DE.CI.BEL, *s.m.*, unidade para avaliar a intensidade do som.
DE.CI.BE.LÍ.ME.TRO, *s.m.*, em Física, aparelho para medir a intensidade dos sons; sonômetro; em Música, aparelho us. para medir e comparar sons e intervalos harmônicos.
DE.CI.DI.DA.MEN.TE, *adv.*, de modo decidido, firme; definitivamente.
DE.CI.DI.DO, *adj.*, pronto, corajoso, resolvido, valente.
DE.CI.DIR, *v.t., int. e pron.*, resolver, deliberar, concluir, inclinar-se por.
DE.CÍ.DUA, *s.f.*, em Anatomia, membrana que envolve o útero na gestação.
DE.CI.DU.A.DO, *adj.*, em Zoologia, que possui decídua.
DE.CI.DU.AL, *adj. 2 gên.*, relativo ou pertencente a decídua.
DE.CI.DU.I.DA.DE, *s.f.*, condição de decíduo, de que não é permanente.

DECÍDUO ... 279 ... DECORAÇÃO

DE.CÍ.DUO, *adj.*, que desce, cadente, caduco.
DE.CI.FRA.ÇÃO, *s.f.*, interpretação, adivinhação, decodificação.
DE.CI.FRA.DO, *adj.*, interpretado, adivinhado, decodificado.
DE.CI.FRA.DOR, *adj. e s.m.*, que(m) decifra, adivinhador, decodificador.
DE.CI.FRA.GEM, *s.m.*, ato de decifrar; decifração.
DE.CI.FRAR, *v.t.*, ler com dificuldade, interpretar, decodificar, adivinhar.
DE.CI.FRÁ.VEL, *adj.*, que pode ser decifrado, decodificável.
DE.CI.GRA.DO, *s.m.*, em Geometria, a décima parte do grado.
DE.CI.GRA.MA, *s.m.*, a décima parte de um grama.
DE.CI.LI.TRA.ÇÃO, *s.f.*, ação de decilitrar.
DE.CI.LI.TRA.GEM, *s.f.*, o mesmo que decilitração.
DE.CI.LI.TRAR, *v.int., pop.*, beber vinho; bebericar.
DE.CI.LI.TRO, *s.m.*, a décima parte de um litro.
DÉ.CI.MA, *s.f.*, parte de uma unidade composta por dez, estrofe com dez versos; ordinal de dez para indicar a posição do dez.
DE.CI.MAL, *adj.*, referente a dez ou a décimo, que se alinha na escala de dez.
DE.CI.ME.TRO, *s.m.*, a décima parte de um metro.
DÉ.CI.MO, *s.m., num.*, ordinal e fracionário de dez.
DE.CI.SÃO, *s.f.*, ato ou efeito de decidir, intrepidez, valentia, coragem.
DE.CI.SI.VO, *adj.*, categórico, terminante, peremptório, crítico.
DE.CI.SOR, *adj. e s.m.*, que ou aquele que decide.
DE.CI.SO.RI.A.MEN.TE, *adv.*, de modo decisório.
DE.CI.SÓ.RIO, *adj.*, que decide, que toma as medidas cabíveis.
DE.CLA.MA.ÇÃO, *s.f.*, ação ou efeito de declamar, declaração oral, exposição verbal.
DE.CLA.MA.DO, *adj.*, proferido, anunciado, recitado, pronunciado.
DE.CLA.MA.DOR, *adj. e s.m.*, que(m) declama, recitador, pronunciador.
DE.CLA.MAN.TE, *adj. e s. 2 gên.*, que ou o que declama; declamador.
DE.CLA.MAR, *v.t. e int.*, dizer em voz alta, recitar, proferir algo, pronunciar.
DE.CLA.MA.TI.VA.MEN.TE, *adv.*, em tom declamativo.
DE.CLA.MA.TI.VO, *adj.*, que declama; declamatório.
DE.CLA.MA.TÓ.RIO, *adj. e s.m.*, em que há declamações, auditório, que é declamado.
DE.CLA.RA.ÇÃO, *s.f.*, ato ou efeito de declarar, confissão, documento no qual se atesta algo.
DE.CLA.RA.DA.MEN.TE, *adv.*, de uma maneira clara ou franca.
DE.CLA.RA.DAS, *s.f., pl.*, us. na *loc. adv.* às declaradas: publicamente; às claras.
DE.CLA.RA.DO, *adj.*, confirmado, dito, referido, exposto.
DE.CLA.RA.DOR, *adj. e s.m.*, que(m) declara, anunciador, referidor.
DE.CLA.RAN.TE, *s. 2 gên.*, quem declara, quem confirma um ato ou fato.
DE.CLA.RAR, *v.t. e pron.*, dizer, falar com ênfase, pronunciar, proferir.
DE.CLA.RA.TI.VO, *adj.*, em que há declaração; declaratório.
DE.CLI.NA.ÇÃO, *s.f.*, ação ou efeito de declinar; flexão das palavras em Latim, conforme o complemento; flexão das palavras variáveis em português.
DE.CLI.NA.DO, *adj.*, posto, descido, flexionado, renunciado, referido.
DE.CLI.NA.DOR, *adj. e s.m.*, que ou o que diz respeito ao que declina; relativo ao ou o instrumento que mede a declinação de um plano em relação ao horizonte.
DE.CLI.NAN.TE, *adj. 2 gên.*, diz-se do que declina; relativo ao que está em decadência; em Astronomia, que apresenta desvio angular; *s. 2 gên.*, o que declina, quem ou aquilo que está em decadência.
DE.CLI.NAR, *v.t.*, ir para o poente, afastar-se, diminuir, renunciar, desistir, referir, flexionar palavras.
DE.CLI.NA.TÓ.RIA, *s.f.*, no Direito, é o ato de recusar a jurisdição de um juiz ou tribunal.
DE.CLI.NA.TÓ.RIO, *adj.*, que declina, em que há ou que envolve declinação.
DE.CLI.NÁ.VEL, *adj.*, que pode ser declinado, renunciável, referível.
DE.CLÍ.NIO, *s.m.*, queda, diminuição, decadência, fim.
DE.CLI.NIS.MO, *s.m.*, estado ou condição do que é ou está em declínio.
DE.CLI.NÔ.ME.TRO, *s.m.*, em Física, aparelho para medir a declinação magnética.
DE.CLI.NO.SO, *adj.*, em que há inclinação ou declinação.
DE.CLI.VA.DO, *adj.*, o mesmo que declivoso.
DE.CLI.VAR, *v. int.*, rolar, tombar, descer uma ladeira.
DE.CLI.VE, *s.m.*, ladeira, inclinação, descida de um terreno.
DE.CLI.VI.DA.DE, *s.f.*, o mesmo que declive.
DE.CLÍ.VIO, *s.m.*, ladeira, rampa para baixo, descida, declive.
DE.CLI.VO.SO, *adj.*, em que há declive, inclinado.
DE.CO.A.DA, *s.f.*, lixívia, pó que fica no café, filtração.
DE.CO.AR, *v. int.*, coar, limpar uma água, separar o café pronto do pó usado.
DE.COC.ÇÃO, *s.f.*, cozimento, ação de cozer.
DE.CO.DI.FI.CA.ÇÃO, *s.f.*, decifração, tradução, extração do sentido exato.
DE.CO.DI.FI.CA.DO, *adj.*, decifrado, traduzido, apurado o sentido.
DE.CO.DI.FI.CA.DOR, *s.m.*, quem decodifica, decifrador, quem extrai o sentido de um código, aparelho para decodificar.
DE.CO.DI.FI.CAR, *v.t.*, interpretar, traduzir, extrair o significado de algo em código.
DE.CO.LA.DO, *adj.*, levantado voo, alçado, levantado.
DE.CO.LA.GEM, *s.f.*, levantamento de voo; saída do avião do solo.
DE.CO.LAR, *v. int.*, levantar voo, alçar-se, começar; *fig.*, iniciar uma atividade nova.
DE.COL.GA.DO, *adj.*, pendente, o mesmo que descolgado.
DE.COL.GAR, *v.t.*, o mesmo que descolgar.
DE.COM.PO.NEN.TE, *adj.*, que decompõe, separador, divisor.
DE.COM.PO.NÍ.VEL, *adj. 2 gên.*, que se pode decompor.
DE.COM.POR, *v.t. e pron.*, analisar, desmanchar, desmontar, dividir.
DE.COM.PO.SI.ÇÃO, *s.f.*, ato ou efeito de decompor, desmanche, divisão, análise.
DE.COM.PO.SI.TOR, *adj.*, em Ecologia, diz-se de organismo que provoca a decomposição; que atua no processo de decomposição; *s.m.*, organismo ou substância atuante no processo de decomposição.
DE.COM.POS.TO, *adj.*, dividido, analisado, desmanchado, estragado.
DE.CO.RA.ÇÃO, *s.f.*, ato ou efeito de decorar, enfeite, embelezamento, adorno.

DECORADO

DE.CO.RA.DO, *adj.*, enfeitado, adornado, memorizado, retido na memória.
DE.CO.RA.DOR, *s.m.*, quem enfeita; que embeleza, profissional de decoração.
DE.CO.A.RAL, *adj.*, o mesmo que decorativo.
DE.CO.RA.MEN.TO, *s.m.*, ato de decorar; decoração.
DE.CO.RAR, *v.t.*, enfeitar, adornar; memorizar, saber de cor.
DE.CO.RA.TI.VIS.MO, *s.m.*, estilo que busca ornar uma obra, um ambiente, uma paisagem, tornando-os atrativos, belos e confortáveis.
DE.CO.RA.TI.VO, *adj.*, mero enfeite, sem importância, desnecessário.
DE.CO.RE.BA, *s.f., gír.*, ato ou efeito de decorar sem o cuidado de entender; *s. 2 gên.*, quem costuma estudar decorando textos, sem aprender.
DE.CO.RO, *s.m.*, pudor, respeito, dignidade, decência, compostura; atitude correta.
DE.CO.RO.SO, *adj.*, digno, respeitoso, pudico, decente.
DE.COR.RÊN.CIA, *s.f.*, conclusão, corolário, consequência, decurso.
DE.COR.REN.TE, *adj.*, resultante, que decorre, consequente.
DE.COR.RER, *v.t. e int.*, esvair-se, passar o tempo; concluir, derivar, ocorrer, acontecer.
DE.COR.RI.DO, *adj.*, esvaído, concluído, corrido, acontecido.
DE.COR.TI.CAR, *v.t.*, tirar a cortiça a.
DE.CO.TA.DO, *adj.*, cortado, que tem decote, aparado.
DE.CO.TA.DOR, *adj. e s.m.*, que(m) decota, cortador, podador, separador.
DE.CO.TAR, *v.t., int. e pron.*, cortar, aparar, podar, tirar tecido da roupa.
DE.CO.TE, *s.m.*, parte da roupa mais curta em cima, para mostrar o corpo; abertura no alto da roupa para passar a cabeça.
DE.CRE.MEN.TAR, *v.t. e int.*, causar ou sofrer decremento; diminuir.
DE.CRE.MEN.TO, *s.m.*, decrescimento.
DE.CRE.PI.DEZ, *s.f.*, pessoa ou coisa decrépita; extrema velhice.
DE.CRE.PI.TA.ÇÃO, *s.f.*, o mesmo que decrepitude.
DE.CRE.PI.TAR, *v.t. e int.*, tornar-se decrépito, velho; degenerar(-se); *fig.*, debilitar-se, decair.
DE.CRÉ.PI.TO, *adj.*, senil, velhíssimo, gagá, caduco.
DE.CRE.PI.TU.DE, *s.f.*, velhice avançada, senilidade, falta de domínio pessoal nos atos.
DE.CRES.CÊN.CIA, *s.f.*, o mesmo que decrescença.
DE.CRES.CEN.TE, *adj.*, que decresce, que diminui.
DE.CRES.CER, *v.t. e int.*, diminuir, tornar-se menor, baixar.
DE.CRES.CI.MEN.TO, *s.m.*, ato ou efeito de decrescer; diminuir; decréscimo; diminuição.
DE.CRÉS.CI.MO, *s.m.*, diminuição, decrescimento, queda, perda.
DE.CRE.TA.ÇÃO, *s.f.*, ação ou efeito de decretar, ordenação, mando, imposição legal.
DE.CRE.TA.DO, *adj.*, ordenado, imposto, mandado.
DE.CRE.TA.LIS.TA, *s. 2 gên.*, jurisconsulto especialista em decretais.
DE.CRE.TAR, *v.t.*, pôr em prática por decreto, ordenar, mandar.
DE.CRE.TA.TÓ.RIO, *adj.*, relativo a decreto.
DE.CRE.TO, *s.m.*, ordem escrita de uma autoridade executiva; ordem, mandado judicial.
DE.CRE.TO-LEI, *s.m.*, decreto governamental com força de lei, sem passar pelo Congresso.
DE.CRE.TÓ.RIO, *adj.*, decisivo, terminante.
DE.CRO.AR, *v.t.*, ver decruar.
DE.CRU.A, *s.f.*, primeira plantação em um terreno novo; roça nova; primeira plantação.
DE.CRU.A.GEM, *s.f.*, operação de decruar a seda.
DE.CRU.AR, *v. int.*, iniciar o cultivo de um terreno novo, lavar, cozer de leve.
DE.CÚ.BI.TO, *s.m.*, estar deitado, estar na cama, acamado.
DE.CU.PLI.CAR, *v.t., int. e pron.*, multiplicar por dez, decuplar, aumentar, var., decuplar.
DÉ.CU.PLO, *num.*, multiplicativo, o número que é dez vezes maior.
DE.CÚ.RIA, *s.f.*, conjunto de dez objetos ou pessoas; pelotão no exército romano, com dez homens; qualquer grupo com dez pessoas.
DE.CU.RI.A.DO, *s.m.*, o cargo de decurião.
DE.CU.RI.A.NA.TO, *s.m.*, o mesmo que decurado.
DE.CU.RI.ÃO, *s.m.*, comandante de uma decúria, chefe de dez indivíduos agrupados.
DE.CUR.SI.VO, *adj.*, em Botânica, o mesmo que decorrente.
DE.CUR.SO, *s.m.*, ação de passar, caminho, contexto, passagem do tempo.
DE.DA.DA, *s.f.*, toque com um dedo, marca de um dedo em uma massa.
DE.DAL, *s.m.*, objeto que se põe nos dedos para empurrar a agulha sem furá-los; dedaleira.
DE.DA.LEI.RA, *s.f.*, dedal.
DÉ.DA.LO, *s.m.*, labirinto, encruzilhada, muitas direções para seguir.
DE.DÃO, *s.m.*, o dedo polegar, o dedo maior.
DE.DAR, *v.t., gír.*, denunciar alguém, trair, alcaguetar, dedurar.
DE.DE.CO.RAR, *v.t.*, tornar indecoroso, desonestar.
DE.DEI.RA, *s.f.*, cada um dos dedos de uma luva; proteção que envolve cada dedo para resguardá-los de ferimentos; espécie de dedal utilizado por costureiras, sapateiros, etc.; em Música, objeto que se coloca no polegar para vibrar as cordas dos instrumentos.
DE.DE.TI.ZA.ÇÃO, *s.f.*, uso de inseticida para eliminar bichinhos danosos; faxina.
DE.DE.TI.ZA.DO, *adj.*, inseticizado, limpo, faxinado.
DE.DE.TI.ZAR, *v.t.*, passar veneno, espalhar inseticida, faxinar com inseticida.
DE.DÉU, *s.m.*, vocábulo us. na *loc. adv.* pra dedéu.
DE.DI.CA.ÇÃO, *s.f.*, afeto, empenho, amor, responsabilidade.
DE.DI.CA.DO, *adj.*, empenhado, responsável, ligado.
DE.DI.CA.DOR, *adj. e s.m.*, que(m) dedica, destinador, consagrador.
DE.DI.CAN.TE, *adj. e s. 2 gên.*, o mesmo que dedicador.
DE.DI.CAR, *v.t. e pron.*, consagrar, destinar, empenhar; oferecer a alguém.
DE.DI.CA.TÓ.RIA, *s.f.*, fazer uma oferenda, dedicar algo a alguém.
DE.DI.CA.TÓ.RIO, *adj.*, que dedica, em que há dedicação.
DE.DIG.NAR-SE, *v. pron.*, julgar indigno de si; não se dignar a.
DE.DI.LHA.ÇÃO, *s.f.*, ação ou efeito de dedilhar; dedilhamento.
DE.DI.LHA.DO, *adj.*, tocado com os dedos, batido.
DE.DI.LHA.MEN.TO, *s.m.*, ato de dedilhar, dedilhação.
DE.DI.LHAR, *v.t.*, tocar um instrumento de cordas com os dedos; bater os dedos.
DE.DI.LHO, *s.m.*, o mesmo que dedilhado.

DE.DO, *s.m.*, cada uma das partes finais das mãos e dos pés.
DE.DO-DU.RAR, *v.t.*, *gír.*, ver dedurar; dedar.
DE.DO-DU.RO, *s.m.*, *gír.*, quem denuncia alguém à polícia; delator.
DE.DU.ÇÃO, *s.f.*, subtração, diminuição, conclusão, consequência.
DE.DU.CEN.TE, *adj.*, que deduz; dedutivo.
DE.DU.CI.O.NAL, *adj.*, que resulta de uma dedução.
DE.DU.RAR, *v.t.* e *int.*, *gír.*, alcaguetar, delatar, denunciar.
DE.DU.TI.BI.LI.DA.DE, *s.f.*, em Economia, característica do que é dedutível.
DE.DU.TÍ.VEL, *adj.*, que pode ser deduzido; conclusível.
DE.DU.TI.VO, *adj.*, que se deduz, que se conclui, conclusivo.
DE.DU.ZI.DO, *adj.*, que foi subtraído ou diminuído; que foi concluído, inferido.
DE.DU.ZIR, *v. int.*, concluir, tirar uma dedução.
DE.FA.SA.DO, *adj.*, desatualizado, interrompido, atrasado.
DE.FA.SA.GEM, *s.f.*, falta, lacuna, interrupção.
DE.FA.SAR, *v.t.*, estar atrasado, desatualizado; criar lacunas.
DE.FA.TI.GAN.TE, *adj. 2 gén.*, que tem a capacidade de diminuir a fadiga.
DE.FE.CA.ÇÃO, *s.f.*, expelição de fezes, evacuação.
DE.FE.CA.DO, *adj.*, expelido, evacuado.
DE.FE.CAR, *v. int.*, soltar as fezes, evacuar, ir ao banheiro.
DE.FE.CA.TÓ.RIO, *adj.*, que faz defecar, evacuador.
DE.FEC.ÇÃO, *s.f.*, abandono, fuga do seu partido, saída da posição.
DE.FEC.TI.BI.LI.DA.DE, *s.f.*, posição de algo que é defectível, qualidade que possui atributos defectivos.
DE.FEC.TÍ.VEL, *adj.*, que pode lograr, que apresenta defeito.
DE.FEC.TI.VI.DA.DE, *s.f.*, em Gramática, condição do que é defectivo.
DE.FEC.TI.VO, *adj.*, imperfeito, com erro, com defeitos; verbo defectivo é o que se conjuga apenas em algumas pessoas, tempos e modos.
DE.FEI.TO, *s.m.*, falha, falta, imperfeição, erro.
DE.FEI.TU.O.SO, *adj.*, cheio de defeitos, errado, com defeitos.
DE.FEN.DE.DOR, *adj.* e *s.m.*, o mesmo que defensor.
DE.FEN.DEN.TE, *adj.* e *s. 2 gén.*, que(m) defende, defensor, protetor.
DE.FEN.DER, *v.t.* e *pron.*, proteger, encobrir, abrigar; auxiliar, dar uma força.
DE.FEN.DI.DO, *adj.*, protegido, abrigado, auxiliado.
DE.FEN.DI.MEN.TO, *s.m.*, ação de defender.
DE.FEN.DÍ.VEL, *adj.*, que se pode defender; defensável, defensível.
DE.FE.NES.TRA.ÇÃO, *s.f.*, ato de atirar alguém ou um objeto pela janela; *fig.*, desalojar alguém, tirar alguém de um cargo, de uma posição.
DE.FE.NES.TRA.DO, *adj.*, atirado pela janela, desalojado, jogado fora, demitido.
DE.FE.NES.TRA.DOR, *adj.* e *s.m.*, diz-se de, ou a pessoa que atira alguém ou algo pela janela; *fig.*, diz-se de ou a pessoa responsável pelo afastamento de alguém de um cargo ou posição.
DE.FE.NES.TRAR, *v.t.*, atirar pela janela, destituir de um cargo.
DE.FEN.SAR, *v.t.*, o mesmo que defender.
DE.FEN.SÁ.VEL, *adj.*, que pode ser defendido, que pode ser protegido.
DE.FEN.SI.VA, *s.f.*, situação de quem se defende.
DE.FEN.SÍ.VEL, *adj.*, o mesmo que defensável.
DE.FEN.SI.VIS.MO, *s.m.*, qualquer sistema em que se privilegia a defesa acima de tudo.
DE.FEN.SI.VIS.TA, *adj. 2 gén.* e *s. 2 gén.*, diz-se de, ou a pessoa que adota o defensivismo.
DE.FEN.SI.VO, *adj.*, natural de quem se defende, protetor.
DE.FEN.SOR, *s.m.*, quem defende; advogado que defende o cliente.
DE.FEN.SO.RI.A, *s.f.*, função de defensor público; conjunto de defensores públicos.
DE.FE.RÊN.CIA, *s.f.*, respeito, consideração, concessão.
DE.FE.REN.TE, *adj.*, anuente; que defere, ajuizado, respeitoso.
DE.FE.RI.DO, *adj.*, concedido, dado, abonado.
DE.FE.RI.MEN.TO, *s.m.*, concessão, anuência, despacho favorável.
DE.FE.RIR, *v.t.* e *int.*, dar deferimento, conceder, anuir, despachar.
DE.FE.RÍ.VEL, *adj.*, que se pode deferir.
DE.FE.SA, *s.f.*, ato ou efeito de defender, proteção, argumentação; argumentação feita pelo defensor em favor do cliente; grupo de jogadores, no futebol, que defende o seu lado.
DE.FE.SO, *s.m.*, proibição, momento em que a pesca de alguma espécie está proibida.
DE.FES.SO, *adj.*, cansado.
DE.FI.CI.ÊN.CIA, *s.f.*, lacuna, defeito, imperfeição, falta, ausência de alguma vitamina ou substância orgânica no corpo da pessoa.
DE.FI.CI.EN.TE, *adj.*, imperfeito, falho; *s.m.*, quem tem defeito físico.
DÉ.FI.CIT, *s.m.*, quando a despesa é maior que a receita; falta.
DE.FI.CI.TÁ.RIO, *adj.*, em que há déficit; todo negócio em que uma das partes perde em valores.
DE.FI.NHA.DO, *adj.*, enfraquecido, que perdeu as forças, murchado.
DE.FI.NHA.DOR, *adj.*, que faz definhar.
DE.FI.NHA.MEN.TO, *s.m.*, enfraquecimento, perda das forças.
DE.FI.NHAN.TE, *adj.*, que faz definhar; definhador.
DE.FI.NHAR, *v. int.* e *pron.*, perder as forças, enfraquecer, murchar, decair.
DE.FI.NI.BI.LI.DA.DE, *s.f.*, qualidade do que pode ser definido, definição, que pode ser conceituado.
DE.FI.NI.ÇÃO, *s.f.*, ato ou efeito de definir, conceituação, explicação; em Informática, como um escrito ou uma imagem se apresenta.
DE.FI.NI.DO, *adj.*, fixado, determinado, conceituado, explicado, exposto.
DE.FI.NI.DOR, *adj.* e *s.m.*, que(m) define, cargo superior na ordem franciscana, determinador.
DE.FI.NIR, *v.t.*, expor a definição, conceituar, determinar, explicar o significado de um termo.
DE.FI.NI.TI.BI.LI.DA.DE, *s.f.*, condição do que é passível de ser definitivo.
DE.FI.NI.TI.VO, *adj.*, terminativo, acabado, final.
DE.FI.NI.TÓ.RIO, *s.m.*, grupo de definidores, conjunto de definidores para certas determinações.
DE.FI.NÍ.VEL, *adj.*, que é possível definir, esclarecível.
DE.FLA.ÇÃO, *s.f.*, ato ou efeito de deflacionar, queda da inflação, queda dos preços.
DE.FLA.CI.O.NA.DO, *adj.*, diz-se daquilo que se deflacionou ou em que se constatou deflação.
DE.FLA.CI.O.NAR, *v.t.*, reduzir a inflação, falta de dinheiro circulante; por falta de dinheiro, queda dos preços.

DE.FLA.CI.O.NÁ.RIO, *adj.*, que reduz a inflação, que controla a inflação.
DE.FLA.CI.O.NIS.MO, *s.m.*, em Finanças, tendência e regra de economia política favorável à deflação.
DE.FLA.CI.O.NIS.TA, *adj. e s. 2 gên.*, que diz respeito a deflação; partidário do deflacionismo ou da deflação.
DE.FLA.GRA.ÇÃO, *s.f.*, explosão, início de uma guerra, início de uma grande combustão, princípio de um problema muito forte.
DE.FLA.GRA.DO, *adj.*, iniciada uma violência, incendiado, inflamado.
DE.FLA.GRAN.TE, *adj.*, que deflagra.
DE.FLA.GRAR, *v. int.*, iniciar uma violência, inflamar-se, começar um fogo.
DE.FLA.GRÁ.VEL, *adj. 2 gên.*, que pode ser deflagrado.
DE.FLA.TOR, *s.m.*, em Economia, coeficiente utilizado como índice de correção das flutuações monetárias para determinar os valores (preços) reais dos produtos em determinado período.
DE.FLEG.MA.ÇÃO, *s.f.*, ato de deflegmar; em Química, operação de destilação de certas substâncias, a fim de se lhes extrair a parte aquosa.
DE.FLE.TIR, *v. int.*, mudar a direção, inclinar, desviar do rumo; var., deflectir.
DE.FLE.TOR, *adj.*, que deflete ou faz defletir; *s.m.*, aparelho que desvia um fluxo, um feixe, etc.
DE.FLE.XÃO, *s.f.*, ato ou efeito de defletir; alteração ou desvio de uma posição natural para outra; em Física, desvio de direção da trajetória de um corpo, partícula ou raio luminoso.
DE.FLE.XI.O.NAR, *v.t.*, o mesmo que defletir.
DE.FLO.RA.ÇÃO, *s.f.*, tirada das flores; violação, defloramento, estupro.
DE.FLO.RA.DO, *adj.*, arrancado, violado, estuprado.
DE.FLO.RA.DOR, *adj. e s.m.*, diz-se de ou o indivíduo que deflora.
DE.FLO.RA.MEN.TO, *s.m.*, ato de deflorar, estupro, violência física contra uma pessoa.
DE.FLO.RAR, *v.t.*, arrancar as flores, violentar, estuprar, tirar a virgindade.
DE.FLU.ÊN.CIA, *s.f.*, imprevisto, acontecimento, decorrência.
DE.FLU.EN.TE, *adj.*, decorrente, que ocorrerá.
DE.FLU.IR, *v. int.*, escorrer, manar, correr, vazar.
DE.FLÚ.VIO, *s.m.*, ação ou resultado de defluir; defluxão; escoamento.
DE.FLU.XÃO, *s.m.*, ver deflúvio.
DE.FLU.XO, *s.m.*, catarro, coriza, gripe, secreção de mucosa nasal.
DE.FOR.MA.ÇÃO, *s.f.*, ato ou efeito de deformar, defeito, desajuste, defeito físico.
DE.FOR.MA.DO, *adj.*, defeituoso, informe, aleijado.
DE.FOR.MA.DOR, *adj. e s.m.*, que(m) deformador, aleijador, transformador.
DE.FOR.MAN.TE, *adj.*, que deforma, que transforma.
DE.FOR.MAR, *v.t. e pron.*, trocar a forma, transformar, aleijar, tornar defeituoso.
DE.FOR.MA.TÓ.RIO, *adj.*, que aleija, que provoca deformação.
DE.FOR.MÁ.VEL, *adj. 2 gên.*, que se pode deformar; passível de deformação.
DE.FOR.MI.DA.DE, *s.f.*, deformação, defeito, aleijão.
DE.FRAU.DA.ÇÃO, *s.f.*, logro, engano, furto, fraude, pilantragem.
DE.FRAU.DA.DO, *adj.*, enganado, furtado, logrado.
DE.FRAU.DA.DOR, *s.m.*, que(m) defrauda, enganador, furtador.
DE.FRAU.DAR, *v.t.*, fraudar, enganar, lograr, furtar.
DE.FRAU.DÁ.VEL, *adj.*, que se pode defraudar.
DE.FRON.TA.ÇÃO, *s.f.*, enfrentamento, afrontamento.
DE.FRON.TA.DO, *adj.*, enfrentado, afrontado.
DE.FRON.TA.MEN.TO, *s.m.*, ação ou resultado de defrontar; defrontação.
DE.FRON.TAN.TE, *adj.*, que defronta.
DE.FRON.TAR, *v.t. e int.*, pôr-se em frente, ficar na frente, afrontar.
DE.FRON.TE, *adv.*, em frente, na frente, diante de.
DE.FU.MA.ÇÃO, *s.f.*, ação ou efeito de defumar, secagem pelo calor da fumaça.
DE.FU.MA.DO, *adj.*, secado, preparado, industrializado.
DE.FU.MA.DOR, *adj. e s.m.*, que(m) defuma, secador, local ou aparelho para defumar carnes, defumadouro.
DE.FU.MA.DOU.RO, *s.m.*, local próprio para defumar carnes e embutidos de carne.
DE.FU.MA.DU.RA, *s.f.*, ação de defumar.
DE.FU.MAR, *v.t. e pron.*, secar na fumaça, preparar uma comida com o calor da fumaça.
DE.FUN.ÇÃO, *s.f.*, falecimento, óbito.
DE.FUN.TAR, *v.t. e int.*, falecer, morrer.
DE.FUN.TI.CE, *s.f., pop.*, estado de inércia de um defunto; *fig.*, indivíduo sem nenhuma ação.
DE.FUN.TIS.MO, *s.m.*, culto aos defuntos, cerimoniais longos e falas em honra de defuntos.
DE.FUN.TO, *s.m.*, o falecido, o morto, finado; *adj.*, morto, falecido.
DE.GE.LA.DO, *adj.*, desgelado, derretido, desmanchado.
DE.GE.LA.DOR, *adj. e s.m.*, que ou o que degela.
DE.GE.LA.DOR, *adj. e s.m.*, ação ou efeito do desgelo, derretimento do gelo.
DE.GE.LAR, *v.t. e pron.*, desgelar, derreter o gelo, tirar o gelo, desmanchar o gelo.
DE.GE.LO, *s.m.*, desmanche de gelo, derretimento de gelo ou da neve.
DE.GE.NE.RA.ÇÃO, *s.f.*, perversão, depravação, mau-caráter, corrupção.
DE.GE.NE.RA.DO, *adj.*, perverso, mau-caráter, pervertido, depravado, corrupto.
DE.GE.NE.RAR, *v.t. e int.*, piorar, adulterar, estragar, perverter-se, corromper-se.
DE.GE.NE.RA.TI.VO, *adj.*, que se degenera, pervertível, adulterável.
DE.GE.NE.RES.CÊN.CIA, *s.f.*, degeneração, depravação, corrupção, perversão.
DE.GE.NE.RES.CEN.TE, *adj.*, degenerado, pervertido, corrupto.
DE.GLU.TI.ÇÃO, *s.f.*, ação de deglutir, engolimento, absorção dos alimentos sólidos e líquidos.
DE.GLU.TI.DO, *adj.*, engolido, absorvido, comido, ingerido.
DE.GLU.TIR, *v.t. e int.*, comer, mastigar, engolir a comida.
DE.GLU.TÍ.VEL, *adj. 2 gên.*, passível de ser engolido, ingerido.
DE.GO.LA, *s.f.*, o mesmo que degolação; decapitação; *fig.*, reprovação ou demissão em massa; corte.
DE.GO.LA.ÇÃO, *s.f.*, decepação, decapitação, corte da cabeça; *fig.*, demissão sumária.
DE.GO.LA.DO, *adj.*, decapitado, decepado, cortada a cabeça.

DE.GO.LA.DOR, *adj.* e *s.m.*, que(m) degola, decepador, decapitador, carrasco, verdugo.

DE.GO.LA.DOU.RO, *s.m.*, cadafalso, local para degola, pelourinho.

DE.GO.LA.MEN.TO, *s.f.*, ato de degolar(-se); corte ou reprovação em massa.

DE.GO.LAR, *v.t.* e *pron.*, cortar a cabeça, cortar o pescoço, decapitar, decepar.

DE.GO.TE, *s.m., pop.*, decote.

DE.GRA.DA.ÇÃO, *s.f.*, baixeza moral, perversão, decadência.

DE.GRA.DA.DO, *adj.*, rebaixado, pervertido, decadente, desmoralizado.

DE.GRA.DA.DOR, *adj.*, *s.m.*, que(m) degrada, aviltador, que(m) rebaixa.

DE.GRA.DAN.TE, *adj.*, que degrada, aviltante.

DE.GRA.DAR, *v.t., int.* e *pron.*, rebaixar, aviltar, diminuir, tirar um cargo, rebaixar alguém na hierarquia.

DE.GRA.DÁ.VEL, *adj. 2 gên.*, passível de ser degradado; que se pode deteriorar.

DE.GRA.DÊ, *s.m.*, diminuição lenta da luminosidade, diminuição de luzes e tons.

DE.GRA.NA.DO, *adj.*, debulhado, tirados os grãos do sabugo.

DE.GRA.NAR, *v. int.*, debulhar, tirar os grãos do invólucro.

DE.GRAU, *s.m.*, cada uma das partes de que se compõe uma escada.

DE.GRE.DA.DO, *adj.*, exilado, banido, expulso, desterrado.

DE.GRE.DAR, *v.t.*, exilar, expulsar do seu país natal, desterrar, banir.

DE.GRE.DO, *s.m.*, exílio, desterro, banimento.

DE.GRIN.GO.LA.DA, *s.f.*, impulso inicial para a corrida, arrancada, saída.

DE.GRIN.GO.LA.DO, *adj.*, largado, arrancado, impulsionado na corrida.

DE.GRIN.GO.LAR, *v. int.*, iniciar a carreira, sair do ponto zero, cair, desorganizar-se.

DE.GUS.TA.ÇÃO, *s.f.*, experimentação, ato de saborear, buscar o sabor.

DE.GUS.TA.DO, *adj.*, gostado, experimentado, saboreado.

DE.GUS.TAR, *v.t.*, saborear, experimentar, avaliar o gosto.

DEI.A, *s.f.*, deusa, feminino de deus.

DEI.CI.DA, *adj.* e *s. 2 gên.*, quem mata um deus, matador de deus.

DEI.CÍ.DIO, *s.m.*, morte de deus, assassinato de um deus.

DE.Í.CO.LA, *adj.* e *s. 2 gên.*, deísta.

DEI.DA.DE, *s.f.*, divindade, qualquer deus; *fig.*, mulher muito bela.

DEI.FI.CA.ÇÃO, *s.f.*, endeusamento, divinização, transformação de alguém ou algo em deus.

DEI.FI.CA.DO, *adj.*, divinizado, endeusado.

DEI.FI.CA.DOR, *adj.* e *s.m.*, que(m) fabrica deuses, fabricante de deuses.

DEI.FI.CAR, *v.t.*, divinizar, tornar deus, transformar em deus.

DE.Í.FI.CO, *adj.*, em Poética, divino, que pertence a Deus, que diviniza, que deifica.

DE.IS.CÊN.CIA, *s.f.*, quando o invólucro da semente se abre naturalmente e a semente cai no chão.

DE.IS.CEN.TE, *adj.*, que se abre naturalmente para a semente cair ao chão.

DE.ÍS.MO, *s.m.*, sistema pelo qual se julga que somente a razão pode provar a existência de deus.

DE.ÍS.TA, *s. 2 gên.*, adepto do deísmo, defensor do deísmo.

DEI.TA.DA, *s.f.*, cochilada, andada, caminhada, trajeto, parada, sesta.

DEI.TA.DO, *adj.*, esticado, posto na horizontal sobre uma superfície.

DEI.TAR, *v.t.*, colocar em posição horizontal, pôr na cama, descansar.

DEI.XA, *s.f.*, ação de deixar, vez, momento, herança, liberdade para se expressar.

DEI.XA.DO, *adj.*, largado, abandonado, solto, renunciado.

DEI.XAR, *v.t.* e *pron.*, liberar, soltar, largar, abandonar, renunciar, demitir-se.

DE.JE.ÇÃO, *s.f.*, ato de evacuar, fezes, evacuar as fezes.

DÉJÀ VU, *loc.verb.*, do fr., em Psiquiatria, crer já ter visto alguma coisa ou vivido uma situação que, de fato, é nova; ter sido visto ou presenciado antes; *loc. adj., fig.*, que se tornou repetido, banal.

DE.JE.JU.AR, *v. int.*, fazer a primeira refeição matinal, colação, primeiro café do dia.

DE.JE.JUM, *s.m.*, desjejum, refeição leve.

DE.JE.TA.DO, *adj.*, evacuado, soltado, expelido.

DE.JE.JU.A.DOU.RO, *s.m.*, ato de dejejuar.

DE.JE.TAR, *v.t.*, evacuar, soltar as fezes.

DE.JE.TO, *s.m.*, fezes, restos, sujeira, lixo, matéria imprestável que advém das indústrias.

DE.JE.TÓ.RIO, *s.m., bras.*, latrina.

DE.KAS.SE.GUI, *s. 2 gên., do jap. dekasegi*, estrangeiro com ascendência japonesa que vai ao Japão para trabalhar.

DE.LA, combinação da preposição *de* com o pronome pessoal *ela*.

DE.LA.ÇÃO, *s.f.*, denúncia, ato de delatar.

DE.LAM.BER-SE, *v. int.*, alegrar-se, contentar-se, mostrar-se feliz.

DE.LAM.BI.DO, *adj.*, alegrado, contentado.

DE.LA.PI.DAR, *v.t.*, esbanjar ou eliminar aos poucos a riqueza; causar destruição ou ruína; arruinar, destruir.

DE.LA.TA.DO, *adj.*, denunciado, comunicado à autoridade.

DE.LA.TA.DOR, *adj.* e *s.m.*, que ou aquele que delata; delator.

DE.LA.TAR, *v.t.* e *pron.*, denunciar, entregar à autoridade.

DE.LA.TÁ.VEL, *adj. 2 gên.*, que pode ou deve ser delatado; denunciável.

DE.LA.TOR, *s.m.*, dedo-duro, denunciante, alcaguete.

DE.LA.TÓ.RIO, *adj.*, que se refere a uma delação, delatador.

DE.LE, combinação da preposição *de* com o pronome pessoal *ele*.

DE.LE.GA.ÇÃO, *s.f.*, grupo de pessoas com um mesmo fim, representação, comissão.

DE.LE.GA.CI.A, *s.f.*, repartição policial, distrito policial sob o comando de um delegado.

DE.LE.GA.DO, *s.m.*, chefe de uma delegacia na polícia; representante.

DE.LE.GAN.TE, *adj.* e *s. 2 gên.*, que(m) delega, que(m) transmite o poder.

DE.LE.GAR, *v.t.*, dar poderes, transmitir poderes.

DE.LE.GA.TÓ.RIO, *adj.*, que contém delegação.

DE.LEI.TA.ÇÃO, *s.f.*, satisfação, saboreação, deliciamento.

DE.LEI.TA.DO, *adj.*, satisfeito, deliciado, saboreado.

DE.LEI.TA.MEN.TO, *s.m.*, o mesmo que deleitação.

DE.LEI.TAN.TE, *adj.*, que deleita.

DE.LEI.TAR, *v. pron.*, satisfazer-se, deliciar-se, saborear.

DE.LEI.TÁ.VEL, *adj. 2 gên.*, passível de provocar deleite, de dar prazer; deleitoso.

DE.LEI.TE, *s.m.,* satisfação, alegria, delícia, gozo, fruição.
DE.LEI.TO.SO, *adj.,* que deleita, que dá prazer; muito agradável.
DE.LE.TA.ÇÃO, *s.f.,* ação ou efeito de deletar; apagamento, extinção.
DE.LE.TA.DO, *adj.,* apagado de um computador, apagado, tirado, extinto.
DE.LE.TAR, *v.t.,* apagar, tirar algum programa do computador, extinguir.
DE.LE.TÉ.RIO, *adj.,* prejudicial, danoso, nocivo.
DE.LÉ.VEL, *adj.,* extinguível, que se pode apagar, apagável.
DÉL.FI.CO, *adj.,* próprio de Delfos, localidade grega onde havia um templo ao deus Apolo, e onde as pitonisas previam o futuro das pessoas e dos reinos.
DEL.FIM, *s.m.,* golfinho; herdeiro do trono francês.
DEL.FI.NA.DO, *s.m.,* terras pertencentes ao delfim de França.
DEL.GA.DE.ZA, *s.f.,* magreza, fragilidade, fineza, tenuidade.
DEL.GA.DO, *adj.,* frágil, tênue, fino.
DE.LI.BA.ÇÃO, *s.f.,* bebida, beberagem, festa com bebida.
DE.LI.BA.DO, *adj.,* festejado, bebido, ingerido.
DE.LI.BAR, *v. int.,* beber, ingerir bebida.
DE.LI.BE.RA.ÇÃO, *s.f.,* decisão, consenso, resolução.
DE.LI.BE.RA.DA.MEN.TE, *adv.,* com deliberação, de maneira deliberada.
DE.LI.BE.RA.DO, *adj.,* decidido, discutido, consensuado.
DE.LI.BE.RAN.TE, *adj. 2 gên.* e *s. 2 gên.,* que ou aquele que delibera.
DE.LI.BE.RAR, *v.t., int.* e *pron.,* decidir, discutir, buscar consenso.
DE.LI.BE.RA.TI.VO, *adj.,* que delibera, decisivo, concludente.
DE.LI.BE.RA.TÓ.RIO, *adj.,* relativo a, ou que envolve ou encerra deliberação; deliberativo.
DE.LI.CA.DE.ZA, *s.f.,* cortesia, fineza, polidez, atenção, suavidade.
DE.LI.CA.DO, *adj.,* cortês, respeitoso, fino, polido, atencioso.
DE.LI.CA.TÉS.SEN, *s.f.,* do Al., estabelecimento comercial que vende bebidas, frios, conservas, pães, etc.
DE.LÍ.CIA, *s.f.,* sabor imenso, satisfação, prazer, maravilha.
DE.LI.CI.A.DO, *adj.,* agradado, aprazerado, satisfeito.
DE.LI.CI.AR, *v.t.* e *pron.,* agradar, dar prazer, satisfazer, produzir sabor.
DE.LI.CI.O.SO, *adj.,* saboroso, agradável, maravilhoso.
DE.LI.GA.ÇÃO, *s.f.,* ação de deligar; aplicação de ligaduras; ligadura.
DE.LI.GAR, *v.t.,* aplicar ligaduras em; ligar.
DE.LI.MI.TA.ÇÃO, *s.f.,* limitação, circunscrição, demarcação.
DE.LI.MI.TA.DO, *adj.,* limitado, demarcado.
DE.LI.MI.TA.DOR, *adj.,* que delimita; *s.m.,* quem ou o que delimita.
DE.LI.MI.TAR, *v.t.,* pôr limites, circunscrever, demarcar.
DE.LI.MI.TÁ.VEL, *adj. 2 gên.,* que se pode delimitar; que pode ser restringido.
DE.LI.NE.A.ÇÃO, *s.f.,* esboço, projeto, desenho, projeção.
DE.LI.NE.A.DO, *adj.,* esboçado, projetado.
DE.LI.NE.A.DOR, *adj.* e *s.m.,* que ou o que delineia, delimita, esboça ou planeja.
DE.LI.NE.A.MEN.TO, *s.m.,* delineação, esboço, projeção.
DE.LI.NE.AR, *v.t.,* esboçar, fazer um esboço, projetar.
DE.LI.NE.Á.VEL, *adj.,* que se pode delinear.
DE.LIN.QUÊN.CIA, *s.f.,* delito, infração, crime.
DE.LIN.QUEN.TE, *s. 2 gên.,* quem comete infração, infrator.
DE.LIN.QUIR, *v.t.* e *int.,* cometer uma infração, praticar um crime, tornar-se delinquente.
DE.LI.QUES.CER, *v.t.* e *int.,* em Química, passar (uma substância) por processo de deliquescência; *fig.,* despertar sentimentos de; comover; decair, dissolver-se.
DE.LIR, *v.t.* e *pron.,* desmanchar, desfazer, apagar.
DE.LI.RA.ÇÃO, *s.f.,* ação de delirar; delírio.
DE.LI.RAN.TE, *adj.,* que delira, sonhador, fantasioso.
DE.LI.RAR, *v. int.,* sofrer de delírio, perder os limites, amalucar-se.
DE.LÍ.RIO, *s.m.,* alucinação, exaltação mental.
DE.LI.RI.O.SO, *adj.,* que tem delírio; que delira.
DE.LI.TI.VO, *adj.,* relativo a, ou em que há delito; delituoso; culposo.
DE.LI.TO, *s.m.,* crime, infração, ato infracional, delinquência.
DE.LI.TU.O.SO, *adj.,* criminoso, delinquente; var., delitoso.
DE.LI.VRA.MEN.TO, *s.m.,* libertação, liberação, livramento.
DE.LI.VRA.DO, *adj.,* libertado, livrado.
DE.LI.VRAR, *v. pron.,* libertar, liberar, livrar.
DE.LON.GA, *s.f.,* demora, atraso.
DE.LON.GA.DO, *adj.,* demorado, atrasado, adiado.
DE.LON.GA.DOR, *adj.* e *s.m.,* que(m) atrasa, atrasador, demorador.
DE.LON.GA.MEN.TO, *s.m.,* o mesmo que delonga.
DE.LON.GAR, *v.t.,* demorar, atrasar, adiar.
DEL.TA, *s.m.,* letra do á-bê-cê correspondente ao D; foz de um rio com muitos braços.
DEL.TOI.DE, *adj.,* que tem forma de delta, que é semelhante a delta.
DE.MA.GO.GI.A, *s.f.,* engodo, palavras bonitas para enganar, falsidade, exploração populista para angariar fins pessoais.
DE.MA.GÓ.GI.CO, *adj.,* relativo a demagogia.
DE.MA.GO.GO, *s.m.,* indivíduo que busca enganar o povo com belas palavras.
DE.MAIS, *adv.,* em excesso, além da conta.
DE.MAN.DA, *s.f.,* busca, procura, litígio, ação judicial para reaver um direito perdido.
DE.MAN.DA.DO, *adj.,* buscado, procurado, processado.
DE.MAN.DA.DOR, *adj.* e *s.m.,* ver demandante.
DE.MAN.DAN.TE, *adj.* e *s. 2 gên.,* que(m) demanda, procurador.
DE.MAN.DAR, *v.t.,* buscar, procurar, mover ação judicial contra, necessitar, processar.
DE.MAN.DIS.TA, *s. 2 gên.,* pessoa que é dada a mover ações judiciais.
DE.MÃO, *s.f.,* pintar uma superfície uma vez, cada camada de tinta, mão.
DE.MAR.CA.ÇÃO, *s.f.,* delimitação, limitação, ação de demarcar.
DE.MAR.CA.DO, *adj.,* limitado, cercado, medido.
DE.MAR.CA.DOR, *adj.* e *s.m.,* que(m) demarca, medidor.
DE.MAR.CAR, *v.t.,* limitar, delimitar, cercar.
DE.MAR.CA.TI.VO, *adj.,* que serve de demarcação.
DE.MAR.CÁ.VEL, *adj.,* que pode ser demarcado.
DE.MA.SI.A, *s.f.,* excesso, por demais.
DE.MA.SI.A.DO, *adj.,* excessivo, em demasia, que vai além dos limites.
DE.MA.SI.AR-SE, *v.t.,* ultrapassar as medidas ou os padrões normais, estabelecidos; exceder(-se).
DE.MA.SI.O.SO, *adj.,* o mesmo que demasiado, excessivo.
DE.MÊN.CIA, *s.f.,* loucura, doidice, maluquice.
DE.MEN.CI.O.NAL, *adj. 2 gên.,* relativo a demência; em

DEMENTAÇÃO ... 285 ... DENODAMENTO

que há demência.
DE.MEN.TA.ÇÃO, *s.f.*, desvario, loucura, enlouquecimento, endoidamento.
DE.MEN.TA.DO, *adj.*, louco, desvairado, enlouquecido, adoidado.
DE.MEN.TAR, *v. int.*, endoidecer, enlouquecer, desvairar-se.
DE.MEN.TE, *adj.*, louco, doido, idiota; *s.m.*, quem sofre de demência.
DE.MER.GI.EN.TE, *adj.*, que demerge; tombado, inclinado; incumbente.
DE.MER.GER, *v.t., ant.*, inclinar, tombar, pôr para baixo.
DE.MÉ.RI.TO, *s.m.*, ausência de mérito, falta de mérito.
DE.ME.RI.TÓ.RIO, *adj.*, que se refere a demérito, desmerecedor.
DE.MER.SO, *adj.*, em Ictiologia, que vive nas profundezas do mar (diz-se de peixe).
DE.MIS.SÃO, *s.f.*, ato ou efeito de demitir, despedida, saída.
DE.MIS.SI.O.NÁ.RIO, *s.m.*, quem se demitiu ou quem pediu demissão.
DE.MIS.SÍ.VEL, *adj.*, que está sujeito a ser demitido, exonerável, que pode ser despedido.
DE.MIS.SÓ.RIO, *adj.*, que diz respeito a demissão.
DE.MI.TI.DO, *adj.*, despedido, exonerado.
DE.MI.TIR, *v.t. e pron.*, tirar do emprego, despedir, exonerar.
DE.MI.UR.GI.A, *s.f.*, ação criadora.
DE.MI.ÚR.GI.CO, *adj.*, relativo a demiurgo.
DE.MO, *s.m.*, diabo, capeta, demônio, satanás, satã, espírito do mal.
DE.MO.CRA.CI.A, *s.f.*, sistema de governo pelo qual o povo aprova tudo que é feito pelos governantes; todos os cidadãos a partir de 16 anos podem escolher, por voto secreto, os governantes.
DE.MO.CRA.TA, *s. 2 gén.*, quem é adepto da democracia.
DE.MO.CRÁ.TI.CO, *adj.*, favorável à democracia, praticante da democracia.
DE.MO.CRA.TIS.MO, *s.m.*, doutrina ou sistema político em que o princípio básico é o exercício da democracia; *pej.*, tomada de decisão tardia devido ao excesso de discussões em diversas instâncias.
DE.MO.CRA.TI.ZA.ÇÃO, *s.f.*, ação ou efeito de democratizar, liberar para o voto do povo.
DE.MO.CRA.TI.ZA.DO, *adj.*, que aceitou a democracia, democrata, liberado para o voto.
DE.MO.CRA.TI.ZAR, *v.t.*, instituir a democracia, colocar a democracia em.
DE.MO.DÊ, *adj.*, do fr., fora de moda, ultrapassado, em desuso.
DE.MO.FI.LO, *s.m.*, aquele que tem amor ou forte simpatia pelo povo.
DE.MO.GRA.FI.A, *s.f.*, estudo para levantar o número de pessoas em um local.
DE.MO.GRÁ.FI.CO, *adj.*, que se refere a demografia.
DE.MÓ.GRA.FO, *s.m.*, estudioso de demografia, especialista em demografia.
DE.MO.LHAR, *v. int.*, colocar de molho em água.
DE.MO.LI.ÇÃO, *s.f.*, destruição, derrubada, arrasamento.
DE.MO.LI.DO, *adj.*, destruído, derrubado, arrasado.
DE.MO.LI.DOR, *s.m.*, quem destrói, quem vai demolir.
DE.MO.LI.MEN.TO, *s.m.*, o mesmo que demolição.
DE.MO.LIR, *v.t.*, derrubar, destruir, abater, pôr por terra.
DE.MO.LI.TÓ.RIO, *adj.*, em Jurisprudência, que contém ordem de demolição; próprio para demolir, que serve para demolir.

DE.MO.NÍ.A.CO, *adj.*, próprio do demônio, satânico, diabólico, infernal.
DE.MÔ.NIO, *s.m.*, diabo, satanás, satã, demo, lúcifer, capeta.
DE.MO.NIS.MO, *s.m.*, tratado que enfoca o demônio e suas atividades.
DE.MO.NIS.TA, *s.2 gén.*, asseclado do demonismo, seguidor do demonismo.
DE.MO.NO.GRA.FI.A, *s.f.*, demonologia, estudo que revela os poderes e influências do demônio.
DE.MO.NÓ.GRA.FO, *s.m.*, especialista em demonografia.
DE.MO.NÓ.LA.TRA, *s. 2 gén.*, adorador de demônios.
DE.MO.NO.LA.TRI.A, *s.f.*, culto aos demônios.
DE.MO.NO.LÁ.TRI.CO, *adj.*, relativo a demonolatria.
DE.MO.NO.LO.GI.A, *s.f.*, demonografia.
DE.MO.NO.LÓ.GI.CO, *adj.*, relativo a demonologia.
DE.MO.NÓ.LO.GO, *s.m.*, aquele que é versado em demonologia.
DE.MONS.TRA.BI.LI.DA.DE, *s.f.*, condição do que pode ser demonstrado.
DE.MONS.TRA.ÇÃO, *s.f.*, ação ou efeito de demonstrar; prova, exibição de algo, mostra de algo.
DE.MONS.TRA.DO, *adj.*, mostrado, exibido, comprovado, provado.
DE.MONS.TRA.DOR, *adj. e s.m.*, que(m) demonstra, exibidor, comprovador.
DE.MONS.TRAN.TE, *adj.*, que exibe, comprovante.
DE.MONS.TRAR, *v.t. e pron.*, provar, exibir, comprovar.
DE.MONS.TRA.TI.VO, *adj.*, o que demonstra; pronome que aponta algo.
DE.MONS.TRÁ.VEL, *adj. 2 gén.*, que se pode demonstrar.
DE.MO.RA, *s.f.*, atraso, mora, delonga.
DE.MO.RA.DO, *adj.*, atrasado, delongado, esperado.
DE.MO.RAR, *v.t., int. e pron.*, retardar, fazer esperar, atrasar, delongar.
DE.MO.VER, *v.t. e pron.*, fazer desistir, fazer mudar de ideia, dissuadir, persuadir, desconvencer.
DE.MO.VI.DO, *adj.*, dissuadido, desconvencido, persuadido.
DE.MO.VI.MEN.TO, *s.m.*, ação de demover.
DE.MU.DA.DO, *adj.*, mudado, alterado, transformado.
DE.MU.DAR, *v.t. e int.*, mudar, alterar, transformar.
DEN.DÊ, *s.m.*, fruto do dendezeiro, óleo obtido dessa fruta.
DEN.DE.ZEI.RO, *s.m.*, palmeira cujo fruto produz o óleo de dendê.
DE.NE.GA.ÇÃO, *s.f.*, recusa, negação, desmentido.
DE.NE.GAR, *v.t. e pron.*, recusar, negar, desmentir.
DE.NE.GA.TÓ.RIO, *adj.*, que denega; em que há denegação.
DE.NE.GÁ.VEL, *adj.*, que se pode ou deve denegar.
DE.NE.GRE.CER, *v.t.* o mesmo que denegrir.
DE.NE.GRI.DO, *adj.*, difamado, manchado, desonrado.
DE.NE.GRI.DOR, *adj. e s.m.*, difamador, caluniador.
DE.NE.GRIR, *v.t. e pron.*, difamar, manchar, tornar preto.
DEN.GAR, *v.int., pop.*, mostrar-se dengoso, faceiro.
DEN.GO, *s.m.*, manha, teimosia.
DEN.GO.SO, *adj.*, manhoso, birrento, cheio de dengues.
DEN.GUE, *adj. 2 gén.*, manha, teimosia de criança ou adulto; doença provocada pela picada de um inseto, o *Aedes aegypti*.
DEN.GUEI.RO, *adj.*, afetado, faceiro, manhoso, exibicionista.
DEN.GUI.CE, *s.f.*, faceirice, ostentação pessoal.
DE.NO.DA.DO, *adj.*, valente, bravo, ousado, audaz.
DE.NO.DA.MEN.TO, *s.m., ant.*, compromisso ou voto dos cavaleiros quando partiam para a guerra.

DE.NO.DAR, *v.t.*, desfazer (nó); desnodar.
DE.NO.DO, *s.m.*, bravura, ousadia, coragem, audácia.
DE.NO.MI.NA.ÇÃO, *s.f.*, nome, apelido, designação.
DE.NO.MI.NA.DO, *adj.*, nominado, apelidado, designado.
DE.NO.MI.NA.DOR, *s.m.*, termo usado em Matemática, na formação das frações, indicando em quantas partes se faz a divisão; quem denomina, quem chama.
DE.NO.MI.NAR, *v.t.* e *pron.*, dar nome, apelidar, chamar.
DE.NO.MI.NA.TI.VO, *adj.*, vocativo, chamativo, apelidativo.
DE.NO.TA.ÇÃO, *s.f.*, ação ou efeito de denotar; sentido real de uma palavra.
DE.NO.TA.DOR, *adj.* e *s.m.*, que ou aquele que denota ou indica.
DE.NO.TAR, *v.t.*, usar uma palavra em seu sentido real; significar.
DE.NO.TA.TI.VO, *adj.*, real, indicativo, expressivo.
DEN.SI.DA.DE, *s.f.*, qualidade do que é denso, espessura, consistência, concentração.
DEN.SI.DÃO, *s.f.*, densidade, consistência, espessura.
DEN.SI.ME.TRI.A, *s.f.*, processo e procedimento de medir a densidade relativa de fluidos e de sólidos.
DEN.SÍ.ME.TRO, *s.m.*, em Física, instrumento destinado a medir a densidade de líquidos.
DEN.SO, *adj.*, espesso, compacto, cerrado, concentrado.
DEN.TA.DA, *s.f.*, mordida, golpe com os dentes.
DEN.TA.DO, *adj.*, o que tem dentes, peças dentadas.
DEN.TA.DU.RA, *s.f.*, conjunto de dentes que guarnecem a boca; peça de dentes artificiais.
DEN.TAL, *adj.*, referente a dentes, que se relaciona com dentes.
DEN.TA.MA, *s.f.*, muitos dentes, dentadura grande.
DEN.TAR, *v.t.* e *int.*, fazer pontas (como dentes) em, dentear; começar a ter dentes.
DEN.TÁ.RIO, *adj.*, que se refere a dentes, dental, próprio dos dentes.
DEN.TE, *s.m.*, saliências de osso que guarnecem a boca e servem para mastigar, morder alimentos.
DEN.TE.A.DO, *adj.*, dentado, com dentes, com saliências dentadas.
DEN.TE.AR, *v.t.*, dentar, colocar dentes em.
DEN.TI.ÇÃO, *s.f.*, nascimento e surgimento dos dentes.
DEN.TI.CU.LA.DO, *adj.*, que se denticulou; que tem entalhes em forma de dentes; em Botânica, que tem recortes à margem (ger. nas folhas).
DEN.TI.CU.LAR, *adj. 2 gên.*, relativo a dentículo(s); a pequeno(s) dente(s) ou que tem a forma de dentes; *v.t.* dar forma de dentículo a.
DEN.TÍ.CU.LO, *s.m.*, pequeno dente, dentezinho.
DEN.TI.FI.CA.ÇÃO, *s.f.*, formação dos dentes ou da sua substância.
DEN.TI.FOR.ME, *adj.*, que tem forma de dente.
DEN.TI.FRÍ.CIO, *s.m.*, massa usada para escovar os dentes, pasta de dente.
DEN.TI.NA, *s.f.*, camada branca que cobre os dentes; o marfim dos dentes.
DEN.TIS.TA, *s. 2 gên.*, pessoa que trabalha com os dentes, odontólogo.
DEN.TO.SA, *s.f.*, *gír.*, serra para madeira.
DEN.TRE, *prep.*, no meio, entre, de permeio.
DEN.TRO, *adv.*, no interior, na parte interna, internamente.
DEN.TU.ÇA, *s.f.*, dentes grandes e virados para fora; *pop.*, canjica.
DEN.TU.ÇO, *adj.* e *s.m.*, quem possui dentes longos e grandes.
DEN.TU.DO, *adj.*, que tem dentes grandes ou dentuça.
DE.NU.DA.ÇÃO, *s.f.*, desnudamento, despimento das roupas.
DE.NU.DA.DO, *adj.*, despido, desnudado, nu.
DE.NU.DAR, *v. int.*, despir, desnudar-se.
DE.NÚN.CIA, *s.f.*, delação, acusação, revelação.
DE.NUN.CI.A.DO, *adj.*, acusado, delatado.
DE.NUN.CI.A.DOR, *adj.* e *s.m.*, que(m) denuncia, acusador, delator.
DE.NUN.CI.AN.TE, *adj.* e *s. 2 gên.*, quem denuncia, que denuncia, denunciador.
DE.NUN.CI.AR, *v.t.* e *pron.*, delatar, dar conhecimento a alguém, informar sobre.
DE.NUN.CI.A.TI.VO, *adj.*, acusador, que denuncia, que delata.
DE.NUN.CI.A.TÓ.RIO, *adj.*, que envolve, implica ou em que há denúncia.
DE.NUN.CI.Á.VEL, *adj.*, que pode ser denunciado.
DE.PA.RA.DO, *adj.*, achado, visto, enxergado, encontrado.
DE.PA.RA.DOR, *adj.* e *s.m.*, que(m) acha, encontrador.
DE.PA.RAR, *v.t.* e *pron.*, encontrar, achar, ver, avistar.
DE.PA.RÁ.VEL, *adj.*, que se pode deparar; suscetível de aparecer.
DE.PAR.TA.MEN.TAL, *adj.*, que se refere a departamento.
DE.PAR.TA.MEN.TO, *s.m.*, repartição, secção, divisão.
DE.PAU.PE.RA.ÇÃO, *s.f.*, debilitação, empobrecimento, decadência, desaculturação.
DE.PAU.PE.RA.DO, *adj.*, debilitado, decadente, empobrecido, desaculturado.
DE.PAU.PE.RA.DOR, *adj.*, que depaupera.
DE.PAU.PE.RA.MEN.TO, *s.m.*, depauperação, empobrecimento, decadência.
DE.PAU.PE.RAR, *v.t.* e *pron.*, tornar pobre, empobrecer, perder riquezas e valores, baixar na escala social, perder conteúdos culturais.
DE.PE.NA.DO, *adj.*, que está sem penas, deplumado, furtado.
DE.PE.NA.DOR, *adj.* e *s.m.*, que(m) depena, furtador, ladrão.
DE.PE.NA.GEM, *s.f.*, ato ou efeito de depenar; em Avicultura, processo manual ou mecânico, que retira as penas de ave(s) abatida(s); setor que realiza esse processo.
DE.PE.NAR, *v.t.*, arrancar as penas; *fig.*, furtar, tirar o que alguém possui.
DE.PEN.DÊN.CIA, *s.f.*, sujeição, dependência, cômodos, ambientes.
DE.PEN.DEN.TE, *s. 2 gên.*, quem depende de outrem; pessoa sustentada por outra; viciado, drogado, sujeito a um vício.
DE.PEN.DER, *v.t.*, ficar na dependência, estar sujeito a, precisar de.
DE.PEN.DU.RA.DO, *adj.*, pendurado, pendente.
DE.PEN.DU.RAR, *v.t.*, *bit.* e *pron.*, pendurar, firmar de cima para baixo.
DE.PE.NI.CAR, *v.t.*, depenar, tirar as penas.
DE.PE.RE.CER, *v. int.*, minguar, morrer pouco a pouco, sucumbir, perder as forças, fenecer.
DE.PE.RE.CI.MEN.TO, *s.m.*, debilidade, fenecimento, minguamento, sucumbência.
DE.PI.LA.ÇÃO, *s.f.*, arrancamento dos pelos, extirpação de pelos.
DE.PI.LA.DO, *adj.*, que ficou sem pelos.
DE.PI.LA.DOR, *adj.* e *s.m.*, diz-se de ou aquilo que é us. para depilar, para retirar pelos.

DEPILAR

DE.PI.LAR, *v.t.* e *pron.*, arrancar os pelos, raspar pelos e penugem.

DE.PI.LA.TÓ.RIO, *s.m.*, local em que se faz a depilação; quem depila, ato de depilar.

DE.PLO.RA.ÇÃO, *s.f.*, lamentação, lástima, infelicitação.

DE.PLO.RA.DO, *adj.*, lastimado, lamentado, infelicitado.

DE.PLO.RA.DOR, *adj.* e *s.m.*, lamentador.

DE.PLO.RAR, *v.t.* e *pron.*, lastimar, lamentar, sentir.

DE.PLO.RA.TI.VO, *adj.*, relativo a deploração; que deplora, que exprime deploração; deploratório.

DE.PLO.RÁ.VEL, *adj.*, lamentável, infeliz.

DE.PLU.MA.DO, *adj.*, depenado, desplumado.

DE.PLU.MAR, *v. int.*, pelar, depenar, desplumar.

DE.PO.EN.TE, *s. 2 gên.*, quem depõe em juízo, deponente, declarante.

DE.PO.I.MEN.TO, *s.m.*, declaração feita em juízo, testemunho, expressão pessoal sobre um tema.

DE.POIS, *adv.*, em seguida, após, ato contínuo, além do que.

DE.PO.NEN.TE, *adj.*, depoente.

DE.POR, *v.t.* e *int.*, tirar do cargo, deixar as coisas, despojar de honras e cargos; declarar em juízo, ser testemunha judicial, informar.

DE.POR.TA.ÇÃO, *s.f.*, exílio, desterro, banimento, degredo.

DE.POR.TA.DO, *adj.*, exilado, desterrado, banido, degredado.

DE.POR.TAR, *v.t.*, exilar, expulsar de sua terra, degredar, desterrar.

DE.POR.TE, *s.m.*, ato de deportar; transporte.

DE.PO.SI.ÇÃO, *s.f.*, destituição, sedimentação derrubada.

DE.PO.SI.CI.O.NAL, *adj. 2 gên.*, relativo a deposição.

DE.PO.SI.TA.DO, *adj.*, armazenado, guardado, posto.

DE.PO.SI.TA.DOR, *adj.* e *s.m.*, que(m) deposita, depositante, colocador.

DE.PO.SI.TAN.TE, *s. 2 gên.*, quem deposita, quem recolhe.

DE.PO.SI.TAR, *v.t.* e *pron.*, fazer depósito, colocar algo em, guardar para diversos fins.

DE.PO.SI.TÁ.RIO, *s.m.*, que(m) aceita depósitos, recebedor de depósitos.

DE.PO.SI.TÁ.RIO FI.EL, *s.m.*, juridicamente, a pessoa que é encarregada de guardar os bens de uma massa falida.

DE.PÓ.SI.TO, *s.m.*, o que se guarda, o que se recolhe; local onde se guarda algo, sedimento, armazém, silo, depósito bancário em dinheiro.

DE.PO.SI.TÓ.RIO, *adj.*, que é próprio para depositar, armazenar, reservar algo; *s.m.*, local para armazenar certas coisas; o mesmo que depósito.

DE.POS.TO, *adj.*, tirado, apeado, destronado, destituído, retirado.

DE.PRA.VA.ÇÃO, *s.f.*, corrupção, baixeza, degeneração, perversão.

DE.PRA.VA.DO, *adj.*, pervertido, degenerado, corrompido.

DE.PRA.VA.DOR, *adj.* e *s.m.*, pervertidor, corruptor.

DE.PRA.VAR, *v.t.* e *pron.*, perverter, degenerar, corromper.

DE.PRE.CA.ÇÃO, *s.f.*, súplica, petição, pedido, rogação.

DE.PRE.CA.DO, *adj.*, suplicado, rogado, solicitado.

DE.PRE.CAR, *v.t.*, suplicar, rogar, pedir, pedir com muita insistência.

DE.PRE.CA.TI.VO, *adj.*, que depreca, rogativo.

DE.PRE.CA.TÓ.RIO, *adj.*, deprecante, rogatório.

DE.PRE.CI.A.ÇÃO, *s.f.*, desvalorização, perda do valor.

DE.PRE.CI.A.DO, *adj.*, desmerecido, desvalorizado.

DE.PRE.CI.A.DOR, *adj.* e *s.m.*, que(m) deprecia, desmerecedor, desvalorizador.

DE.PRE.CI.AR, *v.t.* e *pron.*, tirar o valor, diminuir o valor, desmerecer.

DE.PRE.CI.A.TI.VO, *adj.*, que deprecia, pejorativo, maldoso.

DE.PRE.CI.Á.VEL, *adj.*, que pode ser depreciado, depreciativo.

DE.PRE.DA.ÇÃO, *s.f.*, destruição, demolição, saque, assolamento.

DE.PRE.DA.DO, *adj.*, destruído, devastado, assolado, saqueado.

DE.PRE.DA.DOR, *adj.* e *s.m.*, devastador, saqueador, assolador.

DE.PRE.DAR, *v.t.*, destruir, demolir, devastar, saquear, assolar.

DE.PRE.DA.TI.VO, *adj.*, que depreda, depredatório.

DE.PRE.DA.TÓ.RIO, *adj.*, em que há depredação; depredativo.

DE.PRE.EN.DER, *v.t.*, concluir, entender, aprender, inferir.

DE.PRE.EN.SÃO, *s.f.*, conclusão, entendimento, inferição.

DE.PRE.EN.DI.DO, *adj.*, concluído, entendido, aprendido.

DE.PRES.SA, *adv.*, com pressa, rapidamente, com celeridade, celeremente.

DE.PRES.SÃO, *s.f.*, queda do nível, abaixamento da superfície; tristeza, perda do ânimo, desgosto, perda da vontade para o trabalho ou atividades.

DE.PRES.SÍ.VEL, *adj. 2 gên.*, que pode ser deprimido.

DE.PRES.SI.VO, *adj.*, estressado, desgostoso, desanimado.

DE.PRES.SOR, *adj.*, que provoca depressão, abatimento; em Medicina, diz-se de substância que reduz uma capacidade fisiológica; *s.m.*, o que provoca depressão.

DE.PRI.MEN.TE, *adj.*, provocante, entristecedor, depressivo.

DE.PRI.MI.DO, *adj.*, depressionado, entristecido, aborrecido.

DE.PRI.MIR, *v.t.* e *pron.*, provocar depressão, enfraquecer, entristecer.

DE.PU.RA.ÇÃO, *s.f.*, purificação, apuração, limpeza.

DE.PU.RA.DO, *adj.*, limpo, apurado, purificado.

DE.PU.RA.DOR, *adj.* e *s.m.*, limpador, purificador.

DE.PU.RAN.TE, *adj.*, que depura; depurador.

DE.PU.RAR, *v.t.* e *pron.*, limpar, tornar puro, purificar.

DE.PU.RA.TI.VO, *adj.*, que depura, purificador, que limpa.

DE.PU.TA.TI.VO, *s.m.*, ato ou efeito de deputar; em Política, delegação de poder ou de mandato; ofício de deputado; conjunto dos deputados da Câmara ou da Assembleia Legislativa.

DE.PU.TA.DO, *s.m.*, membro eleito para a assembleia legislativa ou câmara federal.

DE.PU.TAN.ÇA, *s.f., pop.*, ato ou efeito de deputar.

DE.PU.TAR, *v. int.*, delegar, transferir poderes de representação.

DERBY, *s.m.*, corrida decisiva de cavalos de corrida.

DE.RI.VA, *s.f.*, perda do rumo; estar à deriva: sem rumo.

DE.RI.VA.BI.LI.DA.DE, *s.f.*, qualidade do que é derivável.

DE.RI.VA.ÇÃO, *s.f.*, proveniência, origem; palavra que se forma por meio de outra.

DE.RI.VA.DA, *s.f.*, em Matemática, limite da razão entre o aumento de uma função ao aumento da variável, quando esta tende a zero.

DE.RI.VA.DO, *adj.*, proveniente, originado, vindo.

DE.RI.VA.DOR, *adj.* e *s.m.*, que ou o que deriva; o mesmo que derivante.

DE.RI.VAN.TE, *adj.*, que deriva, proveniente.

DE.RI.VAR, *v.t., int.* e *pron.*, originar, mudar, tirar do rumo.

DE.RI.VA.TI.VO, *adj.*, proveniente, originário.

DE.RI.VA.TÓ.RIO, *adj.*, em Medicina, o mesmo que derivativo.

DERMA — DESABITADO

DER.MA, *s.m.*, derme, pele.
DER.MA.TI.TE, *s.f.*, inflamação da pele, problemas com a pele.
DER.MA.TO.LO.GI.A, *s.f.*, setor da Medicina que trata da pele humana.
DER.MA.TO.LÓ.GI.CO, *adj.*, que se refere a Dermatologia.
DER.MA.TO.LO.GIS.TA, *s.2 gên.*, pessoa especializada em Dermatologia.
DER.MA.TÓ.LO.GO, *s.m.*, profissional que cuida da pele, especialista em cuidados com a pele.
DER.MA.TO.SE, *s.f.*, em Dermatologia, qualquer doença de pele, esp. a sem inflamação.
DER.ME, *s.f.*, pele, camada interna da pele, derma.
DER.RA.BA.DO, *adj.*, diz-se do animal que tem o rabo cortado.
DER.RA.BAR, *v.t.*, fazer ou sofrer (animal) o corte do rabo, da cauda; p. ext., cortar as abas, a parte da cauda da vestimenta.
DER.RA.DEI.RO, *adj.*, último, final.
DER.RA.MA, *s.f.*, na Inconfidência Mineira, cobrança extorsiva de impostos feita pela coroa de Portugal.
DER.RA.MA.ÇÃO, *s.f.*, o mesmo que derramamento.
DER.RA.MA.DO, *adj.*, vertido, vazado, espalhado, entornado, solto.
DER.RA.MA.DOR, *adj. e s.m.*, que ou o que derrama ou espalha.
DER.RA.MA.MEN.TO, *s.m.*, ação ou efeito de derramar, vazamento, entornamento.
DER.RA.MAR, *v.t.*, verter líquido, deixar vazar, espalhar, entornar.
DER.RA.ME, *s.m.*, derramamento; excesso de líquido na cabeça.
DER.RAN.CA.DA, *adj.*, diz-se de líquidos ou alimentos sólidos alterados, estragados, corrompidos.
DER.RAN.CAR, *v.t. e pron.*, alterar(-se), corromper(-se), estragar(-se), perverter(-se); *fig.*, depravar(-se).
DER.RA.PA.DA, *s.f.*, escorregada, derrapagem; *fig.*, erro, problema.
DER.RA.PA.DO, *adj.*, escorregado, desequilibrado.
DER.RA.PA.GEM, *s.f.*, ação ou efeito de derrapar, escorregada, desequilíbrio.
DER.RA.PAR, *v. int.*, escorregar, perder o equilíbrio.
DER.RE.A.DO, *adj.*, entortado, curvado, cansado.
DER.RE.A.MEN.TO, *s.m.*, cansaço, prostração, desânimo, cansaço extremado.
DER.RE.A.DO, *adj.*, que tomou formato curvo, arqueado, inclinado; que está muito cansado; exaurido; prostrado; espancado.
DER.RE.A.DOR, *adj. e s.m.*, que ou o que derreia.
DER.RE.A.MEN.TO, *s.m.*, o estado do que está derreado.
DER.RE.AR, *v.t. e pron.*, dobrar-se a algum peso, curvar, entortar.
DER.RE.DOR, *adv.*, em volta, em torno, ao redor.
DER.RE.GAR, *v.t.*, em Agricultura, fazer sulcos extras (na terra lavrada) para receber e desviar a água da chuva para fora.
DER.RE.TE.DU.RA, *s.f.*, derretimento, descongelamento, desmanche.
DER.RE.TER, *v.t. e pron.*, tornar líquido, desfazer, desmanchar, descongelar, liquefazer.
DER.RE.TI.DO, *adj.*, que se derreteu, dissolvido; fundido; liquefeito; *fig.*, comovido; emocionado; encantado, apaixonado.
DER.RE.TI.MEN.TO, *s.m.*, liquefação, transformar sólido em líquido.
DER.RI.BA.DA, *s.f.*, queda, derrubada, tombo, corte.
DER.RI.BA.MEN.TO, *s.m.*, ação de derribar.
DER.RI.BAR, *v.t.*, derrubar, tombar, cortar.
DER.RI.SÃO, *s.f.*, escárnio, zombaria, desprezo, troça.
DER.RI.SÓ.RIO, *adj.*, zombeteiro, troçador, irônico, mordaz.
DER.RO.CA.DA, *s.f.*, ruína, queda, desmoronamento, demolição.
DER.RO.CA.DO, *adj.*, derrubado, desmontado, destruído.
DER.RO.CA.DOR, *adj. e s.m.*, o que derroca.
DER.RO.CA.MEN.TO, *s.m.*, ato ou efeito de derrocar(-se); derrocada.
DER.RO.CAR, *v.t. e pron.*, derrubar, desmontar, destruir, abater.
DER.RO.GA.ÇÃO, *s.f.*, anulação de uma lei.
DER.RO.GA.DOR, *adj. e s.m.*, anulador, alterador.
DER.RO.GA.MEN.TO, *s.m.*, derrogação, anulação.
DER.RO.GAN.TE, *adj.*, que derroga, que anula.
DER.RO.GAR, *v.t.*, alterar parte de lei, anular uma lei, desfazer uma lei.
DER.RO.GA.TÓ.RIO, *adj.*, que se refere a derrogação.
DER.RO.GUE, *s.m.*, ação ou efeito de derrogar; derrogação.
DER.RO.GÁ.VEL, *adj. 2 gên.*, que se pode derrogar; passível de ser derrogado.
DER.RO.TA, *s.f.*, desastre, perda, queda; rumo do navio.
DER.RO.TA.DO, *adj.*, abatido, vencido, subjugado.
DER.RO.TA.DOR, *adj. e s.m.*, vencedor, subjugador.
DER.RO.TAR, *v.t.*, abater, vencer, subjugar.
DER.RO.TIS.MO, *s.m.*, pessimismo, depressão.
DER.RO.TIS.TA, *s. 2 gên.*, seguidor do derrotismo, adepto do derrotismo.
DER.RU.BA.DA, *s.f.*, ato ou efeito de derrubar, destruição, queda.
DER.RU.BA.DO, *adj.*, abatido, derribado, cortado, posto abaixo.
DER.RU.BA.DOR, *adj.*, que derruba, capaz de derrubar; *s.m.*, aquele que derruba, que se ocupa de derrubar.
DER.RU.BA.MEN.TO, *s.m.*, ação ou efeito de derrubar, derrubada, destruição.
DER.RU.BAR, *v.t.*, abater, cortar, derribar, deitar abaixo.
DER.RU.Í.DO, *adj.*, derrubado, destruído, desmoronado.
DER.RU.I.MEN.TO, *s.m.*, derrubada, demolição.
DER.RU.IR, *v. int.*, derrubar, demolir, desmoronar.
DER.VI.XE, *s.m.*, monge na religião muçulmana que faz votos de pobreza, castidade e amor a Alá.
DÊS, *prep., ant.*, desde.
DE.SA.BA.DO, *adj.*, que tem as asas caídas, desmoronado, caído.
DE.SA.BA.FA.DO, *adj.*, que se desabafou, se refrescou; *fig.*, desembaraçado; aliviado, tranquilizado.
DE.SA.BA.FA.MEN.TO, *s.m.*, ação de desabafar; desabafo.
DE.SA.BA.FAR, *v.t., int. e pron.*, contar tudo para outrem, abrir os segredos.
DE.SA.BA.FO, *s.m.*, narração de fatos pessoais, confissão.
DE.SA.BA.LA.DO, *adj.*, corrido, fugido, que tem muita pressa.
DE.SA.BA.LAR, *v. int.*, sair correndo, fugir com rapidez.
DE.SA.BAL.RO.A.MEN.TO, *s.m.*, o ato de desabalroar.
DE.SA.BAL.RO.AR, *v.t.*, em Náutica, desatracar.
DE.SA.BA.MEN.TO, *s.m.*, queda, desmoronamento, caída.
DE.SA.BA.DO, *adj.*, caído, desmoronado, abatido, demolido.
DE.SA.BAR, *v.t. e int.*, cair, desmoronar, abater-se.
DE.SA.BI.LI.TA.DO, *adj.*, que perdeu a habilitação, inabilitado.
DE.SA.BI.LI.TAR, *v.t.*, inabilitar, tornar inabilitado.
DE.SA.BI.TA.DO, *adj.*, sem habitantes, despovoado.

DE.SA.BI.TAR, v.t., despovoar, tirar a população.
DE.SA.BI.TU.A.DO, adj., desacostumado, que perdeu o hábito.
DE.SA.BI.TU.AR, v.t. e pron., perder o hábito, desacostumar-se.
DE.SA.BO.NA.DO, adj., desacreditado, desprestigiado.
DE.SA.BO.NA.DOR, adj. e s.m., desmerecedor, que(m) desacredita, desonrador.
DE.SA.BO.NAR, v.t. e pron., fazer perder o mérito, o crédito; desacreditar.
DE.SA.BO.NO, s.m., desfavor, descrédito, desconfiança.
DE.SA.BO.татоA.DO, adj., que tirou os botões, desprendido.
DE.SA.BO.TO.AR, v.t., int. e pron., tirar os botões do prendedor, desprender.
DE.SA.BRI.DO, adj., rude, grosseiro, descortês.
DE.SA.BRI.GA.DO, adj., sem abrigo, o que ficou nas intempéries.
DE.SA.BRI.GAR, v.t. e pron., liberar, tirar do abrigo.
DE.SA.BRI.GO, s.m., sem teto, abandono.
DE.SA.BRI.GA.MEN.TO, s.m., abandono do abrigo, desligamento.
DE.SA.BRI.MEN.TO, s.m., característica ou condição de desabrido; grosseria; aspereza.
DE.SA.BRO.CHA.DO, adj., aberto, que está com as pétalas abertas, solto, crescido.
DE.SA.BRO.CHA.MEN.TO, s.m., ação ou resultado de desabrochar.
DE.SA.BRO.CHAR, v.t., int. e pron., botões de flor que se abrem, abrir, despertar, crescer.
DE.SA.BRO.CHO, s.m., abertura, despertamento, desabrochamento.
DE.SA.BRO.LHAR, v.t. e int., germinar, vicejar; desabrochar.
DE.SA.BU.SA.DO, adj., atrevido, desavergonhado, insolente.
DE.SA.BU.SAR, v. int., afrontar, encarar, zombar.
DE.SA.BU.SO, s.m., insolência, atrevimento, zombaria.
DE.SA.CA.NHAR, v. int., perder a timidez, vencer o acanhamento, desinibir-se.
DE.SA.CA.SA.LAR, v.t. separar (os casais ou acasalados).
DE.SA.CA.TA.DO, adj., desrespeitado, desobedecido, enfrentado, afrontado.
DE.SA.CA.TAR, v.t., desrespeitar, abusar, não obedecer a, faltar com o respeito.
DE.SA.CA.TO, s.m., desrespeito, desaforo.
DE.SA.CE.LE.RA.ÇÃO, s.f., diminuição da velocidade.
DE.SA.CEI.TO, adj., que não foi aceito; recusado.
DE.SA.CAU.TE.LA.DO, adj., desprevenido, descuidado, imprevidente.
DE.SA.CAU.TE.LAR, v. int., desprevenir-se, descuidar-se.
DE.SA.CE.LE.RA.DO, adj., lento, vagaroso, lerdo.
DE.SA.CE.LE.RAR, v.t. e int., diminuir a velocidade.
DE.SA.CEN.TU.A.DO, adj., que está sem o acento, desenfatizado.
DE.SA.CEN.TU.AR, v.t., tirar o acento, esquecer o acento, não enfatizar.
DE.SA.CER.TA.DO, adj., desarrumado, desordenado, desorganizado.
DE.SA.CER.TAR, v.t., int. e pron., desarrumar, desordenar, pôr fora de ordem.
DE.SA.CER.TO, s.m., desordem, baderna, confusão.
DE.SA.CHE.GAR, v.t., separar ou afastar o que estava unido; v. pron., afastar-se, separar-se.
DE.SA.CI.DEN.TAR, v.t., fazer passar o acidente a, fazer tornar em si.

DE.SA.CI.DI.FI.CA.ÇÃO, s.f., ação ou efeito de desacidificar.
DE.SA.CI.DI.FI.CAN.TE, adj., que desacidifica.
DE.SA.CI.DI.FI.CAR, v.t., fazer perder o sabor picante, o gosto azedo; neutralizar a acidez.
DE.SA.CI.DI.FI.CAR, v.t., o mesmo que desacidificar.
DE.SA.CIS.MAR, v.t., tirar a cisma ou a bazófia de.
DE.SA.CLI.MAR, v.t., tirar do clima habitual que se está acostumado.
DE.SA.CLI.MA.TAR, v.t., ver desaclimar.
DE.SA.COL.CHE.TAR, v.t., desapertar, desprendendo os colchetes; desprender dos colchetes.
DE.SA.COL.CHO.A.DO, adj., que está sem acolchoado, desabrigado, descoberto.
DE.SA.COL.CHO.AR, v. int., descobrir, desabrigar, colocar ao relento.
DE.SA.CO.LHER, v.t., receber mal, negar-se a acolher.
DE.SA.CO.LHI.MEN.TO, s.m., mau acolhimento.
DE.SA.CO.MO.DA.ÇÃO, s.f., deslocamento, incômodo, desorganização.
DE.SA.CO.MO.DA.DO, adj., deslocado, fora do normal, sem comodidade.
DE.SA.CO.MO.DAR, v.t. e pron., incomodar, desorganizar, atrapalhar.
DE.SA.COM.PA.NHA.DO, adj., só, solitário, sem companhia, abandonado.
DE.SA.COM.PA.NHAR, v.t., deixar sozinho, abandonar.
DE.SA.COM.PA.NHA.MEN.TO, s.m., solidão, abandono.
DE.SA.CON.CHE.GA.DO, adj., desligado, solto, que está no aconchego.
DE.SA.CON.CHE.GAR, v.t., atrapalhar, aborrecer, tirar o aconchego.
DE.SA.CON.SE.LHA.DO, adj., dissuadido, persuadido, desprevenido.
DE.SA.CON.SE.LHA.MEN.TO, s.m., dissuação, desconvencimento.
DE.SA.CON.SE.LHAR, v.t., convencer de algo, dissuadir.
DE.SA.CO.PLAR, v.t., gal., desconjugar, desligar (máquinas, dínamos, etc.).
DE.SA.COR.ÇO.A.DO, adj., desanimado, desalentado, desestimulado.
DE.SA.COR.ÇO.AR, v.t. e int., perder o ânimo, perder a vontade, desanimar.
DE.SA.COR.DA.DO, adj., sem sentidos, desmaiado, inconsciente.
DE.SA.COR.DAR, v.t., int. e pron., obter um desacordo, pôr em lados contrários.
DE.SA.COR.DE, adj., discordante; s.m., em Música, dissonância; desarmonia.
DE.SA.COR.DO, s.m., ausência de acordo, litígio.
DE.SA.COR.REN.TA.DO, adj., libertado, liberado, solto.
DE.SA.COR.REN.TAR, v.t. e pron., tirar as correntes, libertar, liberar, soltar.
DE.SA.COS.TU.MA.DO, adj., desabituado, desconfiado.
DE.SA.COS.TU.MAR, v.t. e pron., perder o costume, desabituar, desabituar-se.
DE.SA.CO.VAR.DAR, v.t. e pron., incutir coragem a; animar; recobrar a coragem ou o ânimo; perder a timidez; desacobardar.
DE.SA.CRE.DI.TA.DO, adj., sem crédito, sem confiança.
DE.SA.CRE.DI.TA.DOR, adj. e s.m., que(m) desacredita, desabonador.

DE.SA.CRE.DI.TAR, *v.t.* e *pron.*, desabonar, perder a confiança, perder o crédito.
DE.SA.CU.MU.LA.DO, *adj.*, que não está acumulado, separado, diminuto, pequeno.
DE.SA.CU.MU.LAR, *v. int.*, separar, apequenar, manter normal.
DE.SA.DAP.TA.ÇÃO, *s.f.*, perda da propriedade de adaptação.
DE.SA.DAP.TA.DO, *adj.* e *s.m.*, que se desadaptou.
DE.SA.DAP.TAR, *v.t.*, fazer perder ou perder a faculdade de adaptação; desacostumar (aos hábitos anteriores).
DE.SA.DOR.NA.DO, *adj.*, desenfeitado, que não está ornamentado.
DE.SA.DOR.NAR, *v. int.*, desenfeitar, enfear.
DE.SA.DOR.NO, *s.m.*, privação de adorno, falta de adorno ou enfeite; desguarnecimento; desalinho; simplicidade.
DE.SAD.VER.TI.DO, *adj.*, o mesmo que inadvertido.
DE.SA.FAS.TAR, *v.t.* e *int.*, *pop.*, o mesmo que afastar.
DE.SA.FEI.ÇÃO, *s.f.*, desamor, desafeto, incompreensão.
DE.SA.FEI.ÇO.A.DO, *adj.*, desafeto, incompreendido, desamado.
DE.SA.FEI.ÇO.A.MEN.TO, *s.m.*, desafeto, desafeição, desamor.
DE.SA.FEI.ÇO.AR, *v.t.* e *pron.*, perder a afeição, perder o afeto, esquecer alguém.
DE.SA.FEI.TO, *adj.*, desabituado, desacostumado.
DE.SA.FER.RAR, *v.t.*, soltar (o que estava preso com ferro); *fig.*, renunciar a (intenções, hábitos, coisas).
DE.SA.FER.RO, *s.m.*, ato de desaferrar.
DE.SA.FER.RO.LHA.DO, *adj.*, livre, solto, que está sem os ferros.
DE.SA.FER.RO.LHAR, *v.t.* e *pron.*, correr o ferrolho, abrir os ferros.
DE.SA.FE.TO, *s.m.*, inimigo, adversário.
DE.SA.FI.A.DO, *adj.*, provocado, instigado, chamado à luta.
DE.SA.FI.A.DOR, *adj.* e *s.m.*, que, aquele ou aquilo que desafia, provoca.
DE.SA.FI.AN.TE, *s. 2 gên.*, quem desafia, quem provoca.
DE.SA.FI.AR, *v.t.* e *pron.*, provocar, chamar à luta.
DE.SA.FI.NA.ÇÃO, *s.f.*, ação ou efeito de desafinar, perder o tom, errar a nota musical.
DE.SA.FI.NA.DO, *adj.*, dissonante, que está fora do tom.
DE.SA.FI.NA.MEN.TO, *s.m.*, o mesmo que desafinação.
DE.SA.FI.NAR, *v.t.*, *int.* e *pron.*, perder o tom musical; *fig.*, não acompanhar os demais.
DE.SA.FI.O, *s.m.*, provocação, objetivo, disputa; disputa cantada entre dois cantores.
DE.SA.FI.VE.LA.DO, *adj.*, solto, desconectado, desprendido.
DE.SA.FI.VE.LAR, *v.t.*, desprender a fivela, soltar a fivela, desconectar a fivela do cinto.
DE.SA.FO.GA.DO, *adj.*, aliviado, aberto, desobstruído.
DE.SA.FO.GAR, *v.t.*, *int.* e *pron.*, aliviar, desobstruir, abrir.
DE.SA.FO.GO, *s.m.*, alívio, desobstrução.
DE.SA.FO.GUE.A.DO, *adj.*, refrescado, esfriado.
DE.SA.FO.GUE.AR, *v. int.*, refrescar, esfriar, gelar.
DE.SA.FO.RA.DO, *adj.*, desavergonhado, incivilizado, malcriado.
DE.SA.FO.RAR, *v. int.*, ofender, insultar, aborrecer.
DE.SA.FO.RO, *s.m.*, insulto, má-criação, desrespeito.
DE.SA.FOR.TU.NA.DO, *adj.*, sem fortuna, infeliz, sem sorte.
DE.SA.FRE.GUE.SAR, *v.t.*, tirar a freguesia a; *v.pron.*, deixar de ser freguês ou de frequentar um lugar (de compras).
DE.SA.FRON.TA, *s.f.*, desagravo, ato para reparar alguma afronta.
DE.SA.FRON.TA.DO, *adj.*, desagravado, livre de afronta.
DE.SA.FRON.TA.DOR, *adj.* e *s.m.*, que(m) desafronta, desagravador.
DE.SA.FRON.TAR, *v.t.* e *pron.*, livrar de afronta, desagravar.
DE.SA.GAR.RAR, *v.t.*, despegar, desunir, desamarrar.
DE.SA.GA.SA.LHA.DO, *adj.*, desabrigado, que está sem agasalho, desprevenido.
DE.SA.GA.SA.LHAR, *v.t.* e *pron.*, desabrigar, desprevenir.
DE.SÁ.GIO, *s.m.*, perda do valor, prejuízo, desvalorização.
DE.SA.GAS.TAR, *v.t.* e *pron.*, fazer passar o agastamento de; reconciliar(-se); desenfadar(-se).
DE.SA.GOU.RAR, *v.t.*, fazer passar o agouro.
DE.SA.GRA.DA.DO, *adj.*, aborrecido, desgostado, incomodado, desgostoso.
DE.SA.GRA.DAR, *v.t.* e *int.*, aborrecer, desgostar, incomodar.
DE.SA.GRA.DÁ.VEL, *adj.*, incomodativo, enjoativo, aborrecido.
DE.SA.GRA.DE.CER, *v. int.*, ser ingrato, retribuir com ingratidão, mal agradecer.
DE.SA.GRA.DE.CI.DO, *adj.*, mal-agradecido, ingrato.
DE.SA.GRA.DO, *s.m.*, incômodo, aborrecimento, desprazer.
DE.SA.GRA.VA.DO, *adj.*, reparado, limpo, vingado, lavado.
DE.SA.GRA.VA.DOR, *adj.* e *s.m.*, que ou o que desagrava.
DE.SA.GRA.VAR, *v.t.* e *pron.*, limpar de um agravo, reparar, vingar-se.
DE.SA.GRA.VO, *s.m.*, reparação, vingança, desforra.
DE.SA.GRE.GA.ÇÃO, *s.f.*, separação, desunião, desajuste.
DE.SA.GRE.GA.DO, *adj.*, separado, desunido, desajustado.
DE.SA.GRE.GA.DOR, *adj.* e *s.m.*, que ou o que desagrega, separa ou desune.
DE.SA.GRE.GAN.TE, *adj. 2 gên.*, o mesmo que desagregador.
DE.SA.GRE.GAR, *v.t.* e *pron.*, separar, desunir.
DE.SA.GRE.GÁ.VEL, *adj.*, que se pode desagregar.
DE.SA.GRI.LHO.A.DO, *adj.*, livre, solto.
DE.SA.GRI.LHO.AR, *v.t.*, cortar os grilhões, soltar, liberar.
DE.SA.GUA.DO, *adj.*, despejado, corrido, chovido.
DE.SA.GUA.DOR, *adj.* e *s.m.*, que ou aquele que trabalha em desaguar.
DE.SA.GUA.DOU.RO, *s.m.*, canal para desaguar as águas; local por onde passam as águas.
DE.SA.GUA.MEN.TO, *s.m.*, dilúvio, confluição, ação ou efeito de desaguar.
DE.SA.GUAR, *v.t.* e *pron.*, despejar as águas, tirar as águas, soltar a água.
DE.SAI.RAR, *v.t.*, causar desaire a, tornar desairoso, desengraçado.
DE.SAI.RE, *s.m.*, falta de elegância, descrédito, inconveniência.
DE.SAI.RO.SO, *adj.*, deselegante, bronco.
DE.SA.JEI.TA.DO, *adj.*, sem jeito, canhestro, desastrado.
DE.SA.JEI.TA.MEN.TO, *s.m.*, desarrumação, desastre, deslocamento.
DE.SA.JEI.TAR, *v.t.* e *pron.*, deslocar, tornar sem habilidade, desarrumar.
DE.SA.JU.DA, *s.f.*, desserviço, prejuízo.
DE.SA.JU.DAR, *v.t.*, desservir, prejudicar, obstruir.
DE.SA.JU.I.ZA.DO, *adj.*, sem juízo, insensato, desordenado, endoidecido, desvairado.
DE.SA.JUI.ZAR, *v. int.*, endoidecer, desvairar-se, enlouquecer.
DE.SA.JUN.TAR, *v.t.*, separar (o que estava junto), desunir.
DE.SA.JUS.TA.DO, *adj.*, que perdeu o ajuste, desorganizado,

DESAJUSTAMENTO — DESAPEGO

desordenado.
DE.SA.JUS.TA.MEN.TO, *s.m.*, desarrumação, desordenação, desorganização.
DE.SA.JUS.TAR, *v.t. e pron.*, tirar do correto, desfazer, desarrumar.
DE.SA.JUS.TE, *s.m.*, desajustamento, desarrumação, desorganização.
DE.SA.LEI.TAR, *v.t.*, o mesmo que desmamar.
DE.SA.LEN.TA.DO, *adj.*, desanimado, desencorajado.
DE.SA.LEN.TA.DOR, *adj. e s.m.*, desanimador, desencorajador.
DE.SA.LEN.TAR, *v.t., int. e pron.*, desanimar, tirar o alento.
DE.SA.LEN.TO, *s.m.*, desânimo, desconfiança.
DE.SA.LI.JA.DO, *adj.*, despejado, jogado fora, aliviado.
DE.SA.LI.JAR, *v. int.*, despejar, tirar de dentro, aliviar.
DE.SA.LI.NHA.DO, *adj.*, desarrumado, desordenado, desornado.
DE.SA.LI.NHAR, *v.t.*, colocar fora de linha, desordenar, desarrumar.
DE.SA.LI.NHA.VA.DO, *adj. e s.m.*, que ou o que está ou esteve em desalinho; desmazelado.
DE.SA.LI.NHA.VAR, *v.t.*, tirar o alinhavo de (costura, roupa).
DE.SA.LI.NHO, *s.m.*, desleixo, fora da linha.
DE.SAL.MA.DO, *adj. e s.m.*, diz-se de ou a pessoa incapaz de sentir compaixão.
DE.SAL.MA.DO, *adj.*, perverso, ruim, mau.
DE.SAL.MAR, *v.t.*, tornar desalmado; desumanizar, perverter.
DE.SA.LO.JA.DO, *adj.*, desabrigado, largado, posto fora, descolocado.
DE.SA.LO.JA.MEN.TO, *s.m.*, desabrigo, desligamento, deslocamento.
DE.SA.LO.JAR, *v.t. e int.*, tirar do alojamento, abandonar, largar.
DE.SAL.TE.RAR, *v. int.*, desordenar, desorganizar.
DE.SA.MA.BI.LI.DA.DE, *s.f.*, grosseria, descortesia, deseducação.
DE.SA.MA.DO, *adj.*, que deixou de ser amado.
DE.SA.MA.MEN.TA.ÇÃO, *s.f.*, desmame, fim da amamentação.
DE.SA.MA.MEN.TAR, *v.t.* o mesmo que desmamar.
DE.SA.MAR, *v.t. e pron.*, não mais amar(-se); deixar de ter afeto por (alguém ou algo ou si mesmo).
DE.SA.MAR.RA.DO, *adj.*, desatado, liberado, solto, livre.
DE.SA.MAR.RAR, *v.t., int. e pron.*, tirar as amarras, desligar, desatar.
DE.SA.MAR.RO.TA.DO, *adj.*, alisado, passado a ferro de engomar.
DE.SA.MAR.RO.TAR, *v.t.*, alisar, passar para tirar as dobras.
DE.SA.MAS.SA.DO, *adj.*, desamarrotado, alisado.
DE.SA.MAS.SA.MEN.TO, *s.m.*, ato de desamassar.
DE.SA.MAS.SAR, *v.t. e int.*, desamarrotar, alisar, passar a ferro.
DES.SA.MAS.SÁ.VEL, *adj.*, que se pode desamassar.
DE.SA.MÁ.VEL, *adj.*, que não tem amabilidade, indelicado.
DE.SAM.BI.ÇÃO, *s.f.*, falta de ambição, desinteresse, abnegação.
DE.SAM.BI.CI.O.SO, *adj.*, desinteressado, abnegado.
DE.SAM.BI.EN.TA.ÇÃO, *s.f.*, desajuste, desajustamento.
DE.SAM.BI.EN.TA.DO, *adj.*, sem ambiente, fora do seu ambiente.
DE.SAM.BI.EN.TAR, *v.t. e pron.*, tirar do ambiente, desajustar.
DE.SA.MI.GAR, *v.t. e pron.*, fazer cessar ou deixar de ter uma amizade de.
DE.SA.MI.GO, *adj.*, que não é amigo; inamistoso; hostil.

DE.SA.MI.ZA.DE, *s.f.*, falta de amizade.
DE.SA.MO.E.DAR, *v.t.*, o mesmo que desmonetizar.
DE.SA.MOR, *s.m.*, falta de amor, desprezo.
DE.SA.MO.RÁ.VEL, *adj. 2 gên.*, que não é amorável, severo.
DE.SA.MO.RO.SO, *adj.*, muito desamorável.
DE.SA.MOR.TA.LHAR, *v.t.*, descobrir, tirar a mortalha.
DE.SAM.PA.RA.DO, *adj.*, sem amparo, desabrigado, largado.
DE.SAM.PA.RAR, *v.t. e pron.*, abandonar, largar, não amparar, desabrigar.
DE.SAM.PA.RO, *s.m.*, abandono, desabrigo, sem amparo.
DE.SA.MU.AR, *v. int.*, perder o amuo, retornar ao bom humor.
DE.SAN.CA.DO, *adj.*, batido, surrado, moído de pancadas.
DE.SAN.CA.DOR, *adj. e s.m.*, surrador, batedor.
DE.SAN.CA.MEN.TO, *s.m.*, ato de desancar; espancamento.
DE.SAN.CAR, *v.t.*, moer de pancadas, bater em, surrar.
DE.SAN.CO.RA.DO, *adj.*, solto, que está sem âncora, zarpado.
DE.SAN.CO.RAR, *v. int.*, levantar as âncoras, levantar ferros, zarpar.
DE.SAN.DA.DO, *adj.*, perdido o rumo, desviado, desligado.
DE.SAN.DA.MEN.TO, *s.m.*, ação de desandar.
DE.SAN.DAR, *v.t. e int.*, perder o caminho correto; perder o rumo; *fig.*, perverter-se, seguir maus caminhos, perder o rumo.
DE.SA.NE.XA.ÇÃO, *s.f.*, desligamento, separação.
DE.SA.NE.XA.DO, *adj.*, desligado, separado, desajuntado.
DE.SA.NE.XAR, *v.t.*, separar, desligar.
DE.SA.NE.XO, *adj.*, que não está anexo, separado.
DE.SA.NI.MA.ÇÃO, *s.f.*, depressão, desânimo, desencorajamento.
DE.SA.NI.MA.DO, *adj.*, sem ânimo, desencorajado, deprimido.
DE.SA.NI.MAR, *v.t., int. e pron.*, perder o ânimo, desencorajar-se.
DE.SÂ.NI.MO, *s.m.*, falta de ânimo, sem vontade, desencorajamento.
DE.SA.NI.NHA.DO, *adj.*, deslocado, desalojado.
DE.SA.NI.NHAR, *v.t.*, tirar do ninho, deslocar, desalojar.
DE.SA.NU.VI.A.DO, *adj.*, encorajado, iluminado, alegrado.
DE.SA.NU.VI.AR, *v.t. e pron.*, desfazer as nuvens, iluminar, encorajar.
DE.SA.PA.DRI.NHAR, *v.t.*, deixar de apadrinhar; retirar a proteção.
DE.SA.PA.RA.FU.SA.DO, *adj.*, que se desaparafusou, cujos parafusos foram retirados ou afrouxados; *fig., pop.*, diz-se de pessoa doida ou tonta; *s.m.* essa pessoa.
DE.SA.PA.RA.FU.SAR, *v.t.*, tirar ou afrouxar os parafusos de.
DE.SA.PA.RE.CER, *v.t. e int.*, sumir, não ser mais visto, morrer.
DE.SA.PA.RE.CI.DO, *adj.*, sumido, afastado, morto, falecido.
DE.SA.PA.RE.CI.MEN.TO, *s.m.*, sumiço, afastamento, falecimento.
DE.SA.PA.RE.LHA.DO, *adj.*, desguarnecido, despreparado.
DE.SA.PA.RE.LHA.MEN.TO, *s.m.*, desguarnecimento, despreparo.
DE.SA.PA.RE.LHAR, *v. int.*, desguarnecer, privar dos aparelhos.
DE.SA.PA.REN.TA.DO, *adj.*, falto ou órfão de parentes.
DE.SA.PAR.TA.DO, *adj.*, separado, desunido, solto.
DE.SA.PAR.TAR, *v.t., bit. e pron.*, separar, desunir, liberar.
DE.SA.PA.ZI.GUAR, *v.t.*, desassossegar, inquietar, sobressaltar.
DE.SA.PE.GA.DO, *adj.*, desprendido, largado, desgrudado.
DE.SA.PE.GAR, *v. pron.*, desprender, desgrudar, largar.
DE.SA.PE.GO, *s.m.*, desprendimento, indiferença, abnegação.

DESAPERCEBER   292   DESARRAZOAR

DE.SA.PER.CE.BER, *v.t.* e *pron.*, desprevenir-se, não notar, não perceber.
DE.SA.PER.CE.BI.DO, *adj.*, desprevenido, descuidado.
DE.SA.PER.CE.BI.MEN.TO, *s.m.*, desprevenção, descuidado.
DE.SA.PER.TA.DO, *adj.*, afrouxado, aliviado, solto.
DE.SA.PER.TAR, *v.t.* e *pron.*, afrouxar, aliviar, soltar.
DE.SA.PER.TO, *s.m.*, alívio, afrouxamento, liberação.
DE.SA.PI.E.DA.DO, *adj.*, desumano, cruel, sem piedade.
DE.SA.PI.E.DAR-SE, *v. pron.*, desumanizar-se, tornar-se cruel.
DE.SA.PLAU.DIR, *v.t.*, não aplaudir; reprovar, censurar.
DE.SA.PLI.CA.ÇÃO, *s.f.*, ação de tirar o que se tinha aplicado.
DE.SA.PLI.CA.DO, *adj.*, falto de aplicação.
DE.SA.PLI.CAR, *v.t.*, retirar de aplicação (financeira).
DE.SA.PLU.MAR, *v.t.*, ver desaprumar.
DE.SA.PO.DE.RAR, *v.t.*, tirar do poder; privar do domínio ou da posse de alguma coisa.
DE.SA.POI.O, *s.m.*, falta de apoio; falta de auxílio ou de proteção.
DE.SA.POI.A.DO, *adj.*, contrariado, infirmado, solto.
DE.SA.POI.AR, *v.t.*, tirar o apoio, estar em desacordo, contrariar.
DE.SA.PON.TA.DO, *adj.*, aborrecido, envergonhado, desiludido.
DE.SA.PON.TA.DOR, *adj.*, que desaponta, que causa desapontamento; *s.m.*, aquele ou aquilo que desaponta, que causa desapontamento.
DE.SA.PON.TA.MEN.TO, *s.m.*, aborrecimento, desilusão.
DE.SA.PON.TAR, *v.t.*, *int.* e *pron.*, decepcionar, iludir.
DE.SA.PRA.ZER, *v.int.*, provocar aversão em; desagradar.
DE.SA.PRA.ZÍ.VEL, *adj.*, que não é aprazível, que causa desprazer.
DE.SA.PRE.CI.AR, *v.t.*, não demonstrar apreço por; manifestar desgosto por; desapreçar.
DE.SA.PRE.ÇO, *s.m.*, sem apreço, desprezo.
DE.SA.PREN.DER, *v.t.* e *int.*, esquecer o já aprendido, esquecer.
DE.SA.PREN.DI.DO, *adj.*, esquecido, desmemoriado, olvidado.
DE.SA.PRES.TAR, *v.t.*, desmanchar o apresto; desaparelhar; tirar o apresto.
DE.SA.PRES.TO, *s.m.*, falta de apresto.
DE.SA.PRO.PRI.A.ÇÃO, *s.f.*, esbulho, tomada de propriedade pelo poder público.
DE.SA.PRO.PRI.A.DO, *adj.*, esbulhado, tomado, tirado, retirado.
DE.SA.PRO.PRI.A.MEN.TO, *s.m.*, o mesmo que desapropriação.
DE.SA.PRO.PRI.AR, *v.t.* e *pron.*, tirar a propriedade de alguém.
DE.SA.PRO.PRI.Á.VEL, *adj. 2 gên.*, que (se) pode desapropriar; *s. 2 gên.*, aquele ou aquilo que (se) pode desapropriar.
DE.SA.PRO.VA.ÇÃO, *s.f.*, repreensão, não aprovação.
DE.SA.PRO.VA.DO, *adj.*, reprovado, censurado, admoestado.
DE.SA.PRO.VA.DOR, *adj.* e *s.m.*, reprovador, censor, admoestador.
DE.SA.PRO.VAR, *v.t.*, repreender, não aceitar, não aprovar.
DE.SA.PRO.VEI.TA.DO, *adj.*, desperdiçado, inutilizado.
DE.SA.PRO.VEI.TA.MEN.TO, *s.m.*, falta de aproveitamento; desperdício.
DE.SA.PRO.VEI.TAR, *v.t.*, não tirar proveito de.
DE.SA.PRU.MA.DO, *adj.*, desequilibrado, desnivelado.
DE.SA.PRU.MAR, *v.t.*, *int.* e *pron.*, perder o prumo, perder o nível.
DE.SA.PRU.MO, *s.m.*, desequilíbrio, desnível.
DE.SA.RAR, *v.t.*, fazer cair os cascos; pôr em desordem, desarranjar; *v. int.*, desapegar-se (o casco das bestas).
DE.SAR.BO.RI.ZA.ÇÃO, *s.f.*, ato ou efeito de desarborizar.
DE.SAR.BO.RI.ZA.DOR, *adj.* e *s.m.*, que ou o que desarboriza.
DE.SAR.BO.RI.ZAR, *v.t.*, arrancar ou cortar as árvores de (um terreno).
DE.SA.RE.A.DO, *adj.*, que se desareou; que se retirou areia.
DE.SA.RE.AR, *v.t.*, tirar a areia de; desassorear.
DE.SAR.MA.ÇÃO, *s.f.*, ação de tirar a armação, de desadornar ou desaparelhar.
DE.SAR.MA.DO, *adj.*, que se desarmou, que ficou sem arma; que está descarregado ou travado (arma de fogo); *fig.*, desprevenido; indefeso; desaparelhado.
DE.SAR.MA.DOR, *adj.*, que ou o que é capaz de desarmar; *s.m.*, aquele ou aquilo que desarma ou é capaz de fazê-lo.
DE.SAR.MA.MEN.TIS.MO, *s.m.*, movimento internacional contrário ao poderio militar e à proliferação de armas.
DE.SAR.MA.MEN.TO, *s.m.*, ato ou efeito de desarmar(-se); em Política, processo de redução ou eliminação de armas em poder de cidadãos, de grupos, de países, etc.
DE.SAR.MA.MEN.TIS.TA, *adj. 2 gên.*, relativo a desarmamentismo; *s. 2 gên.*, pessoa que defende ou é partidária do desarmamentismo.
DE.SAR.MAR, *v.t.*, *int.* e *pron.*, tirar as armas, apaziguar, pacificar.
DE.SAR.MO.NI.A, *s.f.*, falta de harmonia, dissonância, discordância.
DE.SAR.MÔ.NI.CO, *adj.*, que tem desarmonia, problemático, dissonante.
DE.SAR.MO.NI.O.SO, *adj.*, que não é harmonioso; equilibrado; desproporcional; divergente; em Música, inarmonioso, dissonante.
DE.SAR.MO.NI.ZA.DOR, *adj.* e *s.m.*, perturbador, provocador, problematizador.
DE.SAR.MO.NI.ZAR, *v.t.*, *int.* e *pron.*, criar problemas, provocar encrenca.
DE.SA.RO.MAR, *v.t.*, o mesmo que desaromatizar.
DE.SA.RO.MA.TI.ZAR, *v.t.*, tirar ou perder o aroma a; desaromar-se.
DE.SAR.QUE.AR, *v.t.*, tirar os arcos de; desarcar, desarar.
DE.SAR.QUI.VA.DO, *adj.*, exposto, que está fora do arquivo.
DE.SAR.QUI.VAR, *v.t.*, tirar do arquivo, expor.
DE.SAR.RAI.GA.DO, *adj.*, decepado, erradicado, tirado pela raiz.
DE.SAR.RAI.GA.MEN.TO, *s.m.*, decepação, erradicação, extirpação.
DE.SAR.RAI.GAR, *v.t.*, tirar pela raiz, decepar, erradicar.
DE.SAR.RAN.CAR, *v.t.*, extirpar, erradicar, arrancar, decepar.
DE.SAR.RAN.JA.DO, *adj.*, sem medidas, sem limites, com problemas de evacuação.
DE.SAR.RAN.JA.DOR, *adj.* e *s.m.*, que ou o que desarranja.
DE.SAR.RAN.JA.MEN.TO, *s.m.*, o mesmo que desarranjo.
DE.SAR.RAN.JAR, *v.t.* e *pron.*, colocar em desordem, desorganizar, transtornar; ter problemas com os intestinos.
DE.SAR.RAN.JO, *s.m.*, desorganização, balbúrdia, desordem, confusão, dificuldade; diarreia.
DE.SAR.RA.ZO.A.DO, *adj.*, sem razão, fora da razão, indevido, impróprio, disparatado.
DE.SAR.RA.ZO.AR, *v. int.*, dizer bobagens, proferir disparates,

conduzir-se sem rumo.
DE.SAR.RE.A.DO, *adj.*, desatrelado, que está sem os arreios; *fig.*, descansado.
DE.SAR.RE.AR, *v.t.*, tirar os arreios, desatrelar; *fig., pop.*, descangar.
DE.SAR.RE.GA.ÇAR, *v.t.*, liberar, soltar (o que foi arregaçado).
DE.SAR.RO.CHA.DO, *adj.*, libertado, desacorrentado, livre.
DE.SAR.RO.CHAR, *v.t.*, livrar do arrocho, libertar, desacorrentar.
DE.SAR.RO.LHA.DO, *adj.*, que está sem a rolha, aberto.
DE.SAR.RO.LHAR, *v.t. e pron.*, sacar a rolha, tirar a rolha, abrir.
DE.SAR.RU.MA.ÇÃO, *s.f.*, desordem, baderna, confusão, desalinho.
DE.SAR.RU.MA.DO, *adj.*, desordenado, desorganizado, badernado.
DE.SAR.RU.MAR, *v.t.*, desordenar, badernar.
DE.SAR.TI.CU.LA.ÇÃO, *s.f.*, descontinuidade, desorganização, baderna.
DE.SAR.TI.CU.LA.DO, *adj.*, desorganizado, desfeito, desordenado.
DE.SAR.TI.CU.LAR, *v.t. e pron.*, desconjuntar, desbaratar, desfazer.
DE.SAR.VO.RA.DO, *adj.*, desorientado, desajuizado, confuso.
DE.SAR.VO.RA.MEN.TO, *s.m.*, desorientação, confusão, desvario.
DE.SAR.VO.RAR, *v.t. e int.*, desorientar, perder o rumo, estar sem saber o que fazer.
DE.SAS.NA.DO, *adj.*, instruído, sabedor, conhecedor.
DE.SAS.NAR, *v.t.*, instruir, fazer com que alguém saia da ignorância; construir conhecimentos.
DE.SAS.SE.A.DO, *adj.*, sujo, imundo, que não tem asseio.
DE.SAS.SE.AR, *v.t.*, sujar, tirar o asseio.
DE.SAS.SEI.O, *s.m.*, sujeira, falta de asseio, falta de higiene.
DE.SAS.SI.MI.LA.ÇÃO, *s.f.*, alteração, incompreensão.
DE.SAS.SI.MI.LA.DO, *adj.*, alterado, incompreendido.
DE.SAS.SI.SA.DO, *adj.*, sem juízo, louco, maluco, idiota.
DE.SAS.SO.CI.A.ÇÃO, *s.f.*, desligamento, divisão, desunião.
DE.SAS.SO.CI.A.DO, *adj.*, desligado, dividido, desunido.
DE.SAS.SO.CI.AR, *v.t.*, separar, tirar da sociedade, desunir, dividir.
DE.SAS.SOM.BRA.DO, *adj.*, corajoso, valente, denodado.
DE.SAS.SOM.BRAR, *v.t. e pron.*, tirar a sombra, não ter medo.
DE.SAS.SOM.BRO, *s.m.*, coragem, audácia, sem medo.
DE.SAS.SOS.SE.GA.DO, *adj.*, inquieto, irrequieto, nervoso.
DE.SAS.SOS.SE.GAR, *v.t.*, inquietar, perturbar, tirar o sossego.
DE.SAS.SOS.SE.GO, *s.m.*, sem sossego, intranquilidade, perturbação.
DE.SAS.SUS.TA.DO, *adj.*, que perdeu o susto, tranquilo, sossegado.
DE.SAS.SUS.TAR, *v.t. e pron.*, tirar o susto ou temor (de si mesmo ou de alguém); sossegar(-se), tranquilizar(-se).
DE.SAS.TRA.DO, *adj.*, atrapalhado, canhestro, inábil.
DE.SAS.TRAR, *v. int.*, ser vítima de desastre, acidentar, acidentar-se.
DE.SAS.TRE, *s.m.*, acidente, tragédia, desgraça, ruína.
DE.SAS.TRO.SO, *adj.*, ruim, catastrófico, ruinoso, acidental.
DE.SA.TA.DO, *adj.*, solucionado, resolvido, desamarrado.
DE.SA.TA.DOR, *adj. e s.m.*, que ou o que desata.
DE.SA.TA.MEN.TO, *s.m.*, desatadura, ação de desatar, solução, desligamento.

DE.SA.TAR, *v.t. e pron.*, desmanchar nós, solucionar, resolver.
DE.SA.TAR.RA.XA.DO, *adj.*, desparafusado, solto, liberado.
DE.SA.TAR.RA.XAR, *v.t.*, tirar as tarraxas, desparafusar, soltar, livrar.
DE.SA.TÁ.VEL, *adj.*, que se pode desatar.
DE.SA.TA.VI.A.DO, *adj.*, que está sem atavios, desenfeitado, desornado.
DE.SA.TA.VI.AR, *v.t. e pron.*, desenfeitar, desornamentar.
DE.SA.TA.VI.O, *s.m.*, relaxamento, descuido, despreparação.
DE.SA.TEN.ÇÃO, *s.f.*, falta de atenção, desinteresse, distração.
DE.SA.TEN.CI.O.SO, *adj.*, desatento, desinteressado, distraído.
DE.SA.TEN.DER, *v.t.*, não atender, desinteressar-se, desrespeitar.
DE.SA.TEN.DI.DO, *adj.*, a que não se atendeu ou que não recebeu atendimento; desassistido; descumprido; inobservado; desconsiderado.
DE.SA.TEN.DÍ.VEL, *adj.*, que não merece atenção.
DE.SA.TEN.TO, *adj.*, distraído, descuidado, absorto.
DE.SA.TI.LA.DO, *adj.*, tonto, bobo, ingênuo.
DE.SA.TI.LAR, *v. int.*, abobar, tornar tonto.
DE.SA.TI.NA.ÇÃO, *s.f.*, ato ou efeito de desatinar; confusão, desordem.
DE.SA.TI.NA.DO, *adj.*, louco, desvairado, maluco.
DE.SA.TI.NAR, *v.t. e int.*, perder o juízo, perder o tino, o bom senso.
DE.SA.TI.NO, *s.m.*, loucura, maluquice, disparate.
DE.SA.TI.VA.ÇÃO, *s.f.*, ato ou efeito de desativar(-se); deixar sem funcionamento ou inativo.
DE.SA.TI.VA.DO, *adj.*, fechado, encerrado.
DE.SA.TI.VA.DOR, *adj. e s.m.*, que ou aquilo que desativa, que ou aquilo que torna inoperante, inativo.
DE.SA.TI.VA.MEN.TO, *s.m.*, o mesmo que desativação.
DE.SA.TI.VAR, *v.t.*, fazer parar, fechar, encerrar.
DE.SA.TO.LA.DO, *adj.*, tirado da lama, desenvencilhado do atoleiro.
DE.SA.TO.LAR, *v.t. e pron.*, tirar de atoleiro, tirar da lama, desenvencilhar, liberar.
DE.SA.TOR.DO.AR, *v.t.*, fazer sair do atordoamento, fazer voltar a si.
DE.SA.TRA.CA.ÇÃO, *s.f.*, em Marinha, ato ou efeito de desatracar(-se), desprender e afastar (a embarcação) do cais ou de uma outra embarcação.
DE.SA.TRA.CA.DO, *adj.*, solto, destracado, liberado.
DE.SA.TRA.CAR, *v.t., int. e pron.*, tirar a embarcação do cais, destracar, soltar, fazer sair.
DE.SA.TRA.VAN.CA.DO, *adj.*, desimpedido, liberado, solto.
DE.SA.TRA.VAN.CAR, *v. int.*, desimpedir, liberar, soltar.
DE.SA.TRA.VES.SAR, *v.t.*, tirar as travessas a; tirar o que está de através a.
DE.SA.TRE.LA.DO, *adj.*, desligado, separado.
DE.SA.TRE.LAR, *v.t.*, desligar, liberar de, separar.
DE.SA.TU.A.LI.ZA.DO, *adj.*, fora da realidade, desinformado, obsoleto.
DE.SA.TU.A.LI.ZAR, *v.t. e pron.*, desinformar, perder o conhecimento atualizado.
DE.SAU.TO.RAR, *v.t.*, desautorizar; privar das honras ou insígnias.
DE.SAU.TO.RI.DA.DE, *s.f.*, diminuição ou quebra de autoridade, de consideração; falta de prestígio.

DESAUTORIZAÇÃO … 294 … DESCAIMENTO

DE.SAU.TO.RI.ZA.ÇÃO, *s.f.*, negação de autoridade, perda da autoridade.
DE.SAU.TO.RI.ZA.DO, *adj.*, que não tem autoridade, não autorizado.
DE.SAU.TO.RI.ZAR, *v.t. e pron.*, tirar a autoridade, perder a autoridade, não ter representatividade.
DE.SAU.XI.LI.A.DO, *adj.*, que perdeu o auxílio; sem auxílio; desajudado; que ficou ou está só.
DE.SA.VAN.ÇAR, *v.int.*, recuar do avanço; retroceder.
DE.SA.VAN.TA.JAR, *v.t.*, tirar ou perder a vantagem; desvantajar.
DE.SA.VEN.ÇA, *s.f.*, rixa, discórdia, desfeita.
DE.SA.VER.GO.NHA.DO, *adj.*, sem-vergonha, malcriado, descarado, safado.
DE.SA.VIR, *v. int.*, provocar desavença, causar confusão, atritar-se com.
DE.SA.VI.SA.DO, *adj.*, temerário, imprudente, descuidado.
DE.SA.VI.SAR, *v.t.*, anular aviso dado anteriormente; fazer perder a sensatez, a prudência.
DE.SA.VI.SO, *s.m.*, aviso que anula o anterior; contra-aviso, contraordem.
DE.SA.VIS.TAR, *v.t.*, perder de vista; deixar de ver.
DE.SA.ZA.DO, *adj.*, inoportuno, descabido; sem habilidade ou aptidão; desajeitado; negligente.
DE.SA.ZAR, *v.t.* dar desazo a.
DE.SA.ZO, *s.m.*, falta de jeito, de habilidade, de aptidão.
DES.BA.LI.ZAR, *v.t.*, tirar as balizas a; desmarcar; esbalizar.
DES.BAN.CA.DO, *adj.*, deslocado, deposto.
DES.BAN.CAR, *v.t.*, ganhar sobre alguém, tirar alguém do posto.
DES.BAN.DAR, *v.t.*, tirar, desfazer a banda; o mesmo que debandar.
DES.BA.RA.TA.DO, *adj.*, espalhado, afastado, afugentado.
DES.BA.RA.TA.MEN.TO, *s.m.*, derrota, afugentamento, afastamento.
DES.BA.RA.TAR, *v.t.*, derrotar, espalhar, afugentar, afastar.
DES.BAR.BAR, *v.t.*, tirar as barbas; cortar ou limar as pontas do grão do trigo.
DES.BAR.RAN.CA.DO, *adj.*, desaterrado, desmoronado.
DES.BAR.RAN.CA.MEN.TO, *s.m.*, desmoronamento, queda de barro.
DES.BAR.RAN.CAR, *v.t., int. e pron.*, arrancar terra, terra que cai de barranco.
DES.BAR.RI.GA.DO, *adj.*, que perdeu a barriga, emagrecido.
DES.BAS.TA.DO, *adj.*, podado, cortado, diminuído.
DES.BAS.TA.DOR, *adj. e s.m.*, podador, cortador, adelgaçador.
DES.BAS.TA.MEN.TO, *s.m.*, poda, corte, diminuição.
DES.BAS.TAR, *v.t.*, podar, cortar para não deixar espesso ou basto.
DES.BAS.TÁ.VEL, *adj.*, que se pode desbastar.
DES.BAS.TE, *s.m.*, ação ou resultado de desbastar, de tornar menos basto.
DES.BEI.ÇA.DO, *adj.*, que se desbeiçou, que tem beiços mutilados ou pouco aparentes.
DES.BEI.ÇAR, *v.t.*, machucar os beiços, tirar os beiços, quebrar as bordas de um recipiente.
DES.BLO.QUE.A.DO, *adj.*, liberado, livre, concedido.
DES.BLO.QUE.AR, *v.t.*, liberar, soltar, deixar livre, afastar o bloqueio.
DES.BO.CA.DO, *adj.*, malcriado, que fala palavrão.
DES.BO.CA.DOR, *s.m.*, cavalo que comumente não obedece ao freio (colocado na boca).
DES.BO.CA.MEN.TO, *s.m.*, má-criação, deseducação, descomedimento.
DES.BO.CAR, *v. int.*, descomedir-se, falar palavras inconvenientes.
DES.BOR.DAN.TE, *adj.*, que desborda.
DES.BOR.DAR, *v.int.*, sair fora do leito (do rio); fazer passar por sobre a borda; transbordar; extravasar.
DES.BO.RO.AR, *v.t.*, o mesmo que esboroar.
DES.BO.TA.DO, *adj.*, sem cor, que perdeu a cor, descolorido.
DES.BO.TA.MEN.TO, *s.m.*, descolorimento, descoloração.
DES.BO.TAR, *v.t., int. e pron.*, fazer perder o tom da cor, descolorir.
DES.BO.TE, *s.m.*, perda da viveza da cor.
DES.BO.TO.AR, *v.t. e pron.*; abrir(-se) o botão (da flor); desabrochar; desabotoar(-se).
DES.BRA.GA.DO, *adj.*, desregrado, despudorado, dissoluto.
DES.BRA.GA.MEN.TO, *s.m.*, despudor, desregramento.
DES.BRA.GAR, *v. int.*, perder o pudor, desregrar-se.
DES.BRA.SI.LEI.RAR, *v.t. e pron.*, fazer perder os modos ou as características de brasileiro.
DES.BRA.VA.DO, *adj.*, amansado, domesticado, domado, explorado, conhecido.
DES.BRA.VA.DOR, *adj. e s.m.*, explorador, domesticador, domador.
DES.BRA.VAR, *v.t.*, amansar, domar; arrumar terreno para plantar; explorar.
DES.BRA.VE.JAR, *v. int.*, roçar, limpar, cortar o mato, amanhar a terra.
DES.BRI.A.DO, *adj.*, que perdeu os brios; que não tem brios.
DES.BRI.A.MEN.TO, *s.m.*, ato ou efeito de desbriar ou desbriar-se, desbrio.
DES.BRI.AR, *v.t.*; fazer perder os brios.
DES.BRI.O, *s.m.*, falta de brio, de vergonha, de dignidade.
DES.BU.RO.CRA.TI.ZA.ÇÃO, *s.f.*, queda dos entraves burocráticos, rapidez nos serviços públicos.
DES.BU.RO.CRA.TI.ZA.DO, *adj.*, rápido no manejo, destravado, aligeirado.
DES.BU.RO.CRA.TI.ZAR, *v.t. e pron.*, diminuir os entraves burocráticos, tornar rápido o sistema da burocracia.
DES.CA.BE.ÇA.DO, *adj.*, desajuizado, desatinado.
DES.CA.BE.ÇAR, *v. int.*, desajuizar, desatinar, desvairar.
DES.CA.BE.LA.DO, *adj.*, sair cabelo despenteado, cabelo desarrumado.
DES.CA.BE.LAR, *v.t. e pron.*, tirar os cabelos, arrancar cabelos, desarrumar os cabelos.
DES.CA.BI.DO, *adj.*, sem medidas, impróprio, despropositado.
DES.CA.BI.MEN.TO, *s.m*, o que é descabido.
DES.CA.BÍ.VEL, *adj.*, sem cabimento, fora de propósito; descabido.
DES.CA.BRE.AR, *v.t.*, o mesmo que escabrear.
DES.CA.DEI.RA.DO, *adj.*, referência a um animal que arrasta as pernas traseiras por algum problema; cansado, exausto, desancado.
DES.CA.DEI.RAR, *v.t. e pron.*, quebrar as cadeiras, machucar as ancas, desancar.
DES.CA.FE.I.NA.DO, *adj.*, de que se extraiu a cafeína (diz-se de café e chá).
DES.CA.Í.DA, *s.f.*, queda, tombo.
DES.CA.Í.DO, *adj.*, prostrado, caído, largado.
DES.CA.I.MEN.TO, *s.m.*, ato ou efeito de descair; inclinação;

DESCAIR   295   DESCARRILAR

decadência; *fig.*, abatimento, desalento.
DES.CA.IR, *v.t.* e *int.*, cair, pender, cair aos poucos, vergar-se, perder as forças.
DES.CA.LA.BRO, *s.m.*, ruína, derrota, colapso.
DES.CAL.ÇA.DEI.RA, *s.f.*, utensílio us. para facilitar o ato de descalçar botas e sapatos.
DES.CAL.ÇA.DE.LA, *s.f., pop.*, repreensão, descompostura.
DES.CAL.ÇA.DO, *adj.*, descalço, que não tem calçado.
DES.CAL.ÇAR, *v.t.*, tirar o calçado.
DES.CAL.ÇO, *adj.*, sem calçado, pés no chão, pés nus.
DES.CA.LI.BRA.DO, *adj.*, sem calibre, sem o controle pessoal.
DES.CA.LI.BRAR, *v. int.*, tirar o calibre, perder o controle.
DES.CA.LI.ÇAR, *v.t.*, tirar a caliça de.
DES.CAL.VA.DO, *adj.*, que não tem cabelos; careca; calvo; escalvado; diz-se de lugar sem vegetação; árido.
DES.CAL.VAR, *v.t.*, o mesmo que escalvar.
DES.CA.MA.ÇÃO, *s.f.*, ato ou efeito de descamar(-se).
DES.CA.MA.DO, *adj.*, que está sem escamas, pelado.
DES.CA.MAR, *v.t., int.* e *pron.*, tirar as escamas, escamar; *fig.*, perder a pele.
DES.CAM.BA.ÇÃO, *s.f.*, ato de descambar.
DES.CAM.BA.DO, *adj.*, caído, pendente, declinado.
DES.CAM.BAR, *v.t.* e *int.*, declinar, cair, pender para um lado; *fig.*, degradar-se.
DES.CAM.BO, *s.m.*, caída, queda, inconveniência.
DES.CA.MI.NHA.DO, *adj.*, errado, desencaminhado, perdido.
DES.CA.MI.NHAR, *v. int.*, desencaminhar, errar, perder o caminho.
DES.CA.MI.NHO, *s.m.*, erro, falha, perdição.
DES.CA.MI.SA.DO, *adj.*, sem camisa; *fig.*, pobre, miserável.
DES.CAM.PA.DO, *s.m.*, superfície com pouca vegetação, clareira, sertão.
DES.CAM.PAR, *v. int.*, desabitar, limpar o mato.
DES.CA.NHO.TAR, *v.t.*, *bras.*, desarticular, desengonçar; desmunhecar.
DES.CAN.SA.DO, *adj.*, repousado, aliviado, recuperado.
DES.CAN.SAR, *v.t* e *int.*, repousar, dar descanso; *fig.*, falecer, morrer.
DES.CAN.SO, *s.m.*, repouso, folga, lazer.
DES.CAN.TAR, *v.t.* e *int.*, cantar acompanhado de um instrumento; cantarolar.
DES.CA.PA.CI.TAR-SE, *v. pron.*, perder a capacidade, desabilitar-se.
DES.CA.PI.TA.LI.ZA.ÇÃO, *s.f.*, perder ou diminuir o capital de giro; perda do poder aquisitivo.
DES.CA.PI.TA.LI.ZA.DO, *adj.*, empobrecido, diminuído o capital.
DES.CA.PI.TA.LI.ZAR, *v.t.*, perder capital, empobrecer.
DES.CA.PO.TÁ.VEL, *s.m.*, veículo cujo teto pode ser removido; conversível.
DES.CA.PSU.LAR, *v.t.*, tirar a cápsula a.
DES.CA.RA.ÇÃO, *s.f.*, insolência, atrevimento; descaramento.
DES.CA.RAC.TE.RI.ZA.ÇÃO, *s.f.*, mudança de costumes, transformação de usos.
DES.CA.RAC.TE.RI.ZA.DO, *adj.*, mudado, transformado.
DES.CA.RAC.TE.RI.ZA.DOR, *adj.* e *s.m.*, que ou aquilo que descaracteriza.
DES.CA.RA.DA.MEN.TE, *adv.*, de modo descarado; com descaramento.
DES.CA.RAC.TE.RI.ZAR, *v.t.* e *pron.*, descaraterizar, tirar o caráter, mudar os usos, transformar os costumes.

DES.CA.RA.DO, *adj.*, insolente, desavergonhado, atrevido.
DES.CA.RA.MEN.TO, *s.m.*, sem-vergonhice, atrevimento, desaforo.
DES.CA.RA.PU.ÇA.DO, *adj.*, que tirou ou tem a carapuça fora da cabeça.
DES.CA.RA.PU.ÇAR, *v.t.*, tirar a carapuça da cabeça a (alguém); escarapuçar; *v.pron.*, tirar a carapuça da própria cabeça; desbarretar-se, descobrir-se.
DES.CA.RAR, *v. int.*, atrever-se, tornar-se insolente.
DES.CAR.BO.NI.ZA.ÇÃO, *s.f.*, ação ou efeito de descarbonizar; descarbonação.
DES.CAR.BO.NI.ZA.DOR, *adj.*, que descarboniza; *s.m.*, produto próprio para descarbonizar; descarbonador.
DES.CAR.BO.NI.ZAN.TE, *adj.* e *s.m.*, que ou o que tem a propriedade de descarbonizar; descarbonador.
DES.CAR.BO.NI.ZAR, *v.t.*, em Química, tirar o carbono que existe num corpo; descarbonar.
DES.CA.RE.CER, *v.int.*, não carecer.
DES.CAR.GA, *s.f.*, ato de tirar a carga do cargueiro; diversos tiros ao mesmo tempo; acionamento da válvula no vaso sanitário.
DES.CAR.GO, *s.m.*, não incumbência, ação de desobrigar-se.
DES.CA.RI.DA.DE, *s.f.*, falta de caridade, rancor.
DES.CA.RI.DO.SO, *adj.*, que não revela ou não tem caridade.
DES.CA.RI.NHO, *s.m.*, ausência de carinho; rudeza, dureza.
DES.CA.RI.NHO.SO, *adj.*, que não tem carinho; severo; ríspido.
DES.CAR.NA.DO, *adj.*, pouca carne, sem carne; magro, esquelético.
DES.CAR.NA.DOR, *adj.* e *s.m.*, que ou aquilo que descarna.
DES.CAR.NA.GEM, *s.f.*, operação que consiste em descarnar couros.
DES.CAR.NA.LI.DA.DE, *s.f.*, ausência de carnalidade, qualidade do que não é carnal.
DES.CAR.NAR, *v.t.*, tirar a carne dos ossos, desossar.
DES.CA.RO, *s.m.*, descaramento, sem-vergonhice.
DES.CA.RO.Á.VEL, *adj.*, descaridoso; inclemente; sem carinho; cruel.
DES.CA.RO.ÇA.DO, *adj.*, tirado o caroço.
DES.CA.RO.ÇA.DOR, *adj.* e *s.m.*, diz-se de, ou o aparelho que serve para descaroçar.
DES.CA.RO.ÇA.MEN.TO, *s.m.*, ação ou resultado de descaroçar, de retirar caroços.
DES.CA.RO.ÇAR, *v.t.*, tirar o caroço.
DES.CA.RO.LA.DOR, *adj.* e *s.m.*, diz-se de, ou o aparelho que serve para descarolar.
DES.CA.RO.LAR, *v.t.*, tirar a crosta.
DES.CAR.RE.GA.DO, *adj.*, aliviado, desabafado.
DES.CAR.RE.GA.DOR, *adj.*, que descarrega; *s.m.*, aquele ou aquilo que descarrega.
DES.CAR.RE.GA.MEN.TO, *s.m.*, ato de descarregar, descarga.
DES.CAR.RE.GAR, *v.t., int.* e *pron.*, tirar a carga do cargueiro, aliviar, desabafar.
DES.CAR.RE.GO, *s.m.*, alívio, desopressão, limpeza espiritual; *fig.*, afugentar os espíritos.
DES.CAR.REI.RAR, *v.t.*, desviar da carreira, descaminhar.
DES.CAR.RE.TAR, *v.t.*, descarregar (tirar a carga de).
DES.CAR.RI.LA.MEN.TO, *s.m.*, fato de um trem sair dos trilhos, tombo, descarrilhamento; *fig.*, perder o rumo.
DES.CAR.RI.LAR, *v. int.*, cair dos trilhos, var., descarrilhar.

DES.CAR.RI.LHA.MEN.TO, *s.m.*, descarrilamento, saída do trem dos trilhos.
DES.CAR.TA.DO, *adj.*, rejeitado, jogado fora, recusado.
DES.CAR.TAR, *v.t. e pron.*, não ficar com as cartas que não convêm; desfazer-se, jogar fora; não considerar.
DES.CAR.TÁ.VEL, *adj.*, residual, acessório, que se joga fora.
DES.CAR.TE, *s.m.*, no jogo de baralho, ato de deixar cartas de lado; abstenção de algo, renúncia.
DES.CA.SA.DO, *adj.*, separado, desunido do par, que não combina com o par, desunido.
DES.CA.SA.LAR, *v.t. e pron.*, desfazer o casal, separar o casal, desunir.
DES.CA.SA.SAR, *v.t. e int.*, separar o casal, desunir cônjuges.
DES.CAS.CA, *s.f.*, ato ou operação de descascar.
DES.CAS.CA.DE.LA, *s.f., fam.*, descompostura grossa; repreensão grave; crítica violenta.
DES.CAS.CA.DO, *adj.*, pelado, despelado.
DES.CAS.CA.DOR, *s.m.*, máquina para tirar a casca de cereais, sobretudo arroz.
DES.CAS.CA.MEN.TO, *s.m.*, ato ou efeito de descascar.
DES.CAS.CAR, *v.t. e pron.*, tirar a casca; *fig.*, resolver um problema difícil.
DES.CA.SO, *s.m.*, desprezo, desapreço, desconsideração, imprevidência.
DES.CAS.QUE, *s.m.*, a ação ou efeito de descascar; ato de descasquejar.
DES.CAS.QUE.JAR, *v.t.*, limpar a imundície ou surro de.
DES.CAU.DA.DO, *adj.*, que não tem cauda; anuro.
DES.CAU.DAR, *v. int.*, tirar a cauda, cortar o rabo.
DES.CAU.TE.LAR, *adj.*, falta de cautela.
DES.CAU.TE.LO.SO, *adj.*, que não é cauteloso ou não toma cautela; imprudente.
DES.CA.VAL.GAR, *v. int.*, desmontar, apear, descer do cavalo.
DES.CA.VAR, *v.t.*, o mesmo que escavar.
DES.CA.VEI.RA.DO, *adj.*, que não tem caveira.
DES.CE.LU.LA.DO, *adj.*, que não tem células.
DES.CE.LU.LAR, *v.t.*, desfazer ou tirar as células a.
DES.CEN.DÊN.CIA, *s.f.*, grupo de pessoas que têm uma raiz comum; pessoas cognatas.
DES.CEN.DEN.TE, *adj., s.m.*, o que desce em linha; quem descende de.
DES.CEN.DER, *v.t. e int.*, provir de uma geração, originar-se de, ter por origem.
DES.CEN.SÃO, *s.f.*, descenso, descida, descendência.
DES.CEN.SI.O.NAL, *adj.*, descendente, que desce, que descende.
DES.CEN.SO, *s.m.*, descendência, origem, descida, queda de altura, diminuição, rebaixamento.
DES.CEN.TE, *adj.*, que desce, cadente.
DES.CEN.TRA.DO, *adj.*, tirado do centro, desviado, posto fora do centro.
DES.CEN.TRA.LI.ZA.ÇÃO, *s.f.*, descentração.
DES.CEN.TRA.LI.ZA.DO, *adj.*, desviado, descentrado.
DES.CEN.TRA.LI.ZAR, *v.t. e pron.*, tirar do centro; distribuir o comando em mais setores, distribuir responsabilidades na administração.
DES.CEN.TRAR, *v. int.*, tirar do centro, desviar.
DES.CER, *v.t. e int.*, ir de cima para baixo, abaixar, sair de um local elevado, rebaixar, inclinar.
DES.CE.RE.BRA.DO, *adj.*, que é idiota, imbecil; néscio.
DES.CE.RE.BRAR, *v.t. e int.*, tirar o juízo de; tornar idiota; idiotizar; imbecilizar.
DES.CER.RA.DO, *adj.*, aberto, apresentado, ostentado.
DES.CER.RA.MEN.TO, *s.m.*, ação, processo ou resultado de descerrar(-se), de abrir o que estava fechado ou junto.
DES.CER.RAR, *v.t.*, abrir; apresentar, mostrar, descortinar, ostentar.
DES.CI.DA, *s.f.*, declive, ladeira, o que desce, queda.
DES.CIM.BRA.MEN.TO, *s.m.*, ação de descimbrar.
DES.CI.MEN.TAR, *v.t.*, tirar o cimento a; fazer perder a solidez tirando o cimento; *fig.*, desunir, abalar, destruir.
DES.CI.MEN.TO, *s.m.*, descendimento; abaixamento, rebaixamento.
DES.CIN.GI.DO, *adj.*, solto, desapertado.
DES.CIN.GIR, *v.t.*, tirar o que cinge (cinta, corda, etc.); desapertar.
DES.CIN.TAR, *v.t.*, tirar a cinta ou o cinto; descingir.
DES.CI.VI.LI.ZAR, *v.t. e pron.*, fazer perder ou perder a civilização.
DES.CLAS.SI.FI.CA.ÇÃO, *s.f.*, perversidade, reprovação, eliminação.
DES.CLAS.SI.FI.CA.DO, *adj. e s.m.*, que(m) está fora de toda classificação, malvado, perverso, vil.
DES.CLAS.SI.FI.CAR, *v.t.*, ficar fora de qualquer classificação, perder o posto, reprovar, eliminar dentre vários competidores.
DES.CLO.RE.TAR, *v.t.*, em Química, tirar o cloreto de; tirar o sal.
DES.CO.A.TAR, *v.t.*, deixar de coatar, desconstranger.
DES.CO.BER.TA, *s.f.*, invento, invenção, o que se descobriu, o que se encontrou.
DES.CO.BER.TO, *adj.*, que não tem coberta, destapado, conhecido, revelado, divulgado.
DES.CO.BER.TU.RA, *s.f.*, ação de descobrir, de tirar o que cobre; destapamento.
DES.CO.BI.ÇO.SO, *adj.*, que não tem cobiça, desambicioso.
DES.CO.BRI.DOR, *s.m.*, quem descobre, inventor, quem desvenda uma novidade.
DES.CO.BRI.MEN.TO, *s.m.*, ato de descobrir.
DES.CO.BRIR, *v.t., int. e pron.*, encontrar, inventar, achar, ver, avistar.
DES.CO.LA.DO, *adj.*, desprendido, separado, desfeito.
DES.CO.LA.GEM, *s.f.*, ato ou efeito de descolar, desprendimento, separação.
DES.CO.LA.MEN.TO, *s.m.*, ato ou processo de descolar; descolagem.
DES.CO.LAR, *v.t.*, desfazer, desprender, separar; *fig.*, conseguir.
DES.CO.LÁ.VEL, *adj. 2 gên.*, que se pode descolar.
DES.CO.LO.CA.ÇÃO, *s.f.*, ato ou efeito de descolocar(-se).
DES.CO.LO.CA.DO, *adj. e s.m.*, diz-se de ou aquele que está fora de seu local habitual; desempregado.
DES.CO.LO.CAR, *v.t. e pron.*, fazer sair ou sair do local em que achava; fazer perder ou perder emprego; desempregar(-se).
DES.CO.LO.NI.ZA.ÇÃO, *s.f.*, ato ou resultado de descolonizar.
DES.CO.LO.RA.ÇÃO, *s.f.*, desbotamento, perda da cor.
DES.CO.LO.RAN.TE, *adj.*, diz-se do que descolora; *s.m.*, aquilo que causa a perda ou diminuição da cor.
DES.CO.LO.RAR, *v.t.*, descolorir, tirar a cor de.
DES.CO.LO.RI.DO, *adj.*, descolorado, sem cor, desbotado.
DES.CO.LO.RI.ME.TRI.A, *s.f.*, emprego do descolorímetro.
DES.CO.LO.RI.MÉ.TRI.CO, *adj.*, que diz respeito a descolorimetria.

DES.CO.LO.RÍ.ME.TRO, s.m., aparelho que mede o poder descolorante de certas matérias, especialmente dos carvões na indústria açucareira.

DES.CO.LO.RIR, v.t. e int., tirar a cor, desbotar, perder o colorido.

DES.COM.BI.NA.ÇÃO, s.f., ato ou resultado de descombinar, de desfazer um acordo.

DES.COM.BI.NA.DO, adj., desacertado, descumprido, desmanchado.

DES.COM.BI.NAR, v.t. e bit., não cumprir o combinado, desmanchar o acertado, ser diferente.

DES.CO.ME.DI.DO, adj., atrevido, insolente, inconveniente, desbocado.

DES.CO.ME.DI.MEN.TO, s.m., insolência, inconveniência, atrevimento, má-criação.

DES.CO.ME.DIR-SE, v. pron., tornar-se insolente, atrever-se, passar dos limites.

DES.CO.MEN.SU.RA.DO, adj. 2 gên., que não tem medida comum com outra grandeza, não pode ser medido.

DES.CO.MEN.SU.RÁ.VEL, adj. 2 gên., algo que não pode ser medido; imensurável; incomensurável.

DES.CO.MIS.SI.O.NAR, v.t., fazer perder cargo de comissionado.

DES.CO.MO.DI.DA.DE, s.f., desconforto, incômodo, aborrecimento.

DES.CÔ.MO.DO, adj., incômodo, aborrecido, desconfortável.

DES.COM.PAC.TA.ÇÃO, s.f., ação ou resultado de descompactar.

DES.COM.PAC.TA.DO, adj., em Informática, que foi submetido a processo de descompactação; fragmentado.

DES.COM.PAC.TAR, v.t., em Informática, reconstituir informação compactada; descomprimir (dados).

DES.COM.PA.DRAR, v.t.; pop., indispor amigos ou compadres; malquistar.

DES.COM.PAI.XÃO, s.f., impiedade, crueldade, malvadeza.

DES.COM.PAS.SA.DO, adj., sem ritmo, fora do compasso, desaparelhado.

DES.COM.PAS.SAR, v.t. e pron., tirar do ritmo, ficar sem compasso, não saber acompanhar.

DES.COM.PAS.SO, s.m., sem compasso, sem ritmo; desordem.

DES.COM.PEN.SA.ÇÃO, s.f., em Medicina, estado em que o organismo torna-se incapaz de atingir um equilíbrio físico ou mental em função de problemas de ordem estrutural ou funcional; em Psicologia, comportamento de quem apresenta desequilíbrio emocional.

DES.COM.PEN.SADO, adj., que se descompensou; em Medicina, diz-se de órgão em estado de descompensação; em Psicologia, diz-se de quem apresenta desequilíbrio emocional.

DES.COM.PEN.SAR, v.int., em Psiquiatria e Psicologia, entrar em processo de descompensação.

DES.COM.PEN.SA.TÓ.RIO, adj., em Psicologia; que descompensa ou que é capaz de descompensar; descompensador.

DES.COM.PLI.CA.ÇÃO, s.f., ação ou resultado de descomplicar, de tornar algo mais simples ou claro.

DES.COM.PLI.CA.DO, adj., simplificado, facilitado, ajustado.

DES.COM.PLI.CAR, v.t., simplificar, ajustar, facilitar.

DES.COM.POR, v.t. e pron., pôr fora da ordem, desordenar; repreender, censurar.

DES.COM.POS.TO, adj., desordenado, censurado, admoestado, estragado.

DES.COM.POS.TU.RA, s.f., repreensão, advertência, admoestação, desordem, baderna.

DES.COM.PRES.SÃO, s.f., ausência de pressão, alívio de peso, descarga de peso.

DES.COM.PRI.MIR, v.t., aliviar, despressurizar, descarregar.

DES.COM.PRO.ME.TI.DO, adj., que se descomprometeu, que não tem ou não está tendo qualquer tipo de compromisso.

DES.COM.PRO.ME.TI.MEN.TO, s.m., ato ou efeito de descomprometer(-se); descompromisso.

DES.COM.PRO.MIS.SO, s.m., falta de compromisso ou comprometimento.

DES.CO.MU.NAL, adj., fora do comum, gigantesco, enorme.

DES.CON.CEI.TO, s.m., descrédito, desconfiança, má impressão.

DES.CON.CEI.TU.A.DO, adj., que perdeu o conceito ou a reputação, desacreditado.

DES.CON.CEI.TU.AR, v.t. e pron., desacreditar, impressionar mal, desconfiar, descrer.

DES.CON.CEN.TRA.DO, adj., desatento, desligado, insensível.

DES.CON.CEN.TRAR, v.t. e pron., tirar a concentração, tornar desatento, perder o centro.

DES.CON.CER.TA.DO, adj., fora da norma, malfeito, mal preparado.

DES.CON.CER.TAN.TE, adj. 2 gên., que desorienta, desconcerta, embaraça.

DES.CON.CER.TAR, v.t., int. e pron., desarrumar, tirar do previsto, desarmonizar.

DES.CON.CER.TO, s.m., desajuste, desordem, descompasso.

DES.CON.COR.DÂN.CIA, s.f., desacerto, discórdia, separação.

DES.CON.COR.DA.DO, adj., discorde, desacertado, separado.

DES.CON.COR.DAR, v. int., desacertar-se, apartar-se, desligar-se.

DES.CON.CÓR.DIA, s.f., falta de concórdia.

DES.CO.NEC.TAR, v.t., desligar, desunir, separar, parar uma atividade.

DES.CO.NE.XÃO, s.f., desligamento, separação, desunião.

DES.CO.NE.XO, adj., anormal, incoerente, absurdo, incongruente.

DES.CON.FI.A.DO, adj., que tem dúvidas, receoso.

DES.CON.FI.AN.ÇA, s.f., descrença, suspeita, dúvida, incerteza.

DES.CON.FI.A.DO, adj. e s.m., que ou aquele que tende a desconfiar.

DES.CON.FI.AN.TE, adj., que tem desconfiança.

DES.CON.FI.AR, v.t. e int., duvidar, não acreditar.

DES.CON.FI.Á.VEL, adj., de que se pode desconfiar.

DES.CON.FI.Ô.ME.TRO, s.m., pop., capacidade para reconhecer quando se é inoportuno.

DES.CON.FOR.MAR, v.t., transformar, mudar a forma, reformatar.

DES.CON.FOR.ME, adj., que não tem conformidade, indevido, impróprio.

DES.CON.FOR.MI.DA.DE, adj., impropriedade, desproporção.

DES.CON.FOR.TAN.TE, adj. 2 gên., que desconforta ou que causa desconforto.

DES.CON.FOR.TO, s.m., incômodo, aborrecimento, insatisfação.

DES.CON.GE.LA.ÇÃO, s.f., descongelamento, desgelação, derretimento do gelo.

DES.CON.GE.LA.DO, *adj.*, derretido, degelado, liquefeito.
DES.CON.GE.LA.MEN.TO, *s.m.*, derretimento, ato de fazer o gelo se liquifazer.
DES.CON.GE.LAR, *v.t. e pron.*, tornar o gelo líquido, derreter.
DES.CON.GES.TÃO, *s.f.*, ato ou efeito de descongestionar.
DES.CON.GES.TI.O.NA.DO, *adj.*, desentupido, liberado, fluente.
DES.CON.GES.TI.O.NA.MEN.TO, *s.m.*, desentupimento, liberação, limpeza.
DES.CON.GES.TI.O.NAR, *v.t.*, desentupir, limpar, liberar; fazer o trânsito fluir.
DES.CO.NHE.CE.DOR, *adj. e s.m.*, ignorante, que(m) desconhece, apedeuta, analfabeto.
DES.CO.NHE.CER, *v.t. e pron.*, ignorar, não conhecer.
DES.CO.NHE.CI.DO, *adj.*, ignorado, estranho, nunca visto.
DES.CO.NHE.CI.MEN.TO, *s.m.*, ignorância, asnice.
DES.CO.NHE.CÍ.VEL, *adj.*, que não se pode conhecer.
DES.CON.JUN.TA.DO, *adj.*, quebrado, alquebrado, desunido, desarrumado.
DES.CON.JUN.TAR, *v.t e pron.*, desfazer o conjunto, quebrar, desunir, desarrumar.
DES.CON.JUN.TU.RA, *s.f.*, disformidade, desunião, desarrumação.
DES.CON.JU.RAR, *v.t.*, ter atitude de desacato; desacatar.
DES.CON.SA.GRA.ÇÃO, *s.f.*, ato de desconsagrar.
DES.CON.SA.GRAR, *v.t.*, o mesmo que profanar.
DES.CONS.CI.ÊN.CIA, *s.f.*, estado de quem não tem consciência, inconsciência.
DES.CON.SER.TA.DO, *adj.*, desalinhado, estragado, desarrumado.
DES.CON.SER.TAR, *v.t. e pron.*, desmanchar, desalinhar, estragar.
DES.CON.SEN.TIR, *v.int.*, não consentir; dissentir.
DES.CON.SER.TO, *s.m.*, desordem, confusão, desarranjo, estrago.
DES.CON.SI.DE.RA.ÇÃO, *s.f.*, desapreço, desrespeito.
DES.CON.SI.DE.RA.DO, *adj.*, desvalorizado, ignorado.
DES.CON.SI.DE.RAR, *v.t. e pron.*, não levar em conta, não dar valor, ignorar.
DES.CON.SO.LA.ÇÃO, *s.f.*, ato ou efeito de desconsolar(-se), desconsolo; tristeza.
DES.CON.SO.LA.DO, *adj.*, triste, aflito, desanimado, deprimido.
DES.CON.SO.LA.DOR, *adj. e s.m.*, que, aquilo ou aquele que desconsola.
DES.CON.SO.LAR, *v.t., int. e pron.*, afligir, incomodar, desanimar, perturbar.
DES.CON.SO.LÁ.VEL, *adj.*, o mesmo que inconsolável.
DES.CON.SO.LO, *s.m.*, aflição, perturbação, incômodo.
DES.CON.TA.DO, *adj.*, deduzido, diminuído, retirado.
DES.CON.TAR, *v.t. e pron.*, deduzir, tirar uma parte, dar um desconto, diminuir o valor.
DES.CONS.TI.TUI.ÇÃO, *s.f.*, ato ou efeito de desconstituir(-se).
DES.CONS.TI.TU.IR, *v.t.*, desfazer a constituição de.
DES.CONS.TRAN.GER, *v.t.*, tirar o constrangimento; deixar à vontade.
DES.CONS.TRU.ÇÃO, *s.f.*, ato ou efeito de desconstruir(-se), desfazer(-se).
DES.CONS.TRU.IR, *v.t.*, destruir uma construção; desfazer uma obra; *fig.*, fazer perder os conceitos originais ou tradicionalmente aceitos.
DES.CON.TA.DOR, *s.m.*, aquele que desconta (a título de crédito).
DES.CON.TA.MEN.TO, *s.m., ant.*, o mesmo que desconto.
DES.CON.TA.MI.NA.ÇÃO, *s.f.*, ato de descontaminar; remover micro-organismos, ação radioativa ou outros agentes nocivos.
DES.CON.TA.MI.NA.DO, *adj.*, que se descontaminou, passou por processo de descontaminação.
DES.CON.TA.MI.NAN.TE, *adj. 2 gên. e s. 2 gên.*, que ou aquilo ou aquele que descontamina.
DES.CON.TAR, *v.t.*, diminuir (uma quantia ou parte) de uma soma ou total; deduzir; abater.
DES.CON.TÁ.VEL, *adj. 2 gên.*, que se pode ou se deve descontar.
DES.CON.TEN.TA.MEN.TO, *s.m.*, insatisfação, aborrecimento, incômodo, revolta.
DES.CON.TEN.TAR, *v.t. e pron.*, desagradar, desconsiderar, infelicitar.
DES.CON.TEN.TE, *adj.*, infeliz, insatisfeito, desagradado, triste.
DES.CON.TIN.GEN.CI.AR, *s.m.*, ato de suspender o contingenciamento.
DES.CON.TI.NU.A.ÇÃO, *s.f.*, descontinuidade, interrupção, ausência.
DES.CON.TI.NU.A.DO, *adj.*, que se descontinuou, que deixou de continuar, se interrompeu.
DES.CON.TI.NU.AR, *v. int.*, interromper, quebrar o ritmo, falhar.
DES.CON.TI.NU.I.DA.DE, *s.f.*, falta de continuidade, interrupção, lacuna.
DES.CON.TÍ.NUO, *adj.*, interrompido, desconexo.
DES.CON.TO, *s.m.*, abatimento, o que se tira do preço, diminuição.
DES.CON.TRA.ÇÃO, *s.f.*, ação ou resultado de se descontrair, de perder a contração, de relaxar.
DES.CON.TRA.Í.DO, *adj.*, normal, espontâneo, disposto, pronto.
DES.CON.TRA.IR, *v.t. e pron.*, tirar a timidez, perder o constrangimento.
DES.CON.TRA.TA.DO, *adj.*, despedido, exonerado, demitido.
DES.CON.TRA.TAR, *v.t.*, despedir, demitir, exonerar.
DES.CON.TRO.LA.DO, *adj.*, enervado, inquieto, nervoso, impossível.
DES.CON.TRO.LAR, *v.t. e pron.*, perder o controle, perder a calma, enervar-se.
DES.CON.TRO.LE, *s.m.*, destempero, falta de calma.
DES.CON.VEN.CER, *v.t.*, tirar o convencimento; despersuadir, dissuadir.
DES.CON.VE.NI.ÊN.CIA, *s.f.*, inconveniência, impropriedade.
DES.CON.VE.NI.EN.TE, *adj.*, inconveniente, desagradável.
DES.CON.VER.SA.DO, *adj.*, fugido do tema, mudança do objetivo.
DES.CON.VER.SA.ÇÃO, *s.f.*, falta de conversação; ação de desconversar.
DES.CON.VER.SÃO, *s.f.*, ato ou efeito de desconverter, de anular a conversão.
DES.CON.VER.SAR, *v. int.*, mudar de assunto, fugir do tema.
DES.CON.VI.DA.DO, *adj.*, desfeito o convite, cancelado o convite.
DES.CON.VI.DAR, *v.t.*, desfazer o convite.
DES.CON.VIR, *v.t. e int.*, não ser conveniente a; não admitir; discordar, discrepar.

DESCONVITE   299   DESDENTAR

DES.CON.VI.TE, *s.m.*, ato de desconvidar, de anular um convite.

DES.CON.VO.CA.ÇÃO, *s.f.*, ato de desconvocar, de suspender uma convocação.

DES.CON.VO.CA.DO, *adj.*, que se desconvocou, cuja convocação foi suspensa.

DES.CON.VO.CAR, *v.t.*, suspender a convocação de (alguém).

DES.CO.OR.DE.NA.ÇÃO, *s.f.*, ausência de coordenação, anarquia.

DES.CO.OR.DE.NA.DO, *adj.*, desorganizado, anárquico.

DES.CO.OR.DE.NAR, *v.t.*, badernar, desordenar.

DES.CO.RA.DO, *adj.*, descolorido, que perdeu a cor.

DES.CO.RA.MEN.TO, *s.m.*, ato de descorar(-se), de perder a cor ou o vigor; palidez; desbotamento.

DES.CO.RAN.TE, *adj. 2 gên.* e *s. 2 gên.*, que ou aquilo que descora ou faz perder a cor; descolorante.

DES.CO.RAR, *v.t.* e *pron.*, perder a cor, descolorir.

DES.CO.RO.AR, *v.t.*, tirar a coroa a.

DES.COR.ÇO.A.MEN.TO, *s.m.*, ato de descorçoar; desânimo, descoraçoamento.

DES.CO.RO.ÇO.A.DO, *adj.*, descorçoado, desanimado, desesperançado.

DES.CO.RO.ÇO.AR, *v.t.* e *int.*, desanimar, perder o ânimo, perder a esperança; var., descorçoar.

DES.COR.TÊS, *adj.*, deseducado, malcriado, grosseiro.

DES.COR.TE.SI.A, *s.f.*, indelicadeza, má-criação, grosseria.

DES.COR.TI.CA.DOR, *s.m.*, aparelho, máquina para descorticar, para tirar a casca de.

DES.COR.TI.CAR, *v.t.*, triturar e tirar a casca ou invólucro de.

DES.COR.TI.NA.DO, *adj.*, visto, vislumbrado, presenciado.

DES.COR.TI.NA.DOR, *adj.* e *s.m.*, que, aquele ou aquilo que descortina ou que pode descortinar.

DES.COR.TI.NAR, *v.t.* e *pron.*, avistar, ver, presenciar, ter uma visão.

DES.COR.TI.NÁ.VEL, *adj.*, que se pode descortinar.

DES.COR.TI.NO, *s.m.*, perspicácia, visão.

DES.CO.SER, *v.t.* e *pron.*, tirar a costura, descosturar.

DES.CO.SI.DO, *adj.*, descosturado, desligado.

DES.COS.TU.RA.DO, *adj.*, descosido, solto.

DES.COS.TU.RAR, *v.t.* e *int.*, descoser, tirar a costura.

DES.CRA.VAR, *v.t.* e *int.*, retirar o que estava cravado (cravos, pregos, etc.); desacravar, descravejar.

DES.CRE.DEN.CI.AR, *v.t.*, tirar o credenciamento, desacreditar, perder o crédito.

DES.CRE.DI.TAR, *v.t.*, o mesmo que desacreditar.

DES.CRÉ.DI.TO, *s.m.*, perda do crédito, desconfiança.

DES.CRE.MAR, *v.t.*, *bras.*, separar o creme de (o leite).

DES.CREN.ÇA, *s.f.*, incredulidade, falta de fé.

DES.CREN.TE, *adj.* e *s. 2 gên.*, que não crê, quem não acredita, incrédulo.

DES.CRER, *v.t.* e *int.*, não acreditar, não crer, perder a fé.

DES.CRE.VER, *v.t.*, fazer a descrição de, narrar, contar minuciosamente.

DES.CRI.ÇÃO, *s.f.*, ação de descrever, exposição pela palavra escrita ou falada.

DES.CRI.MI.NA.ÇÃO, *s.f.*, ato de descriminar, extinguir a culpa de crime, inocentar.

DES.CRI.MI.NA.DO, *adj.*, inocentado, livre de crime, isento de culpa.

DES.CRI.MI.NA.DOR, *adj.*, que, ou aquilo que descrimima; descriminante.

DES.CRI.MI.NA.LI.ZA.ÇÃO, *s.f.*, ato de descriminalizar, anular a criminalidade de um ato; descriminação.

DES.CRI.MI.NA.LI.ZAR, *v.t.*, inocentar, isentar de culpa, livrar de crime.

DES.CRI.MI.NAN.TE, *adj.*, que descrimina.

DES.CRI.MI.NAR, *v.t.*, tirar do rol de crimes, inocentar, isentar de culpa.

DES.CRI.MI.NÁ.VEL, *adj.*, que pode descriminar.

DES.CRI.MI.NI.ZA.ÇÃO, *s.f.*, ação ou efeito de descriminizar, isenção de crime.

DES.CRI.MI.NI.ZA.DO, *adj.*, isento, inocentado.

DES.CRIS.TI.A.NI.ZA.ÇÃO, *s.f.*, ação ou efeito de descristianizar, anulação da doutrina de Cristo.

DES.CRIS.TI.A.NI.ZA.DO, *adj.*, que perdeu o cristianismo; pagão.

DES.CRIS.TI.A.NI.ZAR, *v. int.*, extirpar o ideal cristão; paganizar.

DES.CRI.TÍ.VEL, *adj.*, que se pode descrever, pintável, que se pode retratar.

DES.CRI.TI.VO, *adj.*, que está descrito, representado por palavras, retratado.

DES.CRI.TO, *adj.*, mostrado, apresentado com palavras.

DES.CRI.TOR, *adj.*, que descreve ou que sabe descrever; *s.m.*, aquele ou aquilo que descreve.

DES.CRU.ZA.DO, *adj.*, separado, desjuntado.

DES.CRU.ZAR, *v.t.*, separar, desunir, desjuntar.

DES.CUI.DA.DO, *adj.*, relaxado, desprevenido, desleixado.

DES.CUI.DAN.ÇA, *s.f.*, *ant.*, ausência de cuidança, o mesmo que descuido.

DES.CUI.DAR, *v.t.* e *pron.*, não ter cuidado, não ter zelo.

DES.CUI.DO, *s.m.*, falta de cuidado, desleixo, irresponsabilidade.

DES.CUL.PA, *s.f.*, escusa, perdão, evasiva, subterfúgio.

DES.CUL.PA.DOR, *adj.* e *s.m.*, que ou o que desculpa ou absolve.

DES.CUL.PAR, *v.t.* e *pron.*, escusar, aceitar o perdão, perdoar.

DES.CUL.PÁ.VEL, *adj.*, que se pode desculpar, perdoável.

DES.CUL.TI.VAR, *v.t.*, deixar de cultivar; manter inculto.

DES.CUM.PRI.DO, *adj.*, desconsiderado, fugido, falhado, faltado.

DES.CUM.PRI.DOR, *adj.* e *s.m.*, diz-se de, ou aquele que descumpre ou costuma descumprir.

DES.CUM.PRIR, *v.t.*, não cumprir, fugir a um compromisso, desconsiderar o dever.

DES.CU.RA.DO, *adj.*, descuidado, desleixado, relaxado.

DES.CU.RA.MEN.TO, *s.m.*, descuido, relaxamento, desleixo.

DES.CU.RAR, *v.t.* e *pron.*, não ter cuidado, descuidar, desleixar.

DES.CUR.VAR, *v.t.*, desfazer a curvatura de, endireitar; desencurvar.

DES.DE, *prep.*, a partir de, a contar de, a começar de.

DES.DÉM, *s.m.*, desprezo, menosprezo.

DES.DE.MO.NI.ZAR, *v.t.*, livrar dos demônios.

DES.DE.NHA.DO, *adj.*, desprezado, repelido, refutado.

DES.DE.NHA.DOR, *adj.* e *s.m.*, que ou o que desdenha; escarnecedor.

DES.DE.NHAR, *v.t.*, desprezar, repelir, não aceitar.

DES.DE.NHÁ.VEL, *adj.*, digno de desdém.

DES.DE.NHO.SO, *adj.*, que tem desdém, desprezador, que despreza.

DES.DEN.TA.DO, *adj.*, sem dentes.

DES.DEN.TAR, *v.t.*, arrancar os dentes, extrair os dentes.

DES.DI.TA, *s.f.*, desventura, infelicidade, má sorte, azar.
DES.DI.TA.DO, *adj.*, que padece de desdita, desventura, infelicidade.
DES.DI.TO, *adj.*, negado, infeliz, azarado, triste, mal-humorado.
DES.DI.TO.SO, *adj.*, infeliz, tristonho, descontente.
DES.DI.ZER, *v.t., int.* e *pron.*, negar o dito, contradizer, desmentir.
DES.DO.BRA.MEN.TO, *s.m.*, ação ou efeito de desdobrar, saída.
DES.DO.BRA.DO, *adj.*, aberto, encaminhado, desenvolvido.
DES.DO.BRAR, *v.t.* e *pron.*, abrir, desfazer as dobras, desenvolver.
DES.DO.BRÁ.VEL, *adj.*, que se desdobra, maleável, que se pode diversificar.
DES.DO.BRO, *s.m.*, o mesmo que desdobradeira; máquina para desdobrar; corte de madeira em toras para formar pranchões, tábuas, etc.
DES.DOU.RAR, *v. int.*, envergonhar, desacreditar, macular.
DES.DOU.RO, *s.m.*, descrédito, desconfiança, nódoa, mácula.
DES.DRA.MA.TI.ZA.DO, *adj.*, que se desdramatizou, que teve a dramatização eliminada ou reduzida.
DES.DRA.MA.TI.ZAR, *v.t.*, tirar o caráter dramático de.
DE.SE.DI.FI.CA.ÇÃO, *s.f.*, demolição, destruição, desmanche.
DE.SE.DI.FI.CA.DO, *adj.*, destruído, demolido.
DE.SE.DI.FI.CA.DOR, *adj.* e *s.m.*, que ou o que desedifica, que ou o que desilude.
DE.SE.DI.FI.CAR, *v.t.*, destruir, demolir, derrubar.
DE.SE.DU.CA.ÇÃO, *s.f.*, grosseria, incivilidade, má-criação.
DE.SE.DU.CA.DO, *adj.*, grosseiro, incivilizado, malcriado.
DE.SE.DU.CAR, *v.t.*, dar mau exemplo, fazer perder a educação, tornar incivilizado.
DE.SE.JA.BI.LI.DA.DE, *s.f.*, qualidade, estado ou característica do que é desejável.
DE.SE.JA.DO, *adj.*, querido, ansiado, ambicionado, cobiçado.
DE.SE.JA.DOR, *adj.* e *s.m.*, que ou o que deseja; desejoso; cobiçoso.
DE.SE.JAR, *v.t.* e *int.*, querer, ansiar por, ambicionar, cobiçar.
DE.SE.JÁ.VEL, *adj. 2 gên.*, que desperta o desejo; que é objeto de desejo; que é importante ou necessário; *s.m.*, o que tem as qualidades necessárias para (realização de algo).
DE.SE.JO, *s.m.*, anseio, vontade de querer, aspiração, busca para satisfazer a vontade.
DE.SE.JO.SO, *adj.*, que está cheio de desejos, ansioso por, cobiçoso.
DE.SE.LE.GÂN.CIA, *s.f.*, descortesia, grosseria, falta de polidez.
DE.SE.LE.GAN.TE, *adj.*, descortês, grosseiro, cafona, despreparado.
DE.SE.MA.RA.NHA.DO, *adj.*, desmanchado, esclarecido, resolvido.
DE.SE.MA.RA.NHAR, *v.t.* e *pron.*, desmanchar o emaranhado, destrinçar, esclarecer.
DE.SEM.BA.ÇA.DO, *adj.*, claro, transparente, aclarado.
DE.SEM.BA.ÇA.DOR, *s.m.*, instrumento nos carros para desembaçar os vidros, sobretudo os traseiros; produto que desembaça um local.
DE.SEM.BA.ÇA.MEN.TO, *s.m.*, ato de desembaçar, de devolver o brilho ou a transparência a algo.
DE.SEM.BA.ÇAR, *v.t.*, limpar, tornar transparente, aclarar.
DE.SEM.BA.CI.AR, *v.t.*, desfazer o embaciamento; desenevoar(-se), devolver a transparência de.
DE.SEM.BA.I.NHA.DO, *adj.*, que se desembainhou, que se retirou da bainha.
DE.SEM.BA.I.NHAR, *v.t.*, tirar arma branca da bainha, empunhar.
DE.SEM.BA.LAR, *v.t.*, tirar da embalagem, desembrulhar, desempacotar.
DE.SEM.BA.RA.ÇA.DO, *adj.*, prático, ativo, ágil, inteligente.
DE.SEM.BA.RA.ÇA.MEN.TO, *s.m.*, ação ou resultado de desembaraçar(-se); desembaraço.
DE.SEM.BA.RA.ÇAR, *v.t.* e *pron.*, libertar de estorvos, agilizar, ativar.
DE.SEM.BA.RA.ÇO, *s.m.*, agilidade, desenvoltura, praticidade.
DE.SEM.BA.RA.LHA.DO, *adj.*, desembaraçado, destrinchado, organizado.
DE.SEM.BA.RA.LHA.MEN.TO, *s.m.*, ato de desembaralhar, de colocar em ordem; ordenação; organização.
DE.SEM.BA.RA.LHAR, *v. int.*, desembaraçar, organizar.
DE.SEM.BAR.CA.DO, *adj.*, descido, saído, voltado de algum transporte.
DE.SEM.BAR.CA.DOU.RO, *s.m.*, cais, atracadouro, estação, local de desembarque.
DE.SEM.BAR.CAR, *v.t.* e *int.*, sair de uma barca, sair de qualquer meio de transporte; *fig.*, ser demitido do emprego.
DE.SEM.BAR.GA.DO, *adj.*, despachado, expedido, ordenado.
DE.SEM.BAR.GA.DOR, *s.m.*, juiz locado no tribunal, na segunda instância.
DE.SEM.BAR.GA.DO.RI.A, *s.f.*, cargo e prerrogativa de desembargador; local ou tribunal do desembargador.
DE.SEM.BAR.GAR, *v.t.*, despachar, ordenar, expedir.
DE.SEM.BAR.GO, *s.m.*, levantamento oficial de embargo; desimpedimento; despacho.
DE.SEM.BAR.QUE, *s.m.*, ato de desembarcar, saída do meio de transporte.
DE.SEM.BAR.RI.GAR, *v.t., pop.*, no Sul, fazer perder a barriga volumosa a, desbarrigar.
DE.SEM.BES.TA.DA, *s.f.*, abalo, disparada, fuga, corrida.
DE.SEM.BES.TA.DO, *adj.*, corrido, fugido, abobado.
DE.SEM.BES.TA.DOR, *adj.* e *s.m., bras.*, que ou o cavalo que desembesta; disparador.
DE.SEM.BES.TA.MEN.TO, *s.m.*, ato de desembestar, desembestação.
DE.SEM.BES.TAR, *v.t.* e *int.*, tornar-se abobalhado, correr, tomar medidas duras.
DE.SEM.BIR.RA.DO, *adj.*, normal, que largou a birra.
DE.SEM.BIR.RAR, *v.t.*, tirar a teimosia, afastar a birra, deixar de ser teimoso.
DE.SEM.BO.CA.DU.RA, *s.f.*, local em que o rio se encontra com o mar ou outro rio.
DE.SEM.BO.CA.DO, *adj.*, desaguado, confluído, terminado.
DE.SEM.BO.CAR, *v.t.* e *int.*, desaguar, confluir, terminar em, sair.
DE.SEM.BOL.SA.DO, *adj.*, gasto, despendido, usado.
DE.SEM.BOL.SAR, *v.t.*, gastar, tirar do bolso, fazer uma despesa, despender.
DE.SEM.BOL.SO, *s.m.*, gasto, despesa, pagamento.
DE.SEM.BO.TAR, *v.t.*, tornar agudo, cortante; afiar; *fig.*, fazer com que (os dentes) deixem de estar botos.
DE.SEM.BRA.ÇA.DO, *adj.*, que é livre de embaraços; ágil, esperto; expedito.
DE.SEM.BA.RA.ÇAR, *v.t.*, tirar o embaraço de; desimpedir; pôr em ordem; livrar; *v.pron.*, livrar-se; desimpedir-se; apressar-se.
DE.SEM.BRE.AR, *v.t.*, soltar(-se) a embreagem de (um

DESEMBRENHAR · · 301 · · DESENCABADO

veículo); desengrenar.

DE.SEM.BRE.NHAR, *v.t.*, tirar, arrancar, fazer sair das brenhas; *v.pron.*, sair da brenha; libertar-se de grandes embaraços, confusão ou desordem.

DE.SEM.BRU.LHA.DO, *adj.*, desempacotado, desembalado, explicado, exposto.

DE.SEM.BRU.LHAR, *v.t. e pron.*, tirar do embrulho, desempacotar, desembalar, explicar.

DE.SEM.BRU.LHO, *s.m.*, ação de desembrulhar; esclarecimento, elucidação.

DE.SEM.BRU.TE.CER, *v. int.*, educar, tornar polido, civilizar.

DE.SEM.BRU.TE.CI.DO, *adj.*, polido, educado, civilizado, fino.

DE.SEM.BU.XAR, *v.t.*, desenfeitiçar, quebrar o encanto ou bruxaria a.

DE.SEM.BU.ÇAR, *v.t.*, abrir ou afastar a capa ou capote de alguém que estava embuçado; *v.pron.*, descobrir o rosto afastando a capa, capote ou o manto em que embuçava.

DE.SEM.BU.CHA.DO, *adj.*, confessado, dito, exposto.

DE.SEM.BU.CHAR, *v.t. e int.*, expor, dizer tudo, soltar o verbo, confessar.

DE.SEM.BUR.RA.DO, *adj.*, libertado, liberado, instruído, letrado.

DE.SEM.BUR.RAR, *v.t. e pron.*, soltar-se, liberar-se, deixar de ser amuado.

DE.SEM.BUR.RI.CAR, *v.t.*, o mesmo que desemburrar.

DE.SEM.PA.CA.DO, *adj.*, mexido, movimentado, andado.

DE.SEM.PA.CAR, *v.t. e int.*, fazer uma cavalgadura andar, pôr em movimento, mexer-se.

DE.SEM.PA.CHAR, *v.t.*, livrar de empacho, desobstruir; desembaraçar; soltar.

DE.SEM.PA.CHO, *s.m.*, ação de desempachar ou desimpedir.

DE.SEM.PA.CO.TA.DO, *adj.*, desembrulhado, desembalado, explicado.

DE.SEM.PA.CO.TA.MEN.TO, *s.m.*, desembrulhamento, desembalagem.

DE.SEM.PA.CO.TAR, *v.t.*, tirar do pacote, desembrulhar, desembalar.

DE.SEM.PA.LAR, *v.t.*, fazer que deixe de estar empalado; desespetar.

DE.SEM.PA.LHA.DO, *adj.*, desembrulhado, tirado da palha.

DE.SEM.PA.LHAR, *v.t.*, tirar da palha, desembrulhar da palha.

DE.SEM.PA.NA.DO, *adj.*, limpo, afrouxado, desparafusado.

DE.SEM.PA.NAR, *v.t. e pron.*, fazer um objeto brilhar de novo, afrouxar um parafuso, liberar uma peça.

DE.SEM.PA.PAR, *v.t.*, estirar; alisar, compor (para que não faça papo ou fole).

DE.SEM.PA.PE.LAR, *v.t.*, tirar, descobrir (algo envolvido em papel); desembrulhar do papel ou de papéis.

DE.SEM.PA.RE.DAR, *v.t.*, desfazer o emparedamento; livrar, soltar (o que estava emparedado).

DE.SEM.PA.RE.LHA.DO, *adj.*, separado, tornado sem parelha, uno.

DE.SEM.PA.RE.LHAR, *v. int.*, separar, desunir, tornar díspar.

DE.SEM.PAS.TAR, *v.t.*, soltar, separar (o que estava formando pasta).

DE.SEM.PAS.TE.LAR, *v.t.*, desfazer o empastelamento, repondo tipos e matrizes nos lugares certos.

DE.SEM.PA.TA.DO, *adj.*, que saiu do empate, desparelhado.

DE.SEM.PA.TA.DOR, *adj. e s.m.*, que, aquele ou aquilo que desempata.

DE.SEM.PA.TAR, *v.t.*, definir, acabar com o empate, conseguir um vencedor.

DE.SEM.PA.TE, *s.m.*, ação ou efeito de desempatar, definição de vencedor.

DE.SEM.PE.DER.NIR, *v.t.*, amolecer (o que estava empedernido); desembaraçar, abrandar.

DE.SEM.PE.DRA.DO, *adj.*, que está limpo de pedras; a que se tiraram ou arrancaram as pedras; descalçado.

DE.SEM.PE.DRA.DOR, *adj. e s.m.*, que, aquele ou aquilo que desempedra.

DE.SEM.PE.DRAR, *v.t.*, tirar ou arrancar as pedras (da calçada, rua, etc.); descalçar; limpar de pedras.

DE.SEM.PE.NA.DO, *adj.*, afrouxado, livre, liso.

DE.SEM.PE.NA.MEN.TO, *s.m.*, o mesmo que desempeno.

DE.SEM.PE.NAR, *v.t. e pron.*, tirar do empenamento, afrouxar uma peça, endireitar.

DE.SEM.PE.NHA.DO, *adj.*, executado, feito, cumprido.

DE.SEM.PE.NHAR, *v.t. e pron.*, executar, fazer, cumprir com o dever.

DE.SEM.PE.NHO, *s.m.*, cumprimento, atuação, atividade.

DE.SEM.PE.NO, *s.m.*, ação para desempenar algo, facilidade na ação; elegância.

DE.SEM.PER.RA.DO, *adj.*, solto, liberado, desempenado.

DE.SEM.PER.RA.MEN.TO, *s.m.*, desemperro.

DE.SEM.PER.RAR, *v.t., int. e pron.*, soltar, colocar em condições de fazer, liberar.

DE.SEM.PES.TAR, *v.t.*, ficar livre de peste, vencer uma infecção; desempestear; desodorizar.

DE.SEM.PES.TE.AR, *v.t.*, ver desempestar.

DE.SEM.PI.LHA.DO, *adj.*, desordenado, desmanchado, desmontado.

DE.SEM.PI.LHAR, *v.t.*, desordenar, desfazer a pilha.

DE.SEM.PLAS.TRAR, *v.t.*, tirar o emplastro de cima de, desempastar.

DE.SEM.PLAS.TRO, *s.m.*, o mesmo que desemplasto.

DE.SEM.PLU.MA.DO, *adj.*, que se desemplumou, que perdeu as plumas; depenado; desplumado.

DE.SEM.PLU.MAR, *v.t.*, desguarnecer de plumas; depenar.

DE.SEM.PO.A.DO, *adj.*, limpo, que foi tirado o pó, espanado.

DE.SEM.PO.AR, *v. int.*, tirar o pó, desempoeirar, limpar, faxinar.

DE.SEM.PO.BRE.CER, *v.t.*, sair ou tirar da pobreza; tornar rico.

DE.SEM.PO.EI.RA.DO, *adj.*, que está sem pó, desempoado, limpo, faxinado.

DE.SEM.PO.EI.RAR, *v.t. e pron.*, desempoar, limpar, faxinar.

DE.SEM.POL.GAR, *v.t.*, largar das garras ou das mãos; desagarrar; soltar.

DE.SEM.POS.SA.DO, *adj.*, destituído, tirado da posse, esbulhado.

DE.SEM.POS.SAR, *v.t.*, destituir, tirar a posse, esbulhar.

DE.SEM.PRE.GA.DO, *adj.*, pessoa sem emprego, desocupado.

DE.SEM.PRE.GAR, *v.t. e pron.*, tirar do emprego, demitir, exonerar, pôr na rua.

DE.SEM.PRE.GO, *s.m.*, ausência de emprego, demissão, falta de trabalho.

DE.SEM.PRO.AR, *v. int.*, perder a proa; *fig.*, perder o orgulho, a vaidade.

DE.SEM.PU.NHAR, *v.t.*, largar do punho ou da mão.

DE.SE.MU.DE.CER, *v.t. e int.*, fazer falar; recobrar a fala; deixar de estar mudo.

DE.SEN.CA.BA.DO, *adj.*, que está sem cabo, que perdeu

o cabo.

DE.SEN.CA.BAR, *v. int.*, tirar o cabo, arrancar o cabo.

DE.SEN.CA.BE.ÇAR, *v.t.*, dissuadir, tirar uma ideia da cabeça.

DE.SEN.CA.BRES.TAR, *v.t.*, tirar ou soltar-se do cabresto.

DE.SEN.CA.BU.LA.DO, *adj.*, desinibido, intimorato, corajoso.

DE.SEN.CA.BU.LAR, *v. int.*, desinibir, perder a timidez.

DE.SEN.CA.DE.A.DO, *adj.*, iniciado, começado.

DE.SEN.CA.DE.A.DOR, *adj.*, que desencadeia, que desprende; desencadeante.

DE.SEN.CA.DE.A.MEN.TO, *s.m.*, promoção, ativamento, início.

DE.SEN.CA.DE.AR, *v.t. e pron.*, promover, ativar, fazer acontecer, iniciar, despertar.

DE.SEN.CA.DER.NA.ÇÃO, *s.f.*, ação ou efeito de desencadernar, desencapamento.

DE.SEN.CA.DER.NA.DO, *adj.*, desencapado, não encadernado.

DE.SEN.CA.DER.NAR, *v.t. e pron.*, tirar a encadernação, desencapar.

DE.SEN.CAI.XA.DO, *adj.*, retirado da caixa, movimentado, extraído da caixa.

DE.SEN.CAI.XAR, *v.t. e pron.*, retirar da caixa, movimentar da caixa; tirar do encaixe, fazer sair.

DE.SEN.CAI.XE, *s.m.*, saída de dinheiro do caixa, pagamento.

DE.SEN.CAI.XI.LHAR, *v.t.*, tirar o (ou do) caixilho (a); desenquadrar.

DE.SEN.CAI.XO.TA.DO, *adj.*, que é retirado de uma caixa ou caixote; desencaixado.

DE.SEN.CAI.XO.TA.MEN.TO, *s.m.*, ação de desencaixotar.

DE.SEN.CAI.XO.TAR, *v.t.*, tirar do caixote, desencaixar, tirar da caixa.

DE.SEN.CA.LA.CRA.DO, *adj.*, desemperrado, solto, libertado.

DE.SEN.CA.LA.CRAR, *v.t.*, desemperrar, soltar, libertar.

DE.SEN.CA.LHA.DO, *adj.*, libertado, solto; *fig.*, casado.

DE.SEN.CA.LHAR, *v.t. e int.*, libertar; soltar; *fig.*, conseguir casar-se - ele(a) que estava encalhado(a).

DE.SEN.CA.LHE, *s.m.*, ato ou efeito de desencalhar; saída de uma posição fixa.

DE.SEN.CA.LHO, *s.m.*, ato de desencalhar; desencalhe; desencalhamento.

DE.SEN.CA.MI.NHA.DO, *adj.*, desviado, corrompido, seduzido.

DE.SEN.CA.MI.NHA.DOR, *adj. e s.m.*, que(m) corrompe, corruptor, sedutor.

DE.SEN.CA.MI.NHA.MEN.TO, *s.m.*, ato de desencaminhar(-se); alteração de rumo; *fig.*, desvio da boa conduta, dos padrões éticos e sociais vigentes; perversão.

DE.SEN.CA.MI.NHAR, *v.t. e pron.*, desviar, corromper, seduzir para o mal.

DE.SEN.CA.NA.DO, *adj.*, que se desencanou, que desviou de cano; diz-se da parte fraturada que saiu da posição correta; *gír.* diz-se de quem não se preocupa com problemas.

DE.SEN.CA.NAR, *v.t.*, *int. e pron.*, sair (a parte fraturada) da posição correta; tirar as canas ou talas; desviar do cano, tirar o cano de (líquido encanado); *gír.* não se preocupar.

DE.SEN.CAN.TA.ÇÃO, *s.f.*, ilusão, miragem, despertamento.

DE.SEN.CAN.TA.DO, *adj.*, desiludido, desenganado; desenfeitiçado; *fig.*, descoberto; encontrado.

DE.SEN.CAN.TA.DOR, *adj. e s.m.*, que ou aquele que desencanta; que ou aquele que faz perder as ilusões.

DE.SEN.CAN.TAR, *v.t. e pron.*, tirar o encanto, acordar,
despertar; encontrar uma saída.

DE.SEN.CAN.TO, *s.m.*, desilusão, desespero, decepção.

DE.SEN.CA.PA.DO, *adj.*, desnudado, descadernado.

DE.SEN.CA.PAR, *v.t.*, tirar a capa, descobrir, desnudar.

DE.SEN.CA.PE.LAR, *v.t. e int.*, acalmar (o mar); tirar o capelo ou chapéu de; na Marinha, retirar a encapeladura ou calcês de verga, mastro.

DE.SEN.CA.PO.TAR, *v.t. e pron.*, descobrir tirando o capote; desvendar, patentear.

DE.SEN.CAP.SU.LAR, *v.t.*, retirar da cápsula.

DE.SEN.CA.RA.PI.NHAR, *v.t.*, desfazer a carapinha; desencrespar (o cabelo).

DE.SEN.CAR.CE.RA.DO, *adj.*, solto, libertado.

DE.SEN.CAR.CE.RAR, *v.t. e pron.*, tirar da cadeia, livrar do cárcere, soltar.

DE.SEN.CAR.DI.DO, *adj.*, limpo, puro, escovado, faxinado.

DE.SEN.CAR.DIR, *v.t.*, limpar, escovar, tirar a sujeira.

DE.SEN.CAR.GO, *s.m.*, desobrigação, tarefa.

DE.SEN.CAR.NA.ÇÃO, *s.f.*, ação ou efeito de desencarnar, espiritualização.

DE.SEN.CAR.NA.DO, *adj.*, espírito, ser etéreo.

DE.SEN.CAR.NAR, *v.t. e int.*, tirar a carne, quando a alma sai do corpo; tornar-se espírito, morrer, falecer.

DE.SEN.CAR.QUI.LHA.DO, *adj.*, alisado, desenrugado.

DE.SEN.CAR.QUI.LHAR, *v.t.*, tirar as rugas, alisar a pele, perder as dobras da pele.

DE.SEN.CAR.RE.GA.DO, *adj.*, que tirou o encargo, desobrigado, liberado.

DE.SEN.CAR.RE.GAR, *v.t.*, desobrigar, liberar, demitir.

DE.SEN.CAR.REI.RA.DO, *adj.*, desviado, que perdeu a carreira, desencaminhado.

DE.SEN.CAR.REI.RAR, *v. int.*, desencaminhar, desviar, tirar da carreira.

DE.SEN.CAR.RI.LHA.DO, *adj.*, que saiu dos trilhos, desviado, desencaminhado.

DE.SEN.CAR.RI.LHAR, *v. int.*, cair dos trilhos, desviar.

DE.SEN.CAR.TAR, *v.t.*, privar (alguém) de ofício ou emprego em que estava encartado; tirar de carta (alfinetes).

DE.SEN.CA.SA.CAR, *v.t. e pron.*, tirar a casaca ou o casaco; ficar à vontade quanto ao traje.

DE.SEN.CAS.QUE.TAR, *v.t.*, *fam.*, dissuadir (alguém ou a si próprio) de alguma ideia fixa; despersuadir.

DE.SEN.CA.TAR.RO.AR, *v.t.*, curar do catarro; *v.pron.*, curar-se do catarro.

DE.SEN.CA.VA.DO, *adj.*, desenterrado, tirado de dentro, retirado.

DE.SEN.CA.VAR, *v.t.*, desenterrar, tirar de dentro.

DE.SEN.CER.RAR, *v.t.*, soltar do encerro; pôr em liberdade; *fig.*, descobrir; patentear.

DE.SEN.CI.LHA.DO, *adj.*, desarreado, desatrelado, liberado.

DE.SEN.CI.LHAR, *v. int.*, tirar os arreios, desatrelar da carroça.

DE.SEN.CON.TRA.DO, *adj.*, contrário, sem rumo, divergente, confuso.

DE.SEN.CON.TRAR, *v.t.*, *int. e pron.*, não conseguir encontrar-se, desviar-se.

DE.SEN.CON.TRO, *s.m.*, desvio, divergência, confusão.

DE.SEN.CO.RA.JA.DO, *adj.*, assustado, amedrontado, apavorado.

DE.SEN.CO.RA.JA.MEN.TO, *s.m.*, perda da coragem, apavoramento, amedrontamento.

DE.SEN.CO.RA.JAR, *v.t. e pron.*, perder ou tirar a coragem, assustar, amedrontar.

DE.SEN.COR.PA.DO, *adj.*, diminuído no volume, emagrecido.
DE.SEN.COR.PAR, *v.t.*, perder o volume, diminuir o tamanho do corpo, emagrecer.
DE.SEN.COS.TA.DO, *adj.*, desamparado, desabrigado, largado.
DE.SEN.COS.TAR, *v.t. e pron.*, tirar o encosto, desamparar, desabrigar.
DE.SEN.CO.VA.DO, *adj.*, retirado da cova, exumado.
DE.SEN.CO.VAR, *v.t.*, retirar da cova, exumar.
DE.SEN.CRA.VA.DO, *adj.*, arrancado, extraído.
DE.SEN.CRA.VAR, *v.t.*, tirar de dentro, arrancar, extrair.
DE.SEN.CREN.CA.DO, *adj.*, que está sem encrenca, sossegado, pacificado.
DE.SEN.CREN.CAR, *v. int.*, apaziguar, sossegar.
DE.SEN.CRES.PA.DO, *adj.*, que deixou de ser crespo, alisado.
DE.SEN.CRES.PAR, *v. int.*, alisar, tirar o crespo.
DE.SEN.CUR.RA.LA.DO, *adj.*, saído do curral (gado).
DE.SEN.CUR.RA.LAR, *v.t.*, fazer sair do curral (o gado); *fig.*, pôr em liberdade; desencantoar.
DE.SEN.CUR.VA.DO, *adj.*, reto, que ficou sem curvas, desentortado.
DE.SEN.CUR.VAR, *v. int.*, retificar, ajustar.
DE.SEN.DE.MO.NI.NHAR, *v.t.*, fazer com que deixe de estar endemoninhado.
DE.SEN.DEU.SAR, *v.t.*, recusar a adoração a; privar do caráter divino; não reconhecer a apoteose de.
DE.SEN.DI.VI.DA.MEN.TO, *s.m.*, ato ou efeito de desendividar(-se), saldar dívida.
DE.SEN.DI.VI.DAR, *v.t. e int.*, livrar(-se) de dívidas (pagando-as ou contribuindo para isso).
DE.SE.NER.VA.ÇÃO, *s.f.*, ato de desenervar.
DE.SE.NER.VAR, *v.t.*, tirar a enervação, *adj.*, tonificar.
DE.SE.NE.VO.AR, *v.t.*, dissipar ou limpar a nuvem ou a névoa; desanuviar; aclarar.
DE.SEN.FA.DA.DO, *adj.*, que procede com desenfado; em que não há enfado; divertido, despreocupado.
DE.SEN.FA.DA.MEN.TO, *s.m.*, divertimento, alegria, satisfação.
DE.SEN.FA.DAR, *v. int.*, alegrar, divertir, satisfazer.
DE.SEN.FA.DO, *adj.*, divertido, alegrado, satisfeito.
DE.SEN.FAI.XA.DO, *adj.*, que está sem faixas, desembrulhado.
DE.SEN.FAI.XAR, *v.t.*, tirar a faixa, desembrulhar.
DE.SEN.FAR.DA.DO, *adj.*, que tirou a farda, paisano, desembalado.
DE.SEN.FAR.DA.MEN.TO, *s.m.*, ato ou efeito de desenfardar; desembalagem, desenfardo.
DE.SEN.FAR.DAR, *v.t.*, tirar do fardo, desembrulhar, desembalar.
DE.SEN.FAR.DO, *s.m.*, ato de desenfardar, desenfardamento.
DE.SEN.FAR.TAR, *v.t.*, tirar o enfarte a.
DE.SEN.FAS.TI.A.DO, *adj.*, alegre, divertido, contente, satisfeito, álacre.
DE.SEN.FAS.TI.AR, *v.t. e pron.*, divertir, alegrar, contentar, satisfazer.
DE.SEN.FEI.TA.DO, *adj.*, simplificado, que está sem enfeites, desornamentado.
DE.SEN.FEI.TAR, *v. int.*, simplificar, tirar os enfeites.
DE.SEN.FEI.TI.ÇA.DO, *adj.*, desencantado, livre de feitiço, salvo do feitiço.
DE.SEN.FEI.TI.ÇAR, *v. int.*, livrar do feitiço.
DE.SEN.FEI.XA.DO, *adj.*, tirado do feixe, desmanchado.
DE.SEN.FEI.XAR, *v. int.*, tirar do feixe, desmanchar o feixe.
DE.SEN.FER.RU.JA.DO, *adj.*, limpo, que não tem ferrugem, preparado, rápido.
DE.SEN.FER.RU.JAR, *v.t. e pron.*, tirar a ferrugem; exercitar, preparar.
DE.SEN.FE.ZA.DO, *adj.*, aquietado, acalmado, pacificado.
DE.SEN.FE.ZAR, *v. int.*, aquietar, acalmar, apaziguar.
DE.SEN.FI.A.DO, *adj.*, que tem a linha fora, que está sem o fio.
DE.SEN.FI.AR, *v.t. e pron.*, tirar o fio, retirar o fio da agulha, sair, escapar.
DE.SEN.FOR.NA.DO, *adj.*, tirado do forno, saído do forno.
DE.SEN.FOR.NA.GEM, *s.f.*, o ato de tirar do forno.
DE.SEN.FOR.NAR, *v. int.*, tirar do forno, sair do forno.
DE.SEN.FRAS.CAR, *v.t.*, tirar do frasco, *v.pron.*, desembebedar-se.
DE.SEN.FRE.A.DO, *adj.*, sem freio, sem limites, descomedido.
DE.SEN.FRE.A.MEN.TO, *s.m.*, descomedimento, desgoverno.
DE.SEN.FRE.AR, *v. int.*, soltar os freios, ilimitar.
DE.SEN.FRE.CER, *v.t.* fazer cessar a fúria ou a cólera de; desencolerizar, amansar; *v.pron.*, amansar-se, acalmar-se, apaziguar-se.
DE.SEN.FRE.NAR, *v.t.*, no Rio Grande do Sul, o mesmo que desenfrear.
DE.SEN.FRO.NHA.DO, *adj.*, que está sem fronhas, que tirou as fronhas.
DE.SEN.FRO.NHAR, *v.t.*, tirar, soltar as fronhas dos travesseiros.
DE.SEN.FUR.NA.DO, *adj.*, saída da furna, desentocado, saído do buraco.
DE.SEN.FUR.NAR, *v. int.*, fazer sair da furna, desentocar, fazer sair do buraco.
DE.SEN.GAI.O.LA.DO, *adj.*, que tirou da gaiola; que se pôs em liberdade.
DE.SEN.GAI.O.LAR, *v.t.*, tirar da gaiola; pôr em liberdade, soltar.
DE.SEN.GA.JA.DO, *adj.*, que não está mais engajado, solto, livre.
DE.SEN.GA.JAR, *v. int.*, livrar do quartel, dar baixa do Exército.
DE.SEN.GAL.FI.NHAR, *v.t.*, *fam.*, separar (o que estava engalfinhado).
DE.SEN.GA.NA.DO, *adj.*, desesperançado, desiludido, sem cura.
DE.SEN.GA.NA.DOR, *adj. e s.m.*, iludidor, enganador.
DE.SEN.GA.NAR, *v.t.*, dizer a verdade sobre, relatar o certo.
DE.SEN.GAN.CHA.DO, *adj.*, solto, tirado do gancho, destravado.
DE.SEN.GAN.CHAR, *v.t.*, tirar do gancho, destravar, soltar.
DE.SEN.GA.NO, *s.m.*, desencanto, desilusão.
DE.SEN.GAR.RA.FA.DO, *adj.*, esvaziado, tirado da garrafa; descongestionado.
DE.SEN.GAR.RA.FAR, *v.t.*, tirar da garrafa, esvaziar a garrafa; descongestionar.
DE.SEN.GAS.GA.DO, *adj.*, que fala bem, que tirou o engasgo.
DE.SEN.GAS.GAR, *v. int.*, destravar a língua, abrir a fala.
DE.SEN.GAS.TA.LHAR, *v.t.*, *fam.*, soltar do gastalho ou do que estava engastalhado.
DE.SEN.GA.TA.DO, *adj.*, solto, desamarrado, liberado.
DE.SEN.GA.TAR, *v.t.*, soltar o engate, desamarrar, liberar.
DE.SEN.GA.TE, *s.m.*, desamarra, liberação, soltura.

DESENGATILHADO

DE.SEN.GA.TI.LHA.DO, *adj.*, desarmado, tirado do gatilho; ação parada.
DE.SEN.GA.TI.LHAR, *v.t.*, tirar do gatilho, desarmar o gatilho, parar um processo.
DE.SEN.GA.VE.TAR, *v.t.*, tirar (algo) da gaveta; *fig.*, tirar da prisão.
DE.SEN.GES.SAR, *v.t.*, tirar do gesso (do braço, perna, etc.); *fig.*, desprender.
DE.SEN.GLO.BAR, *v.t.* separar (o que estava englobado).
DE.SEN.GO.LIR, *v.t.*, lançar fora o que havia engolido; vomitar.
DE.SEN.GO.MAR, *v.t.*, tirar a goma (do que estava engomado).
DE.SEN.GON.ÇA.DO, *adj.*, atrapalhado, sem jeito, deselegante.
DE.SEN.GON.ÇAR, *v. pron.*, desajeitar-se, andar de maneira atrapalhada.
DE.SEN.GON.ÇO, *s.m.*, ato ou efeito de desengonçar.
DE.SEN.GOR.DU.RA.DO, *adj.*, limpo, asseado, purificado.
DE.SEN.GOR.DU.RAR, *v.t.*, limpar, tirar a gordura.
DE.SEN.GRA.XA.MEN.TO, *s.m.*, ação ou efeito de desengraxar.
DE.SEN.GRA.XAR, *v.t.*, tirar ou perder a graxa ou o brilho (do que estava engraxado).
DE.SEN.GRI.NAL.DAR, *v.t.*, desguarnecer, desadornar de grinaldas; *v.pron.*, desadornar-se de grinalda.
DE.SEN.GROS.SA.DOR, *adj.*, que desengrossa; que desbasta.
DE.SEN.GROS.SAR, *v.t.*, tornar menos grosso ou fazer com que fique ralo.
DE.SEN.GUI.ÇA.DO, *adj.*, desobstruído, desimpedido.
DE.SEN.GUI.ÇAR, *v.t. e pron.*, desobstruir, desimpedir, fazer funcionar.
DE.SEN.GU.LHAR, *v.t.*, fazer passar o engulho a, desenjoar.
DE.SE.NHA.DO, *adj.*, esboçado, riscado, traçado.
DE.SE.NHA.DOR, *s.m.*, o mesmo que desenhista, *adj.*, que faz desenhos.
DE.SE.NHAR, *v.t., int. e pron.*, traçar linhas, esboçar.
DE.SE.NHIS.TA, *s. 2 gén.*, quem faz desenhos.
DE.SE.NHO, *s.m.*, ação ou efeito de desenhar, esboço, quadro, delineamento de um quadro; desenho animado - filme com desenhos em movimento.
DE.SEN.JAU.LAR, *v.t. e pron.*, tirar, fazer sair da jaula.
DE.SEN.JO.AR, *v.t., int. e pron.*, fazer passar o enjoo; livrar(-se) do enjoo; abrir o apetite; *fig.*, desenfadar(-se).
DE.SEN.JO.A.TI.VO, *adj.*, que desenjoa; *s.m.*, o que tira o enjoo; o que desanoja.
DE.SEN.JO.O, *s.m.*, ação de desenjoar.
DE.SEN.LA.ÇA.DO, *adj.*, desprendido do laço, desamarrado, solto.
DE.SEN.LA.ÇAR, *v.t. e pron.*, desprender do laço, tirar do laço, desamarrar-se.
DE.SEN.LA.CE, *s.m.*, fim, término, arremate, acontecimento; *fig.*, morte.
DE.SEN.LAM.BU.ZAR, *v.t., pop.*, limpar (o que está enlambuzado).
DE.SEN.LA.ME.AR, *v.t.*, tirar a lama de; *fig.*, restabelecer a reputação ou a honra de.
DE.SEN.LA.TA.DO, *adj.*, tirado da lata, extraído de uma lata.
DE.SEN.LA.TAR, *v.t.*, tirar da lata, abrir uma lata.
DE.SEN.LE.A.DO, *adj.*, desfeito, franco, desenrolado.
DE.SEN.LE.AR, *v. int.*, desnovelar, franquear, desenrolar.
DE.SEN.LEI.O, *s.m.*, desnovelamento, desenrolamento.

304

DESENTEDIAR

DE.SEN.LU.TAR, *v.t.*, aliviar do luto, consolar, alegrar; *v.pron.*, depor o luto; alegrar-se.
DE.SE.NO.DO.AR, *v.t.*, tirar a nódoa, a mancha de; desnodoar.
DE.SE.NO.JAR, *v.t.*, fazer passar o nojo ou náusea (de alguém).
DE.SE.NO.VE.LA.DO, *adj.*, desenrolado, desfeito.
DE.SE.NO.VE.LAR, *v.t. e pron.*, tirar do novelo, desenrolar.
DE.SEN.QUA.DRA.DO, *adj.*, desalinhado, que está fora do esquadro.
DE.SEN.QUA.DRA.MEN.TO, *s.m.*, ato ou efeito de desenquadrar, retirar do quadro ou moldura; desemolduramento; em Cinema, Fotografia ou Televisão, ação ou resultado de tirar do enquadramento.
DE.SEN.QUA.DRAR, *v.t.*, tirar da linha, tirar do enquadramento.
DE.SEN.RA.I.ZA.DO, *adj.*, erradicado, arrancado pela raiz.
DE.SEN.RA.I.ZAR, *v.t., bit. e pron.*, tirar pela raiz, arrancar até a raiz.
DE.SEN.RA.MA.DO, *adj.*, podado, que tem os galhos cortados.
DE.SEN.RA.MAR, *v.t.*, cortar os ramos, podar, desgalhar.
DE.SEN.RAS.CA.DO, *adj.*, livrado, solto, desimpedido.
DE.SEN.RAS.CAR, *v.t. e pron.*, livrar de empecilhos, soltar.
DE.SEN.RE.DA.DO, *adj.*, libertado, esclarecido, aclarado.
DE.SEN.RE.DA.DOR, *s.m.*, o que desenreda, que desfaz o enredo.
DE.SEN.RE.DAR, *v. int.*, libertar, esclarecer, terminar.
DE.SEN.RE.DO, *s.m.*, desenlace, término.
DE.SEN.RE.GE.LAR, *v.t., int. e pron.*, descongelar(-se); *fam.*, aquecer(-se).
DE.SEN.RI.JAR, *v.t.*, tirar a rijeza de; ficar sem rijeza; tornar(-se) macio ou menos rijo.
DE.SEN.RO.DI.LHAR, *v.t.*, estender, desenrolar.
DE.SEN.RO.LA.DO, *adj.*, desmanchado, resolvido, solucionado.
DE.SEN.RO.LA.MEN.TO, *s.m.*, ato ou efeito de desenrolar(-se); *fig.*, processo em que ocorre um desencadeamento ou desdobramento de fatos.
DE.SEN.RO.LAR, *v.t. e pron.*, desmanchar, resolver o problema, fazer rodar.
DE.SEN.ROS.CA.DO, *adj.*, tirado da rosca, desprendido, solto.
DE.SEN.ROS.CAR, *v.t. e pron.*, tirar da rosca, soltar, facilitar.
DE.SEN.ROU.PAR, *v.t.*, privar da roupa; despir.
DE.SEN.RU.GA.DO, *adj.*, alisado, desrugado, liso.
DE.SEN.RU.GAR, *v.t.*, tirar as rugas, alisar, desencarquilhar.
DE.SEN.SA.BO.A.DO, *adj.*, que não está com sabão, com falta de sabão.
DE.SEN.SA.BO.AR, *v. int.*, tirar o sabão, lavar o sabão.
DE.SEN.SA.CA.DO, *adj.*, tirado do saco, que está fora do saco.
DE.SEN.SA.CAR, *v.t.*, tirar do saco, esvaziar um saco.
DE.SEN.SI.NA.DO, *adj.*, desaprendido, esquecido, ignorante.
DE.SEN.SI.NAR, *v. int.*, desaprender, tornar ignorante.
DE.SEN.SI.NO, *s.m.*, ação e efeito de desensinar.
DE.SEN.SOM.BRAR, *v.t.*, desembaraçar do que fazia sombra, aclarar.
DE.SEN.TA.LA.DO, *adj.*, livrado, desembaraçado, que tirou a tala.
DE.SEN.TA.LAR, *v.t. e pron.*, livrar, soltar, tirar a tala, desembaraçar.
DE.SEN.TAR.RA.XAR, *v.t.*, o mesmo que desatarraxar.
DE.SEN.TE.DI.A.DO, *adj.*, satisfeito, alegre, contente.
DE.SEN.TE.DI.AR, *v.t.*, perder o tédio, tirar o aborrecimento,

DESENTENDER — DESESPERADO

alegrar-se.
DE.SEN.TEN.DER, *v.t., int. e pron.,* não entender, fazer-se de bobo, fingir não entender.
DE.SEN.TEN.DI.DA.MEN.TE, *adv.,* distraidamente, indiferentemente.
DE.SEN.TEN.DI.DO, *adj.,* que não entendeu, farsante, feito bobo.
DE.SEN.TEN.DI.MEN.TO, *s.m.,* incompreensão, desacerto.
DE.SEN.TER.RA.DO, *adj.,* exumado, cavado, arrancado da terra.
DE.SEN.TER.RA.DOR, *adj. e s.m.,* que ou o que desenterra; esquadrinhador.
DE.SEN.TER.RA.MEN.TO, *s.m.,* ação ou efeito de desenterrar, desenterro, exumação.
DE.SEN.TER.RAR, *v.t.,* exumar, cavar, tirar de dentro da terra.
DE.SEN.TER.RO, *s.m.,* o mesmo que desenterramento.
DE.SEN.TE.SAR, *v. int.,* afrouxar, amolecer.
DE.SEN.TE.SOU.RAR, *v.t.,* tirar do tesouro; *fig.,* descobrir, desentranhar; desencantar.
DE.SEN.TO.A.ÇÃO, *s.f.,* em Música, dissonância, desafinação.
DE.SEN.TO.A.DO, *adj.,* desafinado, dissonante, que está com tom desafinado.
DE.SEN.TO.AR, *v.t., int. e pron.,* desafinar, entoar errado, perder o tom.
DE.SEN.TO.CA.DO, *adj.,* tirado da toca, arrancado da toca, desenfurnado.
DE.SEN.TO.CAR, *v.t. e pron.,* arrancar da toca, fazer sair de casa.
DE.SEN.TOR.PE.CI.DO, *adj.,* despertado, acordado, que lhe saiu o torpor.
DE.SEN.TOR.PE.CER, *v.t. e pron.,* despertar, tirar o torpor.
DE.SEN.TOR.TA.DO, *adj.,* ajustado, reto.
DE.SEN.TOR.TAR, *v.t.,* fazer ficar reto, ajustar.
DE.SEN.TRA.NHA.DO, *adj.,* exposto, trazido à tona, exibido.
DE.SEN.TRA.NHAR, *v.t. e pron.,* tirar do fundo, trazer à tona, expor, mostrar, exibir.
DE.SEN.TRA.VA.DO, *adj.,* solto dos entraves; desembaraçado, livre.
DE.SEN.TRA.VAR, *v.t.,* libertar da trava; tirar os entraves de.
DE.SEN.TRIN.CHEI.RAR, *v.t.,* em Militarismo, fazer sair de trás das trincheiras; desalojar.
DE.SEN.TRIS.TE.CER, *v.t. e pron.,* alegrar(-se).
DE.SEN.TRO.NI.ZAR, *v.t.,* o mesmo que destronar ou destronizar.
DE.SEN.TRO.SA.DO, *adj.,* discorde, disforme, diferente.
DE.SEN.TRO.SA.MEN.TO, *s.m.,* falta de entrosamento, ausência de concordância.
DE.SEN.TRO.SAR, *v. int.,* discordar, tornar disforme, diferenciar.
DE.SEN.TU.LHA.DO, *adj.,* liberado, encontrado, achado.
DE.SEN.TU.LHA.DOR, *adj. e s.m.,* que ou o que desentulha.
DE.SEN.TU.LHAR, *v.t.,* liberar, retirar o entulho.
DE.SEN.TU.LHO, *s.m.,* entulho, restos de construção.
DE.SEN.TU.ME.CER, *v.t., int. e pron.,* ver desintumescer.
DE.SEN.TU.PI.DO, *adj.,* desocupado, desimpedido, aberto.
DE.SEN.TU.PI.MEN.TO, *s.m.,* ação ou resultado de desentupir(-se); desobstrução.
DE.SEN.TU.PIR, *v.t., int. e pron.,* desimpedir, deixar correr.
DE.SEN.VEN.CI.LHA.DO, *adj.,* o mesmo que desvencilhado; *var.,* desvencilhado.
DE.SEN.VEN.CI.LHAR-SE, *v.t. e pron.,* soltar, desatar (o que estava preso com vincilho); *fig.,* desenredar(-se); livrar(-se); soltar-se.
DE.SEN.VE.NE.NAR, *v.t. e int.,* eliminar o efeito de um veneno; curar o efeito de veneno; desintoxicar.
DE.SEN.VER.GA.DO, *adj.,* que se desenvergou, se desarqueou.
DE.SEN.VI.E.SA.DO, *adj.,* que está fora do viés, desviado, desaprumado.
DE.SEN.VI.E.SAR, *v. int.,* desviar, tirar do viés.
DE.SEN.VOL.TO, *adj.,* ativo, desinibido, elegante.
DE.SEN.VOL.TU.RA, *s.f.,* qualidade de desenvolto.
DE.SEN.VOL.VER, *v.t. e pron.,* promover o crescimento, expandir, progredir.
DE.SEN.VOL.VI.DO, *adj.,* adiantado, que progrediu, que cresceu.
DE.SEN.VOL.VI.MEN.TO, *s.m.,* progresso; em economia, crescimento econômico.
DE.SEN.VOL.VÍ.VEL, *adj.,* que pode ser desenvolvido, expandível.
DE.SEN.XA.BI.DEZ, *s.f.,* insipidez, falta de graça.
DE.SEN.XA.BI.DO, *adj.,* insípido, sem gosto.
DE.SEN.XA.BI.MEN.TO, *s.m.,* insipidez, desgraciosidade, desenxabidez.
DE.SEN.XA.ME.AR, *v.t.,* dissipar (um enxame); desinçar.
DE.SEN.XA.VI.DO, *adj.,* sem graça.
DE.SEN.XO.VA.LHA.DO, *adj.,* asseado, purificado, limpo.
DE.SEN.XO.VA.LHAR, *v.t.,* lavar, assear, purificar.
DE.SE.QUI.LI.BRA.DO, *adj.,* sem equilíbrio, doido, maluco.
DE.SE.QUI.LI.BRAR, *v.t. e pron.,* perder o equilíbrio; ficar doido, tornar-se demente.
DE.SE.QUI.LÍ.BRIO, *s.m.,* falta de equilíbrio; demência.
DE.SER.ÇÃO, *s.f.,* ação de desertar, fuga, saída indevida do Exército.
DE.SER.DA.ÇÃO, *s.f.,* ação ou efeito de deserdar, perda da herança.
DE.SER.DA.DO, *adj.,* que perdeu a herança; abandonado; *fig.,* sem recursos para sobreviver.
DE.SER.DAR, *v.t. e pron.,* de modo legal tirar do rol dos herdeiros; abandonar.
DE.SER.TA.DO, *adj.,* que se desertou, se tornou deserto; que desistiu, se retirou de algo; em Militarismo, que fugiu do serviço militar ou da guerra.
DE.SER.TAR, *v.t. e int.,* transformar em deserto; fugir, largar, abandonar, fugir do serviço militar.
DE.SÉR.TI.CO, *adj.,* em Geografia; relativo a, ou próprio do deserto; em Geografia, diz-se de região que tem aspecto de deserto; *p. ext.,* despovoado, deserto.
DE.SER.TI.FI.CA.ÇÃO, *s.f.,* tornar deserta uma região, mudança de uma região para deserto.
DE.SER.TI.FI.CA.DO, *adj.,* tornado deserto, desertado.
DE.SER.TI.FI.CAR, *v. int.,* transformar em deserto, tornar deserto.
DE.SER.TO, *s.m.,* grande superfície de areia, sem vegetação e sem habitantes; ermo, lugar abandonado.
DE.SER.TOR, *s.m.,* quem abandona algo; *ex.,* soldado que foge do serviço militar.
DE.SES.PE.RA.ÇÃO, *s.f.,* desespero, desesperança, perda de toda a esperança.
DE.SES.PE.RA.DO, *adj.,* que perdeu a esperança, inquieto, desesperançoso.

DE.SES.PE.RA.DA.MEN.TE, adv., de maneira desesperada; loucamente.
DE.SES.PE.RA.DOR, adj., que faz desesperar; desesperante.
DE.SES.PE.RAN.ÇA, s.f., ausência de esperança; despero, falta de fé.
DE.SES.PE.RAN.ÇAR, v.t., perder a esperança; desanimar.
DE.SES.PE.RAR, v.t., int. e pron., perder a esperança, arrancar a esperança de; incomodar-se.
DE.SES.PE.RA.TI.VO, adj., que faz desesperar.
DE.SES.PE.RO, s.m., angústia, perda total da esperança, aflição.
DE.SES.TA.BI.LI.ZA.ÇÃO, s.f., ato ou resultado de desestabilizar.
DE.SES.TA.BI.LI.ZA.DO, adj., que se desestabilizou ou perdeu a estabilidade.
DE.SES.TA.BI.LI.ZAN.TE, adj. 2 gên., que desestabiliza, que faz perder a estabilidade.
DE.SES.TA.BI.LI.ZAR, v.t., int. e pron., desequilibrar, tirar a estabilidade.
DE.SES.TA.TI.ZAR, v.t. e pron., o estado vende à iniciativa privada empresas próprias; vender propriedades estatais para entidades ou pessoas físicas.
DE.SES.TI.MA, s.f., desapreço, autopiedade, baixa-estima.
DE.SES.TI.MA.DO, adj., desapreciado, malvisto, que não recebe atenção adequada.
DE.SES.TI.MA.DOR, adj. e s.m., que ou o que desestima, maldizente, depreciador.
DE.SES.TI.MAR, v. int., desapreciar, detestar, não gostar de.
DE.SES.TI.MU.LA.DO, adj., desanimado, desmotivado.
DE.SES.TI.MU.LAR, v.t. e pron., desanimar, fazer perder o estímulo.
DE.SES.TI.MU.LO, s.m., desânimo, desencorajamento.
DE.SES.TRU.TU.RA.DO, adj., desordenado, desorganizado, anárquico.
DE.SES.TRU.TU.RAR, v.t. e pron., quebrar a estrutura, desorganizar, desordenar.
DES.FA.ÇA.DO, adj., descarado, sem-vergonha.
DES.FA.ÇA.MEN.TO, s.m., o mesmo que desfaçatez.
DES.FA.ÇAR-SE, v.int., mostrar-se desfaçado, sem-vergonha.
DES.FA.ÇA.TEZ, s.f., sem-vergonhice, atrevimento, safadeza.
DES.FAL.CA.DO, adj., que está necessitado, carente, que requer reposição.
DES.FAL.CA.MEN.TO, s.m., ato ou efeito de desfalcar.
DES.FAL.CAR, v.t. e pron., provocar desfalque, fazer faltar; furtar, apropriar-se.
DES.FA.LE.CER, v.t. e int., perder as forças, desmaiar, cair.
DES.FA.LE.CI.DO, adj., desmaiado, esmorecido, fraco.
DES.FA.LE.CI.MEN.TO, s.m., desmaio, esmorecimento, fraqueza.
DES.FAL.QUE, s.m., subtração de um valor; furto, apropriação indébita.
DES.FA.RE.LAR, v.t., ação de separar o farelo (da farinha); esfarelar.
DES.FAS.TI.O, s.m., boa vontade, apetite, vontade de comer, bom ânimo.
DES.FA.VE.LA.DO, adj., que está fora da favela, urbanizado, enriquecido.
DES.FA.VE.LAR, v.t., tirar da favela, desmanchar uma favela.
DES.FA.VE.LI.ZAR, v. int., tirar a favela, retirar da favela, urbanizar, construir implementos.
DES.FA.VE.LI.ZA.DO, adj., retirado da favela, urbanizado, enfeitado.
DES.FA.VOR, s.m., desprezo, desdém, menoscabo, desfeita.
DES.FA.VO.RÁ.VEL, adj., contrário, contra.
DES.FA.VO.RE.CE.DOR, adj. e s.m., que ou o que desfavorece.
DES.FA.VO.RE.CER, v.t., não favorecer, ser desfavorável a.
DES.FA.VO.RE.CI.DO, adj., não favorecido, desajudado; prejudicado.
DES.FA.VO.RE.CI.MEN.TO, s.m., contrariedade, desfavor.
DES.FA.ZE.DOR, adj. e s.m., que, aquele ou aquilo que desfaz ou destrói (o que se havia feito).
DES.FA.ZER, v.t. e pron., desmanchar, destruir, dissolver.
DES.FE.CHAR, v.t., int. e pron., arrancar o fecho; dar um tiro com arma de fogo, golpear, terminar.
DES.FE.CHO, s.m., término, fim, arremate, desenlace.
DES.FEI.TA, s.f., ofensa, desagrado, injúria, desfavor.
DES.FEI.TE.A.DO, adj., enfeado, contrariado, injuriado.
DES.FEI.TE.A.DOR, adj. e s.m., que ou o que desfeiteia.
DES.FEI.TE.AR, v. int., enfear, contrariar, injuriar, ofender.
DES.FEI.TO, adj., desmanchado, arruinado, anulado, diluído, desarrumado.
DES.FE.RI.MEN.TO, s.m., ação ou efeito de desferir.
DES.FE.RIR, v.t. e int., atirar, jogar, golpear.
DES.FE.RI.DO, adj., golpeado, atacado.
DES.FI.A.DU.RA, s.f., ação e efeito de desfiar ou de se desfiar.
DES.FER.RAR, v.t. e pron., tirar os ferros, tirar a ferradura.
DES.FI.A.DO, adj., desfilado, desfeito, reduzido a fios; narrar com detalhes minuciosos.
DES.FI.AR, v.t. e pron., reduzir a fios, desfazer; narrar uma porção de coisas.
DES.FI.BRA.DO, adj., enfraquecido, definhado, detalhado, analisado.
DES.FI.BRA.MEN.TO, s.m., ação ou resultado de desfibrar(-se); desânimo; desalento; enfraquecimento.
DES.FI.BRAR, v.t. e pron., enfraquecer, tirar as fibras, detalhar, analisar.
DES.FI.BRÁ.VEL, adj., que se pode desfibrar.
DES.FI.BRI.LA.ÇÃO, s.f., em Cardiologia, cessação ou interrupção de fibrilação através da aplicação de choque elétrico.
DES.FI.BRI.LA.DOR, s.m., em Cardiologia, aparelho que emite descarga elétrica para evitar ou reverter fibrilação cardíaca.
DES.FI.BRI.LAR, v.t., em Cardiologia, emitir descarga elétrica no tórax do paciente, com a finalidade de evitar ou reverter a fibrilação cardíaca.
DES.FI.GU.RA.ÇÃO, s.f., ação ou resultado de desfigurar(-se); deformação.
DES.FI.GU.RA.DO, adj., alterado, deformado.
DES.FI.GU.RA.DOR, adj. e s.m., alterador, deformador, modificador, transformador.
DES.FI.GU.RAR, v.t. e pron., alterar, modificar, deformar.
DES.FI.GU.RÁ.VEL, adj., que se pode desfigurar.
DES.FI.LA.DEI.RO, s.m., passagem estreita entre duas montanhas, garganta.
DES.FI.LA.MEN.TO, s.m., ação de desfilar (us. em tática de cavalaria).
DES.FI.LAN.TE, adj. 2 gên. e s. 2 gên., que ou aquele que desfila.
DES.FI.LAR, v.t. e int., marchar, passar em frente aos outros.
DES.FI.LE, s.m., grupo de pessoas caminhando em ordem perante o público, como em parada militar ou desfile de moda.
DES.FI.VE.LAR, v.t., o mesmo que desafivelar.
DES.FLO.RA.MEN.TO, s.m., o mesmo que desfloração.

DESFLORAR

DES.FLO.RAR, *v.t.*, tirar as flores, deflorar, violentar.
DES.FLO.RES.CER, *v. int.*, murchar, secar-se, cair da floração.
DES.FLO.RES.TA.ÇÃO, *s.f.*, ação de desflorestar; desarborização; desmatamento.
DES.FLO.RES.TA.MEN.TO, *s.m.*, derrubada, desmatamento, destruição de vegetação.
DES.FLO.RES.TAR, *v.t.*, derrubar árvores, cortar a vegetação, desmatar.
DES.FLO.RI.DO, *adj.*, desflorecido; que não tem flores, que as perdeu.
DES.FLO.RIR, *v.int.*, o mesmo que desflorescer, *v.pron.*, *fig.*, desvanecer-se, extinguir-se.
DES.FO.CA.DO, *adj.*, esbatido, que está fora do foco.
DES.FO.CAR, *v.t.*, pôr fora do foco, esbater.
DES.FO.LHA, *s.f.*, o cair das folhas das árvores no outono; desfolhação; desfoliação.
DES.FO.LHA.ÇÃO, *s.f.*, ação ou resultado de desfolhar; desfolhamento.
DES.FO.LHA.DA, *s.f.*, em Agricultura, operação de tirar o folhelho, a capela às maçarocas do milho.
DES.FO.LHA.DO, *adj.*, que está sem folhas, que perdeu as folhas.
DES.FO.LHA.DOR, *adj. e s.m.*, que ou o que desfolha.
DES.FO.LHA.MEN.TO, *s.m.*, o mesmo que desfolhação.
DES.FO.LHAN.TE, *adj. e s.m.*, veneno que arranca as folhas, como o agrotóxico laranja.
DES.FO.LHAR, *v.t. e pron.*, tirar, arrancar as folhas.
DES.FO.QUE, *s.m.*, em Cinema, em Fotografia, Televisão, o mesmo que desfocalização.
DES.FOR.ÇA.DO, *adj.*, desagravado, esforçado, incansável, indefesso.
DES.FOR.ÇA.DOR, *s.m.*, o que desforça.
DES.FOR.ÇAR, *v. int.*, desagravar, esforçar, ser incansável.
DES.FOR.ÇO, *s.m.*, esforço maior, desforra, desagravo, homenagem para a honra.
DES.FOR.MA.LI.ZAR, *v.t.*, suspender a formalização de; retirar o caráter formal de algo.
DES.FOR.MAR, *v.t.*, fazer sair da forma.
DES.FOR.RA, *s.f.*, vingança.
DES.FOR.RA.DO, *adj.*, vingado, desagravado.
DES.FOR.RAR, *v. int.*, vingar, vingar-se, desagravar-se, desagravar.
DES.FOR.TA.LE.CER, *v. int.*, enfraquecer, definhar, diminuir as forças.
DES.FOR.TA.LE.CI.DO, *adj.*, enfraquecido, definhado, fraco.
DES.FOR.TU.NA, *s.f.*, azar, caiporismo, mau olhado, desdita.
DES.FOR.TU.NA.DO, *adj.*, azarado, que não tem sorte, desditoso.
DES.FOR.TU.NAR, *v. int.*, azarar, trazer má sorte, desditar.
DES.FRAG.MEN.TA.DOR, *s.m.*, em Informática, programa que desfragmenta arquivos e pastas fragmentados e os organiza no disco rígido.
DES.FRAL.DA.DO, *adj.*, que está com as velas soltas, aberto, pronto para viajar.
DES.FRAL.DAR, *v.t. e pron.*, abrir a bandeira; soltar as velas, abrir as velas; apresentar um tema.
DES.FRAN.ZIR, *v.t. e pron.*, desanuviar, tirar o franzido, desenrugar.
DES.FRE.QUEN.TAR, *v.t.*, deixar de frequentar.
DES.FRU.TA.DO, *adj.*, usufruído, regalado, apreciado, saboreado.

DESGUARITAR

DES.FRU.TA.MEN.TO, *s.m.*, usufruto, apreciação, saboreamento.
DES.FRU.TA.DOR, *adj. e s.m.*, que ou aquele que desfruta, o gozo e a posse de alguma coisa; usufrutuário.
DES.FRU.TAR, *v.t.*, usufruir, gozar, regalar-se.
DES.FRU.TÁ.VEL, *adj.*, que pode ser desfrutado, usufruível, apreciável, usável.
DES.FRU.TE, *s.m.*, desfruto, gozo de um bem, usufruto.
DES.GA.BAR, *v.t.*, dizer mal de, depreciar, deprimir, vilipendiar.
DES.GA.BO, *s.m.*, maledicência, depreciação.
DES.GA.LHA.DO, *adj.*, podado, desramado; *fig.*, que lhe foram retiradas as coisas inúteis.
DES.GA.LHAR, *v.t.*, tirar os galhos, podar os galhos; *fig.*, tirar coisas inúteis.
DES.GAR.RA.DO, *adj.*, afastado, perdido, que perdeu o grupo, desencaminhado, desviado.
DES.GAR.RA.DOR, *adj.*, que desgarra ou diz-se do que faz desgarrar.
DES.GAR.RA.MEN.TO, *s.m.*, fuga, perda do rumo, desvio, desencaminhamento.
DES.GAR.RAR, *v.t., int. e pron.*, afastar-se do rumo; perder-se.
DES.GAS.TA.DO, *adj.*, estafado, cansado, fatigado.
DES.GAS.TAN.TE, *adj.*, aborrecido, estafante, cansativo, fatigante.
DES.GAS.TAR, *v.t e pron.*, cansar, estafar, consumir, destruir.
DES.GAS.TE, *s.m.*, gasto, estrago, corrosão.
DES.GAS.TO, *s.m.*, ação de desgastar.
DES.GE.LAR, *v.t. int.*, o mesmo que degelar.
DES.GOS.TA.DO, *adj.*, insatisfeito, magoado, descontente.
DES.GOS.TAR, *v.t.*, magoar, ofender, desagradar, descontentar.
DES.GOS.TO, *s.m.*, mágoa, desagrado, ofensa.
DES.GOS.TO.SO, *adj.*, magoado, ofendido, desagradado, insatisfeito.
DES.GO.VER.NA.ÇÃO, *s.f.*, falta de governo; desgoverno.
DES.GO.VER.NA.DO, *adj.*, desorganizado, anárquico, anarquizado, malconduzido.
DES.GO.VER.NAR, *v.t., int. e pron.*, governar de modo ruim, administrar mal, conduzir o governo de modo ruim.
DES.GO.VER.NO, *s.m.*, governo ruim, anarquia, desordem.
DES.GRA.ÇA, *s.f.*, desdita, aflição, calamidade, ruindade.
DES.GRA.ÇA.DO, *adj.*, de má sorte, miserável, maldoso, vil, desprezível.
DES.GRA.ÇAR, *v.t. e pron.*, infelicitar, causar a desgraça a, afligir.
DES.GRA.CEI.RA, *s.f.*, muitas desgraças, grandes desgraças, calamidades.
DES.GRA.CI.O.SO, *adj.*, sem graça, deselegante, grotesco.
DES.GRA.VA.DO, *adj.*, apagado, inutilizado.
DES.GRA.VAR, *v.t.*, tirar a gravação, apagar o que foi gravado.
DES.GRE.NHA.DO, *adj.*, cabelo despenteado.
DES.GRE.NHA.MEN.TO, *s.m.*, ação ou resultado de desgrenhar(-se).
DES.GRE.NHAR, *v.t. e pron.*, arrepiar os cabelos, despentear os cabelos.
DES.GRI.NAL.DAR, *v.t.*, o mesmo que desengrinaldar.
DES.GRU.DA.DO, *adj.*, descolado, liberado, afastado.
DES.GRU.DAR, *v.t.*, descolar, soltar, livrar.
DES.GUA.RI.TA.DO, *adj., pop.*, extraviado, isolado; ausente de um lugar.
DES.GUA.RI.TAR, *v.t.*, separar do bando; desgarrar;

DESGUARNECER

tresmalhar.
DES.GUAR.NE.CER, *v.t.*, tirar a guarnição, desproteger, privar, abandonar.
DES.GUAR.NE.CI.DO, *adj.*, desprotegido, privado, abandonado.
DES.GUE.DE.LHA.DO, *adj.*, despenteado ou mal penteado, desgrenhado; desalinhado.
DES.GUE.DE.LHAR, *v.t. e pron.*, desalinhar(-se); desgrenhar(-se).
DES.GUI.AR, *v.int., gír.*, ir embora; afastar-se.
DE.SI.DE.O.LO.GI.ZA.ÇÃO, *s.f.*, ação ou resultado de desideologizar.
DE.SI.DE.O.LO.GI.ZAR, *v.t.*, expurgar(-se) ou livrar(-se) de crenças e pressupostos ideológicos.
DE.SI.DE.RA.TO, *s.m.*, aquilo que se deseja, desejo, anseio.
DE.SÍ.DIA, *s.f.*, inércia, preguiça, incúria, relaxamento, descompromisso.
DE.SI.DI.O.SO, *adj.*, inerte, preguiçoso, relaxado, descompromissado.
DE.SI.DRA.TA.ÇÃO, *s.f.*, perda demasiada de água, ação de desidratar.
DE.SI.DRA.TA.DO, *adj.*, ressecado, que perdeu toda a água.
DE.SI.DRA.TAR, *v.t., int. e pron.*; perder muita água do organismo, ressecar.
DE.SI.DRO.GE.NA.ÇÃO, *s.f.*, ação ou efeito de desidrogenar, perda de hidrogênio.
DE.SI.DRO.GE.NA.DO, *adj.*, que perdeu o hidrogênio.
DE.SI.DRO.GE.NAR, *v. int.*, tirar o hidrogênio.
DE.SIG.NA.ÇÃO, *s.f.*, indicação, determinação, demonstração.
DE.SIG.NA.DO, *adj.*, indicado, nomeado, fixado, escolhido.
DESIGN, *s.m.*, desenho para fins industriais, móveis, confecções, desenho, projeto.
DE.SIG.NA.ÇÃO, *s.f.*, indicação, nomeação, condução, escolha.
DE.SIG.NA.DO, *adj.*, indicado, nomeado, fixado, escolhido.
DE.SIG.NA.DOR, *adj. e s.m.*, que ou aquele designa, indica ou especifica; designante.
DE.SIG.NAR, *v.t.*, indicar, nomear, conduzir, fixar, escolher.
DE.SIG.NA.TI.VO, *adj.*, que designa; *s.m.*, designação.
DE.SÍG.NIO, *s.m.*, propósito, ideia, indicação.
DE.SI.GUAL, *adj.*, diferente, variável, diverso, não igual.
DE.SI.GUA.LA.DO, *adj.*, diferenciado, tornado desigual, diversificado.
DE.SI.GUA.LAR, *v.t. e pron.*, tornar desigual, criar diferenças.
DE.SI.GUAL.DA.DE, *s.f.*, diferença, diversificação, variação.
DE.SI.LU.DI.DO, *adj.*, enganado, iludido, desesperançado, desenganado.
DE.SI.LU.DIR, *v.t. e pron.*, acabar com a ilusão, enganar, trazer para a realidade.
DE.SI.LU.SÃO, *s.f.*, desengano, decepção, fantasia enganosa.
DE.SIM.PE.DI.DO, *adj.*, removido, impedido, desobstaculado.
DE.SIM.PE.DI.MEN.TO, *s.m.*, ação ou resultado de desimpedir.
DE.SIM.PE.DIR, *v.t. e pron.*, remover impedimento, desobstruir, tirar obstáculo.
DE.SIM.POR.TÂN.CIA, *s.f.*, qualidade do que não tem valor, mérito, etc; falta de importância; insignificância.
DE.SIM.POR.TAN.TE, *adj. 2 gên.*, de pouca ou nenhuma importância; insignificante.
DE.SIN.CEN.TI.VAR, *v.t. e int.*, tirar o incentivo, o estímulo de; perder o incentivo; desencorajar(-se); inibir(-se).
DE.SIN.CEN.TI.VO, *s.m.*, o que leva ao desinteresse; falta

DESINFLAMAÇÃO

de incentivo.
DE.SIN.CHA.ÇO, *s.m.*, regressão do inchaço, redução da intumescência.
DE.SIN.CHAR, *v.t. e int.*, abater a inchação de; desintumescer; ir perdendo a inchação; *fig.*, diminuir o orgulho, a vaidade.
DE.SIN.CHA.DO, *adj.*, normalizado, que diminuiu o inchaço.
DE.SIN.CHAR, *v.t., int. e pron.*, perder o inchaço, diminuir o inchaço, voltar ao normal.
DE.SIN.CLI.NA.DO, *adj.*, levantado, não inclinado, ereto.
DE.SIN.CLI.NAR, *v. int.*, levantar, retificar, ajustar.
DE.SIN.COM.PA.TI.BI.LI.ZA.ÇÃO, *s.f.*, licença de situação impeditiva, impedimento.
DE.SIN.COM.PA.TI.BI.LI.ZA.DO, *adj.*, licenciado, liberado.
DE.SIN.COM.PA.TI.BI.LI.ZAR, *v.t. e pron.*, desfazer a compatibilidade, deixar um cargo que impede outro.
DE.SIN.COR.PO.RA.ÇÃO, *s.f.*, desencarnação, separar, desunião.
DE.SIN.COR.PO.RA.DO, *adj.*, desencarnado, que está sem corpo, separado, desunido.
DE.SIN.COR.PO.RAR, *v.t. e pron.*, tirar de um corpo, desmembrar, separar, desunir.
DE.SIN.CUM.BÊN.CIA, *s.f.*, desempenho, execução, cumprimento de uma missão.
DE.SIN.CUM.BI.DO, *adj.*, executado, realizado, desempenhado.
DE.SIN.CUM.BIR, *v. pron.*, desempenhar, levar a efeito uma missão.
DE.SIN.DE.XA.ÇÃO, *s.f.*, ação ou resultado de desindexar.
DE.SIN.DE.XA.DO, *adj.*, tirado do índex, desligado, normalizado.
DE.SIN.DE.XAR, *v.t.*, tirar do índex, como desligar de um índice econômico.
DE.SI.NÊN.CIA, *s.f.*, término, final das palavras, mudança de artigos, sufixos, para estabelecer a concordância nominal dos termos ou das pessoas verbais.
DE.SI.NEN.CI.AL, *adj.*, que se refere a desinência, terminativo, sufixal.
DE.SIN.FEC.ÇÃO, *s.f.*, cura de infecção, saneamento de infecção.
DE.SIN.FEC.CI.O.NA.DO, *adj.*, sanado, sarado, curado, medicado.
DE.SIN.FEC.CI.O.NAR, *v.t.*, desinfetar, limpar a ferida.
DE.SIN.FE.LIZ, *adj.*, infeliz, tristonho.
DE.SIN.FE.TA.DO, *adj.*, asseado, limpo, lavado, cuidado; var., desinfectado.
DE.SIN.FE.TA.ÇÃO, *s.f.*, ação ou resultado de desinfetar.
DE.SIN.FE.TAN.TE, *s.m.*, substância usada para desinfetar; var., desinfectante.
DE.SIN.FE.TÓ.RIO, *s.m.*, local em que se fazem desinfecções; posto de desinfecção.
DE.SIN.FE.TAR, *v.t. e int.*, desinfeccionar, limpar, assear, descontaminar; var., desinfectar.
DE.SIN.FLA.ÇÃO, *s.f.*, deflação, tendência governamental para reduzir a inflação, queda geral dos preços.
DE.SIN.FLA.CI.O.NA.DO, *adj.*, diminuída a inflação, contida a inflação.
DE.SIN.FLA.CI.O.NAR, *v.t.*, conter a inflação, diminuir, acabar com a inflação.
DE.SIN.FLA.CI.O.NÁ.RI.O, *adj.*, relativo a desinflação; deflacionário.
DE.SIN.FLA.MA.ÇÃO, *s.f.*, diminuição das chamas, contenção

do ato de inflamar.

DE.SIN.FLA.MA.DO, *adj.*, amorfo, apagado, sanado, cuidado.

DE.SIN.FLA.MAR, *v.t. e pron.*, diminuir ou reduzir as chamas, apagar as chamas; diminuir a inflamação.

DE.SIN.FOR.MA.DO, *adj.*, que não está informado, abstraído de informes.

DE.SIN.FOR.MA.ÇÃO, *s.f.*, informação errada, falha, pouca informação, informações erradas.

DE.SIN.FOR.MAR, *v.t. e int.*, não informar, abster-se de informar.

DE.SIN.GUR.GI.TAR, *v.t.*, restituir ou desfazer o ingurgitamento; desobstruir.

DE.SI.NI.BI.DO, *adj.*, desenvolto, desembaraçado, ativo.

DE.SI.NI.BIR, *v.t.*, perder a timidez, deixar de ser acanhado.

DE.SIN.QUI.E.TA.ÇÃO, *s.f.*, desassossego, tumulto, perturbação.

DE.SIN.QUI.E.TA.DO, *adj.*, perturbado, desassossegado.

DE.SIN.QUI.E.TA.DOR, *adj.* e *s.m.*, diz-se de, ou a pessoa que desinquieta ou põe em desassossego.

DE.SIN.QUI.E.TAR, *v.t.*, perturbar, desassossegar, tumultuar.

DE.SIN.QUI.E.TO, *adj.*, perturbado, irrequieto, desassossegado.

DE.SIN.TE.GRA.ÇÃO, *s.f.*, ação de desintegrar-se, explosão, quebra.

DE.SIN.TE.GRA.DO, *adj.*, explodido, quebrado, esmigalhado.

DE.SIN.TE.GRAR, *v.t. e pron.*, quebrar, explodir, esmigalhar.

DE.SIN.TEI.RAR, *v.t.*, bras., tirar parte do que estava inteiro.

DE.SIN.TE.LI.GÊN.CIA, *s.f.*, desacordo, falta de inteligência, pouca inteligência.

DE.SIN.TE.LI.GEN.TE, *adj.*, que não tem inteligência, atoleimado, ignorante.

DE.SEN.TER.DI.TA.DO, *adj.*, acabada a interdição, liberado.

DE.SIN.TER.DI.TAR, *v.t.*, tirar a interdição, acabar com a interdição.

DE.SIN.TE.RES.SA.DO, *adj.*, que perdeu o interesse; sem interesse.

DE.SIN.TE.RES.SAN.TE, *adj.*, que não desperta o interesse.

DE.SIN.TE.RES.SAR, *v.t. e pron.*, perder o interesse, não atrair, não ser interessante.

DE.SIN.TE.RES.SE, *s.m.*, falta de motivação, falta de atração, neutralidade.

DE.SIN.TER.NAR, *v.t.*, fazer que deixe de estar internado.

DE.SIN.TI.MI.DAR, *v.t.*, fazer perder a timidez; animar.

DE.SIN.TO.XI.CA.ÇÃO, *s.f.*, cura do tóxico, limpeza tóxica.

DE.SIN.TO.XI.CA.DO, *adj.*, curado do tóxico, limpo.

DE.SIN.TO.XI.CAR, *v.t.*, tirar o tóxico de, limpar, curar do uso de droga.

DE.SIN.TRI.CA.DO, *adj.*, ajustado, liberado de hipoteca, acertado; var., desintrincado.

DE.SIN.TRI.CAR, *v. int.*, esclarecer, acertar, desemaranhar; var., desintrincar.

DE.SIN.TU.MES.CI.DO, *adj.*, desinchado, que perdeu o intumescimento.

DE.SIN.TU.MES.CER, *v. int.*, desinchar, voltar ao corpo normal.

DE.SIN.TU.MES.CI.MEN.TO, *s.m.*, desinchaço, normalidade.

DE.SIN.VEN.TAR, *v.t.*, retroagir ou voltar na ação de inventar (algo).

DE.SI.PO.TE.CAR, *v.t.*, expurgar de hipotecas; resgatar a hipoteca.

DE.SIR.MA.NA.DO, *adj.*, desfraternizado, desvinculado de irmãos.

DE.SIR.MA.NAR, *v.t. e pron.*, quebrar o vínculo de irmão ou de amizade.

DE.SIS.TÊN.CIA, *s.f.*, ação ou efeito de desistir, renúncia, abandono.

DE.SIS.TEN.TE, *adj.*, que desistiu, renunciante, que abandonou.

DE.SIS.TIR, *v.t. e int.*, deixar de, renunciar, não insistir.

DES.JE.JU.AR, *v. int.*, tomar a primeira refeição do dia, colação, café da manhã.

DES.JE.JUM, *s.m.*, café da manhã, primeira refeição do dia.

DES.JUN.GI.DO, *adj.*, solto, desamarrado, desprendido.

DES.JUN.GIR, *v.t.*, soltar, desamarrar, desprender, liberar.

DES.LA.ÇA.MEN.TO, *s.m.*, ato ou efeito de deslaçar.

DES.LA.ÇAR, *v.t. e int.*, desprender ou desatar o que estava enlaçado; desenlaçar.

DES.LA.CRA.DO, *adj.*, aberto, tirado o lacre, desembrulhado.

DES.LA.CRAR, *v.t.*, tirar o lacre, abrir, desempacotar.

DES.LA.DRI.LHA.DO, *adj.*, que está sem ladrilhos, que é de chão batido.

DES.LA.DRI.LHAR, *v.t.*, tirar os ladrilhos, remover o piso de ladrilhos.

DES.LA.JE.A.DO, *adj.*, que não tem lajes.

DES.LA.JE.AR, *v.t.*, tirar a laje, desmontar a laje.

DES.LÂM.BI.DO, *adj.*, ver delambido.

DES.LA.NAR, *v.t.*, tirar a lã de; tosquiar.

DES.LAN.CHA.DO, *adj.*, começado, impulsionado, partido.

DES.LAN.CHAR, *v. int.*, começar a ir, ser impulsionado para frente.

DES.LAS.TRAR, *v.t.*, na Marinha, descarregar do lastro.

DES.LA.VA.DO, *adj.*, insolente, atrevido, pilantra, descarado, cínico.

DES.LA.VA.MEN.TO, *s.m.*, descaramento, atrevimento, pilantragem.

DES.LA.VAR, *v. int.*, atrever-se, tornar-se insolente.

DES.LE.AL, *adj.*, infiel, não leal, traidor.

DES.LE.AL.DA.DE, *s.f.*, infidelidade, traição.

DES.LEI.TAR, *v.t.*, extrair o leite de; ordenhar; desmamar.

DES.LEI.XA.DO, *adj.*, relaxado, negligente, desordenado.

DES.LEI.XA.MEN.TO, *s.m.*, desleixo, negligência, desleixo.

DES.LEI.XAR, *v.t. e pron.*, ser relaxado, negligenciar.

DES.LEI.XO, *s.m.*, negligência, relaxamento, descuido.

DES.LEM.BRA.DO, *adj.*, esquecido, não lembrado, não recordado.

DES.LEM.BRAN.ÇA, *s.f.*, ação ou resultado de deslembrar; esquecimento.

DES.LEM.BRAR, *v.t.*, não recordar, não lembrar, esquecer.

DES.LI.AR, *v.t.*, desligar; separar; desatar.

DES.LI.GA.DO, *adj.*, não ligado, desatento, distraído, absorto.

DES.LI.GA.DU.RA, *s.f.*, ação e efeito de desligar.

DES.LI.GA.MEN.TO, *s.m.*, desligação, desamarramento, desunião.

DES.LI.GAR, *v.t. e pron.*, desatar, desamarrar, desunir.

DES.LIN.DA.ÇÃO, *s.f.*, o mesmo que deslindamento.

DES.LIN.DA.DO, *adj.*, explicado, solucionado, resolvido, compreensível.

DES.LIN.DA.DOR, *s.m.*, o que deslinda.

DES.LIN.DA.MEN.TO, *s.m.*, ação ou efeito de deslindar, deslindação, deslinde, explicação, solução.

DES.LIN.DAR, *v.t.*, decifrar, tornar compreensível, explicitar, explicar.

DES.LIN.DE, *s.m.*, deslindamento, deslindação, solução,

DESLINGUADO ·· 310 ·· **DESMEMBRADO**

explicação.
DES.LIN.GUA.DO, *adj.*, que não tem língua, que perdeu a língua.
DES.LIN.GUAR, *v. int.*, perder a língua, cortar a língua.
DES.LI.ZA.DOR, *adj. e s.m.*, local para deslizar, escorregador, que(m) desliza.
DES.LI.ZA.MEN.TO, *s.m.*, ação ou efeito de deslizar, escorregão, resvalada.
DES.LI.ZAR, *v.t. e int.*, resvalar, escorregar, percorrer uma superfície com suavidade.
DES.LI.ZE, *s.m.*, ação de deslizar, deslizamento, escorregadela; erro, engano.
DES.LO.CA.ÇÃO, *s.f.*, deslocamento, afastamento, remoção do local.
DES.LO.CA.DO, *adj.*, afastado, removido, afastado.
DES.LO.CA.DOR, *adj.*, que desloca.
DES.LO.CA.MEN.TO, *s.m.*, ação de deslocar, afastamento, mudança.
DES.LO.CAR, *v.t. e pron.*, remover do lugar, pôr em outro local.
DES.LUM.BRA.DO, *adj.*, fascinado, maravilhado, seduzido, que se julga o maioral.
DES.LUM.BRA.DOR, *adj. e s.m.*, que ou o que deslumbra.
DES.LUM.BRA.MEN.TO, *s.m.*, fascínio, espanto, maravilha, atração, sedução.
DES.LUM.BRAN.TE, *adj.*, que maravilha; encantador, fascinante.
DES.LUM.BRAR, *v.t. e int.*, fascinar, seduzir, ofuscar.
DES.LUM.BRA.TI.VO, *adj.*, capaz de deslumbrar; deslumbrante.
DES.LUM.BRE, *s.m.*, turvação da vista causada por excesso de luz; encantamento; deslumbramento.
DES.LUS.TRA.DO, *adj.*, desonrado, difamado, caluniado.
DES.LUS.TRA.DOR, *adj.*, que tira o lustre; *fig.*, que desdoura, que desonra.
DES.LUS.TRAR, *v.t. e pron.*, reduzir o brilho, tornar menos notório, desonrar, difamar.
DES.LUS.TRE, *s.m.*, ação ou resultado de deslustrar(-se).
DES.LUS.TRO, *s.m.*, o mesmo que deslustre.
DES.LUS.TRO.SO, *adj.*, que não tem lustre; *fig.*, que deslustra ou causa desdouro.
DES.LU.ZI.DO, *adj.*, que não tem luz, sem brilho; deslustrado; escasso.
DES.LU.ZI.MEN.TO, *s.m.*, estado do que está desluzido; *fig.*, vergonha, opróbrio.
DES.LU.ZIR, *v.t.*, apagar o brilho de, tirar o lustre; *fig.*, depreciar; desacreditar; *v.pron.*, sair-se mal.
DES.MAI.A.DO, *adj.*, descorado, que perdeu a cor, que está sem forças.
DES.MAI.AR, *v.t. e int.*, descorar, perder a cor; sentir-se mal, perder os sentidos.
DES.MAI.O, *s.m.*, perda dos sentidos, diminuição da luz ou da cor.
DES.MA.MA.DO, *adj.*, que perdeu o hábito de mamar; *fig.*, que deixou as manhas.
DES.MA.MAR, *v.t. e pron.*, tirar o hábito de mamar; *fig.*, deixar viver sozinho.
DES.MAN.CHA, *s.f.*, ação de desmanchar.
DES.MAN.CHA.DI.ÇO, *adj.*, que é fácil de se desmanchar.
DES.MAN.CHA.DO, *adj.*, destruído, desfeito, desordenado.
DES.MAN.CHA-PRA.ZE.RES, *s. 2 gên., pl.*, indivíduo que estraga o prazer das pessoas; intrometido que perturba a diversão dos outros.
DES.MAN.CHAR, *v.t., int. e pron.*, desfazer, destruir, desordenar.
DES.MAN.CHE, *s.m.*, ato de desmanche, desmontamento; oficina de carros que desmancha carros para negociar as peças.
DES.MAN.CHO, *s.m.*, ato ou efeito de desmanchar; desordem; luxação; *pop.*, suspensão da gravidez por vontade própria, aborto.
DES.MAN.DA.DO, *adj.*, confuso, que abusou da autoridade, autoritário.
DES.MAN.DAR, *v.t. e pron.*, abusar da autoridade, dar ordens confusas, ser autoritário.
DES.MAN.DI.BU.LAR, *v.t.*, deslocar ou quebrar a mandíbula; tirar as mandíbulas de.
DES.MAN.DO, *s.m.*, abuso de autoridade, desregramento.
DES.MAN.TE.LA.DO, *adj.*, destruído, desfeito, demolido.
DES.MAN.TE.LA.MEN.TO, *s.m.*, ação ou resultado de desmantelar(-se); desmantelo.
DES.MAN.TE.LAR, *v.t. e pron.*, destruir, desfazer, demolir.
DES.MAR.CA.ÇÃO, *s.f.*, cancelamento, suspensão.
DES.MAR.CA.DO, *adj.*, que perdeu a marca ou o marco; que foi cancelado ou adiado; desmedido; excessivo; imenso.
DES.MAR.CAR, *v.t. e pron.*, tirar as marcas; apagar linhas; cancelar, suspender.
DES.MAR.CI.A.LI.ZAR, *v.t.*, tirar o aspecto, o caráter marcial; fazer que não esteja marcializado.
DES.MAS.CA.RA.DO, *adj.*, denunciado, conhecido, revelado.
DES.MAS.CA.RAR, *v.t. e pron.*, tirar a máscara, denunciar, dar a conhecer.
DES.MAS.CA.RÁ.VEL, *adj.*, que se pode desmascarar.
DES.MAS.TRE.AR, *v.t. e int.*, tirar os mastros de; *fig.*, fazer ficar ou ficar desorientado, desnorteado.
DES.MA.TA.DO, *adj.*, desflorestado, derrubado o mato.
DES.MA.TA.DOR, *adj.*, que desmata, limpa ou desbasta o mato; *s.m.*, aquele que abate matas e florestas.
DES.MA.TA.MEN.TO, *s.m.*, em Ecologia, ação ou resultado de desmatar; desflorestamento.
DES.MA.TAR, *v.t.*, derrubar o mato, desflorestar.
DES.MA.TE.RI.A.LI.ZA.ÇÃO, *s.f.*, desencarnação, espiritualização.
DES.MA.TE.RI.A.LI.ZA.DO, *adj.*, desencarnado, tornado espírito.
DES.MA.TE.RI.A.LI.ZAR, *v.int.*, desencarnar, espiritualizar, tornar-se espírito.
DES.MA.ZE.LA.DO, *adj.*, relaxado, negligente, sem asseio, desorganizado.
DES.MA.ZE.LA.MEN.TO, *s.m.*, o mesmo que desmazelo.
DES.MA.ZE.LAR, *v. pron.*, tornar-se relaxado, negligenciar-se, desleixar-se.
DES.MA.ZE.LO, *s.m.*, relaxamento, desleixo, negligência, desordem.
DES.ME.DI.DO, *adj.*, fora das medidas, enorme, excessivo.
DES.ME.DIR-SE, *v. pron.*, exceder-se, fugir das medidas.
DES.ME.DRA.DO, *adj.*, que não medrou; enfezado; pouco produtivo; pouco valioso.
DES.ME.DRAR, *v.t.*, fazer que não medre; não medrar; definhar, emagrecer.
DES.MEM.BRA.ÇÃO, *s.f.*, desmembramento, divisão de terras em partes.
DES.MEM.BRA.DO, *adj.*, que se desmembrou; desagregado; dividido; separado; *fig.*, desfalecido; enfraquecido; prostrado.

DES.MEM.BRA.DOR, adj. e s.m., que ou o que desmembra.
DES.MEM.BRA.MEN.TO, s.m., separação de membros, divisão de terras em partes, divisão de bens para fins de cumprimento de sentença em partilha hereditária.
DES.MEM.BRAR, v.t. e pron., tirar um membro, deixar de ser membro de, separar, dividir, desligar, expulsar.
DES.ME.MÓ.RIA, s.f., falta de memória; deslembrança; esquecimento; olvido.
DES.ME.MO.RI.A.DO, adj., sem memória, esquecido, distraído.
DES.ME.MO.RI.AR, v.t. e pron., levar à perda da memória, levar a esquecer.
DES.MEN.TI.DO, s.m., ação declaratória para desmentir, negação de.
DES.MEN.TI.DOR, adj. e s.m., que ou aquele que desmente.
DES.MEN.TIR, v.t. e pron., declarar que não é verdade, contradizer, retificar o dito.
DES.MEN.TÍ.VEL, adj. 2 gên., que se pode desmentir; refutável.
DES.ME.RE.CE.DOR, adj. e s.m., que(m) desmerece, desprezador.
DES.ME.RE.CER, v.t. e int., perder o merecimento, não merecer.
DES.ME.RE.CI.DO, adj., perdido o merecimento; imerecido.
DES.ME.RE.CI.MEN.TO, s.m., falta de merecimento.
DES.ME.SU.RA.DO, adj., enorme, grande, imenso, gigantesco.
DES.ME.SU.RAR, v. int., tornar enorme, ir além das medidas.
DES.ME.SU.RÁ.VEL, adj., que não se pode medir; fig., imenso; desmedido.
DES.MI.LI.TA.RI.ZA.ÇÃO, s.f., ação ou efeito de desmilitarizar, desarmamento.
DES.MI.LI.TA.RI.ZA.DO, adj., que está sem militares.
DES.MI.LI.TA.RI.ZAR, v.t., tirar as tropas militares, excluir os militares.
DES.MI.O.LA.DO, adj., maluco, adoidado, sem juízo.
DES.MI.O.LAR, v. int., adoidar, endoidecer, desvairar.
DES.MIS.TI.FI.CA.ÇÃO, s.f., livramento da mistificação, do engano, da burla.
DES.MIS.TI.FI.CAR, v.t., retirar o engano, a ilusão, a burla.
DES.MI.TI.FI.CA.ÇÃO, s.f., abandono de mitos, libertação de crenças mitológicas.
DES.MI.TI.FI.CAR, v.t., descrer de mitos, abandonar crendices.
DES.MI.U.DAR, v.t., converter em miúdos; pormenorizar; esmiuçar.
DES.MO.BI.LI.A.DO, adj., que está sem móveis, transferidos os móveis.
DES.MO.BI.LI.AR, v.t., retirar, carregar, transferir a mobília; var., desmobilhar.
DES.MO.BI.LI.ZA.ÇÃO, s.f., ação ou resultado de desmobilizar(-se); fig., dispersão de esforços ou recursos.
DES.MO.BI.LI.ZA.DO, adj., que saiu do Exército, que ficou civil.
DES.MO.BI.LI.ZAR, v.t., desfazer um exército; levar o soldado à vida civil.
DES.MON.TA.DO, adj., desmanchado, tirado das estruturas.
DES.MON.TA.GEM, s.f., ato ou efeito de desmontar(-se); desmonte.
DES.MON.TAR, v.t., int. e pron., desmanchar, descer da montaria, tirar as estruturas, largar um posto.
DES.MON.TÁ.VEL, adj. 2 gên., que se pode desmontar.
DES.MON.TE, s.m., desmanche, desestruturação.
DES.MO.RA.LI.ZA.ÇÃO, s.f., desânimo, corrupção, perda da moral.
DES.MO.RA.LI.ZA.DO, adj., corrompido, pervertido.
DES.MO.RA.LI.ZA.DOR, adj., que desmoraliza, capaz de desmoralizar; desmoralizante; s.m., aquele ou aquilo que desmoraliza, que é capaz de desmoralizar.
DES.MO.RA.LI.ZAR, v.t. e pron., fazer perder a moral, corromper, perverter.
DES.MO.RO.NA.DI.ÇO, adj., que se desmorona facilmente.
DES.MO.RO.NA.DO, adj., caído, desabado, destruído.
DES.MO.RO.NA.MEN.TO, s.m., queda de algo, desabamento.
DES.MO.RO.NAR, v.t. e pron., cair, vir abaixo, desabar.
DES.MO.TI.VA.ÇÃO, s.f., desânimo, perda da motivação, indiferença.
DES.MO.TI.VA.DO, adj., desanimado, desestimulado.
DES.MO.TI.VAR, v. pron., desanimar, perder a motivação.
DES.MU.NHE.CA.DO, adj., efeminado, pouco viril.
DES.MU.NHE.CAR, v.t., int. e pron., efeminar-se, tornar-se meio feminino.
DES.NA.CI.O.NA.LI.ZA.ÇÃO, s.f., perda da nacionalidade, ausência de nacionalismo.
DES.NA.CI.O.NA.LI.ZA.DO, adj., que perdeu a nacionalidade.
DES.NA.CI.O.NA.LI.ZAN.TE, adj. 2 gên., que desnacionaliza, que leva à desnacionalização; desnacionalizador.
DES.NA.CI.O.NA.LI.ZAR, v.t. e pron., tirar a nacionalidade, acabar com modos e tradições nacionais.
DES.NA.RI.GA.DO, adj., diz-se daquele a quem falta o nariz ou que tem o nariz excessivamente pequeno.
DES.NA.RI.GAR, v.t., cortar, arrancar o nariz a.
DES.NA.SA.LA.ÇÃO, s.f., em Gramática, transformação de uma vogal nasal em vogal oral.
DES.NA.SA.LAR, v.t. o mesmo que desnasalizar.
DES.NA.SA.LI.ZAR, v.t., tirar a nasalação.
DES.NA.TA.ÇÃO, s.f., retirada da nata, desgorduramento.
DES.NA.TA.DEI.RA, s.f., máquina para tirar a nata do leite.
DES.NA.TA.DO, adj., que perdeu a nata, desgordurado.
DES.NA.TAR, v.t., retirar a nata, a gordura do leite.
DES.NA.TU.RA.ÇÃO, s.f., ação ou efeito de desnaturar, insensibilidade, crueldade.
DES.NA.TU.RA.DO, adj., cruel, sem compaixão, insensível, tirano.
DES.NA.TU.RA.LI.ZA.ÇÃO, s.f., ação ou resultado de desnaturalizar(-se); desnaturação.
DES.NA.TU.RA.LI.ZA.DO, adj., que perdeu a cidadania, que renunciou ao direito de cidadania.
DES.NA.TU.RA.LI.ZAR, v.t. e pron., tirar os direitos de cidadania, negar, renunciar a esses direitos.
DES.NA.TU.RAR, v. int., perder a natureza, desumanizar, insensibilizar.
DES.NE.CES.SÁ.RIO, adj., prescindível, acessório, não necessário.
DES.NE.VAR, v.t., derreter a neve de; v.int., ficar sem a neve de que estava coberto.
DES.NI.QUE.LA.GEM, s.f., ato de desniquelar.
DES.NI.QUE.LA.MEN.TO, s.m., ação ou resultado de desniquelar(-se); desniquelagem.
DES.NI.QUE.LAR, v.t. e int., separar ou tirar o níquel de, perder o revestimento de níquel.
DES.NÍ.VEL, s.m., diferença entre os níveis, ladeira.
DES.NI.VE.LA.DO, adj., desigual, que está fora do nível.
DES.NI.VE.LA.MEN.TO, s.m., desigualdade, desaparelhamento.
DES.NI.VE.LAR, v.t., tirar do nível, desaparelhar.

DES.NO.DO.AR, *v.t.*, tirar as nódoas ou manchas (de); desenodoar.

DES.NOR.TE.A.DO, *adj.*, desorientado, que perdeu o rumo, desviado.

DES.NOR.TE.AR, *v.t., int. e pron.*, tirar do norte, tirar do rumo, desorientar.

DES.NU.BLA.DO, *adj.*, que está sem nuvens, claro, luminoso.

DES.NU.BLAR, *v. int.*, tirar as nuvens, esclarecer.

DES.NU.DA.ÇÃO, *s.f.*, o mesmo que desnudamento.

DES.NU.DA.DO, *adj.*, que se desnudou, se despiu; desnudo; despido; *fig.*, abandonado; descoberto.

DES.NU.DA.MEN.TO, *s.m.*, ação ou resultado de desnudar(-se) parcial ou totalmente; *fig.*, revelação; despojamento, abandono; perda da cobertura.

DES.NU.DAR, *v.t. e pron.*, tirar a roupa, deixar nu; descobrir-se.

DES.NU.DEZ, *s.f.*, ato ou efeito de se desnudar(-se), de despir(-se); desnudamento; *fig.*, descoberto, revelado, sem adornos.

DES.NU.DO, *adj.*, nu, pelado, despido, sem roupas.

DES.NU.TRI.ÇÃO, *s.f.*, falta de alimento, carência de nutrição.

DES.NU.TRI.DO, *adj.*, que está sem alimentação, definhado, que carece de alimentos.

DES.NU.TRIR, *v. int.*, não alimentar corretamente.

DE.SO.BE.DE.CER, *v.t. e int.*, não obedecer, desrespeitar.

DE.SO.BE.DI.ÊN.CIA, *s.f.*, falta de obediência, transgressão.

DE.SO.BE.DI.EN.TE, *adj.*, que não obedece.

DE.SO.BRI.GA.ÇÃO, *s.f.*, isenção, exoneração.

DE.SO.BRI.GA.DO, *adj.*, que se desobrigou, que se desembaraçou; desimpedido.

DE.SO.BRI.GAR, *v.t. e pron.*, exonerar, liberar, isentar.

DE.SO.BRI.GA.TÓ.RIO, *adj.*, que isenta de uma obrigação.

DE.SOBS.CU.RE.CER, *v.t.* aclarar, desentenebrecer.

DE.SOBS.TRU.ÇÃO, *s.f.*, acesso livre, desimpedimento.

DE.SOBS.TRU.Í.DO, *adj.*, que se desobstruiu; desimpedido.

DE.SOBS.TRU.IR, *v.t.*, liberar, desimpedir.

DE.SOBS.TRU.TI.VO, *adj.*, que desobstrui, que desentope; desobstruente, desobstrutor.

DE.SO.CU.PA.ÇÃO, *s.f.*, sem ocupação, ociosidade, desemprego.

DE.SO.CU.PA.DO, *adj.*, sem ocupação, livre, sem emprego, ocioso.

DE.SO.CU.PAR, *v.t.*, deixar de ocupar, liberar, sair de, livrar.

DE.SO.DO.RAN.TE, *s.m.*, desodorizante, substância que tira o mau cheiro.

DE.SO.DO.RAR, *v.t.*, o mesmo que desodorizar.

DE.SO.DO.RI.ZA.DO, *adj.*, que se desodorizou; desodorado.

DE.SO.DO.RI.ZA.DOR, *adj. e s.m.*, que ou aquilo que desodoriza, que é capaz de desodorizar; desodorizante.

DE.SO.DO.RI.ZAN.TE, *adj. 2 gên. e s.m.*, que ou aquilo que desodoriza, que é capaz de desodorizar; desodorador, desodorizador.

DE.SO.DO.RI.ZAR, *v.t.*, tirar o cheiro, desodorar.

DE.SO.FUS.CAR, *v.t. e int.*, tornar(-se) claro, lúcido ou brilhante; desanuviar(-se).

DE.SO.LA.ÇÃO, *s.f.*, sofrimento, tristeza, dor.

DE.SO.LA.DO, *adj.*, aflito, tristonho, com dor, inconsolável.

DE.SO.LA.DOR, *adj. e s.m.*, que, aquele ou aquilo que desola, que suscita desolação.

DE.SO.LA.MEN.TO, *s.m.*, ato ou efeito de desolar(-se); desolação; *fig.*, grande tristeza, consternação; desolação.

DE.SO.LAR, *v.t. e pron.*, provocar desolação, causar dor, aflição, devastar, assolar.

DE.SO.NE.RAR, *v.t.*, tirar o ônus, desobrigar, liberar, aliviar a carga.

DE.SO.NE.RÁ.VEL, *adj. 2 gên.*, que se pode desonerar, livrar de ônus, obrigações.

DE.SO.NES.TAR, *v. int.*, desonrar, corromper.

DE.SO.NES.TI.DA.DE, *s.f.*, sem honestidade, desonra, corrupção.

DE.SO.NES.TO, *adj.*, imoral, corrupto, improbo.

DE.SON.RA, *s.f.*, humilhação, sem honra, infâmia, vergonha.

DE.SON.RA.DEZ, *s.f.*, desonra, humilhação, infâmia, vergonha.

DE.SON.RA.DO, *adj.*, envergonhado, humilhado, infamado.

DE.SON.RA.DOR, *adj. e s.m.*, que ou o que desonra, desonroso.

DE.SON.RAN.TE, *adj.*, que desonra.

DE.SON.RAR, *v.t.*, infamar, humilhar, envergonhar, ofender a honra.

DE.SON.RO.SO, *adj.*, que tem desonra, imoral, impudico, despudorado.

DE.SO.PI.LA.ÇÃO, *s.f.*, alívio, descongestão, desobstrução.

DE.SO.PI.LA.DO, *adj.*, aliviado, aberto, descongestionado.

DE.SO.PI.LAN.TE, *adj.*, que despila ou desobstrui; purgante.

DE.SO.PI.LAR, *v.t.*, aliviar, abrir, descongestionar, desobstruir.

DE.SO.PI.LA.TI.VO, *adj.*, o mesmo que desopilante.

DE.SO.PRES.SÃO, *s.f.*, ação ou efeito de desoprimir, alívio, descontração.

DE.SO.PRES.SOR, *adj. e s.m.*, que ou o que livra de opressão.

DE.SO.PRI.MIR, *v.t., int. e pron.*, liberar, aliviar, descontrair.

DE.SO.RAS, *s.f., pl.*, locução: a desoras - fora de hora, muito tarde.

DE.SOR.DEI.RO, *s.m.*, baderneiro, arruaceiro, desorganizador.

DE.SOR.DEM, *s.f.*, baderna, confusão, falta de ordem, barulho, balbúrdia.

DE.SOR.DE.NA.DO, *adj.*, desorganizado, badernado, confuso.

DE.SOR.DE.NA.DOR, *adj. e s.m.*, que ou o que desordena, desarranja, ou torna confuso.

DE.SOR.DE.NAR, *v.t. e pron.*, tirar da ordem, badernar, desorganizar, confundir.

DE.SOR.GA.NI.ZA.ÇÃO, *s.f.*, desordem, baderna, confusão.

DE.SOR.GA.NI.ZA.DO, *adj.*, que se desorganizou; desordenado.

DE.SOR.GA.NI.ZA.DOR, *adj. e s.m.*, que ou aquele que desorganiza ou é capaz de desorganizar.

DE.SOR.GA.NI.ZAR, *v.t. e pron.*, desordenar, badernar, fazer confusão.

DE.SO.RI.EN.TA.ÇÃO, *s.f.*, confusão, sem rumo, desnorteamento.

DE.SO.RI.EN.TA.DO, *adj.*, sem rumo, desnorteado, incapacitado.

DE.SO.RI.EN.TA.DOR, *adj. e s.m.*, que ou aquele que desorienta ou é capaz de desorientar; desnorteante.

DE.SO.RI.EN.TAR, *v.t. e pron.*, desnortear, tirar do rumo, incapacitar, atrapalhar.

DE.SOS.SA.DO, *adj.*, descarnado, de que se tirou a carne dos ossos.

DE.SOS.SAR, *v.t.*, tirar a carne dos ossos; *fig.*, aproveitar tudo que for possível.

DE.SO.VA, *s.f.*, tempo em que os peixes põem os ovos.

DE.SO.VA.DO, *adj.*, tirados os ovos; *fig.*, cadáver deixado em local diferente.

DE.SO.VAR, *v. int.*, pôr os ovos, as ovas; *fig.*, deixar cadáver em local diferente de onde ocorreu a morte.
DE.SO.XI.DA.ÇÃO, *s.f.*, raspagem do óxido, desenferrujamento.
DE.SO.XI.DA.DO, *adj.*, desenferrujado, limpo de ferrugem.
DE.SO.XI.DAN.TE, *adj.*, que desoxida.
DE.SO.XI.DAR, *v.t.*, desoxigenar; desenferrujar.
DE.SO.XI.GE.NA.ÇÃO, *s.f.*, ato ou efeito de desoxigenar, de retirar o oxigênio de; desoxidação.
DE.SO.XI.GE.NA.DO, *adj.*, que perdeu o oxigênio.
DE.SO.XI.GE.NAR, *v.t.*, em Química, tirar o oxigênio a uma substância; *v.pron.*, perder o oxigênio.
DES.PA.CHA.DO, *adj.*, remetido, mandado, tipo ágil no que faz, pronto.
DES.PA.CHA.DOR, *adj.*, que despacha, que é capaz de despachar; *s.m.* aquele que dá despachos; aquele que cuida dos procedimentos burocráticos de despachante.
DES.PA.CHAN.TE, *s. 2 gén.*, quem despacha, agente que intermedia serviços em repartições públicas.
DES.PA.CHAR, *v.t. e int.*, fazer despacho, deferir despacho, executar, despedir.
DES.PA.CHO, *s.m.*, ordem judicial, resolução de autoridade pública; *fig.*, feitiço.
DES.PA.LA.TA.LI.ZA.ÇÃO, *s.f.*, ação ou efeito de despalatalizar.
DES.PA.LA.TA.LI.ZAR, *v.t.*, tirar (a um som) o caráter de palatal.
DES.PA.LA.TI.ZAR, *v.t.*, o mesmo que despalatalizar.
DES.PA.RA.FU.SA.DO, *adj.*, desroscado, solto.
DES.PA.RA.FU.SAR, *v.t. e pron.*, tirar o parafuso, desroscar, soltar.
DES.PA.RA.MEN.TA.DO, *adj.*, despido dos paramentos.
DES.PA.RA.MEN.TAR, *v.t.*, despir dos paramentos.
DES.PAR.RA.MAR-SE, *v.t., int. e pron.*, o mesmo que esparramar.
DES.PAR.ZI.DO, *adj.*, espalhado, derramado.
DES.PAR.ZIR, *v.t.*, o mesmo que esparzir; espalhar, derramar.
DES.PAU.TAR, *v.t.*, tirar de pauta.
DES.PAU.TÉ.RIO, *s.m.*, tolice, despropósito, bobagem, sandice.
DES.PE.DA.ÇA.DO, *adj.*, quebrado, esmigalhado, despedaçado.
DES.PE.DA.ÇA.DOR, *adj. e s.m.*, que ou o que despedaça.
DES.PE.DA.ÇA.MEN.TO, *s.m.*, ação ou resultado de despedaçar(-se); dilaceração; esfacelamento.
DES.PE.DA.ÇAR, *v.t. e pron.*, quebrar, esmigalhar, reduzir a pedaços.
DES.PE.DI.DA, *s.f., pl.*, ação de despedir-se, separação, afastamento.
DES.PE.DI.DO, *adj.*, exonerado, separado, afastado.
DES.PE.DIR, *v.t., int. e pron.*, mandar embora, desviar, sair, despachar, pôr na rua.
DES.PE.GAR, *v.t. e pron.*, descolar, desunir, separar, tirar.
DES.PE.GO, *s.m.*, desinteresse, afastamento, desligamento.
DES.PEI.TA.DO, *adj.*, ressentido, melindrado, ofendido, amuado.
DES.PEI.TA.DOR, *s.m.*, o que despeita.
DES.PEI.TAR, *v.t.*, causar despeito a; *v.pron.*, melindrar-se, ressentir-se.
DES.PEI.TO, *s.m.*, ressentimento, melindre, ofensa.
DES.PEI.TO.SO, *adj.*, que causa despeito.

DES.PE.JA.DO, *adj.*, derramado, esvaziado, vertido.
DES.PE.JA.MEN.TO, *s.m.*, ato de despejar, despejo.
DES.PE.JAR, *v.t. e pron.*, derramar, esvaziar um recipiente, verter um líquido.
DES.PE.JO, *s.m.*, ação ou efeito de despejar; ordem judicial para tirar alguém de uma casa, porque não paga o aluguel; lixo, dejetos.
DES.PE.LA.DO, *adj.*, que não tem, a que tiraram a pele ou o pelo.
DES.PE.LAR, *v.t. e int.*, tirar o pelo, tirar a casca de uma fruta ou de uma planta.
DES.PE.LO, *s.m.*, raspagem, descascamento.
DES.PE.NAR, *v.t. e pron.*, tirar as penas, depenar.
DES.PEN.CA.DO, *adj.*, caído, caído do alto.
DES.PEN.CAR, *v.t. e pron.*, cair, cair do alto, tirar frutas de pencas; sobrevir.
DES.PEN.DE.DOR, *adj. e s.m.*, que ou aquele que despende, que gasta; gastador, esbanjador.
DES.PEN.DER, *v.t. e int.*, gastar, consumir.
DES.PEN.DU.RAR, *v.t.*, tirar do lugar (algo ou alguém que estava pendurado).
DES.PE.NHA.DEI.RO, *s.m.*, precipício, perau, escarpa muito forte de montanha.
DES.PE.NHA.MEN.TO, *s.m.*, ato de despenhar.
DES.PE.NHAR, *v. int.*, precipitar-se, despencar-se.
DES.PEN.SA, *s.f.*, cômodo da casa para guardar mantimentos.
DES.PEN.SEI.RO, *s.m.*, quem cuida da despensa; em mosteiros, o monge responsável pela despensa.
DES.PEN.TE.A.DO, *adj.*, desgrenhado, que tem os cabelos revoltos.
DES.PEN.TE.AR, *v.t., int. e pron.*, desfazer o penteado, desgrenhar os cabelos.
DES.PER.CE.BER, *v.t.*, não perceber, não sentir, não notar.
DES.PER.CE.BI.DO, *adj.*, não notado, não sentido, não visto.
DES.PER.CE.BI.MEN.TO, *s.m.*, ato ou efeito de desperceber.
DES.PER.DI.ÇA.DO, *adj.*, esbanjado, gasto sem necessidade.
DES.PER.DI.ÇA.DOR, *adj. e s.m.*, que ou aquele que desperdiça; gastador; pródigo.
DES.PER.DI.ÇAR, *v.t. e int.*, gastar sem necessidade, esbanjar, estragar.
DES.PER.DÍ.CIO, *s.m.*, esbanjamento, gasto inútil, estrago.
DES.PER.SO.NA.LI.ZA.DO, *adj.*, que não tem identidade, que perdeu a personalidade.
DES.PER.SO.NA.LI.ZAR, *v.t. e pron.*, tirar a personalidade de, mudar a personalidade, perder a identidade pessoal.
DES.PER.SU.A.DI.DO, *adj.*, desconvencido, dissuadido.
DES.PER.SU.A.DIR, *v.t. e pron.*, desconvencer, dissuadir.
DES.PER.SU.A.SÃO, *s.f.*, ação ou resultado de despersuadir(-se), de fazer com que alguém (ou si mesmo) mude de opinião; dissuasão.
DES.PER.TA.DOR, *s.m.*, relógio especial para acordar as pessoas, quem desperta os outros.
DES.PER.TAR, *v.t., int. e pron.*, acordar, tirar do sono; agir, agitar-se.
DES.PER.TO, *adj.*, acordado, consciente, pronto.
DES.PE.SA, *s.f.*, ato ou efeito de despender, gasto, consumo.
DES.PE.TA.LA.DO, *adj.*, desmanchado por pétalas, desfeito aos poucos.
DES.PE.TA.LAR, *v.t. e pron.*, desfazer a flor, pétala por pétala; desmanchar, desfazer.
DES.PI.CA.DOR, *s.m.*, aquele que despica, que é tido a

vingar-se; desforrador.
DES.PI.CAR, *v.t.* e *pron.*, desforrar-se, vingar-se, fazer uma vingança.
DES.PI.CA.TI.VO, *adj.*, o mesmo que desprezativo.
DES.PI.CI.EN.DO, *adj.*, vil, desprezível, de valor ínfimo.
DES.PI.DO, *adj.*, desnudo, nu, sem roupas.
DES.PI.E.DA.DE, *s.f.*, impiedade, maldade, crueldade.
DES.PI.E.DA.DO, *adj.*, falto de piedade, cruel, inexorável.
DES.PI.E.DAR, *v.t.*, o mesmo que desapiedar.
DES.PI.E.DO.SO, *adj.*, que não tem piedade; despiedado.
DES.PIG.MEN.TA.ÇÃO, *s.f.*, perda de pigmentação, descoloração, descolorimento.
DES.PIL.CHAR, *v.t.*, no RS, tirar as pilchas a outrem; roubar adornos, pertences de arreios, etc.
DES.PI.QUE, *s.m.*, desforra, vingança.
DES.PIR, *v.t.* e *pron.*, tirar a roupa, desnudar-se, ficar nu.
DES.PIS.TAR, *v.t.*, conseguir que alguém perca a pista, desorientar, enganar.
DES.PLAN.TE, *s.m.*, atrevimento, descaramento, temeridade.
DES.PLU.GA.DO, *adj.*, que se desplugou, que foi retirado da tomada ou do plugue; desligado; *fig.*, que não está sintonizado; desatento.
DES.PLU.GAR, *v.t.*, tirar o plugue de; desconectar; desligar.
DES.PLU.MAR, *v.t.*, perder as penas, ficar sem penas.
DES.PO.E.TI.ZAR, *v.t.*, tirar a feição poética a.
DES.PO.JA.DO, *adj.*, privado, perdido, arrancado.
DES.PO.JA.DOR, *adj.* e *s.m.*, que ou o que despoja; espoliador.
DES.PO.JA.MEN.TO, *s.m.*, privação, perda.
DES.PO.JAR, *v.t.* e *pron.*, privar de, tirar, arrancar.
DES.PO.JO, *s.m.*, butim, fruto de um saque, espólio.
DES.PO.JOS, *s.m.*, *pl.*, restos, o que sobrou, espólio.
DES.PO.LA.RI.ZA.DO, *adj.*, que se despolarizou; *fig.* desorientado, desnorteado.
DES.PO.LA.RI.ZA.DOR, *adj.* e *s.m.*, que ou o que despolariza.
DES.PO.LA.RI.ZAR, *v.t.*, eliminar com a força do ímã; desfazer situação de extremos opostos, minimizar adversidades.
DES.PO.LA.RI.ZÁ.VEL, *adj.*, que se pode despolarizar.
DES.PO.LI.CI.A.DO, *adj.*, que se despoliciou, que ficou sem policiamento.
DES.PO.LI.DEZ, *s.f.*, o mesmo que impolidez.
DES.PO.LI.DO, *adj.*, que se despoliu, que perdeu o polimento.
DES.PO.LI.MEN.TO, *s.m.*, ato ou efeito de despolir.
DES.PO.LIR, *v.t.*, fazer perder ou perder o polimento, o lustre.
DES.PO.LI.TI.ZA.ÇÃO, *s.f.*, ato ou efeito de despolitizar(-se); *s.f.*, ausência de consciência (de fatos na) política.
DES.PO.LI.TI.ZAN.TE, *adj. 2 gên.*, que despolitiza ou contribui para despolitizar; despolitizador.
DES.PO.LI.TI.ZAR, *v.t.*, tirar ou perder o caráter político de.
DES.POL.PA.DOR, *adj.*, que despolpa, que foi feito para despolpar; *s.m.*, profissional ou máquina que tem como função despolpar.
DES.POL.PAR, *v.t.*, tirar a polpa de (fruto).
DES.PO.LU.I.ÇÃO, *s.f.*, ação ou efeito de despoluir, purificação, limpeza, higienização.
DES.PO.LU.IR, *v.t.*, limpar, recuperar, tirar a poluição.
DES.PON.TA.DO, *adj.*, surgido, aparecido.
DES.PON.TA.DOR, *adj.* e *s.m.*, que ou o que desponta.
DES.PON.TAR, *v.t.* e *pron.*, tirar a ponta de; surgir, aparecer ao longe.
DES.PON.TU.AR, *v.t.* tirar a pontuação a.
DES.PO.PU.LA.RI.ZA.ÇÃO, *s.f.*, ação ou efeito de despopularizar; impopularidade.
DES.PO.PU.LA.RI.ZAR, *v.t.*, fazer perder o amor ou o favor do povo; impopularizar.
DES.POR.TE, *s.m.*, esporte, divertimento.
DES.POR.TIS.MO, *s.m.*, todo o conjunto de jogos, esportismo, prática de esporte, desporto.
DES.POR.TIS.TA, *s. 2 gên.*, quem pratica o esporte.
DES.POR.TI.VO, *adj.*, o mesmo que esportivo.
DES.POR.TO, *s.m.*, divertimento, recreação, desenfado; gracejo, zombaria.
DES.PO.SA.DO, *adj.* e *s.m.*, que ou quem se desposou; esposado, casado; noivo.
DES.PO.SAR, *v.t.* e *pron.*, fazer um matrimônio, casar, esposar.
DES.PO.SÓ.RIO, *s.m.*, promessa de casamento, esponsais; casamento.
DÉS.PO.TA, *s. 2 gên.*, tirano, ditador, mandante absoluto; pessoa opressora.
DES.PÓ.TICO, *adj.*, relativo a ou próprio de déspota; que governa como um déspota.
DES.PO.TIS.MO, *s.m.*, tirania, ditadura, governo sem liberdades, opressão.
DES.PO.TI.ZAR, *v.t.*, governar como déspota; subjugar; oprimir; tiranizar.
DES.PO.VO.A.ÇÃO, *s.f.*, ação ou resultado de despovoar(-se); despovoamento.
DES.PO.VO.A.DO, *adj.*, desabitado, sem população, vazio.
DES.PO.VO.A.DOR, *adj.* e *s.m.*, que ou o que despovoa.
DES.PO.VO.A.MEN.TO, *s.m.*, ato ou efeito de despovoar(-se), o mesmo que despovoação.
DES.PO.VO.AR, *v.t.* e *pron.*, tirar os habitantes, esvaziar.
DES.PRA.ZER, *s.m.*, falta de prazer, insatisfação, desagrado.
DES.PRA.ZI.MEN.TO, *s.m.*, desprazer, desagrado, insatisfação.
DES.PRA.ZÍ.VEL, *adj.*, que despraz.
DES.PRE.CA.TA.DO, *adj.*, desprevenido, incauto.
DES.PRE.CA.TAR-SE, *v.t.* e *pron.*, desprevenir-se, estar despreparado, ignorar o que irá acontecer.
DES.PRE.CA.VER, *v.t.* e *int.*, descautelar-se, desprevenir-se.
DES.PRE.GA.DO, *adj.*, desfixado, desprendido, solto.
DES.PRE.GA.DU.RA, *s.f.*, ato ou efeito de despregar, ou de despregar ou de desfazer as pregas.
DES.PRE.GAR, *v.t.*, *int.* e *pron.*, extrair os pregos, desfixar, desprender.
DES.PREN.DA.DO, *adj.*, que não tem prendas, talento ou habilidade.
DES.PREN.DER, *v.t.* e *pron.*, soltar, desamarrar, desgrudar.
DES.PREN.DI.DO, *adj.*, desapegado, generoso.
DES.PREN.DI.MEN.TO, *s.m.*, desapego, generosidade.
DES.PRE.O.CU.PA.ÇÃO, *s.f.*, descontração, alívio.
DES.PRE.O.CU.PA.DO, *adj.*, sem preocupação, solto, descontraído.
DES.PRE.O.CU.PAR, *v.t.* e *pron.*, deixar de preocupar, aliviar.
DES.PRE.PA.RA.DO, *adj.*, que não se preparou ou não adquiriu o devido preparo.
DES.PRE.PA.RO, *s.m.*, incapacidade, desqualificação, desarranjo.
DES.PRE.SI.LHAR, *v.t.*, desapertar a presilha; tirar a, ou da presilha; desacolchetar.
DES.PRES.TI.GI.AR, *v.t.* e *pron.*, difamar, desacreditar, desabonar.
DES.PRES.TÍ.GIO, *s.m.*, descrédito, desabono, má fama.

DES.PRE.TEN.SÃO, *s.f.*, modéstia, humildade.
DES.PRE.TEN.SI.O.SO, *adj.*, modesto, humilde.
DES.PRE.VEN.ÇÃO, *s.f.*, despreparo, descuido.
DES.PRE.VE.NI.DO, *adj.*, incauto, despreparado; *pop.*, sem dinheiro.
DES.PRE.VE.NIR, *v.t. e pron.*, descuidar-se, estar incauto.
DES.PRE.ZA.DO, *adj.*, inaceito, que não é prezado, rejeitado, menosprezado.
DES.PRE.ZA.DOR, *adj. e s.m.*, que(m) despreza, rejeitador, refugador.
DES.PRE.ZA.TI.VO, *adj.*, que revela desprezo; o mesmo que depreciativo.
DES.PRE.ZAR, *v.t. e pron.*, não prezar, não aceitar, rejeitar, menosprezar.
DES.PRE.ZÍ.VEL, *adj.*, digno de desprezo, detestável, abjeto.
DES.PRE.ZI.VO, *adj.*, o mesmo que desprezativo.
DES.PRE.ZO, *s.m.*, menosprezo, rejeição, desapreço.
DES.PRI.MOR, *s.m.*, falta de primor, de esmero; falta de delicadeza, de amabilidade; indelicadeza.
DES.PRI.MO.RAR, *v.t.*, fazer perder ou perder o primor ou o mérito; deslustrar(-se).
DES.PRI.MO.RO.SO, *v.t.*, fazer perder ou perder o primor ou o mérito; deslustrar(-se).
DES.PRO.PÉ.RIO, *s.m.*, no RS, impropério; disparate, despropósito.
DES.PRO.NÚN.CIA, *s.f.*, o ato e efeito de despronunciar.
DES.PRO.NUN.CI.AR, *v.t.*, em Direito, declarar nula a pronúncia de um réu.
DES.PRO.POR.ÇÃO, *s.f.*, falta de proporção, desigualdade, assimetria.
DES.PRO.POR.CI.O.NA.DO, *adj.*, desigual, disforme, assimétrico.
DES.PRO.POR.CI.O.NAL, *adj. 2 gén.*, que não é proporcional; desigual; desproporcionado.
DES.PRO.POR.CI.O.NAR, *v.t. e pron.*, mudar a proporção, alterar as medidas.
DES.PRO.PO.SI.TA.DO, *adj.*, sem propósito, sem finalidade.
DES.PRO.PO.SI.TAR, *v. int.*, agir sem propósito, proceder sem objetivo.
DES.PRO.PÓ.SI.TO, *s.m.*, o que é fora de propósito, maluquice, desatino.
DES.PRO.TE.ÇÃO, *s.f.*, desamparo.
DES.PRO.TE.GER, *v.t.*, não proteger, desamparar, não cuidar.
DES.PRO.TE.GI.DO, *adj.*, que não tem ou se encontra sem proteção; desamparado; desvalido.
DES.PRO.VEI.TO, *s.m.*, desperdício, estrago, mau proveito.
DES.PRO.VER, *v.t.*, privar, não fornecer provisões, não amparar.
DES.PRO.VI.DO, *adj.*, desassistido, largado, abandonado.
DES.PRO.VI.MEN.TO, *s.m.*, falta de provimento, ou carência do que é necessário.
DES.PRO.VIN.CI.A.NI.ZA.ÇÃO, *s.f.*, ato ou efeito de desprovincianizar(-se).
DES.PRU.MAR, *v.t.*, o mesmo que desaprumar.
DES.PU.DOR, *s.m.*, falta de pudor, sem-vergonhice, indecência.
DES.PU.DO.RA.DO, *adj.*, desavergonhado, indecoroso, imoral, indecente.
DES.PUN.DO.NOR, *s.m.*, falta ou ausência de pundonor.
DES.PU.RI.FI.CAR, *v.t.*, tornar impuro ou menos puro.
DES.QUA.LI.FI.CA.ÇÃO, *s.f.*, despreparo, destreinamento.
DES.QUA.LI.FI.CA.DO, *adj.*, sem qualificação, destreinado; malvado, perverso, despudorado.
DES.QUA.LI.FI.CA.DOR, *adj. e s.m.*, que ou aquele que. desqualifica, ou que é capaz de desqualificar; desqualificante.
DES.QUA.LI.FI.CAR, *v.t. e pron.*, destituir, desaprovar, retirar.
DES.QUA.LI.FI.CA.TI.VO, *adj.*, que desqualifica.
DES.QUEI.XAR, *v.t.*, quebrar, deslocar os queixos a.
DES.QUE.RER, *v.t.*, deixar de querer bem a; já não querer a; abandonar; não amar.
DES.QUI.TA.ÇÃO, *s.f.*, o mesmo que desquite.
DES.QUI.TA.DO, *adj.*, que se desquita, separado, descasado.
DES.QUI.TAR, *v.t. e pron.*, separar judicialmente o casal, separar-se.
DES.QUI.TE, *s.m.*, separação do casal com divisão dos bens, primeira etapa antes do divórcio.
DES.RA.I.GAR, *v.t.*, o mesmo que desarraigar.
DES.RA.I.ZAR, *v.t.*, arrancar, o mesmo que desraigar, desarraigar, desenraizar.
DES.RA.TI.ZA.ÇÃO, *s.f.*, ação ou efeito de desratizar, eliminação de ratos.
DES.RA.TI.ZAR, *v.t.*, matar todos os ratos, eliminar os ratos, colocar veneno contra os ratos.
DES.RE.GRA.DO, *adj.*, sem regras, devasso, pródigo.
DES.RE.GRA.MEN.TO, *s.m.*, falta de regras, devassidão, despudor.
DES.RE.GRAR, *v.t. e pron.*, quebrar as regras, ignorar as regras; tornar-se devasso.
DES.RE.GU.LA.MEN.TAR, *v.t.*, tirar do regulamento, desordenar, desorganizar.
DES.RE.GU.LAR, *v.t. e pron.*, tirar da ordem, perturbar.
DES.RES.PEI.TA.DOR, *adj. e s.m.*, que ou quem desrespeita, que costuma desrespeitar; desrespeitoso.
DES.RES.PEI.TAR, *v.t.*, faltar com o respeito, desobedecer.
DES.RES.PEI.TO, *s.m.*, sem respeito, desacato, insulto.
DES.RES.PEI.TO.SO, *adj.*, mal-educado, insolente, atrevido.
DES.SAL.GAR, *v.t.*, tirar o sal de, perder o sal.
DES.SA.LI.NI.ZA.ÇÃO, *s.f.*, ação ou resultado de dessalinizar, extrair ou separar o sal contido na água.
DES.SA.LI.NI.ZA.DOR, *adj. e s.m.*, que, aquele ou aquilo que dessaliniza.
DES.SA.LI.NI.ZAR, *v.t.*, extrair o sal (do mar) para se obter água pura ou potável.
DES.SA.ZO.NA.LI.ZA.ÇÃO, *s.f.*, em Economia, ato ou efeito de dessazonalizar; desconsiderar a influência da variação sazonal (nos índices).
DES.SA.ZO.NA.LI.ZA.DO, *adj.*, em Economia, que se dessazonalizou, que desconsiderou a influência da variação sazonal.
DES.SA.ZO.NA.LI.ZAR, *v.t.* excluir o efeito de variações sazonais.
DES.SA.ZO.NAR, *v.t.*, tirar o sabor a; destemperar.
DES.SE, *pron.*, combinação da preposição *de* com o pronome demonstrativo *esse*.
DES.SE.CA.ÇÃO, *s.f.*, ação ou efeito de dessecar, ressecamento.
DES.SE.CAR, *v.t. e pron.*, secar, ressequir, tornar seco.
DES.SE.DEN.TAR, *v.t. e pron.*, matar a sede, saciar a sede, tirar a sede.
DES.SE.ME.LHAN.ÇA, *s.f.*, ausência de semelhança, diferença.
DES.SER.VI.ÇO, *s.m.*, serviço ruim, coisa mal feita, serviço

impróprio.

DES.SER.VI.DO, *adj.*, servido mal; privado, falto, desprovido.

DES.SER.VIR, *v.t. e int.*, prestar um serviço ruim, fazer um trabalho mal feito.

DES.SE.XU.A.DO, *adj.*, privado das características de seu sexo; assexuado; *fig.*, que é desprovido de apetite sexual.

DES.SE.XU.AR, *v.t.*, tirar o atributo do sexo; insexuar; desvirilizar.

DES.SIN.TO.NI.A, *s.f.*, falta de sintonia; dissintonia; assintonia.

DES.SIN.TO.NI.ZAR, *v.t.*, tirar de sintonia (de rádio).

DES.SO.RAR, *v.t. e pron.*, transformar em soro, extrair a substância principal.

DES.SOS.SE.GAR, *v.t.*, o mesmo que desassossegar.

DES.SOS.SE.GO, *s.m.*, o mesmo que desassossego.

DES.TA.CA.DO, *adj.*, que se destacou; isolado; solto; que se destaca.

DES.TA.CA.MEN.TO, *s.m.*, divisão de tropas militares; pequeno grupo de soldados.

DES.TA.CAR, *v.t. e pron.*, remeter, mandar; separar; ressaltar, enfatizar.

DES.TA.CÁ.VEL, *adj.*, que se destaca, próprio para ser retirado do todo.

DES.TAM.PA.DO, *adj.*, descoberto, destapado.

DES.TAM.PA.MEN.TO, *s.f.*, ato de dessintonizar (rádio).

DES.TAM.PAR, *v.t. e int.*, retirar a tampa; descobrir, destapar.

DES.TAM.PA.TÓ.RIO, *s.m.*, discussão violenta e ruidosa; *s.m.*, despropósito, destempero.

DES.TA.PA.DO, *adj.*, que está sem tampa, descoberto.

DES.TA.PAR, *v.t.*, destampar, descobrir, tirar a tampa.

DES.TA.QUE, *s.m.*, ênfase, ressalto, saliência.

DES.TAR.TE, *adv.*, assim, dessa maneira, desse modo.

DES.TE, *pron. dem.*, combinação do pronome demonstrativo *este* com a preposição *de*.

DES.TE.CER, *s.f.*, desfazer o tecido; *fig.*, destramar, desfazer; dissipar.

DES.TE.LHA.MEN.TO, *s.m.*, ato ou efeito de destelhar(-se), de tirar ou perder telhas.

DES.TE.LHAR, *v.t.*, retirar as telhas, mudar o telhado.

DES.TE.MER, *v. int.*, ser corajoso, estar denodado.

DES.TE.MI.DEZ, *adj.*, que não é temeroso; destemido.

DES.TE.MI.DO, *adj.*, valente, corajoso, intrépido, denodado, sem medo.

DES.TE.MOR, *s.m.*, sem temor, audácia, coragem.

DES.TEM.PE.RA.DO, *adj.*, sem têmpera; sem controle; sem sabor; desmiolado.

DES.TEM.PE.RAN.ÇA, *s.f.*, destempero, descontrole, dissabor, loucura.

DES.TEM.PE.RAR, *v.t., int. e pron.*, tirar a têmpera, mudar o tempero; perder o controle.

DES.TEM.PE.RO, *s.m.*, despropósito, destemperança, descontrole, falta de domínio.

DES.TER.RA.DO, *adj. e s.m.*, que ou aquele que se desterrou; exilado, expatriado.

DES.TER.RAR, *v.t e pron.*, exilar, degredar, expulsar do país, banir.

DES.TER.RO, *s.m.*, exílio, banimento, degredo.

DES.TI.LA.ÇÃO, *s.f.*, técnica de preparar a bebida alcoólica pelo calor, purificação.

DES.TI.LA.DOR, *s.m.*, maquineta usada para destilar.

DES.TI.LA.MEN.TO, *s.m.*, o mesmo que destilação.

DES.TI.LAR, *v.t e int.*, processar a passagem do estado líquido para o gasoso, como álcool, cachaça, conhaque e outras bebidas destiladas.

DES.TI.LA.RI.A, *s.f.*, empresa fabril para destilar bebidas.

DES.TI.MI.DEZ, *s.f.*, qualidade ou estado de destímido.

DES.TI.NA.ÇÃO, *s.f.*, ação ou efeito de destinar, fim, objetivo, propósito.

DES.TI.NA.DO, *adj.*, que se destinou, que se atribuiu ou designou antecipadamente.

DES.TI.NAR, *v.t. e pron.*, endereçar, remeter para lugar certo, enviar, reservar.

DES.TI.NA.TÁ.RIO, *s.m.*, quem recebe algo, receptor.

DES.TIN.GIR, *v.t., int. e pron.*, tirar a tinta, descolorir, descolorar.

DES.TI.NO, *s.m.*, endereço, conjunto de fatos que compõem um todo; sorte, sina.

DES.TIN.TO, *adj.*, sem cor, desbotado, que perdeu a cor.

DES.TI.TU.I.ÇÃO, *s.f.*, apeamento, derrubada, tirada.

DES.TI.TU.Í.DO, *adj.*, tirado, derrubado, apeado.

DES.TI.TU.IR, *v.t. e pron.*, tirar do poder, apear, pôr fora.

DES.TO.A.DO, *adj.*, desafinado, dissonante.

DES.TO.AN.TE, *adj. 2 gén.*, que destoa, que sai do tom; que não está de acordo, que diverge; discordante; divergente.

DES.TO.AR, *v. int.*, desafinar, perder o tom; ser diferente, agir de modo diferente.

DES.TO.CA.DOR, *adj. e s.m.*, que ou aquilo (máquina) que destoca.

DES.TO.CA.MEN.TO, *s.m.*, ação ou efeito de destocar.

DES.TO.CAR, *v.t.*, forçar o animal a sair da toca, arrancar cepas, tocos de árvores.

DES.TOL.DAR, *v.t. e int.*, fazer tirar ou perder o toldo; descobrir(-se); *fig.* tornar(-se) claro; desanuviar(-se).

DES.TOR.CER, *v.t. e pron.*, desmanchar a torção, endireitar.

DES.TOR.CI.DO, *adj.*, que se destorceu, que se endireitou; aprumado, alegre; desenvolto, despachado.

DES.TOR.CI.MEN.TO, *s.m.*, ação ou efeito de destorcer.

DES.TRA, *s.f.*, mão direita, direita.

DES.TRA.MAR, *v.t.*, desfazer a trama, desfazer a trama dos fios.

DES.TRAM.BE.LHA.DO, *adj.*, amalucado, desmiolado, doido, desajuizado.

DES.TRAM.BE.LHA.MEN.TO, *s.m.*, ato ou efeito de destrambelhar(-se); destrambelho; *pop.*, endoidecimento, desatino; desregramento.

DES.TRAM.BE.LHAR, *v.t. e int.*, amalucar, endoidar, desarranjar-se, fazer disparates.

DES.TRAN.CA.MEN.TO, *s.m.*, ato ou efeito de destrancar, tirar as trancas.

DES.TRAN.CAR, *v.t.*, remover a tranca, abrir, descerrar.

DES.TRAN.ÇAR, *v.t.*, desfazer as tranças, desamarrar, desfazer.

DES.TRA.TA.DO, *adj.*, ofendido, desonrado, caluniado.

DES.TRA.TAR, *v.t.*, ofender com palavras, dizer impropérios.

DES.TRA.VA.DO, *adj.*, desapertado, solto, aberto.

DES.TRA.VA.MEN.TO, *s.m.*, ato ou efeito de destravar(-se); soltar a trava; destravagem.

DES.TRA.VAN.CA.DO, *adj.*, em MG, incorrigível.

DES.TRA.VAN.CAR, *v.t.*, o mesmo que desatravancar.

DES.TRA.VAR, *v.t. e int.*, tirar a trava, soltar, desapertar.

DES.TRE.ZA, *s.f.*, habilidade, rapidez, agilidade.

DES.TRI.BA.LI.ZA.DO, *adj.*, em Antropologia, que se destribalizou, que perdeu o caráter tribal; *s.m.*, tribo ou aquele que sofreu destribalização.

DESTRIBALIZAR ··· 317 ··· DESVELAR

DES.TRI.BA.LI.ZAR, *v.t.*, tirar (alguém) de sua tribo; *pop.*, tirar do grupo a que pertence.
DES.TRI.BAR-SE, *v.pron.*, perder os estribos, soltar dos estribos os pés.
DES.TRIN.ÇA.DOR, *adj. e s.m.*, que ou o que destrinça.
DES.TRIN.ÇAR, *v.t.*, dividir por meio de destrinça, *fig.*, dizer, expor miudamente; individuar; esmiuçar.
DES.TRIN.CHA.DO, *adj.*, esmiuçado, destrinçado.
DES.TRIN.CHAR, *v.t.*, destrinçar, separar, esmiuçar; solucionar problemas.
DES.TRI.PA.DO, *adj.*, que se destripou; estripado; *fig.*, cujo interior foi retirado ou está destruído.
DES.TRI.PAR, *v.t.*, estripar, arrancar as tripas, abrir a barriga de alguém.
DES.TRO, *adj.*, direito, lado direito; habilidoso, qualificado, astuto, esperto.
DES.TRO.CA, *s.f.*, ação e efeito de destrocar.
DES.TRO.ÇA.DO, *adj.*, destruído, desbaratado, reduzido a pedaços.
DES.TRO.ÇA.DOR, *adj. e s.m.*, que, aquele ou aquilo que destroça ou tem poder para destroçar.
DES.TRO.CAR, *v.t.*, desfazer a troca, reverter uma troca.
DES.TRO.ÇAR, *v.t. e int.*, destruir, desbaratar, arrasar, reduzir a pedaços.
DES.TRO.ÇO, *s.m.*, desbarate, derrota, destruição.
DES.TRO.ÇOS, *s.m., pl.*, restos, pedaços, fragmentos.
DES.TRÓI.ER, *s.m.*, navio de guerra, navio próprio para destruir torpedos.
DES.TRO.NA.ÇÃO, *s.f.*, o mesmo que destronamento.
DES.TRO.NA.DO, *adj.*, que perdeu o trono, tirado do trono, apeado do poder.
DES.TRO.NA.DOR, *adj. e s.m.*, que, aquele ou aquilo que destrona ou tem poder de destronar.
DES.TRO.NA.MEN.TO, *s.m.*, ato de destronar(-se); ato de abdicar; renúncia.
DES.TRO.NAR, *v.t. e pron.*, arrancar do trono, tirar do poder; derrubar do mando.
DES.TRO.NÁ.VEL, *adj.*, suscetível de ser destronado.
DES.TRON.CA.DO, *adj.*, que se destroncou; separado ou arrancado do tronco; luxado; deslocado.
DES.TRON.CAR, *v.t.*, tirar do tronco, decepar, luxar membros.
DES.TRO.NI.ZA.ÇÃO, *s.f.*, ato ou efeito de destronizar.
DES.TRO.NI.ZAR, *v.t.*, o mesmo que destronar.
DES.TRU.I.ÇÃO, *s.f.*, ato ou efeito de destruir(-se); ato ou resultado de demolir o que estava construído; demolição; exterminação; extermínio; devastação, ruína.
DES.TRU.Í.DO, *adj.*, demolido, devastado, derrotado.
DES.TRU.I.DOR, *s.m. e adj.*, que destrói, arrasador, arruinador, exterminador.
DES.TRU.IR, *v.t. e int.*, demolir, devastar, derrotar, exterminar.
DES.TRU.Í.VEL, *adj. 2 gên.*, o mesmo que destrutível.
DES.TRU.TI.BI.LI.DA.DE, *s.f.*, qualidade, condição ou característica do que é destrutível.
DES.TRU.TÍ.VEL, *adj. 2 gên.*, que se pode destruir.
DES.TRU.TI.VO, *adj.*, que destrói, que arrasa.
DES.TRU.TOR, *adj. e s.m.*, destruidor.
DE.SUL.TRA.JAR, *v.t.*, desfazer, reconsiderar o ultraje; desagravar, desafrontar.
DE.SU.MA.NAR, *v.t.*, fazer ou tornar desumano; desumanizar, *v.pron.*, fazer-se desumano, cruel.
DE.SU.MA.NI.DA.DE, *s.f.*, crueldade, perversidade, falta de humanidade.
DE.SU.MA.NI.ZA.ÇÃO, *s.f.*, desumanação.
DE.SU.MA.NI.ZA.DO, *adj.*, que se desumanizou, que se tornou desumano ou menos humano.
DE.SU.MA.NI.ZAR, *v. int.*, desumanar, arrancar a humanidade de uma criatura.
DE.SU.MA.NO, *adj.*, não humano, perverso, cruel, selvagem.
DE.SU.NHAR, *v.t.*, arrancar as unhas de; fazer atividade com empenho; fatigar; *v.pron.*, rachar as unhas ou o casco pelo muito andar ou tropeçar; estragar.
DE.SU.NI.ÃO, *s.f.*, falta de união, rivalidade, discórdia.
DE.SU.NI.DO, *adj.*, separado, apartado, desfeita a reunião.
DE.SU.NI.FI.CAR, *v.t.*, tirar a unificação a.
DE.SU.NIR, *v.t.*, separar, desfazer uma união.
DE.SUR.DIR, *v.t.*, desmanchar a urdidura de; *fig.*, desunir, desmanchar.
DE.SU.SA.DO, *adj.*, que não se usa, obsoleto, antiquado.
DE.SU.SAR, *v.t. e int.*, não usar (algo) ou cair em desuso.
DE.SU.SO, *s.m.*, fora de uso, fora de moda, ausência de costume.
DES.VAI.RA.DO, *adj.*, sem juízo, louco, doido, maluco.
DES.VAI.RA.DOR, *adj. e s.m.*, que ou o que produz desvario; entontecedor.
DES.VAI.RA.MEN.TO, *s.m.*, loucura, doidice, maluquice, desvario.
DES.VAI.RAR, *v.t. e int.*, ficar alucinado, ficar louco, enlouquecer.
DES.VA.LI.A, *s.f.*, falta de valia, desvalor, desamparo.
DES.VA.LI.DAR, *v.t.*, o mesmo que invalidar.
DES.VA.LI.DO, *adj.*, desamparado, desprotegido, infeliz.
DES.VA.LI.JAR, *v.t.*, roubar a mala ou alforjes a; roubar; despojar.
DES.VA.LI.MEN.TO, *s.m.*, falta ou perda de valimento; desvalia; falta ou perda de favor.
DES.VA.LI.O.SO, *adj.*, que não é valioso, que não tem valia.
DES.VA.LOR, *s.m.*, desvalia, sem valor.
DES.VA.LO.RI.ZA.ÇÃO, *s.f.*, perda do valor, queda do valor.
DES.VA.LO.RI.ZA.DO, *adj.*, que perdeu o valor, reduzido, diminuído no valor.
DES.VA.LO.RI.ZA.DOR, *adj. e s.m.*, que ou o que desvaloriza.
DES.VA.LO.RI.ZAR, *v.t. e pron.*, abaixar ou tirar o valor de, reduzir os valores.
DES.VA.NE.CE.DOR, *adj.*, que desvanece; *s.m.*, aquele ou aquilo que desvanece.
DES.VA.NE.CER, *v.t. e pron.*, dissipar, fazer sumir, desaparecer, apagar-se, fenecer, murchar.
DES.VA.NE.CI.DO, *adj.*, fenecido, murcho, desaparecido, dissipado.
DES.VA.NE.CI.MEN.TO, *s.m.*, ato ou efeito de desvanecer(-se), apagar(-se); sentimento de orgulho, vaidade; presunção.
DES.VAN.TA.GEM, *s.f.*, prejuízo, falta de vantagem.
DES.VAN.TA.JO.SO, *adj.*, sem vantagem, inconveniente, prejudicial.
DES.VÃO, *s.m.*, recanto, esconderijo, espaço entre paredes.
DES.VA.RAR, *v.t.*, em Náutica, o mesmo que desencalhar.
DES.VA.RI.AR, *v.t. e int.*, o mesmo que desvairar, mas menos usado.
DES.VA.RI.O, *s.m.*, loucura, alucinação, delírio.
DES.VE.LA.DO, *adj.*, mostrado, vigiado, cuidado.
DES.VE.LA.MEN.TO, *s.m.*, ato ou efeito de desvelar(-se).
DES.VE.LAR, *v.t. e pron.*, mostrar, patentear-se; vigiar, cuidar.

DES.VE.LO, *s.m.*, cuidado, zelo, carinho.
DES.VEN.CI.LHA.DO, *adj.*, que se desvencilhou, soltou ou desprendeu.
DES.VEN.CI.LHAR, *v.t.* e *pron.*, desprender-se, desamarrar, livrar.
DES.VEN.DA.DO, *adj.*, mostrado, revelado, exposto.
DES.VEN.DAR, *v.t.* e *pron.*, tirar a venda, revelar, mostrar.
DES.VEN.DÁ.VEL, *adj.*, que se pode desvendar, descobrir, fazer aparecer, mostrar.
DES.VEN.TRAR, *v.t.*, rasgar o ventre a; estripar.
DES.VEN.TU.RA, *s.f.*, desgraça, infortúnio, azar, desdita.
DES.VEN.TU.RA.DO, *adj.*, infeliz, azarado, infortunado.
DES.VES.TI.DO, *adj.*, que se desvestiu; despido.
DES.VES.TIR, *v.t.* e *pron.*, tirar as roupas de; desnudar(-se); despir(-se).
DES.VI.A.DO, *adj.*, tirado do caminho, afastado, furtado.
DES.VI.AN.TE, *adj. 2 gên.*, que desvia ou diverge; desviador.
DES.VI.AR, *v.t.* e *pron.*, dar outro rumo, tirar do caminho, afastar; furtar.
DES.VI.GO.RA.DO, *adj.*, enfraquecido, definhado, que perdeu o vigor.
DES.VI.GO.RAR, *v.t.* e *pron.*, tirar o vigor, enfraquecer, definhar, perder as forças.
DES.VI.GO.RI.ZAR, *v.t.* o mesmo que desvigorar.
DES.VIN.CU.LA.DO, *adj.*, desligado, liberado, desunido, descompromissado.
DES.VIN.CU.LAR, *v.t.* e *pron.*, desligar, liberar, descompromissar.
DES.VIN.CU.LÁ.VEL, *adj.*, que se pode desvincular.
DES.VI.O, *s.m.*, caminho secundário, outra estrada; furto, apropriação indevida.
DES.VI.RAR, *v.t.*, revirar, colocar do avesso.
DES.VIR.GI.NA.MEN.TO, *s.m.*, ato ou efeito de desvirginar; deflorarmento; desfloração; desfloramento.
DES.VIR.GI.NAR, *v.t.*, deflorar, violentar, tirar a virgindade; usar pela primeira vez.
DES.VIR.GI.NI.ZAR, *v.t.*, o mesmo que desvirginar.
DES.VIR.GU.LAR, *v.t.*, tirar as vírgulas; não as pôr.
DES.VI.RI.LI.ZAR, *v.t.*, tirar a virilidade, perder a força viril, desvigorar.
DES.VIR.TU.A.DO, *adj.*, desgraçado, que perdeu o objetivo real, maliciado.
DES.VIR.TU.A.ÇÃO, *s.f.*, o mesmo que desvirtuamento.
DES.VIR.TU.A.DOR, *adj.* e *s.m.*, que ou o que desvirtua.
DES.VIR.TU.A.MEN.TO, *s.m.*, ação ou resultado de desvirtuar(-se).
DES.VIR.TU.AR, *v.t.* e *pron.*, tirar a virtude, desgraçar, colocar no mal, maliciar o significado.
DES.VIS.CE.RA.DO, *adj.*, privado de vísceras.
DES.VIS.CE.RAR, *v.t.*, o mesmo que eviscerar.
DES.VI.TA.LI.ZA.ÇÃO, *s.f.*, ato ou efeito de desvitalizar, de retirar o vigor; enfraquecimento.
DES.VI.TA.LI.ZAR, *v.t.*, tirar a vitalidade, enfraquecer, reduzir as forças.
DE.TA.LHA.DO, *adj.*, pormenorizado, esmiuçado, minimizado.
DE.TA.LHAR, *v.t.*, colocar em detalhes, pormenorizar, esmiuçar.
DE.TA.LHE, *s.m.*, minúcias, pormenores, mínimas coisas.
DE.TEC.ÇÃO, *s.f.*, ato ou efeito de detectar, constatação; descoberta; em Física; ação de transformar ondas eletromagnéticas.

DE.TEC.TA.DO, *adj.*, descoberto, encontrado, percebido, notado.
DE.TEC.TAR, *v.t.*, descobrir, encontrar, perceber.
DE.TEC.TOR, *s.m.*, aparelho para encontrar sinais mais sensíveis.
DE.TEN.ÇÃO, *s.f.*, ação ou efeito de deter, prisão, aprisionamento.
DE.TEN.TO, *adj.* e *s.m.*, detido, preso, encarcerado.
DE.TEN.TOR, *s.m.*, que detém, depositário, possuidor, segurador.
DE.TER, *v.t.* e *pron.*, prender, parar, segurar, conter.
DE.TER.GEN.TE, *s.m.*, substância especial para limpar objetos engordurados.
DE.TER.GIR, *v.t.*, limpar, purificar, tirar substâncias gordurosas.
DE.TE.RI.O.RA.ÇÃO, *s.f.*, adulteração; estrago, má conservação.
DE.TE.RI.O.RA.DO, *adj.*, que se deteriorou; que está em estado de decomposição; podre; *fig.*, que se corrompeu.
DE.TE.RI.O.RA.DOR, *adj.*, que deteriora; *s.m.* aquele ou aquilo que deteriora.
DE.TE.RI.O.RAN.TE, *adj.*, que deteriora.
DE.TE.RI.O.RAR, *v.t.* e *pron.*, estragar, adulterar.
DE.TE.RI.O.RÁ.VEL, *adj. 2 gên.*, que está sujeito a deterioração.
DE.TER.MI.NA.ÇÃO, *s.f.*, decisão, firmeza; objetivo a ser realizado.
DE.TER.MI.NA.DO, *adj.*, decidido, firme, objetivado.
DE.TER.MI.NA.DOR, *adj.*, que determina, define; determinante; *s.m.*, o que determina, define.
DE.TER.MI.NAN.TE, *adj. 2 gên.*, que determina; determinador; *s.m.* o que determina ou provoca algo; complemento.
DE.TER.MI.NAR, *v.t.* e *pron.*, ordenar, delimitar, precisar, enquadrar.
DE.TER.MI.NA.TI.VO, *adj.*, que determina, que tem a propriedade de determinar; em Gramática, que determina ou restringe o nome em relação a posse, lugar, etc.
DE.TER.MI.NÁ.VEL, *adj. 2 gên.*, que pode ser determinado.
DE.TER.MI.NIS.MO, *s.m.*, em Filosofia, sistema segundo o qual cada fenômeno está condicionado pelas determinações humanas.
DE.TER.MI.NIS.TA, *adj. 2 gên.*, relativo a determinismo; diz-se de pessoa adepta do determinismo; *s. 2 gên.*, essa pessoa.
DE.TER.SÃO, *s.f.*, ação e efeito de detergir.
DE.TES.TA.ÇÃO, *s.f.*, ato ou efeito de detestar.
DE.TES.TA.DO, *adj.*, odiado, que provoca ojeriza, que causa aversão, nojento.
DE.TES.TAR, *v.t.* e *pron.*, odiar, ter ojeriza, não gostar de, ter aversão.
DE.TES.TÁ.VEL, *adj. 2 gên.*, que desperta aversão, repulsa, indignação; abominável; execrável.
DE.TE.TI.VE, *s.m.*, quem investiga fatos, crimes; investigador.
DE.TI.DO, *s.m.*, quem foi preso, encarcerado, aprisionado.
DE.TO.NA.ÇÃO, *s.f.*, estampido, estouro, ruído súbito de uma explosão.
DE.TO.NA.DO, *adj.*, explodido, ruído; *fig.*, desprezado, admoestado, exconjurado.
DE.TO.NA.DOR, *adj.*, que detona, faz explodir; detonante; *s.m.*, dispositivo destinado a detonar uma carga explosiva.
DE.TO.NAN.TE, *adj. 2 gên.*, que detona.
DE.TO.NAR, *v.t.* e *int.*, provocar uma explosão, fazer um ruído; *fig.*, alardear, ferir com palavras.
DE.TRA.ÇÃO, *s.f.*, ato de difamar, maledicência, calúnia.

DE.TRA.Í.DO, adj., difamado, caluniado, malfalado.
DE.TRA.IR, v.t. e int., difamar, caluniar, falar mal.
DE.TRÁS, adv., na parte posterior, atrás, depois de.
DE.TRA.TAR, v.t., dizer mal de, caluniar, difamar.
DE.TRA.TOR, s.m., caluniador, difamador, quem fala mal de outrem.
DE.TRI.MEN.TO, s.m., perda, prejuízo, dano.
DE.TRI.TO, s.m., resto, resíduo, lixo.
DE.TUR.PA.ÇÃO, s.f., ação ou efeito de deturpar, desvirtuamento, mentira, calúnia.
DE.TUR.PA.DO, adj., desvirtuado, mentido, caluniado.
DE.TUR.PA.DOR, adj. e s.m., que(m) deturpa, caluniador, detrator, difamador.
DE.TUR.PAR, v.t., desvirtuar, inverter a verdade, mentir.
DÉU, s.m., us. na loc. andar de déu em déu, andar de porta em porta, de lugar em lugar.
DEUS, s.m., o ser supremo, criador, o início de toda a Humanidade, segundo algumas religiões.
DEU.SA, s.f., divindade feminina; artista, estrela de cinema, deia, diva.
DEU.TÉ.RIO, s.m., em Química, elemento isótopo do átomo de hidrogênio, gasoso e incolor, de massa atômica igual a 2, núcleo formado por 1 próton e 1 nêutron, símbolo: D.
DEU.TE.RO.NÔ.MIO, s.m., um dos livros da Bíblia, atribuído a Moisés.
DE.VA.GAR, adv., lentamente, com vagar.
DE.VA.GA.RI.NHO, adv., pop., devagarzinho, muito devagar, lentamente, vagarosamente.
DE.VA.NE.A.DO, adj., fantasiado, sonhado, imaginado.
DE.VA.NE.A.DOR, adj. e s.m., que ou o que devaneia, sonhador; utopista.
DE.VA.NE.AR, v.t. e int., fantasiar, imaginar, sonhar.
DE.VA.NEI.O, s.m., fantasia, imaginação, sonho.
DE.VAS.SA, s.f., sindicância, busca, análise de todos os atos, mulher imoral.
DE.VAS.SA.DO, adj., que foi alvo de devassa; investigado.
DE.VAS.SA.DOR, adj. e s.m, que ou aquele que devassa.
DE.VAS.SA.MEN.TO, s.m., ação e efeito de devassar; devassa.
DE.VAS.SAR, v.t. e pron., vasculhar, procurar, buscar.
DE.VAS.SI.DÃO, s.f., comportamento de devasso, podridão, corrupção, prostituição.
DE.VAS.SO, adj. e s.m., corrupto, libertino, imoral, prostituto.
DE.VAS.TA.ÇÃO, s.f., destruição, demolição, arrasamento.
DE.VAS.TA.DO, adj., destruído, assolado, demolido, arrasado.
DE.VAS.TA.DOR, adj., que devasta; s.m., aquele ou aquilo que devasta.
DE.VAS.TAR, v.t., destruir, demolir, assolar.
DE.VE.DOR, s.m., quem deve, pessoa que tem de pagar alguma quantia.
DE.VE.LAR, v.t., desvelar; v.int., desfraldar as velas, fazer-se à vela.
DE.VER¹, v.t., int. e pron., ter de fazer, obrigar-se, executar, precisar fazer.
DE.VER², s.m., obrigação, tarefa, incumbência.
DE.VE.RAS, adv., verdadeiramente, na verdade, com realidade.
DE.VER.BAL, adj. e s.m., na Gramática, observa-se na derivação regressiva, quando se forma um substantivo com base no verbo.
DE.VI.DO, adj., que se deve, obrigado, coagido, forçado.

DE.VO.ÇÃO, s.f., dedicação a culto divino, afeição, apreço.
DE.VO.CI.O.NIS.TA, adj. 2 gén., relativo a devoção; diz-se de quem que é muito devoto; s. 2 gén., essa pessoa.
DE.VO.LU.ÇÃO, s.f., ação ou efeito de devolver, levar de volta.
DE.VO.LU.TO, adj., baldio, abandonado, largado.
DE.VOL.VER, v.t., mandar de volta, restituir.
DE.VOL.VI.DO, adj., restituído, remetido, mandado de volta.
DE.VO.VÍ.VEL, adj. 2 gén., que pode ser devolvido.
DE.VO.NI.A.NO, s.m., quarto período da era paleozoica, entre o Carbonífero e o Siluriano, situado entre 400 e 360 milhões de anos; adj., do ou relativo a esse período.
DE.VO.RA.ÇÃO, s.f., ato ou efeito de devorar; devoramento.
DE.VO.RA.DO, adj., comido, consumido, destruído, arrasado.
DE.VO.RA.DOR, adj. e s.m, diz-se de ou o que devora.
DE.VO.RAN.TE, adj., que devora; glutão.
DE.VO.RAR, v.t., comer, consumir; fazer qualquer coisa com voracidade.
DE.VO.TA.ÇÃO, s.f., ato ou efeito de devotar.
DE.VO.TA.DO, adj., dedicado, consagrado, apaixonado.
DE.VO.TA.MEN.TO, adv., de uma maneira devotada; com devoção.
DE.VO.TAR, v.t. e pron., dedicar, consagrar.
DE.VO.TO, s.m., quem está devotado, quem tem devoção, afeiçoado a uma devoção.
DEX.TRO.GI.RO, adj., em Física, diz-se de corpos que possuem a propriedade de direcionar para a direita o plano de polarização da luz.
DEX.TRO.SE, s.f., em Química, o mesmo que glicose.
DEZ, num., número cardinal 10.
DE.ZEM.BRO, s.m., o décimo segundo mês do ano.
DE.ZE.NA, s.f., dez coisas, dez unidades.
DE.ZE.NO.VE, num., o número cardinal 19.
DE.ZES.SEIS, num., o número cardinal 16.
DE.ZES.SE.TE, num., o número cardinal 17.
DE.ZOI.TO, num., o número cardinal 18.
DER - Departamento de Estradas de Rodagem.
DF – sigla do Distrito Federal.
DG, abreviatura simbólica de decigrama.
DI.A, s.m., período de 12 horas, período com a luz do Sol.
DI.A A DI.A, s.m., o cotidiano, o correr do dia.
DI.A.BA, s.f., feminino de diabo, mulher satânica, pessoa feminina diabólica.
DI.A.BA.DA, s.f., conjunto de diabos, grupo de diabos; corja.
DI.Á.BA.SE, s.f., em Geologia, tipo de rocha magmática, maciça, de cor escura.
DI.A.BÁ.SI.CO, adj., relativo a diábase.
DI.A.BE.TES, s. 2 gén., doença caracterizada pela presença de açúcar no sangue; var., diabete.
DI.A.BÉ.TI.CO, adj., relativo a diabetes.
DI.A.BO, s.m., satanás, lúcifer, demônio, encardido, satã, demo, capeta, cão, tinhoso, figura bíblica do mal; indivíduo perverso e dado a maldades.
DI.A.BÓ.LI.CO, adj., referente ao diabo, demoníaco, satânico, perverso, maldoso.
DI.A.BO.LIS.MO, s.m., demonismo, satanismo, ideias e cultos sobre e para o diabo.
DI.A.BRE.TE, s.m., pequeno diabo; fig., criança travessa, moleque.
DI.A.BRU.RA, s.f., coisa do diabo, obra do diabo; fig., peraltice, traquinagem.
DI.A.CHO, interj., expressão de algo ruim, diabo.

DI.A.CO.NA.TO, s.m., exercício do cargo de diácono, função do diácono.

DI.A.CO.NAL, adj., relativo ao diácono.

DI.A.CO.NI.SA, s.f., feminino de diácono.

DI.Á.CO.NO, s.m., na igreja católica, pessoa leiga que recebeu as ordens menores, a fim de atender aos fiéis, como batizados, casamentos e outras funções menores; clérigo antes de ser ordenado padre.

DI.A.CRÍ.TI.CO, adj., na Gramática, é a denominação de todos os sinais que possam modificar a pronúncia ou o sentido de uma palavra: acentos, crase, trema, cedilha, hífen.

DI.A.CÚS.TI.CA, s.f., em Acústica, ramo da física que estuda a refração dos sons.

DI.A.DE.MA, s.f., coroa, adorno para pôr na testa.

DI.A.FA.NEI.DA.DE, s.f., transparência, claridade, brancura.

DI.Á.FA.NO, adj., transparente, claro, que deixa passar a luz.

DI.A.FRAG.MA, s.m., músculo da respiração; peça da máquina fotográfica para controlar a entrada de luz.

DI.AG.NO.SE, s.f., diagnóstico, verificação de dados.

DI.AG.NOS.TI.CA.ÇÃO, s.f., análise, verificação, busca de detalhes.

DI.AG.NOS.TI.CA.DO, adj., verificado, analisado, esmiuçado.

DI.AG.NOS.TI.CAR, v.t. e int., verificar, analisar.

DI.AG.NOS.TI.CÁ.VEL, adj., que se pode diagnosticar.

DI.AG.NÓS.TI.CO, s.m., parecer médico sobre algum mal; observação, parecer técnico sobre qualquer assunto; verificação de todas as possibilidades em qualquer situação.

DI.A.GO.NAL, adj., que tem direção oblíqua.

DI.A.GRA.MA, s.m., representação gráfica de um sistema; esquema.

DI.A.GRA.MA.ÇÃO, s.f., representação gráfica, programação de um trabalho, prognóstico.

DI.A.GRA.MA.DO, adj., que se diagramou.

DI.A.GRA.MA.DOR, adj. e s.m., que ou quem diagrama; diz-se de, ou aquele que é especialista em diagramação.

DI.A.GRA.MAR, v.t., distribuir os textos em um espaço junto com as figuras.

DI.A.GRA.MÁ.TI.CO, adj., relativo a diagrama; ilustrado por diagrama.

DI.AL, s.m., nos rádios, a escala para mostrar como alcançar determinada estação a sintonizar.

DI.Á.LE.SE, s.f., atividade médica para repor o oxigênio no sangue da pessoa que esteja com mau funcionamento dos rins.

DI.A.LE.TAL, adj. 2 gên., relativo ou pertencente à variedade regional de uma língua.

DI.A.LÉ.TI.CA, s.f., arte ou argumento; raciocínio, filosofia; discussão em que se focam as oposições para atingir uma verdade única.

DI.A.LÉ.TI.CO, adj. e s.m., que raciocina com lógica, filósofo de dialética.

DI.A.LE.TI.ZAR, v.t. e pron., transformar um idioma em dialeto; mudar a estrutura linguística de uma fala.

DI.A.LE.TO, s.m., variante linguística de um idioma.

DI.Á.LI.SE, s.f., método que separa substâncias que se encontram dissolvidas em solução coloidal pela difusão através da membrana semipermeável.

DI.A.LO.GA.ÇÃO, s.f., ato ou efeito de dialogar; diálogo.

DI.A.LO.GA.DO, adj., exposto em forma de diálogo.

DI.A.LO.GA.DOR, s.m., aquele que dialoga.

DI.A.LO.GAL, adj., pertencente ao diálogo; dialogado.

DI.A.LO.GAR, v.t. e int., conversar, conversar a dois, discutir democraticamente, buscar o melhor argumento.

DI.Á.LO.GO, s.m., conversa, colóquio, discussão.

DI.A.MAG.NÉ.TI.CO, adj., em Física, diz-se dos corpos que são repelidos pelos magnetes.

DI.A.MAN.TA.DO, adj., semelhante a diamante, na consistência e/ou no brilho; ornado com diamante(s).

DI.A.MAN.TE, s.m., pedra preciosa de grande brilho.

DI.A.MAN.TÍ.FE.RO, adj., local em que há muitos diamantes.

DI.A.MAN.TI.NO, adj., da cor do diamante, da essência do diamante.

DI.A.MAN.TIS.TA, s. 2 gên., pessoa que vende ou trabalha em diamantes; joalheiro.

DI.A.ME.TRAL, adj. 2 gên., relativo a diâmetro; transversal.

DI.A.ME.TRAL.MEN.TE, adv., de modo diametral; usa-se no sentido de oposição total.

DI.Â.ME.TRO, s.m., linha reta que corta o círculo, pelo centro, em duas partes.

DI.AN.TE, adv., na frente, na parte da frente; loc. prep. - diante de, ante.

DI.AN.TEI.RA, s.f., vanguarda, na frente, ponto mais avançado.

DI.AN.TEI.RO, adj., parte da frente, que está na frente.

DI.A.PA.SÃO, s.m., instrumento que se usa para obter o tom exato em um canto, em um instrumento musical; padrão, nível, medida.

DI.A.PO.RE.SE, s.f., em Retórica, figura pela qual o orador se interrompe a si.

DI.A.PO.SI.TI.VO, s.m., lâmina de material plástico para projetar imagens ou textos; em desuso, atualmente, devido ao surgimento do aparelho data-show.

DI.A.QUI.LÃO, s.m., em Farmácia, emplasto aglutinativo.

DI.Á.RIA, s.f., pagamento pelo trabalho de um dia; pagamento por um pernoite em hotel, pensão ou similar; pagamento especial para funcionários que viajam a serviço da empresa.

DI.Á.RIO, s.m., escrito com o suceder dos dias; jornal de publicação a cada dia; na Contabilidade, livro para registro de todos os lançamentos de entrada e saída de valores; adj., de cada dia, do dia a dia.

DI.A.RIS.TA, s. 2 gên., pessoa que trabalha para receber por dia.

DI.AR.REI.A, s.f., doença marcada por fezes moles e continuadas; desarranjo intestinal; pop., cagaceira, corre-corre.

DI.AR.REI.CO, adj., relativo a diarreia; s.m., pessoa acometida de diarreia.

DI.ÁS.PO.RA, s.f., referência histórica à dispersão do povo hebreu pelo mundo inteiro.

DI.ÁS.TA.SE, s.f., em Cirurgia, deslocação acidental de dois ossos contíguos por articulação.

DI.ÁS.TO.LE, s.f., dilatação das veias e do coração; na Gramática, o deslocamento do acento de uma sílaba para a seguinte.

DI.A.TER.MI.A, s.f., calor que produzem diversas correntes elétricas no corpo humano; calor do corpo.

DI.A.TÉR.MI.CO, adj., próprio do corpo que irradia o calor com facilidade.

DI.A.TRI.BE, s.f., crítica violenta contra alguém, de forma oral ou escrita.

DI.CA, s.f., ideia, macete, informe.

DIC.ÇÃO, s.f., modo de falar, pronúncia, fala, expressão oral, prolação.

DI.CI.O.NA.RI.AR, v.t. e int., o mesmo que dicionarizar.

DI.CI.O.NÁ.RIO, s.m., reunião de todos os vocábulos de uma língua com seu significado e em ordem alfabética; relação de vocábulos de uma língua com o significado em outra; léxico; *pop.*, pai dos burros.

DI.CI.O.NA.RIS.TA, *s. 2 gên.*, quem compõe um dicionário; compilador de dicionário.

DI.CI.O.NA.RI.ZA.DO, *adj.*, posto em dicionário, termo que vem compor o acervo de um dicionário.

DI.CI.O.NA.RI.ZAR, *v.t.*, colocar em dicionário, registrar em dicionário.

DI.CO.TI.LE.DÔ.NEO, *adj. 2 gên.*, relativo ou pertencente às dicotiledôneas; o mesmo que dicotilédone.

DI.CO.TO.MI.A, *s.f.*, duas faces de uma situação opostas entre si.

DIC.TÉ.RIO, *s.m.*, gracejo, piada, zombaria.

DI.DA.TA, *s. 2 gên.*, especialista em didática, quem ensina a ensinar, quem escreve livros para a aprendizagem.

DI.DÁ.TI.CA, *s.f.*, a arte e a técnica de ensinar; método para construir o processo ensino-aprendizagem.

DI.DÁ.TI.CO, *adj.*, referente a didática, próprio da arte de ensinar.

DI.DA.TIS.MO, *s.m.*, qualidade do que é didático.

DI.É.DRI.CO, *adj.*, relativo aos ângulos diedros.

DI.E.DRO, *adj. e s.m.*, ângulo que se forma com o encontro de dois planos.

DI.E.LÉ.TRI.CO, *adj. e s.m.*, em Eletricidade, diz-se de, ou o objeto ou substância que não conduz eletricidade.

DI.É.RE.SE, *s.f.*, em Gramática, divisão de um ditongo em duas sílabas ou hiato; em Cirurgia, separação das partes cuja união pode ser danosa ao organismo.

DI.E.RÉ.TI.CO, *adj.*, próprio para efetuar a diérese.

DIESEL, *s.m.*, tipo de combustível para motores; óleo.

DIET, *adj. 2 gên. e 2 n.*, que tem baixo teor calórico.

DI.E.TA, *s.f.*, regime, modo de se alimentar para melhorar o desempenho corporal, para emagrecer, desenvolver-se.

DI.E.TÉ.TI.CA, *s.f.*, parte da Medicina que se dedica ao estudo da dieta.

DI.E.TÉ.TI.CO, *adj.*, relativo ou inerente a dieta; diz-se de alimento recomendado para dieta.

DI.E.TIS.TA, *adj. 2 gên. e s. 2 gên.*, diz-se de, óu a pessoas especialistas em dietética.

DI.FA.MA.ÇÃO, *s.f.*, ato ou efeito de difamar; desonra; perda da boa fama; descrédito; calúnia.

DI.FA.MA.DO, *adj.*, caluniado, falado de modo raivoso; referido por alguém de forma desabonadora ou mentirosa.

DI.FA.MA.DOR, *s.m.*, quem difama, quem espalha má fama de alguém, caluniador.

DI.FA.MAN.TE, *adj. 2 gên.*, que difama, calunia, desacredita, ofende uma pessoa, grupo ou instituição.

DI.FA.MAR, *v.t. e pron.*, dizer mal de alguém, desacreditar, mentir sobre a conduta de outrem; caluniar.

DI.FA.MA.TÓ.RIO, *adj.*, que difama; em que há difamação; difamante.

DI.FE.REN.ÇA, *s.f.*, divergência, o que não é igual; desigualdade entre duas coisas, disparidade.

DI.FE.REN.ÇAR, *v.t. e pron.*, encontrar diferença entre; ver desigualdades.

DI.FE.REN.ÇÁ.VEL, *adj.*, que se pode diferençar.

DI.FE.REN.CI.A.ÇÃO, *s.f.*, ato ou efeito de diferenciar(-se); em Matemática, operação na qual se calcula o diferencial de uma função.

DI.FE.REN.CI.A.DO, *adj.*, diferente, mudado, desigual, diverso.

DI.FE.REN.CI.A.DOR, *adj. e s.m.*, que ou o que diferencia ou que faz a diferenciação.

DI.FE.REN.CI.AL, *adj.*, o que aponta a diferença; *s.m.*, dispositivo para anular as diferenças de nível das estradas nas rodas dos carros.

DI.FE.REN.CI.AR, *v.t. e pron.*, diferençar, mudar, notar desigualdade entre.

DI.FE.REN.CI.Á.VEL, *adj. 2 gên.*, que se pode diferenciar; diferençável.

DI.FE.REN.TE, *adj.*, diverso, desigual, díspar.

DI.FE.RI.DO, *adj.*, que se diferiu; que remarcou a sessão para outro dia ou horário; adiado; procrastinado; protelado; retardado.

DI.FE.RI.MEN.TO, *s.m.*, adiamento, demora.

DI.FE.RIR, *v.t. e int.*, adiar, deixar para depois; ser diferente, ser desigual.

DI.FÍ.CIL, *adj.*, o que não é fácil, dificultoso, trabalhoso, complicado.

DI.FI.CUL.DA.DE, *s.f.*, problema, estorvo, obstáculo, empecilho.

DI.FI.CUL.TA.ÇÃO, *s.f.*, ato ou efeito de dificultar.

DI.FI.CUL.TAR, *v.t. e pron.*, colocar dificuldades, procurar impedir.

DI.FI.CUL.TO.SO, *adj.*, muito difícil, cansativo, de grandes dificuldades.

DI.FLU.EN.TE, *adj.*, que diflui, que se derrama; que se liquefaz.

DI.FLU.IR, *v.int.*, espalhar-se; derramar-se; difundir-se; correr (como um fluido).

DIF.TE.RI.A, *s.f.*, doença infecciosa, que ataca crianças na laringe e na faringe; crupe.

DIF.TÉ.RI.CO, *adj.*, em Medicina, relativo a, ou próprio da difteria.

DI.FUN.DI.DO, *adj.*, que se difundiu, disseminou, divulgou, espalhou.

DI.FUN.DIR, *v.t. e pron.*, espalhar, distribuir, divulgar, tornar público.

DI.FU.SÃO, *s.f.*, divulgação, distribuição, publicação.

DI.FU.SÍ.VEL, *adj. 2 gên.*, que se pode difundir; difusivo.

DI.FU.SI.VO, *adj.*, o mesmo que difusível.

DI.FU.SO, *adj.*, conhecido, espalhado, divulgado, demorado, prolixo.

DI.FU.SOR, *adj.*, que difunde; *s.m.*, em Acústica, alto-falante; em Cinema e Televisão, tela que amenizá a luz dos refletores.

DI.GE.RI.DO, *adj.*, engolido, deglutido, comido; *fig.*, ideias assimiladas.

DI.GE.RIR, *v.t. e int.*, fazer a digestão de, engolir; *fig.*, assimilar ideias.

DI.GE.RÍ.VEL, *adj. 2 gên.*, que pode ser digerido; digestível.

DI.GES.TÃO, *s.f.*, absorção dos alimentos no interior do estômago.

DI.GES.TI.BI.LI.DA.DE, *s.f.*, qualidade do que é digestível.

DI.GES.TÍ.VEL, *adj. 2 gên.*, o mesmo que digerível.

DI.GES.TI.VO, *adj.*, que ajuda a digestão, comida leve, alimento leve.

DI.GES.TO, *s.m.*, publicação com vários textos resumidos; código compilado com leis em Direito.

DI.GI.TA.ÇÃO, *s.f.*, uso do teclado do microcomputador para escrever, datilografar.

DI.GI.TA.DO, *adj.*, que tem a forma dos dedos da mão; em Informática, que foi escrito por digitação.

DI.GI.TA.DOR, *s.m.*, quem digita.

DI.GI.TAL, *adj.*, próprio dos dedos, manual, que se manifesta

DIGITALIZAÇÃO — 322 — DINAMARQUÊS

pela marca dos dedos.
DI.GI.TA.LI.ZA.ÇÃO, *s.f.*, ação ou efeito de digitalizar, introdução no computador por imagens.
DI.GI.TA.LI.ZA.DOR, *adj. e s.m.*, que ou o que digitaliza.
DI.GI.TA.LI.ZAR, *v.t.*, agir de modo que se possa introduzir no computador, armazenar em micro.
DI.GI.TAR, *v.t.*, referente a dedos; datilografar no microcomputador.
DI.GI.TI.FOR.ME, *adj.*, que tem forma de dedo.
DI.GI.TÍ.GRA.DO, *adj.*, animal que caminha na ponta dos dedos, como os patos.
DÍ.GI.TO, *s.m.*, cada número formado por um algarismo.
DI.GLA.DI.AR, *v. int.*, lutar com espada, combater, pugnar; discutir, debater.
DI.GLA.DI.A.DOR, *adj. e s.m.*, que ou aquele que digladia; esgrimidor; gladiador.
DIG.NAR-SE, *v. pron.*, fazer a gentileza, ter a bondade.
DIG.NI.DA.DE, *s.f.*, grandeza moral, integridade, honradez, pudor.
DIG.NI.FI.CA.ÇÃO, *s.f.*, ato ou efeito de dignificar(-se).
DIG.NI.FI.CA.DOR, *adj. e s.m.*, que ou aquele que dignifica; dignificante.
DIG.NI.FI.CAR, *v.t. e pron.*, tornar digno, honrar, honorificar.
DIG.NI.TÁ.RIO, *s.m.*, pessoa que exerce um cargo elevado.
DIG.NO, *adj.*, honrado, íntegro, decente.
DÍ.GRA.FO, *s.m.*, em Gramática, duas consoantes juntas representam um único som.
DI.GRA.MA, *s.m.*, o mesmo que dígrafo.
DI.GRES.SÃO, *s.f.*, divagação, devaneio, subterfúgio; em uma exposição, desvio do objetivo.
DI.GRES.SI.O.NAR, *v.int.*, fazer digressões; devanear, divagar, discorrer; excursionar.
DI.GRES.SI.VO, *adj.*, que se afasta (de um assunto ou objetivo); em que há digressão.
DI.LA.ÇÃO, *s.f.*, adiamento, deferimento, demora.
DI.LA.CE.RAN.TE, *adj.*, cortante, que dilacera, torturante.
DI.LA.CE.RA.ÇÃO, *s.f.*, a ação de dilacerar; despedaçamento; laceração.
DI.LA.CE.RA.DO, *adj.*, que se dilacerou; lacerado; ferido; *fig.*, atormentado; mortificado; maltratado.
DI.LA.CE.RA.DOR, *adj. e s.m.*, que ou o que dilacera.
DI.LA.CE.RAR, *v.t. e pron.*, cortar, rasgar, romper, lacerar.
DI.LA.PI.DA.ÇÃO, *s.f.*, estrago, desperdício, destruição.
DI.LA.PI.DA.DO, *adj.*, destruído, arruinado, esbanjado, gasto.
DI.LA.PI.DA.DOR, *adj. e s.m.*, que ou aquele que dilapida, arruína, destrói; gastador; destruidor; esbanjador.
DI.LA.PI.DAR, *v.t.*, destruir, esbanjar, arruinar.
DI.LA.TA.ÇÃO, *s.f.*, aumento, tornar o volume maior, avolumar um corpo.
DI.LA.TA.DO, *adj.*, aumentado, demorado, esticado.
DI.LA.TA.DOR, *adj.*, que dilata; diz-se do que dilata; diz-se de certos músculos que se dilatam naturalmente; aquilo que faz ou provoca a dilatação; em Cirurgia, instrumento que dilata um canal, um vaso, etc.
DI.LA.TA.MEN.TO, *s.m.*, o mesmo que dilatação.
DI.LA.TAR, *v.t. e pron.*, aumentar, fazer crescer o volume; divulgar.
DI.LA.TÁ.VEL, *adj. 2 gén.*, que é suscetível de dilatação.
DI.LA.TÓ.RIO, *adj.*, que faz diferir; que serve para adiar; que retarda.
DI.LE.ÇÃO, *s.f.*, amor, estima, apego, apreço.

DI.LE.MA, *s.m.*, situação na qual se deve escolher entre dois argumentos ou conclusões; dificuldade.
DI.LE.TAN.TE, *s. 2 gén. e adj.*, amante, pessoa que faz algo por gosto.
DI.LE.TAN.TIS.MO, *s.m.*, preferência, criação feita por prazer.
DI.LE.TO, *adj.*, amado, preferido, querido, estimado.
DI.LI.GÊN.CIA, *s.f.*, busca, cuidado, empenho; procura policial de alguém.
DI.LI.GEN.CI.A.DOR, *adj. e s.m.*, que ou aquele que diligencia.
DI.LI.GEN.CI.AR, *v.t.*, buscar com empenho, esforçar-se, empenhar-se.
DI.LI.GEN.TE, *adj.*, cuidadoso, ativo, incansável, operoso, estudioso.
DI.LU.CI.DA.ÇÃO, *s.f.*, ação de dilucidar; elucidação.
DI.LU.CI.DAR, *v.t.*, o mesmo que elucidar.
DI.LU.EN.TE, *s.m.*, líquido usado para afinar outros líquidos.
DI.LU.I.ÇÃO, *s.f.*, liquifação, desmanche.
DI.LU.Í.DO, *adj.*, que se diluiu; que tem pouca concentração; desfeito; desmanchado.
DI.LU.I.DOR, *adj.*, que dilui; *s.m.*, o que dilui.
DI.LU.I.MEN.TO, *s.m.*, o mesmo que diluição.
DI.LU.IR, *v.t. e pron.*, desfazer, liquifazer, tornar líquido, desmanchar.
DI.LU.VI.A.NO, *adj.*, referente ao dilúvio.
DI.LU.VI.AL, *adj. 2 gén.*, que diz respeito a dilúvio; diluviano; grande inundação; *fig.*, diz-se do que é em grande quantidade; excessivo.
DI.LU.VI.A.NO, *adj.*, relativo a ou inerente a dilúvio, esp. o universal; em Geologia, relativo aos aluviões do Pleistoceno; *fig.*, abundante.
DI.LU.VI.ÃO, *s.f.*, em Geologia, vestígios de aluviões em tempos passados.
DI.LU.VI.AR, *v.int.*, chover torrencialmente.
DI.LÚ.VIO, *s.m.*, consoante a Bíblia, bem como as tradições de muitos povos antigos, a grande inundação do mundo; inundação, muita água, muita chuva; grande e intensa chuva.
DI.LU.VI.O.SO, *adj.*, abundante de águas como um dilúvio; torrencial.
DI.MA.NA.ÇÃO, *s.f.*, derivação; procedência.
DI.MA.NA.DO, *adj.*, fluido, surgido, brotado, emanado.
DI.MA.NAR, *v.t. e int.*, surgir, fluir, brotar, vir de, emanar.
DI.MEN.SÃO, *s.f.*, proporção, tamanho, medida.
DI.MEN.SI.O.NA.DO, *adj.*, medido, calculado, traçado.
DI.MEN.SI.O.NAR, *v.t.*, medir, tirar o tamanho de, calcular o perímetro.
DI.MEN.SI.O.NÁ.VEL, *adj. 2 gén.*, que se pode dimensionar (área dimensionável); dimensível.
DI.MEN.SÍ.VEL, *adj.*, que se pode medir.
DI.MI.NU.EN.DO, *s.m.*, todo número do qual se subtrai outro.
DI.MI.NU.EN.TE, *adj. 2 gén.*, que diminui; diminuidor.
DI.MI.NU.I.ÇÃO, *s.f.*, subtração, desvalorização.
DI.MI.NU.I.DOR, *adj.*, que diminui; diminuente; *s.m.*, em Aritmética, numa subtração, número que se subtrai do diminuendo.
DI.MI.NU.IR, *v.t., int. e pron.*, subtrair, reduzir, tornar menor.
DI.MI.NU.TI.VO, *s.m.*, forma do substantivo indicando diminuição.
DI.MI.NU.TO, *adj.*, pequeno, reduzido, apequenado.
DI.NA, *s.f.*, unidade de força na Física.
DI.NA.MAR.QUÊS, *adj. e s.m.*, nascido, habitante da Dinamarca ou próprio do país; raça de cães de porte avantajado.

DI.NÂ.MI.CA, s.f., parte da mecânica que trata dos movimentos, movimento, agilidade.
DI.NÂ.MI.CO, adj., próprio da dinâmica, ativo, ágil.
DI.NA.MIS.MO, s.m., atividade intensa, grande movimento, entusiasmo.
DI.NA.MI.TA.ÇÃO, s.f., ação ou resultado de dinamitar; explodir algo por meio de dinamite.
DI.NA.MI.TAR, v.t., colocar dinamite em, destruir com dinamite.
DI.NA.MI.TE, s.f., explosivo composto por nitroglicerina.
DI.NA.MI.ZA.DO, adj., ativado, agilizado.
DI.NA.MI.ZAR, v.t., tornar dinâmico, ativar, agilizar.
DI.NA.MO, s.m., aparelho para produzir energia elétrica, gerador.
DI.NA.MO.ME.TRI.A, s.f., em Mecânica, avaliação das forças por meio do dinamômetro.
DI.NA.MO.MÉ.TRI.CO, adj., relativo a dinamometria.
DI.NA.MÔ.ME.TRO, s.m., aparelho usado para medir forças mecânicas por meio do atrito.
DI.NAS.TA, adj. e s. 2 gên., que(m) compõe a dinastia, indivíduo que participa de uma dinastia.
DI.NAS.TI.A, s.f., geração de reis de um mesmo clã; pessoas originárias de uma mesma família; descendência; grupo empresarial que comanda um conjunto de empresas.
DI.NÁS.TI.CO, adj., que diz respeito a dinastia; partidário de uma dinastia.
DIN.DI.NHO, s.m., pop., nome do dedo menor da mão; apelido para o padrinho.
DI.NHEI.RA.DA, s.f., dinheirama, muito dinheiro, grande quantidade de dinheiro.
DI.NHEI.RA.MA, s.f., grande quantidade de dinheiro, dinheirada.
DI.NHEI.RA.ME, s.m., o mesmo que dinheirama.
DI.NHEI.RÃO, s.m., muito dinheiro; dinheirada; fortuna; riqueza.
DI.NHEI.RO, s.m., moeda, moeda sonante; valor usado para pagar.
DI.NOS.SAU.RO, s.m., réptil muito antigo, de tamanho variável, com algumas espécies de porte gigantesco, da Era Mesozoica.
DI.O.CE.SA.NO, adj., relativo a diocese; pessoa que pertence a uma diocese.
DI.O.CE.SE, s.f., base territorial comandada por um bispo; título reservado a prelados da igreja católica.
DÍ.O.DO, s.m., diodo, semicondutor de eletricidade que transforma a corrente alternada em contínua.
DI.O.NI.SÍ.A.CO, adj., relativo a Dionísio, deus do vinho, na mitologia grega; que aprecia o bom vinho; espontâneo, alegre.
DI.O.RA.MA, s.m., quadro iluminado por luzes móveis para propaganda e que provoca ilusões ópticas.
DI.OP.TRI.A, s.f., em Óptica, unidade de medida que mede o poder de vergência dos sistemas ópticos, equivalente ao inverso da distância focal dada em metros, símbolo: d.
DI.ÓP.TRI.CA, s.f., em Física, estudo da refração da luz em diferentes meios, em esp. as lentes.
DI.O.RA.MA, s.m., em Física, espetáculo de ilusão óptica devido à direção dada às luzes que iluminam grandes quadros pintados.
DI.O.RÂ.MI.CO, adj., pertencente ou relativo ao diorama.
DI.O.RE.SE, s.f., em Medicina, esvaimento de sangue, pela corrosão de uma veia.
DI.PLO.MA, s.m., documento para provar a conclusão de um curso.
DI.PLO.MA.ÇÃO, s.f., bras., ação ou efeito de diplomar(-se); de conferir ou receber diploma.
DI.PLO.MA.CI.A, s.f., parte que atende as relações entre países; a arte de saber persuadir, persuasão, fineza.
DI.PLO.MA.DO, adj., que recebeu diploma, formado, qualificado.
DI.PLO.MAR, v.t., conceder diploma a.
DI.PLO.MA.TA, s. 2 gên., representante do governo de um país em outro país.
DI.PLO.MÁ.TI.CA, s.f., estudo de antigos documentos oficiais; arte de decifrar documentos ou manuscritos; paleografia.
DI.PLO.MÁ.TI.CO, adj., próprio da diplomacia, persuasivo, gentil, polido.
DI.PLO.MA.TIS.TA, s. 2 gên., o que é versado na diplomática.
DIP.SO.MA.NI.A, s.f., tendência a consumir bebidas alcoólicas com exagero.
DÍP.TE.RO, adj., em Zoologia, que tem duas asas; relativo a díptero; s.m., espécime dos dípteros.
DÍP.TE.ROS, s.m., pl., em Zoologia, ordem dos insetos da qual fazem parte as moscas e os mosquitos.
DI.QUE, s.m., barreira para segurar as águas, barragem.
DI.RE.ÇÃO, s.f., ação ou efeito de dirigir, volante; cargo de diretor, rumo, rota.
DI.RE.CI.O.NAL, adj., que se direciona, dirigido.
DI.RE.CI.O.NAR, v.t., pôr no rumo, dirigir, orientar.
DI.REI.TA, s.f., a mão direita, o lado direito, destra; grupo político favorável ao conservadorismo.
DI.REI.TIS.TA, s. 2 gên., quem defende o direitismo.
DI.RE.TI.VO, adj., que dirige, que dá ou imprime uma direção; diretor.
DI.REI.TO, adj., correto, justo; reto, retilíneo, destro.
DI.REI.TO, s.m., ciência que estuda as leis e forma os bacharéis em Direito; forma advogados.
DI.REI.TU.RA, s.f., predicado de direito, aquilo que vai em linha reta.
DI.RE.TI.VA, s.f., diretriz, norma de como proceder, regulamento, regra.
DI.RE.TO, adj., vai em linha reta, sem paradas.
DI.RE.TOR, s.m., quem dirige, administrador, chefe, mandante, dirigente.
DI.RE.TO.RI.A, s.f., função de diretor, grupo de diretores.
DI.RE.TO.RI.AL, adj., relativo ao diretório.
DI.RE.TÓ.RIO, s.m., grupo de pessoas que dirige um partido político; todo grupo de diretores.
DI.RE.TRIZ, s.f., orientação, objetivo, rumo, diretiva.
DI.RI.GEN.TE, adj., s. 2 gên., que(m) dirige, que(m) direciona.
DI.RI.GI.DO, adj., que segue um comando, uma direção estabelecida; administrado; guiado.
DI.RI.GIR, v.t. e pron., impor a direção, direcionar, guiar, orientar, comandar.
DI.RI.GÍ.VEL, s.m., o que se pode dirigir; s.m., aeronave mais leve que o ar, com comando de direção.
DI.RI.MI.DO, adj., solucionado, acertado, suprimido.
DI.RI.MIR, v.t., solucionar, acertar diferenças, suprimir.
DIS.CA.DO, adj., telefonado, batido no disco, acionado um fone.
DIS.CAR, v. int., telefonar, acionar o telefone.
DIS.CA.GEM, s.f., ação ou efeito de discar, acionamento de um telefone.
DIS.CEN.TE, adj., s. 2 gên., que(m) aprende, aluno, aprendente,

DISCERNENTE · 324 · DISPARATAR

aprendiz.
DIS.CER.NEN.TE, *adj.*, que discerne, que escolhe, discriminatório.
DIS.CER.NI.MEN.TO, *s.m.*, escolha, opção, juízo, avaliação do melhor.
DIS.CER.NIR, *v.t. e int.*, distinguir, discriminar, escolher.
DIS.CER.NÍ.VEL, *adj. 2 gên.*, que se pode discernir.
DIS.CI.FOR.ME, *adj. 2 gên.*, que tem forma de disco; discoide.
DIS.CI.PLI.NA, *s.f.*, assunto para estudo na escola, matéria escolar; ordem, norma, lei, regra.
DIS.CI.PLI.NA.DO, *adj.*, que se disciplinou; regrado, organizado; obediente, submisso.
DIS.CI.PLI.NA.DOR, *s.m.*, quem comanda a disciplina.
DIS.CI.PLI.NAR, *v.t. e pron.*, ordenar, organizar, dar castigo, impor normas.
DIS.CI.PLI.NA.TÓ.RIO, *adj.*, relativo a disciplina; disciplinador; disciplinante.
DIS.CÍ.PU.LO, *s.m.*, aluno, aprendiz, discente, aprendente, seguidor.
DIS.CO, *s.m.*, peça circular e plana; peça para arremesso no atletismo, disco para música.
DIS.CÓ.BO.LO, *s.m.*, atleta especializado em lançamento de discos.
DIS.COI.DE, *adj. e s.m.*, em forma de disco, que imita um disco.
DIS.COR.DÂN.CIA, *s.f.*, divergência, falta de acordo, discórdia.
DIS.COR.DAN.TE, *adj.*, que não concorda, divergente.
DIS.COR.DAR, *v.t. e int.*, não aceitar, divergir, ir contra, contrapor-se.
DIS.COR.DE, *adj.*, que não concorda, discordante.
DIS.CÓR.DIA, *s.f.*, desavença, desacordo, intriga.
DIS.COR.RER, *v.t. e int.*, falar sobre, discursar, expor, raciocinar, palestrar.
DIS.COR.RI.DO, *adj.*, exposto, falado, raciocinado.
DIS.COR.RI.MEN.TO, *s.m.*, a faculdade de discorrer; raciocínio; discernimento.
DIS.CO.TE.CA, *s.f.*, local em que se dança ao som mecânico; lugar para pôr discos.
DIS.CRE.PÂN.CIA, *s.f.*, discordância, diferença, divergência.
DIS.CRE.PAN.TE, *adj.*, divergente, discordante, diferente.
DIS.CRE.PAR, *v.t.*, divergir, discordar, diferir.
DIS.CRE.TE.A.DOR, *adj. e s.m.*, que ou aquele que discreteia.
DIS.CRE.TE.AR, *v.int.*, discursar com placidez e reflexão.
DIS.CRE.TO, *adj.*, prudente, que guarda segredo, sigiloso.
DIS.CRI.ÇÃO, *s.f.*, reserva, sigilo, segredo, condição de quem não refere nada do que ouve.
DIS.CRI.CI.O.NÁ.RIO, *adj.*, agir por arbítrio próprio, ser arbitrário, autoritário.
DIS.CRI.MI.NA.ÇÃO, *s.f.*, diferençar alguém por causa de cor, raça, credo, política; segregação, rejeição, distinção.
DIS.CRI.MI.NA.DO, *adj.*, distinguido, rejeitado, segregado, diferenciado.
DIS.CRI.MI.NA.DOR, *adj. e s.m.*, que, aquele que discrimina.
DIS.CRI.MI.NAR, *v.t.*, distinguir, rejeitar, segregar, diferenciar.
DIS.CRI.MI.NA.TÓ.RIO, *adj.*, que discrimina, que segrega.
DIS.CRI.MI.NÁ.VEL, *adj. 2 gên.*, que se pode discriminar.
DIS.CRO.MI.A, *s.f.*, em Medicina, nome genérico das anormalidades na pigmentação da pele.
DIS.CUR.SA.DOR, *adj.*, que discursa; *s.m.*, aquele que discursa.
DIS.CUR.SAR, *v.int.*, dizer um discurso, expor, usar de retórica.
DIS.CUR.SEI.RA, *s.f.*, discurso longo, discurso enfadonho,
muitos discursos.
DIS.CUR.SIS.TA, *adj. e s. 2 gên.*, o mesmo que discursador.
DIS.CUR.SI.VO, *adj.*, racional, que segue uma ordem de discurso.
DIS.CUR.SO, *s.m.*, ação de retórica, oração, peça retórica.
DIS.CUR.SÓ.RIO, *s.m.*, sucessão de discursos; verborreia.
DIS.CUS.SÃO, *s.f.*, debate, polêmica, embate, troca de ideias por palavras.
DIS.CU.TI.DO, *adj.*, que se discutiu; debatido; conversado; examinado.
DIS.CU.TI.DOR, *adj.*, que discute ou gosta de discutir; *s.m.*, aquele que discute ou gosta de discutir.
DIS.CU.TIR, *v.t. e int.*, debater, polemizar, embater.
DIS.CU.TÍ.VEL, *adj.*, duvidoso, que é passível de discussão.
DI.SEN.TE.RI.A, *s.f.*, doença intestinal que provoca diarreias; *pop.*, caganeira.
DI.SEN.TÉ.RI.CO, *adj. e s.m.*, relativo a, ou aquele que apresenta disenteria.
DIS.FA.GI.A, *s.f.*, em Medicina, dificuldade na deglutição.
DIS.FAR.ÇA.DO, *adj.*, camuflado, escondido, mascarado.
DIS.FAR.ÇAR, *v.t., int. e pron.*, usar de disfarce, preparar-se para que ninguém o reconheça.
DIS.FAR.CE, *s.m.*, camuflagem, algo para esconder a feição exata.
DIS.FA.SI.A, *s.f.*, em Medicina, distúrbio da fala.
DIS.FO.RI.A, *s.f.*, em Medicina, sensação de mal-estar; estado de depressão.
DIS.FOR.ME, *adj.*, monstruoso, forma anormal.
DIS.FUN.ÇÃO, *s.f.*, distúrbio, função defeituosa, anormalidade.
DIS.GÊ.NI.CO, *adj.*, que é ou pode ser prejudicial ao patrimônio genético de uma espécie.
DIS.GRA.FI.A, *s.f.*, em Medicina, perturbação na escrita, causada por distúrbio neurológico.
DI.SI.DRO.SE, *s.f.*, erupções de bolhas nos dedos dos pés ou das mãos, geradas talvez pela retenção de sudorese.
DIS.JUN.ÇÃO, *s.f.*, ação ou resultado de disjungir; separação; em Gramática, supressão de conectivos entre palavras ou orações coordenadas; em Geologia, separação natural de partes de uma rocha.
DIS.JUN.GI.DO, *adj.*, desunido, desamarrado, livrado do jugo.
DIS.JUN.GIR, *v.t.*, livrar do jugo, separar, desunir, desamarrar.
DIS.JUN.TOR, *s.m.*, chave elétrica que desliga a energia, automaticamente, quando há aquecimento maior.
DIS.LA.TE, *s.m.*, tolice, bobagem, asneira.
DIS.ME.NOR.REI.A, *s.f.*, em Ginecologia, menstruação dolorosa ou dificuldade da menstruação.
DI.SO.PI.A, *s.f.*, em Medicina, enfraquecimento da vista; disopsia.
DI.SO.RE.XI.A, *s.f.*, falta de apetite; anorexia.
DI.SOS.MI.A, *s.f.*, perturbação do olfato.
DÍS.PAR, *adj.*, desigual, discrepo, diferente.
DIS.PA.RA.DA, *s.f.*, corrida, corrida rápida.
DIS.PA.RA.DO, *adv.*, em grande disparada; *adj.*, muito veloz, célere, rápido.
DIS.PA.RA.DOR, *adj.*, que dispara; diz-se do cavalo que foge às rédeas; *s.m.*, em Fotografia, dipositivo que aciona o obturador de uma câmara fotográfica; gatilho.
DIS.PA.RAR, *v.t., int. e pron.*, dar um tiro com arma de fogo, arremessar algo; sair correndo.
DIS.PA.RA.TA.DO, *adj.*, que fala disparates, atoleimado.
DIS.PA.RA.TAR, *v.int.*, cometer disparate(s); ofender; insultar.

DISPARATE

DIS.PA.RA.TE, s.m., tolice, bobagem, asneira.
DIS.PA.RI.DA.DE, s.f., desigualdade, propriedade do díspar.
DIS.PA.RO, s.m., tiro, detonação, estrondo de um tiro.
DIS.PAR.TIR, v.t. e pron., distribuir, dividir.
DIS.PÊN.DIO, s.m., gasto, despesa, o que se gastou.
DIS.PEN.DI.O.SO, adj., caro, que traz muito dispêndio, custoso.
DIS.PEN.SA, s.f., licença, escusa, isenção.
DIS.PEN.SA.BI.LI.DA.DE, s.f., qualidade do que é ou de quem é dispensável.
DIS.PEN.SA.ÇÃO, s.f., ato ou resultado de dispensar; dispensa; concessão, distribuição.
DIS.PEN.SA.DO, adj., isento, licenciado.
DIS.PEN.SA.DOR, adj. e s.m., que ou aquele que dispensa.
DIS.PEN.SAR, v.t. e pron., conceder licença, isentar, liberar.
DIS.PEN.SÁ.RIO, s.m., instituição que atende, de graça, a pessoas carentes.
DIS.PEN.SÁ.VEL, adj. 2 gên., que pode ser dispensado.
DIS.PEP.SI.A, s.f., problemas com a digestão.
DIS.PÉP.TI.CO, adj. e s.m., relativo a ou que sofre de dispepsia.
DIS.PER.DER, v. int., destruir, arrasar, assolar, aniquilar.
DIS.PER.SA.DOR, adj. e s.m., que ou o que dispersa.
DIS.PER.SÃO, s.f., ação de dispersar, afugentamento, saída de ordem.
DIS.PER.SAR, v. pron., espalhar, ir em várias direções, afugentar.
DIS.PER.SI.VO, adj., que dispersa, que se dispersa, que se espalha.
DIS.PER.SO, adj., fora de ordem, espalhado.
DIS.PLA.SI.A, s.f., em Medicina, desenvolvimento anormal de tecido ou órgão.
DISPLAY, s.m. ing., mostrador, expositor; dispositivo em aparelhos elétricos ou eletrônicos para apresentação visual de informações; em Publicidade, mostrador destinado a promover linha de produtos.
DIS.PLI.CÊN.CIA, s.f., desleixo, desgosto, indiferença, negligência.
DIS.PLI.CEN.TE, adj., relapso, negligente, relaxado.
DISP.NEI.A, s.f., dificuldade em respirar, respiração difícil.
DISP.NEI.CO, adj. e s.m., relativo a, ou aquele que tem dispneia.
DIS.PO.NEN.TE, adj. 2 gên., que dispõe, que prepara; s. 2 gên., em Direito, aquele que dispõe de bens em favor de outrem.
DIS.PO.NI.BI.LI.DA.DE, s.f., ação ou efeito de ser disponível, prontidão.
DIS.PO.NI.BI.LI.ZA.ÇÃO, s.f., ação ou efeito de disponibilizar(-se).
DIS.PO.NI.BI.LI.ZA.DO, adj., que se tornou disponível, que foi colocado à disposição.
DIS.PO.NI.BI.LI.ZAR, v.t., tornar disponível ou acessível; oferecer acesso a.
DIS.PO.NÍ.VEL, adj., pronto, disposto.
DIS.POR, v.t. e int., coordenar, organizar, ajeitar, ter à disposição.
DIS.PO.SI.ÇÃO, s.f., organização, tendência, pendor, vocação.
DIS.PO.SI.TI.VO, s.m., regra, artigo contido em lei, prescrição, preceito legal.
DIS.PO.SI.TOR, adj. e s.m., que ou o que dispõe.
DIS.POS.TO, adj., posto, favorável, propício, que se dispõe, preparado.
DIS.PRÓ.SIO, s.m., em Química, elemento metálico de número atômico 66, símbolo: Dy.

DISSIMILAÇÃO

DIS.PU.TA, s.f., contenda, luta, debate, combate.
DIS.PU.TA.DO, adj., que se disputa ou disputou, que é ou foi objeto de disputa; renhido.
DIS.PU.TA.DOR, s.m., o que disputa; o que gosta de disputar, questionador.
DIS.PU.TAN.TE, adj. e s. 2 gên., que ou aquele que disputa.
DIS.PU.TAR, v.t. e int., discutir, debater, contender, lutar, pleitear.
DIS.PU.TA.TI.VO, adj., discutível, contendente, pleiteante.
DIS.PU.TÁ.VEL, adj. 2 gên., que pode ser disputado.
DIS.QUE.TE, s.m., pequeno disco usado nos computadores para reter dados.
DIS.RIT.MI.A, s.f., falta de ritmo, problemas do ritmo cardíaco.
DIS.RÍT.MI.CO, adj., relativo a, ou que sofre de disritmia; s.m., aquele que sofre de disritmia.
DIS.SA.BOR, s.m., desgraça, desgosto, infelicidade, desdita.
DIS.SA.BO.RI.DO, adj., o mesmo que dissaboroso.
DIS.SA.BO.RO.SO, adj., desgostoso, descontente.
DIS.SA.CA.RÍ.DEO, s.m., em Química; açúcar natural, resultante de dois monossacarídeos.
DIS.SE.CA.ÇÃO, s.f., análise minuciosa de um corpo ou assunto, retalhamento de um corpo para analisar todos os órgãos.
DIS.SE.CA.DO, adj., analisado, vasculhado, detalhado.
DIS.SE.CA.DOR, adj. e s.m., que ou o que disseca.
DIS.SE.CAR, v.t., proceder a uma análise detalhada dos órgãos.
DIS.SEC.ÇÃO, s.f., o mesmo que dissecação.
DIS.SEC.TOR, s.m., aquele que pratica dissecções; especialista em dissecar cadáveres; o instrumento para dissecações.
DIS.SE.MI.NA.ÇÃO, s.f., distribuição, propagação, dispersão.
DIS.SE.MI.NA.DO, adj., semeado, espalhado, propagado, dispersado.
DIS.SE.MI.NA.DOR, adj., que, aquele ou o que dissemina algo; dispersor.
DIS.SE.MI.NAR, v.t. e pron., semear, espalhar, propagar, dispersar.
DIS.SEN.SÃO, s.f., divergência, desavença, oposição.
DIS.SEN.TIR, v. int., discordar, estar em desacordo, divergir.
DIS.SER.TA.ÇÃO, s.f., escrito racional sobre uma ideia, redação, composição escrita, texto.
DIS.SER.TA.DOR, s.m., aquele que disserta, que faz dissertações.
DIS.SER.TAR, v.t. e int., escrever, fazer uma dissertação.
DIS.SER.TA.TI.VO, adj., característico ou próprio de dissertação; diz-se do que é apresentado por escrito.
DIS.SI.DÊN.CIA, s.f., divergência, disputa, discordância, separação.
DIS.SI.DEN.TE, adj. e s. 2 gên., contrário, discordante, que não se enquadra, quem saiu de um partido político, quem discorda de uma filosofia.
DIS.SI.DI.AR, v.t., tornar dissidente; separar; desunir.
DIS.SÍ.DIO, s.m., questão trabalhista levada à Justiça do Trabalho; contenda, luta.
DIS.SI.LÁ.BI.CO, adj., que tem duas sílabas, que se refere a dissílabos.
DIS.SÍ.LA.BO, adj., com duas sílabas.
DIS.SI.ME.TRI.A, s.f., falta de simetria; assimetria.
DIS.SI.MÉ.TRI.CO, adj., que não é simétrico; assimétrico.
DIS.SÍ.MIL, adj., dessemelhante, diverso, diferente.
DIS.SI.MI.LA.ÇÃO, s.f., em Gramática, modificação de

vocábulos, letras ou sílabas, evitando-se a repetição de sons similares.

DIS.SI.MI.LAR, *adj. 2 gên.*, que é de diferente gênero, espécie, tipo, etc.; heterogêneo.

DIS.SI.MI.LI.TU.DE, *s.f.*, o mesmo que dissemelhança.

DIS.SI.MU.LA.ÇÃO, *s.f.*, disfarce, camuflagem, ocultação.

DIS.SI.MU.LA.DO, *adj. e s.m.*, disfarçado, fingido, camuflado, hipócrita.

DIS.SI.MU.LA.DOR, *adj.*, que dissimula; dissimulativo; *s.m.*, aquele que dissimula.

DIS.SI.MU.LAR, *v.t., int. e pron.*, ocultar, camuflar, esconder, fingir.

DIS.SI.MU.LÁ.VEL, *adj.*, que se pode dissimular; que é fácil de dissimular.

DIS.SI.PA.ÇÃO, *s.f.*, desperdício, gasto exagerado, devassidão.

DIS.SI.PA.DO, *adj.*, gasto, exagerado, gastador.

DIS.SI.PA.DOR, *s.m.*, pródigo, perdulário, gastador, que esbanja.

DIS.SI.PAR, *v.t. e pron.*, gastar, esbanjar, fazer com que desapareça.

DIS.SI.PÁ.VEL, *adj.*, que se pode dissipar; fácil de dissipar.

DIS.SO, combinação da preposição *de* com o pronome demonstrativo *isso*.

DIS.SO.CI.A.BI.LI.DA.DE, *s.f.*, qualidade do que se pode dissociar.

DIS.SO.CI.A.ÇÃO, *s.f.*, separação, desagregação, desunião.

DIS.SO.CI.A.DO, *adj.*, separado, desagregado, desunido.

DIS.SO.CI.AL, *adj.*, que não associa, em que há desunião; insociável.

DIS.SO.CI.AR, *v.t. e pron.*, separar, desagregar, desunir, decompor.

DIS.SO.CI.A.TI.VO, *adj.*, relativo a dissociação; que dissocia.

DIS.SO.CI.Á.VEL, *adj. 2 gên.*, que se pode ou deve dissociar.

DIS.SO.LU.BI.LI.DA.DE, *s.f.*, em Química, qualidade ou estado do que é dissolúvel.

DIS.SO.LU.ÇÃO, *s.f.*, ação ou efeito de dissolver, desmanche, desagregação.

DIS.SO.LU.TI.VO, *adj.*, que dissolve.

DIS.SO.LU.TO, *adj.*, pervertido, imoral, devasso, despudorado.

DIS.SO.LÚ.VEL, *adj.*, que se dissolve, que se dilui.

DIS.SOL.VÊN.CI.A, *s.f.*, o mesmo que dissolução.

DIS.SOL.VEN.TE, *adj.*, que se dilui, que se dissolve.

DIS.SOL.VER, *v.t. e pron.*, desmanchar, dissipar, liquifazer, diluir.

DIS.SOL.VI.DO, *adj.*, que se dissolveu ou diluiu; desfeito, extinto.

DIS.SO.NÂN.CI.A, *s.f.*, sons impróprios, sons desafinados, desarmonia.

DIS.SO.NAN.TE, *adj. 2 gên.*, em Música, que produz ou apresenta dissonância; desarmônico; que destoa; discordante; contrário.

DIS.SO.NAR, *v.int.*, soar mal, desentoar.

DIS.SO.NO, *adj.*, dissonante, confuso.

DIS.SO.NO.RO, *adj.*, dissonante.

DIS.SU.A.DI.DO, *adj.*, que se dissuadiu; despersuadido.

DIS.SU.A.DIR, *v.t. e pron.*, fazer mudar o propósito, fazer mudar a ideia, convencer, persuadir.

DIS.SU.A.SÃO, *s.f.*, ato ou efeito de dissuadir; despersuasão.

DIS.SU.A.SI.VO, *adj.*, que dissuade, que é próprio à prática da dissuasão; dissuasório.

DIS.SU.A.SOR, *adj. e s.m.*, que ou o que dissuade.

DIS.TA.NÁ.SIA, *s.f.*, em Medicina, morte lenta, angustiada e dolorosa.

DIS.TÂN.CIA, *s.f.*, espaço existente entre dois pontos, intervalo.

DIS.TAN.CI.A.DO, *adj.*, afastado, separado.

DIS.TAN.CI.A.MEN.TO, *s.m.*, ato ou efeito de distanciar(-se); afastamento; *fig.* indiferença; estranhamento.

DIS.TAN.CI.AR, *v.t. e pron.*, afastar, levar para longe, separar.

DIS.TAN.TE, *adj.*, longe, afastado.

DIS.TAR, *v.t. e int.*, estar longe, estar afastado, estar distante.

DIS.TEN.DER, *v.t. e pron.*, esticar, retesar, tornar puxado.

DIS.TEN.DI.DO, *adj.*, que se distendeu; dilatado, esticado, inchado.

DIS.TEN.SÃO, *s.f.*, puxada brusca das juntas dos ossos; estiramento; trabalho diplomático para eliminar divergências entre países.

DIS.TEN.SO, *adj.*, o mesmo que distendido.

DIS.TEN.SOR, *adj. e s.m.*, que ou aquilo que distende.

DÍS.TI.CO, *s.m.*, estrofe de dois versos; figura ou conjunto de palavras explicativas sobre algo; letreiro; rótulo; em Heráldica, a divisa de um escudo.

DIS.TIN.ÇÃO, *s.f.*, condecoração, honraria, medalha, glória, troféu.

DIS.TIN.GUI.DO, *adj.*, que se distinguiu; distinto; diferençado; agraciado, condecorado.

DIS.TIN.GUI.DOR, *s.m.*, aquele que distingue.

DIS.TIN.GUIR, *v.t. e int.*, reconhecer, notar, discriminar, discernir.

DIS.TIN.GUÍ.VEL, *adj.*, que se distingue ou que é fácil de distinguir; que se não confunde; que é digno de distinção.

DIS.TIN.TI.VO, *s.m.*, insígnia, objeto preso na lapela para indicar algo.

DIS.TIN.TO, *adj.*, definido, diferente, nobre, famoso, notório, cortês.

DIS.TO, combinação da preposição *de* com o pronome demonstrativo *isto*.

DIS.TO.PI.A, *s.f.*, em Medicina, situação anômala de um órgão.

DIS.TÓ.PI.CO, *adj.*, relativo a distopia.

DIS.TOR.ÇÃO, *s.f.*, inverdade, deturpação, estiramento de uma junta.

DIS.TOR.CE.DOR, *adj. e s.m.*, que ou o que distorce; diz-se de, ou o dispositivo que distorce o som em instrumento musical.

DIS.TOR.CER, *v.t. e pron.*, desvirtuar, referir de modo inverídico.

DIS.TOR.CI.DO, *adj.*, desvirtuado, manipulado, deturpado.

DIS.TRA.ÇÃO, *s.f.*, falta de atenção, esquecimento; diversão, lazer, ócio.

DIS.TRA.Í.DO, *adj.*, fora de atenção, absorto, sonhador.

DIS.TRA.I.MEN.TO, *s.m.*, o mesmo que distração.

DIS.TRA.IR, *v.t. e pron.*, fazer perder a atenção, alhear; recrear, divertir.

DIS.TRA.TAR, *v.t.*, anular, rescindir, desfazer, desmanchar.

DIS.TRA.TE, *s.m.*, o mesmo que distrato.

DIS.TRA.TO, *s.m.*, anulação de um contrato, término de um contrato.

DIS.TRI.BU.I.ÇÃO, *s.f.*, operação em que se reparte a muitas pessoas aquilo que lhes pertence; sistema em que algo é distribuído; disposição.

DIS.TRI.BU.Í.DO, *adj.*, repartido, dividido, separado.

DIS.TRI.BU.I.DOR, *s.m.*, quem distribui, repartidor.

DIS.TRI.BU.IR, *v.t.*, entregar a vários indivíduos, repartir.

DISTRIBUÍVEL / DIVISÃO

DIS.TRI.BU.Í.VEL, *adj. 2 gên.*, que se pode ou se deve distribuir.
DIS.TRI.BU.TIS.MO, *s.m.*, ver distributivismo.
DIS.TRI.BU.TI.VI.DA.DE, *s.f.*, qualidade de distributivo.
DIS.TRI.BU.TI.VIS.MO, *adj. 2 gên.*, do ou relativo ao distributivismo.
DIS.TRI.BU.TI.VO, *adj.*, relativo a distribuição; que distribui; em que se faz por distribuição; equitativo.
DIS.TRI.TAL, *adj.*, que se refere a um distrito, localizado, paroquial.
DIS.TRI.TO, *s.m.*, localidade municipal administrada por um intendente, com certa independência administrativa; secção da polícia em vários pontos de uma localidade.
DIS.TRO.FI.A, *s.f.*, problema com a alimentação.
DIS.TUR.BAR, *v. int.*, perturbar, incomodar, aborrecer.
DIS.TÚR.BIO, *s.m.*, disfunção, perturbação, problema.
DI.SÚ.RIA, *s.f.*, dificuldades na urinação, problemas para urinar.
DI.SÚ.RI.CO, *adj. e s.m.*, que é relativo a, que ou aquele que padece de disúria.
DI.TA, *s.f.*, sorte, felicidade.
DI.TA.DO, *s.m.*, o que se dita, cópia de uma leitura; provérbio, máxima, brocardo.
DI.TA.DOR, *s.m.*, dominador, tirano, tipo de governo que engloba os três poderes.
DI.TA.DU.RA, *s.f.*, governo que detém todos os poderes em um único elemento.
DI.TA.ME, *s.m.*, ordem, comando, imposição.
DI.TAR, *v.t. e int.*, dizer em voz alta o que deve ser feito ou escrito; impor.
DI.TA.TO.RI.AL, *adj.*, relativo ao ditador, autoritário, próprio de um ditador.
DI.TA.TO.RI.A.LES.CO, *adj.*, característico ou próprio de ditador ou ditadura; ditatorial.
DI.TA.TÓ.RIO, *adj.*, o mesmo que ditatorial.
DI.TI.RÂM.BI.CO, *adj.*, que diz respeito ao ditirambo.
DI.TI.RAM.BO, *s.m.*, poema para exaltar alguma vitória gloriosa.
DI.TO, *adj.*, falado, pronunciado; *s.m.*, sentença, determinação.
DI.TO.GRA.FI.A, *s.f.*, em Gramática, dupla grafia.
DI.TON.GA.ÇÃO, *s.f.*, ou efeito de ditongar; transformação em ditongo.
DI.TON.GA.DO, *adj.*, convertido para ditongo, sobretudo na fonética.
DI.TON.GAL, *adj.*, que forma ditongo; que consta de ditongos.
DI.TON.GAR, *v. int.*, transformar vogais em ditongos.
DI.TON.GO, *s.m.*, duas vogais formando uma sílaba.
DI.TO.SO, *adj.*, feliz, satisfeito, contente.
DI.U.RE.SE, *s.f.*, quando o rim solta a urina; quantidade de urina solta.
DI.U.RÉ.TI.CO, *adj. e s.m.*, diz-se de ou o medicamento que aumenta ou facilita a excreção de urina.
DI.UR.NAL, *adj.*, quotidiano; diário; *s.m.*, livro que tem uma oração para cada dia.
DI.UR.NO, *adj.*, do dia a dia; o que existe durante o dia.
DI.U.TUR.NI.DA.DE, *s.f.*, espaço temporal longo, muito tempo diurno.
DI.U.TUR.NO, *adj.*, tempo longo, muito tempo.
DI.VA, *s.f.*, deusa, artista de cinema, mulher muito bela.
DI.VÃ, *s.m.*, pequeno sofá; ficar no divã - ser atendido por psicólogo.
DI.VA.GA.ÇÃO, *s.f.*, sonho, devaneio, conversa vazia de conteúdos, exposição enfadonha.
DI.VA.GA.DO, *adj.*, sonhado, devaneado, cismado, alongado.
DI.VA.GA.DOR, *adj. e s.m.*, que ou aquele que divaga ou tem por hábito fazer devaneios.
DI.VA.GAN.TE, *adj. 2 gên.*, que divaga; divagatório.
DI.VA.GAR, *v.t. e int.*, sonhar, conversar à toa, falar sem conteúdo.
DI.VER.GÊN.CIA, *s.f.*, diferença, contenda, rivalidade, discórdia.
DI.VER.GEN.TE, *adj.*, discordante, não concordante, contrário.
DI.VER.GIR, *v. int.*, discordar, ser contra, não aceitar.
DI.VER.SÃO, *s.f.*, divertimento, recreio, lazer, ócio.
DI.VER.SI.CO.LOR, *adj.*, que tem cores diversas; variegado.
DI.VER.SI.DA.DE, *s.f.*, diferença, o que se compõe de muitos tipos, conjunto com seres diferentes.
DI.VER.SI.FI.CA.ÇÃO, *s.f.*, diferenciação, separação, distanciamento.
DI.VER.SI.FI.CA.DO, *adj.*, tornado diverso; variado.
DI.VER.SI.FI.CAN.TE, *adj.*, que diversifica.
DI.VER.SI.FI.CAR, *v.t. e int.*, tornar diverso, diferençar, separar.
DI.VER.SI.FI.CÁ.VEL, *adj.*, que pode diversificar, suscetível de diversidade.
DI.VER.SI.FOR.ME, *adj.*, cuja forma é variável.
DI.VER.SI.VO, *adj.*, que faz uma diversão.
DI.VER.SO, *adj.*, diferente, vário, distinto.
DI.VER.TI.CU.LI.TE, *s.f.*, pequeno apêndice intestinal; inflamação do divertículo.
DI.VER.TÍ.CU.LO, *s.m.*, pequeno apêndice nos intestinos, causado por hérnia.
DI.VER.TI.DO, *adj.*, alegre, satisfatório, engraçado.
DI.VER.TI.MEN.TO, *s.m.*, distração, diversão, passatempo.
DI.VER.TIR, *v.t. e pron.*, entreter, alegrar, satisfazer.
DI.VÍ.CIA, *s.f.*, em Poética, riqueza.
DÍ.VI.DA, *s.f.*, o que se deve, obrigação financeira ou moral.
DI.VI.DEN.DO, *s.m.*, que pode ser dividido; na operação da divisão, é o número dividido por outro.
DI.VI.DI.DO, *adj.*, distribuído, separado, parcelado.
DI.VI.DI.DOR, *s.m.*, o que divide ou faz partilhas; o que faz demarcarão de terras, prédios, etc.
DI.VI.DIR, *v.t., int. e pron.*, distribuir em partes, separar, parcelar, classificar; obter quantas vezes um comporta o outro pelos resultados da divisão.
DI.VI.NA.ÇÃO, *s.f.*, ação ou efeito de adivinhar.
DI.VI.NAL, *adj.*, divino, maravilhoso, muito belo, ótimo.
DI.VI.NA.TÓ.RIO, *adj.*, relativo a divinação, próprio para adivinhar.
DI.VIN.DA.DE, *s.f.*, deus, qualidade de deus; pessoa carismática.
DI.VI.NI.ZA.ÇÃO, *s.f.*, endeusamento, adoração.
DI.VI.NI.ZA.DO, *adj.*, que se divinizou, que se tornou divino, deificado.
DI.VI.NI.ZA.DOR, *adj. e s.m.*, que ou o que diviniza.
DI.VI.NI.ZAN.TE, *adj.*, que diviniza.
DI.VI.NI.ZAR, *v.t. e pron.*, tornar deus, preparar para ser deus, adorar.
DI.VI.NO, *adj.*, característico de Deus; sublime, maravilhoso.
DI.VI.SA, *s.f.*, limite, extrema, fronteira; objeto para indicar posto entre militares e outros órgãos; frase para ser modelo de vivência.
DI.VI.SÃO, *s.f.*, ato ou efeito de dividir, discórdia, cisão, seita, série dos clubes para disputar campeonatos; cômodos de uma casa, apartamento, partição, parte de um todo.

DIVISAR ·· 328 ·· DOENTIO

DI.VI.SAR, *v.t.*, ver, avistar, vislumbrar, notar.
DI.VI.SI.BI.LI.DA.DE, *s.f.*, vislumbramento, visão possível.
DI.VI.SI.O.NAL, *adj.*, pertencente ou relativo a divisão.
DI.VI.SI.O.NÁ.RIO, *adj.*, próprio de divisão militar; moedas para troco.
DI.VI.SÍ.VEL, *adj.*, o que se pode dividir; partível.
DI.VI.SO, *adj.*, dividido, separado, limitado.
DI.VI.SOR, *s.m.*, que divide, limita; número que divide outro.
DI.VI.SÓ.RIA, *s.f.*, limite, linha que divide; parede feita com chapas para repartir um ambiente maior.
DI.VI.SÓ.RIO, *adj.*, que divide; separa ou delimita.
DI.VOR.CI.A.DO, *adj. e s.m.*, diz-se de ou a pessoa que se divorciou.
DI.VOR.CI.AR, *v.t. e pron.*, legalizar a separação de um casal, separar um casal; *fig.*, qualquer separação.
DI.VOR.CIO, *s.m.*, separação, desunião, quebra do vínculo matrimonial.
DI.VOR.CIS.TA, *adj. e s. 2 gên.*, que ou aquele que é a favor da instituição do divórcio.
DI.VUL.GA.ÇÃO, *s.f.*, publicação, difusão.
DI.VUL.GA.DO, *adj.*, publicado, difuso.
DI.VUL.GA.DOR, *adj. e s.m.*, que, aquele ou aquilo que divulga ou faz divulgação.
DI.VUL.GAR, *v.t. e pron.*, publicar, tornar conhecido, difundir.
DI.ZE.DOR, *adj. e s.m.*, que ou o que diz com facilidade e voluntariedade; gracejador, motejador.
DI.ZER, *v.t. e pron.*, falar, expressar oralmente, referir, prolatar, expor, afirmar.
DÍ.ZI.MA, *s.f.*, dízimo; a décima parte de um todo; dízima periódica - número que repete sempre certos números de maneira infinita.
DI.ZI.MA.ÇÃO, *s.f.*, extermínio, matança, mortandade.
DI.ZI.MA.DO, *adj.*, exterminado, matado, liquidado.
DI.ZI.MA.DOR, *adj. e s.m.*, que ou o que dizima.
DI.ZI.MAR, *v.t.*, exterminar, matar, liquidar muitos.
DÍ.ZI.MO, *s.m.*, dízima, a décima parte, cobrança de algumas religiões para com os fiéis, que se constitui num pagamento de dez por cento do que ganham.
DI.ZÍ.VEL, *adj.*, que se pode dizer, falável.
DIZ QUE DIZ, *s.m.*, falatório, boataria, falação, fofoca.
DJI.BU.TI.EN.SE, *adj. 2 gên.*, da República do Djibuti, típico desse país ou do seu povo; *s. 2 gên.*, natural ou habitante da República do Djibuti.
DJIM, *s.m.*, nome dado pelos árabes a entidades, maléficas ou benfazejas, que ficam abaixo dos anjos e acima dos homens.
DO, combinação da preposição *de* com o artigo masculino *o*.
DÓ, *s.m.*, pena, compaixão, piedade; primeira nota musical.
DO.A.ÇÃO, *s.f.*, ação de doar, donativo, dom, dação.
DO.A.DO, *adj.*, dado, outorgado, concedido, presenteado.
DO.AR, *v.t.*, conceder, dar, presentear.
DO.BRA, *s.f.*, vinco, prega; a parte final de um objeto que se volta sobre outra parte.
DO.BRA.DA, *s.f.*, ondulação de terreno; em Portugual, parte das vísceras do boi ou vaca para guisar; guisado feito com estas entranhas.
DO.BRA.DEI.RA, *s.f.*, máquina que faz dobras em papéis, metais, plásticos, etc.; profissional feminina que dobra roupas ou outras peças.
DO.BRA.DI.ÇA, *s.f.*, peça metálica para prender a porta à parede e abri-la.
DO.BRA.DI.ÇO, *adj.*, que é fácil de dobrar, inclinado a se dobrar com facilidade.
DO.BRA.DI.NHA, *s.f.*, bucho, parte comestível do estômago bovino; dupla que se entrosa em qualquer atividade, sobretudo no esporte.
DO.BRA.DO, *adj.*, que se dobrou; curvado, inclinado; arqueado; flexionado; que foi duplicado; intensificado; redobrado.
DO.BRA.DU.RA, *s.f.*, curvatura, dobra, encurvamento.
DO.BRA.GEM, *s.f.*, ato ou efeito de dobrar; dobramento.
DO.BRA.MEN.TO, *s.m.*, ato de dobrar, dobradura; dobragem.
DO.BRÃO, *s.m.*, antiga moeda de Portugal.
DO.BRAR, *v.t., int. e pron.*, duplicar, multiplicar por dois, virar; aceitar, ser convencido.
DO.BRÁ.VEL, *adj. 2 gên.*, que se pode dobrar.
DO.BRE, *s.m.*, bimbalhar, toque de sinos, som de sinos.
DO.BRO, *s.m.*, duas vezes mais, duplo.
DO.CA, *s.f.*, cais, parte do porto em que os navios atracam.
DO.ÇA.RI.A, *s.f.*, bolos e doces, muitos bolos, tortas; tudo que se refira a doces.
DO.CE, *adj.*, gosto adocicado como o do açúcar; *fig.*, agradável, gostoso; *s.m.*, massa preparada com açúcar e outros ingredientes para degustar, como bolo, torta.
DO.CEI.RA, *s.f.*, confeiteira, mulher que produz doces, bolos e tortas.
DO.CEI.RO, *s.m.*, homem que faz doces, confeiteiro.
DO.CÊN.CIA, *s.f.*, ação de ensinar, exercício de professor; a arte de construir conhecimentos.
DO.CEN.TE, *s. 2 gên.*, quem ensina, professor, educador, mestre.
DO.CE.RI.A, *s.f.*, local em que são feitos ou vendidos doces; confeitaria.
DÓ.CIL, *adj.*, submisso, suave, doce, maleável.
DO.CI.LI.DA.DE, *s.f.*, suavidade, submissão, maleabilidade.
DO.CU.MEN.TA.ÇÃO, *s.f.*, conjunto de documentos.
DO.CU.MEN.TA.DO, *adj.*, que se baseia em documentos; escrito.
DO.CU.MEN.TAL, *adj.*, próprio dos documentos; prova em juízo com base em documentos.
DO.CU.MEN.TAR, *v.t.*, provar por meio de documentos.
DO.CU.MEN.TÁ.RIO, *s.m.*, reunião de documentos; exposição de um assunto documentado; filme que registra fatos e momentos de uma atividade ou situação política.
DO.CU.MEN.TA.RIS.TA, *adj. 2 gên. e s. 2 gên.*, que ou cineasta que faz documentários.
DO.CU.MEN.TA.TI.VO, *adj.*, que serve para documentar.
DO.CU.MEN.TÁ.VEL, *adj. 2 gên.*, que pode ser documentado.
DO.CU.MEN.TO, *s.m.*, escrito que serve de prova, papel oficial, registro de fatos cartoriais e judiciais.
DO.ÇU.RA, *s.f.*, o que é doce; suavidade, leveza, maciez, polidez, meiguice.
DO.DE.CA.É.DRI.CO, *adj.*, relativo a dodecaedro; que tem a forma de um dodecaedro.
DO.DE.CA.E.DRO, *s.m.*, polígono com doze faces.
DO.DE.CÁ.GO.NO, *s.m.*, polígono com doze lados.
DO.DE.CAS.SÍ.LA.BO, *s.m.*, palavra com 12 sílabas; verso poético com doze sílabas.
DO.DÓI, *s.m. pop.*, dor, doença, machucadura, lesão física ou sentimental.
DO.EN.ÇA, *s.f.*, falta de saúde, moléstia, enfermidade.
DO.EN.TE, *adj.*, que está com doença, fraco, enfermo, caído.
DO.EN.TI.O, *adj.*, que está sempre doente, enfermo, que

traz doença.
DO.ER, *v. int.*, causar dor, provocar sofrimento.
DO.ES.TO, *s.m.*, injúria, ofensa, insulto, provocação.
DO.GE, *s.m.*, magistrado de maior comando nas antigas repúblicas de Veneza e Gênova.
DOG.MA, *s.m.*, ideia dada como verdade infalível; em termos de fé, declaração final e acabada.
DOG.MÁ.TI.CO, *adj.*, categórico, que não admite contestação, infalível.
DOG.MA.TIS.MO, *s.m.*, modo típico de impor ideias já afirmadas em certas religiões ou segmentos políticos; concepção de uma ideia que não admite nenhum tipo de contestação.
DOG.MA.TIS.TA, *s. 2 gên.*, quem defende os dogmas, dogmatizador.
DOG.MA.TI.ZAR, *v. int.*, transformar tudo em dogma, querer que certas verdades sejam dogmas.
DOI.DAR.RÃO, *adj. e s.m.*, indivíduo muito doido.
DOI.DEI.RA, *s.f.*, doidice, loucura, maluquice; ato insensato, desatino, desvario.
DOI.DE.JAN.TE, *adj.*, que doideja.
DOI.DE.JAR, *v.t. e int.*, comportar-se como doido(a); proferir impropérios; fazer folia.
DOI.DE.JO, *s.m.*, ato de doidejar; doidice.
DOI.DI.CE, *s.f.*, doideira, loucura, maluquice, desvario, desvairismo.
DOI.DI.VA.NAS, *s. 2 gên.*, leviano, pródigo, maluco.
DOI.DO, *adj.*, louco, maluco, desvairado, demente.
DO.Í.DO, *adj.*, que traz dor, dolorido, doloroso.
DOIS, *num.*, algarismo 2, um mais um, segundo.
DOIS-PONTOS, *s.m.*, sinal de pontuação colocado diante de citações, enumerações, para destacar e explicar a exposição contínua.
DÓ.LAR, *s.m.*, dinheiro dos Estados Unidos; unidade monetária americana.
DO.LA.RI.ZA.ÇÃO, *s.f.*, o dólar é a base de todos os valores econômicos multinacionais.
DO.LA.RI.ZA.DO, *adj.*, valor baseado em dólar.
DO.LA.RI.ZAR, *v.t. e pron.*, transferir a tudo o valor do dólar, cobrar pelo valor do dólar.
DO.LEI.RO, *s.m.*, tipo que negocia comprando e vendendo dólares fora do sistema legal.
DO.LÊN.CIA, *s.f.*, dor, doença, sofrimento, nostalgia.
DO.LEN.TE, *adj.*, dolorido, machucado, doloroso, que sofre, nostálgico.
DO.LI.CO.CE.FA.LI.A, *s.f.*, estado ou condição de dolicocéfalo.
DO.LI.CO.CÉ.FA.LO, *adj. e s.m.*, diz-se de ou a pessoa que tem o crânio oval, sendo que o diâmetro transversal é um quarto menor que o longitudinal.
DÓL.MÃ, *s.m.*, tipo de casaco de uso dos militares.
DÓL.MEN, *s.m.*, em Arqueologia, monumento neolítico em forma de uma grande pedra chata sobre outras verticais.
DO.LO, *s.m.*, ato praticado com consciência intencional de prejudicar; crime praticado contra uma pessoa, tendo a consciência de que vai matá-la; assassinato, homicídio.
DO.LO.RI.DO, *adj.*, doído, que causa dor, doloroso.
DO.LO.RÍ.FI.CO, *adj.*, que tem ou provoca dor; doloroso.
DO.LO.RO.SO, *adj.*, dolorido, doído, que provoca dor, dolente.
DO.LO.SO, *adj.*, em que há dolo, cheio de dolo.
DOM, *s.m.*, presente, donativo, dádiva; vocação, inclinação natural; título para homens tidos como importantes.
DO.MA.ÇÃO, *s.f.*, ação ou efeito de domar, amansamento, preparo, treinamento.
DO.MA.DO, *adj.*, amansado, domesticado, qualificado.
DO.MA.DOR, *s.m.*, amansador, domesticador, quem doma seres selvagens.
DO.MAR, *v.t. e pron.*, amansar, domesticar, treinar, preparar.
DO.MÁ.VEL, *adj. 2 gên.*, que se pode domar; domesticável.
DO.MÉS.TI.CA, *s.f.*, mulher que trabalha nas casas particulares.
DO.MES.TI.CA.ÇÃO, *s.f.*, ato ou efeito de domesticar-se.
DO.MES.TI.CA.DO, *adj.*, que recebeu domesticação; amansado; domado; colonizado.
DO.MES.TI.CA.DOR, *adj. e s.m.*, que ou o que domestica ou serve para domesticar.
DO.MES.TI.CAR, *v.t. e pron.*, domar, amansar, treinar, preparar; civilizar.
DO.MES.TI.CÁ.VEL, *adj. 2 gên.*, que pode ser domesticado.
DO.MES.TI.CI.DA.DE, *s.f.*, condição de quem vive em casa ou é muito caseiro; familiaridade; o conjunto dos empregados domésticos.
DO.MÉS.TI.CO, *adj., s.m.*, empregado, caseiro, familiar que vive em casa; voo doméstico - viagem aérea dentro do país.
DO.MI.CI.LI.A.DO, *adj.*, que reside no local, sediado, assentado.
DO.MI.CI.LI.AR, *v.t. e pron.*, colocar em domicílio, sediar; *adj.*, próprio do domicílio.
DO.MI.CI.LI.Á.RIO, *adj.*, relativo ou inerente a domicílio; domiciliar; que acontece em domicílio.
DO.MI.CÍ.LIO, *s.m.*, lugar em que a pessoa vive; residência; residência oficial de alguém.
DO.MI.NA.ÇÃO, *s.f.*, mando, império, ato de dominar.
DO.MI.NA.DO, *adj.*, subjugado, vencido, mandado.
DO.MI.NA.DOR, *adj.*, que ou aquele que domina; opressor; que ou aquele que tem caráter autoritário ou impõe respeito.
DO.MI.NÂN.CIA, *s.f.*, qualidade ou propriedade do que é dominante.
DO.MI.NAN.TE, *adj.*, o que domina, o que é mais forte.
DO.MI.NAR, *v.t.*, mandar em, ter autoridade sobre, subjugar, vencer.
DO.MI.NÁ.VEL, *adj.*, que se pode dominar.
DO.MIN.GA, *s.f.*, na religião católica, o mesmo que domingo.
DO.MIN.GO, *s.m.*, primeiro dia da semana; dia do Senhor; dia sagrado.
DO.MIN.GUEI.RA, *s.f., pop.*, baile popular realizado nas tardes de domingo.
DO.MIN.GUEI.RO, *adj.*, característico do domingo.
DO.MI.NI.AL, *adj.*, relativo a domínio.
DO.MI.NI.CAL, *adj.*, referente ao domingo; atividade que ocorre no domingo.
DO.MI.NI.CA.NO, *adj. e s.m.*, religioso, frade da Ordem de São Domingos; natural ou habitante da República de São Domingos, na América Central.
DO.MÍ.NIO, *s.m.*, poder, dominação, local em que se manda; conhecimento.
DO.MI.NÓ, *s.m.*, jogo de 28 pedras (peças) retangulares, com pontos marcados de um a seis, formando várias combinações.
DO.MO, *s.m.*, parte exterior da cúpula de um edifício.
DO.NA, *s.f.*, tratamento para senhoras casadas; feminino de dom.
DO.NAI.RE, *s.m.*, elegância, esbelteza, garbo, charme, carisma.
DO.NAI.RO.SO, *adj.*, garboso, elegante, charmoso, chique.

DO.NA.TA.RI.A, *s.f.*, jurisdição de donatário.
DO.NA.TÁ.RIO, *s.m.*, pessoa que recebeu uma doação, senhores lusos do Brasil Colônia, que recebiam terras hereditárias, capitanias, para cultivo e civilização.
DO.NA.TI.VO, *s.m.*, presente, dádiva.
DO.NA.TO, *s.m.*, leigo que serve em convento de frades e que usa hábito; leigo que porta meia cruz da Ordem de Malta.
DON.DE, *adv.*, de onde; indica procedência.
DON.DO.CA, *s.f.*, senhora da burguesia que nada faz e quer ser admirada.
DO.NI.NHA, *s.f.*, pequeno animal carnívoro.
DON.JU.AN, *s.m.*, conquistador de mulheres; casanova, sedutor inescrupuloso.
DO.NO, *s.m.*, proprietário, patrão, dominador, senhor.
DON.ZEL, *adj.*, que é puro, ingênuo; virginal; dócil, suave, simples; *s.m.*, na Idade Média, jovem nobre e galante; pajem.
DON.ZE.LA, *s.f.*, mulher virgem, moça pura.
DO.PA.DO, *adj.*, sob efeito de droga.
DO.PAR, *v.t.*, dar droga, dar algo que tire os sentidos.
DOPING, *s.m.*, aplicação de drogas em algum ser vivo para aumentar-lhe o desempenho físico.
DO.QUEI.RO, *s.m.*, trabalhador das docas, estivador.
DOR, *s.f.*, sofrimento, pesar, tristeza, arrependimento.
DO.RA.VAN.TE, *adv.*, de agora em diante, a partir de agora.
DOR DE CO.TO.VE.LO, *s.f.*, sofrimento por ter sido largado pela pessoa amada.
DÓ.RI.CO, *adj.*, que se refere a uma tribo grega, os dórios, que desbravaram o Peloponeso, na Grécia antiga, sendo a capital Esparta.
DO.RI.DO, *adj.*, que se ressente de dor; dolorido; *fig.*, desgostoso, lamentoso; magoado; triste.
DÓ.RIOS, *adj.* e *s.m.*, *pl.*, grupo de invasores que invadiu a Grécia antiga, estabelecendo a colonização do Peloponeso, tendo como capital a cidade de Esparta.
DOR.MÊN.CIA, *s.f.*, entorpecimento, sonolência, insensibilidade a tudo.
DOR.MEN.TE, *adj.*, que dorme, adormecido, sonolento; *s.m.*, travessas que se colocam nas ferrovias para segurar os trilhos.
DOR.MI.DA, *s.f.*, ação de dormir, tirar um sono.
DOR.MI.DEI.RA, *s.f.*, sonolência, antigo método de anestesia com éter; tipo de planta que se fecha ao ser tocada.
DOR.MI.DE.LA, *s.f.*, sono rápido, soneca, sesta.
DOR.MI.NHAR, *v.int.*, em PE, dormitar, dormir; dar pouca ou nenhuma importância.
DOR.MI.NHO.CO, *adj.*, que dorme muito e sempre.
DOR.MIR, *v.int.*, entregar-se ao sono, descansar, adormecer, adormentar-se.
DOR.MI.TAR, *v.t.* e *int.*, cochilar, tirar um cochilo, sono leve.
DOR.MI.TI.VO, *adj.*, diz-se das bebidas e medicamentos que fazem dormir.
DOR.MI.TÓ.RIO, *s.m.*, cômodo para dormir.
DOR.NEI.RA, *s.f.*, ver *tremonha*.
DOR.SAL, *adj.*, relativo ao dorso, referente às costas.
DOR.SO, *s.m.*, costas, lombo, parte posterior.
DOS ou **MS-DOS**, *Inf.*, sigla em inglês para *Disk Operating System* ou Sistema Operacional em Disco, nome genérico de sistemas operacionais cujos recursos são gerenciados por arquivos em discos.
DO.SA.DO, *adj.*, que se dosou; doseado, medido ou oferecido em doses.

DO.SA.DOR, *adj.* e *s.m.*, relativo a ou o que serve para estabelecer ou distribuir doses; doseador.
DO.SA.GEM, *s.f.*, quantidade a ser consumida; poção de remédio a ser ingerida.
DO.SAR, *v.t.*, regular as doses, medir as quantidades de.
DO.SE, *s.f.*, porção, quantidade, parte, quantidade de remédios ou bebidas a ser tomada.
DO.SE.AR, *v.t.*, o mesmo que dosar.
DO.SI.FI.CAR, *v. int.*, transformar em dose, tornar dose.
DO.SI.ME.TRI.A, *s.f.*, em Medicina, sistema farmacêutico de preparo de medicamentos, medindo com rigor os grânulos que encerram os princípios ativos das substâncias para estabelecer as doses exatas.
DO.SI.MÉ.TRI.CO, *adj.*, relativo a dosimetria.
DOS.SEL, *s.m.*, armação de madeira com véu em cima de cama; altar.
DOS.SI.Ê, *s.m.*, conjunto de documentos; documentário.
DO.TA.ÇÃO, *s.f.*, ação ou efeito de dotar, verba destinada a um fim específico nos orçamentos públicos; verba própria para determinada despesa.
DO.TA.DO, *adj.*, dado, oferecido, beneficiado, concedido.
DO.TA.DOR, *adj.* e *s.m.*, que ou quem dota.
DO.TAR, *v.t.*, dar, oferecer, beneficiar, conceder.
DO.TE, *s.m.*, valores e bens dados a uma noiva para se casar; valor.
DOU.RA.DO, *adj.*, da cor do ouro, banhado em ouro; *s.m.*, nome de um peixe de água doce.
DOU.RA.DOR, *s.m.*, quem doura, quem trabalha com douradura.
DOU.RA.DU.RA, *s.f.*, ação de dourar, revestimento dourado em um objeto.
DOU.RE.JA.DO, *adj.*, que se dourejou; lourejado; um tanto dourado.
DOU.RAR, *v.t.*, dar a cor do ouro, revestir com ouro.
DOU.TO, *adj.*, erudito, instruído, sábio, que armazena muito conhecimento.
DOU.TOR, *s.m.*, diplomado em universidade por seus conhecimentos; aquele que defendeu tese de doutorado; título dado a advogado ou a médico.
DOU.TO.RA.DO, *s.m.*, curso para ser doutor, posto de doutor.
DOU.TO.RAL, *adj. 2 gên.*, relativo a ou próprio de doutor; *pej.*, que revela pedantismo, pretensos conhecimento ou superioridade intelectual.
DOU.TO.RA.MEN.TO, *s.m.*, doutorado, ato de doutorar-se.
DOU.TO.RAN.DO, *s.m.*, quem vai doutorar-se, quem vai receber o título de doutor.
DOU.TO.RAR, *v.t.* e *pron.*, dar o grau de doutor, receber o grau de doutor.
DOU.TRI.NA, *s.f.*, conjunto de verdades e conhecimentos de um sistema religioso, político, filosófico e jurídico; conclusões.
DOU.TRI.NA.ÇÃO, *s.f.*, ação de doutrinar, catequese, doutrina.
DOU.TRI.NAL, *adj. 2 gên.*, inerente ou próprio da doutrina; magistral; *s.m.*, livro de doutrina; catecismo.
DOU.TRI.NA.MEN.TO, *s.m.*, ato de doutrinar; ensino; instrução.
DOU.TRI.NAN.DO, *s.m.*, aquele que está aprendendo doutrina.
DOU.TRI.NAN.TE, *s.m.*, doutrinador.
DOU.TRI.NAR, *v.t.* e *int.*, ensinar, catequizar, preparar.
DOU.TRI.NÁ.RIO, *adj.*, próprio da doutrina, pertencente a doutrina.
DOU.TRI.NÁ.VEL, *adj.*, suscetível de ensino e doutrina.

DO.XO.MA.NI.A, *s.f.*, em Psiquiatria, paixão obsessiva por atingir a glória.

DO.ZE, *num.*, o número 12.

DRAC.MA, *s.f.*, unidade monetária da Grécia; unidade monetária antiga do Império Romano.

DRA.CO.NI.A.NO, *adj.*, referente às leis severas de Drácon, legislador grego, duro, rigoroso, severo.

DRA.GA, *s.f.*, máquina usada para limpar rios, para desassorear rios; *fig.*, pessoa que come muito.

DRA.GA.DO, *adj.*, cujo trabalho foi feito por draga (limpeza, desobstrução, etc.).

DRA.GA.DOR, *s.m.*, operário que se ocupa principalmente em trabalhar com a draga; barco que leva uma máquina própria para dragar.

DRA.GA.GEM, *s.f.*, ato ou efeito de dragar, de retirar material do fundo do mar ou de um rio por meio de draga.

DRA.GÃO, *s.m.*, bicho mitológico, que soltava fogo pela boca, com cauda longa e asas.

DRA.GAR, *v.t.*, usar uma draga, limpar, tirar toda a sujeira.

DRÁ.GEA, *s.f.*, pílula, remédio, produto farmacêutico.

DRA.GO.NA, *s.f.*, distintivo dourado e metálico que os militares usam no ombro; divisa.

DRA.MA, *s.m.*, problema, situação difícil; no teatro, peça com enredo complexo psiquicamente; desgraça, fato trágico, catástrofe.

DRA.MA.LHÃO, *s.m.*, peça com cenas trágicas e muitas lágrimas.

DRA.MA.TI.CI.DA.DE, *s.f.*, qualidade de dramático.

DRA.MÁ.TI.CO, *adj.*, problemático, difícil, infernal.

DRA.MA.TIS.TA, *s. 2 gên.*, dramaturgo.

DRA.MA.TI.ZA.ÇÃO, *s.f.*, ação de dramatizar, construir um drama.

DRA.MA.TI.ZA.DO, *adj.*, infernizado, dificultado, sentimental.

DRA.MA.TI.ZAR, *v.t.*, provocar drama, fazer um drama, dificultar, infernizar.

DRA.MA.TO.LO.GI.A, *s.f.*, o mesmo que dramaturgia.

DRA.MA.TO.LÓ.GI.CO, *adj.*, relativo a dramatologia.

DRA.MA.TUR.GI.A, *s.f.*, teatro, a arte de escrever e representar peças teatrais.

DRA.MA.TUR.GO, *s.m.*, quem escreve dramas.

DRA.PE.A.DO, *adj.*, que foi enfeitado com dobras, pregas ou ondulações; drapejado; drapê; *s.m.*, conjunto de pregas ou ondulações em um tecido; drapeamento; drapejado.

DRA.PE.JA.DO, *adj.*, ajeitado; ondeante, agitado.

DRA.PE.JAR, *v.t. e int.*, agitar-se, ondear ao vento; ajeitar um pano com dobras.

DRÁS.TI.CO, *adj.*, categórico, final, enérgico, radical, capital.

DRE.NA.DO, *adj.*, que se drenou, cuja drenagem foi feita; escoado.

DRE.NA.GEM, *s.f.*, ação de drenar, atividade para secar o solo, retirada de líquido de um corpo.

DRE.NAR, *v.t.*, colocar drenos para escoar líquidos, secar, enxugar.

DRE.NÁ.VEL, *adj.*, que se pode drenar.

DRE.NO, *s.m.*, cano, tubo ou outro ducto para retirar líquidos de um local.

DRÍ.A.DA, *s.f.*, o mesmo que dríade.

DRÍ.A.DE, *s.f.*, em Mitologia, ninfa dos bosques.

DRI.AS, *s.f.*, *bras.*, dríade.

DRI.BLAR, *v.t.*, lograr os outros adversários com movimentos do corpo; dar um passe; enganar.

DRI.BLE, *s.m.*, ação de driblar, finta, engano.

DRIN.QUE, *s.m.*, do Ingl. *drink*, aperitivo, dose de bebida alcoólica.

DRIVE, *s.m.*, dispositivo do computador, para escrita e leitura.

DRO.GA, *s.f.*, produto usado em indústrias e farmácias, remédio; produto para obter alucinações; objeto de pouco valor; *interj.*, exprimindo raiva, desagrado, enfado.

DRO.GA.DI.ÇÃO, *s.f.*, dependência de drogas, vício em drogas.

DRO.GA.DI.TO, *s.m.*, pessoa viciada em drogas.

DRO.GA.DO, *adj.*, dominado pela droga, entorpecido.

DRO.GAR, *v.t.*, dar droga, injetar droga.

DRO.GA.RI.A, *s.f.*, farmácia, local onde se preparam remédios.

DRO.GUIS.MO, *s.m.*, *bras. pop.*, tráfico de drogas.

DRO.GUIS.TA, *adj. 2 gên.*, relativo ou inerente a droga; *s. 2 gên.*, proprietário de drogaria.

DRO.ME.DÁ.RIO, *s.m.*, tipo de camelo com uma única corcova.

DRO.PAR, *v.t. e int.*, no Esporte, dar início (o surfista) a descer uma onda sobre sua prancha; começar (o esquetista) a descer uma rampa.

DRO.PE; DRO.PES; DROPS, *s.m.*, pequena bala em formato de disco.

DRO.SÓ.FI.LA, *s.f.*, em Zoolologia, designação comum aos insetos dípteros do gên. Drosophila, da fam. dos drosofilídeos.

DRO.SO.ME.TRI.A, *s.f.*, arte de medir a quantidade de formação diária do orvalho.

DRO.SO.MÉ.TRI.CO, *adj.*, pertencente ou concernente a drosometria.

DRO.SÔ.ME.TRO, *s.m.*, em Física, instrumento que mede ou avalia a porção diária de orvalho.

DRUI.DA, *s.m.*, sacerdote dos antigos celtas, com funções sociais variadas.

DRU.I.DE.SA, *s.f.*, sacerdotisa céltica, druidisa.

DRU.Í.DI.CO, *adj.*, próprio dos druidas, relativo a eles.

DRU.I.DI.SA, *s.f.*, o mesmo que druidesa.

DRU.I.DIS.MO, *s.m.*, o culto religioso dos druidas.

DRUM.MON.DI.A.NO, *adj.*, em Literatura, relativo a Carlos Drummond de Andrade (1902-1987) ou à sua obra; diz-se de texto cujo estilo é parecido com o de Drummond; *s.m.*, indivíduo profundo conhecedor da obra de Drummond.

DU.AL, *adj.*, composto de duas partes, referente a dois.

DU.A.LI.DA.DE, *s.f.*, qualidade do que é dual, em que há duas partes, duas situações.

DU.A.LIS.MO, *s.m.*, sistema filosófico doutrinário que defende a existência de dois princípios fundamentais e opostos, como o bem e o mal.

DU.A.LI.ZAR, *v. int.*, duplicar, tornar duas, multiplicar.

DU.AS, *num.*, forma feminina para dois.

DU.BI.E.DA.DE, *s.f.*, incerteza, hesitação.

DU.BI.EZ, *s.f.*, o mesmo que dubiedade.

DÚ.BIO, *adj.*, ambíguo, incerto, duvidoso, vago.

DU.BI.TA.ÇÃO, *s.f.*, em Retórica, o mesmo que dúvida.

DU.BI.TA.TI.VO, *adj.*, que detém dúvida, em que há dúvida.

DU.BI.TÁ.VEL, *adj.*, duvidoso, que deixa dúvidas, dubitativo.

DU.BLA.DO, *adj.*, traduzido, falado.

DU.BLA.DOR, *adj.*, em Cinema e Televisão, que diz respeito a ou o profissional que faz dublagem.

DU.BLA.GEM, *s.f.*, nos filmes, mudança da língua original para a do ouvinte ou telespectador.

DU.BLAR, *v.t.*, traduzir, verter, fazer dublagem.

DU.BLÊ, *s.m.*, substituto, especialista que fica no lugar do artista principal em cenas difíceis, perigosas; *fig.*, substituto de uma personagem principal.

DU.CA.DO, *s.m.*, honraria de duque, território comandado por um duque; moeda de ouro de vários países.

DU.CAL, *adj. 2 gên.*, relativo a duque ou ducado.

DU.CEN.TE.NÁ.RIO, *adj.*, em Matemática, relativo a duas vezes centenário; multiplicado por cem duas vezes; ducentuplicado; *s.m.*, aquilo que tem duzentos anos.

DU.CEN.TÉ.SI.MO, *num.*, ordinal e multiplicativo para duzentos.

DU.CHA, *s.f.*, chuveiro, jato de água.

DÚC.TIL, *adj.*, que se pode conduzir, flexível, elástico.

DUC.TI.LI.DA.DE, *s.f.*, propriedade ou qualidade do que é dúctil.

DUC.TI.LI.ZAR, *v.t.*, tornar dúctil; amaciar, afeiçoar, adaptar.

DUC.TO, *s.m.*, canal, tubo, condutor.

DU.E.LA.DO, *adj.*, lutado, guerreado, esgrimido.

DU.E.LAR, *v.t. e int.*, lutar até a morte por desafio de um dos dois lutadores; esgrimir, lutar.

DU.E.LIS.TA, *adj. 2 gên. e s. 2 gên.*, o que duela; que ou aquele que costuma enfrentar adversários em duelos.

DU.E.LÍS.TI.CO, *adj.*, relativo a duelo ou a duelista.

DU.E.LO, *s.m.*, luta, combate mortal, desafio.

DU.EN.DE, *s.m.*, fantasma, ser fictício que aparece nas casas, à noite, fazendo travessuras.

DU.E.TIS.TA, *adj. e s. 2 gên.*, em Música, diz-se de, ou aquele que toca em dueto.

DU.E.TO, *s.m.*, peça musical composta para dois; execução musical por dois indivíduos.

DUL.CI.FI.CA.ÇÃO, *s.f.*, suavização, ameigamento, adoçamento.

DUL.CI.FI.CA.DO, *adj.*, suavizado, adoçado.

DUL.CI.FI.CAR, *v.t.*, tornar doce, suavizar, tornar afável, ameigar, adoçar.

DUL.ÇOR, *s.m.*, doçura, gosto doce, algo doce.

DUL.ÇO.RO.SO, *adj.*, que tem dulçor, que tem doçura.

DUM, combinação da preposição *de* com o artigo indefinido *um*.

DUMPING, *s.m.*, termo inglês para indicar que um produto é vendido abaixo do preço, para liquidar a concorrência.

DU.NA, *s.f.*, monte de areia, muita areia.

DUN.DUM, *s.m.*, tipo de bala de arma de fogo, que explode ao atingir o alvo.

DUN.GA, *s.m.*, indivíduo corajoso, valente; valentão; o dois de paus no jogo de cartas.

DU.O, *s.m.*, dueto.

DU.O.DE.CI.MAL, *adj. 2 gên.*, em Matemática, relativo ou inerente a duodécimo; que tem por base o número doze; que se divide ou se conta por séries de doze.

DU.O.DÉ.CI.MO, *num.*, ordinal e fracionário correspondente a doze, décimo segundo, parcelas pagas em doze vezes durante o ano.

DU.O.DÉ.CU.PLO, *adj.*, que é repetido doze vezes; que é doze vezes maior que outro número; na razão de doze para um.

DU.O.DE.NAL, *adj.*, próprio do duodeno.

DU.O.DE.NI.TE, *s.f.*, em Gastronomia, inflamação do duodeno.

DU.O.DE.NO, *s.m.*, em Anatomia, a primeira porção do intestino delgado, que vai do piloro ao jejuno.

DU.PLA, *s.f.*, duas pessoas que se afinam; dois elementos que agem juntos.

DÚ.PLEX, *s.m.*, apartamento que compreende dois andares.

DU.PLI.CA.ÇÃO, *s.f.*, ação de duplicar, aumentar por dois.

DU.PLI.CA.DO, *adj.*, dobrado, aumentado por duas vezes.

DU.PLI.CA.DOR, *adj.*, que ou o que duplica; duplicante.

DU.PLI.CAN.TE, *adj.*, que duplica.

DU.PLI.CAR, *v.t., int. e pron.*, tornar duplo, dobrar, aumentar duas vezes.

DU.PLI.CA.TA, *s.f.*, título de crédito; documento que obriga o assinante a pagar a quantia nele anotada, figura dupla.

DU.PLI.CA.TI.VO, *adj.*, que duplica.

DU.PLI.CÁ.VEL, *adj.*, que se pode duplicar.

DÚ.PLI.CE, *num.*, duplicado, duplo; *adj.*, falso, de personalidade dupla.

DU.PLI.CI.DA.DE, *s.f.*, qualidade do que é duplo, fingimento, enganação.

DU.PLO, *num.*, dobro, duas vezes mais.

DU.QUE, *s.m.*, título de nobreza; carta de jogar que tem dois pontos; pedra do dominó com dois pontos.

DU.QUE.SA, *s.f.*, feminino de duque.

DU.RA.BI.LI.DA.DE, *s.f.*, duração, resistência, tempo de durar.

DU.RA.ÇÃO, *s.f.*, existência, lapso; por quanto tempo algo existe ou dura.

DU.RA.DOU.RO, *adj.*, durável, que dura muito, perene.

DU.RA.LU.MÍ.NIO, *s.m.*, liga de pouquíssimo peso, mas com resistência quase como a do aço.

DU.RA-MÁ.TER, *s.f.*, membrana em torno do cérebro e da medula espinhal.

DU.RA.MEN.TE, *adv.*, com dureza, com dificuldade.

DU.RAN.TE, *prep.*, no tempo de, nesse lapso temporal, dentro.

DU.RAR, *v. int.*, existir, permanecer, bastar, conservar-se.

DU.RÁ.VEL, *adj.*, que dura, permanente, duradouro, perene.

DU.REX, *s.m.*, fita adesiva; marca registrada de uma fita adesiva.

DU.RE.ZA, *s.f.*, severidade, firmeza, drasticidade; *pop.*, estar sem dinheiro.

DU.RO, *adj.*, rijo, compacto, resistente a cortes, furos; imbatível, resistente; *pop.*, sem dinheiro.

DÚ.VI.DA, *s.f.*, incerteza, descrença, falta de fé.

DU.VI.DA.DOR, *s.m.*, que duvida; desconfiado; cético.

DU.VI.DAR, *v. int.*, desconfiar, não acreditar, descrer, não esperar.

DU.VI.DO.SO, *adj.*, em que há muita dúvida, desconfiado, descrente.

DU.ZEN.TOS, *num.*, numeral cardinal de 200.

DÚ.ZIA, *s.f.*, doze objetos, todo conjunto com doze unidades.

DVD – *s.m.*, disco com face dupla, para retransmitir o que está gravado nele; serve também para receber a gravação de filmes ou outros assuntos.

DZE.TA, *s.m.*, nome da sexta letra do alfabeto grego.

E

E, *s.m.*, quinta letra do á-bê-cê e segunda vogal; *conj.* aditiva, que liga orações.

E, sigla simbólica de Leste, ponto cardeal.

E.BA.NIS.TA, *s. 2 gên.*, aquele que trabalha com ébano e outras madeiras nobres; marceneiro ensamblador ou entalhador.

É.BA.NO, *s.m.*, árvore cuja madeira é escura e dura.

E.BO.LA, *s.m.*, vírus fatal, de origem africana, que provoca febres hemorrágicas.

E.BO.NI.TE, *s.f.*, material usado na eletricidade, como isolante.

E.BÓ.REO, *adj.*, ebúrneo, que detém a cor do marfim ou é com ele realizado.

E.BRI.E.DA.DE, *s.f.*, bebedeira, embriaguez.

É.BRIO, *adj.*, *s.m.*, embriagado, bêbado, bêbedo, quem tomou bebida alcoólica em excesso.

E.BU.LI.ÇÃO, *s.f.*, fervura, água fervendo; *fig.*, exaltação, agitação.

E.BU.LI.DOR, *s.m.*, peça da louça de cozinha, que faz ferver a água com uma resistência elétrica.

E.BU.LI.O.ME.TRI.A, *s.f.*, o mesmo que ebulioscopia.

E.BU.LI.Ô.ME.TRO, *s.m.*, aparelho próprio para estudar a variação do ponto de ebulição de um líquido puro e determinar a sua massa molecular; ebulioscópio.

E.BU.LI.OS.CO.PI.A, *s.f.*, técnica que se aplica no estudo das alterações do ponto de ebulição de um líquido puro; ebuliometria.

E.BU.LI.OS.CÓ.PIO, *s.m.*, Física-quím., o mesmo que ebuliômetro.

E.BU.LIR, *v.int.*, entrar em ebulição.

E.BÚR.NEO, *adj.*, produzido com marfim, feito com marfim.

E.CHAR.PE, *s.f.*, xale, peça de vestimenta para proteger o pescoço.

E.CLÂM.PSIA, *s.f.*, eclampsia, doença com convulsões, que pode ocorrer nas mulheres grávidas.

E.CLER, *s.m.*, pequeno doce alongado, de origem francesa, chamado de bomba; fecho ecler - sistema para fechar roupas.

E.CLE.SI.ÁS.TI.CO, *s.m.*, relativo a igreja; sacerdote ligado à Igreja Católica.

E.CLÉ.TI.CO, *adj.*, que se refere ao ecletismo, resumido.

E.CLE.TIS.MO, *s.m.*, escola filosófica que busca enfeixar várias correntes em uma única.

E.CLIP.SAR, *v.t.*, cortar a luz; quando a posição da Lua corta a luz do Sol para a Terra; esconder; *fig.*, fazer sombra a alguém.

E.CLIP.SA.DO, *adj.*, que está sem luz, escondido.

E.CLIP.SE, *s.m.*, quando um astro intercepta a luz vinda para outro, escuridão; *fig.*, apagamento das luzes, sombra.

E.CLÍP.TI.CA, *s.f.*, o círculo maior na esfera celeste, que correspondia a uma volta imaginária do Sol em torno da Terra.

E.CLÍP.TI.CO, *adj.*, relativo aos eclipses; que se refere a eclíptica.

E.CLO.DIR, *v. int.*, nascer, surgir, explodir, desabrochar, aparecer.

É.CLO.GA, *s.f.*, égloga, poesia de cunho bucólico, havendo falas de pastores, como ocorre no Arcadismo, recordando a poesia do poeta romano Virgílio e de outros.

E.CLO.SÃO, *s.f.*, explosão, aparecimento, surgimento.

E.CLU.SA, *s.f.*, construção em um rio que represa a água para as embarcações poderem descer ou subir desníveis.

E.CO, *s.m.*, repercussão, repetição de um som; *fig.*, fazer eco - repetir, imitar.

E.CO.AN.TE, *adj.*, ressonante, que ecoa, repetitivo.

E.CO.AR, *v. int.*, fazer eco, repetir, ressoar; retorno do som.

E.CO.CAR.DI.O.GRA.MA, *s.m.*, gráfico produzido por aparelho, mostrando a situação total dos estados em que se encontra a saúde do coração.

E.CO.LA.LI.A, *s.f.*, Psiq., afasia na qual o indivíduo repete palavras ou frases recém-ouvidas; ecofrasia.

E.CO.LO.GI.A, *s.f.*, ciência que estuda e defende a convivência entre todos os seres da Natureza, inclusive com o homem.

E.CO.LO.GIS.TA, *s. 2 gên.*, profissional defensor da Ecologia, técnico em Ecologia, ecólogo.

E.CO.LÓ.GI.CO, *adj.*, que se refere a Ecologia.

E.CÓ.LO.GO, *s.m.*, ecologista, profissional na área da Ecologia.

E.CO.ME.TRI.A, *s.f.*, medição da intensidade do eco, cálculo do eco.

E.CO.NO.MI.A, *s.f.*, ciência que estuda as relações de consumo e produção e os meios de distribuição; gastos pequenos, controle no consumo.

E.CO.NO.MI.AS, *s.f. pl.*, o que a pessoa economizou, conservou para si.

E.CO.NÔ.MI.CO, *adj.*, que se refere a economia.

E.CO.NO.MIS.TA, *s. 2 gên.*, quem entende de economia, quem se diplomou em economia.

E.CO.NO.MI.ZA.DO, *adj.*, poupado, controlado, sobrado.

E.CO.NO.MI.ZAR, *v.t.* e *int.*, poupar, controlar os gastos, usar de parcimônia.

E.CÔ.NO.MO, *s.m.*, mordomo, administrador dos bens e controle de uma residência; dispenseiro.

E.COS.SIS.TE.MA, *s.m.*, conjunto composto por ahimais, plantas, elementos químicos e físicos, formando uma colônia viva de seres e plantas.

EC.TO.PLAS.MA, *s.m.*, a parte externa de protoplasmas de qualquer célula.

EC.TO.ZO.Á.RIO, *s.m.*, inseto parasita que vive à superfície do corpo do homem e de outros animais.

E.CU.ME.NAL, *adj.*, Geof., relativo ou inerente a, ou próprio de ecúmeno.

E.CU.MÊ.NI.CO, *adj.*, global, universal, eclético.

E.CU.ME.NIS.MO, *s.m.*, movimento de cristãos para reunir todos os credos cristãos em torno de Jesus Cristo.

E.CÚ.ME.NO, *s.m.*, o conjunto das áreas habitadas ou habitáveis da Terra; o todo, o universal.

EC.ZE.MA, *s.m.*, afetação da pele com o surgimento de pequenas vesículas.

E.DAZ, *adj.*, voraz, comilão, que devora alimentos.
E.DE.MA, *s.m.*, inchação de um órgão devido ao acúmulo de líquido.
E.DE.MA.TO.SO, *adj.*, inchado, que está cheio de edemas.
É.DEN, *s.m.*, paraíso, lugar muito agradável.
E.DÊ.NI.CO, *adj.*, relativo ao éden, paradisíaco, muito agradável.
E.DEN.TA.DO, *adj.*, desdentado.
E.DEN.TAR, *v.t.*, extrair os dentes, perder todos os dentes.
E.DI.ÇÃO, *s.f.*, impressão, publicação de um escrito; o número total de uma tiragem de revistas ou jornais.
E.DÍ.CU.LA, *s.f.*, quiosque, pequena construção atrás da casa principal.
E.DI.FI.CA.ÇÃO, *s.f.*, construção, ato de erguer um edifício.
E.DI.FI.CA.DO, *adj.*, construído, erguido, levantado.
E.DI.FI.CA.DOR, *s.m.*, construtor.
E.DI.FI.CAN.TE, *adj.*, que edifica, construtivo, moralizante.
E.DI.FI.CAR, *v.t., int.* e *pron.*, construir, erguer um edifício; dar bom exemplo.
E.DI.FI.CA.TI.VO, *adj.*, edificante; que move o ânimo para a virtude; que dá bons exemplos.
E.DI.FÍ.CIO, *s.m.*, prédio, edificação, construção.
E.DIL, *s. 2 gên.*, vereador.
E.DI.LI.CO, *adj.*, relativo a edil, próprio do edil.
E.DI.LI.DA.DE, *s.f.*, conjunto dos edis, câmara de vereadores.
E.DI.TA.DO, *adj.*, publicado, impresso, gravado.
E.DI.TAL, *s.m.*, escrito oficial contendo aviso, afixado em lugares públicos ou publicado na imprensa.
E.DI.TAR, *v.t.*, publicar, fazer edição, deixar uma mensagem pronta para ser dada a público.
E.DI.TO, *s.m.*, toda e qualquer determinação legal.
É.DI.TO, *s.m.*, determinação judicial publicada por edital.
E.DI.TOR, *s.m.*, dono de uma editora, quem edita publicações; responsável por edições.
E.DI.TO.RA, *s.f.*, empresa que trabalha com edição de livros ou publicações gerais.
E.DI.TO.RA.ÇÃO, *s.f.*, trabalho para deixar pronto o original a ser publicado.
E.DI.TO.RA.DO, *adj.*, pronto, preparado, editado.
E.DI.TO.RAR, *v.t.*, preparar, editar.
E.DI.TO.RI.AL, *s.m.*, artigo de um jornal ou revista, que reflete o ponto de vista da própria publicação.
E.DI.TO.RI.A.LIS.TA, *s. 2 gên.*, quem escreve editoriais.
E.DRE.DOM, *s.m.*, edredão, acolchoado, cobertor, agasalho para cobrir-se durante o sono.
E.DU.CA.ÇÃO, *s.f.*, transformação, desenvolvimento de todas as faculdades do indivíduo, buscando assumir os padrões sociais vigentes; a arte do ensino, civilidade, polidez, cortesia.
E.DU.CA.CI.O.NAL, *adj.*, relativo a educação.
E.DU.CA.DO, *adj.*, instruído, civilizado, cortês.
E.DU.CA.DOR, *s.m.*, quem educa, formador, construtor de seres humanos pelo desenvolvimento integral da personalidade.
E.DU.CAN.DÁ.RIO, *s.m.*, instituição de ensino, colégio, escola.
E.DU.CAN.DO, *adj., s.m.*, quem deve ser educado, que está sendo educado, quem vai ser educado.
E.DU.CAR, *v.t.* e *pron.*, transformar alguém, fazê-lo evoluir em suas faculdades; conduzir uma pessoa à construção de um todo de ensino e evolução sociointelectual.
E.DU.CA.TI.VO, *adj.*, instrutivo, que educa.
E.DU.CÁ.VEL, *adj.*, que pode ser educado, construível,
transformável.
E.DUL.CO.RA.ÇÃO, *s.f.*, ato ou efeito de edulcorar, adoçamento; *fig.*, ato ou efeito de tornar algo (uma fala, uma declaração) mais leve.
E.DUL.CO.RA.DO, *adj.*, adocicado, adoçado.
E.DUL.CO.RAN.TE, *adj. 2 gên.*, diz-se de substância que edulcora ou adoça; adoçante; *s.m.*, substância edulcorante; adoçante.
E.DUL.CO.RAR, *v.t.*, adocicar, adoçar, tornar doce.
E.DU.ZI.DO, *adj.*, deduzido, concluído.
E.DU.ZIR, *v. int.*, deduzir, concluir, entender.
E.FE, *s.m.*, nome da letra *f*.
E.FE.BO, *s.m.*, jovem, rapaz, mancebo, homem jovem.
E.FEI.TO, *s.m.*, resultado, conclusão, consequência; *ex.*, chute em uma bola, provocando alguma trajetória diferente.
E.FE.ME.RI.DA.DE, *s.f.*, transitoriedade, passagem, presteza.
E.FE.MÉ.RI.DE, *s.f.*, acontecimento, fato, comemoração, lembrança.
E.FÊ.ME.RO, *adj.*, transitório, de pouca vida, passageiro, que acaba logo.
E.FE.MI.NA.ÇÃO, *s.f.*, atitudes femínis; homem com jeito feminino.
E.FE.MI.NA.DO, *adj.* e *s.m.*, masculino com maneiras femininas, afeminado.
E.FE.MI.NAR, *v. int.*, tornar feminino, dar formas e jeito femininos.
E.FE.REN.TE, *adj. 2 gên.*, que conduz, que transporta; que tira e conduz de dentro para fora.
E.FER.VES.CÊN.CIA, *s.f.*, fervura, ebulição, ato de ferver.
E.FER.VES.CEN.TE, *adj.*, que ferve, que efervesce; *fig.*, agitado, inquieto, buliçoso.
E.FER.VES.CER, *v. int.*, ferver, começar a ferver.
E.FE.TI.VA.ÇÃO, *s.f.*, término, nomeação para cargo público, estabilização em cargo público.
E.FE.TI.VA.DO, *adj.*, nomeado, estabilizado.
E.FE.TI.VAR, *v.t.*, terminar, fazer com que se torne efetivo.
E.FE.TI.VI.DA.DE, *s.f.*, permanência, estabilidade.
E.FE.TI.VO, *adj.*, estável, permanente, real.
E.FE.TU.A.ÇÃO, *s.f.*, ação ou efeito de efetuar; realização, execução, fazer acontecer.
E.FE.TU.A.DO, *adj.*, realizado, executado, acontecido.
E.FE.TU.AR, *v.t.* e *pron.*, realizar, acabar, consumar.
E.FI.CÁ.CIA, *s.f.*, eficiência, efetividade, o que é eficaz.
E.FI.CAZ, *adj.*, eficiente, efetivo, que resolve o previsto.
E.FI.CI.ÊN.CIA, *s.f.*, eficácia, efetividade, qualidade de efetuar.
E.FI.CI.EN.TE, *adj.*, eficaz, que tem eficiência, produtivo.
E.FÍ.GIE, *s.f.*, imagem, representação de uma pessoa.
E.FLO.RES.CÊN.CIA, *s.f.*, floração, desabrochamento das flores.
E.FLO.RES.CEN.TE, *adj.*, que floresce, desabrochante.
E.FLO.RES.CER, *v. int.*, iniciar a floração, florir, florescer.
E.FÓ, *s.m.*, BA, Cul., prato típico baiano, feito à base de taioba e outras verduras, camarão seco, peixe e azeite de dendê.
E.FLÚ.VIO, *s.m.*, aroma, odor, emanações de um corpo.
E.FUN.DIR, *v.t.* e *pron.*, derramar, vazar, verter.
E.FU.SÃO, *s.f.*, expansão, transbordamento de sentimentos, expressão do que se sente.
E.FU.SI.VO, *adj.*, comunicativo, animado, tépido.
E.FU.SO, *adj.*, derramado, entornado.
É.GI.DE, *s.f.*, proteção, amparo, ajuda, escudo.
E.GÍP.CIO, *s.m.* e *adj.*, próprio, relativo ao Egito ou seu

habitante.
E.GIP.TO.LO.GI.A, *s.f.*, estudo sobre a história, cultura e tradição do antigo Egito.
E.GIP.TO.LÓ.GI.CO, *adj.*, relativo a egiptologia.
E.GIP.TÓ.LO.GO, *s.m.*, especialista em Egiptologia.
É.GLO.GA, *s.f.*, poema grego do Arcadismo, que põe pastores fictícios; poemas com temas campestres, bucólicos; écloga.
E.GO, *s.m.*, *do Lat. eu.* o íntimo do ser, o que a pessoa é.
E.GO.CÊN.TRI.CO, *adj.*, o centro do universo é o seu eu; pessoa egoísta, só pensa em si.
E.GO.CEN.TRIS.MO, *s.m.*, interesse somente em si; egoísmo.
E.GO.ÍS.MO, *s.m.*, egocentrismo, amor dado somente a si.
E.GO.ÍS.TA, *s. 2 gên. e adj.*, pessoa que pensa somente em si; egocêntrico.
E.GO.ÍS.TI.CO, *adj.*, relativo ou inerente a egoísmo.
E.GO.LA.TRA, *adj. 2 gên.*, diz-se da pessoa que pratica a egolatria; *s. 2 gên.*, pessoa que cultua o próprio eu.
E.GO.LA.TRI.A, *s.f.*, adoração de si mesmo, paixão por si mesmo, narcisismo.
E.GO.LÁ.TRI.CO, *adj.*, que se refere a egolatria.
E.GO.MA.NI.A, *s.f.*, Psic., excesso patológico de autoestima; egoísmo mórbido.
E.GO.TIS.MO, *s.m.*, excesso de apreço por si mesmo; egolatria; egomania.
E.GO.TIS.TA, *adj.*, relativo ao egotismo; que tem excesso de apreço por si mesmo; egoísta;ególatra.
E.GRÉ.GIO, *adj.*, distinto, notório, honrado.
E.GRES.SÃO, *s.f.*, saída, afastamento, abandono, ida para outro local.
E.GRES.SO, *adj.*, saído, que saiu, que abandonou um local.
É.GUA, *s.f.*, fêmea do cavalo; *fig.*, mulher sem-vergonha.
É.GUA-MA.DRI.NHA, *s.f.*, a guia da tropilha.
EH!, *interj.*, exprime espanto, chamativa para alguém.
EI!, *interj.*, termo chamativo, para chamar a atenção.
EI.A!, *interj.*, usada para chamar a atenção, para animar, para atiçar.
EI.RA, *s.f.*, local próprio para secar e preparar cereais; *expr.*, sem eira nem beira: não ter nada.
EI.RA.DO, *s.m.*, terraço, varanda, alpendre.
EIS!, *interj.*, aqui está, ei-lo, vejam-no.
EI.TO, *s.m.*, coisas seguidas, que estão na mesma linha; a eito - sem interromper.
EI.VA, *s.f.*, fenda, rachadura, defeito em pescoço de bovino, imperfeição, ponto podre em frutas.
EI.VA.DO, *adj.*, contaminado, viciado, defeituoso.
EI.VAR, *v.t., int. e prón.*, causar eiva em algo; fender, rachar, provocar alguma imperfeição.
EI.XO, *s.m.*, peça redonda, ao redor da qual rodam certos corpos; centro; linha central de um ponto.
E.JA.CU.LA.ÇÃO, *s.f.*, jorro de líquido, saída de esperma.
E.JA.CU.LAR, *v.t.*, emitir, soltar, lançar, soltar esperma.
E.JA.CU.LA.TÓ.RIO, *adj.*, relativo a ejaculação.
E.JE.ÇÃO, *s.f.*, expulsão, ato de ejetar, lançamento.
E.JE.TA.DO, *adj.*, lançado fora, atirado.
E.JE.TAR, *v.t.*, lançar para fora, atirar no espaço.
E.JE.TOR, *s.m.*, o que ejeta, aparelho que lança algo.
E.LA, *pron. pessoal* do caso reto, terceira pessoa do singular; feminino de ele.
E.LÃ, *s.m.*, entusiasmo, atração, ímpeto, vontade de.
E.LA.BO.RA.ÇÃO, *s.f.*, ação ou efeito de elaborar, formação, organização.

E.LA.BO.RA.DO, *adj.*, preparado, projetado, ordenado.
E.LA.BO.RAR, *v.t. e pron.*, preparar, projetar, fazer, ordenar.
E.LAN.GUES.CER, *v.int.*, enfraquecer, definhar, debilitar-se.
E.LAN.GUES.CI.DO, *adj.*, enfraquecido, debilitado.
E.LAS.TÉ.RIO, *s.m., p.us.*, o mesmo que elasticidade; *fig.*, energia ou força moral.
E.LAS.TI.CI.DA.DE, *s.f.*, flexibilidade, propriedade de alguns corpos de se dobrarem e voltarem ao normal.
E.LÁS.TI.CO, *adj., s.m.*, flexível, peça de borracha que se flexiona e retorna ao natural.
EL.DO.RA.DO, *s.m.*, terra de muitas riquezas, região lendária de muitas riquezas; paraíso, éden.
E.LE, *s.m.*, nome da letra *l*.
E.LE, *pron. pessoal* do caso reto; terceira pessoa do singular, masculino de ela.
E.LE.FAN.TA, *s.f.*, forma feminina para elefante.
E.LE.FAN.TE, *s.m.*, o maior mamífero terrestre, com pele duríssima e tromba.
E.LE.FAN.TÍ.A.SE, *s.f.*, doença cujos sintomas são a pele inchada e dura.
E.LE.FÂN.TI.CO, *adj.*, que se refere a elefante, elefantino.
E.LE.FAN.TÍ.DEOS, *s.m. pl.*, os componentes da família dos elefantes.
E.LE.FAN.TI.NO, *adj.*, relativo a ou próprio de elefante; relativo a elefantíase.
E.LE.FAN.TO.GRA.FI.A, *s.f.*, tratado, descrição dos elefantes.
E.LE.FAN.TOI.DE, *adj.*, que se parece com elefante, semelhante a elefante.
E.LE.GÂN.CIA, *s.f.*, característica de quem é elegante; bom gosto, distinção, graça, garbo, requinte.
E.LE.GAN.TE, *adj.*, requintado, pessoa de bom gosto, nobre, educado.
E.LE.GEN.DO, *s.m.*, quem vai ser eleito, que é elegível, candidato.
E.LE.GER, *v.t.*, selecionar, escolher, votar.
E.LE.GI.A, *s.f.*, pequeno poema de origem grega, para celebrar luto e tristeza.
E.LE.GÍ.A.CO, *adj.*, que se refere a elegia, tristonho.
E.LE.GI.BI.LI.DA.DE, *s.f.*, capacidade de concorrer para ser eleito; ser eleito, característica do elegível.
E.LE.GI.DO, *adj.*, eleito, escolhido, aceito.
E.LE.GÍ.VEL, *adj.*, que pode ser eleito, que se elege.
E.LEI.ÇÃO, *s.f.*, ação de eleger, pleito, disputa eleitoral.
E.LEI.TO, *adj.*, escolhido, preferido, selecionado.
E.LEI.TOR, *s.m.*, quem elege, quem escolhe, quem seleciona.
E.LEI.TO.RA.DO, *s.m.*, o grupo de eleitores que vota.
E.LEI.TO.RAL, *adj.*, relativo a eleições, próprio de eleições.
E.LEI.TO.REI.RO, *adj.*, próprio de quem quer votos por demagogia.
E.LE.MEN.TAR, *adj.*, primário, primitivo, rudimentar.
E.LE.MEN.TO, *s.m.*, parte de um todo, núcleo; tipo, coisa, objeto.
E.LEN.CAR, *v.t.*, listar, catalogar, arrolar, numerar, recordar.
E.LEN.CO, *s.m.*, lista, rol, catálogo: os artistas de um filme.
E.LE.PÊ, *s.m.*, disco de vinil, disco de trinta e três rotações.
E.LE.TI.VI.DA.DE, *s.f.*, qualidade do que é eletivo, do que se realiza ou alcança mediante eleição.
E.LE.TI.VO, *adj.*, que elege, que pode ser eleito.
E.LE.TRI.CI.DA.DE, *s.f.*, energia natural, fonte energética que movimenta os elétrons por atração e repulsão, produzindo forças que são de muita utilidade na vivência e na indústria.

E.LE.TRI.CIS.TA, *s. 2 gên.*, pessoa que trabalha com eletricidade ou instalações elétricas.
E.LÉ.TRI.CO, *adj.*, relativo a eletricidade; que não para.
E.LE.TRI.FI.CA.ÇÃO, *s.f.*, instalação de energia elétrica, ligação de corrente elétrica.
E.LE.TRI.FI.CA.DO, *adj.*, que contém energia elétrica.
E.LE.TRI.FI.CAR, *v.t. e pron.*, colocar energia elétrica em; instalar energia elétrica.
E.LE.TRI.ZA.ÇÃO, *s.f.*, Fís., ato ou efeito de eletrizar.
E.LE.TRI.ZA.DO, *adj.*, que foi submetido a eletrização.
E.LE.TRI.ZA.DOR, *adj. e s.m.*, que ou o que eletriza; *fig.*, inebriante; embriagador.
E.LE.TRI.ZAN.TE, *adj.*, estimulante, que eletriza, excitante.
E.LE.TRI.ZAR, *v.t. e pron.*, colocar eletricidade em; tornar excitante.
E.LE.TRI.ZÁ.VEL, *adj.*, suscetível de eletrizar-se.
E.LE.TRO, *s.m.*, abreviação de eletrocardiograma; exame geral do sistema cardíaco.
E.LE.TRO.CAR.DI.Ó.GRA.FO, *s.m.*, aparelho médico usado para produzir o eletrocardiograma.
E.LE.TRO.CAR.DI.O.GRA.MA, *s.m.*, eletro, análise do sistema cardíaco.
E.LE.TRO.CUS.SÃO, *s.f.*, morte provocada pela eletricidade; morte pela cadeira elétrica.
E.LE.TRO.CU.TA.DO, *adj.*, morto por eletricidade; morto por força de energia elétrica.
E.LE.TRO.CU.TAR, *v.t.*, matar alguém pela eletricidade.
E.LE.TRO.CU.TOR, *adj. e s.m.*, carrasco, quem eletrocuta.
E.LE.TRO.DI.NÂ.MI.CA, *s.f.*, Fís., estudo das cargas elétricas em movimento e dos campos eletromagnéticos.
E.LE.TRO.DO, *s.m.*, condutor metálico para eletricidade; var., elétrodo.
E.LE.TRO.DO.MÉS.TI.CO, *s.m.*, aparelho elétrico usado no lar.
E.LE.TRO.EN.CE.FA.LO.GRA.MA, *s.m.*, registro escrito de como o cérebro está em suas variantes elétricas.
E.LE.TRÓ.FO.RO, *s.m.*, instrumento para produzir energia, eletricidade, por indução estática.
E.LE.TRO.GAL.VÂ.NI.CO, *adj.*, relativo a pilha voltaica.
E.LE.TRO.GAL.VA.NIS.MO, *s.m.*, fenômenos eletrogalvânicos.
E.LE.TRO.Í.MÃ, *s.m.*, aparelho que, com a corrente elétrica, fica imantado.
E.LE.TRO.LA, *s.f.*, vitrola, aparelho antigo para tocar discos de vinil; *fig.*, falador.
E.LE.TRO.LI.SA.ÇÃO, *s.f.*, o mesmo que eletrólise.
E.LE.TRO.LI.SAR, *v.t.* fazer a eletrólise de um corpo.
E.LE.TRO.LI.SE, *s.f.*, eletrolisação, análise dos eletrólitos decompostos por corrente elétrica.
E.LE.TRO.MAG.NÉ.TI.CO, *adj.*, Fís., relativo ao eletromagnetismo, ou que é decorrente ou próprio dele.
E.LE.TRO.MAG.NE.TIS.MO, *s.m.*, imã produzido por corrente elétrica.
E.LE.TRO.MAG.NE.TO, *s.m.*, eletroímã, peça que fica imantada por eletricidade.
E.LE.TRÔ.ME.TRO, *s.m.*, Fís., instrumento que serve para medir a tensão da eletricidade acumulada ou desenvolvida na superfície dos corpos.
E.LÉ.TRON, *s.m.*, a partícula existente em todos os átomos, mas com carga elétrica negativa.
E.LE.TRÔ.NI.CA, *s.f.*, estudo das propriedades da eletricidade e circuitos eletrônicos.
E.LE.TRÔ.NI.CO, *adj.*, próprio da eletrônica, referente a eletrônica.
E.LE.TRO.QUÍ.MI.CA, *s.f.*, relação entre as forças elétricas e químicas.
E.LE.TROS.CO.PI.A, *s.f.*, uso do eletroscópio.
E.LE.TROS.CÓ.PIO, *s.m.*, aparelho para verificar se há eletricidade em algum corpo.
E.LE.TROS.TÁ.TI.CA, *s.f.*, estudo que abrange as cargas elétricas em repouso.
E.LE.TROS.TÁ.TI.CO, *adj.*, que se refere a eletrostática.
E.LE.TRO.TEC.NI.A, *s.f.*, tudo que englobe as aplicações técnicas da eletricidade.
E.LE.TRO.TÉC.NI.CO, *adj. e s.m.*, relativo a eletrotecnia; quem trabalha com eletrotecnia.
E.LE.TRO.TE.RA.PI.A, *s.f.*, cura por meio da eletricidade.
E.LE.VA.ÇÃO, *s.f.*, ação ou efeito de elevar, subida, ascensão, colina, cômoro, monte.
E.LE.VA.DO, *adj.*, alto, acima do nível; nobre, digno, grandioso; *s.m.*, viaduto; rua construída acima do nível normal das outras ruas.
E.LE.VA.DOR, *s.m.*, aparelho que sobe e desce nos prédios, para carregar pessoas e cargas.
E.LE.VAR, *v.t. e pron.*, pôr para o alto, erguer, alçar, fortificar, engrandecer.
E.LE.VA.TÓ.RIO, *s.m.*, que se usa para elevar, para alçar.
E.LI.CI.AR, *v. int.*, expulsar, atrair, aliciar.
E.LÍ.CI.TO, *adj.*, atraído, seduzido, expulso.
E.LI.DIR, *v.t.*, suprimir, exterminar, machucar.
E.LI.MI.NA.ÇÃO, *s.f.*, extração, liquidação, matança, extermínio.
E.LI.MI.NA.DO, *adj.*, tirado, extraído, exterminado, morto.
E.LI.MI.NAR, *v.t. e pron.*, tirar, extrair, acabar, exterminar; matar, liquidar.
E.LI.MI.NA.TÓ.RIA, *s.f.*, partida de uma competição esportiva, na qual o perdedor sai do conjunto.
E.LI.MI.NA.TÓ.RIO, *adj.*, que elimina, que exclui, que tira da situação.
E.LIP.SE, *s.f.*, figura geométrica com forma ovalada; na Gramática, palavras que são omitidas na frase, sem prejuízo da ideia, que permanece, sendo facilmente subentendida.
E.LIP.SOI.DAL, *adj. 2 gên.*, que tem forma de elipse; elipsoide.
E.LIP.SOI.DE, *adj.*, que é semelhante a uma elipse, que parece uma elipse.
E.LÍP.TI.CO, *adj.*, que tem forma de elipse.
E.LI.SÃO, *s.f.*, supressão, omissão; junção de vogais, havendo a supressão de uma; supressão de impostos consoante legislação vigente.
E.LI.SEU, *adj. e s.m.*, o mesmo que elisseu.
E.LÍ.SIO, *s.m.*, campos elísios, na mitologia greco-romana, era um local de bem-estar reservado aos seres bons e justos.
E.LI.TE, *s.f.*, o melhor de uma classe, o que há de mais fino; escol; *fig.*, grupos dominantes em algum setor.
E.LI.TIS.MO, *s.m.*, sistema social que protege as classes mais ricas; discriminação contra os desvalidos.
E.LI.TIS.TA, *s. 2 gên.*, quem defende o elitismo ou dele participa.
E.LI.TI.ZAR, *v.t.*, dar preferência a grupos mais ricos e com mais poder, excluir os mais carentes.
E.LI.XIR, *s.m.*, remédio, preparado doce para curar doenças.
EL.MO, *s.m.*, capacete, proteção, égide.
E.LO, *s.m.*, aro, argola de corrente.
E.LO.CU.ÇÃO, *s.f.*, discurso, fala, dito, peça de retórica.

ELOGIADO — EMBANDEIRAR

E.LO.GI.A.DO, *adj.*, louvado, engrandecido, blasonado, aplaudido.
E.LO.GI.AR, *v.t.*, louvar, engrandecer, tecer elogios, encômios.
E.LO.GI.O, *s.m.*, louvor, engrandecimento, encômio.
E.LO.GI.O.SO, *adj.*, em que há elogios, engrandecedor, cheio de elogios.
E.LON.GA.ÇÃO, *s.f.*, alongamento, encompridamento, afastamento.
E.LON.GA.DO, *adj.*, encompridado, alongado, afastado.
E.LON.GAR, *v. int.*, alongar, encompridar, afastar.
E.LO.QUÊN.CIA, *s.f.*, facilidade de falar, habilidade de fazer discurso, facúndia.
E.LO.QUEN.TE, *adj.*, facundo, que faz bons discursos, que se expressa com facilidade.
E.LU.CI.DA.ÇÃO, *s.f.*, ação de elucidar, explicação, esclarecimento.
E.LU.CI.DA.DO, *adj.*, esclarecido, explicado, aclarado.
E.LU.CI.DAR, *v.t. e pron.*, esclarecer, aclarar, explicar, detalhar.
E.LU.CI.DA.TI.VO, *adj.*, explicativo, explanativo, aclarador.
E.LU.CU.BRA.ÇÃO, *s.f.*, lucubração, meditação profunda, estudo fatigante.
E.LU.CU.BRA.DO, *adj.*, estudado, criado, plasmado, programado, feito.
E.LU.CU.BRAR, *v.t.*, o mesmo que lucubrar.
EM, *prep.* usada para indicar lugar, tempo, situações e outras circunstâncias.
E.MA, *s.f.*, ave pernalta americana corredora, com três dedos em cada pata.
E.MA.ÇAR, *v.t.*, juntar em maço, embrulhar, envolver em papel.
E.MA.CI.A.ÇÃO, *s.f.*, perda de peso, emagrecimento.
E.MA.CI.A.DO, *adj.*, emagrecido, que perdeu massa muscular.
E.MA.CI.AR, *v.t., int. e pron.*, tornar magro, emagrecer, perder adiposidade, perder massa muscular.
E.MA.DEI.RA.DO, *adj.*, guarnecido de madeiras.
E.MA.DEI.RA.MEN.TO, *s.m.*, conjunto das madeiras de um edifício ou de parte dele; madeiramento.
E.MA.DEI.RAR, *v.t.*, pôr madeiramento em (uma construção).
E.MA.GRE.CER, *v.t. e int.*, tornar-se magro, perder peso.
E.MA.GRE.CI.DO, *adj.*, magro, delgado, fino.
E.MA.GRE.CI.MEN.TO, *s.m.*, magreza, perda de peso.
E-MAIL, *s.m.*, Inf., sistema de envio e recebimento de mensagens pelo computador; mensagem enviada ou recebida por meio desse sistema.
E.MA.LA.DO, *adj.*, arrumado, metido em mala; *s.m.*, malote; volume em forma de mala envolto em capa.
E.MA.LAR, *v. int.*, colocar em mala.
E.MA.LHA.DO, *adj.*, que é tecido de malha; feito com malha, parecido com malha.
E.MA.LHAR, *v. int.*, dar forma de malha.
E.MA.NA.ÇÃO, *s.f.*, procedência, origem, vinda.
E.MA.NA.DO, *adj.*, vindo, proveniente, originário, procedente.
E.MA.NAN.TE, *adj.*, procedente, vindo, proveniente.
E.MA.NAR, *v. int.*, vir de, proceder, provir.
E.MAN.CI.PA.ÇÃO, *s.f.*, libertação da tutela dos pais, maioridade, liberação para uso dos direitos próprios de um adulto.
E.MAN.CI.PA.DO, *adj.*, liberado, maior, adulto.
E.MAN.CI.PAR, *v.t. e pron.*, dar independência; por lei, pais liberam o filho do pátrio poder antes da idade legal.
E.MA.RA.NHA.DO, *s.m. e adj.*, embaraçado, enredado, amarrado, complicado.
E.MA.RA.NHA.MEN.TO, *s.m.*, enredamento, complicação, amarração.
E.MA.RA.NHAR, *v.t. e pron.*, enredar, complicar.
E.MA.RE.LE.CER, *v.t.* o mesmo que amarelecer.
E.MAS.CU.LA.ÇÃO, *s.f.*, castração, capação, perda da masculinidade.
E.MAS.CU.LA.DO, *adj.*, capado, castrado, eunuco.
E.MAS.CU.LAR, *v.t. e pron.*, castrar, capar, perder a masculinidade.
E.MAS.SA.DO, *adj.*, revestido com massa.
E.MAS.SAR, *v.t.*, revestir com massa, emaçar.
E.MAS.TRAR, *v.t.* o mesmo que mastrear.
E.MAS.TRE.AR, *v.t.*, o mesmo que mastrear.
EM.BA.ÇA.DE.LA, *s.f.*, logro, pequeno engano, falácia.
EM.BA.ÇA.DO, *adj.*, enfumaçado, embaciado.
EM.BA.ÇA.DOR, *adj. e s.m.*, que ou o que embaça; que assombra, que torna estupefato e perplexo.
EM.BA.ÇA.MEN.TO, *s.m.*, enfumaçamento.
EM.BA.ÇAR, *v.t. e pron.*, enfumaçar, embaciar, tirar a visão.
EM.BA.CE.LAR, *v.t.* plantar bacelo em; abacelar.
EM.BA.CI.AR, *v.t., int. e pron.*, tirar o brilho, embaçar, ofuscar.
EM.BA.I.DOR, *adj. e s.m.*, que ou o que faz embaimentos; que engana com promessas ou adulações.
EM.BA.I.MEN.TO, *s.m.*, engano, artifício, astúcia, embuste, impostura para enganar; intrujice.
EM.BA.I.NHA.DO, *adj.*, que está em bainha, que se embainhou; que tem bainha feita, cosida.
EM.BA.I.NHA.MEN.TO, *s.m.*, colocação na bainha.
EM.BA.I.NHAR, *v.t. e int.*, colocar na bainha, guardar.
EM.BA.IR, *v.t.*, enganar, lograr, iludir.
EM.BAI.XA.DA, *s.f.*, função do embaixador, representação junto a um governo estrangeiro; *fig.*, técnica usada no futebol, pela qual o jogador joga a bola com os pés e o peito, sem deixá-la cair.
EM.BAI.XA.DOR, *s.m.*, o representante mais importante de um país estrangeiro junto a outro governo.
EM.BAI.XA.DO.RA, *s.f.*, mulher exercendo a função de embaixador.
EM.BAI.XA.TRIZ, *s.f.*, esposa do embaixador.
EM.BAI.XO, *adv.*, na parte inferior, sob, debaixo.
EM.BA.LA.DO, *adj.*, acondicionado, empacotado, em alta velocidade, rapidíssimo.
EM.BA.LA.DOR, *s.m.*, empacotador, que faz embalagens.
EM.BA.LA.GEM, *s.f.*, pacote, invólucro, acondicionamento.
EM.BA.LAR, *v.t. e pron.*, empacotar, acondicionar; ninar, acalentar criança no berço; disparar, sair em corrida forte.
EM.BAL.DE, *adv.*, debalde, inutilmente, em vão.
EM.BA.LO, *s.m.*, ímpeto para a corrida, impulso, arranque; festa de embalo - festa muito excitante.
EM.BAL.SA.MA.ÇÃO, *s.f.*, ação e efeito de embalsamar (um cadáver); embalsamamento.
EM.BAL.SA.MA.DO, *adj.*, submetido a embalsamamento.
EM.BAL.SA.MA.DOR, *adj. e s.m.*, que ou quem embalsama; o que embalsama.
EM.BAL.SA.MA.MEN.TO, *s.m.*, ato de embalsamar, preparar um cadáver para ser conservado.
EM.BAL.SA.MAR, *v.t. e pron.*, preparar o cadáver para manter-se intacto.
EM.BAM.BE.CER, *v.t., bras.*, tornar bambo.
EM.BA.NA.NAR, *v. int. e pron.*, tornar confuso, atoleimar, abobar.
EM.BAN.DEI.RAR, *v.t. e pron.*, encher de bandeiras, enfeitar

com bandeiras.
EM.BA.RA.ÇA.DO, *adj.*, dificultado, obstaculizado.
EM.BA.RA.ÇA.DOR, *adj.* e *s.m.*, que ou o que embaraça.
EM.BA.RA.ÇA.MEN.TO, *s.m.*, dificultação, empecilho, obstáculo.
EM.BA.RA.ÇAR, *v.t.* e *pron.*, dificultar, trazer empecilho, provocar embaraço.
EM.BA.RA.ÇO, *s.m.*, dificuldade, empecilho, obstáculo, estorvo.
EM.BA.RA.ÇO.SO, *adj.*, dificultoso, deprimente.
EM.BA.RA.FUS.TAR, *v.t.*, entrar em disparada, penetrar correndo, entrar com desorganização.
EM.BA.RA.LHA.DO, *adj.*, misturado, baralhado, confuso, atrapalhado.
EM.BA.RA.LHA.MEN.TO, *s.m.*, mistura, baralhamento, atrapalhação.
EM.BA.RA.LHAR, *v.t.* e *pron.*, misturar, baralhar, misturar as cartas do baralho, confundir, atrapalhar.
EM.BAR.BE.CER, *v.int.*, criar barba, barbar.
EM.BAR.CA.ÇÃO, *s.f.*, barca, barco, navio, canoa; ato de embarcar; veículo próprio para flutuar no mar, lagoas ou rios.
EM.BAR.CA.DI.ÇO, *adj.*, que está embarcado, que trabalha embarcado.
EM.BAR.CA.DO, *adj.*, que está na embarcação, despachado, que trabalha na embarcação.
EM.BAR.CA.DOU.RO, *s.m.*, local de embarque e desembarque.
EM.BAR.CA.MEN.TO, *s.m.*, o ato de embarcar, embarque.
EM.BAR.CAR, *v.t.*, *int.* e *pron.*, entrar em uma barca, entrar em qualquer meio de transporte.
EM.BAR.GA.DO, *adj.*, impedido, vetado, proibido.
EM.BAR.GA.DOR, *adj.*, que embarga; embargante; *s.m.*, aquele ou aquilo que embarga.
EM.BAR.GAR, *v.t.*, impedir, proibir, vetar; não deixar.
EM.BAR.GÁ.VEL, *adj.*, que pode ser embargado.
EM.BAR.GO, *s.m.*, impedimento, proibição, veto.
EM.BAR.QUE, *s.m.*, entrada no transporte, ato de embarcar.
EM.BAR.RAN.CAR, *v.int.*, ir de encontro a um barranco, esbarrar; *v.pron.*, atascar-se, atolar-se no lodo; embaraçar-se; *v.t.*, embaraçar.
EM.BAR.RI.GA.DO, *adj.*, que tem um ventre volumoso.
EM.BAR.RI.GAR, *v. int.*, engravidar, estar esperando um filho, tornar-se barrigudo.
EM.BA.SA.DO, *adj.*, fundamentado, alicerçado, argumentado.
EM.BA.SA.MEN.TO, *s.m.*, alicerce, fundamento de uma casa; argumento, prova.
EM.BA.SAR, *v.t.* e *pron.*, alicerçar, provar, trazer prova, fundamentar.
EM.BAS.BA.CA.DO, *adj.*, tomado de surpesa, admiração ou espanto; pasmado.
EM.BAS.BA.CAR, *v.t.*, *int.* e *pron.*, pasmar, espantar, causar admiração.
EM.BA.TE, *s.m.*, luta, combate, choque, colisão, encontro violento.
EM.BA.TER, *v.t.*, *int.* e *pron.*, chocar-se, bater contra, colidir.
EM.BA.TI.DO, *adj.*, chocado, batido, colidido.
EM.BA.TU.CA.DO, *adj.*, emudecido, mudo, calado.
EM.BA.TU.CAR, *v.t.* e *int.*, perder a fala, emudecer.
EM.BA.Ú.BA, *s.f.*, imbaúba, embaúva, árvore comum em nossas matas, com folhas grandes e brilhantes ao luar, com o tronco oco e bom habitat para as formigas.

EM.BE.BE.DA.DO, *adj.*, que se embebedou; bêbado; embriagado.
EM.BE.BE.DA.MEN.TO, *s.m.*, ato de embebedar-se, embriagamento, embriaguez.
EM.BE.BE.DAR, *v.t.* e *pron.*, ficar bêbado, ébrio; embriagar-se.
EM.BE.BER, *v.t.* e *pron.*, molhar muito, ensopar, encharcar.
EM.BE.BI.ÇÃO, *s.f.*, ato ou efeito de embeber(-se).
EM.BE.BI.DO, *adj.*, molhado, encharcado.
EM.BEI.ÇAR, *v.t.* e *pron.*, aparentar um beiço, tornar apaixonado, apaixonar-se, ficar seduzido.
EM.BE.LE.ZA.DO, *adj.*, aformoseado, belo, atraente.
EM.BE.LE.ZA.DOR, *adj.*, diz-se daquilo que serve para embelezar; *s.m.*, produto, substância que embeleza.
EM.BE.LE.ZA.MEN.TO, *s.m.*, aformoseamento, beleza.
EM.BE.LE.ZAR, *v.t.* e *pron.*, tornar belo, enfeitar, aformosear.
EM.BES.TA.DO, *adj.*, abobado, atoleimado, abobalhado.
EM.BES.TAR, *v.t.* e *int.*, tornar bobo, atoleimar, ser teimoso, abobalhar.
EM.BE.VE.CER, *v.t.*, enlevar, provocar êxtase, trazer enlevo, extasiar.
EM.BE.VE.CI.DO, *adj.*, enlevado, extasiado, absorto, seduzido.
EM.BE.VE.CI.MEN.TO, *s.m.*, enlevo, êxtase, sedução.
EM.BI.CA.DO, *adj.*, direcionado, rumado, voltado.
EM.BI.CA.MEN.TO, *s.m.*, direção, rumo, determinação.
EM.BI.CA.DA, *s.f.*, ação de embicar; embique.
EM.BI.CA.DO, *adj.*, que embicou.
EM.BI.CAR, *v.t.*, *int.* e *pron.*, dar jeito de bico; direcionar-se, tomar o rumo.
EM.BI.GO, *s.m.*, umbigo.
EM.BI.RA, *s.f.*, fibra para corda, tirada da casca de várias plantas; corda, cordel.
EM.BIR.RA, *s.f.*, o mesmo que embirração.
EM.BIR.RA.ÇÃO, *s.f.*, ato ou efeito de embirrar; implicância; aversão; obstinação.
EM.BIR.RA.DO, *adj.*, amuado, teimoso, embirrento, antipático.
EM.BIR.RAN.TE, *adj.*, teimoso, pertinaz, rabujento.
EM.BIR.RAR, *v.t.*, amuar, tornar-se amuado, teimar; antipatizar.
EM.BIR.REN.TO, *adj.*, amuado, antipático.
EM.BLE.MA, *s.m.*, símbolo, insígnia, brasão.
EM.BLE.MÁ.TI.CO, *adj.*, que se refere a emblema, simbólico, semântico.
EM.BO.A.BA, *s. 2 gên.*, apelido que os bandeirantes atribuíam aos portugueses, em Minas Gerais.
EM.BO.CA.DO, *adj.*, posto na boca, confluente, que deságua.
EM.BO.CA.DU.RA, *s.f.*, ponta de um instrumento de aparelho de sopro, foz de um rio, foz, confluência.
EM.BO.CAR, *v.t.*, colocar na boca, colocar a ponta de um instrumento musical na boca.
EM.BO.ÇAR, *v.t.*, aplicar emboço, ou base do reboco, em.
EM.BO.ÇO, *s.m.*, camada de massa que se ajusta na parede para passar o reboco.
EM.BO.DO.CAR-SE, *v.t.* e *int.*, encurvar (algo) ou encurvar-se; ficar (o cavalo) de lombo enrijecido, para corcovear.
EM.BO.LA.DA, *s.f.*, no NE, Mús., forma poético-musical com texto declamado, ocorrendo dança ou desafios cantados.
EM.BO.LA.DO, *adj.*, enrolado, provocado, confuso.
EM.BO.LAR, *v. int.* e *pron.*, enrolar-se, engalfinhar-se, provocar uma confusão.
EM.BO.LI.A, *s.f.*, veia ou artéria fechada por um coágulo.
ÊM.BO.LO, *s.m.*, cilindro que se desloca dentro de um pistão; pistão de motor de combustão; coágulo ou corpo

EMBOLORADO   ··339··   EMBURRECIDO

dentro do sangue.
EM.BO.LO.RA.DO, *adj.*, mofado, que formou bolor, bolorento.
EM.BO.LO.RAR, *v. int.* e *pron.*, formar bolor, mofar.
EM.BOL.SA.DO, *adj.*, posto no bolso, guardado; *fig.*, furtado, desviado.
EM.BOL.SAR, *v.t.*, pôr no bolso, guardar no bolso; *fig.*, furtar.
EM.BOL.SO, *s.m.*, ato de embolsar, recebimento, compensação financeira.
EM.BO.NE.CA.DO, *adj.*, que se embonecou; enfeitado com exagero.
EM.BO.NE.CAR, *v.t.* e *int.* e *pron.*, enfeitar algo, alguém ou a si mesmo com algum exagero; empetecar(-se).
EM.BO.RA, *conj.*, conquanto que, ainda bem que, não obstante que.
EM.BOR.CA.DO, *adj.*, colocado com a boca para baixo, virado.
EM.BOR.CAR, *v.t.*, *int.* e *pron.*, colocar com a boca para baixo, virar.
EM.BOR.NAL, *s.m.*, bornal, sacola que se leva a tiracolo com alimentos, ferramentas ou outros utensílios; pequeno estojo com alimentos posto na boca das bestas.
EM.BOR.RA.CHA.DO, *adj.*, coberto de borracha, composto por artefatos de borracha.
EM.BOR.RA.CHA.MEN.TO, *s.m.*, cobertura de borracha, revestimento com borracha.
EM.BOR.RA.CHAR, *v. int.*, cobrir com borracha, revestir com borracha.
EM.BOS.CA.DA, *s.f.*, cilada, armadilha, preparação para assaltar alguém.
EM.BOS.CA.DO, *adj.*, tocaiado, pronto para uma cilada.
EM.BOS.CAR, *v.t.* e *pron.*, tocaiar, armar uma emboscada, preparar uma cilada.
EM.BO.TA.DO, *adj.*, diz-se de instrumento de corte que perdeu o gume; *fig.*, que perdeu a força, o vigor.
EM.BO.TA.DU.RA, *s.f.*, ato de embotar ou embotar-se.
EM.BO.TA.MEN.TO, *s.m.*, ato ou efeito de embotar(-se); Med., enfraquecimento ou diminuição na energia de certas funções.
EM.BO.TAR, *v.t.* e *pron.*, tornar rombo, tirar o corte, enfraquecer.
EM.BRA.BAR, *v.t.* e *int.*, no Sul, mesmo que embrabecer.
EM.BRA.BE.CER, *v.t.* e *int.*, ficar brabo, furioso, zangado.
EM.BRA.MAR, *v.int.*, *bras.*, Sul, irar-se, embravecer, enraivecer-se.
EM.BRAN.DE.CER, *v.t.* e *int.*, tornar(-se) brando; abrandar(-se); enternecer(-se), comover(-se).
EM.BRAN.QUE.CER, *v.t.* e *pron.*, ficar branco.
EM.BRAN.QUE.CI.DO, *adj.*, esbranquiçado, branco, claro, que tem cãs.
EM.BRAN.QUE.CI.MEN.TO, *s.m.*, ato ou efeito de embranquecer(-se).
EM.BRA.VE.CER, *v.t.*, *int.* e *pron.*, irritar-se, ficar bravo, irar-se.
EM.BRA.VE.CI.DO, *adj.*, irritado, bravo, irado, furioso.
EM.BRA.VE.CI.MEN.TO, *s.m.*, irritação, raiva, ira, fúria.
EM.BRE.A.DO, *adj.*, que se embreou; que teve a embreagem acionada.
EM.BRE.A.DU.RA, *s.f.*, ato de embrear.
EM.BRE.A.GEM, *s.f.*, pedal do carro, usado para mudar a marcha.
EM.BRE.AR, *v.t.*, usar a embreagem.
EM.BRE.CHA.DO, *s.m.*, engastamento de conchas, pedras, cacos de louças, etc., com que se enfeitam paredes ou muros, esp. de jardins.
EM.BRE.CHAR, *v.t.*, ornar com embrechado; introduzir,
meter (algo) em brecha, fresta.
EM.BRE.NHA.DO, *adj.*, entrado no mato, que adentra o mato.
EM.BRE.NHAR, *v.t.* e *pron.*, adentrar em brenhas, entrar no mato, colocar no mato.
EM.BRI.A.GA.DO, *adj.*, bêbedo, ébrio, bêbado.
EM.BRI.A.GA.DOR, *adj.* e *s.m.*, que(m) embriaga, que(m) embebeda.
EM.BRI.A.GAN.TE, *adj.* 2 gên., o mesmo que embriagador.
EM.BRI.A.GAR, *v.t.*, *int.* e *pron.*, provocar embriaguez, deixar alguém bêbedo.
EM.BRI.A.GUEZ, *s.f.*, bebedeira.
EM.BRI.ÃO, *s.m.*, feto, criatura viva ao se formar.
EM.BRI.O.GE.NI.A, *s.f.*, estudo da criação de todos os seres, do nascimento até a morte.
EM.BRI.O.LO.GI.A, *s.f.*, ciência que se dedica a estudar a formação e o desenvolvimento dos embriões.
EM.BRI.O.LÓ.GI.CO, *adj.*, que se refere a Embriologia.
EM.BRI.O.NÁ.RIO, *adj.*, que está para formar-se, próprio de embrião.
EM.BRI.O.NI.FOR.ME, *adj.*, que tem forma de embrião.
EM.BRO.CA.ÇÃO, *s.f.*, aplicação de remédios através da pele, com qualquer meio externo.
EM.BRO.MA, *s.f.*, *bras.*, embromação.
EM.BRO.MA.ÇÃO, *s.f.*, ilusão, enganação, trapaça, ação vagarosa.
EM.BRO.MA.DO, *adj.*, brumoso; espesso, compacto.
EM.BRO.MA.DOR, *adj.*, que embroma, *s.m.*, aquele que embroma.
EM.BRO.MAR, *v.t.* e *int.*, iludir, enganar, trapacear; agir bem devagar.
EM.BRU.A.CA.DO, *adj.*, ensacado, embolsado, posto em bruaca.
EM.BRU.A.CAR, *v. int.*, ensacar, estojar, recolher em bruacas.
EM.BRU.LHA.DA, *s.f.*, confusão, desorganização.
EM.BRU.LHA.DO, *adj.*, acondicionado, empacotado, estragado, logrado.
EM.BRU.LHA.DOR, *adj.* e *s.m.*, que ou o que embrulha; que ou aquele que engana ou perturba.
EM.BRU.LHA.MEN.TO, *s.m.*, a ação de embrulhar; embrulhada; *fig.*, sentir-se mal do estômago; engulho.
EM.BRU.LHÃO, *s.m.*, enganador, enrolador, pilantra.
EM.BRU.LHAR, *v.t.* e *pron.*, acondicionar, empacotar, envolver com; enganar; estragar o estômago.
EM.BRU.LHO, *s.m.*, pacote, qualquer coisa envolta em papel.
EM.BRU.TE.CER, *v.t.*, *int.* e *pron.*, tornar bruto, tornar bárbaro, barbarizar.
EM.BRU.TE.CI.DO, *adj.*, grosseiro, abrutalhado.
EM.BRU.TE.CI.MEN.TO, *s.m.*, ato de embrutecer, abrutalhamento, grosseria.
EM.BRU.XAR, *v.t.*, fazer bruxaria, feitiço; enfeitiçar:
EM.BU.ÇAR, *v.t.* e *pron.*, esconder o rosto, deixando apenas os olhos para ver, disfarçar, esconder.
EM.BU.CHAR, *v.t.* e *int.*, *pop.*, comer muito, encher o bucho, colocar uma bucha.
EM.BU.ÇO, *s.m.*, ato ou efeito de embuçar(-se); disfarce; *fig.*, dissimulação.
EM.BUR.RA.DO, *adj.*, amuado, irritado, brabo.
EM.BUR.RAR, *v. int.*, embirrar, amuar, ficar de mal.
EM.BUR.RE.CER, *v.t.* e *int.*, tornar ignorante, atoleimar, perder a inteligência.
EM.BUR.RE.CI.DO, *adj.*, ignorante, atoleimado, abobalhado.

EMBURRICAR — EMPALHAMENTO

EM.BUR.RI.CAR, *v.t.*, emburrar, embirrar.
EM.BUS.TE, *s.m.*, engano, tramoia, cilada, logro.
EM.BUS.TEI.RO, *s.m.*, logrador, enganador, safado.
EM.BU.TI.DO, *adj.*, encaixado, preso dentro; *s.m.*, nome comum para chouriços, linguiças, presuntos e similares de carnes moídas.
EM.BU.TI.DOR, *adj. e s.m.*, que ou o que embute; que ou aquele que trabalha com embutidos.
EM.BU.TIR, *v.t.*, colocar dentro, entalhar, prender uma peça na outra.
E.ME, *s.m.*, nome da letra *m*.
E.MEN.DA, *s.f.*, junção de dois objetos, ligação forçada; alteração em uma lei, projeto de lei ou sentença.
E.MEN.DA.DO, *adj.*, consertado, alterado, acertado.
E.MEN.DA.DOR, *adj. e s.m.*, que(m) emenda, corretor, remendador.
E.MEN.DAR, *v.t.*, consertar, alterar, acertar; arrepender-se, mudar de vida.
E.MEN.DÁ.VEL, *adj.*, suscetível de se emendar.
E.MEN.TA, *s.f.*, sinopse, resumo, sumário, resenha, apontamento, nota.
E.MEN.TAR, *v. int.*, anotar, corrigir, apensar, acrescentar.
E.MEN.TÁ.RIO, *s.m.*, caderno de notas, ficha de anotações, fichário com notas e comentários.
E.MER.GÊN.CIA, *s.f.*, ação de emergir, situação difícil, urgência, perigo.
E.MER.GEN.CI.AL, *adj.*, emergente, que ocorre sem esperar.
E.MER.GEN.TE, *adj.*, que emerge, que surge; *s. 2 gên.*, pessoa que sai da pobreza para um estado melhor de poder econômico; país que está para passar a um estado de melhor condição econômica.
E.MER.GIR, *v.t. e int.*, sair de um mergulho, subir, vir à tona; aparecer.
E.MÉ.RI.TO, *adj.*, perito no que faz, altamente qualificado; conhecido, notório.
E.MER.SÃO, *s.f.*, ação de emergir, saída do líquido.
E.MER.SO, *adj.*, que saiu da água, que veio à tona.
E.MÉ.TI.CO, *adj.*, que causa vômitos, que provoca náuseas.
E.ME.TRO.PE, *adj.*, Anat., que é normalmente constituído (falando do olho).
E.ME.TRO.PIA, *s.f.*, estado do que é emetrope.
E.MI.GRA.ÇÃO, *s.f.*, ação de emigrar, mudança de país para viver.
E.MI.GRA.DO, *adj., s.m.*, que emigrou, que foi viver em outro país.
E.MI.GRAN.TE, *s.m.*, quem emigra, quem sai de seu país para morar em outro.
E.MI.GRAR, *v. int.*, sair do seu país para estabelecer-se em outro.
E.MI.NÊN.CIA, *s.f.*, elevação, excelência; tratamento reservado a cardeais.
E.MI.NEN.TE, *adj.*, famoso, conhecido, ilustre, destacado.
E.MIR, *s.m.*, chefe muçulmano de um emirado, descendente de Maomé.
E.MI.RA.DO, *s.m.*, território governado por um emir, no mundo árabe.
E.MIS.SÃO, *s.f.*, ação de emitir, soltar uma nova série de selos, dinheiro; expelir gases.
E.MIS.SÁ.RIO, *s.m.*, representante para cumprir uma missão.
E.MIS.SI.VO, *adj.*, que se pode emitir.
E.MIS.SOR, *s.m.*, quem emite a mensagem, que provoca a emissão de um comunicado.
E.MIS.SO.RA, *s.f.*, estação de rádio ou TV.
E.MI.TEN.TE, *s. 2 gên.*, quem emite, quem solta.
E.MI.TIR, *v.t.*, soltar, expelir, passar, expressar, dizer, expor.
E.MO.ÇÃO, *s.f.*, crescimento súbito dos sentimentos; comoção.
E.MO.CI.O.NA.DO, *adj.*, enternecido, comovido, sentimental.
E.MO.CI.O.NAL, *adj.*, que emociona, que comove.
E.MO.CI.O.NAN.TE, *adj.*, que emociona, emocional.
E.MO.CI.O.NAR, *v.t. e pron.*, provocar emoção, enternecer, provocar os sentimentos.
E.MOL.DAR, *v. int.*, colocar em molde, enquadrar, colocar sob medida.
E.MOL.DU.RA.DO, *adj.*, encaixado, enquadrado em moldura, margeado por moldura.
E.MOL.DU.RAR, *v.t. e pron.*, colocar em moldura, guarnecer, adornar.
E.MO.LI.EN.TE, *adj.*, que amolece, que distende, que abranda, que suaviza.
E.MO.LIR, *v. int.*, amolecer, abrandar, suavizar.
E.MO.LU.MEN.TO, *s.m.*, gratificação, abono sobre o salário pelo exercício de um cargo.
E.MO.TI.VI.DA.DE, *s.f.*, sensibilidade, estado emocional.
E.MO.TI.VO, *adj.*, que emociona, emocionante, emocional.
EM.PA.CA.DO, *adj.*, parado, emperrado, inerte.
EM.PA.CA.DOR, *adj. e s.m., bras.*, diz-se de, ou o animal, ger. cavalo que costuma empacar.
EM.PA.CAR, *v. int.*, parar, querer ficar no lugar, emperrar.
EM.PA.CHA.DO, *adj.*, que está com o estômago demasiadamente cheio, que comeu demais.
EM.PA.CHA.MEN.TO, *s.m.*, estufamento, enfartamento.
EM.PA.CHAR, *v.t. e pron.*, encher por demais o estômago, comer muito.
EM.PA.CHO, *s.m.*, ato ou efeito de empachar(-se); embaraço; desconforto por excesso de comida.
EM.PA.ÇO.CAR, *v.t.*, dar muita paçoca, dar muito alimento.
EM.PA.CO.TA.DEI.RA, *s.f.*, quem faz pacotes, mulher que embrulha pacotes.
EM.PA.CO.TA.DO, *adj.*, acondicionado, embrulhado.
EM.PA.CO.TA.DOR, *adj.*, que empacota, embala ou embrulha; *s.m.*, aquele que empacota.
EM.PA.CO.TA.DO.RA, *s.f.*, máquina que faz pacotes, máquina que embrulha mercadorias.
EM.PA.CO.TA.MEN.TO, *s.m.*, ação ou efeito de empacotar, acondicionamento.
EM.PA.CO.TAR, *v.t. e int.*, acondicionar, embrulhar, colocar em pacote.
EM.PA.DA, *s.f.*, tipo de salgadinho com recheio e servido quente.
EM.PA.DÃO, *s.m.*, empada feita como torta, contendo carnes, verduras e outros ingredientes.
EM.PÁ.FIA, *s.f.*, vaidade, orgulho, arrogância, soberba.
EM.PA.LA.ÇÃO, *s.f.*, condenação à morte por meio de uma estaca enfiada no ânus.
EM.PA.LA.MA.DO, *adj.*, que está coberto de edemas, de emplastros; p.ext., adoentado.
EM.PA.LA.MAR-SE, *v.pron., bras.*, Sul, tornar-se doente.
EM.PA.LAR, *v.t.*, condenar à morte por empalação.
EM.PA.LHA.ÇÃO, *s.f.*, ato ou efeito de empalhar.
EM.PA.LHA.DO, *adj.*, que se empalhou, se encheu de palha.
EM.PA.LHA.DOR, *s.m.*, quem empalha.
EM.PA.LHA.MEN.TO, *s.m.*, empalhação, ação de empalhar,

EMPALHAR · 341 · EMPERIQUITAR

acondicionamento; preparação de animais mortos para serem expostos em museus como se fossem vivos.

EM.PA.LHAR, *v.t.*, envolver em palha; preparar animais mortos para museus.

EM.PA.LI.DE.CER, *v.t. e int.*, embranquecer, tornar-se pálido.

EM.PA.LI.DE.CI.DO, *adj.*, embranquecido, pálido.

EM.PAL.MA.ÇÃO, *s.f.*, furto, apropriação indevida de bem alheio.

EM.PAL.MA.DO, *adj.*, furtado, desviado.

EM.PAL.MAR, *v.t.*, pegar algo com um único gesto da palma da mão, agarrar.

EM.PA.NA.DA, *s.f.*, bolinho com recheio de legumes, carnes e condimentos, revestido de farinha e frito, com sabor salgado.

EM.PA.NA.DO, *adj.*, embaçado, coberto por panos; revestimento de farinha e ovos para obter o bife à milanesa.

EM.PA.NAR, *v.t. e pron.*, revestir com panos, esconder; embaçar, tirar o brilho; revestir o bife à milanesa, com ovo e farinha de rosca.

EM.PAN.TU.FAR-SE, *v.t.*, calçar pantufas; *fig.*, mostrar-se vaidoso, orgulhoso; pavonear-se.

EM.PAN.TUR.RA.DO, *adj.*, embuchado, estufado, que comeu demais.

EM.PAN.TUR.RA.MEN.TO, *s.m.*, embuchamento, estufamento.

EM.PAN.TUR.RAR, *v.t. e pron.*, embuchar-se, comer demais.

EM.PAN.ZI.NA.DO, *adj.*, enchido, estufado, embuchado.

EM.PAN.ZI.NA.DOR, *adj. e s.m.*, que ou o que empanzina.

EM.PAN.ZI.NA.MEN.TO, *s.m.*, estufamento, empanturramento.

EM.PAN.ZI.NAR, *v.t. e pron.*, encher por demais o estômago, comer muito.

EM.PA.PA.DO, *v.t.*, RS, o mesmo que apaiolar.

EM.PA.PAR, *v.t. e pron.*, encher-se de, encharcar-se.

EM.PA.PE.LA.DO, *adj.*, revestido com papel, coberto com papel.

EM.PA.PE.LAR, *v.t.*, cobrir com papel, revestir com papel.

EM.PA.PU.ÇA.DO, *adj.*, lambuzado, inchado, que comeu muito.

EM.PA.PU.ÇA.MEN.TO, *s.m.*, ato ou efeito de empapuçar(-se); inchaço.

EM.PA.PU.ÇAR, *v.t. e pron.*, encher com pregas, inchar, comer muito, lambuzar-se ao comer.

EM.PAR.CEI.RA.DO, *adj.*, associado, unido, sócio.

EM.PAR.CEI.RAR, *v. int.*, tornar parceiro, associar.

EM.PAR.DE.CER, *v.int.*, tornar pardo.

EM.PA.RE.DA.DO, *adj.*, preso, colocado entre duas paredes.

EM.PA.RE.DA.MEN.TO, *s.m.*, ato ou efeito de emparedar; cercar, *fig.*, clausura.

EM.PA.RE.DAR, *v.t. e pron.*, colocar entre duas paredes, prender.

EM.PA.RE.LHAR, *v.t., int. e pron.*, colocar na mesma posição, igualar.

EM.PA.RE.LHA.DO, *adj.*, que faz parelha; *Poét.*, diz-se de verso rimado aos pares.

EM.PA.RE.LHA.MEN.TO, *s.m.*, ato ou efeito de emparelhar(-se).

EM.PAR.REI.RAR, *v.t.*, cobrir de parreiras ou de videiras; sustentar com estacas, em forma de parreira.

EM.PAR.VA.MEN.TO, *s.m., bras.*, RS, ato de emparvar.

EM.PAS.TA.DO, *adj.*, que está cheio de pasta, preso por pasta.

EM.PAS.TA.MEN.TO, *s.m.*, ato ou efeito de empastar(-se); colocação em pasta; fixação das pastas de um livro na encadernação.

EM.PAS.TAR, *v. int.*, encher de pasta, cobrir com pasta.

EM.PAS.TE.LA.DO, *adj.*, prejudicado, destruído, danificado.

EM.PAS.TE.LA.MEN.TO, *s.m.*, destruição, danificação feita com violência, arruinamento.

EM.PAS.TE.LAR, *v. int.*, destruir, danificar, prejudicar.

EM.PA.TA.DO, *adj.*, igualado, mesmo número de pontos entre rivais.

EM.PA.TAR, *v.t. e int.*, igualar entre o vencedor e o perdedor; perder tempo; *fig.*, matar tempo.

EM.PA.TE, *s.m.*, igualdade entre os concorrentes, conclusão de uma disputa sem haver vencedores.

EM.PA.TI.A, *s.f.*, tendência psicológica de uma pessoa sentir o mesmo que outra; reciprocidade.

EM.PA.VO.NA.DO, *adj., bras., gír.*, que se empavona ou empavonou; cheio de vaidade.

EM.PA.VO.NAR, *v.t e int.*, tornar(-se) vaidoso ao extremo; pavonear(-se).

EM.PE.CER, *v.t.*, causar dano ou prejuízo a; causar ou encontrar dificuldade, estorvo.

EM.PE.CI.LHO, *s.m.*, obstáculo, dificuldade, estorvo, obstrução.

EM.PE.CÍ.VEL, *adj.*, que causa obstáculo, transtorno ou dano.

EM.PE.ÇO.NHAR, *v.t.*, lançar, dar ou pôr peçonha; envenenar; apeçonhar.

EM.PE.DER.NE.CER, *v.t., int. e pron.*, o mesmo que empedernir.

EM.PE.DER.NI.DO, *adj.*, insensível, duro, rude, seco.

EM.PE.DER.NIR, *v.t. e pron.*, tornar duro, ser insensível, sem emoções.

EM.PE.DRA.DO, *adj.*, que contém pedras, que está cheio de pedras.

EM.PE.DRA.MEN.TO, *s.m.*, ato ou efeito de empedrar(-se); empedradora.

EM.PE.DRAR, *v.t., int. e pron.*, cobrir uma rua com pedras.

EM.PE.LI.CAR, *v.t.*, transformar (peles) em pelica; cobrir com pelica; preparar como pelica.

EM.PE.LO.TA.DO, *adj.*, que tem forma de pelota, que tem pelotas.

EM.PE.LO.TAR, *v. int.*, fabricar pelotas, dar forma de pelota.

EM.PE.NA, *s.f.*, nas casas de madeira, peça de madeira que vai do frechal à cumeeira.

EM.PE.NA.CHAR, *v.t.*, pôr penacho em, adornar com penachos.

EM.PE.NA.DO, *adj.*, que se empenou, se deformou; que está fora de prumo; ornado ou guarnecido de penas, emplumado.

EM.PE.NA.MEN.TO, *s.m.*, ato de empenar(-se); empeno.

EM.PE.NAR, *v.t. e int.*, enfeitar com penas; entortar, curvar.

EM.PEN.CA.DO, *adj.*, dependurado, pendente.

EM.PEN.DO.AR, *v.int.*, o mesmo que apendoar.

EM.PE.NHA.DO, *adj.*, que se empenhou; dado em penhor; penhorado; vinculado a um compromisso; comprometido; obrigado; endividado.

EM.PE.NHA.MEN.TO, *s.m.*, ato de empenhar, de hipotecar.

EM.PE.NHAR, *v.t. e pron.*, oferecer como penhor, penhorar, dar em garantia.

EM.PE.NHO, *s.m.*, penhor; obrigação, diligência, dedicação.

EM.PE.NO, *s.m.*, ação ou efeito de empenar, entortamento.

EM.PE.RI.QUI.TA.DO, *adj.*, enfeitado em demasia, muito ornado.

EM.PE.RI.QUI.TAR, *v. pron.*, enfeitar com exagero, pôr muitos enfeites em.

EMPERNAR · 342 · EMPREENDIMENTO

EM.PER.NAR, *v. int.*, cruzar as pernas, dobrar as pernas.
EM.PER.RA.DO, *adj.*, entravado, dificultado, preso.
EM.PER.RA.MEN.TO, *s.m.*, entrave, dificuldade, empecilho.
EM.PER.RAR, *v.t., int.* e *pron.*, entravar, ser difícil de abrir; oferecer dificuldades.
EM.PER.TI.GA.DO, *adj.*, envaidecido, arrogante, pernóstico.
EM.PER.TI.GA.MEN.TO, *s.m.*, vaidade, arrogância, aprumo.
EM.PER.TI.GAR, *v.t.* e *pron.*, ajeitar-se, aprumar-se, envaidecer-se, tomar-se de arrogância.
EM.PES.GAR, *v.t.*, empesgar, untar de pez.
EM.PES.TAR, *v.t.*, transmitir peste em, infectar, contaminar.
EM.PES.TE.A.DO, *adj.*, atacado, infectado, contagiado.
EM.PES.TE.AR, *v.t.*, mesmo que empestar.
EM.PE.TE.CA.DO, *adj.*, vestido com exagero, abonecado, janota, casquilho.
EM.PE.TE.CAR, *v.t.* e *pron.*, vestir-se com exagero, como se fosse boneca; exagerar na vestimenta.
EM.PI.CO.TAR, *v.t.*, expor na picota ou no pelourinho.
EM.PI.E.MA, *s.m.*, Med., ajuntamento de pus em cavidade natural do organismo.
EM.PI.LHA.DEI.RA, *s.f.*, pequena máquina para carregar e descarregar pesos.
EM.PI.LHA.DO, *adj.*, colocado em pilhas, organizado.
EM.PI.LHA.MEN.TO, *s.m.*, ato ou efeito de empilhar(-se).
EM.PI.LHAR, *v.t.* e *pron.*, pôr em pilha, organizar em pilha.
EM.PI.NA.DE.LA, *s.f.*, ação de empinar; empino.
EM.PI.NA.DO, *adj.*, levantado, ereto, alçado.
EM.PI.NAR, *v.t., int.* e *pron.*, erguer-se sobre as patas traseiras, levantar para o alto.
EM.PI.O.RAR, *v.t.*, ficar pior, agravar.
EM.PI.PO.CA.DO, *adj.*, que se empipocou, se encheu de pipocas ou borbulhas.
EM.PI.PO.CA.MEN.TO, *s.m.*, ato ou efeito de empipocar(-se).
EM.PI.PO.CAR, *v. int.*, ficar com a pele cheia de pústulas, feridas.
EM.PÍ.REO, *s.m.*, na astronomia antiga, a mais alta das quatro esferas celestes e a que continha todos os astros; o céu das estrelas fixas.
EM.PÍ.RI.CO, *adj.*, produto de experiências e, na prática, nunca em estudo de ciências.
EM.PI.RIS.MO, *s.m.*, conhecimentos obtidos por experiências.
EM.PLA.CA.DO, *adj.*, que tem placa, marcado, vencedor.
EM.PLA.CA.MEN.TO, *s.m., bras.*, ato ou efeito de emplacar.
EM.PLA.CAR, *v.t.*, fixar placas em; obter um triunfo; *pop.*, viver por tanto tempo.
EM.PLAS.MA.DO, *adj.*, revestido de emplastro.
EM.PLAS.MAR, *v. int.*, emplastrar.
EM.PLAS.TA.ÇÃO, *s.f.*, ação de emplastar; emplastamento, emplastração.
EM.PLAS.TA.DO, *adj.*, estendido em camadas como emplasto; emplastrado.
EM.PLAS.TA.GEM, *s.f.*, revestimento ou conserto a modo de emplasto; emplastragem.
EM.PLAS.TAR, *v.t.*, aplicar ou pôr emplastos a; emplastrar.
EM.PLAS.TO, *s.m.*, ver emplastro.
EM.PLAS.TRA.DO, *adj.*, que tem plastro, coberto por plastro.
EM.PLAS.TRAR, *v.t.*, emplastar, colocar emplastro em.
EM.PLAS.TRO, *s.m.*, emplasto, adesivo medicinal aplicado na pele.
EM.PLU.MA.ÇÃO, *s.f.*, ato ou efeito de emplumar(-se).
EM.PLU.MA.DO, *adj.*, que tem penas, coberto de penas; *fig.*, crescido, ajuizado.
EM.PLU.MAR, *v.t.* e *pron.*, criar penas, crescer; *fig.*, evoluir e criar juízo.
EM.PO.A.DO, *adj.*, coberto de pó, empoeirado.
EM.PO.AR, *v.t.*, empoeirar, encher de pó.
EM.PO.BRE.CER, *v.t.* e *int.*, tornar-se pobre, perder riquezas, diminuir os bens materiais e intelectuais.
EM.PO.BRE.CI.DO, *adj.*, depauperado, pobre, carente, necessitado.
EM.PO.BRE.CI.MEN.TO, *s.m.*, perda de bens e diminuição dos bens, redução do domínio intelectual.
EM.PO.ÇA.DO, *adj.*, que tem poças, que formou poças.
EM.PO.ÇAR, *v.t.* e *pron.*, criar poças, formar poça.
EM.PO.EI.RA.DO, *adj.*, cheio de pó, com poeira.
EM.PO.EI.RAR, *v.t.* e *pron.*, cobrir de pó, encher de pó.
EM.PO.LA, *s.f.*, recipiente feito de vidro para conter o remédio aplicado por meio de injeção.
EM.PO.LA.DO, *adj.*, enrolado, complicado, complexo, estilo precioso.
EM.PO.LAR, *adj. 2 gên.*, semelhante a, ou que tem forma de empola ou ampola; empoláceo; *v.t.*, fazer surgir ou surgir empolas em, encher(-se) de empolas, de bolhas.
EM.PO.LEI.RA.DO, *adj.*, colocado, pousado (ave) em poleiro ou lugar elevado.
EM.PO.LEI.RAR, *v.t.* e *pron.*, ajeitar-se no poleiro, acolher-se em poleiro.
EM.POL.GA.ÇÃO, *s.f.*, ânimo, entusiasmo, arrebatamento, arrojo.
EM.POL.GA.DO, *adj.*, animado, entusiasmado, estimulado.
EM.POL.GAN.TE, *adj.*, animador, entusiástico, que anima.
EM.POL.GAR, *v.t.*, entusiasmar, animar, arrebatar.
EM.POM.BAR, *v.t., pop.*, tomar uma atitude extrema, ser radical na ação.
EM.POR.CA.LHA.DO, *adj.*, sujo, encardido, imundo; *fig.*, aviltado, calhorda, baixo.
EM.POR.CA.LHAR, *v.t.* e *pron.*, sujar, encardir, ficar imundo; *fig.*, rebaixar-se, aviltar-se.
EM.PÓ.RIO, *s.m.*, comércio, armazém, venda de produtos alimentícios e mercadorias em geral.
EM.POS.SA.DO, *adj.*, colocado no lugar, investido na posse de um cargo.
EM.POS.SAR, *v.t.* e *pron.*, dar posse, colocar no lugar, investir em um cargo.
EM.POS.TA.ÇÃO, *s.f.*, ato ou efeito de empostar; impostação; Fon., técnica de colocação e projeção da voz.
EM.POS.TA.DO, *adj.*, diz-se da voz modulada para cantar ou falar; impostado.
EM.POS.TAR, *v.t.*, impostar, colocar para ser levado pelo correio.
EM.PRA.ZA.DOR, *adj.* e *s.m.*, que ou o que empraza; que se intromete; empata.
EM.PRA.ZA.MEN.TO, *s.m.*, citação para comparecer em tribunal ou perante autoridade.
EM.PRA.ZAR, *v.t.*, determinar um prazo, marcar algo com data definida.
EM.PRE.EN.DE.DOR, *s.m.* e *adj.*, lutador, ativo, destemido.
EM.PRE.EN.DER, *v.t.* e *int.*, realizar, executar, arrojar-se.
EM.PRE.EN.DI.DO, *adj.*, realizado, executado, feito.
EM.PRE.EN.DI.MEN.TO, *s.m.*, atividade projetada para um negócio, empresa fabril, atividade de empreendedor, ação voltada para resultados programados.

EMPREGADA ·· 343 ·· ENCACHOEIRADO

EM.PRE.GA.DA, *s.f.*, mulher que trabalha para uma empresa ou pessoa física, com ou sem contrato de trabalho; serva, doméstica, criada.

EM.PRE.GA.DO, *adj.*, servido, usado; *s.m.*, quem trabalha para, colaborador, funcionário, operário; toda pessoa que tem carteira de trabalho assinada e presta serviços; empregado informal é quem trabalha sem carteira de trabalho assinada e não contribui com os encargos sociais.

EM.PRE.GA.DOR, *s.m.*, dono de empresa que dá emprego para pessoas, mediante carteira assinada.

EM.PRE.GAR, *v.t. e pron.*, dar serviço, empregar, dar uma ocupação, usar, servir.

EM.PRE.GO, *s.m.*, serviço, ocupação, função.

EM.PRE.GUIS.MO, *s.m.*, hábito de oferecer emprego no serviço público por interesses políticos.

EM.PREI.TA, *s.f.*, sistema de trabalho em empreitada.

EM.PREI.TA.DA, *s.f.*, empreita, acerto para executar uma obra por valor e tempo determinados; trabalho, obra, missão, tarefa.

EM.PREI.TAR, *v.t.*, executar por empreitada, acertar uma empreitada, enfrentar um estímulo.

EM.PREI.TEI.RA, *s.f.*, empresa que trabalha com empreitadas.

EM.PREI.TEI.RO, *s.m.*, quem é dono de uma empreiteira, quem trabalha por empreitada.

EM.PRE.NHA.DA, *adj.*, grávida, prenhe.

EM.PRE.NHA.DO, *adj.*, que ficou prenhe; engravidado.

EM.PRE.NHAR, *v. int. y pop.*, engravidar, embarrigar.

EM.PRE.SA, *s.f.*, empreendimento, firma, indústria ou comércio.

EM.PRE.SA.RI.A.DO, *s.m.*, a classe dos empresários.

EM.PRE.SA.RI.AL, *adj.*, relativo a empresa, próprio de empresas.

EM.PRE.SÁ.RIO, *s.m.*, dono de empresa, industrial, comerciante, empreendedor.

EM.PRES.TA.DO, *adj.*, cedido, dado a alguém para ser devolvido.

EM.PRES.TAR, *v.t. e int.*, entregar algo a alguém para futura devolução; ceder dinheiro a ser oportunamente devolvido.

EM.PRÉS.TI.MO, *s.m.*, ação de emprestar algo a alguém, cessão de valor a ser devolvido.

EM.PRI.SI.O.NA.DO, *adj.*, aprisionado, encarcerado, preso.

EM.PRI.SI.O.NAR, *v. int.*, aprisionar, prender, encarcerar.

EM.PRO.A.DO, *adj.*, arrogante, vaidoso, orgulhoso.

EM.PRO.AR, *v. int.*, tornar-se arrogante, mostrar-se mais do que é.

EM.PU.BES.CER, *v.int.*, entrar na puberdade; criar pelos (com a idade).

EM.PU.LHA.ÇÃO, *s.f.*, ato ou efeito de empulhar; *bras., pop.*, logro, mentira, tapeação.

EM.PU.LHAR, *v.t.*, enganar, lograr, escarnecer.

EM.PU.NHA.DO, *adj.*, apertado, preso, seguro pelo punho; que tem punho ou empunhadura.

EM.PU.NHA.DU.RA, *s.f.*, parte pela qual se segura algum objeto, peças.

EM.PU.NHAR, *v.t.*, segurar com o punho, segurar, pegar, assumir o comando.

EM.PUR.RA.DO, *adj.*, forçado, golpeado, impelido.

EM.PUR.RÃO, *s.m.*, ato de empurrar com força; golpe, impulso.

EM.PUR.RAR, *v.t.*, impelir, obrigar a fazer, forçar para.

EM.PU.XA.DO, *adj.*, empurrado, arrastado, conduzido com força.

EM.PU.XA.DOR, *adj. e s.m.*, que(m) empuxa, arrastador, empurrador.

EM.PU.XAR, *v.t.*, empurrar, arrastar, conduzir com força, fazer tremer, impulsionar.

EM.PU.XÃO, *s.m.*, ação de empuxar, puxão, sacudidela, abanão; repelão.

EM.PU.XO, *s.m.*, empurrão, arrasto, impulsão.

E.MU.DE.CER, *v. int.*, ficar mudo, calar-se, perder a fala.

E.MU.DE.CI.DO, *adj.*, mudo, calado, silencioso, que perdeu a fala.

E.MU.DE.CI.MEN.TO, *s.m.*, silêncio, mudez, perda da fala.

E.MU.LA.ÇÃO, *s.f.*, rivalidade, estímulo, competitividade.

E.MU.LA.DO, *adj.*, rivalizado, concorrido, imitado.

E.MU.LAR, *v.t. e pron.*, rivalizar, concorrer, seguir as pegadas, imitar.

Ê.MU.LO, *adj., s.m.*, rival, concorrente.

E.MUL.SÃO, *s.f.*, medicamento preparado para ingerir, com coloração leitosa.

E.MUL.SI.O.NAR, *v.t.*, provocar emulsão.

E.MUL.SI.VO, *adj.*, qualquer substância que permita a pressão e solte óleo.

E.MUR.CHE.CER, *v.t.*, fazer perder ou perder o viço, o frescor; murchar.

E.NÁ.LA.GE, *s.f.*, Gram., figura gramatical que consiste na mudança da regência ou concordância natural das partes de uma oração ou dos seus acidentes.

E.NAL.TAR, *v.t.*, p.us., mesmo que enaltecer.

E.NAL.TE.CER, *v.t.*, prestigiar, louvar, elogiar, engrandecer.

E.NAL.TE.CI.DO, *adj.*, prestigiado, louvado, elogiado, engrandecido.

E.NA.MO.RA.DO, *adj., s.m.*, apaixonado, ligado, ligado com afinidade a outrem.

E.NA.MO.RAR, *v.t. e pron.*, criar laços, criar afinidade sentimental, apaixonar-se.

E.NAR.TRO.SE, *s.f.*, articulação óssea, móvel, encaixada em uma cavidade e que permite movimento em qualquer direção.

E.NA.SE, *s.f.*, Farm., fermento de vinho, em forma de pastilhas.

EN.CA.BAR, *v.t.*, colocar cabo em ferramentas.

EN.CA.BE.ÇA.DO, *adj.*, chefiado, comandado.

EN.CA.BE.ÇA.MEN.TO, *s.m.*, comando, chefia, liderança.

EN.CA.BE.ÇAR, *v.t. e pron.*, chefiar, comandar, liderar; escrever os títulos dos trabalhos no alto de uma folha.

EN.CA.BE.LA.DO, *adj.*, coberto de pelo ou cabelo novo; p. ext., provido como de cabeleira.

EN.CA.BE.LA.DU.RA, *s.f.*, ato ou efeito de encabelar; cabeleira; cabeladura.

EN.CA.BE.LAR, *v. int.*, implantar cabelo, revestir de cabelo.

EN.CA.BRES.TAR, *v.t. e pron.*, pôr no cabresto, prender, limitar as ações de alguém, coagir.

EN.CA.BRI.TAR-SE, *v.pron.*, empinar-se; levantar-se sobre as patas traseiras (diz-se dos quadrúpedes); erguer-se, empinar-se.

EN.CA.BRU.A.DO, *adj., pop.*, pertinaz, teimoso como um bode.

EN.CA.BU.LA.ÇÃO, *s.f.*, ato ou efeito de encabular(-se); acanhamento; encabulamento; timidez.

EN.CA.BU.LA.DO, *adj., bras.*, que se encabulou; envergonhado; inibido; tímido.

EN.CA.BU.LAR, *v.t. e int.*, tornar tímido, acanhar, envergonhar.

EN.CA.CHA.ÇA.DO, *adj., bras.*, bêbado com cachaça; ébrio.

EN.CA.CHO.EI.RA.DO, *adj.*, que tem cachoeiras, ou quedas d'água.

EN.CA.CHO.EI.RA.MEN.TO, *s.m.*, *bras.*, formação de cachoeira; cachoeira.

EN.CA.ÇA.PAR, *v.t.*, no jogo de sinuca, pôr na caçapa; acertar, obter o final esperado.

EN.CA.CHO.EI.RAR, *v.t.* e *pron.*, formar cachoeira, jorrar água abundante.

EN.CA.DE.A.ÇÃO, *s.f.*, o mesmo que encadeamento.

EN.CA.DE.A.DO, *adj.*, ligado por cadeia(s); agrilhoado; preso, cativado.

EN.CA.DE.A.MEN.TO, *s.m.*, sequência, série; corrente, ligação.

EN.CA.DE.AR, *v.t.* e *pron.*, ligar com corrente, anexar, fazer uma série.

EN.CA.DER.NA.ÇÃO, *s.f.*, ação de colocar uma capa nova em livros.

EN.CA.DER.NA.DO, *adj.*, que se encadernou; diz-se de exemplares reunidos em cadernos; *s.m.*, livro que agrupa alguns exemplares de um periódico.

EN.CA.DER.NA.DOR, *s.m.*, quem encaderna.

EN.CA.DER.NAR, *v.t.* e *pron.*, fazer encadernação, colocar nova capa.

EN.CA.FI.FAR, *v.t.*, envergonhar, intimidar, acanhar.

EN.CA.FU.AR, *v.t.* e *pron.*, esconder-se, ocultar-se, entrar em caverna.

EN.CAI.BRA.MEN.TO, *s.m.*, ato ou trabalho de encaibrar.

EN.CAI.BRAR, *v.t.*, colocar caibros em (construção).

EN.CAI.XA.DO, *adj.*, que se encaixou; metido ou recolhido em caixa ou encaixe.

EN.CAI.XA.MEN.TO, *s.m.*, ato ou efeito de encaixar(-se).

EN.CAI.XAR, *v.t.*, *int.* e *pron.*, colocar em caixa, colocar dentro, embutir.

EN.CAI.XE, *s.m.*, dispositivo de duas peças que se ligam perfeitamente.

EN.CAI.XI.LHAR, *v.t.*, colocar (algo) em caixilhos; enquadrar, emoldurar.

EN.CAI.XO.TADO, *adj.*, guardado, acondicionado ou recolhido, em caixote ou caixa.

EN.CAI.XO.TA.DOR, *adj.* e *s.m.*, diz-se de que ou quem, ou aquele que encaixota.

EN.CAI.XO.TAR, *v.t.*, pôr em caixas, em caixotes, arrumar, acondicionar.

EN.CA.LA.CRA.DO, *adj.*, que se encalacrou; que se meteu em situação difícil ou perigosa.

EN.CA.LA.CRAR, *v.t.* e *pron.*, embaraçar-se, meter-se em problemas, contrair dívidas.

EN.CAL.CAR, *v.t.*, tapar as juntas de (peças metálicas); NE, *pop.*, apertar, calcar.

EN.CAL.ÇAR, *v.t.*, ir no encalço de; perseguir de perto.

EN.CAL.ÇO, *s.m.*, ir atrás de, seguir as pegadas, perseguição, rasto, pegadas.

EN.CA.LE.CER, *v.int.*, criar calos; tornar-se caloso, calejar.

EN.CA.LHA.ÇÃO, *s.f.*, ação de encalhar; tropeço, encalhe.

EN.CA.LHA.DO, *adj.*, navio preso pelo calado, mercadorias que não são compradas; solteiro ou solteira que não encontra convivente.

EN.CA.LHA.MEN.TO, *s.m.*, o mesmo que encalhação.

EN.CA.LHAR, *v.t.* e *int.*, navio preso em terra ou pedras; mercadorias sem comprador; *pop.*, pessoa que não encontra companheiro(a).

EN.CA.LHE, *s.m.*, empecilho, dificuldade, obstáculo.

EN.CA.LI.ÇAR, *v.t.*, revestir de caliça, pôr caliça em.

EN.CA.LIS.TA.ÇÃO, *s.f.*, ato ou efeito de encalistar; *var.*, encalistamento.

EN.CA.LIS.TRA.ÇÃO, *s.f.*, ação de encalistrar.

EN.CA.LIS.TRA.DO, *adj.*, envergonhado, acanhado, vexado.

EN.CA.LIS.TRA.MEN.TO, *s.m.*, *bras.*, ato de encalistrar(-se); encalistração; encabulação, vergonha, timidez.

EN.CA.LIS.TRAR, *v.t.* e *int.*, envergonhar, provocar vexame, acanhar.

EN.CAL.MA.DI.ÇO, *adj.*, que se encalma com facilidade; afrontadiço.

EN.CAL.MAR, *v.t.*, causar calor a, tornar calmoso; *fig.*, afrontar; fazer esquentar, fazer zangar; *v.int.*, sentir calor; acalmar (o vento).

EN.CA.LOM.BAR, *v. int.*, criar calombos, criar mossas.

EN.CAL.VE.CER, *v.int.*, tornar-se calvo.

EN.CAL.VE.CI.DO, *adj.*, que perdeu o cabelo; calvo.

EN.CA.MAR, *v.t.*, acamar; dispor em camadas.

EN.CA.MI.NHA.DO, *adj.*, indicado, orientado, destinado, direcionado.

EN.CA.MI.NHA.DOR, *adj.* e *s.m.*, que ou o que vai adiante para ensinar o caminho; guia, condutor.

EN.CA.MI.NHA.MEN.TO, *s.m.*, orientação, direção, conselho.

EN.CA.MI.NHAR, *v.t.*, indicar o rumo, o caminho, levar para, dar orientação, destinar, remeter.

EN.CA.MI.SA.DA, *s.f.*, folia, mascarada; dificuldade, embrulhada; *ant.*, assalto noturno em que as tropas se disfarçavam vestindo camisas por cima da farda.

EN.CA.MI.SA.DO, *adj.*, vestido com camisa.

EN.CA.MI.SAR, *v.t.* vestir camisa; Mec., colocar camisas em (cilindros); *v.pron.*, vestir-se para encamisada (assalto).

EN.CAM.PA.ÇÃO, *s.f.*, tomada de uma direção, dominação, comando.

EN.CAM.PA.DO, *adj.*, Jur., que teve contrato de arrendamento rescindido, cancelado ou anulado; *fig.*, encoberto, disfarçado.

EN.CAM.PA.DOR, *s.m.*, o que encampa.

EN.CAM.PAR, *v.t.*, assumir, aceitar o domínio, pegar a direção de.

EN.CA.NA.ÇÃO, *s.f.*, ato ou efeito de encanar; encanamento; *bras.*, *gír.*, cismar com algo.

EN.CA.NA.DO, *adj.*, conduzido por canos.

EN.CA.NA.DOR, *s.m.*, quem tem por profissão trabalhar com instalação hidráulica.

EN.CA.NA.MEN.TO, *s.m.*, todo sistema de canos para servir água potável ou para outros líquidos.

EN.CA.NAR, *v.t.* e *int.*, entalar osso fraturado; levar através de cano, fazer passar por um lugar estreito; *pop.*, encarcerar.

EN.CA.NAS.TRAR, *v.t.*, meter em canastra; acanastrar.

EN.CA.NE.CER, *v. int.* e *pron.*, ficar com os cabelos brancos, ficar com cãs, envelhecer.

EN.CA.NE.CI.DO, *adj.*, esbranquiçado, cãs, cabelos brancos.

EN.CAN.GA.LHAR, *v.t.*, pôr cangalha em; *pej.* juntar-se a alguém.

EN.CAN.GAR, *v.t.*, pôr canga em, jungir, prender com a canga, submeter.

EN.CAN.TA.ÇÃO, *s.f.*, ato ou efeito de encantar(-se); encanto, sedução; encantamento, feitiço.

EN.CAN.TA.DO, *adj.*, seduzido, maravilhado, enfeitiçado, fascinado, atraído.

EN.CAN.TA.DOR, *s.m.*, quem seduz, quem atrai, quem provoca encantamentos.

EN.CAN.TA.MEN.TO, *s.m.*, sedução, feitiçaria, domínio

sobre, maravilha.
EN.CAN.TAR, v.t. e pron., maravilhar, seduzir, cativar; transformar por bruxaria.
EN.CAN.TEI.RAR, v.t. plantar em canteiros; dividir em canteiros.
EN.CAN.TO, s.m., sedução, cativação, maravilha.
EN.CAN.TO.AR, v.t., encerrar a um canto; pôr num canto; v.pron., apartar da convivência social.
EN.CA.NU.DA.DO, adj., em forma de canudo ou tubular.
EN.CA.PAR, v.t., colocar capa em; embrulhar, empacotar.
EN.CA.PE.LA.DO, adj., que se encapelou, que se formou doutor; agitado (ondas do mar).
EN.CA.PE.LAR, v.t., int. e pron., tornar as ondas do mar encrespadas, movimentar as águas.
EN.CA.PE.TAR, v. int. e pron., tornar capeta, endiabrar.
EN.CA.PO.EI.RAR, v.t. e pron., meter(-se) em capoeira.
EN.CA.PO.TA.DO, adj., que está coberto com capote; fig., disfarçado, encoberto.
EN.CA.PO.TAR, v.t., int. e pron., pôr capote, vestir um capote.
EN.CAP.SU.LAR, v.t. e pron., colocar em cápsulas, pôr cápsulas em invólucro.
EN.CA.PU.ZA.DO, adj., que se cobriu com capuz; encapuchado.
EN.CA.PU.ZAR, v.t. e pron., usar capuz; esconder a identidade, disfarçar-se.
EN.CA.RA.CO.LA.DO, adj., que (se) encaracolou; cuja forma é semelhante a do caracol.
EN.CA.RA.CO.LAR, v.t. e int., tomar forma de caracol.
EN.CA.RA.DO, adj., que se encara ou encarou.
EN.CA.RA.ME.LAR, v.t., converter em gelo ou em caramelo; fazer gelar, congelar; coagular, coalhar; v.int. e pron., converter-se em caramelo; coagular-se.
EN.CA.RA.MU.JA.DO, adj., que se encaramujou; bras., encolhido, triste.
EN.CA.RA.MU.JAR, v.t. e int., retrair(-se) como se fosse caramujo; tornar-se triste; deprimir-se.
EN.CA.RAN.GA.DO, adj., que se encarangou; entrevado; encolhido (de frio).
EN.CA.RAN.GAR, v. int. e pron., tirar os movimentos de uma pessoa, endurecer, tornar duro.
EN.CA.RA.PI.NHA.DO, adj., que tem carapinha, que possui cabelos lanosos como os negros e mestiços.
EN.CA.RA.PI.NHAR(-SE), v.t. e pron., encaracolar o cabelo, tornar o cabelo pixaim.
EN.CA.RA.PI.TA.DO, adj., que se encarapitou; que foi colocado ou colocou-se no alto, em cima de algo.
EN.CA.RA.PI.TAR, v.t. e pron., colocar no alto; empoleirar-se.
EN.CA.RA.PU.ÇA.DO, adj., que tem carapuça.
EN.CA.RA.PU.ÇAR, v.t. e pron., vestir a carapuça; esconder-se, fingir.
EN.CA.RAR, v.t., olhar de frente, enfrentar, dar de frente.
EN.CAR.CE.RA.DO, adj., aprisionado, emprisionado, preso, detido.
EN.CAR.CE.RA.MEN.TO, s.m., prisão, cadeia, aprisionamento.
EN.CAR.CE.RAR, v.t. e pron., prender, meter no cárcere, na cadeia.
EN.CAR.DI.DO, adj., muito sujo, imundo.
EN.CAR.DIR, v. int. e pron., sujar-se, tornar-se imundo, provocar sujeira total.
EN.CAR.DU.MAR, v.int., formar cardume; acardumar.

EN.CA.RE.CE.DOR, adj. e s.m., que ou aquele que encarece.
EN.CA.RE.CER, v.t. e int., tornar caro, aumentar o preço; elogiar, demonstrar estima elevada.
EN.CA.RE.CI.DO, adj., apreciado, elogiado, almado, de preço elevado.
EN.CA.RE.CI.MEN.TO, s.m., estima, apreço, elogio; preço alto.
EN.CAR.GO, s.m., dever, obrigação, tarefa, responsabilidade.
EN.CAR.NA.ÇÃO, s.f., assumir a forma carnal; Jesus, filho de Deus, feito homem.
EN.CAR.NA.DO, adj., carmim, colorido vermelho.
EN.CAR.NAR, v.t., int. e pron., obter cor de carne, tornar-se criatura humana; quando um espírito assume um corpo humano.
EN.CAR.NEI.RA.DO, adj., que se encarneirou.
EN.CAR.NI.ÇA.DO, adj., sanguinolento, feroz, vingativo, dado a desforras.
EN.CAR.NI.ÇA.MEN.TO, s.m., ato de encarniçar; fúria, pertinácia; fig., animosidade na discussão; teimosia.
EN.CAR.NI.ÇAR, v.t. e pron., ficar feroz, sanguinário.
EN.CAR.RO.ÇAR, v. int. e pron., encher-se de caroços, sentir caroços na pele e no corpo.
EN.CAR.QUI.LHA.DO, adj., enrugado, envelhecido.
EN.CAR.QUI.LHAR, v.t. e pron., formar rugas, criar pregas.
EN.CAR.RA.PI.TA.DO, adj., ver encarapitado.
EN.CAR.RA.PI.TAR, v.t. e pron., ver encarapitar.
EN.CAR.RAS.PA.NAR-SE, v.pron., (pop.) tomar uma carraspana; embebedar-se.
EN.CAR.RE.GA.DO, adj. s.m., incumbido, responsável, chefe, dirigente.
EN.CAR.RE.GAR, v.t. e pron., dar a função, ter de assumir, empregar, responsabilizar.
EN.CAR.REI.RAR, v.t. e pron., colocar na carreira, encaminhar, conduzir, guiar.
EN.CAR.RI.LAR, v.t. e int., encaminhar; v.t., colocar nos carris, nos trilhos; encaminhar, pôr no caminho certo.
EN.CAR.RI.LHAR, v.t. meter ou pôr nos carris, trilhos ou calhas; fig., encaminhar, colocar em bom caminho.
EN.CAR.TA.ÇÃO, s.f., encartamento, arremate, conclusão.
EN.CAR.TA.DEI.RA, s.f., aparelho que entra na urdidura para se juntar a dois fios e entrar nos torcedores (nas fábricas de fiação).
EN.CAR.TA.MEN.TO, s.m., encartação, reforço da brochura com papel mais forte, anexo.
EN.CAR.TAR, v.t., int. e pron., anexar a um livro, revista ou jornal; colocar no interior de uma publicação.
EN.CAR.TE, s.m., todo impresso posto no interior de outra publicação.
EN.CAR.TU.CHAR, v.t., int. e pron., colocar em um cartucho, empacotar por meio de um cartucho.
EN.CAR.VO.AR, v.t., transformar em carvão, sujar com carvão.
EN.CAR.VO.E.JAR, v.t., encarvoar, escurecer, denegrir.
EN.CA.SA.CA.DO, adj., que veste casaco ou casacão; p.ext., pop., que está bem agasalhado contra o frio.
EN.CA.SA.CAR, v. pron., colocar casaco em; vestir.
EN.CAS.MUR.RAR, v.t., tomar casmurro.
EN.CAS.QUE.TAR, v.t. e pron., achar que, meter na cabeça uma ideia; teimar.
EN.CAS.QUI.LHAR, v.t., arit., engastar em casquinho ou aro de metal; tornar casquinho; v.int. e pron., enfeitar-se; vestir-se com elegância; tornar-se casquilho.
EN.CAS.TE.LA.DO, adj., que está protegido de castelo ou

ENCASTELAMENTO — ENCIMADO

fortificação; sobreposto; amontoado.

EN.CAS.TE.LA.MEN.TO, *s.m.*, ato ou efeito de encastelar(-se).

EN.CAS.TE.LAR, *v.t. e pron.*, dar forma de castelo, pôr no alto, fortificar, abrigar-se em local mais seguro.

EN.CAS.TO.AR, *v.t.*, engatar, embutir, prender pedras preciosas.

EN.CA.SU.LAR, *v.t. e pron.*, formar um casulo, encobrir-se; *fig.*, fugir do convívio social.

EN.CA.TA.PLAS.MAR, *v.t.*, cobrir de cataplasmas; tornar doentio.

EN.CA.TAR.RAR, *v.t. e int.*, encatarroar.

EN.CA.TAR.RO.AR, *v.pron.*, ser afetado por defluxo de catarro; enrouquecer; encatarrar.

EN.CÁUS.TI.CO, *adj.*, relativo a encáustica.

EN.CA.VA, *s.f.*, Arq., peça com que se unem dois corpos.

EN.CA.VAR, *v.int.*, aborrecer-se, contrariar-se; ficar acanhado, envergonhado.

EN.CA.VA.LAR, *v.t. e pron.*, acavalar, sobrepor, pôr por cima.

EN.CA.VI.LHAR, *v.t.*, o mesmo que cavilhar.

EN.CE.FA.LAL.GI.A, *s.f.*, dor de cabeça.

EN.CE.FA.LÁ.LI.CO, *adj.*, que se refere a encefalalgia.

EN.CE.FA.LI.TE, *s.f.*, inflamação do encéfalo.

EN.CÉ.FA.LO, *s.m.*, Anat., centro nervoso do crânio, e que compreende o cérebro, o cerebelo e o bulbo.

EN.CE.FA.LO.CE.LE, *s.f.*, Anat., cavidade interna do cérebro; Med., hérnia encefálica, através de abertura congênita ou traumática do crânio.

EN.CE.FA.LO.GRA.FI.A, *s.f.*, Med., descrição do cérebro; radiografia do cérebro.

EN.CE.FA.LO.GRA.MA, *s.m.*, reprodução gráfica da situação do encéfalo.

EN.CE.FA.LOI.DE, *adj.*, que se parece com o encéfalo.

EN.CE.FA.LÓ.LI.TO, *s.m.*, concreção ou cálculo cerebral.

EN.CE.FA.LO.LO.GI.A, *s.f.*, estudo sobre o cérebro.

EN.CE.LEI.RAR, *v.t.*, colocar no celeiro, recolher ao paiol.

EN.CE.LI.AL.GI.A, *s.f.*, dor nas vísceras, dor nos intestinos.

EN.CE.LI.TE, *s.f.*, inflamação dos intestinos, das vísceras.

EN.CE.NA.ÇÃO, *s.f.*, representação, teatro; fingimento.

EN.CE.NA.DO, *adj.*, que se encenou; que foi levado à cena; dirigido; *fig.*, fingido, simulado.

EN.CE.NA.DOR, *adj.*, diz-se de pessoa que leva à cena um espetáculo, *fig.*, diz-se de pessoa, que age com encenação *s.m.*, diretor de espetáculo teatral; fingidor.

EN.CE.NAR, *v.t.*, representar, colocar em cena; fingir; disfarçar.

EN.CE.RA.DEI.RA, *s.f.*, eletrodoméstico para espalhar a cera no assoalho e lustrar o piso.

EN.CE.RA.DO, *adj.*, que recebeu cera; *s.m.*, lona para cobrir cargas.

EN.CE.RA.DOR, *s.m.*, quem passa cera.

EN.CE.RA.DU.RA, *s.f.*, ação e efeito de encerar.

EN.CE.RA.MEN.TO, *s.m.*, ato ou efeito de encerar, de passar cera.

EN.CE.RAR, *v.t. e pron.*, passar e polir com cera, dar brilho com cera.

EN.CE.RE.BRA.ÇÃO, *s.f.*, desenvolvimento intelectual; modo de pensar.

EN.CE.RE.BRAR, *v.t.* meter no cérebro; aprender; decorar.

EN.CER.RA.DO, *adj.*, que se encerrou; enclausurado; que está escondido, fechado, guardado.

EN.CER.RA.MEN.TO, *s.m.*, término, fim, conclusão, fechamento.

EN.CER.RAR, *v.t. e pron.*, fechar, terminar, guardar, colocar dentro.

EN.CER.RO, *s.m.*, ação de encerrar ou de encerrar-se; encerramento; clausura, retiro, recolhimento, solidão.

EN.CER.VE.JAR, *v.t.*, dar cerveja a; *v.pron.*, embriagar-se com cerveja.

EN.CES.TA.DO, *adj.*, colocado na cesta, posto dentro da cesta.

EN.CES.TA.MEN.TO, *s.m.*, bras., ato de encestar.

EN.CES.TAR, *v.t.*, no jogo de basquete, colocar na cesta; pôr em cestos.

EN.CE.TA.DO, *adj.*, iniciado, começado, principiado.

EN.CE.TA.MEN.TO, *s.m.*, início, começo, princípio.

EN.CE.TAR, *v.t. e pron.*, iniciar, começar, principiar.

EN.CHA.FUR.DAR, *v.t. e pron.*, o mesmo que chafurdar.

EN.CHA.PE.LA.DO, *adj.*, coberto com chapéu.

EN.CHAR.CA.DI.ÇO, *adj.*, que faz charco, estagnado; alagadiço.

EN.CHAR.CA.DO, *adj.*, que se converteu em charco, em pântano; alagado; inundado; *fig.*, embriagado.

EN.CHAR.CA.MEN.TO, *s.m.*, ato ou efeito de encharcar(-se); alagamento; inundação.

EN.CHAR.CAR, *v.t., int. e pron.*, criar charco, banhado, alagar; ensopar, encher de água.

EN.CHA.VE.TAR, *v.t.*, segurar com chaveta.

EN.CHE.ÇÃO, *s.f.*, *pop.*, ato de encher, aborrecimento, incômodo.

EN.CHE.DEI.RA, *s.f.*, pequeno funil por meio do qual se enchem os chouriços.

EN.CHEN.TE, *s.f.*, inundação, transbordamento de rio.

EN.CHER, *v.t. e pron.*, fazer ficar cheio; *pop.*, incomodar, aborrecer.

EN.CHI.DO, *adj.*, que está cheio, repleto, pleno; massa feita com carne, sobretudo de miúdos de galináceos e temperada para ser posta dentro de frangos, marrecos, quando são assados.

EN.CHI.MEN.TO, *s.m.*, recheio, iguaria que se põe no estômago das aves a serem assadas.

EN.CHI.QUEI.RAR, *v.t.*, colocar no chiqueiro (o peixe); recolher animais no chiqueiro.

EN.CHOU.RI.ÇAR, *v.t. e int.*, dar aspecto de chouriço a; *fig.*, amuar-se, desconfiar, chatear.

EN.CHO.VA, *s.f.*, tipo de peixe cuja carne é muito apreciada.

EN.CHU.MA.ÇAR, *v.t.*, colocar chumaço em algo.

EN.CÍ.CLI.CA, *s.f.*, carta que o papa remete a todos os católicos, abordando temas de relevância na fé.

EN.CÍ.CLI.CO, *adj.*, que tem a forma de círculo; circular; orbicular; relativo a encíclica.

EN.CI.CLO.PÉ.DI.A, *s.f.*, coleção de livros que procura conter todos os conhecimentos da humanidade; *fig.*, pessoa de muito saber.

EN.CI.CLO.PÉ.DI.CO, *adj.*, relativo a enciclopédia; pessoa que detém muitos conhecimentos.

EN.CI.CLO.PE.DIS.TA, *s. 2 gên.*, quem compila ou auxilia na compilação de uma enciclopédia.

EN.CI.LHA.DA, *s.f.*, RS, ato de encilhar (e montar uma cavalgadura).

EN.CI.LHA.MEN.TO, *s.m.*, ato ou efeito de encilhar.

EN.CI.LHAR, *v.t.*, pôr a sela em um animal, pôr os arreios em uma cavalgadura.

EN.CI.MA.DO, *adj.*, colocado no cimo, levantado, alçado ao pico.

ENCIMAR   347   ENCOSTO

EN.CI.MAR, *v.t.,* colocar no cimo, pôr no cume; coroar, levantar, alçar.

EN.CIN.TAR, *v.t.,* cintar; guarnecer de cinta; circundar com cinta.

EN.CI.U.MAR, *v.t. e pron.,* fazer ciúme, provocar ciúme.

EN.CLAUS.TRA.DO, *adj. e s.m.,* recolhido em convento; enclausurado; encerrado; preso.

EN.CLAUS.TRA.MEN.TO, *s.m.,* ato de enclaustrar; enclausura.

EN.CLAUS.TRAR, *v.t. e pron.,* colocar no claustro, enclausurar.

EN.CLAU.SU.RA.DO, *adj. e s.m.,* que ou aquele que se enclausurou, que está na clausura ou que foi preso.

EN.CLAU.SU.RAR, *v.t. e pron.,* colocar na clausura, trancar em um convento, enclaustrar.

EN.CLA.VE, *s.m.,* encrave, terreno encravado em outro, parte não pertencente a um todo maior.

EN.CLA.VI.NHAR, *v.t. e int.,* travar, apertar; enlaçar, entrelaçar (os dedos das mãos).

EN.CLI.SE, *s.f.,* colocação do pronome pessoal átono após o verbo.

EN.CLÍ.TI.CA, *s.f.,* ver enclítico.

EN.CLÍ.TI.CO, *adj.,* pronome colocado após o verbo, conforme a regra gramatical.

EN.CO.BER.TAR, *v.t. e pron,* acobertar, esconder.

EN.CO.BER.TO, *adj.,* coberto, escondido, disfarçado, tempo sem sol.

EN.CO.BRI.DOR, *adj.,* diz-se do que encobre; *s.m.,* aquele ou aquilo que encobre.

EN.CO.BRI.MEN.TO, *s.m.,* ato ou efeito de encobrir(-se); disfarce; ocultação.

EN.CO.BRIR, *v.t. e int.,* acobertar, encobertar, esconder, ocultar, disfarçar-se.

EN.CO.DE.A.MEN.TO, *s.m.,* o ato de encodear.

EN.CO.DE.AR, *v.t.,* fazer ou pôr côdea a; *v.int. e pron.,* criar côdea; cobrir-se de côdea.

EN.COI.FAR, *v.t.,* pôr coifa, meter em coifa.

EN.COI.VA.RAR, *v.t.,* bras., fazer coivaras em; coivarar.

EN.CO.LEI.RAR, *v.t.,* pôr coleira a.

EN.CO.LE.RI.ZA.DO, *adj.,* que se encolerizou; que ficou ou está cheio de cólera; furioso; zangado.

EN.CO.LE.RI.ZAR, *v.t. e pron.,* provocar cólera, irritar, enraivecer.

EN.CO.LHA, *s.f.,* ato de encolher(-se); encolhimento.

EN.CO.LHER, *v.t., pron. e int.,* contrair, retrair, diminuir; esconder-se.

EN.CO.LHI.DO, *adj.,* que encolheu; acanhado; retraído; tímido; diminuído.

EN.CO.LHI.MEN.TO, *s.m.,* retração, contração, diminuição.

EN.CO.MEN.DA, *s.f.,* pedido, objeto solicitado, coisa comprada.

EN.CO.MEN.DA.ÇÃO, *s.f.,* ato de encomendar, recomendação, repreenda, advertência, últimas orações antes do sepultamento de alguém falecido.

EN.CO.MEN.DA.DO, *adj.,* pedido, solicitado.

EN.CO.MEN.DAR, *v.t. e pron.,* pedir, mandar fazer, comprar; recomendar orações.

EN.CO.MEN.DEI.RO, *s.m.,* a pessoa a quem se fazem encomendas; comissário.

EN.CO.MI.AR, *v.t.,* tecer elogios, elogiar, louvar.

EN.CÔ.MIO, *s.m.,* elogio, louvor, engrandecimento.

EN.COM.PRI.DAR, *v.t.,* tornar comprido, alongar, demorar.

EN.CON.CHA.DO, *adj.,* que está dentro de conchas; coberto de conchas; *fig.,* agachado, encolhido.

EN.CON.CHAR, *v.t.,* cobrir com concha(s); colocar em concha; *v.int.,* formar concha; *fig.,* retirar-se, buscar a solidão.

EN.CON.TRA.DA, *s.f.,* o mesmo que encontrão.

EN.CON.TRA.DI.ÇO, *adj.,* que se encontra com facilidade, achável.

EN.CON.TRA.DO, *adj.,* que foi achado; descoberto.

EN.CON.TRÃO, *s.m.,* empurrão, colisão entre duas pessoas, choque; encontro com muitas pessoas.

EN.CON.TRAR, *v.t. e pron.,* chocar-se contra, achar, dar com, perceber, achegar-se, aproximar-se.

EN.CON.TRO, *s.m.,* aproximação, choque; luta, briga; ao encontro de - esperar; de encontro a - ser contra a.

EN.CO.PAR, *v.t. e int.,* o mesmo que copar e enfunar.

EN.CO.RA.JA.DO, *adj.,* animado, incentivado, estimulado.

EN.CO.RA.JA.MEN.TO, *s.m.,* estímulo, incentivo, animação.

EN.CO.RA.JAR, *v.t.,* transmitir coragem, animar, incentivar.

EN.COR.DO.A.DO, *adj.,* amarrado por cordas, coberto de cordas, preso por cordas.

EN.COR.DO.A.MEN.TO, *s.m.,* colocação de cordas em um instrumento musical, uso de muitas cordas.

EN.COR.DO.AR, *v.t. e pron.,* colocar em cordas, amarrar com cordas.

EN.CO.RO.NHAR, *v.t.,* fazer coronha (à espingarda); assentar, adaptar à coronha.

EN.COR.PA.DO, *adj.,* forte, bem crescido, com corpo grande; diz-se de vinho consistente.

EN.COR.PA.DU.RA, *s.f.,* espessura, grossura no corpo de um pano; corpulência.

EN.COR.PAR, *v.t., int. e pron.,* dar corpo, fortificar, crescer.

EN.COR.RE.A.MEN.TO, *s.m.,* ação de encorrear ou de encorrear-se, de tomar a consistência do couro; ação de enrugar-se.

EN.COR.RE.AR, *v.t.,* pôr as correias a; prender com correia; *v.int. e pron.,* enrugar-se ou tornar-se duro como o couro; contrair-se.

EN.COR.RI.LHAR, *v.t.,* meter em corrilho; *v.pron.,* ajuntar-se em corrilhos ou conventículos.

EN.COR.TI.ÇAR, *v.t.,* meter em cortiço; *fig.,* tornar áspero e poroso como a cortiça; *v.int. e pron.,* criar cortiça; criar casca.

EN.COR.TI.NAR, *v.t.,* colocar cortinas em.

EN.CO.RU.JA.DO, *adj.,* bras., que se retraiu; deprimido; macambúzio; tristonho.

EN.CO.RU.JAR, *v. pron.,* comportar-se como coruja, esconder-se, entristecer-se.

EN.CÓS.PIAS, *s.f., pl.,* peças de madeira que sapateiros introduzem em calçados para alargá-los.

EN.COS.TA, *s.f.,* ladeira, declive, parte inclinada da montanha.

EN.COS.TA.DO, *adj., s.m.,* que se encosta em algo, aproximado; pessoa que está de licença médica e recebe o pagamento do INSS.

EN.COS.TA.DOR, *adj. e s.m.,* vadio, malandro, preguiçoso; relapso.

EN.COS.TA.MEN.TO, *s.m.,* apoio, segurança, malandragem, vadiagem.

EN.COS.TAR, *v.t. e pron.,* chegar para perto, aproximar-se, firmar-se, pedir ajuda.

EN.COS.TO, *s.m.,* lugar para encostar-se, apoio, proteção, pessoa que está afastada do trabalho por doença, mas recebe um salário do INSS; influência de algum espírito em uma pessoa viva.

EN.COU.RA.ÇA.DO, *adj.*, blindado, protegido; *s.m.*, tipo grande de navio de guerra protegido com chapas de aço, que foi usado em guerras de anos atrás.

EN.COU.RA.ÇAR, *v. int.*, blindar, proteger com couro ou chapas de metal; vestir uma couraça.

EN.COU.RA.DO, *adj.*, revestido de couro; *adj. e s.m., bras.*, NE, que ou quem se veste com roupas de couro, como os vaqueiros do sertão.

EN.COU.RAR, *v.t.*, forrar, cobrir de couro ou pele; *bras., gir.*, surrar; meter em couro; *v.int.*, criar casca nova (a ferida); *v.pron.*, cicatrizar-se.

EN.CO.VA.DO, *adj.*, colocado em uma cova, enterrado, coberto por barro ou outro material.

EN.CO.VAR, *v.t. e pron.*, colocar em uma cova, enterrar, sepultar.

EN.CRAS.SAR, *v.int.*, tornar-se crasso; tornar-se denso.

EN.CRA.VA, *s.f.*, o mesmo que encravação.

EN.CRA.VA.ÇÃO, *s.f.*, ato de encravar; encravamento; encravadura; *fig.*, engano, logro.

EN.CRA.VA.DO, *adj.*, colocado dentro, fixado em, preso entre.

EN.CRA.VA.MEN.TO, *s.m.*, fixação com cravos, preso por pregos.

EN.CRA.VAR, *v.t. e pron.*, prender, fixar com prego, embutir.

EN.CRA.VE, *s.m.*, enclave; terreno encravado em outro.

EN.CREN.CA, *s.f.*, dificuldade, intriga, rixa, problema, baderna.

EN.CREN.CA.DO, *adj. bras., pop.*, que se meteu em encrencas; emperrado; enguiçado.

EN.CREN.CAR, *v.t., int. e pron.*, desentender-se, complicar, impedir.

EN.CREN.QUEI.RO, *s.m.*, briguento, rixento, instável, armador de encrencas.

EN.CRES.PA.ÇÃO, *s.f.*, ato ou efeito de encrespar(-se); encrespamento.

EN.CRES.PA.DO, *adj.*, diz-se de cabelo crespo, frisado; diz-se de superfície ondulada; exacerbado; irritado.

EN.CRES.PA.DOR, *adj. e s.m.*, que ou aquele que encrespa.

EN.CRES.PA.DU.RA, *s.f.*, ato de encrespar; estado do que foi encrespado, frisado.

EN.CRES.PA.MEN.TO, *s.m.*, ver encrespação.

EN.CRES.PAR, *v.t. e pron.*, preparar o cabelo para ficar crespo, enrugar; *fig.*, irritar-se, irar-se.

EN.CRIS.TAR-SE, *v.pron.*, erguer a crista, ter crista alta (aves); tornar-se arrogante; eriçar-se.

EN.CROS.TAR, *v.int. e pron.*, criar crosta.

EN.CRU.A.DO, *adj.*, que encruou, que ficou cru; mal cozido; indisposto.

EN.CRU.A.MEN.TO, *s.m.*, estado do que se encruou; má digestão.

EN.CRU.AR, *v.t., int. e pron.*, deixar cru, tornar cru, tornar rijo um alimento em cozimento.

EN.CRU.ZA.MEN.TO, *s.m.*, encruzilhada, local em um caminho em que as estradas se cruzam.

EN.CRU.ZAR, *v. int.*, cruzar, cortar um caminho.

EN.CRU.ZI.LHA.DA, *s.f.*, cruzamento de caminhos; *fig.*, ponto crucial, solução difícil.

EN.CRU.ZI.LHAR, *v. int.*, cruzar, cortar um caminho pelo outro.

EN.CU.BA.ÇÃO, *s.f.*, ato ou efeito de encubar.

EN.CU.BAR, *v.t.*, encerrar (vinho, etc.) em cubas; envasilhar.

EN.CU.CAR, *v.t. e pron.*, confundir, pôr cisma na mente, ideia fixa.

EN.CU.ME.A.DA, *s.f.*, série de cumes, o mesmo que cumeada.

EN.CU.ME.AR, *v.t.*, pôr no cume, no alto, no cimo, no pico do monte.

EN.CUR.RA.LA.DO, *adj.*, abrigado no curral, levar para um beco sem saída.

EN.CUR.RA.LA.MEN.TO, *s.m.*, ato ou efeito de encurralar.

EN.CUR.RA.LAR, *v.t. e pron.*, abrigar no curral, levar para local sem saída.

EN.CUR.TA.DO, *adj.*, diminuído, abreviado, feito mais curto.

EN.CUR.TA.DOR, *adj. e s.m.*, abreviador; que ou o que encurta, restringe, diminui ou reduz.

EN.CUR.TA.MEN.TO, *s.m.*, ato ou efeito de encurtar; diminuição.

EN.CUR.TAR, *v.t. e pron.*, tornar curto, diminuir.

EN.CUR.VA.ÇÃO, *s.f.*, ver encurvamento.

EN.CUR.VA.DO, *adj.*, que é ou se tornou curvo ou arqueado.

EN.CUR.VA.DU.RA, *s.f.*, o ato de encurvar ou dobrar; curvatura, arqueamento.

EN.CUR.VA.MEN.TO, *s.m.*, ato ou efeito de encurvar.

EN.CUR.VAR, *v.t., int. e pron.*, arcar, flexibilizar, formar uma curva.

EN.DE.CHA, *s.f.*, poesia fúnebre, poema relatando fatos da morte de alguém.

EN.DE.FLU.XAR-SE, *v.pron.*, constipar-se.

EN.DE.MI.A, *s.f.*, tipo de doença que volta de vez em quando, em determinada região.

EN.DE.MI.CI.DA.DE, *s.f.*, ver endemismo.

EN.DÊ.MI.CO, *adj.*, doença regional e constante.

EN.DE.MO.NI.NHA.DO, *adj.*, próprio do demônio, possesso, terrível.

EN.DE.MO.NI.NHAR, *v.t. e pron.*, pôr o demônio em, o demônio apossar-se de.

EN.DEN.TA.ÇÃO, *s.f.*, ação de endentar, entrosamento, achegamento.

EN.DEN.TAR, *v. int.*, unir-se, entrosar, agrupar-se.

EN.DE.RE.ÇA.DO, *adj.*, que se endereçou; destinado.

EN.DE.RE.ÇAR, *v.t. e pron.*, colocar endereço, remeter, destinar.

EN.DE.RE.ÇO, *s.m.*, dados para localizar o destinatário.

EN.DEU.SA.DO, *adj.*, tornado deus, divinizado, muito elogiado.

EN.DEU.SA.DOR, *adj. e s.m.*, que ou aquele que endeusa ou diviniza.

EN.DEU.SA.MEN.TO, *s.m.*, deificação; apoteose; *fig.*, altivez; arroubo; soberba; êxtase beatífico.

EN.DEU.SAR, *v.t. e pron.*, tornar um deus, divinizar.

EN.DEZ, *s.m.*, ovo deixado no ninho das galinhas poedeiras, para atraí-las, a fim de que ponham sempre ovos.

EN.DI.A.BRA.DO, *adj., s.m.*, travesso, peralta, inquieto, traquinas.

EN.DI.A.BRAR, *v.t. e pron.*, enfurecer, enraivecer, tornar travesso.

EN.DI.NHEI.RA.DO, *adj.*, que tem muito dinheiro; abastado; rico.

EN.DI.NHEI.RAR, *v.t. e pron.*, encher de dinheiro, tornar rico.

EN.DI.REI.TA.DO, *adj.*, que se endireitou, se tornou aprumado; correto; que foi consertado; ajeitado.

EN.DI.REI.TAR, *v.t. e pron.*, tornar reto, acertar, consertar; corrigir.

EN.DÍ.VIA, *s.f.*, endiva, variedade de chicória, verdura para salada, de gosto amargo.

EN.DI.VI.DA.DO, *adj.*, que tem dívidas, devedor.

EN.DI.VI.DA.MEN.TO, *s.m.*, dívida, importância devida em dinheiro.

EN.DI.VI.DAR, *v.t.* e *pron.*, contrair dívida, tornar-se devedor, dever.

EN.DO.A.DO, *adj.*, enlutado; dolorido; triste.

EN.DO.CÁR.DIO, *s.m.*, membrana que reveste o coração.

EN.DO.CAR.DI.TE, *s.f.*, inflamação do endocárdio.

EN.DO.CÁR.PIO, *s.m.*, Bot., membrana que forra o pericárpio e que está em contato direto com a semente.

EN.DO.CÉ.FA.LO, *adj.*, que não tem cabeça aparente.

EN.DO.CRA.NI.A.NO, *adj.*, situado na parte interior do crânio.

EN.DO.CRÍ.NI.CO, *adj.*, que diz respeito às glândulas endócrinas.

EN.DÓ.CRI.NO, *adj.*, próprio de glândulas.

EN.DO.CRI.NO.LO.GI.A, *s.f.*, na Medicina, estudo das glândulas.

EN.DO.CRI.NO.LO.GIS.TA, *s. 2 gên.*, especialista em glândulas.

EN.DO.CRI.NO.PA.TI.A, *s.f.*, problemas com glândulas de secreção interna.

EN.DO.DER.MI.A, *adj.*, relativo a endoderma.

EN.DO.DON.TI.A, *s.f.*, segmento da Odontologia que trata da parte interna dos dentes.

EN.DO.DON.TIS.TA, *s. 2 gên.*, especialista em Endodontia.

EN.DO.EN.ÇAS, *s.f., pl.*, solenidade católica da Quinta-Feira Santa.

EN.DO.FLE.BI.TE, *s.f.*, Med., inflamação da túnica que forra o interior das veias.

EN.DO.GA.MI.A, *s.f.*, tradição cultural segundo a qual a pessoa se casa somente com alguém do seu povo.

EN.DÓ.GA.MO, *adj.* e *s.m.*, diz-se de pessoa que se casa com membro do seu próprio grupo ou classe.

EN.DO.GE.NI.A, *s.f.*, qualidade de endógeno.

EN.DÓ.GE.NO, *adj.*, que se estrutura dentro do organismo.

EN.DOI.DAR, *v.t.* e *int.*, enlouquecer, ficar louco.

EN.DOI.DE.CER, *v.t.* e *int.*, fazer ficar doido, endoidar, enlouquecer.

EN.DOI.DE.CI.DO, *adj.*, que endoideceu, que enlouqueceu; enlouquecido.

EN.DOI.DE.CI.MEN.TO, *s.m.*, ato ou efeito de endoidecer.

EN.DO.LIN.FA, *s.f.*, líquido existente nas cavidades internas do ouvido.

EN.DO.MIN.GA.DO, *adj.*, pessoa que se veste somente aos domingos ou em alguma cerimônia eventual.

EN.DO.MIN.GAR, *v.t.* e *pron.*, bras., vestir(-se) com roupa de domingo ou com a melhor roupa.

EN.DO.MOR.FIS.MO, *s.m.*, transformações que ocorrem em rochas, ao manterem contato com o ar ou com outras rochas.

EN.DO.PLAS.MA, *s.m.*, Biol., parte interna do citoplasma que envolve o núcleo.

EN.DOR.FI.NA, *s.f.*, substância que se forma no cérebro, de grande potência analgésica.

EN.DOS.CO.PI.A, *s.f.*, exame feito no corpo humano com o endoscópio.

EN.DOS.CÓ.PIO, *s.m.*, aparelho usado para examinar o interior do corpo (laringe, estômago, etc.).

EN.DOS.MO.SE, *s.f.*, corrente que se estabelece entre dois líquidos ou gases de diferentes densidades e suscetíveis de se misturarem através de uma membrana orgânica ou de placas porosas.

EN.DOS.MÓ.TI.CO, *adj.*, que se refere a endosmose.

EN.DOS.PER.MA, *s.m.*, tecido nutritivo presente nos embriões de certas plantas.

EN.DOS.PÉR.MI.CO, *adj.*, que diz respeito a endosperma; que tem endosperma.

EN.DOS.PO.RO, *s.m.*, esporo que surge na parte interna da célula.

EN.DOS.SA.DO, *adj.*, assinado, rubricado, confirmado, passado por outro.

EN.DOS.SA.DOR, *adj.* e *s.m.*, que(m) endossa um cheque ou documento; que(m) assina um documento no verso, para transferir direitos personalizados a ele.

EN.DOS.SA.MEN.TO, *s.m.*, ato de endossar, endosso.

EN.DOS.SAN.TE, *s. 2 gên.*, quem endossa, quem confirma um valor, quem transfere.

EN.DOS.SAR, *v.t.*, dar endosso, assinar, assinar um cheque ou título no verso destes.

EN.DOS.SA.TÁ.RIO, *s.m.*, Jur., aquele em favor de quem se endossa ou avaliza um título; endossado.

EN.DOS.SÁ.VEL, *adj.*, que pode ser endossado.

EN.DOS.SO, *s.m.*, endossamento, transferência de um título por assinatura.

EN.DO.VE.NO.SO, *adj.*, intravenoso, dentro da veia, injeção na veia.

EN.DU.RA.ÇÃO, *s.f.*, ver endurecimento.

EN.DU.RA.DO, *adj.*, que se endurou; endurecido.

EN.DU.RAR, *v.t.* e *pron.*, o mesmo que endurecer.

EN.DU.RE.CER, *v.t., int.* e *pron.*, tornar duro, ficar rigoroso, solidificar-se.

EN.DU.RE.CI.DO, *adj.*, que endureceu; solidificado; consolidado; *fig.*, insensível, desumano.

EN.DU.RE.CI.MEN.TO, *s.m.*, solidificação, rigor, dificuldade.

EN.DU.RO, *s.m.*, competição para motos, em terreno com acidentes de relevo, para provar a resistência.

E.NE, *s.m.*, nome da letra *n*.

E.NE.A.GO.NAL, *adj. 2 gên.*, Geom., que tem nove lados.

E.NE.Á.GO.NO, *s.m.*, polígono de nove lados.

E.NE.GRE.CER, *v.t., int.* e *pron.*, tornar escuro, escurecer, tornar negro.

E.NE.GRE.CI.DO, *adj.*, escurecido, tornado escuro.

E.NE.GRE.CI.MEN.TO, *s.m.*, ato ou efeito de enegrecer(-se), escurecimento; *fig.*, difamação.

Ê.NEO, *adj.*, que é de bronze, brônzeo, feito de bronze.

E.NER.GÉ.TI.CO, *adj.*, que traz energia, que produz energia.

E.NER.GI.A, *s.f.*, condições de executar um trabalho, vigor, força, dinamismo.

E.NÉR.GI.CO, *adj.*, duro, severo, rigoroso.

E.NER.GI.ZA.ÇÃO, *s.f.*, fortalécimento, colheita de forças.

E.NER.GI.ZA.DO, *adj.*, fortalecido, reforçado.

E.NER.GI.ZAR, *v.t.*, encher de energia, carregar com energia positiva.

E.NER.GÚ.ME.NO, *s.m.*, possuído pelo demônio, endiabrado, tolo, idiota, imbecil.

E.NER.VA.DO, *adj.*, que demonstra irritação, impaciência, nervosismo; p.us., prostrado; abatido.

E.NER.VA.DOR, *adj.* e *s.m.*, que ou aquele que enerva; enervante.

E.NER.VA.ÇÃO, *s.f.*, perda de energia, queda de vigor, irritação.

E.NER.VAN.TE, *adj.*, que faz perder a energia, o vigor; irritante.

E.NER.VAR, *v.t.* e *pron.*, tirar as forças, a energia; perturbar os nervos, deixar nervoso.

ENÉSIMO ·· 350 ·· **ENFITEUSE**

E.NÉ.SI.MO, *adj.*, que em uma sequência de colocação ocupa o lugar nº 9.
E.NE.VO.A.DO, *adj.*, enfumaçado, embaçado, que está cheio de névoas.
E.NE.VO.AR, *v.t. e pron.*, encher de névoa, esfumaçar, embaçar.
EN.FA.DA.DO, *adj.*, entediado, aborrecido, incomodado.
EN.FA.DA.MEN.TO, *s.m.*, o mesmo que enfado.
EN.FA.DAR, *v.t. e int.*, provocar enfado, entediar, incomodar, aborrecer.
EN.FA.DO, *s.m.*, incômodo, aborrecimento, tédio, perturbação.
EN.FA.DO.NHO, *adj.*, aborrecido, fastidioso, que causa tédio.
EN.FAI.XA.DO, *adj.*, que está envolto em faixa.
EN.FAI.XAR, *v.t. e pron.*, envolver em faixas, embrulhar.
EN.FA.RA.DO, *adj.*, que se enfarou; entediado; enfastiado.
EN.FA.RA.MEN.TO, *s.m.*, ato de enfarar.
EN.FA.RAR, *v.t. e pron.*, sentir enfaro, ficar enjoado, ficar com náuseas.
EN.FAR.DA.DEI.RA, *s.f.*, Agr., máquina para juntar porções de cereal, palha, etc., em fardos.
EN.FAR.DA.DO, *adj.*, que está com farda, embrulhado, vestido com farda.
EN.FAR.DA.MEN.TO, *s.m.*, conjunto de fardas, uniforme militar.
EN.FAR.DAR, *v.t.*, acondicionar, colocar em fardos, embrulhar.
EN.FAR.DE.LAR, *v.t.*, entrouxar, meter em fardel; enfardar.
EN.FA.RE.LAR, *v.t.*, cobrir de farelos, misturar com farelos.
EN.FA.RI.NHA.DO, *adj.*, polvilhado ou coberto com farinha; esfarelado.
EN.FA.RI.NHAR, *v.t. e pron.*, passar farinha, envolver com farinha.
EN.FA.RO, *s.m.*, aborrecimento, tédio, fastio; enjoo.
EN.FAR.RUS.CAR, *v.t. e int.*, manchar(-se) de carvão, fuligem, etc.; enegrecer; fazer ficar ou ficar zangado; *bras.*, cobrir-se de nuvens escuras.
EN.FAR.TA.DO, *adj.*, pleno, cheio; *s.m.*, quem sofreu um enfarte.
EN.FAR.TA.MEN.TO, *s.m.*, o mesmo que enfarte.
EN.FAR.TAR, *v.t.*, provocar enfarte em, encher, entupir-se, empanturrar-se.
EN.FAR.TE, *s.m.*, infarto; necrose (morte) de uma região do corpo, como o coração, devido ao entupimento de uma ou mais artérias.
ÊN.FA.SE, *s.f.*, exagero, realce, destaque.
EN.FAS.TI.A.DO, *adj.*, aborrecido, sem apetite, enjoado.
EN.FAS.TI.A.MEN.TO, *s.m.*, ato de enfastiar.
EN.FAS.TI.AR, *v.t., int. e pron.*, provocar fastio, entediar, enojar.
EN.FAS.TI.O.SO, *adj.*, entediado, enojado.
EN.FÁ.TI.CO, *adj.*, destacado, ressaltado, denotado.
EN.FA.TI.O.TAR-SE, *v.pron., bras.*, vestir-se de fatiota; vestir-se apuradamente; emperiquitar-se.
EN.FA.TI.ZA.DO, *adj.*, que se enfatizou; provido de ênfase, de destaque; destacado; ressaltado.
EN.FA.TI.ZAR, *v.t. e int.*, realçar, destacar, ressaltar.
EN.FA.TU.A.ÇÃO, *s.f.*, ato ou efeito de enfatuar(-se), de vangloriar(-se); presunção.
EN.FA.TU.A.DO, *adj.*, fátuo, presunçoso, arrogante.
EN.FA.TU.A.MEN.TO, *s.m.*, v enfatuação.
EN.FA.TU.AR, *v.t. e pron.*, tornar fátuo, achar-se presunçoso.
EN.FE.A.DO, *adj.*, que se tornou feio; afeado.
EN.FE.AR, *v.t. e pron*, tornár feio, afear.
EN.FE.BRE.CER, *v.int.*, adquirir febre; *fig.*, enfebrecidos, enlouquecidos.
EN.FEI.TA.DO, *adj.*, que se enfeitou; que leva adornos, atavios.
EN.FEI.TA.DOR, *adj. e s.m.*, que ou aquele que enfeita.
EN.FEI.TAR, *v.t. e pron.*, ornar, adornar, embelezar.
EN.FEI.TE, *s.m.*, embelezamento, ornamento.
EN.FEI.TI.ÇA.DO, *adj.*, seduzido, encantado.
EN.FEI.TI.ÇA.MEN.TO, *s.m.*, ato de enfeitiçar; ação mágica que enfeitiça; feitiço; *fig.*, encantamento.
EN.FEI.TI.ÇAR, *v.t.*, provocar feitiço em, seduzir, encantar.
EN.FEI.XA.DO, *adj.*, amarrado em feixe, juntado, reunido.
EN.FEI.XA.MEN.TO, *s.m.*, ato de enfeixar, ajuntamento ou amarração em feixe; enfardamento.
EN.FEI.XAR, *v.t.*, reunir em feixe, colocar em feixe.
EN.FER.MA.GEM, *s.f.*, cuidado com enfermos, trabalho com doentes.
EN.FER.MAR, *v.t. e int.*, ficar ou fazer ficar enfermo; causar aborrecimento, desgosto, aflição.
EN.FER.MA.RI.A, *s.f.*, lugar para colocar os enfermos, a fim de serem tratados.
EN.FER.MEI.RA, *s.f.*, mulher especializada para cuidar de enfermos.
EN.FER.MEI.RO, *s.m.*, profissional formado para cuidar de doentes.
EN.FER.MI.ÇO, *adj.*, doentio, que fica doente facilmente.
EN.FER.MI.DA.DE, *s.f.*, doença, moléstia, problemas de saúde.
EN.FER.MO, *s.m.*, doente, atacado por enfermidade.
EN.FER.RU.JA.DO, *adj.*, oxidado, que tem ferrugem; *fig.*, que não tem agilidade.
EN.FER.RU.JAR, *v.t. e pron.*, oxidar, ficar enferrujado; *fig.*, dificuldades em se mover.
EN.FES.TA.DO, *adj.*, diz-se de pano dobrado ao meio da largura; voltado para cima; empinado; enfeitado para festa.
EN.FES.TAR, *v.t.*, dobrar pelo meio, considerando a largura; qualquer objeto.
EN.FES.TO.AR, *adj., ant.*, colocado na enfesta ou encosta.
EN.FE.ZA.DO, *adj.*, irritado, irado, enfastiado.
EN.FE.ZA.MEN.TO, *s.m.*, aborrecimento, irritação, enfaramento.
EN.FE.ZAR, *v.t. e pron.*, enfarar, aborrecer, irritar, irar.
EN.FI.A.ÇÃO, *s.f.*, o mesmo que enfiamento.
EN.FI.A.DA, *s.f.*, fileira de coisas enfiadas; o tanto de linha que se enfia em.
EN.FI.A.DU.RA, *s.f.*, fio que se enfia (numa agulha); enfiamento.
EN.FI.A.MEN.TO, *s.m.*, ação de enfiar, linha, fileira; *fig.*, susto, desmaio, palidez.
EN.FI.AR, *v.t., int. e pron.*, colocar um fio pelo buraco da agulha, introduzir.
EN.FI.LEI.RA.MEN.TO, *s.m.*, ato ou efeito de enfileirar; alinhamento.
EN.FI.LEI.RAR, *v.t., int. e pron.*, colocar em fileira, alinhar.
EN.FIM, *adv.*, finalmente, afinal, por fim.
EN.FI.SE.MA, *s.m.*, saliência inchada em algum órgão, devido à presença de ar ou gás.
EN.FI.SE.MÁ.TI.CO, *adj.*, relativo a enfisema.
EN.FIS.TU.LAR, *v.int. e pron.*, converter em fistula, afistular-se; degenerar em fistula.
EN.FI.TEU.SE, *s.f.*, o proprietário de um imóvel, mediante contrato, cede a terceiro o domínio da propriedade, por um pagamento anual conhecido como foro.

ENFIVELADO   351   ENGATILHAR

EN.FI.VE.LA.DO, *adj.,* que tem fivela, preso por fivela.
EN.FI.VE.LA.MEN.TO, *s.m.,* ato ou efeito de enfivelar.
EN.FI.VE.LAR, *v. int.,* prender com uma fivela.
EN.FLA.NE.LAR, *v.t. e pron.,* cobrir ou cobrir-se de flanela; atabafar.
EN.FLO.RAR, *v. int.,* tornar florido, fazer florescer.
EN.FLO.RES.CER, *v. int.,* enflorar, florir.
EN.FO.CA.ÇÃO, *s.f.,* ação ou efeito de enfocar; destaque, centralização.
EN.FO.CA.DO, *adj.,* que está ou foi posto em foco; focalizado.
EN.FO.CAR, *v.t.,* colocar no foco, destacar, centrar.
EN.FO.LHAR, *v.t.,* revestir-se de folhas; criar folhas.
EN.FO.QUE, *s.m.,* visão pessoal, ponto de vista, objetivo.
EN.FOR.CA.DO, *adj.,* pendurado pela forca, levado à morte pela forca.
EN.FOR.CA.MEN.TO, *s.m.,* ação de enforcar(-se); asfixia por constrição do pescoço; *fig.,* irôn., pop., casamento.
EN.FOR.CAR, *v.t. e pron.,* levar alguém à morte pela forca; *fig.,* faltar ao trabalho.
EN.FOR.NAR, *v.t.,* pôr no forno: enfornar as empadas; *fig.,* comer (alimento) com muito apetite, muita vontade.
EN.FRA.QUE.CER, *v.t., int. e pron.,* perder as forças, diminuir a força.
EN.FRA.QUE.CI.DO, *adj.,* que perdeu as forças; debilitado; fraco.
EN.FRA.QUE.CI.MEN.TO, *s.m.,* ato ou efeito de enfraquecer; debilidade; desânimo, desalento.
EN.FRAS.CAR, *v.t. e int.,* guardar em frasco; engarrafar; embriagar-se.
EN.FRE.A.DO, *adj.,* freado, segurado, travado.
EN.FRE.A.MEN.TO, *s.m.,* ação e efeito de enfrear; *fig.,* repressão.
EN.FRE.AR, *v.t., int. e pron.,* frear, pôr freio, segurar, aguentar.
EN.FREN.TA.DO, *adj.,* atacado, desafiado, concorrido.
EN.FREN.TAR, *v.t.,* ficar na frente de; atacar, dar de frente.
EN.FRO.NHA.DO, *adj.,* revestido de fronha; informado.
EN.FRO.NHAR, *v.t. e pron.,* colocar fronha em, revestir com fronha; dominar um assunto.
EN.FROU.XE.CER, *v.t.,* tornar frouxo.
EN.FRU.TE.CER, *v.int.,* frutificar, dar fruto; frutescer.
EN.FU.MA.ÇA.DO, *adj.,* o mesmo que afunilado.
EN.FU.MA.ÇAR, *v.t.,* enevoar, cobrir de fumaça, embaçar.
EN.FU.NA.ÇÃO, *s.f., bras.,* presunção; prosápia.
EN.FU.NAR, *v.t. e pron.,* inflar, encher, encher de vento as velas do navio, tornar vaidoso, sentir-se o melhor.
EN.FU.NI.LA.MEN.TO, *s.m.,* ato ou efeito de enfunilar.
EN.FU.NI.LAR, *v.t.,* encher ou vasar por meio de funil; *fig.,* dar a forma de funil a; afunilar.
EN.FU.RE.CER, *v.t. e pron.,* irritar, enraivecer.
EN.FU.RE.CI.DO, *adj.,* raivoso, irritado, furioso, enraivecido.
EN.FU.RI.AR, *v.t.,* tornar furioso; provocar o furor, a ira de; enfurecer; *v.pron.,* entrar em fúria.
EN.FUR.NA.DO, *adj.,* escondido; encafuado.
EN.FUR.NAR, *v.t. e pron.,* colocar-se em furna, esconder-se, não sair de casa.
EN.FUS.CAR, *adj.,* escurecido, enegrecido; *fig.,* perturbado; ofuscado.
EN.GA.BE.LA.ÇÃO, *s.f., bras.,* ato de engabelar.
EN.GA.BE.LA.DO, *adj., bras.,* que foi enganado, logrado com falsas promessas.
EN.GA.BE.LA.DOR, *adj. e s.m., bras.,* que ou aquele que engabela.
EN.GA.BE.LAR, *v.t.,* engambelar, enganar, iludir, trapacear; seduzir para enganar.
EN.GA.ÇO, *s.m.,* cacho de uvas ~~...~~ gos.
EN.GA.DE.LHAR, *v.t.,* fazer (o ca~~...~~ guedelha.
EN.GAI.O.LA.DO, *adj.,* metido em gaiola; *fig., pop.,* que está preso, encarcerado.
EN.GAI.O.LAR, *v.t.,* pôr na gaiola; *fig.,* encarcerar, prender.
EN.GA.JA.DO, *adj.,* que está prestando o serviço militar; ativo, lutador.
EN.GA.JA.MEN.TO, *s.m.,* prestação do serviço militar, empenho em uma causa.
EN.GA.JAR, *v.t. e pron.,* prestar, assumir, empenhar-se, alistar-se.
EN.GA.LA.NA.DO, *adj.,* enfeitado, ornado.
EN.GA.LA.NAR, *v.t. e pron.,* enfeitar, cobrir com enfeites, preparar um local para uma festa.
EN.GAL.FI.NHAR, *v. pron., pop.,* lutar corporalmente, brigar, bater-se.
EN.GAM.BE.LAR, *v.t.,* engabelar, enganar, iludir, lograr.
EN.GA.NA.DI.ÇO, *adj.,* fácil de enganar.
EN.GA.NA.DO, *adj.,* logrado, iludido, engabelado.
EN.GA.NA.DOR, *adj. e s.m.,* diz-se de pessoa que engana, ilude, trai.
EN.GA.NAR, *v.t. e pron.,* levar para o erro, iludir, lograr.
EN.GAN.CHA.DO, *adj.,* que se enganchou; preso em alguém ou algo.
EN.GAN.CHAR, *v.t. e pron.,* pegar com gancho, colocar em gancho, colher com gancho; *fig.,* aproveitar uma oportunidade na fala dos interlocutores.
EN.GA.NO, *s.m.,* logro, fraude; erro, falha.
EN.GA.NO.SO, *adj.,* cheio de fraude, fraudulento.
EN.GAR.RA.FA.DEI.RA, *s.f.,* máquina para engarrafar líquidos e certos sólidos; engarrafadora.
EN.GAR.RA.FA.DO, *adj.,* colocado na garrafa; bloqueado, cheio; *fig.,* trânsito muito cheio e parado.
EN.GAR.RA.FA.GEM, *s.f.,* ato de engarrafar o vinho ou outros líquidos e certos sólidos.
EN.GAR.RA.FA.MEN.TO, *s.m.,* ato de colocar líquido em garrafa; *fig.,* trânsito bloqueado, trânsito trancado.
EN.GAR.RA.FAR, *v.t.,* colocar em garrafa; trancar; *fig.,* fechar o trânsito.
EN.GAS.GA.DO, *adj.,* afogado, entupido, entalado.
EN.GAS.GA.MEN.TO, *s.m.,* obstrução da garganta; engasgo.
EN.GAS.GAR, *v.t., int. e pron.,* afogar-se, obstruir a garganta, entupir, entalar.
EN.GAS.GO, *s.m.,* sufocação, entupimento da garganta.
EN.GAS.TA.DOR, *adj. e s.m.,* que ou engasta.
EN.GAS.TA.LHAR, *v.t. e int.,* apertar (a madeira) com gastalho; travar; embaraçar(-se).
EN.GAS.TAR, *v.t. e pron.,* embutir, prender uma joia ou bijuteria a outra.
EN.GAS.TE, *s.m.,* ato de engastar, presilha de metal para prender joias.
EN.GA.TA.DO, *adj.,* que se engatou; preso por gancho; enganchado.
EN.GA.TAR, *v.t.,* ligar, iniciar algo, amarrar, atrelar.
EN.GA.TE, *s.m.,* ligação, ligamento, dispositivo para prender carros, vagões, carrinhos, uns nos outros.
EN.GA.TI.LHA.DO, *adj.,* com o gatilho armado; *fig.,* preparado.
EN.GA.TI.LHAR, *v.t.,* preparar o gatilho, ficar pronto para

ENGATINHAR

disparar, preparar algo.
EN.GA.TI.NHAR, *v. int.*, arrastar pelo chão, mover-se como criancinha; começar.
EN.GA.VE_ _ _O, *adj.*, que se guardou em gaveta; diz-se de um projeto interrompido.
EN.GA.VE.TA.DOR, *adj. e s.m.*, que ou aquele que engaveta.
EN.GA.VE.TA.MEN.TO, *s.m.*, ato ou efeito de engavetar; *bras., fig.*, veículos colididos uns nos outros; retardamento de projeto.
EN.GA.VE.TAR, *v.t. e pron.*, colocar em gavetas, esconder; não realizar.
EN.GA.ZO.PAR, *v.t.*, enganar, lograr, engambelar.
EN.GE.LHA.DO, *adj.*, dotado de dobras, pregas; enrugado; pregueado; amarrotado.
EN.GE.LHAR, *v.t., int. e pron.*, criar rugas, enrugar, murchar a pele.
EN.GEN.DRA.DO, *adj.*, plasmado, surgido, gerado.
EN.GEN.DRA.MEN.TO, *s.m.*, plasmação, geração, criação.
EN.GEN.DRAR, *v.t.*, gerar, plasmar, ter a ideia, fazer surgir.
EN.GE.NHAR, *v.t.*, inventar, criar inventos, produzir algo novo, engendrar.
EN.GE.NHA.RI.A, *s.f.*, a arte de projetar, desenhar e construir.
EN.GE.NHEI.RO, *s.m.*, profissional formado em engenharia.
EN.GE.NHO, *s.m.*, habilidade, inteligência; conjunto de casa e máquinas para produção de açúcar, cachaça e álcool.
EN.GE.NHO.CA, *s.f.*, pequeno engenho, qualquer máquina, maquineta.
EN.GE.NHO.SO, *adj.*, inteligente, vivo, ativo, criativo.
EN.GES.SA.DO, *adj.*, coberto com gesso, enfaixado; *fig.*, segurado; paralisado.
EN.GES.SAR, *v.t.*, colocar gesso em, cobrir com gesso, enfaixar com gesso um osso fraturado; *fig.*, não deixar alguém realizar um projeto.
EN.GLO.BA.DO, *adj.*, reunido, incluído num todo; aglomerado; conglomerado.
EN.GLO.BAR, *v.t. e pron.*, reunir, ajuntar, fazer um todo.
EN.GO.DA.DO, *adj.*, enganado com engodo, com falsas esperanças, promessas, etc.
EN.GO.DA.MEN.TO, *s.m.*, ato ou efeito de engodar.
EN.GO.DAR, *v.t.*, enganar, iludir, lograr, engabelar.
EN.GO.DA.TI.VO, *adj.*, que é próprio para engodar e atrair.
EN.GO.DO, *s.m.*, isca, algo para iludir, maneira para enganar.
EN.GOL.FAR, *v.t. e pron.*, dirigir(-se) (embarcação) para golfo; *fig.*, absorver-se; mergulhar-se; afundar-se.
EN.GO.LI.ÇÃO, *s.f.*, ato de engolir.
EN.GO.LI.DO, *adj.*, que se engoliu; deglutido.
EN.GO.LIR, *v.t.*, ingerir, levar para o estômago, fazer descer pela goela.
EN.GO.MA.DEI.RA, *s.f.*, mulher que engoma e passa roupas; *bras.*, certa máquina têxtil.
EN.GO.MA.DO, *adj.*, coberto de goma e passado a ferro.
EN.GO.MAR, *v.t. e int.*, passar roupa a ferro com goma.
EN.GON.ÇAR, *v.t.*, prender com engonços; pôr engonços em.
EN.GON.ÇO, *s.m.*, encaixe que permite que peças interligadas se movimentem.
EN.GOR.DA, *s.f.*, ato ou efeito de engordar; ceva.
EN.GOR.DA.DO, *adj.*, que passou por processo de engorda.
EN.GOR.DAR, *v.t. e int.*, fazer ficar gordo; fortalecer; *fig.*, aumentar um ganho.
EN.GOR.DU.RA.DO, *adj.*, que se engordurou; ensebado; gordurento.
EN.GOR.DU.RA.MEN.TO, *s.m.*, ato ou efeito de engordurar;

ENGUIA

doença dos vinhos.
EN.GOR.DU.RAR, *v.t. e pron.*, untar, envolver com gordura.
EN.GO.RO.VI.NHA.DO, *adj.*, amarrotado; cheio de dobras; engruvinhado.
EN.GRA.ÇA.DO, *adj.*, cheio de graça, cômico, interessante, comediante.
EN.GRA.ÇA.MEN.TO, *s.m.*, ato ou efeito de engraçar(-se); simpatia, *fig.*, atrevimento, ousadia.
EN.GRA.ÇAR, *v.t. e pron.*, dar graça, jovialidade.
EN.GRA.DA.DO, *s.m.*, grade de madeira, metal ou plástico para transporte de coisas.
EN.GRA.DA.MEN.TO, *s.m.*, ato ou efeito de engradar; aquilo que foi engradado.
EN.GRA.DAR, *v.t.*, colocar em engradado, pôr dentro de grade.
EN.GRAM.PAR, *v.t.*, prender com grampos; grampar; grampear.
EN.GRAN.DE.CER, *v.t. e int.*, aumentar, fazer ficar grande, afamar-se.
EN.GRAN.DE.CI.DO, *adj.*, elevado, feito grande, afamado, notável.
EN.GRAN.DE.CI.MEN.TO, *s.m.*, ato ou efeito de engrandecer(-se).
EN.GRA.VA.TA.DO, *adj.*, que usa gravata; *fig.*, bem vestido.
EN.GRA.VA.TAR, *v. pron.*, colocar a gravata; *fig.*, parecer um doutor.
EN.GRA.VES.CER, *v.int. e pron.*, agravar-se, piorar.
EN.GRA.VI.DAR, *v.t. e int.*, ficar grávida, embarrigar.
EN.GRA.XA.DE.LA, *s.f.*, ação de engraxar; polimento; aplicado com a graxa e escovas.
EN.GRA.XA.DO, *adj.*, que se engraxou.
EN.GRA.XA.DOR, *s.m.*, que engraxa.
EN.GRA.XA.MEN.TO, *s.m.*, ação de engraxar.
EN.GRA.XAR, *v.t.*, passar graxa nos sapatos, lustrar, polir; pôr graxa em.
EN.GRA.XA.TE, *s.m.*, indivíduo que engraxa sapatos.
EN.GRE.NA.DO, *adj.*, que se engrenou.
EN.GRE.NA.GEM, *s.f.*, ato ou efeito de engrenar, máquina com dispositivo para que uma roda se prenda na outra para executar o trabalho.
EN.GRE.NAR, *v.t. e int.*, encaixar, prender os dentes, engatar, segurar.
EN.GRIM.PAR-SE, *v.pron.*, subir às grimpas; elevar-se.
EN.GRI.NAL.DAR, *v.t. e pron.*, engalanar com grinaldas, enfeitar com flores preparadas como grinaldas.
EN.GRO.LA.DOR, *adj. e s.m.*, que ou aquele que engrola; aquele que executa mal.
EN.GRO.LAR, *v.t., int. e pron.*, falar de modo incompreensível, pronunciar mal as palavras, enrolar.
EN.GROS.SA.DO, *adj.*, que se tornou grosso, espesso, volumoso; crescido; *pop.*, galanteado; bêbedo.
EN.GROS.SA.DOR, *adj. e s.m.*, que, aquele ou aquilo que engrossa; que tem a capacidade de engrossar; adulador; bajulador.
EN.GROS.SA.MEN.TO, *s.m.*, ato ou efeito de engrossar; estado do que engrossou; *pop.*, bajulação.
EN.GROS.SAR, *v.t., int. e pron.*, tornar mais grosso, dar consistência, avolumar; *fig.*, ser grosseiro.
EN.GRU.PIR, *v.t.*, enganar, iludir.
EN.GRU.VI.NHA.DO, *adj.*, diz-se de pessoa cuja pele é enrugada; enrugado; engorovinhado.
EN.GUI.A, *s.f.*, *Zool.*, tipo de peixe parecido com cobra, escuro

e longo; tipo de moreia.

EN.GUI.ÇA.DO, *adj.*, que enguiçou; quebrado; atrofiado; defeituoso.

EN.GUI.ÇA.DOR, *adj. e s.m.*, que ou aquilo que enguiça.

EN.GUI.ÇA.MEN.TO, *s.m.*, ato de enguiçar; enguiço.

EN.GUI.ÇAR, *v.t. e int.*, não funcionar, ter problema; não funcionar por algum desajuste.

EN.GUI.ÇO, *s.m.*, defeito, desajuste, problema com uma máquina.

EN.GUIR.LAN.DAR, *v.t.*, enfeitar de guirlandas.

EN.GU.LHA.DO, *adj.*, que está com engulhos, com náusea; enjoado.

EN.GU.LHAR, *v.t. e int.*, ter engulho, ter ânsias de vômito.

EN.GU.LHEN.TO, *s.m.*, ato ou fato de engulhar.

EN.GU.LHO, *s.m.*, ânsias de vômito, enjoo, náusea.

EN.GU.LHO.SO, *adj.*, que causa engulho; asqueroso.

E.NIG.MA, *s.m.*, charada, mistério; adivinhação, problema complicado.

E.NIG.MÁ.TI.CO, *adj.*, de compreensão difícil, obscuro.

E.NIG.MA.TIS.TA, *s. 2 gên.*, pessoa que propõe enigmas ou que fala por enigmas.

E.NIG.MIS.TA, *s. 2 gên.* o mesmo que enigmatista.

EN.JAM.BRAR, *v. int. e pron.*, emperrar, empenar, não realizar por defeito na peça; *fig.*, fazer algo mal feito.

EN.JAU.LA.DO, *adj.*, que se enjaulou; *fig.*, preso, encarcerado.

EN.JAU.LAR, *v.t.*, colocar em jaula, prender.

EN.JEI.TA.DO, *adj.*, abandonado, largado, rejeitado.

EN.JEI.TA.MEN.TO, *s.m.*, ato de enjeitar; rejeitado, repúdio.

EN.JEI.TAR, *v.t.*, rejeitar, negar, abandonar.

EN.JE.RI.ZAR-SE, *v. pron.*, irritar-se, encolerizar-se, enraivecer-se.

EN.JO.A.DI.ÇO, *adj.*, dado a enjoos.

EN.JO.A.DO, *adj.*, enojado, aborrecido, fastidioso; maçante.

EN.JO.A.MEN.TO, *s.m.*, o mesmo que enjoo.

EN.JO.AR, *v.t., int. e pron.*, enojar, fastiar, aborrecer, perturbar.

EN.JO.A.TI.VO, *adj.*, que provoca enjoo, enojado.

EN.JO.O, *s.m.*, náusea, nojo, fastio.

EN.LA.ÇA.DO, *adj.*, abraçado, unido, agarrado.

EN.LA.ÇA.MEN.TO, *s.m.*, ver enlace.

EN.LA.ÇAR, *v.t. e pron.*, prender pela cintura, abraçar; amarrar com laço.

EN.LA.CE, *s.m.*, casamento, matrimônio.

EN.LA.DEI.RA.DO, *adj.*, que tem inclinação; íngreme.

EN.LAM.BU.ZAR, *v.t.*, o mesmo que lambuzar.

EN.LA.ME.A.DO, *adj.*, coberto de lama; *fig.*, aviltado, desmoralizado.

EN.LA.ME.AR, *v.t. e pron.*, cobrir com lama; *fig.*, manchar a honra de alguém.

EN.LAN.GUES.CER, *v.t.*, tornar lânguido, enfraquecer, murchar, fenecer.

EN.LA.PAR, *v.t. e pron.*, meter(-se) em lapa; *fig.*, esconder(-se); sumir(-se).

EN.LA.TA.DO, *adj.*, conservado em lata.

EN.LA.TA.MEN.TO, *s.m.*, ato ou efeito de enlatar, de pôr em lata.

EN.LA.TAR, *v.t.*, colocar em lata, pôr em conserva.

EN.LE.A.DO, *adj.*, atado, emaranhado, enredado; *fig.*, confuso, embaraçado.

EN.LE.A.MEN.TO, *s.m.*, o mesmo que enleio.

EN.LE.AR, *v.t. e pron.*, envolver, abraçar, atar, prender, ligar-se.

EN.LEI.O, *s.m.*, enredo, complicação, ligação, envolvimento.

EN.LE.VA.ÇÃO, *s.f.*, êxtase, arrebatamento, enlevo, encantamento.

EN.LE.VA.DO, *adj.*, encantado, extasiado, maravilhado.

EN.LE.VA.MEN.TO, *s.m.*, ver enlevação.

EN.LE.VAR, *v.t. e int.*, seduzir, cativar, extasiar, encantar, persuadir.

EN.LE.VO, *s.m.*, sedução, encanto, encantamento, êxtase.

EN.LI.ÇA.DOR, *adj. e s.m.*, que ou aquele que enliça; *fig.*, enganador.

EN.LI.ÇAR, *v. int.*, enganar, lograr, ludibriar.

EN.LI.ÇO, *s.m.*, engano, logro, embuste.

EN.LO.DA.ÇAR, *v. int.*, transformar em lodaçal, atolar, enlamear.

EN.LO.DA.DO, *adj.*, que está coberto de lodo, enlameado.

EN.LO.DAR, *v. int.*, enlamear, cobrir de lodo, enlodaçar.

EN.LOU.QUE.CER, *v.t. e int.*, endoidar, endoidecer, tornar-se louco.

EN.LOU.QUE.CI.DO, *adj.*, endoidado, endoidecido, aloucado.

EN.LOU.QUE.CI.MEN.TO, *s.m.*, ato ou efeito de enlouquecer.

EN.LOU.RE.CER, *v.t. e int.*, tornar(-se) louro ou da cor de ouro; amarelecer.

EN.LOU.SAR, *v.t.*, cobrir com lousa; tapar (a sepultura); armadilha, etc., enganar.

EN.LU.A.RA.DO, *adj.*, com luar, cheio de luar, banhado de luar.

EN.LU.TA.DO, *adj. e s.m.*, diz-se de, ou a pessoa que está de luto ou trajando luto.

EN.LU.TAR, *v.t. e pron.*, começar por usar luto, guardar luto.

EN.LU.VA.DO, *adj.*, que está usando luvas.

E.NO.BRE.CE.DOR, *adj. e s.m.*, que, quem ou o que enobrece; enaltecedor.

E.NO.BRE.CER, *v.t. e pron.*, tornar nobre, tornar cortês, educar, civilizar.

E.NO.BRE.CI.MEN.TO, *s.m.*, ato ou efeito de enobrecer; enaltecimento.

E.NO.DO.AR, *v.t. e pron.*, criar nódoas, manchar, provocar má fama, desonrar.

E.NOI.TE.CER, *v.t. e int.*, converter em noite; escurecer; entristecer-se; enlutar-se.

E.NO.JA.DI.ÇO, *adj.*, que se enoja facilmente.

E.NO.JA.DO, *adj.*, enjoado, enfastiado, nauseado.

E.NO.JA.MEN.TO, *s.m.*, náusea, nojo, asco, aversão.

E.NO.JAR, *v.t. e pron.*, provocar nojo, enfastiar, nausear.

E.NO.JO, *s.m.*, enjoo, fastio, náusea.

E.NO.LO.GI.A, *s.f.*, conjunto de conhecimentos para obter um bom vinho e como melhor degustá-lo na hora e na temperatura certa.

E.NO.LÓ.GI.CO, *adj.*, que se refere a Enologia.

E.NO.LO.GIS.TA, *s. 2 gên.*, especialista em uvas e vinhos.

E.NO.MA.NI.A, *s.f.*, paixão por vinhos e/ou doença causada pelo excesso de consumo de vinho.

E.NO.MA.NÍ.A.CO, *adj.*, relativo a enomania; *s.m.*, o que sofre enomania.

E.NO.MEL, *s.m.*, xarope feito com vinho e mel (ou açúcar).

E.NOR.ME, *adj.*, grande, imenso, vasto, ingente.

E.NOR.MI.DA.DE, *s.f.*, qualidade do que é enorme; desmesura; excesso.

E.NO.VE.LA.DEI.RA, *s.f.*, Têxt., máquina para formar novelos us. em fiação.

E.NO.VE.LA.DO, *adj.*, diz-se de fio enrolado em novelo; *fig.*, confuso, emaranhado.

E.NO.VE.LAR, *v.t. e pron.*, colocar em novelo, recolher fios;

ENQUADRADO ··· 354 ··· **ENRUSTIDO**

enredar, confundir, enrolar.

EN.QUA.DRA.DO, *adj.*, que se enquadrou; emoldurado; encaixilhado.

EN.QUA.DRA.MEN.TO, *s.m.*, ato ou efeito de enquadrar; Cin., Fot. e Telev., ato de enquadrar pessoa ou objeto a fim de obter melhor resultado de imagem.

EN.QUA.DRAR, *v.t.*, adequar, colocar em quadro; prender; Cin., Fot. e Telev., buscar melhor ângulo, a fim de obter imagem de algo a ser fotografado ou filmado.

EN.QUAN.TO, *conj.*, quando, à proporção que, ao passo que.

EN.QUEI.JAR, *v.t.*, coalhar, preparar para converter em queijo.

EN.QUE.TE, *s.m.*, pesquisa, busca, levantamento.

EN.QUI.LHAR, *v.t.*, pôr quilha em.

EN.QUIS.TA.DO, *adj.*, transformado em quisto; *fig.*, inserido em algo, como um quisto.

EN.QUIS.TA.MEN.TO, *s.m.*, ato ou efeito de enquistar(-se).

EN.QUIS.TAR, *v. int.* e *pron.*, formar quisto, entrar em, encaixar-se.

EN.QUI.ZI.LAR, *v.t., int.* e *pron.*, aborrecer, enjoar, perturbar, incomodar.

EN.RA.BI.CHA.DO, *adj.*, atraído, apaixonado, seduzido.

EN.RA.BI.CHAR, *v.t.* e *int.*, pôr em forma de rabicho; enamorar-se, apaixonar-se.

EN.RA.DI.CA.DO, *adj.*, ver arraigado.

EN.RAI.VAR, *v.t.* e *int.*, mesmo que enraivecer.

EN.RAI.VE.CER, *v. int.* e *pron.*, irritar, enraivar, aborrecer.

EN.RAI.VE.CI.DO, *adj.*, irritado, aborrecido, enraivado.

EN.RA.I.ZA.DO, *adj.*, que se enraizou (planta enraizada); arraigado; fixo; antôn., arrancado, desarraigado; *fig.*, estabelecido, fixado.

EN.RA.I.ZAR, *v. int.*, formar raízes, fixar-se, prender-se, radicar-se.

EN.RA.MA.DA, *s.f.*, ornato com ramos de árvores; cobertura de ramos de árvores para sombra ou abrigo; ramada.

EN.RA.MA.DO, *adj.*, que se enramou.

EN.RA.MA.LHAR, *v.t.*, ornar com ramos ou ramalhetes.

EN.RA.MA.LHE.TAR, *v.t.*, adornar com ramalhetes; p. ext., enflorar.

EN.RA.MA.MEN.TO, *s.m.*, ato de entrelaçar ramos para ornamentação ou abrigo.

EN.RA.MAR, *v.t.*, cobrir com ramos; *v.int.*, cobrir-se de ramos.

EN.RA.MI.LHE.TAR, *v.t.*, o mesmo que enramalhetar.

EN.RAN.ÇAR, *v.t., v.int.* e *pron.*, tornar(-se) rançoso.

EN.RA.RE.CER, *v.t.*, tornar raro ou ralo; *v.int.*, tornar-se raro ou ralo.

EN.RAS.CA.DA, *s.f.*, encrenca, dificuldade, situação problemática.

EN.RAS.CA.DO, *adj.*, que se enrascou; posto em enrascada.

EN.RAS.CAR, *v.t.* e *pron.*, atraiçoar, enganar, iludir.

EN.RE.DA.DEI.RO, *s.f.*, indivíduo que faz enredos, fuxicos, fofocas; fofoqueiro.

EN.RE.DA.DO, *adj.*, emaranhado, enleado; confuso, complicado.

EN.RE.DA.DOR, *adj.* e *s.m.*, que ou o que tece enredos; intrigante.

EN.RE.DA.MEN.TO, *s.m.*, ato ou efeito de enredar(-se).

EN.RE.DAR, *v.t.* e *pron.*, pegar com a rede; *v. pron.*, embaraçar-se, confundir-se.

EN.RE.DEI.RO, *adj.* e *s.m., bras.*, que faz enredos; enredador, mexeriqueiro.

EN.RE.DI.ÇO, *adj.*, Bot., diz-se de planta que se emaranha com facilidade.

EN.RE.DO, *s.m.*, fatos sucessivos que formam a narrativa, história, mexerico, maquinação, fofoca.

EN.RE.GE.LA.DO, *adj.*, que se enregelou; congelado; resfriado.

EN.RE.GE.LA.MEN.TO, *s.m.*, ato ou efeito de enregelar, congelar.

EN.RE.GE.LAR, *v.t., int.* e *pron.*, congelar, gelar, esfriar, tornar congelado.

EN.RI.CAR, *v.t.*, tornar rico, enriquecer.

EN.RI.JAR, *v.t., int.* e *pron.*, fortalecer, tornar forte, endurecer, enrijecer.

EN.RI.JE.CER, *v.t.* e *int.*, enrijar, tornar forte, endurecer.

EN.RI.JE.CI.DO, *adj.*, enrijado, endurecido, dûro.

EN.RI.PAR, *v.t.*, colocar ripas em; ripar.

EN.RI.QUE.CER, *v. int.* e *pron.*, endinheirar-se, ficar rico.

EN.RI.QUE.CI.DO, *adj.*, que se tornou rico; enricado.

EN.RI.QUE.CI.MEN.TO, *s.m.*, ato ou efeito de enriquecer(-se).

EN.RIS.TAR, *v.t.*, pôr a lança no riste; alçar, levantar; *v.int.*, preparar para atacar.

EN.RO.CA.MEN.TO, *s.m.*, ato de enrocar; conjunto de pedras grandes que servem para alicerces das obras hidráulicas.

EN.RO.CAR, *v.int.*, fazer roque (jogo do xadrez); rocar; *v.t.* armar (estriga) na roca; dar forma de roca.

EN.RO.DE.LA.DO, *adj.*, armado de rodela ou broquel.

EN.RO.DI.LHA.DO, *adj.*, que tomou a forma de rodilha, enroscado, enrolado; embaraçado.

EN.RO.DI.LHAR, *v.t.* e *pron.*, enrolar, formar uma rodilha, *fig.*, enredar, intrigar.

EN.RO.LA.DO, *adj.*, que se enrolou ou que tomou a forma de um rolo.

EN.RO.LA.DOR, *s.m.*, embrulhão, que enrola, enganador.

EN.RO.LA.DOU.RO, *s.m.*, em que se enrola o fio.

EN.RO.LA.MEN.TO, *s.m.*, ato ou efeito de enrolar(-se).

EN.RO.LAR, *v.t.*, dobrar, tecendo um rolo, embrulhar; enganar, iludir.

EN.ROS.CA.DO, *adj.*, em forma de rosca, enrolado, enrodilhado.

EN.ROS.CA.DU.RA, *s.f.*, ato de enroscar(-se); série de voltas em espiral.

EN.ROS.CA.MEN.TO, *s.m.*, o mesmo que enroscadura.

EN.ROS.CAR, *v.t.* e *pron.*, prender com rosca, movimentar-se em zigue-zague; encolher-se, afastar-se.

EN.ROU.PA.DO, *adj.*, vestido; que está usando roupas.

EN.ROU.PAR, *v.t.* e *pron.*, colocar roupas, vestir, vestir-se.

EN.ROU.QUE.CER, *v.t.* e *pron.*, tornar-se rouco, perder a voz.

EN.ROU.QUE.CI.DO, *adj.*, rouco, afônico, que está sem voz.

EN.ROU.QUE.CI.MEN.TO, *s.m.*, ato de enrouquecer(-se); rouquidão.

EN.RO.XAR-SE, *v.pron.*, tornar-se roxo ou lívido.

EN.RU.BES.CER, *v.t., int.* e *pron.*, ficar vermelho, corar, ficar de cor carmim.

EN.RU.BES.CI.DO, *adj.*, corado, avermelhado.

EN.RU.ÇAR, *v.t.* e *int.*, tornar-se ruço.

EN.RU.DE.CER, *v.t.* e *int.*, tornar(-se) rude.

EN.RU.GA.MEN.TO, *s.m.*, ato ou efeito de enrugar(-se).

EN.RU.GAR, *v.t.* e *pron.*, criar rugas, fazer pregas, formar pregas na pele.

EN.RU.GA.DO, *adj.*, pregueado, rugado, que tem rugas na pele.

EN.RUS.TI.DO, *adj.*, introvertido, que se fecha em si mesmo;

que disfarça algum estado próprio.
EN.SA.BO.A.DE.LA, s.f., pequena ensaboada, lavagem rápida; fig., advertência leve.
EN.SA.BO.A.DO, adj., lavado ou esfregado com sabão.
EN.SA.BO.A.DU.RA, s.f., lavagem feita com sabão; ato de ensaboar.
EN.SA.BO.AR, v.t., passar sabão, lavar, limpar; fig., advertir.
EN.SA.CA.DO, adj., metido em saco ou saca.
EN.SA.CA.DOR, adj. e s.m., que, aquele ou aquilo que ensaca.
EN.SA.CA.MEN.TO, s.m., ato ou efeito de ensacar.
EN.SA.CAR, v.t., colocar em saco.
EN.SAI.A.DO, adj., que se ensaiou, experimentou ou tentou; treinado, exercitado.
EN.SAI.A.MEN.TO, s.m., p. us., o mesmo que ensaio.
EN.SAI.AR, v.t. e pron., praticar, treinar, preparar.
EN.SAI.O, s.m., análise, treino, treinamento; composição literária.
EN.SA.ÍS.TA, s. 2 gên., quem escreve ensaios.
EN.SAN.DE.CER, v.t. e int., enlouquecer, tornar-se sandeu, apatetar-se, tornar-se imbecil.
EN.SAN.DE.CI.DO, adj., enlouquecido, sandeu, pateta, palerma, imbecil, idiota.
EN.SAN.GUEN.TA.DO, adj., coberto de sangue; sanguinolento.
EN.SAN.GUEN.TAR, v.t. e pron., cobrir de sangue, derramar muito sangue.
EN.SA.RI.LHAR, v.t., formar sarilho com; colocar em sarilho, confusão.
EN.SAR.TAR, v.t., enfiar (contas ou pérolas); engranzar; encadear.
EN.SE.A.DA, s.f., pequena baía.
EN.SE.BA.DO, adj., untado com sebo.
EN.SE.BAR, v.t., cobrir com sebo, engordurar.
EN.SE.JAR, v.t., dar oportunidade, propiciar; dar vez.
EN.SE.JO, s.m., oportunidade, momento, azo, ocasião.
EN.SI.FOR.ME, adj., que tem forma de espada.
EN.SI.LAR, v.t., pôr em silo, armazenar, colocar no paiol.
EN.SI.MES.MAR, v. pron., raciocinar, concentrar-se, pensar, divagar.
EN.SI.NA.MEN.TO, s.m., ato de ensinar, ensino, aprendizado, construção de conhecimentos.
EN.SI.NAN.ÇA, s.f., ação ou efeito de ensinar, ensinamento, construção de aprendizagem.
EN.SI.NA.DO, adj., que se ensinou ou mostrou ensinamento; adestrado, domesticado.
EN.SI.NA.MEN.TO, s.m., ato ou efeito de ensinar; preceito; doutrina.
EN.SI.NAR, v.t., dar conhecimento, ajudar a aprender.
EN.SI.NO, s.m., ensinamento, aprendizado, aprendizagem.
EN.SO.A.MEN.TO, s.m., ato ou efeito de ensoar; insolação; estiolamento (nas plantas).
EN.SO.AR, v.int. e pron., sofrer a ação do sol (a fruta) antes de madura; insolar-se; Mús., ver entoar.
EN.SO.BER.BAR-SE, v.pron., o mesmo que ensoberbecer-se.
EN.SO.BER.BE.CER, v.t. e pron., tornar soberbo, envaidecer, tornar arrogante.
EN.SO.LA.RA.DO, adj., cheio de sol.
EN.SO.LA.RAR, v.t. e int., lançar raios luminosos sobre; brilhar (o Sol).
EN.SOM.BRAR, v.t. e pron., cobrir de sombra, criar uma sombra.

EN.SO.PA.DO, adj., muito molhado; s.m., comida feita com bastante molho.
EN.SO.PAR, v.t. e pron., transformar em sopa, deixar muito molhado.
EN.SUR.DE.CE.DOR, adj., que ensurdece, barulhento.
EN.SUR.DE.CER, v.t. e int., provocar surdez, fazer muito barulho, ruído.
EN.SUR.DE.CI.MEN.TO, s.m., ato de ensurdecer, surdez, provocação de surdez.
EN.TA.BLA.MEN.TO, s.m., o conjunto da arquitetura; acabamento superior de uma fachada.
EN.TA.BU.A.MEN.TO, s.m., ação de entabuar; cobertura de tabuado; dureza, rijeza.
EN.TA.BU.AR, v.t. e pron., pôr tábuas, guarnecer com tábuas, revestir com tábuas.
EN.TA.BU.LA.ÇÃO, s.f., início de conversa, começo, encetamento.
EN.TA.BU.LA.DO, adj., que se entabulou; encetado; empreendido.
EN.TA.BU.LAR, v.t. e pron., encetar, principiar, iniciar, começar.
EN.TAI.PAR, v.t., pôr taipas em, fechar, encerrar em.
EN.TA.LA.ÇÃO, s.f., ação e efeito de entalar; grande dificuldade, aperto, apuro.
EN.TA.LA.DE.LA, s.f., situação difícil, complicada; apuro; dificuldade; entalada.
EN.TA.LA.DO, adj., apertado entre talas; fig., apertado em lugar estreito; enrascado.
EN.TA.LAR, v.t. e pron., colocar em talas quando se fratura um osso; estar em lugar apertado; meter-se em dificuldades; enfrentar problemas de acomodação.
EN.TA.LHA, s.f., ação de entalhar; chanfradura para facilitar o corte.
EN.TA.LHA.DO, adj., esculpido, gravado, encaixado.
EN.TA.LHA.DOR, s.m., quem entalha, marceneiro que faz entalhes, instrumento para entalhar móveis.
EN.TA.LHA.DU.RA, s.f., ato ou efeito de entalhar; entalhe; entalhação.
EN.TA.LHA.MEN.TO, s.m., ato ou efeito de entalhar; entalhadura; entalhação.
EN.TA.LHAR, v.t. e int., talhar madeira para obter o desejado; esculpir, gravar algo.
EN.TA.LHE, s.m., entalho, esculpimento na madeira ou no metal, pelo entalhador; gravura, escultura.
EN.TAN.GUE.CER, v.int., ficar tolhido de frio; inteiriçar-se com frio.
EN.TAN.GUIR-(SE), v. int., reduzir o volume, murchar, desinflar-se.
EN.TAN.TO, adv., entretanto, entrementes; loc. conj., no entanto.
EN.TÃO, adv., aí, naquele momento, na ocasião.
EN.TAR.DE.CER, v. int., cair da tarde, ao começar o crepúsculo, escurecer, ocaso, sol poente.
EN.TAR.RA.XAR, v.t., o mesmo que atarraxar.
EN.TE, s.m., ser, criatura, animal, pessoa, indivíduo, tipo.
EN.TE.A.DO, s.m., pessoa em relação a novo cônjuge do pai ou da mãe.
EN.TE.DI.A.DO, adj., aborrecido, enfatuado, enfastiado, enojado.
EN.TE.DI.AR, v.t. e pron., enfastiar, aborrecer, enojar.
EN.TEN.DER, v.t. e pron., compreender, assimilar, julgar, deduzir, arrematar, concluir, captar.
EN.TEN.DI.DO, adj., que entende; s.m., perito, especialista,

experto.

EN.TEN.DI.MEN.TO, *s.m.*, compreensão, assimilação, captação.

EN.TE.NE.BRE.CER, *v.t.* e *int.*, cobrir ou encher de trevas; tornar(-se) escuro; entrevar; escurecer.

EN.TE.RI.TE, *s.f.*, inflamação no intestino.

EN.TER.NE.CER, *v.t.* e *pron.*, comover, encantar, amaciar.

EN.TER.NE.CI.DO, *adj.*, cheio de ternura, comovido, mavioso.

EN.TER.NE.CI.MEN.TO, *s.m.*, meiguice, carinho, ternura, comoção.

EN.TE.RO.CE.LE, *s.f.*, Med., hérnia intestinal.

EN.TE.RÓ.CLI.SE, *s.f.*, Med., lavagem intestinal.

EN.TE.RO.CLIS.MA, *s.m.*, Med., o mesmo que enteróclise.

EN.TE.RO.GRA.FI.A, *s.f.*, descrição anatômica dos intestinos.

EN.TE.RO.GRÁ.FI.CO, *adj.*, relativo a enterografia.

EN.TE.RO.LO.GI.A, *s.f.*, Med., estudo ou tratado do intestino e de suas funções.

EN.TE.RO.LÓ.GI.CO, *adj.*, Med., relativo a enterologia.

EN.TE.RO.PA.TI.A, *s.f.*, Med., qualquer doença intestinal.

EN.TE.RO.SE, *s.f.*, Med., moléstia dos intestinos.

EN.TE.RO.TO.MI.A, *s.f.*, Med., incisão cirúrgica nos intestinos.

EN.TE.RÓ.TO.MO, *s.m.*, Med., instrumento com que se pratica a enterotomia.

EN.TER.RA.DO, *adj.*, sepultado, encovado, coberto de terra; *fig.*, acabado, esquecido.

EN.TER.RA.MEN.TO, *s.m.*, enterro, ato de enterrar, sepultamento.

EN.TER.RAR, *v.t.* e *pron.*, sepultar, colocar na sepultura, encovar, cobrir com terra.

EN.TER.RO, *s.m.*, sepultamento, funeral, enterramento.

EN.TE.SA.DO, *adj.*, duro, rijo, reto, esticado, firme.

EN.TE.SAR, *v.t.* e *pron.*, tornar teso, retesar, esticar, enrijecer, enrijar.

EN.TE.SOU.RA.DO, *adj.*, que se transformou em tesouro.

EN.TE.SOU.RA.DOR, *adj.* e *s.m.*, que ou o que entesoura.

EN.TE.SOU.RAR, *v.t.*, guardar tesouros, guardar riquezas, acumular riquezas.

EN.TES.TAR, *v.t.*, fazer frente, estar na frente, ser a testa, colocar testa em, limitar-se, confinar.

EN.TI.BI.A.MEN.TO, *s.m.*, estado de tibieza, frouxidão, falta de viveza.

EN.TI.BI.AR, *v.t.*, *int.* e *pron.*, tornar tíbio, amornar, afrouxar, perder o prumo.

EN.TI.DA.DE, *s.f.*, organização, sociedade, ente, ser, instituto.

EN.TI.JU.CA.DO, *adj.*, *bras.*, sujo de barro, enlameado com tijuco.

EN.TI.JU.CAR, *v.t.*, *bras.*, enlamear com tijuco, sujar de barro.

EN.TI.SI.CAR, *v.t.* e *int.*, tornar(-se) tísico; p.ext., definhar; *fig.*, apoquentar.

EN.TO.A.ÇÃO, *s.f.*, ação ou efeito de entoar, canto, início de um canto, afinação musical.

EN.TO.A.DO, *adj.*, cantado, iniciado um canto, sonorizado.

EN.TO.A.DOR, *adj.* e *s.m.*, que ou aquele que entoa ou que dá o tom à música.

EN.TO.A.MEN.TO, *s.m.*, ato ou efeito de entoar; inflexão.

EN.TO.AR, *v.t.* e *int.*, iniciar um canto, cantar.

EN.TO.CA.DO, *adj.*, que se entocou; encafuado; *fig.*, metido em toca, ou em lugar recôndito como uma toca.

EN.TO.CAR, *v.t.*, meter(-se) ou esconder(-se) em toca ou em cova; encafuar.

EN.TO.JA.DO, *adj.*, que se entojou, que está com entojo; nauseado; *bras.*, MG e SP, presunçoso, vaidoso.

EN.TO.JO, *s.m.*, náusea de que algumas mulheres se ressentem durante a gravidez, desejos de grávidas.

EN.TO.MO.LO.GI.A, *s.f.*, na Zoologia, a parte que estuda os insetos.

EN.TO.MO.LÓ.GI.CO, *adj.*, relativo a entomologia; insetológico.

EN.TO.MO.LO.GIS.TA, *s. 2 gên.*, profissional que estuda e pratica a Entomologia.

EN.TO.NA.ÇÃO, *s.f.*, ato de entoar, canto, modulação da voz e da música.

EN.TO.NA.DO, *adj.*, que recebeu entonação; entoado; embecado; enfatiotado.

EN.TO.NAR, *v.t.* e *pron.*, erguer(-se) altivamente; ostentar(-se) majestosamente.

EN.TO.NO, *s.m.*, soberba, altivez, sentimento de superioridade em relação a outros seres humanos.

EN.TON.TE.CE.DOR, *adj.*, que entontece, causa tonteira; estonteante; *fig.*, que deixa confuso, desnorteado.

EN.TON.TE.CER, *v.t.* e *int.*, tornar tonto, provocar tontura, acabrunhar.

EN.TON.TE.CI.DO, *adj.*, que ficou tonto; atordoado.

EN.TON.TE.CI.MEN.TO, *s.m.*, ato ou efeito de entontecer(-se).

EN.TOR.NA.DO, *adj.*, que se entornou; que foi virado ou derramado; *fig.*, transtornado.

EN.TOR.NA.DU.RA, *s.f.*, ação e efeito de entornar; derramamento, entorna.

EN.TOR.NAR, *v.t.*, *int.* e *pron.*, derramar, virar, deixar líquidos passarem por cima da borda.

EN.TOR.NO, *s.m.*, o que está ao redor de um lugar; a adjacência, a circunvizinhança.

EN.TOR.PE.CEN.TE, *s.m.*, droga que entorpece o organismo; toda substância que vicia e carrega o organismo de vícios.

EN.TOR.PE.CER, *v.t.*, *int.* e *pron.*, anestesiar, deixar dormente.

EN.TOR.PE.CI.DO, *adj.*, anestesiado, dormente, apagado; *fig.*, inerte, que não tem ação.

EN.TOR.PE.CI.MEN.TO, *s.m.*, ato ou efeito de entorpecer(-se); torpor.

EN.TOR.RO.AR, *v.t.* converter em torrões; formar torrões.

EN.TOR.SE, *s.f.*, lesão causada pela torcedura de um músculo, dor muscular.

EN.TOR.TA.DO, *adj.*, que se entortou; torto.

EN.TOR.TAR, *v.t.*, *int.* e *pron.*, fazer ficar torto, curvar, dobrar.

EN.TO.ZO.Á.RIO, *s.m.*, *ant.*, espécime dos entozoários; *adj.*, relativo ou pertencente aos entozoários.

EN.TRA.DA, *s.f.*, ingresso, portão, porta, bilhete; o primeiro prato na refeição, falta de cabelos na parte alta da testa.

EN.TRA.LHAR, *v.t.* tecer as tralhas de (rede); prender nas malhas das redes; *v.pron.*, embaraçar-se.

EN.TRA.LHO, *s.m.*, fio com que se liga o chumbo e a cortiça às redes (de pesca).

EN.TRAN.ÇA.DO, *adj.*, que se entrançou, entrelaçado, tramado com tecido.

EN.TRAN.ÇA.DU.RA, *s.f.*, ação e efeito de entrançar; entrelaçamento.

EN.TRAN.ÇAR, *v.t.* e *pron.*, tramar, entretecer, entrelaçar, ligar os fios, tecer.

EN.TRÂN.CIA, *s.f.*, na carreira dos burocratas, a ordem hierárquica, as seções judiciais para o trâmite dos processos.

EN.TRA.NHA, *s.f.*, vísceras, intestinos, ventre materno, a mais profunda região do abdome; *fig.*, caráter.

EN.TRA.NHA.DO, *adj.*, adentrado, interiorizado, que está

EN.TRA.NHAR-(SE), *v.t.,* colocar nas entranhas, enraizar, fixar dentro.
EN.TRA.NHÁ.VEL, *adj. 2 gên.,* que provoca estranheza; censurável.
EN.TRA.PAR, *v.t.,* cobrir com trapos; embrulhar em trapos; emplastrar.
EN.TRAR, *v. int.,* adentrar, ir para dentro, participar.
EN.TRA.VAR, *v.t.,* obstaculizar, fechar, dificultar.
EN.TRA.VE, *s.m.,* obstáculo, empecilho, dificuldade, estorvo.
EN.TRE, *prep.,* no meio de, dentro de, de, permeio.
EN.TRE.A.BER.TO, *adj.,* semiaberto, meio aberto.
EN.TRE.A.BRIR, *v.t., int. e pron.,* meio abrir, abrir pouco; o céu se entreabriu - desanuviar-se.
EN.TRE.A.TO, *s.m.,* o intervalo entre dois atos de um teatro ou apresentação cênica.
EN.TRE.CAS.CA, *s.f.,* Bot., parte mais interna da casca das árvores; samo.
EN.TRE.CAS.CO, *s.m.* Bot., o mesmo que entrecasca; Zool., parte superior do casco dos animais.
EN.TRE.CER.RAR, *v.t.,* entreabrir, abrir em parte, meio abrir.
EN.TRE.CHO, *s.m.,* enredo de peça literária ou dramática.
EN.TRE.CHO.CAN.TE, *adj.,* que se entrechoca.
EN.TRE.CHO.CAR-SE, *v.t. e pron.,* choque simultâneo entre dois corpos, dois corpos que se batem mutuamente.
EN.TRE.CHO.QUE, *s.m.,* dois corpos que batem de frente; contrariedade.
EN.TRE.CO.NHE.CER, *v.t. e pron.,* conhecer(-se) imperfeitamente ou vagamente.
EN.TRE.CO.RO, *s.m.,* espaço entre o coro e o altar-mor de uma catedral ou igreja.
EN.TRE.COR.TA.DO, *adj.,* que é interrompido a certos intervalos, vez por outra interrompido.
EN.TRE.COR.TAR, *v.t. e pron.,* parar de vez em quando; suspender a atividade.
EN.TRE.COS.TA.DO, *s.m.,* Mar., obra do navio situada entre o costado interno e o externo, que serve para o reforçar.
EN.TRE.COS.TO, *s.m.,* parte da carne de rês, junto ao espinhaço.
EN.TRE.CRU.ZA.DO, *adj.,* que se entrecruzou.
EN.TRE.CRU.ZA.MEN.TO, *s.m.,* ato ou efeito de entrecruzar-se.
EN.TRE.CRU.ZAR-SE, *pron.,* ocorrer um cruzamento recíproco.
EN.TRE.DE.DO, *s.m.,* região interdigital.
EN.TRE.DE.VO.RAR-SE, *v.pron.,* devorar-se ou matar-se reciprocamente.
EN.TRE.DI.ZER, *v.t.,* dizer entre si, ou para si; falar baixinho.
EN.TRE.FE.CHA.DO, *adj.,* meio fechado; fechado incompletamente; entrecerrado.
EN.TRE.FE.CHAR, *v.t. e pron.,* fechar(-se) um pouco, parcialmente; entrecerrar.
EN.TRE.FO.LHA, *s.f.,* Art. Gráf., folha de papel para comentários intercalados entre duas folhas de caderno ou livro.
EN.TRE.FO.LHAR, *v.t.,* misturar com folhas; pôr entrefolhas, colocar entrefolhas.
EN.TRE.FO.LHO, *s.m.,* escaninho, recanto, esconderijo.
EN.TRE.FOR.RO, *s.m.,* peça de tela entre o forro e a parte exterior; entretela.
EN.TRE.GA, *s.f.,* ato ou efeito de entregar(-se); aquilo que é entregue.

EN.TRE.GA.DEI.RA, *s.f.,* Têxt., certa máquina da indústria de fiação.
EN.TRE.GA.DOR, *s.m.,* quem entrega, portador; *fig.,* denunciador.
EN.TRE.GAR, *v.t. e pron.,* levar para, dar em confiança; dedicar-se com exclusividade.
EN.TRE.GUE, *adj.,* posto no poder de alguém, ocupado, estar nas mãos de.
EN.TRE.LA.ÇA.DO, *adj.,* que se entrelaçou; entrançado; entremeado; *s.m.,* Arq., ornato cujos motivos se entrelaçam.
EN.TRE.LA.ÇA.MEN.TO, *s.m.,* ato ou efeito de entrelaçar(-se); enlaçamento.
EN.TRE.LA.ÇAR, *v.t. e pron.,* abraçar, enlaçar, ligar-se.
EN.TRE.LI.NHA, *s.f.,* espaço no meio de duas linhas; *no pl.,* conteúdo escondido.
EN.TRE.LI.NHAR, *v.t.,* escrever nas entrelinhas, escrever de modo que se subentenda o conteúdo.
EN.TRE.LU.ZIR, *v.t., int. e pron.,* começar a luzir, a irradiar luz; luzir fraca ou intermitentemente; bruxulear; tremeluzir.
EN.TRE.MA.NHÃ, *s.f.,* primeira claridade do dia; aurora; madrugada.
EN.TRE.ME.A.DO, *adj.,* que se entremeou.
EN.TRE.ME.AR, *v.t., int. e pron.,* colocar no meio, interpor, pôr no meio.
EN.TRE.MEI.O, *s.m.,* o que fica entre duas situações, o que está posto entre dois pontos.
EN.TRE.MEN.TES, *adv.,* no meio tempo, no entretanto.
EN.TRE.ME.TER-(SE), *v.t., int. e pron.,* colocar-se no meio, estar de permeio.
EN.TRE.ME.TI.DO, *adj.,* o mesmo que intrometido.
EN.TRE.ME.TI.MEN.TO, *s.m.,* ação e efeito de entremeter ou entremeter-se; intrometimento.
EN.TRE.MEZ, *s.m.,* Teat., apresentação de jograis ou bufões, realizada nos banquetes da Idade Média.
EN.TRE.MO.DI.LHÃO, *s.m.,* Arquit., espaço que medeia entre dois modilhões.
EN.TRE.MOS.TRA.DO, *adj.,* que se entremostrou.
EN.TRE.MOS.TRAR, *v.t. e int.,* mostrar(-se) parcialmente; deixar(-se) entrever.
EN.TRE.NÓ, *s.m.,* Bot., parte de caule situada entre dois nós; internódio; meritalo.
EN.TRE.NU.BLA.DO, *adj.,* que está entre as nuvens.
EN.TRE.NU.BLAR-SE, *v.pron.,* mostrar-se entre nuvens.
EN.TRE.O.CUL.TAR-SE, *v.pron.,* esconder-se mais ou menos, disfarçar-se.
EN.TRE.O.CUL.TO, *adj.,* que se entrevê.
EN.TRE.O.LHAR-SE, *v. pron.,* um olhar para o outro, olhar-se reciprocamente.
EN.TRE.OU.VIR, *v.t.,* ouvir sem estar atento, ouvir por acaso, ouvir ao passar.
EN.TRE.PA.RAR, *v.int.,* deter-se por um instante.
EN.TRE.PAU.SA, *s.f.,* parada ou interrupção intermediária; descanso; pausa.
EN.TRE.PER.NA, *s.f.,* parte interna das coxas, nas proximidades da junção entre as pernas.
EN.TRE.PI.LAS.TRAS, *s.f.,* Arquit., o intervalo entre as pilastras.
EN.TRE.POR, *v.t. e int.,* mesmo que interpor.
EN.TRE.POS.TO, *s.m.,* depósito, local para armazenar mercadorias.
EN.TRES.SA.FRA, *s.f.,* lapso de tempo entre uma safra

e outra.

EN.TRES.SE.ME.AR, *v.t.*, semear de permeio, plantar entre; *fig.*, intercalar.

EN.TRES.SO.LA, *s.f.*, a peça do calçado que está entre a sola e a palmilha.

EN.TRES.SO.NHA.DO, *adj.*, entre o sonho e a vigília; desejado, almejado.

EN.TRES.SO.NHAR, *v.t. e int.*, imaginar de maneira imprecisa; perder-se em devaneios.

EN.TRE.TAN.TO, *adv.*, no entanto, nesse espaço de tempo; *conj.*, todavia, mas.

EN.TRE.TE.CE.DOR, *adj. e s.m.*, que ou o que entretece ou entrelaça.

EN.TRE.TE.CE.DU.RA, *s.f.*, ação ou efeito de entretecer; entrelaçamento.

EN.TRE.TE.CER, *v.t.*, entrelaçar, tecer com várias linhas, juntar.

EN.TRE.TE.CI.MEN.TO, *s.m.*, ação ou resultado de entretecer(-se); intercalação; enredo; Têxt., entrelaçamento resultante do ato de tecer.

EN.TRE.TE.LA, *s.f.*, peça de pano posta entre duas outras na confecção de vestimentas.

EN.TRE.TE.LAR, *v.t.*, pôr entretelas entre o pano e o forro para reforçar.

EN.TRE.TEM.PO, *s.m.*, no meio tempo, um tempo entre outro, meio tempo.

EN.TRE.TE.NI.MEN.TO, *s.m.*, ocupação, lazer, diversão.

EN.TRE.TER, *v.t. e pron.*, divertir, ocupar o tempo, distrair.

EN.TRE.TI.DO, *adj.*, divertido, distraído, ocupado, absorto.

EN.TRE.TI.MEN.TO, *s.m.*, ato de entreter(-se); o que entretém; divertimento; recreação.

EN.TRE.TUR.BAR, *v.t. e v.pron.*, causar leve perturbação a; ficar levemente perturbado.

EN.TRE.VA.ÇÃO, *s.f.*, ver entrevamento.

EN.TRE.VA.DO, *adj.*, que não consegue mover-se, paralítico.

EN.TRE.VAR, *v.t., int. e pron.*, paralisar os músculos, entorpecer.

EN.TRE.VER, *v.t. e pron.*, ver de modo rápido e mal, prever de modo confuso.

EN.TRE.VE.RAR, *v.t. e pron.*, baralhar ou baralharem-se as tropas que se combatem.

EN.TRE.VE.RO, *s.m.*, confusão, rixa, desentendimento, baderna.

EN.TRE.VI.A, *s.f., bras.*, espaço entre duas vias.

EN.TRE.VIR, *v.t. e int.*, o mesmo que intervir.

EN.TRE.VIS.TA, *s.f.*, compromisso, encontro em que um pergunta e o outro responde aos questionamentos, declarações.

EN.TRE.VIS.TA.DO, *adj.*, que se entrevistou, que concedeu entrevista; *s.m.*, aquele que concedeu entrevista.

EN.TRE.VIS.TA.DOR, *s.m.*, quem faz entrevista.

EN.TRE.VIS.TAR, *v.t.*, fazer perguntas a, questionar alguém.

EN.TRE.VIS.TO, *adj.*, que se entreviu; que se percebe logo.

EN.TRIN.CHEI.RA.DO, *adj.*, que se entrincheirou; protegido com trincheira ou barricada.

EN.TRIN.CHEI.RA.MEN.TO, *s.m.*, ato de entrincheirar(-se); fortificação com trincheiras.

EN.TRIN.CHEI.RAR, *v.t. e pron.*, colocar em uma trincheira, fortificar com trincheira.

EN.TRIS.TAR, *v.t. e int.*, mesmo que entristecer.

EN.TRIS.TE.CE.DOR, *adj.*, que entristece; desolador.

EN.TRIS.TE.CER, *v.t., int. e pron.*, tornar triste, contristar, deixar tristonho.

EN.TRIS.TE.CI.DO, *adj.*, que se entristeceu; acabrunhado; melancólico; triste.

EN.TRIS.TE.CI.MEN.TO, *s.m.*, ato ou efeito de entristecer(-se); tristeza.

EN.TRO.NAR, *v.t.*, o mesmo que entronizar.

EN.TRON.CA.DO, *adj.*, indivíduo de pequeno porte, mas com membros muito desenvolvidos.

EN.TRON.CA.MEN.TO, *s.m.*, junção de duas rodovias ou ferrovias; trevo, encruzilhada.

EN.TRON.CAR, *v. int. e pron.*, juntar, ligar, formar o tronco.

EN.TRO.NI.ZA.ÇÃO, *s.f.*, ato ou efeito de entronizar(-se), de subir ao trono.

EN.TRO.NI.ZA.DO, *adj.*, que está no trono, que tem a posse do trono, elevado.

EN.TRO.NI.ZAR, *v.t. e pron.*, colocar no trono, alçar ao trono, dar o trono a.

EN.TRÓS, *s.m.*, o mesmo que entrosa.

EN.TRO.SA, *s.f.*, roda dentada em alguns moinhos ou lagares, que engranza noutra; endentação; o eixo dentado; o espaço entre os dentes da roda.

EN.TRO.SA.DO, *adj.*, apercebido, sabedor do que faz.

EN.TRO.SA.GEM, *s.f.*, o mesmo que entrosagão.

EN.TRO.SA.MEN.TO, *s.m.*, ato de entrosar, harmonização, confraternização, junção de várias partes.

EN.TRO.SAR, *v.t. e int.*, afazer-se a um local, fazer-se senhor da situação.

EN.TROU.XAR, *v.t.*, colocar na trouxa, arrumar em trouxa, embrulhar.

EN.TRU.DO, *s.m.*, denominação antiga de carnaval, folguedos de carnaval.

EN.TU.LHA.DO, *adj.*, acumulado, amontoado, que está cheio de entulhos.

EN.TU.LHAR, *v.t. e pron.*, colocar entulho, acumular restos; amontoar fragmentos de construção.

EN.TU.LHO, *s.m.*, fragmentos, restos de construção; o que estorva o trânsito.

EN.TU.PI.DO, *adj.*, obstruído, fechado, cheio.

EN.TU.PI.MEN.TO, *s.m.*, ato de entupir(-se); obstrução, congestionamento.

EN.TU.PIR, *v.t. e pron.*, encher, atulhar, fechar, obstruir.

EN.TUR.BAR, *v.t.* fazer turvo; turvar, perturbar.

EN.TUR.VA.ÇÃO, *s.f.*, ação ou efeito de enturvar.

EN.TUR.VA.DO, *adj.*, turvo; não límpido.

EN.TUR.VAR, *v.pron.*, tornar turvo; turvar; *fig.*, perturbar.

EN.TU.SI.AS.MA.DO, *adj.*, animado, ativo, pronto, disposto.

EN.TU.SI.AS.MAR, *v.t., int. e pron.*, criar entusiasmo, carisma; animar.

EN.TU.SI.AS.MO, *s.m.*, ânimo, carisma, presteza, alegria, ímpeto.

EN.TU.SI.AS.TA, *s. 2 gên.*, que se anima, que se entusiasma; otimista, ativo.

EN.TU.SI.ÁS.TI.CO, *adj.*, animado, carismático, disposto.

E.NU.BLAR, *v.t. e pron.*, fazer ficar ou ficar coberto de nuvens; *fig.*, entristecer(-se).

E.NU.CLE.AR, *v.t.*, retirar o núcleo de (algo); *fig.*, retirar caroço de (fruta).

E.NU.ME.RA.ÇÃO, *s.f.*, ação ou efeito de enumerar, soma, cômputo, descrição detalhada de uma conta.

E.NU.ME.RA.DO, *adj.*, que se enumerou; listado; relacionado.

E.NU.ME.RA.DOR, *adj. e s.m.*, que ou o que enumera, que faz uma enumeração.

ENUMERAR ··· 359 ··· ENXAGUADURA

E.NU.ME.RAR, *v.t.*, discriminar cada item de um rol.
E.NU.ME.RÁ.VEL, *adj. 2 gên.*, que se pode enumerar.
E.NUN.CI.A.ÇÃO, *s.f.*, comunicação, declaração, anunciação.
E.NUN.CI.A.DO, *adj.* e *s.m.*, exposição, palestra, declaração, demonstração; que se anuncia.
E.NUN.CI.AR, *v.t.* e *pron.*, apresentar, expor, falar, discursar.
E.NUN.CI.A.TI.VO, *adj.*, que enuncia, que comunica, comunicante.
E.NU.RE.SE, *s.f.*, enurese, incontinência urinária, ação de urinar involuntariamente.
E.NU.RE.SI.A, *s.f.*, Med., incontinência urinária.
E.NU.VI.AR, *v.t.*, mesmo que anuviar.
EN.VAI.DE.CE.DOR, *adj.*, que envaidece.
EN.VAI.DE.CI.MEN.TO, *adv.*, de uma maneira envaidecida, com envaidecimento.
EN.VAI.DE.CER, *v.t.* e *pron.*, tornar vaidoso, orgulhar.
EN.VAI.DE.CI.DO, *adj.*, orgulhoso, bajulado, vaidoso, que está cheio de si.
EN.VA.RE.TA.DO, *adj.*, irritado, aborrecido, que está cheio de varetas.
EN.VA.RE.TAR, *v. int.*, aborrecer, desapontar, irritar, incomodar, encher com varetas.
EN.VA.SA.DU.RA, *s.f.*, envasamento, ação de envasar, colocar algo em um vaso, encher uma vasa.
EN.VA.SA.MEN.TO, *s.m.*, envasadura, ato de colocar em vaso, encher um recipiente, envasilhamento.
EN.VA.SAR, *v.t.*, colocar em um vaso, planar em vaso, encher um vaso, envasilhar, encher um recipiente com alguma substância, engarrafar bebidas.
EN.VA.SI.LHA.DO, *adj.*, posto no vasilhame, engarrafado, colocado no recipiente.
EN.VA.SI.LHA.MEN.TO, *s.m.*, ação de colocar em um vasilhame, engarrafamento, envasamento.
EN.VA.SI.LHAR, *v.t.*, colocar em vasilha, pôr em garrafa, engarrafar.
EN.VE.LHE.CER, *v.t.* e *int.*, ficar velho, amadurecer.
EN.VE.LHE.CI.DO, *adj.*, vetusto, ancião, velho, idoso; vinho pronto.
EN.VE.LHE.CI.MEN.TO, *s.m.*, ato de envelhecer.
EN.VE.LO.PA.DO, *adj.*, posto em envelope.
EN.VE.LO.PAR, *v.t.*, colocar em envelope, pôr no envelope.
EN.VE.LO.PE, *s.m.*, invólucro feito de papel para remeter a carta ou outros documentos.
EN.VE.NE.NA.DO, *adj.*, que contém veneno, que sorveu veneno, venenoso.
EN.VE.NE.NA.DOR, *adj.* e *s.m.*, que ou o que envenena.
EN.VE.NE.NA.MEN.TO, *s.m.*, ato de envenenar(-se); contaminação por substância tóxica; *fig.*, corrupção, deterioração.
EN.VE.NE.NAR, *v.t.* e *pron.*, dar veneno, fazer sorver veneno.
EN.VER.DE.CER, *v.t.*, fazer ficar ou ficar verde; esverdear.
EN.VER.DE.JAR, *v.int.*, o mesmo que enverdecer.
EN.VE.RE.DA.DO, *adj.*, rumado, dirigido, trilhado.
EN.VE.RE.DAR, *v.t.*, caminhar por uma vereda, encaminhar-se, trilhar.
EN.VER.GA.DO, *adj.*, que se envergou, curvou; vergado, arqueado.
EN.VER.GA.DU.RA, *s.f.*, distância entre as pontas das asas de uma ave, de um avião; porte, importância, dimensão, competência, abrangência, âmbito.
EN.VER.GA.MEN.TO, *s.m.*, o mesmo que envergadura.
EN.VER.GAR, *v.t.* e *pron.*, vestir, vergar-se, assumir, tomar sob seus cuidados.
EN.VER.GO.NHA.DO, *adj.*, que tem vergonha, tímido, acuado.
EN.VER.GO.NHAR, *v.t.* e *pron.*, trazer vergonha a, provocar vergonha em.
EN.VER.ME.LHAR, *v.t.*, *int.* e *pron.*, avermelhar-se; pôr-se em brasa, enrubescer.
EN.VER.NI.ZA.DO, *adj.*, coberto com verniz, que foi passado verniz.
EN.VER.NI.ZA.DOR, *adj.*, que, aquele ou aquilo que enverniza.
EN.VER.NI.ZAR, *v.t.*, passar verniz, cobrir algo com verniz.
EN.VER.RU.GA.DO, *adj.*, cheio de, ou coberto por verrugas; enrugado, encarquilhado.
EN.VER.RU.GAR, *v.t.*, *int.* e *pron.*, encher(-se) de verrugas ou rugas; enrugar(-se); amarrotar(-se); encarquilhar(-se).
EN.VES.GAR, *v.t.* e *int.*, tornar(-se) vesgo.
EN.VI.A.DO, *adj.*, mandado, remetido; *s.m.*, pessoa especial, o salvador.
EN.VI.AR, *v.t.* e *pron.*, remeter, mandar, expedir.
EN.VI.DA.DO, *adj.*, empenhado, provocado, cometido.
EN.VI.DAR, *v.t.*, empenhar, realizar, provocar, gastar, cometer.
EN.VI.DRA.ÇA.DO, *adj.*, que se envidraçou; que é guarnecido de vidraça; *fig.*, vidrado, embaçado.
EN.VI.DRA.ÇA.MEN.TO, *s.m.*, ato ou efeito de envidraçar(-se).
EN.VI.DRA.ÇAR, *v.t.*, colocar vidros em.
EN.VI.ÉS, *s.m.*, o mesmo que viés.
EN.VI.E.SA.DO, *adj.*, que se enviesou; que foi colocado, dobrado, disposto.
EN.VI.E.SAR, *v.t.* e *pron.*, locomover-se de viés, andar de maneira oblíqua.
EN.VI.LE.CER, *v. int.*, tornar vil, rebaixar, reduzir o valor.
EN.VI.LE.CI.MEN.TO, *s.m.*, ato ou efeito de envilecer(-se); aviltamento.
EN.VI.NA.GRA.DO, *adj.*, que contém vinagre; com sabor de vinagre; *fig.*, irritado, azedo.
EN.VI.NA.GRAR, *v.t.*, mesmo que avinagrar.
EN.VI.O, *s.m.*, remessa, expedição, o que foi remetido.
EN.VI.U.VA.DO, *adj.*, viúvo, desacompanhado.
EN.VI.U.VAR, *v. int.*, ficar viúvo, morte de um dos cônjuges.
EN.VOL.TA, *s.f.*, baderna, tumulto, balbúrdia, confusão.
EN.VOL.TO, *adj.*, enrolado, empacotado, enfaixado.
EN.VOL.TÓ.RIO, *s.m.*, invólucro, o que empacota.
EN.VOL.TU.RA, *s.f.*, ação de envolver; envolvimento.
EN.VOL.VEN.TE, *adj.*, que envolve, cativante, atraente, fascinante.
EN.VOL.VER, *v.t.* e *pron.*, embrulhar, enlaçar, abraçar, circundar, cativar, fascinar.
EN.VOL.VI.DO, *adj.*, que se envolveu ou deixou envolver; implicado; comprometido.
EN.VOL.VI.MEN.TO, *s.m.*, ato de envolver(-se); relação amorosa; caso.
EN.XA.DA, *s.f.*, ferramenta para capinar, trabalhar a terra.
EN.XA.DA.DA, *s.f.*, pancada com enxada.
EN.XA.DÃO, *s.m.*, ferramenta com formato de enxada para cavar.
EN.XA.DRE.ZAR, *v.t.*, dividir em quadrados, como tabuleiro de xadrez.
EN.XA.DRIS.MO, *s.m.*, técnica ou arte ou prática do jogo de xadrez.
EN.XA.DRIS.TA, *s. 2 gên.*, quem joga xadrez, xadrezista.
EN.XA.GUA.DO, *adj.*, lavado, molhado, lavado em água limpa.
EN.XA.GUA.DU.RA, *s.f.*, ação de enxaguar.

EN.XA.GUAR, *v.t.*, dar simples lavada, tornar a lavar em água limpa.
EN.XÁ.GUE, *s.m.*, lavagem rápida, lavagem feita em segundo lugar.
EN.XAI.MEL, *s.m.*, Constr., cada um dos caibros que formam uma estrutura (que receberá o barro ou tijolo) de paredes de taipa; var., enxamel.
EN.XA.ME, *s.m.*, coletivo de abelhas; *fig.*, multidão.
EN.XA.ME.A.ÇÃO, *s.f.*, ato ou efeito de enxamear, de colocar os enxaiméis.
EN.XA.ME.AR, *v. int.*, formar enxames, aglomerar muitos seres; *fig.*, criar muitos insetos ou pessoas.
EN.XA.QUE.CA, *s.f.*, dor de cabeça continuada, cefaleia, cefalalgia.
EN.XÁR.CIA, *s.f.*, conjunto dos cabos que unem e fortificam os mastros de um veleiro.
EN.XA.RO.PA.DO, *adj.*, tornado xarope, que está sem gosto; *fig.*, que tem mau gosto.
EN.XA.RO.PAR, *v.t.*, transformar em xarope, tornar xarope; *fig.*, tirar o sabor exato de algo.
EN.XER.GA, *s.f.*, colchão rústico, cama muito pobre, cama miserável.
EN.XER.GA.DO, *adj.*, visto, avistado, percebido, descortinado, vislumbrado.
EN.XER.GÃO, *s.m.*, enxerga grande; tipo de almofadão de palha que se coloca por baixo do colchão; *bras.*, RS, suadouro que se põe sobre o lombo do cavalo, por baixo dos arreios.
EN.XER.GAR, *v.t.*, ver, avistar, perceber, descortinar, vislumbrar.
EN.XE.RI.DO, *adj.*, metido, intrometido, abelhudo.
EN.XE.RI.MEN.TO, *s.m.*, ação de enxerir; inserção; *bras.*, atrevimento, indiscrição.
EN.XE.RIR, *v. pron.*, meter-se onde não é chamado, intrometer-se.
EN.XER.TA.DEI.RA, *s.f.*, Agr., faca para fazer enxertos.
EN.XER.TA.DO, *adj.*, Bot., que se enxertou, que é produto de enxerto; *fig.*, introduzido, acrescentado.
EN.XER.TA.DOR, *adj.* e *s.m.*, que, aquele ou aquilo que enxerta.
EN.XER.TAR, *v.t.* e *pron.*, praticar enxerto, inserir, juntar dois ramos para obter nova muda.
EN.XER.TI.A, *s.f.*, enxerto, ação de enxertar.
EN.XER.TO, *s.m.*, ação de enxertar; junção de ramos, implante enxerto.
EN.XÓ, *s.f.*, ferramenta usada por marceneiros ou carpinteiros, para desbastar ou cavar madeiras.
EN.XO.FRA.DO, *adj.*, polvilhado de enxofre; preparado com enxofre; *pop.*, amuado.
EN.XO.FRAR, *v.t.* cobrir ou polvilhar de enxofre; *fig.*, *pop.*, irritar; *v.pron.*, *pop.*, agastar-se, amuar-se.
EN.XO.FRE, *s.m.*, elemento não metálico com n.º atômico 16; metaloide de cor amarela.
EN.XO.FREI.RA, *s.f.*, vulcão, que expele gases impregnados de enxofre; sulfureira.
EN.XO.TA.DO, *adj.*, que se enxotou; posto para fora; expulso.
EN.XO.TAR, *v.t.*, espantar, afugentar, correr com, expulsar.
EN.XO.VAL, *s.m.*, roupas de uma noiva ou nenê.
EN.XO.VA.LHA.DO, *adj.*, manchado, sujo, encardido, maculado.
EN.XO.VA.LHA.MEN.TO, *s.m.*, ato ou efeito de enxovalhar(-se); enxovalho.
EN.XO.VA.LHAR, *v.t.* e *pron.*, manchar, sujar, encardir; macular, ofender, difamar.
EN.XO.VA.LHO, *s.m.*, o mesmo que enxovalhamento.
EN.XO.VI.A, *s.f.*, cadeia, cárcere subterrâneo; cadeia imunda e úmida; prisão.
EN.XU.GA.DO, *adj.*, seco, enxuto.
EN.XU.GA.DOR, *adj.*, que enxuga; *s.m.*, o que se usa para enxugar; *pop.*, toalha de banho.
EN.XU.GA.DOU.RO, *s.m.*, lugar onde se estendem roupas ou objetos para enxugar; enxugo.
EN.XU.GAR, *v.t.*, secar, desumedecer; *fig.*, beber muita bebida alcoólica.
EN.XÚN.DIA, *s.f.*, gordura suína ou de aves; gordura.
EN.XUR.RA.DA, *s.f.*, chuva grossa, com muita água, que arranca tudo.
EN.XUR.RO, *s.m.*, correnteza proveniente de chuvas torrenciais; enxurrada.
EN.XU.TO, *adj.*, seco, sem umidade; *fig.*, bem apessoado.
EN.ZI.MA, *s.f.*, fermento solúvel, substância que age com os demais corpos no organismo.
E.O.CE.NO, *adj.* e *s.m.*, diz-se da, ou a época do período terciário compreendida no intervalo de tempo geológico, aprox. entre 55 a 35 milhões de anos atrás.
E.Ó.LI.CO, *adj.*, relativo ao vento; próprio do éolo.
E.Ó.LIO, *adj.* e *s.m.*, natural ou habitante da Eólia, região da Grécia antiga.
É.O.LO, *s.m.*, vento forte, ventania.
E.O.SO.FO.BI.A, *s.f.*, medo que alguém sente com o amanhecer, fobia contra o amanhecer.
E.PA!, *interj.*, upa!, exprime precaução, cuidado.
E.PAC.TA, *s.f.*, o tanto de dias que são acrescidos ao ano lunar, a fim de igualá-lo ao solar.
E.PA.NÁ.FO.RA, *s.f.*, repetição de uma mesma palavra no início de um verso ou de uma oração, pretendendo destacá-la.
E.PÊN.TE.SE, *s.f.*, gramaticalmente, ocorre quando se aumenta a tonicidade de uma palavra.
E.PI.CAR.PO, *s.m.*, camada mais externa da casca das frutas.
E.PI.CÉ.DIO, *s.m.*, *ant.*, poema recitado nas exéquias de pessoa notável.
E.PI.CE.NO, *adj.*, *s.m.*, usado para ambos os sexos dos animais, distinguindo-se um do outro pelo acréscimo de macho ou fêmea.
E.PI.CEN.TRO, *s.m.*, local em que se verifica o auge de qualquer acontecimento imprevisto, como furacão, terremoto.
E.PI.CI.CLO, *s.m.*, Astron., no sistema de Ptolomeu, órbita circular e em cujo centro dessa órbita há outra também circular; Geom., círculo que rola exterior ou interiormente ao redor de outro círculo.
É.PI.CO, *adj.*, heroico, referente a epopeia.
E.PI.CRÂ.NIO, *s.m.*, Anat., o couro cabeludo com as partes moles subjacentes.
E.PI.CU.RIS.MO, *s.m.*, doutrina de Epicuro, filósofo grego, cuja temática está em encontrar o prazer no bem ou, pela abstinência, se obter o máximo prazer ao degustar alguma iguaria.
E.PI.CU.RIS.TA, *s. 2 gên.*, seguidor ou discípulo da doutrina e filosofia de Epicuro.
E.PI.DE.MI.A, *s.f.*, doença contagiosa que ataca muitas pessoas com rapidez.
E.PI.DÊ.MI.CO, *adj.*, que se refere a epidemia.
E.PI.DE.MI.O.LO.GI.A, *s.f.*, estudo de todas as epidemias e suas ações.

E.PI.DE.MI.O.LÓ.GI.CO, *adj.,* que se refere a Epidemiologia.
E.PI.DE.MI.O.LO.GIS.TA, *s. 2 gên.,* especialista em Epidemiologia.
E.PI.DER.ME, *s.f.,* parte superficial da pele.
E.PI.DÉR.MI.CO, *adj.,* que se refere a epiderme.
E.PI.DÍ.DI.MO, *s.m.,* Med., corpo situado na parte superior de cada testículo que contém os vasos seminíferos.
E.PI.FA.NI.A, *s.f.,* festa cristã que celebra a aparição de Jesus Cristo a todos os povos da Terra, por meio dos chamados Reis Magos; revelação, despontamento; celebração aos 6 de janeiro.
E.PI.GAS.TRAL.GI.A, *s.f.,* Med., dor no epigástrio.
E.PI.GÁS.TRI.CO, *adj.,* relativo ao, ou do epigástrio, parte superior do abdome.
E.PI.GLO.TE, *s.f.,* tipo de válvula no alto da laringe, que tapa a entrada dela na hora da deglutição.
E.PI.GLÓ.TI.CO, *adj.,* relativo a epiglote.
E.PI.GLO.TI.TE, *s.f.,* doença na epiglote.
E.PÍ.GO.NO, *s.m.,* discípulo que continua os ensinamentos do mestre, seguidor.
E.PI.GRA.FAR, *v.t.,* pôr epígrafe em, inscrever, escrever na lousa.
E.PÍ.GRA.FE, *s.m.,* máxima, frase colocada com destaque em qualquer lugar.
E.PI.GRA.FI.A, *s.f.,* tratado, estudo de inscrições.
E.PI.GRÁ.FI.CO, *adj.,* relativo a epigrafia.
E.PI.GRA.MA, *s.m.,* poemeto ou frase com espírito satírico.
E.PI.GRA.MÁ.TI.CO, *adj.,* que se relaciona com epigrama.
E.PI.GRA.MA.TIS.TA, *s. 2 gên.,* pessoa que faz epigramas.
E.PI.LA.ÇÃO, *s.f.,* depilação.
E.PI.LA.TÓ.RIO, *adj.,* depilatório, que se refere a epilação.
E.PI.LEP.SI.A, *s.f.,* doença manifestada por convulsões, quedas e inconsciência.
E.PI.LÉP.TI.CO, *adj.,* doente; com epilepsia.
E.PI.LO.GA.ÇÃO, *s.f.,* resumo, resenha, sumário, síntese.
E.PI.LO.GA.DOR, *adj. e s.m.,* que(m) resume, resumidor, sintetizador.
E.PI.LO.GAR, *v.t.,* resumir, sintetizar, concluir, inferir.
E.PÍ.LO.GO, *s.m.,* fim, término, conclusão.
E.PIS.CO.PA.DO, *s.m.,* conjunto de bispos, exercício da função de bispo, diocese.
E.PIS.CO.PAL, *adj.,* relativo ao bispo, próprio do bispo.
E.PI.SÓ.DI.CO, *adj.,* relativo a episódio, próprio de episódio.
E.PI.SÓ.DIO, *s.m.,* fato, momento num romance, numa novela.
E.PI.STA.XE, *s.f.,* hemorragia nasal, saída intensa de sangue do nariz.
E.PI.TE.LI.AL, *adj. 2 gên.,* Histol., relativo ao epitélio; formado de epitélio.
E.PI.TE.LI.O.MA, *s.m.,* Med., qualquer tipo de tumor epitelial.
E.PIS.TE.MO.LO.GI.A, *s.f.,* estudo crítico da metodologia usada nas ciências.
E.PÍS.TO.LA, *s.f.,* carta, gênero bíblico para doutrinar.
E.PIS.TO.LAR, *adj.,* característico para epístola.
E.PIS.TO.LÁ.RIO, *adj.,* coleção de cartas, livro composto por cartas, epístolas.
E.PIS.TO.LO.GRA.FI.A, *s.f.,* habilidade de escrever cartas, compor epístolas.
E.PIS.TO.LO.GRÁ.FI.CO, *adj.,* que se refere a epistolografia.
E.PIS.TO.LO.GRA.FO, *s.m.,* escritor; cultor de epistolografia.
E.PI.TÁ.FIO, *s.m.,* inscrição na sepultura.
E.PI.TA.LÂ.MIO, *s.m.,* poema que celebra as núpcias de alguém.
E.PI.TÉ.LIO, *s.m.,* tecido que cobre a pele e as mucosas.
E.PÍ.TE.SE, *s.f.,* uma letra acrescida ao final de uma palavra, por derivação ou por cacoete.
E.PI.TE.TAR, *v.t.,* apelidar, qualificar, determinar, nominar.
E.PÍ.TE.TO, *s.m.,* apelido, nome.
E.PÍ.TO.ME, *s.m.,* resumo de ideias, filosofias, doutrinas, teorias; paradigma.
E.PI.ZO.O.TI.A, *s.f.,* tipo de doença que pode ocorrer entre os animais.
É.PO.CA, *s.f.,* era, período, lapso de tempo em que se vive, lapso de tempo.
E.PO.DO, *s.m.,* Poét., última parte de um canto, ode ou hino; poema lírico composto de versos jâmbicos, alternativamente trímetros e dímetros; máxima ou sentença moral; provérbio.
E.PÔ.NI.MO, *adj.,* pessoa heroica, famosa, que empresta o próprio nome a uma era ou a uma cidade, estado, país.
E.PO.PEI.A, *s.f.,* narrativa poética para glorificar feitos grandiosos.
E.PO.PEI.CO, *adj.,* relativo a, ou da natureza da epopeia; *fig.,* heroico, grandioso.
ÉP.SI.LO, *s.m.,* a quinta letra do á-bê-cê grego; var., épsilon.
É.PUR.A, *s.f.,* Geom., representação num plano (planta baixa ou perfil) mediante projeções.
E.QUA.ÇÃO, *s.f.,* na Matemática, uma igualdade entre duas quantidades.
E.QUA.CI.O.NAR, *v.t.,* colocar em forma de equação, solucionar.
E.QUA.DOR, *s.m.,* círculo imaginário que divide a Terra em dois hemisférios.
E.QUÂ.NI.ME, *adj.,* justo, de bom senso, ponderado.
E.QUA.NI.MI.DA.DE, *s.f.,* justiça, ponderação.
E.QUA.LI.ZA.ÇÃO, *s.f.,* uniformização, igualação.
E.QUA.LI.ZAR, *v.t.,* uniformizar, tornar igual, igualar.
E.QUA.TO.RI.AL, *adj.,* referente ao equador.
E.QUA.TO.RI.A.NO, *adj.,* próprio ou nascido no Equador.
E.QUES.TRE, *adj.,* relativo a cavalos, equitação.
E.QUI.ÂN.GU.LO, *adj.,* com ângulos iguais.
E.QUI.DA.DE, *s.f.,* igualdade, imparcialidade, justiça.
E.QUÍ.DEO, *adj.,* próprio do cavalo, referente ao cavalo.
E.QUI.DI.FE.REN.ÇA, *s.f.,* diferenças iguais em sua comparação.
E.QUI.DI.FE.REN.TE, *adj.,* que se refere a equidiferença.
E.QUI.DIS.TÂN.CIA, *s.f.,* distância igual.
E.QUI.DIS.TAN.TE, *adj.,* sito numa distância igual em relação a dois pontos.
E.QUI.DIS.TAR, *v. int.,* estar na mesma distância de um ponto comum.
E.QUI.LA.TE.RAL, *adj.,* que tem os lados iguais entre si.
E.QUI.LÁ.TE.RO, *adj.,* equilateral, que tem os lados iguais.
E.QUI.LI.BRA.ÇÃO, *s.f.,* estabilidade, moderação, consciência.
E.QUI.LI.BRA.DO, *adj.,* estabilizado, moderado, compenetrado, consciente.
E.QUI.LI.BRA.DOR, *adj. e s.m.,* que(m) equilibra, ponderador.
E.QUI.LI.BRAR, *v.t. e pron.,* colocar em equilíbrio, contrabalançar.
E.QUI.LÍ.BRIO, *s.m.,* estabilidade, posição estável; harmonia.
E.QUI.LI.BRIS.TA, *s. 2 gên.,* quem se conserva em equilíbrio.
E.QUI.MO.SE, *s.f.,* nódoa visível sob a pele, devido a uma hemorragia.

EQUIMULTÍPLICE / EROTISMO

E.QUI.MUL.TÍ.PLI.CE, *adj.*, Arit., o mesmo que equimúltiplo.
E.QUI.MÚL.TI.PLO, *adj.*, Arit., diz-se dos números que são igualmente múltiplos de outros, ou que resultam da multiplicação de outros pelo mesmo fator.
E.QUI.NO, *adj.*, próprio de cavalo, referente a cavalo; *s.m.*, cavalo.
E.QUI.NO.CI.AL, *adj.*, que se refere ao equinócio.
E.QUI.NÓ.CIO, *s.m.*, posição do Sol no céu, no início de março e do verão, no Hemisfério Sul, causando a mesma duração para o dia e para a noite.
E.QUI.NO.CUL.TOR, *adj.* e *s.m.*, que(m) cria cavalos.
E.QUI.NO.CUL.TU.RA, *s.f.*, criação de cavalos.
E.QUI.PA.DO, *adj.*, preparado, que tem todo o ferramental necessário.
E.QUI.PA.GEM, *s.f.*, grupo de pessoas que trabalha em navio ou avião; equipamento.
E.QUI.PA.MEN.TO, *s.f.*, equipagem, coisas necessárias para um trabalho ou viagem.
E.QUI.PAR, *v.t.* e *pron.*, fornecer o necessário para um trabalho.
E.QUI.PA.RA.ÇÃO, *s.f.*, igualdade, semelhança.
E.QUI.PA.RA.DO, *adj.*, igualado, tornado igual.
E.QUI.PA.RAR, *v.t.* e *pron.*, igualar, tornar igual.
E.QUI.PE, *s.f.*, grupo, conjunto de pessoas reunidas para os mesmos objetivos.
E.QUÍ.PE.DE, *adj.*, que possui todas as patas do mesmo tamanho.
E.QUI.PEN.DÊN.CI.A, *s.f.*, que tem o mesmo peso de outro ser, objeto, pesos iguais.
E.QUI.PO.LÊN.CIA, *s.f.*, característica, qualidade ou condição do que é equipolente; equipotência.
E.QUI.PO.LEN.TE, *adj. 2 gên.*, que tem igual poder, força ou validade; equipotente; *s.m.*, o que é equipolente.
E.QUI.PON.DE.RÂN.CIA, *s.f.*, equilíbrio, que tem o mesmo peso.
E.QUI.PON.DE.RAR, *v. int.*, equilibrar, ter o mesmo peso.
E.QUIS.SO.NÂN.CIA, *s.f.*, Acús., Mús., consonância de sons semelhantes.
E.QUIS.SO.NAN.TE, *adj. 2 gên.*, Acús. Mús., relativo ou inerente a equissonância.
E.QUI.TA.ÇÃO, *s.f.*, esporte dedicado à montaria de cavalos.
E.QUI.TA.TI.VO, *adj.*, justo, igual, imparcial.
E.QUI.VA.LÊN.CIA, *s.f.*, duas situações ou coisas iguais.
E.QUI.VA.LEN.TE, *adj.*, duas coisas iguais entre si.
E.QUI.VA.LER, *v.t.* e *pron.*, ser igual, valer o mesmo.
E.QUI.VO.CA.ÇÃO, *s.f.*, engano, logro, ilusão, miragem.
E.QUI.VO.CA.DO, *adj.*, enganado, iludido, logrado.
E.QUI.VO.CAR, *v.t.* e *pron.*, enganar, iludir, lograr.
E.QUÍ.VO.CO, *s.m.*, engano, ambiguidade, logro.
E.RA, *s.f.*, época, período, tempo, lapso de tempo.
E.RÁ.RIO, *s.m.*, tesouro público, caixa do governo.
ÉR.BIO, *s.m.*, metal de número atômico número 68.
É.RE.BO, *s.m.*, Poét., a parte mais escura e profunda do inferno; p. ext., o próprio inferno.
E.RE.ÇÃO, *s.f.*, ação de erigir, erguer, levantar; ereção do pênis.
E.REC.TO, *adj.*, ereto, erguido, alçado, aprumado, teso, duro.
E.RE.MI.TA, *s. 2 gên.*, pessoa que vive em eremitério; quem vive em lugar isolado para penitenciar-se.
E.RE.MI.TÉ.RIO, *s.m.*, local para o eremita viver, convento para a meditação e penitência religiosa.
E.RE.MÍ.TI.CO, *adj.*, relativo ou inerente a, ou próprio de eremita ou de ermo; ascético; p.ext., solitário, ermo, silencioso.
É.REO, *adj.*, que é feito de bronze, brônzeo.
E.RÉ.TIL, *adj.*, que pode ter ereção, que se torna ereto.
E.RE.TI.LI.DA.DE, *s.f.*, situação do que é erétil, ereção.
E.RE.TO, *adj.*, erecto, erguido, aprumado, teso.
ERG, *s.m.*, Fís., unidade de medida correspondente ao trabalho produzido pela força de um dina ao impelir um corpo a 1cm de distância; abrev.: e.
ER.GAS.TU.LÁ.RIO, *s.m.*, guarda de ergástulo; carcereiro.
ER.GÁS.TU.LO, *s.m.*, cárcere, cadeia, enxovia, calabouço.
ER.GO.FO.BI.A, *s.f.*, aversão para com o trabalho; ódio contra o trabalho.
ER.GÓ.FO.BO, *s.m.*, quem odeia o trabalho, quem tem aversão ao trabalho.
ER.GÓ.GRA.FO, *s.m.*, aparelho para medir a quantidade de força muscular despendida em uma ação mental.
ER.GO.LO.GI.A, *s.f.*, o segmento da Etnologia que busca a cultura material e folclórica.
ER.GO.ME.TRI.A, *s.f.*, atividade para medir o trabalho muscular de pessoas.
ER.GÔ.ME.TRO, *s.m.*, aparelho que mede o esforço desenvolvido por músculos.
ER.GO.NO.MA.NI.A, *s.f.*, estudo que busca adaptar as máquinas às forças e condições dos trabalhadores, a fim de evitar-lhes problemas de saúde e doenças.
ER.GUER, *v.t.* e *pron.*, levantar, alçar, erigir, edificar, fundar, construir um prédio.
ER.GUI.DO, *adj.*, levantado, alçado, ereto.
E.RI.ÇA.DO, *adj.*, arrepiado, encrespado.
E.RI.ÇA.MEN.TO, *s.m.*, arrepio, encrespamento, levantamento.
E.RI.ÇAR, *v.t.* e *pron.*, arrepiar, tornar crespo, tornar reto para cima.
E.RI.GIR, *v.t.* e *pron.*, erguer, levantar, alçar, criar, instituir, edificar, fundar.
E.RI.SI.PE.LA, *s.f.*, inflamação localizada na pele, com vermelhidão e vesículas inchadas.
E.RI.SI.PE.LO.SO, *adj.*, o mesmo que erisipelatoso.
E.RI.TE.MA, *s.m.*, rubor na pele, causado por pressão de algo, mas que desaparece logo.
E.RI.TE.MA.TO.SO, *adj.*, que tem o caráter de eritema; sujeito a eritemas; afetado por eritema.
E.RI.TREU, *s.m.*, nascido ou habitante da República da Eritreia (África); *adj.*, da Eritreia ou típico desse país ou do seu povo.
E.RI.TRO.SE, *s.f.*, cor avermelhada da pele e das mucosas.
ER.MI.DA, *s.f.*, pequena capela, oratório, orada.
ER.MI.TÃO, *s.m.*, eremita, pessoa que vive isolada de tudo só para rezar e meditar.
ER.MI.TÉ.RIO, *s.m.*, eremitério, convento, construção isolada, própria para a vida interior.
ER.MO, *s.m.*, local desabitado e longínquo de tudo, deserto.
E.RO.DEN.TE, *adj.*, erosivo, que provoca erosão.
E.RO.DIR, *v.t.*, provocar erosão, cavar.
E.RÓ.GE.NO, *adj.*, que excita sexualmente, que provoca excitação sexual.
E.RO.SÃO, *s.f.*, corrosão do solo por ação das intempéries, desgaste contínuo e constante do solo.
E.RO.SI.VO, *adj.*, que provoca erosão, erodente.
E.RÓ.TI.CO, *adj.*, sensual, próprio do amor sensual, relativo a Eros.
E.RO.TIS.MO, *s.m.*, sensualidade, sexualidade, amor carnal,

EROTIZAÇÃO

lascívia.

E.RO.TI.ZA.ÇÃO, *s.f.*, provocação do erotismo, transformação de todas as ações em erotismo.

E.RO.TI.ZAR, *v.t. e pron.*, provocar erotismo em, tornar erótico.

E.RO.TO.MA.NI.A, *s.f.*, mania amorosa, mania de transformar tudo em erotismo.

E.RO.TO.MA.NÍ.A.CO, *adj.*, erotómano, adepto da erotomania.

ER.RA.DI.CA.ÇÃO, *s.f.*, extração pela raiz, extirpação.

ER.RA.DI.CA.DO, *adj.*, extraído pela raiz, arrancado com as raízes, extirpado.

ER.RA.DI.CAR, *v.t.*, arrancar pela raiz, decepar, extirpado.

ER.RA.DI.O, *adj. e s.m.*, errante, que vaga sem rumo, vagabundo, andarilho.

ER.RA.DO, *adj.*, que tem erro, desajustado, incorreto.

ER.RAN.TE, *adj., s. 2 gên.*, que não tem rumo, nômade, andarilho, caminhante.

ER.RAR, *v.t. e int.*, falhar, cometer erro, enganar-se, caminhar sem rumo.

ER.RA.TA, *s.f.*, rol de todos os erros em uma impressão, com as devidas correções.

ER.RÁ.TI.CO, *adj.*, errante, erradio, andarilho.

ER.RE, *s.m.*, nome da letra r.

ER.RO, *s.m.*, falha, engano, equívoco.

ER.RÔ.NEO, *adj.*, que tem erros, errado, incorreto.

E.RUC.TA.ÇÃO, *s.f.*, arroto.

E.RUC.TAR, *v.t. e int.*, arrotar.

E.RU.DI.ÇÃO, *s.f.*, conhecimento acumulado por muito estudo e reflexão.

E.RU.DI.TIS.MO, *s.m.*, conhecimento falso, ostentado, vaidade em exibir conhecimentos.

E.RU.DI.TO, *adj.*, pessoa com grande instrução, sábio, literato.

E.RU.GI.NO.SO, *adj.*, oxidado, enferrujado.

E.RUP.ÇÃO, *s.f.*, surgimento repentino de lavas; o que surge de súbito.

E.RUP.TI.VO, *adj.*, que provoca erupção, que causa erupção.

ER.VA, *s.f.*, planta, vegetal quase só com hastes e folhas; maconha.

ER.VA.ÇAL, *s.m.*, campo de erva para pastagens.

ER.VA-CI.DREI.RA, *s.f.*, melissa, planta rasteira usada para chás calmantes.

ER.VA-DE-PAS.SA.RI.NHO, *s.f.*, trepadeira parasita, que se prende aos ramos das árvores e cujas sementes servem de comida para os pássaros, os quais as espalham.

ER.VA.DO, *adj.*, coberto de ervas; relvado; *gír.* cheio de erva, endinheirado.

ER.VA-DO.CE, *s.f.*, planta comum para fazer chás, caracterizada pelas flores amarelas e sementes.

ER.VAL, *s.m.*, bosque de árvores de erva-mate.

ER.VA-MA.TE, *s.f.*, árvore de cujas folhas se faz uma infusão, o chimarrão.

ER.VA.NA.RIA, *s.f., bras.*, casa de negociante em plantas medicinais.

ER.VA.NÁ.RIO, *s.m.*, herbanário, local para o cultivo de ervas medicinais, hortaliças e de tempero.

ER.VAR, *v.t. e int.*, impregnar (algo) do veneno extraído de plantas; *bras.*, comer erva que contém veneno.

ER.VA.TÁ.RIO, *s.m.*, extrativista, pessoa que colhe na Natureza ervas para fins medicinais, de perfumes ou de condimentos.

ER.VI.LHA, *s.f.*, planta que produz cereal muito usado em sopas e outros pratos.

ESBOFADO

ER.VI.LHAL, *s.m.*, plantação de ervilhas.

ER.VO.SO, *adj.*, que está cheio de ervas.

ES - sigla para indicar o Estado do Espírito Santo.

ES.BA.FO.RI.DO, *adj.*, ofegante, sem respiração, difícil.

ES.BA.FO.RIR, *v. int. e pron.*, ter dificuldade para respirar, ofegar.

ES.BA.GA.ÇA.DO, *adj.*, reduzido a bagaços, a pequenos pedaços, a fragmentos; arrebentado; estraçalhado.

ES.BA.GA.ÇAR, *v.t. e pron.*, reduzir a bagaços, inutilizar, destruir, despedaçar.

ES.BA.GO.AR, *v. int.*, desbagoar, debulhar, extrair as sementes, tirar os bagos.

ES.BA.GU.LHAR, *v. int.*, retirar o bagulho, mexer no bagulho.

ES.BAM.BE.AR, *v.t.* o mesmo que bambear.

ES.BAM.BO.AR-SE, *v.pron.*, saracotear-se, bamboar-se.

ES.BAN.DA.LHA.DO, *adj.*, esfarrapado, roto, molambento.

ES.BAN.DA.LHAR, *v.t. e int.*, reduzir(-se) a bandalhos, trapos.

ES.BAN.JA.DO, *adj.*, desperdiçado, gasto em excesso.

ES.BAN.JA.DOR, *adj. e s.m.*, desperdiçador, perdulário, pródigo.

ES.BAN.JA.MEN.TO, *s.m.*, desperdício, gasto excessivo.

ES.BAN.JAR, *v.t.*, gastar demais, desperdiçar, gastar em excesso.

ES.BAR.BAR, *v.t.* tirar as barbas ou asperezas (do gesso, do tijolo, etc.).

ES.BAR.RA.DA, *s.f.*, choque, colisão, esbarrão, batida.

ES.BAR.RA.DO, *adj.*, que esbarrou; que se chocou com algo ou alguém; *fig.*, detido, impedido.

ES.BAR.RAN.CA.DO, *adj.*, caído o barranco, terreno descido.

ES.BAR.RAN.CAR, *v.int.*, soltar a terra, provocar erosão, cair uma lavínia.

ES.BAR.RÃO, *s.m.*, choque, colisão, batida, esbarro.

ES.BAR.RAR, *v.t. e int.*, chocar, bater em, colidir.

ES.BAR.RI.GAR, *v.t.* rasgar o ventre de; parir.

ES.BAR.RO, *s.m.*, esbarrão, colisão, choque.

ES.BAR.RO.CAR, *v.int.*, tombar formando barroca; desmoronar(-se), despenhar(-se)

ES.BAR.RON.DAR, *v.t. e int.*, fazer cair ou cair aos pedaços; desmoronar(-se); esboroar(-se).

ES.BA.TER, *v.t.*, reduzir a força de uma cor, amenizar nos vários tons e cores em um desenho.

ES.BA.TI.DO, *adj.*, resultado de esbater; esbatimento.

ES.BA.TI.MEN.TO, *s.m.*, ação ou efeito de esbater obras de escultura e de pintura.

ES.BEI.ÇA.DO, *adj.*, que se esbeiçou; desbeiçado.

ES.BEI.ÇAR, *v.t., int. e pron.*, retirar os beiços, extrair os beiços, perder as bordas de algo.

ES.BEL.TEZ, *s.f.*, elegância, graciosidade, delgadez.

ES.BEL.TO, *adj.*, elegante, gracioso, delgado, fino.

ES.BIR.RO, *s.m.*, funcionário de tribunais e da polícia; empregado subalterno.

ES.BO.ÇA.DO, *adj.*, representado por esboço; delineado; bosquejado.

ES.BO.ÇAR, *v.t.*, desenhar um esboço, bosquejar, traçar, demonstrar, ostentar.

ES.BO.ÇO, *s.m.*, resumo, projeto, linhas gerais, bosquejo.

ES.BO.DE.GA.ÇÃO, *s.f.*, ato ou efeito de esbodegar ou esbodegar-se.

ES.BO.DE.GA.DO, *adj.*, escangalhado; esbandalhado; exausto; extenuado.

ES.BO.FA.DO, *adj.*, esbaforido, anelante.

ES.BO.DE.GAR, *v.t. e pron.*, desperdiçar, arruinar, estragar, esbanjar.
ES.BO.FA.DO, *adj.*, esbaforido, cansado, que respira com dificuldades.
ES.BO.FAR, *v. int.*, respirar com dificuldades, cansar-se.
ES.BO.FE.TE.A.DO, *adj.*, que recebeu bofetada(s).
ES.BO.FE.TE.AR, *v.t.*, aplicar bofetadas; golpear com as mãos.
ES.BOR.CI.NA.DO, *adj.*, cortado, talhado, golpeado.
ES.BOR.CI.NAR, *v.t.*, cortar, cortar pela borda, golpear.
ES.BOR.DO.AR, *v.t.*, dar bordoadas, distribuir bordoadas, dar pauladas, bengaladas.
ES.BÓR.NIA, *s.f.*, festança, festa, orgia, farra, bebedeira incontrolada.
ES.BO.RO.A.MEN.TO, *s.m.*, ato ou efeito de esboroar(-se); esboroo.
ES.BO.RO.AR, *v. int.*, tornar pó, desmoronar-se, esmigalhar, esfarinhar.
ES.BOR.RA.CHA.DO, *adj.*, que se esborrachou, que se estatelou; que se esmagou; que assumiu ou tem forma chata ou plana.
ES.BOR.RA.CHAR, *v.t. e pron.*, arrebentar, estourar, esmagar-se.
ES.BOR.RA.LHA.DA, *s.f.*, destroço, derrocada.
ES.BOR.RA.LHA.DOU.RO, *s.m.*, varredouro do borralho.
ES.BOR.RA.TAR, *v.t.* manchar com tinta; *fig.*, sujo, borrado; esbatido.
ES.BOR.RI.FAR, *v.t. e int.*, mesmo que borrifar.
ES.BOR.RI.FO, *s.m.*, o mesmo que borrifo.
ES.BRA.GUI.LHA.DO, *adj.*, que tem a braguilha desabotoada.
ES.BRAN.QUI.ÇA.DO, *adj.*, de cor meio branca, tonalidade branca, alvacento.
ES.BRAN.QUI.ÇAR, *v.t.*, dar um tom de branco.
ES.BRA.SE.A.DO, *adj.*, convertido em brasa; esfogueado; sôfrego.
ES.BRA.SE.A.MEN.TO, *s.m.*, ação ou efeito de esbrasear.
ES.BRA.SE.AR, *v.t., int. e pron.*, transformar em brasa, tornar-se avermelhado, corar, inflamar, acender.
ES.BRA.VE.AR, *v.t.*, esbravejar; bravejar; bravear.
ES.BRA.VE.CER, *v.int.*, o mesmo que esbravejar.
ES.BRA.VE.JAR, *v.t.*, urrar, berrar, mostrar-se furioso, gritar.
ES.BU.GA.LHAR, *v.t.*, abrir por demais os olhos; arregalar os olhos.
ES.BU.LHA.DO, *adj.*, despojado; espoliado; *s.m.* pessoa esbulhada.
ES.BU.LHA.DOR, *adj. e s.m.*, que ou aquele que esbulha.
ES.BU.LHAR, *v.t.*, furtar, tirar o alheio por ardis, enganar, espoliar.
ES.BU.LHO, *s.m.*, furto, espoliação, despojo dos bens.
ES.BU.RA.CA.DO, *adj.*, que está cheio de buracos, cavado, fendido.
ES.BU.RA.CAR, *v.t. e pron.*, cavar buracos, abrir fendas.
ES.BUR.GAR, *v.t.*, desossar carne, tirar a carne dos ossos.
ES.BU.XAR, *v.t.*, luxar, destroncar.
ES.CA.BE.CHE, *s.m.*, molho com diversos temperos, refogado para temperar peixes.
ES.CA.BE.LA.DO, *adj.*, descabelado, desgrenhado.
ES.CA.BE.LAR, *v.t. e pron.*, descabelar, desgrenhar.
ES.CA.BE.LO, *s.m.*, pequeno estrado para repousar os pés.
ES.CA.BI.CHAR, *v.t.*, examinar com minúcias, detalhar um conteúdo com calma.
ES.CA.BI.O.SE, *s.f.*, sarna.

ES.CA.BI.O.SO, *adj.*, que está cheio de sarna.
ES.CA.BRE.A.ÇÃO, *s.f.*, irritação, zanga, ira, nervosismo.
ES.CA.BRE.A.DO, *adj.*, irritado, zangado, irado, inquieto, nervoso.
ES.CA.BRE.AR, *v.t., int. e pron.*, irritar, incomodar, tornar zangado.
ES.CA.BRO.SI.DA.DE, *s.f.*, aspereza, despudor, indecorosidade, sem-vergonhice.
ES.CA.BRO.SO, *adj.*, áspero, difícil, indecoroso, desavergonhado.
ES.CA.CHAR, *v.t.*, abrir à força, forçar, quebrar, rachar.
ES.CA.CHO.AN.TE, *adj.*, que escachoa, que forma cachões, borbotões.
ES.CA.CHO.AR, *v.int.*, rebentar em cachão (a água); borbotar; acachoar.
ES.CA.DA, *s.f.*, armação com degraus seriados para subir ou descer.
ES.CA.DA.RI.A, *s.f.*, escada, escada com vários lances.
ES.CA.DEI.RAR, *v.t.*, mesmo que descadeirar.
ES.CA.FAN.DRIS.TA, *s. 2 gên.*, profissional que trabalha com escafandro.
ES.CA.FAN.DRO, *s.m.*, roupa especial para mergulhadores, por ser impermeável e de grande resistência para realizar trabalhos no fundo das águas.
ES.CA.FE.DER-SE, *v. pron.*, fugir, desaparecer, correr para longe.
ES.CA.FO.CÉ.FA.LO, *adj.*, que tem a cabeça em forma de casco de barco.
ES.CA.FOI.DE, *adj. 2 gên.*, em forma de quilha; navicular; *s.m.*, Anat. um dos oito ossos que formam o carpo (mão); navicular.
ES.CA.LA, *s.f.*, norma para indicar sequência de trabalho; escala musical, série, correspondência de medidas.
ES.CA.LA.DA, *s.f.*, ascensão a uma montanha, subida, aumento continuado e progresso de valores.
ES.CA.LA.DO, *adj.*, que se alcançou por meio de escalada; *adj.*, diz-se do peixe aberto, limpo e salgado.
ES.CA.LA.DOR, *adj. e s.m.*, que ou aquele que escala montanhas, encostas, etc.
ES.CA.LA.FO.BÉ.TI.CO, *adj.*, esquisito, estranho, que tem fobias.
ES.CA.LA.FRI.O, *s.m.*, calafrio, resfriado, resfriamento, constipação.
ES.CA.LA.MEN.TO, *s.m.*, escalada, ascensão, assalto, salto sobre muros.
ES.CA.LÃO, *s.m.*, nível, posição, abrangência, âmbito; hierarquia em muitos setores burocráticos.
ES.CA.LAR, *v.t.*, subir, ascender, escolher os que farão um serviço, designar os jogadores de um time.
ES.CA.LA.VRAR, *v.t.*, arranhar, machucar, ferir.
ES.CAL.DA.DE.LA, *s.f.*, escaldão, escaldadura; *fig.*, repreensão, castigo.
ES.CAL.DA.DO, *adj.*, fervido em água, esquentado.
ES.CAL.DAN.TE, *adj.*, quente, com muito calor.
ES.CAL.DA-PÉS, *s.m.*, imersão dos pés em água quente, com fins terapêuticos.
ES.CAL.DAR, *v.t., int. e pron.*, esquentar, aquecer, provocar calor.
ES.CA.LE.NO, *adj. e s.m.*, triângulo cujos ângulos são todos desiguais.
ES.CA.LER, *s.m.*, barco, bote ligado a um navio.
ES.CAL.FA.DO, *adj.*, passado por água muito quente.

ESCALFAMENTO   ESCAPULAR

ES.CAL.FA.MEN.TO, *s.m.*, ação ou efeito de escalfar; esfalfamento.

ES.CAL.FAR, *v.t.*, aquecer (água) no escalfador; passar por água muito quente.

ES.CA.LO.NAR, *v.t.*, organizar, distribuir por ordem ascendente ou descendente.

ES.CA.LO.PE, *s.m.*, fatia fina de filé de peixe.

ES.CAL.PAR, *v.t.*, arrancar a pele que cobre o crânio; escalpelar.

ES.CAL.PE.LAR, *v.t.*, dissecar, abrir com o escalpelo, arrancar o couro cabeludo da cabeça.

ES.CAL.PE.LO, *s.m.*, bisturi usado para dissecar.

ES.CAL.PO, *s.m.*, couro cabeludo que se retira do crânio, usado como troféu por certas tribos.

ES.CAL.RA.CHO, *s.m.*, Bot., planta gramínea (*Panicum coloratum*) nociva às searas.

ES.CAL.VA.DO, *adj.*, sem cabelos; calvo; careca; *fig.*, sem vegetação; árido.

ES.CAL.VAR, *v.t.* tornar calvo, descalvar; *fig.*, tornar sem vegetação, estéril, árido.

ES.CA.MA, *s.f.*, lâminas que cobrem o corpo de certos peixes e répteis.

ES.CA.MA.ÇÃO, *s.f.*, ação ou efeito de escamar, descarnação, retirada das escamas.

ES.CA.MA.DEI.RA, *s.f.*, mulher que se ocupa em escamar peixe.

ES.CA.MA.DO, *adj.*, de que se tiraram as escamas; Zool., relativo aos escamados; *s.m.*, Zool., espécime dos escamados, ordem de répteis que inclui as serpentes e lagartos.

ES.CA.MA.DU.RA, *s.f.*, ato ou efeito de escamar; descamação; escamação.

ES.CA.MAR, *v.t.* e *pron.*, tirar as escamas, descamar, limpar o peixe.

ES.CAM.BAR, *v. int.*, descambar, decair.

ES.CAM.BO, *s.m.*, troca de mercadorias, negócio que troca um produto por outro.

ES.CA.ME.A.DO, *adj.*, coberto de escamas.

ES.CA.MI.FOR.ME, *adj. 2 gên.*, que possui forma de escama; Bot., dize-se de folha naturalmente muito pequena e triangular; *fig.*, dize-se do que ou de quem provoca aversão, repugnância, antipatia.

ES.CA.MO.SO, *adj.*, cheio de escamas.

ES.CA.MO.TE.A.ÇÃO, *s.f.*, ação de escamotear; furto hábil, sutil.

ES.CA.MO.TE.A.DO, *adj.*, que se escamoteou ou sofreu escamoteação.

ES.CA.MO.TE.AR, *v.t.* e *int.*, furtar com tanta habilidade que não se perceba; disfarçar, iludir, enganar.

ES.CAM.PAR, *v.int.*, estiar, limpar o tempo.

ES.CAM.PO, *adj.*, o mesmo que escampado.

ES.CA.MU.LA, *s.f.*, Anat. e Zool., pequena escama.

ES.CÂN.CA.RA, *s.f.*, o que está à vista, evidente, patente; *às escâncaras*: à vista de todos.

ES.CAN.CA.RA.DO, *adj.*, muito aberto, patente, aberto, aberto de todo.

ES.CAN.CA.RAR, *v.t.* e *pron.*, abrir de todo, abrir-se completamente.

ES.CAN.CHAR, *v.t.*, sentar (como se monta um cavalo) com as pernas separadas; escachar.

ES.CAN.DA.LI.ZA.DO, *adj.*, que se escandalizou; chocado; ofendido.

ES.CAN.DA.LI.ZA.DOR, *adj.* e *s.m.*, que ou o que escandaliza ou ofende.

ES.CAN.DA.LI.ZAR, *v.t.* e *int.*, provocar escândalo, ofender, melindrar alguém, ferir opiniões fracas.

ES.CÂN.DA.LO, *s.m.*, toda ação que conduz a erro; o que fere susceptibilidades; imoralidade.

ES.CAN.DA.LO.SO, *adj.*, imoral, deprimente.

ES.CAN.DES.CER, *v. int.*, inflamar, acender, fazer arder, provocar chamas.

ES.CAN.DI.DO, *adj.*, que se escandiu; pronunciado separadamente (sílabas de versos).

ES.CAN.DI.NA.VO, *adj.*, próprio ou habitante da Escandinávia.

ES.CÂN.DIO, *s.m.*, Quím., elemento químico metálico de número atômico 21; símb.: Sc.

ES.CAN.DIR, *v.t.*, construir versos, observando o número de sílabas e ritmo.

ES.CA.NE.A.DOR, *s.m.*, aparelho eletrônico com leitura óptica, que grava imagens e textos e os transporta para serem impressos pelo microcomputador.

ES.CA.NE.AR, *v.t.*, por meio de digitalização, reverter uma imagem ou texto para o computador.

ES.CA.NE.LA.DO, *adj.*, que tem as canelas longas e finas.

ES.CAN.GA.LHA.DO, *adj.*, que não está funcionando; danificado; arruinado, destruído; *fig.*, abalado, estragado.

ES.CAN.GA.LHAR, *v.t.* e *pron.*, desorganizar, badernar, desconjuntar, estragar.

ES.CA.NHO.A.DO, *adj.*, que se escanhoou; perfeitamente barbeado.

ES.CA.NHO.AR, *v.t.* e *pron.*, barbear-se, fazer à barba, esmerar-se no barbeamento.

ES.CA.NI.FRA.DO, *adj.*, magríssimo, que é só osso e pele, muito magro; macérrimo.

ES.CA.NI.NHO, *s.m.*, gaveta, caixa com chave para guardar objetos; esconderijo.

ES.CAN.SÃO, *s.m.*, ação de escandir versos.

ES.CAN.TEI.O, *s.m.*, no futebol, quando o time da defesa joga a bola pela linha de fundo e o time adversário cobra de bola parada, chutando a bola no canto.

ES.CAN.TI.LHA.DO, *adj.*, bras., diz-se de peça de carpintaria cujos cantos não estão em ângulo reto.

ES.CAN.TI.LHAR, *v. int.*, enviesar, colocar pelos cantilhos.

ES.CAN.ZE.LA.DO, *adj.*, escanifrado, muito magro.

ES.CA.PA.DA, *s.f.*, ação de escapar, fugir; fuga precipitada, escapadela.

ES.CA.PA.DI.ÇO, *adj.*, que escapou; que anda fugido.

ES.CA.PA.MEN.TO, *s.m.*, cano para expelir os gases do motor de veículos.

ES.CA.PAR, *v.t.* e *int.*, fugir, escapulir, evadir-se.

ES.CA.PA.TÓ.RIA, *s.f.*, fuga, *pop.*, desculpa.

ES.CA.PE, *s.m.*, fuga, escapada, tubo de escapamento dos gases do motor.

ES.CA.PIS.MO, *s.m.*, tendência pessoal a escapar de toda situação que se apresente difícil.

ES.CA.PO, *adj.*, que escapou de perigo; salvo; *s.m.*, peça que regula o movimento dos relógios; escape; Mús., no piano, peça que impele o martelo contra a corda e o faz recuar.

ES.CÁ.PU.LA, *s.f.*, prego ou parafuso com a cabeça dobrada, para prender um quadro ou outra utilidade.

ES.CA.PU.LAL, *adj.*, o mesmo que escapular.

ES.CA.PU.LAR, *adj. 2 gên.*, Anat., relativo a escápula; escapulal.

ES.CA.PU.LÁ.RIO, *s.m.*, objeto que se julga com poderes divinos, usado para proteção; bentinho, sacramental.
ES.CA.PU.LI.DA, *s.f.*, escapada, escapadela.
ES.CA.PU.LIR, *v.t. e int.*, fugir, dar o fora, evadir-se.
ES.CA.QUEI.RAR, *v.t.*, fazer em cacos; partido em pedaços; escacar.
ES.CA.RA, *s.f.*, crosta que fica na superfície de alguma ferida após sarar.
ES.CA.RA.FUN.CHA.DOR, *adj.*, que escarafuncha; *s.m.*, aquele que escarafuncha.
ES.CA.RA.FUN.CHAR, *v.t.*, mexer com as unhas, examinar cuidadosamente, pesquisar muito.
ES.CA.RA.MU.ÇA, *s.f.*, uma luta pequena; rixa, desavença.
ES.CA.RA.MU.ÇA.DOR, *adj.*, que entra em escaramuças; RS, diz-se do cavalo impetuoso que é próprio para escaramuças; *s.m.*, o que entra em escaramuças.
ES.CA.RA.MU.ÇAR, *v.t. e int.*, travar pequeno combate; brigar; lutar; *bras.*, RS, fazer (o cavalo) dar muitas voltas.
ES.CA.RA.PE.LA, *s.f.*, *pop.*, briga em que os envolvidos se escarapelam ou arranham.
ES.CA.RA.PE.LAR, *v.t.*, arranhar ou rasgar com as unhas; agatanhar; criar confusão, tumulto.
ES.CA.RA.VE.LHO, *s.m.*, tipo de besouro que se alimenta dos excrementos de alguns animais.
ES.CAR.CE.LA, *s.f.*, parte da armadura que ia da cintura aos joelhos; bolsa de couro que se levava presa na cintura; pequena mala de couro.
ES.CAR.CÉU, *s.m.*, onda grande, vagalhão; *fig.*, barulho, ruído, estardalhaço.
ES.CAR.DU.ÇA.DOR, *adj. e s.m.*, que ou o que escarduça, cardador.
ES.CAR.DU.ÇAR, *v.t.* cardar (a lã) na carduça.
ES.CA.RE.A.DOR, *s.m.*, espécie de broca, própria para escarear.
ES.CA.RE.AR, *v.t.*, alargar furo onde se vai introduzir prego ou parafuso.
ES.CA.RI.FI.CA.ÇÃO, *s.f.*, incisão na pele, ferimento superficial na pele.
ES.CA.RI.FI.CA.DOR, *adj. e s.m.*, que ou aquilo que escarifica ou serve para escarificar.
ES.CA.RI.FI.CAR, *v.t.*, fazer incisões na pele para escorrer, purgar algum líquido.
ES.CAR.LA.TE, *adj.*, vermelho, carmim, rubro.
ES.CAR.LA.TI.NA, *s.f.*, doença que se conhece pelas febres, manchas rubras na pele e perda de largas placas da própria pele.
ES.CAR.MEN.TA.DO, *adj.*, que sofreu punição ou repreensão; escaldado.
ES.CAR.MEN.TAR, *v.t.*, *int. e pron.*, admoestar, repreender, castigar, fazer sofrer, deixar informado do dano.
ES.CAR.MEN.TO, *s.m.*, punição, castigo, admoestação, advertência, reprimenda.
ES.CAR.NA, *s.f.*, escarnação, ação ou efeito de escarnecer, escárnio, zombaria.
ES.CAR.NA.DOR, *adj. e s.m.*, diz-se de, ou o instrumento com que se escarna; *fig.*, pesquisador.
ES.CAR.NAR, *v.t.*, tirar a carne de (osso); descarnar; tirar ou raspar (a pele) para curtir.
ES.CAR.NE.CE.DOR, *adj.*, que escarnece ou zomba; *s.m.*, aquele que escarnece ou zomba.
ES.CAR.NE.CER, *v.t.*, zombar, troçar, rir de, ridicularizar.

ES.CAR.NE.CI.DO, *adj.*, que sofreu escárnio ou zombaria; iludido, ludibriado, frustrado.
ES.CAR.NE.CI.MEN.TO, *s.m.*, zombaria, escárnio, troça.
ES.CAR.NE.CÍ.VEL, *adj.*, que é objeto de escárnio ou que se presta à zombaria.
ES.CAR.NI.CAR, *v.int.*, escarnecer, zombar.
ES.CAR.NI.ÇAR, *v.t.*, deitar a carniça (aos cachorros); incitar (os que brigam); *v.pron.*, enfurecer-se.
ES.CAR.NI.DO, *adj.*, escarnecido.
ES.CAR.NI.FI.CA.ÇÃO, *s.f.*, ato de escarnificar.
ES.CAR.NI.FI.CAR, *v.t.*, martirizar com laceração da carne.
ES.CAR.NI.NHO, *adj.*, zombeteiro, irônico, mordaz.
ES.CÁR.NIO, *s.m.*, zombaria, troça, desprezo.
ES.CA.RO.LA, *s.f.*, variedade cultivada de endívia (*Cichorium endivia*), a crespa us. em saladas; também conhecida como escarola-frisada; outra variedade é a escarola-lisa, o almeirão, a chicarola.
ES.CA.RO.LA.DOR, *s.m.*, aparelho agrícola para a debulha do milho.
ES.CA.RO.LAR, *v.t.*, limpar o grão (do milho) para retirar-lhe o carolo; debulhar.
ES.CAR.PA, *s.f.*, declive íngreme, encosta reta, subida difícil.
ES.CAR.PA.DO, *adj.*, íngreme, áspero, difícil de subir.
ES.CAR.PA.DU.RA, *s.f.*, corte inclinado de um terreno ou muro; talude.
ES.CAR.PA.MEN.TO, *s.m.*, escarpa, aclive íngreme.
ES.CAR.RA.DEI.RA, *s.f.*, vaso para se escarrar ou cuspir.
ES.CAR.RA.DOR, *s.m.*, vaso em que se escarra, escarradeira.
ES.CAR.RA.CHA.DO, *adj.*, que se escarranchou.
ES.CAR.RAN.CHAR, *v.t. e pron.*, sentar(-se) com as pernas abertas, como quem monta (sobre animal ou sobre algo); montar; abrir muito (as pernas, como quem monta).
ES.CAR.RA.PA.CHAR, *v.t. e pron.*, abrir muito as pernas; escarranchar(-se); espichar(-se) com pernas e braços abertos.
ES.CAR.RAR, *v. int.*, cuspir o escarro.
ES.CAR.RO, *s.m.*, material orgânico que se produz na garganta gripada, cuspido pela boca.
ES.CAR.VA, *s.f.*, na carpintaria, encaixe para conjuntar duas peças.
ES.CAR.VA.DOR, *adj.*, que escarva; *s.m.*, instrumento que serve para escarvar ou escavar.
ES.CAR.VAR, *v.t. e int.*, dar uma pequena escavada, escavar apenas na superfície.
ES.CAR.VO.AR, *v.t.*, Pint., esboçar ou desenhar a carvão.
ES.CAS.SE.AR, *v. int.*, tornar-se raro, diminuir.
ES.CAS.SEZ, *s.f.*, carência, falta, raridade.
ES.CAS.SO, *adj.*, raro, carente, minguado.
ES.CA.TO.FI.LI.A, *s.f.*, Psiq., gosto patológico por imundície.
ES.CA.TO.LO.GI.A, *s.f.*, doutrina religiosa que aborda os tempos finais do ser humano, no plano traçado pelo Criador, em consonância com o Apocalipse; tratado que aborda os excrementos.
ES.CA.TO.LÓ.GI.CO, *adj.*, que se refere à Escatologia.
ES.CA.VA.ÇÃO, *s.f.*, ação de escavar.
ES.CA.VA.DEI.RA, *s.f.*, trator preparado para escavar.
ES.CA.VA.DO, *adj.*, que se escavou; cavado; côncavo.
ES.CA.VA.DOR, *adj. e s.m.*, que, aquele ou aquilo que escava; *fig.*, que ou aquele que investiga, pesquisa.
ES.CA.VAR, *v.t. e pron.*, cavar, abrir um buraco, mexer com a terra.

ESCAVEIRADO ··· 367 ··· ESCORAMENTO

ES.CA.VEI.RA.DO, *adj.*, magro, magricela, raquítico.
ES.CA.VEI.RAR, *v. int.*, emagrecer, tornar magro, definhar.
ES.CLA.RE.CER, *v.t., int. e pron.*, tornar claro, facilitar, aclarar.
ES.CLA.RE.CI.DO, *adj.*, aclarado, iluminado, erudito.
ES.CLA.RE.CI.MEN.TO, *s.m.*, explanação, informe, declaração.
ES.CLE.RAL, *adj. 2 gên.*, endurecido; Biol., fibroso (diz-se de tecido orgânico); esclerênquima.
ES.CLE.RO.DER.MA, *s.f.*, Med., doença da pele (manchas pigmentadas, tecidos subcutâneos engrossados e duros); dermatosclerose.
ES.CLE.RO.DER.MI.A, *s.f.*, Med., escleroderma.
ES.CLE.RO.MA, *s.m.*, Med., endurecimento anormal dos tecidos, esp. os do nariz e da laringe.
ES.CLE.RO.SA.DO, *adj.*, Med., que se esclerosou; *pej.*, decrépito, biruta; *fig.*, antiquado; *s.m., pej.* indivíduo rabugento, irritadiço, antiquado.
ES.CLE.RO.SAR, *v. pron.*, adquirir esclerose, perder os movimentos dos músculos; *fig.*, tornar-se senil.
ES.CLE.RO.SE, *s.f.*, todo endurecimento dos tecidos ou dos vasos do corpo.
ES.CLE.RÓ.TI.CA, *s.f.*, membrana branca do globo ocular.
ES.CLU.SA, *s.f.*, eclusa, dique.
ES.CO.A.ÇÃO, *s.f.*, ação ou efeito de escoar, escoadouro, escoamento.
ES.CO.A.DOU.RO, *s.m.*, canal extravasor, condutor, local para escoar.
ES.CO.A.MEN.TO, *s.m.*, ação de escoar, esvaziamento, secagem de local molhado.
ES.CO.AR, *v.t., int. e pron.*, retirar um líquido, secar, esvaziar, esvair.
ES.CO.CÊS, *adj. e s.m.*, próprio, habitante ou original da Escócia.
ES.CO.DE.AR, *v.t.*, tirar a côdea a; descodear; tirar a côdea (ao pão), deixando ficar o miolo; descascar; *fig.*, tirar as partes grossas e ásperas a.
ES.COI.CE.AR, *v. int.*, dar coices em, ser brutal, ser estúpido.
ES.COI.MAR, *v.t. e pron.*, limpar, desbastar, purificar, retirar as impurezas.
ES.COL, *s.m.*, elite, a fina flor de, o melhor.
ES.CO.LA, *s.f.*, estabelecimento para ministrar o ensino; o corpo docente e discente de uma instituição; grupo literário, grupo de seguidores de um mestre, experiência.
ES.CO.LA.DO, *adj.*, com escola, sabido, com experiência.
ES.CO.LA-MO.DE.LO, *s.f.*, organização escolar que se destaca por seus métodos, pedagogia e resultados havidos com os alunos por seus rendimentos.
ES.CO.LAR, *s. 2 gên.*, aluno, discípulo, aprendiz, quem vai à escola.
ES.CO.LA.RI.DA.DE, *s.f.*, tempo de frequência em uma escola.
ES.CO.LA.RI.ZA.ÇÃO, *s.f.*, ação ou efeito de escolarizar, construção de conhecimentos na escola.
ES.CO.LA.RI.ZA.DO, *adj.*, que frequentou a escola, alfabetizado, instruído.
ES.CO.LA.RI.ZAR, *v.t.*, colocar na escola, fazer aprender na escola.
ES.CO.LÁS.TI.CA, *s.f.*, filosofia peripatética das escolas medievais (católicas).
ES.CO.LÁS.TI.CO, *adj.*, próprio de escolas; relativo a escolástica; simples; modesto; pobre; *s.m.*, aquele que é versado em escolástica; estudante.

ES.CO.LHA, *s.f.*, ato de escolher, seleção, opção, preferência.
ES.CO.LHE.DOR, *adj. e s.m.*, que ou o que escolhe.
ES.CO.LHER, *v.t.*, ter opção, selecionar, preferir, optar entre dois.
ES.CO.LHI.DO, *adj.*, eleito, selecionado, preferido.
ES.CO.LHI.MEN.TO, *s.m.*, o mesmo que escolha.
ES.CO.LI.AS.TA, *s. 2 gên.*, autor de escólios.
ES.CÓ.LIO, *s.m.*, Liter., comentário para servir à compreensão de um autor clássico.
ES.CO.LHO, *s.m.*, rochas, rochedos no mar, penedos, atol; *fig.*, dificuldade.
ES.CO.LI.NHA, *s.f.*, escola para principiantes, em várias modalidades de aprendizagem, como futebol.
ES.CO.LI.O.SE, *s.f.*, desvio da coluna vertebral dos seres humanos.
ES.CO.LO.PEN.DRA, *s.f.*, Bot., gênero de fetos, do grupo das polipodiáceas; língua-cervina; Zool., articulado, da classe dos miriápodes.
ES.COL.TA, *s.f.*, séquito, grupo acompanhante para cuidar de; cortejo.
ES.COL.TA.DO, *adj.*, que se escoltou, que foi acompanhado de escolta (prisioneiro escoltado).
ES.COL.TAR, *v.t.*, dar segurança, cuidar de, defender, vigiar.
ES.COM.BROS, *s.m. e pl.*, restos de uma construção, ruínas.
ES.CON.DE.DOU.RO, *s.m.*, o mesmo que esconderijo.
ES.CON.DE.DU.RA, *s.f.*, ação e efeito de esconder.
ES.CON.DE-ES.CON.DE, *s.m. 2 gên.*, certa brincadeira infantil em que uma criança sai à procura de outras, e a primeira a ser encontrada toma o lugar da que a achou; escondido.
ES.CON.DER, *v.t. e pron.*, ocultar, pôr para que ninguém encontre.
ES.CON.DE.RI.JO, *s.m.*, refúgio, local para esconder alguém, para esconder-se.
ES.CON.DI.DAS, *s.f. pl., expr.*, às escondidas: de modo oculto.
ES.CON.DI.DO, *adj.*, que se escondeu, encoberto; oculto; recôndito; *s.m.*, o mesmo que esconde-esconde.
ES.CON.DI.MEN.TO, *s.m.*, ação ou efeito de esconder, ocultação.
ES.CON.JU.RA.ÇÃO, *s.f.*, obrigação de juramento, expulsão de espírios malignos.
ES.CON.JU.RA.DO, *adj.*, que se esconjurou.
ES.CON.JU.RAR, *v.t. e pron.*, obrigar a jurar, fazer prometer; expulsar espíritos.
ES.CON.JU.RA.TI.VO, *adj.*, esconjuratório.
ES.CON.JU.RA.TÓ.RIO, *adj.*, que serve para esconjurar.
ES.CON.JU.RO, *s.m.*, juramento, expulsão de algum espírito, exorcismo.
ES.CON.SO, *adj.*, escondido, oculto, afastado.
ES.CO.PA, *s.f., bras.*, MG, SP, certo jogo de cartas.
ES.CO.PE.TA, *s.f.*, arma de fogo que dispara vários tiros.
ES.CO.PE.TEI.RO, *s.m., ant.*, soldado armado de escopeta.
ES.CO.PO, *s.m.*, intenção, intuito, alvo, mira, desejo.
ES.CO.PRO, *s.m.*, ferramenta usada para lavrar madeiras, com entalhes ou escavações; cinzel.
ES.CO.RA, *s.f.*, algo que se usa para sustentar uma casa prestes a cair; reforço.
ES.CO.RA.DO, *adj.*, que se escorou, se apoiou com escoras; *fig.*, protegido, sustentado em algo ou alguém.
ES.CO.RA.DOR, *s.m., bras.*, valentão que escora os adversários; brigão que não recua na luta.
ES.CO.RA.MEN.TO, *s.m.*, conjunto de escoras para aguentar

uma construção ou uma obra ameaçada de ruir; reforço para manter uma parede.

ES.CO.RAR, *v.t.* e *pron.*, colocar escoras, amparar, segurar.

ES.COR.BÚ.TICO, *adj.*, relativo ao escorbuto; que sofre de escorbuto; *s.m.*, quem sofre de escorbuto.

ES.COR.BU.TO, *s.m.*, doença ocasionada pela falta de vitamina C, ocorrendo fraquezas e tendências a hemorragias múltiplas.

ES.COR.ÇAR, *v.t.*, Pint., fazer escorço de; reduzir (um desenho) a menor escala ou perspectiva.

ES.COR.CHA.DO, *adj.*, que se escorchou, ficou sem corcha ou casca; descascado; *fig.*, diz-se de quem foi expoliado, explorado.

ES.COR.CHA.DOR, *adj.* e *s.m.*, que ou aquele que escorcha.

ES.COR.CHAN.TE, *adj.*, injusto, maior que o devido, prejudicial.

ES.COR.CHAR, *v.t.*, tirar a casca de uma planta, principalmente de cortiça; cobrar um preço muito elevado.

ES.COR.ÇO, *s.m.*, Artes plást., desenho ou pintura em escala menor, em perspectiva; *fig.*, obra condensada; síntese.

ES.CO.RE, *s.m.*, placar, contagem dos pontos; pontos de uma partida.

ES.CÓ.RIA, *s.f.*, sobra de uma fusão, classe social de última categoria.

ES.CO.RI.A.ÇÃO, *s.f.*, machucadura, ferimento.

ES.CO.RI.A.DO, *adj.*, que sofreu escoriação; arranhado; esfolado.

ES.CO.RI.AR, *v.t.* e *pron.*, machucar-se, ferir-se, ferir a pele.

ES.CO.RI.FI.CAR, *v.t.*, fazer a limpeza de; limpar; retirar as escórias de (metal fundido).

ES.COR.NAR, *v.t.*, golpear com os cornos ou chifres.

ES.COR.NE.AR, *v.int.*, dar uma pancada com os chifres, afastar com chifrada, escornaçar.

ES.COR.PI.A.NO, *adj.* e *s.m.*, que pertence ao signo de Escorpião.

ES.COR.PI.ÃO, *s.m.*, animal venenoso, tipo de aranha venenosa; o oitavo signo do Zodíaco.

ES.COR.RA.ÇA.DO, *adj.*, que se escorraçou, que foi rejeitado, expulso; enxotado.

ES.COR.RA.ÇAR, *v.t.*, fazer fugir, expulsar, colocar para fora.

ES.COR.RE.DOR, *s.m.*, peça doméstica que se usa para escorrer a água de louça ou algum tipo de comida, como macarrão.

ES.COR.RE.GA.DE.LA, *s.f.*, escorregão pequeno, falha, erro, deslize.

ES.COR.RE.GA.DI.ÇO, *adj.*, que facilmente escorrega, escorregadio.

ES.COR.RE.GA.DI.O, *adj.*, liso, próprio para escorregar, que escorrega facilmente.

ES.COR.RE.GA.DOR, *s.m.*, móvel de jardim de infância para as crianças escorregarem.

ES.COR.RE.GÃO, *s.m.*, grande escorregada, deslize, falha.

ES.COR.RE.GAR, *v.t.* e *int.*, deslizar, não ter firmeza; cometer falhas.

ES.COR.REI.TO, *adj.*, correto, bem feito, puro, justo.

ES.COR.RER, *v.t.*, tirar a água por si, secar.

ES.COR.RI.DO, *adj.*, secado, gotejado.

ES.COR.RI.MEN.TO, *s.m.*, secamento, gotejamento.

ES.COR.VA, *s.f.*, pequena porção de pólvora colocada na ponta inferior do foguete para acendê-lo e provocar a explosão da carga.

ES.COR.VA.DOR, *s.m.*, Ind., instrumento de escorvar as peças.

ES.COR.VAR, *v.t.*, colocar escorva, explosivo em (arma de fogo, foguete).

ES.CO.TEI.RIS.MO, *s.m.*, escotismo; sistema educativo de Baden Powell.

ES.CO.TEI.RO, *s.m.*, pessoa que segue o escotismo; adolescente filiado ao grupo.

ES.CO.TI.LHA, *s.f.*, Náut., abertura que estabelece comunicação entre o convés e o porão do navio.

ES.CO.TIS.MO, *s.m.*, sistema para desenvolver em crianças e adolescentes a atitude cívica, o amor à ecologia e uma educação sadia.

ES.CO.VA, *s.f.*, utensílio com pelos, para limpeza.

ES.CO.VA.ÇÃO, *s.f.*, faxina, limpeza geral, limpeza completa.

ES.CO.VA.DEI.RA, *s.f.*, o mesmo que brossa (nas fábricas de lanifícios).

ES.CO.VA.DE.LA, *s.f.*, pequena escovada, escovada leve; *fig.*, repreensão, admoestação, reprimenda.

ES.CO.VA.DO, *adj.*, que se escovou, que foi limpo ou penteado com escova; *bras.*, pop., diz-se de quem é astucioso, esperto.

ES.CO.VA.DOR, *adj.* e *s.m.*, que ou o que escova.

ES.CRA.VA.GEM, *s.f.*, Des., o mesmo que escravaria.

ES.CRA.VA.GIS.MO, *s.m.*, ideologia dos adeptos da escravatura; escravismo.

ES.CRA.VA.GIS.TA, *adj. 2 gén.*, relativo a ou próprio do escravagismo; *s. 2 gén.*, aquele que é adepto desse sistema.

ES.CO.VÃO, *s.m.*, escova maior, usada para esfregar.

ES.CO.VAR, *v.t.*, limpar, varrer.

ES.CO.VI.LHAR, *v.t.* limpar ou separar das matérias estranhas (a limalha ou areia de ouro e prata).

ES.CRA.CHAR, *v.t.*, pop., desordenar, relaxar, deixar imundo; denunciar na polícia, difamar.

ES.CRA.VA.RI.A, *s.f.*, grande quantidade de escravos; o mesmo que escravidão.

ES.CRA.VA.TU.RA, *s.f.*, sistema político e econômico, no qual as pessoas são vendidas e compradas como mercadorias e prestam trabalhos gratuitos aos seus donos; tráfico de seres humanos.

ES.CRA.VI.DÃO, *s.f.*, sistema que admite escravos; servidão.

ES.CRA.VIS.MO, *s.m.*, ideias e tendências de escravizar pessoas.

ES.CRA.VIS.TA, *adj. 2 gén.*, relativo a escravo ou ao escravismo; *s. 2 gén.*, aquele que defende o escravismo, que é dele partidário.

ES.CRA.VI.ZA.ÇÃO, *s.f.*, ato ou efeito de escravizar(-se); de impor ou se submeter ao estado de escravidão.

ES.CRA.VI.ZA.DO, *adj.*, que se escravizou, sofreu escravização.

ES.CRA.VI.ZAR, *v.t.* e *pron.*, pôr alguém como escravo; comprar e vender pessoas para todo tipo de trabalho, subjugar, tirar a liberdade, obrigar a trabalhar sem remuneração.

ES.CRA.VO, *s.m.* e *adj.*, indivíduo sem liberdade, dominado, propriedade do dono a quem está sujeito.

ES.CRA.VO.CRA.TA, *s. 2 gén.*, adepto da escravidão, quem defende a escravidão.

ES.CRE.TE, *s.m.*, seleção, a melhor seleção; seleção formada pelos melhores jogadores de uma região.

ES.CRE.VE.DOR, *adj.* e *s.m.*, que ou o que escreve; escrevinhador; mau escritor.

ES.CRE.VEN.TE, *s. 2 gén.*, funcionário de cartório, auxiliar, ajudante do escrivão.

ESCREVER ESCUREZA

ES.CRE.VER, v.t. e pron., exprimir ou copiar algo por meio das letras, expressar-se escrevendo.

ES.CRE.VI.NHA.DOR, adj. e s.m., pej., diz-se de ou aquele que escrevinha, rabisca; autor de literatura insignificante.

ES.CRE.VI.NHAR, v. int., escrever mal, escrever para passar o tempo, escrever qualquer coisa.

ES.CRI.BA, s.m., na Palestina, doutor da lei e perito em assuntos de religião; copista de textos bíblicos.

ES.CRÍ.NIO, s.m., peça para guardar joias.

ES.CRI.TA, s.f., sinais gráficos para expor algo, escrever algo.

ES.CRI.TO, adj. e s.m., composição, mensagem, texto que foi redigido, copiado.

ES.CRI.TOR, s.m., quem escreve, quem redige livros.

ES.CRI.TÓ.RIO, s.m., local em que se fazem escritos contábeis, celebram-se negócios.

ES.CRI.TU.RA, s.f., todo documento feito por oficial para atestar algo.

ES.CRI.TU.RA.ÇÃO, s.f., escrita de documentos ou fatos do comércio e indústria.

ES.CRI.TU.RA.DO, adj., que resulta de escrituração.

ES.CRI.TU.RAL, adj., que se refere a escrituração.

ES.CRI.TU.RAR, v.t. e pron., colocar em papel fatos e coisas oficiais; escrever contratos, atos oficiais e tudo que tenha oficialidade.

ES.CRI.TU.RÁ.RIO, s.m., quem trabalha com escrita em escritório ou repartição pública.

ES.CRI.TU.RAS, s.f. pl., a Bíblia; todos os livros do Antigo e Novo Testamentos.

ES.CRI.VA.NI.A, s.f., o emprego ou ofício de escrivão: a escrivania dá-lhe muito trabalho, mas é de bom rendimento.

ES.CRI.VA.NI.NHA, s.f., mesa própria para escrever, mesa de escritório.

ES.CRI.VÃO, s.f., oficial público para anotar atos ou fazer documentos públicos.

ES.CRÓ.FU.LA, s.f., Med. o mesmo que tuberculose linfática.

ES.CRO.FU.LO.SE, s.f., doença dos que sofrem de escrófula.

ES.CRO.FU.LO.SO, adj., Med. que se refere às escrófulas.

ES.CRÓ.PU.LO, s.m., ant. peso equivalente a grama e 125 miligramas.

ES.CRO.QUE, s. 2 gên., trapaceiro, quem se apodera de bens alheios por meios ilícitos; pilantra, gatuno, ladrão, furtador.

ES.CRO.TAL, adj., relativo ao escroto.

ES.CRO.TO, s.m., bolsa do ser masculino, na qual se alojam os testículos; saco.

ES.CRÚ.PU.LO, s.m., remorso, sentimento de querer tudo certo, exigente.

ES.CRU.PU.LO.SI.DA.DE, s.f., caráter ou qualidade de escrupuloso; escrupulidade; escrupulidão.

ES.CRU.PU.LO.SO, adj., preocupado, sentimental, de caráter meticuloso.

ES.CRU.TA.DOR, adj., que escruta; investigador; s.m., aquele que investiga; aquele que recolhe votos.

ES.CRU.TAR, v.t., investigar com muito cuidado e detalhes, examinar todas as minúcias.

ES.CRU.TÁ.VEL, adj., que pode ser escrutado ou investigado; esquadrinhado.

ES.CRU.TI.NA.DO, adj., examinado, contado, levantado o número exato.

ES.CRU.TI.NA.DOR, adj. e s.m., que ou aquele que escrutina.

ES.CRU.TI.NAR, v.t. e int., contar os votos, examinar.

ES.CRU.TÍ.NIO, s.m., contagem dos votos, apuração de quantos votos deu cada urna.

ES.CU.DA.DO, adj., que está defendido, protegido; fig., que está apoiado, prestigiado.

ES.CU.DAR, v.t. e pron., defender com escudo, proteger.

ES.CU.DEI.RAR, v.t., acompanhar como escudeiro a.

ES.CU.DEI.RO, s.m., na cavalaria da Idade Média, era um pajem que acompanhava um cavaleiro nobre; quem faz companhia e protege alguém.

ES.CU.DE.LA, s.f., tigela, recipiente, vasilha.

ES.CU.DE.RI.A, s.f., Ind. Aut., companhia ou grupo proprietário de carros de competição que disputa campeonatos em diversas categorias.

ES.CU.DO, s.m., instrumento usado na luta com espadas, para proteger-se; proteção, segurança, égide; antiga unidade monetária de Portugal.

ES.CU.LA.CHA.DO, adj., surrado, batido, ofendido, humilhado.

ES.CU.LA.CHAR, v.t. pop., surrar, bater, dar uma sova, ofender muito, humilhar.

ES.CU.LA.CHO, s.m., bras., gír., ato ou efeito de esculachar.

ES.CU.LÁ.PIO, s.m., p.us., médico, cirurgião.

ES.CU.LHAM.BA.ÇÃO, s.f., confusão, balbúrdia, desordem, repreensão ou censura rude.

ES.CU.LHAM.BA.DO, adj., pop., que se esculhambou; desmoralizado; escangalhado.

ES.CU.LHAM.BAR, v.t., repreender, admoestar de maneira dura e grosseira, badernar, fazer confusão.

ES.CUL.PI.DO, adj., que se esculpiu; fig., diz-se do que ficou impresso, gravado.

ES.CUL.PI.DOR, adj. e s.m., escultor, pessoa que sabe esculpir.

ES.CUL.PIR, v.t., cinzelar, gravar, modelar.

ES.CUL.TOR, s.m., artista que sabe esculpir.

ES.CUL.TU.RA, s.f., ação de esculpir, gravura, engaste.

ES.CUL.TU.RAL, adj., que tem forma de escultura, forma perfeita, formosa.

ES.CUL.TU.RAR, v.t. fazer a escultura de; v.int., trabalhar em escultura.

ES.CU.MA, s.f., espuma, bolhas de espuma.

ES.CU.MA.DEI.RA, s.f., espumadeira, concha com furinhos para retirar a escuma do líquido.

ES.CU.MA.DOR, adj., que tem ou produz escuma; escumoso; diz-se de utensílio que serve para retirar a escuma ou a espuma; s.m., esse utensílio; escumadeira.

ES.CU.MA.LHA, s.f., escória do ferro, quando passa no processo de fundição; ralé, escória, gentalha, plebe, raia miúda.

ES.CU.MAN.TE, adj., que escuma; que forma escuma.

ES.CU.MAR, v.t. e int., pop., espumar, soltar espuma.

ES.CU.MI.LHA, s.f., chumbo miúdo para caça; tecido fino, transparente, de seda ou lã; gaze.

ES.CU.MI.LHAR, v.int., bras., bordar sobre escumilha.

ES.CU.NA, s.f., tipo de barco com velas.

ES.CU.RAS, fem., pl., loc. adv., às escuras - no escuro.

ES.CU.RE.CE.DOR, adj. e s.m., que(m) escurece, preteador; crepúsculo.

ES.CU.RE.CER, v.t. e int., ficar escuro, desaparecer o brilho do Sol; crepúsculo, entardecer, anoitecer, sombrear.

ES.CU.RE.CI.DO, adj., que (se) escureceu.

ES.CU.RE.CI.MEN.TO, s.m., escuridão, crepúsculo, anoitecer.

ES.CU.RE.CÍ.VEL, adj., que escurece; que faz escurecer; fig., que se deve ocultar.

ES.CU.REN.TAR, v.t., tornar escuro; escurecer.

ES.CU.RE.ZA, s.f., o mesmo que escuridão.

ES.CU.RI.DA.DE, s.f., qualidade do que é escuro; o mesmo que escuridão; fig., aquilo que oferece dificuldade de compreensão; obscuro.
ES.CU.RI.DÃO, s.f., negrume, trevas, muito escuro.
ES.CU.RO, adj., preto, obscuro, sem luz, não inteligente; s.m., lugar escuro.
ES.CU.SA, s.f., desculpa, propósito, intento.
ES.CU.SA.ÇÃO, s.f., o mesmo que escusa; Jur., lei que isenta alguém de função ou obrigação pública.
ES.CU.SA.DO, adj., que é dispensável, desnecessário; desculpado.
ES.CU.SA.DOR, adj. e s.m., que ou o que desculpa; que isenta; que vai a juízo apresentar a escusa da parte.
ES.CU.SAR, v.t. e pron., desculpar, anuir, aceitar.
ES.CU.SA.TÓ.RIO, adj., que serve para escusar ou desculpar.
ES.CU.SÁ.VEL, adj. 2 gên., que é passível de escusa; que se pode escusar, desculpar, dispensar.
ES.CU.SO, adj., escondido, oculto, recôndito.
ES.CU.TA, s. 2 gên., quem fica escutando os outros; fig., espião, araponga.
ES.CU.TA.DOR, adj. e s.m., que ou aquele que escuta.
ES.CU.TAR, v.t. e int., ouvir, perceber, sentir, prestar atenção.
ES.CU.TI.FOR.ME, adj. 2 gên., que tem forma de escudo.
ES.DRU.XU.LAR, v.int., versejar empregando esdrúxulos.
ES.DRÚ.XU.LO, adj., s.m., proparoxítono, esquisito, exótico.
ES.FA.CE.LA.DO, adj., esmigalhado, arruinado, reduzido a destroços.
ES.FA.CE.LAR, v.t. e pron., destruir, esmigalhar, arruinar.
ES.FÁ.CE.LO, s.m., Med., gangrena que ataca toda a espessura de um membro ou de um órgão.
ES.FAI.MA.DO, adj., com muita fome, faminto, famélico.
ES.FAI.MAR, v.t., fazer (alguém) passar fome; causar fome a; esfomear.
ES.FAL.FA.DO, adj., cansado, exaurido, que está sem fôlego.
ES.FAL.FA.MEN.TO, s.m., ato ou efeito de esfalfar(-se); cansaço; exaustão; pop., anemia, definhamento.
ES.FAL.FAR, v.t. e pron., tornar muito cansado, cansar, exaurir.
ES.FA.NI.CA.DO, adj., feito em fanicos; delgado; magro.
ES.FA.NI.CAR, v.t., fazer em fanicos; reduzir a pequenos fragmentos.
ES.FA.QUE.A.DO, adj., ferido com faca, cortado, machucado.
ES.FA.QUE.AR, v.t., golpear com faca, machucar, ferir.
ES.FA.RE.LA.DO, adj., que se esfarelou; que se reduziu a farelo, migalhas ou a pó.
ES.FA.RE.LAR, v.t. e pron., tornar farelo, esmigalhar, tornar pó.
ES.FA.RI.NHA.DO, adj., que se esfarinhou; que foi reduzido a farinha.
ES.FA.RI.NHAR, v.t. e pron., tornar farinha, esmigalhar.
ES.FAR.PA.DO, adj., rasgado em farpões; desfiado; lascado.
ES.FAR.PAR, v.t., transformar ou rasgar em farpas; transformar em fios; desfiar(-se).
ES.FAR.RA.PA.DO, adj., maltrapilho, com as roupas rasgadas.
ES.FAR.RA.PA.MEN.TO, s.m., ação de esfarrapar.
ES.FAR.RA.PAR, v.t., tornar as roupas em farrapos, estraçalhar.
ES.FA.ZER, v. int., desfazer.
ES.FE.NO.E.DRO, s.m., poliedro de ângulo ou ângulos agudos.
ES.FE.NOI.DAL, adj., que se refere ao esfenoide.
ES.FE.NOI.DE, s.m., osso alojado na base do crânio.
ES.FE.RA, s.f., corpo redondo, globo, planeta, bola, ambiente social, meio, âmbito.

ES.FE.RI.CI.DA.DE, s.f., qualidade, condição ou estado de esférico; redondeza.
ES.FÉ.RI.CO, adj., com forma redonda.
ES.FE.RO.GRÁ.FI.CA, s.f., caneta com ponta esférica e tinta seca.
ES.FE.RO.I.DAL, adj., Geom., que tem a forma de um esferoide ou é semelhante à uma esfera.
ES.FE.ROI.DE, s.m., todo corpo ou objeto que tenha uma forma semelhante à da esfera.
ES.FE.RO.MÉ.TRI.CO, adj., que diz respeito ou é concernente ao esferômetro.
ES.FE.RÔ.ME.TRO, s.m., instrumento para medir o raio de uma esfera e sua curvatura.
ES.FÉ.RU.LA, s.f., pequena esfera.
ES.FER.VI.LHA.ÇÃO, s.f., ação ou efeito de esfervilhar, fervura.
ES.FER.VI.LHAR, v. int., fervilhar, ferver.
ES.FI.A.PAR, v.t. e pron., tornar fiapo, desfiar.
ES.FI.AR, v.t., o mesmo que desfiar.
ES.FIG.MÓ.GRA.FO, s.m., aparelho que representa graficamente a velocidade e a pulsação arterial.
ES.FIG.MÔ.ME.TRO, s.m., Med., instrumento para medir a velocidade e a regularidade do pulso.
ES.FÍNC.TER, s.m., Anat., músculo anular contráctil que serve para abrir ou fechar vários orifícios ou ductos naturais do corpo; var., esfincter.
ES.FIN.GE, s.f., figura mitológica com busto e cabeça humanos, mas corpo de leão e asas; fig., pessoa estranha e enigmática.
ES.FÍN.GI.CO, adj., que diz respeito à esfinge; enigmático; esfingético.
ES.FLO.RAR, v.t., tirar a flor; desflorar; roçar de leve.
ES.FO.GUE.A.DO, adj., afogueado, avermelhado, apressado, esfalfado.
ES.FO.GUE.AR-SE, v.t., mesmo que afoguear; bras., fazer ficar ou mostrar-se atarantado, desorientado.
ES.FO.GUE.TE.AR, v.t., soltar foguetes (de festa); repreender, censurar com aspereza; v.int., queimar foguetes.
ES.FO.LA, s.f., esfoladura, esfoladela, machucadura, esfolamento.
ES.FO.LA.DE.LA, s.f., o mesmo que esfoladura; fig., lôgro, embaçadura; comedela.
ES.FO.LA.DO, adj., que se esfolou ou se arranhou; que teve a pele arrancada; fig., que perdeu muito dinheiro no jogo; fig., que se zangou, que se encolerizou; irado; zangado.
ES.FO.LA.DOR, adj., que esfola; s.m., aquilo ou aquele que esfola.
ES.FO.LA.DOU.RO, s.m., bras., lugar, nos matadouros, onde se esfolam as reses.
ES.FO.LA.DU.RA, s.f., ação de esfolar, machucar a pele por atrito.
ES.FO.LA.MEN.TO, s.m., ato de esfolar, de tirar a pele; esfoladura.
ES.FO.LAR, v.t. e pron., arrancar a pele, escoriar, arranhar, machucar.
ES.FO.LHAR, v.t. e pron., tirar as folhas, desfolhar.
ES.FO.LI.A.ÇÃO, s.f., ato ou efeito de esfoliar, de desprender fólios ou lâminas de tecidos animais ou vegetais.
ES.FO.LI.A.DO, adj., que se esfoliou.
ES.FO.LI.AN.TE, adj. 2 gên. e s.m., que ou aquilo que produz esfoliação.

ES.FO.LI.AR, *v.t.*, separar em fólios, lâminas, etc. (a superfície de tecidos animais ou vegetais).
ES.FO.LI.A.TI.VO, *adj.*, que pode ser us. para esfoliar.
ES.FO.ME.A.ÇÃO, *s.f.*, ato ou fato de esfomear.
ES.FO.ME.A.DO, *adj.*, com muita fome, faminto.
ES.FO.ME.AR, *v.t.*, provocar fome, não dar alimento, abrir o apetite.
ES.FOR.ÇA.DO, *adj.*, aplicado, assíduo, trabalhador, incansável.
ES.FOR.ÇAR, *v.t., int. e pron.*, animar, insistir, fazer força.
ES.FOR.ÇO, *s.m.*, uso de força, empenho, ânimo.
ES.FRAN.GA.LHA.DO, *adj.*, destruído, despedaçado, esmigalhado.
ES.FRAN.GA.LHAR, *v.t.*, destruir, despedaçar, esmigalhar.
ES.FRE.GA, *s.f.*, luta, combate, embate, surra.
ES.FRE.GA.ÇÃO, *s.f.*, ação ou efeito de esfregar, esfregamento, limpeza, polimento.
ES.FRE.GA.DO, *adj.*, que se esfregou, que sofreu esfregação.
ES.FRE.GA.DOR, *adj. e s.m.*, que ou o que esfrega; rodilhão, escova ou coco para esfregar.
ES.FRE.GA.DU.RA, *s.f.*, o mesmo que esfregação.
ES.FRE.GA.LHO, *s.m.*, o mesmo que esfregão.
ES.FRE.GÃO, *s.m.*, pano para esfregar a louça, peça para lustrar.
ES.FRE.GAR, *v.t. e pron.*, passar algo ou a mão, repetidas vezes, para limpar e lustrar, polir, arear.
ES.FRI.A.DO, *adj.*, frio, que tem frio, gelado.
ES.FRI.A.DOU.RO, *s.m.*, resfriadouro; vaso próprio para resfriadouro, para resfriar qualquer coisa quente.
ES.FRI.A.MEN.TO, *s.m.*, friagem, diminuição da temperatura.
ES.FRI.AR, *v.t., int. e pron.*, tornar frio, diminuir a temperatura; *fig.*, perder o ânimo.
ES.FU.MA.ÇA.DO, *adj.*, que está ou ficou cheio de fumaça; fumacento; fumarento.
ES.FU.MA.ÇAR, *v.t.*, colocar fumaça, enegrecer, embaçar.
ES.FU.MA.DO, *adj.*, que foi atenuado; que se desfez como fumo; diz-se de desenho que apresenta sombras esbatidas, traçadas com carvão ou esfuminho; *s.m.*, esse desenho.
ES.FU.MA.DOR, *s.m.*, pincel grande que se passa por cima do quadro, para tirar a dureza.
ES.FU.MAR, *v.t. e pron.*, emprectecer com fumaça, embaçar, sombrear.
ES.FU.MA.TU.RA, *s.f., ant.*, o mesmo que femença.
ES.FU.MI.NHO, *s.m.*, rolo de papel ou feltro, para esbater desenhos feitos a carvão ou lápis.
ES.FU.ZI.AN.TE, *adj.*, animadíssimo, alegre, com muita comunicação.
ES.FU.ZI.A.DA, *s.f.*, tiroteio, salva de tiros, fuzilaria.
ES.FU.ZI.AR, *v. int.*, sibilar, silvar como balas de fuzil, provocar rumores sibilantes.
ES.FU.ZI.LAR, *v.t. e int.*, lançar faíscas, esfuziar, cintilar; saltar, sair.
ES.GA.DE.LHA.DO, *adj.*, em desalinho; despenteado; desgrenhado.
ES.GA.DE.LHAR, *v.t.*, mesmo que desguedelhar.
ES.GAL.GA.DO, *adj.*, que tem feição de galgo, magro e esguio.
ES.GAL.GAR, *v.t.*, tornar esgalgado, alongado.
ES.GA.LHA.DO, *adj.*, que está sem os galhos, podado.
ES.GA.LHAR, *v.t., int. e pron.*, tirar os galhos, podar a copa de uma árvore.
ES.GA.NA.ÇÃO, *s.f. pop.*, avidez, gula, sofreguidão, cobiça.

ES.GA.NA.DO, *adj.*, sufocado, enforcado; guloso, quer tudo para si, cobiçoso.
ES.GA.NA.DU.RA, *s.f.*, ação de esganar; esganação.
ES.GA.NAR, *v.t. e pron.*, enforcar, estrangular.
ES.GA.NI.ÇAR, *v. int. e pron.*, latir, latir com dor, ganir.
ES.GAR, *s.m.*, careta, macaquice, gesto de palhaço.
ES.GA.RA.VA.TA.DOR, *adj. e s.m.*, o mesmo que esgaravatador.
ES.GA.RA.VA.TAR, *v. int.*, esgravatar, limpar os dentes com palito, limpar outros locais do corpo, remexer, sacudir e remexer objetos.
ES.GAR.ÇAR, *v.t. e int.*, rasgar, desfiar.
ES.GAR.RÃO, *v.t.*, vento contrário e forte que faz esgarrar os navios; desgarrão; *s.m.*, gangorra.
ES.GAR.RAR, *v.t. e int., Náut.*, garrar, fazer garrar; desviar(-se) do caminho que se quer seguir; *fig.*, desviar(-se) do caminho do bem.
ES.GA.ZE.A.DO, *adj.*, esbranquiçado, que está com os olhos revirados.
ES.GA.ZE.AR, *v.t.*, revirar os olhos, abrir os olhos como desvairado.
ES.GO.E.LA.DO, *adj.*, berrado, urrado, gritado.
ES.GO.E.LAR, *v. pron.*, berrar muito, urrar, gritar.
ES.GO.TA.DO, *adj.*, exausto, sem forças, exaurido.
ES.GO.TA.MEN.TO, *s.m.*, exaustão, cansaço total, estafa.
ES.GO.TAN.TE, *adj.*, que esgota, que exaure, que faz perder as forças.
ES.GO.TAR, *v.t. e pron.*, ressecar, exaurir, tirar tudo que der, drenar, acabar.
ES.GO.TO, *s.m.*, sistema de canos para recolher os dejetos; sistema hidráulico para recolher a sujeira dos banheiros e fábricas.
ES.GRA.FI.TO, *s.m.*, espécie de desenho ou pintura ornamental.
ES.GRA.VA.TAR, *v. int.*, esgaravatar.
ES.GRI.MA, *s.f.*, esporte que usa armas brancas para lutas; lutas com espadas, floretes.
ES.GRI.MI.DOR, *adj. e s.m.*, que ou o que esgrime; espadachim.
ES.GRI.MIR, *v.t. e int.*, lutar com armas brancas, como espadas, punhais, floretes.
ES.GRI.MIS.TA, *s. 2 gên.*, pessoa que usa a esgrima para lutar ou para a prática de esporte.
ES.GUE.DE.LHA.DO, *adj.*, desgrenhado, despenteado.
ES.GUE.DE.LHAR, *v.t.*, o mesmo que desguedelhar.
ES.GUEI.RAR-SE, *v. pron.*, sair às escondidas, fugir sem ser percebido.
ES.GUE.LHA, *s.f.*, de soslaio, de maneira oblíqua, obliquidade; *expr.* de esguelha - de lado.
ES.GUE.LHAR, *v. int.*, colocar esguelha, atravessar de esguelha.
ES.GUI.CHA.DE.LA, *s.f.*, efeito de esguichar; jato, esguicho.
ES.GUI.CHA.DO, *adj.*, que foi lançado em forma de esguicho.
ES.GUI.CHAR, *v.t. e int.*, jorrar, expelir por um cano com força.
ES.GUI.CHO, *s.m.*, jato de líquido, jorro.
ES.GUI.O, *adj.*, alto e magro, delgado, esbelto, fino.
ES.LA.VO, *adj. e s.m.*, natural, referente a vários povos, como poloneses, checos, búlgaros, eslovacos, russos, bielo-russos e outros.
ES.LO.VA.CO, *adj. e s.m.*, natural ou habitante da Eslováquia.
ES.LO.VE.NO, *adj. e s.m.*, natural ou habitante da Eslovênia.
ES.MA.E.CER, *v. int. e pron.*, desbotar, descorar, perder a cor.

ES.MA.E.CI.DO, *adj.*, descorado, descolorido, desbotado.
ES.MA.E.CI.MEN.TO, *s.m.*, desbotamento, perda da cor, descoloração.
ES.MA.GA.ÇÃO, *s.f.*, moagem, esmigalhamento, amassamento, trituração.
ES.MA.GA.DO, *adj.*, que se esmagou; esmigalhado; esfacelado.
ES.MA.GA.DOR, *adj.*, que esmaga; que amassa ou despedaça; *fig.*, que exerce opressão, tirania; que não se pode refutar; irrefutável; *s.m.*, máquina ou aparelho para esmagar ou moer.
ES.MA.GA.DU.RA, *s.f.*, ação e efeito de esmagar.
ES.MA.GA.ME.NTO, *s.m.*, ato ou efeito de esmagar; esmagação; esmagadura.
ES.MA.GAR, *v.t. e pron.*, moer, esmigalhar, amassar, triturar.
ES.MAI.AR, *v.int. e pron.*, desmaiar, perder a cor.
ES.MA.LHAR, *v.t., ant.*, cortar, desfazer com golpes as malhas.
ES.MAL.TA.DO, *adj.*, que recebeu revestimento de esmalte; que brilha como o esmalte.
ES.MAL.TA.DOR, *adj. e s.m.*, que ou aquele que esmalta.
ES.MAL.TA.GEM, *s.f.*, ato ou efeito de esmaltar; esmaltação.
ES.MAL.TAR, *v.t. e pron.*, passar esmalte em.
ES.MAL.TE, *s.m.*, substância que se passa sobre objetos e nas unhas; verniz.
ES.ME.RA.DO, *adj.*, que é feito com esmero; caprichado.
ES.ME.RAL.DA, *s.f.*, pedra preciosa, normalmente verde.
ES.ME.RAL.DI.NO, *adj.*, relativo a esmeralda, da cor da esmeralda.
ES.ME.RAR, *v.t. e pron.*, caprichar, apurar, fazer muito bem.
ES.ME.RIL, *s.m.*, mistura de vários materiais duros para desbastar peças, metais, afiar ferramentas.
ES.ME.RI.LAR, *v.t. e pron.*, esmerilhar, polir e afiar com esmeril, aperfeiçoar.
ES.ME.RI.LHA.DO, *adj.*, polido com esmeril; *fig.*, examinado, esmiuçado.
ES.ME.RI.LHAR, *v.t.*, o mesmo que esmerilar.
ES.ME.RO, *s.m.*, capricho, apuro, perfeição.
ES.MI.GA.LHA.DO, *adj.*, triturado, destruído.
ES.MI.GA.LHA.DOR, *adj.*, que esmigalha; *s.m.*, o que esmigalha; certa máquina agrícola.
ES.MI.GA.LHA.DU.RA, *s.f.*, ação de esmigalhar.
ES.MI.GA.LHAR, *v.t. e pron.*, transformar em migalhas, triturar, destruir.
ES.MI.O.LA.DO, *adj.*, sem miolo; *fig.*, tolo, sem juízo.
ES.MI.O.LAR, *v.t.*, tirar o miolo; *adj.*, fragmentar o miolo de.
ES.MI.U.ÇA.DO, *adj.*, esmigalhado, detalhado, analisado.
ES.MI.U.ÇA.DOR, *adj. e s.m.*, diz-se do que pesquisa, que investiga com excessiva miudeza; que analisa tudo por partes, ainda as mais insignificantes; deslindador.
ES.MI.U.ÇAR, *v.t.*, analisar, reduzir a fragmentos, examinar tudo.
ES.MI.U.DAR, *v.t.*, o mesmo que esmiuçar.
ES.MO, *s.m.*, cálculo aproximado; expressão - a esmo - à toa, sem rumo.
ES.MO.E.DOR, *adj. e s.m.*, que ou o que esmói.
ES.MO.ER, *v. int.*, remoer, digerir, ruminar, raciocinar.
ES.MO.LA, *s.f.*, donativo que se dá aos carentes; ninharia, óbolo.
ES.MO.LAM.BA.DO, *adj.*, cuja roupa foi reduzida a molambos, a farrapos; amolambado; andrajoso; *s.m.*, pessoa esmolambada.
ES.MO.LAM.BAR, *v.t. e int.*, arrastar molambos; andar roto, esfarrapado, maltrapilho; *fig.*, achincalhar, acanalhar (alguém ou algo).
ES.MO.LAR, *v.t. e int.*, pedir esmolas, buscar ajuda dos outros.
ES.MO.LEI.RO, *adj. e s.m.*, que(m) pede esmolas.
ES.MO.LER, *adj. e s.m.*, quem dá esmolas, quem pede esmolas; que vive de esmolas.
ES.MO.RE.CER, *v. int.*, desanimar, perder as forças, enfraquecer.
ES.MO.RE.CI.DO, *adj.*, desanimado, enfraquecido.
ES.MO.RE.CI.MEN.TO, *s.m.*, desânimo, indisposição, fadiga, fraqueza.
ES.MUR.RA.ÇAR, *v.t.*, maltratar com murros; dar murros em; esmurrar.
ES.MUR.RA.DO, *adj.*, soqueado, batido, atacado com murros.
ES.MUR.RAR, *v. pron.*, bater em, dar socos em, atacar com murros.
ES.NO.BA.ÇÃO, *s.f.*, pretensão, arrogância, vaidade, exibicionismo.
ES.NO.BAR, *v. int.*, fazer-se importante, achar-se muito interessante.
ES.NO.BE, *s. 2 gên.*, quem se julga ótimo, quem faz pouco caso dos outros.
ES.NO.BIS.MO, *s.m.*, pretensão de estar sempre na última moda, presunção.
ES.NÚ.QUER, *s.m.*, um jogo, tipo bilhar, com uma mesa retangular e seis caçapas, que são alvo das bolas empurradas pelos tacos.
E.SO.FA.GI.A.NO, *adj.*, que se refere ou pertence ao esôfago; esofágico.
E.SO.FÁ.GI.CO, *adj.*, o mesmo que esofagiano.
E.SO.FA.GIS.MO, *s.m.*, Med., espasmo do esôfago.
E.SO.FA.GI.TE, *s.f.*, inflamação do esôfago.
E.SÔ.FA.GO, *s.m.*, tubo que conduz alimentos da faringe ao estômago.
E.SO.TÉ.RI.CO, *adj.*, próprio do esoterismo, tipo de doutrina ensinada a poucos.
E.SO.TE.RIS.MO, *s.m.*, tipo de doutrina com muitos segredos, transmitidos a poucos neófitos; ocultismo.
ES.PA.ÇA.DO, *adj.*, distanciado, separado, que mantém uma lacuna.
ES.PA.ÇA.MEN.TO, *s.m.*, ação ou efeito de espaçar, espaço, intervalo, lacuna.
ES.PA.CAR, *v.t. e int.*, dar ou ter intervalo de lugar ou de tempo; espacejar; adiar; prorrogar; dilatar; aumentar em extensão; ampliar; alargar.
ES.PA.ÇAR, *v.t.*, deixar espaço entre; dar espaço.
ES.PA.CE.AR, *v.t.*, o mesmo que espaçar; *v.pron., ant.*, recrear-se, passear.
ES.PA.CE.JAR, *v.t.*, dar espaço, deixar espaço entre dois corpos.
ES.PA.CI.AL, *adj.*, referente ao espaço, próprio do espaço.
ES.PA.ÇO, *s.m.*, o universo, qualquer lacuna entre dois corpos, lapso de tempo entre duas datas.
ES.PA.ÇO.NA.VE, *s.f.*, nave que anda no espaço, astronave.
ES.PA.ÇO.SO, *adj.*, que possui muito espaço, amplo, grande.
ES.PA.DA, *s.f.*, arma branca, arma com lâmina longa.
ES.PA.DA.CHIM, *s.m.*, quem luta com espada.
ES.PA.DA.DA, *s.f.*, golpe com espada.
ES.PA.DA.GÃO, *s.m.*, espada grande.
ES.PA.DA.NA, *s.f.*, veio de água; repuxo ou jato de líquido que dá o aspecto de uma lâmina de espada.

ESPADANADO   ·· 373 ··   ESPECAR

ES.PA.DA.NA.DO, *adj.*, diz-se de líquido que cai ou jorra em forma de espadana.

ES.PA.DA.NAR, *v. int.*, bater na água; mexer, revirar.

ES.PA.DAR.TE, *s.m.*, peixe muito grande, pescado no mar.

ES.PA.DAS, *s.f. pl.*, naipe do baralho.

ES.PA.DA.Ú.DO, *adj.*, que tem ombros grandes, pessoa forte.

ES.PA.DEI.RA.DA, *s.f.*, pancada, golpe com espada; pranchada; espadada.

ES.PA.DEI.RÃO, *s.m.*, espada longa e estreita, para ferir como estoque.

ES.PA.DEI.RAR, *v.t.*, dar espadeiradas em (alguém).

ES.PA.DEI.RO, *s.m.*, fabricante ou vendedor de espadas.

ES.PA.DE.LA, *s.f.*, utensílio com o qual se bate o linho para separar as fibras mais grossas.

ES.PA.DE.LA.DOR, *s.m.*, tábua (em meia-lua) onde se firma a mão com o linho que se está espadelando.

ES.PA.DE.LA.GEM, *s.f.*, trabalho de espadelar.

ES.PA.DE.LAR, *v.t.*, estomentar o linho com a espadela; bater, como com espadela.

ES.PA.DIM, *s.f.*, espada pequena.

ES.PÁ.DUA, *s.f.*, ombros, parte superior do tronco torácico.

ES.PA.GUE.TE, *s.m.*, tipo de macarrão de fios bem finos.

ES.PAI.RE.CER, *v.t., int. e pron.*, arejar a mente, distrair-se.

ES.PAI.RE.CI.DO, *adj.*, arejado, descansado, distraído, repousado.

ES.PAI.RE.CI.MEN.TO, *s.m.*, ato ou efeito de espairecer(-se); distração; divertimento.

ES.PAL.DA, *s.f.*, espádua, espaldar.

ES.PAL.DAR, *s.m.*, costas altas de cadeira; respaldo.

ES.PA.LHA.DA, *s.f.*, ato de espalhar; espalhafato; vozearia; ostentação.

ES.PA.LHA.DEI.RA, *s.f.*, máquina para bater e selecionar os tipos de palha.

ES.PA.LHA.DO, *adj.*, que se espalhou; disperso; que se derramou, espargiu; que se difundiu ou divulgou.

ES.PA.LHA.DOR, *adj. e s.m.*, que, aquele ou aquilo que espalha (algo).

ES.PA.LHA.FA.TO, *s.m.*, barulho, baderna, ruído, gritaria, estardalhaço, ostentação extrema.

ES.PA.LHA.FA.TO.SO, *adj.*, ruidoso, barulhento, estrepitoso.

ES.PA.LHA.MEN.TO, *s.m.*, ação de espalhar(-se).

ES.PA.LHAR, *v.t., int. e pron.*, espargir, jogar para todos os lados, distribuir.

ES.PAL.MA.DO, *adj.*, que se abre como a palma da mão; diz-se de mão aberta para pegar ou rebater alguma coisa.

ES.PAL.MAR, *v.t., int. e pron.*, abrir a palma da mão, bater com a palma da mão.

ES.PA.NA.DOR, *s.m.*, escova com cabo para limpar o pó.

ES.PA.NAR, *v.t.*, limpar, tirar o pó, sacudir a poeira.

ES.PAN.CA.DO, *adj.*, surrado, batido, machucado.

ES.PAN.CA.DOR, *adj. e s.m.*, que ou aquele que espanca, surra.

ES.PAN.CA.MEN.TO, *s.m.*, coça, surra muito forte, surra com machucadura.

ES.PAN.CAR, *v.t.*, bater com violência, surrar.

ES.PAN.DON.GA.MEN.TO, *s.m., bras.*, relaxação, desordem, desleixo; desalinho (no vestir).

ES.PAN.DON.GAR, *v.t., bras.*, pôr em desordem; desmazelar.

ES.PA.NE.JA.DO, *adj.*, que foi desempoeirado com o espanador.

ES.PA.NE.JAR, *v. int.*, espanar, sacudir, tirar o pó.

ES.PA.NHOL, *s.m. e adj.*, habitante ou nascido na Espanha.

ES.PA.NHO.LA.DA, *s.f.*, expressão espanhola, grupo grande de espanhóis.

ES.PA.NHO.LIS.MO, *s.m.*, expressão linguística do idioma espanhol, usada em outros idiomas.

ES.PAN.TA.DI.ÇO, *adj.*, que se espanta com facilidade, assustadiço, muito espantado.

ES.PAN.TA.DO, *adj.*, assustado, com muito espanto, surpreso, boquiaberto.

ES.PAN.TA.DOR, *adj.*, que espanta; espantoso; *s.m.*, aquele ou aquilo que espanta.

ES.PAN.TA.LHO, *s.m.*, palhaço ou boneco para espantar aves.

ES.PAN.TAR, *v.t. e int.*, assustar, afugentar, enxotar.

ES.PAN.TO, *s.m.*, medo, susto, pavor, pasmo.

ES.PAN.TO.SO, *adj.*, que causa espanto, surpreendente.

ES.PA.RA.DRA.PO, *s.m.*, material adesivo para segurar faixas nos curativos.

ES.PAR.GI.MEN.TO, *s.m.*, difusão, derramamento, irradiação.

ES.PAR.GIR, *v.t. e pron.*, espalhar, derramar, difundir, soltar.

ES.PAR.GO, *s.m.*, aspargo, planta que fornece talos, ou seja, brotos novos para servirem de alimento saboroso.

ES.PAR.RA.MA.DO, *adj.*, que se esparramou.

ES.PAR.RA.MAR, *v.t., int. e pron.*, derramar, soltar, espalhar, dispersar, entornar.

ES.PAR.RA.ME, *s.m.*, ato de esparramar, o mesmo que esparrame; dispersão; ostentação; espalhafato; agitação; *gír.*, escândalo, escarcéu; *var.*, esparramo.

ES.PAR.RE.LA, *s.f.*, armadilha para caçar animais selvagens; *fig.*, cilada, artimanha para lograr pessoas.

ES.PAR.SO, *adj.*, distribuído, espalhado, solto.

ES.PAR.TA.NO, *adj.*, natural ou habitante de Esparta, antiga cidade grega, no Peloponeso, e fundada pelos dórios; lutador; forte.

ES.PAR.TI.LHA.DO, *adj.*, apertado com espartilho; *lus., fig.*, apertado, espremido (falando de roupa).

ES.PAR.TI.LHAR, *v. int.*, apertar com o espartilho.

ES.PAR.TI.LHEI.RO, *adj. e s.m.*, que ou o que faz ou vende espartilhos.

ES.PAR.TI.LHO, *s.m.*, tipo de cintura para comprimir o abdome.

ES.PAR.ZIR, *v.t. e pron*, espargir, derramar, soltar líquidos, odores.

ES.PAS.MO, *s.m.*, contração de músculo; *fig.*, êxtase.

ES.PAS.MÓ.DI.CO, *adj.*, que tem espasmos, que sente contrações.

ES.PA.TI.FA.DO, *adj.*, quebrado, fragmentado, esfarelado.

ES.PA.TI.FAR, *v.t.*, quebrar, fragmentar, reduzir a frangalhos, esfarelar.

ES.PÁ.TU.LA, *s.f.*, faca ou peça parecida, usada para misturar massas (bolo); ou abrir livros.

ES.PA.TU.LA.DO, *adj.*, que tem forma de espátula; feito com espátula; *s.m.*, Artes Plást., técnica de pintura em que se usam espátulas.

ES.PA.TU.LE.TA, *s.f.*, espátula pequena.

ES.PA.VEN.TA.DO, *adj.*, assustado, apavorado, amedrontado.

ES.PA.VEN.TAR, *v.t. e pron.*, assustar, amedrontar, apavorar.

ES.PA.VEN.TO, *s.m.*, espanto, susto, medo repentino.

ES.PA.VEN.TO.SO, *adj.*, espantoso, assustador, amedrontador.

ES.PA.VO.RI.DO, *adj.*, amedrontado, apavorado, atemorizado.

ES.PA.VO.RIR, *v.t. e pron.*, amedrontar, atemorizar, apavorar.

ES.PE.CAR, *v.t., int. e pron.*, colocar espeque, colocar um

ES.PE.CI.AL, *adj.,* peculiar, único, essencial, digno de.
ES.PE.CI.A.LI.DA.DE, *s.f.,* qualidade, predicado, profissão.
ES.PE.CI.A.LIS.TA, *s. 2 gên.,* profissional, perito, o que de fato conhece.
ES.PE.CI.A.LI.ZA.ÇÃO, *s.f.,* capacitação, qualificação, aprofundamento em.
ES.PE.CI.A.LI.ZA.DO, *adj.,* que se especializou em alguma coisa; Anat., diz-se de órgão, tecido, etc., que desempenha função específica no organismo.
ES.PE.CI.A.LI.ZAR, *v.t. e pron.,* tornar único, qualificar, aperfeiçoar.
ES.PE.CI.A.RI.A, *s.f.,* nome dado a condimentos especiais, como cravo-da-índia, noz-moscada, canela, pimenta e outros, das cozinhas tradicional e moderna.
ES.PÉ.CIE, *s.f.,* qualidade, raça, casta, gênero, caráter, subdivisão; tipos humanos, tipos de plantas.
ES.PE.CI.EI.RO, *s.m.,* o que vende especiarias.
ES.PE.CI.FI.CA.ÇÃO, *s.f.,* determinação, individualização.
ES.PE.CI.FI.CA.DO, *adj.,* que se especificou; pormenorizado, individualizado.
ES.PE.CI.FI.CA.DOR, *adj.,* que especifica; especificativo; *s.m.,* aquele ou aquilo que especifica.
ES.PE.CI.FI.CAR, *v.t.,* individualizar, apontar, determinar.
ES.PE.CI.FI.CA.TI.VO, *adj.,* único, individuado, determinado.
ES.PE.CI.FI.CI.DA.DE, *s.f.,* o que é tipicamente específico.
ES.PE.CÍ.FI.CO, *adj.,* típico, próprio, essencial.
ES.PÉ.CI.ME, *s.m.,* espécimen, modelo, tipo, amostra.
ES.PEC.TA.DOR, *s.m.,* quem olha, quem vê, assistente.
ES.PEC.TRAL, *adj.,* que se assemelha ao espectro, caricatural.
ES.PEC.TRO, *s.m.,* feixe de luz refletido, espectro solar; fantasma.
ES.PEC.TRO.LO.GI.A, *s.f.,* estudo dos fenômenos espectrais.
ES.PEC.TRO.LÓ.GI.CO, *adj.,* que se refere a espectrologia.
ES.PEC.TRO.ME.TRI.A, *s.f.,* estudo das radiações de corpos, com uso em química e física, para análises e conclusões.
ES.PEC.TRO.MÉ.TRI.CO, *adj.,* relativo a espectrometria.
ES.PEC.TRÔ.ME.TRO, *s.m.,* instrumento para obter a espectrometria.
ES.PEC.TROS.CÓ.PI.CO, *adj.,* relativo a espectroscopia ou a espectroscópio.
ES.PEC.TROS.CÓ.PIO, *s.m.,* Ópt., instrumento que produz e examina espectros de radiação eletromagnética.
ES.PE.CU.LA.ÇÃO, *s.f.,* pesquisa, conjetura, hipótese, busca de bons negócios.
ES.PE.CU.LA.DO, *adj.,* raciocinado, jogado, atuado.
ES.PE.CU.LA.DOR, *s.m.,* quem joga com preços e valores; quem busca lucros imediatos.
ES.PE.CU.LAR, *v.t.,* raciocinar, jogar com preços de ações; *adj.,* relativo a espelho, próprio do espelho.
ES.PE.CU.LA.TI.VO, *adj.,* que especula, que joga com valores, preços e ações na bolsa.
ES.PÉ.CU.LO, *s.m.,* instrumento que o médico usa para alargar orifícios no corpo humano, para ter melhor visão do interior.
ES.PE.DA.ÇA.DO, *adj.,* despedaçado, quebrado, esfarelado.
ES.PE.DA.ÇAR, *v.t.,* despedaçar, quebrar, esfarelar.
ES.PEI.TO.RAR, *v.t.,* o mesmo que expectorar.
ES.PE.LE.O.LO.GI.A, *s.f.,* Geol., ramo da geologia que estuda as grutas e cavernas naturais.
ES.PE.LE.O.LÓ.GI.CO, *adj.,* relativo a espeleologia.
ES.PE.LE.O.LO.GIS.TA, *s. 2 gên.,* pessoa que se especializou em espeleologia; espeleólogo.
ES.PE.LE.Ó.LO.GO, *s.m.,* o mesmo que espeleologista.
ES.PE.LHA.ÇÃO, *s.f.,* ato ou efeito de espelhar(-se); espelhamento.
ES.PE.LHA.DO, *adj.,* refletido, mostrado, retrovisado.
ES.PE.LHA.MEN.TO, *s.m.,* ato ou efeito de espelhar; espelhação.
ES.PE.LHAR, *v.t. e pron.,* refletir, mostrar.
ES.PE.LHA.RI.A, *s.f.,* fábrica ou loja de espelhos; vidraçaria.
ES.PE.LHEI.RO, *s.m.,* aquele que faz, vende ou conserta espelhos.
ES.PE.LHEN.TO, *adj.,* brilhante, polido, que reflete como espelho.
ES.PE.LHO, *s.m.,* superfície de vidro tratado para refletir imagem.
ES.PE.LO.TE.A.DO, *adj., bras.,* S., que agiu de modo estouvado.
ES.PE.LO.TE.A.MEN.TO, *s.m., bras.,* estouvamento, falta de critério; espeloteio.
ES.PE.LUN.CA, *s.f.,* toca, cova, caverna; casa de má fama, cortiço; residência suja e habitada por tipos de baixa moralidade.
ES.PEN.DA, *s.f.,* Hip., parte da sela em que se assenta a coxa.
ES.PE.NI.CA.DO, *adj.,* depenado, desplumado.
ES.PE.NI.CAR, *v.t. e pron.,* depenar, desplumar.
ES.PE.QUE, *s.m.,* estaca para segurar algo que esteja para cair; suporte.
ES.PE.RA, *s.f.,* ação de esperar, expectativa.
ES.PE.RA.DO, *adj.,* possível, provável.
ES.PE.RAN.ÇA, *s.f.,* ação de esperar, expectativa; sentimento de esperar.
ES.PE.RAN.ÇA.DO, *adj.,* que tem esperança, que espera, que aguarda.
ES.PE.RAN.ÇAR, *v. int.,* ter esperança, esperar, aguardar.
ES.PE.RAN.ÇO.SO, *adj.,* cheio de esperança, com muita esperança.
ES.PE.RAN.TIS.TA, *adj. e s. 2 gên.,* praticante ou propagandista do esperanto.
ES.PE.RAN.TO, *s.m.,* língua artificial para ser falada por todos, criada pelo médico polonês Luís Zamenhof, em 1887.
ES.PE.RAR, *v.t.,* aguardar, ficar à espera, ter esperança.
ES.PER.DI.ÇA.DOR, *adj. e s.m.,* que ou o que esperdiça; dissipador.
ES.PER.DI.ÇAR, *v.t.,* desperdiçar, perder, estragar, arruinar.
ES.PER.DÍ.CIO, *s.m., pop.,* o mesmo que desperdício; *bras.,* N., extravio.
ES.PER.MA, *s.m.,* líquido expelido pelos testículos, para a fecundação do óvulo feminino.
ES.PER.MA.CE.TE, *s.m.,* produto tirado da cabeça de cachalotes, usado no fabrico de velas para iluminar.
ES.PER.MÁ.TI.CO, *adj.,* que se refere a esperma.
ES.PER.MA.TI.ZAR, *v. int.,* fecundar com espermatozoide.
ES.PER.MA.TO.GRA.FI.A, *s.f.,* descrição das sementes que há nos espermatozoides.
ES.PER.MA.TO.GRÁ.FI.CO, *adj.,* relativo a espermatografia.
ES.PER.MA.TO.LO.GI.A, *s.f.,* tratado sobre o esperma.
ES.PER.MA.TO.LÓ.GI.CO, *adj.,* relativo a espermatologia.
ES.PER.MA.TOR.REI.A, *s.f.,* Fisiol., derramamento frequente e involuntário de esperma, sem coito e, às vezes, sem ereção; polução.
ES.PER.MA.TO.ZOI.DE, *s.m.,* substância masculina para

ESPERMICIDA — ESPIRAL

provocar a reprodução.
ES.PER.MI.CI.DA, *s.m.*, droga que elimina os espermatozoides.
ES.PER.NE.AR, *v. int.*, bater as pernas; reclamar, ser contra, insurgir-se contra uma determinação.
ES.PER.NEI.O, *s.m.*, batidas violentas das pernas; insubordinação, revolta.
ES.PER.TA.DO, *adj.*, desperto, acordado, aceso.
ES.PER.TA.DOR, *adj. e s.m.*, estimulante, excitante.
ES.PER.TA.LHÃO, *s.m.*, velhaco, safado, trapaceiro.
ES.PER.TA.MEN.TO, *s.m.*, ação de espertar; *fig.*, excitamento, estímulo.
ES.PER.TAR, *v.t. e pron.*, ativar, acordar, tornar esperto, estimular.
ES.PER.TE.ZA, *s.f.*, agilidade, astúcia, inteligência.
ES.PER.TO, *adj.*, desperto, ativo, inteligente, arguto.
ES.PES.SA.DO, *adj.*, adensado, próximo, que tenha intervalo curto.
ES.PES.SA.MEN.TO, *s.m.*, ação de tornar algo espesso, espessura.
ES.PES.SAR, *v.t. e pron.*, tornar espesso, adensar, tornar opaco.
ES.PES.SI.DÃO, *s.f.*, qualidade do que é espesso; densidade, grossura, espessura.
ES.PES.SO, *adj.*, denso, opaco, sólido, cerrado.
ES.PES.SU.RA, *s.f.*, densidade, grossura, opacidade.
ES.PE.TA.CU.LAR, *adj.*, notável, extraordinário, maravilhoso, fantástico.
ES.PE.TA.CU.LA.RI.ZA.ÇÃO, *s.f.*, ato ou efeito de tornar algo espetacular.
ES.PE.TA.CU.LI.ZAR, *v.t.*, o mesmo que espetacular.
ES.PE.TÁ.CU.LO, *s.m.*, representação, visão, algo grandioso para ver.
ES.PE.TA.CU.LO.SO, *adj.*, que é um grande espetáculo, maravilhoso, ostentoso.
ES.PE.TA.DA, *s.f.*, ato de espetar, furada, alfinetada.
ES.PE.TA.DE.LA, *s.f.*, espetada leve, cutucada, alfinetada.
ES.PE.TA.DO, *adj.*, que se espetou; que foi atravessado ou ferido com golpe de espeto; *fig.*, o mesmo que empertigado; *pop.*, arrepiado; espicaçado; mordido.
ES.PE.TAR, *v.t. e pron.*, meter no espeto, perfurar, furar.
ES.PE.TO, *s.m.*, haste metálica ou de madeira para assar carne.
ES.PE.VI.TA.DEI.RA, *s.f.*, tesoura própria para espevitar pavios.
ES.PE.VI.TA.DO, *adj.*, petulante, peralta, falador, metido.
ES.PE.VI.TAR, *v.t. e pron.*, aviventar, acordar, tornar ágil.
ES.PE.ZI.NHA.DO, *adj.*, pisado, sofrido, humilhado.
ES.PE.ZI.NHA.DOR, *adj. e s.m.*, que ou aquele que espezinha.
ES.PE.ZI.NHAR, *v.t.*, pisar, fazer sofrer, massacrar, humilhar.
ES.PI.A, *s. 2 gên.*, quem faz espionagem; *s.f.*, vela usada em embarcações.
ES.PI.A.DA, *s.f.*, dar uma olhada, olhadela.
ES.PI.A.DE.LA, *s.f.*, olhada rápida, espiada leve, olhadinha.
ES.PI.ÃO, *s.m.*, alguém pago para roubar segredos dos adversários, acompanhar algum fato oculto.
ES.PI.AR, *v.t. e int.*, vigiar, observar, colher segredos dos outros.
ES.PI.CA.ÇA.DO, *adj.*, picado, provocado, excitado, estimulado.
ES.PI.CA.ÇAR, *v. int.*, provocar, picar, excitar, ferir com palavras.

ES.PI.CHA.DA, *s.f.*, esticada, caminhada maior, alongamento.
ES.PI.CHA.DO, *adj.*, que se espichou; esticado.
ES.PI.CHAR, *v.t., int. e pron.*, estender, alongar, esticar.
ES.PI.CU.LAR, *v. int.*, dar a forma de espiga, preparar como espiga, aguçar, pontear.
ES.PÍ.CU.LO, *s.m.*, pua, ponta, ferrão.
ES.PI.GA, *s.f.*, parte dos cereais em que se localizam os grãos.
ES.PI.GA.DO, *adj.*, que formou uma espiga, alto, delgado.
ES.PI.GÃO, *s.m.*, parte mais alta de um telhado, de uma árvore; serra, arranha-céu.
ES.PI.GAR, *v. int.*, soltar a espiga, florescer de cereais.
ES.PI.NA.FRA.DO, *adj.*, esculachado, ofendido, rebaixado, humilhado.
ES.PI.NA.FRAR, *v.t.*, esculachar, ofender, rebaixar, dizer impropérios.
ES.PI.NA.FRE, *s.m.*, erva comestível comum nas hortas e com muitas vitaminas.
ES.PIN.GAR.DA, *s.f.*, arma de fogo com o cano maior; *fig.*, pessoa magra e alta.
ES.PIN.GAR.DA.DA, *s.f.*, tiro com espingarda.
ES.PIN.GAR.DA.RIA, *s.f.*, grande quantidade de espingardas; salva de mosquetaria.
ES.PIN.GAR.DE.A.MEN.TO, *s.m.*, ato e efeito de espingardear.
ES.PIN.GAR.DE.AR, *v.t.*, dar tiros com espingarda, atirar, fuzilar.
ES.PI.NHA, *s.f.*, coluna vertebral, bolhas que surgem na pele; *pop.*, meter na espinha de alguém - enganá-lo, lográ-lo.
ES.PI.NHA.ÇO, *s.m.*, coluna vertebral; costas; cadeia de montanhas.
ES.PI.NHA.DO, *adj.*, ferido ou espetado com espinho.
ES.PI.NHAL, ES.PI.NAL, *adj. 2 gên.*, Anat., relativo a, ou da espinha dorsal; *s.m.*, mato de espinheiros; espinheiral.
ES.PI.NHAR, *v.t. e pron.*, ferir com espinhos, ofender, aborrecer.
ES.PI.NHEI.RAL, *s.m.*, bosque composto de espinheiros.
ES.PI.NHEI.RO, *s.m.*, arbusto ou planta que possui espinhos no tronco e nos ramos.
ES.PI.NHE.LA, *s.f.*, *pop.*, nome vulgar do apêndice xifoide.
ES.PI.NHEN.TO, *adj.*, espinhoso, cheio de espinhos, com muitas espinhas.
ES.PI.NHO, *s.m.*, prolongamento de pontas de alguns vegetais, rígido e fino.
ES.PI.NHO.SO, *adj.*, cheio de espinhos, espinhento; *fig.*, dolorido, difícil.
ES.PI.NI.FOR.ME, *adj.*, que tem forma de espinho.
ES.PI.NO.TE.A.DO, *adj.*, *bras.*, diz-se de indivíduo leviano, estouvado, adoidado.
ES.PI.NO.TE.AR, *v. int.*, dar pinotes, corcovear, dar saltos.
ES.PI.O.LHAR, *v.t.*, o mesmo que despiolhar; *fig.*, investigar com rigor; esquadrinhar; perquirir.
ES.PI.O.NA.GEM, *s.f.*, ação de espionar, ato de espião.
ES.PI.O.NAR, *v.t. e int.*, espiar, espreitar, olhar de longe, investigar.
ES.PI.PO.CAR, *v. int.*, dar tiros, soltar foguetes, explodir.
ES.PÍ.QUER, *s.m.*, locutor, apresentador de programas de rádio.
ES.PI.RA, *s.f.*, cada dobra de uma espiral, toda volta que dá um parafuso.
ES.PI.RÁ.CU.LO, *s.m.*, abertura em que o ar circula; respiradouro.
ES.PI.RAL, *s.f.*, linha curva, fio que se entrelaça em voltas.

ES.PI.RA.LA.DO, *adj.*, que tem forma de espiral.
ES.PI.RA.LAR, *v.t.*, dar forma de espiral a, ou adquiri-la; tornar espiralado.
ES.PI.RAN.TE, *adj.*, que respira, que aspira o ar.
ES.PI.RAR, *v. int.*, respirar, absorver e soltar o ar.
ES.PÍ.RI.TA, *s. 2 gên.*, espiritista, pessoa que segue o Espiritismo; seguidor da doutrina de Allan Kardec.
ES.PI.RI.TEI.RA, *s.f.*, *bras.*, tipo de lampião em que se coloca álcool ou espírito de vinho para queimar.
ES.PI.RI.TIS.MO, *s.m.*, doutrina segundo a qual os espíritos se comunicam com os seres vivos e admite a reencarnação - a alma de um ser humano volta à vida em novo corpo, para evoluir.
ES.PI.RI.TIS.TA, *s. 2 gên.*, espírita.
ES.PÍ.RI.TO, *s.m.*, a parte eterna do ser humano, ente sobrenatural; ideia; ser espiritual.
ES.PÍ.RI.TO-SAN.TEN.SE, *s.m.*, habitante ou natural do Espírito Santo; capixaba.
ES.PI.RI.TU.AL, *adj.*, do espírito, da alma, incorpóreo.
ES.PI.RI.TU.A.LI.DA.DE, *s.f.*, qualidade do que é espiritual, predicados do espírito, vida interior.
ES.PI.RI.TU.A.LIS.MO, *s.m.*, corrente filosófica que se baseia na crença da alma, dando supremacia à ação do espírito em relação ao material.
ES.PI.RI.TU.A.LIS.TA, *adj. 2 gên.*, relativo ao espírito ou ao espiritualismo; *adj. 2 gên.*, que é adepto ou seguidor do espiritualismo; *s. 2 gên.*, aquele que acredita no espiritualismo ou é seu seguidor.
ES.PI.RI.TU.A.LI.ZA.ÇÃO, *s.f.*, transformar, em espiritual, algo material; dar sentido espiritual a toda ação.
ES.PI.RI.TU.A.LI.ZA.DO, *adj.*, indivíduo ligado às coisas da espiritualidade e da vida interior.
ES.PI.RI.TU.A.LI.ZAR, *v.t.* e *pron.*, fazer uma oração, dar sentido espiritual.
ES.PI.RI.TU.O.SO, *adj.*, cheio de espírito, gracioso, inteligente.
ES.PIR.RA.DEI.RA, *s.f.*, planta ornamental e com flores.
ES.PIR.RAR, *v. int.*, dar espirros, soltar com força o ar.
ES.PIR.RO, *s.m.*, expiração violenta do ar dos pulmões.
ES.PI.ROI.DE, *adj.*, que tem feitio de espira.
ES.PI.RO.QUE.TA, *s.m.*, nome genérico dos micro-organismos em forma de longos filamentos, com muitas voltas em espiral, do gênero *Spirochaeta*; *bras.*, *pop.*, sujeito leviano; espoleta; espeloteado.
ES.PLA.NA.DA, *s.f.*, superfície plana e larga, plano.
ES.PLÂNC.NI.CO, *adj.*, que se refere aos intestinos.
ES.PLANC.NO.GRA.FI.A, *s.f.*, descrição dos intestinos, suas utilidades e problemas.
ES.PLANC.NO.GRÁ.FI.CO, *adj.*, relativo a esplancnografia.
ES.PLANC.NO.LO.GI.A, *s.f.*, a parte da anatomia que estuda os intestinos.
ES.PLANC.NO.LÓ.GI.CO, *adj.*, relativo a esplancnologia.
ES.PLANC.NO.TO.MI.A, *s.f.*, dissecação de intestinos para fins medicinais.
ES.PLE.NAL.GI.A, *s.f.*, Med., dor no baço.
ES.PLE.NÁL.GI.CO, *adj.*, relativo a esplenalgia.
ES.PLEN.DEN.TE, *adj.*, que esplendece; resplandecente.
ES.PLEN.DER, *v.int.*, mesmo que resplandecer.
ES.PLEN.DI.DEZ, *s.f.*, maravilha, brilho, beleza, esplendor.
ES.PLÊN.DI.DO, *adj.*, lindo, maravilhoso, brilhante.
ES.PLEN.DOR, *s.m.*, brilho forte, luminosidade, muito luxo.
ES.PLEN.DO.RO.SO, *adj.*, que está cheio de esplendor, maravilhoso, luminoso.
ES.PLE.NEC.TO.MI.A, *s.f.*, operação para tirar o baço.
ES.PLE.NÉ.TI.CO, *adj.*, relativo ao baço ou dele próprio; esplênico; que sofre de esplenopatia; *s.m.*, aquele que sofre dessa enfermidade.
ES.PLÊ.NI.CO, *adj.*, que se refere ao baço.
ES.PLE.NI.FI.CA.ÇÃO, *s.f.*, Med., degeneração de um tecido orgânico (baço); esplenização.
ES.PLÊ.NIO, *s.m.*, qualquer formação anatômica em forma de faixa; nome de dois músculos que vão da coluna cervical ao osso occipital, na nuca.
ES.PLE.NI.TE, *s.f.*, Med., inflamação do baço.
ES.PLE.NO.CE.LE, *s.f.*, Med., hérnia do baço.
ES.PLE.NO.GRA.FI.A, *s.f.*, Anat., descrição minuciosa do baço.
ES.PLE.NOI.DE, *adj.*, que tem semelhança com o baço.
ES.PLE.NO.LO.GI.A, *s.f.*, estudo do baço..
ES.PLE.NO.LÓ.GI.CO, *adj.*, relativo a esplenologia.
ES.PLE.NO.PA.TI.A, *s.f.*, doença do baço.
ES.PLE.NO.PÁ.TI.CO, *adj.*, que diz respeito a esplenopatia.
ES.PLIM, *s.m.*, tédio de tudo, fastio, enfastio.
ES.PO.CAR, *v. int.*, explodir, ruído de foguete.
ES.PO.JAR-SE, *v. int.*, resfolegar-se no pó, atirar-se na lama.
ES.PO.LE.TA, *s.f.*, peça nas armas para provocar o disparo.
ES.PO.LI.A.ÇÃO, *s.f.*, ato ou efeito de espoliar; Jur., ação de tirar de alguém, por fraude ou violência, algo que lhe pertence de direito; esbulho.
ES.PO.LI.A.DO, *adj.*, que foi vítima de espoliação; despojado; esbulhado.
ES.PO.LI.A.DOR, *adj.*, que espolia, saqueia, usurpa; espoliante; espoliativo; *s.m.*, aquele que espolia.
ES.PO.LI.AN.TE, *adj. 2 gên.*, que espolia; que se mostra adequado para espoliar; espoliador.
ES.PO.LI.AR, *v.t.*, esbulhar, tirar tudo de alguém, enganar, lograr, furtar.
ES.PÓ.LIO, *s.m.*, os bens deixados por um defunto.
ES.PON.GI.Á.RIO, *s.m.*, Zool., espécime dos espongiários, cujo tipo é a esponja; *adj.*, Zool., relativo aos espongiários.
ES.PON.JA, *s.f.*, um tipo de animal marítimo; material usado para lavar louças; bucha.
ES.PON.JO.SI.DA.DE, *s.f.*, qualidade característica das substâncias esponjosas.
ES.PON.JO.SO, *adj.*, material com poros, cheio de furos.
ES.PON.SAIS, *s.m. pl.*, festas de casamento, núpcias.
ES.PON.SAL, *adj.*, referente a esponsais, próprio do casamento.
ES.PON.TA.NEI.DA.DE, *s.f.*, qualidade do que é espontâneo, naturalidade, liberdade de ação.
ES.PON.TÂ.NEO, *adj.*, natural, próprio de cada um, livre.
ES.PON.TAR, *v.t.*, podar as pontas, despontar, surgir ao longe.
ES.PO.RA, *s.f.*, peça usada para obrigar o cavalo a correr; *fig.*, estímulo, incentivo.
ES.PO.RA.DA, *s.f.*, golpe com a espora.
ES.PO.RA.DI.CI.DA.DE, *s.f.*, qualidade ou caráter de esporádico.
ES.PO.RÁ.DI.CO, *adj.*, que acontece de vez em quando, ocasional.
ES.PO.RÂN.GIO, *s.m.*, Biol., célula ou estrutura em que se formam esporos.
ES.PO.RÃO, *s.m.*, saliência córnea nas patas dos galos, usada nas brigas.

ES.PO.RAR, *v.t.*, o mesmo que esporear.
ES.PO.RE.AR, *v.t.*, esporar, constranger o animal a andar.
ES.PO.RÍ.FE.RO, *adj.*, Biol., que tem esporos, que desenvolve esporos; esporígeno.
ES.PO.RIM, *s.m.*, pequena espora no tacão das botas para proteger contra a lama.
ES.PO.RO, *s.m.*, célula assexuada para a reprodução dos organismos.
ES.POR.RO, *s.m.*, pop., bronca, admoestação, descompostura, aviso radical.
ES.POR.TE, *s.m.*, todos os exercícios físicos, desporto.
ES.POR.TIS.MO, *s.m.*, desportismo.
ES.POR.TIS.TA, *s. 2 gên.*, quem pratica esporte, quem demonstra paixão por esporte.
ES.POR.TI.VO, *adj.*, relativo ao esporte.
ES.PÓR.TU.LA, *s.f.*, doação de dinheiro a quem está necessitado; esmola.
ES.PO.SA, *s.f.*, mulher casada em relação ao marido; consorte, cônjuge.
ES.PO.SA.DO, *adj.*, casado, desposado.
ES.PO.SAR, *v.t. e pron.*, casar-se, unir-se em matrimônio.
ES.PO.SO, *s.m.*, marido, homem ligado à mulher pelo casamento; cônjuge.
ES.PO.SÓ.RIO, *s.m.*, bodas, festas de casamento.
ES.PRAI.A.DO, *adj.*, que se espraiou; que se derramou ou se estendeu sobre uma superfície; fig., que foi espalhado, propagado, divulgado; *s.m.*, espaço liberado pela maré vazante.
ES.PRAI.A.MEN.TO, *s.m.*, ato ou efeito de espraiar(-se); disseminação; Geog., alagamento da praia pela maré.
ES.PRAI.AR, *v.t., int. e pron.*, alargar, derramar-se pela praia, alongar a visão, abrir horizontes.
ES.PRE.GUI.ÇA.DEI.RA, *s.f.*, tipo de cadeira para descansar o corpo e os membros.
ES.PRE.GUI.ÇA.MEN.TO, *s.m.*, ato ou efeito de espreguiçar(-se)
ES.PRE.GUI.ÇAR, *v.t. e pron.*, sacudir a preguiça, repousar, descansar.
ES.PREI.TA, *s.f.*, ficar a espiar, espionagem, observação.
ES.PREI.TA.DEI.RA, *s.f.*, abertura por onde se espreita.
ES.PREI.TA.DE.LA, *s.f.*, ato de espreitar; espreita.
ES.PREI.TAR, *v.t. e pron.*, espiar, olhar secretamente, investigar.
ES.PRE.ME.DOR, *s.m.*, eletrodoméstico para extrair o suco das frutas.
ES.PRE.ME.DU.RA, *s.f.*, ação de espremer; expressão.
ES.PRE.MER, *v.t. e pron.*, apertar para que o suco saia.
ES.PRE.MI.DO, *adj.*, apertado, pressionado.
ES.PU.MA, *s.f.*, pequenas bolhas sobre a superfície dos líquidos, escuma.
ES.PU.MA.RA.DA, *s.f.*, grande quantidade de espuma; espumeiro; escumeiro.
ES.PU.MA.DEI.RA, *s.f.*, escumadeira, peça para retirar a espuma.
ES.PU.MAN.TE, *adj. e s.m.*, que espuma, que solta espuma; tipo de vinho, misto de champanhe com gosto adocicado, servido gelado.
ES.PU.MAR, *v.t. e int.*, recolher a espuma, fazer espuma em.
ES.PU.ME.JAR, *v.t. e int.*, produzir ou lançar espuma; espumar; ficar com muita raiva.
ES.PU.MÍ.GE.RO, *adj.*, espumoso.
ES.PU.MO.SO, *adj.*, com muita espuma, cheio de espuma.

ES.PÚ.RIO, *adj.*, bastardo, falso, irreal, adulterado.
ES.PU.TA.ÇÃO, *s.f.*, Med., ato de cuspir; salvação frequente.
ES.PU.TAR, *v. int.*, salivar, cuspir.
ES.QUA.DRA, *s.f.*, coletivo de navios de guerra.
ES.QUA.DRA.DO, *adj.*, cortado, riscado, disposto em ângulo reto, em esquadria; papel esquadrado; aquele em que se traçou uma esquadria ou que é riscado em quadradinhos.
ES.QUA.DRÃO, *s.m.*, ala de uma cavalaria; grupo especializado em estratégias policiais.
ES.QUA.DRAR, *v.t.*, tornar qualquer objeto um quadrado, dar forma de quadrado.
ES.QUA.DRE.JA.MEN.TO, *s.m.*, ato de esquadrejar; a esquadria dos troncos das madeiras.
ES.QUA.DRE.JAR, *v.t.*, colocar no esquadro, armar a maquete de um móvel, esboçar, desenhar.
ES.QUA.DRI.A, *s.f.*, aparelho para medir ângulos; conjunto de portas e janelas, armação para portas e janelas.
ES.QUA.DRI.LHA, *s.f.*, coletivo de pequenos navios de guerra ou de aviões; esquadrilha da fumaça.
ES.QUA.DRI.NHA.DO, *adj.*, que se esquadrinhou; investigado detalhadamente.
ES.QUA.DRI.NHA.DOR, *adj.*, diz-se de indivíduo que tem o hábito de esquadrinhar, bisbilhotar, investigar, escarafunchar; *s.m.*, esse indivíduo.
ES.QUA.DRI.NHA.MEN.TO, *s.m.*, ato ou efeito de esquadrinhar; investigação, pesquisa.
ES.QUA.DRI.NHAR, *v.t.*, examinar, analisar nos detalhes, perscrutar, perquerir, ver tudo.
ES.QUA.DRO, *s.m.*, instrumento para medir e traçar ângulos.
ES.QUA.LI.DEZ, *s.f.*, lividez, magreza, delgadez.
ES.QUÁ.LI.DO, *adj.*, magro, de cor esbranquiçada, esguio e magro, lívido.
ES.QUA.LO, *s.m.*, tubarão.
ES.QUAR.TE.JA.DO, *adj.*, que sofreu esquartejamento, que foi picado, rês que foi cortada em quatro partes.
ES.QUAR.TE.JA.MEN.TO, *s.m.*, ato de esquartejar, corte em quatro pedaços, talhação de uma rês.
ES.QUAR.TE.JAR, *v.t.*, cortar, talhar, cortar em quartos.
ES.QUE.CER, *v.t., int. e pron.*, retirar da memória, olvidar, apagar, desmemoriar.
ES.QUE.CI.DO, *adj.*, abandonado, largado, com memória fraca, desmemoriado.
ES.QUE.CI.MEN.TO, *s.m.*, olvido, ausência de lembrança, omissão, falha de memória.
ES.QUE.LÉ.TI.CO, *adj.*, muito magro, igual a um esqueleto.
ES.QUE.LE.TO, *s.m.*, estrutura óssea de todos os vertebrados; arcabouço ósseo; esboço.
ES.QUE.MA, *s.m.*, resumo, sumário, plano, projeto, programa a ser seguido.
ES.QUE.MÁ.TI.CO, *adj.*, que tem um esquema, detalhado, esboçado, desenhado.
ES.QUE.MA.TI.ZAR, *v.t.*, fazer esquema de; projetar, resumir, fazer minuta.
ES.QUEN.TA.ÇÃO, *s.f.*, ato ou efeito de esquentar(-se); aquecimento; fig. discussão ardente; altercação.
ES.QUEN.TA.DO, *adj.*, quente, aquecido; fig., nervoso, exaltado.
ES.QUEN.TA.DOR, *adj.*, que esquenta; que produz grande calor; *s.m.*, nome que se dá a certos dispositivos usados para esquentar.
ES.QUEN.TAR, *v.t. e pron.*, aquecer, aumentar a temperatura,

tornar quente.
ES.QUER.DA, *s.f.*, mão esquerda, lado esquerdo; grupo de políticos que defende uma ação mais social.
ES.QUER.DIS.MO, *s.m.*, ideário político de quem está engajado na esquerda, socialismo extremado.
ES.QUER.DIS.TA, *s. 2 gên.*, adepto de partido de esquerda, defensor de igualdades sociais.
ES.QUER.DO, *adj.*, posicionado no lado esquerdo, canhoto; canhestro, obtuso, atrapalhado.
ES.QUE.TE, *s.m.*, pequena cena cômica em programas radiofônicos ou televisivos.
ES.QUI, *s.m.*, uma peça com formato recurvo, para deslizar sobre a neve.
ES.QUI.A.DOR, *adj. e s.m.*, que ou aquele que esquia.
ES.QUI.AR, *v. int.*, praticar o esqui.
ES.QUI.FE, *s.m.*, caixão, féretro, urna mortuária.
ES.QUI.LO, *s.m.*, animal roedor de pequeno porte, com cauda longa, comum na Mata Atlântica.
ES.QUI.MÓ, *s.m.*, morador do Polo Norte e adjacências.
ES.QUI.NA, *s.f.*, o canto de duas ruas que se cortam; corte em ângulo; *fig.*, dificuldades na vida.
ES.QUI.NA.DO, *adj.*, que tem esquina, anguloso, facetado.
ES.QUI.NAR, *v.t.*, dar formato de esquina a; efetuar cortes que formam ângulos; facetar.
ES.QUI.PÁ.TI.CO, *adj.*, incomum, estranho, extravagante, exótico.
ES.QUÍ.RO.LA, *s.f.*, Med., fragmento pequeno de osso, que aparece ger. em decorrência de fratura; lasca.
ES.QUI.SI.TI.CE, *s.f.*, excentricidade, estranheza.
ES.QUI.SI.TÃO, *adj. e s.m.*, excêntrico, estranho, arredio, eremita.
ES.QUI.SI.TO, *adj.*, estranho, excêntrico.
ES.QUIS.TOS.SO.MÍ.A.SE, *s.f.*, ver esquistossomose.
ES.QUIS.TOS.SO.MO, *s.m.*, verme que inicia a esquistossomose.
ES.QUIS.TOS.SO.MO.SE, *s.f.*, infecção provocada por um verme.
ES.QUI.VA, *s.f.*, desvio, desviada, fuga para não ser tocado.
ES.QUI.VA.MEN.TO, *s.m.*, o mesmo que esquivança.
ES.QUI.VAN.ÇA, *s.f.*, aspereza no trato; pouca disposição para a convivência; insociabilidade; desdém; recusa.
ES.QUI.VAR, *v.t. e pron.*, fugir de, evitar, não aceitar.
ES.QUI.VO, *adj.*, intratável; aquele que foge do convívio com pessoas.
ES.QUI.ZO.FRE.NI.A, *s.f.*, doença psíquica que leva o indivíduo para fora da realidade, não dando condições para que ele coordene as suas ideias.
ES.QUI.ZO.FRÊ.NI.CO, *adj. e s.m.*, que ou aquele que sofre de esquizofrenia.
ES.QUI.ZOI.DE, *adj.*, relativo a esquizoidia; *adj. 2 gên. e s. 2 gên.*, diz-se de, ou aquele que apresenta essa doença.
ES.SA, *s.f.*, estrado de madeira colocado nas capelas mortuárias e nos templos, que serve de suporte ao caixão com o defunto, para as cerimônias fúnebres; catafalco.
ES.SA, *pron. dem.*, segunda pessoa do feminino singular de *esse*.
ES.SE, *s.m.*, nome dado à letra s.
ES.SE, *pron. dem.*, indica a pessoa com quem se fala - a segunda pessoa.
ES.SÊN.CIA, *s.f.*, intimidade, âmago, centro, o principal.
ES.SEN.CI.AL, *adj.*, fundamental, principal, capital.
ES.SÊ.NIO, *s.m.*, religioso de uma seita judaica que vivia no deserto e em permanente jejum.
ÉS-SU.DES.TE, *s.m.*, ponto cardeal, determinado entre os rumos leste e sueste.
ÉS-SU.DO.ES.TE, *s.m.*, ponto cardeal do globo entre este e sudoeste.
ÉS-SU.ES.TE, *s.m., adj. 2 gên.*, Astron. Met., o mesmo que és-sudeste.
ES.TA, *pron. dem.*, primeira pessoa, a que fala.
ES.TA.BA.LHO.A.DO, *adj.*, o mesmo que estabanado.
ES.TA.BA.NA.DO, *adj.*, sem jeito, desordenado, atrapalhado, desastrado.
ES.TA.BE.LE.CE.DOR, *adj. e s.m.*, que ou o que estabelece ou institui; fundador.
ES.TA.BE.LE.CER, *v.t. e pron.*, firmar, assentar, fundar, fixar, constituir, ordenar, fixar residência.
ES.TA.BE.LE.CI.DO, *adj.*, firmado, estável, fixado.
ES.TA.BE.LE.CI.MEN.TO, *s.m.*, instituição, organização, qualquer ponto de trabalho e negócios.
ES.TA.BI.LI.DA.DE, *s.f.*, segurança, firmeza; situação de funcionário público que não pode ser dispensado do serviço, a não ser por falta grave e mediante processo administrativo.
ES.TA.BI.LI.ZA.ÇÃO, *s.f.*, firmeza do mercado, pequena oscilação dos preços.
ES.TA.BI.LI.ZA.DO, *adj.*, que se estabilizou; consolidado.
ES.TA.BI.LI.ZA.DOR, *s.m.*, aparelho que mantém a corrente elétrica sempre no mesmo nível.
ES.TA.BI.LI.ZAR, *v.t. e pron.*, firmar, tornar estável.
ES.TA.BU.LA.ÇÃO, *s.f.*, ato ou efeito de estabular, de criar e engordar animal em estábulo; estabulamento.
ES.TÁ.BU.LO, *s.m.*, curral, local para recolher o gado.
ES.TA.CA, *s.f.*, pau usado para segurar algo, espeque, sinal de limite.
ES.TA.CA.DA, *s.f.*, fileira de estacas para cercar um terreno ou defendê-lo contra invasores.
ES.TA.ÇÃO, *s.f.*, local de parada dos trens, para embarque e desembarque; as quatro épocas do ano; verão, outono, inverno, primavera; centro de transmissão de programas radiofônicos e televisivos.
ES.TA.CAR, *v.t. e int.*, parar, firmar-se, amparar, sustentar.
ES.TA.CI.O.NA.DO, *s.m.*, que se estacionou em algum lugar; *fig.*, que não se desenvolveu, não progrediu.
ES.TA.CI.O.NA.MEN.TO, *s.m.*, local para deixar os carros parados.
ES.TA.CI.O.NAR, *v.t. e int.*, parar o carro, guardar o carro; ficar parado e não progredir, estacar.
ES.TA.CI.O.NÁ.RIO, *adj.*, parado, fixo, imóvel, que não sai do lugar.
ES.TA.DA, *s.f.*, tempo durante o qual se fica em determinado lugar, parada.
ES.TA.DE.AR, *v.t. e pron.*, ostentar, mostrar com espalhafato.
ES.TA.DI.A, *s.f.*, parada de aviões no aeroporto e navios no porto; permanência de veículos.
ES.TÁ.DIO, *s.m.*, local para a realização de competições esportivas.
ES.TA.DIS.MO, *s.m.*, sistema político em que as formas de controle político e econômico são dominadas por um Estado fortemente centralizador; estatismo.
ES.TA.DIS.TA, *s. 2 gên.*, especialista em negócios de Estado; político de alta projeção pela competência.
ES.TA.DO, *s.m.*, organização política como nação, com sua constituição, modo de estar, condição; parte de uma

ESTADO-MAIOR

federação; unidades de federação, província.

ES.TA.DO-MAI.OR, *s.m.*, o grupo de oficiais militares que programa e decide as atividades militares, administrativas e burocráticas de um exército.

ES.TA.DU.AL, *adj.*, relativo ao estado, referente à unidade federativa.

ES.TA.DU.NI.DEN.SE, *adj.*, próprio, habitante ou referente aos Estados Unidos da América, americano.

ES.TA.FA, *s.f.*, cansaço, esgotamento.

ES.TA.FA.DO, *adj.*, que se estafou, que está cansado; exausto; derreado.

ES.TA.FA.MEN.TO, *s.m.*, estafa, cansaço, fadiga.

ES.TA.FAN.TE, *adj.* 2 gên., que é causa de estafa, fadiga; cansativo; fatigante.

ES.TA.FAR, *v. int.* e *pron.*, cansar, exaurir.

ES.TA.FER.MO, *adj.* e *s.m.*, tipo inútil, pessoa imprestável, indivíduo sem nenhuma utilidade.

ES.TA.FE.TA, *s.m.*, mensageiro, empregado para entregar encomendas, mandalete.

ES.TA.FI.LO.CO.CO, *s.m.*, Biol., nome comum a bactérias arredondadas do gênero *Staphylococcus*, cuja estrutura se dá em forma de cachos e causam doenças como a septicemia e a furunculose.

ES.TA.FI.LO.MA, *s.m.*, Med., tipo de tumor da córnea, que também ataca outros tecidos do olho.

ES.TAG.FLA.ÇÃO, *s.f.*, situação da economia de um país, pela qual os preços caem mais que o esperado.

ES.TA.GI.AR, *v. int.*, fazer estágio em.

ES.TA.GI.Á.RIO, *s.m.*, indivíduo que participa de um estágio, dos dezesseis aos dezoito anos, em regime especial de trabalho, conforme a lei trabalhista.

ES.TÁ.GIO, *s.m.*, aprendizado, período em que se pratica e busca experiência para ser iniciado em algum tipo de trabalho.

ES.TAG.NA.ÇÃO, *s.f.*, parada, inércia, tudo parado.

ES.TAG.NA.DO, *adj.*, parado, paralisado, fixado.

ES.TAG.NAR, *v.t.* e *pron.*, estancar, paralisar, fixar.

ES.TA.LA, *s.f.*, cadeira; tipo de assento enfileirado nos coros das ordens religiosas.

ES.TA.LAC.TÍ.FE.RO, *adj.*, que tem estalactites.

ES.TA.LAC.TI.TE, *s.f.*, figuras de variados tipos e formas que se formam nos tetos das cavernas, devido à penetração das águas da chuva.

ES.TA.LAC.TÍ.TI.CO, *adj.*, que se assemelha a estalactite.

ES.TA.LA.DA, *s.f.*, ruído, rumor, barulho.

ES.TA.LA.DO, *adj.*, que (se) estalou; o mesmo que estralado; arrebentado; fendido; rachado; quebrado; fraturado; estourado, explodido.

ES.TA.LA.DOR, *adj.*, diz-se de que, ou quem estala; estalante; estralador; *s.m.*, aquilo ou aquele que estala.

ES.TA.LA.GEM, *s.f.*, hospedaria, albergue, pensão para hóspedes.

ES.TA.LAG.MI.TE, *s.f.*, formas diversas de pedras que se formam nos solos de cavernas e subterrâneos, devido à força das águas.

ES.TA.LA.JA.DEI.RO, *s.m.*, dono ou administrador de estalagem.

ES.TA.LAR, *v.t.* e *int.*, fazer ruído, estalido; provocar rumores, crepitar.

ES.TA.LEI.RO, *s.m.*, empresa fabril que se dedica à construção ou conserto de navios.

ES.TA.LE.JAR, *v. int.*, estalar, estralar, provocar ruído.

ESTAPEADO

ES.TA.LI.DO, *s.m.*, estalo, ruído, barulho, rumor.

ES.TA.LO, *s.m.*, ruído do vidro que se racha, do chicote que vibra, do trovão, etc.; estouro.

ES.TA.ME, *s.m.*, órgão masculino das flores.

ES.TA.ME.NHA, *s.f.*, tecido grosseiro de lã.

ES.TA.MI.NA.DO, *adj.*, Bot., que apresenta estames; estaminífero.

ES.TA.MI.NAR, *v.t.*, estambrar.

ES.TA.MI.NÍ.FE.RO, *adj.*, Bot., que tem estames.

ES.TA.MI.NOI.DE, *adj.*, Bot., semelhante a estame.

ES.TA.MI.NO.SO, *adj.*, Bot., diz-se da planta em que os estames ficam muito salientes em relação à flor.

ES.TAM.PA, *s.f.*, figura gravada ou estampada; gravura.

ES.TAM.PA.DO, *adj.*, gravado, impresso.

ES.TAM.PA.DOR, *adj.* e *s.m.*, que(m) estampa, desenhador, que(m) reproduz.

ES.TAM.PA.GEM, *s.f.*, ação de estampar.

ES.TAM.PAR, *v.t.* e *pron.*, gravar, imprimir, desenhar, reproduzir.

ES.TAM.PA.RI.A, *s.f.*, fábrica, depósito ou loja de estampas, empresa que estampa materiais.

ES.TAM.PI.DO, *s.m.*, ruído de arma de fogo, ruído forte e subitâneo.

ES.TAM.PI.LHA, *s.f.*, selo usado para comprovar o pagamento de impostos.

ES.TAM.PI.LHA.DO, *adj.*, marcado, selado, franqueado por meio de estampilha.

ES.TAM.PI.LHAR, *v.t.*, colocar estampilha(s) em; selar com estampilha(s).

ES.TAN.CA.MEN.TO, *s.m.*, ato ou efeito de estancar (líquido ou sangue); estagnação; paralisação; vedação, veda; esgotamento.

ES.TAN.CAR, *v.t.*, *int.* e *pron.*, parar o jorro de um líquido, vedar, segurar.

ES.TÂN.CIA, *s.f.*, fazenda de gado, morada; local em que há águas termais; estrofe de poema.

ES.TAN.CI.AR, *v.t.* e *int.*, habitar, morar, residir; p.us., alojar(-se), instalar(-se).

ES.TAN.CI.EI.RO, *s.m.*, dono de estância, fazendeiro.

ES.TAN.DAR.DI.ZA.ÇÃO, *s.f.*, padronização, modelação.

ES.TAN.DAR.DI.ZA.DO, *adj.*, padronizado.

ES.TAN.DAR.DI.ZAR, *v.t.*, padronizar, colocar em padrões iguais, similarizar.

ES.TAN.DAR.TE, *s.m.*, bandeira, insígnia, pavilhão.

ES.TAN.DE, *s.m.*, local em que se pratica o tiro ao alvo; em feiras, ambiente para exposição de produtos; estante.

ES.TA.NHA.DO, *adj.*, coberto com estanho, que contém estanho.

ES.TA.NHA.DU.RA, *s.f.*, ação e efeito de estanhar.

ES.TA.NHA.GEM, *s.f.*, ato ou operação de estanhar.

ES.TA.NHAR, *v.t.*, cobrir com estanho.

ES.TA.NHO, *s.m.*, Quím., elemento, metal, símbolo Sn, de número atômico 50.

ES.TÂ.NI.CO, *adj.*, Metal., relativo ou inerente a, ou próprio de estanho; *s.m.*, ácido do estanho, us. como catalisador.

ES.TA.NO.SO, *adj.*, Quím., diz-se dos compostos em que o estanho funciona como divalente.

ES.TAN.QUE, *adj.*, vedado, que não deixa passar líquido.

ES.TAN.TE, *s.f.*, móvel para pôr livros, objetos.

ES.TA.PA.FÚR.DIO, *adj.*, *s.m.*, excêntrico, esquisito, estranho, extravagante.

ES.TA.PE.A.DO, *s.m.*, ação de estapear.

ESTAPEAR · 380 · ESTENOGRAFAR

ES.TA.PE.AR, *v.t.*, dar bofetadas, dar tapas, sovar, bater em alguém.

ES.TA.QUE.A.ÇÃO, *s.f.*, ato ou efeito de estaquear.

ES.TA.QUE.A.DO, *adj.*, que recebeu estacas, reforçado.

ES.TA.QUE.A.DOR, *s.m., bras.*, RS, que ou aquele que estaqueia couros; o mesmo que estaqueadouro.

ES.TA.QUE.A.MEN.TO, *s.m.*, reforço, suporte por estacas.

ES.TA.QUE.AR, *v.t. e int.*, fincar estacas em, amparar com estacas, segurar com espeques.

ES.TA.QUEI.O, *s.m., bras.*, RS, o mesmo que estaqueamento.

ES.TA.QUEI.RA, *s.f., bras.*, o mesmo que cabide.

ES.TAR, *v. int.*, ser presente, permanecer, ficar.

ES.TAR.DA.LHA.ÇAN.TE, *adj., bras.*, o mesmo que estardalhante.

ES.TAR.DA.LHA.ÇO, *s.m.*, muito barulho, escândalo, gritaria, confusão, balbúrdia.

ES.TAR.RE.CE.DOR, *adj., s.m.*, assustador, amedrontador, aterrorizante.

ES.TAR.RE.CER, *v.t.*, apavorar, assustar, amedrontar, aterrorizar.

ES.TAR.RE.CI.DO, *adj.*, apavorado, amedrontado, aterrorizado.

ES.TAR.RE.CI.MEN.TO, *s.m.*, ato ou efeito de estarrecer(-se); perplexidade, susto, assombro.

ES.TA.SE, *s.f.*, Med., estagnação do sangue ou dos humores nos vasos capilares; *fig.*, entorpecimento; paralisação.

ES.TA.SI.O.FO.BI.A, *s.f.*, Med., receio mórbido da posição vertical.

ES.TA.TAL, *adj.*, relativo ao estado ou do próprio estado.

ES.TA.TE.LA.DO, *adj., Poét.*, que brilha como as estrelas.

ES.TA.TE.LA.MEN.TO, *s.m.*, ação de estatelar ou estatelar-se.

ES.TA.TE.LAR, *v.t. e pron.*, derrubar pelo chão; cair, desabar.

ES.TÁ.TI.CA, *s.f.*, a parte da mecânica que estuda o equilíbrio dos corpos; ruídos em rádios e televisões em virtude de descargas elétricas na atmosfera.

ES.TÁ.TI.CO, *adj.*, fixo, parado, firme.

ES.TA.TIS.MO, *s.m.*, conjunto de ações de um governo estatizante, imobilismo estatal, inércia burocrática, desgoverno.

ES.TA.TÍS.TI.CA, *s.f.*, ciência que colhe dados para análise e publicação de resultados, a fim de programar as políticas de desenvolvimento; conjunto de dados de uma situação momentânea.

ES.TA.TÍS.TI.CO, *adj.*, relativo a estatística, que tem dados de estatística.

ES.TA.TI.ZA.ÇÃO, *s.f.*, ato ou efeito de estatizar.

ES.TA.TI.ZAR, *v.t.*, ação em que o estado compra empresas de particulares, para desenvolver e dominar a economia.

ES.TÁ.TUA, *s.f.*, reprodução com vários materiais de uma divindade, pessoa ou outro ser.

ES.TA.TU.Á.RIA, *s.f.*, habilidade para fazer estátuas, coleção de estátuas.

ES.TA.TU.Á.RIO, *s.m.*, quem faz estátuas, fabricante de estátuas.

ES.TA.TU.E.TA, *s.f.*, estátua pequena, ger. us. como objeto decorativo.

ES.TA.TU.IR, *v.t.*, estabelecer, confirmar, ordenar, dar regra, normatizar.

ES.TA.TU.RA, *s.f.*, altura, tamanho, importância, dimensão, porte.

ES.TA.TU.TÁ.RIO, *adj.*, que se refere ao estatuto.

ES.TA.TU.TO, *s.m.*, lei, norma, regulamento; conjunto de normas de uma entidade.

ES.TÁ.VEL, *adj.*, perene, permanente, fixo, duradouro.

ES.TE, *pron. dem.*, designa a primeira pessoa, o eu.

ES.TE, *s.m.*, ponto cardeal, onde nasce o Sol, leste, nascente, oriente.

ES.TE.AR, *v.t. e pron.*, sustentar com esteios, escorar, estaquear, amparar com espeques.

ES.TE.A.RA.TO, *s.m., Quím.*, designação comum aos sais e ésteres do ácido esteárico ou dele derivados.

ES.TE.Á.RI.CO, *adj., Quím.* relativo a, ou próprio da estearina, que é feito de estearina.

ES.TE.A.RI.NA, *s.f.*, substância derivada da gordura de alguns animais, de uso comum na fabricação de velas.

ES.TE.A.TI.TA, *s.f.*, tipo de talco de cor pardacenta.

ES.TE.A.TO.MA, *s.m.*, tumor que atinge as partes sebáceas do corpo.

ES.TE.A.TOR.REI.A, *s.f., Med.*, presença em excesso de gorduras nas fezes.

ES.TEI.O, *s.m.*, escora, estaca, base; segurança, espeque.

ES.TEI.RA, *s.f.*, rastro deixado por barco na água; marca; objeto feito de juncos para a pessoa se deitar; *fig.*, caminho, direção, rumo, modelo para quem busca algo bom.

ES.TEI.RA.DO, *adj.*, coberto de esteira.

ES.TEI.RÃO, *s.m.*, aum. de esteira; tipo de esteira grossa de junco, etc.; albardilha; capacho.

ES.TEI.RAR, *v.t.*, cobrir, ornar com esteira; cobrir, revestir, adornar; *v.int.*, navegar (o navio) por algum rumo.

ES.TEI.REI.RO, *s.m.*, o que fabrica ou vende esteiras.

ES.TE.LAR, *adj.*, referente a estrelas, próprio das estrelas.

ES.TE.LÍ.FE.RO, *adj., Poét.*, estrelado.

ES.TE.LI.O.NA.TÁ.RIO, *s.m.*, praticante de estelionato.

ES.TE.LI.O.NA.TO, *s.m.*, crime de quem vende algo que já foi vendido, dá cheque sem fundos e outros delitos, prejudicando a terceiros em seu favor ou a favor de alguém que lhe é comparsa.

ES.TE.MA, *s.m.*, grinalda, coroa, enfeite com flores.

ES.TÊN.CIL, *s.m.*, folha de papel com preparo especial para se obter cópias com o uso de tinta ou álcool, em aparelho próprio para esse fim.

ES.TEN.DAL, *adj.e s.m.*, estendedouro, varal, local para estender roupas ou outros objetos.

ES.TEN.DE.DOU.RO, *s.m.*, local em que se estende a roupa para secar, ou tapetes, cobertas, toalhas.

ES.TEN.DER, *v.t. e pron.*, esticar, alargar, puxar, aumentar, engrandecer, esticar a superfície.

ES.TEN.DI.DO, *adj.*, que se estendeu, abriu, esticou; que se estirou; que se tornou mais abrangente.

ES.TEN.DÍ.VEL, *adj.*, suscetível de se estender.

ES.TE.NI.A, *s.f., Med.*, estado orgânico num momento de atividade e esforço físico.

ES.TE.NO.CAR.DI.A, *s.f.*, angina do peito.

ES.TE.NO.CE.FA.LI.A, *s.f.*, estado ou caráter de estenocéfalo.

ES.TE.NO.CÉ.FA.LO, *adj. e s.m.*, que ou o que tem a cabeça estreita.

ES.TE.NO.DA.TI.LO.GRA.FI.A, *s.f.*, ensino, conhecimento conjunto da estenografia e da datilografia.

ES.TE.NO.DA.TI.LO.GRÁ.FI.CO, *adj.*, que diz respeito à estenografia e à datilografia.

ES.TE.NO.DA.TI.LÓ.GRA.FO, *s.m.*, o que conhece e pratica a estenografia e a datilografia.

ES.TE.NO.GRA.FAR, *v.t.*, escrever em estenografia,

ESTENOGRAFIA — ESTÍGIO

taquigrafar, escrever com o código próprio.

ES.TE.NO.GRA.FIA, *s.f.*, sistema ortográfico baseado em abreviações que facilitam a escrita, possibilitando escrever com a mesma rapidez com que a pessoa fala.

ES.TE.NÓ.GRA.FO, *s.m.*, quem pratica a estenografia.

ES.TE.NO.SE, *Med.*, estreitamento anormal de um canal ou orifício corporal.

ES.TE.NO.TI.PAR, *v.t.*, taquigrafar empregando o estenótipo.

ES.TE.NO.TI.PI.A, *s.f.*, estenografia por meio de estenótipo.

ES.TE.NO.TI.PIS.TA, *s. 2 gên.*, taquígrafo(a) que emprega o estenótipo.

ES.TEN.TOR, *s.m.*, voz muito forte, indivíduo com voz forte, vozeirão.

ES.TEN.TÓ.REO, *adj.*, que tem voz forte, que tem vozeirão.

ES.TE.PE, *s.m.*, pneu de reserva; *s.f.*, grande região no Hemisfério Norte, sobretudo na Rússia, com vegetação rasteira.

ÉS.TER, *s.m.*, Quím., tipo de composto orgânico líquido ou sólido produzido a partir da combinação (e condensação) de um ácido orgânico com um álcool.

ES.TER.CA.DO, *adj.* e *s.m.*, que ou o que esterca as terras.

ES.TER.CAR, *v.t.* e *int.*, adubar com esterco, adubar, preparar a terra.

ES.TER.ÇAR, *v.t.*, girar (o volante de um veículo).

ES.TER.CO, *s.m.*, estrume, adubo orgânico.

ES.TER.CO.RÁ.RIO, *adj.*, relativo a esterco; que cresce ou vive no esterco.

ES.TÉ.REO, *s.m.*, medida de volume para lenha cortada, equivalente a um metro cúbico; som.

ES.TE.RE.O.CRO.MI.A, *s.f.*, habilidade para fixar cores em corpos sólidos.

ES.TE.RE.O.FO.NI.A, *s.f.*, técnica de gravar sons de rádios.

ES.TE.RE.O.FÔ.NI.CO, *adj.*, próprio de aparelhos que gravam os sons graves e os agudos em linhas distintas.

ES.TE.RE.O.GRA.FI.A, *s.f.*, arte de representar os sólidos em plano.

ES.TE.RE.O.GRÁ.FI.CO, *adj.*, que tem relação com a estereografia.

ES.TE.RE.O.LO.GI.A, *s.f.*, análise das partes sólidas dos corpos dos seres vivos.

ES.TE.RE.O.ME.TRI.A, *s.f.*, medida dos objetos conseguida pela observação de estereogramas.

ES.TE.RE.O.MÉ.TRI.CO, *adj.*, que se refere a estereometria.

ES.TE.RE.Ô.ME.TRO, *s.m.*, Geom., instrumento próprio para medir o volume dos sólidos.

ES.TE.RE.OS.CÓ.PIO, *s.m.*, aparelho que permite ver, em relevo, imagens planas.

ES.TE.RE.OS.TÁ.TI.CA, *s.f.*, Fís., parte da Física que trata do equilíbrio dos corpos sólidos.

ES.TE.RE.OS.TÁ.TI.CO, *adj.*, relativo a estereostática.

ES.TE.RE.O.TI.PA.GEM, *s.f.*, ato ou efeito de estereotipar; técnica ou arte de estereotipar.

ES.TE.RE.O.TI.PAR, *v.t.*, modelar, fixar um modelo, traçar um perfil.

ES.TE.RE.O.TI.PI.A, *s.f.*, Artes gráf., técnica de reprodução de uma composição tipográfica em uma chapa a partir da moldagem de uma matriz sólida (de gesso, cartão, etc.); Psiq., comportamento motor ou verbal repetitivo e automático, desligado da realidade.

ES.TE.RE.O.TÍ.PI.CO, *adj.*, impresso por meio de formas estereotipadas.

ES.TE.RE.Ó.TI.PO, *s.m.*, repetição, chavão, modelo.

ES.TE.RE.O.TO.MI.A, *s.f.*, Geom., parte da geometria que ensina a dividir, de modo regular, materiais de construção, como pedras, madeiras, etc.

ES.TE.RE.O.TÔ.MI.CO, *adj.*, relativo a estereotomia.

ES.TÉ.RIL, *adj.*, infrutífero, improdutivo, árido.

ES.TE.RI.LI.DA.DE, *s.f.*, qualidade ou condição de estéril, infertilidade; *fig.*, exiguidade, escassez de algo.

ES.TE.RI.LI.ZA.ÇÃO, *s.f.*, ação de esterilizar.

ES.TE.RI.LI.ZA.DO, *adj.*, tornado estéril, infértil; submetido a esterilização.

ES.TE.RI.LI.ZA.DOR, *s.m.*, aparelho para esterilizar utensílios, para higienizar ferramentas.

ES.TE.RI.LI.ZAN.TE, *adj. 2 gên.*, que esteriliza, que torna estéril.

ES.TE.RI.LI.ZAR, *v.t.*, *int.* e *pron.*, tornar infecundo; fazer com que não dê mais vida; destruir germes.

ES.TER.LI.NO, *adj.*, relativo a libra (dinheiro da Grã-Bretanha).

ES.TER.NO, *s.m.*, osso no meio do peito, no qual se articula o arcabouço do peito e das costas.

ES.TER.NU.TA.ÇÃO, *s.f.*, espirro.

ES.TER.NU.TA.TÓ.RIO, *adj.* e *s.m.*, Med., que provoca o espirro; errino.

ES.TE.RO, *s.m.*, bras., banhado, pantanal.

ES.TER.QUEI.RA, *s.f.*, lugar no qual se amontoa o esterco.

ES.TER.TOR, *s.m.*, voz rouca, ruído, som de moribundo, último alento da vida.

ES.TER.TO.RAN.TE, *adj. 2 gên.*, que estertora, que arqueja; p.ext., que se encontra à morte; agonizante.

ES.TER.TO.RAR, *v. int.*, agonizar, estar para morrer, estar nas últimas.

ES.TER.TO.RO.SO, *adj.*, diz-se da respiração que apresenta estertor, ruidosa, dificultosa; estertorante.

ES.TE.SI.A, *s.f.*, sentimento do belo, estética.

ES.TE.TA, *s. 2 gên.*, quem cultiva a estética; esteticista; pessoa que considera em tudo a beleza.

ES.TÉ.TI.CA, *s.f.*, ciência das belas artes, do belo e harmônico, beleza, maravilha.

ES.TE.TI.CIS.MO, *s.m.*, conjunto de ações e ideias do que é estético, do que é belo.

ES.TE.TI.CIS.TA, *s. 2 gên.*, pessoa especialista em beleza, em dar esteticismo.

ES.TÉ.TI.CO, *adj.*, relativo a estética, à percepção do que é belo; que revela bom gosto; relativo à atividade do esteticista; Fil., relativo ao estudo do belo.

ES.TE.TOS.CÓ.PIO, *s.m.*, aparelho para sentir o bater do coração.

ES.TÉ.VIA, *s.f.*, planta usada para o fabrico de adoçantes.

ES.TI.A.DA, *s.f.*, uma parada de chuva.

ES.TI.A.DO, *adj.*, diz-se de tempo calmo e sem chuvas.

ES.TI.A.GEM, *s.f.*, falta de chuva, seca, secura.

ES.TI.AR, *v. int.*, parar a chuva; cessar de chover.

ES.TÍ.BIO, *s.m.*, o mesmo que antimônio.

ES.TI.BOR.DO, *s.m.*, lado direito do navio, estando voltado para a proa.

ES.TI.CA.DA, *s.f.*, caminhada, prolongamento, espichada.

ES.TI.CA.DO, *adj.*, que se esticou; sem dobras ou rugas; liso; *pop.*, bem trajado, bem vestido.

ES.TI.CA.DOR, *adj.* e *s.m.*, que(m) estica, puxador.

ES.TI.CAR, *v.t.*, *int.* e *pron.*, estender, puxar, repuxar, tornar tenso.

ES.TÍ.GIO, *adj.*, que diz respeito ao Estige, lagoa ou rio mitológico do inferno.

ES.TIG.MA, s.f., cicatriz, marca, sinal; a marca dos pregos em Jesus Cristo; na flor, parte do gineceu, onde os grãos do pólen param e passam a germinar.

ES.TIG.MA.TI.ZA.DO, adj., que se estigmatizou; rotulado negativamente; acusado; condenado; marcado com ferrete ou ferro em brasa.

ES.TIG.MA.TI.ZAR, v.t., marcar (alguém) negativamente; condenar moralmente, atribuindo características ou atitudes ruins, degradantes, infames; marcar com estigma, com ferro em brasa.

ES.TIG.MA.TÓ.FO.RO, adj., Bot., que tem estigmas.

ES.TIG.MA.TO.GRA.FI.A, s.f., arte de escrever ou de desenhar com o auxílio de pontos.

ES.TIG.MA.TO.GRÁ.FI.CO, adj., relativo a estigmatografia.

ES.TIG.MO.LO.GI.A, s.f., todos os sinais empregados na escrita para determinar exatamente a fonética de cada palavra, a tonicidade e a pronúncia correta, como os acentos e sinais diacríticos.

ES.TI.LAR, v.t. e int., ant., cair gota a gota; destilar; gotejar; separar (líquidos) por processo de evaporação; fig., chorar.

ES.TI.LE.TE, s.m., punhal de lâmina fina; lâmina com proteção plástica, usada para cortar papéis e outros materiais mais finos.

ES.TI.LHA, s.f., lasca de madeira, fragmento de madeira, farpa.

ES.TI.LHA.ÇA.DO, adj., que se estilhaçou; reduzido a estilhaços; fig., que se destruiu, que se reduziu a pó, a nada.

ES.TI.LHA.ÇAR, v.t. e pron., fragmentar, despedaçar, reduzir a cacos.

ES.TI.LHA.ÇO, s.m., pedaço, resto, caco.

ES.TI.LHAR, v.int. e pron., fazer es estilhas, despedaçar, romper; gir., repartir, dividir.

ES.TI.LI.CÍ.DIO, s.m., o gotejar de um líquido qualquer; fig., fluxo aquoso pelo nariz.

ES.TI.LI.FOR.ME, adj., que tem forma de estilete.

ES.TI.LIN.GA.DA, s.f., bras., pop., arremesso feito com estilingue.

ES.TI.LIN.GUE, s.m., funda, arma feita com uma forquilha, tiras de borracha para arremessar projéteis.

ES.TI.LIS.TA, s. 2 gên., quem usa de estilo; especialista em moda e literatura.

ES.TI.LÍS.TI.CA, s.f., parte da linguagem que estuda os recursos linguísticos.

ES.TI.LÍS.TI.CO, adj., relativo ao estilo, próprio do estilo, que se entrosa no estilo.

ES.TI.LI.ZA.ÇÃO, s.f., ato ou efeito de estilizar(-se).

ES.TI.LI.ZA.DO, adj., que se estilizou.

ES.TI.LI.ZAR, v.t. e int., dar estilo, embelezar, decorar.

ES.TI.LO, s.m., o modo peculiar de cada um, ou de cada época, para exprimir os aspectos humanos de todo ser; modo próprio de ser e atuar de cada indivíduo; costume, tradição.

ES.TI.MA, s.f., afeição, apreço, afeto, sentimento de ser valioso para si e para os outros.

ES.TI.MA.ÇÃO, s.f., ato ou efeito de estimar, ter carinho, gostar, ter respeito, etc.

ES.TI.MA.DO, adj., amado, respeitado, prezado.

ES.TI.MAR, v.t. e pron., amar, respeitar, apreciar.

ES.TI.MA.TI.VA, s.f., projeção, cálculo, perspectiva.

ES.TI.MA.TI.VO, adj., relativo a estima, afeto; com base em informações aproximadas ou em evidências.

ES.TI.MÁ.VEL, adj. 2 gên., que é digno de estima, de apreço; que se pode calcular, estimar.

ES.TI.MU.LA.ÇÃO, s.f., animação, fortificação, excitação.

ES.TI.MU.LA.DO, adj., que se estimulou; incentivado.

ES.TI.MU.LAN.TE, adj., que estimula, que anima, animador.

ES.TI.MU.LAR, v.t., animar, fortificar, motivar, excitar.

ES.TÍ.MU.LO, s.m., ânimo, motivação, encorajamento.

ES.TI.O, s.m., verão, época quente.

ES.TI.O.LA.MEN.TO, s.m., Bot., enfraquecimento de plantas privadas de luz; fig., desânimo.

ES.TI.O.LAR, v.t., int. e pron., enfraquecer, debilitar, definhar, esmorecer.

ES.TI.PE, s.m., tipo de caule sem galhos, como o das palmeiras.

ES.TI.PEN.DI.AR, v.t., dar estipêndio a; assalariar.

ES.TI.PEN.DI.Á.RIO, adj. e s.m., que ou o que recebe estipêndio, salário ou soldo.

ES.TI.PÊN.DIO, s.m., pagamento, salário, remuneração, soldo.

ES.TÍ.PI.TE, s.f., Bot., estipe, caule; árvore genealógica, tronco de uma geração.

ES.TÍ.PU.LA, s.f., Bot., apêndice ger. pequeno e em número de dois, existente na base das folhas de certas plantas.

ES.TI.PU.LA.ÇÃO, s.f., ação ou efeito de estipular, condicionamento, estabelecimento.

ES.TI.PU.LA.DO, adj., que se estipulou; combinado; ajustado; s.m., o que se estipulou.

ES.TI.PU.LA.DOR, adj. e s.m., que ou o que estipula.

ES.TI.PU.LAN.TE, adj. e s. 2 gên., pessoa que estipula.

ES.TI.PU.LAR, v.t., fazer um ajuste, marcar valores, estabelecer, condicionar.

ES.TI.PU.LO.SO, adj., Bot., o mesmo que estipulado.

ES.TI.RA.DA, s.f., jornada, caminhada longa, estirão, o trajeto longo de um dia.

ES.TI.RA.DO, adj., estendido ao comprido; estatelado; tensionado, esticado, puxado com força para entender que dura muito; prolixo, enfadonho, que se prolonga demais.

ES.TI.RA.MEN.TO, s.m., distensão, luxação, machucar um nervo.

ES.TI.RÃO, s.m., caminhada longa, jornada.

ES.TI.RAR, v.t., int. e pron., esticar, puxar, machucar.

ES.TIR.PE, s.f., origem, raça, linhagem, descendência.

ES.TI.VA, s.f., serviço de carga e descarga de navios; a primeira carga de um navio.

ES.TI.VA.ÇÃO, s.f., ato ou efeito de estivar.

ES.TI.VA.DOR, s.m., trabalhador de porto, para descarregar e carregar navios.

ES.TI.VA.GEM, s.f., ato ou efeito de estivar.

ES.TI.VAL, adj., relativo ao estio, próprio do verão.

ES.TI.VAR, v. int., implantar a estiva em, colocar carga em navios.

ES.TI.VO, adj., estival, quente.

ES.TO, s.m., inspiração, verve, entusiasmo.

ES.TO.CA.DA, s.f., golpe com arma branca, como espada, florete, estoque.

ES.TO.CAR, v.t., ferir com arma branca; ferir, atingir; guardar mercadorias, fazer estoque de mercadorias.

ES.TO.FA, s.f., tecido, estofo; fig., tipo, situação.

ES.TO.FA.DO, adj., s.m., móvel com revestimento de estofo, sofá, poltrona.

ES.TO.FA.DOR, s.m., quem trabalha com estofamento de móveis.

ES.TO.FA.MEN.TO, s.m., ato ou efeito de estofar.

ESTOFAR ESTRAMBOTE

ES.TO.FAR, *v.t.*, revestir com estofo, preparar sofás.
ES.TO.FO, *s.m.*, tecido, revestimento macio e cômodo; *fig.*, caráter, dignidade.
ES.TOI.CI.DA.DE, *s.f.*, qualidade de quem é estoico, firmeza, rigor, rigidez.
ES.TOI.CIS.MO, *s.m.*, sistema filosófico que prega a impassibilidade ante a dor e o sofrimento.
ES.TOI.CO, *adj.*, resignado, que aceita todo tipo de dor.
ES.TO.JO, *s.m.*, recipiente com divisões para colocar todo tipo de objeto; penal.
ES.TO.LA, *s.f.*, vestimenta de várias cores, em forma de tira, que os sacerdotes usam sobre a alva, voltada para o peito; peça da vestimenta feminina para adorno.
ES.TO.LHO, *s.m.*, Bot., caule rastejante do qual saem raízes para baixo e ramos para cima.
ES.TO.LHO.SO, *adj.*, Bot., que lança estolhos.
ES.TO.MA.CAL, *adj.*, próprio do estômago.
ES.TO.MA.GA.DO, *adj.*, irritado, zangado, irado, brabo.
ES.TO.MA.GAR-SE, *v. int.* e *pron.*, irritar-se, zangar-se, aborrecer-se.
ES.TÔ.MA.GO, *s.m.*, órgão humano que atua na digestão.
ES.TO.MÁ.QUI.CO, *adj.*, Anat., relativo ao estômago; estomacal.
ES.TO.MA.TI.TE, *s.f.*, inflamação no estômago.
ES.TO.NI.A.NO, *adj.*, da Estônia (Europa) ou típico desse país ou de seu povo; *s.m.*, nascido ou habitante da Estônia; língua falada na Estônia.
ES.TON.TE.A.DO, *adj.*, tonto, perturbado, desligado.
ES.TON.TE.A.DOR, *adj.* e *s.m.*, que ou o que estonteia.
ES.TON.TE.A.MEN.TO, *s.m.*, ato ou efeito de estontear(-se); atordoamento.
ES.TON.TE.AR, *v.t.* e *int.*, tornar zonzo, perturbar, atrapalhar, deixar atoleimado.
ES.TO.PA, *s.f.*, resíduos de tecidos usados para limpeza.
ES.TO.PA.DA, *s.f.*, *pop.*, coisa maçante; amolação; chateação; porção de estopa para fiar, acolchoar, para tratar de lesões, feridas, etc.
ES.TO.PA.DOR, *adj.*, *fam.*, maçador, importuno; peganhento.
ES.TO.PAR, *v.t.*, enchumaçar, tapar com estopa; *fam.*, maçar, enfadar.
ES.TO.PIM, *s.m.*, parte pronta para ser inflamada em foguetes, bombas, armas; *fig.*, algo que fará explodir tudo.
ES.TO.QUE, *s.m.*, depósito, quantidade de mercadorias existente.
ES.TO.QUE.AR, *v.t.* e *int.*, estocar, fazer estoque, armazenar; dar estocadas, esgrimir.
ES.TO.QUIS.TA, *s. 2 gên.*, quem cuida do estoque, estocador; quem dá estocadas.
ES.TOR.CER, *v.t.* e *int.*, fazer movimentos fortes de torção em; contorcer(-se) de dor ou aflição; fazer mudar de direção, de destino; desviar.
ES.TO.RE, *s.m.*, cortina que pode ser enrolada ou desenrolada com certo instrumento que a compõe.
ES.TÓ.RIA, *s.f.*, pode ser usada, apenas, para referir fatos folclóricos, como deu uso o escritor mineiro João Guimarães Rosa; recomendável apenas a grafia *história*.
ES.TOR.NA.DO, *adj.*, lançado em crédito para compensar parcela igual lançada indevidamente em débito.
ES.TOR.NAR, *v.t.*, em contabilidade, retirar-se de débito para crédito ou vice-versa; tirar lançamento indevido em alguma conta..

ES.TOR.NI.NHO, *adj.*, diz-se de touro de pelo escuro, lustroso, com pequenas manchas brancas; *s.m.*, Zool., nome dos pássaros da família dos esturnídeos, de bico reto e fino, cauda ger. curta, encontrados na Europa, África e Ásia.
ES.TOR.NO, *s.m.*, retirada de um lançamento indevido, transferência de crédito para débito ou vice-versa, de acordo com as normas da contabilidade.
ES.TOR.RA.DOR, *s.m.*, *bras.*, máquina agrícola para quebrar torrões de terra escavada.
ES.TOR.RI.CA.DO, *adj.*, esturricado, queimado, ressecado, adusto.
ES.TOR.RI.CAR, *v.t.*, *int.* e *pron.*, esturricar, queimar, secar, ressecar.
ES.TOR.VA.DO, *adj.*, perturbado, dificultado.
ES.TOR.VA.DOR, *adj.* e *s.m.*, que ou o que estorva; importuno.
ES.TOR.VA.MEN.TO, *s.m.*, o mesmo que estorvo.
ES.TOR.VAR, *v.t.*, perturbar, causar obstáculo, provocar empecilho, dificultar.
ES.TOR.VO, *s.m.*, obstáculo, perturbação, empecilho, dificuldade.
ES.TOU.RA.DA, *s.f.*, vários estouros ao mesmo tempo; *fig.*, *fam.*, discussão violenta; pancadaria, sova.
ES.TOU.RA.DO, *adj.*, arrebentado, rasgado, nervoso, irritado, perturbado.
ES.TOU.RAR, *v. int.*, explodir, troar, soar, provocar estampidos, arrebentar-se.
ES.TOU.RO, *s.m.*, barulho, estampido, explosão.
ES.TOU.VA.DO, *adj.*, estabanado, maluco, amalucado, desorientado, moleque.
ES.TOU.VA.MEN.TO, *s.m.*, imprudência, descuido.
ES.TRÁ.BI.CO, *adj.*, vesgo, mirolho, com defeitos na vista.
ES.TRA.BIS.MO, *s.m.*, defeito ná vista, com desvio do eixo central dos olhos.
ES.TRA.BO.ME.TRI.A, *s.f.*, aplicação do estrabômetro.
ES.TRA.BO.MÉ.TRI.CO, *adj.*, relativo ao estrabometria ou a estrabômetro.
ES.TRA.BÔ.ME.TRO, *s.m.*, instrumento com que se aprecia o grau de estrabismo.
ES.TRA.ÇA.LHAR, *v.t.* e *pron.*, despedaçar, esmigalhar.
ES.TRA.DA, *s.f.*, caminho, rua, passagem; *fig.*, direção, rumo.
ES.TRA.DEI.RO, *s.m.*, cavalgadura que anda bem na estrada; *fig.*, pessoa que está viajando.
ES.TRA.DI.VÁ.RIO, *s.m.*, violino fabricado por Antonio Stradivari (1644-1737), muito apreciado pelo seu magnífico som cheio e firme.
ES.TRA.DO, *s.m.*, parte mais elevada num ambiente, para mostrar pessoas.
ES.TRA.GA.DOR, *adj.* e *s.m.*, que ou o que estraga; dissipador; gastador.
ES.TRA.GAR, *v.t.* e *pron.*, danificar, prejudicar, arruinar, desperdiçar.
ES.TRA.GO, *s.m.*, prejuízo, dano, perda, destruição.
ES.TRA.LA.DA, *s.f.*, barulheira ou gritaria; confusão, desordem.
ES.TRA.LAR, *v. int.*, estalar, fazer estalos, produzir ruídos, estralejar.
ES.TRA.LE.JAR, *v.t.* e *int.*, estralar, estalar, produzir ruídos.
ES.TRA.LHEI.RA, *s.f.*, *pl.*, Mar., aparelhos reais, artilharia, etc.
ES.TRA.LO, *s.m.*, estalo, ruído, barulho.
ES.TRAM.BO.TE, *s.m.*, Poét., acréscimo, ger. de três versos; estrambote.

ES.TRAM.BÓ.TI.CO, *adj.*, *pop.*, exótico, estranho, fora do comum.
ES.TRAN.GEI.RA.DA, *s.f.*, *pej.*, grande quantidade de estrangeiros.
ES.TRAN.GEI.RA.DO, *adj.*, que incorpora modos, comportamento ou maneira de falar de um país estrangeiro.
ES.TRAN.GEI.RI.CE, *s.f.*, palavras, costumes, tradições, tudo que se refira ao gosto de estrangeiros ou que se pratique em outros países.
ES.TRAN.GEI.RIS.MO, *s.m.*, uso de termos estrangeiros em português.
ES.TRAN.GEI.RO, *adj. e s.m.*, de outro país; quem não é natural de nosso país.
ES.TRAN.GU.LA.ÇÃO, *s.f.*, ato ou efeito de estrangular; asfixia provocada por aperto ao pescoço.
ES.TRAN.GU.LA.DO, *adj.*, sufocado, asfixiado, afogado.
ES.TRAN.GU.LA.DOR, *adj. e s.m.*, que ou aquele que estrangula.
ES.TRAN.GU.LAR, *v.t. e pron.*, afogar, sufocar, apertar o pescoço de, asfixiar.
ES.TRA.NHA.MEN.TO, *s.m.*, ato ou efeito de estranhar(-se); estranheza.
ES.TRA.NHAR, *v.t.*, achar estranho, diferente, desconhecido.
ES.TRA.NHÁ.VEL, *adj. 2 gên.*, que provoca estranheza; censurável.
ES.TRA.NHE.ZA, *s.f.*, equívoco, anormalidade, admiração, espanto.
ES.TRA.NHO, *adj.*, desconhecido, diferente, forasteiro.
ES.TRA.PI.LHAR, *v.t.*, deixar em trapos a roupa.
ES.TRA.PI.LHO, *adj. e s.m.*, *bras.*, RS, o mesmo que maltrapilho.
ES.TRA.TA.GE.MA, *s.m.*, estratégia, ardil, projeção, artimanha.
ES.TRA.TÉ.GIA, *s.f.*, modo de armar operações de guerra, estratagema.
ES.TRA.TÉ.GI.CO, *adj.*, preparado, projetado, hábil.
ES.TRA.TE.GIS.TA, *s. 2 gên.*, especialista em estratégias, perito habilitado em armar estratégias.
ES.TRA.TI.FI.CA.ÇÃO, *s.f.*, sobreposição de várias camadas, estrato.
ES.TRA.TI.FI.CA.DO, *adj.*, que se estratificou.
ES.TRA.TI.FI.CAR, *v.t. e pron.*, sobrepor em camadas, dispor de vários estratos sobrepostos.
ES.TRA.TO, *s.m.*, camada de terreno, tipo de nuvem, classe social.
ES.TRA.TO.CRA.CI.A, *s.f.*, governo militar.
ES.TRA.TO-CÚ.MU.LO, *s.m.*, Met., massa de nuvens escuras, de formas arredondadas, situadas a cerca de 2.000 metros; cúmulo-estrato.
ES.TRA.TO.GRA.FI.A, *s.f.*, descrição de um exército (operações, procedimentos, etc.); estratigrafia.
ES.TRA.TO.GRÁ.FI.CO, *adj.*, relativo a estratografia.
ES.TRA.TOS.FE.RA, *s.f.*, camada da atmosfera.
ES.TRA.TOS.FÉ.RI.CO, *adj.*, Geof., relativo a estratosfera; *fig.*, muito alto.
ES.TRE.AN.TE, *s. 2 gên.*, principiante, iniciante, neófito, que começa.
ES.TRE.AR, *v.t., int. e pron.*, inaugurar, apresentar-se, aparecer.
ES.TRE.BA.RI.A, *s.f.*, curral, local para recolher o gado.
ES.TRE.BU.CHA.MEN.TO, *s.m.*, ato de estrebuchar; movimento convulsivo dos braços e pernas.
ES.TRE.BU.CHAR, *v. int. e pron.*, agitar-se, sacudir-se, debater-se, estar como quem vai morrer.
ES.TREI.A, *s.f.*, início, a entrada em algo, primeiro ato, abertura, primeiro uso.
ES.TREI.TA.MEN.TO, *s.m.*, diminuição do espaço, apertamento.
ES.TREI.TAR, *v.t., int. e pron.*, apertar, diminuir, reduzir.
ES.TREI.TE.ZA, *s.f.*, o que é estreito; apertura; *fig.*, pobreza mental, mesquinhez.
ES.TREI.TO, *adj.*, apertado, reduzido, diminuído.
ES.TRE.LA, *s.f.*, corpo celeste com luz própria, sorte, destino; artista de destaque, na televisão, cinema.
ES.TRE.LA-CA.DEN.TE, *s.f.*, meteorito que entra na atmosfera e pega fogo.
ES.TRE.LA-D´AL.VA, *s.f.*, o planeta Vênus ao amanhecer; estrela da manhã.
ES.TRE.LA.DEI.RA, *s.f.*, espécie de frigideira própria para estrelar ovos.
ES.TRE.LA.DO, *adj.*, cheio de estrelas, com estrelas.
ES.TRE.LA-DO-MAR, *s.f.*, animal marinho com o corpo em forma de estrela.
ES.TRE.LA.LAN.TE, *adj.*, ornado de estrelas; que brilha ou cintila como as estrelas; refulgente; cintilante.
ES.TRE.LAR, *v.t., int. e pron.*, encher com estrelas; fritar ovos sem mexê-los; ser o protagonista em um filme, novela, episódio televisivo.
ES.TRE.LÁ.RIO, *adj.*, que tem forma de estrela.
ES.TRE.LA.TO, *s.m.*, situação em que um artista atinge a fama, glória, majestade.
ES.TRE.LE.JAR, *v.int.*, estrelar, começar a encher-se de estrelas (o firmamento).
ES.TRE.LI.NHA, *s.f.*, estrela pequena; asterisco; um tipo de fogo de artifício para enfeitar.
ES.TRE.MA, *s.f.*, limite, confim, linha que limita propriedades rurais.
ES.TRE.MA.DO, *adj.*, limitado, confinado, extremado, radical.
ES.TRE.MA.DU.RA, *s.f.*, linha divisória de uma região, ou de uma localidade; fronteira.
ES.TRE.MAR, *v.t. e pron.*, limitar, confinar, fazer limites (ver: *extrema*).
ES.TRE.ME, *adj.*, puro, genuíno, lídimo, sem mistura nenhuma.
ES.TRE.ME.ÇÃO, *s.f.*, tremor breve; estremecimento.
ES.TRE.ME.CER, *v.t., int. e pron.*, fazer tremer, tremer, abalar-se.
ES.TRE.ME.CI.DO, *adj.*, assustado, abalado, espantado; amado, estimado.
ES.TRE.ME.CI.MEN.TO, *s.m.*, ato de estremecer, tremura, tremor.
ES.TRE.MU.NHAR, *v.t. e int.*, fazer com que (alguém) acorde subitamente; *fig.*, ficar tonto, desorientado; aturdir.
ES.TRÊ.NUO, *adj.*, intrépido, corajoso, denodado, diligente, zeloso, valente.
ES.TRE.PA.DA, *s.f.*, ferida feita com estrepe; *bras.*, *pop.*, ação ou efeito de estrepar-se.
ES.TRE.PAR, *v. pron. pop.*, dar-se mal, ter problemas.
ES.TRE.PE, *s.m.*, espinho, farpa de madeira; *fig.*, incômodo, pessoa aborrecida.
ES.TRE.PI.TAN.TE, *adj.*, que faz ruído, que faz estrépito.
ES.TRE.PI.TAR, *v. int.*, fazer ruído, soar.
ES.TRÉ.PI.TO, *s.m.*, ruído, barulho, rumor, estrondo, bulha.
ES.TRE.PI.TO.SO, *adj.*, barulhento, ruidoso.
ES.TRE.PO.LI.A, *s.f.*, traquinagem, travessura, baderna.

ES.TREP.TO.CÓ.CI.CO, *adj.,* relativo a estreptococo; proveniente dessa bactéria.

ES.TREP.TO.CO.CO, *s.m.,* bacilo que causa várias doenças, como pneumonia e outras.

ES.TREP.TO.MI.CI.NA, *s.f.,* antibiótico contra várias doenças, como tuberculose.

ES.TRES.SA.DO, *adj.,* estafado, muito cansado.

ES.TRES.SAR, *v. int. e pron.,* estafar, esgotar, extenuar, exaurir.

ES.TRES.SE, *s.m.,* fadiga, estafa, exaustão.

ES.TRI.A, *s.f.,* sulco, linha funda na pele.

ES.TRI.A.DO, *adj.,* sulcado, que tem listras abertas na pele.

ES.TRI.A.MEN.TO, *s.m.,* ato ou efeito de estriar.

ES.TRI.AR, *v.t.,* abrir listras, linhas, sulcos.

ES.TRI.BA.DO, *adj.,* firmado, seguro, firme no estribo.

ES.TRI.BAR, *v. int.,* firmar-se no estribo, segurar os pés, prender os pés.

ES.TRI.BEI.RA, *s.f.,* estribo us. pelo cavaleiro que monta à gineta; *ant.,* estribo de carruagens.

ES.TRI.BEI.RO, *s.m.,* empregado responsável pela manutenção de cavalariças, arreios, coches, etc.

ES.TRI.BI.LHAR, *v.t. e int., bras.,* cantar (ave) repetindo os sons; repetir como estribilho (verso, som).

ES.TRI.BI.LHO, *s.f.,* nas canções, versos repetidos; refrão.

ES.TRI.BO, *s.m.,* peça que pende da sela para o cavaleiro colocar os pés.

ES.TRIC.NI.NA, *s.f.,* veneno muito forte e mortal.

ES.TRI.DEN.TE, *adj.,* som forte, som que fere os ouvidos.

ES.TRI.DOR, *s.m.,* ruído muito forte, barulho estridente.

ES.TRI.DU.LAN.TE, *adj.,* sibilante, que estridula, estridente, estrepitoso.

ES.TRI.DU.LAR, *v.t. e int.,* sibilar, provocar ruídos fortes, cantar com voz estridente.

ES.TRÍ.DU.LO, *adj.,* que tem som agudo, forte e penetrante; *s.m.,* qualquer som com essa característica.

ES.TRI.GA, *s.f.,* porção de linho que de uma vez reveste a roca; filamentos de algumas plantas (que se podem fiar).

ES.TRI.LA.DOR, *adj. e s.m., bras., pop.,* que ou o que estrila, que facilmente dá o estrilo.

ES.TRI.LAR, *v. int.,* emitir estrilos, berros; irritar-se, berrar, zangar-se.

ES.TRI.LO, *s.m.,* berro, grito de protesto, berro de indignação.

ES.TRIN.GIR, *v.t.* cingir, apertar, comprimir.

ES.TRI.PA.ÇÃO, *s.f.,* ato ou efeito de estripar, de retirar as tripas de.

ES.TRI.PA.DO, *adj.,* que tem as tripas arrancadas, morto, que teve a barriga cortada.

ES.TRI.PAR, *v.t.,* arrancar as tripas; cortar a barriga, matar.

ES.TRI.PU.LI.A, *s.f.,* baderna, desordem, confusão, traquinagem, molecagem, travessura.

ES.TRI.TO, *adj.,* restrito, severo.

ES.TRI.TU.RA, *s.f.,* desus., estrangulação, aperto.

ES.TRO, *s.m.,* inspiração poética, imaginação, verve.

ES.TRO.FE, *s.f.,* grupo de versos, estância.

ES.TRÓ.FI.CO, *adj.,* relativo a ou próprio de estrofe.

ES.TRÓ.FU.LO, *s.m.,* Med., dermatose comum em recém-nascido na fase de amamentação.

ES.TRÓ.GE.NO, *s.m.,* Bioq., o mesmo que estrogênio.

ES.TRO.GO.NO.FE, *s.m.,* prato feito com carne picada, cozida em creme de leite.

ES.TROI.NA, *s. 2 gên. e adj.,* pródigo, perdulário, festeiro.

ES.TROI.NI.CE, *s.f.,* prodigalidade, esbanjamento, desperdício.

ES.TROM.PA.DO, *adj.,* gasto, cansado, estressado, extenuado.

ES.TROM.PAR, *v.t. e pron.,* fatigar, gastar, estressar, extenuar.

ES.TROM.PI.DO, *s.m.,* estrondo; estampido; estrépito.

ES.TRON.CA, *s.f.,* tipo de forquilha com que se levantam objetos pesados.

ES.TRON.CA.MEN.TO, *s.m.,* ato e efeito de estroncar; desmembramento, decepamento.

ES.TRON.CAR, *v. int.,* destronar, desviar, mudar o entroncamento.

ES.TRÔN.CIO, *s.m.,* elemento químico metálico de número atômico 38, símb.: Sr.

ES.TRON.DAR, *v. int.,* estrondear, provocar um estrondo, causar barulho.

ES.TRON.DE.AN.TE, *adj.,* que estrondeia.

ES.TRON.DE.AR, *v. int.,* estrondar, causar barulho, provocar estampidos, trovejar.

ES.TRON.DO, *s.m.,* ruído, estouro, estampido.

ES.TRON.DO.SO, *adj.,* barulhento, ruidoso.

ES.TRO.PE.A.DA, *s.f., pop.,* tropel de gente ou de animais.

ES.TRO.PE.AR, *v.int.,* fazer tropel, fazer barulho ou confusão.

ES.TRO.PI.A.ÇÃO, *s.f.,* o mesmo que estropiamento.

ES.TRO.PI.A.DO, *adj.,* mutilado, aleijado.

ES.TRO.PI.AR, *v.t. e pron.,* aleijar, machucar, ferir, mutilar.

ES.TRO.PÍ.CIO, *s.m.,* coisa ruim, ruindade, tipo imprestável, malefício.

ES.TRU.GI.DO, *s.m.,* trovão forte, estampido.

ES.TRU.GI.DOR, *adj.,* que estruge, vibrante; estrondoso.

ES.TRU.GI.MEN.TO, *s.m.,* ato ou efeito de estrugir; atordoamento; abalo.

ES.TRU.GIR, *v.t. e int.,* fazer vibrar ou vibrar fortemente, ruidosamente.

ES.TRU.MA, *s.f.,* escrófulas; bócio.

ES.TRU.MA.ÇÃO, *s.f.,* ação de estrumar; a quantidade de estrume que se deita à terra.

ES.TRU.MA.DA, *s.f.,* meda de estrume; estrumal.

ES.TRU.MAR, *v.t. e int.,* pôr estrume em; adubar.

ES.TRU.ME, *s.f.,* excremento de animais, esterco, fezes de animais.

ES.TRU.MEI.RA, *s.f.,* local em que se deposita estrume.

ES.TRU.MO.SO, *adj.,* que está ou foi adubado com estrume.

ES.TRU.PÍ.CIO, *s.m.,* algo esquisito, estorvo, pessoa ou coisa que atrapalha.

ES.TRU.PI.DAR, *v.int.,* fazer estrupido.

ES.TRU.TU.RA, *s.f.,* esboço, arcabouço, organização.

ES.TRU.TU.RA.ÇÃO, *s.f.,* ato ou efeito de estruturar, de dar ou adquirir estrutura.

ES.TRU.TU.RA.DO, *adj.,* organizado, arrumado, ajeitado.

ES.TRU.TU.RAL, *adj.,* referente a estrutura, próprio da estrutura.

ES.TRU.TU.RA.LIS.MO, *s.m.,* teoria linguística em que a língua é considerada como um conjunto estruturado, em que as analogias definem os termos.

ES.TRU.TU.RA.LIS.TA, *adj. 2 gên.,* relativo ao estruturalismo; que adota os princípios do estruturalismo; *s. 2 gên.,* adepto do estruturalismo.

ES.TRU.TU.RAR, *v.t.,* organizar, arrumar, ajeitar.

ES.TU.AR, *v. int.,* estar fervente, esquentar, agitar-se; *fig.,* estar com muita força.

ES.TU.Á.RIO, *s.m.,* foz de um rio, desembocadura.

ES.TU.CA.DOR, *adj. e s.m.,* quem coloca estuque, pedreiro que coloca estuque.

ES.TU.CAR, *v.t. e int.*, cobrir com estuque.

ES.TU.CHA, *s.f.*, peça de ferro ou ouro material que se introduz à força em orifício para fechá-lo; bucha, tampão.

ES.TU.CHAR, *v.t.* picar, aguçar; introduzir (ferro ou torno) em orifício; *fig.*, pôr empenhos; *v.int.*, acabar com as suas cartas; ganhar com espadilha, basto, rei e valete (jogo voltarete).

ES.TU.DA.DO, *adj.*, que estudou, analisado, pesquisado.

ES.TU.DAN.TA.DA, *s.f.*, grupo de estudantes, coletivo para estudantes.

ES.TU.DAN.TE, *s. 2 gên.*, quem estuda, aluno, escolar, aprendente, discípulo.

ES.TU.DAR, *v.t., int. e pron.*, aprender, dedicar-se a assimilar conhecimentos, reter.

ES.TÚ.DIO, *s.m.*, ateliê, ambiente para fazer filmes, fotos, toda obra de artes.

ES.TU.DI.O.SO, *adj.*, aplicado, diligente, comprometido.

ES.TU.DO, *s.m.*, ação de estudar, análise; pesquisa, exame.

ES.TU.FA, *s.f.*, recinto fechado com a temperatura elevada para secar objetos; aparelho para esquentar o ambiente e manter sempre a mesma temperatura.

ES.TU.FA.DEI.RA, *s.f.*, vaso para estufar carnes.

ES.TU.FA.DO, *adj.*, inchado, gordo, gorducho.

ES.TU.FA.GEM, *s.f.*, ação e efeito de estufar; estufagem dos vinhos.

ES.TU.FAR, *v.t. e int.*, pôr em estufa, ressecar, esquentar; encher, aumentar o volume.

ES.TU.GAR, *v. int.*, apressar o passo.

ES.TUL.TI.CE, **ES.TUL.TÍ.CIA**, *s.f.*, ato de estulto, ignorância, asnice, burrice.

ES.TUL.TI.FI.CAR, *v.t.* tornar estulto; bestificar; *v.pron.*, tornar-se estulto, néscio.

ES.TUL.TO, *adj.*, tolo, bobo, ignorante, ignaro.

ES.TU.MAR, *v. int.*, incitar, assanhar, estimular.

ES.TU.PE.FA.ÇÃO, *s.f.*, assombro, pasmo, surpresa.

ES.TU.PE.FA.CI.EN.TE, *adj. 2 gên. e s. 2 gên.*, droga, tóxico, entorpecente.

ES.TU.PE.FA.TO, *adj.*, pasmado, admirado, atônito.

ES.TU.PE.FA.ZER, *v.t.*, entorpecer, tornar inerte, tornar tolo.

ES.TU.PEN.DO, *adj.*, maravilhoso, espetacular, incomum.

ES.TU.PI.DEZ, *s.f.*, próprio do estúpido, imbecilidade, grosseria.

ES.TU.PI.DI.FI.CANTE, *adj.*, que estupidifica; estupefeciante; estupendo.

ES.TU.PI.DI.FI.CAR, *v.t. e pron.*, tornar estúpido, tornar grosseiro, abobar.

ES.TÚ.PI.DO, *adj.*, idiota, tolo, grosseiro, brutal.

ES.TU.POR, *s.m.*, paralisia, assombro; indivíduo sem beleza nem inteligência.

ES.TU.PO.RAR, *v.t., int. e pron.*, provocar estupor, assombrar, espantar.

ES.TU.PRA.DO, *adj.*, que sofreu um estupro, violentado, violado.

ES.TU.PRA.DOR, *s.m.*, quem pratica o estupro.

ES.TU.PRAR, *v.t.*, violentar, forçar uma pessoa a manter relações sexuais.

ES.TU.PRO, *s.m.*, ação de estuprar, violação, violentação.

ES.TU.QUE, *s.m.*, argamassa feita com gesso e outros materiais.

ES.TÚR.DIO, *adj.*, que não tem juízo nem consideração; estroina; *s.m.*, indivíduo sem juízo.

ES.TUR.JÃO, *s.m.*, denominação de um peixe grande, cuja ova se torna o caviar.

ES.TUR.RA.DO, *adj.*, queimado, esturricado, adusto.

ES.TUR.RAR, *v.t., int. e pron.*, queimar, esturricar, esquentar até queimar.

ES.TUR.RI.CA.DO, *adj.*, demasiadamente seco, o mesmo que estorricado.

ES.TUR.RI.CAR, *v.t. e int.*, estorricar, queimar, torrar.

ES.TUR.RO, *s.m.*, estado ou condição de algo que foi queimado; a comida ou algo que foi esturrado, queimado; cheiro resultante da queima; *fig.*, grande estrondo; *bras.*, urro de onça; bramido; rugido.

ES.TUR.VI.NHA.DO, *adj. pop.*, perturbado, turvado, atordoado.

ES.VA.E.CER, *v.t. e pron.*, esvanecer, desmanchar-se, desaparecer, esmorecer.

ES.VA.E.CI.DO, *adj.*, amolecido, enfraquecido, desmaiado.

ES.VA.E.CI.MEN.TO, *s.m.*, ação e efeito de esvaecer; desvanecimento, dissipação, evaporação; vaidade; esmorecimento, desânimo; vertigem; desmaio.

ES.VA.IR, *v.t. e pron.*, dissipar, consumir, esgotar-se, desmaiar.

ES.VA.NE.CER, *v.t. e pron.*, o mesmo que esvaecer.

ES.VA.ZAR, *v.t.*, esvaziar, despejar.

ES.VA.ZI.A.DO, *adj.*, esgotado, tornado vazio, seco.

ES.VA.ZI.A.MEN.TO, *s.m.*, esgotamento, secura.

ES.VA.ZI.AR, *v.t. e pron.*, esgotar, tornar vazio, oco.

ES.VER.DE.A.DO, *adj.*, que tem cor verde.

ES.VER.DE.AR, *v.t., int. e pron.*, obter cor verde.

ES.VER.DI.NHA.DO, *adj.*, o mesmo que esverdeado.

ES.VER.DI.NHAR, *v.t.*, dar (a algum objeto) uma cor esverdinhada; *v.int. e pron.*, tomar uma cor esverdinhada.

ES.VIS.CE.RA.DO, *adj.*, que perdeu as vísceras, estripado.

ES.VIS.CE.RAR, *v. int.*, estripar, tirar as tripas, arrancar as vísceras.

ES.VO.A.ÇAR, *v. int.*, voar, ficar batendo as asas sem sair do lugar, flutuar.

ES.VUR.MAR, *v.t.*, espremer o pus de uma ferida, limpar uma ferida.

E.TA, *s.m.*, a sétima letra do alfabeto grego.

E.TA!, *interj.*, provoca animação, incitamento.

E.TA.NA, *s.m.*, Quím., sal do ácido estânico.

E.TA.NAL, *s.m.*, Quím., aldeído acético.

E.TA.NO, *s.m.*, hidrocarboneto gasoso e incolor.

E.TA.NOI.CO, *s.m.*, ácido acético, um composto químico orgânico.

E.TA.NOL, *s.m.*, álcool etílico.

E.TA.PA, *s.f.*, momento, distância entre dois pontos, cada parte em que se pode dividir um trabalho.

E.TÁ.RIO, *adj.*, próprio da idade.

ETC., *abr.* da locução latina - *et cetera* - e outras coisas mais.

É.TER, *s.m.*, o ar superior; substância farmacêutica para anestesiar; atmosfera.

E.TÉ.REO, *adj.*, do ar, celeste, sublime.

E.TE.RI.FI.CAR, *v. int.*, transformar em álcool.

E.TE.RIS.MO, *s.m.*, insensibilidade provocada pela aplicação de álcool ou do éter.

E.TE.RI.ZA.ÇÃO, *s.f.*, ação ou efeito de eterilizar, alcoolização.

E.TE.RI.ZAR, *v. int.*, misturar com éter, tornar insensível com o uso do éter.

E.TER.NAL, *adj.*, que se refere a eternidade, eterno.

E.TER.NI.DA.DE, *s.f.*, qualidade do que é eterno; que não acaba mais; infinitude.

ETERNIZAR

E.TER.NI.ZAR, *v.t.* e *pron.*, tornar eterno, dar durabilidade infinita, imortalizar.
E.TER.NO, *adj.*, perene, infinito, para sempre.
E.TE.RO.MA.NI.A, *s.f.*, mania de ingerir éter.
E.TE.RO.MA.NÍ.A.CO, *s.m.*, quem tem o hábito de ingerir éter.
E.TE.RÔ.MA.NO, *adj.*, que sofre de eteromania; *s.m.*, indivíduo eterômano.
É.TI.CA, *s.f.*, filosofia que estuda os valores morais, moral; valores profissionais.
É.TI.CO, *adj.*, referente à ética, moral, correto.
E.TI.LE.NO, *s.m.*, Quím., hidrocarboneto insaturado e gasoso (C2 H4), obtido da nafta ou do etano.
E.TÍ.LI.CO, *adj.*, próprio do álcool, relativo ao álcool.
E.TI.LO, *s.m.*, Quím., radical orgânico, formado de carbono e hidrogênio (C2 H5), que participa do álcool e do éter.
É.TI.MO, *s.m.*, origem de uma palavra.
E.TI.MO.LO.GI.A, *s.f.*, *Gram.*, estudo da origem das palavras.
E.TI.MO.LÓ.GI.CO, *adj.*, que se refere a Etimologia.
E.TI.MO.LO.GIS.MO, *s.m.*, processo ou maneira de determinar a etimologia das palavras.
E.TI.MO.LO.GIS.TA, *s. 2 gên.*, profissional especialista em Etimologia.
E.TI.MO.LO.GI.ZAR, *v.t.* e *int.*, determinar a etimologia de; tratar de etimologias.
E.TI.MO.LO.GO, *s.m.*, etimologista.
E.TI.O.LO.GI.A, *s.f.*, seção da Medicina que estuda a origem das doenças.
E.TÍ.O.PE, *s.m.* e *adj.*, próprio, habitante ou natural da Etiópia.
E.TI.QUE.TA, *s.f.*, cerimônias, modo de agir com educação; rótulo de produtos industriais.
E.TI.QUE.TA.DO, *adj.*, que tem etiqueta, marcado, rotulado.
E.TI.QUE.TA.DO.RA, *s.f.*, máquina para colar as etiquetas nas mercadorias.
E.TI.QUE.TA.GEM, *s.f.*, ato ou efeito de etiquetar.
E.TI.QUE.TAR, *v.t.*, colocar as etiquetas.
ET.MOI.DE, *adj. 2 gên.* e *s.m.*, diz-se de, ou o osso do crânio situado atrás do nariz e entre os olhos.
ET.NI.A, *s.f.*, grupo de raças com costume e idioma iguais.
ET.NI.CIS.MO, *s.m.*, gentilismo, paganismo.
ÉT.NI.CO, *adj.*, referente a uma nação, a um povo.
ET.NO.GRA.FI.A, *s.f.*, estudo da origem de raças e culturas, estudo das etnias.
ET.NO.GRÁ.FI.CO, *adj.*, relativo a ou próprio da etnografia.
ET.NÓ.GRA.FO, *s.m.*, doutor em etnografia.
ET.NO.LO.GI.A, *s.f.*, ciência que estuda a cultura humana, material, literária e espiritual dos povos.
ET.NO.LÓ.GI.CO, *adj.*, que se refere à Etnologia.
ET.NO.LO.GIS.TA, *s. 2 gên.*, pessoa que se ocupa da etnologia.
ET.NÓ.LO.GO, *s.m.*, especialista em etnologia; etnologista.
ET.NÔ.NI.MO, *s.m.*, designativo de tribo, casta, etnia, nação, etc.
E.TO.CRA.CI.A, *s.f.*, forma de governo baseada na moral.
E.TO.CRÁ.TI.CO, *adj.*, relativo a etocracia.
E.TO.GE.NI.A, *s.f.*, ciência que estuda a origem dos costumes e tradições dos povos.
E.TO.GÊ.NI.CO, *adj.*, relativo a etogenia.
E.TO.GNO.SI.A, *s.f.*, estudo dos costumes e características dos povos.
E.TOG.NÓS.TI.CO, *adj.*, relativo a etognosia.
E.TO.GRA.FI.A, *s.f.*, descrição dos costumes, do caráter e das paixões dos homens.

EUTAXIA

E.TO.GRÁ.FI.CO, *adj.*, pertencente a etografia.
E.TRI.OS.CÓ.PIO, *s.m.*, instrumento com que se aprecia a irradiação do calor para a atmosfera (sem nuvens).
E.TO.LO.GI.A, *s.f.*, estudo de como os animais se adaptam e vivem no meio ambiente.
E.TRUS.CO, *adj.*, *s.m.*, originário, relativo à Etrúria, antigo reino na Itália Central.
EU, *pron.*, primeira pessoa singular; o indivíduo, a pessoa que fala.
EU.CA.LIP.TAL, *s.m.*, bosque de eucaliptos.
EU.CA.LIP.TO, *s.m.*, nome de uma árvore muito grande, usada para madeira e carvão, contendo também propriedades medicinais.
EU.CA.RIS.TI.A, *s.f.*, sacramento da fé católica, envolvendo pão e vinho transmudados no corpo e sangue de Cristo; hóstia.
EU.CA.RÍS.TI.CO, *adj.*, que se refere à eucaristia.
EU.CRA.SI.A, *s.f.*, caráter bom, temperamento sério, organização fértil.
EU.CRÁ.SI.CO, *adj.*, relativo a eucrasia.
EU.DE.MO.NI.A, *s.f.*, Filos., teoria ética de Aristóteles, fundada na felicidade.
EU.DI.Ô.ME.TRO, *s.m.*, Quím., aparelho que mede a proporção relativa dos gases que compõem o ar atmosférico.
EU.FÊ.MI.CO, *adj.*, que se refere ao eufemismo.
EU.FE.MIS.MO, *s.m.*, figura de linguagem, uso de uma expressão suave, para não ofender o ouvinte ou para amenizar a situação.
EU.FO.NI.A, *s.f.*, som gostoso, som suave, som agradável.
EU.FÔ.NI.CO, *adj.*, que soa bem; agradável ao ouvido.
EU.FOR.BI.Á.CEA, *s.f.*, Bot., espécime das euforbiáceas; da família das dicotiledôneas, cujos exemplares são a seringueira, o cansanção, o bico-de-papagaio, a mamoneira e a mandioca.
EU.FOR.BI.Á.CEO, *adj.*, Bot., da natureza ou da família do eufórbio.
EU.FO.RI.A, *s.f.*, bem-estar, bom ânimo, sentir-se muito bem.
EU.FÓ.RI.CO, *adj.*, animado, alegre, descontraído.
EU.GE.NI.A, *s.f.*, tese para aprimorar a raça humana, a fim de preservar os melhores.
EU.GÊ.NI.CO, *adj.*, relativo a ou próprio da eugenia.
EU.LÁ.LIA, *s.f.*, modo de falar, dicção agradável.
EU.NU.CO, *s.m.*, homem masculino capado; guarda de mulheres nos haréns.
EU.QUI.MO, *s.m.*, desus., suco nutritivo dos vegetais.
EU.RO, *s.m.*, moeda comum a quase toda a União Europeia.
EU.RO.PE.ÍS.MO, *s.m.*, ideias e expressões próprias dos europeus; eurocentrismo.
EU.RO.PE.ÍS.TA, *adj. 2 gên.* e *s. 2 gên.*, que ou aquele que é admirador dos europeus e/ou das coisas europeias.
EU.RO.PEI.ZA.ÇÃO, *s.f.*, ato ou efeito de europeizar.
EU.RO.PEI.ZAR, *v.t.*, tornar europeu, transformar em europeu.
EU.RO.PEU, *adj.*, relativo à Europa; *s.m.*, que nasceu na Europa.
EU.RÓ.PIO, *s.m.*, elemento químico, de número atômico 63, de símb.: Eu.
EUR.RIT.MI.A, *s.f.*, bom ritmo, harmonia, bem-estar no ritmo.
EUR.RÍT.MI.CO, *adj.*, o mesmo que eurítmico.
EU.TA.NÁ.SIA, *s.f.*, tese pela qual o doente terminal deve morrer sem dor.
EU.TA.XI.A, *s.f.*, proporção justa entre as partes do corpo

de um animal.
EU.TER.PE, *s.f.*, na mitologia greco-romana, a deusa da poesia lírica e da música.
EU.TI.MI.A, *s.f.*, perfeita tranquilidade de espírito; calma, serenidade, sossego.
E.VA.CU.A.ÇÃO, *s.f.*, saída, tirada de um local; defecação.
E.VA.CU.A.DO, *adj.*, saído, tirado, despejado, defecado.
E.VA.CU.AR, *v.t. e int.*, despejar, tirar de um local, sair de um ponto; defecar.
E.VA.CU.A.TI.VO, *adj.*, o mesmo que evacuante.
E.VA.DI.DO, *adj.*, escapado, fugido.
E.VA.DIR, *v.t. e pron.*, escapar, fugir, dar o fora.
E.VA.NES.CEN.TE, *adj.*, de cuja existência é efêmera.
E.VA.NES.CER, *v. int.*, esvaecer, dispersar-se, espargir-se, evolar-se.
E.VAN.GE.LHO, *s.m.*, resumo da doutrina cristã; boa nova, quatro livros do Novo Testamento.
E.VAN.GÉ.LI.CO, *adj.*, que se refere ao Evangelho.
E.VAN.GE.LIS.MO, *s.m.*, doutrina nascida dos Evangelhos, filosofia cristã.
E.VAN.GE.LIS.TA, *s.m., s. 2 gên.*, escritor de um evangelho; quem divulga o Evangelho.
E.VAN.GE.LI.ZA.ÇÃO, *s.f.*, pregação do Evangelho, conversão aos caminhos de Jesus Cristo.
E.VAN.GE.LI.ZA.DOR, *adj. e s.m.*, que ou aquele que evangeliza ou difunde uma doutrina.
E.VAN.GE.LI.ZAR, *v.t.*, pregar o Evangelho; persuadir alguém do valor do Evangelho, converter às ideias de Cristo.
E.VA.PO.RA.ÇÃO, *s.f.*, mudança de um líquido para vapor.
E.VA.PO.RA.DO, *adj.*, que se evaporou; convertido em vapor; *fig.*, de comportamento leviano; doidivanas.
E.VA.PO.RA.DOR, *adj.*, que produz evaporação; *s.m.*, aparelho que produz evaporação.
E.VA.PO.RAN.TE, *adj. 2 gên.*, que evapora; evaporador.
E.VA.PO.RAR, *v. int.*, mudar líquido em vapor, vaporizar, secar, acabar.
E.VA.PO.RA.TI.VO, *adj.*, que facilita a evaporação ou que a produz.
E.VA.PO.RA.TÓ.RIO, *adj.*, que produz ou promove a evaporação.
E.VA.PO.RÁ.VEL, *adj. 2 gên.*, que se pode evaporar ou que é suscetível de evaporação.
E.VA.PO.RÔ.ME.TRO, *s.m.*, aparelho para medir a pressão do vapor e a quantidade que sai de alguma caldeira ou recipiente.
E.VA.SÃO, *s.f.*, fuga, escapada, desculpa.
E.VA.SI.VA, *s.f.*, subterfúgio para fugir de um dever; desculpa.
E.VA.SI.VO, *adj.*, fugidio, vivaldino, astucioso.
E.VEC.ÇÃO, *s.f.*, elevação.
E.VEN.TO, *s.m.*, acontecimento, fato, efeméride.
E.VEN.TRA.ÇÃO, *s.f.*, estripamento, corte do ventre.
E.VEN.TRAR, *v. int.*, estripar, cortar o ventre, desbarrigar.
E.VEN.TU.AL, *adj.*, casual, imprevisto, repentino.
E.VEN.TU.A.LI.DA.DE, *s.f.*, contingência, acaso, hipótese.
E.VEN.TU.AL.MEN.TE, *adv.*, de modo eventual; ocasionalmente.
E.VER.SÃO, *s.f.*, arrasamento, destruição.
E.VER.SI.VO, *adj.*, que é causa de ruína ou destruição; subversivo.
E.VER.SOR, *s.m.*, destruidor, arrasador.
E.VER.TER, *v.t.*, destruir, arruinar.
E.VIC.ÇÃO, *s.f.*, ação, processo ou resultado de evencer.
E.VIC.TO, *s.m.*, aquele que é submetido à evicção; *adj.*, que está sujeito à evicção.
E.VIC.TOR, *adj. e s.m.*, que ou o que intenta ou presta evicção; vencedor.
E.VI.DÊN.CIA, *s.f.*, fato concreto; prova, certeza clara.
E.VI.DEN.CI.A.DO, *adj.*, presenciado, provado, demonstrado.
E.VI.DEN.CI.AR, *v.t. e pron.*, presenciar, provar, demonstrar.
E.VI.DEN.TE, *adj.*, claro, óbvio, demonstrável.
E.VIS.CE.RA.ÇÃO, *s.f., Med.*, ato ou efeito de eviscerar, de expulsar um órgão para fora da cavidade que o continha; *Med.*, processo de retirada das vísceras.
E.VIS.CE.RAR, *v.t.*, estripar, arrancar os intestinos.
E.VI.TAR, *v.t.*, fugir de, desviar.
E.VI.TÁ.VEL, *adj.*, que se pode evitar.
E.VO.CA.ÇÃO, *s.f.*, invocação, apelo, chamado, lembrança.
E.VO.CA.DO, *adj.*, que se evocou.
E.VO.CAR, *v.t.*, invocar, chamar, apelar, buscar na memória, recordar, lembrar.
E.VO.CA.TI.VO, *adj.*, que chama, que evoca, que recorda, que relembra.
E.VO.CA.TÓ.RIO, *adj.*, que evoca, que faz vir (algo) à memória; evocatório.
E.VO.CÁ.VEL, *adj.*, que se pode evocar.
E.VO.É, *interj.*, grito que soltavam as bacantes; *s.m.*, p. ext., brado de alegria.
E.VO.LAR-SE, *v. int. e pron.*, voar pelo ar, espargir-se, espalhar-se, derramar-se.
E.VO.LU.ÇÃO, *s.f.*, progresso, avanço, mudança, tipo de passo na dança.
E.VO.LU.CI.O.NAR, *v.t. e int.*, executar evoluções; o mesmo que evoluir; passar (alguém, algo) por mudanças.
E.VO.LU.CI.O.NÁ.RIO, *adj.*, relativo a evolução ou evoluções.
E.VO.LU.CI.O.NIS.MO, *s.m.*, tese fundamental na teoria da evolução progressiva das espécies.
E.VO.LU.CI.O.NIS.TA, *s. 2 gên.*, adepto do evolucionismo, quem prega o evolucionismo.
E.VO.LU.Í.DO, *adj.*, avançado, progressista, educado, transformado.
E.VO.LU.IR, *v. int.*, mudar, progredir, transformar-se, dançar.
E.VO.LU.TA, *s.f., Geom.*, curva plana onde estão os centros de curvatura de outra curva chamada evolvente.
E.VO.LU.TI.VO, *adj.*, relativo à evolução ou desenvolvimento de algo; que evolui ou causa evolução.
E.VOL.VEN.TE, *s.f.*, na geometria, uma curva em cujos centros surge outra curva.
E.VUL.SÃO, *s.f.*, extração, ação de arrancar.
E.VUL.SI.VO, *adj.*, que se refere a evulsão.
E.XA.ÇÃO, *s.f.*, cobrança rigorosa de impostos, taxas, dívidas; exigência de pontualidade no pagamento.
E.XA.CER.BA.ÇÃO, *s.f.*, ação de exacerbar, agravamento, violência, irritação extrema.
E.XA.CER.BA.DO, *adj.*, que se exacerbou, que se excedeu.
E.XA.CER.BAR, *v.t. e pron.*, agravar, exasperar, irritar, tornar violento.
E.XA.GE.RA.ÇÃO, *s.f.*, ação de exagerar; exageramento; exagero.
E.XA.GE.RA.DOR, *adj. e s.m.*, que ou o que exagera, amplifica ou engrandece.
E.XA.GE.RAR, *v.t., int. e pron.*, dizer mais do que é, exceder-se, ampliar, engrandecer.
E.XA.GE.RO, *s.m.*, aumento, excesso.

EXALAÇÃO ··· 389 ··· EXCLAMAÇÃO

E.XA.LA.ÇÃO, s.f., ação de exalar, emanação.
E.XA.LA.DO, adj., que se exalou, lançou; emitido.
E.XA.LAN.TE, adj., que exala, que esparge um odor.
E.XA.LAR, v. int., soltar, espalhar, espargir; falecer.
E.XAL.ÇA.MEN.TO, s.m., ação de exalçar(-se); exalçação.
E.XAL.ÇAR, v.t., dar grandeza a; exaltar.
E.XAL.TA.ÇÃO, s.f., irritação, elevação, fúria.
E.XAL.TA.DO, adj., ardente, irritado, fora de si.
E.XAL.TAR, v.t. e pron., elevar, erguer, vangloriar, louvar; v. pron., irritar-se, enfurecer-se.
E.XA.ME, s.m., verificação, investigação, olhar minucioso, diagnóstico; prova, vistoria.
E.XA.MI.NA.DO, adj., verificado, investigado, diagnosticado.
E.XA.MI.NA.DOR, adj. e s.m., que(m) faz um exame, provador.
E.XA.MI.NAN.DO, s.m., quem deve ser examinado, quem se submete a um exame, prova.
E.XA.MI.NAR, v.t. e pron., inspecionar, observar, verificar, diagnosticar.
E.XA.MI.NÁ.VEL, adj. 2 gên., que se pode examinar (assunto examinável).
E.XAN.GUE, adj., sem sangue, fraco, enfraquecido.
E.XA.NI.MA.ÇÃO, s.f., morte aparente; síncope.
E.XÂ.NI.ME, adj., desfalecido, inerte, parado, como morto.
E.XAN.TE.MA, s.f., erupção da cútis.
E.XAN.TE.MÁ.TI.CO, adj., Med., da mesma natureza do exantema (febre exantemática); exantematoso.
E.XA.RA.DO, adj., lavrado, escrito, declarado, registrado.
E.XA.RAR, v.t., lavrar, escrever, deixar registrado por escrito, declarar.
E.XAR.TI.CU.LA.ÇÃO, s.f., o mesmo que desarticulação.
E.XAR.TRO.SE, s.f., luxação de ossos.
E.XAS.PE.RA.ÇÃO, s.f., aflição, irritação.
E.XAS.PE.RA.DO, adj., que se exasperou, que se irritou muito; encolerizado; enfurecido; exaltado; irritado.
E.XAS.PE.RA.DOR, s.m., que faz exasperar; exasperante; s.m., aquele ou aquilo que exaspera, irrita.
E.XAS.PE.RAR, v.t. e pron., enfurecer, irar, importunar, incomodar.
E.XAS.PE.RO, s.m., o mesmo que exasperação.
E.XA.TA.MEN.TE, adv., de modo exato.
E.XA.TI.DÃO, s.f., perfeição, apuro, acabamento, correção.
E.XA.TI.FI.CAR, v.t. tornar exato; fig., verificar.
E.XA.TO, adj., correto, justo, dentro das medidas.
E.XA.TOR, s.m., cobrador de impostos, fiscal de tributos.
E.XA.TO.RIA, s.f., função do exator; coletoria.
E.XAU.RI.DO, adj., que se exauriu, se cansou ao extremo; esgotado; exausto.
E.XAU.RIR, v.t. e pron., fazer perder as forças, esgotar, estafar.
E.XAU.RÍ.VEL, adj., que perde as forças.
E.XAUS.TÃO, s.f., esgotamento, fadiga total, cansaço.
E.XAUS.TI.VO, adj., estressante, cansativo, que exaure.
E.XAUS.TO, adj., esgotado, cansado, exaurido.
E.XAUS.TOR, s.m., eletrodoméstico para trocar o ar; para sugar a fumaça.
E.XAU.TO.RA.ÇÃO, s.f., desrespeito às autoridades, desacato, desrespeito.
E.XAU.TO.RAR, v. int., privar alguém de autoridade, desprestigiar.
EX.CAR.CE.RA.ÇÃO, s.f., ato de libertar, de tirar ou livrar do cárcere ou prisão.
EX.CAR.CE.RA.DOR, adj. e s.m., que ou o que excarcera.
EX.CAR.CE.RAR, v.t., livrar ou retirar do cárcere; desencarcerar.
EX.CE.ÇÃO, s.f., que foge da regra, desvio, privilégio, prerrogativa.
EX.CE.DÊN.CIA, s.f., ação de exceder; qualidade de excedente; excesso.
EX.CE.DEN.TE, adj., que excedeu, que sobrou, demasiado.
EX.CE.DER, v.t. e int., superar, ultrapassar, ser mais do que o previsto.
EX.CE.DI.DO, adj., que se excedeu, passou da medida ou foi excedido.
EX.CE.DÍ.VEL, adj., que se pode exceder; resultado facilmente excedível.
EX.CE.LÊN.CIA, s.f., o melhor; tratamento a autoridades.
EX.CE.LEN.TE, adj., ótimo, o melhor, o máximo.
EX.CE.LEN.TÍS.SI.MO, adj., superlativo de excelente.
EX.CE.LER, v.int., ser excente; excelir.
EX.CE.LIR, v.int., o mesmo que exceler.
EX.CEL.SAR, v.t., p.us., tornar excelso.
EX.CEL.SI.TU.DE, s.f., sublimidade, otimização.
EX.CEL.SO, adj., sublime, excelente, máximo, ótimo.
EX.CEN.TRI.CI.DA.DE, s.f., extravagância, exotismo, anormalidade.
EX.CÊN.TRI.CO, adj., extravagante, anormal, exótico.
EX.CEP.CI.O.NAL, adj., fora do normal, extraordinário; s.m., tipo com deficiência física ou mental.
EX.CEP.CI.O.NA.LI.DA.DE, s.f., qualidade ou condição de excepcional.
EX.CEP.CI.O.NA.LI.ZAR, v.t. e int., tornar excepcional.
EX.CEP.TI.VO, adj., que contém ou faz exceção.
EX.CER.TO, s.m., trecho de texto ou sumário literário.
EX.CES.SI.VI.DA.DE, s.f., condição do que é excessivo.
EX.CES.SI.VO, adj., por demais, em excesso, demasiado, imenso.
EX.CES.SO, s.m., excedente, o que foi a mais, abuso, demasia.
EX.CE.TO, prep., com exceção de, menos, afora, salvo.
EX.CE.TU.A.DO, adj., que se excetuou, que faz exceção; excluído.
EX.CE.TU.A.DOR, s.m., aquele que excetua.
EX.CE.TU.AR, v.t. e pron., deixar como exceção, excluir.
EX.CE.TU.Á.VEL, adj., que se pode ou se deve excetuar.
EX.CI.PI.EN.TE, s.m., substância que modifica o gosto de um medicamento.
EX.CI.SÃO, s.f., corte, separação.
EX.CI.SAR, v.t., fazer excisão em.
EX.CI.TA.BI.LI.DA.DE, s.f., qualidade do que excita.
EX.CI.TA.ÇÃO, s.f., irritação, estímulo, atiçamento.
EX.CI.TA.DO, adj., que se excitou ou sofreu excitação; animado; agitado; incitado; exaltado, encolerizado.
EX.CI.TA.DOR, adj., que excita, provoca ou estimula; s.m., aquele ou aquilo que excita, provoca ou estimula.
EX.CI.TA.MEN.TO, s.m., ver excitação.
EX.CI.TA.TI.VO, adj., que excita ou estimula; excitante.
EX.CI.TÁ.VEL, adj. 2 gên., que é suscetível de ser excitado.
EX.CI.TAN.TE, s.m. e adj., que excita, estimulante.
EX.CI.TAR, v.t., int. e pron., ativar, atiçar, irritar, estimular, animar, erotizar.
EX.CI.TA.TI.VO, adj., que excita ou estimula; excitante.
EX.CI.TA.TÓ.RIO, adj., p.us., que provoca excitação; excitante.
EX.CI.TÁ.VEL, adj. 2 gên., que é suscetível de ser excitado.
EX.CLA.MA.ÇÃO, s.f., grito, berro repentino de dor ou alegria;

ponto de exclamação (!).
EX.CLA.MA.DO, *adj.,* gritado, berrado, falado, dito.
EX.CLA.MA.DOR, *adj.* e *s.m.,* que ou o que exclama, que brada; que faz exclamações.
EX.CLA.MAN.TE, *adj.* e *s. 2 gên.,* que ou quem exclama; exclamador.
EX.CLA.MAR, *v.t.* e *int.,* gritar, berrar, falar, dizer, bradar.
EX.CLA.MA.TI.VO, *adj.,* que exprime exclamação ou admiração.
EX.CLA.MA.TÓ.RIO, *adj.,* o mesmo que exclamativo.
EX.CLU.DÊN.CIA, *s.f.,* ato ou efeito de excluir.
EX.CLU.DEN.TE, *adj.,* que exclui, que afasta do grupo, que retira da comunidade.
EX.CLU.Í.DO, *adj.,* que foi afastado, tirado do meio social, jogado para fora do sistema.
EX.CLU.I.DOR, *adj.* e *s.m.,* que ou aquele que exclui.
EX.CLU.IR, *v.t.* e *pron.,* deixar fora, afastar, despedir.
EX.CLU.SÃO, *s.f.,* ação de excluir, afastamento, exceção, discriminação.
EX.CLU.SI.VA, *s.f.,* exclusão, direito de excluir; dar a exclusiva.
EX.CLU.SI.VA.MEN.TE, *adv.,* de forma exclusiva; exclusive.
EX.CLU.SI.VE, *adv.,* com exclusão de.
EX.CLU.SI.VI.DA.DE, *s.f.,* o que é exclusivo de alguém, preferência.
EX.CLU.SI.VIS.MO, *s.m.,* preferência, exclusividade.
EX.CLU.SI.VIS.TA, *adj. 2 gên.,* relativo a, ou adepto do exclusivismo; intolerante; *s. 2 gên.,* pessoa intolerante ou egoísta.
EX.CLU.SI.VO, *adj.,* único, ser de apenas um.
EX.CLU.SO, *adj.,* excluído, fora do lugar.
EX.CO.GI.TA.ÇÃO, *s.f.,* ato ou efeito de excogitar.
EX.CO.GI.TA.DOR, *adj.* e *s.m.,* que ou quem excogita, investigador.
EX.CO.GI.TAR, *v.t.* e *int.,* cogitar, pensar, raciocinar, imaginar, supor, pretender.
EX.CO.GI.TÁ.VEL, *adj.,* que se pode excogitar.
EX-COM.BA.TEN.TE, *s. 2 gên.,* aquele que lutou em guerra.
EX.CO.MUN.GA.ÇÃO, *s.f.,* Rel., p. us., ver excomunhão.
EX.CO.MUN.GA.DO, *s.m.* e *adj.,* expulso, excluído, amaldiçoado, maldito.
EX.CO.MUN.GA.DOR, *adj.* e *s.m.,* que ou quem excomunga.
EX.CO.MUN.GAN.TE, *adj.,* que excomunga; excomungador.
EX.CO.MUN.GAR, *v.t.,* amaldiçoar, retirar da igreja, afastar da comunidade.
EX.CO.MUN.GÁ.VEL, *adj.,* que merece ser excomungado.
EX.CO.MU.NHÃO, *s.f.,* afastamento, maldição, separação.
EX.CRE.ÇÃO, *s.f.,* saída, o corpo expele os restos, expulsão natural.
EX.CRE.MEN.TA.ÇÃO, *s.f.,* ação ou efeito de excrementar.
EX.CRE.MEN.TAR, *v.int.,* p.us., defecar.
EX.CRE.MEN.TÍ.CIO, *adj.,* relativo a excremento ou a excreção.
EX.CRE.MEN.TO, *s.m.,* material fecal, fezes humanas e animais.
EX.CRE.MEN.TO.SO, *adj.,* que é da natureza do excremento; excrementício.
EX.CRES.CÊN.CIA, *s.f.,* o que cresceu a mais, saliência, excesso.
EX.CRES.CEN.TE, *adj. 2 gên.,* que excresce, sobra; supérfluo; que cresceu para fora.
EX.CRES.CER, *v. int.,* provocar excrescência, inchar.
EX.CRE.TA, *s.f.,* o que foi excretado; excreção; excreto.

EX.CRE.TA.DO, *adj.,* que sofreu excreção, que se excretou.
EX.CRE.TAR, *v.t.* e *int.,* expelir, sair de, soltar.
EX.CRE.TO, *adj.,* Fisiol., excretado, liberado pelos órgãos excretores; *s.m.,* material excretado.
EX.CRE.TOR, *adj.,* que realiza excreção; excretório.
EX.CRE.TÓ.RIO, *adj.,* ver excretor.
EX.CRU.CI.A.ÇÃO, *s.f.,* ação de excruciar.
EX.CRU.CI.A.DOR, *adj.,* excruciante.
EX.CRU.CI.AN.TE, *adj.,* doloroso, muito dolorido.
EX.CRU.CI.AR, *v. int.,* afligir, incomodar, fazer sofrer.
EX.CUR.SÃO, *s.f.,* passeio, viagem, grupo de pessoas que viajam.
EX.CUR.SAR, *v.int.,* fazer excurso; discorrer.
EX.CUR.SI.O.NAR, *v. int.,* realizar uma excursão, passear, viajar.
EX.CUR.SI.O.NIS.TA, *s. 2 gên.,* quem viaja em excursões, viajante.
EX.CUR.SO, *s.m.,* excursão; digressão, divagação.
EX.CUR.SOR, *s.m.,* o mesmo que excursionista.
EX.CUR.VA.ÇÃO, *s.f.,* curvatura para fora.
EX.CUR.VA.DO, *adj.,* arqueado de dentro para fora.
EX.CUR.VAR, *v.t.,* arquear de dentro para fora.
EX.CU.TIR, *v.t.,* Dir., executar judicialmente na totalidade dos bens de alguém.
E.XE.CRA.ÇÃO, *s.f.,* maldição, condenação, nojo.
E.XE.CRA.DO, *adj.,* detestado, abominado, odiado, nojento.
E.XE.CRA.DOR, *adj.* e *s.m.,* que ou o que execra.
E.XE.CRAN.DO, *adj.,* que deve ser execrado, abominável, horrendo.
E.XE.CRAR, *v.t.* e *pron.,* detestar, ter nojo, abominar, odiar.
E.XE.CRA.TI.VO, *adj.,* o mesmo que execratório.
E.XE.CRA.TÓ.RIO, *adj.,* que exprime ou encerra execração; que produz a perda da consagração.
E.XE.CRÁ.VEL, *adj.,* detestável, abominável.
E.XE.CU.ÇÃO, *s.f.,* cumprimento, ato de fazer, realizar.
EXE.CU.TA.DO, *adj.,* que se executou, cumpriu; realizado; Jur., que é réu em ação judicial; que sofreu pena de morte; *s.m.,* Jur., o réu em processo judicial; pessoa que sofreu pena de morte.
E.XE.CU.TA.DOR, *adj.* e *s.m., ant.,* executor.
E.XE.CU.TAN.TE, *adj. 2 gên.,* que executa; *s. 2 gên.,* aquele que executa uma composição musical.
E.XE.CU.TAR, *v.t., int.* e *pron.,* realizar, fazer, cumprir.
E.XE.CU.TÁ.VEL, *adj. 2 gên.,* que pode ser executado; exeqüível; *s.m.,* Inf., programa, arquivo, etc., passível de ser executado em computador.
E.XE.CU.TI.VA, *s.f.,* mulher que comanda uma empresa; comissão que executa as ordens.
E.XE.CU.TI.VO, *s.m.* e *adj.,* que executa, que efetiva; poder executivo - a parte do governo que executa a lei; administrador de empresas, organizações, responsável pela gestão empresarial.
E.XE.CU.TOR, *adj.* e *s.m.,* que ou aquele que executa.
E.XE.CU.TÓ.RIA, *s.f.,* juízo ou repartição por onde corre a execução das rendas ou dívidas de alguma corporação.
E.XE.CU.TÓ.RIO, *adj.,* Jur., que deve ser posto em execução ou que dá o poder de executar.
E.XE.GE.SE, *s.f.,* explicação, explanação, exposição de assuntos complexos.
E.XE.GE.TA, *s. 2 gên.,* especialista em exegese; profissional da área de exegese.

E.XE.GÉ.TI.CA, *s.f.*, explicação teológica de temas bíblicos.
E.XE.GÉ.TI.CO, *adj.*, que se refere à exegese; explicativo; expositivo.
E.XEM.PLAR, *s.m. e adj.*, modelar, único; modelo, volume, livro, amostra.
E.XEM.PLA.RI.DA.DE, *s.f.*, qualidade ou caráter do que é exemplar, do que serve de modelo.
E.XEM.PLÁ.RIO, *s.m.*, coleção ou livro de exemplos.
E.XEM.PLI.FI.CA.ÇÃO, *s.f.*, oferta de exemplos, modo de dar exemplo.
E.XEM.PLI.FI.CA.DO, *adj.*, esclarecido, dado como exemplo.
E.XEM.PLI.FI.CA.DOR, *adj.*, que exemplifica.
EXEM.PLI.FI.CAN.TE, *adj.*, que exemplifica.
E.XEM.PLI.FI.CAR, *v.t.*, dar um exemplo, esclarecer com exemplos.
E.XEM.PLI.FI.CA.TI.VO, *s.m.*, que se presta a exemplificação, que exemplifica algo.
E.XEM.PLI.FI.CA.TÓ.RIO, *adj.*, que serve para exemplificar.
E.XEM.PLO, *s.m.*, modelo, paradigma, o que mostra a propriedade de uma regra.
E.XÉ.QUIAS, *s.f. pl.*, funerais, cerimonial de enterro, atos fúnebres.
E.XE.QUI.BI.LI.DA.DE, *s.f.*, qualidade de exequível.
E.XE.QUI.DO, *adj.*, executado.
E.XE.QUÍ.VEL, *adj.*, que se pode executar, realizável.
E.XER.CEN.TE, *adj. 2 gên.*, que exerce um cargo, função, mandato, etc.
E.XER.CER, *v.t. e pron.*, executar, praticar, fazer, levar adiante, influenciar.
E.XER.CÍ.CIO, *s.m.*, desempenho, execução de algo, trabalho, período.
E.XER.CI.TA.ÇÃO, *s.f.*, atividade, desenvolvimento.
E.XER.CI.TA.DO, *adj.*, desenvolvido, ativado, praticado.
E.XER.CI.TA.DOR, *adj. e s.m.*, que, aquele ou aquilo que exercita.
E.XER.CI.TA.MEN.TO, *s.m.*, exercício, prática, aplicação.
EX.CI.TAN.TE, *adj. e s 2 gên.*, diz-se da pessoa que se exercita ou da que faz exercícios espirituais.
E.XER.CI.TÁ.VEL, *adj. 2 gên.*, que pode ser exercitado ou exercido.
E.XER.CI.TAR, *v.t. e pron.*, ativar, desenvolver habilidades, fazer exercícios.
E.XÉR.CI.TO, *s.m.*, forças armadas, tropas militares de um país; multidão.
EX-DE.PU.TA.DO, *s.m.*, aquele que já não é mais deputado.
EX-DI.RE.TOR, *s.m.*, aquele que não exerce mais o cargo de diretor.
E.XI.BI.ÇÃO, *s.f.*, exposição, representação, ostentação, ato de mostrar.
E.XI.BI.CI.O.NIS.MO, *s.m.*, ato de se exibir, ostentação, desejo de ser visto, ânsia por aplausos.
E.XI.BI.CI.O.NIS.TA, *s. 2 gên.*, quem anseia por ser visto.
E.XI.BI.DO, *adj.*, que se exibiu, que foi mostrado; *fam.*, que gosta de se exibir; *s.m., fam.*, aquele que gosta de se exibir, de se mostrar.
E.XI.BIR, *v.t. e pron.*, mostrar, fazer ver, ostentar.
E.XI.BI.TÓ.RIO, *adj.*, que se refere a exibição.
E.XI.GÊN.CIA, *s.f.*, pretensão, desejo impositivo, imposição.
E.XI.GEN.TE, *adj. 2 gên.*, que exige; que dificilmente se satisfaz, que exige muito.
E.XI.GI.BI.LI.DA.DE, *s.f.*, qualidade do que pode ser ou é exigido.
E.XI.GI.DO, *adj.*, que se cobrou, exigiu ou reclamou.
E.XI.GI.DOR, *adj. e s.m.*, que ou aquele que exige.
E.XI.GIR, *v.t.*, querer, reclamar, impor, tornar obrigatório, ordenar.
E.XI.GÍ.VEL, *adj. 2 gên.*, que se pode ou se deve exigir.
E.XI.GUI.DA.DE, *s.f.*, qualidade do que é exíguo.
E.XÍ.GUO, *adj.*, pequeno, reduzido, diminuto.
E.XI.LA.DO, *adj.*, degredado, expulso de sua terra, expatriado.
E.XI.LAR, *v.t. e pron.*, expulsar de sua terra, desterrar, degredar.
E.XÍ.LIO, *s.m.*, degredo, expatriação, desterro, expulsão de sua pátria.
E.XÍ.MIO, *adj.*, excelente, ótimo, extraordinário.
E.XI.MIR, *v.t. e pron.*, exonerar, liberar, libertar, desobrigar.
E.XIS.TÊN.CIA, *s.f.*, qualidade de existir, viver, vida.
E.XIS.TEN.CI.AL, *adj.*, próprio da existência.
E.XIS.TEN.CI.A.LIS.MO, *s.m.*, tese filosófica, sobretudo de Sartre, que enfoca como modo de vida a reflexão sobre a existência do ser humano com suas dificuldades e problemas.
E.XIS.TEN.CI.A.LIS.TA, *adj.*, relativo a, ou que é adepto do existencialismo; *s. 2 gên.*, adepto do existencialismo.
E.XIS.TEN.TE, *adj. 2 gên.*, que existe; que é dotado de vida; vivente; *s. 2 gên.*, aquilo que tem existência, que existe, ou que vive.
E.XIS.TIR, *v.t. e int.*, viver, ter vida, ser.
Ê.XI.TO, *s.m.*, sucesso, bom resultado, bom desempenho.
EX-MI.NIS.TRO, *s.m.*, aquele que já exerceu o cargo de ministro.
EX-NIHILO, *loc. adv.*, a partir de nada.
E.XO.BI.O.LO.GI.A, *s.f.*, Biol., ciência que estuda as possibilidades de vida fora da Terra; astrobiologia.
E.XO.CAR.DI.A, *adj.*, Med., diz-se do ruído cardíaco, produzido fora da sua cavidade.
E.XO.CAR.DI.TE, *s.f.*, Med., inflamação da membrana que reveste externamente o coração.
E.XO.CRÍ.NI.CO, *adj.*, Fisiol., o mesmo que exócrino.
E.XÓ.CRI.NO, *adj.*, Fisiol., relativo à secreção de produtos lançados para o exterior do órgão que a produz através de canais ou mucosas.
Ê.XO.DO, *s.m.*, saída, emigração.
E.XO.FA.GI.A, *s.f.*, canibalismo praticado em indivíduos pertencentes a outras tribos.
E.XO.FÁ.GI.CO, *adj.*, que diz respeito a exofagia.
E.XO.FA.GO, *s.m.*, o que pratica a exofagia.
E.XO.FA.RIN.GE, *s.f. Anat.*, parte exterior da faringe.
E.XOF.TAL.MI.A, *s.f.*, tamanho exagerado dos olhos, olhos saltados.
E.XOF.TÁL.MI.CO, *adj.*, Med. relativo a exoftalmia.
E.XO.GA.MI.A, *s.f.*, casamento entre pessoas de tribos, clãs, famílias diferentes.
E.XÓ.GA.MO, *adj.*, indivíduo que se casa com alguém de fora do seu clã; *adj.*, relativo à exogamia; exogâmico.
E.XÓ.GE.NO, *adj.*, que vem de fora do organismo, estranho.
E.XO.NE.RA.ÇÃO, *s.f.*, demissão, despedida, dispensa.
E.XO.NE.RA.DO, *adj.*, que sofreu exoneração (funcionário exonerado).
E.XO.NE.RAR, *v.t. e pron.*, dispensar, despedir, demitir, tirar do cargo.
E.XO.RÁ.VEL, *adj.*, compassivo, apiedado, que tem o coração mole.
E.XOR.BI.TÂN.CIA, *s.f.*, excesso, algo em demasia, além

EXORBITANTE   392   EXPLICADOR

dos limites.
E.XOR.BI.TAN.TE, *adj.*, excessivo, maior do que o normal.
E.XOR.BI.TAR, *v.t.* e *int.*, ultrapassar os limites, exceder, infringir os limites legais.
E.XOR.CIS.MAR, *v.t.*, exorcizar, expulsar os demônios que estejam possuindo alguém.
E.XOR.CIS.MO, *s.m.*, ato para expulsar o demônio que está em alguém, oração.
E.XOR.CIS.TA, *s. 2 gén.*, pessoa que pratica o exorcismo.
E.XOR.CI.ZA.ÇÃO, *s.f.*, ação ou efeito de exorcizar, expulsão de demônios.
E.XOR.CI.ZA.DO, *adj.*, que passou por processo de exorcização.
E.XOR.CI.ZAR, *v.t.*, afugentar o espírito do mal; liberar.
E.XOR.DI.AL, *adj.*, inicial, que começa, principiante.
E.XOR.DI.AR, *v.t.* começar, principiar (a oração ou o discurso).
E.XÓR.DIO, *s.m.*, início, abertura, começo, princípio.
E.XOR.TA.ÇÃO, *s.f.*, persuasão, orientação, súplica.
E.XOR.TA.DOR, *s.m.*, o que exorta.
E.XOR.TAR, *v.t.*, persuadir, aconselhar, orientar.
E.XOR.TA.TI.VO, *adj.*, próprio para exortar.
E.XOR.TA.TÓ.RIO, *adj.*, que exorta, que aconselha.
E.XOS.MO.SE, *s.f.*, Fís., a corrente oposta à endosmose.
E.XOS.MÓ.TI.CO, *adj.*, Fís., relativo a exosmose.
E.XO.TÉ.RI.CO, *adj.*, que está livre para ser ensinado a todos, aberto, exposto.
E.XO.TE.RIS.MO, *s.m.*, doutrina que pode ser mostrada e ensinada a todas as pessoas.
E.XO.TÉR.MI.CO, *adj.*, que desprende calor, que irradia calor.
E.XÓ.TI.CO, *adj.*, extravagante, esquisito, estranho.
E.XO.TIS.MO, *s.m.*, estravagância, esquisitice.
EX.PAN.SI.BI.LI.DA.DE, *s.f.*, qualidade do que é expansível, do que se expande.
EX.PAN.DI.DO, *adj.*, ampliado, alargado, aumentado.
EX.PAN.DIR, *v.t.* e *pron.*; ampliar, alargar, tornar maior.
EX.PAN.SÃO, *s.f.*, aumento, ampliação, alargamento.
EX.PAN.SI.O.NIS.MO, *s.m.*, comunicação, tendência a ser expansivo, desejo de muitos povos de conquistarem os vizinhos para expandir as próprias fronteiras.
EX.PAN.SI.O.NIS.TA, *adj. 2 gén.*, relativo a, ou que é adepto do expansionismo; *s. 2 gén.*, adepto do expansionismo.
EX.PAN.SÍ.VEL, *adj. 2 gén.*, que pode ser expandido; expansivo.
EX.PAN.SI.VO, *adj.*, comunicativo, eufórico.
EX.PA.TRI.A.ÇÃO, *s.f.*, exílio, degredo, expulsão da pátria.
EX.PA.TRI.A.DO, *adj.*, exilado, degredado, expulso da pátria.
EX.PA.TRI.AR, *v.t.* e *pron.*, exilar, degredar, expulsar da pátria.
EX.PEC.TA.DOR, *s.m.*, quem fica na expectativa, quem espera.
EX.PEC.TA.TI.VA, *s.f.*, espera, esperança, o que se aguarda.
EX.PEC.TO.RA.ÇÃO, *s.f.*, expulsão, por tosse, de muco produzido nos brônquios e nos pulmões; escarro.
EX.PEC.TO.RAN.TE, *adj.* e *s.m.*, que expectora, medicamento que faz expectorar.
EX.PEC.TO.RAR, *v.t.* e *int.*, tirar do peito, soltar, expelir, expulsar.
EX.PE.DI.ÇÃO, *s.f.*, remessa, grupo para pesquisar; grupo para assenhorear-se de algo, encomenda, mercadoria mandada.
EX.PE.DI.CI.O.NÁ.RIO, *s.m.*, quem participa de uma expedição, integrantes das forças militares brasileiras na Segunda Guerra Mundial.
EX.PE.DI.DO, *adj.*, mandado, remetido, enviado.

EX.PE.DI.DOR, *adj.* e *s.m.*, quem expede, remetente.
EX.PE.DI.EN.TE, *s.m.*, modo, meio, truque; trabalho em repartição pública.
EX.PE.DIR, *v.t.* e *pron.*, mandar, remeter, destinar, despachar.
EX.PE.DI.TO, *adj.*, ágil, rápido, aplicado.
EX.PE.LI.DO, *adj.*, que foi objeto de expelição; que foi lançado para fora ou proferido.
EX.PE.LIR, *v.t.*, lançar para fora, expulsar, atirar, arremessar.
EX.PEN.DER, *v.t.*, gastar, expor.
EX.PEN.SAS, *s.f. pl.*, custas, despesas; expressão - às expensas, às custas.
EX.PE.RI.ÊN.CIA, *s.f.*, verificação, observação, fazer algo para ver os resultados, demonstração.
EX.PE.RI.EN.TE, *adj.*, conhecedor, perito, preparado.
EX.PE.RI.MEN.TA.ÇÃO, *s.f.*, experiência, degustação, ato de provar.
EX.PE.RI.MEN.TA.DO, *adj.*, conhecedor, versado, que foi submetido a prova.
EX.PE.RI.MEN.TAL, *adj.*, para experiência, algo para verificar um resultado.
EX.PE.RI.MEN.TA.LIS.MO, *s.m.*, atitude daquele que adota ou defende procedimentos experimentais ou empíricos em todas as áreas e atividades.
EX.PE.RI.MEN.TA.LIS.TA, *s. 2 gén.*, aquele que adota o experimentalismo, esp. em formas de arte; *adj. 2 gén.*, em que há experimentalismo ou que se refere a ele.
EX.PE.RI.MEN.TAR, *v.t.* e *pron.*, fazer uma experiência, provar, examinar, analisar.
EX.PE.RI.MEN.TÁ.VEL, *adj.*, que se pode experimentar, tentável; suscetível de experimentação.
EX.PE.RI.MEN.TO, *s.m.*, experiência, prova, verificação.
EX.PER.TI.SE, *s.f.*, qualidade de ser experto, perícia, esperteza.
EX.PER.TO, *adj.*, experiente, preparado, conhecedor.
EX.PI.A.ÇÃO, *s.f.*, castigo, penitência, pagamento de uma pena.
EX.PI.AR, *v.t.*, sofrer, pagar dívidas morais, ser castigado para merecer perdão.
EX.PI.A.TÓ.RIO, *adj.*, que expia, que paga.
EX.PI.Á.VEL, *adj.*, que se pode expiar, remível.
EX.PI.RA.ÇÃO, *s.f.*, término, remate, fim.
EX.PI.RAN.TE, *adj.*, que expira; moribundo; amortecido, desfalecido.
EX.PI.RAR, *v.t.* e *int.*, soltar o ar dos pulmões, respirar; morrer, falecer.
EX.PLA.NA.ÇÃO, *s.f.*, ação de explanar, exposição, explicação, explicitação.
EX.PLA.NA.DO, *adj.*, explicado, exposto, detalhado.
EX.PLA.NA.DOR, *adj.* e *s.m.*, que ou quem explana; explicador; expositor.
EX.PLA.NAR, *v.t.*, explicar, expor, detalhar.
EX.PLA.NA.TÓ.RIO, *adj.*, que explana, explica ou é próprio para explanar; explanativo.
EX.PLE.TI.VA, *adj.*, palavra desnecessária para o contexto, só para embelezar.
EX.PLE.TI.VO, *adj.*, redundante, desnecessário; Gram., que é usado apenas para realçar, sem ter necessidade para completar o sentido.
EX.PLI.CA.ÇÃO, *s.f.*, explanação, esclarecimento, elucidação.
EX.PLI.CA.DO, *adj.*, explanado, elucidado, esclarecido.
EX.PLI.CA.DOR, *adj.*, que explicita; *s.m.*, o que explicita.

EXPLICAR

EX.PLI.CAR, *v.t.* e *pron.*, explanar, expor, elucidar, esclarecer, detalhar.
EX.PLI.CA.TI.VO, *adj.*, que explica ou serve para explicar; Gram., diz-se da conjunção coordenativa que expressa explicação (p. ex.: porque).
EX.PLI.CÁ.VEL, *adj. 2 gên.*, que pode ser explicado, tornado claro, compreensível.
EX.PLI.CI.TA.ÇÃO, *s.f.*, explanação, explicação, elucidação.
EX.PLI.CI.TA.DOR, *adj.* e *s.m.*, que ou o que explicita.
EX.PLI.CI.TAR, *v.t.*, explicar, elucidar.
EX.PLÍ.CI.TO, *adj.*, explicado, claro, elucidado, expresso.
EX.PLI.CI.TU.DE, *s.f.*, qualidade do que é explícito (explicitude da mensagem).
EX.PLO.DI.DO, *adj.*, que se explodiu; que foi alvo de explosão.
EX.PLO.DIR, *v. int.*, estourar, quebrar-se, fragmentar-se; berrar, gritar.
EX.PLO.RA.ÇÃO, *s.f.*, pesquisa, verificação; uso cruel de alguém.
EX.PLO.RA.DO, *adj.*, que se explorou; que foi objeto de exploração; *fig.*, que foi discutido, visto, lido, etc.
EX.PLO.RA.DOR, *s.m.*, quem faz exploração; quem abusa de outrem.
EX.PLO.RAR, *v.t.*, pesquisar, analisar, verificar; abusar de alguém.
EX.PLO.RA.TÓ.RIO, *adj.*, que serve para exploração ou que se refere a ela; exploritivo.
EX.PLO.RÁ.VEL, *adj. 2 gên.*, que se pode explorar.
EX.PLO.SÃO, *s.f.*, estouro, grande barulho.
EX.PLO.SI.VO, *adj.*, que explode, que estoura; impaciente, nervoso.
EX.PO.EN.TE, *s. 2 gên.*, líder, guia, luminar; *s.m.*, sinal usado em Matemática.
EX.PO.NEN.CI.AL, *adj.*, que se refere a expoente.
EX.POR, *v.t.* e *pron.*, apresentar, exibir, ostentar; pôr a perigo; falar, narrar.
EX.POR.TA.ÇÃO, *s.f.*, ato de vender mercadorias para um país estrangeiro.
EX.POR.TA.DO, *adj.*, que se exportou; que foi vendido para fora do lugar de origem.
EX.POR.TA.DOR, *adj.* e *s.m.*, que ou aquele que exporta.
EX.POR.TAR, *v.t.*, fazer exportação.
EX.POR.TÁ.VEL, *adj. 2 gên.*, diz-se do que pode ser exportado.
EX.PO.SI.ÇÃO, *s.f.*, colocar à mostra, o que se mostra; palestra, conferência, explanação de um tema.
EX.PO.SI.TI.VO, *adj.*, relativo a, que diz respeito a exposição; que põe em evidência; que mostra, descreve.
EX.PO.SI.TOR, *s.m.*, quem expõe, apresentador, conferencista.
EX.POS.TO, *adj.*, posto à vista; que corre perigo.
EX.PRES.SÃO, *s.f.*, modo de manifestar pensamentos, por escrito ou oralmente; fisionomia, composição, fala.
EX.PRES.SAR, *v.t.* e *pron.*, exprimir, expor, apresentar.
EX.PRES.SI.O.NIS.MO, *s.m.*, movimento cultural e artístico que se opõe ao Impressionismo, caracterizado pela expressão pessoal do artista.
EX.PRES.SI.O.NIS.TA, *s. 2 gên.*, quem é adepto do Expressionismo.
EX.PRES.SI.VI.DA.DE, *s.f.*, qualidade do que é expressivo; intensidade, força de expressão.
EX.PRES.SI.VO, *adj.*, determinante, forte.
EX.PRES.SO, *adj.*, claro, explícito, certo, rápido; *s.m.*, expresso - trem muito rápido; carta expressa - que é levada logo ao seu destinatário.

EXTENSÃO

EX.PRI.MIR, *v.t.* e *pron.*, expor, dizer, transmitir um conhecimento ao escrever ou falar.
EX.PRI.MÍ.VEL, *adj. 2 gên.*, que pode ser exprimido, expresso.
EX.PRO.BRA.ÇÃO, *s.f.*, admoestação, advertência.
EX.PRO.BRA.DOR, *adj.* e *s.m.*, que ou o que exprobra, que vitupera.
EX.PRO.BRAN.TE, *adj.*, que exprobra.
EX.PRO.BRA.TÓ.RIO, *adj.*, que encerra ou contém exprobração ou censura.
EX.PRO.BRAR, *v.t.*, repreender, admoestar, advertir.
EX.PRO.PRI.A.ÇÃO, *s.f.*, desapropriação, ato de tirar a propriedade de alguém.
EX.PRO.PRI.A.DO, *adj.*, que se expropriou, que foi despossado.
EX.PRO.PRI.A.DOR, *adj.* e *s.m.*, que ou aquele que expropria.
EX.PRO.PRI.AR, *v.t.*, tirar a propriedade de alguém, desapropriar.
EX.PUG.NA.ÇÃO, *s.f.*, o ato de expugnar; assalto; tomada; *fig.*, conquista.
EX.PUG.NA.DO, *adj.*, invadido, conquistado, dominado.
EX.PUG.NA.DOR, *adj.* e *s.m.*, que ou o que expugna, que vence, que toma de assalto; *fig.*, conquistador.
EX.PUG.NAR, *v.t.*, invadir, conquistar por assalto, tornar-se dono de, dominar.
EX.PUG.NÁ.VEL, *adj. 2 gên.*, diz-se do que pode ser expugnado, derrotado, conquistável.
EX.PUI.ÇÃO, *s.f.*, ato de expelir pela boca.
EX.PUL.SÃO, *s.f.*, ato de expulsar, obrigação de sair.
EX.PUL.SAR, *v.t.*, expelir, afugentar, obrigar a sair de, tirar a força.
EX.PUL.SI.VO, *adj.*, que é próprio ou adequado para expulsar ou facilitar a expulsão.
EX.PUL.SO, *adj.*, expelido, obrigado a sair.
EX.PUL.SOR, *adj.* e *s.m.*, que ou aquele que expulsa.
EX.PUL.SÓ.RIO, *adj.*, que encerra ou contém ordem de expulsão.
EX.PUR.GA.ÇÃO, *s.f.*, purificação, limpeza, asseio.
EX.PUR.GA.DO, *adj.*, que foi objeto de expurgação; que ficou livre de impurezas; que foi expulso; Econ., em cujo cálculo houve exclusão de alguma variável.
EX.PUR.GA.DOR, *adj.* e *s.m.*, que ou aquele que expurga.
EX.PUR.GAR, *v.t.* e *pron.*, purificar, limpar, assear, retificar.
EX.PUR.GO, *s.m.*, depuração, limpeza no governo, demissão de muitos auxiliares de governo.
EX.SU.DA.ÇÃO, *s.f.*, suor, transpiração.
EX.SU.DAR, *v.t.* e *int.*, suar, soltar líquido pelos poros.
EX.SU.DA.TO, *s.m.*, Med., líquido resultante de processo inflamatório que se deposita nos tecidos e que contém elevado teor proteico.
EX.SUR.GIR, *v. int.*, levantar-se, erguer-se, surgir, aparecer.
ÊX.TA.SE, *s.m.*, encanto, enlevo, arrebatamento, fascínio, fascinação.
EX.TA.SI.A.DO, *adj.*, absorto, preso, extático.
EX.TA.SI.AR, *v.t.* e *pron.*, cair em êxtase, arrebatar-se.
EX.TÁ.TI.CO, *adj.*, caído em êxtase, enlevado, absorto, parado.
EX.TEM.PO.RA.NEI.DA.DE, *s.f.*, qualidade do que é extemporâneo; ato extemporâneo.
EX.TEM.PO.RÂ.NEO, *adj.*, que vem fora de tempo.
EX.TEN.SÃO, *s.f.*, dimensão de um corpo, comprimento, tamanho, superfície.

EXTENSIBILIDADE ·· 394 ·· EXTRATIVISTA

EX.TEN.SI.BI.LI.DA.DE, *s.f.*, qualidade ou condição do que é extensível

EX.TEN.SÍ.VEL, *adj. 2 gên.*, que se pode estender, ampliar; extensivo.

EX.TEN.SI.VO, *adj.*, polivalente, que abrange várias situações.

EX.TEN.SO, *adj.*, grande, longo, comprido.

EX.TEN.SOR, *adj.*, que estende ou que serve para estender; Anat., diz-se do músculo cuja ação produz extensão; *s.m.*, esse músculo; aparelho de ginástica que desenvolve os músculos dos braços.

EX.TE.NU.A.ÇÃO, *s.f.*, exaustão, cansaço, esgotamento.

EX.TE.NU.A.DO, *adj.*, cansado, fatigado, exaurido.

EX.TE.NU.A.DOR, *adj.* e *s.m.*, que ou o que extenua.

EX.TE.NU.AN.TE, *adj. 2 gên.*, que extenua, que exaure; cansativo; extenuador; extenuativo.

EX.TE.NU.AR, *v.t.* e *pron.*, cansar, fatigar, exaurir.

EX.TE.RI.OR, *adj.*, parte externa, o que está fora.

EX.TE.RI.O.RI.DA.DE, *s.f.*, característica ou condição do que é exterior; *fig.*, aparência enganadora; afetação de sentimentos.

EX.TE.RI.O.RI.ZA.ÇÃO, *s.f.*, ato ou efeito de exteriorizar(-se).

EX.TE.RI.O.RI.ZA.DO, *adj.*, que se exteriorizou; tornado exterior; externado; manifestado; transparecido.

EX.TE.RI.O.RI.ZAR, *v.t.* e *pron.*, ficar exterior, desabafar, colocar para fora.

EX.TER.MI.NA.ÇÃO, *s.f.*, que se exteriorizou; tornado exterior; externado; mostrado para o exterior; manifestado, revelado; transparecido.

EX.TER.MI.NA.DO, *adj.*, eliminado, extinto, extirpado; aniquilado, abolido.

EX.TER.MI.NA.DOR, *s.m.*, quem extermina, destruidor, eliminador.

EX.TER.MI.NAR, *v.t.*, destruir, eliminar, acabar, liquidar.

EX.TER.MÍ.NIO, *s.m.*, genocídio, matança, fim de tudo.

EX.TER.NA, *f.*, filmagem realizada em campo aberto, fora dos estúdios.

EX.TER.NA.ÇÃO, *s.f.*, ato ou efeito de externar.

EX.TER.NA.LI.DA.DE, *s.f.*, característica ou qualidade do externo.

EX.TER.NA.LI.ZA.DO, *adj.*, tornado externo; externado; revelado, exposto.

EX.TER.NAR, *v.t.*, expor, exteriorizar, pôr para fora.

EX.TER.NA.TO, *s.m.*, colégio, escola que aceita somente alunos externos, que não morem no educandário escolar.

EX.TER.NO, *adj.*, que é de fora, estranho.

EX.TER.RI.TO.RI.A.LI.DA.DE, *s.f.*, Diplom., direito em virtude do qual os representantes de países estrangeiros se regem pelas leis do seu país e não pelas do país que habitam.

EX.TIN.ÇÃO, *s.f.*, término, fim, destruição, extermínio.

EX.TIN.GUIR, *v.t.*, *int.* e *pron.*, acabar, suprimir, apagar.

EX.TIN.GUÍ.VEL, *adj. 2 gên.*, que é passível de extinção.

EX.TIN.TO, *adj.*, acabado, terminado, morto, falecido.

EX.TIN.TOR, *s.m.*, quem extingue, peça carregada com substância para apagar fogo.

EX.TIR.PA.ÇÃO, *s.f.*, ato ou efeito de extirpar; ablação; extirpamento.

EX.TIR.PA.DO, *adj.*, Agr., arrancado pela raiz; desarraigado; desenraizado; exterminado.

EX.TIR.PA.DOR, *s.m.*, aquele ou aquilo que extirpa; Agr., instrumento agrícola us. para arrancar ervas ou raízes do solo; cultivador; *adj.*, diz-se de que ou quem extirpa.

EX.TIR.PAR, *v.t.*, erradicar, decepar, arrasar; extrair um tumor.

EX.TOR.QUIR, *v.t.*, tirar algo de outrem à força.

EX.TOR.SÃO, *s.f.*, ação de extorquir, cobrança abusiva, obtenção de favores mediante ameaças.

EX.TOR.SI.O.NÁ.RIO, *s.m.*, pessoa que pratica o delito de extorsão; *adj.*, que faz extorsão; extorsivo.

EX.TOR.SI.VO, *adj.*, abusivo, que extorque, forçado.

EX.TRA, *adj.*, suplementar, acessório, o que vem a mais, o que vem de fora.

EX.TRA.ÇÃO, *s.f.*, ação de extrair ou arrancar, sorteio de loterias e rifas.

EX.TRA.CLAS.SE, *adj. 2 gên.*, *2 n.*, o que se realiza fora da classe, fora da aula normal.

EX.TRA.CON.JU.GAL, *adj.*, fora do matrimônio, que foge das normas matrimoniais.

EX.TRA.CUR.RI.CU.LAR, *s.m.*, que ocorre fora do currículo escolar, que é feito além do currículo.

EX.TRA.DI.ÇÃO, *s.f.*, devolução, expulsão de um país.

EX.TRA.DI.TA.DO, *s.m.*, aquele cuja extradição foi concedida, que foi extraditado.

EX.TRA.DI.TAR, *v.t.*, devolver um criminoso ao seu país de origem.

EX.TRA.FI.NO, *adj.*, Com., diz-se dos gêneros e das mercadorias cuja qualidade é superior ou se apresenta como superior à qualidade superfina.

EX.TRA.GA.LÁC.TI.CO, *adj.*, situado fora de uma galáxia; proveniente de local exterior à galáxia.

EX.TRA-HU.MA.NO, *adj.*, o mesmo que sobre-humano.

EX.TRA.Í.DO, *adj.*, que se extraiu.

EX.TRA.IR, *v.t.*, arrancar, tirar, separar.

EX.TRA.Í.VEL, *adj. 2 gên.*, que se pode extrair.

EX.TRA.JU.DI.CI.AL, *adj.*, realizado sem a intervenção judicial.

EX.TRA.JU.DI.CI.Á.RIO, *adj.*, o mesmo que extrajudicial.

EX.TRA.LE.GAL, *adj. 2 gên.*, o mesmo que ilegal.

EX.TRA.MA.CIO, *adj.*, muito macio.

EX.TRA.MO.RAL, *adj. 2 gên.*, estranho à moral.

EX.TRA.MU.RAL, *adj.*, que fica fora dos muros.

EX.TRA.NA.TU.RAL, *adj. 2 gên.*, que não faz uso de métodos considerados naturais; sobrenatural.

EX.TRA.NU.ME.RAL, *adj.*, que está fora de uma certa série numérica.

EX.TRA.NU.ME.RÁ.RIO, *adj.*, que está ou foi calculado além do número esperado; *s.m.*, aquele que é extranumerário.

EX.TRA.OR.DI.NÁ.RIO, *adj.*, incomum, raro, grandioso; magnífico.

EX.TRA.PO.LAR, *v.t.*, exceder-se, sair dos limites, ultrapassar.

EX.TRA.PRO.GRA.MA, *adj. 2 gên.*, que não está no programa.

EX.TRAS.SEN.SÍ.VEL, *adj.*, hipersensível, muito sensível, de grande sensibilidade.

EX.TRAS.SEN.SO.RI.AL, *adj.*, que está além dos sentidos, que não é percebido pelos sentidos normais.

EX.TRA.TER.RE.NO, *adj.* e *s.m.*, que é de fora da Terra, extraterráqueo.

EX.TRA.TER.RES.TRE, *s. 2 gên.*, extraterreno.

EX.TRA.TER.RI.TO.RI.AL, *adj.*, que está fora do território, que está em outro país.

EX.TRA.TER.RI.TO.RI.A.LI.DA.DE, *s.f.*, qualidade, estado de extraterritorial.

EX.TRA.TI.VIS.MO, *s.m.*, uso e exploração de recursos naturais, sem o cultivo.

EX.TRA.TI.VIS.TA, *s. 2 gên.*, quem vive do extrativismo.

EX.TRA.TI.VO, *adj.*, que se extrai, referente a extração, que extrai matéria-prima da Natureza.

EX.TRA.TO, *s.m.*, essência de um produto; minuta, excerto, trecho.

EX.TRA.TOR, *adj.*, que extrai; *s.m.*, aquele ou aquilo que extrai.

EX.TRA.TO.RÁ.CI.CO, *adj.*, Med., que se acha fora da cavidade torácica.

EX.TRAU.TE.RI.NO, *adj.*, que acontece ou se localiza fora do útero.

EX.TRA.VA.GÂN.CIA, *s.f.*, que é extravagante, esquisitice.

EX.TRA.VA.GAN.TE, *adj.*, esquisito, exótico, estranho.

EX.TRA.VA.GAR, *v.int.*, encontrar-se fora da ordem, do número, etc.; apresentar-se solto, separado de um conjunto.

EX.TRA.VA.SA.DO, *adj.*, que se extravasou, derramou; transbordado.

EX.TRA.VA.SA.MEN.TO, *s.m.*, ato ou efeito de extravasar(-se).

EX.TRA.VA.SAR, *v.t.*, *int.* e *pron.*, transbordar, derramar por cima do recipiente.

EX.TRA.VI.A.DO, *adj.*, que se extraviou, que se perdeu (do bom caminho); errante; *fig.* desgarrado.

EX.TRA.VI.A.DOR, *adj.* e *s.m.*, que ou aquele que extravia.

EX.TRA.VI.AR, *v.t.* e *pron.*, perder o rumo, desorientar-se, perder a estrada.

EX.TRA.VI.O, *s.m.*, perda, sumiço, desaparecimento, furto.

EX.TRE.MA-DI.REI.TA, *s.m.*, jogador que ocupa a extremidade direita da linha dianteira; ponta-direita.

EX.TRE.MA.DO, *adj.*, extraordinário, final, último, que faz limites.

EX.TRE.MA-ES.QUER.DA, *s.m.*, Futebol, jogador que ocupa a extremidade esquerda da linha dianteira.

EX.TRE.MAR, *v.t.* e *pron.*, ir ao extremo, ultimar, limitar, estremar.

EX.TRE.MÁ.VEL, *adj.*, que se pode extremar.

EX.TRE.MA-UN.ÇÃO, *s.f.*, unção dos enfermos, sacramento que a Igreja Católica ministra aos moribundos.

EX.TRE.MI.DA.DE, *s.f.*, parte final, fim de uma linha.

EX.TRE.MIS.MO, *s.m.*, radicalismo, teorias extremas.

EX.TRE.MIS.TA, *adj. 2 gên.*, relativo a extremismo; que é adepto do extremismo; *s. 2 gên.*, adepto do extremismo.

EX.TRE.MO, *adj.*, final, afastado, distante, último; *s.m.*, extremidade, fim.

EX.TRE.MOS, *s.m.*, *pl.*, últimos recursos cabíveis, exagero nos atos, excesso de atividades.

EX.TRE.MO.SA, *s.f.*, tipo de planta ornamental, caracterizada pelas flores.

EX.TRE.MO.SO, *adj.*, carinhoso, cheio de amor.

EX.TRÍN.SE.CO, *adj.*, exterior, externo.

EX.TRO.VER.SÃO, *s.f.*, as qualidades de quem é extrovertido, amabilidade.

EX.TRO.VER.TER, *v. pron.*, expor, externar.

EX.TRO.VER.TI.DO, *adj.*, comunicativo, amigável.

EX.TRU.SÃO, *s.f.*, saída forçada; expulsão.

E.XU, *s.m.*, divindade de crença na macumba, semelhante ao demônio.

E.XU.BE.RÂN.CIA, *s.f.*, grande quantidade, vigor, abundância, verve.

E.XU.BE.RAN.TE, *adj.*, viçoso, abundante, vigoroso, forte, belo.

E.XU.BE.RAR, *v.t.* e *int.*, ter em excesso, existir em abundância; superabundar.

E.XU.LAR, *v.int.*, abandonar a pátria, expatriar-se; exilar-se.

E.XUL.CE.RA.ÇÃO, *s.f.*, Med., ação e efeito de exulcerar; ulceração incipiente e superficial.

E.XUL.CE.RAR, *v.t.*, Med., ulcerar, ferir superficialmente; *fig.*, magoar, torturar, ofender; *v.pron.*, começar a ulcerar-se, a ferir-se; *fig.*, magoar-se, ofender-se, doer-se.

E.XUL.CE.RA.TI.VO, *adj.*, que faz, que produz úlceras ou chagas.

E.XUL.TA.ÇÃO, *s.f.*, glória, alegria, felicidade.

E.XUL.TA.DO, *adj.*, gloriado, alegrado, felicitado.

E.XUL.TAN.TE, *adj.*, feliz, contente, alegre.

E.XUL.TAR, *v.t.* e *int.*, alegrar-se, ferver de felicidade.

E.XU.MA.ÇÃO, *s.f.*, retirar um cadáver da sepultura, desenterrar um cadáver.

E.XU.MA.DO, *adj.*, retirado, escavado.

E.XU.MAR, *v.t.*, retirar o cadáver da sepultura.

E.XU.VI.Á.VEL, *adj.*, que pode mudar de pele ou epiderme, sem mudar de forma.

EX-VO.TO, *s.m.*, qualquer identificação que os devotos expõem em público para agradecer alguma graça alcançada por intercessão de um santo.

F

F, *s.m.*, a sexta letra e quarta consoante do á-bê-cê.
F, símbolo do flúor.
FÁ, *s.m.*, a quarta nota na escala musical, com a clave de sol.
FÃ, *s. 2 gên.*, admirador, fanático, ligado a alguém, venerador.
FAB - sigla de Força Aérea Brasileira.
FA.BE.LA, *s.f.*, pequena fábula.
FA.BOR.DÃO, *s.m.*, Mús., composição de harmonia silábica, em que as vozes cantam com igualdade de números e de valor dos pontos, mas sem pausas; *fig.*, desentoação.
FÁ.BRI.CA, *s.f.*, local ou estabelecimento no qual se faz, se fabrica algum produto.
FA.BRI.CA.ÇÃO, *s.f.*, ato ou efeito de fabricar, confecção.
FA.BRI.CA.DO, *adj.*, produzido, confeccionado, plasmado, engendrado.
FA.BRI.CA.DOR, *adj. e s.m.*, que ou aquele que fabrica algo; construtor; edificador; criador; inventor.
FA.BRI.CAN.TE, *s. gên.*, quem faz, fabrica algo, produtor, empresário.
FA.BRI.CAR, *v.t.*, fazer, produzir, engendrar, confeccionar.
FA.BRI.CÁ.VEL, *adj.*, que pode ser fabricado.
FA.BRI.CO, *s.m.*, fabricação, produção.
FA.BRIL, *adj.*, relativo ao ato de fabricar, próprio do que fabrica.
FA.BRI.QUEI.RO, *adj. e s.m.*, administrador ou encarregado de uma fábrica.
FA.BRI.QUE.TA, *s.f.*, pequena fábrica, fábrica de porte reduzido.
FA.BRO, *s.m.*, Poét., o artífice, o operário, oficial de mãos.
FÁ.BU.LA, *s.f.*, historieta com animais agindo como pessoas, para dar uma lição de moral; narrativa, historieta; *fig.*, grande quantidade.
FA.BU.LA.ÇÃO, *s.f.*, ação ou efeito de criação de fábulas, invenção, mitologia.
FA.BU.LA.DO, *adj.*, alegórico, inventado; fingido.
FA.BU.LA.DOR, *adj. e s.m.*, que ou aquele que fabula, que conta, compõe ou escreve fábulas; que ou aquele que finge ou conta mentiras.
FA.BU.LAR, *v.t. e int.*, narrar como se fosse fábula, inventar, dizer de modo mentiroso.
FA.BU.LÁ.RIO, *s.m.*, coleção de fábulas.
FA.BU.LIS.TA, *s. 2 gên.*, quem escreve ou conta fábulas.
FA.BU.LÍS.TI.CA, *s.f.*, conjunto de fábulas; compilação de fábulas.
FA.BU.LÍS.TI.CO, *adj.*, relativo a, ou próprio de fábula ou de fabulista.
FA.BU.LI.ZAR, *v.t.*, modificar verdades para fábulas, ilustrar fatos com fábulas criadas na hora; construir conhecimentos e habilidades por meio de fábulas.
FA.BU.LO.SO, *adj.*, próprio de fábula, imaginário; extraordinário, maravilhoso, imenso.
FA.CA, *s.f.*, arma branca, lâmina de metal com corte e cabo.
FA.CA.DA, *s.f.*, golpe com faca; *pop.*, pegar dinheiro emprestado e não pagar.
FA.ÇAL.VO, *adj.*, diz-se dos cavalos que têm um sinal branco em quase todo o focinho.
FA.CA.NÉ, *s.m.*, cavalo pequeno ou maior que o da marca.
FA.ÇA.NHA, *s.f.*, proeza, feito extraordinário, grande realização.
FA.ÇA.NHO.SO, *adj.*, que executa façanha; bravo; corajoso; *pej.*, que pratica más façanhas.
FA.CÃO, *s.m.*, faca grande.
FAC.ÇÃO, *s.f.*, ala, divisão de um grupo, grupo dissidente, fabriqueta que produz para uma maior.
FAC.CI.O.NAR, *v.t.*, dividir em facções ou bandos; alvorotar, sublevar.
FAC.CI.O.NÁ.RIO, *adj. e s.m.*, que ou o que pertence a alguma facção ou partido.
FAC.CI.O.NIS.TA, *s. 2 gên.*, que(m) é proprietário ou administra uma facção fabril, industrial; produtor de artigos manufaturados.
FAC.CI.O.SI.DA.DE, *s.f.*, posição tendenciosa, faccionismo, tendência a ser parcial.
FAC.CI.O.SIS.MO, *s.m.*, qualidade ou caráter de faccioso; sectarismo.
FAC.CI.O.SO, *adj.*, injusto, ligado a uma facção, sedicioso.
FA.CE, *s.f.*, rosto, a parte anterior da cabeça, semblante; superfície.
FA.CE.A.DO, *adj.*, que possui face, que tem rosto, apresentado; visível.
FA.CE.AR, *v.t.*, fazer face a, estar em frente, fazer a face de algo, criar uma face.
FA.CÉ.CIA, *s.f.*, piada, zombaria, ironia.
FA.CE.CI.O.SO, *adj.*, gracioso, chistoso.
FA.CEI.RAR, *v.int. e pron., bras.*, Sul, vestir(-se) com elegância; enfeitar(-se); ter modos elegantes ou faceiros.
FA.CEI.RI.CE, *s.f.*, modo de ser e agir de quem é faceiro, satisfação, vaidade, contentamento.
FA.CEI.RO, *adj.*, alegre, contente, satisfeito, vaidoso.
FA.CE.JA.MEN.TO, *s.m.*, ato ou efeito de facejar.
FA.CE.JAR, *v.t.*, o mesmo que facear.
FA.CE.TA, *s.f.*, face pequena; cada parte de um tema, de uma coisa.
FA.CE.TA.DO, *adj.*, segmentado, ajeitado, lapidado, aprimorado.
FA.CE.TA.DOR, *adj.*, que faceta.
FA.CE.TA.MEN.TO, *s.m.*, ação ou resultado de facetar; lapidação, fase da lapidação de uma pedra em que se define sua forma final.
FA.CE.TAR, *v.t.*, fazer facetas em, lapidar, aprimorar, ajeitar, dar acabamento.
FA.CE.TE.AR, *v.t.*, criar chistes, contar piadas, dizer chistes.
FA.CE.TO, *adj.*, chistoso, cômico, engraçado, hilário.
FA.CHA.DA, *s.f.*, frente de uma construção; fronte; frontespício.

FACHO   FAIXA

FA.CHO, *s.m.*, archote, tocha, luz; *fig.*, o que acende paixões.
FA.CHE.AR, *v.int.*, pescar à noite com fachos acesos; *v.pron.*, transformar(-se) em lascas; lascar(-se).
FA.CI.AL, *adj.*, relativo a face, próprio da face.
FÁ.CI.ES, *s.f.*, aspecto do rosto; conjunto de características exteriores de um rosto ou de um grupo de indivíduos; Anat., o mesmo que face; Med., alteração da face de um doente; Geol., as características de um terreno.
FÁ.CIL, *adj.*, obtido sem esforço, sem custo, simples, espontâneo, natural, simples.
FA.CI.LI.DA.DE, *s.f.*, sem dificuldade, sem esforço, naturalidade.
FA.CI.LI.TA.ÇÃO, *s.f.*, ação ou efeito de facilitar, ajuda, auxílio.
FA.CI.LI.TA.DO, *adj.*, ajudado, auxiliado, simplificado.
FA.CI.LI.TA.DOR, *adj.* e *s.m.*, que ou o que facilita, que esclarece às coisas.
FA.CI.LI.TA.MEN.TO, *s.m.*, ação ou resultado de facilitar; facilitação.
FA.CI.LI.TAR, *v.t., int.* e *pron.*, tornar fácil, ajudar, auxiliar, simplificar.
FA.CI.LI.TÁ.RIO, *s.m.*, RJ, ver crediário.
FA.CIL.MEN.TE, *adv.*, com facilidade, desembaraçadamente, sem trabalho.
FA.CÍ.NO.RA, *s.m.*, criminoso, bandido, criminoso da pior espécie.
FA.CI.NO.RO.SO, *adj.*, que cometeu grande crime; *fig.*, que desobedece às regras ou preceitos estabelecidos; *s.m.*, indivíduo criminoso, malvado; celerado.
FA.CI.TE, *s.f.*, Med., inflamação do cristalino.
FA.COI.DE, *adj.*, que tem forma de lentilha.
FAC-SI.MI.LA.DO, *s.m.*, cópia exata de algo, reprodução idêntica de um texto.
FAC-SI.MI.LAR, *s.m.*, cópia exata e fidedigna de um texto, figura ou foto.
FAC-SÍ.MI.LE, *s.m.*, cópia igual ao original escrito.
FAC.TI.BI.LI.DA.DE, *s.f.*, qualidade ou característica do que é factível, do que pode ser realizado.
FAC.TÍ.CIO, *adj.*, artificial, imitado, falso.
FAC.TÍ.VEL, *adj.*, que se pode fazer, que pode ser feito.
FAC.TÓ.TUM, *s.m.*, quem faz tudo, quem consegue realizar qualquer coisa; *pop.*, pau para toda obra.
FAC.TU.AL, *adj.*, que se refere a fatos; var., fatual.
FÁ.CU.LA, *s.f.*, Astron., cada uma das pequenas manchas brilhantes que se observam no disco do Sol, ger. próximas das manchas solares.
FA.ÇU.LA, *s.f., fam.*, face grande, carão, façoila.
FA.CUL.DA.DE, *s.f.*, capacidade de fazer, predicado; estabelecimento de ensino superior.
FA.CUL.TA.ÇÃO, *s.f.*, ação ou efeito de facultar, concessão, oferta.
FA.CUL.TA.DO, *adj.*, facilitado, oferecido, concedido.
FA.CUL.TAR, *v.t.*, dar condições, facilitar, oferecer, conceder.
FA.CUL.TA.TI.VO, *adj.*, não obrigatório, dependente da vontade; *s.m.*, médico.
FA.CÚN.DIA, *s.f.*, facilidade na fala, facilidade em discursar, eloquência; ver fecundidade.
FA.CUN.DI.AR, *v.t.*, encher de facúndia; tornar facundo.
FA.DA, *s.f.*, ser imaginário; ente que faz maravilhas; mulher maravilhosa.
FA.DA.DO, *adj.*, preparado, predestinado.

FA.DAR, *v.t.*, determinar o destino, predispor para uma vida pessoal própria.
FA.DÁ.RIO, *s.m.*, destino da pessoa, sorte, tudo predestinado por algum poder sobrenatural.
FA.DE.JAR, *v.int.*, passar seu fadário, cumprir seu destino; *v.t.*, tocar ou cantar à maneira de fado.
FA.DI.GA, *s.f.*, cansaço, extenuação, perda das forças físicas; var., fatiga.
FA.DI.GA.DO, *adj.*, cansado, exausto.
FA.DI.GAR, *v.t.* e *pron.*, cansar, fatigar.
FA.DI.GO.SO, *adj.*, cansativo, exaustivo, fatigante.
FA.DIS.TA, *s. 2 gên.*, quem compõe ou canta fados.
FA.DO, *s.m.*, destino, sorte, fatalidade; canção comum em Portugal.
FÁ.E.TON, *s.m.*, faetonte, carruagem com quatro rodas e sem cobertura; carruagem.
FA.E.TON.TE, *s.m.*, o mesmo que fáeton.
FA.GÓ.CI.TO, *s.m.*, célula que devora outras e todo corpo estranho no organismo.
FA.GO.CI.TO.SE, *s.f.*, Biol., processo pelo qual partículas estranhas ao organismo, como bactérias, partes de tecido necrosado, etc., são ingeridas e destruídas por fagócitos.
FA.GO.MA.NI.A, *s.f.*, mania de comer, ânsia de comer, voracidade.
FA.GO.TE, *s.m.*, instrumento musical de sopro.
FA.GO.TIS.TA, *adj.* e *s. 2 gên.*, que ou quem toca fagote.
FA.GUEI.RO, *adj.*, alegre, agradável, satisfeito, carinhoso, suave.
FA.GU.LHA, *s.f.*, chispa, faísca, centelha de fogo.
FA.GU.LHA.ÇÃO, *s.f.*, ato de fagulhar.
FA.GU.LHAN.TE, *adj.*, que fagulha; fagulhento.
FA.GU.LHAR, *v.int.*, soltar fagulhas.
FA.GU.LHA.RI.A, *s.f.*, grande porção de fagulhas.
FA.GU.LHEN.TO, *adj.*, que está cheio de fagulhas, faiscante.
FAH.REN.HEIT, *adj. 2 gên.*, diz-se da escala de temperatura inglesa em que a ebulição da água é 212 graus, e a de congelamento é 32 graus; diz-se do grau usado na escala; simb.: F.
FAI.A, *s.f.*, árvore muito grande, cuja madeira é bastante valiosa.
FAI.AL, *s.m.*, bosque de faias, aglomerado de faias.
FAI.AN.ÇA, *s.f.*, louça de barro esmaltado.
FAI.ÃO, *s.m., ant.*, alguidar; escudela.
FAI.NA, *s.f.*, trabalho, afazer, empenho, labuta, azáfama.
FAI.SÃO, *s.m.*, ave galinácea de penas muito belas e carne muito apreciada; *fem.*, faisoa, faisã.
FA.ÍS.CA, *s.f.*, chispa, centelha, partícula surgida pelo atrito entre dois corpos, raio.
FA.IS.CA.ÇÃO, *s.f.*, ação de faiscar, faiscamento, cintilação.
FA.IS.CA.DO, *s.m., bras.*, pintura à imitação de mármore, em igrejas do Brasil, especialmente do século XIX.
FA.IS.CA.DOR, *s.m.*, garimpeiro que procura faíscas de ouro que ficam nas minas ou nos regatos.
FA.IS.CAN.TE, *adj.*, que expele faíscas, brilhante, luminoso.
FA.IS.CAR, *v. int.*, soltar faíscas, brilhar, dar luminosidade.
FA.IS.QUEI.RA, *s.m.*, no garimpo, lugar onde se encontram faíscas de ouro.
FAI.XA, *s.f.*, atadura, cintura; algo estreito e longo; panos com dizeres; divisões de um disco; nas ruas, desenho especial, na cor branca, para a travessia dos pedestres; tira de terra, longa e estreita.

FAIXEAR

FAI.XE.AR, *v.t.*, enfaixar, colocar em faixas.
FAI.XEI.RO, *s.m.*, lus., cinteiro; cueiro; tira de malha, que se faz com duas agulhas de meia; liga.
FA.JAR.DO, *s.m. e adj.*, gatuno hábil; traficante; que furta por maneira hábil.
FA.JU.TAR, *v. bras., pop.*; realizar, produzir, fazer (algo) de maneira tosca, malfeita, sem cuidados.
FA.JU.TI.CE, *s.f.*, próprio do que ou de quem é fajuto.
FA.JU.TO, *adj. pop.*, dito em referência a algo vulgar, sem classe, falso, brega, desajeitado.
FA.LA, *s.f.*, ação ou capacidade de falar; voz; linguagem coloquial, expressão oral.
FA.LA.ÇA.DA, *s.f., bras., pop.*, falação, discurseira, falatório.
FA.LA.ÇÃO, *s.f.*, discurso longo e aborrecido, arenga, exposição oral enfadonha.
FA.LA.ÇAR, *v.int., fam.*, botar falácia, faladar, falazar.
FA.LA.CHA, *s. 2 gên.*, pertencente a um grupo judeu negro da Etiópia; *adj. 2 gên.*, relativo a esse grupo.
FA.LÁ.CIA, *s.f.*, logro, engano, sofisma, mentira.
FA.LA.CI.LO.QUÊN.CIA, *s.f.*, linguagem falaz ou cheia de falsidade.
FA.LA.CI.LO.QUEN.TE, *adj.*, que usa linguagem falaciosa.
FA.LA.CÍ.LO.QUO, *adj. e s.m.*, diz-se ou aquele que é falaz.
FA.LA.CI.O.SO, *adj.*, mentiroso, enganador, ardiloso, manhoso.
FA.LA.DAR, *v.t.*, falar à toa; falar muito.
FA.LA.DEI.RA, *s.f.*, mulher que fala muito, indiscreta e maledicente; falação, parlação.
FA.LA.DO, *adj.*, conhecido, notório, comentado.
FA.LA.DOR, *adj.*, que fala muito, palrador, loquaz; *s.m.*, linguarudo, maldizente.
FA.LAN.GE, *s.f.*, ala de um batalhão nos exércitos gregos; multidão, muitos elementos; os ossos dos dedos da mão e do pé.
FA.LAN.GE.AL, *adj.*, relativo às falanges dos dedos.
FA.LAN.GE.TA, *s.f.*, no corpo humano, a terceira falange.
FA.LÂN.GI.CO, *adj.*, o mesmo que falangeal.
FA.LAN.GI.NHA, *s.f.*, falange média nos dedos.
FA.LAN.GIS.TA, *s. 2 gên.*, membro de uma falange; *adj. 2 gên.*, próprio dos falangistas (espanhóis ou do Líbano).
FA.LAN.TE, *s. 2 gên.*, indivíduo que fala; quem fala muito.
FA.LAR, *v.t.*, exprimir por palavras orais as ideias; manifestar-se, discursar, berrar, conversar, coloquiar.
FA.LA.RAZ, *s.m., bras.*, RS, ruído de vozes; falatório; falação; vozerio.
FA.LAS.TRÃO, *s.m.*, tagarela, falador, quem fala muito.
FA.LA.TÓ.RIO, *s.m.*, vozerio, muitas pessoas falando juntas; difamação, falar mal.
FA.LAZ, *adj.*, enganador, ilusório, enganoso.
FA.LA.ZAR, *v.int., fam.*, o mesmo que faladar; acordar o pessoal, chamá-lo a postos.
FAL.CA, *s.f.*, torno de madeira falquejado.
FAL.CA.DO, *adj.*, o mesmo que foiciforme.
FAL.CÃO, *s.m.*, nome dado a uma ave de rapina de hábitos diurnos.
FAL.CAR, *v.t.*, o mesmo que falquear.
FAL.CA.TRU.A, *s.f.*, logro, engano, tramoia, trapaça, safadeza.
FAL.CA.TRU.AR, *v.t.*, lograr, enganar, trapacear.
FAL.CA.TRU.EI.RO, *s.m.*, pessoa dada a falcatruas; embusteiro; impostor; *adj.*, que é dado a falcatrua.

FALSEAMENTO

FAL.CI.FOR.ME, *adj.*, que tem forma de foice.
FAL.CÍ.PE.DE, *adj.*, Poét., que tem os pés curvos ou armados de garras em forma de foice.
FAL.CO.A.RI.A, *s.f.*, as técnicas e artes para adestrar e preparar os falcões para a caça.
FAL.CO.EI.RO, *s.m.*, pessoa que cria, trata ou treina falcões.
FAL.DA, *s.f.*, sopé da montanha, base, aba, a parte iniciante da ascensão.
FA.LE.CER, *v. int.*, morrer, sucumbir, desaparecer, ir-se deste mundo.
FA.LE.CI.DO, *adj. e s.m.*, morto, defunto, sucumbido.
FA.LE.CI.MEN.TO, *s.m.*, ato de falecer, morte, desenlace.
FA.LE.NA, *s.f.*, tipo de mariposa; borboleta.
FA.LÊN.CIA, *s.f.*, empresa cujos débitos são maiores que os créditos, expostos por sentença judicial.
FA.LEN.CI.AL, *adj.*, relativo a falência; ou falimentar, conjunto de normas que disciplinam a falência ou a concordata.
FA.LÉ.SIA, *s.f.*, à beira-mar, quando a costa é alta e íngreme.
FA.LHA, *s.f.*, defeito, erro, omissão.
FA.LHA.DA, *adj., bras.*, (RS) o mesmo que falha.
FA.LHA.DO, *adj.*, errado, desacertado, perdido o rumo.
FA.LHA.DU.RA, *s.f.*, falha ou boca de vasilha esbouçelada.
FA.LHAR, *v.t. e int.*, errar, não acertar, perder o rumo, não cumprir o dever.
FA.LHO, *adj.*, defeituoso, necessitado, incompleto.
FA.LHO.SO, *adj.*, que tem falha; falho, falhado.
FA.LI.BI.LI.DA.DE, *s.f.*, condição de errar, qualidade de quem é falível, situação de falir.
FA.LI.CIS.MO, *s.m.*, culto do falo, entre os antigos.
FÁ.LI.CO, *adj.*, próprio do falo.
FA.LI.DO, *adj.*, quebrado, fracassado, falhado.
FA.LI.MEN.TAR, *adj. 2 gên.*, Jur., de ou relativo à falência; falencial.
FA.LI.MEN.TO, *s.m.*, ação de falir; falta, omissão; míngua; falta de êxito; *ant.*, falecimento.
FA.LIR, *v. int.*, quebrar financeiramente, acabar-se, fracassar.
FA.LÍ.VEL, *adj.*, que pode falir, falhar, que pode errar.
FA.LI.VEL.MEN.TE, *adv.*, de modo falível; sem firmeza, sem certeza, sem estabilidade.
FA.LO, *s.m.*, pênis.
FA.LO.DI.NI.A, *s.f.*, dor no pênis, com dores no falo.
FA.LOU, *interj. pop.*, expressão que indica concordância com opinião expressa pelo interlocutor ou aceitação de ordem dada por este.
FAL.QUE.A.DO, *adj.*, desbastado, preparado, pronto.
FAL.QUE.A.DOR, *adj. e s.m.*, desbastador, preparador.
FAL.QUE.A.DURA, *s.f.*, desbastamento, aplainamento.
FAL.QUE.AR, *v.t.*, desbastar (a madeira) com machado, enxó, etc.; falquejar, falcar; esquadriar (um tronco, toro, madeiro, etc.). Segurar com cunhas (um objeto qualquer), acunhar.
FAL.QUE.JAR, *v.t.*, aplainar ou desbastar (madeira); esquadriar (tronco ou tora de madeira) com enxó ou machado; colocar cunha em.
FAL.SA.DOR, *s.m.*, falsário, falsificador.
FAL.SAR, *v.t.*, falsificar; pesar ou medir mal ou por medidas não exatas.
FAL.SÁ.RIO, *s.m.*, quem pratica falsidade, quem jura falsamente, falsificador, quem faz documentos falsos, dinheiro falso.
FAL.SE.A.DO, *adj.*, desvirtuado, traído, falso.
FAL.SE.A.MEN.TO, *s.m.*, ação ou resultado de falsear;

FALSEAR — FANIQUEIRO

adulteração; distorção.

FAL.SE.AR, *v.t.* e *int.*, tornar falso, ser falso, atraiçoar, desvirtuar, trair.

FAL.SE.TE, *s.m.*, voz aguda, com a qual é possível imitar a do soprano ou a infantil.

FAL.SE.TE.AR, *v.t.*, cantar ou falar em falsete.

FAL.SI.DA.DE, *s.f.*, algo falso, mentira, hipocrisia, traição.

FAL.SI.FI.CA.ÇÃO, *s.f.*, adulteração, desvirtuamento, mentira.

FAL.SI.FI.CA.DO, *adj.*, adulterado, falso, desvirtuado.

FAL.SI.FI.CA.DOR, *adj.* e *s.m.*, adulterador, falsário, mentiroso.

FAL.SI.FI.CAR, *v.t.*, tornar falso, fazer de modo falso, adulterar, desvirtuar.

FAL.SI.FI.CÁ.VEL, *adj. 2 gén.*, que pode ser falsificado; que é passível de falsificação.

FAL.SO, *adj.*, mentiroso, contra a verdade, dissimulado, hipócrita.

FAL.SO-TES.TE.MU.NHO, *s.m.*, depoimento falso contra alguém.

FAL.SU.RA, *s.f.*, p. us., falsidade; trapaça.

FAL.TA, *s.f.*, carência, ausência, lacuna, necessidade; infração, delito, culpa.

FAL.TAN.TE, *adj. 2 gén.*, que está faltando ou está ausente; que ainda resta a cumprir; *s. 2 gén.*, pessoa ou coisa que está faltando.

FAL.TA.DO, *adj.*, falho, ausente, inexistente.

FAL.TAR, *v.t.* e *int.*, estar ausente, não existir, não cumprir o prometido.

FAL.TO, *adj.*, carente, carecido, necessitado.

FAL.TO.SO, *adj.*, infrator, que cometeu uma falta; que quase nunca comparece.

FA.LU.A, *s.f.*, barco, embarcação, bote.

FA.LU.EI.RO, *s.m.*, mestre, capitão ou condutor de falua; *adj.*, que pertence ou diz respeito a falua.

FA.MA, *s.f.*, notoriedade, renome, glória, celebridade, conceito.

FA.MÉ.LI.CO, *adj.*, com muita fome, esfomeado, faminto.

FA.MI.GE.RA.DO, *adj.*, que tem má fama, conhecido por ser maldoso.

FA.MI.GE.RA.DOR, *s.m.* e *adj.*, que ou o que espalha fama de alguém ou de alguma notícia.

FA.MÍ.LIA, *s.f.*, grupo de pessoas com a mesma ascendência; linhagem; clã.

FA.MI.LI.AL, *adj. 2 gén.*, relativo a família; familiar.

FA.MI.LI.AR, *adj.*, próprio da família; habitual, costumeiro; comum, trivial.

FA.MI.LI.A.RI.DA.DE, *s.f.*, intimidade, franqueza, conhecimento profundo.

FA.MI.LI.A.RI.ZA.ÇÃO, *s.f.*, ação ou resultado de familiarizar(-se).

FA.MI.LI.A.RI.ZA.DO, *adj.*, habituado, acostumado, conhecido, dominado.

FA.MI.LI.A.RI.ZAR, *v.t.* e *pron.*, habituar, acostumar, conhecer, dominar um assunto.

FA.MI.LI.A.RI.ZÁ.VEL, *adj.*, que se pode familiarizar.

FA.MIN.TO, *adj.*, famélico, esfomeado, com muita fome.

FA.MO.SO, *adj.*, que tem muita fama, conhecido, notório, célebre.

FA.MU.LA.DO, *s.m.*, *ant.*, ocupação ou serviço de fâmulos, de criados; o serviço doméstico.

FA.MU.LA.GEM, *s.f.*, conjunto dos serviçais de uma instituição ou família; criadagem.

FA.MU.LAR, *v.int.*, servir como fâmulo; *v.pron.*, ajudar-se, auxiliar-se, servir-se mutuamente.

FA.MU.LA.TÓ.RIO, *adj.*, relativo a fâmulo, próprio de fâmulo, servil.

FA.MU.LEN.TO, *adj.*, esfomeado; faminto; Poét. ardente, ávido; *fig.*, voraz.

FÂ.MU.LO, *s.m.*, criado, empregado, servo.

FA.NAL, *s.m.*, farol, estrela, brilho, guia, rumo, caminho, norte.

FA.NA.DO, *adj.*, murchado, seco, ressecado.

FA.NAR, *v.t.* e *pron.*, fenecer, murchar, secar, ressecar.

FA.NA.TI.CA.MEN.TE, *adv.*, com fanatismo, com ardor.

FA.NÁ.TI.CO, *s.m.* e *adj.*, fã, apreciador, que se apaixona por uma ideia; quem luta por sua crença; quem exagera no que faz.

FA.NA.TIS.MO, *s.m.*, ideia fixa por uma crença, excessivo zelo religioso, fixação por uma atividade.

FA.NA.TI.ZA.ÇÃO, *s.f.*, extremismo, radicalismo, fixação por uma crença.

FA.NA.TI.ZA.DO, *adj.*, apaixonado, convencido, fanático.

FA.NA.TI.ZA.DOR, *adj.* e *s.m.*, que(m) fanatiza, arregimentador para o fanatismo.

FA.NA.TI.ZAR, *v.t.* e *pron.*, tornar fanático, apaixonar, persuadir, convencer.

FA.NA.TI.ZÁ.VEL, *adj.*, que se pode fanatizar, suscetível de fanatização.

FAN.DAN.GA.ÇU, *s.m.*, *bras.*, baile de estrondo, muito animado e carnavalesco; grande fandango.

FAN.DAN.GAR, *v.int.*, dançar fandango.

FAN.DAN.GO, *s.m.*, dança popular com origem espanhola; baile, bailão.

FAN.DAN.GUE.AR, *v.int.*, *bras.*, o mesmo que fandangar.

FAN.DAN.GUEI.RO, *adj.* e *s.m.*, que ou o que dança o fandango; que gosta de bailes e festas; farrista.

FAN.DAN.GUIS.TA, *adj.* e *s. 2 gén.*, *bras.*, Sul, o mesmo que fandangueiro.

FA.NE.RÓ.GA.NO, *adj.*, Bot., que apresenta fanerogamia; fanerogâmico.

FAN.FAR.RA, *s.f.*, banda, grupo de músicos com instrumentos metálicos de som.

FAN.FAR.RÃO, *s.m.*, indivíduo que exagera os próprios feitos, falastrão.

FAN.FAR.RAR, *v.int.*, *bras.*, soar, vibrar (instrumentos de metal).

FAN.FAR.RI.CE, *s.f.*, fanfarronada, atitude típica do fanfarrão, exagero nos atos.

FAN.FAR.RO.NA.DA, *s.f.*, fanfarronice, discurso de fanfarrão.

FAN.FAR.RO.NAR, *v.int.*, mostrar-se fanfarrão; fanfarrear.

FAN.FAR.RO.NI.CE, *s.f.*, atitude de fanfarrão; a ação (do fanfarrão) de contar supostos atos de coragem que teria praticado; relato de fanfarrão; bravata; fanfarra; gabolice.

FA.NHO, *adj.*, fanhoso, que tem problemas na emissão da voz.

FA.NHO.SO, *adj.*, que fala com emissão dos sons pelo nariz; fanho.

FA.NI.CAR, *v.int.*, *pop.*, andar ao fanico; andar à cata de pequenos lucros.

FA.NI.CO, *s.m.*, migalha, porção mínima, pequena; cigalho; barato.

FA.NI.QUEI.RO, *s.m.*, que vive e ganha como os que

FANIQUITO ·· 400 ·· **FARMACOGRÁFICO**

andam ao fanico.
FA.NI.QUI.TO, s.m., pop., ataque leve, desmaio, vertigem.
FAN.TA.SI.A, s.f., capacidade de imaginar, criar imagens e fatos; devaneio, sonho, ficção; vestimenta usada no carnaval, quimera, utopia.
FAN.TA.SI.A.DO, adj., imaginado, sonhado, criado.
FAN.TA.SI.A.DOR, adj. e s.m., que ou o que fantasia; fantasista.
FAN.TA.SI.AR, v.t., int. e pron., imaginar, sonhar, criar na mente.
FAN.TA.SI.O.SO, adj., cheio de fantasias; criativo, sonhador.
FAN.TA.SIS.TA, s. 2 gên., quem cria fantasias, sonhador.
FAN.TAS.MA, s.m., ser apavorante, monstro, espectro, alma penada, ser que assusta.
FAN.TAS.MA.GO.RI.A, s.f., a habilidade de conseguir com que as pessoas vejam fantasmas, figuras, imagens brilhantes e outros espíritos do além.
FAN.TAS.MA.GÓ.RI.CO, adj., irreal, quimérico, imaginário.
FAN.TAS.MAL, adj. 2 gên., fantasmático.
FAN.TÁS.TI.CO, adj., extraordinário, incomum, maravilhoso; ilusório.
FAN.TO.CHA.DA, s.f., coletivo para fantoches, apresentação de fantoches; ação de tipos fantoches.
FAN.TO.CHE, s.m., boneco movido por cordéis, puxados por artistas; tiete; tipo sem decisão própria.
FAN.ZI.NE, s.m., publicação sobre cinema, música ou gêneros literários, feita por fãs de modo artesanal.
FAN.ZI.NEI.RO, s.m., aquele que publica ou coleciona fanzines.
FA.QUE.AR, v.t., o mesmo que esfaquear; bras., RS; dar facada; pedir dinheiro a.
FA.QUEI.RO, s.m., conjunto de talheres acondicionados em um estojo.
FA.QUIR, s.m., indivíduo que alcança insensibilidade total quanto aos sentidos; estoico, insensível.
FA.QUI.RIS.MO, s.m., posturas e ideias de faquir, filosofia de vida defendida por faquires.
FA.RAD, s.m., Elet., Unidade SI de capacitância elétrica; simb.: F.
FA.RÁ.DI.CO, adj., relativo a faradização.
FA.RA.DIS.MO, s.m., o mesmo que faradização.
FA.RÂN.DO.LA, s.f., tipo de dança provençal; coletivo de maltrapilhos, malandros.
FA.RA.Ó, s.m., título honorífico dos reis do Egito antigo.
FA.RA.Ô.NI.CO, adj., referente aos faraós; muito suntuoso, grandioso.
FAR.DA, s.f., uniforme, vestimenta igual de um grupo; uniforme dos militares.
FAR.DA.DO, adj., vestido de uniforme ou farda.
FAR.DA.MEN.TO, s.m., conjunto das fardas, coleção de fardas; estilo das fardas.
FAR.DÃO, s.m., farda especial para solenidades; vestimenta dos membros da Academia.
FAR.DAR, v.t. e pron., vestir com farda, colocar a farda, enfardar.
FAR.DA.DO, adj., que usa farda, vestido com farda.
FAR.DEL, s.m., p.us., trouxa, saco em que se levam provisões e roupa brancas para uma jornada, o mesmo que farnel.
FAR.DE.TE, s.m., fardo pequeno.
FAR.DO, s.m., volume para acondicionar mercadorias, embrulho; fig., peso, dificuldade, obstáculo.
FA.RE.JA.DO, adj., percebido, notado, cheirado, descoberto.

FA.RE.JA.DOR, adj. e s.m., que(m) percebe, cheirador, descobridor.
FA.RE.JA.MEN.TO, s.m., ação ou resultado de farejar, farejo.
FA.RE.JAR, v.t. e int., perceber o cheiro, acompanhar pelo faro; cheirar; fig., descobrir, seguir a pista.
FA.RE.JO, s.m., ação ou resultado de farejar.
FA.RE.LÁ.CEO, adj., que se esfarela, que dá de si farelos; furfuráceo.
FA.RE.LA.DA, s.f., farelagem, água com farelos para os porcos.
FA.RE.LA.GEM, s.f., quantidade de farelos; fig., insignificâncias, coisas de nenhum valor; farelório.
FA.RE.LEN.TO, adj., que se assemelha a farelo; que tem ou produz muito farelo.
FA.RE.LO, s.m., parte dos cereais que é usada para alimentar animais, resíduos.
FA.RE.LÓ.RIO, s.m., fam., coisa de pouco valor; bazófia.
FAR.FA.LHA.DA, s.f., ruído das folhas de árvores; rumor de folhas.
FAR.FA.LHA.DO, adj., rumorejado, murmurejado.
FAR.FA.LHA.DOR, adj. e s.m., que ou o que faz farfalhada; grande falador.
FAR.FA.LHA.MEN.TO, s.m., murmurejo, rumorejo, burburinho.
FAR.FA.LHAN.TE, adj., rumorejante, buliçoso.
FAR.FA.LHÃO, s.m., farfalhador, falador, palrador.
FAR.FA.LHAR, v. int., rumor das folhas de árvores.
FAR.FA.LHI.CE, s.f., ditos ou gestos de farfalhão, bazófia.
FA.RI.NÁ.CEO, adj., próprio da farinha, derivado de farinha.
FA.RIN.GE, s.f., tubo que liga a boca e o nariz com o estômago e a laringe.
FA.RÍN.GEO, adj., que se refere à faringe.
FA.RIN.GI.TE, s.f., inflamação da faringe.
FA.RIN.GO.PLE.GI.A, s.f., Med., micose da faringe.
FA.RIN.GO.TO.MI.A, s.f., incisão na faringe.
FA.RIN.GÓ.TO.MO, s.m., instrumento, com que se pratica a faringotomia.
FA.RI.NHA, s.f., pó obtido com a moagem de cereal.
FA.RI.NHEI.RA, s.f., vasilha, recipiente para recolher farinha.
FA.RI.NHEN.TO, adj., cheio de farinha; parecido com a farinha.
FA.RI.SAI.CO, adj., que se refere a fariseu, hipócrita, falso, desonesto.
FA.RI.SA.ÍS.MO, s.m., falsidade, hipocrisia, desonestidade, desonrader.
FA.RIS.CAR, v.t. e int., farejar, intuir, perceber.
FA.RI.SEU, s.m., membro de uma seita religiosa em Israel, nos tempos de Cristo, que ostentava muita santidade exterior; fig., hipócrita, santarrão.
FAR.MA.CÊU.TI.CO, s.m., pessoa diplomada em farmácia, boticário.
FAR.MÁ.CIA, s.f., estabelecimento para vender e preparar medicamentos; a ciência de preparar remédios.
FÁR.MA.CO, s.m., medicamento, remédio, produto preparado para uso como medicamento.
FAR.MA.CO.DI.NÂ.MI.CA, adj., Farm., referente a farmacodinâmica.
FAR.MA.CO.GRA.FI.A, s.f., a parte da ciência que se ocupa da descrição das substâncias medicinais no seu estado natural ou já preparadas para o comércio.
FAR.MA.CO.GRÁ.FI.CO, adj., relativo a farmacografia.

FARMACOLOGIA ·· 401 ·· **FASTIGIOSO**

FAR.MA.CO.LO.GI.A, *s.f.*, estudo de remédios, fabricação e uso deles.
FAR.MA.CO.LÓ.GI.CO, *adj.*, que se refere à Farmacologia.
FAR.MA.CO.LO.GIS.TA, *s. 2 gên.*, especialista em Farmacologia.
FAR.MA.CO.PEI.A, *s.f.*, coleção de livros, textos sobre medicamentos, indicativos da composição e uso dos remédios.
FAR.MA.CO.TEC.NIA, *s.f.*, tratado das preparações farmacêuticas.
FAR.MA.CO.TÉC.NI.CO, *adj.*, Farm., relativo a farmacotécnica.
FAR.MA.CO.TE.RA.PI.A, *s.f.*, Farm., estudo do emprego terapêutico dos fármacos.
FAR.NEL, *s.m.*, provisões alimentícias para uma viagem.
FA.RO, *s.m.*, olfato de animais; capacidade dos animais para perceber cheiros.
FA.RO.ES.TE, *s.m.*, luta, tiroteio, bangue-bangue.
FA.RO.FA, *s.f.*, farinha frita com manteiga, recheio.
FA.RO.FA.DA, *s.f., bras.*, farofa, farófia, fanfarrice.
FA.RO.FEI.RO, *s.m.*, quem come farofa; *fig.*, quem vai à praia e leva comida pronta.
FA.ROL, *s.m.*, torre com luz forte no cume, para guiar navios e aviões; lanternas de carro; sinal brilhante; *fig.*, quem é inteligente, guia.
FA.RO.LEI.RO, *s.m.*, guarda de farol; *fig.*, fofoqueiro, falastrão.
FA.RO.LE.TE, *s.m.*, pequeno farol; lanternas menores dos carros.
FA.RO.LI.CE, *s.f.*, exibicionismo, fanfarronice, ostentação, gabolice.
FAR.PA, *s.f.*, ponta de madeira ou metal que penetra em corpos macios; *fig.*, crítica, ironia, sarcasmo.
FAR.PA.DO, *adj.*, cheio de farpas, como o arame farpado.
FAR.PAN.TE, *adj.*, que rasga, dilacera ou rompe.
FAR.PAR, *v.t.*, colocar farpas em, atirar farpas.
FAR.PE.A.DO, *adj.*, machucado, ferido, farpado.
FAR.PE.AR, *v.t.*, machucar com farpas, ferir, espetar.
FAR.PE.LA, *s.f.*, ponta curva da agulha de crochê, vestimenta ruim, roupas sem estilo.
FAR.RA, *s.f.*, festa ruidosa com bebida, noitada de festas, bebedeira, folia.
FAR.RA.PA.RI.A, *s.f.*, muitos farrapos, roupas rasgadas, mulambagem.
FAR.RA.PO, *s.m.*, trapo, frangalho, tecido todo rasgado, esfarrapado.
FAR.RE.A.DO, *adj.*, metido em farras, festejado, comemorado.
FAR.RE.AR, *v. int.*, meter-se em farra, fazer farra, festejar, fazer muita festa.
FAR.RI.CO.CO, *s.m.*, carregador de ataúdes nos enterros; o capuz que era us. nessas cerimônias; agente funerário.
FAR.RIS.TA, *s. 2 gên.*, tipo metido em muitas farras.
FAR.ROU.PA, *s. 2 gên.*, o mesmo que farroupilha.
FAR.ROU.PI.LHA, *s. 2 gên.*, tipo vestido com farrapos, indivíduo malvestido; Guerra dos Farrapos, revolução contra o Império Central, de 1835 a 1845, no Rio Grande do Sul.
FAR.ROU.PO, *s.m.*, porco que não passa de um ano; o mesmo que cordeiro.
FAR.SA, *s.f.*, peça teatral cômica, simulação, ato burlesco; embuste, safadeza.
FAR.SA.DA, *s.f.*, gesto ou ato cômico, ato burlesco, embuste, safadeza.

FAR.SAN.TE, *s. 2 gên.*, ator teatral de farsas; caloteiro, enganador, desleal.
FAR.SAN.TE.AR, *v.int.*, fazer vida de farsante; representar uma farsa.
FAR.SES.CO, *adj.*, que se refere a farsa; diz-se do que contém elementos de farsa.
FAR.TA, *s.f.*, usado na expressão *à farta*: muito, com abundância.
FAR.TA.DO, *adj.*, satisfeito, saciado, cheio.
FAR.TAN.ÇA, *s.f., pop.*, fartura.
FAR.TAR, *v.t., int. e pron.*, encher, dar de comer até saciar, satisfazer; esgotar a paciência de.
FAR.TO, *adj.*, saciado, satisfeito, abundante, copioso, enorme.
FAR.TUM, *s.m.*, mau cheiro, fedor, odor desagradável.
FAR.TU.RA, *s.f.*, abundância, copiosidade.
FÁS.CIA, *s.f.*, Anat., tecido conjuntivo que recobre músculos, fibras musculares e também os órgãos viscerais e neurológicos.
FAS.CI.CU.LA.ÇÃO, *s.f.*, ato ou efeito de fascicular; contração muscular, involuntária, ligeira e repetitiva.
FAS.CI.CU.LA.DO, *adj.*, que se apresenta em fascículos; que tem a forma de um feixe.
FAS.CI.CU.LAR, *adj. 2 gên.*, relativo a fascículo; em forma de fascículos.
FAS.CÍ.CU.LO, *s.m.*, folheto, pequena publicação que se encaderna posteriormente em livro.
FAS.CI.NA.ÇÃO, *s.f.*, fascínio, atração, sedução, cativação.
FAS.CI.NA.DO, *adj.*, cativado, seduzido, encantado.
FAS.CI.NA.DOR, *adj. e s.m.*, que(m) fascina, sedutor, encantador.
FAS.CI.NAN.TE, *adj.*, cativante, encantador, sedutor.
FAS.CI.NAR, *v.t. e int.*, atrair, cativar, seduzir, encantar.
FAS.CÍ.NIO, *s.m.*, deslumbramento, atração, sedução, fascinação.
FÁS.CIO, *s.m.*, grupo de fascistas.
FAS.CIS.MO, *s.m.*, sistema político criado por Mussolini, antiliberal, antidemocrático, restritivo das liberdades e direitos constitucionais.
FAS.CIS.TA, *s. 2 gên.*, adepto do fascismo.
FA.SE, *s.f.*, cada uma das quatro mudanças da Lua; período, parte, lapso.
FA.SE.O.LAR, *adj. 2 gên.*, que tem forma de feijão, como, p. ex., o rim; faseoliforme.
FASHION, *adj. 2 gên.*, relativo à moda ou à indústria da moda; que está na moda.
FÁ.SI.CO, *adj.*, que ocorre ou se desenvolve por fases.
FAS.QUI.A, *s.m.*, pedaço de madeira comprido e estreito, ripa, sarrafo.
FAS.QUI.A.DO, *s.m.*, obra de fasquia; parede ou soalho armado com fasquias.
FAS.QUI.A.DOR, *adj. e s.m.*, que ou o que fasquia, que faz ou coloca fasquias.
FAS.QUI.AR, *v.t.*, forrar ou revestir com ripas; serrar madeira no formato de ripas; trabalhar com fasquias.
FAS.QUI.O, *s.m.*, porção de fasquias.
FAS.TI.DI.O.SO, *adj.*, tedioso, aborrecido, enjoativo.
FAS.TI.EN.TO, *adj.*, fastidioso, tedioso, aborrecido.
FAS.TI.GI.AL, *adj.*, fastigioso.
FAS.TÍ.GIO, *s.m.*, ápice, cume, cimeira, posição elevada.
FAS.TI.GI.O.SO, *adj.*, altaneiro, elevado, evidente, que

FASTIO

está no ápice.

FAS.TI.O, *s.m.*, ausência de apetite, enjoo, aborrecimento, incômodo.

FAS.TI.O.SO, *adj.*, o mesmo que fastidioso.

FAS.TO, *s.m.*, pompa, luxo, exuberância.

FAS.TOS, *s.m., pl.*, anais, registros públicos de fatos e obras memoráveis.

FAS.TO.SA.MEN.TE, *adv.*, de modo fastoso.

FAS.TO.SO, *adj.*, magnífico, pomposo, ostentoso.

FAS.TU.O.SO, *adj.*, fastoso, luxuoso, pomposo, exuberante.

FA.TA.GEM, *s.f.*, o ato de remexer o fato.

FA.TAL, *adj.*, destinado, determinado; mortal, mortífero, letal.

FA.TA.LI.DA.DE, *s.f.*, destino, fato inevitável, o que está determinado, fatídico.

FA.TA.LIS.MO, *s.m.*, sistema no qual tudo que acontece é atribuído ao destino.

FA.TA.LIS.TA, *s. 2 gén.*, que acredita no fatalismo, crê no destino certo para todos os atos da vida.

FA.TA.LI.ZA.DO, *adj.*, tornado fatal, marcado pela fatalidade.

FA.TAL.MEN.TE, *adv.*, inevitavelmente, infalivelmente, imprescritivelmente.

FA.TA.NA, *s.f.*, invólucro total da maçaroca do milho.

FA.TEI.XA, *s.f.*, Mar., ferro como a âncora, mas menor, com três ou quatro unhas para fundear pequenos barcos; gancho de candeeiro.

FA.TI.A, *s.f.*, pedaço, corte, divisão, fatia de pão, fatia de um mercado.

FA.TI.A.DO, *adj.*, cortado, dividido, separado.

FA.TI.AR, *v.t.*, cortar, dividir, separar.

FA.TÍ.DI.CO, *adj.*, fatal, trágico, marcado, imbatível.

FA.TI.GA.DO, *adj.*, cansado, exausto, exaurido.

FA.TI.GA.DOR, *adj.*, fatigante.

FA.TI.GA.MEN.TO, *s.m.*, o mesmo que fadiga.

FA.TI.GAN.TE, *adj.*, que fatiga, cansativo, exaustivo.

FA.TI.GAR, *v.t. e pron.*, cansar, esmorecer, aborrecer, incomodar.

FA.TI.GO.SO, *adj.*, cansativo, aborrecido, esmorecido.

FA.TI.O.TA, *s.f.*, terno, vestimenta, roupa.

FA.TO, *s.m.*, acontecimento, ocorrência, ação; terno, roupagem; coletivo para cabras; *loc. adv.*, de fato - verdadeiramente, realmente.

FA.TOR, *s.m.*, quem faz ou ultima algo; o que promove algo, cada parte de uma multiplicação.

FA.TO.RA.DO, *adj.*, decomposto em fatores, partilhado.

FA.TO.RAR, *v.t.*, decompor em fatores.

FA.TO.RI.AL, *adj. 2 gén.*, relativo a fator; constituído por fatores; Mat., produto dos números naturais de um até um determinado inteiro.

FA.TU.AL, *adj.*, factual, relativo ao fato, próprio de um fato.

FA.TUI.DA.DE, *s.f.*, o que é fátuo, volubilidade, transitoriedade.

FÁ.TUO, *adj.*, néscio, pretensioso, atrevido, desajuizado.

FA.TU.RA, *s.f.*, feitura; documento comercial relacionando tudo o que está em uma nota fiscal.

FA.TU.RA.DO, *adj.*, escriturado, anotado em fatura, relacionado.

FA.TU.RA.MEN.TO, *s.m.*, ação ou resultado de faturar; faturação.

FA.TU.RAR, *v.t.*, relacionar as mercadorias vendidas em um documento, *fig.*, vender, ganhar, lucrar.

FA.TU.RIS.TA, *s. 2 gén.*, quem fatura, quem compõe as faturas.

FAZEDURA

FAU.CE, *s.f.*, garganta, goela de animal.

FAU.NA, *s.f.*, conjunto de animais existentes em uma região, grupo de animais.

FAU.NI.A.NO, *adj.*, relativo a fauna.

FAU.NO, *s.m.*, divindade da mitologia greco-romana, com pés de cabra, cornos e cabelos longos, com espírito benevolente.

FÁU.NU.LA, *s.f.*, fauna de pequenos animais.

FAUS.TI.A.NO, *adj.*, relativo a Fausto, criação da obra de Goethe, escritor alemão.

FÁUS.TI.CO, *adj.*, o mesmo que faustiano.

FAUS.TO, *s.m.*, luxo, magnificência, grande riqueza, exibição de riquezas.

FAUS.TO.SO, *adj.*, pomposo, rico, magnífico, luxuoso, faustuoso.

FAU.TOR, *s.m.*, fomentador, quem faz acontecer, favorecedor.

FAU.TO.RI.A, *s.f.*, ação de prestar auxílio, de dar proteção; amparo.

FAU.TO.RI.ZAR, *v.t.*, apadrinhar, auxiliar.

FA.VA, *s.f.*, planta trepadeira, cujas vagens são comestíveis.

FA.VAL, *s.m.*, campo de favas.

FA.VE.LA, *s.f.*, conjunto de casebres, aglomerado de barracos; pobreza, miséria.

FA.VE.LA.DO, *s.m. e adj.*, morador de favela, relativo a favela.

FA.VE.LI.ZA.ÇÃO, *s.f.*, transformação de uma região em favela, empobrecimento.

FA.VE.LI.ZA.DO, *adj.*, depauperado, empobrecido.

FA.VE.LI.ZAR, *v.t. e pron.*, transformar um local em favela, depauperar, empobrecer.

FA.VI.FOR.ME, *adj.*, que tem forma de favo.

FA.VIS.MO, *s.m.*, Med., grave reação alérgica causada pela ingestão de sementes de fava ou pela inalação do seu pólen.

FA.VO, *s.m.*, conjunto de alvéolos de cera, nos quais as abelhas colocam o mel.

FA.VO.LA, *s.f.*, *pop.*, dentola, dentuça; favorala.

FA.VÔ.NIO, *s.m.*, tipo de vento que sopra do poente.

FA.VOR, *s.m.*, obséquio, mercê, benefício, cortesia, fineza, graça.

FA.VO.RÁ.VEL, *adj.*, propício, que favorece, auxiliar.

FA.VO.RE.CE.DOR, *adj.*, que favorece, *s.m.*, aquele ou aquilo que favorece.

FA.VO.RE.CER, *v.t.*, prestar um favor, obsequiar, beneficiar, proteger, ajudar.

FA.VO.RE.CI.DO, *adj.*, protegido, privilegiado, agraciado.

FA.VO.RI.TA, *s.f.*, aquela que é mais querida, a preferida; a principal mulher do sultão, sultana; *adj.*, que se prefere a.

FA.VO.RI.TIS.MO, *s.m.*, preferência, proteção, privilégio.

FA.VO.RI.TO, *s.m. e adj.*, predileto, privilegiado, preferido; provável, cotado.

FAX, *s.m.*, aparelho acoplado ao telefone, que transmite textos escritos a qualquer distância.

FA.XI.NA, *s.f.*, limpeza, limpeza geral.

FA.XI.NEI.RO, *s.m.*, quem faz faxina.

FAZ DE CON.TA, *adj. e s.m.*, imaginação, fantasia, fantasmagoria.

FA.ZE.DOR, *adj. e s.m.*, que(m) faz, executor, feitor.

FA.ZE.DOU.RO, *adj.*, que se pode ou deve fazer; *var.*, fazedoiro.

FA.ZE.DU.RA, *s.f.*, ato de fazer; o que se faz de uma vez; *ant.*, bica ou pão de manteiga.

FAZENDA

FA.ZEN.DA, *s.f.*, propriedade rural de grande extensão; tecido, panos; repartição pública que controla a entrada e saída de verbas.
FA.ZEN.DAL, *adj.*, p. us., o mesmo que fazendário.
FA.ZEN.DÁ.RIO, *adj.*, relativo à fazenda pública, secretaria de finanças do governo.
FA.ZEN.DEI.RO, *s.m.*, dono de uma fazenda, estancieiro.
FA.ZEN.DIS.TA, *s. 2 gên.*, pessoa que sabe ou trata de questões de fazenda pública.
FA.ZEN.DO.LA, *s.f.*, propriedade rural de pequeno tamanho; pequena fazenda.
FA.ZER, *v.t., int. e pron.*, produzir, realizar, efetuar, fabricar, construir, confeccionar, causar, provocar, perfazer.
FAZ-TU.DO, *s.m.*, factótum, quem faz de tudo um pouco.
FÉ, *s.f.*, crença, credo, estado espiritual de quem crê em; virtude teologal, comprovação.
FE.AL.DA.DE, *s.f.*, feiura, característica do que é feio.
FE.BRA, *s.f.*, carne sem gordura e sem osso; fibra; tecido fibroso de animal; Bot., filamento que sai das raízes das plantas.
FE.BRE, *s.f.*, estado físico caracterizado pelo aumento da temperatura corporal.
FE.BREN.TO, *adj.*, que provoca febre, que pega febre com facilidade.
FE.BRI.CI.TAN.TE, *adj.*, febril, exaltado.
FE.BRI.CI.TAR, *v. int.*, sofrer de crises de febre, pegar crises de febre.
FE.BRÍ.CU.LA, *s.f.*, febre leve, pequena febre.
FE.BRI.CU.LO.SO, *adj.*, propenso a febres.
FE.BRÍ.FU.GO, *adj., s.m.*, remédio contra a febre, que combate a febre.
FE.BRIL, *adj.*, que está com febre.
FE.BRI.O.LO.GI.A, *s.f.*, estudo das febres.
FE.BRI.O.LÓ.GI.CO, *adj.*, relativo a febriologia.
FE.CAL, *adj.*, próprio das fezes.
FE.CA.LOI.DE, *adj.*, que parece matéria fecal, semelhante a materiais fecais.
FE.CHA.ÇÃO, *s.f.*, ato de fechar; bras., AM, ato de reunir o gado.
FE.CHA.DO, *adj.*, trancado, acabado, concluído.
FE.CHA.DU.RA, *s.f.*, peça de metal usada para trancar portas, portões.
FE.CHA.MEN.TO, *s.m.*, término, conclusão, fim.
FE.CHAR, *v.t. e pron.*, trancar, concluir, acabar, terminar, girar a chave, cerrar, encerrar o expediente.
FE.CHA.RI.A, *s.f.*, mecanismo que atua em armas de fogo portáteis para acionar o disparo.
FE.CHO, *s.m.*, trava da porta, ferrolho; término, conclusão, encerramento.
FE.CHO E.CLER, *s.m.*, zíper, apetrecho para fechar peças do vestuário.
FÉ.CU.LA, *s.f.*, tipo de farinha derivada de alguns tubérculos, como o aipim.
FE.CU.LA.RI.A, *s.f.*, engenho para fabricar féculas, fábrica de farinha de mandioca.
FE.CU.LÊN.CIA, *s.f.*, qualidade do que contém fécula ou é feculento; Med., sedimento que os líquidos depositam ao fundo de um recipiente.
FE.CU.LEN.TO, *adj.*, que está com fécula, derivado de féculas.
FE.CU.LIS.TA, *s.m.*, o que fabrica ou vende fécula.

FEIO

FE.CU.LO.SO, *adj.*, que contém muita fécula.
FE.CUN.DA.ÇÃO, *s.f.*, ato de fecundar, tornar fecundado.
FE.CUN.DA.DO, *adj.*, fertilizado, concebido.
FE.CUN.DA.DOR, *adj. e s.m.*, que(m) fecunda, fertilizador, reprodutor.
FE.CUN.DAN.TE, *adj.*, que fecunda, que fertiliza.
FE.CUN.DAR, *v.t., int. e pron.*, tornar fecundo; fertilizar.
FE.CUN.DA.TI.VO, *adj.*, o mesmo que fecundante.
FE.CUN.DÁ.VEL, *adj. 2 gên.*, que se pode fecundar.
FE.CUN.DEZ, *s.f.*, o mesmo que fecundidade.
FE.CUN.DI.DA.DE, *s.f.*, fertilidade, produção, propriedade de ser fecundo.
FE.CUN.DI.ZA.DO, *adj.*, fecundado, fertilizado.
FE.CUN.DO, *adj.*, que consegue procriar, fértil, produtivo, criativo.
FE.DE.GO.SO, *adj.*, que fede, fedido, fedorento.
FE.DE.LHI.CE, *s.f.*, ação ou dito de fedelho.
FE.DE.LHO, *s.m.*, pop., garoto, menino peralta, moleque.
FE.DEN.TI.NA, *s.f.*, fedor, cheiro desagradável, muito mau cheiro.
FE.DER, *v.int.*, soltar mau cheiro, cheirar mal, catingar.
FE.DE.RA.ÇÃO, *s.f.*, união de cunho político entre nações ou estados; reunião de associações esportivas, religiosas ou outras.
FE.DE.RA.DO, *adj.*, reunido, agregado, ajuntado.
FE.DE.RAL, *adj. 2 gên.*, relativo ou pertencente à Federação.
FE.DE.RA.LIS.MO, *s.m.*, sistema político que associa várias nações ou estados para os mesmos fins políticos.
FE.DE.RA.LIS.TA, *s. 2 gên.*, quem é adepto do federalismo.
FE.DE.RA.LI.ZA.ÇÃO, *s.f.*, ação ou resultado de federalizar(-se).
FE.DE.RA.LI.ZA.DO, *adj.*, passado à esfera federal, agregado ao sistema federal.
FE.DE.RA.LI.ZAR, *v.t.*, tornar federal, passar a federal.
FE.DE.RAR, *v.t.*, unir, reunir, juntar, congregar.
FE.DE.RA.TI.VO, *adj.*, relativo ou pertencente a uma federação.
FE.DI.DO, *adj.*, malcheiroso, que exala cheiro ruim, catinguento.
FE.DOR, *s.m.*, mau cheiro, fedentina, calinga.
FE.DO.REN.TI.CE, *s.f.*, rabugice, implicância de pessoa fedorenta.
FE.DO.REN.TI.NA, *s.f.*, o mesmo que fedentina.
FE.DO.REN.TO, *adj.*, fedido, catinguento, malcheiroso.
FE.É.RI.CO, *adj.*, próprio de fadas, fantástico, mágico, deslumbrante.
FEI.ÇÃO, *s.f.*, forma, feitio, aspecto, figura, aparência.
FEI.JÃO, *s.m.*, grão produzido pelo feijoeiro, semente do feijão, e que é apreciado no Brasil.
FEI.JÃO-BRAN.CO, *s.m.*, Bot., espécie de feijoeiro, cuja semente tem a cor branca.
FEI.JÃO-PRE.TO, *s.m.*, Bot. espécie de feijoeiro cuja semente tem a cor preta.
FEI.JÃO-SO.JA, *s.m.*, tipo de feijão de largo uso na indústria alimentícia.
FEI.JO.A.DA, *s.f.*, prato preparado com feijão cozido, carne-seca, paio, toucinho, carne de porco salgada.
FEI.JO.AL, *s.m.*, plantação de feijão.
FEI.JO.EI.RO, *s.m.*, planta da família das leguminosas, que produz o feijão.
FEI.O, *adj.*, o contrário de belo; de feição desagradável,

assustador.
FEI.O.SO, *adj.*, muito feio, desagradável.
FEI.RA, *s.f.*, local público para vender ou expor mercadorias; os dias da semana, de segunda-feira a sexta-feira.
FEI.RAN.TE, *s. 2 gên.*, quem vende na feira, barraqueiro.
FEI.RAR, *v.t. e int.*, negociar em feira, fazer intercâmbios em feiras.
FEI.TA, *s.f.*, ocasião, momento, ação, vez.
FEI.TI.ÇA.RI.A, *s.f.*, bruxaria, arte de feiticeira, prática de atos mágicos.
FEI.TI.CEI.RA, *s.f.*, mulher que faz feitiços; bruxa; *fig.*, mulher que encanta; *bras.*, espécie de vassoura que recolhe a sujeira para dentro de um receptáculo.
FEI.TI.CEI.RO, *s.m.*, tipo dado a fazer bruxaria, bruxo, mágico, encantador.
FEI.TI.CIS.MO, *s.m.*, fetichismo, crença em objetos sagrados, crendice.
FEI.TI.CIS.TA, *adj. e s. 2 gên.*, forma preferida pelos puristas ao galicismo fetichista.
FEI.TI.ÇO, *s.m.*, bruxaria, mágica; *fig.*, enlevo, encanto, sedução.
FEI.TI.O, *s.m.*, feição, forma; modo de ser; comportamento.
FEI.TO, *adj.*, acabado, realizado, efetuado.
FEI.TOR, *s.m.*, capataz, encarregado de trabalhadores rurais.
FEI.TO.RAR, *v.t.*, administrar, conduzir, gerenciar.
FEI.TO.RI.A, *s.f.*, exercício da função de feitor.
FEI.TO.RI.AR, *v.t.*, o mesmo que feitorizar.
FEI.TO.RI.ZAR, *v.t.*, administrar como feitor; *fig.*, usar as vantagens, aproveitar; usufruir; fabricar vinho.
FEI.TU.RA, *s.f.*, ato de fazer, execução, realização.
FEI.U.RA, *s.f.*, fealdade, qualidade do que é feio.
FEI.U.ME, *s.m., bras.*, fealdade; coisa feia.
FEI.XE, *s.m.*, agrupamento de várias coisas, molho, carga.
FEL, *s.m.*, bílis, mau humor; *fig.*, coisa muito amarga.
FE.LÁ, *s.m.*, camponês do Egito antigo; pessoa muito pobre.
FE.LA.ÇÃO, *s.f.*, prática do coito bucal.
FE.LÃ, *s.m., Zool.*, concha bivalve encontrada no Senegal.
FE.LAÍ.NA, *s.f.*, feminino de felá.
FELDS.PA.TO, *s.m.*, nome genérico dado a vários tipos de pedras de origem eruptiva.
FE.LI.CI.DA.DE, *s.f.*, situação ou qualidade de quem é feliz; alegria, contentamento, satisfação.
FE.LI.CI.TA.ÇÃO, *s.f.*, cumprimento, parabéns, congratulações.
FE.LI.CI.TA.ÇÕES, *s.f. pl.*, votos de felicidade, parabéns.
FE.LI.CI.TA.DO, *adj.*, cumprimentado, congratulado.
FE.LI.CI.TA.DOR, *adj. e s.m.*, que ou o que felicita.
FE.LI.CI.TAR, *v.t. e pron.*, desejar felicidade a, cumprimentar alguém, congratular-se com alguém.
FE.LÍ.DEOS, *s.m., pl.*, grupo de animais mamíferos carnívoros a que pertencem os gatos, leões, onças, tigres.
FE.LI.NO, *adj.*, próprio do gato, relativo aos felídeos.
FE.LIZ, *adj.*, alegre, satisfeito, contente, próspero, ditoso, fagueiro, afortunado, venturoso.
FE.LI.ZAR.DO, *adj.*, tipo de muita sorte, sortudo, feliz.
FE.LO.NI.A, *s.f.*, traição, deslealdade, sem-vergonhice, safadeza.
FEL.PA, *s.f.*, saliência nos tecidos; lanugem em certas folhas e frutas; penugem em animais e pessoas.
FEL.PA.DO, *adj.*, que tem felpa.
FEL.PAR, *v.t.*, cobrir de felpa(s).

FEL.PO, *s.m.*, o mesmo que felpa; *adj.*, macio, felpudo.
FEL.PO.SO, *adj.*,(hip.) diz-se do tecido orgânico da face plantar do casco do cavalo.
FEL.PU.DO, *adj.*, em que há felpa, em que há saliências de tecido e fios.
FEL.TRA.DO, *adj.*, feito de, ou com o feitio de feltro; guarnecido de feltro.
FEL.TRA.GEM, *s.f.*, operação de feltrar; preparação do feltro.
FEL.TRAR, *v.int.*, preparar as matérias para fazer o feltro; fabricá-lo; *v.t.*, estofar; fabricar feltro.
FEL.TRO, *s.m.*, tipo de tecido mais duro, usado no acabamento de roupas e para fazer chapéus.
FÊ.MEA, *s.f.*, mulher, todo animal do sexo feminino, plugue na eletricidade.
FE.ME.EI.RO, *adj.*, diz-se do homem que vive em busca de mulheres; bordeleiro, p.ext., diz-se do animal que procura constantemente a fêmea.
FÊ.MEO, *adj.*, que se refere a feminino, que se refere a fêmea.
FE.MÍ.NEO, *adj.*, feminil, que se refere a feminino.
FE.MI.NI.DA.DE, *s.f.*, características próprias da mulher; feminilidade.
FE.MI.NI.FOR.ME, *adj.*, semelhante a fêmea; que tem forma feminina.
FE.MI.NIL, *adj.*, próprio das mulheres, feminino, feminíneo.
FE.MI.NI.LI.DA.DE, *s.f.*, característica própria da mulher.
FE.MI.NI.NO, *adj.*, característica da fêmea, da mulher; *s.m.*, designação, substantivo do gênero feminino.
FE.MI.NIS.MO, *s.m.*, ideia que busca ampliar os direitos da mulher na sociedade; luta por ampliar seus direitos em relação ao homem.
FE.MI.NIS.TA, *adj. e s. 2 gên.*, afeiçoado ao feminismo, seguidor do feminismo.
FE.MI.NI.ZA.ÇÃO, *s.f.*, ação ou efeito de feminizar, atribuição de características e modos femininos.
FE.MI.NI.ZA.DO, *adj.*, efeminado, afeminado, que tem jeito e caráter femininos.
FE.MI.NI.ZAR, *v.t. e pron.*, atribuir caracteres femininos a, tornar feminino.
FE.MO.RAL, *adj. 2 gên., Anat.*, relativo ao fêmur.
FÊ.MUR, *s.m.*, osso da coxa, o maior do esqueleto humano.
FE.NA.ÇÃO, *s.f.*, ato ou efeito de fenar.
FE.NA.GEM, *s.f.*, ato ou efeito de fenar; fenação.
FE.NA.TO, *s.m.; Quím.*, sal do ácido fênico.
FEN.DA, *s.f.*, abertura, fresta, racha, rachadura.
FEN.DE.DOR, *adj. e s.m.*, rachador, que(m) fende, furador.
FEN.DEN.TE, *adj.*, que fende; *s.m.*, cutilada forte para fender, golpe de alto a baixo.
FEN.DER, *v.t. e pron.*, abrir, rachar, dividir, separar.
FEN.DI.DO, *adj.*, que se fendeu; rachado, gretado; *s.m.*, ação ou resultado de fender(-se); abertura, fenda, greta, racha.
FEN.DI.MEN.TO, *s.m.*, ação e efeito de rachar ou rachar-se.
FE.NE.CER, *v. int.*, extinguir, terminar, murchar, fanar; morrer, falecer.
FE.NE.CI.DO, *adj.*, murchado, fanado, falecido.
FE.NE.CI.MEN.TO, *s.m.*, fim, falecimento, extinção.
FE.NI.A.NIS.MO, *s.m.*, organização secreta irlandesa, fundada em 1861 para tirar a Irlanda da dominação inglesa.
FE.NI.A.NO, *s.m.*, membro do fenianismo.
FE.NÍ.CIO, *adj. e s.m.*, referente ou habitante da Fenícia, antigo reino existente no Líbano.
FÊ.NI.CO, *adj.*, próprio do fenol.

FÊNIX ··405·· **FERRAMENTARIA**

FÊ.NIX, *s.f.*, pássaro lendário que renasce das próprias cinzas; símbolo do ser humano.
FE.NÍ.GE.NO, *adj.*, que nasce do feno; que tem a natureza do feno.
FE.NO, *s.m.*, erva usada como forragem, alimento para o gado.
FE.NOL, *s.m.*, substância usada no fabrico de corantes, explosivos.
FE.NÓ.LI.CO, *adj.*, Quím., Rel., fenol; fênico, em que há fenol.
FE.NO.LO.GI.A, *s.f.*, Biol., ciência que estuda os fenômenos do desenvolvimento vegetal ou animal nas suas relações com o clima.
FE.NO.LO.GIS.TA, *adj. 2 gên.*, que trata de fenologia; *s. 2 gên.*, pessoa que se dedica à fenologia.
FE.NO.ME.NAL, *adj.*, incomum, extraordinário, espetacular.
FE.NO.ME.NA.LI.DA.DE, *s.f.*, ação própria de atividades que criam o fenômeno, espetáculo, mágica.
FE.NO.ME.NA.LIS.MO, *s.m.*, doutrina filosófica que considera somente fenômenos, isto é, aquilo que podemos perceber pelos sentidos.
FE.NÔ.ME.NO, *s.m.*, maravilha, algo raro, tudo que foge ao cotidiano; coisa fora do comum, mudanças que os corpos sofrem por interferências alheias.
FE.NO.ME.NO.LO.GI.A, *s.f.*, exposição escrita ou oral, enfocando fenômenos, estudos de todo o sistema fenomenológico, e buscando as origens e suas variantes.
FE.NO.ME.NO.LÓ.GI.CO, *adj.*, que se refere a fenômenos.
FE.NÓ.TI.PO, *s.m.*, característica de indivíduos pertencentes a um mesmo grupo, possuidores de semelhanças exteriores, mas diferentes pelo genótipo.
FE.RA, *s.f.*, todo animal feroz e carnívoro; *fig.*, indivíduo cruel e perverso.
FE.RAZ, *adj.*, fértil, produtivo, fecundo.
FÉ.RE.TRO, *s.m.*, caixão mortuário, esquife.
FE.RE.ZA, *s.f.*, ferocidade, crueldade, perversidade, maldade, atrocidade.
FÉ.RIA, *s.f.*, o que se recebe por uma semana; soma do que se vende num dia.
FE.RI.A.DÃO, *s.m.*, *pop.*, feriado no meio da semana, cuja folga se prolonga com o fim de semana.
FE.RI.A.DO, *s.m.*, dia de folga, dia em que não se trabalha.
FE.RI.AL, *adj.*, que se refere a férias, que se liga aos feriados e dias de trabalho.
FE.RI.AR, *v.t., int. e pron.*, passar férias, gozar férias, descansar, repousar do trabalho.
FÉ.RI.AS, *s.f., pl.*, descanso, repouso; período de 30 dias, durante os quais o trabalhador ganha o pagamento e deve ficar em repouso.
FE.RI.Á.VEL, *adj.*, que pode ser tomado como feriado, facultativo.
FE.RI.DA, *s.f.*, ferimento, machucadura, lesão corporal.
FE.RI.DA.GEM, *s.f.*, *bras.*, manifestação sucessiva ou simultânea de muitas feridas; furunculose.
FE.RI.DEN.TO, *adj.,bras.*, coberto ou cheio de feridas.
FE.RI.DO, *adj.*, machucado, lesionado, ofendido.
FE.RI.DOR, *adj. e s.m.*, que ou aquele que fere ou provoca ferimento.
FE.RI.MEN.TO, *s.m.*, machucadura, ferida.
FE.RI.NO, *adj.*, como uma fera, sarcástico, cruel, viperino.
FE.RIR, *v.t. e pron.*, provocar ferida, machucar, lesionar; ofender, magoar.
FER.MA.TA, *s.f.*, parada rápida na execução de uma nota musical, para ênfase ou sonorização maior dos executores musicantes; *fig.*, parada breve, paradinha.
FER.MEN.TA.ÇÃO, *s.f.*, transformação de uma massa em decorrência da presença de outro corpo, inchação.
FER.MEN.TÁ.CEO, *adj.*, fermentante, que fermenta, que se agita e decompõe em substância diferente.
FER.MEN.TA.DO, *adj.*, que sofreu a ação de fermento, levedado, crescido por fermento.
FER.MEN.TA.DOR, *adj. e s.m.*, que(m) fermenta, levedador, produto que provoca a fermentação; *fig.*, que(m) provoca o crescimento em uma pessoa ou em um grupo.
FER.MEN.TAN.TE, *adj.*, que está em fermentação ou a promove.
FER.MEN.TAR, *v.t. e int.*, provocar fermentação em, levedar; *fig.*, fazer crescer pessoas, mudar a situação de um grupo religioso ou social.
FER.MEN.TA.TI.VO, *adj.*, que provoca fermentação, que leva a fermentar.
FER.MEN.TÁ.VEL, *adj.*, que pode ser fermentado, que possui as condições para ser fermentado.
FER.MEN.TO, *s.m.*, produto que fermenta, que provoca levedura.
FER.MEN.TO.SO, *adj.*, que faz a fermentação, levedoso.
FÉR.MIO, *s.m.*, Quím., elemento químico artificial, metálico radioativo, grupo dos actinídeos, de número atômico 100, massa atômica 253; símb.: Fm.
FER.MO.SO, *adj., ant. e pop.*, formoso.
FE.RO, *adj.*, feroz, bravio, selvagem, bruto, forte, enérgico, robusto.
FE.RO.CI.DA.DE, *s.f.*, qualidade do que é feroz, atrocidade, crueldade.
FE.RO.MO.NAL, *adj.*, relativo a feromônio (atividade feromonal).
FE.RO.MÔ.NIO, *s.m.*, Biol., substância química secretada no ambiente por insetos e mamíferos, e que age como atraente sexual ou como marcador de trilhas; ferormônio.
FE.ROZ, *adj.*, típico de fera, cruel, perverso, desalmado.
FER.RA.BRÁS, *s. 2 gên.*, quem conta vantagens, valentão, metido a bravatas.
FER.RA.ÇÃO, *s.f.*, ação ou resultado de ferrar; ferragem.
FER.RA.DO, *adj.*, que usa ferradura, *pop.*, que se deu mal, azarado.
FER.RA.DOR, *s.m.*, quem ferra cavalgaduras, quem ferra animais.
FER.RA.DU.RA, *s.f.*, peça de metal que se engata nos cascos das cavalgaduras.
FER.RA.GEI.RO, *s.m.*, ferragista, negociante de ferro, sucata.
FER.RA.GEM, *s.f.*, porção de peças de ferro para uma construção, ferro de modo geral.
FER.RA.GIS.TA, *s. 2 gên.*, empresário que mantém um comércio de ferros, vendedor e comprador de materiais de ferro.
FER.RA.JÃO, *s.m.*, *bras.*, carbonato sem valor, que indica a presença de pedras preciosas em terrenos diamantíferos.
FER.RA.JA.RI.A, *s.f.*, fábrica de ferragens.
FER.RA.MEN.TA, *s.f.*, todo utensílio para o trabalho.
FER.RA.MEN.TAL, *s.m.*, conjunto de instrumentos usado em qualquer profissão.
FER.RA.MEN.TAR, *v. int.*, colocar ferramentas, fornecer ferramentas.
FER.RA.MEN.TA.RI.A, *s.f.*, fábrica de ferramentas; loja em

que se vendem ferramentas.
FER.RA.MEN.TEI.RO, *s.m.*, pessoa especializada no fabrico de ferramentas.
FER.RÃO, *s.m.*, ponta de ferro, aguilhão; membro de insetos para picar.
FER.RAR, *v.t.*, colocar ferradura, colocar a marca com ferro aquecido.
FER.RA.RI.A, *s.f.*, oficina de ferreiro, que trabalha com ferro.
FER.REI.RO, *s.m.*, profissional que molda ferro para fabricar peças.
FER.RE.NHO, *adj.*, teimoso, obstinado, pertinaz, duro.
FÉR.REO, *adj.*, próprio do ferro, feito de ferro; duro.
FER.RE.TA, *s.f.*, ferrão pequeno; ferrão, pua.
FER.RE.TAR, *v.t.*, ferretear, estigmatizar com ferrete, marcar com ferrete; *fig.*, manchar a honra, macular o bom nome de uma pessoa.
FER.RE.TE, *s.m.*, instrumento de ferro para marcar o gado e com o qual, outrora, marcavam-se os escravos.
FER.RE.TE.A.MEN.TO, *s.m.*, ato ou efeito de ferretear.
FER.RE.TE.AN.TE, *adj.*, que ferreteia.
FER.RE.TE.AR, *v.t.*, marcar com ferrete; *fig.*, desonrar, estigmatizar.
FER.RE.TO.AR, *v.t.*, picar com ferrão; *fig.*, dirigir palavras de grande censura ou com alusões picantes.
FÉR.RI.CO, *adj.*, que tem composição com ferro, que se refere a ferro.
FER.RÍ.FE.RO, *adj.*, que tem ferro, que produz ferro.
FER.RI.FI.CA.ÇÃO, *s.f.*, ação ou efeito de formar o ferro, revestimento de algum objeto com ferro.
FER.RI.CA.DO, *adj.*, revestido com ferro, composto de ferro.
FER.RI.CO.QUE, *s.m.*, homem baixo.
FER.RÍ.DEOS, *s.m., pl.*, Quím., família de corpos simples, que têm por tipo o ferro.
FER.RI.TA, *s.f.*, Miner., hidróxido de ferro amorfo; ferro, com pequena porção de carbono.
FER.RO, *s.m.*, metal muito duro, eletrodoméstico usado para passar roupas.
FER.RO.A.DA, *s.f.*, picada de inseto, mordida.
FER.RO.A.DO, *adj.*, furado, picado com ferrão, ferretado, aguilhoado.
FER.RO.AR, *v.t.*, picar com o ferrão, furar.
FER.RO-DO.CE, *s.m.*, tipo de ferro-gusa.
FER.RO-GU.SA, *s.m.*, ferro obtido na fundição com acabamento primário.
FER.RO.LHAR, *v.t.*, fechar com ferrolho; aferrolhar, enferrolhar; *fig.*, prender, segurar.
FER.RO.LHO, *s.m.*, trava, ferro para fechar a porta, aldrava de ferro.
FER.RO.SO, *adj.*, com ferro, feito de ferro.
FER.RO-VE.LHO, *s.m.*, comércio de sucata, de resíduos de ferro.
FER.RO.VI.A, *s.f.*, caminho de ferro, estrada para o trem.
FER.RO.VI.AL, *adj.*, o mesmo que ferroviário.
FER.RO.VI.Á.RIO, *s.m.*, indivíduo que trabalha em trens e ferrovias.
FER.RU.GEM, *s.f.*, oxidação, óxido formado na superfície de metais.
FER.RU.GEN.TO, *adj.*, cheio de ferrugem, enferrujado.
FER.RU.GÍ.NEO, *adj.*, que tem a cor do ferro, que se assemelha a ferro, escuro, ferroso.
FER.RU.GI.NO.SI.DA.DE, *s.f.*, o que é ferruginoso, qualidade do objeto que demonstra ser ferruginoso.
FER.RU.GI.NO.SO, *adj.*, cheio de ferrugem, ferroso.
FER.RU.JÃO, *s.m.*, doença dos bois, caracterizada pela incontinência das urinas.
FÉR.TIL, *adj.*, fecundo, produtor, produtivo.
FER.TI.LI.DA.DE, *s.f.*, fecundidade.
FER.TI.LI.ZA.ÇÃO, *s.f.*, ação ou efeito de fertilizar, fecundação.
FER.TI.LI.ZA.DO, *adj.*, fecundado, tornado fértil, adubado.
FER.TI.LI.ZA.DOR, *adj.* e *s.m.*, que ou aquele que fertiliza.
FER.TI.LI.ZAN.TE, *s.m.*, substância que fertiliza, adubo.
FER.TI.LI.ZAR, *v.t.* e *int.*, fecundar, tornar fértil.
FER.TI.LI.ZÁ.VEL, *adj.*, que pode ser fertilizado, fecundável.
FÉ.RU.LA, *s.f.*, Bot., nome de ervas do gênero *Ferula*, do Mediterrâneo e Ásia Central, ornamentais e muitas são chamadas de assa-fétida, de uso medicinal; *fig.* o mesmo que palmatória.
FE.RU.LÁ.CEO, *adj.*, Bot., semelhante à planta chamada férula ou que tem as propriedades dela.
FER.VE.ÇÃO, *s.f., gír.*, animação, agitação encontrada em festas.
FER.VE.DOU.RO, *s.m.*, aglomerado humano com agitação, movimento nervoso e intenso de seres; var., fervedoiro.
FER.VE.DU.RA, *s.f.*, fervura; fervedouro.
FER.VEN.TA.DO, *adj.*, que sofreu ferventação, o mesmo que afenventado.
FER.VEN.TAR, *v. int.*, aferventar, dar uma fervida leve; *fig.*, apressar, instigar.
FER.VEN.TE, *adj.*, que ferve, quente; exaltado.
FER.VER, *v. int.*, entrar em ebulição; estar com muita paixão.
FER.VES.CEN.TE, *adj.*, efervescente, abrasador, quente; *fig.*, fervoroso, estimulado, apaixonado.
FER.VI.DO, *adj.*, que ferveu.
FÉR.VI.DO, *adj.*, muito quente, agitado, nervoso; *fig.*, muito sentimental, com muito calor humano.
FER.VI.LHA.ÇÃO, *s.f.*, ato de fervilhar.
FER.VI.LHA.MEN.TO, *s.m.*, agitação, azáfama, correria.
FER.VI.LHA.DO, *adj.*, fervido, agitado; *fig.*, estimulante.
FER.VI.LHAN.TE, *adj.* 2 *gên.*, que fervilha, que sofre fervilhamento; que se encontra muito cheio, movimentado.
FER.VI.LHAR, *v. int.*, ferver de leve, esquentar; *fig.*, haver muita agitação.
FER.VO, *s.m.*, RS, situação de conflito; tumulto; desordem.
FER.VOR, *s.m.*, devoção, zelo, carisma.
FER.VO.RAR, *v.t.* e *pron.*, afervorar(-se), estimular(-se).
FER.VO.RO.SO, *adj.*, piedoso, ativo, com zelo, carismático.
FER.VU.RA, *s.f.*, ação ou resultado de ferver; *fig.*, estado de excitação, de exaltação.
FES.TA, *s.f.*, diversão, entretenimento, encontro para a diversão.
FES.TAN.ÇA, *s.f.*, festa muito grande.
FES.TÃO, *s.m.*, festa muito grande, festança.
FES.TAR, *v. int.*, divertir-se, participar de festas, festejar, celebrar.
FES.TEI.RO, *adj.* e *s.m.*, que(m) faz muitas festas; dirigente de festas.
FES.TE.JA.DO, *adj.*, celebrado, comemorado.
FES.TE.JA.DOR, *adj.* e *s.m.*, festeiro, celebrador, divertido.
FES.TE.JAN.TE, *adj.* e *s.* 2 *gên.*, que ou aquele que festeja; festejador.
FES.TE.JAR, *v.t.*, celebrar, comemorar, fazer uma festa.

FESTEJÁVEL ·· 407 ·· **FÍBULA**

FES.TE.JÁ.VEL, *adj.*, que merece ser festejado; que se pode festejar.

FES.TE.JO, *s.m.*, festa; recepção agradável, carinho.

FES.TIM, *s.m.*, festinha, banquete; balas de festim - somente com pólvora.

FES.TI.VAL, *s.m.*, grande festa; espetáculo.

FES.TI.VI.DA.DE, *s.f.*, comemoração, celebração, festa periódica.

FES.TI.VO, *adj.*, contente, satisfeito, alegre.

FES.TO, *s.m.*, enfesto, a largura de um tecido; a largura e o comprimento para a compra de tecidos.

FES.TO.AR, *v.t.*, enfeitar com festões; adornar, engalanar, engrinaldar.

FES.TO.NA.DO, *adj.*, adornado com festões; festoado; semelhante a festão.

FE.TAL, *adj.*, que se relaciona com feto, referente a feto.

FE.TI.CHE, *s.m.*, objeto com poderes mágicos.

FE.TI.CHIS.MO, *s.m.*, adoração a fetiches.

FE.TI.CHIS.TA, *s. 2 gên.*, feiticista, bruxo, bruxa; que(m) pratica o fetichismo.

FE.TI.CHI.ZA.ÇÃO, *s.f.*, ação de fetichizar, pôr o fetichismo como meta de seus atos.

FE.TI.CHI.ZA.DO, *adj.*, supersticioso, que aceita os poderes do fetichismo.

FE.TI.CHI.ZAR, *v.t.*, basear as crenças pessoais em fetiches, tornar-se supersticioso.

FE.TI.CI.DA, *adj.*, diz-se de procedimento que provoca a morte do feto; *s. 2 gên.*, o procedimento ou aquele que provoca a morte do feto.

FE.TI.CÍ.DIO, *s.m.*, infanticídio, aborto com morte do feto.

FE.TI.DEZ, *s.f.*, característica, qualidade ou estado de fétido; odor extremamente desagradável, repugnante; fedor; fedentina.

FÉ.TI.DO, *adj.*, fedorento, malcheiroso, catinguento.

FE.TO, *s.m.*, embrião, concepção inicial de qualquer ser vertebrado.

FEU.DAL, *adj.*, próprio do feudalismo.

FEU.DA.LIS.MO, *s.m.*, sistema político-social e religioso da Idade Média, no qual os investidos deviam pagar renda e ajuda militar ao senhor.

FEU.DA.LIS.TA, *s. 2 gên.*, adepto do feudalismo; que(m) pratica e defende o feudalismo.

FEU.DA.LI.ZA.ÇÃO, *s.f.*, ação ou resultado de tornar(-se) feudal.

FEU.DA.LI.ZA.DO, *adj.*, tornado feudal, transformado em feudal.

FEU.DA.LI.ZAR, *v. int.*, dar forma e jeito de feudal, impor uma administração feudal, governar à maneira do feudalismo.

FEU.DA.TÁ.RIO, *adj.*, vassalo, súdito do senhor feudal.

FEU.DIS.TA, *s. 2 gên.*, pessoa versada em matéria de feudos.

FEU.DO, *s.m.*, área de terra que o senhor entregava a um vassalo, para que a cultivasse e lhe pagasse renda.

FE.VE.REI.RO, *s.m.*, o segundo mês do ano, com 28 dias nos anos normais e 29 nos bissextos.

FEZ, *s.m.*, boné, barrete usado pelos turcos.

FE.VRA, *s.f.*, o mesmo que febra ou fibra.

FE.VRO.SO, *adj.*, que tem fevras; fibroso.

FEZ[1], (é) *s.f.*, o mesmo que fezes.

FEZ[2], (é) *s.m.*, barrete mourisco.

FE.ZES, *s.f. pl.*, excrementos, resíduos fecais.

FE.ZI.NHA, *s.f.*, pouca fé; *bras., pop.*, aposta (na loteria) de pequeno valor.

FGTS - sigla de Fundo de Garantia por Tempo de Serviço, percentual de 8% do salário que o empregador deposita em conta vinculada em favor do empregado, todo mês.

FI, *s.m.*, a 21.ª letra do á-bê-cê grego (Φ).

FI.A.BI.LI.DA.DE, *s.f.*, qualidade do que é fiável; confiabilidade.

FI.A.ÇÃO, *s.f.*, ação ou efeito de fiar, indústria que produz fios, conjunto de fios.

FI.A.CRE, *s.m.*, carruagem pequena, tipo de táxi de antigamente.

FI.A.DA, *s.f.*, enfiada, carreira de tijolos ou pedras em qualquer construção.

FI.A.DEI.RA, *s.f.*, fiandeira, profissional que trabalha em fiação.

FI.A.DO, *adj.*, que se vendeu a crédito, adquirido para pagar depois.

FI.A.DOR, *s.m.*, pessoa que assina para pagar o aluguel se o locatário não o fizer.

FI.A.DO.RI.A, *s.f.*, fiança, ato de abonar um indivíduo.

FI.AM.BRE, *s.m.*, carne (presunto) preparada para ser consumida fria.

FI.AM.BREI.RO, *s.m.*, caixa para guardar fiambre.

FI.AN.ÇA, *s.f.*, contrato no qual alguém assina como fiador.

FI.AN.DEI.RA, *s.f.*, operária que trabalha na fiação; pessoa que maneja tear manual.

FI.AN.DEI.RO, *s.m.*, operário que trabalha na fiação, quem trabalha com um tear manual.

FI.AN.GO, *s.m., bras.*, NE, rede velha; pequena rede de viagem.

FI.A.PO, *s.m.*, resíduo de fio, fiozinho, resto de fio.

FI.AR, *v. int.*, tecer, colocar o fio; *v.t.*, ser o fiador, assegurar, garantir.

FI.AS.CO, *s.m.*, fracasso, malogro, vexame, derrota.

FI.Á.VEL, *adj.*, tecível, que pode ser fiado.

FI.BRA, *s.f.*, filamento que entra na composição do organismo de seres vivos, filamento; *fig.*, energia, força, vida, resistência, caráter.

FI.BRAU.RE.A, *s.f.*, Bot., gênero de plantas menispermáceas da Ásia Tropical e Malásia.

FI.BRI.LA.ÇÃO, *s.f.*, movimentos rápidos e descompassados dos músculos.

FI.BRI.LA.DO, *adj.*, movimentado, mexido, corrido.

FI.BRI.LAR, *v. int.*, fazer movimentos rápidos, mexer-se com rapidez.

FI.BRI.LHA, *s.f.*, fibra muito fina e curta.

FI.BRI.LÍ.FE.RO, *adj.*, que tem grande quantidade de filamentos ou fibras.

FI.BRI.LO.SO, *adj.*, formado pela reunião de muitas fibras; em que há muito filamentos.

FI.BRI.NA, *s.f.*, Bioq., proteína fibrosa insolúvel que se forma no local de uma lesão durante a coagulação sanguínea.

FI.BRI.NO, *adj.*, que pertence ou tem relação com as fibras.

FI.BROI.DE, *adj., s. 2 gên.*, com jeito de fibra, parecido com fibra.

FI.BRO.MA, *s.m.*, tumor benigno.

FI.BRO.SE, *s.f.*, defeito nas fibras, problemas com as fibras.

FI.BRO.SO, *adj.*, feito de fibras, que tem muitas fibras.

FÍ.BU.LA, *s.f.*, Anat., osso que forma, com a tíbia, o esqueleto da perna; alfinete ou pequena fivela.

FI.CAR, *v. int.*, parar, fixar, permanecer, estar fixo; namorar durante curtíssimo tempo.
FIC.ÇÃO, *s.f.*, simulação, criação, produto da imaginação; fantasia literária.
FIC.CI.O.NIS.TA, *adj. 2 gên.*, relativo a ficção; diz-se de quem cria obras de ficção; *s. 2 gên.*, autor de ficção.
FI.CHA, *s.f.*, cadastro, cartão com anotações, inscrição, arquivo.
FI.CHA.DO, *adj.*, colocado, registrado, anotado.
FI.CHAR, *v.t.*, colocar em ficha, registrar.
FI.CHÁ.RIO, *s.m.*, coleção de fichas, local em que se colocam as fichas.
FIC.TÍ.CIO, *adj.*, imaginário, criativo, inventivo.
FIC.TO, *adj.*, fingido, ilusório, criado, inventado.
FÍ.CUS, *s.m.*, árvore ornamental de grande porte, da família das figueiras.
FI.DAL.GA, *s.f.*, mulher de fidalgo; mulher nobre; certa variedade de pera saborosa.
FI.DAL.GAL, *adj. 2 gên.*, relativo a fidalgo; próprio de fidalgo; fidalguesco.
FI.DAL.GO, *s.m.*, homem de classe nobre, generoso, polido, educado.
FI.DAL.GO.TE, *s.m.*, diminutivo de fidalgo, fidalgo depauperado.
FI.DAL.GUE.TE, *s.m.*, fidalgo de somenos; fidalgote.
FI.DAL.GUI.A, *s.f.*, nobreza, generosidade, boas maneiras.
FI.DAL.GUI.CE, *s.f.*, maneiras de fidalgo; impostura; conjunto de etiquetas inúteis.
FI.DE.DIG.NI.DA.DE, *s.f.*, honradez, dignidade, correção, fé pública.
FI.DE.DIG.NO, *adj.*, digno, digno de fé, honrado, correto.
FI.DEI.CO.MIS.SO, *s.m.*, documento escrito, pelo qual um herdeiro ou legatário é encarregado de repassar, por morte, a herança ou o legado.
FI.DE.ÍS.MO, *s.m.*, Rel., doutrina teológica que prega a verdade baseada apenas na fé, sem levar em conta a razão.
FI.DE.LI.DA.DE, *s.f.*, qualidade do que é fiel, lealdade, justeza.
FI.DE.LIS.MO, *s.m.*, Pol., teoria e prática política de Fidel Castro, castrismo.
FI.DE.LI.ZA.DO, *adj.*, tornado fiel, clientelado, que se mantém com alguém, ligado.
FI.DE.LI.ZAR, *v.t.*, tornar fiel, tornar cliente.
FI.DO, *adj.*, fiel, leal, firme, constante.
FI.DÚ.CIA, *s.f.*, gesto confiante; *bras., pop.*, atrevimento, audácia; vaidade, presunção.
FI.DU.CI.AL, *adj.*, que se refere a fidúcia.
FI.DU.CI.Á.RIO, *adj.*, que traz confiança, que é confiável, garantido por lei.
FI.EI.RA, *s.f.*, linha, barbante usado para fazer o pião rodar, corda, cordel.
FI.ÉIS, *s.m., pl.*, Rel., aqueles que seguem os ensinamentos de uma religião; crentes.
FI.EL, *adj.*, correto, cumpridor do prometido, leal, pontual, perseverante; *s.m.*, seguidor de um credo religioso, crente, adepto; ponteiro para indicar o equilíbrio exato na balança.
FI.E.ZA, *s.f.*, Poét. e p. us., confiança.
FI.FÓ, *s.m.*, BA, MG, pequeno lampião a querosene com pavio.
FI.GA, *s.f.*, amuleto, sinal feito com a mão, talismã.
FI.GA.DAL, *adj.*, próprio do fígado, intenso, íntimo, profundo.

FÍ.GA.DO, *s.m.*, glândula visceral que exerce várias atividades no organismo.
FI.GA.RO, *s.m.*, barbeiro, cabeleireiro.
FI.GO, *s.m.*, fruto da figueira.
FI.GUEI.RA, *s.f.*, planta que produz figos; figueira selvagem, grande árvore das matas.
FI.GUEI.RAL, *s.m.*, bosque de figueiras, conjunto de figueiras.
FI.GU.RA, *s.f.*, parte externa de todo corpo, imagem, personagem, vulto, feição; espaço limitado.
FI.GU.RA.ÇA, *s.f.*, figura notável, alguém que é dado a muitas ostentações.
FI.GU.RA.ÇÃO, *s.f.*, ato de figurar, aparência, imagem; papel em uma representação cênica.
FI.GU.RA.DO, *adj.*, imaginado, representado, projetado.
FI.GU.RAL, *adj. 2 gên.*, que diz respeito a figura.
FI.GU.RAN.TE, *s. 2 gên.*, personagem, ator que participa de um filme, novela com pouca ação.
FI.GU.RÃO, *s.m.*, tipo metido a importante, indivíduo importante.
FI.GU.RAR, *v.t. e pron.*, desenhar, representar, esboçar, simbolizar.
FI.GU.RA.TI.VO, *adj.*, representativo, irreal, fantasioso, conotativo, simbólico.
FI.GU.RÁ.VEL, *adj.*, que pode ser figurado, simbolizável.
FI.GU.RE.TA, *s.f.*, figura pequena, sem valor.
FI.GU.RI.LHA, *s.f.*, estátua, pequena figura, estatueta.
FI.GU.RI.NHA, *s.f.*, pequena figura, gravura para coleções.
FI.GU.RI.NIS.TA, *s. 2 gên.*, quem projeta figurinos.
FI.GU.RI.NO, *s.m.*, desenho de um vestido, projeção do traje da moda.
FI.GU.RIS.MO, *s.m.*, Rel., corrente de interpretação dos fatos narrados na Bíblia como uma alegoria.
FI.GU.RIS.TA, *adj. 2 gên. e s. 2 gên.*, diz-se de, ou aquele que cria e/ou desenha figurinos (vestuário).
FI.GU.RIS.TA, *s. 2 gên.*, quem pinta melhor figuras humanas, pintor de pessoas.
FI.JI.A.NO, *adj. e s.m.*, habitante ou referente às Ilhas Fiji, na Oceania.
FI.LA, *s.f.*, fileira, pessoas alinhadas uma após a outra; *s.m.*, tipo de cão brasileiro.
FI.LA.MEN.TAR, *adj.*, que se refere a filamentos, que se constitui por filamentos.
FI.LA.MEN.TO, *s.m.*, fio muito fino, fio que se incandesce dentro das lâmpadas.
FI.LA.MEN.TO.SO, *adj.*, filamentar, que contém muitos filamentos.
FI.LAN.ÇA, *s.f., bras.*, ação de filar, de cravar, de pedir dinheiro; parasitismo.
FI.LAN.TE, *s. 2 gên.*, indivíduo que busca obter as coisas sem pagar nada, às expensas dos outros.
FI.LAN.TRO.PI.A, *s.f.*, altruísmo, amor à Humanidade, dedicação ao homem.
FI.LAN.TRÓ.PI.CO, *adj.*, próprio de quem pratica a filantropia.
FI.LAN.TRO.PIS.MO, *s.m.*, altruísmo, caridade material, ajuda com bens materiais.
FI.LAN.TRO.PO, *s.m. e adj.*, amigo da Humanidade, que pratica a filantropia.
FI.LÃO, *s.m.*, veio, fonte, origem; *pop.*, quem gosta de consumir o alheio.
FI.LAR, *v.t., int. e pron.*, obter de graça, deixar os outros pagarem.

FILARÍASE

FI.LA.RÍ.A.SE, *s.f.*, Med., patologia causada pela presença de filárias no organismo, responsável pela elefantíase, hidrocele quilosa, etc.; filariose.

FI.LA.RI.CI.DA, *adj. e s.m.*, Med., que destrói filárias.

FI.LA.RI.O.SE, *s.f.*, *bras.*, filaríase.

FI.LAR.MÔ.NI.CA, *s.f.*, orquestra sinfônica, associação ou sociedade musical para música clássica.

FI.LAR.MÔ.NI.CO, *adj.*, referente a uma filarmônica.

FI.LA.TE.LI.A, *s.f.*, estudo e atração por selos postais.

FI.LA.TÉ.LI.CO, *adj.*, relativo ou inerente a filatelia.

FI.LA.TE.LIS.MO, *s.m.*, gosto pela filatelia; prática da filatelia.

FI.LA.TE.LIS.TA, *s. 2 gén.*, colecionador e estudioso de selos postais.

FI.LÁU.CIA, *s.f.*, egoísmo, presunção, vaidade.

FI.LÉ, *s.m.*, churrasco, parte macia de carne bovina, bife; *pop.*, algo saboroso.

FI.LEI.RA, *s.f.*, fila, renque, objetos ou seres colocados em linha; carreira.

FI.LE.LE.NO, *adj. e s.m.*, que ou o que se interessa das coisas gregas, que é amigo dos gregos, e particularmente dos modernos.

FI.LÉ-MI.GNON, *s.m.*, carne muito macia do lombo bovino, suíno; *fig.*, algo muito gostoso.

FI.LE.TAR, *v.int.*, traçar desenhos, linhas muito finas.

FI.LE.TE, *s.m.*, fio fino, adorno, pouquíssima quantidade de.

FI.LHA, *s.f.*, pessoa feminina em relação aos pais.

FI.LHA.ÇÃO, *s.f.*, prole, filharada; descendência.

FI.LHA.DA, *s.f.*, ato de filhar; filha; Dir., tomada de terras ou apreensão de bens.

FI.LHA.DO, *adj. e s.m.*, que ou o que se filiou; *s.m.*, membro, sócio.

FI.LHA.DOR, *s.m.*, aquele que filha, que perfilha.

FI.LHAR, *v.t.*, adotar como filho; perfilhar; apanhar, colher; *v.int.*, Bot., brotar.

FI.LHA.RA.DA, *s.f.*, prole, conjunto dos filhos de um casal.

FI.LHI.NHO, *s.m.*, filho pequeno ou de pouca idade.

FI.LHO, *s.m.*, ser masculino com referência aos pais; *fig.*, originário.

FI.LHÓ, *s.m.*, bolo de farinha com ovos, sendo frito no azeite e coberto de açúcar.

FI.LHO.TE, *s.m.*, filho pequeno, filho de animal, animalzinho.

FI.LHO.TI.NHO, *s.m.*, *bras.*, dim. de filhote; o mesmo que filhote (peixe).

FI.LHO.TIS.MO, *s.m.*, favoritismo, privilégios, benesses especiais.

FI.LI.A.ÇÃO, *s.f.*, linhagem, ser filho de, descendência.

FI.LI.A.DO, *adj.*, que se filiou (a uma associação, agremiação, grupo social, etc.); afiliado.

FI.LI.AL, *adj.*, referente a filho; sucursal, casa comercial que depende da matriz.

FI.LI.AR, *v.t. e pron.*, inscrever em, adotar, aceitar.

FI.LI.CI.DA, *s. 2 gén.*, que(m) mata o próprio filho.

FI.LI.CÍ.DIO, *s.m.*, ação de matar o próprio filho.

FI.LI.CÍ.FE.RO, *adj.*, que contém fetos fósseis ou vestígios de fetos.

FI.LI.FOR.ME, *adj.*, que tem forma de fio.

FI.LI.GRA.NA, *s.f.*, obra de ourivesaria feita com muito esmero e detalhes; qualquer marca detalhada e fina, que oferece dificuldade para ser percebida.

FI.LI.GRA.NAR, *v. int.*, desenhar filigranas, realizar atividades com muitos detalhes.

FILTRO

FI.LI.GRA.NEI.RO, *adj. e s.m.*, que ou o que trabalha em filigrana.

FI.LI.GRA.NIS.TA, *s. 2 gén.*, o mesmo que filigraneiro.

FI.LI.PE.TA, *s.f.*, *bras. pop.*, pequeno impresso de publicidade que divulga eventos culturais em geral.

FI.LÍ.PI.CA, *s.f.*, diatribe, discurso violento e destruidor; discurso histórico que Demóstenes pronunciou contra Felipe da Macedônia.

FI.LI.PI.NO, *adj. e s.m.*, referente, nascido ou habitante das Filipinas.

FI.LIS.TEU, *adj., s.m.*, povo semita, referido pela Bíblia como vizinho dos hebreus, com os quais esteve sempre em desavenças, sendo famoso o gigante Golias; idólatra, pagão.

FI.LIS.TRI.A, *s.f.*, folgança; flostria; brincadeira perigosa.

FI.LIS.TRI.AR, *v.int.*, fazer filistrias; flostriar.

FIL.MA.ÇÃO, *s.f.*, ação de filmar; filmagem.

FIL.MA.DO, *adj.*, que está feito em um filme, captado, reproduzido.

FIL.MA.DO.RA, *s.f.*, aparelho para filmar.

FIL.MA.GEM, *s.f.*, Cin., Telev., ação ou resultado de filmar.

FIL.MAR, *v.t.*, captar imagens em película por reprodução, mantendo os movimentos e falas.

FIL.ME, *s.m.*, rolo de fita apropriada para captar imagens, para tirar fotos.

FIL.MO.TE.CA, *s.f.*, ambiente próprio para guardar filmes, coleção de filmes.

FI.LÓ, *s.m.*, tecido fino, transparente e com rendas.

FI.LO.GE.NI.A, *s.f.*, estudo da História e evolução de uma raça, em suas melhorias.

FI.LO.LO.GI.A, *s.f.*, ciência que estuda a língua, a literatura e a cultura de um povo.

FI.LO.LÓ.GI.CO, *adj.*, que se refere a Filologia.

FI.LÓ.LO.GO, *s.m.*, estudioso de Filologia.

FI.LO.ME.LA, *s.f.*, Poét., o rouxinol.

FI.LO.SO.FAL, *adj.*, o mesmo que filosófico.

FI.LO.SO.FAN.TE, *adj. 2 gén.*, que é dado a filosofar; Irôn., diz-se de quem fala pretendendo-se sapiente; *s. 2 gén.*, esse indivíduo.

FI.LO.SO.FAR, *v. int.*, pensar, raciocinar, cogitar, cismar.

FI.LO.SO.FAS.TRO, *s.m.*, filósofo desastrado, que discorre desacertadamente; pretenso filósofo.

FI.LO.SO.FI.A, *s.f.*, análise de todos os pensamentos humanos e suas relações, tipo de vida.

FI.LO.SO.FI.CE, *s.f.*, qualidade de quem filosofa superficialmente, de maneira tola.

FI.LO.SÓ.FI.CO, *adj.*, que se refere a Filosofia.

FI.LO.SO.FIS.MO, *s.m.*, mania de filosofar, falsa filosofia.

FI.LÓ.SO.FO, *s.m.*, estudioso de Filosofia, pensador, sábio, raciocinador.

FIL.TRA.ÇÃO, *s.f.*, ato de filtrar, purificação, limpeza.

FIL.TRA.DO, *adj.*, limpo, purificado, coado.

FIL.TRA.GEM, *s.f.*, passagem de líquido por filtro, no qual corpos estranhos são retidos; redução ou especificação de passagem de luz, ruído, calor, etc., por algo; *fig.*, separação do que é essencial.

FIL.TRA.MEN.TO, *s.m.*, o mesmo que filtração.

FIL.TRAN.TE, *adj.*, que filtra; filtrador.

FIL.TRAR, *v.t., int. e pron.*, coar, limpar, purificar.

FIL.TRÁ.VEL, *adj.*, que pode ser filtrado, coável.

FIL.TREI.RO, *s.m.*, aparelho para fazer filtragem; filtro.

FIL.TRO, *s.m.*, material usado para purificar líquidos; objeto

FIM ·· 410 ·· FISICALISMO

de barro para purificar água em casa.
FIM, *s.m.*, conclusão, término; limite, estrema; objetivo, intuito, propósito.
FÍM.BRIA, *s.f.*, orla, borda, bainha.
FIM.BRI.A.DO, *adj.*, orlado, margeado.
FIM.BRI.AR, *v.t.*, enfeitar com fímbria ou algo similar; franjar.
FI.MEN.TO, *s.m.*, *ant.*, limite comum de herdades; confinidade, estrema; também se dizia afimento.
FI.MO.SE, *s.f.*, aperto no prepúcio, impedindo que a glande do pênis fique livre.
FI.NA.DO, *s.m. e adj.*, falecido, defunto; que morreu.
FI.NAL, *adj.*, conclusivo, terminal, derradeiro.
FI.NA.LI.DA.DE, *s.f.*, objetivo, propósito, intenção.
FI.NA.LÍS.SI.MA, *s.f.*, a atividade final e última de qualquer competição.
FI.NA.LIS.TA, *s. 2 gên.*, quem se classifica para a última prova, atividade.
FI.NA.LÍS.TI.CO, *adj.*, relativo a final; que tem fim em si mesmo.
FI.NA.LI.ZA.ÇÃO, *s.f.*, término, encerramento, acabamento.
FI.NA.LI.ZA.DO, *adj.*, terminado, encerrado, acabado.
FI.NA.LI.ZA.DOR, *adj. e s.m.*, que ou o que finaliza, que ou o que faz acabar, que termina.
FI.NA.LI.ZAR, *v.t., int. e pron.*, terminar, acabar, ultimar, encerrar.
FI.NA.MEN.TO, *s.m.*, ato de finar-se; acabamento; morte.
FI.NAN.ÇAS, *s.f., pl.*, manejo de verbas e dinheiro, recursos financeiros de uma empresa ou pessoa; situação financeira em termos de dinheiro de uma pessoa ou entidade.
FI.NAN.CEI.RA, *s.f.*, empresa que se dedica a empréstimos e pagamentos com clientes financiados.
FI.NAN.CEI.RO, *adj.*, referente a finanças.
FI.NAN.CI.A.DO, *adj.*, custeado, parcelado.
FI.NAN.CI.A.DOR, *adj. e s.m.*, que ou aquele que financia.
FI.NAN.CI.AL, *adj. 2 gên.*, ver financeiro.
FI.NAN.CI.A.MEN.TO, *s.m.*, ato de financiar, quantia que se paga em parcelas.
FI.NAN.CI.AR, *v.t.*, custear, deixar para pagar em parcelas; pagar os custos.
FI.NAN.CIS.TA, *s. 2 gên.*, indivíduo perito em finanças.
FI.NAR, *v.t.*, acabar, murchar, fenecer, findar, morrer, falecer.
FIN.CA.ÇÃO, *s.f.*, o mesmo que fincamento.
FIN.CA.DO, *adj.*, enterrado, firmado no solo, cravado, fixado.
FIN.CA.GEM, *s.f.*, fincamento.
FIN.CA.MEN.TO, *s.m.*, ação ou efeito de fincar, fixação.
FIN.CA-PÉ, *s.m.*, obstinação, firmeza, decisão.
FIN.CÃO, *s.m.*, aumentativo de finca; haste que, na posição vertical, sustenta uma armadilha para pássaros.
FIN.CAR, *v.t. e pron.*, cravar, fixar, prender, apoiar com força, firmar com força.
FIN.DA.DO, *adj.*, acabado, terminado, finalizado.
FIN.DAR, *v. int. e pron.*, acabar, terminar, finalizar.
FIN.DÁ.VEL, *adj.*, que se pode findar, terminável.
FIN.DO, *adj.*, acabado, finalizado, terminado.
FI.NÊS, *adj. e s.m.*, natural ou habitante da Finlândia.
FI.NE.ZA, *s.f.*, polidez, amabilidade, delicadeza, educação, nobreza.
FIN.GI.DO, *adj.*, hipócrita, farsante.
FIN.GI.DOR, *adj. e s.m.*, simulador, hipócrita.
FIN.GI.MEN.TO, *s.m.*, simulação, hipocrisia, falsidade, encenação.

FIN.GIR, *v.t e pron.*, simular, fantasiar, ser hipócrita, representar.
FI.NI.DA.DE, *s.f.*, que é finito, limitação.
FI.NI.NHO, *adj.*, que é muito fino; copo de cerveja fino e alto.
FI.NI.TO, *adj.*, que termina, que acaba.
FIN.LAN.DÊS, *adj.*, habitante, relativo à Finlândia.
FI.NO, *adj.*, delgado, afiado, polido, delicado, educado.
FI.NÓ.RIO, *adj.*, espertalhão, ladino, ardiloso.
FIN.TA, *s.f.*, engano, logro, tramoia.
FIN.TA.DO, *adj.*, enganado, logrado, tapeado.
FIN.TA.DOR, *adj. e s.m.*, que(m) finta, enganador, tapeador.
FIN.TAR, *v.t.*, *bras.* enganar, lograr; caloterar; *Fut.*, driblar.
FI.NU.RA, *s.f.*, polidez, gentileza; astúcia, sagacidade.
FI.O, *s.m.*, fibra, linha, filamento, fio sintético.
FI.O.LHAL, *s.m.*, lugar onde cresce o funcho, funchal.
FI.OR.DE, *s.m.*, entrada de água em uma garganta montanhosa na Escandinávia.
FI.O.TA, *s.m e adj.*, *bras.*, NE, peralvilho; janota; fiote.
FIR.MA, *s.f.*, empresa comercial ou industrial; assinatura.
FIR.MA.ÇÃO, *s.f.*, ação ou efeito de firmar, apoio, assinatura.
FIR.MA.DO, *adj.*, estabilizado, apoiado, assinado.
FIR.MA.DOR, *adj.*, que firma, dá firmeza; *s.m.*, aquele ou aquilo que firma.
FIR.MA.MEN.TO, *s.m.*, abóbada celeste, céu.
FIR.MÃO, *s.m.*, ordem assinada por autoridade muçulmana; *adj.*, *pop.*, diz-se de pessoa que se afirma após uma doença.
FIR.MAR, *v.t. e pron.*, deixar firme, estabilizar, apoiar; assinar, assinalar.
FIR.ME, *adj.*, seguro, estabilizado, alicerçado; prudente, previdente.
FIR.ME.MEN.TE, *adv.*, de um modo firme, solidamente, com estabilidade; com convicção.
FIR.ME.ZA, *s.f.*, segurança, estabilização.
FI.RU.LA, *s.f.*, floreios, artimanhas, rodeios, disfarces.
FIS.CAL, *s.m.*, guarda, segurança; *adj.*, relativo ao fisco.
FIS.CA.LIS.MO, *s.m.*, ação exagerada do fisco; providências do fisco.
FIS.CA.LI.ZA.ÇÃO, *s.f.*, ato de fiscalizar, auditoria, exame de contas.
FIS.CA.LI.ZA.DO, *adj.*, vigiado, examinado.
FIS.CA.LI.ZA.DOR, *adj. e s.m.*, que ou aquele que fiscaliza.
FIS.CA.LI.ZAR, *v.t.*, vigiar, examinar, estudar a contabilidade de empresas, fazer auditoria.
FIS.CA.LI.ZÁ.VEL, *adj. 2 gên.*, que se pode fiscalizar; que não oferece obstáculo ou resistência à fiscalização.
FIS.CO, *s.m.*, organismo público que cobra impostos; erário, fazenda.
FIS.GA, *s.f.*, arpão que se usa para pescar.
FIS.GA.DA, *s.f.*, pontada, dor súbita.
FIS.GA.DO, *adj.*, agarrado, preso, segurado; *fig.*, namorado.
FIS.GA.DOR, *adj. e s.m.*, que, aquele ou aquilo que fisga.
FIS.GAR, *v.t.*, agarrar, arpoar, prender em; prender, segurar; despertar paixão.
FIS.GO, *s.m.*, ponta do anzol ou do arpão que fisga o peixe.
FI.SI.A.TRI.A, *s.f.*, Med., estudo que visa à avaliação, prevenção e reabilitação de pacientes com deficiências físicas ou doenças incapacitantes.
FI.SI.Á.TRI.CO, *adj.*, relativo a fisiatria.
FÍ.SI.CA, *s.f.*, ciência que estuda as leis e propriedades da matéria.
FI.SI.CA.LIS.MO, *s.m.*, doutrina segundo a qual o único

critério de verdade é o da verificação positiva ou empírica.
FÍ.SI.CO, *adj.*, corpóreo, material; *s.m.*, quem trabalha com física; o porte do ser humano.
FI.SI.OG.NO.MO.NI.A, *s.f.*, arte de conhecer o caráter humano pela observação das feições do rosto.
FI.SI.OG.NO.MÔ.NICO, *adj.*, relativo a fisiognomonia.
FI.SI.O.GRA.FI.A, *s.f.*, descrição da Natureza e de seus fenômenos naturais.
FI.SI.O.GRÁ.FI.CO, *adj.*, relativo a fisiografia.
FI.SI.O.LO.GI.A, *s.f.*, parte da Biologia que estuda as funções dos seres vivos.
FI.SI.O.LÓ.GI.CO, *adj.*, indivíduo que adere sempre aos vencedores; relativo a Fisiologia.
FI.SI.O.LO.GIS.MO, *s.m.*, qualidade dos que são fisiológicos.
FI.SI.O.LO.GIS.TA, *s. 2 gên.*, qualificado em Fisiologia.
FI.SI.Ó.LO.GO, *s.m.*, o mesmo que fisiologista.
FI.SI.O.NO.MI.A, *s.f.*, feição, semblante, aspecto.
FI.SI.O.NÔ.MI.CO, *adj.*, relativo a fisionomia ou próprio dela.
FI.SI.O.NO.MIS.TA, *adj. 2 gên.*, que supostamente conhece o caráter pela observação da fisionomia; *s. 2 gên.*, indivíduo supostamente dotado dessa capacidade; pessoa que memoriza fisionomias com facilidade.
FI.SI.O.TE.RA.PEU.TA, *s. 2 gên.*, formado em Fisioterapia.
FI.SI.O.TE.RA.PI.A, *s.f.*, tratamento de doenças por meio de exercícios físicos.
FI.SI.O.TE.RÁ.PI.CO, *adj.*, que se refere a Fisioterapia.
FIS.SÃO, *s.f.*, divisão de um núcleo atômico em duas partes de massas, com grande desprendimento de energia.
FÍS.SIL, *adj.*, que pode fender-se, que se pode rachar.
FIS.SI.PA.RI.DA.DE, *s.f.*, reprodução de organismos monocelulares, por fragmentação; cissiparidade.
FIS.SU.RA, *s.f.*, rachadura, fenda, abertura.
FIS.SU.RA.DO, *adj.*, que é dominado por uma ideia única e fixa.
FIS.SU.RAR, *v.t.*, deixar-se dominar por uma ideia única.
FÍS.TU.LA, *s.f.*, úlcera com forma de canal estreito e profundo, que produz secreções.
FIS.TU.LA.DO, *adj.*, que tem fístula, ulcerado.
FIS.TU.LAR, *v. int.*, ulcerar, provocar fístulas.
FIS.TU.LO.SO, *adj.*, que está cheio de fístulas, ulceroso.
FI.TA, *s.f.*, faixa de tecido para amarrar e ornar; filme, fingimento, encenação.
FI.TA.DO, *adj.*, mirado, olhado, examinado com os olhos.
FI.TAR, *v.t. e pron.*, fixar os olhos em, olhar, mirar.
FI.TA.RI.A, *s.f.*, porção de fitas.
FI.TEI.RA, *adj. e s.f.*, pessoa do sexo feminino que faz fitas; vaidosa, exibicionista; *fig.*, palhaça.
FI.TEI.RO, *adj., s.m.*, que(m) faz fitas; fingido, que usa de fingimento.
FI.TI.LHO, *s.m.*, fita fina para embrulhos.
FI.TO, *adj.*, fixo, cravado; *s.m.*, mira, intuito, finalidade, fim.
FI.TO.GE.O.GRA.FI.A, *s.f.*, desenho de todas as plantas existentes no planeta Terra.
FI.TO.GE.O.GRÁ.FI.CO, *adj.*, que se refere a Fitogeografia.
FI.TO.GRA.FI.A, *s.f.*, descrição das plantas de uma região ou de um hemisfério.
FI.TO.GRÁ.FI.CO, *adj.*, que se refere a Fitografia.
FI.TÓ.GRA.FO, *s.m.*, o que descreve as plantas, autor de fitografia.
FI.TO.LO.GI.A, *s.f.*, estudo da ciência botânica; o que se relaciona com a Botânica.

FI.TO.TE.RA.PI.A, *s.f.*, tratamento das pessoas com o uso de medicamentos tirados das plantas.
FI.Ú.ZA, *s.f.*, confiança, certeza, lealdade.
FI.VE.LA, *s.f.*, peça metálica para prender as pontas de cintos ou faixas.
FI.XA.ÇÃO, *s.f.*, ato ou efeito de fixar, de estabelecer.
FI.XA.DO, *adj.*, preso, seguro, cravado, firmado.
FI.XA.DOR, *s.m.*, o que fixa, produto especial para fixar os cabelos.
FI.XA.GEM, *s.f.*, ato ou efeito de fixar; fixação.
FI.XAR, *v.t. e pron.*, cravar, segurar, prender; memorizar.
FI.XA.TI.VO, *adj.*, que prende, que segura, memorativo.
FI.XI.DA.DE, *s.f.*, estado fixo de uma coisa; firmeza.
FI.XI.DEZ, *s.f.*, fixidade, estabilidade, segurança.
FI.XO, *adj.*, firme, cravado, preso, firmado, afixado, seguro, imóvel.
FLA.CI.DEZ, *s.f.*, amolecimento, languidez, frouxidão.
FLÁ.CI.DO, *adj.*, mole, lânguido, frouxo, amolecido.
FLA.GE.LA.ÇÃO, *s.f.*, tortura, pancadaria.
FLA.GE.LA.DO, *adj.*, torturado, espancado, batido.
FLA.GE.LA.DOR, *adj. e s.m.*, que(m) flagela, açoitador, espancador, massacrador.
FLA.GE.LAN.TE, *adj. 2 gên.*, flagelador.
FLA.GE.LAR, *v.t. e pron.*, massacrar, açoitar, espancar.
FLA.GE.LA.TI.VO, *adj.*, próprio para flagelar; *fig.*, enfadonho; que atormenta ou aflige.
FLA.GE.LÍ.FE.RO, *adj.*, Bot., diz-se das plantas que têm filamentos compridos e muito delgados.
FLA.GE.LO, *s.m.*, espancamento, tortura, desgraça, calamidade.
FLA.GRA.DO, *adj.*, surpreendido, pego.
FLA.GRÂN.CIA, *s.f.*, surpresa, imprevisto.
FLA.GRAN.TE, *adj. 2 gên.*, que é evidente, notório; que é visto durante delito; inflamado; muito corado, incendiado; *s.m.*, ato ou fato observado ou comprovado no momento mesmo em que ocorre.
FLA.GRAR, *v.t. e int.*, estar em chamas, queimar; surpreender alguém; *pop.*, pegar com a boca na botija.
FLA.MA, *s.f.*, chama, labareda, língua de fogo.
FLA.MÂN.CIA, *s.f.*, ardência, queimada, paixão, surpresa.
FLA.MAN.TE, *adj.*, que solta flamas, inflamante, flamejante.
FLA.MAR, *v.t.*, desinfetar, chamuscar, flambar.
FLAM.BA.DO, *adj.*, queimado, chamuscado, queimado com algum ingrediente alcoólico.
FLAM.BA.GEM, *s.f.*, ato ou efeito de flambar; chamejamento.
FLAM.BAR, *v.t.*, flamar; pôr bebida alcoólica sobre um manjar e atear fogo.
FLAM.BO.AI.Ã, *s.m.*, ing., *flamboyant*, grande árvore, com muitas flores vermelhas.
FLA.ME.JA.DO, *adj.*, Bot., que tem forma de chama, variegado; inflamado.
FLA.ME.JAN.TE, *adj.*, brilhante, brilhar com chamas.
FLA.ME.JAR, *v.int.*, chamejar, brilhar, lançar chamas.
FLA.MEN.GO, *adj. e s.m.*, natural ou habitante da região de Flandres; idioma dessa região.
FLA.MÍ.FE.RO, *adj.*, que possui chamas, flamejante, ardente.
FLA.MÍ.GE.RO, *adj.*, o mesmo que flamífero.
FLÂ.MI.NE, *s.m.*, entre os romanos, antigo sacerdote de Júpiter.
FLA.MIN.GO, *s.m.*, tipo de ave pernalta, de pescoço comprido e de penas rosadas.

FLAMÍNIA

FLA.MÍ.NIA, *s.f.,* casa de flâmine; esposa de flâmine; sacerdotisa.

FLÂ.MU.LA, *s.f.,* chama pequena, modelo diminuto de bandeira.

FLA.MU.LAR, *v.int.,* ondear a flâmula ao vento; agitar-se como flâmula.

FLA.NA.DO, *adj.,* parado, sossegado, desocupado, vadio.

FLA.NAR, *v. int.,* andar à toa, vadiar, nada fazer.

FLAN.CO, *s.m.,* lado, costado, ilharga, os lados laterais do corpo.

FLAN.DRES, *s.m.,* folha de flandres, folha de zinco.

FLA.NE.LA, *s.f.,* tecido macio de lã pouco encorpado.

FLA.NE.LA.DO, *adj.,* que tem uma ou ambas as faces com textura de flanela ou semelhante a ela.

FLA.NE.LI.NHA, *s. 2 gên., pop.,* guardador de carros que presta serviço por oferta própria e pede uma pequena contribuição pecuniária.

FLA.NE.LÓ.GRA.FO, *s.m.,* quadro revestido de lã ou feltro, no qual se inserem figuras, muito us. por professores para dar aulas expositivas; quadro de feltro.

FLAN.QUE.A.DO, *adj.,* colocado ao lado, ladeado, encostado.

FLAN.QUE.A.DOR, *adj. e s.m.,* que ou aquele que flanqueia.

FLAN.QUE.AR, *v.t.,* atacar de flanco, caminhar ao lado.

FLA.PE, *s.m.,* parte móvel da asa do avião, para parar ou diminuir a velocidade da aeronave.

FLASH, *s.m.,* brilho luminoso instantâneo da máquina fotográfica, quando dispara para fotografar; botão em central telefônica para remeter para algum ramal.

FLASH-BACK, *s.m., ing.,* interposição de um tema anterior, em uma sequência; recordação, volta para corrigir algum deslize.

FLA.TO, *s.m. e s.f.,* flatulência, acúmulo exagerado de gases no estômago e/ou nos intestinos.

FLA.TO.SO, *adj.,* que produz flatos.

FLA.TU.LÊN.CIA, *s.f.,* flatuosidade; grande quantidade de gases no estômago, que surgem através de arrotos.

FLA.TU.LEN.TO, *adj.,* relativo a, ou que provoca flatulência; flatuloso.

FLA.TU.LO.SO, *adj.,* sujeito a flatos; que apresenta flatulência; flatulento.

FLA.TU.O.SI.DA.DE, *s.f.,* o mesmo que flatulência.

FLAU.TA, *s.f.,* instrumento musical de sopro, com palheta ou somente embocadura; *fig.,* estar na flauta - estar sem fazer nada.

FLAU.TE.AR, *v. int.,* tocar flauta, viver na ociosidade, não fazer nada.

FLAU.TEI.O, *s.m.,* ato de flautear; *bras., fam.,* zombaria, mofa, motejo, flauta.

FLAU.TEI.RO, *s.m., Mús.,* tocador de flauta, o m. que flautista.

FLAU.TIM, *s.m.,* pequena flauta com som mais agudo.

FLAU.TIS.TA, *s. 2 gên.,* quem toca flauta.

FLA.VÍ.PE.DE, *s.m.,* ave que tem os pés amarelos, da cor amarela.

FLA.VO, *adj.,* louro, dourado, da cor do trigo maduro.

FLA.VO.NOI.DES, *s.m. pl.,* certas substâncias encontradas em cítricos e de uso para a circulação do sangue.

FLÉ.BIL, *adj.,* plangente, choroso.

FLE.BI.TE, *s.f.,* inflamação que ataca as veias.

FLE.BOR.RA.GIA, *s.f.,* rompimento de uma veia.

FLE.CHA, *s.f.,* seta, projétil atirado pelo arco.

FLE.CHA.ÇO, *s.m,* golpe, ferimento de flecha; setada.

FLE.CHA.DA, *s.f.,* golpe com flecha; ferida provocada por uma flecha.

FLE.CHA.DO, *adj.,* ferido com flechas, fisgado, acertado.

FLE.CHAL, *s.m.,* o mesmo que frechal.

FLE.CHAR, *v.t. e int.,* ferir com flechas, atacar com flecha.

FLE.CHA.RI.A, *s.f.,* muitas flechas, saraivada de flechas.

FLE.CHEI.RO, *s.m.,* atirador de flechas, especialista em atirar flechas.

FLEG.MA, *s.f.,* fleuma, calma, sossego, pachorra, paciência.

FLEG.MÃO, *s.m.,* ver felimão.

FLEG.MÁ.TI.CO, *adj.,* fleumático, calmo, pachorrento, paciente.

FLEI.MÃO, *s.m., Med.,* inflamação do tecido conjuntivo com tendência a progredir para ulceração; freimão; flegmão.

FLEI.MO.SO, *adj.,* o mesmo que flegmonoso.

FLEN.TE, *adj.,* lastimoso; que chora.

FLER.TA.DA, *s.f., bras.,* ação ou resultado de flertar, namoriscar.

FLER.TAR, *v.t. e int.,* namorar, namoricar.

FLER.TE, *s.m.,* namoro passageiro, relacionamento amoroso leve.

FLE.TI.DO, *adj.,* que se fletiu; curvado; flexionado; vergado; var., flectido.

FLE.TIR, *v.t.,* flexionar, dobrar, ajoelhar-se; var., flectir.

FLE.TI.DO, *adj.,* flexionado, dobrado, ajoelhado.

FLEU.MA, *s.f.,* flegma, calma, tranquilidade, impassibilidade.

FLEU.MÁ.TI.CO, *adj.,* calmo, tranquilo, muito calmo; var., flegmático.

FLEX, *adj. e gên.,* carro que pode usar álcool ou gasolina para se locomover; ser ou coisa que dispõe de duas maneiras de agir.

FLE.XÃO, *s.f.,* curva, dobra; mudança, flexões gramaticais.

FLE.XI.BI.LI.DA.DE, *s.f.,* qualidade do que é flexível; submissão, acatamento.

FLE.XI.BI.LI.ZA.ÇÃO, *s.f.,* aceitação, tolerância, acessibilidade, negociação.

FLE.XI.BI.LI.ZAR, *v.t.,* tornar flexível, tolerar, aceitar.

FLÉ.XIL, *adj. 2 gên., p. us.* Poét., o mesmo que flexível.

FLE.XÍ.LO.QUO, *adj.,* ambíguo ou equívoco na linguagem; anfibológico.

FLE.XI.O.LO.GI.A, *s.f.,* parte da gramática que trata das flexões.

FLE.XI.O.NA.DO, *adj.,* curvado, ajoelhado.

FLE.XI.O.NA.DOR, *adj. e s.m.,* que(m) flexiona.

FLE.XI.O.NAL, *adj. 2 gên.,* relativo a, ou próprio da flexão gramatical; relativo a flexibilidade, a curvatura.

FLE.XI.O.NAR, *v.t.,* realizar a flexão, curvar.

FLE.XÍ.VEL, *adj.,* dobrável, tolerante, compreensível.

FLE.XI.VO, *adj.,* que se flexiona, que muda de terminação.

FLE.XOR, *adj. e s.m.,* que(m) dobra, flexionador.

FLE.XÓ.RIO, *s.m., Anat.,* o músculo flexor.

FLE.XU.AR, *v.int.,* dobrar; curvar-se.

FLE.XU.RA, *s.f., Anat.,* lugar onde os ossos se articulam para dobrar; junta, articulação; *fig.;* meneio; brandura, moleza; indolência, frouxidão.

FLI.BUS.TEI.RO, *s.m.,* nome dado a piratas do passado; pirata, assaltante dos mares; ladrão, gatuno, pilantra, calhorda.

FLI.PE.RA.MA, *s.m.,* máquina para jogos eletrônicos, loja que oferece diversão com esses jogos.

FLO.CA.DO, *adj.,* mudado para flocos, transformado em

flocos.

FLO.CAR, *v. int.*, mudar para flocos, transformar em flocos, colocar em posição de flocos.

FLO.CO, *s.m.*, tufo, bola de neve.

FLO.CO.SO, *adj.*, que tem ou produz flocos; semelhante a, ou disposto em flocos.

FLO.CU.LA.ÇÃO, *s.f.*, ato ou efeito de flocular; *s.f.*, Fís., processo físico de agregação em flocos; o mesmo que coagulação.

FLO.CU.LA.DOR, *adj.*, que flocula, que tem ação coagulante; *s.m.*, Fís., o mesmo que coagulador.

FLO.CU.LA.MEN.TO, *s.m.*, o mesmo que floculação.

FLÓ.CU.LO, *s.m.*, pequeno floco.

FLO.E.MA, *s.m.*, Bot., parte do caule que conduz a seiva e a distribui ao restante da planta.

FLO.GÍS.TI.CO, *adj.*, Med., que é próprio para desenvolver o calor interno; *s.m.*, Quím., antes da teoria de Lavoister, fluido que se supôs inerente aos corpos para explicar a combustão.

FLO.GO.SE, *s.f.*, inflamação, problemas com algum órgão do corpo.

FLOR, *s.f.*, órgão vegetal de reprodução das plantas; maravilha; algo lindo; *fig.*, pessoa bela.

FLO.RA, *s.f.*, conjunto de vegetais de uma região.

FLO.RA.ÇÃO, *s.f.*, ato de florescer, desabrochamento das flores.

FLO.RA.DA, *s.f.*, floração, desabrochamento de flores.

FLO.RA.DO, *adj.*, que está com flores abertas, florido.

FLO.RAL, *s.m.*, substância que se compõe de vários tipos de flores, usada para tratamento de doenças.

FLO.RÃO, *s.m.*, ornamento feito com folhas e flores.

FLO.RAR, *v.t. e int.*, *bras.*, NE, dar ou cobrir-se de flores; florir; adornar.

FLOR-DE-LIS, *s.f.*, planta que provém de um bulbo com flores muito belas, sendo o símbolo do escotismo e, sobretudo, do ramo lobinho.

FLO.RE.A.DO, *s.m.*, floreio, variações musicais em torno de um tema musical.

FLO.RE.AR, *v. int.*, produzir flores, ornamentar com flores.

FLO.REI.O, *s.m.*, muitos enfeites; variação musical sobre um tema predeterminado.

FLO.REI.RA, *s.f.*, vaso com flores; recipiente com barro, no qual se plantam flores.

FLO.REI.RO, *s.m.*, o que vende flores; o mesmo que floreira (vaso).

FLO.RE.JAN.TE, *adj. 2 gên.*, que produz flores; florescente; floreado; florido; viçoso, verdejante.

FLO.RE.JAR, *v. int.*, florar, florir, abrir flores.

FLO.RÊN.CIA, *s.f.*, qualidade de florente.

FLO.REN.CI.A.DO, *adj.*, Heráld., ornado em forma de flor-de-lis.

FLO.REN.TE, *adj. 2 gên.*, que está em flor; florescente; florido; próspero, venturoso; *s.m.*, pano, geralmente encarnado, feito em Florença.

FLO.REN.TI.NO, *adj.*, *s.m.*, natural, habitante ou referente a Florença, cidade italiana.

FLÓ.RE.O, *adj.*, próprio das flores, enfeitado com flores; florido.

FLO.RES.CÊN.CIA, *s.f.*, florescimento, floração, desabrochamento das flores.

FLO.RES.CEN.TE, *adj.*, que floresce, que cresce, florente.

FLO.RES.CER, *v. int.*, desabrochar, florir, encher de flores.

FLO.RES.CI.DO, *adj.*, que produziu flores, floresceu; enflorecido.

FLO.RES.CI.MEN.TO, *s.m.*, florada, florescência, crescimento, desenvolvimento.

FLO.RES.TA, *s.f.*, grande superfície coberta de árvores grandes; mata, selva, mato, cobertura florestal.

FLO.RES.TAL, *adj.*, que se refere a floresta.

FLO.RES.TA.MEN.TO, *s.m.*, ato ou efeito de florestar; *s.m.*, plantação intensiva de árvores.

FLO.RES.TAR, *v.t.*, plantar árvores em (lugar ainda não florestado).

FLO.RES.TO.SO, *adj.*, coberto de florestas.

FLO.RE.TA, *s.f.*, enfeite em forma de flor; gáspea da bota que pega com o cano.

FLO.RE.TA.DO, *adj.*, diz-se do vidro que tem relevos, ger. em forma de flores, tirando a sua transparência.

FLO.RE.TE, *s.m.*, tipo de espada de uso na esgrima.

FLO.RE.TE.A.DO, *adj.*, floreado, ornado de flores.

FLO.RE.TE.A.DOR, *adj. e s.m.*, que ou o que floreteia.

FLO.RE.TE.AR, *v.t.*, enflorar, florar, florear; guarnecer de flores.

FLO.RI.A.NO.PO.LI.TA.NO, *adj.*, referente, habitante ou nascido em Florianópolis, capital de Santa Catarina.

FLO.RI.CUL.TOR, *s.m.*, quem se ocupa com a floricultura, cultivador e produtor de flores.

FLO.RI.CUL.TU.RA, *s.f.*, cultivo de flores, trabalho com flores.

FLO.RI.DO, *adj.*, coberto de flores, cheio de flores.

FLÓ.RI.DO, *adj.*, florido, florescente, flóreo.

FLO.RÍ.FE.RO, *adj.*, que produz flores, que traz flores, florígero.

FLO.RI.FOR.ME, *adj.*, que tem forma de flor.

FLO.RÍ.GE.RO, *adj.*, que produz, que tem flores; florífero.

FLO.RI.LÉ.GIO, *s.m.*, conjunto de flores, coleção de flores.

FLO.RIM, *s.m.*, antiga unidade monetária da Holanda, hoje de outros países.

FLO.RÍ.PA.RO, *adj.*, que devora flores, comedor de flores.

FLO.RIR, *v. int.*, abrir as flores, cobrir-se com flores.

FLO.RIS.TA, *s. 2 gên.*, quem vende flores, quem confecciona arranjos de flores.

FLO.RÍS.TI.CO, *adj.*, relativo a flora; relativo a florista; relativo a florística.

FLO.RO.MA.NI.A, *s.f.*, mania por flores, paixão por flores.

FLO.RO.MA.NÍ.A.CO, *adj. e s.m.*, que ou o que é excessivamente apaixonado por flores.

FLÓ.RU.LA, *s.f.*, flor pequena, florzinha.

FLOS-SAN.TÓ.RIO, *s.m.*, livro que relata a vida dos santos.

FLO.TI.LHA, *s.f.*, grupo de pequenos navios.

FLU.ÊN.CIA, *s.f.*, suavidade, deslizamento, fluidez, boa fala e expressão em um idioma.

FLU.EN.TE, *adj.*, que corre bem, que desliza; que fala bem um idioma.

FLU.I.DA.DE, *s.f.*, p.us., fluidez.

FLU.I.DAL, *adj.*, relativo ou pertencente a um fluido.

FLU.I.DAR, *v.t.*, fluidificar, tornar fluido.

FLU.I.DES.CER, *v.int.*, tornar-se fluido.

FLU.I.DEZ, *s.f.*, o que flui bem, qualidade do que é fluido.

FLU.Í.DI.CO, *adj.*, que é imaterial, intangível, deslizante, fluente.

FLU.I.DI.FI.CA.ÇÃO, *s.f.*, ato ou efeito de fluidificar(-se).

FLU.I.DI.FI.CA.DO, *adj.*, que se transformou em fluido.

FLU.I.DI.FI.CA.DOR, adj. e s.m., que ou o que fluidifica; fluidificante.

FLU.I.DI.FI.CAR, v.t., int. e pron., transformar(-se) em fluido; liquescer.

FLU.I.DI.FI.CÁ.VEL, adj. 2 gén., que pode fluidificar-se.

FLU.I.DI.ZAR, v.t., Fís., tornar fluido por aplicação de corrente de gás.

FLU.I.DI.ZÁ.VEL, adj. 2 gén., que é suscetível de fluidização.

FLU̧I.DO, adj., fluente, que desliza; s.m., todo líquido ou gás; eflúvios de espíritos.

FLU.IR, v.t. e int., correr, deslizar, manar.

FLU.MI.NEN.SE, adj. e s.m., próprio ou nascido no Estado do Rio de Janeiro.

FLU.MÍ.NEO, adj., que se refere a rio, fluvial.

FLÚ.OR, s.m., líquido misturado à água para purificá-la.

FLU.O.RA.ÇÃO, s.f., aplicação de flúor com objetivos profiláticos.

FLU.O.RA.DO, adj., Quím., que contém flúor, em que existe flúor; fluorítico.

FLU.O.RAR, v.t., colocar flúor em.

FLU.O.RES.CÊN.CIA, s.f., iluminação de certos corpos sob a ação da luminosidade.

FLU.O.RES.CEN.TE, adj., luminosidade com fluorescência.

FLU.O.RE.TO, s.m., nomeação de todos os sais e ésteres do ácido fluorídrico e suas combinações.

FLU.Ó.RI.CO, adj., o mesmo que fluorídrico.

FLU.O.RÍ.DRI.CO, adj., que é formado por flúor e hidrogênio.

FLU.O.ROS.CÓ.PIO, s.m., equipamento empregado no exame dos tecidos profundos pelos raios X, utilizando-se um filtro fluorescente coberto de cristais de tungstato de cálcio.

FLU.TU.A.ÇÃO, s.f., ato de flutuar, permanência em superfície de água.

FLU.TU.A.DOR, s.m., quem flutua, que boia; instrumento que permite flutuar na água.

FLU.TU.AN.TE, adj., que flutua, oscilante.

FLU.TU.AR, v.t. e int., ficar à superfície de um líquido, pairar, ficar à flor de.

FLU.TU.Á.VEL, adj., que se pode flutuar; navegável.

FLU.TU.O.SI.DA.DE, s.f., qualidade do que é flutuoso; fig., hesitação, perplexidade.

FLU.TU.O.SO, adj., que flutua, oscilante.

FLU.VI.AL, adj., referente a rio, característico de rio.

FLU.VI.Ô.ME.TRO, s.m., instrumento para medir a altura das águas nos rios, nas enchentes.

FLUX, s.m., o mesmo que fluxo; a flux (loc. adv.), em abundância (de algo corrente).

FLU.XÃO, s.f., Med., congestão de líquidos em alguma parte do corpo.

FLU.XI.BI.LI.DA.DE, s.f., qualidade do que é fluxível.

FLU.XI.O.NÁ.RIO, adj., que produz fluxões.

FLU.XÍ.VEL, adj., suscetível de fluxão; transitório.

FLU.XO, s.m., preamar, enchente, corrimento de qualquer líquido.

FMI - sigla que indica o Fundo Monetário Internacional.

FO.BI.A, s.f., aversão, não gostar de.

FO.CA, s.f., mamífero carnívoro anfíbio do Polo Norte.

FO.CA.DO, adj., com o foco ajustado a; focagem; s.f., ato de focar, focalização.

FO.CA.GEM, s.f., ato de focar; focalização.

FO.CAL, adj., próprio de foco, relativo a foco.

FO.CA.LI.ZA.ÇÃO, s.f., enfoque, evidência, centralização.

FO.CA.LI.ZA.DO, adj., focado, enfocado, evidenciado, determinado.

FO.CA.LI.ZÁ.VEL, adj. 2 gén., que se pode focalizar.

FO.CA.LI.ZAR, v.t., focar, enfocar, centralizar, evidenciar.

FO.CAR, v.t., enfocar, pôr no foco, focalizar.

FO.CÍ.DE.OS, s.m., pl., Zool., mamíferos anfíbios pinípedes que compreendem as focas; focáceos; adj., diz-se dessa família.

FO.CI.NHA.DA, s.f., golpe com o focinho, batida com o rosto.

FO.CI.NHAR, v.t. e int., o mesmo que afocinhar.

FO.CI.NHEI.RA, s.f., focinho de porco; peça de couro ou de metal colocada no focinho de animais, para imobilizar-lhes a boca.

FO.CI.NHO, s.m., parte da cabeça de animal com boca, nariz e queixo.

FO.CO, s.m., centro, ponto central de, ponto para onde convergem os raios.

FO.FAR, v. int., afofar, amaciar, agradabilizar.

FO.FI.CE, s.f., maciez, agradabilidade.

FO.FO, adj., macio, mole, agradável.

FO.FO.CA, s.f., pop., fuxico, falação sobre alguém, boato.

FO.FO.CAR, v. int., criar fofocas, boatar, falar inverdades, mentir.

FO.FO.QUEI.RO, adj. e s.m., bras. pop., que ou aquele que faz fofoca; mexeriqueiro.

FO.FU.RA, s.f., maciez, graciosidade.

FO.GA.ÇA, s.f., bolo, pão doce, torta.

FO.GA.GEM, s.f., erupção cutânea devido ao calor do sangue; fig., irritação.

FO.GA.CHO, s.m., chama pequena, leve sensação de calor nas faces.

FO.GÃO, s.m., caixa de tijolos, ferro ou outro metal, cujo fogo se acende por meio de querosene, carvão, lenha, eletricidade ou gás.

FO.GA.REI.RO, s.m., fogão portátil, pequeno fogão.

FO.GA.RÉU, s.m., fogo imenso, fogueira.

FO.GO, s.m., combustão, queima com luz, calor; fogueira; paixão; desejo sexual.

FO.GO DE BEN.GA.LA, s.m., Pirot., certo fogo de artifício que arde sem ruído e produz luz de várias cores.

FO.GO-FÁ.TUO, s.m., boitatá, chamas produzidas nos pântanos por inflamação de gases.

FO.GOS, s.m., pl., foguetes, foguetório.

FO.GO-SEL.VA.GEM, s.m., doença que provoca bolhas na pele, e que doem ao se romper.

FO.GO.SI.DA.DE, s.f., qualidade do que é fogoso.

FO.GO.SO, adj., vivo, agitado; impetuoso, indomável, insaciável.

FO.GUE.AR, v. int., fazer fogo, arder, afoguear, fazer queimar.

FO.GUEI.RA, s.f., construção com muita lenha para ser queimada; fogaréu; grande fogo.

FO.GUEI.RO, s.m., quem faz fogo, foguista.

FO.GUE.TA.DA, s.f., foguetório, grande ruído de foguetes; advertência, reprimenda.

FO.GUE.TÃO, s.m., foguete de grande porte; tipo de foguete com que se atiram cabos aos náufragos; bras., foguete de grande estampido.

FO.GUE.TE, s.m., fogo de artifício, rojão; aparelho com motor de alta combustão para levar corpos para fora da atmosfera, até os satélites e planetas próximos.

FO.GUE.TE.AR, v. int., assanhar-se, assediar.

FO.GUE.TEI.RO, *s.m.*, quem fabrica foguetes; quem se assanha facilmente.
FO.GUE.TÓ.RIO, *s.m.*, muitos foguetes, estouros intensos de foguete.
FO.GUIS.TA, *s. 2 gên.*, indivíduo que alimenta o fogo em caldeiras.
FOI.ÇA.DA, *s.f.*, pancada com a foice, golpe de foice.
FOI.ÇA.DO, *adj.*, cortado, roçado, desbastado.
FOI.ÇAR, *v.t. e pron.*, cortar com a foice, roçar, desbastar.
FOI.CE, *s.f.*, instrumento para roçar, cortar vegetais.
FOI.CE.AR, *v.int.*, meter a foice; fazer golpes com a foice.
FOI.CI.FOR.ME, *adj. 2 gên.*, que tem a forma de foice; falciforme.
FO.JO, *s.m.*, cova tapada com galhadas para prender algum animal, com o fito de caça.
FO.LA, *s.f.*, marulhada (agitação) de ondas.
FOL.CLO.RE, *s.m.*, costumes, tradições, cultura, lendas de um povo; cultura popular.
FOL.CLÓ.RI.CO, *adj.*, que se refere ao folclore; tradicional.
FOL.CLO.RIS.MO, *s.m.*, estudo do folclore.
FOL.CLO.RIS.TA, *s. 2 gên.*, especialista em folclore, quem se dedica ao folclore.
FOL.CLO.RI.ZA.ÇÃO, *s.f., Pej.*, caracterização pitoresca ou estereotipada de algo.
FOL.CLO.RI.ZAR, *v.t.*, dar tratamento ou caráter folclórico a; tratar como folclore.
FOL.DER, *s.m.*, folheto para propaganda; folha para divulgar notícias, novidades.
FO.LE, *s.m.*, aparelho para produzir vento para alimentar o fogo.
FÔ.LE.GO, *s.m.*, respiração, alento; coragem, persistência.
FO.LEI.RO, *s.m.*, pessoa que faz ou vende foles; *bras.*, tocador de fole.
FOL.GA, *s.f.*, lazer, lapso de descanso, ócio, tempo de repouso.
FOL.GA.DO, *adj.*, que tem pouco para fazer, ocioso, despreocupado.
FOL.GA.DOR, *adj.*, o mesmo que folgazão; *s.m., PR.*, dançador de fandango, esp. nas folgas de sábado e domingo.
FOL.GAN.ÇA, *s.f.*, folguedo, diversão, descanso, lazer.
FOL.GAN.TE, *adj. e s. 2 gên.*, que ou aquele que folga; folgazão.
FOL.GAR, *v.t., int. e pron.*, descansar, dar-se ao lazer, liberar do trabalho, soltar.
FOL.GA.ZÃO, *s.m.*, pessoa que gosta de se divertir, brincalhão, divertido, descansado.
FOL.GUE.DO, *s.m.*, diversão, alegria, brincadeiras, jogos.
FOL.GUIS.TA, *adj. e s. 2 gên.*, de, ou aquela pessoa que, no trabalho, substitui outra que está de folga.
FO.LHA, *s.f.*, designação de órgãos que nascem nos ramos das plantas com formas variadas; pedaço de papel cortado sob medida; diário, jornal.
FO.LHA COR.RI.DA, *s.f.*, documento retirado em órgãos policiais oficiais, para confirmar que não se cometeu nenhuma infração.
FO.LHA.DA, *s.f.*, quantidade de folhas caídas, folhagem; sarapueira.
FO.LHA DE FLAN.DRES *s.f.*, lâmina muito fina de ferro, para fabricar latas.
FO.LHA.DO, *adj.*, cheio de folhas; folhoso; *s.m.*, ato ou efeito de folhar; *Cul.*, massa que, com o calor, divide-se em folhas finas; palavras vãs; *Bot.*, arbusto ornamental das caprifoliáceas *(Viburnum tinus)*.
FO.LHA.GEM, *s.f.*, todas as folhas de um vegetal, ramos; plantas ornamentais.
FO.LHA.ME, *s.m.*, folhagem.
FO.LHA-MOR.TA, *s.f.*, acrobacia aérea em que o avião vai descendo à maneira de folha solta; folha-seca.
FO.LHAR, *v.t., int. e pron.*, revestir com folhas, folhear.
FO.LHA.RA.DA, *s.f.*, folhame, muitas folhas, folhagem.
FO.LHE.A.DO, *adj.*, feito de folhas; tipo de doce, bolo.
FO.LHE.AR, *v.t.*, passar as folhas de um livro, dar uma olhada, ler.
FO.LHE.A.TU.RA, *s.f.*, hábito de folhear livros, ação de folhear livros.
FO.LHE.DO, *s.m.*, conjunto das folhas que caem da árvore.
FO.LHEI.O, *s.m.*, ato de folhear.
FO.LHEI.RO, *adj., bras., RS*, airoso, vistoso; *s.m.*, pessoa que trabalha com folha de flandres; latoeiro.
FO.LHE.LHO, *s. 2 gên.*, película que envolve os legumes (uvas, espiga de milho, etc.); bagulhos de uva depois de pisados; *Geol.*, rocha sedimentar folheada.
FO.LHEN.TO, *adj.*, folhoso, que tem muitas folhas.
FO.LHE.TA, *s.f.*, folhinha, folha pequena.
FO.LHE.TA.RI.A, *s.f.*, ornato de folhagem num desenho ou pintura qualquer.
FO.LHE.TIM, *s.f.*, pequena folha, secção de um jornal, revista; publicação de obra aos poucos.
FO.LHE.TI.NES.CO, *adj.*, próprio de um folhetim, história melodramática com muitos sentimentalismos.
FO.LHE.TI.NIS.TA, *s. 2 gên.*, quem aprecia, compõe e lê folhetins, melodramático.
FO.LHE.TIS.TA, *s. 2 gên.*, autor de folhetos ou panfletos.
FO.LHE.TO, *s.m.*, publicação de poucas folhas, opúsculo, fôlder.
FO.LHI.NHA, *s.f.*, folha pequena, calendário.
FO.LHO, *s.m.*, babado que se coloca em saias, colchas, etc.; excrescência nos cascos dos animais; *Zool.*, a terceira divisão do estômago dos ruminantes; folhoso; omaso.
FO.LHO.SO, *adj.*, cheio de folhas; *Zool.*, o terceiro estômago dos ruminantes; folho; omaso.
FO.LHU.DO, *adj.*, com muitas folhas.
FO.LI.A, *s.f.*, baderna com canto e música, cantoria, diversão barulhenta.
FO.LI.A.ÇÃO, *s.f.*, brotamento de folhas, cobertura e folhas novas.
FO.LI.Á.CEO, *adj.*, semelhante a folha, como folha.
FO.LI.A.DO, *adj.*, que tem folhas.
FO.LI.ÃO, *s.m.*, adepto de folia, quem se diverte no carnaval.
FO.LI.AR, *v. int.*, pular em folhas, cobrir de folhas, fazer folia; *adj.*, que se refere a folhas.
FO.LI.CU.LAR, *adj. 2 gên.*, relativo a folículo, que tem seu aspecto ou sua forma; *adj. 2 gên.*, relativo ao folículo, parecido com ele ou que tem sua forma.
FO.LÍ.CU.LO, *s.m.*, denominação a uma cavidade que tenha forma de saco.
FO.LI.CU.LO.SO, *adj.*, que está cheio de folículos.
FO.LI.EN.TO, *adj.*, o mesmo que folgazão.
FO.LÍ.FE.RO, *adj.*, que tem ou produz folhas.
FO.LI.FOR.ME, *adj. 2 gên.*, que tem a forma de folha; que tem a forma de fole.
FÓ.LIO, *s.m.*, livro de uso comercial com as folhas numeradas

FOLÍOLO 416 **FORMAÇÃO**

para registro de transações; livro impresso sem que se dobrem as folhas.

FO.LÍ.O.LO, *s.m.*, folha pequena; Bot., cada uma das partes em que se subdivide uma folha composta.

FO.LI.PA, *s.f.*, o mesmo que folipo.

FO.LÍ.PA.GO, *adj.* e *s.m.*, que(m) come folhas, comedor de folhas.

FO.LI.PO, *s.m.*, pequeno fole ou empola na epiderme.

FO.ME, *s.f.*, grande vontade de comer, falta de comida.

FO.MEN.TA.ÇÃO, *s.f.*, incentivo, estímulo, desenvolvimento.

FO.MEN.TA.DO, *adj.*, incentivado, promovido, estimulado.

FO.MEN.TA.DOR, *adj.* e *s.m.*, que ou aquele que fomenta.

FO.MEN.TAR, *v.t.*, incentivar, promover, desenvolver, estimular.

FO.MEN.TA.TI.VO, *adj.*, que fomenta.

FO.MEN.TO, *s.m.*, incentivo, promoção, desenvolvimento, estímulo.

FO.NA.ÇÃO, *s.f.*, atividade de produzir a voz pelo aparelho fonador.

FO.NA.DO, *adj.*, falado, produzida a voz.

FO.NA.DOR, *s.m.*, quem produz a voz.

FO.NA.LI.DA.DE, *s.f.*, Ling., o caráter dos sons.

FO.NE, *s.m.*, redução da palavra telefone.

FO.NE.MA, *s.m.*, todo som linguístico produzido.

FO.NE.MÁ.TI.CA, *s.f.*, Ling., parte da fonética que se ocupa exclusivamente do estudo dos fonemas.

FO.NE.MÁ.TI.CO, *adj.*, o mesmo que fonêmico, relativo a fonemática.

FO.NÊ.MI.CO, *adj.*, relativo a fonema; fonemático.

FO.NÉ.TI.CA, *s.f.*, parte da Gramática que se ocupa do estudo dos fonemas.

FO.NE.TI.CIS.MO, *s.m.*, representação dos fonemas pelos sons, grafia dos sons fonéticos.

FO.NE.TI.CIS.TA, *s. 2 gên.*, quem se dedica ao estudo da Fonética.

FO.NÉ.TI.CO, *adj.*, que se refere a Fonética.

FON.FOM, *s.m.*, ruído da buzina de carro.

FON.FO.NAR, *v. int.*, buzinar, imitar o som de uma buzina.

FO.NI.A.TRI.A, *s.f.*, Med., área da medicina que trata dos distúrbios do aparelho fonador.

FÔ.NI.CO, *adj.*, referente à voz, ao som.

FO.NO.AU.DI.O.LO.GI.A, *s.f.*, ciência que estuda a maneira de corrigir desvios e solucionar dificuldades na fala das pessoas.

FO.NO.AU.DI.Ó.LO.GO, *s.m.*, especialista em Fonoaudiologia.

FO.NO.FO.BI.A, *s.f.*, aversão a sons, pavor de sons.

FO.NÓ.FO.BO, *s.m.*, quem tem horror a sons, ruídos.

FO.NO.GRA.FAR, *v.t.*, representar (sons) graficamente por meio de aparelho próprio.

FO.NO.GRA.FI.A, *s.f.*, representação dos sons por letras ou desenhos.

FO.NO.GRÁ.FI.CO, *adj.*, que se refere a Fonografia.

FO.NÓ.GRA.FO, *s.m.*, antigo aparelho para reproduzir o som dos discos, gramofone.

FO.NO.LO.GI.A, *s.f.*, ciência dedicada a estudar os sons, os fonemas.

FO.NO.LÓ.GI.CO, *adj.*, relativo a fonologia.

FO.NO.ME.TRI.A, *s.f.*, medição dos sons em sua altura e intensidade.

FO.NÔ.ME.TRO, *s.m.*, Fís., instrumento que mede a intensidade dos sons ou da voz.

FON.TA.NE.LA, *s.f.*, Anat., espaço não ossificado entre os ossos do crânio; moleira.

FON.TE, *s.f.*, nascente de água, chafariz; origem, causa, informante, historiador.

FON.TÍ.CU.LA, *s.f.*, pequena fonte.

FO.RA, *adv.*, na parte externa, em outro local; com exceção; estar por fora: não saber, ignorar.

FO.RA DA LEI, *s.m.*, marginal, fugido da lei, infrator, facínora.

FO.RA.GI.DO, *s.m.* e *adj.*, revel, fugido da justiça, proscrito.

FO.RA.GIR, *v. pron.*, fugir, esconder-se para escapar à ação da justiça.

FO.RAL, *s.m.*, carta de lei com que se concediam terras ou privilégios a pessoas ou corporações; carta de aforamento de terras; foro.

FO.RÂ.NEO, *adj.*, que é de fora, estranho, estrangeiro, forasteiro.

FO.RAS.TEI.RO, *s.m.* e *adj.*, estrangeiro, estranho, quem chega de fora.

FOR.CA, *s.f.*, instrumento para matar alguém por sufocação; cadafalso.

FOR.ÇA, *s.f.*, tudo que possa modificar algo; potência, energia, violência, vigor.

FOR.CA.DA, *s.f.*, bifurcação, junção de dois galhos, saindo de um único galho.

FOR.CA.DO, *s.m.*, ferramenta agrícola para juntar capim, garfo, tridente.

FOR.ÇA.DO, *adj.*, obrigado, coagido, levado, empurrado.

FOR.ÇA.DOR, *s.m.*, aquele que força.

FOR.CA.DU.RA, *s.f.*, espaço ou ângulo entre as pontas do forcado.

FOR.ÇAN.TE, *adj.*, que força ou violenta.

FOR.ÇA.MEN.TO, *s.m.*, arrombamento, intromissão indevida.

FOR.ÇAR, *v.t.* e *pron.*, obrigar a, impelir, constranger, empurrar.

FOR.CE.JAR, *v.t.*, *int.* e *pron.*, fazer força, empenhar-se, agir com desempenho, esforçar-se.

FÓR.CEPS, *s.m.*, pinça para extrair corpos; objeto para forçar uma coisa a sair.

FOR.ÇO.SO, *adj.*, obrigatório, necessário, imprescindível.

FOR.ÇU.DO, *adj.*, que tem força, forte, reforçado.

FO.REI.RO, *adj.*, relativo a foro; que paga foro; que é obrigado, constrangido a fazer algo; *s.m.*, Jur., o que tem domínio útil de propriedade pagando contrato de enfiteuse.

FO.REN.SE, *adj.*, próprio dos foros, das atividades judiciárias.

FÓR.FEX, *s.m. 2 n.*, cir., instrumento cirúrgico com a forma de tesoura ou pinça.

FOR.JA, *s.f.*, fornalha com muito calor, que o ferreiro usa para amolecer os metais, a fim de moldá-los.

FOR.JA.DO, *adj.*, moldado, preparado; inventado, construído.

FOR.JA.DOR, *s.m.*, quem forja, quem prepara os metais, construtor, preparador.

FOR.JA.DU.RA, *s.f.*, ação de forjar.

FOR.JA.MEN.TO, *s.m.*, o mesmo que forjadura.

FOR.JAR, *v.t.*, preparar na forja, moldar, compor, executar, inventar, construir.

FOR.MA, *s.f.*, figura, imagem, feitio, estereótipo, aparência, jeito.

FÔR.MA, *s.f.*, molde, modelo; assadeira, recipiente para cozer bolos.

FOR.MA.ÇÃO, *s.f.*, ato ou efeito de formar, instrução, personalidade, caráter.

H

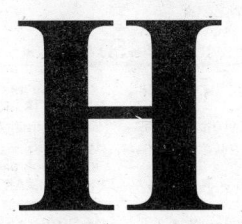

H, *s.m.*, oitava letra do á-bê-cê e sexta consoante; h - abreviatura de hora e horas; H - símbolo químico do hidrogênio.

HÃ?, *interj.*, exprime admiração, espanto.

HA.BA.NE.RA, *s.f.*, tipo de dança em compasso binário, de origem espanhola.

HABEAS CORPUS, *expr.* latina "tenha o corpo", obtenção da liberdade pessoal quando injustamente perdida - qualquer pessoa pode pedi-la ao juiz.

HÁ.BIL, *adj.*, apto, inteligente, preparado.

HA.BI.LI.DA.DE, *s.f.*, qualidade de quem é hábil; capacidade para fazer bem algo.

HA.BI.LI.DO.SO, *adj.*, cheio de habilidades, jeitoso, perito, esperto.

HA.BI.LI.TA.ÇÃO, *s.f.*, capacitação, aptidão, qualificação.

HA.BI.LI.TA.DO, *adj.*, preparado, capacitado, qualificado.

HA.BI.LI.TA.DOR, *adj. e s.m.*, que ou aquele que habilita ou torna hábil.

HA.BI.LI.TAN.TE, *adj. 2 gên. e s. 2 gên.*, Jur., diz-se de, ou quem recorre à habilitação judicial.

HA.BI.LI.TAR, *v.t. e pron.*, preparar, treinar, capacitar, qualificar.

HA.BI.TA.ÇÃO, *s.f.*, moradia, casa, local onde se mora.

HA.BI.TA.CI.O.NAL, *adj. 2 gên.*, que diz respeito à habitação.

HA.BI.TÁ.CU.LO, *s.m.*, habitação pequena, morada modesta e acanhada.

HA.BI.TA.DO, *adj.*, povoado, que tem residente.

HA.BI.TA.DOR, *adj.*, p.us.; ver habitante.

HA.BI.TAN.TE, *s.m.*, morador, residente; quem habita em.

HA.BI.TAR, *v.t. e int.*, morar, residir, estar em.

HA.BI.TAT, *s.m.*, lat., local em que vive um ser; lugar para viver; var., hábitat.

HA.BI.TÁ.VEL, *adj.*, onde se pode morar, próprio para viver.

HA.BI.TE-SE, *s.m.*, licença que o poder municipal concede para ocupação de casa nova; declaração de que a casa obedece às normas de habitação.

HÁ.BI.TO, *s.m.*, costume, habitualidade, modo de ser, atitude, vestimenta de religioso.

HA.BI.TU.AL, *adj.*, costumeiro, comum, frequente.

HA.BI.TU.A.ÇÃO, *s.f.*, ação ou resultado de habituar-se.

HA.BI.TU.A.DO, *adj.*, que se habituou.

HA.BI.TU.AL *adj. 2 gên.*, que se tornou hábito; que se sucede por hábito; frequente, usual.

HA.BI.TU.AR, *v.t. e pron.*, acostumar, ajeitar, iniciar.

HA.CHU.RA, *s.f.*, linhas paralelas ou cruzadas, usadas em desenhos e gravuras, para obter um sombreado.

HA.DO.QUE, *s.m.*, Zool., peixe da fam. dos gadídeos (*Melanogrammus aeglefinus*), semelhante ao bacalhau.

HÁF.NIO, *s.m.*, elemento de número atômico 72.

HA.GI.O.GRA.FI.A, *s.f.*, escrito sobre a vida de pessoas santas; biografia de santos.

HA.GI.Ó.GRA.FO, *s.m.*, escritor de hagiografias.

HA.GI.Ó.LA.TRA, *s. 2 gên.*, quem adora santos, praticante de hagiolatria.

HA.GI.O.LA.TRI.A, *s.f.*, adoração de santos, culto exagerado por santos em relação a Deus.

HA.GI.O.LO.GI.A, *s.f.*, discurso, texto descrevendo a vida de santos, escrito sobre a vida de pessoas santas.

HA.GI.O.LÓ.GIO, *s.m.*, escrito sobre a vida santa de uma pessoa.

HA.GI.O.LO.GIS.TA, *s. 2 gên.*, hagiólogo, escritor da vida de santos.

HAI.CAI, *s.m.*, poema nipônico com três versos.

HAI.TI.A.NO, *adj. e s.m.*, referente, habitante ou natural do Haiti.

HA.LI.ÊU.TI.CA, *s.f.*, a arte da pesca.

HÁ.LI.TO, *s.m.*, bafo, ar expirado, respiração.

HA.LI.TO.SE, *s.f.*, mau hálito, hálito com odor desagradável.

HAL.LEY, *s.m.*, nome de um cometa que ainda anda pelo Universo.

HALL, *s.m.*, ing., saguão, entrada.

HA.LO, *s.m.*, auréola, círculo luminoso ao redor da Lua.

HA.LO.GÊ.NI.CO, *adj.*, referente a halogênio.

HA.LO.GE.NO, *s.m.*, designação dos elementos químicos flúor, cloro, iodo, bromo e astatínio; var., em Portugal: halogénio.

HA.LÓ.GE.NO, *adj.*, Quím., diz-se de elemento halógeno; *s.m.*, Quím., ver halogênio.

HA.LO.GRA.FI.A, *s.f.*, escrito sobre os sais acima citados.

HA.LOI.DE, *adj. 2 gên.*, Quím., que contém halogênios; *s.m.*, Quím., sal que contém halogênio.

HA.LO.LO.GI.A, *s.f.*, o mesmo que halografia.

HAL.TE.RE, *s.m.*, halter, peça para treinar o levantamento de peso.

HAL.TE.RO.FI.LIS.MO, *s.m.*, ginástica para levantar pesos.

HAL.TE.RO.FI.LIS.TA, *s. 2 gên.*, quem levanta pesos.

HAM.BÚR.GUER, *s.m.*, carne moída, amassada, achatada e frita para ser o recheio de um pãozinho ou sanduíche; esse tipo de comida.

HAN.DE.BOL, *s.m.*, futebol jogado com as mãos, em vez dos pés; duas equipes adversárias com sete jogadores cada buscam o gol, usando somente as mãos.

HAN.GAR, *s.m.*, abrigo para aviões, galpão feito para abrigar aviões.

HAN.SA, *s.f.*, Hist., associação com fins comerciais, constituída por negociantes em alguns países europeus da Idade Média.

HAN.SE.Á.TI.CO, *adj.*, Hist., relativo a hansa.

HAN.SE.NI.A.NO, *adj.*, leproso, que sofre de lepra.

HAN.SE.NÍ.A.SE, *s.f.*, lepra, doença que afeta a pele do corpo humano.

HA.PLO.LO.GI.A, *s.f.*, figura que reduz uma parte de uma palavra, como em idólatra; em uma oração, quando duas palavras que têm letras iguais se juntam, como em "O que (que) eu recebi como gratidão?"

HARAQUIRI ... 450 ... HELIOGRAVURA

HA.RA.QUI.RI, *s.m.*, no Japão, suicídio abrindo a barriga, para salvar a própria honra.

HA.RAS, *s.m. pl.*, local em que se criam cavalos de raça.

HARDWARE, *s.m.*, ing., o conjunto físico de um computador e capacidades.

HA.RÉM, *s.m.*, ala dos palácios muçulmanos destinada a abrigar as mulheres do sultão.

HAR.MO.NI.A, *s.f.*, paz, tranquilidade, concordância, amizade.

HAR.MÔ.NI.CA, *s.f.*, acordeão, gaita, gaita de boca.

HAR.MÔ.NI.CO, *adj.*, pacífico, amigo, concorde.

HAR.MÔ.NIO, *s.m.*, pequeno órgão com pedais para os foles e palhetas no lugar dos tubos.

HAR.MO.NI.O.SO, *adj.*, sonoro, musical, melodioso.

HAR.MO.NIS.TA, *s. 2 gên.*, quem conhece harmonia, executor de peças musicais, tocador de harmônio e órgão.

HAR.MO.NI.ZA.DOR, *adj. e s.m.*, que, aquele ou aquilo que harmoniza; Mús., diz-se de, ou o músico que combina melodia e acordes.

HAR.MO.NI.ZAR, *v.t., int. e pron.*, transformar em harmonia, pacificar, compor uma harmonia.

HAR.PA, *s.f.*, instrumento musical de cordas.

HAR.PAR, *v.t. e int.*, o mesmo que harpear.

HAR.PE.AR, *v.int.*, tocar harpa.

HAR.PE.JAR, *v.t. e int.*, dedilhar, tocar harpa.

HAR.PI.A, *s.f.*, a ave de rapina mais forte, vivendo no México e América do Sul; na mitologia grega, era uma figura com cabeça de mulher, corpo de pássaro e unhas muito afiadas, famosa por ter roído o fígado de Prometeu.

HAR.PIS.TA, *s. 2 gên.*, quem toca harpa.

HAS.TA, *s.f.*, lança, leilão.

HAS.TA PÚ.BLI.CA, *s.f.*, venda de bens por leiloeiro público, em local público.

HAS.TE, *s.f.*, vara, tronco, lenho; pau da bandeira.

HAS.TE.A.DO, *adj.*, posto em haste; arvorado; erguido bem alto.

HAS.TE.AR, *v.t.*, desfraldar, elevar, colocar no alto da haste.

HAS.TE.A.MEN.TO, *s.m.*, içamento à extremidade de uma haste, vara ou mastro.

HAS.TIL, *s.m.*, cabo de lança, penduricalho.

HAS.TI.LHA, *s.f.*, haste de pequeno tamanho.

HAU.RI.DO, *adj.*, sorvido, respirado, inspirado.

HAU.RIR, *v.t.*, extrair, tirar, sorver, consumir, aspirar.

HAU.RÍ.VEL, *adj.*, aspirável, sorvível.

HAUS.TO, *s.m.*, gole, aspiração, tragada, respirada.

HA.VAI.A.NO, *adj.*, referente ao Havaí ou nativo de lá.

HA.VA.NA, *s.m.*, charuto feito em Havana, com o fumo de Cuba.

HA.VA.NÊS, *adj.*, referente à cidade de Havana; habitante ou nativo dela.

HA.VER, *v.t., int. e pron.*, possuir, deter, obter, conquistar; crédito em contabilidade.

HA.VE.RES, *s.m., pl.*, bens, capital, riquezas.

HA.XI.XE, *s.m.*, flores do cânhamo; droga para fumar, beber ou mascar.

HE - símbolo do hélio.

HEB.DO.MA.DÁ.RIO, *s.m.*, semanário, jornal que sai uma vez por semana.

HEB.DO.MÁ.TI.CO, *adj.*, sétimo, relativo ao número sete; ano crítico.

HE.BRAI.CO, *adj.*, referente aos hebreus, israelitas; *s.m.*, idioma hebraico.

HE.BRA.ÍS.MO, *s.m.*, termo hebraico usado em outras línguas; tradições e doutrinas hebraicas.

HE.BRA.ÍS.TA, *s. 2 gên.*, pessoa que se dedica ao estudo do idioma hebraico e conhecimentos dos hebreus.

HE.BRA.I.ZAR, *v. int.*, dar forma e feição de hebreu a hábitos e tradições de outros povos.

HE.BREU, *adj., s.m.*, israelita; *s.m.*, idioma hebreu.

HE.CA.TOM.BE, *s.f.*, carnificina, matança, genocídio.

HEC.TA.RE, *s.m.*, medida agrária para cem ares ou dez mil metros quadrados; abreviatura - ha.

HEC.TO.É.DRI.CO, *adj.*, Miner., diz-se dos cristais de seis faces.

HEC.TO.GRA.MA, *s.m.*, cem gramas.

HEC.TO.LI.TRO, *s.m.*, medida de cem litros.

HEC.TÔ.ME.TRO, *s.m.*, cem metros.

HE.DI.ON.DEZ, *s.f.*, perversidade, asquerosidade, fealdade.

HE.DI.ON.DO, *adj.*, pavoroso, terrível, sinistro, perverso.

HE.DO.NIS.MO, *s.m.*, a escolha do prazer imediato e particular como objetivo de vida.

HE.DO.NIS.TA, *s. 2 gên.*, adepto do hedonismo, quem vive apenas pelo prazer.

HE.GE.MO.NI.A, *s.f.*, comando, domínio, supremacia.

HE.GE.MÔ.NI.CO, *adj.*, dominante, superior, mandante.

HÉ.GI.RA, *s.f.*, fuga de Maomé de Meca para Medina, em 622, d.C., sendo este o primeiro ano da religião muçulmana.

HEIN?, *interj.*, expõe admiração, surpresa, incredulidade.

HE.LÊ.NI.CO, *adj.*, que se refere aos helenos, aos gregos.

HE.LE.NIS.MO, *s.m.*, o que é próprio da cultura grega; filosofia, cultura e política da antiga Grécia.

HE.LE.NIS.TA, *s. 2 gên.*, especialista em helenismo.

HE.LE.NÍS.TI.CO, *adj.*, relativo ao helenismo.

HE.LE.NI.ZAR, *v.t. e int.*, dar feição de helênico a, civilizar pelos métodos helênicos.

HE.LE.NO, *adj.*, grego.

HE.LI.AN.TO, *s.m.*, girassol.

HÉ.LI.CE, *s.f.*, peça movida pelo motor para impulsionar a embarcação.

HE.LI.COI.DAL, *adj.*, helicoide, que tem a forma de hélice.

HE.LI.COI.DE, *adj.*, que tem a forma de hélice.

HE.LI.CÓP.TE.RO, *s.m.*, aeronave capaz de sustentar-se no ar e se deslocar verticalmente, graças ao giro de hélices horizontais.

HE.LÍ.CU.LA, *s.f.*, pequena hélice.

HÉ.LI.O, *s.m.*, elemento com o número atômico 2; gás usado para encher balões.

HE.LI.O.CÊN.TRI.CO, *adj.*, que tem o Sol como centro.

HE.LI.O.CEN.TRIS.MO, *s.m.*, ideia de Copérnico, que descobriu que o Sol é o centro do sistema da Terra.

HE.LI.O.CRO.MI.A, *s.f.*, recomposição das cores com auxílio do Sol, em cima de uma camada de cloreto de prata, esta sustentada por uma placa de metal.

HE.LI.O.CRÔ.MI.CO, *adj.*, relativo a heliocromia.

HE.LI.O.GRA.FI.A, *s.f.*, retrato do Sol, tipo de foto na qual são reproduzidos desenhos por meio da ação dos raios solares.

HE.LI.O.GRÁ.FI.CO, *adj.*, relativo à heliografia ou heliogravura.

HE.LI.Ó.GRA.FO, *s.m.*, Met., instrumento que mede a insolação diária e/ou horária de brilho do Sol; Astron., instrumento próprio para a observação do Sol.

HE.LI.O.GRA.VU.RA, *s.f.*, processo de fotogravura por

HELIOMÉTRICO   451   HEMOPTISE

entalhe, usando a ação da luz.

HE.LI.O.MÉ.TRI.CO, *adj.*, relativo ao heliômetro.

HE.LI.Ô.ME.TRO, *s.m.*, Fís., instrumento que mede o diâmetro aparente dos astros e as distâncias aparentes dos corpos celestes entre si.

HE.LI.OS.CO.PI.A, *s.f.*, visão do Sol pelo helioscópio.

HE.LI.OS.CÓ.PI.CO, *adj.*, relativo a helioscópio ou a helioscopia.

HE.LI.OS.CÓ.PIO, *s.m.*, instrumento para observar o Sol.

HE.LI.O.SE, *s.f.*, insolação, doença causada pelo Sol.

HE.LI.OS.TÁ.TI.CA, *s.f.*, doutrina sobre o movimento dos planetas, em que o Sol fica no centro do sistema planetário.

HE.LI.OS.TÁ.TI.CO, *adj.*, relativo ao helióstato.

HE.LI.ÓS.TA.TO, *s.m.*, Ópt., instrumento cujo espelho permite a projeção dos raios solares sobre um ponto fixo, apesar do movimento de rotação da Terra.

HE.LI.O.TE.RA.PI.A, *s.f.*, tratamento de certas doenças com o uso do sol.

HE.LI.O.TE.RÁ.PI.CO, *adj.*, relativo a helioterapia.

HE.LI.O.TER.MÔ.ME.TRO, *s.m.*, instrumento para medir a intensidade do calor do Sol.

HE.LI.O.TRO.PI.A, *s.f.*, propriedade que certos vegetais possuem de se voltar sempre na direção do Sol.

HE.LI.O.TRÓ.PI.CO, *adj.*, que se volta para o Sol quando este está acima do horizonte.

HE.LI.O.TRÓ.PIO, *s.m.*, planta muito diminuta, mas cultivada por seu perfume.

HE.LI.O.TRO.PIS.MO, *s.m.*, movimento de certas plantas ou de partes suas em direção à luz do Sol; heliotropia.

HE.LI.PON.TO, *s.m.*, lugar para ascensão e descida de helicópteros.

HE.LI.POR.TO, *s.m.*, posto de subida e descida de helicópteros.

HEL.MIN.TÍ.A.SE, *s.f.*, doença causada pela presença de helmintos em humanos ou animais.

HEL.MIN.TI.CO, *adj.*, relativo ao helmintos.

HEL.MIN.TO, *s.m.*, vermes parasitas que vivem no interior de outros organismos.

HEL.MIN.TOI.DE, *adj.*, parecido com helminto.

HEL.MIN.TO.LO.GI.A, *s.f.*, ramo da zoologia ou da parasitologia que estuda os vermes intestinais.

HEL.VÉ.CIO, *adj.*, helvético, referente à antiga Helvécia, Suíça; *s.m.*, habitante ou natural da Helvécia.

HE.MÁ.CIA, *s.f.*, glóbulo vermelho do sangue.

HE.MÁ.TI.CO, *adj.*, do ou relativo ao sangue.

HE.MA.TI.TA, *s.f.*, mineral que entra na composição do ferro.

HE.MA.TÓ.FA.GO, *s.m.*, quem devora sangue, quem se alimenta de sangue.

HE.MA.TO.FI.LI.A, *s.f.*, qualidade de hematófilo.

HE.MA.TO.FI.LO, *adj.*, diz-se de planta que tem folhas vermelhas, da cor do sangue; eritrofilo.

HE.MA.TO.FI.LO, *adj.*, que gosta de sangue; *s.m.*, indivíduo hematófilo.

HE.MA.TO.FO.BI.A, *s.f.*, aversão a sangue, nojo de sangue.

HE.MA.TO.FO.BO, *s.m.*, quem tem horror a sangue.

HE.MA.TOI.DE, *adj.*, semelhante a sangue.

HE.MA.TO.LO.GI.A, *s.f.*, estudo do sangue, de como se forma, age, importância e doenças.

HE.MA.TO.LÓ.GI.CO, *adj.*, relativo a hematologia.

HE.MA.TO.MA, *s.m.*, sangue escorrido sob a pele e tumefato; mancha arroxeada.

HE.MA.TO.PO.E.SE, *s.f.*, Fisiol., processo de produção e desenvolvimento das células sanguíneas.

HE.MA.TO.PO.É.TI.CO, *adj.*, relativo a hematopoese.

HE.MA.TO.SAR, *v.t. e pron.*, converter(-se) em arterial (o sangue venoso).

HE.MA.TO.SE, *s.f.*, mudança do sangue venoso em arterial, por obra dos pulmões.

HE.MA.TO.ZO.Á.RIO, *s.m.*, todo parasita no sangue, vindo do sangue de outro animal.

HE.MA.TÚ.RIA, *s.f.*, existência de sangue na urina.

HE.MA.TÚ.RI.CO, *adj.*, relativo a hematúria; que sofre de hematúria; *s.m.*, aquele que sofre de hematúria.

HE.ME.RO.LO.GI.A, *s.f.*, habilidade de compor calendários.

HE.ME.RO.PA.TI.A, *s.f.*, certas doenças que surgem apenas durante o dia.

HE.ME.RO.TE.CA, *s.f.*, coleção de jornais, revistas e livros.

HE.MI.AL.GI.A, *s.f.*, enxaqueca, dor de cabeça.

HE.MI.CAR.PO, *s.m.*, Bot., metade de um fruto que naturalmente se divide em dois.

HE.MI.CI.CLO, *s.m.*, espaço em forma hemicircular para espectadores; arena.

HE.MI.CI.LIN.DRO, *s.m.*, cada uma das partes em que se divide um cilindro seccionado pelo eixo.

HE.MI.CRA.NI.A, *s.f.*, enxaqueca, dor de cabeça.

HE.MI.FA.CI.AL, *adj. 2 gên.*, relativo a uma das metades da face.

HE.MI.LA.BI.AL, *adj.*, que se refere à metade dos lábios.

HE.MI.PA.RE.SI.A, *s.f.*, Neur., fraqueza muscular que constitui paralisia atenuada de uma das metades do corpo.

HE.MI.PLE.GI.A, *s.f.*, paralisia de um dos lados do corpo.

HE.MÍP.TE.RO, *adj.*, que tem asas ou barbatanas curtas; *s.m.*, espécime dos hemípteros, ordem dos insetos com aparelho bucal picador ou sugador e dois pares de asas.

HE.MIS.FÉ.RI.CO, *s.m.*, Geog., cada uma das metades da Terra, divididas pela linha do equador; metade de uma esfera.

HE.MIS.FÉ.RIO, *s.m.*, metade de uma esfera; as duas partes do globo divididas pelo equador; hemisfério Norte e Sul.

HE.MIS.FE.ROI.DAL, *adj. 2 gên.*, que tem a aparência de um hemisferoide.

HE.MIS.FE.ROI.DE, *adj. 2 gên.*, o mesmo que hemisferoidal; *s.m.*, cada metade de um esferoide.

HE.MIS.TÍ.QUIO, *s.m.*, metade do verão.

HE.MO.CEN.TRO, *s.m.*, banco de sangue.

HE.MO.DE.RI.VA.DO, *adj., s.m.*, todo medicamento obtido a partir do sangue.

HE.MO.DI.Á.LI.SE, *s.f.*, processo de filtração do sangue por meio de equipamento apropriado.

HE.MO.DI.NA.MÔ.ME.TRO, *adj.*, relativo a hemodinâmica.

HE.MO.FI.LI.A, *s.f.*, doença congênita, hereditária, passada pela mulher, que dificulta a coagulação do sangue no homem.

HE.MO.FÍ.LI.CO, *adj.*, que sofre de hemofilia.

HE.MO.GLO.BI.NA, *s.f.*, substância que dá cor ao sangue.

HE.MO.GRA.MA, *s.m.*, classificação e análise da composição do sangue.

HE.MÓ.LI.SE, *s.f.*, destruição dos glóbulos vermelhos do sangue.

HE.MO.PA.TI.A, *s.f.*, Hem., designação genérica de qualquer doença do sangue.

HE.MOP.TI.SE, *s.f.*, soltar sangue pela expectoração

HEMORRAGIA

(tosse) estomacal.
HE.MOR.RA.GI.A, s.f., derramamento excessivo de sangue.
HE.MOR.RÁ.GI.CO, adj., relativo a, ou que se caracteriza por hemorragia; que apresenta hemorragia; s.m., indivíduo que apresenta hemorragia.
HE.MOR.ROI.DAL, adj. 2 gên., relativo a hemorroida ou hemorroidas.
HE.MOR.ROI.DAS, s.f. pl., dilatação das veias do ânus e do reto, provocando problemas para evacuar.
HE.MOR.ROI.DO.SO, adj. e s.m., que ou o que tem hemorroidas; hemorroidário.
HE.MÓS.TA.SE, s.f., maneira de como estancar uma hemorragia; hemostasia.
HE.MOS.TA.SI.A, s.f., Med., o mesmo que hemóstase.
HE.MOS.TÁ.TI.CO, adj., usado para parar uma hemorragia.
HE.MO.TÓ.RAX, s.m., queda de sangue na cavidade pleural.
HEN.DE.CA.E.DRO, s.m., poliedro de onze faces.
HEN.DE.CÁ.GO.NO, s.m., polígono de onze lados e onze ângulos.
HEN.DE.CAS.SÍ.LA.BO, s.m., palavra ou verso com onze sílabas.
HE.PA.TAL.GI.A, s.f., dor no fígado.
HE.PA.TAR.GI.A, s.f., insuficiência da função do fígado.
HE.PÁ.TI.CO, adj., referente ao fígado.
HE.PA.TIS.MO, s.m., doença do fígado.
HE.PA.TI.TE, s.f., inflamação do fígado.
HE.PA.TI.ZA.ÇÃO, s.f., Med., transformação de tecido orgânico, esp. do pulmão, que passa a apresentar aspecto de fígado.
HE.PA.TO.LO.GI.A, s.f., doença do fígado.
HE.PA.TO.LÓ.GI.CO, adj., Med., relativo a hepatologia.
HE.PA.TO.SE, s.f., degeneração do fígado, mas não inflamatória.
HEP.TA.É.DRI.CO, adj., relativo a heptaedro; que tem sete faces.
HEP.TA.E.DRO, s.m., poliedro de sete faces.
HEP.TÁ.GO.NO, s.m., polígono de sete lados e sete ângulos.
HEP.TÂ.ME.RO, s.m., o que é dividido em sete partes.
HEP.TAS.SÍ.LA.BO, s.m., palavra ou verso com sete sílabas, verso de sete sílabas.
HEP.TA.TEU.CO, s.m., obra dividida em sete livros; Rel., os sete primeiros livros do Velho Testamento.
HE.RA, s.f., erva rasteira que cobre muros, paredes.
HE.RÁL.DI.CA, s.f., arte que estuda os brasões das famílias nobres.
HE.RÁL.DI.CO, adj., relativo a brasão e armas; fig., que é nobre, aristocrático.
HE.RAL.DIS.TA, s. 2 gên., especialista em heráldica.
HE.RAN.ÇA, s.f., o que se herda; hereditariedade, testamento.
HER.BÁ.CEO, adj., referente a erva, próprio de erva.
HER.BA.NÁ.RIO, s.m., loja que se especializou em vender ervas medicinais, ervanário; pessoa que negocia ou conhece ervas medicinais.
HER.BÁ.RIO, s.m., coleção de ervas secas, para fins de estudo.
HER.BÁ.TI.CO, adj., que se refere a ervas, próprio de ervas.
HER.BI.CI.DA, s.m., veneno para matar ervas.
HER.BÍ.FE.RO, adj., que traz ervas, que produz ervas.
HER.BI.FOR.ME, adj., semelhante a erva, que se parece com erva.

HERPES-ZÓSTER

HER.BÍ.VO.RO, s.m. e adj., que come ervas.
HER.BO.LÁ.RIO, adj. e s.m., que(m) coleciona plantas, ervas; que(m) conhece plantas.
HER.BÓ.REO, adj., que se refere a ervas, herbático.
HER.BO.RIS.TA, s. 2 gên., quem conhece os poderes curadores das plantas, quem vende medicinas herbóreas.
HER.BO.RI.ZA.ÇÃO, s.f., arborização, plantação de ervas e plantas.
HER.BO.RI.ZA.DOR, adj. e s.m., colecionador de plantas para estudo.
HER.BO.RI.ZAR, v. int., arborizar, plantar ervas e árvores.
HER.BO.SO, adj., que está cheio de ervas, que tem muitas plantas.
HER.CU.LA.NO, adj., que diz respeito a Hércules.
HER.CÚ.LEO, adj., próprio de Hércules, fortíssimo.
HÉR.CU.LES, s. 2 gên., tipo muito forte, pessoa fortíssima.
HER.DA.DE, s.f., quinta, propriedade rural, chácara, sítio.
HER.DAR, v.t., receber, ganhar, obter, ser contemplado com.
HER.DEI.RO, s.m., sucessor, quem herda; contemplado com herança.
HE.RE.DI.TA.RI.E.DA.DE, s.f., recebimento de qualidades físicas e morais do antecessor.
HE.RE.DI.TÁ.RIO, adj., o que se herda, inato, cognato.
HE.RE.GE, s.m., quem adere a uma religião contrária à da Igreja.
HE.RE.SI.A, s.f., doutrina contrária à fé verdadeira; crença contrária, absurdo.
HE.RE.SI.AR.CA, adj. e s. 2 gên., quem lança uma heresia em forma de seita.
HE.RÉ.TI.CO, adj., herege.
HER.MA, s.f., estátua de uma pessoa que se compõe da parte do peito para cima.
HER.MA.FRO.DI.TA, s. 2 gên., ser que detém os órgãos sexuais dos dois gêneros; andrógino.
HER.ME.NEU.TA, s. 2 gên., pessoa especializada em hermenêutica.
HER.ME.NÊU.TI.CA, s.f., ciência que busca interpretar palavras, leis e textos.
HER.MES, s.m., Escult., estátua de Mercúrio; herma.
HER.MÉ.TI.CO, adj., fechado, recluso, escondido, intimista.
HER.ME.TIS.MO, s.m., tema difícil de interpretar, de solução complicada.
HÉR.NIA, s.f., rotura, tumor produzido pela deslocação de uma víscera.
HER.NI.AL, adj., que se refere a hérnia.
HER.NI.O.SO, adj. e s.m., que ou o que sofre de hérnia.
HER.NO.TO.MI.A, s.f., tratamento cirúrgico da hérnia.
HE.RÓI, s.m., quem se destaca por atos extraordinários; quem realiza grandes ações.
HE.ROI.CI.DA.DE, s.f., heroísmo, qualidade do que é heroico.
HE.RÓI-CÔ.MI.CO, adj., diz-se de obra literária que provoca o riso em tom de epopeia.
HE.ROI.CO, adj., espetacular, admirável, épico, incomum.
HE.ROI.FI.CAR, v.t., contar (alguém) no número dos heróis; engrandecer, glorificar.
HE.RO.Í.NA, s.f., feminino de herói; droga, narcótico.
HE.RO.ÍS.MO, s.m., grandes atos de coragem, exposição com risco da própria vida.
HER.PES, s.f., doença caracterizada por erupções na pele, com muita dor.
HER.PES-ZÓS.TER, s.f., tipo de virose que ataca a pele

HERPÉTICO ··· 453 ··· **HIBERNANTE**

com erupções, pequenas bolhas agrupadas.
HER.PÉ.TI.CO, *adj.*, próprio do herpes; diz-se de pessoa que tem herpes; *s.m.*, essa pessoa.
HER.PE.TO.LO.GI.A, *s.f.*, ramo da Zoologia que estuda os répteis.
HER.PE.TO.LÓ.GI.CO, *adj.*, relativo a herpetologia.
HER.PE.TO.LO.GIS.TA, *s. 2 gên.*, o mesmo que herpetológo.
HER.PE.TÓ.LO.GO, *s.m.*, especialista em herpetologia; herpetologista.
HERTZ, *s.m.*, unidade de frequência, com a unidade temporal de um segundo.
HERT.ZI.A.NO, *adj.*, relativo à faixa de radiofrequência.
HE.SI.TA.ÇÃO, *s.f.*, vacilação, indecisão, titubeamento.
HE.SI.TAN.TE, *adj.*, que hesita, vacilante, indeciso.
HE.SI.TAR, *v.t. e int.*, vacilar, titubear, estar indeciso, duvidar.
HES.PÉ.RIA, *s.f.*, ocidente; em outros tempos, era a denominação dada à Itália e à Espanha.
HES.PE.RÍ.DEO, *adj.*, Bot., diz-se do fruto carnoso do tipo da laranja.
HE.TE.RI.A, *s.f.*, na Grécia antiga, associação de pessoas de mesmo partido, esp. o aristocrático; confraria; liga.
HE.TE.RÓ.CLI.TO, *adj.*, que se afasta das regras da analogia gramatical; Ling., diz-se dos substantivos e adjetivos, esp. grego e latim, que pertencem a várias declinações; *fam.*, extravagante.
HE.TE.RO.CRO.MI.A, *s.f.*, partes diferentes de cor onde deveria haver uma única cor.
HE.TE.RO.DI.NÂ.MI.CO, *adj.*, que possui ou é capaz de gerar força desigual.
HE.TE.RO.DI.NO, *adj. e s.m.*, Fís., diz-se de, ou o processo em que ocorre a mistura de duas frequências, resultando numa terceira, diferente das outras, e produzindo um fenômeno de batimento.
HE.TE.RO.DO.XI.A, *s.f.*, o que é heterodoxo.
HE.TE.RO.DO.XO, *adj. e s.m.*, ser contra verdades impostas; contrariar dogmas.
HE.TE.RO.FO.NI.A, *s.f.*, situação de palavras que têm a mesma escrita, mas pronúncia diversa.
HE.TE.RO.FÔ.NI.CO, *adj.*, relativo a, ou que apresenta heterofonia; heterófono.
HE.TE.RÓ.FO.NO, *s.m.*, palavra que apresenta heterofonia.
HE.TE.RO.GE.NEI.DA.DE, *s.f.*, qualidade do que é heterogêneo.
HE.TE.RO.GÊ.NEO, *adj.*, diferente, composto de partes diversas.
HE.TE.RO.GE.NI.A, *s.f.*, *desus.*, geração espontânea; abiogênese; Biol., desenvolvimento de um organismo vivo a partir de outro organismo vivo (como de um vírus).
HE.TE.RO.LO.GI.A, *s.f.*, Quím., estado das substâncias heterólogas; caráter de heterólogo.
HE.TE.RÓ.LO.GO, *s.m.*, termo composto por elementos de origem diferente ou estrutura diversa.
HE.TE.RO.ME.TRI.A, *s.f.*, mudança de dimensões (formato, etc.).
HE.TE.RO.MÉ.TRI.CO, *adj.*, relativo a ou que apresenta heterometria; diz-se do que não possui as mesmas dimensões ou medidas.
HE.TE.RO.MOR.FO, *adj. e s.m.*, que tem formas muito diferentes em uma mesma forma estrutural.
HE.TE.RO.MOR.FO.SE, *s.f.*, Biol., regeneração de uma parte cortada com diferenças na forma ou no tamanho; desvio da forma normal.
HE.TE.RO.NÍ.MIA, *s.f.*, qualidade ou caráter de heterônimo.
HE.TE.RÔ.NI.MO, *s.m.*, um autor muda o estilo próprio para escrever e atribui outro nome ao escrito.
HE.TE.RO.NO.MI.A, *s.f.*, condição de quem não tem autonomia; condição ou caráter de heterônomo.
HE.TE.RO.PA.TI.A, *s.f.*, cura de uma doença por remédios contrários aos indicados.
HE.TE.RO.PÁ.TI.CO, *adj.*, diz-se de que apresenta heteropatia.
HE.TE.RO.PLAS.MA, *s.m.*, Biol., tecido que se forma onde não costuma ocorrer.
HE.TE.RO.PLA.SI.A, *s.f.*, desenvolvimento de um tecido às custas de outro diferente.
HE.TE.RO.PLAS.TI.A, *s.f.*, intervenção cirúrgica para transplante de material orgânico, a fim de evitar a perda dessa substância; heteroenxerto.
HE.TE.RO.PLÁS.TI.CO, *adj.*, relativo a heteroplastia.
HE.TE.ROS.CO.PI.A, *s.f.*, ato de visualizar o interior do corpo de outra pessoa.
HE.TE.ROS.SE.XU.AL, *adj.*, que se refere aos dois sexos; ligação sexual entre seres de sexo diferente.
HE.TE.RO.ZI.GO.TO, *adj.*, Gen., diz-se de indivíduo que tem alelos diferentes em um ou mais genes; *s.m.*, Gen., esse indivíduo.
HÉ.TI.CA, *s.f.*, tuberculose, tísica.
HÉ.TI.CO, *adj.*, tuberculoso.
HEU.RE.CA!, *interj.*, achei! - exprime alegria, satisfação pelo fato.
HEU.RÍS.TI.CA, *s.f.*, método por meio de análise, para resolver problemas.
HE.XA.CAM.PE.ÃO, *s.m.*, alguém, clube ou país que é seis vezes campeão em algum esporte.
HE.XA.É.DRI.CO, *adj.*, Geom., que tem seis faces; hexaedro.
HE.XA.E.DRO, *s.m.*, corpo com seis faces.
HE.XA.GO.NAL, *adj. 2 gên.*, que tem seis lados; hexágono; cuja base é um hexágono.
HE.XÁ.GO.NO, *s.m.*, polígono com seis faces e seis ângulos.
HE.XA.GRA.MA, *s.m.*, conjunto de seis letras.
HE.XA.OC.TA.E.DRO, *s.m.*, Geom., poliedro formado por 48 triângulos escalenos iguais.
HE.XÁ.PO.DE, *adj.*, que tem seis pés ou patas.
HE.XAS.SÍ.LA.BO, *s.m.*, palavra ou verso com seis sílabas.
HG, - símbolo do mercúrio.
HÍ.A.DE, *s.f.*, uma constelação com seis estrelas.
HI.A.LI.NO, *adj.*, que tem a aparência e a transparência do vidro.
HI.A.LO.GRA.FI.A, *s.f.*, pintura feita em vidro.
HI.A.LOI.DE, *adj.*, que se assemelha ao vidro.
HI.A.LO.TEC.NI.A, *s.f.*, técnica de pintar em vidro.
HI.A.LO.TÉC.NI.CO, *adj.*, relativo a hialotecnia.
HI.A.LUR.GI.A, *s.f.*, técnica de fabricar vidro.
HI.A.LÚR.GI.CO, *adj.*, relativo a hialurgia.
HI.A.TO, *s.m.*, junção de duas vogais na escrita, pronunciadas destacadamente; lacuna.
HI.BER.NA.ÇÃO, *s.f.*, estado no qual certos animais ficam entorpecidos ou em letargia, sobretudo durante o inverno (dormem bastante).
HI.BER.NAL, *adj.*, próprio do inverno, invernal.
HI.BER.NAN.TE, *adj. 2 gên. e s. 2 gên.*, que ou aquele que hiberna.

HIBERNAR

HI.BER.NAR, *v. int.*, passar o inverno em hibernação.
HI.BIS.CO, *s.m.*, nome de várias plantas das malváceas, com belas flores.
HI.BRI.DA.ÇÃO, *s.f.*, Biol., cruzamento entre indivíduos que pertencem a espécies diferentes.
HI.BRI.DEZ, *s.f.*, estado ou qualidade do que é híbrido.
HI.BRI.DIS.MO, *s.m.*, palavra formada por termos de línguas diversas.
HÍ.BRI.DO, *adj.*, cruzamento de palavras de línguas diferentes; cruzamento de raças diferentes.
HI.DA.TO.LO.GI.A, *s.f.*, estudo e análise de águas e suas propriedades.
HI.DRA, *s.f.*, pequeno animal de água doce, com tentáculos para caçar o alimento; constelação com forma de serpente.
HI.DRA.MÁ.TI.CO, *adj.*, sistema hidráulico que comanda uma direção.
HI.DRAN.TE, *s.m.*, torneira a que se ligam mangueiras, tubos, para puxar água.
HI.DRAR.GI.RIS.MO, *s.m.*, Med., intoxicação por mercúrio; mercurialismo.
HI.DRA.TA.ÇÃO, *s.f.*, ação ou efeito de hidratar.
HI.DRA.TA.DO, *adj.*, que se hidratou.
HI.DRA.TAR, *v.t. e pron.*, molhar com água, umedecer, tomar água, banhar.
HI.DRA.TÁ.VEL, *adj. 2 gên.*, que se pode hidratar.
HI.DRA.TO, *s.m.*, composição formada com a união de moléculas de água com outras substâncias.
HI.DRÁU.LI.CA, *s.f.*, arte que estuda como os líquidos se movem em canos e canais.
HI.DRÁU.LI.CO, *adj.*, referente a hidráulica, movido por meio de água.
HI.DRA.VI.ÃO, *s.m.*, hidroavião, avião com dispositivos para pousar na água e subir.
HI.DRE.LÉ.TRI.CA, *s.f.*, hidroelétrica, usina que produz energia elétrica com a força da água.
HI.DRE.LÉ.TRI.CO, *adj.*, que diz respeito a água e a eletricidade.
HÍ.DRI.CO, *adj.*, próprio da água, formado de água.
HI.DRO.A.VI.ÃO, *s.m.*, hidravião.
HI.DRÓ.BIO, *adj.*, que vive na água.
HI.DRO.CAR.BO.NE.TO, *s.m.*, um composto de carbono e hidrogênio; var., hidrocarbonato.
HI.DRO.CAR.BÔ.NI.CO, *adj.*, que se refere ao hidrocarboneto.
HI.DRO.CE.FA.LI.A, *s.f.*, hidropisia cerebral, cabeça d'água.
HI.DRO.CÉ.FA.LO, *adj. e s.m.*, que ou aquele que sofre de hidrocefalia.
HI.DRO.CE.LE, *s.f.*, Med., tumor que se forma no escroto por um aumento de serosidade.
HI.DRO.COR, *adj. e s. 2 gên.*, tipo de caneta com várias cores, para escrever e pintar.
HI.DRO.DI.NÂ.MI.CA, *s.f.*, parte da Física que estuda as leis dos movimentos, equilíbrio e peso dos líquidos.
HI.DRO.DI.NÂ.MI.CO, *adj.*, Fís., relativo a hidrodinâmica.
HI.DRO.E.LÉ.TRI.CA, *s.f.*, hidrelétrica.
HI.DRÓ.FI.LO, *adj.*, amigo da água, que absorve água, que gosta de água.
HI.DRO.FO.BI.A, *s.f.*, temor de água, horror a água.
HI.DRO.FÓ.BI.CO, *adj.*, relativo a hidrofobia.
HI.DRÓ.FO.BO, *adj. e s.m.*, quem tem horror a água.
HI.DRO.GE.NA.ÇÃO, *s.f.*, Quím., combinação de substâncias com hidrogênio, procedimento utilizado para vários fins industriais.

HIDROSFÉRICO

HI.DRO.GE.NA.DO, *adj.*, Quím., que contém ou foi combinado ou tratado com hidrogênio.
HI.DRO.GE.NAR, *v.t. e pron.*, misturar hidrogênio em uma substância.
HI.DRO.GÊ.NIO, *s.m.*, um gás leve que se mistura com o oxigênio, formando a água.
HI.DRO.GE.O.LO.GI.A, *s.f.*, estudo das águas à superfície da Terra; hidrognosia.
HI.DRO.GE.O.LÓ.GI.CO, *adj.*, relativo a hidrogeologia.
HI.DRO.GI.NÁS.TI.CA, *s.f.*, todo exercício físico praticado com o corpo na água.
HI.DRO.GRA.FI.A, *s.f.*, estudo das águas dos rios, lagos, mares; as águas de uma região.
HI.DRO.GRÁ.FI.CO, *adj.*, relativo a hidrografia (mapa hidrográfico).
HI.DRÓ.GRA.FO, *s.m.*, indivíduo especializado em hidrografia.
HI.DRÓ.LA.TRA, *s. 2 gên.*, adorador de água, apaixonado por água.
HI.DRO.LA.TRI.A, *s.f.*, adoração da água, culto da água.
HI.DRÓ.LI.SE, *s.f.*, reação ou mudança de alguma substância por força da água.
HI.DRO.LO.GI.A, *s.f.*, estudo das águas da superfície da Terra; hidatologia.
HI.DRO.LÓ.GI.CO, *adj.*, relativo a, ou próprio da hidrologia; hidatológico.
HI.DRÓ.LO.GO, *s.m.*, o mesmo que hidrologista.
HI.DRO.MAN.CI.A, *s.f.*, adivinhação por meio de água.
HI.DRO.MA.NI.A, *s.f.*, mania louca por tomar água, ou por ter água.
HI.DRO.MAS.SA.GEM, *s.f.*, massagem feita com jatos de água, em estâncias minerais ou em banheiras especiais.
HI.DRO.ME.CÂ.NI.CO, *adj.*, diz-se do sistema que tem a água como força motriz; relativo a hidromecânica.
HI.DRO.MEL, *s.m.*, mistura de água com mel.
HI.DRO.ME.TRI.A, *s.f.*, estudo da medição da vazão e velocidade dos líquidos; essa medição.
HI.DRO.MÉ.TRI.CO, *adj.*, relativo a hidrometria.
HI.DRÓ.ME.TRO, *s.m.*, instrumento que mede a quantidade ou o consumo de água.
HI.DRO.MI.NE.RAL, *adj.*, próprio de águas minerais.
HI.DRO.MO.TOR, *s.m.*, motor acionado hidraulicamente.
HI.DRO.PA.TA, *s. 2 gên.*, pessoa que trata doentes pela hidropatia.
HI.DRO.PA.TI.A, *s.f.*, terapia de doenças por meio de água.
HI.DRÓ.PI.CO, *adj. e s.m.*, que ou aquele que apresenta hidropisia.
HI.DRO.PÍ.RI.CO, *adj.*, Geol., diz-se das erupções vulcânicas de água e fogo.
HI.DRO.PI.SI.A, *s.f.*, acúmulo de serosidade em alguma parte do corpo.
HI.DRO.PLA.NO, *s.m.*, hidroavião.
HI.DROS.CO.PI.A, *s.f.*, técnica us. para procurar as fontes e as águas subterrâneas.
HI.DROS.CÓ.PI.CO, *adj.*, relativo a hidroscopia.
HI.DRO.SE, *s.f.*, produção e eliminação de suor.
HI.DROS.FE.RA, *s.f.*, a massa líquida do Planeta, toda a água da Terra.
HI.DROS.FÉ.RI.CO, *adj.*, relativo a hidrosfera.

HIDROSTÁTICA ··· 455 ··· HIPERATIVIDADE

HI.DROS.TÁ.TI.CA, *s.f.*, Fís., estudo das condições de equilíbrio dos líquidos e dos gases.
HI.DROS.TÁ.TI.CO, *adj.*, Fís., relativo a hidrostática.
HI.DRO.TE.RA.PI.A, *s.f.*, tratamento médico por meio da água.
HI.DRO.TE.RÁ.PI.CO, *adj.*, relativo a hidroterapia; hidroterapêutico.
HI.DRO.TRO.PIS.MO, *s.m.*, Bot., tropismo determinado pela água.
HI.DRO.VI.A, *s.f.*, caminho feito de água, rios, lagos, mares.
HI.DRÓ.XI.DO, *s.m.*, água misturada com qualquer óxido.
HI.DRÚ.RIA, *s.f.*, Med., presença de água em excesso na urina.
HI.DRÚ.RI.CO, *adj.* Med., que diz respeito a hidrúria.
HI.E.NA, *s.f.*, animal carnívoro da África e da Ásia, que se alimenta de restos de cadáveres de animais; *fig.*, pessoa covarde e traiçoeira.
HI.E.RAR.QUI.A, *s.f.*, graduação, escala, distribuição de cargos.
HI.E.RÁR.QUI.CO, *adj.*, relativo a hierarquia ou que apresenta hierarquia.
HI.E.RAR.QUI.ZA.ÇÃO, *s.f.*, ação ou resultado de hierarquizar.
HI.E.RAR.QUI.ZA.DO, *adj.*, organizado segundo uma ordem hierárquica.
HI.E.RAR.QUI.ZAR, *v.t.*, escalonar, dividir em graus, estabelecer a maneira de relacionamento entre os diversos escalões.
HI.E.RÁ.TI.CO, *adj.*, sagrado, santo, puro.
HI.E.RO.FAN.TE, *adj.* e *s. 2 gên.*, que(m) cultiva ciências ocultas, vidente, adivinho.
HI.E.RO.GLÍ.FI.CO, *adj.*, relativo aos hieróglifos; *s.m.*, hieróglifo.
HIE.RÓ.GLI.FOS, *s.m.*, símbolos da escrita antiga do Egito; letra ilegível.
HI.E.RO.GRA.FI.A, *s.f.*, explanação de temas e focos sagrados.
HI.E.RO.GRÁ.FI.CO, *adj.*, relativo a hierografia.
HI.E.RO.GRA.MA, *s.f.*, caráter próprio da escritura hierática.
HI.E.RO.GRA.MÁ.TI.CO, *adj.*, relativo à escrita cursiva e simplificada dos hieróglifos egípcios.
HI.E.RO.LO.GI.A, *s.f.*, estudo e reflexão de todas as religiões.
HI.E.RO.MAN.CI.A, *s.f.*, qualquer modo de adivinhação dos antigos gregos, por meio das coisas sagradas.
HI.E.RÔ.NI.MO, *s.m.*, estudo dos nomes sagrados e dos outros nomes concernentes a religiões.
HI.E.RO.SO.LI.MI.TA, *adj. s. 2 gên.*, relativo a Jerusalém, habitante ou natural de Jerusalém.
HÍ.FEN, *s.m.*, traço de união ou separação entre duas sílabas ou palavras compostas.
HI.FE.NA.ÇÃO, *s.f.*, o mesmo que hifenização.
HI.FE.NI.ZA.ÇÃO, *s.f.*, ação ou resultado de hifenizar; hifenação.
HI.FE.NI.ZAR, *v.t.*, dividir sílabas por meio do hífen.
HI.GI.DEZ, *s.f.*, estado de saúde normal.
HÍ.GI.DO, *adj.*, sadio, são, próprio da saúde.
HI.GI.E.NE, *s.f.*, limpeza, parte da Medicina que prega o asseio.
HI.GI.Ê.NI.CO, *adj.*, referente a higiene.
HI.GI.E.NIS.TA, *s. 2 gên.*, especialista em higiene, profissional que lida com esse assunto.
HI.GI.E.NI.ZAR, *v.t.*, limpar, assear, purificar.
HI.GRÓ.GRA.FO, *s.m.*, instrumento próprio para a medição da umidade relativa do ar.
HI.GRO.LO.GI.A, *s.f.*, história da água, estudo dos humores ou fluidos do corpo humano.
HI.GRO.ME.TRI.A, *s.f.*, estudo e cálculo da intensidade da umidade do ar.
HI.GRO.MÉ.TRI.CO, *adj.*, relativo a higrometria.
HI.GRÔ.ME.TRO, *s.m.*, aparelho que mede a intensidade da umidade.
HI.GROS.CÓ.PIO, *s.m.*, Fís., higrômetro de pouca precisão.
HI.LA.RI.AN.TE, *adj.*, alegre, feliz, que traz alegria, que provoca alegria.
HI.LA.RI.DA.DE, *s.f.*, propensão ao riso, soltar gargalhada.
HI.LÁ.RIO, *adj.*, alegre, faceiro, hilariante, que provoca risos.
HI.LA.RI.ZAR, *v.t.*, provocar risos, tornar hilariante.
HI.LEI.A, *s.f.*, floresta amazônica.
HI.LO.TA, *s. 2 gên.*, Hist., escravo espartano que cultivava o campo; *fig.*, servil, rústico.
HI.MA.LAI.CO, *adj.*, que se refere ao Himalaia.
HÍ.MEN, *s.m.*, membrana que fecha a vagina da mulher virgem; *pop.*, cabaço.
HI.ME.NEU, *s.m.*, casamento, matrimônio.
HI.ME.NO.GRÁ.FI.A, *s.f.*, descrição das membranas dos corpos animais.
HI.ME.NO.GRÁ.FI.CO, *adj.*, relativo a himenografia.
HI.ME.NO.LO.GI.A, *s.f.*, estudo a respeito das membranas dos corpos animais.
HI.ME.NO.LÓ.GI.CO, *adj.*, relativo a himenologia.
HI.ME.NÓP.TE.ROS, *s.m.*, *pl.*, ordem dos insetos que compreende as abelhas, vespas, formigas e outros.
HI.NÁ.RIO, *s.m.*, coleção de hinos, livro com hinos.
HIN.DI, *s.m.*, idioma pátrio da Índia.
HIN.DU, *adj.*, próprio do hinduísmo; referente à Índia, indiano.
HIN.DU.ÍS.MO, *s.m.*, religião predominante na Índia.
HIN.DUS.TÂ.NI, *s. 2 gên.*, natural ou habitante do Hindustão (Ásia); Gloss., dialeto do hindi; *adj. 2 gên.*, do Hindustão, típico dessa região ou de seu povo.
HIN.DUS.TÂ.NI.CO, *adj.*, relativo ao Hindustão; relativo ao hindustâni.
HI.NIS.TA, *s. 2 gên.*, compositor de hinos; cantor de hinos.
HI.NI.DOR, *adj.* que rincha ou relincha.
HI.NIR, *v.int.*, relinchar.
HI.NO, *s.m.*, canto de louvor; canto religioso de louvor; canto oficial de uma nação, hino oficial.
HI.NO.GRA.FI.A, *s.f.*, coleção de hinos, escrito sobre hinos.
HI.NÓ.GRA.FO, *s.m.*, compositor de hinos.
HI.NO.LO.GI.A, *s.f.*, a arte de compor hinos; hinário.
HI.NO.LÓ.GI.CO, *adj.* relativo a hinologia.
HI.NÓ.LO.GO, *adj.* e *s.m.*, que ou o que canta hinos.
HI.OI.DE, *s.m.*, Anat., pequeno osso que fica na parte anterior do pescoço.
HI.OI.DEO, *adj.*, Anat., relativo ao osso hioide.
HIP!, *interj.*, expressão de alegria gritada antes do hurra.
HI.PÁ.LA.GE, *s.f.*, figura pela qual atribuímos a certas palavras o que pertence a outras; troca de casos.
HI.PER, *s.m.*, forma reduzida de hipermercado ou outros híperes.
HI.PE.RA.CI.DEZ, *s.f.*, acidez muito elevada.
HI.PE.RÁ.CI.DO, *adj.*, muito ácido.
HI.PE.RA.TI.VI.DA.DE, *s.f.*, atividade excessiva,

movimentação exagerada.
HI.PÉR.BA.TO, *s.m.*, a ordem natural dos termos na frase é invertida.
HI.PÉR.BO.LE, *s.f.*, figura de linguagem que exagera o dito; figura matemática.
HI.PER.BÓ.LI.CO, *adj.*, Gram., em que há hipérbole; exagerado; Geom., relativo a hipérbole.
HI.PER.BO.LIS.MO, *s.m.*, uso exagerado de hipérboles.
HI.PER.BÓ.REO, *adj.*, que se situa no extremo norte da Terra.
HI.PER.CA.LÓ.RI.CO, *adj.*, que está com calor excessivo.
HI.PER.CRO.MI.A, *s.f.*, Cit., aumento excessivo da pigmentação em célula ou tecido.
HI.PER.GLI.CE.MI.A, *s.f.*, glicose em excesso no sangue.
HI.PE.RIN.FLA.ÇÃO, *s.f.*, descontrole da inflação, inflação muito grande.
HI.PER.MER.CA.DO, *s.m.*, supermercado, mercado muito grande.
HI.PER.ME.TRO.PI.A, *s.f.*, defeito visual que impede a pessoa de ver com nitidez objetos colocados perto do foco ocular.
HI.PER.MI.O.PI.A, *s.f.*, miopia muito avantajada.
HI.PER.MNÉ.SIA, *s.f.*, uma memória fantástica, extraordinária.
HI.PER.SEN.SI.BI.LI.DA.DE, *s.f.*, sensibilidade exagerada.
HI.PER.SEN.SI.BI.LI.ZAR, *v.t. e int.*, tornar(-se) hipersensível.
HI.PER.SEN.SÍ.VEL, *adj.*, muito sensível, muito sentimental, muito emotivo.
HI.PER.TEN.SÃO, *s.f.*, pressão arterial muito elevada; tensão acima do normal.
HI.PER.TEN.SO, *adj.*, que tem a tensão muito alta.
HI.PER.TER.MI.A, *s.f.*, a temperatura do corpo se eleva acima dos 36 graus.
HI.PER.TEX.TO, *s.m.*, Edit. e Inf., texto(s) cuja organização permite a escolha de diversos caminhos de leitura (em livro ou em computador).
HI.PER.TRO.FI.A, *s.f.*, desenvolvimento exagerado de um membro ou parte dele.
HI.PER.TRO.FI.AR, *v.t.*, produzir hipertrofia em; aumentar exageradamente.
HI.PI.A.TRO, *s.m.*, veterinário de cavalos.
HÍ.PI.CO, *adj.*, referente a cavalos.
HI.PIS.MO, *s.m.*, toda prática esportiva feita com cavalos.
HIP.NO.FO.BI.A, *s.f.*, medo de dormir, fobia ao sono.
HIP.NÓ.FO.BO, *adj. e s.m.*, Psiq., o mesmo que hipnofóbico.
HIP.NO.LO.GI.A, *s.f.*, estudo a respeito do sono e esp. seus efeitos no sono hipnótico.
HIP.NO.SE, *s.f.*, uma pessoa que entra em estado de sono por influência de alguém que a sugestiona.
HIP.NÓ.TI.CO, *adj.*, que traz sono.
HIP.NO.TIS.MO, *s.m.*, tudo que leva alguém à hipnose; ação de fazer dormir.
HIP.NO.TI.ZA.ÇÃO, *s.f.*, ato ou efeito de hipnotizar; hipnotizamento.
HIP.NO.TI.ZA.DO, *adj.*, que se encontra sob efeito de hipnose; *fig.*, fascinado, magnetizado.
HIP.NO.TI.ZA.DOR, *adj. e s.m.*, que ou aquele que hipnotiza.
HIP.NO.TI. ZAN.TE, *adj. 2 gên. e s. 2 gên.*, que ou aquele que hipnotiza; hipnotizador.
HIP.NO.TI.ZAR, *v.t. e pron.*, fazer adormecer, seduzir, encantar.
HIP.NO.TI.ZÁ.VEL, *adj. 2 gên.*, que pode ser hipnotizado.
HI.PO.CAM.PO, *s.m.*, cavalo-marinho.

HI.PO.CLO.RI.TO, *s.m.*, Quím., sal do ácido hipocloroso ou ânion dele derivado.
HI.PO.CLO.RO.SO, *adj.*, diz-se do ácido formado de um átomo de hidrogênio, um de cloro e um de oxigênio; diz-se do anidrido composto de dois átomos de cloro e um de oxigênio.
HI.PO.CON.DRI.A, *s.f.*, depressão psíquica que faz a pessoa pensar somente em doenças.
HI.PO.CON.DRÍ.A.CO, *adj.*, que sofre de hipocondria.
HI.PO.CÔN.DRI.O, *s.m.*, Anat., cada uma das partes superiores e laterais do abdome.
HI.PO.CRI.SI.A, *s.f.*, fingimento, falsidade, simulação.
HI.PÓ.CRI.TA, *s. 2 gên.*, fingido, falso, simulado, traidor.
HI.PO.DER.ME, *s.f.*, tecido abaixo da pele, da derme.
HI.PO.DÉR.MI.CO, *adj.*, que se aplica sob a pele.
HI.PÓ.DRO.MO, *s.m.*, local para corrida de cavalos; raia.
HI.PO.FA.SI.A, *s.f.*, costume de alimentar-se com carne de cavalo.
HI.PO.FI.SÁ.RI.O, *adj.*, Anat., relativo a ou próprio da hipófise.
HI.PÓ.FI.SE, *s.f.*, Anat., glândula situada abaixo do encéfalo.
HI.PO.GÁS.TRI.CO, *adj.*, Anat., relativo ou pertencente ao hipogástrio.
HI.PO.GÁS.TRIO, *s.m.*, Anat., região central e inferior do abdome, abaixo do umbigo.
HI.PO.GEU, *s.m.*, túmulo subterrâneo.
HI.PO.GLOS.SO, *adj.*, situado sob a língua; *s.m.*, Anat., conjunto dos nervos responsáveis pelos movimentos da língua.
HI.POG.NA.TI.A, *s.f.*, Teratol., estado de hipógnato ou semelhante a ele.
HI.PÓG.NA.TO, *s.m.*, Teratol., monstro com uma cabeça suplementar ligada à maxila inferior da cabeça principal.
HI.PO.GRI.FO, *s.m.*, Animal fabuloso da mitologia grega, metade cavalo (corpo e patas traseiras), metade grifo (cabeça de águia e garras de leão).
HI.PO.LO.GI.A, *s.f.*, estudo acerca de cavalos.
HI.PÓ.LO.GO, *s.m.*, indivíduo especializado em hipologia.
HI.PO.MA.NI.A, *s.f.*, paixão por cavalos.
HI.PO.PÓ.TA.MO, *s.m.*, animal enorme, com couro muito duro, herbívoro, que habita perto dos rios africanos.
HI.POS.SUL.FA.TO, *s.m.*, sal produzido pela combinação do ácido hipossulfúrico com uma base.
HI.POS.TE.NI.A, *s.f.*, Med., diminuição de forças.
HI.POS.TÊ.NI.CO, *adj.*, que diz respeito à hipostenia.
HI.PO.TE.CA, *s.f.*, direito real colocado sobre um imóvel em favor do credor, garantindo a dívida contraída.
HI.PO.TE.CAR, *v.t.*, pôr sob hipoteca, garantir com hipoteca; garantir.
HI.PO.TE.CÁ.RIO, *adj.*, relativo a hipoteca ou que resulta dela.
HI.PO.TE.CÁ.VEL, *adj.*, que se pode hipotecar.
HI.PO.TE.NAR, *s.m.*, saliência da palma da mão, na direção do dedo mínimo.
HI.PO.TEN.SÃO, *s.f.*, tensão arterial abaixo do normal.
HI.PO.TEN.SO, *adj. e s.m.*, Med., diz-se de ou aquele que sofre de hipotensão.
HI.PO.TE.NU.SA, *s.f.*, no triângulo retângulo, a linha maior contra os catetos.
HI.PÓ.TE.SE, *s.f.*, ideia, suposição, conjetura.
HI.PO.TÉ.TI.CO, *adj.*, suposto, imaginativo.
HI.PO.TRO.FI.A, *s.f.*, crescimento ou desenvolvimento abaixo do normal; abiotrofia.
HI.PÓ.XI.A, Med., *s.f.*, deficiência parcial ou total de oxigênio.

HIPPIE, s. 2 gén., membro de um movimento de contracultura nas décadas de 1960 e 1970, que rejeitava os valores, hábitos e costumes da sociedade ocidental.

HIP.SO.ME.TRI.A, s.f., Geog., medição de altitudes, por meios geodésicos ou barométricos; altimetria; representação de altitudes em planta topográfica.

HIP.SO.MÉ.TRI.CO, adj., Geog. relativo ou pertencente a hipsometria.

HIP.SÔ.ME.TRO, s.m., tipo de aparelho de medição das elevações de regiões montanhosas, valendo-se da pressão atmosférica ou triangulação.

HIR.CIS.MO, s.m., fedor forte exalado pelas axilas de certas pessoas; bodum.

HIR.CO.SO, adj., que exala cheiro semelhante ao bodum.

HIR.SU.TIS.MO, s.m., pelos excessivos de aspecto masculino na mulher, em locais desprovidos de pelos.

HIR.SU.TO, adj., pelos rijos, cabelos duros e hirtos.

HIR.TE.ZA, s.f., estado de hirto, rijeza.

HIR.TO, adj., eriçado, ereto, duro.

HI.RUN.DI.NÍ.DEOS, s.m., pl., a família de aves das andorinhas.

HI.RUN.DI.NO, adj., referente a andorinhas.

HIS.PÂ.NI.CO, adj., próprio da Espanha, espanhol.

HIS.PA.NIS.MO, s.m., termos e frases típicos do linguajar hispânico e correntes em outros idiomas.

HIS.PA.NIS.TA, s. 2 gén., estudioso de hispanismo e cultura, história, tradições hispânicas.

HIS.PA.NI.ZAR, v.t. e pron., imprimir costumes e tradições hispânicas, tornar espanhol, transmitir a cultura da Espanha a outros povos.

HIS.PA.NO-A.ME.RI.CA.NO, s.m., relativo à Espanha e à América.

HIS.PI.DEZ, s.f., eriçamento, prevenção, hirsutismo.

HÍS.PI.DO, adj., hirsuto, prevenido.

HIS.SO.PE, s.m., aspersório, instrumento para borrifar água benta.

HIS.TE.RAL.GI.A, s.f., dor no útero.

HIS.TE.REC.TO.MI.A, s.f., Cir., remoção cirúrgica de parte ou da totalidade do útero.

HIS.TE.RI.A, s.f., ataque violento do sistema nervoso.

HIS.TÉ.RI.CO, adj., próprio da histeria.

HIS.TE.RIS.MO, s.m., histeria.

HIS.TE.RO.GRA.FI.A, s.f., Ginec., registro das contrações uterinas durante o parto; radiografia do útero.

HIS.TE.RO.GRÁ.FI.CO, adj., Ginec., relativo a ou que diz respeito a histerografia.

HIS.TE.RÔ.ME.TRO, s.m., sonda para medir o útero.

HIS.TE.ROP.TO.SE, s.f., Med., prolapso do útero.

HIS.TE.ROS.CO.PI.A, s.f., exame para visualizar a cavidade uterina.

HIS.TE.ROS.CÓ.PIO, s.m., aparelho para fazer a histeroscopia.

HIS.TO.LO.GI.A, s.f., Biol., parte da Biologia que trata dos tecidos orgânicos.

HIS.TO.LÓ.GI.CO, adj., Biol., relativo a histologia.

HIS.TO.LO.GIS.TA, s. 2 gén. e s. 2 gén., diz-se de, ou a pessoa especialista em histologia.

HIS.TÓ.RIA, s.f., fatos e atos que compõem a existência da Humanidade; período da existência de pessoas, de países; narração de fatos fictícios.

HIS.TO.RI.A.DA, s.f., bras., história comprida, complicada, embrulhada.

HIS.TO.RI.A.DO, adj., que se historiou, que se contou em forma de história; adj., que foi enfeitado (com figuras, ornamentos, etc.).

HIS.TO.RI.A.DOR, s.m., quem escreve a história, sobre a história.

HIS.TO.RI.AR, v.t., fazer ou escrever a história.

HIS.TO.RI.CI.DA.DE, s.f., qualidade daquilo que é histórico.

HIS.TO.RI.CIS.MO, s.m., Fil., doutrina que considera a história como ponto de partida para explicar todas as questões da Humanidade; tendência artística de buscar motivos na História.

HIS.TO.RI.CI.ZAN.TE, adj. 2 gén., que se contextualiza na história.

HIS.TO.RI.CI.ZAR, v.t., colocar em perspectiva histórica, conferir sentido ou caráter histórico a.

HIS.TÓ.RI.CO, adj., referente aos fatos da História; real, denotativo, acontecido.

HIS.TO.RI.E.TA, s.f., pequena história, conto, fábula.

HIS.TO.RI.O.GRA.FI.A, s.f., a habilidade de escrever a História, escrito crítico sobre a História e os historiadores.

HIS.TO.RI.O.GRÁ.FI.CO, adj., relativo a historiografia.

HIS.TO.RI.Ó.GRA.FO, s.m., aquele que pesquisa e escreve a história de uma época, etc.

HIS.TO.RI.O.LO.GI.A, s.f., filosofia da História.

HIS.TO.RI.O.LÓ.GI.CO, adj., relativo a historiologia.

HIS.TO.RIS.MO, s.m., Fil., ver historicismo.

HIS.TRI.ÃO, s.m., bobo, tolo, palhaço, tipo rude que se expõe ao ridículo.

HI.TI.TA, adj., s. 2 gén., referente ao povo hitita, que habitou a Ásia Menor por volta de 1900 a.C.

HI.TLE.RIS.MO, s.m., as teses e ideias sociopolíticas de Adolf Hitler.

HIV - sigla do vírus da imunodeficiência humana.

HL - símbolo de hectolitro.

HM - símbolo de hectômetro.

HOBBY, s.m., ing., atividade que alguém desenvolve por prazer e lazer.

HO.DI.ER.NO, adj., atual, de hoje, moderno.

HO.DO.ME.TRI.A, s.f., medição das distâncias percorridas.

HO.DÔ.ME.TRO, s.m., instrumento para medir a distância percorrida.

HO.JE, adv., neste dia, o dia em que estamos.

HO.LAN.DÊS, adj., referente à Holanda ou natural desse país; batavo.

HO.LE.RI.TE, s.m., contracheque, folha que demonstra o pagamento com todos os descontos sofridos e o salário líquido.

HO.LIS.MO, s.m., tese que defende a ligação recíproca de todas as forças e elementos do Universo; compreensão dos fatos com base nessa teoria.

HO.LIS.TA, adj. 2 gén., relativo a holismo; holístico; s. 2 gén., adepto do holismo.

HO.LÍS.TI.CO, adj., relativo ao holismo, próprio do holismo.

HOL.LY.WOO.DI.A.NO, adj., relativo a ou pertencente a Hollywood (EUA).

HO.LO.CAUS.TO, s.m., genocídio, matança de muitas pessoas com requinte de crueldade; morticínio de judeus nos campos de concentração nazistas.

HO.LO.CE.NO, s.m., época mais recente do período quaternário.

HO.LO.FO.TE, *s.m.*, farol que projeta raios de luz.

HO.LO.GA.MI.A, *s.f.*, Biol., modo de reprodução no qual indivíduos inteiros (como protozoários, algas, etc.) funcionam como gametas, unindo-se para formarem o zigoto.

HO.LO.GRA.FI.A, *s.f.*, técnica para conseguir fotos com a tridimensionalidade.

HO.LO.GRA.MA, *s.f.*, a imagem que surge pela holografia.

HO.LÔ.ME.TRO, *s.m.*, Astr., instrumento com que se mede a altura angular de um ponto acima do horizonte.

HOM.BRI.DA.DE, *s.f.*, masculinidade, caráter, dignidade, varonilidade.

HO.MEM, *s.m.*, ser humano do sexo masculino, macho; ser humano, criatura.

HO.MEM-FOR.TE, *s.m.*, indivíduo que consegue submeter todos os poderes e ser ditador de uma nação; líder carismático de um ministério.

HO.MEM-RÃ, *s.m.*, mergulhador profissional que presta serviços urgentes para salvamentos ou consertos de aparelhos submersos.

HO.ME.NA.GE.A.DO, *adj. e s.m.*, que ou aquele que é objeto de homenagem.

HO.ME.NA.GE.AR, *v.t.*, honrar, prestigiar, prestar homenagem.

HO.ME.NA.GEM, *s.f.*, honra, respeito, veneração.

HO.MEN.ZAR.RÃO, *s.m.*, aumentativo do termo homem, homem grande e imenso.

HO.ME.O.PA.TA, *s. 2 gên.*, pessoa que pratica a Homeopatia.

HO.ME.O.PA.TI.A, *s.f.*, sistema medicinal que trata as doenças com o tempo, produzindo agentes similares à doença, os quais possam destruí-la.

HO.ME.O.PÁ.TI.CO, *adj.*, relativo a ou próprio de homeopatia; *fig.*, que se manifesta gradualmente; em quantidades ínfimas; mínimo.

HO.MÉ.RI.CO, *adj.*, que se refere à obra do poeta grego Homero; extraordinário, magnífico, grandioso.

HO.MES.SA, *interj.*, p.us., expressa admiração, surpresa, irritação; equivale a *ora essa!* ou a *e essa, agora!*

HO.MI.CI.DA, *s. 2 gên.*, assassino, praticante de homicídios.

HO.MI.CÍ.DIO, *s.m.*, assassinato, ato de matar uma pessoa.

HO.MI.LÉ.TI.CA, *s.f.*, arte de pregar sermões religiosos, eloquência religiosa.

HO.MI.LI.A, *s.f.*, sermão, prédica, discurso que o padre pronuncia na primeira parte da missa.

HO.MI.NÍ.DE.OS, *s.m. pl.*, grupo familiar dos mamíferos da ordem dos primatas, a que pertence o homem.

HO.MI.ZI.A.DO, *s.m.*, quem foge da justiça; revel, fugitivo.

HO.MI.ZI.AR, *v.t. e pron.*, fugir e esconder-se da justiça, estar em lugar oculto para não ser preso.

HO.MO.FO.BI.A, *s.f.*, aversão a homossexual ou à homossexualidade.

HO.MO.FÓ.BI.CO, *adj. e s.m.*, Psic., relativo a homofobia, ou o indivíduo homófobo.

HO.MO.FO.NI.A, *s.f.*, semelhança nos sons e nas pronúncias de palavras.

HO.MO.FÔ.NI.CO, *adj.*, Gram., diz-se de vocábulos idênticos na pronúncia, mas diferentes na grafia e no sentido; homófono.

HO.MÓ.FO.NO, *adj.*, palavras que têm som igual, ou parecido, embora conteúdos diversos.

HO.MO.GE.NEI.DA.DE, *s.f.*, qualidade, propriedade ou característica do que é homogêneo; homogenia.

HO.MO.GE.NEI.ZA.ÇÃO, *s.f.*, ação ou efeito de homogeneizar; var., homogenização.

HO.MO.GE.NEI.ZA.DO, *adj.*, que passou por homogeneização.

HO.MO.GE.NEI.ZA.DOR, *adj. e s.m.*, diz-se do instrumento ou máquina us. para homogeneizar substâncias.

HO.MO.GE.NEI.ZAR, *v.t.*, mistura de líquidos para obter um composto igual.

HO.MO.GÊ.NEO, *adj.*, composto de partes de natureza idêntica, análoga, igual.

HO.MO.GE.NE.SI.A, *s.f.*, afinidade sexual; homogenia.

HO.MO.GE.NI.A, *s.f.*, qualidade de homogêneo; homogeneidade.

HO.MO.GRA.FI.A, *s.f.*, Gram., característica das palavras homógrafas; Geom., dependência mútua de duas figuras homográficas.

HO.MO.GRÁ.FI.CO, *adj.*, relativo a homografia.

HO.MÓ.GRA.FO, *adj.*, termo que possui a mesma grafia de outro e conteúdo diverso.

HO.MO.LO.GA.ÇÃO, *s.f.*, confirmação, deferimento, anuência, ratificação.

HO.MO.LO.GA.DO, *adj.*, que se homologou.

HO.MO.LO.GAR, *v.t.*, confirmar, sentenciar, deferir, ratificar.

HO.MO.LO.GI.A, *s.f.*, Biol., semelhança de estruturas e origem entre órgãos ou partes de diferentes organismos.

HO.MÓ.LO.GO, *adj.*, Geom., diz-se das partes correspondentes de duas figuras semelhantes; *s.m.*, aquilo que representa a homologia.

HO.MO.MOR.FO, *adj.*, que tem a mesma forma que outro.

HO.MO.NÍ.MIA, *s.f.*, qualidade da palavra homônima.

HO.MO.NÍ.MI.CO, *adj.*, Gram., relativo a, ou em que se dá a homonímia.

HO.MÔ.NI.MO, *s.m.*, palavra com grafia igual a uma outra, mas sentido diferente.

HO.MÓP.TE.ROS, *s.m., pl.*, ordem dos insetos que inclui as cigarras, as cochonilhas e os pulgões.

HO.MOS.FE.RA, *s.f.*, Geof., camada da atmosfera de composição constante, em que predominam o nitrogênio e o oxigênio, em altitude inferior a 100 km.

HO.MOS.SE.XU.AL, *adj.*, que pratica atividades sexuais com seres do mesmo sexo.

HO.MOS.SE.XU.A.LI.DA.DE, *s.f.*, interesse afetivo e sexual por seres do mesmo sexo.

HO.MOS.SE.XU.A.LIS.MO, *s.m.*, ter um relacionamento sexual e afetivo com indivíduos de sexo igual.

HO.MO.TI.PI.A, *s.f.*, Anat., analogia de certos órgãos em um mesmo indivíduo.

HO.MÓ.TI.PO, *adj.*, Anat., designativo dos órgãos que se dispõem simetricamente em relação ao plano de simetria bilateral do corpo.

HO.MO.ZI.GO.TO, *adj. e s.m.*, Gen., diz-se da, ou a pessoa que herda dos dois progenitores genes iguais para a mesma característica.

HO.MÚN.CU.LO, *s.m.*, pequeno ser, homem diminuto, criatura inexpressiva.

HON.DU.RE.NHO, *adj. e s.m.*, relativo a Honduras, habitante ou natural desse país.

HO.NES.TAR, *v.t. e pron.*, tornar honesto, honrar, honorificar.

HO.NES.TI.DA.DE, *s.f.*, honra, seriedade, dignidade, decência, pureza de caráter.

HO.NES.TI.ZAR, *v.t.*, tornar honesto; nobilitar.

HONESTO

HO.NES.TO, *adj.*, digno, honrado, puro, sério, decente, respeitoso.

HO.NOR, *s.m.*, *ant.*, o mesmo que honra.

HO.NO.RA.BI.LI.DA.DE, *s.f.*, virtude de ser honrado, dignidade, respeitabilidade.

HO.NO.RÁ.RIOS, *s.m. pl.*, remuneração, salários, pagamentos por serviços.

HO.NO.RI.FI.CAR, *v.t.*, prestar honras, dignificar, gloriar.

HO.NO.RÍ.FI.CO, *adj.*, dignificado, glorioso, honrado, honorável.

HON.RA, *s.f.*, sentimento de cada um que lhe dá a própria dignidade, estima, consideração, pureza, respeito, honestidade, decência, pudor.

HON.RA.DEZ, *s.f.*, qualidade de ter honra.

HON.RA.DO, *adj.*, detentor de honra, honesto.

HON.RAR, *v.t.*, prestigiar, enaltecer, glorificar, destacar, cumprir o acordado.

HON.RA.RI.A, *s.f.*, homenagem, distinção, homenagem pública com comenda especial.

HON.RO.SO, *adj.*, cheio de honra, glorioso, digno.

HO.PLI.TA, *s.m.*, soldado de armadura pesada, na infantaria dos antigos gregos.

HÓ.QUEI, *s.m.*, esporte praticado com patins, tacos e uma bola especial.

HO.RA, *s.f.*, cada uma das vinte e quatro partes em que se divide o dia; compromisso, ocasião, oportunidade; h - abreviação de hora e horas.

HO.RA.CI.A.NO, *adj.*, que se refere ao poeta latino, clássico em Roma, Horácio.

HO.RÁ.RIO, *s.m.*, tabela que fixa a hora de entrada, saída, começo, fim de um compromisso ou de uma viagem.

HOR.DA, *s.f.*, bando de selvagens, bandidos, salteadores.

HO.RIS.TA, *s. 2 gên.*, empregado que trabalha e ganha por hora trabalhada.

HO.RI.ZON.TAL, *adj.*, linha paralela ao horizonte; deitado ao comprido.

HO.RI.ZON.TA.LI.DA.DE, *s.f.*, posição horizontal, deitado na linha horizontal.

HO.RI.ZON.TE, *s.m.*, perspectiva, linha da superfície terrestre alcançada pela vista; ponto em que parece que o firmamento e a Terra se juntam.

HOR.MO.NAL, *adj.*, que se refere a hormônios, glandular.

HOR.MÔ.NI.CO, *adj.*, que diz respeito a hormônio.

HOR.MÔ.NIO, *s.m.*, substância de segregação das glândulas internas.

HO.RO.GRA.FI.A, *s.f.*, arte de fabricar quadrantes.

HO.RO.GRÁ.FI.CO, *adj.*, relativo a horografia.

HO.ROS.CO.PIS.TA, *s. 2 gên.*, pessoa que faz horóscopos.

HO.RÓS.CO.PO, *s.m.*, princípio astrológico pelo qual, lendo-se a posição dos astros, prevê-se o que acontecerá no futuro.

HOR.REN.DO, *adj.*, horrível, horroroso, medonho, aterrador.

HOR.RI.BI.LI.DA.DE, *s.f.*, qualidade do que é horrível.

HOR.RI.PI.LA.ÇÃO, *s.f.*, ação ou efeito de horripilarse; arrepiamento.

HOR.RI.PI.LAN.TE, *adj.*, assustador, amedrontador, que assusta.

HOR.RI.PI.LAR, *v.t. e int.*, causar ou sentir arrepios; arrepiar-se; causar ou sentir horror, medo; horrorizar.

HOR.RÍ.VEL, *adj.*, horroroso, horrendo.

HOR.ROR, *s.m.*, repulsa, aversão, atrocidade, crime hediondo.

HOR.RO.RÍ.FI.CO, *adj.*, ver horrendo.

HOR.RO.RI.ZA.DO, *adj.*, que se horrorizou, se amedrontou; sobressaltado; apavorado.

HOR.RO.RI.ZAR, *v.t. e pron.*, provocar horror em, provocar aversão, repulsa.

HOR.RO.RO.SO, *adj.*, horrível, terrível, medonho.

HOR.TA, *s.f.*, terra na qual se plantam verduras e legumes.

HOR.TA.LI.ÇA, *s.f.*, designação geral de todas as ervas comestíveis da horta.

HOR.TE.LÃ, *s.f.*, nome genérico de diversas plantas aromáticas, usadas como medicina ou tempero.

HOR.TE.LÃO, *s.m.*, quem cultiva uma horta; plantador de hortaliças.

HOR.TE.LÃ-PI.MEN.TA, *s.f.*, Bot., erva da família das labiadas, aromática e medicinal, us. em culinária, perfumaria, farmácia, etc.

HOR.TE.LO.A, *s.f.*, mulher do hortelão, mulher que tem uma horta.

HOR.TEN.SE, *adj.*, próprio da horta, relativo a horta.

HOR.TÊN.SIA, *s.f.*, arbusto pequeno que floresce no começo do verão com flores de cor rosa, azul e branca, conforme a acidez do solo.

HOR.TÍ.CU.LA, *s. 2 gên.*, ser que habita em uma horta, que se refere a horta.

HOR.TI.CUL.TOR, *s.m.*, quem trabalha com horticultura.

HOR.TI.CUL.TU.RA, *s.f.*, cultivo de horta e jardim.

HOR.TI.GRAN.JEI.RO, *adj. e s.m.*, produtos colhidos em hortas, pomares, granjas.

HOR.TI.FRU.TI.GRAN.JEI.RO, *adj., s.m.*, empreendimento que congrega hortas, pomares e granjas, para obter uma variada gama de produtos.

HOR.TO, *s.m.*, terreno em que se cultivam plantas ornamentais; jardim; horticultura; pequena horta.

HO.SA.NA, *s.m.*, saudação, louvor, hino entoado na época pascal.

HOSPITALIZAÇÃO

HÓS.PE.DA, *s.f.*, mulher que está hospedada em um hotel.

HOS.PE.DA.DO, *adj.*, que se hospedou, que recebeu hospedagem; acolhido; alojado.

HOS.PE.DA.DOR, *adj. e s.m.*, que ou aquele que hospeda.

HOS.PE.DA.GEM, *s.f.*, hospitalidade, ato ou efeito de hospedar.

HOS.PE.DAR, *v.t.*, aceitar como hóspede, acolher, dar pousada, abrigar.

HOS.PE.DA.RI.A, *s.f.*, estalagem, casa para hóspedes, hotel, pensão.

HOS.PE.DÁ.VEL, *adj. 2 gên.*, que pode receber ou ser recebido como hóspede.

HÓS.PE.DE, *s.m.*, quem se hospeda.

HOS.PE.DEI.RO, *s.m.*, quem dá hospedagem, dono da estalagem; animal que vive em outro ser vivo.

HOS.PÍ.CIO, *s.m.*, manicômio, local em que se abrigam loucos; hospital para internar loucos e tratá-los.

HOS.PI.TAL, *s.m.*, nosocômio, casa de saúde, casa em que se cuida dos doentes.

HOS.PI.TA.LAR, *adj. 2 gên.*, relativo a hospital ou hospício; nosocomial.

HOS.PI.TA.LEI.RO, *s.m. e adj.*, quem dá hospedagem, generoso, que hospeda com prazer.

HOS.PI.TA.LI.DA.DE, *s.f.*, hospedagem, bom acolhimento.

HOS.PI.TA.LI.ZA.ÇÃO, *s.f.*, ação ou resultado de

hospitalizar(-se); internação.
HOS.PI.TA.LI.ZA.DO, *adj.*, que se hospitalizou, internado.
HOS.PI.TA.LI.ZAR, *v.t.*, colocar em hospital, internar.
HOS.TE, *s.f.*, tropa militar, batalhão; *fig.*, falange, multidão.
HÓS.TIA, *s.f.*, partícula de farinha de trigo, feita sem fermento e que o padre consagra durante a missa da Igreja Católica.
HOS.TI.Á.RIO, *s.m.*, Rel., caixa ou recipiente us. para guardar hóstias ainda não consagradas.
HOS.TIL, *adj.*, inimigo, adversário, contrário, agressivo.
HOS.TI.LI.DA.DE, *s.f.*, qualidade de quem ou do que é hostil; agressividade; hostilização.
HOS.TI.LI.ZA.ÇÃO, *s.f.*, provocação, agressão, combate.
HOS.TI.LI.ZA.DO, *adj.*, provocado, agredido, combatido.
HOS.TI.LI.ZAR, *v.t.* e *pron.*, provocar, combater, fazer guerra contra, agredir.
HO.TEL, *s.m.*, empresa que aluga quartos e presta serviços; pensão.
HO.TEL-FA.ZEN.DA, *s.m.*, fazenda ou chácara adaptada para ser hotel, conservando as características originais, mas acrescentando o conforto e bem-estar de um hotel.
HO.TE.LA.RI.A, *s.f.*, a maneira de administrar hotéis, grupo de hotéis.
HO.TE.LEI.RO, *s.m.*, dono ou administrador de hotel.
HU.GUE.NO.TE, *adj. 2 gên.* e *s. 2 gên.*, Rel., diz-se de, ou o protestante francês, dos sécs. XVI e XVII.
HU.LHA, *s.f.*, carvão de pedra natural.
HU.LHEI.RA, *s.f.*, mina de carvão.
HU.LHÍ.FE.RO, *adj.*, que contém ou produz hulha.
HUM, *interj.*, indicadora de desconfiança, dúvida.
HU.MA.NAL, *adj.*, o mesmo que humano.
HU.MA.NAR, *v.t.* e *pron.*, tornar humano, humanizar.
HU.MA.NI.DA.DE, *s.f.*, todos os homens que vivem na Terra; bondade, sentimento de justiça.
HU.MA.NIS.MO, *s.m.*, movimento literário renascentista que colocou o homem no centro das artes, em consonância com a cultura greco-latina; aprimoramento do espírito humano pelo estudo filosófico, artístico e literário.
HU.MA.NIS.TA, *s. 2 gên.*, pessoa dedicada ao humanismo.
HU.MA.NI.TÁ.RIO, *adj.*, filantropo, caridoso, dedicado ao bem do ser humano.
HU.MA.NI.TA.RIS.MO, *s.m.*, sentimento das pessoas que colocam acima de tudo a dedicação, o amor ao próximo; filantropia.
HU.MA.NI.ZA.ÇÃO, *s.f.*, ação ou efeito de humanizar, civilização, sentimento.
HU.MA.NI.ZA.DO, *adj.*, civilizado, sensível, generoso.
HU.MA.NI.ZAR, *v.t.* e *pron.*, tornar humano, tornar agradável, civilizar.
HU.MA.NO, *adj.*, referente ao homem, caridoso, generoso.
HU.MÍ.FE.RO, *adj.*, que contém ou produz humo.
HU.MI.FI.CA.ÇÃO, *s.f.*, transformação em humo.
HU.MI.FI.CAR, *v.t.* e *pron.*, tornar humo, transformar em humo.
HU.MIL.DA.DE, *s.f.*, modéstia, respeito, submissão aos outros.
HU.MIL.DE, *adj.*, modesto, respeitoso, submisso, desprendido, virtuoso.
HU.MI.LHA.ÇÃO, *s.f.*, vexame, rebaixamento, depressão.
HU.MI.LHA.DO, *adj.*, oprimido, vexado, deprimido, envergonhado.
HU.MI.LHAN.TE, *adj.*, aviltante, que humilha, que rebaixa.
HU.MI.LHAR, *v.t.* e *pron.*, oprimir, vexar, deprimir, rebaixar, envergonhar.
HU.MO, *s.m.*, terra fértil, parte gorda da terra, terra forte, húmus.
HU.MOR, *s.m.*, todo líquido que existe em órgãos do corpo humano; ironia leve; ato cômico, hilaridade irônica.
HU.MO.RA.DO, *adj.*, possuidor de humor.
HU.MO.RAL, *adj. 2 gên.*, relativo a humor.
HU.MO.RIS.MO, *s.m.*, ação para provocar riso; piadas.
HU.MO.RIS.TA, *s. 2 gên.*, quem faz humorismo, quem faz rir com piadas e ironia.
HU.MO.RÍS.TI.CO, *adj.*, que tem humor, cômico, hilário.
HU.MOR NE.GRO, *s.m.*, ironia deseducada, piada que envolve sentimentos e dignidades.
HU.MO.RO.SO, *adj.*, que tem muitos humores.
HU.MO.SO, *adj.*, que contém humo.
HÚ.MUS, *s.m.*, humo, terra fértil, terra gorda.
HÚN.GA.RO, *adj.* e *s.m.*, referente à Hungria, natural ou habitante desse país; var., hungarês.
HU.NO, *adj.* e *s.m.*, povo que invadiu a Europa no século V, vindo do interior da Ásia e comandado por Átila.
HUR.RA, *interj.*, indica entusiasmo, alegria; *s.m.*, grito de vitória.
HUS.SAR.DO, *adj.*, cavaleiro húngaro; soldado de cavalaria na França, na Prússia e em outros países.
HUS.SI.TA, *s. 2 gên.*, sectário da doutrina religiosa de Huss.
HUS.SI.TIS.MO, *s.m.*, credo religioso pregado por Jan Huss (1369-1415), defendendo que a salvação eterna não dependia de boas obras.
Hz - símbolo de *hertz*.

I

I, *s.m.*, nona letra do á-bê-cê e terceira vogal.
I, símbolo do iodo.
IA.IÁ, *s.f.*, tratamento que os escravos dispensavam às meninas e às moças.
I.A.LO.RI.XÁ, *s.f.*, mãe de santo.
I.AM.BO, *s.m.*, Poét., unidade rítmica do poema, formado por uma sílaba breve e outra longa.
I.A.NO.MÂ.MI, *s. 2 gên.*, designação de indígenas que habitam a Venezuela e o Nordeste da Amazônia; seu idioma.
IAN.QUE, *adj. e s. 2 gên.*, apelido para os americanos; estadunidense.
IAN.SÃ, *s.f.*, orixá feminino.
IA.RA, *s.f.*, ser fictício feminino que aparece nos rios e lagos; mãe-d'água.
I.A.TA.GÃ, *s.m.*, tipo de espada, sabre, cimitarra para lutar, usada pelos turcos e árabes.
I.A.TE, *s.m.*, embarcação de recreio, por vezes muito luxuosa.
I.A.TIS.MO, *s.m.*, prática de navegar com iate, esporte com iate.
IA.TRO.FÍ.SI.CA, *s.f.*, física posta a serviço da Medicina.
IA.TRO.GRA.FI.A, *s.f.*, descrição das doenças.
I.A.TRO.LO.GI.A, *s.f.*, estudo ou ciência do tratamento das doenças.
I.A.TRO.LÓ.GI.CO, *adj.*, relativo a iatrologia.
IA.TRO.MAN.CI.A, *s.f.*, pretensão de saber se a doença durará pouco ou muito para ser sanada.
I.BÉ.RI.CO, *adj.*, relativo à antiga Ibéria, atual Espanha.
I.BE.RO, *adj.*, ibérico.
I.BE.RO-A.ME.RI.CA.NO, *adj.*, referente à influência espanhola na América.
I.BI.DEM, *adv.*, latim, ali, no mesmo lugar, na mesma situação.
Í.BIS, *s.f.*, ave pernalta da Europa e da África.
I.BO.PE, *s.m.*, órgão que indica o nível de audiência, preferência ou outros índices.
I.ÇÁ, *s.f.*, tanajura, fêmea com asas da saúva.
I.ÇAR, *v.t.*, erguer, levantar, fazer subir para.
ICÁS.TI.CO, *adj.*, que representa objetos e figuras com termos próprios.
ICEBERG (aicebergue), *s.m.*, ing., grande bloco de gelo vagando nas águas do mar.
I.CHÓ, *s. 2 gên.*, armadilha em forma de alçapão, para apanhar coelhos e perdizes.
ICMS - sigla para designar imposto sobre circulação de mercadorias e serviços.
Í.CO.NE, *s.m.*, imagem, figura, imagem de santo; ídolo, figura criada no micro.
I.CO.NIS.TA, *s. 2 gên.*, o que faz ícones.
I.CO.NO.CLAS.TA, *s. 2 gên.*, destruidor de símbolos, imagens; quem combate a adoração a imagens, a idolatria.
I.CO.NO.CLAS.TI.A, *s.f.*, destruição de símbolos, imagens, combate a tudo que seja ícone ou figura.
I.CO.NÓ.FI.LO, *adj. e s.m.*, que(m) gosta de imagens e figuras, apaixonado por imagens.
I.CO.NO.GRA.FI.A, *s.f.*, descrição de imagens, retratos e figuras.
I.CO.NO.GRÁ.FI.CO, *adj.*, relativo a iconografia.
I.CO.NÓ.GRA.FO, *s.m.*, aquele que se especializou em iconografia.
I.CO.NÓ.LA.TRA, *s. 2 gên.*, quem adora ícones, adorador de imagens.
I.CO.NO.LA.TRI.A, *s.f.*, adoração de imagens e figuras.
I.CO.NO.LO.GI.A, *s.f.*, representação das figuras alegóricas e dos seus atributos; estudo das representações alegóricas e simbólicas presentes em obras de arte.
I.CO.NO.LÓ.GI.CO, *adj.*, relativo a iconologia.
I.CO.NO.LO.GIS.TA, *s. 2 gên.*, o mesmo que iconólogo.
I.CO.NÓ.LO.GO, *s.m.*, o que trata de iconologia.
I.CO.NO.TE.CA, *s.f.*, local em que se guardam imagens, gravuras, imagens; coleção delas.
I.CO.SA.E.DRO, *s.m.*, poliedro de vinte faces.
I.CO.SÁ.GO.NO, *s.m.*, poliedro de vinte lados e vinte ângulos.
IC.TÉ.RI.A, *s.f.*, certa pedra preciosa a que os antigos atribuíam virtudes contra a icterícia; Zool., gênero de pássaros das Américas do Norte e Central.
IC.TE.RÍ.CI.A, *s.f.*, doença que se caracteriza pela cor amarela da pele e das conjuntivas oculares; var., icterícia.
IC.TÉ.RI.CO, *adj.*, Med., relativo a ou próprio de icterícia; que sofre de icterícia; *s.m.*, aquele que sofre de icterícia.
IC.TE.RO.CÉ.FA.LO, *adj.*, que tem cabeça amarela.
IC.TE.ROI.DE, *adj.*, dizia-se de uma febre ou tifo, que alguns consideravam ser a febre amarela.
IC.TI.O.FA.GI.A, *s.f.*, alimentação preferencial de peixes.
IC.TI.Ó.FA.GO, *adj. e s.m.*, quem come peixe, que se alimenta de peixe.
IC.TI.O.GRA.FI.A, *s.f.*, descrição dos peixes; tratado sobre os peixes.
IC.TI.O.GRÁ.FI.CO, *adj.*, relativo a ictiografia.
IC.TI.Ó.GRA.FO, *s.m.*, aquele que se especializou em ictiografia.
IC.TI.OI.DE, *adj.*, que se assemelha a peixe, parecido com peixe.
IC.TI.O.LO.GI.A, *s.f.*, segmento da Zoologia que estuda os peixes.
IC.TI.O.LÓ.GI.CO, *adj.*, Zool., relativo a ictiologia.
IC.TI.Ó.LO.GO, *s.m.*, Zool., aquele que se especializou em ictiologia.
IC.TI.O.SE, *s.f.*, a doença que torna a pele parecida com a do peixe.
IC.TI.OS.SAU.RO, *s.m.*, Pal., espécime dos ictiossauros, ordem de répteis carnívoros que atingiam 15m, adaptados ao meio aquático, e que viveram até o fim da era Cretácea.
IC.TO, *s.m.*, Fon. e Ling., energia, vigor em determinada sílaba; sílaba tônica; Med., qualquer ataque, acesso ou choque súbito.
ID, *s.m.*, a parte mais essencial do ser, na Psicologia.

IDA ··462·· IGNORANTE

I.DA, *s.f.*, ato de andar de um lugar para outro, movimento de ir.
I.DA.DE, *s.f.*, a quantidade de anos que a pessoa possui, desde o nascimento; número de anos; período, tempo.
I.DE.A.ÇÃO, *s.f.*, idealização, construção, concepção, ideia.
I.DE.AL, *adj.*, imaginário, perfeito, ótimo.
I.DE.A.LI.DA.DE, *s.f.*, qualidade do que é ideal; fantasia, devaneio, imaginação.
I.DE.A.LIS.MO, *s.m.*, propensão para o ideal; filosofia platônica que coloca a ideia como a base do próprio conhecimento e do conhecimento do ser.
I.DE.A.LIS.TA, *adj.*, *s. 2 gên.*, que busca o ideal; quem luta por justiça plena e direitos plenos; quem pretende formar uma sociedade igual para todos os cidadãos.
I.DE.A.LÍS.TI.CO, *adj.*, relativo ao idealismo; idealista.
I.DE.A.LI.ZA.ÇÃO, *s.f.*, imaginação, concepção, plasmação.
I.DE.A.LI.ZA.DO, *adj.*, imaginado, concebido, traçado, programado.
I.DE.A.LI.ZA.DOR, *adj.*, que idealiza; *s.m.*, aquele que idealiza.
I.DE.A.LI.ZAN.TE, *adj.*, que idealiza; idealizador.
I.DE.A.LI.ZAR, *v.t.*, tornar ideal, imaginar.
I.DE.A.LI.ZÁ.VEL, *adj.*, que se pode idealizar.
I.DE.AR, *v.t.*, projetar, imaginar.
I.DE.Á.VEL, *adj.*, que se pode idear.
I.DEI.A, *s.f.*, representação mental de algo, pensamento, opinião, conhecimento, juízo, conceito.
I.DEM, *pron., lat.*, a mesma coisa, o mesmo.
I.DÊN.TI.CO, *adj.*, análogo, igual, similar.
I.DEN.TI.DA.DE, *s.f.*, caracteres próprios de um ser, definição de alguém.
I.DEN.TI.FI.CA.ÇÃO, *s.f.*, ação ou efeito de identificar, reconhecimento.
I.DEN.TI.FI.CA.DO, *adj.*, reconhecido, definido, acertado.
I.DEN.TI.FI.CAR, *v.t. e pron.*, reconhecer, definir a identidade de.
I.DEN.TI.FI.CÁ.VEL, *adj.*, que pode ser identificado, reconhecível.
I.DE.O.GE.NI.A, *s.f.*, estudo sobre a origem das ideias.
I.DE.O.GRA.MA, *s.m.*, imagem representativa de uma ideia ou objeto, não de uma letra ou som; sinal que externa os conceitos, e não os sons da palavra do referido conceito.
I.DE.O.LO.GI.A, *s.f.*, ciência que estuda a criação de ideias, a ideia própria de cada um; crença, filosofia pessoal.
I.DE.O.LÓ.GI.CO, *adj.*, que se refere a ideologia.
I.DE.Ó.LO.GO, *s.m.*, quem se ocupa em formar ideias e desenvolvê-las; idealizador, pensador, criador de ideias.
Í.DI.CHE, *s.m.*, idioma usado por diversos segmentos populacionais de Israel.
I.DÍ.LI.CO, *adj.*, que se refere a idílio.
I.DÍ.LIO, *s.m.*, amor; poema leve louvando o amor; exaltação do amor em verso.
I.DI.Ó.LA.TRA, *s. 2 gên.*, pessoa que adora a si mesma.
I.DI.O.LA.TRI.A, *s.f.*, adoração, amor excessivo, exagerado de si mesmo.
I.DI.O.MA, *s.m.*, língua, língua falada por alguém.
I.DI.O.MÁ.TI.CO, *adj.*, que se refere ao idioma, próprio do idioma.
I.DI.O.MA.TIS.MO, *s.m.*, expressão que é própria de um idioma, sem paralelo em outro.
I.DI.OS.SIN.CRA.SI.A, *s.f.*, maneira pessoal de ver, sentir e reagir ante qualquer situação.
I.DI.OS.SIN.CRÁ.SI.CO, *adj.*, que diz respeito a idiossincrasia.
I.DI.O.TA, *adj. e s.m.*, imbecil, ignaro, estúpido, tolo, néscio, ignorante.
I.DI.O.TI.A, *s.f.*, imbecilidade, ignorância, idiotice, retardamento mental.
I.DI.O.TI.CE, *s.f.*, ação ou dito de idiota; idiotia.
I.DI.O.TIS.MO, *s.m.*, idiotice, idiotia, imbecilidade.
I.DI.O.TI.ZAR, *v.t., int. e pron.*, tornar idiota, imbecilizar, desvairar.
I.DÓ.LA.TRA, *s. 2 gên.*, adorador de falsos deuses, quem adora ídolos,ególatra, narcisista.
I.DO.LA.TRA.DO, *adj.*, adorado pelo idólatra; *fig.*, muito querido ou respeitado.
I.DO.LA.TRAR, *v.t. e int.*, adorar, adorar ídolos, ser idólatra; ser adepto da idolatria, adorar a si mesmo.
I.DO.LA.TRI.A, *s.f.*, adoração de ídolos, adoração de si mesmo, egolatria, adoração do dinheiro.
I.DO.LÁ.TRI.CO, *adj.*, relativo a idolatria; que tem caráter de idolatria.
Í.DO.LO, *adj.*, imagem, estátua adorada como Deus; falso deus; pessoa muito amada, pessoa adorada por outra.
I.DO.NEI.DA.DE, *s.f.*, capacidade, competência, honestidade, honra, respeito.
I.DÔ.NEO, *adj.*, competente, capaz, honesto, honrado, respeitoso.
I.DOS, *s.m., pl.*, tempos, dias passados; no Latim, o dia quinze de cada mês.
I.DO.SO, *adj.*, velho, com muitos anos de vida, vetusto, decrépito.
I.E.MAN.JÁ, *s.f.*, orixá feminino dos candomblés.
I.E.ME.NI.TA, *adj. e s. 2 gên.*, natural, nativo, habitante da República do Iêmen.
I.E.NE, *s.m.*, unidade monetária japonesa.
I.GA.ÇA.BA, *s.f.*, urna funerária dos índios.
I.GA.PÓ, *s.m.*, na região amazônica, pedaço de mata alagada.
I.GA.PO.ZAL, *s.m., bras.*, AM, muitos igapós.
I.GA.RA, *s.f.*, canoa feita de casca de árvore.
I.GA.RA.PÉ, *s.m.*, na região amazônica, canal estreito, ligação entre rios.
I.GLU, *s.m.*, moradia de esquimó, normalmente construída com neve, gelo.
IG.NA.RO, *adj.*, ignorante, rude, néscio.
IG.NA.VO, *adj.*, preguiçoso, mole, covarde, indolente.
ÍG.NEO, *adj.*, próprio do fogo, feito de fogo.
IG.NES.CÊN.CIA, *s.f.*, estado de um corpo ignescente.
IG.NES.CEN.TE, *adj.*, que está em fogo; ígneo, que se inflama.
IG.NI.ÇÃO, *s.f.*, parte do carro para acender o motor; ato de acender um combustível.
IG.NÍ.FE.RO, *adj.*, que contém fogo, que carrega fogo consigo.
IG.NI.FI.CA.ÇÃO, *s.f.*, inflamação, combustão; ignição.
IG.NÍ.VO.RO, *adj. e s.m.*, que devora fogo, comedor de fogo.
IG.NÓ.BIL, *adj.*, vil, abjeto, sem caráter, vergonhoso.
IG.NO.BI.LI.DA.DE, *s.f.*, vergonha, baixeza, desonra.
IG.NO.MÍ.NIA, *s.f.*, vergonha, grande desonra, humilhação, baixeza.
IG.NO.MI.NI.AR, *v.t.*, tratar com ignomínia, infamar, desonrar.
IG.NO.MI.NI.O.SO, *adj.*, vergonhoso, desonroso, baixo, humilhante.
IG.NO.RA.DO, *adj.*, desconhecido, não sabido.
IG.NO.RÂN.CIA, *s.f.*, situação de não saber, desconhecimento, falta de instrução.
IG.NO.RAN.TÃO, *adj. e s.m., pop.*, diz-se do indivíduo muito ignorante.
IG.NO.RAN.TE, *adj.*, que não sabe, que não conhece, bronco,

IGNORANTE ••• 463 •• ILÓGICO

analfabeto, apedeuta.

IG.NO.RAN.TIS.MO, *s.m.*, ignorância, desconhecimento, analfabetismo.

IG.NO.RAR, *v.t. e pron.*, desconhecer, não saber.

IG.NO.TO, *adj.*, desconhecido, ignorado; incógnito.

I.GRE.JA, *s.f.*, grupo de pessoas ligadas a uma mesma fé; credo pessoal, comunidade religiosa; *fig.*, templo.

I.GRE.JEI.RO, *adj.*, relativo a igrejas; beato; carola; *s.m.*, assíduo frequentador de igrejas; beato.

I.GRE.JI.NHA, *s.f.*, pequena igreja, grupelho de indivíduos que se juntam por interesses particulares, em detrimento de outras pessoas.

I.GRE.JO.LA, *s.f.*, diminutivo de igreja, um templo pequeno, igrejinha, igrejota.

I.GRE.JO.TA, *s.f.*, capela, pequena igreja, igrejinha, igrejola.

I.GUAL, *adj.*, semelhante, similar, parecido, análogo.

I.GUA.LA.ÇÃO, *s.f.*, igualamento, semelhança, simetria, igualdade.

I.GUA.LA.DO, *adj.*, assemelhado, análogo, parecido.

I.GUA.LA.DOR, *adj. e s.m.*, que, ou o que iguala.

I.GUA.LA.MEN.TO, *s.m.*, ação ou resultado de igualar, de nivelar; igualação.

I.GUA.LAR, *v.t. e pron.*, assemelhar, tornar análogo, fazer tornar-se o mesmo.

I.GUA.LÁ.VEL, *adj. 2 gên.*, que se pode igualar; que pode ser igualado.

I.GUAL.DA.DE, *s.f.*, equidade, semelhança, similaridade.

I.GUA.LHA, *s.f.*, posição social igual ou outro ponto de igualdade entre dois ou mais.

I.GUA.LIS.MO, *s.m.*, igualitarismo.

I.GUA.LIS.TA, *s. 2 gên.*, partidário do igualismo.

I.GUA.LÍS.TI.CO, *adj.*, próprio dos igualistas; que lhes diz respeito.

I.GUA.LI.TÁ.RIO, *adj. e s.m.*, relativo a, aquele ou aquilo que promove ou defende o igualitarismo; partidário do igualitarismo.

I.GUA.LI.TA.RIS.MO, *s.m.*, Fil., Pol., doutrina que prega a igualdade civil.

I.GUA.LI.TA.RIS.TA, *adj. 2 gên. e s. 2 gên.*, que, ou a pessoa que é adepta do igualitarismo; igualitário.

I.GUA.LI.ZA.ÇÃO, *s.f.*, ação ou resultado de igualizar, de tornar-se igual.

I.GUA.LI.ZA.DOR, *adj.*, que igualiza; *s.m.*, substância, produto, mecanismo que igualiza.

I.GUA.LI.ZAR, *v.t. e int.*, p.us., tornar(-se) igual; igualar(-se).

I.GUAL.MEN.TE, *adv.*, de modo igual, com igualdade, semelhantemente, uniformemente, em partes iguais.

I.GUAL.ZI.NHO, *adj., fam.*, muito igual; tal qual.

I.GUA.NA, *s.m.*, grupo de lagartos encontradiços desde o México até o Brasil, também denominados de camaleões.

I.GUA.RI.A, *s.f.*, banquete, comida fina e saborosa, alimento, refeição.

IH!, *interj.*, indicativo de raiva, medo, admiração, espanto.

I.Í.DI.CHE, *adj., s.m.*, língua usada pela comunidade hebraica da Europa Central e Oriental.

I.LA.ÇÃO, *s.f.*, inferência, dedução, conclusão.

I.LA.CE.RÁ.VEL, *adj.*, que não se pode lacerar.

I.LA.QUE.AR, *v.t., int. e pron.*, abraçar, enlaçar, iludir, lograr, enganar.

I.LA.TI.VO, *adj.*, que se conhece por intuição, que se domina por mera intuição.

I.LE.GAL, *adj.*, adverso à lei, fora da lei, ilegítimo, ilícito.

I.LE.GA.LI.DA.DE, *s.f.*, ato contrário à lei, fora da lei.

I.LE.GA.LIS.MO, *s.m.*, condição ou situação em que impera o desrespeito à lei; ilegalidade.

I.LE.GA.LIS.TA, *adj. 2 gên.*, que denota ilegalismo; relativo a ilegalismo.

I.LE.GI.BI.LI.DA.DE, *s.f.*, condição ou qualidade do que é ilegível.

I.LE.GI.TI.MA.DO, *adj.*, que não possui legitimidade ou a perdeu.

I.LE.GI.TI.MA.DOR, *adj.*, que torna ilegítimo.

I.LE.GI.TI.MÁ.VEL, *adj.*, que não pode ser legitimado.

I.LE.GI.TI.MI.DA.DE, *s.f.*, qualidade ou condição do que é ilegítimo.

I.LE.GÍ.TI.MO, *adj.*, não legítimo, espúrio, ilegal.

I.LE.GÍ.VEL, *adj.*, difícil de ler, que não oferece condições de ler.

Í.LEO, *s.m.*, a parte final do intestino delgado, o apêndice.

I.LE.O.CE.CAL, *adj. 2 gên.*, relativo ao íleo e ao ceco.

I.LE.O.LO.GI.A, *s.f.*, tratado acerca dos intestinos.

I.LE.SO, *adj.*, salvo, sem ferimentos.

I.LE.TRA.DO, *adj.*, ignorante, que não sabe ler, com pouca informação.

I.LHA, *s.f.*, pedaço de terra rodeado de água; algo a sós no meio de outras coisas; o único a defender uma ideia.

I.LHA.DO, *adj.*, separado, isolado, afastado.

I.LHAL, *s.m.*, ilharga de cavalo ou rês.

I.LHAR, *v.t.*, separar, isolar, afastar, insular.

I.LHAR.GA, *s.f.*, todo lado do flanco de animais, seres humanos e coisas; ancas.

I.LHE.EN.SE, *adj.*, que diz respeito a Ílhavo; *s. 2 gên.*, natural ou habitante dessa vila portuguesa.

I.LHÉU, *adj. e s.m.*, próprio de uma ilha; o habitante de ilha.

I.LHÓ, *s. 2 gên.*, orifício para se pôr fio, fita, para debruá-lo; var., ilhós.

I.LHO.A, *s.f.*, mulher que nasceu ou vive em uma ilha.

I.LHO.TA, *s.f.*, ilha pequena.

I.LÍ.A.CO, *adj.*, próprio da bacia; *s.m.*, osso da bacia do corpo humano.

I.LÍ.A.DA, *s.f., fig.*, longa série de trabalhos, de tarefas heroicas.

I.LI.BA.ÇÃO, *s.f.*, purificação, limpeza, santificação.

I.LI.BA.DO, *adj.*, puro, sem manchas, intocável, honrado.

I.LI.BAR, *v.t.*, tornar puro, purificar.

I.LI.ÇA.DO, *adj.*, enganado, ludibriado, logrado.

I.LI.ÇA.DOR, *adj. e s.m.*, enganador, charlatão, falseador, pilantra.

I.LI.ÇAR, *v.t.*, enganar, lograr, falsear, ludibriar.

I.LÍ.CI.TO, *adj.*, ilegal, contra a lei ou a moral; imoral, infracional.

I.LI.DI.MO, *adj.*, ilegítimo, desnatural, ilícito, imoral.

I.LI.DI.DO, *adj.*, rebatido, retrucado, destruído.

I.LI.DIR, *v.t.*, rebater, retrucar, destruir, arrasar.

I.LI.DÍ.VEL, *adj. 2 gên.*, que se pode ilidir.

I.LI.MI.TA.ÇÃO, *s.f.*, condição ou estado do que é ilimitado; infinitude.

I.LI.MI.TA.DO, *adj.*, que não tem limites, enorme, sem fim.

I.LI.MI.TÁ.VEL, *adj.*, que não pode ser limitado, infinito.

Í.LIO, *s.m.*, o ilíaco se compõe de três partes, sendo o ílio a maior.

I.LI.TE.RA.TO, *adj.*, apedeuta, ignorante, iletrado, analfabeto.

I.LO.GI.CI.DA.DE, *s.f.*, caráter ou condição de ilógico.

I.LÓ.GI.CO, *adj.*, sem lógica, sem raciocínio correto.

ILOGISMO / IMBU

I.LO.GIS.MO, *s.m.*, ausência de lógica, falta de raciocínio, disparate, non-sense.
I.LU.DEN.TE, *adj. e s. 2 gên.*, enganador, logrador, falsário.
I.LU.DI.DO, *adj.*, enganado, logrado, ludibriado.
I.LU.DIR, *v.t.*, enganar, lograr, mistificar, despistar.
I.LU.DÍ.VEL, *adj. 2 gên.*, que se pode iludir, ludibriar ou enganar
I.LU.MI.NA.ÇÃO, *s.f.*, todas as luzes que iluminam um local, lâmpadas.
I.LU.MI.NA.DO, *adj. e s.m.*, brilhante, claro, aceso, que está cheio de luz.
I.LU.MI.NA.DOR, *adj. e s.m.*, que(m) ilumina, acendedor, luminoso.
I.LU.MI.NA.DU.RA, *s.f.*, o mesmo que iluminação.
I.LU.MI.NAR, *v.t. e pron.*, acender a luz, colocar luzes, fazer brilhar, tornar exposto, tornar visível.
I.LU.MI.NA.TI.VO, *adj.*, iluminador; iluminante; instrutivo.
I.LU.MI.NÁ.VEL, *adj. 2 gên.*, que se pode iluminar.
I.LU.MI.NIS.MO, *s.m.*, movimento intelectual do século XVIII, quando foram enfocadas a ciência e a racionalidade como doutrinas máximas da vida.
I.LU.MI.NIS.TA, *s. 2 gên.*, adepto do iluminismo, seguidor desta doutrina.
I.LU.SÃO, *s.f.*, devaneio, o que se acaba logo, engano, erro, aparência.
I.LU.SI.O.NAR, *v.t.*, iludir, enganar.
I.LU.SI.O.NIS.MO, *s.m.*, engano, aparência, prestidigitação.
I.LU.SI.O.NIS.TA, *s. 2 gên.*, prestidigitador, enganador.
I.LU.SI.VO, *adj.*, ilusório, enganador, logrador.
I.LU.SO, *adj.*, iludido, logrado, enganado.
I.LU.SOR, *adj. e s.m.*, enganador, logrador.
I.LU.SÓ.RIO, *adj.*, enganador, falso, aparente.
I.LUS.TRA.ÇÃO, *s.f.*, figura, gravura, desenho, foto.
I.LUS.TRA.DO, *adj.*, desenhado, figurado.
I.LUS.TRA.DOR, *s.m.*, quem ilustra, desenhista.
I.LUS.TRAR, *v.t. e pron.*, enfeitar, colocar gravuras ilustrativas; tornar famoso, conhecido.
I.LUS.TRA.TI.VO, *adj.*, que ilustra, que mostra com clareza, que delineia com clareza.
I.LUS.TRE, *adj.*, conhecido, famoso, notório, notável.
I.LUS.TRÍS.SI.MO, *adj.*, muito ilustre.
I.MÃ, *s.m.*, sacerdote muçulmano; título de alguns chefes independentes da Arábia.
Í.MÃ, *s.m.*, metal que atrai outros metais, magneto.
I.MA.CU.LA.DO, *adj.*, puro, sem mancha, sem mácula, íntegro.
I.MA.CU.LÁ.VEL, *adj.*, imanchável, que não pode sofrer mácula.
I.MA.GEM, *s.f.*, figura, representação de uma pessoa, foto, quadro.
I.MA.GI.NA.ÇÃO, *s.f.*, fantasia, concepção, criação de uma coisa irreal.
I.MA.GI.NA.DO, *adj.*, concebido, fantasiado, idealizado, inventado.
I.MA.GI.NA.DOR, *adj. e s.m.*, que ou aquele que imagina, que fantasia.
I.MA.GI.NAR, *v.t.*, fantasiar, conceber, criar algo impossível, idealizar, inventar.
I.MA.GI.NÁ.RIO, *adj.*, irreal, inventivo, impossível, fantasioso.
I.MA.GI.NA.TI.VA, *s.f.*, poder de imaginar; faculdade inventiva; fantasia.
I.MA.GI.NA.TI.VO, *adj.*, que imagina, que cria a imagem.
I.MA.GI.NÁ.VEL, *adj.*, que se pode imaginar.
I.MA.GI.NO.SO, *adj.*, que está cheio de imaginação, imaginativo, fértil para imaginar.
I.MA.GIS.MO, *s.m.*, Liter., movimento do início do séc. XX, que preconiza a liberdade de escolha dos temas e da expressão de ideias e emoções por meio de imagens claras e precisas; imaginismo.
I.MA.GIS.TA, *adj. 2 gên. e s. 2 gên.*, que ou aquele que é adepto ou seguidor do imagismo.
I.MA.GÍS.TICA, *s.f.*, faculdade da imaginação, da invenção; coleção das imagens que um artista é capaz de criar.
I.MA.GÍS.TI.CO, *adj.*, relativo ao imagismo ou aos imagistas; relativo a imagística; imagético.
I.MA.LE.Á.VEL, *adj.*, que não é maleável, inflexível.
I.MA.NÊN.CIA, *s.f.*, inerência, continência no âmago.
I.MA.NEN.TE, *adj.*, inerente, contido na essência, próprio de um objeto.
I.MA.NI.ZA.DO, *adj.*, magnetizado, que tem ímã.
I.MA.NI.ZAR, *v.t. e int.*, magnetizar, imantar, dar-lhe a força do ímã.
I.MAN.TA.DO, *adj.*, imanizado, magnetizado.
I.MAN.TAR, *v.t.*, produzir ímã em, tornar imantado.
I.MAR.CES.CÍ.VEL, *adj.*, imutável, que não murcha.
I.MA.TE.RI.AL, *adj.*, que não é material, espiritual.
I.MA.TE.RI.A.LI.DA.DE, *s.f.*, que não é material, espiritualidade.
I.MA.TE.RI.A.LIS.MO, *s.m.*, sistema dos que negam a existência da matéria.
I.MA.TE.RI.A.LIS.TA, *s. 2 gên.*, sectário do materialismo.
I.MA.TE.RI.A.LI.ZA.DO, *adj.*, que não se materializou; desprovido de matéria.
I.MA.TU.RI.DA.DE, *s.f.*, precocidade, prematuridade, infantilidade.
I.MA.TU.RO, *adj.*, que não é maduro, prematuro, desajuizado, imberbe.
IM.BA.TÍ.VEL, *adj.*, invencível, valente, forte.
IM.BA.Ú.BA, *s.f.*, embaúba, imbaubeira, árvore da família das moráceas.
IM.BÉ, *s.m.*, planta trepadeira, cipó do mato, cujos baraços são usados como cordas.
IM.BE.CIL, *adj.*, tolo, idiota, ignorante, parvo, atoleimado.
IM.BE.CI.LI.DA.DE, *s.f.*, idiotice, parvoíce, tipo com deficiência mental.
IM.BE.CI.LI.ZA.ÇÃO, *s.f.*, ação ou resultado de imbecilizar(-se); idiotização.
IM.BE.CI.LI.ZA.DO, *adj.*, idiota, parvo, tolo, estulto, palerma.
IM.BE.CI.LI.ZAN.TE, *adj. 2 gên.*, que imbeciliza.
IM.BE.CI.LI.ZAR, *v.t. e pron.*, idiotizar, apatetar, endoidecer.
IM.BE.LE, *adj.*, não belicoso, manso, pacífico.
IM.BER.BE, *adj.*, sem barba; jovem.
IM.BRI.CA.ÇÃO, *s.f.*, ação ou efeito de imbricar(-se).
IM.BRI.CA.DO, *adj.*, que se imbricou; disposto em imbricação; *fig.*, entrelaçado.
IM.BRI.CA.MEN.TO, *s.m.*, o mesmo que imbricação.
IM.BI.CAR, *v.t.*, dirigir-se para, rumar, tomar a direção de.
IM.BRI.CAR, *v.t.*, ajuntar, dispor para que um sirva de apoio ao outro na arrumação de materiais, enfileirar, empilhar, enfeixar.
IM.BRÍ.FU.GO, *adj.*, que livra da chuva.
IM.BRIN.CA.DO, *adj.*, cheio de feitios bonitos e caprichosos.
IM.BRÓ.GLIO, *s.m.*, confusão, situação problemática, dificuldade.
IM.BU, *s.m.*, umbu, fruto do umbuzeiro.

IM.BUI.A, *s.f.*, árvore que se torna centenária, cuja madeira tem muito valor para móveis.
IM.BU.Í.DO, *adj.*, propenso, convencido, compenetrado.
IM.BU.IR, *v.t. e pron.*, ensopar, colocar dentro, injetar, persuadir, incutir.
IM.BU.ZEI.RO, *s.m.*, umbuzeiro, árvore que produz o umbu, imbu.
I.ME.DI.A.ÇÃO, *s.f.*, proximidade, vizinhança.
I.ME.DI.A.ÇÕES, *s.f.*, cercanias, vizinhanças, por perto.
I.ME.DI.A.TIS.MO, *s.m.*, modo de agir logo, sem delongas.
I.ME.DI.A.TIS.TA, *adj.*, relativo a, ou adepto do imediatismo; *s.m.*, pessoa adepta do imediatismo.
I.ME.DI.A.TO, *adj.*, direto, contíguo, próximo, seguido.
I.ME.DI.CÁ.VEL, *adj. 2 gên.*, que não se pode medicar; incurável.
I.ME.MO.RÁ.VEL, *adj.*, que não mais se memora, que está sem memória, imemorial.
I.MÊ.MO.RE, *adj. 2 gên.*, Poét., que não se lembra; de que ninguém se lembra.
I.ME.MO.RI.AL, *adj. 2 gên.*, de que não resta memória, devido à sua antiguidade; ver imemorável.
I.MEN.SA.MEN.TE, *adv.*, de modo imenso, sem limite; sobremaneira, sobremodo.
I.MEN.SI.DA.DE, *s.f.*, qualidade ou condição de imenso; extensão ilimitada; infinidade; Poét., o infinito.
I.MEN.SI.DÃO, *s.f.*, imensidade, grandeza, grande dimensão, extensão, infinitude.
I.MEN.SO, *adj.*, enorme, grandioso, infinito.
I.MEN.SU.RA.BI.LI.DA.DE, *s.f.*, qualidade de imensurável.
I.MEN.SU.RÁ.VEL, *adj.*, que não se pode medir, imenso, tão grande que não se consegue medir.
I.ME.RE.CI.DO, *adj.*, que não se merece.
I.MER.GÊN.CIA, *s.f.*, ação de imergir; imersão.
I.MER.GEN.TE, *adj.*, que está mergulhando, afundante.
I.MER.GIR, *v.t., int. e pron.*, mergulhar, entrar em, afundar, penetrar, adentrar em.
I.MÉ.RI.TO, *adj.*, imerecido.
I.MER.SÃO, *s.f.*, mergulho, afundamento, entrada para o fundo da água.
I.MER.SÍ.VEL, *adj.*, mergulhável, que pode penetrar na água.
I.MER.SI.VO, *adj.*, que faz imergir, próprio para fazer imergir.
I.MER.SO, *adj.*, dentro, mergulhado, afundado.
I.ME.XÍ.VEL, *adj.*, que não se deve mexer, intocável.
I.MI.GRA.ÇÃO, *s.f.*, mudança de um país para outro, deslocamento, migração para fora.
I.MI.GRA.DO, *adj. e s.m.*, diz-se de ou a pessoa que imigrou.
I.MI.GRAN.TE, *adj. e s. 2 gên.*, que(m) imigra, que(m) se desloca para outro país.
I.MI.GRAR, *v.t.*, mudar-se para um outro país, migrar para outra terra.
I.MI.GRA.TÓ.RIO, *adj.*, que imigra, que faz imigração.
I.MI.NÊN.CIA, *s.f.*, proximidade, realização imediata.
I.MI.NEN.TE, *adj.*, próximo, o que está para acontecer repentinamente.
I.MIS.ÇÃO, *s.f.*, ato ou efeito de imiscuir(-se), intrometer(-se); imiscuição; ingerência; ação ou efeito de misturar(-se), mesclar(-se).
I.MIS.CI.BI.LI.DA.DE, *s.f.*, qualidade do que é imiscível, inalterável; imisturabilidade.
I.MIS.CÍ.VEL, *adj. 2 gên.*, que não é miscível, imisturável.
I.MIS.CUI.ÇÃO, *s.f.*, ato ou efeito de imiscuir-se; o mesmo que imisção.
I.MIS.CU.Í.DO, *adj.*, que se imiscuiu; misturado a, ou envolvido em (algo); confundido; ligado; intrometido.
I.MIS.CU.IR, *v. pron.*, meter-se em, intrometer-se.
I.MIS.SÃO, *s.f.*, penetração, entrada, aprofundamento.
I.MIS.SO, *adj.*, que se cruza pelo meio (diz-se dos braços da cruz).
I.MI.TA.ÇÃO, *s.f.*, ato ou efeito de imitar, cópia, reprodução igual a uma coisa.
I.MI.TA.DO, *adj.*, reproduzido, copiado, igualado.
I.MI.TA.DOR, *adj. e s.m.*, copiador, plagiador.
I.MI.TAN.TE, *adj. 2 gên.*, que imita; imitador; imitativo; parecido.
I.MI.TAR, *v.t.*, reproduzir de modo igual à obra de outro; copiar.
I.MI.TA.TI.VO, *adj.*, que copia, que reproduz, reprodutivo.
I.MI.TA.TÓ.RIO, *adj.*, imitante; imitativo.
I.MI.TÁ.VEL, *adj. 2 gên.*, que se pode imitar ou que é digno de ser imitado; copiável.
I.MI.TIR, *v.t.*, fazer investimento em; fazer (alguém) tomar (posse) de.
IML - sigla do Instituto Médico Legal.
I.MO, *adj.*, inserido no interior, profundo, íntimo.
I.MO.BI.LI.Á.RIA, *s.f.*, empresa que vende e compra imóveis.
I.MO.BI.LI.Á.RIO, *adj.*, próprio de imóveis.
I.MO.BI.LI.A.RIS.TA, *adj. 2 gên. e s. 2 gên.*, diz-se do ou o especialista em compra e venda e administração de imóveis.
I.MO.BI.LI.DA.DE, *s.f.*, característico do que está imóvel, fixidez.
I.MO.BI.LIS.MO, *s.m.*, fixação no local, assentamento, sedentarismo.
I.MO.BI.LIS.TA, *s. 2 gên.*, quem é a favor do imobilismo.
I.MO.BI.LI.ZA.ÇÃO, *s.f.*, fixação, estabilização.
I.MO.BI.LI.ZA.DO, *adj.*, fixo, estabilizado, seguro.
I.MO.BI.LI.ZA.DOR, *adj. e s.m.*, que(m) imobiliza, prendedor, fixador.
I.MO.BI.LI.ZAN.TE, *adj. 2 gên.*, ver imobilizador.
I.MO.BI.LI.ZAR, *v.t. e pron.*, segurar, fixar, prender, estabilizar.
I.MO.DE.RA.ÇÃO, *s.f.*, destemperança, ausência de moderação, desregramento, desbragamento.
I.MO.DE.RA.DO, *adj.*, que não tem moderação, comedimento; descomedido; excessivo.
I.MO.DÉS.TIA, *s.f.*, vaidade, falta de modéstia.
I.MO.DES.TO, *adj.*, vaidoso, arrogante, exibicionista, espalhafatoso.
I.MO.DI.CI.DA.DE, *s.f.*, excesso, demasia, exorbitância.
I.MÓ.DI.CO, *adj.*, exorbitante, excessivo, ilimitado.
I.MO.DI.FI.CA.ÇÃO, *s.f.*, imexibilidade, que não aceita nenhuma modificação, inalteração.
I.MO.DI.FI.CA.DO, *adj.*, imexível, inalterado, permanente.
I.MO.DI.FI.CÁ.VEL, *adj.*, que não pode ser modificado.
I.MO.LA.ÇÃO, *s.f.*, sacrifício, holocausto, matança, liquidação.
I.MO.LA.DO, *adj.*, sacrificado, vitimado, morto, acabado.
I.MO.LA.DOR, *adj. e s.m.*, que, ou o que imola; sacrificador; algoz, carrasco.
I.MO.LAN.DO, *adj.*, que está destinado para ser imolado.
I.MO.LAR, *v.t. e pron.*, sacrificar as vítimas, matar, liquidar.
I.MO.RAL, *adj.*, ilícito, devasso, despudorado.
I.MO.RA.LI.DA.DE, *s.f.*, ilicitude, despudor, desregramento.
I.MO.RA.LI.ZAR, *v. int.*, ilicitar, desregrar, despudorar, desbragar.
I.MOR.RE.DOU.RO, *adj.*, imortal, perene, que não morre nunca.

I.MOR.TAL, *adj.,* que não morre, perene, perpétuo, eterno.
I.MOR.TA.LI.DA.DE, *s.f.,* qualidade de quem não morre, fama, glória.
I.MOR.TA.LI.ZA.ÇÃO, *s.f.,* perenização, perpetuidade, eternidade.
I.MOR.TA.LI.ZA.DO, *adj.,* perenizado, perpetuado, celebrado.
I.MOR.TA.LI.ZA.DOR, *adj.* e *s.m.,* que ou quem imortaliza.
I.MOR.TA.LI.ZAR, *v.t.* e *pron.,* perenizar, perpetuar, tornar célebre.
I.MO.TI.VA.ÇÃO, *s.f.,* qualidade ou característica de imotivado; arbitrariedade.
I.MO.TI.VA.DO, *adj.,* que não tem motivo nem justificativa; infundado; gratuito; injustificado.
I.MO.TO, *adj.,* sem se mover; imóvel; parado.
I.MÓ.VEL, *adj.,* parado, fixo, localizado; *s.m.,* bens, propriedade.
IM.PAC.ÇÃO, *s.f.,* ato ou efeito de impactar.
IM.PA.CI.ÊN.CIA, *s.f.,* nervosismo, precipitação, descontrole.
IM.PA.CI.EN.TAR, *v.t.* e *pron.,* enervar, provocar, irritar, exasperar.
IM.PA.CI.EN.TE, *adj.,* nervoso, descontrolado, precipitado.
IM.PAC.TA.DO, *adj.,* colidido, batido, enfrentado.
IM.PAC.TAN.TE, *adj.,* chocante, que colide, que enfrenta.
IM.PAC.TAR, *v. int.,* chocar, colidir, bater, enfrentar.
IM.PAC.TO, *s.m.,* choque, colisão.
IM.PA.GÁ.VEL, *adj.,* que nada se paga, precioso, valioso.
IM.PA.LA.TÁ.VEL, *adj. 2 gên.,* intragável; intolerável; repulsivo; *fig.,* difícil suportar; desagradável.
IM.PAL.PÁ.VEL, *adj.,* que não é possível palpar.
IM.PA.LU.DA.ÇÃO, *s.f.,* transformação de terras em brejo, contaminação por febres palustres.
IM.PA.LU.DA.DO, *adj.* e *s.m.,* diz-se de, ou a pessoa atacada de impaludismo.
IM.PA.LU.DAR, *v.t.,* tornar paul, contaminar por febres palustres.
IM.PA.LU.DIS.MO, *s.m.,* malária, doença proveniente do brejo, doença palustre.
IM.PAR, *v. int.,* encher-se de comida e bebida, demonstrar muita vaidade, arrogância.
ÍM.PAR, *adj.,* que não é par, único, sem igual.
IM.PA.RÁ.VEL, *adj. 2 gên.,* lus., que não para; que não cessa; incontível; irrefreável.
IM.PAR.CI.AL, *adj.,* justo, correto, sem parcialidade.
IM.PAR.CI.A.LI.DA.DE, *s.f.,* justiça, correção, sem privilégios.
IM.PAR.CI.A.LI.ZAR, *v.t.,* tornar imparcial.
IM.PA.RI.DA.DE, *s.f.,* excepcionalidade, especialidade, unicidade.
IM.PA.RIS.SI.LA.BIS.MO, *s.m.,* Gram., diferença no número de sílabas nos imparissílabos.
IM.PA.RIS.SÍ.LA.BO, *adj.* e *s.m.,* Gram., diz-se da, ou palavra declinável que nas flexões tem mais sílabas que na raiz.
IM.PAS.SÁ.VEL, *adj.,* que não se pode passar.
IM.PAS.SE, *s.m.,* dificuldade, obstáculo.
IM.PAS.SI.BI.LI.DA.DE, *s.f.,* frieza, indiferença, neutralidade.
IM.PAS.SÍ.VEL, *adj.,* sem reação, indiferente, frio.
IM.PAS.SI.VI.DA.DE, *s.f.,* qualidade do que é impassivo; inflexibilidade; irredutibilidade.
IM.PA.TRI.O.TA, *adj. 2 gên.* e *s. 2 gên.,* que ou aquele que não tem amor à pátria.
IM.PA.TRI.Ó.TI.CO, *adj.,* sem patriotismo, que não tem amor para com a pátria.
IM.PA.TRI.O.TIS.MO, *s.m.,* falta de patriotismo; qualidade de impatriota.
IM.PA.VI.DEZ, *s.f.,* denodo, valentia, coragem, destemor.
IM.PÁ.VI.DO, *adj.,* denodado, valente, corajoso, destemido.
IMPEACHMENT, *s.m.,* cassação de um cargo político eletivo, mediante o devido processo, comprovando deslizes e desrespeito à lei e à ordem pública.
IM.PE.CA.BI.LI.DA.DE, *s.f.,* esmero, capricho, perfeição.
IM.PE.CÁ.VEL, *adj.,* esmerado, caprichado, sem falha, perfeito.
IM.PE.DÂN.CIA, *s.f.,* Elet., medida da resistência de um circuito elétrico; símb.: Z.
IM.PE.DI.ÇÃO, *s.f.,* impedimento, veto, proibição.
IM.PE.DI.DO, *adj.,* proibido, vetado; no futebol, quem está em impedimento.
IM.PE.DI.DOR, *adj.,* que impede, impeditivo.
IM.PE.DI.MEN.TO, *s.m.,* o que impede, obstrução, estorvo; o atacante atrás dos jogadores da defesa está em impedimento, no futebol.
IM.PE.DIR, *v.t.,* proibir, estorvar, atrapalhar, obstruir.
IM.PE.DI.TI.VO, *adj.,* que impede, proibitivo, coercitivo.
IM.PE.LEN.TE, *adj.,* que impele, propulsor, impulsionante.
IM.PE.LI.DO, *adj.,* empurrado, impulsionado, atirado.
IM.PE.LI.DOR, *adj.,* que impele; impelente.
IM.PE.LIR, *v.t.,* atirar, empurrar, impulsionar.
IM.PE.NE, *adj.,* sem penas, desplumado.
IM.PE.NE.TRA.BI.LI.DA.DE, *s.f.,* impossibilidade de penetração, opacidade, espessura total.
IM.PE.NE.TRA.DO, *adj.,* que não foi penetrado; não navegado.
IM.PE.NE.TRÁ.VEL, *adj.,* fechado, espesso, que não se pode penetrar.
IM.PE.NI.TÊN.CIA, *s.f.,* permanência no pecado, erro confesso, não penitência.
IM.PE.NI.TEN.TE, *adj., s. 2 gên.,* que não faz a penitência necessária, pecador confesso.
IM.PE.NE.TRA.BI.LI.DA.DE, *s.f.,* qualidade ou estado do que é impenetrável.
IM.PE.NE.TRÁ.VEL, *adj. 2 gên.,* que é impossível de penetrar; inacessível; *fig.,* incompreensível; insensível; impermeável; refratário.
IM.PE.NI.TEN.TE, *adj. 2 gên.,* que não se arrepende dos pecados, persistindo neles; incorrigível.
IM.PEN.SA.DO, *adj.,* precipitado, não pensado, não programado.
IM.PEN.SÁ.VEL, *adj.,* que não se pode pensar, inimaginável.
IM.PE.RA.DOR, *s.m.,* governante, rei, soberano.
IM.PE.RA.DO.RA, *s.f.,* soberana, mulher imperadora, rainha.
IM.PE.RAN.TE, *adj.,* mandante, comandante, governante.
IM.PE.RAR, *v.t.* e *int.,* mandar, comandar, governar, dirigir, dominar.
IM.PE.RA.TI.VI.DA.DE, *s.f.,* qualidade de imperativo; imperiosidade; obrigatoriedade.
IM.PE.RA.TI.VO, *adj.,* que ordena, mandante, que dirige; modo verbal que exprime ordem, mando.
IM.PE.RA.TÓ.RIO, *adj.,* imperial; soberano.
IM.PE.RA.TRIZ, *s.f.,* esposa do imperador.
IM.PER.CEP.TI.BI.LI.DA.DE, *s.f.,* invisibilidade, intocabilidade.
IM.PER.CEP.TÍ.VEL, *adj.,* que não é perceptível, invisível, intocável.
IM.PER.DÍ.VEL, *adj.,* que não se pode perder, insubstituível.
IM.PER.DO.Á.VEL, *adj.,* não merecedor de perdão, que deve ser castigado.
IM.PE.RE.CÍ.VEL, *adj.,* que não pode perecer, imortal, perene.

IM.PER.FEC.TÍ.VEL, adj. 2 gên., impossível de aperfeiçoar.
IM.PER.FEI.ÇÃO, s.f., defeito, falha, falta de perfeição.
IM.PER.FEI.TO, adj., inacabado, defeituoso, falho; s.m., tempo verbal que exprime situação passada, mas ainda não acabada.
IM.PER.FU.RA.ÇÃO, s.f., não perfuração, fechamento, oclusão.
IM.PER.FU.RÁ.VEL, adj., fechadíssimo, cerrado, ocluso.
IM.PE.RI.AL, adj., que se refere ao império, mandante, coagente.
IM.PE.RI.A.LIS.MO, s.m., tendência econômica de países fortes de se expandirem às custas dos mais fracos, tanto pelo poder bélico, quanto pela força econômica.
IM.PE.RI.A.LIS.TA, s. 2 gên., quem pratica e defende o imperialismo.
IM.PE.RÍ.CIA, s.f., inexperiência, falta de habilidade; incapacidade.
IM.PÉ.RIO, s.m., país comandado por um imperador; comando, força.
IM.PE.RI.O.SI.DA.DE, s.f., qualidade ou caráter de imperioso.
IM.PE.RI.O.SO, adj., que comanda, que coage; urgente, necessário.
IM.PE.RI.TO, adj., que não é perito, atrapalhado.
IM.PER.MA.NÊN.CIA, s.f., qualidade de impermanente.
IM.PER.MA.NEN.TE, adj. que não é permanente; inconstante, instável.
IM.PER.ME.A.BI.LI.DA.DE, s.f., qualidade do que é impermeável.
IM.PER.ME.A.BI.LI.ZA.ÇÃO, s.f., vedação, imunização, impenetrabilidade.
IM.PER.ME.A.BI.LI.ZA.DO, adj., impenetrável, imune, inatravessável.
IM.PER.ME.A.BI.LI.ZAR, v.t., tornar impermeável, fazer com que não deixe passar líquidos.
IM.PER.ME.AR, v.t., o mesmo que impermeabilizar.
IM.PER.ME.Á.VEL, adj., que não deixa passar líquido, umidade ou frio.
IM.PER.MU.TÁ.VEL, adj., introcável, imutável, que não pode permutar.
IM.PERS.CRU.TÁ.VEL, adj., impenetrável, indevassável, que não se consegue perscrutar.
IM.PER.SIS.TEN.TE, adj., não persistente, volátil, fátuo.
IM.PER.TÉR.RI.TO, adj., denodado, corajoso, valente.
IM.PER.TI.NÊN.CIA, s.f., qualidade de quem é impertinente, incômodo, estorvo.
IM.PER.TI.NEN.TE, adj., aborrecido, perturbador, rabugento, desagradável.
IM.PER.TUR.BA.BI.LI.DA.DE, s.f., qualidade de imperturbável; qualidade do que não se perturba; tranquilidade; serenidade.
IM.PER.TUR.BA.DO, adj., tranquilo, sossegado, que não se pode perturbar.
IM.PER.TUR.BÁ.VEL, adj., que não se deixa perturbar, calmo, tranquilo.
IM.PES.SO.AL, adj., reservado, seco, objetivo.
IM.PES.SO.A.LI.DA.DE, s.f., qualidade do que é impessoal; impersonalidade.
IM.PE.TI.GO, s.m., Med., doença de pele contagiosa que forma pústulas; impetigem; pop., salsugem.
ÍM.PE.TO, s.m., precipitação, arrojo, salto, fúria.
IM.PE.TRA.ÇÃO, s.f., súplica, pedido, solicitação, invocação.
IM.PE.TRA.DO, adj., invocado, solicitado, pedido.
IM.PE.TRAN.TE, adj. e s. 2 gên., que(m) impetra, solicitante, pedinte.
IM.PE.TRAR, v.t., invocar, solicitar, pedir respaldo no juizado.
IM.PE.TRA.TI.VO, adj., que serve para impetrar; que encerra impetração.
IM.PE.TRA.TÓ.RIO, adj., que se pode impetrar; impetrativo.
IM.PE.TRÁ.VEL, adj. 2 gên., que se pode ou deve impetrar.
IM.PE.TU.O.SI.DA.DE, s.f., violência, fúria, arrebatamento.
IM.PE.TU.O.SO, adj., que vai com ímpeto, violento, furioso, repentino.
IM.PI.E.DA.DE, s.f., falta de piedade, desumanidade, insensibilidade, perversidade.
IM.PI.E.DO.SO, adj., sem piedade, maldoso, cruel, selvagem.
IM.PI.GEM, s.f., impingem, nome de diversas doenças da pele.
IM.PIN.GI.DO, adj., constrangido, coagido, obrigado.
IM.PIN.GIR, v.t., obrigar a aceitar, constranger a fazer, coagir, obrigar.
ÍM.PIO, adj., desumano, cruel, impiedoso, desalmado.
IM.PLA.CA.BI.LI.DA.DE, s.f., qualidade ou caráter de implacável.
IM.PLA.CÁ.VEL, adj., inexorável, terrível, cruel, desumano.
IM.PLAN.TA.ÇÃO, s.f., ato ou efeito de implantar.
IM.PLAN.TA.DO, adj., que se implantou, fixado, arraigado; Cir., que foi objeto de implante.
IM.PLAN.TAR, v.t. e pron., plantar dentro, colocar em, inserir.
IM.PLAN.TE, s.m., implantação.
IM.PLE.MEN.TA.ÇÃO, s.f., constituição, execução, feitura.
IM.PLE.MEN.TA.DO, adj., constituído, executado, feito.
IM.PLE.MEN.TAR, v.t., fazer, executar, constituir.
IM.PLE.MEN.TO, s.m., acabamento, complementação.
IM.PLE.XO, adj., complexo, embrulhado.
IM.PLI.CA.ÇÃO, s.f., ato de implicar, incômodo, estorvo, implicância.
IM.PLI.CA.DO, adj., envolvido, comprometido; subentendido, implícito; emaranhado; s.m., aquele que foi envolvido (esp. em processo judicial).
IM.PLI.CA.DOR, adj. e s.m., que ou quem implica.
IM.PLI.CÂN.CIA, s.f., implicação, incômodo, má vontade, birra, teimosia.
IM.PLI.CAN.TE, adj., perturbador, inoportuno.
IM.PLI.CAR, v.t. e pron., confundir, incomodar, perturbar, envolver, ser rabugento.
IM.PLI.CA.TI.VO, adj., que implica ou resulta em implicação.
IM.PLI.CA.TÓ.RIO, adj., implicante, que implica.
IM.PLÍ.CI.TO, adj., não expresso, oculto, subentendido.
IM.PLO.DI.DO, adj., destruído, demolido, arrasado.
IM.PLO.DIR, v.t., executar uma implosão, destruir, demolir.
IM.PLO.RA.ÇÃO, s.f., súplica, solicitação, pedido.
IM.PLO.RA.DO, adj., suplicado, solicitado, pedido.
IM.PLO.RA.DOR, adj. e s.m., que ou quem implora.
IM.PLO.RAN.TE, adj. 2 gên. e s. 2 gên., que ou quem implora; implorador.
IM.PLO.RAR, v.t., suplicar, solicitar, chorar.
IM.PLO.RA.TI.VO, adj., que encerra ou denota imploração ou súplica.
IM.PLO.RÁ.VEL, adj., que se pode implorar.
IM.PLO.SÃO, s.f., diversas explosões conjugadas para uma demolição.
IM.PLU.ME, adj., sem penas, impene, muito jovem, imberbe, imaturo.

IMPOLIDEZ — IMPRESTÁVEL

IM.PO.LI.DEZ, *s.f.*, descortesia, grosseria, má-criação.
IM.PO.LI.DO, *adj.*, descortês, deseducado.
IM.PO.LU.TO, *adj.*, puro, sem mancha, honrado, honesto, virtuoso.
IM.PON.DE.RA.BI.LI.DA.DE, *s.f.*, incalculabilidade, inavaliação.
IM.PON.DE.RA.ÇÃO, *s.f.*, falta de poderação.
IM.PON.DE.RA.DO, *adj.*, que não foi objeto de reflexão; irrefletido; precipitado.
IM.PON.DE.RÁ.VEL, *adj.*, que não se pode pesar, não se pode avaliar, incalculável.
IM.PO.NÊN.CIA, *s.f.*, grandiosidade, luxo, arrogância.
IM.PO.NEN.TE, *adj.*, majestoso, extraordinário.
IM.PON.TU.AL, *adj.*, que não tem pontualidade, atrasado.
IM.PON.TU.A.LI.DA.DE, *s.f.*, atraso, chegada tardia.
IM.PO.PU.LAR, *adj.*, sem agradar ao povo, desagradável ao povo.
IM.PO.PU.LA.RI.DA.DE, *s.f.*, falta de aceitação, rejeição.
IM.PO.PU.LA.RI.ZAR, *v.t.* e *pron.*, tornar(-se) impopular.
IM.POR, *v.t.* e *pron.*, obrigar, coagir, determinar.
IM.POR.TA.ÇÃO, *s.f.*, comprar mercadorias no exterior para trazer ao país.
IM.POR.TA.DO, *adj.*, que se importou; que foi adquirido em outro país; *s.m.*, aquilo que se importa ou importou.
IM.POR.TA.DOR, *s.m.*, quem importa.
IM.POR.TA.DO.RA, *s.f.*, empresa que importa produtos.
IM.POR.TÂN.CIA, *s.f.*, valor, validade, interesse, influência, quantia.
IM.POR.TAN.TE, *adj.*, valioso, apreciável, considerado.
IM.POR.TAR, *v.t., int.* e *pron.*, comprar em país estrangeiro, valorizar um ato ou reação; ter como consequência.
IM.POR.TÁ.VEL, *adj.*, que pode ser importado.
IM.POR.TE, *s.m.*, custo, importância a ser paga, valor estipulado.
IM.POR.TU.NA.ÇÃO, *s.f.*, ato ou efeito de importunar; inconveniência; coisa ou situação inconveniente.
IM.POR.TU.NA.DO, *adj.*, que se importunou, que sofreu importunação; enfadado; incomodado; molestado.
IM.POR.TU.NA.DOR, *adj.*, relativo ao que causa importunação; *s.m.*, quem ou o que causa importunação.
IM.POR.TU.NAR, *v.t.* e *pron.*, incomodar, perturbar, aborrecer.
IM.POR.TU.NI.DA.DE, *s.f.*, aborrecimento, incomodação, perturbação.
IM.POR.TU.NO, *adj.*, aborrecido, desagradável, que incomoda.
IM.PO.SI.ÇÃO, *s.f.*, ordem, coação, mando.
IM.POS.SI.BI.LI.DA.DE, *adj.*, impraticabilidade, dificuldade, inexequibilidade.
IM.POS.SI.BI.LI.TA.DO, *adj.*, proibido, inexecutável, impedido.
IM.POS.SI.BI.LI.TAR, *v.t.* e *pron.*, vedar, tornar impossível, lutar contra.
IM.POS.SÍ.VEL, *adj.*, impraticável, difícil, não executável.
IM.POS.TAR, *v.t.*, modular a voz corretamente, acertar o tom da voz.
IM.POS.TO, *adj.*, obrigatório, forçado; *s.m.*, contribuição financeira que a pessoa entrega ao Estado.
IM.POS.TOR, *s.m.*, embusteiro, falsário, que é falso, enganador.
IM.POS.TU.RA, *s.f.*, logro, artimanha para enganar, engano.
IM.PO.TÁ.VEL, *adj.*, imbebível, que não se pode beber.
IM.PO.TÊN.CIA, *s.f.*, situação de falta de potência.
IM.PO.TEN.TE, *adj.*, fraco, débil; sexualmente sem condições de ter relação sexual.
IM.PRA.TI.CA.BI.LI.DA.DE, *s.f.*, qualidade ou condição do que é impraticável; inviabilidade.
IM.PRA.TI.CÁ.VEL, *adj.*, inexequível, que não se pode praticar, intransitável.
IM.PRE.CA.ÇÃO, *s.f.*, ato ou efeito de imprecar, praga, blasfêmia.
IM.PRE.CA.DO, *adj.*, desejado, suplicado, praguejado.
IM.PRE.CAR, *v.t.* e *int.*, praguejar, blasfemar, desejar o mal.
IM.PRE.CA.TIVO, *adj.*, que exprime ou encerra imprecações.
IM.PRE.CAU.ÇÃO, *s.f.*, falta de precaução ou de cautela; imprevidência; descuido.
IM.PRE.CI.SÃO, *s.f.*, falta de precisão, sem medidas exatas, inexatidão.
IM.PRE.CI.SO, *adj.*, inexato, impróprio, que está sem precisão.
IM.PRE.EN.CHÍ.VEL, *adj.*, que não pode ser preenchido.
IM.PREG.NA.ÇÃO, *s.f.*, ensopamento, penetração total, molhadura, dominação.
IM.PREG.NAR, *v.t.* e *pron.*, ensopar, embeber, penetrar com.
IM.PRE.ME.DI.TA.ÇÃO, *s.f.*, falta de premeditação; imprevisão.
IM.PRE.ME.DI.TA.DO, *adj.*, em que não houve ou não há premeditação; imprevisto.
IM.PREN.SA, *s.f.*, máquina para imprimir; conjunto de jornais, revistas e publicações em geral.
IM.PREN.SA.DO, *adj.*, compactado, ajustado, impresso.
IM.PREN.SAR, *v.t.*, colocar no prelo, compactar.
IM.PRES.CIN.DÍ.VEL, *adj.*, necessário, essencial, indispensável.
IM.PRES.CRI.TÍ.VEL, *adj. 2 gén.*, Jur., que não prescreve, não perde o efeito; que não pode ser prescrito.
IM.PRES.SÃO, *s.f.*, opinião, parecer, forçar algo; ação de imprimir um texto, marca.
IM.PRES.SI.O.NA.DO, *adj.*, abalado, chocado, perturbado; deslumbrado, maravilhado.
IM.PRES.SI.O.NA.DOR, *adj.*, que impressiona; impressionante.
IM.PRES.SI.O.NAN.TE, *adj.*, que impressiona, comovente, sentimental.
IM.PRES.SI.O.NAR, *v.t.* e *pron.*, comover, chamar a atenção, atrair.
IM.PRES.SI.O.NÁ.VEL, *adj.*, que se impressiona, enternecedor.
IM.PRES.SI.O.NIS.MO, *s.m.*, tendência literária e artística que procura expressar mais a intimidade pessoal que a realidade objetiva; em oposição ao expressionismo.
IM.PRES.SI.O.NIS.TA, *s. 2 gén.*, adepto, seguidor do impressionismo.
IM.PRES.SI.VI.DA.DE, *s.f.*, qualidade ou característica de impressivo.
IM.PRES.SI.VO, *adj.*, que causa impressão no ânimo ou nos sentidos; que grava ou fixa.
IM.PRES.SO, *adj.* e *s.m.*, texto gravado com letras; que está escrito.
IM.PRES.SOR, *s.m.*, quem imprime.
IM.PRES.SO.RA, *s.f.*, máquina para imprimir.
IM.PRES.SÓ.RIO, *s.m.*, Fot., caixilho para impressão dos positivos.
IM.PRES.TA.BI.LI.DA.DE, *s.f.*, qualidade ou estado de imprestável; inutilidade.
IM.PRES.TÁ.VEL, *adj.*, vil, inútil, sem valor.

IMPRETÉRITO   ••• 469 •••   IMUTÁVEL

IM.PRE.TÉ.RI.TO, *adj.*, que não passou nem passará.
IM.PRE.TE.RÍ.VEL, *adj.*, inadiável, impostergável, que não se pode adiar.
IM.PRE.VI.DÊN.CIA, *s.f.*, negligência, irresponsabilidade.
IM.PRE.VI.DEN.TE, *adj.*, negligente, irresponsável, sem cuidado.
IM.PRE.VI.SÃO, *s.f.*, descaso, desmazelo, imprevidência, descuido.
IM.PRE.VI.SÍ.VEL, *adj.*, que não se pode prever, repentino.
IM.PRE.VIS.TO, *adj.*, não esperado, inesperado, súbito.
IMPRIMATUR, *s.m.*, do lat., *'imprima-se'*, autorização da Igreja para imprimir-se alguma obra.
IM.PRI.MIR, *v.t. e pron.*, estampar, gravar, publicar; dar a, impor.
IM.PRO.BA.BI.LI.DA.DE, *s.f.*, incerteza, indeterminação.
IM.PRO.BI.DA.DE, *s.f.*, ausência de probidade, desonestidade.
IM.PRO.BO, *adj. e s.m.*, sem probidade, desonesto, safado.
IM.PRO.CE.DÊN.CIA, *s.f.*, injustificativa, impropriedade, incoerência.
IM.PRO.CE.DEN.TE, *adj.*, incoerente, injustificável, inválido, impróprio.
IM.PRO.DU.TÍ.VEL, *adj. 2 gên.*, incapaz de produzir.
IM.PRO.DU.TI.VI.DA.DE, *s.f.*, qualidade do que é improdutivo; infertilidade; aridez; inutilidade; p.ext., fig. inutilidade.
IM.PRO.DU.TI.VO, *adj.*, que não produz, inútil, frustrante.
IM.PRO.FE.RÍ.VEL, *adj.*, que não pode proferir, impronunciável.
IM.PRO.FÍ.CUO, *adj.*, inútil, vão, improdutivo.
IM.PRO.PÉ.RIO, *s.m.*, insulto, ultraje, ofensa, palavrão contra alguém.
IM.PRO.PRI.E.DA.DE, *s.f.*, inadequação, inoportunidade.
IM.PRÓ.PRIO, *adj.*, inadequado, inoportuno.
IMPROR.RO.GÁ.VEL, *adj. 2 gên.*, que não se pode prorrogar; inadiável.
IM.PRO.VÁ.VEL, *adj.*, incerto, pouco provável.
IM.PRO.VI.DÊN.CIA, *s.f.*, falta de providência, de prevenção, de cuidado; descuido; desleixo.
IM.PRO.VI.DEN.TE, *adj.*, não providente; incauto; negligente; desleixado; p.ext., esbanjador, dissipador.
IM.PRO.VI.SA.ÇÃO, *s.f.*, ato ou efeito de improvisar; improviso; Teat., recurso de encenação dramática a partir da espontaneidade do ator.
IM.PRO.VI.SA.DO, *adj.*, feito de improviso; feito às pressas.
IM.PRO.VI.SA.DOR, *adj. e s.m.*, aquele ou aquela que improvisa.
IM.PRO.VI.SAR, *v.t. e pron.*, fazer algo sem prévio preparo, organizar de última hora.
IM.PRO.VI.SO, *s.m.*, algo feito sem preparo, ação feita de súbito.
IM.PRU.DÊN.CIA, *s.f.*, falta de prudência, descuido, negligência.
IM.PRU.DEN.TE, *adj.*, descuidado, negligente.
IM.PU.BER.DA.DE, *s.f.*, meninice, infância, infantilidade.
IM.PÚ.BE.RE, *adj.*, que ainda não chegou à puberdade.
IM.PU.BLI.CÁ.VEL, *adj. 2 gên.*, que não se pode ou não se deve publicar.
IM.PU.DÊN.CIA, *s.f.*, despudor, falta de pudor, cinismo.
IM.PU.DEN.TE, *adj.*, cínico, despudorado, desavergonhado.
IM.PU.DI.CÍ.CIA, *s.f.*, falta de pudor, despudor, sem-vergonhice.
IM.PU.DI.CO, *adj.*, despudorado, sem-vergonha.
IM.PU.DOR, *s.m.*, despudor, impudicícia, sem-vergonhice.
IM.PUG.NA.BI.LI.DA.DE, *s.f.*, caráter ou qualidade de impugnável.
IM.PUG.NA.ÇÃO, *s.f.*, contestação, invalidação, negativa.
IM.PUG.NA.DO, *adj.*, que se impugnou; *s.m.*, aquele que sofreu impugnação.
IM.PUG.NA.DOR, *adj. e s.m.*, que ou o que impugna ou contraria; adversário.
IM.PUG.NAR, *v.t.*, lutar contra, combater, opor-se.
IM.PUG.NA.TI.VO, *adj.*, que impugna ou serve para impugnar; que encerra contestação.
IM.PUG.NÁ.VEL, *adj. 2 gên.*, que pode ou deve ser impugnado.
IM.PUL.SÃO, *s.f.*, impulso, avanço, ato de ir subitamente, esforço.
IM.PUL.SAR, *v.t.*, dar impulso a; impulsionar; impelir.
IM.PUL.SI.O.NA.DO, *adj.*, que recebeu impulso; impelido.
IM.PUL.SI.O.NA.MEN.TO, *s.m.*, o mesmo que impulso.
IM.PUL.SIO.NAR, *v.t.*, empurrar, ativar, forçar.
IM.PUL.SI.VI.DA.DE, *s.f.*, descontrole, raiva, arrebatamento.
IM.PUL.SI.VO, *adj.*, descontrolado, colérico, raivoso.
IM.PUL.SO, *s.m.*, impulsão, estímulo, auxílio, incentivo.
IM.PUL.SOR, *s.m.*, quem impulsiona, estimulador, incentivador.
IM.PU.NE, *adj.*, não punido, sem ser penalizado.
IM.PU.NI.DA.DE, *s.f.*, sem a pena devida, perdão antecipado.
IM.PU.NI.DO, *adj.*, impune, perdoado.
IM.PU.NÍ.VEL, *adj. 2 gên.*, que se pode ou não se deve punir.
IM.PU.RE.ZA, *s.f.*, sujeira, falta de higiene.
IM.PU.RO, *adj.*, maculado, manchado, imoral, sujo.
IM.PU.TA.BI.LI.DA.DE, *s.f.*, culpa, culpabilidade.
IM.PU.TA.ÇÃO, *s.f.*, ação de imputar, atribuição, referência.
IM.PU.TA.DO, *s.m.*, aquele que sofreu imputação; *adj.*, que se imputou.
IM.PU.TA.DOR, *adj. e s.m.*, que ou o que imputa, que atribui a outrem culpa ou falta.
IM.PU.TAR, *v.t.*, atribuir a, referir para.
IM.PU.TÁ.VEL, *adj.*, que se pode imputar, atribuível, referente.
I.MUN.DÍ.CIE, *s.f.*, falta de limpeza, imundicie, sujeira; var., imundicia.
I.MUN.DO, *adj.*, sujo, impuro, imoral, obsceno, corrupto.
I.MU.NE, *adj.*, isento, liberado, não responsável por atos, encargos.
I.MU.NI.DA.DE, *s.f.*, isenção, condição de saúde pela qual certas doenças não conseguem atacar o organismo; condição profissional que faculta à pessoa a não sujeição a certas leis.
I.MU.NI.ZA.ÇÃO, *s.f.*, ação ou processo de imunizar.
I.MU.NI.ZA.DO, *adj.* que se tornou imune.
I.MU.NI.ZA.DOR, *adj. e s.m.*, que ou aquilo que produz imunidade.
I.MU.NI.ZAR, *v.t.*, tornar imune, resguardar.
I.MU.NO.DE.FI.CI.ÊN.CIA, *s.f.*, deficiência do sistema imunológico.
I.MU.NO.LO.GI.A, *s.f.*, parte médica que explora o mecanismo de imunidade.
I.MU.NO.LÓ.GI.CO, *adj.*, relativo a imunologia.
I.MU.NO.LO.GIS.TA, *adj. 2 gên.*, Med., diz-se de profissional da área médica, especialista em imunologia; *s. 2 gên.*, Med., esse profissional; imunólogo.
I.MU.NÓ.LO.GO, *s.m.*, Med., o mesmo que imunologista.
I.MU.NO.TE.RA.PI.A, *s.f.*, cuidados com as doenças, fortalecendo o sistema imunológico.
I.MU.TA.BI.LI.DA.DE, *s.f.*, qualidade de imutável.
I.MU.TÁ.VEL, *adj.*, que não se consegue mudar, fixo, definitivo.

INABALÁVEL   INAPROXIMÁVEL

I.NA.BA.LÁ.VEL, *adj.*, irremovível, fixo, plantado.
I.NÁ.BIL, *adj.*, canhestro, inepto, incompetente, despreparado.
I.NA.BI.LI.TA.ÇÃO, *s.f.*, caráter de inabalável.
I.NA.BI.LI.TA.DO, *adj.*, que demonstra incapacidade física ou moral; que não foi aprovado, não está apto.
I.NA.BI.LI.TAR, *v.t. e pron.*, desabilitar, tornar inábil, reprovar em concurso de títulos.
I.NA.BI.TA.DO, *adj.*, que não é ou não está habitado; desabitado; ermo.
I.NA.BI.TÁ.VEL, *adj.*, que não se pode habitar, impróprio para habitar.
I.NA.BI.TU.AL, *adj.*, não habitual, desacostumado, incerto.
I.NA.BOR.DÁ.VEL, *adj.*, que não se pode abordar, inatacável, insuperável.
I.NA.CA.BA.DO, *adj.*, não pronto, não terminado, incompleto.
I.NA.CA.BÁ.VEL, *adj.*, que não se pode acabar, interminável, infindo.
I.NA.ÇÃO, *s.f.*, ausência de ação, moleza, frouxidão.
I.NA.CEI.TA.BI.LI.DA.DE, *s.f.*, caráter, condição ou qualidade do que é inaceitável.
I.NA.CEI.TA.ÇÃO, *s.f.*, falta de aceitação; não aceitação.
I.NA.CEI.TÁ.VEL, *adj.*, que não se pode aceitar, inegociável.
I.NA.CEN.TU.A.DO, *adj.*, que não leva acento diacrítico.
I.NA.CEN.TU.Á.VEL, *adj.*, que não se pode acentuar com sinal diacrítico.
I.NA.CES.SI.BI.LI.DA.DE, *s.f.*, impossibilidade de acesso, inatingibilidade.
I.NA.CES.SÍ.VEL, *adj.*, íngreme, alcantilado, difícil de acessar.
I.NA.CRE.DI.TÁ.VEL, *adj.*, em que não se pode acreditar, incrível, indizível.
I.NA.CU.SÁ.VEL, *adj.*, que não se pode acusar, inatacável.
I.NA.DAP.TA.BI.LI.DA.DE, *s.f.*, ausência de adaptabilidade.
I.NA.DAP.TA.ÇÃO, *s.f.*, falta ou dificuldade de adaptação; desajuste.
I.NA.DAP.TA.DO, *adj.*, inservível, impróprio, inadequado.
I.NA.DAP.TAR, *v.t.*, não efetuar a adaptação de; não se adaptar a algo.
I.NA.DAP.TÁ.VEL, *adj.*, que não se pode adaptar, inservível.
I.NA.DE.QUA.BI.LI.DA.DE, *s.f.*, qualidade do que é inadequável, do que não se consegue adequar.
I.NA.DE.QUA.ÇÃO, *s.f.*, qualidade do que é inadequado; falta de adequação.
I.NA.DE.QUA.DO, *adj.*, que não é adequado, imprestável.
I.NA.DE.REN.TE, *adj.*, não aderente; que não contraiu aderências.
I.NA.DI.A.BI.LI.DA.DE, *s.f.*, qualidade do que é inadiável.
I.NA.DI.Á.VEL, *adj.*, que não se pode adiar, impreterível, urgente.
I.NA.DIM.PLE.MEN.TO, *s.m.*, Jur., o mesmo que inadimplência.
I.NA.DIM.PLÊN.CIA, *s.f.*, dívida já vencida; débito não pago.
I.NA.DIM.PLEN.TE, *adj.*, s. 2 gên., que deve e não paga, devedor.
I.NA.DIM.PLIR, *v.t.*, Jur., descumprir (contrato, prestação, etc.).
I.NAD.MIS.SÃO, *s.f.*, ato de não admitir; falta de admissão.
I.NAD.MIS.SI.BI.LI.DA.DE, *s.f.*, qualidade do que é inadmissível; inaceitabilidade.
I.NAD.MIS.SÍ.VEL, *adj.*, inaceitável, recusável.
I.NAD.MI.TI.DO, *adj.*, que não foi aceito; recusado; vetado.
I.NAD.QUI.RÍ.VEL, *adj.*, que não se pode adquirir.
I.NAD.DUL.TE.RA.DO, *adj.*, que não foi adulterado; puro.
I.NAD.VER.TÊN.CIA, *s.f.*, negligência, descuido, mazela.

I.NAD.VER.TI.DO, *adj.*, impensado, irrefletido, não advertido.
I.NA.FAS.TÁ.VEL, *adj. 2 gên.*, que não se pode ou consegue afastar, desconsiderar.
I.NA.FE.RÍ.VEL, *adj. 2 gên.*, que é impossível de se aferir, verificar.
I.NA.FI.AN.ÇÁ.VEL, *adj.*, que não se pode afiançar, não fiável.
I.NA.JÁ, *s.f.*, anajá.
I.NA.LA.ÇÃO, *s.f.*, absorver pelas vias respiratórias, inspiração de uma substância.
I.NA.LA.DO, *adj.*, absorvido, respirado.
I.NA.LA.DOR, *s.m.*, aparelho para inalar; que se presta para executar uma inalação.
I.NA.LAN.TE, *adj. 2 gên.*, que (se) absorve por inspiração; diz-se de medicamento para inalação; *s.m.*, substância para ser inalada.
I.NA.LAR, *v.t.*, respirar, absorver, inspirar.
I.NA.LI.E.NA.BI.LI.DA.DE, *s.f.*, qualidade ou condição do que é inalienável (direito inalienável); Jur., característica de bem que, quando de sua transmissão por herança ou doação, não pode ser alienado nem penhorado; indisponibilidade.
I.NA.LI.E.NÁ.VEL, *adj.*, que não se pode alienar, vender, passar adiante.
I.NAL.TE.RA.BI.LI.DA.DE, *s.f.*, estabilidade, permanência.
I.NAL.TE.RA.DO, *adj.*, firme, estável, permanente.
I.NAL.TE.RAR, *adj. 2 gên.*, que não pode ser alterado; imutável; sem alteração.
I.NAL.TE.RÁ.VEL, *adj.*, que não se pode alterar.
I.NAM.BU, *s.m.*, inhambu, ave das nossas matas, com canto estridente e assobiado.
I.NAM.BU.LAR, *v.int.*, passear de um lado para outro; deambular; perambular.
I.NA.ME.NO, *adj.*, não ameno; desagradável, displicente.
I.NA.MIS.SI.BI.LI.DA.DE, *s.f.*, qualidade ou condição do que é inamissível.
I.NA.MIS.SÍ.VEL, *adj. 2 gên.*, que não está sujeito a perder-se.
I.NA.MIS.TO.SO, *adj.*, inimigo, hostil, não amistoso.
I.NA.MO.VÍ.VEL, *adj.*, estabilizado, firme, seguro no cargo.
I.NA.NE, *adj.*, vazio, fútil, oco, volátil, fátuo.
I.NA.NI.ÇÃO, *s.f.*, fraqueza, falta de comida, sem forças.
I.NA.NI.MA.DO, *adj.*, sem ânimo, sem alma, sem vida.
I.NA.NIR, *v.t. e pron.*, levar à inanição, enfraquecer, desfibrar.
I.NA.PA.REN.TE, *adj. 2 gên.*, que não está ou é aparente.
I.NA.PE.LA.BI.LI.DA.DE, *s.f.*, qualidade, característica ou propriedade de inapelável.
I.NA.PE.LÁ.VEL, *adj.*, que não tem apelação, recurso.
I.NA.PE.TÊN.CIA, *s.f.*, sem apetite, ausência de apetite, sem fome.
I.NA.PE.TEN.TE, *adj. 2 gên.*, que não costuma ter ou não está com apetite.
I.NA.PLI.CA.BI.LI.DA.DE, *s.f.*, característica do que não é aplicável; inutilidade; nulidade.
I.NA.PLI.CA.DO, *adj.*, que não teve aplicação, que não foi aplicado; sem aplicação.
I.NA.PLI.CÁ.VEL, *adj.*, não aplicável, em desuso, despropositado.
I.NA.PRE.CI.Á.VEL, *adj.*, inavaliável, que não pode ser apreciado.
I.NA.PRE.SEN.TÁ.VEL, *adj. 2 gên.*, que não é ou não está apresentável.
I.NA.PRO.PRI.A.DO, *adj.*, que não é apropriado; inadequado.
I.NA.PRO.XI.MÁ.VEL, *adj. 2 gên.*, de que não se pode

aproximar.
I.NA.PRO.VEI.TA.DO, *adj.*, inútil, desusado, depreciado.
I.NA.PRO.VEI.TÁ.VEL, *adj.*, que não é aproveitável, não usável.
I.NAP.TE.ZA, *s.f., ant.*, inaptidão.
I.NAP.TI.DÃO, *s.f.*, incapacidade, inabilidade, falta de aptidão.
I.NAP.TO, *adj.*, incapaz, inábil, despreparado.
I.NAR.MÔ.NI.CO, *adj.*, desarmônico, dissonante.
I.NAR.RÁ.VEL, *adj.*, que não se pode narrar, indizível.
I.NAR.RE.CA.DÁ.VEL, *adj.*, que não se pode arrecadar; incobrável.
I.NAR.RE.DÁ.VEL, *adj.*, irremovível, indeslocável.
I.NAR.TI.CU.LA.DO, *adj.*, desarticulado, desordenado, desorganizado.
I.NAR.TI.CU.LÁ.VEL, *adj.*, que não se pode articular, descompassado.
I.NAS.SÍ.DUO, *adj.*, que não é assíduo; faltoso.
I.NAS.SI.MI.LÁ.VEL, *adj.*, não assimilável, indigesto.
I.NA.TA.CÁ.VEL, *adj.*, incontestável, não censurável.
I.NA.TEN.DI.DO, *adj.*, que não foi atendido, acatado.
I.NA.TEN.DÍ.VEL, *adj. 2 gén.*, que não pode ser atendido; que não merece atenção.
I.NA.TIN.GI.BI.LI.DA.DE, *s.f.*, caráter ou condição do que é inatingível.
I.NA.TIN.GÍ.VEL, *adj.*, inacessível, intransitável.
I.NA.TI.VI.DA.DE, *s.f.*, inércia, parada total, funcionário que se afasta da atividade.
I.NA.TI.VO, *adj.*, que não age, aposentado.
I.NA.TO, *adj.*, congênito, que começa com o nascimento.
I.NA.TU.RAL, *adj. 2 gén.*, não natural; artificial.
I.NA.TU.RA.LI.DA.DE, *s.f.*, qualidade do que é inatural.
I.NAU.DI.TIS.MO, *s.m.*, qualidade ou caráter de inaudito.
I.NAU.DI.TO, *adj.*, extraordinário, maravilhoso, impressionante.
I.NAU.DÍ.VEL, *adj.*, que não se pode ouvir.
I.NAU.GU.RA.ÇÃO, *s.f.*, cerimônia para iniciar as atividades de qualquer empresa.
I.NAU.GU.RA.DO, *adj.*, começado, iniciado, apresentado, estreado.
I.NAU.GU.RA.DOR, *adj.*, que inaugura; *s.m.*, o que inaugura.
I.NAU.GU.RAL, *adj.*, que se refere a inauguração, iniciante, estreante.
I.NAU.GU.RAR, *v.t. e pron.*, começar, iniciar, expor pela primeira vez.
I.NAU.GU.RA.TI.VO, *adj.*, próprio para inaugurar; relativo a inauguração.
I.NAU.GU.RA.TÓ.RIO, *adj.*, próprio para inaugurar; inaugurativo.
I.NAU.TEN.TI.CI.DA.DE, *s.f.*, falta de autenticidade.
I.NAU.TÊN.TI.CO, *adj.*, não autêntico, ilegítimo.
I.NA.VE.GÁ.VEL, *adj.*, que não se pode navegar, não navegável.
IN.CA, *s. 2 gén.*, sociedade indígena do Peru, de cultura avançada na época da invasão espanhola, quando foi saqueada e destruída.
IN.CA.BÍ.VEL, *adj.*, que não cabe, que não tem cabimento, desmedido.
IN.ÇA.DO, *adj.*, que se inçou; *fig.*, que está repleto, cheio.
IN.CAI.CO, *adj.*, que se refere aos incas.
IN.CAL.CU.LÁ.VEL, *adj.*, que não se pode calcular, imenso.
IN.CA.LU.NI.Á.VEL, *adj.*, não caluniável; que não se pode caluniar.

IN.CAN.CE.LÁ.VEL, *adj. 2 gén.*, que não se pode cancelar.
IN.CAN.DES.CÊN.CIA, *s.f.*, ardência, fogo, inflamação, braseiro.
IN.CAN.DES.CEN.TE, *adj.*, em brasa, que queima.
IN.CAN.DES.CER, *v.t. e int.*, inflamar, tornar brasa.
IN.CAN.DES.CI.DO, *adj.*, que se incandesceu; que arde em chamas.
IN.CAN.SA.BI.LI.DA.DE, *s.f.*, qualidade de incansável.
IN.CAN.SÁ.VEL, *adj.*, que não se cansa, infatigável.
IN.CA.PA.CI.DA.DE, *s.f.*, ausência de capacidade, incompetência, despreparo.
IN.CA.PA.CÍS.SI.MO, *adj.*, incapaz ao extremo.
IN.CA.PA.CI.TA.ÇÃO, *s.f.*, ação ou resultado de incapacitar(-se).
IN.CA.PA.CI.TA.DO, *adj.*, não capacitado; diz-se da pessoa que, por impedimento de condições físicas ou mentais, não pode realizar alguma tarefa ou atividade.
IN.CA.PA.CI.TAN.TE, *adj. 2 gén.*, que incapacita.
IN.CA.PA.CI.TAR, *v.t. e pron.*, tornar incapaz, despreparar.
IN.CA.PA.CI.TÁ.VEL, *adj.*, que não pode ser capacitado.
IN.CA.PAZ, *adj.*, inapto, inábil; sem os direitos civis.
IN.ÇAR, *v.t. e pron.*, esparramar, espalhar, encher de parasitas.
IN.CA.RAC.TE.RÍS.TI.CO, *adj.*, que não tem características próprias; comum; confundível; vulgar.
IN.CAU.TE.LO.SO, *adj.*, que não demonstra cautela; imprudente.
IN.CAU.TO, *adj.*, ingênuo, desprevenido, desnorteado.
IN.CEN.DER, *v.t. e pron.*, acender, inflamar.
IN.CEN.DI.A.DO, *adj.*, inflamado, aceso, queimante, excitado.
IN.CEN.DI.AR, *v.t. e pron.*, pôr fogo, inflamar, queimar, excitar, ativar.
IN.CEN.DI.Á.RIO, *s.m.*, que ateia fogo, que gosta de incendiar, revolucionário.
IN.CEN.DI.MEN.TO, *s.m.*, incitação, ativação, instigação.
IN.CÊN.DIO, *s.m.*, fogo intenso, queima forte.
IN.CEN.SAR, *v.t.*, odorizar com fumaça de incenso; *fig.*, bajular, adular, agradar.
IN.CEN.SÁ.RI.O, *s.m.*, mesmo que incensório.
IN.CEN.SO, *s.m.*, resina perfumada, extraída de várias ervas aromáticas, usada em algumas celebrações religiosas como oferenda ou manifestação de louvor a Deus.
IN.CEN.SÓ.RIO, *s.m.*, aparelho próprio para incensar um ambiente, turíbulo.
IN.CEN.SU.RÁ.VEL, *adj. 2 gén.*, que não pode ou não deve sofrer censura (discurso incensurável); correto, irrepreensível (atitude incensurável).
IN.CEN.TI.VA.DO, *adj.*, animado, estimulado, motivado, ativado.
IN.CEN.TI.VAR, *v.t.*, animar, estimular.
IN.CEN.TI.VO, *s.m.*, estímulo, ânimo, força.
IN.CE.RI.MO.NI.O.SO, *adj.*, que não faz cerimônia; que não é de cerimônias.
IN.CER.TE.ZA, *s.f.*, dúvida, temor, falta de certeza.
IN.CER.TO, *adj.*, duvidoso, indeciso, improvável.
IN.CES.SAN.TE, *adj.*, que não cessa, que não para, contínuo.
IN.CES.TO, *s.m.*, união sexual entre parentes de primeiro grau.
IN.CES.TU.O.SO, *adj.*, referente ao incesto, depravado, imoral.
IN.CHA.ÇÃO, *s.f.*, ato de inchar, tumor, inchaço.
IN.CHA.ÇO, *s.m., pop.*, o mesmo que inchação.
IN.CHA.DO, *adj.*, com inchação, intumescido.
IN.CHA.MEN.TO, *s.m.*, mesmo que inchação.

IN.CHAR, v.t. e pron., intumescer, dilatar-se, aumentar o volume.
IN.CI.CA.TRI.ZÁ.VEL, adj. 2 gên., que não cicatriza.
IN.CI.DÊN.CIA, s.f., encontro, batida em, acontecimento, fato imprevisto.
IN.CI.DEN.TAL, adj., acidental, imprevisto.
IN.CI.DEN.TAR, v.t. e int., tornar ou provocar incidente(s).
IN.CI.DEN.TE, adj., que incide; s.m., fato, acontecimento, acidente, briga.
IN.CI.DIR, v.t. e int., bater em, cair sobre, pesar.
IN.CI.NE.RA.ÇÃO, s.f., ato ou efeito de incinerar; redução a cinzas.
IN.CI.NE.RA.DOR, s.m., tipo de forno para incinerar lixo, papéis.
IN.CI.NE.RAR, v.t. e pron., queimar, transformar em cinzas.
IN.CI.PI.ÊN.CIA, s.f., princípio, início, começo.
IN.CI.PI.EN.TE, adj., que inicia, que começa, principiante.
IN.CIR.CUN.CI.SO, adj. e s.m., que não teve circuncisão.
IN.CIR.CUNS.CRI.TÍ.VEL, adj., Geom., que não se pode circunscrever.
IN.CIR.CUNS.CRI.TO, adj., não circunscrito.
IN.CI.SÃO, s.f., corte, talho, abertura feita com instrumento cortante.
IN.CI.SI.VO, adj., que corta; fig., mordaz, irônico.
IN.CI.SO, adj., ferido com instrumento cortante; parte de artigo dos livros legais.
IN.CI.TA.ÇÃO, s.f., desafio, repto, atiçamento.
IN.CI.TA.DO, adj., provocado, desafiado, atiçado.
IN.CI.TA.DOR, adj., que incita, estimula; s.m., aquele ou aquilo que incita, estimula.
IN.CI.TA.MEN.TO, s.m., incitação, desafio, repto, provocação.
IN.CI.TAR, v.t. e pron., instigar, provocar, desafiar.
IN.CI.TA.TI.VO, adj., que incita, que tem propriedades incitantes.
IN.CI.TÁ.VEL, adj. 2 gên., suscetível de ser incitado.
IN.CI.VIL, adj., descortês, grosseiro, tosco.
IN.CI.VI.LI.DA.DE, s.f., descortesia, grosseria, barbarismo.
IN.CI.VI.LI.ZA.DO, adj., não civilizado, bárbaro.
IN.CI.VI.LI.ZÁ.VEL, adj., que não se pode civilizar.
IN.CLAS.SI.FI.CÁ.VEL, adj. 2 gên., que não é possível classificar; confuso; desordenado; fig., inqualificável.
IN.CLE.MÊN.CIA, s.f., rigor, sem piedade.
IN.CLE.MEN.TE, adj., rigoroso, duro, impiedoso.
IN.CLI.NA.ÇÃO, s.f., ação de inclinar-se, reverência, propensão.
IN.CLI.NA.DO, adj., predisposto, intencionado.
IN.CLI.NAR, v.t. e pron., abaixar, pender, reclinar, tender a.
ÍN.CLI.TO, adj., ilustre, notório, famoso, conspícuo.
IN.CLU.DEN.TE, adj. 2 gên., o mesmo que incluente; que inclui.
IN.CLU.Í.DO, adj., inserido, introduzido, anexado, ajuntado.
IN.CLU.IR, v.t., inserir, colocar dentro, introduzir.
IN.CLU.Í.VEL, adj. 2 gên., que pode ser incluído.
IN.CLU.SÃO, s.f., inserção, introdução.
IN.CLU.SI.VE, adv., também, igualmente, da mesma maneira.
IN.CLU.SI.VO, adj., incluído, inserido, anexado.
IN.CLU.SO, adj., incluído, inserido.
IN.CO.A.GU.LÁ.VEL, adj., que não se pode coagular.
IN.CO.A.TI.VO, adj., que inicia, que principia; na Gramática, é o verbo que exprime o começo de ação, de movimento.
IN.CO.ER.ÇÃO, s.f., ausência de coerção.
IN.CO.ER.CI.BI.LI.DA.DE, s.f., característica ou estado do que é incoercível.

IN.CO.ER.CÍ.VEL, adj., irreprimível, incoerente, incongruente.
IN.CO.E.RÊN.CIA, s.f., falta de coerência, discórdia, discrepância.
IN.CO.E.REN.TE, adj., ilógico, discrepante, confuso.
IN.CO.E.XIS.TÊN.CIA, s.f., ausência de coexistência.
IN.CÓG.NI.TA, s.f., valor que se pretende encontrar, algo ignoto.
IN.CÓG.NI.TO, adj., desconhecido, oculto, ignorado.
IN.COG.NOS.CÍ.VEL, adj., que não se pode conhecer.
ÍN.CO.LA, s. 2 gên., habitante, morador, quem mora.
IN.CO.LOR, adj., sem cor, descolorido.
IN.CÓ.LU.ME, adj., são, salvo, inteiro, que não sofreu nenhuma perda.
IN.CO.LU.MI.DA.DE, s.f., característica ou estado de incólume.
IN.COM.BA.TI.DO, adj., não combatido.
IN.COM.BA.TÍ.VEL, adj., que não se pode combater; inatacável.
IN.COM.BI.NÁ.VEL, adj. 2 gên., diz-se do que não se pode combinar, que é não combinável.
IN.COM.BUS.TI.BI.LI.DA.DE, s.f., característica ou qualidade do que é incombustível.
IN.COM.BUS.TÍ.VEL, adj. 2 gên., que não entra em combustão; que não queima.
IN.COM.BUS.TO, adj., não queimado, não consumido pelo fogo.
IN.CO.MEN.SU.RA.BI.LI.DA.DE, s.f., característica do que é incomensurável, descomunal.
IN.CO.MEN.SU.RÁ.VEL, adj., enorme, imenso, que não se pode medir.
IN.CO.MER.CI.Á.VEL, adj., não comerciável, que não se pode comerciar.
IN.CO.MO.DA.DO, adj., aborrecido, perturbado, molestado, estorvado.
IN.CO.MO.DA.DOR, adj. e s.m., que incomoda, incomodante.
IN.CO.MO.DAN.TE, adj., que incomoda; impertinente, importuno.
IN.CO.MO.DAR, v.t. e pron., aborrecer, perturbar, molestar, estorvar.
IN.CO.MO.DA.TI.VO, adj., que incomoda, que causa constrangimento, aborrecimento, etc.; incomodador.
IN.CO.MO.DI.DA.DE, s.f., qualidade de incômodo; falta de comodidade.
IN.CÔ.MO.DO, adj., desagradável; s.m., perturbação, aborrecimento.
IN.COM.PA.CI.DA.DE, s.f., ausência de compacidade.
IN.COM.PA.RÁ.VEL, adj., sem comparação, incomum.
IN.COM.PAR.TI.LHÁ.VEL, adj. 2 gên., que não se pode compartilhar.
IN.COM.PAS.SÍ.VEL, adj. 2 gên., que não sente compaixão, implacável; desalmado; inflexível.
IN.COM.PA.TI.BI.LI.DA.DE, s.f., aversão, desunião, contrariedade, antipatia.
IN.COM.PA.TI.BI.LI.ZAR, v.t. e pron., tornar incompatível, que não se compatibiliza.
IN.COM.PA.TÍ.VEL, adj., não compatível, não associável, impróprio.
IN.COM.PEN.SA.ÇÃO, s.f., ausência de compensação; não compensação.
IN.COM.PEN.SA.DO, adj., não compensado.
IN.COM.PEN.SÁ.VEL, adj. 2 gên., que não pode ser compensado; impagável; irreparável.

IN.COM.PE.TÊN.CIA, *s.f.*, inaptidão, inabilidade.

IN.COM.PE.TEN.TE, *adj.*, inapto, incapaz, incompetente.

IN.COM.PLE.TO, *adj.*, inacabado, malfeito.

IN.COM.PLE.TU.DE, *s.f.*, qualidade do que está ou é incompleto.

IN.COM.PLE.XI.DA.DE, *s.f.*, facilidade, simplicidade, naturalidade.

IN.COM.PLE.XO, *adj.*, simples, singelo, natural.

IN.COM.PO.NÍ.VEL, *adj.*, que não se pode compor ou conciliar com outro.

IN.COM.PRE.EN.DER, *v.t.*, não ter a compreensão de; não compreender.

IN.COM.PRE.EN.DI.DO, *adj.*, não entendido, incompreensível.

IN.COM.PRE.EN.SÃO, *s.f.*, ausência de compreensão.

IN.COM.PRE.EN.SI.BI.LI.DA.DE, *s.f.*, característica de incompreensível, ininteligível, inexplicável; misterioso, enigmático.

IN.COM.PRE.EN.SÍ.VEL, *adj.*, difícil, ininteligível.

IN.COM.PRE.EN.SI.VO, *adj.*, que não é capaz de compreender; que demonstra falta de tolerância; inflexível; intolerante; rígido.

IN.COM.PRES.SÍ.VEL, *adj. 2 gên.*, que não é compressível, que não se pode comprimir; Fís., que não diminui de volume por efeito de pressão; *fig.*, que não se pode reprimir; irreprimível; incoercível.

IN.COM.PRI.MI.DO, *adj.*, livre, liberado, solto.

IN.CO.MUM, *adj.*, raro, extraordinário.

IN.CO.MU.NI.CA.BI.LI.DA.DE, *s.f.*, reclusão, retraimento, isolamento.

IN.CO.MU.NI.CÁ.VEL, *adj.*, fechado, que não se comunica.

IN.CO.MU.TÁ.VEL, *adj.*, não comutável, não perdoável.

IN.CON.CE.BÍ.VEL, *adj.*, inimaginável, impensável.

IN.CON.CES.SÍ.VEL, *adj. 2 gên.*, que não pode ou não deve ser concedido; que não é concessível; proibido; vedado.

IN.CON.CI.LI.A.ÇÃO, *s.f.*, incompatibilidade, desarmonia.

IN.CON.CI.LI.A.DO, *adj.*, que não está conciliado.

IN.CON.CI.LI.AN.TE, *adj.*, que não concilia.

IN.CON.CI.LI.Á.VEL, *adj.*, incompatível, irreconciliável.

IN.CON.CLU.DEN.TE, *adj.*, *s. 2 gên.*, que não conclui, ilógico, inconcluso.

IN.CON.CLU.SO, *adj.*, não concluso, não concluído, inacabado.

IN.CON.COR.DÁ.VEL, *adj.*, que não pode concordar ou conciliar-se.

IN.CON.CUS.SO, *adj.*, incontestável, inamovível.

IN.CON.DI.CI.O.NAL, *adj.*, sem condições, irrestrito, único.

IN.CON.DI.CI.O.NA.LIS.MO, *s.m.*, sistema de submissão incondicional a outrem.

IN.CON.DI.ZEN.TE, *adj. 2 gên.*, que não é condizente; não compatível.

IN.CO.NE.XÃO, *s.f.*, desconexão, desunião, ruptura.

IN.CO.NE.XO, *adj.*, desconectado, desunido, desligado.

IN.CON.FES.SA.DO, *adj.*, que não se confessou; inconfesso.

IN.CON.FES.SÁ.VEL, *adj.*, não confessável, não relatável.

IN.CON.FES.SO, *adj.*, não confessado, não relatado, não referido.

IN.CON.FI.Á.VEL, *adj. 2 gên.*, não confiável; em que não se pode confiar; que não é digno de confiança.

IN.CON.FI.DÊN.CIA, *s.f.*, infidelidade, revelação de algum segredo estatal, delação.

IN.CON.FI.DEN.CI.AL, *adj.*, não confidencial; que diz respeito a inconfidência.

IN.CON.FI.DEN.TE, *adj.* e *s. 2 gên.*, implicado em inconfidência, revelador de um segredo.

IN.CON.FOR.MI.DA.DE, *s.f.*, falta de conformidade, de entendimento; desacordo; divergência.

IN.CON.FOR.MA.DO, *adj.*, não conformado, insatisfeito.

IN.CON.FOR.MIS.MO, *s.m.*, disconformidade, revolta.

IN.CON.FUN.DÍ.VEL, *adj.*, que não se confunde, único, especial.

IN.CON.GE.LÁ.VEL, *adj.*, que não se pode congelar.

IN.CON.GRU.ÊN.CIA, *s.f.*, descompasso, incoerência.

IN.CON.GRU.EN.TE, *adj.*, incoerente, ilógico, estabanado.

IN.CO.NHO, *adj.*, que nasce pegado a outro, frutos pegados.

IN.CON.JU.GÁ.VEL, *adj.*, que não se consegue conjugar, não conjugável.

IN.CON.QUIS.TA.DO, *adj.*, que não foi conquistado; que não se deixou conquistar.

IN.CON.QUIS.TÁ.VEL, *adj.*, não conquistável, arredio, invencível.

IN.CONS.CI.ÊN.CIA, *s.f.*, falta de consciência, incoerência.

IN.CONS.CI.EN.CI.O.SO, *adj.*, não consciencioso, de consciência pouco delicada.

IN.CONS.CI.EN.TE, *adj.*, sem consciência, irrefletido.

IN.CON.SE.QUÊN.CIA, *s.f.*, ausência de consequências, incongruência, inconsequência.

IN.CON.SE.QUEN.TE, *adj.*, irresponsável, incongruente.

IN.CON.SI.DE.RA.DO, *adj.*, não considerado, desconsiderado.

IN.CON.SIS.TÊN.CIA, *s.f.*, falha, fraqueza, fragilidade, quebra.

IN.CON.SIS.TEN.TE, *adj.*, que não tem consistência, fraco, falho.

IN.CON.SO.LA.DO, *adj.*, que não tem consolação; angustiado.

IN.CON.SO.LA.TI.VO, *adj.*, que não consola; desconsolativo.

IN.CON.SO.LÁ.VEL, *adj.*, que não pode ser consolado; sem consolação.

IN.CON.SO.NÂN.CIA, *s.f.*, falta de consonância; dissonância.

IN.CONS.PÍ.CUO, *adj.*, que não é conspícuo; que é difícil distinguir ou notar; que não é notável; comum.

IN.CONS.TÂN.CIA, *s.f.*, falta de constância, instabilidade.

IN.CONS.TAN.TE, *adj.*, instável, volúvel.

IN.CONS.TI.TU.CI.O.NAL, *adj.*, contra a Constituição.

IN.CONS.TI.TU.CI.O.NA.LI.DA.DE, *s.f.*, ação contra a Constituição, quebra da Constituição.

IN.CON.SUL.TO, *adj.*, que não foi consultado; irrefletido.

IN.CON.SU. MÍ.VEL, *adj. 2 gên.*, que não pode ser consumido.

IN.CON.SÚ.TIL, *adj.*, que não tem costura, que é feito de uma peça única sem costura.

IN.CON.TA.MI.NA.DO, *adj.*, que não se contaminou; que não se infectou; que não se poluiu; imaculado.

IN.CON.TÁ.VEL, *adj.*, inumerável, que não se consegue contar, infinito.

IN.CON.TEN.TA.DO, *adj.*, que não se contentou; que não está contente; insatisfeito.

IN.CON.TEN.TA.MEN.TO, *s.m.*, falta de contentamento; descontentamento.

IN.CON.TEN.TÁ.VEL, *adj. 2 gên.*, que dificilmente se contenta; que está sempre insatisfeito.

IN.CON.TES.TA.BI.LI.DA.DE, *s.f.*, qualidade do que é incontestável.

IN.CON.TES.TA.DO, *adj.*, não contestado, não reclamado.

IN.CON.TES.TÁ.VEL, *adj.*, que não se pode contestar, indiscutível.

IN.CON.TES.TE, *adj.*, incontestado, não rebatido.

INCONTIDAMENTE ••• 474 ••• INCULTURA

IN.CON.TI.DA.MEN.TE, *adv.*, de modo incontido.
IN.CON.TI.DO, *adj.*, descontrolado, sem domínio pessoal.
IN.CON.TI.NÊN.CIA, *s.f.*, incapacidade de reter as excreções do organismo; intemperança, lascívia, sensualidade, desbragamento.
IN.CON.TI.NEN.TE[1], *adj.*, desregrado, que não contém, lascivo, destemperado.
IN.CON.TI.NEN.TE[2], *adv.*, imediatamente, logo, subitamente.
IN.CON.TI.NU.I.DA.DE, *s.f.*, descontinuidade, intervalo, interrupção.
IN.CON.TÍ.NUO, *adj.*, descontínuo, cortado, segmentado.
IN.CON.TÍ.VEL, *adj. 2 gên.*, que não pode ser contido.
IN.CON.TRO.LÁ.VEL, *adj.*, sem controle, indomável.
IN.CON.TRO.VER.SO, *adj.*, incontestável, irrebatível.
IN.CON.VE.NI.ÊN.CIA, *s.f.*, desrespeito, inadequação.
IN.CON.VE.NI.EN.TE, *adj.*, inoportuno, desagradável, despudorado, desrespeitoso.
IN.CON.VER.SÍ.VEL, *adj.*, que não pode ter conversão; que não se pode converter.
IN.CON.VER.SO, *adj.*, não convertido.
IN.CON.VER.TI.BI.LI.DA.DE, *s.f.*, o mesmo que inconversibilidade.
IN.CON.VER.TÍ.VEL, *adj.*, que não se pode converter, trocar, mudar ou transformar.
IN.CO.OP.TÁ.VEL, *adj. 2 gên.*, com que não se pode conviver.
IN.CO.OR.DE.NA.DO, *adj.*, que não é coordenado.
IN.COR.PO.RA.ÇÃO, *s.f.*, inclusão, admissão no exército, associação.
IN.COR.PO.RA.DO, *adj.*, que se incorporou; que foi assimilado ou admitido; *bras.*, diz-se de espírito ou entidade que incorporou.
IN.COR.PO.RA.DOR, *adj.*, que incorpora; incorporante; incorporativo; *bras.*, diz-se daquele que dirige uma incorporação imobiliária; *s.m.*, administrador de incorporação imobiliária.
IN.COR.PO.RA.DO.RA, *s.f.*, empresa que faz incorporações; empresa que constrói prédios para apartamentos de moradia.
IN.COR.PO.RAL, *adj. 2 gên.*, que não tem corpo, matéria ou forma física; incorpóreo.
IN.COR.PO.RA.LI.DA.DE, *s.f.*, característica, estado ou natureza do que é incorporal; incorporeidade.
IN.COR.PO.RAN.TE, *adj. 2 gên.*, que incorpora; incorporador; *s.f.*, sociedade que absorve outra(s) por incorporação.
IN.COR.PO.RAR, *v.t. e pron.*, aceitar em corporação, incluir, colocar no Exército, entrar no corpo de; realizar contrato para a compra de um apartamento.
IN.COR.PO.REI.DA.DE, *s.f.*, condição ou natureza do que é incorpóreo; incorporalidade.
IN.COR.PÓ.REO, *adj.*, sem corpo, imaterial.
IN.COR.RE.ÇÃO, *s.f.*, erro, falha, defeito.
IN.COR.RER, *v.t. e int.*, incluir-se, comprometer-se, sujeitar-se a.
IN.COR.RE.TO, *adj.*, errado, defeituoso, indigno.
IN.COR.RI.GÍ.VEL, *adj.*, que não se corrige.
IN.COR.RUP.TÍ.VEL, *adj.*, que não se corrompe, íntegro, puro; *var.*, incorrutível.
IN.COR.RUP.TO, *adj.*, que não foi corrompido, íntegro, sadio; *var.*, incorruto.
IN.CRE.DU.LI.DA.DE, *s.f.*, sem fé, descrença.
IN.CRÉ.DU.LO, *adj.*, que não acredita, descrente, sem fé.
IN.CRE.MEN.TA.ÇÃO, *s.f.*, ato ou efeito de incrementar (-se); incremento.

IN.CRE.MEN.TA.DO, *adj.*, incentivado, estimulado, motivado.
IN.CRE.MEN.TAR, *v.t.*, incentivar, estimular, acrescentar mais ânimo.
IN.CRE.MEN.TO, *s.m.*, aumento, desenvolvimento, acréscimo, estímulo.
IN.CRE.PA.ÇÃO, *s.f.*, ato ou efeito de increpar; censura; admoestação.
IN.CRE.PAR, *v.t.*, repreender, admoestar, reprimir.
IN.CRÉU, *adj.*, incrédulo, descrente.
IN.CRI.MI.NA.ÇÃO, *s.f.*, acusação, denúncia, julgamento.
IN.CRI.MI.NA.DO, *adj.*, acusado, denunciado, apontado.
IN.CRI.MI.NA.DOR, *adj.*, que incrimina; *s.m.*, aquele ou aquilo que incrimina.
IN.CRI.MI.NAR, *v.t.*, atribuir um crime, acusar, julgar como crime.
IN.CRI.TE.RI.O.SO, *adj.*, não criterioso, descriterioso.
IN.CRI.TI.CÁ.VEL, *adj. 2 gên.*, que não se pode ou não se deve criticar.
IN.CRÍ.VEL, *adj.*, em que não se pode crer, incomum, extraordinário.
IN.CRU.EN.TAR, *v.t.*, tornar incruento.
IN.CRU.EN.TO, *adj.*, que não sofreu derramamento de sangue.
IN.CRUS.TA.ÇÃO, *s.f.*, ação ou efeito de incrustar, aquilo que foi incrustado, engate.
IN.CRUS.TA.DO, *adj.*, embutido, engatado, engastado.
IN.CRUS.TA.DOR, *adj.*, incrustante; *s.m.*, pessoa que faz incrustações.
IN.CRUS.TAR, *v.t. e pron.*, embutir, prender em, engatar, revestir, enfeitar com incrustações.
IN.CU.BA.ÇÃO, *s.f.*, lapso de tempo entre o começo e a manifestação de uma doença.
IN.CU.BA.DO, *adj.*, que se incubou; que está em estado latente; *fig.*, germinado, gerado.
IN.CU.BA.DOR, *adj. e s.m.*, que ou o que incuba ou choca os ovos.
IN.CU.BA.DO.RA, *s.f.*, incubadeira, aparelho para recolher recém-nascidos fragilizados; aparelho para chocar ovos; *fig.*, associação para desenvolver ideias criativas.
IN.CU.BA.DEI.RA, *s.f.*, incubadora.
IN.CU.BAR, *v.t. e int.*, chocar ovos; ter uma doença em desenvolvimento; *fig.*, raciocinar.
ÍN.CU.BO, *s.m.*, demônio do sexo masculino, que entraria no sono e nos sonhos das pessoas adormecidas, a fim de provocar-lhes pesadelos.
IN.CUL.CA, *s.f.*, ato ou efeito de inculcar(-se); busca ou pesquisa minuciosa; aquilo que se propõe.
IN.CUL.CA.DOR, *adj. e s.m.*, que ou aquele que inculca.
IN.CUL.CAR, *v.t. e pron.*, expor, apontar, indicar, sugerir, persuadir.
IN.CUL.PA.BI.LI.DA.DE, *s.f.*, culpa, incriminação.
IN.CUL.PA.DO, *adj.*, acusado de culpa, incriminado.
IN.CUL.PAR, *v.t. e pron.*, acusar alguém de algo, incriminar, acusar formalmente.
IN.CUL.PÁ.VEL, *adj. 2 gên.*, que não se pode culpar.
IN.CUL.TI.VA.DO, *adj.*, inculto, devoluto, não cultivado.
IN.CUL.TI.VÁ.VEL, *adj. 2 gên.*, que não se pode ou não se deve cultivar, improdutivo.
IN.CUL.TO, *adj.*, terreno não cultivado, baldio; sem instrução, ignorante, ignaro.
IN.CUL.TU.RA, *s.f.*, falta de cultura, desconhecimento, ignorância.

IN.CUM.BÊN.CIA, *s.f.*, encargo, compromisso, tarefa, obrigação.
IN.CUM.BI.DO, *adj.*, que se incumbiu; que se encarregou de algo.
IN.CUM.BIR, *v.t.* e *pron.*, encarregar, dar como missão.
IN.CU.NÁ.BU.LO, *s.m.*, livros, brochuras, impressos dos primeiros anos de uso da impressão até 1500 d.C.
IN.CU.RÁ.VEL, *adj.*, sem cura, caso perdido.
IN.CÚ.RIA, *s.f.*, desleixo, mazela, descuido, descompromisso.
IN.CUR.SÃO, *s.f.*, invasão, ataque, investida.
IN.CUR.SO, *adj.*, enquadrado, comprometido.
IN.CU.TI.DO, *adj.*, inspirado, posto dentro, penetrado.
IN.CU.TIR, *v.t.*, colocar dentro, fazer penetrar, inspirar.
IN.DA, *adv.*, ainda.
IN.DA.GA.ÇÃO, *s.f.*, pergunta, questionamento.
IN.DA.GA.DO, *adj.*, perguntado, questionado, solicitado.
IN.DA.GA.DOR, *adj.* e *s.m.*, perguntador, investigador, inquisidor.
IN.DA.GAR, *v.t.* e *int.*, perguntar, investigar, pesquisar.
IN.DAI.Á, *s.f.*, certa palmeira dos terrenos palustres, que produz um coco maior e alongado.
IN.DÉ.BI.TO, *adj.*, indevido, não merecido, imerecido.
IN.DE.CÊN.CIA, *s.f.*, imoralidade, falta de decoro, despudor.
IN.DE.CEN.TE, *adj.*, indecoroso, despudorado, imoral.
IN.DE.CI.DÍ.VEL, *adj. 2 gên.*, que não se pode decidir.
IN.DE.CI.FRA.DO, *adj.*, que não foi decifrado.
IN.DE.CI.FRÁ.VEL, *adj.*, ilegível, que não se consegue decifrar, codificado.
IN.DE.CI.SÃO, *s.f.*, hesitação, titubeação, não saber o que fazer.
IN.DE.CI.SO, *adj.*, hesitante, vacilante.
IN.DE.CLA.RÁ.VEL, *adj.*, indizível, incontável.
IN.DE.CLI.NÁ.VEL, *adj.*, que não se declina, irrecusável; na Gramática, palavra invariável.
IN.DE.COM.PO.NÍ.VEL, *adj. 2 gên.*, que não se pode decompor.
IN.DE.CO.RO, *s.m.*, falta de decoro; indecência; ação indecorosa.
IN.DE.CO.RO.SO, *adj.*, despudorado, imoral, obsceno.
IN.DE.FEC.TÍ.VEL, *adj.*, que não falta, infalível, certeiro.
IN.DE.FEN.SÁ.VEL, *adj.*, que não tem defesa, indefeso.
IN.DE.FEN.SO, *adj.*, ver indefeso.
IN.DE.FE.RI.DO, *adj.*, não deferido, vetado, proibido, negado.
IN.DE.FE.RI.MEN.TO, *s.m.*, ato ou efeito de indeferir, de não atender (a pedido, queixa, etc.); Jur., despacho que não atende o que foi requerido.
IN.DE.FE.RIR, *v.t.*, negar, vetar, proibir.
IN.DE.FE.RÍ.VEL, *adj. 2 gên.*, que não se pode deferir, autorizar.
IN.DE.FE.SO, *adj.*, inerme, frágil, desarmado.
IN.DE.FI.CI.ÊN.CIA, *s.f.*, qualidade do que não é deficiente.
IN.DE.FI.CI.EN.TE, *adj. 2 gên.*, não deficiente; bastante.
IN.DE.FI.NI.BI.LI.DA.DE, *s.f.*, qualidade do que é indefinível.
IN.DE.FI.NI.ÇÃO, *s.f.*, falta de determinação, indecisão.
IN.DE.FI.NI.DO, *adj.*, incerto, vago.
IN.DE.FI.NÍ.VEL, *adj.*, inexprimível, que não se consegue definir.
IN.DE.LE.BI.LI.DA.DE, *s.f.*, caráter ou qualidade de indelével.
IN.DE.LÉ.VEL, *adj.*, eterno, que não desaparece.
IN.DE.LI.BE.RA.ÇÃO, *s.f.*, falta de deliberação, irresolução, hesitação no que se há de fazer; inação.
IN.DE.LI.CA.DE.ZA, *s.f.*, grosseria, falta de polidez.
IN.DE.LI.CA.DO, *adj.*, grosseiro, mal-educado.

IN.DE.MIS.SÍ.VEL, *adj. 2 gên.*, que não se pode demitir.
IN.DE.MONS.TRÁ.VEL, *adj. 2 gên.*, que não se pode demonstrar.
IN.DE.NE, *adj.*, ileso, que não teve prejuízo, dano.
IN.DE.NI.ZA.ÇÃO, *s.f.*, pagamento por danos morais ou físicos.
IN.DE.NI.ZA.DO, *adj.*, pago, ressarcido, compensado.
IN.DE.NI.ZA.DOR, *adj.* e *s.m.*, que(m) paga, ressarcidor, pagador.
IN.DE.NI.ZAN.TE, *adj. 2 gên.*, que indeniza (parte indenizante); *s.m.*, aquele que indeniza.
IN.DE.NI.ZAR, *v.t.* e *pron.*, pagar indenização, compensar danos.
IN.DE.NI.ZA.TÓ.RIO, *adj.*, que diz respeito a, que envolve indenização.
IN.DE.NI.ZÁ.VEL, *adj. 2 gên.*, que pode ou deve ser indenizado; reparável.
IN.DE.PEN.DÊN.CIA, *s.f.*, liberdade, autonomia.
IN.DE.PEN.DEN.TE, *adj.*, livre, liberado.
IN.DE.PEN.DEN.TIS.MO, *s.m.*, qualidade de independente (em política, literatura, arte, etc.).
IN.DE.PEN.DEN.TI.ZAR, *v.t.* e *pron.*, *neol.*, p.us., tornar(-se) independente.
IN.DE.PEN.DER, *v.t.*, não depender de, ser independente, liberar-se.
IN.DES.COR.TI.NÁ.VEL, *adj.*, que não se pode descortinar.
IN.DES.CRI.TÍ.VEL, *adj.*, que é impossível descrever, fantástico.
IN.DES.CUL.PÁ.VEL, *adj.*, que não se pode desculpar, que não merece desculpa.
IN.DE.SE.JA.DO, *adj.*, detestado, aborrecido, abominado.
IN.DE.SE.JÁ.VEL, *adj.*, detestado, não desejado.
IN.DES.TRU.TÍ.VEL, *adj.*, que não se pode destruir, incólume.
IN.DE.TER.MI.NA.ÇÃO, *s.f.*, indefinição, hesitação, dúvida.
IN.DE.TER.MI.NA.DO, *adj.*, incerto, duvidoso, vago.
IN.DE.TER.MI.NAR, *v.t.* e *pron.*, indefinir, deixar incerto.
IN.DE.TER.MI.NÁ.VEL, *adj. 2 gên.*, diz-se de que' não é determinável; indefinível.
IN.DE.VAS.SÁ.VEL, *adj.*, que se consegue devassar, impenetrável.
IN.DE.VI.DO, *adj.*, impróprio, incorreto.
ÍN.DEX, *s.m.*, índice, rol de títulos de livros que eram proibidos para leitura dos católicos.
IN.DE.XA.ÇÃO, *s.f.*, ação ou efeito de indexar; reajuste automático, de acordo com parecer, para todos os preços, salários e juros, sempre que houver aumento de um deles.
IN.DE.XA.DO, *adj.*, que se indexou; Econ., cuja correção é feita de acordo com um índice financeiro.
IN.DE.XA.DOR, *s.m.*, índice econômico para promover o reajuste de todos os preços.
IN.DE.XAR, *v.t.*, ajustar os preços de acordo com a tabela, corrigir os valores da tabela.
IN.DI.A.NIS.MO, *s.m.*, escola literária do Romantismo, que abordou costumes e fatos dos indígenas; expressões e hábitos dos índios, tendo na poesia Gonçalves Dias, e na prosa, José de Alencar.
IN.DI.A.NIS.TA, *s. 2 gên.*, estudioso e especialista em indianismo.
IN.DI.A.NO, *adj.*, próprio da Índia, habitante ou natural desse país.
IN.DI.CA.ÇÃO, *s.f.*, designação, ideia.
IN.DI.CA.DO, *adj.*, que recebeu indicação; designado;

adequado; mostrado.
IN.DI.CA.DOR, *s.m.*, quem indica, que(m) aponta, norteador.
IN.DI.CAR, *v.t.*, mostrar, apontar, aconselhar.
IN.DI.CA.TI.VO, *adj.*, que indica; *s.m.*, sinal; modo de verbo em que se indica um fato real e positivo.
ÍN.DI.CE, *s.m.*, sumário, página no início ou no final dos livros, indicando o nome do capítulo e a respectiva página em que está localizado.
IN.DI.CI.A.DO, *adj. e s.m.*, aquele que é notificado pela polícia para esclarecer os fatos que o apontam como infrator.
IN.DI.CI.AR, *v.t.*, denunciar, acusar, impor um inquérito.
IN.DÍ.CIO, *s.m.*, vestígio, pegada, sinal.
IN.DI.FE.REN.ÇA, *s.f.*, frieza, passividade, desatenção.
IN.DI.FE.REN.TE, *adj.*, apático, neutro, frio.
IN.DI.FE.REN.TIS.MO, *s.m.*, estado de indiferença.
IN.DÍ.GE.NA, *s. 2 gên.*, autóctone, nativo, quem se origina do país em que vive; *fig.*, bugre, índio.
IN.DI.GÊN.CIA, *s.f.*, miséria, pobreza, carência de coisas materiais.
IN.DI.GE.NIS.TA, *adj. 2 gên.*, relativo ao indigenismo; *s. 2 gên.*, *bras.*, especialista no estudo de índios.
IN.DI.GEN.TE, *adj.*, pobre, miserável, paupérrimo.
IN.DI.GE.RÍ.VEL, *adj. 2 gên.*, que não se pode digerir, ou que é de difícil digestão.
IN.DI.GES.TÃO, *s.f.*, congestão, perturbação estomacal, problemas estomacais.
IN.DI.GES.TO, *adj.*, que não se digere, digestão difícil.
IN.DI.GI.TA.DO, *adj.*, indiciado, indicado, apontado.
IN.DI.GI.TAR, *v.t.*, apontar, direcionar, acusar, propor, mostrar com o dedo.
IN.DIG.NA.ÇÃO, *s.f.*, cólera, raiva, fúria.
IN.DIG.NA.DO, *adj.*, que se indignou a, ou que revela indignação; revoltado.
IN.DIG.NAR, *v.t. e pron.*, enraivecer, indispor, tornar raivoso, irar, irritar.
IN.DIG.NI.DA.DE, *s.f.*, vileza, imoralidade, aviltamento.
IN.DIG.NO, *adj.*, imoral, vil.
ÍN.DI.GO, *adj.*, *s.m.*, corante para obter a cor azul em um tecido; cor de anil, cor azul.
ÍN.DIO, *adj. e s.m.*, indígena, autóctone, primeiro habitante da América.
IN.DI.RE.TA, *s.f.*, alusão, ironia disfarçada, repreenda disfarçada.
IN.DI.RE.TO, *adj.*, que não vai direto, dissimulado, por vias tortas.
IN.DIS.CER.NÍ.VEL, *adj. 2 gên. e s.m.*, que ou aquilo que não se pode discernir ou distinguir.
IN.DIS.CI.PLI.NA, *s.f.*, desordem, rebeldia, anarquia.
IN.DIS.CI.PLI.NA.DO, *adj.*, rebelde, desobediente, baderneiro.
IN.DIS.CI.PLI.NAR, *adj. 2 gên.*, em que ocorre ou que revela indisciplina.
IN.DIS.CI.PLI.NÁ.VEL, *adj. 2 gên.*, diz-se de que ou quem não é disciplinável; difícil de disciplinar.
IN.DIS.CRE.TO, *adj.*, desrespeitador, intrometido, curioso, bisbilhoteiro, fofoqueiro.
IN.DIS.CRI.ÇÃO, *s.f.*, desrespeito, intromissão, curiosidade doentia, fofoca.
IN.DIS.CRI.MI.NA.ÇÃO, *s.f.*, falta de discriminação; indistinção.
IN.DIS.CRI.MI.NA.DO, *adj.*, não discriminado, respeitado, aceito.
IN.DIS.CRI.MI.NÁ.VEL, *adj. 2 gên.*, que não se pode discriminar; indiscernível.
IN.DIS.CU.TI.BI.LI.DA.DE, *s.f.*, qualidade do que é indiscutível.
IN.DIS.CU.TI.DO, *adj.*, não discutido.
IN.DIS.CU.TÍ.VEL, *adj.*, que não precisa de discussão, definido, certo, definitivo.
IN.DIS.FAR.ÇA.DO, *adj.*, que não se pode disfarçar, esconder ou dissimular.
IN.DIS.FAR.ÇÁ.VEL, *adj.*, evidente, visível, nítido.
IN.DIS.PEN.SÁ.VEL, *adj.*, imprescindível, essencial.
IN.DIS.PO.NI.BI.LI.DA.DE, *s.f.*, característica de indisponível.
IN.DIS.PO.NÍ.VEL, *adj.*, restrito, inalienável, intransferível, de que não se pode dispor.
IN.DIS.POR, *v.t. e pron.*, alterar a ordem, desordenar, colocar contra, contrariar.
IN.DIS.PO.SI.ÇÃO, *s.f.*, pequeno mal-estar, discussão, pendência.
IN.DIS.POS.TO, *adj.*, doente, brigado, malquisto.
IN.DIS.PU.TÁ.VEL, *adj.*, indiscutível, definido, consumado.
IN.DIS.SI.MU.LÁ.VEL, *adj.*, que não se pode dissimular.
IN.DIS.SO.CI.Á.VEL, *adj.*, não dissociável, confirmado, ligado para sempre.
IN.DIS.SO.LU.BI.LI.DA.DE, *s.f.*, indivisibilidade, permanência.
IN.DIS.SO.LU.ÇÃO, *s.f.*, indivisibilidade, amarração, compactação.
IN.DIS.SO.LÚ.VEL, *adj. 2 gên.*, que não se dissolve ou não se desfaz; indissolvível.
IN.DIS.TIN.ÇÃO, *s.f.*, falta de distinção; confusão; indeterminação.
IN.DIS.TIN.GUÍ.VEL, *adj. 2 gên.*, que não se pode distinguir; que não se distingue; indistinto.
IN.DIS.TIN.TO, *adj.*, vago, indefinido, não claro, pouco perceptível.
IN.DI.TO.SO, *adj.*, infeliz, azarado, desafortunado, tristonho.
IN.DI.VI.DU.A.ÇÃO, *s.f.*, ato ou efeito de individuar(-se); caráter individual, particular.
IN.DI.VI.DU.A.DO, *adj.*, narrado ou exposto com detalhes; individualizado.
IN.DI.VI.DU.A.LI.ZA.DOR, *adj. e s.m.*, que ou quem narra com individuação.
IN.DI.VI.DU.AL, *adj.*, pessoal, de cada um.
IN.DI.VI.DU.A.LI.DA.DE, *s.f.*, personalidade, cada ser humano.
IN.DI.VI.DU.A.LIS.MO, *s.m.*, particularismo, isolamento, solidão.
IN.DI.VI.DU.A.LI.ZA.ÇÃO, *s.f.*, particularidade, personalização, isolamento.
IN.DI.VI.DU.A.LI.ZA.DO, *adj.*, que sofreu individualização.
IN.DI.VI.DU.A.LI.ZA.DOR, *adj. e s.m.*, que ou aquilo que individualiza; individualizante.
IN.DI.VI.DU.A.LI.ZAN.TE, *adj. 2 gên.*, individualizador.
IN.DI.VI.DU.A.LI.ZAR, *v.t. e pron.*, tornar individual, particularizar, personalizar.
IN.DI.VÍ.DUO, *s.m.*, o ser humano considerado em si; cada ser como pessoa; a unidade humana; cada espécime do gênero humano; criatura, ente, pessoa.
IN.DI.VI.SÃO, *s.f.*, ausência de divisão, qualidade do que é ou está indiviso.
IN.DI.VI.SI.BI.LI.DA.DE, *s.f.*, característica de indivisível; inseparabilidade.
IN.DI.VI.SÍ.VEL, *adj.*, que não pode ser dividido, uno.
IN.DI.VI.SO, *adj.*, não dividido, uno, partícula una.

INDIZÍVEL   INERVADO

IN.DI.ZÍ.VEL, *adj.*, que não se pode dizer, impublicável, indiscreto.
IN.DO-A.FRI.CA.NO, *adj.*, relativo a índios e africanos.
IN.DÓ.CIL, *adj.*, rebelde, indomável.
IN.DO.CI.LI.DA.DE, *s.f.*, rebeldia, indomabilidade, independência.
IN.DO-EU.RO.PEU, *adj.* e *s.m.*, povo dos primórdios da História, que teria habitado a Ásia e a Europa, e de cujo idioma surgiram todos os falados, posteriormente; esse idioma, esse povo.
ÍN.DO.LE, *s.m.*, caráter, temperamento, o modo de ser de cada um, tendência, pendor.
IN.DO.LÊN.CIA, *s.f.*, preguiça, apatia, moleza.
IN.DO.LEN.TE, *adj.*, preguiçoso, apático, relaxado, inativo.
IN.DO.LOR, *adj.*, sem dor, sem sofrimento.
IN.DO.MA.DO, *adj.*, diz-se de animal que não foi domado, domesticado; selvagem.
IN.DO.MÁ.VEL, *adj.*, rebelde, que não pode ser domado, selvagem.
IN.DO.MES.TI.CA.DO, *adj.*, não domesticado; bravio.
IN.DO.MES.TI.CÁ.VEL, *adj. 2 gên.*, que não se pode domesticar; bravio; selvagem.
IN.DO.MI.NÁ.VEL, *adj. 2 gên.*, que não se pode dominar; indomável.
IN.DÔ.MI.TO, *adj.*, xucro, não domado, indomável, selvagem.
IN.DO.NÉ.SIO, *adj.*, *s.m.*, habitante, natural ou relativo à Indonésia.
IN.DU.BI.TA.DO, *adj.*, de que não há dúvida, que não é contestado; incontestado.
IN.DU.BI.TÁ.VEL, *adj.*, certo, verdadeiro, que não pode ser posto em dúvida.
IN.DU.ÇÃO, *s.f.*, ação ou efeito de induzir, raciocínio que parte de fatos próprios para conseguir normas gerais; condução para dentro, persuasão.
IN.DÚC.TIL, *adj.*, não distensível, não esticável, duro, reteso.
IN.DUC.TI.LI.DA.DE, *s.f.*, falta de ductilidade, qualidade do que é indúctil; rijeza.
IN.DUL.GÊN.CIA, *s.f.*, tolerância, bondade, perdão, perdão de todos os pecados.
IN.DUL.GEN.CI.AR, *v.t.*, tratar com indulgência, sem severidade; perdoar, indultar.
IN.DUL.GEN.TE, *adj.*, bondoso, tolerante.
IN.DUL.TA.DO, *adj.*, perdoado, redimido.
IN.DUL.TAR, *v.t.*, perdoar ou diminuir uma pena por decreto.
IN.DUL.TO, *s.m.*, redução da pena; perdão, remissão; benefício concedido pelo presidente da República para o perdão de certas penas de aprisionados, libertando-os da cadeia.
IN.DU.MEN.TÁ.RIA, *s.f.*, vestuário, vestimenta, roupas.
IN.DU.MEN.TÁ.RIO, *adj.*, relativo ao vestuário ou a indumentária.
IN.DU.MEN.TO, *s.m.*, Vest., o mesmo que indumentária.
IN.DÚS.TRIA, *s.f.*, habilidade, qualificação, destreza; trabalho para produzir, por meio de técnicas e máquinas, produtos para o consumo da sociedade.
IN.DUS.TRI.AL, *adj.*, próprio da indústria; *s. 2 gên.*, quem é dono de uma indústria.
IN.DUS.TRI.A.LIS.MO, *s.m.*, ideia econômica de que as nações crescem somente por meio da indústria; construção de muitas indústrias em desfavor de outros empreendimentos.
IN.DUS.TRI.A.LI.ZA.ÇÃO, *s.f.*, ação ou efeito de industrializar(-se).
IN.DUS.TRI.A.LI.ZA.DO, *adj.*, que se industrializou a; submetido a processo de industrialização.
IN.DUS.TRI.A.LI.ZA.DOR, *adj.* e *s.m.*, que ou aquele que industrializa.
IN.DUS.TRI.A.LI.ZAN.TE, *adj. 2 gên.*, que industrializa; industrializador.
IN.DUS.TRI.A.LI.ZAR, *v.t.* e *pron.*, construir indústrias, tornar industrial, dar feição de indústria.
IN.DUS.TRI.AR, *v.t.*, dar instruções prévias a; preparar; habilitar, instruir; incitar, instigar.
IN.DUS.TRI.Á.RIO, *s.m.*, elemento que trabalha na indústria, operário.
IN.DUS.TRI.O.SO, *adj.*, aplicado, ativo, que trabalha com indústria.
IN.DU.TÂN.CIA, *s.f.*, Elet., medida da indução eletromagnética de um circuito, símb.: L.
IN.DU.TAR, *v.t.*, cobrir, revestir, encapar.
IN.DU.TI.VO, *adj.*, que induz, que age por indução, persuasivo.
IN.DU.TOR, *s.m.*, quem induz, quem persuade, quem conduz, quem convence.
IN.DU.ZI.DO, *adj.*, que se induziu; provocado; suscitado; instigado; persuadido; *s.m.*, Elet., órgão de uma máquina em que se induz uma força eletromotriz.
IN.DU.ZI.MEN.TO, *s.m.*, persuasão, convencimento, inspiração.
IN.DU.ZIR, *v.t.*, persuadir, convencer, aconselhar, inspirar.
I.NE.BRI.AN.TE, *adj. 2 gên.*, que inebria; que entontece; embriagador; *fig.*, enlevo, êxtase.
I.NE.BRI.AR, *v.t.* e *pron.*, encantar, embebedar, deliciar.
I.NÉ.DIA, *s.f.*, abstinência total de alimentação.
I.NE.DI.TIS.MO, *s.m.*; característica de inédito; originalidade.
I.NÉ.DI.TO, *adj.*, que ainda não foi publicado; incomum, original.
I.NE.FÁ.VEL, *adj.*, inebriante, delicioso, fascinante, encantador.
I.NE.FI.CÁ.CIA, *s.f.*, ineficiência, inutilidade.
I.NE.FI.CAZ, *adj.*, inoperante, sem valor.
I.NE.FI.CI.ÊN.CIA, *s.f.*, ineficácia, inoperância.
I.NE.FI.CI.EN.TE, *adj. 2 gên.*, que não é eficiente; incompetente, inábil.
I.NE.GÁ.VEL, *adj.*, que não se pode negar; evidente, óbvio.
I.NE.GO.CI.Á.VEL, *adj.*, que não se pode negociar.
I.NE.LE.GAN.TE, *adj.*, que não é elegante, deselegante, desairoso.
I.NE.LE.GÍ.VEL, *adj.*, que não pode se eleger, privado, por força de lei, da eleição.
I.NE.LU.TÁ.VEL, *adj.*, que não admite luta, imbatível.
I.NE.NAR.RÁ.VEL, *adj.*, que não se pode contar, inarrável, incontável.
I.NÉP.CIA, *s.f.*, inaptidão, incapacidade, inabilidade.
I.NEP.TI.DÃO, *s.f.*, incapacidade.
I.NEP.TO, *adj.*, incapaz, inapto, inábil.
I.NE.QUA.ÇÃO, *s.f.*, desigualdade matemática.
I.NE.QUÍ.VO.CO, *adj.*, evidente, incontestável, claro.
I.NÉR.CIA, *s.f.*, falta de atividade, corpo fixo num ponto.
I.NE.RÊN.CIA, *s.f.*, ligação, coligação, convivência.
I.NE.REN.TE, *adj.*, próprio, imanente, congênito.
I.NER.ME, *adj.*, desarmado, desprotegido.
I.NER.TE, *adj.*, parado, sem movimentos, inativo.
I.NER.VA.ÇÃO, *s.f.*, Anat., distribuição dos nervos e suas ramificações no organismo; processo de transmitir estímulos nervosos a um órgão.
I.NER.VA.DO, *adj.*, que foi provido de nervos e de suas

INERVAR

ramificações.
I.NER.VAR, *v.t.*, dar nervos, dotar de nervos.
I.NES.CRU.PU.LO.SI.DA.DE, *s.f.*, qualidade de inescrupuloso, falta de escrúpulos.
I.NES.CRU.PU.LO.SO, *adj.*, que não tem escrúpulos.
I.NES.CRU.TÁ.VEL, *adj.*, insondável, misterioso.
I.NES.CU.SÁ.VEL, *adj. 2 gên.*, que não se pode desculpar; imperdoável; indesculpável.
I.NES.GO.TÁ.VEL, *adj.*, que não se esgota nunca; generoso, abundante.
I.NES.PE.RA.DO, *adj.*, imprevisto, súbito, repentino.
I.NES.QUE.CÍ.VEL, *adj.*, inolvidável, que não se esquece, rememorável.
I.NES.SEN.CI.AL, *adj. 2 gên.*, que não é essencial.
I.NES.TI.MÁ.VEL, *adj.*, inavaliável, que tem um alto valor.
I.NE.VI.TA.BI.LI.DA.DE, *s.f.*, característica ou qualidade de inevitável; infalibilidade.
I.NE.VI.TÁ.VEL, *adj.*, que não se pode evitar, fatal, determinado.
I.NE.XA.TI.DÃO, *s.f.*, falha, deficiência, falta de exatidão, erro.
I.NE.XA.TO, *adj.*, incorreto, falho, errado.
I.NE.XAU.RÍ.VEL, *adj.*, inesgotável, permanente, perene.
I.NE.XCE.DÍ.VEL, *adj.*, insuperável, invencível.
I.NE.XE.CU.TÁ.VEL, *adj. 2 gên.*, que não se pode executar; inexequível.
I.NE.XE.QUÍ.VEL, *adj.*, inviável, que não se pode fazer, infactível.
I.NE.XIS.TÊN.CIA, *s.f.*, não existência, carência, ausência.
I.NE.XIS.TEN.TE, *adj.*, não existente, carente, sumido, ausente.
I.NE.XIS.TIR, *v.int.*, não existir; não haver.
I.NE.XO.RA.BI.LI.DA.DE, *s.f.*, qualidade ou estado de inexorável; inflexibilidade.
I.NE.XO.RÁ.VEL, *adj.*, implacável, determinado, definitivo, austero, inabalável.
I.NEX.PE.RI.ÊN.CIA, *s.f.*, falta de experiência, incapacidade.
I.NEX.PE.RI.EN.TE, *adj.*, ingênuo, sem experiência, despreparado.
I.NEX.PI.A.DO, *adj.*, que não sofreu expiação.
I.NEX.PI.Á.VEL, *adj.*, que não se pode expiar, que não admite expiação.
I.NEX.PLI.CÁ.VEL, *adj.*, de difícil compreensão, estranho, enigmático.
I.NEX.PLO.RA.DO, *adj.*, que não foi explorado, virgem.
I.NEX.PLO.RÁ.VEL, *adj. 2 gên.*, que não pode ser explorado.
I.NEX.PRES.SÁ.VEL, *adj.*, o mesmo que inexprimível.
I.NEX.PRES.SI.VO, *adj.*, que não tem expressão, não expressivo, que mal aparece.
I.NEX.PRI.MÍ.VEL, *adj.*, indizível, impronunciável; maravilhoso, fascinante, delicioso.
I.NEX.PUG.NÁ.VEL, *adj.*, inconquistável, que não se pode expugnar.
I.NEX.TEN.SÍ.VEL, *adj. 2 gên.*, que não é extensível; *fig.*, que não abrange a certa situação, hipótese, etc.
I.NEX.TEN.SO, *adj.*, que não está estendido.
I.NEX.TER.MI.NÁ.VEL, *adj.*, que não se pode exterminar ou destruir totalmente.
I.NEX.TIN.GUI.BI.LI.DA.DE, *s.f.*, qualidade do que é inextinguível.
I.NEX.TIN.GUÍ.VEL, *adj.*, que não se consegue extinguir, interminável, infinito.

INFECTOLOGISTA

I.NEX.TIN.TO, *adj.*, não extinto, existente, subsistente.
I.NEX.TIR.PÁ.VEL, *adj.*, não extirpável, arraigado, infectado.
I.NEX.TRI.CÁ.VEL, *adj.*, que não se pode desatar; emaranhado, embaraçado; enredado.
IN.FA.LI.BI.LI.DA.DE, *s.f.*, acerto completo, dogma, qualidade de quem não se engana.
IN.FA.LÍ.VEL, *adj.*, que não pode falhar, que não erra, dogmático.
IN.FA.MA.ÇÃO, *s.f.*, difamação, calúnia.
IN.FA.MA.DO, *adj.*, tornado infame, desonrado; desacreditado.
IN.FA.MA.DOR, *adj.* e *s.m.*, que ou o que infama.
IN.FA.MAN.TE, *adj. 2 gên.*, que infama; infamatório.
IN.FA.MAR, *v.t.* e *int.*, difamar, falar mal de, tornar infame.
IN.FA.MA.TÓ.RIO, *adj.*, que infama, tira a fama ou o crédito; infamante; infamador.
IN.FA.ME, *adj.*, vil, abjeto, desprezível, indigno, detestável.
IN.FÁ.MIA, *s.f.*, maldade, desonra, calúnia, ultraje.
IN.FÂN.CIA, *s.f.*, período da vida que, legalmente, vai de 0 a 12 anos; criancice, infantilismo, infantilidade.
IN.FAN.TA, *s.f.*, forma feminina de infante.
IN.FAN.TA.RI.A, *s.f.*, ala do exército, cujos soldados combatem a pé.
IN.FAN.TE, *adj.*, criança que está na infância, ser novo.
IN.FAN.TI.CI.DA, *s. 2 gên.*, quem assassina uma criança.
IN.FAN.TI.CÍ.DIO, *s.m.*, assassinato de uma criança.
IN.FAN.TIL, *adj.*, relativo à criança, ao infante; pueril, inocente.
IN.FAN.TI.LI.DA.DE, *s.f.*, criancice.
IN.FAN.TI.LIS.MO, *s.m.*, predominância do caráter infantil em tipo adulto.
IN.FAN.TI.LI.ZA.ÇÃO, *s.f.*, ação ou resultado de infantilizar(-se), tornar(-se) infantil.
IN.FAN.TI.LI.ZA.DO, *adj.*, que se infantilizou, que se tornou infantil.
IN.FAN.TI.LI.ZAR, *v.t.* e *pron.*, transformar em criança, dar maneiras de criança.
IN.FAN.TO.JU.VE.NIL, *adj.*, próprio da infância e da juventude; adolescência.
IN.FAR.TE, *s.m.*, em Medicina, infarto, ataque cardíaco.
IN.FAR.TO, *s.m.*, o mesmo que enfarte.
IN.FA.TI.GA.BI.LI.DA.DE, *s.f.*, qualidade do que é infatigável.
IN.FA.TI.GÁ.VEL, *adj.*, incansável, zeloso.
IN.FAUS.TO, *adj.*, desditoso, infeliz, funesto.
IN.FEC.ÇÃO, *s.f.*, ato ou efeito de infeccionar, surgimento de ferida; var., infeção.
IN.FEC.CI.O.NA.DO, *adj.*, contaminado; tornado insalubre, pestilento; infecionado; contagiado.
IN.FEC.CI.O.NAR, *v.t.*, provocar infecção, corromper, surgir ferida, adoecer; var., infecionar.
IN.FEC.CI.O.SO, *adj.*, que provoca infecção, que faz nascer infecção; var., infecioso.
IN.FEC.TA.DO, *adj.*, infeccionado, infecto; var., infetado.
IN.FEC.TAN.TE, *adj.*, que infecciona; *fig.*, que corrompe; corruptor; var., infetante.
IN.FEC.TAR, *v.t.* e *pron.*, infeccionar, criar infecção; var., infetar.
IN.FEC.TO, *adj.*, infectado, atacado por infecção.
IN.FEC.TO.CON.TA.GI.O.SO, *adj.*, que produz infecção e se transmite por contágio.
IN.FEC.TO.LO.GI.A, *s.f.*, na Medicina, o segmento que cuida das doenças infecciosas.
IN.FEC.TO.LO.GIS.TA, *s. 2 gên.*, profissional especialista em Infectologia.

INFECTUOSO — INFLUENCIAÇÃO

IN.FEC.TU.O.SO, *adj.*, o mesmo que infeccioso.
IN.FE.CUN.DI.DA.DE, *s.f.*, esterilidade, infertilidade.
IN.FE.CUN.DO, *adj.*, estéril, improdutivo, infértil.
IN.FE.LI.CI.DA.DE, *s.f.*, tristeza, desgraça, desdita.
IN.FE.LI.CI.TAR, *v.t. e pron.*, desgraçar, trazer infelicidade; deflorar.
IN.FE.LIZ, *adj.*, desgraçado, triste, desditoso, tristonho.
IN.FEN.SO, *adj.*, hostil, contrário, inimigo, adversário.
IN.FE.RÊN.CIA, *s.f.*, ação ou efeito de inferir, indução, intromissão.
IN.FE.RI.DO, *adj.*, concluído, deduzido.
IN.FE.RI.OR, *adj.*, abaixo, mais baixo, rebaixado, degradado.
IN.FE.RI.O.RI.DA.DE, *s.f.*, baixeza, degradação, depressão.
IN.FE.RI.O.RI.ZA.ÇÃO, *s.f.*, ação ou efeito de inferiorizar(-se); diminuição; rebaixamento.
IN.FE.RI.O.RI.ZA.DO, *adj.*, que está em situação ou posição inferior.
IN.FE.RI.O.RI.ZAR, *v.t. e pron.*, rebaixar, degradar, deprimir.
IN.FE.RIR, *v.t.*, concluir, deduzir, descobrir.
IN.FER.NA.DO, *adj.*, que se infernou; que está como no inferno; aflito, torturado.
IN.FER.NAL, *adj.*, próprio do inferno; *fig.*, terrível, pavoroso, horrendo.
IN.FER.NAR, *v.t. e int.*, condenar, conduzir ao inferno; *fig.*, causar ou sentir aflição, atormentar(-se).
IN.FER.NEI.RA, *s.f.*, grande tumulto, confusão; barulheira.
IN.FER.NI.NHO, *s.m., pop.*, prostíbulo; boate, bordel, zona.
IN.FER.NI.ZA.DO, *adj.*, o mesmo que infernado.
IN.FER.NI.ZAN.TE, *adj.*, que inferniza, atormenta.
IN.FER.NI.ZAR, *v.t.*, incomodar, afligir a, perturbar; *fig.*, lograr, mentir.
IN.FER.NO, *s.m.*, local debaixo da terra, onde moram as almas dos mortos, segundo crença antiga; local para recolher os demônios e as almas pecadoras; local terrível e quente; grandes fornalhas; *fig.*, grande sofrimento, convivência com tipos satânicos.
ÍN.FE.RO, *adj.*, que fica abaixo, por baixo; inferior; *s.m.*, o inferno.
IN.FÉR.TIL, *adj.*, infecundo, estéril.
IN.FER.TI.LI.DA.DE, *s.f.*, qualidade do que é infértil; esterilidade.
IN.FER.TI.LI.ZAR, *v.t. e pron.*, tornar(-se) infértil; esterilizar(-se); tornar(-se) improfícuo, inútil.
IN.FES.SO, *adj.*, o mesmo que indefesso.
IN.FES.TA.ÇÃO, *s.f.*, penetração, tomada de conta, domínio de insetos.
IN.FES.TA.DO, *adj.*, cheio, destruído, completado.
IN.FES.TA.DOR, *adj. e s.m.*, que ou o que infesta.
IN.FES.TAR, *v.t.*, encher, cobrir tudo, devastar, destruir, abundar.
IN.FES.TO, *adj. e s.m.*, que ou aquilo que é nocivo, pernicioso; adverso, inimigo, hostil.
IN.FE.TAN.TE, *adj.*, o mesmo que infectante.
IN.FE.TAR, *v.t. e pron.*, o mesmo que infectar.
IN.FE.TO, *adj.*, infectado.
IN.FI.DE.LI.DA.DE, *s.f.*, traição, vilania, rompimento de um pacto.
IN.FI.EL, *adj.*, traiçoeiro, vil, traidor, desleal.
IN.FIL.TRA.ÇÃO, *s.f.*, penetração, entrada, propagação.
IN.FIL.TRA.DO, *adj.*, que se infiltrou; *s.m.*, aquele que se infiltrou.
IN.FIL.TRA.DOR, *adj.*, que infiltra; infiltrante.
IN.FIL.TRAR, *v.t. e pron.*, pôr dentro, penetrar, inserir, ensopar.
ÍN.FI.MO, *adj.*, o que está o mais embaixo de tudo; o mais inferiorizado.
IN.FIN.DÁ.VEL, *adj.*, que não pode findar, interminável.
IN.FIN.DO, *adj.*, que não tem fim; eterno; infinito; ilimitado; inesgotável, inexaurível.
IN.FI.NI.DA.DE, *s.f.*, enormidade, falta de fim, multidão.
IN.FI.NI.TÉ.SI.MA, *s.f., Mat.*, parte infinitamente pequena de algo.
IN.FI.NI.TE.SI.MAL, *adj.*, que se refere a proporções muito pequenas.
IN.FI.NI.TÉ.SI.MO, *adj.*, que é muito pequeno.
IN.FI.NI.TI.VO, *s.m.*, na Gramática, a forma nominal do verbo, terminada sempre em r.
IN.FI.NI.TO, *adj.*, que não tem fim, eterno, perene, perpétuo.
IN.FI.NI.TU.DE, *s.f.*, característica do que é infinito; infinidade.
IN.FIR.MAR, *v.t.*, tirar a força ou a autoridade de.
IN.FI.XO, *adj.*, colocação de um afixo no interior da palavra.
IN.FLA.ÇÃO, *s.f.*, quando o dinheiro perde o valor por excesso de papel-moeda; inchação, aumento de volume.
IN.FLA.CI.O.NA.DO, *adj.*, inchado, diminuído no valor.
IN.FLA.CI.O.NAR, *v.t. e int.*, aumentar, inchar, emitir muito dinheiro.
IN.FLA.CI.O.NÁ.RIO, *adj.*, próprio da inflação, promotor da inflação.
IN.FLA.CI.O.NÁ.VEL, *adj. 2 gên.*, que se pode inflacionar; passível de sofrer inflação.
IN.FLA.CI.O.NIS.TA, *adj. 2 gên.*, relativo a inflação; inflacionário; diz-se de quem é favorável à inflação; *s. 2 gên.*, aquele que é favorável à inflação.
IN.FLA.DO, *adj.*, cheio de ar, aumentado, vaidoso, soberbo.
IN.FLA.MA.ÇÃO, *s.f.*, ato ou efeito de inflamar; reação do organismo à ação de um vírus ou pancada; princípio de ferida.
IN.FLA.MA.DO, *adj.*, aceso, que está em chamas, infectado; estimulado, motivado.
IN.FLA.MA.DOR, *adj. e s.m.*, que ou o que inflama; que produz ou serve para produzir inflamação.
IN.FLA.MAR, *v.t. e pron.*, acender o fogo, criar chamas; começar uma inflamação, infectar-se.
IN.FLA.MA.TÓ.RIO, *adj.*, que inflama; relativo a inflamação; *fig.*, que exalta ou excita.
IN.FLA.MÁ.VEL, *adj.*, que se acende, que pega fogo.
IN.FLAR, *v.t., int. e pron.*, encher, aumentar o volume, enfunar, encher de ar ou gás.
IN.FLA.TI.VO, *adj.*, que tem a propriedade de inflar ou inchar.
IN.FLA.TÓ.RIO, *adj.*, que faz inflar ou inchar; inflativo.
IN.FLÁ.VEL, *adj.*, passível de encher de ar ou gás.
IN.FLE.TIR, *v.t. e int.*, inclinar(-se), dobrar(-se); infligir flexão a; modificar (a voz) para dar entonação; var., inflectir.
IN.FLE.TO, *adj.*, que se infletiu; inflexo; var., inflecto.
IN.FLE.XÃO, *s.f.*, flexão, curvatura, desvio, curva, dobradura do joelho.
IN.FLE.XI.BI.LI.DA.DE, *s.f.*, rigor, dureza, radicalismo.
IN.FLE.XÍ.VEL, *adj.*, resistente, radical, duro, implacável.
IN.FLI.GIR, *v.t.*, submeter a, aplicar, coagir a.
IN.FLO.RES.CÊN.CIA, *s.f.*, desabrochamento das flores, abertura dos botões das flores.
IN.FLU.ÊN.CIA, *s.f.*, ação de uma coisa sobre a outra; domínio; prestígio.
IN.FLU.EN.CI.A.ÇÃO, *s.f.*, ato ou efeito de influenciar(-se).

INFLUENCIADO · · 480 · · INGÊNITO

IN.FLU.EN.CI.A.DO, *adj.,* motivado, movido, persuadido.
IN.FLU.EN.CI.AR, *v.t.,* praticar influência sobre.
IN.FLU.EN.CI.Á.VEL, *adj. 2 gên.,* que se pode influenciar, que se deixa influenciar; suscetível a alguma influência.
IN.FLU.EN.TE, *adj.,* que influi, dominante.
IN.FLU.EN.ZA, *s.f.,* gripe, gripe espanhola.
IN.FLU.I.ÇÃO, *s.f.,* influência, peso, determinação.
IN.FLU.Í.DO, *adj., bras.,* entusiasmado, animado; *pop.,* namorador.
IN.FLU.IR, *v.t., int. e pron.,* manar para, deslizar, penetrar; exercer influência em.
IN.FLU.XO, *s.m.,* influência, afluência; preamar, maré cheia.
IN.FO.GRA.FI.A, *s.f.,* Jorn., informação jornalística que apresenta visual em desenhos, fotografias, gráficos, diagramas, etc.; infográfico.
IN.FO.GRÁ.FI.CO, *adj.,* Jorn., relativo a infografia; *s.m.,* utilização de recursos visuais na informação.
IN.FO.LHES.CÊN.CIA, *s.f.,* desenvolvimento de folhas vegetais; conjunto das folhas da planta.
IN.FO.MA.NÍ.A.CO, *adj.,* que tem mania de informática.
IN.FOR.MA.ÇÃO, *s.f.,* informe, transmissão de conhecimento, notícia, nota.
IN.FOR.MA.CI.O.NAL, *adj. 2 gên.,* relativo a informação.
IN.FOR.MA.DO, *adj.,* esclarecido, sabedor, que conhece os fatos.
IN.FOR.MA.DOR, *adj., s.m.,* o mesmo que informante.
IN.FOR.MAL, *adj.,* à vontade, sem normas a seguir, descontraído.
IN.FOR.MA.LI.DA.DE, *s.f.,* desprovido de formalidade.
IN.FOR.MA.LIS.MO, *s.m.,* qualidade de informal; Art. Plást., corrente abstracionista contrária às tendências geométricas.
IN.FOR.MA.LIS.TA, *adj. 2 gên.,* relativo a informalismo; *adj. 2 gên.,* Art. Plást., que é adepto do informalismo; *s. 2 gên.,* Art. Plást., adepto do informalismo.
IN.FOR.MA.LI.ZA.ÇÃO, *s.f.,* ato ou efeito de tornar informal, esp. atividade econômica.
IN.FOR.MA.LI.ZAR, *v.t.,* tornar(-se) informal.
IN.FOR.MAN.TE, *adj. e s. 2 gên.,* denunciante, que informa; alcaguete.
IN.FOR.MAR, *v.t. e int.,* passar informes, transmitir conhecimentos, inteirar, contar, referir, tornar ciente.
IN.FOR.MÁ.TI.CA, *s.f.,* estudo de tudo que se refira a computação; ciência ou técnica da informação.
IN.FOR.MÁ.TI.CO, *adj.,* relativo a informática.
IN.FOR.MA.TI.VO, *adj.,* próprio para informar, *s.m.,* jornal, semanário.
IN.FOR.MA.TI.ZA.ÇÃO, *s.f.,* computadorização, implementação de computadores para os trabalhos de uma instituição.
IN.FOR.MA.TI.ZA.DO, *adj.,* que se informatizou.
IN.FOR.MA.TI.ZAR, *v.t.,* dotar com a ajuda de computador, computadorizar.
IN.FOR.MA.TO.FO.BI.A, *s.f.,* horror ou aversão a Informática.
IN.FOR.ME, *s.m.,* notícia, informação, noticiário.
IN.FOR.TU.NA.DO, *adj.,* desditoso, infeliz, desafortunado.
IN.FOR.TU.NAR, *v.t.,* causar infortúnio ou infelicidade a.
IN.FOR.TÚ.NIO, *s.m.,* infelicidade, desgraça, desdita.
IN.FRA, prefixo de origem grega, que indica posição inferior.
IN.FRA-AS.SI.NA.DO, *s.m.,* abaixo assinado, quem assina embaixo.
IN.FRA.ÇÃO, *s.f.,* delito, violação da lei, crime.
IN.FRA.ES.CRI.TO, *adj.,* escrito abaixo ou depois daquilo de que se trata.
IN.FRA.ES.TRU.TU.RA, *s.f.,* parte inferior de uma estrutura; sistema de serviços urbanos oferecidos à população, como água, esgoto, saúde, escola, ruas e segurança.
IN.FRA.ES.TRU.TU.RAL, *adj. 2 gên.,* relativo a infraestrutura.
IN.FRA.LE.GAL, *adj. 2 gên.,* Jur., diz-se de atos ou recomendações que não estão de acordo com os dispositivos legais.
IN.FRA.LI.TO.RAL, *adj. 2 gên.,* que está situado abaixo da região dos depósitos litorâneos.
IN.FRAN.GÍ.VEL, *adj. 2 gên.,* que não se pode quebrar.
IN.FRA.OR.BI.TÁ.RIO, *adj.,* Anat., situado abaixo da órbita dos olhos; suborbitário.
IN.FRAS.SOM, *s.m.,* onda ou vibração sonora, cuja frequência está abaixo do limite audível humano.
IN.FRAS.SÔ.NI.CO, *adj.,* que ocorre em vibrações inferiores à audibilidade humana.
IN.FRA.TOR, quem pratica infração, delinquente, transgressor da lei.
IN.FRA.UM.BI.LI.CAL, *adj. 2 gên.,* Anat., situado abaixo do umbigo.
IN.FRA.VA.LEN.TE, *adj. 2 gên.,* Quím., cujo elemento químico é de valência inferior.
IN.FRA.VER.ME.LHO, *adj. e s.m.,* sistema de radiação eletromagnética, que permite tirar fotos no escuro ou divisar pessoas, mesmo na escuridão.
IN.FRE.NE, *adj. 2 gên.,* que está sem freio, desenfreado.
IN.FRE.QUEN.TA.DO, *adj.,* que não é frequentado.
IN.FRE.QUEN.TÁ.VEL, *adj. 2 gên.,* que não se pode ou não se deve frequentar.
IN.FRE.QUEN.TE, *adj. 2 gên.,* que não é frequente; pouco comum; raro.
IN.FRI.Á.VEL, *adj. 2 gên.,* não friável; que não se pode reduzir a pó.
IN.FRIN.GÊN.CIA, *s.f.,* transgressão, quebra de uma lei, infração.
IN.FRIN.GI.DO, *adj.,* que se infringiu ou transgrediu.
IN.FRIN.GIR, *v.t.,* transgredir a lei, quebrar a lei.
IN.FRIN.GÍ.VEL, *adj. 2 gên.,* que se pode infringir.
IN.FRU.TÍ.FE.RO, *adj.,* estéril, que não produz frutos.
IN.FRU.TU.O.SI.DA.DE, *s.f.,* qualidade ou estado do que é infrutuoso.
IN.FRU.TU.O.SO, *adj.,* que não dá fruto; estéril; *fig.,* sem resultado; inútil.
IN.FU.CA, *s.f., bras., pop.,* intriga, mexerico, fuxico.
IN.FUL.GEN.TE, *adj. 2 gên.,* que não fulge, que não tem brilho.
IN.FUN.DA.DO, *adj.,* improcedente, sem fundamento real.
IN.FUN.DIR, *v.t. e pron.,* derramar, incutir, impingir, fazer penetrar.
IN.FU.SÃO, *s.f.,* ação ou efeito de infundir; colocação de ervas em água, para que se soltem suas propriedades medicinais; chá.
IN.FU.SÍ.VEL, *adj.,* que não se pode fundir.
IN.FU.SO, *adj.,* derramado, esparramado, infundido.
IN.FU.SÓ.RIO, *adj. e s.m., ant.,* Zool., o mesmo que ciliado.
IN.GÁ, *s.m.,* fruto da ingazeira, que vem em uma vagem e é comestível.
IN.GA.ZEI.RA, *s.f.,* ingazeiro, árvore que produz o ingá.
IN.GA.ZEI.RO, *s.m., bras.,* Bot., nome de várias espécies de árvores do gênero Inga, da fam. das leguminosas, como, p.ex., *Inga affinis*, nativa do Brasil.
IN.GÊ.NI.TO, *adj.,* congênito, que é de nascença, genético.

IN.GEN.TE, *adj.*, imenso, enorme, desmesurado.

IN.GE.NU.I.DA.DE, *s.f.*, inocência, pureza, simplicidade.

IN.GÊ.NUO, *adj.*, inocente, puro, infantil, simples, simplório.

IN.GE.RÊN.CIA, *s.f.*, intromissão, dar opinião sem ser chamado.

IN.GE.RIR, *v.t. e pron.*, introduzir, engolir, comer; intrometer-se.

IN.GES.TÃO, *s.f.*, ato de ingerir, deglutição, ato de comer.

IN.GLÊS, *adj. e s.m.*, próprio da Inglaterra ou seu habitante; idioma do inglês.

IN.GLE.SAR, *v.t. e pron.*, dar ou tomar feição inglesa ou seus costumes.

IN.GLE.SIS.MO, *s.m.*, o mesmo que anglicismo.

IN.GLÓ.RIO, *adj.*, que não tem glória; humilde.

IN.GO.VER.NÁ.VEL, *adj.*, que não tem governo, desgovernado, anárquico.

IN.GO.VER.NO, *s.m.*, o mesmo que desgoverno.

IN.GRA.TI.DÃO, *s.f.*, ausência de gratidão, falta de reconhecimento, deslealdade.

IN.GRA.TO, *adj.*, mal-agradecido, que não reconhece os benefícios; estéril.

IN.GRE.DI.EN.TE, *s.m.*, substância, conteúdo, o que se põe dentro de algum recipiente.

ÍN.GRE.ME, *adj.*, escarpado, áspero; difícil, trabalhoso.

IN.GRES.SAR, *v.t. e int.*, adentrar, entrar, ir para dentro, começar.

IN.GRES.SO, *s.m.*, entrada, penetração, admissão, acesso; bilhete para entrar em.

ÍN.GUA, *s.f.*, entumescimento do gânglio linfático; dor na parte interna da coxa.

IN.GUI.NAL, *adj.*, relativo a íngua.

IN.GUR.GI.TA.ÇÃO, *s.f.*, ingurgitamento, inchaço.

IN.GUR.GI.TA.MEN.TO, *s.m.*, ação ou efeito de ingurgitar, intumescimento, inchação.

IN.GUR.GI.TAR, *v.t. e pron.*, entupir, obstruir, inchar.

I.NHA.CA, *s.f., pop.*, catinga, fedor.

I.NHAM.BU, *s.m.*, inambu, ave brasileira de canto estridente e assoibiado.

I.NHA.ME, *s.m.*, planta cujo tubérculo é cozido e comido na cozinha macrobiótica ou usado para alimento de suínos.

I.NI.BI.ÇÃO, *s.f.*, timidez, medo de, falta de coragem para.

I.NI.BI.DO, *adj.*, tímido, acanhado, timorato.

I.NI.BI.DOR, *adj.*, que inibe; inibitivo; *s.m.*, aquele ou aquilo que tem a capacidade de inibir.

I.NI.BIR, *v.t.*, oprimir, tolher, obrigar a, impedir.

I.NI.BI.TI.VO, *adj.*, impeditivo, inibitório, impedido.

I.NI.BI.TÓ.RIA, *s.f.*, dificuldade, empecilho, obstáculo.

I.NI.CI.A.ÇÃO, *s.f.*, início, começo, princípio, experiência, ensinamento.

I.NI.CI.A.DO, *adj.*, principiado; *s.m.*, quem começa em certas seitas ou grupos; neófito.

I.NI.CI.A.DOR, *adj. e s.m.*, que ou aquele que dá início, que começa, que principia.

I.NI.CI.AL, *adj.*, próprio do começo, do início.

I.NI.CI.A.LI.ZA.ÇÃO, *s.f.*, ação ou efeito de inicializar; Inf., procedimento destinado a fazer funcionar um sistema operacional, carregando toda a sua configuração.

I.NI.CI.A.LI.ZAR, *v.t.*, pôr em ação, movimentar, iniciar o computador e componentes.

I.NI.CI.AN.DO, *s.m.*, aquele que há de ser iniciado ou admitido (em certa ordem ou seita).

I.NI.CI.AN.TE, *s.m.*, principiante, neófito, noviço.

I.NI.CI.AR, *v.t. e pron.*, começar; dar os primeiros ensinamentos em; mostrar os ritos iniciais.

I.NI.CI.A.TI.VA, *s.f.*, tomada de posição, início, começo.

I.NI.CI.A.TÓ.RIO, *adj.*, relativo a, ou em que há iniciação; que inicia.

I.NÍ.CIO, *s.m.*, começo, princípio, abertura, estreia, iniciação.

I.NI.DÔ.NEO, *adj.*, que não é idôneo, desonesto, indecente.

I.NI.GUA.LA.DO, *adj.*, ímpar, único, extraordinário.

I.NI.GUA.LAR, *v. int.*, incomparar, tornar inigualável.

I.NI.GUA.LÁ.VEL, *adj.*, ímpar, extraordinário, sem igual.

I.NI.MA.GI.NA.TI.VO, *adj.*, que não é imaginativo.

I.NI.MA.GI.NÁ.VEL, *adj. 2 gên.*, que não se pode imaginar; impensável.

I.NI.MI.GO, *s.m.*, adversário, contrário.

I.NI.MIS.TAR, *v.t.*, (ant.) o mesmo que malquistar.

I.NI.MI.TÁ.VEL, *adj.*, que não pode ser imitado, único, ímpar.

I.NI.MI.ZA.DE, *s.f.*, adversidade, hostilidade, desamor.

I.NI.MI.ZAR, *v.t.*, causar conflito (entre amigos).

I.NIN.TE.LI.GI.BI.LI.DA.DE, *s.f.*, qualidade de ininteligível.

I.NIN.TE.LI.GÍ.VEL, *adj.*, incompreensível; confuso, difícil de entender.

I.NIN.TER.RUP.ÇÃO, *s.f.*, continuidade.

I.NIN.TER.RUP.TO, *adj.*, incessante, sem interrupção, infinito.

I.NI.QUI.DA.DE, *s.f.*, injustiça, crueldade, maldade.

I.NÍ.QUO, *adj.*, maldoso, cruel, injusto.

IN.JE.ÇÃO, *s.f.*, ação ou efeito de injetar, introdução, inserção de remédio no corpo humano, inoculação de remédio no corpo.

IN.JE.TA.DO, *adj.*, que se injetou; diz-se do afluxo do sangue (ex.: olhos injetados).

IN.JE.TAR, *v.t. e pron.*, introduzir remédio líquido em; colocar dentro.

IN.JE.TÁ.VEL, *adj.*, que se injeta.

IN.JE.TOR, *s.m.*, aparelho usado para injetar; quem injeta.

IN.JUN.ÇÃO, *s.f.*, ordem definitiva, exigência.

IN.JÚ.RIA, *s.f.*, ofensa, desaforo, agravo, agressão.

IN.JU.RI.A.DO, *adj.*, que recebeu insulto; irritado, aborrecido.

IN.JU.RI.A.DOR, *adj. e s.m.*, que ou quem injuria.

IN.JU.RI.AR, *v.t. e pron.*, ofender, agredir, difamar, vexar.

IN.JU.RI.O.SO, *adj.*, ofensivo, difamante, vexatório.

IN.JUS.TI.ÇA, *s.f.*, falta de justiça.

IN.JUS.TI.ÇA.DO, *adj., s.m.*, que sofreu injustiça, quem foi alvo de uma injustiça.

IN.JUS.TI.FI.CÁ.VEL, *adj. 2 gên.*, que não se pode justificar.

IN.JUS.TO, *adj.*, que não é justo, nocivo.

I.NO.BE.DI.ÊN.CIA, *s.f.*, falta de obediência.

I.NO.BE.DI.EN.TE, *adj.*, o mesmo que desobediente.

I.NOB.SER.VA.DO, *adj.*, que não foi visto, despercebido.

I.NOB.SER.VÂN.CIA, *s.f.*, descumprimento, falta de observância.

I.NOB.SER.VAN.TE, *adj. 2 gên.*, que não observa ou não cumpre.

I.NOB.SER.VÁ.VEL, *adj. 2 gên.*, que não se pode observar ou cumprir.

I.NO.CÊN.CIA, *s.f.*, pureza, singeleza, simplicidade.

I.NO.CEN.TA.DO, *adj.*, que é considerado inocente; declarado não culpado.

I.NO.CEN.TAR, *v.t. e pron.*, tornar inocente, lavar, tirar a culpa.

I.NO.CEN.TE, *adj.*, sem culpa, discriminado, inocentado, puro, purificado.

I.NO.CU.I.DA.DE, *s.f.*, qualidade do que é inócuo.

I.NO.CU.LA.ÇÃO, *s.f.*, ação ou resultado de inocular(-se).
I.NO.CU.LA.DO, *adj.*, injetado, penetrado, introduzido.
I.NO.CU.LAR, *v.t. e pron.*, injetar, introduzir, penetrar, colocar dentro.
I.NO.CU.LÁ.VEL, *adj. 2 gên.*, que pode ser inoculado.
I.NÓ.CUO, *adj.*, inofensivo, singelo, inerme.
I.NO.DO.RO, *adj.*, sem cheiro, sem odor.
I.NO.FEN.SI.VO, *adj.*, que não ofende, manso, pacífico.
IN.O.FI.CI.AL, *adj. 2 gên.*, que não é oficial.
I.NO.FI.CI.O.SO, *adj.*, não oficioso.
I.NOL.VI.DÁ.VEL, *adj.*, que não se olvida, inesquecível, que não se esquece.
I.NO.MI.NA.DO, *adj.*, que não tem nome, que está sem nome.
I.NO.MI.NÁ.VEL, *adj.*, que não se pode nominar, que não se deve nominar.
I.NO.PE.RÂN.CIA, *s.f.*, apatia, sem nada fazer, incompetência.
I.NO.PE.RAN.TE, *adj.*, que nada faz, incompetente, preguiçoso.
I.NO.PE.RÁ.VEL, *adj. 2 gên.*, que não se pode operar, manejar; *Med.*, que não pode ser submetido a cirurgia.
I.NÓ.PIA, *s.f.*, indigência, pobreza extrema, carência total, escassez.
I.NO.PI.NA.DO, *adj.*, inopino, súbito, inesperado, repentino, subitâneo.
I.NO.POR.TU.NO, *adj.*, que incomoda, aborrecido.
I.NOR.GÂ.NI.CO, *adj.*, que não é orgânico, que não tem órgãos.
I.NOR.GA.NI.ZA.DO, *adj.*, que não é organizado; inorgânico.
I.NOS.PI.TA.LEI.RO, *adj.*, hostil, inóspito, indesejado.
I.NOS.PI.TA.LI.DA.DE, *s.f.*, falta de hospitalidade; mau acolhimento a estrangeiros.
I.NÓS.PI.TO, *adj.*, inabitável, impróprio para se viver.
I.NO.VA.ÇÃO, *s.f.*, ação ou efeito de inovar; p.ext., aquilo que representa uma novidade.
I.NO.VAR, *v.t.*, tornar novo, renovar.
I.NOX, *adj.*, redução de inoxidável.
I.NO.XI.DÁ.VEL, *adj.*, que não se enferruja, que não sofre oxidação.
IN.QUA.LI.FI.CÁ.VEL, *adj.*, que não pode ser qualificado, abjeto, vil, baixo.
IN.QUE.BRAN.TÁ.VEL, *adj.*, que não se consegue quebrantar, inquebrável.
IN.QUÉ.RI.TO, *s.m.*, investigação, busca, diligência.
IN.QUES.TI.O.NÁ.VEL, *adj.*, incontestável, imbatível.
IN.QUI.E.TA.ÇÃO, *s.f.*, agitação, nervosismo.
IN.QUI.E.TA.DOR, *s.m.*, quem inquieta, perturbador.
IN.QUI.E.TAN.TE, *adj.*, que é inquieto, perturbante.
IN.QUI.E.TAR, *v.t. e pron.*, agitar, causar inquietação em.
IN.QUI.E.TO, *adj.*, agitado, aborrecido, nervoso.
IN.QUI.E.TU.DE, *s.f.*, inquietação, aborrecimento.
IN.QUI.LI.NA.TO, *s.m.*, situação de quem vive em imóvel alugado; duração do contrato de aluguel.
IN.QUI.LI.NO, *s.m.*, locatário, quem mora em casa alugada.
IN.QUI.NAR, *v.t.*, manchar, sujar, poluir, corromper.
IN.QUI.RI.ÇÃO, *s.f.*, perquirição, investigação, busca.
IN.QUI.RI.DO, *adj.*, perquirido, investigado.
IN.QUI.RI.DOR, *adj. e s.m.*, diz-se de ou aquele que inquire, que perquiruno interroga; inquisidor.
IN.QUI.RI.MEN.TO, *s.m.*, o mesmo que inquirição.
IN.QUI.RIR, *v.t. e int.*, perquirir, investigar, buscar informações, perguntar.

IN.QUI.SI.ÇÃO, *s.f.*, ação ou efeito de inquirir; na Idade Média, era um tribunal eclesiástico para julgar os atentados contra os dogmas e verdades da fé, impondo punições severas; *fig.*, castigo muito intenso.
IN.QUI.SI.DOR, *s.m.*, cada juiz do tribunal da Inquisição; *fig.*, tipo cruel.
IN.QUI.SI.TI.VO, *adj.*, interrogativo, pesquisador, esclarecedor.
IN.QUI.SI.TO.RI.AL, *adj.*, severo, cruel, que segue os métodos da Inquisição.
IN.SA.CI.A.BI.LI.DA.DE, *s.f.*, avidez, cobiça, cupidez.
IN.SA.CI.A.DO, *adj.*, que não está saciado.
IN.SA.CI.Á.VEL, *adj.*, ávido, sedento, cobiçoso, que não se sacia.
IN.SA.CI.E.DA.DE, *s.f.*, apetite insaciável.
IN.SA.LI.VAR, *v.t.*, impregnar de saliva (os alimentos).
IN.SA.LU.BRE, *adj.*, que não é salubre, que provoca doença.
IN.SA.LU.BRI.DA.DE, *s.f.*, falta de condições para a saúde.
IN.SAL.VÁ.VEL, *adj. 2 gên.*, que é impossível salvar.
IN.SA.NA.BI.LI.DA.DE, *s.f.*, qualidade do que é insanável.
IN.SA.NÁ.VEL, *adj.*, que não se consegue sanar, incurável.
IN.SÂ.NIA, *s.f.*, loucura, desvairismo, insanidade.
IN.SA.NI.DA.DE, *s.f.*, loucura, demência, doidice, imbecilidade.
IN.SA.NO, *adj.*, doido, louco, maluco, idiota.
IN.SA.PI.ÊN.CIA, *s.f.*, falta de sapiência, de sabedoria; ignorância; insciência.
IN.SA.PO.NI.FI.CÁ.VEL, *adj.*, que não é suscetível de saponificação.
IN.SA.TIS.FA.ÇÃO, *s.f.*, ausência de satisfação, revolta, contrariedade.
IN.SA.TIS.FA.TÓ.RIO, *adj.*, não satisfatório, decepcionante.
IN.SA.TIS.FA.ZER, *v.t.*, deixar insatisfeito; desagradar.
IN.SA.TIS.FEI.TO, *adj.*, frustrante, decepcionado.
IN.SA.TU.RA.BI.LI.DA.DE, *s.f.*, qualidade do que é insaturável.
IN.SA.TU.RÁ.VEL, *adj. 2 gên.*, Fís-quím., que não se pode saturar.
INS.CÍ.CIA, *s.f.*, ignorância; rudeza.
INS.CI.ÊN.CIA, *s.f.*, ignorância, desconhecimento, inépcia.
INS.CI.EN.TE, *adj.*, ignorante, néscio, que não sabe, inepto, inapto.
ÍNS.CIO, *adj. e s.m.*, insciente.
INS.CRE.VER, *v.t. e pron.*, registrar, colocar na lista de, nomear para.
INS.CRI.ÇÃO, *s.f.*, ato de inscrever, ato de colocar o nome em; epígrafe, letreiro.
INS.CRI.TO, *adj.*, registrado, com o nome em uma relação, anotado.
IN.SE.GU.RAN.ÇA, *s.f.*, falta de segurança, perigo.
IN.SE.GU.RO, *adj.*, instável, não seguro, perigoso.
IN.SE.MI.NA.ÇÃO, *s.f.*, ato ou efeito de inseminar, introdução do sêmen no útero, fecundação.
IN.SE.MI.NA.DO, *adj.*, fecundado, fertilizado.
IN.SE.MI.NAR, *v.t.*, fecundar artificialmente uma fêmea.
IN.SEN.SA.TEZ, *s.f.*, tolice, loucura, demência.
IN.SEN.SA.TO, *adj.*, louco, demente, doido, idiota.
IN.SEN.SI.BI.LI.DA.DE, *s.f.*, falta de sensibilidade, indiferença, desprezo.
IN.SEN.SI.BI.LI.ZA.ÇÃO, *s.f.*, ação ou efeito de insensibilizar(-se).
IN.SEN.SI.BI.LI.ZAR, *v.t. e pron.*, tornar insensível, tornar impassível.

IN.SEN.SÍ.VEL, adj., sem sensibilidade, apático.
IN.SE.PA.RA.BI.LI.DA.DE, s.f., qualidade do que é inseparável.
IN.SE.PA.RA.RÁ.VEL, adj., ligado, unido, acoplado.
IN.SE.PUL.TO, adj., não sepultado, não enterrado.
IN.SER.ÇÃO, s.f., ato de inserir, introdução.
IN.SE.RI.DO, adj., introduzido, posto dentro, adentrado, inserto.
IN.SE.RIR, v.t. e pron., colocar dentro, fazer entrar, adentrar.
IN.SER.TO, adj., inserido, introduzido, publicado.
IN.SER.VÍ.VEL, adj., que não serve, imprestável.
IN.SE.TI.CI.DA, s.m., veneno para matar insetos.
IN.SE.TI.CÍ.DIO, s.m., morte dada a um inseto.
IN.SE.TÍ.FU.GO, adj., que afugenta insetos.
IN.SE.TÍ.VO.RO, adj. e s.m., que se alimenta de insetos, comedor de insetos.
IN.SE.TO, s.m., animal invertebrado de seis patas, com asas, antenas e de pequeno tamanho; fig., indivíduo sem a mínima importância.
IN.SE.TO.LO.GI.A, s.f., o mesmo que entomologia.
IN.SE.TO.LÓ.GI.CO, adj., relativo a insetologia.
IN.SE.TO.LO.GIS.TA, s. 2 gên., o mesmo que entomologista.
IN.SÍ.DIA, s.f., cilada, emboscada, traição, armadilha, vileza.
IN.SI.DI.A.DOR, adj. e s.m., que, ou o que arma insídias.
IN.SI.DI.AR, v.t., enganar, lograr, ludibriar, corromper, trair.
IN.SI.DI.O.SO, adj., traiçoeiro, vil, desprezível.
IN.SIG.NE, adj., famoso, ilustre, notável, honrado.
IN.SÍG.NIA, s.f., bandeira, sinal, emblema.
IN.SIG.NI.FI.CÂN.CIA, s.f., ninharia, nonada, bagatela.
IN.SIG.NI.FI.CAN.TE, adj., sem valor, sem importância.
IN.SIG.NI.FI.CA.TI.VO, adj., que não tem significação; termo insignificativo.
IN.SIN.CE.RI.DA.DE, s.f., qualidade de quem não é sincero, de quem finge ou simula; s.f., falta de sinceridade, de franqueza; falsidade; hipocrisia.
IN.SIN.CE.RO, adj., falso, traidor, mentiroso.
IN.SI.NU.A.ÇÃO, s.f., ato de insinuar, atribuição de algo a; indireta, referência, alusão.
IN.SI.NU.A.DO, adj., que se insinuou; sugerido.
IN.SI.NU.A.DOR, adj., que se insinua; insinuante; insinuativo; s.m., aquele que se insinu.
IN.SI.NU.AN.TE, adj., que insinua, que atrai, que seduz, persuasivo.
IN.SI.NU.AR, v.t. e pron., deixar perceber algo mais, falar de modo indireto.
IN.SI.PI.DEZ, s.f., destempero, incondimentação.
IN.SÍ.PI.DO, adj., sem sabor, sem gosto, insosso.
IN.SI.PI.ÊN.CIA, s.f., ignorância, desconhecimento, insensatez, doidice.
IN.SI.PI.EN.TE, adj. 2 gên., que nada sabe; tolo, néscio, simplório (confrontar: incipiente).
IN.SIS.TÊN.CIA, s.f., teimosia, repetição contínua de algo, continuidade.
IN.SIS.TEN.TE, adj., obstinado, perturbador, aborrecido, fastidioso.
IN.SIS.TIR, v.t. e int., persistir, teimar, continuar, manter-se.
IN.SO.CI.A.BI.LI.DA.DE, s.f., qualidade ou característica de quem é insociável; falta de sociabilidade; misantropia.
IN.SO.CI.AL, adj., que não é social; dissocial.
IN.SO.CI.Á.VEL, adj., não sociável.
IN.SO.FIS.MÁ.VEL, adj., correto, que não pode ser distorcido, que não se pode sofismar.

IN.SO.FRI.DO, adj., que não sofre, não sofredor, impassível.
IN.SO.FRÍ.VEL, adj. 2 gên., insuportável; intolerável; intragável; impalatável.
IN.SO.LA.ÇÃO, s.f., tempo de sol direto e forte nas pessoas; distúrbio sério provocado em quem se expõe demasiadamente aos raios solares.
IN.SO.LÊN.CIA, s.f., atrevimento, desrespeito, desacato.
IN.SO.LEN.TE, adj., desaforado, deseducado, malcriado.
IN.SÓ.LI.TO, adj., raro, incomum, inesperado.
IN.SO.LU.BI.LI.DA.DE, s.f., qualidade ou característica do que é insolúvel.
IN.SO.LÚ.VEL, adj., de solvência difícil, complicado, problemático.
IN.SOL.VÊN.CIA, s.f., bancarrota, falência, quebradeira.
IN.SOL.VEN.TE, adj. e s. 2 gên., pessoa física que não consegue pagar tudo o que deve.
IN.SO.LÚ.VEL, adj. 2 gên., que não se dissolve; indissolúvel; fig., que não tem solução; impagável.
IN.SON.DA.DO, adj., que não foi sondado ainda; fig., que não pôde ser estudado ou conhecido.
IN.SON.DÁ.VEL, adj., inatingível, inexplicável, intrincado.
IN.SO.NE, adj., que sofre de insônia, que não dorme.
IN.SÔ.NIA, s.f., falta de sono; quando não se consegue dormir.
IN.SO.NO.RO, adj., que não produz som; mudo; que emite sons pouco distintos; desarmonioso.
IN.SO.PI.TÁ.VEL, adj., irreprimível, indomável, incontrolável.
IN.SOS.SO, adj., sem sal, com pouco sal, de gosto ruim.
INS.PE.ÇÃO, s.f., ato de inspecionar, exame, fiscalização, investigação.
INS.PE.CI.O.NA.DO, adj., que se inspecionou; examinado.
INS.PE.CI.O.NAR, v.t., examinar, revisar, analisar.
INS.PE.TOR, s.m., quem inspeciona; fiscal, vigilante.
INS.PE.TO.RIA, s.f., cargo ou região de mando de um inspetor.
INS.PI.RA.ÇÃO, s.f., ação ou efeito de inspirar; facilidade poética de escrever.
INS.PI.RA.DO, adj., que se introduziu nos pulmões (ar, fumaça, etc.).
INS.PI.RAR, v.t., puxar o ar para os pulmões, ter facilidade para compor versos.
INS.PI.RA.TÓ.RIO, adj., relativo a inspiração; que é próprio para inspirar; que conduz o ar aos pulmões.
INS.TA.BI.LI.DA.DE, s.f., insegurança, variação no modo de ser.
INS.TA.DO, adj., requisitado com instâncias; solicitado; rogado.
INS.TA.LA.ÇÃO, s.f., colocação de peças e mecanismos; arrumação.
INS.TA.LA.ÇÕES, s.f., pl., conjunto de salas, lojas ou estruturas preparado para determinada atividade.
INS.TA.LA.DO, adj., que se instalou a.
INS.TA.LA.DOR, adj. e s.m., que ou aquele que instala alguma coisa.
INS.TA.LAR, v.t. e pron., colocar em ordem, organizar, preparar.
INS.TÂN.CIA, s.f., ato de solicitar, pedido; os vários graus dos foruns na justiça comum.
INS.TAN.TA.NEI.DA.DE, s.f., momentaneidade, precisão.
INS.TAN.TÂ.NEO, adj., repentino, súbito, momentâneo.
INS.TAN.TE, s.m., momento, ocasião, átimo.
INS.TAR, v.t. e int., insistir, pedir, solicitar.
INS.TAU.RA.ÇÃO, s.f., abertura, iniciação, constituição.
INS.TAU.RA.DO, adj., que se instaurou; aberto.
INS.TAU.RA.DOR, adj. e s.m., que ou aquele que instaura,

estabelece, funda.
INS.TAU.RAR, *v.t.*, alicerçar, abrir, iniciar, constituir.
INS.TÁ.VEL, *adj.*, inseguro, desequilibrado, volúvel.
INS.TI.GA.ÇÃO, *s.f.*, estímulo, atiçamento, provocação.
INS.TI.GA.DO, *adj.*, que se instigou; que é estimulado, incentivado.
INS.TI.GA.DOR, *adj. e s.m.*, que ou aquele que instiga; instigante.
INS.TI.GAN.TE, *adj. e s.m.*, que, aquele ou aquilo que instiga; instigador.
INS.TI.GAR, *v.t.*, estimular, atiçar, provocar.
INS.TI.LA.ÇÃO, *s.f.*, ação ou efeito de instilar(-se); *fig.*, persuasão, insinuação.
INS.TI.LA.DO, *adj.*, inoculado, injetado, persuadido, envenenado.
INS.TI.LAR, *v.t.*, inocular, injetar, colocar dentro, insinuar, envenenar, persuadir.
INS.TIN.TI.VO, *adj.*, natural, espontâneo, próprio, original.
INS.TIN.TO, *s.m.*, tendência inata, inclinação natural.
INS.TI.TU.CI.O.NAL, *adj.*, referente a uma instituição.
INS.TI.TU.CI.O.NA.LI.DA.DE, *s.f.*, qualidade ou caráter de institucional.
INS.TI.TU.CI.O.NA.LIS.MO, *s.m.*, Jur. Pol., doutrina que defende a inviolabilidade das instituições organizadas.
INS.TI.TU.CI.O.NA.LI.ZA.ÇÃO, *s.f.*, ação ou resultado de institucionalizar(-se), de passar a ser ou transformar-se em instituição.
INS.TI.TU.CI.O.NA.LI.ZA.DO, *adj.*, que se tornou institucional; que adquiriu o caráter de instituição.
INS.TI.TU.CI.O.NA.LI.ZAR, *v.t.*, tornar institucional.
INS.TI.TU.I.ÇÃO, *s.f.*, ato ou efeito de instituir; estabelecimento; instituto, fundação.
INS.TI.TU.Í.DO, *adj.*, que se instituiu.
INS.TI.TU.I.DOR, *adj. e s.m.*, que ou aquele que institui, que estabelece.
INS.TI.TU.IR, *v.t.*, fundar, constituir, começar, designar.
INS.TI.TU.TO, *s.m.*, instituição, organismo feito para um objetivo preestabelecido, norma, organismo.
INS.TRU.ÇÃO, *s.f.*, conhecimento, educação, saber, aquisição de conhecimento, cultura; o conhecimento construído nas escolas e nas vivências diárias.
INS.TRU.Í.DO, *adj.*, culto, formado, qualificado.
INS.TRU.IR, *v.t. e pron.*, dar informação, informar, esclarecer, ensinar.
INS.TRU.MEN.TA.ÇÃO, *s.f.*, habilidade de musicar por instrumentos; a arte de um compositor adequar a peça musical para cada instrumento da orquestra.
INS.TRU.MEN.TA.DOR, *adj. e s.m.*, Med., diz-se de, ou aquele que instrumenta (instrumentador cirúrgico); Mús., diz-se de, ou o músico instrumentador.
INS.TRU.MEN.TAL, *adj.*, referente a instrumento; *s.m.*, o todo de instrumentos para determinado fim.
INS.TRU.MEN.TA.LI.ZA.ÇÃO, *s.f.*, ato ou efeito de instrumentalizar(-se); aparelhamento.
INS.TRU.MEN.TA.LI.ZAR, *v.t.*, dar ou adquirir instrumentos ou condições para (fazer algo).
INS.TRU.MEN.TAR, *v.t. e int.*, Cir., passar os instrumentos às mãos do cirurgião; Mús., escrever a parte da música para cada instrumento.
INS.TRU.MEN.TIS.TA, *s. 2 gén.*, quem toca algum instrumento musical.

INS.TRU.MEN.TO, *s.m.*, máquina, peça, aparelho, utensílio, instrumento musical; todo meio usado para obter algum objetivo.
INS.TRU.TI.VO, *adj.*, que traz instrução, formativo.
INS.TRU.TOR, *s.m.*, quem instrui, educador, professor.
INS.TRU.TÓ.RIO, *adj.*, Jur., relativo a ou próprio da instrução processual.
IN.SUB.JU.GÁ.VEL, *adj. 2 gén.*, impossível de subjugar, que não se deixa subjugar.
IN.SUB.MER.GÍ.VEL, *adj. 2 gén.*, que não se deixa ou não consegue submergir; insubmersível.
IN.SUB.MIS.SÃO, *s.f.*, caráter de insubmisso; rebeldia.
IN.SUB.MIS.SO, *adj.*, independente, livre; quem não se apresentou ao Exército, embora convocado para tal.
IN.SU.BOR.DI.NA.ÇÃO, *s.f.*, revolta, desrespeito, quebra da hierarquia.
IN.SU.BOR.DI.NA.DO, *adj. e s.m.*, que ou aquele que tem atitude de desobediência, de insubordinação.
IN.SU.BOR.DI.NAR, *v.t. e pron.*, revoltar, rebelar, insurgir-se contra.
IN.SU.BOR.NÁ.VEL, *adj.*, incorruptível, que não se deixa subornar.
IN.SUB.SIS.TÊN.CIA, *s.f.*, condição ou qualidade do que é insubsistente, do que não pode subsistir.
IN.SUB.SIS.TEN.TE, *adj.*, que não consegue subsistir, que não pode existir.
IN.SUBS.TI.TU.Í.VEL, *adj.*, que não se pode substituir, único, ímpar.
IN.SU.CES.SO, *s.m.*, fracasso, derrota.
IN.SU.FI.CI.ÊN.CIA, *s.m.*, carência, falta, incompetência.
IN.SU.FI.CI.EN.TE, *adj.*, menor, inapto, pouco.
IN.SU.FLA.ÇÃO, *s.f.*, ação ou efeito de insuflar; injeção de ar ou de um gás; *fig.*, estímulo, incitação.
IN.SU.FLA.DO, *adj.*, que se insuflou; que foi estimulado ou incitado.
IN.SU.FLA.DOR, *adj. e s.m.*, que ou aquele que insufla, que incita; Med., aparelho próprio para insuflação.
IN.SU.FLA.MEN.TO, *s.m.*, insuflação; injeção de ar ou gás; *fig.*, incitamento.
IN.SU.FLAR, *v.t.*, encher, inflar, inserir, incutir.
ÍN.SU.LA, *s.f.*, Geog., ilha; *fig.*, lugar isolado.
IN.SU.LA.ÇÃO, *s.f.*, ato ou efeito de insular, isolamento; o mesmo que insulamento.
IN.SU.LA.MEN.TO, *s.m.*, ato ou efeito de insular(-se); isolamento; insulação.
IN.SU.LA.NO, *adj., s.m.*, ilhéu, habitante de uma ilha.
IN.SU.LAR, *adj. e s. 2 gén.*, insulano, ilhéu.
IN.SU.LI.NA, *s.f.*, hormônio segregado pelo pâncreas, com grande atuação na saúde do sangue.
IN.SU.LÍ.NI.CO, *adj.*, relativo à insulina; causado por insulina.
IN.SUL.SO, *adj.*, insosso, sem sal; *fig.*, sem sabor, insípido.
IN.SUL.TA.DO, *adj.*, afrontado, ofendido, desrespeitado.
IN.SUL.TA.DOR, *adj., s.m.*, o mesmo que insultante.
IN.SUL.TAN.TE, *adj. 2 gén.*, que insulta, que envolve insulto; *s. 2 gén.*, quem insulta.
IN.SUL.TAR, *v.t.*, afrontar, ofender, desrespeitar.
IN.SUL.TO, *s.m.*, ofensa, desrespeito, injúria.
IN.SUL.TU.O.SO, *adj.*, que está cheio de insultos, ofensivo.
IN.SU.MO, *s.m.*, todos os fatores que compõem a produção de uma mercadoria ou de um serviço.
IN.SU.PE.RÁ.VEL, *adj.*, invencível, inexcedível.

IN.SU.POR.TÁ.VEL, *adj.*, aborrecido, intolerável, intragável.
IN.SUR.GEN.TE, *adj.*, rebelde, revoltado, que se insurgiu.
IN.SUR.GIR, *v.t. e pron.*, revoltar-se, rebelar-se.
IN.SUR.RE.CI.O.NA.DO, *adj.*, insurgido.
IN.SUR.RE.CI.O.NAL, *adj. 2 gên.*, relativo a insurreição.
IN.SUR.RE.CI.O.NAR, *v.t. e pron.*, o mesmo que insurgir.
IN.SUR.RE.CI.O.NIS.MO, *s.m.*, prática de insurreição elevada a sistema político ou social.
IN.SUR.RE.CI.O.NIS.TA, *adj.*, que diz respeito ao insurrecionismo; *s. 2 gên.*, sectário dessa doutrina.
IN.SUR.REI.ÇÃO, *s.f.*, revolta, sublevação, revolução.
IN.SUR.RE.TO, *adj.*, revoltado, rebelado.
IN.SUS.PEI.ÇÃO, *s.f.*, falta de suspeição, lisura.
IN.SUS.PEI.TA.DO, *adj.*, de que não se tem suspeita; insuspeito; inesperado.
IN.SUS.PEI.TO, *adj.*, que não é suspeito, correto, justo.
IN.SUS.TÁ.VEL, *adj. 2 gên.*, que não é possível sustar; não sustável.
IN.SUS.TEN.TÁ.VEL, *adj.*, que não consegue se sustentar.
IN.TAC.TO, *adj.*, perfeito, ileso, completo; var., intato.
IN.TAN.GÍ.VEL, *adj.*, intocável, inapalpável.
IN.TAN.TO, *adj.*, íntegro, puro, ileso, incólume, impoluto.
ÍN.TE.GRA, *s.f.*, todo o texto de uma lei; na íntegra - no todo.
IN.TE.GRA.ÇÃO, *s.f.*, associação, convívio, aproximação.
IN.TE.GRA.CI.O.NIS.MO, *s.m.*, política ou movimento voltado para a promoção da inclusão social.
IN.TE.GRA.CI.O.NIS.TA, *adj. 2 gên.*, relativo ao integracionismo; que é adepto do integracionismo; *s. 2 gên.*, indivíduo adepto do integracionismo.
IN.TE.GRA.DO, *adj.*, que se integrou; cujas partes funcionam de maneira complementar; bem adaptado ao grupo ou sociedade de que faz parte.
IN.TE.GRA.DOR, *adj. e s.m.*, que ou quem integra ou promove integração.
IN.TE.GRAL, *adj.*, total; alimento natural.
IN.TE.GRA.LI.DA.DE, *s.f.*, condição do que é integral; reunião das partes que compõem um todo; totalidade.
IN.TE.GRA.LIS.MO, *s.m.*, movimento político liderado por Plínio Salgado (1932-1937), da extrema direita, usando a cor verde nas camisas como distintivo.
IN.TE.GRA.LIS.TA, *adj. 2 gên.*, relativo a integralismo; que é partidário do integralismo; *s. 2 gên.*, indivíduo partidário do integralismo.
IN.TE.GRA.LI.ZA.ÇÃO, *s.f.*, ação ou resultado de integralizar(-se).
IN.TE.GRA.LI.ZA.DO, *adj.*, tornado integral, completado.
IN.TE.GRA.LI.ZAR, *v.t. e pron.*, integrar, formar, completar, complementar.
IN.TE.GRAL.MEN.TE, *adv.*, de modo integral; na íntegra; completamente.
ÍN.TE.GRA.MEN.TE, *adv.*, de modo íntegro; com retidão.
IN.TE.GRAN.TE, *adj. 2 gên.*, que integra, que completa; *s. 2 gên.*, pessoa que integra, que faz parte de algo; *s.f.*, Gram.; conjunção ou oração integrante.
IN.TE.GRAR, *v.t. e pron.*, completar, ajuntar-se, complementar.
IN.TE.GRÁ.VEL, *adj. 2 gên.*, que pode ser integrado.
IN.TE.GRI.DA.DE, *s.f.*, inteireza, honestidade, honradez.
ÍN.TE.GRO, *adj.*, completo, honesto, honrado.
IN.TEI.RA.DO, *adj.*, que se inteirou, que se completou.
IN.TEI.RAR, *v.t. e pron.*, completar, tornar inteiro, informar, dar notícia.

IN.TEI.RE.ZA, *s.f.*, integridade, coisa completa.
IN.TEI.RI.ÇAR, *v.t. e int.*, tornar(-se) inteiriço.
IN.TEI.RI.ÇO, *adj.*, feito de uma peça.
IN.TEI.RO, *adj.*, completo, integral; *s.m.*, número não fracionário.
IN.TE.LEC.ÇÃO, *s.f.*, ato de entender, de perceber.
IN.TE.LEC.TI.VO, *adj.*, próprio do intelecto, intelectual.
IN.TE.LEC.TO, *s.m.*, inteligência, todas as faculdades mentais do indivíduo.
IN.TE.LEC.TU.AL, *adj.*, referente ao intelecto, *s. 2 gên.*, quem é dado a temas literários, filosóficos e de saber.
IN.TE.LEC.TU.A.LI.DA.DE, *s.f.*, inteligência; a classe de intelectuais; o pensamento mais forte.
IN.TE.LEC.TU.A.LIS.MO, *s.m.*, predominância dos elementos intelectuais ou do raciocínio; priorização da razão, em detrimento da emoção.
IN.TE.LEC.TU.A.LIS.TA, *adj. 2 gên.*, relativo a intelectualismo; que é adepto ou partidário do intelectualismo; *s. 2 gên.*, indivíduo intelectualista.
IN.TE.LEC.TU.A.LI.ZA.ÇÃO, *s.f.*, ação ou efeito de intelectualizar(-se).
IN.TE.LEC.TU.A.LI.ZA.DO, *adj.*, que se intelectualizou; que se tornou intelectual; culto.
IN.TE.LEC.TU.A.LI.ZAR, *v.t. e pron.*, tornar intelectual, colocar no rol da intelectualidade.
IN.TE.LI.GÊN.CIA, *s.f.*, faculdade mental de compreender, raciocinar, deduzir, pensar e filosofar; intelecto.
IN.TE.LI.GEN.TE, *adj.*, esperto, sabido, hábil.
IN.TE.LI.GI.BI.LI.DA.DE, *s.f.*, qualidade do que é inteligível.
IN.TE.LI.GÍ.VEL, *adj.*, que se pode compreender, compreensível.
IN.TE.ME.RA.TO, *adj.*, imaculado, puro, incorrupto.
IN.TEM.PE.RA.DO, *adj.*, que não tem temperança, que carece de equilíbrio; desregrado.
IN.TEM.PE.RAN.ÇA, *s.f.*, falta de temperança, excesso no que faz, lascívia.
IN.TEM.PE.RAN.TE, *adj. 2 gên. e s. 2 gên.*, que ou aquele que não tem temperança, comedimento; *fig.*, descomedido, imoderado.
IN.TEM.PÉ.RIE, *s.f.*, mau tempo, tempo de chuva.
IN.TEM.PES.TI.VI.DA.DE, *s.f.*, qualidade do que é intempestivo.
IN.TEM.PES.TI.VO, *adj.*, fora do tempo, antes ou depois da data prevista, súbito.
IN.TEN.ÇÃO, *s.f.*, tenção, plano, intuito, propósito.
IN.TEN.CI.O.NA.DO, *adj.*, feito com intenção; intencional.
IN.TEN.CI.O.NAL, *adj.*, intuitivo, propositai.
IN.TEN.CI.O.NA.LI.DA.DE, *s.f.*, qualidade ou caráter do que é intencional.
IN.TEN.CI.O.NAR, *v.t.*, ter a intenção de; pretender; intentar.
IN.TEN.DÊN.CIA, *s.f.*, direção administrativa do prédio em que esta funciona, de distrito ou de uma vila; cargo de intendente.
IN.TEN.DEN.TE, *s. 2 gên.*, quem comanda e administra uma intendência.
IN.TEN.DER, *v.int.*, superintender, exercer vigilância e direção.
IN.TEN.SI.DA.DE, *s.f.*, força, violência, pressão.
IN.TEN.SI.FI.CA.ÇÃO, *s.f.*, pressão, reforço, fortalecimento.
IN.TEN.SI.FI.CA.DO, *adj.*, reforçado, pressionado, fortalecido.
IN.TEN.SI.FI.CAR, *v.t. e pron.*, reforçar, oprimir, pressionar, fortalecer.
IN.TEN.SI.VI.DA.DE, *s.f.*, qualidade ou característica do que é intensivo.

IN.TEN.SI.VIS.TA, *adj. 2 gên.* e *s. 2 gên.*, diz-se de, ou o médico especializado no tratamento de doentes internados em CTI ou UTI.

IN.TEN.SI.VO, *adj.*, rápido, em tempo curto, reforçado, forte, que exige muito empenho ou recursos para obter os objetivos almejados.

IN.TEN.SO, *adj.*, com intensidade, enérgico, forte.

IN.TEN.TAR, *v.t.*, tencionar, tentar, ter como propósito.

IN.TEN.TO, *s.m.*, propósito, escopo, objetivo, intuito, fim, fito.

IN.TEN.TO.NA, *s.f.*, intento temerário, motim doido, maluco.

IN.TE.RA.ÇÃO, *s.f.*, ação mútua de dois ou mais objetos ou seres; trabalho de conjunto.

IN.TE.RA.GIR, *v.t.* e *int.*, praticar interação, portar-se reciprocamente nas atividades juntas.

IN.TE.RAR.TI.CU.LAR, *adj. 2 gên.*, que se encontra situado entre duas articulações.

IN.TE.RA.TI.VI.DA.DE, *s.f.*, condição ou característica do que é interativo.

IN.TE.RA.TI.VO, *adj.*, que produz ou recebe interação, que troca experiências, que interage.

IN.TER.BAN.CÁ.RIO, *adj.*, que se efetua entre bancos.

IN.TER.CA.LA.ÇÃO, *s.f.*, interposição, entremeio.

IN.TER.CA.LA.DO, *adj.*, que se intercalou, que se interpôs; interposto.

IN.TER.CA.LAR, *v.t.* e *pron.*, interpor, colocar no meio, entremear.

IN.TER.CAM.BI.AN.TE, *adj. 2 gên.*, em que há intercâmbio.

IN.TER.CAM.BI.AR, *v.t.*, trocar, fazer permuta, cambiar, dar ao parceiro e dele receber.

IN.TER.CAM.BI.Á.VEL, *adj. 2 gên.*, que se pode intercambiar, trocar, permutar.

IN.TER.CÂM.BIO, *s.m.*, troca, negócios entre dois países; escambo, troca de conhecimentos intelectuais.

IN.TER.CE.DER, *v.t.* e *int.*, rogar, suplicar, solicitar, pedir algo.

IN.TER.CE.LU.LAR, *adj.*, que se encontra entre as células, que opera de permeio às células.

IN.TER.CEP.ÇÃO, *s.f.*, ver interceptação.

IN.TER.CEP.TA.ÇÃO, *s.f.*, ação ou resultado de interceptar; intercepção.

IN.TER.CEP.TA.DO, *adj.*, que se interceptou, que se interrompeu.

IN.TER.CEP.TA.DOR, *adj.*, que intercepta; *s.m.*, aquele ou aquilo que intercepta.

IN.TER.CEP.TAR, *v.t.*, interromper, cortar, prender a caminho.

IN.TER.CES.SÃO, *s.f.*, ação ou efeito de interceder.

IN.TER.CES.SOR, *s.m.*, quem intercede, intermediário, quem solicita.

IN.TER.CLU.BES, *adj.*, que acontece entre clubes.

IN.TER.COM.PLE.MEN.TAR, *adj. 2 gên.*, diz-se de coisas que se complementam entre si.

IN.TER.CO.MU.NI.CA.ÇÃO, *s.f.*, comunicação entre dois; relação pessoal mútua.

IN.TER.CO.MU.NI.CA.DOR, *adj.*, que se intercomunica; *s.m.*, aquele ou aquilo que se intercomunica.

IN.TER.CO.MU.NI.CAR, *v. pron.*, comunicar-se mutuamente.

IN.TER.CO.NE.XÃO, *s.f.*, ligação entre coisas (seres, palavras, fenômenos, etc.).

IN.TER.CON.TI.NEN.TAL, *adj.*, que se situa entre continentes, que ocorre entre continentes.

IN.TER.COR.RÊN.CIA, *s.f.*, ação ou efeito de intercorrer.

IN.TER.COR.REN.TE, *adj. 2 gên.*, que intercorre, que ocorre no decurso de outro fato; irregular.

IN.TER.COR. RER, *v.int.*, decorrer (o tempo) entre dois fatos, acontecimentos, etc.

IN.TER.COS.TAL, *adj.*, que se situa entre as costelas, que está entre as costas.

IN.TER.CUR.SO, *s.m.*, comunicação.

IN.TER.CU.TÂ.NEO, *adj.*, que está entre a carne e a pele; subcutâneo.

IN.TER.DE.PEN.DÊN.CIA, *s.f.*, condição de ligação de dois seres ou coisas por dependência recíproca.

IN.TER.DE.PEN.DER, *v.int.*, depender reciprocamente, haver uma dependência mútua.

IN.TER.DI.ÇÃO, *s.f.*, proibição, veto, impedimento, ação ou efeito da privação dos direitos legais de alguém.

IN.TER.DIS.CI.PLI.NAR, *adj.*, comum a duas ou mais disciplinas.

IN.TER.DI.TAR, *v.t.*, vetar, impedir.

IN.TER.DI.TO, *adj.*, vetado, impedido, proibido.

IN.TER.DI.ZER, *v.t.*, dizer no meio, expor no meio da fala de alguém.

IN.TER.RES.SA.DO, *adj.* e *s.m.*, que tem interesse, que almeja; quem está inclinado a.

IN.TE.RES.SAN.TE, *adj.*, atraente, que interessa, extraordinário.

IN.TE.RES.SAR, *v.t.* e *pron.*, atrair, ser proveitoso, referir-se a, cativar, fascinar.

IN.TE.RES.SE, *s.m.*, lucro, atração, vantagem, curiosidade, participação em algum negócio.

IN.TE.RES.SEI.RO, *adj.*, egoísta, que quer somente ganhar algo.

IN.TE.RES.TA.DU.AL, *adj.*, que se realiza entre estados, que ocorre entre os estados.

IN.TE.RES.TE.LAR, *adj.*, que está entre as estrelas; que ocorre entre estrelas.

IN.TER.FA.CE, *s.f.*, campo em que interagem disciplinas ou fenômenos diversos.

IN.TER.FA.CI.AL, *adj. 2 gên.*, Inf., relativo a interface.

IN.TER.FE.RÊN.CIA, *s.f.*, ato de intervir, intromissão, intervenção, interposição; problema provocado por ondas que atrapalham um programa de rádio, televisão ou um celular.

IN.TER.FE.REN.TE, *adj. 2 gên.*, que interfere; Fís., que apresenta o fenômeno da interferência.

IN.TER.FE.RI.DO, *adj.*, intervindo, interposto.

IN.TER.FE.RIR, *v.t.* e *int.*, intervir, interpor-se, meter-se no meio de.

IN.TER.FE.RÔ.ME.TRO, *s.m.*, Ópt., dispositivo que possibilita a medida de fenômenos físicos ou astronômicos.

IN.TER.FI.XO, *adj.*, Fís., cujo ponto de apoio se situa entre a potência e a resistência; *s.m.*, Ling., o afixo que ocorre entre dois radicais (em vocábulos compostos).

IN.TER.FO.NAR, *v.int.*, *bras.*, utilizar o interfone.

IN.TER.FO.NE, *s.m.*, aparelho fônico para comunicação entre ambientes de uma casa, apartamentos, portarias, salas de escritório.

IN.TER.GA.LÁC.TI.CO, *adj.*, que ocorre entre galáxias; var., intergaláctico.

ÍN.TE.RIM, *s.m.*, instante, átimo, no entretempo.

IN.TE.RI.NI.DA.DE, *s.f.*, condição do que é interino; interinado.

IN.TE.RI.NO, *s.m.*, provisório, não estável, passageiro.

IN.TE.RIN.SU.LAR, *adj. 2 gên.*, que se situa ou se dá entre duas ou mais ilhas.

IN.TE.RI.OR, *adj.*, o que está dentro; *s.m.*, o que se refere à parte espiritual, ao íntimo, à natureza moral de cada indivíduo; o estofo; as regiões afastadas da capital regional.
IN.TE.RI.O.RA.NO, *adj.*, que é do interior ou ali habita.
IN.TE.RI.O.RI.ZA.ÇÃO, *s.f.*, locais do interior de uma região, espiritualização.
IN.TE.RI.O.RI.ZA.DO, *adj.*, morador do interior do país, interiorano, espiritualizado.
IN.TE.RI.O.RI.ZAR, *v.t. e pron.*, levar para o interior; preocupar-se com os aspectos espirituais.
IN.TER.JE.CI.O.NAL, *adj.*, Gram., que tem o caráter da interjeição.
IN.TER.JEI.ÇÃO, *s.f.*, qualquer vocábulo que exprime sentimentos.
IN.TER.JE.TI.VO, *adj.*, que se manifesta por interjeição, que é próprio da interjeição.
IN.TER.LI.GAR, *v.t. e pron.*, unir, amarrar, concatenar, ligar mutuamente várias partes entre si.
IN.TER.LI.NE.AR, *adj.*, que está entre linhas; relativo a entrelinhas.
IN.TER.LO.CU.ÇÃO, *s.f.*, colóquio entre pessoas, conversa entre vários locutores.
IN.TER.LO.CU.TOR, *s.m.*, quem participa do diálogo, quem conversa com.
IN.TER.LÚ.DIO, *s.m.*, as variantes musicais que ocorrem em uma composição musical.
IN.TER.LÚ.NIO, *s.m.*, Astron., tempo em que a Lua não é visível.
IN.TER.ME.DI.AR, *v.t. e int.*, colocar no meio, inserir, intercalar.
IN.TER.ME.DI.Á.RIO, *adj.*, *s.m.*, o que fica entre dois; tipo que compra do produtor para vender ao consumidor com alto lucro; atravessador.
IN.TER.MÉ.DIO, *s.m.*, meio, intervenção, encaixe.
IN.TER.MI.NÁ.VEL, *adj.*, que não termina nunca, muito longo, infinito.
IN.TER.MI.NIS.TE.RI.AL, *adj.*, que ocorre entre ministérios, intercambiar entre ministérios.
IN.TER.MI.TÊN.CIA, *s.f.*, descontinuidade, interrupção.
IN.TER.MI.TEN.TE, *adj.*, descontínuo, que se interrompe por vezes.
IN.TER.MI.TIR, *v.int.*, causar interrupção por algum tempo ou parar por intervalos.
IN.TER.MO.LE.CU.LAR, *adj. 2 gên.*, que ocorre entre moléculas.
IN.TER.MUN.DI.AL, *adj.*, internacional, que se estende a todos os países do mundo.
IN.TER.MÚN.DIO, *s.m.*, espaço entre os mundos ou entre os corpos celestes; *fig.*, lugar afastado, ermo.
IN.TER.MU.NI.CI.PAL, *adj.*, que se realiza entre os municípios.
IN.TER.MUS.CU.LAR, *adj.*, que está entre os músculos.
IN.TER.NA.CI.O.NA.LI.DA.DE, *s.f.*, caráter ou qualidade do que é internacional.
IN.TER.NA.CI.O.NA.LIS.MO, *s.m.*, caráter do que é internacional; política que prega a cooperação entre as nações.
IN.TER.NA.CI.O.NA.LIS.TA, *adj. 2 gên.*, relativo a internacionalismo; que é adepto do internacionalismo; *s. 2 gên.*, adepto do internacionalismo.
IN.TER.NA.ÇÃO, *s.f.*, colocação em hospital, internamento.
IN.TER.NA.CI.O.NAL, *adj.*, próprio da vida entre as nações; que vai além do nacional.
IN.TER.NA.CI.O.NA.LI.ZA.ÇÃO, *s.f.*, globalização, mundialização.
IN.TER.NA.CI.O.NA.LI.ZAR, *v.t.*, tornar internacional.
IN.TER.NA.DO, *adj.*, colocado como interno em colégio, hospital ou outro.
IN.TER.NA.LI.ZAR, *v.t.*, pôr no interior da pessoa, julgar que algo externo passa a compor o seu interior, como ideias, vivências e lutas; assumir o que lhe faz o âmbito externo.
IN.TER.NA.MEN.TO, *s.m.*, ação ou resultado de internar(-se); internação.
IN.TER.NAR, *v.t. e pron.*, colocar em, pôr em hospital, colégio; hospitalizar.
IN.TER.NA.TO, *s.m.*, colégio no qual o discípulo fica por tempo integral, durante o dia e a noite; casa destinada à formação de jovens, onde o interno vive durante as vinte e quatro horas do dia.
IN.TER.NAU.TA, *adj. e s. 2 gén.*, viajante que anda por espaços vários; quem trabalha, se diverte e produz intercâmbios na Internet.
IN.TER.NET, *s.f.*, rede de computadores internacional, que permite a comunicação fácil com internautas do mundo inteiro, conforme protocolos legais de cunho internacional e visando ao conhecimento, à pesquisa, às interações pessoais e ao lazer.
IN.TER.NO, *adj.*, que está dentro; *s.m.*, pessoa que vive em internato.
IN.TE.RO.CE.Â.NI.CO, *adj.*, que fica entre oceanos; que liga dois ou mais oceanos.
IN.TER.PAR.TI.DÁ.RIO, *adj.*, que ocorre entre partidos políticos.
IN.TER.PE.LA.ÇÃO, *s.f.*, ação ou efeito de interpelar.
IN.TER.PE.LA.DO, *adj.*, questionado, aparteado.
IN.TER.PE.LA.DOR, *adj.*, que interpela; *s.m.*, aquele que interpela.
IN.TER.PE.LAR, *v.t.*, questionar alguém sobre, pedir explicações de, apartear.
IN.TER.PE.NE.TRA.ÇÃO, *s.f.*, ato de interpenetrar-se.
IN.TER.PE.NE.TRAR-SE, *v. int. e pron.*, penetrar-se reciprocamente.
IN.TER.PE.NIN.SU.LAR, *adj.*, que se situa entre penínsulas.
IN.TER.PES.SO.AL, *adj.*, que existe, que ocorre entre duas ou mais pessoas.
IN.TER.PLA.NE.TÁ.RIO, *adj.*, que ocorre entre planetas.
IN.TER.PO.LA.ÇÃO, *s.f.*, trecho colocado no meio de um texto; exagero no modo de expressão pelo uso de palavras complexas.
IN.TER.PO.LA.DO, *adj.*, que se interpolou; intercalado.
IN.TER.PO.LA.DOR, *adj. e s.m.*, que ou o que interpola.
IN.TER.PO.LAR, *v.t.*, pôr no meio, introduzir, acrescentar termos a um texto; *adj.*, que existe entre os polos.
IN.TER.PON.TU.A.ÇÃO, *s.f.*, série de pontos intercalados no discurso para marcar uma reticência ou uma supressão de parte do texto.
IN.TER.POR, *v.t. e pron.*, colocar entre, inserir, pôr no meio, interferir.
IN.TER.PO.SI.ÇÃO, *s.f.*, interferência, inserção, interrupção.
IN.TER.PO.TEN.TE, *adj. 2 gên.*, Fís., diz-se da alavanca que tem a potência entre o ponto de apoio e a resistência.
IN.TER.PRE.TA.ÇÃO, *s.f.*, ação ou efeito de interpretação, explanação, ação de ser artista, representação do papel.
IN.TER.PRE.TA.DO, *adj.*, que se interpretou.
IN.TER.PRE.TA.DOR, *adj. e s.m.*, que ou aquele que interpreta;

interpretante.
IN.TER.PRE.TAN.TE, adj. 2 gên. e s. 2 gên., o mesmo que interpretador.
IN.TER.PRE.TAR, v. int., explicar, explicitar, traduzir línguas, analisar.
IN.TER.PRE.TA.TI.VO, adj., relativo a interpretação; que contém interpretação; explicativo.
IN.TER.PRE.TÁ.VEL, adj. 2 gên., que se pode interpretar.
IN.TÉR.PRE.TE, s. 2 gên., pessoa que traduz idiomas, que explica algo complicado; quem analisa uma situação.
IN.TER.RA.CI.AL, adj., que existe entre raças, que ocorre entre raças.
IN.TER.REG.NO, s.m., lapso, intervalo, espaço no meio de dois reinos; momento entre duas fases históricas; qualquer espaço divisor de duas épocas.
IN.TER.RE.LA.ÇÃO, s.f., relação recíproca, bilateral ou multilateral.
IN.TER.RE.LA.CI.O.NAR, v.t. e int., estabelecer relação entre duas coisas, estabelecer relação de reciprocidade.
IN.TER.RE.SIS.TEN.TE, adj. 2 gên., cuja resistência fica entre o ponto de apoio e a força aplicada.
IN.TER.RO.GA.ÇÃO, s.f., ação ou efeito de interrogar, inquirição, questionamento; sinal de interrogação nos textos, apontando uma pergunta; pergunta.
IN.TER.RO.GA.DO, adj., diz-se de quem foi perguntado; s.m., aquele que foi perguntado.
IN.TER.RO.GA.DOR, adj. e s.m., que ou aquele que interroga; interrogante.
IN.TER.RO.GAR, v.t. e pron., perguntar, indagar, buscar uma verdade por perguntas.
IN.TER.RO.GA.TI.VO, adj., que indica interrogação; interrogatório; Gram., que contém ou exprime interrogação.
IN.TER.RO.GA.TÓ.RIO, s.m., ação que um juiz executa na busca da verdade em relação ao acusado de ser infrator; perguntas, indagações.
IN.TER.ROM.PER, v.t. e pron., parar, cessar; truncar, cortar, obstar.
IN.TER.ROM.PI.DO, adj., parado, cessado, truncado, obstado.
IN.TER.RUP.ÇÃO, s.f., corte, truncamento, parada, cessação.
IN.TER.RUP.TO, adj., interrompido, suspenso.
IN.TER.RUP.TOR, s.m., peça para acender ou apagar a lâmpada, para ligar ou desligar a energia elétrica; quem interrompe.
IN.TER.SE.ÇÃO, s.f., ação ou efeito de cortar, romper; qualquer ponto onde dois pontos, duas linhas ou dois planos se cortam; var., intersecção.
IN.TER.SIN.DI.CAL, adj., que se faz entre sindicatos.
IN.TERS.TÍ.CIO, s.m., espaço mínimo dentre dois corpos, intervalo de tempo entre dois atos, espaço, fenda, fresta.
IN.TER.TRO.PI.CAL, adj., que se situa entre os trópicos.
IN.TE.RUR.BA.NO, adj. e s.m., o que ocorre entre cidades; telefonema de uma cidade para outra.
IN.TER.VA.LAR, adj., que se refere a intervalos, próprio de intervalos; v.t. e pron., ajeitar para intervalos, entremear com intervalos.
IN.TER.VA.LO, s.m., espaço, tempo entre duas ações, tempo decorrente entre fatos, entre trabalhos, aulas.
IN.TER.VEN.ÇÃO, s.f., ato de intervir, interferência, intromissão, operação de emergência feita por médico; toda atuação de um poder maior em outro menor.
IN.TER.VEN.CI.O.NIS.MO, s.m., Econ., doutrina de política econômica que advoga a intervenção estatal em atividades da iniciativa privada; dirigismo; Pol., política externa tendente à ingerência econômica, política ou militar de uma nação nos negócios internos de outra.
IN.TER.VEN.CI.O.NIS.TA, adj. 2 gên., relativo ao intervencionismo; que é partidário do intervencionismo; s. 2 gên., partidário do intervencionismo.
IN.TER.VE.NI.ÊN.CIA, s.f., qualidade de interveniente.
IN.TER.VE.NI.EN.TE, adj.-2 gên., que intervém (forças intervenientes); interventor; s. 2 gên., aquele que intervém; interventor.
IN.TER.VEN.TI.VO, adj., relativo a intervenção (poder interventivo).
IN.TER.VEN.TOR, s.m., indivíduo nomeado por autoridade maior para dirigir um Estado, uma instituição, uma empresa, sempre que for determinada uma intervenção.
IN.TER.VEN.TO.RI.A, s.f., cargo ou funções de interventor.
IN.TER.VER.SÃO, s.f., mudança da ordem natural ou habitual; inversão.
IN.TER.VIR, v.t. e int., meter-se no meio, usar de autoridade maior para ordenar uma situação, intrometer-se em, dar opinião; pop., meter o bedelho.
IN.TER.VO.CÁ.LI.CO, adj., Gram., que se situa entre duas vogais: p.ex., a consoante "v" em avenida.
IN.TER.ZO.NAL, adj. 2 gên., que se realiza entre duas ou mais zonas; comum a várias zonas.
IN.TES.TI.NAL, adj., relativo a intestinos, visceral.
IN.TES.TI.NO, s.m., conjunto de tubos membranosos que conduzem o alimento no estômago, recebendo-o e expelindo-o; vísceras; pop., tripas; adj., interior, interno.
IN.TI.MA.ÇÃO, s.f., ação de intimar, convocação, ordem para se apresentar a.
IN.TI.MA.DO, adj., convocado, chamado, ordenado a apresentar-se.
IN.TI.MAR, v.t., convocar, exigir que se apresente; ordem judicial para que se apresente a uma autoridade, sujeito a ser conduzido por força policial.
IN.TI.MA.TI.VA, s.f., ato autoritário, ordem, convocação arrogante.
IN.TI.MA.TI.VO, adj., que intima, convocativo, apelativo.
IN.TI.MI.DA.ÇÃO, s.f., amedrontamento, susto, apavoramento.
IN.TI.MI.DA.DE, s.f., relacionamento muito forte, relação familiar.
IN.TI.MI.DA.DO, adj., que se intimidou; amedrontado; constrangido.
IN.TI.MI.DA.DOR, adj., que intimida; s.m., aquele que intimida.
IN.TI.MI.DAN.TE, adj. 2 gên., intimidador.
IN.TI.MI.DAR, v.t. e pron., amedrontar, provocar medo, assustar, apavorar, oprimir.
ÍN.TI.MO, adj., do âmago, profundo; próprio da alma, da psique.
IN.TI.MO.RA.TO, adj., valoroso, destemido, denodado, valente, corajoso.
IN.TI.TU.LA.ÇÃO, s.f., nomeação, designação.
IN.TI.TU.LA.DO, adj., que se intitulou; denominado.
IN.TI.TU.LAR, v.t., dar título, nomear, apelidar.
IN.TO.CA.BI.LI.DA.DE, s.f., qualidade do que é intocável.
IN.TO.CA.DO, adj., o mesmo que intato.
IN.TO.CÁ.VEL, adj., que não se deve apalpar, mexer, inatingível, ilibado, puro.
IN.TO.LE.RA.BI.LI.DA.DE, s.f., qualidade do que é intolerável.
IN.TO.LE.RÂN.CIA, s.f., falta de tolerância, radicalismo, intransigência, severidade.

IN.TO.LE.RAN.TE, *adj.*, que não suporta nada, radical, severo, nervoso.

IN.TO.LE.RAN.TIS.MO, *s.m.*, doutrina dos que não só não admitem, mas até perseguem quaisquer crenças ou doutrinas que não sejam as suas.

IN.TO.LE.RÁ.VEL, *adj.*, insuportável, aborrecido, fastidioso.

IN.TON.SO, *adj.*, cabeludo, barba ou cabelo mal cortado.

IN.TO.XI.CA.ÇÃO, *s.f.*, envenenamento.

IN.TO.XI.CA.DO, *adj.*, que se intoxicou; envenenado.

IN.TO.XI.CA.MEN.TO, *s.m.*, o mesmo que intoxicação.

IN.TO.XI.CAN.TE, *adj. 2 gên.*, que intoxica, envenena.

IN.TO.XI.CAR, *v.t.*, provocar envenenamento; ingerir substância venenosa.

IN.TRA-AR.TE.RI.AL, *adj. 2 gên.*, Anat., que está ou ocorre no interior de uma artéria.

IN.TRA.CAR.DÍ.A.CO, *adj.*, Anat., que diz respeito ao interior do coração.

IN.TRA.CE.LU.LAR, *adj.*, que está dentro de células.

IN.TRA.CE.RE.BRAL, *adj. 2 gên.*, Anat., relativo ao interior do cérebro.

IN.TRA.DU.ZÍ.VEL, *adj.*, que não se pode traduzir ou exprimir, inexprimível.

IN.TRA.FA.MI.LI.AR, *adj. 2 gên.*, que se passa ou se dá no interior do grupo familiar.

IN.TRA.FE.GÁ.VEL, *adj.*, que não se pode trafegar, intransitável.

IN.TRA.GÁ.VEL, *adj.*, indigesto, insuportável.

IN.TRA-HE.PÁ.TI.CO, *adj.*, que está no interior do fígado.

IN.TRA.MUS.CU.LAR, *adj.*, que fica entre os músculos, que se injeta entre os músculos.

IN.TRA.NET, *s.f.*, rede de computadores que atende a uma empresa em todas as suas secções, independentemente de cidade, estado ou país.

IN.TRAN.QUI.LI.DA.DE, *s.f.*, nervosismo, inquietação.

IN.TRAN.QUI.LI.ZA.DOR, *adj.*, que intranquiliza; inquietador.

IN.TRAN.QUI.LI.ZAR, *v.t.*, tornar intranquilo, inquietar, preocupar, afligir.

IN.TRAN.QUI.LO, *adj.*, sem tranquilidade; inquieto.

IN.TRANS.FE.RÊN.CIA, *s.f.*, qualidade do que é intransferível.

IN.TRANS.FE.RÍ.VEL, *adj.*, impossível de transferir.

IN.TRANS.GRE.DÍ.VEL, *adj. 2 gên.*, que não se pode transgredir.

IN.TRAN.SI.GÊN.CIA, *s.f.*, falta de diálogo, radicalismo.

IN.TRAN.SI.GEN.TE, *adj.*, obstinado, austero, de ideia fixa.

IN.TRAN.SI.GÍ.VEL, *adj.*, que não transige, que não se pode transigir.

IN.TRAN.SI.TÁ.VEL, *adj.*, difícil de transitar, estrada ruim, com o trânsito proibido, intrafegável.

IN.TRAN.SI.TI.VI.DA.DE, *s.f.*, Ling., condição de intrasitivo que possuem certos verbos.

IN.TRAN.SI.TI.VO, *adj.*, verbo que não exige complemento.

IN.TRANS.MIS.SI.BI.LI.DA.DE, *s.f.*, caráter ou qualidade do que é intransmissível.

IN.TRANS.MIS.SÍ.VEL, *adj.*, que não se transmite, que não se consegue remeter.

IN.TRANS.PO.NÍ.VEL, *adj.*, que não se consegue transpor; íngreme, difícil.

IN.TRANS.POR.TÁ.VEL, *adj. 2 gên.*, que não se pode transportar.

IN.TRA.O.CU.LAR, *adj.*, que está no meio do olho, que se situa dentro do olho.

IN.TRA.PUL.MO.NAR, *adj.*, que se situa entre os pulmões.

IN.TRA.TÁ.VEL, *adj.*, vil, arrogante, pernóstico, malcriado.

IN.TRA.U.TE.RI.NO, *adj.*, que ocorre dentro do útero.

IN.TRA.VAS.CU.LAR, *adj.*, que se aloja entre os vasos.

IN.TRA.VE.NO.SO, *adj.*, injeção dada na veia.

IN.TRE.PI.DEZ, *s.f.*, valentia, coragem, ousadia.

IN.TRÉ.PI.DO, *adj.*, sem medo, corajoso, valente, denodado.

IN.TRI.CA.DO, *adj.*, o mesmo que intrincado.

IN.TRI.CAR, *v.t. e int.*, tornar(-se) emaranhado; enredar(-se); tornar(-se) complicado; confundir(-se).

IN.TRI.GA, *s.f.*, tramoia; jogo de poder para prejudicar alguém, mexerico, cilada.

IN.TRI.GA.DO, *adj.*, que sofreu intriga, prejudicado, curioso.

IN.TRI.GAN.TE, *adj. 2 gên. e s. 2 gên.*, que ou aquele que intriga; que ou aquele que faz intriga, mexeriqueiro.

IN.TRI.GAR, *v. int.*, envolver em intriga, provocar dissensão entre, mexericar.

IN.TRI.GUIS.TA, *adj. 2 gên.*, intrigueiro. *s. 2 gên.*, pessoa que faz intrigas.

IN.TRIN.CA.DO, *adj.*, confuso, embaraçado, perturbado, complicado.

IN.TRIN.CAR, *v.t. e pron.*, confundir, atrapalhar, enredar.

IN.TRÍN.SE.CO, *adj.*, essencial, interior, íntimo, do âmago.

IN.TRO.DU.ÇÃO, *s.f.*, preâmbulo, início, princípio, abertura.

IN.TRO.DU.TI.VO, *adj.*, que introduz, que traz para dentro.

IN.TRO.DU.TOR, *adj.*, que introduz; *s.m.*, aquele que introduz.

IN.TRO.DU.TÓ.RIO, *adj.*, que faz a introdução, iniciante, principiante.

IN.TRO.DU.ZI.DO, *adj.*, iniciado, inserido, posto dentro!

IN.TRO.DU.ZIR, *v.t. e pron.*, pôr dentro, iniciar, inserir, abrir.

IN.TROI.TO, *s.m.*, início, princípio, abertura, entrada.

IN.TRO.JE.ÇÃO, *s.f.*, processo inconsciente de incorporar ideias, hábitos e atitudes de outros indivíduos, como se fossem suas.

IN.TRO.ME.TER, *v.t. e pron.*, meter dentro, colocar no meio.

IN.TRO.ME.TI.DO, *adj.*, metido dentro, enxerido, abelhudo.

IN.TRO.ME.TI.MEN.TO, *s.m.*, ação ou resultado de intrometer(-se); intromissão.

IN.TRO.MIS.SÃO, *s.f.*, ingerência, introdução de alguém indevido.

IN.TROS.PEC.ÇÃO, *s.f.*, exame do interior, análise do íntimo.

IN.TROS.PEC.TI.VO, *adj.*, que se refere a introspecção.

IN.TRO.VER.SÃO, *s.f.*, característica que leva a pessoa a viver suas experiências, exame íntimo de sua consciência.

IN.TRO.VER.TER, *v.t.*, voltar-se para dentro, concentrar-se em seu íntimo.

IN.TRO.VER.TI.DO, *adj. e s.m.*, diz-se de quem ou o indivíduo voltado para si mesmo; ensimesmado.

IN.TRU.JÃO, *s.m.*, explorador de outras pessoas, receptador de algo furtado.

IN.TRU.JAR, *v.t. e int.*, meter-se, misturar-se com pessoas para explorá-las, mentir, contar lorotas, enganar, lograr, enganar-se reciprocamente.

IN.TRU.JI.CE, *s.f.*, charlatanismo, engano, falsidade.

IN.TRU.SÃO, *s.f.*, ação de intruso; posse ilegal ou violenta; usurpação; Geol., penetração do magma em rochas preexistentes.

IN.TRU.SO, *adj.*, intrometido, estranho, que não foi convidado.

IN.TU.BA.ÇÃO, *s.f.*, Med., introdução de tubo em canal ou cavidade de organismo.

IN.TU.I.ÇÃO, *s.f.*, obtenção de um conhecimento por força

da mente, pressentimento, percepção de uma verdade.
IN.TU.IR, *v.t.*, possuir intuição, perceber, pressentir, visualizar.
IN.TU.I.TI.VO, *adj.*, que sabe usar a intuição, percepção clara, evidente.
IN.TUI.TO, *s.m.*, objetivo, propósito, escopo, projeto, desejo.
IN.TU.MES.CÊN.CIA, *s.f.*, inchaço, avolumamento.
IN.TU.MES.CEN.TE, *adj.*, que incha, que se avoluma.
IN.TU.MES.CER, *v.t., int.* e *pron.*, crescer, avolumar-se, inchar.
IN.TU.MES.CI.MEN.TO, *s.m.*, o mesmo que intumescência.
IN.TUR.GES.CÊN.CIA, *s.f.*, qualidade ou condição de inturgescente; intumescência; turgescência; inchação.
IN.TUR.GES.CEN.TE, *adj.*, turgescente.
IN.TUR.GES.CER, *v.t.*, tornar(-se) túrgido ou inchado; intumescer(-se).
I.NU.BE, *adj. 2 gên.*, sem nuvem, não nublado, desencoberto; claro, sereno.
I.NÚ.BIL, *adj.*, que não tem idade para se casar, não casado.
I.NU.MA.ÇÃO, *s.f.*, ação ou efeito de inumar, sepultamento.
I.NU.MA.DO, *adj.*, sepultado, enterrado, encovado.
I.NU.MA.NI.DA.DE, *s.f.*, desumanidade.
I.NU.MA.NO, *adj.*, desumano, cruel, maldoso, selvagem.
I.NU.MAR, *v.t.*, sepultar, enterrar, encovar.
I.NU.ME.RÁ.VEL, *adj.*, imenso, infinito, incontável.
I.NÚ.ME.RO, *adj.*, muito grande, inumerável.
I.NU.ME.RO.SO, *adj.*, inumerável, inúmero.
I.NUN.DA.ÇÃO, *s.f.*, encher de, cobrir com água, enchente, cheia.
I.NUN.DA.DO, *adj.*, alagado, cheio de água.
I.NUN.DAN.TE, *adj. 2 gên.*, que inunda, que alaga.
I.NUN.DAR, *v.t.* e *pron.*, alagar, encher com água.
I.NUN.DÁ.VEL, *adj.*, alagável, que pode ser inundado.
I.NU.SI.TA.DO, *adj.*, estranho, raro, incomum.
I.NÚ.TIL, *adj.*, sem utilidade, sem valor.
I.NU.TI.LI.DA.DE, *s.f.*, sem utilidade, coisa inútil.
I.NU.TI.LI.ZA.DO, *adj.*, desmanchado, destruído.
I.NU.TI.LI.ZAR, *v.t.*, tornar inútil, destruir, desmanchar.
I.NU.TI.LI.ZÁ.VEL, *adj. 2 gên.*, não utilizável, impossível de se utilizar.
IN.VA.DI.DO, *adj.*, ocupado à força; *fig.*, desrespeitado na privacidade.
IN.VA.DIR, *v.t.*, entrar à força, dominar, tomar conta de, apoderar-se, entrar em algum local sem autorização dos proprietários.
IN.VA.LI.DA.ÇÃO, *s.f.*, ato ou efeito de invalidar ou de ficar invalidado; anulação.
IN.VA.LI.DA.DE, *s.f.*, falta de validade; nulidade.
IN.VA.LI.DA.DO, *adj.*, que se invalidou, que se tornou nulo; anulado.
IN.VA.LI.DAR, *v.t.*, anular, desfazer.
IN.VA.LI.DEZ, *s.f.*, situação do que é inválido, inutilidade.
IN.VÁ.LI.DO, *adj.*, que não vale mais, inútil, doente, aleijado, impróprio.
IN.VA.RI.A.BI.LI.DA.DE, *s.f.*, qualidade do que é invariável; imutabilidade.
IN.VA.RI.Á.VEL, *adj.*, que não varia, imutável, fixo.
IN.VA.SÃO, *s.f.*, entrada por meio de violência, domínio violento.
IN.VA.SI.VO, *adj.*, agressivo, hostil, violento.
IN.VA.SOR, *s.m.*, quem invade.
IN.VEC.TI.VA, *s.f.*, ataque, provocação, insulto.
IN.VEC.TI.VAR, *v.t.*, repreender, atacar, insultar.
IN.VEC.TI.VO, *adj.*, atacante, insultante.
IN.VE.JA, *s.f.*, vontade de possuir algo, de ser como outrem e não conseguir, sentindo por isso depressão; cobiça de obter coisas.
IN.VE.JA.DO, *adj.*, que é objeto de inveja; que é sumamente apreciado.
IN.VE.JAR, *v.t.*, sentir inveja de, sentir-se mal com a felicidade de outros.
IN.VE.JÁ.VEL, *adj.*, digno de ser invejado.
IN.VE.JO.SO, *adj.*, cheio de inveja.
IN.VEN.ÇÃO, *s.f.*, invento, ato de inventar, coisa inventada, descoberta, achado; tramoia.
IN.VEN.CI.BI.LI.DA.DE, *s.f.*, qualidade do que é invencível.
IN.VEN.CI.O.NAR, *v.t.*, adornar com artifício.
IN.VEN.CI.O.NI.CE, *s.f.*, intriga, história inventada, tramoia, artimanha, cilada.
IN.VEN.CÍ.VEL, *adj.*, que não pode ser vencido, valente, corajoso.
IN.VEN.DÁ.VEL, *adj.*, que não se pode vender, invendível.
IN.VEN.TA.DO, *adj.*, concebido, imaginado; irreal.
IN.VEN.TAR, *v.t.*, criar, fazer, imaginar, tramar, descobrir, plasmar.
IN.VEN.TA.RI.A.DO, *adj.*, arrolado, registrado, descrito.
IN.VEN.TA.RI.AN.TE, *s. 2 gên.*, quem, legalmente, se torna responsável para proceder ao levantamento e divisão de todos os bens de uma herança.
IN.VEN.TA.RI.AR, *v.t.*, relacionar, arrolar, levantar tudo que existe.
IN.VEN.TÁ.RIO, *s.m.*, espólio, bens deixados por quem morre; relação das mercadorias de uma loja; supermercado.
IN.VEN.TÁ.VEL, *adj. 2 gên.*, que se pode inventar.
IN.VEN.TI.VA, *s.f.*, invento, coisa inventada, arte de criar.
IN.VEN.TI.VI.DA.DE, *s.f.*, a arte de inventar, o poder de criar.
IN.VEN.TI.VO, *adj.*, engenhoso, que possui a arte de inventar, imaginoso.
IN.VEN.TO, *s.m.*, invenção, descobrimento, inventiva.
IN.VEN.TOR, *s.m.*, quem inventa, quem cria.
IN.VEN.TO.RI.A, *s.f., pop.*, o mesmo que invenção.
IN.VEN.TO.SO, *adj., pop.*, o mesmo que imaginoso.
IN.VE.RA.CI.DA.DE, *s.f.*, falta de veracidade; inverdade.
IN.VE.RAZ, *adj. 2 gên.*, não verdadeiro, não veraz; inverídico.
IN.VER.DA.DE, *s.f.*, que não é verdade, mentira, falsidade.
IN.VE.RÍ.DI.CO, *adj.*, mentiroso, falso.
IN.VE.RI.FI.CA.ÇÃO, *s.f.*, falta de verificação.
IN.VE.RI.FI.CA.DO, *adj.*, que não foi verificado.
IN.VE.RI.FI.CÁ.VEL, *adj. 2 gên.*, que não se pode verificar; inaveriguável.
IN.VER.NA.ÇÃO, *s.f., bras.*, S, ação de invernar (o gado); invernagem.
IN.VER.NA.DA, *s.f.*, inverno muito forte, invernia; pastagem extensa e cercada, onde se colocam bovinos e outros quadrúpedes para engorda e abate.
IN.VER.NA.GEM, *s.f., bras.*, RS, encerramento do gado na invernada para engordar; temporada hibernal.
IN.VER.NAL, *adj.*, relativo ao inverno, hibernal.
IN.VER.NAR, *v.t.* e *int.*, passar o inverno em; recolher-se durante o inverno.
IN.VER.NI.A, *s.f.*, inverno rigoroso, inverno intenso e longo.
IN.VER.NO, *s.m.*, uma das quatro estações climáticas, dominada pelo frio.
IN.VER.NO.SO, *adj.*, relativo a ou próprio de inverno; hibernal.

IN.VE.ROS.SÍ.MIL, adj., que não parece verdadeiro, de certeza duvidosa.
IN.VE.ROS.SI.MI.LHAN.ÇA, s.f., improbabilidade, o que é inverossímil.
IN.VER.SA, s.f., Mat., proposição inversa ou cujos termos estão invertidos.
IN.VER.SÃO, s.f., ação ou efeito de inverter, mudança de direção.
IN.VER.SI.VO, adj., que inverte ou em que há inversão.
IN.VER.SO, adj., colocado ao contrário da ordem natural, invertido.
IN.VER.TE.BRA.DO, s.m., animal que não tem vértebras nem ossos.
IN.VER.TE.DOR, adj. e s.m., o mesmo que inversor.
IN.VER.TER, v.t. e pron., virar, colocar ao contrário do normal, mudar a direção.
IN.VER.TI.DO, adj., inverso, contrário.
IN.VER.TÍ.VEL, adj., que pode ser invertido ou sofrer inversão.
IN.VÉS, s.m., contrariedade, avesso; ao invés - ao contrário.
IN.VES.TI.DA, s.f., ataque, acometimento.
IN.VES.TI.DO, adj., aplicado, jogado, preparado.
IN.VES.TI.DOR, adj. e s.m., que(m) investe, aplicador, jogador da bolsa.
IN.VES.TI.DU.RA, s.f., tomada de posse, colocação em cargo, nomeação.
IN.VES.TI.GA.ÇÃO, s.f., inquirição, busca, procura de provas.
IN.VES.TI.GA.DO, adj., que foi submetido a investigação; s.m., o indivíduo que se investiga.
IN.VES.TI.GA.DOR, s.m., quem investiga, detetive, policial.
IN.VES.TI.GAN.TE, adj., investigador.
IN.VES.TI.GAR, v.t., buscar, inquirir, procurar as provas de.
IN.VES.TI.GÁ.VEL, adj. 2 gên., que pode ou merece ser investigado.
IN.VES.TI.MEN.TO, s.m., Econ., ato ou efeito de investir; fig., aplicação de esforço, recurso, tempo, etc., para atingir um objetivo.
IN.VES.TIR, v.t., int. e pron., ser objeto de investidura, posse; atacar, aplicar dinheiro em; preparar uma posição.
IN.VE.TE.RA.DO, adj., velho, fixado em uma posição, imutável, obstinado.
IN.VE.TE.RAR, v.t. e pron., viciar-se, acostumar-se.
IN.VI.A.BI.LI.DA.DE, s.f., qualidade ou característica do que é inviável.
IN.VI.A.BI.LI.ZAR, v.t., não deixar acontecer, desfazer o sucesso.
IN.VI.Á.VEL, adj., irrealizável, que não se consegue fazer.
IN.VIC.TO, adj., que não foi derrotado, invencível.
IN.VIO, adj., intransitável, que não dá passagem.
IN.VI.O.LA.BI.LI.DA.DE, s.f., integralidade, proteção legal contra ações não autorizadas por juízes.
IN.VI.O.LA.DO, adj., que não foi violado, intacto, intocado.
IN.VI.O.LÁ.VEL, adj., que não se pode violar, que não se pode contatar.
IN.VIS.CE.RAR, v.t., inserir (algo) nas vísceras; entranhar.
IN.VI.SI.BI.LI.DA.DE, s.f., o que não se vê, imperceptibilidade.
IN.VI.SÍ.VEL, adj., que não se enxerga, que não se vê.
IN.VO.CA.ÇÃO, s.f., chamado, súplica, apelo.
IN.VO.CA.DO, adj., chamado, suplicado; desconfiado, incrédulo.
IN.VO.CAR, v.t., chamar, orar, suplicar, evocar.
IN.VO.CA.TI.VO, adj., que se pode invocar, chamativo, apelativo.
IN.VO.CA.TÓ.RIA, s.f., invocação.
IN.VO.CA.TÓ.RIO, adj., invocativo.
IN.VO.CÁ.VEL, adj., que se pode invocar; que é digno de sér invocado.
IN.VO.LU.ÇÃO, s.f., regresso, movimento regressivo, retrocesso.
IN.VÓ.LU.CRO, s.m., recipiente, envoltório, que contém algo.
IN.VO.LU.IR, v.int., sofrer involução; regredir.
IN.VO.LUN.TÁ.RIO, adj., sem a vontade expressa, acidental, fortuito.
IN.VUL.GAR, adj., raro, fora do comum, singular, incomum.
IN.VUL.NE.RA.BI.LI.DA.DE, s.f., proteção total, inatacabilidade.
IN.VUL.NE.RÁ.VEL, adj., que é protegido para não ser ferido, imortal.
IN.ZO.NA, s.f., pop., intriga, mexerico, fuxico, cilada, armadilha, embuste.
IN.ZO.NEI.RO, s.m., pop., quem faz intrigas, intrigante, mexeriqueiro; tolo, atoleimado.
I.O.DAR, v.t., colocar iodo em.
I.O.DA.TO, s.m., enumeração de todos os sais do ácido iódico.
I.O.DE.TO, s.m., composto de iodo e outras substâncias para uso medicinal.
I.Ó.DI.CO, adj., Quím., diz-se do ácido muito oxidante, cristalino, HIO3, us. como desinfetante.
I.O.DIS.MO, s.m., Med., conjunto de acidentes mórbidos determinados pelo uso prolongado de iodo.
I.O.DO, s.m., substância encontrada nas águas do mar e em algumas algas, usada para tratar de feridas; elemento não metálico, de número atômico 53.
I.O.DO.FÓR.MIO, s.m., Quím., substância, CHI3, us. como antisséptico e anestésico local.
I.O.DU.RE.TO, s.m., ver iodeto, que é a forma mais portuguesa.
IOF - sigla para designar Imposto sobre Operações Financeiras.
I.O.GA, s.f., sistema místico de origem indiana, que busca a contemplação divina por meio de exercícios físicos e espirituais, para libertar a pessoa de suas tendências emocionais.
I.O.GUE, s. 2 gên., praticante ou mestre de ioga.
I.O.GUR.TE, s.m., coalhada de leite com mistura de outros produtos.
I.O.GUR.TEI.RA, s.f., eletrodoméstico para fazer iogurte natural.
IO.IÔ, s.m., brinquedo composto de um disco duplo, que se consegue fazer subir e descer com leves impulsos da mão.
I.O.LE, s.f., canoa estreita, comprida e veloz.
Í.ON, s.m., molécula com carga elétrica positiva ou negativa.
I.O.NI.ZA.ÇÃO, s.f., transformação em íons, formação de íons.
I.O.NI.ZA.DO, adj., decomposto em íons.
I.O.NI.ZAR, v.t. e int., transformar uma molécula em íon.
I.O.NOS.FE.RA, s.f., camada da atmosfera ionizada.
I.O.RU.BÁ, s. 2 gên., indivíduo do povo que habita parte da Nigéria e do Benim; iorubano; nagô; s.m., Gloss. a língua desse povo; adj. 2 gên., relativo aos iorubas ou ao iorubá.
I.O.TA, s.f., a nona letra do alfabeto grego.
I.PÊ, s.m., nome comum a vários tipos de árvores, cujo lenho é duro, e que produz flores amarelas, rosas e roxas.
I.PE.CA.CU.A.NHA, s.f., planta rasteira e lenhosa, brasileira, cujas raízes debelam a disenteria e se tornam expectorantes.
IPI - sigla para Imposto sobre Produtos Industrializados.

ÍP.SI.LON, *s.m.*, ipsilone, letra do alfabeto grego.
IPSIS LITTERIS, *expron.*, *Lat*, com as mesmas letras, idêntico, igual.
IPTU - sigla para Imposto sobre Propriedade Territorial Urbana, cobrado pelas prefeituras.
I.PU.EI.RA, *s.f.*, alagadiços, pântanos formados por águas que transbordam de rios.
I.QUE.BA.NA, *s.f.*, arte nipônica de fazer arranjo de flores para fins ornamentais.
IR, *v.int.*, deslocar-se de um lugar para outro, ir embora, andar, caminhar, marchar, viajar, extinguir-se, falecer, retirar-se, desaparecer, sumir; símbolo químico do irídio.
IR - sigla de Imposto de Renda.
I.RA, *s.f.*, raiva, irritação, cólera.
I.RA.CUN.DO, *adj.*, irritado, raivoso, furioso.
I.RA.DO, *adj.*, raivoso, irritado, colérico, furioso.
I.RA.NI.A.NO, *adj. e s.m.*, natural, relativo ou habitante do Irã.
I.RA.PU.RU, *s.m.*, uirapuru, ave da Amazônia, cujo canto é muito belo.
I.RA.QUI.A.NO, *adj. e s.m.*, natural, relativo ou habitante do Iraque.
I.RAR, *v.t. e pron.*, irritar, enraivecer, encolerizar.
I.RA.RA, *s.f.*, mamífero carnívoro, pequeno e com pelos duros, de nossa fauna.
I.RAS.CI.BI.LI.DA.DE, *s.f.*, tipo raivoso, caráter furioso.
I.RAS.CÍ.VEL, *adj.*, irritável, insuportável, intratável.
I.RE.RÊ, *s. 2 gên.*, ave aquática dos anatídeos.
I.RI.AR, *v.t., int. e pron.*, dar as cores do arco-íris; matizar com as sete cores.
I.RI.DEC.TO.MI.A, *s.f.*, cirurgia para extrair parte da íris.
I.RI.DE.MIA, *s.f.*, hemorragia na íris.
I.RI.DES.CEN.TE, *adj.*, que apresenta as cores do arco-íris.
I.RÍ.DIO, *s.m.*, elemento metálico com número atômico 77.
I.RI.DI.TE, *s.f.*, inflamação da íris.
I.RI.DO.LO.GI.A, *s.f.*, tratamento de doenças feito por meio de análises da íris.
I.RI.DO.PLE.GI.A, *s.f.*, paralisia da íris.
I.RI.DO.PLÉ.GI.CO, *adj.*, relativo a iridoplegia.
I.RI.DO.TO.MI.A, *s.f.*, operação na íris.
Í.RIS, *s.f.*, espectro solar; a parte central do olho e com cores, rodeando a pupila.
I.RI.SA.ÇÃO, *s.f.*, propriedades de certos corpos de produzirem cores como as da íris.
I.RI.SAN.TE, *adj.*, brilhante, colorido.
I.RI.SAR, *v.t. e pron.*, matizar, dar várias cores.
I.RI.TE, *s.f.*, iridite, inflamação da íris.
IR.LAN.DÊS, *adj. e s.m.*, próprio da Irlanda, natural ou habitante desse país.
IR.MÃ, *s.f.*, freira, feminino de irmão.
IR.MA.NA.ÇÃO, *s.f.*, ação ou resultado de irmanar(-se); união.
IR.MA.NA.DO, *adj.*, unido como irmão.
IR.MA.NAR, *v.t. e pron.*, tornar irmão, fraternizar, unir-se.
IR.MAN.DA.DE, *s.f.*, parentela, grupo de familiares, associação de amigos.
IR.MÃO, *s.m.*, pessoa com a mesma consanguinidade, quer por parte de pai, quer por parte de mãe; mano, confrade de uma mesma confraria de certas seitas.
I.RO.NI.A, *s.f.*, figura literária que traduz o contrário do sentido literal da palavra, sarcasmo, deboche.
I.RÔ.NI.CO, *adj.*, sarcástico, mordaz, ferino.

I.RO.NIS.MO, *s.m.*, tendência para empregar frequentemente a ironia, esp. em textos.
I.RO.NI.ZA.DO, *adj.*, ferido, ridicularizado.
I.RO.NI.ZAR, *v.t.*, usar de ironia, rir-se de, ridicularizar.
I.RO.SO, *adj.*, cheio de ira, furibundo, raivoso.
IR.RA!, *interj.*, demonstração de aversão, nojo, repulsa.
IR.RA.CI.O.NAL, *adj.*, que não usa o raciocínio, animal, fera; *s.m.*, todo animal que não sabe raciocinar.
IR.RA.CI.O.NA.LI.DA.DE, *s.f.*, bestialidade, animalidade.
IR.RA.DI.A.ÇÃO, *s.f.*, ação de irradiar(-se); difusão, propagação (de raios luminosos ou energia radiante); Fís., emanação a partir de um centro de atividade radiativa.
IR.RA.DI.A.DO, *adj.*, que se irradiou; que se propagou ou difundiu; que foi divulgado ou transmitido.
IR.RA.DI.A.DOR, *adj. e s.m.*, que ou aquilo que irradia; diz-se de ou qualquer aparelho que irradia calor, luz, som, etc.
IR.RA.DI.AN.TE, *adj.*, que irradia, radiante, exuberante, esfuziante.
IR.RA.DI.AR, *v.t., int. e pron.*, espargir luz, iluminar, lançar raios brilhantes; derramar.
IR.RE.AL, *adj.*, não real, inverídico, fantasioso.
IR.RE.A.LI.ZA.DO, *adj.*, que não foi realizado, concluído; que falhou; que não satisfez um desejo.
IR.RE.A.LI.ZÁ.VEL, *adj.*, impossível de realizar, impossível, inatingível.
IR.RE.BA.TÍ.VEL, *adj.*, que não se consegue rebater, irretorquível.
IR.RE.CON.CI.LI.A.DO, *adj.*, que não está reconciliado.
IR.RE.CON.CI.LI.Á.VEL, *adj.*, que não se consegue reconciliar, inimigo figadal.
IR.RE.CO.NHE.CÍ.VEL, *adj.*, que não se reconhece, desfigurado.
IR.RE.COR.RÍ.VEL, *adj.*, que não se consegue recorrer, final, terminal.
IR.RE.CU.PE.RÁ.VEL, *adj.*, não recuperável, destruído, perdido.
IR.RE.CU.SÁ.VEL, *adj.*, que não se recusa, convidativo, sedutor.
IR.RE.DI.MÍ.VEL, *adj. 2 gên.*, que não se pode remir ou redimir; irremível.
IR.RE.DU.TI.BI.LI.DA.DE, *s.f.*, qualidade ou caráter do que é irredutível; impossibilidade.
IR.RE.DU.TÍ.VEL, *adj.*, intransigente, obstinado, teimoso.
IR.RE.E.LE.GÍ.VEL, *adj.*, que não pode ser reeleito.
IR.RE.FLE.TI.DO, *adj.*, não refletido, desajuizado, sem ideia.
IR.RE.FLE.XÃO, *s.f.*, ausência de reflexão, temeridade, imprudência.
IR.RE.FOR.MÁ.VEL, *adj.*, que não é reformável, pronto, acabado.
IR.RE.FRE.Á.VEL, *adj.*, não freável, desbragado, liberado de todo.
IR.RE.FU.TA.BI.LI.DA.DE, *s.f.*, qualidade do que é irrefutável; incontestabilidade.
IR.RE.FU.TÁ.VEL, *adj.*, que não se refuta, definitivo, conclusivo.
IR.RE.GE.NE.RÁ.VEL, *adj.*, que não se pode regenerar, incorrigível.
IR.RE.GU.LAR, *adj.*, não regular, contrário às leis, errado.
IR.RE.GU.LA.RI.DA.DE, *s.f.*, sem regularidade, erro; inabitualidade.
IR.RE.LE.VAN.TE, *adj.*, sem valor, desimportante.

IR.RE.LI.GI.O.SO, adj., que não é religioso, descrente, incrédulo.

IR.RE.ME.DI.Á.VEL, adj., que não pode ser remediado, perdido, terminado.

IR.RE.MIS.SÍ.VEL, adj. 2 gên., que não pode ser remido ou perdoado; que não se pode evitar; inevitável.

IR.RE.MO.VÍ.VEL, adj., que não pode ser removido, inarredável.

IR.RE.MU.NE.RA.DO, adj., que não é remunerado; que não teve remuneração ou recompensa.

IR.RE.PA.RÁ.VEL, adj., não reparável, destruído.

IR.RE.PRE.EN.SI.BI.LI.DA.DE, s.f., qualidade do que é irrepreensível.

IR.RE.PRE.EN.SÍ.VEL, adj., que não precisa ser repreendido, ótimo, justo, correto.

IR.RE.PRI.MÍ.VEL, adj., que não pode ser reprimido, indobrável.

IR.RE.PRO.CHÁ.VEL, adj., não censurável, incensurável.

IR.RE.QUIE.TO, adj., agitado, nervoso, saltitante.

IR.RES.GA.TÁ.VEL, adj., que não pode ser resgatado, impagável.

IR.RE.SIS.TÍ.VEL, adj., atraente, persuasivo, cativante.

IR.RE.SO.LU.ÇÃO, s.f., falta de resolução; hesitação, indecisão.

IR.RE.SO.LU.TO, adj., que não pode ser resolvido, insolúvel.

IR.RE.SO.LÚ.VEL, adj., que não é possível resolver, insolúvel.

IR.RES.PI.RÁ.VEL, adj., impróprio para respirar, intragável, poluído.

IR.RES.PON.DÍ.VEL, adj., que não se pode responder, irretrucável.

IR.RES.PON.SA.BI.LI.DA.DE, s.f., falta de responsabilidade; ação ou dito irresponsável.

IR.RES.PON.SA.BI.LI.ZAR, v.t. e pron., tornar(-se) irresponsável.

IR.RES.PON.SÁ.VEL, adj., sem responsabilidade, imaturo, desajuizado.

IR.RES.TAU.RÁ.VEL, adj., que não se pode restaurar, irreformável.

IR.RES.TRI.TO, adj., que não tem restrição; amplo, ilimitado.

IR.RE.TOR.QUÍ.VEL, adj. 2 gên., que não se pode retorquir; irrespondível.

IR.RE.TRA.TÁ.VEL, adj., não retratável, categórico, definitivo.

IR.RE.VE.RÊN.CIA, s.f., sem reverência, sem-vergonhice, má-criação.

IR.RE.VE.REN.TE, adj., malcriado, abusado.

IR.RE.VER.SÍ.VEL, adj., definitivo, que não retorna mais.

IR.RE.VO.GÁ.VEL, adj., inanulável, irretratável.

IR.RI.GA.ÇÃO, s.f., rega, molhadura artificial.

IR.RI.GA.DO, adj., que se irrigou.

IR.RI.GA.DOR, s.m., o que se usa para irrigar; utensílio para regar plantas, regador; adj., que irriga.

IR.RI.GAR, v.t., regar, molhar, banhar plantas.

IR.RI.GÁ.VEL, adj., sujeito à irrigação, banhável.

IR.RI.SÃO, s.f., zombaria, ironia, ridicularização, escárnio.

IR.RI.SÓ.RIO, adj., que faz rir, sem valor, ridículo, mínimo.

IR.RI.TA.BI.LI.DA.DE, s.f., qualidade do que é irritável; propensão para irritar-se.

IR.RI.TA.ÇÃO, s.f., ira, raiva, fúria.

IR.RI.TA.DI.ÇO, adj., irritável, irritante.

IR.RI.TA.DO, adj., que se irritou; que sente raiva ou grande impaciência.

IR.RI.TA.DOR, adj. e s.m., que ou o que irrita ou causa irritação.

IR.RI.TAN.TE, adj. 2 gên., que provoca irritação, enervante; s. 2 gên., substância que causa irritação.

IR.RI.TAR, v.t., enraivecer, irar, exasperar, agastar.

IR.RI.TÁ.VEL, adj., que irrita, exasperante.

ÍR.RI.TO, adj., nulo, anulado, sem efeito.

IR.RO.GA.ÇÃO, s.f., ação ou efeito de irrogar.

IR.RO.GAR, v.t. e int., infligir; impor; atribuir ou fazer recair sobre (alguém); estigmatizar.

IR.ROM.PER, v.t. e int., romper, surgir subitamente, invadir.

IR.RUP.ÇÃO, s.f., entrada furiosa, invasão súbita.

IR.RUP.TI.VO, adj., que produz irrupção.

IS.CA, s.f., toda coisa que se usa para enganar alguém; qualquer coisa que se usa para pegar peixe; engodo, logro.

IS.CAR, v.t., colocar isca em, atiçar, açular.

I.SEN.ÇÃO, s.f., desobrigação de algo, liberação de um dever.

I.SEN.TAR, v.t. e pron., eximir, desobrigar, liberar.

I.SEN.TO, adj., liberado, desobrigado.

IS.LÂ.MI.CO, adj., que se refere ao islamismo, próprio da religião islâmica.

IS.LA.MIS.MO, s.m., religião fundada por Maomé, em 622 d.C.; religião muçulmana.

IS.LA.MI.TA, s. 2 gên., seguidor do islamismo, maometano.

IS.LA.MI.ZA.ÇÃO, s.f., processo de transformação de pessoas em islamitas ou cultores da tradição, cultura e religião islâmicas.

IS.LA.MI.ZAR, v.t. e pron., dar forma e jeito de islamismo, tornar algo ou alguém islâmico.

IS.LAN.DÊS, adj. e s.m., natural, referente ou habitante da Islândia.

IS.LE.NHO, IS.LE.NO, adj. e s.m., ant., insulano, ilhéu.

IS.MA.E.LI.TA, s. 2 gên., descendente de Ismael, termo para designar os árabes.

ISO, sigla, ing., International Organization for Standardization, organização internacional que trata da normalização de procedimentos, medidas e materiais nos domínios da atividade produtiva.

I.SO.CRO.MÁ.TICO, adj., que tem colorido igual.

I.SO.CRO.MI.A, s.f., reprodução de estampas coloridas.

I.SO.CRÔ.MI.CO, adj., isocromático; relativo a isocromia.

I.SO.CRO.NIS.MO, s.m., qualidade do que é isócrono.

I.SÓ.CRO.NO, adj., que se realiza ao mesmo tempo.

I.SO.DÁC.TI.LO, adj. e s.m., que tem todos os dedos iguais.

I.SO.DI.NÂ.MI.CO, adj., relativo a isodinamia; Fís., que tem a mesma intensidade magnética.

I.SO.É.DRI.CO, adj., que tem faces iguais.

I.SÓ.FO.NO, adj., que tem voz igual ou parecida.

I.SO.GA.MI.A, s.f., casamento de alguém com elemento da mesma classe social ou clã.

I.SÓ.GO.NO, adj., Geom., diz-se de figura geométrica que apresenta todos os ângulos iguais.

I.SO.LA.ÇÃO, s.f., isolamento, afastamento, fuga do convívio humano.

I.SO.LA.DO, adj., separado, posto em isolamento; destacado dos demais.

I.SO.LA.DOR, s.m., material que impede a passagem de energia elétrica.

I.SO.LA.MEN.TO, s.m., estado de estar isolado; local reservado a doentes graves.

I.SO.LAN.TE, adj., material para impedir a passagem de energia elétrica.

ISOLAR

I.SO.LAR, *v.t., int.* e *pron.,* separar, afastar, fugir do convívio social.

I.SÓ.LO.GO, *adj.,* que tem composição análoga; Quím., diz-se da série que compreende todas as séries homólogas ou grupos de carbonetos.

I.SÓ.ME.RE, *adj.,* que se compõe de partes assemelhadas.

I.SO.ME.RI.A, *s.f.,* Quím., característica de substância que possui peso molecular igual ao de outra, mas apresenta estrutura e propriedades diferentes; isomerismo.

I.SO.MÉ.RI.CO, *adj.,* relativo a isomeria.

I.SO.ME.RIS.MO, *s.m.,* Quím., o mesmo que isomeria.

I.SÔ.ME.RO, *adj.* e *s.m.,* Fís.-quím., diz-se de ou cada uma das substâncias isoméricas.

I.SO.MÉ.TRI.CO, *adj.,* que possui as mesmas dimensões.

I.SO.MOR.FIS.MO, *s.m.,* estado ou qualidade dos corpos isomorfos.

I.SO.MOR.FO, *adj.,* que apresenta forma igual; que cristalizou sob formas iguais ou idênticas.

I.SO.NO.MI.A, *s.f.,* igualdade de leis; grupo sujeito ao mesmo tipo de leis.

I.SÓ.PO.DE, *adj. 2 gén.,* Zool., que tem patas iguais.

I.SO.POR, *s.m.,* tipo de material espumoso, usado como isolante.

I.SÓS.CE.LE, *s.m.,* triângulo com dois lados iguais.

I.SO.TER.MI.A, *s.f.,* Fís., condição de temperatura constante de um corpo, independentemente da temperatura exterior.

I.SO.TÉR.MI.CO, *adj.,* que tem a mesma temperatura.

I.SÓ.TO.PO, *adj.* e *s.m.,* Fís. Nucl., diz-se de, ou o átomo que possui o mesmo número atômico e número de massa diferente.

I.SÓ.TRO.PO, *adj.,* o mesmo que isotrópico.

IS.QUEI.RO, *s.m.,* peça usada para acender qualquer coisa.

IS.QUE.MI.A, *s.f.,* circulação sanguínea deficiente em determinada parte do corpo humano.

ÍS.QUIO, *s.m.,* a parte traseira inferior do ilíaco.

IS.RA.E.LEN.SE, *adj.* e *s.m.,* próprio de Israel, natural ou habitante desse país; descendente de Jacó (ou Israel).

IS.RA.E.LI.TA, *adj.* e *s.m.,* israelense, próprio de Israel ou habitante desse Estado.

ISS - sigla de Imposto sobre Serviço.

IS.SEI, *s.m.,* japonês emigrado para a América.

IS.SO, *pron. dem.* da segunda pessoa.

ÍST.MI.CO, *s.m.,* que se refere a istmo.

IST.MO, *s.m.,* tira de terra que liga a península ao continente.

IS.TO, *pron. dem.* da primeira pessoa.

I.TA, *s.f.,* palavra tupi-guarani, que significa pedra.

I.TA.BI.RI.TO, *s.m.,* rocha metamórfica xistosa.

I.TAI.PA.VA, *s.f.,* cascata, corredeira em rio, pedras que atravessam o leito do rio, provocando a queda-d'água; itoupava.

I.TA.LI.A.NA.DA, *s.f.,* grupo de italianos, festa de italianos.

I.TA.LI.A.NI.DA.DE, *s.f.,* qualidade de ser italiano; as virtudes e predicados dos italianos; a afabilidade e o modo de ser dos italianos.

I.TA.LI.A.NIS.MO, *s.m.,* todos os aspectos culturais vindos do italiano; palavra italiana em outro idioma.

I.TA.LI.A.NI.ZA.ÇÃO, *s.f.,* aprendizagem de costumes, tradições, culturas italianas.

I.TA.LI.A.NI.ZA.DO, *adj.,* que adquiriu a maneira de ser dos italianos.

I.TA.LI.A.NI.ZAR, *v.t.* e *pron.,* dar jeito e forma de italiano; adquirir hábitos italianos.

I.TA.LI.A.NO, *adj.* e *s.m.,* próprio da Itália ou habitante desse país; *pop.,* descendente de italiano no Brasil.

I.TÁ.LI.CO, *adj.,* próprio de italiano; tipo de escrita para destaque.

Í.TA.LO, *adj.,* relativo à Itália; latino, romano.

I.TA.O.CA, *s.f., pop.,* caverna, furna, cavidade na terra.

I.TA.PE.BA, *s.f.,* recife de pedra extenso, ao longo de uma margem de rio; *var.,* itapeva.

I.TA.PE.CE.RI.CA, *s.f.,* monte formado por pedras de granito e de paredes lisas.

I.TA.RA.RÉ, *s.m.,* rio subterrâneo que corre através de rochas calcáreas.

I.TA.Ú.NA, *s.f.,* pedra preta.

I.TEM, *s.m.,* coisa, artigo, cada objeto de um conjunto; ideias de um texto.

I.TE.RA.ÇÃO, *s.f.,* repetição, reprodução.

I.TE.RA.DO, *adj.,* repetido, reproduzido.

I.TE.RAR, *v.t.,* repetir, reproduzir.

I.TE.RA.TI.VO, *adj.,* que repete, reprodutivo.

I.TI.NE.RAN.TE, *adj.,* que está sempre andando; *s. 2 gén.,* andarilho, transeunte, nômade.

I.TI.NE.RÁ.RIO, *s.m.,* caminho a ser percorrido; roteiro, programa de viagem.

I.TO.RO.RÓ, *s.m.,* cachoeira pequena, cascata.

I.TOU.PA.VA, *s.f.,* itupeva, itaipava, corredeira, salto de água em rio.

ITR - sigla de Imposto Territorial Rural.

Í.TRIO, *s.m.,* elemento metálico com número atômico 39.

I.TU, *s.m.,* salto, cachoeira, queda d'água.

I.TU.PE.VA, *s.f.,* corredeira, cascata.

IU.GOS.LA.VO, *adj.* e *s.m.,* próprio da Iugoslávia ou natural desse país.

I.XE!, *interj.,* demonstração de susto, espanto.

J

J, *s.m.*, décima letra do á-bê-cê e sétima consoante.
JÁ, *adv.*, agora, neste instante, imediatamente; *expr.*, já, já - logo.
JA.BÁ, *s.m.*, carne-seca, charque; *pop.*, qualquer tipo de comida.
JA.BA.CU.LÊ, *gír.*, *s.m.*, gorjeta, dinheiro, pagamento.
JA.BO.TA, *s.f.*, fêmea do jabuti.
JA.BU.RU, *s.m.*, um pássaro que vive em rios, lagos e pântanos.
JA.BU.TI, *s.m.*, quelônio terrestre, tipo de tartaruga terrestre.
JA.BU.TI.CA.BA, *s.f.*, fruto da jabuticabeira.
JA.BU.TI.CA.BAL, *s.m.*, bosque de jabuticabeiras.
JA.BU.TI.CA.BEI.RA, *s.f.*, planta da família das mirtáceas, de frutos azul-escuros muito saborosos e usados para fabricar licores e geleias.
JA.CA, *s.f.*, fruto da jaqueira.
JA.CÁ, *s.m.*, balaio, cesto, feito de taquaras, usado na lavoura para recolher produtos.
JA.ÇA, *s.f.*, defeito em pedra preciosa, mancha, falha.
JA.CA.MI, *s.m.*, jacamim, ave pernalta de muita beleza.
JA.ÇA.NÃ, *s.f.*, ave brasileira que habita em brejos e açudes.
JA.CA.RAN.DÁ, *s.m.*, madeira de lei, muito procurada para o fabrico de móveis.
JA.CA.RÉ, *s.m.*, da família dos crocodilianos; no Brasil, vive em rios e lagoas.
JA.CEN.TE, *adj.*, que jaz, que está deitado.
JA.CI, *s.f.*, tipo de palmeira da Amazônia.
JA.CIN.TO, *s.m.*, planta que produz flores vistosas e coloridas dos jardins.
JA.CO.BI.NIS.MO, *s.m.*, ideias e teorias dos jacobinos, da Revolução Francesa, conhecidos pelo radicalismo e combate contra o poder real; *fig.*, militante político de ideias radicais e contra tudo e todos que lhe sejam antagonistas.
JA.CO.BI.NO, *adj.* e *s.m.*, participante de um grupo radical, na Revolução Francesa, 1789, com atuação violenta contra o rei e colegas de parlamento; *fig.*, radical, exagerado.
JAC.TA.ÇÃO, *s.f.*, *ant.*, Med., perturbação nervosa do paciente.
JAC.TÂN.CIA, *s.f.*, arrogância, soberba, pedantismo.
JAC.TAN.CI.O.SI.DA.DE, *s.f.*, vaidade, arrogância, empáfia, exibicionismo.
JAC.TAN.CI.O.SO, *adj.*, que tem jactância, arrogante, vaidoso.
JAC.TAR-(SE), *v. pron.*, vangloriar-se, gabar-se, elogiar-se.
JAC.TO, *s.m.*, jato, jarro.
JA.CU, *s.m.*, ave de grande porte, existente em nossas matas, quase exterminada pelos caçadores; *fig.*, pessoa feia e desastrada.
JA.CU.BA, *s.f.*, refresco feito à base de água, farinha de mandioca e açúcar.
JA.CU.GUA.ÇU, *s.m.*, *bras.*, Zool., ave (*Penelope obscura*) da fam. dos cracídeos.
JA.CU.Í, *s.m.*, *bras.*, Zool., espécie de jacu pequeno.
JA.CU.LA.DOR, *adj.* e *s.m.*, que atira ou arremessa com arma ofensiva; aquele que atira ou arremessa com arma ofensiva.
JA.CU.LAR, *v.t.*, ejacular, lançar longe.
JA.CU.LA.TÓ.RIA, *s.f.*, oração curta, invocação rápida ao Senhor Deus; pedido breve de ajuda divina.
JA.CU.LA.TÓ.RI.O, *adj.*, que lança jatos (fonte jaculatória); próprio para arremessar; *s.m.*, o mesmo que jaculatória.
JA.CU.MÃ, *s.m.*, tipo de remo usado pelos indígenas.
JA.CUN.DÁ, *s.m.*, *bras.*, Ict., nome de vários peixes de rio do gên. *Crenicichla*; N, Bot., erva (*Calathea ornata*) cultivada como ornamental; AM, Etnol., certa dança indígena durante a pesca do jacundá.
JA.CU.TIN.GA, *s.f.*, ave do tamanho de uma galinha, antigamente comum na Mata Atlântica.
JA.CU.TU.PÉ, JA.CA.TU.PÉ, *s.m.*, *bras.*, Bot., planta trepadeira (*Pachyrhzus tuberosus*) da fam. das leguminosas, de raízes comestíveis.
JA.DE, *s.m.*, pedra esverdeada, dura, de muito uso em confecção de enfeites e outros adereços.
JA.EZ, *s.m.*, tipo, categoria, feitio, feição.
JA.GUA.PÉ, *s.m.*, *bras.*, Zool., o mesmo que irara.
JA.GUA.PE.BA, *s.m.*, *bras.*, Zool., o mesmo que guará.
JA.GUAR, *s.m.*, animal carnívoro da família dos felídeos, onça pintada.
JA.GUA.RA, *s.f.*, cachorro usado na caça; *fig.*, tipo andejo e que pouco para em casa.
JA.GUA.RA.Í.VA, *s.m.*, *bras.*, designação dada ao cão imprestável para a caça.
JA.GUA.RE.TÊ, *s.m.*, onça pequena, oncinha.
JA.GUA.TI.RI.CA, *s.f.*, da família dos felídeos; gato selvagem.
JA.GU.BE, *s.m.*, *bras.*, Bot., cipó (*Banisteriopsis caapi*) da fam. das malpighiáceas, do qual se extrai um alcaloide alucinógeno us. em rituais religiosos; caapi.
JA.GUN.ÇA.DA, *s.f.*, grupo de jagunços.
JA.GUN.ÇA.GEM, *s.f.*, *bras.*, o mesmo que jagunçada.
JA.GUN.ÇA.RI.A, *s.f.*, *bras.*, o mesmo que jagunçada.
JA.GUN.CIS.MO, *s.m.*, *bras.*, modo de vida dos jagunços; cangaço.
JA.GUN.ÇO, *s.m.*, capanga, cangaceiro, guarda-costas.
JAI.NIS.MO, *s.m.*, Rel., religião heterodoxa da Índia, que faz oposição ao vedismo e ao hinduísmo.
JAI.NIS.TA, *adj. 2 gên.*, relativo ao jainismo; que é adepto do jainismo; *s. 2 gên.*, adepto do jainismo.
JAL.DE, *s.m.*, o mesmo que jalne.
JAL.DI.NI.NO, *adj.*, que tem a cor jalne.
JA.LE.CO, *s.m.*, casaco curto para trabalhar em oficina, hospital, escola, farmácia.
JAL.NE, *s.m.*, a cor do amarelo-ouro; *adj. 2 gên.*, que é dessa cor; diz-se dessa cor.
JA.LO.FO, *s.m.*, Etnol., pertencente a um povo da região do rios Senegal e Gâmbia (África); Gloss., língua desse

povo; *adj.*, relativo ao jalofo; que é boçal, rude, grosseiro.

JA.MAI.CA.NO, *adj.* e *s.m.*, próprio da Jamaica, natural ou habitante desse país.

JA.MAIS, *adv.*, nunca, em tempo algum.

JA.MAN.TA, *s.f.*, carreta; *pop.*, pessoa enorme, gigantesca.

JAM.BEI.RO, *s.m.*, árvore que produz o jambo.

JAM.BO, *s.m.*, fruto vermelho, gostoso, produzido pelo jambeiro.

JAM.BO.LÃO, *s.m.*, jamelão.

JA.ME.GÃO, *s.m.*, *pop.*, assinatura, firma, rubrica.

JA.ME.LÃO, *s.m.*, árvore frutífera brasileira, comum em muitas regiões; o fruto dessa planta; jambolão.

JAN.DAI.A, *s.f.*, tipo de periquito.

JAN.DA.Í.RA, *s.f.*, certa abelha brasileira, de cor escura, avermelhada.

JA.NEI.RA, *s.f.*, variedade de maçã.

JA.NEI.REI.RO, *s.m.*, o que canta janeiras.

JA.NEI.RO, *s.m.*, o primeiro mês do ano.

JA.NE.LA, *s.f.*, esquadria, abertura menor, a mais ou menos um metro de altura, para permitir a entrada de luz e ar na casa; os vários pontos para embutir informações na tela do monitor do micro.

JA.NE.LAR, *v. int.*, estar quase à janela, conversar muito pela janela.

JA.NE.LEI.RO, *adj.*, que tem o hábito de ficar à janela; *s.m.*, quem tem esse hábito.

JA.NE.LE.TA, *s.f.*, janelinha.

JAN.GA, *s.f.*, espécie de embarcação chata com remos, usada para madeiras.

JAN.GA.DA, *s.f.*, embarcação de troncos ligados entre si.

JAN.GA.DEI.RO, *s.m.*, quem dirige uma jangada.

JÂN.GAL, *s.m.*, floresta, selva, mata.

JA.NO.TA, *adj.* e *s.m.*, almofadinha, dândi, que está sempre muito bem vestido, casquilho, frajola.

JA.NO.TA.DA, *s.f.*, grupo de janotas, festa de janotas, reunião de almofadinhas.

JA.NO.TE.AR, *v.int.*, o mesmo que janotar.

JA.NO.TI.CE, *s.f.*, vaidade, arrogância, elegância.

JA.NO.TIS.MO, *s.m.*, luxo no vestir.

JAN.SE.NIS.MO, *s.m.*, doutrina do teólogo holandês Cornélio Jansênio (1585-1638), que dizia que a obtenção da graça divina estaria acima do livre-arbítrio humano; *fig.*, austeridade moral.

JAN.SE.NIS.TA, *adj. 2 gên.* relativo ao jansenismo; que é partidário do jansenismo; *fig.*, austero; *s. 2 gên.*, partidário do jansenismo; *fig.*, indivíduo de costumes austeros.

JAN.TA, *s.f.*, ceia, jantar.

JAN.TA.DO, *adj.*, que jantou.

JAN.TA.DOR, *adj.* e *s.m.*, que ou aquele que prefere um bom jantar a outra refeição.

JAN.TAR, *v. int.*, cear, comer ao anoitecer; *s.m.*, a refeição do anoitecer, ceia.

JAN.TAR.RÃO, *s.m.*, um jantar muito farto, banquete, ceia suntuosa.

JAN.TE, *s.f.*, aro da roda de veículo automóvel.

JA.Ó, *s.m.*, ave que solta um pio triste, nostálgico, ao anoitecer.

JA.PA, *s. 2 gên.*, *pop.*, japonês.

JA.PE.CAN.GA, *s.f.*, *bras.*, Bot., nome comum a várias plantas da fam. das Liliáceas, do gên. Smilax.; como a salsaparrilha.

JA.PI, *s.m.*, *bras.*, japim, ave canora com as penas pretas.

JA.PO.NA, *s.f.*, casaco; *pop.*, japonês.

JA.PO.NÊS, *adj.* e *s.m.*, próprio do Japão ou seu habitante; nipo, nipônico.

JA.PO.NE.SAR, *v.t.*, assumir modos e feições de japonês; niponizar-se.

JA.QUE, *s.m.*, Náut., pequena bandeira, que se iça no gurupés, para pedir socorro; jaco.

JA.QUEI.RA, *s.f.* e *adj.*, árvore de grande porte, da fam. das Moráceas, originária da Ásia e cujo fruto é a jaca.

JA.QUEI.RAL, *s.m.*, bosque de jaqueiras.

JA.QUE.JA.QUE, *s.m.*, *bras.*, espécie de mamoeiro.

JA.QUE.TA, *s.f.*, casaco, paletó, parte do vestuário masculino para formar o terno; no dentista, uma cobertura em um dente estragado, para dar a impressão de que é original.

JA.QUE.TÃO, *s.m.*, tipo de paletó.

JA.RA.GUÁ, *s.m.*, tipo de capim em pastagens.

JA.RA.RA.CA, *s.f.*, designação comum a tipos de cobras venenosas; *fig.*, pessoa safada, língua venenosa, tipo maledicente e furtador.

JA.RA.RA.CU.ÇU, *s.m.*, cobra venenosa, destacada pelo tamanho avantajado.

JAR.DA, *s.f.*, medida inglesa de comprimento com 0,914 m, ou seja, pés.

JAR.DIM, *s.m.*, terreno próprio para o plantio de flores e plantas de flores; *fig.*, lugar bonito, éden.

JAR.DI.NA.GEM, *s.f.*, maneira de cultivar jardins.

JAR.DI.NAR, *v.t.* e *int.*, cultivar jardim; plantar em terreno; praticar jardinagem.

JAR.DI.NEI.RA, *s.f.*, vaso para pôr flores; ônibus velho, usado em locais interioranos.

JAR.DI.NEI.RO, *s.m.*, quem trabalha em jardim, especialista em jardinagem.

JAR.DI.NIS.TA, *s. 2 gên.*, planejador de jardins; pessoa que gosta de jardins ou de jardinagem.

JAR.GÃO, *s.m.*, termos que se repetem sempre; gíria de certas profissões.

JA.RI.NA, *s.f.*, tipo de palmeira da Amazônia.

JA.RI.TA.CA.CA, *s.f.*, jaritataca, carnívoro da família dos mustelídeos, ou seja, da doninha.

JAR.RA, *s.f.*, vaso para colocar flores; peça de louça para servir vinho ou outras bebidas à mesa.

JAR.RE.TA, *s. 2 gên.*, pessoa que se veste mal, que se apresenta fora da moda.

JAR.RE.TAR, *v.t.*, cortar os jarretes a; amputar, decepar (um membro); eliminar, aniquilar; destruir.

JAR.RE.TE, *s.f.*, parte do joelho que fica atrás; nos quadrúpedes, o tendão da perna.

JAR.RE.TEI.RA, *s.f.*, *ant.*, Vest., liga que prende as meias às pernas; ordem de cavalaria da Inglaterra, cujo emblema é uma liga.

JAR.RO, *s.m.*, vaso especial para colocar água e para servir às pessoas.

JAS.MIM, *s.m.*, arbusto da família das oleáceas, flores brancas e perfumadas, cultivado nos jardins; jasmineiro, gardênia.

JAS.MIM-DO-CA.BO, *s.m.*, jasmim, gardênia.

JAS.MI.NEI.RO, *s.m.*, arbusto que produz flores brancas e aromáticas, gardênia.

JAS.PE, *s.m.*, variedade de quartzo colorido.

JAS.PE.AR, *v.t.*, colorir como jaspe, tornar parecido com

JATAÍ — JOCOSIDADE

jaspe.

JA.TA.Í, s.f., tipo de abelha silvestre, produtora de mel abundante; s.m., o mesmo que jatobá.

JA.TO, s.m., impulso, jorro, empurrão; ir a jato - muito depressa.

JA.TO.BÁ, s.m., fruta muito apreciada do jatobazeiro.

JA.Ú, s.m., peixe muito grande dos rios brasileiros, sobretudo da Amazônia e do Paraná.

JAU.LA, s.f., gaiola grande para prender animais ferozes; fig., cadeia.

JA.VA.LI, s.m., porco selvagem da Europa, e hoje criado no Sul do Brasil.

JA.VA.NÊS, adj. e s.m., próprio de Java ou natural dessa ilha.

JA.VÉ, s.m., iavé, Jeová, Deus; termos usados pela Bíblia para designar a Deus.

JA.ZER, v. int. e pron., estar deitado, ficar deitado e esticado; estar morto, estar enterrado, permanecer.

JA.ZI.DA, s.f., mina de minérios, local com minérios.

JA.ZI.GO, s.m., túmulo, sepultura, cova.

JAZZ, s.m., tipo de música norte-americana.

JAZ.ZÍS.TI.CO, adj., Mús., relativo a jazz; que tem influência musical do jazz.

JAZZ.MA.NÍ.A.CO, s.m., Mús., o que é maníaco por jazz.

JÊ, adj. e s. 2 gên., grupo indígena dos jês, no qual se encaixa a maioria dos tapuias; índio jê.

JEANS, s.m., pl., ing., tipo de fazenda, brim de cor azul.

JE.CA, s.m., matuto, caboclo, capiau, caipira, sertanejo.

JE.CA-TA.TU, s.m., figura do caipira brasileiro, criada pelo escritor Monteiro Lobato na obra Jeca Tatu.

JE.GUE, s.m., jumento, asno, burro, mulo, jerico.

JE.GUE.DÊ, s.m., um tipo de dança africana.

JEI.RA, s.f., medida agrária que equivale a 0,2 hectare.

JEI.TÃO, s.m., pop., certa característica típica de uma pessoa.

JEI.TI.NHO, s.m., manha, artimanha, jeito de malandro.

JEI.TO, s.m., modo de ser, feitio, feição, desenvoltura, habilidade, hábito.

JEI.TO.SO, adj., hábil, apto.

JE.JU.A.DO, adj., que não come nada, abstinente de alimentos.

JE.JU.A.DOR, adj. e s.m., que(m) pratica o jejum, que(m) pratica a abstinência.

JE.JU.AR, v. int., manter o jejum, não comer nem beber por certo período; abster-se de alimento.

JE.JUM, s.m., ficar sem comer em certos dias; reduzir o alimento por normas de religião ou filosofia.

JE.JU.NO, adj. e s.m., que está em jejum; pedaço do intestino delgado, entre o ílio e o duodeno.

JE.NI.PA.PEI.RO, s.m., árvore que produz o jenipapo.

JE.NI.PA.PO, s.m., fruto do jenipapeiro, com o qual se produzem licores e geleias.

JE.O.VÁ, s.m., iavé, a designação de Deus para os hebreus e seus seguidores.

JE.QUI, s.m., cesto longo e afunilado, feito de varas de bambu e cipó, usado para pescar.

JE.QUI.Á, s.m., tipo de cesto aberto.

JE.QUI.CE, s.f., atitudes de jeca, modos de jeca.

JE.QUI.TI.BÁ, s.m., grande árvore, cuja madeira é muito apreciada.

JE.RE.MI.AR, v.int., lamuriar; choramingar; lastimar.

JE.RE.RÊ, s.m., apetrecho usado na pesca de camarão e peixe miúdo.

JE.RI.BI.TA, s.f., bebida alcoólica destilada, cachaça, pinga, cana.

JE.RI.CA.DA, s.f., bando de jericos.

JE.RI.CO, s.m., jumento, jegue; fig., tipo tolo e teimoso.

JE.RI.MUM, s.m., abóbora.

JE.RI.MUN.ZEI.RO, s.m., aboboreira.

JE.RO.PI.GA, s.f., vinho de fermentação misturado com cachaça; vinho de má qualidade.

JE.RO.SO.LI.MI.TA, s. 2 gên., adj. 2 gên., ver hierosolimita.

JE.RO.SO.LI.MI.TA.NO, s.m., adj., ver hierosolimitano.

JÉR.SEI, s.m., tecido de malha, algodão, lã ou seda; raça de gado vacum, procurado pela qualidade e quantidade do leite.

JE.SU.Í.TA, s.m., membro da ordem religiosa Companhia de Jesus, fundada por Santo Inácio de Loyola, em 1534, na Espanha.

JE.SU.Í.TI.CO, adj., que se refere ao jesuíta.

JE.SU.I.TIS.MO, s.m., Rel., doutrina religiosa e moral dos jesuítas.

JE.TOM, s.m., jetão, gratificação dada aos representantes do legislativo por participação em sessões extraordinárias.

JI.A, s.f., rã.

JI.BOI.A, s.f., grande réptil, não venenoso, que se alimenta de pequenos roedores.

JI.BOI.AR, v.t. e int., bras., digerir (grande refeição) em repouso.

JI.GA, s.f., antiga dança popular italiana.

JI.LÓ, s.m., fruto do jiloeiro.

JI.LO.EI.RO, s.m., planta que produz o jiló, fruto amargo usado na cozinha.

JIN.GLE, s.m., anúncio em rádio e TV, com música.

JIN.JI.BIR.RA, s.f., bebida obtida com a mistura de gengibre, frutas e cachaça.

JIN.RI.QUI.XÁ, s.m., carrinho de duas rodas, puxado por um homem.

JI.PE, s.m., veículo reforçado com tração nas quatro rodas, para enfrentar qualquer tipo de estrada.

JI.RAU, s.m., estrado com forquilhas para colocar louças e outros utensílios.

JI.RI.GO.TE, s. 2 gên., trapaceiro, safado, pilantra, ladrão, velhaco.

JIU-JÍTSU, s.m., atividade corporal que ensina a se defender e a lutar, de origem japonesa; judô.

JO.A.LHA.RI.A, s.f., estabelecimento do joalheiro; profissão ou arte de joalheiro.

JO.A.LHEI.RO, s.m., quem fabrica joias.

JO.A.LHE.RI.A, s.f., joalharia, loja para a venda de joias.

JO.A.NE.TE, s.m., saliência nas articulações dos dedos do pé, provocada pela inflamação dos membros.

JO.A.NI.NHA, s.f., pequena lagarta, comum nas casas; vaquinha.

JO.A.NI.NO, adj., que se refere a São João ou Santa Joana.

JO.ÃO-DE-BAR.RO, s.m., ave da família dos furnariídeos, que faz o ninho de barro; forneiro.

JO.ÃO-NIN.GUÉM, s.m., homem sem valor; coitado, pobre homem.

JO.ÃO-PES.SO.EN.SE, adj. e s. 2 gên., referente, natural ou habitante de João Pessoa, capital da Paraíba.

JO.ÃO-PES.TA.NA, s. 2 gên., o sono, vontade de dormir.

JO.ÇA, s.f., troço, droga, coisa que não vale nada.

JO.CO.SI.DA.DE, s.f., comicidade, hilaridade.

JOCOSO

JO.CO.SO, *adj.*, cômico, que provoca o riso, alegre.
JO.EI.RA, *s.f.*, grande peneira com que se limpa o trigo ou arroz, retirando-se ingredientes estranhos.
JO.EI.RA.DO, *adj.*, peneirado, limpo, purificado.
JO.EI.RA.MEN.TO, *s.m.*, peneirada, limpeza, purificação.
JO.EI.RAR, *v.t.*, peneirar, limpar, passar na peneira para retirar a sujeira.
JO.EI.REI.RO, *s.m.*, quem joeira, peneirador.
JO.E.LHA.ÇO, *s.m.*, joelhada, pancada com o joelho.
JO.E.LHA.DA, *s.f.*, golpe com o joelho.
JO.E.LHEI.RA, *s.f.*, peça com reforço para proteger o joelho de jogadores.
JO.E.LHO, *s.m.*, parte central da articulação da perna com a coxa; peça de plástico para unir tubos para condução de líquidos.
JO.E.LHU.DO, *adj.*, que tem joelhos grandes.
JO.GA.ÇÃO, *s.f., fig.;* jogo, lance, rodeio.
JO.GA.ÇO, *s.m., bras., pop.*, jogo esportivo de grandes lances espetaculares.
JO.GA.DA, *s.f.*, ato de jogar, momento de atividade no jogo; tramoia, ardil para obter lucros fáceis.
JO.GA.DO, *adj.*, lance efetuado, largado, abandonado.
JO.GA.DOR, *s.m.*, quem joga, quem pratica algum jogo; atleta.
JO.GA.DOU.RO, *s.m., pop.*, articulação dos ossos.
JO.GAR, *v.t., int. e pron.*, praticar o jogo, arriscar a sorte, meter-se em, apostar em jogo, balançar, sacudir.
JO.GA.TAR, *v.int., ant.*, zombar.
JO.GA.TI.LHA, *s.f., p.us.*, jogatina.
JO.GA.TI.NA, *s.f.*, vício de jogar.
JOGGING, *s.m.*, ing., Esp., caminhada ou corrida em ritmo moderado, ao ar livre; Vest., conjunto de calça e blusão para praticar *jogging.*
JO.GO, *s.m.*, ação de jogar, brincadeira na qual se enfrentam regras para obter um vencedor, o qual recebe o apostado em dinheiro; atividade física, mental, com equipe ou pessoas únicas, para escolher um vencedor; jogo de louça, roupas; artimanha, cilada, ardil.
JO.GRAL, *s.m.*, bobo da corte, poeta medieval que declamava poemas de outros compositores; conjunto de pessoas que declamam poemas intercalados ou historietas com fim pedagógico.
JO.GRA.LES.CO, *adj.*, que se refere a jogral.
JO.GUE.TAR, *v.int.*, o mesmo que joguetear.
JO.GUE.TE, *s.m.*, bola-murcha, quem se deixa manobrar pelos outros, brinquedo.
JO.GUE.TE.AR, *v.t. e int.*, fazer gracejos, esgrimindo ou lutando de brincadeira.
JOI.A, *s.f.*, objeto precioso para enfeite; pagamento para associar-se a um clube; pedra preciosa.
JOI.NA, *s.f.*, Bot., erva leguminosa medicinal (*Ononis hispanica*).
JO.IN.VI.LEN.SE, *s. 2 gên.*, natural ou habitante de Joinville (SC); *adj. 2 gên.*, de Joinville, típico dessa cidade ou de seu povo.
JOI.O, *s.m.*, cizânia, erva parecida com o trigo, que lhe deprecia o valor; *fig.*, coisa diabólica, algo ruim, pessoa perversa e maldosa.
JON.GAR, *v. int.*, dançar o jongo.
JON.GO, *s.m.*, dança cantada de cunho rural, mas com origem africana.
JON.GUEI.RO, *s.m., bras.*, Mús., aquele que frequenta jongos.

·· 498 ··

JUBA

JÔ.NI.CO, *adj.*, que se refere à antiga região da Jônia, na Grécia.
JÔ.NIO, *adj., s.m.*, que se refere à Jônia, antiga região da Grécia; habitante, estilo, tradição e artes.
JÓ.QUEI, *s.m.*, local em que se fazem corridas de cavalo, hípica; quem cavalga o cavalo na corrida.
JO.QUE.TA, *s.f., bras.*, Hip., mulher que monta cavalos de corrida.
JOR.DA.NI.A.NO, *adj. e s.m.*, relativo à Jordânia ou natural desse país.
JOR.NA, *s.f., pop.*, remuneração salarial por dia de trabalho; diária; embriaguez; bebedeira.
JOR.NA.DA, *s.f.*, o tanto que se caminha durante um dia; trajeto; o tempo do trabalho diário.
JOR.NAL, *s.m.*, o pagamento por um dia de trabalho; diário, gazeta, publicação.
JOR.NA.LA.DA, *s.f., dep.*, porção de jornais.
JOR.NA.LE.CO, *s.m., depr.*, jornal pequeno; jornal de baixa qualidade.
JOR.NA.LEI.RO, *s.m.*, quem entrega jornais, quem vende jornais nas ruas, quem trabalha por jornada.
JOR.NA.LIS.MO, *s.m.*, o exercício da profissão de jornalista; o conjunto de jornais.
JOR.NA.LIS.TA, *s. 2 gên.*, quem escreve, transmite, edita ou redige jornal, revista, noticiário de rádio ou televisão.
JOR.NA.LÍS.TI.CO, *adj.*, referente, próprio de jornal, dos trabalhos com jornal.
JOR.RA.DO, *adj.*, escorrido, saltado, expelido.
JOR.RA.MEN.TO, *s.m.*, fluxo, jato, esguicho, jorro.
JOR.RAR, *v.t. e int.*, escorrer com força, saltar, sair com ímpeto.
JOR.RO, *s.m.*, jato de líquido, esguicho, saída violenta de água.
JO.TA, *s.m.*, nome da letra *j*.
JOU.LE, *s.m.*, Fís., unidade de trabalho de energia ou trabalho; corresponde a 107 ergs ou a 0,102 de quilográmetro; símb.: J.
JO.VEM, *s.m., moço, rapaz*, homem com força e pouca idade.
JO.VEM-GUAR.DA, *s.f.*, Mús., gênero musical conhecido como iê-iê-iê, dos anos 60/70, com melodias pop românticas; conjunto dos compositores e cantores desse gênero musical.
JO.VI.AL, *adj.*, feliz, guapo, alegre, risonho.
JO.VI.A.LI.DA.DE, *s.f.*, qualidade de quem é jovem, alegria, felicidade, dita, bem-estar.
JO.VI.A.LI.ZAN.TE, *adj.*, que jovializa.
JO.VI.A.LI.ZAR, *v.t. e int.*, tornar jovial, alegre; mostrar-se jovial, alegre.
JO.VI.AL.MEN.TE, *adv.*, de modo jovial, alegre, espontâneo.
JO.VI.A.NO, *adj.*, Astron., relativo aos planetas gasosos Júpiter, Saturno, Urano e Netuno; Hist., relativo a Flávio Joviano (331-364), imperador de Roma por um ano, em 363.
JO.VI.LÁ.BIO, *s.m.*, (Astron.) instrumento usado outrora para determinar a situação dos satélites de Júpiter.
JOYSTICK, *s.m.*, ing., em jogo de computador e vídeo, instrumento com alavanca e botões para mexer e dirigir os movimentos na tela.
JU.Á, *s.m.*, fruto amarelo e saboroso do juazeiro.
JU.A.ZEI.RO, *s.m.*, árvore própria da caatinga nordestina e que produz o juá.
JU.BA, *s.f.*, crina do leão; *fig.*, cabeleira vasta e enorme.

JUBARTE ··· 499 ··· **JUNDIÁ**

JU.BAR.TE, s.f., Zool., baleia da fam. dos balenopterídeos (*Megaptera novaeangliae*), encontrada em todos os oceanos, atingindo até 16 m de comprimento.
JU.BI.LA.ÇÃO, s.f., ação ou efeito de jubilar, festa, aposentadoria compulsória de professor.
JU.BI.LA.DO, adj., aposentado, alegrado, festejado, celebrado.
JU.BI.LA.MEN.TO, s.m., ato ou efeito de jubilar(-se); júbilo.
JU.BI.LAN.TE, adj. 2 gên., que jubila; radiante.
JU.BI.LAR, adj., relativo a uma cerimônia ou a um aniversário solene; estar muito alegre.
JU.BI.LEU, s.m., bodas de ouro, aniversário; indulgência papal para certas ocasiões especiais, mediante cumprimento de algumas obrigações.
JÚ.BI.LO, s.m., muita alegria, felicidade.
JU.BI.LO.SO, adj., ditoso, feliz, felicíssimo.
JU.BO.SO, adj., que tem juba; jubado.
JU.CÁ, s.m., pau-ferro, árvore da flora nacional.
JU.ÇA.NA, s.f., bras., armadilha para capturar pássaros, fig., pop., trapaça.
JU.ÇA.RA, s.f., palmeira comum da mata brasileira, cuja parte final é comestível.
JU.ÇA.RAL, s.m., bras., plantação de juçaras.
JU.ÇA.REI.RA, s.f., Bot., o mesmo que juçara.
JU.CÁS, s.m., pl., bras., indígenas da margem oeste do Jaguaribe.
JU.CUN.DO, adj., agradável, gostoso, delicioso, maravilhoso, prazeroso.
JU.CU.RI, s.m., bras., certa árvore, cujas fibras servem para fazer cordas e tecidos.
JU.DAI.CO, adj., referente aos judeus, ao judaísmo.
JU.DA.ÍS.MO, s.m., credo religioso dos judeus, conjunto filosófico religioso dos judeus.
JU.DA.I.ZA.DO, adj., convertido ao judaísmo, adepto das doutrinas judaicas.
JU.DAI.ZAN.TE, adj. 2 gên., que judaíza; que converte ou tenta converter alguém ao judaísmo; que pratica o judaísmo; s. 2 gên., indivíduo judaizante.
JU.DA.I.ZAR, v.t. e int., levar à prática do judaísmo, observar o cerimonial dos judeus.
JU.DAS, s.m., traidor, falso amigo.
JU.DEU, adj. e s.m., próprio da Judeia (antigo sul da Palestina); israelita; hebreu; aquele que segue o judaísmo; fig., avarento.
JU.DI.A, adj., diz-se de mulher de origem judaica; s.f., mulher de origem judaica.
JU.DI.A.ÇÃO, s.f., ato de maltratar ou zombar de alguém; judiaria.
JU.DI.A.DO, adj., maltratado, atormentado, surrado.
JU.DI.A.DOR, adj., que judia, maltrata; s.m., aquele que judia, que maltrata física ou moralmente.
JU.DI.AR, v.t. e int., fig, maltratar, atormentar.
JU.DI.CAN.TE, s. 2 gên., quem exerce as funções de juiz, quem julga, julgador.
JU.DI.CAR, v.t. e int., fazer julgamento sobre (alguém ou algo); julgar.
JU.DI.CA.TI.VO, adj., que se refere a julgamento, que julga.
JU.DI.CA.TÓ.RIO, adj., que se refere a julgamento.
JU.DI.CA.TU.RA, s.f., cargo, função de juiz, poder legal de aplicar a lei conforme os códigos.
JU.DI.CI.AL, adj., próprio dos tribunais, da justiça.

JU.DI.CI.AN.TE, adj., que judicia.
JU.DI.CI.AR, v.int., decidir judicialmente.
JU.DI.CI.Á.RIO, adj., ligado ao poder da justiça, do juiz.
JU.DI.CI.O.SI.DA.DE, s.f., atitude de justeza, equilíbrio e sensatez ao analisar questões ou fazer julgamentos.
JU.DI.CI.O.SO, adj., que possui juízo; que pratica a justiça.
JU.DÔ, s.m., esporte nipônico praticado em academias; jiu-jítsu.
JU.DO.CA, s. 2 gên., quem pratica o judô.
JU.GA, s.f., cabeço; picoto; lugar alto.
JU.GA.DA, s.f., Agr., espaço de terreno que uma junta de bois pode lavrar em um único dia.
JU.GA.DEI.RO, adj., relativo a jugada.
JU.GA.DOR, s.m., ponta de ferro afiada com que se abatem as reses no matadouro.
JU.GAR, v.t., abater (a rês no matadouro).
JU.GO, s.m., canga para atrelar o boi ao carro ou a outro utensílio agrícola; opressão, autoritarismo.
JU.GO.SO, adj., que tem jugas; alto; montuoso.
JU.GU.LA.ÇÃO, s.f., ação ou resultado de jugular; degolação; decapitação.
JU.GU.LAR, s.f., três veias vitais do pescoço; v.t., degolar, decapitar, assassinar.
JU.IZ, s.m., funcionário público concursado, com certos privilégios constitucionais, e que analisa as fatos para sentenciar uma pendência entre o autor e o réu; árbitro.
JU.Í.ZA, s.f., fem. de juiz.
JU.I.ZA.DO, s.m., cargo de juiz, local para o juiz atuar.
JU.Í.ZO, s.m., conceito, opinião, sensatez, prudência.
JU.JU.BA, s.f., Bot., árvore da fam. das ramnáceas (*Ziziphus jujuba*); o fruto dessa árvore.
JU.JU.BEI.RA, s.f., Bot., ver jujuba.
JU.LA.VEN.TO, s.m., Náut., sotavento.
JUL.GA.DO, adj., que recebeu sentença de condenação ou absolvição.
JUL.GA.DOR, adj., que julga; s.m., pessoa que julga.
JUL.GA.MEN.TO, s.m., ação de julgar, ato de dar uma sentença.
JUL.GAR, v.t., int. e pron., decidir, sentenciar, analisar e definir, avaliar, conceituar.
JU.LHO, s.m., o sétimo mês do ano.
JU.LI.A.NO, adj., relativo a Júlio César, que realizou a reforma do calendário.
JU.MEN.TA, s.f., burra.
JU.MEN.TA.DA, s.f., um bando de jumentos.
JU.MEN.TAL, adj., asinino; relativo a jumento.
JU.MEN.TI.CE, s.f., o mesmo que jumentada.
JU.MEN.TO, s.m., jerico, jegue, cavalgadura, asno, burro; fig., idiota.
JUN.CA.DA, s.f., muitos juncos; pancada ou vergastada com vara de junco.
JUN.CA.DO, adj., coberto de juncos, coberto de outras plantas, folhas, flores.
JUN.CAL, s.m., local em que há juncos.
JUN.ÇÃO, s.f., união, junta, ligação.
JUN.CAR, v.t., revestir de juncos; fig., encher de, cobrir com.
JUN.CI.FOR.ME, adj., que se assemelha ao junco.
JUN.CI.O.NAL, adj., Med., diz-se de lesão que ocorre no limite de dois tecidos orgânicos distintos.
JUN.CO, s.m., planta que se desenvolve em lugares úmidos.
JUN.DI.Á, s.m., Bot., planta labiada brasileira; Ict., peixe

JUNGIDO

JUSTADO

comum de água doce, da fam. dos pimelodídeos.

JUN.GI.DO, *adj.*, amarrado, ligado, preso.

JUN.GIR, *v.t.*, amarrar com o jugo; prender, ligar; subjugar, dominar.

JU.NHO, *s.m.*, o sexto mês do ano.

JU.NI.NO, *adj.*, próprio do mês de junho, das festas juninas; joanino.

JÚ.NIOR, *adj.*, o mais jovem em relação a outro mais velho.

JU.NÍ.PE.RO, *s.m.*, zimbro, nome de uma planta cujos frutos são usados para obter licores.

JUN.QUEI.RA, *s.f.*, grande quantidade de juncos, juncal.

JUN.QUEI.RO, *adj., bras.*, diz-se de certo tipo de gado bovino produzido por seleção do gado caracu.

JUN.QUI.LHO, *s.m.*, planta de flores douradas e aromáticas; essa flor.

JUN.TA, *s.f.*, juntura, junção; coletivo para bois, examinadores, médicos.

JUN.TA.DA, *s.f.*, em um processo forense, acrescenta-se mais algum documento aos autos.

JUN.TA.DEI.RA, *adj., s.f.*, o mesmo que ajuntadeira.

JUN.TA.DO, *adj.*, ajuntado, reunido, ligado.

JUN.TA.MEN.TE, *adv.*, junto ou ligado a outro; em companhia; ao mesmo tempo; também.

JUN.TA.MEN.TO, *s.m.*, o mesmo que ajuntamento.

JUN.TAR, *v.t., int.* e *pron.*, ajuntar, reunir, colocar junto.

JUN.TI.VO, *adj.* e *s.m.*, Ling., diz-se de ou a palavra que marca a junção entre palavras, sintagmas ou frases.

JUN.TO, *adj.*, aproximado, achegado, unido.

JUN.TOU.RA, *s.f.*, Constr., pedra que vai de uma extremidade a outra de uma parede ou pilar.

JUN.TU.RA, *s.f.*, junção, junta, ligação, articulação.

JÚ.PI.TER, *s.m.*, o maior planeta do sistema solar.

JU.PI.TE.RI.A.NO, *adj.*, relativo ou pertencente ao planeta Júpiter; *fig.*, altivo, imperioso.

JUP.TÉ.RIO, *adj.*, o mesmo que jupiteriano.

JU.QUI.RI, *s.m., bras.*, Bot., árvore ou arbusto da fam. das Leguminosas, subfam. Papilionoídea, encontrado na Amazônia, que dá madeira dura e escura e cujas folhas têm propriedades anti-inflamatórias.

JU.RA, *s.f., pop.*, juramento, promessa solene.

JU.RA.DO, *adj.*, que está comprometido com juramento; ameaçado de morte; *s.m.*, cada um dos sete cidadãos que compõem o tribunal do júri.

JU.RA.DOR, *adj.* e *s.m.*, que(m) jura, pessoa que faz juramento.

JU.RA.MEN.TA.DO, *adj.* e *s.m.*, profissional de cartório que trabalha dentro de limites legais.

JU.RA.MEN.TAR, *v.t.* e *pron.*, fazer um juramento, tomar um juramento.

JU.RA.MEN.TO, *s.m.*, ação de jurar, promessa solene e legal de alguém de que dirá somente a verdade, ou cumprirá determinada obrigação.

JU.RAR, *v.t.* e *pron.*, declarar, afirmar, comprometer-se, sob certas fórmulas, de que dirá somente a verdade.

JU.RÁS.SI.CO, *adj.*, refere-se a uma época, período da era mesozoica, quando surgiram as aves; *fig.*, muito antigo, muito velho.

JU.RA.TÓ.RIO, *adj.*, relativo a juramento.

JU.RE.MA, *s.f.*, arbusto com espinhos e madeira dura, com o qual se produz uma bebida alucinógena.

JÚ.RI, *s.m.*, conjunto de sete cidadãos, juiz, promotor e advogado de defesa, no julgamento de um criminoso que praticou homicídio doloso.

JU.RI.CI.DA.DE, *s.f.*, o mesmo que juridicidade.

JU.RI.DI.CA.MEN.TE, *adv.*, de modo jurídico; segundo os princípios do direito.

JU.RI.DI.CI.DA.DE, *s.f.*, qualidade ou caráter do que é jurídico; legalidade; licitude.

JU.RI.DI.CIS.MO, *s.m.*, atitude de aplicar a lei friamente, sem interpretá-la.

JU.RI.DI.CIS.TA, *adj. 2 gên.*, relativo ao juridicismo.

JU.RÍ.DI.CO, *adj.*, referente ao Direito, próprio da justiça.

JU.RIS.CON.SUL.TO, *s.m.*, jurista, advogado com largo saber no Direito.

JU.RIS.DI.ÇÃO, *s.f.*, poder emanado da lei para analisar e julgar consoante a lei; território abrangido pela lei; competência de local.

JU.RIS.DI.CI.O.NA.DO, *s.m.*, Jur., aquele a quem se aplica jurisdição; aquele que recebeu jurisdição.

JU.RIS.DI.CI.O.NAL, *adj.*, que se refere a jurisdição.

JU.RIS.PE.RÍ.CIA, *s.f.*, qualidade ou autoridade de jurisperito.

JU.RIS.PE.RI.TO, *s.m.*, jurisconsulto, jurista, advogado.

JU.RIS.PRU.DÊN.CIA, *s.f.*, doutrina do Direito, pareceres de jurisconsultos; maneira de interpretar a lei; publicações legais que passam a ter força de lei em decisões judiciais, sobretudo oriundas de súmula vinculante.

JU.RIS.PRU.DEN.CI.AL, *adj. 2 gên.*, Jur. relativo ou inerente a jurisprudência.

JU.RIS.PRU.DEN.TE, *s. 2 gên.*, o mesmo que jurisconsulto.

JU.RIS.TA, *s. 2 gên.*, advogado, jurisconsulto, quem entende, conhece e maneja com maestria o Direito.

JU.RI.TI, *s.f.*, nome comum de diversas aves da família dos colombídeos; pomba.

JU.RO, *s.m.*, rendimento pago por dinheiro emprestado ou aplicado.

JU.RU.BE.BA, *s.f.*, arbusto de cujas folhas e frutos se fazem remédios para males figadais e estomacais.

JU.RU.PA.RI, *s.m.*, entre os índios tupis, era o espírito mau que os missionários associaram ao demônio da doutrina cristã.

JU.RU.RU, *s.m.*, tristonho, triste, macambúzio, sorumbático.

JU.RU.TI, *s.f.*, rola, pomba.

JUS, *s.m.*, direito, *expr.* fazer jus a - ter direito.

JU.SAN.TE, *s.f.*, maré baixa, baixa-mar, refluxo; o lado da foz do rio.

JUS.NA.TU.RA.LIS.MO, *s.m.*, Fil., Jur., o mesmo que direito natural.

JUS.NA.TU.RA.LIS.TA, *adj. 2 gên.*, Jur., relativo ou inerente ao jusnaturalismo.

JUS.PO.SI.TI.VIS.MO, *s.m.*, Fil., Jur., corrente (séc. XVII) que negava a racionalidade divina e adotava os direitos individuais da organização social; positivismo jurídico; *s.m.*, Jur., direito ditado pelas leis.

JUS.PO.SI.TI.VIS.TA, *adj. 2 gên.*, reativo ao juspositivismo; que é adepto do juspositivismo; *s. 2 gên.*, adepto do juspositivismo.

JUS.SI.VO, *adj.*, Gram., diz-se das proposições que exprimem ordem; *s.m.*, o mesmo que modo imperativo.

JUS.TA, *s.f.*, na Idade Média, era uma luta entre dois cavaleiros com armadura, e munidos de uma lança; luta, combate, competição; debate, discussão.

JUS.TA.DO, *adj.*, combatido, empregado por ajuste,

contratado.

JUS.TA.DOR, *adj. e s.m.*, êmulo, rival, competidor.

JUS.TA.FLU.VI.AL, *adj.*, sito à margem de um rio, ribeirinho, posto na margem de rios.

JUS.TA.LI.NE.AR, *adj.*, que ocorre linha ao lado de linha, nas traduções.

JUS.TA.MA.RÍ.TI.MO, *adj.*, que está localizado ao lado do mar.

JUS.TA.MEN.TE, *adv.*, exatamente; com justiça; dessa forma, desse jeito.

JUS.TA.POR, *v.t.*, colocar junto, aproximar, encostar.

JUS.TA.PO.SI.ÇÃO, *s.f.*, ação ou efeito de justapor, formação de novas palavras pela colocação de uma ligada à outra.

JUS.TA.POS.TO, *adj.*, que é colocado junto, que se justapõe.

JUS.TAR, *v. int.*, participar de justas, combater em justas, contratar, empreitar.

JUS.TE.ZA, *s.f.*, próprio de quem é justo; integridade; certeza, precisão.

JUS.TI.ÇA, *s.f.*, Direito, direito alicerçado em lei; o conjunto de tribunais, fóruns e todo o pessoal do judiciário; autoridade; a condição de ser feita a plenitude do bem, respeitando todos os direitos.

JUS.TI.ÇA.DO, *s.m.*, elemento castigado com a pena de morte, ou morto.

JUS.TI.ÇA.DOR, *s.m.*, aquele que faz justiça.

JUS.TI.ÇA.MEN.TO, *s.m.*, ação ou resultado de justiçar.

JUS.TI.ÇAR, *v.t., pop.*, matar, liquidar, assassinar.

JUS.TI.CEI.RO, *adj.*, justo, duro, íntegro; *s.m.*, matador, que faz justiça por conta própria.

JUS.TI.ÇO.SO, *adj.*, o mesmo que justiceiro.

JUS.TI.FI.CA.ÇÃO, *s.f.*, fundamento, base legal, argumento.

JUS.TI.FI.CA.DO, *adj.*, aprovado, aceito, concluído.

JUS.TI.FI.CA.DOR, *adj. e s.m.*, que ou aquele que justifica.

JUS.TI.FI.CAN.TE, *adj.*, que justifica; Teol., que torna justo; *s. 2 gên.*, a parte que se apresenta em juízo para obter uma justificação.

JUS.TI.FI.CAR, *v.t. e pron.*, provar a justeza, dar as razões de um ato, argumentar.

JUS.TI.FI.CA.TI.VA, *s.f.*, razão, prova, argumento.

JUS.TI.FI.CÁ.VEL, *adj. 2 gên.*, que se pode justificar.

JUS.TO, *adj.*, certo, de acordo com as leis e a justiça; *s.m.*, homem santo; quem pratica a justiça.

JU.TA, *s.f.*, planta que produz fibras têxteis, com largo uso em sacarias.

JU.VE.NES.CER, *v.t. e pron.*, rejuvenescer, tornar-se jovem.

JU.VE.NES.CI.DO, *adj.*, rejuvenescido, tornado jovem.

JU.VE.NES.CI.MEN.TO, *s.m.*, rejuvenescimento.

JU.VE.NIL, *adj.*, próprio da juventude, dos jovens.

JU.VE.NI.LI.DA.DE, *s.f.*, juventude, mocidade.

JU.VEN.TA, *s.f.*, Poét., o mesmo que juventude.

JU.VEN.TU.DE, *s.f.*, época da vida após a adolescência do ser humano; mocidade.

K

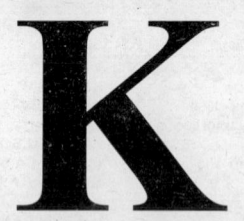

K, *s.m.*, décima primeira letra do alfabeto português, ao qual foi incorporada conforme Acordo Ortográfico assinado entre países de língua portuguesa, em vigor a partir de 2009; oitava consoante, usada principalmente em palavras de origem estrangeira e suas derivadas.

KAF.KI.A.NO, *adj.*, próprio de Franz Kafka; complexo e intimista.

KAI.SER, *s.m.*, título dado ao antigo imperador da Alemanha para indicar César.

KA.MI.KA.ZE, *s.m.*, suicida, elemento que pratica um ataque suicida.

KAN.TI.A.NO, *adj.*, próprio de Emanuel Kant, filósofo alemão; fã de Kant.

KAN.TIS.MO, *s.m.*, sistema filosófico de Kant.

KA.RA.O.KÊ, *s.m.*, aparelho que permite ao cantor acompanhar a música com a letra e a melodia, ganhando pontos na proporção em que tiver acertos; aparelho disponível em muitas casas de show.

KAR.DE.CIS.MO, *s.m.*, princípios sistemáticos da Doutrina Espírita, codificada por Allan Kardec.

KAR.DE.CIS.TA, *s. 2 gên.*, seguidor da Doutrina Espírita, codificada por Allan Kardec.

KART, *s.m.*, pequeno veículo usado em corridas.

KAR.TÓ.DRO.MO, *s.m.*, circuito em que se realizam corridas de kart.

KELVIN, *s.m.*, no sistema internacional de medidas, unidade de temperatura, conforme padrões dados.

KEN.DO, *s.m.*, arte nipônica de lutas, oriunda dos samurais.

KE.PLE.RI.A.NO, *adj.*, referente a Kepler, próprio de Kepler.

KETCHUP, *s.m.*, ing., molho com tomate, temperado, para usar em comida rápida.

KG, *s.m.*, abreviatura de quilograma.

KHMER, *s.m.*, indivíduo pertencente à população do Camboja, ao povo khmer; a língua do Camboja.

KIBUTZ, *s.m.*, em Israel, fazenda coletiva, embasada na cooperação voluntária de todos os membros.

KILT, *s.m.*, ing., saiote típico usado pelos escoceses.

KI.PÁ, *s.m.*, solidéu usado pelos judeus fiéis à Torá.

KIRSCH, *s.m.*, produção musical ou artística na qual se mesclam elementos populares de bom e mau gosto.

KIT, *s.m.*, ing., estojo para ferramentas; conjunto de objetos.

KITCHENETTE, *s.f.*, ing., cozinha pequena, apartamento muito pequeno.

KIWI, *s.m.*, ing., tipo de fruta suculenta e de cor verde.

KM, *s.m.*, abreviatura de quilômetro ou quilômetros.

KNOW-HOW, *s.m.*, conhecimento com experiência; capacidade de aplicar o que sabe, o que aprendeu.

KO.SO.VAR, *adj. e s. 2 gên.*, natural ou habitante do Kosovo, cosovês, cosovar.

KRAFT, *s.m.*, tipo de papel pardo para embalagens.

KREMLIN, *s.m.*, palácio que foi moradia dos czares russos, em Moscou; hoje, dos novos mandatários.

KÜMMEL, *s.m.*, bebida alcoólica muito forte e condimentada.

KU.WAI.TI.A.NO, *adj.*, relacionado com o Kuwait; *s.m.*, natural desse país.

KW, símbolo de quilowatt.

KYRIE, *s.m.*, parte da missa católica, invocações a Deus; do grego Senhor.

L

L, *s.m.*, décima segunda letra do á-bê-cê; nona consoante; na numeração romana, L é igual a 50.

LA, símbolo de Lantânio (La); forma oblíqua da terceira pessoa do pronome pessoal.

LÁ, *s.m.*, sexta nota da escala musical; *adv.*, ali, naquele lugar, naquele país.

LÃ, *s.f.*, pelo tirado das ovelhas e carneiros; tecido obtido com a lã.

LA.BÃO, *s.m.*, homem de armas, na China Antiga.

LA.BA.RE.DA, *s.f.*, chama muito alta, fogo intenso.

LA.BA.RE.DAR, *v.int.*, despedir labaredas; chamejar.

LÁ.BA.RO, *s.m.*, estandarte, bandeira, pavilhão.

LA.BE.LA.DO, *adj.*, que tem a forma de lábio; labiado.

LA.BE.LO, *s.m.*, pequeno lábio; Bot., pétala da orquídea e de outras flores de espécies das leguminosas e das labiadas.

LA.BÉU, *s.m.*, mácula, mancha, infâmia, desonra.

LÁ.BIA, *s.f.*, conversa astuciosa para convencer alguém; esperteza, tramoia.

LA.BI.A.ÇÃO, *s.f.*, Bot., estado da flor labiada.

LA.BI.A.DA, *s.f.*, espécie de planta da família das labiadas, que se destacam pela corola em forma de lábio sobreposto.

LA.BI.A.DO, *adj.*, que tem a forma de lábio.

LA.BI.AL, *adj.*, próprio dos lábios; consoante falada com os lábios.

LA.BI.A.LIS.MO, *s.m.*, falar defeituoso por emprego exagerado de sons labiais.

LA.BI.A.LI.ZA.ÇÃO, *s.f.*, ato de labializar.

LA.BI.A.LI.ZAR, *v.t.*, Gram., tornar labial, pronunciar com os lábios.

LA.BI.A.TI.FOR.ME, *adj.*, que tem forma de lábio.

LÁ.BIL, *adj.*, que escorrega com facilidade, que desliza, passageiro.

LA.BI.LI.DA.DE, *s.f.*, qualidade ou estado do que é lábil; instabilidade.

LÁ.BIO, *s.m.*, as bordas da boca, a abertura da boca; beiço.

LA.BI.O.DEN.TAL, *adj.*, consoante pronunciada com o lábio inferior aplicado nos dentes incisivos superiores.

LA.BI.Ó.GRA.FO, *s.m.*, Med., instrumento registrador do movimento dos lábios.

LA.BI.O.LO.GI.A, *s.f.*, arte de ensinar aos surdos-mudos ao movimento dos lábios na pronúncia das palavras.

LA.BI.O.LÓ.GI.CO, *adj.*, que diz respeito à labiologia.

LA.BI.O.NA.SAL, *adj.*, referência ao "m" pronunciado pelos lábios, mas com pressão do nariz.

LA.BI.O.PA.LA.TAL, *adj. 2 gên.*, Anat., relativo ao lábio e ao palato.

LA.BI.O.SI.DA.DE, *s.f.*, qualidades de labioso; verbosidade astuciosa.

LA.BI.O.SO, *adj.*, lábio carnudo; lábio grosso.

LA.BI.RÍN.TI.CO, *adj.*, relativo a labirinto.

LA.BI.RIN.TI.TE, *s.f.*, inflamação do labirinto, parte interna do ouvido.

LA.BI.RIN.TO, *s.m.*, parte interna do ouvido; construção com tantos corredores que é muito difícil orientar-se; *fig.*, confusão, dificuldade.

LA.BOR, *s.m.*, trabalho, ocupação, atividade laboral.

LA.BO.RA.ÇÃO, *s.f.*, ação ou efeito de laborar; trabalho, atividade.

LA.BO.RA.DO, *adj.*, trabalhado, exercitado.

LA.BO.RA.DOR, *s.m.*, aquele que labora.

LA.BO.RAL, *adj.*, que se refere ao labor, trabalhista; sindicato laboral - dos trabalhadores.

LA.BO.RAR, *v.t. e int.*, trabalhar, ocupar-se.

LA.BO.RA.TI.VO, *adj.*, do ou relativo ao trabalho; laboral.

LA.BO.RA.TO.RI.AL, *adj. 2 gên.*, relativo ou pertencente a laboratório.

LA.BO.RA.TÓ.RIO, *s.m.*, local no qual são feitas pesquisas, experiências, trabalhos; lugar de trabalho.

LA.BO.RA.TO.RIS.TA, *s. 2 gên.*, quem trabalha em laboratório.

LA.BO.RO.SI.DA.DE, *s.f.*, esforço, diligência, azáfama.

LA.BO.RI.O.SO, *adj.*, trabalhador, diligente; complexo, de solução difícil.

LA.BO.RIS.TA, *adj. 2 gên.*, relativo ou pertencente ao Partido Trabalhista inglês (Labour Party); *s. 2 gên.*, aquele que é militante ou simpatizante desse partido.

LA.BO.RO, *s.m.*, bras., AL, pop., labor, labuta, faina.

LA.BOR.TE.RA.PI.A, *s.f.*, sistema de trabalho que visa à recuperação de alguém.

LA.BOR.TE.RÁ.PI.CO, *adj.*, relativo a laborterapia.

LA.BRE.AR, *bras., v.t.*, NE, sujar(-se), emporcalhar(-se).

LA.BRE.GO, *adj. e s.m.*, tipo grosseiro, malcriado, abusado, bronco.

LA.BRE.GUE.JAR, *v.int.*, proceder como labrego.

LA.BRES.TA.DA, *s.f.*, ato de labrestar, vergastada.

LA.BRO, *s.m.*, Anat. e Zool., lábio superior dos mamíferos; Zool., nos insetos, parte da peça bucal que fica abaixo do clípeo.

LA.BRUS.CA, *s.f.*, lus., Vit., casta de uva portuguesa.

LA.BRUS.CO, *adj.*, que é inculto, rude, grosseiro; *s.m.*, indivíduo inculto, rude, grosseiro.

LA.BU.TA, *s.f.*, trabalho, faina, empenho.

LA.BU.TA.ÇÃO, *s.f.*, labuta, faina, empenho.

LA.BU.TA.DO, *adj.*, trabalhado, empenhado, laborado.

LA.BU.TAR, *v.t. e int.*, trabalhar arduamente, empenhar-se, desdobrar-se.

LA.CA, *s.f.*, resina de cor avermelhada, que se extrai de certas árvores; verniz.

LA.ÇA.ÇO, *s.m.*, RS, golpe desferido com o laço.

LA.ÇA.DA, *s.f.*, laço, nó, ato de ligar.

LA.ÇA.DO, *adj.*, atado, ligado.

LA.ÇA.DOR, *s.m.*, experiente no uso do laço.

LA.CAI.A.DA, *s.f.*, ditos ou atos próprios de lacaio; ajuntamento de lacaios.

LA.CAI.AR, *v.t., bras.*, servir de lacaio a.

LA.CAI.ES.CO, adj., próprio de lacaio.
LA.CAI.O, s.m., criado, pajem, empregado particular; fig., bajulador, enganador; pop., puxa-saco.
LA.CA.NI.A.NO, adj., Psic., relativo ao psicanalista francês Jacques Lacan (1901-1981), ou próprio de sua obra ou conceito.
LA.ÇAR, v.t. e pron., prender com laço, amarrar; fig., submeter ao amor.
LA.ÇA.RA.DA, s.f., o mesmo que laçaria.
LA.ÇA.RI.A, s.f., porção de laços; Arq., enfeites esculpidos ou pintados em forma de laço.
LA.ÇA.RO.TE, s.m., grande laço, enfeite vistoso em um laço.
LA.ÇAR.RÃO, s.m., aum. de laço.
LA.CEI.RA, s.f., bras., rama de cipós entrelaçados; festão de trepadeira; latada, enramada.
LA.CE.RA.ÇÃO, s.f., ferimento, machucadura, dilaceração.
LA.CE.RA.DO, adj., ferido, machucado.
LA.CE.RA.DOR, adj. e s.m., que ou o que lacera.
LA.CE.RAN.TE, adj., que fere, dilacerante.
LA.CE.RAR, v. pron., ferir, machucar.
LA.CE.RÁ.VEL, adj. 2 gên., que se pode lacerar ou rasgar.
LA.CER.TI.FOR.ME, adj., semelhante ao lagarto.
LA.CER.TÍ.LIO, adj. e s.m., Zool., o mesmo que sáurio.
LA.CHÊ, s.m., Aer., primeiro voo solo de um piloto.
LA.ÇO, s.m., nó, atadura, laçada.
LA.CO.MAN.CI.A, s.f., adivinhação por meio de dados.
LA.CO.MAN.TE, s. 2 gên., aquele que pratica a lacomancia.
LA.CÔ.NI.CO, adj., rápido, breve, conciso.
LA.CO.NIS.MO, s.m., maneira de se expressar com muita concisão; concisão, brevidade.
LA.CO.NI.ZAR, v.t., tornar lacônico; sintetizar.
LA.CRA.ÇÃO, s.f., ação ou efeito de lacrar, vedação, fechamento.
LA.CRA.DO, adj., vedado, fechado.
LA.CRA.DOR, adj. e s.m., vedador, que(m) lacra.
LA.CRAI.A, s.f., centopeia.
LA.CRÃO, s.m., o mesmo que alacrão, lacrau.
LA.CRAR, v.t., colar, prender com lacre, fechar.
LA.CRAU, s.m., escorpião.
LA.CRE, s.m., substância que se usa para fechar um envelope, para manter-lhe a inviolabilidade.
LA.CRE.AR, v.t., dar cor de lacre a; ornar com lacre ou cores de lacre.
LA.CRI.MA.ÇÃO, s.f., ação ou efeito de lacrimar, derramamento de lágrimas.
LA.CRI.MAL, adj., próprio das lágrimas.
LA.CRI.MAN.TE, adj., o mesmo que lacrimoso.
LA.CRI.MAR, v.int., chorar, derramar lágrimas; lagrimar.
LA.CRI.MÁ.VEL, adj. 2 gên., p.us., digno de compaixão; lamentável.
LA.CRI.ME.JA.MEN.TO, s.m., ação ou resultado de lacrimejar.
LA.CRI.ME.JAN.TE, adj., que lacrimeja.
LA.CRI.ME.JAR, v.int., soltar lágrimas, chorar, prantear.
LA.CRI.ME.JO, s.m., ação de lacrimejar.
LA.CRI.MO.GÊ.NEO, adj., que cria lágrimas.
LA.CRI.MO.SO, adj., cheio de lágrimas, que chora, choroso.
LAC.TA.ÇÃO, s.f., ato de amamentar, formação de leite e soltura dele.
LAC.TA.DO, adj., (part. do verbo lactar), relativo ao leite; da cor do leite; criado, amamentado.
LAC.TÂN.CIA, s.f., alimentação por leite materno; período em que uma criança é amamentada.
LAC.TAN.TE, adj., que produz leite; s.f., fêmea que serve leite aos filhos.
LAC.TAR, v.t. e int., amamentar, dar leite, alimentar com leite.
LAC.TÁ.RIO, s.m., instituição de assistência que distribui leite a lactentes; adj., relativo ao leite ou à amamentação; que segrega suco leitoso.
LAC.TA.SE, s.f., enzima que, na digestão, desdobra a lactose em glicose e galactose.
LAC.TEN.TE, adj., s. 2 gên., criança de peito, criança que mama.
LÁC.TEO, adj., característico do leite.
LAC.TES.CÊN.CIA, s.f., qualidade dos líquidos lactescentes.
LAC.TES.CEN.TE, adj., que solta leite.
LAC.TI.CÍ.NIO, s.m., o que contém leite, próprio do leite.
LAC.TI.CI.NO.SO, adj., leitoso, lactescente; lácteo.
LÁC.TI.CO, adj., que se refere a leite, ácido do leite.
LAC.TÍ.FE.RO, adj., que produz leite, leitoso.
LAC.TÍ.FU.GO, adj., que seca o leite das mulheres ou das fêmeas mamíferas.
LAC.TÍ.GE.NO, adj., que aumenta a quantidade de leite.
LAC.TÔ.ME.TRO, s.m., aparelho para medir a pureza e a densidade do leite.
LAC.TO.SE, s.f., tipo de açúcar que existe no leite.
LAC.TU.LO.SE, s.f., Farm., dissacarídeo sintético, composto de galactose e frutose, us. em laxativos.
LA.CU.NA, s.f., falta, espaço vazio, falha.
LA.CU.NAR, adj., relativo a ou que contém lacunas; lacunoso.
LA.CU.NO.SI.DA.DE, s.f., qualidade ou estado do que é lacunoso.
LA.CU.NO.SO, adj., que contém lacunas; que tem falhas.
LA.CUS.TRAL, adj., o mesmo que lacustre.
LA.CUS.TRE, adj., habitante dos lagos, originário dos lagos, que vive nos lagos.
LA.CÚ.TEO, s.m., bras., NE, pop., azáfama, barulho, agitação.
LA.DA, s.f., faixa de rio navegável; corrente de água navegável para barcos pequenos.
LA.DA.I.NHA, s.f., grupo de invocações repetitivas; oração baseada na repetição de invocações; algo que se repete; fig., exposição monótona de termos repetidos.
LA.DA.I.NHAR, v.int., recitar ladainhas; fig., murmurar sem cessar.
LA.DE.A.DO, adj., cercado, rodeado, margeado, costeado.
LA.DE.A.MEN.TO, s.m., flanqueamento, costa, orla, margem.
LA.DE.AR, v.t. e int., andar ao lado, cercar, rodear.
LA.DEI.RA, s.f., declive, encosta, rua com inclinação acentuada.
LA.DEI.REN.TO, adj., íngreme, de acesso difícil, montanhoso.
LA.DEI.RO, adj., que fica ao lado; pendente para o lado; diz-se de prato pouco fundo; s.m., ladeira.
LA.DEI.RO.SO, adj., ladeirento.
LA.DI.NA.GEM, s.f., ver ladinice.
LA.DI.NI.CE, s.f., qualidade do que é ladino, esperto; astúcia; manha.
LA.DI.NO, adj., esperto, astuto, hábil, inteligente.
LA.DO, s.m., flanco, faceta de um corpo; linhas que circundam uma figura; banda; cada uma das faces de reta que compõem um polígono.
LA.DRA, s.f., mulher que rouba, que furta, que surrupia; velhaca.
LA.DRA.ÇÃO, s.f., ato de ladrar, latido; ladrido, ladradura.

LA.DRA.DO, s.m., latido.
LA.DRA.DOR, adj. e s.m., diz-se de, ou o animal que ladra ou late.
LA.DRA.DU.RA, s.f., o mesmo que ladração.
LA.DRAN.TE, adj., ladrador; s.m., gír., cão.
LA.DRÃO, s.m., quem furta ou rouba; quem tira de outrem algum valor; quem seduz a pessoa amada de outro para seu amor; na caixa d'água das casas, cano para escorrer o excesso de água.
LA.DRAR, v. int., latir, voz do cachorro, berrar como cão.
LA.DRA.VÃO, s.m., o mesmo que ladravaz.
LA.DRA.VAZ, s.m., aumentativo de ladrão.
LA.DRI.DO, s.m., latido.
LA.DRI.LHA.DO, adj., revestido com ladrilhos, coberto com ladrilhos.
LA.DRI.LHA.DOR, adj. e s.m., que(m) coloca ladrilhos, revestidor de ladrilhos.
LA.DRI.LHAR, v.t. e int., revestir com ladrilhos, colocar ladrilhos.
LA.DRI.LHEI.RO, s.m., aquele que fabrica ou assenta ladrilhos.
LA.DRI.LHO, s.m., peça de cerâmica para cobrir o piso.
LA.DRO.A.GEM, s.f., ladroeira, roubalheira, muitos furtos e roubos.
LA.DRO.AR, v.t. e int., o mesmo que roubar, furtar.
LA.DRO.EI.RA, s.f., roubo grande, muitos roubos.
LA.DRO.Í.CE, s.f., roubalheira, ladroeira, gatunice.
LA.GA.MAR, s.m., golfo, recôncavo, parte mais funda do mar.
LA.GAR, s.m., recipiente preparado para esmagar as uvas, no fabrico de vinho.
LA.GA.RA.GEM, s.f., vinho ou azeite com que se paga o trabalho do lagareiro; série de operações para fazer o vinho ou o azeite.
LA.GA.REI.RO, s.m., proprietário de um lagar, quem comanda uma indústria de fazer vinho.
LA.GAR.TA, s.f., larva de certos insetos, como a das borboletas.
LA.GAR.TE.AR, v.int., pop., pôr-se ao sol para pegar calor, dormir e descansar.
LA.GAR.TEI.RA, s.f., toca em que se recolhem os lagartos.
LA.GAR.TEI.RO, adj. e s.m., velhaco, safado, pilantra, manhoso, astucioso.
LA.GAR.TI.XA, s.f., (epiceno), pequeno réptil que anda nas paredes caçando insetos.
LA.GAR.TO, s.m., réptil insetívoro de quatro patas; tipo de carne bovina para assar.
LA.GE.A.NO, s.m., natural ou habitante de Lages, SC; adj., de Lages; típico dessa cidade ou de seu povo.
LA.GE.NA, s.f., tipo de vasilha usada na antiga Grécia e Roma como bilha ou como garrafa de mesa; Zool., gênero dos foraminíferos, que possuem forma de garrafa.
LÁ.GI.DA, adj., relativo aos lágidas, dinastia grega fundada, no Egito, por Ptolomeu (306-30 a.C).
LA.GO, s.m., quantidade de água presa à superfície da terra, lagoa.
LA.GO.A, s.f., lago pequeno; pântano, paul.
LA.GO.A.CHO, s.m., pequena lagoa, lagoazinha, lagoinha.
LA.GO.EI.RO, s.m., água de chuva acumulada em depressão de terreno; lugar alagado.
LA.GOF.TAL.MI.A, s.f., Med., tipo de paralisia nos olhos que impede o fechamento das pálpebras.
LA.GÓ.PO.DE, adj. 2 gên., Zool., que tem patas emplumadas ou pilosas, semelhantes às da lebre; Bot., que tem o rizoma recoberto de pelos ou de cotão, como a pata de uma lebre.
LA.GOS.TA, s.f., nome comum de certos crustáceos de carne saborosa.
LA.GOS.TEI.RO, s.m., pescador de lagosta; adj., relativo a lagosta.
LA.GOS.TIM, s.m., crustáceos parecidos com lagostas, sem antenas longas.
LÁ.GRI.MA, s.f., água expelida pelos olhos; choro, pranto.
LA.GRI.MA.ÇÃO, s.f., lacrimação, lágrimas copiosas.
LA.GRI.MAL, adj., lacrimal, que se refere a lágrimas.
LA.GRI.MAN.TE, adj., lacrimante, lagrimejante.
LA.GRI.MAR, v. int., lacrimar, lacrimejar, soltar lágrimas.
LA.GRI.ME.JAR, v. int., chorar com muitas lágrimas, chorar copiosamente, lacrimejar.
LA.GRI.MO.SO, adj., lacrimoso, choroso.
LA.GU.NA, s.f., braços de mar entremeando ilhas, cabos, areias, escolhos.
LA.GU.NAR, adj. 2 gên., relativo a laguna.
LAI, s.m., pequeno poema da Idade Média, narrativo ou lírico.
LAI.A, s.f., corja, qualidade, raça, termo que indica sempre ralé.
LAI.CAL, adj., laico, leigo, que se refere a leigo, em oposição a religioso.
LAI.CA.LI.DA.DE, s.f., qualidade, estado de laical.
LAI.CA.LIS.MO, s.m., atitude e ideias laicas; doutrinas contrárias ao poder eclesiástico.
LAI.CA.TO, s.m., ver laicismo; grupo de cristãos laicos.
LAI.CI.DA.DE, s.f., qualidade do poder leigo; atuação do leigo em relação ao poder eclesiástico.
LAI.CIS.MO, s.m., estado, situação de leigo; tese que defende a autonomia das pessoas quanto a serem participantes de uma religião; laicalismo.
LAI.CIS.TA, adj. 2 gên., relativo ou pertencente a laicismo; diz-se de indivíduo adepto do laicismo; s. 2 gên., esse indivíduo.
LAI.CI.ZA.ÇÃO, s.f., ação ou resultado de laicizar.
LAI.CI.ZAR, v.t., retirar da esfera religiosa; tornar leigo, mundano.
LAI.CO, adj., leigo, não pertencente a igrejas; mundano, secular.
LAIS, s.m., marinha, ponta de verga.
LAI.VAR, v.t., pôr laivo em; manchar, sujar; besuntar.
LAI.VO, s.m., mancha, sinal, nódoa; ver pl.: laivos.
LAI.VOS, s.m., pl., pegadas, vestígios, restos, manchas, sinais.
LA.JE, s.f., pedra, lousa; bloco de concreto para fechar um vão.
LÁ.JEA, s.f., o mesmo que laje.
LA.JE.A.DO, s.m., lajedo, superfície com muitas pedras; adj., que tem laje.
LA.JE.A.DOR, adj. e s.m., que(m) coloca laje, quem lajeia.
LA.JE.A.MEN.TO, s.m., ação ou efeito de lajear, cobertura com laje.
LA.JE.AR, v.t. e pron., colocar lajes, cobrir com concreto.
LA.JE.DO, s.m., lajeado.
LA.JEI.RO, s.m., bras., afloramento de certo tipo de rocha, semelhante a uma laje; lajedo.
LA.JE.O.SO, adj., em que há lajes.
LA.JO.TA, s.f., pequena pedra, ladrilho pequeno, ladrilho.
LA.JO.TEI.RO, s.m., que(m) fabrica lajotas, vendedor de lajotas.
LA.MA, s.f., lodo, terra ensopada com água e outros materiais; fig., corrupção, sujeira.
LA.MA.ÇAL, s.m., muita lama, lamaceiro.
LA.MA.CE.AR, v.int., patinhar na lama; enlamear-se.

LAMACEIRA ... 506 ... LAMINAR

LA.MA.CEI.RA, *s.f.*, ver lamaçal.
LA.MA.CEN.TO, *adj.*, local cheio de lama.
LA.MA.ÍS.MO, *s.m.*, Rel., religião de origem budista, que predomina no Tibete e tem como chefe supremo o Dalai Lama.
LA.MA.RÃO, *s.m.*, grande lamaçal; bras., lagoa formada pela chuva nas depressões do terreno.
LA.MAR.CKIS.MO, *s.m.*, Biol., teoria de evolução de Lamarck (1744-1829), naturalista francês, baseada no processo do uso e atrofia dos órgãos transmitidos pela hereditariedade.
LA.MAR.TI.NI.A.NO, *adj.*, relativo ao escritor e político francês Alphonse Marie Louis de Prat de Lamartine (1790-1869); relativo às suas obras.
LAM.BA.DA, *s.f.*, pancada; coça, surra; tipo de dança frenética, sensual e rápida.
LAM.BA.DEI.RO, *bras.*, Mús., *s.m.*, dançarino de lambada; compositor ou cantor de lambada.
LAM.BAN.ÇA, *s.f.*, confusão, briga, rixa, safadeza, intriga, pilantragem, questão barulhenta, para incomodar.
LAM.BAN.CE.AR, *v. int.*, trapacear, intrigar, furtar sempre aos poucos.
LAM.BAN.CEI.RO, *adj. e s.m.*, tipo que faz lambanças; intrigante, furtador, pilantra.
LAM.BÃO, *s.m.*, quem se suja ao comer, pessoa com pouca higiene; trapalhão.
LAM.BA.RAR, *v.int.*, comer lambarices; ser lambareiro.
LAM.BA.REI.RO, *adj.*, *s.m.*, que ou o que gosta de comer doces ou iguarias; guloso, lambaraz; que ou quem não guarda segredos; mexeriqueiro.
LAM.BA.RI, *s.m.*, tipo de peixe de água doce, pequeno.
LAM.BA.RI.CE, *s.f.*, qualidade de lambareiro; gosto por doces; doce muito saboroso, guloseima.
LAM.BA.TE.RI.A, *s.f.*, *bras.*, casa onde se dança lambada.
LAMB.DA, *s.m.*, a letra "l" do alfabeto grego, a 11ª letra.
LAMB.DA.CIS.MO, *s.m.*, defeito de pronúncia de muitas pessoas que trocam o "r" pelo "l".
LAM.BE.DEI.RA, *s.f.*, mulher que gosta muito de beijar, lamber; tipo de faca comprida.
LAM.BE.DE.LA, *s.f.*, ação ou efeito de lamber; uma só lambida; *fig.*, adulação.
LAM.BE.DOR, *adj. e s.m.*, que(m) lambe, beija; bajulador, adulador; puxa-saco.
LAM.BE-LAM.BE, *s. 2 gên.*, fotógrafo de rua; quem beija muito, adulador, bajulador.
LAM.BER, *v.t.*, alisar com a língua; bajular.
LAM.BI.ÇÃO, *s.f.*, adulação, bajulação, elogios exagerados.
LAM.BI.DA, *s.f.*, ação ou efeito de lamber, lambedura.
LAM.BI.DE.LA, *s.f.*, lambida.
LAM.BI.DO, *adj.*, que passou pela ação de lamber; presumido, metido.
LAM.BIS.CA.DA, *s.f.*, ação ou efeito de lambiscar.
LAM.BIS.CA.DOR, *adj. e s.m.*, que ou o que lambisca; debicador; guloso.
LAM.BIS.CAR, *v.t. e int.*, comer pouquinho, petiscar; que está sempre comendo algo.
LAM.BIS.CO, *s.m.*, um pouco de comida, aperitivo.
LAM.BIS.GOI.A, *s.f.*, pessoa intrometida; pessoa afetada, presumida, quem se exibe por ser ignorante.
LAM.BIS.QUEI.RO, *adj. e s.m.*, que(m) lambisca, lambiscador, quem está sempre comendo algo.
LAM.BRE.QUIM, *s.m.*, ornato que enfeita um pavilhão, uma tenda, uma cantoneira, etc. (no pl., *lambrequins*); ornato pendente do elmo.
LAM.BRE.TA, *s.f.*, tipo de moto pequena.
LAM.BRE.TIS.TA, *s. 2 gên.*, quem conduz uma lambreta; motoqueiro.
LAM.BRI, *s.m.*, lambris, revestimento de madeira que cobre a parede, a partir do piso, por um ou até dois metros de altura.
LAM.BRIS, *s.m., pl.*, revestimento (madeira, mármore ou estuque) nas paredes da uma sala; lambri, lambrim.
LAM.BRI.SAR, *v.t.*, colocar lambris em, revestir uma parede com lambris.
LAM.BU.JA, *s.f.*, lambujem.
LAM.BU.JEM, *s.f.*, lambuja, gulodice, restos de comida, vantagem que um jogador concede ao adversário em uma disputa.
LAM.BU.ZA.DE.LA, *s.f.*, pequena lambida, mancha, mácula.
LAM.BU.ZA.DO, *adj.*, sujo, encardido, emporcalhado; *fig.*, quem furtou muito.
LAM.BU.ZÃO, *s.m.*, pessoa cujas roupas estão muito sujas, porcalhão.
LAM.BU.ZAR, *v.t. e pron.*, sujar, emporcalhar, manchar, macular com gordura.
LAM.BU.ZEI.RA, *s.f.*, sujeira, muita sujeira, manchas de comida na roupa.
LA.MÊ, *s.m.*, todo tecido que mostre pequenas fitas douradas ou prateadas.
LA.ME.CHA, *adj. e s.m.*, namorador ridículo, dedicado às damas; bajoujo; coió.
LA.ME.CHAR, *v.t.*, *bras.*, dizer ou fazer como lamecha.
LA.ME.GO, *s.m.*, Agr., arado com um varredouro; labrego.
LA.MEI.RA, *s.f.*, lameiro, lamaçal.
LA.MEI.RÃO, *s.m.*, grande lameiro; lamaçal; pântano.
LA.MEI.REN.TO, *adj.*, lamarento; pantanoso.
LA.MEI.RO, *s.m.*, local formado por muita lama, lamaçal, pântano.
LA.ME.LA, *s.f.*, lâmina muito fina, lâmina reduzida em seu tamanho.
LA.ME.LA.ÇÃO, *s.f.*, divisão em lâminas.
LA.ME.LAR, *adj. 2 gên.*, relativo a ou provido de lâmina(s).
LA.ME.LI.FOR.ME, *adj. 2 gên.*, que tem forma de lâmina.
LA.ME.LO.SO, *adj.*, que tem lâminas; lamelar.
LA.MEN.TA.ÇÃO, *s.f.*, choro, reclamação, clamor.
LA.MEN.TA.DO, *adj.*, chorado, pranteado.
LA.MEN.TA.DOR, *adj. e s.m.*, que ou o que lamenta ou se lamenta; que chora com lamentos.
LA.MEN.TAR, *v.t.*, chorar, deixar transparecer dor, prantear.
LA.MEN.TÁ.VEL, *adj.*, que se deve lamentar, que se deve chorar; pranteável.
LA.MEN.TO, *s.m.*, choro, grito choroso, pranto, dor.
LA.MEN.TO.SO, *adj.*, em que se notam muitos lamentos, choroso, lastimoso.
LÂ.MI.NA, *s.f.*, chapa metálica fina, folha de plástico; lado cortante de uma arma branca, de uma faca, de gilete; recorte estreito de vidro, para usos em laboratório.
LA.MI.NA.ÇÃO, *s.f.*, ação ou efeito de laminar; afiação.
LA.MI.NA.DO, *adj.*, com forma de lâmina; compensado feito de madeira.
LA.MI.NA.DOR, *s.m.*, profissional que lamina; máquina própria para laminar.
LA.MI.NA.GEM, *s.f.*, ação ou efeito de laminar; laminação.
LA.MI.NAR, *v.t.*, transformar em lâmina, cortar em tiras finas, desbastar a superfície de um material.

LAMINÁVEL

LA.MI.NÁ.VEL, adj., que se pode laminar.
LA.MI.NO.SO, adj., lameloso; laminar.
LA.MÍ.NU.LA, s.f., pequena lâmina.
LÂM.PA.DA, s.f., peça com filamento dentro de uma ampola de vidro, incandescente, ou objeto com várias formas, contendo gás fluorescente.
LAM.PA.DÁ.RIO, s.m., armação que funciona com várias lâmpadas.
LAM.PA.DEI.RO, s.m., homem que faz lâmpadas; tocheiro que serve de suporte à lâmpada.
LAM.PA.DE.JAR, v. int., brilhar, fulgir, iluminar, aclarar.
LAM.PA.DO.MAN.CI.A, s.f., suposta adivinhação pela variação da chama de lâmpada ou de archote.
LAM.PA.DO.RA.MA, s.m., primitivo aparelho de projeções, espécie de lanterna mágica.
LAM.PA.RI.NA, s.f., pequena lâmpada; peça doméstica antiga, que iluminava com um pavio ensopado em querosene.
LAM.PEI.RO, adj., alegre, espevitado, apressado, metido, fagueiro.
LAM.PE.JAN.TE, adj., que lampeja, faiscante, brilhante, relampejante.
LAM.PE.JAR, v. int., brilhar, relampejar, faiscar, emitir sinais de luz.
LAM.PE.JO, s.m., facho de luz rápido, brilho instantâneo, ideia repentina.
LAM.PI.ÃO, s.m., grande lanterna, geralmente a gás; lanterna.
LAM.PÍ.RI.DE, s.f., Ent., denominação científica do pirilampo.
LAM.PÍ.RIO, s.m., Ent., o mesmo que vaga-lume.
LAM.PIS.TA, s. 2 gên., aquele que faz lampiões ou lanternas; lampianista.
LAM.PRE.EI.RA, s.f., rede de emalhar, empregada na pesca de lampreias.
LAM.PREI.A, s.f., peixe dos mares europeus, comestível e de corpo delgado e alongado.
LA.MÚ.RIA, s.f., queixa, choro, reclamação.
LA.MU.RI.A.DOR, adj., o mesmo que lamuriante.
LA.MU.RI.AN.TE, adj., que se lamuria, que se queixa.
LA.MU.RI.AR, v.t. e int., queixar-se, chorar, reclamar chorando.
LA.MU.RI.EN.TO, adj., ver lamuriante.
LA.MU.RI.O.SO, adj., ver lamuriante.
LA.NAR, adj. 2 gên., relativo à lã; lanígero.
LAN.ÇA, s.f., arma de arremesso com uma haste e ponta metálica.
LAN.ÇA-BOM.BAS, s.m. 2 n., pequeno canhão de cano curto ou morteiro us. para lançar bombas.
LAN.ÇA-CHA.MAS, s.m., aparelho que solta líquido inflamável, em forma de chamas.
LAN.ÇA.ÇO, s.m., bras., o mesmo que lançada.
LAN.ÇA.DA, s.f., golpe com a lança, pancada com a lança.
LAN.ÇA.DEI.RA, s.f., nos teares antigos, peça que puxava o fio da confecção do tecido.
LAN.ÇA.DI.ÇO, adj., jogável, que se pode descartar, descartável.
LAN.ÇA.DO, adj., que se lançou; atirado; projetado; bem recebido na sociedade; s.m., aquilo que se vomitou.
LAN.ÇA.DOR, adj. e s.m., que(m) lança, atirador, jogador.
LAN.ÇA.DU.RA, s.f., ação ou efeito de lançar.
LAN.ÇA.GEM, s.f., p.us., lançamento.
LAN.ÇA.MEN.TO, s.m., ato de lançar, lance, o que é escriturado em livro contábil.
LAN.ÇAN.TE, adj. 2 gên., que lança; s.m., bras., grande declive; ladeira, vertente; espringue.

507

LANGUINHENTO

LAN.ÇA-PER.FU.ME, s.m., invólucro usado em festas carnavalescas, para esguichar éter com perfume. Seu uso é proibido por lei.
LAN.ÇAR, v.t. e pron., atirar, jogar, derramar, despejar, escriturar contabilmente.
LAN.ÇA-TOR.PE.DOS, s.m., nos navios e submarinos, dispositivo para impulsionar os torpedos contra os inimigos; fig., mensagem rápida, de celular, para as pessoas.
LAN.CE, s.m., lançamento, momento, ocasião, movimento; fig., oportunidade rara.
LAN.CE.A.DOR, adj. e s.m., que ou aquele que lanceia.
LAN.CE.AR, v. int., machucar com a lança; fig., afligir, incomodar, estressar.
LAN.CEI.RO, s.m., quem lutava com lanças.
LAN.CE.O.LA.DO, adj., que tem forma semelhante à da ponta da lança.
LAN.CE.O.LAR, adj. 2 gên., o mesmo que lanceolado.
LAN.CE.TA, s.f., instrumento médico para fazer cortes.
LAN.CE.TA.DA, s.f., golpe de uma lanceta.
LAN.CE.TAR, v.t., cortar, abrir uma incisão.
LAN.CHA, s.f., pequena embarcação; barca.
LAN.CHÃO, s.m., Mar., lancha de grande porte; bras., pop., sanduíche bem recheado.
LAN.CHAR, v.t. e int., fazer um lanche, comer uma comida rápida.
LAN.CHA-TOR.PE.DEI.RA, s.f., Mar., lancha de guerra, veloz, provida de lança-torpedos.
LAN.CHE, s.m., merenda, refeição rápida e leve, café.
LAN.CHEI.RA, s.f., maleta que as crianças usam para transportar o lanche.
LAN.CHE.RI.A, s.f., lanchonete, ponto de venda de lanches, refeições rápidas.
LAN.CHO.NE.TE, s.f., bar, restaurante em que se servem refeições rápidas; lancheria.
LAN.CI.FOR.ME, adj., que tem forma de lança.
LAN.CI.NAN.TE, adj., dolorido, muito dolorido, que fere muito.
LAN.CI.NAR, v.t., ferir, pungir, torturar, maltratar.
LAN.ÇO, s.m., lançamento, quanto alguém oferece em um leilão; lance.
LAN.DAU, s.m., carruagem de quatro rodas, cuja capota, em forma de fole, se pode levantar ou baixar.
LAN.DÔ, s.m., ver landau.
LAN.DO.LÉ, s.m., pequeno automóvel, tipo landau, cuja capota cobre apenas a parte de trás.
LAN.FRA.NHU.DO, adj., s.m., gír., valentão, desajeitado.
LAN.GA.NHO, s.m., carne ruim, de péssima qualidade; objeto sem valor, imprestável.
LAN.GOR, s.m., fraqueza, languidez, torpor.
LAN.GO.RO.SO, adj., lânguido, fraco, torporoso.
LAN.GROI.A, s.f., lambisgoia, sirigaita.
LAN.GUE, adj., o mesmo que lânguido.
LAN.GUEN.TE, adj., p.us., lânguindo, langue.
LAN.GUES.CEN.TE, adj. 2 gên., que languesce; que se torna lânguido.
LAN.GUES.CER, v. int., ficar lânguido, enfraquecer, amolecer-se.
LAN.GUI.DEZ, s.f., fraqueza, anemia.
LÂN.GUI.DO, adj., abatido, fraco, anêmico.
LAN.GUI.NHEN.TO, adj., pop., fraco, sem vigor; pegajoso; mole e úmido.

LAN.GUIR, *v. int.*, languescer, extenuar-se, perder as forças, abater-se.
LA.NHA.DO, *adj.*, cortado, ferido, machucado.
LA.NHAR, *v.t.*, cortar, abrir incisões, ferir, machucar, arranhar.
LA.NHO, *s.m.*, corte, rachadura, ferida com instrumento de corte, arranhadura.
LA.NÍ.FE.RO, *adj.*, que traz lã, que produz lã, lanígero.
LA.NI.FÍ.CIO, *s.m.*, empresa que se dedica ao beneficiamento de lã.
LA.NÍ.GE.RO, *adj.*, que produz lã, lanífero.
LA.NO.LI.NA, *s.f.*, gordura obtida da lã do carneiro, com uso em pomadas e perfumaria.
LA.NO.SI.DA.DE, *s.f.*, qualidade de lanoso.
LA.NO.SO, *adj.*, que possui muita lã, cheio de lã, lanudo.
LAN.TÂ.NIO, *s.m.*, elemento metálico muito reativo, com o número atômico 57.
LAN.TE.JOU.LA, *s.f.*, lentejoula; objeto de pouco valor, objeto brilhante para enfeitar vestimentas.
LAN.TER.NA, *s.f.*, lampião portátil, peça com uma lâmpada alimentada por pilhas; farolete de carro; farol.
LAN.TER.NEI.RO, *s.m.*, fabricante de lanternas, quem trabalha com funilaria.
LAN.TER.NIM, *s.m.*, lanterna pequena; Arq., fresta para dar ar e luz; conjunto de aberturas envidraçadas sobre um zimbório.
LAN.TER.NI.NHA, *s.f.*, pequena lanterna, time que fica em último lugar em um campeonato; funcionário de cinemas e teatros que indica os assentos aos espectadores.
LA.NU.DO, *adj.*, ver lanoso.
LA.NU.GEM, *s.f.*, buço, barba de adolescente, pelo fino, penugem.
LA.NU.GEN.TO, *adj.*, que se reveste de lanugem.
LA.NU.GI.NO.SO, *adj.*, que se assemelha a lã.
LA.O.SI.A.NO, *s.m.*, natural ou habitante da República Popular Democrática do Laos (Ásia); língua desse país; *adj.*, do Laos; típico desse país ou de seu povo.
LA.PA, *s.f.*, gruta, caverna, abrigo selvagem; em Zoologia; nome de certos moluscos gastrópodes, marinhos.
LA.PA.DA, *s.f.*, bofetada, tapa, tapão.
LA.PAN.TA.NA, *s. 2 gên. e adj. 2 gên.*, que ou quem é muito crédulo; tolo; simplório.
LA.PÃO, *adj. e s.m.*, natural ou habitante da Lapônia.
LA.PA.RÃO, *s.m.*, Med., inflamação dos gânglios e vasos linfáticos; linfangite, linfadenite; var., lamparão; Zool., lapa grande.
LÁ.PA.RO, *s.m.*, filhote de coelho, cria de coelho.
LA.PA.ROS.CO.PI.A, *s.f.*, exame do abdome usando um endoscópio.
LA.PA.RO.TO.MI.A, *s.f.*, operação cirúrgica no abdome.
LA.PA.ROS.TÔ.MI.CO, *adj.*, Cir., relativo a laparostomia.
LA.PA.RO.TO.MI.ZAR, *v.t.*, realizar uma laparotomia.
LA.PE.DO, *s.m.*, região em que há muitas lapas.
LA.PE.LA, *s.f.*, tira anterior e superior dos casacos.
LA.PI.A.NA, *s.f.*, facão, faca grande, lambideira.
LA.PI.DA.ÇÃO, *s.f.*, local em que se lapidam pedras, cristais, copos e outros objetos; apedrejamento de pessoas no mundo muçulmano; *fig.*, atormentar alguém com palavras horríveis.
LA.PI.DA.DO, *adj.*, facetado, polido; escrito, gravado, apedrejado, assassinado.
LA.PI.DA.DOR, *adj.*, que lapida (instrumento lapidador); *s.m.*, aquele que lapida.
LA.PI.DAR¹, *adj.*, que está escrito na lápide, resumido, lacônico, breve, curto.
LA.PI.DAR², *v.t.*, polir, facetar, desbastar, trabalhar a pedra; apedrejar pessoas até a morte.
LA.PI.DÁ.RI.A, *s.f.*, ação ou efeito de lapidar, polimento.
LA.PI.DÁ.RIA, *s.f.*, ver epigrafia; na Idade Média, descrição da simbologia, das propriedades e virtudes supostamente medicinais das pedras preciosas.
LA.PI.DÁ.RIO, *s.m.*, quem trabalha com pedras preciosas; quem faz inscrições em pedras.
LÁ.PI.DE, *s.f.*, laje nos túmulos, pedra com inscrições.
LA.PÍ.DEO, *adj.*, que possui a dureza da pedra.
LA.PI.DES.CEN.TE, *adj.*, que se petrifica, que se endurece como pedra.
LA.PI.DÍ.CO.LA, *s. 2 gên.*, ser que habita nas pedras ou nelas faz o ninho, a toca ou a casa.
LA.PI.DI.FI.CA.ÇÃO, *s.f.*, ação ou resultado de lapidificar(-se), de petrificar(-se); petrificação.
LA.PI.DI.FI.CAR, *v.t. e pron.*, transformar em pedra, petrificar.
LA.PI.DÍ.FI.CO, *adj.*, próprio para formar ou originar pedras.
LA.PI.NHA, *s.f.*, *bras.*, NE, presépio montado para as festas natalinas e de Reis.
LÁ.PIS, *s.m.*, grafita revestida de madeira para escrever.
LA.PI.SAR, *v.t.*, desenhar ou escrever com lápis.
LA.PI.SEI.RA, *s.f.*, estojo para colocar lápis e canetas; tipo de caneta com pontas de grafite para a escrita.
LA.PÔ.NIO, *adj. e s.m.*, natural ou habitante da Lapônia, lapão.
LAP.SO, *s.m.*, período, espaço de tempo; falha, erro.
LAPTOP, *s.m.*, ing., *notebook*, microcomputador portátil.
LA.QUÊ, *s.m.*, substância usada para fixar o cabelo.
LA.QUE.A.ÇÃO, *s.f.*, uso de laquê no cabelo.
LA.QUE.A.DO, *adj.*, coberto com laquê, envernizado.
LA.QUE.A.DOR, *s.m.*, pessoa que trabalha no acabamento de móveis com laca.
LA.QUE.A.DU.RA, *s.f.*, ligamento de extremidades de órgãos; ligamento das trompas para que a mulher não possa mais engravidar.
LA.QUE.AR, *v.t.*, cobrir com laca, envernizar móveis, pintar; dar acabamento em móveis.
LAR, *s.m.*, casa, moradia, residência; habitação; família; *fig.*, pátria.
LA.RAN.JA, *s.f.*, a fruta da laranjeira; cor laranja; indivíduo que representa falsamente um outro, sobretudo em negócios escusos; *adj.*, alaranjado, da cor de laranja.
LA.RAN.JA-CRA.VO, *s.f.*, tangerina, nome dado à tangerina; em certos lugares, bergamota.
LA.RAN.JA.DA, *s.f.*, plantação extensa de laranjeiras, refresco feito com suco de laranja.
LA.RAN.JA-DA-BA.Í.A, *s.f.*, *bras.*, Bot., variedade de laranjeira (*Citrus sinensis*); laranja-de-umbigo.
LA.RAN.JA.DO, *adj.*, que tem a cor da laranja, alaranjado.
LA.RAN.JAL, *s.m.*, plantação de laranjas.
LA.RAN.JA-LI.MA, *s.f.*, Bot., variedade de laranjeira; o fruto dessa árvore, polpa doce e suave.
LA.RAN.JA-PÊ.RA, *s.f.*, variedade de laranjeira; o fruto dessa árvore, de polpa ácida e casca lisa.
LA.RAN.JEI.RA, *s.f.*, Bot., árvore da família das rutáceas, que produz a laranja.
LA.RAN.JEI.RO, *s.m.*, vendedor de laranjas; RJ, SP, plantador de laranjeiras.
LA.RAN.JI.NHA, *s.f.*, espécie de jogo popular; tipo de licor; *pop.*, explosivo do tamanho de laranja; árvore cuja

madeira é amarela.

LA.RA.PI.AR, *v.t.* e *int.*, surrupiar, furtar, desviar o alheio.

LA.RÁ.PIO, *s.m.*, ladrão, gatuno, quem furta, velhaco.

LAR.DE.A.DEI.RA, *s.f.*, agulha usada para lardear as iguarias.

LAR.DE.AR, *v.t.*, introduzir pedaços de toucinho, ou lardo, em carne a ser temperada.

LAR.DI.FOR.ME, *adj.*, que tem forma de lardo.

LAR.DÍ.VO.RO, *adj.*, que devora toucinho.

LAR.DO, *s.m.*, toucinho, parte gordurosa do porco, *bacon*.

LA.RÉ, *s.m.*, lus., quem não sabe dançar, ou dança mal.

LA.RE.AR, *v.int.*, *pop.*, vaguear sem nada para fazer, patuscar, vadiar; andar ao laré.

LA.REI.RA, *s.f.*, armação nas casas, onde se acende o fogo a lenha para esquentar o ambiente.

LA.REI.RO, *adj.*, relativo ou pertencente ao lar ou lareira.

LA.RES, *s.m., pl.*, para os etruscos e os romanos, deuses domésticos que protegiam o lar e a família.

LAR.GA, *s.f.*, largura, liberdade, liberalidade; *expr.*, à larga - com abundância.

LAR.GA.DA, *s.f.*, partida, o ato de iniciar um movimento, uma corrida.

LAR.GA.DO, *adj.*, abandonado, deixado, menosprezado.

LAR.GAR, *v.t., int.* e *pron.*, abandonar, soltar, deixar de, ir embora.

LAR.GO, *adj.*, amplo, espaçoso, extenso; *s.m.*, pequena praça; *fig., gír.*, sortudo.

LAR.GUE.A.DOR, *adj., s.m.*, que ou o que largueia.

LAR.GUE.AR, *v.t.*, gastar, despender com largueza; alargar; ver ablaquear.

LAR.GUE.ZA, *s.f.*, generosidade, o que é largo.

LAR.GU.RA, *s.f.*, extensão existente entre dois limites de uma superfície; dimensão.

LA.RI.CA, *s.f.*, Bot., o mesmo que joio (*Lolium temulentum*); *pop.*, fome, apetite.

LA.RIN.GE, *s.f.*, órgão do corpo humano para a fala.

LA.RÍN.GEO, *adj.*, que se refere à laringe.

LA.RIN.GI.A.NO, *adj.*, o mesmo que laríngeo.

LA.RIN.GI.TE, *s.f.*, inflamação da laringe.

LA.RIN.GO.GRA.FI.A, *s.f.*, texto para descrever a laringe.

LA.RIN.GO.LO.GI.A, *s.f.*, estudo das doenças da laringe.

LA.RIN.GO.LO.GIS.TA, *s. 2 gên.*, especialista em laringe.

LA.RIN.GO.PLE.GI.A, *s.f.*, Otor., paralisia da musculatura da laringe.

LA.RIN.GO.PLE.SI.A, *s.f.*, paralisia da laringe.

LA.RIN.GOS.CO.PI.A, *s.f.*, Otor., exame da laringe por meio de laringoscópio.

LA.RIN.GOS.CÓ.PIO, *s.m.*, instrumento para examinar a laringe.

LA.RIN.GOS.TE.NO.SE, *s.f.*, estreitamento da laringe.

LA.RIN.GO.TO.MIA, *s.f.*, cirurgia na laringe.

LAR.VA, *s.f.*, fase inicial da vida de certos insetos.

LAR.VA.DO, *adj.*, desequilibrado; maníaco; Med., diz-se de doença que ainda não se desenvolveu completamente ou que apresenta sintomas, como febre intermitente.

LAR.VAL, *s.m.*, que se refere a larvas.

LAR.VAR, *adj.* 2 *gên.*, o mesmo que larval; larvário.

LAR.VI.CI.DA, *adj.* 2 *gên.*, que destrói larvas; *s.m.*, substância ou produto que destrói ou elimina larvas.

LAR.VÍ.CO.LA, *adj.*, Zool., que vive nos corpos das larvas.

LAR.VI.CUL.TU.RA, *s.f.*, cultura de larvas (peixes, crustáceos, moluscos) objetivando a reprodução.

LAR.VI.FOR.ME, *adj. 2 gên.*, que tem forma, aspecto ou aparência de larva.

LAR.VÓ.FA.GO, *adj.*, Zool., diz-se de animal que se alimenta de larvas; larvívoro.

LA.SA.NHA, *s.f.*, prato de origem italiana, à base de massa, queijo, presunto.

LAS.CA, *s.f.*, farpa, fragmento; fatia de alguma coisa.

LAS.CA.DO, *adj.*, repartido em lascas, fatias; *pop.*, estar em dificuldades.

LAS.CAR, *v.t., int.* e *pron.*, tirar lascas de, repartir; fatiar, quebrar.

LAS.CÍ.VIA, *s.f.*, luxúria, tendência para os prazeres físicos, libidinagem, devassidão.

LAS.CI.VO, *adj.*, libidinoso, luxurioso, sensual.

LASER, *s.m.*, ing., instrumento que produz um raio de luz intensa, usado para proceder a incisões, operações, cortes.

LA.SI.O.NI.TA, *s.f.*, mineral que tem a forma de cristal capilar.

LAS.QUI.NHA, *bras.*, *s.f.*, pequena lasca de algum material; farpa; p.ext., parte muito pequena que se separa de algo; *bras.*, algo muito pequeno; quinhão minúsculo.

LAS.SAR, *v.t.*, tornar lasso; afrouxar.

LAS.SE.AR, *v. int.*, cansar-se, estafar-se, estressar-se.

LAS.SEI.RO, *adj.*, lasso; frouxo.

LAS.SI.DÃO, *s.f.*, cansaço, moleza, perda das forças.

LAS.SO, *adj.*, cansado, fatigado, esgotado, inerte.

LÁS.TI.MA, *s.f.*, pena, piedade, compaixão, mágoa; coisa deplorável.

LAS.TI.MA.DO, *adj.*, lamentado, magoado, apiedado.

LAS.TI.MA.DOR, *adj.* e *s.m.*, que ou o que lastima.

LAS.TI.MA.DU.RA, *s.f., bras.*, RS, machucadura, contusão, equimose; ferimento.

LAS.TI.MAR, *v.t.* e *pron.*, lamentar, causar mágoa, causar piedade.

LAS.TI.MÁ.VEL, *adj.*, deplorável, magoado.

LAS.TI.MO.SO, *adj.*, cheio de lástima, magoado, deplorável.

LAS.TRA.ÇÃO, *s.f.*, ação ou efeito de lastrear.

LAS.TRA.DO, *adj.*, em que se pôs lastro, peso; lastreado; alastrado; propagado.

LAS.TRA.DOR, *adj.* e *s.m.*, que ou o que lastra.

LAS.TRA.GEM, *s.f.*, lastreamento, colocação de materiais próprios para firmar as ferrovias, peso para equilibrar o nível do navio; fundo monetário para segurar a cotação da moeda.

LAS.TRA.MEN.TO, *s.m.*, lastragem, lastreação.

LAS.TRAR, *v.t.* e *int.*, Mar., pôr lastro em (embarcação ou aeróstato); lastrear; acrescentar peso para dar estabilidade a; *fig.*, espalhar; difundir-se.

LAS.TRE.A.MEN.TO, *s.m.*, ver lastração, lastragem.

LAS.TRE.AR, *v.t.* e *int.*, lastrar, colocar lastro em, firmar, dar solidez.

LAS.TRO, *s.m.*, produto colocado no porão de barcos para dar firmeza; garantia monetária, reforço.

LA.TA, *s.f.*, folha de flandres, chapa delgada usada para confeccionar recipientes de metal.

LA.TA.DA, *s.f.*, armação de madeira ou troncos, bambus, para sustentar planta trepadeira; pérgula; pancada com uma lata.

LA.TA.GÃO, *s.m.*, homem forte, pessoa troncuda e forte.

LA.TÃO, *s.m.*, liga de zinco e cobre; recipiente grande para conter líquidos e outras substâncias.

LA.TA.RI.A, *s.f.*, muitas latas; a parte externa dos carros.

LA.TE.A.DO, *adj.*, que tem ornatos de lata ou de latão.

LA.TE.AR, *v.t.*, cobrir ou enfeitar com folhas-de-flandres.

LA.TE.GA.DA, *s.f.*, pancada com látego.

LÁ.TE.GO, *s.m.*, açoite, chicote, azorrague.
LA.TE.JA.DO, *adj.*, que latejou, palpitou, pulsou.
LA.TE.JA.MEN.TO, *s.m.*, ação ou resultado de latejar; latejo.
LA.TE.JAN.TE, *adj.*, pulsante, que treme.
LA.TE.JAR, *v. int.*, pulsar, tremer.
LA.TE.JO, *s.m.*, pulsação, tremida.
LA.TÊN.CIA, *s.f.*, ocultação, escondimento, que está oculto, disfarce.
LA.TEN.TE, *adj.*, oculto, implícito, disfarçado.
LÁ.TEO, *adj.*, lácteo, que é de leite.
LA.TE.RAL, *adj.*, ao lado, no flanco; *s.m.*, lado do campo; jogador de futebol que atua na lateral do time.
LA.TE.RA.LI.DA.DE, *s.f.*, caráter ou qualidade de lateral.
LA.TE.RA.LI.ZA.ÇÃO, *s.f.*, ação ou resultado de lateralizar; posicionamento lateral.
LA.TE.RÁ.RIO, *adj.*, que diz respeito a tijolo; próprio para fazer tijolo.
LA.TE.RI.TA, *s.f.*, Geol., solo infértil vermelho, comum nas regiões tropicais.
LA.TE.RI.ZA.ÇÃO, *s.f.*, Geol., processo característico das regiões tropicais de clima úmido, em que há hidratação e oxidação dos elementos minerais e enriquecimento em óxidos de ferro e alumínio.
LÁ.TEX, *s.m.*, seiva de algumas árvores, principalmente da seringueira, semelhante a leite.
LÁ.TI.CE, *s.m.*, o mesmo ou melhor que látex.
LA.TI.CÍ.FE.RO, *adj.*, produtor de látex.
LA.TI.CÍ.NIO, *s.m.*, alimento composto por leite; todo alimento que recebe leite.
LA.TI.DO, *s.m.*, voz do cachorro, ladrido.
LA.TI.FUN.DI.Á.RIO, *s.m.*, dono de muitas terras, grande proprietário.
LA.TI.FÚN.DIO, *s.m.*, propriedade muito grande no campo.
LA.TIM, *s.m.*, língua de origem indo-européia, falada no Lácio e depois no Império Romano; origem básica das línguas neolatinas.
LA.TI.NI.CE, *s.f.*, presunção de saber latim.
LA.TI.NI.DA.DE, *s.f.*, o espírito, a cultura, a tradição e a história dos latinos e sua contribuição para com a civilização da Humanidade.
LA.TI.NIS.MO, *s.m.*, expressão latina de uso corrente em muitas línguas, sobretudo no campo do Direito; usos e tradições latinas.
LA.TI.NIS.TA, *s. 2 gên.*, especialista na língua e cultura latinas.
LA.TI.NI.ZA.ÇÃO, *s.f.*, ação ou efeito de latinizar; introdução de expressões latinas em um texto.
LA.TI.NI.ZA.DO, *adj.*, que se latinizou; que tomou a forma latina; traduzido para o latim.
LA.TI.NI.ZA.DOR, *adj. e s.m.*, que ou o que latiniza; latinizante.
LA.TI.NI.ZAN.TE, *adj. 2 gên.*, que latiniza; que segue o rito latino ou cristão em país cismático; *s. 2 gên.*, aquele ou aquilo que latiniza; seguidor do ritual católico latino.
LA.TI.NI.ZAR, *v.t. e int.*, transformar em latino; emprestar forma de latim.
LA.TI.NO, *adj.*, próprio do latim e dos habitantes antigos da Itália.
LA.TI.NO-A.ME.RI.CA.NIS.MO, *s.m.*, tendência, modo de ser e de viver dos latino-americanos.
LA.TI.NO-A.ME.RI.CA.NO, *adj.*, referente à América luso-espanhola; *s.m.*, pessoa dessa região.
LA.TI.NÓ.RIO, *s.m.*, latim ruim, expressão latina errada, pronúncia errada, construção latina errônea.
LA.TÍ.PE.DE, *adj. 2 gên.*, Zool., que tem pés largos.
LA.TIR, *v. int.*, grito do cão, ladrar, berrar.
LA.TI.TU.DE, *s.f.*, extensão; distância de pontos na Terra em relação aos meridianos.
LA.TI.TU.DI.NAL, *adj. 2 gên.*, que diz respeito a latitude; que se estende em largura; transversal.
LA.TI.TU.DI.NÁ.RIO, *adj.*, largo, amplo; extensivo; que dá às coisas uma interpretação arbitrária ou livre.
LA.TO, *adj.*, amplo, extensivo, largo.
LA.TO.A.RI.A, *s.f.*, oficina que trabalha com chapa metálica, com carros.
LA.TO.EI.RO, *s.m.*, pessoa que trabalha com lata, sobretudo de carro; funileiro, lanterneiro.
LA.TO.MI.A, *s.f.*, pedreira de onde se extraía o calcário; *ant.*, antigas pedreiras abandonadas que viraram prisão.
LA.TRI.A, *s.f.*, adoração, culto, ato de adorar.
LA.TRI.NA, *s.f.*, casinha fora da residência, para deposição de excrementos humanos; patente, privada.
LA.TRI.NÁ.RIO, *adj.*, relativo a latrina; diz-se de ser que se cria nas latrinas; *fig.*, repugnante, imundo.
LA.TRI.NEI.RO, *s.m.*, aquele que é encarregado da guarda, limpeza ou manutenção de latrinas.
LA.TRO.CÍ.NIO, *s.m.*, homicídio provocado para roubar a vítima; crime com previsão de trinta anos de prisão.
LA.TU.RÁ.RI.O, *s.m.*, carregador, moço de fretes.
LAU.DA, *s.f.*, cada lado de uma folha de papel, página; página escrita.
LAU.DA.BI.LI.DA.DE, *s.f.*, próprio para ser louvado, louvabilidade.
LAU.DA.NI.ZA.DO, *adj.*, que se laudanizou, que contém láudano.
LAU.DA.NI.ZAN.TE, *adj.*, que laudaniza; narcotizante.
LAU.DA.NI.ZAR, *v.t.*, Farm., preparar com láudano.
LÁU.DA.NO, *s.m.*, Farm., tintura de ópio, de efeito sedativo; Med., Ter., medicamento feito com base no ópio misturado a outros ingredientes; *fig.*, algo que alivia, relaxa; bálsamo.
LAU.DA.TÍ.CIO, *adj.*, laudativo, que possui louvor, louvável, louvador.
LAU.DA.TI.VO, *adj.*, o mesmo que laudatório.
LAU.DA.TÓ.RIO, *adj.*, relativo a louvor; *adj.*, que contém louvor.
LAU.DÁ.VEL, *adj. 2 gên.*, p.us., o mesmo que louvável; Med., diz-se de sangue, linfa ou pus de bom aspecto.
LAU.DÊ.MIO, *s.m.*, taxa anual ou mensal, que o foreiro, o ocupante de terras, paga ao proprietário.
LAU.DES, *s.f., pl*, orações canônicas que os religiosos rezam nos conventos e mosteiros, no começo da tarde.
LAU.DO, *s.m.*, parecer escrito de um perito legal sobre qualquer tema solicitado por juiz ou outra autoridade.
LAU.RÁ.CEAS, *s.f., pl.*, Bot., família de plantas dicotiledôneas, cujo tipo é o loureiro; lauríneas.
LÁU.REA, *s.f.*, coroa de louros para os heróis; troféu, diploma de curso superior.
LAU.RE.AR, *v.t.*, coroar com louros, premiar, enfeitar, dar um diploma.
LAU.REL, *s.m.*, troféu, coroa de louros, galardão.
LÁU.REO, *adj.*, relativo a louro ou feito dele; laurino; laurentino.
LAU.RÉ.O.LA, *s.f.*, laurel, coroa, auréola.
LAU.RÍ.FE.RO, *adj.*, laurígero, que porta louros, coroado com louros.
LAU.RÍ.GE.RO, *adj.*, Poét., o mesmo que laurífero.

LAU.TO, *adj.*, farto, abundante, suntuoso, fino.
LA.VA, *s.f.*, massa proveniente de rocha expelida pelos vulcões.
LA.VA.BO, *s.m.*, local para lavar as mãos; lavatório.
LA.VA.ÇÃO, *s.f.*, ação ou resultado de lavar(-se); lavagem.
LA.VA.DA, *s.f.*, ação ou efeito de lavar; lavação; derrota muito grande de alguém.
LA.VA.DEI.RA, *s.f.*, mulher que lava roupas por profissão.
LA.VA.DEI.RO, *s.m.*, lavandeiro, homem que se ocupa em lavar roupas e outros objetos.
LA.VA.DE.LA, *s.f.*, lavada rápida.
LA.VA.DI.ÇO, *adj.*, que por hábito se lava muito; que anda sempre muito limpo.
LA.VA.DO, *adj.*, limpo, purificado, asseado.
LA.VA.DOR, *adj. e s.m.*, que(m) lava, purificador.
LA.VA.DO.RA, *s.f.*, máquina para lavar roupa.
LA.VA.DOU.RO, *s.m.*, tanque para lavar roupas, qualquer local para lavagem de roupas.
LA.VA.DU.RA, *s.f.*, lavagem, lavação.
LA.VA.GEM, *s.f.*, ação de lavar; restos de comida com água.
LA.VAN.DA, *s.f.*, alfazema, planta de jardim com a qual se fazem aromatizantes, como água-de-colônia; bilha com água para a lavagem das mãos.
LA.VAN.DA.RI.A, *s.f.*, empresa para lavar e passar roupas; local em que se lavam roupas.
LA.VAN.DEI.RO, *s.m.*, profissional que lava roupas.
LA.VAN.DE.RI.A, *s.f.*, estabelecimento para lavar roupas, passá-las e prepará-las para os clientes.
LA.VA-PÉS, *s.m.*, cerimônia religiosa, realizada na Quinta-Feira Santa, para recordar o ato de Jesus Cristo na Santa Ceia, quando lavou os pés de seus apóstolos; *fig.*, gesto de humildade, busca da igualdade sociorreligiosa.
LA.VAR, *v.t.*, passar na água para limpar, expurgar.
LA.VA.RI.A, *s.f.*, lugar em que se lava, e especialmente em que se tratam minérios pela água.
LA.VA-ROU.PA, *s.f.*, Tec., máquina ou equipamento que faz lavagem de roupas; lavadora; *s.m.*, produto químico us. na lavagem de roupas.
LA.VA.TÓ.RIO, *s.m.*, local ou recipiente para a pessoa se lavar; pia, lavabo.
LA.VÁ.VEL, *adj.*, limpável, possível de lavar.
LA.VOR, *s.m.*, trabalho de artesanato, trabalho com pedras preciosas ou semipreciosas.
LA.VOU.RA, *s.f.*, trabalho com a terra para plantar; terreno plantado.
LA.VRA, *s.f.*, mineração, local em que se extraem minérios; autoria, invenção.
LA.VRA.ÇÃO, *s.f.*, Agr., Min., ação ou resultado de lavrar; lavragem; lavramento.
LA.VRA.DA, *s.f.*, lavra, lavoura.
LA.VRA.DEI.RO, *adj.*, diz-se do animal que trabalha na lavoura.
LA.VRA.DI.O, *adj.*, que se pode lavrar, que é cultivável.
LA.VRA.DO, *adj.*, preparado, amanhado, arrumado.
LA.VRA.DOR, *s.m.*, agricultor, plantador, quem cultiva a terra.
LA.VRA.GEM, *s.f.*, lavratura, amanho da terra.
LA.VRA.MEN.TO, *s.m.*, Agr., ato ou efeito de lavrar a terra com arado ou charrua; aragem; Num., cunhagem de moedas; ato de aplainar a madeira; Jur., ato de registrar por escrito.
LA.VRAN.TE, *adj. 2 gên.*, que lavra (a terra); *s.m.*, Our., ourives que trabalha em ouro e prata.

LA.VRAR, *v.t. e int.*, preparar a terra, arrumar a terra para o plantio; extrair minérios; escrever, redigir.
LA.VRA.TU.RA, *s.f.*, preparação da terra; ato de lavrar algum documento, escrita de documentos.
LA.XA.ÇÃO, *s.f.*, lassidão, amolecimento.
LA.XAN.TE, *adj.*, remédio que leva a pessoa a evacuar; purgante.
LA.XAR, *v.t.*, relaxar, amolecer, livrar.
LA.XA.TI.VO, *adj. e s.m.*, que relaxa, ingrediente para fazer a pessoa evacuar.
LA.XI.DÃO, *s.f.*, languidez, lassidão, preguiça, modorra.
LA.XO, *adj.*, lasso, frouxo, mole, preguiçoso.
LA.ZA.RA.DO, *adj.*, que ou aquele que sofre de hanseníase, de lepra; lazarento; leproso; lázaro.
LA.ZA.REN.TO, *adj.*, que sofre de lepra, leproso, chagado.
LA.ZA.RE.TO, *s.m.*, abrigo para pessoas que devam ficar isoladas por causa de doenças contagiosas.
LÁ.ZA.RO, *adj., s.m.*, quem está atacado pela lepra, leproso, hanseniano.
LA.ZEI.RA, *s.f.*, qualquer tipo de mal ou infelicidade; miséria; desgraça; Pat., hanseníase, lepra; *pop.*, carência alimentar; fome.
LA.ZEI.RAR, *v.int.*, ter lazeira; estar esfomeado.
LA.ZER, *s.m.*, folga, tempo usado para diversão; ócio, divertimento.
LAYOUT, *s.m.*, ing., plano, esquema, esboço.
LE.AL, *adj.*, sincero, franco, espôntaneo, honesto.
LE.AL.DA.DE, *s.f.*, sinceridade, franqueza, honestidade.
LE.AL.DAR, *v.t.*, declarar (mercadorias importadas) na alfândega, para atender às exigências de regulamentos fiscais; aleandar; registrar.
LE.A.LIS.MO, *s.m.*, o mesmo que lealdade; Pol., fidelidade ao governante ou ao regime estabelecido; acatamento às leis vigentes.
LE.ÃO, *s.m.*, mamífero carnívoro da família dos felídeos, *fig.*, tipo valente.
LE.ÃO DE CHÁ.CA.RA, *s.m.*, homem que trabalha como segurança em casas de diversão noturnas.
LE.ÃO-MA.RI.NHO, *s.m.*, em Zoologia, pertencente à família dos Otarídeos, ocorre em regiões frias polares; lobo-marinho.
LE.BRA.CHO, *s.m.*, filhote macho de uma lebre.
LE.BRA.DA, *s.f.*, iguaria à base de lebre.
LE.BRÃO, *s.m.*, macho da lebre, lebre macho.
LE.BRE, *s.m.*, coelho selvagem, roedor da família dos leporídeos.
LE.BREI.RO, *adj. e s.m.*, cão que caça lebres.
LE.BRÉU, *s.m.*, cão de caça treinado para pegar lebres.
LE.CI.O.NAR, *v.t. e int.*, dar aulas, ensinar, ser professor, levar o aluno a construir conhecimentos.
LE.CI.TI.NA, *s.f.*, lipídio existente em várias gorduras e em vegetais.
LE.DI.CE, *s.f.*, alegria, satisfação.
LE.DO, *adj.*, alegre, satisfeito, fagueiro.
LE.DOR, *s.m.*, quem lê, leitor.
LE.GA.ÇÃO, *s.f.*, ação ou efeito de legar, grupo designado para tratar de assuntos do governo com outro governo; representação diplomática.
LE.GA.CI.A, *s.f.*, cargo, função de legado.
LE.GA.DO, *s.m.*, doado por testamento, herança, transmissão de um bem; núncio - legado do papa.
LE.GAL, *adj.*, de acordo com a lei; legalizado; *gír.*, bom,

ótimo, gostoso.
LE.GA.LI.DA.DE, *s.f.*, legitimidade, de acordo com a lei.
LE.GA.LIS.MO, *s.m.*, apego exagerado ao aspecto legal da lei; respeito às leis em vigor.
LE.GA.LIS.TA, *s. 2 gên.*, adepto da legalidade.
LE.GA.LI.ZA.ÇÃO, *s.f.*, ação ou efeito de legalizar, legitimação.
LE.GA.LI.ZA.DO, *adj.*, legitimado, posto de acordo com a lei.
LE.GA.LI.ZAR, *v.t.*, colocar dentro da lei, legitimar.
LE.GAR, *v.t.*, deixar como herança, deixar por testamento.
LE.GA.TÁ.RIO, *adj.*, *s.m.*, quem recebe um legado, que herda um legado, herdeiro de um bem.
LE.GA.TÓ.RIO, *adj.*, relativo a legados; que compreende legados.
LE.GEN.DA, *s.f.*, história de um santo, de um herói, letreiro escrito para explicar ilustrações; narrativa épica, fabulosa; escrita para traduzir as falas das personagens em um filme falado em outro idioma.
LE.GEN.DA.ÇÃO, *s.f.*, Art. Gráf., Cin., Telev., ação ou resultado de legendar (cinema, tevê, vídeo e quadrinhos); legendagem.
LE.GEN.DA.DO, *adj.*, escrito, traduzido.
LE.GEN.DA.DOR, *adj.* e *s.m.*, Art. Gráf., Cin., Telev., diz-se de, ou aquele que faz legendas.
LE.GEN.DAR, *v.t.*, escrever uma legenda; nos filmes, escrever a tradução nas vinhetas.
LE.GEN.DÁ.RIO, *adj.*, fabuloso, extraordinário, lendário.
LE.GI.ÃO, *s.f.*, divisão, no exército romano, de seis mil soldados; divisão; uma multidão, muitas pessoas.
LE.GI.BI.LI.DA.DE, *s.f.*, qualidade relacionada à clareza de leitura; que se pode ler facilmente.
LE.GI.FE.RA.TI.VO, *adj.*, Jur., o mesmo que legislativo.
LE.GÍ.FE.RO, *adj.*, que produz leis, que compõe leis.
LE.GI.O.NÁ.RIO, *s.m.*, soldado encaixado em uma legião, aventureiro.
LE.GIS.LA.ÇÃO, *s.f.*, ação ou efeito de legislar, de fazer leis; conjunto de leis, grupo de leis em determinado campo.
LE.GIS.LA.DOR, *s.m.*, quem faz leis, elaborador de leis.
LE.GIS.LAR, *v.t.* e *int.*, elaborar leis, editar leis.
LE.GIS.LA.TI.VO, *s.m.*, numa democracia, a parte do poder que elabora as leis.
LE.GIS.LA.TÓ.RIO, *adj.*, relativo ao poder de legislar ou à legislação; legislativo que tem força de lei; que obriga, na qualidade de lei; legislativo.
LE.GIS.LA.TU.RA, *s.f.*, duração do mandado dos que fazem leis: vereadores, deputados e senadores; assembleia constituinte.
LE.GIS.LÁ.VEL, *adj.*, que se pode legislar ou decretar.
LE.GIS.MO, *s.m.*, predominância das leis; centramento em leis.
LE.GIS.PE.RI.TO, *s.m.*, perito em leis; legista.
LE.GIS.TA, *s. 2 gên.*, quem conhece leis; médico que emite laudo técnico quanto aos ferimentos de uma pessoa.
LE.GÍ.TI.MA, *s.f.*, parte da herança que cabe a cada herdeiro, conforme a lei.
LE.GI.TI.MA.ÇÃO, *s.f.*, ação ou efeito de legitimar uma situação; enquadramento, autentificação.
LE.GI.TI.MA.DO, *adj.*, tornado legítimo; justificado, desculpado; Jur., diz-se de filho ilegítimo que, por circunstâncias matrimoniais, fica equiparado ao(s) filho(s) legítmo(s); *s.m.*, Jur., filho legitimado.
LE.GI.TI.MA.DOR, *adj.*, que legitima; *s.m.*, aquele que legitima.
LE.GI.TI.MAR, *v.t.* e *pron.*, tornar legítimo; enquadrar quanto à lei; reconhecer a idoneidade legal de; legalizar.

LE.GI.TI.MÁ.RIO, *adj.*, Jur., relativo ou inerente à legítima; diz-se do herdeiro, necessário ou forçado, a quem cabe a legítima.
LE.GI.TI.MÁ.VEL, *adj.*, suscetível de se legitimar.
LE.GI.TI.MI.DA.DE, *s.f.*, que está de acordo com a lei, legalidade.
LE.GI.TI.MIS.MO, *s.m.*, Pol., opinião ou partido dos legitimistas.
LE.GI.TI.MIS.TA, *adj.*, relativo a legitimidade; *adj.* e *s. 2 gên.*, diz-se de, ou a pessoa partidária dos direitos ao trono; dinastia legítima.
LE.GI.TI.MI.ZA.ÇÃO, *s.f.*, ação de tornar legítimo; legalização.
LE.GÍ.TI.MO, *adj.*, legal, justo perante a lei; autêntico.
LE.GÍ.VEL, *adj.*, possível de ler, claro, fácil.
LE.GOR.NE, *adj.* e *s. 2 gên.*, raça de galinhas que se destacam como poedeiras.
LÉ.GUA, *s.f.*, medida variável, em torno de seis quilômetros.
LE.GU.LHÉ, *s. 2 gên.*, indivíduo sem importância, joão-ninguém, pessoa inexpressiva.
LE.GU.ME, *s.m.*, planta de horta, como nabo, pepino, cenoura, berinjela.
LE.GU.MI.NI.FOR.ME, *adj. 2 gên.*, Bot., diz-se de vegetal que se assemelha a um legume.
LE.GU.MI.NO.SAS, *s.m.*, *pl.*, todas as plantas que produzem legumes.
LE.GU.MI.NO.SO, *adj.*, Bot., relativo ou pertencente à família das leguminosas; que frutifica em vagens.
LEI, *s.f.*, norma, regra editada pelo legislador; mandamento; coerção.
LEI.AU.TE, *s.m.*, em inglês *layout*, disposição dos móveis em um ambiente; desenho, esboço de algo que se queira desenhar, fazer, construir.
LEI.CEN.ÇO, *s.m.*, furúnculo.
LEI.GAR, *v.t.* e *pron.*, *ant.*, laicizar(-se); transformar(-se) em leigo.
LEI.GO, *s.m.*, laico, pessoa civil; pessoa não inscrita em congregação ou ordem religiosa; mundano, secular; ignorante de um assunto.
LEI.GUI.CE, *s.f.*, dito ou ato de leigo.
LEI.LÃO, *s.m.*, venda judicial e pública de bens móveis, imóveis e objetos.
LEI.LO.A.DO, *adj.*, vendido em leilão.
LEI.LO.AR, *v.t.*, vender em leilão pelo melhor preço.
LEI.LO.EI.RO, *s.m.*, indivíduo legalmente constituído para operar leilões.
LEI.RA, *s.f.*, nesga de terra para a lavoura, pedaço de terra para cultivar.
LEI.RÃO, *s.m.*, *bras.*, NE, Agr., grande leira elevada, onde se permite o plantio de tubérculos.
LEI.RAR, *v.t.*, dividir em leiras (terreno); formar leiras, lavrando; sulcar (a terra).
LEISH.MA.NI.O.SE, *s.f.*, doença grave, de progressão lenta, causada por um protozoário.
LEI.TÃO, *s.m.*, porquinho, porco novo, qualquer porco, bacorinho, coré.
LEI.TAR, *adj. 2 gên.*, que tem a cor branca do leite; leitoso; relativo a leite.
LEI.TA.RI.A, *s.f.*, leiteria.
LEI.TE, *s.m.*, substância branca e gordurosa que escorre das tetas das fêmeas dos mamíferos; substância branca obtida de alguns vegetais.
LEI.TEI.RA, *s.f.*, peça de louça para servir leite; mulher que

LEITEIRO — LEPIDÓPTERO

vende leite próprio ou de gado.

LEI.TEI.RO, *s.m.*, produtor de leite, vendedor de leite.

LEI.TE.LHO, *s.m.*, leite sem gorduras, leite depois de retirada a nata e us. como alimento para bebês; leite desnatado.

LEI.TE.RI.A, *s.f.*, local em que se retém o leite; estabelecimento para vender leite; *pop.*, mulher com seios grandes.

LEI.TO, *s.m.*, cama, tálamo, local em que se pode repousar; faixa central de uma rodovia; *fig.*, todo local convidativo para descansar.

LEI.TO.A, *s.f.*, fêmea do leitão.

LEI.TO.A.DA, *s.f.*, vara de leitões.

LEI.TOR, *s.m.*, ledor, quem lê.

LEI.TO.RA.DO, *s.m.*, cargo, função do leitor em algumas ordens religiosas.

LEI.TO.RAL, *adj. 2 gên.*, p.us., relativo a leitor.

LEI.TO.SO, *adj.*, com forma de leite, branco, lácteo.

LEI.TU.RA, *s.f.*, ato de ler, o que se lê, visão, modo de entender algo.

LEI.TU.RIS.TA, *s. 2 gên.*, funcionário que procede à leitura de consumo de água, luz, gás, nos respectivos relógios marcadores.

LEI.VA, *s.f.*, sulco de terra levantado pelo arado.

LE.LÉ, *s. 2 gên., pop.*, indivíduo maluco, adoidado.

LE.MA, *s.m.*, propósito, diretiva, norma, frase, ideia.

LEM.BRA.DI.ÇO, *adj.*, lembrável, que se lembra sempre.

LEM.BRA.DO, *adj.*, recordado, memorizado.

LEM.BRA.DOR, *adj. e s.m.*, que, ou o que lembra ou serve para lembrar.

LEM.BRAN.ÇA, *s.f.*, recordação, tudo que se conserva na memória.

LEM.BRAR, *v.t. e pron.*, recordar, reviver, recompor na memória; advertir.

LEM.BRÁ.VEL, *adj. 2 gên.*, que pode ser lembrado sem muito esforço.

LEM.BRE.TE, *s.m.*, aviso, nota.

LE.ME, *s.m.*, timão, parte do navio ou do avião, para dirigi-lo; direção, comando, governo.

LE.MU.RAL, *adj.*, que diz respeito aos lêmures.

LÊ.MU.RE, *s.m.*, indivíduo dos lêmures, com corpo parecido com o dos macacos.

LE.MU.RI.A.NO, *adj.*, relativo a lêmure; pertencente à família dos lêmures.

LE.MÚ.RIO, *adj.*, o mesmo que lemuriano.

LEN.ÇA.RI.A, *s.f.*, fábrica de lenços, muitos lenços.

LEN.ÇO, *s.m.*, pequeno pedaço de pano usado para limpar a boca e o nariz.

LEN.ÇOL, *s.m.*, peça de tecido para cobrir o colchão ou as pessoas.

LEN.DA, *s.f.*, tradição, história conservada na memória das pessoas e passada de geração em geração.

LEN.DÁ.RIO, *adj.*, próprio de lenda, memorável, legendário, épico.

LÊN.DEA, *s.f.*, ovo de piolho.

LEN.DE.O.SO, *adj.*, que tem lêndeas.

LEN.GA-LEN.GA, *s.f.*, ladainha, tudo que é monótono; algo sem sentido.

LE.NHA, *s.f.*, pedaços de madeira, tronco e galhos de árvore para queimar.

LE.NHA.DOR, *s.m.*, indivíduo que derruba árvores, quem corta lenha.

LE.NHAR, *v.t. e int.*, cortar, rachar toras para fazer lenha; apanhar lenha, esp. para uso doméstico; *bras., gír.*, apostar corrida de automóvel; fazer lenha; BA, *pop.*, causar ou sofrer desgraça; sair-se mal.

LE.NHEI.RO, *adj. e s.m.*, lenhador, quem vende lenha, quem recolhe lenha para comerciar.

LE.NHI.FI.CAR, *v. int.*, endurecer, tornar duro como lenho.

LE.NHO, *s.m.*, parte dura das árvores.

LE.NHO.SO, *adj.*, que tem lenho, madeira.

LE.NI.DA.DE, *s.f.*, suavidade, mansidão; leniência.

LE.NI.ÊN.CIA, *s.f.*, suavidade, maviosidade, afabilidade, bondade.

LE.NI.EN.TE, *adj.*, suave, mavioso, acalmante, lenitivo.

LE.NI.FI.CAR, *v.t.*, Med., adoçar, mitigar por meio de lenitivo.

LE.NI.MEN.TO, *s.m.*, alívio, suavidade, amortecimento, amaciamento.

LE.NI.NIS.MO, *s.m.*, ideias e doutrinas comunistas de Lênin.

LE.NI.NIS.TA, *adj. 2 gên.*, referente ao leninismo; que é partidário do leninismo; *s. 2 gên.*, partidário do leninismo.

LE.NIR, *v. int.*, suavizar, abrandar, amaciar.

LE.NI.TI.VO, *adj.*, suavizante, acalmante.

LE.NO.CÍ.NIO, *s.m.*, crime tipificado pelo uso de mulheres para a prostituição.

LEN.TE, *s.f.*, vidro tratado para uso de quem tem deficiência visual; *s.m.*, professor universitário.

LEN.TE.JOU.LA, *s.f.*, enfeite para roupas, bugiganga.

LEN.TES.CEN.TE, *adj.*, pegajoso, viscoso, lamacento, umidificado.

LEN.TE.ZA, *s.f.*, vagarosidade, lentidão, demora, lerdeza.

LEN.TÍ.CU.LA, *s.f.*, lente pequena.

LEN.TI.CU.LAR, *adj. 2 gên.*, semelhante a lente ou lentilha; lentiforme; Anat., relativo a cristalino; diz-se de pequeno osso entre o martelo e a bigorna; *s.m.*, Anat., pequeno osso da orelha média.

LEN.TI.DÃO, *s.f.*, demora, vagarosidade.

LEN.TI.FOR.ME, *adj.*, lenticular, que tem forma de lente.

LEN.TI.GEM, *s.f.*, sarda.

LEN.TI.GI.NO.SO, *adj.*, coberto de lentigens ou sardas, sardento.

LEN.TI.GRA.DO, *adj.*, que caminha com lentidão.

LEN.TI.LHA, *s.f.*, tipo de feijão, grãos nutritivos, usados em saladas e sopas.

LEN.TI.LHO.SO, *adj.*, abundante em lentilhas; que está semeado de lentilhas.

LEN.TO, *adj.*, vagaroso, lerdo, sem pressa.

LEN.TU.RA, *s.f.*, lentidão, lerdeza, vagarosidade.

LE.O.A, *s.f.*, fêmea do leão.

LE.O.NEI.RA, *s.f.*, caverna em que se acoitam leões; jaula de leões.

LE.O.NÊS, *adj.*, relativo ao antigo reino de Leão (Espanha); relativo à atual província de Leão; *s.m.*, habitante do antigo reino de Leão; natural ou habitante da atual província ou cidade de Leão.

LE.Ô.NI.CO, *adj.*, que se refere a leões.

LE.O.NI.NO, *adj.*, próprio de leão; em Direito, o contrato que prejudica uma parte.

LE.O.PAR.DO, *s.m.*, mamífero carnívoro felídeo da África.

LÉ.PI.DO, *adj.*, ágil, rápido, fagueiro, risonho, exuberante, exultante.

LE.PI.DÓP.TE.RO, *s.m.*, Zool., espécime da ordem de insetos que reúne as borboletas e mariposas; *adj.*, Zool., relativo ou pertencente aos lepidópteros.

LE.PI.DÓP.TE.ROS, *adj.*, *s.m.*, *pl.*, a ordem dos insetos que compreende as borboletas e as mariposas.
LE.PO.RÍ.DEO, *s.m.*, *pl.*, Zool., família de mamíferos da ordem dos roedores, cujo caráter é terem atrás dos dentes incisivos superiores um par de dentes menores e de outra forma.
LE.PO.RÍ.DEOS, *s.m.*, família de roedores que inclui as lebres, os coelhos.
LE.PO.RI.NO, *adj.*, próprio da lebre; lábio que é cortado ao meio, como o da lebre.
LE.PRA, *s.f.*, hanseníase, doença que produz feridas na pele e insensibilidade.
LE.PRO.LO.GI.A, *s.f.*, setor da Medicina que estuda e trata da lepra.
LE.PRO.LO.GIS.TA, *s. 2 gên.*, leprólogo, especialista em lepra.
LE.PRÓ.LO.GO, *s.m.*, médico especializado em leprologia; leprologista.
LE.PRO.MA, *s.m.*, raiz que tenha lepra.
LE.PRO.SÁ.RIO, *s.m.*, hospital para atender a leprosos, abrigo para leprosos, leprosaria.
LE.PRO.SI.DADE, *s.f.*, qualidade, estado de leproso.
LE.PRO.SO, *adj.*, que sofre de lepra.
LE.PRO.SÓ.RIO, *s.m.*, o mesmo que leprosaria.
LEP.TI.NA, *s.f.*, hormônio proteico produzido pelo tecido adiposo; quando se concentra, leva o cérebro a verificar a sua ação, para controlar o apetite e o metabolismo do indivíduo.
LEP.TO.DÉR.MI.CO, *adj.*, que tem células epidérmicas delgadas.
LEP.TO.LO.GI.A, *s.f.*, discurso delicado, sutil, minucioso; estilo fino, culto.
LEP.TO.LÓ.GI.CO, *adj.*, relativo a leptologia.
LEP.TOR.RI.NO, *adj.*, que possui o nariz fino.
LEP.TOS.SÔ.MI.CO, *adj.*, diz-se da classificação biotipológica do psiquiatra alemão Ernst Kretschmer (1888-1964), diz-se de tipo corporal magro e esbelto que corresponde ao caráter esquizotímico.
LE.QUE, *s.m.*, abano, objeto para formar vento em locais quentes; *fig.*, variedade, gama.
LER, *v.t. e int.*, decompor as letras para obter o sentido da escrita, reconhecer, entender, declamar, fazer leitura, estudar.
LER.DE.A.DOR, *adj. e s.m.*, lerdo, pachorrento, vagaroso.
LER.DE.AR, *v. int.*, ser lerdo.
LER.DE.ZA, *s.f.*, vagarosidade, pachorra.
LER.DI.CE, *s.f.*, *bras.*, o mesmo que lerdeza.
LER.DO, *adj.*, lento, vagaroso; demorado no que faz, desmemoriado.
LE.REI.A, *s.f.*, *bras.*, conversa sem utilidade, conversa mole; léria.
LÉ.RIA, *s.f.*, lero-lero, conversa fiada, conversa inútil.
LE.RO, *s.m.*, *gír.*, conversa, papo.
LE.RO-LE.RO, *s.m.*, conversa fiada, palavreado inútil, conversa mole.
LE.SA.DO, *adj.*, prejudicado, estragado, ferido.
LE.SA.DOR, *s.m.*, aquele que lesa.
LE.SA-MA.JES.TA.DE, *s.f.*, ofensa criminosa contra a pessoa do rei ou de algum membro da sua família real.
LE.SAN.TE, *adj.*, prejudicante, danoso.
LE.SÃO, *s.f.*, prejuízo, dano, contusão, machucadura.
LE.SA-PÁ.TRIA, *s.m.*, crime muito grave ou atentado contra a pátria.
LE.SAR, *v.t.*, ferir, machucar, contundir; enganar, lograr.
LES.BI.A.NIS.MO, *s.m.*, homossexualismo feminino, erotismo entre mulheres.
LÉS.BI.CA, *s.f.*, mulher que mantém relação afetivo-sexual com outra mulher.
LÉS.BI.CO, *adj.*, típico da ilha grega de Lesbos; diz-se do amor entre duas mulheres; lesbiano; lésbio.
LE.SI.O.NA.DO, *adj.*, que sofreu lesão, contusão; lesado.
LE.SI.O.NAR, *v.t.*, lesar, ferir, machucar, prejudicar.
LE.SI.VO, *adj.*, prejudicial, enganador, leonino.
LES.MA, *s.f.*, certos tipos de moluscos; *fig.*, pessoa lerda.
LE.SO, *adj.*, tonto, maluco, machucado, ofendido, idiota.
LE.SO.TO, *s.m.*, indivíduo nascido ou que vive em Lesoto (África); *adj.*, de Lesoto; típico desse país ou de seu povo.
LES.TE, *s.m.*, dentre os pontos cardeais, o que mostra o nascer do Sol; levante, nascente, oriente.
LES.TO, *adj.*, ágil, pronto, hábil, rápido.
LE.TAL, *adj.*, mortal, que mata, que liquida.
LE.TA.LI.DA.DE, *s.f.*, mortalidade, fatalidade.
LE.TÃO, *adj. e s.m.*, natural ou habitante da Letônia.
LE.TAR.GI.A, *s.f.*, estado de sono profundo, torpor, inanição.
LE.TÁR.GI.CO, *adj.*, apático, insensível, preguiçoso.
LE.TÍ.CIA, *s.f.*, alegria, felicidade.
LE.TÍ.FE.RO, *adj.*, letal, mortífero.
LE.TI.FI.CAN.TE, *adj.*, que traz alegria.
LE.TI.FI.CAR, *v.t. e pron.*, alegrar, trazer alegria.
LE.TI.VO, *adj.*, próprio de aulas, que leciona; período em que há aulas.
LE.TRA, *s.f.*, sinais gráficos que representam os fonemas, escrita, grafia.
LE.TRA.DO, *adj. e s.m.*, que detém um bom conhecimento, douto, que sabe, que estudou.
LE.TREI.RO, *s.m.*, placa, escrito, aviso, quadro para propaganda, rótulo.
LE.TRIS.TA, *s. 2 gên.*, indivíduo que escreve letras para declamar ou cantar.
LÉU, *s.m.*, usado na *expr.*, andar ao léu - estar à toa, estar sem fazer nada.
LEU.CE.MI.A, *s.f.*, doença que destrói glóbulos vermelhos do sangue.
LEU.CÊ.MI.CO, *adj.*, Med., relativo a ou próprio da leucemia; que sofre de leucemia; *s.m.*, Med., aquele que sofre de leucemia.
LEU.CÓ.CI.TO, *s.m.*, glóbulo branco do sangue.
LEU.CO.CI.TO.SE, *s.f.*, multiplicação dos glóbulos brancos na leucemia.
LEU.CÓ.CO.MO, *s.m.*, que possui cabelos brancos, cãs.
LEU.CO.DER.MI.A, *s.f.*, Derm., ausência localizada de pigmento na pele, que se assemelha ao vitiligo e pode ser adquirida ou ter caráter hereditário; leucopatia.
LEU.CO.MA, *s.f.*, nódoa esbranquiçada na córnea.
LEU.CO.PA.TI.A, *s.f.*, Med., o mesmo que leucodermia.
LE.VA, *s.f.*, conjunto de pessoas, grupo de pessoas, magote, bando de indivíduos.
LE.VA.DA, *s.f.*, ação ou efeito de levar, água para regar, mover monjolos.
LE.VA.DI.A, *s.f.*, movimento agitado das ondas do mar.
LE.VA.DI.ÇA, *s.f.*, ponte que pode ser levantada ou abaixada.
LE.VA.DI.ÇO, *adj.*, móvel, que se levanta, que se ergue e se abaixa.
LE.VA.DI.O, *adj.*, telhas soltas, sem argamassa que as prenda.
LE.VA.DO, *adj.*, peralta, irrequieto, travesso.
LE.VA.DOR, *adj. e s.m.*, que ou aquele que conduz, transporta.

LE.VA E TRAZ, *s.m.*, tipo que faz intrigas, fuxiqueiro, caluniador, falador.
LE.VAN.TA.DA, *s.f.*, ação ou efeito de levantar, saída da cama; no vôlei, uma alçada para a parceria.
LE.VAN.TA.DI.ÇO, *adj.*, insubordinado, acostumado a sublevar-se.
LE.VAN.TA.DO, *adj.*, erguido, alçado, içado.
LE.VAN.TA.DOR, *adj.* e *s.m.*, que(m) levanta, jogador do vôlei que provoca a levantada da bola.
LA.VAN.TA.DU.RA, *s.f.*, o mesmo que levantamento.
LE.VAN.TA.MEN.TO, *s.m.*, inventário, balanço, rebelião, revolta.
LE.VAN.TAR, *v.t.*, *int.* e *pron.*, pôr para o alto, alçar, construir, pesquisar; *v. pron.*, sair da cama.
LE.VAN.TE, *s.m.*, leste, oriente; motim, revolta, levantamento.
LE.VÂN.TI.CO, *adj.*, levantino.
LE.VAN.TI.NO, *adj.*, relativo ao Levante; oriental; do levante; típico dessa região ou de seu povo; levântico; *s.m.*, pessoa nascida na região do Levante.
LE.VAR, *v.t.* e *pron.*, conduzir, guiar, arrastar, carregar.
LE.VE, *adj.*, de pouco peso, sem valor, franzino, rápido.
LE.VE.DA.ÇÃO, *s.f.*, fermentação.
LE.VE.DA.DO, *adj.*, fermentado.
LE.VE.DAR, *v.t.* e *int.*, fermentar, pôr fermento.
LÊ.VE.DO, *s.m.*, levedo, fermento, substância para fermentar.
LE.VE.DU.RA, *s.f.*, ato de fermentar, levedo.
LE.VE.ZA, *s.f.*, qualidade de que é leve, suavidade.
LE.VI.AN.DA.DE, *s.f.*, irresponsabilidade.
LE.VI.A.NO, *adj.*, irresponsável, sem força de vontade, fácil, leve.
LE.VI.A.TÃ, *s.m.*, monstro marinho fenício, de grandes proporções, representante do mal.
LE.VÍ.PE.DE, *adj.* e *s. 2 gên.*, ligeirinho, que tem asas nos pés, rápido.
LE.VI.TA, *s.m.*, tipo de diácono no hebraísmo, ajudante do sacerdote.
LE.VI.TA.ÇÃO, *s.f.*, elevação, do próprio corpo ou de objetos, acima do solo; a pessoa, por meio da meditação, paira acima do piso, como que voando.
LE.VI.TAR, *v. pron.*, pairar, elevar-se, pessoa que se mantém erguida acima do solo, sem que nada visível a sustente.
LE.VO.GI.RO, *adj.*, Fís.-quím., que desvia para a esquerda o plano de polarização da luz.
LE.VU.LO.SE, *s.f.*, açúcar encontrado no mel e em algumas frutas.
LE.XI.CAL, *adj.*, próprio do léxico, dicionário; vocabular.
LÉ.XI.CO, *s.m.*, dicionário, vocabulário, glossário.
LE.XI.CO.GRA.FI.A, *s.f.*, técnica para elaborar um dicionário; habilidade para montar um léxico.
LE.XI.CO.GRÁ.FI.CO, *adj.*, relativo a lexicografia ou a lexicógrafo.
LE.XI.CÓ.GRA.FO, *s.m.*, especialista em lexicografia, dicionarista.
LE.XI.CO.LO.GI.A, *s.f.*, segmento da Gramática que estuda a Etimologia.
LE.XI.CO.LÓ.GI.CO, *adj.*, relativo a lexicologia ou a lexicólogo; lexiológico.
LE.XI.CÓ.LO.GO, *s.m.*, dicionarista, quem cultiva a Lexicologia.
LE.XI.O.GÊ.NI.CO, *adj.*, que forma palavras dicionarizáveis.
LE.ZÍ.RIA, *s.f.*, várzea, terreno alagadiço às margens dos rios.
LHA.MA, *s.f.*, mamífero ruminante dos Andes, usado para cargas.
LHA.NE.ZA, *s.f.*, afabilidade, polidez, fineza.
LHA.NO, *adj.*, nobre, fino, polido, afável.
LHE, *pron.* oblíquo da terceira pessoa do singular.
LHO, contração do pr. pess. *lhe* com o pr. pess. *o*.
LI.A.ÇA, *s.f.*, molho de palhas para envolver objetos frágeis para um transporte seguro.
LI.A.ME, *s.m.*, vínculo, ligação, elo, afinidade.
LI.A.NA, *s.f.*, cipó lenhoso.
LI.AR, *v.t.* e *pron.*, ligar, amarrar, atar, juntar.
LI.BA.ÇÃO, *s.f.*, ação ou efeito de libar, beber; cerimônia pagã da degustação do vinho.
LI.BA.NÊS, *adj.* e *s.m.*, próprio, habitante ou natural do Líbano.
LI.BAR, *v.t.* e *int.*, beber, tomar, sorver, experimentar, degustar.
LI.BE.LO, *s.m.*, folheto de acusação, acusação contra alguém com amplos fundamentos; escrito satírico.
LI.BÉ.LU.LA, *s.f.*, designação dos insetos da família dos odonatos; lavadeira, lavandeira.
LI.BE.RA.ÇÃO, *s.f.*, libertação, licenciamento, abertura.
LI.BE.RA.DO, *adj.*, livre, libertado, licenciado.
LI.BE.RAL, *adj.*, *s 2 gên.*, amigo, acolhente, afável, polido; que na política defende a iniciativa absoluta da empresa privada; profissional autônomo.
LI.BE.RA.LÃO, *adj.* e *s.m.*, *pej.*, aquele que alardeia ridiculamente o liberalismo.
LI.BE.RA.LI.DA.DE, *s.f.*, generosidade, afabilidade.
LI.BE.RA.LIS.MO, *s.m.*, princípios que norteiam os liberais em política, economia e sociedade.
LI.BE.RA.LIS.TA, *adj. 2 gên.*, relativo ao liberalismo ou que dele é adepto; *s. 2 gên.*, adepto do liberalismo.
LI.BE.RA.LI.ZA.ÇÃO, *s.f.*, ação ou resultado de liberalizar(-se).
LI.BE.RA.LI.ZA.DO, *adj.*, libertado, liberto, espontâneo.
LI.BE.RA.LI.ZA.DOR, *adj.*, que liberaliza; liberalizante; *s.m.*, o que liberaliza.
LI.BE.RA.LI.ZAN.TE, *adj. 2 gên.*, que promove liberalização ou para ela contribui.
LI.BE.RA.LI.ZAR, *v.t.* e *pron.*, libertar, dar opção de escolha, tirar a responsabilidade.
LI.BE.RA.LOI.DE, *adj. 2 gên.*, *pej.*, cuja intenção é parecer liberal, sem de fato o ser.
LI.BE.RAR, *v.t.*, libertar, tirar a responsabilidade de, deixar fazer.
LI.BE.RA.TI.VO, *adj.*, que tem a condição de tornar livre; libertador.
LI.BE.RA.TÓ.RIO, *adj.*, relativo a liberação; que desobriga.
LI.BER.DA.DE, *s.f.*, condição de agir conforme a vontade dentro do limite legal; autonomia, licença.
LI.BE.RI.A.NO, *adj.* e *s.m.*, natural ou habitante da Libéria.
LÍ.BE.RO, *adj.*, libertado, livre; no futebol, o jogador que não tem posição fixa.
LI.BER.TA.ÇÃO, *s.f.*, independência, emancipação, liberação.
LI.BER.TA.DO, *adj.*, que se libertou, que se tornou livre; liberto.
LI.BER.TA.DOR, *adj.*, que liberta, que deixa livre; libertante; *bras.*, Pol., pertencente ou relativo ao Partido Libertador, extinto em 1965; *s.m.*, aquele que pertenceu a esse partido.
LI.BER.TAR, *v.t.* e *pron.*, dar liberdade, liberar, tornar livre.
LI.BER.TÁ.RIO, *s.m.*, partidário da liberdade absoluta, anarquista.
LI.BER.TA.RIS.MO, *s.m.*, Teol., doutrina do livre-arbítrio; teoria e defesa da liberdade individual como fim em si.

LI.BER.TI.CI.DA, *adj. 2 gén.* e *s. 2 gén.*, que ou quem destrói ou quer destruir as liberdades de uma sociedade, de um povo, de um país.

LI.BER.TI.CÍ.DIO, *s.m.*, destruição das liberdades políticas de um país.

LI.BER.TI.NA.GEM, *s.f.*, abuso da liberdade, devassidão, decadência, luxúria.

LI.BER.TI.NI.CE, *s.f.*, estado, ação de libertino; libertinismo.

LI.BER.TI.NIS.MO, *s.m.*, licenciosidade de costume; a prática da libertinagem.

LI.BER.TI.NO, *adj.*, devasso, mundano, corrompido, luxurioso, lascivo.

LI.BER.TO, *adj.*, que recebeu a liberdade, solto, liberado.

LI.BI.DI.NA.GEM, *s.f.*, sensualidade, lascívia.

LI.BI.DI.NO.SO, *adj.*, com desejos compulsivos para a prática sexual, lascivo, luxurioso, corrompido, imoral, devasso.

LI.BI.DO, *s.f.*, ardência sexual, vontade de praticar o sexo; energia desenvolvida pelo instinto sexual.

LÍ.BIO, *adj.* e *s.m.*, habitante, natural ou referente à Líbia.

LI.BRA, *s.f.*, unidade de peso equivalente a 459,5 g; unidade monetária da Inglaterra e de outros países; sétimo signo do Zodíaco; balança.

LI.BRA.ÇÃO, *s.f.*, equilíbrio, equidade.

LI.BRA.DO, *adj.*, equilibrado, ajustado.

LI.BRAR, *v.t.* e *pron.*, colocar em equilíbrio, balançar.

LI.BRÉ, *s.f.*, uniforme de criado da nobreza, vestimenta festiva.

LI.BRE.TIS.TA, *s. 2 gén.*, quem escreve, usa libretos para expor as mensagens; dep.; mau escritor de livros.

LI.BRE.TO, *s.m.*, texto usado para contar a história da ópera em verso, cantado pelos atores.

LI.BRI.A.NO, *adj.*, que nasceu no signo de Libra.

LI.BU.ZI.A, *s.f.*, *bras.*, raiva; zanga.

LI.ÇA, *s.f.*, arena para torneios, lutas, combates; lugar para as justas medievais.

LI.CAN.ÇO, *s.m.*, Zool, nome comum de muitos répteis lacertílios, como a cobra-de-vidro do Brasil; var., licranço.

LI.ÇÃO, *s.f.*, exercício, aprendizado, tarefa, obrigação estudantil, exemplo.

LI.CEN.ÇA, *s.f.*, liberação, documento comprovante de uma autorização.

LI.CEN.ÇA-PRÊ.MIO, *s.f.*, garantia legal que beneficia o funcionário público, qual seja, a de que a cada cinco anos de trabalho efetivo ele pode tirar três meses de férias inteiramente pagas pelo Estado.

LI.CEN.CI.A.ÇÃO, *s.f.*, licenciamento.

LI.CEN.CI.A.DO, *adj.*, autorizado, com uma licença; *s.m.*, quem recebeu licenciatura universitária.

LI.CEN.CI.A.DOR, *adj.*, que dá, que concede licença.

LI.CEN.CI.AL, *adj.* e *s.f.*, o mesmo que dimissórias; ver dimissório.

LI.CEN.CI.A.MEN.TO, *s.m.*, liberação, licença para graduação.

LI.CEN.CI.AR, *v.t.* e *pron.*, isentar, liberar da prestação de uma tarefa, dar licença; graduar-se em curso superior.

LI.CEN.CI.A.TU.RA, *s.f.*, grau universitário.

LI.CEN.CI.O.SI.DA.DE, *s.f.*, lascívia, luxúria, mundanismo, imoralidade.

LI.CEN.CI.O.SO, *adj.*, imoral, lascivo, mundano, luxurioso.

LI.CEU, *s.m.*, escola, instituição dedicada ao ensino, colégio.

LI.CHIA, *s.f.*, árvore de origem chinesa, aclimatada no Brasil, cujos frutos adocicados são muito saborosos, com uma casca rugosa e avermelhada, polpa esbranquiçada e sumarenta.

LI.CI.TA.ÇÃO, *s.f.*, ação ou resultado de licitar; oferta de preço em leilão; escolha de fornecedores por meio de concorrência pública.

LI.CI.TA.DO, *adj.*, que foi objeto de licitação, de concorrência pública.

LI.CI.TA.DOR, *adj.* e *s.m.*, que ou o que licita ou põe em licitação.

LI.CI.TAN.TE, *adj. 2 gén.* e *s. 2 gén.*, que ou aquele que licita; licitador.

LI.CI.TAR, *v.t.* e *int.*, lançar edital para vender, quando entidade pública, ou comprar pela melhor oferta algum artigo; leiloar.

LI.CI.TA.TÓ.RIO, *adj.*, relativo a licitação.

LÍ.CI.TO, *adj.*, legal, moral, justo, de acordo com a lei.

LI.CI.TU.DE, *s.f.*, legalidade, próprio do que é lícito.

LI.CO.PÓ.DIO, *s.m.*, Bot., nome das plantas da fam. das licopodiáceas e suas espécies, que têm amplo uso medicinal, são fornecedoras de fibras e pelos esporos (tinturas e fogos de artifício).

LI.COR, *s.m.*, bebida alcoólica doce e com aroma; xarope.

LI.CO.REI.RA, *s.f.*, licoreiro, utensílio usado para colocar a garrafa de licor.

LI.CO.REI.RO, *s.m.*, aparelho para colocar a garrafa de licor a ser servida.

LI.CO.RIS.TA, *s. 2 gén.*, fabricante ou vendedor de licores; especialista na fabricação de licores.

LI.COR.NE, *s.m.*, animal semelhante a um cavalo, com um chifre na testa; unicórnio; *bras.*, Zool., ver anhuma; Astr., constelação do hemisfério austral.

LI.CO.RO.SO, *adj.*, com gosto de licor, adocicado, com gosto de xarope.

LIC.TOR, *s.m.*, Hist., oficial que seguia os magistrados romanos, levando na mão um molho de varas e uma machadinha para as execuções da justiça; var., litor.

LIC.TÓ.RIO, *adj.*, que diz respeito a lictor; var., litório.

LI.DA, *s.f.*, trabalho, faina, afã, labuta, esforço.

LI.DA.DO, *adj.*, trabalhado; fatigante; fadigoso, trabalhoso.

LI.DA.DOR, *adj.* e *s.m.*, que ou aquele que lida ou combate; guerreiro; *s.m.*, aquele que lida ou labuta; trabalhador; aquele que toureia.

LI.DAR, *v.t.* e *int.*, lutar, combater, labutar, esforçar.

LI.DE, *s.f.*, litígio, demanda, ação judicial; labuta, afã.

LÍ.DER, *s.m.*, chefe, comandante, guia, dirigente.

LI.DE.RA.DO, *adj.*, dirigido, orientado, comandado.

LI.DE.RAN.ÇA, *s.f.*, comando, direção, orientação.

LI.DE.RAR, *v.t.*, dirigir, orientar, comandar.

LI.DI.MAR, *v.t.*, legitimar, legalizar, autenticar.

LÍ.DI.MO, *adj.*, legítimo, verdadeiro, exato, genuíno, puro.

LI.DO, *adj.*, que se leu, olhado, visto, erudito.

LI.DO.SO, *adj.*, que é dado à lida; que tem disposição para trabalhar.

LI.ECH.TENS.TEI.NEN.SE, *adj. 2 gén.*, relativo ao principado de Liechtenstein (Europa Ocidental) *s. 2 gén.*, natural ou habitante do Principado de Liechtenstein.

LI.E.NAL, *adj.*, relativo ao baço.

LI.E.NI.TE, *s.f.*, inflamação do baço.

LI.EN.TÉ.RI.CO, *adj.*, relativo a lienteria; que está atacado de lienteria.

LI.ER.NE, *s.m.*, em Arquitetura, nervura nas abóbadas ogivais ou góticas em forma de cruz.

LI.GA, *s.f.*, ligação, aliança, pacto; união de metais diversos.

LI.GA.ÇÃO, *s.f.*, junção, vínculo, ato de ligar; *pop.*, dar um

telefonema.
LI.GA.DO, *adj.*, amarrado, unido, atado; atento, prestativo.
LI.GA.DU.RA, *s.f.*, ligamento, atadura.
LI.GA.ME, *s.m.*, ligação, conexão.
LI.GA.MEN.TAR, *adj. 2 gên.*, Anat., relativo ao(s) ligamento(s), ou dele(s) próprio(s).
LI.GA.MEN.TO, *s.m.*, ligação, junção, ato de ligar.
LI.GA.MEN.TO.SO, *adj.*, Anat., que tem natureza igual ou análoga à dos ligamentos; fibroso; plantas ligamentosas; aquelas cujas raízes são torcidas em forma de cordas.
LI.GA.NE.TE, *s.f.*, tecido fino, us. na confecção de vestimentas, esp. de roupas íntimas femininas.
LI.GAR, *v.t.*, jungir, unir, atar, vincular; telefonar a; pôr a funcionar.
LI.GEI.RE.ZA, *s.f.*, rapidez, presteza, brevidade.
LI.GEI.RI.CE, *s.f.*, ligeireza.
LI.GEI.RO, *adj.*, veloz, célere, rápido.
LÍG.NEO, *adj.*, lenhoso.
LIG.NÍ.CO.LA, *s. 2 gên.*, que vive na madeira, que se cria nos lenhos.
LIG.NI.FI.CA.ÇÃO, *s.f.*, Bot., deposição de lignina e outras substâncias nas paredes celulares de certos vegetais, dando aos tecidos consistência de madeira; lenhificação.
LIG.NI.FI.CAR-SE, *v.pron.*, Bot., converter-se em pau ou madeira; lenhificar-se.
LIG.NI.FOR.ME, *adj.*, que tem a natureza ou a aparência de madeira.
LIG.NI.NA, *s.f.*, substância que ajuda na formação do lenho das árvores.
LIG.NI.TA, *s.f.*, linhita.
LIG.NÍ.VO.RO, Zool., *adj., s.m.*, diz-se de, ou aquele que se alimenta de madeira; o mesmo que xilófago.
LI.LÁS, *s.m.*, arbusto com flores roxas e brancas com aroma forte; essa flor ou a cor dela.
LI.LI.Á.CEA, *s.f.*, espécie de plantas das quais faz parte o lírio.
LI.LI.Á.CEO, *adj.*, Bot., que tem a aparência do lírio; relativo às liliáceas.
LI.LI.FLO.RO, *adj.*, que possui flores parecidas com as do lírio.
LI.LI.FOR.ME, *adj.*, que tem forma de lírio.
LI.LI.PU.TI.A.NO, *adj.*, das terras de Liliput; muito pequeno.
LI.MA, *s.f.*, ferramenta para desbastar, alisar, afiar metais; fruto da limeira.
LI.MA.ÇÃO, *s.f.*, o mesmo que limadura.
LI.MA.DO, *adj.*, desbastado, polido.
LI.MA.DOR, *adj. e s.m.*, que(m) lima, desbastador, polidor.
LI.MA.GEM, *s.f.*, polimento, ação de limar.
LI.MA.LHA, *s.f.*, resíduos tirados pela lima de um metal; resíduos, escumalha.
LI.MÃO, *s.m.*, fruto do limoeiro.
LI.MÃO-GA.LE.GO, *s.m.*, tipo de limão para fazer aperitivos.
LI.MAR, *v.t.*, desbastar, alisar, afiar, gastar.
LIM.BI.FOR.ME, *adj.*, que tem forma de limbo ou rebordo.
LIM.BO, *s.m.*, local abandonado conforme crença religiosa, solidão; bordo, margem de qualquer objeto.
LI.MEI.RA, *s.f.*, árvore que produz a lima.
LI.ME.NHO, *adj., s.m.*, habitante, natural ou referente a Lima, capital do Peru.
LI.MI.AR, *s.m.*, entrada, portão, início, abertura.
LI.MI.FOR.ME, *adj.*, que é áspero como a lima.
LI.MI.NAR, *s.f.*, petição ao juiz, para que seja dada uma determinação com cumprimento imediato; *adj.*, que está nos limites.
LI.MI.TA.ÇÃO, *s.f.*, restrição, cerceamento, controle.
LI.MI.TA.DO, *adj.*, restrito, controlado.
LI.MI.TA.DOR, *adj. e s.m.*, que ou aquele que limita; limitante.
LI.MI.TAN.TE, *adj. 2 gên.*, que limita; limitador; limitativo.
LI.MI.TAR, *v.t. e pron.*, reduzir, cercear, restringir, delimitar, dar os limites.
LI.MI.TA.TI.VO, *adj.*, que limita, restritivo, limitador.
LI.MI.TE, *s.m.*, linha divisória, perímetro, fronteira, extrema.
LI.MÍ.TRO.FE, *adj.*, vizinho, contíguo, próximo, limitante, fronteiriço.
LIM.NO.LO.GI.A, *s.f.*, estudo das águas doces das lagoas, lagos e pântanos.
LI.MO, *s.m.*, lodo, substância vegetal verde, que se forma em pontos úmidos.
LI.MO.AL, *s.m.*, conjunto de limoeiros.
LI.MO.EI.RO, *s.m.*, árvore que produz o limão.
LI.MO.NA.DA, *s.f.*, bebida feita com suco de limão, açúcar, água e gelo.
LI.MO.NA.DEI.RO, *s.m.*, o que faz ou vende limonadas.
LI.MO.SI.DA.DE, *s.f.*, característica do que é ou está limoso; excesso de limo.
LI.MO.SO, *adj.*, que tem limo.
LI.MO.TE, *s.m.*, lima de três quinas.
LIM.PA, *s.f.*, ação de limpar, limpeza, faxina.
LIM.PA.DE.LA, *s.f.*, limpeza ligeira; limpada.
LIM.PA.DO, *adj.*, lavado, asseado, purificado.
LIM.PA.DOR, *adj. e s.m.*, faxineiro, purificador.
LIM.PA.MEN.TO, *s.m.*, ação ou efeito de limpar, limpadura, limpeza.
LIM.PA-PRA.TOS, *s.m.*, glutão, comilão.
LIM.PAR, *v.t., int. e pron.*, purificar, assear, lavar; acabar com algo; comer tudo, furtar.
LIM.PA-TRI.LHOS, *s.m.*, grade colocada na frente da locomotiva ou vagão dianteiro do trem, a fim de retirar qualquer obstáculo que esteja por sobre os trilhos; *fig.*, quem come muito.
LIM.PE.ZA, *s.f.*, purificação, lavação, ação ou efeito de limpar.
LIM.PI.DEZ, *s.f.*, limpeza, transparência.
LÍM.PI.DO, *adj.*, limpo, claro, purificado, diáfano, transparente.
LIM.PO, *adj.*, puro, purificado, asseado, claro.
LIM.PO.SO, *adj.*, que se ocupa muito do asseio ou limpeza.
LI.MU.SI.NE, *s.f.*, automóvel de luxo, carro grande e luxuoso.
LI.NÁ.CEAS, *s.f., pl.*, Bot., família de árvores, arbustos e ervas, algumas cultivadas como ornamentais, outras pelas madeiras e também para extração de fibra têxtil, como o linho.
LI.NÁ.CEO, *adj.*, que se refere ao linho.
LIN.CE, *s.m.*, mamífero carnívoro, felídeo e conhecido por ver muito bem.
LIN.CHA.DO, *adj.*, executado, assassinado, morto.
LIN.CHA.DOR, *adj. e s.m.*, que lincha; aquele que lincha.
LIN.CHA.MEN.TO, *s.m.*, execução de alguém sem o julgamento legal, por conta própria.
LIN.CHAR, *v.t.*, executar, assassinar sem observar a lei.
LIN.DA, *s.f.*, limite, extrema, estrema, raia; *adj.*, bela.
LIN.DAR, *v.t.*, limitar, demarcar, confinar.
LIN.DE, *s.m.*, o mesmo que limite.
LIN.DE.ZA, *s.f.*, beleza, maravilha, formosura.
LIN.DO, *adj.*, belo, formoso, elegante, agradável, atraente, sedutor.
LI.NE.A.MEN.TO, *s.m.*, traço, limite, alinhamento.
LI.NE.AR, *adj.*, referente a linhas, de conformidade com

as linhas.
LI.NE.A.RI.DA.DE, s.f., qualidade ou condição do que é linear.
LÍ.NEO, adj., próprio do linho, referente ao linho.
LIN.FA, s.f., água, líquido que corre no corpo humano; seiva das plantas.
LIN.FAN.GI.O.MA, s.m., Pat., tumor congênito formado por vasos linfáticos dilatados.
LIN.FAN.GI.TE, s.f., Med., inflamação dos vasos linfáticos.
LIN.FÁ.TI.CO, adj., que se refere a linfa; relacionado com linfa.
LIN.FÓ.CI.TO, s.m., glóbulo dominante na linfa.
LIN.FO.MA, s.f., tumor nos gânglios linfáticos.
LINGERIE, s.f., fr., roupa íntima das mulheres.
LIN.GO.TE, s.m., barra de metal.
LIN.GO.TEI.RA, s.f., Metal., molde us. para dar forma de lingotes aos metais em fusão.
LÍN.GUA, s.f., órgão animal localizado dentro da boca, que ajuda a deglutição, a percepção do gosto e, no ser humano, a fala; *fig.*, idioma.
LIN.GUA.FO.NE, s.m., método de ensinar uma língua usando discos ou fitas fonográficas.
LÍN.GUA DE SO.GRA, s.f., brinquedo que se compõe de um apito com um tubo – quando se aciona o apito, o tubo se desenrola; nome da planta espada-de-são-jorge.
LÍN.GUA DE TRA.PO, s. 2 gên., pessoa que fala muito e confusamente; fofoqueiro.
LIN.GUA.DO, s.m., lâmina metálica, lingote; peixe de águas salgadas, muito apreciado pela carne.
LIN.GUA.GEM, s.f., o poder de expressão do homem; o conjunto de faculdades que o homem possui para comunicar-se com os seres.
LIN.GUA.JAR, s.m., maneira de falar, linguagem, fala, expressão pessoal.
LIN.GUAL, adj., que se refere à língua.
LIN.GUA.RI.CE, s.f., o mesmo que tagarelice.
LIN.GUA.RU.DO, adj. e s.m., falador, encrenqueiro, fuxiqueiro.
LÍN.GUA-SU.JA, s. 2 gên., indivíduo desbocado, que solta palavrões.
LIN.GUE.TA, s.f., língua pequena; peça da fechadura girada pela chave para trancar ou abrir a porta.
LIN.GUI.ÇA, s.f., carne moída, suína ou bovina, colocada em um receptáculo fino e comprido, como a tripa; *fig.*, tipo magro e comprido; *pop., ch.*, pênis.
LIN.GUI.FOR.ME, adj. 2 gên., que tem forma de língua.
LIN.GUIS.TA, s. 2 gên., pessoa especializada em fonética, em línguas.
LIN.GUÍS.TI.CA, s.f., estudo da língua em suas relações fonéticas.
LIN.GUÍS.TI.CO, adj., referente à Linguística, próprio da Linguística.
LÍN.GU.LA, s.f., Anat., formação anatômica semelhante a uma pequena língua.
LIN.GU.LA.DO, adj., provido de língula ou que tem a forma dela.
LIN.GU.LAR, adj., que diz respeito à língula; que se lhe assemelha, lingulado.
LIN.GUO.DEN.TAL, adj., Gram., que se pronuncia apoiando a língua nos dentes.
LIN.GUO.PA.LA.TAL, adj., Gram., diz-se das articulações que se pronunciam encostando a parte anterior da língua ao céu da boca; tais são em português *nh* e *lh*.
LI.NHA, s.f., fio, barbante, corda, cordel; instalação para conduzir energia elétrica ou o telefone; direção, tema; pontos servidos por um meio de transporte, ferrovia.
LI.NHA.ÇA, s.f., semente de linho.
LI.NHA.DA, s.f., bras., ação de lançar o anzol; linha de pesca; *fig.*, olhada, espiadela.
LI.NHA.GEM, s.f., estirpe, descendência e ascendência, genealogia.
LI.NHAL, s.m., plantação de linho.
LI.NHEI.RO, s.m., quem negocia linho ou linhas; quem prepara o linho para a fiação.
LI.NHI.TA, s.f., carvão fóssil.
LI.NHO, s.m., vegetal do qual se obtém a fibra; tecido de linho.
LI.NHOL, s.m., fio grosso para coser calçado, lona, etc.; tecido que imita o de linho.
LI.NHO.SO, adj., parecido com o linho, que pertence à natureza do linho.
LI.NI.FÍ.CIO, s.m., trabalho com artefatos de linho, estabelecimento para beneficiar o linho.
LI.NÍ.GE.RO, adj., que contém linho.
LI.NI.MEN.TO, s.m., pomada que se fricciona em pontos doloridos do corpo.
LI.NO.GRA.FI.A, s.f., processo de impressão sobre pano; tipo de gravura sobre tela ou tecido, que depois se pinta a óleo.
LI.NÓ.LEO, s.m., tecido impermeável, feito de juta misturada com óleo de linhaça, resina e cortiça em pó; tapete feito com esse tecido.
LI.NO.TI.PI.A, s.f., modo de compor na linotipo, oficina de linotipo.
LI.NO.TI.PIS.TA, s. 2 gên., pessoa que trabalha com linotipo.
LI.NO.TI.PO, s.f., máquina antiga para compor textos.
LI.O.FI.LI.ZA.ÇÃO, s.f., desidratação; ato de tirar o líquido de um produto.
LI.O.FI.LI.ZAR, v.t., desidratar, ressecar um produto.
LI.PA.SE, s.f., Bioq., qualquer enzima que catalisa a hidrólise de lipídios.
LI.PÍ.DIO, s.m., designação comum a toda substância graxa.
LI.PI.DO.GRA.MA, s.m., Med., exame que mostra o teor de lipídios no sangue.
LI.PO, s.f., forma reduzida de lipoaspiração.
LI.PO.AS.PI.RA.ÇÃO, s.f., intervenção médica que retira excesso de gordura de qualquer parte do corpo, por meio de um aparelho sugador.
LI.POI.DE, adj., que se assemelha a gordura.
LI.PO.MA, s.m., tumor benigno, formado nas células gordurosas.
LI.PO.SO, adj., que tem remelas; remeloso.
LI.POS.SO.LÚ.VEL, adj. 2 gên., Quím., diz-se da substância que é solúvel em gordura.
LI.POS.SO.MA, LI.POS.SO.MO, s.m., Bioq., glóbulo de gordura no interior da célula.
LI.PO.TI.MI.A, s.f., desmaio, desfalecimento.
LI.PÚ.RIA, s.f., presença de gordura na urina.
LI.QUE.FA.ÇÃO, s.f., ação ou resultado de liquefazer(-se); Fís., passagem de uma substância gasosa ao estado líquido.
LI.QUE.FA.TI.VO, adj., que se liquefaz.
LI.QUE.FA.ZER, v.t. e pron., modificar do estado sólido para o líquido, fundir, derreter.
LI.QUE.FEI.TO, adj., derretido, descongelado.
LÍ.QUEN, s.m., vegetal que se forma em troncos e rochas, por associação de uma alga e de um fungo.
LI.QUE.NO.GRA.FI.A, s.f., Bot., descrição dos liquens;

tratado sobre os liquens.
LI.QUES.CER, *v. int.*, tornar-se líquido.
LI.QUI.DA.ÇÃO, *s.f.*, fim, encerramento, final de um negócio; venda de produtos com preços menores.
LI.QUI.DA.DO, *adj.*, encerrado, pago, terminado, morto.
LI.QUI.DA.DOR, *adj. e s.m.*, que ou o que liquida, que ajusta ou apura contas.
LI.QUI.DAN.TE, *s. 2 gên.*, liquidante, quem foi encarregado por lei de fechar uma empresa em liquidação.
LI.QUI.DAR, *v.t. e int.*, terminar, encerrar, vender mercadorias a baixo preço; matar.
LI.QUI.DA.TÁ.RIO, *adj. e s.m.*, liquidador, quem liquida e ajusta as contas.
LI.QUI.DÁ.VEL, *adj.*, que se pode liquidar.
LI.QUI.DEZ, *s.f.*, estado do que é líquido; situação econômica com bastante dinheiro.
LI.QUI.DI.FI.CA.ÇÃO, *s.f.*, ato de liquidificar; liquefação.
LI.QUI.DI.FI.CA.DOR, *s.m.*, eletrodoméstico para liquefazer frutas, legumes, verduras e outros produtos.
LI.QUI.DI.FI.CAN.TE, *adj. 2 gên.*, que liquidifica ou promove a liquidificação; liquidificador.
LI.QUI.DI.FI.CAR, *v. int.*, tornar líquido, liquefazer.
LI.QUI.DI.FI.CÁ.VEL, *adj.*, suscetível de tornar-se líquido; fusível.
LÍ.QUI.DO, *adj.*, que corre, fluente; pesado sem embalagens; *s.m.*, bebida.
LI.QUÔ.ME.TRO, *s.m.*, o mesmo que alcoômetro.
LI.RA, *s.f.*, instrumento de cordas de antigamente; antiga unidade monetária italiana.
LI.RI.AL, *adj.*, que se refere ao lírio; branco, puro.
LÍ.RI.CA, *s.f.*, poesia subjetiva, poesia do gênero lírico.
LÍ.RI.CO, *adj.*, que dá a expressão poética pessoal do poeta.
LI.RI.FOR.ME, *adj.*, que tem forma de lírio.
LÍ.RIO, *s.m.*, planta que produz o lírio; flor branca e perfumada; *fig.*, pureza.
LI.RIS.MO, *s.m.*, inspiração subjetiva dos poetas; gênero lírico.
LI.RIS.TA, *s. 2 gên.*, tocador de lira.
LIS, *s.f.*, a flor de lis, lírio, símbolo do escotismo internacional.
LI.SAR, *v. int.*, dissolver, desmanchar, desfazer.
LIS.BO.EN.SE, LIS.BO.NEN.SE, *adj. e s.2 gên.*, lisboeta.
LIS.BO.E.TA, *adj., s. 2 gên.*, habitante, natural ou próprio de Lisboa.
LI.SÉR.GI.CO, *adj. e s.m.*, ácido - LSD - que provoca intensas alucinações no consumidor.
LI.SI.ME.TRI.A, *s.f.*, Fís., medição da quantidade de água de chuva que se infiltra no solo, ou avaliação da permeabilidade do solo.
LI.SI.MÉ.TRI.CO, *adj.*, que diz respeito a lisimetria.
LI.SÍ.ME.TRO, *s.m.*, aparelho empregado em lisimetria.
LI.SO, *adj.*, suave, plano; sem pregas.
LI.SOL, *s.m.*, Farm., desinfetante e antisséptico, preparado com óleo de linhaça.
LI.SON.JA, *s.f.*, bajulação, ato de elogiar para obter favores.
LI.SON.JA.RI.A, *s.f.*, ação de lisonjear.
LI.SON.JE.A.DO, *adj.*, que foi alvo de lisonja, de elogio.
LI.SON.JE.A.DOR, *adj. e s.m.*, adulador, bajulador.
LI.SON.JE.AR, *v.t. e pron.*, bajular, adular, agradar com o fito de obter algo.
LI.SON.JEI.RO, *adj.*, que bajula; que agrada.
LIS.TA, *s.f.*, listagem, rol, elenco, relação.
LIS.TA.DO, *adj.*, que está na lista, listrado.
LIS.TA.GEM, *s.f.*, lista de alguma coisa, relação, rol.
LIS.TÃO, *s.m.*, relação maior de indivíduos que participam de um concurso.
LIS.TEL, *s.m.*, moldura estreita e lisa que acompanha ou coroa uma moldura maior ou que separa as caneluras de uma coluna; filete.
LIS.TE.LÃO, *s.m.*, Arquit., a maior de todas as molduras quadradas e lisas.
LIS.TE.LO, *s.m.*, o mesmo que listel.
LIS.TRA, *s.f.*, faixa de cores ou desenhos diferentes, traço; *pop.*, lista.
LIS.TRA.DO, *adj.*, listrado, que tem listras, marcado por listras.
LIS.TRAR, *v. int.*, fazer riscos, escrever no meio das palavras, destacar com listras.
LI.SU.RA, *s.f.*, honestidade, honradez; planura, suavidade.
LI.TA.NI.A, *s.f.*, ladainha, oração repetitiva.
LI.TAR.GÍ.RIO, *s.m.*, Quím., protóxido de chumbo, us. na indústria para fabricação de esmaltes, cristais, etc., *pop.*, "fezes de ouro".
LI.TEI.RA, *s.f.*, armação de madeira, com cobertura e fechamento lateral por panos, para carregar pessoas ricas ou autoridades, serviço dos escravos.
LI.TE.RAL, *adj.*, ao pé da letra, exato, conforme o texto.
LI.TE.RÁ.RIO, *adj.*, próprio da literatura.
LI.TE.RA.TI.CE, *s.f.*, pej., literatura pretensiosa, ridícula ou ruim.
LI.TE.RA.TIS.MO, *s.m.*, mania de ser literato; literatice.
LI.TE.RA.TIS.TA, *adj.*, que diz respeito ao literatismo.
LI.TE.RA.TO, *s.m.*, quem entende de literatura, autor de uma obra literária.
LI.TE.RA.TU.RA, *s.f.*, a arte de escrever em prosa e verso, elaborando as obras que compõem o que de melhor existe.
LI.TÍ.A.SE, *s.f.*, formação de pedras em qualquer órgão do organismo, formação de cálculos.
LÍ.TI.CO, *adj.*, que se refere a pedra, próprio de pedra.
LI.TI.GAN.TE, *adj.*, demandante, questionante.
LI.TI.GAR, *v. int.*, demandar, questionar, provocar litígios.
LI.TI.GÁ.VEL, *adv.*, que pode envolver matéria de litígio.
LI.TÍ.GIO, *s.m.*, demanda judicial, disputa, conflito.
LI.TI.GI.O.SO, *adj.*, conflituoso, judicial, disputado.
LÍ.TIO, *s.m.*, elemento metálico alcalino com número atômico 3.
LI.TIS.CON.SÓR.CIO, *s.m.*, Jur., existência de duas ou mais partes vinculadas num processo, mas cada qual considerada como um litigante distinto em suas relações com a parte contrária.
LI.TO.CLA.SI.A, *s.f.*, Cir., o mesmo que litoclastia.
LI.TO.CLAS.TI.A, *s.f.*, litoclassia, atividade para esmigalhar pedras.
LI.TO.CRO.MI.A, *s.f.*, Art. Plást., arte de pintura em pedra; técnica litográfica que imita pintura a óleo; isocromia; quadro obtido com esse processo.
LI.TO.CRÔ.MI.CO, *adj.*, relativo a litocromia; isocrômico.
LI.TÓ.FA.GO, *s.m.*, ser que se alimenta de pedras.
LI.TÓ.FI.LO, *adj.*, que cresce ou vive nas rochas, rochedos.
LI.TO.GLI.FI.A, *s.f.*, a arte da gravação em pedras.
LI.TO.GLÍ.FI.CO, *adj.*, relativo a litoglifia.
LI.TO.GRA.FAR, *v.t.*, gravar ou reproduzir (desenho, escrita) no processo litográfico.
LI.TO.GRA.FI.A, *s.f.*, estampa obtida por litografia, modo de reproduzir desenhos em uma placa ou pedra, para multiplicar depois.

LITOGRÁFICO

LI.TO.GRÁ.FI.CO, *adj.*, relativo a litografia.
LI.TÓ.GRA.FO, *s.m.*, quem imprime por meio de litografia.
LI.TO.GRA.VU.RA, *s.f.*, estampa em pedra, desenho feito em pedra.
LI.TÓ.LI.SE, *s.f.*, desmanche de pedras, dissolução de pedras.
LI.TO.LO.GI.A, *s.f.*, estudo das pedras e rochas.
LI.TO.LÓ.GI.CO, *adj.*, Geol., Med., relativo a litologia.
LI.TO.LO.GIS.TA, *s. 2 gên.*, Geol., aquele que se especializou em litologia; litólogo.
LI.TÓ.LO.GO, *s.m.*, Geol., o mesmo que litologista.
LI.TO.MAN.CI.A, *s.f.*, adivinhação por meio de pedras.
LI.TÔ.ME.TRO, *s.m.*, instrumento para medir pedras; Med., instrumento que tritura cálculos na bexiga.
LI.TO.RAL, *s.m.*, costa, região situada à beira-mar, praias.
LI.TO.RÂ.NEO, *adj.*, do litoral.
LI.TO.RI.NA, *s.f.*, tipo de molusco encontrado nos costões; antigo ônibus-trem, rápido, deslizava sobre os trilhos e também parava fora das estações de trem.
LI.TOS.FE.RA, *s.f.*, a crosta da Terra, a parte sólida que envolve o globo.
LI.TO.TO.MI.A, *s.f.*, operação para extrair cálculos do organismo.
LI.TO.TO.MIS.TA, *s. 2 gên.*, médico que pratica a litotomia.
LI.TO.TRI.TOR, *adj. e s.m.*, Cir., diz-se de, ou instrumento cirúrgico us. para fragmentar cálculos na bexiga.
LI.TO.TRIP.SI.A, *s.f.*, pulverização de cálculos no organismo; litotrícia.
LI.TRA.GEM, *s.f.*, quantidade de um líquido considerada em litros, ação de medir por litros, capacidade que um recipiente possui expressa em litros.
LI.TRO, *s.m.*, unidade de medida de líquidos com volume de um decímetro cúbico; qualquer recipiente que contenha um litro.
LI.TU.A.NO, *adj. e s.m.*, natural ou habitante da Lituânia.
LI.TUR.GI.A, *s.f.*, conjunto de rituais com que se desenvolvem as cerimônias religiosas.
LI.TÚR.GI.CO, *adj.*, que se refere a liturgia.
LI.TUR.GIS.TA, *s. 2 gên.*, especialista em liturgia.
LI.VI.DEZ, *s.f.*, brancura, anemia.
LÍ.VI.DO, *adj.*, pálido, branco, anêmico.
LI.VOR, *s.m.*, estado do que é ou se encontra lívido, pálido.
LI.VRA.ÇÃO, *s.f.*, livramento.
LI.VRA.DO, *adj.*, liberto, aberto, aceito, solto.
LI.VRA.DOR, *adj. e s.m.*, que(m) livra, soltador, libertador.
LI.VRA.LHA.DA, *s.f.*, uma porção de livros, muitos livros.
LI.VRAN.ÇA, *s.f.*, livramento; ordem de pagamento feita por escrito; Mil., conhecimento de um gênero recebido para que sua importância seja paga.
LI.VRA.MEN.TO, *s.m.*, ação de livrar, libertação, resgate, soltura.
LI.VRAR, *v.t. e pron.*, libertar, liberar, abrir, desembaraçar.
LI.VRA.RI.A, *s.f.*, local em que se vendem livros.
LI.VRE, *adj.*, que possui liberdade, liberado, libertado, aberto, isentado.
LI.VRE-AR.BÍ.TRIO, *s.m.*, qualidade inata que o ser humano tem de decidir quanto aos seus atos, dar um sim ou um não.
LI.VRE-CÂM.BIO, *s.f.*, a liberdade para o comércio sem regulamentos restritivos e aduaneiros; livre-troca; livre-permuta.
LI.VRE.CO, *s.m.*, livrinho, livro sem valor.
LI.VRE-DO.CÊN.CIA, *s.f.*, por concurso público, a pessoa obtém uma cadeira para lecionar em uma faculdade, ministrando as aulas e avaliando os alunos.

LOBO (Ó)

LI.VRE-DO.CEN.TE, *adj. 2 gên.*, relativo a livre-docência; *s. 2 gên.*, pessoa que obteve a livre-docência.
LI.VREI.RO, *s.m.*, comerciante de livros, dono de livraria.
LI.VRE-PEN.SA.DOR, *s.m.*, pessoa que pensa livremente nos temas religiosos, sem se amarrar a dogmas ou imposições dos manipuladores da religião.
LI.VRES.CO, *adj.*, típico de livro, assentado em livro; desaculturado.
LI.VRE.TA, *s.f.*, *bras.*, livrete, caderneta.
LI.VRE-TRO.CA, *s.f.*, o mesmo que livre-câmbio.
LI.VRO, *s.m.*, conjunto de folhas impressas e reunidas entre si; brochura.
LI.VU.SI.A, *s.f.*, assombração.
LI.XA, *s.f.*, peça usada para polir metais, madeiras, unhas, etc.
LI.XA.DEI.RA, *s.f.*, máquina para limpar e lixar.
LI.XA.DO, *adj.*, polido, raspado, limpo.
LI.XA.DOR, *adj. e s.m.*, que(m) lixa, polidor, raspador.
LI.XA.MEN.TO, *s.m.*, *bras.*, ver lixação.
LI.XÃO, *s.m.*, lugar em que há um grande depósito de lixo, amontoado de lixo.
LI.XAR, *v.t. e pron.*, polir, raspar.
LI.XA.RI.A, *s.f.*, amontoado de lixo.
LI.XEI.RA, *s.f.*, local em que se coloca o lixo; recipiente para recolher lixo.
LI.XEI.RO, *s.m.*, servidor público que recolhe lixo.
LI.XEN.TO, *adj.*, lixoso.
LI.XÍ.VIA, *s.f.*, fervura de água com cinzas, para embranquecer roupas.
LI.XI.VI.A.ÇÃO, *s.f.*, ato ou efeito de lixiviar; Quím., operação em que se passa um solvente através de material pulverizado para separar um ou vários constituintes solúveis.
LI.XI.VI.A.DOR, *s.m.*, aparelho próprio para lixiviar ou fazer lixiviação.
LI.XI.VI.AR, *v. int.*, lavar por meio da lixívia.
LI.XI.VI.O.SO, *adj.*, que tem a aparência da lixívia.
LI.XO, *s.m.*, restos, sujeira, resíduo, imundície; *fig.*, pessoa imoral e desonesta.
LI.XO.SO, *adj.*, que contém muito lixo.
LO, forma oblíqua da terceira pessoa, usada com os infinitivos dos verbos.
LÓ, *s.m.*, tecido fino.
LO.A, *s.f.*, discurso de elogio para alguém, alocução de encômio; oração diária perto das 12h, nos conventos e mosteiros.
LO.BA, *s.f.*, fêmea do lobo; akelá - chefa escoteira.
LO.BA.CHO, *s.m.*, filhote de lobo, lobinho.
LO.BA.TO, *s.m.*, o mesmo que lobacho.
LOBBY, *s.m.*, ing., atividade que procura influenciar na criação de leis que beneficiem os próprios interesses, persuadindo parlamentares a votar em prol das intenções deles.
LO.BEI.RO, *adj.*, lobal; diz-se de espécie de trigo duro, do gênero *Triticum*; relativo a lobo; que é bom caçador de lobos; *s.m.*, caçador de lobos.
LO.BI.NHO, *s.m.*, filhote de lobo, menino de sete a onze anos que milita no escotismo, usando uniforme de cor azul.
LO.BIS.MO, *s.m.*, atividades dos lobinhos; trabalho dos lobistas.
LO.BI.SO.MEM, *s.m.*, homem que se transformaria em lobo nas noites de luar.
LO.BIS.TA, *s. 2 gên.*, indivíduo que se dedica à prática do lobby.
LO.BO (Ó), *s.m.*, parte saliente e de forma redonda de certos órgãos.

LO.BO (Ô), *s.m.*, mamífero da família dos cães, carnívoro e selvagem.

LO.BO-DO-MAR, *s.m.*, mamífero marinho de tamanho avantajado; *fig.*, **LO.BO DO MAR**, marinheiro com experiência.

LO.BO-MA.RI.NHO, *s.m.*, *bras.*, ver leão-marinho.

LO.BRE.GO, *adj.*, lúgubre, soturno, funéreo.

LO.BRI.GA.DOR, *adj.* e *s.m.*, que ou o que lobriga.

LO.BRI.GAR, *v.t.*, ver com dificuldade, ver mais ou menos, entrever.

LO.BU.LA.DO, *adj.*, lobuloso, que tem lóbulo.

LO.BU.LAR, *adj.* 2 *gên.*, que tem a natureza do lóbulo; que é dividido em lóbulos.

LÓ.BU.LO, *s.m.*, pequeno lobo (ó).

LO.BU.LO.SO, *adj.*, que possui lóbulos; que está dividido em lóbulos.

LO.CA, *s.f.*, esconderijo de peixe, toca.

LO.CA.ÇÃO, *s.f.*, arrendamento, aluguel.

LO.CA.CI.O.NAL, *adj.*, diz-se do que é local, regional.

LO.CA.DO, *adj.*, alugado, alocado.

LO.CA.DOR, *s.m.*, quem aluga um imóvel a alguém; proprietário de imóvel alugado.

LO.CA.DO.RA, *s.f.*, estabelecimento que aluga bens móveis (carros, equipamentos, DVDs, jogos, etc.).

LO.CAL, *s.m.*, localidade, lugar, posto.

LO.CA.LI.DA.DE, *s.f.*, local, lugar, região.

LO.CA.LIS.MO, *s.m.*, paixão pelos interesses locais; bairrismo; regionalismo.

LO.CA.LIS.TA, *adj.* 2 *gên.*, relativo a lugar específico; local; *s.* 2 *gên.*, jornalista que cobre notícias locais.

LO.CA.LI.ZA.ÇÃO, *s.f.*, posição, ponto exato de um endereço, determinação de onde ficar.

LO.CA.LI.ZA.CI.O.NIS.TA, *adj.* 2 *gên.*, que é característico ou próprio de uma localização, de um local.

LO.CA.LI.ZA.DO, *adj.*, situado, posicionado, fixado.

LO.CA.LI.ZA.DOR, *adj.*, que localiza, que identifica alguém ou algo; *s.m.*, aquele ou aquilo que localiza.

LO.CA.LI.ZAR, *v.t.*, encontrar, situar, determinar, posicionar, fixar, residir.

LO.CA.LI.ZÁ.VEL, *adj.* 2 *gên.*, que pode ser localizado.

LO.ÇÃO, *s.f.*, preparado líquido perfumado para perfumar a pessoa.

LO.CAR, *v.t.*, alugar, dar de aluguel, alocar.

LO.CA.TÁ.RIO, *s.m.*, inquilino, quem toma um imóvel em aluguel.

LO.CA.TI.VO, *adj.*, que determina um lugar; relativo a locação; que designa lugar.

LO.CO.MO.BI.LI.DA.DE, *s.f.*, qualidade do que é locomóvel.

LO.CO.MO.ÇÃO, *s.f.*, movimento, deslocamento, ir para, levar para.

LO.CO.MO.TI.VA, *s.f.*, máquina para puxar os vagões do trem.

LO.CO.MO.TI.VI.DA.DE, *s.f.*, natureza dos seres vivos de se deslocarem de um ponto a outro.

LO.CO.MO.TI.VO, *adj.*, relativo a locomoção.

LO.CO.MO.TOR, *adj.* e *s.m.*, que(m) se locomove por força própria.

LO.CO.MO.TRIZ, *s.f.*, que locomove, locomotiva.

LO.CO.MÓ.VEL, *adj.* 2 *gên.*, que pode ser transportado ou que se move de um lugar para outro; *s.m.*, máquina a vapor.

LO.CO.MO.VER, *v. pron.*, andar, caminhar, deslocar-se, mudar-se.

LO.CU.ÇÃO, *s.f.*, discurso, modo de falar; duas ou mais palavras equivalentes a uma.

LO.CU.LA.DO, *adj.*, Bot., que está dividido em cavidades ou lóculos.

LO.CU.LAR, *adj.*, Bot., que é dividido em muitos septos.

LÓ.CU.LO, *s.m.*, pequena cavidade ou câmara em planta ou em um corpo animal.

LO.CU.LO.SO, *adj.*, que tem lóculos.

LO.CU.PLE.TA.ÇÃO, *s.f.*, ato ou efeito de locupletar(-se).

LO.CU.PLE.TAR, *v.t.* e *pron.*, enriquecer, tornar muito rico, amontoar riquezas.

LO.CUS.TA, *s.f.*, Zool., gênero (*Locusta*) do qual fazem parte os gafanhotos de antenas curtas.

LO.CU.TOR, *s.m.*, quem fala, quem fala em rádio e TV.

LO.CU.TÓ.RIO, *s.m.*, local geralmente separado por grades, nos conventos, destinado às conversações com as visitas.

LO.DA.ÇAL, *s.m.*, muito lodo, pântano intenso, muita lama.

LO.DA.CEN.TO, *adj.*, o mesmo que lamacento; lodoso.

LO.DO, *s.m.*, limo, resíduos que se formam com água e terra no fundo dos depósitos de água.

LO.DO.SO, *adj.*, cheio de lodo, de limo; sujo, encardido.

LO.GA.DO, *adj.*, Inf., que se logou, que obteve acesso ao registrar nome de acesso, senha, etc. em computador ou rede.

LO.GAR, *v.t.* e *int.*, Inf., obter acesso (a) (computador, rede ou outro recurso computacional) mediante registro e senha.

LO.GA.RÍT.MI.CO, *adj.*, relativo a logaritmo.

LO.GA.RIT.MO, *s.m.*, expoente da potência a que se deve alçar um número real positivo, a fim de se conseguir outro número.

LÓ.GI.CA, *s.f.*, estudo de normas para conduzir o raciocínio, coerência no modo de conduzir as ideias e obter a conclusão.

LO.GI.CIS.MO, *s.m.*, tendência ou princípio que faz da lógica um método axiomático fundamental; tese baseada na predominância da lógica em todas as ciências.

LÓ.GI.CO, *adj.*, em que há raciocínio, coerente.

LO.GÍS.TI.CA, *s.f.*, técnica militar que administra todos os atos para conduzir a estratégia militar.

LO.GO, *adv.*, de súbito, imediatamente, subitamente; *conj.*, portanto.

LO.GO.GRI.FO, *s.m.*, jogo ou enigma formado de letras ou sílabas que podem ser combinadas de várias maneiras, formando outras palavras; *fig.*, linguagem enigmática.

LO.GOR.REI.A, *s.f.*, *pej.*, conjunto de frases desconexas; verborragia.

LO.GOS, *s.m.* 2 *n.*, Fil., razão; princípio universal; Deus como fonte de ideias (Platão); aspecto da divindade (neoplatonismo); o Verbo (filosofia cristã).

LO.GO.SO.FI.A, *s.f.*, doutrina filosófica e ética fundada por González Pecotche (1901-1963), que tem como princípio a evolução através do conhecimento.

LO.GO.TI.PO, *s.m.*, símbolo de uma instituição para identificação.

LO.GRA.ÇÃO, *s.f.*, ação ou efeito de lograr, engano, logro, falcatrua.

LO.GRA.DEI.RA, *adj.* e *s.f.*, mulher que pratica logros.

LO.GRA.DO, *adj.*, enganado, falseado, burlado.

LO.GRA.DOR, *adj.* e *s.m.*, diz-se do, ou o indivíduo que logra, que engana, que trapaceia.

LO.GRA.DOU.RO, *s.m.*, o que é ou pode ser usufruído por alguém; pastagem pública para o gado; terreno ou quintal que fica junto a uma casa, para servir de estrumeira ou outra serventia.

LO.GRAR, *v.t.* e *pron.*, conseguir, alcançar, obter; enganar, burlar.

LO.GRA.TI.VO, *adj.*, que logra; que ilude; próprio para lograr.

LO.GRO, *s.m.*, engano, burla, enganação.

LOI.ÇA, *s.f.*, louça.

LOI.RA, *s.f.*, mulher de cabelo amarelado, loura.

LOI.RI.CE, *s.f.*, qualidade de quem ou do que é ou está loiro.

LOI.RO, *adj.*, louro; *s.m.*, homem de cabelo amarelado.

LO.JA, *s.f.*, empresa para vender mercadorias; casa comercial, venda.

LO.JIS.TA, *s. 2 gên.*, quem é dono de loja, comerciante, vendedor.

LO.LI.TA, *s.f.*, mulher jovem muito bela e sedutora.

LOM.BA, *s.f.*, cume arredondado de um cômoro, coxilha, declive, ladeira; *fig.*, preguiça, moleza.

LOM.BA.DA, *s.f.*, parte com forma arredondada de uma elevação; pequena elevação nas ruas e rodovias, para os carros diminuírem a velocidade.

LOM.BAR, *adj.*, próprio do lombo, das costas.

LOM.BAR.DO, *adj.* e *s.m.*, natural, habitante, referente à Lombardia, região do Norte da Itália.

LOM.BEI.RA, *s.f.*, preguiça, indolência, moleza.

LOM.BI.LHO, *s.m.*, *bras.*, parte dos arreios, substitui a sela comum; músculo lombar da rês.

LOM.BI.NHO, *s.m.*, lombo de suíno preparado para o consumo.

LOM.BO, *s.m.*, costas, a parte com carne na espinha dorsal; dorso.

LOM.BO.COS.TAL, *adj.*, *Anat.*, que diz respeito às vértebras lombares e às costelas.

LOM.BO.DOR.SAL, *adj. 2 gên.*, *Anat.*, relativo às regiões lombar e dorsal.

LOM.BRI.CAL, *adj.*, semelhante ou relativo a lombriga.

LOM.BRI.CI.DA, *s.m.*, medicamento para matar lombrigas, por ingestão.

LOM.BRI.COI.DE, *adj.*, o mesmo que lombrical, os músculos lombricais; *s.m.*, lombriga.

LOM.BRI.GA, *s.f.*, denominação de um verme parasita que vive nos intestinos do homem.

LOM.BRI.GUEI.RO, *s.m.*, remédio para combater as lombrigas.

LO.NA, *s.f.*, tipo de tecido para confeccionar barracas, toldos, velas de barcos.

LON.DRI.NO, *adj.*, relativo a Londres, habitante ou natural dessa cidade.

LON.GA-ME.TRA.GEM, *s.m.*, filme com longa duração.

LON.GÂ.NI.ME, *adj.*, magnânimo, bondoso, generoso.

LON.GA.RI.NA, *s.f.*, *Constr.*, designação genérica de uma viga longitudinal que serve de sustentação a qualquer estrutura (ponte, automóvel, vagão, barco, asa ou fuselagem de avião, etc.); *var.*, longrina.

LON.GA.RI.NO, *s.m.*, ver longarina.

LON.GE, *adv.*, afastado, ponto situado a grande distância.

LON.GE.VI.DA.DE, *s.f.*, vida longa, muitos anos de vida.

LON.GE.VO, *adj.*, que vive muito, que alcança muitos anos de vida.

LON.GI.FÓ.LIO, *adj.*, *Bot.*, cujas folhas são compridas.

LON.GI.LÍ.NEO, *adj.*, fino e comprido, delgado e esticado.

LON.GÍ.MA.NO, *adj.*, que tem mãos muito compridas.

LON.GÍN.QUO, *adj.*, afastado, distante, sito a grande distância.

LON.GI.TU.DE, *s.f.*, distância; medida dos fusos horários pelo meridiano zero, de Leste a Oeste.

LON.GI.TU.DI.NAL, *adj.*, próprio da longitude, medida pelo meridiano de Greenwich.

LON.GI.TU.DI.NÁ.RI.O, *adj.*, ver longitudinal.

LON.GO, *adj.*, comprido, que percorre grande distância do início ao fim.

LONG-PLAY, *s.m.*, disco com gravação em microssulcos, tocado sob o peso de uma agulha de cristal que vibra sobre as ranhuras.

LON.GRI.NA, *s.f.*, ver longarina.

LON.JU.RA, *s.f.*, grande distância; que é longe.

LON.TRA, *s.f.*, mamífero caracterizado pelo corpo delgado e os membros curtos.

LO.QUA.CI.DA.DE, *s.f.*, qualidade de loquaz; eloquência; indiscrição; tagarelice.

LO.QUAZ, *adj.*, que fala demasiadamente, falador, tagarela; eloquente.

LOR.DE, *s.m.*, na Inglaterra, título de nobreza; *pop.*, tipo rico e importante.

LOR.DO.SE, *s.f.*, problema com a coluna vertebral, com muita curvatura.

LOR.NHÃO, *s.m.*, luneta com cabo, usada especialmente por senhoras; *var.*, lornhom.

LO.RO, *s.m.*, correia dupla, para segurar o estribo nas montarias.

LO.RO.TA, *s.f.*, mentira, lero-lero, fofoca, lorota.

LO.RO.TAR, *v.int.*, *bras.*, mentir, contar lorotas.

LO.RO.TA.GEM, *s.f.*, mentiras, nonadas, bajulações mentirosas.

LO.RO.TEI.RO, *s.m.*, conversador, mentiroso.

LOR.PA, *adj.* e *s. 2 gên.*, tolo, pateta; grosseiro, deseducado.

LO.SAN.GO, *s.m.*, figura geométrica com quatro lados iguais.

LOS.NA, *s.f.*, tipo de erva medicinal caseira, de gosto amargo - amargosa.

LO.TA.ÇÃO, *s.f.*, quantidade de pessoas que cabem em um local; tipo de veículo para transportar pessoas; local em que o servidor público deve cumprir o seu expediente.

LO.TA.DO, *adj.*, ocupado, designado, mandado, fixado, cheio, apinhado.

LO.TA.DOR, *s.m.*, aquele que lota; pessoa que faz lotações; aquele que divide em lotes; aparelho us. para dividir a pólvora em lotes, após sua fabricação.

LO.TAR, *v.t.*, encher, ocupar todos os lugares; ser designado para determinada seção.

LO.TE, *s.m.*, divisão de um todo, partilha, parte, quinhão; cada terreno de um loteamento.

LO.TE.A.DO, *adj.*, dividido em lotes, repartido, partilhado.

LO.TE.A.DOR, *s.m.*, pessoa ou empresa responsável pela venda de lotes.

LO.TE.A.MEN.TO, *s.m.*, terreno maior dividido em várias partes para venda.

LO.TE.AR, *v.t.*, dividir, repartir, partilhar terrenos.

LO.TE.CA, *s.f.*, *pop.*, loteria.

LO.TE.RI.A, *s.f.*, jogo no qual se compra um bilhete para concorrer a prêmios; tudo que depende de sorte; loteria.

LO.TÉ.RI.CA, *s.f.*, estabelecimento que vende bilhetes de diversas loterias, faz apostas e efetua pagamentos.

LO.TÉ.RI.CO, *adj.*, relativo a loteria; *s.m.*, *bras.*, funcionário de casa lotérica.

LO.TO, *s.f.*, tipo de loteria com números; *s.m.*, jogo de azar feito com cartelas numeradas e números; víspora; em Botânica, lótus, planta aquática de flores amarelas, roxas, róseas ou brancas.

LOU.ÇA, *s.f.*, objetos que se usam nos trabalhos da cozinha

LOUÇANIA

e para o serviço de mesa; var., loiça.
LOU.ÇA.NI.A, *s.f.*, garbo, elegância, garridice.
LOU.ÇÃO, *adj.*, enfeitado, belo, garrido, elegante.
LOU.ÇA.RI.A, *s.f.*, loja na qual se vendem louças; baixela de uma casa.
LOU.CEI.RO, *s.m.*, dono de louçaria; fabricante de louça; operário de cerâmica; armário para louça.
LOU.CO, *adj.*, doido, maluco, sem o devido juízo, demente.
LOU.CU.RA, *s.f.*, demência, doidice, distúrbios da mente.
LOU.RA, *s.f.*, mulher com os cabelos louros.
LOU.RA.ÇA, *s.f.*, *pop.*, mulher de cabelo muito louro; *s. 2 gên.*, *pop.*, pessoa bonachona, simplória.
LOU.RE.CER, *v.int.*, tornar-se louro, amarelecer; enlourar-se.
LOU.REI.RAL, *s.m.*, sítio onde há loureiros.
LOU.REI.RO, *s.m.*, arbusto do qual as folhas são usadas como tempero.
LOU.RE.JAR, *v.t.*, *int.* e *pron.*, tornar(-se) louro ou alourado; amarelecer.
LOU.RI.CE, *s.f.*, condição ou estado de quem é louro; var., loirice.
LOU.RO, *adj.*, cor intermediária entre o dourado e o castanho; *s.m.*, homem de cabelos louros; folha produzida pelo loureiro e muito usada na culinária; *pop.*, papagaio.
LOU.SA, *s.f.*, pedra, objeto usado em salas de aula para escrever com giz.
LOU.SA.DOR, *s.m.*, *bras.*, o encarregado de preparar ou limpar lousas.
LOU.SAR, *v.t.*, cobrir com lousa.
LOU.SEI.RA, *s.f.*, lugar ou sítio do qual se tira lousa.
LOU.SEI.RO, *s.m.*, aquele que trabalha em lousas; aquele que extrai lousa das rochas.
LOU.VA-A-DEUS, *s.m.*, inseto de cor verde.
LOU.VA.ÇÃO, *s.f.*, louvores imensos, exagerados louvores.
LOU.VA.DO, *adj.*, abençoado, bendito, elogiado, glorificado, beato.
LOU.VA.DOR, *adj.* e *s.m.*, que(m) louva, exaltador, adulador.
LOU.VA.MEN.TO, *s.m.*, louvação, louvor.
LOU.VA.MI.NHA, *s.f.*, louvor exagerado; adulação; bajulação.
LOU.VA.MI.NHAR, *v.t.*, lisonjear com louvaminhas.
LOU.VA.MI.NHEI.RO, *adj.* e *s.m.*, que gosta de louvaminhar; adulador.
LOU.VA.MI.NHI.CE, *s.f.*, costume de louvaminhar.
LOU.VAR, *v.t.* e *pron.*, elogiar, glorificar, enaltecer, estimular.
LOU.VÁ.VEL, *adj.*, que pode ser louvado, elogiável.
LOU.VOR, *s.m.*, elogio, glorificação, enaltecimento.
LU.A, *s.f.*, satélite da Terra, que durante muitas noites reflete a luz do Sol.
LU.A DE MEL, *s.f.*, viagem dos noivos logo após o matrimônio; qualquer início.
LU.AR, *s.m.*, o brilho da Lua durante a noite, sobretudo com a lua cheia.
LU.A.RA.DO, *adj.*, iluminado pela luz da Lua; enluarado.
LU.A.RE.JAR, *v.int.*, mostrar-se iluminado pelo luar.
LU.A.REN.TO, *adj.*, em que há luar, o clarão da Lua.
LU.AU, *s.m.*, festa noturna que se realiza na praia, com música, bebidas, dança, etc.
LU.BAM.BO, *s.m.*, *bras.*, *pop.*, confusão, agitação, desordem; intrigas, fofocas.
LU.BRI.CAR, *v.t.*, *p.us.*, tornar(-se) lúbrico, úmido; lubrificar; laxar (o ventre) com laxante.
LU.BRI.CI.DA.DE, *s.f.*, lascívia, sensualidade, despudor.

LUDOPÉDICO

LÚ.BRI.CO, *adj.*, escorregadio; *fig.*, sensual, libidinoso.
LU.BRI.FI.CA.ÇÃO, *s.f.*, ação ou efeito de lubrificar.
LU.BRI.FI.CA.DO, *adj.*, azeitado, oleado.
LU.BRI.FI.CA.DOR, *adj.*, que lubrifica; lubrificante; *s.m.*, aparelho us. na lubrificação; lubrificante.
LU.BRI.FI.CAN.TE, *adj.* e *s.m.*, óleo para lubrificar, substância que unta.
LU.BRI.FI.CAR, *v.t.* e *pron.*, azeitar, passar óleo, tornar liso com óleo.
LU.BRI.FI.CÁ.VEL, *adj.*, que se pode ou deve lubrificar.
LU.CA.NÁ.RIO, *s.m.*, em Arquitetura, intervalo de duas vigas, numa construção.
LU.CAR.NA, *s.f.*, em Arquitetura, abertura no teto para deixar que entrem a luz e o ar.
LU.CER.NA, *s.f.*, claraboia, abertura para entrada de luz e ar na parte superior da casa.
LU.CI.DEZ, *s.f.*, clareza, percepção clara, nitidez, brilho.
LÚ.CI.DO, *adj.*, resplandecente, claro, que tem boa percepção, esperto.
LÚ.CI.FER, *s.m.*, diabo, demônio, satã, capeta; *fig.*, pessoa vistosa e velhaca.
LU.CI.FE.RÁ.RIO, *adj.* e *s.m.*, que(m) carrega lanternas em procissões.
LU.CI.FE.RI.NO, *adj.*, que se refere a Lúcifer, diabólico, satânico, velhaco.
LU.CÍ.FU.GO, *adj.* e *s.m.*, que(m)foge da luz, notívago.
LU.CI.LA.ÇÃO, *s.f.*, ação de lucilar, lucilamento.
LU.CI.LAN.TE, *adj.*, que lucila, bruxuleante.
LU.CI.LAR, *v. int.*, luzir, brilhar com fraqueza, bruxulear.
LU.CI.LU.ZIR, *v.int.*, *bras.*, emitir luz de maneira intermitente; tremeluzir.
LU.CÍ.ME.TRO, *s.m.*, Fís., aparelho que mede e compara o brilho das diversas regiões do céu.
LU.CI.VE.LO, *s.m.*, *bras.*, tipo de luminária que emite luz indireta; abajur; lucivéu.
LU.CRAR, *v. int.*, ganhar, conseguir vantagem, obter retorno maior.
LU.CRA.TI.VO, *adj.*, que traz lucro, proveitoso, generoso.
LU.CRO, *s.m.*, ganho, proveito, o que se consegue a mais.
LU.CRO.SO, *adj.*, que dá muito lucro, lucrativo.
LU.CU.BRA.ÇÃO, *s.f.*, elucubração, mistério.
LU.CU.BRAR, *v.t.* e *int.*, trabalhar ou estudar à noite; pensar; matutar; o mesmo que elucubrar.
LU.DI.BRI.A.DO, *adj.*, enganado, logrado, burlado.
LU.DI.BRI.AN.TE, *adj.*, que ludibria, que engana, enganador.
LU.DI.BRI.AR, *v.t.*, enganar, lograr, mentir, burlar, aproveitar-se de.
LU.DI.BRI.Á.VEL, *adj. 2 gên.*, que se pode ludibriar.
LU.DÍ.BRIO, *s.m.*, logro, engano, burla, mentira.
LU.DI.BRI.O.SO, *adj.*, enganador, falsário, ludibriador.
LU.DI.CI.DA.DE, *s.f.*, qualidade, condição do que é lúdico; ludismo.
LÚ.DI.CO, *adj.*, relativo a jogos, próprio do que usa jogos.
LU.DIS.MO, *s.m.*, qualidade ou condição de lúdico; Hist., protesto popular contra o avanço da tecnologia na Inglaterra (fins do séc. XVIII e início do XIX), no qual se destruíam máquinas.
LU.DIS.TA, *adj. 2 gên.* e *s. 2 gên.*, diz-se de, ou a pessoa adepta ou entusiasta do ludismo.
LU.DO, *s.m.*, tipo de jogo de mesa.
LU.DO.PÉ.DI.CO, *adj.*, relativo ao futebol; *s.m.*, futebol.

LU.DO.PÉ.DIO, *s.m.*, ver futebol.
LU.DO.TE.RA.PI.A, *s.f.*, Psiq., tratamento mental por meio de jogos, brincadeiras ou divertimentos.
LU.DO.TE.RÁ.PI.CO, *adj.*, relativo a ludoterapia.
LU.ES, *s.f.*, sífilis.
LU.É.TI.CO, *adj.*, sifilítico.
LU.FA, *s.f.*, pé de vento, vento, ventania; *fig.*, agitação.
LU.FA.DA, *s.f.*, golpe de vento, rajada, pé de vento.
LU.FA-LU.FA, *s.f.*, correria, afã, azáfama, trabalho intenso.
LU.FAR, *v.int.*, soprar com força (o vento); respirar com arquejos, ofegar.
LU.GAR, *s.m.*, local, localidade, espaço físico, posto, povoado, cidade.
LU.GAR-CO.MUM, *s.m.*, o que sempre se repete, do dia a dia, chavão, clichê.
LU.GA.RE.JO, *s.m.*, vila, pequeno lugar, localidade.
LU.GAR-TE.NEN.TE, *s.m.*, quem está no lugar de outro, substituto.
LÚ.GU.BRE, *adj.*, tristonho, funéreo, sombrio, lutuoso.
LU.GU.BRI.DA.DE, *s.f.*, tristeza, desânimo.
LU.LA, *s.f.*, calamar, molusco de forma alongada e com diversos braços, usado como prato fino.
LU.MA.RÉU, *s.m.*, fogueira, grande fogueira.
LUM.BA.GO, *s.m.*, dores nas costas.
LUM.BRI.CI.DA, *s.f.*, tóxico para lombrigas, vermicida.
LU.ME, *s.m.*, luz, fogo, clarão, qualquer objeto que irradie luz.
LU.ME.EI.RA, *s.f.*, archote, castiçal, lampião.
LÚ.MEN, *s.m.*, a unidade da quantidade de luminosidade necessária em um local.
LU.MI.NA.DOR, *adj.*, que torna possível a compreensão de algo; *s.m.*, pessoa luminadora; iluminador.
LU.MI.NAL, *adj. 2 gên.*, que dá ou espalha luz; luminar.
LU.MI.NAR, *adj.*, brilhante, iluminado, muito inteligente.
LU.MI.NÁ.RIA, *s.f.*, lâmpada, toda peça usada para iluminar.
LU.MI.NES.CÊN.CIA, *s.f.*, irradiação da luz em temperaturas baixas.
LU.MI.NES.CEN.TE, *adj.*, que irradia luz em temperaturas baixas.
LU.MI.NO.SI.DA.DE, *s.f.*, brilho, clareza, luz forte.
LU.MI.NO.SO, *adj.*, brilhante, cheio de luz, irradiador de luz, luminar.
LÚM.PEN, *s. 2 gên.*, Sociol., aquele que é pertencente ao lumpemproletariado; *pop.*, sem ocupação profissional definida.
LUM.PEM.PRO.LE.TA.RI.A.DO, *s.m.*, Sociol., estamento social que vive em extrema miséria e se dedica ao roubo e à prostituição; lumpesinato.
LUM.PE.SI.NAR, *v.int., bras., gír.*, viver sem trabalhar; vadiar; vagabundear; mendigar.
LUM.PE.SI.NA.TO, *s.m., bras., pop.*, o mesmo que lumpemproletariado.
LU.NA.ÇÃO, *s.f.*, o lapso de tempo entre duas luas novas, vinte e nove dias.
LU.NAR, *adj.*, próprio da Lua.
LU.NÁ.RIO, *s.m.*, Cron., calendário que conta o tempo baseado nas fases da Lua.
LU.NÁ.TI.CO, *adj.*, que sofre influências da Lua; *fig.*, com distúrbios mentais.
LU.NA.TIS.MO, *s.m.*, qualidade ou estado de lunático; mania transitória; Med. e Veter., oftalmia periódica.
LUN.DU, LUN.DUM, *s.m.*, dança de origem africana; Mús. modinha ger. de caráter cômico ou pitoresco.

LU.NE.TA, *s.f.*, lente forte com armação para enxergar ao longe.
LU.NÍ.CO.LA, *s. 2 gên.*, habitante da Lua, quem mora na Lua.
LU.NI.FOR.ME, *adj.*, que tem forma de lua, de meia-lua.
LÚ.NU.LA, *s.f.*, figura ou objeto em forma de meia-lua; mancha esbranquiçada na base das unhas; satélite de um planeta; forma da Lua quando se aproxima do quarto crescente ou do quarto minguante.
LU.PA, *s.f.*, lente forte para aumentar objetos menores.
LU.PA.NAR, *s.m.*, prostíbulo, bordel, meretrício.
LU.PA.NÁ.RIO, *adj.*, que diz respeito a lupanar.
LU.PI.NO, *adj.*, que se refere a lobo, próprio de lobo.
LU.PO, *s.m.*, lúpus, indicação de diversas doenças da pele.
LU.PO.SO, *adj.*, relativo a lupo.
LÚ.PU.LO, *s.m.*, Bot., planta e seu produto, usado no fabrico de cerveja.
LÚ.PUS, *s.m.*, doença que afeta a pele humana.
LU.RA, *s.f.*, toca, qualquer buraco.
LÚ.RI.DO, *adj.*, pálido, lívido, tenebroso.
LUS.CO, *adj. e s.m.*, vesgo, que enxerga apenas com um olho.
LUS.CO-FUS.CO, *s.m.*, hora do anoitecer ou do amanhecer; meia-luz.
LU.SÍ.A.DA, *adj. 2 gên. e s. 2 gên.*, ver lusitano.
LU.SI.DÍ.A.CO, *adj.*, que diz respeito aos Lusíadas, de Luís de Camões; relativo a lusíada.
LU.SI.FI.CA.DO, *adj.*, que se lusificou; aportuguesado.
LU.SI.FI.CAR, *v.t.*, tornar português.
LU.SIS.MO, *s.m.*, expressões e construções de cunho português de Portugal.
LU.SIS.TA, *adj. 2 gên.*, relativo ao lusismo; que se especializou no estudo de fenômenos linguísticos próprios do português falado em Portugal; *s. 2 gên.*, especialista nesses fenômenos.
LU.SI.TÂ.NI.CO, *adj. e s.m.*, lusitano, que se refere à Lusitânia e a seus habitantes; que se refere a Portugal e aos portugueses; natural ou habitante da Lusitânia.
LU.SI.TA.NI.DA.DE, *s.f.*, qualidade, característica própria do que ou de quem é português; sentimento de apego a Portugal; o conjunto dos portugueses.
LU.SI.TA.NIS.MO, *s.m.*, o que é característico dos lusitanos, dos portugueses.
LU.SI.TA.NO, *adj. e s.m.*, próprio da Lusitânia, antigo nome de Portugal.
LU.SO, *adj. e s.m.*, português, lusitano.
LU.SO-BRA.SI.LEI.RO, *adj.*, referente a atos e fatos de Portugal e do Brasil.
LU.SO.FI.LI.A, *s.f.*, amor a Portugal e a tudo que se refere a esse país; lusitanofilia.
LU.SO.FI.LO, *adj. e s.m.*, que(m) aprecia lusos, amigo dos lusos.
LU.SO.FO.BI.A, *s.f.*, aversão a Portugal e a tudo que se refere a esse país; lusitanofobia.
LU.SÓ.FO.BO, *adj. e s.m.*, que(m) tem aversão a lusos, quem detesta lusos.
LU.SO.FO.NI.A, *s.f.*, conjunto de povos ou comunidades que falam a língua portuguesa.
LUS.TRA.ÇÃO, *s.f.*, ação ou efeito de lustrar, lavagem.
LUS.TRA.DE.LA, *s.f.*, ação ou efeito de lustrar, lustração.
LUS.TRA.DO, *adj.*, polido, escovado.
LUS.TRA.DOR, *adj. e s.m.*, que(m) lustra, polidor.
LUS.TRAL, *adj. 2 gên.*, relativo a lustração; próprio para lustrar; diz-se de água sagrada que purifica; diz-se da água

LUSTRA-MÓVEIS

LUS.TRA-MÓ.VEIS, s.m., pl., substância para polir os móveis.
LUS.TRAR, v.t., polir, limpar, tornar brilhante.
LUS.TRÁ.VEL, adj., a que se pode dar lustre.
LUS.TRE, s.m., brilho de objeto polido, candelabro; várias lâmpadas formando um conjunto.
LUS.TRI.NA, s.f., espécie de fazenda de seda com lustre; estofo de algodão muito lustroso; coisa muito brilhante, como esse tecido.
LUS.TRO, s.m., lustre, brilho; espaço de cinco anos.
LUS.TRO.SO, adj., brilhante, polido, luminoso.
LU.TA, s.f., combate, porfia, embate; fig., empenho, afã.
LU.TA.ÇÃO, s.f., ação ou efeito de lutar; vedação com luto.
LU.TA.DO, adj., combatido, enfrentado.
LU.TA.DOR, s.m., quem combate, combatente, batalhador.
LU.TAR, v. int., fazer uma luta, combater, enfrentar; fig., empenhar-se, trabalhar.
LU.TÉ.CIO, s.m., Quím., elemento químico de número atômico 71, símb.: Lu.
LU.TE.Í.NA, s.f., pigmento amarelo encontrado na gema do ovo, na cenoura, etc.; xantofila.
LU.TE.I.NI.ZA.ÇÃO, s.f., Bioq., formação de luteína ou corpo-lúteo.
LU.TE.I.NI.ZAR, v.t., Bioq., causar luteinização em.
LU.TE.RA.NIS.MO, s.m., ideias teológicas e religiosas de Martinho Lutero.
LU.TE.RA.NO, adj. e s.m., próprio de Lutero e sua religião; seguidor da doutrina de Lutero.
LU.TO, s.m., dor pela morte de um ente querido, tristeza, pesar.
LU.TU.LEN.TO, adj., que tem lodo, lama; fig., que agride (discurso lutulento); ofensivo.
LU.TU.O.SO, adj., fúnebre, com luto forte, triste, acabrunhado.
LU.VA, s.f., peça para cobrir as mãos; peça para unir dois canos.
LU.VA.DA, s.f., bras., pop., golpe com a palma da mão; tapa.
LU.VA.RI.A, s.f., fábrica de luvas; estabelecimento em que se vendem luvas.
LU.VAS, s.f., pl., importância que é paga na assinatura do contrato de um jogador para um novo clube, ou na mudança do usuário de um ponto comercial.
LU.VEI.RO, adj. e s.m., luvista, fabricante de luvas.
LU.VIS.TA, s. 2 gên., o mesmo que luveiro.
LU.XA.DO, adj., destroncado, deslocado.
LU.XA.ÇÃO, s.f., deslocamento de um osso do seu posto original.
LU.XAR, v.t., deslocar um osso, destroncar.
LU.XA.RI.A, s.f., luxúria, superficialidade, banalidades, consumismo.
LU.XEN.TO, adj., metido a luxos; melindroso, cheio de cerimônias.
LU.XO, s.m., pompa, ostentação de riqueza, extravagância, conforto exagerado.
LU.XU.O.SI.DA.DE, s.f., caráter ou qualidade de luxuoso.
LU.XU.O.SO, adj., com muito luxo, pomposo, exagerado.
LU.XÚ.RIA, s.f., viço, vigor das plantas; decadência dos costumes, sensualidade, devassidão, lascívia.
LU.XU.RI.AN.TE, adj., viçoso, vigoroso, com muita vida.
LU.XU.RI.AR, v. int., vicejar, crescer com muita força; dar-se à luxúria, entrar na libertinagem.
LU.XU.RI.O.SO, adj., lascivo, corrompido, sensual; exuberante, viçoso.
LUZ, s.f., claridade, lume, clarão, fulgor, aquilo que ilumina, aclara tudo, iluminação, brilho; todo objeto que provoca luz.
LU.ZEI.RO, s.m., aquilo que irradia luz, luz forte em lugar determinado.
LU.ZE-LU.ZE, s.m., pisca-pisca, vaga-lume, pirilampo.
LU.ZEN.TE, adj., que tem luz, que brilha.
LU.ZER.NA, s.f., lâmpada, clarão, lucerna, luz brilhante.
LU.ZI.DI.O, adj., brilhante, luminoso, nítido.
LU.ZI.DO, adj., brilhoso, claro, vistoso.
LU.ZÍ.FE.RO, adj., luzidio; brilhante; lucífero; que traz luz.
LU.ZI.LU.ZIR, v.int., bras., brilhar irregularmente, com intermitência, produzindo efeito semelhante ao dos pirilampos; luciluzir; tremeluzir.
LU.ZI.MEN.TO, s.m., ação ou efeito de luzir, esplendor.
LU.ZIR, v. int., brilhar, irradiar raios de luz, faiscar, cintilar.
LYCRA, s. 2 gên., fibra elástica sintética, com muito uso em roupas, inclusive íntimas.

M

M, *s.m.*, décima terceira letra do á-bê-cê e décima consoante; na numeração romana, equivale a 1.000; abreviação de metro(s).

MA - sigla para indicar o Estado do Maranhão.

MA, combinação do pronome pessoal da primeira pessoa *me* com o pronome pessoal da terceira pessoa *a*.

MÁ, *adj.*, feminino de mau.

MA.A.RÃ.NI, *s.f.*, mulher de marajá, na Índia.

MA.BA.ÇA, *adj. e s. 2 gên.*, aderente a outro (homem, animal ou fruto); gêmeo.

MA.CA, *s.f.*, padiola; armação de lona para carregar doentes.

MA.ÇA, *s.f.*, clava, pedaço de madeira pesado e forte, usado como arma pelos índios.

MA.ÇÃ, *s.f.*, fruto da macieira.

MA.CA.BRO, *adj.*, horrível, funéreo, horrendo.

MA.CA.CA, *s.f.*, fêmea do macaco; *fig.*, *expr.*, estar com a macaca: estar com azar.

MA.CA.CA.DA, *s.f.*, grupo de macacos; bando de pessoas; pessoal.

MA.CA.CA DE AU.DI.TÓ.RIO, *s.f.*, participante do programa, estando no auditório para aplaudir e estimular a plateia; *fig.*, tipo que está sempre aplaudindo.

MA.CA.CAL, *adj. 2 gên.*, relativo a ou próprio de macaco; simiesco.

MA.CA.CA.LHA.DA, *s.f.*, o mesmo que macacada.

MA.CA.CÃO, *s.f.*, macaco grande; uniforme de mecânicos, vestimenta inteiriça para o corpo todo.

MA.CA.CO, *s.m.*, símio, antropoide, mamífero primata; peça para levantar o carro ao furar o pneu ou para consertos.

MA.CA.CO.A, *s.f.*, doença leve, pequeno achaque, mal-estar súbito e passageiro.

MA.CA.CO.TE, *s.m.*, peça de ferro cônica, us. para acertar os arrebites; constr., massa feita com areia, cal e farelo de pedra, us. para reforçar paredes ou certas estruturas.

MA.CA.DA, *s.f.*, trabalho, atividade rotineira e enfadonha; situação desagradável.

MA.CA.DA.ME, *s.m.*, espécie de cascalho com que se pavimentam estradas de barro.

MA.CA.DA.MI.ZA.ÇÃO, *s.f.*, ação ou efeito de macadamizar, pavimentação.

MA.CA.DA.MI.ZA.DO, *adj.*, pavimentado, arrumado.

MA.CA.DA.MI.ZAR, *v.t.*, colocar macadame em uma estrada de barro; arrumar com macadame.

MA.CA.DI.ÇO, *adj.*, que se modela bem, fácil de ser formado por causa da maça.

MA.CA.DO, *adj.*, que foi batido com maça ou maço; surrado, espancado.

MA.CA.DOR, *s.m.*, indivíduo maçante, alguém insuportável, pessoa desagradável.

MA.ÇA.DU.RA, *s.f.*, golpe com a maça, o mesmo que maçada; marca de pancada; machucadura.

MA.CA.ÍS.TA, *adj. e s. 2 gên.*, natural ou habitante de Macau, macaense.

MA.ÇAM.BÉ, *s.m.*, *bras.*, BA, espécie de sardinha.

MA.CAM.BI.RA, *s.f.*, Bot., planta da fam. das bromeliáceas, (*Bromélia laciniosa*), que ocorre nas caatingas do Nordeste, aproveitada como ração animal e de cujas fibras se fazem redes.

MA.CAM.BI.RAL, *s.m.*, *bras.*, terreno de macambiras.

MA.CAM.BRA, *s.f.*, fruto da macambreira; o mesmo que macambreira.

MA.CAM.BU.ZI.CE, *s.f.*, tristeza, infelicidade.

MA.CAM.BÚ.ZIO, *adj.*, tristonho, sorumbático, pensativo, isolado dos grupos.

MA.ÇA.NE.TA, *s.f.*, objeto das fechaduras para pegar com a mão, girar a lingueta e abrir a porta.

MA.ÇAN.TE, *adj.*, aborrecedor, turbador.

MA.ÇÃO, *s.m.*, maço grande (de bater estacas); ver maçom.

MA.CA.PA.EN.SE, *adj. e s. 2 gên.*, próprio, natural ou habitante de Macapá.

MA.ÇA.PÃO, *s.m.*, doce feito de trigo, ovos, açúcar e amêndoas, marzipã.

MA.ÇA.QUA.RA, *s.f.*, armadilha para camarões em esteiros ou rios.

MA.CA.QUE.A.ÇÃO, *s.f.*, imitação, ridicularização.

MA.CA.QUE.A.DO, *adj.*, que foi arremedado de maneira ridícula.

MA.CA.QUE.A.DOR, *adj. e s.m.*, diz-se de quem, ou aquele que macaqueia, que faz imitações de forma ridícula.

MA.CA.QUE.AR, *v.t.*, imitar, troçar de, zombar, ridicularizar.

MA.CA.QUI.CE, *s.f.*, trejeito, momice, imitações para zombar.

MA.CA.QUI.NHO, *s.m.*, pequeno macaco; Vest., tipo de macacão feminino de calças curtas, que se usa em ocasiões informais.

MA.ÇAR, *v.t. e int.*, incomodar, aborrecer, perturbar.

MA.ÇA.RAN.DU.BA, *s.f.*, árvore cuja madeira de lei tem cor vermelha e muitos usos.

MA.ÇA.RÉU, *s.m.*, as águas do mar se alteiam bruscamente, contrariamente ao fluxo de um rio, provocando ondas e destruição nas margens; pororoca.

MA.ÇA.RI.CÃO, *s.m.*, Ornit., nome de várias espécies de aves da família das caradriídeas, que ocorrem em quase todo o mundo, ao longo dos litorais.

MA.ÇA.RI.CO, *s.m.*, ave de pastagens, brejos e lagos; aparelho para fazer soldas, fundindo metais e unindo duas extremidades.

MA.ÇA.RO.CA, *s.f.*, fios torcidos, cabelos enrolados.

MA.ÇA.RO.QUEI.RA, *s.f.*, máquina que se usa em lugar do fuso para fazer maçarocas.

MA.CAR.RÃO, *s.m.*, massa de trigo, sal, ovos e outros ingredientes.

MA.CAR.RO.NA.DA, *s.f.*, prato feito com macarrão.

MA.CAR.RO.NAR, *v.t. e int.*, expressar-se de forma macarrônica; falar ou escrever mal um idioma.

MA.CAR.RÔ.NEA, *s.f.*, composição burlesca em que entram palavras de línguas diferentes e se misturam com expressões latinas, tanto nas terminações como em seus complementos; *adj.*, o mesmo que macarrônico.

MA.CAR.RO.NEI.RO, *s.m.*, fabricante de macarrão.

MA.CAR.RÔ.NI.CO, *adj.*, idioma mal falado; barbarismos.

MA.CAR.RO.NIS.MO, *s.m.*, gênero macarrônico ou estilo propositalmente confuso.

MA.CAR.RO.NIS.TA, *adj.* e *s.m.*, que ou aquele que se expressa em estilo macarrônico.

MA.CAR.THIS.MO, *s.m.*, prática política liderada pelo senador Joseph R. MacCarthy (1909-1957), na década de 1950, que perseguia cidadãos norte-americanos, sobretudo artistas, alegando serem antiamericanos.

MA.CAR.THIS.TA, *adj. 2 gén.* e *s. 2 gén.*, relativo ao, ou adepto do macarthismo.

MA.CAU, *s.m.*, porco, leitão, tipo de porco originário do Brasil.

MA.CA.XEI.RA, *s.f.*, macaxera, aipim, mandioca, maniva.

MA.CA.XEI.RAL, *s.m.*, plantação de macaxeiras, mandiocas.

MA.CE.DÔ.NI.CO, *adj.*, relativo à Macedônia; macedônio.

MA.CE.DÔ.NIO, *adj.* e *s.m.*, macedônico, habitante ou natural da Macedônia.

MA.CE.GA, *s.f.*, erva daninha, muito comum nos campos e nas roças após a colheita dos produtos.

MA.CE.GAL, *s.m.*, local coberto por macegas.

MA.CEI.Ó, *s.m.*, conjunto de lagoas formadas na costa do mar.

MA.CEI.O.EN.SE, *adj.* e *s. 2 gén.*, próprio, natural ou habitante de Maceió.

MA.CE.LA, *s.f.*, erva cujas folhas fornecem um chá medicinal; camomila.

MA.CE.RA.ÇÃO, *s.f.*, amolecimento, retirada das substâncias de uma erva; mortificação.

MA.CE.RA.DO, *adj.*, amolecido, mortificado.

MA.CE.RA.MEN.TO, *s.m.*, o mesmo que maceração.

MA.CE.RAR, *v.t.*, deixar um produto em líquido para amolecê-lo; deixar qualquer substância em líquido para retirar-lhe os valores medicinais; fazer penitências físicas.

MA.CÉR.RI.MO, *adj.*, muito magro, magríssimo.

MA.CE.TA, *s.f.*, pedra de pedreiro, pequena maça de ferro.

MA.CE.TA.ÇÃO, *s.f.*, *bras.*, maçagem.

MA.CE.TA.DA, *s.f.*, pancada com maceta ou macete.

MA.CE.TA.DO, *adj.*, *pop.*, que faz uso de macetes, de truques; maceteado.

MA.CE.TAR, *v.t.*, bater com macete em.

MA.CE.TÉ, *s.m.*, maço pequeno; *pop.*, truque para resolver uma situação.

MA.CE.TE.AR, *v.t.*, o mesmo que macetar.

MA.CHA, *s.f.*, fêmea do macho; *gír.*, fechadura; *dep.* machona.

MA.CHA.CAZ, *adj.*, que é sagaz, esperto; diz-se pessoa corpulenta; *s.m.*, pessoa corpulenta; esperto, velhaco.

MA.CHA.DA, *s.f.*, pequeno machado de cabo curto, para ser manejado com uma só mão.

MA.CHA.DA.DA, *s.f.*, golpe com um machado, pancada com o machado.

MA.CHA.DAR, *v.t.* e *int.*, desfechar golpes com machado; rachar lenha com machado.

MA.CHA.DEI.RO, *s.m.*, lenhador que derruba árvores, cortador de madeira para produzir carvão.

MA.CHA.DI.A.NO, *adj.*, que se refere a Machado de Assis, relacionado ao estilo e à filosofia de Machado de Assis.

MA.CHA.DI.NHA, *s.f.*, pequeno machado.

MA.CHA.DI.NHO, *s.m.*, machado pequeno.

MA.CHA.DO, *s.m.*, instrumento com cabo e uma peça cortante de metal, usado para cortar e rachar madeira.

MA.CHÃO, *s.m.*, indivíduo masculino que se vangloria de suas qualidades de macho e conquistador de mulheres; homem forte e valente; *pop.*, muito macho.

MA.CHÊ, *adj.*, diz-se da polpa de papel à qual se acrescenta gesso para modelagem.

MA.CHE.A.DO, *adj.*, diz-se de pregas em forma de machos; diz-se de peça que permite o encaixe em outra peça semelhante ou contígua; que se macheou; *s.m.*, pregueado ou dobrado no formato de machos.

MA.CHE.AR, *v.t.* e *int.*, em carpintaria, encaixar peças de madeira em chafrurras; dobrar ou preguear peças de costura com machos; cruzar animais; cobrir.

MA.CHE.TA.DA, *s.f.*, golpe de machete.

MA.CHE.TE, *s.f.*, sabre de artilheiro, curto e com dois gumes; Mús., tipo de viola de quatro cordas.

MA.CHE.ZA, *s.f.*, qualidade de valentão; machura, machice.

MA.CHI.CE, *s.f.*, atitude de macho; o mesmo que macheza, machura.

MA.CHIS.MO, *s.m.*, seres do sexo masculino, que defendem a supremacia do homem sobre a mulher em tudo.

MA.CHIS.TA, *adj.* e *s. 2 gén.*, defensor do machismo.

MA.CHO, *s.m.*, ser do sexo masculino; masculino de fêmea.

MA.CHO.NA, *s.f.*, mulher masculinizada; valente.

MA.CHOR.RA, *s.f.*, *pop.*, estéril.

MA.CHU.CA, *s.f.*, o mesmo que machucação.

MA.CHU.CA.ÇÃO, *s.f.*, ato ou efeito de machucar; machucadura; machucão.

MA.CHU.CA.DO, *adj.*, ferido, contundido, ofendido.

MA.CHU.CA.DOR, *adj.* e *s.m.*, que ou o que machuca.

MA.CHU.CA.DU.RA, *s.f.*, ferimento, mágoa, contusão.

MA.CHU.CÃO, *s.m.*, *bras.*, machucadura, contusão.

MA.CHU.CAR, *v.t.* e *pron.*, ferir, contundir, esmagar; *fig.*, magoar, ofender.

MA.CHU.DO, *s.m.*, *pop.*, macho, corajoso; machão.

MA.CI.ÇO, *adj.*, compacto, sólido, duro, espesso; *s.m.*, serras centradas em torno de um cume.

MA.CI.EI.RA, *s.f.*, árvore da família das rosáceas, e que produz a maçã.

MA.CI.EZ, *s.f.*, macieza, suavidade, bondade, finura, polidez, fineza, afabilidade.

MA.CI.E.ZA, *s.f.*, qualidade de macio, que é suave ao tato.

MA.CI.LÊN.CIA, *s.f.*, lividez, palidez, magreza.

MA.CI.LEN.TO, *adj.*, esbranquiçado, magro e pálido, lívido.

MA.CI.O, *adj.*, suave, brando, aprazível, fofo, afável.

MA.CI.O.TA, *s.f.*, *expr.*, ficar na maciota: sossegadamente, sem esforço.

MA.CLA, *s.f.*, Geol., agrupamento regular de cristais homomorfos da mesma espécie, cada um dos quais ocupa uma posição invertida em relação aos indivíduos vizinhos.

MA.CLÍ.FE.RO, *adj.*, Min., diz-se do xisto em que há macla.

MA.ÇO, *s.m.*, pacote, martelo grande, feixe, coisas amarradas entre elas, conjunto de coisas iguais.

MA.ÇOM, *s.m.*, membro da maçonaria.

MA.ÇO.NA.RI.A, *s.f.*, sociedade secreta para fins filantrópicos, com rituais próprios.

MA.CO.NHA, *s.f.*, tipo de cânhamo, sendo as folhas usadas como remédios, droga; narcótico, erva.

MA.CO.NHEI.RO, *s.m.*, consumidor de maconha; usuário

MAÇÔNICO ··· 528 ··· **MADRUGADA**

de maconha.

MA.ÇÔ.NI.CO, *adj.*, que se refere a maçonaria.

MA.CO.TA, *adj. e s.m.*, que ou aquele que é poderoso, superior, bom, jeitoso; que ou aquele que conhece o seu ofício; que ou aquele que tem prestígio ou é importante; *s.f., pop.*, falta de sorte, azar.

MA.CRA.MÊ, *s.m.*, artesanato que usa cordas, barbantes, nos quais trança enfeites e nódulos.

MÁ-CRI.A.ÇÃO, *s.f.*, sem-vergonhice, desrespeito; traquinagem.

MA.CRO, *s.f.*, Inf., instruções ou série de comandos passíveis de armazenamento, que pemitem realizar a rotina do programa, e acessadas quando identificadas por uma palavra.

MA.CRO, *prelativo* que encerra a ideia de grande em tamanho ou valor.

MA.CRO.A.NÁ.LI.SE, *s.f.*, análise ampla de grupos de indivíduos em situações de qualquer natureza.

MA.CRÓ.BIO, *s.m.*, quem vive por muito tempo, longevo.

MA.CRO.BI.Ó.TI.CA, *s.f.*, sistema alimentar que usa de preferência os vegetais, alimentos orgânicos.

MA.CRO.BI.Ó.TI.CO, *adj. e s.m.*, relativo a ou aquele que é adepto da macrobiótica.

MA.CRO.CE.FA.LI.A, *s.f.*, desenvolvimento excessivo da cabeça.

MA.CRO.CE.FÁ.LI.CO, *adj.*, que se refere a macrocefalia.

MA.CRO.CÉ.FA.LO, *adj.*, que tem a cabeça enorme.

MA.CRO.COS.MO, *s.m.*, o todo do Universo, o cosmo em oposição ao ser humano, criatura mínima.

MA.CRO.DA.TI.LI.A, *s.f.*, anomalia que se evidencia no desenvolvimento excessivo dos dedos.

MA.CRO.DÁ.TI.LO, *adj.*, macrodáctile, que possui os dedos muito grandes.

MA.CRO.E.CO.NO.MI.A, *s.f.*, estudo dos problemas de âmbito global, buscando soluções mundiais.

MA.CROS.CÓ.PI.CO, *adj.*, enxergável sem o uso do microscópio; grande, imenso.

MA.CROS.MI.A, *s.f.*, olfato muito apurado, percepção elevada para odores.

MA.CROS.SO.MA.TI.A, *s.f.*, anomalia caracterizada pelo tamanho excessivo do corpo todo do indivíduo.

MA.CROS.SO.MI.A, *s.f.*, Med., patologia que se caracteriza pelo crescimento exagerado das partes do corpo; macrossomatia.

MA.CROS.SÔ.MI.CO, *adj.*, relativo a macrossomia.

MA.CRÓS.TI.CO, *adj.*, escrito com linhas excessivamente longas.

MA.CU.CAR, *v.int., bras.*, SP, *pop.*, falar sozinho, demonstrando zanga, encolerizado.

MA.CU.CO, *s.m.*, ave selvagem grande e de carne saborosa, em extinção.

MA.ÇU.DO, *adj.*, com forma de maça, enorme; aborrecido, maçante.

MÁ.CU.LA, *s.f.*, mancha, sujeira, nódoa, pecado.

MA.CU.LA.DO, *adj.*, manchado, enodoado, sujo.

MA.CU.LA.DOR, *adj.*, que macula; desacreditador.

MA.CU.LAR, *v.t. e pron.*, manchar, enodoar, sujar, desrespeitar.

MA.CU.LÁ.VEL, *adj.*, sujável, manchável.

MA.CU.LI.FOR.ME, *adj.*, que tem a forma de uma pequena mancha.

MA.CU.LO.SO, *adj.*, salpicado de máculas, de manchas ou nódoas (lepra maculosa); maculado; manchado.

MA.CUM.BA, *s.f.*, ritual afro-brasileiro com mistura de candomblé e espíritos, por meio de cantos, danças e sons de instrumentos.

MA.CUM.BA.RI.A, *s.f.*, feitiçaria realizada em terreiro de macumba, o mesmo que macumbagem.

MA.CUM.BEI.RO, *s.m.*, quem é adepto ou pratica a macumba.

MA.DA.GAS.CA.REN.SE, *adj. e s. 2 gên.*, natural, habitante ou referente à Ilha de Madagascar; malgaxe.

MA.DA.MA, *s.f.*, madame.

MA.DA.ME, *s.f.*, dama, senhora, dona; *pop.*, patroa.

MA.DE.FI.CAR, *v.t.*, umedecer substância para amolecê-la, mergulhar em líquido; banhar.

MA.DEI.RA, *s.f.*, a parte dura que constitui o tronco, os ramos da árvore; lenho.

MA.DEI.RA.DA, *s.f.*, reunião de muitos madeiros; grande porção de madeira.

MA.DEI.RA.MEN.TO, *s.m.*, madeirame, conjunto de madeira usado em uma construção.

MA.DEI.REI.RA, *s.f.*, empresa que industrializa madeira para vender.

MA.DEI.REI.RO, *s.m.*, industrial e comerciante de madeira.

MA.DEI.REN.SE, *adj. e s. 2 gên.*, relativo à Ilha da Madeira, habitante ou natural dessa ilha.

MA.DEI.RO, *s.m.*, lenho, parte dura dos troncos; *fig.*, a cruz de Jesus Cristo.

MA.DEI.XA, *s.f.*, meada pequena, tufo de cabelos, trança.

MA.DO.NA, *s.f.*, senhora, mulher bela, quadro, estátua de Nossa Senhora, mãe de Jesus.

MA.DOR.NA, *s.f.*, sono leve e curto, soneca, dormidela; modorra.

MA.DRA.CE.AR, *v.int.*, levar vida de madraço; mandriar; madraceirar.

MA.DRA.ÇO, *s.m.*, mandrião, malandro, preguiçoso, indolente.

MA.DRAS, *s.m.*, tecido que mistura seda e algodão, de cores fortes, ger. em padrões listrados ou axadrezados; fazenda de fiação pouco cerrada, com desenhos em xadrez ou listras, muito us. em estofamentos, cortinas, etc.

MA.DRAS.TA, *s.f.*, a companheira do marido, com referência aos filhos de casamentos anteriores; *fig.*, bruxa, mulher que castiga os outros.

MA.DRE, *s.f.*, superiora de um convento de freiras; matriz; útero.

MA.DRE.PÉ.RO.LA, *s.f.*, parte nacarada de um molusco acéfalo, em cuja concha se criam pérolas.

MA.DRE.PE.RO.LA.DO, *adj.*, que apresenta semelhança com a madrepérola; que foi ornado de madrepérola.

MA.DRES.SIL.VA, *s.f.*, trepadeira que produz flores.

MA.DRI.GAL, *s.m.*, poemeto com galanteios e louvores à pessoa amada.

MA.DRI.GA.LES.CO, *adj.*, que se refere a madrigal.

MA.DRI.GA.LIS.TA, *s. 2 gên.*, quem compõe madrigais.

MA.DRI.JO, *s.m., bras.*, fêmea adulta da baleia.

MA.DRI.LE.NHO, *adj. e s.m.* madrileno, madrilense, madrilês, habitante, natural ou relativo a Madri, capital da Espanha.

MA.DRI.NHA, *s.f.*, mulher que assiste às pessoas em batizados, crismas, casamentos; quem inaugura um empreendimento; animal que guia a tropa.

MA.DRU.GA.DA, *s.f.*, período que vai da meia-noite até o alvorecer; aurora, alvorada, alba.

MADRUGADO

MA.DRU.GA.DO, *adj.*, que se levantou cedo, alçado.
MA.DRU.GA.DOR, *adj. e s.m.*, quem se levanta muito cedo.
MA.DRU.GAR, *v. int.*, levantar-se muito cedo, sair da cama cedo.
MA.DU.RA.ÇÃO, *s.f.*, maturação, amadurecimento; *fig.*, conquista da sabedoria.
MA.DU.RA.DO, *adj.*, amadurado, amadurecido.
MA.DU.RA.DOR, *adj.*, que amadurece, que faz amadurecer.
MA.DU.RÃO, *s.m.*, bastante maduro, quase velho ou de idade avançada.
MA.DU.RAR, *v.t. e int.*, amadurecer, tornar maduro; *fig.*, tornar-se sábio, conquistar a sabedoria da vida.
MA.DU.RE.CER, *v.t. int. e pron.*, madurar, amadurecer, tornar-se maduro.
MA.DU.REI.RO, *s.m.*, lugar próprio ou adequado para amadurecer as frutas.
MA.DU.REZ, *s.f.*, p.us., estado do que está maduro; madureza; maturidade.
MA.DU.RE.ZA, *s.f.*, o que está maduro, sabedoria, juízo, consciência plena de ser.
MA.DU.RO, *adj.*, fruto pronto para ser colhido, sazonado; experiente, ajuizado, desenvolvido.
MÃE, *s.f.*, fêmea que procriou, genitora; pessoa muito bondosa, origem.
MÃE-BEN.TA, *s.f.*, bolinho feito de trigo, coco e ovos.
MÃE-D'Á.GUA, *s.f.*, iara, tipo de sereia de água doce.
MÃE DE SAN.TO, *s.f.*, sacerdotisa do candomblé.
MA.ES.TRI.A, *s.f.*, mestria, qualidade de mestre, competência.
MA.ES.TRI.NA, *s.f.*, forma feminina de maestro.
MA.ES.TRO, *s.m.*, regente de orquestra, banda, conjunto musical, coro.
MÁ-FÉ, *s.f.*, intenção criminosa, vontade de enganar, safadeza.
MÁ.FIA, *s.f.*, sociedade secreta organizada para a prática dolosa de crimes; grupo de malfeitores.
MA.FI.O.SO, *adj.*, membro da máfia, bandido, criminoso.
MA.FO.MA, *s.f.*, nome que se dava a Maomé.
MA.FO.MIS.TA, *s. 2 gên.*, adepto de Mafoma.
MÁ-FOR.MA.ÇÃO, *s.f.*, formação distorcida.
MA.GA, *s.f.*, mulher experiente em magia, bruxa, feiticeira.
MA.GA.NÃO, *s.m.*, magano, esperto, brincalhão.
MA.GA.NEI.RA, *s.f.*, maganice.
MA.GA.NI.CE, *s.f.*, atitude de magano, ação de magano.
MA.GA.NO, *adj. e s.m.*, jovial, brincalhão, divertido.
MA.GA.RE.FE, *s.m.*, açougueiro, quem mata reses e prepara a carne delas.
MA.GA.ZI.NE, *s.m.*, tipo de revista com ilustrações; casa comercial que vende uma grande gama de produtos.
MA.GEN.TA, *s.m.*, cor carmim; *adj. e s. 2 gên.*, que é magento.
MA.GÉR.RI.MO, *adj.*, super, macérrimo, muito magro, magríssimo.
MA.GI.A, *s.f.*, arte que usa truques e poderes especiais, bruxaria.
MA.GI.AR, *adj. e s.m.*, húngaro, designação de húngaro.
MÁ.GI.CA, *s.f.*, magia, bruxaria, arte de fazer maravilhas, fascinação.
MA.GI.CAR, *v.t. e int.*, cismar; ruminar pensamentos; devanear.
MÁ.GI.CO, *adj. e s.m.*, próprio da magia, mago, com poderes especiais.

MAGNETOLOGIA

MA.GIS.TE.RI.AL, *adj. 2 gên.*, relativo ao magistério; diz-se de decreto instituído pelo magistério, no catolicismo.
MA.GIS.TÉ.RIO, *s.m.*, exercício do ato de ser professor; professorado.
MA.GIS.TRA.DO, *s.m.*, juiz, servidor público concursado para dirimir litígios legais entre duas partes que buscam uma solução legal.
MA.GIS.TRAL, *adj.*, digno de um mestre, ótimo, extraordinário, fantástico.
MA.GIS.TRAN.DO, *s.m.*, estudante que faz mestrado; candidato a mestre.
MA.GIS.TRA.TU.RA, *s.f.*, cargo, função de magistrado; o exercício do cargo, a classe dos magistrados.
MAG.MA, *s.f.*, massa pastosa, quente, que provém do interior da terra; lava.
MAG.MÁ.TI.CO, *adj.*, relativo a magma, próprio da magma.
MAG.NA.NI.MI.DA.DE, *s.f.*, bondade, generosidade, alma grande.
MAG.NÂ.NI.MO, *adj.*, bondoso, generoso, amigo, delicado.
MAG.NA.TA, *s.m.*, milionário, pessoa muito rica.
MAG.NÉ.SIA, *s.f.*, hidróxido de magnésio, usado contra problemas estomacais.
MAG.NE.SI.A.DO, *adj.*, que se misturou ou que contém magnésia.
MAG.NE.SI.A.NO, *adj.*, referente à magnésia ou ao magnésio; que contém magnésio ou magnásia.
MAG.NÉ.SI.CO, *adj.*, que se refere a magnésio.
MAG.NÉ.SIO, *s.m.*, elemento metálico branco-prateado.
MAG.NE.SI.TA, *s.f.*, Min., mineral trigonal, carbonato de magnésio us. na fabricação de sais de magnésio e na manufatura de refratários; espato-de-magnésio.
MAG.NE.TE, *s.m.*, peça de ferro ou de aço, que adquiriu, pelo contato com o magnete, a propriedade de atrair o ferro e outros metais; ímã.
MAG.NÉ.TI.CO, *adj.*, Fís-quím., relativo a magneto ou a magnetismo (campo magnético); Fís., que tem a capacidade de atrair o ferro; imantado; *fig.*, que exerce atração ou fascínio (olhar magnético, personalidade magnética); atraente; cativante; sedutor.
MAG.NE.TIS.MO, *s.m.*, poderes que certos metais têm de atrair outros metais; atração, ímã, sedução, carisma.
MAG.NE.TI.TA, *s.f.*, óxido de ferro magnético.
MAG.NE.TI.ZA.ÇÃO, *s.f.*, imantação, seguro por magnetismo.
MAG.NE.TI.ZA.DO, *adj.*, imantado, magnético; seduzido, fascinado.
MAG.NE.TI.ZA.DOR, *adj. e s.m.*, que ou o que magnetiza ou tem propriedades magnéticas; (*fig.*,) diz-se da pessoa que exerce influência sobre outrem.
MAG.NE.TI.ZAN.TE, *adj. 2 gên.*, Fís., diz-se de algo que magnetiza.; magnetizador; *fig.*, diz-se de quem atrai, seduz, fascina; encantador; sedutor.
MAG.NE.TI.ZAR, *v.t.*, imantar, produzir magnetismo, seduzir, atrair.
MAG.NE.TI.ZÁ.VEL, *adj. 2 gên.*, que pode ser magnetizado.
MAG.NE.TO, *s.m.*, ímã, corpo com magnetismo.
MAG.NE.TO.GE.NI.A, *s.f.*, (fís.) parte da física que trata da produção dos efeitos magnéticos.
MAG.NE.TO.LO.GI.A, *s.f.*, estudo dos efeitos magnéticos provocados pela ação de ímãs e correntes elétricas, e das propriedades magnéticas da matéria; Ciência que estuda o magnetismo animal.

MAG.NE.TÔ.ME.TRO, Geof., s.m., instrumento us. para medir a intensidade de um campo magnético.

MAG.NI.FI.CA.ÇÃO, s.f., ato ou efeito de magnificar(-se); engrandecimento; exaltação; crescimento em tamanho; dilatação.

MAG.NI.FI.CA.DO, adj., engrandecido, maravilhado.

MAG.NI.FI.CA.DOR, adj. e s.m., que ou o que magnifica, que engrandece.

MAG.NI.FI.CAN.TE, adj. 2 gên., diz-se de quem ou do que engrandece, glorifica; magnificador.

MAG.NI.FI.CAR, v.t. e pron., engrandecer, maravilhar.

MAG.NI.FI.CA.TÓ.RIO, adj., que magnifica, engrandece, exalta (discurso magnificador, loas magnificatórias); magnificente.

MAG.NI.FI.CÁ.VEL, adj. 2 gên., que é digno de ser magnificado, enaltecido, louvado.

MAG.NI.FI.CÊN.CIA, s.f., qualidade de magnificente; fausto, luxo, ostentação, pompa, suntuosidade.

MAG.NI.FI.CEN.TE, adj. 2 gên., que revela grandiosidade, imponência; que demonstra generosidade, benevolência; magnânimo; que é luxuoso; pomposo.

MAG.NÍ.FI.CO, adj., extraordinário, maravilhoso, suntuoso, luxuoso; s.m., tratamento dado a reitores.

MAG.NI.LO.QUÊN.CIA, s.f., linguagem pomposa, eloquente, elevada; qualidade, caráter de magnílcquo ou magniloquente.

MAG.NÍ.LO.QUO, adj., grandioso, eloquente.

MAG.NI.TU.DE, s.f., grandeza, valor, excelência.

MAG.NO, adj., grande, imenso, enorme.

MAG.NÓ.LIA, s.f., planta arbustiva que produz flores de cor branco-rosa.

MA.GO, s.m., bruxo, feiticeiro, especialista em magia.

MÁ.GOA, s.f., desgosto, infelicidade, tristeza, desdita.

MA.GO.A.DO, adj., ofendido, machucado, afligido.

MA.GO.AN.TE, adj., que magoa, que produz mágoa.

MA.GO.AR, v.t. e pron., ofender, machucar, afligir, contristar.

MA.GO.A.TI.VO, adj., o mesmo que magoante.

MA.GO.Á.VEL, adj. 2 gên., suscetível de ser magoado; melindrável.

MA.GO.TE, s.m., grupo de pessoas, bando de pessoas.

MA.GRE.LA, adj. e s. 2 gên., o mesmo que magricela.

MA.GRE.LO, adj. e s.m., muito magro, macérrimo.

MA.GRE.ZA, s.f., característica do que é magro.

MA.GRI.CE.LA, adj. e s. 2 gên., que ou a pessoa que é muito magra e descorada, esquelética, magrizela.

MA.GRI.CE.LO, adj. e s.m., muito magro, magrelo.

MA.GRI.ÇO, adj., muito magro, magrelo.

MA.GRI.ZE.LA, adj. e s. 2 gên., o mesmo que magricela.

MA.GRO, adj., que não tem gordura e carne, só ossos; fig., com pouco lucro.

MA.GUA.RI, s.m., ave pernalta da costa marítima brasileira.

MAI.A, s. 2 gên., povo indígena do México e da América Central.

MAI.ÊU.TI.CA, s.f., técnica socrática que conduz o interlocutor, por meio de perguntas, a obter uma verdade no que tange ao assunto abordado; obtenção da verdade pretendida.

MAI.ÊU.TI.CO, adj., relativo a maiêutica; socrático.

MAI.O, s.m., o quinto mês do ano.

MAI.Ô, s.m., traje feminino muito diminuto, para o banho público.

MAI.O.NE.SE, s.f., tempero, molho frio feito de óleo, ovos, sal e vinagre, usado para condimentar comidas.

MAI.OR, adj., que é mais, que supera outro em dimensão; s.m., quem alcançou a maioridade legal.

MAI.O.RAL, s.m., chefe, comandante, líder, condutor.

MAI.O.RAL-MOR, s.m., o principal dos maiorais.

MAI.O.RI.A, s.f., grande parte, o maior número, o grupo que reúne o maior percentual.

MAI.O.RI.DA.DE, s.f., situação em que o cidadão brasileiro, ao completar dezoito anos, goza plenamente de todos os direitos civis.

MAIS, adv., indicativo de grandeza, superioridade; além de; s.m., o resto, o restante; sinal de soma em Matemática.

MAI.SE.NA, s.f., substância farinácea extraída do milho.

MAIS-QUE-PER.FEI.TO, s.m., tempo verbal que usa forma verbal anterior ao perfeito.

MAIS-VA.LI.A, s.f., o valor agregado a um produto, sempre que houver a intervenção de trabalho de pessoas, evitando os pequenos preços da matéria-prima.

MAI.TA.CA, s.f., maritaca, tipo de papagaio.

MAÎTRE, s.m., fr., o chefe da cozinha, perito em cozinha.

MAI.ÚS.CU.LA, s.f., letra grande, letra maiúscula em oposição às minúsculas.

MAI.US.CU.LI.ZAR, v.t., tornar maiúsculo; escrever com inicial maiúscula.

MAI.ÚS.CU.LO, adj., grande, importante, próprio de letras maiúsculas.

MA.JES.TA.DE, s.f., tratamento dado a reis, rainhas; nobreza, realeza.

MA.JES.TÁ.TI.CO, adj., majestoso, que tem majestade.

MA.JES.TO.SI.DA.DE, s.f., qualidade, caráter de majestoso; grandiosidade.

MA.JES.TO.SO, adj., grandioso, nobre, imenso, belíssimo.

MA.JOR, s.m., graduação da hierarquia militar, posto do Exército e da Polícia Militar.

MA.JO.RA.ÇÃO, s.f., aumento, engrandecimento.

MA.JO.RA.DO, adj., aumentado, elevado, subido.

MA.JO.RAR, v.t., aumentar, tornar maior, elevar.

MA.JO.RI.TÁ.RIO, adj., relativo à maioria, próprio da maioria.

MAL, s.m., contrário do bem, maldade, ofensa, dano, prejuízo, desgraça, doença; adv., apenas, quando.

MA.LA, s.f., recipiente de madeira, couro ou outro material resistente, com alça ou rodinhas, para transporte de roupas e objetos em viagem; pop., pessoa desagradável, tipo indesejável.

MA.LA.BAR, adj. e s. 2 gên., natural ou habitante do Malabar.

MA.LA.BA.RIS.MO, s.m., truque, equilíbrio com dificuldade.

MA.LA.BA.RIS.TA, s. 2 gên., quem faz malabarismos.

MA.LA.BA.RÍS.TI.CO, adj., relativo ao malabarismo ou malabarista.

MA.LA.BA.RI.ZAR, v.i. e int., fazer habilidades arriscadas, lidar com coisas incertas.

MA.LA.CA, s.f., nome genérico de qualquer moléstia, esp. da pele.

MAL-A.CA.BA.DO, adj., malfeito, terminado de modo ruim, desastrado.

MA.LA.CA.CHE.TA, s.f., mica.

MA.LA.CA.FEN.TO, adj., gír., antipático; asqueroso; adoentado.

MA.LA.CI.A, s.f., sossego, calma; fig., enfraquecido, debilitado; Med., amolecimento anormal de órgãos e tecidos.

MALACODERMO — MALDOSMERGULHADORES

MA.LA.CO.DER.MO, *adj.*, Anat. Zool., que tem pele mole.

MA.LA.CO.LO.GI.A, *s.f.*, parte da Zoologia que estuda os moluscos.

MA.LA.CO.LÓ.GI.CO, *adj.*, que diz respeito a malacologia.

MA.LA.CO.LO.GIS.TA, *s. 2 gên.*, especialista em malacologia.

MAL-A.FA.MA.DO, *adj.*, que tem má fama, que é malfalado.

MAL-A.FOR.TU.NA.DO, *adj.*, que tem pouca fortuna, azarado, que não tem sorte.

MAL-A.GRA.DE.CI.DO, *adj. e s.m.*, ingrato, desagradecido, infiel.

MA.LA.GUE.NHA, *s.f.*, tipo de dança de Málaga, cidade espanhola.

MA.LA.GUE.TA, *s.f.*, Bot., erva da família das zingiberáceas, condimento picante, mas muito apreciado.

MA.LAI.A.LA, *s.m.*, língua falada no Malabar, na Índia, e pertencente ao grupo dravídico.

MA.LAI.O, *adj. e s.m.*, próprio, habitante, natural da Malásia; malásio.

MAL-A.JAM.BRA.DO, *adj.*, desengonçado; desajeitado; mal-amanhado; que se veste mal, sem capricho.

MAL-A.MA.DO, *adj.*, diz-se de indivíduo que não é correspondido no amor, que não é querido; *s.m.*, esse indivíduo.

MA.LA.MU.TE, *s.m.*, Zool., nas regiões árticas da América do Norte, cachorro esp. treinado para puxar trenós.

MAL-A.MA.NHA.DO, *adj.*, mal cultivado, mal preparada a terra para a plantação.

MA.LAN.DRA.GEM, *s.f.*, modo de viver de malandro, molecagem, safadeza, sem-vergonhice.

MA.LAN.DRAR, *v.int.*, ter ou levar vida de malandro.

MA.LAN.DRI.CE, *s.f.*, malandragem, molecagem.

MA.LAN.DRIM, *s.m.*, o mesmo que malandro.

MA.LAN.DRO, *adj. e s.m.*, vadio, vagabundo, que nada faz.

MA.LA-POS.TA, *s.f.*, carro que conduzia as malas do correio; carruagem ou diligência que, simultaneamente com as malas do correio, conduzia passageiros de um para outro ponto.

MA.LA.QUI.TA, *s.f.*, Min., mineral monoclínico de cor verde.

MA.LAR, *s.m.*, osso do rosto, mais saliente; *pop.*, maçãs do rosto.

MA.LÁ.RIA, *s.f.*, doença que se caracteriza pela febre forte e intermitente.

MA.LA.RI.A, *s.f.*, conjunto de malas; *fig.*, grupo de tipos aborrecidos.

MA.LA.RI.CI.DA.DE, *s.f.*, qualidade ou caráter de malárico.

MA.LÁ.RI.CO, *adj.*, relativo a malária.

MA.LA.RI.O.LO.GI.A, *s.f.*, o segmento da saúde que estuda a malária e seus malefícios.

MA.LA.RI.O.TE.RA.PI.A, *s.f.*, terapia para prevenir ou curar a pessoa portadora de malária.

MAL-AR.RU.MA.DO, *s.m.*, em SP, terreno coberto com fragmentos de rocha, difícil de ser percorrido ou transitado, *adj.*, o mesmo que mal-amanhado.

MA.LÁ.SIO, *adj.*, malaio, da Malásia.

MAL-AS.SOM.BRA.DO, *adj.*, local em que há assombração, posto cheio de espíritos, fantasmas.

MAL-AS.SOM.BRA.MEN.TO, *s.m.*, encantamento, assombramento, feitiço; aparição.

MAL-AS.SOM.BRO, *s.m., bras.*, mal-assombramento.

MAL-A.VEN.TU.RA.DO, *adj.*, infeliz, desditoso, desventurado, tristonho.

MAL-A.VEN.TU.RAR, *v.t.*, fazer uma aventura infeliz, dar-se mal, pretender algo que dá errado.

MAL-A.VEN.TU.RO.SO, *adj.*, desastrado, infeliz, mal-sucedido.

MAL-A.VI.SA.DO, *adj.*, que não se mostra ponderado; imprudente.

MAL.BA.RA.TA.DO, *adj.*, dissipação, desperdício, gasto exagerado.

MAL.BA.RA.TA.DOR, *adj. e s.m.*, dissipador, gastador, perdulário.

MAL.BA.RA.TA.MEN.TO, *s.m.*, dissipação, gastança, desperdício.

MAL.BA.RA.TAR, *v.t. e bit.*, dissipar, gastar demais, desperdiçar.

MAL.BA.RA.TE.AR, *v.t. bras.*, o mesmo que malbaratar.

MAL.BA.RA.TO, *s.m.*, prejuízo, desperdício.

MAL.CA.SA.DO, *adj.*, que teve um matrimônio ruim.

MAL.CHEI.RO.SO, *adj.*, fedido, fedorento, que tem odores desagradáveis, que tem mau cheiro.

MAL.CO.MI.DO, *adj.*, que se alimenta mal, magrelo; *fig.*, mal-estimado.

MAL.COM.POR.TA.DO, *adj.*, que se comporta mal.

MAL.COM.PRE.EN.DI.DO, *adj.*, que não se compreende ou não há assimilação correta.

MAL.CON.DU.ZI.DO, *adj.*, que não foi conduzido corretamente.

MAL.CON.SER.VA.DO, *adj.*, diz-se de pessoa envelhecida prematuramente; que revela desgaste em decorrência da má conservação.

MAL.CON.TI.DO, *adj.*, difícil de controlar, de reprimir; de ser plenamente contido.

MAL.CRI.A.DO, *adj. e s.m.*, mal-educado, grosseiro, tosco, bronco, incivilizado.

MAL.CUI.DA.DO, *adj.*, que tem ou não recebeu o devido cuidado, ou a devida atenção.

MAL.CU.RA.DO, *adj.*, que não está ou não foi totalmente curado.

MAL.DA.DE, *s.f.*, ruindade, malvadeza, torpeza.

MAL.DA.DO.SO, *adj.*, maldoso.

MAL.DAR, *v.t. e int.*, maldizer; maliciar; fazer um juízo.

MAL.DI.ÇÃO, *s.f.*, ato de amaldiçoar; praga, condenação, desgraça.

MAL.DI.ÇO.AR, *v.t.*, amaldiçoar, maldizer.

MAL.DI.GE.RI.DO, *adj.*, de difícil digestão; *fig.* que não foi bem compreendido.

MAL.DIS.FAR.ÇA.DO, *adj.*, que não se pode disfarçar.

MAL.DIS.POS.TO, *adj.*, indisposto; adoentado; contrariado.

MAL.DI.TO, *adj.*, amaldiçoado, desgraçado, perverso, cruel, demoníaco.

MAL.DÍ.VIO, *s.m.*, natural ou habitante da República das Maldivas.

MAL.DI.ZEN.TE, *adj.*, maledicente, que fala mal dos outros, falador.

MAL.DI.ZER, *v.t. e int.*, amaldiçoar, praguejar, detestar, condenar.

MAL DOS A.VI.A.DO.RES, *s.m.*, designação imprópria do mal de enjoo apresentado por certas pessoas quando viajam de avião.

MAL DOS MER.GU.LHA.DO.RES, *s.m.*, série de fenômenos, tais como zumbidos nos ouvidos, dores, hemorragias, embolias, etc., produzidos pelo aumento da pressão e consequente descompressão.

MALDOSO ··532·· **MÁ-LÍNGUA**

MAL.DO.SO, *adj.*, cheio de mal, perverso, cruel, malicioso.
MA.LE.A.BI.LI.DA.DE, *s.f.*, habilidade, diplomacia, jeito, suavidade.
MA.LE.A.BI.LI.ZAR, *v.t.*, tornar flexível, maleável; dobrar; *fig.*, tornar mais brando; suavizar.
MA.LE.AR, *v.t.*, tornar maleável, transformar em lâminas, malhar, flexibilizar.
MA.LE.Á.VEL, *adj.*, flexível, habilidoso, jeitoso.
MA.LE.DI.CÊN.CIA, *s.f.*, qualidade de quem é maledicente, maldizente.
MA.LE.DI.CEN.TE, *adj.*, maldizente, praguejador.
MAL-E.DU.CA.DO, *adj.*, malcriado, grosseiro, bronco.
MA.LE.FI.CÊN.CIA, *s.f.*, atitude de maléfico, maldade, propensão para o mal.
MA.LE.FI.CI.AR, *v.t.*, prejudicar, ser prejudicial.
MA.LE.FÍ.CIO, *s.m.*, prejuízo, perda, desgraça.
MA.LÉ.FI.CO, *adj.*, maldoso, prejudicial.
MA.LEI.FOR.ME, *adj.*, que tem forma de mala.
MA.LEI.RO, *s.m.*, parte superior dos guarda-roupas; fabricante de malas.
MA.LEI.RA, *s.f.*, malária, febre forte e intermitente.
MA.LEI.TEI.RO, *s.m.*, o que sofre de maleitas.
MA.LEI.TO.SO, *adj.*, que tem maleita ou malária; *s.m.*, indivíduo que sofre de maleita.
MAL E MAL, *adv.*, apenas, pouco, tão somente.
MA.LE.MO.LEN.TE, *adj. 2 gên., bras., pop.*, que revela malemolência; em que há malemolência.
MAL-EM.PRE.GA.DO, *adj.*, diz-se do que foi mal usado, aplicado ou resolvido.
MAL-EN.CA.RA.DO, *adj.*, de má índole, de péssimo caráter, de feição feia.
MAL-EN.TEN.DI.DO, *adj. e s.m.*, falta de compreensão, falha, equívoco, confusão.
MA.LE.O.LAR, *adj. 2 gên., Anat.*, relativo a ou pertencente ao(s) maléolo(s).
MA.LÉ.O.LO, *s.m., Anat.*, cada uma das saliências ósseas, interna e externa, do tornozelo.
MAL-ES.TAR, *s.m.*, indisposição, pequena quebra de saúde.
MA.LE.TA, *s.f.*, mala pequena; pasta.
MA.LE.VA, *adj. 2 gên., RS, pop.*, que tem má índole; malvado; perverso; rancoroso, irascível; *s. 2 gên.*, indivíduo que pratica atividades criminosas; bandido; malfeitor.
MA.LE.VO.LÊN.CIA, *s.f.*, maldade, perversidade, crueldade.
MA.LE.VO.LEN.TE, *adj. 2 gên.*, malévolo.
MA.LÉ.VO.LO, *adj.*, que deseja o mal para o próximo, maldoso, perverso.
MA.LE.ZA, *s.f.*, abundância de ervas ruins, que prejudicam as sementeiras úteis.
MAL.FA.DA.DO, *adj.*, de má sorte, de sina ruim, azarado.
MAL.FA.DAR, *v.t.*, dar azar, azarar, desgraçar, dar má sorte.
MAL.FA.LA.DO, *adj.*, que tem má fama; de que ou de quem se fala mal; mal-afamado.
MAL.FA.LAN.TE, *adj.*, que diz mal, murmurador.
MAL.FA.ZE.JO, *adj.*, maldoso, maléfico.
MAL.FA.ZEN.TE, *adj.*, o mesmo que malfazejo.
MAL.FA.ZER, *v.t. e int.*, danificar, causar dano, prejudicar.
MAL.FEI.TO, *adj.*, mal-acabado, imperfeito, defeituoso.
MAL.FEI.TOR, *s.m.*, bandido, criminoso, bandoleiro, delinquente, gatuno, furtador.
MAL.FEI.TO.RI.A, *s.f.*, malefício, safadeza, delinquência.
MAL.FE.RIR, *v.t.*, ferir de morte, machucar muito.

MAL.FOR.MA.ÇÃO, *s.f.*, ver má-formação.
MAL.FOR.MA.DO, *adj.*, que tem má formação, malcriado, mal-educado.
MAL.GAS.TAR, *v.t.*, desperdiçar, dissipar.
MAL.GA.XE, *adj. 2 gên., s. 2 gên.*, ver madagascarense.
MAL.GO.VER.NA.DO, *adj.*, gastador; que esbanja; que não equilibra a sua vida.
MAL.GO.VER.NAR, *v.t.*, governar com desacerto, desordenar, desgovernar.
MAL.GRA.DO, *prep.*, apesar de, de má vontade.
MA.LHA, *s.f.*, tecido, fazenda; conjunto de estradas; manchas em animais.
MA.LHA.ÇÃO, *s.f.*, ato de malhar, ginástica, pancada; *fig.*, diatribe, crítica.
MA.LHA.DA, *s.f.*, cabana ou choça de pastores; curral de gado; rebanho de ovelhas; ato de malhar; pancada com malho; toca, cova; *fig.*, enredo, trama, intriga.
MAL-HA.BI.TU.A.DO, *adj.*, mal-acostumado, mal-educado, mal preparado.
MA.LHA.DO, *adj.*, animal com manchas.
MA.LHA.DOR, *adj. e s.m.*, que(m) malha, desportista, baderneiro, maldizente.
MA.LHA.DOU.RO, *s.m.*, lugar próprio para malhar os cereais.
MA.LHA-FI.NA, *s.f., bras., Contr. Econ.*, revisão das declarações de imposto de renda pela Receita Federal.
MA.LHÃO, *s.m.*, lançamento de bola para o alto; a bola us. nesse lançamento; direto e sem rodeios; *Ius., Mús.*, certa canção popular; *bras., RS*, modo de laçar; agir com preâmbulos.
MA.LHAR, *v.t. e int.*, martelar, bater com o malho, espancar; criticar, maldizer, praticar ginástica.
MA.LHA.RI.A, *s.f.*, indústria têxtil que trabalha com malhas.
MA.LHE.TAR, *v.t.*, encaixar peça de madeira ou metal em outra, por meio de malhete; emalhetar.
MA.LHE.TE, *s.m.*, encaixe feito na extremidade de uma peça de madeira ou de metal, para receber a parte saliente de outra peça.
MA.LHO, *s.m.*, martelo, marreta.
MAL-HU.MO.RA.DO, *adj.*, possuído de mau humor; enfastiado, aborrecido.
MA.LÍ.CIA, *s.f.*, queda para a maldade, maldade, perversão.
MA.LI.CI.A.DOR, *adj.*, que malicia; malicioso.
MA.LI.CI.AR, *v.t. e int.*, pensar mal de, interpretar tudo com maldade, ver o mal em.
MA.LI.CI.O.SI.DA.DE, *s.f.*, caráter ou qualidade de malicioso.
MA.LI.CI.O.SO, *adj.*, cheio de malícia, maldoso, pervertido.
MA.LI.FOR.ME, *adj. 2 gên.*, que tem formato de maçã.
MA.LIG.NA, *v.f.*, tipo de febre muito forte, espécie de tifo.
MA.LIG.NAR, *v.t. e int.*, tornar maligno, satanizar, diabolizar, praticar maldades.
MA.LIG.NI.DA.DE, *s.f.*, qualidade ou característica do que é maligno; malícia; malvadez, caráter grave e traiçoeiro de certas enfermidades.
MA.LIG.NO, *adj.*, maléfico, inclinado para o mal, demoníaco.
MA.LI.NA.GEM, *s.f., bras.*, ato ou efeito de malinar; brincadeira de mau gosto.
MA.LI.NAR, *v.t. e int.*, ver malignar; *bras.*, fazer travessura, traquinagem (a criança); chatear, apoquentar.
MA.LI.NÊS, *adj. e s. 2 gên.*, natural, referente ou habitante de Mali, país africano.
MÁ-LÍN.GUA, *s. 2 gên.*, quem fala mal de tudo e de todos;

fig., víbora, jararaca, maléfica.
MAL.IN.TEN.CI.O.NA.DO, *adj.*, que tem más intenções, maléfico, malicioso, maldoso.
MAL.JEI.TO.SO, *adj.*, que não é jeitoso, sem jeito, desajeitado.
MAL.ME.QUER, *s.m.*, planta florida ornamental; bem-me-quer.
MAL.NAS.CI.DO, *adj.*, malfadado, desafortunado, infeliz.
MA.LO.CA, *s.f.*, casa de indígena, cabana, casebre, choupana, favela.
MA.LO.CA.DO, *adj.*, *bras.*, diz-se de indígena que vive em maloca; aldeado; *pop.*, escondido, oculto.
MA.LO.GRA.DO, *adj.*, fracassado, danificado, estragado.
MA.LO.GRAR, *v.t.* e *pron.*, fracassar, estragar, danificar, terminar mal.
MA.LO.GRO, *s.m.*, fracasso.
MA.LO.QUEI.RO, *s.m.*, habitante de maloca, favelado, pobre; *fig.*, desaculturado.
MA.LO.TE, *s.m.*, pequena mala; transporte de valores por malote.
MAL.PA.RA.DO, *adj.*, mal-estacionado, aventurado.
MAL.PA.RAR, *v.t.*, parar um instante, estacionar de modo errado, aventurar.
MAL.PAS.SA.DO, *adj.*, alimento pouco cozido; carne só esquentada na superfície.
MAL.PAS.SAR, *v. int.*, fritar rapidamente, esquentar de leve, ultrapassar erradamente.
MAL.PRO.PÍ.CIO, *adj.*, pouco próprio, pouco adequado; impróprio.
MAL.QUE.REN.ÇA, *s.f.*, estima ruim, inimizade, antipatia, aversão.
MAL.QUE.REN.TE, *adj.*, odiado, que é detestado, malvisto.
MAL.QUE.RER, *v.t.*, querer mal, detestar, odiar.
MAL.QUIS.TAR, *v.t.*, *bit.*, *int.* e *pron.*, inimizar, provocar inimizade, detestar, ter aversão.
MAL.QUIS.TO, *adj.*, mal-amado, mal aceito, detestado.
MAL.SÃO, *adj.*, doentio, insalubre, adoentado.
MAL.SIM, *adj.*, que malsina, que descobre o que se queria encobrir, que denuncia; que calunia; *s.m.*, denunciante, espião; fiscal alfandegário; zelador dos regulamentos policiais.
MAL.SI.NA.ÇÃO, *s.f.*, ação ou efeito de malsinar; denúncia.
MAL.SI.NA.DO, *adj.*, que se malsinou; interpretado negativamente; caluniado.
MAL.SI.NAR, *v.t.*, denunciar, delatar, reprimir, desejar mal a alguém, agourar, dar azar.
MAL.SO.AN.TE, *adj.*, que soa mal, desagradável.
MAL.SU.CE.DI.DO, *adj.*, frustrado, fracassado.
MAL.TA, *s.f.*, quadrilha, corja, cambada, súcia.
MAL.TA.ÇÃO, *s.f.*, conversão de cevada em malte.
MAL.TA.DO, *adj.*, que contém ou a que se acrescentou malte.
MAL.TA.GEM, *s.f.*, a preparação do malte.
MAL.TAR, *v.t.* converter (a cevada) em malte.
MAL.TE, *s.m.*, cevada preparada para ser usada no fabrico de cerveja.
MAL.TÊS, *adj., s. 2 gên.*, natural, referente ou habitante da ilha de Malta, do mar Mediterrâneo.
MAL.THU.SI.A.NIS.MO, *s.m.*, teoria de Thomaz Malthus, inglês, 1766-1834, que aventou que o crescimento populacional seria muito maior que o crescimento da produção de alimentos, devendo-se conter aquele, para evitar grandes mortandades devido à fome sempre maior.
MAL.THU.SI.A.NO, *adj.*, adepto de Malthus, seguidor dele.
MAL.TO.SAR, *v.t.*, preparar com malte; tornar maltoso.
MAL.TO.SE, *s.f.*, açúcar de malte, doçura existente no malte.
MAL.TO.SO, *adj.*, que tem malte à mistura.
MAL.TRA.PI.DO, *adj.*, maltrapilho.
MAL.TRA.PI.LHO, *adj.* e *s.m.*, esfarrapado, roto, vestido com farrapos.
MAL.TRA.TA.DO, *adj.*, espancado, ofendido, batido, judiado.
MAL.TRA.TAR, *v.t.*, tratar mal, espancar, bater, ofender.
MAL.TRA.TO, *s.m.*, ato ou efeito de maltratar.
MA.LU.CA.GEM, *s.f.*, *bras.*, maluquice, maluqueira.
MA.LU.CAR, *v.int.*, andar maluco; discorrer, cismar como maluco.
MA.LU.CO, *adj.*, louco, doido, adoidado.
MA.LU.DO, *adj.*, *bras.*, *pop.*, que mostra valentia, coragem, decisão; *s.m.*, indivíduo maludo.
MA.LUN.GO, *s.m.*, *bras.*, amigo, companheiro; pessoa que foi amamentada com o mesmo leite de outra ou criada com outra.
MA.LU.QUE.A.DO, *adj.*, endoidado, desvairado, desajuizado.
MA.LU.QUE.AR, *v.t.* e *int.*, fazer doidices, desvairar, perder o juízo.
MA.LU.QUEI.RA, *s.f.*, doidice, loucura.
MA.LU.QUE.TE, *adj. 2 gên., pop.*, que é meio maluco; que tem pouco juízo; *s. 2 gên.*, indivíduo maluquete.
MA.LU.QUI.CE, *s.f.*, doidice, loucura.
MAL.VA, *s.f.*, planta medicinal usada na medicina doméstica.
MAL.VA.DE.ZA, *s.f.*, maldade, perversidade, ruindade.
MAL.VA.DO, *adj.*, perverso, mau, ruim, cruel.
MAL.VAR, *s.m.*, canteiro cheio de malvas, grupo de malvas plantadas.
MAL.VEN.TU.RO.SO, *adj.* e *s.m.*, o mesmo que mal-aventurado.
MAL.VER.SA.ÇÃO, *s.f.*, desperdício, má administração de bens.
MAL.VER.SA.DO, *adj.*, mal-administrado, esbanjado.
MAL.VER.SA.DOR, *adj.*, que malversa; que dilapida; *s.m.*, indivíduo que malversa, que dilapida.
MAL.VER.SAR, *v.t.*, desviar valores, administrar mal.
MAL.VER.SOR, *adj.* e *s.m.*, que ou o que malversa; malversador.
MAL.VES.TI.DO, *adj.*, diz-se de pessoa vestida de forma inconveniente ou deselegante; *s.m.*, essa pessoa.
MAL.VIS.TO, *adj.*, desacreditado, de mau conceito.
MA.MA, *s.f.*, tetas, órgão da mulher, da fêmea para aleitar; seio.
MA.MA.DA, *s.f.*, ação de mamar; *pop.*, dar uma mamada - aproveitar-se.
MA.MA.DEI.RA, *s.f.*, recipiente com alimento líquido para o nenê sorver.
MA.MA.DO, *adj.*, que já mamou; *fig.*, bêbado, aborrecido.
MA.MA.DU.RA, *s.f.*, ação de mamar; o tempo que dura a amamentação; mama.
MA.MÃE, *s.f.*, modo afetivo para designar a mãe.
MA.MA.LHU.DO, *adj.*, *pop.*, que tem mamas grandes.
MA.MA.LO.GI.A, *s.f.*, estudo acerca das mamas.
MA.MA.LO.GIS.TA, *s. 2 gên.*, especialista em mamalogia.
MA.MA.LU.CO, *s.m.*, *bras.*, ver mameluco.
MA.MAN.GA.BA, *s.f.*, o mesmo que mamangava.
MA.MAN.GA.VA, *s.f.*, vespa preta, com abdome grande e

MAMÃO ·· 534 ·· **MANDARINO**

pelos, que faz o ninho, de preferência, em lenhos ocos; mamangaba.

MA.MÃO, *adj.,* que mama muito, que ainda mama; *fig.,* aproveitador; *s.m.,* fruto do mamoeiro.

MA.MAR, *v. int.,* chupar o leite, absorver.

MA.MÁ.RIO, *adj.,* que se refere às mamas.

MA.MA.TA, *s.f.,* negócio pelo qual alguns obtêm ilicitamente muito lucro.

MAM.BEM.BE, *adj.,* medíocre, despreparado; *s.m.,* ator de pouca categoria.

MAM.BO, *s.m.,* Mús., música de dança originária de Cuba.

MA.ME.LU.CO, *s.m.,* união de índio com branco.

MA.MI.CA, *s.f.,* ver maminha; *pop.,* mama; Bot., nome de duas árvores médias, da família das rutáceas (*Fagara rhoifolia* e *F. subserrata*), que fornecem boa lenha.

MA.MÍ.FE.RO, *adj.,* que mama; *s.m.,* ordem dos mamíferos que engloba todos os animais que se alimentam de leite.

MA.MI.LAR, *adj.,* que se refere ao mamilo.

MA.MI.LO, *s.m.,* bico do seio.

MA.MI.LO.SO, *adj.,* que tem a forma de mamilo; que tem mamilos.

MA.MI.NHA, *s.f.,* mamilo, mama do homem; parte macia da alcatra.

MA.MO.EI.RO, *s.m., Bot.,* planta da família das caricáceas, que produz o mamão.

MA.MO.GRA.FI.A, *s.f.,* exame feito com radiologia da mama.

MA.MO.GRÁ.FI.CO, *adj.,* relativo a mamografia.

MA.MÓ.GRA.FO, *s.m., Med.,* equipamento especial para realizar radiografia de mama.

MA.MO.NA, *s.f.,* planta comum no Brasil, de cujas sementes se extrai o óleo de rícino, hoje usada para obtenção de biocombustível motor.

MA.MO.NEI.RA, *s.f.,* Bot.,ver mamona.

MA.MO.PLAS.TI.A, *s.f.,* cirurgia nas mamas com fins médicos ou estéticos.

MAM.PAR.RE.AR, *v.int., bras.,* usar de pretextos para dilatar o prazo; procrastinar; viver como vagabundo; lançar mão de subterfúgios.

MAM.POS.TA, *s.f.,* Mil., tropa de reserva à espera de entrar em combate; condução de alguém ao cárcere.

MA.MU.DO, *adj.,* que tem mamas ou tetas grandes.

MA.MU.TE, *s.m.,* tipo de elefante pré-histórico.

MA.MU.TES.CO, *adj.,* que tem elementos ou características de mamute.

MA.NA, *s.f., pop.,* irmã.

MA.NÁ, *s.m.,* alimento que os hebreus teriam recebido no deserto; *fig.,* iguaria, manjar.

MA.NA.CÁ, *s.m.,* arbusto que produz flores roxas e brancas muito belas.

MA.NA.ÇÃO, *s.f.,* ação ou efeito de manar, fluido, jato.

MA.NA.DA, *s.f.,* grupo de animais, boiada, rebanho.

MA.NA.DO, *adj.,* escorrido, saído, fluído, corrido.

MA.NA.GUEN.SE, *adj. e s.m.,* managuenho, natural, referente ou habitante de Manágua, capital da Nicarágua.

MA.NAN.CI.AL, *s.m.,* fonte, nascente, regato.

MA.NAR, *v.t. e int.,* surgir, correr, fluir, escorrer.

MA.NA.TA, *s.m., pop.,* magnata; manda-chuva.

MA.NAU.EN.SE, *adj., s. 2 gên.,* próprio ou habitante de Manaus.

MAN.CA.DA, *s.f.,* erro, falha, engano, gafe, lapso.

MAN.CA.DOR, *adj. e s.m., bras.,* S, que ou cavalo que manca; que ou aquele que, por incúria, torna manco o cavalo.

MAN.CAL, *s.m.,* peça metálica para apoiar um eixo gigante que lhe permite movimento; base.

MAN.CAR, *v. int. e pron.,* coxear, andar com defeito, falhar, errar; desconfiar.

MAN.CE.BI.A, *s.f.,* estado de amancebamento; amancebamento.

MAN.CE.BO, *s.m.,* jovem solteiro, rapaz, moço.

MAN.CHA, *s.f.,* mácula, nódoa, sujeira, pingo de sujeira; *fig.,* desonra.

MAN.CHA.DO, *adj.,* que se manchou; enodoado; sujo; que tem manchas ou malhas; marcado com tinta ou substância corante; *fig.,* maculado moralmente, desacreditado.

MAN.CHAR, *v.t. e pron.,* sujar, macular, enodoar; *fig.,* difamar.

MAN.CHEI.A, *s.f.,* quantidade que cabe em uma mão cheia; *expr.,* a mancheias - em quantidade.

MAN.CHE.TAR, *v.t. e int., bras.,* Jorn., fazer manchetes para jornal, revista.

MAN.CHE.TE, *s.f.,* notícia dada de forma sensacional; notícia.

MAN.CHO, *adj., bras.,* defeituoso, falho.

MAN.CHU, *adj. e s. 2 gên.,* natural ou habitante da Manchúria.

MAN.CI.AS, *s.f., pl.,* várias maneiras de adivinhação por meio de métodos que nem sempre são paranormais, possibilitando fraudes e safadezas.

MAN.CO, *adj. e s.m.,* indivíduo com defeito no andar, perneta.

MAN.CÔ.ME.TRO, *s.m., bras., pop.,* desconfiômetro.

MAN.CO.MU.NA.ÇÃO, *s.f.,* acordo ilícito, concordância mal-intencionada.

MAN.CO.MU.NA.DO, *adj.,* mal-intencionado, ajustado, acapangado, conluiado.

MAN.CO.MU.NA.GEM, *s.f.,* mancomunação.

MAN.CO.MU.NAR(-SE), *v.t. e pron.,* acordar, aceitar as condições, concordar.

MAN.COR.NA.DO, *adj.,* derrubado pelos cornos (diz-se de touro).

MAN.COR.NAR, *v.int.,* segurar, com as mãos, os cornos do touro, derrubando-o.

MAN.DA.CA.RU, *s.m.,* o maior cacto da caatinga nordestina.

MAN.DA.ÇAI.A, *s.f., bras.,* Ent., abelha (*Melipona anthioides*) da fam. dos meliponídeos, cujo mel é muito apreciado.

MAN.DA.CHU.VA, *s.m.,* figurão, indivíduo influente, caudilho, mandão.

MAN.DA.DEI.RO, *adj. e s.m.,* mandão, metido a mandar, que vive dando ordens.

MAN.DA.DO, *s.m.,* ordem escrita de autoridade judiciária; petição contra algo que fere o direito constitucional.

MAN.DA.MEN.TO, *s.m.,* cada uma das doze leis da Bíblia; ordem, mando, lei.

MAN.DÂN.CIA, *s.f., pej.,* ação de mandar abusivamente.

MAN.DAN.TE, *adj. e s. 2 gên.,* que manda; ordenante.

MAN.DÃO, *s.m.,* que quer mandar sozinho, que é opressor, ditador.

MAN.DAR, *v.t. e int.,* ordenar, impor, dominar, governar.

MAN.DA.RIM, *s.m.,* funcionário bem graduado no Império Chinês; idioma falado pelos chineses; *fig.,* rico, pessoa muito rica e poderosa.

MAN.DA.RI.NA, *s.f.,* mulher de mandarim; *fig.,* mulher muito rica.

MAN.DA.RI.NA.TO, *s.m.,* região administrada por um mandarim, domínio econômico de um local; var., mandarinado.

MAN.DA.RI.NO, *adj.,* diz-se do dialeto mandarim.

MAN.DA.TÁ.RIO, *s.m.*, quem manda, procurador, quem representa.

MAN.DA.TÍ.CIO, *adj.*, relativo a mandato ou procuração.

MAN.DA.TO, *s.m.*, delegação de poderes de alguém para um representante; mandato de político, mandato para advogado.

MAN.DA.TÓ.RIO, *adj.*, da natureza de, ou que contém mandato; obrigatório.

MAN.DI, *s.m.*, peixe muito pequeno, que vive em rios.

MAN.DÍ.BU.LA, *s.f.*, queixo, maxilar inferior do ser humano; peça com presilha.

MAN.DI.BU.LA.DO, *adj.*, que tem mandíbula.

MAN.DI.BU.LAR, *adj.*, que se refere a mandíbula.

MAN.DIL, *s.m.*, avental ou pano que se usa na cozinha.

MAN.DIN.GA, *s.f.*, bruxaria, feitiçaria, mau agouro.

MAN.DIN.GA.DO, *adj.*, enfeitiçado, azarado.

MAN.DIN.GAR, *v.t.*, enfeitiçar, provocar feitiço, fazer mandinga.

MAN.DIN.GA.RI.A, *s.f.*, quantidade de mandingas, arte de mandinga; feitiçaria.

MAN.DIN.GO, *s.m.*, o mesmo que mandinga.

MAN.DIN.GUEI.RO, *s.m.*, quem pratica a mandinga.

MAN.DI.O.CA, *s.f.*, arbusto que produz raízes, aipim, macaxeira, tapioca, maniva.

MAN.DI.O.CAL, *s.m.*, plantação de mandioca, aipinzal.

MAN.DI.O.QUI.NHA, *s.f.*, planta de grandes raízes amarelas, usadas na alimentação.

MAN.DO, *s.m.*, comando, ordem.

MAN.DO.LA, *s.f.*, Mús., antigo instrumento semelhante ao alaúde.

MAN.DO.NIS.MO, *s.m.*, prepotência, tirania, habitualidade de mandar muito.

MAN.DRA.CA, *s.f.*, bruxaria, feitiçaria.

MAN.DRI.A, *s.f.*, qualidade ou hábitos de mandrião; preguiça; indolência; vadiagem.

MAN.DRI.ÃO, *s.m.*, vadio, preguiçoso, indolente, malandro.

MAN.DRI.AR, *v. int.*, malandrear, viver à toa, não fazer nada.

MAN.DRI.Í.CE, *s.f.*, ociosidade, vadiagem.

MAN.DRIL, *s.m.*, Zool., macaco que habita a costa da Guiné; ferramenta para retificar e calibrar furos.

MAN.DRI.LAR, *v.t.*, fazer uso do mandril.

MAN.DU, *s.m.*, *adj.*, tolo, bobo, estulto, ignorante.

MAN.DU.CA.ÇÃO, *s.f.*, pop., ato de manducar ou comer.

MAN.DU.CAR, *v.t. e int.*, comer, mastigar, deglutir.

MA.NÉ, *s.m.*, simplório, simples; *fig.*, florianopolitano, habitante da Ilha de Santa Catarina.

MA.NE.A.BI.LI.DA.DE, *s.f.*, qualidade de maneável ou manejável.

MA.NE.A.DO, *adj.*, amarrado com maneia.

MA.NEI.RA, *s.f.*, modo, jeito, arte, modo de ser e agir, ação.

MA.NEI.RA.DO, *adj.*, gerenciado, ajeitado, bem feito.

MA.NEI.RAR, *v. int.*, *gír.*, saber fazer, gerenciar algo com arte, evitar um conflito.

MA.NEI.RIS.MO, *s.m.*, atitude de polir as maneiras, muitas cerimônias, afetação.

MA.NEI.RIS.TA, *s. 2 gên.*, afetado, cerimonialista, quem usa de muitas lenga-lengas.

MA.NEI.RO, *adj.*, de fácil manejo, que se acomoda, aderente, acomodatício.

MA.NEI.RO.SO, *adj.*, educado, polido, cortês.

MA.NE.JAR, *v.t. e int.*, administrar, manusear, dirigir, manobrar.

MA.NE.JÁ.VEL, *adj. 2 gên.*, que é passível de ser manejado; maneável; *fig.*, fácil de conduzir; dócil; tratável.

MA.NE.JO, *s.m.*, ação de manejar, direção.

MA.NEN.TE, *adj. 2 gên.*, que não muda de estado, condição ou lugar; permanente.

MA.NE.QUIM, *s.f.*, modelo, boneco para representar pessoas, medida para vestimentas.

MA.NES, *s.m.*, *pl.*, deuses do lar entre os romanos; divindades invocadas sobre as sepulturas.

MA.NE.TA, *s. 2 gên.*, quem perdeu uma mão ou um braço.

MA.NE.TE, *bras.*, *s.m.*, acelerador de motor de avião.

MAN.GA, *s.f.*, parte da camisa, casaco que cobre o braço; fruta.

MAN.GÁ, *s.m.*, história em quadrinhos, de origem japonesa, que apresenta traços estilizados e personagens com olhos expressivos.

MAN.GA.BA, *s.f.*, fruto da mangabeira.

MAN.GA.BAL, *s.m.*, *bras.*, campo semeado de mangabeiras.

MAN.GA.BEI.RA, *s.f.*, árvore comum nos cerrados e em algumas partes do litoral nordestino, que produz a mangaba.

MAN.GA.ÇÃO, *s.f.*, ato de rir de, caçoada.

MAN.GA.DO, *adj.*, caçoado, zombado.

MAN.GA.DOR, *adj. e s.m.*, caçoador, zombador, escarnecedor.

MAN.GAL, *s.m.*, terreno em que crescem mangueiras; plantação de mangueiras; mangueiral.

MAN.GA-LAR.GA, *s.m.*, tipo de cavalo de raça, de origem brasileira.

MAN.GA.NÊS, *s.m.*, elemento metálico para diversas ligas, sobretudo com ferro.

MAN.GA.NÂ.NI.CO, *adj.*, relativo ao manganês; que contém manganês.

MAN.GA.NÍ.FE.RO, *adj.*, que contém manganês, misturado com manganês.

MAN.GA.NO.SO, *adj.*, Quím., diz-se do primeiro dos óxidos do manganês.

MAN.GAR, *v.t. e int.*, rir-se de, zombar, fazer troça, fazer pouco, caçoar.

MAN.GO, *s.m.*, a parte mais comprida do mangual; *gír.*, dinheiro brasileiro; *bras.*, S, relho de cabo curto.

MAN.GON.GA, *s.m.*, *pop.*, homem grande, gigante.

MAN.GO.TE, *s.m.*, *ant.*, peça de armadura que cobria cada braço; mangueira curta, ger. de borracha vulcanizada, us. para vários fins; *bras.*, NE, espécie de rede us. em pesca rudimentar.

MAN.GRA.DO, *adj.*, atacado de mangra, diz-se do fruto que não se desenvolveu; *fig.*, que não vingou, que não saiu como se esperava.

MAN.GUA.ÇA, *s.f.*, bebida alcoólica, sobretudo cachaça.

MAN.GUAL, *s.m.*, instrumento constituído por um feixe de varas, usado para debulhar cereais.

MAN.GUA.RA, *s.f.*, *bras.*, vara grande, em que se levam aves domésticas penduradas e amarradas pelos pés; vara grande para bater feijão; SP, cacete, porrete.

MAN.GUE, *s.m.*, terreno pantanoso perto de rios, lagoas ou do mar; charco, brejo, paul, pântano.

MAN.GUE.AR, *v.t.*, *bras.*, RS, guiar (gado) na travessia de um rio; *fig.*, procurar enganar manhosamente.

MAN.GUEI.RA, *s.f.*, árvore que produz a manga; tubo, cano de borracha para levar líquidos, sobretudo água, local para prender o gado.

MAN.GUEI.RAL, *s.m.*, plantação de mangas, bosque de mangas.
MAN.GUEI.RÃO, *s.m.*, mangueira grande para recolher o gado.
MAN.GUEI.RO, *s.f.*, grãos de milho secos e quebrados em pedaços pequeninos; *pop., adj.*, manhoso, astuto; teimoso, obstinado.
MAN.GUE.ZAL, *s.m.*, mangue grande, diversos mangues reunidos.
MA.NHA, *s.f.*, destreza, malandragem, astúcia, esperteza; choro para obter algo.
MA.NHÃ, *s.f.*, período entre o nascer do sol e o meio-dia.
MA.NHÃ.ZI.NHA, *s.f.*, o princípio da manhã.
MA.NHEI.RO, *adj., bras.*, RS, manhoso, sagaz; que tem o hábito de manheirar; diz-se do fogo que não arde facilmente ou de negócio demorado.
MA.NHEN.TO, *adj., bras.*, RS, o mesmo que manheiro; no Norte, manhoso.
MA.NHO.SI.DA.DE, *s.f.*, manha, astúcia, tramoia.
MA.NHO.SO, *adj.*, cheio de manha, astuto, ladino, esperto.
MA.NI.A, *s.f.*, fixação de uma ideia, desordem mental e psíquica, extravagância; obsessão; vício.
MA.NÍ.A.CO, *adj.*, excêntrico, fixo em, maluco, doido.
MA.NI.A.TAR, *v.t.*, atar as mãos de; algemar; mesmo que manietar.
MA.NI.CE, *s.f.*, intimidade como entre irmãos; diz-se especialmente das mulheres.
MA.NI.ÇO.BA, *s.f.*, arbusto do qual se obtém um látex que produz uma borracha sem valor.
MA.NI.ÇO.BAL, *s.m., bras.*, plantação de maniçobas.
MA.NI.CO.MI.AL, *adj.*, relativo a manicômio.
MA.NI.CÔ.MIO, *s.m.*, hospício, casa para loucos, local com malucos.
MA.NI.CÓR.DIO, *s.m.*, tipo de piano em tamanho menor.
MA.NI.CU.LA, *s.f.*, manivela pequena.
MA.NI.CU.RA.DO, *adj.*, tratado por manicure ou manicura.
MA.NI.CU.RAR, *v.t.*, tratar das unhas, para lhes dar aspecto supostamente mais bonito.
MA.NI.CU.RE, *s. 2 gén.*, manicura, pessoa cuja profissão é cuidar das unhas das mãos; var., manicuro.
MA.NI.DES.TRO, *adj. e s.m.*, que(m) usa a mão direita por melhor habilidade ou preferência.
MA.NI.E.TAR, *v.t.*, amarrar de mãos e pés, prender, atar, imobilizar.
MA.NI.FES.TA.ÇÃO, *s.f.*, declaração, surgimento, interpelação, expressão de uma ideia.
MA.NI.FES.TA.DO, *adj.*, exposto, declarado, proclamado.
MA.NI.FES.TA.DOR, *adj.,s.m.*, o mesmo que manifestante.
MA.NI.FES.TAN.TE, *adj.*, que se manifesta, que expressa seu ponto de vista.
MA.NI.FES.TAR, *v.t. e pron.*, tornar público o que sente, declarar, expor, proclamar.
MA.NI.FES.TO, *adj.*, expresso, claro, evidente; *s.m.*, declaração, publicação.
MA.NI.FOR.ME, *adj.*, que tem forma de mão.
MA.NI.GÂN.CIA, *s.f.*, arte de prestidigitador; ilusionismo; *fig.*, artimanha.
MA.NI.GAN.CI.AR, *v.int., bras.*, fazer manigâncias.
MA.NI.LHA, *s.f.*, tubo cerâmico usado para esgotar líquidos.
MA.NI.LHEI.RO, *adj. e s.m.*, que(m) fabrica ou coloca manilhas.

MA.NI.NHO, *adj.*, estéril, seco, improdutivo, silvestre.
MA.NI.PAN.SO, *s.m.*, ídolo africano, usado como fetiche.
MA.NI.PRES.TO, *adj.*, ligeiro, hábil com as mãos; prestímano.
MA.NI.PU.EI.RA, *s.f., bras.*, N, NE e MG, líquido venenoso extraído da mandioca ralada, com que se faz aguardente.
MA.NI.PU.LA.ÇÃO, *s.f.*, preparação, manejo, direção.
MA.NI.PU.LA.DO, *adj.*, arrumado, preparado, dirigido, controlado.
MA.NI.PU.LA.DOR, *adj. e s.m.*, que(m) manipula, controlador, diretor.
MA.NI.PU.LAR, *v.t.*, arrumar, preparar algo com as mãos, fazer; dirigir, controlar, fazer a seu gosto.
MA.NI.PU.LA.TI.VO, *adj.*, relativo a, ou que envolve manipulação; manipulatório.
MA.NI.PU.LA.TÓ.RIO, *adj.*, o mesmo que manipulativo.
MA.NI.PU.LÁ.VEL, *adj. 2 gén.*, passível de ser manipulado.
MA.NÍ.PU.LO, *s.m.*, quantidade de materiais que cabem em uma mão fechada, mancheia.
MA.NI.QUE.ÍS.MO, *s.m.*, doutrina antiga e ainda usada, alicerçada nos dois polos: bem x mal.
MA.NI.QUE.ÍS.TI.CO, *adj.*, relativo a maniqueísmo ou a maniqueísta.
MA.NI.QUE.ÍS.TA, *s. 2 gén.*, adepto ou discípulo do maniqueísmo.
MA.NIR.RO.TO, *adj.*, gastador, esbanjador, mão-aberta, perdulário.
MA.NI.TOL, *s.m.*, Quím., hexaidroxiálcool cristalino us. nas indústrias química e de alimentos, para produção de resinas, diuréticos, adoçantes e estabilizantes, e, em medicina, como antioxidante.
MA.NI.VA, *s.f.*, termo tupi para designar mandioca, aipim, macaxeira.
MA.NI.VE.LA, *s.f.*, peça para fazer girar algo, alavanca para imprimir movimentos de rotação.
MA.NI.VE.LA.DA, *s.f.*, ato ou efeito de manivelar.
MA.NI.VE.LAR, *v.t. e int.*, fazer movimentar a manivela; *fig.*, empenhar-se em obter alguma coisa; agenciar; negociar; cavar.
MAN.JA.DO, *adj., pop.*, notado, percebido, notório.
MAN.JA.DOR, *bras., gír., adj.*, que manja, conhece, entende; *s.m.*, aquele que manja.
MAN.JAR, *v.t., pop.*, perceber, observar, notar; *s.m.*, iguaria, alimento, comida.
MAN.JAR-BRAN.CO, *s.m.*, sobremesa de pudim feita com leite e maisena.
MAN.JE.DOU.RA, *s.f.*, recipiente apropriado para colocar a comida aos animais.
MAN.JE.RI.CÃO, *s.m.*, erva perfumada e de sabor forte, para condimentos; basílico.
MAN.JE.RO.NA, *s.f.*, erva de aroma e sabor, para remédios e condimentos.
MAN.JOR.RA, *s.f.*, travessa fixa no eixo central da nora, à qual se prende a besta.
MAN.JU.BA, *s.f.*, manjuva, peixe de tamanho diminuto.
MA.NO, *s.m.*, irmão.
MA.NO.BRA, *s.f.*, ação de movimentar um objeto; girar um carro para estacionar; estratégia militar.
MA.NO.BRA.BI.LI.DA.DE, *s.f.*, qualidade do que é manobrável.
MA.NO.BRA.DO, *adj.*, movimentado, ajeitado, comandado, dirigido.

MANOBRADOR — MANUTENÇÃO

MA.NO.BRA.DOR, *adj.* e *s.m.*, movimentador, ajeitador, manobrista.

MA.NO.BRAR, *v.t.* e *int.*, movimentar, ajeitar, colocar no ponto certo, usar de estratégias.

MA.NO.BRÁ.VEL, *adj. 2 gên.*, que se pode manobrar.

MA.NO.BREI.RO, *s.m.*, quem manobra, manobrista, quem faz manobras.

MA.NO.BRIS.MO, *s.m., bras., pej.*, tendência a usar de manobras ou artimanhas para alcançar determinado objetivo.

MA.NO.BRIS.TA, *s. 2 gên.*, quem movimenta veículos, quem os estaciona.

MA.NO.JO, *s.m.*, quantidade que uma mão abarca de uma única vez.

MA.NO.ME.TRI.A, *s.f.*, medição feita com o manômetro.

MA.NÔ.ME.TRO, *s.m.*, aparelho para medir a pressão atmosférica.

MA.NO.PLA, *s.f.*, luva de ferro nas antigas armaduras; mão grande.

MA.NOS.SOL.FA, *s.f.*, Mús., sistema de sinais pelos quais se transmite uma melodia representada pela posição dos dedos e das mãos.

MA.NO.TE.AR, *v.t.* e *int.*, *bras.*, RS, dar manotaços (o cavalo).

MAN.QUE.AR, *v.int.*, o mesmo que manquejar.

MAN.QUE.CER, *v.int.*, ficar manco; ver abastecer.

MAN.QUEI.RA, *s.f.*, defeito de quem é manco, problemas no andar.

MAN.QUE.JA.DO, *adj.*, mancado, manquejante, coxeado.

MAN.QUE.JAN.TE, *adj.*, que manqueja, coxeante.

MAN.QUE.JAR, *v.t.* e *int.*, coxear, claudicar, andar como manco.

MAN.QUI.TO.LA, *s.m.*, quem é coxo, quem manca, perneta.

MAN.QUI.TO.LA.DO, *adj.*, coxeado, mancado.

MAN.QUI.TO.LAR, *v. int.*, coxear, mancar, dar passos com dificuldade.

MAN.SÃO, *s.f.*, casa luxuosa, palácio, palacete.

MAN.SAR.DA, *s.f.*, água-furtada, quarto no sótão, moradia.

MAN.SAR.RÃO, *adj.* e *s.m.*, muito sossegado; pachorrento.

MAN.SI.DA.DE, *s.f., pop.*, mansidão; qualidade de sonso.

MAN.SI.DÃO, *s.f.*, suavidade, bondade, calma.

MAN.SO, *adj.*, calmo, brando, pacífico, sossegado.

MAN.SU.E.TU.DE, *s.f.*, mansidão, paz, sossego.

MAN.TA, *s.f.*, cobertor, coberta menor, tira de pano de lã; pedaço de carne.

MAN.TEI.GA, *s.f.*, substância gordurosa obtida do leite animal ou de vegetais.

MAN.TEI.GA.RI.A, *s.f.*, local em que se vende ou fabrica manteiga.

MAN.TEI.GO.SO, *adj.*, que está cheio de manteiga, gorduroso; *fig.*, mole, chorão.

MAN.TEI.GUEI.RA, *s.f.*, louça própria para guardar e servir a manteiga.

MAN.TEI.GUEI.RO, *s.m.*, o que faz ou vende manteiga; *adj.*, que gosta muito de manteiga.

MAN.TEI.GUEN.TO, *adj.*, que tem muita manteiga; untuoso; gorduroso.

MAN.TE.LE.TE, *s.m.*, Ecles., vestimenta que os bispos usam por cima do roquete; Vest., capa curta que as mulheres usam por cima do vestido.

MAN.TE.NE.DOR, *s.m.*, quem mantém, quem sustenta.

MAN.TER, *v.t.* e *pron.*, fornecer o que for necessário, sustentar, alimentar, proteger.

MÂN.TI.CA, *s.f.*, saco pequeno; sacola.

MAN.TI.DO, *adj.*, sustentado, alimentado, protegido.

MAN.TI.LHA, *s.f.*, manta para cobrir os ombros e a cabeça das mulheres.

MAN.TI.MEN.TO, *s.m.*, alimento, comida, gêneros alimentícios, víveres.

MAN.TO, *s.m.*, vestimenta usada como capa, vestimenta especial para cerimônias reais.

MAN.TÔ, *s.m.*, casaco feminino usado por cima de todas as outras vestimentas.

MAN.TRA, *s.m.*, palavras, frases repetidas nas orações pelos budistas ou hindus, na meditação.

MAN.TU.A.NO, *adj.* e *s.m.*, referente, natural, habitante de Mântua, cidade do Norte da Itália, de onde vieram muitos imigrantes para a região Sul do Brasil.

MA.NU.AL, *adj.*, relativo à mão, feito com a mão; *s.m.*, livro adotado em sala de aula, livro que traz um assunto direcionado.

MA.NU.A.LI.ZA.ÇÃO, *s.f.*, ato ou efeito de reunir, em um manual, orientações sobre os procedimentos de um processo.

MA.NU.A.LI.ZA.DO, *adj.*, que se manualizou; descrito e exemplificado em manual.

MA.NU.DU.ÇÃO, *s.f.*, ato de guiar pela mão.

MA.NU.DU.TOR, *s.m., ant.*, o mestre de capela ou do coro, que o dirige marcando o compasso.

MA.NU.FA.TOR, *adj.* e *s.m.*, fabricante, que(m) fabrica manufatura.

MA.NU.FA.TU.RA, *s.f.*, trabalho executado com as mãos, objeto fabricado; produto industrial.

MA.NU.FA.TU.RA.DO, *adj.*, fabricado, feito, confeccionado.

MA.NU.FA.TU.RA.DOR, *adj.*, que manufatura.

MA.NU.FA.TU.RAR, *v.t.*, confeccionar com as mãos, fabricar.

MA.NU.FA.TU.RÁ.VEL, *adj. 2 gên.*, que pode ser manufaturado.

MA.NU.FA.TU.REI.RO, *adj.* e *s.m.*, quem fabrica, quem confecciona, quem manufatura.

MA.NU.MIS.SÃO, *s.f.*, liberdade que o senhor dá ao escravo; alforria.

MA.NU.MIS.SO, *s.m.*, escravo forro ou alforriado.

MA.NU.MI.TIR, *v.t.*, conferir manumissão, alforria a; alforriar; libertar.

MA.NUS.CRE.VER, *v.t.*, escrever à mão.

MA.NUS.CRI.TO, *adj.*, que foi escrito à mão; Tip., diz-se de letra de imprensa que imita a escrita manual; *s.m.*, obra escrita à mão; Tip., letra de imprensa que imita a letra manuscrita.

MA.NU.SE.A.ÇÃO, *s.f.*, ação ou efeito de manusear; manuseamento, manuseio.

MA.NU.SE.A.DO, *adj.*, que se manuseou ou manejou; manuseamento; *s.m.*, o mesmo que manuseação.

MA.NU.SE.A.DOR, *adj.*, que pega, mexe ou movimenta com as mãos; *s.m.*, aquele que manuseia ou agita com as mãos; manipulador; *fig.*, o que trata, processa alguma coisa, ou nela interfere.

MA.NU.SE.A.MEN.TO, *s.m.*, o mesmo que manuseação.

MA.NU.SE.AR, *v.t.*, manejar, examinar mexendo com as mãos, folhear.

MA.NU.SE.Á.VEL, *adj. 2 gên.*, que se pode manusear.

MA.NU.SEI.O, *s.m.*, ação de manusear, exame, compulsação.

MA.NU.TEN.ÇÃO, *s.f.*, conservação, ato de manter.

MA.NU.TE.NIR, v.t., bras., Jur., conferir (a alguém) a posse de algo mediante mandado; p.us., conservar.

MA.NU.TE.NÍ.VEL, adj., que está nos termos de ser mantido na posse de qualquer coisa.

MA.NU.TÉR.GIO, s.m., o mesmo e melhor que manistérgio.

MAN.ZOR.RA, s.f., mão muito grande, manopla.

MÃO, s.f., parte terminal dos membros superiores do corpo humano; cada passada de tinta, demão; jogada no baralho; sentido dos veículos nas ruas.

MÃO-A.BER.TA, s.f., pródigo, gastador, dissipador.

MÃO-BO.BA, s.f., apalpadela, toque da mão em pessoa de outro sexo, com fins libidinosos.

MÃO DE O.BRA, s.f., trabalhadores preparados para o serviço; algo que deu muito trabalho.

MÃO DE VA.CA, s. 2 gên., avarento, munheca, pão-duro.

MA.O.ME.TA.NI.ZA.ÇÃO, s.f., ação ou efeito de maometanizar; conversão ao islame.

MA.O.ME.TA.NI.ZAR, v.t., tornar maometano.

MA.O.ME.TA.NO, adj. e s.m., muçulmano, relativo a Maomé, adepto de Maomé.

MA.O.MÉ.TI.CO, adj., que se refere a Maomé, maometano.

MA.O.ME.TA.NIS.MO, s.m., maometismo, islamismo.

MA.O.ME.TIS.MO, s.m., islamismo, religião fundada por Maomé.

MÃO-PE.LA.DA, s.m., guaxinim, carnívoro comum de nossas matas.

MA.O.RI, adj. e s. 2 gên., povo que habita a Nova Zelândia.

MÃOS-A.TA.DAS, s.f., pl., posição de quem não pode fazer mais nada, indecisão.

MÃOS-LAR.GAS, s.f., pl., pessoa generosa, tipo de coração aberto.

MÃOS-RO.TAS, s.f., pl., perdulário, gastador, pródigo.

MÃO.ZA.DA, s.f., pancada com a mão, gesto com a mão, uma mão cheia.

MÃO.ZI.NHA, s.f., mão pequena, ajuda, auxílio; "dar uma mãozinha" - pequena ajuda.

MÃO.ZOR.RA, s.f., o mesmo que manzorra.

MA.PA, s.f., representação gráfica de países, continentes, regiões, carta geográfica; desenho de ruas, bairros, gráfico, quadro, relação de vários itens.

MA.PA-MÚN.DI, s.m., mapa que mostra o mundo todo.

MA.PE.A.ÇÃO, s.f., ato ou efeito de mapear; mapeamento.

MA.PE.A.DO, adj., desenhado, indicado, anotado, exposto.

MA.PE.A.DOR, adj., que mapeia, configura em mapa ou os produz ou desenha; s.m., aquele ou aquilo que desenha, configura ou produz mapas.

MA.PE.A.MEN.TO, s.m., levantar as superfícies para confeccionar o mapa.

MA.PE.AR, v.t., fazer mapa, colocar em mapa, desenhar graficamente uma região.

MA.PO.ÃO, s.m., bras., planta venenosa, com cujo suco os índios envenenam as flechas.

MA.PO.TE.CA, s.f., local em que se recolhem os mapas; coleção de mapas.

MA.QUE.TE, s.f., maqueta, esboço em tamanho pequeno de algo grande; modelo em miniatura de uma obra grande.

MA.QUEI.RO, s.m., bras., indivíduo condutor de macas.

MA.QUE.TA.RI.A, s.f., laboratório equipado com bancadas e maquinário próprio para a confecção de maquetas ou maquetes; arte de construir maquetas ou maquetes; maqueteria.

MA.QUI.A.DO, adj., pintado, maquilado, enfeitado.

MA.QUI.A.DOR, s.m., pessoa que faz maquiagens, maquilador.

MA.QUI.A.GEM, s.f., embelezamento com substâncias aplicadas no rosto.

MA.QUI.AR, v.t. e int., ajeitar o rosto, pintar, embelezar.

MA.QUI.A.VE.LI.A.NO, adj., que diz respeito ao maquiavelismo; que é simpatizante do maquiavelismo; fig., que é astuto, doloso, falso, pérfido, velhaco; s.m., indivíduo adepto das teorias de Maquiavel.

MA.QUI.A.VE.LI.CE, s.f., malícia, utilitarismo, astúcia.

MA.QUI.A.VÉ.LI.CO, adj., malicioso, malévolo, utilitarista, astucioso, próprio de Maquiavel.

MA.QUI.A.VE.LIS.MO, s.m., ideias filosóficas e governativas, embasadas nos conceitos da mais valia e pregadas por Maquiavel no livro "O Príncipe".

MA.QUI.A.VE.LIS.TA, s. 2 gên., seguidor do maquiavelismo na teoria ou na prática.

MA.QUI.A.VE.LI.ZAR, v.t., int. e pron., transformar as intenções em utilitarismo, usar as pessoas para os próprios interesses, praticar ações maliciosas.

MA.QUI.LA.DO, adj., em que foi feita maquilagem para embelezamento ou encenação teatral; fig., em que se realizou maquilagem para tornar algo mais atraente, disfarçar imperfeições ou encobrir falhas.

MA.QUI.LA.DOR, s.m., maquiador.

MA.QUI.LA.GEM, s.f., maquilagem.

MA.QUI.LAR, v.t., maquiar.

MA.QUI.MO.NO, s.m., Pint., pintura japonesa feita sobre papel, esteira ou seda, ger. enrolada em cilindro de madeira, semelhante ao caquemono, porém mais extensa e estreita.

MÁ.QUI.NA, s.f., todo aparelho para fabricar algo, carro, ferramenta; todo o ferramental de uma empresa fabril; fig., indivíduo que trabalha sem parar e sempre.

MA.QUI.NA.ÇÃO, s.f., tramoia, ardil, trama.

MA.QUI.NA.DO, adj., tramado, planejado, tentado.

MA.QUI.NA.DOR, adj. e s.m., tramador, planejador.

MA.QUI.NAL, adj. 2 gên., relativo a máquina; diz-se de ato, gesto ou atitude feitos por hábito ou instinto, de modo automático, mecânico; fig., que não é espontâneo.

MA.QUI.NA.LIS.MO, s.m., característica do que é maquinal.

MA.QUI.NAN.TE, adj., que maquina, maquinador.

MA.QUI.NAR, v.t., planejar, tentar algo malicioso, fazer uma tramoia.

MA.QUI.NA.RI.A, s.f., grupo de máquinas; conjunto de máquinas em um setor.

MA.QUI.NIS.MO, s.m., acervo de peças de uma máquina; a ideia de que o maquinismo pode resolver todos os problemas humanos de mão de obra.

MA.QUI.NIS.TA, s. 2 gên., quem dirige uma locomotiva de trem; quem manobra os bastidores do palco; quem comanda a ação de máquinas.

MAR, s.m., grande massa de água salgada, cobrindo a maior parte da superfície terrestre; imensidão.

MA.RA.BÁ, s.m., mestiço de índio com branco.

MA.RA.CÁ, s.m., brinquedo infantil em forma de chocalho.

MA.RA.CA.JÁ, s.m., bras., N e NE, Zool., o mesmo que gato-do-mato; o mesmo que jaguatirica (Felis pardalis).

MA.RA.CA.NÃ, s.f., tipo de ave trepadora, da família dos papagaios e araras.

MA.RA.CA.TU, s.m., certa dança em um cortejo,

acompanhada de canto.
MA.RA.CO.TÃO, *s.m.*, o fruto do maracoteiro.
MA.RA.CO.TEI.RO, *s.m.*, Bot., pessegueiro durázio enxertado em marmeleiro.
MA.RA.CU.JÁ, *s.m.*, fruto do maracujazeiro, usado para refrescos e para aliviar as tensões.
MA.RA.CU.JA.ZEI.RO, *s.m.*, planta trepadeira que produz o maracujá.
MA.RA.CU.TAI.A, *s.f.*, negociata, negócios escusos, transações ilegais.
MA.RA.FO.NA, *s.f.*, prostituta, meretriz, rameira, vagabunda.
MA.RA.FO.NE.AR, *v.int.*, lidar com marafonas.
MA.RA.FO.NEI.RO, *s.m.*, aquele que convive com marafonas.
MA.RA.JÁ, *s.m.*, títulos da nobreza indiana; indivíduo muito rico; *fig.*, no Brasil, funcionário público com salário muito acima da média.
MA.RA.JO.A.RA, *adj. e s. 2 gén.*, natural, referente ou habitante da Ilha de Marajó.
MA.RA.NHA, *s.f.*, fios trançados, tela com os fios prontos para tecimento.
MA.RA.NHÃO, *s.m.*, mentira, lorota, grande mentira.
MA.RA.NHAR, *v.t. e pron.*, emaranhar, mentir, contar lorotas.
MA.RA.NHEN.SE, *adj. e s. 2 gén.*, próprio do Maranhão ou habitante de lá.
MA.RA.NI, *s.f.*, feminino de marajá.
MA.RA.PU.A.MA, *s.f.*, Bot., planta da fam. das acantáceas (*Ptychopetalum olacoides*), originária las florestas centrais da Amazônia.
MA.RAS.CA, *s.f.*, tipo de cereja de gosto mais amargo, usada no fabrico do licor marasquino.
MA.RAS.MAR, *v.t., int. e pron.*, embaralhar, provocar marasmo.
MA.RAS.MÁ.TI.CO, *adj.*, extenuado, indiferente, apático.
MA.RAS.MO, *s.m.*, apatia, torpor, situação que não funciona.
MA.RAS.QUI.NO, *s.m.*, tipo de licor de cor branca, feito com marascas.
MA.RA.TO.NA, *s.f.*, disputa de corredores para uma grande distância, em torno de quarenta e dois quilômetros.
MA.RA.TÔ.NI.CO, *adj.*, que é próprio de, ou diz respeito a maratona.
MA.RA.VA.LHA, *s.f.*, apara de madeira; acendalha (para acender o lume); coisa de pouco valor, bagatela.
MA.RA.VI.LHA, *s.f.*, algo espetacular, admirável; milagre, algo perfeito, prodígio.
MA.RA.VI.LHA.DO, *adj.*, que se maravilhou; fascinado; encantado; repleto de encantamento, de deslumbramento.
MA.RA.VI.LHA.DOR, *adj. e s.m.*, que ou o que maravilha, que causa pasmo; fascinador.
MA.RA.VI.LHA.MEN.TO, *s.m.*, ato ou efeito de maravilhar(-se).
MA.RA.VI.LHAN.TE, *adj.*, que maravilha, que causa admiração; maravilhoso.
MA.RA.VI.LHAR, *v.t. e pron.*, encher de admiração, tornar maravilhoso, provocar prodígio.
MA.RA.VI.LHAS, *s.f., pl.*, o mesmo que calêndula.
MA.RA.VI.LHO.SO, *adj.*, extraordinário, espetacular, prodigioso, fantástico.
MAR.CA, *s.f.*, etiqueta, tipo, denominação de um produto, sinal identificador.
MAR.CA.ÇÃO, *s.f.*, ato ou efeito de marcar, sinalização, identificação; *fig.*, no esporte, um jogador não deixa o adversário jogar.

MAR.CA-D´Á.GUA, *s.f.*, filigrana, sinal impresso em papel, visível somente por algum meio de luz.
MAR.CA.DO, *adj.*, assinalado, sinalizado, indicado.
MAR.CA.DOR, *s.m.*, quem marca, indicador, demonstrativo, jogador que marca um atacante adversário.
MAR.ÇAL, *adj.*, que diz respeito ao mês de março.
MAR.CAN.TE, *adj.*, que marca, especial, expressivo, enfático.
MAR.CA-PAS.SO, *s.m.*, aparelho médico colocado na pessoa para prevenir problemas com o aparelho cardíaco.
MAR.CAR, *v.t.*, sinalizar, assinalar, destacar, indicar, mostrar, prevenir, acompanhar, seguir, fazer.
MAR.CAS.SI.TA, *s.f.*, Min., mineral ortorrômbico, sulfeto de ferro, us. para confecção de objetos de adorno e na fabricação do ácido sulfúrico.
MAR.CÁ.VEL, *adj. 2 gén.*, que se pode marcar; notório; *pop.*, Esp., passível de sofrer marcações, no futebol.
MAR.CE.GÃO, *adj.*, aum. da palavra março.
MAR.CE.LA, *s.f.*, forma popular da macela.
MAR.CE.NA.RI.A, *s.f.*, pequena empresa que trabalha com madeira para fabrico de móveis; local de trabalho do marceneiro.
MAR.CE.NEI.RAR, *v.int.*, trabalhar de marceneiro.
MAR.CE.NEI.RO, *s.m.*, quem trabalha em marcenaria; profissional para fabricação de móveis.
MAR.CES.CEN.TE, *adj. 2 gén.*, que murcha, que seca; Bot., diz-se do cálice, da corola ou da folha que murcha e seca sem cair.
MAR.CES.CÍ.VEL, *adj. 2 gén.*, que pode murchar.
MAR.CHA, *s.f.*, compasso, cadência de um grupo que caminha movendo os pés ao mesmo tempo; câmbio nos veículos, caminhada, jornada, corrida.
MAR.CHAN.TA.RI.A, *s.f.*, profissão, arte ou tráfico de marchante.
MAR.CHAN.TE, *adj. e s. 2 gén.*, negociante, quem compra e vende mercadorias, mercador.
MAR.CHAR, *v.t. e int.*, caminhar, andar, dar passos, ritmar os passos, prosseguir.
MAR.CHE.A.DO, *adj.*, que tem ritmo semelhante ao da marcha carnavalesca.
MAR.CHE.TA, *s.f.*, o mesmo que marchete.
MAR.CHE.TA.DO, *adj.*, engastado, encaixado, acabado.
MAR.CHE.TAR, *v.t.*, fazer um trabalho de engaste, acabamento em madeira.
MAR.CHE.TA.RI.A, *s.f.*, ação de embutir, engastar, dar acabamento em móveis de madeira, metal.
MAR.CHE.TE, *s.m.*, cada uma das peças que se marchetam ou embutem.
MAR.CHE.TEI.RO, *adj. e s.m.*, profissional de marchetaria.
MAR.CHI.NHA, *s.f.*, composição musical em compasso de marcha viva, ligeira.
MAR.CI.AL, *adj.*, relativo a guerreiro, próprio da guerra, bélico.
MAR.CI.A.LI.DA.DE, *s.f.*, qualidade ou característica do que é marcial.
MAR.CI.A.LIS.TA, *adj. e s. 2 gén.*, diz-se do estilo literário do poeta latino Marcial, e dos que o imitam.
MAR.CI.A.LI.ZAR, *v.t.*, tornar guerreiro, transformar em belicoso.
MAR.CI.A.NO, *adj. e s.m.*, antigo suposto habitante de Marte, próprio dele.
MAR.CI.Á.TI.CO, *adj.*, relativo ao planeta Marte.
MÁR.CI.DO, *adj.*, frouxo, flácido, sem vigor; murcho, sem

viço, sem frescura.
MAR.CI.O.NIS.TA, *adj.*, que diz respeito ao marcionismo; *s. 2 gên.*, sectário do marcionismo.
MAR.ÇO, *s.m.*, o terceiro mês do ano.
MAR.CO, *s.m.*, sinal, data, ponto de partida, limite; antiga unidade monetária da Alemanha.
MAR.CO.MA.NO, *adj.*, que diz respeito aos marcomanos, antigo povo germano, entre o Elba e o Oder; *s.m., pl.*, esse povo.
MAR.CO.TÃO, *s.m.*, o mesmo que maracotão.
MAR.DA.NO, *adj.*, que diz respeito aos mardanos, povo antigo da Arábia; *s.m., pl.*, esse povo.
MA.RÉ, *s.f.*, fluxo, refluxo, subida e descida das águas do mar.
MA.RE.A.ÇÃO, *s.f.*, ação ou efeito de marear, enjoo provocado por viagem no mar.
MA.RE.A.DO, *adj.*, enjoado, enfastiado, enojado.
MA.RE.A.GEM, *s.f.*, mareação; ação ou efeito de marear as velas; todo aparelho com que se move o navio.
MA.RE.AN.TE, *adj.*, que(m) mareia; navegante, nauta.
MA.RE.AR, *v.t., int. e pron.*, sofrer enjoo, enjoar-se, sentir náuseas.
MA.RE.CHAL, *s.m.*, posto mais alto da hierarquia militar, somente dado em tempos de guerra.
MA.RE.CHA.LA.TO, *s.m.*, marechalado, função ou cargo de marechal.
MA.RE.CHÁ.LI.CO, *adj., bras.*, que diz respeito a marechal, aos marechais que se salientaram na política, especialmente Hermes da Fonseca.
MA.RÉ-CHEI.A, *s.f.*, preamar, fluxo, o pico da maré.
MA.RE.JA.DA, *s.f.*, marulho, murmurejo das ondas, ruído das ondas.
MA.RE.JA.DO, *adj.*, que (se) marejou; inundado, coberto de líquido.
MA.RE.JAR, *v.t. e int.*, borbulhar, gotejar, derramar, soltar lágrimas.
MA.REL, *adj.*, diz-se de animal selecionado para a reprodução; *s.m.*, animal selecionado para a reprodução; padreador; reprodutor.
MA.RE.MO.TO, *s.m.*, tremor de terra no fundo do mar, com reflexos na superfície.
MA.RE.O.GRA.FIS.TA, *s. 2 gên.*, profissional que maneja o mareógrafo.
MA.RE.Ó.GRA.FO, *s.m.*, mareômetro, instrumento que indica a altura das ondas.
MA.RE.Ô.ME.TRO, *s.m.*, o mesmo que marêmetro ou marégrafo (q. v.).
MA.RE.SI.A, *s.f.*, cheiro característico da proximidade do mar.
MA.RE.TA, *s.f.*, pequena onda, marola, ondinha.
MAR.FIM, *s.m.*, substância branca, óssea, obtida de várias origens, inclusive dos dentes do elefante.
MAR.FI.NEN.SE, *s. 2 gên.*, aquele ou aquela que nasceu ou que vive na Costa do Marfim (África); *adj. 2 gên.*, da Costa do Marfim; típico desse país ou de seu povo.
MAR.FÍ.NEO, *adj.*, que se deriva do marfim; ebúrneo; que se refere a marfim.
MAR.FI.NI.ZAR-(SE), *v.t. e pron.*, transformar em marfim, tornar parecido com marfim.
MAR.GA, *s.f.*, Geol., solo de calcário e argila, us. em olaria e como corretivo de terras agrícolas.
MAR.GA.RI.DA, *s.f.*, planta que produz uma flor branca dos nossos jardins; a flor.
MAR.GA.RI.NA, *s.f.*, gordura artificial extraída de vegetais, para uso culinário.
MAR.GA.RI.TA, *s.f.*, pérola de grande valor.
MAR.GA.RI.TÁ.CE.AS, *s.f., pl.*, família de moluscos bivalves.
MAR.GA.RI.TI.TE, *s.f.*, (des.) pérola fóssil.
MAR.GE.A.DO, *adj.*, orlado, costeado, bordado.
MAR.GE.A.ÇÃO, *s.f.*, Art. Gráf., operação de margear, de posicionar o papel no registro correto da prensa ou máquina para imprimir, pautar ou dobrar; p.us.; marginação.
MAR.GE.A.DO, *adj.*, que tem margem; ladeado.
MAR.GE.A.DOR, *s.m.*, nas máquinas de escrever, dispositivo para regular a margem deixada de um e outro lado do papel; *s.m.*, Art. Gráf., pessoa encarregada de pôr o papel na máquina impressora, quando esse dispositivo não é automático.
MAR.GE.AN.TE, *adj. 2 gên.*, que margeia, que vai pela margem.
MAR.GE.AR, *v.t.*, seguir pela margem, orlar, circundar, bordear.
MAR.GEM, *s.f.*, parte de terreno que acompanha rios, lagos, mares; borda, orla, o que segue no perímetro de qualquer superfície.
MAR.GI.NA.DO, *adj.*, margeado, orlado, bordado, costeado.
MAR.GI.NA.DOR, *s.m.* e *s.m.*, costeador, orlador, que margeia.
MAR.GI.NAL, *adj.*, próprio da margem; que margeia, que orla; *s.m.*, delinquente, elemento que vive fora das normas sociais.
MAR.GI.NÁ.LIA, *s.f.*, conjunto de anotações feitas nas margens de um manuscrito, caderno ou mancha de uma página impressa (jornal, livro, etc.).
MAR.GI.NA.LI.DA.DE, *s.f.*, quem vive à margem da sociedade; exclusão.
MAR.GI.NA.LIS.MO, *s.m.*, Econ., teoria econômica segundo a qual o valor de um produto é determinado pela sua utilidade marginal ou rara.
MAR.GI.NA.LIS.TA, Econ., *adj. 2 gên.*, relativo a marginalismo; *s.m.*, o que é adepto do marginalismo.
MAR.GI.NA.LI.ZA.ÇÃO, *s.f.*, discriminação, exclusão, afastamento, segregação.
MAR.GI.NA.LI.ZA.DO, *adj.*, excluído, discriminado, afastado.
MAR.GI.NA.LI.ZA.DOR, *s.m.* e *s.m.*, que, aquele ou aquilo que marginaliza, segrega; marginalizante.
MAR.GI.NA.LI.ZAN.TE, *adj. 2 gên.*, que marginaliza; marginalizador.
MAR.GI.NA.LI.ZAR, *v.t. e pron.*, colocar na marginalidade, excluir, discriminar.
MAR.GI.NAR, *v.t.*, fazer margem, colocar margem em.
MAR.GUEI.RA, *s.f.*, depósito ou concentração de marga.
MAR.GUEI.RO, *s.m.*, trabalhador que se ocupa em apanhar marga.
MA.RI.A-CHI.QUI.NHA, *s.f.*, penteado infantil com dois rabos de cabelo.
MA.RI.A-FU.MA.ÇA, *s.f.*, locomotiva de trem movida a lenha ou carvão; trem.
MA.RI.AL, *adj.*, relativo a Maria; diz-se especialmente da literatura que diz respeito à Virgem Maria; *s.m.*, coleção das preces, ofícios religiosos, etc., referentes à Virgem.
MA.RI.AL.VA, *adj.*, de Marialva, que se refere às regras de cavalgar do Marquês de Marialva; *s.m.*, bom cavaleiro.
MA.RI.A-MO.LE, *s.f.*, tipo de doce pastoso.
MA.RI.A.NIS.MO, *s.m.*, devoção a Nossa Senhora, no

MARIANO

âmbito da Igreja Católica.
MA.RI.A.NO, *adj.*, que se refere a Nossa Senhora.
MA.RI.A-SEM-VER.GO.NHA, *s.f.*, plantinha que cresce em diversos lugares mais sombreados, e mostra flores simples, de várias cores.
MA.RI.A VAI COM AS OU.TRAS, *s.f.*, pessoa sem personalidade, moleirão.
MA.RI.CÁ, *s.f., bras.*, o mesmo que espinheira.
MA.RI.CA.GEM, *s.f.*, modos de maricas; frescura; homossexualidade.
MA.RI.CÃO, *s.m.*, maricas, homossexual.
MA.RI.CAS, *s.m.*, homem do sexo masculino efeminado, frouxo.
MA.RI.CUL.TU.RA, *s.f.*, criação de plantas e animais marinhos para consumo humano.
MA.RI.DAR, *v.t., bit.* e *pron.*, casar com uma mulher.
MA.RI.DO, *s.m.*, esposo, cônjuge masculino, homem casado.
MA.RI.MA.CHO, *s.m.*, mulher com modos e jeito de homem.
MA.RIM.BA, *s.f.*, instrumento musical de percussão, com várias varetas nas quais se bate com duas baquetas.
MA.RIM.BON.DO, *s.m.*, vespa, designação de vários tipos de vespas que ferroam os agressores.
MA.RI.NA, *s.f.*, instalação própria para guarda e manutenção de barcos menores e de esporte.
MA.RI.NA.DA, *s.f.*, comida que fica de molho em água ou tempero.
MA.RI.NA.DO, *adj.*, Cul., diz-se de carne, peixe, etc., temperado em marinada.
MA.RI.NAR, *v.t.*, deixar em molho algum alimento.
MA.RI.NHA, *s.f.*, parte das forças armadas equipada para a luta pelo mar, com o uso de navios.
MA.RI.NHAR, *v.t.* e *int.*, Mar., prover (navio) de marinheiros; manobrar uma embarcação; conhecer o ofício de navegar; galgar a mastreação ou o convés pelo costado; *fig.*, subir a lugar alto (à gávea).
MA.RI.NHA.RI.A, *s.f.*, Mar., conjunto das técnicas de navegação de embarcações; profissão de marinheiro.
MA.RI.NHEI.RO, *adj.*, próprio da marinha, do mar, da navegação; *s.m.*, indivíduo que trabalha em navio, marujo.
MA.RI.NHO, *adj.*, marino, relativo ao mar, próprio do mar.
MA.RI.NIS.MO, *s.m.*, ideias e obras que se referem ao poeta italiano modernista, Marini.
MA.RI.NIS.TA, *s. 2 gên.*, adepto ou seguidor de Marini.
MA.RI.O.LA, *s.f.*, pequeno naco de doce de banana, embrulhado e com jeito de tijolinho.
MA.RI.O.LA.TRI.A, *s.f.*, culto ou adoração da Virgem Maria.
MA.RI.O.NE.TE, *s.m.*, chefe que faz o que lhe ordenam outros; títere, boneco, fantoche.
MA.RI.PO.SA, *s.f.*, designação das borboletas noturnas; *pop.*, prostituta.
MA.RIS.CA.DOR, *adj.* e *s.m.*, que(m) se ocupa em mariscar, pessoa que conhece a arte de mariscar.
MA.RIS.CAR, *v.t.* e *int.*, apanhar mariscos; catar insetos no solo; *fig.*, procurar com atenção, catar.
MA.RIS.CO, *s.m.*, crustáceos e moluscos comestíveis.
MA.RIS.MA, *s.f.*, terreno alagado à beira do mar.
MA.RIS.QUEI.RO, *s.m.*, que caça mariscos.
MA.RIS.TA, *adj.* e *s.m.*, que pertence à congregação religiosa dos irmãos maristas, criada pelo padre Marcelino Champagnat, com dedicação ao ensino.
MA.RI.TA, *s.f., ant.*, esposa, consorte; *bras.* Ornit., ave (*Aratinga*

MAROLA

aurea) de penas coloridas, semelhante ao papagaio.
MA.RI.TA.BI.LI.DA.DE, *s.f.*, ideia de que a mulher tem de se casar em certa idade.
MA.RI.TA.CA, *s.f.*, maitaca, papagaio pequeno; *fig.*, tagarela.
MA.RI.TÁ.GIO, *s.m.*, direito cobrado pelo senhor ao servo que queria casar; dote do pai à filha que se casava.
MA.RI.TAL, *adj.*, relativo ao matrimônio, relativo ao casamento.
MA.RI.TAL.MEN.TE, *adv.*, à maneira de casados; de modo marital.
MA.RI.TI.CI.DA, *s.f.*, a esposa que assassina o esposo.
MA.RI.TI.CÍ.DIO, *s.m.*, crime cometido pela esposa, assassinando o marido.
MA.RÍ.TI.MO, *adj.*, marinho, próprio do mar, relativo ao mar.
MARKETING, *s.m.*, ing., técnica de fabricação, desenvolvimento e venda de um produto; a arte de bem vender.
MAR.LO.TAR, *v.t.*, enrugar; dar (a alguma coisa) o aspecto rugoso de uma marlota; amarrotar.
MAR.MA, *s.f.*, chapa de ferro lisa para onde se rola o vidro para o arredondar (nas fábricas de vidro).
MAR.MAN.JÃO, *s.m.*, grande marmanjo, velhaco.
MAR.MAN.JO, *s.m.*, rapaz, rapagão; *fig.*, tipo incivilizado.
MAR.ME.LA.DA, *s.f.*, doce feito com frutas; *fig.*, maquinação, conluio para lograr outros, roubalheira.
MAR.ME.LEI.RAL, *s.m.*, bosque de marmeleiros, plantação de marmeleiros.
MAR.ME.LEI.RO, *s.m.*, árvore que produz o marmelo.
MAR.ME.LO, *s.m.*, fruta do marmeleiro; fruta usada para fazer marmelada.
MAR.MI.TA, *s.f.*, recipiente com tampa para colocar comida.
MAR.MI.TEI.RO, *s.m.*, pessoa que usa marmita.
MAR.MO.RA.RI.A, *s.f.*, estabelecimento em que se trabalha ou se vende mármore.
MÁR.MO.RE, *s.m.*, pedra de várias espécies, usada em construções.
MAR.MO.RE.AR, *v.t.*, colocar mármore em; dar a aparência de mármore a.
MAR.MO.REI.RO, *s.m.*, marmorista, especialista em trabalhos com mármore.
MAR.MÓ.REO, *adj.*, que é mármore, que é feito com mármore.
MAR.MO.RIS.TA, *s. 2 gên.*, pessoa que trabalha cortando ou polindo mármore.
MAR.MO.RI.ZA.ÇÃO, *s.f.*, transformação de alguma pedra em mármore.
MAR.MO.RI.ZA.DO, *adj.*, que tem aspecto de mármore, que se parece com mármore.
MAR.MO.RI.ZAR, *v.t.*, transformar em mármore.
MAR.MO.TA, *s.f.*, pequeno roedor semelhante ao esquilo.
MAR.NEL, *s.m.*, terreno pantanoso, brejo, pântano, paul.
MAR.NA, *s.f.*, calcário argiloso; o mesmo que marga.
MAR.NO.SO, *adj.*, que contém marna ou é composto de marna; margoso.
MAR.NO.TA, *s.f.*, salina na qual se acumula água salgada para a produção de sal; terreno baixo que alaga.
MAR.NO.TEI.RO, *s.m.*, indivíduo que trabalha em salinas; marnoto; marroteiro.
MAR.NO.TO, *s.m.*, indivíduo que trabalha em salinas; marnoteiro.
MA.RO, *s.m.*, Bot., planta medicinal da família das labiadas.
MA.RO.LA, *s.f.*, onda grande, mar agitado.

MA.RO.LE.AR, *v.int.*, formar marolas, pequenas ondas.
MA.RO.LI.NHO, *s.m.*, *bras.*, planta anonácea; cabeça de negro.
MA.RO.LO, *s.m.*, *bras.*, Bot., árvore (*Annona crassiflora*), da fam. das anonáceas, que ocorre no Brasil em áreas de cerrados e cerradões; araticum.
MA.RO.MA, *s.f.*, corda grossa; armação de espeques altos e isolados, sobre a qual se constrói habitação à borda dos rios; essa habitação.
MA.ROM.BA, *s.f.*, vara longa que os funâmbulos usam para se equilibrar sobre cordas.
MA.ROM.BA.DO, *adj.*, CE, *pej.*, que conta bravatas; fanfarrão; *bras., pop.*, diz-se de quem tem os músculos exageradamente desenvolvidos; malhado.
MA.ROM.BA.GEM, *s.f., pop.*, ação ou efeito de marombar.
MA.ROM.BAR, *v.int., bras.*, RS, marombar.
MA.ROM.BEI.RO, *adj., bras., gír.*, diz-se de quem adula; bajulador; diz-se de quem engana; Esp., diz-se de quem faz musculação; *s.m., bras., gír.*, mentiroso; Esp., pessoa que usa anabolizante.
MA.ROM.BIS.TA, *adj.* e *s. 2 gên., bras., fam.*, que ou quem maromba; oportunista; nas Regências Trinas, membro do grupo que não se definiu nem pelos moderados, nem pelos restauradores.
MA.RO.NI.TA, *adj.* e *s. 2 gên.*, pessoa que pertence à religião católica do Líbano, a maronita.
MA.ROS.CA, *s.f.*, trama, trapaça, ardil, tramoia.
MA.RO.TA.GEM, *s.f.*, grupo de marotos, cambada de marotos.
MA.RO.TEI.RA, *s.f.*, atividade própria de marotos, patifaria, cafajestada.
MA.RO.TIS.MO, *s.m.*, qualidade de maroto; prática da maroteira.
MA.RO.TO, *adj.* e *s.m.*, astucioso, esperto, safado, malicioso, velhaco.
MAR.QUÊS, *s.m.*, título de nobreza.
MAR.QUE.SA, *s.f.*, feminino de marquês, título nobre.
MAR.QUE.SAL, *adj. 2 gên.*, relativo ou inerente a, ou próprio de marquês ou marquesa.
MAR.QUE.SA.DO, *s.m.*, título de honra de um marquês; terras do marquês.
MAR.QUE.SA.NO, *s.m.*, natural ou habitante das Ilhas Marquesas (Polinésia Francesa); Gloss., língua das Ilhas Marquesas; *adj.*, das Ilhas Marquesas; típico dessas ilhas ou de seu povo.
MAR.QUE.SAR, *v.t.*, tornar marquês.
MAR.QUE.TEI.RO, *s.m., pop.*, pessoa que faz marketing; *pej., pop.*, pessoa que usa técnicas de marketing para autopromover-se.
MAR.QUE.TIS.MO, *s.m.*, Mkt., prática e cultuação do marketing; propaganda, publicidade.
MAR.QUI.SE, *s.f.*, tipo de telhado estendido por sobre a rua, nos prédios da beirada.
MAR.RA, *s.f.*, grande martelo para quebrar pedras; *expr.*, na marra - de qualquer jeito, à força.
MAR.RA.DA, *s.f.*, golpe de cabeça de animal guampudo.
MAR.RA.LHÃO, *s.m., pop.*, bonacheirão; indolente.
MAR.RA.LHAR, *v.int.*, teimar procurando convencer ou lograr.
MAR.RA.LHI.CE, *s.f.*, qualidade de marralheiro; astúcia, manha, esperteza; indolência, preguiça.
MAR.RÃ, *s.f.*, porca nova, que deixou de mamar; NE, ovelha nova; carne de porco fresca.

MAR.RAN.CHA, *s.f., pop.*, corcunda, corcova.
MAR.RA.NI.CA, *s.f., pop.*, corcunda; *s.m.*, indivíduo giboso, corcunda.
MAR.RA.NI.TA, *s.m.*, o mesmo que marranica.
MAR.RA.NO, *adj., pej.*, diz-se de judeu ou mouro que (Espanha e Portugal) era convertido ao cristianismo, mas suspeito de manter suas crenças; RS, diz-se de gado ruim; *s.m.*, judeu ou mouro marrano.
MAR.RÃO, *s.m.*, marra, martelo grande; no RS, rês que não foi domada, ainda selvagem.
MAR.RA.QUE, *s.m., bras.*, emblema, símbolo a modo de cetro, que usavam os caciques.
MAR.RAR, *v.t.* e *int.*, atacar com a cabeça e os chifres, escornear, cabecear.
MAR.RA.RI.A, *s.f.*, ação de marralheiro; marralhice.
MAR.RAS.QUI.NA.DO, *adj.*, em que há marrasquino.
MAR.RAS.QUI.NO, *s.m.,Gastrôn.*, o mesmo que marasquino.
MAR.RE.CO, *s.m.*, ave palmípede da família dos anatídeos.
MAR.REN.TO, *adj., bras., pop.*, cheio de marra (artista marrento; jogador marrento); mascarado, que tem marra, coragem, ousadia.
MAR.RE.TA, *s.f.*, martelo, pedaço de ferro com cabo, martelo grande.
MAR.RE.TA.DA, *s.f.*, pancada com a marreta.
MAR.RE.TAR, *v.t.*, usar a marreta; *fig.*, falar mal de, enganar.
MAR.RE.TE.AR, *v.int.*, dar pancada com marreta; *fig.*, bater com.
MAR.RE.TEI.RO, *s.m.*, vendedor de produtos em praça pública, camelô.
MAR.RO.AR, *v.t.*, martelar com marrão.
MOR.RO.A.DA, *s.f.*, pancada com o marrão; manada ou vara de marrões.
MAR.RO.AZ, *adj.*, teimoso, pertinaz, obstinado; *s.m.*, espécie de embarcação asiática.
MAR.ROM, *adj.* e *s.m.*, castanho, cor escura.
MAR.ROM-GLA.CÊ, *s.m.*, Cul., doce feito à base de castanha conservada em calda de xarope de baunilha.
MAR.RO.QUIM, *s.m.*, pele de cabra pronta para o fabrico de objetos.
MAR.RO.QUI.NAR, *v.t.*, converter em marroquim.
MAR.RO.QUI.NEI.RO, *s.m.*, aquele que trabalha em marroquim.
MAR.RO.QUI.NO, *adj.* e *s.m.*, próprio, relativo ao Marrocos ou seu habitante.
MAR.RU.Á, *s.m.*, boi selvagem, touro, boi xucro, novilho.
MAR.RU.EI.RO, *adj.*, relativo a marruá; diz-se de quem lida com marruás; *s.m.*, aquele que cria ou lida com marruás; domador de reses selvagens.
MAR.RU.GEM, *s.f.*, o mesmo que marugem ou murugem (q. v.).
MAR.SE.LHÊS, *adj.* e *s.m.*, próprio, referente ou habitante de Marselha, cidade do Sul da França.
MAR.SE.LHE.SA, *s.f.*, nome do hino nacional francês.
MAR.SI.PI.AN.TO, *s.m.*, gênero de plantas dicotiledôneas labiadas da América Meridional.
MAR.SU.PI.AIS, *s.m., pl.*, mamíferos que se caracterizam por terem uma bolsa na qual as fêmeas colocam os filhotes, na amamentação.
MAR.SU.PI.AL, *adj.*, que tem forma de bolsa.
MAR.SU.PI.A.LI.DA.DE, *s.f.*, organização especial dos marsupiais; qualidade de apresentar marsúpio.

MAR.SÚ.PIO, *s.m.*, bolsa da região abdominal dos marsupiais, como no gambá.
MAR.TA, *s.f.*, animal carnívoro, cuja pele é muito procurada.
MAR.TE, *s.m.*, planeta do nosso sistema; na mitologia grega, o deus da guerra.
MAR.TEL, *s.m.*, bras., RS, copo rústico, us. em bares, equivalente a um quarto de garrafa.
MAR.TE.LA.DA, *s.f.*, pancada com o martelo, marretada.
MAR.TE.LA.DO, *adj.*, batido, socado, marretado.
MAR.TE.LA.DOR, *adj.* e *s.m.*, que(m) bate com o martelo, que(m) martela.
MAR.TE.LA.GEM, *s.f.*, ação ou efeito de martelar, batidas com martelo.
MAR.TE.LA.MEN.TO, *s.m.*, o mesmo que martelagem.
MAR.TE.LAR, *v.t.* e *int.*, golpear com o martelo, marretar; *fig.*, ser insistente.
MAR.TE.LE.JAR, *v.int.*, bater com martelo, martelar.
MAR.TE.LE.TE, *s.m.*, martelo pequeno.
MAR.TE.LO, *s.m.*, instrumento com cabo de madeira e uma peça de ferro própria para enfiar pregos; ossinho do pavilhão auricular.
MAR.TIM-PE.RE.RÊ, *s.m.*, bras., Ornit., o mesmo que saci.
MAR.TIM-PES.CA.DOR, *s.m.*, ave que vive à margem dos rios e lagos, e se alimenta de peixes.
MAR.TI.NE.TE, *s.m.*, martelo grande, tocado a água ou a vapor.
MAR.TÍ.NI, *s.m.*, aperitivo adocicado, podendo ser misturado com outras bebidas.
MÁR.TIR, *s. 2 gên.*, pessoa maltratada ou morta devido à fé que professa.
MAR.TÍ.RIO, *s.m.*, sofrimento, maus-tratos, tortura, muita dor.
MAR.TI.RI.ZA.ÇÃO, *s.f.*, ação ou efeito de martirizar, sofrimento, tortura, massacre.
MAR.TI.RI.ZA.DO, *adj.*, maltratado, torturado, massacrado.
MAR.TI.RI.ZAN.TE, *adj. 2 gên.*, que martiriza; martirizador.
MAR.TI.RI.ZAR, *v.t.* e *pron.*, fazer sofrer, maltratar, torturar, massacrar.
MAR.TI.RO.LÓ.GIO, *s.m.*, livro no qual estão relacionados os mártires com sua biografia.
MAR.TI.RO.LO.GIS.TA, *s. 2 gên.*, autor de um martirológio.
MA.RU.IM, *s.m.*, maruí, tipo de inseto que dá picadas violentas para sugar o sangue.
MA.RU.JA, *s.f.*, marujada, grupo de marinheiros.
MA.RU.JA.DA, *s.f.*, conjunto de marujos, grupo de marinheiros.
MA.RU.JO, *s.m.*, marinheiro, nauta.
MA.RU.LHA, *s.f.*, p.us., o mesmo que marulhada ou marulho.
MA.RU.LHAR, *v. int.* e *pron.*, mexer-se igual ao ruído do mar.
MA.RU.LHEI.RO, *adj.*, que levanta marulho.
MA.RU.LHO, *s.m.*, ruído das ondas do mar, agitação das ondas.
MA.RU.LHO.SO, *adj.*, em que há marulho.
MA.RU.O.RA.NA, *s.f.*, bras., planta malvácea da flora paraense.
MAR.XIS.MO, *s.m.*, sistema filosófico-político de Karl Marx; sistema que prega a igualdade de classes.
MAR.XIS.MO-LE.NI.NIS.MO, *s.m.*, sistema doutrinário social-filosófico e político-econômico desenvolvido pelo marxismo e pelo leninismo.
MAR.XIS.TA, *s. 2 gên.*, adepto do marxismo, seguidor da filosofia de Marx.
MAR.XIS.TA-LE.NI.NIS.TA, *adj. 2 gên.*, Pol. Soc., Econ. Fil., relativo ao marxismo-leninismo; diz-se de partidário do marxismo-leninismo; *s. 2 gên.*, Econ. Fil., partidário e/ou praticante do marxismo-leninismo.
MAR.ZÃO, *s.m.*, bras., pop., grande massa de água; o grande mar; mar agitado, revolto; alto-mar.
MAR.ZI.PÃ, *s.m.*, maçapão, doce de pasta de amêndoas, açúcar e ovos.
MAS, *conj.*, indica adversidade, oposição; todavia, porém, contudo.
MA.SÁ.RI.DAS, *s.m., pl.*, Zool., família de insetos himenópteros sociais, cujo tipo é a masáris.
MA.SÁ.RIS, *s.f.*, Zool., gênero de inseto himenóptero do Norte de África.
MAS.CA.DO, *adj.*, mastigado, triturado, moído.
MAS.CAR, *v.t.* e *int.*, moer com os dentes, mastigar, roer.
MÁS.CA.RA, *s.f.*, cobertura artificial colocada no rosto para disfarce; *fig.*, falsidade, falsa aparência.
MAS.CA.RA.ÇÃO, *s.f.*, o mesmo que mascaramento.
MAS.CA.RA.DA, *s.f.*, baile em que as pessoas usam máscaras; Teat., gênero teatral semidramático, das cortes europeias (séc. XVI e XVII), com temática mitológica ou alegórica.
MAS.CA.RA.DO, *adj.*, que usa máscara; *fig.*, hipócrita, fingido.
MAS.CA.RA.MEN.TO, *s.m.*, ato ou efeito de mascarar(-se): mascaramento de um processo químico; disfarce, ocultação.
MAS.CA.RAR, *v.t.* e *pron.*, vestir máscara em, disfarçar-se, esconder-se.
MAS.CA.TA.RI.A, *s.f.*, bras., o mesmo que mascataria.
MAS.CA.TE, *s.m.*, vendedor que vai de casa em casa, vendendo de tudo.
MAS.CA.TE.A.ÇÃO, *s.f.*, ação ou efeito de mascatear, negociação de mascate.
MAS.CA.TE.A.GEM, *s.f.*, bras., o mesmo que mascataria; o mesmo que mascateação.
MAS.CA.TE.AR, *v.t.* e *int.*, vender, negociar, fazer vendas em domicílio.
MAS.CA.TO, *s.m.*, espécie de ganso (*Sula alba*); também chamado de facão.
MAS.CA.VA.DO, *adj.*, próprio do açúcar mascavo, não refinado.
MAS.CA.VAR, *v.t.*, fabricar açúcar mascavo; falar errado.
MAS.CA.VI.NHO, *s.m.*, açúcar, um pouco mais claro que o mascavo.
MAS.CA.VO, *adj.* e *s.m.*, açúcar de engenho, de cor marrom.
MAS.CO.TAR, *v.t.*, moer, trilhar com mascoto.
MAS.CO.TE, *s.f.*, animal, objeto ou pessoa usados para dar sorte.
MAS.CO.TO, *s.m.*, martelo grande com que, nos estabelecimentos onde se cunha a moeda, pisam-se os fragmentos dela até ficarem reduzidos a pó; pisão de fula; *gír.*, ladrão.
MAS.CU.LI.NI.DA.DE, *s.f.*, qualidade do ser masculino, relativo ao homem, virtudes de homem.
MAS.CU.LI.NIS.MO, *s.m.*, caráter ou qualidade de masculino.
MAS.CU.LI.NIS.TA, *adj. 2 gên.*, diz-se de quem defende os interesses dos homens em oposição ao feminismo.
MAS.CU.LI.NI.ZA.ÇÃO, *s.f.*, ação ou efeito de masculinizar-se, modos de homem, jeito masculino.
MAS.CU.LI.NI.ZA.DO, *adj.*, tornado homem, que assume jeito masculino.
MAS.CU.LI.NI.ZAN.TE, *adj.*, que masculiniza.

MASCULINIZAR — MASTOIDITE

MAS.CU.LI.NI.ZAR, *v.t. e pron.*, tornar masculino, dar jeito de masculino.

MAS.CU.LI.NO, *adj.*, próprio dos seres machos, do homem; no gênero gramatical, o que se opõe ao feminino.

MÁS.CU.LO, *adj.*, próprio do macho, forte, enérgico, varonil.

MAS.DE.ÍS.MO, *s.m.*, Rel., religião antiga dos iranianos (persas e medos), caracterizada pela divinização das forças naturais, zoroastrismo.

MAS.DE.ÍS.TA, *adj. 2 gên.*, Rel., relativo ao masdeísmo; *adj. 2 gên.*, diz-se de pessoa seguidora do masdeísmo; *s. 2 gên.*, essa pessoa.

MAS.DEU, *s.m.*, o mesmo que masdeísta.

MA.SEU, *adj.*, que diz respeito aos maseus, povo antigo da Arábia; *s.m., pl.*, esse povo.

MAS.MAR.RO, *pej., s.m.*, indivíduo velhaco; patife; frade leigo; donato.

MAS.MOR.RA, *s.f.*, prisão, cadeia, enxovia, cárcere, xilindró.

MA.SO.QUIS.MO, *s.m.*, perversidade erótica cuja satisfação é obtida com o uso de violência física; quem se satisfaz com o próprio sofrimento.

MA.SO.QUIS.TA, *s. 2 gên.*, quem gosta de sofrer, quem tem prazer em sofrer.

MAS.SA, *s.f.*, produto obtido com a mistura de farinha de trigo, água e sal; o povo, a plebe; na Física, a quantidade de matéria contida num corpo; grande grupo de pessoas, multidão; *gir.* - algo interessante, o que atrai.

MAS.SA.CRA.DO, *adj.*, espancado, aniquilado, exterminado.

MAS.SA.CRAN.TE, *adj. 2 gên., bras.*, que massacra, atormenta; torturante.

MAS.SA.CRAR, *v.t.*, aniquilar, exterminar, matar, espancar, afligir com crueldade.

MAS.SA.CRE, *s.m.*, aniquilamento, crueldade, genocídio; espancamento.

MAS.SA.DEI.RA, *s.f.*, Mec., Tec., máquina, aparelho ou equipamento para preparar a massa do pão.

MAS.SA.GA.DA, *s.f.*, grande confusão de coisas; salgalhada.

MAS.SA.GE.A.DO, *adj.*, friccionado, que sofreu uma massagem.

MAS.SA.GE.A.DOR, *adj.*, que massageia; *s.m.*, aquele que massageia; *s.m.*, aparelho para fazer massagem.

MAS.SA.GE.AR, *v.t.*, friccionar a pele com as mãos e unguentos; fazer massagem.

MAS.SA.GEM, *s.f.*, terapia com fricções sobre o corpo; friccionamento.

MAS.SA.GIS.TA, *s. 2 gên.*, quem faz massagens, quem fricciona.

MAS.SAL, *s.m.*, o sopro do leite que escorre do queijo quando é batido.

MAS.SA.ME, *s.m.*, Constr., leito ou lastro dos poços, reservatórios e cisternas, feito de pedras e betume ou argamassa; Constr., argamassa us. no assentamento de ladrilhos.

MAS.SA.MOR.DA, *s.f., pop.*, migas de biscoito; açorda; massagada; fragmentos de bolo ou de biscoitos, que a bordo se dão às aves.

MAS.SA.PÃO, *s.m.*, bolo de amêndoas com farinha e ovos, a que de ordinário se dá a forma de um pão pequeno e redondo.

MAS.SA.PÉ, *s.m.*, massapê, terra própria para o cultivo da cana-de-açúcar.

MAS.SA.PEZ, *s.m.*, talo do benjoim; o mesmo que massapê ou massapé.

MAS.SEI.RA, *s.f.*, tábua grande, na qual se amassa farinha para fazer pão.

MAS.SEI.RO, *s.m.*, quem prepara a massa.

MAS.SA.RO.CO, *s.m.*, porção de fermento com que se leveda o pão; planta borragínea.

MAS.SE.TER, *s.m.*, Anat., músculo da mandíbula que, juntamente com outros, auxilia a abrir a boca e mastigar.

MAS.SI.FI.CA.ÇÃO, *s.f.*, generalização, uniformização, popularização.

MAS.SI.FI.CA.DO, *adj.*, generalizado, popularizado, nivelado.

MAS.SI.FI.CAN.TE, *adj. 2 gên.*, diz-se do que massifica, que leva a um mesmo nível unificado; soc. que padroniza valores, produtos, comportamento, ideias, etc.

MAS.SI.FI.CAR, *v.t.*, uniformizar, generalizar, popularizar, nivelar.

MAS.SI.VA.MEN.TE, *adv.*, em grande quantidade; com intensidade; intensamente.

MAS.SU.DO, *adj.*, que tem muita massa, encorpado, enorme.

MAS.TAL.GI.A, *s.f.*, Ginec., dor na mama; mastodinia.

MAS.TA.RÉU, *s.m.*, Náut., denominação genérica de cada um dos suplementos dos mastros; Mar., cada uma das vergônteas superiores dos mastros ou de outros mastaréus.

MAS.TEC.TO.MI.A, *s.f.*, Cir., cirurgia na qual se remove total ou parcialmente a mama e, ocasionalmente, músculos, gordura, etc., da região adjacente a ela; mamectomia.

MAS.TEC.TO.MI.ZA.DO, *adj.*, Cir., diz-se de quem sofreu mastectomia, amputação de mama.

MAS.TEC.TO.MI.ZAR, *v.t.*, ginecologia, realizar mastectomia na mama.

MAS.TE.RI.ZA.ÇÃO, *s.f.*, Eletrôn., Inf., produção de master ou matriz; Fon., processo de prensagem de discos fonográficos.

MAS.TE.RI.ZAR, *v.t.*, Eletrôn., Inf., produzir master de (filme, videoclipe, disco, etc.).

MAS.TI.CA.TÓ.RIO, *s.m.*, o que se mastiga para provocar a salivação.

MAS.TI.GA.ÇÃO, *s.f.*, ato ou efeito de mastigar; trituração com os dentes.

MAS.TI.GA.DE.LA, *s.f., pop.*, mastigação curta, aos bocados pequenos.

MAS.TI.GA.DO, *adj.*, triturado, moído; feito para alguém como ajuda.

MAS.TI.GA.DOR, *adj. e s.m.*, que(m) mastiga, triturador.

MAS.TI.GAN.TE, *adj.*, que mastiga; mastigador; *s.m., bras., gír.*, o queixo.

MAS.TI.GAR, *v.t. e int.*, moer com os dentes, triturar, desfazer as fibras.

MAS.TI.GA.TÓ.RIO, *adj.*, que diz respeito a mastigação.

MAS.TIM, *s.m.*, cão grande e forte, para guarda do gado.

MAS.TI.TE, *s.f.*, inflamação nas mamas.

MAS.TÓ.CI.TO, *s.m.*, Histl., célula grande do tecido conjuntivo, que produz heparina e histamina.

MAS.TO.DI.NI.A, *s.f.*, Ginec., o mesmo que mastalgia.

MAS.TO.DON.TE, *s.m.*, animal muito grande e antigo; *fig.*, indivíduo enorme.

MAS.TO.DÔN.TI.CO, *adj.*, relativo a ou próprio de mastodonte; *fig.*, agigantado, corpulento, gigantesco; p.ext., muitíssimo grande.

MAS.TOI.DE, *adj.*, com forma de mama, parecido com mama.

MAS.TOI.DI.TE, *s.f.*, Otor., Med., inflamação aguda ou crônica, ger. mais comum em crianças e decorrente de otites.

MASTOLOGIA ... 545 ... MATERIALIZADO

MAS.TO.LO.GI.A, *s.f.*, Med., estudo da constituição, do funcionamento e das doenças da mama.
MAS.TO.LÓ.GI.CO, *adj.*, que diz respeito a mastologia.
MAS.TO.PLAS.TI.A, *s.f.*, cirurgia plástica nas mamas.
MAS.TO.ZO.Á.RIO, Zool., *adj.*, diz-se de animal que tem mamas; relativo aos mastozoários; *s.m.*, espécime dos mastozoários; *pl.*, o mesmo que mamíferos.
MAS.TO.ZO.O.LO.GI.A, *s.f.*, Zool., parte da Zoologia que estuda os mamíferos.
MAS.TO.ZO.O.LÓ.GI.CO, *adj.*, Zool., relativo ou inerente a mastozoologia.
MAS.TRE.A.ÇÃO, *s.f.*, conjunto de mastros de uma embarcação.
MAS.TRE.AR, *v.t.*, colocar mastros, erguer mastros em uma embarcação.
MAS.TRO, *s.m.*, poste central no navio, que centraliza a sustentação das velas; haste na qual se hasteiam bandeiras.
MAS.TRU.ÇO, *s.m.*, erva usada para várias finalidades terapêuticas.
MAS.TRUZ, *s.m.*, Bot., o mesmo que mastruço.
MAS.TUR.BA.ÇÃO, *s.f.*, onanismo, satisfação sexual solitária.
MAS.TUR.BA.DOR, *adj.* e *s.m.*, diz-se de, ou aquele que (se) masturba.
MAS.TUR.BAR, *v.t.* e *pron.*, obter satisfação sexual com a fricção de algum objeto ou das mãos.
MAS.TUR.BA.TÓ.RIO, *adj.*, relativo a, ou que envolve masturbação; apropriado para o ato de masturbar; *fig.*, *pej.*, diz-se de esforço mental ou intelectual superficial e inócuo, sem resultado positivo.
MA.SÚ.RIO, *s.m.*, o mesmo que tecnécio.
MA.TA, *s.f.*, mato, bosque, floresta, terreno coberto de vegetação, selva.
MA.TA-BI.CHO, *s.m.*, uma dose de cachaça; um copo de bebida destilada.
MA.TA-BOR.RÃO, *s.m.*, tipo de papel que absorve a tinta da escrita.
MA.TA-BUR.RO, *s.m.*, pequena ponte gradeada para impedir a passagem de animais quadrúpedes.
MA.TA.ÇÃO, *s.f.*, pedra solta, pedra grande; *fig.*, serviço malfeito.
MA.TA.DA, *s.f.*, Fut., modo de amortecimento da bola, no pé ou no peito, feito com habilidade e destreza.
MA.TA.DO, *adj.*, morto, malfeito, mal terminado.
MA.TA.DOR, *s.m.*, assassino, criminoso de aluguel; quem mata.
MA.TA.DO.RA, *adj.* e *s.f.*, fem. de matador; mulher sedutora, irresistível.
MA.TA.DOU.RO, *s.m.*, abatedouro, frigorífico para o abate de gado vacum.
MA.TA.GAL, *s.m.*, pequeno bosque, mata de poucas e pequenas árvores.
MA.TA.GO.SO, *adj.*, diz-se de terreno coberto de mato, de plantas silvestres, de ervas bravas.
MA.TA-JUN.TAS, *s.m.*, *sing.* e *pl.*, régua, tira, fasquia de madeira com que se tapam juntas de tábuas, especialmente a da porta com a ombreira.
MA.TA.LO.TA.DO, *adj.*, provido de matalotagem.
MA.TA.LO.TA.GEM, *s.f.*, víveres, provisões, alimentos.
MA.TA.LO.TE, *s.m.*, marinheiro, nauta.
MA.TAM.BRE, *s.m.*, *bras.*, RS, carne magra que cobre as costelas do boi, a primeira que se retira depois do couro; capa de filé; Cul., assado, ger. recheado, feito com essa carne.
MA.TA-MOS.QUI.TO, *s.m.*, funcionário da Saúde encarregado de destruir os focos de mosquitos perniciosos ou portadores de malárias.
MA.TAN.ÇA, *s.f.*, ação de matar, morticínio, carnificina.
MA.TÃO, *s.m.*, mato alto e cerrado; jóquei que fecha os competidores nas curvas, apertando-os contra as cercas; Bot., casta de arroz; *adj.*, diz-se daquele que executa mal o seu serviço.
MA.TA-PI.O.LHOS, *s.m.*, *pop.*, o dedo polegar.
MA.TAR, *v.t.*, *int.* e *pron.*, levar à morte de modo violento, tirar a vida, assassinar, exterminar, liquidar; terminar algo, fazer malfeito; *fig.*, não ir à aula.
MA.TA.RÉU, *s.m.*, *bras.*, grande extensão de mato; mataria; matagal.
MA.TA-RA.TO, *s.m.*, veneno para matar ratos, raticida.
MA.TA.RI.A, *s.f.*, extensão de mata, muita mata.
MA.TÁ.VEL, *adj. 2 gên.*, que pode ser matado, feito sem cuidado; passível de ser morto, assassinado; *fig.*, descartável.
MA.TE, *s.m.*, erva-mate, a bebida da infusão dessa erva; no jogo de xadrez, xeque-mate.
MA.TEI.RO, *s.m.*, quem explora a erva-mate, quem extrai a subsistência no mato.
MA.TE.JAR, *v. int.*, andar pelo mato, cortar madeira no mato.
MA.TE.MÁ.TI.CA, *s.f.*, ciência que estuda os números, medidas, figuras, com suas implicações.
MA.TE.MÁ.TI.CO, *adj.* e *s.m.*, próprio da Matemática; quem se dedica à Matemática; cientista na Matemática.
MA.TE.MA.TI.ZA.ÇÃO, *s.f.*, Mat., ato ou efeito de matematizar; submissão às leis e regras da matemática.
MA.TE.MA.TI.ZA.DO, *adj.*, Mat. que se matematizou; que sofreu matematização.
MA.TE.MA.TI.ZAR, *v.t.*, submeter às leis da matemática.
MA.TE.O.LO.GI.A, *s.f.*, estudo de matérias abstratas que estão fora do alcance do entendimento humano.
MA.TE.O.LÓ.GI.CO, *adj.*, pertencente ou relativo a mateologia.
MA.TE.O.LO.GIS.TA, *s. 2 gên.*, pessoa que se entrega à mateologia; mateólogo.
MA.TE.Ó.LO.GO, *s.m.*, o mesmo que mateologista.
MA.TE.O.TEC.NI.A, *s.f.*, ciência inútil, fantástica.
MA.TÉ.RIA, *s.f.*, massa de um corpo, substância de um corpo; tema de qualquer assunto; disciplina escolar; parte física do ser humano em contraste com o espírito.
MA.TE.RI.AL, *adj.*, *s.m.*, próprio da matéria, formado de matéria; físico, carnal, mundano, oposto ao espiritual; objetos escolares.
MA.TE.RI.A.LÃO, *s.m.* e *adj.*, indivíduo avesso a tudo o que é espiritual; materialista; bestial; materialeiro.
MA.TE.RI.A.LI.DA.DE, *s.f.*, qualidade da matéria, aspecto material de qualquer ser ou objeto.
MA.TE.RI.A.LIS.MO, *s.m.*, filosofia que se concentra na matéria, sem considerar o espiritual; ciência da matéria pura.
MA.TE.RI.A.LIS.TA, *s. 2 gên.*, quem pratica o materialismo, adepto dos aspectos materiais contra os espirituais.
MA.TE.RI.A.LÍS.TI.CO, *adj.*, relativo a materialista; próprio de materialista.
MA.TE.RI.A.LI.ZA.ÇÃO, *s.f.*, ação de materializar algo.
MA.TE.RI.A.LI.ZA.DO, *adj.*, corporificado, tornado matéria.

MA.TE.RI.A.LI.ZA.DOR, *adj.*, diz-se de quem ou do que materializa; materializante; *s.m.*, aquele ou aquilo que materializa.

MA.TE.RI.A.LI.ZAN.TE, *adj.*, o mesmo que materializador.

MA.TE.RI.A.LI.ZAR, *v.t. e pron.*, tornar material, levar a ser material, desespiritualizar.

MA.TE.RI.A.LI.ZÁ.VEL, *adj. 2 gên.*, diz-se de que pode ser materializado, que se pode materializar.

MA.TÉ.RI.A-PRI.MA, *s.f.*, materiais primários para industrializar; tudo o que passa a ter valor agregado.

MA.TER.NAL, *adj.*, próprio da mãe, materno; *s.m.*, estágio escolar inicial para bebês.

MA.TER.NA.LIS.TA, *adj. 2 gên.*, relativo ou inerente ao maternalismo; diz-se de pessoa que exerce o maternalismo, *s. 2 gên.*, essa pessoa.

MA.TER.NI.DA.DE, *s.f.*, condição de mãe; Jur., laço de parentesco que liga a mãe a seu(s) filho(s); hospital ou clínica para atendimento de mulheres grávidas e primeiros cuidados com recém-nascidos.

MA.TER.NO, *adj.*, próprio da mãe, maternal; *fig.*, afetuoso.

MA.TI.CAR, *v.int.*, latir (o cão de caça) para avisar que encontrou a presa.

MA.TI.ÇO, *s.m.*, mato novo, pouco desenvolvido.

MA.TI.DEZ, *s.f.*, qualidade do som surdo, abafado, como o que se ouve quando se percute a coxa.

MA.TI.LHA, *s.f.*, grupo de lobos, cães; no escotismo, grupo de seis lobinhos.

MA.TI.LHEI.RO, *s.m.*, aquele que conduz a matilha ou que leva galgos à trela para caça.

MA.TI.NA, *s.f.*, madrugada, alvorada, manhã.

MA.TI.NA.DA, *s.f.*, alvorada, alvorecer, aurora, madrugada, alba.

MA.TI.NAL, *adj.*, que se refere a manhã, próprio da manhã.

MA.TI.NAR, *v.t. e int.*, despertar, acordar pela manhã.

MA.TI.NÁ.RIO, *s.m.*, cantor de matinas.

MA.TI.NAS, *s.f., pl.*, as orações da manhã, as orações da alvorada.

MA.TI.NÊ, *s.f.*, sessão de filme ou espetáculo que se realiza à tarde; vesperal.

MA.TIZ, *s.f.*, nuança, conjunto de cores combinadas; enfoque da cor.

MA.TI.ZA.DO, *adj.*, colorido, distribuídas as cores.

MA.TI.ZAR, *v.t. e pron.*, colorir, distribuir cores, mostrar as cores.

MA.TO, *s.m.*, floresta, bosque; interior, lugar afastado.

MA.TO-GROS.SEN.SE, *adj. e s. 2 gên.*, próprio ou habitante de Mato Grosso.

MA.TO.GROS.SEN.SE-DO-SUL, *adj. e s. 2 gên.*, próprio ou habitante de Mato Grosso do Sul.

MA.TO.SO, *adj.*, cheio de mato, que possui muito mato.

MA.TRA.CA, *s.f.*, armação para produzir um som, ruído, na falta de campainha; *fig.*, pessoa que fala muito.

MA.TRA.CAR, *v.t. e int.*, tocar matraca; matraquear; bater fortemente a uma porta, para a abrirem; matraquear; *bras.*, ver tagarelar.

MA.TRAL, *adj.*, que diz respeito a mãe; mátrio; *s.m., pl.*, o mesmo que matrália.

MA.TRA.QUE.A.DO, *adj.*, ruidoso, tagarela.

MA.TRA.QUE.A.DOR, *adj. e s.m.*, que(m) matraqueia, falador, tagarelador.

MA.TRA.QUE.AN.TE, *adj. 2 gên.*, diz-se de quem ou do que fala muito; falador.

MA.TRA.QUE.AR, *v. int.*, falar muito, provocar ruídos, tagarelar.

MA.TRAZ, *s.m.*, Farm., balão de vidro, de forma redonda ou oval e com gargalo comprido, muito us. na química e na farmácia por ser resistente a pressão e operar reações a temperaturas inferiores a 100 graus.

MA.TREI.RE.AR, *v.int.*, no Sul, o mesmo que matreirar.

MA.TREI.RI.CE, *s.f.*, característica, qualidade, ato, dito ou modo de matreiro; malícia, marotagem.

MA.TREI.RO, *adj.*, malicioso, astuto, ardiloso, esperto.

MA.TRI.AR.CA, *s.f.*, mulher líder de família, clã, tribo, etc.; *p.ext.*, mulher que domina um grupo de pessoas.

MA.TRI.AR.CA.DO, *s.m.*, sistema em que a mulher detém o comando do clã.

MA.TRI.AR.CAL, *adj.*, que se refere ao matriarcado.

MA.TRI.CI.DA, *s. 2 gên.*, pessoa que comete matricídio, que mata a própria mãe.

MA.TRI.CÍ.DIO, *s.m.*, assassinato da própria mãe.

MA.TRÍ.CU.LA, *s.f.*, ação de matricular-se; inscrever para participar de um curso; pagamento de uma taxa para frequentar um curso ou ter um número e ser membro de uma instituição.

MA.TRI.CU.LA.DO, *adj.*, inscrito, aceito, posto na relação dos matriculados.

MA.TRI.CU.LAN.DO, *s.m.*, aquele que vai se matricular ou acabou de se matricular.

MA.TRI.CU.LAR, *v.t. e pron.*, inscrever, colocar em, proceder à matrícula de.

MA.TRI.CU.LÁ.VEL, *adj.*, que se pode matricular.

MA.TRI.FO.CAL, *adj. 2 gên.*, relativo a, ou próprio de certos tipos de organização familiar em que prevalece a valorização do papel materno.

MA.TRI.LA.TE.RAL, *adj. 2 gên.*, relativo a ou próprio de parentesco pelo lado da mãe.

MA.TRI.LI.NE.AR, *adj. 2 gên.*, Etnol., diz-se de sistema de filiação em que apenas se considera a ascendência materna para a transmissão do nome, da condição de pertencer a um clã, etc.; relativo a, ou que envolve a linha materna.

MA.TRI.LI.NE.A.RI.DA.DE, *s.f.*, Soc. Etnol., característica ou condição de matrilinear; organização de família, clã, sipe ou linhagem na qual só a descendência pela linha materna é levada em conta.

MA.TRI.LO.CAL, *adj. 2 gên.*, relativo a matrilocalidade.

MA.TRI.MO.NI.AL, *adj.*, que se refere ao matrimônio.

MA.TRI.MO.NI.A.LI.DA.DE, *s.f.*, relação entre o número de casamentos e a população masculina e feminina apta para casar.

MA.TRI.MO.NI.A.MEN.TO, *s.m.*, ato de matrimoniar; casamento.

MA.TRI.MO.NI.AR, *v.t.*, ver esposar.

MA.TRI.MO.NI.Á.VEL, *adj.*, que se pode matrimoniar.

MA.TRI.MÔ.NIO, *s.m.*, casamento, união de um homem com uma mulher.

MÁ.TRIO, *adj.*, relativo a mãe.

MA.TRI.OS.CA, *s.f.*, conjunto de bonecas típicas russas, que se sobrepõem umas às outras, encaixando-se.

MA.TRI.PO.TES.TAL, *adj. 2 gên.*, caracterizado pela concentração da autoridade familiar na pessoa da mãe.

MA.TRIZ, *s.f.*, útero, local das fêmeas para desenvolver a cria; molde, fonte, origem; numa instituição, a sede principal; modelo, estereótipo.

MA.TRI.ZAR, *v.t.*, Art.Gráf., estabelecer matriz estereotípica de composição tipográfica.

MA.TRO.CA, *s.f.*, desorientação, falta de rumo.

MA.TRO.NA, *s.f.*, que se impõe pela respeitabilidade; mulher com mais idade e corpo avantajado.

MA.TRO.NAL, *adj.*, que se refere a matrona.

MA.TRU.CA.DE.LA, *s.f.*, ato de matrucar.

MÁ.TU.LA, *s.f.*, corja, súcia, cambada, quadrilha.

MA.TU.LÃO, *s.m.*, rapaz corpulento, desazado e de maneira abrutalhada; sujeito estroina, vadio.

MA.TU.LA.GEM, *s.f.*, corja, matula, cambada, quadrilha, pilantragem.

MA.TU.LEI.RO, *s.m.*, indivíduo encarregado da matula, da provisão de víveres, do farnel.

MA.TUM.BO, *s.m.*, bras., buraco cavado para plantar mandioca ou outro tubérculo; bras., elevação de terra que se forma entre sulcos; Ang., pej., negro rude, rústico; diz-se desse negro.

MA.TU.RA.ÇÃO, *s.f.*, amadurecimento, desenvolvimento, crescimento.

MA.TU.RA.DO, *adj.*, amadurecido, maturado, crescido.

MA.TU.RAR, *v. int.* e *pron.*, amadurecer, desenvolver-se, crescer.

MA.TU.RA.TI.VO, *adj.*, que favorece a maturação.

MA.TU.RES.CÊN.CIA, *s.f.*, qualidade do que se acha maduro.

MA.TU.RES.CEN.TE, *adj.*, que está em maturescência, amadurendo.

MA.TU.RI.DA.DE, *s.f.*, amadurecimento, crescimento, serenidade.

MA.TU.SA.LÉM, *s.m.*, pop., indivíduo muito velho, homem decrépito.

MA.TU.SA.LÊ.MI.CO, *adj.*, velho, longevo, decrépito.

MA.TU.SA.LÊ.NI.CO, *adj.*, o mesmo que matusalêmico.

MA.TUS.QUE.LA, *s. 2 gên.*, adoidado, maluco, debiloide.

MA.TU.TA.ÇÃO, *s.f.*, fam., ato ou efeito de maturar.

MA.TU.TA.DA, *s.f.*, conjunto de matutos, de caipiras; comportamento de matuto.

MA.TU.TA.GEM, *s.f.*, cisma, pensamento, ideia.

MA.TU.TAR, *v.t.* e *int.*, pop., cismar, pensar, refletir.

MA.TU.TI.CE, *s.f.*, hábito de matuto, ingenuidade, tolice.

MA.TU.TI.NA, *s.f.*, Mar., toque de apito ou de corneta para despertar os marinheiros.

MA.TU.TI.NAL, *adj.*, o mesmo que matutino.

MA.TU.TI.NO, *adj.*, próprio da manhã, matinal.

MA.TU.TO, *adj. e s.m.*, que é do mato, roceiro, interiorano, caipira, sitiante.

MAU, *adj.*, dado ao mal, ruim, perverso, nocivo, injusto, imoral, ilícito, depravado, devasso, diabólico.

MAU-CA.RÁ.TER, *s.m.*, indivíduo de má índole, tipo dado ao mal.

MAU-LA.DRA.DO, *s.m.*, ant., maledicência, má língua.

MAU-O.LHA.DO, *s.m.*, crendice de que certos tipos destroem com a força dos olhos; azar, maldade, ruindade.

MAU.RI.CI.NHO, *s.m.*, bras., pop., pej., rapaz que usa roupas e acessórios de grife e vai a lugares da moda.

MAU.RI.CIS.TA, *s.m.*, Pol., na época da ocupação holandesa, em Pernambuco (séc. XVII), adepto das ideias do príncipe holandês Maurício de Nassau, que chefiou a invasão daquele Estado.

MAU.RI.NO, *adj. e s.m.*, diz-se dos monges da congregação de São Mauro; o mesmo que mauriense.

MAU.RI.TA.NO, *adj. e s.m.*, natural ou habitante da Mauritânia.

MAU.SO.LÉU, *s.m.*, túmulo, sepultura.

MAUS-TRA.TOS, *s.m., pl.*, espancamento, agressão violenta, massacre físico.

MA.VI.O.SI.DA.DE, *s.f.*, suavidade, afabilidade, harmonia, delícia.

MA.VI.O.SO, *adj.*, harmonioso, afável, suave, agradável, delicioso.

MÁ.XI, *adj.*, abreviação de máxima, máximo.

MA.XI.DES.VA.LO.RI.ZA.ÇÃO, *s.f.*, grande desvalorização; a maior desvalorização.

MA.XI.DES.VA.LO.RI.ZA.DO, *adj.*, muito desvalorizado.

MA.XI.LA, *s.f.*, mandíbula, queixo.

MA.XI.LAR, *s.m.*, parte do rosto em que se implantam os dentes, queixada.

MA.XI.LÍ.PE.DE, *s.m.*, Zool., nome de um ou mais pares de patas de determinados artrópodes que auxiliam na apreensão dos alimentos e na mastigação.

MA.XI.LI.TE, *s.f.*, inflamação da maxila.

MA.XI.LO.DEN.TAL, *adj.*, relativo a maxila e a dentes.

MA.XI.LO.DEN.TÁ.RIO, *adj.*, o mesmo que maxilodental.

MA.XI.LO.FA.CI.AL, *adj. 2 gên.*, relativo a ou que envolve a maxila e a face.

MÁ.XI.MA, *s.f.*, frase lapidar, conceito, princípio, provérbio, brocardo.

MÁ.XI.ME, *adv.*, principalmente, sobretudo.

MA.XI.MI.TA, *s.f.*, explosivo de grande força, de fórmula baseada no ácido pícrico, que teve uso nos obuzes contra navios couraçados.

MA.XI.MI.ZA.ÇÃO, *s.f.*, ato ou efeito de maximizar; Mat., operação pela qual se determina o maior valor de uma grandeza.

MA.XI.MI.ZA.DO, *adj.*, tornado maior do que foi estimado; superestimado; Mat., diz-se de função matemática que assumiu o valor máximo.

MA.XI.MI.ZA.DOR, *adj.*, que maximiza, aumenta; *s.m.*, o que maximiza.

MA.XI.MI.ZAN.TE, *adj. 2 gên.*, que maximiza; *s. 2 gên.*, Mat., aquilo que maximiza.

MA.XI.MI.ZAR, *v.t.* e *pron.*, dar a maior extensão possível, tornar grande.

MÁ.XI.MO, *adj.*, o maior, superior a todos os outros; na Matemática, o maior número que é divisor de vários outros.

MA.XI.XAR, *v.int.*, bras., dançar o maxixe.

MA.XI.XE, *s.m.*, dança e música de cunho popular; fruto do maxixeiro.

MA.XI.XEI.RO, *s.m.*, planta que produz o maxixe; quem dança o maxixe.

MA.ZE.LA, *s.f.*, desleixo, negligência, ferida, chaga, dor; problema.

MA.ZUR.CA, *s.f.*, dança de origem polonesa, muito rápida.

MB - símbolo de megabyte.

Mb - símbolo de megabit.

ME, *pron. pessoal* da primeira pessoa, a mim, para mim, por mim.

ME.Ã, *adj.*, forma feminina de meão.

ME.A.ÇÃO, *s.f.*, metade dos bens de dois herdeiros; metade de um todo; divisão entre dois.

ME.A.DA, *s.f.*, fios enroscados, fios dobrados.

ME.A.DO, *adj.*, que está no meio, que se coloca no centro

MEALHA

de dois pontos; que vem ao meio.

ME.A.LHA, s.f., antiga moeda de cobre no tempo dos primeiros reis de Portugal; fig., porção ínfima de qualquer coisa; ninharia.

ME.A.LHAR, v.t. e int., ver amealhar.

ME.A.LHA.RIA, s.f., tributo que as vendedeiras de Lisboa pagavam à Câmara Municipal por cada teiga que assentavam no mercado.

ME.A.LHEI.RO, s.m., cofrezinho com uma fresta na parte superior, para introduzir moedas, com a finalidade de fazer uma poupança.

ME.AN.DRO, s.m., curva, sinuosidade de um curso d'água.

ME.ÃO, adj., que tem estatura mediana, que tem tamanho médio.

ME.AR, v.t., int. e pron., dividir em duas partes, repartir um bem por dois herdeiros.

ME.Á.TI.CO, adj., que diz respeito a meato.

ME.A.TO, s.m., pequeno canal, pequeno duto, conduto.

ME.CA.NAL, adj. 2 gên. e s.m., Art. Gráf., certo tipo de letra para impressão, retangular e serifado.

ME.CÂ.NI.CA, s.f., estudo dos movimentos e das forças; a habilidade de trabalhar com motores, peças e engenhos.

ME.CA.NI.CIS.MO, s.m., o conjunto de peças que atuam em uma máquina.

ME.CA.NI.CIS.TA, s. 2 gên., seguidor do mecanicismo.

ME.CÂ.NI.CO, adj., que é feito manualmente; próprio da mecânica, feito de modo autômato; s.m., quem trabalha com mecânica; operário.

ME.CÂ.NI.CO-E.LE.TRI.CIS.TA, s.m., Mec., profissional que opera com mecânica elétrica.

ME.CA.NIS.MO, s.m., conjunto que constitui uma máquina, um aparelho etc., maquinismo; organização de um todo; técnica.

ME.CA.NIS.TA, adj. 2 gên., relativo a mecanismo; Fil. o mesmo que mecanicista; p.us., matemático.

ME.CA.NI.ZA.ÇÃO, s.f., uso de máquinas para os trabalhos, gesto inconsciente.

ME.CA.NI.ZA.DO, adj., com máquinas para uso em todo o trabalho.

ME.CA.NI.ZAR, v.t., colocar máquinas no lugar de, fazer ou repetir um gesto de modo inconsciente.

ME.CA.NI.ZÁ.VEL, adj., que pode ser mecanizado.

ME.CA.NO.GRA.FAR, v.t. e int., ver datilografar; ant., analisar ou classificar por meio de mecanografia.

ME.CA.NO.GRA.FI.A, s.f., estudo do uso do teclado da máquina de escrever, habilidade no manejo do teclado de máquinas de escrever e computadores.

ME.CA.NO.GRÁ.FI.CO, adj., relativo a mecanografia ou mecanógrafo.

ME.CA.NO.GRA.FIS.TA, s. 2 gên., o mesmo que mecanógrafo.

ME.CA.NÓ.GRA.FO, s.m., especialista, técnico ou profissional que trabalha em mecanografia; o que fabrica máquinas de escrever e aparelhos similares; esse aparelho; ant., datilógrafo.

ME.CA.NO.GRA.MA, s.m., escrita obtida com mecanógrafo.

ME.CA.NOR.RE.CEP.TOR, adj. e s.m., diz-se de, ou o receptor que é próprio para reagir a estímulos mecânicos, como movimento, alteração de pressão, tensão, etc.

ME.CA.NO.TE.RA.PI.A, s.f., tratamento de doenças por intermédio de máquinas.

ME.CA.NO.TE.RÁ.PI.CO, adj., relativo a mecanoterapia.

MEDIADOR

ME.CA.NO.TI.PI.A, s.f., Art. Gráf., utilização de máquinas em processo de composição.

ME.ÇAS, s.f., pl., ato ou efeito de medir; cotejo; medição.

ME.CA.TRE.FE, s.m., o mesmo que melcatrefe ou mequetrefe (q.v.).

ME.CA.TRÔ.NI.CA, s.f., Eng. Elet., ramo da engenharia que liga a eletrônica e a informática a processos mecânicos.

ME.CA.TRÔ.NI.CO, adj., relativo a mecatrônica; diz-se de profissional especializado em mecatrônica.

ME.CÊ, pron.pess., bras., pop., o mesmo que você.

ME.CE.NA.DO, s.m., qualidade, título, papel de mecenas.

ME.CE.NAS, s.m., pessoa que ajuda os artistas, quem protege as artes.

ME.CE.NA.TIS.MO, s.m., prática, uso, domínio do mecenado.

ME.CÊ.NI.CO, adj., relativo a ou próprio de mecenas.

ME.CHA, s.f., fio torcido para ser aceso na lamparina; tufo de cabelo que não segue a norma geral dos outros cabelos; madeixa.

ME.CHA.DO, adj., que se mechou, que tem mecha ou mechas coloridas, tingidas.

ME.CHA.GEM, s.f., operação de dar a mecha.

ME.CHAR, v.t., Enol., defumar (tonel ou pipa) com mecha; fazer mechas ou reflexos (nos cabelos); Carp., encaixar (peça de madeira) usando mecha.

ME.CHEI.RO, s.m., bico de candeia ou do candeeiro por onde se enfia a mecha ou torcida; aquele que faz mechas.

ME.CO.NA.TO, s.m., Quím., sal do ácido mecônico.

ME.CO.NI.AL, adj., que diz respeito ao mecônio.

ME.CÔ.NIO, s.m., Fisiol., primeira evacuação do recém-nascido; substância esverdeada extraída da papoula.

ME.DA, s.f., montão de feixes de palha, trigo, etc., dispostos em forma cônica; adj. e s.m., o mesmo que medo (da Média, Ásia Central).

ME.DA.LHA, s.f., objeto metálico, de várias formas, com efígies, dizeres, para comemorar fatos ou para fins religiosos; prêmio de concursos, insígnia.

ME.DA.LHA.DO, adj., que recebeu medalha; condecorado; cunhado em medalha.

ME.DA.LHÃO, s.m., medalha grande; fig., indivíduo que só tem fama, sem as habilidades certas.

ME.DA.LHAR, v.t., gravar e comemorar em medalha; honrar com medalha.

ME.DA.LHÁ.RIO, s.m., lugar para colocar medalhas.

ME.DA.LHIS.TA, s. 2 gên., perito, especialista em medalhas.

ME.DA.LHÍS.TI.CA, s.f., estudo de medalhas, moedas e ordens honoríficas.

ME.DÃO, s.m., grande medo.

MÉ.DÃO, s.m., monte de areia, ger. perto da costa; duna.

ME.DEI.XES, s.m., pl., bras., desdém ou desprendimento pela pessoa que nos fala ou procura, especialmente quando fingido.

ME.DÉ.TE.RO, s.m., Zool., gênero de insetos coleópteros dolicopódidas.

MÉ.DIA, s.f., o resultado da soma de vários valores; xícara de tamanho médio com café; quanto é necessário para ser aprovado.

ME.DI.A.ÇÃO, s.f., intervenção, intermediação, ligação de duas partes.

ME.DI.A.DO, adj., intercedido, intermediado.

ME.DI.A.DOR, s.m., quem intermedeia, intercessor; fig., árbitro.

MEDIAL / MEDITÁVEL

ME.DI.AL, *adj.*, que está no meio, que fica no meio.

ME.DI.A.NA, *s.f.*, Geom., segmento de reta que, em um triângulo retângulo, une o vértice ao ponto médio do lado oposto.

ME.DI.A.NEI.RO, *s.m.*, mediador, intercessor.

ME.DI.A.NI.DA.DE, *s.f.*, qualidade, estado, posição de mediano; mediania.

ME.DI.A.NIZ, *s.f.*, Tipogr., espaço em branco entre duas páginas adjacentes, junto à costura.

ME.DI.A.NO, *adj.*, posto no meio, medíocre, médio, tíbio.

ME.DI.AN.TE, *prep.*, por meio de, por ação de.

ME.DI.AR, *v.t.*, dividir em duas partes iguais, intervir, ficar no meio, arbitrar.

ME.DI.A.RIZ, *s.f.*, perpendicular para o meio de um segmento de reta.

ME.DI.AS.TI.NO, *s.m.*, Anat., região do tórax que compõe, nas partes laterais, os pulmões; à frente, o esterno; embaixo, o diafragma, e atrás, a coluna vertebral.

ME.DI.A.TÁ.RIO, *adj.* e *s.m.*, medianeiro; intercessor.

ME.DI.Á.TI.CO, *adj.*, o mesmo que midiático.

ME.DI.A.TI.ZA.DO, *adj.*, o mesmo que midiatizado.

ME.DI.A.TI.ZAR, *v.t.*, Com., ver midiatizar.

ME.DI.A.TO, *adj.*, mais distante, próximo de terceira coisa, após a vizinha.

ME.DI.A.TOR, *adj.* e *s.m.*, *des.*, mediador.

ME.DI.A.TRIZ, *s.f.*, Geom., perpendicular que corta ao meio um segmento de reta.

MÉ.DI.CA, *s.f.*, mulher que exerce a medicina por formação universitária e diploma.

ME.DI.CA.ÇÃO, *s.f.*, ação ou efeito de medicar, tratamento médico.

ME.DI.CA.DO, *adj.*, tratado, remediado.

ME.DI.CAL, *adj.*, que se refere a médico, próprio da Medicina.

ME.DI.CA.LI.ZA.ÇÃO, *s.f.*, Med., ato ou efeito de medicalizar; medicação; medicamentação.

ME.DI.CA.LI.ZAN.TE, *adj.*, Med., que medicaliza; que tem a tendência de receitar remédios.

ME.DI.CA.MEN.TA.ÇÃO, *s.f.*, ação ou efeito de medicamentar, tratamento.

ME.DI.CA.MEN.TAR, *v.t.* e *pron.*, tratar com remédios.

ME.DI.CA.MEN.TO, *s.m.*, remédio, medicina, o que se consome contra doença.

ME.DI.CA.MEN.TO.SO, *adj.*, relativo a remédio; que possui as propriedades de um remédio; que foi provocado pelo efeito negativo de um remédio.

ME.DI.CAN.DO, *adj.* e *s.m.*, que ou o que vai ser medicado, que vai sofrer medicação.

ME.DI.CAN.TE, *adj.*, que medica.

ME.DI.ÇÃO, *s.f.*, ato ou efeito de medir, medida.

ME.DI.CAR, *v.t.*, *int.* e *pron.*, dar remédio a, tratar com medicamento.

ME.DI.CA.TRIZ, *adj.*, que cura, que tem virtudes curativas.

ME.DI.CÁ.VEL, *adj.*, que pode ser medicado.

ME.DI.CEN.SE, *s. 2 gên.*, indivíduo nascido ou que vive em Presidente Médici (MA); *adj. 2 gên.*, de Presidente Médici; típico dessa cidade ou de seu povo.

ME.DI.CI.NA, *s.f.*, ciência de curar o ser humano de suas doenças; profissão de médico.

ME.DI.CI.NAL, *adj.*, que se refere à Medicina, que cura.

ME.DI.CLÍ.NIO, *s.m.*, Astr., parte do astrolábio em que estão as pênulas.

MÉ.DI.CO, *s.m.*, profissional de Medicina, doutor, clínico.

MÉ.DI.CO-HOS.PI.TA.LAR, *adj. 2 gên.*, Med., relativo à medicina que se exerce em hospitais.

MÉ.DI.CO-LE.GAL, *adj.*, próprio da Medicina Legal, medicina conforme a lei.

MÉ.DI.CO-LE.GIS.TA, *s. 2 gên.*, médico que pratica a Medicina Legal, emitindo laudos legais.

ME.DI.CO.MA.NI.A, *s.f.*, mania de tratar de medicina, de medicar, sem haver feito os necessários estudos.

ME.DI.CO.MA.NÍ.A.CO, *adj.*, que diz respeito à medicomania; *s.m.*, o que tem medicomania.

MÉ.DI.CO-MOR, *s.m.*, o médico principal; arquiatro; médico-chefe.

ME.DI.CO.SO, *adj.*, Med., o mesmo que medicinal.

MÉ.DI.CO-VE.TE.RI.NÁ.RIO, *adj.*, que diz respeito à Medicina Veterinária.

ME.DI.DA, *s.f.*, medição, proporção, modelo, lei, norma assumida, expediente.

ME.DI.DA.GEM, *s.f.*, trabalho de medir; pagamento desse trabalho; quantidade ou parte de um medicamento medido.

ME.DI.DO, *adj.*, que se mediu; se calculou; calculado; moderado; ponderado; prudente.

ME.DI.DOR, *s.m.*, quem mede, aparelho que mede.

ME.DI.E.VAL, *adj.*, próprio da Idade Média.

ME.DI.E.VA.LES.CO, *adj.*, relativo à Idade Média; medieval.

ME.DI.E.VA.LIS.MO, *s.m.*, ideias, culturas, tradições e estratégias surgidas e desenvolvidas em todos os campos de ação durante a Idade Média.

ME.DI.E.VA.LIS.TA, *s. 2 gên.*, especialista em medievalismo.

ME.DI.E.VIS.TA, *s. 2 gên.*, pessoa versada na Literatura e Arqueologia da Idade Média.

ME.DI.E.VO, *adj.*, medieval.

MÉ.DIO, *adj.*, mediano; medíocre; o meio de dois pontos; posição de jogador de futebol.

ME.DI.O.CRÁ.TI.CO, *adj.*, Pol., relativo a mediocracia ou a mediocrata.

ME.DÍ.O.CRE, *adj.*, mediano, que fica entre o mau e o bom; razoável, que tem pouco merecimento.

ME.DI.O.CRI.DA.DE, *s.f.*, situação do mediocre, medianidade.

ME.DI.O.CRI.ZA.ÇÃO, *s.f.*, ato ou efeito de mediocrizar(-se).

ME.DI.O.CRI.ZA.DOR, *adj.* e *s.m.*, que ou o que mediocriza.

ME.DI.O.CRI.ZAN.TE, *adj. 2 gên.*, que torna ou contribui para tornar medíocre.

ME.DI.O.CRI.ZAR, *v.t.*, tornar (-se) medíocre; vulgarizar (-se); banalizar (-se).

ME.DI.O.DOR.SAL, *adj.*, que se situa no meio do dorso, das costas.

ME.DI.O.DOR.SO, *s.m.*, parte média do dorso; meio das costas.

ME.DIR, *v.t.* e *pron.*, tirar as medidas de, avaliar o tamanho, calcular a dimensão, avaliar, julgar, equacionar.

ME.DI.TA.BUN.DO, *adj.*, que medita sempre, meditativo.

ME.DI.TA.ÇÃO, *s.f.*, reflexão, contemplação, concentração.

ME.DI.TA.DO, *adj.*, refletido, contemplado, concentrado.

ME.DI.TA.DOR, *adj.* e *s.m.*, que ou aquele que medita, que pensa; Rel., pessoa que pratica a meditação.

ME.DI.TAR, *v.t.* e *int.*, pensar profundamente, raciocinar, cogitar, concentrar o pensamento em um ponto único, para purificar a mente e elevar-se até Deus.

ME.DI.TÁ.VEL, *adj. 2 gên.*, que é digno de ser tema de meditação.

MEDITATIVO ··· 550 ··· **MEIA-LUA**

ME.DI.TA.TI.VO, *adj.*, que raciocina, que pensa, que medita.
ME.DI.TER.RÂ.NEO, *adj.*, próprio do mar ou da região do Mediterrâneo.
ME.DI.TER.RÂ.NI.CO, *adj.*, Geog., relativo ao mar Mediterrâneo; que se encontra ou se localiza no litoral desse mar.
MÉ.DIUM, *s. 2 gên.*, pessoa que tem a faculdade de servir como intermediária entre os seres vivos e os espíritos.
ME.DI.Ú.NI.CO, *adj.*, relativo a médium ou às suas faculdades de medianeiro; medianímico.
ME.DI.U.NI.DA.DE, *s.f.*, qualidade de médium.
ME.DI.U.NIS.MO, *s.m.*, Rel., conjunto de conhecimentos a respeito da mediunidade.
ME.DI.VAL.VU.LAR, *adj.*, Bot., diz-se dos septos que partem do meio das válvulas para o eixo dos frutos.
ME.DÍ.VEL, *adj.*, que se pode medir, mensurável.
ME.DO, *s.m.*, falta de coragem, receio, pavor, temor.
ME.DO.NHO, *adj.*, apavorante, amedrontador, horrendo, que causa medo.
ME.DOS, *s.m. e pl.*, povo da região chamada Média, antigo reino asiático, entre o Cáspio e a Pérsia.
ME.DRA.DO, *adj.*, que medrou, cresceu; que se desenvolveu.
ME.DRAN.ÇA, *s.f.*, ato ou efeito de medrar; em estado de crescimento, *fig.*, melhoramento; progresso.
ME.DRAN.ÇO.SO, *adj.*, que vai medrando; que tem medrança.
ME.DRAN.TE, *adj.*, que medra; crescente.
ME.DRAR, *v.t. e int.*, crescer, brotar, desenvolver-se, aumentar, amadurecer.
ME.DRIN.CAS, *s. 2 gên.*, pessoa que tem medo de tudo; cagarolas.
ME.DRI.O, *s.m.*, ato de medrar, medra, medrança, progresso, desenvolvimento.
ME.DRO.NHAL, *s.m.*, local em que nascem medronhos; ervedal.
ME.DRO.NHEI.RO, *s.m.*, Bot., planta arborescente da família das ericáceas (*Arbutus unedo*), que produz um fruto muito semelhante ao morango.
ME.DRO.NHO, *s.m.*, fruto do medronheiro.
ME.DRO.SO, *adj.*, cheio de medo, apavorado, temeroso.
ME.DU.LA, *s.f.*, substância pastosa contida no interior dos ossos, sobretudo no interior das vértebras da espinha dorsal; âmago, íntimo.
ME.DU.LAR, *adj.*, que se refere à medula.
ME.DU.LI.TE, *s.f.*, Med., inflamação da medula dos ossos.
ME.DU.LI.ZA.ÇÃO, *s.f.*, Med., produção excessiva de medula dos ossos, em prejuízo do tecido ósseo.
ME.DU.LO.SO, *adj.*, Anat., relativo à medula; medular.
ME.DU.SA, *s.f.*, animal marinho com corpo gelatinoso.
ME.DU.SA.DO, *adj.*, Mit., relativo a ou próprio de Medusa; p.ext., que foi petrificado ou magnetizado.
ME.DU.SI.NO, *adj.*, Mit., relativo ou semelhante à Medusa, figura da mitologia grega, petrificado.
ME.DU.SOI.DE, *adj. 2 gên.*, Mit., que tem forma de, ou que se assemelha à Medusa.
ME.EI.RO, *adj.*, divisível ao meio, herdeiro da metade de um conjunto de bens; *s.m.*, agricultor que planta na terra de outrem e recebe a metade da colheita.
ME.FIS.TÓ.FE.LES, *s.m.*, satã, lúcifer, demônio, diabo, capetá; *fig.*, tipo perverso e mentiroso; imagem da mentira, calúnia e safadeza.

ME.FIS.TO.FÉ.LI.CO, *adj.*, que se refere a Mefistófeles - o diabo, diabólico, demoníaco, perverso, mau.
ME.FI.TI.CA.MEN.TE, *adv.*, de uma maneira mefítica.
ME.FÍ.TI.CO, *adj.*, diz-se do que cheira mal, do que é pestilento, fétido.
ME.FI.TIS.MO, *s.m.*, qualidade ou característica do que é mefítico; pestilência; fetidez; p.us., Med., enfermidade contraída pela exalação de materiais fétidos.
ME.GA.FO.NE, *s.f.*, alto-falante portátil para levar a voz ao longe.
ME.GA.LÍ.TI.CO, *adj.*, diz-se de dólmen, menir e outros monumentos de pedra atribuídos aos druidas, feitos de uma grande pedra.
ME.GÁ.LI.TO, *s.m.*, pedra grande do neolítico, como menires e dolmens; pedra imensa.
ME.GA.LO.CE.FA.LI.A, *s.f.*, Anat., condição de quem tem o crânio exageradamente grande; macrocefalia.
ME.GA.LO.CÉ.FA.LO, *adj.*, que tem a cabeça enorme, desproporcional ao corpo; macrocéfalo.
ME.GA.LO.MA.NI.A, *s.f.*, psicose de quem só pensa em grandeza.
ME.GA.LO.MA.NÍ.A.CO, *adj.*, que sofre de megalomania.
ME.GA.LÔ.MA.NO, *adj., s.m.*, o mesmo que megalomaníaco.
ME.GA.LÓ.PO.LE, *s.f.*, grande cidade, metrópole; região grande de várias cidades.
ME.GA.LOS.CO.PI.A, *s.f.*, emprego do megaloscópio.
ME.GÁ.ME.TRO, *s.m.*, aparelho para medir as distâncias angulares entre dois astros.
ME.GA.NHA, *s. 2 gên., pop., depr.*, policial, representante da polícia.
ME.GAS.CÓ.PI.O, *s.m.*, Ópt., instrumento óptico que projeta em tela a imagem aumentada de um objeto.
ME.GÁS.PO.RO, *s.m.*, Bot., esporo assexuado, formado nas gimnospermas e em certas pteridófitas.
ME.GAS.SIS.MO, *s.m.*, Geol., sismo de grande amplitude de vibrações.
ME.GA.TÉ.RIO, *s.m.*, Pal., nome dado às preguiças-gigantes do gên. Megatherium, da América do Sul e do Norte, nos períodos Mioceno e Plistoceno.
ME.GE.RA, *s.f.*, bruxa, feiticeira, mulher má, mulher cruel, mulher maldosa.
MEI.A, *s.f.*, peça de tecido para envolver os pés e parte da perna.
MEI.A-Á.GUA, *s.f.*, casa com um único telhado inclinado; casinha, casebre.
MEI.A-AR.MA.DOR, *s.m.*, no futebol, o jogador do meio de campo.
MEI.A-BO.CA, *adj.*, reduzido, pequeno, diminuto.
MEI.A-CAL.ÇA, *s.f.*, meia feminina que vai até a cintura.
MEI.A-CAN.CHA, *s.f., bras.*, Fut., ver meio de campo.
MEI.A-CA.NE.LA, *adj.*, que é diminuto; que não satisfaz ao desejado.
MEI.A-EN.TRA.DA, *s.f.*, ingresso vendido pela metade do preço para estudantes ou outras pessoas.
MEI.A-ES.QUER.DA, *s. 2 gên.*, no futebol, o jogador colocado entre o ponta-esquerda e o centro.
MEI.A-ES.TA.ÇÃO, *s.f.*, época do ano situada entre estações com clima ameno.
MEI.A-I.DA.DE, *s.f.*, idade que se situa no meio de uma vida, entre 40 e 50 anos.
MEI.A-LU.A, *s.f.*, fase lunar, quando o satélite é visto só

pela metade; semicírculo, metade de uma roda.
MEI.A-LUZ, *s.f.*, pouca luz, penumbra.
MEI.A-NOI.TE, *s.f.*, zero hora, momento divisório da noite toda.
MEI.A-PA.TA.CA, *s.f.*, moeda antiga que valia 160 réis; *fig.*, quantia insignificante; ninharia; *bras.*, Zool., o mesmo que alma-de-gato.
MEI.AS, *s.f.* e *pl.*, Jur., contrato em que ganhos e perdas são divididos igualmente entre as partes contratantes.
MEI.A-SO.LA, *s.f.*, conserto na parte anterior da sola do sapato; qualquer conserto precário, ajuste provisório.
MEI.A-TA.ÇA, *s.f.*, tipo de sutiã, cuja forma se assemelha a uma taça cortada ao meio.
MEI.A-TI.GE.LA, *s.f.*, *expr.* - de meia-tigela: insignificante.
MEI.A-VOL.TA, *s.f.*, virada na direção; contravolta, mudança de direção, mudança de rumo.
MEI.A-VOZ, *s.f.*, tom de voz mais baixo, entre o tom normal e o sussurro.
MEI.GO, *adj.*, suave, amável, afetuoso, terno, carinhoso.
MEI.GUI.CE, *s.f.*, suavidade, ternura, carinho, brandura.
MEI.O, *adj.*, igual à metade, médio; *s.m.*, metade, centro, ponto eqüidistante de todos os outros; meio ambiente, todas as condições de vida dos seres em um local; alternativas, caminho.
MEI.O-BUS.TO, *s.m.*, efígie ou retrato esculpido nas medalhas ou nos dinheiros e que de ordinário consta apenas de cabeça e pescoço.
MEI.O-CAM.PIS.TA, *adj. 2 gên* e *s. 2 gên.*, Fut., diz-se de, ou o jogador que atua no meio-campo, fazendo a ligação entre a defesa e o ataque.
MEI.O-CAM.PO, *s.m.*, Fut., a parte central do campo.
MEI.O-COR.PO, *s.m.*, diz-se da metade superior de uma figura humana; a parte que vai desde do alto da cabeça até a cintura; busto.
MEI.O-DI.A, *s.m.*, doze horas, divisão do dia em duas metades.
MEI.O-FI.O, *s.m.*, fileira de pedras colocadas entre a calçada e a rua.
MEI.O-IR.MÃO, *s.m.*, irmão apenas por parte do pai ou da mãe.
MEI.O-PE.SA.DO, *adj. 2 gên.* e *s. 2 gên.*, Esp., diz-se de, ou a categoria do boxe, judô, etc., na qual o lutador pesa ger. de 90 a 100 kg; esse lutador.
MEI.O-QUI.LO, *s.m.*, *bras.*, *pop.*, indivíduo baixinho.
MEI.O-RE.LE.VO, *s.m.*, figuras ou ornamentos que esculpidos ou fundidos sobre um plano apresentam em saliência metade do seu vulto; *fig.*, pessoa de meio-relevo, pessoa sem caráter determinado.
MEI.O-SO.PRA.NO, *s.m.*, Mús., tom situado entre o soprano e o contralto; *s. 2 gên.*, pessoa que canta nesse tom.
MEI.O-TEM.PO, *s.m.*, intervalo numa partida de jogo físico, na metade do tempo todo a jogar.
MEI.O-TER.MO, *s.m.*, média, tom ou modo médio de fazer algo.
MEI.Ó.TI.CO, *adj.*, Cit., Gen., que se refere a meiose; alotípico.
MEI.O-TOM, *s.m.*, de maneira suave, sem exagero.
MEI.RI.NHA.DO, *s.m.*, o ofício de meirinho; jurisdição de um meirinho.
MEI.RI.NHAR, *v.int.*, exercer as funções de meirinho.
MEI.RI.NHO, *s.m.*, designação antiga dos oficiais de justiça.
MEI.ZI.NHA, *s.f.*, NE, *pop.*, ver mezinha.
MEL, *s.m.*, produto das abelhas; substância muito doce que as abelhas preparam nas colmeias; *fig.*, muita doçura; algo muito gostoso.
ME.LA, *s.f.*, doença dos vegetais que impede o desenvolvimento de seus frutos; prostração física.
ME.LA.ÇO, *s.m.*, líquido pastoso, derivado do açúcar ao se secar.
ME.LA.CO.NIS.MO, *s.m.*, Miner., óxido natural de cobre em massas de terra negras.
ME.LA.DO, *adj.*, muito doce; *s.m.*, garapa de cana-de-açúcar já cozida, ao se transformar em açúcar.
ME.LA.DOR, *s.m.*, *bras.*, o que se ocupa de tirar mel nas matas.
ME.LA.GE.NI.NA, *s.f.*, Med., substância us. para o tratamento do vitiligo.
ME.LAL.GI.A, *s.f.*, Med., dor nos membros, superiores ou inferiores.
ME.LAN.CI.A, *s.f.*, planta rasteira que produz a melancia; fruta de cor verde por fora e vermelha ou amarela por dentro, doce e suculenta.
ME.LAN.CI.AL, *s.m.*, plantação de melancias, roçado de melancias.
ME.LAN.CI.EI.RA, *s.f.*, Bot., o mesmo que melancia; mulher que vende melancias.
ME.LAN.CI.EI.RO, *s.m.*, vendedor de melancia.
ME.LAN.CO.LI.A, *s.f.*, tristeza, abatimento.
ME.LAN.CÓ.LI.CO, *adj.*, triste, tristonho, acabrunhado, abatido.
ME.LAN.CO.LI.ZA.DO, *adj.*, que se tornou melancólico.
ME.LAN.CO.LI.ZA.DOR, *adj.*, que causa melancolia.
ME.LAN.CO.LI.ZAN.TE, *adj. 2 gên.*, que tende a provocar melancolia.
ME.LAN.CO.LI.ZAR, *v.t.* e *pron.*, tornar melancólico, acabrunhar.
ME.LA.NÉ.SIO, *s.m.*, natural ou habitante da Melanésia (arquipélago da Oceania); Gloss., o grupo de dialetos da Melanésia, *adj.*, da Melanésia; típico desse país ou de seu povo.
ME.LÂ.NI.CO, *adj.*, diz-se de certo ácido da urina; relativo a melanina.
ME.LA.NI.NA, *s.f.*, substância escura que se acha na pele, em pelos e até em algum tumor.
ME.LA.NIS.MO, *s.m.*, Fisiol., coloração negra ou parda carregada da pele; opõe-se ao albinismo.
ME.LA.NI.ZAR, *v.t.*, tornar escuro.
ME.LA.NÓ.CI.TO, *s.m.*, Biol., célula da epiderme que possui melanina e sintetiza tirosina.
ME.LA.NO.DER.MI.A, *s.f.*, Derm., aumento da melanina, acarretando o escurecimento da pele.
ME.LA.NO.MA, *s.m.*, tumor da cútis, com coloração escurecida.
ME.LA.NOR.REI.A, *s.f.*, Bot., nome das plantas do gên. *Melanorrhoea*, da fam. das anacardiáceas; Med., presença de sangue nas fezes.
ME.LA.NO.SE, *s.f.*, cor escura da pele.
ME.LA.NÓS.TO.LA, *s.f.*, Zool., gênero de insetos coleópteros heterômeros.
ME.LA.NÚ.RIA, *s.f.*, emissão de urina escurecida ou azul-escura.
ME.LÃO, *s.m.*, fruto do meloeiro, fruto de cor amarela ou amarelada, com muitas sementes e de bom sabor.

MELAR — MEMBRANÁCEO

ME.LAR, *v.t., int.* e *pron.*, colocar mel em, adoçar muito; perturbar, estragar, lambuzar.

ME.LE.CA, *s.f., pop.*, catarro, mucosa das fossas nasais.

ME.LEI.RA, *s.f.*, colmeia de abelhas silvestres; colmeia, casa de abelhas.

ME.LEI.RO, *s.m.*, produtor de mel, vendedor de mel.

ME.LE.NA, *s.f.*, cabelo solto; cabelos longos e soltos pelas costas.

ME.LE.QUEN.TO, *adj., pop.*, cujo nariz é sujo de meleca; p.ext., substância pegajenta; *fig.*, piegas.

ME.LHOR, *adj.*, que é superior a outro pela bondade; preferido, privilegiado.

ME.LHO.RA, *s.f.*, melhoramento, diminuição de uma situação ruim, melhoria.

ME.LHO.RA.DA, *s.f.*, melhoria.

ME.LHO.RA.DO, *adj.*, que foi mudado para melhor.

ME.LHO.RA.DOR, *adj.*, que muda para melhor; *s.m.*, aquilo que faz mudar para melhor.

ME.LHO.RA.MEN.TO, *s.m.*, melhoria, diminuição de algo ruim.

ME.LHO.RAR, *v.t.* e *pron.*, ficar em situação confortável, obter mais saúde.

ME.LHO.RAS, *s.f., pl.*, votos de recuperação na saúde.

ME.LHO.RA.TI.VO, *adj.*, que encerra melhoria ou conceito favorável.

ME.LHO.RÁ.VEL, *adj. 2 gên.*, que pode ser melhorado.

ME.LHO.RI.A, *s.f.*, melhoramento, melhora.

ME.LI.AN.TE, *s.m.*, malfeitor, malandro, assaltante, ladrão.

ME.LÍ.FE.RO, *adj.*, que produz mel, que faz mel, que é doce como o mel.

ME.LI.FI.CA.ÇÃO, *s.f.*, adoçamento, gosto de mel.

ME.LI.FI.CA.DOR, *s.m.*, vaso de folha ou de cobre onde se aquecem os favos ao sol para irem largando o mel.

ME.LI.FI.CAR, *v.t.* e *int.*, produzir mel, colocar muito açúcar em, adoçar muito.

ME.LI.FLU.EN.TAR, *v.t.*, tornar melifluo; tornar suave.

ME.LI.FLUI.DA.DE, *s.f.*, doçura, maviosidade.

ME.LÍ.FLUO, *adj.*, doce como mel, que flui como o mel; doce, meigo, suave.

ME.LIN.DRA.DO, *adj.*, que se melindrou, que se ofendeu; que ficou ressentido.

ME.LIN.DRAN.TE, *adj.*, que melindra.

ME.LIN.DRAR, *v.t.*, ofender, magoar, afligir.

ME.LIN.DRÁ.VEL, *adj. 2 gên.*, que é suscetível de ficar melindrado; que se magoa com facilidade.

ME.LIN.DRE, *s.m.*, ofensa, mágoa, aflição.

ME.LIN.DRI.CE, *s.f.*, qualidade de quem se magoa com facilidade.

ME.LIN.DRO.SO, *adj.*, afetivo, suscetível, que se ofende facilmente.

ME.LI.NI.TE, *s.f.*, substância explosiva, preparada com ácido pícrico.

ME.LI.O.RA.TI.VO, *adj.*, que envolve melhoria, melhorativo.

ME.LI.PO.NÍ.DEOS, *s.m., pl.*, a família dos insetos que compreende as abelhas.

ME.LIS.MA, *s.m.*, Mús., trecho de melodia de canto gregoriano; nota ou conjunto de notas que se inclui numa melodia; ornamento.

ME.LIS.SA, *s.f.*, planta de horta usada para chás calmantes.

ME.LI.TA, *s.f.*, Zool., gênero de crustáceos anfípodes, que são camarões dos mares frios; Miner., mineral orgânico, que é um melato de alumínio hidratado.

ME.LI.TO.LO.GIS.TA, *adj. 2 gên.* e *s. 2 gên.*, diz-se de, ou o entomologista que se dedica a estudar o comportamento das abelhas; melitólogo.

ME.LÍ.VO.RO, *adj.*, que se alimenta de mel.

ME.LO.DI.A, *s.f.*, grupo de sons, sonoridade, sons suaves e agradáveis.

ME.LO.DI.AR, *v.t., int.* e *pron.*, fazer uma melodia, harmonizar, tornar suave.

ME.LÓ.DI.CO, *adj.*, relativo a melodia, melodioso.

ME.LO.DI.O.SO, *adj.*, sonoro, agradável, harmonioso.

ME.LO.DIS.MO, *s.m.*, Mús., predominância do caráter melódico em uma composição musical.

ME.LO.DIS.TA, *adj. 2 gên.*, Mús., relativo a melodismo que é adepto do melodismo que compõe, canta ou toca melodias; *s. 2 gên.*, Mús., indivíduo melodista.

ME.LO.DI.ZAR, *v.t.*, tornar melodioso; suavizar o som de; melodiar.

ME.LO.DRA.MA, *s.m.*, representação teatral ou filme, que busca as emoções dos presentes ou espectadores.

ME.LO.DRA.MAR, *v.t.*, fazer melodrama de; melodramatizar.

ME.LO.DRA.MÁ.TI.CO, *adj.*, sentimentalista, sensibilizado.

ME.LO.DRA.MA.TUR.GI.A, *s.f.*, Teat., arte e técnica de escrever e representar melodramas.

ME.LO.DRA.MA.TUR.GO, *s.m.*, o que compõe melodramas.

ME.LO.EI.RO, *s.m.*, planta rasteira que produz o melão.

ME.LÓ.FI.LO, *adj.* e *s.m.*, que(m) gosta de música.

ME.LO.FO.BI.A, *s.f.*, aversão por música ou melodia.

ME.LO.FÓ.BI.CO, *adj.* e *s.m.*, ver musicofóbico.

ME.LÓ.FO.BO, *adj.* e *s.m.*, que(m) tem aversão por música.

ME.LO.FO.NE, *s.m.*, instrumento de sopro com sons parecidos aos da guitarra; var., melofono.

ME.LO.GRA.FI.A, *s.f.*, a habilidade de compor música.

ME.LÓ.GRA.FO, *adj.* e *s.m.*, compositor de música.

ME.LO.GRA.MA, *s.m.*, música gravada; aquilo em que está gravada.

ME.LO.MA.NI.A, *s.f.*, quem está excessivamente apegado à música.

ME.LO.MA.NÍ.A.CO, *adj.*, que se refere a melomania.

ME.LÔ.MA.NO, *adj.* e *s.m.*, quem tem tendência exagerada para com a música; musicomaníaco.

ME.LO.PEI.A, *s.f.*, concerto musical para acompanhar uma declamação; música lenta e monótona.

ME.LO.PLAS.TI.A, *s.f.*, Cir., cirurgia plástica ou reparadora dos membros superiores e/ou inferiores; cirurgia plástica ou reparadora das bochechas; melonoplastia.

ME.LO.SI.DA.DE, *s.f.*, qualidade, característica ou estado de meloso.

ME.LO.SO, *adj.*, com mel, muito doce, dulcíssimo, que se gruda nas pessoas.

MEL.RO, *s.m.*, pássaro originário da Europa, de plumagem preta e bico amarelo e canto mavioso.

MEL.RO.A.DO, *adj.*, diz-se de cavalo que tem a cor negra brilhante do melro.

MEM.BE.CA, *adj. 2 gên., bras.*, de consistência mole; tenro; *s.f., bras.*, Bot., planta herbácea da fam. das gramíneas (*Paspalum repens*), que ocorre nas regiões tropicais e subtropicais das Américas.

MEM.BRA.NA, *s.f.*, tecido que envolve partes do corpo; pele fina, película.

MEM.BRA.NÁ.CEO, *adj.*, que tem forma de membrana.

MEM.BRA.NI.FOR.ME, *adj.,* que tem a forma de membrana.
MEM.BRA.NO.SO, *adj.,* que tem membranas.
MEM.BRA.NU.DO, *adj.,* provido de grandes membranas.
MEM.BRÂ.NU.LA, *s.f.,* pequena membrana.
MEM.BRO, *s.m.,* partes do corpo humano (braços, pernas); participante, sócio; pênis, falo; participante de um grupo, inscrito em uma associação, componente.
ME.MEN.TO, *s.m.,* pequena lembrança, nota para não esquecer algo; um curto aviso; lembrança.
ME.MO.RA.ÇÃO, *s.f.,* o mesmo que comemoração.
ME.MO.RA.DO, *adj.,* lembrado, recordado, memorizado.
ME.MO.RAN.DO, *s.m.,* aviso, lembrete, bilhete escrito, correspondência entre as secções de uma entidade, órgão público, empresa.
ME.MO.RAR, *v.t.,* recordar, lembrar, relembrar, memorizar.
ME.MO.RA.TI.VO, *adj.,* que traz à memória; que é digno de comemoração.
ME.MO.RÁ.VEL, *adj.,* notável, próprio para ficar na memória, famoso.
ME.MÓ.RIA, *s.f.,* lembrança, recordação, qualidade que a pessoa possui de reter fatos, números, pessoas; reminiscências.
ME.MO.RI.AL, *adj.,* que é notável, digno de ser lembrado; *s.m.,* solicitação por escrito de um pedido anterior.
ME.MO.RI.A.LIS.TA, *s. 2 gên.,* quem escreve memórias.
ME.MO.RI.A.LÍS.TI.CA, *s.f.,* Liter., estilo narrativo de cunho memorialístico, que valoriza lembranças pessoais ou coletivas de um ou mais personagens ou do próprio autor da obra; obra nesse estilo.
ME.MO.RI.A.LÍS.TI.CO, *adj.,* relativo a memorialismo, memorialístico.
ME.MÓ.RIAS, *s.f., pl.,* recordações biográficas; reprodução de uma vida.
ME.MO.RI.O.SO, *adj.,* provido de memória; digno de memória; memorável.
ME.MO.RIS.TA, *s. 2 gên.,* autor de memórias; *adj. 2 gên.,* que escreve memórias.
ME.MO.RI.ZA.ÇÃO, *s.f.,* recordação, memória, lembrança.
ME.MO.RI.ZA.DO, *adj.,* recordado, memorado, lembrado.
ME.MO.RI.ZAR, *v.t.,* reter na memória, gravar na mente.
ME.MO.RI.ZÁ.VEL, *adj. 2 gên.,* que se pode memorizar; que é suscetível de ser memorizado.
MÉNAGE, *s.m.,* do fr., conjunto de tarefas domésticas; conjunto (das pessoas da família); o casal, na vida em comum; o lar.
ME.NA.GEM, *s.f.,* Jur., prisão fora do cárcere; liberdade vigiada do prisioneiro; *ant.,* homenagem, tributo.
ME.NAR.CA, *s.f.,* a primeira menstruação nas adolescentes.
ME.NAR.QUI.A, *s.f.,* o mesmo que menstruação.
MEN.ÇÃO, *s.f.,* referência, ação de mencionar, destaque.
MEN.CI.O.NA.DO, *adj.,* referido, falado, dito.
MEN.CI.O.NAR, *v.t.,* referir, trazer à tona, falar de.
MEN.CI.O.NÁ.VEL, *adj. 2 gên.,* que se pode mencionar, digno de ser mencionado.
MEN.DA.CI.DA.DE, *s.f.,* falsidade, mentira, tendência para mentir.
MEN.DAZ, *adj.,* mentiroso, falso.
MEN.DI.CÂN.CIA, *s.f.,* ação de pedir esmola; vida que se mantém com esmolas.
MEN.DI.CAN.TE, *adj. e s. 2 gên.,* esmoleiro, pedinte.
MEN.DI.CI.DA.DE, *s.f.,* condição ou estado de quem é mendigo; vida de mendigo; pobreza, miséria.
MEN.DI.GA.ÇÃO, *s.f.,* ação de mendigar, de pedir esmola pelas portas.
MEN.DI.GA.GEM, *s.f.,* ver mendicidade, qualquer coisa em pequena quantidade ou de pouco valor; bagatela; migalhice; ninharia.
MEN.DI.GAR, *v.t. e int.,* pedir esmolas, viver de esmolas; suplicar, implorar.
MEN.DI.GA.RI.A, *s.f., ant.,* mendicidade.
MEN.DI.GO, *s.m.,* quem pede esmolas, quem vive de esmolas, esmoleiro.
MEN.DO.CI.NO, *s.m.,* pessoa nascida em Mendoza (Argentina); *adj.,* de Mendoza; típico dessa cidade ou de seu povo.
ME.NE.A.DO, *adj.,* mexido, movido, movimentado.
ME.NE.A.DOR, *adj. e s.m.,* mexedor, movedor.
ME.NE.A.MEN.TO, *s.m.,* movimento; ação ou efeito de meneante.
ME.NE.AN.TE, *adj.,* que meneia; maneador.
ME.NE.AR, *v.t. e pron.,* mexer de um lado para o outro, mexer, mover.
ME.NE.Á.VEL, *adj.,* que pode ser maneado; *fig.,* brando, flexível, dócil.
ME.NEI.O, *s.m.,* oscilação, abano.
ME.NES.TREL, *s.m.,* no Trovadorismo, era um poeta e cantor; poeta.
ME.NES.TRIM, *s.m.,* o mesmo que menestrel.
ME.NE.TE.NÉ.RI, *adj. 2 gên.,* Etnol., relativo aos Menetenéris, tribo indígena, de língua aruaque, habitante de montante do Purus; *s. 2 gên.,* indígena dessa tribo.
ME.NI.NA, *s.f.,* criança ou adolescente do sexo feminino; moça, garota; *expr.,* menina dos olhos: a preferida.
ME.NI.NA.DA, *s.f.,* grupo de meninos e meninas.
ME.NI.NA-MO.ÇA, *s.f.,* jovem, garota, menina na fase da puberdade.
ME.NI.NÃO, *s.m.,* rapaz ou homem imaturo, brincalhão e inconsequente.
ME.NI.NEI.RO, *adj.,* que tem aspecto infantil; relativo a menino; meninil; pueril.
ME.NIN.GE, *s.f.,* designação das membranas que envolvem o cérebro e a espinha dorsal.
ME.NÍN.GEO, *adj.,* relativo a meninge, ou dela.
ME.NIN.GI.TE, *s.f.,* inflamação da meninge.
ME.NI.NI.CE, *s.f.,* criancice, infância, puerilidade.
ME.NI.NO, *s.m.,* criança ou adolescente do sexo masculino; rapaz, piá, curumim.
ME.NI.NO.TA, *s.f.,* jovem, mocinha, adolescente.
ME.NI.NO.TE, *s.m.,* menino já crescido; rapazola; rapazote.
ME.NI.PEI.A, *s.f.,* Liter., certo gênero literário satírico, que se caracteriza por situações-limite e opostas.
ME.NIR, *s.m.,* monumento dos celtas, composto por um obelisco de pedra.
ME.NIS.CO, *s.m.,* cartilagem que une a perna com a coxa no joelho.
ME.NIS.COI.DE, *adj.,* que tem forma de menisco.
ME.NIS.CO.TO.MI.A, *s.f.,* Cir. Ort., incisão em menisco.
ME.NO.NIS.TA, *adj. 2 gên. e s. 2 gên.,* o mesmo que menonita.
ME.NO.NI.TA, *s.m.,* Rel., membro de protestantes holandeses derivados dos anabatistas, no séc. XVI, e caracterizado pela simplicidade no vestir, pelo batismo na idade adulta.
ME.NO.PAU.SA, *s.f.,* época na qual cessa a menstruação

na mulher.
ME.NO.PAU.SA.DA, *s.f.*, Med., mulher que já teve a menopausa, a última menstruação.
ME.NO.PAU.SA.DO, *adj.*, Med., que está na menopausa.
ME.NOR, *adj.*, inferior, muito pequeno; *s.m.*, quem não completou dezoito anos de idade.
ME.NO.RI.DA.DE, *s.f.*, parte da vida de quem ainda não completou dezoito anos; minoridade.
ME.NOR.RA.GI.A, *s.f.*, menstruação com fluxo mais forte que o normal.
ME.NOR.RÁ.GI.CO, *adj.*, Med., relativo a menorragia.
ME.NOR.REI.A, *s.f.*, menstruação.
ME.NOR.REI.CO, *adj.*, Med., relativo a menorreia; que apresenta menorreia.
ME.NOS, *adv.*, em menor quantidade, em medida menor, mínimo; *s.m.*, ínfimo, quem está em grau menor.
ME.NOS.CA.BAR, *v.t.*, desprezar, rebaixar, depreciar.
ME.NOS.CA.BO, *s.m.*, desdém, desprezo, escárnio.
ME.NOS.PRE.ÇAR, *v.t.*, des-, menosprezar.
ME.NOS.PRE.ZA.DO, *adj.*, desprezado, desdenhado, rebaixado.
ME.NOS.PRE.ZA.DOR, *adj. e s.m.*, desprezador, desdenhador, arrogante.
ME.NOS.PRE.ZA.MEN.TO, *s.m.*, des-, menosprezo.
ME.NOS.PRE.ZAR, *v.t.*, desprezar, ridicularizar, rebaixar, menoscabar.
ME.NOS.PRE.ZÍ.VEL, *adj.*, em que há menosprezo ou desprezo; que se pode ou deve menosprezar ou desprezar.
ME.NOS.PRE.ZO, *s.m.*, desprezo, menoscabo, depreciação.
ME.NOS.TA.SI.A, *s.f.*, Med., supressão da menstruação.
MEN.SA.GEI.RO, *s.m.*, quem traz mensagem, estafeta, quem leva ou traz notícia.
MEN.SA.GEM, *s.f.*, comunicação, notícia, novidade, aviso.
MEN.SAL, *adj.*, que dura um mês, durante um mês, a cada mês.
MEN.SA.LÃO, *s.m.*, neologismo criado no Congresso Brasileiro, para indicar pagamentos mensais ilegais, feitos a congressistas para garantir o voto em determinados projetos; calote.
MEN.SA.LI.DA.DE, *s.f.*, mesada, pagamento efetuado todo mês.
MEN.SA.LIS.TA, *s. 2 gên.*, quem paga ou recebe salário a cada mês.
MEN.SAL.MEN.TE, *adv.*, uma vez em cada mês.
MEN.SÁ.RIO, *s.m.*, publicação, jornal que é editado uma vez por semana; hebdomadário.
MEN.SOR, *s.m.*, oficial encarregado das operações nos acampamentos.
MENS.TRU.A.ÇÃO, *s.f.*, mênstruo, menorreia, eliminação de sangue mensalmente na mulher, após a puberdade.
MENS.TRU.A.DA, *adj.*, diz-se de mulher que está no período menstrual.
MENS.TRU.AL, *adj. 2 gên.*, relativo a menstruação; Med., diz-se do ciclo que ocorre regularmente a intervalos mensais na mulher, após a puberdade.
MENS.TRU.AR, *v. int.*, passar pela menstruação.
MÊNS.TRUO, *s.m.*, menstruação.
MEN.SU.RA.BI.LI.DA.DE, *s.f.*, ação ou efeito de medir, medição, dimensionamento.
MEN.SU.RA.ÇÃO, *s.f.*, medição, dimensionamento.
MEN.SU.RA.DO, *adj.*, medido, dimensionado, avaliado, pesado.
MEN.SU.RA.DOR, *adj.*, que mensura; *s.m.*, funcionário que nos postos antropométricos é encarregado da medida e identificação dos criminosos.
MEN.SU.RAR, *v.t.*, medir, dimensionar, avaliar, pesar.
MEN.SU.RA.LI.DA.DE, *s.f.*, qualidade, caráter de mensural.
MEN.SU.RA.LIS.TA, *s.m.*, compositor musical, na Idade Média.
MEN.SU.RAR, *v.t.*, determinar ou auferir as medidas ou o grau de; medir.
MEN.SU.RÁ.VEL, *adj.*, que se pode medir, que se pode avaliar.
MEN.TA, *s.f.*, planta cujas folhas são usadas como tempero e em infusões medicinais; hortelã.
MEN.TA.DO, *adj.*, pensado, lembrado, recordado em mente.
MEN.TAL, *adj.*, próprio da mente, intelectual.
MEN.TA.LI.DA.DE, *s.f.*, modo de pensar e agir de cada ser; espírito crítico.
MEN.TA.LIS.MO, *s.m.*, Psic., doutrina que diz que a mente é a verdadeira realidade, todos os objetos do conhecimento, inclusive a realidade física, só existem como criação da mente.
MEN.TA.LI.ZA.ÇÃO, *s.f.*, ação ou efeito de mentalizar, concentração, imaginação, intelectualização.
MEN.TA.LI.ZA.DO, *adj.*, concentrado, imaginado, espiritualizado.
MEN.TA.LI.ZAR, *v.t. e int.*, imaginar com a mente, trabalhar com a mente.
MEN.TE, *s.f.*, espírito, intelectualidade, inteligência.
MEN.TE.CAP.TO, *adj. e s.m.*, desajuizado, imbecil, idiota, tolo, bobo.
MEN.TI.DO, *adj.*, ilusório, vão, que não se realizou; falso, fingido; perjuro, falso, enganoso.
MEN.TIR, *v.t. e int.*, falsear a verdade, proferir mentiras, enganar.
MEN.TI.RA, *s.f.*, lorota, ação de mentir, falsidade, peta.
MEN.TI.RA.DA, *s.f.*, porção de mentiras; mentiragem.
MEN.TI.RA.GEM, *s.f.*, bras., pop., sucessão ou porção de mentiras; mentirada.
MEN.TI.RI.NHA, *s.f.*, mentira sem gravidade; Cul., biscoito achatado, feito com massa de pão de ló e assado no forno.
MEN.TI.RO.SO, *adj.*, falso, loroteiro, perito em mentira.
MEN.TO, *s.m.*, queixo, a parte alongada embaixo do lábio inferior das pessoas.
MEN.TOL, *s.m.*, substância forte que se encontra na hortelã.
MEN.TO.LA.DO, *adj.*, com gosto de menta.
MEN.TÓ.LI.CO, *adj.*, Quím., que diz respeito ao mentol.
MEN.TOR, *s.m.*, guia, dirigente, orientador, guru.
ME.NU, *s.m.*, cardápio, folheto relacionando os pratos de um restaurante.
ME.QUE.TRE.FE, *s. 2 gên., pop.*, joão-ninguém, meia-tigela, alguém sem expressão.
ME.RAL.GI.A, *s.f.*, Med., dor na região femoral ou da coxa.
MER.CA.DE.JAR, *v.t., int. e bit.*, negociar, envolver-se em negociatas; traficar, negociar informalmente.
MER.CA.DE.JO, *s.m.*, ato ou efeito de mercadejar; comércio; mercancia; negócio; tráfico.
MER.CA.DI.NHO, *s.m.*, pequeno mercado, vendola de produtos de primeira necessidade.
MER.CA.DIS.MO, *s.m.*, Econ., doutrina ultraliberal, na qual o Estado deve se abster de qualquer atividade econômica.

MER.CA.DIS.TA, adj. 2 gên., Econ., relativo a mercadismo; bras., relativo a supermercado ou mercado.
MER.CA.DO, s.m., local para compra e venda de mercadorias, venda, loja.
MER.CA.DO.LA.TRI.A, s.f., adesão irrestrita à economia de mercado.
MER.CA.DO.LO.GI.A, s.f., estratégias de venda, marketing, habilidade na vendagem.
MER.CA.DO.LÓ.GI.CO, adj., relativo a mercadologia ou marketing.
MER.CA.DÓ.LO.GO, s.m., Econ., especialista em mercadologia.
MER.CA.DOR, s.m., quem compra e vende mercadorias, comerciante, negociante.
MER.CA.DO.RI.A, s.f., tudo que se compra e vende, artigos de comércio.
MER.CÂN.CIA, s.f., ato de comerciar, negócios, compras e vendas.
MER.CAN.CI.AR, v.t. e int., o mesmo que mercadejar.
MER.CAN.TE, adj., próprio do comércio.
MER.CAN.TIL, adj., que se refere ao comércio.
MER.CAN.TI.LI.DA.DE, s.f., comercialidade, habilidade em comerciar, vendagem.
MER.CAN.TI.LIS.MO, s.m., ação de quem dá prioridade aos lucros mercantis nas relações comerciais.
MER.CAN.TI.LIS.TA, adj. 2 gên., relativo ao mercantilismo ou próprio dele; s. 2 gên., praticante ou adepto do mercantilismo.
MER.CAN.TI.LI.ZA.DO, fig., que é objeto de comércio, de lucro fácil; fig., que observa apenas o lucro; adj., comercializado; negociado.
MER.CAN.TI.LI.ZAR, v.t., dar um caráter mercantil ou comercial a; tornar objeto de comércio.
MER.CAN.TI.LI.ZÁ.VEL, adj. 2 gên., que se pode mercantilizar, comerciar; comerciável; negociável; vendível.
MER.CAR, v.t., comerciar, comprar, vender.
MER.CA.TÓ.RIO, adj., comercial, negocial, vendível.
MER.CÊ, s.f., bondade, graça, favor; expr., à mercê de - na vontade de, a gosto de.
MER.CE.A.RI.A, s.f., casa comercial de gêneros alimentícios.
MER.CE.DÁ.RIO, s.m., frade da Ordem das Mercês, fundada em 1218, na Espanha.
MER.CE.EI.RO, s.m., proprietário de mercearia.
MER.CE.NÁ.RIO, adj. e s.m., que trabalha por preço ajustado previamente; soldado de aluguel.
MER.CE.NA.RIS.MO, s.m., desejo de lucro maior, ganância, volúpia.
MER.CE.O.LO.GI.A, s.f., mercadologia, estudo das estratégias de compra e venda, intermediação.
MER.CE.RI.ZA.ÇÃO, s.f., tratamento industrial em alguns produtos, para destacar-lhes a visibilidade e o elã para com o cliente.
MER.CE.RI.ZA.DO, adj., diz-se de fibra de algodão submetida a um processo industrial que lhe dá brilho e consistência sedosa.
MERCHANDISING, s.m., ing., propaganda sutil de um produto, sem que o espectador perceba claramente; a arte de bem vender.
MER.CU.RI.AL.MEN.TE, adv., de modo súbito e imprevisível.
MER.CU.RI.A.NO, adj., relativo a Mercúrio, deus do comércio na mitologia romana; Astrol.; sob a influência do planeta Mercúrio.

MER.CÚ.RIO, s.m., elemento metálico de número atômico 80, usado para indicar a temperatura de um ambiente; planeta mais próximo do Sol.
MER.CU.RI.O.SO, adj., Quím., que contém mercúrio.
MER.CU.RO.CRO.MO, s.m., líquido medicinal de cor vermelho-escura, usado como antisséptico.
MER.CU.RO.SO, adj., Quím., mercurioso.
MER.DA, s.f., ch., fezes, excrementos, bosta, porcaria; s.m., tipo sem valor nenhum; interj., indicativo de raiva, desprezo.
ME.RE.CE.DOR, adj. e s.m., que(m) é digno de algo, ganhador.
ME.RE.CER, v.t. e int., ser digno de, ter mérito, ter direito a.
ME.RE.CI.DO, adj., devido, com mérito.
ME.RE.CI.MEN.TO, s.m., mérito, valor, importância.
ME.RE.CÍ.VEL, pop., adj. 2 gên., merecido; preciso, necessário; merecedor.
ME.REN.CÓ.RIO, adj., melancólico, tristonho.
ME.REN.DA, s.f., lanche, refeição pequena e leve, refeição escolar.
ME.REN.DAR, v.t., comer a merenda, fazer uma refeição, lanchar.
ME.REN.DEI.RA, s.f., mulher que prepara a merenda nas escolas.
ME.REN.DEI.RO, adj., diz-se do cesto de merenda; s.m., cesto em que vai a merenda; pessoa habituada a merendar.
ME.REN.DO.NA, s.f., merenda rica, como uma ceia.
ME.REN.GA.DO, adj., semelhante a merengue; com massa de merengue.
ME.REN.GUE, s.m., clara de ovos batida com açúcar; dança com a música vinda da República Dominicana.
ME.REN.GUEI.RO, s.m., que compõe, canta ou toca merengue; que dança ou admira o merengue.
ME.RE.O.LO.GI.A, s.f., Lóg., ramo da lógica que estuda as relações entre as partes e o todo.
ME.RE.TRI.CI.AR, v.t. e pron., tornar meretriz, prostituir; v.pron., tornar-se meretriz, prostituir-se.
ME.RE.TRÍ.CIO, s.m., prostituição, profissão de uma meretriz.
ME.RE.TRIZ, s.f., prostituta, rameira, vagabunda.
MER.GU.LHA.DO, adj., afundado, imerso, aprofundado.
MER.GU.LHA.DOR, s.m., quem mergulha na água.
MER.GU.LHÃO, s.m., ave da família dos anatídeos.
MER.GU.LHAR, v.t., int. e pron., imergir na água, ficar sob água, afundar-se.
MER.GU.LHO, s.m., ação de mergulhar.
ME.RI.DI.A.NA, s.f., linha reta, direção de norte-sul, que representa a interseção do plano do meridiano com o plano do horizonte; relógio de sol; bras., sesta.
ME.RI.DI.A.NO, s.m., cada um dos vinte e quatro círculos que correm de polo a polo e indicam o fuso horário.
ME.RÍ.DIO, adj., relativo ao meio-dia; meridiano; relativo ao Sul; situado no Sul; meridional.
ME.RI.DIO.NAL, adj., próprio do Sul, austral.
ME.RI.NO, s.m., raça de carneiro nativa da Espanha e cuja lã é muito apreciada; carneiro dessa raça; adj., relativo à raça de merinos ou à sua lã.
ME.RI.TÍS.SI.MO, adj., digno de muito mérito, tratamento dado a juiz de direito.
MÉ.RI.TO, s.m., merecimento, dignidade.
ME.RI.TO.CRA.CI.A, s.f., governo dos que têm mérito, os mais competentes, dedicados e trabalhadores.
ME.RI.TO.CRA.TA, adj. 2 gên., que é adepto e defensor da

meritocracia; *s. 2 gên.*, adepto da meritocracia.
ME.RI.TO.CRÁ.TI.CO, *adj.*, relativo a meritocracia ou próprio dela.
ME.RI.TÓ.RIO, *adj.*, que merece, merecedor, merecido.
MER.LÃO, *s.m.*, Arq., parte que separa duas ameias de um parapeito numa fortificação ou castelo.
MER.LÚ.CIO, *s.m.*, Zool., o mesmo que merluza.
MER.LU.ZA, *s.f.*, tipo de peixe parecido com o bacalhau.
ME.RO, *adj.*, simples, comum, cotidiano.
ME.RO.LO.GI.A, *s.f.*, estudo dos princípios fundamentais de uma ciência ou arte.
ME.RO.LÓ.GI.CO, *adj.*, relativo a merologia.
ME.RO.TO.MI.A, Biol., *s.f.*, divisão em partes, esp. de uma célula.
ME.RO.VÍN.GIO, *adj.* e *s.m.*, que se refere à primeira dinastia real da França, cujo fundador tinha o nome de Meroveu; o rei Clóvis foi o mais notório.
MER.RE.CA, *s.f.*, *gír.*, quantia, valor insignificante.
MER.TI.O.LA.TE, *s.m.*, remédio antisséptico (da marca registrada como Merthiolate).
MÊS, *s.m.*, cada uma das divisões do ano em doze períodos; período de trinta dias.
ME.SA, *s.f.*, móvel feito para as atividades de ler, escrever, comer, jogar, etc.
ME.SA.DA, *s.f.*, mensalidade, quantia que se paga ou se recebe a cada mês.
ME.SA DE CA.BE.CEI.RA, *s.f.*, pequena mesa que se coloca na cabeça da cama.
ME.SA-RE.DON.DA, *s.f.*, encontro coordenado para discussão de um assunto.
ME.SÁ.RIO, *s.m.*, pessoa convocada para trabalhar nas eleições.
MES.CLA, *s.f.*, matiz, reunião de várias cores.
MES.CLA.DO, *adj.*, misturado, juntado, agrupado.
MES.CLA.GEM, *s.f.*, ação ou efeito de mesclar(-se).
MES.CLAR, *v.t.* e *pron.*, misturar, juntar, agrupar.
ME.SEN.CE.FÁ.LI.CO, *adj.*, relativo ao mesencéfalo; do mesencéfalo ou nele situado.
ME.SEN.CE.FA.LI.TE, *s.f.*, Med., inflamação do mesencéfalo; mesocefalite.
ME.SEN.CÉ.FA.LO, *s.m.*, Anat., parte média do encéfalo, em que se acha o centro da visão.
ME.SEN.TÉ.RI.CO, *adj.*, diz-se do que é pertencente ou concernente ao mesentério; mesaraico.
ME.SEN.TE.RI.TE, *s.f.*, Med., inflamação do mesentério.
ME.SE.TA, *s.f.*, pequeno planalto.
MES.ME.RIS.MO, *s.m.*, Med., método de tratamento pelo hipnotismo criado pelo médico alemão Franz Anton Mesmer (1733-1815).
MES.ME.RIS.TA, *adj. 2 gên.*, relativo a Mesmer ou ao mesmerismo; que é seguidor do mesmerismo; mesmerizador; *s. 2 gên.*, seguidor ou praticante do mesmerismo; mesmerizador.
MES.ME.RI.ZA.DO, *adj.*, que é incapaz de agir ou reagir; extasiado; hipnotizado; magnetizado.
MES.ME.RI.ZA.DOR, *adj.* e *s.m.*, que ou o que mesmeriza; hipnotizador.
MES.ME.RI.ZAN.TE, *adj. 2 gên.*, que mesmeriza; mesmerizador.
MES.ME.RI.ZAR, *v.t.*, hipnotizar por meio do mesmerismo; causar grande fascínio; magnetizar.
MES.MI.CE, *s.f.*, a mesma coisa de sempre, rotina, monotonia.
MES.MIS.MO, *s.m.*, o mesmo que mesmice.
MES.MÍS.SI.MO, *adj.*, exatamente o mesmo, sem nenhuma alteração.
MES.MO, *adj.*, idêntico, igual, semelhante, o próprio; *s.m.*, o próprio, o tipo referido; ser o mesmo - não sofrer nenhuma mudança.
ME.SO.CÁR.PI.CO, *adj.*, relativo ao mesocarpo.
ME.SO.CAR.PO, *s.m.*, Bot., camada do pericarpo que corresponde à polpa; Anat., série inferior dos ossos do carpo.
ME.SO.CE.FA.LI.A, *s.f.*, estado de quem apresenta mesocéfalo, i.e., que tem índice cefálico entre 76 e 80,9; mesaticefalia.
ME.SO.CE.FÁ.LI.CO, *adj.*, que se refere a mesocefalia.
ME.SO.CÉ.FA.LO, *adj.*, relativo a mesocefalia; *s.m.*, indivíduo que tem mesocefalia.
ME.SO.CLI.SE, *s.f.*, intercalar um pronome átono nos tempos verbais futuros; o que fica no meio.
ME.SO.LÍ.TI.CO, *adj.*, que se refere ao período de era histórica na qual surgiram as primeiras ferramentas de pedra lascada e pedra polida.
ME.SO.LO.GI.A, *s.f.*, ciência que estuda as relações dos seres vivos com o meio ambiente.
ME.SO.LÓ.GI.CO, *adj.*, relativo a mesologia; ecológico.
ME.SO.MOR.FIS.MO, *s.m.*, estado de mesomorfo.
ME.SO.MOR.FO, *adj.*, diz-se de um estado da matéria que é intermediário a dois estados diferentes dela própria.
ME.SO.PO.TÂ.MI.CO, *adj.*, da Mesopotâmia, antiga região da Ásia (e do atual Iraque) entre os rios Tigre e Eufrates.
ME.SO.PO.TÂ.MIO, *adj.* e *s.m.*, natural da Mesopotâmia, antigo nome das terras onde está o Iraque e se situa o Irã.
ME.SOS.FE.RA, *s.f.*, a camada situada no interior da Terra, entre a litosfera e o núcleo central.
ME.SO.TAR.SO, *s.m.*, Anat., parte média do tarso formada pelos ossos cuboide e cuneiforme.
ME.SO.ZOI.CO, *s.m.*, Geol., era geológica (250 a 65 milhões de anos atrás), que compreende os períodos Cretácico, Jurássico e Triásico e domínio dos dinossauros; *adj.*, relativo ou pertencente a essa era.
MES.QUI.NHAR, *v.t., int.* e *bit.*, trair, desdenhar, menosprezar, iludir.
MES.QUI.NHA.RI.A, *s.f.*, pobreza de espírito, maldade, mesquinhez, descortesia.
MES.QUI.NHEZ, *s.f.*, mesquinharia, maldade, pequenez.
MES.QUI.NHI.CE, *s.f.*, ação ou coisa mesquinha; sovinice.
MES.QUI.NHO, *adj.*, pobre, infeliz, ridículo, pão-duro, sádico.
MES.QUI.TA, *s.f.*, templo muçulmano.
MES.SA.LI.NA, *s.f.*, mulher extremamente lasciva e dissoluta; p.ext., meretriz.
MES.SE, *s.f.*, seara madura, plantação de cereais no ponto para serem colhidos.
MES.SÊ.NIO, *adj.* e *s.m.*, o mesmo que messanense.
MES.SI.A.DO, *s.m.*, qualidade, dignidade de messias.
MES.SI.Â.NI.CO, *adj.*, relativo ao Messias, a um messias ou ao messianismo.
MES.SI.A.NIS.MO, *s.m.*, Rel., crença na vinda redentora de um messias; *fig.*, expectativa de uma profunda mudança social, pela intervenção de um líder carismático.
MES.SI.A.NIS.TA, *adj. 2 gên.*, relativo ao messianismo, que é seguidor do messianismo; *s. 2 gên.*, seguidor do messianismo.

MES.SI.A.NI.ZAR, *v.t. e int.*, pregar, propagar, resgatar como messias.

MES.SI.AS, *s.m.*, salvador; o prometido; para os cristãos, Jesus Cristo.

MES.TI.ÇA.DO, *adj.*, que resulta do cruzamento de uma raça com outra (tribos mestiçadas; animal mestiçado); miscigenado.

MES.TI.ÇA.GEM, *s.f.*, cruzamento de povos e raças, caldeamento, miscigenação.

MES.TI.ÇA.MEN.TO, *s.m.*, caldeamento, miscigenação, mistura de raças.

MES.TI.ÇAR, *v.t. e pron.*, cruzar diferentes povos, misturar, caldear.

MES.TI.ÇO, *adj. e s.m.*, crioulo, produto de vários povos ou raças.

MES.TRA, *s.f.*, professora, docente, lente.

MES.TRA.ÇA, *s.f.*, mulher muito hábil; sabichona.

MES.TRA.ÇO, *s.m.*, mestre hábil; mestre que conhece bem seu ofício; mestrão.

MES.TRA.DO, *s.m.*, estudo aprofundado em parte específica de ensino.

MES.TRAN.DO, *s.m.*, aluno que cursa um mestrado ou que está em vias de concluí-lo.

MES.TRE, *s.m.*, professor, quem tem grande conhecimento em uma área, perito.

MES.TRE-CU.CA, *s.m.*, cozinheiro especial.

MES.TRE DE CE.RI.MÔ.NIAS, *s.m.*, mestre-sala, pessoa que comanda o ritual.

MES.TRE DE O.BRAS, *s.m.*, quem dirige o grupo de operários de uma construção.

MES.TRE-ES.CO.LA, *s.m.*, professor de escola primária.

MES.TRE-SA.LA, *s.m.*, pessoa que cuidava do cerimonial nos palácios; passista em escola de samba.

MES.TRI.A, *s.f.*, predicados de um mestre, capacidade de ser mestre, atitude de mestre.

MES.TRI.O.SO, *adj.*, que tem mestria; hábil, exímio.

ME.SU.RA, *s.f.*, inclinação, cumprimento.

ME.SU.RA.DO, *adj.*, cumprimentado, comportado, comedido.

ME.SU.RAR, *v.t. e pron.*, cumprimentar, estender mesuras, acenar.

ME.SU.REI.RO, *adj.*, que faz muitas mesuras; cerimonioso; *pej.*, adulador, servil.

ME.SU.RI.CE, *s.f.*, lisonja, adulação; servilismo.

ME.TA, *s.f.*, objetivo, mira, baliza, limite.

ME.TA.BI.O.SE, *s.f.*, efeitos provocados no organismo por meios paranormais.

ME.TA.BÓ.LI.CO, *adj.*, que se refere ao metabolismo.

ME.TA.BO.LIS.MO, *s.m.*, transformações químicas no corpo humano; movimento dos tecidos do corpo humano.

ME.TA.BO.LI.ZA.ÇÃO, *s.f.*, ação, processo ou resultado de metabolizar.

ME.TA.BO.LI.ZA.DOR, *adj.*, que metaboliza; metabolizante; *s.m.*, aquilo que metaboliza.

ME.TA.BO.LI.ZAR, *v.t.*, fazer o metabolismo de.

ME.TA.BO.LI.ZÁ.VEL, *adj. 2 gên.*, que se pode metabolizar.

ME.TA.CAR.PO, *s.m.*, parte da mão.

ME.TA.DE, *s.f.*, cada uma das duas partes de um inteiro.

ME.TA.FA.LAN.GE, *s.f.*, Anat., falangeta dos dedos da mão ou do pé.

ME.TA.FA.LAN.GE.AL, *adj.*, o mesmo que metafalângico.

ME.TA.FA.LÂN.GI.CO, *adj.*, Anat., que diz respeito ou que pertence às metafalanges ou falangetas; série metafalângica; a fileira das falangetas de cada mão ou pé.

ME.TA.FÍ.SI.CA, *s.f.*, parte da Filosofia que analisa a essência dos seres.

ME.TA.FÍ.SI.CO, *adj.*, que se refere à Metafísica.

ME.TA.FO.NI.A, *s.f.*, fenômeno fonético que ocorre com vogais tônicas, na última sílaba da palavra, quando muda a pronúncia, como - "o" final passado para "u".

ME.TA.FÔ.NI.CO, *adj.*, que se refere a metafonia.

ME.TÁ.FO.RA, *s.f.*, uso de palavra em sentido figurado, figura, conotação.

ME.TA.FO.RI.CO, *adj.*, relativo a metáfora.

ME.TA.FO.RIS.MO, *s.m.*, emprego de metáforas.

ME.TA.FO.RIS.TA, *s. 2 gên.*, indivíduo que costuma usar metáforas.

ME.TA.FO.RI.ZA.ÇÃO, *s.f.*, ato ou efeito de metaforizar, de expressar-se por meio de metáforas.

ME.TA.FO.RI.ZA.DOR, *adj. e s.m.*, que ou quem metaforiza

ME.TA.FO.RI.ZAN.TE, *adj.*, que metaforiza; metaforizador.

ME.TA.FO.RI.ZAR, *v.t. e int.*, exprimir por metáfora(s); utilizar metáfora(s) para expressar-se.

ME.TÁ.FRA.SE, *s.f.*, Liter., interpretação de uma frase escrita de maneira difícil para um linguajar mais acessível ou menos complicado; paráfrase.

ME.TA.FRAS.TA, *s. 2 gên.*, pessoa que faz a metáfrase; comentador, parafrasta.

ME.TA.FRÁS.TI.CO, *adj.*, que diz respeito a metáfrase; que simplifica, interpreta ou traduz por intermédio de metáfrase.

ME.TAIS, *s.m., pl.*, numa orquestra, os instrumentos de sopro.

ME.TAL, *s.m.*, designação de todos os materiais duros, condutores de eletricidade, maleáveis.

ME.TA.LEP.SE, *s.f.*, Ret., espécie de metonímia em que, pelos antecedentes, se fazem conhecer os consequentes ou vice versa.

ME.TA.LEP.SI.A, *s.f.*, Quím., teoria das substituições.

ME.TA.LÉP.TI.CO, *adj.*, que diz respeito a metalepse.

ME.TA.LES.CÊN.CIA, *s.f.*, caráter ou qualidade de metalescente.

ME.TA.LES.CEN.TE, *adj. 2 gên.*, que apresenta cor e/ou brilho metálico.

ME.TÁ.LI.CO, *adj.*, próprio do metal, parecido com metal, metalizado.

ME.TA.LÍ.FE.RO, *adj.*, que contém metal, composto com metal.

ME.TA.LI.FI.CA.ÇÃO, *s.f.*, conversão de uma substância em metal.

ME.TA.LI.FI.CAR, *v.t.*, reduzir (substância) a um estado metálico.

ME.TA.LI.FOR.ME, *adj.*, que tem forma de metal, que tem estrutura de metal.

ME.TA.LIN.GUA.GEM, *s.f.*, Ling., ato de comunicação em que se usa a linguagem para falar sobre a própria ou outra linguagem.

ME.TA.LI.ZA.ÇÃO, *s.f.*, converter para metal, revestir com metal, mudar para metal.

ME.TA.LI.ZA.DO, *adj.*, transformado em metal, convertido em metal.

ME.TA.LI.ZAR, *v.t. e pron.*, dar feitio de metal, revestir de metal, mudar para metal.

ME.TA.LO.FO.NE, *s.m.*, Mús., instrumento composto por uma série de placas metálicas dispostas no mesmo suporte, percutidas com um martelo.

ME.TA.LO.GI.A, *s.f.*, tratado acerca dos metais; ciência, conhecimento dos metais.

ME.TA.LO.GIS.TA, *s. 2 gên.*, autor de metalogia, o que é especialista em metalogia.

ME.TA.LO.GRA.FI.A, *s.f.*, tratado sobre metais, estudo de metais, descrição de metais.

ME.TA.LO.GRÁ.FI.CO, *adj.*, que diz respeito ou tem relação com a metalografia.

ME.TA.LÓ.GRA.FO, *adj.*, que se dedica a metalografia.

ME.TA.LOI.DE, *s.m.*, objeto parecido com metal; o que tem forma de metal.

ME.TA.LUR.GI.A, *s.f.*, capacidade de extrair os metais e industrializá-los.

ME.TA.LÚR.GI.CA, *s.f.*, indústria de metalurgia.

ME.TA.LÚR.GI.CO, *s.m.*, quem trabalha em metalurgia, quem trabalha com metais.

ME.TA.LUR.GIS.TA, *adj. 2 gên.*, que trabalha em metalurgia; *s. 2 gên.*, indivíduo que trabalha em metalurgia.

ME.TA.ME.RI.A, *s.f.*, estado, qualidade de metâmero.

ME.TÂ.ME.RO, *s.m.*, Zool., cada um dos segmentos que formam o corpo de vermes e artrópodes; *adj.*, que é composto de partes semelhantes; formado de partes semelhantes, o mesmo que isômere.

ME.TA.MOR.FO.SE.A.DO, *adj.*, que sofreu metamorfose.

ME.TA.MOR.FO.SE.A.DOR, *adj.* e *s.m.*, que ou o que metamorfoseia; transformador.

ME.TA.MOR.FIS.MO, *s.m.*, metamorfose, mudança, ato de se transformar.

ME.TA.MOR.FO.SE, *s.f.*, mudança da forma física; mudança por que passam alguns insetos.

ME.TA.MOR.FO.SE.AR, *v.t. e pron.*, alterar, mudar a forma de, transformar.

ME.TA.NO, *s.m.*, tipo de gás combustível.

ME.TA.NOL, *s.m.*, combustível destilado do uso de madeira.

ME.TA.PAU.SA, *s.f.*, andropausa.

ME.TA.PLAS.MO, *s.m.*, na Gramática, toda alteração nas letras das palavras, tirando, acrescentando ou intercalando.

ME.TA.PSÍ.QUI.CA, *s.f.*, visão dos fenômenos psíquicos anormais, como telepatia, telecinergia, clarividência, parapsicologia.

ME.TÁS.TA.SE, *s.f.*, surgimento de um segundo foco de um tumor maligno a pouca distância.

ME.TA.TAR.SO, *s.m.*, osso da parte final do pé ou da mão.

ME.TÁ.TE.SE, *s.f.*, Ling., troca de posição de um fonema dentro de um vocábulo; Lóg., transposição de termos ao longo de um raciocínio.

ME.TA.ZO.Á.RIO, *adj.*, Geol.; posterior à aparição dos animais; metazoico; Zool., relativo ou pertencente aos metazoários; *s.m.*, espécime dos metazoários; Geol., terreno posterior à aparição dos animais.

ME.TA.ZOI.CO, *adj.*, Geol., diz-se do terreno que se formou depois da aparição dos animais; metazoário.

ME.TA.ZÔ.NI.CO, *adj.*, Quím., diz-se de um ácido que resulta da ação dos álcalis quentes sobre o nitrometano.

ME.TE.DI.ÇO, *adj.*, intrometido, abelhudo, indiscreto.

ME.TEM.PSI.CO.SE, *s.f.*, teoria que afirma que as almas transmigram de um corpo para outro.

ME.TE.Ó.RI.CO, *adj.*, que se refere a meteoro, passageiro, que passa rápido, célere.

ME.TE.O.RI.TO, *s.m.*, fragmentos de meteoros.

ME.TE.O.RO, *s.m.*, estrela cadente, pedaços de corpos celestes que caem na superfície terrestre; *fig.*, indivíduo que aparece muito, mas logo some.

ME.TE.O.RO.GRA.FI.A, *s.f.*, tratado descritivo dos meteoros.

ME.TE.O.RO.GRÁ.FI.CO, *adj.*, que se refere a meteorografia.

ME.TE.O.RÓ.GRA.FO, *s.m.*, especialista em meteorografia.

ME.TE.O.RO.LO.GI.A, *s.f.*, ciência que estuda todos os fenômenos atmosféricos.

ME.TE.O.RO.LÓ.GI.CO, *adj.*, que se refere a meteorologia.

ME.TE.O.RO.LO.GIS.TA, *s. 2 gên.*, especialista em Meteorologia, climatólogo.

ME.TE.O.ROS.CO.PI.A, *s.f.*, estudo dos meteoros; emprego do meteoroscópio.

ME.TE.O.ROS.CÓ.PIO, *adj.*, que diz respeito a meteoroscopia.

ME.TER, *v.t. e pron.*, colocar, pôr, enfiar, alocar.

ME.TI.CU.LO.SI.DA.DE, *s.f.*, detalhismo, refinamento.

ME.TI.CU.LO.SO, *adj.*, cuidadoso, detalhista, refinado.

ME.TI.DO, *adj.*, intrometido, indiscreto, abelhudo, metediço.

ME.TI.LA.ÇÃO, *s.f.*, Quím., ato ou efeito de metilar; introdução de um grupo metila numa molécula.

ME.TI.LE.NO, *s.m.*, Quím., radical orgânico bivalente; derivado do metano; carbeno; meteno.

ME.TI.O.NI.NA, *s.f.*, Bioq., aminoácido cristalino presente em diversas proteínas (como a caseína e a albumina), importante fonte de enxofre, us. como suplemento alimentar para humanos e animais domésticos mamíferos e galináceos.

ME.TÓ.DI.CO, *adj.*, circunspecto, organizado, cuidadoso.

ME.TO.DIS.MO, *s.m.*, seita protestante derivada da Anglicana, fundada por John Wesley.

ME.TO.DIS.TA, *s. 2 gên.*, adepto do metodismo.

ME.TO.DI.ZA.ÇÃO, *s.f.*, organização, programação, alinhamento.

ME.TO.DI.ZA.DO, *adj.*, regulado, organizado, alinhado.

ME.TO.DI.ZAR, *v.t.*, dispor em método, alinhar conforme um método, organizar.

MÉ.TO.DO, *s.m.*, maneira, modo de fazer, tecnologia, arte, processo de efetuar, sistemática de proceder.

ME.TO.DO.LO.GI.A, *s.f.*, estudo dos métodos; atitude didática, modo de proceder na arte de construir conhecimentos.

ME.TO.DO.LÓ.GI.CO, *adj.*, organizado, didático.

ME.TO.NÍ.MIA, *s.f.*, uso de uma palavra por outra que lhe tem características aproximadas.

ME.TO.NÍ.MI.CO, *adj.*, que se refere à metonímia.

ME.TRA.GEM, *s.f.*, medição, dimensão, tamanho.

ME.TRA.LHA, *s.f.*, balas pequenas, tiros continuados; *fig.*, pessoa que fala muito.

ME.TRA.LHA.DO, *adj.*, ferido com bala, atacado, fuzilado.

ME.TRA.LHA.DOR, *adj.*, que metralha; *s.m.*, aquele ou aquilo que metralha.

ME.TRA.LHA.DO.RA, *s.f.*, arma de fogo que dispara muitos tiros seguidos.

ME.TRA.LHAR, *v.t.*, atirar com metralhadora em.

ME.TRA.NE.MI.A, *s.f.*, *ant.*, Med., isquemia uterina.

MÉ.TRI.CA, *s.f.*, medição de versos, habilidade de fazer versos.

MÉ.TRI.CO, *adj.*, próprio do metro; relativo a medidas feitas pelo metro.

ME.TRI.FI.CA.ÇÃO, *s.f.*, ação ou efeito de metrificar, versificação.

ME.TRI.FI.CA.DO, *adj.*, versificado, colocado em versos.
ME.TRI.FI.CA.DOR, *adj.*, que metrifica; que se ocupa de metrificação; *s.m.*, o que sabe as regras da metrificação; o que metrifica; versejador.
ME.TRI.FI.CÂN.CIA, *s.f.*, qualidade ou arte do metrificante.
ME.TRI.FI.CAR, *v.t.* e *int.*, colocar em verso, escrever consoante a métrica.
ME.TRI.TE, *s.f.*, inflamação uterina, problemas no útero.
ME.TRO, *s.m.*, unidade de comprimento com cem centímetros; instrumento usado para medir com cem centímetros; medida do número de sílabas de um verso.
ME.TRÔ, *s.m.*, transporte de massa por trem subterrâneo.
ME.TRO.CE.LE, *s.f.*, Med., hérnia do útero; histerocele.
ME.TRO.GRA.FI.A, *s.f.*, estudo sobre pesos e medidas.
ME.TRO.LO.GI.A, *s.f.*, disciplina que estuda a área de pesos e medidas, a técnica de tirar medidas.
ME.TRO.LÓ.GI.CO, *adj.*, que se refere a Metrologia.
ME.TRO.LO.GIS.TA, *s. 2 gên.*, especialista em Metrologia.
ME.TRO.MA.NÍ.A.CA, *s.f.*, Psiq., o mesmo que ninfômana.
ME.TRO.MA.NÍ.A.CO, *adj.*, Psiq., o mesmo que ninfomaníaco; *adj.*, relativo a metromania; diz-se do indivíduo que apresenta metromania; metrômano; *s.m.*, esse indivíduo.
ME.TRÔ.MA.NO, *adj., s.m.*, o mesmo que metromaníaco.
ME.TRÔ.NO.MO, *s.m.*, instrumento que é usado para regular o andamento da música, o compasso.
ME.TRÓ.PO.LE, *s.f.*, a principal cidade de uma região, a capital.
ME.TRO.PO.LI.TA.NO, *adj.* e *s.m.*, que se refere a metrópole; metrô, trem subterrâneo.
ME.TRO.VI.Á.RIO, *adj.*, relativo ao metrô; *s.m.*, quem trabalha no metrô.
MEU, *pron.*, possessivo da primeira pessoa.
ME.XE.DI.ÇO, *adj.*, que se mexe muito, inquieto, revôlto.
ME.XE.DOR, *adj.*, que mexe ou tem o hábito de mexer; *fig.*, que faz intriga; mexeriqueiro; metediço; *s.m.*, aquele que tem o hábito.
ME.XER, *v.t.* e *pron.*, movimentar, tirar do local, deslocar, tocar, trabalhar, caçoar, incomodar.
ME.XE.RI.CA, *s.f.*, tangerina, bergamota, mimosa, formosa.
ME.XE.RI.CA.DO, *adj.*, intrigado por meio de mexericos; malsinado, denunciado.
ME.XE.RI.CAR, *v.t., int.* e *pron.*, tramar mexericos, contar, espalhar mexericos, bisbilhotice.
ME.XE.RI.CO, *s.m.*, bisbilhotice, fuxicos, indiscrição.
ME.XE.RI.QUEI.RO, *s.m.*, fofoqueiro, bisbilhoteiro, intrigador.
ME.XI.CA.NIS.MO, *s.m.*, movimento de reforma cultural ocorrido no México, no começo do séc. XX, em que se valorizavam as raízes da nação e negando as influências europeias.
ME.XI.CA.NI.ZA.ÇÃO, *s.f.*, Pol., forma de atuação do Partido Revolucionário Institucional, PRI, do México, que dominou a política do país durante setenta anos.
ME.XI.CA.NO, *adj.* e *s.m.*, próprio ou habitante do México.
ME.XI.DA, *s.f.*, baderna, bagunça, confusão, alteração de ambiente, mudança de pessoas.
ME.XI.DO, *adj.*, revolvido, usado, rompido, quebrado.
ME.XI.LHÃO, *s.m.*, nome de vários moluscos comestíveis.
ME.XÍ.VEL, *adj. 2 gên.*, que se pode mexer.
ME.ZA.NI.NO, *s.m.*, pavimento saliente entre dois andares de uma construção.
ME.ZI.NHA, *s.f.*, remédio caseiro à base de ervas.
ME.ZI.NHEI.RO, *s.m.*, quem faz mezinha, quem prepara mezinha.
ME.ZU.ZÁ, *s.f.*, rolo, originalmente, de pergaminho manuscrito de uma oração, colocado num estojo e fixado no batente direito das portas das casas das famílias judias.
mg - símbolo de miligrama.
MG - sigla do Estado de Minas Gerais.
MI, *s.m.*, terceira nota da escala musical; a 12.ª letra do á-bê-cê grego.
MI.A.ÇÃO, *s.f.*, ação de miar, muitos miados do gato.
MI.A.DA, *s.f.*, miado, miadela.
MI.A.DE.LA, *s.f.*, miado, miada, a voz do gato.
MI.A.DO, *s.m.*, a voz do gato.
MI.A.DOR, *adj.* e *s.m.*, que(m) mia, gato que mia muito.
MI.AL.GI.A, *s.f.*, dor nos músculos.
MI.AR, *v. int.*, soltar miados, imitar um gato.
MI.AS.MA, *s.f.*, emanações que surgem de corpos em decomposição, de brejais.
MI.AS.MÁ.TI.CO, *adj.*, que se refere a miasmas.
MI.AS.TE.NI.A, *s.f.*, Med., redução paulatina da força muscular, causada ger. por excesso de esforço físico; designação genérica das afecções constitucionais musculares.
MI.AS.TÊ.NI.CO, *adj.*, Med., relativo a miastenia; que apresenta miastenia.
MI.AU, *s.m.*, Fam., som vocal produzido pelo gato; *fig.*, o próprio gato.
MI.CA, *s.f.*, malacacheta, metal brilhante e isolante.
MI.CA.DO, *s.m.*, título dado ao imperador do Japão.
MI.CA.GEM, *s.f.*, gesto de mico, trejeito, momice, esgar de macaco.
MI.ÇAN.GA, *s.f.*, enfeites, contas miúdas de vidro, bugiganga.
MI.CAN.TE, *adj.*, que brilha como mica, luzente, luminoso.
MIC.ÇÃO, *s.f.*, ação de urinar, urinada.
MI.CE.TO.GRA.FI.A, *s.f.*, tratado enfocando os cogumelos, sua plantação, colheita e consumo.
MI.CHÊ, *s.m.*, quantia paga por um ato de prostituição.
MI.CO, *s.m.*, tipo de macaco brasileiro; *fig.*, problema, situação desagradável.
MI.CO.DER.MA, *s.m.*, micoderme.
MI.CO.DER.ME, *s.f.*, Quím., levedura (na superfície) de certas bebidas fermentadas e dos sumos açucarados.
MI.CO.DER.MI.A, *s.f.*, tipo de cogumelo que se desenvolve na superfície de bebidas fermentadas ou até de sucos açucarados.
MI.CO.LE.ÃO, *s.m.*, tipo de macaco da América do Sul.
MI.CO.LE.ÃO-DOU.RA.DO, *s.m.*, tipo de mico brasileiro em extinção.
MI.CO.LO.GI.A, *s.f.*, estudo dos fungos e suas consequências; exposição sobre cogumelos.
MI.CO.LÓ.GI.CO, *adj.*, que se refere a Micologia.
MI.CO.LO.GIS.TA, *s. 2 gên.*, micólogo, quem é especialista em cogumelos e fungos.
MI.CÓ.LO.GO, *s.m.*, Biol., o mesmo que micologista.
MI.CO.SE, *s.f.*, doença na pele causada por fungos.
MI.CÓ.TI.CO, *adj.*, que provém de micose.
MI.CRA.CÚS.TI.CO, *adj.*, microacústico.
MI.CREI.RO, *s.m.*, quem usa o micro, pessoa entendida em micro; metido em micro.
MI.CRO, *s.m.*, redução de microcomputador, mícron, aparelho para muitos usos pessoais na área de escrita, contas, desenhos, imagens, música, mensagens e entretenimento.

MI.CRO.BI.AL, *adj.*, que se refere a micróbio.
MI.CRO.BI.A.NO, *adj.*, que se refere a micróbio; em que há micróbios; que é provocado por micróbios.
MI.CRO.BI.CI.DA, *adj. e s. 2 gên.*, que(m) elimina micróbios, destruidor de micróbios.
MI.CRÓ.BIO, *s.m.*, germe, vírus, seres minúsculos que podem produzir doenças.
MI.CRO.BI.O.LO.GI.A, *s.f.*, estudo de micróbios.
MI.CRO.BI.O.LÓ.GI.CO, *adj.*, relativo a microbiologia.
MI.CRO.BI.O.LO.GIS.TA, *s. 2 gên.*, especialista em estudos de micróbios.
MI.CRO.CE.FA.LI.A, *s.f.*, má formação do cérebro, cérebro pouco desenvolvido.
MI.CRO.CE.FÁ.LI.CO, *adj.*, relativo a microcefalia ou a microcéfalo.
MI.CRO.CÉ.FA.LO, *s.m.*, quem tem a massa do cérebro muito diminuta.
MI.CRO.CI.RUR.GI.A, *s.f.*, cirurgia desenvolvida com aparelhos eletrônicos de tamanho reduzido, a fim de alcançar os órgãos no interior do corpo, sem que haja incisões.
MI.CRO.COM.PU.TA.DOR, *s.m.*, computador pequeno, de mesa, micro; aparelho que alia muitas funções para os trabalhos de todos os setores produtivos da sociedade.
MI.CRO.CÓS.MI.CO, *adj.*, que se refere ao microcosmo.
MI.CRO.COS.MO, *s.m.*, o mundo diminuto de seres, seres microscópicos.
MI.CRO.DÁC.TI.LO, *adj. e s.m.*, Zool., que ou indivíduo que tem dedos curtos.
MI.CRO.DON.TE, *adj. e s. 2 gên.*, que possui dentes pequenos.
MI.CRO.E.CO.NO.MI.A, *s.f.*, estudo de relações econômicas entre indivíduos e empresas pequenas.
MI.CRO.EM.PRE.SA, *s.f.*, pequena empresa com poucos operários e com legislação especial.
MI.CRO.EM.PRE.SÁ.RIO, *s.m.*, proprietário de microempresa.
MI.CRO.FI.BRA, *s.f.*, fibra sintética muito fina.
MI.CRO.FIL.MAR, *v.t.*, produzir filme em pequena dimensões; filmar documentos para arquivar.
MI.CRO.FIL.ME, *s.m.*, filme reduzido a um tamanho mínimo.
MI.CRÓ.FI.LO, *adj. e s.m.*, que(m) aprecia coisas pequenas, apreciador de objetos diminutos.
MI.CRÓ.FI.TA, *s.f.*, vegetal de extrema pequenez.
MI.CRÓ.FI.TO, *s.m.*, Bot., vegetal extremamente pequeno.
MI.CRO.FLO.RA, *s.f.*, Biol., flora composta por organismos microscópicos, como, por exemplo, bactérias e certas algas.
MI.CRO.FO.NE, *s.m.*, instrumento para ampliar a potência da voz, sons, ruídos.
MI.CRO.FO.NI.A, *s.f.*, voz fraca, eco de sons no microfone.
MI.CRO.FO.NO, *adj.*, que possui voz fraca, que usa uma voz fraca.
MI.CROF.TAL.MO, *adj. e s.m.*, que ou o que apresenta microftalmia.
MI.CRO.GRA.FIA, *s.f.*, observação ou estudo de objetos com uso de microscópio.
MI.CRO.LO.GI.A, *s.f.*, estudo e observação de corpos microscópicos.
MI.CRO.LÓ.GI.CO, *adj.*, que se refere à Micrologia.
MI.CRÓ.LO.GO, *s.m.*, micrologista, quem é especialista em Micrologia.
MI.CRO.ME.TRI.A, *s.f.*, habilidade de usar o micrômetro.
MI.CRÔ.ME.TRO, *s.m.*, aparelho para medir objetos pequeníssimos.

MI.CRO.MI.CE.TE, *s.m.*, Bot., fungo, especialmente o que produz a levedura das bebidas alcoólicas.
MÍ.CRON, *s.m.*, micrômetro.
MI.CRO.NÉ.SIO, *s.m.*, natural da Micronésia (ilhas do Pacífico); Gloss., subgrupos de línguas malaio-polinésicas; *adj.*, da Micronésia; típico dessa região ou de seu povo; do ou relativo ao micronésio.
MI.CRO-ON.DA, *s.m.*, radiação de onda eletromagnética muito reduzida.
MI.CRO-ON.DAS, *s.m.*, eletrodoméstico à base de calor elétrico, para preparar comidas.
MI.CRO-Ô.NI.BUS, *s.m.*, ônibus pequeno.
MI.CRO-OR.GA.NIS.MO, *s.m.*, qualquer corpo animal ou vegetal, microscópico; var., microrganismo.
MI.CRO.PRO.CES.SA.DOR, *s.m.*, CPU, a placa fundamental do micro, peça que movimenta as informações postas na CPU.
MI.CROR.GA.NIS.MO, *s.m.*, organismo microscópico; micróbio.
MI.CROR.RE.GI.ÃO, *s.f.*, região menor, divisão que engloba uma pequena área de território.
MI.CROS.CO.PI.A, *s.f.*, conjunto de técnicas destinado à investigação científica por meio do microscópio; arte de observar com o microscópio; os estudos e observações feitas com o microscópio.
MI.CROS.CÓ.PI.CO, *adj.*, minúsculo, reduzido, de tamanho muito reduzido.
MI.CROS.CÓ.PIO, *s.m.*, aparelho com lentes ópticas, que aumenta o tamanho de um ser minúsculo a um tamanho de boa observação.
MI.CROS.CO.PIS.TA, *adj. 2 gên.*, diz-se de profissional especializado em microscopia; *s. 2 gên.*, aquele que exerce essa profissão.
MI.CROS.MI.A, *s.f.*, baixa sensibilidade olfativa.
MI.CROS.SO.MA.TI.A, *s.f.*, monstruosidade, que consiste na excessiva pequenez do corpo todo.
MI.CROS.SO.MI.A, *s.f.*, anomalia que se caracteriza pela excessiva pequenez do corpo; microssomatia.
MI.CRO.ZO.Á.RIO, *adj. e s.m.*, ser minúsculo, visível apenas por meio do microscópio.
MI.CRU.RO, *adj.*, que possui uma cauda pequena.
MIC.TÓ.RIO, *s.m.*, local para a micção.
MI.CU.IM, *s.m.*, tipo de carrapato de cor vermelha, cuja picada dói muito e provoca coceira.
MÍ.DIA, *s.f.*, meios de comunicação utilizados para atingir o público com informações e propagandas.
MI.E.LI.TA, *s.f.*, inflamação da espinhal dorsal.
MI.E.LO.CI.TE, *s.m.*, mielócito.
MI.E.LO.MA, *s.m.*, tumor formado por células da medula óssea.
MI.GA.LHA, *s.f.*, fragmentos, farelos, restos, miúdos.
MI.GRA.ÇÃO, *s.f.*, ato de migrar, mudança de residência de um local para outro.
MI.GRAN.TE, *adj. e s. 2 gên.*, que migra, retirante.
MI.GRAR, *v. int.*, mudar-se de um local para outro, deslocar-se a outra região.
MI.GRA.TÓ.RIO, *adj.*, próprio de quem migra.
MI.I.O.LO.GI.A, *s.f.*, estudo enfocando as moscas, tratado sobre moscas.
MI.JA.ÇÃO, *s.f.*, ação ou efeito de mijar.
MI.JA.DA, *s.f., pop.*, ação de mijar; *fig.*, admoestação,

reprimenda.
MI.JÃO, *adj.* e *s.m.*, *pop.*, que mija muito, que sofre de incontinência urinária.
MI.JAR, *v.t.*, *int.* e *pron.*, urinar, soltar a urina.
MI.JO, *s.m.*, *pop.*, urina.
MIL, *num.*, cardinal 1.000, um milhar.
MI.LA.GRE, *s.m.*, fato sobrenatural, ação atribuída à intervenção de algum poder superior.
MI.LA.GREI.RO, *s.m.*, quem diz que faz milagres, quem ostenta feitura de possíveis milagres.
MI.LA.GRO.SO, *adj.*, que faz milagres, que provoca curas instantâneas, extraordinário.
MI.LA.NÊS, *adj.* e *s.m.*, natural ou habitante de Milão, cidade do Norte italiano.
MI.LA.NE.SA, *adj.* e *s.f.*, forma feminina de milanês, habitante de Milão; arte culinária que consiste em revestir, com farinha e ovos, carnes para serem fritas - carne à milanesa.
MI.LE.NAR, *adj.*, que se refere a mil, que conta mil anos.
MI.LE.NÁ.RIO, *adj.*, que se refere a milhar, que se refere a milenar.
MI.LÊ.NIO, *s.m.*, mil anos.
MI.LÉ.SI.MO, *num.*, ordinal e fracionário que corresponde a mil.
MI.LHA, *s.f.*, medida entre distâncias, que equivale a mais ou menos 1.600 m.
MI.LHA.GEM, *s.f.*, promoção de companhias aéreas que premiam os clientes com pontos por milhas voadas em aviões seus, oferecendo-lhes passagens gratuitas, conforme as normas.
MI.LHAL, *adj.* e *s.m.*, que se refere a milho, milharal.
MI.LHÃO, *s.m.*, *num.*, mil milhares; *fig.*, grande quantidade, multidão.
MI.LHAR, *s.m.*, mil, equivalente a mil.
MI.LHA.RA.DA, *s.f.*, *pop.*, grande porção de milho depois de preparado; milharal.
MI.LHA.RAL, *s.m.*, plantação de milho.
MI.LHEI.RO, *s.m.*, milhar, mil.
MI.LHO, *s.m.*, planta originária da América; grãos dessa planta.
MI.LI.AM.PE.RÍ.ME.TRO, *s.m.*, Fís., instrumento que mede correntes elétricas de alguns miliamperes; miliamperômetro.
MI.LI.Á.RIO, *adj.*, que se refere a milhas, que serve de referência para distâncias.
MI.LÍ.CIA, *s.f.*, grupo de pessoas armadas, ou não, mas sujeitas a uma disciplina militar; grupo paramilitar.
MI.LI.CI.A.NO, *adj.* e *s.m.*, relativo a milícia, participante de milícias, soldado de milícia.
MI.LI.CO, *adj.* e *s.m.*, forma depreciativa para soldado.
MI.LI.GRA.MA, *s.m.*, a milésima parte do grama.
MI.LI.LI.TRO, *s.m.*, milésima parte do litro.
MI.LI.ME.TRA.DO, *adj.* e *s.m.*, papel marcado em milímetros.
MI.LI.ME.TRAR, *v.t.*, medir em milímetros.
MI.LÍ.ME.TRO, *s.m.*, a milésima parte do metro.
MI.LIO.NÁ.RIO, *adj.* e *s.m.*, dono de milhões, muito rico, riquíssimo.
MI.LIO.NÉ.SI.MO, *num.*, ordinal e fracionário correspondente a um milhão.
MI.LÍ.PE.DE, *adj.*, Zool., que tem muitos pés; miriápode; mesmo que diplópode.
MI.LÍ.PI.DE, *adj.* e *s. 2 gên.*, que possui mil pés, muitos pés.
MI.LI.TÂN.CIA, *s.f.*, ação militar, ato de lutar por um objetivo aguerridamente.
MI.LI.TAN.TE, *adj.* e *s. 2 gên.*, que milita, que luta, combatente.
MI.LI.TAR, *adj.*, relativo a milícias, a guerra; bélico; *v.t.*, lutar, combater, servir o Exército; pertencer a uma facção.
MI.LI.TA.RIS.MO, *s.m.*, predominância de ideias de militares em um momento e local; domínio de militares, ditadura de militares.
MI.LI.TA.RIS.TA, *s. 2 gên.*, pessoa que defende o militarismo, analista que acredita apenas na força militar.
MI.LI.TA.RI.ZA.ÇÃO, *s.f.*, ação ou efeito de militarizar, transformação em militar, militarismo.
MI.LI.TA.RI.ZA.DO, *adj.*, tornado militar, que assumiu um posto militar.
MI.LI.TA.RI.ZAR, *v.t.* e *pron.*, tornar militar, armar como militar, conduzir com jeito de militar.
MI.LI.TO.FO.BI.A, *s.f.*, horror a militar, aversão a tudo que seja militar.
MI.LON.GA, *s.f.*, música e dança argentina e uruguaia, lentas e longas; *fig.*, *pop.*, enfado, conversa fiada.
MI.LOR.DE, *s.m.*, cumprimento dado a lordes, nome dado a lordes em conversa.
MIL-RÉIS, *s.m.*, antiga moeda nacional, até o surgimento do cruzeiro, em 1942.
MIM, *pron.*, forma pessoal oblíqua, pronome da primeira pessoa do singular.
MI.MA.DO, *adj.*, acarinhado, acariciado.
MI.MAR, *v.t.*, acarinhar, acariciar, tratar muito bem; *v.int.*, fazer mímica.
MIM.BU.RA, *s.f.*, Náut., os dois paus extremos de que se compõe a jangada.
MI.MÊ, *s.m.*, Folc., apito de taquara dos indígenas mauês, do Amazonas.
MI.ME.MA, *s.m.*, Ling., unidade distintiva gestual - ex: movimento vertical da cabeça, para dizer sim, e movimento horizontal para dizer não.
MI.ME.O.GRA.FA.GEM, *s.f.*, ação de mimeografar.
MI.ME.O.GRA.FAR, *v.t.*, fazer cópias com o mimeógrafo.
MI.ME.O.GRA.FI.A, *s.f.*, mimeografagem; cópia obtida com o mimeógrafo.
MI.ME.O.GRÁ.FI.CO, *adj.*, relativo a mimeografia.
MI.ME.Ó.GRA.FO, *s.m.*, aparelho que, mediante uma matriz pronta, reproduz cópias dela por meio de impressão a tinta.
MI.ME.SE, *s.f.*, figura em que o orador imita a voz ou o gesto de outrem; Med., simulação de doença.
MI.ME.TÉ.SIO, *s.m.*, clorarseniato de chumbo natural.
MI.MÉ.TI.CO, *adj.*, que diz respeito a mimetismo.
MI.ME.TIS.MO, *s.m.*, propriedade de certos animais se adaptarem à cor ambiente.
MI.ME.TIS.TA, *s. 2 gên.*, pessoa que tem a mania de imitar.
MI.ME.TI.TA, *s.f.*, Miner., o mesmo que mimetésio.
MI.ME.TI.ZAR, *v.t.*, tomar os hábitos, colorido ou estrutura de outro organismo ou do ambiente.
MI.MI, *s.m.*, buzina de guerra dos silvícolas brasileiros.
MI.MI.AM.BO, *adj.*, nome de um tipo de verso livre, que os mimos repetiam nas farsas; *s.m.*, esse verso.
MÍ.MI.CA, *s.f.*, capacidade de exprimir pensamentos por meio de gestos.
MI.MI.CAR, *v.t.* e *int.*, o mesmo que mimar.
MI.MI.CE, *s.f.*, *fam.*, modos de quem tem mimo; denguice.
MÍ.MI.CO, *adj.*, que se refere à mímica.
MI.MI.CO.LO.GI.A, *s.f.*, tratado acerca da mímica.

MIMICOLÓGICO — MINISTÉRIO

MI.MI.CO.LÓ.GI.CO, *adj.*, que diz respeito a mimicologia.
MI.MÍ.DEO, *adj.*, relativo ou pertencente aos mimídeos, *s.m.*, ave da família dos mimídeos.
MI.MO, *s.m.*, objeto muito atraente; maravilha; carinho exagerado.
MI.MÔ, *s.m.*, membi.
MI.MO.DRA.MA, *s.m.*, ação dramática representada sob a forma de pantomima.
MI.MO.DRA.MÁ.TI.CO, *adj.*, relativo a mimodrama.
MI.MO.GRA.FI.A, *s.f.*, tratado a respeito da mímica ou dos mimos.
MI.MO.GRA.FI.CO, *adj.*, que se refere a mimografia.
MI.MO.GRA.FIS.MO, *s.m.*, escrita que imita o objeto expresso pela palavra.
MI.MÓ.GRA.FO, *s.m.*, especialista em mimografia; o que escreve peças burlescas.
MI.MO.LO.GI.A, *s.f.*, imitação da pronúncia ou do modo de falar de uma pessoa; onomatopeia; estudo da mímica.
MI.MO.SA, *s.f.*, planta ornamental com flores de várias cores; tangerina.
MI.MO.SE.AR, *v. bit.*, mimar, amimar, agraciar, preferir.
MI.MO.SO, *adj.*, carinhoso, sedutor, atraente, fascinante.
MI.NA, *s.f.*, ponto no local de onde se extraem minérios; arma para se colocar em locais de passagem de veículos, navios e pessoas e explodir; *fig.*, algo muito lucrativo; namorada, garota.
MI.NA.DOU.RO, *s.m.*, nascente, olho-d'água, veio, início de uma nascente em uma gruta.
MI.NAR, *v.t. e int.*, cavar, abrir buracos, galerias; colocar minas explosivas; falar mal, arruinar alguém, um tema.
MI.NA.RE.TE, *s.m.*, a torre da mesquita, templo da religião maometana.
MIN.DI.NHO, *s.m.*, *pop.*, o dedo menor de todos.
MI.NEI.RA.DA, *s.f.*, conjunto de mineiros, coletivo para mineiros, grupo grande de mineiros.
MI.NEI.RO, *adj. e s.m.*, relativo a minas; trabalhador de minas; próprio ou habitante de Minas Gerais.
MI.NE.RA.ÇÃO, *s.f.*, ação de minerar, de trabalhar em minas, de abrir minas.
MI.NE.RA.DO.RA, *s.f.*, *bras.*, empresa de mineração.
MI.NE.RAL, *adj.*, próprio dos minerais; *s.m.*, todo composto com consistência de minério; *s.f.*, água mineral.
MI.NE.RA.LI.ZA.ÇÃO, *s.f.*, ação ou efeito de mineralizar; substituição dos ingredientes orgânicos por inorgânicos.
MI.NE.RA.LI.ZA.DO, *adj.*, que ficou transformado em mineral.
MI.NE.RA.LI.ZA.DOR, *adj. e s.m.*, transformador de substâncias comuns em minério.
MI.NE.RA.LI.ZAR, *v.t. e pron.*, transformar em minério ingredientes diversos.
MI.NE.RA.LI.ZÁ.VEL, *adj.*, suscetível de se mineralizar, de adquirir propriedades de um mineral.
MI.NE.RA.LO.GI.A, *s.f.*, estudo dos minerais.
MI.NE.RA.LÓ.GI.CO, *adj.*, relativo ou pertencente à mineralogia.
MI.NE.RA.LO.GIS.TA, *s. 2 gên.*, especialista em mineralogia e temas afins.
MI.NE.RA.LUR.GI.A, *s.f.*, habilidade de aplicar aos minerais os processos industriais.
MI.NE.RAR, *v.t. e int.*, garimpar minérios; explorar minas; cavar minérios.
MI.NÉ.RIO, *s.m.*, metal bruto; produto tirado da mina.

MI.NE.RO.GRA.FI.A, *s.f.*, estudo dos minerais, descrição das propriedades e usos dos minerais.
MI.NE.RO.GRÁ.FI.CO, *adj.*, que se refere a minerografia.
MI.NE.RÓ.GRA.FO, *s.m.*, estudioso da minerografia.
MI.NES.TRO.NE, *s.m.*, sopa com verduras picadas, macarrões e temperos.
MIN.GAU, *s.m.*, comida pastosa para nenês; papa, comida fina e mole.
MÍN.GUA, *s.f.*, perda, ausência, falta; *expr.*, à míngua: na miséria, na carência.
MIN.GUA.DO, *adj.*, reduzido, pequeno, diminuto.
MIN.GUA.MEN.TO, *s.m.*, escasseamento, queda, declínio, definhamento.
MIN.GUAN.TE, *adj. e s.m.*, que míngua, que diminui, fase da lua decrescente.
MIN.GUAR, *v.t. e int.*, diminuir, faltar, escassear, tornar-se menos.
MIN.GUI.NHO, *s.m.*, dedo mindinho.
MI.NHA, *pron.*, possessivo feminino de meu.
MI.NHO.CA, *s.f.*, verme que vive na terra úmida.
MI.NHO.CÃO, *s.m.*, grande minhoca; *bras.*, *pop.*, nome dado a certas obras urbanas alongadas e curvilíneas; *bras.*, Zool., cobra-cega.
MI.NHO.TO, *adj.*, referente, habitante ou próprio do Minho, região de Portugal.
MÍ.NI, *s.f.*, o mínimo possível, de tamanho reduzido.
MI.NI.A.TU.RA, *s.f.*, qualquer objeto reduzido no tamanho.
MI.NI.A.TU.RIS.TA, *s. 2 gên.*, quem trabalha com miniaturas.
MI.NI.COM.PU.TA.DOR, *s.m.*, computador com menor tamanho e menor capacidade nas áreas de trabalho; computador com volume menor.
MI.NI.DES.VA.LO.RI.ZA.ÇÃO, *s.f.*, desvalorização muito pequena.
MI.NI.DI.CI.O.NÁ.RIO, *s.m.*, dicionário com menos palavras, próprio para alunos das séries iniciais; dicionário que aborda as palavras mais usuais, com a finalidade de familiarizar o aluno nessa atividade pedagógica.
MI.NI.FUN.DI.Á.RIO, *adj.*, próprio de pequena propriedade; *s.m.*, dono de minifúndio.
MI.NI.FÚN.DIO, *s.m.*, pequena propriedade.
MÍ.NI.MA, *s.f.*, nota musical que, na execução, vale a metade da semibreve.
MI.NI.MA.LIS.MO, *s.m.*, técnica usada na composição musical, com poucos motivos musicais e repetição exaustiva e obsessiva dos temas, como no Bolero de Ravel.
MI.NI.MA.LIS.TA, *s. 2 gên.*, quem pratica o minimalismo, compositor fã dessa técnica.
MI.NI.MI.ZA.ÇÃO, *s.f.*, redução, diminuição.
MI.NI.MI.ZA.DO, *adj.*, reduzido, diminuído, apequenado.
MI.NI.MI.ZAR, *v.t.*, apequenar, reduzir o tamanho; julgar pela parte menor.
MÍ.NI.MO, *adj.*, que é pequeno, reduzido ao menor grau, grau diminutivo de menor; *s.m.*, a menor parte de um objeto.
MÍ.NIO, *s.m.*, Quím., nome comum do deutóxido de chumbo, também conhecido por vermelhão, cinábrio ou zarcão.
MI.NIS.SAI.A, *s.f.*, saia de tamanho muito reduzido.
MI.NIS.SÉ.RIE, *s.f.*, novela, seriado de filmes, com poucos capítulos.
MI.NIS.TE.RI.AL, *adj.*, que se refere ao ministério, relativo a ministro.
MI.NIS.TÉ.RIO, *s.m.*, grupo de ministros de um governo;

cargo de um ministro ou o edifício em que atua; ofício, ocupação, desempenho.

MI.NIS.TRA, s.f., mulher que ocupa um cargo no ministério.
MI.NIS.TRA.DO, adj., fornecido, apresentado, exposto.
MI.NIS.TRA.DOR, adj. e s.m., expositor, apresentador.
MI.NIS.TRAR, v.t., fornecer, expor, apresentar; lecionar, administrar.
MI.NIS.TRO, s.m., quem detém um cargo com determinada função pública, membro de um ministério; quem exerce algumas funções na igreja; clérigo na religião protestante, membro de alguma corte federal.
MI.NO.RA.ÇÃO, s.f., diminuição, redução, suavização.
MI.NO.RA.DO, adj., diminuído, reduzido, amaciado, suavizado.
MI.NO.RAR, v.t., tornar menor, apequenar, suavizar.
MI.NO.RA.TI.VO, adj., diminutivo, suavizante.
MI.NO.RI.A, s.f., numa assembleia, quem tem o menor número de presentes votantes.
MI.NO.RI.DA.DE, s.f., menoridade.
MI.NO.RI.TÁ.RIO, adj., que tem o número menor de participantes.
MI.NU.A.NO, s.m., vento forte e frio no inverno do Sul.
MI.NÚ.CIA, s.f., algo muito pequeno, miúdo; ninharia, detalhe, nonada.
MI.NU.CI.AR, v.t., narrar com minúcias, pormenorizar, detalhar.
MI.NU.CI.O.SO, adj., cheio de minúcias, detalhista, meticuloso.
MI.NU.DÊN.CIA, s.f., pormenor, minúcia, detalhe.
MI.NU.EN.DO, s.m., em Matemática, número do qual se subtrai um outro número.
MI.NU.E.TE, s.m., ant., dança francesa, elegante, com evoluções e reverências, da corte de Luís XIV.
MI.NU.E.TO, s.m., pequeno concerto musical, que acompanhava danças, música alegre e ligeira.
MI.NÚS.CU.LA, s.f., letra minúscula, pequena, insignificante; ninharia, insignificância.
MI.NÚS.CU.LO, adj., muito pequeno, diminuto, miúdo.
MI.NU.TA, s.f., resenha, resumo, esboço, primeira redação de um documento; prato preparado no momento, nos restaurantes.
MI.NU.TA.DOR, adj., que minuta; s.m., aquele que minuta.
MI.NU.TA.GEM, s.f., cronometragem, em minutos, de uma cena de cinema ou tomada de TV, etc.
MI.NU.TAR, v.t., escrever ou ditar a minuta ou rascunho de.
MI.NU.TO, s.m., a sexagésima parte de uma hora, instante, átimo.
MI.O, s.m., miado, voz do gato.
MI.O.CÁR.DIO, s.m., parte externa do coração.
MI.O.CAR.DI.TE, s.f., inflamação do miocárdio.
MI.O.CE.NO, adj. e s.m., Geol., diz-se de ou da quarta época da era Cenozoica e a primeira época do período Neogeno (entre 23 milhões e 5 milhões de anos atrás), com grande desenvolvimento dos primatas.
MI.O.LEI.RA, s.f., os miolos de alguém; fig., tino, juízo.
MI.O.LO, s.m., parte interna de algo, como pão, frutas, nozes; medula, massa; fig., inteligência.
MI.O.LO.GI.A, s.f., ciência que estuda os músculos.
MI.O.MA, s.m., tumor que se forma no tecido muscular.
MÍ.O.PE, s.m., quem tem miopia; problema de visão; fig., indivíduo de ideias curtas, tacanho.

MI.O.PI.A, s.f., problema de visão que enxerga bem somente de perto.
MI.O.SÓ.TIS, s.m., planta ornamental de flores azuis.
MI.O.TO.MI.A, s.f., corte de músculos.
MI.O.TÔ.MI.CO, adj., Cir., Anat., relativo a miotomia.
MI.RA, s.f., alvo, peça na ponta do cano de algumas armas de fogo, para acertar a pontaria; fig., objetivo, propósito.
MI.RA.BO.LAN.TE, adj., espantoso, fantástico, espalhafatoso, altissonante.
MI.RA.CU.LO.SO, adj., milagroso, que faz muitos milagres.
MI.RA.DO, adj., olhado, desejado, visto, pretendido.
MI.RA.GEM, s.f., ilusão ótica no deserto; engano da visão; fantasia, engodo.
MI.RA.MAR, s.m., mirante voltado para o mar, para admirá-lo.
MI.RAN.TE, s.m., ponto mais alto de um local, que oferece ampla visão.
MI.RAR, v.t. e pron., olhar, fixar os olhos, observar, espreitar; fazer pontaria.
MI.RÍ.A.DA, MI.RÍ.A.DE, s.f., grande quantidade, multidão, número imenso.
MI.RI.A.GRA.MA, s.m., unidade de massa que se iguala a dez mil gramas.
MI.RI.A.LI.TRO, s.m., Fís., medida de capacidade equivalente a 10.000 litros.
MI.RI.Â.ME.TRO, s.m., Fís., medida de comprimento equivalente a 10.000 metros.
MI.RI.Á.PO.DE, s.m., animal invertebrado com muitas patas, como a centopeia.
MI.RI.FI.CAR, v.t., causar espanto, atrair admiração, tornar admirável.
MI.RÍ.FI.CO, adj., magnífico, maravilhoso, fantástico, espetacular.
MI.RIM, adj., pequeno, diminuto, menor.
MIR.ME.CO.FA.GÍ.DEOS, s.m., família de animais que se alimentam de formigas, como o tamanduá.
MIR.ME.CÓ.FA.GO, adj., que se alimenta de formigas.
MIR.RA, s.f., planta medicinal com folhas de forte aroma; resina extraída dessa planta.
MIR.RA.DO, adj., definhado, ressecado, preparado com mirra.
MIR.RAR, v.t. e pron., preparar com mirra, emagrecer, perder as forças, ressecar-se.
MIR.TO, s.m., arbusto com folhas verdes e flores brancas, usado para cercas vivas.
MI.SAN.TRO.PI.A, s.f., aversão a uma convivência com outros seres humanos; busca do isolamento.
MI.SAN.TRÓ.PI.CO, adj., relativo a misantropia.
MI.SAN.TRO.PO, s.m., ser humano que detesta os outros seres humanos.
MIS.CE.LÂ.NEA, s.f., reunião, conjunto de todo tipo de coisas ou escritos; confusão, bulbúrdia.
MIS.CI.BI.LI.DA.DE, s.f., misturação, mescla.
MIS.CI.GE.NA.ÇÃO, s.f., caldeamento, mistura de povos ou raças.
MIS.CI.GE.NA.DO, adj., misturado, caldeado.
MIS.CI.GE.NAR, v.t., bit. e pron., misturar, caldear.
MIS.CÍ.VEL, adj., que pode misturar, que se pode mesclar.
MI.SE.RA.ÇÃO, s.f., comiseração, piedade, desgraça.
MI.SE.RA.DO, adj., comiserado, apiedado, desgraçado.
MI.SE.RAN.DO, adj., que é digno de dó; lastimável; deplorável.
MI.SE.RAR, v.t. e pron., comiserar-se, apiedar-se.

MI.SE.RÁ.VEL, *adj.* e *s. 2 gên.*, perverso, cruel, desprezível, vil, pobre, infeliz, avarento, lastimoso.
MI.SÉ.RIA, *s.f.*, situação do miserável, carência de recursos, pobreza, miserabilidade; ninharia, nonada.
MI.SE.RI.CÓR.DIA, *s.f.*, compaixão, dó, piedade; *interj.*, pedido de perdão, socorro.
MI.SE.RI.COR.DI.O.SO, *adj.*, generoso, cheio de misericórdia, bondoso.
MÍ.SE.RO, *adj.*, infeliz, miserável, decaído, mesquinho; escasso, pouco.
MI.SO.FO.BI.A, *s.f.*, horror a contatos, aversão a contatos.
MI.SÓ.FO.BO, *adj.*, que tem aversão a contatos.
MI.SO.GA.MI.A, *s.f.*, aversão a casamento, horror a matrimônio.
MI.SÓ.GA.MO, *adj.*, que tem horror a casamento.
MI.SÓ.GI.NO, *adj.*, que tem aversão a mulheres, que detesta pessoas do sexo feminino.
MI.SO.NE.ÍS.MO, *s.m.*, aversão, ódio para com coisas novas.
MI.SO.NE.ÍS.TA, *adj.* e *s.m.*, relativo ao, ou pessoa misoneísta; misoneísmo.
MISS, *s.f.*, misse, moça que é escolhida como a mais bela em um concurso de beleza.
MIS.SA, *s.f.*, cerimônia privativa da Igreja Católica, celebrando os mistérios da fé cristã.
MIS.SAL, *s.m.*, livro que contém os cantos, leituras, salmos e orações para a missa.
MIS.SÃO, *s.f.*, encargo, tarefa destinada a alguém; obrigação, trabalho de missionários, grupo diplomático.
MIS.SE, *s.f.*, miss, moça que é colocada em primeiro lugar em concurso de beleza, deusa, diva, mulher muito bela.
MIS.SEI.RO, *adj.* e *s.m.*, que é de muita missa, carola, beato.
MÍS.SIL, *s.m.*, projétil, foguete para ser lançado no espaço com fins bélicos.
MIS.SI.O.NAR, *v.t.* e *int.*, atuar como missionário; pregar uma fé; p.ext., disseminar, propagar (crença, ideologia, etc.).
MIS.SI.O.NÁ.RIO, *adj.* e *s.m.*, próprio das missões, enviado, catequista.
MIS.SI.VA, *s.f.*, carta escrita, carta, epístola.
MIS.SI.VIS.TA, *s. 2 gên.*, quem escreve missivas, quem remete missivas.
MIS.TER, *s.m.*, trabalho, ofício, serviço, tarefa, urgência.
MIS.TÉ.RIO, *s.m.*, verdade religiosa aceita somente por questão de fé; segredo.
MIS.TE.RI.O.SO, *adj.*, cheio de mistérios, inexplicável, estranho.
MÍS.TI.CA, *s.f.*, tudo que envolve o mistério, contemplação religiosa íntima; reflexão sobre os mistérios divinos.
MIS.TI.CI.DA.DE, *s.f.*, misticismo, vivência do que é místico.
MIS.TI.CIS.MO, *s.m.*, credulidade religiosa em busca de mistérios; crença sentimental em verdades profundas da fé.
MÍS.TI.CO, *adj.* e *s.m.*, adepto da mística, pessoa espiritual; religioso, devoto.
MIS.TI.FI.CA.ÇÃO, *s.f.*, ilusão, engano, logro.
MIS.TI.FI.CA.DO, *adj.*, enganado, logrado, iludido, ludibriado.
MIS.TI.FI.CA.DOR, *adj.*, que mistifica, que envolve mistificação; *s.m.*, pessoa que mistifica, que ludibria outrem com mistificações.
MIS.TI.FI.CAR, *v.t.*, enganar, criar ilusões religiosas, iludir.
MIS.TI.LÍ.NEO, *adj.*, Geom., diz-se das figuras constituídas em parte por linhas curvas, e em parte por linhas retas.
MIS.TO, *adj.* e *s.m.*, misturado, composto; composição de vários ingredientes.
MIS.TO.QUEN.TE, *s.m.*, sanduíche quente, feito com queijo e presunto.
MIS.TRAL, *s.m.*, vento muito forte e seco, que sopra em algumas regiões da França.
MIS.TU.RA, *s.f.*, substância obtida com vários ingredientes; cruzamento de raças.
MIS.TU.RA.DA, *s.f.*, miscelânea, composição, confusão.
MIS.TU.RA.DO, *adj.*, juntado, composto.
MIS.TU.RA.DOR, *adj.* e *s.m.*, que(m) mistura, compositor, juntador.
MIS.TU.RAR, *v.t.* e *pron.*, juntar, colocar várias coisas num conjunto único; cruzar, compor.
MIS.TU.RÁ.VEL, *adj.*, que pode ser misturado.
MÍ.TI.CO, *adj.*, próprio dos mitos.
MI.TI.FI.CA.ÇÃO, *s.f.*, transformação em mito.
MI.TI.FI.CA.DO, *adj.*, transformado em mito.
MI.TI.FI.CAR, *v.t.*, transformar em mito.
MI.TI.GA.ÇÃO, *s.f.*, suavização, abrandamento, alívio.
MI.TI.GA.DO, *adj.*, suavizado, abrandado, aliviado.
MI.TI.GA.DOR, *adj.* e *s.m.*, que, aquele ou aquilo que mitiga, alivia.
MI.TI.GAR, *v.t.* e *pron.*, diminuir, suavizar, abrandar, aliviar.
MI.TI.GA.TI.VO, *adj.*, que mitiga, saciável.
MI.TI.GÁ.VEL, *adj.*, que é suscetível de mitigação.
MI.TO, *s.m.*, fábulas, histórias dos antigos heróis e deuses do mundo greco-romano; endeusamento de personagens atuais; coisa fantástica.
MI.TO.GRA.FI.A, *s.f.*, descrição de mitos, tratado sobre mitos.
MI.TO.GRÁ.FI.CO, *adj.*, relativo a mitografia.
MI.TÓ.GRA.FO, *s.m.*, especialista em mitos; criador de mitos.
MI.TO.LO.GI.A, *s.f.*, história de deuses e heróis da Grécia e Roma, narrando suas vivências e aventuras, com a intervenção contínua e espontânea dos deuses na vida das pessoas.
MI.TO.LÓ.GI.CO, *adj.*, que se refere a mitos, próprio de mitos.
MI.TÓ.LO.GO, *s.m.*, especialista em Mitologia, estudioso da Mitologia.
MI.TO.MA.NI.A, *s.f.*, paixão por mitos, impulso para a mentira.
MI.TÔ.MA.NO, *adj.* e *s.m.*, Psic., que ou aquele que sofre de mitomania.
MI.TO.SE, *s.f.*, divisão celular.
MI.TRA, *s.f.*, barrete cônico de cor avermelhada, usado por bispos, cardeais e pelo papa em solenidades; dignidade do bispo; pessoa jurídica perante o sistema vigente.
MI.TRA.DO, *adj.*, que tem direito ao uso da mitra.
MI.TRAL, *s.f.*, válvula mitral, válvula do coração.
MI.U.ÇA.LHA, *s.f.*, acervo, um todo de coisas miúdas sem valor.
MI.U.DE.ZA, *s.f.*, ninharia, bagatela, o que é miúdo.
MI.Ú.DO, *adj.*, pequeno, mínimo, fragmento; espesso.
MI.Ú.DOS, *s.m.*, *pl.*, parte interna dos animais, como fígado, coração, vísceras; dinheiro trocado em pequenos valores.
MI.XA.DO, *adj.*, misturado de sons, concerto de vários tons e sons.
MI.XA.GEM, *s.f.*, atuação para misturar sons diversos em uma única faixa sonora; misturar sons, música e vozes.
MI.XAR, *v. int.*, misturar sons e tons, concertar diversos tipos de sons; **MI.XAR**, *v. int.*, *pop.*, acabar, murchar, terminar mal.
MI.XA.RI.A, *s.f.*, algo sem valor, insignificância, ninharia.
MI.XO, *adj.*, insignificante, sem valor, desprezível.

MIXÓRDIA — MODINHA

MI.XÓR.DIA, s.f., confusão de objetos, mistura de muitas coisas.

MI.XU.RU.CA, adj., pop., sem valor, mixo.

MNE.MÔ.NI.CA, s.f., treino que ajuda a manutenção de uma memória atuante.

MNE.MÔ.NI.CO, adj., relativo à memória, que se retém facilmente de cor.

MNE.MO.NI.ZA.ÇÃO, s.f., ato ou efeito de mnemonizar.

MNE.MO.NI.ZAR, v.t., deixar (algo) mnemônico, mais fácil de memorizar.

MO, combinação do pronome pessoal *me* com o pronome pessoal *o*.

MÓ, s.f., pedra de moinho para moer trigo, antigamente.

MO.A.GEM, s.f., ato de moer, trituração.

MÓ.BIL, adj., que causa motivação; s.m., motivação, motivo.

MO.BI.LAR, v.t., equipar com mobília.

MO.BI.LHAR, v.t., colocar móveis em, mobiliar.

MO.BÍ.LIA, s.f., conjunto dos móveis de uma residência.

MO.BI.LI.A.DO, adj., provido de mobília; mobilado.

MO.BI.LI.AR, v.t., colocar os móveis em um ambiente.

MO.BI.LI.Á.RIO, s.m., relativo a móveis; s.m., todos os móveis.

MO.BI.LI.DA.DE, s.f., característica do que é móvel.

MO.BI.LI.ZA.ÇÃO, s.f., agrupamento, preparação, concentração.

MO.BI.LI.ZA.DO, adj., preparado, concentrado, agrupado.

MO.BI.LI.ZAR, v.t., movimentar, convocar para uma emergência, concentrar-se, preparar.

MO.BI.LI.ZÁ.VEL, adj. 2 gên., que pode ser mobilizado.

MO.CA, s.m., café bom, café com qualidade superior.

MO.ÇA, s.f., mulher jovem, garota, senhorita, donzela.

MO.ÇA.DA, s.f., grupo de moços.

MO.CAM.BEI.RO, bras., adj. e s.m., diz-se de, ou o escravo que se refugiava em mocambo; quilombeiro; NE, p.ext., que ou aquele que vive em casa precária; diz-se de, ou a rês que se esconde na mata.

MO.CAM.BI.CA.NO, adj. e s.m., próprio ou habitante de Moçambique.

MO.CAM.BO, s.m., cabana, casa feita de restos de material, casebre; refúgio de escravos na floresta.

MO.ÇÃO, s.f., ação de mover, sugestão posta em uma reunião, proposta, admoestação.

MO.ÇÁ.RA.BE, adj. e s. 2 gên., cristãos que viviam nas terras do Sul da Península Ibérica, aos tempos da conquista árabe, e sofreram influência cultural dos invasores; seus descendentes.

MO.CAS.SIM, s.m., sapato feminino de salto baixo.

MO.CE.TÃO, s.m., moço grande e forte.

MO.CHI.LA, s.f., tipo de saco-mala, no qual os soldados levam as provisões e os alunos levam o material escolar; saco de viagem.

MO.CHO, s.m., animal que não tem chifres; ave de rapina noturna, menor que a coruja.

MO.CI.DA.DE, s.f., juventude.

MO.CI.NHA, s.f., moça ainda jovem, adolescente, jovem, garota.

MO.CI.NHO, s.m., herói de novelas e filmes; pop., mauricinho.

MO.CÓ, s.m., roedor parecido com o preá.

MO.ÇO, s.m., jovem, rapaz, garoto.

MO.ÇOI.LA, s.f., moça jovem, moça nova.

MO.CO.TÓ, s.m., prato que se prepara com as cartilagens e tendões das patas dos animais bovinos.

MO.DA, s.f., costume, hábito costumeiro, comportamento e maneira de se vestir; indumentária; maneira de como se portar e agir.

MO.DAL, adj., relativo ao modo de ser e agir.

MO.DA.LI.DA.DE, s.f., maneira de ser; faceta, o que é típico, característica; tipo de esporte.

MO.DE.LA.ÇÃO, s.f., ação ou efeito de modelar, confecção conforme modelo.

MO.DE.LA.DO, adj., desenhado, cortado, preparado, moldado.

MO.DE.LA.DOR, adj. e s.m., moldador, preparador, ajustador.

MO.DE.LA.GEM, s.f., ato de modelar, fazer de acordo com o modelo.

MO.DE.LAR, adj., exemplar, que é modelo, imitável.

MO.DE.LAR, v.t. e pron., fazer o molde, o modelo; dar forma, moldar, ajustar, ajeitar.

MO.DE.LO, s.m., padrão, tipo, estereótipo, paradigma, molde que se usa para obter uma peça, algo a ser imitado; manequim, pessoa que desfila mostrando roupas.

MO.DEM, s.m., peça eletrônica usada para as transmissões de mensagens via Internet.

MO.DE.RA.ÇÃO, s.f., prudência, cuidados, domínio.

MO.DE.RA.DO, adj., comedido, comportado, controlado, prudente.

MO.DE.RA.DOR, s.m., mediador, interveniente, quem intermedeia debates em mesas redondas.

MO.DE.RAR, v.t. e pron., controlar, dominar, abster-se, ser prudente.

MO.DE.RA.TI.VO, adj., que modera, precavido.

MO.DE.RÁ.VEL, adj., que se pode moderar, dominável.

MO.DER.NI.CE, s.f., exagerada preferência pelo que é moderno, pedantismo por coisas modernas.

MO.DER.NIS.MO, s.m., movimento mundial que se iniciou por volta de 1.500 d.C.; tudo que seja atualizado; alguns movimentos artísticos do início do século vinte.

MO.DER.NIS.TA, s. 2 gên., pertencente ao movimento artístico moderno.

MO.DER.NI.ZA.ÇÃO, s.f., atualidade, o que é presente.

MO.DER.NI.ZA.DO, adj., atualizado, presente.

MO.DER.NI.ZAR, v.t. e pron., atualizar, tornar presente, seguir as ideias dominantes.

MO.DER.NO, adj., atual, presente, dentro da moda, próximo.

MO.DER.NO.SO, adj., pej., que é supostamente moderno.

MO.DÉS.TIA, s.f., humildade, simplicidade, respeito, recato, pudor.

MO.DES.TO, adj., humilde, simples, respeitoso, recatado, pudico.

MO.DI.CI.DA.DE, s.f., parcimônia, exiguidade, simplicidade.

MÓ.DI.CO, adj., parcimonioso, exíguo, pouco.

MO.DI.FI.CA.ÇÃO, s.f., alteração, mutação.

MO.DI.FI.CA.DO, adj., alterado, mudado, corrigido, acertado.

MO.DI.FI.CA.DOR, adj. e s.m., transformador, corretor.

MO.DI.FI.CAR, v.t. e pron., transformar, alterar o modo, mudar, corrigir, acertar.

MO.DI.FI.CA.TI.VO, adj. 2 gên., que modifica ou altera; que pode ser modificado.

MO.DI.FI.CÁ.VEL, adj. 2 gên., que pode ser modificado, suscetível de modificação.

MO.DI.LHÃO, s.m., Arq., ornato em forma de "S" invertido das cornijas das ordens jônica, coríntia e compósita.

MO.DI.NHA, s.f., canção musicada com certa melancolia.

MODISMO ···566··· **MOLESTADO**

MO.DIS.MO, s.m., o que é usual, modo de fazer, falar ou agir; esnobismo.
MO.DIS.TA, s. 2 gên., que orienta a confecção ou faz roupas.
MO.DO, s.m., maneira de ser; como se faz ou se age; método, ação, maneira; modos do verbo: indicativo, subjuntivo, imperativo e nominal.
MO.DOR.RA, s.f., prostração ou indolência; sensação de certas doenças; preguiça, moleza.
MO.DOR.RAR, v.t., int. e pron., tornar-se indolente, sofrer sonolência.
MO.DOR.REN.TO, adj., indolente, mole, sonolento.
MO.DU.LA.ÇÃO, s.f., inflexões da voz de acordo com a melodia, tonalidade.
MO.DU.LA.DO, adj., entoado, cantado, harmonizado.
MO.DU.LAR, v.t. e int., entoar, cantar, flexionar a voz, harmonizar.
MÓ.DU.LO, s.m., partes de um todo, componentes de um corpo; partes de um estudo longo; brochura.
MO.E.DA, s.f., objeto metálico ou de papel que representa o dinheiro.
MO.E.DA.GEM, s.f., a arte de cunhar moedas; processo de cunhagem.
MO.E.DA-PA.PEL, s.f., dinheiro em forma de notas e moedas, com lastro do governo central.
MO.E.DEI.RA, s.f., instrumento com que os ourives moem o esmalte; canseira, fadiga.
MO.E.DEI.RO, s.m., fabricante de moedas, que cunha moedas.
MO.E.DOR, s.m., eletrodoméstico para triturar, moer comidas.
MO.E.DU.RA, s.f., moagem, ação de moer, esmigalhamento.
MO.E.LA, s.f., o estômago de animais, sobretudo galináceos.
MO.EN.DA, s.f., cones metálicos, que nos engenhos espremem a cana-de-açúcar.
MO.EN.TE, adj. 2 gên., que mói; s.m., eixo que gira dentro de um orifício circular.
MO.ER, v.t. e int., espremer, reduzir a migalhas; amassar.
MO.FA, s.f., zombaria, escárneo, troça.
MO.FAR, v.t. e int., criar mofo, cobrir-se de bolor.
MO.FI.NO, adj., desditoso, azarado, avaro, inoportuno, tipo doentio.
MO.FO, s.m., bolor, penugem que brota em comida velha e estragada.
MOG.NO, s.m., tipo de árvore da Amazônia, cuja madeira é muito valiosa.
MO.GOL, adj. e s. 2 gên., mongol; diz-se esp. do grão-mogol (q. v.).
MOI.CA.NO, adj. e s.m., povo indígena da América do Norte, celebrado pela literatura e cinema.
MO.Í.DO, adj., que se moeu, esmigalhado; fig., exausto, cansado.
MO.I.NHA, s.f., fragmentos de palha moída que fica na eira; resíduo de cereais joeirados; pó de coisa seca ou triturada.
MO.I.NHO, s.m., engenho para moer grãos, sobretudo trigo.
MOI.TA, s.f., grupo de plantas que se agrupam, fechando-se sobre si.
MOI.TÃO, s.m., lugar em que há moitas; moitedo; moital.
MOI.TAR, v.int., não contar o que sabe ou pensa; ficar na moita, guardar segredo.
MO.LA, s.f., peça de metal enroscada, para imprimir movimento a um corpo ou aliviar impactos.
MO.LAM.BEN.TO, adj. e s.m., tipo com roupas esfarrapadas, miserável.
MO.LAM.BO, s.m., farrapo, roupas rasgadas, restos de pano, coisa velha.
MO.LAR, adj., próprio da mó, adequado para moer; s.m., tipo de dente.
MOL.DA.ÇÃO, s.f., ação ou efeito de moldar, modelo.
MOL.DA.DO, adj., modelado, ajustado.
MOL.DA.DOR, s.m., quem faz moldes, instrumento para fundir peças dentro de padrões.
MOL.DA.GEM, s.f., ato de colocar em moldes, feitura conforme um molde.
MOL.DAR, v.t. e pron., fazer conforme o molde, fabricar sob modelo, ajustar.
MOL.DÁ.VEL, adj., que pode ser moldado; que pode ser persuadido.
MOL.DÁ.VIO, adj., relativo à Moldávia (Europa Oriental); s.m., natural ou habitante da Moldávia; língua do grupo indo-europeu que se fala na Romênia.
MOL.DE, s.m., fôrma para fabricar peças, conforme desenho apresentado ao moldador.
MOL.DU.RA, s.f., vinheta, decoração de contorno; armação de madeira.
MOL.DU.RA.GEM, s.f., Arquit., o conjunto de molduras com que uma peça arquitetônica está ornada.
MOL.DU.RAR, v.t., decorar, contornar com moldura.
MOL.DU.REI.RO, s.m., aquele que faz ou produz molduras; fabricante de molduras; aquele que guarnece quadros, pinturas, desenhos, painéis, elementos arquitetônicos, etc., com moldura.
MO.LE, adj., macio, tenro, pastoso, frágil; sem força, fraco, molengão.
MO.LE.AR, v.t. e int., amolecer, tornar mole, afrouxar.
MO.LE.CA, s.f., forma feminina de moleque; calçado leve e macio.
MO.LE.CA.DA, s.f., grupo de moleques, cambada de atrevidos.
MO.LE.CA.GEM, s.f., ato característico de moleque, sem-vergonhice.
MO.LE.CAR, v.int., comportar-se como moleque, como canalha, safado; molequear.
MO.LE.CO.TE, s.m., forma diminutiva de designar um moleque.
MO.LÉ.CU.LA, s.f., substância formada por agrupamento de átomos.
MO.LÉ.CU.LA-GRA.MA, s.f., Fís.-quím., o mesmo que mol.
MO.LE.CU.LAR, adj., próprio de moléculas.
MO.LEI.RA, s.f., mulher dona de um moinho; parte membranosa, mole, que cobre a parte superior do crânio dos recém-nascidos, enquanto não se completa a ossificação.
MO.LEI.RÃO, s.m., molengão, frouxo, mole.
MO.LEI.RO, s.m., proprietário de um moinho.
MO.LE.JO, s.m., as molas que sustêm o conforto de um carro; fig., flexibilidade.
MO.LEN.GA, s. 2 gên., mole, pessoa muito fraca fisicamente; incompetente.
MO.LEN.GO, adj., s.m., bras., o mesmo que molenga.
MOLEN.GÃO, s.m., moleirão, frouxo.
MO.LEN.GAR, v. int., afrouxar, moleirar, tornar-se mole.
MO.LE.QUE, s.m., guri, menino, peralta, travesso; fig., canalha, cafajeste.
MO.LES.TA.DO, adj., que se molestou ou foi atacado por

MOLESTADOR ··· 567 ··· MONJOLO

moléstia; doente; molesto; ofendido; incomodado; melindrado; que foi machucado, lesado fisicamente; inquieto.

MO.LES.TA.DOR, s.m., quem molesta, perturbador, quem incomoda.

MO.LES.TA.MEN.TO, s.m., perturbação, incômodo.

MO.LES.TAR, v.t. e pron., incomodar, perturbar, afligir, magoar, ofender, melindrar.

MO.LÉS.TIA, s.f., doença, praga, epidemia.

MO.LES.TO, adj., que aborrece, que incomoda, fastidioso.

MO.LE.TÃO, s.m., estofo macio de lã ou de algodão.

MO.LE.TOM, s.m., tecido macio e quente de algodão.

MO.LE.ZA, s.f., propriedade do que é mole, fragilidade, inconstância.

MO.LHA.DE.LA, s.f., pequena molhada, jato pequeno de água em alguém.

MO.LHA.DO, adj., úmido, umedecido, ensopado de líquido.

MO.LHA.DU.RA, s.f., molhadela, umedecimento, ação de muito molhado.

MO.LHA.MEN.TO, s.m., ato ou efeito de molhar(-se); molha.

MO.LHAR, v.t. e pron., umedecer, embeber com líquido, ensopar com líquido.

MO.LHE, s.m., dique que, nos portos, retém a força das ondas para dar segurança à ancoragem dos navios.

MO.LHEI.RA, s.f., recipiente para servir molhos.

MO.LHO,(Ó), s.m., feixe, chaveiro, diversos objetos colocados juntos.

MO.LHO,(Ô), s.m., condimento, tempero, caldo para dar gosto a comidas.

MO.LIB.DÊ.NIO, s.m., Quím., elemento químico de número atômico 42, metálico, branco-prateado, empregado esp. em ligas de aço e como micronutriente de plantas; símb.: Mo.

MO.LI.FI.CA.ÇÃO, s.f., ação de molificar, amolecimento.

MO.LI.FI.CA.DO, adj., amolecido, tornado mole.

MO.LI.FI.CAR, v.t., tornar mole, amolecer.

MO.LI.NE.TE, s.m., carretilha para erguer pesos, cabo nos navios para elevar a âncora; toda corda para alçar pesos.

MO.LOI.DE, adj., mole, molenga, moleirão, fraco, fracote.

MO.LOS.SO, s.m., cão fila de porte avantajado; canzarrão.

MO.LUS.CO, s.m., ser invertebrado, protegido por concha, sem vértebras nem articulações.

MO.MEN.TA.NE.A.MEN.TE, adv., num momento, sem demora, num instante.

MO.MEN.TÂ.NEO, adj., do momento, instantâneo, breve.

MO.MEN.TO, s.m., instante, átimo, espaço pequeníssimo, ensejo, azo.

MO.MEN.TO.SO, adj., inadiável pela importância, valioso para o momento

MO.MI.CE, s.f., trejeito, caretas, gesto e expressão de mímica.

MO.MO, s.m., gesto, figura engraçada, rei do carnaval, rei momo.

MO.NA.CAL, adj., relativo aos monges, próprio de um mosteiro.

MÔ.NA.DA, s.f., substância simples.

MO.NAN.TRO.PI.A, s.f., sistema que considera o gênero humano procedente de uma só raça; opõe-se-lhe a poliantropia.

MO.NAR.CA, s.m., rei, soberano, imperador, indivíduo de governo vitalício em um país, com situação privilegiada; tipo de borboleta muito colorida e bela.

MO.NAR.QUI.A, s.f., forma de governo em que um indivíduo comanda a nação, o monarca.

MO.NÁR.QUI.CO, adj., próprio de um monarca ou da monarquia.

MO.NAR.QUIS.MO, s.m., ideias ou doutrinas da monarquia.

MO.NAR.QUIS.TA, s. 2 gên., pessoa que é favorável a monarquias.

MO.NAS.TÉ.RIO, s.m., mosteiro.

MO.NÁS.TI.CO, adj., monacal, próprio de monges e mosteiros.

MO.NA.TÔ.MI.CO, adj., molécula formada por um único átomo.

MO.NA.ZI.TA, s.f., mineral encontrado em areias com radiações e propriedades especiais.

MO.NA.ZÍ.TI.CO, adj., que diz respeito a monazita; diz-se do que contém monazita.

MON.ÇÃO, s.f., vento alísio, vento que sopra em épocas determinadas; vento.

MON.CO, s.m., muco, mucosa.

MON.DA, s.f., ação de mondar, poda, limpeza de plantas; fig., colheita.

MON.DA.DOR, s.m., quem monda, colhedor, podador.

MON.DAR, v.t., int. e pron., colher, limpar plantas de galhos secos e parasitas, podar.

MO.NE.GAS.CO, adj., s.m., próprio ou habitante do Principado de Mônaco.

MO.NE.TÁ.RIO, adj., próprio da moeda, do sistema financeiro.

MO.NE.TI.ZA.ÇÃO, s.f., ação ou efeito de monetizar uma economia; transformação em moeda.

MO.NE.TI.ZA.DO, adj., transformado em moeda.

MO.NE.TI.ZAR, v.t., introduzir o uso da moeda, adotar a moeda como meio de troca.

MON.GE, s.m., indivíduo religioso que vive em mosteiro; pessoa reclusa, eremita, ermitão.

MON.GOL, adj. e s.m., próprio ou habitante da Mongólia, ou o idioma.

MON.GÓ.LI.CO, adj., relativo aos mongóis, mongol.

MON.GO.LIS.MO, s.m., deformidade e excepcionalidade mental, por anormalidade dos cromossomos, com retardamento mental profundo.

MON.GO.LOI.DE, adj. e s.m., que sofre de mongolismo.

MO.NIS.MO, s.m., Fil., sistema segundo o qual a realidade se reduz a um princípio único.

MO.NÍS.TI.CO, adj., Fil. que diz respeito a monismo ou monista

MO.NI.TOR, s.m., dirigente, guia, quem repreende, vigilante; ajudante de professor; aparelho usado em estações de TV; tela para refletir o que se representa no computador.

MO.NI.TO.RA.ÇÃO, s.f., seguimento, acompanhamento, direção.

MO.NI.TO.RA.DO, adj., controlado, dirigido, acompanhado.

MO.NI.TO.RAR, v.t., controlar, dirigir; monitorizar.

MO.NI.TO.RI.A, s.f., cargo ou função de monitor.

MO.NI.TÓ.RIA, s.f., aviso pedindo a colaboração das pessoas para esclarecer algum crime, admoestação, advertência, reprimenda.

MO.NI.TÓ.RIO, adj., repreensivo, que adverte.

MO.NI.TO.RI.ZA.ÇÃO, s.f., monitoração, ação de monitorizar.

MO.NI.TO.RI.ZAR, v.t., monitorar, vigiar, acompanhar.

MON.JA, s.f., forma feminina de monge.

MON.JO.LEI.RO, s.m., proprietário de um monjolo, responsável por um monjolo.

MON.JO.LO, s.m., engenho movido a água, para pilar

milho, café e arroz.
MO.NO, s.m., macaco, símio; fig., indivíduo muito feio.
MO.NO.BÁ.SI.CO, adj., Quím., diz-se dos ácidos que, para formar sais, necessitam apenas substituir um átomo de hidrogênio por metal.
MO.NO.BLO.CO, s.m., instrumento que é fundido em uma única peça.
MO.NO.CAR.PO, adj., que só possui uma fruta.
MO.NO.CE.LU.LAR, adj., que se compõe de uma única célula.
MO.NO.CI.CLO, s.m., velocípede de uma única roda.
MO.NO.CLÍ.NI.CO, adj., diz-se de um dos sete sistemas cristalinos em cristalografia, com três constantes cristalográficas de diferentes dimensões, com interseção oblíqua dos eixos.
MO.NO.CLO.NAL, adj. 2 gên., Bioq., que é próprio de, ou se desenvolve a partir de uma única célula ou do mesmo clone celular; diz-se de um tipo de proteína do mieloma.
MO.NO.CÓR.DIO, s.m., instrumento musical composto de uma única corda.
MO.NO.CO.TI.LE.DÔ.NEA, s.f., Angios., espécime das monocotiledôneas.
MO.NO.CO.TI.LE.DÔ.NEO, adj., Bot., que tem um só cotilédone.
MO.NO.CRO.MÁ.TI.CO, adj., que possui uma única cor, monocromo.
MO.NO.CRÔ.MI.CO, adj., que é pintado com somente uma cor; monocromático.
MO.NO.CRO.MO, adj., que tem uma única cor.
MO.NÓ.CU.LO, s.m., luneta de uma única lente.
MO.NO.CUL.TU.RA, s.f., cultura agrícola embasada em uma única planta.
MO.NO.DIA, s.f., solo, canto com uma única voz.
MO.NÓ.DI.CO, adj., que se refere a uma monódia.
MO.NO.FO.BI.A, s.f., medo da solidão, medo de viver só.
MO.NÓ.FO.BO, adj., que tem aversão à solidão.
MO.NO.GA.MI.A, s.f., condição conjugal em que o homem tem apenas uma mulher, ou a mulher tem apenas um homem.
MO.NO.GÂ.MI.CO, adj., próprio da monogamia.
MO.NO.GA.MIS.TA, s. 2 gên., defensor e partidário da monogamia.
MO.NÓ.GA.MO, adj., que possui uma única companheira; animal com uma única fêmea.
MO.NO.GE.NI.A, s.f., ser de sexo único, que se reproduz por si mesmo.
MO.NO.GE.NIS.MO, s.m., teoria segundo a qual todos os seres humanos procedem de um único casal, ou seja, de uma única etnia.
MO.NO.GE.NIS.TA, adj. 2 gên., relativo a, ou seguidor do monogenismo; s. 2 gên., indivíduo que é seguidor do monogenismo.
MO.NO.GRA.FAR, v.t., escrever uma monografia.
MO.NO.GRA.FI.A, s.f., ensaio, escrito sobre qualquer assunto de modo restrito.
MO.NO.GRÁ.FI.CO, adj., que se refere a monografia.
MO.NO.GRA.MA, s.m., desenho formado pelo entrelaçamento de letras.
MO.NO.GRA.MIS.TA, s. 2 gên., o artista que não assina suas obras com uma abreviatura ou iniciais.
MO.NO.LÍN.GUE, adj. e s. 2 gên., que se restringe a um único idioma; quem fala e entende apenas uma língua.
MO.NO.LÍ.TI.CO, adj., único, compacto, duro.
MO.NÓ.LI.TO, s.m., pedra, rocha, monumento feito com uma única pedra.
MO.NO.LO.GAR, v.t. e int., falar por monólogo, recitação por uma pessoa sozinha, falar consigo mesmo.
MO.NÓ.LO.GO, s.m., conversa consigo mesmo, fala de si para si, solilóquio; peça teatral, auto.
MO.NO.MA.NI.A, s.f., ideia fixa, um único pensamento, mania centrada em uma única direção.
MO.NO.MA.NÍ.A.CO, adj., que se refere a monomania.
MO.NÔ.MIO, s.m., Mat., cada um dos termos de um polinômio.
MO.NO.MO.TOR, s.m., avião que possui um único motor.
MO.NO.PÉ.TA.LO, adj., Bot., que tem uma só pétala; corola monopétala, aquela cujas pétalas são soldadas entre si.
MO.NO.PLA.NO, s.m., aeroplano com uma única asa de cada lado.
MO.NO.PLE.GI.A, s.f., paralisia de um único membro do corpo.
MO.NO.PÓ.LIO, s.m., cartel, truste, uma empresa que domina todo o mercado de certo produto; privilégio de deter todos os poderes quanto à exploração de serviços ou produtos.
MO.NO.PO.LIS.TA, s. 2 gên., partidário do monopólio, monopolizador.
MO.NO.PO.LI.ZA.ÇÃO, s.f., ação de monopolizar, dominação.
MO.NO.PO.LI.ZA.DO, adj., dominado, controlado.
MO.NO.PO.LI.ZA.DOR, adj. e s.m., quem monopoliza, dominador, fig., castrador.
MO.NO.PO.LI.ZAR, v.t., praticar o monopólio; explorar, abusar dos preços, apoderar-se de tudo; fig., comandar sozinho, dominar.
MO.NOS.SI.LÁ.BI.CO, adj., formado por uma única sílaba.
MO.NOS.SÍ.LA.BO, s.m., termo formado de uma única sílaba.
MO.NO.TE.ÍS.MO, s.m., sistema religioso que admite somente um único Deus.
MO.NO.TE.ÍS.TA, s. 2 gên., adepto do monoteísmo.
MO.NO.TE.ÍS.TI.CO, adj., que diz respeito a monoteísmo ou a monoteísta.
MO.NO.TI.PO, adj., Tip., máquina de compor que funde os tipos de uma matriz; s.m., Art. Gráf., estampa obtida pelo processo de monotipia.
MO.NÓ.TI.PO, adj., diz-se do gên. que apresenta apenas uma espécie; monotípico; Mar., modelo padronizado de veleiros que competem em regatas.
MO.NO.TO.NI.A, s.f., rotina, um único som, a mesmice de sempre.
MO.NÓ.TO.NO, adj., que possui sempre o mesmo som; enfadonho, aborrecido, rotineiro, desagradável.
MO.NO.VA.LEN.TE, adj., que possui apenas um valor.
MO.NÓ.XI.DO, s.m., óxido de oxigênio que tem apenas um átomo por molécula.
MON.RO.ÍS.MO, s.m., doutrina do estadista norte-americano James Monroe (1759-1831), que repelia a intervenção europeia na política da América.
MON.SE.NHOR, s.m., título honorífico concedido a alguns padres.
MONS.TREN.GO, s.m., monstro, ser feio, pessoa horrenda, aleijão.
MONS.TRO, s.m., todo ser disforme; tipo com anomalias físicas; ser criado pela imaginação humana para impor

medo; *fig.*, pessoa feia; pessoa cruel.
MONS.TRU.O.SI.DA.DE, *s.f.*, propriedade de monstro, anormalidade, feiura.
MONS.TRU.O.SO, *adj.*, horrível, terrível, feíssimo; descomunal, imenso.
MON.TA, *s.f.*, quantidade, soma, valor, montante, quanto.
MON.TA.DA, *s.f.*, ação de montar, montaria.
MON.TA.DO, *adj.*, cavalgado, subido, posto acima.
MON.TA.DOR, *s.m.*, quem faz montagens; quem cavalga um animal.
MON.TA.DO.RA, *s.f.*, indústria que trabalha na montagem de um produto final, recebendo os componentes de outras indústrias terceirizadas.
MON.TA.GEM, *s.f.*, ação de montar, colocar todas as peças em seu lugar certo.
MON.TA.NHA, *s.f.*, monte elevado; serra, elevações grandes de terra.
MON.TA.NHA-RUS.SA, *s.f.*, brinquedo de circo, brinquedo que dá muitas voltas bruscas e estonteia os usuários.
MON.TA.NHÊS, *adj. e s.m.*, próprio de montanhas, habitante de montanha.
MON.TA.NHIS.MO, *s.m.*, esporte praticado nas montanhas, esporte que se dedica a escalar montanhas.
MON.TA.NHO.SO, *adj.*, cheio de montanhas, local com muitas elevações.
MON.TA.NIS.MO, *s.m.*, doutrina herética de Montano (séc. II), que aplicava com rigor os preceitos do cristianismo, mas pregava a ação do Paracleto ou Espírito Santo, de quem Montano se dizia profeta.
MON.TAN.TE, *adj. e s.m.*, que monta, que sobe; quantia, valor, acúmulo de objetos, quantidade.
MON.TÃO, *s.m.*, acervo, monte de objetos jogados sem ordem, grande quantidade.
MON.TAR, *v.t. e int.*, subir, cavalgar, pôr em, preparar, ajustar peças, orçamentar.
MON.TA.RI.A, *s.f.*, todo quadrúpede equino ou muar que carrega pessoas no dorso; cavalo, burro, asno.
MON.TE, *s.m.*, pequena elevação de terra, colina, cômoro, montão, grande quantidade de.
MON.TE.AR, *v.t. e int.*, fazer caçadas nos montes; caçar (animais); amontoar.
MON.TEI.RO, *adj. e s.m.*, que(m) anda ou caça nos montes.
MON.TE.PI.O, *s.m.*, instituição cujo nome está ficando em desuso, que se dedicava a cobrar mensalidades dos associados para retribuir como auxílio no tratamento de saúde e pensões.
MON.TÊS, *adj.*, próprio do monte, da montanha.
MON.TE.SI.NO, *adj.*, montesinho, montês, que vive nos montes.
MON.TE.VI.DE.A.NO, *adj. e s.m.*, próprio de Montevidéu ou seu habitante.
MON.TÍ.CU.LO, *s.m.*, monte pequeno, pequena porção.
MON.TO.EI.RA, *s.f.*, grande quantidade, porção, montão.
MON.TRA, *s.f.*, vitrine, vitrina.
MON.TU.RO, *s.m.*, lixão, lixeira, grande quantidade de esterco, fossa; *fig.*, tipo de moral péssima.
MO.NU.MEN.TAL, *adj.*, magnífico, extraordinário, próprio de monumento.
MO.NU.MEN.TO, *s.m.*, homenagem, obra para honrar e prestigiar alguém.
MO.QUE.AR, *v.t.*, assar ou secar carne no moquém; secar carne.
MO.QUE.CA, *s.f.*, guisado de peixe com temperos fortes, azeite, pimenta.
MO.QUÉM, *s.m.*, grelha alta para moquear carne ou peixe.
MOR, forma apocopada de maior.
MO.RA, *s.f.*, demora, atraso no pagamento de um compromisso.
MO.RA.DA, *s.f.*, local em que se mora; habitação, residência, domicílio.
MO.RA.DI.A, *s.f.*, morada, casa de residência.
MO.RA.DOR, *s.m.*, quem mora, residente, habitante.
MO.RAL, *s.f.*, sistema de normas que engloba os costumes, comportamentos, crenças do ser humano em suas relações pessoais e interpessoais; ética, honestidade, respeito, atitude; *adj.*, relativo à moral, educado, respeitoso.
MO.RA.LI.DA.DE, *s.f.*, qualidade do que é moral, caráter, predicados, qualificações.
MO.RA.LIS.MO, *s.m.*, sistema embasado na moral; excesso de cuidados morais.
MO.RA.LIS.TA, *s. 2 gên.*, especialista em moral; *fig.*, conservador, retrógrado.
MO.RA.LI.ZA.ÇÃO, *s.f.*, ação de moralizar, impor regras de moral.
MO.RA.LI.ZA.DO, *adj.*, correto, ético, bem comportado, morigerado.
MO.RA.LI.ZA.DOR, *adj.*, que moraliza, que impõe bons costumes; quem moraliza.
MO.RA.LI.ZAR, *v.t.*, impor moral, corrigir, acertar os bons costumes, refletir sobre moral.
MO.RAN.GA, *s.f.*, tipo de abóbora, jerimum.
MO.RAN.GO, *s.m.*, fruto vermelho de gosto agridoce; fruto do morangueiro.
MO.RAN.GUEI.RO, *s.m.*, planta que produz o morango.
MO.RAR, *v.t. e int.*, habitar, residir, encontrar-se, assistir, viver em.
MO.RA.TÓ.RIA, *s.f.*, prorrogação, pelo credor, do prazo de uma dívida.
MO.RA.TÓ.RIO, *adj.*, que concede prorrogação no pagamento de uma dívida.
MOR.BI.DA.DE, *s.f.*, morbidez, doença.
MOR.BI.DEZ, *s.f.*, situação de mórbido, doença, distúrbio físico.
MÓR.BI.DO, *adj.*, próprio de doença, enfermo, doentio.
MOR.CE.GAR, *v.t. e int.*, explorar alguém, aproveitar-se de uma oportunidade; andar ao léu, vadiar.
MOR.CE.GO, *s.m.*, mamífero voador de hábitos noturnos.
MOR.CE.LA, *s.f.*, tipo de chouriço, linguiça, morcilha.
MOR.CI.LHA, *s.f.*, tipo de linguiça feita com sangue e carne da cabeça do porco.
MOR.DA.ÇA, *s.f.*, objeto que se amarra na boca de alguém, para que não possa falar; *fig.*, opressão.
MOR.DA.CI.DA.DE, *s.f.*, propriedade de ser mordaz.
MOR.DAZ, *adj.*, que morde, corrosivo, satírico, irônico, venenoso.
MOR.DE.DOR, *s.m.*, quem morde, quem mastiga.
MOR.DE.DU.RA, *s.f.*, ação de morder, mordida, dentada.
MOR.DEN.TE, *adj. e s.m.*, que morde, mordaz, ferino; peça do mandril que fixa outras peças para serem trabalhadas.
MOR.DER, *v.t. e pron.*, prender ou triturar com os dentes, meter os dentes, triturar, moer; *fig.*, pegar dinheiro emprestado para não devolver.

MOR.DE.XIM, *s.m.*, a doença da cólera.
MOR.DI.CAR, *v.t.*, mordiscar, morder de leve.
MOR.DI.DA, *s.f.*, mordedura, ação de morder, o quanto se pega com uma dentada.
MOR.DI.DE.LA, *s.f.*, pequena mordida.
MOR.DI.DO, *adj.*, que teve uma mordida, dentado; *fig.*, dolorido, sensibilizado.
MOR.DI.MEN.TO, *s.m.*, ação ou efeito de morder.
MOR.DIS.CAR, *v.t.*, morder de leve, mordicar.
MOR.DO.MI.A, *s.f.*, cargo do mordomo; *pop.*, comodidades e conforto que alguém obtém em virtude de um cargo.
MOR.DO.MO, *s.m.*, administrador de residência familiar abastada.
MO.REI.A, *s.f.*, peixe marinho ou de água doce, semelhante a uma serpente; enguia.
MO.RE.NA, *s.f.*, mulher de cor trigueira, de cor escura, pele bronzeada.
MO.RE.NA.DO, *adj.*, de cor morena, amorenado.
MO.RE.NO, *adj.* e *s.m.*, de cor trigueira, pele mais escura e cabelos negros.
MOR.FEI.A, *s.f.*, lepra.
MOR.FE.MA, *s.f.*, todo tipo de afixo que se coloca na palavra para alterar-lhe o sentido.
MOR.FÉ.TI.CO, *adj.*, que tem lepra, leproso.
MOR.FI.NA, *s.f.*, derivado do ópio, serve para anestesiar dores fortes.
MOR.FI.NI.ZA.DO, *adj.*, anestesiado, tomado da morfina.
MOR.FI.NIS.MO, *s.m.*, abuso de morfina, uso exagerado como remédio para provocar dependência física e psíquica.
MOR.FI.NI.ZAR, *v.t.* e *pron.*, aplicar morfina em, anestesiar.
MOR.FI.NO.MA.NI.A, *s.f.*, vício da morfina, mania de uso de morfina.
MOR.FI.NO.MA.NÍ.A.CO, *adj.*, viciado em morfina.
MOR.FI.NÔ.MA.NO, *adj.*, *s.m.*, Psiq., o mesmo que morfinomaníaco.
MOR.FO.LO.GI.A, *s.f.*, enfoque das estruturas e formas dos seres; estudo gramatical das formas das palavras e suas variações.
MOR.FO.LÓ.GI.CO, *adj.*, próprio da Morfologia.
MOR.FO.LO.GIS.TA, *s. 2 gên.*, morfólogo, especialista em Morfologia.
MOR.GA.DA, *s.f.*, viúva de morgado; dona de bens constituintes de um morgado.
MOR.GA.DI.O, *adj.*, relativo a morgado; *s.m.*, qualidade, condição de morgado.
MOR.GA.DO, *s.m.*, o filho mais velho que herdava toda a herança, todas as propriedades.
MOR.GUE, *s.m.*, necrotério.
MO.RI.BUN.DO, *s.m.*, quem está para morrer; agonizante.
MO.RI.GE.RA.ÇÃO, *s.f.*, ação de morigerar, abrandamento de.
MO.RI.GE.RA.DO, *adj.*, controlado, comportado, comedido, parcimonioso, de bons costumes.
MO.RI.GE.RA.DOR, *adj.* e *s.m.*, controlador, impositor, educador, guia.
MO.RI.GE.RAR, *v.t.*, *int.* e *pron.*, moderar, comedir, segurar as ações no meio termo, educar.
MO.RIM, *s.m.*, tecido de algodão de cor branca.
MO.RIN.GA, *s.f.*, recipiente de barro, usado para refrescar a água.
MOR.MA.CEN.TO, *adj.*, cheio de mormaço, calorento.
MOR.MA.CEI.RA, *s.f.*, mormaço, tempo quente e irrespirável.
MOR.MA.ÇO, *s.m.*, calor forte sem ar, tempo quente e céu nublado.
MOR.MEN.TE, *adv.*, sobretudo, principalmente.
MOR.MO, *s.m.*, doença que ataca cavalos e bovinos, escorrendo pus pelas narinas.
MÓR.MON, *s. 2 gên.*, indivíduo seguidor do mormonismo.
MOR.MO.NIS.MO, *s.m.*, grupo religioso fundado nos Estados Unidos, em Salt Lake, representado pelo credo Igreja de Jesus Cristo dos Santos dos Últimos Dias.
MOR.MO.SO, *adj.*, afetado de mormo, atacado de mormo.
MOR.NAR, *v.t.* e *int.*, amornar, tornar tépido.
MOR.NI.DÃO, *s.f.*, tépido; tepidez, morno; *fig.*, falta de energia; tibieza.
MOR.NO, *adj.*, meio quente e meio frio, tépido; *fig.*, algo que nada faz.
MO.RO.SI.DA.DE, *s.f.*, propriedade do que é vagaroso; lentidão, vagarosidade.
MO.RO.SO, *adj.*, vagaroso, demorado, lerdo, lento.
MOR.RA.ÇA, *s.f.*, vinho ruim, de nenhuma qualidade.
MOR.RÃO, *s.m.*, ponta carbonizada da mecha das lamparinas.
MOR.RA.RI.A, *s.f.*, série de morros em uma determinada área.
MOR.RE.DI.ÇO, *adj.*, prestes a morrer; mortiço, agonizante, moribundo.
MOR.RE.DOU.RO, *s.m.*, local que provoca muitas mortes; *adj.*, morrediço, doentio.
MOR.RER, *v.t.*, *int.* e *pron.*, extinguir-se, falecer, deixar de existir, sucumbir, sofrer muito; ser esquecido, ser abandonado; morrer por - ter muito amor.
MOR.RI.NHA, *s.f.*, sarna de gado; *fig.*, teimosia intensa e aborrecida; mau cheiro exalado por pessoa ou animal.
MOR.RI.NHEN.TO, *adj.*, que tem morrinha.
MOR.RO, *s.m.*, colina, pequena elevação, cômoro, outeiro, colina.
MOR.SA, *s.f.*, mamífero carnívoro de grande tamanho, do Polo Norte; na Mecânica Geral, peça usada para fixar outras peças a serem trabalhadas.
MOR.SO, *s.m.*, mordedura, instrumento para segurar o cavalo pela boca com o cabresto.
MOR.TA.DE.LA, *s.f.*, tipo de salame para uso com o pão e outros ingredientes.
MOR.TAL, *adj.*, sujeito à morte, letal, perecível, perigoso.
MOR.TA.LHA, *s.f.*, panos que envolvem o cadáver.
MOR.TA.LI.DA.DE, *s.f.*, próprio de mortal, muitas mortes, calamidade.
MOR.TAN.DA.DE, *s.f.*, muitas mortes, morticínio, mortalidade.
MOR.TE, *s.f.*, falecimento, término da vida; desaparecimento, extinção.
MOR.TEI.RO, *s.m.*, tipo de canhão, peça metálica carregada com pólvora para provocar estouros.
MOR.TI.CÍ.NIO, *s.m.*, mortandade, mortalidade, muitas mortes.
MOR.TI.ÇO, *adj.*, moribundo, que está para morrer, morrediço.
MOR.TÍ.FE.RO, *adj.*, letal, mortal, que causa a morte, perigoso.
MOR.TI.FI.CA.ÇÃO, *s.f.*, ação de mortificar, dor, aflição, tormento, tristeza.
MOR.TI.FI.CA.DO, *adj.*, aflito, atormentado, triste.
MOR.TI.FI.CA.DOR, *adj.* e *s.m.*, que(m) mortifica, afligidor,

atormentador.

MOR.TI.FI.CAN.TE, *adj.*, que mortifica, que aflige, aflitivo.

MOR.TI.FI.CAR, *v.t. e pron.*, afligir, entristecer, penitenciar-se, provocar tristeza.

MOR.TO, *adj.*, falecido, que morreu, sucumbido, que parou de viver, que não existe mais.

MOR.TU.A.LHA, *s.f.*, coletivo de cadáveres, pano grande que cobre cadáveres, funeral.

MOR.TU.Á.RIO, *adj.*, próprio da morte, fúnebre, funéreo.

MO.RU.BI.XA.BA, *s.f.*, cacique de tribo indígena, chefe indígena.

MO.SAI.CIS.TA, *adj. 2 gên. e s. 2 gên.*, Art. Plást., que ou o artista que trabalha em obras de mosaico.

MO.SAI.CO, *s.m.*, figura obtida com a junção de pedrinhas de várias cores; tudo que se compõe de muitos pedaços ou tipos.

MO.SAI.CO, *adj.*, próprio de Moisés, sobretudo dos livros do Pentateuco, de que era seu autor.

MO.SA.ÍS.MO, *s.m.*, conjunto de ideias e dogmas que teriam sido ditados por Moisés.

MO.SA.ÍS.TA, *s. 2 gên.*, especialista em mosaísmo.

MOS.CA, *s.f.*, nome de um inseto existente em todo o mundo; *fig.*, tipo que perturba; cavanhaque pequeno.

MOS.CA-BRAN.CA, *s.f.*, mosca que ataca sobretudo os cítricos; *fig.*, algo raro, raridade.

MOS.CA.DEI.RA, *s.f.*, noz moscada.

MOS.CA.DO, *adj.*, aromático, perfume agradável, atraente, sedutor.

MOS.CAR, *v.int., bras., pop.*, comer mosca ou bobear; fugir perseguido pelas moscas; sumir-se.

MOS.CAR.DO, *s.m.*, Zool., ver mutuca; PE, *gír.*, polícia secreta.

MOS.CA.RI.A, *s.f.*, grande quantidade de moscas.

MOS.CA.TEL, *adj.*, tipo de uva de grãos pequenos e apreciada por sua doçura; *s.m.*, o vinho obtido com essas uvas.

MOS.CA-VA.RE.JEI.RA, *s.f.*, tipo de mosca de tamanho maior, que põe os ovos na carne viva ou podre.

MOS.CO, *s.m., gír.*, roubo (feito com habilidade).

MOS.CO.VI.TA, *adj. e s. 2 gên.*, próprio de Moscou, habitante ou natural dessa cidade.

MOS.QUE.A.DO, *adj.*, que tem pintas de várias cores, salpicado com cores diferentes.

MOS.QUE.AR, *v.t. e int.*, desenhar pintas em, salpicar de cores.

MOS.QUE.DO, *s.m.*, local em que proliferam as moscas.

MOS.QUEI.RO, *s.m.*, local com muitas moscas; instrumento para matar ou afugentar as moscas.

MOS.QUE.TÃO, *s.m.*, tipo de fuzil em desuso.

MOS.QUE.TA.RI.A, *s.f.*, grande quantidade de mosquetes ou tiros de mosquetes.

MOS.QUE.TE, *s.m.*, antiga espingarda vista em museus.

MOS.QUE.TE.AR, *v.t. e int.*, disparar tiros com mosquete.

MOS.QUE.TEI.RO, *s.m.*, soldado que usava mosquete, guarda especial dos reis de França.

MOS.QUI.TA.DA, *s.f.*, muitos mosquitos, nuvem de mosquitos.

MOS.QUI.TEI.RO, *s.m.*, armação feita com pano fino, para proteção contra mosquitos.

MOS.QUI.TO, *s.m.*, inseto, vários tipos de insetos dípteros.

MOS.SA, *s.f.*, marca de uma pancada, de uma batida, inchaço.

MOS.TAR.DA, *s.f.*, pasta para temperar, semente da mostardeira.

MOS.TAR.DEI.RA, *s.f.*, planta com cuja semente se faz a mostarda; tempero.

MOS.TEI.RO, *s.m.*, local em que residem monges e monjas, convento, residência.

MOS.TO, *s.m.*, sumo de uva, líquido e casca da uva preparados para a fermentação.

MOS.TRA, *s.f.*, ação de mostrar, demonstração, exposição.

MOS.TRA.DO, *adj.*, apresentado, exposto, feito para ser visto.

MOS.TRA.DOR, *adj.*, que mostra, apresenta; *s.m.*, parte de instrumentos que mostram mecanismos.

MOS.TRAR, *v.t. e pron.*, ostentar, exibir, pôr à vista, indicar, aparentar, expor, esclarecer.

MOS.TRAS, *s.f., pl.*, sinais, gestos, aparências.

MOS.TREN.GO, *s.m.*, monstrengo, monstro, ser horrível de ver.

MOS.TRU.Á.RIO, *s.m.*, local para expor objetos para o público ver; *show-room*.

MO.TE, *s.m.*, ideia colocada em verso, estribilho, legenda; tema para desenvolver.

MO.TE.JA.DOR, *adj. e s.m.*, quem faz mote, versejador.

MO.TE.JAR, *v.t. e pron.*, troçar, ironizar, rir de, dirigir motejos, gracejar, debochar.

MO.TE.JO, *s.m.*, pilhéria, dito picante, zombaria, ironia, sarcasmo, deboche.

MO.TEL, *s.m.*, tipo de hotel para casais manterem encontros amorosos; pousada para viajantes.

MO.TE.TE, *s.m.*, dito cômico, piada, facécia, pilhéria; pequena canção de cunho religioso.

MO.TI.LI.DA.DE, *s.f.*, mobilidade, ato de se mover.

MO.TIM, *s.m.*, rebelião, levante popular, revolta, sedição, baderna popular.

MO.TI.VA.ÇÃO, *s.f.*, ação de motivar, persuasão, incentivo para agir.

MO.TI.VA.DO, *adj.*, incentivado, persuadido, induzido, estimulado.

MO.TI.VA.DOR, *s.m.*, quem motiva, incentivador.

MO.TI.VAR, *v.t.*, entusiasmar, persuadir, incentivar, animar, interessar.

MO.TI.VO, *s.m.*, razão, propósito, objetivo, causa, alvo.

MO.TO, *s.m.*, movimento, deslocamento; *s.f.*, forma reduzida de motocicleta.

MO.TO.BÓI, *s.m.*, estafeta com moto, profissional que faz entregas pilotando uma moto.

MO.TO.CA, *s.f.*, moto, motocicleta.

MO.TO.CI.CLE.TA, *s.f.*, veículo com duas rodas e motor; motoca, moto.

MO.TO.CI.CLIS.MO, *s.m.*, esporte praticado com motos.

MO.TO.CI.CLIS.TA, *s. gên.*, quem usa moto.

MO.TO.CON.TÍ.NUO, *s.m.*, pretensa máquina, que funcionaria por força própria eternamente, sem gastar energia.

MO.TO.CROSS, *s.m.*, esporte praticado com motos, em pistas de terra muito acidentadas.

MO.TO.NE.TA, *s.f.*, lambreta, moto pequena.

MO.TO.QUEI.RO, *s.m.*, quem anda de motocicleta.

MO.TOR, *adj.*, que provoca movimento; *s.m.*, peça fundamental para mover carros e máquinas; peça que dá movimento, força.

MO.TO.RIS.TA, *s. 2 gên.*, quem dirige um veículo com motor; chofer.

MO.TO.RI.ZA.DO, *adj.*, que tem motor, quem usa um veículo com motor.
MO.TO.RI.ZAR, *v.t.*, colocar motor em; locomover-se com carro.
MO.TOR.NEI.RO, *s.m.*, quem controla um bonde.
MO.TOS.SER.RA, *s.f.*, serra equipada com motor.
MO.TRIZ, *s.f.*, que possui força de motor.
MOU.CO, *adj.*, que não ouve; surdo; que ouve pouco.
MOU.QUI.CE, *s.f.*, mouquidão, surdez.
MOU.QUI.DÃO, *s.f.*, o mesmo que mouquice.
MOU.RA.MA, *s.f.*, terra de mouros; grande quantidade de mouros; Rel., a religião seguida pelos mouros.
MOU.RÃO, *s.m.*, moirão, estaca de madeira ou concreto presa ao solo, nos quais se fixam arames; poste para fazer cercas.
MOU.RA.RI.A, *s.f.*, lus., bairro onde, em tempos antigos, os mouros eram obrigados a morar.
MOU.RE.JAR, *v.t. e int.*, trabalhar com afinco, trabalhar muito.
MOU.RE.JO, *s.m.*, faina, trabalho, fadiga.
MOU.RES.CO, *adj.*, que se refere a mouro.
MOU.RIS.CO, *adj.*, mouro, próprio dos mouros.
MOU.RO, *adj.*, próprio dos mouros; *s.m.*, habitante da Mauritânia, invasor da Espanha, antigamente.
MOUSE, *s.m.*, peça móvel, que no computador serve para direcionar, inserir, preparar todo o trabalho e movimento na tela.
MO.VE.DI.ÇO, *adj.*, que se move; ágil, rápido.
MO.VE.DOR, *adj. e s.m.*, que se move, que se locomove.
MÓ.VEIS, *s.m., pl.*, conjunto de objetos que compõem a mobília da residência.
MÓ.VEL, *adj.*, que se movimenta; *s.m.*, toda peça do mobiliário familiar.
MO.VE.LA.RI.A, *s.f.*, loja que vende móveis; a arte de fazer móveis.
MO.VE.LEI.RO, *adj.*, característico de móveis; *s.m.*, fabricante de móveis.
MO.VEN.TE, *adj.*, que se move, que se desloca.
MO.VER, *v.t., int. e pron.*, deslocar, tirar do local, movimentar, deslizar, abalar, comover, sensibilizar.
MO.VI.DO, *adj.*, que se moveu ou que foi posto em movimento; *fig.*, estimulado, induzido.
MO.VI.MEN.TA.ÇÃO, *s.f.*, ação de movimentar, deslocamento.
MO.VI.MEN.TA.DO, *adj.*, que tem movimento, agitado, turbado, barulhento.
MO.VI.MEN.TAR, *v.t. e pron.*, pôr em movimento, animar, deslocar, agitar.
MO.VI.MEN.TO, *s.m.*, deslocamento, movimentação, marcha; entrada de dinheiro no caixa.
MO.VÍ.VEL, *adj.*, que se pode mover, removível.
MO.XA, *s.f.*, chumaço de algodão aceso, aplicado sobre a pele para obter uma cauterização.
MO.ZA.RE.LA, *s.m.*, tipo de queijo italiano macio e suave, usado mais para lanches.
MS - sigla do Estado do Mato Grosso do Sul.
MT - sigla do Estado do Mato Grosso.
MU, *s.m.*, mulo.
MU.AM.BA, *s.f.*, mercadorias contrabandeadas, negociata; *fig.*, droga.
MU.AM.BEI.RO, *s.m.*, quem contrabandeia, safado, negociante desonesto.

MU.AR, *s.m.*, animal da família dos burros, asno; *adj.*, asinino.
MU.CA.MA, *s.f.*, escrava que servia os patrões na residência; escrava caseira.
MU.CI.LA.GEM, *s.f.*, líquido viscoso que se extrai de vegetais.
MU.CI.LA.GI.NO.SO, *adj.*, que contém mucilagem, que tem a natureza da mucilagem.
MU.CO, *s.m.*, mucosa, secreção nasal, catarro, ranho.
MU.CO.SA, *s.f.*, tecido de certos órgãos do corpo e que expele muco.
MU.CO.SI.DA.DE, *s.f.*, muco, secreção de muco, grande produção de catarro.
MU.CO.SO, *adj.*, cheio de muco, que produz muco.
MU.ÇUL.MA.NIS.MO, *s.f.*, religião de Maomé, maometismo.
MU.ÇUL.MA.NO, *adj.*, maometano, próprio da religião de Maomé.
MU.ÇUM, *s.m.*, peixe de água doce, parecido com cobra, pelo comprimento do corpo.
MU.ÇU.RA.NA, *s.f.*, cobra comum, não venenosa e devoradora de cobras venenosas.
MU.DA, *s.f.*, mudança, troca dos pelos e penas dos animais; troca de animais para viagens longas.
MU.DA.DO, *adj.*, deslocado, alterado, modificado, transformado.
MU.DA.DOR, *adj. e s.m.*, que ou o que muda ou é causa de mudança; muda.
MU.DAN.ÇA, *s.f.*, ato ou efeito de mudar, transferência, levar toda a mobília de uma casa para outra; variação, câmbio; alavanca para mudar as marchas de veículos.
MU.DAR, *v.t., int. e pron.*, transferir de um local para outro, deslocar, trocar a direção, trocar de vida, alterar.
MU.DÁ.VEL, *adj.*, próprio para ser mudado, mutável, cambiável.
MU.DEZ, *s.f.*, particularidade de quem é mudo, de quem não fala.
MU.DO, *adj.*, que não fala, privado do dom da fala; *fig.*, calado.
MU.GI.DO, *s.m.*, voz dos bovinos, voz da vaca e do boi.
MU.GIR, *v.t. e int.*, soltar mugidos, berrar, usar da voz como bovídeo.
MUI, *adv.*, forma reduzida (apocopada) de muito.
MUI.TO, *adv., pron. e adj.*, grande número, quantidade, abundante, abundantemente, excessivamente.
MU.LA, *s.f.*, fêmea do mulo, besta, burra, asna.
MU.LÁ, *s.m.*, sacerdote maometano, quem tem autoridade no islamismo, exegeta islâmico.
MU.LA.DA, *s.f.*, manada de mulas.
MU.LA SEM CA.BE.ÇA, *s.f., folcl.*, concubina de padre que, depois de morta, em certas noites se transforma em mula sem cabeça para assustar os supersticiosos; assombração.
MU.LA.TA.RI.A, *s.f., pop.*, aglomeração, multidão de mulatos reunidos.
MU.LA.TI.NHO, *s.m.*, mulato jovem; Bot., arbusto da fam. das Rubiáceas (*Rudgea dahlgrenii*); Agr., tipo de feijão marrom e pequeno.
MU.LA.TO, *adj. e s.m.*, que é pardo, meio escuro; indivíduo produto do cruzamento de branco com negro; mestiço.
MU.LE.TA, *s.f.*, cajado, bengala dupla que serve de apoio para coxo ou perneta; *fig.*, o que serve para ajudar outrem.
MU.LE.TA.DA, *s.f.*, pancada com muleta; mulada (de mula).
MU.LE.TEI.RO, *s.m.*, arrieiro; o que trata das mulas na estrebaria.
MU.LHER, *s.f.*, pessoa adulta do sexo feminino; esposa,

fêmea.

MU.LHE.RA.ÇA, s.f., mulher de corpo avantajado, gigante feminino.

MU.LHE.RA.DA, s.f., mulherio, coletivo de mulheres, quantidade de mulheres.

MU.LHE.RÃO, s.m., mulherona, uma grande mulher, uma mulher grande; uma mulher bela.

MU.LHE.REN.GO, adj. e s.m., que é apaixonado por mulheres; sedutor de mulheres, quem corre atrás de mulheres.

MU.LHE.RIL, adj., próprio da mulher.

MU.LHE.RI.NHA, s.f., dim. de mulher; "mulher de má vida"; bisbilhoteira.

MU.LHE.RI.O, s.m., muitas mulheres juntas.

MU.LHE.RO.NA, s.f., mulher bela; mulher encorpada.

MU.LO, s.m., burro, asno, jegue.

MUL.TA, s.f., ação de multar, pena pecuniária ao infrator.

MUL.TA.DO, adj., que recebeu uma multa.

MUL.TAN.GU.LAR, adj., Mat., que tem mais de quatro lados.

MUL.TAR, v.t., dar uma multa, aplicar multa.

MUL.TI.AN.GU.LAR, adj., Geom., o mesmo que multangular.

MUL.TI.CAP.SU.LAR, adj., diz-se do fruto que é composto de muitas cápsulas parciais.

MUL.TI.CE.LU.LAR, adj., de muitas células.

MUL.TI.CO.LOR, adj., multicor, de muitas cores, multicolorido.

MUL.TI.CO.LO.RI.DO, adj., o mesmo que multicolor.

MUL.TI.CO.LO.RIR, v.t., dar diversas cores a; colocar muitas cores em.

MUL.TI.DÃO, s.f., ajuntamento de muitas pessoas, aglomeração, legião.

MUL.TI.FA.CE.TA.DO, adj., que tem muitas facetas, que mostra muitas alternativas.

MUL.TI.FLO.RO, adj., Bot., que tem muitas flores.

MUL.TÍ.FLUO, adj., que mana, que corre com abundância.

MUL.TI.FO.LI.A.DO, adj., que tem muitas folhas.

MUL.TI.FOR.ME, adj., de muitas formas e aspectos.

MUL.TI.LA.TE.RAL, adj., que se realiza entre vários parceiros, nações, sócios, membros.

MUL.TI.LÁ.TE.RO, adj., Mat., que tem mais de quatro lados.

MUL.TI.LÍN.GUE, adj., s. 2 gén., que está escrito em muitas línguas; quem fala várias línguas, poliglota.

MUL.TÍ.LO.QUO, adj., Mat., que tem mais de quatro lados.

MUL.TI.MI.LIO.NÁ.RIO, s.m., quem é muitas vezes milionário, riquíssimo.

MUL.TÍ.MO.DO, adj., que se faz ou se apresenta de diversos modos; multifário, multiforme; vário.

MUL.TI.NA.CI.O.NAL, adj., próprio de diversos países; s.f., empresa que tem filiais em muitos países.

MUL.TI.NER.VEO, adj., Bot., diz-se da folha das plantas em que se notam nervuras múltiplas.

MUL.TI.NU.CLE.A.DO, adj., Biol., diz-se de célula que tem muitos núcleos.

MUL.TI.NU.CLE.AR, adj., que tem muitos núcleos.

MUL.TI.PA.RI.DA.DE, s.f., caráter ou qualidade de multíparo.

MUL.TÍ.PA.RO, adj., próprio da fêmea que pare vários filhos de uma única vez.

MUL.TÍ.PE.DE, adj., Zool., que tem muitos pés.

MUL.TI.PÉ.TA.LO, adj., Bot., o mesmo que polipétalo.

MUL.TI.PLI.CA.ÇÃO, s.f., ação de multiplicação, aumento dos números.

MUL.TI.PLI.CA.DO, adj., que se multiplicou.

MUL.TI.PLI.CA.DOR, adj., que multiplica; s.m., número pelo qual se multiplica outro número.

MUL.TI.PLI.CAN.DO, s.m., número que poderá ser multiplicado.

MUL.TI.PLI.CAR, v.t., int. e pron., repetir um número quantas vezes for pedido; fazer uma multiplicação, aumentar, fazer crescer.

MUL.TI.PLI.CA.TI.VO, adj., que multiplica, que aumenta.

MUL.TI.PLI.CÁ.VEL, adj., que pode ser multiplicado.

MUL.TÍ.PLI.CE, adj., que não é único, que tem várias formas de se apresentar.

MUL.TI.PLI.CI.DA.DE, s.f., grande número, abundância, vários números.

MÚL.TI.PLO, adj., que atinge vários números.

MUL.TI.PRO.CES.SA.DOR, s.m., duas ou mais unidades de um aparelho que funcionam ao mesmo tempo.

MUL.TIS.SE.CU.LAR, adj., que tem muitos séculos, antigo, vetusto.

MUL.TIS.SO.CI.E.TÁ.RIO, adj., que tem ou admite vários sócios.

MUL.TI.UN.GU.LA.DO, adj., Zool., diz-se do animal que tem mais de dois cascos em cada pé.

MUL.TI.VA.GO, adj., que anda sem parar; erradio; errante.

MÚ.MIA, s.f., cadáver mumificado e muito antigo; restos mortais de egípcios antigos; fig., indivíduo sem energia, sem força.

MU.MI.FI.CA.ÇÃO, s.f., ação de tornar um cadáver em múmia; ação, processo ou resultado de mumificar(se).

MU.MI.FI.CA.DO, adj., que se mumificou, que sofreu processo de mumificação; que facilita ou provoca mumificação; s.m., aquele ou aquilo que mumifica.

MU.MI.FI.CAR, v.t., int. e pron., tornar múmia, transformar em múmia.

MU.MI.FI.CÁ.VEL, adj., suscetível de converter-se em múmia.

MUN.DA.NA, s.f., prostituta, rameira, vagabunda.

MUN.DA.NA.LI.DA.DE, s.f., qualidade do que é mundano; materialidade; tendência para os prazeres mundanos; p. ext., vida que decorre e se gasta entre esses prazeres.

MUN.DA.NI.DA.DE, s.f., qualidade do que é mundano, o que diz respeito ao mundo; doutrina que valoriza apenas os bens materiais; libertinagem.

MUN.DA.NIS.MO, s.m., conduta de quem só se volta para a diversão, os prazeres e os gozos da vida.

MUN.DA.NO, adj., que se interessa somente por coisas materiais, materialista, sibarita, dado aos prazeres sensuais; carnal.

MUN.DÃO, s.m., grande extensão de terras, grandes distâncias, mundaréu.

MUN.DA.RÉU, s.m., multidão de pessoas, de seres, mundão.

MUN.DÉU, s.m., armadilha para pegar animais, arapuca.

MUN.DI.AL, adj., próprio do mundo, universal.

MUN.DÍ.CIA, s.f., mundície, higiene, limpeza, asseio, faxina, purificação.

MUN.DO, s.m., globo terrestre, planeta Terra, tudo que cerca a Humanidade, universo, cosmo, o habitat da espécie humana; multidão, a vida dos leigos.

MUN.GIR, v.t., ordenhar, tirar leite manualmente.

MUN.GUN.ZÁ, s.m., munguzá, tipo de mingau de milho branco com leite ou coco, sal e açúcar.

MU.NHE.CA, s.f., parte de ligação da mão com o antebraço, pulso; pop., sovina, pão-duro, avarento, mesquinho.

MU.NI.ÇÃO, s.f., todos os materiais usados para atirar,

MUNICIADO ··· 574 ··· **MÚSICO**

disparar armas, material bélico; fortificação.
MU.NI.CI.A.DO, *adj.*, abastecido de munição; provido.
MU.NI.CI.A.DOR, *s.m.*, quem municia, quem fornece.
MU.NI.CI.A.MEN.TO, *s.m.*, ação de municiar, de abastecer, fornecimento, abastecimento.
MU.NI.CI.AR, *v.t.*, prover, arrumar munições, fornecer.
MU.NI.CI.PAL, *adj.*, próprio do município.
MU.NI.CI.PA.LI.DA.DE, *s.f.*, tudo que se refira ao município; parte legislativa do município, câmara de vereadores; prefeitura.
MU.NI.CI.PA.LIS.MO, *s.m.*, todo sistema político centrado no município.
MU.NI.CI.PA.LIS.TA, *s. 2 gên.*, adepto do municipalismo, defensor do municipalismo.
MU.NÍ.CI.PE, *s.m.*, cada habitante de um município.
MU.NI.CÍ.PIO, *s.m.*, território administrado por um prefeito e legislado pela câmara de vereadores.
MU.NI.DO, *adj.*, que se muniu, se proveu de munição; dotado; abastecido.
MU.NI.FI.CÊN.CIA, *s.f.*, generosidade, magnificência, bondade.
MU.NI.FI.CEN.TE, *adj.*, magnífico, generoso, bondoso.
MU.NIR, *v.t. e pron.*, prover, municiar, preparar.
MÚ.NUS, *s.m.*, função, obrigação, dever, tarefa.
MU.QUE, *s.m.*, força do braço, força.
MU.QUI.RA.NA, *s. 2 gên.*, inseto parasita no ser humano, piolho; *fig.*, avarento.
MU.RA.DO, *adj.*, que se murou, que foi cercado com muro.
MU.RAL, *adj.*, próprio de muro; *s.m.*, quadro pintado em parede ou preso a ela.
MU.RA.LHA, *s.f.*, muro forte e alto para proteger uma cidade, castelo; muro grosso; empecilho contra alguma vontade.
MU.RA.LIS.TA, *s. 2 gên.*, artista que pinta murais.
MU.RA.MEN.TO, *s.m.*, ato ou efeito de murar, de erguer muros.
MU.RAR, *v.t. e pron.*, fazer um muro, servir de muro, construir um muro em torno de.
MUR.ÇA, *s.f.*, vestimenta que os cônegos sobrepõem à sobrepeliz.
MUR.CHA.MEN.TO, *s.m.*, ação de murchar, definhamento.
MUR.CHAR, *v.t., int. e pron.*, perder a força, o viço, descolorir-se.
MUR.CHI.DÃO, *s.f.*, o estado da planta que murchou; *fig.*, desalento.
MUR.CHO, *adj.*, definhado, descolorido, sem viço, sem força.
MU.RE.TA, *s.f.*, murinho, muro baixo, anteparo.
MU.RI.Á.TI.CO, *adj.*, tipo de ácido dissolvido na água, para limpeza de piso.
MU.RI.CI, *s.m.*, tipo de planta e o fruto dela.
MU.RI.ÇO.CA, *s.f.*, mosquito hematófago que pica muito as pessoas.
MU.RI.NO, *adj.*, próprio ou relativo aos ratos.
MUR.MU.LHAR, *v. int.*, marulhar, farfalhar, rumorejar, provocar o burburinho.
MUR.MU.LHO, *s.m.*, marulho, rumorejo.
MUR.MU.RA.ÇÃO, *s.f.*, murmúrio, sussurro.
MUR.MU.RA.DO, *adj.*, que se murmurou; sussurrado.
MUR.MU.RA.DOR, *adj.*, que tem som parecido com água corrente; diz-se de quem sussurra; *s.m.*, sussurrador; aquele que é maledicente, detrator ou difamador.
MUR.MU.RAN.TE, *adj.*, que murmura, murmurador.

MUR.MU.RAR, *v.t. e int.*, emitir sons fracos, sussurrar, falar baixinho.
MUR.MU.RA.TI.VO, *adj.*, que murmura; que encerra murmuração.
MUR.MU.RE.JAN.TE, *adj.*, que murmureja, que produz sons leves.
MUR.MU.RE.JAR, *v. int.*, fazer murmúrio, sussurrar.
MUR.MU.RI.NHAR, *v.t.*, produzir murmurinho; falar baixinho, sussurrando.
MUR.MU.RI.NHO, *s.m.*, burburinho, rumor, ruído.
MUR.MU.RO.SO, *adj.*, rumoroso, sussurrante.
MUR.MÚ.RIO, *s.m.*, sussurro, farfalhar, som de vozes fracas, som baixo.
MU.RO, *s.m.*, parede construída em torno de um local para protegê-lo; cerca.
MUR.RO, *s.m.*, golpe com a mão fechada, soco, pancada.
MUR.TA, *s.f.*, arbusto de folhas finas e verdes, que produz flores brancas perfumadas, cultivado nos jardins.
MU.SA, *s.f.*, semideusas que presidiam as artes no mundo grego e inspiravam os poetas; *fig.*, inspiração dos artistas.
MU.SÁ.CEAS, *s.f., pl.*, espécie de vegetais entre os quais se inclui a bananeira.
MU.SÁ.CEO, *adj.*, próprio da bananeira.
MUS.CÍ.VO.RO, *adj.*, que devora moscas.
MUS.CO.SO, *adj.*, musguento, que está cheio de musgo.
MUS.CU.LA.ÇÃO, *s.f.*, exercício para treinar os músculos, ginástica.
MUS.CU.LA.DO, *adj.*, bem provido de músculos; musculoso; Art. Plást., em que se confere destaque aos músculos.
MUS.CU.LAR, *adj.*, relativo aos músculos.
MUS.CU.LA.TU.RA, *s.f.*, conjunto dos músculos dos vertebrados, força.
MÚS.CU.LO, *s.m.*, conjunto de fibras que promovem a força do indivíduo e seus movimentos.
MUS.CU.LO.SI.DA.DE, *s.f.*, musculatura, força dos músculos.
MUS.CU.LO.SO, *adj.*, cheio de músculos, forte, robusto.
MU.SE.O.LO.GI.A, *s.f.*, ciência que estuda a organização e condução do acervo de um museu, os valores das peças catalogadas e sua manutenção.
MU.SEU, *s.m.*, local em que se colocam objetos de arte, antiguidades para a apreciação das pessoas; acervo desses objetos.
MUS.GO, *s.m.*, camada de vegetais que cresce rasteira em locais úmidos.
MUS.GO.SO, *adj.*, cheio de musgo, coberto de musgo.
MUS.GUEN.TO, *adj.*, musgoso, coberto de musgo.
MÚ.SI.CA, *s.f.*, arte de harmonizar as notas para produzir sons agradáveis, execução de uma peça musical, a arte dos sons.
MU.SI.CA.DO, *adj.*, que se musicou, que se apresenta ao som de música (poema musicado).
MU.SI.CAL, *adj.*, referente a música, harmonioso.
MU.SI.CA.LI.DA.DE, *s.f.*, sonoridade, tonalidade afinada da música, talento musical.
MU.SI.CAR, *v.t. e int*, compor música, concertar, executar música.
MU.SI.CA.TA, *s.f.*, música pouco importante; fanfarra; filarmônica.
MU.SI.CIS.TA, *s. 2 gên.*, quem é perito em música, compositor, executor.
MÚ.SI.CO, *adj.*, próprio da música; *s.m.*, pessoa que se

dedica a música.
MU.SI.CO.GRA.FI.A, *s.f.*, estudo sobre música; arte de escrever música.
MU.SI.CÓ.GRA.FO, *s.m.*, instrumento para escrever música; autor que escreve sobre a arte da música.
MU.SI.CO.LO.GI.A, *s.f.*, estudo completo sobre a música, origem e evolução.
MU.SI.CÓ.LO.GO, *s.m.*, pessoa que se dedica ao estudo da música, entendido em música.
MU.SI.CO.MA.NI.A, *s.f.*, obsessão por música, mania voltada para a música.
MU.SI.CÔ.MA.NO, *adj., s.m.*, o mesmo que musicomaníaco.
MU.SI.QUE.TA, *s.f.*, pequena composição musical; música superficial ou sem valor.
MUS.SE, *s.m.*, manjar de massa pastosa, doce ou salgado, com vários ingredientes, como carne, chocolate, peixe.
MUS.SE.LI.NA, *s.f.*, tecido fino e transparente.
MUS.SI.TA.ÇÃO, *s.f.*, Med., movimento dos lábios de doentes que tem som inaudível.
MUS.SI.TAR, *v.t. e int.*, mexer os lábios sem dizer nada; cochichar.
MUS.TE.LÍ.DEO, *s.m.*, Zool., espécime dos mustelídeos, fám. de mamíferos carnívoros, de corpo alongado, patas curtas e cauda longa, como a ariranha, a lontra e o furão; *adj.*, Zool., relativo aos mustelídeos.
MUS.TE.LÍ.DEOS, *s.m., pl.*, classe de mamíferos carnívoros, na qual se incluem as ararinhas, as doninhas.
MU.TA.BI.LI.DA.DE, *s.f.*, mobilidade, transformação, instabilidade.
MU.TA.ÇÃO, *s.f.*, mudança, transformação, alteração, metamorfose.
MU.TA.CIS.MO, *s.m.*, defeito na pronúncia, substituindo as letras *b, m* ou *p* por outras consoantes; repetição abusiva na letra *m* em muitas palavras da mesma frase.
MU.TAN.TE, *adj., s. 2 gên.*, pessoa ou animal que traz caracteres diversos da família; tipo que a ficção coloca como sujeito a mudanças físicas.
MU.TA.TÓ.RIO, *adj.*, que muda, que serve para fazer mudança.
MU.TÁ.VEL, *adj.*, mudável, cambiável.

MU.TI.LA.ÇÃO, *s.f.*, ação de mutilar, cortar um membro do corpo.
MU.TI.LA.DO, *adj.*, que perdeu um membro do corpo.
MU.TI.LA.DOR, *s.m.*, quem mutila.
MU.TI.LAR, *v.t. e pron.*, decepar, ferir, tirar um membro de, cortar algo do corpo.
MU.TI.RÃO, *s.m.*, trabalho feito por um grupo de pessoas da comunidade em prol de outro necessitado; trabalho comunitário.
MU.TIS.MO, *s.m.*, mudez, estado de mudo, falta do dom da fala.
MU.TRE.TA, *s.f.*, safadeza, tramoia, ardil, velhacaria.
MÚ.TUA, *s.f.*, sociedade cujo fim é a ajuda recíproca.
MU.TU.A.ÇÃO, *s.f.*, câmbio, troca, permuta.
MU.TU.A.LI.DA.DE, *s.f.*, reciprocidade, permuta.
MU.TU.A.LIS.TA, *adj. 2 gên.*, relativo ao associado a uma empresa de socorros mútuos ou companhia de seguros; *s. 2 gên.*, indivíduo participante de mutualismo.
MU.TU.AN.TE, *adj.*, que mutua; *s. 2 gên.*, quem coloca algo em mútuo.
MU.TU.AR, *v.t. e pron.*, dar ou receber por empréstimo, cambiar, trocar.
MU.TU.Á.RIO, *s.m.*, quem faz um mútuo com; quem contrata, com um banco, a verba para construir a casa própria.
MU.TU.CA, *s.f.*, tipo de moscas, moscas hematófagas que sugam sangue; butuca, moscardo.
MU.TUM, *s.m.*, ave silvestre do tipo galináceo, caçada por causa da carne.
MÚ.TUO, *adj.*, recíproco; *s.m.*, reciprocidade, troca, permutação.
MU.VU.CA, *s.f.*, confusão, balbúrdia, barulheira.
MU.XI.BA, *s.f.*, pelanca, pessoa magra, carne magra e murcha.
MU.XI.BEN.TO, *adj.*, cheio de peles por magreza; magricela.
MU.XIN.GA, *s.f.*, chicote, azorrague; *fig.*, sova, tunda, surra.
MU.XI.RÃO, *s.m.*, mutirão, trabalho de conjunto.
MU.XO.XAR, *v. int.*, acarinhar, dar beijos, beijocar.
MU.XO.XE.AR, *v. int.*, soltar muxoxos.
MU.XO.XO, *s.m.*, carinho, carícia, beijo, afago; estalo com a língua para demonstrar aborrecimento.

N

N, *s.m.*, décima quarta letra do á-bê-cê e décima primeira consoante.
N - símbolo do nitrogênio.
NA, combinação da preposição *em* com o artigo feminino *a*; pronome pessoal oblíquo, após um verbo com som em ão - dão-na.
NA, símbolo do sódio.
NA.BA.BES.CO, *adj.*, muito rico, abastado, luxuoso.
NA.BA.BO, *s.m.*, pessoa muito rica; multimilionário.
NA.BA.DA, *s.f.*, preparado alimentar à base de nabos.
NA.BAL, *s.m.*, plantação de nabos, conjunto de nabos na horta.
NA.BO, *s.m.*, legume cuja raiz é comestível, quer cru, quer cozido.
NA.CA, *s.f.*, bras., o mesmo que nacada.
NA.CA.DA, *s.f.*, bras., grande fatia; naco; pedaço.
NA.ÇÃO, *s.f.*, povo de uma região ou de um país; pátria, país natal; grupo étnico que forma um povo.
NÁ.CAR, *s.m.*, madrepérola, substância encontrada nas conchas da praia.
NA.CA.RA.DO, *adj.*, que tem a cor do nácar, branco, rosado.
NA.CA.RAR, *v.t.* e *pron.*, dar a forma de nácar, revestir de nácar, rosar.
NA.CE.LA, *s.f.*, Arq., moldura côncava na base de uma coluna; cabine de aviões menores.
NA.CIO.NAL, *adj.*, que é de uma nação, próprio de um povo.
NA.CIO.NA.LI.DA.DE, *s.f.*, naturalidade, origem por nascimento; direito da pessoa à cidadania pelo direito de nascimento, pelo direito de sangue ou da terra em que nasceu.
NA.CIO.NA.LIS.MO, *s.m.*, tendência a querer somente o que é da terra natal, espírito de que somente o que é da pátria é bom.
NA.CIO.NA.LIS.TA, *s. 2 gén.*, defensor de ideais nacionais, adepto do nacionalismo.
NA.CIO.NA.LÍS.TI.CO, *adj.*, referente ao, ou próprio do nacionalismo ou do indivíduo nacionalista.
NA.CIO.NA.LI.ZA.ÇÃO, *s.f.*, ação ou efeito de nacionalizar, impor ditames próprios ao que for estrangeiro.
NA.CIO.NA.LI.ZA.DO, *adj.*, naturalizado, tornado nacional.
NA.CIO.NA.LI.ZA.DOR, *adj.* e *s.m.*, que(m) nacionaliza, naturalizador.
NA.CIO.NA.LI.ZAR, *v.t.* e *pron.*, naturalizar, fazer com que se torne nacional, colocar tudo sob ordens do governo.
NA.CIO.NA.LI.ZÁ.VEL, *adj. 2 gén.*, que pode ser nacionalizado.
NA.CIO.NAL-SO.CI.A.LIS.MO, *adj.* e *s.m.*, nazismo, ideias discriminatórias.
NA.CO, *s.m.*, pedaço, fatia, nesga.
NA.DA, *pron.*, nenhum objeto; *s.m.*, coisa nenhuma, inexistência; zero.
NA.DA.DEI.RA, *s.f.*, barbatana de peixe, peça de borracha para auxiliar o nadador.
NA.DA.DOR, *s.m.*, quem nada, quem conhece a arte de nadar.
NA.DAN.TE, *adj. 2 gén.*, que é nadador, que nada; flutuante (na água).
NA.DAR, *v.t.* e *int.*, permanecer à superfície da água e locomover-se; dominar a arte da natação, boiar, flutuar.
NÁ.DE.GA, *s.f.*, parte carnuda que fica na parte superior traseira das coxas, nádegas, traseiro, assento.
NA.DE.GA.DA, *s.f.*, o mesmo que nalgada.
NA.DE.GU.DO, *adj.*, que tem grandes nádegas; bundudo.
NA.DI.NHA, *pron. indef.*, muito pouco; nada.
NA.DIR, *s.m.*, ponto da abóbada celeste situado no lado oposto ao do zênite.
NA.DO, *s.m.*, ação de nadar, tempo gasto em nadar.
NÁ.FE.GO, *adj.*, que tem um dos quadris menor que o outro (diz-se de montaria); *s.m.*, Vet., fratura que provoca uma desigualdade nos quadris desses animais.
NAF.TA, *s.f.*, substância obtida no refino do petróleo.
NAF.TA.LI.NA, *s.f.*, derivado do petróleo aromático, usado para desinfetar ambientes, como armários.
NAF.TE.NO, *s.m.*, Quím., designação de hidrocarbonetos cíclicos saturados encontrados no petróleo.
NAF.TOL, *s.m.*, Quím., qualquer fenol que deriva do naftaleno, us. na fabricação de corantes e em perfumaria (fórm.: C10 H8 O).
NA.GÔ, *adj.* e *s.m.*, diz-se de ou indivíduo negro do grupo sudanês, que fala a língua iorubá; língua iorubá.
NÁI.A.DA, *s.f.*, náiade, ninfa que viveria nas fontes e nos rios.
NÁI.LON, *s.m.*, tecido sintético de largo uso têxtil.
NAI.PE, *s.m.*, cada tipo de cartas do baralho: ouro, copas, espadas e paus.
NA.JA, *s.f.*, tipo de cobra muito venenosa da África e da Ásia.
NAM.BU, *s.m.*, inhambu.
NA.MI.BI.A.NO, *adj.*, *s.m.*, namíbio, natural, referente ou habitante da Namíbia.
NA.MO.RA.ÇÃO, *s.f.*, namoro, enamoramento, afeição profunda.
NA.MO.RA.DA, *s.f.*, mulher que recebe a corte de alguém, garota, amada.
NA.MO.RA.DEI.RA, *s.f.*, mulher que tem muitos namorados.
NA.MO.RA.DEI.RO, *adj.* e *s.m.*, o mesmo que namoradiço.
NA.MO.RA.DI.ÇO, *adj.*, pronto em fazer ou aceitar galanteios; galanteador.
NA.MO.RA.DO, *s.m.*, quem namora, ama uma mulher; nome de um peixe marinho.
NA.MO.RA.DOR, *s.m.*, quem namora muitas mulheres, quem coleciona namoradas.
NA.MO.RAR, *v.t.*, *int.* e *pron.*, buscar manter afeição mútua, inspirar paixão, trocar amor, fazer a corte, cortejar, amar.
NA.MO.RI.CAR, *v.t.* e *int.*, namoro rápido, passageiro; *fig.*, flertar.
NA.MO.RI.CO, *s.m.*, ação de namoricar.

NA.MO.RIS.CAR, v.t. e int., flertar, namorar de leve.
NA.MO.RIS.CO, s.m., flerte, namoro leve.
NA.MO.RO, s.m., ação de namorar, ligação amorosa; fig., convivência conjugal.
NA.NA, s.f., cantilena, cantiga para fazer dormir.
NA.NAR, v. int., dormir, dormitar, adormecer.
NA.NI.CO, adj., baixo, pequeno; s.m., anão, baixote, tipo pequeno.
NA.NIS.MO, s.m., falta de crescimento, característica de pessoa muito baixa.
NAN.QUIM, s.m., tipo de tinta preta usada para escrever e desenhar.
NÃO, adv., designação da negação; s.m., recusa, negação.
NÃO-EU.CLI.DI.A.NO, adj., Mat., que não se baseia nos postulados de Euclides (300 a.C.).
NÃO-ME-TO.QUES, s.m., tipo de planta com espinhos muito fortes; fig., pessoa muito sensível.
NA.PA, s.f., tipo de pelica usada no fabrico de sofás, pastas, móveis.
NA.PALM, s.m., material que se usa no fabrico de bombas incendiárias.
NA.PO.LE.Ô.NI.CO, adj., que se refere a Napoleão Bonaparte.
NA.PO.LE.O.NIS.MO, s.m., conjunto das doutrinas políticas e estratégias desenvolvidas por Napoleão.
NA.PO.LE.O.NIS.TA, s. 2 gên., adepto e estudioso de Napoleão Bonaparte.
NA.PO.LI.TA.NO, adj. e s.m., natural ou próprio de Nápoles, habitante dessa cidade.
NA.QUE.LE, combinação da preposição em com o pronome demonstrativo aquele.
NA.QUI.LO, combinação da preposição em com o pronome demonstrativo aquilo.
NAR.CE.JA, s.f., tipo de ave que nidifica e vive nos brejos.
NAR.CI.SAR-SE, v. pron., adorar-se, achar-se muito belo, estar apaixonado por si.
NAR.CI.SIS.MO, s.m., psicose de quem fica se admirando ao espelho; tipo que centra em si a única beleza possível.
NAR.CI.SO, s.m., espécie de arbusto que cresce à margem dos rios; pessoa vaidosa que se admira por sua beleza.
NAR.CO.SE, s.f., sono que se provocou.
NAR.CÓ.TI.CO, adj., que entorpece, que adormece; s.m., substância que vicia por uso longo; droga.
NAR.CO.TI.NA, s.f., ant., Farm., substância alcaloide ($C_{22}H_{23}NO_7$) encontrada no ópio, mas que não tem efeito narcótico e é us. para combater tosse, febre, etc.; anarcotina.
NAR.CO.TIS.MO, s.m., tráfico de narcóticos, traficância.
NAR.CO.TI.ZA.ÇÃO, s.f., ingerir narcóticos, drogar-se.
NAR.CO.TI.ZA.DO, adj., drogado, inconsciente por droga.
NAR.CO.TI.ZA.DOR, adj., narcotizante.
NAR.CO.TI.ZAN.TE, adj. 2 gên., que narcotiza; que tem poder de narcotizar.
NAR.CO.TI.ZAR, v.t., aplicar narcótico em; drogar alguém.
NAR.CO.TRA.FI.CAN.TE, adj. 2 gên., relativo a narcotráfico; diz-se de indivíduo que trabalha no tráfico de drogas; s. 2 gên., esse indivíduo.
NAR.CO.TRÁ.FI.CO, s.m., tráfico de narcóticos, negócios com drogas.
NAR.CO.TÚ.NEL, s.m., túnel utilizado para o tráfico de entorpecentes.

NAR.DO, s.m., erva com raízes aromáticas; o perfume dessa erva.
NAR.GUI.LÉ, s.m., espécie de cachimbo de tubo longo, dotado de recipiente que contém água perfumada, pelo qual passa a fumaça antes de chegar à boca do fumante.
NA.RÍ.CU.LA, s.f., venta, fossa nasal.
NA.RI.GA.DA, s.f., pancada com o nariz, batida com o nariz.
NA.RI.GÃO, s.m., nariz grande, nariz muito grande.
NA.RI.GU.DO, adj., de nariz grande; nariz comprido; s.m., narigão.
NA.RI.NA, s.f., cada uma das duas fossas nasais, ventas.
NA.RIZ, s.m., parte saliente sobre a boca, para obter o cheiro; parte dianteira de vários objetos, sobretudo do avião.
NAR.RA.ÇÃO, s.f., exposição de um fato, apresentação de uma história, narrativa.
NAR.RA.DO, adj., contado, dito, referido.
NAR.RA.DOR, s.m., quem narra, quem conta.
NAR.RAR, v.t., contar, relatar, referir, dizer.
NAR.RA.TI.VA, s.f., narração, conto, história, dito, exposição.
NAR.RA.TI.VO, adj., próprio de uma narração, contado.
NÁR.TEX, s.m., espécie de alpendre, à entrada das basílicas, para evitar que os catecúmenos, energúmenos e penitentes criem problemas; pórtico.
NA.SAL, adj., próprio do nariz, voz fanha; s.f., consoante pronunciada pelo nariz.
NA.SA.LA.ÇÃO, s.f., ação de nasalar.
NA.SA.LAR, v.t., pronunciar pelo nariz, nasalizar, dar um tom fechado.
NA.SA.LI.ZA.ÇÃO, s.f., ação ou efeito de nasalizar; nasalação.
NA.SA.LI.DA.DE, s.f., caráter ou qualidade de nasal.
NA.SA.LI.ZA.DO, v.t., o mesmo que nasalar.
NA.SA.LI.ZAR, v.t. e pron., nasalar.
NA.SA.MO.NI.TE, s.f., pedra preciosa dos antigos, de cor sanguínea betada de preto.
NAS.CE.DOU.RO, s.m., origem, procedência, local em que se nasce.
NAS.CEN.ÇA, s.f., nascimento.
NAS.CEN.TE, adj., que nasce, que brota; s.f., ponto em que começa um rio; fonte, manancial; s.m., leste, oriente, levante, sol nascente.
NAS.CER, v. int., vir à luz, surgir, provir, chegar ao mundo, crescer.
NAS.CI.DA, s.f., furúnculo, tumor.
NAS.CI.DO, adj., nato, dado à luz.
NAS.CI.MEN.TO, s.m., ação de nascer, nascença, princípio, origem, surgimento.
NAS.CI.TU.RO, adj. e s.m., que vai nascer, quem nascerá.
NAS.CÍ.VEL, adj., que pode nascer, que nascerá, nasciturno.
NAS.TRO, s.m., fita estreita de algodão.
NA.TA, s.f., creme, substância gordurosa extraída do leite; o que existe de melhor em qualquer coisa; coisa fina.
NA.TA.ÇÃO, s.f., ação de nadar, exercício por nado, nado.
NA.TA.DEI.RA, s.f., recipiente próprio para descansar o leite, a fim de se formar a nata na superfície.
NA.TA.DO, adj., coberto de nata, enatado.
NA.TAL, adj., próprio do nascimento; local em que se nasce.
NA.TA.LEN.SE, adj. e s.m., próprio ou natural de Natal, habitante de Natal.
NA.TA.LÍ.CIO, adj., próprio do dia de nascimento, do dia natal.
NA.TA.LI.DA.DE, s.f., índice percentual de nascimentos em

um período, em determinado local ou região.
NA.TA.LI.NO, *adj.*, próprio do Natal; relativo ao dia do nascimento.
NA.TAN.TE, *adj. 2 gên.*, o mesmo que natátil.
NA.TÁ.TIL, *adj.*, que sobrenada; que pode boiar à superfície da água.
NA.TA.TÓ.RIO, *adj.*, que se refere a nado, a natação.
NA.TEI.RO, *s.m.*, camada de lodo formado da poeira das estradas e água das chuvas ou de elementos orgânicos em decomposição, depositada pelas águas dos rios espraiados; *fig.*, campo, terreno fértil.
NA.TI.MOR.TO, *s.m.*, quem nasce morto.
NA.TI.VI.DA.DE, *s.f.*, nascimento, nascimento de Jesus por sua mãe, Maria.
NA.TI.VIS.MO, *s.m.*, afeição ao que é nativista; apego ao que é da terra, aversão ao que vem de fora.
NA.TI.VIS.TA, *adj.*, que luta por indígenas; *s. 2 gên.*, quem defende os índios, quem prefere a própria terra a outras nações e povos.
NA.TI.VO, *adj.*, que é da natureza, do lugar; nascido no local; natural; *s.m.*, autóctone, aborígine, pessoa que é do local, da região, do país.
NA.TO, *adj.*, nascido, próprio do local, inerente à pessoa, congênito, cognato.
NA.TU.RA, *s.f.*, natureza, essência.
NA.TU.RAL, *adj.*, que vem da natureza, que se guia pelas leis da natureza, espontâneo, simples, sem artifícios.
NA.TU.RA.LI.DA.DE, *s.f.*, simplicidade, lhaneza, pureza; nacionalidade, origem.
NA.TU.RA.LIS.MO, *s.m.*, o que provém da natureza; produto in natura; tendência a buscar somente as coisas naturais, sem agregação de qualquer produto tecnológico.
NA.TU.RA.LIS.TA, *s. 2 gên.*, quem se dedica às ciências naturais; adepto do naturalismo.
NA.TU.RA.LÍS.TI.CO, *adj.*, do ou relativo ao naturalismo ou ao naturalista.
NA.TU.RA.LI.ZA.ÇÃO, *s.f.*, ação de naturalizar, por meio de lei; concessão do título de cidadão a um estrangeiro; nacionalizar.
NA.TU.RA.LI.ZA.DO, *adj.*, estrangeiro que adquire a cidadania de um país.
NA.TU.RA.LI.ZAR, *v.t. e pron.*, dar a um estrangeiro os direitos e deveres de cidadão, nacionalizar.
NA.TU.RAL.MEN.TE, *adv.*, de modo natural, espontaneamente.
NA.TU.RE.BA, *adj., s. 2 gên.*, quem pratica as ideias naturistas; quem gosta de viver na natureza e se alimentar apenas com produtos naturais.
NA.TU.RE.ZA, *s.f.*, tudo que foi criado no Universo; a essência dos seres e das coisas; caráter, tipo, essência, âmago, índole; *fig.*, estofo, alma.
NA.TU.RIS.MO, *s.m.*, atitude das pessoas que buscam uma vida totalmente ligada à natureza, ao estilo campestre.
NA.TU.RIS.TA, *s. 2 gên.*, quem segue o naturismo.
NAU, *s.f.*, navio, antigo navio mercante ou de guerra.
NAU.FRA.GA.DO, *adj.*, submerso, afundado.
NAU.FRA.GAN.TE, *adj., s. 2 gên.*, que naufraga; que padeceu naufrágio.
NAU.FRA.GAR, *v.t. e int.*, fazer afundar ou afundar (embarcação); *fig.*, fracassar, malograr.
NAU.FRÁ.GIO, *s.m.*, afundamento, submersão; falha,

desastre.
NÁU.FRA.GO, *s.m.*, quem foi a pique, submergiu.
NAU.RU.A.NO, *s.m.*, natural ou habitante da República de Nauru (Oceania); *adj.*, de Nauru; típico desse país ou de seu povo.
NÁU.SEA, *s.f.*, enjoo, fastio, tendência a vomitar, nojo.
NAU.SE.A.BUN.DO, *adj.*, que enjoa, que provoca nojo.
NAU.SE.A.DO, *adj.*, enjoado, indisposto, predisposto ao vômito.
NAU.SE.AN.TE, *adj.*, que provoca náuseas, que enjoa, enjoativo.
NAU.SE.AR, *v.t. e int.*, produzir náuseas, enjoar, enojar, provocar vômito.
NAU.SE.A.TI.VO, *adj.*, que provoca náuseas, enjoativo.
NAU.TA, *s.m.*, marinheiro, cosmonauta, viajante do espaço.
NÁU.TI.CA, *s.f.*, arte de navegar; tudo que se refere a navegação e barcos.
NÁU.TI.CO, *adj.*, próprio da navegação.
NÁU.TI.LO, *s.m.*, Zool., nome aos moluscos cafalópodes do gên. *Nautilus*, encontrados a grandes profundidades dos oceanos Índico e Pacífico.
NAU.TO.GRA.FI.A, *s.f.*, descrição de todos os implementos de um navio e as devidas manobras para movimentá-lo e dirigi-lo.
NAU.TO.GRÁ.FI.CO, *adj.*, que se refere a Nautografia.
NAU.TO.GRA.FO, *s.m.*, perito em Nautografia.
NA.VAL, *adj.*, próprio da navegação, referente à Marinha.
NA.VA.LHA, *s.f.*, instrumento constante de uma lâmina muito afiada e de um cabo para cortar a barba; *fig.*, tipo maldizente.
NA.VA.LHA.DA, *s.f.*, corte com navalha.
NA.VA.LHAL, *adj. 2 gên. e s.m.*, diz-se de, ou o tipo de capim que cresce em lugares úmidos e tem folhas compridas e cortantes; esse tipo de capim.
NA.VA.LHAR, *v.t.*, dar golpes com a navalha, cortar.
NA.VA.LHEI.RA, *s.f.*, Bot., o mesmo que capim-navalha (*Hypolytrum pungens*); o mesmo que navalha-de-macaco.
NA.VA.LHIS.TA, *s. 2 gên., pop.*, indivíduo que usa navalha como arma.
NA.VAR.QUI.A, *s.f.*, dignidade, funções, comando de navarco.
NA.VAR.RO, *s.m.*, natural ou habitante de Navarra (Espanha); *adj.*, de Navarra, típico dessa cidade ou de seu povo.
NA.VE, *s.f.*, navio, embarcação, barco, foguete espacial, módulo espacial; parte interna de um templo.
NA.VE.GA.BI.LI.DA.DE, *s.f.*, condições que um local oferece para ser navegado.
NA.VE.GA.ÇÃO, *s.f.*, ato de navegar, trajeto de navios; o conjunto de navios e portos de uma região, viagem marítima.
NA.VE.GA.DO, *adj.*, cruzado por navio; *fig.*, andado, corrido, lutado.
NA.VE.GA.DOR, *s.m.*, quem conhece a arte de navegar, quem navega, marinheiro, nauta.
NA.VE.GAN.TE, *adj. 2 gên.*, que navega, que conduz embarcações em mares, rios, etc.; que é próprio para navegar; *s. 2 gên.*, pessoa que navega.
NA.VE.GAN.TI.NO, *s.m.*, natural ou habitante de Navegantes, SC; *adj.*, de Navegantes; típico dessa cidade ou de seu povo.
NA.VE.GAR, *v.t. e int.*, locomover-se por rios e mares; viver, andar, lutar.
NA.VE.GÁ.VEL, *adj.*, propício à navegação, que favorece

a passagem de navios.

NA.VE.TA, s.f., pequena nave, peça usada nas cerimônias católicas.

NA.VI.A.TA, s.m., conjunto de navios que se dirigem para um mesmo ponto.

NA.VI.FOR.ME, adj., que tem forma de navio.

NA.VI.O, s.m., nau, nave, embarcação que flutua e anda por sobre as águas.

NA.VI.O-ES.CO.LA, s.f., navio preparado para instruir novos marinheiros; navio montado com oficinas para dar aulas a pessoas ribeirinhas.

NA.VI.O-QUE.BRA-GE.LOS, s.m., Mar., navio que abre caminho entre camadas de gelo.

NA.VI.O-TAN.QUE, s.m., navio construído, especialmente, para o transporte de líquidos combustíveis.

NA.ZA.RE.NO, adj. e s.m., próprio de Nazaré, na Palestina, ou seu habitante; Jesus Cristo.

NA.ZI, adj. 2 gên. e s. 2 gên., o mesmo que nazista.

NA.ZI.FAS.CIS.MO, s.m., Pol., ideologia ou regime político que combina as características básicas do nazismo e do fascismo.

NA.ZI.FAS.CIS.TA, adj. 2 gên., relativo ao nazifascismo; diz-se de quem é adepto do nazifascismo; s. 2 gên., essa pessoa.

NA.ZIS.MO, s.m., sistema político que prega a supremacia dos chefes e das raças arianas escolhidas; sistema ditatorial e cruel.

NA.ZIS.TA, adj. e s. 2 gên., que segue o nazismo; adepto, asseclа, discípulo do nazismo.

NE.BLI.NA, s.f., cerração, névoa.

NE.BLI.NAR, v.int. bras., cair neblina, chuviscar; neblinou na parte da manhã; cair cerração; escurecer a vista.

NE.BLI.NO.SO, adj., relativo a neblina; neblíneo; cheio de neblina.

NÉ.BU.LA, s.m., vapor atmosférico pouco denso; névoa.

NE.BU.LI.ZA.ÇÃO, s.f., transformação de líquido em vapor; introdução de medicamentos nos pulmões, por meio de vapor, contra gripes e outros problemas pulmonares.

NE.BU.LI.ZA.DOR, s.m., aparelho que expele partículas como fumaça para pulverizar ou injetar medicamentos nos pulmões.

NE.BU.LI.ZAR, v.t., vaporizar um líquido, pulverizar, transformar líquido em vapor.

NE.BU.LO.SA, s.f., conglomerado de estrelas e outros corpos celestes no cosmo.

NE.BU.LO.SI.DA.DE, s.f., névoa, nuvens finas e esparsas.

NE.BU.LO.SO, adj., céu cheio de nuvens, nevoento, opaco; obscuro, enigmático.

NE.CA, adv., gír., nada, não.

NE.CE.DA.DE, s.f., grande ignorância, elevado desconhecimento, tolice.

NE.CES.SÁ.RIO, adj., essencial, fundamental, principal.

NE.CES.SI.DA.DE, s.f., precisão, que é imprescindível; pobreza, miséria.

NE.CES.SI.TA.DO, adj., que precisa, pobre, miserável.

NE.CES.SI.TAN.TE, adj., que necessita.

NE.CES.SI.TAR, v.t. e int., precisar, prescindir, carecer; sofrer por falta de.

NE.CRO.FA.GI.A, s.f., tendência instintiva de nutrir-se com carnes podres.

NE.CRÓ.FA.GO, s.m., ser que se alimenta com cadáveres; animal que come carniça.

NE.CRO.FI.LI.A, s.f., desvio sexual que leva à relação sexual com cadáveres.

NE.CRO.FO.BI.A, s.f., aversão a cadáveres, horror a mortos; fig., tanatofobia, aversão à morte.

NE.CRÓ.FO.BO, s.m., quem tem aversão a mortos e à morte.

NE.CRO.LA.TRA, s. 2 gên., quem adora os mortos, quem tem paixão pelos mortos.

NE.CRO.LA.TRI.A, s.f., adoração por mortos, paixão por defuntos e velórios.

NE.CRO.LÁ.TRI.CO, adj., que diz respeito a necrolatria.

NE.CRÓ.LI.SE, s.m., desintegração do tecido animal.

NE.CRO.LO.GI.A, s.f., rol de falecidos, listagem de pessoas mortas, necrológio.

NE.CRO.LÓ.GI.CO, adj., relativo a necrológio ou a necrologia.

NE.CRO.LÓ.GIO, s.m., necrologia, nota de jornal indicando o nome dos mortos.

NE.CRO.LO.GIS.TA, s. 2 gên., pessoa que faz necrologias ou necrológios.

NE.CRÓ.LO.GO, s.m., autor de notícias necrológicas.

NE.CRO.MAN.CI.A, s.f., pretensa crença de obter informações por invocação de pessoas mortas.

NE.CRO.MAN.TE, s. 2 gên., praticante da necromancia, especialista em necromancia.

NE.CRO.MÂN.TI.CO, adj., relativo a necromancia ou a necromante.

NE.CRÓ.PO.LE, s.f., cemitério, jardim santo, cidade dos mortos.

NE.CROP.SI.A, s.f., necrópsia; exame que o médico legista faz no cadáver, para descobrir o porquê da morte; exame cadavérico.

NE.CRO.SAR, v.t. e pron., haver necrose, decompor-se, começar a apodrecer.

NE.CROS.CO.PI.A, s.m., Med., forense, o mesmo que autópsia.

NE.CROS.CÓ.PI.CO, adj., relativo a necroscopia.

NE.CRO.SE, s.f., tecido que perece, parte do corpo que apodrece.

NE.CRO.TÉ.RIO, s.m., local para colocar os cadáveres para a necropsia ou para a identificação.

NÉC.TAR, s.m., bebida muito saborosa, bebida dos deuses; algo muito bom.

NEC.TÁ.REO, adj., que se refere ao néctar; divino.

NEC.TA.RÍ.FE.RO, adj., Bot., que produz néctar.

NEC.TA.RI.NA, s.f., fruta parecida com o pêssego e a ameixa.

NEC.TÁ.RIO, s.m., Bot., órgão vegetal glandular, ger. localizado na flor, e que segrega o néctar.

NEC.TA.RI.VAR, v.t., fig., adoçar; deliciar.

NEC.TA.RÍ.VO.RO, adj., diz-se de ser, esp. inseto, que se alimenta de néctar.

NÉC.TON, s.m., Biol., nome genérico dos seres que se movem livremente na água, com a ajuda de seus órgãos de locomoção.

NEC.TÔ.NI.CO, adj., relativo a nécton.

NÉ.DIO, adj., gordo, lustroso, luzidio.

NE.ER.LAN.DÊS, adj. e s.m., referente à Holanda, habitante ou relativo a esse país.

NE.FAN.DO, adj., execrável, horrendo, impronunciável, horroroso.

NE.FAS.TO, adj., funesto, agourento, desgraçado, maldito.

NE.FE.LI.BA.TA, adj. s. 2 gên., que vive nas nuvens, distraído; quem vive absorto; os simbolistas, pela maneira abstrata

NEFELÍBATA ... NEGREIRO

com que se expressam; habitante da Lua.
NE.FE.LÍ.BA.TA, adj. e s. 2 gên., o mesmo que nefelibata.
NE.FE.LI.BÁ.TI.CO, adj., relativo a, ou próprio de nefelibata.
NE.FE.LI.BA.TIS.MO, s.m., condição de nefelibata; Liter., tendência de um escritor a não seguir as normas literárias.
NE.FE.LO.ME.TRI.A, s.f., Quím., método que avalia a precipitação comparativamente a outra solução, cuja precipitação é conhecida.
NE.FE.LO.MÉ.TRI.CO, adj., Quím., relativo a nefelometria.
NE.FE.LÔ.ME.TRO, s.m., Quím., aparelho empregado no doseamento das substâncias para análise nefelométrica.
NE.FOS.CO.PI.A, s.m., Met., estudo da distribuição e movimento das nuvens por meio do nefoscópio.
NE.FOS.CÓ.PIO, s.m., Met., instrumento que determina a direção e a velocidade das nuvens em movimento.
NE.FRAL.GI.A, s.f., dor nos rins, rins doloridos.
NE.FRÁL.GI.CO, adj., que se refere a nefralgia.
NE.FREC.TO.MI.A, s.m., Cir., remoção cirúrgica de um rim.
NE.FRÉ.TI.CO, adj., Urol., relativo ou pertencente aos rins ou próprio deles.
NE.FRI.TE, s.f., inflamação nos rins.
NE.FRÍ.TI.CO, adj., que se refere a nefrite.
NE.FRO.CE.LE, s.f., hérnia no rim.
NE.FRO.ES.CLE.RO.SE, s.m., Urol., esclerose do rim causada por hipertensão e contração do tecido conjuntivo; var., nefrosclerose.
NE.FROI.DE, adj., que parece um rim.
NE.FRO.LI.TÍ.A.SE, s.f., Med., doença produzida por cálculos nos rins; litíase renal.
NE.FRÓ.LI.TO, s.m., cálculo ou pedra nos rins.
NE.FRO.LI.TO.TO.MI.A, s.m., Cir., Urol., incisão cirúrgica no rim para extração de cálculos renais.
NE.FRO.LO.GI.A, s.f., setor da Medicina que se ocupa com as doenças renais.
NE.FRO.LÓ.GI.CO, adj., Urol., relativo a nefrologia.
NE.FRO.LO.GIS.TA, s. 2 gên., Urol., médico ou médica que se especializou em nefrologia; nefrólogo.
NE.FRÓ.LO.GO, s.m., Urol., o especialista em nefrologia; nefrologista.
NE.FRO.PA.TI.A, s.m., Pat., Urol., qualquer doença renal; nefrite.
NE.FRO.PLE.GI.A, s.m., p.us., Urol., paralisia dos rins.
NE.FROP.TO.SE, s.f., Med., prolapso do rim, que se diz vulgarmente rim móvel, rim flutuante.
NE.FROR.RA.GI.A, s.m., Urol., hemorragia renal, que se mostra na urina.
NE.FRO.SE, s.f., doença degenerativa dos rins.
NE.FROS.TO.MI.A, s.f., Med., formação cirúrgica de uma abertura nos rins para escorrimento de pus ou extração de cálculo.
NE.FRO.TO.MI.A, s.m., Cir., incisão cirúrgica no rim.
NE.GA, s.f., negra, expressão carinhosa de tratamento.
NE.GA.ÇA, s.f., sedução, chamariz, manha, fingimento, provocação mal-intencionada.
NE.GA.ÇÃO, s.f., ação de negar, frustração, negativa, contrariedade, incapacidade para.
NE.GA.CE.A.DOR, adj. e s.m., que ou que faz negaças, que provoca.
NE.GA.CE.AR, v.t. e int., evitar golpes com jogadas do corpo; fugir a pressões.
NE.GA.CEI.RO, adj. e s.m., que faz negaças, que ou o que engoda; enganador; negaceador.
NE.GA.DO, adj., desmentido, contrariado, recusado.
NE.GA.DOR, adj. e s.m., que ou aquele que nega.
NE.GA.LHO, s.m., pequeno novelo de linha us. em trabalhos de costura; madeixa; atilho; nagalo; fig., pequena porção de alguma coisa; migalha, fig., indivíduo pequeno, baixinho.
NE.GAR, v.t., int. e pron., dizer não, denegar, recusar, desmentir, contrariar.
NE.GA.TI.VA, s.f., negação, contrariedade, recusa, ser contra.
NE.GA.TI.VI.DA.DE, s.m., qualidade do que é negativo; Elet., propriedade de um corpo carregado de eletricidade negativa; Mat., qualidade que é própria das grandezas negativas.
NE.GA.TI.VIS.MO, s.m., postura negativa, atitude contra; pessimismo.
NE.GA.TI.VIS.TA, adj. 2 gên., que pratica o negativismo ou é favorável a essa atitude; próprio do negativismo; s. 2 gên., aquele que pratica o negativismo ou é propenso a esse comportamento.
NE.GA.TI.VO, adj., contrário, pessimista, contra; película usada em fotografia.
NE.GÁ.VEL, adj. 2 gên., que pode ou deve ser negado.
NE.GLI.GÊN.CIA, s.f., descuido, relaxamento, irresponsabilidade.
NE.GLI.GEN.CI.A.DO, adj., que se negligenciou; que foi tratado com desleixo.
NE.GLI.GEN.CI.AR, v.t. e pron., atender com negligência, relaxar, não ter cuidado.
NE.GLI.GEN.TE, adj., displicente, relaxado, descuidado.
NE.GO, s.m., fam., amigo, companheiro, colega, conhecido.
NE.GO.CI.A.ÇÃO, s.f., ato ou efeito de negociar, conferência entre pessoas, diplomatas.
NE.GO.CI.A.DO, adj., que se negociou; diz-se do que foi feito um negócio; acertado; p.us., aquele que é prático em negócios.
NE.GO.CI.A.DOR, s.m., quem conduz uma negociação, guia, líder.
NE.GO.CI.AN.TE, s. 2 gên., quem faz negócios, comerciante.
NE.GO.CI.AR, v.t. e int., realizar um negócio, comerciar, comprar e vender; administrar, conduzir um encontro.
NE.GO.CI.AR.RÃO, s.m., negócio de muito lucro.
NE.GO.CI.A.TA, s.f., negócio ilícito, trapaça, velhacaria.
NE.GO.CI.Á.VEL, adj., comerciável, possível de negociar.
NE.GÓ.CIO, s.m., comércio, negociação, transação de negócios, contrato; pop., tudo de que não se recorda o nome; treco.
NE.GO.CI.O.SO, adj., cheio de negócios, muito ocupado, atarefado.
NE.GO.CIS.TA, s. 2 gên., quem pratica negociatas, indivíduo especialista em negociatas.
NE.GRA, s.f., mulher de cor negra; quando há empate, faz-se uma partida decisiva – diz-se jogar a negra.
NE.GRA.DA, s.f., grande número de negros.
NE.GRA.LHA.DA, s.m., pej., grupo de negros; negrada; negraria.
NE.GRÃO, s.m., aumentativo de negro; homem negro, avantajado.
NE.GRA.RI.A, s.f., multidão, tropel de negros; negrada; negralhada.
NE.GREI.RO, adj e s.m., próprio dos negros; navio que transportava escravos.

NE.GRE.JA.DO, *adj.*, muito negro, escuro-brilhante.
NE.GRE.JAN.TE, *adj.*, que brilha pelo negro; cor negra que brilha.
NE.GRE.JAR, *v.t. e int.*, fazer brilhar a cor negra; brilhar pela cor negra.
NE.GRI.DÃO, *s.f.*, escuridão total, grande escuridão.
NE.GRI.TA, *s.f.*, o mesmo que negrito.
NE.GRI.TO, *s.m.*, tipo de letra destacada pela cor mais preta.
NE.GRI.TU.DE, *s.f.*, qualidades de ser negro; ideias e atitudes de negros, valores culturais e espirituais dos negros.
NE.GRO, *adj.*, de cor preta, escura; *s.m.*, indivíduo de cor negra.
NE.GRO.FI.LI.A, *s.m.*, qualidade de negrófilo; afinidade, simpatia pelas pessoas negras.
NE.GRÓ.FI.LO, *adj.*, que tem simpatia, afinidade por pessoas negras; que era integrante ou simpatizante do movimento abolicionista; *s.m.*, indivíduo negrófilo.
NE.GROI.DE, *s.m.*, com jeito de negro; homem negro.
NE.GRU.ME, *s.f.*, escuridão completa, trevas.
NE.GRU.MO.SO, *adj.*, em que há negrume.
NE.GRU.RA, *s.f.*, negrume, escuridão.
NE.LE, combinação da preposição *em* com o pronome pessoal *ele*.
NE.LO.RE, *s. 2 gên.*, tipo de gado de corte, de origem indiana.
NEM, *conj.*, e não, também não.
NE.MA.TEL.MIN.TOS, *s.m. pl.*, classe de vermes parasitas do intestino humano.
NE.MA.TÓ.DEOS, *s.m.*, classe mais importante de vermes parasitas no homem.
NE.MA.TOI.DE, *adj. 2 gên.*, que tem a forma fina e alongada de um fio; *s.m.*, Zool.; ver nematódeo.
NE.NÊ, *s.m.*, bebê, neném, criança recém-nascida, criança de peito.
NE.NÉM, *s. 2 gên.*, *bras.*, *Fam.*, criança recém-nascida ou de poucos meses; nenê; bebê.
NE.NHUM, *pron.*, nem um só, ninguém.
NE.NHU.RES, *adv.*, em nenhum lugar, em lugar algum.
NÊ.NIA, *s.f.*, poesia fúnebre, poema elegíaco; canção para destacar a morte.
NE.NÚ.FAR, *s.m.*, planta aquática de folhas grandes e flores muito belas.
NEO, (grego neos, nea, neón, novo); *pref.*, elemento que significa novo (ex.: neonatal, neoclássico).
NE.O.CA.PI.TA.LIS.MO, *s.m.*, Econ., Pol., capitalismo dos países altamente industrializados, baseado no controle dos setores produtivos e que adota medidas de bem-estar social.
NE.O.CA.PI.TA.LIS.TA, *adj. 2 gên. e s. 2 gên.*, relativo ao neocapitalismo.
NE.O.CA.TO.LI.CIS.MO, *s.m.*, doutrina que se propõe a harmonizar o catolicismo com as ideias modernas.
NE.O.CA.TÓ.LI.CO, *adj.*, relativo ou pertencente ao neocatolicismo; *s.m.*, seguidor do neocatolicismo.
NE.O.CÍ.CLI.CO, *adj.*, que se verifica no começo de um ciclo.
NE.Ó.CI.TO, *s.m.*, Biol., célula de formação nova.
NE.O.CI.TO.SE, *s.f.*, Med., doença provocada por neócitos.
NE.O.CLAS.SI.CIS.MO, *s.m.*, movimento artístico e literário, conhecido também como Arcadismo; no Brasil, Escola Mineira, que trouxe motivos e a cultura greco-latina, voltada aos ideais pastoris.
NE.O.CLÁS.SI.CO, *adj.*, árcade, setecentista.
NE.O.CON.CRE.TIS.MO, *s.m.*, *bras.*, Art. Plást., Liter., movimento divergente do concretismo paulista, liderado por artistas do Rio, iniciado em 1957, que defende o subjetivismo na poesia concreta.
NE.O.CON.CRE.TIS.TA, *adj. 2 gên.*, relativo ao neoconcretismo, diz-se de indivíduo que é integrante desse movimento; *s. 2 gên.*, esse indivíduo.
NEO.DÍ.MIO, *s.m.*, Quím., elemento químico, do grupo das terras raras, de número atômico 60, símb.: Nd.
NEO.ES.CO.LÁS.TI.CA, *s.f.*, Filos., doutrina que procura a conciliação entre o tomismo e a filosofia moderna; neotomismo.
NE.Ó.FI.TO, *s.m.*, iniciante, quem está para ser iniciado ou mal o foi; quem está para ser batizado ou mal o foi.
NE.O.FO.BI.A, *s.f.*, aversão a tudo que seja novo, horror a novidades.
NE.Ó.FO.BO, *adj. e s.m.*, adepto da neofobia.
NE.O.FOR.MA.ÇÃO, *s.m.*, Med., Biol., formação de tecido novo, em substituição ao que foi destruído; Pat., processo de formação dos tumores benignos ou malignos; neoplasia.
NE.O.LA.TI.NO, *adj.*, próprio das línguas derivadas do Latim.
NE.O.LI.BE.RA.LIS.MO, *s.m.*, ideal político-econômico que defende a liberdade da empresa privada e condena a intervenção estatal na economia.
NE.O.LÍ.TI.CO, *adj.*, característico da época da pedra polida.
NE.O.LO.GI.A, *s.f.*, uso de palavras novas, de expressões recém-lançadas na conversação.
NE.O.LÓ.GI.CO, *adj.*, que se refere à Neologia.
NE.O.LO.GIS.MO, *s.m.*, palavra criada com base em termos existentes na própria língua, como adaptação de palavras estrangeiras ou com base em alguma novidade social; adaptação de termo para traduzir algum invento.
NE.O.LO.GIS.TA, *s. 2 gên.*, quem usa de neologismos, entendido de neologismos.
NÉ.ON, *s.m.*, neônio.
NE.Ô.NIO, *s.m.*, gás existente na atmosfera e usado em lâmpadas.
NE.O.PLA.SI.A, *s.f.*, indicação para qualquer tumor, maligno ou benigno.
NE.O.PLÁ.SI.CO, *adj.*, Pat., relativo a neoplasia; diz-se de processo ou tecido que revela neoplasia.
NE.O.PLAS.MA, *s.m.*, neoplasia, nominação de qualquer tumor.
NE.O.PLA.TO.NIS.MO, *s.m.*, ideias filosóficas acrescidas à filosofia de Platão, enfocando visões cristãs, como adaptação aos novos tempos, por volta de 800 d.C., por Santo Agostinho.
NE.O.PLA.TO.NIS.TA, *s. 2 gên.*, defensor e estudioso do Neoplatonismo.
NE.O.RA.MA, *s.m.*, panorama que representa o interior de um edifício.
NE.OR.RE.A.LIS.MO, *s.m.*, movimentos literários, artísticos e filosóficos, cujo ponto de partida é o realismo, que não pretende retratar a realidade, mas sim participar dela.
NE.OR.RE.A.LIS.TA, *adj. 2 gên. e s. 2 gên.*, relativo a, ou o neorrealismo; diz-se de, ou o indivíduo que é adepto do neorrealismo.
NE.OS.SO.CI.A.LIS.MO, *s.m.*, nova visão do socialismo, voltado para o momento histórico.
NE.O.TO.MIS.MO, *s.m.*, renovação da filosofia e da teologia de São Tomás de Aquino, baseada na filosofia de Aristóteles, em contrabalanço com o Neoplatonismo.

NE.O.ZE.LAN.DÊS, *adj., s.m.*, referente, habitante da Nova Zelândia.

NE.O.ZOI.CO, *adj.*, Geol., relativo aos seres mais recentes; relativo ao período que vai do fim do mesozoico ao tempo presente; cenozoico; terciário.

NE.PA.LÊS, *adj.* e *s.m.*, referente, habitante do Nepal.

NE.PO.TIS.MO, *s.m.*, prática comum no serviço público, de nomear parentes para cargos comissionados.

NE.REI.DA, *s.f.*, nereide, ninfa do mar, semideusa que vive, conforme a Mitologia, nas águas do mar.

NER.VA.ÇÃO, *s.m., Bot.*, conjunto de nervuras e veias de uma folha e sua distribuição; Zool., distribuição das nervuras ou veias nas asas dos insetos.

NER.VA.DO, *adj., Bot.*, que tem nervuras.

NÉR.VEO, *adj.*, que se refere a nervo.

NER.VO, *s.m.*, filamento que estabelece a ligação entre os centros nervosos do corpo humano.

NER.VO.SA.DO, *s.m.* e *adj.*, indivíduo que sofre dos nervos.

NER.VO.SI.DA.DE, *s.f.*, sentimento nervoso, comportamento nervoso, espírito de nervoso.

NER.VO.SIS.MO, *s.m.*, nervosidade, agitação dos nervos, irritação, descontrole.

NER.VO.SO, *adj.*, cheio de nervos; descontrolado, excitado; quem padece por causa dos nervos.

NER.VU.RA, *s.f.*, saliência na superfície das folhas e dos livros; saliência.

NER.VU.RA.DO, *adj.*, que apresenta nervura(s).

NÉS.CIO, *adj.*, ignorante, imbecil, tolo, idiota.

NES.GA, *s.f.*, pedaço, pequena porção, tira, fatia.

NE.SO.GRA.FI.A, *s.f.*, tratado sobre ilhas.

NE.SÔ.NI.MO, *s.m.*, nome que designa uma ilha.

NÊS.PE.RA, *s.f.*, fruto da nespereira, tipo de ameixa.

NES.PE.REI.RA, *s.f.*, planta originária da Ásia, que produz fruta parecida com a ameixa.

NES.SA, combinação da preposição *em* com o pronome demonstrativo *essa*.

NES.SE, combinação da preposição *em* com o pronome demonstrativo *esse*.

NES.TA, combinação da preposição *em* com o pronome demonstrativo *esta*.

NES.TE, combinação da preposição *em* com o pronome demonstrativo *este*.

NE.TO, *s.m.*, filho de filho ou filha, em relação aos pais deles.

NE.TU.NI.A.NO, *adj.*, que se refere a Netuno, relativo ao mar.

NE.TÚ.NIO, *s.m.*, Quím., elemento químico de número atômico 93, símb.: Np.

NE.TU.NO, *s.m.*, na mitologia grega, era o deus do mar; planeta.

NEU.MA, *s.m.*, sinal us. primeiramente na notação musical do séc. VII, no cantochão gregoriano; nuto.

NEU.RA, *s.m., pop.*, mau humor, irritabilidade, neurastenia.

NEU.RAL, *adj.*, que se refere a nervo.

NEU.RAL.GI.A, *s.f.*, dor em algum nervo, nervo dolorido.

NEU.RÁL.GI.CO, *adj.*, que se refere a neuralgia.

NEU.RAS.TE.NI.A, *s.f.*, neurose, irritabilidade, nervosismo, despropósito.

NEU.RAS.TÊ.NI.CO, *adj.*, que sofre de neurastenia, irritadiço, nervoso.

NEU.RI.TE, *s.f.*, inflamação de um nervo.

NEU.RO.BI.O.LO.GI.A, *s.m.*, Biol., campo que trata do sistema nervoso nos seus aspectos morfológicos, funcionais e patológicos.

NEU.RO.BI.O.LÓ.GI.CO, *adj.*, relativo à Neurobiologia.

NEU.RO.BI.Ó.LO.GO, *s.m.*, o mesmo que neurobiologista.

NEU.RO.CI.BER.NÉ.TI.CA, *s.m.*, Inf., Neur., interação da tecnologia da informação com as neurociências.

NEU.RO.CI.ÊN.CIA, *s.m.*, qualquer disciplina ou conjunto de disciplinas que estuda o sistema nervoso, esp. a anatomia e a fisiologia do cérebro humano, e suas interações com outras áreas do conhecimento.

NEU.RO.CI.EN.TIS.TA, *s. 2 gên.*, cientista especializado em neurociência(s).

NEU.RO.CI.RUR.GI.A, *s.f.*, cirurgia feita nos nervos.

NEU.RO.CI.RUR.GI.ÃO, *s.m.*, médico que opera os nervos, que faz neurocirurgia.

NEU.RO.DE.GE.NE.RA.TI.VO, *adj.*, que degenera os neurônios.

NEU.RO.GRA.FI.A, *s.f.*, estudo e tratado sobre os nervos.

NEU.RO.GRÁ.FI.CO, *adj.*, relativo a neurografia.

NEU.RÓ.GRA.FO, *s.m.*, especialista em neurografia; autor de neurografia.

NEU.RO.LO.GI.A, *s.f.*, estudo do sistema nervoso.

NEU.RO.LÓ.GI.CO, *adj.*, relativo à Neurologia ou ao sistema nervoso; nevrológico.

NEU.RO.LO.GIS.TA, *adj. 2 gên.*, que se especializou em neurologia; *s. 2 gên.*, especialista em Neurologia.

NEU.RÓ.LO.GO, *s.m.*, neurologista, especialista no trato com os nervos.

NEU.RO.MA, *s.m.*, tumor que se desenvolve no tecido dos nervos.

NEU.RÔ.NIO, *s.m.*, célula nervosa.

NEU.RO.PA.RA.LI.SI.A, *s.f.*, Med., paralisia proveniente de doenças dos nervos.

NEU.RO.PA.RA.LÍ.TI.CO, *adj.*, que diz respeito a neuroparalisia.; *s.m.*, o que sofre de neuroparalisia.

NEU.RO.PA.TA, *s. 2 gên.*, o indivíduo que apresenta neuropatia.

NEU.RO.PA.TI.A, *s.f.*, designação genérica das doenças dos nervos.

NEU.RO.PA.TO.LO.GI.A, *s.m.*, Med., ramo da medicina que trata das doenças do sistema nervoso; nevropatologia.

NEU.RO.PA.TO.LÓ.GI.CO, *adj.*, relativo a neuropatologia; nevropatológico.

NEU.RO.SE, *s.f.*, toda doença que ataca os nervos; perturbação mental.

NEU.RÓ.TI.CO, *adj.*, que se refere a neurose, que tem perturbação mental.

NEU.RO.TO.MI.A, *s.m.*, Cir., secção, corte de um nervo.

NEU.TRAL, *adj.*, que está neutro, neutralizado.

NEU.TRA.LI.DA.DE, *s.m.*, qualidade ou condição de quem se mantém neutro; não alinhamento; Fís.-quím., estado de um corpo ou de um meio eletricamente neutro; Quím., solução que não é ácido nem base.

NEU.TRA.LI.ZA.ÇÃO, *s.m.*, ação ou efeito de neutralizar(-se); ação ou efeito de colocar(-se) em posição de imparcialidade.

NEU.TRA.LI.ZA.DO, *adj.*, acalmado, neutro.

NEU.TRA.LI.ZA.DOR, *adj., s.m.*, que acalma, que neutraliza, que suaviza.

NEU.TRA.LI.ZAR, *v.t.* e *pron.*, tornar neutro, anular, acalmar, suavizar, apaziguar.

NEU.TRO, *adj.*, que fica sem partido; imparcial, indiferente.

NÊU.TRON, *s.m.*, partícula do átomo sem carga elétrica.

NEU.TRÔ.NIO, *s.m.*, nêutron.
NE.VA.DA, *s.f.*, queda de neve, nevasca.
NE.VA.DO, *adj.*, coberto de neve, frio, branco, cheio de neve.
NE.VAR, *v. int.*, formar-se neve, cair neve, cobrir de neve.
NE.VAS.CA, *s.f.*, nevada junto com muito vento.
NE.VE, *s.f.*, água ou vapor de água congelado, caindo em forma de flocos.
NÉ.VIO, *adj.*, que é de neve, que contém neve.
NE.VIS.CAR, *v. int.*, cair neve em pequenos flocos, nevar levemente.
NÉ.VOA, *s.f.*, vapor, neblina, fumaça de vapor.
NE.VO.A.DO, *adj.*, que tem muita névoa, enfumaçado.
NE.VO.AR, *v. int.*, ocorrer névoa, formar-se neblina.
NE.VO.EI.RO, *s.m.*, muita névoa, neblina, fumaceira.
NE.VO.EN.TO, *adj.*, cheio de névoa, de neblina.
NE.VO.SO, *adj.*, que tem muita neve, coberto de neve.
NE.VRAL.GI.A, *s.f.*, dor muito forte em nervo ou em suas ramificações.
NE.VRÁL.GI.CO, *adj.*, que se refere a nevralgia.
NE.VRI.TE, *s.f.*, neurite.
NE.VRO.LO.GI.A, *s.f.*, neurologia, estudo do sistema nervoso.
NE.VRO.SE, *s.f.*, neurose, perturbação mental.
NE.VRÓ.TI.CO, *adj.*, neurótico.
NEW.TO.NI.A.NO, *adj. e s.m.*, Fís., relativo ou inerente a, ou próprio do cientista, matemático, físico inglês Isaac Newton (1642-1727) e ao newtonianismo; adepto da doutrina de Newton e do newtonianismo.
NE.XO, *s.m.*, conexão, ligação, vínculo.
NHÁ, *s.f.*, *pop*, forma reduzida de senhora.
NHA.CA, *s.m.*, *bras.*, *gír.*, mau cheiro proveniente de pessoa ou animal; o mesmo que inhaca.
NHAM.BU, *s.m.*, inhambu.
NHAN.DU, *s.m.*, ema, ave pernalta dos pampas.
NHA.NHÃ, *s.m.*, *bras.*, Fam., iaiá; nhanhã.
NHE.EN.GA.TU, *s.m.*, *bras.*, língua do tronco tupi, us. no litoral brasileiro até o séc. XVII e difundida hoje na região amazônica; o Sol, no idioma tupi; coaraci.
NHEM-NHEM-NHÉM, *s.m.*, resmungo, falatório, palavras sem nexo.
NHÔ, *s.m.*, *pop.*, nhonhô, forma reduzida de senhor.
NHO.NHÔ, *s.m.*, *bras.*, o mesmo que nhô.
NHO.QUE, *s.m.*, massa feita de trigo, ovos, sal, e cozida em água fervente.
NHOR, *s.m.*, *bras.*, redução de senhor.
NI, *s.m.*, a décima terceira letra do á-bê-cê grego.
NI.CA, *s.f.*, impetuosidade, impertinência, bagatela, nonada.
NI.CA.RA.GUA.NO, *s.m.*, natural ou habitante da Nicarágua; *adj.*, de Nicarágua; típico dessa cidade ou de seu povo.
NI.CA.RA.GUEN.SE, *adj. e s. 2 gén.*, próprio da Nicarágua; habitante da Nicarágua.
NI.CAS, *adv.*, nada, coisa alguma, nonada, nica.
NI.CHO, *s.m.*, local em uma parede para colocar qualquer imagem ou estante.
NI.COL, *s.m.*, Fís., prisma de calcita.
NI.CÓ.TI.CO, *adj.*, relativo a nicotina, próprio do fumo.
NI.CO.TI.NA, *s.f.*, alcaloide venenoso presente no tabaco.
NI.CO.TIS.MO, *s.m.*, propaganda e vezos para mostrar a validade do fumo na vida das pessoas.
NIC.TA.ÇÃO, *s.f.*, ação de fechar ou movimentar as pálpebras por causa de luz intensa repentina.
NIC.TO.FO.BI.A, *s.f.*, aversão à noite, horror ao escuro, medo da noite.
NIC.TÚ.RI.A, *s.f.*, impulso de urinar durante a noite, micção noturna.
NI.DI.FI.CA.ÇÃO, *s.f.*, ação ou efeito de construir o ninho, construção de um ninho.
NI.DI.FI.CAR, *v. int.*, construir o ninho.
NI.DOR, *s.m.*, mau hálito.
NI.FE, *s.m.*, núcleo central incandescente da Terra.
NI.GE.RI.A.NO, *adj e s.m.*, relativo, habitante da Nigéria.
NI.GE.RI.NO, *adj e s.m.*, relativo, habitante do Níger.
NI.GÉR.RI.MO, *adj.*, superlativo erudito de negro, negríssimo.
NI.GRÍ.CIA, *s.m.*, Med., coloração negra, parcial ou total, da pele ou das mucosas; *fig.*, negrume, escuridão.
NI.GRO.MAN.CI.A, *s.f.*, necromancia.
NI.GRO.MAN.TE, *adj. 2 gén.*, o mesmo que necromante; *s. 2 gén.*, praticante de necromancia.
NI.GRO.MÂN.TI.CO, *adj.*, relativo a nigromancia ou necromancia; necromântico.
NI.I.LIS.MO, *s.m.*, tese que nega tudo em que se possa acreditar, estatui a inexistência de qualquer valor; descrença absoluta em tudo.
NI.I.LIS.TA, *s. 2 gén.*, adepto do niilismo, militante dessa tese.
NIM.BAR, *v.t.*, aureolar, tecer uma auréola, abrilhantar.
NIM.BO, *s.m.*, grande nuvem carregada de água.
NIM.BO.SO, *adj.*, que apresenta muitas nuvens, chuvoso.
NÍ.MIO, *adj.*, exagerado, demasiado, excessivo.
NI.NAR, *v.t., int. e pron.*, acalentar, embalar, acarinhar.
NIN.FA, *s.f.*, divindade dos bosques, rios e lagos; mulher bela e nova; larva de inseto que não completou a metamorfose.
NIN.FEI.A, *adj.*, Gram., fem. de ninfeu; relativo às ninfas; *Bot.*, espécie da fam. das ninféaceas, que inclui várias plantas aquáticas perenes, de folhas peltadas ou cordiformes e flores perfumadas.
NIN.FE.TA, *s.f.*, adolescente, jovem entrando na puberdade.
NIN.FEU, *adj.*, próprio das ninfas ou a elas relativo; nome dado por alguns geólogos aos terrenos e rochas formadas pelas águas doces.
NIN.FOI.DE, *adj.*, que tem a forma de ninfa.
NIN.FO.LEP.SI.A, *s.f.*, na crença de povos antigos, delírio que se apossava de quem tivesse visto uma ninfa; Med., misantropia que leva a buscar a solidão dos bosques.
NIN.FO.MA.NI.A, *s.f.*, Psiq., desejo sexual feminino obsessivo e recorrente.
NIN.FO.MA.NÍ.A.CA, *s.f.*, Psiq., mulher que sofre de ninfomania.
NIN.FO.MA.NÍ.A.CO, *adj.*, Psiq., relativo a ninfomania.
NIN.FO.SE, *s.f.*, metamorfose da lagarta em ninfa, ou seja, em borboleta; *fig.*, pessoa feia que se transforma em uma beldade por artifícios ou pela vida.
NIN.GUÉM, *pron.*, nenhuma pessoa; *fig.*, não ter nenhuma importância.
NI.NHA.DA, *s.f.*, quantidade de ovos num ninho; o total de filhotes que saem dos ovos de um ninho.
NI.NHAL, *s.m.*, concentração de ninhos feitos por muitas aves; ninhário.
NI.NHA.RI.A, *s.f.*, bagatela, coisa sem valor, valor pequeno.
NI.NHO, *s.m.*, construção de ave para pôr os ovos e chocá-los para que nasçam os filhotes; *fig.*, abrigo, casa.
NIN.JA, *s. 2 gén.*, guerreiro oriental que pratica a arte de golpes mortais em lutas corporais, com movimentos e muitos gestos rápidos.

NI.Ó.BIO, s.m., metal usado em ligas.
NI.Ó.BI.CO, adj., Quím., relativo a, ou que contém nióbio; s.m., Quím., ácido ou composto que contenha nióbio.
NI.PO, adj., nipônico, japonês.
NI.PÔ.NI.CO, adj., japonês, nipo.
NÍ.QUEL, s.m., metal branco-prateado usado em ligas duras.
NI.QUE.LA.GEM, s.f., ação de banhar, para revestimento em metal, em níquel líquido.
NI.QUE.LAR, v.t., banhar em níquel, dar cor de níquel.
NI.QUE.LÍ.FE.RO, adj., que contém níquel.
NI.QUEN.TO, adj., bras., pop., que se ocupa de coisas supérfluas, sem importância; rabugento; exigente, minucioso; difícil de contentar.
NIR.VA.NA, s.f., estado absoluto do bem-estar budista; ausência de qualquer desejo; eternidade.
NIS.SEI, adj e s.2 gên., filho de japoneses, mas nascido no Brasil.
NIS.SO, combinação da preposição em com o pronome demonstrativo isso.
NIS.TO, combinação da preposição em com o pronome demonstrativo isto.
NI.TE.ROI.EN.SE, adj. e s. 2 gên., natural, referente, habitante de Niterói.
NI.TES.CÊN.CIA, s.f., fulgor, brilho, luzes, clarão.
NI.TI.DEZ, s.f., característica do que é nítido, clareza, transparência.
NÍ.TI.DO, adj., claro, transparente, diáfano, brilhante.
NI.TRA.TO, s.m., sal de ácido nítrico.
NI.TREI.RA, s.f., lugar em que se forma o nitro; nitral, salitral; depósito em que convergem líquidos que vêm de estábulos, montureiras, etc.
NÍ.TRI.CO, adj., próprio de ácido líquido composto de outros ácidos.
NI.TRI.DO, s.m., ação de nitrir, rincho.
NI.TRI.DOR, adj., que nitre, que rincha ou relincha; s.m., equino que nitre.
NI.TRI.FI.CA.ÇÃO, s.f., ação ou efeito de nitrificar, nitratação.
NI.TRI.FI.CAR, v.t. e pron., transformar sais em nitratos.
NI.TRIR, v. int., rinchar, expressar a voz de alguns tipos de quadrúpedes.
NI.TRO, s.m., nitrato de potássio cristalino.
NI.TRO.CE.LU.LO.SE, s.m., Quím., polímero resultante do tratamento da celulose com ácidos sulfúrico e nítrico e us. na fabricação de explosivos, plásticos, etc.
NI.TRO.GE.NA.DO, adj., que contém nitrogênio.
NI.TRO.GÊ.NIO, s.m., gás que existe na natureza, incolor, sem cheiro, gosto e insolúvel.
NI.TRO.GLI.CE.RI.NA, s.f., líquido usado para fazer a dinamite; altamente explosivo.
NI.TRÔ.ME.TRO, s.m., instrumento usado para dosar o nitrogênio.
NI.TRO.SI.DA.DE, s.f., qualidade de nitroso.
NI.TRO.SO, adj., Quím., que contém o grupo nitro; nitrado.
NI.VE.AL, adj., que floresce no inverno; hiberno; que habita na neve.
NÍ.VEL, s.m., instrumento para constatar se uma superfície é plana; prumo.
NI.VE.LA.DO, adj., igualado, aplainado, que está na mesma altura.
NI.VE.LA.DOR, adj. e s.m., que(m) nivela, igualador, aparelho que mostra a posição do nível em uma superfície através de água.
NI.VE.LA.MEN.TO, s.m., nível, ação de nivelar, ajustamento, igualação.
NI.VE.LAR, v.t. e pron., colocar uma superfície em um plano único, igualar.
NÍ.VEO, adj., próprio da neve, alvo, branco, brilhante.
NO, combinação da preposição em com o artigo masculino o e com o pronome demonstrativo o; usado após formas verbais terminadas em ditongo nasal.
NÓ, s.m., laço, laço apertado, partes de uma corda que se enlaçam; problema, dificuldade; medida de distância com mais ou menos 1.800 m.
NO.BEL, s.m., quem ganhou o Prêmio Nobel; obra de quem haja ganhado o prêmio.
NO.BI.LI.Á.RIO, adj., que se refere à nobreza.
NO.BI.LI.A.RIS.TA, s. 2 gên., autor de nobiliários; pessoa que se ocupa com estudos nobiliários.
NO.BI.LI.AR.QUI.A, s.f., compêndio sobre as linhagens, estirpes, brasões das famílias nobres; nobreza.
NO.BI.LI.ÁR.QUI.CO, adj., que se refere à nobiliarquia; nobre.
NO.BI.LI.TA.ÇÃO, s.f., engrandecimento, enobrecimento.
NO.BI.LI.TA.DO, adj., engrandecido, enobrecido, elevado.
NO.BI.LI.TAN.TE, adj., que nobilita; nobilitador; que dá foros de nobreza.
NO.BI.LI.TAR, v.t. e pron., conceder a alguém os privilégios de nobreza; engrandecer.
NO.BRE, adj., que procede de descendência nobilitada, elevado, distinto; generoso, bondoso.
NOBREAK, s.m., equipamento alimentado por baterias, que mantém os aparelhos ligados por certo tempo, mesmo que haja falta de energia elétrica.
NO.BRE.ZA, s.f., grupo de pessoas denominadas nobres; generosidade.
NO.ÇÃO, s.f., conhecimento elementar, primário.
NO.CAU.TE, s.m., no boxe, golpe que derruba o oponente.
NO.CAU.TE.A.DO, adj., derrubado, vencido.
NO.CAU.TE.AR, v.t. e int., derrubar, deixar estendido no chão.
NO.CI.O.NAL, adj., que transmite uma noção, que dá uma referência.
NO.CI.VI.DA.DE, s.f., dano, desastre, prejuízo, maldade.
NO.CI.VO, adj., danoso, desastroso, prejudicial.
NOC.TAM.BU.LA.ÇÃO, s.f., ato de noctambular; divagação noturna.
NOC.TAM.BU.LIS.MO, s.m., preferência por viver à noite; caminhadas noturnas.
NOC.TÂM.BU.LO, adj., s.m., noctívago, quem gosta de caminhar pela noite, indivíduo de vida noturna.
NOC.TÍ.VA.GO, adj. e s.m., que gosta de andar durante a noite; indivíduo que gosta de vida noturna.
NOC.TÍ.VO.LO, adj., que voa à noite.
NO.DAL, adj., que se refere a nó.
NÓ DE ADÃO, s.m., pomo de adão, saliência na parte externa da garganta.
NO.DO, s.m., Anat., parte proeminente de certos ossos; Med., tumor nas articulações dos ossos.
NÓ.DOA, s.f., mancha, sujeira, pingo de sujeira; fig., má fama, mácula.
NO.DO.AR, v.t., produzir nódoa em; manchar, enodoar.
NO.DO.SI.DA.DE, s.f., aspereza, saliência, rugosidade.
NO.DO.SO, adj., cheio de nós, áspero.
NO.DU.LAR, adj. 2 gên., referente a nódulo; que apresenta

NÓDULO · 585 · NOR-NOROESTE

nódulo; *Bot.*, que ocorre sob a forma de nódulo.
NÓ.DU.LO, *s.m.*, pequeno nó, saliência.
NO.DU.LO.SO, *adj.*, com muitos nós, áspero.
NO.GAL, *s.m.*, plantação de nogueiras; nogueiral.
NO.GUEI.RA, *s.f.*, grande árvore europeia que produz a noz.
NO.GUEI.RAL, *s.m.*, bosque de nogueiras, agrupamento de nogueiras.
NOI.TA.DA, *s.f.*, festa noite adentro; o que dura uma noite.
NOI.TE, *s.f.*, período compreendido entre o entardecer e o amanhecer; espaço de tempo sem sol; escuridão.
NOI.TI.BÓ, *s.m.*, bacurau, ave de hábitos noturnos.
NOI.TI.NHA, *s.m.*, o início da noite.
NOI.VA, *s.f.*, mulher que assume o noivado com o noivo.
NOI.VA.DO, *s.m.*, compromisso formal de possível e futuro casamento.
NOI.VAR, *v. int.*, compromisso entre um homem e uma mulher, para celebrar o futuro casamento.
NOI.VO, *s.m.*, quem assumiu com a noiva o compromisso de casar.
NO.JEN.TO, *adj.*, asqueroso, enjoativo, fastidioso.
NO.JO, *s.m.*, asco, enjoo, repugnância; luto, pesar.
NÔ.MA.DE, *s. 2 gên.*, quem não tem morada fixa, andarilho, errante.
NO.MA.DIS.MO, *s.m.*, ato de estar sempre em locais diferentes, sem morada fixa.
NO.MAN.CI.A, *s.f.*, pretensa habilidade de prever, adivinhar o futuro pelas letras de um nome.
NO.MÂN.TI.CO, *adj.*, relativo a nomancia ou a nomante.
NO.ME, *s.m.*, termo que determina quem é quem, distinção de uma coisa, objeto, ser do outro por denominação; título, apelido, denominação.
NO.ME.A.ÇÃO, *s.f.*, ação de nomear, designar alguém para um cargo, dar nome.
NO.ME.A.DA, *s.f.*, fama, notoriedade, reputação.
NO.ME.A.DO, *adj.*, designado, que recebeu nome, indicado para um cargo.
NO.ME.A.DOR, *adj.*, que nomeia ou tem direito de nomear; nomeante; *s.m.*, aquele que exerce essa prerrogativa.
NO.ME.AN.TE, *adj. e s. 2 gên.*, que ou quem nomeia; nomeador.
NO.ME.AR, *v.t. e pron.*, dar nome, designar, denominar, qualificar, indicar.
NO.MEN.CLA.DOR, *adj.*, que nomeia ou classifica; *s.m.*, pessoa que se dedica à nomenclatura ou classificação de uma ciência ou arte.
NO.MEN.CLA.TU.RA, *s.f.*, todos os nomes de um sistema, terminologia.
NO.MI.NA.ÇÃO, *s.f.*, ato de atribuir um nome a algo sem nome.
NO.MI.NAL, *adj.*, próprio do nome, posto em nome de, declarado.
NO.MI.NA.LIS.MO, *s.m.*, doutrina que busca a inexistência real dos gêneros e das artes na história humana.
NO.MI.NA.LIS.TA, *adj. 2 gên.*, *Fil.*, relativo a nominalismo; *s. 2 gên.*, pessoa que segue a doutrina do nominalismo.
NO.MI.NA.TA, *s.f.*, rol de nomes, lista de nomes.
NO.MI.NA.TI.VO, *adj.*, que encerra nomes, que dá nomes.
NO.MO.GRA.FI.A, *s.f.*, *Jur.*, ciência que estuda as leis; tratado sobre leis e suas interpretações; *Mat.*, parte da matemática que se dedica ao estudo e resolução de equações por meio de nomogramas.

NO.MO.GRÁ.FI.CO, *adj.*, relativo a monografia.
NO.MO.LO.GI.A, *s.f.*, tratado de todas as leis que comandam os fenômenos naturais.
NO.MO.LÓ.GI.CO, *adj.*, relativo a nomologia.
NO.MO.LO.GIS.TA, *s. 2 gên.*, indivíduo especializado em nomologia; nomólogo; *adj. 2 gên.*, que é especializado em nomologia.
NO.MÓ.LO.GO, *s.m.*, o que é entendido em nomologia.
NO.NA, *s.f.*, estrofe de nove versos; ver anona; *ant.*, freira; monja.
NO.NA.DA, *s.f.*, bagatela, ninharia, insignificância.
NO.NA.GE.NÁ.RIO, *adj. e s.m.*, que tem entre noventa e cem anos.
NO.NA.GÉ.SI.MO, *num.*, ordinal e fracionário de noventa.
NÓ NAS TRI.PAS, *s.m.*, *pop.*, *Cir.*, *Med.*, torção do intestino que interrompe seu funcionamento e provoca dores; íleo; nó da tripa; vólvulo.
NO.NA.TO, *adj.*, que ainda não nasceu, que está na barriga da mãe; que nasceu por meio de cesariana.
NON.GEN.TÉ.SI.MO, *adj.*, diz-se do que, numa série de 900, está em último lugar.
NO.NIN.GEN.TÉ.SI.MO, *num.*, ordinal e fracionário de novecentos.
NÔ.NIO, *s.m.*, *Fís.*, escala auxiliar própria para ler frações.
NO.NO, *num.*, ordinal para nove.
NONSENSE, *ing.*, ins., absurdo, tolice, algo incompreensível.
NÔ.NU.PLO, *num.*, multiplicativo de nove; quantidade nove vezes maior.
NO.RA, *s.f.*, esposa do filho em relação aos pais dele.
NOR.DES.TE, *s.m.*, ponto situado entre o Norte e o Leste; terras desse ponto.
NOR.DES.TI.NI.ZAR, *v.t.*, dar ou adquirir características nordestinas.
NOR.DES.TI.NO, *s.m.*, pessoa que vive no Nordeste brasileiro.
NÓR.DI.CO, *adj.*, relativo ao Norte da Europa ou Escandinávia (Dinamarca, Islândia, Noruega, Finlândia e Suécia).
NOR.MA, *s.f.*, lei, preceito, regra, padrão.
NOR.MAL, *adj.*, que está dentro da norma, natural, comum, original, certo.
NOR.MA.LI.DA.DE, *s.f.*, o que é normal, situação normal, natural.
NOR.MA.LIS.TA, *s. 2 gên.*, estudante do curso normal, atualmente chamado de magistério.
NOR.MA.LI.ZA.ÇÃO, *s.f.*, ação ou efeito de tornar normal, limitação, ajuste.
NOR.MA.LI.ZA.DO, *adj.*, ajustado, acertado, regrado.
NOR.MA.LI.ZAR, *v.t. e pron.*, tornar normal, colocar dentro dos limites, ajustar.
NOR.MAN.DO, *adj. e s.m.*, próprio da Normandia ou habitante dessa região da França; antigo povo nórdico que conquistou a Normandia, na França, dando-lhe o nome.
NOR.MA.TI.VO, *adj.*, que normatiza, indicativo.
NOR.MÓ.GRA.FO, *s.m.*, aparelho confeccionado com indicação de tamanhos e medidas para desenhar letras, figuras, ou traçar moldes.
NOR-NOR.DES.TE, *s.m.*, *Met.*, direção, na esfera celeste, a meio entre as direções Norte e Nordeste;; símb.: NNE; *adj. 2 gên.*, relativo a essa direção.
NOR-NO.RO.ES.TE, *s.m.*, ponto do horizonte entre o Norte e o Noroeste; símb.: NNO ou NNW; *adj.*, relativo a esse ponto.

NOROESTE

NO.RO.ES.TE, *s.m.*, ponto entre o Norte e o Oeste; essa região.

NOR.TA.DA, *s.f.*, vento gelado que sopra do Norte.

NOR.TE, *s.m.*, um dos quatro pontos cardeais; Polo Norte ou Ártico; vento que sopra do Norte; *fig.*, direção, rota.

NOR.TE.A.DO, *adj.*, colocado no rumo, dirigido, encaminhado.

NOR.TE.A.DOR, *adj.* e *s.m.*, que(m) norteia, dirigente, líder, condutor.

NOR.TE.A.MEN.TO, *s.m.*, norte, rumo, direção.

NOR.TE.A.ME.RI.CA.NO, *adj.* e *s.m.*, próprio ou habitante dos Estados Unidos; americano, estadunidense, ianque.

NOR.TE.AR, *v.t.* e *pron.*, colocar no rumo do norte, dirigir, orientar, encaminhar.

NOR.TE-CO.RE.A.NO, *adj.* e *s.m.*, referente, natural ou habitante da Coreia do Norte.

NOR.TE-RI.O-GRAN.DEN.SE, *adj.* e *s.m.*, próprio ou natural do Rio Grande do Norte, ou habitante desse Estado; potiguar.

NOR.TIS.TA, *adj.* e *s. 2 gên.*, designação de quem vem do Norte.

NO.RU.E.GUÊS, *adj.* e *s.m.*, próprio da Noruega ou seu habitante.

NOS, *pron.* pessoal do caso oblíquo, designativo da primeira pessoa do pl. correspondente a *nós*.

NÓS, *pron.*, primeira pessoa do plural.

NO.SO.CÔ.MIO, *s.m.*, hospital, casa de saúde.

NO.SO.FI.LI.A, *s.m.*, Psiq., desejo patológico de estar doente; hipocondria.

NO.SO.FÍ.LI.CO, *adj.*, Psiq., relativo a nosofilia; diz-se de indivíduo que apresenta nosofilia; nosófilo; *s.m.*, Psiq., esse indivíduo.

NO.SÓ.FI.LO, *adj.* e *s.m.*, o mesmo que nosofílico.

NO.SO.FO.BI.A, *s.f.*, aversão a doenças, medo de doenças, fobia a doenças.

NO.SO.FÓ.BI.CO, *adj.*, Psiq., relativo a nosofobia; diz-se de indivíduo que sofre de nosofobia; nosófobo; *s.m.*, Psiq., esse indivíduo.

NO.SÓ.FO.BO, *s.m.*, quem tem aversão a doenças, horror a doenças.

NO.SO.GRA.FIA, *s.f.*, demonstração descritiva das doenças.

NO.SO.LO.GI.A, *s.f.*, segmento da Medicina que classifica as doenças.

NO.SO.LÓ.GI.CO, *adj.*, que se refere à Nosologia.

NO.SO.LO.GIS.TA, *s. 2 gên.*, nosólogo, especialista em Nosologia.

NO.SO.MA.NI.A, *s.f.*, hipocondria, sensação que leva o indivíduo a julgar-se tomado por muitas doenças.

NO.SO.MA.NÍ.A.CO, *adj.*, quem sofre de nosomania.

NO.SÔ.MA.NO, *adj.* e *s.m.*, o mesmo que nosomaníaco.

NOS.SAI, *interj.*, traduz espanto, admiração; pronome possessivo da primeira pessoa.

NOS.SO, *pron.* possessivo, traduz posse da primeira pessoa.

NOS.TAL.GI.A, *s.f.*, saudade, sentimento de tristeza por estar longe das pessoas ou locais amados.

NOS.TÁL.GI.CO, *adj.*, sentido, memorativo, tristonho, triste.

NO.TA, *s.f.*, apontamento de algum tema, observação, comentário, explicação, papel-moeda, nota fiscal, nota musical; avaliação de um trabalho escolar.

NO.TA.BI.LI.DA.DE, *s.f.*, celebridade, fama, notoriedade.

NO.TA.BI.LI.ZAR, *v.t.* e *pron.*, tornar notável, destacar, tornar famoso, enfatizar.

NOVELETA

NO.TA.ÇÃO, *s.f.*, ação ou efeito de notar, apresentação de notas e apontamentos, registro.

NO.TA.DA.MEN.TE, *adv.*, sobretudo, principalmente.

NO.TA.DO, *adj.*, que se notou, de que se tomou nota; anotado; que se reparou; percebido; observado.

NO.TA.DOR, *adj.*, que nota, observa, repara ou censura; *s.m.*, pessoa que nota, anotador.

NO.TAR, *v.t.* e *bit.*, colocar nota em, marcar, sinalizar, anotar, escrever, observar, perceber, ver.

NO.TA.RI.A.DO, *s.m.*, local em que o notário atende ao público.

NO.TA.RI.AL, *adj. 2 gên.*, relativo a ou próprio de notário.

NO.TÁ.RIO, *s.m.*, escrivão público, oficial de registro, tabelião.

NO.TÁ.VEL, *adj.*, conhecido, destacado, louvável, famoso, ilustre.

NOTEBOOK, *s.m.*, *laptop*, computador portátil, com formato de maleta.

NO.TÍ.CIA, *s.f.*, novidade, boato, conhecimento, informe, nota.

NO.TI.CI.A.DO, *adj.*, comunicado, publicado, informado.

NO.TI.CI.A.DOR, *adj.*, que notícia, informa; *s.m.*, pessoa ou órgão que transmite.

NO.TI.CI.AR, *v.t.* e *pron.*, anunciar, informar, divulgar, dar conhecimento de.

NO.TI.CI.Á.RIO, *s.m.*, notícias, série de notícias, informativo.

NO.TI.CI.A.RIS.TA, *s. 2 gên.*, quem redige as notícias, apresentador de noticiário.

NO.TI.CI.O.SO, *adj.*, que dá notícias; *s.m.*, programa que busca dar informações recentes.

NO.TI.FI.CA.ÇÃO, *s.f.*, intimação, ordem de juiz para que alguém faça algum ato.

NO.TI.FI.CA.DO, *adj.*, que foi dado a conhecer, diz-se de pessoa que recebeu notificação; *s.m.*, essa pessoa.

NO.TI.FI.CA.DOR, *adj.*, o mesmo que notificante.

NO.TI.FI.CAR, *v.t.*, intimar, dar notícia a, informar de.

NO.TI.FI.CA.TI.VO, *adj.*, que serve para notificar.

NO.TÍ.VA.GO, *adj.*, *s.m.*, quem gosta de andar durante a noite, noctívago.

NO.TO, *adj.*, Poét., manifesto, notório, sabido.

NO.TO.RI.E.DA.DE, *s.f.*, fama, celebridade.

NO.TÓ.RIO, *adj.*, conhecido, destacado, famoso.

NÓ.TU.LA, *s.f.*, pequena nota, bilhetinho, declaração sucinta.

NO.TUR.NAL, *adj.*, noturno, que se refere a noturno.

NO.TUR.NO, *adj.*, próprio da noite, que vive de noite, que se refere à noite.

NO.VA, *s.f.*, novidade, notícia, furo de reportagem.

NO.VA.ÇÃO, *s.f.*, inovação, renovação, renovamento de uma obrigação para sua extinção.

NO.VA-IOR.QUI.NO, *adj.* e *s.m.*, próprio, nascido ou habitante de Nova Iorque.

NO.VA.TO, *s.m.*, calouro, inexperiente, primário.

NO.VE, *num.*, número cardinal 9.

NO.VE.CEN.TOS, *num.*, cardinal relativo a nove centenas.

NO.VEL, *adj.*, novo, recente, aprendiz, principiante.

NO.VE.LA, *s.f.*, composição literária com várias histórias paralelas e entrelaçadas; estilo consagrado pela televisão para passar em capítulos.

NO.VE.LEI.RO, *s.m.*, quem gosta de ver novelas na televisão; quem lê novelas.

NO.VE.LES.CO, *adj.*, próprio das novelas, referente a novelas.

NO.VE.LE.TA, *s.m.*, Liter., novela curta; Mús., composição

NOVELISMO ··· 587 ··· NUMERAÇÃO

instrumental breve, de caráter romântico, sem forma determinada.

NO.VE.LIS.MO, *s.m.*, Liter., estilo ou situações próprios da novela, tendência para criar novelas.

NO.VE.LIS.TA, *s. 2 gên.*, quem escreve novelas.

NO.VE.LÍS.TI.CO, *adj.*, relativo ou pertencente a novela ou a novelística; gênero de criação literária ou televisiva; novelesco.

NO.VE.LI.ZA.ÇÃO, *s.m.*, ato, processo ou efeito de transformar algo em novela.

NO.VE.LO, *s.m.*, fio enrolado em si mesmo.

NO.VEM.BRA.DA, *s.m., bras.*, Hist., insurreição nativista ocorrida em Pernambuco (novembro, 1831), depois da abdicação de D. Pedro I.

NO.VEM.BRO, *s.m.*, décimo primeiro mês do ano.

NO.VE.NA, *s.f.*, devoção religiosa de rezar durante nove dias, com muitos fins.

NO.VE.NAL, *adj.*, que se refere a novena.

NO.VE.NÁ.RIO, *s.m.*, devocionário, manual para acompanhar novenas.

NO.VÊ.NIO, *s.m.*, período de nove anos seguidos.

NO.VEN.TA, *num.*, cardinal de noventa, nove dezenas.

NO.VI.ÇA, *s.f.*, mulher que entra no noviciado; neófita, iniciante.

NO.VI.CI.A.DO, *s.m.*, época na qual a pessoa se prepara para filiar-se a alguma ordem religiosa ou para assumir uma função religiosa; *fig.*, aprendizado, iniciação.

NO.VI.CI.AR, *v. int.*, viver o noviciado, iniciar-se, preparar-se.

NO.VI.ÇO, *s.m.*, novato, inexperiente; *s.m.*, quem se prepara para uma ordem religiosa; aprendiz, calouro, iniciante, neófito, novel.

NO.VI.DA.DE, *s.f.*, o que é novo, atualidade, o que é recente.

NO.VI.DA.DEI.RO, *s.m.*, quem anseia por contar novidades, fuxiqueiro, fofoqueiro.

NO.VI.LHA, *s.f.*, vaca nova, bezerra, vaca que ainda não criou.

NO.VI.LHA.DA, *s.m.*, rebanho de novilhos; corrida de novilhos em local público, como espetáculo.

NO.VI.LHO, *s.m.*, garrote, boi novo, tourinho.

NO.VI.LÚ.NIO, *s.m.*, lua nova, semana de lua cheia.

NO.VO, *adj.*, recente, existente há pouco tempo, de pouco uso; ser humano jovem, moço.

NO.VO.CA.Í.NA, *s.m., Farm.*, nome comercial do anestésico procaína.

NO.VO-RI.CO, *s.m.*, todo indivíduo que, sendo pobre, enriquece; alguém que ostenta a riqueza.

NOZ, *s.f.*, fruto da nogueira ou de outras árvores que produzem nozes.

NOZ-MOS.CA.DA, *s.f.*, moscadeira, planta que produz essa noz; fruta de perfume e condimento muito apreciados.

NOZ-VÔ.MI.CA, *s.m., Bot.*, árvore da fam. das estricnáceas (*Strychnos nux-vomica*), nativa do Sul da Ásia, de cujas sementes são extraídos alcaloides tóxicos, como a estricnina; a semente dessa árvore.

NU, *adj.*, despido, sem roupa; vazio, desprovido, carente, seco.

NU.AN.ÇA, *s.f.*, as gradações das cores, gama de cores, matiz, nuance.

NU.AN.ÇA.DO, *adj.*, que apresenta variação de cor; matizado; cambiante.

NU.AN.ÇAR, *v.t.*, dar nuança, matiz, cor a.

NU,AN.CE, *s.f.*, nuança, matiz, gradação de cores.

NU.BEN.TE, *adj. e s. 2 gên.*, quem vai se casar.

NU.BÍ.FE.RO, *adj.*, que traz nuvens, portador de nuvens.

NU.BÍ.FU.GO, *adj.*, que desfaz nuvens, que afugenta nuvens.

NU.BÍ.GE.NO, *adj.*, feito de nuvens.

NÚ.BIL, *adj.*, que está para se casar, que pode casar-se; solteiro.

NU.BÍ.VA.GO, *adj.*, que anda pelas nuvens; *fig.*, pessoa distraída.

NU.BLA.DO, *adj.*, cheio de nuvens, opaco, nebuloso.

NU.BLAR, *v.t. e pron.*, cobrir de nuvens, esconder, tornar nublado.

NU.BLO.SO, *adj.*, coberto de nuvens, nublado, anuviado.

NU.CA, *s.f.*, parte posterior do pescoço.

NU.CI.FOR.ME, *adj.*, que tem forma de noz.

NU.CÍ.VO.RO, *adj.*, que se alimenta de nozes.

NU.CLE.A.ÇÃO, *s.m.*, processo de formação de um núcleo.

NU.CLE.A.DO, *adj.*, provido de núcleo(s).

NU.CLE.AR, *adj.*, que se refere a núcleo; *s.m.*, fissão de núcleos para obter a energia derivada dos átomos de urânio; fissão nuclear.

NU.CLE.A.RI.ZA.ÇÃO, *s.m.*, ação ou resultado de nuclearizar; *s.f.*, aplicação da energia nuclear, como por exemplo em eletricidade (usinas nucleares).

NÚ.CLEO, *s.m.*, parte central, centro, âmago, ponto essencial.

NU.CLE.Ó.LO, *s.m.*, parte central do núcleo, pequeno núcleo.

NÚ.CLE.ON, *s.m., Fís. Nuclear*; denominação genérica de um próton ou de um nêutron.

NU.CLE.O.SE, *s.m., Cit.*, excessiva divisão do núcleo.

NU.CLE.O.TÍ.DEO, *s.m., Bioq.*, elemento fundamental do ácido nucleico.

NU.CLÍ.DEO, *s.m., Fís.*, núcleo atômico especificado por seu número atômico, massa atômica e o estado de energia.

NU.DA.ÇÃO, *s.f.*, ação de desnudamento.

NU.DEZ, *s.f.*, falta de vestimenta, corpo nu, nudismo.

NU.DE.ZA, *s.m.*, nudez.

NU.DÍ.PE.DE, *adj. 2 gên.*, que não está calçado, cujos pés estão nus; descalço.

NU.DIS.MO, *s.m.*, prática dos que vivem nus em algumas atividades.

NU.DIS.TA, *s. 2 gên.*, adepto do nudismo.

NU.DO.MA.NÍ.A.CO, *adj.*, que gosta ou tem mania de ficar nu.

NU.DÔ.MA.NO, *adj.*, o mesmo que nudomaníaco.

NU.GA, *s.f.*, ninharia, bagatela, nonada.

NU.LI.DA.DE, *s.f.*, tipo insignificante, incapaz, ausência de valores.

NU.LI.FI.CA.ÇÃO, *s.f.*, anulação, anulamento.

NU.LI.FI.CA.DO, *adj.*, que foi nulificado.

NU.LI.FI.CAN.TE, *adj. 2 gên.*, que tem força para nulificar.

NU.LI.FI.CAR, *v.t.*, anular, torna nulo.

NU.LI.FI.CA.TI.VO, *adj.*, nulificante.

NU.LI.FI.CÁ.VEL, *adj.*, suscetível de se nulificar; anulável.

NU.LÍ.PA.RO, *adj., s.m.*, quem nunca pariu, que nunca pariu; mulher estéril.

NU.LO, *adj.*, anulado, que não tem validade, sem valor.

NUM, combinação da preposição *em* com o artigo indefinido *um*.

NU.ME, *s.m.*, deus, deusa, divindade, deus da Mitologia.

NU.ME.NAL, *adj. 2 gên., Fil.*, relativo a número; numênico.

NU.ME.RA.ÇÃO, *s.f.*, série de números, ato de enumerar páginas.

NU.ME.RA.DO, adj., que foi marcado com um número; disposto por ordem numérica.
NU.ME.RA.DOR, s.m., o que enumera, número que numa fração indica as partes da unidade nela contidas.
NU.ME.RAL, adj. e s.m., que indica um número.
NU.ME.RAR, v.t., colocar os números, indicar, separar pelos números, calcular.
NU.ME.RÁ.RIO, adj., próprio de dinheiro; s.m., dinheiro, moedas.
NU.ME.RA.TI.VO, adj., relativo ao número; numeral.
NU.ME.RÁ.VEL, adj., que se pode numerar, inumerável.
NU.MÉ.RI.CO, adj., que aponta números, referente a números.
NÚ.ME.RO, s.m., expressão de quantidade, abundância, fascículo, jornal, revista; na Gramática, indica o singular e o plural.
NU.ME.RO.LO.GI.A, s.f., estudo que contempla as possíveis influências dos números na vida e nas ações das pessoas.
NU.ME.RO.LÓ.GI.CO, adj., relativo a numerologia.
NU.ME.RO.LO.GIS.TA, s. 2 gên., numerólogo; adj. 2 gên., que estuda a numerologia.
NU.ME.RÓ.LO.GO, s.m., especialista em numerologia; numerologista.
NÚ.ME.ROS, s.m., livro da Bíblia que retrata alguns episódios da passagem de Moisés pelo deserto, a entrada na Palestina, normas e diretrizes para os sacerdotes e para o povo.
NU.ME.RO.SI.DA.DE, s.f., quantidade, multidão.
NU.ME.RO.SO, adj., abundante, copioso, em grande quantidade, muito.
NU.MI.FOR.ME, adj., o mesmo que numismal.
NU.MI.NO.SO, adj., relativo a nume ou a divindade; sagrado; misterioso; sobrenatural.
NU.MIS.MA, s.m., moeda antiga.
NU.MIS.MAL, adj., semelhante a uma moeda; numiforme, numular.
NU.MIS.MA.LO.GIA, s.f., o mesmo que numismática.
NU.MIS.MA.TA, s. 2 gên., quem se dedica a numismática.
NU.MIS.MÁ.TI.CA, s.f., tratado sobre moedas e medalhas, coleção desses objetos.
NU.MIS.MÁ.TI.CO, adj., relativo a numismática; s.m., num., o mesmo que numismata.
NUN.CA, adv., em tempo algum, em nenhum momento, jamais.
NUN.CI.A.ÇÃO, s.f., ação ou efeito de nunciar; anunciação.
NUN.CI.A.TU.RA, s.f., residência do núncio; cargo ou função de um núncio.
NÚN.CIO, s.m., mensageiro, quem traz a notícia; representante do papa junto a um governo.
NUN.CU.PA.ÇÃO, s.m., quando a pessoa faz o testamento de forma oral.

NUP.CI.AL, adj., próprio das núpcias.
NÚP.CIAS, s.f., pl., bodas, casamento, cerimônias de um matrimônio.
NU.QUE.AR, v.t., abater (gado) com o processo da punção bulbar.
NU.TA.ÇÃO, s.f., oscilação, vacilação; a revolução da Terra com distanciamentos e aproximações do Sol, em torno do qual gira.
NU.TAN.TE, adj., vacilante, oscilatório.
NU.TAR, v. int., girar em torno, girar de modo vacilante.
NU.TRI.ÇÃO, s.f., regras para a alimentação exata, alimentação.
NU.TRÍ.CIO, adj., o mesmo que nutritivo; referente a nutrição.
NU.TRI.CI.O.NAL, adj. 2 gên., que diz respeito a nutrição, sob o ponto de vista dietético ou terapêutico; nutritivo.
NU.TRI.CI.O.NIS.MO, s.m., regras da boa aplicação nutritiva.
NU.TRI.CI.O.NIS.TA, s. 2 gên., especialista em planejar uma alimentação adequada ao organismo das pessoas.
NU.TRI.DO, adj., bem alimentado, forte, sadio.
NU.TRI.DOR, adj e s.m., que(m) nutre, alimentador, sustentador.
NU.TRI.ÊN.CIA, s.f., qualidade do que é nutriente.
NU.TRI.EN.TE, adj., que nutre; s.m., comida forte, alimento certo.
NU.TRI.MEN.TAL, adj., Med., que serve ou que é próprio para nutrir.
NU.TRI.MEN.TO, s.m., nutrição, alimentação.
NU.TRIR, v.t. e pron., alimentar, sustentar, manter forte, preparar.
NU.TRI.TI.VO, adj., alimentício, nutriente, próprio para alimentar.
NU.TRÍ.VEL, adj., suscetível de nutrir; capaz de nutrição.
NU.TRIZ, adj., que alimenta, que nutre; s.f., quem nutre, a mãe que alimenta com leite.
NU.TRO.LO.GI.A, s.m., Med., especialidade médica voltada ao diagnóstico, prevenção e tratamento de doenças nutricionais.
NU.TRO.LO.GIS.TA, adj. 2 gên., relativo a nutrologia; que é especialista em nutrologia; s. 2 gên., especialista em nutrologia; nutrólogo.
NU.TRÓ.LO.GO, s.m., médico especialista em nutrologia.
NU.VE.AR, v.t., encher(-se) de nuvens ou de algo que lembre nuvens.
NU.VEM, s.f., massa de vapores condensados na atmosfera, fumaça solta no ar; fig., multidão, grande quantidade de seres de qualquer espécie.
NU.VIS.TOR, s.m., válvula de baixa tensão e de pequena dimensão, feita de cerâmica sem partes de vidro ou mica.
NYLON, s.m., ing., náilon, tecido sintético.
NW - símbolo de Noroeste.

O

O, *s.m.*, décima quinta letra do á-bê-cê e quarta vogal; *art. def.*; define o substantivo masculino singular; forma pronominal **O** - da terceira pessoa; pronome demonstrativo, no lugar de *aquele*.

Ó!, *interj.*, indicativo de alegria, espanto, admiração, vitória.

O.Á.SIS, *s.m.*, pequeno espaço com vegetação, no interior de um deserto; local agradável.

O.BA!, *interj.*, indica admiração; palavra que se diz quando algo bom acontece.

OB.CE.CA.ÇÃO, *s.f.*, teimosia, fixação, cegueira, fanatismo.

OB.CE.CA.DO, *adj.*, fanatizado, desviado, obscurecido.

OB.CE.CAR, *v.t.*, tornar cego, ter uma fixação por algo, fanatizar.

O.BE.DE.CER, *v.t., int. e pron.*, executar o que for mandado, cumprir ordens, respeitar.

O.BE.DI.ÊN.CIA, *s.f.*, sujeição ao comando de; atenção ao mandado, submissão.

O.BE.DI.EN.TE, *adj.*, submisso, sujeito a, respeitoso.

O.BE.LIS.CO, *s.m.*, monumento dos antigos egípcios com base larga e muito alto, como uma pirâmide.

O.BE.SI.DA.DE, *s.f.*, muita gordura no corpo, acúmulo de gorduras.

O.BE.SO, *adj.*, muito gordo, excessivamente volumoso.

Ó.BI.CE, *s.m.*, empecilho, impedimento, obstáculo.

Ó.BI.TO, *s.m.*, falecimento, desenlace, morte, extinção.

O.BI.TU.Á.RIO, *s.m.*, registro de óbitos, rol de mortes.

OB.JE.ÇÃO, *s.f.*, contestação, oposição, contrariedade.

OB.JE.TAR, *v.t.*, opor-se, colocar-se contra, contrariar.

OB.JE.TI.VA, *s.f.*, lente de uma máquina fotográfica, lente para melhorar a visão.

OB.JE.TI.VA.ÇÃO, *s.f.*, pretensão, escopo.

OB.JE.TI.VA.DO, *adj.*, pretendido, colimado, visado, almejado.

OB.JE.TI.VAR, *v.t.*, pretender, colimar, visar a, querer conseguir.

OB.JE.TI.VI.DA.DE, *s.f.*, praticidade, realidade, ação do que é objetivo, clareza.

OB.JE.TI.VIS.MO, *s.m.*, concretitude, realismo, almejamento.

OB.JE.TI.VO, *adj.*, prático, real, concreto; *s.m.*, alvo, fim, escopo.

OB.JE.TO, *s.m.*, pretensão, assunto, causa, qualquer coisa material; complemento verbal: direto sem preposição e indireto com preposição, em termos gerais, pois há objeto direto preposicionado.

O.BLA.ÇÃO, *s.f.*, o que se oferece a Deus, oferta, oferenda, doação.

O.BLA.TA, *s.f.*, oferenda, oferta piedosa, tudo que se oferece a Deus como oferta piedosa.

O.BLA.TO, *s.m.*, pessoa leiga, não ligada a nenhuma ordem ou congregação religiosa, e que trabalha para o serviço de um mosteiro ou convento.

O.BLÍ.QUA, *s.f.*, Geom., a reta que forma com outra ou com uma superfície um ângulo agudo ou obtuso.

O.BLI.QUAR, *v. int.*, caminhar obliquamente, postar-se com dissimulação, fingir-se.

O.BLI.QUI.DA.DE, *s.f.*, estar em uma posição oblíqua, simulação.

O.BLÍ.QUO, *adj.*, inclinado, torto, de lado.

O.BLI.TE.RA.ÇÃO, *s.f.*, esquecimento, desmemória.

O.BLI.TE.RA.DO, *adj.*, apagado, esquecido, surpreso, desmemoriado.

O.BLI.TE.RAR, *v.t. e pron.*, apagar aos poucos, suprimir, fazer desaparecer, esquecer, desmemoriar, fechar.

O.BLON.GO, *adj.*, oval, elíptico.

OB.NÓ.XIO, *adj.*, que aceita punições de modo servil, sem vontade própria, escravo, vulgar, vil.

OB.NU.BI.LAR, *v.t. e pron.*, turvar, escurecer, esconder a luz; enevoar a consciência.

O.BO.É, *s.m.*, instrumento musical de sopro e som parecido com flauta.

O.BO.ÍS.TA, *s. e s. 2 gên.*, Mús., que ou aquele que toca oboé.

Ó.BO.LO, *s.m.*, esmola, pequena doação; valor muito pequeno em dinheiro.

O.BRA, *s.f.*, resultado de um ato, de um trabalho; construção, ação, tudo que é feito; realização; conjunto de livros e escritos de um escritor.

O.BRA.DOR, *adj. e s.m.*, obreiro, que(m) faz obras, operário.

O.BRA-PRI.MA, *s.f.*, o melhor trabalho de uma pessoa.

O.BRAR, *v.t. e int.*, agir, trabalhar, concluir, realizar; *v. int.*, defecar.

O.BREI.A, *s.f.*, massa para fabricação da hóstia; massa fina de farinha de trigo.

O.BREI.RA, *s.f.*, operária, abelha que trabalha; *fig.*, mulher que trabalha muito.

O.BREI.RO, *s.m.*, operário, trabalhador; *fig.*, pessoa que se dedica à pregação religiosa do Evangelho.

O.BRI.GA.ÇÃO, *s.f.*, dever, imposição, coação, compromisso, ofício, profissão.

O.BRI.GA.DO, *adj.*, imposto, devido, coagido, compelido; agradecido, grato.

O.BRI.GAR, *v.t. e pron.*, forçar, coagir, constranger, levar a.

O.BRI.GA.TO.RI.E.DA.DE, *s.f.*, coação, forçamento, império, mando.

O.BRI.GA.TÓ.RIO, *adj.*, inevitável, necessário, imperioso, imposto por lei.

OB-RO.GA.ÇÃO, *s.f.*, anulação de uma lei; anulação de um ato jurídico.

OB.RO.GA.DO, *adj.*, anulado, invalidado.

OB-RO.GAR, *v. int.*, anular uma lei, desfazer uma lei, invalidar uma lei por meio de outra.

OBS.CE.NI.DA.DE, *s.f.*, despudor, imoralidade, libidinagem, lascívia, luxúria.

OBS.CE.NO, *adj.*, despudorado, imoral, libidinoso, lascivo, luxurioso.

OBSCURANTISMO ·· 590 ·· OBTEMPERAÇÃO

OBS.CU.RAN.TIS.MO, *s.m.,* ignorância, falta de conhecimento, escuridão; oposição à instrução das classes sociais de menor poder aquisitivo; dar-lhes uma instrução ruim.

OBS.CU.RAN.TIS.TA, *s. 2 gên.,* ignorante, charlatão, inimigo da cultura.

OBS.CU.RAN.TI.ZAR, *v.t.,* tornar obscurante; levar ao estado de obscurantismo.

OBS.CU.RE.CE.DOR, *adj.,* que obscurece; que torna obscuro; *s.m.,* aquele ou aquilo que obscurece.

OBS.CU.RE.CER, *v.t., int. e pron.,* tornar escuro, preto, opaco; dificultar, anuviar.

OBS.CU.RE.CI.DO, *adj.,* em que não há luz, escurecido; *fig.,* que foi ignorado.

OBS.CU.RE.CI.MEN.TO, *s.m.,* pouca luz, semiescuridão, penumbra.

OBS.CU.RI.DA.DE, *s.f.,* falta de luz, de clareza; dificuldade.

OBS.CU.RO, *adj.,* sem luz, negro, opaco; confuso, enigmático.

OB.SE.DANTE, *adj., bras., gal.,* que obseda; obsidente; obsessor.

OB.SE.DAR, *v.t.,* ficar resistente a, teimar, ter ideia fixa; teimar em uma ideia.

OB.SE.DI.AN.TE, *adj.,* teimado, fixado, resistente.

OB.SE.DI.AR, *v.t., bras.,* causar obsessão em; obsidiar.

OB.SE.QUI.A.DO, *adj.,* favorecido, ajudado, auxiliado.

OB.SE.QUI.A.DOR, *adj.,* que obséquia, presta obséquios, favores; *s.m.,* aquele que obsequia, que presta obséquios, favores.

OB.SE.QUI.AR, *v.t.,* favorecer, ser amável, ser gentil, prestar um favor.

OB.SÉ.QUIO, *s.m.,* gentileza, benefício, favor, amabilidade.

OB.SE.QUI.O.SI.DA.DE, *s.f.,* qualidade ou caráter de obsequioso; tratamento afável.

OB.SE.QUI.O.SO, *adj.,* gentil, amável, fino, prestativo, polido, afável.

OB.SER.VA.ÇÃO, *s.f.,* constatação, percepção, chamada de atenção, nota.

OB.SER.VA.DO, *adj.,* percebido, constatado, avaliado.

OB.SER.VA.DOR, *s.m.,* quem nota, percebe; constatador, crítico, avaliador.

OB.SER.VÂN.CIA, *s.f.,* respeito a, cumprimento de, prática, obra, cumprimento de norma.

OB.SER.VAR, *v.t. e pron.,* seguir as normas prescritas, perceber, notar, constatar, examinar, prescrever, indicar.

OB.SER.VA.TÓ.RIO, *s.m.,* local para observar, ver, sobretudo os corpos celestes, através de telescópios.

OB.SER.VÁ.VEL, *adj.,* que se pode observar, constatável.

OB.SES.SÃO, *s.f.,* ideia fixa, mania, conservar um pensamento fixo.

OB.SES.SI.VO, *adj.,* que tem obsessão, fixo, maníaco.

OB.SES.SO, *adj.,* fixado, fixo, atormentado; *s.m.,* tipo que se vê como possessão satânica.

OB.SES.SOR, *adj.,* que provoca obsessão; *s.m.,* aquele que provoca obsessão.

OB.SI.DEN.TE, *adj. 2 gên.,* que causa obsessão, que assedia; *s. 2 gên.,* aquele que assedia, obsedia.

OB.SI.DI.A.NA, *s.f.,* Geol., rocha vitrificada de cor escura, de origem vulcânica, com que se faziam espelhos e instrumentos muito cortantes.

OB.SI.DI.AR, *v.t.,* cercar para impor a sujeição a; assediar; sitiar; espionar a vida íntima de; perturbar; obsedar.

OB.SO.LÊN.CIA, *s f.,* qualidade ou estado de obsoleto.

OB.SO.LES.CÊN.CIA, *s.f.,* fato de (se) tornar obsoleto; qualidade ou estado de obsolescente; Biol., fim de um processo fisiológico; Econ., fim da vida útil de um equipamento, por seguir modelo novo superior.

OB.SO.LES.CEN.TE, *adj. 2 gên.,* que entrou em obsolescência; que está se tornando obsoleto.

OB.SO.LE.TAR, *v.t. e pron., bras.,* tornar ou tornar-se obsoleto.

OB.SO.LE.TIS.MO, *s.m.,* caráter do que é obsoleto.

OB.SO.LE.TO, *adj.,* arcaico, fora de moda, antigo, velho.

OBS.TA.CU.LI.ZA.ÇÃO, *s.f.,* ato ou efeito de obstaculizar, criar obstáculos, de fazer oposição a.

OBS.TA.CU.LI.ZA.DOR, *adj. e s.m.,* que, aquilo ou aquele que obstaculiza.

OBS.TA.CU.LI.ZAN.TE, *adj. 2 gên.,* o mesmo que obstaculizador.

OBS.TA.CU.LI.ZAR, *v.t.,* dificultar, impedir, ser empecilho.

OBS.TÁ.CU.LO, *s.m.,* óbice, empecilho, dificuldade, tudo que impede algo.

OBS.TÂN.CIA, *s.f., bras.,* o que obsta, que obstaculiza; obstáculo; empecilho.

OBS.TAN.TE, *adj.,* que obsta, que impede; *expr.* adverbial: não obstante; apesar de; embora; ainda que.

OBS.TAR, *v.t.,* opor-se, impedir, enfrentar, obstaculizar.

OBS.TA.TI.VO, *adj., bras.,* que obsta, que se opõe ou impede.

OBS.TÁ.VEL, *adj.,* que se pode obstar.

OBS.TE.TRA, *s. 2 gên.,* médico especialista em tratar de mulheres grávidas.

OBS.TE.TRÍ.CIA, *s.f.,* setor da Medicina que trata da gravidez e do parto.

OBS.TE.TRÍ.CIO, *adj.,* que se refere a parto.

OBS.TÉ.TRI.CO, *adj.,* relativo à obstetrícia.

OBS.TE.TRIZ, *s.f.,* médica parteira.

OBS.TI.NA.ÇÃO, *s.f.,* teimosia, contumácia, ideia fixa.

OBS.TI.NA.DO, *adj.,* teimoso, contumaz, persistente, obsessivo, irredutível.

OBS.TI.NAR, *v.t. e pron.,* teimar, persistir, ser irredutível.

OBS.TI.PA.ÇÃO, *s.f.,* Med., prisão de ventre ou constipação insistente.

OBS.TI.PAN.TE, *adj.,* que obstipa.

OBS.TI.PAR, *v.t.,* Med., produzir obstipação; constipar.

OBS.TRIN.GIR, *v.t.,* comprimir, ligar com força, coagir, obrigar.

OBS.TRU.ÇÃO, *s.f.,* obstáculo, embaraço, impedimento.

OBS.TRU.CI.O.NIS.MO, *s.m.,* prática parlamentar de impedir a aprovação de leis nos parlamentos.

OBS.TRU.CI.O.NIS.TA, *s. 2 gên.,* quem pratica o obstrucionismo.

OBS.TRU.EN.TE, *adj.,* que obstrui; obstrutor.

OBS.TRU.Í.DO, *adj.,* impedido, embaraçado, estorvado.

OBS.TRU.I.DOR, *adj.,* que obstrui; obstrutivo; *s.m.,* aquele que obstrui.

OBS.TRU.IR, *v.t. e pron.,* impedir, embaraçar, dificultar, fechar, estorvar.

OBS.TRU.TI.VO, *adj.,* que obstrui; que cria obstáculos a; obstruinte.

OBS.TRU.TOR, *adj. e s.m.,* que, aquilo ou aquele que obstrui; obstruidor.

OBS.TU.PE.FA.ÇÃO, *s.f.,* pasmo, estupefação.

OBS.TU.PE.FA.TO, *adj.,* estupefato.

OBS.TÚ.PI.DO, *adj.,* pasmado; espantado; atônito.

OB.TEM.PE.RA.ÇÃO, *s.f.,* ato ou efeito de obtemperar;

ponderação.
OB.TEM.PE.RA.DO, *adj.*, ponderado, analisado.
OB.TEM.PE.RAR, *v.t. e int.*, ponderar, arguir com moderação, submeter-se.
OB.TEN.ÇÃO, *s.f.*, consecução, ganho, recebimento.
OB.TE.NÍ.VEL, *adj. 2 gên., bras.*, que se pode obter, conseguir; obtível.
OB.TEN.TOR, *adj. e s.m.*, que ou aquele que obtém.
OB.TER, *v.t.*, conseguir, alcançar, ganhar, granjear.
OB.TES.TA.ÇÃO, *s.f.*, ato ou efeito de obtestar.
OB.TES.TAR, *v.t.*, tomar (alguém) por testemunha; suplicar; rogar; instigar.
OB.TI.DO, *adj.*, conseguido, alcançado, ganho.
OB.TÍ.VEL, *adj. 2 gên.*, que se pode obter; obtenível.
OB.TUN.DIR, *v.t.*, bater com violência; surrar; contundir; deixar menos agudo.
OB.TU.RA.ÇÃO, *s.f.*, retirar uma cárie, restaurar um dente.
OB.TU.RA.DO, *adj.*, restaurado, consertado, fechado.
OB.TU.RA.DOR, *s.m.*, quem obtura, instrumento para obturar.
OB.TU.RAR, *v.t.*, encher, entupir, fechar, restaurar um dente.
OB.TUR.BI.NA.DO, *adj.*, que tem a forma de pião invertido.
OB.TU.SÂN.GU.LO, *adj.*, Geom., que contém um ângulo obtuso.
OB.TU.SÃO, *s.f.*, qualidade do que é obtuso; Psiq., entorpecimento mental, diminuindo a capacidade de compreensão.
OB.TU.SI.DA.DE, *s.f.*, ignorância, tolice, estupidez.
OB.TU.SO, *adj.*, sem ponta, rombo; tolo, estúpido, ignorante.
O.BUM.BRA.ÇÃO, *s.f.*, escurecimento, ensombramento, perda de luminosidade.
O.BUM.BRA.DO, *adj.*, escurecido, ensombrado, anoitecido.
O.BUM.BRAR, *v.t. e pron.*, ensombrar, cobrir com sombras, escurecer.
O.BUS, *s.m.*, peça atirada por canhão, para destruir; bomba.
OB.VI.AR, *v.t.*, tornar óbvio, esclarecer, explicitar.
OB.VI.E.DA.DE, *s.f.*, a qualidade, o atributo daquilo que é óbvio; fato ou opinião que seja óbvia.
ÓB.VIO, *adj.*, claro, definido, explícito, compreensível, patente.
O.CA, *s.f.*, choupana, cabana de índio.
O.CAR, *v.t.*, esvaziar, tornar oco.
O.CA.RA, *s.f.*, praça central nas aldeias indígenas.
O.CA.RI.NA, *s.f.*, instrumento musical de sopro, cujo som é assemelhado ao da flauta.
O.CA.RI.NIS.TA, *s.2 gên.*, pessoa que toca ocarina; o que fabrica ou vende ocarinas.
O.CA.SI.ÃO, *s.f.*, momento, azo, oportunidade, chance.
O.CA.SI.O.NA.DO, *adj.*, propiciado, ofertado, eventualizado.
O.CA.SI.O.NA.DOR, *adj. e s.m.*, que ou o que ocasiona algum fato.
O.CA.SI.O.NAL, *adj.*, momentâneo, acidental, fortuito, eventual.
O.CA.SI.O.NA.LI.DA.DE, *s.f.*, qualidade ou condição do que é ocasional.
O.CA.SI.O.NAL.MEN.TE, *adv.*, de maneira ocasional, eventual; eventualmente.
O.CA.SI.O.NAR, *v.t. e pron.*, causar, motivar, oportunizar, oferecer, proporcionar.
O.CA.SO, *s.m.*, pôr do sol, ocidente, poente; fim, morte, ruína.
OC.CI.PÍ.CIO, *s.m.*, a parte posterior e inferior da cabeça, occipital.
OC.CI.PI.TAL, *adj.*, próprio do occipício; *s.m.*, o osso que compõe o occipício.
O.CE.Â.NI.CO, *adj.*, relativo ao oceano.
O.CE.A.NO, *s.m.*, grande massa de água salgada que cobre a maior parte da Terra; reunião dos mares.
O.CE.A.NO.GRA.FI.A, *s.f.*, estudo dos oceanos, das águas marinhas e de tudo o que lhes diz respeito.
O.CE.A.NO.GRÁ.FI.CO, *adj.*, relativo a oceanografia.
O.CE.A.NÓ.GRA.FO, *s.m.*, formado em Oceanografia, especialista em Oceanografia.
O.CE.A.NO.LO.GI.A, *s.f.*, Ocean., grupo de disciplinas científicas que estuda os fenômenos biológicos e geológicos de mares e oceanos.
O.CE.A.NO.LÓ.GI.CO, *adj.*, Ocean., relativo a oceanologia.
O.CE.A.NÓ.LO.GO, *s.m.*, Ocean., especialista em oceanologia.
O.CE.A.NÓ.RIO, *s.m.*, reservatório ou tanque que contém água salgada para a criação de peixes marinhos.
O.CI.DEN.TAL, *adj.*, que pertence ao, ou sito no Ocidente, no poente, no oeste.
O.CI.DEN.TA.LI.DA.DE, *s.f.*, o conjunto das características sociais, culturais, etc., que são próprias do mundo ocidental.
O.CI.DEN.TA.LIS.MO, *s.m., ant.*, conjunto dos conhecimentos relativos ao Ocidente (Europa); *s.m.*, conjunto de traços, costumes, disposições supostamente comuns às culturas ocidentais e a seus povos.
O.CI.DEN.TA.LIS.TA, *adj. 2 gên.*, relativo ao ocidentalismo; que preconiza o ocidentalismo; *s. 2 gên.*, aquele que preconiza o ocidentalismo.
O.CI.DEN.TA.LI.ZA.ÇÃO, *s.f.*, ato ou efeito de ocidentalizar(-se), adaptar-se à cultura ou aos costumes dominantes no Ocidente; aceitação de costumes e ideias do Ocidente por alguém do Oriente.
O.CI.DEN.TA.LI.ZA.DO, *adj.*, que se ocidentalizou; que adquiriu modos ou comportamentos típicos do Ocidente.
O.CI.DEN.TA.LI.ZAN.TE, *adj. 2 gên.*, que concorre ou contribui para um processo de ocidentalização.
O.CI.DEN.TA.LI.ZAR, *v.t.*, dar forma e jeito dos que habitam o Ocidente, impor o modo de vida do Ocidente.
O.CI.DEN.TE, *s.m.*, parte da Terra que se situa no lado oeste, no poente.
O.CÍ.DUO, *adj.*, relativo a, que habita ou se situa no Ocidente; ocidental; *fig.*, que se dirige para o fim.
Ó.CIO, *s.m.*, lazer, folga, estado de quem só repousa, repouso.
O.CI.O.SI.DA.DE, *s.f.*, lazer, folga, preguiça, inutilidade.
O.CI.O.SO, *adj.*, sem nada para fazer, folgado, desocupado.
O.CLO.CRA.CI.A, *s.f.*, governo em que o poder reside nas multidões ou na população; período em que a população governa.
O.CLO.CRÁ.TI.CO, *adj.*, relativo a oclocracia.
O.CLO.FI.LI.A, *s.f.*, Psiq., gosto por multidão.
O.CLO.FO.BI.A, *s.f.*, Psiq., aversão a multidão.
O.CLO.FÓ.BI.CO, *adj.*, Psiq. e *s.m.*, diz-se de, ou o indivíduo que sofre oclofobia; oclófobo.
O.CLU.Í.DO, *adj.*, p.us., que foi obliterado ou obstruído.
O.CLU.IR, *v.t.*, provocar a oclusão de.
O.CLU.SAL, *adj. 2 gên.*, Odont., diz-se da superfície dentária que toca a do outro maxilar, quando os maxilares se fecham.
O.CLU.SÃO, *s.f.*, fechamento, cerração, proibição de entrada.
O.CLU.SI.VA, *s.f.*, Fonét., de consoante oclusiva.
O.CLU.SI.VA.ÇÃO, *s.f.*, Fonét., transformação em oclusiva.
O.CLU.SI.VO, *adj.*, que fecha, que tranca, que cerra, privativo.

O.CLU.SO, *adj.*, em que há oclusão; que se encontra fechado; obstruído; ocluído.
O.CLU.SOR, *adj.*, que provoca oclusão; que fecha ou tampa uma abertura; *s.m.*, aquilo que fecha ou tampa uma abertura.
O.CO, *adj.*, vazio, sem miolo; *fig.*, volátil, insignificante, ignorante.
O.COR.RÊN.CIA, *s.f.*, fato, incidente, acontecimento; atendimento policial.
O.COR.REN.TE, *adj.*, que ocorre, lembrativo, que sucede.
O.COR.RER, *v.t. e int.*, lembrar, recordar, acorrer, acontecer, suceder.
O.COR.RI.DO, *adj.*, lembrado, recordado, acontecido.
O.CRA, *s.f.*, o mesmo que ocre; ver erva-de-passarinho.
O.CRE, *s.m.*, ocra, massa com óxido de ferro para pintar; essa cor.
OC.TA.É.DRI.CO, *adj.*, relativo a octaedro.
OC.TA.E.DRI.FOR.ME, *adj.*, que tem a aparência ou a forma de um octaedro.
OC.TA.E.DRO, *s.m.*, poliedro com oito faces.
OC.TÁ.GO.NO, *s.m.*, Geom., ver octógono.
OC.TA.NA, *s.f.*, octano.
OC.TA.NA.GEM, *s.f.*, medição qualitativa da gasolina, para ver-lhe a pureza exata.
OC.TAN.GU.LAR, *adj.*, octogonal.
OC.TA.NO, *s.m.*, hidrocarboneto inodoro e incolor encontrado no petróleo, agindo como solvente.
OC.TE.TO, *s.m.*, conjunto de oito músicos ou oito cantores para apresentações culturais.
OC.TI.LHÃO, *num.*, Mat., mil setilhões; 10 elevado a 27 (potência); octilião.
OC.TIN.GEN.TÉ.SI.MO, *num.*, ordinal e fracionário para oitocentos.
OC.TO.CAM.PE.ÃO, *adj. e s.m.*, em uma competição, campeão pela oitava vez em seguida.
OC.TO.CAM.PE.O.NA.TO, *s.m.*, campeonato ganho pela oitava vez.
OC.TO.GE.NÁ.RIO, *s.m.*, quem faz oitenta anos ou mais de oitenta até os noventa.
OC.TO.GÉ.SI.MO, *num.*, ordinal de 80.
OC.TO.GO.NAL, *adj.*, com oito ângulos.
OC.TÓ.GO.NO, *s.m.*, polígono com oito ângulos e oito faces.
OC.TO.NA.DO, *adj.*, que se acha dividido em grupos de oito.
OC.TOS.SÍ.LA.BO, *s.m.*, palavra ou verso com oito sílabas.
OC.TU.PLI.CA.DO, *adj.*, que foi multiplicado por oito.
OC.TU.PLI.CAR, *v.t. e int.*, multiplicar(-se) por oito; tornar(-se) oito vezes maior.
ÓC.TU.PLO, *num.*, multiplicativo de oito; oito vezes maior que outro número.
O.CU.LAR, *adj.*, próprio dos olhos, que viu, presenciou.
O.CU.LÍ.FE.RO, *adj.*, que tem olho, que possui olho.
O.CU.LI.FOR.ME, *adj.*, que tem forma de óculos.
O.CU.LIS.TA, *s. 2 gên.*, oftalmologista, fabricante e vendedor de óculos.
Ó.CU.LO, *s.m.*, instrumento com lente para ver melhor.
O.CU.LO.MO.TOR, *adj. e s.m.*, Anat., diz-se do, ou o nervo que faz movimentar o globo ocular.
Ó.CU.LOS, *s.m., pl.*, duas lentes colocadas numa armação, para corrigir defeitos visuais.
O.CU.LO.VI.SU.AL, *adj. 2 gên.*, relativo aos olhos e à visão.
O.CUL.TA.ÇÃO, *s.f.*, ato ou efeito de ocultar; ato de esconder.
O.CUL.TA.DO, *adj.*, escondido, oculto, dissimulado.

O.CUL.TA.DOR, *adj. e s.m.*, que ou o que oculta ou esconde alguma coisa.
O.CUL.TAN.TE, *adj.*, ocultador.
O.CUL.TAR, *v.t. e pron.*, esconder, colocar atrás de, não deixar ver, dissimular.
O.CUL.TAS, *s.f., pl., expr.*: às ocultas - às escondidas.
O.CUL.TÁ.VEL, *adj. 2 gên.*, que pode ser ocultado.
O.CUL.TIS.MO, *s.m.*, estudo de assuntos que se dizem ocultos, indecifráveis para as mentes humanas.
O.CUL.TIS.TA, *s. 2 gên.*, quem se dedica ao estudo do Ocultismo.
O.CUL.TO, *adj.*, escondido, misterioso, disfarçado, sobrenatural.
O.CU.PA.ÇÃO, *s.f.*, ação de ocupar; apropriação, domínio, trabalho, serviço.
O.CU.PA.CI.O.NAL, *adj.*, próprio de ocupação.
O.CU.PA.DO, *adj.*, usado, acomodado, obtido, assenhorado.
O.CU.PA.DOR, *adj. e s.m., p.us.*, aquele que ocupa; ocupante.
O.CU.PAN.TE, *adj.*, que ocupa, que se acomodou.
O.CU.PAR, *v.t. e pron.*, tomar o lugar de, dominar, apoderar-se, assenhorar-se, obter, conquistar, dar trabalho a, oferecer emprego.
O.CU.PÁ.VEL, *adj.*, que se pode ocupar; suscetível de ocupação.
O.DA.LIS.CA, *s.f.*, dançarina e mulher de sultão, escrava do harém.
O.DE, *s.f.*, poema de origem grega; poema para ser cantado; poema alegre, para celebrações.
O.DE.ÃO, *s.m.*, na Grécia e Roma antigas, pequeno anfiteatro coberto para apresentações como música, poesia, etc.; *p.us.*, salão que exibe espetáculos.
O.DE.OM, O.DÉ.ON, *s.m., p.us.*, ver odeão.
O.DI.A.DO, *adj.*, rejeitado, abominado.
O.DI.A.DOR, *adj. e s.m.*, que ou aquele que odeia.
O.DI.AR, *v.t. e pron.*, rejeitar, desamar, abominar, sentir repugnância por.
O.DI.Á.VEL, *adj. 2 gên.*, que desperta ódio.
O.DI.EN.TO, *adj.*, que ostenta ódio, odioso, rancoroso, raivoso.
Ó.DIO, *s.m.*, raiva profunda, aversão, nojo, repugnância, desamor.
O.DI.O.SI.DA.DE, *s.f.*, qualidade de odioso; aversão intensa.
O.DI.O.SO, *adj.*, repugnante, detestável, execrável, nojento.
O.DIS.SEI.A, *s.f.*, narrativa com grandes feitos heroicos; poema heroico.
O.DIS.SEI.CO, *adj.*, relativo ao ciclo das odisseias.
O.DIS.TA, *s. 2 gên.*, autor de ode.
O.DO.NA.TO, *s.m.*, Zool., ver libélula.
O.DO.NA.TOS, *s.m., pl.*, Zool., ordem de artrópodes, da classe dos insetos que incluem as libélulas.
O.DO.NES, *adj.*, relativo aos odones, povo antigo da Trácia; *s.m., pl.*, esse povo.
O.DON.TA.GO.GO, *s.m.*, Odont., instrumento para extrair dentes.
O.DON.TA.GRA, *s.f.*, dor de dentes, havendo inchação da face.
O.DON.TAL.GI.A, *s.f.*, dor nos dentes.
O.DON.TÁL.GI.CO, *adj.*, que se refere a odontalgia.
O.DON.TÉ.LIO, *s.m.*, Anat., nódulo pulpar.
O.DON.TÍ.A.SE, *s.f.*, dentição, nascimento dos dentes.
O.DON.TI.TE, *s.f.*, inflamação dos dentes.

ODONTO

O.DON.TO, s.f., Odont., forma reduzida de odontologia.
O.DON.TO.GE.NI.A, s.f., Odont., processo de formação dos dentes; odontose.
O.DON.TO.GRA.FI.A, s.f., Odont., estudo descritivo dos dentes.
O.DON.TO.GRÁ.FI.CO, adj., Odont., relativo a odontografia.
O.DON.TÓ.GRA.FO, s.m., instrumento que serve para traçar os dentes de uma roda.
O.DON.TOI.DE, adj., que tem a forma de dente.
O.DON.TO.Í.DEO, adj., o mesmo que odontoide.
O.DON.TO.LO.GI.A, s.f., sistema medicinal que cuida dos dentes.
O.DON.TO.LÓ.GI.CO, adj., Odont., relativo a, ou próprio da odontologia.
O.DON.TO.LO.GIS.TA, s. 2 gên., odontólogo, dentista, pessoa formada para cuidar dos dentes das pessoas.
O.DON.TÓ.LO.GO, s.m., Odont., o mesmo que odontologista.
O.DON.TO.ME.TRI.A, adj., relativo a odontometria.
O.DON.TO.MÉ.TRI.CO, adj., relativo a odontometria.
O.DON.TO.PA.TI.A, s.f., Med., designação genérica das doenças dos dentes.
O.DON.TO.PÁ.TI.CO, adj., relativo a odontopatia.
O.DON.TO.PE.DI.A, s.f., especialidade odontológica de tratamento dos dentes das crianças.
O.DON.TO.PE.DI.A.TRA, s. 2 gên., Odont., odontólogo especialista no tratamento de crianças.
O.DON.TO.PE.DI.A.TRI.A, s.f., Odont., parte da odontologia que estuda os dentes das crianças, a fim de tratá-los melhor.
O.DON.TO.PÉ.DI.CO, adj., relativo a odontopedia.
O.DON.TO.PE.DIS.TA, s. 2 gên., especialista em odontopedia.
O.DON.TO.SE, s.f., Odont., o mesmo que odontogenia, processo de afrouxamento da implantação dentária por meio da periodontoclasia.
O.DOR, s.m., cheiro, perfume, aroma, fragrância, buquê.
O.DO.RAN.TE, adj., que solta odor, perfumante.
O.DO.RAR, v.t. e int., p.us., espalhar ou comunicar certo odor a; odorizar; cheirar, exalar perfumes.
O.DO.RÍ.FE.RO, adj., que esparge odores, que derrama perfume, olente.
O.DO.RÍ.FI.CO, adj., o mesmo que odorante.
O.DO.RI.ZAN.TE, adj. 2 gên. e s.m., diz-se de, ou a substância que odoriza ou aromatiza.
O.DO.RI.ZAR, v.t., amenizar (cheiro de ambiente) com odor agradável; exalar perfumes; odorar.
O.DO.RO.SO, adj., o mesmo que odorante.
O.DRA.RI.A, s.f., loja de odreiro; oficina de odreiro.
O.DRE, s.m., saco de couro, bolsa de couro para levar líquidos.
O.ÉS-NOR.DES.TE, s.m., ponto no horizonte entre o nordeste e o oeste; abrev.: WNE ou ONE.
O.ÉS-NO.RO.ES.TE, s.m., ponto no horizonte entre as direções oeste e noroeste; abrev.: WNW.
O.ÉS-SU.DO.ES.TE, s.m., ponto no horizonte situado entre as direções oeste e sudoeste; abrev.: WSW.
O.ÉS-SU.ES.TE, s.m., vento ou ponto do horizonte entre o oeste e o sueste; abrev.: WSE ou OSE.
O.ES.TE, s.m., ponto cardeal contrário ao Leste; poente, Ocidente.
O.FE.GA.ÇÃO, s.f., ato ou efeito de ofegar, de arquejar.
O.FE.GÂN.CIA, s.f., respiração entrecortada, difícil e ruidosa.
O.FE.GAN.TE, adj., que respira com dificuldade; ávido, ansioso.
O.FE.GAR, v.t. e int., ter respiração difícil, arfar, respirar com ruído.
O.FE.GO, s.m., respiração difícil, exaustão.
O.FE.GO.SO, adj., ver ofegante.
O.FEN.DEN.TE, adj. 2 gên., que ofendeu; que causou dano físico ou moral; ofensivo.
O.FEN.DER, v.t. e pron., desrespeitar, maltratar, machucar, insultar, transgredir.
O.FEN.DI.DO, adj., insultado, machucado, lesado.
O.FEN.SA, s.f., injúria, lesão, machucadura, insulto, mágoa.
O.FEN.SI.VA, s.f., ataque, assalto.
O.FEN.SI.VI.DA.DE, s.f., qualidade de ofensivo, de agressivo; característica do que se dispõe à investida, ao ataque.
O.FEN.SI.VO, adj., lesivo, que ofende, que machuca.
O.FEN.SO, adj., que foi alvo de ofensa; ofendido.
O.FEN.SOR, s.m., quem ofende, que injuria.
O.FE.RE.CE.DOR, adj. e s.m., que(m) oferece, ofertador, dedicador, devotador.
O.FE.RE.CER, v.t. e pron., propor com determinado escopo, apresentar, ofertar, dedicar, devotar.
O.FE.RE.CI.DO, adj., ofertado, dadivoso, votado, apresentado.
O.FE.RE.CI.MEN.TO, s.m., oferta, dom, presente.
O.FE.REN.DA, s.f., oferecimento dom, oferta.
O.FE.REN.DAR, v.t., ofertar, oferecer, dedicar.
O.FER.TA, s.f., oferenda, oferecimento, dom, presente.
O.FER.TA.DO, adj., oferecido, dadivado, dedicado, oferendado.
O.FER.TAN.TE, adj., que oferece, oferente, que dedica.
O.FER.TAR, v.t. e pron., oferecer, apresentar como oferenda, dedicar.
O.FER.TÓ.RIO, s.m., quando na missa são oferecidos pão e vinho como símbolos do sacrifício.
OFFICE-BOY, s.m., ing., jovem adolescente, maior de dezesseis anos, que presta serviços em escritório, estafeta.
O.FI.CI.A.DOR, adj. e s.m., que(m) oficia, endereçador.
O.FI.CI.AL, adj., que vem de autoridade constituída, s.m., cargo superior na hierarquia militar; servidor administrativo da justiça, para fazer cumprir as ordens judiciais.
O.FI.CI.A.LA.TO, s.m., cargo ou dignidade de oficial.
O.FI.CI.A.LES.CO, adj., pop., que aparenta ser oficial; que supostamente emana da decisão de uma autoridade.
O.FI.CI.A.LI.DA.DE, s.f., qualidade de ser oficial, grupo de oficiais de uma força armada.
O.FI.CI.A.LIS.MO, s.m., Pej., o conjunto dos funcionários públicos; bras., os meios ou as rodas governamentais.
O.FI.CI.A.LIS.TA, adj. 2 gên., bras., pej., relativo a oficialismo; diz-se de funcionário público; s. 2 gên., pej., funcionário público.
O.FI.CI.A.LI.ZA.ÇÃO, s.f., ação de oficializar; tornar oficial.
O.FI.CI.A.LI.ZA.DO, adj., tornado oficial, colocado na oficialidade.
O.FI.CI.A.LI.ZA.DOR, adj., que oficializa; que torna alguma coisa oficial; s.m., aquele ou aquilo que oficializa algo.
O.FI.CI.A.LI.ZAR, v.t., tornar oficial, colocar dentro da lei.
O.FI.CI.AN.TE, adj. e s. 2 gên., que(m) oficia as funções religiosas em um templo, celebrante.
O.FI.CI.AR, v. int., celebrar ofício religioso; endereçar ofício, comunicar de modo oficial.
O.FI.CI.NA, s.f., local com instrumental para fazer consertos

OFICINA

OFICINEIRO · 594 · **OLEIFICANTE**

em carros e outros utensílios; curso técnico pedagógico para construção de técnicas de ensino-aprendizagem.

O.FI.CI.NEI.RO, s.m., profissional que trabalha em oficina.

O.FÍ.CIO, s.m., cargo, função, profissão, dever; correspondência oficial; com formato próprio, endereçada a autoridades constituídas.

O.FI.CI.O.SI.DA.DE, s.f., caráter ou atributo do que é oficioso.

O.FI.CI.O.SO, adj., que se supõe vindo de autoridade, oficial sem caráter declarado.

O.FI.DI.Á.RIO, s.m., serpentário, local em que se recolhem, criam e se mostram cobras, serpentes.

O.FI.DI.CO, adj., referente a cobras ou serpentes.

O.FI.DIO, s.m., o mesmo que serpente.

O.FÍ.DIOS, s.m., pl., ordem de animais que compreende todos os tipos de cobras.

O.FI.DIS.MO, s.m., conjunto de conhecimentos sobre ofídios, como vida e venenos das serpentes.

O.FI.O.FA.GI.A, s.f., o hábito ou a prática de comer carne de serpente.

O.FI.O.GRA.FI.A, s.f., descrição e estudo de cobras.

O.FI.Ó.LA.TRA, s. 2 gên., adorador de cobras; pessoa que adora as cobras como deusas.

O.FI.O.LA.TRI.A, s.f., adoração de serpentes.

O.FI.O.LO.GI.A, s.f., na Zoologia, o segmento que estuda os ofídios.

O.FI.O.LO.GIS.TA, s. 2 gên., indivíduo especializado em ofídios.

O.FI.O.MÓR.FI.CO, adj., o mesmo que ofiomorfo; diz-se das letras formadas de traços que representam cobras.

O.FI.O.MOR.FO, adj., que tem forma de cobra; ofioide; s.m., Zool., gênero de répteis sáurios da região mediterrânea.

OF.SE.TE, s.m., processo litográfico para imprimir papéis, cartazes.

OF.TAL.GI.A, s.f., Oft., ver oftalmalgia.

OF.TAL.MAL.GIA, s.f., oftalgia, dor nos olhos.

OF.TAL.MI.A, s.f., designação genérica de doenças dos olhos.

OF.TÁL.MI.CO, adj., que se refere a oftalmia.

OF.TAL.MO.LO.GI.A, s.f., parte da Medicina que estuda os olhos e suas enfermidades.

OF.TAL.MO.LÓ.GI.CO, adj., próprio da Oftalmologia.

OF.TAL.MO.LO.GIS.TA, s. 2 gên., médico especializado em Oftalmologia.

OF.TAL.MO.TOR.RI.NO.LA.RIN.GO.LO.GIS.TA, s. 2 gên., médico especializado em doenças dos olhos, do nariz, do ouvido e garganta.

O.FUS.CA.ÇÃO, s.f., ação ou efeito de ofuscar, deslumbramento, cegueira momentânea.

O.FUS.CA.DO, adj., que se ofuscou, turvo, embaciado; suplantado, rebaixado; deslumbrado; encoberto.

O.FUS.CA.DOR, adj. e s.m., que, aquele ou aquilo que ofusca.

O.FUS.CAR, v.t., int. e pron., obscurecer, encobrir, turvar, tornar opaco, diminuir o brilho.

O.FUS.CÁ.VEL, adj., que se pode ofuscar, suscetível de ofuscamento.

O.FU.RÔ, s.m., banheira arredondada, típica do Japão, feita de cedro, para banhos com a água em temperatura constante.

O.GI.VA, s.f., figura geométrica terminada por dois arcos superiores; bomba explosiva remetida por foguete; ogivas nucleares.

O.GI.VAL, adj., que se refere a ogiva, que apresenta forma de ogiva.

O.GRO, s.m., conforme as lendas, era um gigante de aparência assustadora, que se alimentava de carne humana.

O.GUM, s.m., orixá, filho de iemanjá; deus da guerra.

OH!, interj., indicação de alegria, espanto.

OHM, s.m., medida para a resistência elétrica.

OI!, interj., saudação.

OI.TAN.TE, s.m., oitava parte do círculo; arco de 45 graus; distância de 45 graus entre o Sol e outro astro; instrumento náutico para medir alturas e distâncias.

OI.TÃO, s.m., toda parede de construção, se construída na linha limítrofe do terreno.

OI.TA.VA, s.f., cada parte na divisão de um todo por oito; estrofe com oito versos; separação de duas notas por oito graus.

OI.TA.VA.DO, adj., que apresenta oito faces.

OI.TA.VAR, v.t. e int., transformar em oitavado, executar uma música em oitavas.

OI.TA.VA-RI.MA, s.f., Poét., estrofe de oito versos decassílabos, com rima alternada nos seis primeiros versos e paralela nos dois últimos.

OI.TA.VÁ.RIO, s.m., festa ou solenidade que dura oito dias; oitava.

OI.TA.VO, num., fracional e ordinal para oito.

OI.TEN.TA, num., cardinal de 80.

OI.TI, s.m., árvore que produz um fruto de cor amarela, comestível.

OI.TI.CI.CA, s.f., planta brasileira de cujas sementes se obtém um óleo.

OI.TI.VA, s.f., audiência judicial para ouvir a declaração de alguém envolvido em um processo; expr., de oitiva - por ter ouvido dizer.

OI.TO, num., número cardinal 8.

OI.TO.CEN.TOS, num., cardinal correspondente a 800.

O.JE.RI.ZA, s.f., asco, nojo, aversão, antipatia, ódio.

O.LA, s.f., cena das plateias dos jogos esportivos, quando todos os torcedores se levantam e agitam os braços como se fossem fazer uma onda.

O.LÁ!, interj., exprime saudação, cumprimento.

O.LA.RI.A, s.f., cerâmica, fábrica de tijolos, telhas e similares.

O.LÉ!, interj., grito com que a torcida festeja a vitória do toureiro; fig., muitos lances entre os jogadores de um time, para que os adversários não peguem a bola; grito da torcida para esses passes.

Ó.LEA, s.f., Bot., denominação geral das plantas do gên. Olea, da fam. das oleáceas, que incluem as oliveiras.

O.LE.A.DO, s.m., que possui óleo, pano coberto com óleo; pano impermeabilizado.

O.LE.A.GI.NO.SO, adj., em que há óleo.

O.LE.AR, v.t., passar óleo, untar, embeber em óleo, cobrir de óleo.

O.LE.A.RI.A, s.f., fábrica, indústria para a produção de óleos.

O.LEI.CO, adj., Quím., diz-se de ácido graxo, insaturado, como o azeite de oliva e o óleo de espermacete; s.m., esse ácido.

O.LEI.CUL.TOR, adj., diz-se de pessoa que se dedica à oleicultura; olivicultor; s.m., essa pessoa.

O.LEI.CUL.TU.RA, s.f., todo processo de fabricação, armazenamento e comércio de azeites.

O.LE.Í.FE.RO, adj., que produz óleo.

O.LEI.FI.CAN.TE, adj., que produz óleo.

OLEÍGENO ·· 595 ·· OLMO

OLE.Í.GE.NO, *adj.*, que faz um líquido parecido com o óleo.
O.LE.Í.NA, *s.f.*, Quím., substância incolor e sem sabor que constitui um dos princípios imediatos dos óleos gordos e que produz pela saponificação o ácido oleico, a glicerina, etc.
O.LEI.RO, *s.m.*, trabalhador de olaria, quem faz objetos com barro mole.
O.LEN.TE, *adj.*, odorífero, perfumoso, aromático.
Ó.LEO, *s.m.*, líquido viscoso para fins industriais ou comestíveis.
O.LE.O.DU.TO, *s.m.*, construção de tubos para transportar óleo, petróleo, gasolina.
O.LE.O.GRA.FI.A, *s.f.*, tela a óleo regravada em outra tela.
O.LE.O.GRÁ.FI.CO, *adj.*, Art. Plást., relativo a oleografia.
O.LE.O.GRA.VU.RA, *s.f.*, reprodução de uma tela a óleo.
O.LE.Ô.ME.TRO, *s.m.*, aparelho para verificar a densidade do óleo.
O.LE.O.SI.DA.DE, *s.f.*, quantidade de gordura ou óleo em um ingrediente.
O.LE.O.SO, *adj.*, cheio de óleo, gorduroso.
OL.FA.ÇÃO, *s.f.*, exercício do olfato, treinamento da faculdade de perceber odores.
OL.FA.TE.AR, *v.t.*, cheirar.
OL.FA.TI.VO, *adj.*, referente ao olfato.
OL.FA.TO, *s.m.*, sentido que faculta perceber os cheiros.
OL.FA.TO.ME.TRI.A, *s.f.*, técnica de medição da sensibilidade do olfato.
OL.FA.TÓ.RIO, *adj.*, do olfato ou referente a ele.
O.LHA.DA, *s.f.*, ação de olhar, vista, espiada, olhadela, observada.
O.LHA.DE.LA, *s.f.*, olhada rápida, espiada.
O.LHA.DO, *adj.*, visto, examinado, percebido; *s.m.*, mau-olhado; feitiço, quebranto, azar atribuído pela crendice tola à força de um olhar cheio de maldades.
O.LHA.DOR, *adj. e s.m.*, que(m) olha, observador, apreciador.
O.LHA.DU.RA, *s.f.*, ação ou maneira de olhar; conjunto dos furos do queijo.
O.LHAL, *s.m.*, vão de um arco ou abertura de um arco.
O.LHAN.TE, *adj.*, que repara em tudo, que nada lhe escapa.
O.LHAR, *v.t. e pron.*, pôr os olhos em; mirar, fixar, examinar, observar.
O.LHEI.RAS, *s.f., pl.*, manchas circulares junto às pálpebras inferiores.
O.LHEI.RO, *s.m.*, espião, quem procura ver o que fazem os outros; ninho de formiga ou abertura do ninho.
O.LHO, *s.m.*, órgão da visão, vista; atenção; toda abertura oval, buraco; *expr.*, a olho nu - sem o auxílio de algum aparelho, a olhos vistos - rapidamente, com muito desenvolvimento.
O.LHO-D'Á.GUA, *s.m.*, fonte, nascente, riacho.
O.LHO DE BOI, *s.m.*, claraboia arredondada, no alto do sótão; primeiro selo postal brasileiro em 1843, com grande valor comercial.
OLHO DE CABRA, *s.m., bras.*, selo postal emitido em 1845, menor que o olho de boi.
OLHO DE GA.TO, *s.m.*, placa refletora da luz ao longo de rodovias, para mostrar as linhas paralelas ou centrais do leito da estrada.
OLHO DE PERDIZ, *s.m.*, pequeno calo nos dedos dos pés, tilose; espécie de madeira de construção.
O.LHO DE VI.DRO, *s.m.*, olho artificial, olho de plástico.
O.LHÔ.ME.TRO, *s.m., bras.*, Joc. o olho, considerado como instrumento de medida ou de avaliação.
O.LHU.DO, *adj.*, que tem olhos muito grandes.
O.LI.GAR.CA, *s. 2 gên.*, aquele que faz parte de uma oligarquia.
O.LI.GAR.QUI.A, *s.f.*, governo dominado por um grupo político.
O.LI.GÁR.QUI.CO, *adj.*, que se refere a oligarquia.
O.LI.GAR.QUI.ZA.DO, *adj.*, que se oligarquizou.
O.LI.GAR.QUI.ZAN.TE, *adj. 2 gên.*, que oligarquiza, que é capaz de oligarquizar.
O.LI.GAR.QUI.ZAR, *v.t.*, dar caráter de oligarquia a.
O.LI.GO.CE.NO, *adj.*, Geol., que se refere à época terciária, que ocorreu entre 35 e 23 milhões de anos, situada acima do Eoceno e abaixo do Mioceno; *s.m.*, essa época.
O.LI.GO.CRA.CI.A, *s.f.*, oligarquia.
O.LI.GO.CRÁ.TI.CO, *adj.*, que se refere a oligocracia.
O.LI.GO.CRO.NÔ.ME.TRO, *s.m.*, cronômetro que registra pequenas frações de tempo.
O.LI.GO.E.LE.MEN.TO, *s.m.*, Biol., qualquer um dos elementos químicos que existem em baixas concentrações nos organismos vivos e são indispensáveis para a manutenção da saúde.
O.LI.GO.E.MI.A, *s.f.*, Pat., redução anormal do volume de sangue no organismo; hipovolemia.
O.LI.GO.FRE.NI.A, *s.f.*, doença que se caracteriza por um retardamento mental.
O.LI.GO.FRÊ.NI.CO, *adj.*, retardado mentalmente, idiota, imbecil, mentecapto.
O.LI.GO.PÓ.LIO, *s.m.*, situação econômica dominada por um pequeno grupo na distribuição e produção de certos produtos.
O.LI.GO.PO.LIS.TA, *adj. 2 gên.*, relativo a oligopólio; oligopólico; *s. 2 gên.*, aquele que é adepto do, ou pratica o oligopólio.
O.LI.GO.PO.LÍS.TI.CO, *adj.*, relativo a oligopolista ou a oligopólio.
O.LI.GO.TRI.QUI.A, *s.f.*, Med., escassez de pelos.
O.LI.GO.TRO.FI.A, *s.f.*, diminuição da alimentação.
O.LI.GU.RE.SI.A, *s.f.*, Med., secreção pouco abundante da urina.
O.LI.GU.RI.A, *s.f.*, oligúria.
O.LI.GÚ.RIA, *s.f.*, Med., diminuição da quantidade de urina excretada.
O.LIM.PÍ.A.DA, *s.f.*, olimpíadas, jogos originários da Grécia, realizados a cada quatro anos; jogos mundiais que englobam todas as práticas esportivas.
O.LÍM.PI.CO, *adj.*, próprio do Olimpo, moradia dos deuses gregos; majestoso.
O.LIM.PO, *s.m.*, de acordo com a mitologia grega, era a morada dos deuses, paraíso.
O.LI.VA, *s.f.*, azeitona, fruto da planta chamada oliveira.
O.LI.VÁ.CEO, *adj.*, que tem a cor da azeitona.
O.LI.VAL, *s.f.*, olivedo, um grupo de oliveiras.
O.LI.VE.DO, *s.m.*, olival, bosque de oliveiras.
O.LI.VEI.RA, *s.f.*, planta da família das oleáceas, que produz a azeitona.
O.LI.VEI.RAL, *s.m.*, o mesmo que olival.
O.LÍ.VEO, *adj.*, Poét., relativo a oliveira.
O.LI.VI.CUL.TOR, *s.m.*, quem cultiva oliveiras, plantador de oliveiras.
O.LI.VI.CUL.TU.RA, *s.f.*, plantação de oliveiras.
OL.MO, *s.m.*, árvore da família das olmáceas.

O.LOR, *s.m.*, perfume, aroma, fragrância.
O.LO.RO.SO, *adj.*, perfumoso, aromático, fragrante.
OL.VI.DAR, *v.t. e pron.*, esquecer, tirar da memória, não mais recordar.
OL.VI.DO, *s.m.*, esquecimento, desmemória.
O.MA.NI, *s. 2 gên.*, pessoa nascida ou que vive em Omã; *adj. 2 gên.*, de Omã (península Árabe); típico desse país ou de seu povo.
OM.BRE.AR, *v.t. e pron.*, colocar no ombro; colocar-se na mesma posição, ficar ombro a ombro.
OM.BREI.RA, *s.f.*, peça que se coloca em casacos sobre o ombro, para realce.
OM.BRO, *s.m.*, parte do corpo humano que une o tronco ao lado do pescoço; espádua.
OM.BUDS.MAN, *s.m.*, profissional de empresas e repartições públicas que ouve as reclamações contra as ações da entidade, para obter atendimento otimizado.
OMC - sigla de Organização Mundial do Comércio.
Ô.ME.GA, *s.m.*, última letra do á-bê-cê grego; *fig.*, o fim, o final, término.
O.ME.LE.TE, *s.f.*, ovos batidos e temperados, fritos.
O.MEN.TO, *s.m.*, Anat., dobra peritoneal entre duas vísceras; redenho; zirbo.
Ô.MI.CRON, *s.m.*, letra do á-bê-cê grego, correspondente ao nosso O.
O.MI.NAR, *v.t.*, prognosticar por meio de presságios, de vaticínios; prenunciar; trazer azar a; agourar.
O.MI.NO.SO, *adj.*, azarento, agourento, detestável.
O.MIS.SÃO, *s.f.*, falha, falta, descumprimento de.
O.MIS.SO, *adj.*, negligente, irresponsável.
O.MIS.SOR, *adj.*, o mesmo que omissório.
O.MIS.SÓ.RIO, *adj.*, que determina ou envolve omissão.
O.MI.TI.DO, *adj.*, largado, esquecido, negligenciado.
O.MI.TIR, *v.t.*, deixar de fazer, largar, deixar fora, esquecer, negligenciar.
O.MO.FA.GI.A, *s.f.*, qualidade ou característica de omófago.
O.MÓ.FA.GO, *adj. e s.m.*, diz-se de, ou aquele que come carne crua; p.ext., que ou aquele que come alimentos crus.
O.MO.PLA.TA, *s.f.*, osso grande na parte posterior do ombro.
O.NA.GRO, *s.m.*, mulo selvagem; *fig.*, tolo, estúpido.
O.NA.NIS.MO, *s.m.*, masturbação manual do sexo masculino.
O.NA.NIS.TA, *adj. 2 gên. e s. 2 gên.*, que ou aquele que pratica o onanismo.
O.NA.NÍS.TI.CO, *adj.*, relativo a onanista ou a onanismo.
O.NA.NI.ZAR, *v.t. e pron.*, praticar o onanismo; o mesmo que masturbar(-se).
ON.ÇA, *s.f.*, diversos felídeos brasileiros; medida de peso inglesa com 28,34g; *fig.*, pessoa feroz, pessoa feia, tipo raivoso.
ON.CEI.RO, *s.m., bras.*, cão treinado para caçar onças.
ON.CO.LO.GI.A, *s.f.*, segmento da Medicina que se ocupa com tumores; cancerologia.
ON.CO.ME.TRI.A, *s.f.*, Med., *ant.*, medida do volume de órgãos realizada com o oncômetro.
ON.CO.MÉ.TRI.CO, *adj.*, Med., *ant.*, relativo a ou inerente à oncometria.
ON.DA, *s.f.*, massa de água que se eleva por sobre o nível normal; ciclo elétrico que transmite sons radiofônicos; *fig.*, grande agitação, momentos econômicos.
ON.DE, *adv.*, em que lugar.
ON.DE.A.DO, *adj.*, ondulado, com ondas, cacheado.

ON.DE.A.MEN.TO, *s.m.*, ato ou efeito de ondear(-se); ondulação; serpeio.
ON.DE.AN.TE, *adj.*, ondulante, que tem forma de onda.
ON.DE.AR, *v. int.*, provocar ondas, deslocar-se em forma de ondas, ondular.
ON.DE.JAN.TE, *adj.*, ondulante, marulhante.
ON.DE.JAR, *v.t., int. e pron.*, ondular, marulhar, ir e vir das ondas.
ON.DÔ.ME.TRO, *s.m.*, aparelho usado em radiotécnica para medir o comprimento das ondas de rádio.
ON.DU.LA.ÇÃO, *s.f.*, o movimento das ondas, o vaivém das ondas.
ON.DU.LA.DO, *adj.*, ondeado, ondulante, ondejante.
ON.DU.LAN.TE, *adj. 2 gên.*, que ondeia, ondeante; onduloso.
ON.DU.LAR, *v. int.*, ondear, provocar ondas, fazer ondas em.
ON.DU.LA.TÓ.RIO, *adj.*, que ondula, que é feito de modo sinuoso; ondeante; ondulante; Fís., que se propaga em ondas; relativo a ondas ou a ondulação.
ON.DU.LO.SO, *adj.*, que tem muitas ondas, que é cheio de ondas.
O.NE.RA.ÇÃO, *s.f.*, ação ou processo de onerar, de impor ônus ou obrigação a alguém ou algo; opressão; sobrecarregamento.
O.NE.RA.DO, *adj.*, sobrecarregado, dificultado, sobretaxado.
O.NE.RAR, *v.t. e pron.*, sobrecarregar, impor peso, dificultar, sobretaxar.
O.NE.RÁ.RIO, *adj.*, que serve para transporte de carga; que pode carregar pesos.
O.NE.RO.SI.DA.DE, *s.f.*, encargo, sobrepeso, dificuldade.
O.NE.RO.SO, *adj.*, pesado, dificultado.
ON.FA.LI.TE, *s.f.*, inflamação do umbigo.
ON.FA.LÍ.TI.CO, *adj.*, relativo a onfalite.
ON.FA.LO.TO.MI.A, *s.f.*, corte do cordão umbilical.
ONG, *s.f.*, sigla para Organização Não Governamental.
Ô.NI.BUS, *s.m.*, veículo preparado para o transporte de passageiros.
O.NI.CO.FA.GI.A, *s.f.*, vezo de roer as unhas, mau costume de roer as unhas.
O.NI.FOR.ME, *adj.*, que pode ter todas as formas.
O.NÍ.MO.DO, *adj.*, de qualquer modo, de todos os modos possíveis.
O.NI.PA.REN.TE, *adj.*, Poét., que produziu tudo; que de tudo é criador.
O.NÍ.PA.RO, *adj.*, o mesmo que oniparente.
O.NI.PO.TÊN.CIA, *s.f.*, poder absoluto, poder total, domínio completo.
O.NI.PO.TEN.TE, *adj.*, todo-poderoso, que dispõe de todo o poder.
O.NI.PRE.SEN.ÇA, *s.f.*, que está em toda parte.
O.NI.PRE.SEN.TE, *adj.*, presente em toda parte.
O.NÍ.RI.CO, *adj.*, próprio de sonhos.
O.NI.RIS.MO, *s.m.*, estado da psique, que se faz pela absorção em sonhos ou fantasias, ainda que a pessoa esteja acordada; ocorre também em situação de alcoolismo.
O.NI.RO.LO.GI.A, *s.f.*, Psiq., estudo dos sonhos; conjunto de conhecimentos relacionados ao sonho.
O.NI.RO.LÓ.GI.CO, *adj.*, Psiq., relativo ou inerente à onirologia.
O.NI.RÓ.LO.GO, *s.m.*, Psiq., especialista em onirologia.
O.NIS.CI.ÊN.CIA, *s.f.*, ciência universal e absoluta; o conhecimento total; sabedoria de Deus.

O.NIS.CI.EN.TE, *adj.*, que sabe tudo, conhecedor de tudo.
O.NI.VI.DEN.TE, *adj. 2 gên.*, que tem a capacidade de ver tudo.
O.NÍ.VO.MO, *adj.*, que vomita tudo o que ingere.
O.NÍ.VO.RO, *adj.*, que devora todo tipo de comida, que come de tudo.
Ô.NIX, *s.m.*, tipo de pedra semipreciosa, da espécie das ágatas.
ON-LINE, *adj.*, ing., usado no sistema bancário, para transmissão imediata de serviços.
O.NO.MÁS.TI.CA, *s.f.*, os nomes e apelidos usados.
O.NO.MÁS.TI.CO, *adj.*, próprio do nome; *s.m.*, dia em que a pessoa festeja o santo do seu nome.
O.NO.MÁ.TI.CO, *adj.*, que se refere a nome.
O.NO.MA.TO.MAN.CI.A, *s.f.*, pretensa adivinhação da vida do indivíduo pelo nome dele.
O.NO.MA.TO.PEI.A, *s.f.*, figura que retrata o termo produzido em virtude do som ao ser pronunciado, como ruídos, vozes de animais.
O.NO.MA.TO.PEI.CO, *adj.*, que se refere a onomatopeia.
ON.TEM, *adv.*, o dia anterior, o dia antes de hoje.
ON.TO.GÊ.NE.SE, *s.f.*, todas as transformações que o ser sofre, do nascimento até a redenção final.
ON.TO.GE.NÉ.TI.CO, *adj.*, que se refere a ontogênese.
ON.TO.GE.NI.A, *s.f.*, acompanhamento de todas as fases da vida de um ser humano.
ON.TO.GÊ.NI.CO, *adj.*, que se refere a ontogenia.
ON.TO.GO.NI.A, *s.f.*, história que retrata a produção dos seres sociais na Terra.
ON.TO.GÔ.NI.CO, *adj.*, que se refere a ontogonia.
ON.TO.LO.GI.A, *s.f.*, ciência que enfoca o ser, independentemente de suas ideias e expressões.
ON.TO.LÓ.GI.CO, *adj.*, que se refere a Ontologia.
ON.TO.LO.GIS.MO, *s.m.*, Fil., doutrina oitocentista dos adeptos da Ontologia, de crítica à subjetividade da filosofia moderna a partir do cartesianismo.
ON.TO.LO.GIS.TA, *s. 2 gên.*, especialista em Ontologia.
ONU - sigla de Organização das Nações Unidas.
Ô.NUS, *s.m.*, carga, peso, encargo, responsabilidade.
ON.ZE, *num.*, o número cardinal 11, algarismo 11.
ON.ZE.NÁ.RIO, *adj.* e *s.m.*, avaro, avarento, tipo "mão de vaca".
ON.ZE.NO, *num.*, undécimo.
O.O.BLAS.TE.MA, *s.m.*, Biol., ovo fecundado.
O.O.BLÁS.TI.CO, *adj.*, pertencente ou relativo ao ooblasto.
O.O.BLAS.TO, *s.m.*, Embriol., célula em que se desenvolve o óvulo.
O.O.LO.GI.A, *s.f.*, demonstração do ovo quanto à sua geração.
O.OS.FE.RA, *s.f.*, gameta feminino dos vegetais.
O.OS.PÓ.RIO, *s.m.*, Bot., espório protegido por parede densa e resultante da conjugação sexual heterogâmica.
O.ÓS.PO.RO, *s.m.* Bot., oosfera fecundada.
O.PA!, *interj.*, oba!, saudação; *s.m. reg. pop.*, avô nas famílias alemãs.
O.PA.CI.DA.DE, *s.f.*, obscuridade, intransparência, escurecido.
O.PA.CO, *adj.*, obscuro, intransparente, que não deixa a luz atravessar; cerrado.
O.PA.LA, *s.f.*, pedra semipreciosa de cor azulada; tecido de algodão.
O.PA.LES.CÊN.CIA, *s.f.*, brilho esbranquiçado, luminosidade opalina.
O.PA.LES.CEN.TE, *adj.*, que tem cor como a opala; opalino.
O.PA.LI.NA, *s.f.*, vidro fosco, mas translúcido, para confeccionar certos objetos.
O.PA.LI.NO, *adj.*, opalescente.
O.PA.LI.ZA.DO, *adj.*, convertido em opala; que tem forma, cor, tons de opala.
O.PA.LI.ZAR, *v.t.*, dar cor ou tom de opala a.
O.PAR, *v.t., int.* e *pron.*, tornar-se opaco, escurecer.
OP.ÇÃO, *s.f.*, escolha, oportunidade, arbítrio.
OP.CI.O.NAL, *adj.*, de acordo com o querer, facultativo, volitivo.
Ó.PE.RA, *s.f.*, teatro no qual os artistas cantam, acompanhados por música orquestrada.
Ó.PE.RA-BU.FA, *s.f.*, ópera cômica, farsa, ópera para corrigir os costumes errados.
O.PE.RA.ÇÃO, *s.f.*, ação, intervenção cirúrgica; manobra militar.
O.PE.RA.CI.O.NAL, *adj.*, que funciona, ativo, preparado.
O.PE.RA.CI.O.NA.LIS.TA, *adj. 2 gên.*, que tem como finalidade alcançar um determinado resultado; *s. 2 gên.*, indivíduo operacionalista.
O.PE.RA.CI.O.NA.LI.ZA.ÇÃO, *s.f.*, ato ou efeito de operacionalizar.
O.PE.RA.CI.O.NA.LI.ZA.DO, *adj.*, que se tornou operacional.
O.PE.RA.CI.O.NA.LI.ZAR, *v.t.*, colocar em operação, fazer funcionar.
O.PE.RA.CI.O.NA.LI.ZÁ.VEL, *adj. 2 gên.*, que se pode operacionalizar.
O.PE.RA.CI.O.NIS.MO, *s.m.*, escola de psicologia, também denominada fisicalismo.
Ó.PE.RA-CÔ.MI.CA, *s.f.*, Mús., Teat., ópera de caráter cômico, em que se alternam as partes cantadas e faladas.
O.PE.RA.DO, *adj.*, pronto, que sofreu uma intervenção cirúrgica.
O.PE.RA.DOR, *s.m.*, quem opera, cirurgião.
O.PE.RA.DO.RA, *s.f.*, empresa credenciada para explorar certos serviços.
O.PE.RAN.TE, *adj. 2 gên.*, que opera; que realiza algo; operativo; operoso; que produz algum efeito.
O.PE.RAR, *v.t.* e *int.*, fazer, executar, intervir cirurgicamente em, cortar, agilizar.
O.PE.RA.RI.A.DO, *s.m.*, conjunto de operários.
O.PE.RÁ.RIO, *s.m.*, trabalhador, obreiro; *adj.*, que se refere ao trabalho.
O.PE.RA.TI.DA.DE, *s.f.*, caráter ou condição de operativo.
O.PE.RA.TI.VO, *adj.*, que trabalha, interveniente, que agiliza.
O.PE.RA.TÓ.RIO, *adj.*, que opera, trabalhador, operador.
O.PE.RÁ.VEL, *adj. 2 gên.*, que pode ser operado.
O.PER.CU.LA.DO, *adj.*, que está fechado por opérculo, que possui opérculos.
O.PER.CU.LAR, *adj.*, que possui opérculos.
O.PER.CU.LI.FOR.ME, *adj. 2 gên.*, em forma de opérculo.
O.PER.CU.LI.TE, *s.f.*, Odont., inflamação ao redor da coroa de um molar durante a sua erupção.
O.PÉR.CU.LO, *s.m.*, tampa do turíbulo, toda peça para tampar algum orifício ou buraco.
O.PE.RE.TA, *s.f.*, pequena ópera; ópera com música leve e farsante.
O.PE.RO.SI.DA.DE, *s.f.*, qualidade do que é operoso.
O.PE.RO.SO, *adj.*, produtivo, trabalhoso, difícil.

OPIÁCEO

O.PI.Á.CEO, *adj.*, relativo a, ou próprio do ópio; que contém ópio; *s.m.*, produto que contém ópio.
O.PI.A.DO, *adj.*, que contém ópio, preparado com ópio.
O.PI.AR, *v.t.*, mistura com ópio, preparar algo com ópio.
O.PI.LA.ÇÃO, *s.f.*, obstrução de algum conduto orgânico, infecção produzida por parasita, ancilostomíase, amarelão.
O.PI.LA.DO, *adj.*, adoecido, doente por opilação.
O.PI.LAR, *v.t.*, causar opilação, adoecer por opilação.
O.PI.MO, *adj.*, fértil, abundante, copioso.
O.PI.NAN.TE, *adj.*, que opina, que dá opinião.
O.PI.NAR, *v.t. e int.*, dar opinião, dar um parecer, julgar, manifestar-se.
O.PI.NA.TI.VO, *adj.*, que dá opinião, discutível, irreal.
O.PI.NÁ.VEL, *adj.*, que pode ter opinião.
O.PI.NI.ÃO, *s.f.*, pensamento próprio, parecer, ideia, teimosia, pensamento próprio sem base.
O.PI.NI.Á.TI.CO, *adj.*, aferrado em suas opiniões, muito teimoso.
O.PI.NI.O.SO, *adj.*, que é inflexível em suas opiniões; presunçoso, vaidoso.
Ó.PIO, *s.m.*, droga extraída da papoula, droga, tóxico.
O.PI.O.MA.NI.A, *s.f.*, vício de consumo de ópio.
O.PI.O.MA.NÍ.A.CO, *adj.*, que é viciado em consumir ópio.
O.PI.Ô.MA.NO, *adj. e s.m.*, Psiq., o mesmo que opiomaníaco.
O.PÍ.PA.RO, *adj.*, suntuoso, luxuoso, abundante, lauto.
O.PIS.TO.CE.LO, *adj.*, Anat., diz-se de vértebra que apresenta a face posterior côncava.
O.PO.NEN.TE, *adj. e s. 2 gên.*, contrário, rival, combatente.
O.POR, *v.t. e pron.*, ser contra, ir contra, objetar, enfrentar, contrariar.
O.POR.TU.NI.DA.DE, *s.f.*, momento, ocasião, azo, chance.
O.POR.TU.NIS.MO, *s.m.*, uso do momento para obter vantagens, aproveitar-se da fraquéza dos outros; *fig.*, vigarice.
O.POR.TU.NIS.TA, *s. 2 gên.*, que se aproveita das oportunidades; *fig.*, safado.
O.POR.TU.NÍS.TI.CO, *adj.*, relativo a oportunismo ou a oportunista; Imun., o mesmo que oportunista.
O.POR.TU.NI.ZAR, *v.t.*, fazer oportuno, permitir que ocorra.
O.POR.TU.NO, *adj.*, certo, exato, favorável, propício.
O.POR.TU.NO.SO, *adj., gír.*, que é oportuno, apropriado, adequado.
O.PO.SI.ÇÃO, *s.f.*, obstáculo, dificuldade, empecilho, grupo contrário.
O.PO.SI.CI.O.NIS.MO, *s.m.*, tendência a ser oposição a tudo.
O.PO.SI.CI.O.NIS.TA, *s. 2 gên.*, quem faz oposição a.
O.PO.SI.TIS.SÉ.PA.LO, *adj.*, Bot., que apresenta sépalas opostas.
O.PO.SI.TI.VO, *adj.*, relativo a, ou próprio de oposição; Bot., diz-se de órgão de planta que fica em frente a outro.
O.PO.SI.TOR, *adj.*, que se opõe, oponente; *s.m.*, que almeja o mesmo cargo ou meta, concorrente.
O.POS.TO, *adj.*, contrário.
O.PRES.SÃO, *s.f.*, tirania, coação, ação contra, imposição.
O.PRES.SI.VO, *adj.*, que oprime, que coage, sufocador.
O.PRES.SO, *adj.*, oprimido, sufocado.
O.PRES.SOR, *s.m. e adj.*, quem oprime, tirano, coator.
O.PRI.MEN.TE, *adj. 2 gên.*, que oprime, o mesmo que opressivo.
O.PRI.MI.DO, *adj.*, que sofreu ou sofre opressão; *s.m.*, vítima de opressão.
O.PRI.MIR, *v.t. e int.*, tiranizar, sufocar, coagir, pressionar,

molestar.
O.PRÓ.BRIO, *s.m.*, infâmia, execração, desonra, humilhação.
O.PSI.GA.MI.A, *s.f.*, casamento em idade avançada.
O.PSÍ.GA.MO, *adj.*, que se casa em idade avançada; *s.m.*, indivíduo opsígamo.
OP.TAR, *v.t. e int.*, escolher, decidir entre, fazer uma escolha.
OP.TA.TI.VO, *adj.*, facultativo, de acordo com a vontade.
ÓP.TI.CA, *s.f.*, parte da Física que se dedica aos fenômenos da luz e da visão; loja que negocia com óculos.
ÓP.TI.CO, *adj.*, próprio da óptica, que se refere a olhos e lentes.
OP.TÔ.ME.TRO, *s.m.*, instrumento que leva à avaliação do grau de astigmatismo dos olhos.
O.PUG.NAR, *v.t.*, atacar, ir contra, lutar contra, combater.
O.PU.LÊN.CIA, *s.f.*, muita riqueza, luxo.
O.PU.LEN.TAR, *v.t. e pron.*, enriquecer, trazer luxo, abastar.
O.PU.LEN.TO, *adj.*, abastado, muito rico, copioso, nababesco, luxuoso.
OPUS, *s.m.*, índice cronológico das publicações de um compositor musical.
O.PÚS.CU.LO, *s.m.*, pequena obra, livreto, folheto.
O.RA, *adv.*, agora, neste instante, já.
O.RA.ÇÃO, *s.f.*, grupo de palavras com verbo, comunicando algo; discurso, prédica, ato de rezar, reza.
O.RA.CI.O.NAL, *adj.*, referente à oração, próprio da oração.
O.RA.CU.LAR, *adj. 2 gên.*, relativo a oráculo.
O.RÁ.CU.LO, *s.m.*, resposta de um deus a uma pergunta do ser humano; pessoa que pretende ver o futuro dos seres humanos; vidente.
O.RA.DOR, *s.m.*, quem ora, quem declara discurso em público, quem fala bem.
O.RA.GO, *s.m.*, nome de santo que se dá a uma capela, templo ou local de oração.
O.RAL, *adj.*, próprio da boca, dito ao vivo, falado, colocado por fala.
O.RA.LI.DA.DE, *s.f.*, característica ou qualidade do que é oral; Psic., conjunto das características da fase oral; Ling., procedimento exclusivamente verbal.
O.RA.LIS.MO, *s.m.*, uso da linguagem oral.
O.RA.LI.ZA.ÇÃO, *s.f.*, ato ou efeito de tornar oral a língua, a tradição, etc.
O.RA.LI.ZA.DO, *adj.*, que se tornou oral; que tem as características do que é falado; diz-se de deficiente auditivo que aprendeu a falar.
O.RA.LI.ZAR, *v.t.*, tornar oral; Pedag., ensinar linguagem oral.
O.RAN.GO.TAN.GO, *s.m.*, macaco muito grande, de regiões asiáticas.
O.RAR, *v. int.*, rezar, pregar, proferir sermão, predicar, recitar, falar em público.
O.RA.TÓ.RIA, *s.f.*, habilidade de falar em público, preparo para fazer discursos.
O.RA.TÓ.RIO, *s.m.*, local em casas ou vias públicas, com imagens para rezar.
OR.BE, *s.m.*, globo, esfera, o mundo, a Terra.
OR.BI.CU.LAR, *s. 2 gên.*, todo ser que habita no orbe.
OR.BI.CU.LAR, *adj.*, em forma de orbe, circular, globular.
OR.BÍ.CU.LO, *s.m.*, receptáculo orbicular; espécie de bolsa, que cerca os órgãos da frutificação.
ÓR.BI.TA, *s.f.*, trajeto de um astro; trajetória circular; contexto.
OR.BI.TA.DO, *adj.*, que orbitou; que se moveu em círculo, compondo uma órbita; Fig., diz-se de quem está sob a

ORBITAL

ORGANIZAR

influência de alguém.
OR.BI.TAL, *adj. 2 gên.*, relativo a órbita, esp. a de um astro; orbitário.
OR.BI.TAR, *v. int.*, perfazer uma órbita, ficar submisso a, ser dominado por.
OR.BI.TÁ.RIO, *adj.*, relativo a órbita, esp. à órbita ocular; orbital.
OR.CA, *s.f.*, cetáceo muito grande, dos mares gelados, carnívoro e feroz.
OR.ÇA, *s.f.*, Mar., ato ou efeito de orçar, de aproximar a proa da embarcação da linha do vento; ato ou efeito de orçar, de calcular ou estimar o preço, valor, etc.; orçamento.
OR.ÇA.DO, *adj.*, calculado, estimado, previsto.
OR.ÇA.MEN.TAL, *adj.*, que se refere ao orçamento.
OR.ÇA.MEN.TÁ.RIO, *adj.*, relativo ou inerente ao orçamento; orçamental.
OR.ÇA.MEN.TIS.TA, *s. 2 gên.*, profissional especializado na preparação de orçamentos; orçador.
OR.ÇA.MEN.TO, *s.m.*, levantamento prévio para calcular os gastos, somar despesa e receita de.
OR.ÇAR, *v.t.*, fazer o orçamento de, calcular, estimar.
OR.ÇÁ.VEL, *adj.*, que se pode orçar, computável.
OR.ÇAZ, *s.m.*, parte inferior de uma rede de pesca.
OR.DEI.RO, *adj.*, que é dado à ordem, respeitador.
OR.DEM, *s.f.*, disposição preestabelecida dos objetos; organização, arrumação; subdivisão de seres; grupo de pessoas sob o mesmo regulamento; determinação da autoridade, órgão que reúne profissionais; sacramento da Igreja Católica; grupo de religiosos com regra.
OR.DEM-U.NI.DA, *s.f.*, momento do exercício militar.
OR.DE.NA.ÇÃO, *s.f.*, ação ou efeito de ordenar, organização, mando, imposição.
OR.DE.NA.DO, *adj.*, colocado em ordem, consagrado; *s.m.*, salário, pagamento, remuneração.
OR.DE.NA.DOR, *adj.*, que ordena; que põe em ordem; *s.m.*, aquele que ordena, que dispõe.
OR.DE.NA.MEN.TO, *s.m.*, ato ou efeito de ordenar(-se); ordenação.
OR.DE.NAN.ÇA, *s.f.*, soldado que serve a um militar hierarquicamente superior.
OR.DE.NAR, *v.t., int. e pron.*, colocar em ordem, organizar; mandar, impor, exigir.
OR.DE.NÁ.VEL, *adj.*, que se pode ordenar ou dispor.
OR.DE.NHA, *s.f.*, ação ou efeito de ordenhar, tirada de leite da vaca.
OR.DE.NHA.ÇÃO, *s.f.*, ato ou efeito de ordenhar, m. que ordenha.
OR.DE.NHA.DEI.RA, *s.f.*, equipamento mecânico ou elétrico próprio para fazer a ordenha.
OR.DE.NHA.DO, *adj.*, que se ordenhou; de que se extraiu o leite.
OR.DE.NHA.DOR, *adj.*, relativo ao que ou a quem ordenha; *s.m.*, aquele que ordenha.
OR.DE.NHA.MEN.TO, *s.m.*, ato ou efeito de ordenhar; ordenha; ordenhação.
OR.DE.NHAR, *v.t. e int.*, tirar leite de vaca.
OR.DI.NAL, *adj.*, número que indica a ordem ou posto.
OR.DI.NÁ.RIA, *s.f.*, gratificação, tença, pensão; gasto ordinário, mensal ou anual.
OR.DI.NÁ.RIO, *adj.*, normal, regular; vulgar, comum; *s.m.*, tipo sem caráter, velhaco.

OR.DI.NA.RIS.MO, *s.m.*, hábito e comportamento de quem é ordinário; cafajestice; calhordice.
OR.DI.NA.TÓ.RIO, *adj., bras., Jur.*, relativo à instrução do processo e ao procedimento das partes e dos juízes.
O.RÉ.GA.NO, *s.m.*, orégão, planta usada como tempero em muitos pratos da cozinha.
O.RE.LHA, *s.f.*, cada uma das duas conchas externas do ouvido; órgão auditivo, abas de um livro – capa e sobrecapa.
O.RE.LHA.DA, *s.f., bras., pop.*, puxão de orelhas; orelhão; pancada nas orelhas.
O.RE.LHA.ME, *s.m., pop.*, o par de orelhas.
O.RE.LHÃO, *s.m.*, cabine de telefone público.
O.RE.LHEI.RA, *s.f.*, as orelhas de qualquer animal, esp. as do porco; Ius., Cul., iguaria com orelhas de porco.
O.RE.LHU.DO, *adj. e s.m.*, tipo com orelhas grandes; *pop., fig.*, tolo, retardado.
O.RE.O.GRA.FI.A, *s.f.*, tratado sobre elevações, morros, montanhas, orografia.
O.RE.O.GRÁ.FI.CO, *adj.*, que se refere a oreografia, orográfico.
O.RE.Ó.GRA.FO, *s.m.*, Geofís.; ver orógrafo.
O.RE.XI.A, *s.f.*, desejo incontrolado de comer, apetite desmesurado.
O.RE.XI.MA.NI.A, *s.f., Psiq.*, apetite exagerado e mórbido.
OR.FA.NAR, *v.t.*, ficar órfão, tornar órfão.
OR.FA.NA.TO, *s.m.*, local para abrigar órfãos.
OR.FAN.DA.DE, *s.f.*, situação em que alguém é órfão.
ÓR.FÃO, *adj. e s.m.*, pessoa de quem morreram os pais ou um deles; abandonado.
OR.FE.ÃO, *s.m.*, escola para ensinar o canto; grupo de cantores e músicos.
OR.FE.Ô.NI.CO, *adj.*, que se refere ao orfeão.
OR.FE.O.NIS.TA, *s. 2 gên.*, membro de um orfeão.
OR.FE.O.NÍS.TI.CO, *adj.*, relativo a orfeonista.
OR.FIS.MO, *s.m.*, relativo a uma seita da Grécia (sécs. VII e VI a.C.), que cultuava ao deus Orfeu, que proclamava a imortalidade da alma e a possibilidade de sucessivas reencarnações.
OR.GAN.DI, *s.m.*, tecido de algodão leve.
OR.GA.NE.LA, *s.f., Cit.*, parte de uma célula com funcionamento análogo às células inteiras; organoide.
OR.GA.NI.CI.DA.DE, *s.f.*, essência ou qualidade de orgânico.
OR.GA.NI.CIS.TA, *adj. 2 gên., Fil., Med.*, relativo ou inerente ao organicismo; que é partidário do organicismo; *s. 2 gên., Fil. Med.*, partidário do organicismo.
OR.GÂ.NI.CO, *adj.*, que se refere a órgão; na Química, a parte dos organismos animais e vegetais.
OR.GA.NIS.MO, *s.m.*, corpo organizado com vida própria; corpo animal.
OR.GA.NIS.TA, *s. 2 gên.*, quem toca órgão.
OR.GA.NI.ZA.ÇÃO, *s.f.*, instituição, empresa, instituto; ordem, disciplina.
OR.GA.NI.ZA.CI.O.NAL, *adj. 2 gên.*, relativo ou inerente a, ou próprio de organização.
OR.GA.NI.ZA.DO, *adj.*, ordenado, colocado em ordem, arrumado.
OR.GA.NI.ZA.DOR, *adj.*, que organiza; *adj.*, que planeja e executa algo; *s.m.*, aquele ou aquilo que organiza; aquele ou aquilo que forma, cria.
OR.GA.NI.ZAR, *v.t.*, ordenar, colocar em ordem, fazer funcionar, arrumar.

OR.GA.NI.ZA.TI.VO, *adj.*, relativo a, ou próprio de, ou em que há organização; que organiza; organizador; organizatório.

OR.GA.NI.ZÁ.VEL, *adj.*, que pode ser organizado, ordenável.

OR.GA.NO.GRA.FI.A, *s.f.*, demonstração dos órgãos de um ente organizado.

OR.GA.NO.GRA.MA, *s.m.*, programa; projeção do que se fará, projeto.

OR.GA.NO.LÉP.TI.CO, *adj.*, Fisiol., diz-se de cada uma das propriedades físicas ou químicas pelas quais as substâncias são capazes de atuar sobre os sentidos ou sobre os órgãos.

OR.GA.NO.ME.TÁ.LI.CO, *adj.*, Quím., diz-se de cada um dos compostos que resultam das combinações dos metais com os radicais alcoólicos monovalentes.

OR.GA.NO.PA.TI.A, *s.f.*, Med., doença de um órgão.

ÓR.GÃO, *s.m.*, parte de um corpo, componente de um organismo; instrumento de teclado; instituição, instituto, organismo.

OR.GAS.MÁ.TI.CO, *adj.*, relativo a orgasmo, m. que orgásmico ou orgástico.

OR.GÁS.MI.CO, *adj.*, relativo a, ou próprio de orgasmo; orgasmático.

OR.GAS.MO, *s.m.*, a máxima excitação na relação sexual.

OR.GÁS.TI.CO, *adj.*, o mesmo que orgasmático.

OR.GI.A, *s.f.*, bacanal, festa sem limites morais, baderna.

OR.GI.A.CO, *adj.*, bacante, desbragado, excessivo.

OR.GI.ÁS.TI.CO, *adj.*, p.us., orgíaco.

OR.GU.LHAN.TE, *adj. 2 gên.*, que causa orgulho.

OR.GU.LHAR, *v.t. e pron.*, trazer orgulho, envaidecer, engrandecer.

OR.GU.LHO, *s.m.*, vaidade, sentimento de amor próprio muito grande.

OR.GU.LHO.SO, *adj.*, vaidoso, soberbo, engrandecido.

O.RI.EN.TA.ÇÃO, *s.f.*, direção, aconselhamento, tendência.

O.RI.EN.TA.DO, *adj.*, direcionado, aconselhado, tendente.

O.RI.EN.TA.DOR, *adj. e s.m.*, conselheiro, diretor, determinador.

O.RI.EN.TAL, *adj. 2 gên.*, Geog., situado no Oriente; relativo ao Oriente, típico dos países do Oriente ou de seus povos; que nasceu ou que vive no Oriente; *s. 2 gên.*, pessoa nascida ou que vive no Oriente.

O.RI.EN.TA.LI.DA.DE, *s.f.*, qualidade, característica ou condição do que é oriental.

O.RI.EN.TA.LIS.MO, *s.m.*, conjunto dos costumes, filosofia e das características do Oriente e de seus povos; predileção pelas coisas orientais; ciência dos orientalistas.

O.RI.EN.TA.LIS.TA, *adj. 2 gên.*, diz-se de pessoa conhecedora e estudiosa dos povos, idiomas e cultura orientais; *s. 2 gên.*, especialista no conhecimento e estudo dos povos, idiomas e cultura orientais.

O.RI.EN.TA.LI.ZA.ÇÃO, *s.f.*, ato ou efeito de orientalizar(-se).

O.RI.EN.TA.LI.ZA.DO, *adj.*, que se tornou oriental no aspecto, no caráter ou na localização; que adquiriu os hábitos ou costumes do Oriente.

O.RI.EN.TA.LI.ZAN.TE, *adj. 2 gên.*, que orientaliza ou causa orientalização.

O.RI.EN.TA.LI.ZAR, *v.t.*, tornar (-se) oriental no aspecto, modo de ser, estilo, etc.

O.RI.EN.TAN.DO, *s.m.*, Pedag., aluno cujos estudos e pesquisas são orientados por um professor especializado naquela(s) área(s) do conhecimento.

O.RI.EN.TAR, *v.t. e pron.*, determinar os pontos cardeais, aconselhar, dar o rumo, dirigir.

O.RI.EN.TÁ.VEL, *adj. 2 gên.*, que pode ser orientado.

O.RI.EN.TE, *s.m.*, leste, local onde o Sol surge, este, levante, nascente.

O.RI.FÍ.CIO, *s.m.*, buraco, furo, pequena abertura.

O.RI.FOR.ME, *adj. 2 gên.*, Anat., Zool., que tem a forma de boca.

O.RI.GÂ.MI, *s.m.*, Artesn., arte tradicional japonesa que consiste em dobraduras em papel para imitar diversas formas, como animais, objetos, flores, etc.

O.RI.GEM, *s.f.*, começo, princípio, berço, nascente.

O.RI.GI.NA.DO, *adj.*, procedente, proveniente, derivado.

O.RI.GI.NA.DOR, *adj.*, que dá origem a; *s.m.*, aquele ou aquilo que dá origem.

O.RI.GI.NAL, *adj.*, genuíno, próprio; *s.m.*, texto primeiro de alguém; texto próprio, não derivado.

O.RI.GI.NA.LI.DA.DE, *s.f.*, começo, início, genuinidade, propriedade.

O.RI.GI.NA.LIS.MO, *s.m.*, qualidade ou atributo de original; originalidade.

O.RI.GI.NAR, *v.t. e pron.*, iniciar, dar origem, começar, encetar, derivar.

O.RI.GI.NÁ.RIO, *adj.*, nativo, que nasce de, que provém de.

Ó.RI.ON, *s.m.*, constelação de nosso hemisfério, com as três marias.

O.RI.UN.DO, *adj.*, originário, proveniente, nascente.

O.RI.XÁ, *s.m.*, divindade na religião afro-brasileira.

O.RI.XA.LÁ, *s.m.*, o maior dos orixás no candomblé.

O.RI.ZI.CUL.TOR, *s.m.*, Agr., aquele que se dedica à orizicultura.

O.RI.ZI.CUL.TU.RA, *s.f.*, cultura de arroz.

O.RI.ZÍ.VO.RO, *s. 2 gên.*, quem come arroz, comedor de arroz.

O.RI.ZÓ.FA.GO, *s.m. e adj.*, que(m) come arroz, quem devora arroz.

OR.LA, *s.f.*, margem, borda, bordo, faixa, debrum.

OR.LAR, *v.t.*, margear, bordar, colocar orla.

OR.NA.DO, *adj.*, ornamentado, enfeitado, adornado.

OR.NA.DOR, *adj. e s.m.*, que(m) orna, enfeitador, arranjador.

OR.NA.MEN.TA.ÇÃO, *s.f.*, enfeitamento, ornação, adorno.

OR.NA.MEN.TA.DO, *adj.*, enfeitado, ornado, adornado.

OR.NA.MEN.TA.DOR, *adj. e s.m.*, o mesmo que ornamentista.

OR.NA.MEN.TAL, *adj.*, que ornamenta, que enfeita.

OR.NA.MEN.TAR, *v.t. e pron.*, enfeitar, adornar, aprimorar.

OR.NA.MEN.TO, *s.m.*, enfeite, adorno, aprimoramento.

OR.NAR, *v.t. e pron.*, ornamentar, enfeitar.

OR.NA.TO, *s.m.*, enfeite, adorno, ornamento.

OR.NE.AR, OR.NE.JAR, *v. int.*, zurrar, emitir sons como o asno.

OR.NEI.O, *s.m.*, zurro; ornejo.

OR.NE.JAR, *v. int.*, zurrar, rinchar.

OR.NE.JO, *s.m.*, zurro, som emitido pelo asno.

OR.NI.TÓ.FI.LO, *s.m.*, quem tem paixão por pássaros, amigo de passarinhos.

OR.NI.TO.LO.GI.A, *s.f.*, estudo de aves.

OR.NI.TO.LÓ.GI.CO, *adj.*, Zool. relativo ou inerente à Ornitologia.

OR.NI.TO.LO.GIS.TA, *s. 2 gên.*, pessoa que é especializada em Ornitologia.

OR.NI.TÓ.LO.GO, *s.m.*, especialista em pássaros, ornitologista.

OR.NI.TO.MAN.CI.A, s.f., adivinhação de fatos futuros pelo voo dos pássaros, pelas tripas deles, ou por algum outro meio referente a eles.

OR.NI.TO.MA.NI.A, s.f., Psiq., afeição exagerada ou obsessiva pelas aves.

OR.NI.TO.MA.NÍ.A.CO, Psiq., adj., relativo a ornitomania; diz-se de indivíduo que tem ornitomania; ornitômano; s.m., esse indivíduo; ornitômano.

OR.NI.TO.MAN.TE, s. 2 gên., o que pratica a ornitomancia.

OR.NI.TO.MÂN.TI.CO, adj., relativo a ornitomancia.

OR.NI.TOR.RIN.CO, s.m., mamífero da Austrália, ovíparo, com bico como o do pato.

O.RO.FO.BI.A, s.f., medo das alturas, medo de estar em montanhas altas.

O.RO.GE.NI.A, s.f., tratado sobre o deslocamento da crosta terrestre e surgimento das elevações.

O.RO.GÊ.NI.CO, adj., que se refere a orogenia.

O.ROG.NO.SI.A, s.f., Geol., ciência que explica a formação e constituição das montanhas.

O.RO.GNÓS.TI.CO, adj., relativo a orognosia.

O.RO.GRA.FI.A, s.f., estudo de montanhas e elevações.

O.RO.GRÁ.FI.CO, adj., Geof., relativo a orografia; oreográfico.

O.RÓ.GRA.FO, s.m., Geof., especialista em orografia; instrumento para levantamento orográfico.

O.RO.LO.GI.A, s.f., Geol., estudo do processo de formação de montanhas.

O.RO.LÓ.GI.CO, adj., Geol., relativo a orologia.

O.ROS.FE.RA, s.f., a parte sólida do globo terrestre.

O.ROS.FÉ.RI.CO, adj., relativo a orosfera.

OR.QUES.TRA, s.f., grupo de músicos com instrumental próprio, para execução de todo o tipo de música.

OR.QUES.TRA.ÇÃO, s.f., Mús., ato ou efeito de orquestrar, compor (partitura) para a orquestra toda; fig., qualquer articulação meticulosa e longamente preparada.

OR.QUES.TRA.DO, adj., Mús., que se orquestrou, que foi composta ou esp. transposta para orquestra; fig., diz-se de negócio, acordo, ou dificuldade, ardil (para um adversário) longamente tramado ou preparado.

OR.QUES.TRA.DOR, adj., Mús., que orquestra, que faz orquestração; fig., articulador; s.m., Mús., aquele que orquestra, que faz orquestração; fig., aquele que articula.

OR.QUES.TRAL, adj. 2 gên., relativo a orquestra.

OR.QUES.TRAR, v.t. e pron., compor peça musical para orquestrar; tocar em conjunto; fig., acompanhar.

OR.QUI.DÁ.CEAS, s.f., pl., família de plantas parasitas que produzem flores.

OR.QUI.DÁ.RIO, s.m., local em que se cultivam orquídeas.

OR.QUÍ.DEA, s.f., tipo de planta que produz flores e se fixa em outras plantas ou pedras.

OR.QUI.TE, s.f., inflamação dos testículos.

OR.TO.DON.TI.A, s.f., na Odontologia, a parte que previne defeitos dentários.

OR.TO.DON.TIS.TA, adj. 2 gên. e s. 2 gên., Odont., diz-se de ou o especialista em ortodontia; ortodentista.

OR.TO.DO.XI.A, s.f., a única doutrina considerada verdadeira, a única fé certa.

OR.TO.DO.XO, adj., que segue os princípios de uma doutrina; contrário a qualquer inovação doutrinária; referente à Igreja Católica Apostólica Ortodoxa (Grécia, Turquia, Rússia...).

OR.TO.É.PIA, s.f., pronúncia correta das palavras, ortofonia; var., ortoepia.

OR.TO.É.PI.CO, adj., relativo à ortoépia ou à boa pronúncia.

OR.TO.FO.NÍ.A, s.f., pronúncia correta, fala correta, sons corretos e claros.

OR.TÓG.NA.TO, adj., Antr., diz-se de indivíduo ou tipo étnico que apresenta o ângulo facial quase ou totalmente reto; s.m., Antr., esse indivíduo ou tipo étnico.

OR.TO.GO.NAL, adj., que forma ângulos retos.

OR.TO.GO.NA.LI.DA.DE, s.f., qualidade ou aparência do que é ortogonal; Geom., propriedade de ser perpendicular.

OR.TO.GRA.FA.DO, adj., escrito corretamente.

OR.TO.GRA.FAR, v.t. e int., observar as regras de ortografia ao escrever.

OR.TO.GRA.FI.A, s.f., escrita exata das palavras de acordo com a Gramática.

OR.TO.GRÁ.FI.CO, adj., que se refere à ortografia.

OR.TO.LE.XI.A, s.f., expressão correta, dicção exata.

OR.TO.ME.TRI.A, s.f., medida exata, correta.

OR.TO.MO.LE.CU.LAR, adj. 2 gên., Med., que se baseia na teoria de que a saúde física e mental depende da manutenção, no organismo.

OR.TO.PE.DI.A, s.f., parte da Medicina que se preocupa em corrigir os defeitos físicos do corpo.

OR.TO.PÉ.DI.CO, adj., que se refere à Ortopedia.

OR.TO.PE.DIS.TA, s. 2 gên., médico especializado em Ortopedia.

OR.TÓP.TE.RO, s.m., Zool., espécime dos ortópteros, ordem de insetos pterigotos, que incluem os grilos, esperanças, gafanhotos, bichos-paus, louva-a-deus, baratas; adj., Zool., relativo aos ortópteros.

OR.TOR.RÔM.BI.CO, adj., Min., diz-se do sistema cristalino que se caracteriza pelos três eixos cristalográficos de comprimentos diferentes e perpendiculares entre si; Geom., que tem base rômbica.

OR.VA.LHA.DA, s.f., ato ou efeito de orvalhar; orvalho formado durante a noite; orvalheira.

OR.VA.LHA.DO, adj., coberto ou borrifado de gotas de orvalho; fig., borrifado de qualquer espécie de líquido; fig., enfeitado, ornamentado.

OR.VA.LHAR, v.t. e pron., umedecer com orvalho, ficar ao sereno, rorejar, molhar.

OR.VA.LHO, s.m., vapor diurno que se condensa com o frio da noite, na atmosfera, e cai em forma de gotículas.

OR.VA.LHO.SO, adj., que contém muito orvalho.

OS.CI.LA.ÇÃO, s.f., ação ou efeito de oscilar, movimento variado, titubeação, vacilação.

OS.CI.LAN.TE, adj. 2 gên., que oscila; oscilatório; pendular; fig., hesitante, vacilante; inseguro.

OS.CI.LAR, v. int., mover-se de um lado para o outro; titubear, vacilar.

OS.CI.LA.TÓ.RIO, adj., que oscila, que vacila, que se move para ambos os lados.

OS.CI.LÓ.GRA.FO, s.m., Fís., espécie de galvanômetro que permite registrar e medir as oscilações elétricas.

OS.CI.LOS.CÓ.PIO, s.m., aparelho que detecta e registra as oscilações.

OS.CI.TA.ÇÃO, s.f., ação ou efeito de oscitar, bocejo.

OS.CI.TAR, v. int., bocejar.

OS.CU.LA.ÇÃO, s.f., ação ou efeito de oscular, beijo; beijo nas faces.

OS.CU.LA.DOR, adj., que oscula, que beija.

OS.CU.LAR, v.t., beijar nas faces (levemente).

ÓSCULO

ÓS.CU.LO, *s.m.*, beijo nas faces.
OS.GA, *s.f.*, lagartixa.
ÓS.MIO, *s.m.*, elemento metálico-químico.
OS.MO.LO.GI.A, *s.f.*, estudo envolvendo aromas e olfatos.
OS.MO.LÓ.GI.CO, *adj.*, que se refere à Osmologia.
OS.MO.SE, *s.f.*, fenômeno químico em que duas soluções diferentes e separadas por uma membrana acabam por atravessá-la e se misturam.
OS.SA.DA, *s.f.*, conjunto de ossos, porção de ossos.
OS.SA.MA, *s.f.*, *bras.*, o mesmo que ossada.
OS.SA.MEN.TA, *s.f.*, o esqueleto ou a ossada de um animal; *fig.*, esqueleto, carcaça.
OS.SA.MEN.TO, *s.m.*, o mesmo que ossamenta.
OS.SA.RI.A, *s.f.*, ossada.
OS.SÁ.RIO, *s.m.*, depósito de ossos, local onde se recolhem ossos de mortos.
OS.SA.TU.RA, *s.f.*, ossos de; esqueleto de um animal.
ÓS.SEO, *adj.*, próprio de osso, pertencente a osso.
OS.SÍ.CU.LO, *s.m.*, pequeno osso.
OS.SI.FI.CA.ÇÃO, *s.f.*, ação ou efeito de ossificar, formação de ossos, transformação para ossos.
OS.SI.FI.CA.DO, *adj.*, que se tornou osso, calcificado, endurecido como osso.
OS.SI.FI.CAR, *v.t. e pron.*, transformar em osso.
OS.SO, *s.m.*, cada um dos elementos duros que compõem o esqueleto dos vertebrados; *fig.*, algo duro e difícil.
OS.SU.Á.RIO, *s.m.*, local em que se depositam ossos de vários mortos.
OS.SU.DO, *adj.*, que possui ossos muito grandes e salientes.
OS.TE.AL.GI.A, *s.f.*, dor nos ossos.
OS.TE.ÁL.GI.CO, *adj.*, que se refere à ostealgia.
OS.TE.Í.TE, *s.f.*, qualquer inflamação em tecidos ósseos.
OS.TEN.SI.VO, *adj.*, visível, muito claro, evidente, realçado, exibido, vaidoso.
OS.TEN.SÓ.RIO, *adj., s.m.*, que se ostenta, ostensivo; peça de ouro na qual se expõe a hóstia consagrada na Igreja Católica.
OS.TEN.TA.ÇÃO, *s.f.*, vaidade, exibição, aparato.
OS.TEN.TA.DO, *adj.*, exibido, mostrado, exposto.
OS.TEN.TA.DOR, *adj.*, que ostenta, exibe ou demonstra prepotência; *s.m.*, aquele que age ou fala com ostentação.
OS.TEN.TAR, *v.t. e pron.*, mostrar, exibir, fazer ver.
OS.TEN.TA.TI.VO, *adj.*, que é próprio para ostentar, alardear, exibir, ou que encerra ostentação; ostensivo; ostentatório.
OS.TEN.TO.SO, *adj.*, exibicionista, arrogante.
OS.TE.O.GÊ.NE.SE, *s.f.*, formação dos ossos.
OS.TE.O.GE.NI.A, *s.f.*, formação dos ossos no embrião.
OS.TE.O.GRA.FI.A, *s.f.*, descrição dos ossos, estudo detalhado dos ossos.
OS.TE.O.LO.GI.A, *s.f.*, estudo sobre ossos, compêndio sobre ossos.
OS.TE.Ó.LO.GO, *s.m.*, especialista em ossos.
OS.TE.O.MA.LA.CI.A, *s.f.*, amolecimento dos ossos.
OS.TE.O.ME.TRI.A, *s.f.*, medida dos ossos, medição dos ossos.
OS.TE.O.MI.E.LI.TE, *s.f.*, inflamação da medula dos ossos.
OS.TE.O.PA.TI.A, *s.f.*, doença dos ossos.
OS.TE.O.PO.RO.SE, *s.f.*, doença que provoca a perda de cálcio dos ossos.
OS.TE.O.SAR.CO.MA, *s.m.*, Med., o mais maligno dos tumores ósseos, que afeta principalmente as extremidades dos ossos longos.
OS.TE.O.SE, *s.f.*, calcificação dos ossos, ossificação.
OS.TE.O.TO.MI.A, *s.f.*, Cir., Ort., dissecção cirúrgica de um osso para corrigir deformidade.
OS.TRA, *s.f.*, tipo de molusco marinho comestível, que vive encerrado numa concha.
OS.TRA.CIS.MO, *s.m.*, desterro, exílio, degredo; afastamento, isolamento.
OS.TRA.RI.A, *s.f.*, muitas ostras, ajuntamento de ostras.
OS.TRE.I.CUL.TOR, *s.m.*, criador de ostras, cultivador de ostras.
OS.TRE.I.CUL.TU.RA, *s.f.*, cultivo de ostras, criação de ostras.
OS.TREI.RA, *s.f.*, criadouro de ostras.
OS.TRÍ.FE.RO, *adj.*, que produz ou em que há ostras, ger. em abundância.
OS.TRO.GO.DO, *adj. e s.m.*, povo bárbaro no final do Império Romano e que se fixou no Norte da Itália.
O.TAL.GI.A, *s.f.*, dor de ouvidos.
O.TÁL.GI.CO, *adj.*, que se refere à otalgia.
OTAN - sigla da Organização do Tratado do Atlântico Norte.
O.TÁ.RIO, *s.m., pop.*, tolo, bobo, ingênuo, fácil de enganar.
Ó.TI.CA, *s.f.*, óptica.
Ó.TI.CO, *adj.*, óptico, próprio do ouvido.
O.TI.MIS.MO, *s.m.*, estado de espírito de que tudo está muito bem.
O.TI.MIS.TA, *s. 2 gên.*, quem sempre vê o melhor possível em qualquer situação.
O.TI.MI.ZA.ÇÃO, *s.f.*, usufruto máximo de qualquer empreitada; ápice do objetivo, excelência.
O.TI.MI.ZA.DO, *adj.*, maximizado, o melhor, ótimo.
O.TI.MI.ZAR, *v.t.*, usar tudo de algo, tornar o melhor ou maior possível, ver somente as coisas boas de.
Ó.TI.MO, *adj.*, muito bom, o melhor possível, excelente.
O.TI.TE, *s.f.*, inflamação do ouvido.
O.TO.LO.GI.A, *s.f.*, tratado sobre o ouvido e suas doenças.
O.TO.MA.NA, *s.f.*, sofá largo e sem encosto; tecido fino, us. em roupas de senhoras.
O.TO.MA.NO, *adj.*, turco, do reino otomano.
O.TO.PA.TI.A, *s.f.*, Med., qualquer doença da orelha.
O.TOR.RI.NO, *s. 2 gên.*, forma reduzida de otorrinolaringologista.
O.TOR.RI.NO.LA.RIN.GO.LO.GI.A, *s.f.*, parte da Medicina que se ocupa com as doenças do ouvido, nariz e garganta.
O.TOR.RI.NO.LA.RIN.GO.LO.GIS.TA, *s. 2 gên.*, especialista em Otorrinolaringologia.
OU, *conj.*, indica alternância, dúvida; de uma maneira ou de outra.
OU.RE.LA, *s.f.*, orla de tecido, de vestimenta.
OU.RI.ÇA.DO, *adj.*, asperizado, áspero, agitado, nervoso.
OU.RI.ÇAR, *v. int. e pron.*, tornar-se áspero, agitar-se, irritar-se.
OU.RI.ÇO, *s.m.*, tipo de mamífero que tem a pele coberta de espinhos.
OU.RI.ÇO-CA.CHEI.RO, *s.m.*, mamífero roedor, chamado porco-espinho.
OU.RI.ÇO-DO-MAR, *s.m.*, animal invertebrado do mar, que tem a carcaça coberta por espinhos para a sua defesa contra os outros animais.
OU.RI.VES, *s.m.*, fabricante de joias com ouro.
OU.RI.VE.SA.RI.A, *s.f.*, loja ou oficina de ourives.
OU.RO, *s.m.*, metal precioso, valorizado pelo mercado, cor

OUROPEL ··· 603 ··· **OXIDULADO**

amarela; *fig.*, dinheiro, riqueza.
OU.RO.PEL, *s.m.*, ouro falso, lâmina de latão ou cobre amarelo, bem fina, imitando ouro.
OU.ROS, *s.m. pl.*, naipe do baralho.
OU.SA.DI.A, *s.f.*, audácia, valentia, arrogância.
OU.SA.DO, *adj.*, audacioso, valente, arrogante, destemido, audaz.
OU.SAR, *v.t. int. e pron.*, atrever-se, enfrentar, meter-se a valente, tentar.
OUTDOOR, *s.m.*, *ing.*, propaganda colocada em painéis ao ar livre; grande painel, cartaz, propaganda.
OU.TEI.RO, *s.m.*, colina, cômoro, monte pouco elevado, monte, montículo.
OU.TO.NAL, *adj.*, próprio do outono.
OU.TÔ.NI.CO, *adj.*, que nasce no outono.
OU.TO.NO, *s.m.*, estação climática entre o verão e o inverno.
OU.TOR.GA, *s.f.*, doação, concessão, concordância.
OU.TOR.GA.DO, *adj.*, que se outorgou; *s.m.*, Jur., o beneficiário da outorga.
OU.TOR.GAN.TE, *adj. 2 gén.*, que outorga, que consente, que concede; *s. 2 gén.*, Jur., aquele que outorga; outorgador.
OU.TOR.GAR, *v.t. e pron.*, dar, conceder, entregar, doar, concordar, aceitar algo.
OU.TREM, *pron.*, alguém, outros, outra pessoa.
OU.TRO, *pron.*, alguém diferente, diverso, mais um, outrem.
OU.TRO.RA, *adv.*, em outros tempos, antigamente.
OU.TROS.SIM, *adv.*, igualmente, bem como, do mesmo modo.
OU.TU.BRO, *s.m.*, o décimo mês do ano.
OU.VI.DO, *s.m.*, sentido da audição, propriedade de ouvir; *fig.*, ter ouvido - memorizar bem os sons musicais.
OU.VI.DOR, *s.m.*, na era colonial, era o servidor público que exercia as funções de juiz de direito.
OU.VI.DO.RI.A, *s.f.*, função e gabinete de ouvidor, órgão governamental para ouvir as reclamações de todos que se sentem injustiçados.
OU.VIN.TE, *s. 2 gén.*, pessoa que ouve, quem escuta; estudante em sala de aula sem ter a matrícula.
OU.VIR, *v.t. e int.*, perceber sons, entender, escutar; ser informado, pedir a opinião.
O.VA, *s.f.*, os ovos de peixe; *pop.*, ser uma ova - não valer nada.
O.VA.ÇÃO, *s.f.*, aplauso, recepção, aceitação pública.
O.VA.CI.O.NA.DO, *adj.*, aclamado, aplaudido, elogiado.
O.VA.CI.O.NAR, *v.t.*, aclamar, aplaudir, elogiar.
O.VA.DO, *adj.*, que tem forma oval; que criou ovas ou ovos ou os apresenta; *s.m.*, aquilo que tem a forma semelhante à do ovo.
O.VAL, *adj.*, com forma de ovo, elíptica; ovoide.
O.VA.LAR, *v.t.*, dar forma oval, tornar oval.
O.VAN.TE, *adj.*, vitorioso, que triunfou.
O.VAR, *v. int.*, pôr ovos, soltar os ovos.
O.VA.RI.A.NO, *adj.*, Anat., relativo ou pertencente ao ovário (artéria ovariana); ovárico.
O.VÁ.RI.CO, *adj.*, Anat., o mesmo que ovariano.
O.VÁ.RIO, *s.m.*, Anat., cada uma das duas glândulas genitais, situadas de cada lado do útero na mulher e nas fêmeas dos mamíferos em geral, e onde se formam os óvulos para a fecundação.
O.VEI.RO, *s.m.*, o ovário das aves.
O.VE.LHA, *s.f.*, fêmea do carneiro; *fig.*, pessoa pacata,

bondosa e submissa; o cristão em relação ao seu pastor; *expr.*, ovelha negra - pessoa que destoa em grupo homogêneo.
O.VE.LHEI.RO, *s.m.*, pastor de ovelhas, quem cuida de ovelhas.
O.VE.LHUM, *adj. 2 gén.*, relativo ou pertencente a ovelhas, carneiros e cordeiros; ovelhuno; ovino.
O.VER.DO.SE, *s.f.*, grande dose, superdose de tóxicos.
O.VER.LO.QUE, *s.f.*, máquina de costura que executa várias operações.
O.VI.Á.RIO, *s.m.*, aprisco, local em que as ovelhas são recolhidas; ovil, redil, curral.
O.VI.DI.A.NO, *adj.*, que se refere ao poeta romano Ovídio, autor das metamorfoses.
O.VI.DU.TO, *s.m.*, Anat., tuba uterina; Zool., canal que nas aves se estende desde o ovário até a cloaca.
O.VI.FOR.ME, *adj.*, que tem forma de ovo.
O.VIL, *s.m.*, aprisco, curral para ovelhas.
O.VI.NO, *adj.*, próprio de ovelhas e carneiros.
O.VI.NO.CUL.TOR, *s.m.*, criador de ovelhas e carneiros.
O.VI.NO.CUL.TU.RA, *s.f.*, criação de ovelhas e carneiros.
O.VI.PA.RI.DA.DE, *s.f.*, Zool., qualidade de ovíparo; oviparismo.
O.VI.PA.RIS.MO, *s.m.*, Hist. Nat., condição dos seres ovíparos; oviparidade.
O.VÍ.PA.RO, *adj. e s.m.*, que põe ovos, que se reproduz por ovos.
O.VÍ.VO.RO, *adj.*, que come ovos, comedor de ovos.
O.VO, *s.m.*, célula formada no ovário das aves.
O.VOI.DE, *adj.*, com forma de ovo.
O.VOS, *s.m. pl.*, *ch.*, os testículos.
O.VO.VI.VÍ.PA.RO, *adj.*, Zool., diz-se de animal, em geral invertebrado, peixe ou réptil, cujos ovos são incubados e eclodem dentro do corpo da mãe; *s.m.*, Zool., esse animal.
O.VU.LA.ÇÃO, *s.f.*, processo de desprendimento do ovo quando está maduro no ovário.
O.VU.LA.DO, *adj.*, que tem um ou vários óvulos.
O.VU.LAR, *v. int.*, produzir ovos; *adj.*, semelhante ao ovo, próprio do ovo.
O.VU.LI.FOR.ME, *adj. 2 gén.*, que tem a forma de um óvulo.
Ó.VU.LO, *s.m.*, ovo pequeno, célula feminina formada no ovário, corpúsculo.
O.XÁ.CI.DO, *s.m.*, Quím., ácido que resulta da combinação de um corpo simples com o oxigênio.
O.XA.LÁ!, *interj.*, tomara, quem dera, tomara deus, quiçá; orixá de culto afro-brasileiro.
O.XA.LA.TO, *s.m.*, indicação genérica dos sais e esteres do ácido oxálico.
O.XÁ.LI.CO, *adj.*, Quím., diz-se de um ácido bibásico; cristalino, tóxico, que tem emprego laboratorial e industrial.
O.XI.DA.BI.LI.DA.DE, *s.f.*, que é oxidável.
O.XI.DA.ÇÃO, *s.f.*, formação de ferrugem.
O.XI.DA.DO, *adj.*, que sofreu processo de oxidação.
O.XI.DAN.TE, *adj.*, que cria ferrugem.
O.XI.DAR, *v.t. e pron.*, criar ferrugem, enferrujar.
O.XI.DÁ.VEL, *adj. 2 gén.*, que pode oxidar-se.
Ó.XI.DO, *s.m.*, composto químico resultante da combinação de oxigênio com outro metal.
O.XI.DRI.LO, *s.m.*, Quím., radical formado por um átomo de oxigênio e outro de hidrogênio; hidroxilo.
O.XI.DU.LA.DO, *adj.*, que passou ao estado de oxídulo.

OXIGENAÇÃO

O.XI.GE.NA.ÇÃO, *s.f.*, ato de colocar oxigênio em.

O.XI.GE.NA.DO, *adj.*, em que há oxigênio, tratado com oxigênio.

O.XI.GE.NAR, *v.t. e pron.*, colocar oxigênio em, combinar com oxigênio.

O.XI.GÊ.NIO, *s.m.*, um gás incolor, inodoro, existente na atmosfera e essencial à respiração dos seres viventes.

O.XI.GE.U.SI.A, *s.f.*, Med., desenvolvimento exagerado do sentido do gosto.

O.XÍ.GO.NO, *adj.*, Geom., que tem todos os ângulos agudos; acutângulo.

O.XI.MEL, *s.m.*, mistura de água, vinagre e mel.

O.XÍ.MO.RO, *s.m.*, parodoxo, palavras figuradas que se juntam em uma expressão, parecendo de sentido contrário entre si.

O.XÍ.TO.NO, *adj. e s.m.*, palavra que tem a última sílaba forte.

O.XI.Ú.RO, *s.m.*, verme parasita que vive no intestino grosso do homem.

O.XI.U.RO.SE, *s.f.*, infecção causada no intestino grosso pelos oxiúros.

O.XÓS.SI, *s.m.*, orixá patrono dos caçadores.

O.XUM, *s.m.*, uma das esposas de xangô.

O.ZE.NA, *s.m., pl.*, bérberes que habitavam a região do Senegal.

O.ZÊ.NI.CO, *adj.*, relativo a ozena.

O.ZO.NE, *s.m.*, ver ozônio.

O.ZO.NI.FI.CA.ÇÃO, *s.f.*, ação de ozonificar; ozonização.

O.ZO.NI.FI.CA.DO, *adj.*, que se ozonificou; ozonizado.

O.ZO.NI.FI.CAR, *v.t.*, o mesmo que ozonizar.

O.ZÔ.NIO, *s.m.*, gás existente na atmosfera, que protege a Terra dos raios solares.

O.ZO.NI.ZA.ÇÃO, *s.f.*, ação ou efeito de ozonizar.

O.ZO.NI.ZA.DO, *adj.*, que recebeu ozônio.

O.ZO.NI.ZA.DOR, *adj. e s.m.*, aparelho para a produção de ozônio.

O.ZO.NI.ZAR, *v.t.*, mudar para ozônio, transformar em ozônio.

O.ZO.NÔ.ME.TRO, *s.m.*, aparelho para verificar a quantidade de ozônio em um gás.

O.ZO.NOS.CÓ.PI.CO, *adj.*, que pode mostrar a presença de ozônio.

P

P, *s.m.*, décima sexta letra do á-bê-cê e décima segunda consoante.

P - símbolo do fósforo.

PA - sigla do Estado do Pará.

PÁ, *s.f.*, instrumento de trabalho com cabo de madeira e extremidade de metal, feito para recolher terra, areia, etc.; extremidade de remos.

PA.BU.LA.GEM, *s.f.*, embuste, mentira, gabolice.

PA.CA, *s.f.*, mamífero roedor.

PA.CA.TEZ, *s.f.*, calma, tranquilidade, paciência, pachorra.

PA.CA.TO, *adj.*, calmo, tranquilo, pacífico.

PA.CAU, *s.m.*, *gír.*, cigarro de maconha.

PA.CHO.LA, *s.f.*, *s. 2 gên.*, tipo pedante, quem é muito cheio de si.

PA.CHOR.RA, *s.f.*, tranquilidade, calma, paciência, fleuma.

PA.CHOR.REN.TO, *adj.*, calmo, tranquilo, acomodado.

PA.CI.ÊN.CIA, *s.f.*, calma, tranquilidade, resignação, pachorra, fleuma.

PA.CI.EN.TAR, *v.int.*, ter paciência; esperar ou agir com paciência.

PA.CI.EN.TE, *adj.*, calmo, tranquilo, pacífico, fleumático, resignado; *s.m.*, quem recebe atendimento médico.

PA.CI.FI.CA.ÇÃO, *s.f.*, apaziguamento, conciliação, desarmamento.

PA.CI.FI.CA.DO, *adj.*, acalmado, tranquilizado, apaziguado.

PA.CI.FI.CA.DOR, *adj. e s.m.*, apaziguador, conciliador, desarmador.

PA.CI.FI.CAN.TE, *adj. 2 gên.*, que pacifica; pacificador.

PA.CI.FI.CAR, *v.t. e pron.*, apaziguar, acalmar, conciliar, desarmar, tranquilizar.

PA.CI.FI.CI.DA.DE, *s.f.*, *bras.*, caráter ou qualidade de pacífico.

PA.CÍ.FI.CO, *adj.*, calmo, tranquilo; apaziguado, conciliado, desarmado.

PA.CI.FIS.MO, *s.m.*, luta para que a paz reine totalmente no mundo; ação de grupos de pessoas interessadas na paz entre as pessoas e as nações.

PA.CI.FIS.TA, *s. 2 gên.*, adepto da paz, conciliador.

PA.CO, *s.m.*, pacote de papéis; pacote de notas de dinheiro; pacote de papéis com uma nota de dinheiro em cima, para enganar os trouxas.

PA.ÇO, *s.m.*, palácio, centro administrativo público, prédio municipal.

PA.CO.BA, *s.f.*, *bras.*, var. de pacova.

PA.CO.BAL, *s.m.*, *bras.*, var. de pacoval.

PA.CO.BEI.RA, *s.f.*, *Bot.*, bananeira de porte grande do Norte do Brasil (*Musa sapientum*).

PA.ÇO.CA, *s.f.*, carne cozida e desfiada, socada com farinha de milho; amendoim socado com farinha; *pop.*, *fig.*, coisa complicada.

PA.CO.TA.ÇO, *s.m.*, divulgação de muitas normas e imposições legais, econômicas, ou de ordem.

PA.CO.TE, *s.m.*, embrulho, invólucro; medidas políticas para modificar uma situação.

PA.CO.TI.LHA, *s.f.*, porção de gêneros que o passageiro levava no navio; o que o capitão do navio levava para vender em países remotos; coisa mal-acabada; fancaria.

PA.CO.VA, *s.f.*, pacoba, espécie de banana muito grande; *fig.*, pessoa abobada, tola.

PA.CO.VEI.RA, *s.f.*, planta que produz a pacova.

PA.CÓ.VIO, *adj.*, bobo, simplório, ingênuo, idiota, parvo, ignorante.

PAC.TAR, *v.t.*, o mesmo que pactuar ou pactear.

PAC.TÁ.RIO, *adj. e s.m.*, que(m) faz pactos.

PAC.TE.AR, *v.t.*, o mesmo que pactuar.

PAC.TO, *s.m.*, acordo, contrato, ajuste, acerto entre partes sobre um assunto.

PAC.TU.AL, *adj.*, que se refere a pacto.

PAC.TU.AN.TE, *adj.*, que pactua, concordante.

PAC.TU.AR, *v.t.*, acordar, concordar, acertar, ajustar entre si; fazer pacto; transigir.

PAC.TU.Á.RIO, *adj. e s.m.*, que ou aquele que pactua; que tem pacto com alguém, pactuante.

PA.CU, *s.m.*, peixe de água doce.

PA.CU.ÇU, *s.m.*, *bras.*, nome dado ao macho da paca.

PA.CU.E.RA, *s.f.*, *bras.*, as vísceras de boi, porco ou carneiro; víscera humana, esp. o coração.

PA.DA.RI.A, *s.f.*, panificadora, estabelecimento que fabrica e vende pães, bolos e doces.

PA.DE.CE.DOR, *adj. e s.m.*, sofredor, quem padece.

PA.DE.CEN.TE, *adj. 2 gên.*, que padece; padecedor; *s. 2 gên.*, aquele que padece; padecedor; condenado à morte e vai ser executado; paciente; Joc., aquele que corteja em vão uma mulher.

PA.DE.CER, *v.t. e int.*, sofrer, sentir dores, suportar, aguentar.

PA.DE.CI.DO, *adj.*, sofrido, sentido.

PA.DE.CI.MEN.TO, *s.m.*, sofrimento, mal-estar.

PA.DEI.RO, *s.m.*, profissional que trabalha em padaria, produtor de pão.

PA.DE.JAR, *v.int.*, revolver o pão com a pá, mexer a massa para pão com a pá.

PA.DE.JO, *s.m.*, pá para mexer a massa de pão.

PA.DI.O.LA, *s.f.*, tipo de maca para o transporte de enfermos ou feridos.

PA.DI.O.LEI.RO, *s.m.*, cada uma das pessoas que carregam a padiola; soldado encarregado de transportar feridos em padiola.

PA.DRA.LHA.DA, *s.f.*, muitos padres, clero.

PA.DRÃO, *s.m.*, tipo, modelo, medida, desenho para modelo, exemplo, molde.

PA.DRAS.TO, *s.m.*, homem que está no lugar do pai quanto aos filhos da companheira.

PA.DRE, *s.m.*, sacerdote, pessoa consagrada para exercer o ministério na igreja.

PA.DRE.AR, *v.int.*, acasalar, procriar.

PA.DRE.CO, *s.m.*, padre destituído das qualidades necessárias ao exercício do sacerdócio.
PA.DRE-CU.RA, *s.m.*, pároco, padre vigário, pastor de uma paróquia.
PA.DRE-MES.TRE, *s.m.*, tratamento dado ao sacerdote que, ao mesmo tempo, é professor; *fig.*, sabichão; *bras.*, *pop.*; o mesmo que capelão.
PA.DRE-NOS.SO, *s.m.*, pai-nosso; oração cristã evangélica, oração da unidade.
PA.DRES.CO, *adj.*, *pej.*, relativo a padre; próprio do padre.
PA.DRI.CE, *s.f.*, *pej.*, ato de padre; qualidade de padre.
PA.DRI.NHO, *s.m.*, quem se presta a ser testemunha em batismo, crisma, confirmação, casamento e outras cerimônias; protetor, chefe.
PA.DRO.A.DO, *s.m.*, direito de servir de protetor, adquirido por quem fundou uma igreja; Ecles., direito de conceder benefícios eclesiásticos; p.ext., território em que se exerce esse direito.
PA.DRO.EI.RO, *s.m.*, santo protetor, o santo do dia, protetor.
PA.DRÓ.FO.BO, *s.m.*, *bras.*, inimigo de padres.
PA.DRO.NI.ZA.ÇÃO, *s.f.*, ação de padronizar, padronagem.
PA.DRO.NI.ZA.DO, *adj.*, moldado, estabelecido, programado.
PA.DRO.NI.ZA.DOR, *adj.*, que padroniza; *s.m.*, aquele ou aquilo que padroniza.
PA.DRO.NI.ZAR, *v.t.*, colocar no padrão, sob medida, sob moldes.
PA.E.TÊ, *s.m.*, tecido todo enfeitado para festas.
PA.GA, *s.f.*, pagamento, remuneração.
PA.GA.DOR, *s.m.*, quem paga, pagante.
PA.GA.DO.RI.A, *s.f.*, antigamente, local em que se pagavam as contas.
PA.GA.MEN.TO, *s.m.*, retribuição monetária por serviços, remuneração, salário.
PA.GA.NIS.MO, *s.m.*, sistema religioso que adora deuses falsos em oposição ao cristianismo monoteísta; materialismo.
PA.GA.NI.ZA.ÇÃO, *s.f.*, ação ou efeito de paganizar, materialismo crasso, adoração ao consumismo.
PA.GA.NI.ZA.DO, *adj.*, pagão, ateu, materialista, consumista, hedonista.
PA.GA.NI.ZA.DOR, *adj.*, que paganiza.
PA.GA.NI.ZAN.TE, *adj.*, que paganiza, que tem tendências ou simpatias ao paganismo.
PA.GA.NI.ZAR, *v.t.* e *int.*, tornar pagão, comportar-se como pagão.
PA.GAN.TE, *adj.* e *s. 2 gên.*, quem paga, remunerador.
PA.GÃO, *adj.* e *s. m.*, quem não foi batizado, quem aceita deuses falsos; não cristão, materialista.
PA.GAR, *v.t.*, *int.* e *pron.*, solver uma dívida, saldar débitos, resgatar dívidas, remunerar.
PA.GÁ.VEL, *adj.*, que se paga, que deve ser pago, resgatável, saldável.
PÁ.GI.NA, *s.f.*, cada lado de uma folha, lauda.
PA.GI.NA.ÇÃO, *s.f.*, colocar as páginas em ordem por número.
PA.GI.NA.DO, *adj.*, que tem as páginas marcadas, que contém páginas.
PA.GI.NA.DOR, *adj.* e *s.m.*, que(m) organiza as páginas, que(m) monta as páginas.
PA.GI.NAR, *v.t.* e *int.*, organizar as páginas, ordenar em forma numérica.
PA.GO, *adj.*, que recebeu pagamento, saldado; *s.m.*, terra natal, torrão.

PA.GO.DE, *s.m.*, em algumas religiões asiáticas, é o templo; *pop.*, diversão, festa.
PA.GO.DE.AR, *v.t.* e *int.*, viver em festa, festejar muito, viver à toa.
PA.GO.DEI.RA, *s.f.*, festa de pagode, grande festa barulhenta.
PA.GO.DEI.RO, *s.m.*, *bras.*, pessoa que compõe, toca ou canta sambas de pagode; aquele que vai a reuniões de pagode; *pop.*, pessoa alegre, engraçada.
PA.GO.DIS.TA, *adj. 2 gên.*, relativo a sambas ou a reuniões de pagode; *s. 2 gên.*, pagodeiro.
PA.GO.DI.TA, *s.f.*, Miner., substância mineral com que os chineses fazem pequenas esculturas, e que pode ser pirofilita ou esteatita.
PAI, *s.m.*, homem que gerou filho(s), genitor; iniciador, fundador.
PAI DE SAN.TO, *s.m.*, *pop.*, *bras.*, guia espiritual no culto do candomblé e da umbanda; babalorixá, pai de terreiro.
PAI DE TER.REI.RO, *s.m.*, *bras.*, o mesmo que pai de santo.
PAI DE TO.DOS, *s.m.*, *pop.*, o dedo médio.
PAI DOS BUR.ROS, *s.m.*, *pop.*, designação genérica de dicionário.
PAI.NA, *s.f.*, fibra que se solta do fruto da paineira.
PAIN.ÇA, *adj.*, diz-se da palha e da farinha de painço.
PAIN.ÇA.DA, *s.f.*, porção de painço.
PA.IN.ÇO, *s.m.*, semente de uma gramínea usada para alimentar pássaros.
PAI.NEI.RA, *s.f.*, árvore de grande porte, que produz paina.
PAI.NEL, *s.m.*, tela, pintura em tela, mostruário, tela para controle de uma máquina.
PAI-NOS.SO, *s.m.*, padre-nosso, oração evangélica, oração de Jesus.
PAI.O, *s.m.*, tipo de linguiça; linguiça própria para feijoada.
PAI.OL, *s.m.*, depósito, armazém, depósito para pólvora, silo.
PAI.O.LEI.RO, *s.m.*, pessoa designada para cuidar do paiol; guarda do paiol.
PAI.RA, *s.f.*, *bras.*, *gír.*, paixão, enleio amoroso.
PAI.RA.DOR, *adj.* e *s.m.*, que ou o que paira.
PAI.RAN.TE, *adj.*, que paira; pairador.
PAI.RAR, *v.t.* e *int.*, voejar, bater asas para manter-se flutuando, flutuar.
PAIS, *s.m.*, *pl.*, o pai e a mãe.
PA.ÍS, *s.m.*, território, região, nação, terra natal, pátria.
PAI.SA.GEM, *s.f.*, vista, panorama, conjunto abrangido por uma olhada, pintura de artista.
PAI.SA.GIS.MO, *s.m.*, figura com paisagens, pintura de paisagens, gravuras, estudo sobre paisagens.
PAI.SA.GIS.TA, *s. 2 gên.*, quem pinta ou descreve paisagens.
PAI.SA.GÍS.TI.CA, *s.f.*, arte do paisagista.
PAI.SA.GÍS.TI.CO, *adj.*, que se refere a paisagem, panorâmico.
PAI.SA.NA, *s.f.*, *loc. adv.* - à paisana - com roupa civil, com traje normal.
PAI.SA.NO, *adj.* e *s.m.*, não militar, não fardado, civil.
PAI.XÃO, *s.f.*, sentimento profundo, atração irresistível de uma pessoa por outra; sentimento profundo por algo.
PAI.XO.NI.TE, *s.f.*, *pop.*, namorico, afeição amorosa forte.
PA.JE, *s.m.*, *ant.*, *pop.*, ver pajem.
PA.JÉ, *s.m.*, feiticeiro, benzedor, curandeiro, nas tribos indígenas; *fig.*, chefe político.
PA.JE.AR, *v.t.*, *pop.*, cuidar de alguém, ter preocupações com alguém, orientar alguém.
PA.JE.LAN.ÇA, *s.f.*, técnica de cura dos pajés; *fig.*, comando político.

PAJEM **607** **PALERMA**

PA.JEM, *s.m.*, na Idade Média, era um moço que acompanhava nobres e reis; menino que participa das cerimônias de um casamento; quem fica sempre junto de alguém para cuidar dele.

PA.LA, *s.f.*, asa do boné na frente; algum pano por sobre a blusa ou camisa; poncho de tecido leve.

PA.LA.CE.TE, *s.m.*, palácio, mansão, construção luxuosa.

PA.LA.CI.AL, *adj. 2 gên.*, p.us., palaciano.

PA.LA.CI.A.NIS.MO, *s.m.*, posturas e ideias de palaciano, vida cortesã, vivências palacianas.

PA.LA.CI.A.NI.DA.DE, *s.f.*, o mesmo que palacianismo.

PA.LA.CI.A.NO, *adj.*, que vive no palácio, cortesão.

PA.LÁ.CIO, *s.m.*, residência real ou de nobre; residência de indivíduo importante; mansão, casa luxuosa e grande; edifício luxuoso.

PA.LA.DAR, *s.m.*, sentido do gosto, sabor.

PA.LA.DIM, *s.m.*, paladino, protagonista, campeão.

PA.LA.DI.NO, *s.m.*, os principais cavaleiros que lutavam com o imperador Carlos Magno; lutador, defensor, combatente incansável, pessoa arrojada.

PA.LÁ.DIO, *s.m.*, elemento metálico de cor branco-prateada.

PA.LA.FI.TA, *s.f.*, estaca que sustenta edificações em cima de água; casa edificada sobre a água; *fig.*, choupana, casa pobre.

PA.LAN.CA, *s.f.*, alavanca, estepe, estaca, suporte.

PA.LAN.FRÓ.RIO, *s.m.*, palavreado inútil, palavras ocas.

PA.LAN.QUE, *s.m.*, construção de madeira ao ar livre, para apreciar desfiles, comícios; *expr.*, ter um palanque - ter um local para expressar as opiniões.

PA.LAN.QUIM, *s.m.*, cadeira com suporte para carregar alguém, fechada dos lados.

PA.LA.TAL, *adj.*, próprio do palato.

PA.LA.TÁ.VEL, *adj.*, gostoso, de sabor bom, saboroso, apetitoso.

PA.LA.TI.NA.DO, *s.m.*, dignidade de palatino; região dominada por um palatino; cada uma das antigas províncias da Polônia.

PA.LA.TI.NAL, *adj.*, o mesmo que palatal.

PA.LA.TI.NO, *adj.*, referente a palácio, próprio de palácio, palacial.

PA.LA.TI.ZA.ÇÃO, *s.f.*, ação ou efeito de palatizar, sabor apetitoso.

PA.LA.TI.ZAR, *v.t.*, dar sabor, tornar apetitoso.

PA.LA.TO, *s.m.*, céu da boca.

PA.LA.TO.DEN.TAL, *adj.*, que diz respeito ao palato e aos dentes. Fonét., diz-se das consoantes pronunciadas com a intervenção da língua e dos dentes.

PA.LA.TO.LA.BI.AL, *adj. 2 gên.*, Anat., relativo ao palato e aos lábios.

PA.LA.TO.LIN.GUAL, *adj.*, relativo ao palato e à língua; linguopalatal.

PA.LA.TO.NA.SAL, *adj. 2 gên.*, Anat., do palato e do nariz.

PA.LA.VRA, *s.f.*, som que o ser humano articula, profere, com significado para a comunicação; faculdade humana de falar; vocábulo, termo, verbo.

PA.LA.VRA.ÇÃO, *s.f.*, método de ensinar a ler palavra por palavra.

PA.LA.VRÃO, *s.m.*, palavrada, palavra chula, obscena, feia, grosseira, e que ofende.

PA.LA.VRE.A.DO, *s.m.*, palavrório, conjunto de palavras com pouco sentido; conversa fiada.

PA.LA.VRE.AR, *v.t. e int.*, palrar, tagarelar, falar sem sentido.

PA.LA.VRI.NHA, *s.f.*, conversa breve.

PA.LA.VRÓ.RIO, *s.m.*, palavreado, muitas palavras ocas.

PA.LA.VRO.SO, *adj.*, que diz muitas palavras, que fala muito, tagarela.

PAL.CO, *s.m.*, parte do teatro em que os atores se apresentam; *fig.*, cenário, vida.

PA.LE.AN.TRO.PO.LO.GI.A, *s.f.*, história natural dos primeiros seres humanos no planeta.

PA.LE.AN.TRO.PO.LÓ.GI.CO, *adj.*, que se refere à paleantropologia.

PA.LE.AN.TRO.PO.LO.GIS.TA, *s. 2 gên.*, pessoa que é versada em paleantropologia.

PA.LE.AR.QUE.O.LO.GI.A, *s.f.*, análise e estudo de tudo o que se encontrou, pertencente aos primeiros seres humanos na Terra.

PA.LE.AR.QUE.O.LÓ.GI.CO, *adj.*, que se refere à palearqueologia.

PA.LE.AR.QUE.Ó.LO.GO, *s.m.*, o que é versado em palearqueologia.

PA.LE.ET.NO.LO.GIA, *s.f.*, tratado referente às raças humanas primitivas.

PA.LE.ET.NO.LÓ.GI.CO, *adj.*, que se refere à paleetnologia.

PA.LE.ET.NÓ.LO.GO, *s.m.*, pessoa perita em paleetnologia.

PA.LE.O.BO.TÂ.NI.CA, *s.f.*, Bot., estudo das plantas fósseis; paleofitologia.

PA.LE.O.BO.TÂ.NI.CO, *adj.*, relativo a paleobotânica; paleofitológico; *s.m.*, especialista em paleobotânica; paleofitologia; *s.f.*, Bot., o mesmo que paleobotânica.

PA.LE.O.FI.TO.LÓ.GI.CO, *adj.*, o mesmo que paleobotânico.

PA.LE.O.FI.TÓ.LO.GO, *s.m.*, especialista em paleofitologia.

PA.LE.O.GÊ.NEO, *adj.*, Geol., diz-se do subsistema do sistema terciário formado pelas épocas paleocena, oleocena e oligocena; *s.m.*, esse subsistema.

PA.LE.O.GRA.FI.A, *s.f.*, estudo das escritas antigas e dos documentos em que eram usadas, visando à sua decifração, datação, etc.; qualquer tipo de escrita antiga, seja em inscrições ou em documentos; ciência que lida com a decifração, datas e interpretação da escrita antiga.

PA.LE.O.GRÁ.FI.CO, *adj.*, relativo a paleografia.

PA.LE.Ó.GRA.FO, *s.m.*, aquele que se especializou em paleografia; *ant.*, livro escolar impresso em caracteres manuscritos.

PA.LE.O.LÍ.TI.CO, *adj. e s.m.*, próprio do período da idade da pedra.

PA.LE.O.LO.GI.A, *s.f.*, estudo de línguas antigas.

PA.LE.Ó.LO.GO, *s.m.*, especialista em paleologia.

PA.LE.ON.TO.GRA.FI.A, *s.f.*, estudo dos corpos fósseis.

PA.LE.ON.TO.GRA.FI.CO, *adj.*, relativo a paleontografia.

PA.LE.ON.TO.LO.GI.A, *s.f.*, estudo das espécies animais e vegetais desaparecidas.

PA.LE.ON.TO.LÓ.GI.CO, *adj.*, relativo a paleontologia.

PA.LE.ON.TO.LO.GIS.TA, *s. 2 gên.*, profissional da paleontologia.

PA.LE.ON.TÓ.LO.GO, *s.m.*, especialista em paleontologia.

PA.LE.O.ZOI.CO, *s.m.*, era em que apareceram os primeiros vertebrados terrestres.

PA.LE.O.ZO.O.LO.GI.A, *s.f.*, Pal., ramo da paleontologia dedicado ao estudo dos animais fósseis.

PA.LE.O.ZO.O.LÓ.GI.CO, *adj.*, Pal., relativo a paleozoologia.

PA.LE.O.ZO.O.LO.GIS.TA, *s. 2 gên.*, especialista em paleozoologia; paleozoólogo; *adj. 2 gên.*, diz-se desse especialista.

PA.LER.MA, *adj.*, imbecil, idiota, tolo, pacóvio, moloide.

PA.LER.MAR, v.int., imbecilizar, idiotizar, tornar tolo.
PA.LER.MI.CE, s.f., tolice, imbecilidade, idiotice.
PA.LES.CÊN.CIA, s.f., palidez, descoloração, brancura.
PA.LES.TI.NO, adj., que se refere à Palestina, ou seu habitante.
PA.LES.TRA, s.f., conferência, exposição falada sobre um tema; conversa.
PA.LES.TRA.DOR, adj., que palestra; s.m., quem palestra.
PA.LES.TRAN.TE, s. 2 gên., quem profere palestras, expositor.
PA.LES.TRAR, v.t. e int., falar, conversar, discorrer, expor algum tema; var., palestrear.
PA.LE.TA, s.f., objeto chato sobre o qual os pintores mesclam as tintas; palheta; omoplata bovina, tipo de carne em açougue.
PA.LE.TÓ, s.m., casaco, peça do vestuário masculino colocada sobre a camisa.
PA.LHA, s.f., folhas e hastes de gramíneas secas; ração bovina; capim seco; toda haste flexível de vegetal ressecada.
PA.LHA.BO.TE, s.m., Mar., antiga embarcação semelhante ao iate, com dois mastros muito juntos e armação latina.
PA.LHA.ÇA.DA, s.f., ação de palhaço, brincadeira; estupidez.
PA.LHA.ÇA.RI.A, s.f., o mesmo que palhaçada, atos ou modos de palhaço.
PA.LHA.ÇO, s.m., artista que trabalha no circo para divertir a plateia; quem provoca riso em outros; fig., quem faz o papel de bobo, abobado.
PA.LHA.DHA, s.f., ração para animais, misturando capim com farelo.
PA.LHA.GEM, s.f., palha acumulada, monte de palha.
PA.LHAL, s.m., casa coberta de palha ou colmo; choça; palhoça; palha, porção de palha.
PA.LHAR, s.m., o mesmo que palhal.
PA.LHE.GAL, s.m., terreno com muita palha.
PA.LHEI.RÃO, s.m., palheiro grande, cigarro com palha de milho em tamanho avantajado.
PA.LHEI.REI.RO, s.m., vendedor de palhas, produtor de assentos de palha para cadeiras rústicas; fabricante de cigarro palheiro.
PA.LHEI.RO, s.m., monte de palha, rancho para guardar palha, cigarro enrolado com palha fina de milho.
PA.LHEN.TO, adj., que tem muita palha, que está cheio de palha.
PA.LHE.TA, s.f., pequena lâmina metálica ou de madeira, usada em alguns instrumentos de sopro.
PA.LHE.TA.DA, s.f., som produzido pela palheta (de instrumento musical); movimento ou ação da palheta.
PA.LHE.TAR, v.t. e int., ant., zombar, escarnecer; Mús., tocar instrumento musical com palheta.
PA.LHE.TE, adj., da cor da palha, diz-se do vinho sem muita cor; s.m., esse mesmo vinho.
PA.LHE.TE.AR, v.int., conversar, mofando; desfrutar aquele com quem se conversa.
PA.LHI.ÇO, s.m., palha fina, palha miúda, palha moída.
PA.LHI.NHA, s.f., palha fina para forrar cadeiras.
PA.LHO.ÇA, s.f., choupana, casebre coberto de palha.
PA.LHO.CEI.RO, s.m., aquele que faz palhoças.
PA.LHO.SO, adj., relativo ou semelhante à palha.
PA.LHO.TA, s.f., ver palhoça.
PA.LHO.TE, s.m., palhoça, casa coberta de palha.
PA.LI.A.ÇÃO, s.f., ato ou efeito de paliar; disfarce, dissimulação.
PA.LI.A.DO, adj., aliviado, diminuído, suavizado, amenizado.
PA.LI.A.DOR, adj. e s.m., amenizador, calmante, suavizador.

PA.LI.AR, v.t. e int., aliviar, diminuir, tornar menos doloroso, suavizar, amenizar a dor.
PA.LI.A.TI.VO, adj. e s.m., que acalma, que alivia, que diminui uma doença.
PA.LI.ÇA, s.f., bras., no RS, surra, sova.
PA.LI.ÇA.DA, s.f., cerca de estacas, estacada para defender locais.
PA.LI.DE.JAR, v.int., ter cor pálida; mostrar-se pálido; empalidecer.
PA.LI.DEZ, s.f., brancura, sem cor, muito branco, lividez.
PA.LI.DE.ZA, s.f., o mesmo que palidez.
PÁ.LI.DO, adj., branco, descorado, lívido.
PA.LI.FI.CA.ÇÃO, s.f., ato de palificar.
PA.LI.FI.CAR, v.int., estaquear, colocar estepes, reforçar com estaqueamento.
PA.LI.LÁ.LIA, s.f., Med., doença em que se repete uma ou mais palavras da frase; palinfrasia.
PA.LI.LO.GI.A, s.f., repetição de um termo, repetição de palavras, de ideias.
PA.LI.LÓ.GI.CO, adj., relativo a palilogia.
PA.LIMP.SES.TO, s.m., na Antiguidade, pergaminho que podia ser reaproveitado, fazendo-lhe uma raspagem da escrita.
PA.LÍN.DRO.MO, s.m., refere-se a uma palavra, um número, uma locução que pode ser lida da esquerda para a direita ou vice-versa, mantendo sempre o mesmo sentido.
PA.LI.NÓ.DIA, s.f., fig., retratação daquilo que se disse ou fez; ant., poema em que o autor se retratava do que dissera em outro.
PA.LI.NU.RÍ.DEO, adj., Zool. relativo aos palinurídeos; s.m., espécime dos palinurídeos.
PA.LI.NU.RÍ.DEOS, s.m., pl., Zool., família de crustáceos decápodes, que inclui a lagosta.
PÁ.LIO, s.m., sobretudo portátil para proteger e honrar o indivíduo homenageado, ou um sacerdote em procissões solenes.
PA.LI.TA.DO, adj., limpo, asseado com palito.
PA.LI.TA.DOR, adj. e s.m., que ou aquele que palita.
PA.LI.TAR, v.t. e int., limpar os dentes com palito.
PA.LI.TEI.RO, s.m., recipiente para colocar os palitos.
PA.LI.TO, s.m., objeto de madeira, fino e com duas pontas, para limpar dentes; fig., pessoa muito magra; pessoa magra e comprida.
PAL.MA, s.f., folha de palmeira; palma da mão: parte interna da mão.
PAL.MÁ.CE.AS, s.f., pl., família das palmeiras.
PAL.MA-CI.CA, s.f., palmeira com longas folhas hasteadas para uso no Domingo de Ramos.
PAL.MA.DA, s.f., golpe com a palma da mão.
PAL.MA-DE-SAN.TA-RI.TA, s.f., tipo de flor de várias cores; gladíolo.
PAL.MAR, s.m., plantação de palmeiras, palmeiral; adj., que se refere à palma da mão.
PAL.MA.RES, s.m., pl., bras., região do Brasil em que há predominância das palmeiras; Hist., grupo de escravos fugidos, estabelecidos em Alagoas, sob a chefia de Zumbi.
PAL.MAS, s.f., pl., aplausos, batida das mãos, palma contra palma.
PAL.MA.TO.A.DA, s.f., pancada com a palmatória na palma da mão.
PAL.MA.TO.AR, v.t., bater com a palmatória.
PAL.MA.TÓ.RIA, s.f., peça de madeira; régua grossa que se

usava para bater na palma da mão dos alunos travessos, antigamente.

PAL.ME.A.DO, *adj.*, palmilhado, explorado, vistoriado.

PAL.ME.A.DOR, *adj. e s.m.*, que(m) bate palmas, aplaudidor; explorador, que(m) palmeia uma região, palmo a palmo.

PAL.ME.AR, *v.t. e int.*, bater palmas, aplaudir, aprovar; percorrer um caminho procurando todos os vestígios.

PAL.MEI.RA, *s.f.*, nome de várias plantas das palmáceas.

PAL.MEI.RAL, *s.f.*, grupo de palmeiras.

PAL.MEN.SE, *adj. e s.m.*, próprio ou habitante de Palmas, capital do Tocantins.

PÁL.MER, *s.m.*, Fís., instrumento us. para medir pequeníssimas espessuras.

PAL.ME.TA, *s.f.*, espátula para espalhar emplastros; peça em armas da artilharia.

PAL.MÍ.FE.RO, *adj.*, abundante em palmeiras; que produz palmeiras.

PAL.MI.FOR.ME, *adj.*, que tem forma de palma.

PAL.MÍ.GE.RO, *adj.*, que leva palma ou palmas, falando-se de figura, de estátua.

PAL.MI.LHA, *s.f.*, revestimento solto que é colocado dentro do sapato.

PAL.MI.LHA.ÇÃO, *s.f.*, ação ou efeito de palmilhar, proteção com palmilhas; análise de solo.

PAL.MI.LHA.DEI.RA, *s.f.*, mulher que põe palmilhas em meias.

PAL.MI.LHA.DO, *adj.*, que usa palmilha, caminhado, analisado.

PAL.MI.LHAR, *v.t. e int.*, colocar palmilhas em; pesquisar, analisar um solo, ir a pé.

PAL.MI.NHA, *s.f.*, palma pequena; GO, certa dança de quadrilha na área rural, em que um lenço é passado por todos os dançadores.

PAL.MÍ.PE.DE, *adj.*, animal que tem os dedos das patas unidos por membrana.

PAL.MIS.TE, *s.m.*, óleo extraído da semente do dendezeiro.

PAL.MI.TAL, *s.m.*, conjunto de palmiteiras, bosque de palmiteiras.

PAL.MI.TO, *s.m.*, miolo comestível de uma palmeira nativa.

PAL.MO, *s.m.*, medida de uma mão aberta, da ponta do polegar até a do mínimo.

PAL.MOU.RA, *s.f.*, bras., pé das aves palmípedes.

PA.LO.MA, *s.f.*, Mar., cabo náutico; Poét. pomba; des., meretriz.

PAL.PA.BI.LI.DA.DE, *s.f.*, qualidade do que é palpável.

PAL.PA.ÇÃO, *s.f.*, ato ou efeito de palpar; Med., exame de qualquer parte do corpo por meio de toque com os dedos ou com as mãos.

PAL.PA.DA, *s.f.*, o mesmo que palpadela.

PAL.PA.DE.LA, *s.f.*, apalpadela, toque, sensação.

PAL.PAR, *v.t. e pron.*, apalpar, procurar sentir com o tato da mão.

PAL.PÁ.VEL, *adj.*, que se pode palpar, apalpar.

PÁL.PE.BRA, *s.f.*, as bordas dos olhos cobertas com cílios.

PAL.PE.BRAL, *adj.*, que se refere às pálpebras.

PAL.PE.BRI.TE, *s.f.*, inflamação da pálpebra.

PAL.PI.TA.ÇÃO, *s.f.*, batimento descontrolado do coração, ânsia, anseio.

PAL.PI.TA.DO, *adj.*, que palpitou, emocionado, notado.

PAL.PI.TAN.TE, *adj.*, que palpita; *fig.* notório, recente, muito vivo.

PAL.PI.TAR, *v.t. e int.*, dar palpitações, mostrar emoções, mexer-se.

PAL.PI.TE, *s.m.*, ideia, conjetura, suposição, intuição, premonição.

PAL.PI.TEI.RO, *s.m.*, quem dá palpites, faroleiro.

PAL.PI.TO.SO, *adj.*, bras., S, pop., desejoso; NE, diz-se de indivíduo sexualmente atrativo.

PAL.PO, *s.m.*, apêndice dos lábios, da boca dos insetos; *expr.*, estar em palpos de aranha - situação de extrema gravidade.

PAL.RA, *s.f.*, pop., conversação, loquacidade, tagarelice.

PAL.RA.ÇÃO, *s.f.*, ação de palrar; palra.

PAL.RA.DEI.RI.CE, *s.f.*, o mesmo que palraria.

PAL.RA.DEI.RO, *adj.*, o mesmo que palreiro.

PAL.RA.DOR, *adj. e s.m.*, tagarelador, falastrão, tagarela.

PAL.RAR, *v.t. e int.*, tagarelar, voz de pássaro, falar desprovido de conteúdo e sem parar.

PAL.RA.RI.A, *s.f.*, o mesmo que palra; falatório, tagarelice.

PAL.RA.TÓ.RIO, *s.m.*, falatório, muitas falas.

PAL.RE.AR, *v.t. e int.*, palrar, tagarelar, falar sem cessar.

PAL.REI.RO, *adj. e s.m.*, falador, tagarela, palrador.

PA.LU.DE, *s.m.*, brejo, pântano, charco, paul.

PA.LU.DI.AL, *adj.*, que se refere a paludes, brejos, pauis.

PA.LÚ.DI.CO, *adj.*, relativo a palude, a pântano; pantanoso, Med., relativo a paludismo; *s.m.*, Med., indivíduo que padece de paludismo.

PA.LU.DÍ.CO.LA, *s. 2 gên.*, ser que vive no palude, habitante do brejo.

PA.LU.DIS.MO, *s.m.*, doença do palude, malária.

PA.LU.DO.SO, *adj.*, palustre, brejento, próprio do brejo.

PA.LUR.DI.CE, *s.f.*, qualidade, caráter de palúrdio; pacovice, estupidez.

PA.LUR.DO, *adj. e s.m.*, o mesmo ou melhor que palúrdio.

PA.LUS.TRE, *adj.*, que se refere ao palude, próprio dos brejos, paludoso.

PA.MO.NÃ, *s.m.*, bras., Cul., iguaria feita com farinha de mandioca ou de milho, carne, peixe e feijão; revirado.

PA.MO.NHA, *s.f.*, papa feita com milho verde e tempero, envolta na palha do milho; *fig.*, molenga, tolo, parvo.

PAM.PA, *s.m.*, imensa planície no Sul do Rio Grande do Sul e em outros países vizinhos, com vegetação rasteira.

PÂM.PA.NO, *s.m.*, parra, haste da videira com brotos novos e tenros; enfeite com essa imagem.

PAM.PA.NO.SO, *adj.*, cheio ou coberto de pâmpanos.

PAM.PAR.RA, *adj. 2 gên.*, no PE, que é muito bom; que tem boa qualidade; excelente; saboroso, suculento, gostoso.

PAM.PAR.RE.AR, *v.int.*, bras., pop., engodar, enrodilhar, mamparrear.

PAM.PEI.RO, *s.m.*, vento forte e frio, que sopra do Sul para o Norte.

PAM.PI.A.NO, *adj.*, que se refere ao pampa

PAM.PI.LHO, *s.m.*, garrocha terminada em aguilhão; em Botânica, nome comum a várias plantas compostas.

PA.NA.CA, *s. 2 gên., pop.*, pessoa tola, pessoa mole, simplória.

PA.NA.CEI.A, *s.f.*, remédio milagroso para todos os males.

PA.NA.CHE, *s.m.*, maneira particular de ser ou de se fazer algo; estilo; modo de ser ou atitude arrogante e exibicionista; elegância refinada e característica.

PA.NA.CU, *s.m.*, bras., cesto grande, canastra feita de talas para conduzir roupas e objetos em viagem; var., panacum.

PA.NA.DU.RA, *s.f.*, eixo da moenda de cana-de-açúcar.

PA.NA.MÁ, *s.m.*, tipo de chapéu de cor branca; *pop.*, uma falcatrua.

PA.NA.ME.NHO, *adj. e s.m.*, próprio ou habitante do Panamá, panamense.

PA.NA.MEN.SE, *adj.* e *s. 2 gên.*, panamenho, habitante ou natural do Panamá.

PAN-A.ME.RI.CA.NIS.MO, *s.m.*, ideias e doutrinas que atingem a todos os povos das Américas.

PAN-A.ME.RI.CA.NO, *adj.*, referente às três Américas.

PA.NAR, *v.t.*, cobrir (esp. carne) de pão ralado ou farinha de rosca, para fritar; colocar (pão ralado) em água e coar em seguida, esp. para alimentar doentes.

PA.NA.RI.A, *s.f.*, *ant.*, casa onde se reúnem e armazenam cereais; celeiro; tulha.

PA.NA.RÍ.CIO, *s.m.*, inflamação nas unhas, unheiro; var., panariz.

PA.NÁ.RIO, *adj.*, que diz respeito a pão.

PA.NA.ZIO, *s.m.*, pontapé ou bofetada; estrondo de arma de fogo; panaço, pranchada; var., panázio.

PAN.CA, *s.f.*, alavanca feita de madeira; *pop.*, pose, postura, autoimagem exagerada; arrogância.

PAN.ÇA, *s.f.*, parte do estômago dos animais; *pop.*, barriga.

PAN.CA.DA, *s.f.*, choque, batida, golpe, bordoada; chuvarada rápida.

PAN.CA.DÃO, *s.m.*, pancada desferida com muita força; *bras.*, *gír.*, Mús., música funk eletrônica; batidão; *bras. pop.*, tolão, esquisitão.

PAN.CA.DA.RI.A, *s.f.*, rixa, confusão, baderna com muitos socos e golpes.

PAN.CIS.MO, *s.m.*, *bras.*, modo de proceder materialista e sem ideal (dos que só pensam em acumular).

PAN.CO, *s.m.*, *bras.*, tecido grosso de algodão, em geral azul, com pintas brancas e amarelas.

PAN.CON.TI.NEN.TAL, *adj. 2 gên.*, relativo a, ou que abrange todos os continentes.

PAN.CRÁ.CIO, *s.m.*, Hist., exercício de luta entre os antigos gregos e romanos; *adj.* e *s.m.*, *pej.*, diz-se de, ou o indivíduo simplório, tolo, pateta, idiota.

PÂN.CREAS, *s.m.*, glândula que expele o líquido pancreático e produz a insulina.

PAN.CRE.A.TAL.GI.A, *s.f.*, dor no pâncreas.

PAN.CRE.A.TÁL.GI.CO, *adj.*, que diz respeito a pancreatalgia.

PAN.CRE.Á.TI.CO, *adj.*, que se refere ao pâncreas, que se liga ao suco do pâncreas.

PAN.CRE.A.TI.NA, *s.f.*, substância do pâncreas que contém fermentos do próprio pâncreas.

PAN.CRE.A.TI.TE, *s.f.*, inflamação do pâncreas.

PAN.CRE.A.TÍ.TI.CO, *adj.*, que diz respeito a pancreatite.

PAN.ÇU.DO, *adj.*, *pop.*, que tem uma pança grande, barrigudo.

PAN.DA, *s.m.*, urso que vive em certas regiões da China.

PAN.DA.RE.COS, *s.m.*, *pl.*, *pop.*, coisas velhas, cacos; estar em pandarecos: estar muito cansado, exausto.

PAN.DE.AR, *v.t.*, tornar pando, inflado; tornar curvo.

PÂN.DE.GA, *s.f.*, brincadeira ruidosa, farra, festa barulhenta.

PAN.DE.GAR, *v.int.*, festejar, farrear, promover pândegas.

PÂN.DE.GO, *adj.*, *pop.*, faceiro, alegre, leviano.

PAN.DEI.RAR, *v.t.*, produzir ritmo musical (em algo) como se tocasse pandeiro.

PAN.DEI.REI.RO, *adj.* e *s.m.*, fabricante ou músico de pandeiro.

PAN.DEI.RO, *s.m.*, tambor pequeno, com uma pele esticada e na qual se bate com a mão.

PAN.DE.MI.A, *s.f.*, epidemia que ataca muitas pessoas na mesma localidade e ao mesmo tempo.

PAN.DÊ.MI.CO, *adj.*, que se refere a pandemia.

PAN.DE.MI.ZAR, *v.t.*, tornar pandêmico; fazer alastrar alguma epidemia; *v.pron.*, tornar-se pandêmico.

PAN.DE.MÔ.NIO, *s.m.*, confusão, baderna, tumulto.

PAN.DI.LHA, *s.f.*, quadrilha, grupo de pessoas pré-combinadas para lograr a outrem.

PAN.DI.LHAR, *v.int.*, comportar-se como um pandilha, um pulha; acanalhar-se.

PAN.DI.LHEI.RO, *s.m.*, vigarista, pilantra, calhorda, cafajeste.

PAN.DI.NA.MIS.MO, *s.m.*, Filos., sistema filosófico que proclama a atividade constante de tudo e consequente modificação contínua do Universo.

PAN.DI.NA.MIS.TA, *s. 2 gên.* e *adj.*, partidário do pandinamismo.

PAN.DO, *adj.*, inchado, cheio, inflado, crescido, intumescido.

PAN.DO.RA, *s.f.*, instrumento musical com 19 cordas metálicas; Mit. grega, caixa de Pandora, fonte ou causa de todos os males.

PAN.DOR.GA, *s.f.*, papagaio, pipa, brinquedo feito de material leve para o vento carregar.

PAN.DOR.GUEI.RO, *s.m.*, *bras.*, no Sul, pessoa que faz ou empina pandorgas.

PAN.DU.LHO, *s.m.*, *pop.*, pança, barriga; saco de areia colocado na ponta da rede de pesca para estendê-la.

PA.NE, *s.f.*, parada súbita em um motor de avião, carro; parada súbita; sofrer uma pane - ser acometido por uma doença que deixa a pessoa inerte.

PA.NE.GI.RI.CAL, *adj.*, que se refere a panegírico, que elogia, que traz encômios.

PA.NE.GÍ.RI.CO, *s.m.*, discurso laudatório, elogio, peça de retórica.

PA.NE.GI.RIS.TA, *s. 2 gên.*, quem tece elogios, louvador, enaltecedor.

PA.NE.GI.RÍS.TI.CO, *adj.*, que diz respeito a panegírico; panegirical.

PA.NE.GI.RI.ZAR, *v.t.*, p.us., louvar com panegírico; fazer o panegírico de.

PA.NEI.RO, *s.m.*, grande cesto de vime, palha ou outro material flexível.

PA.NE.JA.MEN.TO, *s.m.*, ação ou efeito de panejar, envolver com panos.

PA.NE.JAR, *v.t.* e *int.*, envolver com panos, fazer bordas de pano, orlar um pano.

PA.NE.LA, *s.f.*, recipiente de metal, barro ou vidro para cozinhar algo.

PA.NE.LA.ÇO, *s.m.*, *pop.*, caminhada em protesto, pelas ruas, com as pessoas batendo em panelas.

PA.NE.LA.DA, *s.f.*, o conteúdo de uma panela; pancada com uma panela.

PA.NE.LÃO, *s.m.*, panela grande; Cin., Telev., refletor de luz portátil, cuja forma lembra uma panela.

PA.NE.LEI.RO, *s.m.*, fabricante ou vendedor de panelas de barro; móvel onde se guardam panelas.

PA.NE.LI.NHA, *s.f.*, pequena panela; *fig.*, grupo fechado com interesses próprios, pessoas agrupadas que se amparam entre si.

PA.NE.MA, *adj. 2 gên.*, mau, ruim; pessoa infeliz; infeliz; malsucedido na caça ou na pesca.

PAN-ES.LA.VIS.MO, *s.m.*, ideia política e social de reunir todos os eslavos em um único país.

PAN-ES.LA.VIS.TA, *s. 2 gên.*, adepto do pan-eslavismo.

PAN-ES.TE.LAR, *adj. 2 gên.*, relativo a muitas estrelas ou à totalidade delas.

PA.NES.TE.SI.A, *s.f.*, Fisiol., o conjunto de todas as sensações experimentadas pelo indivíduo.

PA.NE.TO.NE, *s.m.*, bolo preparado e cozido, com frutas e vários ingredientes, vendido pronto, principalmente por ocasião das festas natalinas.

PAN.FA.GI.A, *s.f.*, qualidade de pânfago; onividade; pantofagia.

PÂN.FA.GO, *adj.*, que tudo come; voraz, glutão; pantófago; *s.m.*, Zool., gênero de ortópteros locustídeos, que são gafanhotos da Sicília e da Argélia.

PÂN.FI.LO, *adj.* e *s.m.*, des., frouxo, tardo; desmazelado; sonso.

PAN.FLE.TA.GEM, *s.f.*, distribuição de panfletos próximo aos semáforos, nas ruas, em comícios, em festas.

PAN.FLE.TAR, *v.t.*, confeccionar e distribuir panfletos.

PAN.FLE.TÁ.RIO, *adj.*, próprio de panfleto; *s.m.*, quem faz panfletos.

PAN.FLE.TEI.RO, *adj.*, *pop.*, relativo a panfletarismo; *s.m.*, *pop.*, indivíduo que distribui panfletos.

PAN.FLE.TIS.TA, *s. 2 gên.*, quem confecciona e quem distribui panfletos.

PAN.FLE.TO, *s.m.*, folheto com assuntos diversos; papel para divulgar ideias.

PAN.FO.BI.A, *s.f.*, Med., receio mórbido de tudo, até do próprio receio; pantofobia.

PÂN.FO.BO, *adj.* e *s.m.*, que ou aquele que tem panfobia.

PAN.GA.MI.A, *s.f.*, Biol., cruzamento indiscriminado de uma mesma espécie.

PAN.GA.RÉ, *s.m.*, cavalo ou mulo de pelo avermelhado; *fig.*, cavalo velho.

PAN.GER.MA.NIS.MO, *s.m.*, ideias comuns e doutrinas políticas de todos os povos germânicos.

PAN-GER.MA.NIS.TA, *s. 2 gên.*, pregador e defensor do pan-germanismo.

PÂ.NI.CO, *s.m.*, pavor, medo, susto grande, terror.

PA.NÍ.CU.LA, *s.f.*, Bot., tipo de inflorescência em que os pedúnculos das flores, partindo de um eixo comum, são ramificados e assumem uma forma cônica ou piramidal.

PA.NI.CU.LAR, *adj.*, Bot., que tem forma de panícula.

PA.NÍ.FE.RO, *adj.*, que contém cereais; que se relaciona com pão.

PA.NI.FI.CA.ÇÃO, *s.f.*, ação de fabricar pão.

PA.NI.FI.CA.DOR, *adj.* e *s.m.*, padeiro, fabricante de pães.

PA.NI.FI.CA.DO.RA, *s.f.*, padaria, empresa que fabrica e vende pão.

PA.NI.FI.CAR, *v.t.*, fazer pão, preparar pão.

PA.NI.FI.CÁ.VEL, *adj. 2 gên.*, diz-se de ingrediente utilizado no fabrico de pão.

PA.NI.FÍ.CIO, *s.m.*, ofício ou indústria de panificação.

PA.NI.GUA.DO, *s.m.*, o mesmo que apaniguado.

PAN-IS.LÂ.MI.CO, *adj.*, relativo ao pan-islamismo; pan-islamista.

PAN-IS.LA.MIS.MO, *s.m.*, Pol., ideologia e política de união entre os países islâmicos.

PA.NIS.TA, *adj. 2 gên.* e *s. 2 gên.*, Pol., relativo ao, ou à pessoa adepta do partido mexicano PAN (Partido da Ação Nacional).

PA.NÍ.VO.RO, *adj.*, que se alimenta de pão; que gosta muito de pão.

PA.NO, *s.m.*, qualquer pedaço de tecido; tecido.

PA.NÓ.PLIA, *s.f.*, armadura de metal da Idade Média; tipo de escudo para enfeitar as paredes com armas.

PA.NO.RA.MA, *s.m.*, paisagem, vista, abrangência dos olhos.

PA.NO.RÂ.MI.CA, *s.f.*, grande ou ampla exposição; panorama; Cin., Telv., movimento lateral ou circular feito pela câmara; Cin. Telv., o plano filmado nesse movimento.

PA.NO.RÂ.MI.CO, *adj.*, que se refere a panorama, que se refere a paisagens.

PA.NO.RÓ.GRA.FO, *s.m.*, instrumento com que se obtém rapidamente, numa superfície plana, o desenvolvimento de uma perspectiva circular.

PA.NOU.RA, *s.f.*, certa embarcação asiática.

PAN.QUE.CA, *s.f.*, massa de trigo, ovos e outros ingredientes para fritar.

PAN.RI.AR, *v.int.*, andar na pânria; vagabundar, preguiçar, mandriar.

PAN.SE.MÍ.TI.CO, *adj.*, relativo ao pansemitismo.

PAN.SE.MI.TIS.MO, *s.m.*, expansão da religião, língua e costumes dos semitas.

PAN.SE.XU.AL, *adj. 2 gên.*, relativo ao sexo em todos os seus aspectos.

PAN.SE.XU.A.LI.DA.DE, *s.f.*, o mesmo que pansexualismo.

PANS.PER.MI.A, *s.f.*, Filos., ideia segundo a qual a vida teria vindo de outros mundos ao nosso por deslocamento de germes universalmente espalhados.

PANS.PER.MIS.MO, *s.m.*, o mesmo que panspermia.

PAN.TA.GRU.É.LI.CO, *adj.*, que come muito, guloso, comilão.

PAN.TA.LHA, *s.f.*, peça que fica em volta do abajur, velas, candeeiros, etc., para proteger os olhos do foco luminoso.

PAN.TA.LO.NA, *s.f.*, calça com as canelas compridas; calça.

PAN.TA.LO.NA.DA, *s.f.*, farsa do teatro francês, representada pela personagem Pantalon; farsa burlesca e grosseira.

PAN.TA.NAL, *s.m.*, brejal, pântano, charco, paludé, paul.

PAN.TA.NEI.RO, *adj.*, referente a pântano, que mora no pântano; *s.m.*, quem vive no Pantanal Mato-Grossense.

PAN.TA.NI.ZAR, *v.t.*, transformar em pântano, tornar em brejo; apaular.

PÂN.TA.NO, *s.m.*, charco, brejo, terra com muitas águas paradas.

PAN.TA.NO.SO, *adj.*, com muito pântano, brejento.

PAN.TE.ÃO, *s.m.*, local de todos os deuses romanos; monumento a heróis e cidadãos ilustres, onde podem estar recolhidos os ossos deles.

PAN.TE.AR, *v.t.* e *int.*, zombar, caçoar; dizer futilidades.

PAN.TE.ÍS.MO, *s.m.*, sistema filosófico pelo qual tudo é deus, do Universo ao menor ser.

PAN.TE.ÍS.TA, *s. 2 gên.*, adepto e defensor do panteísmo.

PAN.TE.ÍS.TI.CO, *adj.*, o mesmo que panteísta.

PAN.TE.RA, *s.f.*, tipo de tigre, felídeo muito feroz; *fig.*, mulher atraente.

PAN.TO.FA.GI.A, *s.f.*, qualidade ou característica de pantófago; hábito de comer de tudo sem discriminação.

PAN.TO.FÁ.GI.CO, *adj.*, que diz respeito a pantofagia.

PAN.TÓ.FA.GO, *adj.*, diz-se de indivíduo que come de tudo, sem discriminação; *s.m.*, aquele que come de tudo.

PAN.TO.FI.LO, *adj.* e *s.m.*, que gosta de tudo.

PAN.TO.FO.BI.A, *s.f.*, medo generalizado de tudo, horror a tudo.

PAN.TÓ.FO.BO, *s.m.*, indivíduo que teme a tudo e a todos.

PAN.TO.GRÁ.FI.CO, *adj.*, relativo a pantografia; que é executado pelo pantógrafo; diz-se daquilo em que há grades, placas ou varetas metálicas que se abrem e se fecham como um pantógrafo.

PAN.TÓ.GRA.FO, *s.m.*, instrumento usado para transferir desenhos de um local para outro.

PANTOLOGIA   612   PAPELOCRACIA

PAN.TO.LO.GI.A, *s.f.*, ciência universal; obra que dá ou pretende dar um conhecimento sumário acerca de tudo; enciclopédia.

PAN.TO.ME.TRI.A, *s.f.*, emprego do pantômetro.

PAN.TÔ.ME.TRO, *s.m.*, instrumento para traçar linhas e tirar os ângulos de triângulos.

PAN.TO.MI.MA, *s.f.*, mímica, expressão por meio de gestos.

PAN.TO.MI.MAR, *v.t.* e *int.*, fazer pantomimas, mimicar.

PAN.TO.MI.MEI.RO, *s.m.*, indivíduo que faz pantomima(s); mímico.

PAN.TO.MÍ.MI.CO, *adj.*, relativo a ou próprio da pantomima.

PAN.TO.MI.MO, *s.m.*, pantomimeiro, quem cria pantomimas, artista da pantomima.

PAN.TU.FA, *s.f.*, chinelo acolchoado e macio, pantufo.

PAN.TU.FO, *s.m.*, chinela ordinariamente bordada.

PAN.TUR.RI.LHA, *s.f.*, a parte carnuda posterior da perna; a batata da perna.

PAN.ZA.RI.A, *s.f.*, *fam.*, quantidade de pão ou pães.

PÃO, *s.m.*, alimento feito com farinha de trigo, milho, centeio, água, sal e outros ingredientes e cozido no forno; *fig.*, alimento; *fig.*, pessoa bela.

PÃO DE LÓ, *s.m.*, bolo feito de trigo, açúcar e ovos; *fig.*, delícia.

PÃO-DO.CE, *s.m.*, pão com muito açúcar e doçuras.

PÃO-DU.RIS.MO, *s.m.*, *pop.*, sovinice, avareza, agiotagem.

PÃO-DU.RO, *adj.* e *s.m.*, avarento, sovina.

PA.PA, *s.m.*, o chefe da Igreja Católica; *s.f.*, alimento bem mole, substância macia para alimentar criança.

PA.PÁ, *s.m.*, *pop.*, designativo afetuoso de pai.

PA.PA.DA, *s.f.*, excesso de carne e gordura embaixo do queixo.

PA.PA-DE.FUN.TO, *s.m.*, *bras.*, pessoa que trabalha em casa funerária; agente funerário; em Zool., o mesmo que tatupeba.

PA.PA.DO, *adj.* e *s.m.*, governo de um papa, função do cargo de papa; que se papou, comido.

PA.PA.DOR, *adj.*, *pop.*, que papa; comedor.

PA.PA.GAI.A.DO, *adj.*, diz-se do modo de pisar com as pontas dos pés viradas para dentro.

PA.PA.GAI.AR, *v.t.* e *int.*, expressar-se como papagaio, falar muito, tagarelar; papaguear.

PA.PA.GAI.O, *s.m.*, ave dos psitacídeos que imita a voz humana; tipo que recita tudo de memória, sem compreender o que diz; pipa, pandorga; *fig.*, quem fala demais.

PA.PA.GUE.A.DOR, *adj.* e *s.m.*, *bras.*, diz-se de ou a pessoa tagarela, que fala muito; diz-se de ou o indivíduo falastrão, que repete o que ouve ou lê.

PA.PA.GUE.AR, *v.t.* e *int.*, falar demais e sem pensar no que diz; repetir uma fala ou um texto sem entender o seu significado.

PA.PA.GUEI.O, *s.m.*, o mesmo que papagueação.

PA.PA-HÓS.TI.A, *s. 2 gên.*, pessoa que vai com exagerada frequência à igreja, esp. a católica, ou que vive dando demonstrações insistentes de sua fé; beato.

PA.PAI, *s.m.*, pai, genitor, tratamento afetivo dos filhos ao pai.

PA.PAI.A, *s.f.*, tipo de mamão.

PA.PAI.EI.RA, *s.f.*, mamoeiro.

PA.PA.Í.NA, *s.f.*, substância extraída do látex do mamão.

PA.PA-JAN.TA.RES, *s. 2 gên.*, tipo que gosta de comer em casa alheia; penetra.

PA.PAL, *adj.*, que se refere ao papa.

PA.PA-LÉ.GUAS, *s. 2 gên.*, *sing.* e *pl.*, pessoa que anda muito, que faz longas caminhadas; caminheiro; manja-léguas.

PA.PAL.VI.CE, *s.f.*, qualidadede de papalvo; grupo de papalvos.

PA.PAL.VO, *adj.* e *s.m.*, tolo, pateta, atoleimado, idiota.

PA.PA-MOS.CAS, *s. 2 gên.* e *2 n.*, Zool., nome das aranhas da fam. dos salticídeos, pequenas; *fig.*, *pop.*, pessoa que fica de boca aberta; *s.f. 2 n.*, Zool., nome de diversas spp. de aves da fam. dos tiranídeos, que se alimentam de insetos capturados em voo.

PA.PA.MÓ.VEL, *s.m.*, veículo blindado us. pelo papa em aparições públicas.

PA.PAN.ÇA, *s.f.*, comilança, comida, muita comida.

PA.PÃO, *s.m.*, ser fictício que devoraria crianças, medo insano incutido em crianças.

PA.PA-O.VO, *s.f.*, tipo de cobra.

PA.PAR, *v.t.*, comer; *fig.*, conseguir, persuadir de.

PAPARAZZO, *s.m.*, fotógrafo que persegue celebridades para tirar fotos, de preferência indiscretas ou comprometedoras.

PA.PA.RI.CA.ÇÃO, *s.f.*, mimo, agrado, bajulação.

PA.PA.RI.CA.DO, *adj.*, mimado, acarinhado, bajulado.

PA.PA.RI.CAR, *v.t.* e *int.*, dar muita atenção, tratar com excessivo carinho.

PA.PA.RI.CO, *s.m.*, mimo, cuidado, carinho (ver paparicos); guloseima.

PA.PA.RI.COS, *s.m.*, *pl.*, agrados excessivos, bajulações.

PA.PÁ.VEL, *s.m.*, excesso de mimos, cuidados, carinhos; guloseima.

PA.PA-VEN.TO, *s.m.*, *bras.*, Herp. ver camaleão (*Iguana iguana*); Biol., ver libélula.

PA.PA.VE.RI.NA, *s.f.*, Bioq. Farm., substância química ($C_{20}H_{21}NO_4$) encontrada no ópio, que tem us. terapêutico como relaxante muscular, vasodilatador cerebral, etc.

PA.PE.A.ÇÃO, *s.f.*, conversa informal, ger. sobre amenidades; bate-papo.

PA.PE.AR, *v.int*, conversa sem sentido, falar, conversa fiada.

PA.PEI.RA, *s.f.*, papo, saliência na parte dianteira do pescoço.

PA.PE.JAR, *v.int.*, mesmo que latejar (referindo-se ao papo).

PA.PEL, *s.m.*, produto obtido industrialmente da celulose da madeira, para diversos fins: embrulhar, escrever, imprimir, desenhar, limpar; documento escrito; a personagem do artista; papel-moeda; encargos, documento, folha escrita.

PA.PE.LA.DA, *s.f.*, vários papéis, documentação.

PA.PE.LA.GEM, *s.f.*, o mesmo que papelada.

PA.PEL-A.LU.MÍ.NIO, *s.m.*, lâmina de alumínio para uso culinário e em embalagens.

PA.PE.LÃO, *s.m.*, papel grosso e forte; *pop.*, mau procedimento.

PA.PE.LA.RI.A, *s.f.*, loja para a venda de produtos com papel e artigos similares.

PA.PEL-CAR.BO.NO, *s.m.*, substância que transfere para a folha debaixo o que for escrito na de cima; *fig.*, tipo que é imitação de outro; cópia.

PA.PE.LEI.RA, *s.f.*, cesto coletor de lixo de papel, escrivaninha com tampa e escaninhos, us. para guardar papéis e material de escrever.

PA.PE.LE.TA, *s.f.*, papel pequeno, tira de papel.

PA.PE.LI.NHO, *s.m.*, pequeno papel, papelzinho.

PA.PE.LIS.MO, *s.m.*, *bras.*, sistema financeiro que pratica ou preconiza abundantes emissões de papel-moeda.

PA.PEL-MO.E.DA, *s.f.*, dinheiro, papel com valor figurado que o governo lança para possibilitar os negócios.

PA.PE.LO.CRA.CI.A, *s.f.*, *bras.*, regime ou sistema da papelada burocrática.

PA.PE.LÓ.RIO, s.m., muitos papéis, papel inútil, ação ridícula.
PA.PE.LO.TE, s.m., pedaços de papel em que as mulheres enrolam os cabelos, para encrespá-los; embrulho para distribuir droga.
PA.PE.LU.CHO, s.m., papelzinho sem valor, papel inútil.
PA.PE.LU.DO, adj., relativo a papéis.
PA.PEL.ZI.NHO, s.m., papel pequeno, papelinho, papelucho.
PAPER, s.m., ing., artigo sobre determinado assunto, publicado em periódicos especializados, nos anais de congresso ou em certos eventos.
PA.PI.LA, s.f., saliência diminuta na pele, na língua.
PA.PI.LAR, adj., relativo a papila.
PA.PI.LO.MA, s.m., Med., tumor na pele ou nas mucosas, em forma de papila; Derm., nome dado a verrugas, calosidades, pólipos, etc.
PA.PI.RÁ.CEO, adj., que é semelhante a papel ou a papiro; Bot., diz-se de órgão vegetal que apresenta certa semelhança com o papel, como, p.ex., em grande parte das folhas.
PA.PÍ.REO, adj., relativo ao papiro.
PA.PI.RO, s.m., planta que na Antiguidade era preparada como material de escrita; manuscrito.
PA.PI.RO.LO.GI.A, s.f., ciência que estuda os papiros antigos.
PA.PIS.MO, s.m., a influência ou domínio dos papas na religião católica; a própria Igreja Católica, do ponto de vista dos protestantes.
PA.PIS.TA, adj. 2 gén., que é defensor da supremacia do papa (católico papista); diz-se de católico, conforme os protestantes; s. 2 gén., o adepto da supremacia papal; o católico, segundo os protestantes.
PA.PO, s.m., bolsa existente nas aves, prolongamento do esôfago; papeira; *pop.*, bater um papo - conversar, conversa fiada.
PA.PO DE AN.JO, s.m., Cul., doce feito com gemas de ovos batidas com açúcar, que são colocadas em pequenas formas, para assar, e, posteriormente, mergulhadas em calda quente.
PA.PO-FIR.ME, adj. 2 gén. e s. 2 gén., bras., gír., que ou aquele que leva a sério o que diz; que ou aquele que cumpre o que prometeu.
PA.PO-FU.RA.DO, adj. 2 gén., bras., gír., que não leva a sério o que diz; que não cumpre suas promessas; s. 2 gén., esse tipo de pessoa.
PA.PO.LA.TRI.A, s.f., adoração do papa; imputação que fazem os protestantes aos católicos.
PA.POU.LA, s.f., planta que floresce e da qual se obtém o ópio.
PÁ.PRI.CA, s.f., tempero obtido com pimentão vermelho moído.
PA.PU.A, s. 2 gén., indivíduo dos papuas, povo da Nova Guiné, Ilhas Salomão, oto. (Oceania); Class., língua dos papuas; adj. 2 gén., do ou relativo aos papuas ou à língua papua.
PA.PU.Á.SIO, adj. e s.m., referente, próprio ou habitante de Papua, ilha do Oceano Pacífico.
PA.PU.DO, adj., que possui um papo grande; *pop.*, que só conta vantagens.
PA.PU.LO.SO, adj. Med. e Bot., relativo a pápula; que tem pápula(s).
PA.PÚS.CU.LO, s.m., papo de pequeno tamanho, insignificante.
PA.QUEI.RO, s.m., cão adestrado para caçar pacas; indivíduo que contrata pessoas para outrem.
PA.QUE.RA, s.f., gíria, namoro, namorico, namoro rápido.
PA.QUE.RA.ÇÃO, s.f., bras., pop., ato ou efeito de paquerar; paquera.

PA.QUE.RA.DOR, s.m., gíria, metido a paqueras.
PA.QUE.RA.DO, adj., observado, namorado, namoriscado.
PA.QUE.RAR, v.t. e int., gíria, observar pessoas para namorar, namorar de leve.
PA.QUE.TE, s.m., navio, nau, navio a vapor.
PA.QUI.CE.FA.LI.A, s.f., Med., espessamento anormal de um osso do crânio.
PA.QUI.CE.FÁ.LI.CO, adj., Med., relativo a paquicefalia.
PA.QUI.CÉ.FA.LO, adj., Med., que tem paquicefalia.
PA.QUI.DER.ME, s.m., animal de pele grossa, mamífero cuja pele é grossa e dura; *fig.*, tipo insensível.
PA.QUI.DER.MI.A, s.f., Med., ver elefantíase.
PA.QUI.DÉR.MI.CO, adj., que se refere a paquiderme; *fig.*, pessoa grosseira e insensível.
PA.QUI.DER.MIS.MO, s.m., *fig.*, qualidade ou característica do que é lento, moroso ou pesado.
PA.QUÍ.ME.TRO, s.m., instrumento usado para medir espessuras mínimas.
PA.QUIS.TA.NÊS, adj. e s.m., referente, próprio ou habitante do Paquistão.
PAR, adj., igual, semelhante, divisível por dois; s.m., conjunto de dois seres ou duas coisas; macho e fêmea; a par de – ciente; ao par de – no mesmo nível, paralelamente.
PA.RA, prep., indica direção, destino, objetivo; a.
PA.RA.BE.NI.ZA.ÇÃO, s.f., cumprimentos, elogios, louvores.
PA.RA.BE.NI.ZA.DO, adj., cumprimentado, elogiado, louvado, enaltecido.
PA.RA.BE.NI.ZAR, v.t., pop., cumprimentar.
PA.RA.BÉNS, s.m., pl., cumprimentos por algo importante, cumprimentos de congratulações.
PA.RÁ.BO.LA, s.f., figura geométrica; narração bíblica com fins educativos; historieta, fábula.
PA.RA.BO.LAR, v.int., fazer curva em forma de parábola.
PA.RA.BÓ.LI.CA, s.f., antena externa própria para captar as transmissões das emissoras de televisão.
PA.RA.BÓ.LI.CO, adj., que tem forma de parábola.
PA.RA.BO.LIS.MO, s.m., caráter parabólico.
PA.RA.BO.LIS.TA, s. 2 gén., aquele que expõe parábolas.
PA.RA.BO.LO.I.DAL, adj., que tem feitio de parábola; parabólico.
PA.RA.BO.LÓI.DE, adj. 2 gén., Geom., que tem a forma geométrica da parábola; s.m., Geom., superfície que se estabelece a partir da rotação de uma parábola em torno de seu eixo.
PA.RA-BRI.SA, s.m., vidro posto na parte da frente de um veículo.
PA.RA.ÇÃO, s.f., RS, ação do parar rodoio.
PA.RA-CHO.QUE, s.m., peça colocada na frente e atrás dos veículos, para amortecer eventuais batidas.
PA.RA.CI.NE.SI.A, s.f., Neur., distúrbio neurológico que produz disfunção motora caracterizada por movimentos desordenados e inesperados.
PA.RA.CI.NÉ.TI.CO, adj., Neur., relativo a paracinesia.
PA.RA.CO.RO.NAL, adj. e s.m., Anat., diz-se de cada um dos planos paralelos ao plano vertical transversal.
PA.RA.CU.SI.A, s.f., ruído, rumor, zumbido nos ouvidos.
PA.RA.DA, s.f., local próprio para parar, interrupção de viagem, demora, pausa em um itinerário.
PA.RA.DÃO, s.m., local para muitos veículos e pessoas pararem.
PA.RA.DEI.RO, s.m., lugar onde alguma pessoa está, se

esconde, se refugia.

PA.RA.DI.DÁ.TI.CO, adj., que se usa para enriquecer o currículo escolar.

PA.RA.DIG.MA, s.m., modelo, exemplo, padrão, molde, protótipo; verbo usado para conjugar os demais verbos regulares nas conjugações próprias.

PA.RA.DIG.MÁ.TI.CO, adj., que se refere ao paradigma.

PA.RA.DI.SÍ.A.CO, adj., relativo ao paraíso, excelente, maravilhoso, fantástico.

PA.RA.DI.SI.AL, adj., p.us., paradisíaco.

PA.RA.DÍ.SI.CO, adj., o mesmo que paradisíaco.

PA.RA.DO, adj., que parou; estático; imóvel; que foi estacionado; que não tem iniciativa; estagnado; bras., que ficou desempregado.

PA.RA.DOR, adj. e s.m., que, aquele ou aquilo que para; RJ, diz-se de, ou o trem ou ônibus que não é expresso, que para em estações ou pontos.

PA.RA.DO.XAL, adj., próprio de paradoxo.

PA.RA.DO.XA.LI.DA.DE, s.f., qualidade do que é paradoxal.

PA.RA.DO.XIS.MO, s.m., Ret., figura de linguagem que apresenta palavras de sentido oposto e aparentemente contraditórias, mas cuja contiguidade reforça o sentido pretendido.

PA.RA.DO.XIS.TA, s. 2 gên., pessoa que costuma usar paradoxos.

PA.RA.DO.XO, s.m., exposição de uma ideia na qual haja dois pontos, um se opondo ao outro; ideia oposta ao pensamento geral.

PA.RA.EN.SE, adj., próprio ou habitante do Estado do Pará.

PA.RA.ES.TA.TAL, adj., s. 2 gên., órgão público controlado pelo governo, em que este pode intervir por força de lei; parestatal.

PA.RA.ES.TRA.TO, s.m., influência linguística paralela, que ocorre junto ao idioma dominante em um grupo de pessoas.

PA.RA.FA.SI.A, s.f., perturbação da fala que origina a troca de palavras.

PA.RA.FÁ.SI.CO, adj., que diz respeito a parafasia.

PA.RA.FER.NÁ.LIA, s.f., conjunto de equipamentos, objetos, tralha.

PA.RA.FI.NA, s.f., substância sólida e branca, derivada do petróleo.

PA.RA.FI.NA.DO, adj., Quím., recoberto com parafina; tratado com parafina.

PA.RA.FI.NAR, v.t., Quím., untar ou misturar (algo) com parafina; transformar (algo) em parafina.

PA.RA.FI.NI.ZAR, v.t., o mesmo que parafinar.

PA.RA.FIS.CAL, adj. 2 gên., Jur., imposição tributária similar a um tributo, e que se constitui ger. de contribuições compulsórias destinadas a entidades beneficiárias, e não à administração pública.

PA.RA.FO.NI.A, s.f., Med., alteração do tom da voz, esp. quando causada por motivos emocionais ou devido à idade; Mús., na música da Grécia antiga, os acordes de quarta e quinta.

PA.RA.FÔ.NI.CO, adj., que diz respeito a parafonia.

PA.RA.FO.NIS.TA, s.m., des., qualquer dos dois primeiros cantores, num coro de cantochão.

PA.RÁ.FRA.SE, s.f., dizer ou escrever a mesma coisa, só que com outras palavras; rodear o mesmo assunto; recomposição livre de um texto, retextualização de um texto.

PA.RA.FRA.SE.A.DO, adj., reproduzido, copiado, imitado, plagiado, dito de outro modo.

PA.RA.FRA.SE.AR, v.t., explicar locuções por meio de outras palavras, simplificar um termo, usando outros termos.

PA.RA.FRA.SI.A, s.f., Med., perturbação da palavra.

PA.RA.FRÁS.TI.CO, adj., relativo a ou que tem caráter de paráfrase.

PA.RA.FRE.NI.A, s.f., ant., Psiq., designativo de uma série de problemas mentais que incluem, entre outros males, a demência precoce e a paranoia.

PA.RA.FRÊ.NI.CO, adj., relativo a parafrenia.

PA.RA.FU.SA.ÇÃO, s.f., ato ou efeito de parafusar; fig., ideia fixa, elocubração pertinente a uma área específica.

PA.RA.FU.SA.DO, adj., fixado, afixado, ajustado.

PA.RA.FU.SA.DOR, adj. e s.m., que(m) parafusa, afixador, prendedor.

PA.RA.FU.SAN.TE, adj., que parafusa; parafusador.

PA.RA.FU.SAR, v.t. e int., fixar com parafuso.

PA.RA.FU.SA.RI.A, s.f., fábrica de parafusos.

PA.RA.FU.SO, s.m., peça metálica ou plástica, com estrias, para ser fixada na porca; peça para prender e fixar objetos.

PA.RA.GEM, s.f., parada, local em que se pode parar, estada.

PARAGLIDER, s.m., ing., espécie de planador equipado com motor e hélice; o mesmo que parapente.

PA.RA.GO.GE, s.f., acréscimo de uma letra, ou letras, ao final de uma palavra.

PA.RA.GÓ.GI.CO, adj., que se refere a paragoge.

PA.RA.GO.NAR, v.t., comparar coisas ou pessoas, à procura de semelhanças ou diferenças entre elas; Art. Gráf., combinar diversos tipos de letras em uma mesma área impressa.

PA.RA.GRA.FA.ÇÃO, s.f., ato ou efeito de paragrafar.

PA.RA.GRA.FA.DO, adj., dividido, separado, explanado.

PA.RA.GRA.FAR, v.t., dividir um texto em parágrafos.

PA.RA.GRÁ.FI.CO, adj., relativo a parágrafo.

PA.RÁ.GRA.FO, s.m., subdivisões em um texto, observando uma alínea; divisão de um texto por sentidos diversos no conjunto.

PA.RA.GRA.MA.TIS.MO, s.m., o mesmo que aliteração.

PA.RA.GUAI.O, adj. e s.m., próprio ou habitante do Paraguai.

PA.RA.I.BA.NO, adj. e s.m., próprio ou habitante do Estado da Paraíba.

PA.RA.Í.SO, s.m., local de delícias e maravilhas, onde Deus teria colocado Adão e Eva; éden.

PA.RA.LÁC.TI.CO, adj., relativo a paralaxe; paralático.

PA.RA.LA.LI.A, s.f., defeito na expressão da voz; sumiço temporário da fala.

PA.RA.LA.MA, s.f., peça que cobre a roda dos veículos.

PA.RA.LA.XE, s.f., diferença aparente entre duas localizações do mesmo objeto, obtidas a partir de pontos diversos; Astron., deslocamento aparente de uma estrela por estar sendo observada a partir da Terra.

PA.RA.LE.GAL, adj., diz-se do que se impõe compulsoriamente, mas sem amparo de lei.

PA.RA.LE.LA, s.f., linha que acompanha outra, sempre à mesma distância.

PA.RA.LE.LAS, s.f., pl., Esp., redução de *barras paralelas*, aparelho de ginástica us. em treinamentos e competições; sinal gráfico, barra dupla.

PA.RA.LE.LE.PÍ.PE.DO, s.m., pedra limitada por seis paralelogramos; pedra usada no calçamento de ruas.

PA.RA.LÉ.LI.CO, adj., que tem as características do paralelismo.

PA.RA.LE.LIS.MO, s.m., situação entre dois objetos por

PARALELÍSTICO — PARAQUEDISTA

semelhanças entre si.

PA.RA.LE.LÍS.TI.CO, *adj.*, que diz respeito a paralelismo, em que há paralelismo; diz-se das composições poéticas em que há repetição de ideias mais ou menos variadas, de estrofe em estrofe.

PA.RA.LE.LI.ZA.ÇÃO, *s.f.*, ação ou efeito de paralelizar.

PA.RA.LE.LI.ZAR, *v.t.*, tornar paralelo.

PA.RA.LE.LI.ZÁ.VEL, *adj.*, que se pode paralelizar.

PA.RA.LE.LO, *adj.*, indica linhas e superfícies situadas sempre na mesma distância; semelhante, análogo; *s.m.*, cada um dos círculos paralelos ao Equador.

PA.RA.LE.LO.GRÂ.MI.CO, *adj.*, que se refere ou tem forma de paralelogramo.

PA.RA.LE.LO.GRA.MO, *s.m.*, quadrilátero cujos lados opostos são iguais e paralelos.

PA.RÁ.LIO, *adj.*, próximo do mar; marítimo.

PA.RA.LI.PÔ.ME.NOS, *s.m. e pl.*, nome dado pela Vulgata e pelos autores gregos e hebraicos a dois dos livros históricos da Bíblia (Crônicas I e II); p.ext., qualquer suplemento a uma obra literária.

PA.RA.LI.SA.ÇÃO, *s.f.*, imobilidade, imobilização, parada.

PA.RA.LI.SA.DO, *adj.*, estático, parado, imóvel.

PA.RA.LI.SA.DOR, *adj. e s.m.*, imobilizador, que(m) paralisa.

PA.RA.LI.SAN.TE, *adj. 2 gén.*, que paralisa; que trava a ação, o movimento.

PA.RA.LI.SAR, *v.t., int. e pron.*, ficar paralítico, perder a mobilidade; parar, trancar, imobilizar.

PA.RA.LI.SI.A, *s.f.*, perda ou diminuição do movimento de algum órgão do corpo; falta de atuação.

PA.RA.LI.TI.CAR, *v.t. e pron.*, tornar paralítico, o mesmo que paralisar.

PA.RA.LÍ.TI.CO, *adj.*, que está com paralisia.

PA.RA.LO.GI.A, *s.f.*, Med., confusão na palavra, ou lentidão do pensamento.

PA.RA.LÓ.GI.CO, *adj.*, relativo a paralogia.

PA.RA.LO.GIS.MO, *s.m.*, sofisma, raciocínio errôneo, raciocínio falso.

PA.RA.ME.DI.A.NO, *adj.*, Cir., diz-se de incisão feita 2 a 3 centímetros à direita ou à esquerda da linha média abdominal.

PA.RA.ME.DI.CI.NAL, *adj.*, relativo a paramedicina.

PA.RA.MÉ.DI.CO, *adj., s.m.*, que atua como médico; que executa serviços médicos sem ser médico.

PA.RA.MEN.TA.DO, *adj.*, vestido, preparado, pronto.

PA.RA.MEN.TAL, *adj.*, relativo a vestes litúrgicas ou característico delas.

PA.RA.MEN.TAR, *v.t. e pron.*, vestir paramentos, pôr as vestimentas próprias para uma solenidade.

PA.RA.MEN.TEI.RA, *s.f.*, mulher que trabalha em paramentos eclesiásticos.

PA.RA.MEN.TO, *s.m.*, enfeite, adorno, vestimentos usadas pelos padres ou sacerdotes durante a cerimônia religiosa.

PA.RA.MÉ.RI.CO, *adj.*, relativo ao parâmero.

PA.RA.MÉ.RIO, *s.m.*, o mesmo que parâmero.

PA.RA.MÉ.RO, *s.m.*, Anat., cada uma das partes do organismo, separadas pelos paracoronais.

PA.RA.MÉ.TRI.CO, *adj.*, que se refere ao parâmetro.

PA.RA.ME.TRI.ZA.ÇÃO, *s.f.*, ato ou efeito de parametrizar, de expressar em forma de parâmetros.

PA.RA.ME.TRI.ZAR, *v.t.*, descrever ou representar em termos de parâmetro.

PA.RÂ.ME.TRO, *s.m.*, numa expressão, a parte não variável que pode ser tomada como referencial; termo de comparação, modelo, padrão.

PA.RA.MI.LI.TAR, *adj.*, que recebe treinamento militar, mas não é militar.

PA.RAM.NÉ.SIA, *s.f.*, problema da memória que traz as palavras fora do significado exato; situação na qual o indivíduo pensa estar relembrando fatos que nunca aconteceram; *fig.*, paranoia.

PA.RAM.NÉ.SI.CO, *adj.*, relativo a paramnésia.

PÁ.RA.MO, *s.m.*, planície deserta; campos elevados nas montanhas; lugar delicioso, céu, firmamento.

PA.RA.MOR.FIS.MO, *s.m.*, Min., forma cristalina que um mineral apresenta acidentalmente, mas que não lhe é própria, mesmo que pseudomorfismo.

PA.RA.MO.TOR, *s.m.*, parapente dotado de motor.

PA.RA.NÁ, *s.m.*, canal que liga dois rios separados; o braço de um rio, separado devido a uma ilha.

PA.RA.NA.EN.SE, *adj. e s.m.*, próprio ou habitante do Estado do Paraná.

PA.RAN.GO.LÉ, *s.m.*, RJ, *pop.*, conversa absurda, sem sentido; conversa mole; esperteza; malandragem.

PA.RAN.GO.NAR, *v.t.*, Tipog., combinar na mesma linha (tipos de corpos diferentes).

PA.RA.NIN.FAR, *v.int.*, ser paraninfo, agir como paraninfo em formaturas.

PA.RA.NIN.FO, *s.m.*, padrinho de formatura escolar solene.

PA.RA.NOI.A, *s.f.*, psicose, ideia fixa de ser perseguido, mania, loucura.

PA.RA.NOI.CO, *adj.*, que tem paranoia.

PA.RA.NOI.DE, *adj. 2 gén.*, Psiq., que diz respeito às psicopatias graves, como transtornos de personalidade, etc.; *s. 2 gén.*, Psiq., indivíduo que sofre desses tais problemas psíquicos.

PA.RA.NOR.MAL, *adj.*, que se refere a fenômenos psíquicos não explicados por métodos científicos; *s.m.*, indivíduo que faz coisas paranormais.

PA.RA.NOR.MA.LI.DA.DE, *s.f.*, conjunto de fenômenos psíquicos que não têm explicação normal.

PA.RA.O.FI.CI.AL, *adj.*, que, embora faça parte da área privada, particular, atua como se fosse oficial.

PA.RA.O.LÍM.PI.CO, *adj.*, relativo às paraolimpíadas.

PA.RA.PEI.TO, *s.m.*, meia parede nas janelas; muros para proteger as pessoas de quedas.

PA.RA.PEN.TE, *s.m.*, tipo de paraquedas com o qual se salta de uma elevação e se vai planando em direção ao plano; aparelho para praticar o esporte chamado parapente.

PA.RA.PEN.TIS.TA, *s. 2 gén.*, usuário de parapente.

PA.RA.PLAS.MA, *s.m.*, Histol., cada uma das inclusões figuradas que se podem observar nas células; deutoplasma.

PA.RA.PLE.GI.A, *s.f.*, paralisia dos membros inferiores.

PA.RA.PLÉ.GI.CO, *adj.*, que tem paraplegia.

PA.RA.PLE.XI.A, *s.f.*, paralisia, paraplegia.

PA.RA.PO.LÍ.TI.CO, *adj.*, que se coloca ao lado da política.

PA.RA.PSI.CO.LO.GI.A, *s.f.*, ciência que estuda os fenômenos psíquicos ocultos.

PA.RA.PSI.CO.LÓ.GI.CO, *adj.*, relativo a parapsicologia.

PA.RA.PSI.CÓ.LO.GO, *s.m.*, formado em Parapsicologia.

PA.RA.QUE.DAS, *s.m.*, aparelho usado para saltar de aviões com segurança.

PA.RA.QUE.DIS.MO, *s.m.*, técnicas e habilidades de uso do paraquedas.

PA.RA.QUE.DIS.TA, *s. 2 gén.*, pessoa que salta de paraquedas;

PARAR

fig., político que vem de outras paragens buscar votos em seara alheia.

PA.RAR, *v.int.*, cessar, interromper os passos, deixar de mover-se, terminar.

PA.RA-RAI.OS, *s.m.*, instrumento colocado em pontos altos, para conduzir a energia dos raios até o solo, sem perigo para as pessoas.

PA.RAR.RE.LI.GI.O.SO, *adj.*, que possui traços ou características religiosas sem pertencer, no entanto, a qualquer religião.

PA.RA.SI.TA, *s.m.*, ser ou vegetal que vive em outro organismo; quem suga a vida de outro; quem vive às custas dos outros.

PA.RA.SI.TA.DO, *adj.*, Biol., diz-se de animal ou vegetal que sofre ação de parasita.

PA.RA.SI.TAR, *v.t. e int.*, viver à moda de parasita; viver às custas dos outros.

PA.RA.SI.TÁ.RIO, *adj.*, próprio de parasita.

PA.RA.SI.TE.AR, *v.t. e int.*, parasitar.

PA.RA.SI.TI.CI.DA, *s.m.*, tóxico para parasita, veneno contra parasitas.

PA.RA.SÍ.TI.CO, *adj.*, relativo a ou causado por parasita.

PA.RA.SI.TÍ.FE.RO, *adj.*, que traz, que tem em si parasitas.

PA.RA.SI.TIS.MO, *s.m.*, modo de vida de parasita, hábitos e ações de parasitas; pessoas que vivem às custas dos outros.

PA.RA.SI.TO, *s.m.*, todo ser que vive às custas de outro ser; ser que vive chupando o sangue de outro vivente; indivíduo que fica sugando as pessoas e nada produz.

PA.RA.SI.TO.LO.GI.A, *s.f.*, estudo dos parasitas.

PA.RA.SI.TO.LÓ.GI.CO, *adj.*, que se refere a parasitas.

PA.RA.SI.TO.LO.GIS.TA, *s. 2 gên.*, quem estuda Parasitologia.

PA.RA.SI.TÓ.LO.GO, *s.m.*, o mesmo que parasitologista.

PA.RA.SI.TO.SE, *s.f.*, Biol., Med., doença transmitida pelo parasita ao hospedeiro, homem ou animal.

PA.RA-SOL, *s.m.*, guarda-sol, utensílio que se usa contra a chuva; pode ser usado também contra o sol.

PA.RAS.SIM.PÁ.TI.CO, *adj.*, do ou relativo ao ramo do sistema nervoso vegetativo que regula o organismo quando em repouso; *s.m.*, o sistema parassimpático.

PA.RAS.SI.NA.PSE, *s.f.*, Histol., conjugação paralela de cromossomos, dois a dois.

PA.RAS.SÍN.TE.SE, *s.f.*, Gram., processo de formação de palavra por prefixação e sufixação ao mesmo tempo; parassintetismo.

PA.RAS.SIN.TÉ.TI.CO, *adj.*, relativo a, ou em que ocorre parassíntese.

PA.RAS.SIN.TE.TIS.MO, *s.m.*, processo de formação de vocábulos parassintéticos.

PA.RA.TA.XE, *s.f.*, Gram., sequência de frases sem conjunção coordenativa; Psic., conjunto de ideias e experiências ocorridas durante a formação da personalidade; *ant.*, Mil., ordem de batalha entre os gregos.

PA.RA.TI, *s.f.*, cachaça, pinga.

PA.RA.TI.FO, *s.m.*, doença parecida com o tifo, contudo, mais benigna.

PA.RÁ.VEL, *adj. 2 gên.*, que se pode parar, que se consegue com facilidade.

PA.RA-VEN.TO, *s.m.*, quebra-vento, biombo, parede contra o vento.

PAR.BOI.LI.ZA.ÇÃO, *s.f.*, um processo pelo qual o arroz é imerso em água quente, para que absorva ingredientes nutritivos, que de outra forma se perderiam.

PAR.BOI.LI.ZA.DO, *adj.*, que passou pela parboilização.

PAREDE

PAR.BOI.LI.ZAR, *v.t., int. e pron.*, marinar o arroz em água quente.

PAR.CEI.RA.DA, *s.f.*, grupo de pessoas que são parceiras umas das outras; parceiragem.

PAR.CEI.RA.GEM, *s.f.*, *bras.*, o mesmo que parceirada.

PAR.CEI.RO, *s.m.*, colega, companheiro, sócio, colega em uma empreitada.

PAR.CEL, *s.m.*, escolho, recife, banco de areia.

PAR.CE.LA, *s.f.*, partícula, pequena parte; na soma, cada grupo de números; prestação.

PAR.CE.LA.DO, *adj.*, partilhado, dividido.

PAR.CE.LA.MEN.TO, *s.m.*, divisão, fazer em prestações, em parcelas.

PAR.CE.LAR, *v.t.*, dividir em parcelas, dividir em prestações.

PAR.CE.LA.RIS.TA, *adj. e s. 2 gên.*, que opera por parcelas.

PAR.CE.LÁ.VEL, *adj. 2 gên.*, que pode ser parcelado, dividido em parcelas.

PAR.CE.RI.A, *s.f.*, sociedade, reunião de indivíduos com interesse comum.

PAR.CHE, *s.m.*, pequeno pedaço de tecido que se embebe em algum líquido para ser aplicado sobre uma parte do corpo onde se localiza uma dor, inflamação, etc.; emplastro; pacho.

PAR.CHE.AR, *v.t.*, pôr parches em.

PAR.CI.AL, *adj.*, parte de um todo, que atinge somente uma parte, que em uma disputa favorece uma parte em prejuízo da outra.

PAR.CI.A.LI.DA.DE, *s.f.*, desfavorecimento, prejuízo, desfavor.

PAR.CI.A.LIS.MO, *s.m.*, o mesmo que parcialidade.

PAR.CI.A.LIS.TA, *adj.*, que julga sem isenção; que julga com parcialidade; parcial.

PAR.CI.A.LI.ZAR, *v.t.* tornar parcial, fazer parcial; *v.pron.*, tornar-se partidário de; bandear-se.

PAR.CI.MÔ.NIA, *s.f.*, poupança, economia, cuidado nos gastos.

PAR.CI.MO.NI.O.SO, *adj.*, comedido, econômico, morigerado.

PAR.CO, *adj.*, moderado, econômico, diminuto.

PAR.DA.CEN.TO, *adj.*, que se assemelha a pardo, cinzento.

PAR.DAL, *s.m.*, pequeno pássaro de origem europeia, que vive nas cidades.

PAR.DA.LA.DA, *s.f.*, grupo de pardais, revoada de pardais.

PAR.DA.LO.CA, *s.f.*, pardoca, fêmea do pardal.

PAR.DE.JAR, *v.int.*, fazer-se pardo; ter cor parda ou pardacenta.

PAR.DI.EI.RO, *s.m.*, casa em ruínas, casa velha e caindo aos pedaços.

PAR.DI.LHO, *adj.*, o mesmo que pardacento; *s.m., ant.*, certo pano de cor parda.

PAR.DO, *adj., s.m.*, que(m) tem cor entre branco e preto, castanho; pessoa mulata.

PAR.DO.CA, *s.f.*, pardaloca, fêmea do pardal.

PA.RE.CEN.ÇA, *s.f.*, semelhança, similaridade.

PA.RE.CEN.TE, *adj.*, parecido, semelhante.

PA.RE.CER, *v. de lig., int. e pron.*, ter semelhança, assemelhar-se, lembrar.

PA.RE.CE.RIS.TA, *s. 2 gên.*, pessoa que emite parecer sobre matéria em que é especialista.

PA.RE.CI.DO, *adj.*, semelhante, análogo.

PA.RE.DÃO, *s.m.*, muro alto e forte; muralha.

PA.RE.DE, *s.f.*, divisória feita de material, para dividir os cômodos de uma construção; divisória; *fig.*, obstáculo para o avanço de todos; pessoa muito forte.

PA.RE.DE-MEI.A, *s.f.*, parede comum e divisória de dois cômodos ou de dois prédios.
PARE.DIS.MO, *s.m.*, prática da greve ou parede como meio de reivindicação ou de ação política e social.
PA.RE.DIS.TA, *adj. 2 gên.*, *s. 2 gên.*, o mesmo que grevista.
PA.RE.GO.RI.A, *s.f.*, caráter ou qualidade de paregórico.
PA.RE.GÓ.RI.CO, *adj.*, que acalma, serena; calmante.
PA.RE.LHA, *s.f.*, par de animais; *fig.*, dois tipos que são semelhantes.
PA.RE.LHO, *adj.*, igual, na mesma posição.
PA.RÉ.LIO, *s.m.*, Astron., imagem difusa do sol, que em certas ocasiões se observa no seu halo interior.
PA.RÊ.MIA, *s.f.*, alegoria breve; expressão proverbial.
PA.RE.MÍ.A.CO, *adj.*, que diz respeito a parêmia; diz-se de um verso na métrica greco-latina.
PA.RE.NÉ.TI.CA, *s.f.*, coleção de sermões, retórica com temas religiosos.
PA.RÊN.QUI.MA, *s.f.*, Anat., tecido composto de células que cumprem uma ou mais funções específicas (de órgão, glândula, etc.)
PA.REN.QUI.MÁ.TI.CO, *adj.*, Med., relativo a parênquima; parenquimatoso.
PA.REN.QUI.MA.TO.SO, *adj.*, relativo ao parênquima.
PA.REN.TA.DA, *s.f.*, o conjunto dos parentes; parentela; parentalha; parentagem.
PA.REN.TA.GEM, *s.f.*, parentada, parentela.
PA.REN.TAL, *adj. 2 gên.*, relativo a pai e mãe; relativo a parente.
PA.REN.TA.LHA, *s.f.*, o conjunto dos parentes; parentela; parentada.
PA.REN.TAR, *v.t.*, p.us., o mesmo que aparentar.
PA.REN.TE, *s.m.*, quem é da mesma família, cognato; quem tem o mesmo sangue, ou por casamento.
PA.REN.TEI.RA, *s.f.*, *bras.*, parentela.
PA.REN.TE.LA, *s.f.*, o grupo de parentes, o clã, a grande família.
PA.REN.TE.RAL, *adj.*, Med., que não se faz por via digestiva, mas por injeção.
PA.REN.TÉ.RI.CO, *adj.*, o mesmo que parenteral.
PA.REN.TES.CO, *s.m.*, afinidade por sangue ou casamento, em um grupo familiar; a mesma origem.
PA.RÊN.TE.SE, *s.m.*, parêntesis, cada um dos dois sinais gráficos que encerram uma expressão ou frase; um adendo; uma explanação; um aparte; expressão de um todo com visão explicativa.
PA.RÊN.TE.SIS, *s.m.*, parêntese.
PÁ.REO, *s.m.*, corrida de cavalos, prêmio; disputa, luta.
PA.RE.SI.A, *s.f.*, paralisia de um nervo ou de um músculo que ainda mantém certa mobilidade.
PA.RÉ.SI.CO, *adj.*, Med., relativo a paresia; parético.
PA.RES.TA.TAL, *adj.* e *s. 2 gên.*, empresa de propriedade do governo; paraestatal.
PA.RES.TE.SI.A, *s.f.*, momento de desordem nervosa, tendo o paciente alucinações sensoriais e visões.
PA.RES.TÉ.SI.CO, *adj.*, Med., relativo a parestesia; pessoa que sofre de parestesia.
PA.RÉ.TI.CO, *adj.*, o mesmo ou melhor que parésico.
PÁ.RIA, *s. 2 gên.*, a casta mais baixa na sociedade da Índia; marginalizado, ser excluído da sociedade.
PA.RI.A.TO, *s.m.*, dignidade de par, em um reino.
PA.RI.ÇÃO, *s.f.*, parto, esp. de animais; *bras.*, N e NE, reprodução anual do gado; época em que ela ocorre.

PA.RI.DA.DE, *s.f.*, situação de igualdade entre dois pontos; igualdade; no câmbio, moedas com o mesmo valor de conversão.
PA.RI.DEI.RA, *s.f.*, mulher ou fêmea de animal que está em idade de parir; local em que as fêmeas de animais dão cria; *adj.*, diz-se de parideira; *bras.*, N e NE, diz-se da fêmea que pare anualmente.
PA.RI.DE.LA, *s.f.*, pop., o mesmo que parto.
PA.RI.DO, *adj.* e *s.m.*, nascido, gerado, dado à luz.
PA.RI.E.TAL, *adj.*, próprio da parede; *s.m.*, os dois ossos situados no lado do crânio.
PA.RI.E.TÁ.RIO, *adj.*, que cresce nas paredes, parietal.
PA.RI.FI.CAR, *v.t.*, tornar par, igualar, pôr a par; assemelhar.
PA.RI.FOR.ME, *adj.*, de forma semelhante ou igual.
PA.RI.LI.DA.DE, *s.f.*, p.us, ver paridade.
PA.RI.MEN.TO, *s.m.*, *ant.*, ação de parir; parto.
PÁ.RIO, *adj.* e *s.m.*, *ant.*, o mesmo que parelho.
PA.RIR, *v.t.* e *int.*, dar à luz, pôr no mundo, fazer nascer.
PA.RI.SI.EN.SE, *adj.* e *s.m.*, próprio de Paris ou seu habitante.
PA.RI.TÁ.RIO, *adj.*, formado por números pares, a fim de estabelecer igualdade de categorias.
PA.RI.TA.RIS.MO, *s.m.*, Sociol., sistema ou doutrina segundo a qual todos os cultos ou todas as instituições devem ser tratadas no mesmo pé de igualdade.
PARKOUR, *s.m.*, fr., (lê-se *parcur*), atividade ou esporte que consiste em se deslocar de um ponto a outro da maneira mais rápida possível, saltando, escalando, etc.
PAR.LA.MEN.TA.ÇÃO, *s.f.*, discussão, negociação, atuação para solucionar um problema.
PAR.LA.MEN.TA.DO, *adj.*, discutido, negociado, atuado.
PAR.LA.MEN.TAR, *adj.*, referente a um parlamento; *s.m.*, representante do povo no parlamento.
PAR.LA.MEN.TAR, *v.t.* e *int.*, conversar, dialogar, negociar uma solução em um impasse.
PAR.LA.MEN.TÁ.RIO, *adj.*, que serve para parlamentar; *s.m.*, pessoa que parlamenta.
PAR.LA.MEN.TA.RIS.MO, *s.m.*, regime político no qual o primeiro-ministro governa através do parlamento, com base no partido, ou partidos, que tenham a maioria nas câmaras.
PAR.LA.MEN.TA.RIS.TA, *s. 2 gên.*, adepto do parlamentarismo.
PAR.LA.MEN.TA.RI.ZA.ÇÃO, *s.f.*, Pol., ato ou efeito de parlamentarizar, de tornar parlamentarista um regime político.
PAR.LA.MEN.TA.RI.ZA.DO, *adj.*, que adotou o regime político do parlamentarismo.
PAR.LA.MEN.TA.RI.ZAR, *v.t.*, Pol., tornar (um sistema político) parlamentar.
PAR.LA.MEN.TO, *s.m.*, câmara legislativa, congresso; poder legislativo.
PAR.LA.PA.TÃO, *s.m.*, impostor, mentiroso, vaidoso, fanfarrão.
PAR.LA.PA.TE.AR, *v.t.* e *int.*, comportar-se, agir como parlapatão, como fanfarrão; anunciar ou exprimir (algo) com bazófia.
PAR.LA.PA.TI.CE, *s.f.*, atitude ou fala própria de parlapatão; fanfarronice.
PAR.LAR, *v.t.* e *int.*, falar muito; parolar.
PAR.LA.TÓ.RIO, *s.m.*, auditório, sala para falar, tribuna.
PAR.LEN.DA, *s.f.*, parlenga, palavrório, palavreado, conversa fiada.
PAR.LEN.GA, *s.f.*, palavreado; bacharelice.
PAR.ME.SÃO, *s.m.*, tipo de queijo de origem italiana, com gosto forte e apreciado pelos conhecedores.

PARNASIANISMO

PAR.NA.SI.A.NIS.MO, *s.m.*, escola literária poética, correspondente ao Realismo, na França e no Brasil, que busca a perfeição da forma e se exprime com possível impassibilidade, sendo o grande representante o poeta Olavo Bilac.

PAR.NA.SI.A.NO, *adj. e s.m.*, adepto e seguidor da cultura e criatividade do Parnasianismo.

PAR.NA.SO, *s.m.*, a comunidade dos poetas; Poét., coleção de poesias, de um ou mais poetas; o conjunto dos poetas; parnasianismo; var., parnasso.

PA.RO.A.RA, *s. 2 gên.*, pessoa nordestina radicada na Amazônia.

PÁ.RO.CO, *s.m.*, padre que dirige uma paróquia, vigário, cura.

PA.RÓ.DIA, *s.f.*, imitação cômica de uma obra séria.

PA.RO.DI.A.DO, *adj.*, que se parodiou; burlescamente imitado.

PA.RO.DI.A.DOR, *s.m.*, o mesmo que parodista.

PA.RO.DI.AR, *v.t.*, fazer paródias, imitar para provocar a hilariedade.

PA.RÓ.DI.CO, *adj.*, relativo a paródia; que tem caráter de paródia.

PA.RO.DIS.TA, *s. 2 gên.*, quem faz paródias; satirizador, comicista.

PA.RO.LA, *s.f.*, *pop.*, conversa fiada, expressão impensada, palavreado.

PA.RO.LAR, *v.t. e int.*, tagarelar; conversar.

PA.RO.LE.AR, *v.int.*, o mesmo que parolar.

PA.RO.LI.CE, *s.f.*, ato ou efeito de parolar, parolagem; qualidade ou caráter do paroleiro.

PA.RO.NÍ.MIA, *s.f.*, estuda os parônimos; estuda palavras parecidas na escrita e de conteúdo diverso.

PA.RÔ.NI.MO, *s.m.*, vocábulo de forma parecida, mas de significado diverso.

PA.RO.NO.MÁ.SIA, *s.f.*, palavras com sons semelhantes e conteúdos diferentes; semelhanças de palavras de línguas diferentes por uma origem comum.

PA.ROP.SI.A, *s.f.*, os vários defeitos da visão.

PA.RÓ.QUIA, *s.f.*, região territorial, dirigida por um pároco ou pastor, atendendo o lado espiritual das pessoas, ou seja, dos fiéis.

PA.RO.QUI.AL, *adj.*, que se refere a paróquia; próprio da paróquia.

PA.RO.QUI.A.LIS.MO, *s.m.*, condição ou caráter de paroquial.

PA.RO.QUI.A.LIS.TA, *adj. 2 gên.*, relativo a paroquialismo; *s. 2 gên.*, aquele que demonstra espírito paroquial.

PA.RO.QUI.A.NO, *adj. e s.m.*, pessoa que faz parte da paróquia; fiel da paróquia.

PA.RO.QUI.A.TO, *s.m.*, investidura de pároco; tempo durante o qual alguém é pároco.

PA.RÓ.TI.DA, *s.f.*, cada uma das duas glândulas salivares, postas sob as orelhas; var., parótide.

PA.RO.TÍ.DEO, *adj.*, referente a parótida.

PA.RO.TI.DI.TE, *s.f.*, inflamação na parótida.

PA.RO.XIS.MO, *s.m.*, o máximo de intensidade de um ataque; acesso, doença em estágio avançado.

PA.RO.XÍ.TO.NO, *s.m.*, palavra cuja sílaba tônica é a penúltima.

PAR.QUE, *s.m.*, local destinado a exposições; superfície arborizada, preparada para o lazer das pessoas; reserva ecológica.

PAR.QUE.TE, *s.m.*, assoalho feito de tacos de madeira que formam desenhos ou figuras.

PAR.QUÍ.ME.TRO, *s.m.*, aparelho que marca o tempo de parada de um veículo.

PAR.QUI.NHO, *s.m.*, parque infantil, pequeno parque.

PAR.RA, *s.f.*, pâmpano, haste de videira com brotos mal se formando.

PAR.REI.RA, *s.f.*, videira, vide cujos ramos se estendem em latada.

PAR.REI.RAL, *s.m.*, conjunto de vides, formando um todo.

PAR.RI.CI.DA, *adj. e s.m.*, quem pratica um parricídio, quem assassina o pai.

PAR.RI.CÍ.DIO, *s.m.*, assassinato do pai, pelo filho; homicídio.

PAR.RU.DO, *adj.*, forte, musculoso, de físico avantajado e forte.

PAR.SEC, *s.m.*, Astr., unidade de distância astronômica que equivale à distância da Terra ao Sol, sob o ângulo de um segundo de arco; símb.: pc.

PAR.TE, *s.f.*, porção, divisão de um todo, parcela; signatários de um contrato comum; lugar, banda, ponto; dar parte - denunciar à polícia.

PAR.TEI.RA, *s.f.*, mulher que auxilia a parturiente a dar à luz o filho.

PAR.TEI.RO, *s.m.*, médico especializado em parto.

PAR.TE.JAR, *v.t. e int.*, trabalhar como parteira; agir na função de parteiro ou parteira.

PAR.TE.JO, *s.m.*, ato de partejar; ofício de parteira.

PAR.TI.ÇÃO, *s.f.*, divisão, repartição.

PAR.TI.CI.PA.ÇÃO, *s.f.*, notícia, comunicação, convite; presença, envolvimento em uma tarefa.

PAR.TI.CI.PA.DOR, *adj. e s.m.*, que ou o que participa ou comunica; participante.

PAR.TI.CI.PAN.TE, *adj. e s 2 gên.*, quem participa, presente.

PAR.TI.CI.PAR, *v.t.*, comunicar, avisar, noticiar; tomar parte em, estar presente.

PAR.TI.CI.PA.TI.VO, *adj.*, relativo a participação; que favorece a participação.

PAR.TI.CI.PÁ.VEL, *adj.*, de que se pode participar.

PAR.TÍ.CI.PE, *adj. e s 2 gên.*, participante, que(m) participa.

PAR.TI.CÍ.PIO, *s.m.*, forma nominal do verbo.

PAR.TÍ.CU.LA, *s.f.*, pequena parte, partezinha, toda coisa diminuta, corpúsculo.

PAR.TI.CU.LAR, *adj.*, próprio, pessoal, de cada um, inerente, restrito.

PAR.TI.CU.LA.RI.DA.DE, *s.f.*, detalhe, especialidade, peculiaridade, minudência.

PAR.TI.CU.LA.RIS.MO, *s.m.*, qualidade do que é particular, mesmo que particularidade.

PAR.TI.CU.LA.RIS.TA, *adj. 2 gên.*, relativo ao particularismo, que adota as ideias ou a maneira de ver as coisas do particularismo; *s. 2 gên.*, aquele que segue o particularismo.

PAR.TI.CU.LA.RI.ZA.ÇÃO, *s.f.*, detalhe, pormenor, esmiuçamento.

PAR.TI.CU.LA.RI.ZA.DO, *adj.*, detalhado, esmiuçado, destacado.

PAR.TI.CU.LA.RI.ZA.DOR, *adj.*, que particulariza.

PAR.TI.CU.LA.RI.ZAN.TE, *adj. 2 gên.*, que particulariza, particularizador; *s. 2 gên.*, quem particulariza, particularizador.

PAR.TI.CU.LA.RI.ZAR, *v.t e pron.*, detalhar, pormenorizar, esmiuçar, destacar as mínimas nuanças.

PAR.TI.DA, *s.f.*, começo de viagem, largada, início de um trajeto; jogo, disputa; quantidade de mercadorias remetidas.

PAR.TI.DA.ÇO, *s.m.*, *pop.*, pessoa que, por ter dinheiro ou posição social significativa, é considerada altamente desejável para um casamento; partidão.

PARTIDÃO / PASSAR

PAR.TI.DÃO, *s.m.*, grande partido, organização política de grande porte; bom arranjo; partidaço; *bras.*, Pol., nome dado ao antigo Partido Comunista Brasileiro.

PAR.TI.DÁ.RIO, *adj.*, adepto, seguidor, filiado a um partido, sectário.

PAR.TI.DA.RIS.MO, *s.m.*, parcialidade em prol de afilhados políticos, clientelismo político.

PAR.TI.DA.RIS.TA, *adj. 2 gên.* e *s. 2 gên.*, que ou aquele que é seguidor de um partido político ou defende um partido político, sua causa e/ou ideologia.

PAR.TI.DA.RI.ZA.ÇÃO, *s.f.*, ato ou efeito de partidarizar(-se).

PAR.TI.DA.RI.ZAR, *v.t.*, filiar(-se) a um partido político, tornar(-se) partidário.

PAR.TI.DO, *s.m.*, grupo de pessoas ligadas às mesmas ideias políticas; proveito, pessoa que tenha um dote rico; *adj.*, separado, distribuído, repartido, quebrado.

PAR.TI.DOR, *adj.* e *s.m.*, que(m) parte, divisor, dividor, rachador.

PAR.TI.LHA, *s.f.*, distribuição dos bens em uma herança; divisão.

PAR.TI.LHA.DO, *adj.*, separado, distribuído, dividido.

PAR.TI.LHA.MEN.TO, *s.m.*, ação ou efeito de partilhar, divisão, separação, distribuição.

PAR.TI.LHAR, *v.t.*, executar a partilha, separar, distribuir, ser participante.

PAR.TI.LHÁ.VEL, *adj. 2 gên.*, que pode ser partilhado.

PAR.TIR, *v.t.* e *pron.*, dividir, partilhar, quebrar; *v.int.*, viajar, ir.

PAR.TIS.TA, *adj. 2 gén* e *s. 2 gên.*, *bras.*, que ou aquele que é cheio de partes, exigências, caprichos; que ou aquele que demonstra medo, timidez; diz-se de, ou a cavalgadura que se assusta com facilidade.

PAR.TI.TI.VO, *adj.*, que parte, que divide, que partilha.

PAR.TI.TU.RA, *s.f.*, composição escrita de uma música, peça musical.

PAR.TO, *s.m.*, ação de parir, de dar à luz.

PAR.TU.RI.ÇÃO, *s.f.*, Med., ato ou efeito de parturir; o mesmo que parto.

PAR.TU.RI.EN.TE, *s.f.*, a mulher que dará à luz um filho.

PAR.VA.LHÃO, *adj.* e *s.m.*, uma pessoa muito parva, toleirão, atoleimado.

PAR.VA.LHI.CE, *s.f.*, parvoíce, idiotice, tolice.

PAR.VO, *adj.*, tolo, ignorante, estúpido.

PAR.VO.Í.CE, *s.f.*, ação ou exposição de parvo, tolice, idiotice, parvalhice.

PAS.CAL, *adj.*, referente à Páscoa.

PAS.CEN.TA.DOR, *adj.* e *s.m.*, que apascenta; apascentador.

PA3.CEN.TAR, *v.t.*, o mesmo que apascentar.

PAS.CER, *v.t.*, *int.* e *pron.*, pastar, alimentar no pasto; aprazer-se, alegrar-se.

PÁS.COA, *s.f.*, festa móvel dos hebreus e dos cristãos; *fig.*, ressurreição, libertação.

PAS.CO.AL, *adj.*, que se refere à Páscoa.

PAS.CO.A.LI.NO, *adj.*, relativo a Blaise Pascal; o mesmo que pascalino.

PAS.CO.E.LA, *s.f.*, pequena páscoa; o domingo seguinte ao da Páscoa.

PAS.MA.ÇÃO, *s.f.*, ação ou efeito de pasmar; pasmo.

PAS.MA.CE.AR, *v.int.*, andar na pasmaceira; levar vida airada, pasmando de tudo.

PAS.MA.CEI.RA, *s.f.*, *pop.*, rotina, algo sem interesse, mesmice de sempre.

PAS.MA.DO, *adj.*, espantado, assombrado, admirado, estupefato.

PAS.MAN.TE, *adj.*, que causa pasmo; o mesmo que pasmoso.

PAS.MAR, *v.t.*, *int.* e *pron.*, provocar pasmo, espantar.

PAS.MO, *s.m.*, espanto, assombração, admiração, maravilha, estupefação.

PAS.MO.SO, *adj.*, diz-se de algo ou alguém que provoca pasmo, pasmante.

PAS.PA.LHÃO, *adj.*, paspalho, tolo.

PAS.PA.LHAR, *v.int.*, proceder como paspalho; pasmar.

PAS.PA.LHI.CE, *s.f.*, tolice, ingenuidade, bobice, idiotice.

PAS.PA.LHO, *adj.* e *s.m.*, tolo, abobado, ingênuo, bobo.

PAS.PA.LHO.ÇA, *s.f.*, espécie de cotovia; laverca.

PAS.QUIM, *s.m.*, jornal, folhetim, tabloide.

PAS.QUI.NA.DA, *s.f.*, pasquim, denúncia feita contra alguém por meio de material impresso.

PAS.QUI.NA.GEM, *s.f.*, uso de material impresso para denunciar ou difamar pessoas.

PAS.QUI.NAR, *v.t.* e *int.*, fazer pasquim; satirizar (alguém ou algo) por meio de pasquim.

PAS.QUI.NEI.RO, *adj.* e *s.m.*, que(m) usa pasquim para promover denúncias, autor de pasquinadas.

PAS.SA, *s.f.*, passas, fruta seca, uva seca.

PAS.SA.DA, *s.f.*, o tamanho de um passo ao caminhar; *adj.*, que passou, que se foi, que se estragou.

PAS.SA.DEI.RA, *s.f.*, tapete colocado no piso para a passagem; pessoa que passa a roupa com o ferro.

PAS.SA.DI.ÇO, *adj.* e *s.m.*, passageiro, efêmero, transitório; corredor de comunicação; passagem, no navio, local do qual o comandante do navio dá as ordens.

PAS.SA.DI.O, *s.m.*, alimento usual.

PAS.SA.DIS.MO, *s.m.*, saudosismo, lembranças do passado, pessoa que vive no passado.

PAS.SA.DIS.TA, *adj. 2gên.*, relativo a passado ou a passadismo que cultua o passado; que é adepto do passadismo; *s. 2 gén.*, pessoa que cultua o passado; pessoa que é adepta do passadismo.

PAS.SA.DO, *adj.*, findo, ido, fora de tempo; *s.m.*, tempo já acabado.

PAS.SA.DOR, *adj.* e *s.m.*, que(m) passa, atravessador.

PAS.SA.DOU.RO, *s.m.*, local que serve de passagem, logradouro de passagem.

PAS.SA.GEI.RA.DA, *s.f.*, *pop.*, grupo de passageiros.

PAS.SA.GEI.RO, *adj.*, transitório, que passa, efêmero; *s.m.*, quem viaja; quem embarca pagando passagem.

PAS.SA.GEM, *s.f.*, lugar para passar; bilhete comprado para uma viagem.

PAS.SA.MA.NA.RI.A, *s.f.*, adornos acessórios para aplicação em roupas; fitas, frivolitês.

PAS.SA.MA.NES, *s.m.*, *pl.*, ornamentos para prender nas vestimentas, como fitas, gregas, frivolitês, bordados e outros adereços.

PAS.SA.MEN.TO, *s.m.*, falecimento, óbito, morte, desenlace.

PAS.SA.MO.LE.QUE, *s.m.*, *bras.*, estratégia ou truque para levar alguém a engano; logro; perfídia.

PAS.SAN.TE, *adj.* e *s. 2 gên.*, quem passa, transeunte, pedestre.

PAS.SA.POR.TE, *s.m.*, documento de identificação para os viajantes internacionais.

PAS.SAR, *v.t.*, *int.* e *pron.*, ir de para, atravessar, cruzar, entrar; exceder-se; obter aprovação em qualquer exame; preparar vestimentas com o ferro de passar roupas.

PAS.SA.RA.DA, *s.f.,* coletivo de pássaros, revoada.
PAS.SA.RE.DO, *s.m.,* passarinhada, bando de pássaros.
PAS.SA.REI.RA, *s.f.,* o mesmo que aviário.
PAS.SA.RE.LA, *s.f.,* palco adaptado para desfiles de moda; ponte estreita para passagem de pedestres e bicicletas.
PAS.SA.RI.NHA.DA, *s.f.,* passaredo, iguaria preparada com carne de passarinhos.
PAS.SA.RI.NHAR, *v.int.,* andar à toa, faltar ao serviço.
PAS.SA.RI.NHEI.RO, *s.m.,* quem cria passarinhos em gaiola.
PAS.SA.RI.NHIS.TA, *s. 2 gên.,* colecionador ou aficionado por passarinhos.
PAS.SA.RI.NHO, *s.m.,* ave, pássaro.
PÁS.SA.RO, *s.m.,* passarinho, ave, designação de todos os animais passeriformes.
PAS.SA.RO.LA, *s.f.,* pássaro grande; passarolo; avejão; *bras.,* designação que se deu ao aeróstato inventado por Bartolomeu de Gusmão.
PAS.SA.TEM.PO, *s.m.,* lazer, divertimento, diversão.
PAS.SA.VAN.TE, *s.m.,* oficial da casa real a quem cabia declarar guerra e anunciar as pazes.
PAS.SÁ.VEL, *adj.,* tolerável, que se pode passar, suportável.
PAS.SE, *s.m.,* permissão; no futebol, transferência de um jogador para outro clube; crença de que se obtém cura por força psíquica; ato de passar.
PAS.SE.A.DO, *adj.,* vinho passeado; o vinho que se prepara esfregando as massas do bagulho com os pés calçados de tamancos ou de sapatos ferrados.
PAS.SE.A.DOR, *adj. e s.m.,* que(m) passeia, que(m) se diverte por passear.
PAS.SE.AN.TE, *adj. e s. 2 gên.,* passeador, que(m) passeia.
PAS.SE.AR, *v.t. e int.,* andar, caminhar, percorrer uma extensão, divertir-se.
PAS.SE.A.TA, *s.f.,* passeio, marcha de um grupo contra ou a favor de algo.
PAS.SEI.O, *s.m.,* local para passear, ação de passear, caminhada para divertir-se; deslocamento, calçada.
PAS.SEI.RO, *adj. e s.m.,* que(m) anda a passos, caminhante.
PAS.SEN.TO, *adj.,* fácil de ser repassado por um líquido.
PAS.SE.RI.FOR.ME, *s.m.,* espécie animal que compõe as aves em geral.
PAS.SI.BI.LI.DA.DE, *s.f.,* qualidade ou condição de passível.
PAS.SI.FLO.RA, *s.f.,* Bot., planta do gên. *Passiflora,* da fam. das passifloráceas, conhecidas como maracujá, cultivadas pelos frutos comestíveis, são ornamentais e possuem propriedades medicinais.
PAS.SI.NHAR, *v.int.,* dar passinhos, andar com passos curtos; passarinhar.
PAS.SI.O.NAL, *adj.,* próprio da paixão, sentimental.
PAS.SI.O.NA.LIS.MO, *s.m.,* condição ou estado do que é passional, passionalidade.
PAS.SI.O.NÁ.RIO, *s.m.,* livro que relata a Paixão de Cristo, mesmo que passional.
PAS.SIS.TA, *adj. e s. 2 gên.,* quem dança samba em carnaval, quem dança o frevo.
PAS.SI.VA, *s.f.,* a voz verbal passiva; nesta forma o verbo assume a passividade do sujeito.
PAS.SI.VAR, *v.t.,* tornar passivo, mudar a voz verbal, comprometer a situação financeira.
PAS.SÍ.VEL, *adj.,* que está sujeito a sofrer a ação de algo, sujeito a experimentar algo.
PAS.SI.VI.DA.DE, *s.f.,* a qualidade do que é passivo; Gram., a qualidade da voz passiva.
PAS.SI.VO, *adj. e s.m.,* parado, submisso; conjunto de débitos em uma empresa; dívidas.
PAS.SO, *s.m.,* ato de caminhar, passado, movimento com os pés andando, resolução, decisão; passo a passo - aos poucos.
PAS.TA, *s.f.,* substância batida, mistura de vários ingredientes; invólucro de papel ou papelão para colocar papéis; maleta para carregar objetos.
PAS.TA.ÇÃO, *s.f.,* local em que o gado encontra alimento; pasto; pastagem.
PAS.TA.DO, *adj.,* o mesmo que pastação; que se nutriu em pasto.
PAS.TA.DOU.RO, *s.m.,* lugar em que os animais pastam; pastio, pascigo.
PAS.TA.GEM, *s.f.,* pasto, local para o gado comer.
PAS.TAR, *v.t. e int.,* comer no pasto; *pop.,* ser enganado, sofrer consequências.
PAS.TA.RI.A, *s.f.,* pastagem, local para o gado pastar.
PAS.TEL, *s.m.,* massa com recheio, frita para alimento.
PAS.TE.LÃO, *s.m.,* pastel grande, prato feito com várias iguarias; tipo de comédia burlesca.
PAS.TE.LA.RI.A, *s.f.,* local em que se fazem e vendem pastéis.
PAS.TE.LEI.RO, *s.m.,* quem fabrica pastéis, quem vende pastéis.
PAS.TE.LIS.TA, *s. 2 gên.,* pessoa que pinta ou desenha a pastel.
PAS.TEU.RI.ZA.ÇÃO, *s.f.,* processo industrial para esterilizar alimentos.
PAS.TEU.RI.ZA.DEI.RA, *s.f., bras.,* feminino de pasteurizador.
PAS.TEU.RI.ZA.DO, *adj.,* purificado, esterilizado.
PAS.TEU.RI.ZA.DOR, *adj. e s.m.,* que(m) pasteuriza, aparelho para processar a pasteurização.
PAS.TEU.RI.ZAR, *v.t.,* esterilizar, purificar.
PAS.TI.CHAR, *v.int.,* fazer um pastiche; *v.t.,* fazer um pasticho de.
PAS.TI.CHE, *s.m.,* pasticho, cópia imitativa ruim de uma obra de arte.
PAS.TI.CHO, *s.m.,* pastiche, plágio de uma obra de arte; imitação grosseira de uma obra-prima.
PAS.TI.FÍ.CIO, *s.m.,* fábrica de pasta, ou seja, de massas, como macarrão e similares.
PAS.TI.LHA, *s.f.,* pílula com remédio dentro; caramelo, bala.
PAS.TI.NHA, *s.f.,* pequena pasta; *bras.,* pequena pasta de cabelo puxada para a testa ou para as fontes, a modo de enfeite.
PAS.TI.NHAR, *v.int.,* comer pouco ou sem apetite; provar iguarias, debicar.
PAS.TO, *s.m.,* local com gramíneas para alimento do gado; alimento.
PAS.TOR, *s.m.,* quem cuida de ovelhas ou do gado; *fig.,* ministro evangélico, sacerdote, guia.
PAS.TO.RA.DOR, *s.m., bras.,* NE, pastagem, lugar em que se pastoreiam animais.
PAS.TO.RAL, *adj.,* próprio do pastor; *s.f.,* tipo de poética; catequese, ensino religioso, busca de pessoas para a religião; sexta sinfonia de Ludwig Van Beethoven.
PAS.TO.RAR, *v.t.,* apascentar, conduzir, guiar.
PAS.TO.RE.A.ÇÃO, *s.f.,* apascentação, condução.
PAS.TO.RE.A.DO, *adj.,* apascentado, guiado, conduzido.
PAS.TO.RE.A.DOR, *s.m., bras.,* o que pastoreia o gado; lugar

em que se pastoreia.

PAS.TO.RE.AR, v.t., cuidar dos animais no pasto, apascentar; fig., dirigir.

PAS.TO.REI.O, s.m., ação de pastorear o gado; apascentamento.

PAS.TO.RE.JAR, v.t., o mesmo que pastorear; cortejar, requestar (mulher).

PAS.TO.RÍ.CIO, adj., relativo a pastores; relativo à indústria de gados.

PAS.TO.RIL, adj., pastoral, próprio do pastor ou do gado pastoreado, bucólico.

PAS.TO.RI.NHA, s.f., mulher jovem pastora; o mesmo que pastora.

PAS.TO.RI.ZA.ÇÃO, s.f., ação de pastorizar; pastoreio.

PAS.TO.RI.ZA.DOR, s.m., v. pasteurizador.

PAS.TO.SI.DA.DE, s.f., qualidade, condição ou estado do que é pastoso; viscosidade.

PAS.TO.SO, adj., cheio de pasta, viscoso, de pouca liquidez.

PAS.TRA.ME, s.m., Cul., peito de boi temperado com pimenta, alho, açúcar, coriandro e outros condimentos, que, primeiramente, são postos para defumar e depois são cozidos.

PAS.TRA.NO, adj. e s.m., indivíduo rústico, grosseiro.

PA.TA, s.f., pé dos animais; fig., pé grande, pé feio; grosseria.

PA.TA.CA, s.f., moeda antiga de prata.

PA.TA.CÃO, s.m., relógio grande de algibeira; cebolão; Hist., antiga moeda de prata de 2$000; fig., indivíduo que diz asneiras; estúpido; idiota.

PA.TA.CA.RI.A, s.f., pop., dinheirama; porção de patacas.

PA.TA.CHO.CA, s.f., mulher muito gorda e desengonçada; mulher desastrada.

PA.TA.ÇO, s.m., patada forte, golpe com a pata.

PA.TA.CO.A.DA, s.f., falsidade, tolice, disparate.

PA.TA.DA, s.f., golpe com a pata, coice; estupidez, safadeza.

PA.TÁ.GIO, s.m., Anat., Zool., membrana que liga os membros anteriores e posteriores de certos animais, como os morcegos, e é us. para fazer voar ou planar.

PA.TA.LE.AR, v.int., RS, desferir golpes com as patas; patear.

PA.TA.MAR, s.m., vão de escada, espaço no topo da escada, degrau, posição.

PA.TA.QUEI.RA, s.f., fam., jogo de azar barato; bras., certa planta empregada na medicina popular contra o beribéri.

PA.TA.RA.TA, s.f., mentira jactanciosa; ostentação vã.

PA.TA.RA.TAR, v.int., o mesmo que pataratear.

PA.TA.RA.TE.AR, v.int., dizer pataratas; bazofiar.

PA.TA.RA.TI.CE, s.f., o mesmo que pataratada.

PA.TA.RÉU, s.m., p.us., patamar da escada.

PA.TA.TI.VA, s.f., tipo de ave canora.

PA.TA.VI.NA, pron. ind., nada, coisa alguma.

PA.TA.VI.NI.CE, s.f., qualidade de patavina, patetice, palermice.

PA.TA.XÓ, s. 2 gên., referente, próprio dos índios pataxós, do Estado do Espírito Santo.

PAT.CHU.LI, s.m., erva de origem indiana, de cujas folhas se obtém um óleo para a perfumaria.

PA.TÊ, s.m., massa feita de carne, fígado, peixe, frango, para se comer fria.

PA.TE.A.DA, s.f., ação ou efeito de patear.

PA.TE.A.DU.RA, s.f., o mesmo que pateada.

PA.TE.AN.TE, adj. e s. 2 gên., que pateia.

PA.TE.AR, v.int., bater com as patas, reprovar, bater com os pés por estar irritado.

PA.TE.CA, s.f., ant., o mesmo que melancia ou melancieira.

PA.TE.CAL, s.m., plantação de patecas; melancial.

PA.TEI.RO, adj. e s.m., que(m) cria patos, criador de patos.

PA.TE.JAR, v.t. e int., patinhar, bater a água com as patas, agitar a água com mãos e pés.

PA.TE.LA, s.f., rótula, osso na parte anterior do joelho da perna.

PA.TE.LAR, adj. 2 gên., Anat., relativo a patela.

PA.TE.LI.FOR.ME, adj., que tem forma de prato.

PA.TE.NA, s.f., pátena, pratinho banhado com ouro ou outro metal, para cobrir o cálice na missa; var., pátena.

PA.TEN.TE, adj., óbvio, claro; s.f., concessão de um título, licença; pop., banheiro, latrina.

PA.TEN.TE.A.ÇÃO, s.f., registro, concessão de patente.

PA.TEN.TE.A.DO, adj., registrado, concedido.

PA.TEN.TE.A.MEN.TO, s.m., ato ou efeito de patentear; patenteação.

PA.TEN.TE.AR, v.t. e pron., evidenciar, esclarecer, aclarar, registrar como invenção.

PA.TEN.TE.Á.VEL, adj. 2 gên., que se pode patentear.

PA.TER.NAL, adj., próprio do pai, paterno.

PA.TER.NA.LIS.MO, s.m., relação de emprego com tratamento familiar; generosidade, tendência a usar de autoritarismo com benefícios direcionados a possíveis necessitados.

PA.TER.NA.LIS.TA, adj. e s. 2 gên., que é dado a paternalismo.

PA.TER.NA.LÍS.TI.CO, adj., relativo a ou próprio do paternalismo ou paternalista.

PA.TER.NI.DA.DE, s.f., ato de ser pai, exercício dos deveres de pai.

PA.TER.NO, adj., referente ao pai, paternal.

PA.TE.TA, s. 2 gên., ignorante, tolo, bobo, idiota, imbecil.

PA.TE.TAR, v.t. e int., comportar-se como pateta, expor tolices.

PA.TE.TE.A.DO, adj., que pateteia, que diz ou faz tolices; s.m., quem faz patetices.

PA.TE.TE.AR, v.int., bras., o mesmo que patetar.

PA.TE.TI.CE, s.f., tolice, idiotice, imbecilidade.

PA.TÉ.TI.CO, adj., triste, enternecedor, comovente, que atrai piedade.

PA.TE.TIS.MO, s.m., qualidade, ato, comportamento de pateta.

PA.TI.BU.LAR, adj., próprio do patíbulo, feitio de criminoso, condenável.

PA.TÍ.BU.LO, s.m., local para aplicar a morte; pelourinho, cadafalso, estrado da forca.

PA.TI.FÃO, adj. e s.m., grande patife, patife de marca.

PA.TI.FA.RI.A, s.f., ato ou comportamento de patife.

PA.TI.FE, adj. e s. 2 gên., velhaco, cafajeste, safado, imoral, desavergonhado.

PA.TIM, s.m., aparelho com lâmina ou rodas, para deslizar e se prender ao pé.

PÁ.TI.NA, s.f., camada de cor esverdeada, que aparece na superfície da água; parede de construções, metais, devido à ação atmosférica.

PA.TI.NA.ÇÃO, s.f., ato de patinar, deslizamento.

PA.TI.NA.DO, adj., deslizado, escorregado, deslocado.

PA.TI.NA.DOR, adj., que patina; s.m., pessoa que patina, por lazer ou como esporte.

PA.TI.NA.GEM, s.f., ação ou exercício de patinar; patinação.

PA.TI.NA.MEN.TO, s.m., giro da roda de um veículo sem provocar deslocamento, patinagem.

PA.TI.NAR, v.int., deslizar com patins, objeto móvel que consegue deslocar-se por escorregar; fig., não se desenvolver, estacionar em um ponto.

PA.TI.NE.TE, *s.m.*, um brinquedo com duas rodas, uma haste para direcionar o aparelho, com um pé na parte da base e outro para impulsionar o biciclo para a frente.
PA.TI.NHAR, *v.t. e int.*, bater a água como pato, patinar na água.
PA.TI.NHO, *s.m.*, pato pequeno; tipo de carne bovina.
PÁ.TIO, *s.m.*, parte descoberta em um prédio, terreiro, terreno limpo.
PA.TO, *s.m.*, ave aquática palmípede da família dos anatídeos; *fig.*, tolo, fácil de ser enganado.
PA.TO.GÊ.NE.SE, *s.f.*, problema no organismo humano, devido ao qual surgem as doenças.
PA.TO.GE.NE.SI.A, *s.f.*, Biol., Pat., o mesmo que patogênese.
PA.TO.GE.NÉ.TI.CO, *adj.*, relativo a patogênese.
PA.TO.GE.NI.A, *s.f.*, ramo da Medicina que estuda a origem das doenças.
PA.TO.GE.NI.CI.DA.DE, *s.f.*, Pat., capacidade que um organismo possui de causar doenças em outros organismos.
PA.TO.GÊ.NI.CO, *adj.*, próprio de patogenia, que traz doenças.
PA.TO.GE.NIS.TA, *s. 2 gên.*, especialista em patogenia.
PA.TÓ.GE.NO, *adj.*, Biol., Pat., o mesmo que patogênico; *s.m.*, agente desencadeador de doença.
PA.TOG.NO.MO.NI.A, *s.f.*, Med., estudo dos sintomas e sinais designativos das doenças.
PA.TO.LA, *s.f.*, Zool., pata de caranguejos, siris, etc., *gír.*, a mão; Náut., peça larga de ferro, curva em um dos lados, que retém um dos elos da corrente da amarra.
PA.TO.LA.DA, *adj., bras., gír.*, que foi seguro firmemente com a mão; que foi bolinado com a mão.
PA.TO.LA.GEM, *s.f., bras., gír.*, ato ou efeito de patolar.
PA.TO.LAR, *v.t., bras., gír.*, o mesmo que abotoar ou abecar.
PA.TOR.RA, *s.f., fam.*, pata grande; pé enorme; calhandra-de-crista.
PA.TO.TA, *s.f., bras., pop.*, grupo de amigos; turma, negócio duvidoso, em que há suspeita de trapaça; trapaça em um jogo; batota.
PA.TO.TA.DA, *s.f., bras.*, grande patota.
PA.TO.LO.GI.A, *s.f.*, ciência que estuda a origem das doenças.
PA.TO.LÓ.GI.CO, *adj.*, relativo a patologia; doentio, mórbido.
PA.TO.LO.GIS.TA, *s. 2 gên.*, especialista em patologia.
PA.TO.TA, *s.f., gír.*, grupo, grupelho, bando, gangue.
PA.TRA.NHA, *s.f.*, mentira imensa, invencionice, falsidade, logro, tramoia.
PA.TRA.NHA.DA, *s.f.*, série de patranhas, de mentiras.
PA.TRA.NHAR, *v.int.*, dizer patranhas, enganar.
PA.TRA.NHA.RI.A, *s.f.*, porção de patranhas; patranhada.
PA.TRA.NHEI.RO, *s.m.*, quem arma mentiras com fins escusos, falsificador, logrador.
PA.TRA.NHEN.TO, *adj.*, o mesmo que patranheiro e patranhoso.
PA.TRA.NHO.SO, *adj.*, em que há patranha; patranhento.
PA.TRÃO, *s.m.*, dono, empregador, chefe, senhor, proprietário.
PÁ.TRIA, *s.f.*, terra em que se nasceu; país de origem, torrão, terra natal.
PA.TRI.A.ÇÃO, *s.f.*, concessão ou imposição de uma pátria ao que não a tem ou a perdeu.
PA.TRI.AR.CA, *s.m.*, chefe do clã, chefe das famílias; superior máximo da Igreja Ortodoxa.
PA.TRI.AR.CA.DO, *s.m.*, governo do patriarca, regime familiar no qual o pai manda em tudo.
PA.TRI.AR.CAL, *adj.*, referente a patriarca.
PA.TRI.AR.CA.LIS.MO, *s.m.*, caráter ou modo de vida patriarcal.
PA.TRI.AR.CA.LIS.TA, *adj. 2 gên.*, que diz respeito ao patriarcalismo; *s. 2 gên.*, partidário do patriarcalismo.
PA.TRI.CI.A.DO, *s.m.*, a posição social dos patrícios entre os romanos, sobretudo na relação com a plebe.
PA.TRI.CI.AL, *adj. 2 gên.*, relativo a, ou próprio de patrício.
PA.TRI.CI.A.TO, *s.m.*, o mesmo que patriciado.
PA.TRÍ.CIO, *adj. e s.m.*, nascido na mesma pátria, conterrâneo, concidadão; nobre no Império Romano.
PA.TRI.LA.TE.RAL, *adj. 2 gên., ant.*, relativo a parentesco pelo lado paterno.
PA.TRI.LA.TE.RA.LI.DA.DE, *s.f.*, caráter, condição de patrilateral.
PA.TRI.LI.NE.AR, *adj. 2 gên., ant.*, relativo à descendência por parte de pai; em que a herança, o sobrenome e a autoridade são transmitidos do pai para os filhos.
PA.TRI.LI.NE.A.RI.DA.DE, *s.f.*, qualidade ou condição de patrilinear.
PA.TRI.MO.NI.A.DO, *adj.*, que tem patrimônio, que recebeu patrimônio.
PA.TRI.MO.NI.AL, *adj.*, que se refere a patrimônio.
PA.TRI.MO.NI.A.LI.DA.DE, *s.f.*, qualidade, caráter de patrimonial.
PA.TRI.MO.NI.A.LIS.MO, *s.m.*, organização governamental em que não há distinção de bens públicos ou privados e são considerados como patrimônio, cujo valor serve de referência para diversos fins.
PA.TRI.MO.NI.A.LIS.TA, *adj. 2 gên.*, relativo ou inerente ao patrimonialismo; *s. 2 gên.*, indivíduo ou organização que funciona de acordo com os princípios do patrimonialismo.
PA.TRI.MÔ.NIO, *s.m.*, propriedades em geral, imóveis; todos os bens de alguém, inclusive os intelectuais e morais.
PÁ.TRIO, *adj.*, próprio da pátria, do país.
PA.TRI.O.FO.BI.A, *s.f.*, aversão à própria pátria.
PA.TRI.Ó.FO.BO, *adj. e s.m.*, que ou o que tem patriofobia.
PA.TRI.O.TA, *s. 2 gên.*, quem ama a sua pátria.
PA.TRI.O.TA.DA, *s.f.*, exibição de patriotismo, maneira de ostentar um patriotismo duvidoso.
PA.TRI.O.TA.GEM, *s.f., pej.*, porção de patriotas; os patriotas.
PA.TRI.O.TEI.RO, *adj., pej.* que alardeia o patriotismo; *s.m.*, pessoa que alardeia seu patriotismo.
PA.TRI.O.TI.CE, *s.f.*, gesto em prol da pátria, atitude para mostrar um falso patriotismo.
PA.TRI.Ó.TI.CO, *adj.*, referente à pátria, ligado à pátria.
PA.TRI.O.TIS.MO, *s.m.*, civismo, amor para com a pátria, afeição à terra natal.
PA.TRÍS.TI.CA, *s.f.*, tratado que envolve os santos padres da Igreja Católica, e a teologia e outras assertivas que eles expõem e defendem.
PA.TRÍS.TI.CO, *adj.*, que diz respeito à patrística, aos padres da Igreja.
PA.TRO.A, *s.f.*, dona, ama, mulher do patrão, proprietária.
PA.TRO.AR, *v.t. e int., bras.*, dirigir uma embarcação como patrão.
PA.TRO.CI.NA.DO, *adj.*, pago, ajudado, concedido.
PA.TRO.CI.NA.DOR, *s.m.*, quem custeia uma propaganda ou anúncio.
PA.TRO.CI.NA.MEN.TO, *s.m.*, ação e efeito de patrocinar; patrocínio; patrocinato.
PA.TRO.CI.NAR, *v.t.*, conceder patrocínio a, pagar, manter financeiramente.

PATROCÍNIO

PA.TRO.CÍ.NIO, *s.m.*, sustentação, amparo, pagamento das custas.
PA.TRO.LO.GI.A, *s.f.*, patrística, conhecimentos que emanam dos santos padres.
PA.TRO.LÓ.GI.CO, *adj.*, relativo ou inerente a patrologia.
PA.TRO.LO.GIS.TA, *s. 2 gên.*, indivíduo que se dedica a patrologia, que é perito nessa ciência; patrólogo.
PA.TRO.LO.GO, *s.m.*, o mesmo que patrologista.
PA.TRO.NA, *s.f.*, padroeira, paraninfa, convidada em formaturas, protetora.
PA.TRO.NA.GEM, *s.f.*, ver patrocínio.
PA.TRO.NAL, *adj.*, próprio do patrão, dos patrões.
PA.TRO.NA.TO, *s.m.*, conjunto de patrões, poder do patrão, mando do patrão; abrigo para adolescentes.
PA.TRO.NE.A.DO, *adj.*, dirigido, patrocinado, conduzido.
PA.TRO.NE.AR, *v.t. e int.*, ser o/a patrono/a, conduzir, dirigir, patrocinar.
PA.TRO.NÍ.MIA, *s.f.*, o mesmo que antroponímia.
PA.TRO.NÍ.MI.CO, *adj. e s.m.*, que se deriva do nome do pai; apelido familiar.
PA.TRO.NO, *s.m.*, padroeiro, santo protetor.
PA.TRU.LHA, *s.f.*, grupo de soldados incumbidos de dar segurança, vigilância.
PA.TRU.LHA.DO, *adj.*, vigiado por patrulha que sofre patrulhamento ideológico.
PA.TRU.LHA.DOR, *adj.*, que patrulha, vigia; *fig.*, que faz patrulhamento ideológico, intelectual, etc.
PA.TRU.LHA.MEN.TO, *s.m.*, patrulha, guarda.
PA.TRU.LHAR, *v.t. e int.*, vigiar, guardar, usar patrulha para vigilância.
PA.TRU.LHEI.RO, *s.m.*, quem participa de uma patrulha; vigilante, guarda.
PA.TRU.LHIS.MO, *s.m.*, ato ou ação de patrulha ideológica, intelectual, etc.
PA.TU.Á, *s.m.*, *pop.*, cesto, balaio, amuleto para dar sorte, bentinho.
PA.TU.LEI.A, *s.f.*, choldra, arraia-miúda, plebe, ralé, populaça, povão, gentalha em festa.
PA.TU.LO, *adj.*, Poét., patente, aberto, franqueado; largo.
PA.TU.RÉ, *s.m.*, *bras.*, espécie de marreco pequeno.
PA.TU.RI, *s.m.*, pato pequeno, pato novo, pato bastardo com marreco.
PA.TUS.CA.DA, *s.f.*, aglomeração de pessoas para um festejo alegre com comida e bebida; pândega.
PA.TUS.CAR, *v.int.*, farrear, divertir-se, brincar.
PA.TUS.CO, *adj.*, que aprecia uma patuscada, festejador.
PAU, *s.m.*, pedaço de madeira, lenho, porrete, cajado, bordão; *fig., ch.* pênis; *expr.*, pau para toda obra: quem sabe fazer de tudo; faz tudo.
PAU A PI.QUE, *s.m.*, parede feita de madeira com terra batida; taipa.
PAU-BRA.SIL, *s.m.*, árvore de cor vermelha, que deu o nome ao Brasil.
PAU-D'Á.GUA, *s.m.*, planta ornamental; *pop.*, beberrão, cachaceiro.
PAU-D'AR.CO, *s.m.*, ipê, galho de ipê próprio para fazer o arco.
PAU-DE-A.RA.RA, *s.m.*, instrumento de tortura na antiga polícia; caminhão com toldo para trazer nordestinos para o Sul.
PAU-DE-CAR.GA, *s.m.*, Const. Naval, aparelho us. para trabalhos que exigem muito esforço ou para suspender grandes pesos; lança.

PAUZINHOS

PAU-DE-FER.RO, *s.m.*, Bot., o mesmo que pau-ferro.
PAU-DE-SE.BO, *s.m.*, pau liso, untado com gordura ou sabão, usado em competições, sendo que o vencedor é aquele que alcança a parte mais alta e agarra o troféu ali posto.
PAU-FER.RO, *s.m.*, Bot., árvore com tronco claro e liso; madeira muito dura.
PA.UL, *s.m.*, brejo, pântano, charco, palude.
PAU.LA.DA, *s.f.*, golpe com um pau, cacetada.
PAU.LA.TI.NO, *adj.*, que se realiza aos poucos, demorado, lento.
PAU.LEI.RA, *s.f.*, *bras.*, *gír.*, ritmo frenético de som e alto volume produzidos por *rock*.
PAU.LI.CEI.A, *s.f.*, termo que Mário de Andrade usou para indicar a capital paulista e seu contexto.
PAU.LI.FI.CA.ÇÃO, *s.f.*, ato ou efeito de paulificar; o que causa aborrecimento; amolação.
PAU.LI.FI.CA.DO, *adj.*, que se paulificou, amolou, aborreceu, caceteou, abusou da paciência.
PAU.LI.FI.CAN.TE, *adj.*, *bras.*, que paulifica; cacete; maçante.
PAU.LI.FI.CAR, *v.t., pop.*, aborrecer, incomodar, perturbar.
PAU.LIS.TA, *adj. e s. 2 gên.*, próprio do Estado de São Paulo ou seu habitante.
PAU.LIS.TA.NI.DA.DE, *s.f.*, modo de agir ou atuar advindo da formação e desenvolvimento do regionalismo paulista, seus reflexos nas escolas, festas cívicas, etc.
PAU.LIS.TA.NO, *adj. e s.m.*, próprio da capital ou cidade de São Paulo ou seu habitante.
PAU-MAN.DA.DO, *s.m.*, *pop.*, indivíduo que faz tudo que o chefe lhe ordena; pau para toda obra.
PAU-MAR.FIM, *s.m.*, árvore muito procurada para fazer móveis, devido à cor amarelada.
PAU.PÉ.RIE, *s.m.*, miséria, pauperismo.
PAU.PE.RIS.MO, *s.m.*, pobreza, indigência, carência.
PAU.PE.RI.ZA.ÇÃO, *s.f.*, empobrecimento, decadência material, perda da situação econômica.
PAU.PE.RI.ZA.DO, *adj.*, pobre, indigente, carente.
PAU.PE.RI.ZAR, *v.t. e int.*, fazer ficar ou ficar pobre; empobrecer.
PAU.PE.RO.FO.BI.A, *s.f.*, aversão a pobre, fobia de pobre.
PAU.PE.RÓ.FO.BO, *s.m.*, quem tem aversão a pobres.
PAU.PÉR.RI.MO, *adj.*, muito pobre, muitíssimo pobre.
PA.Ú.RA, *s.f.*, *bras.*, medo excessivo; pavor.
PAUS, *s.m., pl.*, naipe de baralho.
PAU.SA, *s.f.*, interrupção, intervalo, parada; *fig.*, recreio na escola.
PAU.SA.DO, *adj.*, interrompido, desligado.
PAU.SA.GEM, *s.f.*, madeiramento, cujas vigas deixam entre si pausas ou intervalos.
PAU.SAR, *v.t. e int.*, interromper, fazer pausa, desligar.
PAU.TA, *s.f.*, as linhas de um caderno; as cinco linhas paralelas para escrever as notas musicais; relação, rol, lista, agenda, encargos.
PAU.TA.DO, *adj.*, marcado, agendado, que tem linhas traçadas.
PAU.TAL, *adj.*, relativo a pauta, marcado na pauta, principalmente das alfândegas.
PAU.TAR, *v.t. e pron.*, traçar uma pauta em, agendar, marcar.
PAU.TE.AR, *v.int., bras.*, S, entreter-se conversando; tagarelar.
PAU.TEI.RO, *s.m.*, Jorn., jornalista que elabora a pauta.
PAU.ZI.NHOS, *s.m. e pl.*, intriga, mexerico; *mexer os pauzinhos*: recorrer a pessoas influentes ou a meios necessários para atingir um objetivo.

PAVANA ·· 624 ·· **PEÇONHENTO**

PA.VA.NA, *s.f.*, música antiga de ritmo lento para dançar.
PA.VÃO, *s.m.*, ave cuja cauda é um espetáculo de beleza.
PA.VÊ, *s.m.*, doce feito à base de creme e bolachas (biscoitos) doces.
PA.VÊS, *s.m.*, tipo de escudo, armação de madeira para proteger a tripulação.
PA.VI.DEZ, *s.f.*, temor, pavor, medo.
PÁ.VI.DO, *adj.*, atemorizado, amedrontado, apavorado.
PA.VI.LHÃO, *s.m.*, construção de fácil montagem, barracão, construção provisória, a parte externa da orelha.
PA.VI.MEN.TA.ÇÃO, *s.f.*, ação de pavimentar, calçamento, cobertura de estrada.
PA.VI.MEN.TA.DO, *adj.*, calçado, coberto com cimento, asfaltado.
PA.VI.MEN.TA.DO.RA, *s.f.*, equipamento us. para revestir com pavimento rua, estrada, etc.
PA.VI.MEN.TAR, *v.t.*, calçar, colocar cobertura sobre o leito da estrada.
PA.VI.MEN.TO, *s.m.*, cobertura de ruas, estradas; assoalho, chão, andar de prédio.
PA.VI.MEN.TO.SO, *adj.*, que tem pavimento; Bio., diz-se de tecido epitelial cujas células são achatadas em forma de ladrilhos.
PA.VI.O, *s.m.*, mecha, objeto para acender algo; ter o pavio curto: ser nervoso, explosivo.
PAV.LO.VI.A.NO, *adj.*, Psic., relativo a Ivan Petrovitch Pavlov (1849-1936) ou às suas ideias e metodologia (sobre reflexos condicionados); que é especialista em Pavlov; *s.m.*, seguidor de Pavlov.
PA.VO.A, *s.f.*, Zool., a fêmea do pavão.
PA.VO.NA.ÇO, *adj.*, que tem coloração violeta, violeta.
PA.VO.NA.DA, *s.f.*, ação de um pavão abrir as asas e mostrar-se belo.
PA.VO.NA.DO, *adj.*, que tem as cores do pavão; pavonáceo.
PA.VO.NE.A.MEN.TO, *s.f.*, ato ou efeito de pavonear(-se); ostentação; prosápia; soberba.
PA.VO.NE.AN.TE, *adj.*, que (se) pavoneia; que (se) exibe, ostenta.
PA.VO.NE.AR, *v.t., int. e pron.*, enfeitar, adornar, ornar-se com exagero.
PA.VO.NI.CE, *s.f.*, vaidade, presunção, egotismo.
PA.VO.NI.NO, *adj.*, próprio do pavão; semelhante ao pavão.
PA.VOR, *s.m.*, grande medo, terror, horror.
PA.VO.RO.SA, *s.f.*, notícia assustadora; boato de revolta.
PA.VO.RO.SO, *adj.*, terrível, amedrontador, horroroso, horrendo.
PA.VU.NA, *s.f.*, vale fundo e íngreme.
PA.XÁ, *s.m.*, título de governantes no império turco; *fig.*, quem tem uma vida folgada e rica.
PA.XA.LA.TO, *s.m.*, cargo ou função do paxá.
PA.XA.LI.ZAR, *v.t.*, tornar como paxá; proceder como paxá.
PA.XA.XO, *s.m., bras.*, pé largo.
PAZ, *s.f.*, ausência de guerra, tranquilidade, concórdia, sossego.
PA.ZA.DA, *s.f.*, uma pá cheia, golpe com a pá.
PA.ZE.AR, *v.int.*, jogar à paz, para desempate; estabelecer paz ou harmonia.
PB - simbolo do chumbo.
PB - sigla do Estado da Paraíba.
PC - sigla inglesa para Computador Pessoal.
PÉ, *s.m.*, parte terminal dos membros inferiores do homem; pata; medida de comprimento com 0, 3048m; base, parte inferior de móveis; *fig.*, motivo; ao pé da letra: literalmente; a pé: caminhando; meter os pés pelas mãos: atrapalhar-se; *pop.*, pegar no pé: cobrar muito; sem pé nem cabeça: sem razão.
PÊ, *s.m.*, nome da letra *p*.
PE.Ã, *s.f.*, feminino de peão; canto para celebrar uma vitória em guerra.
PE.A.ÇA, *s.f.*, correia ou corda para prender o boi à canga.
PE.A.DOU.RO, *s.m., bras.*, lugar onde se pelam cavalgaduras.
PE.A.LA.ÇÃO, *s.f., bras.*, RS, ato ou efeito de pealar várias vezes; exercício de pealar.
PE.A.LA.DOR, *s.m., bras.*, RS, aquele que peala.
PE.A.LAR, *v.t.*, atirar o peaIo para prender (o animal); *fig.*, armar uma armadilha, uma cilada para; enganar.
PE.A.LO, *s.m., bras.*, RS, laço que se lança à cavalgadura que corre, para prendê-la pelas patas dianteiras e derrubá-la; ato de pealar.
PE.A.NHA, *s.f.*, pedestal de estátua, imagem.
PE.A.NHO, *s.m.*, quilha e parte inferior do navio.
PE.ÃO, *s.m.*, empregado de fazenda que lida com o gado e cavalos; trabalhador rural; trabalhador de obras civis.
PE.ÃO.ZA.DA, *s.f., bras.*, reunião, agrupamento, grande quantidade de peões.
PE.AR, *v.t.*, amarrar com peias, jungir com peias.
PE.CÃ, *s.f.*, árvore nativa dos Estados Unidos, que produz a noz pecã.
PE.CA.DI.LHO, *s.m.*, pecado venial, pecado leve, pecadinho.
PE.CA.DO, *s.m.*, transgressão de um mandamento, quebra do amor ao próximo; *adj.*, ferido, transgredido, ofendido.
PE.CA.DOR, *s.m.*, quem peca, transgressor, delinquente.
PE.CA.MI.NO.SI.DA.DE, *s.f.*, caráter, inerência do que é pecaminoso.
PE.CA.MI.NO.SO, *adj.*, relativo a pecado, cheio de pecado.
PE.CAN.TE, *adj. e s. 2 gén.*, que ou o que peca frequentemente, pecador; que ou quem tem uma balda; useiro e vezeiro.
PE.CAR, *v.t. e int.*, fazer pecados, ferir um preceito, ferir o amor ao próximo.
PE.CÁ.VEL, *adj.*, que pode pecar; sujeito a pecar.
PE.CHA, *s.f.*, mancha, defeito, mácula, nódoa.
PE.CHA.DOR, *adj. e s.m., bras.*, S., pedinchão (de dinheiro); faquista; facadista.
PE.CHIN.CHA, *s.f.*, mercadoria abaixo do preço, preço baixo.
PE.CHIN.CHAR, *v.t. e int.*, insistir em preços melhores; lutar para que o preço caia, querer redução de preço.
PE.CHIN.CHEI.RO, *s.m.*, quem procura pechinchas, regateador, quem convence o vendedor por descontos.
PE.CHO.SO, *adj.*, que coloca pecha; que encontra ou coloca defeitos em tudo e em todos.
PE.CI.LO.TER.MI.A, *s.f.*, condição ou característica do que é pecilotérmico.
PE.CI.LO.TÉR.MI.CO, *adj. e s.m.*, Zool., diz-se de, ou o animal cuja temperatura corpórea varia conforme a temperatura ambiente (anfíbios, peixes e répteis).
PE.CI.O.LA.DO, *adj.*, que possui pecíolo.
PE.CI.O.LAR, *adj.*, Bot., que tem pecíolo; relativo ao pecíolo; aderente ao pecíolo.
PE.CÍ.O.LO, *s.m.*, a parte da folha que liga o caule ao limbo.
PE.CO, *adj.*, que não nasceu, não medrado, falho.
PE.ÇO.NHA, *s.f.*, veneno de cobra, líquido muito venenoso.
PE.ÇO.NHEN.TO, *adj.*, venenoso, mortífero; *fig.*, pessoa terrível, ferina.

PE.ÇO.NHO.SO, adj., p.us., peçonhento.
PE.CO.RE.AR, v.int., ant., passar a noite ao relento, como o gado na ameijoada.
PEC.TI.NA, s.f., substância encontrada na casca de frutas cítricas.
PEC.TÍ.NEO, adj., relativo ou inerente ao pécten, que tem formato igual ou semelhante a um pente; pectiniforme; relativo à púbis.
PEC.TO.RAL, adj., peitoral, que cobre o peito.
PEC.TO.RI.LO.QUI.A, s.f., Med., fenômeno que, na auscultação, parece ter a voz provinda do peito, resultante da grande ressonância do tecido pulmonar.
PE.CU.Á.RIA, s.f., criação de gado, agroindústria dedicada à criação de gado.
PE.CU.Á.RIO, adj., que se refere a pecuária, ao gado.
PE.CU.A.RIS.TA, s. 2 gên., quem cria gado.
PE.CU.A.RI.ZA.ÇÃO, s.f., prática ou introdução de atividade pecuária.
PE.CU.LA.DOR, s.m., aquele que comete peculato.
PE.CU.LA.TÁ.RIO, adj., relativo a peculato, que praticou ou pratica o peculato; s.m., aquele que praticou ou pratica o peculato.
PE.CU.LA.TO, s.m., crime tipificado por desvio de dinheiro público por servidor público; furto qualificado por uso de artimanhas.
PE.CU.LA.TÓ.RIO, adj., que comete peculato.
PE.CU.LI.AR, adj., próprio, característico, inerente, privativo.
PE.CU.LI.A.RI.DA.DE, s.f., particularidade, pormenor.
PE.CÚ.LIO, s.m., reserva monetária de uma pessoa; economia, pé de meia; contribuição ao INSS de pessoa aposentada que volta ao trabalho.
PE.CÚ.NIA, s.f., dinheiro.
PE.CU.NI.Á.RIA, s.f., ant., pecúnia, dinheiro.
PE.CU.NI.Á.RIO, adj., referente a dinheiro.
PE.CU.NI.O.SO, adj., endinheirado, rico.
PE.DA.ÇO, s.m., parte, partícula, bocado, fragmento; pop., mulher atraente.
PE.DÁ.GIO, s.m., taxa cobrada por usar uma estrada ou ponte.
PE.DA.GO.GI.A, s.f., a arte de educar, ensinar as crianças; a ciência da educação.
PE.DA.GO.GI.CE, s.f., presunção ou maneira de pedagogo.
PE.DA.GÓ.GI.CO, adj., que se refere a Pedagogia, educativo.
PE.DA.GO.GIS.MO, s.m., obsessão por ideias pedagógicas teóricas, sem atender a experiências reais.
PE.DA.GO.GIS.TA, s. 2 gên., adepto do pedagogismo.
PE.DA.GO.GO, s.m., educador, quem pratica a Pedagogia.
PÉ-D'Á.GUA, s.m., chuva forte e repentina, aguaceiro, pancada de chuva.
PE.DAL, s.m., peça de algumas máquinas que são movidas pela força do pé.
PE.DA.LA.DA, s.f., impulsos dados ao pedal, giro do pedal.
PE.DA.LA.GEM, s.f., ato de pedalar.
PE.DA.LAR, v.t. e int., mover o pedal, locomover-se com a bicicleta.
PE.DA.LEI.RA, s.f., Mús., teclado adaptado aos pés, no órgão; serafina.
PE.DA.LEI.RO, s.m., eixo grande das bicicletas.
PE.DA.LI.FOR.ME, adj., Bot., diz-se das folhas cujas nervuras não têm vasos.
PE.DA.LI.NHO, s.m., barquinho movido com pedais dentro da água.

PE.DA.LIS.TA, s. 2 gên., bras., ciclista.
PE.DAN.TE, adj., pretensioso, soberbo, esnobe, pernóstico.
PE.DAN.TE.AR, v.int., portar-se pedante, ser pedante, falar de conhecimentos que não possui.
PE.DAN.TES.CO, adj., pretensioso, vaidoso, arrogante, esnobe.
PE.DAN.TI.CE, s.f., ato ou dito de pedante; pedantismo.
PE.DAN.TIS.MO, s.m., posturas e ideias de pedante, presunção, esnobismo.
PE.DAN.TO.CRA.CI.A, s.f., governo de pedantes, grupo de pedantes no mando de alguma atividade.
PE.DAN.TO.CRÁ.TI.CO, adj., relativo a pedantocracia.
PÉ DE AL.FE.RES, s.m., pop., ação de namorar; namoro.
PÉ DE A.TLE.TA, s.m., micose por entre os dedos dos pés.
PÉ DE BOI, s.m., quem trabalha muito, pessoa incansável no trabalho.
PÉ DE CA.BRA, s.m., instrumento de ferro para levantar pesos, arrombar portas.
PÉ DE CA.NA, s.m., indivíduo que bebe muita bebida alcoólica, ébrio, beberrão.
PÉ DE CHI.NE.LO, adj. e s.m., tipo insignificante, joão-ninguém.
PÉ DE CHUM.BO, s.m., pessoa estúpida, tipo grosseiro; motorista que corre muito com o carro.
PÉ DE GA.LI.NHA, s.m., rugas nos cantos externos dos olhos.
PÉ-DE-MEIA, s.m., economia, pecúlio, reserva financeira.
PÉ DE MO.LE.QUE, s.m., doce feito com amendoim e açúcar.
PÉ DE PA.TO, s.m., tipo de calçado-nadadeira, feito de borracha, para nadadores.
PE.DE.RAS.TA, s.m., homem homossexual, gay.
PE.DE.RAS.TI.A, s.f., relação sexual entre homens.
PE.DE.RÁS.TI.CO, adj., que diz respeito a, ou é próprio de pederastia ou pederasta.
PE.DER.NAL, adj., pétreo; s.m., pederneira, veio d'água de pedra.
PE.DER.NEI.RA, s.f., pedra para provocar faísca e acender o fogo, quando riscada com algum material mais duro.
PE.DES.TAL, s.m., peça básica que sustenta uma estátua ou outro objeto.
PE.DES.TRE, adj. e s. 2 gên., que anda a pé, caminhante.
PE.DES.TRI.A.NIS.MO, s.m., grandes caminhadas, esporte de longas marchas, corridas a pé.
PE.DES.TRI.A.NIS.TA, s. 2 gên., o que pratica o pedestrianismo; andarilho.
PE.DES.TRI.A.NO, s.m., aquele que marcha ou corre ao desafio com outrem.
PÉ DE VAL.SA, s.m., bras., pop., dançarino excelente; pé de ouro.
PÉ DE VEN.TO, s.m., golpe de vento, ventania súbita, vento forte.
PE.DI.AL, adj., Anat., ant., pedioso.
PE.DI.AL.GI.A, s.f., Med., dor aguda nas plantas dos pés.
PE.DI.ÁL.GI.CA, adj., que diz respeito a pedialgia.
PE.DI.A.TRA, s. 2 gên., médico especialista em Pediatria.
PE.DI.A.TRI.A, s.f., ramo médico que trabalha com doenças infantis.
PE.DI.Á.TRI.CO, adj., relativo a pediatria.
PE.DI.CE.LÁ.RIA, s.m., Zool., cada um dos órgãos de preensão dos equinodermes asterídeos.
PE.DI.CU.LAR, s.m., Bot., planta da família das escrofularíneas (*Pedicularia palustris*), de nomes erva-dos-piolhos ou pediculária; adj., diz-se de doença resultante de uma

infestação por piolhos; relativo a piolho.

PE.DI.CU.LI.ZA.ÇÃO, s.f., ato ou efeito de pedicularizar-se; formação de pedículo.

PE.DI.CU.LI.ZA.DO, adj., que se pediculizou.

PE.DI.CU.LI.ZAR, v.int. e pron., formar ou formar-se pedículo.

PE.DÍ.CU.LO, s.m., suporte para qualquer órgão; pé de fungos.

PE.DI.CU.LO.SE, s.f., infestação de piolhos.

PE.DI.CU.RE, s. 2 gên., pedicuro, pessoa cuja profissão é cuidar dos pés dos outros.

PE.DI.DA, s.f., sugestão, pedido, ideia muito boa para ser realizada.

PE.DI.DO, s.m., solicitação, encomenda; adj., solicitado, que se pediu.

PE.DI.DOR, adj. e s.m., que(m) pede, pedinchão, solicitador.

PE.DI.FOR.ME, adj., que tem forma de pé.

PE.DI.GO.NHO, s.m., aquele que pede demais, pedinchão.

PEDIGREE, s.m., ing., linhagem; descendência genealógica de animais.

PE.DI.LÚ.VIO, s.m., banho dos pés.

PE.DÍ.MA.NO, adj., animal que usa os membros anteriores como mãos.

PE.DI.MEN.TO, s.m., pedido, petição, solicitação.

PE.DI.ME.TRI.A, s.f., entre os sapateiros, arte de medir o pé; emprego do pedímetro.

PE.DI.MÉ.TRI.CO, adj., que diz respeito a pedimetria.

PE.DÍ.ME.TRO, s.m., espécie de régua graduada, com uma parte corrediça, que os sapateiros usam para tirar as medidas do pé.

PE.DIN.CHA, s.f., ato de pedinchar, pedinchice.

PE.DIN.CHÃO, s.m., quem pedincha, quem pede muito e com insistência.

PE.DIN.CHAR, v.t. e int, pedir com muita insistência, pedir continuadamente.

PE.DIN.CHA.RI.A, s.f., o mesmo que pedinchice.

PE.DIN.CHEI.RA, s.f., mania de pedinchar, pedinche.

PE.DIN.CHI.CE, s.f., hábito de pedir, de importunar com pedidos de dinheiro, etc,

PE.DIN.TE, adj., s. 2 gên., que pede, solicitante, mendigo, esmoler.

PE.DI.PLA.NO, s.m., Geol., superfície que apresenta topografia plana a suavemente inclinada e dissecada, truncando o substrato rochoso, pavimentado por conluvião; pedimento.

PE.DIR, v.t. e int., solicitar, suplicar, encomendar; orar, rezar; exigir.

PÉ-DI.REI.TO, s.m., altura de uma casa ou de um andar, do piso ao teto.

PE.DI.TÓ.RIO, s.m., ação de pedir muita ajuda, esmolas; pedidos constantes.

PE.DO.FI.LI.A, s.f., Psic., perversão caracterizada pela atração sexual de adulto por criança; prática de atos sexuais de adulto com criança.

PE.DO.FÍ.LI.CO, adj., que diz respeito a, ou é proprio de pedofilia; s.m., indivíduo que sofre de pedofilia.

PE.DÓ.FI.LO, adj. e s.m., que ou aquele que pratica a pedofilia.

PE.DO.FO.BI.A, s.f., aversão a criança.

PE.DO.FÓ.BI.CO, adj., que diz respeito a, ou é próprio de pedofobia; relativo ou inerente ao pedófobo; s.m., indivíduo que sofre de pedofobia.

PE.DO.FO.BO, adj., que sofre de pedofobia, que diz respeito a pedofobia; s.m., indivíduo que padece de aversão mórbida a crianças.

PE.DO.LO.GI.A, s.f., estudo cabal da criança em seus aspectos biológicos, sociais, antropológicos, psicológicos e de desenvolvimento.

PE.DÔ.ME.TRO, s.m., instrumento com o qual são contados os passos dos caminhantes.

PE.DO.NO.MI.A, s.f., conjunto das normas que respeitam a instrução primária.

PE.DO.TRO.FI.A, s.f., segmento da higiene que desenvolve a educação física das crianças.

PE.DO.TRÓ.FI.CO, adj., relativo a pedotrofia.

PE.DÓ.TRO.FO, s.m., quem pratica a pedotrofia.

PE.DRA, s.f., rocha, mineral sólido e duro; rochedo, peça de xadrez, pedra preciosa.

PE.DRA.DA, s.f., ferida com pedra, jogada de pedra, pedra atirada.

PE.DRA DE A.MO.LAR, s.f., peça de quartzito ou de arenito apropriada para afiar lâminas metálicas de objetos cortantes (facas, facões, tesouras, navalhas, etc.); amoladeira; esmeril.

PE.DRA DE FO.GO, s.f., pederneira, isqueiro.

PE.DRA DE RAI.O, s.f., sílex neolítico.

PE.DRA.DO, adj., empedrado, que tem partes duras, sobretudo frutas.

PE.DRA.GO.SO, adj., mesmo que pedregoso.

PE.DRA-Í.MÃ, s.f., imã, pedra que tem força de imã.

PE.DRA-PO.MES, s.f., pedra porosa e leve, usada para polir ou limpar.

PE.DRA.RI.A, s.f., monte de pedras, pilha de pedras preciosas.

PE.DRA-SA.BÃO, s.f., tipo de pedra pouco resistente, usada para esculpir objetos.

PE.DRA-SE.CA, s.f., pedra que entra na construção de um muro sem argamassa.

PE.DRA-U.ME, s.f., indicação popular do alume, sulfato de alumina e potássio.

PE.DRE.GAL, s.m., local em que se amontoam muitas pedras, pedreira.

PE.DRE.GO.SO, adj., que está cheio de pedras.

PE.DRE.GU.LHO, s.m., pedras miúdas, pedrinhas, cascalho.

PE.DREI.RA, s.f., mina, local em que existe um tipo de pedra próprio para retirar pedregulho; cascalho para cobrir o leito de estradas.

PE.DREI.RO, s.m., profissional que pratica trabalhos com alvenaria.

PE.DREN.TO, adj., que é de pedra, pedregoso.

PE.DRÊS, adj., animal cuja cor é uma mistura de preto e branco, aos salpicos.

PE.DRIS.CO, s.m., pedra britada; cascalho miúdo, pedras pequeninas.

PE.DRO.SO, adj., pedregoso, pedrento.

PE.DUN.CU.LA.DO, adj., que possui pedúnculo.

PE.DUN.CU.LAR, adj., que se refere a pedúnculo.

PE.DÚN.CU.LO, s.m., pequena haste para sustentar a flor ou o fruto.

PE.DUN.CU.LO.SO, adj., pedunculado, que possui um pedúnculo grande.

PÊ-EFE, s.m., prato feito; em restaurantes, o cliente compra um prato feito por um preço fixo.

PÉ-FRI.O, s.m., pop., ser humano azarado, para quem tudo dá errado.

PE.GA, s.f., ação de pegar ou agarrar o touro; cabo de objeto, discussão, ponto de endurecimento da argamassa, disputa; ave de grande tamanho, da família do corvo.

PE.GA.ÇÃO, s.f., pop., aquele que pega muito; relacionamento sensual entre namorados; bolinação.
PE.GA.DA, s.f., rastos, vestígios, sinais da passagem de um pé.
PE.GA.DI.ÇO, adj. que pega ou adere com facilidade; pegajoso; peguento; fig. inoportuno, chato.
PE.GA.DI.NHA, s.f., quadro de televisão, de cunho humorístico, em que quem está sendo filmado é levado a reagir a uma situação cômica ou constrangedora; p.ext., artifício para induzir alguém ao erro.
PE.GA.DI.O, s.m., NE, apego profundo a algo; apego, afeição, amizade íntima.
PE.GA.DO, adj., unido, ligado, conexo, junto.
PE.GA.DOR, adj. e s.m., que(m) pega, ponta de um recipiente próprio para se pegar.
PE.GA.DOU.RO, s.m., cabo, ponta de algo usada para pegar.
PE.GA.JEN.TO, adj., bras., o mesmo que pegajoso, pegadiço.
PE.GA.JO.SO, adj., viscoso, grudento, pastoso.
PE.GA-LA.DRÃO, s.m., dispositivo de alarme, peça para segurança de um local.
PE.GA.MEN.TO, s.m., processo de pegar, prosperar, vingar (uma planta, um enxerto).
PE.GÃO, s.m., grande pé de vento; pilar reforçado de grandes proporções.
PE.GA-PE.GA, s.m., conflito, disputa, altercação.
PE.GA PRA CA.PAR, s.m. 2 n., pop., tumulto generalizado, ger. com agressões físicas.
PE.GAR, v.t., int. e pron., colar, grudar, reunir, ligar; prender, agarrar, segurar; contrair.
PE.GA-RA.PAZ, s.m., cacho de cabelo caído na testa.
PE.GA.TI.VO, adj., chamativo, contagioso.
PE.GA-TROU.XA, s.m., ardil, embuste, armadilha para enganar pessoas incautas; adj. 2 gên., que diz respeito a, ou contém ardil, embuste, enganação.
PE.GO, s.m., o macho da pega, um tipo de pombo macho.
PE.GO, s.m., a parte mais funda do leito de um rio; adj., particípio do verbo pegar; retido, detido.
PE.GUI.LHAR, v. int., levantar dúvidas sobre questões insignificantes; provocar disputa.
PE.GU.RAL, adj., que diz respeito a rebanho; pastoril.
PE.GU.REI.RO, s.m., pastor, quem cuida de gado, cão que cuida de gado.
PEI.A, s.f., corda, barbante, correia, corrente.
PEI.DÃO, adj. e s.m., bras., que ou quem peida muito.
PEI.DAR, v.int., soltar gases intestinais.
PEI.DO, s.m., gás de origem intestinal; flato; pum.
PEI.TA, s.f., gratificação ou presente dado como suborno; crime de corrupção por quem recebe suborno; ant., antigo imposto pago pelos plebeus.
PEI.TA.DA, s.f., golpe com o peito, forçar com o peito.
PEI.TA.ÇÃO, s.f., suborno, conspurcação.
PEI.TA.DO, adj., subornado, conspurcado.
PEI.TA.DOR, adj., que peita ou enfrenta situações difíceis e arriscadas; bravio; destemido.
PEI.TA.MEN.TO, s.m., atitude arrogante, desafiadora, desrespeitosa.
PEI.TÃO, s.m., ant., parte do vestuário que cobria o peito; peitilho.
PEI.TAR, v.t., subornar, comprar a honra; fig., enfrentar.
PEI.TA.RI.A, s.f., pop., seios muito grandes.
PEI.TEI.RA, s.f., pequena peça dos arreios, que cobre o peito da cavalgadura.
PEI.TEI.RO, adj. e s.m., ant., que ou o que paga peita ou tributo; que suborna.
PEI.TI.LHO, s.m., peça de vestuário, removível ou fixa, que recobre o peito.
PEI.TO, s.m., no tronco humano, a parte frontal superior, onde se localiza o coração; mama, seio feminino; fig., coragem, ânimo, confiança.
PEI.TO.RAL, adj., pectoral, que se refere ao peito; s.m., medicamento para combater a tosse.
PEI.TO.RIL, s.m., parapeito, parte da janela que serve de apoio e proteção para as pessoas.
PEI.TU.DO, adj., com peito grande; fig., valente, corajoso.
PEI.XA.DA, s.f., refeição com peixes; prato de peixes.
PEI.XÃO, s.m., peixe avantajado, peixe enorme; fig., mulher de corpo desenvolto e belo.
PEI.XA.RI.A, s.f., casa comercial que vende peixe.
PEI.XE, s.m., animal vertebrado, que vive na água e respira pelas guelras.
PEI.XE-BOI, s.m., mamífero aquático de grandes dimensões, que vive na bacia amazônica.
PEI.XE-E.LÉ.TRI.CO, s.m., poraquê, peixe que solta descargas elétricas de alta intensidade.
PEI.XE-ES.PA.DA, s.m., peixe marítimo de corpo longo, sem escamas, de couro brilhoso.
PEI.XEI.RA, s.f., faca especial para limpar peixes; fig., faca de briga.
PEI.XEI.RO, s.m., quem vende peixe.
PEI.XES, s.m., pl., constelação do zodíaco.
PEI.XE-VO.A.DOR, s.m., peixe que tem as nadadeiras do peito maiores, o que lhe permite dar pequenos voos ou saltos.
PEI.XI.NHO, s.m., peixe pequeno, peixe miúdo; pessoa favorecida por outra pessoa.
PE.JA.DO, adj., pudoroso, que sente pejo, envergonhado.
PE.JA.MEN.TO, s.m., pudor, pejo, vergonha.
PE.JAR, v.t., int. e pron., encher, embaraçar, impedir, causar pejo, provocar pudor.
PE.JO, s.m., pudor, vergonha, acanhamento.
PE.JO.RAR, v.t., rebaixar, depreciar; tornar pior.
PE.JO.RA.TI.VO, adj., vocábulos usados com sentido depreciativo, desagradável.
PE.JO.SO, adj. p. us., acanhado, envergonhado, que sente pejo.
PE.LA, prep., combinação da preposição per com o artigo a.
PE.LA, s.f., bola de borracha para brincadeiras.
PE.LA.DA, s.f., dermatose no couro cabeludo; jogo de futebol de amadores, sem nenhuma técnica.
PE.LA.DÃO, s.m., bras., pop., inteiramente pelado, despido, nu.
PE.LA.DE.LA, s.f., ação ou efeito de pelar ou pelar-se; queimadela.
PE.LA.DI.ÇO, adj., que facilmente se pela ou queima; queimadiço.
PE.LA.DO, adj., nu, sem roupas, despido.
PE.LA.DOR, adj. e s.m., que(m) tira a pele, tirador de pelo.
PE.LA.DU.RA, s.f., ação de pelar, tiragem do couro.
PE.LA.GEM, s.f., pelos dos animais.
PE.LA.GI.A.NO, adj., que diz respeito ao monge bretão Pelágio ou ao pelaginismo; s.m., herético, sectário do pelaginismo.
PE.LÁ.GI.CO, adj., oceânico, marítimo, que se refere ao pélago.
PE.LÁ.GIO, adj., pelágico, oceânico.

PÉLAGO — PENAL

PÉ.LA.GO, *s.m.*, mar alto e revolto, mar fundo; *fig.*, abismo do mar.

PE.LA.GRA, *s.f.*, doença proveniente da falta de vitaminas, traduzida na cor amarelada da pele e por distúrbios, como eritema, má digestão e psiquismo.

PE.LA.GRO.SO, *adj.* e *s.m.*, enfermo da pelagra; relativo a pelagra.

PE.LA.ME, *s.m.*, quantidade de pele, couros.

PE.LAN.CA, *s.f.*, pele mole, caída e velha; parte ruim de um naco de carne.

PE.LAN.CO.SO, *adj.*, com pelanca, cheio de pelanca; pelancudo.

PE.LAN.CU.DO, *adj.*, que tem muitas pelancas.

PE.LAR, *v.t.* e *pron.*, tirar o pelo, a pele, a casca; descascar; *pop.*, tirar dinheiro de.

PE.LA.RI.A, *s.f.*, peleira, ponto de comércio de peles.

PE.LAS.GOS, *s.m.* e *pl.*, primitivos habitantes da Pelásgia, antigo nome da região onde hoje se encontram a Grécia e a Itália, que ali viveram no séc. XII a.C.

PE.LE, *s.f.*, camada fina que reveste o corpo do homem e de animais; couro, cútis, tez.

PE.LE.A.DOR, *s.m.*, RS, SC, brigão, rusguento, pelejador.

PE.LE.AR, *v.int.*, RS, SC, lutar, pelejar, teimar, insistir, porfiar.

PE.LE.CHO, *s.m.*, *bras.*, RS, ação e efeito de pelechar.

PE.LE.GA, *s.f.*, *bras.*, *ant.*, papel moeda, nota de dinheiro.

PE.LE.GO, *s.m.*, tapete, couro de ovelha, preparado para assento; *bras.*, pele de carneiro com a lã; *fig.*, tipo subserviente, capacho, sabujo.

PE.LE.GRI.NO, *s.m.*, *ant.* e *pop.*, o mesmo que peregrino.

PE.LE.GUE.AR, *v.t.* e *int.*, tirar o pelego da ovelha; RS, errar na dança.

PE.LE.GUIS.MO, *s.m.*, atitude ou ato de pelego.

PE.LEI.A, *s.f.*, RS, SC, briga, contenda, luta; batalha, peleja.

PE.LE.JA, *s.f.*, luta, combate, contenda.

PE.LE.JA.DO, *adj.*, lutado, combatido, contendido.

PE.LE.JA.DOR, *adj.* e *s.m.*, lutador, combatente.

PE.LE.JAN.TE, *adj.*, que peleja.

PE.LE.JAR, *v.t.* e *int*, lutar, combater, enfrentar.

PE.LE.RI.A, *s.f.*, estabelecimento ou loja onde se vendem peles.

PE.LE.RI.NE, *s.f.*, capa pequena, sem mangas.

PE.LE-VER.ME.LHA, *s.m.*, indígena, denominação dos índios dos Estados Unidos.

PE.LI.CA, *s.f.*, pele de animal curtida e pronta para fabricar objetos de uso.

PE.LI.ÇA, *s.f.*, manto ou coberta forrada com peles macias.

PE.LI.CA.NO, *s.m.*, ave aquática que possui uma bolsa sob o pescoço, onde guarda alimentos.

PE.LÍ.CU.LA, *s.f.*, pele fina; filme.

PE.LIN.TRA, *s. 2 gên.*, pessoa pobre no vestir, mas que demonstra ser pretensioso e arrogante; safado.

PE.LIN.TRÃO, *s.m.*, *pop.*, sujeito maltrapilho, esfarrapado.

PE.LIN.TRAR, *v.t.*, *int.*, transformar(-se) em pelintra.

PE.LIN.TRA.RIA, *s.f.*, chusma de pelintras.

PE.LIN.TRI.CE, *s.f.*, posição de pelintra, pretensão, arrogância.

PE.LIN.TRIS.MO, *s.m.*, o mesmo que pelintrice.

PE.LÍ.TI.CO, *adj.*, Gel., diz-se das rochas resultantes do endurecimento de massas lodosas e cujos grãos são indistintos à vista desarmada.

PE.LI.TRA.PO, *s.m.*, pelintra, indivíduo maltrapilho.

PE.LO, combinação da preposição *per* com o artigo *o*.

PE.LO, *s.m.*, erupção filiforme na pele dos animais e em alguns pontos do corpo humano; penugem.

PE.LO.TA, *s.f.*, bola pequena, bola de metal; *fig.*, bola de futebol.

PE.LO.TA.ÇO, *s.m.*, *bras.*, Fut., chute forte.

PE.LO.TA.DA, *s.f.*, batida com pelota; chute forte na bola, no jogo de futebol.

PE.LO.TÃO, *s.m.*, grupo de soldados nas divisões internas do Exército.

PE.LO.TAR, *s.m.*, o mesmo que pelotário.

PE.LO.TÁ.RIO, *s.m.*, jogador de pela ou pelota.

PE.LO.TA.RIS.MO, *s.m.*, conjunto das regras do jogo da pelota; paixão desse jogo.

PE.LO.TE, *s.m.*, bola pequena de fios ou pelos.

PE.LO.TE.AR, *v.t.*, maltratar; açoitar.

PE.LO.TEI.RO, *s.m.*, o que faz ou vende pelotas.

PE.LO.TI.ZA.ÇÃO, *s.f.*, Metal., processo de aglomeração de fragmentos de minério de ferro, que restaram da produção de ferro primário e que geram um produto em forma de pelota para as usinas siderúrgicas.

PE.LOU.RI.NHO, *s.m.*, construção de madeira no centro da praça, antigamente usada para castigar escravos ou infratores.

PE.LOU.RO, *s.m.*, comissão do poder legislativo municipal em Portugal (que são várias); *ant.*, bala de metal com que se carregavam muitas das antigas armas de fogo.

PEL.TA, *s.f.*, escudo de armas, de pau ou de vime coberto de couro, que os antigos usavam; a sua origem era trácia.

PEL.TI.FOR.ME, *adj.*, que tem forma de escudo.

PEL.TOI.DE, *adj.*, que tem forma de escudo; peltiforme; *s.m.*, *pl.*, Zool., grupo de insetos coleópteros tenebrionídeos.

PE.LÚ.CIA, *s.f.*, tipo de tecido de lã, aveludado de um lado.

PE.LU.CI.O.SO, *adj.*, que tem pelúcia ou se lhe assemelha.

PE.LU.DO, *adj.*, com muito pelo, coberto de pelos.

PE.LU.GEM, *s.f.*, conjunto de pelos que cobrem a face ou a pele.

PE.LU.GI.NO.SO, *adj.*, que está cheio de penugem; pelos.

PEL.VE, *s.f.*, pélvis, a parte inferior do tronco humano, a bacia.

PÉL.VI.CO, *adj.*, que se refere a pelve.

PEL.VI.CRU.RAL, *adj.*, Anat., que diz respeito à bacia e à coxa.

PEL.VI.FOR.ME, *adj. 2 gên.*, que tem forma de bacia ou taça.

PEL.VI.ME.TRI.A, *s.f.*, Anat., medição das diferentes partes da pelve e de sua capacidade.

PEL.VI.MÉ.TRI.CO, *adj.*, que diz respeito a pelvimetria.

PÉL.VIS, *s. 2 gên.*, pelve.

PE.NA, *s.f.*, plumas que cobrem o corpo das aves; pena de ave que antigamente se usava para escrever; peça própria com tinta para escrever, esferográfica; castigo, sofrimento, padecimento, dó, compaixão, piedade.

PE.NÁ.CEO, *adj.*, semelhante a uma pena.

PE.NA.CHA.DO, *adj.*, que tem penacho.

PE.NA.CHAR, *v.t.*, prover, ornar de penacho; empenachar.

PE.NA.CHO, *s.m.*, enfeite de penas que chefes indígenas põem na cabeça; enfeite de penas no capacete; tufo de penas mais altas, que algumas aves ostentam na cabeça.

PÉ NA CO.VA, *s. 2 gên.*, *bras.*, pessoa envelhecida, de aspecto cadavérico; doente em estado terminal.

PE.NA.DA, *s.f.*, traço, escrita de uma pena, de uma caneta.

PE.NA.DO, *adj.*, que está emplumado, que tem penas; que está sofrendo, condenado, castigado.

PE.NAL, *adj.*, próprio de pena, imposição legal; *s.m.*, pênalti;

estojo para colocar penas e canetas.
PE.NA.LI.DA.DE, *s.f.*, castigo, pena, punição, imposição de uma pena por lei, por castigo legal.
PE.NA.LIS.TA, *s. 2 gên.*, especialista em direito penal; criminalista.
PE.NA.LI.ZA.ÇÃO, *s.f.*, sanção, pena, penalidade, piedade.
PE.NA.LI.ZA.DO, *adj.*, sancionado, castigado, apiedado.
PE.NA.LI.ZA.DOR, *adj.*, que peniza.
PE.NA.LI.ZAN.TE, *adj. 2 gên.*, o mesmo que penalizador.
PE.NA.LI.ZAR, *v.t. e pron.*, ter compaixão, causar piedade; castigar, impor uma sanção.
PE.NA.LI.ZÁ.VEL, *adj. 2 gên.*, que pode ser penalizado, suscetível de penalização.
PE.NAL.MEN.TE, *adv.*, conforme as normas do direito penal.
PE.NA.LO.GI.A, *s.f.*, artigos do código penal que tratam das penalidades impostas conforme o crime cometido.
PE.NA.LÓ.GI.CO, *adj.*, forma não preferencial de penológico.
PE.NA.LO.GIS.TA, *s. 2 gên.*, forma não preferencial de penologista.
PÊ.NAL.TI, *s.m.*, no futebol, jogador da defesa que pratica uma infração em sua área, a 11 metros do gol; penalidade; penal; falta grave, redimida com um chute livre contra a trave adversária.
PE.NAN.TA.DA, *s.f.*, pancada com ou em penante.
PE.NAN.TE, *s.m., gír.*, chapéu alto.
PE.NAR, *v.t. e int.*, receber pena, ser castigado, sofrer, afligir-se, sentir dores.
PE.NA.TES, *s.m., pl.*, na antiga Roma, espíritos protetores.
PEN.CA, *s.f.*, conjunto de frutas ou flores; *fig.*, grupo numeroso de pessoas, coisas.
PEN.CE, *s.f.*, pequena prega para ajustar uma roupa.
PEN.CU.DO, *adj.*, narigudo.
PEN.DÃO, *s.m.*, bandeira, estandarte, lábaro; pequena bandeira que é símbolo de algum grupo; inflorescência da espiga do milho; cacho de flores.
PEN.DÊN.CIA, *s.f.*, confronto, litígio, conflito; o que está pendente, propensão, queda por.
PEN.DEN.CI.A.DO, *adj.*, oscilado, pendente, brigado, inclinado.
PEN.DEN.CI.A.DOR, *adj. e s.m.*, pendente, rixento, brigão, brigador.
PEN.DEN.CI.AR, *v.t. e int.*, possuir pendências, conflitar, rixar.
PEN.DEN.GA, *s.f., bras. pop.*, pendência, conflito; bate-boca.
PEN.DEN.TE, *adj.*, pendurado, que está suspenso; não resolvido, provável.
PEN.DER, *v.t. e int.*, ficar pendurado, oscilar, estar fixado do alto para baixo, propender, inclinar-se.
PEN.DI.DO, *adj.*, pendurado, suspenso; inclinado.
PEN.DO.A.DO, *adj.*, carregado de pendão.
PEN.DO.A.MEN.TO, *s.m.*, formação de pendão.
PEN.DO.AR, *v.int., bras.*, o mesmo que apendoar.
PEN.DO.LIS.TA, *s.m.*, des., o que maneja a pêndola ou pena; plumitivo, escritor.
PEN.DOR, *s.m.*, inclinação, tendência, queda, propensão; *fig.*, vocação, missão.
PEN.DO.RAR, *v.int.*, o mesmo que pendoar.
PÊN.DU.LA, *s.f.*, relógio de pêndulo.
PEN.DU.LA.ÇÃO, *s.f.*, ato ou efeito de pendular.
PEN.DU.LAR, *adj.*, próprio de pêndulo, oscilatório, pendente.
PEN.DU.LA.RI.DA.DE, *s.f.*, condição ou caráter de pendular.
PEN.DU.LE.AR, *v.t. e int.*, oscilar como pêndulo, mover-se de um lado para o outro.
PÊN.DU.LO, *s.m.*, objeto suspenso, que oscila; peça presa por uma haste móvel e que oscila pelo próprio peso.
PEN.DU.RA, *s.f.*, ação ou efeito de pendurar, algo pendurado; compra a fiado, calote, safadeza.
PEN.DU.RA.DO, *adj.*, pendente, preso no teto, deixado para pagar depois, feito a fiado.
PEN.DU.RAR, *v.t. e pron.*, dependurar, prender no alto, fixando em; suspender; *pop.*, comprar fiado.
PEN.DU.RI.CA.LHO, *s.m.*, enfeite inútil, ornato, algo sem valor.
PE.NE.DAL, *s.m.*, lugar em que há bastantes penedos; penedia.
PE.NE.DI.A, *s.f.*, aglomeração de penedos, muitas rochas juntas.
PE.NE.DO, *s.m.*, rocha, rochedo, penhasco de rochas.
PE.NEI.RA, *s.f.*, utensílio, em geral arredondado, com fundo de tela, para passar substâncias granulosas, retendo as de maior volume e deixando passar as mais finas.
PE.NEI.RA.ÇÃO, *s.f.*, ação ou efeito de peneirar, escolha, separação, seleção.
PE.NEI.RA.DA, *s.f.*, quantidade que se peneira de uma única vez; *fig.*, despedir funcionários improdutivos.
PE.NEI.RA.DO, *adj.*, selecionado, limpo, escolhido.
PE.NEI.RA.DOR, *adj. e s.m.*, instrumento que se usa para peneirar, selecionador.
PE.NEI.RA.GEM, *s.f.*, operação pela qual se separa a terra do carvão no balão (carvoeira); operação de peneirar ou de fazer passar por uma peneira.
PE.NEI.RA.MEN.TO, *s.m.*, o mesmo que peneiração.
PE.NEI.RAR, *v.t., int. e pron.*, limpar, purificar, escolher.
PE.NEI.REI.RO, *s.m.*, quem fabrica peneiras, confeccionador de peneiras.
PE.NE.JA.DO, *adj.*, diz-se de um desenho feito à pena.
PE.NE.JAR, *v.t.*, escrever; desenhar à pena.
PE.NE.LA, *s.f.*, pequena penha; outeiro.
PE.NE.TRA, *s. 2 gên.*, quem entra onde não é convidado; quem entra em um local sem pagar a entrada.
PE.NE.TRA.BI.LI.DA.DE, *s.f.*, algo que seja penetrável, transponibilidade.
PE.NE.TRA.ÇÃO, *s.f.*, perspicácia, facilidade de compreensão.
PE.NE.TRA.DO, *adj.*, compreendido, acessado, visto.
PE.NE.TRA.DOR, *adj. e s.m.*, que(m) penetra, entendedor, acessador.
PE.NE.TRAN.TE, *adj.*, que penetra, doloroso, pungente; fino, perspicaz.
PE.NE.TRAR, *v.t., int. e pron.*, furar, entrar em, transpor, chegar ao âmago de, insinuar-se, realizar a cópula; abranger o conteúdo.
PE.NE.TRA.TI.VO, *adj.*, penetrante, acessível.
PE.NE.TRÁ.VEL, *adj.*, que pode ser penetrado.
PÊN.FI.GO, *s.m.*, indicação de várias doenças da pele com bolhas.
PE.NHA, *s.f.*, penhasco, penedo, rocha, morro de penedos.
PE.NHAS.CAL, *adj.*, que se refere a penhasco; *s.m.*, penhasqueira, penhasco, precipício.
PE.NHAS.CO, *s.m.*, rochedo, rocha, depressão cheia de pedras.
PE.NHAS.CO.SO, *adj.*, muito íngreme, alcantilado, escarpado.
PE.NHAS.QUEI.RA, *s.f.*, penhasco, ribanceira, precipício, escarpa.
PE.NHO.AR, *s.m.*, vestimenta feminina para colocar por

PENHOR

sobre o pijama ou camisola.
PE.NHOR, *s.m.*, garantia, segurança, sustentáculo, bem dado em garantia por uma dívida.
PE.NHO.RA, *s.f.*, apreensão dos bens de um devedor condenado por sentença judicial.
PE.NHO.RA.DO, *adj.*, pego em penhor, apreendido; agradecido, grato.
PE.NHO.RAN.TE, *adj.*, que penhora, que toma em garantia.
PE.NHO.RAR, *v.t.* e *pron.*, garantir, tomar em garantia.
PE.NHO.RÁ.VEL, *adj.*, que se pode penhorar.
PE.NHO.RIS.TA, *s. 2 gên.*, pessoa que tem casa de penhor; *adj. 2 gên.*, de penhores, em que se penhoram objetos.
PE.NI.A.NO, *adj.*, relativo ao pênis; que é do pênis.
PE.NI.CA.DA, *s.f.*, golpe com um penico; o conteúdo de um penico.
PE.NI.CI.LI.NA, *s.f.*, antibiótico de muita força, medicamento de muita força contra inflamações.
PE.NI.CO, *s.m.*, urinol, vaso noturno.
PE.NÍ.FE.RO, *adj.*, que tem penas, empenado, penígero.
PE.NI.FOR.ME, *adj.*, que tem forma de pena.
PE.NÍ.GE.RO, *adj.*, penífero, que possui penas, empenado.
PE.NÍN.SU.LA, *s.f.*, pedaço de terra no meio da água, mas ligado à terra por um istmo.
PE.NIN.SU.LAR, *adj.*, próprio de península, referente a uma península.
PE.NI.PO.TEN.TE, *adj.*, Poét., que tem asas fortes, que voa muito.
PE.NI.QUEI.RA, *s.f.*, *pop.*, *ant.*, espécie de mesinha de cabeceira onde se guardava o penico; NE, *pej.*, criada que cuida de quarto.
PÊ.NIS, *s.m.*, órgão dos seres de sexo masculino, para copular e urinar.
PE.NIS.CO, *s.m.*, a semente do pinheiro, o pinhão.
PE.NI.TE, *s.f.*, Med., inflamação do pênis.
PE.NI.TÊN.CIA, *s.f.*, arrependimento e reparação por haver pecado; expiação de pecados; sacramento da confissão na Igreja Católica, pelo qual o pecador conta os pecados ao padre para ser absolvido.
PE.NI.TEN.CI.A.ÇÃO, *s.f.*, ação de penitenciar ou penitenciar-se; penitência.
PE.NI.TEN.CI.A.DO, *adj.*, castigado, pago, redimido.
PE.NI.TEN.CI.A.DOR, *adj.* e *s.m.*, cumpridor da lei, castigador, verdugo.
PE.NI.TEN.CI.AL, *adj. 2 gên.*, relativo a, ou próprio de penitência; penitenciário.
PE.NI.TEN.CI.AR, *v. pron.*, castigar, fazer expiar, pagar pecados.
PE.NI.TEN.CI.Á.RIA, *s.f.*, lugar para recolhimento de presos condenados a penas de reclusão maiores.
PE.NI.TEN.CI.Á.RIO, *adj.*, próprio de penitenciária; *s.m.*, quem cumpre pena em penitenciária.
PE.NI.TEN.CI.A.RIS.TA, *s. 2 gên.*, jurista que se dedica ao estudo da ciência penitenciária.
PE.NI.TEN.CI.EI.RO, *s.m.*, padre encarregado pelo bispo de absolver casos reservados de penitência; cardeal.
PE.NI.TEN.TE, *adj.* e *s. 2 gên.*, que faz penitência, arrependido.
PE.NO.SA, *s.f.*, *pop.*, galinha.
PE.NO.SO, *adj.*, difícil, doloroso, sofredor, extenuante.
PEN.SA.BUN.DO, *adj.*, neol., meditabundo, pensativo.
PEN.SA.ÇÃO, *s.f.*, ato de pensar, refletir, meditar.
PEN.SA.DO, *adj.*, que foi objeto de reflexão; que se medicou,

PENTASSILÁBICO

cuidou ou tratou convenientemente.
PEN.SA.DOR, *s.m.*, quem pensa, filósofo, sábio, intelectual.
PEN.SA.MEN.TO, *s.m.*, ideia, ação de pensar, reflexão, cogitação, raciocínio.
PEN.SAN.TE, *adj.*, que raciocina, que pensa.
PEN.SÃO, *s.f.*, recebimento mensal por força de lei; pagamento, estalagem, hospedaria, hotel.
PEN.SAR, *v.t.* e *int.*, combinar ideias, raciocinar, refletir, cogitar.
PEN.SA.TI.VI.DA.DE, *s.f.*, estado, qualidade de quem anda pensativo.
PEN.SA.TI.VO, *adj.*, que pensa, extático, absorto.
PEN.SÁ.VEL, *adj. 2 gên.*, que se pode pensar, que pode vir ao pensamento, acessível ao pensamento; imaginável.
PÊN.SIL, *adj.*, pendurado, dependurado, suspenso.
PEN.SI.O.NA.DO, *adj.*, que recebe pensão, ajudado.
PEN.SI.O.NAR, *v.t.* e *bit.*, pagar pensão a, conceder pensão a alguém.
PEN.SI.O.NÁ.RIO, *adj.* e *s.m.*, pensionista, que recebe pensão, que se refere a pensão.
PEN.SI.O.NA.TO, *s.m.*, internato, casa que, antigamente, abrigava adolescentes durante o ano, nas vinte e quatro horas do dia.
PEN.SI.O.NIS.TA, *s. 2 gên.*, quem recebe pensão; aposentado; quem mora em pensão ou quem paga pensão; pensionário.
PEN.SO, *adj.*, pendido, voltado, torto, dependurado; *s.m.*, curativo.
PEN.TA.CAM.PE.ÃO, *s.m.*, país, estado, cidade ou pessoa que alcança pela quinta vez um campeonato.
PEN.TA.CAM.PE.O.NA.TO, *s.m.*, campeonato vencido pela quinta vez por um mesmo time ou desportista.
PEN.TA.CÊN.TRI.CO, *adj.*, que tem cinco centros.
PEN.TA.CÓR.DIO, *s.m.*, pentacordo, instrumento musical com cinco cordas.
PEN.TA.COR.DO, *s.m.*, o mesmo que pentacórdio.
PEN.TA.CO.SA.E.DRO, *s.m.*, Geom., poliedro de 25 faces.
PEN.TA.CO.SÁ.GO.NO, *s.m.*, Geom., polígono de 25 lados.
PEN.TÁ.CU.LO, *s.m.*, Oct., símbolo que consiste no traçado de uma estrela de cinco pontas, dentro da qual se forma um pentágono perfeito (o qual é tido como mágico).
PEN.TA.DE.CÁ.GO.NO, *s.m.*, Geom., polígono de 15 lados.
PEN.TA.E.DRO, *s.m.*, poliedro de cinco faces.
PEN.TA.GO.NAL, *adj.*, com cinco lados.
PEN.TÁ.GO.NO, *s.m.*, polígono com cinco lados.
PEN.TA.GRA.FI.A, *s.f.*, pantografia; habilidade de usar pentágrafo.
PEN.TA.GRA.FO, *s.m.*, instrumento para copiar desenhos, sem deter a habilidade de desenhar.
PEN.TA.GRA.MA, *s.m.*, pauta para escrever as notas musicais, com cinco linhas.
PEN.TÂ.ME.TRO, *adj.* e *s.m.*, diz-se de ou o verso de cinco pés na poesia greco-latina.
PEN.TAN.GU.LAR, *adj.*, que tem cinco ângulos.
PEN.TA.NO, *s.m.*, Quím., hidrocarboneto saturado da série do metano; hidramilo.
PEN.TÁ.PO.LE, *s.f.*, região que tem cinco cidades; circunscrição municipal com cinco municípios.
PEN.TAR.CA, *s.m.*, cada um dos membros de uma pentarquia.
PEN.TAR.CA.DO, *s.m.*, dignidade, funções de pentarca; duração dessas funções.
PEN.TAR.QUI.A, *s.f.*, governo de cinco chefes.
PEN.TAS.SI.LÁ.BI.CO, *adj.*, pentassílabo.

PEN.TAS.SÍ.LA.BO, *s.m.*, palavra ou verso que tem cinco sílabas.
PEN.TÁS.TI.CO, *adj.*, que tem cinco ordens ou filas; que tem cinco versos.
PEN.TA.TEU.CO, *s.m.*, os cinco primeiros livros do Antigo Testamento.
PEN.TA.TLO, *s.m.*, competição esportiva composta por cinco provas: salto, corrida, luta, lançamento de disco e de dardo.
PEN.TA.VA.LEN.TE, *adj.*, que tem cinco valências; que pode ter cinco finalidades.
PEN.TE, *s.m.*, utensílio usado para alisar e preparar os cabelos; utensílio para colocar balas de revólver.
PEN.TE.A.DEI.RA, *s.f.*, móvel com espelho, usado nos quartos de dormir.
PEN.TE.A.DE.LA, *s.f.*, ação ou efeito de pentear ou de pentear-se sem grande esmero ou à pressa.
PEN.TE.A.DO, *adj.*, que se penteou, que preparou os cabelos; *s.m.*, arranjo dos cabelos.
PEN.TE.A.DOR, *adj. e s.m.*, que ou aquele que penteia.
PEN.TE.A.DU.RA, *s.f.*, ato ou efeito de pentear(-se).
PEN.TE.AR, *v.t. e pron.*, alisar os cabelos; arrumar, arranjar o cabelo.
PEN.TE.COS.TAL, *adj. 2 gên.*, relativo a Pentecostes ou pentecostalismo; *s. 2 gên.*, membro ou adepto do pentecostalismo.
PEN.TE.COS.TA.LIS.MO, *s.m.*, relativo ao movimento religioso das Igrejas Reformadas e tb. no catolicismo, caracterizado pela busca de união com o Espírito Santo; pentecostismo.
PEN.TE.COS.TES, *s.m.*, festa da Igreja Católica, comemorada ao final do tempo pascal, celebrando a descida do Divino Espírito Santo sobre os apóstolos, no cenáculo, em Jerusalém.
PEN.TE.COS.TIS.MO, *s.m.*, o mesmo que pentecostalismo.
PEN.TE.EI.RO, *s.m.*, o que fabrica ou vende pentes.
PEN.TE-FI.NO, *s.m.*, pente com os dentes quase cerrados, para raspar o couro cabeludo; *fig.*, procurar tudo que haja em um local; fazer uma triagem, passar a peneira.
PEN.TE.LHA.ÇÃO, *s.f.*, *bras.*, *pop.*, ato ou efeito de pentelhar; chateação; aborrecimento; importunação.
PEN.TE.LHAR, *v.t. e int.*, *bras.*, *pop.*, enfurecer, exasperar (por não dar trégua, por perseguir ou ultrajar); causar aborrecimento a; chatear; importunar.
PEN.TE.LHO, *s.m.*, *bras.*, *pop.*, pelo da região pubiana; *gír.*, pessoa desagradável, maçante.
PEN.TO.BAR.BI.TAL, *s.m.*, Quím., droga barbitúrica sintética, us. como sedativo e antiespasmódico.
PE.NU.DO, *adj.*, que tem muitas penas, que está cheio de penas.
PE.NU.GEM, *s.f.*, penas novas e pequenas nas aves, buço, pelos pequenos.
PE.NU.GEN.TO, *adj.*, cheio de penugem ou cotão.
PE.NÚL.TI.MO, *adj.*, anterior ao último, quase o último.
PE.NUM.BRA, *s.f.*, claro-fusco, meia-luz, transição entre escuridão e luz no crepúsculo.
PE.NUM.BRAL, *adj. 2 gên.*, que faz surgir penumbra.
PE.NUM.BRAR, *v.t. e int.*, deixar pouco iluminado, à meia-luz; causar penumbra a.
PE.NUM.BREN.TO, *adj.*, em que existe penumbra; relativo a ou próprio do penumbrismo.
PE.NUM.BRIS.MO, *s.m.*, Liter., estética literária de certos poetas que no início do séc. XX tendiam para uma linha temática de acentuado intimismo.

PE.NUM.BRIS.TA, *adj. 2 gên.*, próprio do penumbrismo.
PE.NUM.BRO.SO, *adj.*, que tem muita penumbra, escuro, sombreado.
PE.NÚ.RIA, *s.f.*, miséria, pobreza, indigência, pobreza absoluta.
PE.NU.RI.O.SO, *adj.*, indigente, miserável, paupérrimo.
PE.O.NA.DA, *s.f.*, *bras.*, S, grande número de peões; peonagem.
PE.O.NA.GEM, *s.f.*, pessoas a pé, pedestres; pelotão de soldados de infantaria; peões, infantes.
PE.PI.NAL, *s.m.*, plantação de pepinos, roçado de pepinos.
PE.PI.NAR, *v.t. e int. bras.*, comer aos poucos; debicar, peniscar; *v.t.*, *bras.*, picar; esburacar.
PE.PI.NEI.RA, *s.f.*, pepinal; *fig.*, mamata, grandes dificuldades.
PE.PI.NEI.RO, *s.m.*, planta de baraço que produz o pepino.
PE.PI.NO, *s.m.*, hortaliça produzida pelo pepineiro; verdura; *fig.*, algo difícil.
PE.PI.TA, *s.f.*, grão de ouro, pedacinho de ouro.
PE.PI.TÓ.RIA, *s.f.*, *ant.*, espécie de fricassé de galinha ou de miúdos desta.
PEP.SI.A, *s.f.*, sistema da digestão no estômago.
PEP.SI.NA, *s.f.*, enzima do suco gástrico.
PÉP.TI.CO, *adj.*, referente ao estômago, estomacal.
PEP.TÍ.DEO, *s.m.*, Bioq., qualquer composto natural ou sintético que contém dois ou mais aminoácidos ligados pelo grupo amina ou carboxila; proteína de baixo peso molecular.
PEP.TÍ.DI.CO, *adj.*, Bioq., relativo a peptídeo.
PEP.TI.ZAN.TE, *adj.*, Quím., diz-se da ação que impede a coagulação de um sol.
PEP.TI.ZAR, *v.t.*, Quím. transformar (um sol) em gel.
PEP.TO.NA, *s.f.*, substância que age na digestão estomacal dos alimentos.
PEP.TO.NI.ZA.ÇÃO, *s.f.*, ato de peptonizar.
PEP.TO.NI.ZAN.TE, *adj.*, que peptoniza.
PEP.TO.NI.ZAR, *v.t.*, converter em peptona (alimentos) sob a ação da pepsina.
PEP.TO.NÚ.RIA, *s.f.*, presença de peptona na urina.
PE.QUE.NA, *s.f.*, garota, namorada, moça, mocinha.
PE.QUE.NA.DA, *s.f.*, coletivo para pequenos; muitos pequenos e pequenas.
PE.QUE.NEZ, *s.f.*, propriedade de algo ser muito pequeno; exiguidade.
PE.QUE.NE.ZA, *s.f.*, o mesmo que pequenez.
PE.QUE.NI.NO, *s.m.*, muito pequeno; pequeninho; *fig.*, criança.
PE.QUE.NI.TO, *adj.*, muito pequeno, pequeninho.
PE.QUE.NO, *adj.*, reduzido no tamanho, baixinho, pouco volume, pouco valor; *s.m.*, menino, menor, adolescente, criança.
PE.QUE.NO.TE, *s.m.*, diminutivo de pequeno.
PÉ-QUEN.TE, *s. 2 gên.*, indivíduo que tem sorte; quem costuma ganhar facilmente em sorteios e loterias.
PE.QUER.RU.CHO, *s.m.*, pequeno, criança.
PE.QUI, *s.m.*, árvore do cerrado brasileiro, cuja madeira é usada para muitos fins – os frutos são comestíveis e usados para pudins caseiros; do caroço se extrai gordura valiosa.
PE.QUI.NÊS, *adj. e s. 2 gên.*, próprio ou habitante de Pequim; raça canina caracterizada pelo tamanho reduzido.
PE.QUI.ZEI.RO, *s.m.*, Bot., o mesmo que pequi.
PER, *prep.*, *expr.*, de per si, - em si, por si.
PE.RA, *s.f.*, fruto da pereira.
PE.RA.DA, *s.f.*, geleia de pera, doce de pera.

PE.RA.FU.SAR, *v.t.* e *intr., ant.*, o mesmo que parafusar.
PE.RAL, *s.m.*, pereiral, pomar de peras, bosque de peras.
PE.RAL.TA, *adj.*, travesso, traquinas, ativo.
PE.RAL.TA.DA, *s.f.*, quantidade de peraltas; os peraltas.
PE.RAL.TA.GEM, *s.f.*, o mesmo que peraltice.
PE.RAL.TAR, *v.int.*, levar vida de peralta, travesso.
PE.RAL.TE.AR, *v. int.*, levar vida de peralta.
PE.RAL.TI.CE, *s.f.*, traquinagem, molecagem, travessura, brincadeira.
PE.RAL.TIS.MO, *s.m.*, o mesmo que peraltice.
PE.RAL.VI.LHO, *s.m.*, indivíduo afetado, que se veste e age com esmero excessivo; almofadinha; casquilho; janota.
PE.RAM.BEI.RA, *s.f.*, grota, despenhadeiro, precipício, abismo.
PE.RAM.BU.LA.ÇÃO, *s.f.*, andança, caminhada, passeio.
PE.RAM.BU.LA.DO, *adj.*, andado, caminhado, passeado.
PE.RAM.BU.LA.GEM, *s.f.*, o mesmo que perambulação.
PE.RAM.BU.LAR, *v.t.* e *int.*, caminhar passeando, passear, andar, vagar.
PE.RAM.BU.LA.TÓ.RIO, *adj., bras.*, que perambula, em que há perambulação.
PE.RAN.TE, *prep.*, diante de, ante, na frente de.
PÉ-RA.PA.DO, *s.m.*, alguém muito pobre, sem dinheiro; pobretão.
PE.RAU, *s.m., bras.*, RS, despenhadeiro, declive brusco que dá para um rio; *bras.*, linha da margem onde começa o leito do rio; *bras.*, depressão, cova ou buraco que surge subitamente em um rio ou praia.
PER.CAL, *s.m.*, tipo de tecido leve.
PER.CAL.ÇAR, *v.t., ant.*, lucrar, ganhar.
PER.CAL.ÇO, *s.m.*, dificuldade, problema, obstáculo.
PER.CA.LI.NA, *s.f.*, tipo de tecido fino e oleado, percaline.
PER CAPITA, *s.m.*, é o percentual que se obtém na divisão de um produto pelo número de participantes dele; divisão do produto nacional pelo número de brasileiros, segundo informações do IBGE – Instituto Brasileiro de Geografia e Estatística.
PER.CAR, *v.t.*, des., causar perca a; prejudicar, anojar, danificar.
PER.CE.BE.DOR, *s.m.*, aquele que percebe; *adj.*, que percebe.
PER.CE.BER, *v.t.* e *int.*, sentir, notar, enxergar, intuir, captar, compreender.
PER.CE.BI.DO, *adj.*, notado, sentido, ouvido, visto.
PER.CE.BI.MEN.TO, *s.m.*, percepção, sentimento, visão.
PER.CE.BÍ.VEL, *adj.*, p.us. o mesmo que perceptível.
PER.CEN.TA.GEM, *s.f.*, porcentagem, um tanto de um valor total, taxa, comissão.
PER.CEN.TA.GIS.TA, *s. 2 gên.*, o que cobra ou lucra percentagens.
PER.CEN.TU.AL, *adj., s.m.*, taxa, quanto sobre, comissão; que se liga ao total.
PER.CEN.TU.A.LI.DA.DE, *s.f.*, relação expressa em percentagens.
PER.CEP.ÇÃO, *s.f.*, qualidade de perceber, compreensão, absorção, sentidos.
PER.CEP.CI.O.NAL, *adj.*, relativo a percepção.
PER.CEP.TI.BI.LI.DA.DE, *s.f.*, sensibilidade, visibilidade.
PER.CEP.TÍ.VEL, *adj.*, que se percebe, sensível, visível.
PER.CEP.TI.VI.DA.DE, *s.f.*, qualidade de perceptivo; capacidade de percepção; perceptibilidade.
PER.CEP.TI.VO, *adj.*, que percebe, intuitivo, sensitivo.

PER.CEP.TO, *s.m.*, Psic., conteúdo de uma percepção; *adj.*, p.us. que se percebeu; percebido.
PER.CEP.TU.AL, *adj.*, relativo ou que envolve a percepção, esp. a percepção imediata.
PER.CE.VE.JO, *s.m.*, inseto sugador de sangue; prego pequeno, de cabeça larga, para fixar objetos em paredes.
PER.CE.VE.JO.SO, *adj.*, que está cheio de percevejos.
PER.CLO.RA.TO, *s.m.*, indicação dos sais do ácido perclórico.
PER.CLO.RE.TO, *s.m.*, Quím., cloreto que contém a maior proporção de cloro em qualquer elemento.
PER.CLÓ.RI.CO, *s.m.*, ácido anídrico, que possui em sua molécula dois átomos de cloro e dois de oxigênio.
PER.CLU.SO, *adj.*, impossibilitado de se locomover, de exercer as funções da locomoção.
PER.CO.LA.DOR, *s.m.*, aparelho em que se processa a percolação.
PER.CO.LAR, *v.t.*, o mesmo que lixiviar.
PER.COR.RER, *v.int.*, visitar, examinar, olhar, passar por um local.
PER.COR.RI.DO, *adj.*, visitado, olhado, passado, examinado.
PER.CU.CI.ÊN.CIA, *s.f.*, qualidade, caráter de percuciente; perspicácia.
PER.CU.CI.EN.TE, *adj. 2 gên.*, que percute ou fere; penetrante, profundo.
PER.CUR.SO, *s.m.*, trajeto, distância andada, caminho.
PER.CUR.SOR, *adj.* e *s.m.*, que ou quem percorre.
PER.CUS.SÃO, *s.f.*, batida, choque, pancada.
PER.CUS.SI.O.NIS.TA, *s. 2 gên.*, quem percute um instrumento de percussão.
PER.CUS.SI.VO, *adj.*, relativo a percussão.
PER.CUS.SOR, *adj.* e *s.m.*, que(m) percute, batedor, acendedor, percutidor.
PER.CU.TEN.TE, *adj. 2 gên.*, o mesmo que percuciente.
PER.CU.TI.DO, *adj.*, batido com força (tambor percutido); tocado; que teve repercussão.
PER.CU.TI.DOR, *adj.* e *s.m.*, percussor, que(m) percute.
PER.CU.TIR, *v.t.*, bater, chocar-se, tocar.
PER.CU.TÍ.VEL, *adj. 2 gên.*, que se pode percutir.
PER.CU.TOR, *s.m.*, peça que serve para percutir; o mesmo que percussor.
PER.DA, *s.f.*, sumiço, desaparecimento, fuga, prejuízo, dano, extravio, ruína.
PER.DÃO, *s.m.*, indulto, remissão de culpa ou pecado.
PER.DE.DOR, *adj.*, diz-se da pessoa derrotada em uma disputa; *s.m.*, aquele que perde (choro de perdedor); quem é frequentemente malsucedido.
PER.DER, *v.t.* e *pron.*, ficar sem a posse de, ser prejudicado, desviar-se, cair fora do rumo, não alcançar um transporte, deixar de ver, valer menos, mergulhar em algum tema.
PER.DI.ÇÃO, *s.f.*, condenação, danação, ruína, desgraça, queda total.
PER.DI.DA, *s.f.*, perda, desvio do rumo, engano, logro.
PER.DI.DI.ÇO, *adj.*, que se perde facilmente.
PER.DI.DO, *adj.*, desaparecido, sumido, desviado, imoral, condenado.
PER.DI.GÃO, *s.m.*, macho de perdiz, ave do campo.
PER.DI.GAR, *v.int.*; soltar a perdiz o seu canto; albardar, preparar com toicinho, como as perdizes.
PER.DI.GO.TEI.RO, *adj.* e *s.m., bras.*, diz-se do, ou o indivíduo que, ao falar, atira perdigotos ao rosto dos interlocutores.
PER.DI.GO.TO, *s.m.*, cria de perdiz, filhote; pingo de saliva

PERDIGUEIRO

que alguém lança ao falar.
PER.DI.GUEI.RO, *s.m.*, cão especialmente treinado para caçar perdizes.
PER.DI.MEN.TO, *s.m.*, perda, perdição, ação de perder.
PER.DI.VEL, *adj.*, que se pode perder; desviável.
PER.DIZ, *s.f.*, ave do campo, muito caçada por sua carne saborosa.
PER.DO.A.DO, *adj.*, indultado, desculpado, absolvido.
PER.DO.A.DOR, *adj. e s.m.*, indultador, absolvidor.
PER.DO.AR, *v.t. e int.*, dar o perdão, indultar, desculpar, absolver, remir.
PER.DO.Á.VEL, *adj.*, que pode ser perdoado, absolvível.
PER.DU.LÁ.RIO, *adj. e s.m.*, que(m) dissipa, que(m) gasta demais.
PER.DU.RA.ÇÃO, *s.f.*, existência, duração, permanência.
PER.DU.RA.DO, *adj.*, existido, durado, aguentado.
PER.DU.RAR, *v.t. e int.*, existir por muito tempo, durar, aguentar.
PER.DU.RÁ.VEL, *adj.*, que dura muito, permanente, duradouro.
PE.RE.BA, *s.f.*, pequena ferida, machucadura, lesão física.
PE.RE.BEN.TO, *adj.*, que está cheio de lesões, que tem muitas machucaduras.
PE.RE.CE.DOR, *adj.*, que há de perecer; caduco; morredouro; mortal.
PE.RE.CE.DOU.RO, *adj.*, que vai perecer ou chegar ao fim; morredouro.
PE.RE.CER, *v.int.*, sucumbir, falecer, morrer, desaparecer, sumir.
PE.RE.CI.DO, *adj.*, sucumbido, falecido, falido.
PE.RE.CI.MEN.TO, *s.m.*, sucumbência, falecimento, morte.
PE.RE.CÍ.VEL, *adj.*, que pode perecer, murchável, falível, transitório.
PE.RE.GRIM, *s.m., ant.*, pelingrim, peregrino.
PE.RE.GRI.NA.ÇÃO, *s.f.*, visita a locais santos, romaria, caminhada para orar.
PE.RE.GRI.NA.DO, *adj.*, viajado, andado, que fez romarias.
PE.RE.GRI.NA.DOR, *adj. e s.m.*, que ou o que peregrina; peregrino.
PE.RE.GRI.NA.GEM, *s.f.*, os peregrinos; peregrinação.
PE.RE.GRI.NAR, *v.t. e int.*, fazer romaria, andar com fins religiosos, viajar, andar.
PE.RE.GRI.NO, *s.m.*, quem anda em peregrinação, andarilho, viajante, forasteiro.
PE.REI.RA, *s.f.*, árvore que produz a pera.
PE.REI.RAL, *s.f.*, plantação de pereiras, peiral.
PE.REMP.ÇÃO, *s.f., Jur.*, extinção do direito de praticar um ato processual pela perda de prazo definido e definitivo expresso em lei.
PE.REMP.TO, *adj., Jur.*, que incorreu em perempção; extinto por haver decorrido o prazo legal; caduco.
PE.REMP.TÓ.RIO, *adj.*, final, categórico, decisivo, peremptório.
PE.RE.NAL, *adj.*, perene, eterno, perpétuo.
PE.RE.NE, *adj.*, que dura muito, eterno, perpétuo, imortal, para sempre.
PE.RE.NI.DA.DE, *s.f.*, eternidade, imortalidade.
PE.RE.NI.ZA.ÇÃO, *s.f.*, eternização, perpetuação, imortalização.
PE.RE.NI.ZA.DO, *adj.*, eternizado, perpetuado.
PE.RE.NI.ZAR, *v.t. e pron.*, eternizar, tornar perene, perpetuar.
PE.RE.QUA.ÇÃO, *s.f.*, distribuição igual e justa de uma

PERFUMADO

coisa entre muitas pessoas.
PE.RE.QUE.TÉ, *adj.*, elegante, airoso, festivo, enfeitado.
PE.RE.RE.CA, *s.f.*, nome comum a certos anuros parecidos com rãs; rã; *pop.*, inquieto, saltitante.
PE.RE.RE.CAR, *v.int.*, estar inquieto, andar para cá e para lá, saltar, saltitar.
PE.RE.REN.GA, *s.f., bras., Mús.*, o menor dos tambores us. na dança tambor-de-crioulá, originalmente feito de tronco escavado e coberto de pele de cabra em uma das extremidades; crivador; quirerê.
PER.FA.ZER, *v.t.*, concluir, acabar, dar por acabado, terminar.
PER.FEC.CI.O.NIS.MO, *s.m.*, mania de querer tudo perfeito, exagero no acabamento do que faz ou vistoria.
PER.FEC.CI.O.NIS.TA, *s. 2 gên.*, adepto do perfeccionismo, pessoa exagerada no que faz.
PER.FEC.TI.BI.LI.DA.DE, *s.f.*, qualidade do que pode ser aperfeiçoado, transformabilidade.
PER.FEC.TÍ.VEL, *adj.*, que se pode aperfeiçoar, que pode ser melhorado.
PER.FEC.TI.VO, *adj.*, que possui perfeição.
PER.FEI.ÇÃO, *s.f.*, feitio perfeito, acabamento esmerado, qualidade perfeita; excelência, primor, requinte, só obra-prima.
PER.FEI.ÇO.AR, *v.t. e pron.*, aperfeiçoar, esmerar, dar acabamento.
PER.FEI.TÍS.SI.MO, *adj.*, superl. de perfeito; *s.m.*, na antiga Roma, título dos funcionários superiores e governadores de província.
PER.FEI.TO, *adj., s.m.*, sem defeito, muito bem feito, esmerado, ótimo; tempo verbal próprio de um ato passado e pronto.
PER.FI.CI.EN.TE, *adj.*, perfeito; completo.
PER.FÍ.DIA, *s.f.*, traição, falsidade, desonestidade, crueldade, vilania.
PÉR.FI.DO, *adj.*, traidor, cruel, desonesto, vil, infiel, falso.
PER.FIL, *s.m.*, talhe, detalhe, faceta, feitio, contorno; corte em um objeto, para estudar-lhe as diversas camadas; descrição das características de alguém.
PER.FI.LA.ÇÃO, *s.f.*, alinhamento, enfileiramento, ordenamento.
PER.FI.LA.DO, *adj.*, alinhado, enfileirado, ordenado.
PER.FI.LAR, *v.t.*, compor o perfil de, alinhar, enfileirar, apresentar em ordem.
PER.FI.LHA.ÇÃO, *s.f.*, adoção, aceitação, junção.
PER.FI.LHA.DO, *adj.*, adotado, abraçado, aceito.
PER.FI.LHA.DOR, *adj. e s.m.*, que(m) adota, adotante, adotador.
PER.FI.LHA.MEN.TO, *s.m.*, perfilhação, adoção.
PER.FI.LHAR, *v.t. e int.*, adotar como filho, consoante a lei; abraçar, aceitar, defender.
PER.FLO.RA.ÇÃO, *s.f.*, o mesmo que florescência.
PER.FLU.XO, *s.m.*, fluxo abundante de humores.
PER.FO.LHE.A.ÇÃO, *s.f.*, ação ou efeito de se tornar perfolhado.
PER.FO.LI.A.ÇÃO, *s.f.*, o mesmo que perfolheação.
PER.FO.LI.A.DO, *adj.*, perfolhado.
PER.FOR.MAN.CE, *s.f.*, desempenho, atuação, realização.
PER.FOR.MÁ.TI.CO, *adj.*, relacionado a performance.
PER.FRI.GE.RA.ÇÃO, *s.f.*, esfriamento considerável de um corpo vivo.
PER.FUL.GÊN.CIA, *s.f.*, fulgor, brilho, fulgência.
PER.FUL.GEN.TE, *adj.*, muito fulgente, brilhante, brilhoso.
PER.FU.MA.DO, *adj.*, aromatizado, olente, odorizado.

PERFUMADOR

PER.FU.MA.DOR, adj. e s.m., aromatizador, odorizador, instrumento para aromatizar.
PER.FU.MA.DU.RA, s.f., o ato de perfumar.
PER.FU.MAR, v.t., aromatizar, espargir perfume, colocar aroma, odorizar, dar cheiro.
PER.FU.MA.RI.A, s.f., local em que se compõem ou se vendem perfumes.
PER.FU.ME, s.m., cheiro agradável, odor bom, aroma, olor.
PER.FU.MEI.RA, s.f., recipiente, ger. de vidro e com lavores, para acondicionar perfume.
PER.FU.MIS.MO, s.m., abuso dos perfumes; embriaguez por meio de perfumes.
PER.FU.MIS.TA, s. 2 gên., quem fabrica perfumes.
PER.FU.MO.SO, adj., cheio de perfume, aromático, perfumado, olente.
PER.FUNC.TÓ.RIO, adj., perfuntório, rotineiro, superficial, costumeiro.
PER.FU.RA.ÇÃO, s.f., penetração, ação ou efeito de perfurar.
PER.FU.RA.DO, adj., furado, esburacado.
PER.FU.RA.DOR, adj. e s.m., furador, perfuradora, furadora.
PER.FU.RA.DO.RA, s.f., perfuratriz, aparelho para abrir buracos, furadora.
PER.FU.RAN.TE, adj. 2 gên., que perfura, que penetra (instrumento perfurante); perfurador.
PER.FU.RAR, v.t., abrir furos, furar, fazer orifícios.
PER.FU.RA.TI.VO, adj., que perfura; perfurante; perfurador.
PER.FU.RA.TRIZ, s.f., aparelho usado para perfurar a terra, rochas, metais.
PER.GA.MI.NÁ.CEO, adj., o mesmo que pergaminháceo.
PER.GA.MI.NHÁ.CEO, adj., que tem o aspecto ou caráter de pergaminho.
PER.GA.MI.NHAR, v.t., o mesmo que apergaminhar; fig., ressecar.
PER.GA.MI.NHA.RI.A, s.f., indústria ou comércio de pergaminheiro.
PER.GA.MI.NHO, s.m., pele de carneiro preparada para escrita de longa duração, manuscrito.
PÉR.GU.LA, s.f., caramanchão, latada, construção coberta de trepadeiras, videira.
PER.GU.LA.DO, s.m., Arq., o mesmo que pérgola; var., pergolado.
PER.GUN.TA, s.f., questionamento, interrogação, indagação.
PER.GUN.TA.DO, adj., questionado, interrogado.
PER.GUN.TA.DOR, s.m., questionador, quem interroga, interrogador.
PER.GUN.TAN.TE, adj., que pergunta, interrogante.
PER.GUN.TÃO, s.m., aquele que pergunta muito; aquele que interroga.
PER.GUN.TAR, v.t. e int., interrogar, indagar, buscar resposta.
PE.RI.A.NAL, adj., que circunda o ânus.
PE.RI.ÂN.DRI.CO, adj., que fica ao redor dos estames da flor.
PE.RI.AN.TO, s.m., invólucro externo da flor.
PE.RI.AR.TE.RI.TE, s.f., Med., inflamação da camada externa de uma artéria.
PE.RI.AR.TRÍ.TI.CO, adj., relativo a periartrite.
PE.RI.AS.TRO, s.m., Astron., ponto orbital mais próximo de um astro em relação a outro em torno do qual gravita.
PE.RI.BLEP.SI.A, s.f., Med., olhar desvairado que acompanha o delírio.
PE.RI.BLÉP.SI.CO, adj., relativo a periblepsia.
PE.RÍ.BO.LO, s.m., ant., área arborizada em torno de um templo; espaço entre um edifício e o muro que o cerca; pátio; o mesmo que adro.

PERIMETRAL

PE.RI.CÁR.DI.CO, adj., que se refere ao pericárdio.
PE.RI.CÁR.DIO, s.m., película serosa que reveste o coração.
PE.RI.CAR.DI.TE, s.f., inflamação que ocorre no pericárdio.
PE.RI.CÁR.PI.CO, adj., que se refere ao pericarpo.
PE.RI.CAR.PO, s.m., a polpa do fruto sem o caroço; semente.
PE.RÍ.CIA, s.f., destreza, habilidade, qualidade; exame, laudo, vistoria.
PE.RI.CI.AL, adj., que se refere a perícia, pericioso.
PE.RI.CI.AN.TE, adj. e s. 2 gên., que(m) faz a perícia, encarregado de executar a perícia.
PE.RI.CI.AR, v.t., fazer perícia, exame minucioso ou vistoria em.
PE.RI.CÍS.TI.CO, adj., que circunda a bexiga; que circunda um cisto.
PE.RI.CIS.TI.TE, s.f., Urol., inflamação dos tecidos que envolvem a bexiga.
PE.RI.CLI.TÂN.CIA, s.f., qualidade, caráter do que é periclitante.
PE.RI.CLI.TAN.TE, adj., que está em perigo, sujeito a problemas, problemático.
PE.RI.CLI.TAR, v.t. e int., estar em perigo, sujeito a problemas.
PE.RI.CO.LÍ.TI.CO, adj., relativo a pericolite.
PE.RI.CÔN.DRIO, s.m., Anat., membrana que reveste uma cartilagem.
PE.RI.CU.LO.SI.DA.DE, s.f., perigo, deficiência, insalubridade.
PE.RI.CU.LO.SO, adj., perigoso, danoso, prejudicial.
PE.RI.DER.ME, s.f., Bot., conjunto de tecidos com função protetora que substitui a epiderme de órgãos com crescimento secundário contínuo, como caule e raízes.
PE.RI.DU.RAL, adj. 2 gên., Anat., que se localiza em torno da dura-máter; Med., diz-se de anestesia, em que o anestésico é introduzido na região peridural.
PE.RI.E.COS, s.m., pl., terráqueos que habitam na mesma latitude, mas do outro lado do globo terrestre.
PE.RI.É.LIO, s.m., na órbita de um planeta, seu ponto de maior aproximação ao Sol.
PE.RI.FE.RI.A, s.f., vizinhança, arredores, cercanias, o que está ao derredor, bairro nos limites da cidade.
PE.RI.FÉ.RI.CO, adj., que está ao redor, situado na periferia.
PE.RI.FO.BI.A, s.f., aversão a bairros, horror à periferia.
PE.RI.FOR.ME, adj., que tem forma de pera.
PE.RÍ.FRA.SE, s.f., explanação prolongada de; circunlóquio, uso de outro termo.
PE.RI.FRA.SE.A.DO, adj., explanado, exposto, apresentado.
PE.RI.FRA.SE.AR, v.t. e int., explanar com detalhes, dar uma explicação alongada.
PE.RI.FRÁS.TI.CO, adj., que se refere a perífrase.
PE.RI.GA.LHO, s.m., pelanca sob o queixo; bras., Mar., cabo que sustenta a verga da mezena ou o espinhaço de um toldo.
PE.RI.GAR, v.t. e int., estar em perigo, ter problemas.
PE.RI.GEU, s.m., na órbita de qualquer corpo celeste, o ponto em que um astro está mais próximo da Terra.
PE.RI.GLA.CI.AL, adj. 2 gên., relativo à circunvizinhança das regiões polares; relativo a uma época geológica anterior ou posterior à época glacial.
PE.RI.GO, s.m., risco, dificuldade, ameaça, possibilidade de problemas.
PE.RI.GO.SO, adj., ameaçador, cheio de perigo, problemático.
PE.RI.ME.TRAL, adj. 2 gên., relativo a perímetro; perimétrico;

PERIMETRIA — PERMANECER

PE.RI.ME.TRI.A, *s.f.*, avenida ou estrada que delimita uma área, região, etc.

PE.RI.ME.TRI.A, *s.f.*, medida da linha externa; medidas dos contornos de uma figura.

PE.RI.MÉ.TRI.CO, *adj.*, relativo a perimetria.

PE.RÍ.ME.TRO, *s.m.*, limite externo de uma figura, contorno, linha externa; soma dos lados de um polígono.

PE.RI.NA.TAL, *adj. 2 gên.*, Obst., relativo aos períodos de gestação, ou parto ou pós-parto.

PE.RI.NE.AL, *adj.*, que se refere a períneo.

PE.RI.NEO, *s.m.*, região do corpo humano entre o ânus e os órgãos sexuais externos.

PE.RI.O.DI.CI.DA.DE, *s.f.*, frequência; intervalo; espaço de tempo entre dois acontecimentos.

PE.RI.O.DI.CIS.MO, *s.m.*, a imprensa periódica, suas funções ou influência; jornalismo, periodismo.

PE.RI.O.DI.CIS.TA, *s. 2 gên.*, pessoa que escreve em periódico, colunista de jornal periódico.

PE.RI.Ó.DI.CO, *adj.*, cíclico, que ocorre de tempos em tempos; jornal em dias determinados.

PE.RI.O.DI.QUEI.RO, *adj. e s.m.*, *pej.*, que escreve em periódicos ou que os publica; jornalista.

PE.RI.O.DIS.MO, *s.m.*, estado ou condição do que está submetido a intervalos em movimentos periódicos; jornalismo.

PE.RI.O.DIS.TA, *s. 2 gên.*, Jorn., jornalista que escreve em periódicos.

PE.RI.O.DIS.TI.CO, *adj.*, relativo a periodista.

PE.RI.O.DI.ZA.ÇÃO, *s.f.*, ação de periodizar, divisão em períodos.

PE.RI.O.DI.ZA.DO, *adj.*, espaçado, dividido, intervalado.

PE.RI.O.DI.ZAN.TE, *adj. 2 gên.*, que periodiza, divide em períodos.

PE.RI.O.DI.ZAR, *v.t.*, dividir em períodos, colocar por período.

PE.RÍ.O.DO, *s.m.*, época entre duas datas, lapso, época, frase composta de várias orações.

PE.RI.O.DO.LO.GI.A, *s.f.*, Liter., estudo da história da literatura mediante sua divisão em períodos, segundo critérios variados, considerando o estilo literário predominante numa época e sua evolução, permanência e declínio.

PE.RI.O.DON.TAL, *adj.*, relativo a ou próprio da periodontia; relativo a ou próprio do periodonto.

PE.RI.O.DON.TI.A, *s.f.*, especialidade da Odontologia que trata de tudo que se relacione aos tecidos próximos aos dentes.

PE.RI.O.DON.TI.TE, *s.f.*, inflamação das gengivas.

PE.RI.O.DON.TO, *s.m.*, Odont., conjunto de tecidos que fixa os dentes nos alvéolos; parodonte.

PE.RI.OF.TAL.MI.A, *s.f.*, queda das peles que circundam os olhos.

PE.RI.OS.TE.AL, *adj.*, que se refere ao periósteo.

PE.RI.OS.TE.Í.TE, *s.f.*, Med., inflamação do periósteo; periostite.

PE.RI.ÓS.TEO, *s.m.*, membrana que cobre os ossos externamente.

PE.RI.ÓS.TI.CO, *adj.*, relativo ou pertencente ao periósteo; periostal; periosteal.

PE.RI.OS.TI.TE, *s.f.*, inflamação do periósteo.

PE.RI.PA.PI.LAR, *adj. 2 gên.*, situado ao redor de papila.

PE.RI.PA.TÉ.TI.CO, *adj.*, que se refere ao peripatetismo, ou seja, arte de ensinar filosofia, caminhando.

PE.RI.PA.TE.TIS.MO, *s.m.*, técnica de Aristóteles, de ensinar filosofia caminhando ao ar livre.

PE.RI.PÉ.CIA, *s.f.*, façanha, ação, acontecimento, fato, aventura.

PÉ.RI.PLO, *s.m.*, viagem marítima de grande percurso; narrativa dessa aventura, viagem comprida.

PE.RI.QUI.TA, *s.f.*, lus., Vitic., casta de uva; *bras., ch.*, a vulva.

PE.RI.QUI.TAR, *v.int.*, caminhar com os pés virados para dentro; enfeitar-se; trilar como periquito.

PE.RI.QUI.TO, *s.m.*, tipo de ave da família dos psitacídeos, pequeno e de cor verde.

PE.RIS.CÓ.PI.CO, *adj.*, que se refere a periscópio.

PE.RIS.CÓ.PIO, *s.m.*, instrumento ótico usado nos submarinos para observar a superfície do mar.

PE.RIS.PÍ.RI.TO, *s.m.*, Rel., envoltório fluídico que une corpo e espírito e que, segundo o Espiritismo, após a morte possui todas as funções correspondentes aos sentidos do corpo físico.

PE.RIS.SÍS.TOLE, *s.f.*, espaço entre a sístole e a diástole.

PE.RIS.SO.DÁC.TI.LOS, *s.m., pl.*, ordem dos mamíferos que abrange os asnos, os cavalos e outros.

PE.RIS.TAL.SE, *s.f.*, Fisiol., ver peristaltismo.

PE.RIS.TÁL.TI.CO, *adj.*, Fisiol., relativo ao peristaltismo.

PE.RIS.TAL.TIS.MO, *s.m.*, Fisiol., conjunto de contrações e relaxamentos musculares de órgãos ocos que impulsionam para a frente seu conteúdo.

PE.RÍS.TA.SE, *s.f.*, texto total de um discurso, em todos os detalhes.

PE.RIS.TI.LO, *s.m.*, colunatas postas ao redor de um monumento ou de um pátio.

PE.RÍS.TO.LE, *s.f.*, Biol., ontração das paredes do estômago em torno de seu conteúdo.

PE.RI.TA.GEM, *s.f.*, exame feito por perito; laudo.

PE.RI.TO, *adj. e s.m.*, profissional especializado; experiente, hábil, experto.

PE.RI.TÔ.NIO, *s.m.*, membrana serosa que cobre internamente o abdome e a pélvis.

PE.RI.TO.NI.TE, *s.f.*, inflamação do peritônio.

PE.RI.TO.NÍ.TI.CO, *adj.*, relativo a peritonite.

PE.RI.TO.NI.ZA.ÇÃO, *s.f.*, Cir., procedimento cirúrgico para recobrimento, com peritônio, da superfície nua de uma víscera ou da parede abdominal, a fim de evitar aderência.

PE.RI.UM.BI.LI.CAL, *adj.*, situado ao redor do umbigo.

PE.RI.VAS.CU.LAR, *adj. 2 gên.*, situado ao redor de vaso sanguíneo.

PER.JU.RAR, *v.t. e int.*, cometer perjúrio, jurar falso, trair, mentir.

PER.JÚ.RIO, *s.m.*, juramento falso, traição.

PER.JU.RO, *adj.*, que perjurou, que jurou em falso; mentiroso.

PER.LA.DO, *adj.*, o mesmo que perolado.

PER.LAR, *v.t.*, dar aspecto de pérola a; emperlar; emperolar; fazer como se parecesse pérola.

PER.LÍ.FE.RO, *adj.*, que produz pérola; relativo a pérola; pródigo em pérolas.

PER.LON.GA.DO, *adj.*, estendido, ido além, prolongado.

PER.LON.GA.MEN.TO, *s.m.*, alongamento, afastamento, extensão.

PER.LON.GAR, *v.int.*, andar ao longo de, estender para além.

PER.LUS.TRA.DO, *adj.*, observado, perscrutado.

PER.LUS.TRA.DOR, *adj. e s.m.*, que ou o que perlustra, que percorre; observador.

PER.LUS.TRAR, *v.t.*, perscrutar, observar com muita atenção.

PER.MA.NE.CEN.TE, *adj.*, que permanece, estabilizado.

PER.MA.NE.CER, *v.lig., v.t. e int.*, conservar-se, ficar, estar, perseverar.

PER.MA.NÊN.CIA, *s.f.*, perseverança, estabilização, continuidade, localização.

PER.MA.NEN.TE, *adj.*, constante, contínuo, efetivo; *s.f.*, preparo especial e prolongado do cabelo.

PER.MAN.GA.NA.TO, *s.m.*, indicação geral dos sais do ácido permangânico.

PER.MAN.GÂ.NI.CO, *adj.*, que se refere ao ácido anidrido, que contém em sua molécula dois átomos de manganês, sete de oxigênio.

PER.ME.A.BI.LI.DA.DE, *s.f.*, ação ou efeito do que é permeável, vazamento, diluição.

PER.ME.A.BI.LI.ZA.ÇÃO, *s.f.*, permeabilidade, vazamento, atravessamento de líquidos.

PER.ME.A.BI.LI.ZA.DO, *adj.*, atravessável, vazativo.

PER.ME.A.BI.LI.ZAR, *v.t.* e *pron.*, tornar permeável, fazer com que possa atravessar.

PER.ME.A.ÇÃO, *s.f.*, ação, processo ou resultado de permear.

PER.ME.A.DO, *adj.*, que está de permeio; que permeia; que tem de permeio; que se permeia.

PER.ME.AR, *v.int.*, possibilitar passar por, ficar de permeio, atravessar.

PER.ME.Á.VEL, *adj.*, atravessável, impregnável.

PER.MEI.O, *adv.*, no meio, entre; *expr.*, de permeio - no meio de.

PER.MI.A.NO, *adj.*, relativo ou pertencente à cidade de Perm (Rússia); Geol., diz-se de período geológico entre o triássico e o carbonífero; *s.m.*, Geol., esse período; língua uralo-altaica, do grupo ugro-finlandês.

PÉR.MI.CO, *adj.* e *s.m.*, o mesmo que permiano.

PER.MIS.SÃO, *s.f.*, licença, autorização, anuência.

PER.MIS.SI.BI.LI.DA.DE, *s.f.*, qualidade de permissível.

PER.MIS.SI.O.NÁ.RIO, *s.m.*, aquele que recebeu permissão ou licença: autorizou-se o licenciamento de um permissionário do sistema de transporte alternativo; que recebeu permissão ou licença.

PER.MIS.SÍ.VEL, *adj.*, tolerável, aceitável, permitido, lícito.

PER.MIS.SI.VI.DA.DE, *s.f.*, qualidade de quem ou do que é permissivo; Elet., razão entre o módulo do vetor de deslocamento elétrico, em um material, e o módulo do campo elétrico.

PER.MIS.SI.VO, *adj.*, que permite, tolerante, paciente.

PER.MIS.SO, *s.m.*, p.us., permissivo.

PER.MIS.SOR, *adj.*, o mesmo que permissório.

PER.MIS.SÓ.RIO, *adj.*, que envolve permissão.

PER.MI.TI.DO, *adj.*, autorizado, licenciado, liberado.

PER.MI.TI.DOR, *adj.*, que permite; permissor.

PER.MI.TIR, *v.t.* e *pron.*, dar licença, autorizar, licenciar, liberar, dar a opção.

PER.MO.CAR.BO.NÍ.FE.RO, *adj.* e *s.m.*, Geol. diz-se de, ou o intervalo de tempo que reúne os períodos permiano e carbonífero da era paleozoica.

PER.MU.TA, *s.f.*, troca, câmbio, escambo.

PER.MU.TA.BI.LI.DA.DE, *s.f.*, troca, câmbio, trocabilidade.

PER.MU.TA.ÇÃO, *s.f.*, ação ou efeito de permutar, troca, permutabilidade.

PER.MU.TA.DO, *adj.*, trocado, cambiado, negociado.

PER.MU.TA.DOR, *adj.* e *s.m.*, trocador, negociador.

PER.MU.TA.TI.VO, *adj.*, que diz respeito a permuta.

PER.MU.TAR, *v.t.*, trocar, cambiar.

PER.MU.TÁ.VEL, *adj.*, que se pode permutar, trocável.

PER.NA, *s.f.*, parte dos membros inferiores, do joelho ao pé; *fig.*, qualquer objeto que sustenta alguma coisa, como perna de mesa, de cadeira.

PER.NA.ÇA, *s.f.*, *pop.*, perna gorda; pername.

PER.NA.ÇO, *s.m.*, o mesmo que pernaça.

PER.NA.DA, *s.f.*, passada, salto, passo longo, chute com a perna.

PER.NA DE PAU, *s.m.*, jogador ruim no futebol, perneta.

PER.NA DE XIS, *s.m.*, *bras.*, *pop.*, cambaio, cambado, zambro, zambeta.

PER.NAL.TAS, *s.f., pl.*, em Zoologia, indicação de aves com pernas altas, como as garças, guarás, maguaris, flamingos.

PER.NAL.TEI.RO, *adj.*, pernaltudo, pernalto.

PER.NAL.TO, *adj.*, que tem pernas altas, que tem pernas compridas.

PER.NAL.TU.DO, *adj.*, que tem pernas altas.

PER.NAM.BU.CA.NA, *s.f.*, *bras.*, tipo de faca de ponta; lambedeira; peixeira; na BA, aguardente.

PER.NAM.BU.CA.NO, *adj.* e *s.m.*, próprio ou habitante de Pernambuco.

PER.NÃO, *s.m.*, perna grande, perna enorme, pernaça.

PER.NE.A.DOR, *adj.* e *s.m.*, que ou o que perneia.

PER.NE.AR, *v.int.*, mexer as pernas, andar sem rumo definido, caminhar, pernejar.

PER.NEI.RA, *s.f.*, peça de couro para proteção das pernas, entre o joelho e o pé.

PER.NE.JAR, *v.int.*, pernear, caminhar.

PER.NE.TA, *s.f.*, indivíduo sem uma perna, ou com algum defeito em uma delas.

PER.NÍ.CIE, *s.f.*, destruição, estrago.

PER.NI.CI.O.SO, *adj.*, prejudicial, nocivo, danoso, mau, maldoso.

PER.NI.CUR.TO, *adj.*, que tem as pernas curtas, baixote.

PER.NIL, *s.m.*, coxa traseira de quadrúpede; pedaço da perna traseira suína.

PER.NI.LON.GO, *s.m.*, nome comum a insetos sugadores de sangue.

PER.NO, *s.m.*, peça que serve de eixo ou de cavilha em qualquer mecanismo; eixo de compasso; Náut., cavilha ou eixo introduzido no poleame e sobre o qual se movem as rodas.

PER.NOI.TA.MEN.TO, *s.m.*, pernoite, ação de pernoitar, hospedagem por uma noite.

PER.NOI.TAR, *v.int.*, passar uma noite, repousar, hospedar-se, dormir.

PER.NOI.TE, *s.m.*, ação de passar uma noite, pouso, hospedagem.

PER.NOS.TI.CIS.MO, *s.m.*, pretensão, esnobismo, pedantismo.

PER.NÓS.TI.CO, *adj.*, pretensioso, esnobe, pedante.

PER.NU.DO, *adj.*, que possui pernas grandes.

PE.RO.BA, *s.f.*, designação de uma árvore cuja madeira é de alto valor.

PE.RO.BAL, *s.f.*, terreno em que há muitas perobas.

PE.RO.BEI.RA, *s.f.*, a árvore que produz a peroba.

PÉ.RO.LA, *s.f.*, corpo nacarado, duro e brilhante, que se forma no centro das ostras; *fig.*, alguém de muito valor e graciosidade.

PE.RO.LA.DO, *adj.*, com aspecto de pérola; diz-se de cor ou tonalidade ou do que brilha como a pérola; em que há pérolas; var., perlado.

PE.RO.LAR, *v.t.*, dar forma, cor, aparência de pérola a; emperolar; perlar.

PE.RO.LÍ.FE.RO, *adj.*, que produz pérolas, que traz pérolas.
PE.RO.LI.NO, *adj.*, que se refere a pérolas, que é de pérola.
PE.RO.LI.ZA.DO, *adj.*, a que se deu a cor ou a forma de pérola.
PE.RO.LI.ZAR, *v.t.*, dar forma de pérola, emprestar feição de pérola.
PE.RO.NE.AL, *adj.*, Anat., relativo ou pertencente ao perôneo.
PE.RÔ.NEO, *s.m.*, Anat., osso comprido e delgado situado na parte externa da perna, ao lado da tíbia; fíbula; *adj.*, que tem relação ou diz respeito ao osso chamado perôneo; peroneal; cf. peroneu e perônio.
PE.RÔ.NIO, *s.m.*, osso da perna, junto à tíbia.
PE.RO.NIS.MO, *s.m.*, conjunto das ideias e práticas políticas do caudilho argentino Juan Domingo Perón (1895-1974); adesão ao peronismo ou simpatia por ele.
PE.RO.NIS.TA, *s. 2 gén.*, partidário ou simpatizante do peronismo; *adj. 2 gén.*, relativo ao peronismo; que é partidário ou simpatizante do peronismo.
PE.RO.RA, *s.f.*, p.us., o mesmo que peroração.
PE.RO.RA.ÇÃO, *s.f.*, término de um discurso; fecho, encerramento.
PE.RO.RA.DO, *adj.*, fechado, terminado, encerrado.
PE.RO.RA.DOR, *s.m.*, aquele que discursa; orador; aquele que perora; *adj.*, que perora.
PE.RO.RAR, *v.t. e int.*, terminar um discurso com termos inflamados.
PE.RO.XI.DA.SE, *s.f.*, qualquer enzima que catalisa a degradação de peróxidos; *adj.*, diz-se de qualquer dessas enzimas.
PE.RÓ.XI.DO, *s.m.*, óxidos que contêm mais oxigênio que o óxido normal.
PER.PAS.SA.DO, *adj.*, corrido, deslizado, roçado, ido além.
PER.PAS.SAN.TE, *adj.*, que perpassa.
PER.PAS.SAR, *v.t. e int.*, passar para a frente, passar através; correr, deslizar, roçar suavemente.
PER.PAS.SÁ.VEL, *adj.*, que se pode passar; tolerável, desculpável.
PER.PAS.SO, *s.m.*, ação ou efeito de perpassar; passagem; transcurso.
PER.PEN.DI.CU.LAR, *adj.*, reta que forma com outra ângulos adjacentes iguais.
PER.PEN.DI.CU.LA.RI.DA.DE, *s.f.*, situação do que é perpendicular.
PER.PEN.DI.CU.LA.RIS.MO, *s.m.*, qualidade de perpendicular; perpendicularidade.
PER.PE.TRA.ÇÃO, *s.f.*, ato ou efeito de perpetrar.
PER.PE.TRA.DO, *adj.*, cometido, praticado, feito.
PER.PE.TRA.DOR, *adj.*, que perpetra; *s.m.*, aquele que perpetra.
PER.PE.TRAR, *v.t.*, fazer, praticar, cometer atos delituosos.
PER.PÉ.TUA, *s.f.*, tipo de planta e suas flores.
PER.PE.TU.A.ÇÃO, *s.f.*, eternização, perenização, propagação.
PER.PE.TU.A.DO, *adj.*, eternizado, perenizado, propagado.
PER.PE.TU.A.DOR, *adj.*, que perpetua; *s.m.*, aquele ou aquilo que perpetua.
PER.PE.TU.A.LI.DA.DE, *s.f.*, forma não pref. de perpetuidade.
PER.PE.TU.A.LIS.MO, *s.m.*, Econ. e Pol., teoria que pretende que os mesmos fatos econômicos se fazem sentir perpetuamente, em que todos os povos passam sempre pelas mesmas fases.
PER.PE.TU.A.LIS.TA, *adj.*, que diz respeito ao perpetualismo; *s. 2 gén.*, partidário do perpetualismo.

PER.PE.TU.A.MEN.TE, *adv.*; incessantemente, de modo perpétuo.
PER.PE.TU.A.MEN.TO, *s.m.*, ação de perpetuar; perpetuação.
PER.PE.TU.AN.TE, *adj.*, que perpetua; perpetuador.
PER.PE.TU.AR, *v.t. e pron.*, eternizar, perenizar, propagar, distribuir.
PER.PE.TU.I.DA.DE, *s.f.*, eternidade, perenidade, permanência.
PER.PE.TU.ÍS.TA, *s.m.*, *ant.*, sistema dos que consideram perpétua uma espécie.
PER.PÉ.TUO, *adj.*, eterno, perene, permanente.
PER.PLE.XÃO, *s.f.*, o mesmo que perplexidade.
PER.PLE.XI.DA.DE, *s.f.*, vacilação, indecisão.
PER.PLE.XI.DEZ, *s.f.*, p.us., o mesmo que perplexidade.
PER.PLE.XO, *adj.*, vacilante, indeciso, admirado, boquiaberto, espantado.
PER.QUI.RI.ÇÃO, *s.f.*, investigação, indagação, interrogação.
PER.QUI.RI.DO, *adj.*, investigado, indagado, buscado.
PER.QUI.RI.DOR, *adj. e s.m.*, investigador, interrogador, inquisidor.
PER.QUI.RIR, *v.t. e int.*, investigar, buscar, indagar, interrogar.
PER.REN.GA.DO, *adj.*, diz-se de indivíduo fraco, covarde ou doente.
PER.REN.GA.GEM, *s.f.*, bras., pop., qualidade de perrengue; fraqueza; covardia; teimosia.
PER.REN.GAR, *v. int.*, bras., mostrar-se frouxo ou covarde; perrenguear.
PER.REN.GUE, *adj. e s. 2 gén.*, tipo covarde; um ser capenga.
PER.REN.GUE.AR, *v.int.*, bras., andar fraco ou adoentado; enfraquecer-se; o mesmo que perrengar.
PER.RIS.TA, *s. 2 gén.*, indivíduo teimoso.
PER.RO, *adj.*, emperrado, com movimento dificultado; que resiste a ser aberto ou fechado; *s.m.*, Cinol., o mesmo que cão (*Canis familiaris*); *fig.*, *pej.*, pessoa de má índole, vil.
PER.SA, *adj. e s.m.*, próprio da Pérsia, seu habitante ou idioma.
PERS.CRU.TA.ÇÃO, *s.f.*, perquirição, indagação, vasculhação.
PERS.CRU.TA.DO, *adj.*, perquirido, indagado, examinado.
PERS.CRU.TA.DOR, *adj. e s.m.*, perquiridor, examinador, investigador.
PERS.CRU.TA.MEN.TO, *s.m.*, perscrutação.
PERS.CRU.TAN.TE, *adj.*, o mesmo que perscrutador.
PERS.CRU.TAR, *v.t.*, perquirir, indagar, examinar a fundo, perlustrar, vasculhar.
PERS.CRU.TÁ.VEL, *adj. 2 gén.*, que pode ser perscrutado.
PER.SE.CU.ÇÃO, *s.f.*, perseguição, busca.
PER.SE.CU.TÓ.RIO, *adj.*, que tem perseguição, perseguidor, que persegue.
PER.SE.GUI.ÇÃO, *s.f.*, persecução, punição, incômodo, castigo.
PER.SE.GUI.DO, *adj.*, incomodado, seguido, acompanhado, punido, castigado.
PER.SE.GUI.DOR, *adj. e s.m.*, incomodador, aborrecedor, implicante, castigador.
PER.SE.GUI.MEN.TO, *s.m.*, o ato de perseguir, de ir na cola de alguém.
PER.SE.GUIR, *v.t. e pron.*, seguir sempre, ir atrás, incomodar, aborrecer; punir, castigar.
PER.SEN.TIR, *v.t.*, sentir intimamente, sentir profundamente.
PER.SE.VE.RAN.ÇA, *s.f.*, permanência, constância, continuidade.

PER.SE.VE.RAN.TE, *adj.*, contínuo, permanente, contumaz, teimoso, constante.

PER.SE.VE.RAR, *v.t.* e *int.*, manter-se firme, continuar, persistir, prosseguir.

PER.SI.A.NA, *s.f.*, tipo de cortina feita de lâminas plásticas ou de tecido.

PER.SI.A.NO, *adj.* e *s.m.*, o mesmo que persa.

PER.SI.CI.TA, *s.f.*, pedra argilosa, que na forma se assemelha a um pêssego.

PÉR.SI.CO, *adj.*, persa, referente a persa.

PER.SIG.NA.ÇÃO, *s.f.*, benzimento, sinal da cruz, pedido de bênção.

PER.SIG.NAR-SE, *v. pron.*, benzer-se, fazer o sinal da cruz com a mão.

PER.SIS.TÊN.CIA, *s.f.*, perseverança, firmeza, constância.

PER.SIS.TEN.TE, *adj.*, firme, perseverante, teimoso, constante.

PER.SIS.TIR, *v.t.* e *int.*, perseverar, continuar, permanecer, prosseguir.

PER.SO.NA.GEM, *s. 2 gên.*, cada ator que participa de peça teatral, filme ou novela; ser criado em narrativa de ficção.

PER.SO.NA.LI.DA.DE, *s.f.*, qualidade de ser da pessoa, caráter de cada ser humano; alguém conhecido; tipo notório; indivíduo exaltado pela mídia.

PER.SO.NA.LIS.MO, *s.m.*, estado de quem acha que é o único.

PER.SO.NA.LIS.TA, *adj. 2 gên.*, relativo ao personalismo, que é estritamente pessoal, subjetivo; diz-se de quem é egocêntrico; diz-se de pessoa seguidora ou adepta do personalismo; *s. 2 gên.*, essa pessoa; pessoa egocêntrica, não raro egoísta.

PER.SO.NA.LÍS.TI.CO, *adj.*, que diz respeito a personalista; que se revela pessoal, subjetivo; personalista.

PER.SO.NA.LI.ZA.ÇÃO, *s.f.*, nominação, denominação, individuação.

PER.SO.NA.LI.ZA.DO, *adj.*, qualquer objeto que venha com o nome do dono.

PER.SO.NA.LI.ZAR, *v.t.* e *int.*, tornar pessoal, dar o nome de.

PER.SO.NA.LI.ZÁ.VEL, *adj.*, diz-se daquilo que pode ser alterado ou modificado de acordo com a preferência do usuário.

PER.SO.NI.FI.CA.ÇÃO, *s.f.*, atribuição de qualidades humanas a um objeto.

PER.SO.NI.FI.CA.DO, *adj.*, personalizado, pessoalizado, individuado.

PER.SO.NI.FI.CAR, *v.t.* e *pron.*, personalizar, conceder qualidades de pessoa a um objeto, tornar o modelo, o tipo.

PERS.PEC.TI.VA, *s.f.*, arte de colocar os objetos como se apresentam à vista; desenho; *fig.*, vista, paisagem, miragem, prisma.

PERS.PEC.TI.VA.ÇÃO, *s.f.*, ato ou efeito de perspectivar; var., perspetivação.

PERS.PEC.TI.VAR, *v.t.*, pôr em perspectiva.

PERS.PEC.TI.VIS.TA, *adj. 2 gên.*, diz do indivíduo adepto às ideias do perspectivismo; *s. 2 gên.*, o adepto do perspectivismo.

PERS.PEC.TI.VO, *adj.*, que diz respeito a perspectiva; perspéctico.

PERS.PI.CÁ.CIA, *s.f.*, sagacidade, visão aguda, inteligência.

PERS.PI.CAZ, *adj.*, de vista penetrante, inteligente, sagaz, captador.

PERS.PI.CU.I.DA.DE, *s.f.*, qualidade de perspícuo; nitidez; transparência.

PERS.PÍ.CUO, *adj.*, evidente, patente, claro, lúcido.

PERS.PI.RA.ÇÃO, *s.f.*, suor, transudação.

PERS.PI.RAR, *v.t.* e *int.*, suar, transudar.

PER.SU.A.DI.MEN.TO, *s.m.*, persuasão, convencimento, argumentação persuasiva.

PER.SU.A.DIR, *v.t.*, *int.* e *pron.*, convencer, levar a, argumentar para obter uma adesão, fazer aderir.

PER.SU.A.DÍ.VEL, *adj.*, que se pode persuadir, convencível.

PER.SU.A.SÃO, *s.f.*, convicção, adesão, convencimento.

PER.SU.A.SÍ.VEL, *adj.*, o mesmo que persuasivo.

PER.SU.A.SI.VO, *adj.*, que convence, convincente.

PER.SU.A.SOR, *adj.* e *s.m.*, que ou o que persuade; persuasivo.

PER.SU.A.SÓ.RIA, *s.f.*, razão ou motivo para persuadir.

PER.SU.A.SÓ.RIO, *adj.*, que persuade; persuasivo.

PER.TEN.ÇA, *s.f.*, domínio de uma arte, ciência, especialidade, etc.; Jur., qualquer coisa que se liga ao uso de outra como complemento; Ius., atribuição, privilégio; propriedade.

PER.TEN.CE, *s.m.*, documento cartorial transmitindo alguma posse; os pertences - objetos pessoais.

PER.TEN.CEN.TE, *adj.*, que é de alguém, que pertence a, relativo, referente.

PER.TEN.CER, *v.t.*, ser propriedade de, ser de, estar ligado a.

PER.TEN.CES, *s.m., pl.*, bens de alguém, objetos de.

PER.TEN.CI.MEN.TO, *s.m.*, o mesmo que pertença.

PER.TI.NA.CE, *adj.*, *ant.*, pertinaz.

PER.TI.NÁ.CIA, *s.f.*, persistência, teimosia.

PER.TI.NAZ, *adj.*, teimoso, obstinado, persistente, contumaz, seguro.

PER.TI.NÊN.CIA, *s.f.*, concernência, referência, ligação.

PER.TI.NEN.TE, *adj.*, relativo, concernente, referente, ligado, pertencente.

PER.TO, *adv.*, contíguo, próximo, ao lado.

PER.TRAN.SI.DO, *adj.*, perfurado, atravessado, furado de lado a lado.

PER.TRAN.SIR, *v.t.*, furar, atravessar de lado a lado, perfurar.

PER.TUR.BA.BI.LI.DA.DE, *s.f.*, caráter ou qualidade de perturbável.

PER.TUR.BA.ÇÃO, *s.f.*, turbação, perplexidade, vacilação, hesitação.

PER.TUR.BA.DO, *adj.*, alucinado, adoidado, psicótico, turbado.

PER.TUR.BA.DOR, *s.m.*, quem perturba, turbador.

PER.TUR.BAN.TE, *adj. 2 gên.*, o mesmo que perturbador.

PER.TUR.BAR, *v.t.* e *pron.*, desordenar, incomodar, aborrecer, turbar, abalar, atrapalhar.

PER.TUR.BA.TI.VO, *adj.*, que perturba, incomodador, aborrecedor.

PER.TUR.BA.TÓ.RIO, *adj.*, que perturba, perturbador, incomodador.

PER.TUR.BÁ.VEL, *adj.*, que pode ser perturbado, incomodável.

PE.RU, *s.m.*, grande ave galinácea, de carne muito apreciada.

PE.RU.A, *s.f.*, fêmea de peru; tipo de automóvel; *pop.*, mulher espalhafatosa.

PE.RU.A.ÇÃO, *s.f.*, *bras.*, ação de peruar.

PE.RU.A.GEM, *s.f.*, *pop.*, ato ou efeito de peruar; peruação.

PE.RU.A.NO, *adj.* e *s.m.*, próprio do Peru ou seu habitante.

PE.RU.AR, *v.t.* e *int.*, *bras.*, *pop.*, observar (ger. um jogo), ger. dando palpites; dar uma volta; passear; investigar, bisbilhotar.

PE.RU.CA, *s.f.*, cabeleira postiça.

PE.RU.EI.RO, *s.m.*, *bras.*, SP, motorista que transporta pessoas em "perua" ou van; *bras.*, criador de perus; *adj.*, relativo ou inerente a peru.

PE.RU.Í.CE, s.f., pop., comportamento ou atitude própria de perua.
PER.VA.DIR, v.t., tomar conta; ocupar, invadir, inundar.
PER.VA.GAR, v.t. e int., andar em várias direções, vagar, andar sem rumo.
PER.VA.SI.VI.DA.DE, s.f., qualidade, atributo ou característica de pervasivo; capacidade ou tendência a propagar-se, através de vários meios, canais, sistemas, tecnologias, etc.
PER.VA.SI.VO, adj., que se espalha, difunde, propaga-se por meio de diversos canais, tecnologias, sistemas, dispositivos, etc., de aplicabilidade geral ou total.
PER.VEN.CER, v.t., vencer totalmente; esmagar; destruir; subverter.
PER.VER, v.t., ver em torno.
PER.VER.SÃO, s.f., devassidão, corrupção, decadência, ruína.
PER.VER.SI.DA.DE, s.f., malvadeza, perfídia, crueldade, malignidade.
PER.VER.SI.VO, adj., corruptor, maligno, pervertedor.
PER.VER.SO, adj., malvado, pérfido, cruel, maligno, destruidor.
PER.VER.SOR, adj., diz-se de que ou quem perverte; pervertedor; s.m., aquele ou aquilo que perverte; pervertedor.
PER.VER.TE.DOR, adj., que perverte, que provoca ou induz à perversão; perversivo; s.m., aquele que perverte.
PER.VER.TER, v.t. e pron., fazer ficar perverso, levar para o mal, corromper, transviar.
PER.VER.TI.DO, adj., perverso, corrupto, decaído, arruinado, desgraçado; imoral.
PER.VÍ.GIL, adj. 2 gên., diz-se de quem sofre de insônia; s. 2 gên., aquele que sofre de insônia.
PER.VI.GÍ.LIA, s.f., vigília que se prolonga por toda a noite ou por um longo período de tempo.
PÉR.VIO, adj., que dá passagem; onde se pode entrar; patente; aberto; franco.
PE.SA.DA, s.f., a quantidade que se pesa de uma única vez.
PE.SA.DÃO, adj., que tem muito peso, gordão, encorpado.
PE.SA.DE.LO, s.m., sonho povoado com imagens de horror.
PE.SA.DEZ, s.f., p.us., qualidade de pesado.
PE.SA.DO, adj., de muito peso, volumoso, lerdo, lento, difícil, penoso.
PE.SA.DOR, adj. e s.m., que(m) pesa, balanceador, ponderador.
PE.SA.DU.ME, s.m., tristeza, peso, carga, má vontade, mau humor.
PE.SA.GEM, s.f., ação de pesar, ato de pôr na balança para ver o peso.
PÊ.SA.MES, s.m., pl., condolências, sentimentos; cumprimentos de dor pela morte de alguém.
PE.SAN.TE, s.m., certa moeda de Portugal; ant., desgostoso, pesaroso.
PE.SAR, s.m., desgosto, tristeza, condolência, infelicidade; v.t., ver o peso de, conferir, ponderar, verificar, ser oneroso.
PE.SA.RO.SA.MEN.TE, adv., com pesar, de modo pesaroso.
PE.SA.RO.SO, adj., entristecido, tristonho, condoído, arrependido.
PE.SA-SAL, s.m., Fís., espécie de areômetro com que se determina a densidade de uma solução salina.
PE.SÁ.VEL, adj., que pode ser pesado.
PES.CA, s.f., ato de pescar, pescaria; ato de pegar peixe.
PES.CA.DA, s.f., tipo de peixe com carne muito apreciada.
PES.CA.DI.NHA, s.f., Zool., espécie de pescada pequena (*Isopisthus parvipinnis*), encontrada na costa brasileira.
PES.CA.DO, adj., que foi pescado; s.m., o que se pescou.

PES.CA.DOR, s.m., quem pesca, profissional da pesca.
PES.CAL, s.m., cavilha de ferro, entalada entre o cabo da enxada, para manter a posição firme do mesmo cabo.
PES.CAN.TE, adj. e s. 2 gên., que, ou o que pesca; s.m., bras., RS, boleia de diligência.
PES.CAR, v.t. e int., apanhar peixe, praticar a pesca; fig., entender, captar.
PES.CA.RE.JO, adj., que diz respeito à pesca; embarcação pescareja.
PES.CA.REZ, adj., p.us., pescarejo.
PES.CA.RI.A, s.f., pesca, ação de pescar, produto de uma pesca.
PES.CAZ, s.m., cunha que une o arado com a rabiça.
PES.CO.ÇA.DA, s.f., pancada com o pescoço, pancada no pescoço.
PES.CO.ÇÃO, s.m., pop., pancada no pescoço de alguém.
PES.CO.CE.AR, v.t. e int., dar pescoção, chamar a atenção.
PES.CO.ÇO, s.m., parte do corpo que junta o tronco à cabeça; colo.
PES.CO.ÇU.DO, adj., que tem pescoço grande.
PE.SE.TA, s.f., antiga unidade monetária da Espanha.
PE.SO, s.m., tudo que carrega ou oprime; massa, volume de um corpo; unidade monetária da Argentina e do Uruguai; objeto de metal que, colocado na balança, indica quantos gramas um corpo tem; fig., ônus, carga, prestígio.
PES.PE.GA.DO, adj., que se pespegou.
PES.PE.GAR, v.t. e pron., assentar com força, aplicar em, impor.
PES.PON.TA.DEI.RA, s.f., máquina que faz pespontos.
PES.PON.TAR, v.t., fazer pespontos em, costurar, prender com linha.
PES.PON.TE.A.DO, adj., costurado, ligado.
PES.PON.TE.AR, v.t., alinhavar, costurar.
PES.PON.TO, s.m., costura externa para ligar ou adornar uma peça.
PES.POR.RÊN.CIA, s.f., exibição de capacidade de mando, de autoridade; arrogância.
PES.QUEI.RA, s.f., local próprio para pescar, lugar para colocar peixes.
PES.QUEI.RO, s.m., local para pescar ou com muitos peixes; navio de pesca.
PES.QUE-PA.GUE, s.m., lagoa, açude com criação de peixes que o proprietário oferece a pescadores mediante pagamento, por quilo, do total pescado.
PES.QUI.SA, s.f., busca, procura, indagação, trabalho para verificação.
PES.QUI.SA.DO, adj., procurado, verificado, inquirido.
PES.QUI.SA.DOR, adj. e s.m., investigador, inquiridor, examinador.
PES.QUI.SAR, v.t. e int., procurar, verificar, conferir, examinar, inquirir.
PES.SE.GA.DA, s.f., doce de pêssego; cozido de pêssegos com água e açúcar.
PES.SE.GAL, s.m., plantação de pêssegos, pomar de pêssegos.
PÊS.SE.GO, s.m., fruto do pessegueiro.
PES.SE.GUEI.RO, s.m., árvore rosácea que produz o pêssego.
PES.SI.MIS.MO, s.m., tendência de ver tudo ruim, negativismo.
PES.SI.MIS.TA, s. gên., quem é dado ao pessimismo.
PÉS.SI.MO, adj., superlativo de mau, muito ruim, o pior de tudo.
PES.SO.A, s.f., ser, criatura humana, individualidade, caráter pessoal; os pronomes pessoais dos verbos: eu, tu, ele, ela,

nós, vós, eles e elas.
PES.SO.AL, *adj.*, que é próprio da pessoa, inerente, íntimo; pronome; *s.m.*, grupo de pessoas que trabalha em um local; povo, gente, multidão.
PES.SO.A.LI.DA.DE, *s.f.*, personalidade, qualidade de ser pessoa.
PES.SO.A.LIS.MO, *s.m.*, o mesmo que personalismo; *adv.*, de maneira pessoal; de corpo presente.
PES.SO.A.LIS.TA, *adj.*, que se refere a pessoa; pessoal; que tem caráter pessoal.
PES.SO.A.LI.ZA.ÇÃO, *s.f.*, ato ou efeito de pessoalizar; personificação.
PES.SO.A.LI.ZAR, *v.t.* e *pron.*, personalizar, tornar pessoa, humanizar.
PES.SO.A.LI.ZÁ.VEL, *adj.*, que se pode pessoalizar.
PES.SO.A.NO, *adj.*, que diz respeito ou pertence ao poeta português Fernando Pessoa (1888-1935); que é estudioso ou admirador desse poeta; *s.m.*, esse estudioso ou admirador.
PES.SO.EN.SE, *adj.* e *s. 2 gên.*, próprio de João Pessoa ou seu habitante.
PES.TA.NA, *s.f.*, cílio; *expr.*, tirar uma pestana - dormir um pouco.
PES.TA.NE.AR, *v. int.*, o mesmo que pestanejar.
PES.TA.NE.JAN.TE, *adj.*, que pestaneja, quem mexe as pestanas.
PES.TA.NE.JAR, *v.int.*, mover as pestanas, mexer as pestanas; hesitar, titubear.
PES.TA.NE.JO, *s.m.*, ação ou efeito de pestanejar, piscada.
PES.TA.NU.DO, *adj.*, que possui pestanas grandes.
PES.TE, *s.f.*, qualquer tipo de doença contagiosa, epidemia; *fig.*, algo pernicioso; *fig.*, pessoa ruim e desagradável.
PES.TE.A.DO, *adj., bras.*, que foi vítima da peste; que se encontra doente.
PES.TE.A.DOR, *adj.* e *s.m.*, que ou o que pesteia; empestador.
PES.TE.AR, *v.t.* e *int.*, empestar, espalhar a peste, ser atacado pela peste.
PES.TE.NÊN.CIA, *s.f.*, *ant.*, peste.
PES.TI.CI.DA, *s.m.*, ingrediente que elimina muitas pragas nas lavouras, hortas e pomares.
PES.TÍ.FE.RO, *adj.*, pestilento, que provoca a peste, que causa peste.
PES.TI.LÊN.CIA, *s.f.*, peste, epidemia, doença contagiosa.
PES.TI.LEN.CI.AL, *adj.*, pestilento, pestífero.
PES.TI.LEN.CI.AR, *v.t.*, tornar pestilento; pestiferar, empestar.
PES.TI.LEN.CI.O.SO, *adj.*, o mesmo que pestilencial.
PES.TI.LEN.TE, *adj.*, pestilento, pestilencial, pestífero.
PES.TI.LEN.TO, *adj.*, relativo a, ou próprio da peste; infectado de peste; doentio; repugnante; infecto; pútrido, que exala mau cheiro; *fig.*, que causa perversão ou degeneração; nocivo.
PES.TO.SO, *s.m.*, doente atacado por peste bubônica, doente com peste.
PE.TA, *s.f.*, lorota, mentira, inverdade, falsidade.
PÉ.TA.LA, *s.f.*, cada parte da corola, parte de uma flor.
PE.TA.LA.DO, *adj.*, formado por pétalas.
PE.TA.LI.FOR.ME, *adj.*, que tem forma de pétala.
PE.TA.LOI.DE, *adj.*, que parece uma pétala, que tem forma de pétala.
PE.TA.LÓ.PO.DE, *adj.*, Zool., cujos pés são membranosos.
PE.TAR, *v.int.*, dizer petas; *pop.*, ser maçador; serrazinar; moer.
PE.TAR.DAR, *v.t.*, petardear, soltar petardos.
PE.TAR.DE.AR, *v.t.* e *int.*, empregar petardo a (algo que se deseja derrubar, perfurar ou fazer explodir); fazer saltar usando petardos; explodir como petardo.
PE.TAR.DEI.RO, *s.m.*, quem solta ou fabrica petardos.
PE.TAR.DO, *s.m.*, bomba, explosivo forte; chute muito forte.
PE.TA.RO.LAR, *v.int.*, dizer petarolas.
PE.TE.A.DOR, *adj.* e *s.m.*, que ou o que prega petas; mentiroso, peteiro.
PE.TE.AR, *v.int.*, dizer petas, petar; mentir.
PE.TE.CA, *s.f.*, brinquedo feito com um receptáculo de couro para colocar penas e jogar com a palma das mãos.
PE.TE.CA.DA, *s.f.*, lance no jogo da peteca; arremesso com a peteca.
PE.TE.CAR, *v.t., bras.*, enfeitar exageradamente e inesteticamente.
PE.TEI.RO, *s.m.*, mentiroso, quem conta petas, loroteiro.
PE.TE.LE.CA.DA, *s.f., bras.*, o mesmo que petelelco.
PE.TE.LE.CO, *s.m., pop.*, golpe com a ponta dos dedos, piparote.
PE.TE.QUE.AR, *v.int.*, jogar peteca, brincar com a peteca.
PE.TE.QUEI.RO, *s.m.*, jogador de peteca.
PE.TE.QUI.AL, *adj. 2 gên.*, relativo a petéquia, que tem petéquias.
PE.TI.ÇÃO, *s.f.*, pedido, requerimento; pedido por escrito ao juiz, em prol de uma causa.
PE.TI.CI.O.NA.MEN.TO, *s.m.*, ato ou efeito de peticionar; petição; requerimento.
PE.TI.CI.O.NAR, *v.t.* e *int.*, fazer petições, compor petições.
PE.TI.CI.O.NÁ.RIO, *adj.* e *s.m.*, quem compõe a petição, quem pede algo na petição.
PE.TI.ÇO, *adj.* e *s.m., bras.*, RS, diz-se de, ou o cavalo pequeno ou de pernas curtas; *pej.*, diz-se de, ou o homem de baixa estatura.
PE.TI.ME.TRE, *adj.* e *s.m.*, Vest., diz-se de, ou o indivíduo que se traja com excesso de apuro; peralvilho.
PE.TIS.CA.DOR, *adj.* e *s.m.*, que(m) petisca, que(m) gosta de petiscar, aperitivador.
PE.TIS.CAR, *v.t.* e *int.*, comer de leve, aperitivar, lambiscar.
PE.TIS.CO, *s.m.*, comida saborosa, aperitivo, alimento antes da refeição.
PE.TIS.QUEI.RA, *s.f.*, lanchonete, bar, restaurante que serve petiscos.
PE.TIS.QUEI.RO, *s.m., bras.*, N, armário em que se guardam viandas, petiscos, etc.
PETIT-POIS, do fr., (lê-se peti-poá), *s.m.*, Bot., semente da ervilha, fresca ou em conserva.
PE.TI.TÓ.RIO, *adj.* e *s.m.*, pedidos, pedinchos, pedidos de ajuda.
PE.TIZ, *s.m., fam.*, adolescente, menino, criança.
PE.TI.ZA.DA, *s.f.*, meninada, garotada.
PE.TRAR.QUI.A.NO, *adj.*, o mesmo que petrarquesco.
PE.TRAR.QUIS.MO, *s.m.*, escola ou estilo poético de Petrarca.
PE.TRAR.QUIS.TA, *adj.*, que diz respeito ao petrarquismo.
PE.TRAR.QUI.ZAR, *v.int.*, postar ou escrever ao modo de Petrarca.
PE.TRE.CHA.DO, *adj.*, que tem petrechos, o mesmo que apetrechado.
PE.TRE.CHAR, *v.t.* e *int.*, o mesmo que apetrechar.
PE.TRE.CHOS, *s.m., pl.*, instrumentos para vários fins, apetrechos, objetos.
PÉ.TREO, *adj.*, feito de pedra, com forma de pedra.
PE.TRI.FI.CA.ÇÃO, *s.f.*, ação ou efeito de petrificar, mineralização, endurecimento.

PE.TRI.FI.CA.DO, *adj.*, solidificado, endurecido, transformado.
PE.TRI.FI.CA.DOR, *adj. e s.m.*, que(m) petrifica, endurecedor.
PE.TRI.FI.CAN.TE, *adj. 2 gên.*, o mesmo que petrificador.
PE.TRI.FI.CAR, *v.t. e pron.*, transformar em pedra, moldar como pedra, endurecer.
PE.TROG.NO.SI.A, *s.f.*, parte da História Natural que trata das rochas.
PE.TRO.GRA.FI.A, *s.f.*, estudo sistemático das pedras.
PE.TRO.GRÁ.FI.CO, *adj.*, que se refere a petrografia.
PE.TRO.LEI.RO, *s.m.*, navio feito para transportar petróleo.
PE.TRÓ.LEO, *s.m.*, substância mineral negra, usada para a obtenção de combustíveis; dele (petróleo) se extrai um grande número de derivados.
PE.TRO.LÍ.FE.RO, *adj.*, que produz petróleo.
PE.TRO.LO.GI.A, *s.f.*, estudo que abrange as pedras em todos os seus detalhes.
PE.TRO.LÓ.GI.CO, *adj.*, Geol., relativo ou inerente a petrologia.
PE.TRO.LO.GIS.TA, *s. 2 gên.*, o mesmo que petrólogo.
PE.TRO.LO.GO, *s.m.*, Geol., especialista em petrologia; petrógrafo.
PE.TRO.MAX, *s.f. 2 n.*, tipo de lampião, com camisa, que usa o querosene.
PE.TRO.QUÍ.MI.CA, *s.f.*, indústria que trabalha com produtos químicos derivados do petróleo.
PE.TRO.QUÍ.MI.CO, *s.m.*, Petroq., especialista em petroquímica; *adj.*, relativo a petroquímica.
PE.TRO.SO, *adj.*, o mesmo que pétreo; Anat., relativo ao rochedo.
PE.TU.LÂN.CIA, *s.f.*, insolência, má-criação, desrespeito.
PE.TU.LAN.TE, *adj. e s. 2 gên.*, atrevido, insolente, malcriado, desrespeitador.
PE.TÚ.NIA, *s.f.*, planta rasteira de flores vistosas.
PE.VI.DE, *s.f.*, semente fina e achatada de certas frutas, como maçã, melancia, abóbora, melão; tipo de doença que se aloja na língua das aves.
PE.XO.TE, *s.m.*, pixote, tipo inexperiente.
PEZ, *s.m.*, piche, produto derivado do petróleo.
PE.ZA.DA, *s.f.*, golpe com o pé, batida com o pé.
PE.ZU.DO, *adj.*, que tem o pé grande.
PI, *s.m.*, a décima sexta letra do á-bê-cê grego; símbolo usado em Matemática.
PI - sigla para indicar o Estado do Piauí.
PI.A, *s.f.*, móvel em forma de bacia, usado na cozinha para lavar louça; lavatório.
PI.Á, *s.m.*, petiz, guri, menino, curumim.
PI.A.BA, *s.f.*, piava, tipo de peixe pequeno, de água doce.
PI.A.ÇA.BA, *s.f.*, piaçava, fibra de palmeira com a qual se fabricam vassouras.
PI.A.ÇA.BAL, *s.m.*, conjunto de piaçabas, plantação de piaçavas.
PI.A.DA, *s.f.*, anedota, fato cômico, historieta engraçada.
PI.A.DIS.TA, *s. 2 gên.*, contador de piadas.
PI.A.DO, *s.m.*, pio de ave, voz de pássaro; som produzido pela voz da ave.
PI.A.GA, *s.m.*, pajé.
PI.A-MÁ.TER, *s.f.*, a mais profunda e interna das três membranas que revestem o cérebro e a medula espinhal.
PI.A.NIS.TA, *s. 2 gên.*, quem toca piano.
PI.A.NÍS.TI.CO, *adj.*, que se refere a piano.
PI.A.NO, *s.m.*, instrumento de cordas e teclado.
PI.A.NO.LA, *s.f.*, tipo de piano elétrico.

PI.ÃO, *s.m.*, brinquedo com formato ovalado e uma ponta, jogado por meio de uma fieira e que o faz rodar.
PI.AR, *v.int.*, voz das aves, dar pios, emitir piados, pipilar.
PI.AS.TRA, *s.f.*, unidade monetária de diversos países asiáticos.
PI.AU.I.EN.SE, *adj. e s.m.*, próprio do Piauí ou seu habitante.
PI.A.VA, *s.f.*, piaba, peixe miúdo dos nossos rios.
PI.CA, *s.f.*, lança antiga.
PIB - sigla de Produto Interno Bruto.
PI.CA.DA, *s.f.*, mordida de cobra, ferida, furo de certos insetos sugadores de sangue; passagem na mata, senda, trilha.
PI.CA.DÃO, *s.m.*, picada grande, caminho longo e largo no meio da mata.
PI.CA.DEI.RO, *s.m.*, local para exercitar os cavalos; no circo, palco dos artistas.
PI.CA.DE.LA, *s.f.*, pequena picada.
PI.CA.DI.NHO, *s.m.*, comida feita de carne cortada em pequenos nacos; carne moída, guisado.
PI.CA.DO, *adj.*, cheio de picadas, ferido, cortado.
PI.CA.DOR, *adj. e s.m.*, triturador, moedor, que(m) pica.
PI.CA.DU.RA, *s.f.*, ver picada.
PI.CA.MEN.TO, *s.m.*, ação ou efeito de picar, moagem, trituração.
PI.CA.NA, *s.f., bras.*, S, aguilhada do boieiro.
PI.CA.NE.AR, *v.t., bras.*, RS, ferir (o boi), com a picana.
PI.CA.NHA, *s.f.*, tipo de carne bovina muito macia e saborosa para churrasco.
PI.CAN.TE, *adj.*, apimentado, tempero forte; *fig.*, ferino, malicioso.
PI.CÃO, *s.m.*, pequena picareta usada pelos alpinistas para se firmarem na ascensão; planta nativa, cujas infusões combatem diversas doenças do sangue.
PI.CA-PAU, *s.m.*, nome de um pássaro, o qual bica os troncos de árvore.
PI.CA.PE, *s.f.*, carro com caçamba, caminhonete com carroceria aberta.
PI.CAR, *v.t. e pron.*, dar picadas em, ferir, machucar, morder, quebrar, reduzir.
PI.CAR.DI.A, *s.f.*, ação de pícaro, malandragem, safadeza.
PI.CA.RES.CO, *adj.*, farsante, burlesco, ridículo, cômico.
PI.CA.RE.TA, *s.f.*, utensílio com cabo e uma parte metálica para cavar pedras; *pop.*, tipo inescrupuloso, safado, velhaco.
PI.CA.RE.TA.GEM, *s.f.*, ação ou efeito do uso da picareta; safadeza, pilantragem.
PÍ.CA.RO, *adj.*, astuto, esperto, finório, patife, safado.
PI.ÇAR.RA, *s.f.*, cascalho, rocha argilosa endurecida.
PI.CHA.ÇÃO, *s.f.*, cobertura de uma superfície com piche, escrita maldosa em muros.
PI.CHA.DO, *adj.*, passado piche, pintado, escrevinhado, sujado.
PI.CHA.DOR, *adj. e s.m.*, que(m) passa piche, que(m) escreve em muros e paredes.
PI.CHA.MEN.TO, *s.m., bras.*, o mesmo que pichação.
PI.CHAR, *v.t. e int.*, passar piche em; *gír.*, falar mal de, escrever em muros.
PI.CHE, *s.m.*, pez, substância preta, viscosa, derivada do petróleo, para isolar.
PI.CÍ.DEOS, *s.m.pl.*, ramo das aves que inclui os pica-paus.
PI.CLES, *s.m., pl.*, mistura de legumes ou verduras em recipientes fechados, condimentados com vinagre.
PIC.NO.ME.TRI.A, *adj.*, medida, por meio do picnômetro,

PICNÔMETRO — PILÓRICO

da densidade de líquidos e sólidos.
PIC.NÔ.ME.TRO, *s.m.*, instrumento para medir as densidades dos sólidos e dos líquidos.
PI.CO, *s.m.*, parte mais alta de uma montanha ou de um fato; cume, ponta.
PI.CO.LÉ, *s.m.*, tipo de sorvete solidificado em um palito achatado.
PI.CO.TA.DO, *adj.*, esfarelado, destruído, inutilizado.
PI.CO.TA.DOR, *s.m.*, instrumento para picotar, furar bilhetes, inutilizar os usados.
PI.CO.TA.GEM, *s.f.*, ato ou efeito de picotar.
PI.CO.TAR, *v.t.*, inutilizar, fazer picotes, destruir documentos.
PI.CO.TE, *s.m.*, furos, sinais.
PI.CRA.TO, *s.m.*, Quím., designação dos sais do ácido pícrico ou dos ânions provenientes dele.
PÍ.CRI.CO, *adj. e s.m.*, Quím., relativo ao, ou o ácido us. em processos de anestesia e cicatrização.
PIC.TO.GRA.FI.A, *s.f.*, sistema antigo pelo qual a escrita expressava a ideia por meio de desenhos e figuras.
PIC.TO.GRÁ.FI.CO, *adj.*, que se refere a pictografia.
PIC.TO.RI.AL, *adj.*, pictórico.
PIC.TÓ.RI.CO, *adj.*, referente a pintura, que deve ser pintado.
PIC.TU.RAL, *adj. 2 gên.*, o mesmo que pictórico.
PIC.TU.RI.AL, *adj.*, pictórico.
PI.CU.Á, *s.m.*, balaio, cesta, sacola de lona para levar roupas, alimentos, ou outros ingredientes.
PI.CU.I.NHA, *s.f.*, pipios de ave nova; mesquinhez, pirraça.
PI.CU.LA, *s.f., bras.*, Lud., brincadeira infantil semelhante ao pega-pega, pique.
PI.DÃO, *s.m., pop.*, quem vive pedindo tudo de graça, pedinchão.
PI.DO.NHO, *adj. e s.m.*, o mesmo que pidão.
PI.E.DA.DE, *s.f.*, respeito para com as coisas sagradas, compaixão, dó.
PI.E.DO.SO, *adj.*, religioso, pio, que tem piedade.
PI.E.GAS, *adj. e s. 2 gên.*, sentimentaloide, sentimental, exagerado nos afetos.
PI.E.GUI.CE, *s.f.*, qualidade de quem é piegas, sentimentalismo exagerado.
PI.EI.RA, *s.f.*, doença que acomete os bois quando estão por muito tempo com os pés na imundície.
PI.E.MON.TÊS, *adj. e s.m.*, referente, próprio ou habitante do Piemonte, região da Itália.
PÍ.ER, *s.m.*, cais, construção especial no porto, para os navios atracarem.
PIERCING, *s.m., ing.*, pequenos orifícios no corpo humano, para prender enfeites metálicos.
PI.ER.RE.TE, *s.f.*, pessoa feminina que se fantasia de pierrô.
PI.ER.RÔ, *s.m.*, personagem sentimental na antiga comédia italica; fantasia de carnaval.
PI.E.ZE.LE.TRI.CI.DA.DE, *s.f.*, Elet., transformação de natureza mecânica que se opera em alguns cristais, o que acarreta diferença de potencial entre pares de faces opostas; piezoeletricidade.
PI.E.ZO, *s.m., ant.*, Metrol., Fís., unidade de medida de pressão (sistema MTS), que equivale a 10 pascals; símb.: pz.
PI.E.ZO.ME.TRI.A, *s.f.*, Fís., parte da física que mede a pressão dos fluidos e a compressibilidade de substâncias com o piezômetro.
PI.E.ZO.MÉ.TRI.CO, *adj.*, relativo ou inerente a piezometria.
PI.E.ZÔ.ME.TRO, *s.m.*, Fís., instrumento que mede a pressão dos fluidos e a compressibilidade de substâncias submetidas a pressões elevadas.
PI.FA.DO, *adj.*, que pifou; quebrado; avariado.
PÍ.FA.NO, *s.m.*, Mús., o mesmo que pífaro.
PI.FÃO, *s.m., pop.*, grande bebedeira.
PI.FAR, *v.int.*, sofrer uma pane, ter avarias, parar de funcionar.
PÍ.FA.RO, *s.m.*, instrumento de sopro com semelhanças com a flauta.
PI.FE-PA.FE, *s.m.*, jogo de baralho.
PÍ.FIO, *adj.*, ordinário, sem valor.
PI.GAR.RA, *s.f., bras.*, doença das galinhas, gogo.
PI.GAR.RAR, *v.int.*, o mesmo que pigarrear.
PI.GAR.RE.A.DO, *adj.*, tossido, soltado o pigarro.
PI.GAR.RE.AN.TE, *adj.*, o mesmo que pigarrento; que pigarreia.
PI.GAR.RE.AR, *v.int.*, tossir, soltar pigarro.
PI.GAR.REN.TO, *adj.*, que tem pigarro, que está com pigarro.
PI.GAR.RO, *s.m.*, problema na mucosa da garganta; catarro.
PIG.MEI.A, *s.f.*, forma feminina para pigmeu.
PIG.MEN.TA.ÇÃO, *s.f.*, ato de colorir com um pigmento.
PIG.MEN.TA.DO, *adj.*, colorido, que tem a cor da pele.
PIG.MEN.TAR, *v.t.*, colorir como a pele, dar cor.
PIG.MEN.TO, *s.m.*, substância que dá coloração à pele ou a tecidos.
PIG.MEN.TO.SO, *adj.*, que apresenta pigmentos.
PIG.MEU, *s.m.*, pessoa de estatura pequeníssima.
PI.JA.MA, *s.f.*, roupa própria para dormir.
PI.LA.DO, *adj.*, moído, triturado, esfarelado.
PI.LA.DOR, *adj. e s.m.*, que(m) pila, moedor, triturador; local em que os cereais são pilados.
PI.LAN.TRA, *adj. e s. 2 gên., pop.*, cafajeste, mau-caráter, desonesto, furtador, calhorda.
PI.LAN.TRA.GEM, *s.f.*, ação de pilantra, malandragem, safadeza.
PI.LÃO, *s.m.*, tronco de madeira cavado, no qual se trituram grãos, descascam-se outros, batendo com uma peça de madeira, de cabeça arredondada, também chamada de pilão.
PI.LAR[1], *s.m.*, coluna que suporta uma construção; *fig.*, suporte, arrimo, força.
PI.LAR[2], *v.t.*, socar no pilão, triturar, descascar, moer.
PE.LA.RE.TE, *s.m.*, Quím., sal do ácido pelargônico.
PI.LAS.TRA, *s.f.*, pilar, coluna.
PI.LE.QUE, *s.m., pop.*, bebedeira, embriaguez.
PI.LHA, *s.f.*, monte, objetos colocados uns sobre os outros; peça química que contém energia para acender lanternas ou mover objetos.
PI.LHA.DO, *adj.*, saqueado, furtado, roubado, carregado, desviado.
PI.LHA.GEM, *s.f.*, saque, roubalheira.
PI.LHAR, *v.t. e pron.*, saquear, roubar, pegar; pegar em flagrante, surpreender.
PI.LHEI.RA, *s.f.*, lugar em que estão coisas empilhadas; sítio junto ao lar onde se amontoam as cinzas.
PI.LHÉ.RIA, *s.f., pop.*, anedota, piada, dito, chiste.
PI.LHE.RI.A.DOR, *adj.*, que é dado a pilhérias; *s.m.*, aquele que é dado a pilhérias.
PI.LHE.RI.AR, *v.t. e int.*, soltar pilhérias.
PI.LHÉ.RI.CO, *adj.*, que se refere a pilhérias, piadístico.
PI.LÍ.FE.RO, *adj.*, que tem ou produz pelos; Bot., piloso.
PI.LO.RA.DA, *s.f., bras.*, NE, *pop.*, paulada, cacetada.
PI.LÓ.RI.CO, *adj.*, pertencente ou relativo ao piloro.

PI.LO.RIS.MO, *s.m.*, Med., espasmo pilórico; pilorospasmo.
PI.LO.RO, *s.m.*, orifício que estabelece a comunicação entre o estômago e o duodeno.
PI.LO.SI.DA.DE, *s.f.*, propriedade do que é piloso, que contém pelos.
PI.LO.SIS.MO, *s.m.*, desenvolvimento anormal de pelos, num ponto em que geralmente escasseiam ou não existem.
PI.LO.TA.GEM, *s.f.*, ato ou efeito de pilotar; a técnica ou o ofício de piloto.
PI.LO.TAR, *v.t.* e *int.*, dirigir como piloto (de avião); dirigir (veículos).
PI.LO.SO, *adj.*, que contém pelos.
PI.LO.TA.GEM, *s.f.*, atividade de piloto.
PI.LO.TAR, *v.t.* e *int.*, guiar avião, dirigir como piloto.
PI.LO.TIS, *s.m.*, colunas que sustentam um edifício cujo térreo fica livre.
PI.LO.TO, *s.m.*, quem dirige avião ou navio; dirigente de carro de corridas.
PÍ.LU.LA, *s.f.*, comprimido, drágea.
PI.LU.LA.DOR, *s.m.*, instrumento que divide a massa pilular em pílulas.
PI.LU.LAR, *adj.*, que tem forma de pílula ou pode ser dividido em pílulas.
PI.LU.LEI.RO, *s.m.*, *bras.*, em que se preparam pílulas; o que prepara pílulas.
PI.MEN.TA, *s.f.*, designação do fruto de vários tipos de pimenteiras; tempero.
PI.MEN.TA-DA-JA.MAI.CA, *s.f.*, planta arbustiva com folhas olentes e frutos pimentosos.
PI.MEN.TA-DO-REI.NO, *s.f.*, planta que produz esse tempero; semente moída que serve como condimento.
PI.MEN.TAL, *s.m.*, lugar ou campo plantado de pimenteiras.
PI.MEN.TA-MA.LA.GUE.TA, *s.f.*, malagueta, tipo de pimenta muito forte.
PI.MEN.TÃO, *s.m.*, fruto de uma planta solanácea muito usado na cozinha.
PI.MEN.TEI.RA, *s.f.*, pimenta, recipiente para colocar a pimenta.
PI.MEN.TEI.RAL, *s.m.*, plantação de pés de pimenta.
PI.MEN.TEI.RO, *s.m.*, recipiente em que se guarda a pimenta.
PI.MEN.TI.NHA, *s.f.*, Bot., planta (*Capsicum microcarpum*) da fam. das solanáceas, cujos frutos pequeninos são us. como condimento; pimenta pequena.
PIM.PÃO, *adj.*, vaidoso, janota, casquilho, almofadinha.
PIM.PO.LHAR, *v.int.*, comportar-se como nenê, assumir maneiras de criancinha.
PIM.PO.LHO, *s.m.*, criança, nenê.
PIM.PO.NAR, *v.int.* e *pron.*, mostrar(-se) pimpão.
PIM.PO.NE.AR, *v.int.*, o mesmo que pimponar.
PI.NA.CO.TE.CA, *s.f.*, coleção de quadros de pintura.
PI.NÁ.CU.LO, *s.m.*, cume, cimo, pico; o ponto mais elevado de um templo.
PIN.ÇA, *s.f.*, tenaz, instrumento médico.
PIN.ÇA.DO, *adj.*, segurado, pego, firmado, retirado, excluído.
PIN.ÇA.GEM, *s.f.*, ato ou efeito de pinçar; pinçamento.
PIN.ÇAR, *v.t.*, segurar, firmar, pegar; pegar qualquer um.
PÍN.CA.RO, *s.m.*, pico, cume; parte mais elevada de uma montanha.
PIN.CEL, *s.m.*, instrumento usado para pintar, colorir.
PIN.CE.LA.DA, *s.f.*, toque do pincel, vista rápida em.
PIN.CE.LA.DO, *adj.*, pintado, riscado com o pincel.

PIN.CE.LA.GEM, *s.f.*, o mesmo que pincelada.
PIN.CE.LA.MEN.TO, *s.m.*, ação ou efeito de pincelar.
PIN.CE.LAR, *v.t.*, passar o pincel, pintar.
PIN.CE.LIS.TA, *s. 2 gên.*, o que usa o pincel; pintor.
PIN.CE.NÊ, *s.m.*, tipo antigo de óculos com haste para prender no nariz.
PIN.CHA.DO, *adj.*, diz-se do que foi atirado com força.
PIN.CHAN.TE, *adj.* e *s. 2 gên.*, que pincha.
PIN.CHAR, *v.t.*, arremessar, jogar alguma coisa com força para fazer pular ou cair de; jogar, empurrar.
PIN.DA, *s.f.*, forma reduzida de pindaíba, que está sem dinheiro.
PIN.DA.Í.BA, *s.f.*, falta de dinheiro, situação em que não há dinheiro.
PIN.DÁ.RI.CO, *adj.*, pertencente ou relativo a Píndaro; *fig.*, excelente.
PIN.DA.RIS.TA, *adj.*, relativo ao gênero pindárico; *s. 2 gên.*, o que tem estilo empolado ao falar.
PIN.DA.RI.ZAR, *v.t.*, louvar pomposamente; *v.int.*, poetar como Píndaro.
PIN.DÉ.RI.CO, *adj.*, *pej.*, magnífico; excelente; reles, pobretão.
PIN.DO.RA.MA, *s.m.*, região das palmeiras.
PI.NE.AL, *s.f.*, glândula diminuta de forma ovalada, situada no cérebro.
PI.NEL, *adj. 2 gên.*, *bras.*, *gír.*, indivíduo louco, doido, maluco.
PÍ.NEO, *adj.*, próprio do pinheiro, referente a pinheiro.
PIN.GA, *s.f.*, *pop.*, cachaça, cana.
PIN.GA.DEI.RA, *s.f.*, ato ou efeito de pingar; sequência de pingos; o que pinga.
PIN.GA.DO, *s.m.*, *pop.*, copo de café com leite em algumas regiões; *adj.*, que pinga, escorrido.
PIN.GA.DOU.RO, *s.m.*, o mesmo que pingadeira.
PIN.GA-FO.GO, *s.m.*, *pop.*, arma de fogo manual; pistola; cavalo fogoso; valentão.
PIN.GAN.TE, *adj. 2 gên.*, que pinga; *s.m.*, pessoa muito pobre; pobretão.
PIN.GAR, *v.t.* e *int.*, cair aos pingos, vir muito devagar, chover fraco, garoar.
PIN.GEN.TA.DO, *adj.*, provido de pingentes.
PIN.GEN.TE, *s.m.*, objeto que pende, brinco, joia.
PIN.GO, *s.m.*, gota de um líquido.
PIN.GO-D'Á.GUA, *s.m.*, nome com que são referidas algumas pedras semipreciosas, como quartzo hialino e topázio incolor.
PIN.GÓ.FI.LO, *s.m.*, *bras.*, *pop.*, indivíduo que degusta, que aprecia pinga; *adj.*, relativo ou inerente a esse indivíduo.
PIN.GO.LIM, *s.m.*, *bras.*, *pop.*, o mesmo que pênis (infantil).
PIN.GO.SO, *s.f.*, *fam.*, que pinga, que deita pingos.
PIN.GO.TE.AR, *v.t.* e *int.*, RS, pingar.
PIN.GU.ÇO, *s.m.*, *pop.*, cachaceiro, beberrão.
PIN.GUE, *adj.*, gordo, nédio, fértil, que produz bem.
PIN.GUEI.RO, *adj.* e *s.m.*, que(m) bebe pinga, cachaceiro, alcoólatra, alcoolista.
PIN.GUE.LA, *s.f.*, ponte estreita para pedestres; tronco de árvore.
PIN.GUE.LE.AR, *v.int. bras.*, pular de um lado para outro; saltitar.
PIN.GUE.LO, *s.m.*, *bras.*, o mesmo que pinguela; no Norte, o mesmo que gatilho; *ch.*, o mesmo que pênis.
PIN.GUE-PON.GUE, *s.m.*, tênis de mesa.
PIN.GUIM, *s.m.*, designação de aves que vivem no Polo Sul.
PIN.GUI.NHO, *s.m.*, pingo pequeno; *pop.*, pouca quantidade de

algo (ger. líquido); *pop.*, algo sem importância; insignificante.

PI.NHA, *s.f.*, ata, fruta-do-conde, nona; bola formada com os pinhões quando no pinheiro.

PI.NHAL, *s.m.*, pinheiral, bosque de pinheiros.

PI.NHÃO, *s.m.*, fruto do pinheiro; peça do motor do carro.

PI.NHEI.RA, *s.f.*, Bot., fruta-do-conde.

PI.NHEI.RAL, *s.m.*, bosque de pinheiros, conjunto de pinheiros.

PI.NHEI.RI.NHO, *s.m.*, Bot., árvore da fam. das podocarpáceas (*Podocarpus lambertii*), nativa do Brasil, ornamental, cuja madeira é us. em carpintaria; pinheiro-bravo.

PI.NHEI.RO, *s.m.*, araucária, todas as árvores coníferas.

PI.NHEI.RO-DO-PA.RA.NÁ, *s.m.*, árvore de grande porte, araucária.

PI.NHI.FOR.ME, *adj.*, ver piniforme.

PI.NHO, *s.m.*, madeira de pinheiro.

PI.NI.CA.DA, *s.f.*, beliscada, alfinetada, pinicão, palavra mordaz.

PI.NI.CA.DO, *adj.*, beliscado, alfinetado.

PI.NI.CÃO, *s.m.*, beliscão.

PI.NI.CAR, *v.t.* e *int.*, bicar, ferir com o bico, furar a bicadas, cutucar, incomodar.

PI.NI.CO, *s.m.*, urinol, recipiente que pode-se usar nos quartos para urinar.

PI.NI.FOR.ME, *adj.*, que tem forma de pinha.

PI.NI.MA, *s.f.*, *bras.*, praga; implicância, birra, embirrância; *adj.*, pintado; malhado.

PI.NIM.BA, *s.f.*, *bras.*, *pop.*, o mesmo que pinima; birra.

PI.NO, *s.m.*, o ponto mais alto do Sol em seu giro; zênite.

PI.NO, *s.m.*, qualquer haste metálica para juntar duas peças; parafuso, prego.

PI.NOI.A, *s.f.*, *pop.*, coisa reles, sem valor, inutilidade.

PI.NO.TE, *s.m.*, salto, salto do cavalo.

PI.NO.TE.AR, *v.int.*, dar pinotes, saltar.

PIN.TA, *s.f.*, mancha, pingo de mancha; *fig.*, jeito, aparência.

PIN.TA-BRA.VA, *s. 2 gên.*, pessoa vivaldina, cafajeste, safado.

PIN.TA.DA, *s.f.*, tipo de onça.

PIN.TA.DO, *adj.*, cheio de pintas; *s.m.*, tipo de peixe de água doce.

PIN.TA.DOR, *s.m.*, *ant.*, pintor.

PIN.TA.I.NHO, *s.m.*, pinto recém-nascido, pintinho muito novo.

PIN.TA.LAR, *v.t.* o mesmo que pintalgar.

PIN.TA.LE.GRE.TE, *adj.* e *s.m.*, casquilho; peralta.

PIN.TA.LE.GRIS.MO, *s.m.*, qualidade de pintalegrete ou pintalegreiro.

PIN.TAL.GA.DO, *adj.*, que possui pintas de várias cores; mosqueado.

PIN.TAL.GAR, *v.t.*, pintar(-se) de cores variadas.

PIN.TAR, *v.t.*, *int.* e *pron.*, tingir, colorir, passar tinta em.

PIN.TAR.RO.XO, *s.m.*, pássaro com canto mavioso, de penas avermelhadas e pardas.

PIN.TAS.SIL.GO, *s.m.*, pássaro canoro de nossas matas.

PIN.TO, *s.m.*, filhote de galinha, pintainho, pintinho; *fig.*, *pop.*, criança pequena; *fam.*, *pop.*, o pênis.

PIN.TO-D'Á.GUA, *s.m.*, frango-d'água, ave que vive em lagoas e arrozais.

PIN.TOR, *s.m.*, quem pinta, quem sabe pintar.

PIN.TO.SO, *adj. bras.*, *pop.*, que tem boa pinta, boa aparência, cheio de charme; bem-apessoado; bonito.

PIN.TU.RA, *s.f.*, a arte de pintar, obra feita por um pintor.

PIN.TU.RAL, *adj.*, relativo à pintura; pictórico.

PIN.TU.RES.CO, *adj.*, pitoresco, que deve ser pintado.

PI.O, *s.m.*, pipio, piado, voz das aves; *adj.*, piedoso, devoto, caridoso.

PI.O.GÊ.NE.SE, *s.f.*, piogenia.

PI.O.GE.NI.A, *s.f.*, algum tipo de mal que forma pus.

PI.O.GÊ.NI.CO, *adj.*, que se refere a piogenia; que forma pus.

PI.O.LHA.DA, *s.f.*, porção de piolhos.

PI.O.LHAR, *v.int.*, pegar piolhos, criar piolhos.

PI.O.LHEI.RA, *s.f.*, piolhada.

PI.O.LHEN.TO, *adj.*, que tem piolhos, que produz piolhos com facilidade.

PI.O.LHÍ.FE.RA, *adj.*, que produz ou que tem piolhos.

PI.O.LHO, *s.m.*, inseto que suga sangue de animais e seres humanos.

PI.O.LHO.SO, *adj.* e *s.m.*, o mesmo que piolhento.

PI.O.NEI.RO, *s.m.*, o primeiro; quem faz algo de novo; explorador, inventor.

PI.OR, *adj.*, comparação de mau ou de mal; *s.m.*, o que é péssimo.

PI.O.RA, *s.f.*, pioramento, piorada, ação ou efeito de piorar.

PI.O.RA.DA, *s.f.*, *bras.*, *pop.*, ver piora.

PI.O.RA.MEN.TO, *s.m.*, queda na saúde, agravamento, ruindade.

PI.O.RAR, *v.t.* e *int.*, passar a ser pior, agravar o estado, aumentar o que já é ruim.

PI.OR.RA, *s.f.*, pequeno pião; pitorra, pião de folha de flandres, que emite um assobio ao girar; zorra.

PI.OR.REI.A, *s.f.*, inflamação do alvéolo dos dentes.

PI.OR.REI.CO, *adj.*, relativo à piorreia.

PI.PA, *s.f.*, tonel; um grande barril; cachimbo, pandorga.

PI.PA.RO.TE, *s.m.*, peteleco, pancada com os dedos, cascudo.

PI.PA.RO.TE.AR, *v.int.*, dar piparotes.

PI.PA.RÁ.CEAS, *s.f.*, *pl.*, família de plantas à qual se une a pimenta-do-reino.

PI.PE.TA, *s.f.*, tubo de vidro, com graduação ou não, usado em laboratórios.

PI.PI, *s.m.*, órgão das pessoas para urinar, urina, xixi de criança, xixi.

PI.PI.AR, *v.int.*, pipilar, assobiar de aves.

PI.PI.LAN.TE, *adj.*, que pipila; pipilante.

PI.PI.LAR, *v.int.*, piar, assobio de aves, voz de passarinhos.

PI.PI.LO, *s.m.*, ato ou efeito de pipilar; pipio; pipito; som característico das aves em geral.

PI.PI.TA, *s.m.*, ato de pipitar, pipilo.

PI.PI.TAN.TE, *adj.*, que pipita; pipilante.

PI.PI.TAR, *v.int.*, piar (falando das aves).

PI.PO, *s.m.*, pipa pequena, barril, tubo para captar líquidos.

PI.PO.CA, *s.f.*, grão de milho fino, esquentado até explodir.

PI.PO.CAR, *v.int.*, rebentar, explodir, estalar, saltar; noticiar.

PI.PO.QUE.AR, *v.int.*, *bras.*, arrebentar como pipoca; o mesmo que pipocar.

PI.PO.QUEI.RO, *s.m.*, vendedor de pipocas.

PI.QUE, *s.m.*, brincadeira de crianças; força; disparada, ponto alto.

PI.QUE.NI.QUE, *s.m.*, passeio, convescote, passeio em local aberto com merenda e bebida.

PI.QUE.TA.GEM, *s.f.*, ação ou efeito de piquetar, demarcação, traçamento da estrema.

PI.QUE.TAR, *v.t.*, colocar piquetes em, traçar os rumos, mostrar a estrema de uma terra.

PI.QUE.TE, *s.m.*, pau ou pedra para indicar limites de terrenos; grupo de soldados, grupo de grevistas.

PI.RA, s.f., fogueira para incinerar os cadáveres antigamente; fogo sagrado.
PI.RA.CE.MA, s.f., na desova, subida dos rios pelos peixes.
PI.RA.CI.CA.BA, s.f., local no rio que impede a passagem dos peixes.
PI.RA.DO, adj., pop., doido, louco, ensandecido.
PI.RAM.BEI.RA, s.f., perambeira, precipício, grota.
PI.RA.MI.DAL, adj., com forma de pirâmide.
PI.RÂ.MI.DE, s.f., corpo sólido com um polígono na base e vários triângulos no lado, finalizando com um vértice.
PI.RA.NHA, s.f., peixe carnívoro e predador de rios brasileiros; gír., prostituta, mulher vistosa que vende sexo.
PI.RA.NHA.GEM, s.f., pej., ação ou comportamento de piranha; prostituta, mulher de vida licenciosa.
PI.RÃO, s.m., farinha de mandioca feita massa com água fria ou quente.
PI.RA.QUA.RA, s. 2 gên., apelido dado aos ribeirinhos do Rio Paraíba do Sul, que vivem da pesca; pesca, toca de peixe, pescador; matuto; caipira.
PI.RAR, v. int. e pron., pop., endoidecer, tornar-se louco.
PI.RA.RU.CU, s.m., grande peixe de água doce, dos rios amazônicos.
PI.RA.TA, s.m., praticante de pirataria; assaltante de navios; salteador de embarcações; que é fraudulento; não permitido.
PI.RA.TA.GEM, s.f., pirataria, saque, fraude, furto, plágio.
PI.RA.TA.RI.A, s.f., assalto, roubo, saque, cópia falsificada de qualquer produto original e vendido.
PI.RA.TE.A.DO, adj., resultante de pirataria; roubado; pilhado; saqueado; resultante de roubo da propriedade intelectual; falsificado; plagiado.
PI.RA.TE.AR, v.t. e int., roubar, extorquir, assaltar; reproduzir algo sem licença.
PI.RA.TEI.RO, s.m., bras., pop., pessoa que se dedica à pirataria, que falsifica ou vende coisas falsificadas.
PI.RA.LE.TRI.CI.DA.DE, s.f., parte da Física que trata da eletrificação dos corpos quando se eleva ou se abaixa a sua temperatura.
PI.RE.LÉ.TRI.CO, adj., que diz respeito a pireletricidade.
PI.RE.NAI.CO, adj., que se refere aos Pireneus.
PI.RE.NEU, adj., pirenaico, referente às montanhas dos Pireneus, entre a França e a Espanha.
PI.RES, s.m., prato pequeno, suporte para xícara.
PI.RÉ.TI.CO, adj., febril.
PI.REX, s.m., tipo de vidro refratário; vidro que resiste a grandes temperaturas.
PI.RE.XI.A, s.f., estado de saúde febril.
PI.RI.FOR.ME, adj., que tem forma de pera, semelhante à pera.
PI.RI.LAM.PA.GEM, s.f., bras., suposta aparição de pessoa que já morreu, de alma penada; fantasma.
PI.RI.LAM.PE.AR, v.int., bras., luzir como pirilampo.
PI.RI.LAM.PE.JAR, v.int., bras., o mesmo que pirilampear.
PI.RI.LÂM.PI.CO, adj., fosforescente; que luz como pirilampo.
PI.RI.LAM.PO, s.m., vaga-lume, inseto que se caracteriza por um sinal luminoso.
PI.RI.PA.QUE, s.m., mal repentino, chilique, achaque repentino.
PI.RI.RI, s.f., diarreia.
PI.RI.TA, s.f., metal, sulfeto de ferro.
PI.RO.FO.BI.A, s.f., medo de fogo, quem tem aversão a fogo.
PI.RÓ.FO.BO, adj. e s.m., que(m) tem medo, aversão a fogo.
PI.RO.GA, s.f., barco estreito e comprido; barco indígena feito com um tronco.
PI.RO.GA.LA.TO, s.m., Quím., designação genérica dos sais e ésteres do ácido pirogálico.
PI.RO.GÁ.LI.CO, adj., diz-se de um ácido que resulta da destilação do ácido gálico.
PI.RO.GE.NA.ÇÃO, s.f., reação produzida com o concurso do fogo.
PI.RO.GÊ.NE.SE, s.f., geração de calor, produção de calor.
PI.RO.GÊ.NI.CO, adj., produzido pelo calor; Med., caracterizado por febre e calafrios.
PI.RO.GRA.FI.A, s.f., habilidade de escrever em madeira com o pirógrafo.
PI.RÓ.GRA.FO, s.m., instrumento operado a energia elétrica, cuja ponta queima e serve para escrever e desenhar em madeira.
PI.RO.GRA.VU.RA, s.f., gravura feita com a força do fogo ou com um instrumento que queima.
PI.RÓ.LA.TRA, s. 2 gên., adorador de fogo, quem adora o fogo.
PI.RO.LA.TRI.A, s.f., adoração do fogo, escolha do fogo como deus.
PI.RO.MAN.CI.A, s.f., a adivinhação de coisas futuras por meio do fogo.
PI.RO.MA.NI.A, s.f., mania, tendência de atear fogo no que vê.
PI.RO.MA.NÍ.A.CO, s.m., quem tem a mania de incendiar o que vê, doente mental e incendiário.
PI.RO.MAN.TE, s. 2 gên., o que pratica a piromancia.
PI.RO.MÂN.TI.CO, adj., que diz respeito à piromancia.
PI.RO.ME.TRI.A, s.f., técnica de medir altas temperaturas.
PI.RO.MÉ.TRI.CO, adj., relativo à pirometria ou ao pirômetro.
PI.RÔ.ME.TRO, s.m., instrumento especial para obter a graduação de temperaturas elevadas.
PI.ROS.CÓ.PI.CO, adj., que diz respeito a piroscopia.
PI.ROS.CÓ.PIO, s.m., instrumento para indicar que a temperatura atingiu certo grau.
PI.RO.SE, s.f., azia, ardência queimante que, através de flatulência, sobe do estômago da pessoa.
PI.ROS.FE.RA, s.f., camada do centro da Terra, com calor e lavas.
PI.RO.TEC.NI.A, s.f., a arte de armar fogos de artifício, pirotécnica.
PI.RO.TÉC.NI.CO, adj. e s.m., especialista em fogos de artifício.
PIR.RA.ÇA, s.f., teimosia, ação para desagradar a outrem.
PIR.RA.ÇAR, v.t. e int., pirracear.
PIR.RA.CE.AR, v.t. e int., usar de pirraça; fazer partida.
PIR.RA.CEN.TO, adj., que faz muitas pirraças.
PIR.RA.LHA.DA, s.f., grupo de pirralhos, meninada.
PIR.RA.LHO, s.m., garoto, menino pequeno, moleque.
PIR.RÔ.NI.CO, adj. Fil., relativo à doutrina do pirronismo; p.ext., diz-se de quem duvida ou finge duvidar de tudo; cético, teimoso, obstinado; s.m., Fil., indivíduo partidário ou seguidor do pirronismo.
PIR.RO.NIS.MO, s.m., Fil., doutrina de Pirro de Élida (c. 365 - c. 275 a.C.), que tinha por base cultivar um estado permanente de questionamento e rejeição a certezas absolutas e duvidar de tudo.
PIR.RO.NI.ZAR, v.int., duvidar de tudo, proceder como pirrônico.
PI.RU.E.TA, s.f., cambalhota, jogada, pulo; revirada do corpo.
PI.RU.E.TAR, v.int., fazer piruetas.
PI.RU.LI.TO, s.m., caramelo preso a um palito para a pessoa chupar.
PIS, sigla de Plano de Integração Social.

PI.SA, s.f., ação de amassar os grãos de uva ou outros bagos; surra, sova, calcada.
PI.SA.DA, s.f., pancada com o pé, pegada, vestígio, rastro.
PI.SA.DE.LA, s.f., pisada de leve; pisada rápida.
PI.SA.DO, adj., calcado com os pés; fig., machucado, humilhado.
PI.SA.DOR, adj. e s.m., que(m) pisa, humilhador, calcador.
PI.SA.DU.RA, s.f., vestígios de uma pisada; pisada, rastro.
PI.SA-MAN.SI.NHO, s. 2 gên., furtador, manhoso, tonto.
PI.SAN.TE, s.m., gir., pé, pata, sapato, botas.
PI.SÃO, s.m., pisada forte; Têxt., máquina que bate o pano para deixá-lo mais encorpado.
PI.SAR, v.t. e int., pôr o pé em, caminhar, mover os pés, calcar; fig., magoar, ferir, ser prepotente, esmagar.
PIS.CA.ÇÃO, s.f., ação de piscar, piscadela.
PIS.CA.DE.LA, s.f., piscada leve e rápida, pequena piscada.
PIS.CA-PIS.CA, s.f., farol no carro, que indica a direção a seguir; indicador de rumo.
PIS.CAR, v.t. e int., fechar e abrir os olhos com rapidez; sinalizar com luzes.
PÍS.CEO, adj., que se refere a peixe, próprio de peixe.
PIS.CI.A.NO, adj. e s.m., quem é do signo de Peixes; que se origina do signo de Peixes.
PIS.CI.CUL.TOR, s.m., quem cultiva peixes; quem cria peixes.
PIS.CI.CUL.TU.RA, s.f., atividade econômica de criar peixes.
PIS.CI.FOR.ME, adj., que possui forma de peixe, semelhante a peixe.
PIS.CI.NA, s.f., tanque com água construído para nadar e divertir-se.
PIS.CÍ.VO.RO, adj., que come peixe, devorador de peixes.
PIS.CO.SI.DA.DE, s.f., qualidade de piscoso.
PIS.CO.SO, adj., cheio de peixe, em que há muito peixe.
PI.SO, s.m., solo, chão, pavimento, local em que se anda com os pés; o salário menor de uma classe de profissionais ou categoria sindical.
PI.SO.A.DOR, s.m., aquele ou aquilo que pisoa, pisoeiro.
PI.SO.A.GEM, s.f., pisoamento.
PI.SO.A.MEN.TO, s.m., operação ou ato de pisoar.
PI.SO.AR, v.t., bater (pano) depois de tecido com pisão, para encorpá-lo.
PI.SO.EI.RO, s.m., o que pisoa.
PI.SO.TE.A.DO, adj., calcado com os pés, amassado com os pés ou patas.
PI.SO.TE.A.DOR, adj. e s.m., que(m) pisoteia, calcador, amassador.
PI.SO.TE.AR, v.t., calcar com os pés, pisar, amassar com os pés.
PI.SO.TEI.O, s.m., ato de calcar com os pés, pisadura.
PIS.TA, s.f., pegada, vestígios, sinais, rastro; local para competições; na rodovia, os dois lados da estrada; no aeroporto, a faixa para o avião correr.
PIS.TA.CHE, s.m., fruto consumível e usado em iguarias.
PIS.TÃO, s.m., instrumento de sopro para bandas, peça do motor do carro.
PIS.TI.LAR, adj., Bot., relativo a pistilo.
PIS.TI.LO, s.m., órgão reprodutor feminino da flor.
PIS.TO.LA, s.f., arma de fogo.
PIS.TO.LA.ÇO, s.m., tiro de pistola, disparo de arma de fogo.
PIS.TO.LÃO, s.m., proteção de tipos influentes para obter favores, patrocínio.
PIS.TO.LEI.RO, s.m., assassino, criminoso; indivíduo pago para matar.
PIS.TOM, s.m., pistão.
PIS.TO.NIS.TA, s. 2 gên., Mús., aquele que toca pistom ou pistão.
PI.TA, s.f., tipo de fibra extraída da piteira.
PI.TA.DA, s.f., porção, pouquinho, pequeníssima quantidade.
PI.TA.DOR, adj. e s.m., que(m) pita, fumador.
PI.TA.GÓ.RI.CO, adj., que se refere a Pitágoras.
PI.TA.GO.RIS.MO, s.m., filosofia do filósofo e matemático grego, Pitágoras.
PI.TA.GO.RIS.TA, s. 2 gên., adepto do pitagorismo.
PI.TAI.A, s.f., planta semelhante a um cacto grande, que produz a fruta com o mesmo nome, esta de muito sabor e valor medicinal.
PI.TAN.GA, s.f., fruto vermelho, suculento e acridoce da pitangueira.
PI.TAN.GUEI.RA, s.f., arbusto que produz a pitanga.
PI.TAR, v.t. e int., fumar, fumar sobretudo palheiro.
PI.TE.CAN.TRO.PI.A, s.f., estado, qualidade de pitecantropo.
PI.TE.CAN.TRO.PO, s.m., um possível ser intermediário entre o macaco e o homem.
PI.TEI.RA, s.f., boquilha para o cigarro ao fumar.
PI.TÉU, s.m., pop., iguaria, algo gostoso para comer.
PI.TI, s.m., bras., pop., ataque histérico; chilique; faniquito; fricote.
PÍ.TIA, s.f., sacerdotisa do deus Apolo que, em Delfos, pronunciava oráculos.
PI.TIM.BA.DO, adj. bras., diz-se do que tem pitimba, mal-estar, achaque; indisposto.
PI.TI.RÍ.A.SE, s.f., tipo de dermatose que produz manchas escamosas na pele.
PI.TI.RI.Á.SI.CO, adj., que diz respeito a pitiríase.
PI.TO, s.m., tipo de cachimbo; repreensão.
PI.TO.CO, adj. e s.m., animal de rabo curto; indivíduo de pequena estatura; pessoa que não entende de determinado assunto.
PI.TOM.BA, s.f., fruta de cor amarela e longa, muito saborosa, da pitombeira.
PI.TOM.BA.DA, s.f., bras., golpe e arremesso de pitomba ou caroço desta fruta; pitomba (bofetão, tapa).
PI.TOM.BEI.RA, s.f., arbusto que produz a pitomba.
PI.TOM.BO, s.m., angios; o mesmo que pitomba; lus., inchaço, calombo.
PI.TO.ME.TRI.A, s.f., medição da capacidade dos tonéis.
PI.TO.MÉ.TRI.CO, adj., que diz respeito a pitometria.
PI.TO.MOR.FO, adj., que tem forma de tonel.
PÍ.TON, s.m., nome genérico de grandes serpentes; na Grécia antiga, adivinho para antever o futuro; feiticeiro, mago.
PI.TO.NI.SA, s.f., na Grécia antiga, mulher que previa o futuro; vidente.
PI.TO.RES.CO, adj., original, panorâmico, digno de ser pintado.
PI.TOR.RA, s.f., pequeno pião; piorra; criança pequena; s. 2 gên., fig., pessoa baixa e gorda.
PI.TO.SO, adj., que tem pito.
PI.TU, s.m., camarão que vive em água doce.
PI.TU.Í.TA, s.f., mucosa, mucosidade nasal.
PI.TU.I.TÁ.RIA, s.f., membrana mucosa das fossas nasais.
PI.TU.I.TÁ.RIO, adj., relativo a pituitária; que diz respeito à, ou que tem o caráter da pituita.
PI.UM, s.m., mosquitinho, borrachudo.
PI.VE.TE, s.m., pop., adolescente ladrão, membro de gangue de assaltantes.

PI.VÔ, *s.m.*, peça usada para fixar dentes, pino; *fig.*, ligação, agente; personagem principal de um acontecimento.

PI.XA.IM, *s.m.*, tipo de cabelo enrolado e crespo; *s.m.*, carapinha.

PI.XO.TA.DA, *s.f.*, molecada, infantilidade, bobagem, engano.

PI.XO.TE, *s.m.*, variação de pexote.

PI.ZI.CA.TO, *s.m.*, na orquestra, quando os músicos dedilham as cordas com o dedo, descansando o arco.

PIZ.ZA, *s.f.*, comida italiana feita com trigo e outros ingredientes.

PIZ.ZA.RI.A, *s.f.*, local em que se fazem e se vendem pizzas.

PLÁ, *s.m.*, *gír.*, conversa, colóquio.

PLA.CA, *s.f.*, chapa, peça chata de qualquer material; quadrado metálico em que se escrevem as letras e números indicativos de um carro.

PLA.CA-MÃE, *s.f.*, peça principal de um computador, contendo os circuitos de processamento.

PLA.CAR, *s.m.*, peça na qual se anotam pontos; pontuação.

PLA.CE.BO, *s.m.*, Med., substância neutra ou simulada, administrada a um paciente por seu possível efeito psicológico benéfico; *adj.* diz-se do efeito desse medicamento sobre um paciente.

PLA.CEN.TA, *s.f.*, órgão do corpo feminino, que envolve o feto.

PLA.CEN.TA.ÇÃO, *s.f.*, Bot., disposição dos óvulos no ovário vegetal.

PLA.CEN.TÁ.RIO, *adj.*, que se refere à placenta; mamífero no qual cresce a placenta.

PLA.CI.DA.MEN.TE, *adv.*, de modo plácido; com placidez; tranquilamente.

PLA.CI.DEZ, *s.f.*, calma, tranquilidade, paz, suavidade.

PLÁ.CI.DO, *adj.*, calmo, tranquilo, sereno, pacífico.

PLA.GA, *s.f.*, região, terra, torrão, paragens.

PLA.GI.A.DO, *adj.*, copiado, furtado, pirateado.

PLA.GI.A.DOR, *adj.* e *s.m.*, copiador, furtador, pirata.

PLA.GI.AR, *v.t.*, copiar de alguém, publicar como seu algo de outrem.

PLA.GI.Á.RIO, *s.m.*, ver plagiador.

PLA.GI.A.TO, *s.m.*, ato ou fraude de plagiarismo.

PLÁ.GIO, *s.m.*, cópia, reprodução não autorizada; *fig.*, pirataria.

PLAI.NA, *s.f.*, máquina usada para desbastar, alisar peças.

PLAI.NAR, *v.t.* e *pron.*, ver aplainar.

PLAI.NO, *s.m.*, várzea, planície, planura.

PLA.NA, *s.f.*, categoria, tipo, casta.

PLA.NA.ÇÃO, *s.f.*, ato ou efeito de planar.

PLA.NA.DO, *adj.*, voo que o aeroplano realiza com o motor parado; diz-se de voo das aves sem o bater de asas.

PLA.NA.DOR, *s.m.*, pequeno aeroplano sem motor.

PLA.NA.DO.RIS.TA, *s. 2 gên.*, Esp., indivíduo que pratica voo em planador.

PLA.NÁL.TI.CO, *adj.*, que se refere a planalto, próprio de planalto.

PLA.NAL.TI.NO, *adj.*, que está ligado a planalto, que vive no planalto ou dele provém.

PLA.NAL.TO, *s.m.*, superfície de terra plana a um nível elevado do mar.

PLA.NAR, *v.int.*, voar em planador; flutuar em planador.

PLA.NÁ.RIA, *s.f.*, Zool., verme platelmintos, da classe dos turbelários, gênero *Planaria*, que inclui a lesma.

PLAN.CHA, *s.f.*, ver prancha.

PLÂNC.TON, *s.m.*, o conjunto de organismos que vivem em águas doces e salgadas, carregados pelas correntes; var., plancto.

PLA.NE.AR, *v.t.*, fazer o plano de; traçar.

PLA.NEI.O, *s.m.*, ato ou efeito de planear; Aer., voo planado.

PLA.NE.JA.DO, *adj.*, projetado, organizado, objetivado.

PLA.NE.JA.MEN.TO, *s.m.*, plano, projeto detalhado de tarefas, organização.

PLA.NE.JAR, *v.t.*, elaborar um planejamento, projetar, planificar, prever.

PLA.NE.JÁ.VEL, *adj. 2 gên.*, que se pode planejar, que admite planejamento; planificável; programável.

PLA.NE.TA, *s.f.*, corpo celeste opaco que gira em torno de uma estrela.

PLA.NE.TAR, *adj.*, o mesmo que planetário.

PLA.NE.TÁ.RIO, *s.m.*, local instalado para se ter uma visão completa do firmamento, com suas variações na posição dos corpos celestes.

PLA.NE.TA.RI.ZA.ÇÃO, *s.f.*, difusão, circulação e propagação de algo ou de um fenômeno local pelo mundo inteiro.

PLA.NE.TA.RI.ZA.DO, *adj.*, que se tornou planetário; que se espalhou pelo mundo; globalizado.

PLA.NE.TE.SI.MAL, *s.m.*, fragmento nebular que teria constituído a Terra, na teoria de Chamberlain; *adj.*, que diz respeito a esta teoria.

PLA.NE.TÍ.CU.LO, *s.m.*, pequeno planeta.

PLA.NE.TOI.DE, *s.m.*, com forma de planeta, pequeno planeta.

PLA.NE.TO.LO.GI.A, *s.f.*, tratado, estudo acerca dos planetas.

PLA.NE.TO.LÓ.GI.CO, *adj.*, que diz respeito a planetologia.

PLA.NE.TO.LO.GIS.TA, *s. 2 gên.*, astrônomo versado em planetologia.

PLA.NE.TÓ.LO.GO, *s.m.*, o mesmo que planetologista.

PLA.NE.ZA, *s.f.*, estado do que é plano.

PLAN.GÊN.CIA, *s.f.*, sonoridade chorosa, música triste, nênia.

PLAN.GEN.TE, *adj.*, choroso, triste, acabrunhado, que chora.

PLAN.GER, *v.t.* e *int.*, chorar, falar com voz chorosa, bimbalhar dos sinos.

PLAN.GI.TI.VO, *adj.*, em que há pranto; lacrimoso.

PLA.NÍ.CIE, *s.f.*, extensão de terra sem acidentes de relevo, planura.

PLA.NI.FI.CA.ÇÃO, *s.f.*, ação ou efeito de planificar, planejamento, organização.

PLA.NI.FI.CA.DO, *adj.*, planejado, organizado, previsto.

PLA.NI.FI.CA.DOR, *s.f.*, aquele que planifica; planejadora.

PLA.NI.FI.CAR, *v.t.*, planejar, organizar, prever os fatos.

PLA.NI.FI.CÁ.VEL, *adj.*, suscetível de planificação.

PLA.NI.FOR.ME, *adj.*, que tem forma plana, que tem uma superfície chata.

PLA.NI.LHA, *s.f.*, formulário para colher dados, quadro, campo do micro para colocar dados.

PLA.NI.ME.TRI.A, *s.f.*, medida para avaliar superfícies planas.

PLA.NI.MÉ.TRI.CO, *adj.*, relativo ou próprio da planimetria; diz-se de mapa sem registro do relevo da região representada.

PLA.NÍ.ME.TRO, *s.m.*, aparelho para medir superfícies planas.

PLA.NIS.FÉ.RIO, *s.m.*, mapa plano do globo com os dois hemisférios.

PLA.NO, *adj.*, nivelado, raso, alisado; *fig.*, fácil, compreensível; *s.m.*, planície; projeto, planejamento; ideia, intento.

PLAN.TA, *s.f.*, todo tipo de vegetal, sola do pé; projeto de uma construção.

PLAN.TA.ÇÃO, *s.f.*, plantio, ação de plantar.

PLAN.TA.DEI.RA, *s.f.*, máquina agrícola para plantar.

PLAN.TA.DO, *adj.*, com a plantação pronta; imóvel, firme.

PLANTADOR ··648·· **PLEBISCITO**

PLAN.TA.DOR, *adj.* e *s.m.*, que(m) planta, investidor, fomentador, colocação de sementes na terra.

PLAN.TÃO, *s.m.*, trabalho feito em instituições de atendimento urgente e essencial para os necessitados; prontidão.

PLAN.TAR, *v.t.*, colocar na terra sementes ou mudas; fomentar, criar, investir; parar, firmar-se, ficar estático.

PLAN.TEL, *s.m.*, conjunto de animais de raça, corte ou criação; grupo de jogadores de um time.

PLAN.TÍ.GRA.DO, *adj.* e *s.m.*, que se locomove sobre a planta dos pés; animal que anda sobre a planta dos pés.

PLAN.TO.TI.O, *s.m.*, plantação, ato de plantar.

PLAN.TO.NIS.TA, *s. 2 gên.*, quem fica no plantão, atendente.

PLÂN.TU.LA, *s.f.*, Bot., embrião vegetal em desenvolvimento, após a germinação da semente, caulículo; planta recém-nascida.

PLAN.TU.LA.ÇÃO, *s.f.*, Bot., desenvolvimento da plântula.

PLA.NU.RA, *s.f.*, planície.

PLA.QUÊ, *s.m.*, chapa muito delgada, de metal amarelo, com a qual se revestem objetos, dando-lhes a impressão de estarem dourados.

PLA.QUE.TA, *s.f.*, pequena placa, plaquinha.

PLAS.MA, *s.m.*, parte do sangue que se apresenta líquida.

PLAS.MA.DO, *adj.*, modelado, desenhado, engendrado.

PLAS.MAR, *v.t.* e *pron.*, modelar, engendrar, desenhar.

PLAS.MÁ.TI.CO, *adj.*, Histol., relativo, inerente ou pertencente ao plasma; plásmico.

PLAS.MÁ.VEL, *adj. 2 gên.*, que se pode plasmar; que pode ser modelado.

PLÁS.MI.CO, *adj.*, Histol., o mesmo que plasmático.

PLAS.MO.DI.AL, *adj.*, que diz respeito a plasmódios.

PLAS.MO.LO.GI.A, *s.f.*, ramo da Biologia que estuda a anatomia microscópica da matéria viva; histologia.

PLAS.TA, *s.f.*, RS, qualquer matéria mole e moldável (p.ex. o barro); *fig.*, pessoa ou animal moleirão, inútil, sem préstimo; lerdo.

PLAS.TI.A, *s.f.*, Cir., procedimento cirúrgico de recuperação ou restauração de um órgão.

PLÁS.TI.CA, *s.f.*, trabalho de recondicionamento de partes do corpo humano; feitio do corpo humano, talhe, silhueta.

PLAS.TI.CI.DA.DE, *s.f.*, formação, maleabilidade, plasmatura.

PLÁS.TI.CO, *adj.*, moldável, plasmável; *s.m.*, produto industrial que se presta para o fabrico de inúmeros artigos na moderna indústria.

PLAS.TI.FI.CA.ÇÃO, *s.f.*, revestimento externo com plástico, cobertura com plástico.

PLAS.TI.FI.CA.DO, *adj.*, coberto por plástico, revestido por plástico.

PLAS.TI.FI.CA.DO.RA, *s.f.*, máquina para plastificar ou que faz plastificação (de documentos, etc.).

PLAS.TI.FI.CAN.TE, *adj. 2 gên.*, que plastifica; *s.m.*, aquilo que plastifica.

PLAS.TI.FI.CAR, *v.t.*, envolver com uma camada de plástico.

PLA.TA.FOR.MA, *s.f.*, terraço, estrado, local de embarque em estações de trem e ônibus; parte marítima vizinha à costa até 12 km; planície; rampa.

PLA.TA.FOR.MIS.TA, *s. 2 gên.*, aquele que trabalha em plataforma de petróleo.

PLÁ.TA.NO, *s.m.*, árvore de porte avantajado, cujas folhas no outono adquirem um tom dourado e caem, voltando muito verdes na primavera.

PLA.TEI.A, *s.f.*, espaço do público em espetáculos de auditório; conjunto de espectadores, claque.

PLA.TEL.MIN.TO, *adj.*, relativo aos platelmintos; *s.m.*, Zool., espécime dos platelmintos, filo de vermes de vida livre ou parasitas, de corpo comprido e achatado como uma fita.

PLA.TI.BAN.DA, *s.f.*, parede mais elevada, pequena saliência da parede, ao redor do telhado, para esconder o beiral.

PLA.TI.NA, *s.f.*, elemento químico, de número atômico 78, metálico, de cor esbranquiçada, muito usado na confecção de instrumentos cirúrgicos e odontológicos; símbolo: Pt.

PLA.TI.NA.DO, *s.m.*, peça dos carros antigos, com funções elétricas.

PLA.TI.NA.DOR, *s.m.*, aquele que platina.

PLA.TI.NA.GEM, *s.f.*, ato ou efeito de platinar; cobrir com uma camada de platina.

PLA.TI.NAR, *v.t.*, dar cor de platina, banhar em platina.

PLA.TI.NÍ.FE.RO, *adj.*, que contém minério de platina.

PLA.TI.NIS.MO, *s.m.*, *bras.*, admiração ou veneração por elementos e coisas argentinas.

PLA.TI.NO, *adj.*, da região do rio da Prata - argentinos e uruguaios.

PLA.TI.NOI.DE, *s.f.*, liga metálica em que entra tungstênio, usada como sucedâneo da platina.

PLA.TI.NO.SO, *adj.*, Quím., que contém platina bivalente.

PLA.TI.TU.DE, *s.f.*, característica ou qualidade do que é banal, comum; banalidade; trivialidade; mediocridade; característica do que é uniforme, regular.

PLA.TÔ, *s.m.*, planalto, pequena planura elevada; peça do motor de carros.

PLA.TO.NI.A.NO, *adj.*, o mesmo que platônico.

PLA.TÔ.NI.CO, *adj.*, próprio de Platão, idealizado; o amor platônico é aquele cultivado apenas na imaginação, não havendo contato físico; relativo ao mundo das ideias.

PLA.TO.NIS.MO, *s.m.*, filosofia de Platão, filósofo grego da ideia, da alma; as pessoas são as ideias.

PLA.TO.NI.ZAN.TE, *adj.*, que platoniza.

PLA.TO.NI.ZAR, *v.t.* e *int.*, escrever ou filosofar ao modo de Platão; tornar platônico.

PLAU.SI.BI.LI.DA.DE, *s.f.*, aceitabilidade, logicidade, propriedade.

PLAU.SÍ.VEL, *adj.*, aceitável, lógico, próprio.

PLAYBOY, *s.m.*, ing., indivíduo rico e aventureiro com mulheres; gastador, tipo inútil, mauricinho.

PLAYGROUND, *s.m.*, ing., reservado para as crianças se divertirem; pátio, campo, jardim.

PLE.BE, *s.f.*, a classe baixa da sociedade, povo, populaça, ralé, párias, escumalha, gentinha.

PLE.BEI.A, *s.f.*, forma feminina da palavra plebeu.

PLE.BEI.DA.DE, *s.f.*, qualidade do que é plebeu; plebeísmo.

PLE.BE.ÍS.MO, *s.m.*, atitudes e ações, palavras e ideias de plebeu, tendências sociais da plebe.

PLE.BE.I.ZA.ÇÃO, *s.f.*, perda de bons costumes, queda da nobreza, vulgarização.

PLE.BE.I.ZAR, *v.t.* e *pron.*, dar forma de plebeu, rebaixar na classe social, adotar maneiras de plebeu.

PLE.BEU, *adj.* e *s.m.*, pertencente à plebe, vulgar.

PLE.BIS.CI.TÁ.RIO, *adj.*, que se refere a plebiscito, decisório entre duas facções.

PLE.BIS.CI.TA.RIS.MO, *s.m.*, constância de plebiscito; adoção de plebiscito.

PLE.BIS.CI.TO, *s.m.*, parecer do eleitor por um sim ou um não em relação ao tema proposto pelas autoridades.

PLEC.TRO, *s.m.*, peça metálica de diferentes formas, usada para provocar sons nas cordas de aparelhos musicais, como se faz com a palheta.

PLÊI.A.DE, PLÊI.A.DA, *s.f.*, estrelas da constelação das Plêiades; *fig.*, grupo de intelectuais, sábios, pessoas ilustres pelo saber.

PLEIS.TO.CE.NO, *adj.* Geol., diz-se do período geológico da era cenozoica, no qual surgiram os primeiros seres humanos e as geleiras polares se expandiram, cobrindo mais de um terço da Terra; *s.m.*, o período pleistoceno.

PLEI.TE.A.DO, *adj.*, pugnado, defendido, solicitado, demandado.

PLEI.TE.A.DOR, *adj.* e *s.m.*, que ou o que pleiteia, pleiteante.

PLEI.TE.AN.TE, *s. 2 gên.*, quem pleiteia; *adj. 2 gên.*, diz-se de quem pleiteia.

PLEI.TE.AR, *v.t.* e *int.*, lutar por, defender, pugnar em favor de, argumentar em favor.

PLEI.TO, *s.m.*, luta, pugna, demanda, lide; eleição.

PLE.NÁ.RIA, *s.f.*, assembleia ou tribunal que reúne em sessão todos os seus membros.

PLE.NÁ.RIO, *adj.* e *s.m.*, cheio, completo; assembleia de todos, ou maioria dos membros de uma sociedade para decidir um assunto.

PLE.NI.FI.CAR, *v.t.*, tornar pleno; preencher; *bras.*, aprovar (um examinando) plenamente.

PLE.NI.LÚ.NIO, *s.m.*, lua cheia.

PLE.NI.PO.TÊN.CIA, *s.f.*, poder absoluto, poder total.

PLE.NI.PO.TEN.CI.Á.RIO, *adj.* e *s.m.*, com poderes totais; representante absoluto.

PLE.NI.TU.DE, *s.f.*, estado do que está cheio, completo; completude; totalidade.

PLE.NO, *adj.*, completo, cheio, total, perfeito, ótimo, beatífico.

PLE.O.NAS.MO, *s.m.*, expressão repetida para enfatizar uma ideia; modo repetitivo errôneo de uma expressão ou de uma palavra; redundância.

PLE.O.NÁS.TI.CO, *adj.*, próprio de pleonasmo, redundante.

PLES.SÍ.ME.TRO, *s.m.*, o mesmo que plessômetro.

PLES.SÔ.ME.TRO, *s.m.*, Med., instrumento constante de uma pequena placa, que é golpeada na percussão mediata; plessímetro, placa de vidro us. para examinar afecções da pele sob pressão.

PLE.TO.RA, *s.f.*, excesso de sangue no organismo.

PLEU.RA, *s.f.*, membrana que reveste os pulmões.

PLEU.RAL, *adj. 2 gên.*, relativo ou pertencente a pleura.

PLEU.RAL.GI.A, *s.f.*, Med., dor na pleura.

PLEU.RIS, *s.m. 2 n.*, Med., o mesmo que pleurisia.

PLEU.RI.SI.A, *s.f.*, inflamação da pleura, plourito, plouric.

PLEU.ROP.NEU.MO.NI.A, *s.f.*, inflamação dos pulmões e da pleura, ao mesmo tempo.

PLE.XO, *s.m.*, conexão de nervos e vasos no corpo humano.

PLIN.TO, *s.m.*, aparelho para fazer ginástica.

PLI.O.CÊ.NI.CO, *adj.* e *s.m.*, o mesmo que plioceno.

PLI.O.CE.NO, *adj.*, Geol., diz-se do período geológico da era cenozoica, em que os mamíferos já habitavam a Terra e surgiram os primeiros ancestrais diretos do homem; *s.m.*, esse período.

PLIS.SA.DO, *adj.*, com pregas, formando plissê; ver plissê.

PLIS.SA.GEM, *s.f.*, pregueamento, ação ou efeito de plissar.

PLIS.SAR, *v.t.*, fazer rugas, enrugar, formar pregas.

PLIS.SÊ, *s.m.*, diversas pregas costuradas em um tecido.

PLIS.TO.CE.NO, *s.m.*, período da História no qual teriam surgido os primatas.

PLO.TA.DOR, *adj.* e *s.m.*, que ou aquele que plota.

PLO.TA.DO.RA, *s.f.*, tipo de impressora que imprime imagens em papel, com a finalidade de fazer uma composição.

PLO.TAR, *v.t.*, com qualquer traçado gráfico, imprimir pontos sobre uma superfície, com a finalidade posterior de compor um desenho ou figura.

PLU.GUE, *s.m.*, peça usada para conectar cabos ao sistema elétrico, na tomada.

PLU.MA, *s.f.*, pena de ave; leveza, suavidade, maciez.

PLU.MA.CHO, *s.m.*, enfeite composto com penas, adorno feito com penas.

PLU.MA.ÇO, *s.m.*, *ant.*, almofada, travesseiro de plumas; plumacho.

PLU.MA.DO, *adj.*, que tem pluma(s), que foi enfeitado com plumas.

PLU.MA.GEM, *s.f.*, as penas de uma ave; penas.

PLU.MÁ.RIO, *s.m.*, que diz respeito a pluma ou constituído de plumas.

PLUM.BA.GI.NA, *s.f.*, tipo de grafite, pedra escura com a qual se fazem lápis.

PLUM.BA.GI.NO.SO, *adj.*, que possui chumbo em sua composição.

PLUM.BÁ.RIA, *s.f.*, arte de fundir e trabalhar em chumbo.

PLUM.BA.TO, *s.m.*, composto mineral no qual se encontram o chumbo e outros componentes minerais.

PLUM.BE.AR, *v.t.*, dar cor ou aparência de chumbo a.

PLÚM.BEO, *adj.*, feito de chumbo, com cor de chumbo.

PLÚM.BI.CO, *adj.*, que se refere a chumbo.

PLUM.BÍ.FE.RO, *adj.*, que contém ou em que há chumbo; *adj.*, relativo ao chumbo.

PLUM.BO.SO, *adj.*, que contém chumbo; Quím., diz-se de um dos óxidos de chumbo.

PLÚ.MEO, *adj.*, relativo a pluma, que é confeccionado com plumas; emplumado.

PLÚ.MU.LA, *s.f.*, Ornit., pena de ave; pena delicada e pequena; Bot., gema do embrião das plantas floríferas, da qual se originam as primeiras folhas.

PLU.MU.LAR, *adj. 2 gên.*, relativo a plúmula.

PLU.RAL, *adj.* e *s.m.*, palavra que indica vários elementos, várias pessoas.

PLU.RA.LI.DA.DE, *s.f.*, mais elementos, que está no plural; a maioria.

PLU.RA.LIS.MO, *s.m.*, sistema que aceita várias tendências no todo.

PLU.RA.LIS.TA, *s. 2 gên.*, adepto ao pluralismo; *adj. 2 gên.*, que é partidário do pluralismo.

PLU.RA.LÍS.TI.CO, *adj.*, o mesmo que pluralista.

PLU.RA.LI.ZA.ÇÃO, *s.f.*, ação ou efeito de pluralizar, multiplicação, aumento, crescimento.

PLU.RA.LI.ZA.DO, *adj.*, multiplicado, aumentado, crescido.

PLU.RA.LI.ZAR, *v.t.*, pôr no plural, multiplicar.

PLU.RI.AN.GU.LAR, *adj. 2 gên.*, Geom., diz-se do que tem vários ângulos.

PLU.RI.A.NU.AL, *adj.*, que se programa para vários anos.

PLU.RI.AR.TI.CU.LA.DO, *adj.*, que possui várias articulações, amplo, abrangente, com âmbito largo.

PLU.RI.AR.TI.CU.LAR, *v.t. int.* e *pron.*, estabelecer diversas alianças, ligar-se a muitas frentes e vertentes.

PLU.RI.CE.LU.LAR, *adj.*, feito de várias células.

PLU.RI.CI.LI.AR, *adj.*, que apresenta várias celhas ou cílios.

PLU.RI.CUL.TU.RAL, adj. 2 gên., diz-se do que é composto de várias culturas; multicultural.

PLU.RI.CUL.TU.RA.LIS.MO, s.m., Antr., multiplicidade e diversidade cultural.

PLU.RI.DEN.TA.DO, adj., que tem muitos dentes.

PLU.RI.DI.MEN.SI.O.NAL, adj. 2 gên., diz-se do que se expressa e se desenvolve em muitas direções.

PLU.RI.FA.CI.AL, adj., que tem várias faces; que diz respeito a mais de uma face.

PLU.RÍ.FLO.RO, adj., que possui muitas flores.

PLU.RI.FOR.ME, adj. 2 gên., diz-se do que tem mais de uma forma.

PLU.RI.LA.TE.RAL, adj. 2 gên., com muitos lados.

PLU.RI.LÁ.TE.RO, adj., que tem vários lados.

PLU.RI.LÍN.GUE, adj., que se refere a diversas línguas.

PLU.RI.NO.MI.NAL, adj. 2 gên., diz-se do que tem ou contém muitos nomes.

PLU.RI.PAR.TI.DÁ.RIO, adj., referente a vários partidos, a diversas facções.

PLU.RI.PAR.TI.DA.RIS.MO, s.m., sociedade que admite vários partidos.

PLU.RI.PAR.TI.DA.RIS.TA, adj. 2 gên., relativo a, ou diz-se de quem defende o pluripartidarismo; pluripartidário; s. 2 gên., o adepto ao pluripartidarismo.

PLU.RI.PAR.TI.DO, adj., Bot., que se divide em várias partes.

PLU.RIS.SE.CU.LAR, adj. 2 gên., que tem muitos séculos de existência; multissecular; muito antigo.

PLU.RI.VA.LEN.TE, adj., Quím., que tem várias valências.

PLU.RÍ.VO.CO, adj., que admite várias significações; que tem muitos sentidos ou acepções; multívoco.

PLU.TÃO, s.m., planeta do sistema solar; rei dos mortos, na Mitologia.

PLU.TAR.QUI.A.NO, adj., que diz respeito a Plutarco; próprio de Plutarco; que imita Plutarco, historiador grego (50-120).

PLU.TO.CRA.CI.A, s.f., domínio das classes ricas no governo e direção da sociedade.

PLU.TO.CRA.TA, s. 2 gên., indivíduo adepto da plutocracia.

PLU.TO.CRÁ.TI.CO, adj., que se refere a plutocracia.

PLU.TO.LO.GI.A, s.f., ciência da riqueza; tratado a seu respeito.

PLU.TO.LÓ.GI.CO, adj., que diz respeito a plutologia.

PLU.TO.LO.GIS.TA, s. 2 gên., pessoa versada em plutologia; autor de plutologia.

PLU.TO.LO.GO, s.m., o mesmo que plutologista.

PLU.TO.MA.NI.A, s.f., Psiq., ânsia excessiva ou mórbida pela riqueza; alienação mental e ilusão de se imaginar rico.

PLU.TO.MA.NÍ.A.CO, adj., Psiq., relativo ou próprio da plutomania; diz-se de indivíduo que tem plutomania; plutômano; s.m., esse indivíduo.

PLU.TÔ.MA.NO, adj. e s.m., Psiq., o mesmo que plutomaníaco.

PLU.TÔ.NI.CO, adj., que se refere a Plutão.

PLU.TÔ.NIO, s.m., elemento químico radioativo com número atômico 94.

PLU.TO.NIS.MO, s.m., teoria que diz que a Terra formou-se a partir da solidificação de massas fundidas.

PLU.TO.NIS.TA, adj., s. 2 gên., partidário do plutonismo.

PLU.VI.AL, adj., referente à chuva, próprio da chuva.

PLU.VI.O.GRA.FI.A, s.f., o mesmo que pluviometria.

PLU.VI.O.GRÁ.FI.CO, adj., o mesmo que pluviométrico.

PLU.VI.O.ME.TRI.A, s.f., parte da Meteorologia que se dedica à incidência da chuva.

PLU.VI.Ô.ME.TRO, s.m., aparelho para medir a quantidade de chuva durante um período.

PLU.VI.O.SI.DA.DE, s.f., quantidade de chuva precipitada em uma região, em determinada época.

PLU.VI.O.SO, adj., chuvoso, que tem muitas chuvas.

PNB - sigla de Produto Nacional Bruto.

PNEU, s.m., redução de pneumático; peça de borracha que cobre os aros dos veículos.

PNEU.MA, s.m., espírito; palavra de origem grega, e que traduz a origem da vida através do espírito.

PNEU.MÁ.TI.CA, s.f., ciência que avalia e estuda as propriedades do ar e outros gases.

PNEU.MÁ.TI.CO, s.m., relativo ao ar ou a qualquer gás.

PNEU.MA.TI.ZA.ÇÃO, s.f., Ort., formação, nos ossos, de cavidades aéreas revestidas de mucosas.

PNEU.MA.TO.LO.GI.A, s.f., estudo de espíritos que seriam intermediários entre Deus e os mortais.

PNEU.MA.TO.LÓ.GI.CO, adj., relativo a pneumatologia.

PNEU.MA.TO.LO.GIS.TA, s. 2 gên., adepto e defensor da Pneumatologia.

PNEU.MA.TÓ.LO.GO, s.m., o mesmo que pneumatologista.

PNEU.MA.TO.SE, s.f., Med., presença de ar ou de outro gás em qualquer órgão ou parte do corpo.

PNEU.MA.TÓ.SI.CO, adj., relativo a pneumatose.

PNEU.MO.CO.CO, s.m., Bact., bactéria (*Diplococcus pneumoniae*) que produz a pneumonia aguda, sinusite, meningite, etc.; estreptococo.

PNEU.MO.CO.NI.O.SE, s.f., Pneumo., doença ou reação crônica dos pulmões; aerose.

PNEU.MO.GÁS.TRI.CO, adj., que é próprio do pulmão e do estômago.

PNEU.MO.LO.GI.A, s.f., ramo da medicina que trata das doenças dos órgãos respiratórios, em todos os seus aspectos.

PNEU.MO.LÓ.GI.CO, adj., que diz respeito a pneumologia.

PNEU.MO.LO.GIS.TA, adj. 2 gên., diz-se de profissional especialista em pneumologia; s. 2 gên., pneumólogo.

PNEU.MO.NI.A, s.f., inflamação dos pulmões.

PNEU.MÔ.NI.CO, adj., relativo ou inerente a pneumonia; diz-se de pessoa que sofre de doença pulmonar.

PNEU.MO.PA.TI.A, s.f., Med., qualquer doença que afete os pulmões.

PNEU.MO.PÁ.TI.CO, adj., relativo a, ou próprio da pneumopatia.

PNEU.MOR.RA.GI.A, s.f., hemorragia nos pulmões.

PNEU.MO.TO.MI.A, s.f., Cir., incisão cirúrgica no pulmão.

PNEU.MO.TÔ.MI.CO, adj., que diz respeito a pneumotomia.

PNEU.MO.TÓ.RAX, s.m., presença de gás no pulmão; por vezes, indício de tuberculose.

PÓ, s.m., poeira, partículas secas que flutuam no ar ou se depositam; fig., ser humano.

PO.Á, s.m., pinta redonda; Têxt., ponto de uma cor sobre fundo de outra cor, ger. em tecido.

PO.AI.A, s.f., bras., Bot., nome de várias plantas, esp. árvores e arbustos da fam. das rubiáceas, nativas do Brasil; adj. 2 gên., pop., diz-se de pessoa enjoada.

PO.A.LHO, s.m., (náut.) nevoeiro pouco denso, que cerra o horizonte; chuva miúda e passageira.

PO.BRE, adj., sem posses, miserável, sem dinheiro, fraco, sem inteligência, desprotegido, estéril, infrutífero; s.m., miserável, mendigo, indigente, carente.

PO.BRE-DI.A.BO, s.m., joão-ninguém, mequetrefe, indivíduo

inexpressivo.
PO.BRE.RIO, *s.m.*, *bras.*, RS, os pobres; pobralhada.
PO.BRE.TA.NA, *s. 2 gên.*, o mesmo que pobretão,
PO.BRE.TÃO, *s.f.*, ser humano muito pobre, miserável.
PO.BRE.ZA, *s.f.*, miséria, pauperidade, carência, falta do necessário para viver, indigência; ausência de conhecimento.
PO.BRE.ZI.NHO, *s.m.*, *fam.*, pessoa muito pobre, de quem se tem dó.
PO.ÇA, *s.f.*, cova com água, água parada da chuva, água esparsa.
PO.ÇÃO, *s.f.*, medicamento, beberagem, líquido como remédio.
PO.CAR, *v.t. e int.*, *bras.*, *pop.*, estourar como pipoca; bater, golpear com energia (em).
PO.CEI.RO, *adj. e s.m.*, cavador de poços, escavador de cacimbas.
PO.CHE.TE, *s.f.*, pequena bolsa us. presa à cintura ou a tiracolo.
PO.CIL.GA, *s.f.*, chiqueiro, curral para suínos; *fig.*, casa muito suja, local sujo.
PO.CI.LHÃO, *s.m.*, grande pocilga; pocilgão.
PO.ÇO, *s.m.*, cisterna, abertura feita no solo para retirar água potável; qualquer abertura para adentrar o solo; parte funda em um rio, lagoa, mar.
PO.DA, *s.f.*, podadura, cortar os galhos de plantas para que rebrotem, corte.
PO.DA.DEI.RA, *s.f.*, podador, utensílio de jardinagem para podar as plantas.
PO.DA.DO, *adj.*, corrigido, cortado, ajustado.
PO.DA.DOR, *s.m.*, quem poda, instrumento usado para fazer podas.
PO.DA.DU.RA, *s.f.*, o mesmo que poda.
PO.DAL, *adj.*, Anat., que diz respeito ao pé.
PO.DÃO, *s.f.*, foice de cabo curto e lâmina afiada us. para podar árvores, abrir picadas na mata, etc.; tesourão para poda; podadeira.
PO.DAR, *v.t.*, cortar os galhos de árvores, aparar; *fig.*, corrigir, repreender.
PÓ DE AR.ROZ, *s.m.*, pó fino e perfumado que é passado no rosto por beleza.
PÓ DE MI.CO, *s.m.*, substância que provoca coceira na pele, que traz comichão.
PO.DER, *v.t.*, ter a possibilidade, a faculdade de fazer, ter a força de mandar; mandar, influenciar, exigir, ser dono; *s.m.*, mando, decisão, comando, a faculdade de realizar; império, posse, domínio, governo.
PO.DE.RI.O, *s.m.*, domínio, comando, mando, influência.
PO.DE.RO.SO, *adj.*, cheio de poder, com poder, influente, decisivo.
PÓ.DIO, *s.m.*, estrado, armação na qual se colocam os vencedores à vista de todos; *fig.*, glória.
PO.DO.DÁC.TI.LO, *s.m.*, qualquer dos dez dedos dos pés; artelho.
PO.DO.LO.GI.A, *s.f.*, Anat., estudo científico do pé; tratado a este respeito.
PO.DO.LO.GO, *s.m.*, Ort., médico especialista em Podologia.
PO.DO.ME.TRA.GEM, *s.f.*, medição de uma distância usando o podômetro.
PO.DO.ME.TRAR, *v.t.*, usar o podômetro para medir distâncias andadas.
PO.DO.MÉ.TRI.CO, *adj.*, relativo ao podômetro.
PO.DÔ.ME.TRO, *s.m.*, aparelho usado para medir distâncias percorridas com qualquer meio de transporte.
PO.DRÃO, *adj.*, no CE, *pop.*, péssimo.
PO.DRE, *adj.*, em decomposição, putrefato, contaminado; *s.m.*, *pl.*, defeitos, erros.
PO.DRE.DOU.RO, *s.m.*, lugar em que apodrecem substâncias; lugar onde há podridão; monturo.
PO.DREI.RA, *s.f.*, *bras.*, *gír.*, algo de péssima qualidade.
PO.DRI.DÃO, *s.f.*, putrefação, decomposição; *fig.*, devassidão, corrupção.
PO.DRI.QUEI.RA, *s.f.*, *bras.*, o mesmo que podridão.
PO.E.DEI.RA, *s.f.*, galinha que põe ovos em grande quantidade.
PO.EI.RA, *s.f.*, pó, terra seca em pó, restos no ar.
PO.EI.RA.DA, *s.f.*, nuvem de poeira, grande quantidade de poeira.
PO.EI.RA.MA, *s.f.*, o mesmo que poeirada; lus., vaidade, ostentação; *fig.*, desordem.
PO.EI.REN.TO, *adj.*, cheio de pó, com muito pó.
PO.E.JO, *s.m.*, planta medicinal com folhas finas e perfumadas, produzindo ótimo chá diurético.
PO.E.MA, *s.m.*, composição escrita em versos, poesia.
PO.E.MÁ.TI.CA, *s.f.*, parte da poética que estuda o aspecto formal dos poemas.
PO.E.MÁ.TI.CO, *adj.*, relativo, inerente a, ou próprio de poema.
PO.E.ME.TO, *s.m.*, pequeno poema.
PO.EN.TE, *adj. e s.m.*, ocaso, ocidente, pôr do sol, oeste.
PO.EN.TO, *adj.*, poeirento, cheio de pó.
PO.E.SI.A, *s.f.*, arte criativa de produzir uma obra literária, fazer versos.
PO.E.TA, *s.m.*, vate, quem cria poesia, pessoa com sentimento para extravasar em forma de poema.
PO.E.TA.ÇO, *s.m.*, Joc., o mesmo que poetastro.
PO.E.TA.GEM, *s.f.*, *bras.*, *fig.*, *pej.*, característica de loquaz; loquacidade; verbosidade SP; *pop.*, invencionice; poetismo.
PO.E.TAR, *v.t. e int.*, escrever poemas, exprimir-se em versos.
PO.E.TAS.TRO, *s.m.*, Joc., poeta ruim; poetaço.
PO.É.TI.CA, *s.f.*, a arte de compor versos; inspiração traduzida por poemas.
PO.E.TI.CI.DA.DE, *s.f.*, essência poética; literalidade.
PO.É.TI.CO, *adj.*, próprio da poesia, referente a poesia, inspirado, cálido.
PO.E.TI.FI.CAR, *v.t.*, tornar poético; inspirar poesia a.
PO.E.TI.SA, *s.f.*, mulher que escreve poemas.
PO.E.TI.ZA.ÇÃO, *s.f.*, ação ou efeito de poetizar, construção poética.
PO.E.TI.ZA.DO, *adj.*, que (se) poetizou; diz-se do que adquiriu forma de poesia; *bras.*, *fig.*, floreado.
PO.E.TI.ZAR, *v.t. e int.*, celebrar em poemas um fato, uma ação, uma ideia.
POI.AL, *s.m.*, lugar onde se assenta alguma coisa; assento unido à parede ou a muro; poio.
POI.AR, *v.t. e int.*, colocar ou assentar (algo) em algum lugar, de modo que fique firme; escorar-se em algo para subir.
POIS, *conj.*, mas, contudo, porém, porque, visto que.
PO.LA.CO, *adj. e s.m.*, polonês, relativo à Polônia ou seu habitante.
PO.LAI.NAS, *s.f.*, *pl.*, cobertura do pé sobre o calçado ou da perna por sobre as calças.
PO.LAR, *adj.*, próprio dos polos, sito na região dos polos.
PO.LA.RI.DA.DE, *s.f.*, qualidade que o Polo Norte tem de atrair a agulha magnética da bússola.

PO.LA.RI.ME.TRI.A, *s.f.*, medição de luz polarizada.
PO.LA.RÍ.ME.TRO, *s.m.*, instrumento para avaliar algum desvio nos raios da luz polarizada.
PO.LA.RI.ZA.ÇÃO, *s.f.*, cargas negativa e positiva de um corpo, atração.
PO.LA.RI.ZA.DO, *adj.*, centrado em um único lado, faccionado.
PO.LA.RI.ZA.DOR, *adj.* e *s.m.*, instrumento que provoca luz polarizada; que polariza a luz.
PO.LA.RI.ZAN.TE, *adj. 2 gên.*, que polariza ou leva à polarização; polarizador.
PO.LA.RI.ZAR, *v.t.*, atrair a carga magnética; dominar as atenções somente para um elemento.
PO.LA.RI.ZÁ.VEL, *adj.*, diz-se do raio luminoso que é suscetível de se polarizar.
POL.CA, *s.f.*, dança e música eslava muito rápida.
POL.CAR, *v.int.*, dançar a polca.
POL.DRA.GEM, *s.f.*, reunião, quantidade de poldros.
PÔL.DRE, *s.m.*, região plana com diques contra possíveis inundações.
POL.DRO, *s.m.*, potro, cavalo novo.
PO.LE.GA.DA, *s.f.*, medida inglesa com 2,54 cm.
PO.LE.GAR, *s.m.*, o dedo mais curto e grosso da mão humana.
PO.LEI.RO, *s.m.*, ambiente para os galináceos dormirem; local elevado.
PO.LÊ.MI.CA, *s.f.*, debate, discussão, controvérsia, pontos de vista opostos.
PO.LE.MI.CAR, *v.int.*, estabelecer polêmica; polemizar.
PO.LÊ.MI.CO, *adj.*, controverso, discutível, litigioso.
PO.LE.MIS.MO, *s.m.*, mania de polêmica.
PO.LE.MIS.TA, *s. 2 gên.*, quem provoca polêmicas, litigante, discutidor.
PO.LE.MÍS.TI.CO, *adj.*, relativo a polêmica.
PO.LE.MI.ZA.ÇÃO, *s.f.*, controvérsia, litígio, discussão.
PO.LE.MI.ZA.DO, *adj.*, discutido, controverso, litigado.
PO.LE.MI.ZAN.TE, *adj. 2 gên.*, que polemiza, que sustenta polêmica; polêmico.
PO.LE.MI.ZAR, *v.t.*, lutar, combater, criar uma controvérsia.
PÓ.LEN, *s.m.*, pólem, pó produzido pelos estames das flores, elemento fecundante dos vegetais.
PO.LEN.TA, *s.f.*, massa feita com fubá, sal e água, cozida por 45 min. no fogo a lenha.
POLE POSITION, *s.m.*, *ing.*, em corrida de carros, o primeiro lugar para a partida; *fig.*, estar em primeiro lugar em qualquer competição.
PO.LHO, *s.m.*, *ant.*, frango, *fig.*, rapaz.
PO.LI.A, *s.f.*, armação com uma sustentação para levantar pesos.
PO.LI.AN.DRA, *s. 2 gên.* e *adj.*, que possui vários maridos; mulher que vive com diversos maridos.
PO.LI.AN.DRI.A, *s.f.*, situação de uma mulher que tenha vários maridos.
PO.LI.AR.QUI.A, *s.f.*, governo comandado por muitos elementos.
PO.LI.CAR.BO.NA.TO, *s.m.*, Quím., polímero caracterizado pela elevada resistência mecânica e transparência, muito us. na fabricação de artigos moldados.
PO.LI.CÁR.PI.CO, *adj.*, que produz flores e frutos por muitas vezes.
PO.LI.CAR.PO, *s.m.*, planta que produz frutos em abundância.
PÓ.LI.CE, *s.m.*, o dedo polegar.
PO.LI.CE.LU.LAR, *adj.*, composto de muitas células; multicelular; pluricelular.
PO.LI.CÊN.TRI.CO, *adj.*, Geom., diz-se de arco ou espiral que possui mais de um centro.
PO.LI.CHI.NE.LO, *s.m.*, personagem de farsas, boneco com corcova nas costas; boneco, títere, palhaço.
PO.LÍ.CIA, *s.f.*, organização para manter a segurança da sociedade; policial.
PO.LI.CI.A.DO, *adj.*, vigiado, fiscalizado, segurado.
PO.LI.CI.AL, *s. 2 gên.*, agente da polícia, membro, polícia.
PO.LI.CI.A.LES.CO, *adj.*, que se refere à polícia, próprio da polícia ou do policial.
PO.LI.CI.A.MEN.TO, *s.m.*, ação ou efeito de policia, vigilância, prevenção policial.
PO.LI.CI.AR, *v.t.* e *pron.*, dar segurança, vigiar, fiscalizar, controlar, dominar.
PO.LI.CI.Á.VEL, *adj. 2 gên.*, que se pode policiar.
PO.LI.CI.ES.CO, *adj.*, o mesmo que policial.
PO.LI.CÍS.TI.CO, *adj.*, Med., que apresenta vários cistos.
PO.LI.CLÍ.NI.CA, *s.f.*, instituição com médicos de diversos ramos da Medicina.
PO.LI.CLÍ.NI.CO, *adj.*, relativo a clínica geral.
PO.LI.CLO.RE.TO, *s.m.*, Quím., cloreto cuja molécula contém mais de um átomo de cloro.
PO.LI.CRO.MA.DO, *adj.*, que se tornou policromo; multicolor; multicolorido; multicor.
PO.LI.CRO.MI.A, *s.f.*, com muitas cores, desenho com diversas cores.
PO.LÍ.CRO.MO, *adj.*, que tem várias cores.
PO.LI.CUL.TU.RA, *s.f.*, diversos tipos de cultura em um mesmo empreendimento de agricultura.
PO.LI.DEZ, *s.f.*, fineza, educação, finura.
PO.LI.DO, *adj.*, educado, fino, respeitoso, culto, civilizado.
PO.LI.DOR, *s.m.*, quem faz polimento.
PO.LI.DU.RA, *s.f.*, ato ou efeito de polir; qualidade do que é polido.
PO.LI.É.DRI.CO, *adj.*, relativo a, ou que tem a forma de poliedro.
PO.LI.E.DRO, *s.m.*, corpo com muitas faces planas.
PO.LI.ES.POR.TI.VO, *adj.*, *bras.*, que envolve várias práticas esportivas (campeonato poliesportivo); diz-se de estabelecimento destinado a várias práticas esportivas (ginásio poliesportivo); *s.m.*, esse estabelecimento.
PO.LI.ÉS.TER, *s.m.*, substância usada na fabricação de plásticos.
PO.LI.ES.TI.RE.NO, *s.m.*, polímero com várias aplicações na indústria.
PO.LI.E.TI.LE.NO, *s.m.*, Quím., substância plástica resultante da polimerização do etileno, us. para a fabricação de recipientes e embalagens, tubos, etc.
PO.LI.FA.GI.A, *s.f.*, habitualidade de comer de tudo.
PO.LÍ.FA.GO, *adj.*, onívoro, que come de tudo.
PO.LI.FO.NI.A, *s.f.*, composição musical harmônica com sons variados.
PO.LI.FÔ.NI.CO, *adj.*, que reproduz várias vezes os sons.
PO.LÍ.FO.NO, *adj.*, que repete várias vezes os sons.
PO.LI.FOR.ME, *adj.*, que tem muitas formas; multiforme.
PO.LI.GA.MI.A, *s.f.*, estado matrimonial no qual uma pessoa tem vários cônjuges ao mesmo tempo.
PO.LI.GÂ.MI.CO, *adj.*, que se refere a poligamia.
PO.LÍ.GA.MO, *adj.*, que possui mais de um cônjuge ao mesmo tempo.

POLIGARQUIA ··653·· POLITIZAÇÃO

PO.LI.GAR.QUI.A, *s.f.*, governo com muitos mandantes.
PO.LI.GI.NI.A, *s.f.*, casamento legal de um homem com várias mulheres.
PO.LI.GLO.TA, *s. 2 gên.*, quem fala vários idiomas; o que se faz em mais línguas.
PO.LI.GLO.TIS.MO, *s.m.*, habilidade de falar muitas línguas.
PO.LI.GO.NAL, *adj.*, com muitos ângulos.
PO.LÍ.GO.NO, *s.m.*, figura geométrica com duas retas e extremidades comuns em vários ângulos.
PO.LI.GRA.FI.A, *s.f.*, coletânea de diversas obras literárias sobre vários temas.
PO.LI.GRÁ.FI.CO, *adj.*, relativo a poligrafia ou a polígrafo; diz-se de empresa que atua em diversos ramos das artes gráficas.
PO.LÍ.GRA.FO, *s.m.*, quem se expressa por escrito sobre muitos assuntos.
PO.LI.GRA.MA, *s.m.*, representação do mesmo som por várias maneiras.
PO.LI.MÁ.TI.CO, *adj.*, que diz respeito a polimatia; escola polimática, aquela em que se ensinam muitas ciências.
PO.LI.MEN.TO, *s.m.*, ato ou efeito de polir; polidura; *fig.*, educação esmerada; refinamento; couro lustroso para fazer sapatos.
PO.LI.ME.RI.ZA.ÇÃO, *s.f.*, reação pela qual duas moléculas se juntam, criando outras maiores com os mesmos componentes.
PO.LÍ.ME.RO, *s.m.*, composto cujas moléculas são resultado da associação de diversas moléculas.
PO.LI.MOR.FI.A, *s.f.*, qualidade ou condição do que é polimorfo.
PO.LI.MOR.FIS.MO, *s.m.*, existência de três ou mais formas de uma mesma espécie ou tipo.
PO.LI.MOR.FO, *adj.*, que tem muitas formas, que pode mudar de forma.
PO.LI.NÉ.SIO, *adj. e s.m.*, referente ou habitante da Polinésia, conjunto de ilhas da Oceania.
PO.LI.NEU.RI.TE, *s.f.*, doença nervosa que ataca vários nervos.
PO.LI.NEU.RÍ.TI.CO, *adj.*, que diz respeito a polineurite.
PO.LÍ.NI.CO, *adj.*, que se refere a pólen.
PO.LI.NÍ.FE.RO, *adj.*, que contém pólen.
PO.LI.NI.ZA.ÇÃO, *s.f.*, ação de polinizar.
PO.LI.NI.ZA.DO, *adj.*, que recebeu pólen.
PO.LI.NI.ZA.DOR, *s.m.*, quem poliniza.
PO.LI.NI.ZAR, *v.t.*, levar o pólen ao estigma da flor.
PO.LI.NO.MI.AL, *adj.*, o mesmo que polinômico.
PO.LI.NÔ.MIO, *s.m.*, expressão algébrica formada de diversos termos ligados pelos sinais de mais ou menos.
PO.LI.NU.CLE.A.DO, *adj.*, o mesmo que polinuclear.
PÓ.LIO, *s.f.*, poliomielite.
PO.LI.O.MI.E.LI.TE, *s.f.*, pólio, inflamação da substância existente na medula da espinha.
PO.LI.Ô.NI.MO, *s.m.*, o que ou quem possui muitos nomes.
PO.LI.O.SE, *s.f.*, quando os pelos perdem a cor.
PO.LI.PEI.RO, *s.m.*, Zool., habitação de pólipos, lugar onde eles vivem agrupados.
PO.LI.PÉ.TA.LO, *adj.*, que tem muitas pétalas.
PO.LI.PI.FOR.ME, *adj.*, que tem forma de pólipo.
PÓ.LI.PO, *s.m.*, excrescência de carne que surge na mucosa; Zool., animal invertebrado, séssil, ger. aquático, como, por exemplo, os corais marinhos.
PO.LI.PO.SO, *adj.*, que está cheio de pólipos.
PO.LI.PRO.PI.LE.NO, *s.m.*, material especial usado como matéria para a fabricação de filmes.
PO.LIR, *v.t. e pron.*, lustrar, limpar, tornar brilhante; civilizar, educar, transformar.
PO.LIR.RIT.MI.A, *s.f.*, superposição de vários ritmos em uma composição.
PO.LIR.RÍT.MI.CO, *adj.*, que tem muitos ritmos.
PO.LIR.RI.ZO, *adj.*, que possui muitas raízes.
PO.LIS.PER.MO, *adj.*, que produz muitas sementes ou grãos.
PO.LIS.SA.CA.RÍ.DEO, *s.m.*, Quím., molécula de carboidrato formada por uma cadeia de outras mais simples.
PO.LIS.SE.MI.A, *s.f.*, reunião de vários significados em uma única palavra.
PO.LIS.SÊ.MI.CO, *adj.*, que se refere a polissemia.
PO.LIS.SE.XU.AL, *adj. 2 gên.*, relativo a qualquer manifestação de desejo sexual ou de preferência por parceiros sexuais.
PO.LIS.SI.A.LI.A, *s.f.*, saliva abundante, secreção de muita saliva.
PO.LIS.SI.LÁ.BI.CO, *adj.*, que tem quatro ou mais sílabas.
PO.LIS.SÍ.LA.BO, *s.m.*, palavra com quatro ou mais sílabas.
PO.LIS.SI.LO.GIS.MO, *s.m.*, Filos., série de silogismos que de tal modo se encadeiam que a conclusão de um serve para premissa ao seguinte.
PO.LIS.SI.LO.GÍS.TI.CO, *adj.*, Filos., que se compõe de um encadeamento de silogismos; que diz respeito ao polissilogismo.
PO.LIS.SÍN.DE.TO, *s.m.*, ligação de palavras entre si, repetindo o mesmo termo conectivo.
PO.LIS.TI.RE.NO, *s.m.*, Quím., o mesmo que poliestireno.
PO.LI.TE.A.MA, *s.m.*, Teat., casa que apresenta vários tipos de espetáculos.
PO.LI.TÉC.NI.CA, *s.f.*, escola que oferece muitas opções profissionais nas técnicas.
PO.LI.TÉC.NI.CO, *adj.*, referente a uma escola politécnica; que tem muitas técnicas.
PO.LI.TE.ÍS.MO, *s.m.*, sistema que aceita muitos deuses ao mesmo tempo.
PO.LI.TE.ÍS.TA, *s. 2 gên.*, adepto ou seguidor do politeísmo.
PO.LÍ.TI.CA, *s.f.*, a arte de governar; a habilidade de atender aos anseios dos cidadãos; o conjunto de governo e indivíduos dedicados a um sistema governamental.
PO.LI.TI.CA.GEM, *s.f.*, política dirigida a interesses pessoais; gestão para usufruir lucros pessoais.
PO.LI.TI.CA.LHA, *s.f.*, política suja, politicagem.
PO.LI.TI.CA.LHO, *adj. e s.m.*, politiqueiro.
PO.LI.TI.CAN.TE, *adj., s. 2 gên., pej.* politiqueiro.
PO.LI.TI.CAR, *v.int.*, fazer política.
PO.LI.TI.CI.DA.DE, *s.f.*, qualidade ou condição do que é político.
PO.LÍ.TI.CO, *adj.*, referente a política, administrativo, hábil, conversador; *s.m.*, indivíduo que segue a carreira dedicada à política.
PO.LI.TI.CO.MA.NI.A, *s.f.*, mania, paixão pela política.
PO.LI.TI.QUEI.RO, *s.m.*, quem faz politicagem, político interesseiro.
PO.LI.TI.QUEN.TO, *adj.*, que politica; politiqueiro.
PO.LI.TI.QUI.CE, *s.f.*, ação de politiqueiro; *pej.*, o mesmo que politiquismo.
PO.LI.TI.QUIS.MO, *s.m., pej.*, o mesmo que politicagem.
PO.LI.TI.ZA.ÇÃO, *s.f.*, ação ou efeito de politizar, iniciação

na política verdadeira.

PO.LI.TI.ZA.DO, adj., consciente de sua cidadania, civilizado.

PO.LI.TI.ZA.DOR, adj., que politiza; politizante; s.m., aquele que politiza.

PO.LI.TI.ZAN.TE, adj., que politiza; politizador.

PO.LI.TI.ZAR, v.t., iniciar no estudo e prática dos direitos e deveres do cidadão.

PO.LI.TI.ZÁ.VEL, adj. 2 gên., que se pode politizar.

PO.LI.TRAU.MA.TI.ZA.DO, adj., que foi vítima de vários traumas pelo corpo.

PO.LI.TRAU.MA.TIS.MO, s.m., Med., conjunto de lesões que resultam de contusão violenta em várias partes do corpo ao mesmo tempo, ger. ocasionadas por acidentes graves.

PO.LI.U.RI.A, s.f., urina abundante e frequente; var., poliúria.

PO.LI.Ú.RI.CO, adj., relativo a poliúria.

PO.LI.VA.LÊN.CIA, s.f., qualidade ou característica do que é polivalente.

PO.LI.VA.LEN.TE, adj., que vale para vários fins; versátil, exerce diversas funções.

PO.LO, s.m., as duas partes extremas do eixo da Terra: Norte e Sul, essas regiões; pontos magnéticos opostos; fig., todo centro de interesse; esporte.

PO.LO.NÊS, adj. e s.m., próprio da Polônia ou seu habitante; polaco.

PO.LÔ.NIO, s.m., metal raro e radiativo de n.º atômico 84.

POL.PA, s.f., parte carnuda comestível das frutas.

POL.PO.SO, adj., que tem muita polpa.

POL.PU.DO, adj., grande quantidade de dinheiro, remuneração elevada.

POL.TRA.NA.RI.A, s.f., qualidade ou ação de poltrão; covardia, pusilanimidade.

POL.TRÃO, adj. e s.m., medroso, malandro, covarde.

POL.TRO.NA, s.f., sofá, cadeira estofada com braços.

POL.TRO.NE.AR, v.int., malandrear, acovardar-se, vadiar.

POL.TRO.NI.CE, s.f., ação de poltrão; poltronaria.

PO.LU.ÇÃO, s.f., emissão indesejada de esperma.

PO.LU.EN.TE, adj., que polui, que infecta, que suja.

PO.LU.I.ÇÃO, s.f., sujeira, mancha, infectação, degradação do meio ambiente com vários tipos de lixo; destruição de meios saudáveis de vida.

PO.LU.Í.DO, adj., que se poluiu; que passou por processo de poluição; fig., sujo, imundo.

PO.LU.I.DOR, adj., que polui (agente poluidor); s.m., aquilo que polui.

PO.LU.IR, v.t. e pron., infectar, sujar, manchar, corromper, desonrar.

PO.LU.Í.VEL, adj. 2 gên., que pode ser poluído.

PO.LU.TO, adj., poluído, manchado, corrompido.

POL.VI.LHA.ÇÃO, s.f., ação ou efeito de polvilhar.

POL.VI.LHA.DO, adj., coberto de polvilho, revestido de polvilho.

POL.VI.LHAR, v.t., cobrir com polvilho, derramar sobre substância muito fina.

POL.VI.LHEI.RO, adj. e s.m., quem fabrica polvilho.

POL.VI.LHO, s.m., produto em forma de pó branco e fino, obtido da mandioca ralada e decantada.

POL.VO, s.m., molusco de maior porte.

PÓL.VO.RA, s.f., explosivo usado para fazer bombas ou disparar os tiros.

POL.VO.RA.DA, s.f., explosão de pólvora, explosão forte.

POL.VO.REN.TO, adj., que se desmancha em pó.

POL.VO.RIM, s.m., pólvora de grão muito miúdo; pó que sai da pólvora.

POL.VO.RO.SA, s.f., pop., agitação, frenesi, arrebatamento.

POL.VO.RO.SO, adj., que contém pólvora.

PO.MA.DA, s.f., produto farmacêutico pastoso para massagens.

PO.MA.DA.DO, adj., untado de pomada, besuntado.

PO.MAR, s.m., grupo de árvores frutíferas plantadas, vergel.

PO.MA.REI.RO, adj. e s.m., proprietário ou administrador de um pomar, que se refere a pomar.

POM.BA, s.f., fêmea do pombo.

POM.BAL, s.m., construção própria para os pombos se recolherem.

POM.BA.LI.NO, adj., relativo ao marquês de Pombal.

POM.BA.LIS.MO, s.m., política, administração, partido, época do primeiro marquês de Pombal.

POM.BA.LIS.TA, adj., que diz respeito ao pombalismo, pombalino.

POM.BO, s.m., designação de aves da família dos columbídeos.

POM.BO-COR.REI.O, s.m., tipo de pombo treinado e encarregado de levar mensagens entre pessoas; fig., pessoa que se compraz em levar recados; pop., fofoqueiro.

PO.MES, adj., o mesmo que pedra-pomes.

PO.MI.CUL.TOR, s.m., quem cultiva pomares, quem planta árvores frutíferas.

PO.MI.CUL.TU.RA, s.f., fruticultura, cultura de árvores frutíferas, pomar.

PO.MO, s.m., fruto, sobretudo os com muita polpa.

PO.MO DE A.DÃO, s.m., gogó, saliência na parte dianteira do pescoço masculino.

PO.MO.LO.GI.A, s.f., tratado sobre árvores e arbustos frutíferos.

POM.PA, s.f., solenidade, luxo, aparato.

POM.PE.AR, v.t. e int., exibir, ostentar, mostrar-se com luxo, exibir-se com luxúria.

POM.POM, s.m., borda de fios curtos em forma de bola, us. como enfeite.

POM.PO.SO, adj., cheio de pompa, luxuoso.

PÔ.MU.LO, s.m., maçã do osso; pequeno pomo.

PON.CÃ, s.f., variedade de tangerina, mexerica.

PON.CHE, s.m., bebida obtida com a mistura de vários ingredientes, sobretudo vinho e frutas.

PON.CHEI.RA, s.f., recipiente no qual se faz o ponche.

PON.CHO, s.m., ponche, capa de lã que se veste por sobre o casaco, com abertura para colocar os braços e a cabeça.

PONCHO-PALA, s.m., bras., RS, poncho leve; pala.

PON.DE.RA.BI.LI.DA.DE, s.f., qualidade ou característica do que é ponderável.

PON.DE.RA.ÇÃO, s.f., avaliação, consideração, análise.

PON.DE.RA.DO, adj., avaliado, pesado, medido, prudente.

PON.DE.RA.DOR, adj. e s.m., moderador, quem pondera, analista.

PON.DE.RAR, v.t. e int., examinar bem, analisar, avaliar; refletir, pensar.

PON.DE.RA.TI.VO, adj., que pondera, avaliativo.

PON.DE.RÁ.VEL, adj., que se deve avaliar, examinável.

PON.DE.RO.SO, adj., pesado; relevante; que merece atenção; pesquisa científica ponderosa; que mostra seriedade; que impressiona e convence.

PÔ.NEI, s.m., cavalo pequeno, cavalo novo.

PON.TA, *s.f.*, extremidade de um objeto, vértice, cume; pequena participação em algum espetáculo; tipo de cabo geográfico; última novidade tecnológica.

PON.TA.DA, *s.f.*, dor repentina, fisgada.

PON.TA DE LAN.ÇA, *s.f.*, qualquer posto avançado nas linhas do inimigo; jogador que joga mais adiantado, perto da trave do adversário.

PON.TA-DI.REI.TA, *s.m.*, jogador de futebol que joga pelo lado direito do campo.

PON.TA.DO, *adj.*, alinhavado, ponteado, provido de ponta, mesmo que apontado.

PON.TA-ES.QUER.DA, *s.m.*, jogador de futebol que atua pelo lado esquerdo.

PON.TAL, *s.m.*, pedaço de terra entre a confluência de dois rios.

PON.TA.LE.TE, *s.m.*, tronco de madeira ou escora de concreto para escorar construções.

PON.TÃO, *s.m.*, tipo de barca chata, usada em trabalhos sobre a água, ou várias barcas para estabelecer uma ligação, uma plataforma flutuante.

PON.TA.PÉ, *s.m.*, golpe com o pé.

PON.TAR, *v.t.*, guarnecer ou cobrir de pontes; *v.int.*, servir de ponto (no teatro); apontar.

PON.TA.RI.A, *s.f.*, ação de mirar uma arma com precisão; mira certa.

PON.TE, *s.f.*, construção por sobre rios, lagos, braços de mar para a passagem de pessoas e veículos; dentes presos a outros; *fig.*, ligação, intercâmbio.

PON.TE.A.DO, *adj.*, alinhavado, marcado, ajeitado.

PON.TE.AR, *v.t.* e *int.*, marcar com pontos, alinhavar, ajeitar.

PON.TEI.O, *s.m.*, ato ou efeito de pontear; Mús., toque que resulta do dedilhamento de instrumentos de corda; ponteado; Mús., composição musical que se inspira no dedilhamento de instrumentos de corda.

PON.TEI.RA, *s.f.*, extremidade metálica de guarda-chuva ou tacos; nascente.

PON.TEI.RO, *s.m.*, mostrador de um aparelho; haste fina que mostra as horas no relógio ou nos mostradores de máquinas.

PON.TI.A.GU.DO, *adj.*, extremidade aguçada, extremidade fina e longa.

PON.TI.CI.DA.DE, *s.f.*, qualidade do que é pôntico ou azedo; azedume.

PÔN.TICO, *adj.*, que diz respeito ao Ponto Euxino, na costa do Mar Negro, na Ásia Menor.

PON.TÍ.CU.LA, *s.f.*, ponte pequena.

PON.TI.FI.CA.DO, *s.m.*, governo do papa; duração desse governo, papado.

PON.TI.FI.CAL, *adj.*, referente ao pontificado, ao pontífice, pontifício.

PON.TI.FI.CAR, *v.int.*, sentir-se o maioral em uma reunião, celebrar missa com a vestimenta pontifical; ser o doutor, o condutor de alguma ideia.

PON.TÍ.FI.CE, *s.m.*, sacerdote na antiga Roma, hoje papa; prelado, bispo.

PON.TI.FÍ.CI.AL, *adj. 2 gên.*, relativo a pontífice, mesmo que pontifical.

PON.TI.FÍ.CIO, *adj.*, pontifical, que se refere ao pontífice.

PON.TI.LHA.DO, *adj.*, marcado com pontos; com desenho de pontinhos.

PON.TI.LHÃO, *s.m.*, ponte rústica, ponte pequena.

PON.TI.LHAR, *v.t.* e *bit.*, pontuar, marcar com pontos, pintar, salpicar.

PON.TI.NHA, *s.f.*, coisa pouca, ponta fina, rusga, desavença.

PON.TI.NHO, *s.m.*, ponto fraco, ponto semiapagado; pontinhos – reticências (...).

PON.TO, *s.m.*, qualquer sinal fixado numa superfície; furo de agulha em um tecido; na frase, indica o término; contagem do que se ganha em jogos; região, local; as diversas partes do ensino escolar; situação de algumas iguarias no preparo; livro para o servidor marcar a entrada e a saída; parada de ônibus, táxi, caminhões de frete.

PON.TO.A.DA, *s.f.*, golpe com a ponta de um objeto.

PON.TO.AR, *v.t.* e *int.*, marcar pontos numa competição, torneio ou certame; pontilhar; coser com pontos largos, provisórios; alinhavar; o mesmo que apontar.

PON.TO CAR.DE.AL, *s.m.*, cada um dos pontos que indicam direção: Norte, Sul, Leste e Oeste.

PON.TO DE EX.CLA.MA.ÇÃO, *s.m.*, sinal gráfico usado no final da frase, para indicar sentimento incontido (!).

PON.TO DE IN.TER.RO.GA.ÇÃO, *s.m.*, sinal gráfico usado no final da frase, para indicar que há um questionamento (?).

PON.TO DE VEN.DA, *s.m.*, ponto comercial, local de venda.

PON.TO DE VIS.TA, *s.m.*, opinião própria, pensamento particular, visão pessoal de algo.

PON.TO E VÍR.GU.LA, *s.m.*, sinal gráfico que indica maior pausa que a vírgula (;).

PON.TO FI.NAL, *s.m.*, sinal gráfico que indica o término de uma frase; fim.

PON.TO.NEI.RO, *s.m.*, soldado empregado na construção das pontes militares; construtor de pontões.

PON.TU.A.ÇÃO, *s.f.*, aplicação dos sinais gráficos para destacar partes dentro de um texto; destaque; indicação de pausas.

PON.TU.A.DO, *adj.*, sublinhado, destacado, que recebeu todos os pontos gráficos.

PON.TU.A.DOR, *adj.*, que pontua.

PON.TU.AL, *adj.*, que cumpre o horário, exato, responsável.

PON.TU.A.LI.DA.DE, *s.f.*, responsabilidade, exatidão, cumprimento do horário.

PON.TU.A.LI.ZAR, *v.t.*, assinalar, destacar, ressaltar; *lus.*, esclarecer, declarar.

PON.TU.AL.MEN.TE, *adv.*, de modo pontual; com pontualidade; precisamente, exatamente.

PON.TU.AR, *v.t.* e *int.*, colocar os sinais gráficos na frase, destacar.

PON.TU.Á.VEL, *adj.*, que se pode pontuar.

PON.TU.DO, *adj.*, aguçado, com ponta, fino na extremidade.

PO.PA, *s.f.*, parte traseira das embarcações.

PO.PE.LI.NA, *s.f.*, tecido para vestuário.

PO.PÓ, *s.m.*, *fam.*, penico, vaso.

PO.PÔ, *s.m.*, *pop.*, nádegas.

PO.PU.LA.ÇA, *s.f.*, populacho, ralé, escumalha, gentinha.

PO.PU.LA.ÇÃO, *s.f.*, povo, todo grupo de seres que habitam uma região.

PO.PU.LA.CHO, *s.m.*, ralé, plebe, arraia-miúda, gentalha, gentinha, escumalha.

PO.PU.LA.CI.O.NAL, *adj.*, próprio da população, relativo ao número de pessoas.

PO.PU.LA.CI.O.NIS.MO, *s.m.*, doutrina que defende o crescimento demográfico como algo natural e positivo.

PO.PU.LAR, *adj.*, próprio do povo, relativo ao povo, conhecido, rotineiro.

PO.PU.LA.RI.DA.DE, *s.f.*, qualidadede pessoal ou coisa

POPULARISMO

popular; estima pública de uma pessoa ou coisa.

PO.PU.LA.RIS.MO, s.m., Ling., emprego, na linguagem culta, de pronúncias, vocábulos, locuções, etc., que não fazem parte do uso formal e que são provenientes da língua popular.

PO.PU.LA.RIS.MO, adj. 2 gên., relativo a popularismo; diz-se do que utiliza linguagem inculta; indivíduo que emprega popularismos.

PO.PU.LA.RI.ZA.ÇÃO, s.f., conhecimento entre o povo, populismo.

PO.PU.LA.RI.ZA.DO, adj., conhecido, aceito pelo povo.

PO.PU.LA.RI.ZA.DOR, adj. que torna algo ou alguém popular; s.m., aquele que propaga, difunde, populariza; popularizante.

PO.PU.LA.RI.ZAR, v.t. e pron., tornar conhecido entre o povo, aceitar o nível do povo.

PO.PU.LIS.MO, s.m., popularismo, quem é conhecido pelo povo.

PO.PU.LIS.TA, s. 2 gên., quem aprecia ser ovacionado pelo povo, bajulador, demagogo.

PO.PU.LO.SO, adj., com muito povo, com muitas pessoas, muitos habitantes.

PÔ.QUER, s.m., jogo de cartas de baralho.

POR, prep., palavra que indica relação de causa, meio, modo.

PÔR, v.t., colocar, assentar, deixar em, entregar, firmar, meter; vestir, calçar, acrescentar, classificar, investir, mostrar, alocar, confiar.

PO.RÃO, s.m., o compartimento inferior dos navios; o ambiente que se situa no solo nas casas; fig. local escondido, segredos.

PO.RA.QUÊ, s.m., peixe dos rios amazônicos, que emite descargas elétricas.

POR.CA, s.f., fêmea do porco, peça metálica com rosca, para ser presa ao parafuso e fixar objetos.

POR.CA.DA, s.f., grande quantidade de porcos.

POR.CA.LHA.DA, s.f., ver porcaria; manada de porcos; porcada.

POR.CA.LHÃO, adj. e s.m., sujo, imundo, dado à imundície, desleixado.

POR.ÇÃO, s.f., parte, partícula, divisão, fração, parte de um todo; grande quantidade.

POR.CA.RI.A, s.f., sujeira, imundície; fig., obscenidade, coisa chula.

POR.CA.RI.A.DA, s.f., bras., muita sujeira; pej., grande quantidade de coisas ruins, desagradáveis ou malfeitas.

POR.CE.LA.NA, s.f., material cerâmico usado na confecção de louças.

POR.CEN.TA.GEM, s.f., percentagem, o quanto se atribui a um número.

POR.CI.NO, adj., relativo ou pertencente a porco; suíno.

POR.CI.ÚN.CU.LA, s.f., porção pequena, fatiazinha, partícula, parcela diminuta.

POR.CO, s.m., mamífero de diversas espécies, usado na alimentação, suíno; fig., adj., imundo, obsceno, indecente, relaxado.

POR.CO-DO-MA.TO, s.m., tipo de porco selvagem, como o queixada ou caitetu.

POR.CO-ES.PI.NHO, s.m., ouriço, ouriço-cacheiro.

PÔR DO SOL, s.m., ocaso, o desaparecimento do Sol no horizonte, poente.

PO.RE.JAR, v.t. e int., suar, soltar líquido pelos poros.

PO.RÉM, conj., mas, contudo, todavia, entretanto; s.m., obstáculo.

POR.FI.A, s.f., disputa, litígio, luta, teima, discussão.

PORTA-AVIÕES

POR.FI.A.DO, adj., lutado, litigado, disputado, discutido.

POR.FI.A.DOR, adj. e s.m., lutador, litigante, disputador, discutidor.

POR.FI.AR, v.t. e int., discutir com ardor, emular, litigar, disputar, teimar.

POR.FI.O.SO, adj., discutidor, teimoso, rival.

POR.FÍ.RI.CO, adj., que contém pórfiro.

POR.FI.RI.ZA.ÇÃO, s.f., ação ou efeito de porfirizar.

POR.FI.RI.ZA.DO, adj., diz-se de um papel a que se deu lustro com pós finíssimos de sandáraca.

POR.FI.RI.ZAN.TE, adj., que porfiriza.

POR.FI.RI.ZAR, v.t. farm., reduzir a pó muito fino (substâncias duras).

PÓR.FI.RO, s.m., tipo de mármore de cor verde ou avermelhada, com nuanças de outras cores.

POR.ME.NOR, s.m., detalhe, minúcia, coisa mínima, contexto.

POR.ME.NO.RI.ZA.ÇÃO, s.f., detalhamento, minúcias, esmiuçamento.

POR.ME.NO.RI.ZA.DO, adj., detalhado, minuciado, esmiuçado.

POR.ME.NO.RI.ZAR, v.t. e int., detalhar, esmiuçar.

POR.NEI.A, s.f., devassidão, libertinagem.

POR.NÔ, s.m., pornografia, obscenidade.

POR.NO.CHAN.CHA.DA, s.f., filme de aventuras e comicidade, de baixa categoria, centrado em temas sexuais.

POR.NO.GRA.FI.A, s.f., literatura obscena, texto que explora tema chulo de cunho sexual.

POR.NO.GRÁ.FI.CO, adj., relativo a pornografia.

POR.NÓ.GRA.FO, s.m., defensor e seguidor da pornografia.

PO.RO, s.m., orifício respiratório da pele.

PO.RON.GO, s.m., planta trepadeira, de cujos frutos são feitas cuias.

PO.RO.RO.CA, s.f., onda enorme provocada pelo encontro das águas de certos rios com as do mar, como no rio Amazonas.

PO.RO.RO.CAR, v.int., bras., produzir-se pororoca (no rio).

PO.RO.SI.DA.DE, s.f., transpiração, vazamento.

PO.RO.SO, adj., que possui poros, que transpira.

POR.QUAN.TO, conj., por isso que, porque, uma vez que, dado que.

POR.QUE, conj., visto que, dado que, porquanto, uma vez que.

POR.QUÊ, s.m., motivo, razão, causa.

POR.QUEI.RA, s.f., pocilga, casa suja; s. 2 gên., tipo imprestável, porcaria.

POR.QUEI.RO, adj. e s.m., suinocultor, criador de porcos, que cuida de porcos.

POR.QUI.NHO-DA-ÍN.DIA, s.m., animal roedor de pequeno porte; cobaia.

POR.RA.DA, s.f., ch., soco, pancada, paulada.

POR.RAL, s.m, campo de porro.

POR.RÃO, s.m., pote ou vasilha de barro, geralmente bojuda; homem baixo e atarracado.

POR.RE, s.m., pop., bebedeira, embriaguez.

POR.RE.TA, s. 2 gên., pop., tipo bom, algo excelente, maravilha.

POR.RE.TA.DA, s.f., golpe com porrete, paulada, bordoada.

POR.RE.TE, s.m., pedaço de madeira preparado para bater em.

POR.TA, s.f., abertura nas casas para entrada e saída; peça de madeira ou metálica para fechar a abertura da casa ou de móveis; abertura, entrada, saída.

POR.TA-A.GU.LHAS, s.m., agulheiro, estojo para guardar agulhas, almofada para espetar agulhas.

POR.TA-A.VI.ÕES, s.m., pl., grande navio de guerra com

aeroporto no convés.
POR.TA-BA.GA.GEM, *s.m.*, compartimento do carro, ônibus para pôr a bagagem.
POR.TA-BAN.DEI.RA, *s. 2 gên.*, quem carrega a bandeira em um desfile.
POR.TA-CHA.PÉUS, *s.m., pl.*, móvel para colocar os chapéus.
POR.TA-CHA.VES, *s.m., pl.*, chaveiro, móvel para pendurar as chaves.
POR.TA.DA, *s.f.*, portal, grande porta, página de rosto de um livro.
POR.TA.DOR, *s.m.*, quem carrega, entregador, quem leva por e para outrem.
POR.TA-ES.TAN.DAR.TE, *s.m.*, porta-bandeira.
POR.TA-JOI.AS, *s.m.*, estojo para guardar as joias.
POR.TAL, *s.f.*, entrada de uma cidade, entrada principal de um edifício.
POR.TA-LÁ.PIS, *s.m.*, lapiseira, recipiente para colocar os lápis.
POR.TA.LÓ, *s.m.*, abertura na amurada ou no costado de um navio, por onde se entra, ou por onde se faz entrar ou sair a carga.
POR.TA-LU.VAS, *s.m., pl.*, compartimento diminuto na parte do painel de carros, para guardar objetos.
POR.TA-MA.LAS, *s.m.*, bagageiro, porta-bagagem.
POR.TA-MO.E.DAS, *s.m.*, porta-níqueis; nas carteiras, é a parte fechada para colocar moedas.
POR.TA-NÍ.QUEIS, *s.m.*, bolsa para colocar moedas.
POR.TAN.TO, *conj.*, logo, por conseguinte, por isso.
POR.TÃO, *s.m.*, porta maior, entrada de garagem, do jardim.
POR.TAR, *v.t. e pron.*, carregar, levar, conduzir; comportar-se, ter modos.
POR.TA-RE.TRA.TOS, *s.m.*, peça na qual se colocam fotos.
POR.TA.RI.A, *s.f.*, porta, entrada de um edifício, local de recepção; determinação de autoridade sobre determinado tema.
POR.TA-SEI.OS, *s.m.*, parte da vestimenta íntima feminina, sutiã.
POR.TÁ.TIL, *adj.*, que se transporta, leve, pequeno.
POR.TA-TO.A.LHAS, *s.m.*, peça para colocar toalhas nos banheiros e lavabos.
POR.TA-VOZ, *s.m.*, secretário, pessoa autorizada a transmitir o que o chefe disse.
POR.TE, *s.m.*, modo de carregar, preço pago por um serviço, licença; silhueta, conduta.
POR.TE.AR, *v.t.*, franquear, selar para despachar no correio.
POR.TEI.RA, *s.f.*, portão de entrada em sítios, cancela.
POR.TEI.RO, *s.m.*, responsável por uma portaria, recepcionista, guarda.
POR.TE.NHO, *adj.*, referente ou habitante de Buenos Aires.
POR.TEN.TO, *s.m.*, maravilha, assombro, algo fantástico; pessoa muito inteligente.
POR.TEN.TO.SO, *adj.*, maravilhoso, fantástico, talentoso, inteligente.
PORT.FÓ.LIO, *s.m.*, trabalhos de um profissional, todos guardados em uma pasta; currículo escolar, carteira de ações; arquivo com documentos.
PÓR.TI.CO, *s.m.*, entrada, porta de edifício; portão especial.
POR.TI.LHA, *s.f.*, o mesmo que seteira.
POR.TI.LHÃO, *s.m.*, abertura em muro; portaleira.
POR.TI.NHO.LA, *s.f.*, pequena porta, abertura pequena.
POR.TO, *s.m.*, ancoradouro, local em que atracam navios, cais; *fig.*, amparo.

POR.TO-A.LE.GREN.SE, *adj. e s. 2 gên.*, próprio, natural ou habitante de Porto Alegre.
POR.TO-RI.QUE.NHO, *adj. e s.m.*, próprio, natural ou habitante de Porto Rico; porto-riquense.
POR.TO-VE.LHEN.SE, *adj. e s.m.*, próprio ou habitante de Porto Velho.
POR.TU.Á.RIO, *s.m.*, trabalhador do porto, empregado no porto.
POR.TU.CA.LEN.SE, *adj. e s. 2 gên.*, o mesmo que portugalense.
POR.TU.GA.LEN.SE, *adj. e s. 2 gên.*, o mesmo que português.
POR.TU.GUÊS, *adj. e s.m.*, próprio de Portugal ou habitante desse país; idioma falado em Portugal, Brasil e ex-colônias lusas.
POR.TU.GUE.SAR, *v.t.*, o mesmo que aportuguesar.
POR.TU.GUE.SIS.MO, *s.m.*, expressão idiomática do português, ideias e costumes dos portugueses.
POR.TU.NHOL, *s.m.*, *Joc. pop.*, mistura de português com espanhol, us. em conversas espontâneas entre falantes dessas duas línguas.
POR.TU.O.SO, *adj.*, que tem portos, cheio de portos.
POR.VEN.TU.RA, *adv.*, por acaso, quiçá, possivelmente, sem dúvidas, talvez.
POR.VIR, *s.m.*, futuro, o tempo que virá.
PÓS, *prep.*, após, depois, empós; *s.f.*, redução de pós-graduação.
PO.SAR, *v.int.*, fazer pose, tomar posição para ser fotografado, pintado.
PÓS-CA.PI.TA.LIS.MO, *s.m.*, estágio da economia global na sociedade pós-industrial.
PÓS-CA.PI.TA.LIS.TA, *adj. 2 gên.*, relativo ou pertencente ao pós-capitalismo, ou próprio dele.
POS.CÊ.NIO, *s.m.*, no teatro, a parte atrás do palco ou da cena visível.
PÓS-DA.TA, *s.f.*, documento com data posterior; data prorrogada, data falsa.
PÓS-DA.TA.DO, *adj.*, diz-se de algo em que se colocou uma pós-data.
PÓS-DA.TAR, *v.t.*, colocar a data posteriormente.
PÓS-DI.LU.VI.A.NO, *adj.*, que ocorreu após o dilúvio.
PÓS-DOR.SAL, *adj.*, que fica atrás das costas.
PÓS-DORSO, *s.m.*, o que fica situado atrás das costas; a região pós-dorsal.
PÓS-DOU.TO.RA.DO, *s.m.*, curso de especialização ou estágio em instituição de ensino ou pesquisa, destinado às pessoas que já concluíram o curso de doutorado.
PÓS-DOU.TO.RA.MEN.TO, *s.m.*, o mesmo que pós-doutorado; conclusão do pós-doutorado.
PÓS-DOU.TO.RAN.DO, *s.m.*, indivíduo que cursa o pós-doutorado.
PO.SE, *s.m.*, postura para ser fotografado ou filmado; desejo de ser visto.
PÓS-ES.CRI.TO, *s.m.*, o que foi escrito depois; acréscimo a uma carta, livro, adendo.
POS.FA.CI.AR, *v.t.*, redigir posfácio para um livro.
POS.FÁ.CIO, *s.m.*, explanação final ao término de um livro.
PÓS-GLA.CI.AL, *adj.*, que ocorreu após a Era Glacial.
PÓS-GRA.DU.A.ÇÃO, *s.f.*, um grau a mais para quem se graduou em faculdade.
PÓS-GRA.DU.A.DO, *adj.*, que fez curso de pós-graduação.
PÓS-GRA.DU.AR, *v.t. e pron.*, conceder o título a quem

completou pós-graduação.

PÓS-GUER.RA, *s.m.*, período após uma guerra, época posterior a uma guerra.

PO.SI.ÇÃO, *s.f.*, situação, posto, grau, local, comportamento, situação social.

PO.SI.CI.O.NA.DO, *adj.*, colocado em determinada posição; que exerce um cargo, uma função, etc.

PO.SI.CI.O.NAL, *adj. 2 gên.*, relativo ou pertencente a posição.

PO.SI.CI.O.NA.MEN.TO, *s.m.*, ato ou efeito de posicionar(-se); opinião de alguém a respeito de um assunto em particular.

PO.SI.CI.O.NAR, *v.t.*, colocar na posição, alinhar, postar.

PÓS-IM.PE.RI.AL, *adj. 2 gên.*, posterior ao imperialismo.

PÓS-IN.DUS.TRI.AL, *adj. 2 gên.*, posterior à era industrial, que é caracterizada pela automação do trabalho e crescente uso da informática.

PO.SI.TI.VA.ÇÃO, *s.f.*, ato ou efeito de positivar.

PO.SI.TI.VA.DO, *adj.*, dado ou considerado como positivo; que se positivou; positivo.

PO.SI.TI.VAR, *v.t. e int.*, concretizar(-se), efetivar(-se); mostrar(-se) positivo, evidenciar (-se), revelar(-se); Fot., tirar uma cópia positiva de (um negativo).

PO.SI.TI.VI.DA.DE, *s.f.*, qualidade do que é positivo, realidade.

PO.SI.TI.VIS.MO, *s.m.*, sistema filosófico de August Comte, que contempla apenas a parte prática e útil, a parte física do ser humano.

PO.SI.TI.VIS.TA, *s. 2 gên.*, adepto, estudioso, seguidor do positivismo.

PO.SI.TI.VO, *adj.*, objetivo, comprovado, categórico, real, correto, certo.

PÓ.SI.TRON, *s.m.*, Fís. Nuc., antipartícula do elétron; de mesma massa e spin do elétron, mas com carga e momento magnético de sinais opostos, Simb.: e+.

PÓS-ME.RI.DI.A.NO, *adj.*, posterior ao meio-dia, que se situa depois do meio-dia.

PÓS-MO.DER.NI.DA.DE, *s.f.*, qualidade ou condição própria do que é pós-moderno.

PÓS-MO.DER.NIS.TA, *adj. 2 gên.*, relativo ao pós-modernismo; que é adepto do pós-modernismo.

PÓS-MO.DER.NO, *adj.*, relativo à pós-modernidade ou ao pós-modernismo; pós-modernista; *s.m.*, ver pós-modernismo.

PÓS-MOR.TE, *adj. 2 gên., 2 n., s.m. 2 n.*, o mesmo que *post-mortem*.

PÓS-NA.TAL, *adj.*, que segue o nascimento após o parto.

PÓS-NA.TA.LI.NO, *adj.*, relativo ao período que se segue ao Natal.

PO.SO.LO.GI.A, *s.f.*, receita, indicação de como ministrar um remédio.

PÓS-O.PE.RA.TÓ.RIO, *adj.*, que vem depois da operação, que segue após a cirurgia.

PÓS-PA.LA.TAL, *adj.*, Fonét., que ocorre no pós-palato.

PÓS-PA.LA.TO, *s.m.*, Anat. e Fonét., parte posterior do palato.

PÓS-PAR.TO, *adj. 2 gên., 2 n.*, relativo ou pertencente ao período subsequente ao parto; *s.m.*, período subsequente ao parto.

POS.PON.TAR, *v.t.*, pespontar, coser em pesponto.

POS.PON.TO, *s.m.*, pesponto, técnica de costura na qual os pontos ficam sobrepostos.

POS.POR, *v.t.*, colocar depois, adiar.

POS.PO.SI.ÇÃO, *s.f.*, colocação posterior, posição ulterior.

POS.POS.TO, *adj.*, colocado depois, posto após outro.

PÓS-RO.MAN.TIS.MO, *s.m.*, Art. Plást., Liter., Mús., série de movimentos intelectuais e artísticos posterior ao romantismo e anterior ao pré-modernismo.

POS.SAN.TE, *adj.*, forte, robusto, musculoso.

POS.SE, *s.f.*, propriedade, mas sem títulos legais; domínio sobre uma coisa; ser empossado em um cargo, investidura.

POS.SEI.RO, *s.m.*, quem detém a posse de uma coisa, dono de terras sem escrituras.

POS.SES, *s.f., pl.*, bens, propriedades, meios.

POS.SES.SÃO, *s.f.*, o que é posse de outrem; país dominado por outro, colônia; indivíduo que estaria sendo possuído pelo demônio.

POS.SES.SI.VI.DA.DE, *s.f.*; qualidade de possessivo; sentimento exacerbado de posse.

POS.SES.SI.VO, *adj.*, que possui, que domina; pronome possessivo que indica o possuidor.

POS.SES.SO, *adj. e s.m.*, que está na posse de; possuído pelo demônio; fora de si, louco.

POS.SES.SOR, *adj.*, que possui; que é possuidor; Hist., diz-se de colono romano que recebia uma parte da terra conquistada; *s.m.*, aquele que possui.

POS.SI.BI.LI.DA.DE, *s.f.*, praticabilidade, permissibilidade.

POS.SI.BI.LI.TA.DO, *adj.*, permitido, concedido, condicionado.

POS.SI.BI.LI.TA.DOR, *adj.*, que possibilita, torna possível; *s.m.*, aquele que possibilita.

POS.SI.BI.LI.TAR, *v.t. e pron.*, tornar possível, realizar, dar condições de.

POS.SI.BI.LI.ZAR, *v.t.*, tornar possível, possibilitar.

POS.SÍ.VEL, *adj.*, que pode ser, realizável, praticável, permissível.

POS.SU.Í.DO, *adj.*, que se possuiu; que está na posse ou poder de alguém; dominado; desfrutado; enfatuado, soberbo; *s.m., pl.*, bens imóveis e semoventes.

POS.SU.I.DOR, *s.m.*, quem possui, dono, proprietário.

POS.SU.IR, *v.t. e pron.*, ter, deter, dominar, usufruir, desfrutar, conter; ter relação sexual com.

POS.TA, *s.f.*, naco, pedaço, fatia; administração do correio.

POS.TA.DO, *adj.*, colocado no correio, despachado.

POS.TA.GEM, *s.f., bras.*, ato ou efeito de postar, expedir, enviar; expedição.

POS.TAL, *adj.*, próprio do correio.

POS.TA.LIS.TA, *s. 2 gên.*, pessoa que trabalha no correio.

POS.TAR, *v.t. e pron.*, colocar no correio, pôr alguém em, colocar-se, aprumar-se, permanecer.

POS.TA-RES.TAN.TE, *s.f.*, seção do correio em que ficam as correspondências para o destinatário pegar.

POS.TE, *s.m.*, objeto comprido e alto de madeira, ferro, cimento, fixo no solo para segurar fios; *fig.*, alguém muito alto e magro.

POS.TE.A.ÇÃO, *s.f., bras.*, o mesmo que posteamento.

POS.TE.A.MEN.TO, *s.m., bras.*, ato ou efeito de postear; série de postes instalados para determinado uso.

POS.TE.MA, *s.m.*, Med., abscesso, tumor, supuração; apostema.

PÓS.TER, *s.m.*, cartaz impresso em forma de quadro para expor algo.

POS.TER.GA.ÇÃO, *s.f.*, adiamento, esquecimento, desprezo.

POS.TER.GA.DO, *adj.*, adiado, remarcado, desprezado, esquecido.

POS.TER.GAR, *v.t. e bit.*, adiar, deixar atrás, esquecer, não fazer, desprezar.

POS.TER.GÁ.VEL, *adj. 2 gên.*, que pode ser postergado, adiado; adiável.

POS.TE.RI.DA.DE, *s.f.*, grupo de pessoas da mesma linhagem;

pessoas futuras.
POS.TE.RI.OR, *adj.*, ulterior, que vem depois, atrasado.
POS.TE.RI.O.RI.DA.DE, *s.f.*, ulterioridade, atrasamento.
PÓS.TE.RO, *s.m.*, vindouro, futuro, que vem.
POS.TE.RO.EX.TE.RI.OR, *adj. 2 gên.*, situado atrás e na parte externa.
POS.TE.RO.IN.FE.RI.OR, *adj. 2 gên.*, situado atrás e na parte inferior.
POS.TE.ROS.SU.PE.RI.OR, *adj. 2 gên.*, situado atrás e na parte superior.
POS.TI.ÇO, *adj.*, falso, inventado, que se pode pôr e tirar.
POS.TI.GO, *s.m.*, pequena abertura em portas para ver quem chega, sem abri-las; portinhola, furo.
POS.TI.LA, *s.f.*, apostila, caderno impresso com assuntos escolares para estudar para concursos.
POS.TI.LAR, *v.t.*, apostilar, encadernar folhas para estudo determinado.
POS.TI.LHÃO, *s.m., ant.*, mensageiro que transportava mensagens e correspondências a cavalo; p.ext., qualquer mensageiro; condutor da diligência no serviço de posta.
POS.TI.TE, *s.f.*, Urol., inflamação do prepúcio.
POS.TÍ.TI.CO, *adj.*, relativo a postite.
POST-MORTEM, loc. adv., lat., após a morte; no além-túmulo, na outra vida.
POS.TO, *adj.*, colocado, disposto, alinhado; *s.m.*, qualquer local; local para venda de combustível, ponto de vigilância policial; cargo, função, graduação da carreira hierárquica.
POS.TÔ.NI.CO, *adj.*, o acento vem após a sílaba tônica.
PÓS-TRO.PI.CA.LIS.TA, *adj. 2 gên.*, relativo ao pós-tropicalismo; que é participante do pós-tropicalismo; *s. 2 gên.*, indivíduo que é participante do pós-tropicalismo.
POS.TU.LA.ÇÃO, *s.f.*, solicitação, pedido, exigência, tese.
POS.TU.LA.DO, *s.m.*, tese, proposição, exigência.
POS.TU.LAN.TE, *adj.*, insistente, exigente, suplicante, requerente.
POS.TU.LAR, *v.t. e bit.*, insistir, exigir, suplicar, requerer.
POS.TU.LA.TÓ.RIO, *adj.*, Jur., diz-se de instrumento de ação para expor e requerer algo em juízo.
PÓS.TU.MO, *adj.*, depois de morto, obra publicada após a morte do autor.
POS.TU.RA, *s.f.*, posição, atitude, comportamento; talhe, feitio.
POS.TU.RAR, *v.int.*, palavra proposta para substituir o francesismo posar.
PO.SU.DO, *adj. e s.m., bras., pop.*, que tem pose; que é arrogante, cheio de si; indivíduo que é muito arrogante, cheio de si.
PO.TA.MO.FO.BI.A, *s.f.*, medo de rios, aversão a rios, horror por rios.
PO.TA.MÓ.FO.BO, *s.m.*, quem tem pavor de rios.
PO.TA.MO.GRA.FI.A, *s.f.*, Geog., parte da geografia dedicada ao estudo dos rios.
PO.TA.MO.LO.GI.A, *s.f.*, a parte da geografia que se ocupa com os rios.
PO.TA.MO.LÓ.GI.CO, *adj.*, que se refere à Potamologia.
PO.TAS.SA, *s.f.*, hidróxido de potássio.
PO.TAS.SA.DO, *adj.*, que contém potassa; misturado com potassa.
PO.TÁS.SIO, *s.m.*, elemento metálico com o n.º atômico 19.
PO.TÁ.VEL, *adj.*, bebível, que se pode beber, água purificada.
PO.TE, *s.m.*, vaso para líquidos, geleias, loções, grãos.
PO.TÊN.CIA, *s.f.*, característica do que é potente; nação poderosa, poder, força, vigor, mando, domínio.

PO.TEN.CI.A.ÇÃO, *s.f.*, em Matemática, obter produto de fatores iguais.
PO.TEN.CI.A.DO, *adj.*, tornado mais potente; reforçado; potencializado; Mat., elevado a uma certa potência.
PO.TEN.CI.AL, *adj.*, possível, realizável; conjunto de forças, possibilidades.
PO.TEN.CI.A.LI.DA.DE, *s.f.*, possibilidade, previsão, condições de obtenção do desejado.
PO.TEN.CI.A.LI.ZA.ÇÃO, *s.f.*, ato ou efeito de potencializar.
PO.TEN.CI.A.LI.ZA.DOR, *adj.*, que potencializa; *s.m.*, o que potencializa.
PO.TEN.CI.A.LI.ZAR, *v.t.*, fazer ficar potente, reforçar, tornar forte.
PO.TEN.CI.AR, *v.t.*, colocar a potenciação.
PO.TEN.CI.O.ME.TRI.A, *s.f.*, emprego do potenciômetro.
PO.TEN.CI.Ô.ME.TRO, *s.m.*, aparelho para medir a intensidade da energia elétrica.
PO.TEN.CI.O.NA.LI.ZA.DO, *adj.*, que se potencionalizou; tornado mais potente; intensificado; reforçado.
PO.TEN.TA.DO, *s.m.*, governante de um Estado, poderoso, chefe com muito poder.
PO.TEN.TE, *adj.*, poderoso, forte, rijo, robusto, resistente.
PO.TEN.TO.SO, *adj., pop.*, que é potente; que tem força.
PO.TES.TA.DE, *s.f.*, potentado, potência, divindade, uma hierarquia de anjos.
PO.TI.GUAR, *adj.*, rio-grandense-do-norte.
PO.TO.CA, *s.f., pop.*, peta, mentira, lorota.
PO.TO.CAR, *v.int., bras., pop.*, dizer potocas, mentiras; mentir.
PO.TO.QUEI.RO, *s.m.*, aquele que mente; mentiroso; *adj., pop.*, que não diz a verdade.
PO.TRA, *s.f.*, potranca, égua nova.
PO.TRA.DA, *s.f., bras.*, S, conjunto de potros; potraria.
PO.TRAN.CA, *s.f.*, potra com menos de dois anos; *pop.*, mulher nova e bonita.
PO.TRAN.CO, *s.m.*, potro, cavalo novo.
PO.TRE.A.DOR, *adj. e s.m., bras.*, S, que ou aquele que potreia.
PO.TRE.AR, *v.t., bras.*, RS, roubar cavalo do campo que pertence a outro dono; adonar-se; RS, apropriar-se de ou arrebanhar para a doma (gado, cavalo); *bras., p.ext.*, roubar; pilhar.
PO.TRI.LHO, *s.m.*, S, potro de menos de um ano; potranco.
PO.TRO, *s.m.*, cavalo novo.
POU.CA-VER.GO.NHA, *s.f.*, sem-vergonhice, descaramento, safadeza.
POU.CO, *adv.*, menos, não muito; *adj.*, escasso, diminuto; *s.m.*, pequena porção; coisa de nenhum valor.
POU.PA, *s.f.*, penacho no cucuruto das aves.
POU.PA.DO, *adj.*, economizado, guardado, não castigado.
POU.PA.DOR, *adj. e s.m.*, economizador, parcimonioso, quem guarda dinheiro.
POU.PAN.ÇA, *s.f.*, economia; conta bancária para guardar dinheiro; *fig., pop.*, nádegas, traseiro.
POU.PAR, *v.t., int. e pron.*, economizar, guardar dinheiro; não castigar, tratar com suavidade.
POU.QUI.DA.DE, *s.f.*, pouca coisa, pouquidão, pequenez.
POU.QUI.DÃO, *s.f.*, pouquidade.
POU.QUI.NHO, *s.m.*, porção diminuta, muito pouco.
POU.SA.DA, *s.f.*, hospedaria, pensão, estalagem, hotel, local para pernoite.
POU.SA.DOU.RO, *s.m.*, pousada; lugar em que se pousa; pousadeiro.

POUSAR

POU.SAR, *v.t.*, *int.* e *pron.*, repousar, hospedar-se, pernoitar, aterrissar, descer.
POU.SI.O, *s.m.*, interrupção do cultivo da terra; *s.m.*, p.ext., terra abandonada que não se planta ou lavra; *adj.*, não cultivado; inculto.
POU.SO, *s.m.*, pernoite, aterrissagem.
PO.VÃO, *s.m.*, bras., pop., conjunto de pessoas de classe humilde; multidão; povaréu.
PO.VA.RÉU, *s.m.*, povo, povão, gentalha.
PO.VI.LÉU, *s.m.*, ralé, escumalha, gentinha, gentalha.
PO.VO, *s.m.*, cada um dos habitantes de uma região, de uma nação.
PÓ.VOA, *s.f.*, vila, aldeia, pequena povoação.
PO.VO.A.ÇÃO, *s.f.*, lugarejo, aldeia, povoado; as pessoas de um local.
PO.VO.A.DO, *adj.*, local com habitantes; *s.m.*, lugarejo, vila, povoação.
PO.VO.A.DOR, *adj.* e *s.m.*, que(m) povoa, colonizador, desbravador.
PO.VO.A.MEN.TO, *s.m.*, ação de povoar, ocupação de terras por pessoas.
PO.VO.AN.ÇA, *s.f.*, ant., povoação.
PO.VO.AR, *v.t.* e *pron.*, colocar habitantes em; fundar um povoado.
PO.VOS, *s.m.* e *pl.*, as nações, os países do mundo.
PO.XA, *interj.*, puxa, epa, cuidado.
PR - sigla do Estado do Paraná.
PRA.ÇA, *s.f.*, logradouro, local público nas cidades para as pessoas repousarem; soldado raso; cidade comercial.
PRA.ÇA-FOR.TE, *s.f.*, cidade fortificada, local próprio para se defender contra assaltos.
PRA.CE.AR, *v.t.*, fazer leilão de; leiloar.
PRA.CI.NHA, *s.m.*, pequena praça, largo; soldado brasileiro que lutou na última guerra mundial.
PRA.CIS.TA, *s. 2 gên.*, vendedor de produtos de uma empresa em uma cidade; quem vende apenas na cidade de origem.
PRA.CRÍ.TI.CO, *adj.*, relativo ao prácrito.
PRA.CRI.TIS.MO, *s.m.*, vocábulo ou modismo pracrítico.
PRÁ.CRI.TO, *s.m.*, língua popular da Índia, derivada do sânscrito.
PRA.DA.RI.A, *s.f.*, vários prados, campo, várzea, planície.
PRA.DO, *s.m.*, pastagem, planície coberta de gramíneas, campina.
PRA.GA, *s.f.*, epidemia, doença contagiosa, maldade rogada a, desgraça, maldição.
PRAG.MÁ.TI.CA, *s.f.*, conjunto de normas e etiquetas que norteiam as cerimônias em igrejas e nas cortes reais ou embaixadas.
PRAG.MÁ.TI.CO, *adj.*, objetivo, positivo, real, prático.
PRAG.MA.TIS.MO, *s.m.*, sistema que olha tudo pela praticidade, positivismo.
PRAG.MA.TIS.TA, *s. 2 gên.*, partidário do pragmatismo, seguidor do pragmatismo.
PRA.GUE.JA.DO, *adj.*, esconjurado, blasfemado, difamado.
PRA.GUE.JA.DOR, *adj.* e *s.m.*, que(m) pragueja, esconjurador, difamador.
PRA.GUE.JA.MEN.TO, *s.m.*, ação ou efeito de praguejar, imprecação, caluniamento.
PRA.GUE.JAR, *v.t.* e *int.*, esconjurar, soltar pragas, blasfemar, difamar, amaldiçoar.
PRA.GUEN.TO, *adj.*, que roga sempre pragas, praguejador.

PRAXE

PRAI.A, *s.f.*, a parte arenosa na beira do mar; costa, litoral.
PRAI.A.NO, *adj.*, próprio da praia; *s.m.*, morador da praia.
PRAI.EI.RO, *adj.* e *s.m.*, praiano, que habita à beira-mar.
PRA.LI.NA, *s.f.*, amêndoa coberta.
PRAN.CHA, *s.f.*, tábua grossa e forte.
PRAN.CHA.DA, *s.f.*, pancada com a prancha, prancha grande.
PRAN.CHÃO, *s.m.*, prancha grande, tábua muito larga e grossa.
PRAN.CHAR, *v.int.*, o mesmo que pranchear.
PRAN.CHE.AR, *v.t.*, *int.* e *pron.*, cair de lado, bater com prancha em.
PRAN.CHE.TA, *s.f.*, mesa apropriada para desenhar.
PRAN.TA.RI.A, *s.f.*, bras., pranto prolongado.
PRAN.TE.A.DO, *adj.*, chorado, lamentado, saudoso.
PRAN.TE.A.DOR, *adj.* e *s.m.*, chorador, lamentador; que(m) chora.
PRAN.TE.AR, *v.t.*, *int.* e *pron.*, chorar, lamentar, sentir dor por.
PRAN.TI.NA, *s.f.*, bras., NE, pop., choradeira; prantaria.
PRAN.TO, *s.m.*, choro, lamento, lágrimas.
PRA.TA, *s.f.*, elemento metálico de cor brilhante e muito valor no mercado.
PRA.TA.DA, *s.f.*, o conteúdo de um prato.
PRA.TA.RI.A, *s.f.*, muitos pratos; muita louça de prata, baixela de prata.
PRA.TAR.RAZ, *s.m.*, prato grande, pratão; prato imenso.
PRA.TE.A.ÇÃO, *s.f.*, banho de prata, coloração com prata, prateamento.
PRA.TE.A.DO, *adj.*, banhado em prata, cor de prata.
PRA.TE.A.DOR, *adj.* e *s.m.*, que ou o que prateia.
PRA.TE.AR, *v.t.* e *pron.*, revestir com prata, dar a aparência de prata.
PRA.TEI.RO, *s.m.*, artesão ou fabricante de objetos de prata; comerciante que vende objetos de prata.
PRA.TE.LEI.RA, *s.f.*, suportes, divisórias de uma estante para colocar livros ou outros objetos.
PRÁ.TI.CA, *s.f.*, experiência adquirida pela ação.
PRA.TI.CA.BI.LI.DA.DE, *s.f.*, realização, efetividade, possibilidade.
PRA.TI.CA.GEM, *s.f.*, Mar., condução de embarcações com total conhecimento da área de um rio ou mar próxima ao atracadouro; a profissão do prático.
PRA.TI.CÂN.CIA, *s.f.*, ato ou efeito de praticar, de realizar; frequência aos cultos e obediência a todos os preceitos de uma religião.
PRA.TI.CAN.TE, *adj.* e *s. 2 gên.*, que(m) pratica, efetivante.
PRA.TI.CAR, *v.t.* e *int.*, realizar, efetuar, obrar, plasmar.
PRA.TI.CÁ.VEL, *adj.*, viável, que se pode fazer, executável.
PRÁ.TI.CO, *adj.*, experiente, que aprendeu por experiência; *s.m.*, quem exerce uma função adquirida por experiência; profissional que conduz os navios na entrada de um porto.
PRA.TI.CUL.TOR, *adj.* e *s.m.*, que(m) planta e cultiva prados, campos.
PRA.TI.CUL.TU.RA, *s.f.*, parte da agricultura, que trata em especial de pastagens ou forragens.
PRA.TI.LHEI.RO, *s.m.*, o músico que, numa banda ou orquestra, toca os pratos, timbales ou címbalos.
PRA.TO, *s.m.*, peça de louça para pôr comida; iguarias servidas em uma refeição.
PRA.TO-FEI.TO, *s.m.*, alimento que se compra em prato cheio e pronto; pê-efe.
PRA.XE, *s.f.*, costume, habitualidade, hábito.

PRAXIOLOGIA ··· 661 ··· **PREDEFINIÇÃO**

PRA.XI.O.LO.GI.A, s.f., Teol., estudo das causas produtoras e as leis que regem as ações humanas.
PRA.XI.O.LÓ.GI.CO, adj., que diz respeito à Praxiologia.
PRÁ.XIS, s.f., Filos., ação ordenada para um certo fim (por oposição a conhecimento, a teoria).
PRA.XIS.TA, s. 2 gên., quem conhece as praxes.
PRA.ZEN.TE.AR, v.int., bajular, adular, lisonjear, causar prazer.
PRA.ZEN.TEI.RO, adj., alegre, satisfeito, simpático, afável.
PRA.ZER, s.m., satisfação, deleite, sensação de bem-estar, fruição.
PRA.ZE.RO.SO, adj., em que há prazer, agradável, alegre.
PRA.ZI.DO, adj., que causou prazer ou satisfação.
PRA.ZO, s.m., tempo determinado para a realização de um ato; data pré-marcada.
PRÉ, s.m., o soldo diário de um soldado, pagamento antes do uso.
PRE.Á, s. 2 gên., roedor de pequeno porte, da família dos cavídeos.
PRÉ-A.DO.LES.CÊN.CIA, s.f., fase da vida que antecede a adolescência.
PRÉ-A.DO.LES.CEN.TE, adj. 2 gên., que está na pré-adolescência; s. 2 gên., aquele que está na pré-adolescência.
PRÉ-A.GÔ.NI.CO, adj., que antecede a agonia.
PRÉ-AL.FA.BE.TI.ZA.ÇÃO, s.f., período escolar que antecede a alfabetização, com atividades próprias para preparar as crianças para a alfabetização.
PRE.A.MAR, s.f., o ponto máximo da maré alta; maré-cheia.
PRE.AM.BU.LAR, adj., que se refere a preâmbulo, prefacial, introdutório.
PRE.ÂM.BU.LO, s.m., prefácio, introdução, abertura.
PRÉ-AN.TE.PE.NÚL.TI.MO, adj., anterior ao antepenúltimo.
PRE.A.NUN.CI.A.ÇÃO, s.f., anunciação prévia, anunciamento antecipado.
PRE.A.NUN.CI.AR, v.t., anunciar antes, fazer uma comunicação prévia.
PRE.A.QUE.CER, v.t., aquecer antecipadamente.
PRE.AR, v.int., prender, segurar, ligar, aprisionar.
PRÉ-A.VI.SO, s.m., aviso dado com alguma antecedência.
PRE.BEN.DA, s.f., rendimento eclesiástico, cargo de pouco esforço e bem rendimento.
PRÉ-CA.BRA.LI.NO, adj., anterior à chegada de Pedro Álvares Cabral ao Brasil.
PRE.CA.ÇÃO, s.f., solicitação, rogação, pedido.
PRÉ-CAM.BRI.A.NO, adj. e s.m., Geol., diz-se de, ou o período da era proterozoica que antecede o cambriano, no qual surgem os primeiros sinais de vida rudimentar.
PRE.CA.RI.E.DA.DE, s.f., fragilidade, incerteza, transitoriedade.
PRE.CÁ.RIO, adj., frágil, incerto, duvidoso, transitório.
PRE.CA.TA.DO, adj., precavido, prevenido.
PRE.CA.TAR, v.t. e pron., precaver, prevenir, preparar.
PRE.CA.TÓ.RIA, s.f., documento pelo qual um juiz solicita a outro o cumprimento de uma diligência judicial.
PRE.CA.TÓ.RIO, adj., que pede alguma coisa, rogatório, solicitante.
PRE.CAU.ÇÃO, s.f., prevenção, cautela.
PRE.CAU.CI.O.NAR-SE, v. pron., acautelar-se, precaver-se, prevenir-se.
PRE.CAU.TE.LAR-SE, v. pron., precaver-se, prevenir-se.
PRE.CA.VER, v.t., prevenir, precatar-se, ficar alerta.
PRE.CA.VI.DO, adj., prevenido, precatado.

PRE.CE, s.f., oração, pedido, súplica.
PRE.CE.DÊN.CIA, s.f., preterição, preferência.
PRE.CE.DEN.TE, s.m., medida usada com anterioridade, algo anterior.
PRE.CE.DER, v.t. e int., vir, chegar antes, antepor, colocar na frente.
PRE.CEI.TO, s.m., norma, ordem, lei, mandamento.
PRE.CEI.TU.AR, v.t. e int., ordenar, receitar, prescrever, ditar normas.
PRE.CEI.TU.Á.RIO, s.m., conjunto de preceitos.
PRE.CEP.TI.VO, adj. e s.m., que(m) transmite preceitos, que se assemelha a preceito.
PRE.CEP.TOR, s.m., guia, mestre, responsável.
PRE.CES.SÃO, s.f., ação ou efeito de preceder, precedência.
PRE.CI.O.SI.DA.DE, s.f., raridade, o que é precioso, algo muito valoroso.
PRE.CI.O.SIS.MO, s.m., exagero acurado no fazer os trabalhos, expressões muito exageradas no falar.
PRE.CI.O.SO, adj., valioso, caro, estimado, amado.
PRE.CI.PÍ.CIO, s.m., despenhadeiro, abismo.
PRE.CI.PI.TA.ÇÃO, s.f., ação ou efeito de precipitar, impetuosidade, pressa.
PRE.CI.PI.TA.DO, adj., imprudente, desajuizado.
PRE.CI.PI.TAR, v. pron., lançar-se, jogar-se, atirar-se, despencar, cair.
PRE.CÍ.PUO, adj., principal, essencial, fundamental.
PRE.CI.SA.DO, adj., necessitado, carente, pobre.
PRE.CI.SÃO, s.f., necessidade, exatidão, perfeição, esmero.
PRE.CI.SAR, v.t. e int., necessitar, carecer, fazer exato, esmerar, detalhar, acelerar.
PRE.CI.SO, adj., carente, necessário, exato, perfeito, esmerado.
PRE.CI.TA.DO, adj., citado antes, avisado com antecedência.
PRE.CLA.RO, adj., notório, ilustre, famoso.
PRE.ÇO, s.m., valor, custo, quantidade a ser paga; merecimento; fig., castigo.
PRE.CO.CE, adj., prematuro, que veio antes do tempo.
PRE.CO.CI.DA.DE, s.f., qualidade do que é precoce.
PRÉ-CO.LOM.BI.A.NO, adj., que antecede a descoberta da América por Cristóvão Colombo, navegador genovês (1436 -1506) a serviço da Espanha.
PRE.CON.CE.BER, v.t., conceber, planejar, supor, imaginar.
PRE.CON.CE.BI.DO, adj., concebido antes, premeditado.
PRE.CON.CEI.TO, s.m., ideia errada a respeito de; juízo errado sobre algo.
PRE.CO.NI.ZA.ÇÃO, s.f., anunciação, antevisão, recomendação.
PRE.CO.NI.ZA.DO, adj., anunciado, previsto, antevisto.
PRE.CO.NI.ZA.DOR, adj. e s.m., anunciador, providente.
PRE.CO.NI.ZAR, v.t., anunciar, publicar na imprensa, antever fatos, recomendar.
PRE.CUR.SOR, s.m., guia, quem vem antes de alguém, o primeiro.
PRE.DA.DOR, s.m., destruidor, arrasador.
PRÉ-DA.TA.DO, s.m., qualquer documento com data a vencer no futuro.
PRÉ-DA.TAR, v.t., colocar data futura.
PRE.DA.TÓ.RIO, adj., destruidor, prejudicador, poluidor.
PRE.DE.CES.SOR, s.m., antecessor, anterior.
PRE.DE.FI.NI.ÇÃO, s.f., ação de predefinir, definição antecipada.

PRE.DE.FI.NIR, *v.t. e bit.*, definir antes, definir com antecedência.
PRE.DES.TI.NA.ÇÃO, *s.f.*, ação ou efeito de predestinar, sina, destino.
PRE.DES.TI.NA.DO, *adj. e s.m.*, iluminado, vocacionado por antecedência.
PRE.DES.TI.NAR, *v. bit.*, dar um destino antes; prever, antecipar, escolher.
PRE.DE.TER.MI.NA.ÇÃO, *s.f.*, indicação anterior, antecipação.
PRE.DE.TER.MI.NAR, *v.t.*, firmar, indicar, determinar com antecipação.
PRE.DI.AL, *adj.*, que se refere a prédios.
PRÉ.DI.CA, *s.f.*, sermão, prática, discurso religioso, homilia.
PRE.DI.CA.ÇÃO, *s.f.*, gramaticalmente, fala-se da ligação entre o sujeito e o verbo dentro da oração.
PRE.DI.CA.DO, *s.m.*, qualidade, virtude, dote, valor moral.
PRE.DI.CA.DOR, *adj. e s.m.*, pregador, sermonista, orador que(m) prega.
PRE.DI.CA.MEN.TAL, *adj.*, relativo a predicamento.
PRE.DI.CA.MEN.TAR, *v.t.*, graduar com predicamento.
PRE.DI.CA.MEN.TO, *s.m.*, predicação, pregação.
PRE.DI.CAN.TE, *adj. e s. 2 gên.*, que(m) predica, pregador, orador.
PRE.DI.ÇÃO, *s.f.*, ação de predizer, vaticínio, profecia.
PRE.DI.CAR, *v.t. e reg. mt.*, pregar, orar, falar, expor oralmente.
PRE.DI.CA.TI.VO, *adj. e s.m.*, qualificativo dado ao sujeito ou ao objeto.
PRE.DI.CA.TÓ.RIO, *adj.*, elogioso, louvável, laudatório, que predica.
PRE.DI.LE.ÇÃO, *s.f.*, preferência, afeto exagerado, exclusividade.
PRE.DI.LE.TO, *adj.*, amado, preferido, exclusivo.
PRÉ.DIO, *s.m.*, edifício, construção, imóvel.
PRE.DIS.PO.NEN.TE, *adj. e s. 2 gên.*, que(m) predispõe, destinante, que(m) arruma.
PRE.DIS.POR, *v.t. e pron.*, colocar antes, arrumar antes, destinar com antecedência.
PRE.DIS.PO.SI.ÇÃO, *s.f.*, vocação, tendência, inclinação, pendor, motivo.
PRE.DIS.POS.TO, *adj.*, pré-arranjado, colocado antes, ajeitado, inclinado.
PRE.DI.TO, *adj.*, dito, referido, dito antes.
PRE.DI.ZER, *v.t. e bit.*, vaticinar, prever, antecipar os fatos, profetizar.
PRE.DO.MI.NA.ÇÃO, *s.f.*, prevalecência, comando, preponderância.
PRE.DO.MI.NA.DOR, *adj. e s.m.*, que(m) predomina, comandante, mandante.
PRE.DO.MI.NÂN.CIA, *s.f.*, predomínio, comando, prevalecência.
PRE.DO.MI.NAN.TE, *adj.*, que predomina, o mais forte.
PRE.DO.MI.NAR, *v.t. e int.*, prevalecer, mandar, comandar, preponderar.
PRE.DO.MÍ.NIO, *s.m.*, mando, comando, preponderância, preferência no mando.
PRÉ-E.LEI.TO.RAL, *adj.*, que ocorre antes da eleição, anterior às eleições.
PRE.E.MI.NÊN.CIA, *s.f.*, elevação, antecedência, notoriedade.
PRE.E.MI.NEN.TE, *adj.*, elevado, superior, notório, famoso.
PRE.EN.CHER, *v.t.*, encher, ocupar, exercer o cargo.
PRE.EN.CHI.DO, *adj.*, ocupado, enchido, exercido.
PRE.EN.CHI.MEN.TO, *s.m.*, ato ou efeito de preencher.
PRE.EN.SÃO, *s.f.*, ato ou efeito de prender, segurar, agarrar.
PRE.ÊN.SIL, *adj.*, que prende, que segura, que retém.
PRÉ-ES.CO.LA, *s.f.*, escola infantil, jardim de infância.
PRÉ-ES.CO.LAR, *adj. e s.m.*, atividade antes da escola, pré.
PRE.ES.TA.BE.LE.CER, *v.t.*, firmar antes, acertar com antecedência.
PRE.ES.TA.BE.LE.CI.DO, *adj.*, estabelecido antes, previsto, pré-ordenado.
PRE.EX.CE.LÊN.CIA, *s.f.*, qualidade do que é preexcelente.
PRE.EX.CE.LEN.TE, *adj.*, além de excelente; muito superior.
PRE.EX.CEL.SO, *adj.*, muito excelso; muito alto; muito superior; sublime.
PRE.E.XIS.TÊN.CIA, *s.f.*, existência anterior; vida que houve antes.
PRE.E.XIS.TEN.TE, *adj. 2 gên.*, que preexiste; diz-se do que já existia antes.
PRE.E.XIS.TI.DO, *adj.*, existido antes, vivido antes.
PRE.E.XIS.TIR, *v.t. e int.*, existir antes, ter existência anterior.
PRÉ-FA.BRI.CA.DO, *adj.*, que se fabrica antes de montar no posto definitivo.
PRÉ-FA.BRI.CAR, *v.t.*, fabricar peças que serão montadas depois; *fig.*, arquitetar.
PRE.FA.CI.A.DO, *adj.*, introduzido, aberto, iniciado.
PRE.FA.CI.A.DOR, *adj. e s.m.*, diz-se de ou aquele que prefacia.
PRE.FA.CI.AL, *adj.*, que diz respeito a prefácio.
PRE.FA.CI.AR, *v.t.*, escrever o prefácio, introduzir, fazer o preâmbulo.
PRE.FÁ.CIO, *s.m.*, introdução, parte introdutória de um livro, prólogo.
PRE.FEI.TO, *s.m.*, chefe político executivo do município, alcaide.
PRE.FEI.TU.RA, *s.f.*, paço, edifício da administração municipal.
PRE.FE.RÊN.CIA, *s.f.*, predileção, favorecimento.
PRE.FE.REN.CI.AL, *adj.*, predileto, favorito, mais amado; *s.f.*, rua principal.
PRE.FE.REN.TE, *adj.*, preferido, que prefere, favorável, predileto.
PRE.FE.RI.DO, *adj.*, querido, quisto, favorecido.
PRE.FE.RIR, *v.t. e int.*, dar preferência, a favor de, querer mais a, favorecer.
PRE.FE.RÍ.VEL, *adj.*, predileto, amado.
PRE.FI.GU.RA.ÇÃO, *s.f.*, vaticínio, previsão, desenho, antevisão.
PRE.FI.GU.RA.DO, *adj.*, vaticinado, previsto, antevisto.
PRE.FI.GU.RAR, *v.t. e pron.*, desenhar o que virá, prever, vaticinar.
PRE.FI.GU.RA.TI.VO, *adj.*, que prefigura.
PRE.FI.XA.ÇÃO, *s.f.*, agendamento; algo previamente estabelecido.
PRE.FI.XA.DO, *adj.*, marcado, agendado, anotado.
PRE.FI.XAL, *adj.*, que afixa antes, que está antes do radical.
PRE.FI.XAR, *v.t.*, fixar antes, marcar com antecedência.
PRE.FI.XO, *s.m.*, elemento anteposto a uma palavra, para formar uma nova; musical ou sinal para abrir ou encerrar programas radiofônicos.
PRE.FUL.GEN.TE, *adj. 2 gên.*, que prefulge; que tem muito brilho; resplandescente.
PRE.FUL.GIR, *v.int.*, fulgir, brilhar, refulgir.
PRE.FUL.GU.RA.ÇÃO, *s.f.*, ato de prefulgurar.

PRE.GA, s.f., dobra, ruga.
PRE.GA.ÇÃO, s.f., ato de pregar, propalação, prédica, exposição.
PRE.GA.DEI.RA, s.f., presilha para pregar pontas, almofada para espetar agulhas.
PRE.GA.DO, adj., predicado, falado, fixado, mirado.
PRE.GA.DOR, s.m., peça que prende objetos; quem prega, indivíduo que faz prédicas, quem anuncia o Evangelho, quem anuncia algum tipo de crença religiosa; comunicador, missionário.
PRE.GA.DU.RA, s.f., conjunto de pregos que prendem ou servem de adorno; pregaria.
PRE.GA.GEM, s.f., ação de pregar.
PRE.GÃO, s.m., anúncio, proclamação, ato de venda de valores em hasta ou bolsa; anúncio de casamentos.
PRE.GAR, v.t., int., bit. e pron., fixar com prego, colocar prego em; mirar, fixar; fazer sermões, anunciar, evangelizar.
PRE.GA.RI.A, s.f., porção de pregos; pregadura; cravação.
PRÉ-GLA.CI.AL, adj., que ocorreu antes da Era Glacial, que aconteceu antes da glacialização.
PRE.GO, s.m., haste metálica com cabeça, para fixar materiais; fig., casa de penhores.
PRE.GO.EI.RO, s.m., quem anuncia os valores nos pregões.
PRE.GÕES, s.m., pl., anúncio de casamento.
PRE.GRES.SO, adj., já passado, decorrido, passado antes.
PRE.GUE.A.DEI.RA, s.f., máquina que faz pregas em tecidos.
PRE.GUE.A.DO, adj., com pregas, com rugas.
PRE.GUE.A.DOR, adj. e s.m., que(m) provoca pregas, peça para fazer pregas.
PRE.GUE.A.MEN.TO, s.m., ato ou efeito de preguear; pregueado.
PRE.GUE.AR, v.t. e int., provocar pregas em, enrugar.
PRE.GUI.ÇA, s.f., horror ao trabalho, ao esforço; nenhuma vontade para o trabalho; mamífero desdentado arborícola, de movimentos lentos.
PRE.GUI.CEI.RA, s.f., cadeira para descansar, cadeira do papai.
PRE.GUI.CEI.RO, adj. que tem preguiça; preguiçoso; próprio para dormir; s.m., pessoa preguiçosa; cadeira reclinável com encosto e escabelo.
PRE.GUI.ÇO.SA, s.f., bras., ver espreguiçadeira; bras., pequena abelha que deixa que lhe tirem o mel sem reagir.
PRE.GUI.ÇO.SO, adj., que é dado à preguiça, malandro, indolente, vadio.
PRE.GUS.TAR, v.t. e int., degustar, saborear antes, provar.
PRÉ-HIS.TÓ.RIA, s.f., parte da História que se dedica ao período anterior ao registro escrito dos fatos.
PRÉ-HIS.TÓ.RI.CO, adj., próprio da pré-história; algo muito antigo.
PRÉ-IN.CAI.CO, adj., que veio antes dos Incas; anterior aos Incas.
PREI.TO, s.m., homenagem, honra, pacto, acordo, sujeição.
PRE.JU.DI.CA.DO, adj., desvalorizado, lesado, lesionado, danificado.
PRE.JU.DI.CA.DOR, adj. e s.m., lesionador, nocivo, desvalorizador.
PRE.JU.DI.CAR, v.t. e pron., lesar, ser prejudicial, ser nocivo, desvalorizar.
PRE.JU.DI.CI.AL, adj., nocivo, lesivo, que prejudica.
PRE.JU.Í.ZO, s.m., perda, dano, lesão.
PRE.JUL.GA.DO, adj., julgado antes, analisado anteriormente.
PRE.JUL.GAR, v.t., julgar com antecedência, formar opinião antes.
PRE.LA.DO, s.m., título dado a autoridades da igreja, como bispos, padres.
PRE.LA.ZI.A, s.f., cargo do prelado, território comandado por um prelado.
PRE.LE.ÇÃO, s.f., exposição didática, conferência, palestra.
PRE.LE.CI.O.NA.DOR, s.m., preletor.
PRE.LE.CI.O.NAR, v. reg. mt., ensinar, dar lição, ministrar aula; falar, discursar.
PRE.LI.BAR, v.t., usufruir com antecedência, antegozar.
PRE.LI.MI.NAR, adj. e s.m., a parte inicial; a entrada.
PRÉ.LIO, s.m., luta, batalha, pugna, disputa.
PRE.LO, s.m., prensa, impressora.
PRE.LU.CI.DA.ÇÃO, s.f., esclarecimento anterior, previsão.
PRE.LU.DI.AR, v.t. e int., prefaciar, introduzir, abrir com um concerto musical, iniciar, começar.
PRE.LÚ.DIO, s.m., prefácio, preâmbulo, introdução, abertura de uma peça musical.
PRE.MA.TU.RA.ÇÃO, s.f., prematuridade, precocidade, amadurecimento antes da hora.
PRE.MA.TU.RI.DA.DE, s.f., estado do que é prematuro, esp. recém-nascido.
PRE.MA.TU.RO, adj., precoce, que nasceu antes do tempo normal de gestação.
PRE.ME.DI.TA.ÇÃO, s.f., meditação anterior, precedência.
PRE.ME.DI.TA.DO, adj., que se premeditou; posto, refletido, pensado com antecipação.
PRE.ME.DI.TAR, v.t., meditar, resolver antes de tudo, raciocinar, programar com antecedência.
PRE-MÊN.CIA, s.f., urgência, pressa, açodamento.
PRÉ-MENS.TRU.AL, adj., que ocorre antes da menstruação.
PRE.MEN.TE, adj., que pesa, que faz pressão, opressivo, urgente.
PRE.MER, v.t., pesar, urgir, pressionar, oprimir.
PRE.MI.A.ÇÃO, s.f., ato ou efeito de premiar; concessão de prêmios; a cerimônia dessa concessão.
PRE.MI.A.DO, adj., com prêmio, número da loteria sorteado.
PRE.MI.A.DOR, adj., que concede prêmio ou elege os premiados; s.m., o que premia.
PRE.MI.AR, v.t., dar um prêmio, conceder algo a; pagamento de um favor.
PRE.MI.Á.VEL, adj. 2 gén., passível de ser premiado.
PRE.MI.DO, adj., pressionado, coagido, comprimido.
PRE.MI.Ê, s.m., chefe do governo em certos regimes parlamentaristas, como a França e a Itália; premier.
PRÊ.MIO, s.m., recompensa dada a quem se destaca em uma disputa; o que recebe quem é sorteado na loteria; pagamento para companhia de seguros.
PRE.MIR, v.t., premer, pressionar, comprimir.
PRE.MIS.SA, s.f., antecedente.
PRE.MO.ÇÃO, s.f., Teol., ato de Deus sobre a vontade do homem.
PRÉ-MO.DER.NIS.MO, s.m., período artístico e literário que antecedeu o Modernismo.
PRÉ-MO.DER.NIS.TA, adj. 2 gén., que é anterior ao modernismo; relativo ou pertencente ao pré-modernismo; s. 2 gén., artista pré-modernista.
PRÉ-MO.LAR, s.m., tipo de dente entre os caninos e os molares.
PRÉ-MOL.DA.DO, adj., que é feito com moldes fabricados

PREMONIÇÃO

antes; que fica pronto previamente à construção.
PRE.MO.NI.ÇÃO, *s.f.*, intuição de um fato futuro, previsão do que vai acontecer.
PRE.MO.NI.TÓ.RIO, *adj.*, intuitivo, indicativo do que vai acontecer.
PRÉ-MÓR.BI.DO, *adj.*, estado que antecede imediatamente o estado mórbido.
PRE.MU.DAR, *v.t.*, mudar ou transferir antes do tempo regulamentar.
PRE.MU.NIR, *v.t., bit.* e *pron.*, preparar-se com antecedência, prevenir-se, acautelar-se.
PRE.MU.NI.TI.VO, *adj.*, que premune.
PRÉ-NAS.CI.DO, *adj.*, que nasceu antes, primeiro que outro.
PRÉ-NA.TAL, *adj.*, época anterior ao nascimento da criança.
PREN.DA, *s.f.*, brinde, dádiva, presente, prêmio; aptidão.
PREN.DA.DO, *adj.*, dotado, aquinhoado, apto.
PREN.DAR, *v.t.* e *bit.*, brindar, dar prendas a, aquinhoar.
PREN.DAS, *s.f.* e *pl., bras.*, NE, duas peças de madeira que atam entre si as duas forquilhas que compõem as cangalhas; *ant.*, Lud., certo jogo de salão.
PREN.DE.DOR, *adj.*, que prende, segura, fixa, firma, etc.; *s.m.*, aquilo que prende; fixador, firmador.
PREN.DER, *v.t.* e *pron.*, ligar, amarrar, atar, segurar, fixar, capturar, acorrentar.
PREN.DI.DO, *adj.*, que se prendeu; em estado de preso.
PREN.DI.MEN.TO, *s.m.*, ato de prender; atração.
PRE.NHA, *adj.*, grávida; o mesmo que prenhe (diz-se em geral de fêmea de animal).
PRE.NHE, *adj.*, prenha, grávida; fêmea de animal que está para dar à luz.
PRE.NHEZ, *s.f.*, gravidez.
PRE.NHI.DÃO, *s.f.*, o mesmo que prenhez.
PRÉ-NI.VE.LA.MEN.TO, *s.m.*, nivelamento anterior ao nivelamento definitivo; *fig.*, ação educativa para igualar em capacidade, desempenho, etc.
PRE.NO.ÇÃO, *s.f.*, noção antecipada, noção prevista.
PRE.NO.ME, *s.m.*, o primeiro nome de alguém.
PRE.NO.TA.ÇÃO, *s.f.*, Jur., anotação prévia e provisória feita por oficial de registro público em título apresentado para inscrição ou transcrição.
PRE.NO.TAN.TE, *adj.*, que prenota.
PRE.NO.TAR, *v.t.*, anotar antes, escrever anteriormente.
PREN.SA, *s.f.*, máquina para comprimir, espremer; prelo.
PREN.SA.DO, *adj.*, comprimido, espremido, passado na prensa.
PREN.SA.DOR, *adj.*, que prensa, ou serve para prensar; *s.m.*, Enc., funcionário que executa trabalhos de prensagem, em oficina de encadernação; Ius., operário que prensa o peixe nas fábricas de conservas.
PREN.SA.GEM, *s.f.*, compressão, aperto.
PREN.SAR, *v.t.*, espremer, apertar, comprimir, achatar.
PRE.NUN.CI.A.ÇÃO, *s.f.*, vaticínio, profecia, vidência.
PRE.NUN.CI.A.DO, *adj.*, profetizado, vaticinado.
PRE.NUN.CI.A.DOR, *adj.* e *s.m.*, vaticinador, vidente, profeta.
PRE.NUN.CI.AR, *v.t.*, vaticinar, profetizar.
PRE.NUN.CI.A.TI.VO, *adj.*, que prenuncia ou serve para prenunciar.
PRE.NÚN.CIO, *s.m.*, anúncio, proclamação de algo futuro.
PRÉ-NUP.CI.AL, *adj.*, que vem antes das núpcias.
PRE.O.CU.PA.ÇÃO, *s.f.*, ideia fixa, perturbação, turbação, inquietude.

PRESBITISMO

PRE.O.CU.PA.DO, *adj.*, perturbado, turbado, inquieto.
PRE.O.CU.PAR, *v.t.* e *pron.*, perturbar, inquietar, turbar.
PRÉ-O.LÍM.PI.CO, *adj.*, que antecede as olimpíadas; que se faz antes dos jogos olímpicos.
PRÉ-O.PE.RA.TÓ.RIO, *adj.*, que antecede a operação; que se faz antes de operar.
PRE.OR.DE.NAR, *v.t.* e *bit.*, ordenar com antecedência, acertar antes.
PRE.PA.RA.ÇÃO, *s.f.*, preparo, ato de preparar, matéria obtida com misturas.
PRE.PA.RA.DO, *adj.*, preparado com antecedência, arrumado antes.
PRE.PA.RAR, *v.t.* e *pron.*, ajeitar, aprontar, deixar pronto, treinar, qualificar, armar.
PRE.PA.RA.TI.VOS, *s.m., pl.*, preparação, preparos.
PRE.PA.RA.TÓ.RIO, *adj.*, que prepara, prévio, preliminar.
PRE.PA.RO, *s.m.*, preparação, qualificação.
PRE.PON.DE.RÂN.CIA, *s.f.*, domínio, poder, supremacia.
PRE.PON.DE.RAN.TE, *adj.*, que prepondera, dominante, principal.
PRE.PON.DE.RAR, *v.t.* e *int.*, comandar, influenciar, predominar, ser mais importante.
PRE.POR, *v.t.* e *bit.*, colocar na frente, antepor, preferir.
PRE.PO.SI.ÇÃO, *s.f.*, palavra invariável que liga duas palavras entre si.
PRE.PO.SI.CI.O.NA.DO, *adj.*, diz-se do que está posicionado na frente de algo; Gram., diz-se de complemento antecedido por preposição.
PRE.PO.SI.TI.VA, *s.f.*, Ling., o primeiro fonema em ditongos ou tritongos.
PRE.PO.SI.TI.VO, *adj.*, próprio da preposição, que está em destaque.
PRE.POS.TO, *adj.*, anteposto; *s.m.*, quem está no lugar de um chefe; delegado.
PRE.PO.TÊN.CIA, *s.f.*, característica do prepotente, abuso de mando.
PRE.PO.TEN.TE, *adj.*, poderoso, influente, déspótico, ditatorial.
PRÉ-PRI.MÁ.RIO, *adj.* e *s.m.*, próprio de curso anterior ao primário.
PRE.PÚ.CIO, *s.m.*, pele que cobre a glande do pênis.
PRÉ-RE.QUI.SI.TO, *s.m.*, condição prévia, predicado necessário para um cargo.
PRER.RO.GA.TI.VA, *s.f.*, privilégio, direito a, preferência, predileção.
PRE.SA, *s.f.*, o que foi capturado, caça; dente canino de certos carnívoros.
PRE.SA.DO, *adj.*, aprisionado, preso, detido.
PRE.SA.DOR, *adj.* e *s.m.*, prendedor, aprisionador.
PRE.SAR, *v.t.*, o mesmo que apresar.
PRES.BI.TE.RI.A.NIS.MO, *s.m.*, credo religioso dos presbiterianos.
PRES.BI.TE.RI.A.NO, *s.m.*, aquele que segue o presbiterianismo, cuja autoridade é o presbítero.
PRES.BI.TÉ.RIO, *s.m.*, secção da igreja própria para os padres, sacerdotes.
PRES.BÍ.TE.RO, *s.m.*, sacerdote, padre; em outras religiões, o guia, o conselheiro.
PRES.BI.TI.A, *s.f.*, presbitismo, vista cansada, vista de idoso.
PRES.BI.TIS.MO, *s.m.*, problema visual que dificulta a visão de letras, objetos próximos; vista cansada.

PRES.CI.ÊN.CIA, *s.f.*, intuição, visão antecipada, conhecimento anterior.
PRES.CI.EN.TE, *adj.*, que sabe antes, que antevê, que prevê; vidente.
PRES.CIN.DIR, *v.t.*, dispensar, não ser necessário.
PRES.CRE.VER, *v.t. e int.*, receitar, determinar, indicar; cair em desuso, perder os efeitos legais por prazo.
PRES.CRI.ÇÃO, *s.f.*, ordem, determinação, perda de efeitos legais, receita.
PRES.CRI.TÍ.VEL, *adj. 2 gên.*, que se pode prescrever; aconselhável; Jur., sujeito a perder o efeito após determinado prazo legal.
PRES.CRI.TI.VO, *adj.*, relativo a prescrição ou que a contém; Gram., relativo à gramática normativa, que orienta quanto ao uso correto da língua.
PRES.CRI.TO, *adj.*, determinado, receitado, mandado, caído, que perdeu o efeito legal.
PRE.SEN.ÇA, *s.f.*, estar junto, estar presente, comparecimento.
PRE.SEN.CIA.DO, *adj.*, visto, assistido, participado, observado.
PRE.SEN.CI.AL, *adj.*, que está presente, que se faz presente em uma aula, em um ato público.
PRE.SEN.CI.AR, *v.t.*, ver, estar presente, assistir a, observar.
PRE.SEN.TE, *adj.*, momentâneo, pessoal, o próprio; *s.m.*; tempo presente, atual; tempo verbal dos fatos atuais; dom, oferta, oferenda, doação, dádiva.
PRE.SEN.TE.A.DO, *adj.*, obsequiado, ofertado, dado, entregue.
PRE.SEN.TE.A.DOR, *adj.*, que costuma presentear, que gosta de dar presentes; presenteiro; *s.m.*, o que presenteia.
PRE.SEN.TE.AR, *v.t. e bit.*, dar como presente, entregar gratuitamente, obsequiar.
PRE.SEN.TE DE GRE.GO, *s.m.*, um presente que trará problemas ao presenteado, lembrando a história do Cavalo de Troia.
PRE.SE.PA.DA, *s.f.*, apresentação ridícula, espetáculo tolo, fanfarronice.
PRE.SE.PE, *s.m.*, o mesmo que presépio; *bras.*, o mesmo que mamulengo.
PRE.SÉ.PIO, *s.m.*, presepe, estrebaria, manjedoura; representação por imagens e paisagens do local onde Jesus teria nascido.
PRE.SER.VA.ÇÃO, *s.f.*, manutenção, abrigo, conservação.
PRE.SER.VA.CI.O.NIS.MO, *s.m.*, Ecol., política ambiental de proteção ao meio ambiente e aos recursos naturais; coservacionismo.
PRE.SER.VA.CI.O.NIS.TA, *adj. 2 gên.*, Ecol., que é favorável ao preservacionismo; *s. 2 gên.*, aquele que defende o preservacionismo.
PRE.SER.VA.DO, *adj.*, conservado, mantido, abrigado, recolhido.
PRE.SER.VA.DOR, *adj. e s.m.*, que(m) preserva, conservador, mantedor.
PRE.SER.VAN.TE, *adj. 2 gên.*, que preserva; conservante; preservativo; *s. 2 gên.*, aquele que preserva; conservador; preservador.
PRE.SER.VAR, *v.t. e pron.*, abrigar, resguardar, manter.
PRE.SER.VA.TI.VO, *s.m.*, todo objeto que evite a concepção, camisa de vênus (camisinha).
PRE.SI.DÊN.CIA, *s.f.*, cargo, função de presidente; período em que dura a função.
PRE.SI.DEN.CI.AL, *adj.*, que se refere à presidência, que diz respeito ao presidente.
PRE.SI.DEN.CI.A.LIS.MO, *s.m.*, sistema pelo qual o presidente enfeixa todo o poder executivo com os seus ministros.
PRE.SI.DEN.CI.A.LIS.TA, *s. 2 gên.*, adepto e defensor do presidencialismo.
PRE.SI.DEN.CI.Á.VEL, *adj. 2 gên.*, diz-se de quem reúne as aptidões necessárias para ser presidente; *s. 2 gên.*, essa pessoa.
PRE.SI.DEN.TE, *s.m.*, quem preside um encontro; quem preside os trabalhos de uma sessão.
PRE.SI.DI.Á.RIO, *s.m.*, quem foi preso para cumprir pena em um presídio.
PRE.SI.DI.DO, *adj.*, que foi administrado ou governado por alguém investido como presidente; regido, regulado; guiado, orientado.
PRE.SÍ.DIO, *s.m.*, estabelecimento para recolher presos, cadeia.
PRE.SI.DIR, *v.t. e int.*, praticar as funções de presidente, dirigir, comandar.
PRE.SI.LHA, *s.f.*, cordão, tira com dispositivo para prender, fixar, amarrar.
PRE.SI.LHA.DO, *adj.*, que tem presilha; seguro com presilha.
PRE.SI.LHAR, *v.t.*, segurar com presilha, apresilhar.
PRÉ-SI.NÁP.TI.CO, *adj.*, Fisiol., diz-se de neurônio que libera moléculas de um neurotransmissor na sinapse; *s.m.*, esse neurônio.
PRÉ-SÍS.TO.LE, *s.f.*, Fisiol., momento que antecede imediatamente à sístole.
PRE.SO, *adj.*, ligado, amarrado, atado, colocado em cadeia; *s.m.*, encarcerado.
PRÉ-SO.CRÁ.TI.CO, *adj.*, diz-se da filosofia anterior ao filósofo grego Sócrates; Fil., relativo às doutrinas ou ciências que precederam Sócrates; *s.m.*, Fil., os pensadores gregos anteriores a Sócrates (470 -399 a.C.).
PRES.SA, *s.f.*, rapidez, velocidade, celeridade, imaturidade, irreflexão.
PRES.SA.GI.A.DOR, *adj. e s.m.*, vidente, vaticinador, catastrófico.
PRES.SA.GI.AR, *v.t. e bit.*, prever, anunciar algo ruim; vaticinar.
PRES.SÁ.GIO, *s.m.*, qualquer sinal que mostra o que virá no futuro; agouro.
PRES.SA.GI.O.SO, *adj.*, que está cheio de presságios, agourento, azarento.
PRES.SA.GO, *adj.*, que prevê o futuro.
PRES.SÃO, *s.f.*, compressão, fazer força sobre algo, influência.
PRES.SEN.TI.DO, *adj.*, percebido, sentido, adivinhado.
PRES.SEN.TI.MEN.TO, *s.m.*, intuição, percepção antecipada de algo por vir.
PRES.SEN.TIR, *v.t.*, perceber, sentir, adivinhar, prever.
PRES.SI.O.NA.DO, *adj.*, influenciado, obrigado, forçado.
PRES.SI.O.NAR, *v.t., int. e bit.*, forçar, fazer pressão sobre, influenciar.
PRES.SU.POR, *v.t.*, presumir, imaginar, achar, levantar hipótese.
PRES.SU.PO.SI.ÇÃO, *s.f.*, hipótese, conjetura, ideia antecipada.
PRES.SU.POS.TO, *s.m.*, pressuposição, imaginação, ideia, hipótese.
PRES.SU.RI.ZA.ÇÃO, *s.f.*, manutenção do ar e da pressão

PRESSURIZADO

em ambientes fechados.
PRES.SU.RI.ZA.DO, *adj.*, mantido o ar normal.
PRES.SU.RI.ZAR, *v.t.*, manter o nível da pressão atmosférica em um ambiente.
PRES.SU.RO.SO, *adj.*, apressado, agitado, nervoso, inquieto, descontrolado.
PRES.TA.ÇÃO, *s.f.*, parcela, quota, parte de um todo.
PRES.TA.CI.O.NIS.TA, *s. 2 gên.*, pessoa que realiza uma prestação ou que paga em prestações.
PRES.TA.MEN.TO, *s.m.*, ação ou efeito de prestar.
PRES.TA.MIS.TA, *s. 2 gên.*, quem paga prestação, quem paga parcelas de um todo.
PRES.TAN.ÇA, *s.f.*, prestância; prestabilidade.
PRES.TÂN.CIA, *s.f.*, excelência, superioridade.
PRES.TAN.TE, *adj. 2 gên.*, que presta, que tem serventia; que gosta de ajudar, auxiliar, socorrer; prestativo; prestimoso; que é célebre por suas obras ou feitos; notável; insigne.
PRES.TAR, *v.t. e int.*, ser útil, ter serventia; ajudar, secundar.
PRES.TA.TI.VO, *adj.*, obsequioso, disposto a ajudar, amigo.
PRES.TÁ.VEL, *adj.*, que presta, útil, agradável.
PRES.TES, *adj.*, preste, pronto, preparado, quase pronto, iminente.
PRES.TE.ZA, *s.f.*, rapidez, solicitude, agilidade, ligeireza.
PRES.TI.DI.GI.TA.ÇÃO, *s.f.*, ilusão, ilusionismo, engano da vista.
PRES.TI.DI.GI.TA.DOR, *s.m.*, ilusionista, que engana.
PRES.TI.GI.A.DO, *adj.*, que se prestigiou; que goza de prestígio, respeito ou fama; famoso; respeitado.
PRES.TI.GI.AR, *v.t. e pron.*, honrar, dar prestígio, distinguir.
PRES.TÍ.GIO, *s.m.*, honra, distinção, preferência, crédito, reputação.
PRES.TI.GI.O.SO, *adj.*, honrado, preferido, reputado, notório.
PRES.TÍ.MA.NO, *adj. e s.m.*, ágil ou hábil com as mãos; quem é ágil com as mãos.
PRÉS.TI.MO, *s.m.*, utilidade, serventia.
PRES.TI.MO.SO, *adj.*, útil, obsequioso, serviçal, prestativo, pronto.
PRÉS.TI.TO, *s.m.*, processo, comitiva, cortejo.
PRES.TO, *adj.*, que se faz ou realiza com rapidez; ligeiro; rápido; *adv.*, Mús., andamento muito ligeiro, mais apressado que o alegro; *s.m.*, Mús., trecho musical escrito e executado nesse andamento.
PRE.SU.MI.DO, *adj.*, provável, pernóstico, vaidoso.
PRE.SU.MI.DOR, *adj. e s.m.*, que ou o que presume.
PRE.SU.MIR, *v.t. e int.*, achar, formar hipótese, imaginar, supor.
PRE.SU.MÍ.VEL, *adj. 2 gên.*, que se pode presumir, supor ou suspeitar; passível de acontecer; provável.
PRE.SUN.ÇÃO, *s.f.*, ato de imaginar algo; vaidade, arrogância, imaginação.
PRE.SUN.ÇO.SO, *adj.*, vaidoso, orgulhoso, arrogante.
PRE.SUN.TI.VO, *adj.*, presumido, pressuposto, possível.
PRE.SUN.TO, *s.m.*, iguaria preparada com carne de porco, pernil; *gír.*, cadáver.
PRE.TA, *s.f.*, mulher negra, pessoa feminina negra.
PRE.TE.JAR, *v.int.*, tornar preto, empretecer.
PRE.TEN.DE.DOR, *adj. e s.m.*, pretendente, pretensor.
PRE.TEN.DEN.TE, *s. 2 gên.*, candidato, quem aspira a alguma coisa.
PRE.TEN.DER, *v.t. e pron.*, aspirar a, querer, desejar, ambicionar, visar a.
PRE.TEN.DI.DA, *s.f.*, preferida, desejada, noiva, namorada.

PREVIDENCIAL

PRE.TEN.DI.DO, *adj.*, que é objeto de pretensão; diz-se de pessoa que é escolhida ou desejada por outrem para noivar ou casar.
PRE.TEN.SÃO, *s.f.*, aspiração, desejo, ambição; vaidade exagerada.
PRE.TEN.SI.O.SO, *adj.*, vaidoso, ambicioso, pernóstico, exagerado.
PRE.TEN.SO, *adj.*, suposto, imaginário, fictício.
PRE.TE.RI.ÇÃO, *s.f.*, preferência, desprezo, escolha por outra.
PRE.TE.RI.DO, *adj.*, preferido, escolhido, desprezado.
PRE.TE.RIR, *v.t.*, desprezar, esquecer, escolher outro, dar preferência a outra pessoa.
PRE.TÉ.RI.TO, *adj. e s.m.*, passado, tempo verbal para indicar o que passou.
PRE.TE.RÍ.VEL, *adj. 2 gên.*, que pode ser preterido.
PRE.TEX.TAR, *v.t.*, alegar, dizer que, arrumar um motivo, desculpar-se.
PRE.TEX.TO, *s.m.*, escusa, saída, motivo alegado.
PRE.TI.DÃO, *s.f.*, negritude, escuridão, negrume.
PRE.TO, *adj. e s.m.*, negro, de cor negra, escuro.
PRE.TOR, *s.m.*, na antiga Roma, era o servidor encarregado da justiça; autoridade judicial.
PRE.TO.RI.A, *s.f.*, local em que o pretor realiza os atos oficiais de sua alçada.
PRE.TO.RI.AL, *adj. 2 gên.*, de ou relativo a pretor.
PRE.TO.RI.A.NO, *adj. e s.m.*, referente a pretor; soldado da guarda dos pretorianos, na Roma antiga.
PRE.TU.ME, *s.m.*, negrume, negridão, escuridão.
PRE.TU.RA, *s.f.*, ant., cargo ou dignidade de pretor; *bras.*, o mesmo que pretidão.
PRE.VA.LE.CÊN.CIA, *s.f.*, o mesmo que prevalência.
PRE.VA.LE.CEN.TE, *adj. 2 gên.*, que prevalece; dominante; predominante; preponderante; prevalente.
PRE.VA.LE.CER, *v.t. e int.*, preponderar, predominar, dominar, vencer.
PRE.VA.LE.CI.DO, *adj.*, dominante, preponderante, que se julga o melhor.
PRE.VA.LÊN.CIA, *s.f.*, domínio, preferência, superioridade.
PRE.VA.RI.CA.ÇÃO, *s.f.*, logro, fraude, enganação, adultério.
PRE.VA.RI.CA.DO, *adj.*, enganado, logrado, fraudado, adúltero.
PRE.VA.RI.CA.DOR, *adj. e s.m.*, lograder, fraudador, ladrão, adulterador.
PRE.VA.RI.CAR, *v.t. e int.*, enganar, lograr, agir mal; cometer adultério.
PRE.VEN.ÇÃO, *s.f.*, cautela, precaução, cuidado.
PRE.VE.NI.DO, *adj.*, antecipado, garantido, precatado.
PRE.VE.NIR, *v.t. e pron.*, antecipar-se; cuidar-se com antecedência, garantir, acautelar.
PRE.VE.NÍ.VEL, *adj. 2 gên.*, que se pode prevenir.
PRE.VEN.TI.VO, *adj.*, que previne, evitante, cuidadoso.
PRE.VER, *v.t. e int.*, intuir, ver com antecedência, adivinhar.
PRÉ-VES.TI.BU.LAR, *adj. e s.m.*, curso preparatório para entrar na faculdade.
PRÉ.VIA, *s.f.*, pesquisa feita antes de uma eleição, para prever quem vencerá.
PRE.VI.A.MEN.TE, *adv.*, antes, primeiramente.
PRE.VI.DÊN.CIA, *s.f.*, proteção, amparo, segurança; instituto de previdência.
PRE.VI.DEN.CI.AL, *adj. 2 gên.*, relativo a previdência; relativo à previdência social, às suas normas, etc.

PREVIDENCIÁRIO

PRE.VI.DEN.CI.Á.RIO, *adj.*, próprio da previdência, do INSS; *s.m.*, servidor do INSS.
PRE.VI.DEN.TE, *adj.*, prudente, acautelado, precavido, preparado.
PRÉ.VIO, *adj.*, antecipado, anterior.
PRE.VI.SÃO, *s.f.*, ação ou efeito de prever, antevisão, prognóstico.
PRE.VI.SI.BI.LI.DA.DE, *s.f.*, possibilidade, perspectiva, adivinhação.
PRE.VI.SI.O.NAL, *adj.*, que diz respeito a previsão.
PRE.VI.SÍ.VEL, *adj.*, que se pode prever, adivinhável.
PRE.VI.SOR, *adj.*, diz-se de pessoa que prevê; o mesmo que previdente; *s.m.*, essa pessoa.
PRE.VIS.TO, *adj.*, que se previu; visto ou conhecido antecipadamente; conjeturado previamente; prevenido; previdente.
PRE.ZA.DO, *adj.*, estimado, respeitado, querido.
PRE.ZA.DOR, *adj.* e *s.m.*, que(m) preza, respeitador.
PRE.ZAR, *v.t.* e *pron.*, estimar, respeitar, amar, querer a, simpatizar com.
PRE.ZÁ.VEL, *adj.*, que se deve prezar, amável, aceitável.
PRI.MA, *s.f.*, forma feminina de primo; em alguns instrumentos, é a corda que produz o som mais agudo.
PRI.MA.CI.A, *s.f.*, p.us., o mesmo que primazia.
PRI.MA.CI.AL, *adj.*, que tem primazia, que tem preferência.
PRI.MA.DO, *s.m.*, primazia, superioridade, preponderância.
PRI.MA-DO.NA, *s.f.*, cantora que tem o papel mais importante em uma ópera.
PRI.MAR, *v.t.*, ter a primazia, ser o primeiro, estar em primeiro lugar.
PRI.MA.RI.E.DA.DE, *s.f.*, qualidade ou condição do que é primário, elementar.
PRI.MÁ.RIO, *adj.*, elementar, iniciante, primitivo, limitado, rude; criminoso, réu primário - que cometeu o primeiro crime; curso primário.
PRI.MA.TAS, *s.m.*, ordem de mamíferos que abrange os macacos e o homem.
PRI.MA.TO.LO.GI.A, *s.f.*, Zool., ramo dedicado ao estudo dos primatas.
PRI.MA.TO.LÓ.GI.CO, *adj.*, relativo à Primatologia.
PRI.MA.TO.LO.GIS.TA, *s. 2 gên.*, Zool., o mesmo que primatólogo.
PRI.MA.TÓ.LO.GO, *s. 2 gên.*, Zool., especialista em Primatologia; primatologista.
PRI.MA.VE.RA, *s.f.*, uma das quatro estações do clima terrestre; *fig.*, beleza.
PRI.MA.VE.RAL, *adj.*, próprio da primavera; primaveril.
PRI.MA.VE.RAR, *v.t.* o *int.*, gozar a estação primaveral; ter aspecto fresco, primaveril.
PRI.MA.VE.RIL, *adj.*, que se refere à primavera; belo, jovem, florescente.
PRI.MAZ, *adj.*, que está no primeiro lugar; *s.m.*, prelado, bispo.
PRI.MA.ZI.A, *s.f.*, excelência, superioridade, majestade.
PRI.MEI.RA, *s.f.*, marcha para o carro iniciar a locomoção.
PRI.MEI.RA-DA.MA, *s.f.*, esposa de uma autoridade executiva, como prefeito, governador e presidente da República.
PRI.MEI.RA.NIS.TA, *s. 2 gên.*, estudante do primeiro ano de um curso.
PRI.MEI.RO, *adj.*, o que corresponde na ordem a um; que está na frente de todos; o melhor, essencial, fundamental; *adv.*, antes de tudo.
PRI.MEI.RO-MI.NIS.TRO, *s.m.*, no sistema parlamentarista,

PRISIONEIRO

é o chefe do governo.
PRI.MEI.RO-SAR.GEN.TO, *s.m.*, patente maior dos suboficiais, um grau abaixo de segundo-tenente.
PRI.MEI.RO-TE.NEN.TE, *s.m.*, patente acima de segundo-tenente, na hierarquia dos oficiais.
PRI.ME.VO, *adj.*, primitivo, dos primeiros tempos.
PRI.MÍ.CIAS, *s.f., pl.*, os primeiros frutos, princípios, a primeira colheita.
PRI.MÍ.PA.RO, *adj.* e *s.f.*, a fêmea que pariu pela primeira vez.
PRI.MI.TI.VIS.MO, *s.m.*, estilo artístico que usa como tema as coisas primitivas.
PRI.MI.TI.VO, *adj.*, rudimentar, antigo; palavra que não é derivada.
PRI.MO, *adj.*, número que é divisível só por si mesmo; *s.m.*, parentesco entre filhos dos irmãos.
PRI.MO.GÊ.NI.TO, *adj.* e *s.m.*, o filho mais velho.
PRI.MO.GLA.CI.AL, *adj.* e *s.m.*, Geol., uma das cinco fases em que se divide o período plistoceno.
PRI.MO-IR.MÃO, *s.m.*, pessoa em relação aos filhos de seus tios; primo em primeiro grau; *bras.*, fam., aquele que foi criado por tios, em relação aos filhos destes.
PRI.MOR, *s.m.*, maravilha, beleza, encanto, sutileza.
PRI.MOR.DI.AL, *adj.*, básico, essencial, primeiro, fundamental.
PRI.MOR.DI.A.LI.DA.DE, *s.f.*, qualidade, caráter do que é primordial.
PRI.MÓR.DIO, *s.m.*, princípio, início.
PRI.MO.RO.SO, *adj.*, excelente, maravilhoso, perfeito, divino.
PRÍ.MU.LA, *s.f.*, nome de uma planta cujas flores são belíssimas.
PRIN.CE.SA, *s.f.*, a mulher do príncipe, filha de um rei, soberana de um principado; *fig.*, mulher muito polida e educada; mulher charmosa e fina.
PRIN.CI.PA.DO, *s.m.*, território governado por um príncipe.
PRIN.CI.PAL, *adj.*, fundamental, o mais importante.
PRÍN.CI.PE, *s.m.*, filho de uma família real.
PRIN.CI.PES.CO, *adj.*, próprio de príncipe, luxuoso, opulento.
PRIN.CI.PI.A.DOR, *adj.* e *s.m.*, iniciador, começador, iniciante.
PRIN.CI.PI.AN.TE, *adj.* e *s. 2 gên.*, iniciante, neófito, estreante, novato.
PRIN.CI.PI.AR, *v.t.* e *int.*, começar, iniciar, abrir, dar o começo, treinar, preparar.
PRIN.CÍ.PIO, *s.m.*, início, abertura, começo, estreia; norma, conceito.
PRI.OR, *s.m.*, vigário, pároco, superior, padre vigário.
PRI.O.RI.DA.DE, *s.f.*, característica do primeiro; posse do direito de iniciar.
PRI.O.RI.TÁ.RIO, *adj.*, fundamental, essencial, que tem preferência, preferencial.
PRI.O.RI.ZA.ÇÃO, *s.f.*, prioridade, preferência, preferenciabilidade.
PRI.O.RI.ZA.DO, *adj.*, selecionado, preferenciado, posto em primeiro lugar.
PRI.O.RI.ZA.DOR, *adj.* e *s.m.*, que(m) prioriza, iniciador, começador.
PRI.O.RI.ZAR, *v.t.*, dar prioridade a; dar o primeiro lugar, colocar na frente.
PRI.SÃO, *s.f.*, pena de reclusão; cadeia, cárcere, xilindró, presídio.
PRIS.CO, *adj.*, vetusto, antigo, de antanho.
PRI.SI.O.NEI.RO, *s.m.*, quem for ou está preso, detido, recluso, encarcerado.

PRIS.MA, *s.m.*, sólido geométrico com dois polígonos como base, e as faces laterais paralelogramos; perspectiva, modo pessoal de olhar algo.
PRIS.MÁ.TI.CO, *adj.*, que se refere a prisma.
PRI.VA.ÇÃO, *s.f.*, ação ou efeito de privar, ausência, carência, necessidade.
PRI.VA.CI.DA.DE, *s.f.*, intimidade, pessoalidade, vida íntima.
PRI.VA.ÇÕES, *s.f., pl.*, carência de bens materiais.
PRI.VA.DA, *s.f.*, latrina, patente, local para defecar fora de casa.
PRI.VA.DO, *adj.*, particular, não público; necessitado, carente.
PRI.VAR, *v.t.* e *pron.*, tirar de, proibir, vetar, não fornecer.
PRI.VA.TI.VO, *adj.*, pessoal, próprio, reservado, particular.
PRI.VA.TI.ZA.ÇÃO, *s.f.*, particularização, venda para empresas privadas.
PRI.VA.TI.ZA.DO, *adj.*, particularizado, vendido para empresa privada.
PRI.VA.TI.ZA.DOR, *adj.* e *s.m.*, particularizador.
PRI.VA.TI.ZAR, *v.t.*, particularizar, tornar privado.
PRI.VÊ, *adj.*, local seleto, reservado para indivíduos determinados.
PRI.VI.LE.GI.A.DO, *adj.*, que possui privilégio, preferido.
PRI.VI.LE.GI.AR, *v.t.* e *pron.*, dar privilégio, preferir, conceder vantagens.
PRI.VI.LÉ.GIO, *s.m.*, vantagem, preferência, direitos a mais que o comum.
PRÓ, *adv.*, em favor de; *s.m., pl.*, prós - a favor, favorecimento.
PRO.A, *s.f.*, a parte dianteira dos barcos.
PRO.BA.BI.LI.DA.DE, *s.f.*, possibilidade, alternativa.
PRO.BA.TÓ.RIO, *adj.*, que prova, que contém prova.
PRO.BI.DA.DE, *s.f.*, retidão, honestidade, pureza, dignidade.
PRO.BLE.MA, *s.m.*, dificuldade, questão difícil, obstáculo, enigma.
PRO.BLE.MÁ.TI.CA, *s.f.*, todos os problemas de um tema; a arte de inventar problemas.
PRO.BLE.MÁ.TI.CO, *adj.*, difícil, insolúvel, desajustado, intratável.
PRO.BLE.MA.TI.ZA.ÇÃO, *s.f.*, exposição de algo como problema.
PRO.BLE.MA.TI.ZA.DO, *adj.*, posto em dúvida; questionado; que se tornou problemático, complicado.
PRO.BLE.MA.TI.ZA.DOR, *adj.*, diz-se de quem ou do que problematiza; *s.m.*, pessoa que levanta questões para reflexões.
PRO.BLE.MA.TI.ZAR, *v.t.*, dar caráter ou forma de problema a; tornar complexo, difícil.
PRO.BO, *adj.*, reto, justo, honesto, honrado, digno.
PRO.BÓS.CI.DE, *s.f.*, a tromba dos elefantes.
PRO.BOS.CÍ.DEOS, *adj.* e *s.m.*, próprio dos mamíferos cujo nariz se forma em tromba, como o dos elefantes.
PRO.CAZ, *adj.*, atrevido, insolente, petulante, descarado, cínico, desavergonhado, malcriado.
PRO.CE.DÊN.CIA, *s.f.*, proveniência, de onde se origina; naturalidade.
PRO.CE.DEN.TE, *adj.*, originário, proveniente, natural.
PRO.CE.DER, *v.t.* e *int.*, vir de, originar-se; praticar, agir, comportar-se, fundamentar.
PRO.CE.DI.MEN.TO, *s.m.*, comportamento, ação, atitude, ação habitual.
PRO.CE.LA, *s.f.*, tempestade, temporal, trovoada.
PRO.CE.LÁ.RIA, *s.f.*, ave marinha que vive mais no alto-mar.
PRO.CE.LO.SO, *adj.*, tempestuoso, próprio da procela.

PRÓ.CER, *s.m.*, indivíduo importante, líder, dirigente de um grupo.
PRO.CES.SA.DO, *adj.*, submetido a processo penal; autuado; que foi verificado; conferido; *s.m.*, Jur., tudo que faz parte de um processo.
PRO.CES.SA.DOR, *s.m.*, quem processa; eletrodoméstico para preparar alimentos; na informática, a unidade principal para trabalhar os dados apresentados.
PRO.CES.SA.MEN.TO, *s.m.*, ação de processar, busca de resultados em; trabalho do micro para obter os dados programados.
PRO.CES.SAR, *v.t.* e *int.*, intentar um processo, mover uma ação judicial; manipular dados para obter um resultado; trabalhar dados.
PRO.CES.SI.O.NAL, *adj. 2 gên.*, próprio de ou relativo a procissão; disposto em forma de procissão.
PRO.CES.SO, *s.m.*, procedimento, rito; modo de conduzir um ato; demanda; conjunto de atos e papéis que compõem as fases de uma ação judicial.
PRO.CES.SO.LO.GI.A, *s.f.*, estudo para aplicação dos processos e seus trâmites legais.
PRO.CES.SU.AL, *adj.*, próprio do processo.
PRO.CES.SU.A.LIS.TA, *s. 2 gên.*, Jur., profissional especialista em processualística.
PRO.CES.SU.A.LÍS.TI.CA, *s.f., bras.*, Jur., teoria do processo judicial.
PRO.CES.SU.A.LÍS.TI.CO, *adj.*, que diz respeito a processualística ou a processualista.
PRO.CIS.SÃO, *s.f.*, conjunto de pessoas religiosas que caminham por ruas ou vias, rezando e cantando a Deus; cortejo, grupo de caminhantes.
PRO.CLA.MA, *s.m.*, pregão, anúncio de casamento, lido ou fixado nos templos.
PRO.CLA.MA.ÇÃO, *s.f.*, ação de proclamar, aclamação, declaração.
PRO.CLA.MA.DO, *adj.*, declamado, anunciado, publicado, referido.
PRO.CLA.MA.DOR, *adj.*, que proclama; *s.m.*, aquele que proclama.
PRO.CLA.MAR, *v.t.* e *pron.*, aclamar, divulgar, anunciar, publicar.
PRO.CLA.MA.TI.VO, *adj.*, proclamatório.
PRO.CLA.MA.TÓ.RIO, *adj.*, que envolve proclamação; proclamações.
PRÓ.CLI.SE, *s.f.*, colocação do pronome átono antes do verbo, dentro da oração.
PRO.CLÍ.TI.CO, *adj.*, termo pronominal posto antes do verbo, na oração.
PRO.CON, *s.m.*, sigla que designa o órgão público Procuradoria de Proteção e Defesa do Consumidor.
PRO.CON.SU.LAR, *adj.*, pertencente, relativo ao procônsul.
PRO.CRAS.TI.NAR, *v.t.* e *int.*, adiar, transferir a data da realização de um evento, retardar, demorar.
PRO.CRI.A.ÇÃO, *s.f.*, nascimento, vinda à luz, criação.
PRO.CRI.AR, *v.t.* e *int.*, dar à luz, fazer nascer, pôr no mundo.
PRO.CU.RA, *s.f.*, busca, ação de procurar, demanda.
PRO.CU.RA.ÇÃO, *s.f.*, transmissão escrita de uma pessoa para que outra cuide de seus interesses; o documento da procuração.
PRO.CU.RA.DO, *adj.*, que se procura ou se procurou.
PRO.CU.RA.DOR, *s.m.*, quem recebeu procuração,

representante; cargo estatal na área jurídica.

PRO.CU.RA.DO.RI.A, *s.f.*, cargo de procurador; local em que trabalha o procurador; setor que trabalha com a parte legal, examinando, propondo e consultando as leis.

PRO.CU.RAR, *v.t., int. e bit.*, indagar, investigar, sair à procura de, catar, requerer, exigir.

PRO.DI.GA.LI.DA.DE, *s.f.*, liberalidade, esbanjamento, gastança, desbragamento.

PRO.DI.GA.LI.ZA.DO, *adj.*, gasto, esbanjado, desperdiçado.

PRO.DI.GA.LI.ZA.DOR, *adj. e s.m.*, gastador, esbanjador, desperdiçador.

PRO.DI.GA.LI.ZAR, *v.t. e bit.*, gastar sem medidas, esbanjar, ser perdulário.

PRO.DÍ.GIO, *s.m.*, maravilha, encanto, portento; pessoa com predicados sublimes.

PRO.DI.GI.O.SO, *adj.*, maravilhoso, extraordinário, sublime, fascinante.

PRO.DI.GO, *adj. e s.m.*, gastador, perdulário, que gasta demais.

PRÓ.DRO.MO, *s.m.*, introdução, preâmbulo, abertura, certos achaques indicadores de doenças.

PRO.DU.ÇÃO, *s.f.*, ação de produzir, realização, produto.

PRO.DU.CEN.TE, *adj.*, que produz, rentável, produtivo.

PRO.DU.TI.BI.LI.DA.DE, *s.f.*, rentabilidade, produtividade.

PRO.DU.TÍ.VEL, *adj.*, que pode ser produzido; que é suscetível de ser produzido.

PRO.DU.TI.VI.DA.DE, *s.f.*, produtibilidade, rentabilidade.

PRO.DU.TI.VO, *adj.*, proveitoso, rentável, que produz.

PRO.DU.TO, *s.m.*, obra de produção, produção, resultado de uma multiplicação.

PRO.DU.TOR, *s.m.*, quem produz, autor, fabricante.

PRO.DU.ZI.DO, *adj.*, gerado, criado, motivado, fabricado.

PRO.DU.ZIR, *v.t. e pron.*, fabricar, gerar, criar, motivar, causar, dar rendimento.

PRO.DU.ZÍ.VEL, *adj.*, que se pode produzir, rentável, fabricável.

PRO.E.MI.NÊN.CIA, *s.f.*, saliência, elevação, alto-relevo.

PRO.E.MI.NEN.TE, *adj.*, elevado, mais alto do que aquilo que o cerca, saliente, famoso, notório.

PRO.Ê.MIO, *s.m.*, prefácio, introdução, prelúdio.

PRO.E.ZA, *s.f.*, façanha, ação, ato heroico.

PRO.FA.NA.ÇÃO, *s.f.*, sacrilégio, irreverência, desrespeito a um local sagrado.

PRO.FA.NA.DO, *adj.*, desonrado, manchado, violado.

PRO.FA.NA.DOR, *adj.*, que profana; profanante; *s.m.*, aquele ou aquilo que profana.

PRO.FA.NAR, *v.t.*, violar algo sagrado, desrespeitar, desonrar, manchar.

PRO.FA.NO, *adj.*, que não é sagrado, mundano, pecaminoso.

PRO.FE.CI.A, *s.f.*, anúncio de fatos futuros, vaticínio, predição, presságio.

PRO.FEI.TO, *s.m., ant.*, proveito.

PRO.FE.RAR, *v.t. e int., ant.*, o mesmo que aproveitar.

PRO.FE.RI.ÇÃO, *s.f.*, ação de proferir, prolação.

PRO.FE.RI.DO, *adj.*, dito, proclamado, anunciado.

PRO.FE.RI.MEN.TO, *s.m.*, o mesmo que pronunciamento.

PRO.FE.RIR, *v.t.*, declamar, dizer em voz alta, ler, proclamar, anunciar.

PRO.FE.RÍ.VEL, *adj.*, que se pode proferir.

PRO.FES.SA.DO, *adj.*, que se confessou; declarado; que se exerceu ou exerce; praticado.

PRO.FES.SA.DOR, *adj. e s.m.*, que, ou aquele que professa.

PRO.FES.SAR, *v.t. e int.*, reconhecer algo publicamente, estar convicto de, praticar; declarar publicamente sua ligação a uma ordem religiosa.

PRO.FES.SO, *adj. e s.m.*, quem fez uma promessa de profissão, quem professou; que fez votos.

PRO.FES.SOR, *s.m.*, pessoa que se dedica ao ensino; mestre, educador; *fig.*, construtor, criador.

PRO.FES.SO.RA.DO, *s.m.*, grupo de professores, congregação, classe.

PRO.FES.SO.RAL, *adj. 2 gên.*, relativo a professor ou a professorado; que é próprio de professor.

PRO.FES.SO.RAR, *v.t. e int.*, exercer as funções de professor; ensinar, construir o processo de aprendizagem.

PRO.FE.TA, *s.m.*, quem profetiza, quem vaticina, quem prediz o futuro, pregador de verdades de vida.

PRO.FE.TAN.TE, *adj. e s. 2 gên.*, que ou quem profeta ou profetiza.

PRO.FE.TAR, *v.t. e int.*, o mesmo que profetizar.

PRO.FÉ.TI.CO, *adj.*, que se refere a profetas, vaticinador, previdente.

PRO.FE.TI.SA, *s.f.*, forma feminina de profeta, mulher que profetiza.

PRO.FE.TIS.MO, *s.m.*, ideias de profecias e previsão do futuro, vezo de ver em tudo algo profético.

PRO.FE.TI.ZA.DO, *adj.*, revelado por meio de profecia; prenunciado, previsto, prognosticado.

PRO.FE.TI.ZA.DOR, *adj. e s.m.*, que ou o que profetiza; que é profeta.

PRO.FE.TI.ZAR, *v.t., bit. e int.*, predizer o futuro, vaticinar, adivinhar o futuro, pregar a verdade, mostrar os caminhos verdadeiros para se obter uma vida feliz.

PRO.FI.CI.ÊN.CIA, *s.f.*, eficiência, proveito, resultados bons, competência.

PRO.FI.CI.EN.TE, *adj.*, produtivo, rendoso, competente, perito, hábil.

PRO.FÍ.CUO, *adj.*, produtivo, fértil, útil, vantajoso.

PRO.FI.LÁ.TI.CO, *adj.*, próprio da profilaxia, preventivo, que se usa para prevenir doenças.

PRO.FI.LA.XI.A, *s.f.*, medicina preventiva, medidas para prevenir doenças.

PRO.FIS.SÃO, *s.f.*, ocupação, exercício de ofício adquirido por estudo ou experiência; carreira.

PRO.FIS.SI.O.NAL, *adj.*, próprio da profissão.

PRO.FIS.SI.O.NA.LIS.MO, *s.m.*, parte do ensino que prepara os alunos para exercerem determinada profissão; competência profissional, ética, caráter, condição correta no exercício da profissão.

PRO.FIS.SI.O.NA.LI.ZAN.TE, *adj.*, que prepara para uma profissão.

PRO.FIS.SI.O.NA.LI.ZA.ÇÃO, *s.f.*, preparação para uma profissão, construção das habilidades profissionais.

PRO.FIS.SI.O.NA.LI.ZA.DO, *adj.*, preparado, habilitado, pronto.

PRO.FIS.SI.O.NA.LI.ZAR, *v.t. e pron.*, tornar profissional, preparar para uma profissão.

PRO.FLI.GAR, *v.t.*, desbaratar, derrotar, debater, persuadir, convencer de que alguém está errado.

PRÓ.FU.GO, *adj. e s.m.*, desertor, revel, fugido da justiça, fugitivo.

PRO.FUN.DAR, *v.t., int. e pron.*, aprofundar, cavar; escavar para o fundo.

PROFUNDEZA ···670··· PROLONGAÇÃO

PRO.FUN.DE.ZA, *s.f.*, profundidade, buraco, abertura funda no solo.
PRO.FUN.DI.DA.DE, *s.f.*, profundeza, distância do solo até o fundo do buraco.
PRO.FUN.DO, *adj.*, fundo, muito fundo; forte, até o íntimo.
PRO.FU.SÃO, *s.f.*, abundância, quantidade, excesso, demasia.
PRO.FU.SO, *adj.*, redundante, que espalha muito, abundante.
PRO.GÊ.NIE, *s.f.*, progenitura, ascendência, procedência familiar, descendência.
PRO.GÊ.NI.TO, *adj.*, gerado, nascido, provindo.
PRO.GE.NI.TOR, *s.m.*, pai, avó.
PRO.GE.NI.TU.RA, *s.f.*, geração, origem, procedência, linhagem, descendência.
PROG.NA.TIS.MO, *s.m.*, Med., acentuada proeminência da mandíbula para a frente; prognatia.
PROG.NA.TO, *adj.* e *s.m.*, que(m) tem as maxilas proeminentes; *fig.*, queixo de bode.
PROG.NOS.TI.CA.DO, *adj.*, pressagiado, previsto, vaticinado, predito.
PROG.NOS.TI.CA.DOR, *adj.* e *s.m.*, pressagiador, vate, vaticinador.
PROG.NOS.TI.CAR, *v.t.* e *int.*, pressagiar, prever, vaticinar, predizer.
PROG.NÓS.TI.CO, *s.m.*, imaginação, previsão, presságio; opinião médica.
PRO.GRA.MA, *s.m.*, folhetim com os dados de uma solenidade; plano, planejamento, projeto detalhado quanto a uma ação; exibição em televisão ou rádio; festa íntima, diversão.
PRO.GRA.MA.ÇÃO, *s.f.*, fazer um programa, estruturação; conjunto de atividades.
PRO.GRA.MA.DO, *adj.*, projetado, planejado.
PRO.GRA.MA.DOR, *s.m.*, quem faz programas, quem cria programas para micro; apresentador.
PRO.GRA.MAR, *v.t.* e *int.*, organizar um programa, projetar, planejar.
PRO.GRA.MÁ.TI.CO, *adj.*, que observa um programa, planejado, desenvolvimentista.
PRO.GRA.MÁ.VEL, *adj.*, que pode ser programado.
PRO.GRE.DIR, *v.t.* e *int.*, prosseguir, ir para frente, avançar, desenvolver.
PRO.GRES.SÃO, *s.f.*, sucessão, continuidade, avanço.
PRO.GRES.SIS.TA, *adj.* e *s. 2 gên.*, defensor do progresso.
PRO.GRES.SI.VO, *adj.*, gradual, que avança sempre, continuado.
PRO.GRES.SO, *s.m.*, desenvolvimento, crescimento, aumento.
PRO.I.BI.ÇÃO, *s.f.*, interdição, veto, negativa.
PRO.I.BI.DO, *adj.*, vetado, cortado, ilícito.
PRO.I.BI.DOR, *adj.* e *s.m.*, que ou o que proíbe; impeditivo.
PRO.I.BIR, *v.t.* e *pron.*, vetar, interditar, não permitir, coibir.
PRO.I.BI.TI.VO, *adj.*, que proíbe, que veta, que interdita.
PRO.JE.ÇÃO, *s.f.*, arremesso, jogada; elevação, saliência, apresentação de um filme; *fig.*, destaque, fama.
PRO.JE.TA.ÇÃO, *s.f.*, lançamento, planejamento, demonstração.
PRO.JE.TA.DO, *adj.*, planejado, lançado, atirado.
PRO.JE.TAR, *v.t.* e *pron.*, lançar, atirar ao longe, mostrar, fazer ver, planejar.
PRO.JE.TÁ.VEL, *adj. 2 gên.*, que se pode projetar.
PRO.JÉ.TIL, *s.m.*, projetil, bala, bomba, o que é lançado por uma arma de fogo.
PRO.JE.TIS.TA, *s. 2 gên.*, quem faz projetos, engenheiro de projeto.
PRO.JE.TI.VI.DA.DE, *s.f.*, Geom., operações fundamentais da geometria projetiva.
PRÓ.JE.TI.VO, *adj.*, relativo a projeção; Geom., em que a representação de um objeto se dá por sua projeção sobre um plano.
PRO.JE.TO, *s.m.*, plano, ideia, propósito.
PRO.JE.TOR, *s.m.*, aparelho que projeta luzes ou ondas; máquina para cinema.
PRO.JE.TU.AL, *adj. 2 gên.*, Arq., de ou relativo a projeto.
PRO.JE.TU.A.LIS.MO, *s.m.*, exercício da atividade, da prática, da elaboração do processo projetual.
PRO.JE.TU.A.LIS.TA, *adj. 2 gên.*, relativo a projetualismo; que é especialista na metodologia projetual; *s. 2 gên.*, pessoa especializada nas atividades de criação, expressão, produção e desenvolvimento projetuais.
PRO.JE.TU.RA, *s.f.*, Arq., sacada ou saliência de cornijas, balcões, janelas, abas do telhado ou de qualquer corpo do edifício que se afasta do prumo da parede.
PROL, *s.m.*, lucro, proveito, vantagem; *expr.*, em prol - em favor de.
PRÓ-LA.BO.RE, *s.m.*, remuneração paga aos sócios de uma empresa que participam da administração; pagamento para quem presta algum serviço eventual a uma instituição.
PRO.LA.ÇÃO, *s.f.*, articulação das palavras, pronunciação, fala.
PRO.LAP.SO, *s.m.*, um órgão do corpo que se desloca; deslocamento de um órgão.
PRO.LA.TAR, *v.t.*, proferir, dizer, proclamar, determinar, exarar uma sentença.
PRO.LA.TOR, *adj.*, Jur., diz-se de quem profere uma sentença; diz-se de quem promulga uma lei; *s.m.*, juiz prolator; aquele que promulga uma lei.
PRO.LE, *s.f.*, descendência, filharada.
PRO.LE.GÔ.ME.NOS, *s.m., pl.*, princípios gerais e iniciais de qualquer ciência; introdução longa, prefácio prolixo.
PRO.LEP.SE, *s.f.*, figura, recurso de retórica pelo qual se refutam, antecipadamente, os argumentos contrários.
PRO.LE.TA.RI.A.DO, *s.m.*, classe dos operários, dos proletários.
PRO.LE.TÁ.RIO, *s.m.*, pessoa que vive com salário baixo, operário, obreiro.
PRO.LE.TA.RI.ZA.ÇÃO, *s.f.*, transformação de uma pessoa em proletário.
PRO.LE.TA.RI.ZA.DO, *adj.*, que se tornou operário, obreiro.
PRO.LE.TA.RI.ZAR, *v.t.* e *pron.*, transformar em proletário, tornar operário.
PRO.LI.FE.RA.ÇÃO, *s.f.*, multiplicação, aumento, inchaço.
PRO.LI.FE.RA.DO, *adj.*, multiplicado, aumentado.
PRO.LI.FE.RAR, *v.int.*, multiplicar-se, tornar-se numeroso.
PRO.LI.FE.RO, *adj.*, fértil, multiplicativo, prolífico.
PRO.LI.FI.CAR, *v.int.*, reproduzir-se, obter filhos, ter prole.
PRO.LÍ.FI.CO, *adj.*, prolífero, multiplicativo, fértil.
PRO.LI.XI.DA.DE, *s.f.*, demora, cansaço, exagero na fala, excesso no fazer.
PRO.LI.XO, *adj.*, muito longo, demorado, excessivo, cansativo, interminável.
PRÓ.LO.GO, *s.m.*, abertura, introdução, começo, prefácio, preâmbulo.
PRO.LON.GA.ÇÃO, *s.f.*, ação ou efeito de prolongar, alongamento, esticamento.

PROLONGADO   671   PROPORÇÃO

PRO.LON.GA.DO, adj., alongado, esticado, extenso, comprido.
PRO.LON.GA.MEN.TO, s.m., ação ou efeito de prolongar, alongamento, extensão, comprimento.
PRO.LON.GAR, v.t. e pron., tornar mais longo, alongar, estender muito.
PRO.LÓ.QUIO, s.m., provérbio, dito, máxima.
PRO.MA.NA.ÇÃO, s.f., origem, derivação, procedência.
PRO.MA.NAR, v.t., vir de, derivar, originar, proceder.
PRO.MES.SA, s.f., juramento, declaração firme de fazer algo.
PRO.ME.TE.DOR, adj. e s.m., que(m) promete, declarador, jurador.
PRO.ME.TER, v.t. e int., obrigar-se a, jurar que, declarar que fará algo.
PRO.ME.TI.DA, s.f., nas sociedades antigas e nas atuais antiquadas, a noiva.
PRO.ME.TI.DO, adj., que se prometeu, declarado, jurado, acertado.
PRO.MIS.CUI.DA.DE, s.f., mistura desorganizada, confusão, sujeira.
PRO.MIS.CU.IR, v. pron., reunir-se desorganizadamente, juntar-se, combinar-se.
PRO.MÍS.CUO, adj., confuso, desorganizado, amontoado.
PRO.MIS.SÃO, s.f., promessa, acordo, vantagem.
PRO.MIS.SOR, adj. e s.m., que promete muito, vantajoso, que progredirá.
PRO.MIS.SÓ.RIA, s.f., nota promissória, título de crédito.
PRO.MI.TEN.TE, adj. e s. 2 gên., que(m) promete, que(m) se obriga com.
PRO.MO.ÇÃO, s.f., campanha publicitária, propaganda para as vendas, preço reduzido; subir de posto.
PRO.MO.CI.O.NAL, adj., com objetivo de promoção.
PRO.MON.TÓ.RIO, s.m., pedaço de terra elevada, avançando mar adentro.
PRO.MO.TOR, adj. e s.m., quem expõe algum produto, que promove, que incita; função na justiça para promover causas na busca da plena justiça.
PRO.MO.TO.RIA, s.f., cargo do promotor, seção do promotor.
PRO.MO.VE.DOR, adj. e s.m., que ou o que promove ou dá impulso a alguma coisa.
PRO.MO.VER, v.t. e pron., realizar, levar a ser efetivo, causar, fomentar; dignificar, engrandecer, enobrecer.
PRO.MO.VI.DO, adj., fomentado, dignificado, engrandecido.
PRO.MUL.GA.ÇÃO, s.f., publicação, decreto, proclamação.
PRO.MUL.GA.DO, adj., decretado, publicado, proclamado.
PRO.MUL.GA.DOR, adj., que promulga; s.m., aquele ou aquilo que promulga.
PRO.MUL.GAR, v.t., publicar, decretar, dar ao conhecimento de todos.
PRO.NO.ME, s.m., palavra que se coloca no lugar de outra, mantendo o sentido; consoante a Gramática, há vários tipos de pronomes: pessoais, possessivos, demonstrativos, indefinidos, relativos, interrogativos.
PRO.NO.MI.NAL, adj., próprio do pronome; verbo, seguido do pronome oblíquo.
PRON.TI.DÃO, s.f., presteza, rapidez, celeridade; disposição, disponibilidade.
PRON.TI.FI.CAR, v.t. e pron., tornar pronto, acabar, efetivar, deixar pronto.
PRON.TO, adj., acabado, terminado, instantâneo, súbito, solícito.
PRON.TO-SO.COR.RO, s.m., atendimento médico instantâneo; auxílio rápido.
PRON.TU.Á.RIO, s.m., ficha médica, rol de anotações, cadastro de alguém.
PRO.NÚN.CIA, s.f., maneira de pronunciar, emitir a palavra, articulação, prolação.
PRO.NUN.CI.A.ÇÃO, s.f., articulação, falação, emissão de palavras, declaração.
PRO.NUN.CI.A.DO, adj., falado, dito, acentuado, destacado.
PRO.NUN.CI.A.MEN.TO, s.m., declaração importante; enunciado de uma posição contra ou a favor de alguma medida ou iniciativa.
PRO.NUN.CI.AR, v.t. e pron., articular, emitir, falar, proferir, declarar.
PRO.NUN.CI.Á.VEL, adj., falável, dizível, proferível.
PRO.PA.GA.ÇÃO, s.f., desenvolvimento, difusão, propaganda, disseminação.
PRO.PA.GA.DO, adj., divulgado, expressado, difundido.
PRO.PA.GAN.DA, s.f., divulgação, disseminação de ideias; publicidade.
PRO.PA.GAN.DIS.TA, s. 2 gên., quem se dedica a propaganda; publicitário.
PRO.PA.GAR, v. int. e pron., multiplicar, distribuir, espalhar, generalizar.
PRO.PA.LA.DO, adj., espalhado, conhecido, divulgado.
PRO.PA.LAR, v.t. e pron., espalhar, tornar público, divulgar, tornar conhecido.
PRO.PA.NO, s.m., substância que constitui o gás natural e o petróleo, servindo como combustível.
PRO.PA.RO.XÍ.TO.NO, adj. e s.m., palavra com o acento tônico na antepenúltima sílaba.
PRO.PE.DÊU.TI.CA, s.f., todos os princípios e teses de uma ciência.
PRO.PE.DÊU.TI.CO, adj., preliminar, introdutório, prefacial, que introduz.
PRO.PE.LEN.TE, s.m., combustível de foguetes, combustível de alta combustão.
PRO.PE.LIR, v.t., empurrar para a frente, impulsionar para a frente, projetar, arremessar.
PRO.PEN.DEN.TE, adj., que propende.
PRO.PEN.DER, v.t., inclinar-se, tender para, ir para.
PRO.PEN.SÃO, s.f., inclinação, tendência, vocação, aptidão, pendor.
PRO.PEN.SO, adj., inclinado, com tendência, disposto.
PRO.PI.CI.A.ÇÃO, s.f., favorecimento, proporcionamento.
PRO.PI.CI.A.DO, adj., favorecido, proporcionado.
PRO.PI.CI.A.DOR, adj., que propicia, permite, proporciona; s.m., o que propicia, proporciona.
PRO.PI.CI.AR, v.t. e pron., favorecer, proporcionar, dar condições.
PRO.PÍ.CIO, adj., apropriado, oportuno, favorável.
PRO.PI.NA, s.f., gorjeta, pagamento para obter favor ilícito.
PRO.PI.NAR, v.t., administrar, servir algo.
PRO.PI.NO.DU.TO, s.m., sistema ilícito que consiste em furtar dinheiro público.
PRO.PÍN.QUO, adj., próximo, vizinho, achegado.
PRÓ.PO.LE, s.f., própolis, substância fabricada pelas abelhas para cerrar fendas e revestir os favos.
PRO.PO.NEN.TE, adj. e s. 2 gên., que(m) propõe, quem apresenta uma proposta.
PRO.POR, v.t., int. e pron., expor, apresentar, sugerir, indicar.
PRO.POR.ÇÃO, s.f., como as partes de um todo se relacionam;

dimensão, igualdade.
PRO.POR.CI.O.NA.DO, *adj.*, oferecido, concedido, harmonizado.
PRO.POR.CI.O.NA.DOR, *adj.* e *s.m.*, que(m) proporciona, que(m) concede.
PRO.POR.CI.O.NAL, *adj.*, relativo, que se relaciona com, harmônico, simétrico.
PRO.POR.CI.O.NA.LI.DA.DE, *s.f.*, harmonização, simetria, relatividade.
PRO.POR.CI.O.NAR, *v.t.* e *pron.*, oferecer, dar, conceder, harmonizar partes de um todo.
PRO.POR.CI.O.NÁ.VEL, *adj. 2 gên.*, que se pode proporcionar, adequar ou acomodar; adaptável; adequável.
PRO.POR.ÇÕES, *s.f.* e *pl.*, dimensões, tamanhos, envergadura; intensidade.
PRO.PO.SI.ÇÃO, *s.f.*, tese, ideia, sentença, pensamento a ser explanado.
PRO.PO.SI.TA.DO, *adj.*, em que há propósito, intenção ou resolução prévia; propositual.
PRO.PO.SI.TAL, *adj.*, de propósito, de livre vontade.
PRO.PÓ.SI.TO, *s.m.*, projeto, intento, intenção, ideia, vontade.
PRO.PO.SI.TU.RA, *s.f.*, projeto, plano, proposição.
PRO.POS.TA, *s.f.*, projeto, o que se apresenta, intuito.
PRO.POS.TO, *adj.*, sugerido, apresentado.
PRO.PRI.E.DA.DE, *s.f.*, direito de ser proprietário, posse, característica de dominar algo; bem imóvel.
PRO.PRI.E.TÁ.RIO, *s.m.*, dono, detentor da propriedade.
PRÓ.PRIO, *adj.*, característico, pessoal, inerente, peculiar, natural, idêntico, único, determinado.
PRO.PUG.NA.ÇÃO, *s.f.*, combate, luta, pugna, defesa.
PRO.PUG.NA.DO, *adj.*, lutado, combatido, pugnado.
PRO.PUG.NA.DOR, *adj.* e *s.m.*, lutador, pugnador, combatente.
PRO.PUG.NAR, *v.t.*, lutar, combater, defender.
PRO.PUL.SÃO, *s.f.*, ação ou efeito de propulsar, arremesso, lançamento.
PRO.PUL.SAR, *v.t.*, impelir para a frente, propelir, arremessar, atirar.
PRO.PUL.SI.O.NA.DO, *adj.*, que se propulsionou, impeliu; impulsionado; propelido; propulsado.
PRO.PUL.SI.O.NAR, *v.t.*, o mesmo que propulsar; imprimir propulsão.
PRO.PUL.SI.VO, *adj.*, que propulsa ou impele para diante ou para fora.
PRO.PUL.SOR, *s.m.*, que impele para a frente, que faz avançar, progredir.
PROR.RO.GA.ÇÃO, *s.f.*, adiamento, deixar para depois, prolongar o prazo.
PROR.RO.GA.DO, *adj.*, adiado, aumentado, prolongado.
PROR.RO.GAR, *v.t.*, adiar, prolongar, aumentar o prazo final.
PROR.RO.GA.TI.VO, *adj.*, adiável, prolongável, aumentável.
PROR.RO.GÁ.VEL, *adj. 2 gên.*, que se pode prorrogar; adiável.
PROR.ROM.PER, *v.t.* e *int.*, irromper com violência, chegar com ímpeto, invadir.
PRO.SA, *s.f.*, jeito de escrever sem observar medidas; colóquio, conversa; *fig.*, conversa fiada; *s. 2 gên.*, indivíduo pedante, pernóstico.
PRO.SA.DOR, *s.m.*, quem escreve usando a prosa.
PRO.SAI.CO, *adj.*, vulgar, cotidiano, trivial, comum, sem inspiração.
PRO.SA.ÍS.MO, *s.m.*, condição do que é prosaico, ausência de sentimento, falta de poesia.

PRO.SÁ.PIA, *s.f.*, linhagem, descendência; gabolice, presunção, fanfarronada.
PRO.SAR, *v.int.*, escrever prosa, textualizar temas em prosa; *fig.*, *pop.*, conversar amigavelmente.
PROS.CÊ.NIO, *s.m.*, a parte frontal do palco, a saliência do palco em direção à plateia.
PROS.CRE.VER, *v.t.* e *bit.*, desterrar, expulsar, exilar, degredar, interditar, condenar.
PROS.CRI.ÇÃO, *s.f.*, desterro, exílio, degredo.
PROS.CRI.TO, *adj.*, expulso, exilado, degredado.
PRO.SE.A.DOR, *adj.* e *s.m.*, conversador, tagarela.
PRO.SE.AR, *v.t.* e *int.*, conversar, falar, tagarelar; *pop.*, conversa fiada.
PRO.SE.LI.TIS.MO, *s.m.*, trabalho para conquistar prosélitos, arrebanhamento de pessoas.
PRO.SÉ.LI.TO, *adj.*, quem troca o credo religioso, quem se deixa arrebanhar para outro credo.
PRO.SÊN.QUI.MA, *s.m.*, Bot., conjunto de fibras ou filamentos que constituem o tecido fibroso e resistente da madeira e da cortiça.
PRO.SIS.TA, *s. 2 gên.*, prosador, quem usa a prosa.
PRO.SÓ.DIA, *s.f.*, pronúncia correta das palavras; a parte da Gramática que contempla a pronúncia das palavras.
PRO.SÓ.DI.CO, *adj.*, que se refere à prosódia.
PRO.SO.PLE.GI.A, *s.f.*, paralisia facial.
PRO.SO.PO.GRA.FI.A, *s.f.*, descrição das feições do rosto; esboço de uma figura.
PRO.SO.PO.GRÁ.FI.CO, *adj.*, relativo à prosopografia.
PRO.SO.PO.PEI.A, *s.f.*, personificação, nas fábulas, quando coisas e animais falam e agem como humanos.
PROS.PEC.ÇÃO, *s.f.*, técnica para descobrir fontes de minérios no solo.
PROS.PEC.TI.VO, *adj.*, que mostra o que está longe, aproxima o longe.
PROS.PEC.TO, *s.m.*, visão, aspecto, plano, projeto com todos os dados de um programa impresso para fazer propaganda.
PROS.PE.RAR, *v.t.*, *int.* e *pron.*, tornar próspero, abastado; enriquecer.
PROS.PE.RI.DA.DE, *s.f.*, abastança, riqueza, enriquecimento.
PRÓS.PE.RO, *adj.*, rico, abastado, favorável, promissor, crescente.
PROS.SE.GUI.DO, *adj.*, seguido, continuado, perseverado, avançado.
PROS.SE.GUI.DOR, *adj.* e *s.m.*, continuador, seguidor, que(m) prossegue.
PROS.SE.GUI.MEN.TO, *s.m.*, continuidade, seguimento, perseverança.
PROS.SE.GUIR, *v.t.* e *int.*, seguir, continuar, ir adiante, perseverar, avançar.
PRÓS.TA.TA, *s.f.*, glândula do homem perto da bexiga e da uretra.
PROS.TÁ.TI.CO, *adj.*, que se refere à próstata.
PROS.TA.TI.TE, *s.f.*, inflamação da próstata.
PROS.TER.NA.ÇÃO, *s.f.*, prostramento, curvamento, submissão.
PROS.TER.NAR, *v.t.* e *pron.*, prostrar, deitar-se no chão, ajoelhar-se, curvar-se ante alguém, submeter-se.
PRÓS.TE.SE, *s.f.*, prótese.
PROS.TÍ.BU.LO, *s.m.*, bordel, casa de prostituição, meretrício.
PROS.TI.LO, *s.m.*, frontispício de um templo, com colunas e colunatas.

PROS.TI.TUI.ÇÃO, s.f., meretrício, comércio de atividades sexuais.
PROS.TI.TU.Í.DO, adj., depravado, corrompido, que caiu na prostituição.
PROS.TI.TU.I.DOR, adj. e s.m., depravador, corruptor, que(m) leva à prostituição.
PROS.TI.TU.IR, v.t. e pron., levar à prostituição, tornar prostituta, depravar, corromper.
PROS.TI.TU.TA, s.f., rameira, vagabunda, meretriz, corrupta.
PROS.TRA.ÇÃO, s.f., fraqueza, abatimento, cansaço, debilidade.
PROS.TRA.DO, adj., derrubado, subjugado, humilhado.
PROS.TRAR, v.t. e pron., derrubar, jogar por terra, subjugar, vencer, humilhar.
PRO.TA.GO.NIS.TA, s. 2 gên., em qualquer enredo, a principal personagem.
PRO.TA.GO.NI.ZAR, v.t., fazer o papel de protagonista.
PRÓ.TA.SE, s.f., exposição de um tema dramático, situação em que na abertura de um período surge uma condição.
PRO.TE.ÇÃO, s.f., amparo, abrigo, cobertura, ajuda.
PRO.TE.CI.O.NIS.MO, s.m., sistema comercial que favorece os produtos de um país por meio dos impostos e taxas; imposição de sobretaxas na importação de produtos de outro país.
PRO.TE.CI.O.NIS.TA, s. 2 gên., quem favorece o protecionismo, adepto do protecionismo.
PRO.TE.GE.DOR, adj. e s.m., o mesmo que protetor.
PRO.TE.GER, v.t., bit. e pron., defender, auxiliar, dar proteção, acobertar, favorecer.
PRO.TE.GI.DO, adj., defendido, abrigado, apoiado.
PRO.TEI.CO, adj., Bioq., relativo a, ou próprio de proteína; que é da natureza da proteína; que contém proteína; proteínico.
PRO.TE.Í.NA, s.f., substância valiosa presente em todas as células dos seres vivos.
PRO.TE.LA.ÇÃO, s.f., ação de protelar, adiamento, prorrogação.
PRO.TE.LA.DO, adj., adiado, prorrogado.
PRO.TE.LA.DOR, adj. e s.m., adiador, prorrogador, que(m) deixa para mais tarde.
PRO.TE.LAR, v.t., adiar, deixar para mais tarde, prorrogar.
PRO.TE.LA.TÓ.RIO, adj., que se pode protelar, protelável.
PRO.TER.VO, adj., atrevido, insolente, descarado, petulante.
PRÓ.TE.SE, s.f., mudança, substituição de algo natural por outro artificial, como ossos; acréscimo de uma letra ou até sílaba no início de uma palavra, sem alteração do conteúdo; ex. levantar/alevantar.
PRO.TES.TA.ÇÃO, s.f., ação ou efeito de protestar, reclamação, contrariedade.
PRO.TES.TA.DO, adj., reclamado, contrariado, que não é aceito.
PRO.TES.TAN.TE, adj. e s. 2 gên., que(m) protesta, próprio do protestantismo; adepto do protestantismo.
PRO.TES.TAN.TIS.MO, s.m., credo religioso fundado por Martinho Lutero.
PRO.TES.TAR, v.t. e int., reclamar, não aceitar, jurar, colocar-se contra; confirmar.
PRO.TES.TA.TÓ.RIO, adj., aquele que protesta; protestante.
PRO.TES.TO, s.m., reclamação, repulsa; confirmação oficial de que alguém não pagou uma dívida representada por um título.
PRO.TÉ.TI.CO, s. 2 gên., especialista em confeccionar próteses dentárias.

PRO.TE.TOR, adj. e s.m., que(m) protege, que(m) apoia.
PRO.TE.TO.RA.DO, s.m., estado, país submetido a outro, país dependente de outro mais forte.
PRO.TEU, s.m., o que facilmente muda de opinião ou sistema; ser suscetível de mudanças de estrutura.
PRO.TO.CO.LAR, v.t., registrar, receber o aceite do recebimento oficial.
PRO.TO.CO.LO, s.m., registro de atos públicos, fichário para registrar e anotar atos públicos; fig., rito, cerimonial, conjunto de cerimônias.
PRO.TO.FO.NI.A, s.f., prelúdio, introdução musical a um concerto.
PRO.TO-HIS.TÓ.RIA, s.f., o começo da História de que se tem conhecimento; história primitiva.
PRO.TO-HIS.TÓ.RI.CO, adj., que se refere à proto-história.
PRO.TO-MÁR.TIR, s.m., o primeiro mártir de algum credo religioso ou de uma luta política.
PRÓ.TON, s.m., partícula positiva que, junto com o nêutron, forma o núcleo do átomo.
PRO.TO.PLAS.MA, s.m., o conteúdo vivo de uma célula.
PRO.TO.PLÁS.MI.CO, adj., protoplasmático, que se relaciona com protoplasma.
PRO.TÓ.TI.PO, s.m., modelo, exemplar, padrão, estereótipo.
PRO.TÓ.XI.DO, s.m., óxido que tem menos oxigênio.
PRO.TO.ZO.Á.RIO, s.m., todo animal unicelular.
PRO.TO.ZO.O.LO.GI.A, s.f., o segmento da Zoologia que estuda os protozoários.
PRO.TRA.IR, v.t. e pron., puxar para fora, procrastinar, adiar, retardar.
PRO.TU.BE.RÂN.CIA, s.f., proeminência, saliência, elevação.
PRO.TU.BE.RAN.TE, adj., proeminente, saliente, elevado, altaneiro.
PRO.VA, s.f., vestígio, pegada, exame, garantia de ação de um fato, ensaio, concurso para ser promovido, seleção.
PRO.VA.ÇÃO, s.f., dificuldade, situação dura, persistência.
PRO.VA.DO, adj., comprovado, degustado, acertado, concluído.
PRO.VA.DOR, s.m., quem prova, degustador, local para ver se uma roupa serve.
PRO.VA.DOU.RO, s.m., local usado para provar algo, lugar para verificar o tamanho de vestimentas.
PRO.VAR, v.t. e bit., mostrar com documentos, evidenciar, testemunhar, experimentar, suportar, sofrer.
PRO.VÁ.VEL, adj., possível, que pode ser verdadeiro, admissível.
PRO.VEC.TO, adj., com muitos anos, velho, experiente.
PRO.VE.DOR, s.m., quem dirige um instituto de caridade, quem fornece linha ao usuário do a internet.
PRO.VE.DO.RIA, s.f., sede de trabalho de um provedor, local que providencia.
PRO.VEI.TO, s.m., ganho, lucro, vantagem.
PRO.VEI.TO.SO, adj., útil, vantajoso, rendoso, produtivo.
PRO.VEN.ÇAL, adj. e s.m., habitante ou natural da Provença, região do Sul da França.
PRO.VE.NI.ÊN.CIA, s.f., origem, procedência, naturalidade.
PRO.VE.NI.EN.TE, adj., originário, procedente, natural, próprio de.
PRO.VEN.TO, s.m., ganho, lucro, recebimento, vantagem.
PRO.VER, v.t. e pron., dispor, organizar; fornecer, oferecer, abastecer; ajudar, enfeitar, investir em cargo público.
PRO.VER.BI.AL, adj., relativo a provérbio, notório, conhecido.

PRO.VÉR.BIO, *s.m.*, frase de origem desconhecida, popular, para externar uma verdade; adágio, anexim, máxima, brocardo, ditado.
PRO.VE.TA, *s.f.*, tubo usado para medir líquidos ou em experiências de química.
PRO.VI.DÊN.CIA, *s.f.*, na religião, ação divina de dirigir o mundo, fato feliz, o poder de Deus.
PRO.VI.DEN.CI.A.DO, *adj.*, provido, executado, realizado, feito.
PRO.VI.DEN.CI.AL, *adj.*, oportuno, frutífero, bom.
PRO.VI.DEN.CI.A.LIS.MO, *s.m.*, crença de que tudo que acontece se deve à Providência Divina.
PRO.VI.DEN.CI.A.LIS.TA, *adj. 2 gên.*, relativo; Fil., relativo ao providencialismo; que é seguidor ou simpatizante do providencialismo; *s. 2 gên.*, seguidor do providencialismo.
PRO.VI.DEN.CI.AR, *v.t. e int.*, prover, realizar, fazer, executar.
PRO.VI.DEN.TE, *adj.*, que providencia, cauteloso, preparado.
PRO.VI.DO, *adj.*, completo, cheio, atulhado.
PRO.VI.MEN.TO, *s.m.*, acabamento, provisão, estoque de vários produtos, ocupação de cargo público.
PRO.VÍN.CIA, *s.f.*, divisão territorial correspondente a Estado; interior, longe das capitais; local atrasado intelectualmente.
PRO.VIN.CI.AL, *adj. 2 gên.*, relativo a província; que é próprio da província; provinciano; *s. 2 gên.*, pessoa superior de casas religiosas, de determinada ordem e que formam uma província.
PRO.VIN.CI.A.LIS.MO, *s.m.*, forma, acentuação, maneiras de alguém se exprimir próprias de um provinciano e não usadas na metrópole; locução ou palavra usada especialmente nas províncias.
PRO.VIN.CI.A.NIS.MO, *s.m.*, tudo que se refira a província; caipirismo.
PRO.VIN.CI.A.NI.ZAR-SE, *v.pron.*, bras., adquirir hábitos provincianos.
PRO.VIN.CI.A.NO, *adj.*, interiorano, caipira.
PRO.VIN.DO, *adj.*, chegado, vindo, originário, procedente.
PRO.VIR, *v.t.*, vir de, proceder, derivar, concluir.
PRO.VI.SÃO, *s.f.*, abastecimento, comida abundante.
PRO.VI.SI.O.NAL, *adj.*, referente a provisão; provisório, momentâneo.
PRO.VI.SI.O.NAR, *v.t.*, abastecer de provisões; aprovisionar; conceder provisão a (alguém) para desempenhar certa profissão.
PRO.VI.SOR, *adj. e s.m.*, que(m) faz provisões, provedor, quem administra uma organização e lhe dá meios para funcionar em todos os campos.
PRO.VI.SÓ.RIA, *s.f.*, cargo ou função de provisor.
PRO.VI.SÓ.RIO, *adj.*, que não é definitivo; temporário; *s.m.*, soldado auxiliar da milícia estadual, pertencente a grupo criado provisoriamente.
PRO.VO.CA.ÇÃO, *s.f.*, desafio, repto, insulto.
PRO.VO.CA.DO, *adj.*, desafiado, insultado, reptado, atiçado.
PRO.VO.CA.DOR, *adj. e s.m.*, insultador, desafiador, incitador.
PRO.VO.CAN.TE, *adj.*, que provoca, irritante.
PRO.VO.CAR, *v.t., bit. e int.*, incitar, atiçar, excitar, desafiar.
PRO.VO.LO.NE, *s.m.*, queijo duro de origem italiana, defumado, com gosto forte.
PRO.XE.NE.TA, *s. 2 gên.*, tipo que serve de intermediário nos negócios sexuais.
PRO.XI.MI.DA.DE, *s.f.*, vizinhança, cercanias, adjacências.
PRÓ.XI.MO, *adj.*, vizinho, contíguo, ao lado, encostado.

PRO.ZO.I.CO, *adj.*, Geol., anterior à aparição dos seres animados.
PRU.DÊN.CIA, *s.f.*, cautela, cuidado.
PRU.DEN.TE, *adj.*, moderado, cauteloso, cuidadoso, seguro.
PRU.MA.DA, *s.f.*, direção vertical que o prumo estabelece, a fundura das águas em algum ponto do mar, lago, rio.
PRU.MO, *s.m.*, instrumento para verificar o nível exato de uma superfície.
PRU.RI.DO, *s.m.*, coceira, incômodo na pele.
PRU.RI.GI.NO.SO, *adj.*, que contém prurido, que provoca cócegas.
PRU.RIR, *v.t. e int.*, provocar coceira, prurido, comichões.
PRUS.SI.A.NO, *adj. e s.m.*, natural ou habitante da Prússia, antiga região da Alemanha; *fig.*, austero, duro.
PRUS.SI.A.TO, *s.m.*, Quím., classe de sais, produzida pelo ácido prússico e uma base; cianeto, clanidrato.
PRÚS.SI.CO, *adj.* Quím., hidrociânico.
PSEU.DÔ.NI.MO, *s.m.*, nome falso, apelido artístico.
PSI, *s.m.*, a 23.ª letra do á-bê-cê grego.
PSI.CA.NA.LI.SA.DO, *adj.*, que foi submetido à psicanálise, tratado de problemas mentais.
PSI.CA.NA.LI.SAR, *v.t. e pron.*, analisar a psique de um ser, submeter a tratamento psicanalítico.
PSI.CA.NÁ.LI.SE, *s.f.*, análise da mente, metodologia para tratar os distúrbios mentais de alguém.
PSI.CA.NA.LIS.TA, *s. 2 gen.*, pessoa que pratica a psicanálise.
PSI.CAS.TE.NI.A, *s.f.*, debilidade do intelecto, psicose proveniente de medos e ansiedades, obsessões, manias, ideias fixas, baixa-estima, autoacusação, depressão.
PSI.CAS.TÊ.NI.CO, *adj.*, que padece de psicastenia.
PSI.CO.CI.NE.SE, *s.f.*, suposta ação da mente sobre objetos, deslocando-os; telecinética.
PSI.CO.DÉ.LI.CO, *adj. e s.m.*, droga que provoca alucinações, efeito dessa droga.
PSI.CO.DRA.MA, *s.m.*, técnica psicológica que consiste em buscar a cura dos males psicológicos dramatizando os males e conflitos.
PSI.CO.FÍ.SI.CO, *adj.*, próprio da matéria e do espírito.
PSI.CO.GRA.FA.DO, *adj.*, escrito, produzido por influência de um espírito.
PSI.CO.GRA.FAR, *v.t. e int.*, escrever um texto ditado mediunicamente por um espírito.
PSI.CO.GRA.FI.A, *s.f.*, descrição da mente e suas funções; ato de escrever sob o comando de um espírito.
PSI.CÓ.GRA.FO, *s.m.*, quem pratica a psicografia, quem psicografa.
PSI.CO.LO.GI.A, *s.f.*, ciência que trabalha com a mente humana e suas atividades.
PSI.CO.LÓ.GI.CO, *adj.*, relativo à Psicologia.
PSI.CÓ.LO.GO, *s.m.*, quem se dedica à Psicologia.
PSI.CO.MAN.CI.A, *s.f.*, pretensa técnica de prever o futuro por meio das almas dos mortos.
PSI.CO.MAN.TE, *adj. e s. 2 gên.*, que(m) prevê o futuro por meio das almas dos mortos.
PSI.CO.ME.TRI.A, *s.f.*, medida das atividades psíquicas.
PSI.CO.MÉ.TRI.CO, *adj.*, relativo a psicometria.
PSI.CO.NEU.RO.SE, *s.f.*, um todo de problemas de origem psíquica.
PSI.CO.PA.TA, *s. 2 gên.*, quem é tomado por doença mental.
PSI.CO.PA.TI.A, *s.f.*, designação comum a todos os distúrbios mentais.

PSI.CO.PÁ.TI.CO, adj., que se refere a psicopatia.
PSI.CO.PA.TO.LO.GI.A, s.f., estudo das causas e da natureza das doenças mentais.
PSI.CO.PA.TO.LÓ.GI.CO, adj., que se refere à psicopatologia.
PSI.CO.SE, s.f., nomeação de doenças mentais; mania, psicastenia, ideia fixa, bipolaridade.
PSI.COS.SO.CI.AL, adj., que contém aspectos psicológicos e sociais, que olha os aspectos psíquicos ante as relações sociais.
PSI.COS.SO.MÁ.TI.CO, adj., que se relaciona aos domínios psíquicos e orgânicos ao mesmo tempo.
PSI.CO.TÉC.NI.CA, s.f., habilidade profissional para tratar de problemas mentais.
PSI.CO.TÉC.NI.CO, adj., relativo a psicotécnica.
PSI.CO.TE.RA.PEU.TA, s. 2 gên., profissional especialista em psicoterapia.
PSI.CO.TE.RA.PI.A, s.f., cura das doenças mentais pela Psicologia.
PSI.CO.TE.RÁ.PI.CO, adj., que se refere a psicoterapia.
PSI.CÓ.TI.CO, adj., que padece de psicose, próprio da psicose.
PSI.CO.TRÓ.PI.CO, s.m., remédio usado para os males da mente.
PSI.CRO.FO.BI.A, s.f., medo muito grande de frio.
PSI.CRO.FÓ.BI.CO, adj., relativo a psicrofobia.
PSI.CRO.ME.TRI.A, s.f., medição do vapor na atmosfera pelo psicrômetro.
PSI.CRO.MÉ.TRI.CO, adj., relativo a psicrometria.
PSI.CRÔ.ME.TRO, s.m., aparelho que mede a quantidade de vapor de água na atmosfera.
PSI.CRO.TE.RA.PI.A, s.f., terapia que utiliza compressas e banho de água fria.
PSI.QUE, s.f., alma, espírito, mente.
PSI.QUI.A.TRA, s. 2 gên., especialista em psiquiatria.
PSI.QUI.A.TRI.A, s.f., ramo da Medicina que trata das doenças mentais.
PSI.QUI.Á.TRI.CO, adj., relativo a psiquiatria.
PSÍ.QUI.CO, adj., relativo à psique.
PSI.QUIS.MO, s.m., conjunto das características psíquicas.
PSI.TA.CÍ.DEO, s.m., Zool., espécime dos psitacideos, da fam. de aves psitaciformes, de bico alto e recurvado.
PSI.TA.CÍ.DEOS, s.m., pl., família à qual pertencem os papagaios, araras e periquitos.
PSI.TA.CIS.MO, s.m., vício de expressão pelo qual o falante usa palavras vazias, sem obter um sentido final ou que expresse um pensamento lógico.
PSIU, interj., pedido de silêncio, chamamento.
PSO.RÍ.A.SE, s.f., doença da pele, formação de escamas brancas e secas na superfície da pele.
PTE.RÍ.GIO, s.m., película que cobre a córnea do olho em parte, e precisa ser extirpada.
PTE.RO.DÁC.TI.LO, adj., animal cujos dedos são ligados por uma membrana.
PTI.A.LI.NA, s.f., Bioq. qualquer enzima capaz de converter o amido em maltose; amílase salivar.
PTI.A.LIS.MO, s.m., Med., salivação excessiva.
PTI.LO.SE, s.f., queda dos cílios por inflamação das pálpebras.
PTO.SE, s.f., Med., queda ou abaixamento anômalo de um órgão; descenso; procidência; prolapso.
PU.A, s.f., ponta fina, bico, instrumento para fazer furos.
PU.BA, s.f., bras., massa de mandioca deixada de molho até amolecer e fermentar; carimã; massa puba, NE, pop., faceirice; s.m., NE, boi gordo ou de corte; adj., bras., molengão.
PU.BER.DA.DE, s.f., momento temporal entre o fim da infância e começo da adolescência, quando a pessoa se transforma.
PÚ.BE.RE, adj., que chega à puberdade.
PU.BES.CÊN.CIA, s.f., puberdade, momento da vida em que surgem os pelos na pele do adolescente.
PU.BES.CEN.TE, adj., adolescente, púbere, que está com pelos.
PU.BES.CER, v.int., alcançar a puberdade, tornar-se púbere, adolescer.
PU.BI.A.NO, adj., púbico, próprio do púbis.
PÚ.BI.CO, adj., ver pubiano.
PÚ.BIS, s.m., parte inferior e anterior do ilíaco, saliência do abdome em que crescem pelos na puberdade.
PU.BLI.CA.ÇÃO, s.f., ato de publicar, obra, periódico.
PU.BLI.CA.DO, adj., divulgado, anunciado, tornado público.
PU.BLI.CA.DOR, adj. e s.m., que(m) publica, divulgador, anunciador, anunciante.
PÚ.BLI.CA-FOR.MA, s.f., reprodução de documentos para substituir outro por lavra de tabelião.
PU.BLI.CAR, v.t. e pron., divulgar, tornar público, anunciar.
PU.BLI.CÁ.VEL, adj., que se pode publicar.
PU.BLI.CI.DA.DE, s.f., divulgação, notícia, propaganda, estratégia de divulgar tudo que ocorrer.
PU.BLI.CIS.MO, s.m., ideias envolventes de publicidade, atividades de publicista.
PU.BLI.CIS.TA, s. 2 gên., especialista em assuntos sociais e de direito público; jornalista, escritor.
PU.BLI.CI.TÁ.RIO, s.m., quem trabalha com publicidade.
PÚ.BLI.CO, adj., comum a todos, popular; s.m., o povo, a população; assistência.
PÚ.CA.RO, s.m., vaso pequeno com asas.
PU.ÇÁ, s.m., rede pequena feita para pegar camarão ou outros crustáceos.
PU.ÇAN.GA, s.f., mezinha, remédio caseiro, medicamento receitado por pajés.
PU.DEN.DO, adj., que ofende ao pudor, próprio dos órgãos sexuais.
PU.DEN.TE, adj., pudico, respeitoso.
PU.DE.RA, interj., quem dera, tomara, oxalá.
PU.DI.BUN.DO, adj., pudente, pudico, pudoroso.
PU.DI.CÍ.CIA, s.f., qualidade de quem é pudico, pureza, castidade, honra feminina.
PU.DI.CO, adj., que tem pudor, respeitoso, pudoroso, puro.
PU.DIM, s.m., tipo de doce cremoso.
PU.DOR, s.m., recato, vergonha, respeito; sentimento de respeito no que se refere a assuntos sobre sexo.
PU.E.RÍ.CIA, s.f., infância.
PU.E.RI.CUL.TU.RA, s.f., todos os meios usados para ajudar a criança no seu desenvolvimento físico, psíquico e mental.
PU.E.RIL, adj., infantil, relativo a crianças.
PU.E.RI.LI.DA.DE, s.f., propriedade do que é pueril, infantilidade, futilidade.
PU.ÉR.PE.RA, s.f., mulher que deu à luz há poucos dias.
PU.ER.PE.RAL, adj., próprio do parto, relativo à puérpera.
PU.ER.PÉ.RIO, s.m., estado de uma puérpera, período de restabelecimento de um parto.
PUF, interj., exprime aborrecimento, desprezo, asco.
PU.FE, s.m., tipo de banqueta baixa.
PU.GI.LA.TO, s.m., luta corporal, luta de boxe.
PU.GI.LIS.MO, s.m., boxe, luta com punhos.

PU.GI.LIS.TA, s. 2 gén., lutador de boxe.
PUG.NA, s.f., luta, combate, batalha.
PUG.NA.DO, adj., lutado, combatido, propugnado.
PUG.NA.DOR, adj. e s.m., lutador, combatente.
PUG.NAR, v.t. e int., lutar, combater, propugnar.
PUG.NAZ, adj., belicoso, combativo, lutador, que tem espírito lutador.
PU.Í.DO, adj., gasto, corroído, estragado.
PU.IR, v.t. e pron., corroer, gastar, gastar com o uso.
PU.JAN.ÇA, s.f., vigor, viço, força da vegetação.
PU.JAN.TE, adj., viçoso, que tem grande força, ativo, forte.
PU.JAR, v.t. e int., viçar, obter forças, enrijecer, conseguir vigor.
PU.LA.ÇÃO, s.f., ação ou efeito de pular, salto, crescimento.
PU.LA.DO, adj., saltado, transposto, passado.
PU.LA.DOR, adj. e s.m., saltador, que(m) pula.
PU.LAN.TE, adj., que dá pulos; pop., diz-se de quem tem por hábito sair do lugar de onde deve permanecer; cábula.
PU.LAR, v. int. e bit., saltar, transpor num salto; crescer.
PUL.CRO, adj., belo, formoso, polido.
PU.LE, s.m., bilhete de apostas em corridas de cavalo.
PUL.GA, s.f., inseto pequeno e que se nutre de sangue.
PUL.GÃO, s.m., nome de diversos insetos.
PUL.GO, s.m., masculino de pulga.
PUL.GUEI.RO, s.m., lugar de muitas pulgas.
PUL.GUEN.TO, adj., que tem muitas pulgas.
PU.LHA, adj., cafajeste, vil, desprezível, calhorda, relapso; s.m., tipo sem dignidade.
PUL.MÃO, s.m., cada um dos órgãos respiratórios do ser humano.
PUL.MO.EI.RA, s.f., doença dos pulmões no gado cavalar e muar; golfa.
PUL.MO.NAR, adj., próprio do pulmão.
PU.LO, s.m., salto, viagem rápida, escapadela, escapada.
PU.LO DO GA.TO, s.m., habilidade especial para safar-se de uma situação difícil, truque secreto.
PU.LÔ.VER, s.m., colete de malha, lã ou outro material.
PUL.PI.TE, s.f., inflamação da polpa dentária.
PÚL.PI.TO, s.m., tribuna, estrado nos templos para o pregador fazer o sermão.
PUL.SA.ÇÃO, s.f., batida do coração, sua contração e descontração.
PUL.SAR, v.t. e int., palpitar, bater, arquejar; s.m., situação de uma estrela, depois que explodiu.
PUL.SA.TI.VO, adj., que pulsa, pulsante.
PUL.SE.AR, v.t. e int., medir a força do pulso com outro tipo, a fim de ver quem tem mais força, apalpar o pulso.
PUL.SEI.RA, s.f., objeto que se envolve no pulso.
PUL.SÍ.ME.TRO, s.m., instrumento para medir as batidas do pulso em tempo determinado.
PUL.SO, s.m., pulsação arterial no pulso, parte inferior do antebraço; vigor, força, comando, disciplina.
PU.LU.LÂN.CIA, s.f., agitação, pujança, viço, vigor, miríade.
PU.LU.LAN.TE, adj., agitado, saltitante, existente.
PU.LU.LAR, v.t. e int., existir em grande quantidade, formigar.
PUL.VÉ.REO, adj., que se refere a pó, que foi reduzido a pó.
PUL.VE.RI.FOR.ME, adj., reduzido a pó, semelhante a pó.
PUL.VE.RI.ZA.ÇÃO, s.f., redução a pó, esmiuçamento, molhadura com água e outros ingredientes.
PUL.VE.RI.ZA.DO, adj., regado, molhado, tornado pó.
PUL.VE.RI.ZA.DOR, s.m., aparelho usado para pulverizar.
PUL.VE.RI.ZAR, v.t. e int., tornar pó, reduzir a poeira, cobrir de pó.
PUM!, interj., indica espanto, admiração, barulho, estrondo.
PU.MA, s.m., tipo de onça, animal felídeo de nossa mata.
PUN.ÇÃO, s.f., operação para abrir um orifício em um local com líquido; instrumento para furar, fazer incisões.
PUN.ÇAR, v.t., fazer uma incisão em, puncionar, abrir uma punção.
PUN.CI.O.NAR, v.t., fazer uma punção.
PUNC.TI.FOR.ME, adj. 2 gén., que tem forma ou aparência de ponta; var., puntiforme.
PUNC.TU.RA, s.f., ferida ou picada produzida por objeto perfurante; var., puntura.
PUN.DO.NOR, s.m., conceito de brio, zelo exagerado pela própria honra.
PUN.GA, adj., ruim, mau, imprestável; s.m., cavalo de corrida que chega por último; ação de punguista; logro, enganação.
PUN.GEN.TE, adj., doloroso, lancinante, que dói muito.
PUN.GI.DOR, adj., ver pungente; s.m., aquele ou aquilo que punge, que fere fundo ou aflige.
PUN.GI.MEN.TO, s.m., ferida, machucadura, ferimento, picada.
PUN.GIR, v.t. e int., ferir com punção, incitar, incrementar, causar dor.
PUN.GUE.AR, v.t. e int., gir., furtar objetos, carteiras.
PUN.GUIS.TA, s. 2 gén., batedor de carteiras.
PU.NHA.DA, s.f., golpe com o punho fechado, murro.
PU.NHA.DO, s.m., quantidade que se pode pegar com uma mão, porção.
PU.NHAL, s.m., arma branca, adaga, faca longa e pontuda.
PU.NHA.LA.DA, s.f., golpe com punhal, corte; fig., traição, ofensa.
PU.NHO, s.m., parte final do braço entre a mão e o antebraço; mão fechada; parte final de camisas com manga longa ou casacos.
PU.NI.BI.LI.DA.DE, s.f., punição, castigo, pena, penitência.
PU.NI.ÇÃO, s.f., castigo, pena, penitência.
PÚ.NI.CO, adj. e s.m., que se refere aos púnicos, habitantes de Cartago, destruída por Roma em 149 a.C.
PU.NI.DO, adj., castigado, penalizado.
PU.NI.DOR, adj. e s.m., castigador, penalizador.
PU.NIR, v.t. e pron., castigar, fazer sofrer, infligir castigo.
PU.NI.TI.VO, adj., que pune, que castiga.
PU.NÍ.VEL, adj., que pode ser punido, que precisa de punição.
PUNK, adj., grupo de jovens que desprezam todas as normas sociais e civilizadas, inclusive pela vestimenta e aspecto exterior físico; indivíduo pertencente ao grupo.
PUN.TI.FOR.ME, adj., que tem forma ou aparência de ponto.
PUN.TU.RA, s.f., punctura, todo furo feito com objeto perfurante.
PU.PA, s.f., estágio de desenvolvimento do inseto que sofre metamorfose.
PU.PI.LA, s.f., abertura central do olho, no meio da íris, menina do olho; fig., protegido, preferido.
PU.PI.LO, s.m., órfão tutelado, aluno.
PU.PU.NHA, s.f., palmeira cultivada pelo palmito, pelas amêndoas, tudo de valor comercial.
PU.RÊ, s.m., substância pastosa feita de batatas, legumes ou outras substâncias.
PU.RE.ZA, s.f., castidade, virgindade; inocência, pudor, virtude.
PUR.GA, s.f., limpeza, purificação.
PUR.GA.ÇÃO, s.f., purificação, limpeza, supuração.
PUR.GA.DO, adj., purificado, limpo, asseado.

PUR.GAN.TE, s.m., remédio para limpar os intestinos; pop., tipo aborrecido.
PUR.GAR, v.t. e pron., purificar, limpar, expelir o pus.
PUR.GA.TI.VO, adj., purificador, que purga.
PUR.GA.TÓ.RIO, s.m., lugar em que as almas dos justos com algum pecado ficariam até pagar todas as penas; fig., sofrimento, dor.
PU.RI.FI.CA.ÇÃO, s.f., limpeza, despoluição.
PU.RI.FI.CA.DO, adj., purgado, limpo, asseado, higienizado.
PU.RI.FI.CA.DOR, s.m., que purifica, limpador, aparelho para purificar a água.
PU.RI.FI.CAN.TE, adj. 2 gên., ver purificador.
PU.RI.FI.CAR, v.t., bit. e pron., limpar, tornar puro.
PU.RI.FI.CA.TI.VO, adj., ver purificador.
PU.RIS.MO, s.m., mania de busca de tudo puro, apuro exagerado na linguagem.
PU.RIS.TA, s. 2 gên., quem exagera no zelo pela pureza do idioma pátrio.
PU.RI.TA.NIS.MO, s.m., moralismo, credo surgido na Inglaterra, que se autoconsiderava o melhor intérprete da escrita da Bíblia, tomada ao pé da letra.
PU.RI.TA.NO, adj. e s.m., moralista, exagerado nos aspectos morais.
PU.RO, adj., sem mistura, imaculado, sem mancha, límpido, transparente, casto, correto, exato, virgem.
PU.RO-SAN.GUE, s.m., cavalo de linhagem fina e pura.
PÚR.PU.RA, s.f., substância para tingir de vermelho; cor vermelha.
PUR.PU.RAR, v.t. e int., o mesmo que purpurear; fig., elevar à dignidade cardinalícia; p.ext., vestir de púrpura.
PUR.PU.RE.AR, v.t., int. e pron., que assume a cor da púrpura, avermelhar-se, purpurejar.
PUR.PU.RE.JAR, v.t. e int., purpurear.
PUR.PÚ.REO, adj., que é púrpura, que tem cor de púrpura.
PUR.PU.RI.NA, s.f., pó usado para impressões e enfeites.
PUR.PU.RI.ZAR, v.t., int. e pron., purpurear, avermelhar, purpurejar, corar.
PU.RU.LÊN.CIA, s.f., supuração, escorrimento de pus.
PU.RU.LEN.TO, adj., cheio de pus, que segrega pus.
PU.RU.RU.CA, s.f., algo duro, pele de porco frita, bem seca e crocante.
PUS, s.m., substância que corre das feridas; líquido de inflamações.
PU.SI.LÂ.NI.ME, adj. e s.m., de ânimo fraco, covarde, medroso, frágil. .
PU.SI.LA.NI.MI.DA.DE, s.f., fraqueza de ânimo, covardia, medo.
PÚS.TU.LA, s.f., ferida purulenta na pele.
PUS.TU.LEN.TO, adj., que contém pústulas, chagado.
PU.TA.TI.VO, adj., suposto, reputado, que se tem por tal.
PU.TRE.FA.ÇÃO, s.f., apodrecimento, decomposição de coisas mortas.
PU.TRE.FA.TO, adj., podre, apodrecido, pútrido.
PU.TRE.FA.ZER, v.t., int. e pron., apodrecer, tornar podre, decompor.
PU.TRE.FEI.TO, adj., putrefato, podre, apodrecido.
PU.TRES.CÊN.CIA, s.f., podridão, putrefação.
PU.TRES.CEN.TE, adj., que está apodrecendo.
PU.TRES.CÍ.VEL, adj., que pode apodrecer.
PÚ.TRI.DO, adj., podre, putrefato.
PU.TRI.FI.CAR, v.t. e pron., putrefazer, apodrecer, tornar-se podre.
PU.XA, s.m., red. de puxa-saco, bajulador; interj., exprime espanto, aborrecimento.
PU.XA.DA, s.f., puxão, longa caminhada, muito trabalho.
PU.XA.DO, adj., esforçado, duro, referido aos olhos orientais.
PU.XA.DOR, s.m., alça de móveis para puxar, abrir.
PU.XÃO, s.m., ato de puxar com força, puxada.
PU.XA-PU.XA, s.f., substância que se obtém com o açúcar solidificado e que se estica quando mole, para quebrar depois em pedacinhos.
PU.XAR, v.t., int. e bit., atrair, tracionar, exercer força para seguir; tirar, estirar.
PU.XA-SA.CO, s.m., pop., bajulador, adulador.
PU.XE!, interj., suma-se, vá embora.
PU.XO, s.m., pop., dor no ânus, após evacuação; tenesmo; contração uterina, na hora do parto.
PVC, s.m., tipo de material plástico para muitos usos na construção civil e na indústria.

Q

Q, *s.m.*, décima sétima letra do á-bê-cê e décima terceira consoante.

QG - sigla de Quartel General.

QI - abreviação de Quociente de Inteligência; *pop.*, quem indica.

QUA.CRE, *s.m.*, membro de uma seita derivada do puritanismo, iniciada por Fox, na Inglaterra, e espalhada nos Estados Unidos.

QUA.DER.NA.DO, *adj.*, Bot., diz-se das folhas ou flores dispostas na haste em grupos de quatro.

QUA.DRA, *s.f.*, superfície quadrada, divisão quadrada de uma cidade, de um cemitério; quarteto; nos jogos com dados é o número quatro.

QUA.DRA.DO, *adj.*, objeto que tem os quatro lados com a mesma dimensão; pouco inteligente; *s.m.*, figura geométrica com todos os lados iguais.

QUA.DRA.DOR, *adj.* e *s.m.*, que ou o que quadra (ver verbo quadrar); que faz quadros; que dá a forma quadrada a algo.

QUA.DRA.GE.NÁ.RIO, *adj.* e *s.m.*, com quarenta anos de idade, quarentão.

QUA.DRA.GÉ.SI.MA, *s.f.*, quaresma, lapso de tempo com quarenta dias.

QUA.DRA.GE.SI.MAL, *adj.*, que se refere à quadragésima, à quaresma.

QUA.DRA.GÉ.SI.MO, *num.*, ordinal e fracionário correspondente a quarenta.

QUA.DRAN.GU.LA.DO, *adj.*, o mesmo que quadrangular.

QUA.DRAN.GU.LAR, *adj.*, que possui quatro ângulos, quadrangulado; disputa entre quatro times.

QUA.DRÂN.GU.LO, *s.m.*, polígono de quatro lados, quadrilátero.

QUA.DRAN.TE, *s.m.*, a quarta parte da esfera terrestre; quarta parte de uma esfera.

QUA.DRÃO, *s.m.*, NE, forma (em oitava) de poesia popular, cujos versos rimam dentro do seguinte esquema *aaabcccb*, e pode ser cantada.

QUA.DRAR, *v.t.* e *pron.*, impor ou dar forma de quadrado, elevar a uma forma de quadrado.

QUA.DRÁ.TI.CO, *adj.*, que se refere ao quadrado.

QUA.DRA.TIM, *s.m.*, peça quadrada de metal, usada pelos tipógrafos para iniciar parágrafos ou medidas necessárias.

QUA.DRA.TRIZ, *s.f.*, Geom., curva que serve para resolver o problema da trissecção do ângulo e o da quadratura aproximada do círculo.

QUA.DRA.TU.RA, *s.f.*, recompor uma figura a uma área quadrada, conservando a dimensão anterior; quarto crescente ou minguante da Lua.

QUA.DRE.LA, *s.f.*, muro, parede, mureta.

QUA.DRI.BÁ.SI.CO, *adj.*, que se refere aos ácidos básicos, os quais têm quatro hidrogênios, ou às bases que liberam quatro radicais.

QUA.DRI.CÊN.TRI.CO, *adj.*, que se refere à figura que apresenta quatro centros.

QUA.DRÍ.CEPS, *s.m.*, músculo que existe no fêmur.

QUA.DRI.CI.PI.TAL, *adj.*, que se refere ao quadríceps.

QUA.DRI.CÍ.PI.TE, *s.m.*, a mesma designação que quadríceps.

QUA.DRI.CO.LOR, *adj.*, que tem quatro cores.

QUA.DRI.CÓR.NEO, *adj.*, que possui quatro chifres ou antenas.

QUA.DRI.CU.LA, *s.f.*, quadradinho, pequena quadra.

QUA.DRI.CU.LA.DO, *adj.*, dividido em, ou que apresenta pequenos quadrados; quadricular.

QUA.DRI.CU.LAR[1], *adj.*, quadriculado, dividido em quadrículas.

QUA.DRI.CU.LAR[2], *v.t.*, dividir em quadrículos.

QUA.DRÍ.CU.LO, *s.m.*, quadrícula, quadrado pequeno.

QUA.DRI.CÚS.PI.DE, *adj. 2 gên.*, que termina em quatro pontas agudas.

QUA.DRI.DEN.TA.DO, *adj.*, que possui quatro dentes.

QUA.DRI.DI.GI.TA.DO, *adj.*, que possui quatro dedos.

QUA.DRI.E.NAL, *adj.*, correspondente a quatro anos.

QUA.DRI.Ê.NIO, *s.m.*, período de quatro anos; quatriênio.

QUA.DRI.FO.LI.A.DO, *adj.*, Bot., que tem quatro folhas ou dispostas em grupos de quatro; quadrifólio.

QUA.DRI.FÓ.LIO, *s.m.*, que possui quatro folhas.

QUA.DRI.FOR.ME, *adj.*, que tem forma quadrada.

QUA.DRI.FUR.CA.DO, *adj.*, que possui quatro folhas.

QUA.DRI.GA, *s.f.*, carro romano com duas rodas, puxado por quatro ou dois cavalos.

QUA.DRI.GÊ.MEO, *s.m.*, cada um dos gêmeos num parto de quatro nascituros; quádruplo.

QUA.DRIL, *s.m.*, anca, ilharga, parte lateral do corpo humano, na região da junção da coxa com o tronco.

QUA.DRI.LA.TE.RAL, *adj.*, com quatro lados, quadrilátero.

QUA.DRI.LÁ.TE.RO, *s.m.*, polígono de quatro lados.

QUA.DRI.LHA, *s.f.*, tipo de dança comum nas festas juninas; bando de ladrões, gangue, malta, corja.

QUA.DRI.LHA.DO, *adj.*, bras., o mesmo que quadriculado; diz-se do papel quadriculado.

QUA.DRI.LHEI.RO, *s.m.*, membro de uma quadrilha, bandido, criminoso.

QUA.DRI.LÍN.GUE, *adj. 2 gên.*, que fala quatro línguas; escrito em quatro línguas; que tem quatro línguas.

QUA.DRI.LO.CU.LA.DO, *adj.*, quadrilocular, que apresenta quatro cavidades.

QUA.DRI.LO.GI.A, *s.f.*, conjunto de quatro obras (literárias, teatrais, cinematográficas, etc.) que têm relação entre si.

QUA.DRI.LON.GO, *adj., s.m.*, figura geométrica que tem dois lados paralelos com o mesmo comprimento e os outros dois paralelos mais curtos.

QUA.DRÍ.MA.NO, *adj.*, que tem quatro mãos; que possui as patas transformadas em mãos.

QUA.DRI.MEM.BRE, *adj.*, que tem quatro membros.

QUADRIMESTRAL   679   QUARTAS DE FINAL

QUA.DRI.MES.TRAL, *adj.*, que ocorre de quatro em quatro meses.

QUA.DRI.MES.TRE, *s.m.*, tempo de quatro meses, período entre quatro meses.

QUA.DRI.MO.TOR, *s.m.*, avião com quatro motores.

QUA.DRIN.GEN.TÉ.SI.MO, *num.*, ordinal de quatrocentos.

QUA.DRI.NHA, *s.f.*, trova popular com quatro versos, quadra, trova.

QUA.DRI.NHO, *s.m.*, quadro pequeno, cada quadro de uma história em quadrinhos.

QUA.DRI.NHOS, *s.m., pl.*, história com desenhos ou fotos em quadrinhos, com poucas palavras para serem lidas.

QUA.DRI.NIS.TA, *s. 2 gên., bras.*, autor de histórias em quadrinhos.

QUA.DRI.NÍS.TI.CO, *adj.*, relativo a quadrinhos ou a quadrinista.

QUA.DRI.NI.ZA.ÇÃO, *s.f., bras.*, ato ou efeito de quadrinizar.

QUA.DRI.NI.ZA.DO, *adj., bras.*, que se quadrinizou; narrado em quadrinhos.

QUA.DRI.NI.ZAR, *v.t., bras.*, pôr no formato de história em quadrinhos (um roteiro, um relato).

QUA.DRI.NÔ.MIO, *s.m.*, na álgebra, é uma expressão com quatro termos.

QUA.DRI.PAR.TI.TO, *adj.*, dividido em quatro partes; quadrífido.

QUA.DRI.PÉ.TA.LO, *s.m.*, que possui quatro pétalas.

QUA.DRIR.RE.ME, *s.f.*, embarcação com quatro fileiras de remo, ou mesmo, quatro remadores em cada remo.

QUA.DRIS.SE.CU.LAR, *adj. 2 gên.*, que tem quatro séculos; que durou quatro séculos.

QUA.DRIS.SE.MA.NAL, *adj. 2 gên.*, relativo a quadrissemana, ou que transcorre nesse período.

QUA.DRIS.SI.LÁ.BI.CO, *adj.*, que tem quatro sílabas; quadrissílabo; tetrassilábico, tetrassílabo.

QUA.DRIS.SÍ.LA.BO, *s.m.*, verso com quatro sílabas; palavra com quatro sílabas - polissílabo.

QUA.DRIS.SUL.CO, *adj., Zool.*, cujo pé é dividido em quatro dedos; *Bot.*, que tem quatro sulcos.

QUA.DRI.VAL.VE, *adj. 2 gên., Bot., Zool.*, que tem quatro valvas.

QUA.DRO, *s.m.*, pintura, tela, óleo, desenho, paisagem; lousa, quadro-negro; conjunto de servidores de uma empresa; panorama de um momento e local; armação esquelética de uma bicicleta.

QUA.DRO-NE.GRO, *s.m.*, quadro, lousa, painel nas salas de aula para escrever.

QUA.DRU.MA.NO, *adj. e s.m.*, que possui quatro mãos, macaco.

QUA.DRÚ.PE.DE, *adj. e s.m.*, que usa quatro patas, pés; animal com quatro patas; *fig.*, indivíduo estúpido, bronco.

QUA.DRU.PLI.CA.ÇÃO, *s.f.*, aumento para quatro vezes mais.

QUA.DRU.PLI.CA.DO, *adj.*, que foi aumentado em quatro vezes.

QUA.DRU.PLI.CAR, *v.t., int. e pron.*, aumentar em quatro vezes, multiplicar por quatro vezes.

QUÁ.DRU.PLO, *num.*, que é quatro vezes maior.

QUAL, *pron. rel.*, quem, qual tipo, que, o qual, a qual.

QUA.LI.DA.DE, *s.f.*, propriedade de uma coisa, predicado, virtude, característica, peculiaridade.

QUA.LI.FI.CA.ÇÃO, *s.f.*, capacitação, treinamento, otimização, preparação.

QUA.LI.FI.CA.DO, *adj.*, preparado, treinado, otimizado, capacitado.

QUA.LI.FI.CA.DOR, *adj. e s.m.*, que(m) qualifica, preparador, treinador.

QUA.LI.FI.CAN.TE, *adj.*, que qualifica, preparador.

QUA.LI.FI.CAR, *v.t. e pron.*, dar qualidade a, medir a qualidade, caracterizar, treinar, preparar para uma função.

QUA.LI.FI.CA.TI.VO, *adj.*, que atribui qualidade a.

QUA.LI.FI.CA.TÓ.RIO, *adj.*, que qualifica; qualificador.

QUA.LI.FI.CÁ.VEL, *adj.*, que pode ser qualificado.

QUA.LI.TA.TI.VO, *adj.*, que exprime a qualidade de.

QUAL.QUER, *pron.*, traduz algo indefinido, expressa um ser a ser definido.

QUAN.DO, *adv.*, em que período, *conj.*, assim que, logo que.

QUAN.TI.A, *s.f.*, soma, valor, importância em moeda.

QUAN.TI.DA.DE, *s.f.*, parte indefinida de algo, valor; multidão, abundância.

QUAN.TI.FI.CA.ÇÃO, *s.f.*, avaliação, soma, quantia final.

QUAN.TI.FI.CA.DO, *adj.*, avaliado, somado, obtido.

QUAN.TI.FI.CA.DOR, *s.m.*, aquilo que quantifica.

QUAN.TI.FI.CAR, *v.t.*, dar números, avaliar em números, somar, avaliar.

QUAN.TI.FI.CÁ.VEL, *adj.*, que se pode quantificar.

QUAN.TI.TA.TI.VO, *adj.*, que traduz quantidade.

QUAN.TI.ZA.ÇÃO, *s.f.*, quantificação.

QUAN.TI.ZAR, *v.t.*, quantificar; efetuar uma quantização; *Fís.*, fazer a quantização de (um sistema físico).

QUAN.TO, *pron.*, qual a soma, qual o valor, quão; *adv.*, quanto, como, de que maneira.

QUÃO, *adv.*, quanto, como.

QUA.RA.DOR, *s.m.*, coradouro, quaradouro, local em que se estendem roupas para quarar, geralmente, em um gramado bem limpo.

QUA.RAR, *v.t.*, corar, colocar a roupa molhada e com sabão em um gramado para eliminar a sujeira.

QUA.REN.TA, *num.*, algarismo representado por 40.

QUA.REN.TÃO, *adj. e s.m.*, homem com quarenta anos.

QUA.REN.TE.NA, *s.f.*, espaço de quarenta dias, isolamento para evitar contágios.

QUA.RES.MA, *s.f.*, o período entre a Quarta-Feira de Cinzas e o Domingo de Páscoa; tempo para o cristão se preparar para a ressurreição de Cristo com abstinência, jejum e penitências.

QUA.RES.MAL, *adj.*, próprio da quaresma.

QUA.RES.MEI.RA, *s.f.*, tipo de arbusto brasileiro de flores muito belas, florescendo em janeiro.

QUARK, *s.m., Fís.*, cada um dos seis tipos de partículas elementares na base de qualquer matéria existente no Universo.

QUAR.TA, *s.f.*, marcha no câmbio dos carros; a quarta parte em uma divisão por quatro.

QUAR.TÃ, *s.f.*, febre intermitente, que se repete a cada quatro anos.

QUAR.TA.DO, *adj.*, feito de quatro; dividido em quatro.

QUAR.TA-FEI.RA, *s.f.*, o quarto dia da semana, sendo o domingo o primeiro dia.

QUAR.TA.NIS.TA, *s. 2 gên.*, estudante de quarto ano.

QUAR.TAS DE FI.NAL, *s.f., pl.*, em uma disputa esportiva, etapa em que quatro equipes disputam os quatro primeiros lugares, para se classificarem para as semifinais.

QUARTAU   QUEBRA-PEITO

QUAR.TAU, *s.m.*, cavalo de pequeno porte, robusto, para carga.
QUAR.TE.A.DOR, *s.m., bras.*, RS, aquele que, a cavalo, ajuda a puxar um carro; sota.
QUAR.TE.AR, *v.t.*, dividir em quatro partes, enfeitar com quatro cores diferentes.
QUAR.TEI.RÃO, *s.m.*, quadra, quadrado urbano formado pelas ruas.
QUAR.TE.JAR, *v.t.*, esquartejar, dividir em quartos, em quatro partes.
QUAR.TEL, *s.m.*, quarta parte de um todo; construção para abrigar soldados; serviço militar.
QUAR.TE.LA.DA, *s.f.*, movimento militar com o único objetivo de apossar-se do poder.
QUAR.TE.LEI.RO, *s.m.*, militar encarregado de controlar as armas e outros objetos de um quartel.
QUAR.TEL-GE.NE.RAL, *s.m.*, centro de comando; quartel em que trabalham o general e seu estado-maior.
QUAR.TE.LIS.MO, *s.m.*, ideias militares sobre a política e a administração política de um país.
QUAR.TE.TIS.TA, *s.2 gên.*, músico que faz parte de um quarteto.
QUAR.TE.TO, *s.m.*, quadra, quatro versos, vozes, artistas.
QUAR.TI.LHO, *s.m.*, medida para líquidos, que corresponde a meio litro.
QUAR.TI.NHA, *s.f.*, moringa, recipiente para guardar líquidos.
QUAR.TI.NHO, *s.m.*, quarto pequeno, camareta; *pop.*, latrina, privada.
QUAR.TO, *num.*, ordinal e fracionário de quatro; *s.m.*, ambiente para dormir, cômodo; quarta parte de uma rês; numa divisão por 4, a quarta parte; um quarto de uma hora; ancas, quadris, ilhargas.
QUAR.TO.LA, *s.f.*, pipa que contém a quantidade de um quarto de tonel.
QUART.ZÍ.FE.RO, *adj.*, que contém quartzo.
QUART.ZO, *s.m.*, pedra cristalizada, com uma variante branca e transparente, que é o cristal de rocha.
QUA.SAR, *s.m.*, objeto celeste, a muitos anos-luz da Terra, cujo brilho supera o de todas as demais estrelas.
QUA.SE, *adv.*, aproximadamente, perto de, mais ou menos, por um triz.
QUA.SÍ.MO.DO, *s.m.*, monstro, indivíduo deformado, monstrengo.
QUAS.SA.ÇÃO, *s.f.*, esmigalhamento de ramos e folhas, para obter adubo orgânico mais facilmente.
QUÁS.SIA, *s.f.*, árvore que tem uma madeira muito amarga, usada para dores estomacais.
QUA.TER.NÁ.RIO, *adj.* e *s.m.*, feito de quatro partes; na música, quatro compassos iguais; ritmo de quatro compassos; período da era mesozoica.
QUA.TER.NO, *adj.*, que se compõe de quatro objetos.
QUA.TI, *s.m.*, mamífero carnívoro de nossas matas; *pop., expr.*, ter o quati - ser preguiçoso.
QUA.TOR.ZE, *num.*, catorze, cardinal de 14.
QUA.TOR.ZE.NO, *num.*, catorzeno, o último numa série de quatorze.
QUA.TRI.E.NAL, *adj.*, que se refere a quatriênio.
QUA.TRI.Ê.NIO, *s.m.*, quadriênio, período de quatro anos.
QUA.TRI.LHÃO, *s.m.*, mil trilhões; quatrilião.
QUA.TRO, *num.*, algarismo que representa o número 4.
QUA.TRO.CEN.TÃO, *adj.* e *s.m.*, com quatrocentos anos.
QUA.TRO.CEN.TIS.MO, *s.m.*, ideias, estilo e filosofia da escola quatrocentista, de 1400 a 1500.
QUA.TRO.CEN.TIS.TA, *s.2 gên.*, que(m) defende o quatrocentismo ou se refere a essa época.
QUA.TRO.CEN.TOS, *num.*, cardinal de 400.
QUA.TRO-O.LHOS, *s.m., pl.*, quem usa óculos.
QUE, *adv.*, quão, quanto; *pron.*, o qual, qual, quais.
QUÊ, *s.m.*, nome da letra *q*; *s.m.*, algo, alguma coisa, um ponto, um nada.
QUE.BRA, *s.f.*, fratura, quebradura, queda, diminuição.
QUE.BRA-CA.BE.ÇA, *s.f.*, problema, enigma, dificuldade, passatempo no qual a pessoa busca ajeitar peças conforme um programa preestabelecido.
QUE.BRA-COS.TE.LAS, *s.m.*, abraço muito forte, abração.
QUE.BRA.DA, *s.f.*, declive, descida, aclive, encosta, curva, desvio.
QUE.BRA-DE.DOS, *s.m. 2 n.*, Ceará, cerca de ripas entrelaçadas.
QUE.BRA.DEI.RA, *s.f., pop.*, falência geral, cansaço.
QUE.BRA.DE.LA, *s.f.*, ato ou efeito de quebrar; quebradura.
QUE.BRA.DI.ÇO, *adj.*, que se rompe fácil; frágil.
QUE.BRA.DO, *adj.*, estilhaçado, feito em pedaços; falido, exausto; parte de um inteiro, restos de um todo.
QUE.BRA.DOR, *adj.* e *s.m.*, que(rn) quebra, arrebentador.
QUE.BRA.DOU.RO, *s.m.*, nas praias, o ponto em que as ondas se quebram.
QUE.BRA.DU.RA, *s.f., pop.*, hérnia.
QUE.BRA-GA.LHO, *s.m.*, arranjo de emergência; *pop.*, pessoa que faz de tudo.
QUE.BRA-GE.LO, *s.m.*, navio feito especialmente para abrir caminho em águas congeladas; ação para deixar as pessoas à vontade em um encontro.
QUE.BRA-LUZ, *s.m.*, abajur, luz de cabeceira.
QUE.BRA-MAR, *s.m.*, muralha para conter o impacto das ondas.
QUE.BRA.MEN.TO, *s.m.*, ato ou efeito de quebrar(-se); quebra; *pop.*, fraqueza, prostração; rompimento.
QUE.BRA-MO.LAS, *s.m.*, antiga elevação do nível da rua, com o intuito de reduzir a velocidade dos carros; hoje se usa lombada; lombada eletrônica.
QUE.BRAN.ÇA, *s.f., bras., pop.*, o quebrar das ondas nos rochedos.
QUE.BRAN.ÇO.SO, *adj., ant.*, fácil de quebrar, frágil, quebrável.
QUE.BRA-NO.ZES, *s.m., pl.*, peça usada para quebrar as nozes com pressão.
QUE.BRAN.TA.DO, *adj.*, definhado, abatido, cansado, extenuado.
QUE.BRAN.TA.DOR, *adj.* e *s.m.*, que(m) quebranta, debilitador.
QUE.BRAN.TA.MEN.TO, *s.m.*, ação ou efeito de quebrantar, abatimento, definhamento.
QUE.BRAN.TAR, *v.t., int.* e *pron.*, quebrar, cansar, domar, perder a força.
QUE.BRAN.TE, *s.m., bras., pop.*, o mesmo que quebranto.
QUE.BRAN.TO, *s.m.*, agouro, azar, mal causado por olhos invejosos.
QUE.BRA-PAU, *s.m., pop.*, briga, rixa, pancadaria, falatório.
QUE.BRA-PE.DRA, *s.f.*, erva comum que se diz quebrar as pedras nos rins.
QUE.BRA-PEI.TO, *s.m.*, fumo forte de corda, palheiro com

QUEBRA-QUEBRA ... QUENTE

fumo muito forte.

QUE.BRA-QUE.BRA, *s.m.,* arruaça, baderna, confusão, destruição.

QUE.BRA-QUEI.XO, *s.m.,* Cul., puxa-puxa de goiaba com coco.

QUE.BRAR, *v.t., int. e pron.,* despedaçar, estilhaçar, reduzir a pedaços; falir; rachar, fraturar, violar.

QUE.BRÁ.VEL, *adj. 2 gên.,* que pode ser quebrado; que se quebra facilmente; frágil; quebradiço.

QUE.BRA-VEN.TO, *s.m.,* nos carros antigos, janelinha no canto da porta para arejar o carro.

QUE.BREI.RA, *s.f.,* fadiga, cansaço, prostração.

QUE.DA, *s.f.,* caída, cascata, ruína, tombo; pendor, inclinação.

QUE.DA-D'Á.GUA, *s.f.,* cachoeira, cascata, catadupa, catarata.

QUE.DA DE BRA.ÇO, *s.f.,* luta, disputa ferrenha entre duas pessoas; jogo no qual os contendores entrelaçam as mãos com os cotovelos apoiados na superfície, e ganha quem encostar a mão do outro na mesma superfície.

QUE.DAR, *v. int. e pron.,* ficar inerte, parar, jazer.

QUE.DÊ, *adv.,* quede, expressão popular para perguntar onde alguém ou algo possa estar.

QUE.DO, *adj.,* quieto, inerte, parado, imobilizado.

QUE.FA.ZER, *s.m.,* ver quefazeres.

QUE.FA.ZE.RES, *s.m., pl.,* ocupações, azáfamas, muitos serviços e compromissos.

QUEI.JA.DA, *s.f.,* Cul., pequeno doce de massa de farinha de trigo recheada com creme, queijo, etc.

QUEI.JA.DEI.RA, *s.f.,* relativo a queijada; vendedora ou fabricante de queijadas.

QUEI.JA.DEI.RO, *adj.,* que diz respeito a queijada; *s.m.,* aquele que faz ou vende queijadas.

QUEI.JA.DI.NHA, *s.f.,* doce de coco com queijo.

QUEI.JAR, *v.int.,* fazer queijos.

QUEI.JA.RI.A, *s.f.,* fábrica, indústria de queijos.

QUEI.JEI.RA, *s.f.,* fôrma onde se põe o leite que se transforma em queijo.

QUEI.JEI.RO, *s.m.,* fabricante de queijo.

QUEI.JO, *s.m.,* substância alimentícia produzida com leite, sal e coalho.

QUEI.JO DE CO.LO.NO, *s.m.,* queijo fabricado por agricultores por métodos tradicionais.

QUEI.JO DE MI.NAS, *s.m.,* queijo branco com poucas calorias, como se fosse ricota.

QUEI.JO-PRA.TO, *s.m.,* tipo de queijo para uso diário, sobretudo para comer com pão.

QUEI.MA, *s.f.,* combustão; *fig.,* liquidação de mercadorias a preço baixo.

QUEI.MA.ÇÃO, *s.f.,* consumação pelo fogo, queimada; *fig.,* excitação.

QUEI.MA.DA, *s.f.,* alastramento de fogo em um local; destruição pelo fogo.

QUEI.MA.DE.LA, *s.f.,* o mesmo que queimadura.

QUEI.MA.DI.ÇO, *adj.,* que facilmente se queima; muito sensível ao calor; escaldadiço.

QUEI.MA.DO, *adj.,* chamuscado, tostado, consumido pelo fogo; morto pela geada, ofendido.

QUEI.MA.DOR, *s.m.,* cada boca de um fogão a gás, quem queima.

QUEI.MA.DU.RA, *s.f.,* parte do corpo que foi queimada por fogo.

QUEI.MA.MEN.TO, *s.m.,* ação ou efeito de queimar(-se); queimação; queimadura.

QUEI.MAR, *v.t., int. e pron.,* consumir com fogo, lesar com chamas, chamuscar-se, tostar-se, esquentar-se; estar com febre; liquidar mercadorias, estar muito quente, torrar.

QUEI.MA-ROU.PA, *s.f., expr.,* atirar à queima-roupa - de muito perto, encostando na pessoa.

QUEI.MO.SO, *adj.,* o mesmo que queimante.

QUEI.XA, *s.f.,* reclamação, denúncia a uma autoridade, lamento, protesto.

QUEI.XA-CRI.ME, *s.f.,* ação para formalizar uma denúncia na polícia ou no judiciário, por ofensa grave.

QUEI.XA.DA, *s.f.,* mandíbula, queixo inferior; porco-do-mato, caititu.

QUEI.XAL, *adj. 2 gên.,* relativo ou pertencente ao queixo; *s.m.,* dente molar; queixada, mandíbula.

QUEI.XAR-SE, *v. pron.,* lamentar-se, condoer-se, mostrar-se ofendido.

QUEI.XEI.RA, *s.f., pop.,* lus., diz-se do dente do siso.

QUEI.XO, *s.m.,* maxilar inferior, mandíbula.

QUEI.XO.SO, *adj. e s.m.,* quem dirige queixa a alguma autoridade; cheio de queixas.

QUEI.XU.DO, *adj., pop.,* de queixo grande, queixada.

QUEI.XU.ME, *s.m.,* queixas longas, lamentações, choros.

QUE.JAN.DO, *adj.,* semelhante, parecido, da mesma natureza.

QUE.LA, *s.f.,* Zool., os dois segmentos dos apêndices de diversos crustáceos e aracnídeos, que formam pinça; p.ext., qualquer coisa em forma de garra ou pinça.

QUE.LHA, *s.f.,* calha.

QUE.LÍ.CE.RA, *s.f.,* Zool., cada um dos dois apêndices articuláveis, ger. us. para inocular veneno e para preensão, defesa e ataque.

QUE.LI.CE.RA.DO, *s.m.,* Zool., espécime dos quelicerados, subfilo de artrópodes desprovidos de antenas; *adj.,* Zool. relativo ou pertencente aos quelicerados.

QUE.LÍ.DEO, *s.m.,* réptil quelônio, que vive na Ásia e na América do Sul.

QUE.LÍ.PO.DE, *s.m.,* pata que acaba em forma de pinça.

QUE.LO.DON.TE, *adj.,* que tem dentes em forma de pinça.

QUE.LOI.DE, *s.m.,* Med., cicatriz protuberante.

QUE.LÔ.NIOS, *s.m., pl.,* ordem de répteis que inclui as tartarugas.

QUE.LO.NI.TA, *s.f.,* tartaruga que se petrificou.

QUE.LO.NO.GRA.FI.A, *s.f.,* descrição de tartarugas.

QUE.LO.NÓ.GRA.FO, *s.m.,* estudioso que estuda as tartarugas e as defende contra os predadores humanos.

QUEM, *pron.,* aquele que, qual, qualquer um, alguém, qualquer.

QUEN.DÔ, *s.m.,* arte marcial nipônica, na qual os contendores se enfrentam com espadas de bambu e usando uma armadura.

QUEN.GA, *s.f., pop., reg.,* prostituta, bisca, ladra reles, marafona.

QUEN.GO, *adj. e s.m., pop.,* tipo inteligente, inteligência.

QUE.NI.A.NO, *adj. e s.m.,* natural, referente ou habitante do Quênia.

QUEN.TÃO, *s.m.,* cachaça quente, com açúcar e gengibre; outros vinhos com cachaça, gengibre e açúcar fervidos.

QUEN.TAR, *v.t. e pron.,* esquentar, aquecer, fazer ferver.

QUEN.TE, *adj.,* escaldado, esquentado, com calor, que

produz calor, estimulante.

QUEN.TI.NHA, s.f., embalagem de alumínio com tampa, usada para transportar alimentos cozidos e quentes; marmita descartável.

QUEN.TU.RA, s.f., calor, situação de quente, temperatura elevada; fig., momento difícil.

QUE.PE, s.m., boné de militar.

QUER, conj. alternativa, ou, ou, já, já, quer, quer.

QUE.RA.TI.NA, s.f., ceratina, tipo de cera existente nas unhas e em cabelos humanos.

QUE.RA.TI.NI.ZA.ÇÃO, s.f., ação de queratinizar, abrilhantar a cabeleira de uma pessoa.

QUE.RA.TI.NI.ZAR, v.t. e pron., tratar os cabelos para que adquiram a textura e cor próprias, dando-lhes brilho.

QUE.RE.LA, s.f., discussão, litígio, rixa, denúncia de rixa na justiça.

QUE.RE.LA.DO, adj., queixado, disputado, rixado.

QUE.RE.LA.DOR, adj. e s.m., rixento, disputador, queixante.

QUE.RE.LAN.TE, adj., queixante, queixoso.

QUE.RE.LAR, v.t. e pron., apresentar queixa contra alguém na justiça, disputar.

QUE.RE.LO.SO, adj., queixoso, choroso, rixoso.

QUE.REN.ÇA, s.f., ação de querer a uma pessoa, afeto, afeição.

QUE.REN.TE, adj., que quer alguma coisa; que tem vontade ou desejo de alguma coisa.

QUE.RER, v.t. e int., desejar, ambicionar, amar, ordenar, mandar, impor; s.m., desejo, amor, vontade, ambição.

QUE.RI.DO, adj. e s.m., amado, estimado, desejado, caro.

QUE.RI.MÔ.NIA, s.f., querela, queixa em juízo.

QUER.MES.SE, s.f., festa pública, festa com barracas para vender objetos, com finalidade beneficente.

QUE.RO.FO.BI.A, s.f., Psiq., medo mórbido de alegria.

QUE.RO.FÓ.BI.CO, adj., Psiq., relativo a querofobia; que tem querofobia, querófobo; s.m., Psiq., aquele que tem querofobia.

QUE.RÓ.FO.BO, adj. e s.m., Psiq., que ou aquele que tem querofobia; querofóbico.

QUE.RO-QUE.RO, s.m., ave cujo nome imita a própria voz.

QUE.RO.SE.NE, s.m., combustível extraído do petróleo, para uso em motores e em iluminação.

QUE.RU.BIM, s.m., tipo de anjo, anjo de primeira grandeza; fig., pessoa bela.

QUE.SI.TO, s.m., requisito, questão dada para que haja resposta, pressuposto.

QUES.TÃO, s.f., objeto de discussão, tese, ideia, desentendimento; litígio judicial, discussão, demanda; pergunta, questionário.

QUES.TI.O.NA.DO, adj., interrogado, perguntado.

QUES.TI.O.NA.DOR, adj. e s.m., interrogador, perguntador, investigador.

QUES.TI.O.NA.MEN.TO, s.m., interrogação, pergunta, investigação.

QUES.TI.O.NAN.TE, adj. 2 gên., que questiona; s. 2 gên., aquele que questiona, que levanta uma questão.

QUES.TI.O.NAR, v.t. e int., discutir, contestar, opor-se, litigar, perguntar, interrogar.

QUES.TI.O.NÁ.RIO, s.m., grupo de questões ou perguntas, interrogatório.

QUES.TI.O.NÁ.VEL, adj., discutível, que se deve debater.

QUES.TI.ÚN.CU.LA, s.f., questão sem importância, futilidade, ninharia.

QUES.TOR, s.m., Hist., magistrado da antiga Roma que tinha a seu cargo as finanças do Estado; na Roma antiga, juiz criminal.

QUES.TO.RA.DO, s.m., cargo, funções, área de jurisdição do questor; duração das suas funções.

QUES.TÓ.RIO, adj., relativo a questão.

QUES.TU.Á.RIO, s.m. e adj., aquele que só pensa em lucrar; que só visa ao lucro.

QUET.ZAL, s.m., ave de cauda longa, da Guatemala; unidade monetária desse país.

QUI, s.m., a vigésima segunda letra do á-bê-cê grego.

QUI.A.BEI.RO, s.m., planta que produz o quiabo.

QUI.A.BO, s.m., verdura produzida pelo quiabeiro, talos verdes e peludos; quando verdes, soltam baba.

QUI.AS.MÁ.TI.CO, adj., relativo ou inerente a quiasma ou quiasmo.

QUI.AS.MO, s.m., construção anormal de frases, como resultado de uma estrutura normal.

QUI.BA.DA, s.f., bras., grande quantidade de quibe; Cul., refeição cujo prato principal é quibe.

QUI.BE, s.m., prato de origem árabe, com carne moída e outros condimentos.

QUI.BE.BE, s.m., uma papa, musse ou creme de abóbora, contendo sal.

QUI.BOM.BÔ, s.m., quiabo.

QUI.ÇÁ, adv., talvez, quem sabe, porventura.

QUI.CAR, v. int., pular, o saltar de uma bola.

QUÍ.CHU.A, s.m., idioma dos indígenas quíchuas, ainda falado no Peru.

QUÍ.CIO, s.m., gonzo.

QUI.ES.CÊN.CIA, s.f., qualidade ou estado de quiescente.

QUI.ES.CEN.TE, adj., que descansa, que está em sossego; tranquilo.

QUI.E.TA.ÇÃO, s.f., quietude, sossego, tranquilidade.

QUI.E.TAR, v.t., int. e pron., aquietar, tornar quieto, acalmar, tranquilizar.

QUI.E.TAR.RÃO, s.m., muito quieto; que fala pouco, caladão.

QUI.E.TE.ZA, s.f., p.us., o mesmo que quietude.

QUI.E.TI.NHO, adj., dim. que se usa no trato familiar; mesmas acepções de quieto.

QUI.E.TIS.MO, s.m., doutrina místico-religiosa que prega a anulação de toda a vontade, a fim de a pessoa unir-se integralmente a Deus, por meio da contemplação completa.

QUI.E.TIS.TA, adj. 2 gên., relativo ao quietismo; que é seguidor do quietismo; s. 2 gên., seguidor do quietismo.

QUI.E.TO, adj., parado, calmo, tranquilo, sereno, inerte.

QUI.E.TU.DE, s.f., calma, calmaria, tranquilidade, sossego, silêncio.

QUI.E.TU.RA, s.f., o mesmo que quietude.

QUI.GOM.BÔ, s.m., ver quiabo; var., quigombô.

QUI.LA.TA.ÇÃO, s.f., avaliação ou análise do quilate do ouro, da prata, das pedras preciosas, etc.

QUI.LA.TE, s.m., o máximo de pureza do ouro ou de diamantes; peso equivalente a 199 miligramas.

QUI.LA.TEI.RA, s.f., peneira us. para avaliar o quilate das pedras preciosas pelo seu volume.

QUI.LHA, s.f., parte inferior do navio, parte que suporta a estrutura do barco.

QUI.LO, s.m., quilograma.

QUI.LO.GRA.MA, s.m., massa equivalente a mil gramas,

QUILOGRÂMETRO ··· 683 ··· QUINTA-COLUNA

quilo, símb.: kg.
QUI.LO.GRÃ.ME.TRO, *s.m.*, Fís., unidade de medida de energia correspondente ao trabalho realizado por um quilograma-força, símb.: kgfm.
QUI.LO.HERTZ, *s.m.*, unidade de medida de frequência de mil hertz.
QUI.LO.LI.TRO, *s.m.*, unidade equivalente a mil litros.
QUI.LOM.BA.DO, *s.m.*, o mesmo que quilombola; *adj.*, semelhante a quilombo; aquilombado.
QUI.LOM.BO, *s.m.*, acampamento criado pelos negros escravos que fugiam dos seus senhores.
QUI.LOM.BO.LA, *s.2 gên.*, negro refugiado em quilombo.
QUI.LO.ME.TRA.GEM, *s.f.*, número de quilômetros percorridos em certo tempo.
QUI.LO.ME.TRAR, *v.t.*, marcar por quilômetros.
QUI.LO.MÉ.TRI.CO, *adj.*, relativo a quilômetro, próprio de quilômetro.
QUI.LÔ.ME.TRO, *s.m.*, medida de comprimento equivalente a mil metros.
QUI.LO.PAR.SEC, *s.m.*, Astron., unidade de medida de distância us. em astronomia, equivalente a 1.000 parsecs.
QUI.LO.PLAS.TI.A, *s.f.*, intervenção cirúrgica para restaurar um ou os dois lábios.
QUI.LO.PLÁS.TI.CO, *adj.*, Cir. relativo a quiloplastia.
QUI.LOR.RA.GI.A, *s.f.*, derramamento de sangue pelos lábios.
QUI.LOR.RÁ.GI.CO, *adj.*, relativo a quilorragia.
QUI.LO.SO, *adj.*, relativo ao quilo.
QUI.LO.TON, *s.m.*, Fís., unidade de avaliação de potencial explosivo equivalente à explosão de 1.000 toneladas de TNT; símb.: KT.
QUI.LO.WATT, *s.m.*, unidade de medida de potência em correntes elétricas.
QUI.LO.WATT-HO.RA, *s.m.*, Elet., Fís., unidade de consumo de energia equivalente ao consumo em uma hora de um quilowatt; símb.: kWh.
QUIM.BAN.DA, *s.f.*, macumba; *s.m.*, sacerdote no candomblé; ritual de umbanda.
QUIM.BUN.DO, *adj. e s.m.*, um dos idiomas usados em Angola.
QUI.ME.RA, *s.f.*, fantasia, imaginação, utopia; monstro da mitologia grega.
QUI.MÉ.RI.CO, *adj.*, relativo a quimera, fantástico, irreal, imaginativo.
QUI.ME.RI.ZAR, *v.t. e int.*, criar quimeras, fantasias.
QUÍ.MI.CA, *s.f.*, ciência que se dedica ao estudo das propriedades das substâncias e suas misturas e mutações.
QUÍ.MI.CO, *adj.*, próprio da química.
QUÍ.MI.CO-BI.O.LÓ.GI.CO, *adj.*, relativo à química e à biologia; bioquímico.
QUÍ.MI.CO-IN.DUS.TRI.AL, *adj. 2 gên.*, relativo à química e à indústria; *s.m.*, especialista em química industrial.
QUI.MI.LU.MI.NES.CÊN.CIA, *s.f.*, Quím., fenômenos luminosos produzidos por algumas reações.
QUI.MI.O.TE.RA.PI.A, *s.f.*, tratamento médico com substâncias químicas contra câncer e tumores.
QUI.MI.O.TE.RÁ.PI.CO, *adj.*, que se refere a quimioterapia.
QUI.MI.O.PRO.FI.LA.XI.A, *s.f.*, Med., uso de substâncias químicas como meio de evitar doenças.
QUI.MI.OS.FE.RA, *s.f.*, Met., camada da alta atmosfera onde ocorrem reações fotoquímicas e que inclui a parte superior da estratosfera, a mesosfera e a parte inferior da termosfera.
QUI.MI.OS.SÍN.TE.SE, *s.f.*, Bioq., síntese de matéria orgânica a partir de dióxido de carbono e água, por meio da energia liberada por reações químicas.
QUI.MO, *s.m.*, massa pastosa que vai do estômago ao intestino delgado.
QUI.MO.NO, *s.m.*, roupão ao estilo nipônico.
QUI.NA, *s.f.*, ângulo, canto, esquina; dado com cinco números; jogo de loteria com cinco números; Bot., planta medicinal para várias doenças.
QUI.NA.DO, *adj.*, posto de cinco em cinco; *s.m.*, vinho quinado, queimado.
QUI.NAN.TE, *adj.* Heráld., que tem escudos ou quinas gravadas.
QUI.NAR, *v.t. e int.*, preparar com quina; acertar na loto da quina.
QUI.NÁ.RIO, *adj.*, que se compõe de cinco, que é divisível por cinco.
QUI.NAU, *s.m.*, correção, corrigenda, emenda, acerto.
QUIN.CHA, *s.f.*, bras., RS, cobertura de palha, tanto dos carros e carretas como das casas.
QUIN.CHA.DOR, *adj. e s.m.*, bras., RS, que faz quincha, que ou o que cobre com quincha.
QUIN.DE.CÁ.GO.NO, *s.m.*, Geom., polígono de 15 lados.
QUIN.DIM, *s.m.*, doce feito com ovo e coco; *fig.*, maviosidade, meiguice.
QUIN.GEN.TÉ.SI.MO, *num.*, ordinal e fracionário de quinhentos.
QUI.NHÃO, *s.m.*, parte de uma divisão, quota, parcela.
QUI.NHEN.TIS.MO, *s.m.*, estilo das artes e filosofia dos homens pensantes do Quinhentismo.
QUI.NHEN.TIS.TA, *s.2 gên.*, quem defende e usa as ideias do Quinhentismo, do período entre 1501 e 1600; também dito Renascimento.
QUI.NHEN.TÍS.TI.CO, *adj.*, o mesmo que quinhentista.
QUI.NHEN.TOS, *num.*, cardinal correspondente a 500.
QUI.NHO.AR, *v. int.*, dar quinhão, dividir por quinhão.
QUI.NHO.EI.RO, *s.m.*, quem tem parte no quinhão, sócio, quem faz a divisão do quinhão.
QUI.NI.NA, *s.f.*, substância medicinal extraída da planta de nome quina.
QUI.NÍ.NI.CO, *adj.*, relativo a quinina.
QUI.NI.NO, *adj. e s.m.*, sulfato de quinina.
QUI.NO.A, *s.f.*, Bot., planta da fam. das quenopodiáceas (*Chenopodium quinoa*), da região dos Andes, e no Brasil (MG, RJ, SP) (*Chanopodium hircinum*), de folhas e sementes comestíveis.
QUIN.QUA.GE.NÁ.RIO, *adj. e s.m.*, pessoa com cinquenta anos.
QUIN.QUA.GÉ.SI.MA, *s.f.*, espaço de tempo de 50 dias.
QUIN.QUA.GÉ.SI.MO, *num.*, ordinal de 50.
QUIN.QUE.NAL, *adj.*, com duração de cinco anos.
QUIN.QUÊ.NIO, *s.m.*, período de cinco anos; lustro.
QUIN.QUI.LHA.RI.A, *s.f.*, bugiganga, ninharia, coisa sem valor.
QUIN.QUI.LHEI.RO, *s.m.*, fabricante, negociante de quinquilharias.
QUIN.TA, *s.f.*, chácara, vila, pequena propriedade rural, sítio; espaço de cinco notas musicais, quinta-feira.
QUIN.TA-CO.LU.NA, *s.2 gên.*, traidor, quem passa segredos da pátria para uma nação inimiga.

QUIN.TA-ES.SÊN.CIA, s.f., algo muito refinado, o suprassumo; quintessência, o que há de melhor, ótimo.
QUIN.TA-FEI.RA, s.f., o quinto dia da semana, começando com o dia primeiro, o domingo.
QUIN.TAL, s.m., terreno (algumas vezes com plantação de flores e verduras) ao redor de casa.
QUIN.TA.NIS.TA, s.2 gên., estudante que está no quinto ano.
QUIN.TAR, v.t., dividir por cinco, extrair a quinta parte.
QUIN.TEI.RO, s.m., o que tem a seu cargo o trato e a guarda da quinta; caseiro.
QUIN.TE.TO, s.m., música para cinco cantores ou cinco músicos.
QUIN.TI.LHA, s.f., estrofe com cinco versos; quinteto.
QUIN.TI.LHÃO, num., quintilião, mil quatrilhões.
QUIN.TO, num., ordinal e fracionário de cinco.
QUIN.TU.PLI.CA.ÇÃO, s.f., multiplicação por cinco.
QUIN.TU.PLI.CA.DO, adj., multiplicado por cinco.
QUIN.TU.PLI.CAR, v.t., int. e pron., multiplicar por cinco.
QUIN.TU.PLI.CÁ.VEL, adj., que pode ser quintuplicado.
QUÍN.TU.PLO, num., que é cinco vezes maior.
QUIN.ZE, num., o algarismo 15.
QUIN.ZE.NA, s.f., quinze dias, período marcado para durar quinze dias.
QUIN.ZE.NAL, adj., realizável de quinze em quinze dias.
QUIN.ZE.NÁ.RIO, s.m., período que compreende 15 dias, jornal que sai de 15 em 15 dias.
QUI.OS.QUE, s.m., caramanchão, construção em jardins e praças para recreio; pequenas casas para vendas de jornais e outros artigos.
QUI.OS.QUEI.RO, s.m., bras., proprietário de quiosque.
QUI.PRO.QUÓ, s.m., confusão, trapalhada, equívoco.
QUI.RE.LA, s.f., quirera, comida feita com milho quebrado.
QUI.RO.MAN.CI.A, s.f., arte de prever o futuro das pessoas, lendo as linhas da palma das mãos.
QUI.RO.MAN.TE, s.2 gên., praticante da quiromancia.
QUI.RO.PRA.XI.A, s.f., quiroprática, tratamento médico que se vale da manipulação dos ossos, sobretudo das vértebras.
QUI.RÓP.TE.ROS, s.m., pl., ordem de mamíferos que engloba os morcegos.
QUIS.TO, s.m., cisto, tumor.
QUI.TA, s.f., remissão de alguma dívida ou obrigação, quitação.
QUI.TA.ÇÃO, s.f., declaração de pagamento, recibo de pagamento.
QUI.TA.DO, adj., pago, solvido, resolvido.
QUI.TA.DOR, adj. e s.m., que(m) quita, pagador, solvedor.
QUI.TAN.DA, s.f., quiosque para venda de frutas e verduras, lojinha.
QUI.TAN.DEI.RO, s.m., proprietário de quitanda, quem administra uma quitanda.
QUI.TAR, v.t. e pron., pagar, passar recibo, deixar quite.
QUI.TE, adj., livre, pago, cumprido, livre.
QUI.TI.NA, s.f., substância insolúvel, integrante do esqueleto de alguns insetos e crustáceos.
QUI.TI.NE.TE, s.f., apartamento composto de poucas e pequenas peças.
QUI.TU.TE, s.m., iguaria, comida saborosa, comida especial.
QUI.TU.TEI.RO, s.m., quem faz quitutes.
QUI.U.Í, s.m., fruta de origem oriental, de cor verde e sementinhas escuras.
QUI.VI, s.f., ave de asas curtas, sem penas e penugem.
QUI.XA.BA, s.f., fruto da quixabeira, comestível.
QUI.XA.BEI.RA, s.f., planta que produz a quixaba.
QUI.XO.TA.DA, s.f., ação de Quixote, quixotice, fanfarronice, bravata.
QUI.XO.TES.CO, adj., próprio de Dom Quixote, fantasioso, idealista.
QUI.XO.TIS.MO, s.m., ideias e pensamentos de Quixote; manias quixotescas.
QUI.ZI.LA, s.f., antipatia, aversão, aborrecimento, rixa, desentendimento.
QUI.ZI.LEN.TO, adj., que mostra ter quizilas, antipático, raivento.
QUO.CI.EN.TE, s.m., cociente, resultado da divisão de dois números, o tanto de inteligência de alguém.
QUÓ.RUM, s.m., número mínimo legal para validar a decisão de um grupo.
QUO.TA, s.f., cota.
QUO.TA-PAR.TE, s.f., cota-parte, cada parte de um todo.
QUO.TI.DI.A.NO, adj., cotidiano, diário, do dia a dia.
QUO.TIS.TA, s.2 gên., cotista.
QUO.TI.ZA.ÇÃO, s.f., cotização.
QUO.TI.ZA.DO, adj., cotizado, que participa das quotas.
QUO.TI.ZAR, v.t. e pron., cotizar, dividir por cotas.
QUO.TI.ZÁ.VEL, adj., cotizável, que se pode transformar em cotas.

R

R, *s.m.*, décima oitava letra do á-bê-cê e décima quarta consoante.
RA - símbolo do rádio.
RÃ, *s.f.*, nome de vários anfíbios anuros; jia.
RA.BA.DA, *s.f.*, prato comum feito com a cauda de bovinos.
RA.BA.DE.LA, *s.f.*, a parte traseira do tronco das aves e mamíferos, sobrecu, conranchim; cauda do peixe; a porção de peixe que o pescador não chega a vender e por isso destina para seu uso.
RA.BA.DI.LHA, *s.f.*, rabadela, a parte traseira do corpo dos mamíferos, peixes e aves.
RA.BA.DO, *adj.*, que possui cauda, rabo.
RA.BA.NA.DA, *s.f.*, pancada violenta com o rabo; pão frito, depois de embebido em gemada com leite e açúcar.
RA.BA.NAL, *s.m.*, plantação de rábanos.
RA.BA.NAR, *v.int.*, agitar o rabo, a cauda.
RA.BA.NE.TE, *s.m.*, tipo de rábano, verdura.
RÁ.BA.NO, *s.m.*, nome de algumas plantas crucíferas.
RA.BÃO, *adj.*, que tem o rabo curto ou cortado; *bras.*, S, que é ou se tornou curto (vestido); *s.m.*, *pop.*, o diabo.
RAB.DO.LO.GI.A, *s.f.*, habilidade de fazer cálculos com varinhas, nas quais estão escritos números.
RAB.DO.LÓ.GI.CO, *s.m.*, o que é perito em rabdologia.
RAB.DO.MAN.CI.A, *s.f.*, adivinhação com o auxílio de varinha mágica.
RAB.DO.MAN.TE, *s. 2 gên.*, que usa a Rabdologia.
RA.BE.A.DOR, *adj. e s.m.*, que(m) rabeia, local em final de beco, onde se pode virar o carro.
RA.BE.A.DU.RA, *s.f.*, ação ou efeito de rabear.
RA.BE.AR, *v.t. e int.*, sacudir o rabo, saracotear, bater com o rabo; fazer a volta no carro.
RA.BE.CA, *s.f.*, violino; tipo de violino de som menos apurado.
RA.BE.CÃO, *s.m.*, tipo de rabeca, instrumento musical; carro que leva os cadáveres para o necrotério.
RA.BEI.O, *s.m.*, ação de rabear; Mar., movimento da popa do navio ao mudar de rumo.
RA.BEI.RA, *s.f.*, parte traseira de algo; o último em uma disputa.
RA.BE.JAR, *v.t. e int.*, segurar um bovino pelo rabo; arrastar alguma vestimenta pelo chão ao andar.
RA.BE.JO, *s.m.*, movimento sinuoso semelhante ao que faz a cauda dos animais.
RA.BE.LAI.SI.A.NO, *adj.*, relativo ao poeta e humanista francês François Rabelais (1494-1553); *fig.*, mordaz.
RA.BE.LHO, *s.m.*, rabiça; o mesmo que rabelo.
RA.BE.LO, *s.m.*, o mesmo que rabiça.
RA.BE.QUIS.TA, *s. 2 gên.*, quem toca rabeca.
RA.BI, *s.m.*, mestre, rabino, guia.
RÁ.BIA, *s.f.*, raiva, hidrofobia; doença infecciosa que pode acometer alguns animais; ira.
RA.BI.A.DO, *adj.*, *pop.*, que tem rábia, irritado, rabioso.
RA.BI.AR, *v.int.*, *pop.*, ficar impaciente; impacientar-se; ficar zangado, furioso; zangar(-se).
RA.BI.ÇA, *s.f.*, parte traseira do arado, pela qual o arador o conduz.
RA.BI.CA.NO, *adj. e s.m.*, *bras.*, S, o mesmo que rabicho.
RA.BI.CÃO, *adj. e s.m.*, diz-se do cavalo cujas crinas da cauda são mescladas de branco.
RA.BI.CHA, *s.f.*, cauda pequena; MG, tira de couro ou corrente em que se prendem os caldeirões sobre a trempe, nas habitações pobres.
RA.BI.CHO, *s.m.*, trança de cabelo comprido e pendente; *pop.*, ligação clandestina de energia elétrica.
RÁ.BI.CO, *adj.*, próprio da raiva, da hidrofobia.
RA.BI.CÓ, *adj.*, sem rabo, que perdeu o rabo.
RA.BI.CUR.TO, *adj.*, Zool., de rabo curto.
RA.BÍ.NI.CO, *adj.*, que se refere a rabino.
RA.BI.NIS.MO, *s.m.*, ideias doutrinárias dos rabinos.
RA.BI.NO, *s.m.*, entendido da Lei entre os judeus; doutor, mestre.
RA.BIS.CA.DO, *adj.*, riscado, garatujado.
RA.BIS.CA.DOR, *s.m.*, quem rabisca; *fig.*, mau poeta ou escritor.
RA.BIS.CAN.TE, *adj.*, que rabisca; rabiscador.
RA.BIS.CAR, *v.t e int.*, escrever mal, fazer rabiscos, garatujar.
RA.BIS.CO, *s.m.*, letra torta, desenho malfeito, garatuja, grafia feia.
RA.BIS.SE.CO, *adj.*, estéril, infecundo; magro, mirrado.
RA.BIS.TE.CO, *s.m.*, Fam., nádegas, esp. as de criança.
RA.BO, *s.m.*, cauda, extremidade, extremidade do corpo de certos animais.
RA.BO DE AR.RAI.A, *s.m.*, golpe de capoeira; tipo de rasteira.
RA.BO DE CA.VA.LO, *s.m.*, penteado com os cabelos amarrados em uma trança e caídos atrás, como um rabo de cavalo.
RA.BO DE FO.GUE.TE, *s.m.*, *bras.*, *gír.*, problema difícil de ser resolvido; *pop.*, abacaxi.
RA.BO DE GA.LO, *s.m.*, bebida alcoólica obtida com a mistura de cachaça e vermute.
RA.BO DE PA.LHA, *s.m.*, *bras.*, mancha na reputação; acusação.
RA.BO DE SAI.A, *s.m.*, *pop.*, mulher, namorada.
RA.BO DE TA.TU, *s.m.*, chicote feito com couro cru.
RA.BO.NA, *s.f.*, fraque de abas curtas.
RA.BO.NAR, *v.t.*, *bras.*, S, cortar a cauda ou rabo; passar na frente de (animal que está sendo perseguido).
RA.BO.SO, *adj.*, que tem cauda comprida; rabudo.
RA.BO.TAR, *v.t.*, alisar, limpar.
RA.BO.TE, *s.m.*, plaina grande de marcenaria para o desbaste de tábuas.
RA.BU.DO, *adj.*, de rabo grande; *pop.*, sortudo.
RA.BU.GEI.RA, *s.f.*, o mesmo que rabugem.
RA.BU.GEM, *s.f.*, tipo de sarna comum nos cães; impertinência, aborrecimento.
RA.BU.GEN.TO, *adj.*, ranzinza, impertinente, que incomoda.

RA.BU.GI.CE, s.f., mau humor, impertinência, insatisfação, descontentamento.
RA.BU.JA.DO, adj., pronunciado por entre dentes, com mau humor.
RA.BU.JÃO, s.m., rabugem ou sarna dos porcos.
RA.BU.JAR, v. int., ter rabugices, mostrar-se impertinente, ser teimoso e choramingão.
RA.BU.JA.RIA, s.f., p.us., rabugice.
RÁ.BU.LA, s.m., charlatão, advogado que exerce a profissão, mas não obteve diploma; mau advogado.
RA.BU.LA.GEM, s.f., rabulice.
RA.BU.LAR, v. int., agir como rábula.
RA.ÇA, s.f., estirpe, linhagem, descendência; divisões dos seres humanos; tipos de animais; fig., força, vontade, garra.
RA.ÇÃO, s.f., comida para animais, alimento próprio para animais.
RA.CÊ.MI.CO, adj., relativo a racemo; Quím., que é inativo à luz polarizada (diz-se de isômero óptico).
RA.CE.MÍ.FE.RO, adj., que tem ou produz cachos.
RA.CE.MI.FI.CA.ÇÃO, s.f., Quím., transformação de uma substância opticamente ativa na forma racêmica inativa.
RA.CE.MI.FOR.ME, adj., que tem forma de cacho, parecido com cacho.
RA.CE.MI.ZA.ÇÃO, s.f., transformação de uma substância opticamente ativa na forma racêmica inativa.
RA.CE.MO, s.m., cacho de uvas, cacho de flores.
RA.CE.MO.SO, adj., que está cheio de cachos.
RA.CHA, s.f., rachadura, fenda; s.m., disputa ilegal entre carros pelas ruas.
RA.CHA.DA, s.f., RJ, paulada, bordoada, cacetada; MG, fig., resposta desaforada.
RA.CHA.DEI.RA, s.f., instrumento para fender os ramos em que se faz a enxertia e separar a casca.
RA.CHA.DE.LA, s.f., rachadura pequena.
RA.CHA.DO, adj., que tem rachadura, que foi repartido entre pessoas (despesa rachada).
RA.CHA.MEN.TO, s.m., ato ou efeito de rachar; rachadura.
RA.CHA.DOR, adj. e s.m., que(m) racha, quebrador, lenhador.
RA.CHA.DU.RA, s.f., racha, quebradura, fenda.
RA.CHAR, v.t., int. e pron., quebrar, fender, romper, dividir, gretar.
RA.CI.AL, adj., próprio da raça.
RA.CI.MÍ.FE.RO, adj., Poét., que tem ou produz cachos.
RA.CI.MI.FOR.ME, adj., Bot., que tem a forma de cacho; que se assemelha ao cacho; racemiforme.
RA.CI.MO, s.m., racemo.
RA.CI.O.CI.NA.ÇÃO, s.f., ato ou efeito de raciocinar; raciocínio.
RA.CI.O.CI.NA.DO, adj., pensado, cogitado, refletido, imaginado.
RA.CI.O.CI.NA.DOR, adj. e s.m., pensador, que(m) raciocina.
RA.CI.O.CI.NAL, adj., que diz respeito a raciocínio.
RA.CI.O.CI.NAN.TE, adj. 2 gên., que implica raciocínio, reflexão.
RA.CI.O.CI.NAR, v.t. e int., pensar, cogitar, refletir, discorrer sobre um tema.
RA.CI.O.CI.NA.TI.VO, adj., relativo ao raciocínio; que contém raciocínios.
RA.CI.O.CÍ.NIO, s.m., ideia, pensamento, reflexão, desenvolvimento, silogismo.
RA.CI.O.NA.BI.LI.DA.DE, s.f., faculdade raciocinar; qualidade ou característica de ser racional.
RA.CI.O.NA.DO, adj., diminuído, controlado.
RA.CI.O.NAL, adj., próprio da razão, que usa da razão.
RA.CI.O.NA.LI.DA.DE, s.f., propriedade de racionalizar, condição humana para raciocinar.
RA.CI.O.NA.LIS.MO, s.f., doutrina que julga a razão como única fonte de todo conhecimento; aceitação apenas da razão como fonte da verdade; aceitação somente da razão para qualquer conclusão.
RA.CI.O.NA.LIS.TA, s. 2 gên., quem defende o racionalismo ou lhe é adepto; quem quer resolver todas as tendências humanas por meio da razão.
RA.CI.O.NA.LI.ZA.ÇÃO, s.f., ação de racionalizar, método prático de trabalho.
RA.CI.O.NA.LI.ZA.DO, adj., meditado, melhorado, otimizado.
RA.CI.O.NA.LI.ZA.DOR, adj., que racionaliza, que promove a racionalização de algo (medidas racionalizadoras); racionalizante.
RA.CI.O.NA.LI.ZAN.TE, adj. 2 gên., que racionaliza; racionalizador.
RA.CI.O.NA.LI.ZAR, v.t., tornar racional, pensar, meditar, cogitar; melhorar o método de trabalho, tornar as ações lógicas no seu modo de ser.
RA.CI.O.NA.LI.ZÁ.VEL, adj. 2 gên., que pode ser racionalizado.
RA.CI.O.NA.MEN.TO, s.m., diminuição de algum produto no uso ou na aquisição.
RA.CI.O.NAR, v.t., transformar em rações, diminuir o consumo.
RA.CI.O.NÁ.VEL, adj., que deve ser racionado, controlável.
RA.CIS.MO, s.m., segregação, ideia de que uma raça humana é superior a outra.
RA.CIS.TA, adj. e s. 2 gên., adepto do racismo, que segrega.
RACK, s.m., ing., móvel constituído por prateleiras e peças fixas, adequadas para abrigar aparelho de som, televisão, DVD, etc.
RA.CON.TAR, v.t., p.us. o mesmo que narrar.
RA.CON.TO, s.m., narrativa, descrição; Mús., parte da ópera em que se faz a exposição da ação ou dos acontecimentos que a precederam.
RA.ÇU.DO, adj., pop., muito forte, corajoso.
RA.CUM, s.m., Zool., mamífero carnívoro noturno (Procyon lotor), da fam. dos procionídeos, encontrado na América do Norte, de aspecto semelhante ao do guaxinim.
RA.DAR, s.m., instrumento de precisão que acusa a presença de certos objetos e indica a velocidade de um veículo.
RA.DI.A.ÇÃO, s.f., ação de radiar, indicação das diversas formas de propagação da energia no espaço.
RA.DI.A.DO, adj., que tem raios, que é cortado por raios luminosos.
RA.DI.A.DOR, s.m., peça com água e outras substâncias para manter o nível de temperatura do motor de certos veículos.
RA.DI.AL, adj., que emite raios; s.f., rua ou avenida que liga o centro aos arredores de uma cidade.
RA.DI.A.LIS.TA, s. 2 gên., profissional que trabalha em rádio, jornalista, repórter.
RA.DI.ÂN.CIA, s.f., ação ou efeito de radiar, brilho, fulgor.
RA.DI.A.NO, s.m., Mat., unidade de medida de ângulos, símb.: rad.
RA.DI.AN.TE, adj., brilhante, muito luminoso, cheio de luz.
RA.DI.AR, v. int., brilhar, emitir raios, iluminar.
RA.DI.A.TI.VI.DA.DE, s.f., radioatividade.
RA.DI.A.TI.VO, adj., radioativo.
RA.DI.CA.ÇÃO, s.f., enraizamento, fixação, posição.
RA.DI.CA.DO, adj., enraizado, firmado, posicionado.

RA.DI.CAL, *adj.*, que vem da raiz, próprio da raiz, essencial, do âmago, teimoso, persistente, básico; *s.m.*, a raiz de uma palavra, a parte que não muda.
RA.DI.CA.LI.DA.DE, *s.f.*, qualidade ou característica de radical; radicalismo.
RA.DI.CA.LIS.MO, *s.m.*, extremismo, inflexibilidade; julgar tudo pelo máximo.
RA.DI.CA.LIS.TA, *adj.* 2 gên., relativo ao radicalismo; que é partidário do radicalismo; *s.* 2 gên., Pol., partidário do radicalismo.
RA.DI.CA.LI.ZA.ÇÃO, *s.f.*, extremismo, inflexibilidade, teimosia total.
RA.DI.CA.LI.ZA.DO, *adj.*, extremado, inflexível, teimoso.
RA.DI.CA.LI.ZAR, *v.t.*, *int.* e *pron.*, levar para o radicalismo; extremar, teimar.
RA.DI.CAN.DO, *s.m.*, número ou expressão algébrica sob o radical.
RA.DI.CAR, *v.t.* e *pron.*, criar raízes, enraizar, firmar, fixar, estabelecer-se, sistematizar-se.
RA.DI.CE.LA, *s.f.*, radícula, raizinha, raiz secundária.
RA.DI.CI.A.ÇÃO, *s.f.*, extração de raízes.
RA.DI.CI.AR, *v.t.*, Mat., extrair a raiz de um número.
RA.DI.CO.SO, *adj.*, Bot., que tem muitas raízes.
RA.DÍ.CU.LA, *s.f.*, raiz pequena, broto que principia a raiz.
RA.DI.CU.LA.DO, *adj.*, que possui raízes, que se firma por raízes.
RA.DI.CU.LAR, *adj.*, que se refere a raízes.
RA.DI.CU.LI.TE, *s.f.*, Med., inflamação das raízes dos nervos medulares.
RA.DI.E.LE.TRI.CI.DA.DE, *s.f.*, radioeletricidade.
RA.DI.E.MIS.SÃO, *s.f.*, ver radioemissão.
RA.DI.E.MIS.SO.RA, *s.f.*, Rád., ver radioemissora.
RÁ.DIO, *s.m.*, Anat., osso do antebraço; Quím., elemento químico de número atômico 88, radioativo, metálico, símb.: Ra; aparelho que recebe e emite sinais radiofônicos; eletrodoméstico para receber transmissões; *s.f.*, estação que fornece as transmissões.
RA.DI.O.A.MA.DOR, *s.m.*, pessoa que cultiva, por prazer, o uso de uma miniestação de rádio transmissora e receptora de mensagens.
RA.DI.O.A.MA.DO.RIS.MO, *s.m.*, atividade de radioamador.
RA.DI.O.A.TI.VI.DA.DE, *s.f.*, radiatividade, propriedade de alguns elementos atômicos para emitirem radiações.
RA.DI.O.A.TI.VO, *adj.*, radiativo, que detém radioatividade.
RA.DI.O.A.TOR, *s.m.*, ator que representa novelas em rádios.
RA.DI.O.CAR.BO.NO, *s.m.*, Fís., isótopo radioativo do carbono; carbono 14.
RA.DI.O.CO.MU.NI.CA.ÇÃO, *s.f.*, radiodifusão, transmissão por ondas eletromagnéticas.
RA.DI.O.CO.MU.NI.CA.DOR, *s.m.*, aquele que faz radiocomunicação.
RA.DI.O.CON.DU.TOR, *s.m.*, tubo de limalha de ferro us. na telegrafia sem fio.
RA.DIO.DER.MI.TE, *s.f.*, lesão provocada por ação de raios X.
RA.DI.O.DI.AG.NOS.TI.CAR, *v.t.*, Med., realizar o radiodiagnóstico de.
RA.DI.O.DI.AG.NÓS.TI.CO, *s.m.*, diagnóstico baseado em exame radiológico.
RA.DI.O.DI.FUN.DIR, *v.t.*, irradiar programas de rádio.
RA.DI.O.DI.FU.SÃO, *s.f.*, transmissão de programas radiofônicos.

RA.DI.O.DI.FU.SOR, *adj.*, que faz radiodifusão; *s.m.*, aparelho de radiodifusão.
RA.DI.O.DI.FU.SO.RA, *s.f.*, estação de radiodifusão, estação de rádio.
RA.DI.O.E.LE.TRI.CI.DA.DE, *s.f.*, propriedade técnica que consiste na transmissão de programas por radiofonia para distâncias determinadas, através de ondas.
RA.DI.O.E.MIS.SÃO, *s.f.*, transmissão através de radiodifusão.
RA.DI.O.E.MIS.SOR, *adj.* e *s.m.*, o mesmo que radiotransmissor.
RA.DI.O.E.MIS.SO.RA, *s.f.*, radiodifusora.
RA.DI.O.E.MI.TIR, *v.t.*, o mesmo que radiodifundir.
RA.DI.O.FA.ROL, *s.m.*, Mar., transmissor de determinados sinais de rádio, destinados a orientar navios e aeronaves.
RA.DI.O.FO.NE, *s.m.*, aparelho que transforma radiações térmicas em energia sonora.
RA.DI.O.FO.NI.A, *s.f.*, transmissão de programas por ondas eletromagnéticas.
RA.DI.O.FÔ.NI.CO, *adj.*, que se refere a radiofonia.
RA.DI.O.FO.NI.ZA.ÇÃO, *s.f.*, bras., Rád., ato ou efeito de radiofonizar.
RA.DI.O.FO.NI.ZA.DO, *adj.*, que se radiofonizou.
RA.DI.O.FO.NI.ZAR, *v.t.*, bras., adaptar ou escrever (crônica, novela, etc.) para os meios radiofônicos; realizar programas radiofônicos.
RA.DI.O.FO.TO, *s.f.*, radiofotografia, transmissão de fotos por radiodifusão.
RA.DI.O.FO.TO.GRA.FIA, *s.f.*, foto transmitida a distância, por meio de ondas.
RA.DI.O.GRA.FA.DO, *adj.*, de que se fez radiografia.
RA.DI.O.GRA.FAR, *v.t.*, fazer a radiografia.
RA.DI.O.GRA.FI.A, *s.f.*, foto conseguida por raios X; estudo dos raios luminosos.
RA.DI.O.GRÁ.FI.CO, *adj.*, que se refere a radiografia.
RA.DI.O.GRA.MA, *s.m.*, comunicação por intermédio da telegrafia.
RA.DI.O.GRA.VA.DOR, *s.m.*, rádio com gravador.
RA.DI.O.JOR.NAL, *s.m.*, Jorn., Rád., programa de notícias transmitido pelo rádio.
RA.DI.O.JOR.NA.LIS.MO, *s.m.*, Jorn., Rád., jornalismo que utiliza o rádio como meio de comunicação.
RA.DI.O.JOR.NA.LIS.TA, *s.* 2 gên., Jorn. Rád., aquele ou aquela que exerce o radiojornalismo.
RA.DI.O.LA, *s.f.*, aparelho elétrico, antigo, que combinava um toca-discos e um rádio.
RA.DI.O.LÁ.RIO, *s.m.*, Zool., espécime dos radiolários, ordem de protozoários marinhos, *adj.*, Zool., relativo ou pertencente aos radiolários.
RA.DI.O.LE.SÃO, *s.f.*, Med., lesão produzida por irradiação.
RA.DI.Ó.LI.SE, *s.f.*, Fís-quím., decomposição de substâncias provocada por radiações ionizantes.
RA.DI.O.LO.GI.A, *s.f.*, estudo de raios, como os raios X; uso dos raios X em tratamentos médicos.
RA.DI.O.LÓ.GI.CO, *adj.*, relativo a Radiologia.
RA.DI.O.LO.GIS.TA, *s.* 2 gên., pessoa dedicada à Radiologia.
RA.DI.O.LO.GRA.FI.A, *s.f.*, radiografia em que se utiliza o ar como contraste para tirar a chapa.
RA.DI.O.ME.TRI.A, *s.f.*, uso do radiômetro.
RA.DI.O.MÉ.TRI.CO, *adj.*, Fís., relativo a radiometria.
RA.DI.Ô.ME.TRO, *s.m.*, instrumento para medição da intensidade dos raios luminosos.

RADIONAVEGAÇÃO ··· 688 ··· RALADURA

RA.DI.O.NA.VE.GA.ÇÃO, s.f., Mar., técnica de navegação que utiliza ondas radioelétricas para determinar a posição de navios e aeronaves.

RA.DI.O.NO.VE.LA, s.f., novela ouvida pelo rádio.

RA.DI.O.PA.TRU.LHA, s.f., sistema de vigilância policial com rádios transmissores e receptores.

RA.DI.O.PA.TRU.LHA.MEN.TO, s.m., serviço de policiamento em que se utilizam radiopatrulhas; radiopatrulha.

RA.DI.O.PE.RA.DOR, s.m., operador de radiotransmissor.

RA.DI.O.QUI.MO.GRA.FI.A, s.f., intervenção de médico especialista para acompanhar o estado de um órgão do corpo humano.

RA.DI.O.QUI.MO.GRA.FO, s.m., aparelho para obter a radioquimografia.

RA.DI.O.QUI.MO.GRA.MA, s.m., radiografia obtida por radioquimógrafo.

RA.DI.OR.RE.PÓR.TER, s. 2 gên., repórter especializado em radiorreportagens.

RA.DI.OS.CO.PI.A, s.f., exame de um órgão do corpo por meio de raios X.

RA.DI.OS.CÓ.PI.CO, adj., que se refere a radioscopia.

RA.DI.OS.CO.PIS.TA, adj. e s. 2 gên., bras., que se dedica à radioscopia.

RA.DI.O.SO, adj., brilhante, que emite raios luminosos, luminoso.

RA.DI.O.TÁ.XI, s.m., táxi com rádio para manter contato com a estação central.

RA.DI.O.TÉC.NI.CA, s.f., habilidade de consertar e fazer funcionar rádios.

RA.DI.O.TÉC.NI.CO, adj., relativo a radiotécnica.

RA.DI.O.TE.LE.FO.NI.A, s.f., telefonia sem fio.

RA.DI.O.TE.LE.FÔ.NI.CO, adj., relativo a radiotelefonia.

RA.DI.O.TE.LE.GRA.FAR, v.t., comunicar por meio de radiotelegrafia.

RA.DI.O.TE.LE.GRA.FI.A, s.f., telegrafia sem fio.

RA.DI.O.TE.LE.GRÁ.FI.CO, adj., que se refere à radiotelegrafia.

RA.DI.O.TE.LE.GRA.FIS.TA, s. 2 gên., especialista em manobrar a radiotelegrafia.

RA.DI.O.TE.RA.PÊU.TI.CO, adj., relativo a radioterapia.

RA.DI.O.TE.RA.PI.A, s.f., tratamento da saúde através de raios X.

RA.DI.O.TE.RÁ.PI.CO, adj., próprio da radioterapia.

RA.DI.O.TRANS.MIS.SÃO, s.f., Telecom., transmissão de sons a distância, por meio dos sinais radioelétricos.

RA.DI.O.TRANS.MIS.SOR, s.m., aparelho que transmite sinais radioelétricos; radioemissor.

RA.DI.O.TRANS.MI.TIR, v.t., transmitir por meio do rádio.

RA.DI.OU.VIN.TE, s. 2 gên., pessoa que ouve rádio.

RA.DÔ.NIO, s.m., Quím., elemento gasoso, radioativo, de número atômico 86, com aplicações medicinais no combate ao câncer.

RA.FA.DO, adj., pop., faminto; muito usado, gasto pelo uso (diz-se de pano).

RA.FA.E.LES.CO, adj., que diz respeito ao grande pintor, escultor e arquiteto italiano Rafael (1483-1520), ao seu estilo artístico; que lembra a sua feição.

RA.FA.E.LIS.TA, adj., que diz respeito ao rafaelismo; rafaelesco; s. 2 gên., o que segue, imita o rafaelismo.

RA.FEI.RO, s.m., tipo de cão especialmente treinado para cuidar do gado.

RÁ.FIA, s.f., palmeira de cujas folhas se extrai uma fibra de uso comercial; fio sintético.

RA.FI.GRA.FI.A, s.f., sistema de escrita desenvolvido para o ensino e o uso de cegos, cujos caracteres são pontos em relevo marcados por uma agulha.

RA.FI.GRÁ.FI.CO, adj., relativo a ou próprio da rafigrafia.

RA.FI.NA.DO, s.m., Quím., material restante após processo de extração de uma mistura de componentes.

RA.GLÃ, adj. 2 gên., 2 n., diz-se de mangas de vestuário em que o tecido desce diretamente do ombro para os braços, sem costura na cava.

RA.GOI.DE, adj., que é semelhante a um bago de uva.

RA.GU, s.m., ensopado de carne, junto com legumes e um molho consistente.

RAI.A, s.f., linha, traço, estria, esteira, pista em que os cavalos disputam torneios.

RAI.A.DO, adj., com estrias, misturado.

RAI.AR, v.t., brilhar, emitir raios, aparecer, surgir em; s.m., amanhecer, aparecimento, começo, despertar.

RAI.GO.TA, s.f., radícula, estria na base das unhas.

RAI.GO.TO.SO, adj., que contém raigotas.

RAI.NHA, s.f., governanta de uma nação, esposa do rei; no jogo de xadrez, a peça principal; representante da pátria; abelha-guia.

RAI.O, s.m., corisco, faísca, descarga elétrica da natureza, segmento que une rodas; linha que começa no centro do círculo até a linha circular.

RAI.OM, s.m., fios sintéticos feitos de celulose, com aplicação em confecções e tecidos.

RAI.VA, s.f., ódio, aversão, ira; doença hidrofóbica dos cães, hidrofobia.

RAI.VA.CEN.TO, s.m., raivoso, raivento, enraivecido.

RAI.VAR, v.t. e int., estar furioso, enraivecer-se; tornar-se ameaçador.

RAI.VE.JAR, v.t., int. e pron., enfurecer-se, enraivar-se.

RAI.VO.SO, adj., cheio de raiva, raivento, odiento, furioso.

RA.IZ, s.f., parte que fixa a planta no solo; parte inferior; origem, começo, nascimento; parte essencial da palavra por origem.

RA.I.ZA.DA, s.f., o mesmo que raizame.

RA.I.ZA.ME, s.m., raizada, raizama, o conjunto das raízes, muitas raízes.

RA.I.ZEI.RO, adj. e s.m., pessoa que busca obter curas usando raízes.

RA.Í.ZES, s.f., pl., fig., o lugar e a cultura de origem de uma pessoa ou de sua família; Enc., decoração feita no couro da encadernação, imitando raízes vegetais.

RA.IZ-FOR.TE, s.f., planta de cuja raiz se obtém um condimento muito picante.

RA.I.ZIS.TA, s. 2 gên., bras., MG o mesmo que raizeiro.

RA.JÁ, s.m., príncipe da Índia; pop., pessoa rica.

RA.JA.DA, s.f., lufada de vento, pé de vento; vários tiros de arma de fogo.

RA.JA.DO, adj., estriado, com manchas.

RA.JAR, v.t., provocar estrias em, estriar, riscar.

RA.LA.ÇÃO, s.f., ação ou efeito de ralar, moedura, esmiuçamento.

RA.LA.DE.LA, s.f., desgosto, ralação.

RA.LA.DOR, s.m., objeto usado na cozinha para extrair a casca em migalhas.

RA.LA.DOU.RO, s.m., aquilo que rala; ralação.

RA.LA.DU.RA, s.f., migalhas obtidas com o ralador.

RALAR ··· 689 ··· **RANÇO**

RA.LAR, *v.t.* e *pron.*, passar no ralador; *fig.*, sofrer, ter um revés.
RA.LAS.SO, *adj.*, que é mandrião, preguiçoso; *s.m.*, indivíduo preguiçoso, indolente, mandrião.
RA.LÉ, *s.f.*, as pessoas da camada mais baixa da sociedade; plebe, escória, escumalha.
RA.LE.A.DO, *adj.*, raro, ralo, pouco basto.
RA.LE.AR, *v.t., int.* e *pron.*, fazer com que fique ralo, tornar ralo, tornar escasso.
RA.LHA.ÇÃO, *s.f.*, repreensão, admoestação, reprimenda.
RA.LHA.DO, *adj.*, admoestado, repreendido.
RA.LHA.DOR, *adj.* e *s.m.*, admoestador, repreensor.
RA.LHAR, *v.t.* e *int.*, repreender, admoestar, chamar a atenção de.
RA.LHO, *s.m.*, repreensão, censura, ralhação; discussão, altercação, bate-boca.
RA.LI, *s.m.*, percurso difícil, competição em locais íngremes, disputa de carros.
RA.LÍ.DEOS, *s.m., pl.*, família de aves palustres, como as saracuras.
RA.LO, *s.m.*, ralador; peça colocada que esgota a água para reter detritos; *adj.*, não espesso, rarefeito.
RA.MA, *s.f.*, copa, folhagens, folhas, galharia, ramagem.
RA.MA.DA, *s.f.*, rama, ramagem.
RA.MA.DÃ, *s.m.*, nono mês do calendário maometano; o jejum que os islâmicos fazem durante esse período; var., ramadão.
RA.MA.DO, *adj.*, que tem rama; provido de ramos; enramado; .ramoso.
RA.MA.GEM, *s.f.*, rama, conjunto de ramos.
RA.MAL, *s.m.*, fibras trançadas para confeccionar cordas, linha férrea secundária; outros telefones ligados à linha principal.
RA.MA.LHA.DA, *s.f.*, ato ou efeito de ramalhar; grande porção de ramalhos.
RA.MA.LHA.DO, *s.m.*, o mesmo que ramalhada.
RA.MA.LHAN.TE, *adj. 2 gên.*, que envolve ou que possui ramos; que rumoreja; sussurrante.
RA.MA.LHAR, *v.t.* e *int.*, farfalhar, sussurar das folhas.
RA.MA.LHE.DO, *s.m.*, rama, ramagem.
RA.MA.LHE.TAR, *v.t.*, estampar ramalhetes de flores em (tecido, veste, etc.).
RA.MA.LHE.TE, *s.m.*, pequeno ramo, buquê, feixe de flores e folhas.
RA.MA.LHE.TEI.RA, *s.f.*, mulher que faz ou vende ramalhetes.
RA.MA.LHO, *s.m.*, grande ramo de árvore.
RA.MA.LHO.SO, *adj.*, ramalhudo, que tem muitos ramos, copa cheia de ramos.
RA.MA.LHU.DO, *adj.*, que tem muita rama; dividido em muitos ramos ou galhos.
RA.MA.RI.A, *s.f.*, conjunto de ramos, ramagem.
RA.ME, *s.m.*, o mesmo que rama.
RA.ME.A.DO, *adj.*, que se rameou; ornado de ramos.
RA.ME.AL, *adj.*, Bot., relativo aos ramos (das árvores).
RA.ME.AR, *v.t.*, enfeitar com ramos.
RA.MEI.RA, *s.f.*, prostituta, meretriz, bisca, vagabunda.
RA.ME.LA, *s.f.*, remela, substância segregada pelas mucosas das narinas.
RA.ME.LAR, *v.int.* e *pron.*, o mesmo que remelar.
RA.ME.LEN.TO, *adj.*, var. de remelento.
RA.MEN.TO, *s.m., ant.*, fragmento, resto de alguma coisa.
RA.MER.RÃO, *s.m.*, rotina, repetição aborrecida, tédio, fastio.
RA.MI, *s.m.*, planta asiática com a qual se obtém fibra têxtil.
RA.MÍ.CO.LA, *adj. 2 gên.*, Ecol., diz-se de organismo que se desenvolve e vive nos ramos.
RA.MI.CUL.TU.RA, *s.f.*, cultura de rami, plantação de rami.
RA.MÍ.FE.RO, *adj.*, Bot., que tem ramos.
RA.MI.FI.CA.ÇÃO, *s.f.*, ação de ramificar; a posição dos ramos na copa; subdivisões de rodovias e ferrovias; segmentos de uma organização por vários locais.
RA.MI.FI.CA.DO, *adj.*, dividido em ramos, que tem ramos, multiplicado.
RA.MI.FI.CAR, *v.t.* e *pron.*, formar vários ramos, dividir-se em ramos, multiplicar-se.
RA.MI.FLO.RO, *adj.*, Bot., diz-se de planta que apresenta flores sobre os ramos.
RA.MI.FOR.ME, *adj.*, que tem forma de ramo.
RA.MI.LHE.TE, *s.m.*, ramalhete, buquê, maço.
RA.MÍ.PA.RO, *adj.*, Bot., diz-se de planta que produz ramificações.
RAM.NO.SE, *s.f.*, Quím., açúcar de fórmula $C_6H_{14}O_5$, que se encontra em muitos vegetais.
RA.MO, *s.m.*, galho, divisão dos galhos presos ao tronco; setor de serviço.
RA.MO.NA, *s.f.*, GO, grampo de metal que prende o cabelo; lus., *pop.*, veículo para o transporte de presos.
RA.MO.NA.GEM, *s.f., bras.*, Mar., limpeza dos tubos da caldeira de uma embarcação.
RA.MO.SI.DA.DE, *s.f.*, grande quantidade de ramos, copa imensa.
RA.MO.SO, *adj.*, com muitos ramos, galhos.
RAM.PA, *s.f.*, plano inclinado, local inclinado para atirar objetos.
RAM.PA.DO, *s.m.*, o que está disposto em rampa; conjunto de rampas.
RAM.PE.A.DO, *adj.*, diz-se de terreno cortado em rampa ou declive; *s.m.*, terreno em rampa.
RAM.PE.AR, *v.t.*, cortar em forma de rampa, formar um aclive ou declive; declivar.
RAM.PEI.RO, *adj.*, ruim, sem classe, sem qualidade, ordinário, vulgar.
RA.MU.DO, *adj.*, que contém muitos ramos; ramalhudo; ramoso.
RA.MU.LAR, *adj. 2 gên.*, Bot., referente a ramo.
RA.MU.LÁ.RIA, *s.f.*, Bot., gênero de cogumelos parasitas das plantas.
RÁ.MU.LO, *s.m.*, ramo de pequeno tamanho; ramúsculo.
RA.NA.LE, *s.f.*, Bot., espécime das *Ranales*, ordem de árvores, arbustos e ervas dicotiledôneas, que incluem magnoliáceas, lauráceas, anonáceas, ranunculáceas e berberidáceas.
RA.NÁ.RIO, *s.m.*, lugar para criar rãs.
RAN.ÇAR, *v. int.*, criar ranço, tornar-se rançoso.
RAN.CE.AR, *v.int.*, o mesmo que rançar.
RAN.CHA.DA, *s.f.*, grupo grande de pessoas; assentamento de pessoas.
RAN.CHA.RI.A, *s.f.*, conjunto de ranchos; casas pobres.
RAN.CHÁ.RIO, *s.m.* ver rancharia.
RAN.CHEI.RA, *s.f.*, tipo de música e dança populares.
RAN.CHEI.RO, *s.m.*, quem cuida de ranchos ou mora neles; quem prepara o rancho, a comida dos soldados.
RAN.CHO, *s.m.*, construção para guardar utensílios e rações domésticas no sítio; comida de soldado; local em que o soldado faz as refeições.
RAN.CI.DO, *adj.*, rançoso; *fig.*, velho.
RAN.CI.FI.CAR, *v.int.*, o mesmo que rançar.
RAN.ÇO, *s.m.*, gosto ruim em comida, deterioração da

comida; *fig.*, algo velho.
RAN.COR, *s.m.*, ódio, raiva, aversão.
RAN.CO.RO.SO, *adj.*, com muito rancor, raivoso.
RAN.ÇO.SO, *adj.*, cheio de ranço, deteriorado, de sabor ruim.
RAN.CU.RA, *s.f.*, o mesmo que rancor.
RAN.FAS.TÍ.DEOS, *s.m., pl.*, família de aves a que pertencem os tucanos.
RAN.GAR, *v.t. e int., bras., pop.*, comer um rango, uma refeição.
RAN.GE.DEI.RA, *s.f.*, peça que se coloca entre a palmilha e a sola do sapato, que range quando se anda; o mesmo que rangido.
RAN.GE.DOR, *adj.*, que range; rangente.
RAN.GEN.TE, *adj. 2 gên.*, que range, que produz rangido; rangedor.
RAN.GER, *v.t. e int.*, produzir ruído áspero; apertar os dentes uns contra os outros; raspar.
RAN.GE-RAN.GE, *s.m.*, rangido constante.
RAN.GI.DO, *adj.*, ruído, estrépito, bulha.
RAN.GÍ.FER, *s.m.*, rena.
RAN.GO, *s.m., pop.*, comida, refeição.
RA.NHA.DO, *adj.*, que foi ranhado; arranhado.
RA.NHA.DU.RA, *s.f.*, entalhe, sulco, ranhura em uma superfície.
RA.NHAR, *v.t. e int.*, o mesmo que arranhar; ciscar, revolver.
RA.NHE.TA, *s. 2 gên.*, pessoa impertinente, ranzinza, insuportável.
RA.NHE.TI.CE, *s.f.*, qualidade ou mau humor de ranheta.
RA.NHO, *s.m., pop.*, muco, catarro.
RA.NHO.SO, *adj.*, que tem muito ranho, mucoso, catarrento.
RA.NHU.RA, *s.f.*, entalhe, corte em madeira; racha, corte, fresta.
RA.NHU.RA.DO, *adj.*, que tem ranhura(s); provido de ranhura(s).
RA.NHU.RA.GEM, *s.f.*, ato ou efeito de produzir ranhuras.
RA.NHU.RAR, *v.t.*, fazer ranhuras em.
RA.NI, *s.f.*, esposa de rajá, forma feminina de rajá.
RA.NI.CUL.TOR, *s.m.*, quem se dedica ao cultivo de rãs.
RA.NI.CUL.TU.RA, *s.f.*, cultura de rãs.
RA.NÍ.DEOS, *s.m., pl.*, família de anuros anfíbios, como a rã.
RA.NI.FOR.ME, *adj. 2 gên.*, que tem formato ou aparência de rã.
RA.NI.LHA, *s.f.*, Anat., Zool., saliência macia situada na planta da pata do cavalo; *s.f.*, Anat., Zool., a parte traseira dos cascos das bestas.
RA.NI.LHAR, *v.t.*, tornar como ranilha; enrugar, encrespar; contrair, crispar.
RA.NI.LHE.TA, *s.f.*, parte interna e saliente da ranilha.
RA.NI.NO, *adj.*, que se assemelha a uma rã; relativo a rã; relativo à rânula.
RA.NÍ.VO.RO, *adj.*, Zool., diz-se de animal que se alimenta de rãs.
RANKING, *s.m.*, ing., lista dos classificados ou a posição de cada um nessa classificação; ver ranque.
RAN.QUE, *s.m.*, Ingl. *ranking*, a posição em que algo ou alguém se encontra numa classificação feita ger. por contagem de pontos.
RAN.QUE.AR, *v.t.*, colocar (algo ou alguém) num ranque (q.v.).
RÂ.NU.LA, *s.f.*, pequena rã, tumor sob a língua.
RA.NÚN.CU.LO, *s.m.*, planta rasteira, que serve como condimento e medicina.
RAN.ZIN.ZA, *adj. s. 2 gên., pop.*, impertinente, pessoa muito aborrecida, ranheta, tipo sempre mal-humorado.

RAN.ZIN.ZAR, *v. int.*, assumir uma atitude de ranzinza.
RAN.ZIN.ZI.CE, *s.f.*, característica, estado ou comportamento de ranzinza, mau humor.
RA.PA, *s.f.*, palavra reduzida de radiopatrulha; tipo de jogo de dados, no qual quem acerta determinado número pode recolher todas as peças.
RA.PA.CE, *adj.*, que rapina, que rouba, que se aproveita de, que tira dos outros.
RA.PA.CI.DA.DE, *s.f.*, rapinagem, ladroagem, furto, qualidade do que é predador.
RA.PA.DA, *s.f.*, ato ou efeito de rapar, de cortar rente demais.
RA.PA.DE.LA, *s.f.*, ato ou efeito de rapar; rapadura.
RA.PA.DO, *adj.*, cortado, eliminado, retirado.
RA.PA.DOR, *adj. e s.m.*, que(m) rapa, cortador, eliminador.
RA.PA.DOU.RO, *s.m., bras.*, campo limpo de vegetação que não serve para pasto; o mesmo que rapador.
RA.PA.DU.RA, *s.f.*, açúcar mascavo solidificado em pequenos quadrados; doce com açúcar e amendoim.
RA.PA.DU.REI.RO, *adj.*, diz-se de quem produz e/ou comercializa rapadura; *s.m.*, produtor e/ou comerciante de rapadura.
RA.PA.GÃO, *s.m.*, rapaz forte e corpulento.
RA.PA.GO.TE, *s.m.*, o mesmo que rapazola; rapazote.
RA.PA.PÉ, *s.m.*, exagero de cumprimentos; bajulação.
RA.PAN.TE, *adj.*, que rapa, que rouba, furtador.
RA.PAR, *v.t.*, cortar tudo, raspar, cortar pela raiz, acabar com tudo.
RA.PA.RI.GA, *s.f.*, mulher nova, moça, garota; *fig.*, em algumas regiões tem o significado de prostituta.
RA.PA.RI.GO.TA, *s.f.* rapariga, moçoila.
RA.PAZ, *s.m.*, adolescente, moço, homem novo, garoto.
RA.PA.ZÃO, *s.m.*, grande rapaz, rapagão.
RA.PA.ZE.LHO, *s.m.*, rapazinho, rapaz pequeno, rapazola, rapaz que incomoda.
RA.PA.ZE.TE, *s.m.*, rapaz pequeno, criançola.
RA.PA.ZI.A.DA, *s.f.*, grupo de rapazes, bando.
RA.PA.ZI.CE, *s.f.*, o mesmo que rapaziada.
RA.PA.ZI.NHO, *s.m.*, rapaz pequeno, menino, garoto, garotinho.
RA.PA.ZO.LA, *s.m.*, rapazote, rapazelho, moço, mocinho.
RA.PA.ZO.TE, *s.m.*, rapaz no começo da adolescência; rapagote; rapazelho; rapazete.
RA.PÉ, *s.m.*, fumo em pó para colocar no nariz.
RA.PE.LA.DO, *adj.*, Esp., diz-se da descida de encosta, elevação, etc., que, na prática do montanhismo, faz uso do rapel.
RA.PE.LAR, *v.int.*, usar o rapel para descer.
RA.PI.DEZ, *s.f.*, celeridade, presteza, ligeireza.
RÁ.PI.DO, *adj.*, ligeiro, célere, passageiro, transitório; *s.m.*, trem veloz e com poucas paradas.
RA.PI.NA, *s.f.*, pilhagem, roubo, assalto, ladroeira.
RA.PI.NA.DO, *adj.*, roubado, furtado, assaltado, saqueado.
RA.PI.NA.DOR, *adj. e s.m.*, assaltador, furtador, saqueador.
RA.PI.NA.GEM, *s.f.*, ação de rapinar, pilhagem, roubalheira.
RA.PI.NAN.TE, *adj. e s. 2 gên.*, que(m) rapina, assaltante, saqueador.
RA.PI.NAR, *v.t. e int.*, roubar, assaltar, tirar de.
RA.PI.NEI.RO, *adj., bras.*, Ornit., relativo a ave de rapina; *s.m., bras.*, Ornit., ave de rapina.
RA.PI.NI.CE, *s.f.*, o mesmo que rapinação.
RA.PO.SA, *s.f.*, mamífero da família dos canídeos europeus; *fig.*, pessoa esperta; político espertalhão.
RA.PO.SAR, *v.t. e int.*, não ir à escola; fazer gazeta; cabular.

RA.PO.SE.AR, v.t. e int., reprovar em exame; agir astuciosa ou ardilosamente como uma raposa.
RA.PO.SEI.RA, s.f., cova ou toca de raposa, pop., sono tranquilo e sossegado; sesta; pop., bebedeira.
RA.PO.SEI.RO, adj. e s.m., que ou o que tem manha ou malícia como a raposa.
RA.PO.SI.A, s.f., o mesmo que raposice.
RA.PO.SI.CE, s.f., esperteza de raposa, velhacaria, esperteza.
RA.PO.SIS.MO, s.m., qualidade de astuto (como as raposas), esperteza; bras., pej., malandragem.
RA.PO.SO, s.m., o macho da raposa, indivíduo mentiroso e enganador, saqueador.
RAP.SÓ.DIA, s.f., composição poética, música com fundo patriota.
RAP.SÓ.DI.CO, adj., que se refere a rapsódia.
RAP.SO.DO, s.m., na Grécia antiga, cantor ambulante de rapsódia; poeta.
RAP.TA.DO, adj., sequestrado, levado, forçado a ir.
RAP.TA.DOR, adj. e s.m., sequestrador, raptor.
RAP.TAR, v.t., levar à força, forçar a, brutalizar, sequestrar.
RAP.TO, s.m., ato de raptar, levar por força, sequestro.
RAP.TOR, s.m., quem rapta, sequestrador.
RA.QUE, s.f., coluna vertebral; a haste sólida da pena dos pássaros, das folhas.
RA.QUE.TA, s.f., raquete.
RA.QUE.TA.DA, s.f., pancada com a raqueta.
RA.QUE.TE, s.f., instrumento próprio para jogar tênis ou pingue-pongue.
RA.QUE.TEI.RO, adj. e s.m., Esp., diz-se do, ou o jogador de tênis, tenista; raquetista.
RA.QUI.AL.GI.A, s.f., dor na coluna vertebral.
RA.QUI.ÁL.GI.CO, adj., Med., relativo ou inerente à raquialgia.
RA.QUI.A.NES.TE.SI.A, s.f., Med., anestesia pelo canal raquiano, que torna a parte inferior do abdômen e dos membros inferiores insensíveis à dor; anestesia raquidiana.
RA.QUI.A.NES.TÉ.SI.CO, adj., Med., relativo ou inerente à raquianestesia.
RA.QUI.A.NO, adj., raquidiano, próprio da coluna vertebral.
RA.QUI.DI.A.NO, adj., raquiano, que se refere à raque.
RA.QUI.ME.DU.LAR, adj. 2 gên., Anat., Ort., relativo ou inerente à, ou próprio da coluna vertebral e da medula.
RA.QUI.O.PA.TI.A, s.f., Med., qualquer doença da coluna vertebral ou raque.
RA.QUI.O.PLE.GI.A, s.f., Neur., paralisia da medula espinhal.
RA.QUI.O.PLÉ.GI.CO, adj., Neur., relativo a raquioplegia.
RA.QUÍ.TI.CO, adj., que sofre de raquitismo, extremamente magro, fig., fraco.
RA.QUI.TIS.MO, s.m., anomalia que por diversos fatores inibe o crescimento de uma pessoa; definhamento.
RA.QUI.TI.ZAR, v.t. e pron., tornar(-se) raquítico.
RA.RA.MEN.TE, adv., de modo raro, poucas vezes; com rareza.
RA.RE.A.DO, adj., tornado raro, pouco denso, de pequeno número.
RA.RE.AR, v.t. e int., ficar menos denso, aclarar, espaçar.
RA.RE.FA.ÇÃO, s.f., ação ou efeito de rarefazer, que se tornou ralo.
RA.RE.FA.CI.EN.TE, adj., que rarefaz.
RA.RE.FA.TÍ.VEL, adj., suscetível de ser rarefeito.
RA.RE.FA.TO, adj., o mesmo que rarefeito.
RA.RE.FA.TOR, adj., que rarefaz; s.m., instrumento ou aquilo que serve para rarefazer.
RA.RE.FA.ZER, v.t., tornar raro, ralar, diminuir, tornar rarefeito.
RA.RE.FEI.TO, adj., que ficou menos denso, ralo.
RA.RE.JAR, v.t., o mesmo que rarear.
RA.RES.CÊN.CIA, s.f., qualidade, estado ou caráter de rarescente; rareamento.
RA.RES.CEN.TE, adj., que se rarefaz, que se tornou raro.
RA.RES.CER, v.t., tornar mais raro, ralo ou claro; rarefazer, rarear.
RA.RE.ZA, s.f., p.us., característica do que é raro, raridade; característica do que é pouco denso.
RA.RI.DA.DE, s.f., algo que é raro, preciosidade, rareza.
RA.RO, adj., pouco comum, incomum, escasso, que se vê pouco.
RA.SA, s.f., antiga medida, correspondente ao alqueire.
RA.SA.DU.RA, s.f., ato ou efeito de rasar(-se).
RA.SA.MEN.TO, s.m., ação ou efeito de rasar; arrasamento.
RA.SAN.TE, adj., que passa rente, muito perto, próximo.
RA.SAR, v.t. e pron., tornar raso, igualar, encher até as bordas.
RAS.CA, s.f., rede própria para capturar ostras e mariscos.
RAS.CA.DA, s.f., enrascada, dificuldade, uma rede cheia de moluscos.
RAS.CA.DEI.RA, s.f., bras., S, espécie de pente de ferro com cabo de madeira para limpar do pó o pelo do cavalo; raspadeira.
RAS.CA.DOR, s.m., instrumento de ferro de que usam os ourives para raspar.
RAS.CA.DU.RA, s.f., arranhadura ou escoriação produzida por um corpo áspero ou cortante que atue obliquamente.
RAS.CAN.TE, adj., que trava a garganta, áspero, duro.
RAS.CAR, v.t. e int., fragmentar, tirar lascas, rachar, deixar gosto travante na garganta.
RAS.CU.NHA.DO, adj., esboçado, traçado, escrito como rascunho.
RAS.CU.NHA.MEN.TO, s.m., ação ou efeito de rascunhar, elaboração de um rascunho, esboço.
RAS.CU.NHAR, v.t., elaborar o rascunho, fazer um modelo para corrigir.
RAS.CU.NHEI.RO, adj., pej., diz-se de quem faz rascunhos; que apenas esboça algo sem conseguir finalizar.
RAS.CU.NHO, s.m., esboço, o que se escreve antes, para corrigir primeiro.
RA.SEI.RO, adj., diz-se do que se apresenta pouco fundo.
RAS.GA.ÇÃO, s.f., ato ou efeito de rasgar(-se); rasgamento; rasgadura.
RAS.GA.DE.LA, s.f., rasgão, rasgada.
RAS.GA.DO, adj., roupas rotas, roto, que tem rasgos.
RAS.GA.DOR, adj. e s.m., que ou quem rasga; diz-se de, ou aquele que é destemido, valente.
RAS.GA.DU.RA, s.f., o mesmo que rasgamento.
RAS.GA.MEN.TO, s.m., ato ou efeito de rasgar(-se); rasgadura; rasgão.
RAS.GAN.TE, adj. 2 gên., que rasga.
RAS.GÃO, s.m., rasgo, ruptura, roupa com ruptura.
RAS.GAR, v.t. e pron., romper, provocar rasgo em, ferir, golpear, dividir, fragmentar, arar, preparar a terra, escavar.
RAS.GO, s.m., rasgão, ruptura, fenda em roupa; fig., atitude inesperada ante uma pessoa.
RA.SO, adj., liso, plano, cortado na raiz, que tem pouca água, que não tem graduação; s.m., local em que as águas são pouco fundas.

RASOURA 692 **RATIFICAR**

RA.SOU.RA, *s.f.*, ferramenta usada para nivelar; pau usado para nivelar a argamassa de superfícies.
RA.SOU.RA.DO, *adj.*, diz-se da medida a que se passou a rasoura; raseiro que tem a barba feita ou o cabelo cortado.
RA.SOU.RAR, *v.t.*, colocar no nível, igualar, alisar no nível.
RAS.PA, *s.f.*, parte final de uma substância, o que se raspa de algo.
RAS.PA.DEI.RA, *s.f.*, instrumento para raspar, escovar pelos.
RAS.PA.DE.LA, *s.f.*, raspada, raspagem.
RAS.PA.DI.NHA, *s.f.*, *bras.*, tipo de loteria que consiste em se raspar uma cartela com números ou desenhos encobertos; essa cartela; NE, refresco feito de gelo picado e xarope de fruta.
RAS.PA.DO, *adj.*, desbastado, limpado, alisado, alinhado.
RAS.PA.DOR, *adj.* e *s.m.*, que(m) raspa, limpador, desbastador.
RAS.PA.DU.RA, *s.f.*, raspagem, desbastamento.
RAS.PA.GEM, *s.f.*, raspadura, ato de raspar.
RAS.PAN.ÇA, *s.f.*, ação de raspar; raspagem; *bras.*, *pop.*, descompostura, repreensão.
RAS.PAN.TE, *adj. 2 gên.*, que raspa, que roça.
RAS.PÃO, *s.m.*, arranhadura, ferida, toque leve, mal bater.
RAS.PAR, *v.t.* e *pron.*, desbastar, tirar a crosta, arrancar parte de uma superfície, esfregar, limpar, alisar, acarinhar.
RAS.PE, *s.m.*, *bras.*, S, o mesmo que raspilha; *fam.*, raspança, repreensão.
RAS.QUE.A.DO, *s.m.*, *bras.*, *pop.*, esfarrapado, roto.
RAS.QUEI.RO, *s.m.*, o que pesca com a rasca; *adj.*, SP, difícil de conseguir, raro; vasqueiro.
RAS.QUE.TE.AR, *v.t.*, RS, limpar (pelo de animal) com rascadeira.
RAS.TA.FÁ.RI, *adj. 2 gên.*, relativo ou próprio do rastafarianismo ou de seus seguidores; diz-se do adepto do rastafarianismo; *s. 2 gên.*, adepto do rastafarianismo.
RAS.TA.QUE.RA, *s. 2 gên.*, novo-rico, burguês que enriqueceu e se exibe; exibicionista, esnobe.
RAS.TA.QUE.RAR, *v.int.*, viver ou proceder como rastaquera.
RAS.TA.QUE.RIS.MO, *s.m.*, procedimento de rastaquera; ostentação de novo-rico.
RAS.TE.A.DOR, *s.m.*, o que rasteia ou rasteja; rastejador.
RAS.TE.AR, *v.t.* e *int.*, rastejar, seguir as pegadas, acompanhar o rasto, monitorar.
RAS.TEI.RA, *s.f.*, golpe com os pés, derrubar alguém com os pés; *fig.*, golpe.
RAS.TEI.RAR, *v.t.*, *pop.*, passar rasteira a.
RAS.TEI.RO, *adj.*, que anda pelo chão, que se arrasta, engatinha; *fig.*, vil, capacho, ínfimo.
RAS.TE.JA.DO, *adj.*, acompanhado, seguido, vistoriado, monitorado.
RAS.TE.JA.DOR, *adj.* e *s.m.*, que(m) rasteja, acompanhador, seguidor, controlador.
RAS.TE.JA.MEN.TO, *s.m.*, ato ou efeito de rastejar; rastejadura; Geol., deslizamento do solo.
RAS.TE.JAN.TE, *adj.*, que rasteja, que segue, que monitora, que controla.
RAS.TE.JAR, *v.t.* e *int.*, acompanhar alguém ou algum animal pelas pegadas, vestígios, arrastar-se pelo chão, crescer pelo solo; *fig.*, bajular, ser servil.
RAS.TE.JÁ.VEL, *adj.*, que se pode rastejar.
RAS.TE.JO, *s.m.*, seguimento, acompanhamento, monitoramento.
RAS.TE.LA.DO, *adj.*, varrido, limpo, arrumado.

RAS.TE.LAR, *v.t.*, limpar o chão, recolher ciscos e folhas, pentear a grama para limpá-la.
RAS.TE.LO, *s.m.*, restelo, instrumento com dentes para recolher folhas e ciscos.
RAS.TI.LHA.GEM, *s.f.*, ação de rastilhar.
RAS.TI.LHAR, *v.int.*, propagar-se como rastilho.
RAS.TI.LHO, *s.m.*, pólvora colocada para inflamar algo; estopim.
RAS.TO, *s.m.*, rastro, vestígio, pegada, sinal, indício, sulco.
RAS.TO.LHO, *s.m.*, *pop.*, balbúrdia, barulho; o mesmo que restolho.
RAS.TRE.A.BI.LI.DA.DE, *s.f.*, condição ou qualidade de rastreável; possibilidade de acompanhar ou identificar algo durante um processo.
RAS.TRE.A.DO, *adj.*, rasteado, acompanhado, seguido.
RAS.TRE.A.DOR, *s.m.*, aparelho que indica a trajetória de um objeto; pessoa ou cão que segue um rastro.
RAS.TRE.A.MEN.TO, *s.m.*, ato de rastrear um objeto pelo radar.
RAS.TRE.AR, *v.t.*, rastear, rastejar, acompanhar pelas pegadas, fazer rastreamento.
RAS.TRE.Á.VEL, *adj. 2 gên.*, que se pode rastrear; que pode ser rastreado.
RAS.TREI.O, *s.m.*, ato ou efeito de rastrear.
RAS.TRO, *s.m.*, rasto.
RA.SU.RA, *s.f.*, rabisco, rascunho, modificação de algo escrito, borrão.
RA.SU.RA.DO, *adj.*, borrado, retificado, modificado.
RA.SU.RAR, *v.t.*, praticar rasura em; borrar, mudar o original.
RA.TA, *s.f.*, fêmea do rato; fiasco, logro, engano, coisa errada.
RA.TA.DA, *s.f.*, ninhada de ratos; rataria; *fig.*, diabrura; ratice; *pej.*, conluio, fraude.
RA.TAM.BA, *s.f.*, *bras.*, chicote, chibata, vergasta.
RA.TÃO, *s.m.*, rato grande; *fig.*, corrupto, safado, pilantra.
RA.TA.PLÃ, *s.m.*, imitação do som do tambor; onomatopeia desse som.
RA.TA.RI.A, *s.f.*, muitos ratos, multidão de ratos.
RA.TA.ZA.NA, *s.f.*, fêmea de rato, rato grande; *pop.*, ladrão, corrupto, pilantra.
RA.TE.A.DA, *s.f.*, *pop.*, fracasso, fiasco; gafe.
RA.TE.A.DO, *adj.*, que se rateou; dividido proporcionalmente (entre todos) por meio de rateio.
RA.TE.A.DOR, *adj.*, diz-se de que ou de quem rateia; que faz rateio; *s.m.*, aquele ou aquilo que rateia.
RA.TE.A.MEN.TO, *s.m.*, ato ou efeito de ratear; rateação; rateio.
RA.TE.AR, *v.t.* e *int.*, proceder ao rateio, dividir igualmente; *fig.*, falhar, ser preguiçoso.
RA.TEI.O, *s.m.*, divisão igual entre as partes; divisão.
RA.TEI.RO, *adj.*, que caça ratos; *s.m.*, gato ou cão que caça ratos.
RA.TI.CI.DA, *s.f.*, veneno para matar ratos; veneno.
RA.TI.CÍ.DIO, *s.m.*, ação de matar um rato.
RA.TI.FI.CA.ÇÃO, *s.f.*, ação ou efeito de ratificar, correção, emenda, confirmação, autenticação.
RA.TI.FI.CA.DO, *adj.*, aprovado, concedido, emendado, autenticado.
RA.TI.FI.CA.DOR, *adj.*, que ratifica; que confirma; ratificante; *s.m.*, Jur., aquele que ratifica, que contrata; contratante; ratificante.
RA.TI.FI.CAR, *v.t.*, aprovar, confirmar, autenticar, corroborar,

comprovar.
RA.TI.FI.CÁ.VEL, *adj.*, que pode ser ratificado, autenticável.
RA.TI.NHA.DOR, *s.m.*, avarento até a sordidez, miserável.
RA.TI.NHAR, *v.t. e int.*, regatear exageradamente (o preço de algo); economizar nas coisas mais insignificantes.
RA.TI.NHEI.RO, *adj.*, que pertence ou diz respeito a ratos.
RA.TÍ.VO.RO, *adj.*, que come ratos.
RA.TO, *s.m.*, grande família de roedores dos murídeos; *fig.*, ladrão, saqueador, furtador; malandro.
RA.TO.EI.RA, *s.f.*, armadilha para prender ratos; *fig.*, engano, embuste.
RA.TO.NA, *s.f.*, ratazana, ratazana enorme; *fig.*, mulher ridícula, mulher ladra, pilantra.
RA.TO.NE.AR, *v.t. e int.*, proceder como ratão ou ratoneiro; furtar.
RA.TO.NEI.RO, *s.m., pop.*, gatuno; larápio; ladrão.
RA.TO.NI.CE, *s.f.*, ladroíce, ladroeira.
RA.VI.NA, *s.f.*, depressão no solo formada pela água ou por enxurrada.
RA.VI.NA.MEN.TO, *s.m.*, depressão formada por erosão proveniente das ravinas.
RA.VI.Ó.LI, *s.m.*, iguaria de origem italiana, feita de massa em forma de pequenos pastéis com recheio, cozidos em água quente.
RA.ZÃO, *s.f.*, ato de raciocinar, pensar; faculdade humana que distingue o homem dos animais irracionais; opinião, pensamento, argumento, direito.
RA.ZI.A, *s.f.*, ataque a um país vizinho, incursão armada em um país para roubar; pilhagem.
RA.ZO.A.DO, *adj.*, pensado, cogitado, raciocinado.
RA.ZO.A.MEN.TO, *s.m.*, pensamento, raciocínio.
RA.ZO.AR, *v.t. e int.*, pensar, refletir, cogitar, raciocinar.
RA.ZO.Á.VEL, *adj.*, ajuizado, sensato, com bom senso, satisfatório.
RÉ, *s.f.*, feminino de réu; nos carros, a marcha para trás; *s.m.*, nota musical.
RE.A.BAS.TE.CER, *v.t.*, tornar a abastecer, refornecer, tornar a encher.
RE.A.BAS.TE.CI.DO, *adj.*, enchido, provido, fornido.
RE.A.BAS.TE.CI.MEN.TO, *s.m.*, fornecimento, provisão.
RE.A.BER.TO, *adj.*, que tornou a abrir, descerrado, aberto de novo.
RE.A.BER.TU.RA, *s.f.*, descerramento, nova abertura, recomeço.
RE.A.BI.LI.TA.ÇÃO, *s.f.*, recomposição, quem voltou a ter dignidade.
RE.A.BI.LI.TA.CI.O.NAL, *adj. 2 gên.*, relativo a, ou próprio de reabilitação; diz-se do que tem por objetivo a reabilitação.
RE.A.BI.LI.TA.DO, *adj.*, que se reabilitou; absolvido.
RE.A.BI.LI.TA.DOR, *adj.*, diz-se de que, ou quem reabilita; reabilitante; *s.m.*, aquele ou aquilo que reabilita.
RE.A.BI.LI.TAN.TE, *adj.*, que reabilita; reabilitador.
RE.A.BI.LI.TAR, *v.t. e pron.*, restituir a dignidade, os direitos a uma pessoa; recompor.
RE.A.BI.LI.TA.TI.VO, *adj.*, que serve para reabilitar, que envolve reabilitação.
RE.A.BI.LI.TÁ.VEL, *adj. 2 gên.*, passível de ser reabilitado.
RE.A.BI.TAR, *v.t.*, tornar a habitar, voltar a ter habitantes.
RE.A.BO.TO.AR, *v.t.*, tornar a abotoar.
RE.A.BRIR, *v.t. e pron.*, abrir de novo, descerrar novamente.
RE.AB.SOR.ÇÃO, *s.f.*, ação ou efeito de reabsorver, reposição.
RE.AB.SOR.VER, *v.t. e pron.*, absorver de novo, reassumir.
RE.AB.SOR.VI.DO, *adj.*, absorvido de novo, recomposto, reposto.
RE.A.ÇÃO, *s.f.*, oposição, força que se opõe a outra, efeito de um remédio contra uma doença, ato de reagir, ação de reagir, resposta a atitudes, combate ao que não agrada.
RE.A.CE.LE.RAR, *v.t. e int.*, tornar a acelerar.
RE.A.CEN.DER, *v.t., int. e pron.*, voltar a acender, reagir, reanimar.
RE.A.CEN.DI.DO, *adj.*, reanimado, reinflamado.
RE.A.CEN.DI.MEN.TO, *s.m.*, ação ou efeito de reacender.
RE.A.CER.TAR, *v.t.*, acertar de novo ou voltar a acertar.
RE.A.CER.TO, *s.m.*, ato ou efeito de reacertar.
RE.A.CHAR, *v.t.*, tornar a achar.
RE.A.CI.O.NAL, *adj. 2 gên.*, que diz respeito a reação ou reações.
RE.A.CI.O.NÁ.RIO, *adj.*, retrógrado, contrário a qualquer inovação.
RE.A.CO.MO.DA.ÇÃO, *s.f.*, ato ou efeito de acomodar novamente; readequação.
RE.A.CO.MO.DA.DO, *adj.*, refeito, reposto, realojado.
RE.A.CO.MO.DAR, *v.t.*, acomodar de novo, relocar, realojar.
RE.A.CO.PLAR, *v.t.*, acoplar novamente.
RE.A.CU.SA.ÇÃO, *s.f.*, ação ou efeito de reacusar, volta a uma acusação.
RE.A.CU.SA.DO, *adj.*, reincidente, novamente acusado.
RE.A.CU.SAR, *v. int.*, tornar a acusar, voltar a acusar.
RE.A.DAP.TA.ÇÃO, *s.f.*, no trabalho, principalmente público, se o funcionário não puder mais trabalhar no próprio setor é treinado para uma nova função; qualificação para nova atividade.
RE.A.DAP.TA.DO, *adj.*, reajustado, adaptado de novo, recolocado.
RE.A.DAP.TAR, *v.t.*, ajustar de novo, adaptar novamente.
RE.A.DAP.TÁ.VEL, *adj. 2 gên.*, que pode ou deve ser readaptado.
RE.A.DE.QUA.ÇÃO, *s.f.*, ato ou efeito de readequar(-se).
RE.A.DE.QUAR, *v.t.*, tornar(-se) novamente adequado.
RE.AD.MIS.SÃO, *s.f.*, nova admissão, recolocação.
RE.AD.MI.TI.DO, *adj.*, admitido de novo, reposto, recontratado.
RE.AD.MI.TIR, *v.t.*, admitir de novo.
RE.A.DO.ÇÃO, *s.f.*, ato ou efeito de adotar novamente.
RE.A.DO.TAR, *v.t.*, voltar a adotar o que deixou desassistido.
RE.AD.QUI.RI.DO, *adj.*, recomprado, reassumido.
RE.AD.QUI.RIR, *v.t.*, adquirir de novo, recomprar.
RE.A.FIR.MA.ÇÃO, *s.f.*, nova afirmação, reafirmativa, confirmação.
RE.A.FIR.MA.DO, *adj.*, tornado a afirmar, refalado.
RE.A.FIR.MAR, *v.t.*, tornar a afirmar, afirmar de novo.
RE.A.FI.XAR, *v.t.*, tornar a afixar.
RE.A.GEN.TE, *adj. e s.m.*, substância química que provoca uma reação.
RE.A.GI.DO, *adj.*, oposto, contrariado, agido contra.
RE.A.GIR, *v.t. e int.*, opor, contrariar, agir contra.
RE.A.GLU.TI.NA.ÇÃO, *s.f.*, ato ou efeito de reaglutinar.
RE.A.GLU.TI.NA.MEN.TO, *s.m.*, o mesmo que reaglutinação.
RE.A.GLU.TI.NAR, *v.t.*, aglutinar(-se) novamente.
RE.A.GRA.DE.CER, *v.t.*, tornar a agradecer, recongratular.
RE.A.GRA.DE.CI.DO, *adj.*, tornado a agradecer, recongratulado.

RE.A.GRA.VA.ÇÃO, *s.f.*, nova agravação, ação ou efeito de reagravar; exacerbação.
RE.A.GRA.VAR, *v.t., int. e pron.*, agravar de novo, tornar a agravar.
RE.A.GRU.PA.DO, *adj.*, que se reagrupou; agrupado de novo.
RE.A.GRU.PA.MEN.TO, *s.m.*, ato ou efeito de reagrupar(-se).
RE.A.GRU.PAR, *v.t.*, tornar a agrupar; reunir.
RE.A.JUS.TA.DO, *adj.*, reacertado, recomposto.
RE.A.JUS.TA.MEN.TO, *s.m.*, reajuste, reacerto, recomposição.
RE.A.JUS.TAR, *v.t. e pron.*, ajustar de novo, reacertar, recompor.
RE.A.JUS.TÁ.VEL, *adj.*, que pode ser reajustado, recomposto.
RE.A.JUS.TE, *s.m.*, reajustamento, reacerto, recomposição.
RE.AL, *adj.*, verdadeiro, objetivo, existente; régio, próprio dos reis; *s.m.*, antiga moeda lusa e brasileira; nome da moeda brasileira na atualidade.
RE.A.LAR.GAR, *v.t.*, tornar a alargar.
RE.AL.ÇA.DO, *adj.*, destacado, enfatizado, avivado.
RE.AL.ÇA.DOR, *adj. e s.m.*, que ou aquilo que realça.
RE.AL.ÇA.MEN.TO, *s.m.*, destaque, ênfase, avivamento.
RE.AL.ÇAR, *v.t. e pron.*, destacar, enfatizar, imprimir mais cores; avivar.
RE.AL.CE, *s.m.*, ênfase, destaque, clímax.
RE.A.LE.GRA.DO, *adj.*, recontentado, tornado a alegrar.
RE.A.LE.GRAR, *v.t. e pron.*, tornar a alegrar; trazer de novo a alegria.
RE.A.LE.JO, *s.m.*, instrumento musical mecânico, acionado por uma manivela que toca uma música.
RE.A.LE.ZA, *s.f.*, característica de soberano; *fig.*, magnitude, grandeza.
RE.A.LI.DA.DE, *s.f.*, o que de fato existe; o que é real.
RE.A.LI.MEN.TA.ÇÃO, *s.f.*, ato de alimentar (algo ou alguém) novamente; Arm., ação de carregar munição em arma que tem disparo automático.
RE.A.LI.MEN.TA.DO, *adj.*, que se alimentou de novo.
RE.A.LI.MEN.TA.DOR, *adj. e s.m.*, que ou o que realimenta.
RE.A.LI.MEN.TAR, *v.t.*, alimentar outra vez ou mais vezes.
RE.A.LI.NHA.DO, *adj.*, que se alinhou de novo.
RE.A.LI.NHA.MEN.TO, *s.m.*, ato ou efeito de realinhar.
RE.A.LI.NHAR, *v.t.*, tornar a alinhar; Pol., fazer novo arranjo ou alinhamento.
RE.A.LIS.MO, *s.m.*, sistema que enfoca tudo como realidade presente; movimento literário que busca narrar os fatos como se fossem reais, detalhando as minúcias e com muita correção de linguagem.
RE.A.LIS.TA, *adj. e s.2 gén.*, adepto do Realismo, partidário dos reis; que(m) avalia tudo pela realidade material.
RE.A.LÍS.TI.CO, *adj.*, que se refere ao real, referente ao Realismo.
RE.A.LI.ZA.ÇÃO, *s.f.*, ação ou efeito de realizar, concretização, efetivação.
RE.A.LI.ZA.DO, *adj.*, efetuado, concretizado, feito.
RE.A.LI.ZA.DOR, *s.m.*, quem faz, quem realiza, pessoa prática no que faz.
RE.A.LI.ZAR, *v.t.*, efetuar, efetivar, tornar real, concretizar.
RE.A.LI.ZÁ.VEL, *adj.*, que pode ser feito, que se pode concretizar.
RE.AL.MEN.TE, *adv.*, na realidade, de modo real; verdadeiramente.
RE.A.LO.CAR, *v.t.*, alocar novamente; transferir.
RE.A.NÁ.LI.SE, *s.f.*, ato ou efeito de reanalisar; nova análise.
RE.A.NI.MA.ÇÃO, *s.f.*, reanimamento, revigoramento, reforçamento.
RE.A.NI.MA.DO, *adj.*, revivido, revigorado, reforçado.
RE.A.NI.MA.DOR, *adj.*, que reanima, que dá novo ânimo; *s.m.*, aquele que reanima; Med., desfibrilador cardíaco.
RE.A.NI.MAR, *v.t., int. e pron.*, reviver, tornar a dar ânimo, revigorar, reforçar.
RE.A.PA.RE.CER, *v. int.*, tornar a aparecer, aparecer de novo.
RE.A.PA.RE.CI.DO, *adj.*, ressurgido, aparecido de novo, voltado.
RE.A.PA.RE.CI.MEN.TO, *s.m.*, ressurgimento, volta, aparição.
RE.A.PA.RI.ÇÃO, *s.f.*, reaparecimento, ressurgimento.
RE.A.PER.TAR, *v.t., int.*, tornar a apertar.
RE.A.PLI.CA.ÇÃO, *s.f.*, nova aplicação, aplicação do já aplicado.
RE.A.PLI.CA.DO, *adj.*, aplicado de novo, recolocado na aplicação.
RE.A.PLI.CAR, *v.t.*, aplicar de novo.
RE.A.POS.SAR-SE, *v.pron.*, apossar-se novamente.
RE.A.PRE.CI.A.ÇÃO, *s.f.*, ato ou efeito de reapreciar; nova apreciação.
RE.A.PRE.CI.AR, *v.t.*, apreciar novamente.
RE.A.PREN.DER, *v.t.*, voltar a aprender, a recuperar conhecimento(s).
RE.A.PREN.DI.ZA.DO, *s.m.*, ato ou efeito de reaprender; reaprendizagem.
RE.A.PREN.DI.ZA.GEM, *s.f.*, ato ou efeito de reaprender; o mesmo que reaprendizado.
RE.A.PRE.SEN.TA.ÇÃO, *s.f.*, nova apresentação.
RE.A.PRE.SEN.TA.DO, *adj.*, apresentado de novo, recolocado.
RE.A.PRE.SEN.TAR, *v.t.*, apresentar de novo, voltar a apresentar.
RE.A.PRO.VEI.TA.DO, *adj.*, aproveitado de novo, reutilizado, renovado.
RE.A.PRO.VEI.TA.MEN.TO, *s.m.*, reutilização, renovação, novo aproveitamento.
RE.A.PRO.VEI.TAR, *v.t.*, tornar a aproveitar, aproveitar de novo.
RE.A.PRO.XI.MA.ÇÃO, *s.f.*, avizinhamento, achegamento, nova aproximação.
RE.A.PRO.XI.MA.DO, *adj.*, reavizinhado, achegado de novo.
RE.A.PRO.XI.MAR, *v.t. e pron.*, avizinhar de novo, aproximar de novo.
RE.A.PRU.MAR, *v.t.*, voltar a aprumar(-se).
RE.A.PU.RAR, *v.t.*, apurar novamente.
RE.A.QUE.CER, *v.t. e int.*, aquecer(-se) novamente; tornar(-se) mais ativo, animado.
RE.A.QUE.CI.DO, *adj.*, que se aqueceu novamente; que se tornou mais ativo.
RE.A.QUE.CI.MEN.TO, *s.m.*, ato ou efeito de reaquecer, de requentar; reativação.
RE.A.QUI.SI.ÇÃO, *s.f.*, ato ou efeito de readquirir.
RE.AR.RAN.JAR, *v.t.*, fazer novo arranjo, novo conserto, nova arrumação.
RE.AR.RAN.JO, *s.m.*, ato de rearranjar, de dar nova adequação.
RE.AR.RU.MA.ÇÃO, *s.f.*, ato ou efeito de rearrumar; nova arrumação.
RE.AR.RU.MAR, *v.t.*, arrumar novamente; reordenar.
RE.AR.TI.CU.LAR, *v.t.*, articular de novo, promover nova

articulação.
RE.AS.CEN.DER, *v.t.* e *int.*, tornar a subir uma montanha, voltar a ascender a um ponto alto.
RE.AS.CEN.DI.DO, *adj.*, subido, alcançado.
RE.AS.CEN.SÃO, *s.f.*, nova subida, nova escalada.
RE.AS.SEN.TA.DO, *adj.*, assentado novamente, recolocado.
RE.AS.SEN.TA.MEN.TO, *s.m.*, novo assentamento.
RE.AS.SEN.TAR, *v.t.* e *pron.*, tornar a assentar, reconduzir, implantar de novo.
RE.AS.SU.MI.DO, *adj.*, assumido de novo, reaceito.
RE.AS.SU.MIR, *v.t.*, assumir de novo.
RE.AS.SUN.ÇÃO, *s.f.*, ato ou efeito de reassumir.
RE.A.TA.DO, *adj.*, religado, reconectado.
RE.A.TA.MEN.TO, *s.m.*, ação ou efeito de reatar, religação.
RE.A.TAR, *v.t.* e *pron.*, tornar a atar, religar.
RE.A.TES.TAR, *v.t.*, atestar outra vez.
RE.A.TI.VA.ÇÃO, *s.f.*, avivamento, reavivamento, recomeço.
RE.A.TI.VA.DO, *adj.*, avivado de novo, recomeçado.
RE.A.TI.VA.MEN.TO, *s.m.*, o mesmo que reativação.
RE.A.TI.VAR, *v.t.*, tornar a ativar, ativar de novo.
RE.A.TI.VI.DA.DE, *s.f.*, propriedade do reagente que é reativo.
RE.A.TI.VO, *adj.*, reagente, que reage.
RE.A.TOR, *s.m.*, sistema no qual se processam reações com liberação de energia; aparelho para esquentar motores.
RE.A.TRA.VES.SAR, *v.t.*, atravessar outra vez.
RE.A.TU.A.LI.ZAR, *v.t.*, tornar a atualizar.
RE.A.VA.LI.A.ÇÃO, *s.f.*, nova avaliação, novo exame.
RE.A.VA.LI.A.DO, *adj.*, avaliado de novo, reexaminado.
RE.A.VA.LI.AR, *v.t.*, avaliar de novo.
RE.A.VER, *v.t.*, reconquistar, recobrar, recuperar, tornar a haver.
RE.A.VI.AR, *v.t.*, fazer voltar à via ou ao caminho; *v.pron.*, tornar a encontrar-se no caminho perdido, orientar-se.
RE.A.VI.DO, *adj.*, reconquistado, recobrado, recuperado.
RE.A.VI.SA.DO, *adj.*, tornado a avisar.
RE.A.VI.SAR, *v.t.*, voltar a avisar, a fazer nova advertência.
RE.A.VI.SO, *s.m.*, segundo aviso; aviso repetido.
RE.A.VIS.TAR, *v.t.*, tornar a avistar; avistar novamente.
RE.A.VI.VA.DO, *adj.*, estimulado, incentivado, aviventado.
RE.A.VI.VA.MEN.TO, *s.m.*, ato ou efeito de reavivar, de fazer reviver.
RE.A.VI.VAR, *v.t.*, reacender, aviventar, tornar mais forte, estimular.
RE.BAI.XA, *s.f.*, ato ou efeito de rebaixar; rebaixamento; lus., liquidação de preços.
RE.BAI.XA.DO, *adj.*, descido, humilhado, diminuído.
RE.BAI.XA.DOR, *s.m.*, instrumento dos carpinteiros para rebaixar os ângulos da madeira.
RE.BAI.XA.MEN.TO, *s.m.*, ato de rebaixar.
RE.BAI.XAR, *v.t.*, *int.* e *pron.*, colocar mais baixo, diminuir, decrescer, abaixar; desacreditar.
RE.BAI.XE, *s.m.*, ato ou efeito de rebaixar; rebaixamento; rebaixo.
RE.BAI.XO, *s.m.*, rebaixamento, ato de rebaixar.
RE.BAL.SA.DO, *adj.*, que se rebalsou; estagnado; afundado no charco ou na lama.
RE.BAL.SAR, *v.t.* e *int.*, apresentar-se alagadiço, pantanoso; amontoar-se em alagadiços.
RE.BA.MEN.TO, *s.m.*, lus., ação ou efeito de rebar.
RE.BA.NHAR, *v.t.*, o mesmo que arrebanhar.
RE.BA.NHO, *s.m.*, quantidade de gado, grupo de ovelhas, cabras; grupo de fiéis.
RE.BAR, *v.t.*, lus., preencher (pequeno espaço) com rebos ou pedras.
RE.BAR.BA, *s.f.*, aresta, saliência de um corpo, limalha, restos de metal.
RE.BAR.BA.ÇÃO, *s.f.*, o mesmo que rebarbagem.
RE.BAR.BA.DO, *adj.*, que se rebarbou; aparado; raspado; que se rejeitou; recusado; desprezado.
RE.BAR.BA.DOR, *s.m.*, operário que tira as rebarbas.
RE.BAR.BA.GEM, *s.f.*, ação de rebarbar.
RE.BAR.BAR, *v.t.*, alisar, desbastar, tirar as rebarbas.
RE.BAR.BA.TI.VO, *adj.*, mal-humorado, irado, desgastado, aborrecido.
RE.BA.TE, *s.m.*, ação de rebater, toque para chamar pessoas em emergência, abatimento.
RE.BA.TE.DOR, *adj.* e *s.m.*, que(m) rebate, repelidor, contestador.
RE.BA.TER, *v.t.*, bater de novo, repelir, conter, contestar, contraditar.
RE.BA.TI.DA, *s.f.*, ação ou efeito de rebater, refutação.
RE.BA.TI.DO, *adj.*, devolvido, rebatido, refutado.
RE.BA.TI.MEN.TO, *s.m.*, ação ou efeito de rebater, rebate, devolução.
RE.BA.TI.NHA, *s.f.*, *ant.*, coisa muito disputada, muito debatida.
RE.BA.TIS.MO, *s.m.*, ato ou efeito de rebatizar; novo batismo.
RE.BA.TÍ.VEL, *adj. 2 gén.*, que pode ser rebatido ou contestado; que se pode dobrar; dobrável.
RE.BA.TI.ZA.DO, *adj.*, que foi batizado de novo, renominado.
RE.BA.TI.ZAN.TE, *adj.*, que rebatiza.
RE.BA.TI.ZAR, *v.t.* e *pron.*, batizar de novo, renominar.
RE.BE.CA, *s.f.*, rabeca, instrumento de cordas.
RE.BE.LA.DO, *adj.*, revoltado, revoltoso, rebelde.
RE.BE.LA.MEN.TO, *s.m.*, revolta, rebeldia.
RE.BE.LAR, *v.t.* e *pron.*, incitar à rebeldia, tornar revoltoso, levar à revolução.
RE.BEL.DA.RI.A, *s.f.*, o mesmo que rebeldia.
RE.BEL.DE, *adj.*, revoltado, desobediente, indisciplinado, que é contra uma ordem de autoridade.
RE.BEL.DI.A, *s.f.*, revolta, contraposição, resistência.
RE.BEL.DIS.MO, *s.m.*, qualidade de rebelde; estado sistemático de rebeldia.
RE.BE.LI.ÃO, *s.f.*, revolta, insurreição, resistência.
RE.BEN.CA.ÇO, *s.m.*, *bras.*, RS; açoite dado com rebenque.
RE.BEN.CA.DA, *s.f.*, golpe dado com rebenque.
RE.BEN.QUE, *s.m.*, chicote curto, chicote, azorrague.
RE.BEN.QUE.A.DO, *adj.*, RS, tocado, fustigado com rebenque; *fig.*, cansado, estafado, rebentado.
RE.BEN.QUE.A.DOR, *s.m.*, *bras.*, RS; aquele que rebenqueia; aquele que castiga frequentemente.
RE.BEN.QUE.AR, *v.t.*, castigar com rebenque, chicotear.
RE.BEN.TA.ÇÃO, *s.f.*, arrebentação.
RE.BEN.TA.DI.ÇO, *adj.*, rebentio; arrebentadiço.
RE.BEN.TA.DO, *adj.*, estourado, explodido, quebrado, arrebentado.
RE.BEN.TA.DOR, *adj.* e *s.m.*, que ou o que rebenta, que faz rebentar.
RE.BEN.TAN.TE, *adj.*, que rebenta.
RE.BEN.TAR, *v.t.*, *int.* e *pron.*, quebrar, romper, explodir, destruir; nascer (semente).
RE.BEN.TI.O, *adv.*, que facilmente rebenta; rebentadiço; repentino, raivoso.

RE.BEN.TO, *s.m.*, broto, fruto, produto; *fig.*, filho, prole.
RE.BEN.TO.NA, *s.f., bras.*, situação para decidir-se; motim, revolta.
RE.BIM.BAR, *v.int.*, badalar (sino); bimbalhar.
RE.BIM.BO, *s.m.*, Lud., no jogo de pôquer, ato ou efeito de rebimbar, de dobrar a aposta; repique; faísca, centelha.
RE.BI.TA.ÇÃO, *s.f.*, ação ou efeito de rebitar, arrebite, junção com rebite.
RE.BI.TA.DO, *adj.*, unido, jungido, arrebitado.
RE.BI.TA.DOR, *adj.* e *s.m.*, que, aquele ou aquilo que rebita.
RE.BI.TA.GEM, *s.f.*, ato ou efeito de rebitar, de unir com rebites.
RE.BI.TA.MEN.TO, *s.m.*, rebitação, arrebite, junção com arrebite.
RE.BI.TAR, *v.t.*, unir chapas com rebite.
RE.BI.TE, *s.m.*, arrebite, peça metálica que é prensada para unir chapas.
RE.BLIN.DA.GEM, *s.f.*, ato ou efeito de reblindar; nova blindagem; reforço da blindagem.
RE.BO.A.DO, *adj.*, ecoado, retumbado, soado.
RE.BO.AN.TE, *adj.*, que reboa, sonante, retumbante.
RE.BO.AR, *v. int.*, ecoar, retumbar, provocar um eco.
RE.BO.BI.NA.DO, *adj.*, tornado a bobinar, passado em bobina, enrolado.
RE.BO.BI.NA.GEM, *s.f.*, ação ou efeito de rebobinar, rebobinamento.
RE.BO.BI.NA.MEN.TO, *s.m.*, ato ou efeito de rebobinar.
RE.BO.BI.NAR, *v.t.*, tornar a bobinar, passar para outra bobina.
RE.BO.CA.DO, *adj.*, puxado, que recebeu reboco, que puxa um navio.
RE.BO.CA.DOR, *adj.* e *s.m.*, que reboca um navio, veículo; quem põe reboco.
RE.BO.CA.DU.RA, *s.f.*, ação ou efeito de rebocar; rebocamento.
RE.BO.CAR, *v.t.*, colocar reboco em; puxar algum barco ou veículo, guinchar.
RE.BO.CÁ.VEL, *adj. 2 gên.*, que pode ser rebocado.
RE.BO.CO, *s.m.*, massa preparada com cimento, areia, cal e água para revestir paredes.
RE.BO.JAR, *v.int., bras.*, formar redemoinho.
RE.BO.JEN.TO, *adj., bras.*, que forma rebojo, em que há rebojo.
RE.BO.JO, *s.m.*, movimento circular das águas de um rio, devido a algum acidente no leito.
RE.BO.LA.DA, *s.f., bras.*, grupo de árvores da mesma espécie, em floresta.
RE.BO.LA.DO, *s.m.*, movimento dos quadris, das ancas; bamboleio.
RE.BO.LAN.TE, *adj. 2 gên.*, que rebola.
RE.BO.LÃO, *adj.*, diz-se de quem se gaba de ser melhor ou mais valente que os outros; fanfarrão; *s.m.*, indivíduo fanfarrão; rebolo grande.
RE.BO.LAR, *v.t.* e *pron.*, mexer os quadris, bambolear-se; *fig.*, enfrentar dificuldades.
RE.BO.LA.TI.VO, *adj.*, que rebola ou que tem rebolado.
RE.BOL.CAR, *v.t.*, revolver virando à maneira de bola; fazer rebolar; pôr de borco; *v.pron.*, chafurdar.
RE.BOL.CO, *s.m.*, ação de rebocar; cambalhota.
RE.BO.LE.AN.TE, *adj. 2 gên.*, que reboleia.
RE.BO.LE.AR, *v. int.*, bambolear, mover-se de um lado para o outro, jogar as bolandeiras para prender um animal, na caça.
RE.BO.LEI.O, *s.m.*, ato ou efeito de rebolear(-se).
RE.BO.LEI.RA, *s.f.*, reboleiro; chocalho grande.

RE.BO.LE.TA, *s.f.*, ato de rebolar; ir à reboleta; ir rebolando ou girando sobre si mesmo.
RE.BO.LI.ÇO, *adj.*, que rebola, arredondado; *s.m.*, confusão, balbúrdia.
RE.BO.LIR, *v. int.*, rebolar-se, andar apressado, agitar-se.
RE.BO.LO, *s.m.*, pedra preparada para afiar ferramentas.
RE.BOL.QUE.AR-SE, *v.pron., bras.*, RS, rebolcar-se (o animal).
RE.BOM.BA.DO, *adj.*, ressoado, estrondeado.
RE.BOM.BAR, *v. int.*, ressoar, ecoar, retumbar; o mesmo que ribombar.
RE.BOM.BE.AR, *v.t., int.*, bombear outras vezes.
RE.BO.O, *s.m.*, ação de reboar, estrondo, estampido surdo, eco.
RE.BO.QUE, *s.m.*, guincho, ato de puxar um veículo avariado; ação de levar alguém.
RE.BO.QUE.AR, *v.t.*, Mar., levar a reboque (embarcação).
RE.BOR.DA, *s.f.*, Anat., extremidade de uma superfície anatômica; borda.
RE.BOR.DA.DO, *adj.*, que fez novo bordado; que se bordou por cima.
RE.BOR.DA.GEM, *s.f.*, prejuízo sofrido pelos navios que abalroam; indenização por esse prejuízo; ato de rebordar (vidros).
RE.BOR.DAN.TE, *adj.*, que reborda, que forma rebordo.
RE.BOR.DÃO, *adj.*, bravio, silvestre (vegetação de cercas vivas).
RE.BOR.DAR, *v.t.*, tornar a bordar, alisar as arestas.
RE.BOR.DO, *s.m.*, borda, lado, margem.
RE.BOR.DO.SA, *s.f.*, censura, repreenda, lufa-lufa, corre-corre, azáfama, situação confusa, imprevisto.
RE.BO.TA.LHO, *s.m.*, restos, resíduos, restolhos, detritos.
RE.BO.TAR, *v.t.*, p.us., o mesmo que repelir.
RE.BO.TE, *s.m.*, no basquete, a bola que bate na tabela e volta; o que retorna.
RE.BO.TE.AR, *v.t.*, responder, retrucar.
RE.BO.TEI.RO, *s.m.*, Esp., no basquete, jogador que pega o rebote.
RE.BRA.MAR, *v. t.* e *int.*, bramar com força, retumbar, rebombar.
RE.BRA.MIR, *v. int.*, bramir fortemente, rebramar.
RE.BRAN.QUE.AR, *v.t.*, tornar a branquear, branquear muito.
RE.BRI.LHA.DO, *adj.*, brilhado de novo, refulgido, refulgorado.
RE.BRI.LHAN.TE, *adj. 2 gên.*, que rebrilha.
RE.BRI.LHAR, *v. int.*, voltar a brilhar, brilhar de novo.
RE.BRI.LHO, *s.m.*, brilho forte, brilho intenso.
RE.BRI.LHO.SO, *adj.*, que rebrilha; rebrilhante.
RE.BRO.TA.ÇÃO, *s.f.*, rebrotamento, novo brotamento.
RE.BRO.TA.DO, *adj.*, refeito, renascido, ressurgido.
RE.BRO.TAR, *v. int.*, renascer, tornar a brotar, voltar a crescer.
RE.BU, *s.m., pop.*, confusão, balbúrdia.
RE.BU.ÇA.DO, *s.m.*, bala feita com açúcar queimado.
RE.BU.ÇAR, *v.t.* e *pron.*, revestir com rebuço, envolver.
RE.BU.ÇO, *s.m.*, pano que cobre parte do rosto; dissimulação, disfarce.
RE.BU.LI.ÇO, *s.m.*, baderna, confusão, alvoroço, muito barulho.
RE.BU.LIR, *v.t.*, tornar a bulir.
RE.BUS.CA.DO, *adj.*, erudito, escolhido, letrado.
RE.BUS.CA.MEN.TO, *s.m.*, erudição, conhecimento profundo, vocábulos raros.
RE.BUS.CAR, *v.t.* e *pron.*, escrever com muita precisão

REBUSQUE ··· 697 ··· RECAVÉM

vocábulos escolhidos, dificultar.

RE.BUS.QUE, *s.m.*, ato ou efeito de rebuscar-se; negociata; vantagem; RS, vantagem fortuita.

RE.CA.CHO, *s.m.*, pose que denota gravidade ou arrogância; imponência; *fig.*, sinceridade espontânea de sentimentos; desabafo.

RE.CA.DAS.TRA.DO, *adj.*, cadastrado de novo, que teve um novo cadastro.

RE.CA.DAS.TRA.MEN.TO, *s.m.*, novo cadastro, outro cadastramento.

RE.CA.DAS.TRAR, *v.t.*, tornar a cadastrar, fazer novo cadastro.

RE.CA.DEI.RO, *adj.* e *s.m.*, que se refere a recado, quem leva recado, boateiro.

RE.CA.DIS.TA, *s. 2 gên.*, indivíduo que leva e traz recados, transmissor de novidades.

RE.CA.DO, *s.m.*, aviso, comunicação, lembrete.

RE.CA.Í.DA, *s.f.*, ser atacado novamente pela mesma doença, retorno.

RE.CA.I.DI.ÇO, *adj.*, que recai com frequência.

RE.CA.I.MEN.TO, *s.m.*, ação ou efeito de recair; recaída.

RE.CA.IR, *v.t.* e *int.*, cair de novo, reincidir, retornar ao mesmo ponto.

RE.CAL.CA.DO, *adj.*, reprimido, oprimido, calcado de novo.

RE.CAL.CA.DOR, *adj.* e *s.m.*, opressor, reprimidor.

RE.CAL.CA.MEN.TO, *s.m.*, repressão, opressão, calcamento.

RE.CAL.ÇA.MEN.TO, *s.m.*, ação ou efeito de calçar ou pavimentar novamente.

RE.CAL.CAR, *v.t.*, calcar de novo, reprimir, retocar.

RE.CAL.CI.FI.CA.ÇÃO, *s.f.*, ação ou efeito de recalcificar; ossificação.

RE.CAL.CI.FI.CA.DO, *adj.*, ossificado, endurecido como osso.

RE.CAL.CI.FI.CAN.TE, *adj.*, que recalcifica, que ossifica.

RE.CAL.CI.FI.CAR, *v.t.*, ossificar, endurecer como osso.

RE.CAL.CI.TRA.ÇÃO, *s.f.*, resistência, teimosia, persistência.

RE.CAL.CI.TRÂN.CIA, *s.f.*, recalcitração, resistência, teimosia, persistência.

RE.CAL.CI.TRAN.TE, *adj.*, contumaz, persistente, teimoso, irredutível.

RE.CAL.CI.TRAR, *v.t.* e *int.*, resistir, opor-se, lutar contra, rebelar-se, obstinar-se.

RE.CAL.CU.LA.DO, *adj.*, calculado de novo, tornado a calcular.

RE.CAL.CU.LAR, *v.t.*, calcular novamente, tornar a calcular.

RE.CÁL.CU.LO, *s.m.*, novo cálculo.

RE.CA.LI.BRA.ÇÃO, *s.f.*, ato ou efeito de recalibrar, mesmo quo rocalibragem

RE.CA.LI.BRA.GEM, *s.f.*, ato ou efeito de recalibrar; nova calibragem; recalibração; recalibramento.

RE.CA.LI.BRA.MEN.TO, *s.m.*, ato de recalibrar, mesmo que recalibragem.

RE.CA.LI.BRAR, *v.t.*, calibrar de novo.

RECALL, *s.m.*, chamada que as empresas produtoras fazem aos consumidores, para que seja substituída alguma peça defeituosa.

RE.CAL.QUE, *s.m.*, ação de recalcar, repressão de sentimento, conservar dentro de si algo que deprime.

RE.CA.MA.DO, *adj.*, rebordado, enfeitado, tornado a recamar.

RE.CA.MA.DOR, *adj.* e *s.m.*, bordador, que(m) recama.

RE.CA.MAR, *v.t.* e *pron.*, bordar, enfeitar, revestir com recamo.

RE.CÂ.MA.RA, *s.f.*, quarto pequeno, sem janelas; alcova; escaninho, recôncavo; culatra de arma de fogo.

RE.CAM.BI.A.DO, *adj.*, devolvido, mandado de volta, trocado.

RE.CAM.BI.A.MEN.TO, *s.m.*, devolução, remessa à origem, extradição.

RE.CAM.BI.AR, *v.t.* e *int.*, mandar de volta, devolver, retornar ao local de origem.

RE.CAM.BI.Á.VEL, *adj. 2 gên.*, que pode ser recambiado, levado de volta, devolvido.

RE.CA.MO, *s.m.*, bordado, enfeite, adorno.

RE.CAN.DI.DA.TAR, *v.t.* e *int.*, candidatar(-se) novamente.

RE.CAN.DI.DA.TU.RA, *s.f.*, nova candidatura.

RE.CAN.TE.A.DO, *adj.*, *pop.*, isolado num recanto ou local afastado.

RE.CAN.TO, *s.m.*, local, lugar afastado, local agradável.

RE.CA.PA.CI.TAR, *v.t.*, tornar(-se) novamente capaz.

RE.CA.PA.DO, *adj.*, em que se pôs capa nova, recauchutado.

RE.CA.PA.GEM, *s.f.*, capa nova, recauchutagem.

RE.CA.PAR, *v.t.*, colocar outra capa, recauchutar, recapear.

RE.CA.PE.A.ÇÃO, *s.f.*, ação ou efeito de recapear.

RE.CA.PE.A.DO, *adj.*, recoberto, revestido, recapado.

RE.CA.PE.A.MEN.TO, *s.m.*, revestimento, recobertura.

RE.CA.PE.AR, *v.t.*, cobrir com nova capa, revestir com nova cobertura.

RE.CA.PI.TA.LI.ZAR, *v.t.*, capitalizar outra vez.

RE.CA.PI.TU.LA.ÇÃO, *s.f.*, recordação, síntese, reconstrução dos capítulos.

RE.CA.PI.TU.LA.DO, *adj.*, recordado, sintetizado, reconstruído.

RE.CA.PI.TU.LAR, *v.t.*, relembrar, recordar, resumir, sintetizar.

RE.CAP.TU.RA.ÇÃO, *s.f.*, nova captura, nova prisão.

RE.CAP.TU.RA.DO, *adj.*, capturado de novo, aprisionado outra vez.

RE.CAP.TU.RAR, *v.t.*, capturar de novo.

RE.CAR.GA, *s.f.*, outra carga.

RE.CAR.GAR, *v.t.*, tornar à carga, carregar de novo.

RE.CAR.RE.GA.DO, *adj.*, carregado de novo, tornado a carregar.

RE.CAR.RE.GA.DOR, *s.m.*, Elet., equipamento próprio para recarregar.

RE.CAR.RE.GA.MEN.TO, *s.m.*, carregamento novo, carga nova.

RE.CAR.RE.GAR, *v.t.*, carregar novamente, tornar a carregar.

RE.CAR.RE.GÁ.VEL, *adj. 2 gên.*, Elet., que se pode recarregar, dar nova carga de energia elétrica.

RE.CA.SAR, *v.t.* e *int.*, casar de novo.

RE.CA.TA.DO, *adj.*, puro, pudico, recolhido, casto, simples, humilde.

RE.CA.TAR, *v.t.* e *pron.*, portar-se com recato, ser humilde

RE.CA.TI.VA.DO, *adj.*, tornado a cativar, tornado a seduzir.

RE.CA.TI.VAR, *v.t.*, tornar a cativar, voltar a seduzir.

RE.CA.TO, *s.m.*, pudor, respeito, decoro, simplicidade, pureza.

RE.CAU.CHU.TA.DO, *adj.*, próprio de pneu que foi recapado.

RE.CAU.CHU.TA.DOR, *adj.*, que recauchuta; que faz recauchutagem; *s.m.*, aquele que recauchuta.

RE.CAU.CHU.TA.GEM, *s.f.*, recapagem, cobertura com camada em um pneu gasto.

RE.CAU.CHU.TAR, *v.t.*, refazer a parte gasta de um pneu, recapar.

RE.CA.VA.DO, *adj.*, cavado novamente, aprofundado.

RE.CA.VAR, *v. int.*, cavar novamente, escavar, aprofundar.

RE.CA.VÉM, *s.m.*, parte posterior do leito do carro de boi; RS, *fig.*, traseiro.

RECEADO ·· 698 ·· **RECIPROCIDADE**

RE.CE.A.DO, *adj.*, temido, receoso, atemorizado.
RE.CE.AR, *v.t., int. e pron.*, temer, ter precaução, ter medo.
RE.CE.Á.VEL, *adj.*, que se pode ou deve recear.
RE.CE.BE.DOR, *s.m.*, quem recebe algo ou alguém; funcionário que recebe pagamentos.
RE.CE.BE.DO.RI.A, *s.f.*, repartição que recebe o pagamento de impostos e taxas.
RE.CE.BER, *v.t., int. e pron.*, aceitar, tomar posse, apossar-se, obter, acolher, recepcionar.
RE.CE.BI.DO, *adj.*, acolhido, aceito, recepcionado.
RE.CE.BI.MEN.TO, *s.m.*, aceitação, recebimento, obtenção, recepção.
RE.CE.BÍ.VEL, *adj. 2 gên.*, que é possível receber.
RE.CEI.O, *s.m.*, medo, temor, precaução.
RE.CEI.TA, *s.f.*, quantia apurada em um evento; recolhimento em espécie; prescrição médica para uso de medicamentos; fórmula para preparar qualquer coisa.
RE.CEI.TA.DO, *adj.*, indicado, prescrito, formulado.
RE.CEI.TA.DOR, *adj. e s.m.*, que ou aquele que receita.
RE.CEI.TAN.TE, *adj. e s. 2 gên.*, que(m) receita, receitador.
RE.CEI.TAR, *v.t. e int.*, dar receita, indicar, formular, prescrever.
RE.CEI.TU.Á.RIO, *s.m.*, prontuário médico.
RE.CÉM, *adv.*, de pouco tempo, recentemente.
RE.CÉM-CA.SA.DO, *adj. e s.m.*, que se casou há pouco.
RE.CÉM-CHE.GA.DO, *adj. e s.m.*, mal chegado, apenas chegado.
RE.CÉM-CRI.A.DO, *adj.*, que se criou recentemente, pouco antes.
RE.CÉM-FA.LE.CI.DO, *adj. e s.m.*, falecido recentemente.
RE.CÉM-FI.NA.DO, *adj. e s.m.*, que se finou há pouco; recém-falecido.
RE.CÉM-FOR.MA.DO, *adj.*, apenas formado, formado recentemente, formado há pouco.
RE.CÉM-NAS.CI.DO, *adj. e s.m.*, nascido há pouco.
RE.CEN.DÊN.CIA, *s.f.*, aroma, fragrância, perfume.
RE.CEN.DEN.TE, *adj.*, aromático, fragrante, perfumoso.
RE.CEN.DER, *v.t. e int.*, espargir, espalhar aroma, exalar, soltar.
RE.CEN.SÃO, *s.f.*, recenseamento, edição de um autor com a parte manuscrita.
RE.CEN.SE.A.DO, *adj. e s.m.*, que está inscrito no recenseamento; já contado.
RE.CEN.SE.A.DOR, *s.m.*, quem faz o recenseamento.
RE.CEN.SE.A.MEN.TO, *s.m.*, trabalho estatístico que o IBGE pratica no país ou em uma região para verificar qual o número de habitantes.
RE.CEN.SE.AR, *v.t.*, inscrever no recenseamento, contar, arrolar, levantar.
RE.CEN.SEI.O, *s.m.*, ato de recensear; recenseamento.
RE.CEN.TE, *adj.*, recém, que ocorreu há pouco tempo; novo.
RE.CEN.TI.DA.DE, *s.f.*, caráter ou qualidade de recente.
RE.CEN.TRA.LI.ZA.ÇÃO, *s.f.*, ato de recentralizar; nova centralização.
RE.CEN.TRA.LI.ZAR, *v.t.*, tornar ou voltar a centralizar(-se).
RE.CE.O.SO, *adj.*, temeroso, com medo, amedrontado.
RE.CEP.ÇÃO, *s.f.*, seção encarregada de receber as pessoas, dar informações; recebimento.
RE.CEP.CI.O.NA.DO, *adj.*, recebido, acolhido.
RE.CEP.CI.O.NAR, *v.t. e int.*, receber, acolher, dar recepções.
RE.CEP.CI.O.NIS.TA, *s. 2 gên.*, pessoa que trabalha na recepção; quem recebe as pessoas que chegam.
RE.CEP.TA.ÇÃO, *s.f.*, recebimento de objeto furtado, compra de produto roubado.
RE.CEP.TÁ.CU.LO, *s.m.*, recipiente, que recebe, vasilhame, abrigo.
RE.CEP.TA.DO, *adj.*, recebido, acolhido, comprado.
RE.CEP.TA.DOR, *adj. e s.m.*, que ou aquele que recebe.
RE.CEP.TAR, *v.t.*, acolher ou receber objeto furtado.
RE.CEP.TI.BI.LI.DA.DE, *s.f.*, aceitação, condição de receber impressões ou mensagens.
RE.CEP.TÍ.VEL, *adj.*, acolhível, aceitável.
RE.CEP.TI.VI.DA.DE, *s.f.*, acolhida, aceitação, consentimento.
RE.CEP.TI.VO, *adj.*, acolhedor, agradável, que recebe bem.
RE.CEP.TOR, *adj.*, recebedor; o mesmo que receptador; *s.m.*, quem recepta, receptáculo, quem recebe a mensagem.
RE.CES.SÃO, *s.f.*, parada, queda, decréscimo da economia, queda do produto.
RE.CES.SI.VO, *adj.*, que se refere a recessão, inerente a alguém, próprio de uma situação.
RE.CES.SO, *s.m.*, suspensão das atividades; suspensão de expediente de trabalho ou atendimento público; parada.
RE.CHA.ÇA.DO, *adj.*, repelido, afastado, refutado.
RE.CHA.ÇAR, *v.t.*, repelir, obrigar a um retrocesso, rebater, fazer recuar.
RE.CHA.ÇO, *s.m.*, ação de rechaçar, repúdio; resistência; ricochete; certa dança antiga.
RÉCHAUD, *s.m.*, suporte para travessas, panelas, etc., mantendo aquecidos os alimentos levados à mesa.
RE.CHE.A.DO, *adj.*, cheio, enchido, estufado.
RE.CHE.A.DU.RA, *s.f.*, o ato de rechear; recheio.
RE.CHE.AR, *v.t. e pron.*, colocar recheio em, enchar.
RE.CHEI.O, *s.m.*, iguaria preparada para colocar no ventre vazio de aves a serem assadas; substância para encher.
RE.CHI.AR, *v.int.*, chiar com estrépito, chiar fortemente.
RE.CHI.NAN.TE, *adj.*, que rechina, queimante, chiante.
RE.CHI.NAR, *v.t. e int.*, provocar um som agudo, emitir o ruído da carne ao ser colocada sobre o ferro quente.
RE.CHON.CHU.DO, *adj.*, gordo, gorducho, bem gordo.
RE.CI.BO, *s.m.*, papel assinado declarando que se recebeu algo; declaração.
RE.CI.CLA.DO, *adj.*, renovado, requalificado, reaproveitado.
RE.CI.CLA.DOR, *adj. e s.m.*, que ou aquele que recicla.
RE.CI.CLA.GEM, *s.f.*, mudança da reciclagem, capacitação, renovação, reaproveitamento.
RE.CI.CLAR, *v.t.*, efetuar a reciclagem de, renovar, reaproveitar.
RE.CI.CLÁ.VEL, *adj. 2 gên.*, que se pode reciclar.
RE.CI.DI.VA, *s.f.*, reaparecimento de uma doença ou sintoma, após haver sumido por um período mais ou menos longo.
RE.CI.DI.VAR, *v.int.*, reaparecer o sintoma ou a doença; reincidir (na prática do crime).
RE.CI.DI.VI.DA.DE, *s.f.*, Med., ato de recidivar.
RE.CI.DI.VO, *adj.*, que volta; que recai.
RE.CI.FE, *s.m.*, rocha, rochedo, penedo, pedra grande, grupo de rochas.
RE.CI.FEN.SE, *adj. e s. 2 gên.*, habitante de Recife ou próprio de Recife.
RE.CI.FO.SO, *adj.*, que tem recifes.
RE.CIN.GIR, *v.t.*, cingir de novo.
RE.CIN.TO, *s.m.*, ambiente, espaço, cômodo, repartição, local.
RE.CI.PI.EN.TE, *s.m.*, vasilha, receptáculo, objeto para conter algo.
RE.CI.PRO.CI.DA.DE, *s.f.*, que vem e volta de um indivíduo

para o outro; mutualidade.
RE.CÍ.PRO.CO, *adj.*, mútuo, que é de dois indivíduos, de um para o outro.
RÉ.CI.TA, *s.f.*, declamação, espetáculo, apresentação teatral.
RE.CI.TA.ÇÃO, *s.f.*, ação ou efeito de recitar, declamação, oração, discurso.
RE.CI.TA.DO, *adj.*, declamado, lido em voz alta, proferido, orado, rezado.
RE.CI.TA.DOR, *adj. e s.m.*, orador, rezador, proferidor, proclamador.
RE.CI.TAL, *s.m.*, declamação, ação de recitar, apresentação, concerto.
RE.CI.TAR, *v.t. e int.*, declamar, ler em voz alta, proferir, dizer.
RE.CI.TA.TI.VO, *adj.*, que é recitado, declamado.
RE.CLA.MA.ÇÃO, *s.f.*, ato de reclamar, queixa, denúncia, reivindicação.
RE.CLA.MA.DO, *adj.*, exigido, postulado, pedido, solicitado.
RE.CLA.MA.DOR, *adj. e s.m.*, solicitador, postulante, murmurador.
RE.CLA.MAN.TE, *adj.*, que reclama, que exige, postulante.
RE.CLA.MAR, *v.t. e int.*, protestar, ser contra, exigir, postular.
RE.CLA.MÁ.VEL, *adj.*, exigível, que pode ser reclamado, postulável.
RE.CLA.ME, *s.m.*, publicidade, anúncio, propaganda.
RE.CLAS.SI.FI.CA.ÇÃO, *s.f.*, nova classificação, classificação com outra estrutura.
RE.CLAS.SI.FI.CA.DO, *adj.*, classificado de novo, rearrumado, recatalogado.
RE.CLAS.SI.FI.CA.DOR, *adj. e s.m.*, que(m) reclassifica, recompositor.
RE.CLAS.SI.FI.CAR, *v.t.*, classificar de novo, tornar a classificar.
RE.CLI.NA.CÃO, *s.f.*, inclinação, encostamento, apoio.
RE.CLI.NA.DO, *adj.*, inclinado, encostado, apoiado.
RE.CLI.NAR, *v.t. e pron.*, deitar um pouco, inclinar de leve, encostar, apoiar.
RE.CLI.NA.TÓ.RIO, *s.m.*, o objeto sobre que se repousa, como a almofada, o encosto, o leito, etc.
RE.CLI.NÁ.VEL, *adj.*, que pode ser reclinado.
RE.CLU.SÃO, *s.f.*, cárcere, encarceramento, privação de liberdade.
RE.CLU.SO, *adj.*, que está em reclusão, preso, encarcerado.
RE.CO.BER.TO, *adj.*, que se recobriu, que se cobriu de novo; revestido.
RE.CO.BRA.DO, *adj.*, reavido, recuperado, refeito, recomposto.
RE.CO.BRA.MEN.TO, *s.m.*, ação ou efeito de recobrar, recuperação, recomposição.
RE.CO.BRAR, *v.t.*, reaver, recuperar.
RE.CO.BRÁ.VEL, *adj.*, que se pode recobrar, recuperável, que se pode reaver.
RE.CO.BRI.MEN.TO, *s.m.*, ação ou efeito de recobrir, nova cobertura, outro cobrimento.
RE.CO.BRIR, *v.t. e pron.*, tornar a cobrir, acobertar, encobrir.
RE.CO.BRO, *s.m.*, ato de recobrar(-se); retomada, reconquista; restabelecimento.
RE.CO.DI.FI.CA.DOR, *adj. e s.m.*, que ou aquilo que produz nova codificação.
RE.COG.NI.ÇÃO, *s.f.*, reconhecimento, novo conhecimento, novo domínio de conhecimento.
RE.COG.NI.TI.VO, *adj.*, próprio para reconhecer ou averiguar.

RE.COG.NOS.CÍ.VEL, *adj.*, p.us., reconhecível.
RE.CO.LA.GEM, *s.f.*, ação de recolar.
RE.CO.LAR, *v.t.*, tornar a colar.
RE.CO.LHA, *s.f.*, ação de recolher (algo); recolhimento.
RE.CO.LHE.DOR, *adj. e s.m.*, que ou aquele que recolhe.
RE.CO.LHER, *v.t. e pron.*, arrecadar, guardar, abrigar, colocar em local próprio.
RE.CO.LHI.DO, *adj.*, colhido, abrigado, enclausurado, colocado em.
RE.CO.LHI.MEN.TO, *s.m.*, abrigo, retiro, reflexão pessoal, encarceramento.
RE.CO.LO.CA.ÇÃO, *s.f.*, nova colocação, reposição, novo emprego.
RE.CO.LO.CA.DO, *adj.*, transferido, reclassificado, requalificado, reposto.
RE.CO.LO.CAR, *v.t.*, colocar de novo, repor.
RE.CO.LO.NI.ZA.ÇÃO, *s.f.*, nova colonização, nova tentativa, repovoamento, recomeço.
RE.CO.LO.NI.ZA.DO, *adj.*, repovoado, reabitado, recuperado.
RE.CO.LO.NI.ZA.DOR, *adj. e s.m.*, que ou aquele que recoloniza.
RE.CO.LO.NI.ZAR, *v.t.*, repovoar, reabitar, recuperar, refazer.
RE.COM.BI.NA.ÇÃO, *s.f.*, ato ou efeito de recombinar.
RE.COM.BI.NA.DO, *adj.*, que tornou a combinar-se.
RE.COM.BI.NAR, *v.t.*, voltar a combinar; combinar mais uma vez.
RE.CO.ME.ÇA.DO, *adj.*, reiniciado.
RE.CO.ME.ÇAR, *v.t. e int.*, começar de novo, reiniciar, principiar novamente.
RE.CO.ME.ÇO, *s.m.*, ato de recomeçar, novo começo; reinício.
RE.CO.MEN.DA.ÇÃO, *s.f.*, ação ou efeito de recomendar, conselho, orientação, direcionamento.
RE.CO.MEN.DA.ÇÕES, *s.f., pl.*, voto, saudações, lembranças.
RE.CO.MEN.DA.DO, *adj.*, lembrado, acolhido, ajudado.
RE.CO.MEN.DAR, *v.t.*, aconselhar, dar diretrizes, indicar, pedir auxílio para, apresentar votos, dar apoio.
RE.CO.MEN.DA.TÓ.RIO, *adj.*, que recomenda, recomendativo.
RE.CO.MEN.DÁ.VEL, *adj.*, que se pode recomendar; confiável, digno.
RE.COM.PEN.SA, *s.f.*, prêmio, pagamento, retribuição, retorno.
RE.COM.PEN.SA.DO, *adj.*, premiado, agraciado.
RE.COM.PEN.SA.DOR, *adj. e s.m.*, agraciador, premiador, importante, valioso.
RE.COM.PEN.SAR, *v.t. e pron.*, retribuir, devolver, pagar um favor, premiar.
RE.COM.PEN.SÁ.VEL, *adj.*, que pode ser recompensado, premiável, agraciável.
RE.COM.PI.LAR, *v.t.*, tornar a compilar.
RE.COM.POR, *v.t.*, tornar a compor, refazer, reestruturar, harmonizar.
RE.COM.PO.SI.ÇÃO, *s.f.*, ação de recompor; nova composição.
RE.COM.POS.TO, *adj.*, refeito, rearrumado, renovado.
RE.COM.PRA, *s.f.*, ato ou efeito de recomprar.
RE.COM.PRAR, *v.t.*, comprar novamente; readquirir.
RE.CÔN.CA.VO, *s.m.*, cavidade, fundo, gruta, pequena baía.
RE.CON.CEI.TU.A.ÇÃO, *s.f.*, ação de reconceituar, nova conceituação.
RE.CON.CEN.TRA.ÇÃO, *s.f.*, reunião nova, congregação,

reagrupamento.
RE.CON.CEN.TRA.DO, *adj.*, reunido, recongregado, reagrupado.
RE.CON.CEN.TRAR, *v.t.* e *pron.*, conduzir para um centro único, reunir, reagrupar, congregar.
RE.CON.CI.LI.A.ÇÃO, *s.f.*, reatamento de relações pessoais, pacificação.
RE.CON.CI.LI.A.DO, *adj.*, apaziguado, pacificado, religado.
RE.CON.CI.LI.A.DOR, *adj.* e *s.m.*, pacificador, apaziguador.
RE.CON.CI.LI.AR, *v.t.* e *pron.*, refazer relações rompidas, pacificar, religar-se.
RE.CON.CI.LI.A.TÓ.RIO, *s.m.*, próprio para reconciliar, apaziguamento.
RE.CON.CI.LI.Á.VEL, *adj. 2 gên.*, que se pode reconciliar.
RE.CON.DI.CI.O.NA.DO, *adj.*, recomposto, retificado, refeito.
RE.CON.DI.CI.O.NA.DOR, *adj.* e *s.m.*, retificador, recompositor.
RE.CON.DI.CI.O.NAR, *v.t.*, recompor, retificar, reaprumar, refazer.
RE.CÔN.DI.TO, *adj.*, escondido, oculto no âmago, difícil de ver; *s.m.*, local muito afastado e escondido, recanto.
RE.CON.DU.ÇÃO, *s.f.*, recolocação, retorno, reposição.
RE.CON.DU.ZI.DO, *adj.*, recolocado, reposto.
RE.CON.DU.ZIR, *v.t.*, repor no mesmo ponto, levar de novo, recolocar.
RE.CON.NEC.TAR, *v.t.*, conectar outra vez.
RE.CO.NE.XÃO, *s.f.*, restabelecimento de uma conexão; nova conexão.
RE.CON.FE.RIR, *v.t.*, conferir novamente.
RE.CON.FI.GU.RA.ÇÃO, *s.f.*, ação de reconfigurar, de dar nova disposição ou organização.
RE.CON.FI.GU.RAR, *v.t.*, fazer nova configuração.
RE.CON.FIR.MAR, *v.t.*, tornar a confirmar.
RE.CON.FOR.TA.DO, *adj.*, revigorado, refortalecido, reconsolado.
RE.CON.FOR.TA.DOR, *adj.* e *s.m.*, que, aquele ou aquilo que reconforta; reconfortante.
RE.CON.FOR.TAN.TE, *adj.*, revigorante, fortalecedor, que pode consolar.
RE.CON.FOR.TAR, *v.t.* e *pron.*, confortar de novo, revigorar, refortalecer, consolar.
RE.CON.FOR.TO, *s.m.*, ação de reconfortar(-se), revigorar(-se), de dar novo alento.
RE.CO.NHE.CE.DOR, *adj.* e *s.m.*, diz-se de quem, ou aquele que reconhece.
RE.CO.NHE.CER, *v.t.*, conhecer novamente, distinguir, confessar, declarar, aceitar como certo, acreditar em.
RE.CO.NHE.CI.DO, *adj.*, distinguido, aceito, identificado, agradecido.
RE.CO.NHE.CI.MEN.TO, *s.m.*, ato de reconhecer, identificação; agradecimento, gratidão.
RE.CO.NHE.CÍ.VEL, *adj.*, que se pode reconhecer, identificável, que merece gratidão.
RE.CON.QUIS.TA, *s.f.*, ato de reconquistar.
RE.CON.QUIS.TA.DO, *adj.*, conquistado de novo, reavido, tornado a conquistar.
RE.CON.QUIS.TA.DOR, *adj.* e *s.m.*, que ou o que reconquista.
RE.CON.QUIS.TAR, *v.t.*, tornar a conquistar, conquistar de novo.
RE.CON.QUIS.TÁ.VEL, *adj. 2 gên.*, que se pode reconquistar.
RE.CON.SER.TA.DO, *adj.*, refeito, rearrumado.
RE.CON.SER.TAR, *v.t.*, refazer, rearrumar.
RE.CON.SI.DE.RA.ÇÃO, *s.f.*, reexame, reprogramação, recomposição.
RE.CON.SI.DE.RA.DO, *adj.*, reexaminado, repensado, reprogramado.
RE.CON.SI.DE.RAR, *v.t.* e *int.*, tornar a considerar, reexaminar, repensar, reprogramar.
RE.CON.SO.LI.DAR, *v.t.*, consolidar novamente ou melhor.
RE.CONS.TI.TUI.ÇÃO, *s.f.*, nova constituição, reposição, nova estruturação.
RE.CONS.TI.TU.Í.DO, *adj.*, refeito, reestruturado, recomposto.
RE.CONS.TI.TU.IN.TE, *s.m.*, tônico medicinal para refazer as forças.
RE.CONS.TI.TU.IR, *v.t.*, repor as energias, constituir de novo.
RE.CONS.TI.TU.Í.VEL, *adj. 2 gên.*, que pode ser reconstituído.
RE.CONS.TRU.ÇÃO, *s.f.*, ação ou efeito de reconstruir, reforma.
RE.CONS.TRU.Í.DO, *adj.*, construído de novo, reformado, refeito.
RE.CONS.TRU.IR, *v.t.* e *int.*, construir de novo, reestruturar, refazer, recompor.
RE.CONS.TRU.TI.VO, *adj.*, que reconstrói.
RE.CONS.TRU.TOR, *adj.* e *s.m.*, que ou aquele que reconstrói; que ou aquilo que é apropriado para reconstruir.
RE.CON.SUL.TAR, *v.t.*, tornar a consultar.
RE.CON.TA.DO, *adj.*, renarrado, contado de novo, recalculado, referido.
RE.CON.TA.GEM, *s.f.*, nova contagem, nova verificação.
RE.CON.TA.MI.NAR, *v.t.* e *pron.*, contaminar(-se) novamente ou causar nova contaminação.
RE.CON.TAR, *v.t.* e *pron.*, contar de novo, recalcular, refazer as contas, contar, narrar.
RE.CON.TEM.PLAR, *v.t.*, tornar a contemplar.
RE.CON.TRA.TA.ÇÃO, *s.f.*, nova contratação, readmissão.
RE.CON.TRA.TA.DO, *adj.*, contratado de novo, reaceito, readmitido.
RE.CON.TRA.TAR, *v.t.*, readmitir, contratar de novo.
RE.CON.TRA.TO, *s.m.*, novo contrato; renovação de contrato.
RE.CON.VA.LES.CEN.ÇA, *s.f.*, volta da saúde, melhoria no estado físico.
RE.CON.VA.LES.CEN.TE, *adj.*, melhorado, que está mais saudável.
RE.CON.VA.LES.CER, *v. int.*, melhorar o estado físico, adquirir mais saúde.
RE.CON.VER.TER, *v.t.*, tornar a converter.
RE.CON.VER.TI.DO, *adj.* e *s.m.*, que ou aquele que passou por processo de reconversão.
RE.CON.VO.CA.ÇÃO, *s.f.*, ação de reconvocar ou de convocar novamente.
RE.CON.VO.CAR, *v.t.*, convocar novamente.
RE.CO.PI.AR, *v.t.*, fazer outra cópia ou copiar novamente.
RE.CO.PI.LAR, *v.t.*, compendiar ou resumir (obra); reunir (trechos de autores diferentes, documentos, etc.); recompilar.
RE.COR.DA.ÇÃO, *s.f.*, lembrança, memória.
RE.COR.DA.DO, *adj.*, relembrado, reproduzido, memorizado.
RE.COR.DA.DOR, *adj.* e *s.m.*, memorizador, relembrador.
RE.COR.DAR, *v.t.* e *pron.*, lembrar, ter na memória, reproduzir.
RE.COR.DA.TI.VO, *adj.*, memorativo, que lembra.
RE.COR.DA.TÓ.RIO, *adj.*, o mesmo que recordativo.
RE.COR.DE, *s.m.*, o máximo, a maior graduação obtida, o maior ponto possível.
RE.COR.DIS.TA, *s. gên.*, quem conquista um recorde; o

RECO-RECO   ••• 701 •••   RECUPERAR

maior campeão.
RE.CO-RE.CO, *s.m.*, instrumento de som primitivo, feito com bambu; zíper.
RE.COR.RÊN.CIA, *s.f.*, ação de recorrer, voltar a correr; Med., reaparecimento dos sintomas de uma doença.
RE.COR.REN.TE, *adj.*, que recorre, que retorna ao ponto de partida, que ressurge.
RE.COR.RER, *v.t. e int.*, ir a alguém, pedir ajuda, socorrer-se; entrar com recurso na justiça; não aceitar uma sentença judicial.
RE.COR.RI.DA, *s.f.*, ação de recorrer, de buscar auxílio.
RE.COR.RI.DO, *s.m.*, indivíduo contra quem se recorre na justiça.
RE.COR.TA.DO, *adj.*, que sofre cortes, talhado; *s.m.*, recorte, tipo, modelo.
RE.COR.TAR, *v.t. e pron.*, cortar, talhar, fazer figuras com cortes, retirar partes de.
RE.COR.TE, *s.m.*, parte de um todo, recortado, pedaço.
RE.CO.SER, *v.t.*, recosturar, coser novamente.
RE.CO.SI.DO, *adj.*, recosturado, refeito com nova costura.
RE.COS.TA.DO, *adj.*, reencostado, reclinado, encostado de novo.
RE.COS.TAR, *v.t. e pron.*, encostar de novo, reclinar, colocar de encosto.
RE.COS.TO, *s.m.*, parte para encostar-se, parte das costas de um assento.
RE.COS.TU.RA, *s.f.*, ação de recosturar; nova costura.
RE.COS.TU.RAR, *v.t. e int.*, costurar novamente.
RE.CO.VA, *s.f.* o mesmo que recovagem; transporte de mercadorias em besta de carga.
RE.CO.VAR, *v.t.*, transportar (mercadorias ou outro tipo de carga) em récuas.
RE.CO.ZE.DU.RA, *s.f.*, o mesmo que recozimento.
RE.CO.ZER, *v.t., int. e pron.*, cozer de novo, tornar a cozinhar, requentar.
RE.CO.ZI.DO, *adj.*, requentado, tornado a cozinhar.
RE.CO.ZI.MEN.TO, *s.m.*, novo cozimento, requentação.
RE.CRA.VA.DO, *adj.*, cravado de novo, reimpresso.
RE.CRA.VAR, *v.t. e pron.*, reimprimir, refazer, cravar de novo.
RE.CRE.A.ÇÃO, *s.f.*, recreio, divertimento, diversão.
RE.CRE.A.CI.O.NAL, *adj. 2 gên.*, que diz respeito a, ou em que há recreação.
RE.CRE.A.DO, *adj.*, divertido, deleitado, alegrado.
RE.CRE.A.DOR, *adj. e s.m.*, alegrador, que recreia, divertidor.
RE.CRE.A.MEN.TO, *s.m.*, recreação.
RE.CRE.AR, *v.t. e pron.*, deleitar, divertir, tornar agradável, alegrar.
RE.CRE.A.TI.VO, *adj.*, prazeroso, que diverte, que satisfaz.
RE.CRE.A.TÓ.RIO, *adj.*, recreativo.
RE.CRE.Á.VEL, *adj.*, recreativo; aprazível.
RE.CRE.DEN.CI.A.MEN.TO, *s.m.*, ato ou efeito de recredenciar; novo credenciamento.
RE.CRE.DEN.CI.AR, *v.t.*, credenciar novamente; dar novas credenciais a.
RE.CREI.O, *s.m.*, intervalo entre as aulas para o lanche e diversão dos alunos; diversão, lazer, divertimento.
RE.CRES.CÊN.CIA, *s.f.*, recrescimento, novo crescimento.
RE.CRES.CEN.TE, *adj.*, que cresce de novo, crescente.
RE.CRES.CER, *v. int.*, tornar a crescer, crescer de novo.
RE.CRES.CI.DO, *adj.*, crescido de novo, tornado a crescer.
RE.CRES.CI.MEN.TO, *s.m.*, florescimento, novo crescimento.

RE.CRI.A.ÇÃO, *s.f.*, ação ou efeito de recriar, nova criação, reconstrução.
RE.CRI.A.DO, *adj.*, refeito, recomposto, criado de novo.
RE.CRI.A.DOR, *adj. e s.m.*, diz-se de, ou aquele que recria.
RE.CRI.AR, *v.t.*, criar de novo, refazer, recompor, reconstruir.
RE.CRI.MI.NA.ÇÃO, *s.f.*, advertência, aviso, censura, crítica adversa.
RE.CRI.MI.NA.DO, *adj.*, censurado, admoestado, advertido, avisado.
RE.CRI.MI.NA.DOR, *adj. e s.m.*, admoestador, censurador.
RE.CRI.MI.NAR, *v.t.*, advertir, censurar, admoestar, chamar a atenção.
RE.CRI.MI.NA.TI.VO, *adj.*, que recrimina; que revela recriminação.
RE.CRI.MI.NA.TÓ.RIO, *adj.*, censurador, admonitório, advertidor.
RE.CRI.MI.NÁ.VEL, *adj. 2 gên.*, que pode ser recriminado.
RE.CRIS.TA.LI.ZA.ÇÃO, *s.f.*, Geol., processo de novos minerais cristalinos em formações rochosas.
RE.CRIS.TA.LI.ZAR, *v.t. e int.*, voltar a cristalizar(-se).
RE.CRU.DES.CÊN.CIA, *s.f.*, agravamento, intensificação, aumento.
RE.CRU.DES.CEN.TE, *adj.*, intensivo, agravante, aumentativo.
RE.CRU.DES.CER, *v.t. e int.*, intensificar, aumentar, agravar, tornar mais forte.
RE.CRU.DES.CI.MEN.TO, *s.f.*, ação ou efeito de recrudescer; recrudescência; agravamento.
RE.CRU.TA, *s.m.*, soldado novo, tipo inexperiente, principiante.
RE.CRU.TA.DO, *adj.*, inscrito no serviço militar, arregimentado, alistado.
RE.CRU.TA.DOR, *adj. e s.m.*, que(m) recruta, arregimentador, alistador.
RE.CRU.TA.MEN.TO, *s.m.*, ato de recrutar, admissão.
RE.CRU.TAR, *v.t. e pron.*, inscrever no serviço militar, inscrever, arregimentar.
RE.CRU.ZA.DO, *adj.*, que foi cruzado de novo.
RE.CRU.ZAR, *v.t. e int.*, cruzar mais uma vez ou várias vezes; entrecruzar-se.
RE.CU.A, *s.f.*, ver recuo.
RÉ.CU.A, *s.f.*, tropa de animais de carga, tropilha de bestas, de cavalgaduras.
RE.CU.A.DA, *s.f.*, ato ou efeito de recuar; recuamento; recuo.
RE.CU.A.DO, *adj.*, afastado, atrasado, desistente.
RE.CU.A.MEN.TO, *s.m.*, ida para trás, recuo, desistência.
RE.CU.AR, *v.t. e int.*, ir para trás, fugir, correr de, desistir, perder vantagem.
RE.CUI.DAR, *v.int.*, cuidar muito; meditar profundamente.
RE.CUL.TI.VA.ÇÃO, *s.f.*, ação ou efeito de recultivar; nova cultivação.
RE.CUL.TI.VAR, *v.t.*, cultivar de novo.
RE.CU.NHA.MEN.TO, *s.m.*, ação ou efeito de recunhar.
RE.CU.NHAR, *v.t.*, cunhar segunda vez, tornar a cunhar, cunhar de novo.
RE.CU.O, *s.m.*, desistência, volta, caminhada para trás.
RE.CU.PE.RA.ÇÃO, *s.f.*, ação ou efeito de recuperar, melhoria, reconquista, remodelação.
RE.CU.PE.RA.DO, *adj.*, refeito, melhorado, renovado, recobrado.
RE.CU.PE.RA.DOR, *adj. e s.m.*, que(m) recupera, restaurador, reformador.
RE.CU.PE.RAR, *v.t. e pron.*, reconquistar, conseguir de novo,

recobrar, refazer, melhorar.
RE.CU.PE.RA.TI.VO, *adj.*, que tem a virtude ou a força de recuperar; recuperatório.
RE.CU.PE.RÁ.VEL, *adj.*, que se pode refazer, recuperar, recompor, reeducar.
RE.CUR.SO, *s.m.*, meio, maneira, artimanha, socorro; ação jurídica; bem.
RE.CUR.VA.DO, *adj.*, dobrado, recurvo.
RE.CUR.VA.MEN.TO, *s.m.*, curvamento, reclinação, curva.
RE.CUR.VAR, *v.t.* e *pron.*, curvar mais, tornar a curvar, reclinar.
RE.CUR.VO, *adj.*, dobrado, curvo, inclinado.
RE.CU.SA, *s.f.*, ação de recusar, negativa, negação.
RE.CU.SA.DO, *adj.*, negado, resistido, oposto, não aceito.
RE.CU.SA.DOR, *adj.* e *s.m.*, negador, opositor, resistente.
RE.CU.SAN.TE, *adj.* e *s. 2 gên.*, que(m) recusa, negativo, não aceitante.
RE.CU.SAR, *v.t.* e *pron.*, resistir, não aceitar, opor-se, ser contra, negar.
RE.CU.SA.TI.VO, *adj.*, que recusa, recusante.
RE.CU.SA.TÓ.RIO, *adj.*, recusativo.
RE.CU.SÁ.VEL, *adj.*, que se pode recusar, negável.
RE.DA.ÇÃO, *s.f.*, ato de redigir, composição escrita; local em que os redatores escrevem.
RE.DA.CI.O.NAL, *adj. 2 gên.*, que diz respeito a redação.
RE.DAR.GUI.ÇÃO, *s.f.*, ação ou efeito de redarguir, réplica, resposta, argumentação.
RE.DAR.GUI.DO, *adj.*, replicado, respondido, argumentado.
RE.DAR.GUI.DOR, *adj.* e *s.m.*, replicante, que(m) contradiz; que ou aquele que redargue.
RE.DAR.GUIR, *v.t.*, replicar, responder, retrucar, argumentar.
RE.DAR.GUI.TI.VO, *adj.*, que envolve a redarguição.
RE.DA.TA.ÇÃO, *s.f.*, ação de marcar nova data.
RE.DA.TAR, *v.t.*, marcar ou determinar nova data para.
RE.DA.TOR, *s.m.*, quem redige, quem escreve, quem escreve para um jornal.
RE.DA.TO.RI.AL, *adj.*, *bras.*, que diz respeito ao redator ou a redação.
RE.DE, *s.f.*, peça de furos trançada com fios para a pesca; tecido para envolver os cabelos finos; peça de tecido para dormir; conjunto de atividades; conjunto de fios para telefones, eletricidade; conjunto de estradas.
RÉ.DEA, *s.f.*, instrumento de couro para conduzir os cavalos, brida; *fig.*, mando, domínio, poder.
RE.DE.CLA.RAR, *v.t.*, declarar novamente.
RE.DE.CO.RA.ÇÃO, *s.f.*, Mob., ação de efetuar nova decoração.
RE.DE.CO.RA.DO, *adj.*, que passou por processo de redecoração.
RE.DE.CO.RAR, *v.t.*, decorar novamente; dar nova decoração a.
RE.DE.CRE.TAR, *v.t.*, tornar a decretar.
RE.DE.DOR, *s.m.*, desus., o mesmo que redor.
RE.DE.FI.NI.ÇÃO, *s.f.*, retomada, repensamento, nova definição.
RE.DE.FI.NI.DO, *adj.*, definido de novo, repensado, reprogramado.
RE.DE.FI.NIR, *v.t.*, tornar a definir, definir novamente.
RE.DEI.RO, *s.m.*, quem fabrica redes.
RE.DE.MO.CRA.TI.ZA.ÇÃO, *s.f.*, ação de redemocratizar(-se).
RE.DE.MO.CRA.TI.ZAR, *v.t.*, democratizar(-se) novamente.
RE.DE.MO.I.NHA.DO, *adj.*, posto em redemoinho.

RE.DE.MO.I.NHAR, *v.t.* e *int.*, provocar redemoinhos, fazer as águas circularem para o fundo.
RE.DE.MO.I.NHO, *s.m.*, movimento circular de águas com força para o fundo.
RE.DE.MO.LIR, *v.t.*, demolir outra vez.
RE.DE.MONS.TRA.ÇÃO, *s.f.*, nova demonstração.
RE.DE.MONS.TRAR, *v.t.*, demonstrar outra vez.
RE.DEN.ÇÃO, *s.f.*, salvação, libertação, resgate, pagamento.
RE.DE.NO.MI.NA.ÇÃO, *s.f.*, ato ou efeito de redenominar; nova denominação.
RE.DE.NO.MI.NAR, *v.t.*, denominar novamente; dar nova denominação a.
RE.DEN.TOR, *s.m.*, quem redime, quem liberta, salva.
RE.DES.CO.BER.TA, *s.f.*, ato ou efeito de redescobrir, de descobrir mais uma vez; redescobrimento.
RE.DES.CO.BER.TO, *adj.*, que se descobriu novamente; reencontrado.
RE.DES.CO.BRI.DOR, *s,m*, aquele que redescobriu alguma coisa.
RE.DES.CO.BRI.MEN.TO, *s.m.*, reencontro, novo descobrimento, nova conclusão.
RE.DES.CO.BRIR, *v.t.*, tornar a descobrir, reencontrar, encontrar de novo.
RE.DES.CON.TA.DO, *adj.*, descontado de novo, recobrado.
RE.DES.CON.TAR, *v.t.*, tornar a descontar, descontar de novo.
RE.DES.CON.TO, *s.m.*, operação bancária pela qual um banco revende a outro títulos, para angariar fundos para seu caixa.
RE.DE.SE.NHAR, *v.t.*, fazer o desenho novamente.
RE.DE.SE.NHO, *s.m.*, desenho que foi reelaborado ou refeito.
RE.DES.TI.NA.ÇÃO, *s.f.*, ação de dar nova destinação.
RE.DES.TI.NAR, *v.t.*, tornar a destinar, dar nova destinação a.
RE.DI.ÇÃO, *s.f.*, ato de entregar, restituição.
RE.DI.GI.DO, *adj.*, escrito, textualizado, transcrito em texto, composto.
RE.DI.GIR, *v.t.*, escrever, compor.
RE.DI.GI.TA.ÇÃO, *s.f.*, ato ou efeito de redigitar, de digitar novamente.
RE.DI.GI.TAR, *v.t.*, digitar novamente.
RE.DIG.NI.FI.CA.ÇÃO, *s.f.*, ação de voltar a dignificar, a conceder dignificação mais uma vez.
RE.DIL, *s.m.*, local onde se abrigam as ovelhas, aprisco.
RE.DI.MEN.SI.O.NA.DO, *adj.*, recalculado, reprogramado, reajustado.
RE.DI.MEN.SI.O.NAR, *v.t.*, tornar a dimensionar, recalcular.
RE.DI.MI.DO, *adj.*, remido, perdoado, liberto, salvo.
RE.DI.MIR, *v.t.*, remir, perdoar, salvar, libertar.
RE.DI.MÍ.VEL, *adj.*, que pode ser redimido, libertável.
RE.DIN.GO.TE, *s.m.*, o mesmo que sobrecasaca; *bras.*, casaco ou vestido comprido, ajustado na cintura e abotoado na frente.
RE.DI.OS.CA, *s.f.*, *pop.*, armadilha, cilada.
RE.DI.RE.CI.O.NA.DO, *adj.*, alterado, renorteado, mudado de direção.
RE.DI.RE.CI.O.NA.MEN.TO, *s.m.*, ato ou efeito de redirecionar(-se), dar(-se) nova direção.
RE.DI.RE.CI.O.NAR, *v.t.*, mudar a direção, alterar o rumo.
RE.DIS.CA.GEM, *s.f.*, ação de rediscar (esp. o mesmo número de telefone); nova discagem.
RE.DIS.CAR, *v.t.*, tornar a selecionar (dado número de telefone), seja ao girar o disco, seja ao pressionar o teclado do aparelho.
RE.DIS.CUS.SÃO, *s.f.*, ato ou efeito de rediscutir, de tornar

RE.DIS.CU.TIR, *v.t.,* discutir outra vez.
RE.DIS.POR, *v.t.,* conceder nova disposição a.
RE.DIS.TRI.BU.I.ÇÃO, *s.f.,* nova distribuição, distribuição justa.
RE.DIS.TRI.BU.Í.DO, *adj.,* distribuído de novo, distribuído de forma igualitária.
RE.DIS.TRI.BU.I.DOR, *adj. e s.m.,* que ou aquele que redistribui ou é responsável pela redistribuição.
RE.DIS.TRI.BU.IR, *v.t.,* distribuir de novo, distribuir com igualdade.
RE.DIS.TRI.BU.TI.VIS.TA, *adj. 2 gên. e s. 2 gên.,* diz-se de quem, ou aquele que é adepto ou simpatizante do redistributivismo.
RE.DIS.TRI.BU.TI.VO, *adj.,* que redistribui; relativo a, ou inerente à redistribuição; redistributivista.
RE.DI.TO, *adj.,* dito de novo, voltado a dizer.
RÉ.DI.TO, *s.m.,* lucro, juros, auferição de lucros.
RE.DI.VI.DIR, *v.t.,* dividir novamente ou fazer nova divisão.
RE.DI.VI.SÃO, *s.f.,* nova divisão.
RE.DI.VI.VO, *adj.,* ressuscitado, que voltou a viver.
RE.DI.ZER, *v.t.,* dizer de novo, repetir, renovar.
RE.DI.ZI.MAR, *s.f.,* ação ou efeito de redizimar.
RE.DO.BRA.DO, *adj.,* aumentado, multiplicado, reduplicado.
RE.DO.BRA.MEN.TO, *s.m.,* reduplicação, aumento, multiplicação.
RE.DO.BRAR, *v.t. e int.,* dobrar mais uma vez, aumentar, acrescentar, multiplicar.
RE.DO.BRÁ.VEL, *adj. 2 gên.,* que se pode redobrar.
RE.DO.BRO, *s.m.,* ato ou efeito de redobrar, redobradura; redobramento; dobro multiplicado por dois; quádruplo.
RE.DO.LÊN.CIA, *s.f.,* qualidade de redolente; olor, aroma.
RE.DO.LO.RIR, *v.t. e int.,* tornar ou tornar-se novamente doloroso; dolorizar muito.
RE.DO.MA, *s.f.,* objeto de vidro para a proteção de objetos, campânula de vidro.
RE.DON.DE.A.DO, *adj.,* arredondado, que tem forma de esfera.
RE.DON.DE.AR, *v.t.,* arredondar, dar forma de bola.
RE.DON.DE.LA, *s.f., pop.,* pequena roda; rodela.
RE.DON.DEZ, *s.f.,* qualidade de redondo; redondeza.
RE.DON.DE.ZA, *s.f.,* qualidade, característica ou a forma do que é redondo; redondez; arredores, cercanias.
RE.DON.DE.ZAS, *s.f. e pl.,* os arredores; circunvizinhanças; cercanias.
RE.DON.DI.LHA, *s.f.,* tipo de estrofe de acordo com o número de versos.
RE.DON.DO, *adj.,* com forma circular, esférico; *fig.,* roliço, gordo.
RE.DOR, *s.m.,* ambiente vizinho, contorno, circunferência; *adv.,* ao redor - em torno, à volta.
RE.DU.ÇÃO, *s.f.,* diminuição, abatimento, desconto; resumo.
RE.DU.CI.O.NIS.MO, *s.m., Fil.,* proposição que procura reduzir a complexidade de um problema (ou conhecimento) a conceitos mais simples ou fundamentais; *pej.,* simplificação excessiva.
RE.DU.CI.O.NIS.TA, *adj. 2 gên.,* relativo a reducionismo; diz-se de pessoa simpatizante ou que faz uso das ideias reducionistas.
RE.DUN.DA.DO, *adj.,* duplo, abundante, repetido.
RE.DUN.DÂN.CIA, *s.f.,* excesso, repetição de palavras, pleonasmo.
RE.DUN.DAN.TE, *adj.,* repetido, abundante, excedente.
RE.DUN.DAR, *v.t. e int.,* sobrar, ser mais do que o necessário, ser excessivo.
RE.DU.PLI.CA.ÇÃO, *s.f.,* intensificação, aumento, duplicação de novo.
RE.DU.PLI.CA.DO, *adj.,* redobrado, aumentado, intensificado.
RE.DU.PLI.CAR, *v.t.,* tornar a duplicar, aumentar várias vezes, intensificar.
RE.DU.PLI.CA.TI.VO, *adj.,* que reduplica, duplicativo, duplicante.
RE.DU.TI.BI.LI.DA.DE, *s.f.,* propriedade de algo que seja redutível.
RE.DU.TÍ.VEL, *adj.,* que pode ser reduzido, que pode ser diminuído; reprimível.
RE.DU.TI.VO, *adj.,* que pode ser reduzido.
RE.DU.TO, *s.m.,* abrigo, local protegido, esconderijo, local em que se reúnem adeptos de uma seita.
RE.DU.ZI.DA, *s.f.,* diminuída; marcha em alguns carros para dar mais força à tração do motor.
RE.DU.ZI.DO, *adj.,* diminuído, abreviado, limitado.
RE.DU.ZIR, *v.t. e pron.,* diminuir, tornar menor, baixar, abreviar, limitar, aopequenar.
RE.DU.ZÍ.VEL, *adj.,* que se pode reduzir, redutível.
RE.E.CO.AR, *v.t. e int.,* fazer ecoar; tornar a ecoar.
RE.E.DI.ÇÃO, *s.f.,* nova edição, segunda edição.
RE.E.DI.FI.CA.ÇÃO, *s.f.,* reconstrução, nova edificação, nova empreitada.
RE.E.DI.FI.CA.DO, *adj.,* reconstruído, refeito.
RE.E.DI.FI.CA.DOR, *adj. e s.m.,* que ou o que reedifica, que reconstrói.
RE.E.DI.FI.CAN.TE, *adj.,* que reedifica; *s. 2 gên.,* o que está reconstruindo.
RE.E.DI.FI.CAR, *v.t.,* tornar a edificar, reconstruir, refazer.
RE.E.DI.TA.DO, *adj.,* editado de novo, nova edição.
RE.E.DI.TAR, *v.t.,* editar de novo, repetir a edição.
RE.E.DU.CA.ÇÃO, *s.f.,* nova educação, requalificação, outra educação.
RE.E.DU.CA.DO, *adj.,* educado de novo, requalificado, recapacitado.
RE.E.DU.CA.DOR, *s.m.,* que(m) reeduca, requalificador, treinador.
RE.E.DU.CAR, *v.t.,* educar de novo, capacitar, preparar outra vez.
RE.E.DU.CÁ.VEL, *adj. 2 gên.,* passível de se reeducar.
RE.E.LA.BO.RA.ÇÃO, *s.f.,* ato ou efeito de reelaborar; nova elaboração.
RE.E.LA.BO.RA.DO, *adj.,* que se reelaborou.
RE.E.LA.BO.RAR, *v.t.,* elaborar novamente ou de outra forma.
RE.E.LE.GER, *v.t.,* eleger de novo, tornar a eleger.
RE.E.LE.GI.BI.LI.DA.DE, *s.f.,* característica do que ou quem é reelegível, do que ou quem pode ser reeleito.
RE.E.LE.GÍ.VEL, *adj.,* com condições para ser reeleito.
RE.E.LEI.ÇÃO, *s.f.,* ação ou efeito de reeleger, nova eleição.
RE.E.LEI.TO, *adj.,* que foi eleito de novo.
RE.E.LE.VA.ÇÃO, *s.f.,* ato ou efeito de reelevar(-se); nova elevação.
RE.E.LE.VAR, *v.t.,* voltar a elevar(-se).
RE.EM.BA.LA.DO, *adj.,* que foi novamente embalado; que recebeu nova embalagem.
RE.EM.BA.LA.GEM, *s.f.,* ato de embalar outra vez.
RE.EM.BA.LAR, *v.t.,* embalar novamente; colocar em nova

REEMBARCADO ··· 704 ··· REESTUDADO

embalagem.
RE.EM.BAR.CA.DO, adj., que tornou a embarcar, embarcado de novo.
RE.EM.BAR.CAR, v.t. e int., tornar a embarcar, embarcar de novo, voltar à embarcação.
RE.EM.BAR.QUE, s.m., ação ou efeito de reembarcar, novo embarque.
RE.EM.BOL.SA.DO, adj., indenizado, pago de volta, reposto o valor.
RE.EM.BOL.SAR, v.t. e pron., colocar novamente no bolso, repor um valor, pagar prejuízo, indenizar.
RE.EM.BOL.SÁ.VEL, adj., que pode ser reembolsável.
RE.EM.BOL.SO, s.m., reposição de dinheiro; serviço do correio que entrega em domicílio uma encomenda mediante pagamento.
RE.E.MEN.DA, s.f., ação ou efeito de reemendar.
RE.E.MEN.DA.DO, adj., emendado de novo, emendado outra vez.
RE.E.MEN.DAR, v.t., emendar de novo, tornar a emendar.
RE.E.MI.GRAR, v.int., tornar a emigrar.
RE.E.MIS.SÃO, s.f., ato de fazer nova emissão.
RE.EM.POS.SA.DO, adj., recolocado, colocado de volta no mesmo posto.
RE.EM.POS.SAR, v.t., recolocar, dar-lhe nova posse.
RE.EM.PRE.GA.DO, adj., empregado de novo, tornado ao emprego, que voltou ao emprego.
RE.EM.PRE.GAR, v.t. e pron., tornar a empregar, empregar de novo.
RE.EM.PRES.TAR, v.t., emprestar novamente.
RE.EM.PRÉS.TI.MO, s.m., novo empréstimo.
RE.EN.CA.DER.NAR, v.t., substituir, com a renovação da costura.
RE.EN.CA.MI.NHAR, v.t., encaminhar novamente; voltar a encaminhar.
RE.EN.CAN.TAR, v.t., encantar(-se) novamente; voltar a encantar(-se).
RE.EN.CA.PAR, v.t., colocar capa (em algo) novamente.
RE.EN.CAR.CE.RAR, v.t., encarcerar outra vez.
RE.EN.CAR.NA.ÇÃO, s.f., ação ou efeito de reencarnar, nova corporificação do mesmo espírito.
RE.EN.CAR.NA.DO, adj., que se encarnou de novo; que voltou à vida em outro corpo.
RE.EN.CAR.NAR, v.t. e int., voltar à vida em outro corpo; retornar em novo corpo.
RE.EN.CE.NAR, v.t., fazer nova encenação de; encenar de novo.
RE.EN.CHER, v.t., tornar a encher, encher de novo.
RE.EN.CHI.DO, adj., cheio de novo, recolocado.
RE.EN.CHI.MEN.TO, s.m., ação ou efeito de reencher, recolocação.
RE.EN.CON.TRA.DO, adj., encontrado de novo, que foi encontrado outra vez.
RE.EN.CON.TRAR, v.t. e pron., encontrar de novo, tornar a encontrar.
RE.EN.CON.TRÁ.VEL, adj. 2 gén., que se pode reencontrar, que se pode encontrar de novo.
RE.EN.CON.TRO, s.m., novo encontro, encontro após certo tempo.
RE.EN.DI.REI.TAR, v.t., endireitar novamente; endireitar muito.
RE.E.NER.GI.ZAR, v.t., dar nova energia ou nova carga de energia a.

RE.EN.FA.TI.ZAR, v.t., tornar a enfatizar.
RE.EN.GA.JA.DO, adj., tornado a engajar-se, reintegrado, recolocado.
RE.EN.GA.JAR-(SE), v. pron., reintegrar-se, recolocar-se, voltar ao mesmo posto.
RE.EN.GA.TA.DO, adj., que se engatou, prendeu ou ligou novamente.
RE.EN.GA.TA.MEN.TO, s.m., ato ou efeito de reengatar(-se), de voltar a engatar.
RE.EN.GA.TAR, v.t., engatar novamente; voltar a engatar.
RE.EN.GE.NHA.RI.A, s.f., Adm., procedimento técnico-administrativo de reestruturação de uma empresa, visando à eficiência e ao aumento de sua produtividade a.
RE.EN.GE.NHEI.RO, s.m., Adm., especialista em reengenharia.
RE.EN.LA.ÇAR, v.t., tornar a enlaçar, enlaçar de novo.
RE.EN.LA.CE, s.m., o ato de reenlaçar, novo enlace.
RE.EN.QUA.DRA.MEN.TO, s.m., ato ou efeito de enquadrar(-se) novamente; novo enquadramento.
RE.EN.QUA.DRAR, v.t., enquadrar novamente; colocar em nova forma de enquadramento; incriminar novamente.
RE.EN.SI.NO, s.m., ação ou efeito de reensinar; novo ensino, por outras formas.
RE.EN.TRA.DA, s.f., ato ou efeito de reentrar, de entrar novamente.
RE.EN.TRÂN.CIA, s.f., qualquer curva para dentro, concavidade.
RE.EN.TRAN.TE, adj., côncavo, curvado para dentro.
RE.EN.TRAR, v.t., retornar, entrar de novo, entrar novamente.
RE.EN.TRO.NI.ZAR, v.t., tornar a entronizar.
RE.EN.VI.A.DO, adj., remendado, mandado de novo, tornado a mandar.
RE.EN.VI.AR, v.t., devolver, enviar novamente, tornar a enviar.
RE.EN.VI.O, s.m., algo que se manda de novo.
RE.E.QUA.CI.O.NAR, v.t., equacionar novamente.
RE.E.QUI.LI.BRAR, v.t., tornar a equilibrar(-se).
RE.E.QUI.LÍ.BRI.O, s.m., ato ou efeito de reequilibrar(-se); novo equilíbrio.
RE.E.QUI.PA.DO, adj., equipado novamente, tornado a equipar.
RE.E.QUI.PA.MEN.TO, s.m., equipamento novo, outro equipamento.
RE.E.QUI.PAR, v.t., equipar novamente, tornar a equipar.
RE.ER.GUER, v.t. e pron., erguer novamente, realçar.
RE.ER.GUI.DO, adj., realçado, erguido novamente.
RE.ER.GUI.MEN.TO, s.m., realce, novo alçamento.
RE.ES.CA.LO.NA.MEN.TO, s.m., ato ou efeito de reescalonar; novo escalonamento.
RE.ES.CA.LO.NAR, v.t., voltar a escalonar, Econ., determinar novos prazos para pagamento de (dívida).
RE.ES.CRE.VER, v.t., tornar a escrever, corrigir escrevendo.
RE.ES.TAM.PAR, v.t., tornar a estampar; reeditar.
RE.ES.TI.MU.LAR, v.t., estimular novamente; dar novo estímulo.
RE.ES.TI.PU.LAR, v.t., estipular novamente.
RE.ES.TRU.TU.RA.DO, adj., estruturado de novo, refeito.
RE.ES.TRU.TU.RA.ÇÃO, s.f., ato ou efeito de dar nova estrutura a algo; reorganização.
RE.ES.TRU.TU.RAR, v.t., estruturar de novo, dar nova estrutura.
RE.ES.TU.DA.DO, adj., tornado a estudar, revisto.

RE.ES.TU.DAR, v.t., estudar de novo; tornar a estudar com mais atenção.
RE.ES.TU.DO, s.m., novo estudo, reexame, revisão.
RE.E.XA.LAR, v.t., exalar de novo.
RE.E.XA.ME, s.m., novo exame, reconsideração.
RE.E.XA.MI.NA.DO, adj., reconsiderado, examinado de novo.
RE.E.XA.MI.NAR, v.t., reconsiderar, examinar outra vez, repensar.
RE.EX.CE.DER, v.t., tornar a exceder; exceder muito.
RE.E.XI.BI.ÇÃO, s.f., ato ou efeito de exibir novamente; nova exibição.
RE.E.XIS.TIR, v.int., tornar a existir; restabelecer-se; reaparecer o que havia acabado.
RE.EX.PE.DIR, v.t., expedir novamente.
RE.EX.POR.TA.ÇÃO, s.f., nova exportação, produtos que são importados de novo.
RE.EX.POR.TA.DO, adj., exportado de novo, tornado a exportar.
RE.EX.POR.TAR, v.t., tornar a exportar, exportar novamente.
RE.FA.ÇÃO, s.f., ato ou efeito de refazer; refazimento.
RE.FAL.SE.A.DO, adj., o mesmo que refalsado.
RE.FAL.SE.AR, v.t., praticar traição; atraiçoar; enganar; iludir.
RE.FAL.SO, adj., muito falso, faltíssimo, refalsado.
RE.FA.ZE.DOR, adj. e s.m., que(m) refaz, corretor.
RE.FA.ZER, v.t. e pron., recompor, fazer novamente, reestruturar, corrigir, reconstruir.
RE.FE.CHAR, v.t., tornar a fechar; fechar ou tapar bem; fechar com força, bem apertado.
RE.FEI.ÇÃO, s.f., conjunto de alimentos que se ingere em certas horas do dia; ato de comer.
RE.FEI.TO, adj., acertado, justado, corrigido, recomposto.
RE.FEI.TO.REI.RO, s.m., indivíduo encarregado de cuidar do refeitório.
RE.FEI.TÓ.RIO, s.m., sala de refeições.
RE.FÉM, s.m., pessoa que alguém leva como garantia; pessoa sequestrada.
RE.FE.RÊN.CIA, s.f., alusão, recomendação, condição.
RE.FE.REN.CI.A.DO, adj., que foi tomado como ponto de referência.
RE.FE.REN.CI.AL, adj. e s.m., que(m) se constitui numa referência, ponto de apoio.
RE.FE.REN.CI.AR, v.t., p.us., ter como ponto de referência.
RE.FE.RÊN.CI.AS, s.f., pl., bras., informações sobre a capacidade e/ou o comportamento moral, ético e profissional de uma pessoa ou empresa.
RE.FE.REN.DA, s.f., ação ou efeito de referendar.
RE.FE.REN.DAR, v.t., confirmar, avalizar, assinar com responsabilidade.
RE.FE.REN.DÁ.RIO, adj., que referenda, confirmador.
RE.FE.REN.DO, s.m., plebiscito, comunicação diplomática, deferimento.
RE.FE.REN.TE, adj., que se refere, relativo, respeitante, atinente, concernente.
RE.FE.RI.DO, adj., aludido, mencionado, citado, comentado.
RE.FE.RI.MEN.TO, s.m., referência, citação.
RE.FE.RIR, v.t. e pron., expor, dizer, mencionar, citar, aludir, atribuir.
RE.FER.MEN.TA.ÇÃO, s.f., nova fermentação.
RE.FER.MEN.TA.DO, adj., fermentado de novo, tornado a fermentar.
RE.FER.MEN.TAR, v. int., tornar a fermentar, fermentar de novo.
RE.FER.RAR, v.t., tornar a ferrar.
RE.FER.VER, v.t. e int., tornar a ferver, ferver novamente.
RE.FER.VI.DO, adj., tornado a ferver, fervido outra vez.
RE.FER.VOR, s.m., ato ou efeito de referver.
RE.FES.TE.LA.DO, adj., acomodado, ajeitado, aconchegado.
RE.FES.TE.LA.GEM, s.f., ato ou efeito de refestelar(-se).
RE.FES.TE.LA.MEN.TO, s.m., acomodação, ajeitamento.
RE.FES.TE.LAR-(SE), v. pron., acomodar-se, ajeitar-se com comodidade.
RE.FI.GU.RAR, v.t., retratar, reproduzir (figuras).
RE.FIL, s.m., produto usado para recarregar um recipiente vazio para uso constante.
RE.FI.LAR, v.t. e int., separar, filar de novo, recalcitrar.
RE.FI.LI.A.ÇÃO, s.f., nova filiação (em agremiação).
RE.FI.LI.A.DO, adj., que se filiou novamente.
RE.FI.LI.AR, v.t., filiar(-se) de novo a partido, entidade, corporação, etc.
RE.FIL.MA.GEM, s.f., ato ou efeito de refilmar.
RE.FIL.MAR, v.t., filmar de novo (história já filmada antes).
RE.FI.NA.ÇÃO, s.f., refinamento, ato de refinar.
RE.FI.NA.DO, adj., purificado, afinado, requintado.
RE.FI.NA.DOR, adj. e s.m., que(m) refina, purificador.
RE.FI.NA.MEN.TO, s.m., refinação, purificação.
RE.FI.NAR, v.t. e pron., fazer com que fique mais fino, purificar, obter os produtos derivados do petróleo,
RE.FI.NA.RI.A, s.f., indústria que refina petróleo.
RE.FIN.CA.DO, adj., fincado de novo, tornado a fincar.
RE.FIN.CAR, v.t., tornar a fincar, fincar de novo.
RE.FLE.TI.DO, adj., prudente, comedido, circunspecto, ponderado.
RE.FLE.TI.DOR, adj. e s.m., que(m) reflete, espelhador, ecoador.
RE.FLE.TIR, v.t. e pron., reproduzir a imagem, espelhar, ecoar, repercutir, traduzir; pensar muito.
RE.FLE.TI.VI.DA.DE, s.f., capacidade que tem algo de refletir a luz.
RE.FLE.TI.VO, adj., que reflete, espelhativo, reprodutivo.
RE.FLE.TOR, s.m., instrumento que reflete; o que reflete.
RE.FLE.XÃO, s.f., ato de refletir, reprodução de imagem, pensamento, cogitação, juízo, observação.
RE.FLE.XI.BI.LI.DA.DE, s.f., propriedade do que é reflexível, reincidência.
RE.FLE.XI.O.NAR, v.t. e int., meditar, pensar, observar, ponderar, julgar, refletir.
RE.FLE.XÍ.VEL, adj., que reflete, refletível, reincidente.
RE.FLE.XI.VO, adj., que reflete, meditativo, pensativo; na Gramática, o verbo que reproduz o efeito da ação verbal no próprio sujeito.
RE.FLE.XO, s.m., que retorna sobre si mesmo; s.m., efeito da luz, reprodução, reação, incidência, correspondência.
RE.FLO.RES.CÊN.CIA, s.f., volta a reflorescer, refloração, rejuvenescimento.
RE.FLO.RES.CEN.TE, adj., que reflorece, reflorível, rejuvenescente.
RE.FLO.RES.CER, v.t. e int., voltar a florescer, reflorir, tornar a florir, rejuvenescer.
RE.FLO.RES.CI.DO, adj., reflorido, tornado a florir.
RE.FLO.RES.CI.MENTO, s.m., reflorescência, refloração.
RE.FLO.RES.TA.DO, adj., replantado, arborizado.
RE.FLO.RES.TA.MEN.TO, s.m., arborização, plantação

de árvores.
RE.FLO.RES.TAR, *v.t.*, plantar árvores, replantar árvores.
RE.FLO.RI.DO, *adj.*, reflorescido, tornado a florir.
RE.FLO.RIR, *v.t. e int.*, tornar a florir, reflorescer.
RE.FLU.EN.TE, *adj.*, baixante, que reflui, que recai.
RE.FLU.IR, *v. int.*, baixar, tornar ao que era, recair.
RE.FLU.TU.AR, *v.t. e int.*, pôr ou pôr-se novamente a flutuar.
RE.FLU.XO, *s.m.*, maré vazante, baixa-mar, baixa da água.
RE.FO.CI.LA.MEN.TO, *s.m.*, revigoramento, refortalecimento.
RE.FO.CI.LAR, *v. pron.*, revigorar-se, refortalecer-se, divertir-se.
RE.FO.GA.DO, *adj.*, frito na gordura; tipo de molho preparado com alguns condimentos, como cebola, tomate, alho.
RE.FO.GAR, *v.t.*, fritar em gordura, preparar para tempero.
RE.FOL.GA.DO, *adj.*, que tornou a ser folgado, descuidado.
RE.FOL.GAR, *v.t. e int.*, descuidar, que se folga.
RE.FO.LHA.DO, *adj.*, coberto de folhas, envolto em folhas.
RE.FO.LHA.MEN.TO, *s.m.*, cobertura de folhas, envolvimento com folhas.
RE.FO.LHAR, *v.t. e pron.*, cobrir-se de folhas, envolver em folhas, tornar a pôr folhas.
RE.FO.LHO, *s.m.*, dobra, prega, ruga.
RE.FOR.ÇA.DO, *adj.*, intensificado, solidificado, deixado mais forte.
RE.FOR.ÇAR, *v.t. e pron.*, intensificar, colocar mais força, deixar mais forte, solidificar.
RE.FOR.ÇO, *s.m.*, intensificação, suporte, mais força, auxílio maior.
RE.FOR.JA, *s.f.*, ação ou efeito de reforjar.
RE.FOR.JAR, *v.t.*, tornar a forjar.
RE.FOR.MA, *s.f.*, restauração, reestruturação, aposentadoria de militar por problema físico ou mental; movimento luterano.
RE.FOR.MA.BI.LI.DA.DE, *s.f.*, qualidade do que é reformável.
RE.FOR.MA.ÇÃO, *s.f.*, ato ou efeito de reformar; correção; emenda; reforma.
RE.FOR.MA.DO, *adj.*, restaurado, recondicionado; *s.m.*, militar que se reformou.
RE.FOR.MA.DOR, *s.m.*, quem faz reformas, renovador.
RE.FOR.MA.LI.ZA.ÇÃO, *s.f.*, ação de formalizar novamente; nova formalização.
RE.FOR.MA.LI.ZAR, *v.t.*, voltar a formalizar.
RE.FOR.MAN.DO, *adj. e s.m.*, que ou o que se reforma.
RE.FOR.MAR, *v.t. e pron.*, imprimir nova forma, mudar, transformar, corrigir, revisar, recompor, reestruturar.
RE.FOR.MA.TA.ÇÃO, *s.f.*, estabelecimento de um novo formato.
RE.FOR.MA.TAR, *v.t.*, Inf., formatar outra vez.
RE.FOR.MA.TI.VO, *adj.*, que reforma, educativo.
RE.FOR.MA.TÓ.RIO, *s.m.*, antigo estabelecimento para abrigar adolescentes e crianças para reeducação.
RE.FOR.MÁ.VEL, *adj.*, que pode ser reformado.
RE.FOR.MIS.MO, *s.m.*, tese pela qual as melhorias nas instituições ocorreriam por mudanças graduais.
RE.FOR.MIS.TA, *s. 2 gên.*, pessoa que quer fazer reformas.
RE.FOR.MU.LA.ÇÃO, *s.f.*, nova forma de vida, nova perspectiva de viver.
RE.FOR.MU.LA.DO, *adj.*, refeito, reprogramado.
RE.FOR.MU.LA.DOR, *adj.*, que reformula; *s.m.*, aquele ou aquilo que reformula.
RE.FOR.MU.LAR, *v.t.*, tornar a formular, formular novamente.
RE.FRA.ÇÃO, *s.f.*, desvio de direção que sofrem os raios solares.
RE.FRAN.GEN.TE, *adj.*, que refrange, que enruga.
RE.FRAN.GÊN.CIA, *s.f.*, qualidade de refrangente; propriedade que têm os corpos transparentes de refratar a luz.
RE.FRAN.GER, *v.t. e pron.*, refratar, enrugar.
RE.FRAN.GIR, *v.t.*, refranger, enrugar.
RE.FRAN.GÍ.VEL, *adj.*, que é possível refranger, enrugável.
RE.FRÃO, *s.m.*, estribilho, parte da letra ou da música que se repete sempre.
RE.FRA.TA.DO, *adj.*, que sofreu processo de refração.
RE.FRA.TAR, *v.t. e pron.*, desviar a direção de raios de luz.
RE.FRA.TÁ.RIO, *adj.*, contrário, imune, resistente ao calor.
RE.FRA.TI.VO, *adj.*, refrangente, imune, contrário.
RE.FRA.TO, *adj.*, que teve refração.
RE.FRA.TOR, *adj. e s.m.*, que(m) refrata, refrangedor.
RE.FRE.A.DO, *adj.*, contido, segurado, atado.
RE.FRE.A.DOR, *adj. e s.m.*, segurador, contendor.
RE.FRE.A.DOU.RO, *s.m., ant.*, freio.
RE.FRE.A.MEN.TO, *s.m.*, contenção, freada, segurança.
RE.FRE.AR, *v.t. e pron.*, puxar o freio, dominar, conter, segurar, atar.
RE.FRE.Á.VEL, *adj.*, que se pode frear, freável.
RE.FRE.GA, *s.f.*, luta, combate, contenda, enfrentamento.
RE.FRE.GAR, *v.int.*, travar refrega, combate, luta; pelejar.
RE.FREI.O, *s.m.*, ação de refrear; aquilo com que se refreia.
RE.FRES.CA.DO, *adj.*, tépido, esfriado, que está menos quente.
RE.FRES.CA.MEN.TO, *s.m.*, tepidez, esfriamento.
RE.FRES.CÂN.CIA, *s.f.*, sensação agradável de frescor.
RE.FRES.CAN.TE, *adj.*, que refresca, menos quente, tépido.
RE.FRES.CAR, *v.t. e pron.*, diminuir o calor, esfriar, tornar mais fresco.
RE.FRES.CO, *s.m.*, refrigerante, o que refresca, o que baixa a temperatura.
RE.FRI.GE.RA.ÇÃO, *s.f.*, ação ou efeito de refrigerar, refrescamento, esfriamento.
RE.FRI.GE.RA.DO, *adj.*, esfriado, refrescado.
RE.FRI.GE.RA.DOR, *s.m.*, geladeira.
RE.FRI.GE.RAN.TE, *s.m.*, refresco, bebida sem álcool.
RE.FRI.GE.RAR, *v.t. e pron.*, gelar, esfriar, tornar fresco, refrescar.
RE.FRI.GE.RA.TI.VO, *adj.*, refrigerante; que refrigera ou pode refrigerar.
RE.FRI.GÉ.RIO, *s.m.*, bem-estar produzido pelo clima fresco, descanso.
RE.FRIN.GEN.TE, *adj.*, refrativo, refrangente.
RE.FRON.DAR, *v.t.*, revestir de folhas, cobrir de folhagem.
RE.FU.GA.DO, *adj.*, rejeitado, negado, selecionado.
RE.FU.GA.DOR, *adj. e s.m.*, que(m) refuga, negador.
RE.FU.GAR, *v.t. e int.*, negar, rejeitar, selecionar, escolher o que seja bom.
RE.FU.GI.A.DO, *adj.*, abrigado, fugido, escondido.
RE.FU.GI.AR, *v. pron.*, procurar um abrigo, abrigar-se, esconder-se.
RE.FU.GI.DO, *adj.*, fugido, escapo; refluído.
RE.FÚ.GIO, *s.m.*, esconderijo, lugar para esconder-se, abrigo, amparo.
RE.FU.GO, *s.m.*, resíduo, resto, escória.
RE.FUL.GÊN.CIA, *s.f.*, luminosidade, brilho, fulgor.
RE.FUL.GEN.TE, *adj.*, luminoso, que refulge, que brilha.
RE.FÚL.GI.DO, *adj.*, o mesmo que refulgente.
RE.FUL.GIR, *v.t. e int.*, brilhar, resplandecer, fulgir, mostrar luz.

RE.FUN.DA.DO, *adj.*, afundado, tornado mais fundo; vala refundada.
RE.FUN.DAR, *v.t.*, tornar mais profundo; aprofundar.
RE.FUN.DI.ÇÃO, *s.f.*, nova fundição, correção, transformação.
RE.FUN.DI.DO, *adj.*, fundido novamente, refeito, transformado.
RE.FUN.DIR, *v.t. e pron.*, tornar a fundir, fundir novamente, corrigir, refazer, transformar.
RE.FU.SÃO, *s.f.*, ato de refusar; recusa.
RE.FU.SAR, *v.t.*, o mesmo que recusar.
RE.FU.TA.ÇÃO, *s.f.*, ato de refutar.
RE.FU.TA.DO, *adj.*, rebatido, contrariado, negado.
RE.FU.TA.DOR, *adj. e s.m.*, negador, retrucador, contrariante.
RE.FU.TAR, *v.t.*, rebater, provar o contrário, contrariar.
RE.FU.TA.TI.VO, *adj.*, refutatório.
RE.FU.TA.TÓ.RIO, *adj.*, que refuta; que é próprio para refutar.
RE.FU.TÁ.VEL, *adj.*, negável, que se pode rebater.
RE.GA, *s.f.*, ação de regar, regada, regadura.
RE.GA-BO.FE, *s.m., pop.*, farra, comilança, festança.
RE.GA.ÇAR, *v.t.*, o mesmo que arregaçar.
RE.GA.ÇO, *s.m.*, colo, nos braços; *fig.*, aconchego, carinho.
RE.GA.DEI.RA, *s.f.*, máquina para regar, regador.
RE.GA.DO, *adj.*, umedecido, molhado, rorejado.
RE.GA.DOR, *s.m.*, recipiente caseiro usado para regar as plantas.
RE.GA.DU.RA, *s.f.*, rega, regada.
RE.GA.LA.DO, *adj.*, abundante, copioso, que se fartou.
RE.GA.LA.DOR, *adj. e s.m.*, que ou o que regala, que contenta, que causa prazer.
RE.GA.LÃO, *adj.*, que se trata com regalo, esp. à mesa; glutão; *s.m.*, o que se regala; glutão; ocasião de grande folgança e regalo.
RE.GA.LAR, *v.t. e pron.*, presentear, dar um presente, alegrar, divertir, fartar-se.
RE.GA.LI.A, *s.f.*, privilégio, vantagem, comodidade, facilidade.
RE.GA.LO, *s.m.*, privilégio, prazer, satisfação, presente, alegria.
RE.GA.LÓ.RIO, *s.m.*, grande regalo; pândega; bródio.
RE.GA.NHAR, *v.t.*, tornar a ganhar; reaver, recuperar.
RE.GAN.TE, *adj.*, que rega, regadiço.
RE.GAR, *v.t.*, molhar, umedecer de leve, rorejar.
RE.GA.TA, *s.f.*, competição com barcos; camiseta sem mangas.
RE.GA.TA.GEM, *s.f.*, ato de regatear; compra e venda por miúdo.
RE.GA.TÃO, *adj.*, que regateia muito; *s.m.*, aquele que regateia; comerciante que compra no atacado e vende no varejo; luis, homem rude, inculto.
RE.GA.TAR, *v.t.*, comprar por atacado e vender a varejo.
RE.GA.TE.A.DO, *adj.*, pechinchado, diminuído, concedido.
RE.GA.TE.A.DOR, *adj. e s.m.*, que regateia; *s.m.*, aquele que regateia.
RE.GA.TE.AR, *v.t. e int.*, discutir os preços, pechinchar, conceder, diminuir.
RE.GA.TEI.O, *s.m.*, pechincha, discussão para baixar os preços.
RE.GA.TEI.RA, *s.f.*, mulher que vende objetos nas ruas, pechincheira.
RE.GA.TEI.RO, *adj. e s.m.*, diz-se de, ou aquele que tem por hábito regatear; que ou aquele que se mostra presunçoso, vaidoso.
RE.GA.TIS.TA, *adj. 2 gên.*, diz-se de quem se dedica ao esporte da regata; *s. 2 gên.*, aquele ou aquela que pratica esse esporte.

RE.GA.TO, *s.m.*, riacho, arroio, ribeiro, rio pequeno.
RE.GE.DOR, *adj. e s.m.*, que(m) rege, governante, monarca.
RE.GE.DO.RI.A, *s.f.*, ação ou efeito do regedor, função do regedor.
RE.GE.LA.ÇÃO, *s.f.*, ação ou efeito de regelar, recongelamento, resfriagem.
RE.GE.LA.DO, *adj.*, recongelado, resfriado, gelado.
RE.GE.LA.DOR, *adj.*, que regela.
RE.GE.LAR, *v.t.*, congelar, esfriar, gelar.
RE.GÉ.LI.DO, *adj.*, regelado, congelado.
RE.GE.LO, *s.m.*, ação ou efeito de regelar ou de regelar-se; congelação; *fig.*, insensibilidade, frieza.
RE.GÊN.CIA, *s.f.*, governo interino nos reinados; ligação dos termos de uma frase uns com os outros; mando, governo.
RE.GEN.CI.AL, *adj. 2 gên.*, relativo a regência.
RE.GE.NE.RA.ÇÃO, *s.f.*, ação de regenerar, correção, recomposição de forças.
RE.GE.NE.RA.DO, *adj.*, melhorado, renascido, refeito.
RE.GE.NE.RA.DOR, *adj. e s.m.*, corrigidor, reforçador, quem dá novas forças, revitalizador.
RE.GE.NE.RAN.TE, *adj.*, que regenera, que produz novas forças, revitalizante.
RE.GE.NE.RAR, *v.t. e pron.*, corrigir, refazer, dar novas forças.
RE.GE.NE.RA.TI.VO, *adj.*, que tem poder de regenerar; regenerador.
RE.GE.NE.RÁ.VEL, *adj.*, que regenera, vitalizante.
RE.GEN.TE, *adj.*, que rege, que governa, que dirige; *s. 2 gên.*, maestro, guia, governante.
RE.GER, *v.t. e pron.*, governar, administrar, dirigir uma orquestra, subordinar uma palavra a outra, ministrar uma aula, regulamentar, conduzir.
RÉ.GIA, *s.f.*, palácio ou residência real.
RE.GI.ÃO, *s.f.*, superfície, grande extensão de terras, divisão geográfica.
RE.GI.CI.DA, *s. 2 gên.*, quem assassina um rei ou uma rainha.
RE.GI.CÍ.DIO, *s.m.*, assassinato de rei ou rainha.
RE.GI.DO, *adj.*, que se rege; dirigido.
RE.GI.ME, *s.m.*, regímen; governo; sistema de governo; regra; modo de ser; dieta.
RE.GÍ.MEN, *s.m.*, do lat., ver regime.
RE.GI.MEN.TAL, *adj.*, que se refere ao regimento, estatutário.
RE.GI.MEN.TAR, *adj.*, relativo ao regimento ou regulamento; regimental; regulamentar.
RE.GI.MEN.TIS.TA, *adj.*, que diz respeito ao regimento ou regulamento.
RE.GI.MEN.TO, *s.m.*, estatuto, normas para coordenar uma instituição, decreto, batalhão, grupo de soldados.
RÉ.GIO, *adj.*, real, digno do rei, luxuoso, magnífico.
RE.GI.O.NAL, *adj.*, próprio de uma região.
RE.GI.O.NA.LIS.MO, *s.m.*, o que compreender uma região: ideias, política, literatura, costumes.
RE.GI.O.NA.LIS.TA, *s. 2 gên.*, seguidor do Regionalismo, defensor das ideias regionalistas.
RE.GI.O.NA.LI.ZA.ÇÃO, *s.f.*, ato ou efeito de regionalizar(-se).
RE.GI.O.NA.LI.ZA.DO, *adj.*, tornado regional: regionalizar.
RE.GI.O.NA.LI.ZAR, *v.t.*, dar feição regional a; tornar(-se) regional; dividir em região; estruturar ou organizar por regiões.
RE.GI.RAR, *v.t. e int.*, tornar a girar, fazer girar; redemoinhar.
RE.GI.RO, *s.m.*, giro, rodeio, movimento circular ou em espiral continuada.
RE.GIS.TRA.ÇÃO, *s.f.*, ação de lançar em registro; Mús.,

arte da combinação dos timbres dos diferentes registros de um órgão.

RE.GIS.TRA.DO, *adj.,* que se registrou; lançado; notado, gravado; *bras.,* que foi postado sob registro (diz-se de carta ou volume nos Correios).

RE.GIS.TRA.DOR, *adj.,* que registra; diz-se de quem cuida de escrituração de livros de registro; *s.m.,* o que registra; o que serve para registrar; pessoa que faz escrituração dos livros de registro.

RE.GIS.TRA.DO.RA, *s.f.,* registadora, máquina para registrar os recebimentos e pagamentos de uma casa comercial.

RE.GIS.TRAR, *v.t.* e *pron.,* registar, anotar, imprimir, assinalar; remeter carta com seguro postal.

RE.GIS.TRÁ.VEL, *adj. 2 gén.,* que se pode registrar.

RE.GIS.TRO, *s.m.,* registo, livro ou ficha, para contabilizar os movimentos do caixa; declaração do cartório quanto à validade de um documento; torneira; lista de valores; certidão emitida por cartório civil.

RE.GLO.RI.O.SO, *adj.,* muito glorioso.

REG.MA, *s.f.,* poema, entre os gregos antigos.

RE.GO, *s.m.,* sulco, regato, riacho.

RE.GOR.JE.A.DO, *adj.,* gorjeado, cantado, piado, assobiado.

RE.GOR.JE.A.DOR, *adj.* e *s.m.,* gorjeador, cantador.

RE.GOR.JE.AR, *v.t.* e *int.,* gorjear, cantar, pipilar.

RE.GOR.JEI.O, *s.m.,* gorjeio, canto, trinado.

RE.GOU.GAR, *v.t.* e *int.,* berrar, gritar (raposa).

RE.GOU.GO, *s.m.,* grito da raposa, voz da raposa.

RE.GO.ZI.JA.DO, *adj.,* deleitado, alegrado, feliz.

RE.GO.ZI.JAR, *v.t.* e *pron.,* tornar feliz, alegrar, deleitar.

RE.GO.ZI.JO, *s.m.,* prazer, felicidade, satisfação.

RE.GRA, *s.f.,* lei, norma, ditame, estatuto, modelo, tipo, exemplo.

RE.GRA.DEI.RA, *s.f.,* régua com que se fazem pautas, ou se traçam linhas no papel, para escrever sobre estas.

RE.GRA.DO, *adj.,* legalizado, comedido, comportado.

RE.GRA.DOR, *s.m.,* régua, pauta, grade de metal que serve para regrar papel.

RE.GRA.MEN.TO, *s.m.,* ato ou efeito de regrar.

RE.GRAR, *v.t.* e *pron.,* colocar sob regra, determinar normas, normatizar.

RE.GRAS, *s.f. pl.,* menstruação, mênstruo.

RE.GRA.VA.ÇÃO, *s.f.,* nova gravação, outra gravação.

RE.GRA.VA.DO, *adj.,* gravado de novo, gravado novamente.

RE.GRA.VAR, *v.t.,* tornar a gravar, gravar novamente.

RE.GRE.DI.DO, *adj.,* retornado, retrocedido.

RE.GRE.DIR, *v. int.,* retornar, ir para trás, retroceder.

RE.GRES.SA.DO, *adj.,* que regressou ou acabou de regressar.

RE.GRES.SAN.TE, *s. 2 gén.,* aquele que regressa de algum lugar; *adj. 2 gén.,* diz-se do que ou de quem regressa de algum lugar.

RE.GRES.SÃO, *s.f.,* ação de regredir, retorno, retrocesso.

RE.GRES.SAR, *v.t.* e *int.,* tornar, retornar, voltar, ir de volta.

RE.GRES.SI.VI.DA.DE, *s.f.,* qualidade daquilo ou daquele que regride.

RE.GRES.SI.VO, *adj.,* retroativo, que regride sobre, que influencia o que passou.

RE.GRES.SO, *s.m.,* retorno, volta, caminho de volta.

RÉ.GUA, *s.f.,* instrumento para medir e traçar retas.

RE.GUA.DA, *s.f.,* golpe que se aplica com régua.

RE.GUAR.DAR, *v.t., ant.,* olhar, acatar, regardar.

RE.GUAR.DO, *s.m., ant.,* ação ou efeito de reguardar; regardo.

RE.GUEI.RA, *s.f.,* sulco por onde a água se escoa; var., regueiro.

RE.GUI.LA, *adj. 2 gén.,* Lus. *pop.,* diz-se de pessoa de temperamento instável, que briga com facilidade; *s. 2 gén.,* pessoa com esse temperamento.

RE.GUIN.CHAR, *v.t.* e *int.,* tornar a guinchar.

RE.GUIN.GAR, *v.t.,* responder, retrucar, objetar.

RE.GU.LA.ÇÃO, *s.f.,* ação ou efeito de regular, ajuste, regulagem.

RE.GU.LA.DO, *adj.,* regrado, legalizado, ajustado, acertado.

RE.GU.LA.DOR, *adj.* e *s.m.,* que(m) regula, legalizador, ajustador.

RE.GU.LA.GEM, *s.f.,* ação de regular, ajuste, acerto das peças.

RE.GU.LA.MEN.TA.ÇÃO, *s.f.,* regulamento, normatização.

RE.GU.LA.MEN.TA.DO, *adj.,* regulado, ajustado, legalizado.

RE.GU.LA.MEN.TA.DOR, *adj.* e *s.m.,* que ou aquele que regulamenta; que ou aquele que estabelece regulamento; que, aquele ou aquilo que regulamenta.

RE.GU.LA.MEN.TAR, *v.t.* e *adj.,* regrar, colocar dentro de um regulamento, normatizar.

RE.GU.LA.MEN.TO, *s.m.,* norma, preceito, determinação, portaria, prescrição.

RE.GU.LAR, *adj.,* repetitivo, normal, harmônico, constante, certo, regrado; *v.t.,* colocar dentro de regras, colocar sob lei, preceito, prescrever, ajustar, normatizar.

RE.GU.LA.RI.DA.DE, *s.f.,* o que é regular, correção, normalidade.

RE.GU.LA.RI.ZA.ÇÃO, *s.f.,* ação ou efeito de regularizar, normatização, correção.

RE.GU.LA.RI.ZA.DO, *adj.,* normatizado, regulado, regrado, corrigido.

RE.GU.LA.RI.ZA.DOR, *adj.,* que regulariza; *s.m.,* aquele ou aquilo que regulariza.

RE.GU.LA.RI.ZAR, *v.t.,* regular, tornar regular, normatizar, normalizar.

RE.GU.LA.TI.VO, *adj.,* que regula; que estabelece regras; regulador.

RE.GU.LÁ.VEL, *adj. 2 gén.,* que se pode regular; ajustável.

RÉ.GU.LO, *s.m.,* pequeno rei, termo depreciativo para chefes de alguns países.

RE.GUR.GI.TA.ÇÃO, *s.f.,* vômito, golfada de líquido expelida pela boca, vasamento.

RE.GUR.GI.TA.DO, *adj.,* vomitado, expelido, vasado.

RE.GUR.GI.TA.MEN.TO, *s.m.,* o mesmo que regurgitação.

RE.GUR.GI.TAN.TE, *adj. 2 gén.,* que regurgita, põe para fora do estômago que está repleto, cheio.

RE.GUR.GI.TAR, *v.t.* e *int.,* estar cheio de, vazar, expelir por excesso, vomitar.

RE.GUR.GI.TO, *s.m.,* ato de regurgitar, de expelir algo que se encontra esp. no estômago; *fig.,* pensar no passado.

REI, *s.m.,* governante de uma nação, soberano, monarca; peça do jogo de xadrez e do baralho, pessoa com privilégios; tipo arrogante.

REI.DE, *s.m.,* ataque (militar), razia, excursão longa.

RE.I.DRA.TA.ÇÃO, *s.f.,* ação ou efeito de reidratar, nova hidratação.

RE.I.DRA.TA.DO, *adj.,* hidratado de novo.

RE.I.DRA.TAN.TE, *adj. 2 gén.,* que reidrata; *s.m.,* substância que serve para reidratar.

RE.I.DRA.TAR, *v.t.,* hidratar de novo.

REI.FI.CA.ÇÃO, *s.f.,* Fil., processo em que uma realidade humana ou social passa a apresentar características de ser uma "coisa", tipificando a sua realidade objetiva; coisificação.

RE.I.FI.CA.DO, *adj.*, que sofreu reificação.

RE.I.FI.CA.DOR, *adj.*, que promove ou que contribui para a reificação; *s.m.*, aquele que promove ou que contribui para a reificação.

RE.I.FI.CAN.TE, *adj. 2 gén. e s. 2 gén.*, o mesmo que reificador.

RE.I.FI.CAR, *v.t. e int.*, Fil., ver (coisa abstrata) como se fosse coisa concreta; coisificar; Fil., transformar em coisa algo que não o é (p.ex., o homem).

REI.MÃO, *s.m.*, animal errante, que não tem habitação certa.

RE.I.MER.GIR, *s.f.*, ação de reimergir; nova imersão.

RE.IM.PLAN.TA.ÇÃO, *s.f.*, ato ou efeito de reimplantar, de estabelecer de novo, de readotar ou de tornar a implantar; Med. e Odont., o mesmo que reimplante.

RE.IM.PLAN.TA.DO, *adj.*, tornado a ser implantado, implantado de novo.

RE.IM.PLAN.TAR, *v.t.*, tornar a implantar.

RE.IM.PLAN.TE, *s.m.*, novo implante.

RE.IM.POR, *v.t.*, tornar a impor.

RE.IM.POR.TA.ÇÃO, *s.f.*, ato de reimportar; nova importação.

RE.IM.POR.TA.DOR, *adj. e s.m.*, que ou o que reimporta.

RE.IM.POR.TAR, *v.t.*, importar novamente (o que havia sido exportado).

RE.IM.PRES.SÃO, *s.f.*, nova impressão, outra edição.

RE.IM.PRES.SO, *adj.*, impresso novamente.

RE.IM.PRES.SOR, *adj. e s.m.*, que(m) reimprime.

RE.IM.PRI.MIR, *v.t.*, imprimir de novo, reeditar.

REI.NA.ÇÃO, *s.f., pop.*, brincadeira, jogo de criança, patuscada.

REI.NA.DO, *s.m.*, tempo de governo de um rei, domínio de um rei, reino.

REI.NAN.TE, *adj.*, que reina, governante, dominante; *s. 2 gén.*, regente do reino.

REI.NAR, *v.t. e int.*, governar como rei, dirigir, administrar, dominar.

RE.I.NAU.GU.RA.ÇÃO, *s.f.*, ato de inaugurar (algo) outra vez.

RE.I.NAU.GU.RAR, *v.t.*, tornar a inaugurar.

RE.IN.CEN.TI.VAR, *v.t.*, dar novo incentivo.

RE.IN.CI.DÊN.CIA, *s.f.*, ação de reincidir, recaída, voltar ao estado anterior.

RE.IN.CI.DEN.TE, *s. 2 gén.*, quem recai, quem pratica a mesma coisa.

RE.IN.CI.DIR, *v.t. e int.*, recair, incidir outra vez, cometer de novo o mesmo erro.

RE.IN.CI.TAR, *v.t.*, tornar a incitar.

RE.IN.CLU.IR, *v.t.*, incluir novamente.

RE.IN.CLU.SÃO, *s.f.*, ato ou efeito de incluir de novo; nova inclusão.

RE.IN.COR.PO.RA.ÇÃO, *s.f.*, nova incorporação.

RE.IN.COR.PO.RA.DO, *adj.*, que tem nova incorporação, que se ajunta a um novo corpo.

RE.IN.COR.PO.RA.DOR, *adj. e s.m.*, que ou quem reincorpora.

RE.IN.COR.PO.RAR, *v.t.*, incorporar de novo.

RE.IN.DE.XA.ÇÃO, *s.f.*, reindexamento, novo indexamento.

RE.IN.DE.XA.DO, *adj.*, tornado a ser indexado, que voltou ao indexamento.

RE.IN.DE.XA.DOR, *adj. e s.m.*, novo indexador, outro indexador.

RE.IN.DE.XA.MEN.TO, *s.m.*, nova indexação.

RE.IN.DE.XAR, *v.t.*, voltar a indexar, tornar a indexar.

RE.IN.DUS.TRI.A.LI.ZA.ÇÃO, *s.f.*, industrialização nova; ação de voltar a industrializar(-se).

RE.IN.DUS.TRI.A.LI.ZAR, *v.t.*, tornar a industrializar.

RE.IN.FEC.ÇÃO, *s.f.*, Med., nova infecção causada pelos mesmos germes da infecção anterior.

RE.IN.FEC.TAR, *v.t.*, infectar novamente.

RE.IN.FES.TA.ÇÃO, *s.f.*, ocorrência de nova infestação.

RE.IN.FLA.MA.ÇÃO, *s.f.*, nova inflamação, outra inflamação.

RE.IN.FLA.MA.DO, *adj.*, que se inflamou de novo, que se acendeu novamente.

RE.IN.FLA.MAR, *v.t. e pron.*, tornar a inflamar, inflamar novamente.

RE.IN.FUN.DI.DO, *adj.*, infundido de novo, introduzido novamente.

RE.IN.FUN.DIR, *v.t.*, refundir, fundir de novo.

RE.IN.GRES.SA.DO, *adj.*, reentrado, retornado.

RE.IN.GRES.SAR, *v.t.*, tornar a ingressar, reentrar.

RE.I.NI.CI.A.ÇÃO, *s.f.*, ação de reiniciar, de iniciar novamente.

RE.I.NI.CI.A.DO, *adj.*, recomeçado, principiado de novo, retomado.

RE.I.NI.CI.AR, *v.t.*, iniciar novamente, tornar a começar.

RE.I.NÍ.CIO, *s.m.*, ato ou efeito de reiniciar; recomeço.

RE.IN.JE.ÇÃO, *s.f.*, ato ou efeito de injetar novamente.

RE.IN.JE.TAR, *v.t.*, tornar a injetar; injetar de novo.

REI.NO, *s.m.*, reinado, governo ou domínio de um rei, divisões naturais dos corpos da natureza.

REI.NOL, *adj.*, que nasceu no reino, que vive no reino, que vive no reino em relação aos que estão em uma colônia do próprio reino.

RE.INS.CRE.VER, *v.t. e pron.*, inscrever de novo.

RE.INS.CRI.TO, *adj.*, inscrito de novo, tornado a inscrever.

RE.IN.SER.ÇÃO, *s.f.*, nova inserção.

RE.IN.SE.RI.DO, *adj.*, reintegrado, inserido de novo.

RE.IN.SE.RIR, *v.t.*, reintegrar, inserir de novo, recolocar dentro.

RE.INS.TA.LA.ÇÃO, *s.f.*, ato ou efeito de reinstalar(-se).

RE.INS.TA.LA.DO, *adj.*, instalado de novo.

RE.INS.TA.LAR, *v.t. e pron.*, tornar a instalar.

RE.INS.TAU.RA.ÇÃO, *s.f.*, ato ou efeito de fazer nova instauração.

RE.INS.TAU.RAR, *v.t.*, instaurar mais uma vez.

RE.INS.TI.TU.CI.O.NA.LI.ZA.ÇÃO, *s.f.*, ato ou efeito de fazer nova institucionalização.

RE.INS.TI.TUI.ÇÃO, *s.f.*, ato ou efeito de reinstituir.

RE.INS.TI.TU.IR, *v.t.*, instituir outra vez.

RE.IN.SUR.GIR-SE, *v.p.*, insurgir-se novamente.

RE.IN.TE.GRA.ÇÃO, *s.f.*, nova integração, outra integração, reinserção.

RE.IN.TE.GRA.DO, *adj.*, reempossado, integrado de novo.

RE.IN.TE.GRA.DOR, *adj.*, que reintegra; *s.m.*, aquele ou aquilo que possibilita a reintegração.

RE.IN.TE.GRA.ÇÃO, *s.f.*, ato ou efeito de reintegrar(-se); readmissão de funcionário em posto, cargo ou emprego do qual ele havia sido injustamente demitido.

RE.IN.TE.GRAR, *v.t.*, integrar de novo, reempossar.

RE.IN.VES.TI.DO, *adj.*, investido de novo, recolocado.

RE.IN.VES.TI.GAR, *v.t.*, investigar mais uma vez.

RE.IN.VES.TIR, *v.t.*, investir de novo.

RE.IN.VO.CAR, *v.t.*, tornar a invocar.

RÉIS, *s.m., pl.*, antiga unidade monetária brasileira.

REI.SA.DO, *s.m.*, reisada, festas populares celebradas na Epifania, festas dos Reis Magos.

REI.TE.RA.ÇÃO, *s.f.*, renovação, repetição, recomposição.

REITERADO

REI.TE.RA.DO, adj., renovado, repetido, recomposto.
REI.TE.RAR, v.t., refazer, renovar, repetir, recompor.
REI.TE.RA.TI.VO, adj., que reitera, repetitivo.
REI.TE.RÁ.VEL, adj., que pode ser reiterado, renovável.
REI.TOR, s.m., dirigente de uma universidade.
REI.TO.RAL, adj., relativo a reitor.
REI.TO.RÁ.VEL, adj. 2 gên., que pode se candidatar ou ser eleito para exercer as funções de reitor; passível de se tornar reitor.
REI.TO.RI.A, s.f., sala do reitor, cargo do reitor.
REI.TO.RI.ZAR, v.t., governar como reitor.
REI.U.NO, adj., fornecido pelo Estado, sobretudo pelo Exército; que não tem valor, ruim.
REI.VIN.DI.CA.ÇÃO, s.f., protesto, exigência, pedido, solicitação.
REI.VIN.DI.CA.DO, adj., protestado, exigido, pedido, solicitado.
REI.VIN.DI.CA.DOR, adj. e s.m., solicitador, protestador, solicitante, reivindicante.
REI.VIN.DI.CAN.TE, adj. 2 gên., que reivindica; reivindicador.
REI.VIN.DI.CAR, v.t., protestar, exigir, pedir, lutar para reaver algo.
REI.VIN.DI.CA.TI.VO, adj., que reivindica, exigente, solicitante.
REI.VIN.DI.CA.TÓ.RIO, adj., que diz respeito a reivindicação; reivindicativo.
REI.VIN.DI.CÁ.VEL, adj., que se pode ou deve reivindicar.
RE.JEI.ÇÃO, s.f., ação de rejeitar, toda ação contra algum implante ou nova medida.
RE.JEI.TA.DO, adj., negado, expelido, desaprovado.
RE.JEI.TAR, v.t., negar, não aceitar, expelir, desaprovar, ser contra.
RE.JEI.TÁ.VEL, adj., recusável, negável, desaprovável.
RE.JEI.TO, s.m., restos, sobras, restolhos.
RE.JU.BI.LA.ÇÃO, s.f., ação ou efeito de rejubilar, novo júbilo, felicidade.
RE.JU.BI.LA.DO, adj., alegrado, feliz, contentado.
RE.JU.BI.LAR, v.t. e pron., alegrar, tornar feliz, produzir muito júbilo.
RE.JÚ.BI.LO, s.m., felicidade, alegria, contentamento.
RE.JUN.TA.DO, adj., refeito, reaparelhado, reajustado.
RE.JUN.TA.MEN.TO, s.m., bras., ação ou efeito de rejuntar.
RE.JUN.TAR, v.t., refazer as juntas, recompor as falhas entre lajotas, ladrilhos, azulejos, pisos, recompor.
RE.JU.RAR, v.t., tornar a jurar; jurar novamente.
RE.JUS.TI.FI.CAR, v.t., tornar a justificar.
RE.JU.VE.NES.CE.DOR, s.m., que faz ficar jovem.
RE.JU.VE.NES.CÊN.CIA, s.f., o mesmo que rejuvenescimento.
RE.JU.VE.NES.CEN.TE, adj., que rejuvenesce, rejuvenescedor.
RE.JU.VE.NES.CER, v.t., int. e pron., tornar jovem, fazer ficar jovem, remoçar.
RE.JU.VE.NES.CI.DO, adj., que ficou jovem, remoçado.
RE.JU.VE.NES.CI.MEN.TO, s.m., remoçamento, volta à juventude.
RE.LA.ÇÃO, s.f., lista, elenco, rol, ligação, relacionamento, semelhança.
RE.LA.CI.O.NA.DO, adj., arrolado, ligado, nomeado, narrado.
RE.LA.CI.O.NA.DOR, adj. e s.m., relacional; que ou o que relaciona.
RE.LA.CI.O.NAL, adj. 2 gên., relativo a, ou que estabelece relação.
RE.LA.CI.O.NA.MEN.TO, s.m., ligação, amizade, coleguismo.

RELAXAÇÃO

RE.LA.CI.O.NAR, v.t. e pron., nomear, arrolar, fazer uma lista, narrar, descrever, comparar, ligar, estabelecer ligação.
RE.LA.CI.O.NÁ.VEL, adj. 2 gên., que pode ser relacionado.
RE.LA.CI.O.NIS.TA, adj. 2 gên., que estabelece relações; s. 2 gên., aquele que cria ou promove relações.
RE.LA.ÇÕES, s.m., pl., convivência de pessoas, afinidades, troca de experiências, relacionamento pessoal.
RE.LA.ÇÕES-PÚ.BLI.CAS, s. 2 gên., pl., profissional que faz o relacionamento entre a empresa que representa e o público que a procura.
RE.LA.DO, adj., tocado, roçado.
RE.LAM.BER, v.t., tornar a lamber, lamber de novo.
RE.LAM.BI.DO, adj., tornado a ser lambido.
RE.LAM.PA.DE.AR, v.t. e int., relampaguear, relampejar; produzir-se um ou mais relâmpagos riscando o céu.
RE.LAM.PA.DE.JAR, v. int., relampaguear, relampadear, relampejar.
RE.LÂM.PA.GO, s.m., raio de luz produzido pela descarga atmosférica, faísca.
RE.LAM.PA.GUE.AN.TE, s.m. ação de relampaguear.
RE.LAM.PA.GUE.AR, v. int., relampejar, produzir raios, faiscar, iluminar.
RE.LAM.PE.A.DO, adj., que relampeou.
RE.LAM.PE.AN.TE, adj., o mesmo que relampejante.
RE.LAM.PE.AR, v.t. e int., relampejar, iluminar.
RE.LAM.PE.JAN.TE, adj. 2 gên., que relampeja; fig., brilhante, fulgurante.
RE.LAM.PE.JAR, v.t. e int., relampaguear.
RE.LAM.PE.JO, s.m., ação de relampejar.
RE.LAM.PO, s.m., pop., o mesmo que relâmpago.
RE.LAM.PO.SO, adj., que relampa; relampejante.
RE.LAN.ÇA.DO, adj., tornado a ser lançado, remandado.
RE.LAN.ÇA.DOR, adj., que torna a lançar; s.m., Lud., no tênis de mesa, o jogador que tem direito ao segundo batimento na bola, numa jogada.
RE.LAN.ÇA.MEN.TO, s.m., ato ou efeito de relançar.
RE.LAN.ÇAR, v.t., tornar a lançar.
RE.LAN.CE, s.m., rapidez; expr., de relance - rapidamente, subitamente.
RE.LAN.CE.A.DO, adj., olhado de relance, olhado rapidamente.
RE.LAN.CE.AR, v.t., olhar de relance, olhar de esguelha.
RE.LAN.ÇO, s.m. ação ou efeito de relançar; relance.
RE.LAP.SO, adj., desleixado, teimoso, reincidente, preguiçoso.
RE.LAR, v.t. e int., tocar de leve, roçar levemente.
RE.LA.TA.DO, adj., narrado, contado, referido.
RE.LA.TAR, v.t., contar, narrar, referir, expor, mencionar.
RE.LA.TI.VI.DA.DE, s.f., concernência, referência, propriedade de ser relativo.
RE.LA.TI.VIS.MO, s.m., doutrina segundo a qual todas as verdades e conceitos de bem e mal variam conforme a época e a mudança dos costumes.
RE.LA.TI.VIS.TA, adj. 2 gên., referente ao relativismo; que é adepto do relativismo; s. 2 gên., adepto do relativismo.
RE.LA.TI.VO, adj., referente, concernente, atinente, pertinente, casual.
RE.LA.TO, s.m., narrativa, narração, exposição.
RE.LA.TOR, s.m., quem relata, quem faz um relatório, quem estuda e expõe uma lei.
RE.LA.TÓ.RIO, s.m., descrição de uma série de fatos, relação.
RE.LA.XA.ÇÃO, s.f., ato ou efeito de relaxar ou relaxar-se;

relaxamento, frouxidão; Fisiol., distensão de fibras musculares; não cumprimento, por abuso ou por desleixo, das disposições legais; desmazelo, incúria.
RE.LA.XA.DO, *adj.*, relapso, negligente, irresponsável.
RE.LA.XA.DOR, *adj.* e *s.m.*, o mesmo que relaxante.
RE.LA.XA.MEN.TO, *s.m.*, desleixo, negligência, descuido.
RE.LA.XAN.TE, *adj.*, que relaxa, leniente, suavizante, que dá descanso.
RE.LA.XAR, *v.t.* e *pron.*, diminuir, dar um pouco de liberdade; descansar, abrandar, perverter.
RE.LA.XE, *s.m.*, relaxamento, negligência.
RE.LA.XO, *adj.*, relaxado, descuidado, folgado.
RE.LÊ, *s.m.*, peça elétrica para interromper, intensificar ou cortar a energia elétrica.
RELEASE, *s.m.*, ing., notícia remetida à imprensa para publicação.
RE.LE.GA.ÇÃO, *s.f.*, ato ou efeito de relegar; relegamento.
RE.LE.GA.DO, *adj.*, degredado, exilado, expulso, rejeitado.
RE.LE.GA.MEN.TO, *s.m.*, o mesmo que relegação.
RE.LE.GAR, *v.t.*, degredar, exilar, expulsar, rejeitar, colocar em segundo plano.
RE.LE.GI.TI.MAR, *v.t.*, legitimar novamente.
RE.LEI.TU.RA, *s.f.*, Liter., criação de uma obra artística a partir da interpretação de uma outra obra; reinterpretação original de algo.
RE.LEM.BRA.DO, *adj.*, recordado, lembrado outra vez.
RE.LEM.BRAN.ÇA, *s.f.*, ato ou efeito de relembrar; recordação.
RE.LEM.BRAR, *v.t.*, recordar, lembrar outra vez.
RE.LEM.BRA.TI.VO, *adj.*, que relembra; rememorativo.
RE.LEM.BRÁ.VEL, *adj.*, suscetível de se relembrar; rememorativo.
RE.LEN.TAR, *v.t.*, *int.* e *pron.*, formar(-se) relento; amolecer(-se) com umidades; cobrir(-se) de relento; tornar(-se) lento.
RE.LEN.TO, *s.m.*, orvalho, sereno; estar ao relento - não ter casa, estar ao ar livre, morador da rua.
RE.LER, *v.t.*, ler novamente.
RE.LES, *adj.*, vulgar, ordinário, vil, desprezível, baixo.
RE.LE.VA.ÇÃO, *s.f.*, o mesmo que relevamento.
RE.LE.VA.DO, *adj.*, perdoado, esquecido, enfatizado.
RE.LE.VA.DOR, *adj.* e *s.m.*, que(m) releva.
RE.LE.VA.MEN.TO, *s.m.*, relevância, valorização, destaque.
RE.LE.VÂN.CIA, *s.f.*, importância, valorização, ênfase, destaque.
RE.LE.VAN.TE, *adj.*, enfático, valorizado, destacado, proeminente.
RE.LE.VAR, *v.t.* e *pron.*, salientar, enfatizar, destacar; esquecer, perdoar, permitir.
RE.LE.VÁ.VEL, *adj.*, desculpável, destacável, salientável.
RE.LE.VO, *s.m.*, ênfase, saliência, destaque; o que fica acima ou abaixo de uma linha média; na Geografia, o que está acima ou abaixo do nível do mar.
RE.LHA, *s.f.*, no arado, a folha metálica que sulca a terra.
RE.LHA.ÇO, *s.m.*, bras., RS, o mesmo que relhada.
RE.LHA.DA, *s.f.*, bras., pancada com o relho.
RE.LHO, *s.m.*, chicote, açoite, azorrague.
RE.LI.BE.RAR, *v.t.*, tornar a liberar.
RE.LI.CÁ.RIO, *s.m.*, conjunto de relíquias, invólucro para colocar relíquias.
RE.LI.CI.TA.ÇÃO, *s.f.*, segunda licitação.
RE.LI.CI.TAR, *v.t.* e *int.*, tornar a licitar.
RE.LI.DO, *adj.*, tornado a ler, lido de novo.
RE.LI.GA.ÇÃO, *s.f.*, ato ou efeito de religar, de ligar novamente; restabelecimento da ligação de um imóvel à rede de energia, água, gás ou telefonia.
RE.LI.GA.MEN.TO, *s.m.*, o mesmo que religação.
RE.LI.GAR, *v.t.*, tornar a ligar; ligar melhor, atar.
RE.LI.GI.ÃO, *s.f.*, sentimento que liga uma pessoa a seu deus; crença, veneração, fé, confiança.
RE.LI.GI.O.NÁ.RIO, *s.m.*, sectário de uma religião.
RE.LI.GI.O.SA, *s.f.*, freira; mulher dedicada à vida religiosa.
RE.LI.GI.O.SI.DA.DE, *s.f.*, sentimento religioso, tendência a alguma crença.
RE.LI.GI.O.SO, *adj.*, dedicado a uma religião, próprio de uma religião, piedoso, devoto; *s.m.*, membro de ordem religiosa; pessoa que pratica a religião.
RE.LIN.CHAN.TE, *adj.*, que relincha.
RE.LIN.CHÃO, *adj.*, o mesmo que rinchão.
RE.LIN.CHAR, *v. int.*, rinchar.
RE.LIN.CHO, *s.m.*, rincho, voz do cavalo.
RE.LIN.GA, *s.f.*, Náut., corda que serve para atar velas.
RE.LÍ.QUIA, *s.f.*, objeto sagrado, coisa santa; algo precioso e estimado.
RE.LI.QUI.Á.RIO, *s.m.*, o mesmo ou melhor que relicário.
RE.LO.CA.ÇÃO, *s.f.*, ato ou efeito de relocar.
RE.LO.CA.LI.ZA.ÇÃO, *s.f.*, ato ou resultado de relocalizar.
RE.LO.CA.LI.ZAR, *v.t.*, localizar de novo.
RE.LO.CAR, *v.t.*, fazer nova alocação; alugar outra vez; Inf., transferir (dados) de uma memória para outra.
RE.LÓ.GIO, *s.m.*, objeto usado para marcar as horas, minutos e segundos, cronômetro; aparelho para registrar o consumo de luz, água, gás.
RE.LO.JO.A.RI.A, *s.f.*, loja ou oficina de relógios.
RE.LO.JO.EI.RO, *s.m.*, profissional que fabrica, conserta, vende relógios.
RE.LO.TE.AR, *v.t.*, bras., tornar a lotear, fazer novo loteamento.
RE.LOU.CA.DO, *adj.*, muito louco; insensato; tresloucado.
RE.LUM.BRAR, *v.int.*, cintilar, resplandecer, reluzir.
RE.LU.ME.AN.TE, *adj. 2 gên.*, que relumeia; resplandecente.
RE.LU.ME.AR, *v.int.*, produzir relume, forte brilho; resplandecer.
RE.LU.TÂN.CIA, *s.f.*, contrariedade, oposição, indecisão, má vontade.
RE.LU.TAN.TE, *adj.*, resistente, oposto, indeciso, hesitante.
RE.LU.TAR, *v.t.* e *int.*, tornar a lutar, resistir, opor-se, não aceitar.
RE.LU.ZEN.TE, *adj.*, brilhante, que reluz.
RE.LU.ZI.DO, *adj.*, brilhante, cintilante, faiscante.
RE.LU.ZIR, *v. int.*, brilhar, cintilar, faiscar, soltar luz.
REL.VA, *s.f.*, tapete de ervas rasteiras que cobre o solo, grama, gramíneas.
REL.VA.DO, *s.m.*, relva, superfície coberta com grama.
REL.VAR, *v.t.*, *int.* e *pron.*, cobrir com relva, implantar um tapete de relva.
REL.VO.SO, *adj.*, que tem muita relva, que está coberto de grama.
RE.MA.DA, *s.f.*, ação de remar, ato de mover o barco com os remos.
RE.MA.DO, *adj.*, que tem remos; que é movido a remos (barco).
RE.MA.DOR, *s.m.*, quem rema, quem usa os remos para impulsionar o barco.
RE.MA.ES.CER, *v.int.*, *ant.*, remanescer.
RE.MAG.NE.TI.ZA.ÇÃO, *s.f.* ação ou efeito de remagnetizar; nova magnetização.

REMAGNETIZAR · · 712 · · REMINISCENTE

RE.MAG.NE.TI.ZAR, *v.t.*, tornar a magnetizar.
RE.MAN.CHA.DOR, *adj.*, que remancha; *s.m.*, aquele que remancha.
RE.MAN.CHAR, *v.t.*, demorar, tornar-se lento, andar devagar.
RE.MA.NE.JA.DO, *adj.*, que se remanejou, modificou.
RE.MA.NE.JA.MEN.TO, *s.m.*, deslocamento, transferência.
RE.MA.NE.JAR, *v.t.*, manejar de novo, deslocar, mudar de local, transferir.
RE.MA.NE.JÁ.VEL, *adj.*, suscetível de remanejo.
RE.MA.NE.JO, *s.m.*, ato de remanejar.
RE.MA.NÊN.CIA, *s.f.*, caráter ou qualidade de remanente ou remanescente.
RE.MA.NEN.TE, *adj.*, o mesmo que remanescente.
RE.MA.NES.CEN.TE, *adj.* e *s.2 gên.*, o que resta, parte de um todo, sobra, resto, o último.
RE.MA.NES.CER, *v. int.*, sobrar, ficar para o fim, restar.
RE.MAN.SA.DO, *adj.*, quieto, tranquilo; *fig.*, vagaroso, tardo; sossegado, pachorrento.
RE.MAN.SO, *s.m.*, águas dos rios nos locais curvados e onde ficam quase paradas; tranquilidade, paz, sossego, vida mansa.
RE.MAN.SO.SO, *adj.*, sossegado, manso.
RE.MA.QUI.A.DO, *adj.*, novamente maquiado ou maquilado.
RE.MAR, *v.t.* e *int.*, movimentar os remos, impulsionar os remos para que o barco deslize na água.
RE.MAR.CA.ÇÃO, *s.f.*, mudança de preço, nova marcação.
RE.MAR.CA.DO, *adj.*, marcado de novo, novo preço.
RE.MAR.CA.DOR, *adj.*, que remarca; *s.m.*, aquele ou aquilo que remarca.
RE.MAR.CAR, *v.t.*, tornar a marcar, mudar o preço.
RE.MAR.TE.LAR, *v.t.*, tornar a martelar; martelar repetidamente.
RE.MAS.CAR, *v.t.*, tornar a mascar; *fig.*, remoer (pensamentos).
RE.MAS.TE.RI.ZA.ÇÃO, *s.f.*, Eletrôn., Inf., produção de um novo master ou matriz, ger. us. equipamento digital, com o objetivo de aprimorar a qualidade da gravação original.
RE.MAS.TE.RI.ZA.DO, *adj.*, que foi submetido a remasterização.
RE.MAS.TE.RI.ZAR, *v.t.*, realizar processo de remasterização (de disco, trilha sonora, etc.).
RE.MAS.TI.GAR, *v.t.*, remarcar; remoer; ruminar.
RE.MA.TA.ÇÃO, *s.f.*, o mesmo que arrematação.
RE.MA.TA.DO, *adj.*, acabado, concluído, finalizado, encerrado.
RE.MA.TA.DOR, *adj.* e *s.m.*, que ou que remata.
RE.MA.TAR, *v.t.*, *int.* e *pron.*, acabar, concluir, finalizar, encerrar.
RE.MA.TE, *s.m.*, arremate, conclusão, finalização, encerramento, acabamento.
RE.MA.TRÍ.CU.LA, *s.f.*, nova matrícula; matrícula renovada.
RE.ME.DA.DO, *adj.*, arremedado, imitado.
RE.ME.DAR, *v.t.*, arremedar, imitar, imitar de maneira engraçada.
RE.ME.DI.A.DO, *adj.*, dono de algumas posses, socorrido.
RE.ME.DI.A.DOR, *adj.* e *s.m.*, que ou o que remedeia.
RE.ME.DI.AR, *v.t.*, aplicar remédio a; ajudar, socorrer, diminuir o problema, corrigir, sanar dificuldades.
RE.ME.DI.Á.VEL, *adj. 2 gên.*, que tem remédio, que se pode remediar.
RE.MÉ.DIO, *s.m.*, medicamento, substância contra uma doença; *fig.*, alternativa.
RE.ME.DIR, *v.t.*, tornar a medir, medir outra vez.
RE.ME.DO, *s.m.*, arremedo, imitação burlesca de um ato sério.
RE.MEI.RO, *adj.*, que obedece facilmente ao impulso do remo; veloz, rápido; *s.m.*, remador.
RE.ME.LA, *s.f.*, ramela, mucosa, secreção depositada nas pálpebras, secreção do nariz.
RE.ME.LA.DO, *adj.*, remelento, que tem remela.
RE.ME.LÃO, *adj.*, remeloso, remelento.
RE.ME.LAR, *v. int.* e *pron.*, formar remela, provocar secreção da mucosa.
RE.ME.LEN.TO, *adj.*, que tem ou produz remela; remeloso.
RE.ME.LO.SO, *adj.*, que tem remela, que cria muita remela.
RE.ME.LE.XO, *s.m.*, movimento dos quadris, rebolado.
RE.ME.MO.RA.ÇÃO, *s.f.*, lembrança, recordação, relembrança.
RE.ME.MO.RA.DO, *adj.*, lembrado, recordado.
RE.ME.MO.RAR, *v.t.*, lembrar, recordar, relembrar.
RE.ME.MO.RÁ.VEL, *adj.*, próprio para ser lembrado; recordável.
RE.MEN.DA.DO, *adj.*, consertado, ajustado.
RE.MEN.DA.GEM, *s.f.*, ato de remendar.
RE.MEN.DÃO, *s.m.*, quem é incompetente no trabalho, quem faz serviços ruins.
RE.MEN.DAR, *v.t.*, consertar, ajustar, acertar; *fig.*, fazer um trabalho mal-acabado.
RE.MEN.DEI.RA, *s.f.*, mulher que deita remendos, que conserta roupas ou vestes velhas.
RE.MEN.DEI.RO, *s.m.*, o mesmo que remendão.
RE.MEN.DI.ÇÃO, *s.f.*, ação ou efeito de remedir; nova medição.
RE.MEN.DO, *s.m.*, conserto, objeto colocado para tapar um buraco.
RE.ME.NEI.O, *s.m.*, ação de remenear; saracoteio.
RE.ME.RE.CER, *v.t.*, merecer muito, merecer mais do que recebe em paga.
RE.MER.GU.LHAR, *v.t.* e *int.*, mergulhar de novo.
RE.MES.SA, *s.f.*, despacho, coisa remetida, encomenda.
RE.MES.SAR, *v.t.*, remeter, enviar, mandar.
RE.ME.TEN.TE, *s. 2 gên.*, quem remete, quem manda, quem envia.
RE.ME.TER, *v.t.* e *int.*, encaminhar, enviar, atirar, jogar contra.
RE.ME.TI.DA, *s.f.*, investida, ataque, assalto.
RE.ME.TI.DO, *adj.*, enviado, mandado, encaminhado.
RE.ME.TI.MEN.TO, *s.m.*, remetida, remessa, ação ou efeito de remeter.
RE.ME.XER, *v.t.*, *int.* e *pron.*, tornar a mexer, revirar, relembrar, sacudir.
RE.ME.XI.DA, *s.f.*, *fam.*, balbúrdia, trapalhada; confusão.
RE.ME.XI.DO, *adj.*, revirado, sacudido, relembrado.
RE.MI.ÇÃO, *s.f.*, libertação, resgate, salvação.
RE.MI.DO, *adj.*, salvo, resgatado, liberado.
RE.MI.DOR, *adj.* e *s.m.*, redimidor, redentor.
RE.MI.FOR.ME, *adj.*, que tem feitio de remo.
RE.MÍ.GIO, *s.m.*, voo das aves.
RE.MI.GRA.ÇÃO, *s.f.*, retorno da migração, volta dos migrantes.
RE.MI.GRA.DO, *adj.*, retornado, voltado.
RE.MI.GRAR, *v. int.*, voltar da migração, retornar da migração.
RE.MI.LI.TA.RI.ZA.ÇÃO, *s.f.*, ato ou efeito de remilitarizar.
RE.MI.NE.RA.LI.ZAR, *s.f.*, ação ou efeito de remineralizar.
RE.MI.NE.RA.LI.ZAN.TE, *adj.*, que remineraliza.
RE.MI.NIS.CÊN.CIA, *s.f.*, lembrança, recordação, memória.
RE.MI.NIS.CEN.TE, *adj. 2 gên.*, que lembra, que faz recordar.

RE.MIR, v.t. e pron., libertar, livrar, resgatar, salvar.
RE.MI.RAR, v.t. e pron., olhar de novo, tornar a mirar, rever.
RE.MIS.SÃO, s.f., perdão, salvação, misericórdia, absolvição, purificação.
RE.MIS.SI.VA, s.f., anotação que faz remissão.
RE.MIS.SÍ.VEL, adj., resgatável, que pode ser remido.
RE.MIS.SI.VI.DA.DE, s.f., qualidade do que é remissível.
RE.MIS.SI.VO, adj., que remete, que manda, que envia.
RE.MIS.SO, adj., negligente, relaxado, descuidado.
RE.MIS.SOR, adj., o mesmo que remissório.
RE.MIS.SÓ.RIO, adj., que encerra perdão, indulgência, remissão.
RE.MI.TEN.TE, adj., que remite, que perdoa.
RE.MI.TIR, v.t., int. e pron., perdoar, quitar, dar recibo de pagamento, restituir, devolver.
RE.MÍ.VEL, adj. 2 gén., que pode ser remido.
RE.MI.XA.DO, adj., nova mixagem.
RE.MI.XA.GEM, s.f., Mús., ato ou efeito de remixar.
RE.MI.XAR, v.t., Mús., fazer nova mixagem.
RE.MO, s.m., instrumento de madeira para remar.
RE.MO.ÇA.DO, adj., rejuvenescido, que se apresenta mais novo.
RE.MO.ÇAN.TE, adj. 2 gén., que remoça, que dá aparência de moço ou de mais moço; que revigora.
RE.MO.ÇÃO, s.f., ação ou efeito de remover, transferência, mudança de local, transporte.
RE.MO.ÇAR, v.t., int. e pron., tornar-se mais novo, rejuvenescer, não aparentar a idade real.
RE.MO.ÇA.TI.VO, adj., que faz remoçar.
RE.MO.DE.LA.ÇÃO, s.f., ação de remodelar, remodelagem.
RE.MO.DE.LA.DO, adj., modelado de novo, refeito, recomposto.
RE.MO.DE.LA.DOR, adj. e s.m., que(m) remodela.
RE.MO.DE.LA.GEM, s.f., nova modelagem.
RE.MO.DE.LA.MEN.TO, s.m., o mesmo que remodelagem.
RE.MO.DE.LAR, v.t., modelar novamente, refazer, recompor.
RE.MO.ER, v.t. e pron., moer de novo, mastigar de novo, ruminar, cogitar.
RE.MO.Í.DO, adj., moído de novo, ruminado, mastigado.
RE.MO.I.NHAR, v.int., provocar remoinho; mover-se em espirais ou círculos; fazer revoluções, dar giros.
RE.MO.I.NHO, s.m., circulação rápida do ar, atraindo objetos e poeira, movimento forte das águas mais fundas, do fundo para a superfície ou no inverso; fig., situação perigosa.
RE.MO.LA.RI.A, s.f., fábrica de remos.
RE.MOL.CAR, v.t., ant., rebocar.
RE.MOL.DAR, v.t., dar nova moldagem a.
RE.MO.LHA.DO, adj., muito molhado, bem regado.
RE.MO.LHAR, v.t., molhado com intensidade, tornar a molhar.
RE.MO.LHO, s.m., ato de remolhar.
RE.MON.TA, s.f., fornecimento de novos cavalos para o Exército, novo abastecimento, conserto.
RE.MON.TA.DO, adj., montado de novo, refeito, voltado ao passado.
RE.MON.TA.GEM, s.f., ato ou efeito de remontar.
RE.MON.TAR, v.t. e pron., montar de novo, recompor, elevar, refazer; voltar para o passado.
RE.MON.TÁ.VEL, adj. 2 gén., que se pode remontar.
RE.MON.TE, s.m., ação de remontar; lugar remoto, longínquo.
RE.MO.QUE, s.m., ofensa, dito ofensivo, injúria.
RE.MO.QUE.AR, v.t. e int., zombar, escarnecer, proferir sarcasmos contra alguém.
RE.MO.RA, s.f., demora, adiamento, retardamento.
RE.MO.RA.DO, adj., adiado, atrasado, retardado.
RE.MO.RAR, v.t., retardar, adiar, atrasar, demorar.
RE.MOR.DER, v.t., int. e pron., morder de novo, remoer, ruminar, repisar, desabonar alguém.
RE.MOR.DI.MEN.TO, s.m., ação ou efeito de remorder, ruminação, nova mordida.
RE.MOR.SO, s.m., dor de consciência, sentimento de culpa.
RE.MO.TI.VA.ÇÃO, s.f., nova motivação.
RE.MO.TI.VA.DO, adj., novamente motivado.
RE.MO.TI.VAR, v.t., dar nova motivação a.
RE.MO.TO, adj., antigo; distante da atualidade; de outrora.
RE.MO.VE.DOR, s.m., que remove, limpador, purificador.
RE.MO.VER, v.t., mover de novo, retirar, recolocar, deslocar.
RE.MO.VI.BI.LI.DA.DE, s.f., qualidade ou estado de removível.
RE.MO.VI.DO, adj., retirado, recolocado, deslocado, extraído, arrancado.
RE.MO.VI.MEN.TO, s.m., ação ou efeito de remover, deslocamento, recolocamento.
RE.MO.VÍ.VEL, adj., que pode ser removido, deslocável.
RE.MU.GIR, v.t. e int., mugir de novo; p.ext., bramir, estrondear.
RE.MU.NE.RA.ÇÃO, s.f., pagamento, salário, contribuição em dinheiro por serviços prestados.
RE.MU.NE.RA.DO, adj., pago, retribuído, que recebeu o salário.
RE.MU.NE.RA.DOR, adj., que remunera; que dá lucro; s.m., aquele que remunera.
RE.MU.NE.RAR, v.t., pagar, retribuir com dinheiro por algo.
RE.MU.NE.RA.TI.VO, adj., que paga, que remunera.
RE.MU.NE.RA.TÓ.RIO, adj., relativo a remuneração; remunerativo; que remunera.
RE.MU.NE.RÁ.VEL, adj. 2 gén., que se pode ou se deve remunerar.
RE.MU.NE.RO.SO, adj., o mesmo que remunerador.
RE.MUR.MU.RA.DO, adj., que voltou a ser murmurado, reclamado, reexigido.
RE.MUR.MU.RAR, v. int., voltar a murmurar, murmurar de novo.
RE.NA, s.f., animal mamífero das regiões frias do Hemisfério Norte, tipo de cervo; rangífer.
RE.NA.CI.O.NA.LI.ZAR, v.t., nacionalizar novamente.
RE.NAL, adj., próprio dos rins.
RE.NAS.CEN.ÇA, s.f., renascimento, vida nova, movimento cultural e científico no século quinze, nascido na Itália e que se difundiu pelo mundo.
RE.NAS.CEN.TE, adj., que renasce, que nasce de novo, revivente.
RE.NAS.CEN.TIS.MO, s.m., tudo quanto caracteriza a época literária e artística do renascimento.
RE.NAS.CEN.TIS.TA, adj. 2 gén., adepto do Renascimento, especialista em Renascimento, estudioso dessa época histórica.
RE.NAS.CER, v.t. e int., nascer novamente, recompor as forças físicas, rejuvenescer, reviver.
RE.NAS.CI.DO, adj., que renasceu, revivido, rejuvenescido.
RE.NAS.CI.MEN.TO, s.m., Renascença.
REN.DA, s.f., lucro, rendimento; pagamento como aluguel pelo uso de algum bem alheio; tipo de tecido especial para revestimentos.
REN.DA.DO, adj., enfeitado, que tem rendas, ornamentado com rendas.

REN.DAR, *v.t.*, colocar rendas em; enfeitar com renda.
REN.DA.RI.A, *s.f.*, a habilidade artística de confeccionar rendas; o modo de usar rendas.
REN.DÁ.VEL, *adj.*, produto, rendoso.
REN.DE.DOU.RO, *adj.*, que há de render ou produzir.
REN.DEI.RA, *s.f.*, mulher que se dedica à produção de rendas.
REN.DEI.RO, *s.m.*, fabricante ou vendedor de rendas; quem paga renda pelo uso de uma propriedade.
REN.DER, *v.t., int. e pron.*, lucrar, produzir; substituir, ficar no lugar de; *v. pron.*, ceder.
REN.DI.ÇÃO, *s.f.*, ato de se render, capitulação.
REN.DI.DO, *adj.*, lucrado, ganho, cedido, ficado no lugar de.
REN.DI.DU.RA, *s.f., ant., Mar.*, fenda em qualquer peça de madeira de um navio.
REN.DI.LHA, *s.f.*, renda estreita, pequena renda, renda especial.
REN.DI.LHA.DO, *adj.*, enfeitado com rendilhas, ornado, debruado com rendas.
REN.DI.LHA.DOR, *adj. e s.m.*, que ou o que rendilha; *fig.*, burilador.
REN.DI.LHAR, *v.t.*, enfeitar com rendilhas, fazer o acabamento com rendas.
REN.DI.MEN.TO, *s.m.*, lucro, remuneração.
REN.DO.SO, *adj.*, que produz muitas rendas, produtivo, rentável.
RE.NE.GA.ÇÃO, *s.f.*, ato ou efeito de renegar; renegamento.
RE.NE.GA.DO, *adj.*, repelido, excomungado, afastado, fugido.
RE.NE.GA.DOR, *adj. e s.m.*, que ou aquele que renega.
RE.NE.GA.MEN.TO, *s.m.*, o mesmo que renegação.
RE.NE.GAR, *v.t.*, negar, repudiar, negar a própria fé, abjurar a crença.
RE.NE.GO.CI.A.DO, *adj.*, que voltou a ser negociado, que se refez o negócio.
RE.NE.GO.CI.AR, *v.t.*, tornar a negociar, refazer o negócio.
RE.NE.GO.CI.Á.VEL, *adj. 2 gên.*, que se pode renegociar.
REN.GO, *s.m.*, tecido parecido com a gaze, que serve para bordados, etc.; fio com que se produz a cassa; *Vet.*, doença que acomete os cavalos e que os impossibilita de andar; *bras., adj.*, quem manqueja.
REN.GUE.AR, *v.int.*, S, ficar rengo, coxo; mancar.
RE.NHI.DO, *adj.*, feroz, sangrento, horrendo.
RE.NHI.MEN.TO, *s.m.*, ferocidade, crueldade, horribilidade.
RE.NHIR, *v.t. e int.*, lutar encarniçadamente; combater.
RE.NI.DEN.TE, *adj.*, brilhante, reluzente; cintilante.
RE.NI.FOR.ME, *adj.*, que apresenta forma de rim.
RE.NI.TÊN.CIA, *s.f.*, teimosia, obstinação, pertinácia.
RE.NI.TEN.TE, *adj.*, teimoso, obstinado, cabeça-dura, inabalável.
RE.NI.TIR, *v. int.*, teimar, insistir, resistir, obstinar-se.
RE.NI.VE.LAR, *v.t.*, tornar a nivelar.
RE.NO.MA.DO, *adj.*, famoso, conhecido, notório.
RE.NO.ME, *s.m.*, fama, notoriedade.
RE.NO.ME.A.DO, *adj.*, que se tornou a nomear; que tem renome; afamado, renomado.
RE.NO.ME.AR, *v.t.*, dar uma nova nomeação, indicar; conceder-lhe novo renome, afamar.
RE.NO.VA.ÇÃO, *s.f.*, ação ou efeito de renovar, renovamento, restauração, substituição.
RE.NO.VA.DO, *adj.*, refeito, restaurado, substituído.
RE.NO.VA.DOR, *adj. e s.m.*, reformador, restaurador.
RE.NO.VA.MEN.TO, *s.m.*, o mesmo que renovação.
RE.NO.VAN.TE, *adj.*, que renova; renovador.
RE.NO.VAR, *v.t. e pron.*, refazer, fazer de novo, reformar, restaurar, substituir.
RE.NO.VA.TÓ.RIO, *adj.*, que serve para renovar.
RE.NO.VÁ.VEL, *adj.*, que se pode refazer, que se refaz.
RE.NO.VO, *s.m.*, broto, novo ramo, rebento.
REN.QUE, *s.m.*, fila, aleia, fileira, alameda.
REN.TA.BI.LI.DA.DE, *s.f.*, lucro, rendimento.
REN.TA.BI.LI.ZA.ÇÃO, *s.f.*, ato ou efeito de rentabilizar.
REN.TA.BI.LI.ZAR, *v.t., Econ.*, fazer rentável, lucrativo.
REN.TÁ.VEL, *adj.*, lucrativo, rendoso, que produz rendas.
REN.TE, *adj.*, próximo, perto, imediato; *adv.*, pela raiz, pelo pé.
REN.TE.AR, *v.t.*, cortar rente, cortar pela raiz, cercear, erradicar.
RE.NU.IR, *v.t.*, recusar, rejeitar; renunciar; não querer.
RE.NÚN.CIA, *s.f.*, desistência, afastamento, demissão, renunciamento.
RE.NUN.CI.A.BI.LI.DA.DE, *s.f.*, qualidade de renunciável.
RE.NUN.CI.A.ÇÃO, *s.f.* o mesmo que renúncia.
RE.NUN.CI.A.DO, *adj.*, desistido, afastado, exonerado.
RE.NUN.CI.A.DOR, *adj.*, que renuncia; *s.m.*, aquele que renuncia.
RE.NUN.CI.A.MEN.TO, *s.m.*, o mesmo que renúncia ou renunciação.
RE.NUN.CI.AN.TE, *adj. 2 gên. e s. 2 gên.*, que, aquele ou aquela que renuncia.
RE.NUN.CI.AR, *v.t. e int.*, desistir, deixar de, rejeitar, sair de, afastar-se.
RE.NUN.CI.A.TÁ.RIO, *adj., Jur.*, diz-se do indivíduo a favor de quem se renuncia a algo; *s.m.*, esse indivíduo.
RE.NUN.CI.A.TÓ.RIO, *adj.*, renunciativo; aquele a favor de quem se renunciou alguma coisa.
RE.NUN.CI.Á.VEL, *adj. 2 gên.*, que se pode renunciar.
RE.NU.TRIR, *v.t. e int.*, nutrir de novo, dar nova nutrição a; adquirir nova nutrição.
RE.OB.SER.VAR, *v.t.*, tornar a observar.
RE.O.CU.PAR, *v.t.*, ocupar de novo.
RE.Ó.FO.RO, *s.m., Fís.*, cada um dos fios metálicos por onde passa a corrente elétrica advinda dos polos de uma pilha.
RE.O.PE.RA.ÇÃO, *s.f.*, ato ou efeito de reoperar.
RE.O.PE.RAR, *v.t.*, operar novamente.
RE.O.PI.NAR, *v.t.*, tornar a opinar.
RE.OR.DE.NA.ÇÃO, *s.f.*, reorganização, nova ordem, regularização.
RE.OR.DE.NA.DO, *adj.*, ordenado novamente, reorganizado.
RE.OR.DE.NA.MEN.TO, *s.m.*, reordenação.
RE.OR.DE.NAR, *v.t.*, ordenar novamente.
RE.OR.GA.NI.ZA.ÇÃO, *s.f.*, reordenação, nova organização.
RE.OR.GA.NI.ZA.DO, *adj.*, reordenado, reformado, reaprimorado.
RE.OR.GA.NI.ZA.DOR, *adj. e s.m.*, que ou aquele que reorganiza.
RE.OR.GA.NI.ZAN.TE, *adj.*, reorganizador.
RE.OR.GA.NI.ZAR, *v.t.*, organizar novamente, reformar, aprimorar.
RE.O.RI.EN.TA.ÇÃO, *s.f.*, ato ou efeito de reorientar.
RE.O.RI.EN.TA.DO, *adj.*, redirecionado, orientado de novo.
RE.O.RI.EN.TAR, *v.t.*, voltar a orientar, orientar de novo, redirecionar.
RE.OR.QUES.TRA.ÇÃO, *s.f.*, ação ou efeito de reorquestrar;

nova orquestração.
RE.OR.QUES.TRAR v.t., fazer nova orquestração.
RE.OS.CO.PI.A, s.f., busca para saber se há corrente elétrica em um circuito.
RE.OS.CÓ.PIO, s.m., aparelho usado para a verificação da reoscopia.
RE.OS.TA.TO, s.m., reóstato.
RE.ÓS.TA.TO, s.m., reostato, dispositivo colocado na corrente elétrica para regular a força da energia elétrica que chega às lâmpadas.
RE.Ó.TO.MO, s.m., Fís., aparelho us. para interromper uma corrente voltaica.
RE.PA.GAR, v.t., pagar de novo, tornar a pagar.
RE.PA.GI.NAR, v.t., paginar de novo, reformar a paginação.
RE.PA.RA.ÇÃO, s.f., ato de reparar, restauração, conserto, indenização.
RE.PA.RA.DEI.RA, adj. e s.f., mulher que em tudo repara, que oberva as ações dos outros.
RE.PA.RA.DO, adj., pago, consertado, indenizado.
RE.PA.RA.DOR, s.m., quem restabelece, quem paga, quem indeniza.
RE.PA.RAR, v.t. e pron., refazer, reconsertar, indenizar, satisfazer, diminuir, observar.
RE.PA.RA.TÓ.RIO, adj., relativo a, ou que envolve reparação.
RE.PA.RÁ.VEL, adj., que pode reparar, consertável.
RE.PAR.CE.LA.MEN.TO, s.m., ato ou efeito de reparcelar; novo parcelamento.
RE.PAR.CE.LAR, v.t., parcelar de novo, dividir em novas parcelas.
RE.PA.RE.CER, v.int., p.us., o mesmo que reaparecer.
RE.PA.RO, s.m., conserto, vistoria, verificação, acerto.
RE.PAR.TI.ÇÃO, s.f., seção, departamento, divisão, quinhão.
RE.PAR.TI.DEI.RA, s.f., a pessoa que reparte; tacho pequeno de cobre, com um cabo de madeira, que serve nos engenhos de açúcar para repartir nas formas oú melado oú mel apurado.
RE.PAR.TI.DO, adj., dividido, distribuído, ramificado, partilhado.
RE.PAR.TI.DOR, adj., que reparte, que faz partilhas; s.m., aquele que reparte; aquele que faz partilhas.
RE.PAR.TI.MEN.TO, s.m., ato ou efeito de repartir; divisão, repartição, separação; quarto.
RE.PAR.TIR, v.t. e pron., dividir, distribuir, ramificar, partilhar.
RE.PAR.TI.TI.VO, adj., que reparte, partitivo.
RE.PAR.TÍ.VEL, adj., que pode ser repartido.
RE.PAS.SA.DO, adj., revisado, reestudado, tornado a passar.
RE.PAS.SA.DOR, adj., que repassa; s.m., bras., S, campeiro que repassa cavalos.
RE.PAS.SAR, v.t., int. e pron., tornar a passar, revisar, reestudar.
RE.PAS.SE, s.m., ação ou efeito de repassar, transferência, momento usado para domar um cavalo xucro.
RE.PAS.SO, s.m., bras., S, o mesmo que repasse.
RE.PAS.TAR, v.t. e pron., alimentar, dar comida.
RE.PAS.TO, s.m., refeição, alimentação.
RE.PA.TRI.A.ÇÃO, s.f., volta à pátria, recolocação na pátria.
RE.PA.TRI.A.DO, adj., recolocado na pátria, recebido de novo na pátria.
RE.PA.TRI.A.DOR, adj. e s.m., que ou aquele que repatria.
RE.PA.TRI.AR, v.t. e pron., recolocar na pátria, trazer de volta.
RE.PA.TRI.Á.VEL, adj. 2 gên., que se pode repatriar.
RE.PA.VI.MEN.TA.ÇÃO, s.f., ato ou efeito de repavimentar.
RE.PA.VI.MEN.TA.DO, adj., que se repavimentou; novamente pavimentado.
RE.PA.VI.MEN.TAR, v.t., pavimentar novamente.
RE.PE.LÃO, s.m., encontrão, choque frontal, batida.
RE.PE.LÊN.CIA, s.f., caráter ou qualidade de repelente.
RE.PE.LEN.TE, s.m., substância que repele insetos; adj., nojento, que afasta.
RE.PE.LI.DO, adj., enxotado, arredado, repugnado, desviado.
RE.PE.LIR, v.t., afastar, enxotar, assustar, arredar, repugnar, desviar.
RE.PE.NI.CA.DO, adj., repicado, ressoado.
RE.PE.NI.CAR, v.t. e int., tornar a emitir sons, obter sons agudos.
RE.PE.NI.QUE, s.m., o mesmo que repenicado.
RE.PEN.SA.DO, adj., pensado novamente, refletido, cogitado.
RE.PEN.SA.DOR, adj. e s.m., que ou o que repensa para verificações.
RE.PEN.SA.MEN.TO, s.m., ato ou efeito de repensar.
RE.PEN.SAR, v.t., pensar novamente, refletir, pensar com cuidado.
RE.PEN.TE, s.m., improviso, imprevisto, subitaneidade; de repente - de súbito.
RE.PEN.TI.NIS.TA, adj. e s. 2 gên., p.us., o mesmo que repentista.
RE.PEN.TI.NO, adj., súbito, imprevisto, inesperado.
RE.PEN.TI.NO.SO, adj., que tem repentes; impetuoso.
RE.PEN.TIS.TA, s. 2 gên., quem improvisa versos, cantor de versos improvisados.
RE.PER.CUS.SÃO, s.f., ação de repercutir, eco, notícia forte, fama.
RE.PER.CUS.SI.VO, adj., que repercute, sonante, ecoante.
RE.PER.CU.TEN.TE, adj., que repercute.
RE.PER.CU.TI.DO, adj., ecoado, ressoado, notado.
RE.PER.CU.TIR, v.t. e pron., ecoar, percutir, reproduzir um ruído ou som, tornar-se notícia.
RE.PER.CU.TÍ.VEL, adj., suscetível de repercutir; ecoável.
RE.PER.GUN.TA, s.f., nova pergunta, repetição da pergunta.
RE.PER.GUN.TAR, v.t., tornar a perguntar, perguntar de novo.
RE.PER.TÓ.RIO, s.m., coleção, rol; conjunto de músicas, cantos ou poemas.
RE.PES, s.m., tecido de seda ou lã grossa com que se estofam as cadeiras e sofás.
RE.PE.SA.DO, adj., pesado outra vez, verificado, ponderado, avaliado.
RE.PE.SA.GEM, s.f., ato ou efeito de repesar; lugar onde se faz nova pesagem.
RE.PE.SAR, v.t., pesar outra vez, verificar, ponderar.
RE.PES.CAR, v.t., pescar novamente (o peixe); fig., recuperar (algo) que fora esquecido ou ignorado.
RE.PE.TE.CO, s.m., RJ, pop., ato ou efeito de repetir; repetição.
RE.PE.SO, s.m., o ato de repesar; lugar em que se repesa.
RE.PE.TÊN.CIA, s.f., ato de repetir, repetição.
RE.PE.TEN.TE, s. 2 gên., aluno que é reprovado e está refazendo a série.
RE.PE.TI.ÇÃO, s.f., repetência, ato de repetir, de refazer.
RE.PE.TI.DO, adj., que repete, repisado, refeito.
RE.PE.TI.DOR, s.m., quem repete, amplificador usado para aumentar a potência de linhas transmissoras de eletricidade ou ondas telefônicas.
RE.PE.TI.DORA, s.f., estação de rádio ou televisão, que retransmite a programação de outras estações.
RE.PE.TIR, v.t. e pron., tornar a fazer, bisar, reproduzir,

estudar de novo, ecoar.
RE.PE.TI.TI.VI.DA.DE, *s.f.*, qualidade do que é repetitivo.
RE.PE.TI.TI.VO, *adj.*, que repete, que ecoa.
RE.PE.TI.TÓ.RIO, *adj.*, em que há repetição; que faz repetir.
RE.PI.CA.DO, *adj.*, tornado a picar, dobrado.
RE.PI.CA.DOR, *adj. e s.m.*, que ou o que repica.
RE.PI.CAR, *v.t.*, tornar a picar, dobrar de novo sinos ou sinetas, redobrar.
RE.PIM.PA.DO, *adj.*, acomodado, refestelado, sossegado.
RE.PIM.PAR, *v.t., int. e pron.*, acomodar-se, refestelar-se, pôr-se à vontade de todo.
RE.PIN.TA.DO, *adj.*, pintado de novo, repintado.
RE.PIN.TAR, *v.t. e pron.*, pintar de novo, passar tinta novamente.
RE.PI.QUE, *s.m.*, ação de repicar, bimbalhar dos sinos, badalada, toque alegre dos sinos.
RE.PI.SA, *s.f.*, ato ou efeito de repisar; vinho de repisa.
RE.PI.SA.DO, *adj.*, pisado de novo, calcado, repetido, pressionado.
RE.PI.SAR, *v.t. e pron.*, pisar novamente, calcar, pressionar com os pés, repetir.
RE.PLAN.TA, *s.f.*, Ecol., plantio de uma árvore para substituir outra; *bras.*, a árvore plantada para esse fim.
RE.PLAN.TA.ÇÃO, *s.f.*, ação de replantar, plantio, plantação.
RE.PLAN.TA.DO, *adj.*, tornado a plantar, plantado de novo.
RE.PLAN.TA.DOR, *adj. e s.m.*, que ou o que replanta.
RE.PLAN.TAR, *v.t.*, plantar de novo.
RE.PLAN.TI.O, *s.m.*, replantação; ação ou efeito de replantar.
REPLAY, *s.m.*, ing., repetição, ato de reapresentar, apresentação de novo.
RE.PLE.ÇÃO, *s.f.*, estado de repleto.
RE.PLE.NO, *adj.*, repleto, muito cheio.
RE.PLE.TO, *adj.*, muito cheio, bem cheio, pleno, completo, farto.
RÉ.PLI.CA, *s.f.*, objeção, contrariedade, oposição; reprodução idêntica de.
RE.PLI.CA.ÇÃO, *s.f.*, ação ou efeito de replicar, retrucação, resposta.
RE.PLI.CA.DO, *adj.*, respondido, retrucado.
RE.PLI.CA.DOR, *adj. e s.m.*, retrucador, respondedor.
RE.PLI.CAN.TE, *adj. 2 gên. e s. 2 gên.*, que ou aquele(a) que replica.
RE.PLI.CAR, *v.t. e int.*, retorquir, responder a, retrucar, contestar, refutar.
RE.PO.LHAR, *v. int.*, assumir feição de repolho, ter semelhança com repolho.
RE.PO.LHO, *s.m.*, tipo de couve, verdura.
RE.PO.LHU.DO, *adj.*, com forma de repolho; abundante, fechado.
RE.PO.LI.MEN.TO, *s.m.*, ação ou efeito de repolir.
RE.PO.LIR, *v.t.*, tornar a polir; *fig.*, apurar.
RE.POL.TRE.AR, *v.int.*, acomodar-se; refestelar-se.
RE.POL.TRO.NAR-SE, *v. pron.*, o mesmo que repoltrear-se.
RE.PO.NEN.TE, *adj. 2 gên. e s. 2 gên.*, que ou aquele(a) que repõe; diz-se do(a) herdeiro(a) que faz reposição.
RE.PON.TA, *s.f.*, nova ponta, ponta que aparece pela segunda vez ou periodicamente; *bras.*, começo da maré enchente; SP, cheia, enchente; repetição de golpe com a ponta da espada ou da lança.
RE.PON.TA.DO, *adj.*, reaparecido, ressurgido, redespontado.
RE.PON.TA.DOR, *adj., bras.*, Sul, que reponta, que espanta o gado de um lado para o outro.

RE.PON.TAR, *v.t. e int.*, reaparecer, ressurgir, surgir ao longe.
RE.PON.TE, *s.m., bras.*, S, ato de repontar ou espantar o gado de um lado para o outro.
RE.PO.PU.LA.ÇÃO, *s.f.*, ato ou efeito de repopular, multiplicar ou renovar uma população; repovoação.
RE.PO.PU.LA.RI.ZAR, *v.t. e pron.*, popularizar de novo; tornar-se outra vez popular.
RE.POR, *v.t. e pron.*, pôr de novo, recolocar, devolver.
RE.POR.TA.ÇÃO, *s.f.*, referência, alusão, consideração, implicância.
RE.POR.TA.DO, *adj.*, aludido, referido, mencionado, considerado.
RE.POR.TA.DOR, *s.m.*, aquele que compra títulos à vista para os revender a prazo.
RE.POR.TA.GEM, *s.f.*, notícia, noticiário, grupo de repórteres.
RE.POR.TA.MEN.TO, *s.m.*, ação de repontar; reportação.
RE.POR.TAR, *v.t.*, referir, retornar a um fato pregresso.
RE.PÓR.TER, *s.m.*, indivíduo que colhe e busca notícias para a imprensa.
RE.PO.SI.ÇÃO, *s.f.*, ação de reposição, recolocação, devolução.
RE.PO.SI.CI.O.NAR, *v.t.*, colocar em nova posição, dar nova posição.
RE.PO.SI.TOR, *s.m.*, aquele que faz reposição de estoque em estabelecimento comercial.
RE.PO.SI.TÓ.RIO, *s.m.*, local para guardar objetos, depósito.
RE.POS.SU.IR, *v.t.*, possuir de novo.
RE.POS.TA.DA, *s.f.*, resposta grosseira; respostada.
RE.POS.TAR, *v.t. e int.*, responder, retrucar com violência.
RE.POS.TEI.RO, *s.m.*, cortina fina, que pende dos portais nas portas interiores da casa.
RE.POS.TO, *adj.*, que se repôs; que recuperou ânimo; que se restabeleceu.
RE.POU.SA.DO, *adj.*, descansado, refeito, reconstituído.
RE.POU.SAR, *v.t. e int.*, descansar, refazer as forças; *fig.*, jazer morto.
RE.POU.SO, *s.m.*, descanso, tranquilidade.
RE.PO.VO.A.ÇÃO, *s.f.*, ato ou efeito de repovoar; repovoamento.
RE.PO.VO.A.DO, *adj.*, tornado a ser habitado, reabitado, recolonizado.
RE.PO.VO.A.MEN.TO, *s.m.*, recolonização, retorno da população.
RE.PO.VO.AR, *v.t. e pron.*, tornar a povoar.
RE.PRE.EN.DE.DOR, *adj. e s.m.*, que ou o que repreende.
RE.PRE.EN.DER, *v.t.*, admoestar, advertir, chamar a atenção.
RE.PRE.EN.DI.DO, *adj.*, admoestado, advertido, censurado.
RE.PRE.EN.SÃO, *s.f.*, admoestação, advertência, chamada, censura.
RE.PRE.EN.SÍ.VEL, *adj.*, que pode ser repreendido, admoestável.
RE.PRE.EN.SI.VO, *adj.*, que repreende, que admoesta.
RE.PRE.EN.SOR, *adj. e s.m.*, que ou aquele que repreende.
RE.PRE.GA.DO, *adj.*, que foi pregado novamente, refixado.
RE.PRE.GAR, *v.t.*, pregar de novo, fixar de novo com prego.
RE.PRE.SA, *s.f.*, dique, paredão bem forte para segurar águas, represamento.
RE.PRE.SA.DO, *adj.*, retido, segurado, trancado, seguro.
RE.PRE.SA.DOR, *adj. e s.m.*, que ou o que represa.
RE.PRE.SA.DU.RA, *s.f.*, ato de represar; represamento.
RE.PRE.SÁ.LIA, *s.f.*, desforra, vingança, retribuição violenta

REPRESAMENTO · 717 · REPUDIAÇÃO

por algo.
RE.PRE.SA.MEN.TO, *s.m.*, ação ou efeito de represar, retenção, trancamento.
RE.PRE.SAR, *v.t.*, reter, segurar em represa, trancar as águas com dique.
RE.PRE.SEN.TA.ÇÃO, *s.f.*, apresentação teatral, exibição, ato de representar.
RE.PRE.SEN.TA.DO, *adj.*, figurado, exibido, desempenhado, presente.
RE.PRE.SEN.TA.DOR, *adj.* e *s.m.*, que ou aquele que representa.
RE.PRE.SEN.TAN.TE, *s. 2 gên.*, quem está no lugar de outro, vendedor de empresas; pessoa que representa uma empresa.
RE.PRE.SEN.TAR, *v.t.*, aparentar, figurar, exibir, desempenhar, estar no lugar de.
RE.PRE.SEN.TA.TI.VO, *adj.*, que representa, que está indicado para representar.
RE.PRE.SEN.TÁ.VEL, *adj.*, que pode ser representado.
RE.PRE.SEN.TE.AR, *v.t.*, presentear com reciprocidade ou em troca de presentes recebidos.
RE.PRE.SO, *adj.*, preso pela segunda vez; reprimido, detido.
RE.PRES.SÃO, *s.f.*, ato de reprimir, contenção violenta, sufocação.
RE.PRES.SI.VI.DA.DE, *s.f.*, caráter ou qualidade do que é repressivo.
RE.PRES.SI.VO, *adj.*, que reprime, que castiga.
RE.PRES.SOR, *s.m.*, quem oprime, ditador.
RE.PRI.MEN.DA, *s.f.*, advertência, admoestação, censura.
RE.PRI.MI.DOR, *adj.* e *s.m.*, que ou o que reprime, repressor; repressivo.
RE.PRI.MIR, *v.t.*, sufocar, conter, advertir, dominar, segurar pela força.
RE.PRI.MÍ.VEL, *adj.*, sufocável, dominável.
RE.PRI.SA.DO, *adj.*, reapresentado, apresentado de novo.
RE.PRI.SÁ.VEL, *adj. 2 gên.*, que se pode reprisar.
RE.PRI.SAR, *v.t.*, apresentar de novo, reapresentar novamente.
RE.PRI.SE, *s.f.*, reapresentação de um filme, nova apresentação.
RÉ.PRO.BO, *adj.*, condenado, mau, ruim, maldoso, malvado.
RE.PRO.CES.SA.DO, *adj.*, recuperado, processado de novo, refeito.
RE.PRO.CES.SA.DOR, *adj.* e *s.m.*, que ou o que reprocessa.
RE.PRO.CES.SA.MEN.TO, *s.m.*, ato ou efeito de reprocessar.
RE.PRO.CES.SAR, *v.t.*, processar de novo, recuperar, refazer.
RE.PRO.CHA.DO, *adj.*, admoestado, censurado, advertido.
RE.PRO.CHAR, *v.t.*, censurar, admoestar, chamar a atenção.
RE.PRO.CHE, *s.m.*, censura, admoestação, reprimenda.
RE.PRO.DU.ÇÃO, *s.f.*, criação, ato de reproduzir, aumento das espécies.
RE.PRO.DU.TI.BI.LI.DA.DE, *s.f.*, ação ou efeito de reproduzir, reprodução.
RE.PRO.DU.TÍ.VEL, *adj.*, que pode ser reproduzido, imitável.
RE.PRO.DU.TI.VO, *adj.*, que reproduz, que refaz.
RE.PRO.DU.TOR, *s.m.*, quem reproduz, macho usado para reproduzir.
RE.PRO.DU.ZI.DO, *adj.*, produzido de novo, recriado, recomposto, recopiado.
RE.PRO.DU.ZIR, *v.t.* e *pron.*, produzir de novo, recriar, recompor, refazer fielmente, plagiar, copiar com fidelidade.
RE.PRO.DU.ZÍ.VEL, *adj. 2 gên.*, que se pode reproduzir; reprodutível.

RE.PRO.GRA.FI.A, *s.f.*, conjunto dos diversos processos de reprodução de documentos (p.ex.: fotocópia, microfilmagem, xerografia, etc.).
RE.PRO.GRÁ.FI.CO, *adj.*, relativo a reprografia.
RE.PRO.GRA.MA.ÇÃO, *s.f.*, ato ou efeito de reprogramar.
RE.PRO.GRA.MAR, *v.t.*, Rád. e TV, programar novamente; fazer nova programação; Inf., refazer um programa.
RE.PRO.ME.TER, *v.t.*, prometer de novo; tornar a prometer.
RE.PRO.MIS.SÃO, *s.f.*, promessa recíproca; promessa repetida por várias vezes.
RE.PRO.VA.ÇÃO, *s.f.*, ato de reprovar, admoestação, advertência.
RE.PRO.VA.DO, *adj.*, que não passou de série, que não foi promovido.
RE.PRO.VA.DOR, *adj.* e *s.m.*, que(m) reprova, admoestador, castigador.
RE.PRO.VAR, *v.t.*, não aprovar, não ser promovido nos exames, censurar, advertir; ser contra.
RE.PRO.VA.TI.VO, *adj.*, que expressa reprovação; reprovador; reprovatório.
RE.PRO.VÁ.VEL, *adj.*, que pode ser reprovado, censurável.
RE.PRU.IR, *v.t.* e *int.*, produzir muito prurido em; provocar estado de excitação em (alguém ou em si mesmo); arrebatar(-se); inflamar(-se); sentir cócegas.
RE.PRU.RIR, *v.t.* e *int.*, o mesmo que repruir.
REP.TA.DO, *adj.*, desafiado, provocado, chamado para um duelo.
REP.TAR, *v.t.*, lançar repto; desafiar, provocar; *fig.*, ficar em oposição a.
RÉP.TEIS, *s.m., pl.*, classe de animais que rastejam, como cobras, lagartos, tartarugas e jacarés.
RÉP.TIL, *s.m.*, reptil, animal da classe dos répteis; *adj.*, que se arrasta, que rasteja.
REP.TI.LÁ.RIO, *adj.*, pertencente ou relativo aos répteis, especialmente à era geológica dos répteis.
REP.TI.LI.A.NO, *adj.*, relativo ou pertencente ao réptil.
REP.TO, *s.m.*, desafio, provocação.
RE.PÚ.BLI.CA, *s.f.*, a organização política do Brasil; forma de governo na qual o povo escolhe por voto seus representantes; grupo de pessoas que vive em uma casa repartida para muitas pessoas.
RE.PU.BLI.CA.ÇÃO, *s.f.*, ato ou efeito de republicar; nova publicação.
RE.PU.BLI.CA.DO, *adj.*, que se republicou; publicado novamente.
RE.PU.BLI.CA.NIS.MO, *s.m.*, todas as ideias e meios de um governo republicano.
RE.PU.BLI.CA.NIS.TA, *s. 2 gên.*, adepto e defensor do republicanismo.
RE.PU.BLI.CA.NI.ZA.ÇÃO, *s.f.*, ação ou efeito de republicanizar.
RE.PU.BLI.CA.NI.ZAR, *v.t.* e *pron.*, tornar republicano, transformar um governo em governo republicano.
RE.PU.BLI.CA.NO, *s.m.*, adepto ou defensor da República, eleitor da República.
RE.PU.BLI.CAR, *v.t.*, publicar de novo, reeditar.
RE.PU.BLI.QUE.TA, *s.f.*, república política ou territorialmente insignificante; república em que as leis são frequentemente desobedecidas e os direitos dos cidadãos violados.
RE.PU.DI.A.ÇÃO, *s.f.*, ação ou efeito de repudiar, negação,

rejeição, contestação.
RE.PU.DI.A.DO, *adj.*, negado, rejeitado, contestado, desprezado.
RE.PU.DI.AN.TE, *adj. e s.m.*, que ou o que abandona ou repudia a esposa.
RE.PU.DI.AR, *v.t.*, negar, rejeitar, contestar, desprezar.
RE.PÚ.DIO, *s.m.*, ação ou efeito de repudiar, rejeição, desprezo.
RE.PUG.NÂN.CIA, *s.f.*, aversão, nojo, asco.
RE.PUG.NAN.TE, *adj.*, nojento, asqueroso, que provoca repulsa, repulsivo.
RE.PUG.NAR, *v.t. e int.*, provocar aversão, afastar, repelir, opor-se.
RE.PUL.SA, *s.f.*, aversão, objeção, nojo, contrariedade.
RE.PUL.SÃO, *s.f.*, afastamento, deslocamento.
RE.PUL.SAR, *v.t.*, afastar, repelir, empurrar para longe.
RE.PUL.SO, *adj.*, (*part. irreg. do verbo repelir*), repelido, rejeitado; *s.m.*, o mesmo que repulsão.
RE.PUL.SOR, *adj.*, que repulsa ou repele.
RE.PU.LU.LAR, *v.int.*, renascer; brotar ou nascer em grande quantidade; multiplicar-se.
RE.PUR.GAR, *v.t.*, purgar de novo; tornar a purgar ou a limpar.
RE.PU.RI.FI.CAR, *v.t.*, purificar em alto grau; acrisolar.
RE.PU.TA.ÇÃO, *s.f.*, honra, dignidade, fama.
RE.PU.TA.DO, *adj.*, julgado, estimado, avaliado.
RE.PU.TAR, *v.t. e pron.*, julgar, avaliar, estimar, considerar.
RE.PU.XA.DO, *adj.*, esticado, estendido, puxado com força.
RE.PU.XÃO, *s.m.*, puxão, puxada forte.
RE.PU.XAR, *v.t. e pron.*, puxar de novo, puxar mais, esticar, levar com força.
RE.PU.XO, *s.m.*, ato de repuxar, jato de líquido, tipo de chafariz.
RE.QUE.BRA.DO, *adj. e s.m.*, lânguido, amoroso; bamboleio, rebolado.
RE.QUE.BRA.DOR, *adj. e s.m.*, que(m) requebra, rebolador.
RE.QUE.BRAR, *v.t. e pron.*, saracotear, mover com languidez, menear, galantear.
RE.QUE.BRO, *s.m.*, meneio sensual, movimento langoroso do corpo.
RE.QUEI.JÃO, *s.m.*, tipo de queijo fresco, feito com leite coalhado, ricota.
RE.QUEI.MA.DO, *adj.*, tostado, torrado, queimado com muito calor.
RE.QUEI.MAR, *v.t. e pron.*, queimar com intensidade, tostar.
RE.QUEN.TA.DO, *adj.*, alimento que esfriou e é esquentado de novo; *fig.*, assustado.
RE.QUEN.TAR, *v.t. e pron.*, tornar a esquentar.
RE.QUE.RE.DOR, *adj. e s.m.*, o mesmo que requerente.
RE.QUE.REN.TE, *adj. e s.m.*, requeredor, peticionário, suplicante, requerer.
RE.QUE.RER, *v.t. e pron.*, solicitar, exigir, pedir algo a que se tem direito; postular.
RE.QUE.RI.DO, *adj.*, solicitado, pedido, peticionado.
RE.QUE.RI.MEN.TO, *s.m.*, pedido, petição legal.
RE.QUE.RÍ.VEL, *adj. 2 gên.*, que se pode requerer.
RE.QUES.TA, *s.f.*, solicitação, bajulação, adulação.
RE.QUES.TA.DO, *adj.*, solicitado, bajulado, louvado.
RE.QUES.TA.DOR, *adj. e s.m.*, solicitador, solicitante, peticionário.
RE.QUES.TAR, *v.t.*, pedir com insistência, postular, exigir; galantear.
RÉ.QUI.EM, *s.m.*, repouso, sossego, morte; canto fúnebre, canto para os mortos.
RE.QUI.E.TO, *adj.*, muito quieto, calmíssimo.
RE.QUI.E.TU.DE, *s.f.*, grande quietude, muita calma.
RE.QUIN.TA.DO, *adj.*, esmerado, afinado, fino, chique.
RE.QUIN.TAR, *v.t., int. e pron.*, esmerar, aprimorar, tornar uma obra de arte, refinar.
RE.QUIN.TE, *s.m.*, perfeição, esmero, maravilha.
RE.QUI.SI.ÇÃO, *s.f.*, ato ou efeito de requisitar; exigência legal.
RE.QUI.SI.TA.DO, *adj.*, solicitado, procurado, convidado.
RE.QUI.SI.TAN.TE, *adj. 2 gên.*, que requisita; *s. 2 gên.*, aquele ou aquela que requisita.
RE.QUI.SI.TAR, *v.t.*, requerer oficialmente, pedir com base legal, exigir.
RE.QUI.SI.TO, *s.m.*, quesito, pressuposto, concessão.
RE.QUI.SI.TÓ.RIO, *s.m.*, peça acusatória exposta pelo promotor contra o acusado.
RÉS, *adj.*, rente, próximo, raso; *adv.*, cerce, pela raiz, radicalmente.
RÊS, *s.f.*, cada animal bovino; vacas e bois.
RES.CAL.DA.DO, *adj.*, muito escaldado, muito quente; *fig.*, magoado pelas decepções.
RES.CAL.DA.MEN.TO, *s.m.*, ação ou efeito de rescaldar; novo esquentamento.
RES.CAL.DAR, *v.t.*, esquentar novamente, tornar a esquentar.
RES.CAL.DO, *s.m.*, calor refletido, braseiro, borralho; atirar água para segurar as brasas de um incêndio.
RES.CIN.DI.DO, *adj.*, quebrado, desmanchado, anulado, desfeito.
RES.CIN.DIR, *v.t.*, desmanchar, quebrar, desfazer, anular.
RES.CIN.DÍ.VEL, *adj.*, suscetível de se rescindir.
RES.CI.SÃO, *s.f.*, anulação, quebra.
RES.CI.SÓ.RIO, *adj.*, que rescinde, que extingue.
RES.CRE.VER, *v.t.*, o mesmo que reescrever.
RES.CRI.TO, *adj.*, tornado a escrever; *s.m.*, edito, decisão do papa em tema teológico.
RÉS DO CHÃO, *s.m.*, andar térreo, piso, chão.
RE.SE.DÁ, *s.f.*, planta de flores amarelas, com forte aroma.
RE.SE.NHA, *s.f.*, apresentação pormenorizada de fatos, enumeração de fatos, sumário, resumo.
RE.SE.NHAR, *v.t.*, fazer uma resenha, descrever minuciosamente, resumir.
RE.SE.NHIS.TA, *s. 2 gên.*, pessoa que faz resenhas.
RE.SER.VA, *s.f.*, ato de reservar, depósito, economia, recato, discrição, substituto, homem que pode ser chamado a servir o Exército, militar aposentado.
RE.SER.VA.ÇÃO, *s.f.*, ato ou efeito de reservar; reserva.
RE.SER.VA.DO, *adj.*, designado, em que há reserva, circunspecto, silencioso.
RE.SER.VA.DOR, *adj. e s.m.*, que(m) reserva, designador.
RE.SER.VAN.TE, *adj. 2 gên.*, que reserva.
RE.SER.VAR, *v.t. e pron.*, poupar, deixar para depois, livrar de, segurar.
RE.SER.VA.TI.VO, *adj.*, que tem reserva.
RE.SER.VA.TÓ.RIO, *s.m.*, depósito, local para guardar objetos.
RE.SER.VIS.TA, *s.m.*, indivíduo que pode ser chamado para servir o Exército.
RES.FO.LE.GA.DOU.RO, *s.m.*, local de entrada e saída do ar, respiradouro, suspiro.
RES.FO.LE.GAN.TE, *adj.*, que tem resfôlego.
RES.FO.LE.GAR, *v.t. e int.*, respirar, respirar com ruído e dificuldade.

RESFÔLEGO   RESPIRADO

RES.FÔ.LE.GO, s.m., ação ou efeito de resfolegar, tomar ar.
RES.FRI.A.DEI.RA, s.f., bras., lugar onde resfriam açúcar (no engenho).
RES.FRI.A.DO, adj., que está frio, fresco, constipado, com gripe; s.m., constipação, gripe.
RES.FRI.A.DOR, s.m., aparelho para resfriar alimentos ou outras coisas.
RES.FRI.A.DOU.RO, s.m., local em que se podem esfriar produtos ou alimentos.
RES.FRI.A.MEN.TO, s.m., esfriamento, tornar frio, refrescar.
RES.FRI.AR, v.t., int. e pron., esfriar, tornar a esfriar, diminuir a temperatura; ficar com gripe.
RES.GA.TA.DO, adj., libertado, liberado, solto.
RES.GA.TA.DOR, adj. e s.m., libertador, liberador.
RES.GA.TAR, v.t., libertar, liberar, pagar uma dívida, cumprir.
RES.GA.TÁ.VEL, adj., liberável, pagável.
RES.GA.TE, s.m., pagamento, libertação, quantia paga para liberar alguém.
RES.GUAR.DA.DO, adj., guardado, defendido, protegido.
RES.GUAR.DA.DOR, adj. e s.m., que ou o que resguarda.
RES.GUAR.DAR, v.t. e pron., socorrer, guardar com cuidado, defender, proteger.
RES.GUAR.DO, s.m., cuidado, proteção, reserva, tempo depois do parto.
RE.SI.DÊN.CIA, s.f., morada, moradia, habitação, local em que se reside; estágio de médico recém-formado.
RE.SI.DEN.CI.AL, adj., próprio para residir.
RE.SI.DEN.TE, adj., habitante, que mora, que reside, médico que faz residência.
RE.SI.DIR, v.t. e int., morar, habitar, viver, existir.
RE.SI.DU.AL, adj., que se refere a resíduo.
RE.SI.DU.Á.RIO, adj., que forma resíduos.
RE.SÍ.DUO, s.m., resto, sobra, restolho.
RE.SIG.NA.ÇÃO, s.f., ato ou efeito de resignar ou resignar-se; renúncia.
RE.SIG.NA.DO, adj., conformado, que aceita, retirado.
RE.SIG.NAR, v.t. e pron., conformar, aceitar, sair de, retirar-se.
RE.SIG.NA.TÁ.RIO, adj. e s.m., que(m) renuncia ou desiste de um cargo, de alguma atividade.
RE.SIG.NÁ.VEL, adj., que se pode resignar.
RE.SI.LI.ÊN.CIA, s.f., capacidade que diversos corpos têm de retomar a forma original após serem deformados; condição de voltar à forma original, mesmo que deformada.
RE.SI.NA, s.f., substância líquida que se retira de árvores ou animais.
RE.SI.NA.DO, adj., que contém resina, que está envolto em resina.
RE.SI.NA.GEM, s.f., obtenção de resina, extração de resina.
RE.SI.NAR, v.t., extrair resina de; compor com resina; dar resina em.
RE.SI.NÍ.FE.RO, adj., que contém resina, que se compõe com resina.
RE.SI.NI.FI.CAR, v.t. e pron., transformar em resina.
RE.SI.NI.FOR.ME, adj., que tem a aparência ou o aspecto de resina.
RE.SI.NI.TA, s.f., Miner., variedade de opala, de brilho resinoso.
RE.SI.NO.SO, adj., com resina, cheio de resina.
RE.SIS.TÊN.CIA, s.f., vigor, ânimo, força; obstáculo, empecilho.
RE.SIS.TEN.TE, adj., duro, forte, sólido, concreto, obstinado.
RE.SIS.TIR, v.t. e int., apresentar resistência, opor-se, obstinar-se, ficar inabalável.
RE.SIS.TÍ.VEL, adj., que resiste, que pode resistir.
RE.SIS.TI.VI.DA.DE, s.f., Elet., resistência de um condutor cuja longitude e seção são iguais à unidade; resistência específica.
RE.SIS.TI.VO, adj., Elet., que tem resistência elétrica.
RE.SIS.TOR, s.m., peça que num circuito elétrico dificulta a pesagem da energia.
RES.LUM.BRAR, v. int., brilhar, fulgir, iluminar.
RES.MA, s.f., pacote de quinhentas folhas de papel.
RES.MUN.GÃO, s.m., quem está sempre resmungando, que reclama muito.
RES.MUN.GAR, v.t. e int., falar com mau humor, reclamar, dizer mal de tudo.
RES.MUN.GO, s.m., reclamação, berro, contrariedade.
RE.SO.LU.ÇÃO, s.f., solução, decisão, propósito, determinação.
RE.SO.LU.TI.VO, adj., que resolve, solucionador, solucionativo.
RE.SO.LU.TO, adj., resolvido, decidido, ativo, preparado, corajoso.
RE.SO.LU.TÓ.RIO, adj., adequado para ser resolvido.
RE.SO.LÚ.VEL, adj., que se pode resolver.
RE.SOL.VE.DOR, s.m., aquele ou aquilo que resolve (algum problema).
RE.SOL.VER, v.t., int. e pron., solucionar, desembaraçar, decidir, terminar.
RE.SOL.VI.DO, adj., resoluto, decidido, determinado.
RE.SOL.VÍ.VEL, adj. 2 gên., que se pode resolver; resolúvel.
RES.PAL.DA.DO, adj., que se respaldou, que tem apoio moral ou político.
RES.PAL.DAR, v.t., proteger, dar suporte, reforçar, segurar, alisar.
RES.PAL.DO, s.m., encosto, reforço, suporte, proteção.
RES.PEC.TI.VO, adj., próprio de cada um, pertinente, atinente, devido, próprio.
RES.PEI.TA.BI.LI.DA.DE, adj., quem demonstra respeito, dignidade, honra.
RES.PEI.TA.DO, adj., honrado, digno, considerado.
RES.PEI.TA.DOR, adj. e s.m., que(m) respeita, seguidor, honrador.
RES.PEI.TAN.TE, adj., que se refere, referente, relativo, pertinente, concernente.
RES.PEI.TAR, v.t. e pron., dar respeito, considerar, seguir, acompanhar.
RES.PEI.TÁ.VEL, adj., merecedor de respeito, importante, digno.
RES.PEI.TO, s.m., dignidade, apreço, consideração, obediência.
RES.PEI.TO.SO, adj., com muito respeito, digno, recatado.
RES.PI.GA, s.f., ato ou efeito de respigar as searas; em carpintaria, encaixe em peça de madeira para que nela entre outra peça; espiga.
RES.PIN.GA.DO, adj., borrifado, regado, molhado.
RES.PIN.GAR, v. int., borrifar, jogar gotas de água, regar, molhar.
RES.PIN.GO, s.m., borrifo, jato de líquido.
RES.PI.RA.BI.LI.DA.DE, s.f., qualidade do que é respirável.
RES.PI.RA.ÇÃO, s.f., ação de absorver e expelir o ar dos pulmões, fôlego.
RES.PI.RA.DO, adj., que se respirou.

RES.PI.RA.DOR, *s.m.*, aparelho para facilitar a respiração.
RES.PI.RA.DOU.RO, *s.m.*, local por onde entra ar para as pessoas respirarem.
RES.PI.RA.MEN.TO, *s.m.*, bafo; alento; *fig.*, folga; descanso.
RES.PI.RAN.TE, *adj.*, que respira.
RES.PI.RAR, *v.t. e int.*, absorver e expelir o ar dos pulmões; viver, existir.
RES.PI.RA.TÓ.RIO, *adj.*, próprio da respiração.
RES.PI.RÁ.VEL, *adj.*, que é possível respirar.
RES.PI.RO, *s.m.*, abertura em fornos e churrasqueiras para a fumaça sair.
RES.PLAN.DE.CÊN.CIA, *s.f.*, brilho, esplendor, luminosidade.
RES.PLAN.DE.CEN.TE, *adj.*, brilhante, fulgurante, luminoso.
RES.PLAN.DE.CER, *v.t. e int.*, brilhar, fulgurar, refletir luz; tornar-se notório.
RES.PLAN.DE.CI.MEN.TO, *s.m.*, ação ou efeito de resplandecer; resplandecência.
RES.PLEN.DEN.TE, *adj.*, luminoso, brilhante, brilhoso, fulgurante.
RES.PLEN.DER, *v. int.*, brilhar, fulgurar, iluminar.
RES.PLEN.DOR, *s.m.*, brilho forte, fulgor; grande luz; *fig.*, fama, celebridade.
RES.PLEN.DO.RO.SO, *adj.*, brilhoso, luminoso, brilhante.
RES.PON.DÃO, *s.m.*, quem responde muito, resmungão.
RES.PON.DE.DOR, *adj. e s.m.*, que ou o que responde.
RES.PON.DER, *v.t. e int.*, retrucar, devolver uma resposta, dar resposta.
RES.PON.DI.DO, *adj.*, diz-se daquilo a que se respondeu ou deu resposta; que teve resposta.
RES.PON.DÍ.VEL, *adj.*, a que se pode responder, digno de resposta.
RES.PON.SA.BI.LI.DA.DE, *s.f.*, obrigação de cumprir algo, manutenção dos princípios emitidos; assunção e execução de algo.
RES.PON.SA.BI.LI.ZA.ÇÃO, *s.f.*, ação ou efeito de responsabilizar, obrigação, consideração.
RES.PON.SA.BI.LI.ZA.DO, *adj.*, intimado, considerado, obrigado, chamado a atenção.
RES.PON.SA.BI.LI.ZA.DOR, *adj. e s.m.*, que ou aquele que se responsabiliza.
RES.PON.SA.BI.LI.ZAR, *v.t. e pron.*, considerar responsável, chamar a atenção, dar a obrigação de.
RES.PON.SÁ.VEL, *adj.*, que presta contas de seus atos; que legalmente sabe o que faz; *s.m.*, quem cumpre com os deveres.
RES.PON.SO, *s.m.*, oração para pedir alguma graça especial a um santo ou a Deus; rezas alternadas, sobretudo salmos, entre dois coros.
RES.POS.TA, *s.f.*, o que se diz ou escreve para uma pergunta, reação, refutação.
RES.QUÍ.CIO, *s.m.*, fragmento, resto, resíduo, sinal.
RES.SA.BI.A.DO, *adj.*, desconfiado, atemorizado, preocupado.
RES.SA.BI.AR, *v. int. e pron.*, ofender, melindrar, magoar.
RES.SA.CA, *s.f.*, o vaivém das ondas, fluxo e refluxo; cansaço depois de uma embriaguez.
RES.SA.CAR, *v.t.*, fazer o ressaque (letra de câmbio); *v.pron.*, ficar ressacado.
RES.SAI.BO, *s.m.*, sabor ruim, sinal, vestígio, ressentimento, rancor.
RES.SA.Í.DO, *adj.*, destacado, sobressaído, notado.
RES.SA.IR, *v. int.*, destacar-se, sobressair, fazer-se notar.
RES.SAL.TA.DO, *adj.*, destacado, enfatizado, ressaído.
RES.SAL.TAR, *v.t. e int.*, destacar, enfatizar, sobressair.
RES.SAL.TE, *s.m.*, ato de ressaltar, ressalto, saliência.
RES.SAL.TO, *s.m.*, saliência, destaque, proeminência.
RES.SAL.VA, *s.f.*, correção, modo de corrigir um erro em documento, exceção.
RES.SAL.VA.DO, *adj.*, corrigido, condicionado.
RES.SAL.VAR, *v.t. e pron.*, corrigir, excetuar, condicionar.
RES.SAR.CI.DO, *adj.*, pago, indenizado, reparado.
RES.SAR.CI.MEN.TO, *s.m.*, ação de ressarcir, indenização, pagamento.
RES.SAR.CIR, *v.t.*, pagar, indenizar, reparar, acertar.
RES.SE.CA.ÇÃO, *s.f.*, ação ou efeito de ressecar.
RES.SE.CA.DO, *adj.*, secado novamente, ressequido, seco.
RES.SE.CA.MEN.TO, *s.m.*, secura, ressequimento.
RES.SE.CAR, *v.t. e pron.*, secar novamente, ressequir.
RES.SE.CO, *adj.*, muito seco.
RES.SE.GU.RAR, *v.t.*, garantir a cobertura de riscos securitários que estão além da capacidade técnica das empresas seguradoras; segurar o seguro.
RES.SE.GU.RO, *s.m.*, expediente usado pelas companhias de seguro, passando parte do prêmio para outra companhia, para evitar grandes perdas em caso de sinistro.
RES.SE.ME.AR, *v.t.*, semear pela segunda vez; tornar a semear.
RES.SEN.TI.DO, *adj.*, melindrado, magoado, ofendido.
RES.SEN.TI.MEN.TO, *s.m.*, mágoa, ofensa, melindre, raiva.
RES.SEN.TIR, *v.t. e pron.*, ofender-se, melindrar-se, sofrer.
RES.SE.QUI.DO, *adj.*, seco, torrado.
RES.SE.QUIR, *v.t.*, ressecar, tornar muito seco.
RES.SE.RE.NAR, *v.t. e int.*, tornar a serenar; ficar sereno.
RES.SER.VIR, *v.t.*, servir segunda vez; tornar a servir.
RES.SO.A.DO, *adj.*, ecoado, retumbado, ressonado.
RES.SO.A.DOR, *adj. e s.m.*, que ou aquilo que ressoa.
RES.SO.A.MEN.TO, *s.m.*, ato ou efeito de ressoar.
RES.SO.AN.TE, *adj. e s. 2 gén.*, que ressoa; que repercute o som; que faz eco.
RES.SO.AR, *v.t. e int.*, ecoar, retumbar; repetir um som, ruído; ressonar.
RES.SO.BRAR, *v.int.*, sobrar muito, sobejar em excesso.
RES.SO.CI.A.LI.ZA.ÇÃO, *s.f.*, ato ou efeito de ressocializar(-se).
RES.SO.CI.A.LI.ZAR, *v.t.*, socializar (-se) de novo.
RES.SO.LA.DO, *adj.*, recauchutado, colocada nova sola.
RES.SO.LA.GEM, *s.f.*, recauchutagem, colocação de sola nova em.
RES.SO.LAR, *v.t.*, recauchutar, colocar sola nova, arrumar a sola.
RES.SO.NA.DO, *adj.*, ecoado, roncado, repercutido.
RES.SO.NÂN.CIA, *s.f.*, eco, repercussão de sons, som.
RES.SO.NAN.TE, *adj.*, que ressoa, ecoante, retumbante.
RES.SO.NA.DOR, *s.m.*, aquele que ressona.
RES.SO.NAR, *v. int.*, ressoar, ecoar, produzir sons, roncar, retumbar.
RES.SO.NO, *s.m.*, ação de ressonar; ronco, ressonadela.
RES.SO.O, *s.m.*, ato ou efeito de ressoar.
RES.SO.PRAR, *v.t.*, soprar outra vez.
RES.SOR.ÇÃO, *s.f.*, ação ou efeito de ressorver.
RES.SOR.VER, *v.t.*, sorver de novo, tornar a sorver ou a absorver.
RES.SU.AR, *v.int.*, suar ou transpirar muito.

RES.SU.DA.DO, *adj.*, suado, exsudado.
RES.SU.DAR, *v.t. e int.*, suar, expelir suor pelos poros, exsudar.
RES.SU.MA.ÇÃO, *s.f.*, gotejamento, pingamento; suor.
RES.SU.MA.DO, *adj.*, gotejado, pingado, suado.
RES.SU.MAR, *v.t. e int.*, gotejar, pingar, suar, soltar líquidos.
RES.SU.PI.NO, *adj.*, deitado de costas.
RES.SUR.GÊN.CIA, *s.f.*, ato ou efeito de ressurgir; ressurgimento.
RES.SUR.GEN.TE, *adj. 2 gên.*, que ressurge; que surge novamente.
RES.SUR.GI.DO, *adj.*, ressuscitado, surgido de novo, tornado a aparecer.
RES.SUR.GI.DOR, *adj. e s.m.*, que ou o que ressurge ou faz ressurgir.
RES.SUR.GI.MEN.TO, *s.m.*, ressurreição, novo surgimento, renascimento.
RES.SUR.GIR, *v.t. e int.*, ressuscitar, voltar à vida, tornar a aparecer, surgir de novo.
RES.SUR.REI.ÇÃO, *s.f.*, festa das igrejas cristãs para celebrar a ressurreição de Jesus Cristo; volta para a vida humana.
RES.SUS.CI.TA.DO, *adj.*, que ressuscitou.
RES.SUS.CI.TA.DOR, *adj.*, que ressuscita; que restaura ou renova; *s.m.*, aquele que ressuscita, restaura ou renova; Med., aparelho que restaura os batimentos cardíacos e faz a pessoa voltar à consciência.
RES.SUS.CI.TAR, *v.t. e int.*, tornar à vida, viver de novo, surgir, reviver.
RES.TA.BE.LE.CER, *v.t. e pron.*, recompor, restaurar, recuperar, voltar ao que era, sarar.
RES.TA.BE.LE.CI.DO, *adj.*, recomposto, restaurado, recuperado, sarado.
RES.TA.BE.LE.CI.MEN.TO, *s.m.*, cura de uma doença, reconforto.
RES.TA.DO, *adj.*, sobrado, ficado, continuado.
RES.TAM.PAR, *v.t.*, tornar a estampar; reestampar.
RES.TAN.TE, *s.m.*, o resto, o que sobra, os demais.
RES.TAR, *v.t. e int.*, sobrar, ficar, continuar.
RES.TAU.RA.ÇÃO, *s.f.*, reconstrução, reparação, recuperação.
RES.TAU.RA.DO, *adj.*, restabelecido, revigorado, refeito, recomposto, reformado.
RES.TAU.RA.DOR, *adj. e s.m.*, que ou aquele que restaura ou que restabelece.
RES.TAU.RAN.TE, *s.m.* local para comer, casa que vende refeições; *adj.*, que restaura, que reforça, que recompõe as forças.
RES.TAU.RAR, *v.t.*, restabelecer, recompor, revigorar, dar novas forças.
RES.TAU.RA.TI.VO, *adj.*, que restaura; restaurador; restaurante.
RES.TAU.RÁ.VEL, *adj.*, que se pode restaurar.
RES.TE.LAR, *v.t.*, rastelar, limpar a grama com o restelo, varrer.
RES.TE.LA.DO, *adj.*, rastelado, limpo, asseado, varrido.
RES.TE.LO, *s.m.*, rastelo.
RÉS.TIA, *s.f.*, trançado de alho ou cebola; raio de luz.
RES.TI.LA.ÇÃO, *s.f.*, nova destilação, ação ou efeito de restilar.
RES.TI.LA.DA, *s.f.*, a parte do álcool de cana que sobra após a destilação da cachaça; uma alambicada.
RES.TI.LA.DO, *adj.*, destilado de novo, tornado a destilar.
RES.TI.LAR, *v.t.*, tornar a destilar, fazer nova destilada, destilar duplamente.

RES.TI.LO, *s.m.*, Fís.-quím. ato ou efeito de restilar; restilação; redestilação.
RES.TIN.GA, *s.f.*, banco de areia no mar; qualquer faixa arenosa entre o mar e lagunas.
RES.TI.TU.I.ÇÃO, *s.f.*, ação de restituir, devolução, recuperação.
RES.TI.TU.Í.DO, *adj.*, devolvido, recuperado, dado a quem é de direito.
RES.TI.TU.I.DOR, *adj. e s.m.*, que ou aquele que restitui.
RES.TI.TU.IR, *v.t. e pron.*, devolver, entregar de volta, recuperar.
RES.TI.TU.Í.VEL, *adj.*, que pode ser restituído.
RES.TI.VO, *s.m.*, produto da segunda cultura de um campo; milho que se colheu, no mesmo ano, quando já se colhera centeio.
RES.TO, *s.m.*, sobra, o que sobrou, parte não usada.
RES.TO.LHAR, *v.t. e int.*, catar nas sobras; buscar minuciosamente.
RES.TO.LHO, *s.m.*, sobra, resíduo.
RES.TRI.ÇÃO, *s.f.*, limite, contenção, refreamento.
RES.TRIN.GÊN.CIA, *s.f.*, cerceamento, limitação, refreamento.
RES.TRIN.GEN.TE, *adj.*, que restringe ou limita.
RES.TRIN.GI.DO, *adj.*, cerceado, limitado, diminuído.
RES.TRIN.GIR, *v.t. e pron.*, cercear, limitar, diminuir, estreitar, refrear, conter.
RES.TRIN.GÍ.VEL, *adj.*, que pode ser restringido.
RES.TRI.TI.VA, *s.f.*, limitadora, indicação de preposição que restringe a abrangência de uma palavra.
RES.TRI.TI.VO, *adj.*, que restringe, limitativo, diminutivo.
RES.TRI.TO, *adj.*, limitado, cerceado, diminuído, estreito, contido.
RES.TRU.GIR, *v.int.*, estrugir, ecoar; vibrar fortemente; retumbar.
RE.SUL.TA.DO, *s.m.*, conclusão, efeito, produto final, lucro; *adj.*, que resultou, sobrado, restado.
RE.SUL.TAN.TE, *adj.*, que resulta, que sobra.
RE.SUL.TAR, *v.t.*, ser consequência, provir, concluir, terminar, advir.
RE.SU.MI.DO, *adj.*, sintetizado, condensado, abreviado.
RE.SU.MI.DOR, *adj. e s.m.*, que ou aquele que resume.
RE.SU.MIR, *v.t.*, sintetizar, abreviar, elaborar um resumo, condensar.
RE.SU.MO, *s.m.*, síntese, abreviação, sinopse, condensação.
RES.VA.LA.DEI.RO, *s.m.*, o mesmo que resvaladouro.
RES.VA.LA.DI.ÇO, *adj.*, escorregadio, que desliza.
RES.VA.LA.DI.O, *adj. e s.m.*, o mesmo que resvaladiço.
RES.VA.LA.DO, *adj.*, escorregado, deslizado.
RES.VA.LA.DOU.RO, *s.m.*, local ou terreno onde se escorrega com facilidade; resvaladeiro, deslizadeiro; encosta de difícil acesso; quebrada resvaladia, despenhadeiro, plano inclinado.
RES.VA.LA.MEN.TO, *s.m.*, escorregada, deslizamento.
RES.VA.LAN.TE, *adj. 2 gên.*, p.us., que resvala.
RES.VA.LAR, *v.t. e int.*, escorregar, deslizar, cair.
RES.VA.LO, *s.m.*, declive, ladeira, escorregão.
RE.TA, *s.f.*, linha que traça a menor distância entre dois pontos.
RE.TA.BU.LAR, *adj.*, relativo a retábulo.
RE.TÁ.BU.LO, *s.m.*, peça de pedra ou de madeira colocada atrás do altar, com motivos religiosos.
RE.TA.GUAR.DA, *s.f.*, a parte que fica atrás de; a última parte de, a parte posterior.
RE.TAL, *adj.*, referente ao reto, próprio do reto.
RE.TA.LHA.DO, *adj.*, cortado, dividido em retalhos, partido.

RETALHADOR — RETORNO

RE.TA.LHA.DOR, adj. e s.m., que ou aquele que retalha.
RE.TA.LHA.DU.RA, s.f., o mesmo que retalhação.
RE.TA.LHA.MEN.TO, s.m., corte em retalhos, divisão, partição.
RE.TA.LHAR, v.t., cortar em pedaços, em retalhos; dividir, trinchar, partir.
RE.TA.LHEI.RO, adj., que retalha; s.m., o que vende a retalho.
RE.TA.LHIS.TA, s. 2 gên., comerciante de retalhos, quem compra e vende retalhos.
RE.TA.LHO, s.m., pedaço, fragmento, pedaço de tecido.
RE.TA.LI.A.ÇÃO, s.f., desforra, vingança.
RE.TA.LI.A.DO, adj., desforrado, vingado, ofendido.
RE.TA.LI.A.DOR, adj. e s.m., vingador, quem pratica a desforra.
RE.TA.LI.AR, v.t., vingar-se, responder às ofensas, desforrar-se.
RE.TAN.GU.LAR, adj., com forma de retângulo.
RE.TÂN.GU.LO, s.m., figura geométrica que tem ângulos retos.
RE.TAR.DA.ÇÃO, s.f., retardamento, demora, atraso, deficiência, imbecilidade.
RE.TAR.DA.DO, adj., que está atrasado, demorado, deficiente mental, imbecil.
RE.TAR.DA.DOR, adj. e s.m., que ou o que retarda.
RE.TAR.DA.MEN.TO, s.m., atraso, demora, deficiência psíquica.
RE.TAR.DAR, v.t., int. e pron., perder a hora, demorar, ser vagaroso.
RE.TAR.DA.TÁ.RIO, adj. e s.m., atrasado, quem chega atrasado.
RE.TAR.DA.TI.VO, adj., que retarda, demorado, retardante.
RE.TE.LHA.ÇÃO, s.f., o mesmo que retelhadura.
RE.TE.LHA.DO, adj., renovado nas telhas, recoberto, coberto, revestido com telhas.
RE.TE.LHA.DOR, adj. e s.m., que ou o que retelha.
RE.TE.LHA.DU.RA, s.f., retelhamento, ação ou efeito de retelhar, recobrimento.
RE.TE.LHA.MEN.TO, s.m., o mesmo que retelhadura.
RE.TE.LHAR, v.t., arrumar a posição das telhas, renovar as telhas.
RE.TEM.PE.RA.DO, adj., afiado, tornado a temperar, reamolado.
RE.TEM.PE.RAN.TE, adj. 2 gên., que retempera; retemperador.
RE.TEM.PE.RAR, v.t. e pron., tornar a temperar, dar outra têmpera, afiar.
RE.TEM.PE.RO, s.m., nova têmpera, novo tratamento para temperar algum metal.
RE.TEN.ÇÃO, s.f., ação ou efeito de reter; manutenção, memorização.
RE.TEN.TI.VA, s.f., faculdade de memorizar impressões, ato de reter.
RE.TEN.TI.VO, adj., que retém, fixativo.
RE.TEN.TOR, s.m., o que retém, peça do motor do automóvel.
RE.TER, v.t. e pron., segurar, prender, manter, adquirir, memorizar, proteger.
RE.TE.SA.DO, adj., endurecido, enrijado, esticado.
RE.TE.SAR, v.t. e pron., enrijar, endurecer, esticar, tornar teso.
RE.TI.CÊN.CIAS, s.f., sinal gráfico de três pontinhos; omissão, esquecimento.
RE.TI.CEN.TE, adj., omissivo, silente, reservado.
RE.TÍ.CU.LA, s.m., pequena rede; sinal em lentes, como referência para localizar um objeto.
RE.TI.CU.LA.DO, adj., que tem formato de rede, reticular.
RE.TÍ.CU.LO, s.m., pequena rede para prender os cabelos; tecido em forma de rede; Bot., nervura que cerca a base das folhas.
RE.TI.DÃO, s.f., integridade, honra, dignidade, probidade.
RE.TI.DO, adj., preso, detido, parado, mantido, protegido, memorizado.
RE.TÍ.FI.CA, s.f., oficina que retifica motores; máquina para preparar peças mecânicas.
RE.TI.FI.CA.ÇÃO, s.f., correção, ajuste, restauração, conserto.
RE.TI.FI.CA.DO, adj., corrigido, ajustado, restaurado, consertado.
RE.TI.FI.CAR, v.t. e pron., tornar reto, ajustar, corrigir, restaurar, consertar.
RE.TI.FI.CA.TI.VO, adj., que retifica, corretor.
RE.TI.FI.CÁ.VEL, adj., que pode ser retificado, corrigível.
RE.TI.FOR.ME, adj., que tem forma de reta, que se situa em uma reta.
RE.TÍ.GRA.DO, adj., Zool., que anda em linha reta.
RE.TI.LÍ.NEO, adj., reto, que segue uma linha reta.
RE.TI.NA, s.f., parte interna do olho humano que possibilita a visão.
RE.TIN.GIR, v.t., tingir de novo, repintar.
RE.TI.NIR, v.t. e int., zunir; som estridente e forte, ecoar, som agudo.
RE.TI.NI.TE, s.f., inflamação da retina.
RE.TIN.TO, adj., cor forte e viva, pintado com cores vivas.
RE.TI.RA.ÇÃO, s.f., retirada, ação ou efeito de retirar.
RE.TI.RA.DA, s.f., fuga de uma tropa ante o inimigo; pró-labore, remuneração mensal dos sócios de uma empresa.
RE.TI.RA.DO, adj., afastado, longínquo, que está longe.
RE.TI.RAN.TE, s. 2 gên., pessoa do Nordeste que foge das secas.
RE.TI.RAR, v.t., int. e pron., tirar, recolher, puxar para si, sacar, sair de; ir embora.
RE.TI.RO, s.m., local afastado da civilização; local em que as pessoas se reúnem para reflexões e orações; lugar ermo.
RE.TI.TE, s.f., inflamação do intestino reto.
RE.TI.TU.DE, s.f., retidão, integridade, honestidade, honra, respeito.
RE.TO, adj., sem curvas, retilíneo, exato, certo, justo, probo, pronomes retos; s.m., parte do intestino grosso.
RE.TO.CA.DO, adj., arrumado, aprimorado, aperfeiçoado.
RE.TO.CA.DOR, adj. e s.m., que(m) retoca, aperfeiçoador.
RE.TO.CAR, v.t., dar novo retoque, aperfeiçoar, aprimorar, arrumar.
RE.TO.MA.DO, adj., reavido, reassumido, recomeçado, reiniciado.
RE.TO.MAR, v.t., reaver, voltar ao que era, reassumir, começar de novo.
RE.TO.QUE, s.m., correção, emenda, conserto.
RE.TOR.CER, v.t. e pron., torcer de novo, torcer bastante.
RE.TOR.CI.DO, adj., torcido de novo, muito torcido; fig., conturbado, complicado.
RE.TÓ.RI.CA, s.f., a arte de bem falar em público; oratória; a habilidade de discursar.
RE.TÓ.RI.CO, adj., próprio da retórica, bem falado, eloquente.
RE.TOR.NA.MEN.TO, s.m., retorno, volta, regresso, retornança.
RE.TOR.NA.DO, adj., regressado, voltado, vindo de volta.
RE.TOR.NAN.ÇA, s.f., p.us., o mesmo que retorno.
RE.TOR.NAR, v.t. e int., voltar, tornar de novo.
RE.TOR.NO, s.m., volta, regresso, viagem de volta à origem,

RETORQUIDO   723   RETROVERSÃO

local em rodovias para voltar em direção contrária daquela pela qual se vinha.
RE.TOR.QUI.DO, *adj.*, respondido, retrucado, objetado.
RE.TOR.QUIR, *v.t. e int.*, responder, retrucar, objetar.
RE.TOR.SÃO, *s.f.*, resposta, réplica, desforra, represália, retorno.
RE.TOR.TA, *s.f.*, recipiente de gargalo recurvo, virado para baixo, para atividades químicas.
RE.TOS.CO.PI.A, *s.f.*, Med., exame que permite visualizar a região interna do reto, feito por meio de retoscópio; proctoscopia.
RE.TOS.CÓ.PIO, *s.m.*, Med., aparelho provido de um tubo curto com iluminação, que dilata o reto para a realização de retoscopia.
RE.TOU.CA, *s.f.*, balanço, balanço feito com uma corda presa pelas extremidades em algum galho de árvore ou madeira alçada.
RE.TOU.CAR, *v.t. e pron.*, divertir-se com a retouca; balançar-se.
RE.TRA.ÇÃO, *s.f.*, retraimento, acanhamento.
RE.TRA.ÇA.DO, *adj.*, tornado a traçar, traçado de novo.
RE.TRA.ÇAR, *v. pron.*, traçar de novo, esboçar de novo.
RE.TRA.DU.ZI.DO, *adj.*, traduzido de novo, revisto, que foi traduzido de novo.
RE.TRA.DU.ZIR, *v.t.*, traduzir outra vez, recompor, rever.
RE.TRA.Í.DO, *adj.*, encolhido, recolhido, retrocedido.
RE.TRA.I.MEN.TO, *s.m.*, retração, acanhamento, vergonha.
RE.TRA.IR, *v.t. e pron.*, retroceder, ir para trás, acanhar-se, esconder-se, envergonhar-se.
RE.TRAN.CA, *s.f.*, correia para segurar as carroças nas ladeiras; jogo de futebol no qual os jogadores de um time ficam mais na defesa; defensiva.
RE.TRANS.MIS.SOR, *s.m.*, aparelho que transmite automaticamente sinais captados.
RE.TRANS.MIS.SO.RA, *s.f.*, estação de TV ou rádio, que recebe sinais para retransmitir.
RE.TRANS.MI.TIR, *v.t.*, transmitir de novo.
RE.TRA.SA.DO, *adj.*, anterior ao último, penúltimo, que foi atrasado.
RE.TRA.SAR, *v.t.*, tornar a atrasar.
RE.TRA.TA.ÇÃO, *s.f.*, desculpa, reconhecimento de erro, pedido de escusas.
RE.TRA.TA.DO, *adj.*, fotografado, desculpado, descrito.
RE.TRA.TA.DOR, *adj. e s.m.*, que(m) se retrata, desculpador.
RE.TRA.TAR, *v.t. e pron.*, fotografar, tirar a foto de; corrigir-se, desculpar-se; reproduzir algo, descrever, analisar.
RE.TRÁ.TIL, *adj.*, que se retrai, que se encolhe.
RE.TRA.TI.LI.DA.DE, *s.f.*, retração, encolhimento, diminuição do tamanho.
RE.TRA.TIS.TA, *s. 2 gên.*, fotógrafo, quem tira retratos.
RE.TRA.TI.VO, *adj.*, retrátil, diminutivo.
RE.TRA.TO, *s.m.*, foto, fotografia, imagem ou paisagem reproduzida por foto ou pintura; imagem.
RE.TRE.MER, *v.t. e int.*, tremer de novo, sentir uma tremedeira.
RE.TRE.MI.DO, *adj.*, que tremeu de novo, tremido.
RE.TRE.TA, *s.f.*, execução musical feita por banda em logradouros públicos.
RE.TRE.TE, *s.f.*, latrina, privada.
RE.TRI.BU.I.ÇÃO, *s.f.*, gratificação, troca, devolução, compensação, remuneração.
RE.TRI.BU.Í.DO, *adj.*, gratificado, devolvido, compensado, remunerado.
RE.TRI.BU.I.DOR, *adj. e s.m.*, que(m) retribui, gratificador, compensador.
RE.TRI.BU.IR, *v.t.*, recompensar, premiar, gratificar, devolver, dar em troca.
RE.TRI.LHA.DO, *adj.*, voltado, que trilhou de novo, muitas trilhas.
RE.TRI.LHAR, *v.t.*, tornar a trilhar, trilhar de novo; repisar.
RE.TRO, *adv.*, para trás, posteriormente, atrás.
RE.TRO.A.ÇÃO, *s.f.*, ato de retroagir, retorno.
RE.TRO.A.GIR, *v.t. e int.*, agir sobre algo do passado, influir em fatos já decorridos.
RE.TRO.A.LI.MEN.TA.ÇÃO, *s.f.*, processo pelo qual se corrige um trabalho, analisando as respostas e sugestões recebidas sobre ele; correção retroativa.
RE.TRO.AR, *v. int.*, ecoar, trovejar, retumbar.
RE.TRO.A.TI.VI.DA.DE, *s.f.*, retroação, influência retroativa.
RE.TRO.A.TI.VO, *adj.*, que retroage, influente sobre fatos passados.
RE.TRO.CAR.GA, *s.f.*, ato de carregar (arma) pela culatra.
RE.TRO.CE.DEN.TE, *adj.*, que retrocede, que volta, retornante.
RE.TRO.CE.DER, *v.t. e int.*, retornar, voltar, recuar, ir ao passado, retirar-se.
RE.TRO.CE.DI.MEN.TO, *s.m.*, regresso, retorno, volta, retrocesso.
RE.TRO.CES.SÃO, *s.f.*, retrocesso, retrocedimento; ação jurídica pela qual alguém cede um direito obtido por cessão.
RE.TRO.CES.SI.VO, *adj.*, que traz retrocessão.
RE.TRO.CES.SO, *s.m.*, regresso, recuo, perda do conquistado.
RE.TRO.DA.TA.DO, *adj.*, que tem data anterior.
RE.TRO.DA.TAR, *v.t.*, colocar uma data anterior, datar com antecedência.
RE.TRO.FLE.XÃO, *s.f.*, inflexão operada para trás.
RE.TRO.FLE.XO, *adj.*, que se pode dobrar ou curvar para trás.
RE.TRO.GRA.DAR, *v.t., int. e pron.*, retroceder, retornar, tornar-se anacrônico.
RE.TRÓ.GRA.DO, *adj.*, que vai para trás, atrasado, anacrônico, arcaico, obsoleto.
RE.TROR.SO, *adj.*, voltado para trás ou para baixo.
RE.TRÓS, *s.m.*, novelo, conjunto de linha enrolado num carretel.
RE.TRO.SA.RI.A, *s.f.*, estabelecimento de retroeiro; porção de diversas qualidades de retrós.
RE.TRO.SEI.RO, *s.m.*, o que tem uma retrosaria; o que vende retrós.
RE.TROS.PEC.ÇÃO, *s.f.*, retrospecto, retrospectiva; var. retrospecção.
RE.TROS.PEC.TI.VA, *s.f.*, retrospecto, visão do passado, análise de fatos passados.
RE.TROS.PEC.TI.VO, *adj.*, voltado para o passado, análise do que houve.
RE.TROS.PEC.TO, *s.m.*, retrospectiva, revisão do passado, análise do que passou.
RE.TROS.SE.GUI.DO, *adj.*, seguido para trás, regressado, voltado.
RE.TROS.SE.GUIR, *v.t., int. e pron.*, seguir para trás, regressar, voltar.
RE.TRO.TRA.Í.DO, *adj.*, retraído, retorcido, contraído.
RE.TRO.TRA.IR, *v.t., int. e pron.*, retrair.
RE.TRO.VER.SÃO, *s.f.*, reversão de um ato, retradução

para o original de um texto traduzido.
RE.TRO.VER.TER, *v.t.*, retrotrair, retrotraduzir, retroconduzir.
RE.TRO.VER.TI.DO, *adj.*, retrotraído, retroconduzido.
RE.TRO.VI.SOR, *s.m.*, objeto para olhar para trás, espelho no carro, para ver atrás.
RE.TRU.CA.DO, *adj.*, respondido, retorquido, refutado, objetado.
RE.TRU.CAR, *v.t. e int.*, responder, retorquir, refutar, objetar.
RE.TUM.BA.DO, *adj.*, soado, ecoado, ressonado, ribombado.
RE.TUM.BÂN.CIA, *s.f.*, eco, ressonância, ribombo.
RE.TUM.BAN.TE, *adj.*, ressoante, ressonante, ecoante, ribombante.
RE.TUM.BAR, *v.t. e int.*, soar com força, ecoar, ressonar, ribombar.
RE.TUM.BO, *s.m.*, ação ou efeito de retumbar, eco, ribombo.
RE.TUR.NO, *s.m.*, em campeonatos de futebol, o segundo turno para definir os campeões.
RÉU, *s.m.*, quem é condenado por sentença judicial devido a algum delito; processado, condenado.
REU.MA, *s.f.*, catarro, expulsão de catarro ou humores.
REU.MÂ.ME.TRO, *s.m.*, o mesmo que reumatômetro.
REU.MÁ.TI.CO, *adj.*, que padece de reumatismo.
REU.MA.TIS.MO, *s.m.*, doença que ataca as juntas dos ossos e os músculos.
RE.U.NI.ÃO, *s.f.*, agrupamento, encontro de pessoas, assembleia.
RE.U.NI.DO, *adj.*, agrupado, junto, que está junto.
RE.U.NI.FI.CA.DO, *adj.*, unificado, reunido, reagrupado.
RE.U.NI.FI.CAR, *v.t.*, unificar de novo, reunir, reagrupar.
RE.U.NIR, *v.t. e pron.*, agrupar, encontrar, unir de novo, juntar, fazer uma assembleia.
RE.UR.BA.NI.ZA.ÇÃO, *s.f.*, ação ou efeito de reurbanização, transformação de um local em cidade.
RE.UR.BA.NI.ZA.DO, *adj.*, reconstruído como cidade, retransformado em cidade.
RE.UR.BA.NI.ZAR, *v.t.*, tornar a urbanizar, reconstruir.
RE.U.TI.LI.ZA.DO, *adj.*, usado de novo, reciclado.
RE.U.TI.LI.ZAR, *v.t.*, utilizar de novo, usar de novo, reciclar.
RE.VA.CI.NA.ÇÃO, *s.f.*, ação ou efeito de revacinar.
RE.VA.CI.NA.DO, *adj.*, que foi vacinado de novo, tornado a vacinar.
RE.VA.CI.NAR, *v.t. e pron.*, tornar a vacinar, vacinar de novo.
RE.VA.LI.DA.ÇÃO, *s.f.*, nova validação, legitimação, homologação.
RE.VA.LI.DA.DO, *adj.*, validado de novo, tornado a ser legitimado.
RE.VA.LI.DAR, *v.t.*, validar de novo.
RE.VA.LO.RI.ZA.DO, *adj.*, dado novo valor, revalidado.
RE.VA.LO.RI.ZAR, *v.t.*, tornar a valorizar, dar valor de novo.
RE.VAN.CHE, *s.f.*, desforra, vingança, revide, resposta.
RE.VAN.CHIS.MO, *s.m.*, espírito de vingança, vontade de desforra.
RÉVEILLON, *s.m., fr.*, ceia de fim de ano.
RE.VEL, *s.m.*, pessoa intimada que não cumpre a ordem, fugitivo, proscrito.
RE.VE.LA.ÇÃO, *s.f.*, manifestação, prova, declaração, testemunho; técnica para obter fotos.
RE.VE.LA.DO, *adj.*, mostrado, desnudado, declarado, manifestado.
RE.VE.LA.DOR, *adj. e s.m.*, desnudador, que(m) revela, declarador.
RE.VE.LAR, *v.t. e pron.*, descobrir, mostrar, desnudar, declarar, manifestar.
RE.VE.LI.A, *s.f.*, ato de revel, fuga; julgar à revelia - sem a presença do réu.
RE.VEN.DA, *s.f.*, ação de vender de novo.
RE.VEN.DE.DOR, *adj. e s.m.*, que(m) revende, comerciante de revenda.
RE.VEN.DE.DO.RA, *s.f.*, empresa que revende produtos comerciais, mulher que revende produtos.
RE.VEN.DER, *v.t.*, vender novamente.
RE.VER, *v.t.*, ver de novo, reexaminar, analisar, corrigir, consertar.
RE.VER.BE.RA.ÇÃO, *s.f.*, censura, admoestação, advertência, brilho, fulgor.
RE.VER.BE.RA.DO, *adj.*, censurado, admoestado, advertido.
RE.VER.BE.RAN.TE, *adj.*, brilhante, censurante, admoestativo.
RE.VER.BE.RAR, *v. int.*, brilhar, fulgir; censurar, admoestar, advertir.
RE.VÉR.BE.RO, *s.m.*, ação ou efeito de reverberar; reverberação; os efeitos desse evento (calor, clarão, eco, etc.); intensa luminosidade; brilho; resplendor.
RE.VER.DE.CER, *v.t. e int.*, ficar verde de novo, rebrotar, cobrir de folhas; remoçar.
RE.VER.DE.CI.DO, *adj.*, rebrotado, coberto de folhas, ficado verde.
RE.VER.DE.CI.MEN.TO, *s.m.*, rebrotamento, cobertura de folhas.
RE.VER.DE.JAR, *v.int.*, apresentar verde intenso, viçoso.
RE.VE.RÊN.CIA, *s.f.*, respeito, veneração com algo, mesura, inclinação, consideração, acatamento.
RE.VE.REN.CI.A.DO, *adj.*, venerado, respeitado, acatado, cultuado.
RE.VE.REN.CI.AL, *adj.*, que reverencia, venerável.
RE.VE.REN.CI.AR, *v.t.*, venerar, respeitar, acatar, cultuar.
RE.VE.REN.DÍS.SI.MO, *s.m.*, tratamento dado a padres e autoridades religiosas.
RE.VE.REN.DO, *s.m.*, tratamento dado a padres e pastores.
RE.VE.REN.TE, *adj.*, que se pode reverenciar, reverenciável, respeitável.
RE.VE.RI.FI.CA.ÇÃO, *s.f.*, ação ou efeito de reverificar, nova averiguação.
RE.VE.RI.FI.CA.DO, *adj.*, conferido, revisto, revisado.
RE.VE.RI.FI.CA.DOR, *adj. e s.m.*, que ou aquele que reverifica.
RE.VE.RI.FI.CAR, *v.t.*, tornar a verificar, revisar, rever.
RE.VER.SÃO, *s.f.*, ação ou efeito de reverter, mudança de direção.
RE.VER.SI.BI.LI.DA.DE, *s.f.*, o que é reversível, retornabilidade.
RE.VER.SÍ.VEL, *adj.*, que se pode reverter, retornável, que volta ao que era.
RE.VER.SI.VO, *adj.*, que torna a vir; que está sujeito a reversão; reversível.
RE.VER.SO, *s.m.*, o lado oposto, contrário.
RE.VER.TER, *v.t.*, levar para o lado contrário, desfazer, regressar, tornar.
RE.VER.TÉ.RIO, *s.m.*, reviravolta, erro total, desequilíbrio.
RE.VER.TI.DO, *adj.*, que se reverteu; reverso.
RE.VÉS, *s.m.*, fatalidade, derrota, acontecimento terrível; desgraça.
RE.VES.SO, *adj.*, revertido, torcido, torto.

REVESTIDO ... 725 ... RIBEIRA

RE.VES.TI.DO, adj., vestido de novo, coberto, envolto.
RE.VES.TI.MEN.TO, s.m., o que se usa para revestir.
RE.VES.TIR, v.t. e pron., vestir de novo, cobrir, envolver.
RE.VE.ZA.DO, adj., alternado, substituído, trocado.
RE.VE.ZA.DOR, s.m., quem reveza um outro.
RE.VE.ZA.MEN.TO, s.m., alternância de pessoas ou coisas em lugar, posto, etc.
RE.VE.ZAR, v.t. e pron., substituir, ficar no lugar de.
RE.VI.DA.ÇÃO, s.f. ato de revidar.
RE.VI.DA.DO, adj., respondido, desforrado, vingado.
RE.VI.DAR, v.t. e int., responder, retrucar, desforrar, vingar-se.
RE.VI.DE, s.m., desforra, resposta, vingança.
RE.VI.GO.RA.DO, adj., reforçado, que obteve novas forças.
RE.VI.GO.RA.MEN.TO, s.m., reforço, refortalecimento.
RE.VI.GO.RAR, v.t., int. e pron., dar novas forças, vigor, vida; reafirmar.
RE.VIN.DI.TA, s.f., vingança, desforra.
RE.VIN.GAR, v.t. e int., vingar de novo, tornar a vingar.
RE.VI.RA.DO, adj., torcido, virado do avesso.
RE.VI.RA.MEN.TO, s.m., ato ou efeito de revirar(-se).
RE.VI.RAR, v.t., int. e pron., virar de novo, mexer muito, revolver, relembrar.
RE.VI.RA.VOL.TA, s.f., volta sobre o próprio eixo, mudança total, virada.
RE.VI.SÃO, s.f., ação ou efeito de revisar, verificação, exame detalhado, laudo, correção, análise.
RE.VI.SA.DO, adj., reexaminado, visado de novo.
RE.VI.SAR, v.t., tornar a visar, inspecionar, emendar, examinar, corrigir.
RE.VI.SI.O.NIS.MO, s.m., filosofia das pessoas que se dispõem a revisar todas as bases doutrinárias de constituições, costumes, vivências, pedagogias e outras doutrinas.
RE.VI.SI.O.NIS.TA, s. 2 gén., adepto do revisionismo.
RE.VI.SOR, s.m., quem revisa provas, trabalhos para a composição final.
RE.VI.SÓ.RIO, adj., que se refere a revisão.
RE.VIS.TA, s.f., inspeção, exame; publicação com escritos e fotos sobre temas variados; semanário, peça teatral de caráter leve.
RE.VIS.TA.DO, adj., analisado, examinado, verificado.
RE.VIS.TAR, v.t., analisar, examinar; verificar tudo em algo ou alguém.
RE.VIS.TO, adj., já visto, examinado, verificado.
RE.VI.TA.LI.ZA.DO, adj., revigorado, tornar a ter vida.
RE.VI.TA.LI.ZAR, v.t., dar nova vida, revigorar, refazer as forças.
RE.VI.VER, v.t. e int., viver de novo, surgir, tornar à vida, renascer, rejuvenescer.
RE.VI.VES.CER, v.t. e int., voltar a viver, rebrotar, ressurgir.
RE.VI.VI.FI.CA.DO, adj., vivido de novo, animado, reanimado.
RE.VI.VI.FI.CAR, v.t., vivificar de novo, animar, fazer reviver.
RE.VO.A.DA, s.f., bando de aves.
RE.VO.AR, v. int., voar, voar de novo, bater as asas.
RE.VO.CAR, v.t., evocar, chamar de volta.
RE.VO.CA.TÓ.RIO, adj., revogatório.
RE.VO.CÁ.VEL, adj., que é possível revocar.
RE.VO.GA.BI.LI.DA.DE, s.f., o que é revocável, anulabilidade.
RE.VO.GA.ÇÃO, s.f., ação ou efeito de revogar, anulamento, anulação.
RE.VO.GA.DO, adj., denegado, anulado, declarado nulo.
RE.VO.GA.DOR, adj. e s.m., denegador, anulador.
RE.VO.GAN.TE, adj., que revoga, que anula, que denega.
RE.VO.GAR, v.t., denegar, declarar nulo, anular.
RE.VO.GA.TÓ.RIA, s.f., peça jurídica que estabelece revogação.
RE.VO.GA.TÓ.RIO, adj., revogante.
RE.VO.GÁ.VEL, adj., que pode ser revogado.
RE.VOL.TA, s.f., rebelião, motim, revolução, sublevação; indignação geral.
RE.VOL.TA.DO, adj., rebelde, contrariado, sublevado, indignado.
RE.VOL.TAN.TE, adj., asqueroso, repugnante, nojento.
RE.VOL.TAR, v.t. e pron., sublevar, amotinar, insurgir-se, levantar-se contra, repugnar.
RE.VOL.TE.AR, v.t., int. e pron., revolver, agitar, dançar, ondear.
RE.VOL.TO, adj., desordenado, desgrenhado, revoltado, agitado.
RE.VOL.TO.SO, adj., rebelde, revoltado, insurreto.
RE.VO.LU.ÇÃO, s.f., mudança brusca numa situação; revolta, indignação; tempo da órbita de astros.
RE.VO.LU.CI.O.NA.DO, adj., diz-se do que se revolucionou; que passou por processo de revolução.
RE.VO.LU.CI.O.NA.MEN.TO, s.m., ação, processo ou resultado de revolucionar(-se); revolução; revolta.
RE.VO.LU.CI.O.NAR, v.t. e pron., agitar, excitar, revoltar, revolver, fermentar, mudar o modo de ser.
RE.VO.LU.CI.O.NÁ.RIO, s.m., quem participa de uma revolução, quem prega ideias diferentes e contrárias às dominantes.
RE.VO.LU.TE.AR, v. int., revolver-se, agitar-se, mexer-se muito, esvoaçar.
RE.VOL.VE.DOR, adj. e s.m., que(m) revolve, sacudidor.
RE.VOL.VER, v.t. e pron., remexer, misturar, agitar, revirar, embaralhar.
RE.VÓL.VER, s.m., arma de fogo leve, com seis balas.
RE.VOL.VI.DO, adj., misturado, remexido, agitado, revirado.
RE.VO.O, s.m., revoada, voo.
RE.VUL.SÃO, s.f., irritação causada por medicamento; problemas causados por ingestão de medicamentos.
RE.VUL.SAR, v.t., Med., deslocar com revulsivos; provocar ação revulsiva em.
RE.VUL.SI.VO, adj., que provoca revulsão, que traz problemas pela ingestão de remédios.
RE.VUL.SÓ.RIO, adj., que causa, produz ou favorece a revulsão; revulsivo.
RE.ZA, s.f., oração, invocação a Deus, colóquio com Deus.
RE.ZA.DOR, adj. e s.m., que(m) reza, orador, pedinte, recitador.
RE.ZAR, v.t. e int., orar, dirigir uma oração a Deus, invocar a Deus.
RE.ZIN.GA, s.f., resmungo, altercação, reclamação.
RE.ZIN.GAR, v.t. e int., resmungar, reclamar.
RE.ZIN.GUEI.RO, adj. e s.m., altercador, bulhento, que rezinga.
RI.A, s.f., braço de rio; tipo de igarapé navegável.
RI.A.CHO, s.m., regato, ribeiro, rio pequeno, arroio, rego.
RI.BA, s.f., ribanceira, margem de rio.
RI.BA.DA, s.f., riba, margem, ribanceira.
RI.BAL.TA, s.f., conjunto de luzes colocadas na frente do palco, proscênio; fig., teatro.
RI.BA.MAR, s.m., terra ao lado do mar, terreno na praia à margem do mar.
RI.BAN.CEI.RA, s.f., riba, margem de rio.
RI.BEI.RA, s.f., ribeiro, regato, porção de terra banhada

por um rio.
RI.BEI.RÃO, s.m., rio pequeno, ribeiro, riacho.
RI.BEI.RI.NHA, s.f., ribeira pequena.
RI.BEI.RI.NHO, s.m., que habita às margens de um rio.
RI.BEI.RO, s.m., rio pequeno, regato, riacho, arroio.
RI.BOM.BAR, v. int., trovejar, retumbar, ressoar.
RI.BOM.BO, s.m., fragor, estrondo, grande ruído.
RI.CA.ÇO, adj. e s.m., tipo muito rico, nababo, milionário.
RÍ.CI.NO, s.m., planta, cujas sementes esmagadas fornecem um óleo usado como purgante; mamona, mamoneiro.
RI.CO, adj., que detém muitos bens materiais, nababo, opulento, abastado; fértil, frutífero, genial.
RI.CO.CHE.TAR, v. int., ricochetear, saltar, pular.
RI.CO.CHE.TE, s.m., salto de um projétil ao bater em um sólido.
RI.CO.CHE.TE.AR, v. int., revolutear, saltar, pular.
RI.CO.TA, s.f., tipo de requeijão, requeijão, coalhada.
RIC.TO, s.m., contração da boca ou da face; contração da boca que deixa sinais do ato.
RI.DEN.TE, adj. 2 gên., que se ri, risonho, alegre; prazível; fig., fértil, viçoso, agradável.
RI.DI.CU.LA.RI.ZA.ÇÃO, s.f., desprezo, menoscabo, caçoada, humilhação.
RI.DI.CU.LA.RI.ZA.DO, adj., desprezado, menosprezado, caçoado, humilhado.
RI.DI.CU.LA.RI.ZAR, v.t., colocar no ridículo, desprezar, menosprezar, caçoar.
RI.DÍ.CU.LO, s.m., que causa riso, troça, desprezo, escárnio, tosco, desprezível.
RI.FA, s.f., sorteio feito por meio de bilhetes numerados.
RI.FA.DO, adj., sorteado, descartado.
RI.FÃO, s.m., adágio, provérbio, anexim, brocardo.
RI.FAR, v.t., fazer uma rifa, sortear; fig., descartar alguém.
RI.FLE, s.m., arma de fogo com repetição de tiros; fuzil.
RI.GI.DEZ, s.f., tesão, inflexibilidade, severidade.
RÍ.GI.DO, adj., duro, hirto, teso, inflexível, severo.
RI.GOR, s.m., rigidez, dureza; inflexibilidade; exatidão, precisão; severidade, austeridade.
RI.GO.RIS.MO, s.m., rigor excessivo, austeridade exagerada.
RI.GO.RIS.TA, adj. 2 gên., relativo a rigorismo; diz-se de quem usa de rigor excessivo; s. 2 gên., essa pessoa.
RI.GO.RO.SO, adj., duro, severo, austero.
RI.JE.ZA, s.f., inflexibilidade, severidade, fortaleza, vigor.
RI.JO, adj., inflexível, que não cede, teso, hirto, severo, forte, vigoroso.
RI.LHA.DO, adj., trincado, rangido, triturado, moído.
RI.LHA.DOR, adj. e s.m., rangedor, trincador, triturador.
RI.LHA.DU.RA, s.f., ação ou efeito de roer, de rilhar.
RI.LHAR, v.t., trincar, ranger os dentes, roer, triturar.
RI.LHEI.RA, s.f., peça em que se vaza a prata fundida para se fazerem dela chapas.
RIM, s.m., órgão do corpo humano para filtrar a urina e mandá-la à bexiga.
RI.MA, s.f., no final dos versos, sílabas iguais.
RI.MA.DO, adj., igualado, que tem os mesmos sons fonéticos ao final do verso.
RI.MA.DOR, adj. e s.m., que ou o que faz rimas ou versos; poeta; versejador.
RI.MAR, v.t. e int., fazer versos com as últimas sílabas iguais.
RI.MÁ.RIO, s.m., Liter., Poét., conjunto de rimas; livro ou glossário de rimas.
RÍ.MEL, s.m., substância para as mulheres pintarem os cílios.

RI.NAL.GI.A, s.f., dor nos rins, sofrimento por causa dos rins.
RI.NÁL.GI.CO, adj., relativo a rinalgia.
RIN.ÇA.GEM, s.f., procedimento estético que consiste em enxaguar os cabelos com produto que lhes dá ou altera brilho e/ou cor.
RIN.CÃO, s.m., plaga, pago, lugar distante, terra natal; pequena porção de mato no meio dos campos.
RIN.CHA.DA, s.f., grito de cavalo, gargalhada, risada forte.
RIN.CHAR, v. int., gritar - voz do cavalo.
RIN.CHO, s.m., ato do cavalo rinchar, voz do cavalo.
RIN.GIR, v.t., ranger os dentes; produzir ruído agudo e áspero.
RIN.GUE, s.m., tablado com cordas em torno para lutas.
RI.NHA, s.f., local destinado a brigas de galo; fig., luta, local de lutas.
RI.NHA.DEI.RO, s.m., bras., RS, o mesmo que rinhedeiro.
RI.NHAR, v.t. e int., renhir, brigar como galo, lutar de forma violenta.
RI.NI.TE, s.f., inflamação da mucosa nasal.
RI.NO.CE.RON.TE, s.m., mamífero com pele grossa e dura, com um ou dois chifres no focinho.
RI.NO.CE.RÔN.TI.CO, adj., relativo ao rinoceronte.
RI.NO.LO.GI.A, s.f., estudo e pesquisa sobre a anatomia e a patologia do nariz.
RI.NO.PLAS.TI.A, s.f., Med., cirurgia plástica ou restauradora do nariz.
RI.NO.PLÁS.TI.CO, adj., relativo a rinoplastia.
RI.NOR.RA.GI.A, s.f., Med., forte hemorragia nasal.
RI.NOR.RÁ.GI.CO, adj., Med., relativo ou inerente a rinorragia.
RI.NOS.CO.PI.A, s.f., uso do rinoscópio para verificar as fossas nasais por dentro.
RI.NO.TRI.QUI.A, s.f., abundância de pelos no nariz.
RIN.QUE, s.m., pista de patinação, pista.
RI.O, s.m., corrente de água, massa líquida contida pelas margens; fig., grande quantidade.
RI.O-BRAN.QUEN.SE, adj. e s. 2 gên., natural de Rio Branco, capital do Acre.
RI.O-GRAN.DEN.SE-DO-NOR.TE, adj. e s. 2 gên., próprio ou natural do Rio Grande do Norte, potiguar.
RI.O-GRAN.DEN.SE-DO-SUL, adj. e s. 2 gên., próprio ou habitante do Rio Grande do Sul, gaúcho.
RI.PA, s.f., sarrafo; tira de madeira, tronco de palmito rachado.
RI.PA.DA, s.f., pancada com a ripa, paulada, bordoada; fig., advertência, admoestação.
RI.PA.DO, adj., que se ripou; separado por meio de ripanço; s.m., Constr., espécie de gradeamento formado pelas ripas pregadas nos caibros, sobre o qual se assentam as telhas; ripamento.
RI.PA.DU.RA, s.f., ato de ripar.
RI.PAR, v.t., pregar ripas, gradear com ripas, colocar ripas em.
RI.POS.TA.DO, adj., retrucado, respondido, encostado, recolocado.
RI.POS.TAR, v. int., retrucar, responder, encostar, recolocar.
RI.QUE.ZA, s.f., abastança, muitos bens, fortuna, valores.
RIR, v. int. e pron., dar risadas, alegrar-se, soltar risadas, achar graça, divertir-se.
RI.SA.DA, s.f., gargalhada, riso.
RIS.CA, s.f., traço, risco, linha; expr., seguir à risca - observar os mínimos detalhes.
RIS.CA.DO, adj. e s.m., que está com riscos; tecido com listras.
RIS.CA.DOR, adj. e s.m., que(m) risca; traçador, alinhador.
RIS.CA.DU.RA, s.f., ação ou efeito de riscar; risco; riscado;

sulco.
RIS.CA.MEN.TO, *s.m.*, riscadura, ação ou efeito de riscar, alinhamento.
RIS.CAR, *v.t. e int.*, traçar riscos, fazer riscos; apagar, inutilizar, suprimir.
RIS.CO, *s.m.*, traço, linha; perigo, problema visível.
RI.SI.BI.LI.DA.DE, *s.f.*, comicidade, ridicularização, hilariedade.
RI.SÍ.VEL, *adj.*, que faz rir, cômico, hilário, ridículo.
RI.SO, *s.m.*, risada, sorriso; troça, zombaria, caçoada.
RI.SO.NHO, *adj.*, cheio de riso, alegre, satisfeito, contente.
RI.SO.TA, *s.f.*, galhofa, escárnio, riso zombeteiro.
RI.SO.TO, *s.m.*, prato da cozinha italiana com arroz, queijo e frango.
RIS.PI.DEZ, *s.f.*, asperidade, grosseria, rigor; rispideza.
RÍS.PI.DO, *adj.*, áspero, bronco, grosseiro, desagradável, mal-educado.
RIS.SO.LE, *s.m.*, tipo de pastel pequeno.
RIS.TE, *s.m.*, peça na armadura do cavaleiro para firmar a lança.
RIT.MA.DO, *adj.*, colocado em ritmo, compassado.
RIT.MAR, *v.t. e int.*, colocar ritmo em.
RÍT.MI.CA, *s.f.*, estudo dos ritmos.
RÍT.MI.CO, *adj.*, que possui ritmo.
RIT.MIS.TA, *s. 2 gên.*, quem mantém o ritmo.
RIT.MO, *s.m.*, som que se repete sempre no mesmo tempo; compasso na sílaba que mantém a mesma posição forte nos versos.
RI.TO, *s.m.*, cerimonial, modo de exercer um ato, conjunto de cerimônias.
RI.TU.AL, *s.m.*, compêndio com os ritos de uma religião ou sociedade; etiqueta, costumes, protocolo, ação.
RI.TU.A.LIS.MO, *s.m.*, a soma de todos os ritos de uma cerimônia; cerimonial, protocolos.
RI.TU.A.LIS.TA, *s. 2 gên.*, quem é adepto, seguidor e cultuador dos ritos.
RI.VAL, *adj. e s. 2 gên.*, êmulo, que rivaliza, concorrente, adversário.
RI.VA.LI.DA.DE, *s.f.*, qualidade de quem é rival, competição, emulação, hostilidade, disputa.
RI.VA.LI.ZAR, *v.t. e int.*, competir, concorrer, lutar contra, concorrer.
RI.VA.LI.ZÁ.VEL, *adj.*, que pode ter rival; suscetível de competência, de confronto.
RI.XA, *s.f.*, contenda, disputa, luta, desencontro, rivalidade, desavença.
RI.XA.DOR, *adj. e s.m.*, lutador, disputador, litigante, encrenqueiro.
RI.XAR, *v. int.*, encrencar, contender, disputar.
RI.XEN.TO, *adj.*, rixador, rixoso, briguento, mal-humorado.
RI.ZI.CUL.TOR, *s.m.*, plantador de arroz.
RI.ZI.CUL.TU.RA, *s.f.*, plantação de arroz; técnica de cultivar o arroz.
RI.ZO.FA.GI.A, *s.f.*, devoração de raízes; alimentação embasada em raízes.
RI.ZÓ.FA.GO, *s.m.*, quem devora raízes, quem se alimenta de raízes.
RI.ZÓ.FI.LO, *adj. e s.m.*, que(m) gosta de raízes, comedor de raízes; var., rizofilo.
RI.ZOI.DE, *adj.*, que se parece com raiz, semelhante a raiz.
RI.ZO.MA, *s.f.*, caule de uma raiz.
RI.ZO.MOR.FO, *adj.*, Bot., cujo aspecto tem forma de raiz ou de rizoma; *s.m.*, Bot., cordão do micélio do cogumelo, que tem aspecto exterior de raiz.
RI.ZO.TÔ.NI.CO, *adj.*, quando o acento tônico das formas verbais incide na raiz.
RJ - sigla do Estado do Rio de Janeiro.
RN - sigla do Estado do Rio Grande do Norte.
RO, *s.m.*, a décima sétima letra do á-bê-cê grego.
RO.AZ, *adj.*, que rói, que devora, que come muito.
RO.BA.LE.TE, *s.m.*, robalo pequeno.
RO.BA.LO, *s.m.*, tipo de peixe de carne saborosa.
RO.BE, *s.m.*, roupão, quimono.
RO.BLE, *s.m.*, carvalho.
RO.BLE.DO, *s.m.*, bosque de carvalho, carvalhal.
RO.BÔ, *s.m.*, máquina informatizada que exerce mecanicamente muitos serviços; indivíduo que age sem consciência do que faz.
RO.BO.RA.ÇÃO, *s.f.*, fortificação, fortalecimento, corroboração.
RO.BO.RAN.TE, *adj.*, que robora, fortificante.
RO.BO.RAR, *v.t. e pron.*, fortificar, fortalecer, corroborar.
RO.BO.RA.TI.VO, *adj.*, próprio para roborar, para fortificar.
RO.BO.RE.DO, *s.m.*, mata ou arvoredo de carvalhos; robledo.
RO.BO.RI.ZAR, *v.t. e pron.*, roborar, fortificar.
RO.BÓ.TI.CA, *s.f.*, estudo dos robôs, informática.
RO.BO.TI.ZA.ÇÃO, *s.f.*, automatizado, tornado autômato.
RO.BO.TI.ZAR, *v.t. e pron.*, tornar robô, tornar autômato, automatizar.
RO.BUS.TE.CER, *v.t., int. e pron.*, fortalecer, firmar, revigorar.
RO.BUS.TE.CI.DO, *adj.*, fortificado, solidificado, enrijecido.
RO.BUS.TEZ, *s.f.*, vigor, força, solidez, rijeza, robusteza.
RO.BUS.TO, *adj.*, forte, rijo, vigoroso, sólido, com muita força.
RO.CA, *s.f.*, carretel de madeira para enrolar o fio a ser usado.
RO.ÇA, *s.f.*, pedaço de terra preparado para o plantio; sítio, zona rural.
RO.ÇA.DA, *s.f.*, Agr., corte de pequenas plantas com foice em terrenos destinados ao cultivo ou à pastagem.
RO.ÇA.DE.LA, *s.f.*, o mesmo que roçadura.
RO.ÇA.DO, *s.m.*, terreno com mato derrubado para o plantio; *adj.*, preparado para o plantio.
RO.ÇA.DOR, *adj. e s.m.*, que(m) roça, desmatador, lenhador, derrubador de mato.
RO.ÇA.DU.RA, *s.f.*, ato ou efeito de roçar(-se); roça; atrito leve; roçadela.
RO.CAM.BO.LE, *s.m.*, tipo de bolo enrolado com recheio.
RO.CAM.BO.LES.CO, *adj.*, cheio de aventuras, peripécias e imprevistos.
RO.ÇA.MEN.TO, *s.m.*, ação ou efeito de roçar; roçadura.
RO.CAR, *v. int.*, no jogo de xadrez, um jogador troca a posição do rei, encostando-lhe a torre e pondo-o do lado esquerdo dela.
RO.ÇAR, *v.t. e pron.*, cortar o mato; tocar de leve, bater levemente.
RO.CEI.RO, *s.m.*, homem que vive na roça, caboclo, matuto.
RO.CHA, *s.f.*, pedra, rochedo, penha, massa compacta e dura, penedo; *fig.*, tudo que é duro, sólido.
RO.CHE.DO, *s.m.*, penedo, penha, pedra grande, rocha, penhasco.
RO.CHO.SO, *adj.*, cheio de rochas, próprio das rochas, constituído de rocha.
RO.CI.AR, *v.int.*, cair rocio, orvalhar; aspergir (algo) com

pequenas gotas; borrifar; orvalhar.
RO.CIM, *s.m.*, cavalo fraco e velho.
RO.CI.O, *s.m.*, orvalho.
RO.CO.CÓ, *s.m.*, estilo muito enfeitado; na França, surgiu esse estilo com exagerados adornos.
ROCK-AND-ROLL, *s.m.*, ing., música e dança com origem nos Estados Unidos, frenética, agitada.
RO.DA, *s.f.*, peça com forma circular, girando sobre um eixo; toda peça com forma circular; brincadeira infantil; grupo de pessoas postado em círculo.
RO.DA.DA, *s.f.*, giro de uma roda; várias etapas de um campeonato de futebol; toda vez que gira bebida num grupo de bebedores.
RO.DA D'Á.GUA, *s.f.*, roda movida à água.
RO.DA.DO, *adj.*, formato de alguns vestidos; quantidade de quilômetros viajados num percurso; *s.m.*, rodas, o conjunto das rodas de um carro.
RO.DA.DOR, *adj.*, *bras.*, S, diz-se do cavalo que roda facilmente.
RO.DA.GEM, *s.f.*, ação de rodar; as rodas de uma máquina; local para rodar.
RO.DA-GI.GAN.TE, *s.f.*, brinquedo de circo, parquinhos, constituído de duas bandas com bancos móveis dentro e que gira, divertindo as pessoas.
RO.DA.MOI.NHO, *s.m.*, redemoinho; movimento que gira em espiral.
RO.DA.PÉ, *s.m.*, barra que se coloca junto ao piso, na parede; margem inferior de um livro.
RO.DAR, *v.t. e int.*, movimentar sobre rodas, girar em círculo, andar sem rumo; ser reprovado na escola.
RO.DA-VI.VA, *s.f.*, movimento contínuo, afã, trabalho intenso.
RO.DE.A.DO, *adj.*, circundado, circulado, girado em volta.
RO.DE.A.DOR, *adj. e s.m.*, que ou aquele que rodeia.
RO.DE.AR, *v.t. e pron.*, andar em torno, girar, circundar, circular.
RO.DEI.O, *s.m.*, giro, escusa, manha; disputa de prêmios montando touros ou cavalos xucros.
RO.DEI.RA, *s.f.*, sulcos cavados pelas rodas das carroças ou de carros pesados.
RO.DEI.RO, *adj.*, de encaixar, de ajustar e bater rodas de carros; *s.m.*, conjunto das duas rodas do carro e respectivo eixo; eixo de um carro.
RO.DE.LA, *s.f.*, pequena roda, qualquer pedaço redondo de algo.
RO.DE.TA, *s.f.*, pequena roda.
RO.DÍ.CIO, *s.m.*, roseta que ponteia a corda das chibatas com que se flagelavam os criminosos.
RO.DI.LHA, *s.f.*, pano velho para limpeza; rosca de pano para sustentar pesos na cabeça.
RO.DI.LHAR, *v.t. e pron.*, enrodilhar, enrolar.
RÓ.DIO, *s.m.*, elemento químico usado em ligas de materiais elétricos e em joalheria.
RO.DI.ZI.AR, *v.t.*, provocar rodízio, trocar a vez, mudar o giro contínuo, alternar.
RO.DÍ.ZIO, *s.m.*, pequena rodela nos pés de móveis para movê-los; turnos de trabalho; restaurante que serve a comida ao freguês de acordo com uma escala e ao gosto dele.
RO.DO, *s.m.*, utensílio de limpeza com uma borracha para empurrar a água do piso ou outros objetos; *expr.*, a rodo - em grande quantidade.
RO.DO.DEN.DRO, *s.m.*, arbusto que produz flores, azaleia.
RO.DO.GRA.FI.A, *s.f.*, descrição de rosas e seu cultivo.
RO.DO.GRÁ.FI.CO, *adj.*, que diz respeito à rodografia.
RO.DO.LO.GI.A, *s.f.*, estudo sobre rosas.
RO.DO.LÓ.GI.CO, *adj.*, Bot., relativo à rodologia.
RO.DO.MO.ÇA, *s.f.*, moça que atende aos passageiros de ônibus.
RO.DO.PI.AR, *v. int.*, dar voltas sobre si mesmo, girar.
RO.DO.PI.O, *s.m.*, giro, volta sobre si mesmo.
RO.DO.VI.A, *s.f.*, estrada, caminho, autoestrada.
RO.DO.VI.Á.RIA, *s.f.*, estação para passageiros de ônibus.
RO.DO.VI.Á.RIO, *s.m.*, quem presta serviços rodoviários ou em rodoviárias.
RO.E.DOR, *adj. e s.m.*, quem rói; animal que se alimenta roendo.
RO.E.DU.RA, *s.f.*, roída, mordida, trituração.
RO.ENT.GEN, *s.m.*, Fis., Metrol., unidade internacional dos raios Roentgen ou raios X; símb.: R.
RO.ER, *v.t.*, triturar, cortar com os dentes, corroer, gastar, consumir.
RO.GA.ÇÃO, *s.f.*, súplica, pedido, imploração.
RO.GA.DO, *adj.*, pedido, solicitado, implorado.
RO.GA.DOR, *adj. e s.m.*, intercessor, solicitador, implorante.
RO.GAR, *v.t.*, suplicar, pedir por favor, implorar.
RO.GA.TI.VA, *s.f.*, rogo, súplica.
RO.GA.TI.VO, *adj.*, que roga; suplicante.
RO.GA.TÓ.RIA, *s.f.*, solicitação de um juiz às autoridades de outro país, para o cumprimento de certos atos judiciários.
RO.GA.TÓ.RIO, *adj.*, que se refere a rogatória ou rogativa.
RO.GO, *s.m.*, súplica, pedido, solicitação.
RO.Í.DO, *adj.*, que se roeu, triturado.
RO.JÃO, *s.m.*, foguete, foguete que é lançado no espaço.
RO.JAR, *v.t., int. e pron.*, lançar, arremessar, atirar.
ROL, *s.m.*, lista, listagem, elenco, relação, conjunto.
RO.LA, *s.f.*, tipo de ave da família dos columbídeos, rolinha.
RO.LA.GEM, *s.f.*, adiamento, ato de rolar, rolamento.
RO.LA.MEN.TO, *s.m.*, peça para facilitar o giro de outra no seu interior, com pouco atrito.
RO.LAN.TE, *adj.*, que rola, que se move girando sobre si mesmo.
RO.LÃO, *s.m.*, rolo grande; vagalhão; rolo de madeira que se coloca sob grandes fardos ou pedras, a fim de rolá-los mais facilmente.
RO.LAR, *v.t., int. e pron.*, mover-se em círculo, girar sobre o próprio eixo, circular; negociar dívidas.
ROL.DA.NA, *s.f.*, aparelho formado por uma roda, sobre a qual gira um cabo para alçar pesos.
ROL.DÃO, *s.m.*, confusão, açodamento; *expr.*, de roldão - atropeladamente.
RO.LE.TA, *s.f.*, jogo de azar.
RO.LE.TA-RUS.SA, *s.f.*, tipo de jogo suicida que consiste em girar o tambor de um revólver com apenas uma bala, posicionar a arma contra si e puxar o gatilho, correndo o risco de ser atingido.
RO.LE.TE, *s.m.*, pequeno rolo, gomo de cana para chupar.
RO.LHA, *s.f.*, peça cilíndrica para fechar o gargalo das garrafas.
RO.LHA.DOR, *s.f.*, utensílio próprio para rolhar garrafas.
RO.LHAR, *v.t.*, fechar com rolha, tapar.
RO.LHEI.RO, *adj.*, que diz respeito à rolha; *s.m.*, pessoa que faz rolhas; trabalhador que prepara a cortiça; forte redemoinho de água.
RO.LI.ÇO, *adj.*, com forma redonda; gordo, gorducho.
RO.LI.MÃ, *s.m.*, rolamento, carrinho de brinquedo que se

movimenta sobre rolamentos; carrinho de lomba.
RO.LI.NHA, *s.f.*, tipo de rola menor.
RO.LIS.TA, *adj. 2 gên.*, que vive metido em rolos, brigão; *s.m.*, aquele que vive metido em rolos; brigão.
RO.LO, *s.m.*, coisa com forma redonda; tipo de pincel; forma dos antigos papiros manuscritos; máquina para compactar solos; *fig.*, *pop.*, confusão, trapaça, atrapalhada.
RO.MÃ, *s.f.*, fruto da romãzeira, de gosto acidulado e com muitos grãos no interior.
RO.MA.GEM, *s.f.*, romaria; peregrinação.
RO.MA.NA, *s.f.*, o mesmo que balança romana.
RO.MAN.CE, *s.m.*, obra com enredo sentimental, dramático ou cômico; narrativa.
RO.MAN.CE.A.DO, *adj.*, com forma de romance.
RO.MAN.CE.AR, *v.t.* e *int.*, narrar em forma de romance, ficcionar, inventar.
RO.MAN.CEI.RO, *adj.*, relativo a romance; romântico; *s.m.*, conjunto de poesias e músicas que representam a literatura poética de um povo; cancioneiro; conjunto de romances filiados a diversas escolas literárias.
RO.MAN.CHE, *adj.* e *s.m.*, diz-se do, ou o dialeto suíço falado no cantão dos Grisões, Suíça.
RO.MAN.CIS.MO, *s.m.*, ideias e ações sentimentais, histórias romanceadas.
RO.MAN.CIS.TA, *s. 2 gên.*, quem escreve romances.
RO.MA.NES.CO, *adj.*, com caráter de romance; *fig.*, melodramático.
RO.MÂ.NI, *s.m.*, idioma de ciganos da Europa Oriental.
RO.MÂ.NI.CO, *adj.*, línguas derivadas do Latim; *s.m.*, grupo de línguas neolatinas; cultura e artes de Roma.
RO.MA.NIS.TA, *s. 2 gên.*, pessoa especializada em Direito, Cultura, História e costumes do povo romano e sua evolução através dos tempos.
RO.MA.NI.ZAR, *v.t.*, influenciar ao estilo românico; transformar em romano, dar significados católicos.
RO.MA.NI.ZÁ.VEL, *adj.*, que pode ser romanizado.
RO.MA.NO, *adj.*, próprio de Roma; relativo à Igreja Católica; tipo de algarismo formado por letras.
RO.MAN.TI.CIS.MO, *s.m.*, característica ou qualidade de romanesco ou romântico; Liter., característica da literatura própria do Romantismo.
RO.MÂN.TI.CO, *adj.*, próprio do romance, de cenas com paixão; sonhador; relativo à época romântica na literatura.
RO.MAN.TIS.MO, *s.m.*, movimento cultural nascido no século dezenove, contra o movimento clássico, enfatizando os sentimentos, as paixões, a liberdade de expressão e de vida.
RO.MAN.TI.ZA.ÇÃO, *s.f.*, usar de sentimentos e ideias românticas, sentimentalização.
RO.MAN.TI.ZAR, *v.t.*, *int.* e *pron.*, tornar romântico, trabalhar à moda dos românticos.
RO.MA.RI.A, *s.f.*, peregrinação, grupo de pessoas que visitam um local sagrado.
RO.MÃ.ZEI.RA, *s.f.*, planta que produz a romã.
RÔM.BI.CO, *adj.*, que apresenta forma de rombo.
ROM.BI.FO.LI.A.DO, *adj.*, Bot., cujas folhas têm forma de rombo.
ROM.BI.FOR.ME, *adj.*, que tem forma de rombo.
ROM.BO, *s.m.*, furo, quebradura, buraco; *pop.*, desfalque, prejuízo; Geom., losango.
ROM.BO.É.DRI.CO, *adj.*, relativo ao romboedro; Geom., que tem forma de romboedro.
ROM.BO.E.DRO, *s.m.*, Geom., sólido cujas faces são rombiformes; Geom., paralelepípedo que tem como faces seis losangos idênticos.
ROM.BOI.DAL, *adj. 2 gên.*, Geom., relativo ao romboide; Geom., que tem a figura de romboide; Anat., diz-se de um músculo da região dorsal; *s.m.*, Anat., músculo encontrado na região dorsal.
ROM.BOI.DE, *s.m.*, figura geométrica; paralelogramo.
ROM.BU.DO, *adj.*, que tem a ponta grossa.
ROM.MEI.RO, *s.m.*, quem participa de uma romaria, peregrino.
RO.ME.NO, *adj.* e *s.m.*, próprio ou habitante da Romênia.
ROM.PAN.TE, *s.m.*, arrogância, orgulho, altivez, pedantismo.
ROM.PE.DOR, *adj.* e *s.m.*, que(m) rompe, abridor, cortador.
ROM.PE.DU.RA, *s.f.*, ação ou efeito de romper.
ROM.PEN.TE, *adj.*, que rompe, fendente, cortante.
ROM.PER, *v.t.* e *pron.*, rasgar, quebrar, abrir, fender, interromper; cortar relacionamento; desistir.
ROM.PI.DO, *adj.*, rasgado, quebrado, fendido, aberto.
ROM.PI.MEN.TO, *s.m.*, ruptura, quebra.
RON.CA, *s.f.*, ronco, ação ou efeito de roncar; *fig.*, bravata, lorota.
RON.CA.DEI.RA, *adj.* e *s.f.*, fem. de roncador; *bras.*, instrumento formado por um pedaço de couro que, ao ser soprado, imita a voz da onça.
RON.CA.DOR, *adj.*, que ronca; *s.m.*, aquele ou aquilo que ronca; vaidoso; fanfarrão; *pop.*, cachoeira; cuíca; *bras.*, Ict., peixe marinho da família dos hemulídeos, ferreiro, cororoque.
RON.CAR, *v.t.* e *int.*, provocar ruído respiratório durante o sono.
RON.CEI.RIS.MO, *s.m.*, qualidade ou modos de ronceiro; indolência; lentidão.
RON.CEI.RO, *adj.* e *s.m.*, lento, demorado, vagaroso.
RON.CO, *s.m.*, som desagradável e incômodo, emitido por quem está dormindo.
RON.DA, *s.f.*, grupo de soldados que giram para prestar vigilância contra assaltantes e outros malfeitores; vigilância, inspeção, verificação.
RON.DAN.TE, *adj.*, que ronda, vigiante, vigilante, rodeante.
RON.DAR, *v.t.* e *int.*, executar a ronda, vigiar, verificar, rodear, andar em volta.
RON.DEL, *s.m.*, Poét., composição poética de forma fixa, com apenas duas rimas, formada de duas quadras e uma quintilha.
RON.DÓ, *s.m.*, composição poética de pequeno porte e fixa.
RON.DO.NI.A.NO, *adj.* e *s. 2 gên.*, do Estado de Rondônia.
RO.NHA, *s.f.*, sarna de animais, coceira; *fig.*, manha, esperteza.
RON.QUEI.RA, *s.f.*, barulho produzido pela respiração forte; tubo de ferro cheio de pólvora, para produzir um estouro.
RON.QUE.JAR, *v.t.*, roncar, dar roncos.
RON.QUI.DÃO, *s.f.*, *p.us.*, o mesmo que rouquidão.
RON.QUI.DO, *s.m.*, som particular que se ouve durante a andadura rápida, causado por estreitamento de alguns dos anéis cartilaginosos da traqueia do cavalo; *adj.*, que imita esse som.
RON.ROM, *s.m.*, ruído produzido por gato.
RON.RO.NAN.TE, *adj. 2 gên.*, que ronrona; que faz ronrom.
RON.RO.NAR, *v. int.*, produzir ronrom; roncar como gato.
RO.QUE, *s.m.*, ritmo musical popular; aportuguesamento de *rock-and-roll*.
RO.QUEI.RA.DA, *s.f.*, tiros ou descargas de roqueiros.
RO.QUEI.RO, *s.m.*, adepto do roque, quem compõe ou executa roque.
ROR, *s.m.*, grande quantidade de coisas, objetos, rol.

RO.RAI.MEN.SE, *adj.* e *s. 2 gên.*, próprio ou habitante do Estado de Roraima.
RO.RE.JAN.TE, *adj.*, que roreja, que orvalha.
RO.RE.JAR, *v.t.* e *int.*, orvalhar, molhar com gotas de orvalho.
RO.RÍ.FE.RO, *adj.*, que possui orvalho.
RO.SA, *s.f.*, flor produzida pela roseira; *adj.*, que possui a cor de rosa; *fig.*, pessoa bela, algo belo.
RO.SÁ.CEA, *s.f.*, enfeite feito com rosa; adorno de cristal em forma de rosa, nos templos.
RO.SÁ.CEO, *adj.*, relativo a rosa, que tem a forma, a cor, a disposição ou as qualidades da rosa.
RO.SA-CRUZ, *s. 2 gên.*, membro de uma sociedade esotérica que tem por símbolo a rosa e a cruz.
RO.SA.DO, *adj.*, com a cor da rosa, cor-de-rosa, róseo.
RO.SA DOS VEN.TOS, *s.f.*, desenho para indicar os pontos cardeais.
RO.SAL, *s.m.*, roseiral, conjunto de roseiras.
RO.SAR, *v.t.* e *pron.*, dar a cor de uma rosa, corar.
RO.SÁ.RIO, *s.m.*, objeto com cento e cinquenta pequenas contas para seguir na oração, divididas em três terços.
ROS.BI.FE, *s.m.*, fatia de carne malpassada.
ROS.CA, *s.f.*, a parte espiralada da porca e do parafuso para ajuste; toda peça com esses sulcos; tipo de pão; doce feito com polvilho.
ROS.CAR, *v.t.*, fazer roscas em; aparafusar; apertar (com roscas).
RO.SE.AR, *v. int.*, receber a cor da rosa, avermelhar-se, ficar rosado.
RO.SEI.RA, *s.f.*, arbusto da família das rosáceas, que produz a rosa.
RO.SEI.RAL, *s.m.*, plantação de roseiras, canteiro com rosas.
RO.SEI.RIS.TA, *s. 2 gên.*, quem cultiva rosas, especialista em rosas.
RÓ.SEO, *adj.*, cor-de-rosa, rosado, corado.
RO.SÉ.O.LA, *s.f.*, Derm., tipo de erupção cutânea que surge em certas doenças, como sífilis, febre tifoide, rubéola, etc., formada por manchas rosadas numulares ou lenticulares; mamilo.
RO.SE.TA, *s.f.*, rosa pequena; peça arredondada do motor ou da espora.
RO.SE.TAR, *v.t.* e *int.*, *bras.*, esporear com as rosetas das esporas; *pop.*, brincar muito; divertir-se; folgar.
RO.SE.TE.AR, *v.t.*, *pop.*, o mesmo que rosetar.
RO.SI.CLER, *adj.*, da cor da aurora rosada; rosado.
RO.SI.LHO, *s.m.*, cavalo com o pelo avermelhado.
ROS.MA.NI.NHOS, *s.m.*, alecrim, planta arbustiva com folhas finas e perfumadas, usadas para infusões e como tempero de carnes, sobretudo galináceas e suínas.
ROS.NA.DE.LA, *s.f.*, rosnada, rosnadura, ação ou efeito de rosnar.
ROS.NA.DOR, *adj.* e *s.m.*, que(m) rosna.
ROS.NA.DU.RA, *s.f.*, rosnadela.
ROS.NAR, *v.t.* e *int.*, sons ameaçadores que o cão emite; ameaçar, praguejar, mostrar os dentes com raiva.
ROS.NEN.TO, *adj.*, rosnador, que rosna forte e sempre.
ROS.QUE.A.DO, *adj.*, preso com rosca, parafusado, ligado.
ROS.QUE.AR, *v.t.*, parafusar, prender, ligar.
ROS.QUI.LHA, *s.f.*, Cul., pequena rosca feita de massa cozida; biscoito retorcido; rosquilho.
ROS.SI.O, *s.m.*, praça ampla, terreno imenso.
ROS.TO, *s.m.*, face, cara, semblante, parte anterior da cabeça, frente, fronte.
ROS.TRI.FOR.ME, *adj. 2 gên.*, que tem aspecto ou forma de bico ou de rostro; rostrado.
ROS.TRO, *s.m.*, bico das aves, ponta de ferro de barcos, esporão das asas de algumas aves.
RO.TA, *s.f.*, direção, caminho, rumo.
RO.TA.ÇÃO, *s.f.*, movimento giratório, movimento, movimento sobre o próprio eixo.
RO.TÁ.CEO, *adj.*, Bot., que apresenta a forma de uma roda.
RO.TA.DOR, *adj.*, que roda; que faz rodar ou girar; *s.m.*, Anat., o músculo rotador.
RO.TAN.TE, *adj.*, que gira, que roda.
RO.TAR, *v.t.* e *int.*, girar, desenvolver movimento circular.
RO.TA.RI.A.NO, *adj.* e *s.m.*, membro do Rotary, clube de pessoas com fins filantrópicos.
RO.TA.TI.VA, *s.f.*, máquina giratória para grandes impressões.
RO.TA.TI.VI.DA.DE, *s.f.*, qualidade do que é rotativo, mudança constante.
RO.TA.TI.VIS.MO, *s.m.*, qualquer sistema no qual existe a rotatividade das pessoas no poder.
RO.TA.TI.VO, *adj.*, que gira em torno de, que se movimenta sobre o eixo.
RO.TA.TÓ.RIA, *s.f.*, trevo, encruzilhada, entroncamento de rodovias.
RO.TA.TÓ.RIO, *adj.*, que roda, que gira, que anda em derredor.
RO.TE.AR, *v.t.* e *int.*, conduzir embarcação em determinada rota; navegar; dar direção, rumo.
RO.TEI.RIS.TA, *s. 2 gên.*, quem escreve roteiros, quem comanda um roteiro.
RO.TEI.RO, *s.m.*, rota, desenho, indicação, caminho a seguir, texto das falas de uma peça teatral, cinematográfica ou de novela.
RO.TÍ.FE.RO, *s.m.*, espécime dos rotíferos, filo de animais asquelmintos, que incluem os vermes de água doce.
RO.TI.FOR.ME, *adj.*, que tem a forma de uma roda.
RO.TI.NA, *s.f.*, caminho seguido sempre; ação habitual e quotidiana.
RO.TI.NEI.RO, *adj.*, comum, diário, quotidiano.
RO.TIS.SE.RI.A, *s.f.*, mercearia, lanchonete ou restaurante que vende comidas prontas para levar.
RO.TO, *adj.*, rasgado, com roupas rasgadas, maltrapilho.
RO.TO.GRA.VU.RA, *s.f.*, processo de heliogravura, no qual a gravação se faz em forma cilíndrica de cobre para a tiragem em prensa rotativa; estampa obtida por esse processo.
RO.TOR, *s.m.*, peça que gira em uma máquina, peça que movimenta as asas de um helicóptero.
RÓ.TU.LA, *s.f.*, pequeno osso em forma de disco, na junção da perna com a coxa, no joelho, na parte anterior; gelosia, tipo de janela de madeira.
RO.TU.LA.ÇÃO, *s.f.*, ação ou efeito de rotular, etiquetação, classificação.
RO.TU.LA.DO, *adj.*, etiquetado, classificado, apelidado.
RO.TU.LA.GEM, *s.f.*, ação ou efeito de rotular.
RO.TU.LAR, *v.t.*, colocar rótulo, etiquetar, classificar, tachar, apelidar.
RÓ.TU.LO, *s.m.*, etiqueta, impresso que se coloca em produtos industriais.
RO.TUN.DA, *s.f.*, Arq., edifício de planta circular encimado por cúpula quase esférica; Urb., praça circular.
RO.TUN.DI.DA.DE, *s.f.*, qualidade do que é rotundo, redondo; p.ext., corpulência; obesidade.

RO.TUN.DO, *adj.*, redondo, arredondado; gordo, gorducho.
RO.TU.RA, *s.f.*, ruptura.
ROU.BA.DO, *adj.*, tirado, despojado, furtado, carregado.
ROU.BA.LHEI.RA, *s.f.*, *pop.*, um grande roubo, roubo de muitas coisas, preço muito alto.
ROU.BAR, *v.t.*, tirar com violência, despojar, apossar-se com violência de alguma coisa; arrebatar.
ROU.BO, *s.m.*, furto violento, coisa arrancada de; *fig.*, preço exagerado.
ROU.CO, *adj.*, que sofre de rouquidão, sem voz, afônico.
ROU.FE.NHO, *adj.*, voz anasalada, fanho, fanhoso.
ROUND, *s.m.*, ing., no boxe, assalto.
ROU.PA, *s.f.*, vestimenta, vestuário.
ROU.PA.GEM, *s.f.*, conjunto de roupas, vestimentas; *fig.*, aparência.
ROU.PÃO, *s.m.*, robe, penhoar.
ROU.PA.RI.A, *s.f.*, local para guardar as roupas.
ROU.PA-VE.LHA, *s.f.*, guisado, feito com os sobejos de carnes, hortaliças, etc.; *bras.*, RS; carne seca, desfiada, com farinha de mandioca e feijão.
ROU.PEI.RO, *s.m.*, guarda-roupa, tipo para cuidar de roupas.
ROU.PE.TA, *s.f.*, batina, burel.
ROU.QUE.JAR, *v.t.* e *int.*, soltar sons roucos, falar com voz rouca.
ROU.QUI.DÃO, *s.f.*, problema com a voz, característica de quem está rouco.
ROU.QUI.DO, *s.m.*, som rouco, da respiração de um enfermo; rouquidão.
ROU.XI.NOL, *s.m.*, pássaro europeu com um canto muito melodioso.
RO.XE.AR, *v.t.*, *int.* e *pron.*, tornar roxo, arroxear.
RO.XO, *adj.*, violeta, lilás.
RR - sigla do Estado de Roraima.
RS - sigla do Estado do Rio Grande do Sul.
RU.A, *s.f.*, caminho, estrada, espaço público para a locomoção de pessoas, carros, ou outros meios de transporte.
RU.AN.DÊS, *adj.* e *s.m.*, ruandense, natural ou habitante de Ruanda, país africano.
RU.ÃO, *adj.*, que se refere a cavalo branco com manchas escuras.
RU.AR, *v. int.*, locomover-se sem destino, andar à toa.
RU.BE.FA.ÇÃO, *s.f.*, vermelhidão da pele.
RÚ.BEO, *adj.*, rubro, vermelho.
RU.BÉ.O.LA, *s.f.*, doença que se manifesta por erupções na pele.
RU.BES.CEN.TE, *adj.*, que enrubesce.
RU.BES.CER, *v.t.* e *pron.*, ruborizar, envermelhar, avermelhar.
RU.BI, *s.m.*, pedra preciosa de cor vermelho-viva; cor vermelha.
RU.BI.Á.CEAS, *s.f.*, *pl.*, família formada de diversos arbustos, como o café.
RU.BI.Á.CEO, *adj.*, Bot., relativo às rubiáceas.
RU.BI.CUN.DO, *adj.*, rubro, de cor vermelha.
RU.BÍ.DIO, *s.m.*, elemento metálico com número atômico 37.
RÚ.BI.DO, *adj.*, vermelho.
RU.BI.FI.CAR, *v.t.*, *int.* e *pron.*, tornar vermelho.
RU.BI.GI.NO.SO, *adj.*, ferruginoso, oxidado.
RU.BIM, *s.m.*, rubi.
RU.BLO, *s.m.*, unidade monetária da Rússia.
RU.BOR, *s.m.*, cor vermelha vivaz; *fig.*, pudor, vergonha, respeito.
RU.BO.RES.CER, *v.int.*, tornar-se vermelho; ruborizar-se.
RU.BO.RI.ZA.ÇÃO, *s.f.*, rubor, vermelhidão.
RU.BO.RI.ZA.DO, *adj.*, envergonhado, corado por vergonha.
RU.BO.RI.ZAR, *v.t.* e *pron.*, causar rubor, avermelhar, tornar rubro; *fig.*, corar, envergonhar.
RU.BRI.CA, *s.f.*, abreviatura de assinatura, nota, rabisco, visto.
RU.BRI.CA.DO, *adj.*, que se rubricou; em que se apôs rubrica ou firma; subscrito; assinado; assinalado, marcado.
RU.BRI.CAR, *v.t.*, assinar, dar um visto.
RU.BRO, *adj.*, vermelho, sanguíneo, escarlate, cor vermelho-forte.
RU.ÇAR, *v.t.*, *int.* e *pron.*, tornar ruço, envelhecer.
RU.ÇO, *adj.*, com cor meio parda, com cabelos grisalhos, acinzentados, castanho-claros; *s.m.*, cerração da serra de Petrópolis; *fig.*, *pop.*, estar ruço - ser difícil.
RU.DE, *adj.*, grosseiro, inculto, ríspido, estúpido.
RU.DE.ZA, *s.f.*, falta de polidez, descortesia, estupidez, grosseria.
RU.DI.MEN.TAR, *adj.*, elementar, primário, tosco, iniciante.
RU.DI.MEN.TO, *s.m.*, base, esboço, projeto.
RU.EI.RO, *adj.* e *s.m.*, andarilho, peregrino, caminhante.
RU.E.LA, *s.f.*, viela, rua pequena, rua estreita e curta.
RU.FA.DOR, *adj.* e *s.m.*, que rufa; que toca tambor.
RU.FAR, *v.t.* e *int.*, soar do tambor, tocar do tambor.
RU.FI.ÃO, *s.m.*, proxeneta, indivíduo que vive às custas de mulheres pela prostituição.
RU.FLAR, *v.t.* e *int.*, bater das asas, rumor de asas.
RU.FO, *s.m.*, toque de tambor, som de tambores.
RU.GA, *s.f.*, prega, dobra da pele.
RU.GE, *s.m.*, cosmético para colorir as faces de vermelho.
RU.GE-RU.GE, *s.m.*, ruído de tecidos; rumor de roupas.
RU.GI.DO, *s.m.*, urro, berro, voz do leão; *adj.*, bramido, berrado.
RU.GI.DOR, *adj.* e *s.m.*, urrador, berrador.
RU.GIR, *v. int.*, bramir, berrar, urrar.
RU.GI.TAR, *v.int.*, *bras.*, emitir ruído; rugir; sussurrar.
RU.GO.SO, *adj.*, cheio de rugas.
RUI.BAR.BO, *s.m.*, planta medicinal, também usada na cozinha.
RU.Í.DO, *s.m.*, barulho, fragor, som, bulha.
RUI.DO.SO, *adj.*, barulhento, fragoroso.
RU.IM, *adj.*, mau, maldoso, imprestável, inútil.
RU.Í.NA, *s.f.*, destroços, resíduos, desgraça, fim de tudo, perda de tudo.
RUI.NA.RI.A, *s.f.*, o mesmo que ruínas; amontoado de ruínas; grande extensão de ruínas.
RU.IN.DA.DE, *s.f.*, malvadeza, maldade, safadeza.
RU.I.NO.SO, *adj.*, cheio de ruínas, cheio de destroços.
RU.IR, *v.t.* e *int.*, desmoronar, cair, arruinar-se, destroçar-se.
RUI.VA.CEN.TO, *adj.*, que está um tanto ruivo.
RUI.VO, *adj.*, que tem cabelo louro-avermelhado.
RUM, *s.m.*, aguardente, bebida alcoólica.
RU.MA, *s.f.*, pilha, montão, grande quantidade.
RU.MAR, *v.t.*, colocar no rumo, na rota, na direção pretendida.
RUM.BA, *s.f.*, música e dança cubanas.
RU.MI.NA.ÇÃO, *s.f.*, ação ou efeito de ruminar, mastigação, cismas.
RU.MI.NA.DO, *adj.*, tornado a mastigar, cogitado, pensado.
RU.MI.NA.DOU.RO, *s.m.*, nome que se dá a qualquer dos estômagos dos ruminantes.
RU.MI.NAN.TE, *adj.*, que rumina; *s.2 gên.*, animal que vive o processo de ruminar a comida.
RU.MI.NAR, *v.t.*, mastigar a comida, trazê-la depois para

mastigar de novo; *fig.*, pensar, cogitar, refletir.
RU.MO, *s.m.*, direção, rota, roteiro.
RU.MOR, *s.m.*, ruído, barulho, murmúrio.
RU.MO.RE.JAN.TE, *adj.*, borbulhante, murmurante.
RU.MO.RE.JAR, *v.t.* e *int.*, provocar um rumor continuado; rumor leve como o da água.
RU.MO.RE.JO, *s.m.*, murmúrio, rumor, ruído de águas.
RU.MO.RO.SO, *adj.*, cheio de rumor, barulhento.
RU.NA, *s.f.*, seiva que provém do pinheiro; runas era o alfabeto dos sacerdotes dos antigos germânicos.
RU.PES.TRE, *adj.*, que vive nas pedras, encontrado nas pedras.
RU.PI.A, *s.f.*, unidade monetária da Índia e de outros países vizinhos.
RU.PÍ.CO.LA, *s. 2 gên.*, que vive em rochas, que vive entre penhascos.
RUP.TI.LI.DA.DE, *s.f.*, estado ou qualidade do que é rúptil.
RUP.TU.RA, *s.f.*, quebra, fenda, buraco, rotura, lacuna.
RU.RAL, *adj.*, próprio do campo, campestre, agrícola, rústico.
RU.RA.LIS.MO, *s.m.*, ideias rurais, predominância do campo sobre o urbanismo.
RU.RA.LIS.TA, *s. 2 gên.*, quem defende o ruralismo, habitante da região rural.
RU.RÍ.CO.LA, *s. 2 gên.*, quem mora no campo, habitante de terras rurais.
RUS.GA, *s.f.*, desavença, questiúncula.
RUS.GAR, *v. int.*, desentender-se, questionar, altercar.
RUS.GUEN.TO, *adj.*, cheio de rusgas, implicante.
RUSH, *s.m.*, ing., grande movimento de veículos, engarrafamento; momentos de tráfego mais intenso.
RUS.SO, *adj.*, da Rússia; natural, habitante ou idioma desse país.
RUS.TI.CI.DA.DE, *s.f.*, rudeza, incivilidade, grosseria, bucolismo.
RÚS.TI.CO, *adj.*, próprio do campo, rural, campestre, grosso, tosco.
RUS.TIR, *v. int.*, enganar, lograr, ludibriar.
RU.TÁ.CEA, *s.f.*, Bot., espécime da fam.das rutáceas, árvores e arbustos, que incluem o limão, a laranja, a cidra, a tangerina, etc.
RU.TÊ.NIO, *s.m.*, metal com número atômico 44.
RU.TI.LÂN.CIA, *s.f.*, brilho, fulgor, resplandecência.
RU.TI.LAN.TE, *adj.*, brilhante, cheio de luz, resplandecente, rútilo.
RU.TI.LAR, *v. int.*, brilhar, luzir, fulgir, resplandecer.
RÚ.TI.LO, *adj.*, brilhante, luminoso.

S

S, *s.m.*, décima nona letra do á-bê-cê e décima quinta consoante.
S, símbolo de enxofre.
SÃ, *adj.*, flexão feminina de são; sadia, sanada.
SA.A.RI.A.NO, *adj.*, próprio do deserto do Saara ou habitante dessa região.
SA.BÁ, *s.m.*, o dia de sábado no Judaísmo, dia de descanso religioso para os hebreus.
SA.BA.DÃO, *s.m., bras. pop.*, sábado cheio de acontecimentos prazerosos, agitado.
SA.BA.DE.AR, *v.int.*, descansar do trabalho no sábado; guardar o sábado (no judaísmo).
SÁ.BA.DO, *s.m.*, o sétimo dia da semana; dia anterior ao domingo.
SA.BÃO, *s.m.*, substância solvente que se usa para lavar roupa, objetos, superfícies, etc.; *fig.*, repreensão.
SA.BA.QUE, *s.m.*, camada de solo rica em material orgânico decomposto e usado como fertilizante.
SA.BÁ.TI.CO, *adj.*, referente ao sabá, que tem relação com o sábado; próprio do descanso do sabá.
SA.BA.TI.NA, *s.f.*, prova feita aos sábados; prova, verificação escolar.
SA.BA.TI.NA.DOR, *adj. e s.m.*, que ou aquele que sabatina.
SA.BA.TI.NAR, *v.t. e int.*, interrogar, arguir sobre um assunto.
SA.BA.TI.NEI.RO, *adj.*, relativo a sabatina; próprio de sabatina.
SA.BA.TIS.MO, *s.m.*, observação dos sábados (no judaísmo).
SA.BÁ.VEL, *adj. 2 gên.*, que agrada ao paladar; gostoso; saboroso.
SA.BE.DEUS, *interj.*, exprime dúvida: só Deus sabe!
SA.BE.DOR, *s.m.*, quem conhece algo, quem sabe.
SA.BE.DO.RI.A, *s.f.*, erudição, conhecimento, senso de justiça, tino, tirocínio, tranquilidade de espírito.
SA.BE.ÍS.MO, *s.m.*, adoração dos astros.
SA.BE.ÍS.TA, *s. 2 gên.*, seguidor do sabeísmo.
SA.BE.NA, *s.f., ant.*, lençol; cobertor.
SA.BEN.ÇA, *s.f., bras. pop.*, sabedoria, conhecimento; ciência; notícia.
SA.BEN.TE, *adj., ant.*, sabedor.
SA.BER, *v.t.*, conhecer, reter, conservar o conhecimento, compreender, apreender, dominar, ter conhecimento; *s.m.*, conhecimento, sabedoria, erudição, tino.
SA.BE.REN.TE, *adj. e s.2 gên., bras.*, NE, que presume ter saber; sabichão; saberete.
SA.BE-TU.DO, *s.m., fam.*, sabichão, que conhece e sabe tudo.
SA.BI.Á, *s.m.*, designação comum de vários pássaros da família dos turtídeos.
SA.BI.CHÃO, *s.m., fam.*, sabe-tudo, quem tem grandes conhecimentos, quem se vangloria de muito saber.
SA.BI.CHAR, *v.t., lus.*, procurar saber, investigar, indagar.
SA.BI.CHO.SO, *adj.*, diz-se de indivíduo afetado por saber muito; *s.m.*, esse indivíduo, mesmo que sabichão.
SA.BI.DÃO, *adj.*, que sabe muito; *irôn.*, diz-se de quem é metido a sabichão; *s.m., pop.*, indivíduo que usa de esperteza para com os outros.
SA.BI.DO, *adj.*, esperto, inteligente, que sabe.
SA.BI.NA.DA, *s.f.*, revolução ocorrida na Bahia para promover uma separação.
SA.BI.NO, *adj. e s.m.*, povo vizinho da antiga Roma; com os romanos tiveram problemas de convivência; cavalo com pelo branco, mas misturado de tufos pretos e vermelhos.
SÁ.BIO, *adj. e s.m.*, erudito, conhecedor, instruído, prudente, cheio de sabedoria.
SA.BIR, *s.m.*, Gloss., língua extinta em torno de 1900, formada por elementos do italiano, do grego, árabe, turco e espanhol, falada em portos do Mediterrâneo desde os tempos medievais.
SA.BÍ.VEL, *adj.*, que se pode saber.
SA.BO.A.RI.A, *s.f.*, empresa que fabrica, vende, comercializa sabão.
SA.BO.EI.RO, *s.m.*, fabricante ou vendedor de sabão; saboneteira; Bot., Árvore da fam. das sapindáceas (*Sapindus divaricatus*), nativa do Brasil, da qual se faz um tipo de sabão; sabonete.
SA.BOI.A.NO, *s.m.*, indivíduo nascido ou que vive em Saboia (França); *adj.*, de Saboia, típico dessa região ou de seu povo.
SA.BO.NEI.RA, *s.f.*, ver saboneteira.
SA.BO.NE.TE, *s.m.*, sabão preparado com perfumes para a higiene pessoal.
SA.BO.NE.TEI.RA, *s.f.*, local para colocar o sabonete.
SA.BOR, *s.m.*, gosto, paladar, iguaria.
SA.BO.RE.A.DO, *adj.*, degustado, experimentado, testado.
SA.BO.RE.AR, *v.t., int. e pron.*, experimentar, degustar, perceber o gosto, testar.
SA.BO.RE.Á.VEL, *adj. 2 gên.*, que pode ser saboreado.
SA.BO.RI.DO, *adj.*, que tem sabor agradável, saboroso; *fig.*, agradável, deleitoso.
SA.BO.RO.SO, *adj.*, com muito gosto, gostoso, agradável, apetitoso.
SA.BO.TA.DO, *adj.*, prejudicado, danificado, dificultado.
SA.BO.TA.DOR, *adj. e s.m.*, que(m) sabota, danificador.
SA.BO.TA.GEM, *s.f.*, ato ou efeito de sabotar; ação de causar danos ou impedir o funcionamento de empresas, serviços, instituições, etc.; *fig.*, qualquer ação com o intuito de prejudicar outrem.
SA.BO.TAN.TE, *adj. 2 gên.*, que faz sabotagem, sabotador.
SA.BO.TAR, *v.t.*, danificar, prejudicar, dificultar.
SA.BRE, *s.m.*, arma branca, tipo de espada, espadim.
SA.BU.GAL, *s.m.*, conjunto de sabugueiros, bosque de sabugueiros.
SA.BU.GO, *s.m.*, parte interna dos chifres bovinos; parte interna da espiga em que se alojam os grãos de milho; *fig.*, algo feio; uma pessoa feia e de poucos préstimos.
SA.BU.GUEI.RO, *s.m.*, arbusto cujas flores são utilizadas para fins medicinais.

SABUJAR   SACO-ROTO

SA.BU.JAR, *v.t.,* adular, bajular, elogiar excessivamente.
SA.BU.JI.CE, *s.f.,* servilismo, humilhação, dependência.
SA.BU.JIS.MO, *s.m.,* qualidade ou caráter de quem é sabujo; mesmo que sabujice.
SA.BU.JO, *s.m.,* cão, tipo bajulador, servil; capacho.
SA.BU.LÍ.CO.LA, *adj.,* que cresce ou vive nas areias.
SA.BU.LO.SO, *adj.,* areento, que tem areia na mistura.
SA.BUR.RA, *s.f.,* crosta, película esbranquiçada que surge na parte superior da língua, devido a alguma doença ou até mesmo por falta de higiene adequada.
SA.BUR.REN.TO, *adj.,* que é cheio de saburra; saburroso.
SA.BUR.RO.SI.DA.DE, *s.f.,* qualidade de saburroso, estado de saburroso.
SA.BUR.RO.SO, *adj.,* que está cheio de saburra.
SA.CA, *s.f.,* saco, saco grande, conteúdo de um saco.
SA.CA.DA, *s.f.,* balcão, varanda, balcão de uma casa para se olhar; *gír.,* olhadela, espiada; ideia original ou genial.
SA.CA.DO, *s.m.,* quem tem um título emitido contra ele; *adj.,* extraído, retirado, arrancado.
SA.CA.DOR, *s.m.,* quem emite uma nota de câmbio ou outro título.
SA.CAL, *adj. 2 gên.,* que causa enfado; maçante.
SA.CA.LÃO, *s.m.,* puxão para sacar algo, mesmo que sacadela; RS, ação de sofrear subitamente a cavalgadura.
SA.CA.NA, *s.m., pop.,* tipo que se dá ao libidinismo; canalha, crápula, mau-caráter.
SA.CA.NA.GEM, *s.f., pop,* safadeza, desonestidade, imoralidade, canalhice.
SA.CA.NE.A.DO, *adj.,* que foi enganado, ludibriado; que foi traído amorosa ou sexualmente.
SA.CA.NE.AR, *v.t. e int., pop.,* enganar, ludibriar, perverter.
SA.CÃO, *s.m.,* saco grande; corcovo (salto de animal de montaria); safanão, tranco.
SA.CAR, *v.t. e int.,* extrair à força, arrancar, descobrir, cobrar, receber.
SA.CA.RI.A, *s.f.,* muitos sacos; conjunto de sacos.
SA.ÇA.RI.CAN.TE, *adj. 2 gên., bras., pop.,* que sacode o corpo ou rebola; sem rumo certo.
SA.ÇA.RI.CAR, *v. int.,* dançar, bambolear, sacudir o corpo, pular.
SA.CA.RÍ.DEOS, *s.m.,* próprio dos açúcares.
SA.CA.RÍ.FE.RO, *adj.,* que contém açúcar.
SA.CA.RI.FI.CA.ÇÃO, *s.f.,* conversão de alguma substância em açúcar.
SA.CA.RI.FI.CA.DOR, *adj.,* o mesmo que sacarificante.
SA.CA.RI.FI.CAN.TE, *adj.,* que produz ou favorece a sacarificação.
SA.CA.RI.FI.CAR, *v.t.,* transformar o amido em açúcar.
SA.CA.RI.FI.CÁ.VEL, *adj.,* que se pode sacarificar.
SA.CA.RI.ME.TRI.A, *s.f.,* Quím., técnica pela qual se determina o teor de açúcar de uma solução.
SA.CA.RI.ME.TRO, *s.m.,* Quím., aparelho para medir o açúcar numa solução.
SA.CA.RI.NA, *s.f.,* substância usada no tratamento da diabete.
SA.CA.RI.NO, *adj.,* que contém açúcar.
SA.CA.RÍ.VO.RO, *adj.,* que vive de açúcar.
SÁ.CA.RO, *s.m.,* Bot., gênero de gramíneas tropicais que compreende a cana-de-açúcar.
SA.CA.ROI.DE, *adj.,* semelhante ao açúcar; Min., cuja estrutura é granulosa como o açúcar.
SA.CA.ROL, *s.m.,* Farm., o açúcar considerado como excipiente.
SA.CA.RO.LHAS, *s.m., pl.,* peça que se usa para retirar as rolhas das garrafas.
SA.CA.RO.LO.GI.A, *s.f.,* estudo do açúcar e suas propriedades.
SA.CA.RO.SE, *s.f.,* açúcar de cana ou beterraba.
SA.CA.RO.SO, *adj.,* que tem as propriedades do açúcar.
SA.CÁ.VEL, *adj. 2 gên.,* aquilo que se pode sacar.
SA.CER.DÓ.CIO, *s.m.,* exercício funcional do sacerdote, vocação do sacerdote; *fig.,* todo trabalho levado a sério como coisa sagrada.
SA.CER.DO.CRA.CI.A, *s.f.,* domínio dos sacerdotes.
SA.CER.DO.CRÁ.TI.CO, *adj.,* que diz respeito à sacerdocracia.
SA.CER.DO.TAL, *adj.,* próprio do sacerdote, referente ao sacerdócio.
SA.CER.DO.TE, *s.m.,* presbítero, pessoa que exerce as funções sagradas de uma religião; padre.
SA.CER.DO.TI.SA, *s.f.,* mulher que exerce as funções do sacerdócio.
SA.CHAR, *v.t.,* escavar ou retirar algo com o sacho; afofar a terra, capinar.
SA.CHÊ, *s.m.,* pequeno invólucro com perfumes ou produtos de beleza.
SA.CHO, *s.m.,* enxada pequena.
SA.CHO.LA, *s.f.,* enxada com lâmina estreita, para diversos usos.
SA.CI, *s.m.,* saci-pererê; ser inventado pela imaginação popular, representado com uma perna só e um gorro vermelho.
SA.CI.A.ÇÃO, *s.f.,* ação ou efeito de saciar.
SA.CI.A.DO, *adj.,* fartado, satisfeito.
SA.CI.A.DOR, *adj. e s.m.,* que ou o que sacia.
SA.CI.A.MEN.TO, *s.m.,* ato ou efeito de saciar(-se); satisfação completa.
SA.CI.AR, *v.t. e pron.,* fartar, satisfazer, realizar o desejo.
SA.CI.Á.VEL, *adj.,* que se pode saciar.
SA.CI.E.DA.DE, *s.f.,* plenitude, satisfação total.
SA.CI.FOR.ME, *adj.,* que tem forma de saco, semelhante a saco.
SA.CI-PE.RE.RÊ, *s.m.,* saci.
SA.CO, *s.m.,* recipiente de tecido, fibra, plástico para colocar produtos dentro; saca; vestimenta malfeita; *pop.,* aborrecimento, incômodo.
SA.CO.LA, *s.f.,* invólucro, bolsa, pequeno saco com alças.
SA.CO.LA.DA, *s.f.,* conteúdo de uma sacola (de compras); pancada com uma sacola cheia de alguma coisa.
SA.CO.LA.GEM, *s.f., bras., pop.,* atividade de sacoleiro (que compra em mercado livre de impostos para revenda com lucros).
SA.CO.LEI.RO, *s.m.,* pessoa que compra produtos em atacados ou lojas de preços baixos, para revendê-los no varejo.
SA.CO.LE.JA.DO, *adj.,* sacudido, agitado, levado.
SA.CO.LE.JAN.TE, *adj. 2 gên.,* que sacoleja; que balança.
SA.CO.LE.JÃO, *s.m.,* movimento ou sacudida forte (com o corpo); solavanco.
SA.CO.LE.JAR, *v.t.,* sacudir, agitar, agitar bastante, rebolar.
SA.CO.LE.JO, *s.m.,* agito, sacudido.
SA.CO.LI.NHA, *s.f.,* sacola pequena; pequeno saco para contribuições dos fiéis em algumas igrejas.
SA.CO-RO.TO, *s.m.,* tipo que gasta tudo o que ganha, perdulário, gastador.

SA.CRAL, adj. 2 gén., que é sagrado, sacro; Ort., relativo ao osso sacro.
SA.CRA.LI.DA.DE, s.f., qualidade do que é sagrado.
SA.CRA.LI.ZA.ÇÃO, s.f., ação de sacralizar, consagração, sagração.
SA.CRA.LI.ZA.DO, adj., tornado sacro, sacramentado.
SA.CRA.LI.ZAN.TE, adj. 2 gén., que sacraliza; que torna sagrado.
SA.CRA.LI.ZAR, v.t., tornar sagrado, dar condições de sacramento.
SA.CRA.MEN.TA.ÇÃO, s.f., ato ou efeito de sacramentar; ação de oficializar; oficialização.
SA.CRA.MEN.TA.DO, adj., pop., tudo pronto, acabado, terminado.
SA.CRA.MEN.TAL, adj., que se refere a sacramento.
SA.CRA.MEN.TAR, v.t. e pron., distribuir os sacramentos na igreja; tornar algo sagrado, definir; pop., ratificar, formalizar.
SA.CRA.MEN.TÁ.RIO, s.m., ant., ritual das cerimônias sacramentais; adepto da doutrina de que o pão e o vinho são o corpo e o sangue de Cristo, no sentido sacramental (simbólico, metafórico).
SA.CRA.MEN.TO, s.m., os sete sinais sagrados que o Evangelho traz como mostras claras da fé cristã; coisa sagrada.
SA.CRÁ.RIO, s.m., local para pôr objetos sagrados; receptáculo para as hóstias dentro dos templos católicos.
SA.CRÍ.FE.RO, adj., que leva ás coisas sagradas.
SA.CRI.FI.CA.DO, adj., ofertado, dedicado, devotado.
SA.CRI.FI.CA.DOR, adj. e s.m., que(m) sacrifica, quem oferece sacrifício.
SA.CRI.FI.CAL, adj. 2 gén., que se refere ao sacrifício.
SA.CRI.FI.CAN.TE, adj., que sacrifica, ofertante, oferecente.
SA.CRI.FI.CAR, v.t., int. e pron., ofertar, apresentar como oferenda, dedicar, devotar; desistir.
SA.CRI.FI.CA.TI.VO, adj., próprio ou apto para o sacrifício, para ser imolado.
SA.CRI.FI.CA.TÓ.RIO, adj., relativo ou pertencente ao sacrifício.
SA.CRI.FI.CÁ.VEL, adj. 2 gén., que pode ou deve ser sacrificado.
SA.CRI.FI.CI.AL, adj. 2 gén., que impõe sacrifício, o mesmo que sacrificatório.
SA.CRI.FÍ.CIO, s.m., oferta, oferenda, desistência, abnegação, renúncia.
SA.CRI.LÉ.GIO, s.m., pecado, ofensa grave contra algo sagrado; irreverência.
SA.CRÍ.LE.GO, adj., que tem sacrilégio, que comete sacrilégio.
SA.CRI.PAN.TA, adj. e s. 2 gén., tipo vil, safado, canalha, patife.
SA.CRIS.TA.NI.A, s.f., o ofício do sacristão ou da sacristã.
SA.CRIS.TÃO, s.m., pessoa que auxilia o padre na administração do templo e nas atividades religiosas; quem administra a sacristia.
SA.CRIS.TI.A, s.f., local, em alguma parte do templo, para os serviços eclesiásticos, como guarda de vestimentas e demais objetos de culto.
SA.CRO, adj., sagrado, divino, digno de veneração, devotado; osso da bacia.
SA.CRO.ES.PI.NHAL, adj. 2 gén., Anat., que se refere ao mesmo tempo ao sacro e à espinha dorsal.
SA.CROS.SAN.TO, adj., santo e sagrado, divino, venerado.
SA.CU.DI.DA, s.f., sacudidura, sacudidela.
SA.CU.DI.DE.LA, s.f., sacudidura, pancada.
SA.CU.DI.DO, adj., forte, vigoroso; fig., decidido, esperto, dinâmico.
SA.CU.DI.DOR, adj. e s.m., que(m) sacode, agitador, movimentador.
SA.CU.DI.DU.RA, s.f., ato ou efeito de sacudir(-se); abalo; tremura; tremor.
SA.CU.DI.MEN.TO, s.m., ato ou efeito de sacudir(-se); agitação ou tremor repentino.
SA.CU.DIR, v.t., agitar, mover para todos os lados; movimentar, mover, bater para a limpeza.
SÁ.CU.LO, s.m., saco de pequeno; Biol., cisterna em forma de disco, que constitui o dictiossomo; Anat., pequena depressão no labirinto membranoso da orelha interna.
SÁ.DI.CO, adj. e s.m., pessoa que se sente bem com o sofrimento dos outros; perverso, cruel, carrasco.
SA.DI.O, adj., saudável, salubre, são; que é bom para a saúde.
SA.DIS.MO, s.m., prazer com a dor dos outros; prazer no sofrimento alheio.
SA.DIS.TA, s. 2 gén.; quem pratica o sadismo.
SA.DO.MA.SO.QUIS.MO, s.m., desvio psicomental que alia o sadismo ao masoquismo.
SA.E.TA, s.f., ant., certo tecido; bras., polpa de buriti, própria para refrescos, doces, etc.
SA.FA.DA.GEM, s.f., qualidade do que ou de quem é safado; safadeza; ato desonesto ou imoral.
SA.FA.DE.ZA, s.f., pop., canalhice, sacanagem, cafajestice, ladroeira, imoralidade.
SA.FA.DI.CE, s.f., bras., o mesmo que safadeza.
SA.FA.DIS.MO, s.m., safadeza, canalhice, imoralidade, desonestidade, ladroeira, mentira contumaz.
SA.FA.DO, adj. e s.m., canalha, sem-vergonha, desonesto; mau-caráter, pornográfico, libidinoso.
SA.FA.NÃO, s.m., golpe violento, empurrão.
SA.FAR, v.t. e pron., fazer sair, escapar, fugir ileso, dar o fora.
SA.FAR.DA.NA, s. 2 gén., indivíduo muito safado, canalha, velhaco, furtador, enganador.
SA.FAR.DA.NA.GEM, s.f., qualidade ou procedimento de safardana, de abjeto, de salafrário.
SA.FÁ.RI, s.m., caçada de grandes proporções; expedição para caçar animais de grande porte.
SÁ.FA.RO, adj., estéril, seco, improdutivo, inculto.
SA.FAR.RAS.CA.DA, s.f., gír., encrenca, problema.
SA.FE.NA, s.f., veia subcutânea da perna.
SA.FE.NA.DO, adj. e s.m., que(m) fez implante de ponte de safena.
SA.FE.NAR, v.t. e int., submeter(-se) à cirurgia de ponte de safena.
SÁ.FI.CO, adj., que se refere a Safo, poetisa grega da antiga Grécia e que viveu na ilha de Samos, onde constituiu uma escola para a formação de mulheres.
SA.FI.RA, s.f., pedra preciosa de cor azul-escura.
SA.FÍ.RI.CO, adj., relativo à safira.
SA.FIS.MO, s.m., homossexualismo entre mulheres; lesbianismo.
SA.FO, adj., liberado, livre, que se safou.
SA.FRA, s.f., colheita, quantidade colhida de uma plantação.
SA.FREI.RO, s.m., bras., trabalhador temporário (em tempo de safra); boia-fria.
SA.FRE.JAR, v.int., bras., ter como comércio um engenho de açúcar ou de aguardente.

SAFRINHA ··736·· SALESIANO

SA.FRI.NHA, s.f., Agr., plantio, esp. de grãos fora de época.

SA.FRIS.TA, adj. 2 gên. e s. 2 gên., diz-se de, ou o produtor que concentra sua produção em épocas chuvosas.

SA.FRO, adj., pop., o mesmo que sáfaro.

SA.GA, s.f., lenda, história de fatos escandinavos; história, fato heroico.

SA.GA.CI.DA.DE, s.f., qualidade de quem é sagaz, astúcia, esperteza.

SA.GAZ, adj., astuto, esperto, inteligente, manhoso.

SA.GI.TAL, adj. 2 gên., que tem forma de seta; sagitado; sagitiforme.

SA.GI.TA.RI.A.NO, adj. e s.m., Astrol., que ou aquele que nasceu sob o signo de sagitário.

SA.GI.TÁ.RIO, s.m., o nono signo do Zodíaco.

SA.GI.TÍ.FE.RO, adj., que tem setas, que anda com setas.

SA.GI.TI.FO.LI.A.DO, adj., Bot., que tem folhas sagitais, em forma de setas.

SA.GI.TI.FÓ.LIO, adj., o mesmo que sagitifoliado.

SA.GI.TI.FOR.ME, adj. 2 gên., que tem a forma de uma seta; sagitado; sagital.

SA.GRA.ÇÃO, s.f., ação de sagrar, consagração, sacralização.

SA.GRA.DO, adj., sacro, devotado, dedicado, consagrado.

SA.GRA.DOR, adj. e s.m., que ou o que sagra, sagrante; santificador.

SA.GRAN.TE, adj. e s.m., que ou o que sagra; sagrador.

SA.GRAR, v.t. e pron., votar ao serviço divino, consagrar, santificar, sacralizar, ungir.

SA.GU, s.m., amido, tipo de alimento para sobremesas.

SA.GUÃO, s.m., entrada, vestíbulo, recepção.

SA.GUEI.RO, s.m., palmeira asiática que produz o sagu.

SA.GUE.ZA, s.f., ant., sagacidade.

SA.GUI, s.m., saguim, nome comum de pequenos macacos.

SA.GUIM, s.m., bras., o mesmo que sagui.

SA.GUI.RU, s.m., nome de diversos tipos de pequenos peixes.

SA.Í, s.m., Rel., monge budista; bonzo.

SA.I.A, s.f., vestimenta feminina.

SAI.A-BA.LÃO, s.f., tipo de saia rodada, em forma de balão.

SAI.A-CAL.ÇA, s.f., peça do vestuário feminino, composta de uma saia com forma de calça.

SAI.A-CUR.TA, s.f., situação na qual o indivíduo tem os movimentos tolhidos; situação difícil.

SAI.ÃO, s.m., planta da família das plantas suculentas, cujas folhas têm valor medicinal.

SAI.BO, s.m., sabor, gosto, tempero.

SAI.BRA.MEN.TO, s.m., ato de saibrar.

SAI.BRÃO, s.m., terreno muito consistente e areoso próprio para certas plantações, como a da cana e outras.

SAI.BRAR, v.t., cobrir com saibro, macadamizar.

SAI.BREI.RA, s.f., lugar donde se extrai saibro; terreno saibroso.

SAI.BREI.RO, s.m., o que trabalha em saibreira.

SAI.BRO, s.m., tipo de argila com areia, terra com areia.

SAI.BRO.SO, adj., que está cheio de saibro, arenoso.

SA.Í.DA, s.f., abertura, local por onde se sai; solução, lugar para escapar.

SA.Í.DA DE BA.NHO, s.f., saída de praia, peça usada para cobrir a cintura e as nádegas.

SA.Í.DA DE PRAI.A, s.f., peça de vestuário usada por sobre o maiô ou biquíni, quando a mulher sai da água.

SAI.DEI.RA, s.f., pop., gír., em festas ou encontros, a última bebida geral.

SA.Í.DO, adj., metido, saliente, intrometido; que já saiu.

SA.I.MEN.TO, s.m., comitiva fúnebre, cortejo funerário.

SA.I.NE.TE, s.m., isca, engodo, algo de sabor agradável; comédia rápida.

SAI.O.TE, s.m., saia curta, saia pequena.

SA.IR, v. int. e pron., ir para fora, locomover-se do interior para o exterior, afastar-se, viajar, ir embora.

SAIS, s.m., pl., substâncias perfumosas que são usadas em banhos ou em atividades de higiene.

SA.JI.CA, adj. 2 gên., AM, que é resistente, rijo, robusto.

SA.JU, s.m., Zool., denominação comum a algumas espécies de pequenos macacos da fam. dos cebídeos.

SAL, s.m., substância usada para salgar, temperar e conservar a comida.

SA.LA, s.f., ambiente familiar, dependência, peça para recepção, cômodo.

SA.LA.CI.DA.DE, s.f., devassidão, libertinagem, safadeza, torpeza.

SA.LA.DA, s.f., verdura; vegetal que se come cru ou cozido, temperado ou não; fig., pop., confusão.

SA.LA.DEI.RA, s.f., travessa, recipiente para colocar salada.

SA.LA.DEI.RIL, adj., bras., RS, que diz respeito a saladeiro ou à indústria do charque.

SA.LA.DEI.RIS.TA, s. 2 gên., bras., RS, proprietário de saladeiro ou charqueada.

SA.LA.DEI.RO, s.m., o mesmo que saladeira; bras., RS, estabelecimento no qual se prepara a carne seca; charqueada.

SA.LA.FRÁ.RIO, s.m., pop., safado, patife, desonesto, furtador.

SA.LA.MA.LE.QUE, s.m., saudação usada pelos árabes e turcos; fig., saudações longas e exageradas.

SA.LA.MA.LE.QUE.AR, v.t., reverenciar, saudar com salamaleques.

SA.LA.MAN.DRA, s.f., tipo de anfíbio, parecido com o lagarto.

SAL A.MAR.GO, s.m., sulfeto de magnésio, substância usada como remédio.

SA.LA.ME, s.m., linguiça; linguiça especial feita com carne suína ou bovina, ou ambas, misturadas.

SA.LA.MI.NHO, s.m., tipo de salame.

SA.LÃO, s.m., sala grande, ambiente espaçoso para realizar festas; local de trabalho de um cabeleireiro; todo ambiente espaçoso.

SA.LA.RI.A.DO, adj., assalariado, que recebe salários.

SA.LA.RI.AL, adj., próprio do salário.

SA.LA.RI.AR, v.t., o mesmo que assalariar.

SA.LÁ.RIO, s.m., pagamento, retribuição em dinheiro por um trabalho, ordenado, remuneração.

SA.LÁ.RIO-FA.MÍ.LIA, s.m., percentual que os pais recebem no salário pelo número de filhos até quatorze anos de idade, por verba descontada do INSS.

SA.LÁ.RIO-HO.RA, s.m., quantia que o trabalhador recebe, mediante contrato, por hora trabalhada.

SA.LAZ, adj., libidinoso, devasso, imoral, libertino, furtador.

SAL.DA.DO, adj., pago, liquidado, remunerado.

SAL.DAR, v.t., pagar, liquidar, pagar tudo.

SAL.DO, s.m., o que resta a pagar numa conta; resto; sobras de mercadorias.

SA.LEI.RO, s.m., recipiente em que se põe o sal.

SA.LE.SI.A.NO, adj. e s.m., membro da congregação de São Francisco de Sales, cujo fundador é São João Bosco, em 1859, tendo por objetivo a educação de jovens no Norte da Itália.

SALETA ··· 737 ··· **SALOIO**

SA.LE.TA, s.f., pequena sala, ambiente reduzido.
SAL.GA, s.f., salgação, salgadura, ação ou efeito de salgar.
SAL.GA.ÇÃO, s.f., o mesmo que salga.
SAL.GA.DI.ÇO, adj., que tem qualidades salinas; salitroso; s.m., terreno salino pela vizinhança do mar.
SAL.GA.DI.NHOS, s.m., pl., petiscos pequenos, usados em recepções; aperitivos.
SAL.GA.DI.O, adj. e s.m., o mesmo que salgadiço.
SAL.GA.DO, adj., com sal, temperado com sal; fig., algo muito caro.
SAL.GA.DOR, adj. e s.m., que(m) salga, quem põe sal na comida; fig., que dificulta uma ação.
SAL.GA.DU.RA, s.f., ação de salgar, salgamento, salga.
SAL.GA.LHA.DA, s.f., pop., confusão, trapalhada.
SAL.GAR, v.t. e pron., colocar sal, temperar com sal.
SAL-GE.MA, s.m., tipo de sal extraído de minas.
SAL.GO, adj., bras., S, cujos olhos do cavalo são esverdeados, ou só um deles.
SAL.GUE.RAL, s.m., conjunto de salgueiros, plantação de salgueiros.
SAL.GUEI.RO, s.m., diversas plantas ornamentais, dentre as quais se destaca o chorão.
SA.LI.CI.LA.TO, s.m., Quím., sal ou éster do ácido salicílico.
SA.LI.CÍ.LI.CO, adj., Quím., diz-se de ácido carboxílico (C7H6O3) de certas plantas, us. em medicamentos, alimentos e corantes.
SA.LI.CI.LO.SO, adj., diz-se do aldeído salicílico.
SA.LI.CI.NA, s.f., substância obtida da casca do salgueiro-branco.
SA.LÍ.CO.LA, adj., que explora a cultura das salinas; que produz sal.
SA.LI.CUL.TU.RA, s.f., trabalho de exploração de salinas, produção industrial de sal.
SA.LI.ÊN.CIA, s.f., ressalto, alto relevo, proeminência.
SA.LI.EN.TA.DO, adj., destacado, enfatizado, realçado.
SA.LI.EN.TA.DOR, adj. e s.m., que ou o que salienta.
SA.LI.EN.TAR, v.t. e pron., destacar, enfatizar, realçar, distinguir.
SA.LI.EN.TE, adj., destacado, visível, enfático, realçado; assanhado.
SA.LÍ.FE.RO, adj., que contém sal, que possui sal, que está com sal.
SA.LI.FI.CA.ÇÃO, s.f., composição de sal, o que se torna sal.
SA.LI.FI.CA.DO, adj., transformado em sal, mudado para sal.
SA.LI.FI.CAR, v.t., transformar em sal, mudar algo para sal.
SA.LI.NA, s.f., mina de sal, local do qual se retira sal.
SA.LI.NA.ÇÃO, s.f., Quím., processo pelo qual se obtém o sal cristalizado, o que ocorre pela concentração da água salgada; formação natural do sal.
SA.LI.NA.GEM, s.f., o mesmo que salinação.
SA.LI.NAR, v.t., efetuar cristalização do sal da salinação.
SA.LI.NÁ.VEL, adj., o mesmo que salificável.
SA.LI.NEI.RO, s.m., operário que trabalha em uma salina.
SA.LI.NI.DA.DE, s.f., quantidade de sal em qualquer substância.
SA.LI.NI.ZA.ÇÃO, s.f., ato ou efeito de salinizar(-se).
SA.LI.NI.ZAR, v.t. e int., tornar(-se) salino.
SA.LI.NO, adj., com sal, com gosto de sal, da beira do mar.
SA.LI.NO.ME.TRI.A, s.f., emprego do salinômetro.
SA.LI.NO.MÉ.TRI.CO, adj., que diz respeito a salinometria.
SA.LI.NÔ.ME.TRO, s.m., instrumento que permite determinar o grau de concentração de soluções salinas.

SA.LI.TA, s.f., silicato natural de cálcio e ferro.
SA.LI.TRA.ÇÃO, s.f., transformação de algo em salitre, colocação de salitre em produtos.
SA.LI.TRA.DO, adj., que contém salitre.
SA.LI.TRA.GEM, s.f., ver salitração.
SA.LI.TRAL, s.m., lugar em que se forma o salitre; o mesmo que nitreira.
SA.LI.TRAR, v.t. e pron., misturar salitre a algum ingrediente, colocar salitre em.
SA.LI.TRA.RI.A, s.f., refinação ou fábrica de salitre.
SA.LI.TRE, s.m., nitrato de potássio; adubo dessa substância.
SA.LI.TREI.RA, s.f., jazida de salitre.
SA.LI.TREI.RO, adj., que extrai salitre, s.m., aquele que extrai salitre.
SA.LI.TRI.ZA.ÇÃO, s.f., ação ou efeito de salitrizar ou de salitrizar-se.
SA.LI.TRI.ZAR, v.t., o mesmo que salitrar; v.pron., converter-se em salitre.
SA.LI.TRO.SO, adj., que contém salitre em quantidade.
SA.LI.VA, s.f., substância líquida das glândulas salivares.
SA.LI.VA.ÇÃO, s.f., ação ou efeito de salivar, produção de saliva.
SA.LI.VA.DO, adj., que contém saliva.
SA.LI.VAL, adj., salivante; relativo a saliva.
SA.LI.VAN.TE, adj., que produz a saliva.
SA.LI.VAR¹, adj. 2 gén., referente a saliva, que expele saliva.
SA.LI.VAR², v.t. e int., soltar saliva, produzir saliva.
SA.LI.VO.SO, adj., cheio de saliva; que se assemelha a saliva ou tem as suas propriedades.
SAL.MA.ÇO, adj., ant., salobro.
SAL.MÃO, s.m., tipo de peixe de carne rosada, das regiões frias.
SAL.ME.AR, v.t. e int., recitar salmos, cantar algo em tom uniforme e monótono.
SÁL.MI.CO, adj., pertencente ou relativo a salmo; que tem forma ou natureza de salmo.
SAL.MI.LHA.DO, adj., bras., salpicado de branco e amarelo; pintalgado; mosqueado.
SAL.MIS.TA, s. 2 gén., autor de salmos, leitor de salmos, cantor de salmos.
SAL.MO, s.m., poesia e cântico da Bíblia; hino de louvor a Deus, livro da Bíblia com os salmos.
SAL.MO.DI.A, s.f., maneira de entoar salmos, recitação de salmos, canto de salmos.
SAL.MO.DI.AR, v.t. e int., salmear, cantar salmos.
SAL.MO.NA.DA, s.f., peixe do gênero salmão.
SAL.MO.NA.DO, adj., que tem a carne vermelha como a do salmão.
SAL.MO.NE.LA, s.f., tipo de bactéria que ataca o estômago do ser humano.
SAL.MO.NI.CUL.TOR, adj. e s.m., que se dedica à salmonicultura.
SAL.MO.NI.CUL.TU.RA, s.f., produção, criação de salmonídeos.
SAL.MOU.RA, s.f., muito sal com pouco líquido para conservar alimentos.
SAL.MOU.RAR, v.t., colocar em salmoura alguma carne.
SA.LO.BRE, adj. 2 gén., ver salobro.
SA.LO.BRO, adj., salobre, com gosto de sal, com muito sal, água com gosto de sal.
SA.LOI.O, adj., diz-se de aldeão ou do que é típico dos

SALOMÔNICO ·· 738 ·· **SALVATAGEM**

arredores de Lisboa, Portugal; s.m., aldeão dos arredores de Lisboa; pej., grosseiro; matreiro, velhaco.

SA.LO.MÔ.NI.CO, adj., que se refere a Salomão; algo que traduz uma ideia sábia.

SA.LO.NIS.MO, s.m., prática de futebol de salão ou futsal.

SA.LO.NIS.TA, adj. 2 gên., relativo ao salonismo; s. 2 gên., jogador de futebol de salão.

SA.LO.PE.TE, s.f., Vest., espécie de macacão com alças, ger. us. por trabalhadores sobre a roupa.

SAL.PI.CA.DO, adj., que tem salpicos, manchado, misturado.

SAL.PI.CA.DOR, adj. e s.m., que(m) salpica, aplicador de salpico.

SAL.PI.CA.DU.RA, s.f., ação ou efeito de salpicar; salpico.

SAL.PI.CA.MEN.TO, s.m., o mesmo que salpicadura.

SAL.PI.CÃO, s.m., tipo de linguiça, paio, chouriço preparado com vários ingredientes, alguns tipos de iguarias com muitos condimentos e variedade de ingredientes.

SAL.PI.CAR, v.t. e pron., salgar, condimentar, colocar sal; pintar com salpico.

SAL.PI.CO, s.m., pingo, gota, mancha feita por qualquer substância.

SAL.PI.MEN.TA, s.f., mistura de sal e pimenta; adj, fig., grisalho.

SAL.PI.MEN.TA.DO, adj., temperado com sal e pimenta.

SAL.PIN.GE, s.f., Anat., tuba uterina ou trompa de Falópio; Anat., tuba auditiva ou trompa de Eustáquio.

SAL.PÍN.GI.CO, adj., Anat., relativo às trompas de Eustáquio ou, especialmente, de Falópio.

SAL.PIN.GI.TE, s.f., Ginec., inflamação da tuba uterina ou da tuba auditiva.

SAL.PIN.TAR, v.t., encher de pintas, salpicos; salpicar.

SAL.PRE.SAR, v.t., salgar levemente; salpicar.

SAL.PRE.SO, adj., ligeiramente salgado; diz-se de carne, esp. suína, conservada em sal.

SAL.SA, s.f., vegetal produzido nas hortas, com folhas verdes, as quais são usadas como tempero.

SAL.SA.DA, s.f., preparado com salsa; fig., confusão, desordem.

SAL.SÃO, s.m., aipo, tipo de verdura.

SAL.SA.PAR.RI.LHA, s.f., planta trepadeira e com espinhos, cujas raízes espargem um aroma forte e são usadas como condimento, mas, sobretudo, com fins medicinais.

SAL.SEI.RA, s.f., recipiente próprio para servir comida à mesa; recipiente para colocar temperos.

SAL.SEI.RA.DA, s.f., pancada de água; aguaceiro.

SAL.SEI.RO, s.m., toró, chuva repentina e forte; fig., confusão, baderna.

SAL.SI.CHA, s.f., salchicha, produto alimentar fabricado com carne moída, temperos e vários ingredientes, usado para recheio de cachorro-quente.

SAL.SI.CHA.RI.A, s.f., técnica para fabricar a salsicha, indústria que produz a salsicha.

SAL.SI.CHEI.RO, s.m., quem fabrica ou vende salsichas.

SAL.SI.NHA, s.f., salsa.

SAL.SO, adj., Poét., em que há sal, salgado; diz-se da água do mar.

SAL.SU.GEM, s.f., lodo formado com águas salgadas, salobras.

SAL.SU.GI.NO.SO, adj., substância que contém salsugem.

SAL.TA.DO, adj., pulado, deixado, surgido, andado.

SAL.TA.DOR, adj. e s.m., saltitante, que(m) salta.

SAL.TAN.TE, adj. 2 gên., que salta; Her., diz-se de animal no brasão, em posição de salto.

SAL.TÃO, adj. e s.m., que ou o que dá grandes saltos; s.m., nome popular dado aos gafanhotos.

SAL.TAR, v.t. e int., pular, pular por cima, sair de um veículo, deixar fora de, jogar-se, brotar, surgir, deixar para outra vez, omitir, esquecer.

SAL.TE.A.DO, adj., surpreendido, alternado, feito às pressas, que se faz de tempos em tempos.

SAL.TE.A.DOR, s.m., assaltante, ladrão.

SAL.TE.AR, v.t., assaltar, roubar, tornar-se bandido.

SAL.TEI.RO, s.m., o que faz saltos de madeira para sapatos ou botas.

SAL.TÉ.RIO, s.m., Mús., instrumento musical moderno com treze ordens de corda que se toca com palheta ou dedos; antigo instrumento de cordas que se tocava para acompanhar os salmos; coleção de 150 salmos do Velho Testamento.

SAL.TÍ.GRA.DO, adj., Zool., que se locomove aos saltos.

SAL.TIM.BAN.CO, s.m., artista de circo, ator popular.

SAL.TI.TA.ÇÃO, s.f., ato ou efeito de saltitar; saltitamento.

SAL.TI.TA.MEN.TO, s.m., ato ou efeito de saltitar.

SAL.TI.TAN.TE, adj., que saltita, pululante.

SAL.TI.TAR, v.t. e int., dar saltos, pular.

SAL.TO, s.m., pulo, pulo em paraquedas; cachoeira; parte traseira da sola do sapato.

SAL.TO-MOR.TAL, s.m., salto com uma volta no ar.

SA.LU.BÉR.RI.MO, adj., grau superlativo sintético de salubre.

SA.LU.BRE, adj., saudável, bom para a saúde.

SA.LU.BRI.DA.DE, s.f., o que é salubre, tudo que é benéfico para a saúde.

SA.LU.BRI.FI.CAR, v.t., tornar salubre, tornar saudável.

SA.LU.DA.DOR, adj. e s.m., que ou o que saúda; curandeiro.

SA.LU.DAR, v.t., efetuar curas por meio de rezas ou pelo ato de benzer.

SA.LU.TAN.TE, adj., p.us., que saúda, saudante.

SA.LU.TAR, adj., benéfico para a saúde, saudável, bom.

SA.LU.TÍ.FE.RO, adj., que é salubre, que traz saúde.

SAL.VA, s.f., uma série de tiros; saudação, pequena bandeja; tipo de planta usada como tempero e como remédio.

SAL.VA.ÇÃO, s.f., ato de salvar, libertação, remição.

SAL.VA.CI.O.NIS.MO, s.m., Rel., doutrina que prega a salvação da alma; conjunto de princípios do Exército da Salvação.

SAL.VA.CI.O.NIS.TA, adj., relativo a, o que é seguidor do salvacionismo; s.m., membro do Exército da Salvação.

SAL.VA.DOR, s.m., quem salva, redentor, quem protege e ampara, Jesus Cristo.

SAL.VA.DO.RE.NHO, adj. e s.m., próprio, habitante da República de El Salvador.

SAL.VA.DO.REN.SE, adj. e s.m., próprio de Salvador, Bahia; soteropolitano.

SAL.VA.DOS, s.m., pl., restos, sobras, o que sobrou de uma catástrofe.

SAL.VA.GUAR.DA, s.f., proteção, amparo, abrigo, defesa.

SAL.VA.GUAR.DA.DO, adj., protegido, amparado, abrigado.

SAL.VA.GUAR.DAR, v.t., proteger, amparar, abrigar.

SAL.VA.MEN.TO, s.m., ato de salvar, salvação, libertação.

SAL.VAN.TE, adj. 2 gên., que salva; que livra; prep., exceto, tirante, salvo.

SAL.VAR, v.t. e pron., libertar, remir, liberar, tirar do perigo, livrar de um problema, preservar, defender, escapar.

SAL.VA.TA.GEM, s.f., salvamento ou resgate de navio (inclusive equipamentos, carga ou passageiros).

SALVATELA ··· 739 ··· **SANGRIA**

SAL.VA.TE.LA, *adj.* e *s.f.*, Anat., diz-se da veia que parte da superfície dorsal dos dedos e da mão e que sobe até a parte interna do antebraço.

SAL.VA.TO.RI.A.NO, *adj.*, salvadorenho.

SAL.VÁ.VEL, *adj. 2 gên.*, que se pode salvar.

SAL.VA-VI.DAS, *s.m., pl.*, nadador profissional, treinado para socorrer banhistas em perigo; colete usado para não afundar na água.

SAL.VE!, *interj.*, olá!, oi!, ave!.

SAL.VEI.RA, *s.f., bras.*, aparelho pirotécnico para dar salvas.

SAL.VE-RAI.NHA, *s.f.*, oração para Nossa Senhora.

SAL.VE-SE QUEM PU.DER, *s.m.*, momento de muito perigo, de pânico.

SÁL.VIA, *s.f.*, salva, planta da qual se usam as folhas para condimento ou medicamento.

SAL.VÍ.FI.CA, *adj.*, que salva, que pode salvar.

SAL.VO, *adj.*, ileso, safo, fora de perigo, protegido, amparado, intacto, incólume.

SAL.VO-CON.DU.TO, *s.m.*, autorização para transitar livremente; licença.

SA.MAM.BAI.A, *s.f.*, vegetal dos trópicos, que cresce com rapidez e é usado para interiores, como enfeite.

SA.MAM.BAI.AL, *s.m.*, plantação de samambaias, lugar coberto por samambaias.

SA.MA.RI.NÊS, *adj., s.m.*, referente, próprio, habitante de San Marino.

SA.MÁ.RIO, *s.m.*, elemento químico atômico usado em reatores.

SA.MA.RI.TA.NO, *adj., s.m.*, habitante da antiga Samaria; *fig.*, bondoso, caridoso.

SAM.BA, *s.m.*, cantiga musicada; tipo de dança.

SAM.BA.DO, *adj.*, muito usado, gasto pelo uso; surrado; envelhecido.

SAM.BA.DOR, *adj.* e *s.m.*, que ou aquele que samba; sambista; sambeiro.

SAM.BA.LE.LÊ, *s.m., bras.*, cantiga de roda.

SAM.BA.QUI, *s.m.*, acumulação de conchas, ostras e objetos de antigos povos.

SAM.BA.QUI.EI.RO, *s.m.*, SP, indivíduo que explora um sambaqui comercialmente.

SAM.BAR, *v.t.* e *int.*, dançar samba.

SAM.BAR.CA, *s.f.*, faixa peitoral para proteção das cavalgaduras; *ant.*, faixa larga que cingia os seios das mulheres; *ant.*, travessa que a autoridade colocava na porta das casas penhoradas.

SAM.BEI.RO, *adj.* e *s.m., bras.*, sambista; aquele que participa do mundo do samba.

SAM.BIS.TA, *s. 2 gên.*, quem compõe ou dança sambas.

SAM.BÓ.DRO.MO, *s.m.*, rua por onde desfilam as escolas de samba; local para desfile de escolas de samba.

SAM.BU.DO, *adj.*, NE, que tem a barriga inchada, barrigudo.

SAM.BU.RÁ, *s.m.*, cesto artesanal para colocar peixes.

SA.MO.A.NO, *s.m.*, natural ou habitante de Samoa Oriental (Oceania); *adj.*, de Samoa Oriental ou típico desse arquipélago ou de seu povo; o mesmo se diz da Samoa Ocidental.

SA.MO.EN.SE, *adj. 2 gên.* e *s. 2 gên.*, o mesmo que samoano.

SA.MO.VAR, *s.m.*, utensílio doméstico russo, para aquecer a água e mantê-la quente para os chás e outras infusões.

SA.MU.RAI, *s.m.*, guerreiro japonês, membro de uma raça de guerreiros.

SA.NA.DO, *adj.*, saneado, curado, são, remediado.

SA.NAR, *v.t.* e *pron.*, curar, sanear, tornar são, remediar; *fig.*, resolver, terminar.

SA.NA.TI.VO, *adj.*, sanador, que sana, que cura, curativo.

SA.NA.TÓ.RIO, *s.m.*, casa para curar doentes.

SA.NÁ.VEL, *adj.*, que sana, que cura, sanativo.

SAN.ÇÃO, *s.f.*, confirmação, homologação, ato do executivo para colocar uma lei em vigor; pena, coerção.

SAN.CI.O.NA.DO, *adj.*, aprovado, homologado.

SAN.CI.O.NA.DOR, *adj.* e *s.m.*, que(m) sanciona, homologador.

SAN.CI.O.NAR, *v.t.*, aprovar, homologar, referendar.

SAN.CI.O.NÁ.VEL, *adj. 2 gên.*, que se pode sancionar; a que se pode aplicar sanção.

SAN.CO, *s.m.*, Zool., perna de ave desde o pé até a junta da coxa; *fig., pop.*, perna fina.

SAN.DA.LA.DO, *adj.*, perfumado com sândalo.

SAN.DÁ.LIA, *s.f.*, calçado feito com tiras, deixando os pés à mostra; alpargata.

SÂN.DA.LO, *s.m.*, árvore cuja madeira é muito dura e esparge um aroma forte.

SAN.DEU, *adj., s.m.*, tolo, bobo, abobado, ignorante, idiota.

SAN.DI.CE, *s.f.*, tolice, bobagem, imbecilidade.

SAN.DU.Í.CHE, *s.m.*, lanche feito com duas fatias de pão e recheios diversos.

SA.NE.A.DOR, *adj.* e *s.m.*, sanativo, que saneia.

SA.NE.A.MEN.TO, *s.m.*, ação de sanear, higienização.

SA.NE.AR, *v.t.* e *pron.*, sanar, curar, remediar, higienizar, purificar, resolver.

SA.NE.Á.VEL, *adj.*, sanativo, que saneia, saneador.

SA.NE.FA, *s.f.*, faixa de pano que enfeita o alto de cortinados.

SAN.FO.NA, *s.f.*, acordeão, gaita; *fig.*, pessoa que emagrece e engorda seguidamente.

SAN.FO.NA.DO, *adj.*, que tem forma de sanfona, semelhante ao fole de um acordeão.

SAN.FO.NEI.RO, *s.m.*, tocador de sanfona.

SAN.FO.NI.NA, *s.f.*, pequeno acordeão, sanfona pequena.

SAN.FO.NI.NAR, *v.int.*, tocar sanfona; tocar mal qualquer instrumento de corda.

SAN.FO.NIS.TA, *s. 2 gên., bras.*, tocador de sanfona ou acordeão; sanfoneiro.

SAN.GA, *s.f.*, pequeno ribeiro, riacho, córrego; escavação provocada por chuvas fortes.

SAN.GRA.DEI.RA, *s.f.*, ferramenta apropriada para extrair o látex da seringueira.

SAN.GRA.DO, *adj.*, ferido, esvaído em sangue, ferido e perdendo sangue.

SAN.GRA.DOR, *adj.* e *s.m.*, que(m) sangra, quem fere com arma.

SAN.GRA.DOU.RO, *s.m.*, canal pelo qual se desvia água; parte do animal em que se dá o golpe para matá-lo.

SAN.GRA.DU.RA, *s.f.*, ato ou efeito de sangrar; sangramento; sangria.

SAN.GRA.MEN.TO, *s.m.*, ação de sangrar, derramamento de sangue, perda de sangue.

SAN.GRAN.TE, *adj. 2 gên.*, que sangra; que verte sangue.

SAN.GRAR, *v.t., int.* e *pron.*, fazer sangria em, tirar sangue de, ferir, cortar, perder sangue.

SAN.GREI.RA, *s.f.*, violência com muito sangue; p.ext., Cin., cena violenta com muito sangue.

SAN.GREN.TO, *adj.*, cheio de sangue, com derramamento de sangue.

SAN.GRI.A, *s.f.*, perda de sangue, extração de sangue,

SANGUE

bebida feita de vinho, gelo e açúcar.
SAN.GUE, *s.m.*, líquido vermelho que circula nas veias dos animais vertebrados, mantendo-lhes a vida.
SAN.GUE-FRI.O, *s.m.*, frieza, perversidade, crueldade.
SAN.GUEI.RA, *s.f.*, muito sangue derramado; muito sangue.
SAN.GUE-NO.VO, *s.m.*, erupções cutâneas, pessoa nova e dinâmica, reforço no quadro de pessoas.
SAN.GUES.SU.GA, *s.f.*, verme que vive na água doce e se alimenta de sangue; *fig.*, parasita, quem vive às custas dos outros; explorador de pessoas.
SAN.GUÍ.FE.RO, *adj.*, que traz sangue, que contém sangue.
SAN.GUI.FI.CAR, *v.t.*, Fisiol., converter em sangue; *v.pron.*, converter-se em sangue.
SAN.GUI.FI.CAN.TE, *adj.*, que sanguifica.
SAN.GUI.FI.CA.TI.VO, *adj.*, o mesmo que sanguífico.
SAN.GUÍ.FI.CO, *adj.*, que tem a faculdade de converter em sangue.
SAN.GUI.LEI.XA.DO, *adj., ant.*, sangrado.
SAN.GUI.LEI.XA.DOR, *s.m., ant.*, sangrador.
SAN.GUI.NÁ.RIO, *adj.*, sanguinário, que sente prazer em derramar sangue, que mata pessoas; *fig.*, cruel, assassino, feroz.
SAN.GUÍ.NEO, *adj.*, próprio de sangue, com cor de sangue, com instinto assassino; *s.m.*, pessoa que tem temperamento sanguíneo, ou seja, forte, violento.
SAN.GUI.NO.LÊN.CIA, *s.f.*, condição de quem tem sangue; ferocidade, violência.
SAN.GUI.NO.LEN.TO, *adj.*, sanguinário, cheio de sangue, ensanguentado.
SAN.GUIS.SE.DEN.TO, *adj.*, Poét., sedento de sangue; sanguinário.
SA.NHA, *s.f.*, raiva, ódio, furor, perversidade.
SA.NHA.ÇO, *s.f.*, tipo de ave de cor azul-clara, da família dos traupídeos.
SA.NHO.SO, *adj.*, furioso, perverso, malvado.
SA.NHU.DO, *adj.*, ver sanhoso; *fig.*, que causa medo; temível; terrível.
SA.NI.DA.DE, *s.f.*, saúde, higiene; saúde mental perfeita.
SÂ.NIE, *s.f.*, pus que sai das chagas ou feridas.
SA.NI.FI.CA.DOR, *adj.* e *s.m.*, que saneia, sanativo.
SA.NI.FI.CAR, *v.t.*, tornar são, fazer ficar salubre.
SA.NI.TÁ.RIO, *adj.*, próprio da saúde, higiênico; *s.m.*, banheiro, toalete.
SA.NI.TA.RIS.TA, *s. 2 gên.*, técnico em saúde pública.
SAN.JA, *s.f.*, dreno para escoar águas.
SAN.JAR, *v. int.*, drenar, escoar águas.
SAN.SÃO, *s.m.*, segundo a mitologia hebraica, um tipo forte.
SANS.CRÍ.TI.CO, *adj.*, relativo ao sânscrito; sânscrito.
SANS.CRI.TIS.MO, *s.m.*, estudo do sânscrito; doutrinas derivadas desse estudo.
SANS.CRI.TIS.TA, *s. 2 gên.*, pessoa versada no conhecimento do sânscrito.
SÂNS.CRI.TO, *s.m.*, antigo idioma indo-europeu; idioma falado antigamente, língua falada na Mesopotâmia de antigamente.
SANS.CRI.TO.LO.GI.A, *s.f.*, tratado da língua e literatura sanscríticas.
SANS.CRI.TO.LÓ.GI.CO, *adj.*, relativo a sanscritologia.
SANS.CRI.TO.LO.GIS.TA, *s. 2 gên.*, especialista em sanscritologia; var., sanscritólogo.
SAN.SEI, *s. 2 gên.*, neto de japoneses nascido no Brasil.
SAN.TA, *s.f.*, beata, mulher canonizada pela Igreja Católica; *fig.*, pura.

SAPATEADA

SAN.TAN.TÔ.NIO, *s.m.*, o cabeçote da sela usada nas montarias.
SAN.TAR.RÃO, *s.m.*, hipócrita, fingidor, quem se finge de honesto e santo, safado.
SAN.TEI.RO, *adj.*, beato, devoto, carola; *s.m.*, fabricante ou vendedor de imagens de santo.
SAN.TEL.MO, *s.m.*, pequenas chamas visíveis nas pontas dos mastros dos navios, em virtude de eletricidade atmosférica.
SAN.TI.DA.DE, *s.f.*, qualidade de quem é santo; Sua Santidade - tratamento dado ao papa.
SAN.TI.FI.CA.ÇÃO, *s.f.*, santidade, quem é honrado com o título de santo.
SAN.TI.FI.CA.DO, *adj.*, que se tornou santo, dia dedicado a algum santo.
SAN.TI.FI.CA.DOR, *adj.*, que santifica; santificante; *s.m.*, aquele que santifica.
SAN.TI.FI.CAN.TE, *adj. 2 gên.*, que santifica; santificador.
SAN.TI.FI.CAR, *v.t., int.* e *pron.*, declarar santo, tornar santo, canonizar, venerar.
SAN.TI.FI.CÁ.VEL, *adj. 2 gên.*, que deve ou pode ser santificado.
SAN.TI.NHO, *s.m.*, impresso gravado; impresso com a imagem de um santo; cartão com a fotografia de um candidato a cargo político, para pedir votos.
SAN.TÍS.SI.MO, *adj.*, muitíssimo santo; *s.m.*, a hóstia consagrada exposta para adoração.
SAN.TIS.TA, *adj.* e *s. 2 gên.*, natural, referente ou habitante de Santos.
SAN.TO, *adj.*, canonizado, declarado santo, puro, beato, justo, inocente; *s.m.*, pessoa canonizada pela Igreja Católica; homem excepcional por suas virtudes.
SAN.TU.Á.RIO, *s.m.*, a parte mais santa de um templo; parte do altar; templo católico com consagração.
SÃO, *adj.*, sadio, saudável, ileso, curado, restabelecido; forma reduzida de santo, usada diante de nomes começados com consoantes.
SÃO-BER.NAR.DO, *s.m.*, cão de grande porte, bem peludo, proveniente da Suíça e usado para o resgate de pessoas nos Alpes.
SÃO-LU.I.SEN.SE, *adj.* e *s.m.*, próprio, natural ou habitante de São Luís do Maranhão.
SÃO-VI.CEN.TI.NO, *s.m.*, natural ou habitante de São Vicente e Granadinas (América Central); *adj.*, de São Vicente e Granadinas, típico desse país ou de seu povo.
SA.PA, *s.f.*, pá para levantar a terra; aberturas na terra, como trincheiras, para fins militares; *pop.*, feminino de sapo.
SA.PA.DO, *adj.*, cavado, escavado, esburacado.
SA.PA.DOR, *adj.* e *s.m.*, que(m) sapa, cavador, escavador.
SA.PAL, *s.m.*, terra de brejos, lameiro, tremedal.
SA.PAR, *v.t.* e *int.*, cavar com a sapa, realizar trabalhos com a sapa.
SA.PA.RI.A, *s.f.*, grupo de sapos.
SA.PÁ.RIO, *s.m.*, viveiro de anfíbios do gênero Bufo; biotério de sapos.
SA.PA.TA, *s.f.*, alicerce, fundamentos de uma construção.
SA.PA.TA.DA, *s.f.*, golpe com sapato.
SA.PA.TÃO, *s.m.*, botina, sapatão reforçado, sapato para trabalhar em construções; *fig., pop,*, lésbica.
SA.PA.TA.RI.A, *s.f.*, loja que vende calçados, oficina para consertar sapatos.
SA.PA.TE.A.DA, *s.f.*, pancada com sapato, golpe com sapato.

SA.PA.TE.A.DO, *s.m.*, tipo de dança em que os pés se movimentam muito.

SA.PA.TE.A.DOR, *adj.*, diz-se de pessoa que sapateia ou que dança o sapateado; *s.m.*, dançarino que sapateia.

SA.PA.TE.AR, *v.t. e int.*, calcar o chão com o sapato, bater com o sapato, dançar.

SA.PA.TEI.O, *s.m.*, ação ou efeito de sapatear, sapateado.

SA.PA.TEI.RA, *s.f.*, mulher que fabrica ou conserta sapatos; estante para guardar sapatos.

SA.PA.TEI.RO, *s.m.*, quem trabalha em sapataria, quem fabrica e conserta sapatos.

SA.PA.TI.LHA, *s.f.*, tipo de sapato especial para bailarinos.

SA.PA.TO, *s.m.*, calçado para revestir o pé.

SA.PÉ, *s.m.*, **SA.PÊ**, tipo de gramínea usada para cobertura de cabanas.

SA.PE.A.ÇÃO, *s.f.*, bras., ação de sapear.

SA.PE.AR, *v.t.*, bras., pop., olhar às ocultas, às escondidas.

SA.PE.CA, *adj. e s.f.*, moça namoradeira; criança muito travessa.

SA.PE.CA.ÇÃO, *s.f.*, chamuscada, queimada leve.

SA.PE.CA.DO, *adj.*, tostado, chamuscado, queimado.

SA.PE.CA.DOU.RO, *s.m.*, bras., lugar em que se realiza a sapecagem do mate.

SA.PE.CAR, *v.t.*, tostar, chamuscar, secar.

SA.PE.QUI.CE, *s.f.*, estado de quem é sapeca, ação de praticar atos sapecas.

SA.PE.ZAL, *s.m.*, plantação de sapés; sapezeiro.

SA.PE.ZEI.RO, *s.m.*, bras., o mesmo que sapezal.

SÁ.PI.DO, *adj.*, saboroso, gostoso.

SA.PI.ÊN.CIA, *s.f.*, sabedoria, saber, conhecimento.

SA.PI.EN.CI.AL, *adj.*, relativo a sapiência ou próprio dela.

SA.PI.EN.TE, *adj.*, sábio, conhecedor, erudito.

SA.PI.NHO, *s.m.*, afta que aparece na mucosa bucal; sapinhos.

SA.PI.RAN.GA, *s.f.*, inflamação nas pálpebras com a queda dos cílios e olhos vermelhos; sapiroca.

SA.PI.RO.CA, *adj. 2 gên.*, inflamação nos olhos de cavalos, deixando-os brancos e sem pestanas; *s.f.*, bras., S, sapiranga.

SA.PO, *s.m.*, nome dado a vários batráquios; anfíbio sem cauda.

SA.PO-BOI, *s.m.*, sapo que se destaca pelo tamanho grande e pelo berro.

SA.PO-CU.RU.RU, *s.m.*, tipo de sapo muito comum.

SA.PÓ.LIO, *s.m.*, produto de limpeza, usado para lixar panelas.

SA.PO.NÁ.CEO, *adj.*, produto com as qualidades do sabão; *s.m.*, produto de limpeza na cozinha.

SA.PO.NÁ.RIO, *adj.*, Farm., diz-se do medicamento em que entra o sabão.

SA.PO.NI.FI.CA.DO, *adj.*, tornado sabão, convertido em sabão.

SA.PO.NI.FI.CAN.TE, *adj.*, que saponifica; fermento saponificante; o mesmo que lípase.

SA.PO.NI.FI.CAR, *v.t. e pron.*, fazer com que vire sabão, tornar sabão.

SA.PO.NI.FI.CÁ.VEL, *adj.*, que se pode saponificar.

SA.PO.NI.FOR.ME, *adj.*, que tem forma de sabão.

SA.PO.NI.NA, *s.f.*, Quím., substância extraída de plantas saponárias, us. como sabão pelo seu poder detergente.

SA.PO.RE.MA, *s.f.*, bras., certa doença das plantas, esp. da mandioqueira; *adj.*, acinzentada.

SA.PO.TA, *s.m.*, sapotizeiro, planta que produz o sapoti.

SA.PO.TI, *s.m.*, fruto do sapotizeiro.

SA.PO.TI.ZEI.RO, *s.m.*, sapota, planta que produz o sapoti, fruta comestível.

SA.PRÓ.FA.GO, *adj. e s.m.*, que(m) se alimenta com produtos podres.

SA.PRÓ.FI.LO, *adj. e s.m.*, que(m) gosta de comer coisas podres.

SA.PU.CAI.A, *s.f.*, árvore que produz frutos saborosos.

SA.PU.CAI.EI.RA, *s.f.*, a árvore que produz a sapucaia.

SA.QUE, *s.m.*, retirada de dinheiro do banco; em vários jogos, o movimento para iniciar as jogadas; emissão de um título.

SA.QUÊ, *s.m.*, tipo de aguardente originária do Japão, feita com a destilação de arroz.

SA.QUE.A.DO, *adj.*, roubado, furtado, assaltado, depenado, depredado.

SA.QUE.A.DOR, *adj. e s.m.*, que(m) saqueia, ladrão, furtador, corrupto, estelionatário.

SA.QUE.AR, *v.t.*, roubar, tirar de alguém com violência.

SA.QUEI.O, *s.m.*, saque, roubo, assalto.

SA.QUEI.RO, *s.m.*, fabricante ou vendedor de sacos.

SA.QUE.TE, *s.m.*, saco pequeno.

SA.QUI.NHO, *s.m.*, saquete, pequeno saco.

SA.RA.BAN.DA, *s.f.*, antiga dança lenta, de origem espanhola; dança lenta.

SA.RA.BA.TA.NA, *s.f.*, zarabatana: arma de sopro, através da qual se atiram dardos contra o inimigo.

SA.RA.BU.LHO.SO, *adj.*, o mesmo que sarabulhento.

SA.RA.CO.TE.A.DO, *adj.*, bamboleado, meneado, sacudido.

SA.RA.CO.TE.A.DOR, *adj. e s.m.*, que ou o que se saracoteia; que anda por fora de casa daqui para ali.

SA.RA.CO.TE.A.MEN.TO, *s.m.*, bamboleio, sacudida, meneio.

SA.RA.CO.TE.AR, *v.t., int. e pron.*, mexer o corpo, os quadris, bambolear, menear o corpo.

SA.RA.CO.TEI.O, *s.m.*, bamboleio, meneio, mexida com o corpo.

SA.RA.CU.RA, *s.f.*, nome de diversas pernaltas da família dos ralídeos.

SA.RA.DO, *adj.*, curado, sanado, que sarou; *fig., pop.*, forte, que tem bom físico.

SA.RAI.VA, *s.f.*, chuva de pedra, granizo.

SA.RAI.VA.DA, *s.f.*, chuva de pedra, granizo; *fig.*, arremesso de muitas coisas.

SA.RAM.PÃO, *s.m.*, sarampo.

SA.RAM.PE.LO, *s.m.*, pop., o mesmo que sarampo; sarampo benigno.

SA.RAM.PEN.TO, *adj.*, atacado por sarampo, que está cheio de sarampo.

SA.RAM.PO, *s.m.*, doença contagiosa com febre, que ataca pessoas deixando pintas na pele.

SA.RA.PAN.TAR, *v.t., int. e pron.*, espantar, assustar, afugentar.

SA.RA.PA.TEL, *s.m.*, comida feita da mistura de sangue e miúdos de porco com caldo; *pop.*, confusão.

SA.RA.PIN.TA.DO, *adj.*, mosqueado, pintado com várias cores.

SA.RA.PIN.TAR, *v.t.*, tingir com várias cores, espalhar cores, mosquear.

SA.RAR, *v.t. e int.*, curar, adquirir saúde, sanar, tornar-se saudável.

SA.RA.RÁ, *adj.*, albino, tipo mestiço que tenha alguma parte do rosto com cor esbranquiçada.

SA.RAU, *s.m.*, festa, reunião festiva, encontro de amigos com música; tertúlia.

SAR.ÇA, *s.f.*, espinheiro, moita de arbustos espinhosos.

SAR.CAS.MO, *s.m.*, ironia, troça picante, escárnio.

SAR.CÁS.TI.CO, *adj.*, que contém sarcasmo, irônico, picante, troçador.

SAR.CO.CE.LE, *s.f.*, Urol., qualquer tipo de tumor carnoso nos testículos.

SAR.CO.FA.GI.A, *s.f.*, prática de se alimentar exclusivamente de carne; carnivorismo.

SAR.CÓ.FA.GO, *s.m.*, túmulo de antigamente, invólucro para pôr o cadáver.

SAR.COI.DE, *adj. 2 gên., ant.*, semelhante ao tecido muscular; sarcoídeo; *s.m.*, Pat., tumor que se assemelha a um sarcoma.

SAR.COI.DO.SE, *s.f.*, Med., enfermidade caracterizada por lesão específica, o granuloma tuberculoide, que pode comprometer quase todos os órgãos do corpo.

SAR.CO.MA, *s.m.*, tumor maligno, câncer, doença.

SAR.CO.MA.TO.SO, *adj.*, que está cheio de sarcomas.

SAR.CÔN.FA.LO, *s.m.*, Fisiol., tumor duro que se forma no umbigo.

SAR.CO.PI.OI.DE, *adj.*, Pat., que parece ser formado por uma mistura de carne e de pus.

SAR.DA, *s.f.*, pequena pinta que surge na pele das pessoas.

SAR.DEN.TO, *adj.*, que possui sardas.

SAR.DI.NHA, *s.f.*, peixe menor que vive em cardumes, muito consumido.

SAR.DI.NHEI.RA, *s.f.*, barco para a pesca da sardinha.

SAR.DI.NHEI.RO, *adj.*, relativo a sardinha; *s.m.*, homem que vende sardinhas.

SAR.DÔ.NI.CO, *adj.*, irônico, zombeteiro, sarcástico.

SAR.DO.SO, *adj.*, sardento, que tem muitas sardas.

SAR.GA.ÇAL, *s.m.*, lugar onde há sargaços.

SAR.GA.ÇO, *s.m.*, tipo de alga muito comum em alguns mares.

SAR.GEN.TE.AR, *v.int.*, fazer o ofício de sargento; *pop.*, andar de um lado para o outro; dar muitas ordens com precipitação.

SAR.GEN.TO, *s.m.*, graduação da hierarquia militar; ferramenta de carpinteiro para prender peças ao banco.

SA.RI.GUÊ, *s.m.*, gambá, sariguela.

SA.RI.LHAR, *v.t. e int.*, ensarilhar, enrolar com o sarilho; *fig.*, andar ao léu.

SA.RI.LHO, *s.m.*, cilindro que é acionado por meio de uma manivela e se usa para alçar pesos, movimento de rotação; *fig., pop.*, confusão, baderna.

SAR.JA, *s.f.*, tecido entrançado de vários materiais.

SAR.JA.ÇÃO, *s.f.*, ação ou efeito de sarjar, sarjadura, colocação de sarja.

SAR.JA.DEI.RA, *s.f.*, o mesmo que sarjador.

SAR.JA.DO, *adj.*, Têxt., diz-se de tecido entrançado (de seda, linho ou algodão).

SAR.JA.DOR, *adj. e s.m.*, peça metálica, acoplada à máquina de costura para coser as sarjas.

SAR.JA.DU.RA, *s.f.*, o mesmo que sarjação.

SAR.JAR, *v.t.*, fazer sarjas.

SAR.JE.TA, *s.f.*, escoadouro de águas pluviais junto ao meio-fio das ruas; *fig.*, estar na sarjeta - estar abandonado.

SAR.MEN.TÍ.CIO, *adj.*, o mesmo que sarmentoso.

SAR.MEN.TÍ.FE.RO, *adj.*, que tem, dá ou produz sarmentos.

SAR.MEN.TO, *s.m.*, broto de videira, todo broto de planta, ramo longo e flexível.

SAR.MEN.TO.SO, *adj.*, que contém sarmentos, longo.

SAR.NA, *s.f.*, escabiose, doença que ataca a pele das pessoas, produzindo coceira e erupções; pessoa muito desagradável.

SAR.NEN.TO, *adj.*, que está com sarna; *fig., pop.*, desprezível.

SAR.NO.SO, *adj.*, o mesmo que sarnento.

SA.RON.GUE, *s.m.*, pano longo, colorido, que as pessoas, sobretudo as femininas, enrolam no corpo, parecendo uma saia ou até um vestido.

SAR.RA.BU.LHA.DA, *s.f.*, sarapatel, que tem muito sarrabulho.

SAR.RA.BU.LHO, *s.m.*, prato à base de sangue coagulado; sarapatel.

SAR.RA.CE.NO, *adj. e s.m.*, mouro, árabe, mouro da África do Norte.

SAR.RA.FO, *s.m.*, tira longa e estreita de uma tábua.

SAR.REN.TO, *adj.*, que contém sarro, cheio de sarro.

SAR.RI.DO, *s.m.*, problemas respiratórios, dificuldades na respiração.

SAR.RO, *s.m.*, borra, resíduo de uma bebida na garrafa; outros resíduos; pessoa ou coisa engraçada; *fig., pop., expr.* - tirar sarro - rir-se de alguém, ridicularizar.

SAR.TÓ.RIO, *adj. e s.m.*, Anat., diz-se de, ou o músculo sartório (o mais longo músculo do homem).

SA.SHI.MI, *s.m.*, comida típica japonesa, feita de peixe cru, fatiado.

SAS.SA.FRÁS, *s.m.*, canela sassafrás, árvore da Mata Atlântica, que exala um odor muito forte.

SAS.SA.RI.CAR, *v. int.*, saracotear, dançar com meneios, dançar.

SAS.SA.RI.CO, *s.m.*, saracoteio, rebolado, dança, meneio.

SA.TÃ, *s.m.*, satanás, diabo, demônio; *fig.*, pessoa falsa, tipo perverso.

SA.TA.NÁS, *s.m.*, satã, diabo, capeta, demônio; *fig.*, tipo perverso, maléfico.

SA.TÂ.NI.CO, *adj.*, próprio de satã, diabólico, demoníaco, perverso, maldito, furtador, mentiroso.

SA.TA.NIS.MO, *s.m.*, próprio do que é de satã, culto a satanás.

SA.TA.NI.ZA.ÇÃO, *s.f.*, diabolização, amaldiçoamento, demonização.

SA.TA.NI.ZA.DO, *adj.*, diabolizado, satânico, amaldiçoado, pervertido, maléfico.

SA.TA.NI.ZA.DOR, *adj.*, que saraniza; *s.m.*, aquele que sataniza.

SA.TA.NI.ZAR, *v.t.*, diabolizar, tornar satânico, dar aspectos de satã, tiranizar, conduzir para o mal.

SA.TE.LÍ.CIO, *s.m.*, p.us., escolta, guarda; *fig.*, apoio.

SA.TÉ.LI.TE, *s.m.*, astro que acompanha um planeta; artista famoso; cidade menor, dependente de outra maior.

SA.TE.LI.TIS.MO, *s.m.*, influência política e econômica de um país poderoso sobre outro que tem menor importância; Biol., grande influência que certos seres recebem de outros no mesmo meio.

SÁ.TI.RA, *s.f.*, escrito para ironizar costumes, atos ou pessoas, diatribe.

SA.TÍ.RI.CO, *adj.*, mordaz, irônico.

SA.TI.RIS.TA, *s. 2 gên.* Liter., indivíduo que faz sátiras; autor de sátiras; pessoa maledicente, maliciosa, mordaz.

SA.TI.RI.ZA.ÇÃO, *s.f.*, ironização, composição de sátiras.

SA.TI.RI.ZA.DO, *adj.*, ironizado, que sofreu mordacidade.

SA.TI.RI.ZA.DOR, *adj.*, que satiriza; satírico.

SA.TI.RI.ZAR, *v.t. e int.*, compor sátiras contra; ironizar.

SÁ.TI.RO, *s.m.*, na mitologia grega, um semideus lascivo das florestas, com uma figura parecida com a do bode; *fig.*, homem libidinoso.

SA.TIS.FA.ÇÃO, *s.f.*, contentamento, prazer, deleite.

SA.TIS.FA.TÓ.RIO, *adj.*, que satisfaz, regular, mediano.

SA.TIS.FA.ZER, *v.t., int.* e *pron.*, contentar, agradar, saciar, submeter-se.

SA.TIS.FA.ZÍ.VEL, *adj.*, suscetível de se satisfazer; atendível.

SA.TIS.FEI.TO, *adj.*, farto, saciado, contente, feliz.

SÁ.TRA.PA, *s.m.*, Hist., governador de província na antiga Pérsia; pessoa que tem muitas posses; *fig.*, déspota; tirano.

SA.TRA.PI.A, *s.f.*, governo de sátrapa, na antiga Pérsia; domínio de um sátrapa.

SA.TRÁ.PI.CO, *adj.*, que diz respeito a sátrapa.

SA.TU.RA.BI.LI.DA.DE, *s.f.*, qualidade de saturável.

SA.TU.RA.ÇÃO, *s.f.*, ação ou efeito de saturar, saciedade, enchimento.

SA.TU.RA.DO, *adj.*, embebido, cheio, pleno, saciado, completo; aborrecido, enjoado.

SA.TU.RA.DOR, *adj.* e *s.m.*, que(m) satura, saciador, aborrecedor.

SA.TU.RAN.TE, *adj.*, que satura, saciante, impregnante.

SA.TU.RAR, *v.t.* e *pron.*, impregnar, encher, completar, fartar.

SA.TU.RÁ.VEL, *adj. 2 gên.*, que se pode saturar.

SA.TUR.NA.IS, *s.f., pl.*, festas em homenagem ao deus Saturno, na antiga Roma.

SA.TUR.NAL, *s.f.*, orgia, bacanal, devassidão.

SA.TUR.NI.NO, *adj.*, relativo ao deus Saturno ou ao 6º planeta; saturnal; *fig.*, triste, melancólico; Quím., relativo ao chumbo e seus compostos; Astrol., que nasceu sob a influência do planeta Saturno; *s.m.*, Astrol., aquele que nasceu sob a influência do planeta Saturno.

SA.TÚR.NIO, *adj.*, p.us., saturnino.

SA.TUR.NIS.MO, *s.m.*, envenenamento provocado por contato com chumbo.

SA.TUR.NO, *s.m.*, sexto planeta do sistema solar.

SAU.DA.ÇÃO, *s.f.*, cumprimento, congratulação, felicitação.

SAU.DA.DE, *s.f.*, nostalgia, recordação, dor por estar longe dos amados.

SAU.DA.DES, *s.f., pl.*, cumprimentos carinhosos às pessoas que se ausentaram.

SAU.DA.DO, *adj.*, cumprimentado, reverenciado, recebido.

SAU.DA.DOR, *adj.* e *s.m.*, cumprimentador, reverenciador.

SAU.DAR, *v.t.* e *pron.*, cumprimentar, receber, reverenciar.

SAU.DÁ.VEL, *adj.*, são, com saúde, sadio, propício.

SA.Ú.DE, *s.f.*, estar bem com as funções corporais, força, vivência agradável.

SAU.DI.TA, *adj.* e *s.m.*, referente, natural, habitante da Arábia Saudita.

SAU.DO.SIS.MO, *s.m.*, sentimento de saudade, recordação.

SAU.DO.SIS.TA, *s. 2 gên.*, alguém que recorda sempre o passado.

SAU.DO.SO, *adj.*, nostálgico, que padece de saudade.

SAU.NA, *s.f.*, instalação para propiciar banhos de vapor; local quente.

SÁU.RIO, *adj.*, Zool., relativo aos sáurios; *s.m.*, espécime dos sáurios, subordem de répteis, que compreende os lagartos.

SÁU.RIOS, *s.m., pl.*, ordem de répteis que compreende os lacertílios e ofídios.

SAU.RÓ.FA.GO, *adj.* e *s.m.*, animal que se alimenta de sáurios.

SAU.RO.GRA.FI.A, *s.f.*, Zool., estudo sobre lagartos.

SAU.RO.GRÁ.FI.CO, *adj.*, relativo a saurografia.

SAU.RÓ.GRA.FO, *s.m.*, especialista em saurografia.

SAU.RO.LO.GI.A, *s.f.*, estudo referente a sáurios.

SAU.RO.LÓ.GI.CO, *adj.*, Zool., relativo a saurologia.

SAU.RÓ.LO.GO, *s.m.*, Zool., aquele que se especializou em saurologia.

SA.Ú.VA, *s.f.*, tipo de formiga tropical que habita locais subterrâneos e ataca muitas plantações.

SA.U.VAL, *s.m.*, formigueiro, casa de saúvas, toca de saúvas.

SA.U.VEI.RO, *s.m.*, o mesmo que sauval.

SA.U.VI.CI.DA, *s.m.*, produto próprio para destruir as saúvas; mata-saúva.

SA.VA.NA, *s.f.*, grande planície com raras árvores ou pequenas moitas; pradaria, campina.

SA.VA.NÍ.CO.LA, *adj. 2 gên.*, que vive na savana.

SA.VA.NI.ZAR, *v.t.*, transformar uma vegetação em savana, mudar a forma de um bosque ou floresta.

SA.VEI.RO, *s.m.*, tipo de barco longo, para navegar em grandes rios.

SAX, *s.m.*, redução da palavra saxofone.

SA.XÃO, *adj.* e *s.m.*, próprio da Saxônia, dos saxões; povo germânico.

SÁ.XE.O, *adj.*, que se refere a pedras, pétreo.

SA.XÍ.CO.LA, *s. 2 gên.*, ser que vive nas pedras, habitante de pedras.

SA.XÍ.FRA.GO, *adj.*, que quebra ou dissolve as pedras.

SA.XIS.SO.NAN.TE, *adj.*, que soa como o chocar-se entre pedras.

SA.XO.FO.NE, *s.m.*, instrumento de sopro.

SA.XO.FO.NIS.TA, *s. 2 gên.*, indivíduo que toca saxofone.

SA.XÔ.NI.CO, *adj.* e *s.m.*, ver saxão.

SA.XÔ.NIO, *adj.* e *s.m.*, que se refere a natural ou habitante da Saxônia, Estado da Alemanha.

SA.XOR.NE, *s.m.*, instrumento de sopro, metálico, com embocadura e pistões.

SA.XO.SO, *adj.*, cheio de pedras ou de seixos.

SA.XO.TROM.PA, *s.f.*, Mús., instrumento de sopro, de latão, com cilindros; tuba.

SA.ZÃO, *s.f.*, estação, época, tempo de colheita; *fig.*, azo, oportunidade.

SA.ZO.AR, *v.t.*, o mesmo que sazonar.

SA.ZO.NA.ÇÃO, *s.f.*, ato de sazonar.

SA.ZO.NA.DO, *adj.*, maduro, amadurecido.

SA.ZO.NAL, *adj.*, próprio da estação; relativo a cada estação.

SA.ZO.NA.LI.DA.DE, *s.f.*, qualidade de sazonal.

SA.ZO.NA.MEN.TO, *s.m.*, sazonação.

SA.ZO.NAR, *v.t., int.* e *pron.*, amadurecer, maturar; crescer, desenvolver-se.

SA.ZO.NÁ.VEL, *adj.*, que está em condições de amadurecer; próprio para a produção.

SC - sigla do Estado de Santa Catarina.

SCRIPT, *s.m.*, ing., texto a ser lido, declamado em programa de rádio, TV ou teatro; roteiro.

SE, *pron. pessoal* da terceira pessoa; partícula apassivadora, *conj.*, caso, traduz uma condição.

SE - sigla do Estado de Sergipe.

SE - símbolo de Sudeste.

SÉ, *s.f.*, templo, diocese, território comandado por um bispo.

SE.A.RA, *s.f.*, plantação de cereais, terra plantada e pronta para a colheita; algo para colher.

SE.A.REI.RO, *s.m.*, indivíduo que cultiva seara; pequeno lavrador.

SE.BÁ.CEO, *adj.*, próprio do sebo, que tem sebo, que segrega sebo.

SE.BE, *s.f.*, cerca viva, cerca feita com estacas e ervas trepadeiras.

SE.BEN.TO, *adj.*, encardido, sujo.
SE.BO, *s.m.*, substância gordurosa, gordura; lugar em que se vendem livros e revistas usados.
SE.BOR.REI.A, *s.f.*, gordura, sujeira, secreção das glândulas sebáceas.
SE.BOR.REI.CO, *adj.*, que se refere a seborreia.
SE.BO.SO, *adj.*, cheio de sebo, gorduroso, sujo, encardido.
SE.CA, *s.f.*, estiagem, falta de chuva; ato de secar algo.
SE.CA.ÇÃO, *s.f.*, ato ou efeito de secar ou de secar-se; secagem; Farm., processo: pôr fármacos ao sol para não estragarem ao serem guardados.
SE.CA.DO, *adj.*, ressecado, ressequido, seco.
SE.CA.DOR, *s.m.*, forno, aparelho para secar.
SE.CA.DO.RA, *s.f.*, máquina usada para secar produtos, roupas.
SE.CA.DOU.RO, *s.m.*, aparelho ou local para secar algo.
SE.CA.GEM, *s.f.*, ação ou efeito de secar, secamento.
SE.CAN.TE, *adj.*, que seca, que resseca, secador; *s.f.*, substância misturada às tintas e vernizes, para apressar a secagem; na Geometria, reta que corta uma curva.
SE.ÇÃO, *s.f.*, parte, segmento, divisão, setor; secção.
SE.CAR, *v.t.* e *pron.*, enxugar, ressecar, tornar seco.
SE.CAR.RÃO, *s.m.*, pessoa muito séria, sem afetos.
SE.CA.TI.VO, *adj.* e *s.m.*, Farm., diz-se dos ou os fármacos empregados para promover a adstrinção nos tecidos vivos.
SE.CA.TÓ.RIA, *s.f.*, espécie de tesoura de jardineiro e enxertador.
SE.CÁ.VEL, *adj.*, que se pode secar ou enxugar.
SEC.ÇÃO, *s.f.*, seção, repartição.
SEC.CI.O.NA.DO, *adj.*, ver secionado.
SEC.CI.O.NAL, *adj.*, ver secional.
SEC.CI.O.NAR, *v.t.* e *pron.*, secionar.
SE.CES.SÃO, *s.f.*, separação, divisão, partilha.
SÉ.CIA, *s.f.*, predicado; prenda; mulher elegante e pretensiosa; Vest., espécie de roupão feminino; última moda; Bot., variedade de planta composta (*Callistephus chinensis*).
SE.CI.O.NA.DO, *adj.*, cortado, separado, repartido.
SE.CI.O.NAL, *adj.*, próprio da secção, relativo a um departamento.
SE.CI.O.NAR, *v.t.* e *pron.*, cortar, talhar, dividir, repartir, separar.
SE.CO, *adj.*, enxuto, ressecado, magro, sem seiva; *fig.*, insensível.
SE.COS E MO.LHA.DOS, *s.m.*, designação interiorana e antiga para o supermercado; loja de produtos comestíveis e bebida.
SE.CRE.ÇÃO, *s.f.*, qualquer líquido que é solto pelas glândulas.
SE.CRE.TA, *s.m.*, agente da polícia secreta, detetive secreto.
SE.CRE.TA.DO, *adj.*, segregado, dividido, separado.
SE.CRE.TAR, *v.t.* e *pron.*, segregar, separar, dividir.
SE.CRE.TA.RI.A, *s.f.*, setor de uma entidade que administra a burocracia geral.
SE.CRE.TÁ.RIA, *s.f.*, mulher que auxilia um superior em seus trabalhos; escrivaninha.
SE.CRE.TA.RI.A.DO, *s.m.*, função de secretária, cargo, grupo de secretários; *adj.*, auxiliado.
SE.CRE.TA.RI.A-GE.RAL, *s.f.*, secretaria principal, o mesmo que secretariado-geral.
SE.CRE.TA.RI.AL, *adj. 2 gên.*, relativo ao secretário ou a secretária.
SE.CRE.TA.RI.AR, *v. int.*, trabalhar como secretário, auxiliar.
SE.CRE.TA.RI.Á.VEL, *adj. 2 gên.*, que pode ser indicado para cargo de secretário.
SE.CRE.TÁ.RIO, *s.m.*, redator de atas em assembleias, auxiliar do chefe, quem ocupa cargo com exercício de ministro.
SE.CRE.TÁ.RIO-GE.RAL, *s.m.*, o secretário principal; o encarregado de uma secretaria-geral.
SE.CRE.TI.VI.DA.DE, *s.f.*, qualidade do que é secreto; Psic., tendência para a dissimulação.
SE.CRE.TO, *adj.*, sigiloso, oculto, escondido.
SE.CRE.TOR, *s.m.*, aquilo que secreta, aquilo que expele.
SE.CRE.TÓ.RIO, *adj.*, que segrega, segregador.
SEC.TÁ.RIO, *adj.*, adepto de seita, assecla, seguidor.
SEC.TA.RIS.MO, *s.m.*, partidarismo, adesão sectária, seguimento de assecla.
SE.CU.LAR, *adj.*, referente a século, muito antigo; padres não ligados a ordens.
SE.CU.LA.RI.DA.DE, *s.f.*, propriedade do que é secular, secularização.
SE.CU.LA.RIS.MO, *s.m.*, sistema religioso que admite somente a vida material cotidiana, em oposição a tudo que seja religioso.
SE.CU.LA.RI.ZA.ÇÃO, *s.f.*, ação ou efeito de secularizar, secularidade.
SE.CU.LA.RI.ZA.DO, *adj.*, laicizado, tornado leigo, desligado do clericato.
SE.CU.LA.RI.ZAR, *v.t.* e *pron.*, transformar em leigo ou secular; deixar o múnus de sacerdote; materializar.
SÉ.CU.LO, *s.m.*, período de cem anos, mundo material em oposição à vida religiosa; *fig.*, espaço muito longo; vivência na vida fora do religioso.
SE.CUN.DA.ÇÃO, *s.f.*, auxílio, ajuda, favor, serviço.
SE.CUN.DA.DO, *adj.*, auxiliado, ajudado, servido.
SE.CUN.DAR, *v.t.*, socorrer, tornar a fazer, servir.
SE.CUN.DÁ.RIO, *adj.* e *s.m.*, em segundo lugar, de menor importância; os três anos da escola após o primeiro grau.
SE.CUN.DI.NAS, *s.f., pl.*, a placenta com as membranas expelidas do útero após o parto.
SE.CUN.DO.GÊ.NI.TO, *adj.* e *s.m.*, diz-se do, ou o indivíduo que foi gerado em segundo lugar; *var.*, segundogênito.
SE.CU.RA, *s.f.*, ressequimento, seca, estiagem, aridez, sede.
SE.CU.RI.DA.DE, *s.f.*, segurança, mesmo que seguridade.
SE.CU.RI.TÁ.RIO, *s.m.*, pessoa que trabalha com seguros ou empresas do ramo; *adj.*, próprio do seguro.
SE.DA, *s.f.*, fibra que é produzida pelo bicho-da-seda; tecido.
SE.DÃ, *s.m.*, Aut., carro de passeio, ger. para quatro ou cinco passageiros; *var.*, sedan.
SE.DA.DO, *adj.*, acalmado, sossegado, drogado, dopado.
SE.DAN, *s.m.*, o mesmo que sedã.
SE.DAR, *v.t.*, acalmar, aquietar, sossegar.
SE.DA.RI.A, *s.f.*, porção de sedas.
SE.DA.TI.VO, *adj., s.m.*, acalmante, sedante, que modera a excitação, moderador.
SE.DE (É), *s.f.*, local em que uma empresa, associação, etc. está situada; residência, ponto central, matriz.
SE.DE (Ê), *s.f.*, vontade de beber, aridez, secura.
SE.DE.NHO, *s.m.*, a cauda de bovinos e os pelos da ponta; crina cortada e usada para tecer cordas.
SE.DEN.TA.RI.E.DA.DE, *s.f.*, vivência de sedentário, fixação no local, imobilidade.
SE.DEN.TÁ.RIO, *adj.*, parado, sentado, sem movimento, sem exercícios físicos; *s.m.*, quem tem habitação fixa, que tem domicílio fixado.

SEDENTARISMO ••• 745 ••• SEISCENTÉSIMO

SE.DEN.TA.RIS.MO, *s.m.*, qualidade de quem tem vida ou hábitos sedentários; sedentariedade.

SE.DEN.TE, *adj.*, Poét., o mesmo que sequioso ou sedento.

SE.DEN.TO, *adj.*, com sede, seco; *fig.*, desejoso, sequioso.

SE.DES.TRE, *adj.* e *s. 2 gên.*, estátua com a figura sentada, homenageado sentado.

SE.DI.A.DO, *adj.*, fixado, localizado, residente.

SE.DI.A.DOR, *adj.*, que ou o que sedia; que serve de sede.

SE.DI.AR, *v.t.*, fixar a sede, tornar residência, localizar.

SE.DI.ÇÃO, *s.f.*, motim, revolta, desordem, baderna.

SE.DÍ.CIA, *s.f.*, *pop.*, o mesmo que sedela.

SE.DI.CI.O.SO, *adj.*, revoltoso, amotinado, badernento.

SE.DI.MEN.TA.ÇÃO, *s.f.*, compactação, fixação, fixação de sedimentos.

SE.DI.MEN.TA.DO, *adj.*, fixo, compactado, firme.

SE.DI.MEN.TAR, *v.t., int.* e *pron.*, fixar, firmar, compactar.

SE.DI.MEN.TÁ.RIO, *adj.*, sedimentar, que contém sedimentos.

SE.DI.MEN.TO, *s.m.*, resíduo depositado no fundo de um líquido, camadas deixadas pela água; aluvião.

SE.DI.MEN.TO.SO, *adj.*, que tem natureza de sedimento; abundante em sedimentos.

SE.DO.SO, *adj.*, cheio de seda ou pelos; macio, suave.

SE.DU.ÇÃO, *s.f.*, magia, encanto, fascínio, logro, engano.

SE.DU.TOR, *adj.* e *s.m.*, encantador, cativador, fascinante, mágico.

SE.DU.ZI.DO, *adj.*, encantado, cativado, fascinado, desonrado, ludibriado.

SE.DU.ZIR, *v.t.* e *int.*, encantar, cativar, fascinar; enganar, ludibriar, desonrar.

SE.DU.ZÍ.VEL, *adj.*, que pode ser seduzido, enganável, fascinável.

SE.GA, *s.f.*, ação ou efeito de segar, colheita.

SE.GA.DEI.RA, *s.f.*, ceifadeira, máquina para colher cereais.

SE.GA.DO, *adj.*, cortado, recolhido, colhido.

SE.GA.DOR, *adj.*, que sega, mesmo que ceifador; *s.m.*, aquele que sega.

SE.GA.DOU.RO, *adj.*, pronto para segar, apto a ser segado.

SE.GA.DU.RA, *s.f.*, sega, ceifa, colheita.

SE.GAR, *v.t.*, colher, cortar, recolher.

SE.GE, *s.f.*, carruagem puxada por um único cavalo e com um único assento.

SEG.MEN.TA.ÇÃO, *s.f.*, divisão, secção, partição.

SEG.MEN.TA.DO, *adj.*, dividido, seccionado, partido.

SEG.MEN.TAR, *v.t.*, dividir, seccionar, dividir em segmentos, partir.

SEG.MEN.TÁ.RIO, *adj.*, divisível, seccionável.

SEG.MEN.TO, *s.m.*, parte, divisão, partícula, setor, seção.

SE.GRE.DA.DO, *adj.*, referido em segredo, referido em sigilio, narrado, transmitido.

SE.GRE.DAR, *v.t.* e *int.*, referir, contar em segredo; falar baixinho, falar ao ouvido.

SE.GRE.DIS.TA, *s. 2 gên.*, quem conta segredos, quem faz referência a segredos.

SE.GRE.DO, *s.m.*, sigiloso, algo que é sabido por poucos, mistério; mecanismo para dificultar a abertura de cofres ou portas.

SE.GRE.DO.SO, *adj.*, que contém segredos.

SE.GRE.GA.ÇÃO, *s.f.*, ação ou efeito de segregar, marginalização, rejeição, exclusão, discriminação.

SE.GRE.GA.DO, *adj.*, marginalizado, rejeitado, discriminado, excluído.

SE.GRE.GA.DOR, *adj.*, que segrega.

SE.GRE.GAR, *v.t.* e *pron.*, marginalizar, deixar de lado, excluir, rejeitar.

SE.GRE.GA.TÍ.CIO, *adj.*, relativo a secreção, próprio para secreção.

SE.GRE.GA.TI.VO, *adj.*, que segrega, discriminativo.

SE.GREL, *s.m., ant.*, cavaleiro trovador.

SE.GUI.DA, *s.f.*, continuidade; em seguida - depois, seguidamente.

SE.GUI.DI.LHA, *s.f.*, Liter., composição poética com ger. três versos de seis sílabas e dois de quatro, com um estribilho de três versos; certa dança e música popular espanhola.

SE.GUI.DO, *adj.*, contínuo, seguinte, adotado, próprio.

SE.GUI.DOR, *s.m.*, adepto, partidário, assecla.

SE.GUI.LHO.TE, *s.m., bras.*, filho de baleia, de mais de seis meses, ainda mamão.

SE.GUI.MEN.TO, *s.m.*, sequência, resultado, continuidade.

SE.GUIN.TE, *adj.*, que segue, imediato, próximo, posterior.

SE.GUIR, *v.t.* e *int.*, ir depois, ir atrás, ouvir, ser discípulo, aderir, acompanhar.

SE.GUN.DA, *s.f.*, marcha dos carros; segunda-feira; a posição após a primeira.

SE.GUN.DA-FEI.RA, *s.f.*, o segundo dia da semana, sendo o domingo o primeiro dia.

SE.GUN.DA.NIS.TA, *s. 2 gên.*, estudante que cursa o segundo ano.

SE.GUN.DAR, *v.t.,bit., int.* e *pron.*, secundar, auxiliar, ajudar.

SE.GUN.DEI.RA, *s.f., ant.*, segunda dose de vinho que se dava aos religiosos em dias festivos; a segunda camada de cortiça, nos sobreiros, útil na indústria.

SE.GUN.DO, *num.*, ordinal de dois; *s.m.*, quem ocupa o segundo posto; parte do minuto, espaço breve, átimo; *prep.*, conforme, de acordo; *conj.*, consoante.

SE.GUN.DO.NA, *s.f., pop.*, segunda-feira de muito trabalho; Joc., Esp., em futebol, a segunda divisão de times em um campeonato.

SE.GUN.DO-SAR.GEN.TO, *s.m.*, patente nas forças armadas, inferior à de primeiro-sargento.

SE.GUN.DO-TE.NEN.TE, *s.m.*, patente das forças armadas, logo abaixo à de primeiro-tenente.

SE.GU.RA.DO, *adj.*, que tem seguro, que está protegido por seguro.

SE.GU.RA.DOR, *s.m.*, empresa que garante indenização; quem paga os prejuízos contemplados no contrato de seguro.

SE.GU.RA.DO.RA, *s.f.*, companhia de seguros.

SE.GU.RAN.ÇA, *s.f.*, firmeza, certeza, confiança, garantia.

SE.GU.RAR, *v.t.* e *pron.*, colocar no seguro, firmar, prender.

SE.GU.RO, *adj.*, ileso, salvo, fora de perigo, prudente, imune; *s.m.*, acerto contratual com a seguradora, para que ressarça qualquer dano estipulado pela apólice.

SE.GU,RO-DE-SEM.PRE.GO, *s.m.*, quantia paga pelo governo pelo prazo máximo de seis meses, a quem perdeu o emprego sem ter sido por justa causa.

SEI.BO, *s.m.*, Bot., planta leguminosa (*Erythrina falcata*), cujo nome comum é corticeira-da-serra.

SEI.CHE.LEN.SE, *adj. 2 gên.*, da República de Seicheles (arquipélago, Oceano Índico); típico desse país ou de seu povo; *s. 2 gên.*, natural ou habitante da República de Seicheles.

SEI.O, *s.m.*, teta, mama da mulher; âmago, íntimo.

SEIS, *num.*, cardinal de 6.

SEIS.CEN.TÉ.SI.MO, *num.*, cada uma das partes da unidade

SEISCENTISMO — SEM-CERIMÔNIA

dividida em seiscentas partes iguais.

SEIS.CEN.TIS.MO, *s.m.*, ideias e estilo dos intelectuais do século iniciado em 1600, ou seja, o Barroco ou Gongorismo, sendo que no Brasil ficou conhecida como a Escola Baiana.

SEIS.CEN.TIS.TA, *s. 2 gên.*, adepto, seguidor do Seiscentismo.

SEIS.CEN.TOS, *num.*, cardinal de 600.

SEI.TA, *s.f.*, grupo exclusivo para poucos, facção, divisão, secção.

SEI.VA, *s.f.*, substância líquida que as plantas absorvem com as raízes; líquido que as plantas segregam; essência, energia.

SEI.VAL, *s.m., bras.*, RS, terreno em que crescem seibos; alagadiço, banhadão.

SEI.VO, *s.m., ant.*, RS, campo aberto, sem valo e sem tapume.

SEI.VO.SO, *adj.*, que está cheio de seiva.

SEI.XA.DA, *s.f.*, golpe com seixo, pedrada.

SEI.XAL, *s.m.*, local com muitos seixos, abundância de seixos.

SEI.XO, *s.m.*, calhau, pedrinha, pedaço de rocha.

SEI.XO.SO, *adj.*, que contém muitos seixos, abundante de seixos.

SE.JA, *loc. conj.*, seja...seja...; *interj.*, amém, concordância.

SE.LA, *s.f.*, objeto que se coloca no lombo da cavalgadura para o cavaleiro sentar-se.

SE.LA.DO, *adj.*, fechado, colocado um selo, terminado.

SE.LA.GEM, *s.f.*, ato ou efeito de selar, de pôr sela ou selim.

SE.LÁ.QUIO, *adj., ant.*, Ict., relativo aos seláquios, peixes elasmobrânquios como tubarões e raias; espécime dos seláquios.

SE.LAR, *v.t.*, colocar um selo, um sinete em; pôr a sela, terminar, fechar bem.

SE.LA.RI.A, *s.f.*, local em que se fabricam selas, a arte do seleiro.

SE.LE.ÇÃO, *s.f.*, escolha, escolha dos melhores; grupo dos melhores jogadores, selecionado.

SE.LE.CI.O.NA.DO, *adj.*, escolhido, tirado, grupo de bons; *s.m.*, seleção, grupo dos melhores.

SE.LE.CI.O.NA.DOR, *adj. e s.m.*, escolhedor, seletor, selecionador.

SE.LE.CI.O.NAR, *v.t.*, escolher, nomear por ser melhor.

SE.LE.CI.O.NÁ.VEL, *adj. 2 gên.*, que se pode selecionar.

SE.LE.CI.O.NIS.MO, *s.m.*, Bot., teoria fundada na seleção natural.

SE.LE.CI.O.NIS.TA, *adj.*, que diz respeito ao selecionismo; *s. 2 gên.*, partidário dessa teoria.

SE.LEI.RO, *s.m.*, quem fabrica selas.

SE.LE.NI.A.DO, *adj.*, Quím., que contém selênio.

SE.LE.NI.A.TO, *s.m.*, Quím., sal do ácido selênico.

SE.LÊ.NI.CO, *adj.*, próprio da Lua, lunar.

SE.LE.NÍ.FE.RO, *adj.*, que contém selênio.

SE.LÊ.NIO, *s.m.*, elemento químico metálico, número atômico 34, símb., Se.

SE.LE.NI.TA, *s. 2 gên.*, habitante da Lua, segundo a imaginação de outros tempos.

SE.LE.NO.GRA.FI.A, *s.f.*, na Astronomia, o segmento que se refere à Lua.

SE.LE.NO.GRÁ.FI.CO, *adj.*, relativo a selenografia ou a selenógrafo; Astr., relativo ao disco aparente da Lua.

SE.LE.NÓ.GRA.FO, *s.m.*, estudioso de ou especialista em selenografia.

SE.LE.NO.MAN.CI.A, *s.f.*, pretensa possibilidade de adivinhar os fatos pela Lua.

SE.LE.NO.MAN.TE, *s. 2 gên.*, pessoa que pratica a selenomancia.

SE.LE.NÓS.TA.TO, *s.m.*, instrumento para observar os movimentos da Lua.

SE.LE.NO.TO.PO.GRA.FI.A, *s.f.*, descrição da superfície da Lua.

SE.LE.NO.TO.PO.GRÁ.FI.CO, *adj.*, relativo a selenotopografia.

SE.LE.TA, *s.f.*, antologia, coleção de poesias ou trechos com valor literário.

SE.LE.TAR, *v.t.*, selecionar, escolher, destacar.

SE.LE.TI.VO, *adj.*, que seleciona, que vai selecionar.

SE.LE.TO, *adj.*, escolhido, que passou por seleção.

SE.LE.TOR, *s.m.*, o que ajuda a realizar uma seleção.

SELF-SERVICE, *s.m.*, ing., sistema usado em muitos estabelecimentos, nos quais o cliente se serve sozinho.

SE.LHA, *s.f.*, vaso feito de madeira, podendo ser de um tronco só; balde de madeira com alça; recipiente de pedra ou ferro para dar comida a animais.

SE.LIM, *s.m.*, assento de bicicleta.

SE.LO, *s.m.*, objeto que mostra gravadas as armas de alguém, para imprimir em documentos; figura adesiva ou colável, para pagar o transporte de cartas e objetos no correio; marca, sinal.

SEL.VA, *s.f.*, floresta, mato, mata, jângal; *fig.*, situação difícil, problema.

SEL.VA.GEM, *adj.*, natural da selva, silvestre, bruto, grosseiro, rude.

SEL.VA.GE.RI.A, *s.f.*, posição de quem é selvagem; barbárie, grosseria.

SEL.VA.GÍ.NEO, *adj.*, silvestre, selvagem, selvático, animalesco.

SEL.VA.GI.NO, *adj.*, relativo a selvagem, selvagíneo; próprio dos animais selvagens.

SEL.VA.JA.RI.A, *s.f.*, mesmo que selvageria.

SEL.VÁ.TI.CO, *adj.*, selvagem, bárbaro, rude.

SEL.VÍ.CO.LA, *s. 2 gên.*, silvícola, habitante da selva, quem mora e vive na selva.

SEL.VO.SO, *adj.*, que tem selvas; selvático.

SEM, *prep.*, mostra que há ausência, falta.

SE.MA.FÓ.RI.CO, *adj.*, que se refere ao semáforo.

SE.MÁ.FO.RO, *s.m.*, sinaleira, sinaleiro, farol, luzes em cores para orientar o trânsito.

SE.MA.NA, *s.f.*, espaço, período de sete dias.

SE.MA.NAL, *adj.*, referente a semana; de cada semana; semanário, hebdomadário.

SE.MA.NÁ.RIO, *adj.*, semanal; *s.m.*, jornal que se publica a cada semana ou hebdomadário.

SE.MAN.TE.MA, *s.m.*, elemento linguístico que contém o significado de um termo, raiz, radical.

SE.MÂN.TI.CA, *s.f.*, parte da Gramática que estuda o conteúdo e o significado das palavras; uso de palavras em sentido figurado.

SE.MÂN.TI.CO, *adj.*, próprio da semântica, próprio dos conteúdos dos termos.

SE.MA.SI.O.LO.GI.A, *s.f.*, Ling., estudo dos sinais e símbolos, das suas relações entre si e do que representam; sematologia; estudo do sentido das palavras.

SE.MA.TO.LO.GI.A, *s.f.*, Ling., o mesmo que semântica; o mesmo que semasiologia.

SEM.BLAN.TE, *s.m.*, rosto, face, fisionomia, aparência.

SEM-CE.RI.MÔ.NIA, *s.f.*, sem respeito por etiquetas e

convenções, sem polidez.

SE.ME.A.ÇÃO, *s.f.*, ação ou efeito de semear, semeadura; *fig.*, ensino, construção de conhecimentos.

SÊMEA, *s.f.*, o que fica do trigo depois de peneirado e separado o rolão.

SE.ME.A.ÇÃO, *s.f.*, ato ou efeito de semear; semeadura.

SE.ME.A.DA, *s.f.*, ato ou efeito de semear; plantio; semeação; terreno semeado; gleba; quantidade de grãos para semear.

SE.ME.A.DEI.RA, *adj. 2 gên.* e *s.f.*, diz-se da, ou a máquina que faz a semeadura.

SE.ME.A.DO, *adj.*, plantado, fomentado; *fig.*, ensinado, mostrado.

SE.ME.A.DOR, *adj.*, que semeia; *s.m.*, aquele ou aquilo que semeia; máquina para semear cereais.

SE.ME.A.DO.RA, *adj.*, o mesmo que semeadeira.

SE.ME.A.DU.RA, *s.f.*, semeação, ação ou efeito de semear.

SE.ME.AR, *v.t.*, jogar sementes sobre a terra, plantar; espalhar, incentivar, fomentar; *fig.*, ensinar, dizer.

SE.ME.Á.VEL, *adj.*, que pode ser semeado.

SE.ME.LHAN.ÇA, *s.f.*, similitude, situação de duas coisas parecidas.

SE.ME.LHAN.TE, *adj.*, parecido, análogo, similar, verossímil.

SE.ME.LHAR, *v.t.* e *pron.*, ser parecido, assemelhar-se, ter a mesma aparência.

SE.ME.LHÁ.VEL, *adj.*, que se assemelha, que se parece.

SÊ.MEN, *s.m.*, esperma, semente.

SE.MEN.TAL, *adj.*, que se refere a semente, que produz ou brota com facilidade.

SE.MEN.TE, *s.f.*, substância das plantas para se reproduzirem, óvulo, origem; *fig.*, sêmen, princípio.

SE.MEN.TEI.RA, *s.f.*, local em que se colocam as sementes para semear.

SE.MEN.TEI.RO, *adj.* e *s.m.*, que(m) semeia, semeador, aparelho para espalhar a semente ou colocá-la na terra cavada.

SE.MES.TRAL, *adj.*, próprio de cada semestre, ocorrente a cada seis meses.

SE.MES.TRA.LI.DA.DE, *s.f.*, o que corresponde a um semestre, a seis meses.

SE.MES.TRE, *s.m.*, espaço de seis meses; meio ano.

SEM-FIM, *s.m.*, grande quantidade, espaço imenso; em um parafuso, a rosca que não chega ao final.

SE.MI.A.BER.TO, *adj.*, meio aberto; entreaberto.

SE.MI.A.DE.REN.TE, *adj.*, que adere somente por uma parte.

SE.MI.A.LE.GÓ.RI.CO, *adj.*, que é em parte alegórico.

SE.MI.A.NAL.FA.BE.TO, *adj.* e *s.m.*, quem está alfabetizado apenas um pouco.

SE.MI.A.NU.AL, *adj.*, semestral, que se refere a meio ano.

SE.MI.A.NU.LAR, *adj.*, que tem forma de meio anel.

SE.MI.A.NUO, *adj.*, o mesmo que semestral; que tem meio ano.

SE.MI.A.PÓS.TA.TA, *s.m.*, meio apóstata.

SE.MI.Á.RI.DO, *adj.*, um pouco árido, um pouco seco.

SE.MI.ÁR.VO.RE, *s.f.*, ver semieixo.

SE.MI.AU.TO.MÁ.TI.CO, *adj.*, apenas um pouco automático, que é quase automático.

SE.MI.A.ZE.DO, *adj.*, um tanto azedo.

SE.MI.A.ZI.GO, *s.m.*, Anat., veia ímpar do lado esquerdo.

SE.MI.BÁR.BA.RO, *adj.*, meio bárbaro, selvagem, incivilizado.

SE.MI.BAS.TI.ÃO, *s.m.*, bastião de uma fortaleza que só tem um flanco e uma face.

SE.MI.BRA.SI.LEI.RO, *adj.* e *s.m., pop.*, meio brasileiro; que é estrangeiro, mas adaptado aos costumes brasileiros.

SE.MI.BRE.VE, *s.f.*, figura usada na pauta musical com maior duração no ritmo.

SE.MI.CA.DÁ.VER, *s.m.*, pessoa exânime, quase morta.

SE.MI.CAR.BO.NI.ZA.DO, *adj.*, não completamente carbonizado.

SE.MI.CA.TI.VEI.RO, *s.m.*, liberdade tida como limitada.

SE.MI.CA.TÓ.LI.CO, *adj.* e *s.m.*, que pratica em parte o rito católico.

SE.MI.CER.RA.DO, *adj.*, parcialmente cerrado.

SE.MI.CER.RAR, *v.t.*, cerrar(-se) só parcialmente.

SE.MI.CI.LÍN.DRI.CO, *adj.*, que tem a forma de meio cilindro.

SE.MI.CI.LIN.DRO, *s.m.*, metade de um cilindro.

SE.MI.CIR.CU.LAR, *adj.*, com forma de semicírculo.

SE.MI.CÍR.CU.LO, *s.m.*, meio círculo, hemisfério.

SE.MI.CIR.CUN.FE.RÊN.CIA, *s.f.*, Geom., metade de uma circunferência demarcada por um diâmetro.

SE.MI.CI.VI.LI.ZA.DO, *adj.*, um tanto civilizado.

SE.MI.CLU.SO, *adj.*, semicerrado.

SE.MI.COL.CHEI.A, *s.f.*, figura da escala musical com a metade do valor da colcheia.

SE.MI.CO.LO.NI.AL, *adj.*, meio colonial.

SE.MI.CO.LOS.SO, *s.m.*, o que é acima do vulgar, que atira para colosso.

SE.MI.CÔ.MI.CO, *adj.*, que é um tanto cômico.

SE.MI.CON.DU.TOR, *s.m.*, material condutor de energia, mais fraco que o condutor.

SE.MI.CONS.CI.ÊN.CIA, *s.f.*, consciência adormecida, meia consciência.

SE.MI.CONS.CI.EN.TE, *adj.*, meio consciente, entorpecido, desfocado da realidade.

SE.MI.CON.SO.AN.TE, *s.f.*, Fonét., som ou ruído que se assemelha em parte ao de consoante.

SE.MI.CON.SO.NÂN.CIA, *s.f.*, consonância incompleta.

SE.MI.CON.VER.GEN.TE, *adj.*, Mat., diz-se da série cuja convergência se perde ao substituir os termos pelos seus módulos.

SE.MI.CRIS.TÃO, *adj.* e *s.m.*, que ou aquele que aceita em parte os dogmas cristãos.

SE.MI.CUL.TO, *adj.* e *s.m.*, que ou aquele que tem cultura insuficiente; semidouto.

SE.MI.CUR.SI.VO, *adj., s. 2 gên.*, diz-se de, ou o gênero de letra que se aproxima da cursiva.

SE.MI.DE.CLA.RA.ÇÃO, *s.f.*, declaração incompleta ou pela metade.

SE.MI.DE.FUN.TO, *adj.* e *s.m.*, semimorto.

SE.MI.DEI.RO, *s.m.*, atalho, caminho estreito; lugar onde alguém passou.

SE.MI.DE.SÉR.TI.CO, *adj.*, que não é inteiramente desértico.

SE.MI.DEUS, *s.m.*, ser que tinha qualidades divinas e humanas; *fig.*, herói, grande personagem, indivíduo extraordinário.

SE.MI.DI.Á.FA.NO, *adj.*, um tanto diáfano, entre transparente e opaco.

SE.MI.DI.Â.ME.TRO, *s.m.*, Mat., metade do diâmetro.

SE.MI.DI.A.PA.SÃO, *s.m.*, Mús., na Idade Média, oitava diminuta.

SE.MI.DIE.SEL, *adj.*, motor semidiesel.

SE.MI.DI.GI.TAL, *adj.*, que tem o comprimento de meio dedo.

SE.MI.DI.RE.TO, *adj.*, que não é totalmente direto; que faz rodeio antes de ir ao ponto.

SE.MI.DI.TON.GO, *s.m.*, meio ditongo, um ditongo imperfeito nos ditongos crescentes.

SE.MI.DI.UR.NO, adj., que só dura metade de um dia.
SE.MI.DI.VIN.DA.DE, s.f., indica os semideuses pagãos; herói, idolatria.
SE.MI.DI.VI.NI.ZA.ÇÃO, s.f., ação ou efeito de semidivinizar.
SE.MI.DI.VI.NI.ZAR, v.int., tornar semideus ou semideusa; possuir somente alguns atributos divinos.
SE.MI.DI.VI.NO, adj., quase divino.
SE.MI.DOI.DO, adj. e s.m., semilouco.
SE.MI.DOU.TO, adj. e s.m., diz-se do, ou o indivíduo pouco instruído.
SE.MI.EI.XO, s.m., Mec., cada uma de duas peças destinadas a transmitir torção às rodas motrizes; semiárvore.
SE.MI.ES.FE.RA, s.f., metade de uma esfera.
SE.MI.ES.FÉ.RI.CO, adj., semicircular, meio círculo.
SE.MI.ES.FE.ROI.DAL, adj., que tem a forma de um semiesferoide.
SE.MI.ES.FE.ROI.DE, s.m., meio esferoide.
SE.MI.ES.TRA.GA.DO, adj., que está um pouco ou estragado em parte.
SE.MI.ES.TRA.NHO, adj. e s.m., um tanto estranho; pouco conhecido.
SE.MI.FA.BU.LO.SO, adj., meio fabuloso, em que há confusão entre o real e a fábula.
SE.MI.FA.VOR, s.m., pequeno favor.
SE.MI.FEN.DI.DO, adj., meio fendido.
SE.MÍ.FE.RO, adj., que é metade animal e metade humano (centauro, sátiro, sereia, etc.).
SE.MI.FEU.DAL, adj., que tem em parte caracteres da feudalidade.
SE.MI.FI.GU.RA.DO, adj., Mús., diz-se do canto religioso, quase cantochão.
SE.MI.FI.LO.SÓ.FI.CO, adj., um tanto ou quanto filosófico.
SE.MI.FI.NAL, s.m., último encontro antes da final.
SE.MI.FI.NA.LIS.TA, s. 2 gên., atleta ou entidade esportiva que está na penúltima competição.
SE.MI.FLE.TI.DO, adj., não totalmente submetido a flexão; meio fletido.
SE.MI.FLÓS.CU.LO, s.m., Bot., flósculo liguloso.
SE.MI.FLOS.CU.LO.SO, adj., Bot., que tem corola fendida, achatada e virada para um lado.
SE.MI.FLUI.DO, adj., meio fluido; xaroposo; viscoso.
SE.MI.FRI.CA.TI.VO, adj., Gram., diz-se da consoante que se fala com oclusão imperfeita.
SE.MI.FUN.DI.DO, adj., não totalmente fundido; meio fundido.
SE.MI.FU.SA, s.f., figura da escala musical que vale a metade de uma fusa.
SE.MI.GO.LA, s.f., Mil., linha tirada do ângulo da gola de uma fortaleza para o flanco.
SE.MI.GÓ.TI.CO, adj., diz-se da escritura gótica com adição de caracteres romanos.
SE.MI.HI.DRA.TA.DO, adj., que se encontra parcialmente hidratado.
SE.MI.HIS.TÉ.RI.CO, adj., um tanto histérico.
SE.MI-HU.MA.NO, adj., que é humano só em parte; s.m., aquele que não é totalmente humano.
SE.MI.IM.PRO.VI.SA.DO, adj., que em parte se improvisou.
SE.MI.IM.PRO.VI.SO, s.m., discurso improvisado em parte.
SE.MI.IN.CONS.CI.EN.TE, adj., quase inconsciente; meio inconsciente.
SE.MI.INS.PI.RA.ÇÃO, s.f., inspiração falha, que não vem inteiramente da pessoa.
SE.MI-IN.TER.NA.TO, s.m., educandário, cujos alunos são semi-internos.
SE.MI-IN.TER.NO, adj. e s.m., aluno que frequenta a escola durante o dia todo, entrando de manhã e saindo à tardinha.
SE.MI.LE.TRA.DO, adj. e s.m., insuficientemente letrado; semiculto.
SE.MI.LÍ.QUI.DO, adj., nem líquido nem sólido; pastoso, empapado.
SE.MI.LI.TE.RÁ.RIO, adj., que não é totalmente literário.
SE.MI.ME.TAL, s.m., substância mineral, menos pesada e menos sólida que o metal.
SE.MI.MOR.TE, s.f., estado de moribundo.
SE.MI.MOR.TO, adj., meio morto, quase morto, muito cansado.
SE.MI.NA.ÇÃO, s.f., inseminação, espalhamento das sementes pela natureza, semeadura natural.
SE.MI.NAL, adj., próprio da semente ou do sêmen.
SE.MI.NÁ.RIO, s.m., local de preparação dos candidatos ao sacerdócio católico; reunião para estudos e debates; assembleia.
SE.MI.NA.RIS.TA, s.m., quem estuda em seminário, estudante interno para seguir a vocação do sacerdócio.
SE.MI.NA.RÍS.TI.CO, adj., que diz respeito a seminarista ou a seminário.
SE.MI.NÍ.FE.RO, adj., que produz ou conduz sêmen ou sementes.
SE.MÍ.NI.MA, s.f., Mús., nota que vale um tempo ou metade da mínima.
SE.MI.NÔ.MA.DE, adj. e s. 2 gên., que não é de todo nômade.
SE.MI.NO.TA, s.f., gênero de insetos himenópteros.
SE.MI.NO.VO, adj., com tempo de pouco uso, quase novo.
SE.MI.NU, adj., quase nu, meio nu, pouco vestido, com pouca roupa.
SE.MI.NU.DEZ, s.f., quase nudez, pessoa com pouca roupa.
SE.MI.NU.ME, s.m., semideus.
SE.MI.O.FI.CI.AL, adj., que diz respeito ao governo, mas não tem caráter oficial.
SE.MI.O.FI.CI.O.SO, adj., diz-se das informações dirigidas ao governo, mas que provêm por via indireta, de modo que haja comprometimento.
SE.MI.O.GRA.FI.A, s.f., notação por sinais.
SE.MI.O.GRÁ.FI.CO, adj., relativo a semiografia.
SE.MI.Ó.GRA.FO, s.m., o que emprega a semiografia.
SE.MI.OI.TA.VA, s.f., p.us., metade de uma oitava, constituída por quatro versos consonantes.
SE.MI.O.LO.GI.A, s.f., ciência dedicada ao estudo dos sinais da comunicação.
SE.MI.O.LÓ.GI.CO, adj., Ling., relativo a ou próprio da semiologia.
SE.MI.O.LO.GIS.TA, s. 2 gên., especialista em semiologia.
SE.MI.Ó.LO.GO, s.m., Ling., pessoa que se especializou em semiologia.
SE.MI.OR.BE, s.m., meio orbe, semicírculo.
SE.MI.Ó.TI.CA, s.f., ciência da linguagem.
SE.MI.Ó.TI.CO, adj., Ling., relativo a ou próprio da semiótica.
SE.MI.O.TI.ZA.ÇÃO, s.f., ato ou efeito de semiotizar.
SE.MI.PA.GA.NIS.MO, s.m., fé religiosa que apresenta certos caracteres do paganismo.
SE.MI.PA.GÃO, adj. e s.m., meio profano; Poét., rústico, pouco polido.
SE.MI.PER.ME.A.BI.LI.DA.DE, s.f., qualidade de semipermeável.

SEMIPERMEÁVEL — SENHORIZAR

SE.MI.PER.ME.Á.VEL, *adj. 2 gên.*, que é um pouco permeável.
SE.MI.PLA.NO, *s.m.*, quase um plano; a parte de um plano limitada por uma reta.
SE.MI.PLE.NO, *adj.*, cheio até metade; que tem o preenchimento incompleto.
SE.MI.PO.É.TI.CO, *adj.*, que tem alguma poesia.
SE.MI.PO.LÍ.TI.CO, *adj.*, que é político em parte; *s.m.*, aquele que trata de política em parte; deprec., mau político.
SE.MI.PO.PU.LAR, *adj.*, que só em parte é popular; em que não só o povo toma parte.
SE.MI.PRE.CI.O.SO, *adj.*, meio precioso, quase precioso.
SE.MI.PÚ.TRI.DO, *adj.*, quase podre, meio podre, combalido.
SE.MIR.RÁ.PI.DO, *adj.*, que não é absolutamente rápido.
SE.MIR.RE.GU.LAR, *adj.*, que não é totalmente regular.
SE.MIR.RE.LI.GI.O.SO, *adj.*, um tanto religioso.
SE.MIR.RE.TA, *s.f.*, Geom., parte de uma reta, limitada por um ponto.
SE.MIR.RE.TO, *adj.*, Geom., meio reto; que tem 45°.
SE.MIR.RÍ.GI.DO, *adj.*, quase rígido, meio rígido.
SE.MIR.RO.TO, *adj.*, meio roto, meio rasgado.
SE.MIS.SE.CU.LAR, *adj.*, que tem meio século.
SE.MIS.SEL.VA.GEM, *adj., s. 2 gên.*, quase selvagem, quem é pouco civilizado.
SE.MI.TA, *s. 2 gên.*, membro dos semitas, povo que compreende os hebreus, árabes e outros.
SE.MI.TI.CIS.MO, *s.m.*, qualidade de semítico.
SE.MÍ.TI.CO, *adj.*, que se refere aos semitas; pertencente aos semitas.
SE.MI.TIS.MO, *s.m.*, qualidade de quem é semita, tese sobre os semitas.
SE.MI.TIS.TA, *s. 2 gên.*, aquele que é versado em línguas e literatura semíticas.
SE.MI.TI.ZA.DO, *adj.*, que se semitizou; tornado semita.
SE.MI.TI.ZAN.TE, *s. 2 gên.*, pessoa que semitiza; especialista em assuntos semíticos.
SE.MI.TO.NA.DO, *adj.*, Mús., que desafinou ou desafina para baixo.
SE.MI.TOM, *s.m.*, meio tom; tom pela metade.
SE.MI.TRANS.PA.RÊN.CI.A, *s.f.*, meia luz, opacidade média, meia claridade.
SE.MI.TRANS.PA.REN.TE, *adj.*, meio transparente, diáfano, pouco claro.
SE.MI.Ú.MI.DO, *adj.*, meio úmido.
SE.MI.VER.DA.DE, *s.f.*, que é verdade em parte.
SE.MI.VI.VO, *adj.*, meio vivo, meio morto.
SE.MI.VO.CÁ.LI.CO, *adj.*, relativo a uma semivogal.
SE.MI.VO.GAL, *s.f.*, vogal com som curto junto a outra vogal.
SEM-NÚ.ME.RO, *s.m.*, número indeterminado; número grande.
SÊ.MO.LA, *s.f.*, semolina, fécula de farinha.
SE.MO.LI.NA, *s.f.*, produto derivado de trigo, centeio para fazer pães e comidas do gênero.
SE.MO.VEN.TE, *adj. e s. 2 gên.*, na Contabilidade, todo bem que se move por si só.
SEM-PAR, *adj.*, ímpar, indiviso, extraordinário.
SEM.PI.TER.NO, *adj.*, eterno, perene, infinito, que não tem princípio nem fim.
SEM.PRE, *adv.*, continuamente, sem interrupção, sem fim.
SEM.PRE-VI.VA, *s.f.*, planta que produz flores de cores vivas e muito duráveis.
SEM-RA.ZÃO, *s.f.*, falta de juízo, ação desvairada, desvario.
SEM-SAL, *adj. 2 gên., 2 n.*, que não tem sal; insosso; *fig.*, desinteressante; sem graça, sem vivacidade; insípido.
SEM-TER.RA, *s. 2 gên.*, pessoa que não é dona de nenhuma terra; grupo politizado, que fica invadindo terras particulares com o fito de obtenção de alguma vantagem socioeconômica.
SEM-TE.TO, *s.m.*, pessoa que não tem casa para morar; pessoa que mora na rua.
SEM-VEN.TU.RA, *s.f.*, falta de ventura; desventura.
SEM-VER.GO.NHA, *s. 2 gên.*, pessoa descarada, tipo mal-educado.
SEM-VER.GO.NHI.CE, *s.f.*, descaramento, má educação, má-criação.
SEM-VER.GO.NHIS.MO, *s.m.*, sem-vergonhice, má-criação, mau-caratismo, cafajestice.
SE.NA, *s.f.*, loteria que joga com seis números.
SE.NÁ.CU.LO, *s.m.*, local público, na Roma antiga, onde os senadores promoviam as suas sessões.
SE.NA.DO, *s.m.*, a câmara alta nos sistemas políticos com duas câmaras; ambiente onde se reúnem os senadores.
SE.NA.DOR, *s.m.*, membro do senado.
SE.NA.DO.RI.A, *s.f.*, ver senatoria.
SE.NÃO, *conj.*, aliás, de outro modo; *prep.*, exceto, salvo; *s.m.*, falha, defeito.
SE.NÁ.RI.O, *adj.*, que contém seis unidades.
SE.NA.TO.RI.A, *s.f.*, mandato de senador, cargo do senador.
SE.NA.TO.RI.AL, *adj.*, próprio de senador, referente a senador.
SE.NA.TÓ.RI.O, *adj.*, relativo ao Senado.
SEN.DA, *s.f.*, trilha, vereda, caminho estreito e íngreme.
SEN.DEI.RA.DA, *s.f.*, sendeirice.
SEN.DEI.RI.CE, *s.f.*, parvoíce, sendeirada.
SEN.DEI.RO, *s.m.*, cavalo velho e de poucas forças.
SE.NEC.TO, *adj., ant.*, idoso, velho, senil.
SE.NEC.TU.DE, *s.f.*, idade avançada, estado de quem é idoso.
SE.NES.CÊN.CI.A, *s.f.*, caráter ou qualidade de senescente; senilidade, velhice.
SE.NES.CEN.TE, *adj. 2 gên.*, que está em processo de envelhecimento; que vai envelhecendo.
SEN.GA.LÊS, *adj. e s.m.*, referente, habitante, natural do Senegal.
SE.NHA, *s.f.*, palavra, sinal que se combina antes; bilhete de entrada, código.
SE.NHEI.RO, *adj., ant.*, solitário, singular.
SE.NHOR, *s.m.*, tratamento de cortesia para com qualquer homem; dono, proprietário, chefe, patrão; Deus, Jesus Cristo.
SE.NHO.RA, *s.f.*, tratamento para mulheres; esposa em relação ao esposo; dona de casa.
SE.NHO.RE.A.DOR, *adj. e s.m.*, que ou o que tem domínio (de senhor) sobre alguma coisa.
SE.NHO.RE.AR-(SE), *v.t., int. e pron.*, assenhorear-se, apossar-se, tomar posse.
SE.NHO.RI.A, *s.f.*, condição do senhor ou da senhora; vossa senhoria - tratamento usado na correspondência comercial.
SE.NHO.RI.AL, *adj.*, relativo a senhor e senhora, próprio dos senhores.
SE.NHO.RIL, *adj.*, nobre, tradicional, elegante.
SE.NHO.RI.NHA, *s.f.*, senhora jovem; *bras.*, moça solteira; senhorita.
SE.NHO.RI.O, *s.m.*, autoridade, poder, domínio, posse, propriedade; dono de prédio em relação ao locatário.
SE.NHO.RI.TA, *s.f.*, tratamento cerimonioso para as mulheres solteiras; moça.
SE.NHO.RI.ZAR, *v.t., ant.*, tornar senhor; conferir jurisdição

ou governo a.
SE.NIL, *adj.*, decrépito, velhusco, velho, idoso.
SE.NI.LI.DA.DE, *s.f.*, velhice, decrepitude, terceira idade.
SE.NI.LIS.MO, *s.m.*, qualidade, estado de senil; senilidade.
SE.NI.LI.TU.DE, *s.f.*, qualidade ou característica de senil; senilidade, velhice.
SE.NI.LI.ZA.ÇÃO, *s.f.*, ação ou efeito de senilizar.
SE.NI.LI.ZAR, *v.t.*, tornar senil, velho; efetuar o envelhecimento artificialmente de algo com fins comerciais ou artísticos.
SÊ.NIOR, *adj.*, o mais velho, o que tem mais anos de idade; *s.m.*, quem demonstra mais experiência em alguma atividade.
SE.NO, *s.m.*, em Matemática, um cateto oposto a um ângulo de triângulo retângulo e hipotenusa.
SE.NOI.DAL, *adj. 2 gên.*, Mat. relativo a seno e/ou a senoide; sinusoidal.
SE.NOI.DE, *s.f.*, curva que representa as variáveis do seno, devido ao ângulo ou ao arco.
SEN.SA.BOR, *adj.*, *s.m.*, insípido, sem sabor, sem gosto, pessoa desagradável.
SEN.SA.BO.RI.A, *s.f.*, insipidez, desagradabilidade, o que está sem gosto.
SEN.SA.ÇÃO, *s.f.*, toda impressão gravada pelos sentidos, sentimento, comoção.
SEN.SA.CI.O.NAL, *adj.*, fora do comum, extraordinário, formidável.
SEN.SA.CI.O.NA.LIS.MO, *s.m.*, espalhafato, exagero no divulgar algo, escândalos.
SEN.SA.CI.O.NA.LIS.TA, *s. 2 gên.*, espalhafatoso, exibicionista, escandaloso.
SEN.SA.TEZ, *s.f.*, prudência, juízo, moderação, continência.
SEN.SA.TO, *adj.*, prudente, ajuizado, moderado.
SEN.SI.BI.LI.DA.DE, *s.f.*, ato de sentir, percepção, faculdade de perceber algo; melindre, percepção elevada de um fato.
SEN.SI.BI.LI.ZA.ÇÃO, *s.f.*, cativação, comoção, persuasão, fascinação.
SEN.SI.BI.LI.ZA.DO, *adj.*, acessível, comovido, persuadido, cativado.
SEN.SI.BI.LI.ZA.DOR, *adj. e s.m.*, comovedor, cativador, detonador.
SEN.SI.BI.LI.ZAN.TE, *adj.*, cativante, comovente, persuasivo.
SEN.SI.BI.LI.ZA.TÓ.RIO, *adj.*, que sensibiliza; sensibilizador, sensibilizante.
SEN.SI.BI.LI.ZAR, *v.t.*, tornar sensível, cativar, persuadir, comover-se.
SEN.SI.BI.LI.ZÁ.VEL, *adj.*, suscetível de se sensibilizar.
SEN.SI.FI.CAR, *v.t.*, restituir a sensibilidade a; tornar sensível.
SEN.SI.TI.VA, *s.f.*, planta cujas folhas se retraem ao serem tocadas, dormideira; *fig.*, pessoa muito melindrosa.
SEN.SI.TI.VI.DA.DE, *s.f.*, qualidade ou característica de sensitivo.
SEN.SI.TI.VO, *adj.*, que capta e transmite sensações; *s.m.*, quem consegue se comunicar telepaticamente com outrem.
SEN.SÍ.VEL, *adj.*, perceptível, que sente, que capta sensações externas.
SEN.SO, *s.m.*, raciocínio, juízo, siso.
SEN.SOR, *s.m.*, aparelho para localizar, prever, pressentir certos objetos.
SEN.SO.RI.AL, *adj.*, relativo à sensação, que se sente.
SEN.SÓ.RIO, *adj.*, relativo a sensação, que transmite impulsos que resultam em sensações; *s.m.*, a parte do cérebro que concentra as sensações e pensamentos; centro nervoso sensitivo.
SEN.SU.AL, *adj.*, que tem sensualidade, libidinoso, imoral, carnal, lascivo.
SEN.SU.A.LI.DA.DE, *s.f.*, inclinação para usufruir prazeres materiais; volúpia, luxúria.
SEN.SU.A.LIS.MO, *s.m.*, volúpia, lascívia, materialismo, hedonismo, libidinagem.
SEN.SU.A.LIS.TA, *adj. 2 gên.*, relativo a sensualismo; diz-se de pessoa que segue a doutrina ou o comportamento próprio do sensualismo; *s. 2 gên.*, essa pessoa.
SEN.SU.A.LI.ZA.ÇÃO, *s.f.*, ação ou efeito de sensualizar.
SEN.SU.A.LI.ZAR, *v.t.*, atribuir características sensuais a, ou tornar-se sensual.
SEN.TA.DA, *s.f.*, queda brusca, parada instantânea do cavalo, assentada.
SEN.TA.DO, *adj.*, assentado, fixado, sistematizado, caído.
SEN.TAR, *v.t., int. e pron.*, colocar, firmar, assentar; fixar-se, sistematizar-se.
SEN.TEN.ÇA, *s.f.*, frase, oração, período; decisão final por motivo legal de um juiz; despacho judicial.
SEN.TEN.CI.A.ÇÃO, *s.f.*, método de ensinar e aprender a ler sentença por sentença.
SEN.TEN.CI.A.DO, *adj.*, julgado, decidido por sentença.
SEN.TEN.CI.A.DOR, *adj. e s.m.*, que(m) promulga a sentença, julgador, juiz.
SEN.TEN.CI.AL, *adj. 2 gên., p.us.*, que diz respeito a sentença; que envolve uma proposição.
SEN.TEN.CI.A.MEN.TO, *s.m.*, ato ou efeito de sentenciar, de emitir uma sentença.
SEN.TEN.CI.AR, *v.t.*, Jur., julgar, decidir ou condenar, por meio de sentença; manifestar julgamento, parecer ou opinião; julgar acerca do valor ou da falta de valor de.
SEN.TEN.CI.O.SO, *adj.*, com sentença, derivado de sentença.
SEN.TI.DO, *adj.*, ferido, magoado, pesaroso; *s.m.*, cada uma das funções do organismo para receber impressões; conteúdo de uma palavra ou frase; rumo; gesto de militar para cumprimentar.
SEN.TI.MEN.TAL, *adj.*, sentido, sensível, sensitivo.
SEN.TI.MEN.TA.LI.DA.DE, *s.f.*, sensibilidade, sensação, sensitividade.
SEN.TI.MEN.TA.LIS.MO, *s.m.*, sentimento exagerado, extremos de sentir algo.
SEN.TI.MEN.TA.LIS.TA, *s. 2 gên.*, pessoa que se deixa levar por sentimentalismo, ultrassensível.
SEN.TI.MEN.TA.LI.ZA.ÇÃO, *s.f.*, sentimentalismo, ação de se tornar sentimental, dominação dos sentimentos.
SEN.TI.MEN.TA.LI.ZA.DO, *adj.*, sensibilizado, emocionado.
SEN.TI.MEN.TA.LI.ZAR, *v.t.*, tornar sentimental.
SEN.TI.MEN.TA.LOI.DE, *adj. 2 gên. e s. 2 gên.*, que ou aquele que apela para o sentimentalismo, vulgarizando-o.
SEN.TI.MEN.TO, *s.m.*, condição de sentir, sensação, percepção.
SEN.TI.NA, *s.f.*, latrina, casinha, privada.
SEN.TI.NE.LA, *s.f.*, guarda, vigia, vigilante, atalaia.
SEN.TI.NO.SO, *adj.*, que diz respeito à sentina; sujo, infeto.
SEN.TIR, *v.t., int. e pron.*, perceber por meio dos sentidos; captar, experimentar, notar, entender, ofender-se; expressar dor.
SEN.ZA.LA, *s.f.*, alojamentos para os escravos; *fig., pop.*, local sem condições para viver.
SÉ.PA.LA, *s.f.*, cada uma das partes que compõem o cálice da flor.

SE.PA.LOI.DE, *adj.*, que se refere ou se parece com sépala.
SE.PA.RA.ÇÃO, *s.f.*, desunião, divisão, secção.
SE.PA.RA.DO, *adj.*, desunido, dividido, seccionado, partido.
SE.PA.RA.DOR, *adj.*, que separa ou reparte; que serve para separar; que divide; *s.m.*, o que é usado para separar ou dividir.
SE.PA.RAR, *v.t. e pron.*, dividir, desunir, seccionar, apartar, desligar, divorciar-se.
SE.PA.RA.TA, *s.f.*, publicação de um livro, revista, em separado; anexo.
SE.PA.RA.TIS.MO, *s.m.*, conjunto de ideias de uma região para desligar-se do governo central.
SE.PA.RA.TIS.TA, *s. 2 gên.*, quem quer separar-se.
SE.PA.RA.TI.VO, *adj.*, que tem o poder ou a virtude de separar.
SE.PA.RA.TÓ.RIO, *adj.*, o mesmo que separativo; *s.m.*, Quím., vaso destinado a separar substâncias líquidas.
SE.PA.RÁ.VEL, *adj.*, divisível, que pode separar-se.
SÉ.PIA, *s.f.*, nome comum de diversos moluscos marinhos como os sibas, que expelem um líquido negro; tinta escura, semipreta, para escrever e desenhar.
SE.PÍ.CO.LA, *adj.*, que vive nos sebes.
SEP.SI.A, *s.f.*, intoxicação provocada por produtos que estejam em início de putrefação.
SEP.SI.NA, *s.f.*, Med., ptomaína; toxina cristalizável da carne em putrefação.
SEP.SI.QUI.MI.A, *s.f.*, Med., tendência dos humores para a putrefação.
SÉP.SIS, *s.f. 2 n.*, Med., existência de micro-organismos patogênicos no sangue ou nos tecidos; sepsia, sepse.
SEP.TA, *s.f.*, parede delgada, animal ou vegetal; Bot., antigo gênero de crassuláceas.
SEP.TAL, *adj. 2 gên.*, que diz respeito a septo.
SEP.TE.NA, *s.f.*, estrofe com sete versos, redondilha maior.
SEP.TE.NAL, *adj.*, realizado de sete em sete dias.
SEP.TE.NÁ.RIO, *s.m.*, período de sete anos ou sete dias; atividade que envolva sete momentos.
SEP.TÊ.NIO, *s.m.*, espaço temporal de sete anos, septenário.
SEP.TI.CE.MI.A, *s.f.*, presença de vírus no sangue, vindo de vários focos infecciosos.
SEP.TI.CÊ.MI.CO, *adj.*, que se refere a septicemia.
SEP.TI.CI.DA, *adj.*, Bot., diz-se da deiscência dos frutos, quando se faz entre as duas folhas dos septos.
SÉP.TI.CO, *adj.*, que contamina, contaminado por vírus.
SEP.TO, *s.m.*, carne ou cartilagem que separa duas cavidades no corpo.
SEP.TU.A.GE.NÁ.RIO, *adj. e s.m.*, setuagenário, pessoa com setenta anos.
SEP.TU.A.GÉ.SI.MO, *num.*, ordinal para designar setenta.
SE.PUL.CRAL, *adj.*, relativo a sepulcro, fúnebre, tumular, triste, pesado.
SE.PUL.CRO, *s.m.*, túmulo, tumba, sepultura, jazigo.
SE.PUL.TA.DO, *adj.*, enterrado, isolado.
SE.PUL.TA.DOR, *adj. e s.m.*, enterrador, coveiro, que(m) sepulta.
SE.PUL.TA.MEN.TO, *s.m.*, enterro.
SE.PUL.TAR, *v.t. e pron.*, enterrar, colocar o cadáver na sepultura; isolar, prender.
SE.PUL.TO, *adj.*, enterrado, colocado na sepultura.
SE.PUL.TU.RA, *s.f.*, jazigo, tumba.
SE.QUAZ, *adj. e s.m.*, asseclá, seguidor, adepto, discípulo, prosélito.
SE.QUE.LA, *s.f.*, cicatriz, consequência, lesão, marca.

SE.QUÊN.CIA, *s.f.*, seguimento, continuidade, sucessão.
SE.QUEN.CI.AL, *adj.*, encadeado, que segue, seguinte.
SE.QUEN.TE, *adj.*, seguinte, que segue, que continua.
SE.QUER, *adv.*, ao menos; nem sequer - nem ao menos.
SE.QUES.TRA.ÇÃO, *s.f.*, rapto, ação de sequestrar, violência.
SE.QUES.TRA.DO, *adj. e s.m.*, raptado, levado com violência.
SE.QUES.TRA.DOR, *s.m.*, raptor, violentador.
SE.QUES.TRAR, *v.t. e pron.*, raptar, carregar com violência, prender, apoderar-se de.
SE.QUES.TRÁ.VEL, *adj.*, que pode ser sequestrado, violável.
SE.QUES.TRO, *s.m.*, rapto, ato de sequestrar; apreensão de bens por ordem judicial.
SE.QUI.DÃO, *s.f.*, secura, estiagem, frieza, distância emocional.
SE.QUI.LHO, *s.m.*, bolacha ou biscoito de grande secura; sequinho.
SE.QUI.O.SO, *adj.*, sedento, desejoso, ressequido.
SÉ.QUI.TO, *s.m.*, comitiva, acompanhamento, cortejo.
SE.QUOI.A, *s.f.*, árvore de grandes proporções, da Califórnia.
SER, *v. lig.*, estar, ficar, continuar, permanecer, existir, viver; *s.m.*, ente, criatura, ente humano, pessoa, indivíduo.
SE.RÁ.FI.CO, *adj.*, próprio do serafim; *fig.*, celestial, que tem a santidade de um anjo.
SE.RA.FIM, *s.m.*, anjo de alta hierarquia no reino dos céus.
SE.RÃO, *s.m.*, trabalho feito à noite, após o expediente; tarefa noturna.
SE.REI.A, *s.f.*, ser maravilhoso, criado pela fantasia; dos quadris para cima, pessoa; dos quadris para baixo, peixe; *fig.*, mulher sedutora, mulher bela.
SE.RE.LE.PE, *adj. e s. 2 gên.*, traquinas, provocador, gracioso, vivo, ágil; *s.m.*, caxinguelê, esquilo.
SE.RE.NA.DA, *s.f.*, sereno, orvalho, acalmada, pacificação.
SE.RE.NA.DO, *adj.*, acalmado, pacificado, amansado.
SE.RE.NAR, *v.t. e int.*, tornar sereno, acalmar, pacificar, amansar.
SE.RE.NA.TA, *s.f.*, execuções de cantigas à noite, em favor de alguém; seresta.
SE.RE.NI.DA.DE, *s.f.*, calma, tranquilidade, maviosidade.
SE.RE.NO, *adj.*, calmo, tranquilo, sensato, ajuizado, comedido; *s.m.*, orvalho, garoa.
SE.RES.TA, *s.f.*, serenata.
SE.RES.TEI.RO, *s.m.*, quem faz serestas, quem toca serenatas.
SER.GI.PA.NO, *adj. e s.m.*, natural, habitante de Sergipe.
SER.GI.PEN.SE, *adj. 2 gên. e s. 2 gên.*, ver sergipano.
SE.RI.A.ÇÃO, *s.f.*, ação ou efeito de seriar, colocação de objetos em ordem descrescente ou ascendente.
SE.RI.A.DO, *adj. e s.m.*, colocado em série, filme que é exibido em partes.
SE.RI.AL, *adj.*, que é feito por série, como o assassino que mata em série.
SE.RI.A.LIS.TA, *adj. 2 gên.*, relativo ao serialismo; que escreve em séries; *s. 2 gên.*, escritor de séries; Mús., músico que usa o serialismo em suas composições.
SE.RI.A.LI.ZA.ÇÃO, *s.f.*, ato ou efeito de serializar.
SE.RI.A.LI.ZA.DO, *adj.*, que foi ordenado em série; Mús., submetido a uma organização serial.
SE.RI.A.LI.ZAR, *v.t.*, dispor em série.
SE.RI.AR, *v.t.*, colocar em série, dividir em partes.
SE.RI.Á.RIO, *adj.*, relativo a série, que se faz por séries.
SE.RI.CI.CUL.TOR, *adj. e s.m.*, criador do bicho-da-seda,

SERICICULTURA — SERREAR

fabricante de fios de seda.

SE.RI.CI.CUL.TU.RA, *s.f.*, sericicultura, criação do bicho-de-seda, ato de fabricar a seda.

SE.RI.DÓ, *s.m.*, tipo especial de algodão com a felpa mais longa, produzido na Paraíba e no Rio Grande do Norte.

SÉ.RIE, *s.f.*, sequência, sucessão contínua, classe.

SE.RI.E.DA.DE, *s.f.*, comportamento, atitude, dignidade, respeito.

SE.RI.E.MA, *s.f.*, ave pernalta que vive em descampados.

SE.RI.GO.TE, *s.m., bras., RS*, peça de arreamento, espécie de lomilho.

SE.RI.GRA.FAR, *v.t.*, reproduzir por meio da serigrafia.

SE.RI.GRA.FI.A, *s.f.*, sistema de impressão de pintura em tecidos, papéis com moldes pré-fabricados.

SE.RI.GUE.LA, *s.f.*, planta arbustiva que produz um fruto pequeno e muito doce com esse nome.

SE.RIN.GA, *s.f.*, peça usada para aplicar injeções.

SE.RIN.GA.DA, *s.f.*, jato de líquido contido na seringa; seringadela.

SE.RIN.GAL, *s.m.*, plantação de seringueiras.

SE.RIN.GA.LIS.TA, *s. 2 gên.*, dono de um seringal, quem trabalha em seringal.

SE.RIN.GAR, *v.t.*, injetar (em algo ou alguém) um líquido contido em uma seringa; molhar ou borrifar com o líquido de uma seringa; fig., incomodar com conversa maçante ou inconveniente.

SE.RIN.GUEI.RA, *s.f.*, planta da Amazônia, de cujo látex se obtém a borracha.

SE.RIN.GUEI.RO, *s.m.*, pessoa que trabalha nos seringais, na extração do látex.

SÉ.RIO, *adj.*, grave, ajuizado, honesto, probo, digno, leal, correto, sisudo.

SER.MÃO, *s.m.*, prédica, discurso de padre na igreja; repreensão, advertência.

SER.MO.NÁ.RIO, *adj.*, que diz respeito a sermão ou que é próprio dele: um clérigo sermonário. *s.m.*, coleção de sermões: o sermonário de padre Antônio Vieira, autor de sermões.

SE.RÔ.DIO, *adj.*, que ocorre fora do tempo, extemporâneo, tardio, temporão.

SE.RO.SA, *s.f.*, fem. de seroso; Anat., membrana interna que segrega serosidade, revestindo as cavidades do corpo, esp. as pleuras, o pericárdio e o peritônio.

SE.RO.SI.DA.DE, *s.f.*, líquido expelido pelas cavidades serosas, lubrificando as suas paredes.

SE.RO.SO, *adj.*, próprio do soro, que tem muito soro.

SE.RO.TE.RA.PI.A, *s.f.*, soroterapia, tratamento feito à base de soro.

SE.RO.TE.RÁ.PI.CO, *adj.*, que se refere a soro.

SE.RO.TO.NI.NA, *s.f.*, substância encontrada nos tecidos e líquidos dos vertebrados e invertebrados, produzindo um efeito como o dos alucinógenos.

SER.PE, *s.f.*, serpente, cobra.

SER.PE.AN.TE, *adj. 2 gên.*, que serpeia; serpejante, serpenteante.

SER.PE.AR, *v.t. e int.*, mover-se como serpente, arrastar-se sinuosamente, serpentear.

SER.PE.JAN.TE, *adj.*, que serpeja.

SER.PE.JAR, *v.int.*, o mesmo que serpear.

SER.PE.JI.NO.SO, *adj.*, ver serpiginoso.

SER.PEN.TAN.TE, *adj.*, o mesmo que serpejante.

SER.PEN.TAR, *v.int.*, o mesmo que serpear.

SER.PEN.TÁ.RIO, *s.m.*, local para criação industrial de cobras; viveiro de cobras.

SER.PEN.TE, *s.f.*, cobra, animal da família dos ofídios; *fig.*, pessoa má, cruel.

SER.PEN.TE.A.DO, *adj.*, relativo ao movimento ou traçado, semelhante ao da serpente; *s.m.*, esse traçado.

SER.PEN.TE.AN.TE, *adj.*, que serpenteia, deslizante, serpeante.

SER.PEN.TE.AR, *v. int.*, serpear, locomover-se como serpente, andar em zigue-zague, deslizar, arrastar-se, andar em linha sinuosa.

SER.PEN.TEI.O, *s.m.*, ato ou efeito de serpentear.

SER.PEN.TI.CI.DA, *adj. e s. 2 gên.*, que ou o que mata serpentes.

SER.PEN.TÍ.FE.RO, *adj.*, *Poét.*, que gera ou contém serpentes.

SER.PEN.TI.FOR.ME, *adj.*, com forma de serpente, relativo a serpente.

SER.PEN.TI.NA, *s.f.*, tubo espiralado para destilar a cachaça ou outra bebida em alambiques; rolo de fita de papel colorido, usado para brincar no carnaval.

SER.PEN.TI.NA.DO, *adj.*, que tem forma de serpentina.

SER.PEN.TI.NO, *adj.*, que se refere a serpente.

SER.PI.GI.NO.SO, *adj.*, relativo ao mármore serpentino.

SER.RA, *s.f.*, ferramenta para cortar com lâmina dentada; conjunto de montanhas.

SER.RA.ÇÃO, *s.f.*, ação ou efeito de serrar.

SER.RA.DE.LA, *s.f.*, ver serração; corte rápido feito com serra; entalhe feito com a serra; *Bot.*, ervas leguminosas usadas como forragem e adubo verde.

SER.RA.DI.ÇO, *adj.*, diz-se da madeira que já se acha aparada e serrada para se poder pôr à venda.

SER.RA.DO, *adj.*, cortado, dividido.

SER.RA.DOR, *adj. e s.m.*, que(m) serra madeira; tipo de besouro que rói lenhos.

SER.RA.DU.RA, *s.f.*, serração, ação ou efeito de serrar.

SER.RA.GEM, *s.f.*, pó fino de madeira provocado pela serra.

SER.RA.LHA, *s.f.*, planta cujas folhas são servidas como verdura.

SER.RA.LHAR, *v.t.*, lavrar à maneira dos serralheiros; *v.int.*, fazer barulho como os serralheiros.

SER.RA.LHA.RI.A, *s.f.*, o mesmo que serralheria.

SER.RA.LHEI.RO, *s.m.*, profissional que fabrica peças de ferro.

SER.RA.LHE.RI.A, *s.f.*, serralharia, oficina de serralheiro, oficina que fabrica peças de ferro.

SER.RA.LHO, *s.m.*, harém, local em que o sultão abriga as suas mulheres.

SER.RA.NA, *s.f.*, mulher que vive em serras, planaltos, tipo de dança.

SER.RA.NI.A, *s.f.*, cordilheira, grupo de montanhas, cadeia de montanhas.

SER.RA.NI.CE, *s.f.*, modos e costumes dos serranos.

SER.RA.NI.LHA, *s.f.*, certa canção popular dos trovadores portugueses.

SER.RA.NO, *adj. e s.m.*, quem mora em serras.

SER.RÃO, *s.m.*, serra grande, serrano.

SER.RAR, *v.t. e int.*, cortar com uma serra.

SER.RA.RI.A, *s.f.*, local em que se serram madeiras, toras, produzindo tábuas.

SER.RE.A.DO, *adj.*, que se parece com serra, que tem forma de serra.

SER.RE.AR, *v.t.*, assemelhar com serra, dar forma de serra,

cortar em forma de serra.
SER.RE.TA, *s.f.*, serrilha, instrumento para domar e sofrear as cavalgaduras.
SER.RI.LHA, *s.f.*, enfeite com forma de serra dentada.
SER.RI.LHAR, *v.t. e int.*, abrir serrilhas em; puxar as rédeas do cavalo (freio nos dentes).
SER.RI.LHA.DO, *adj.*, que possui serrilha, que tem dentes de serra.
SER.RI.LHA.DOR, *adj. e s.m.*, máquina para serrilhar.
SER.RO, *s.m.*, monte alto, espinhaço de montanhas.
SER.RO.TA.DO, *adj.*, cortado com serrote; rendilhado como os dentes de um serrote.
SER.RO.TA.GEM, *s.f.*, ato ou efeito de serrotar.
SER.RO.TAR, *v.t.*, cortar com serrote.
SER.RO.TE, *s.m.*, serra pequena.
SER.TA.NE.JAR, *v.int.*, viver como sertanejo.
SER.TA.NE.JO, *adj. e s.m.*, relativo ao sertão, que vive no sertão.
SER.TA.NI.A, *s.f.*, *bras.*, os sertões.
SER.TA.NIS.MO, *s.m.*, ideias e estratégias sobre o sertão; obras literárias que exploram o mundo do sertão e suas implicações sociopolíticas.
SER.TA.NIS.TA, *s. 2 gên.*, pessoa que conhece o sertão; explorador; pessoa que conhece os índios e sua vida; bandeirante.
SER.TA.NI.ZAR, *v.int, bras., ant.*, percorrer os sertões, entrá-los.
SER.TÃO, *s.m.*, região desabitada e bem interiorana; lugar distante.
SER.VA, *s.f.*, empregada, feminino de servo.
SER.VEN.TE, *s. 2 gên.*, auxiliar, que serve; ajudante, criado, operário que ajuda o pedreiro nas construções.
SER.VEN.TI.A, *s.f.*, utilidade, uso, aplicação.
SER.VEN.TU.Á.RIO, *s.m.*, funcionário público, funcionário público da justiça.
SER.VI.ÇAL, *adj.*, servil, prestimoso, que favorece.
SER.VI.ÇA.LIS.MO, *s.m., bras.*, qualidade de quem é servical.
SER.VI.CI.AL, *adj. e s. 2 gên.*, o mesmo que serviçal.
SER.VI.ÇO, *s.m.*, ofício, trabalho, ocupação, empenho, favor, tarefa.
SER.VI.DÃO, *s.f.*, estado de servo, escravidão, dependência econômica.
SER.VI.DI.ÇO, *adj.*, usado, que serviu já muitas vezes, cediço, gasto.
SER.VI.DO, *adj.*, atendido, usado, fornecido.
SER.VI.DOR, *adj.*, servente, auxiliar, que socorre, servo; *s.m.*, quem serve, empregado pelo serviço público, funcionário.
SER.VIL, *adj.*, serviçal, bajulador, submisso, fig., desprezível, vil.
SER.VI.LI.DA.DE, *s.f.*, servilismo, adulação, bajulação.
SER.VI.LIS.MO, *s.m.*, subserviência, submissão servil, bajulação.
SER.VI.MEN.TO, *s.m.*, ação ou efeito de servir; serviço.
SÉR.VIO, *adj. e s.m.*, referente, natural, habitante da Sérvia.
SER.VIR, *v.t. e int.*, prestar serviço a, auxiliar, trabalhar para, desempenhar tarefas, ministrar, oferecer, ser útil, ser prestativo, ajustar-se.
SER.VÍ.VEL, *adj.*, que pode servir, usável.
SER.VO, *s.m.*, doméstico, empregado, criado, escravo.
SÉ.SA.MO, *s.m.*, gergelim.
SE.SA.MÓI.DEO, *adj.*, semelhante à semente do sésamo; *adj. e s.m., Anat.*, diz-se de, ou a cartilagem arredondada que se desenvolve junto a uma articulação ou a uma proeminência óssea.
SES.MA, *s.f.*, sexta parte de um todo.
SES.MAR, *v.t.*, dividir em sesmarias.
SES.MA.RI.A, *s.f.*, grande extensão de terras que os reis de Portugal doavam a quem quisesse vir ao Brasil para colonizar a propriedade.
SES.MEI.RO, *s.m., Hist.*, magistrado português que dividia e distribuía as sesmarias; aquele a quem era doada uma sesmaria.
SES.QUI.CEN.TE.NÁ.RIO, *s.m.*, celebração de cento e cinquenta anos de uma existência.
SES.QUI.PE.DAL, *adj. 2 gên.*, que tem um pé e meio de comprimento; p.ext., descomunal; enorme; imenso.
SES.SÃO, *s.f.*, encontro de pessoas, reunião, assembleia, duração de uma atividade cultural.
SES.SEN.TA, *num.*, cardinal de 60.
SES.SEN.TÃO, *s.m.*, sexagenário, indivíduo com sessenta anos.
SES.SEN.TIS.TA, *adj. 2 gên.*, relativo aos anos de 1960.
SÉS.SIL, *adj.*, referente a órgão alojado na parte essencial de um ser vivo.
SES.SO, *s.m., pop.*, par de nádegas; assento; traseiro.
SES.TA, *s.f.*, soneca, descanso após o almoço com uma soneca.
SES.TE.AR, *v.t. e int.*, dormir a sesta.
SES.TÉR.CIO, *s.m., ant.*, moeda de cobre, entre os romanos.
SES.TRO, *adj.*, que está à esquerda; *fig.*, que é agourento; sinistro; *s.m.*, vício, cacoete, vezo, defeito.
SES.TRO.SO, *adj.*, manhoso, ardiloso, vicioso, com muitas manhas.
SE.TA, *s.f.*, flecha; placa indicativa de direção para algum local determinado.
SE.TA.DA, *s.f.*, pancada com seta, ferimento com seta.
SE.TE, *num.*, cardinal 7.
SE.TE.AL, *s.m., lus.*, lugar em que há sebes.
SE.TE.AR, *v.t.*, flechar, ferir com seta.
SE.TE.CEN.TIS.MO, *s.m.*, estilo, ideias e filosofia dos setecentistas; estilo de época, Arcadismo, Neoclassicismo; no Brasil é denominado de Escola Mineira.
SE.TE.CEN.TIS.TA, *adj. s. 2 gên.*, árcade, neoclássico, adepto do Setecentismo.
SE.TE.CEN.TOS, *num.*, cardinal 700.
SE.TEI.RA, *s.f.*, pequena abertura nas muralhas, nas portas e janelas para atirar setas; fresta em alguma parede para deixar a luz penetrar.
SE.TEI.RO, *adj. e s.m.*, que(m) atira setas, seteador.
SE.TEM.BRO, *s.m.*, o nono mês do ano.
SE.TE.MÊS, *adj., s. 2 gên.*, setemesinho, criança que nasce de sete meses.
SE.TE.NÁ.RIO, *adj.*, que tem sete partes; *s.m.*, espaço de tempo com sete dias ou sete anos.
SE.TÊ.NIO, *s.m.*, espaço de tempo com sete anos.
SE.TEN.TA, *num.*, cardinal 70.
SE.TEN.TÃO, *s.m.*, septuagenário, pessoa com setenta anos.
SE.TEN.TRI.ÃO, *s.m.*, Polo Norte, a parte norte do Planeta.
SE.TEN.TRI.O.NAL, *adj.*, próprio do norte, boreal, nórdico.
SE.TI.AL, *s.m.*, assento ornamentado que se põe nas igrejas; escabelo, assento.
SE.TI.FOR.ME, *adj. 2 gên.*, que é semelhante a seta ou tem aspecto de cerda.
SE.TI.LHA, *s.f.*, estrofe de sete versos, redondilha maior.

SÉTIMA ·· 754 ·· SIBARITA

SÉ.TI.MA, *s.f.,* intervalo musical em uma escala.
SÉ.TI.MO, *num.,* ordinal de sete.
SE.TIN.GEN.TÉ.SI.MO, *num.,* ordinal e fracionário de setecentos.
SE.TIS.SE.CU.LAR, *adj.,* que tem sete séculos.
SE.TIS.SÍ.LA.BO, *adj. e s.m.,* palavra ou verso com sete sílabas.
SE.TOR, *s.m.,* secção, divisão, repartição, área, circunscrição.
SE.TO.RI.AL, *adj. 2 gên.,* relativo a setor.
SE.TO.RI.ZA.ÇÃO, *s.f.,* seccionação, divisão, segmentação.
SE.TO.RI.ZA.DO, *adj.,* seccionado, dividido, segmentado.
SE.TO.RI.ZAR, *v.t.,* dividir em setores, seccionar.
SE.TU.A.GE.NÁ.RIO, *adj. e s.m.,* pessoa com setenta anos; septuagenário.
SE.TU.A.GÉ.SI.MA, *s.f.,* terceiro domingo, vindo antes do primeiro da Quaresma.
SE.TU.A.GÉ.SI.MO, *num.,* ordinal e fracionário do cardinal setenta.
SE.TU.PLI.CAR, *v.t., int. e pron.,* multiplicar por sete.
SÉ.TU.PLO, *num.,* multiplicado por sete, sete vezes maior.
SEU, SEUS, *pron. possessivo* da terceira pessoa, indicando posse; o que compete a alguém.
SEU-VI.ZI.NHO, *s.m.,* o dedo anular.
SE.VAN.DI.JA, *s.f.,* nome comum a todos os vermes imundos; *fig.,* quem vive às custas de outras pessoas.
SE.VE.RI.DA.DE, *s.f.,* rigor, gravidade, seriedade, aspereza.
SE.VE.RO, *adj.,* rigoroso, grave, sério, áspero.
SE.VÍ.CIA, *s.f.,* (mais us. no *pl.*) maus-tratos; ver sevícias.
SE.VI.CI.A.DO, *adj.,* que sofreu sevícias; torturado, maltratado.
SE.VI.CI.A.DOR, *adj. s.m.,* que ou aquele que sevicia, que ou aquele que fez ou faz sevícias.
SE.VI.CI.AR, *v.t.,* maltratar, ofender fisicamente.
SE.VÍ.CIAS, *s.f., pl.,* maus-tratos, crueldade física.
SE.XA.GE.NÁ.RIO, *adj. e s.m.,* pessoa com sessenta anos; sessentão.
SE.XA.GE.SI.MAL, *adj. 2 gên.,* relativo a sessenta; Mat., diz-se de fração cujo denominador é potência de sessenta; diz-se da divisão da circunferência em 360°.
SE.XA.GÉ.SI.MO, *num.,* ordinal e fracionário de sessenta.
SE.XAN.GU.LAR, *adj. e s. 2 gên.,* figura com seis ângulos.
SEX.CEN.TÉ.SI.MO, *num.,* ordinal e fracionário de seiscentos.
SEX.DI.GI.TAL, *adj. 2 gên.,* diz-se da mão ou do pé que tem seis dedos.
SEX.DI.GI.TÁ.RIO, *adj. e s.m.,* diz-se do, ou o indivíduo que tem mão ou pé com seis dedos.
SE.XE.NAL, *adj.,* que se refere a algo que se realiza de seis em seis anos.
SE.XÊ.NIO, *s.m.,* espaço temporal de seis anos.
SÉ.XI, *adj., pop.,* pessoa que atrai sexualmente.
SE.XO, *s.m.,* grupo de características físicas e psíquicas que diferenciam os machos das fêmeas; órgãos genitais, genitália, sexualidade, sensualidade.
SE.XO.FO.BI.A, *s.f.,* temor ou aversão ao sexo ou a relações sexuais.
SE.XO.FÓ.BI.CO, *adj.,* Psiq., relativo a sexofobia; diz-se de quem sofre de sexofobia; sexófobo; *s.m.,* Psiq., esse indivíduo; sexófobo.
SE.XÓ.FO.BO, *adj. e s.m.,* o mesmo que sexofóbico.
SE.XO.LO.GI.A, *s.f.,* estudo do sexo em suas relações.
SE.XO.LÓ.GI.CO, *adj.,* relativo a sexologia.
SE.XO.LO.GIS.TA, *s. 2 gên.,* especialista em sexo, sexólogo.
SE.XÓ.LO.GO, *s.m.,* sexologista, especialista em sexo.

SE.XO.MA.NI.A, *s.f.,* Psiq., distúrbio psíquico em que o indivíduo se torna obsessivo por sexo.
SE.XO.MA.NÍ.A.CO, *adj. e s.m.,* diz-se de ou aquele que tem obsessão por sexo ou por relações sexuais.
SEX SYMBOL, *loc. subst., ing.,* pessoa que simboliza o ideal da beleza física, despertando admiração e desejo.
SEX.TA, *s.f.,* forma reduzida de sexta-feira.
SEX.TA-FEI.RA, *s.f.,* o sexto dia da semana.
SEX.TA.NIS.TA, *s. 2 gên.,* estudante do sexto ano de qualquer curso.
SEX.TAN.TE, *s.m.,* sexta parte de um círculo, instrumento antigo para os viajantes se guiarem.
SEX.TA.VA.DO, *adj.,* que possui seis faces.
SEX.TA.VAR, *v.t.,* dar a forma com seis faces.
SEX.TE.TO, *s.m.,* composição musical para seis vozes ou seis músicos.
SEX.TI.LHA, *s.f.,* estrofe poética de seis versos.
SEX.TI.LHÃO, *num.,* 1.000 quintilhões, representado por ser seguido de 21 zeros ou 1021.
SEX.TO, *num.,* ordinal e fracionário de seis.
SEX.TU.PLI.CA.DO, *adj.,* que foi multiplicado por seis.
SEX.TU.PLI.CAR, *v.t. e int.,* fazer seis vezes maior.
SÊX.TU.PLO, *num.,* multiplicado por seis, seis vezes maior.
SE.XU.A.DO, *adj.,* que possui sexo.
SE.XU.AL, *adj.,* que se refere a sexo.
SE.XU.A.LI.DA.DE, *s.f.,* o conjunto das funções físicas e psíquicas do sexo.
SE.XU.A.LIS.MO, *s.m.,* conjunto de ideias quanto ao sexo, domínio do sexo.
SE.XU.A.LIS.TA, *adj.,* relativo ao sexualismo.
SE.XU.A.LI.ZA.ÇÃO, *s.f.,* ato ou efeito de sexualizar(-se), de dar aspecto sexual.
SEXY, *adj. 2 gên., 2 n.,* que é atraente ou excitante sexualmente, sensual; erótico.
SE.ZÃO, *s.f.,* febre constante ou intermitente; malária.
SE.ZO.NÁ.TI.CO, *adj.,* que se refere ao sezão, maleitoso.
SE.ZO.NIS.MO, *s.m.,* paludismo, malária.
SHA.KES.PEA.RI.A.NO, *adj.,* relativo a William Shakespeare (1564-1616) ou às suas obras, estilo e teatro; que admira a obra de Shakespeare; *s.m.,* o admirador ou conhecedor da obra de Shakespeare.
SHA.RI.A, *s.f.,* lei islâmica, baseada na religião maometana.
SHOPPING CENTER, *s.m., ing.,* centro comercial, empreendimento que abriga lojas e serviços de vários tipos.
SHORT, *s.m., ing.,* calção, bermuda.
SHOW, *s.m., ing.,* espetáculo, apresentação, demonstração artística.
SI, *s.m.,* sétima nota musical; *pron.* pessoal tônico da terceira pessoa.
SI.Á, *s.f., bras.,* sinhá (senhora).
SI.A.LA.GO.GO, *s.m.,* medicamento que provoca a salivação.
SI.A.LIS.MO, *s.m.,* salivação abundante.
SI.A.LO.MA.NI.A, *s.f.,* Psiq., hábito de provocar a salivação e cuspir constantemente.
SI.A.LO.MA.NÍ.A.CO, *adj. e s.m.,* relativo a ou aquele que tem sialomania.
SI.A.MÊS, *adj. e s.m.,* próprio de Sião, Tailândia; uma raça de gato.
SI.BA.RIS.MO, *s.m.,* sibaritismo.
SI.BA.RI.TA, *adj. e s. 2 gên.,* que se entrega aos prazeres da vida, quem busca todos os prazeres.

SI.BA.RÍ.TI.CO, *adj.*, relativo ao sibarita; que tem os costumes dos sibaritas.
SI.BA.RI.TIS.MO, *s.m.*, estado de sibarita; vida de sibarita.
SI.BE.RI.A.NO, *adj., s.m.*, próprio da Sibéria ou seu habitante.
SI.BI.LA, *s.f.*, entre os povos antigos, era uma profetisa, uma previdente; bruxa, feiticeira.
SI.BI.LA.ÇÃO, *s.f.*, ação ou efeito de sibilar, assobio, assovio.
SI.BI.LA.DO, *adj.*, assoviado, assobiado.
SI.BI.LA.MEN.TO, *s.m.*, o mesmo que sibilação.
SI.BI.LAN.TE, *adj. 2 gén. e s.f.*, que sibila, consoantes como s e z.
SI.BI.LAR, *v.t. e int.*, assobiar, assobiar como as cobras.
SI.BI.LI.NO, *adj.*, próprio da sibila, enigmático, malicioso.
SI.BI.LIS.MO, *s.m.*, crença nos vaticínios das sibilas.
SI.BI.LÍS.TI.CO, *adj.*, o mesmo que sibilino.
SI.BI.LO, *s.m.*, assobio, trinado, silvo.
SI.BI.LO.SO, *adj.*, malicioso, enigmático, secreto, sestroso.
SI.BI.PI.RU.NA, *s.f.*, Bot., árvore do RJ, leguminosa cesalpinácea (*Caesalpinia peltophoroides*), de flores amarelas, muito cultivada em jardins.
SI.BI.TAR, *v.int.*, Náut., sibilar, zunir.
SIC, *adv.*, lat., assim mesmo; indica reprodução exata do assinalado.
SI.CÁ.RIO, *s.m.*, criminoso, bandido, tipo contratado para assassinar alguém.
SI.CI.LI.A.NO, *adj. e s.m.*, natural, habitante da Sicília, ilha italiana.
SI.CÓ.FA.GO, *adj. e s.m.*, que(m) se alimenta de figos, comedor de figos.
SI.CÔ.MO.RO, *s.m.*, árvore de grandes dimensões e usada como ornamento.
SI.CO.SE, *s.f.*, doença que se caracteriza pela erupção de pústulas pequenas.
SI.CÓ.TI.CO, *adj.*, que se refere a sicose.
SI.CRA.NO, *s.m.*, a segunda pessoa nas referências sem citar nome.
SIDA, *s.f.*, abreviação da expressão Síndrome da Imunodeficiência Adquirida; geralmente indicativa de AIDS.
SI.DÁ.TI.CO, *adj. e s.m.*, lus., o mesmo que aidético.
SI.DE.RA.ÇÃO, *s.f.*, fulminação, influência de um astro sobre a vida de alguém.
SI.DE.RA.DO, *adj.*, fulminado, aniquilado.
SI.DE.RAL, *adj.*, próprio dos astros, astral.
SI.DE.RAN.TE, *adj.*, que sidera; fulminante; Astrol., diz-se do astro que influi no destino de alguém.
SI.DE.RAR, *v.t.*, fulminar, exterminar, espantar, acordar, apatetar.
SI.DE.REO, *adj.*, Poét., relativo aos astros ou ao céu; etéreo; celeste; sideral.
SI.DÉ.RI.CO, *adj.*, relativo ao ferro; férreo.
SI.DE.RÍ.DEO, *adj.*, que se parece com o ferro.
SI.DE.RIS.MO, *s.m.*, siderolatria, adoração dos astros.
SI.DE.RI.TO, *s.m.*, aerólito que contém mais de 90% de minério de ferro.
SI.DE.RÓ.FO.RO, *adj.*, que contém ferro.
SI.DE.ROS.CO.PIA, *s.f.*, emprego de sideroscópio.
SI.DE.ROS.CÓ.PI.CO, *adj.*, que diz respeito a sideroscopia.
SI.DE.ROS.CÓ.PIO, *s.m.*, Fís., aparelho que observa as propriedades magnéticas dos corpos; Med., ímã que acusa a presença de corpo estranho metálico no olho.
SI.DE.RO.SE, *s.f.*, Med., cor semelhante a ferrugem, que aparece no corpo; Med., infiltração de ferro nos pulmões; excesso de ferro no sangue.
SI.DE.RÓS.TA.TO, *s.m.*, aparelho destinado a anular (para o observador) o deslocamento dos astros causado pelo movimento de rotação da Terra.
SI.DE.RO.TEC.NI.A, *s.f.*, a arte de trabalhar no ferro; arte de tratar os minérios de ferro para lhes extrair este metal; siderurgia.
SI.DE.RO.TÉC.NI.CO, *adj.*, relativo a siderotecnia.
SI.DE.RUR.GI.A, *s.f.*, indústria que transforma minério em ferro; metalurgia.
SI.DE.RÚR.GI.CA, *s.f.*, unidade fabril que trabalha com minério, transformando-o em aço.
SI.DE.RÚR.GI.CO, *adj.*, referente a siderurgia, próprio da siderurgia.
SI.DRA, *s.f.*, bebida adocicada, preparada com suco de frutas.
SI.FÃO, *s.m.*, cano duplo e recurvado, usado na saída de esgotos caseiros para que o cheiro não volte.
SI.FI.LI.CÔ.MIO, *s.m.*, hospital preparado especialmente para tratamento da sífilis.
SI.FI.LI.GRA.FI.A, *s.f.*, tratado ou descrição da sífilis.
SI.FI.LI.GRÁ.FI.CO, *adj.*, relativo à sifiligrafia.
SI.FI.LI.GRA.FIS.TA, *s. 2 gén.*, especialista em sifiligrafia.
SÍ.FI.LIS, *s.f.*, doença contagiosa adquirida nas relações sexuais.
SI.FI.LÍ.TI.CO, *adj.*, relativo a sífilis.
SI.FI.LI.ZA.ÇÃO, *s.f.*, ação ou efeito de transmitir a sífilis.
SI.FI.LI.ZA.DO, *adj.*, que adquiriu a sífilis.
SI.FI.LI.ZAR, *v.t. e pron.*, adquirir a sífilis, transmitir a sífilis.
SI.FI.LO.GRA.FI.A, *s.m.*, sifiligrafia.
SI.FI.LO.MA, *s.m.*, Med., tumor decorrente da sífilis.
SI.FOI.DE, *adj.*, com forma de sifão, sifonoide.
SI.FO.NA.DO, *adj.*, provido de sifão.
SI.FO.NA.GEM, *s.f.*, ato ou efeito do sifão nos aparelhos higiênicos, em aquários, etc.
SI.FO.NOI.DE, *adj.*, sifoide.
SI.GI.LA.ÇÃO, *s.f.*, ação ou efeito de sigilar; desus., marca; sinal.
SI.GI.LAR, *v.t.*, transmitir em sigilo, contar em segredo; *adj.*, que se refere a sigilo.
SI.GI.LO, *s.m.*, segredo, segredo total.
SI.GI.LO.SO, *adj.*, secreto, que tem segredo.
SI.GLA, *s.f.*, tipo de abreviatura formada pelas letras iniciais; representação abreviada de um nome.
SI.GLA.DO, *adj.*, que se siglou, provido de sigla.
SI.GLO.MA.NI.A, *s.f.*, exagero no uso de siglas.
SI.GLO.MA.NÍ.A.CO, *adj.*, que tem mania por siglas, que usa muito siglas.
SIG.MA, *s.f.*, a décima oitava letra do á-bê-cê grego.
SIG.MÁ.TI.CO, *adj.*, que se refere à letra S.
SIG.MA.TIS.MO, *s.m.*, uso exagerado e errado do s, repetição constante e errada do s.
SIG.NA.TÁ.RIO, *s.m.*, quem assina um documento.
SIG.NI.FI.CA.ÇÃO, *s.f.*, conteúdo, significado, acepção.
SIG.NI.FI.CA.DO, *s.m.*, significação, sentido, conteúdo.
SIG.NI.FI.CA.DOR, *adj. e s.m.*, que(m) significa.
SIG.NI.FI.CÂN.CIA, *s.f.*, sentido, significado.
SIG.NI.FI.CAN.TE, *adj.*, significativo.
SIG.NI.FI.CAR, *v.t.*, exprimir, ter o conteúdo de, traduzir o sentido, designar.
SIG.NI.FI.CA.TI.VO, *adj.*, que tem sentido, conteúdo; significante.

SIG.NO, *s.m.*, sinal, símbolo, significado; o que traduz um sentido.

SIG.NO.GRÁ.FI.CO, *adj.*, diz-se do conjunto de sinais impressos.

SÍ.LA.BA, *s.f.*, grupo de fonemas pronunciado numa única emissão da voz.

SI.LA.BA.ÇÃO, *s.f.*, ação ou efeito de silabar, sistema de aprendizagem pelo qual se aprende a ler silabando as palavras.

SI.LA.BA.DA, *s.f.*, erro na pronúncia da palavra que consiste especialmente em deslocar o acento da sílaba tônica para outra sílaba.

SI.LA.BAR, *v.t. e int.*, pronunciar por sílabas.

SI.LA.BÁ.RIO, *s.m.*, conjunto de sinais que formam uma escrita silábica; lista ou disposição das sílabas em forma de caracteres usadas no alfabeto.

SI.LÁ.BI.CO, *adj.*, relativo a sílaba.

SI.LA.BIS.MO, *s.m.*, sistema gráfico em que cada letra é representada por um sinal.

SÍ.LA.BO, *s.m.*, lista que enumera os erros teológicos condenados pelo papa.

SI.LA.GEM, *s.f.*, colocação de produtos em silos, armazenagem.

SI.LEN.CI.A.DO, *adj.*, calado, amortecido, apagado.

SI.LEN.CI.A.DOR, *s.m.*, peça colocada na boca da arma para diminuir-lhe o ruído.

SI.LEN.CI.A.MEN.TO, *s.m.*, ato ou efeito de silenciar.

SI.LEN.CI.AR, *v.t. e int.*, mandar calar-se, fazer ficar sem falar; amortecer ruídos.

SI.LÊN.CIO, *s.m.*, total falta de ruídos, sossego, paz, tranquilidade.

SI.LEN.CI.O.SO, *adj.*, cheio de silêncio, silente, calado, sem nenhum ruído.

SI.LEN.TE, *adj.*, silencioso, calado, recolhido.

SI.LEP.SE, *s.f.*, construção gramatical que faz a concordância com o sentido, não de acordo com as normas gramaticais.

SI.LÉP.TI.CO, *adj.*, que se refere a silepse.

SÍ.LEX, *s.m.*, mistura malfeita de dois tipos de sílica.

SÍL.FI.DE, *s.f.*, mulher esbelta e fina; mulher escultural e de maneiras polidas.

SI.LHA, *s.f.*, local em que se firma a colmeia, série de colmeias.

SI.LHAL, *s.m.*, lugar em que há silhas ou colmeias.

SI.LHAR, *s.m.*, pedra talhada em quadrado para construções ou revestimento.

SI.LHU.E.TA, *s.f.*, talhe, feitio, desenho dos contornos de uma figura.

SI.LÍ.CA, *s.f.*, minério de silício encontrável em diversos minerais.

SI.LI.CA.TO, *s.m.*, substâncias minerais compostas de sílica, óxidos metálicos e água.

SÍ.LI.CE, *s.m.*, sílex.

SI.LI.CÍ.CO.LA, *s. 2 gên.*, seres que vivem em terrenos com sílica.

SI.LÍ.CIO, *s.m.*, elemento não metálico, de número atômico 14.

SI.LI.CI.O.SO, *adj.*, que contém silício.

SI.LI.CO.NE, *s.m.*, material plástico facilmente amoldável.

SI.LO, *s.m.*, construção para depositar cereais ou outros produtos.

SI.LO.GEU, *s.m.*, *bras.*, lugar em que se reúnem associações literárias ou científicas.

SI.LO.GIS.MO, *s.m.*, forma filosófica de argumentar, com as premissas e a conclusão; lógica.

SI.LO.GÍS.TI.CO, *adj.*, que se refere a silogismo.

SI.LO.GI.ZAR, *v. int.*, usar silogismos.

SI.LU.E.TA, *s.f.*, silhueta.

SI.LU.RI.A.NO, *adj.*, Geol., diz-se do mais antigo dos terrenos paleozoicos, formado em geral por xistos cristalinos, por quartzitos, por calcários, etc.; *s.m.*, o sistema siluriano.

SIL.VA, *s.f.*, nome comum de diversas plantas espinhosas de nossa mata.

SIL.VA.DO, *s.m.*, silvedo, bosque de silvas, extensão de terras coberta por silvas.

SIL.VAR, *v.t. e int.*, assobiar, emitir silvos.

SIL.VE.DO, *s.m.*, o mesmo que silvado.

SIL.VEI.RA, *s.f.*, bosque de silvas, silva, silvedo, silvado.

SIL.VEI.RAL, *s.m.*, relativo a silveira.

SIL.VEI.RO, *adj.*, diz-se do touro de cabeça escura com pequenas manchas brancas.

SIL.VES.TRE, *adj.*, que se desenvolve na selva, selvagem.

SIL.VÍ.CO.LA, *s. 2 gên.*, habitante das selvas, selvagem.

SIL.VI.CUL.TOR, *s.m.*, quem se dedica à silvicultura.

SIL.VI.CUL.TU.RA, *s.f.*, ciência que estuda o manejo das florestas; cultura de espécies florestais.

SIL.VO, *s.m.*, assobio de cobra, assobio.

SIL.VO.SO, *adj.*, cheio de silvas, travado com silvas.

SIM, *adv.*, exprime assentimento, consentimento.

SIM.BI.ON.TE, *adj. 2 gên.* e *s.m.*, Ecol., diz-se de, ou o organismo que vive em simbiose.

SIM.BI.ÔN.TI.CO, *adj.*, que diz respeito a simbiose; simbiótico.

SIM.BI.Ó.TI.CO, *adj.*, que se refere a simbiose; diz-se de organismo que vive em simbiose.

SIM.BI.O.SE, *s.f.*, convivência associativa de dois seres vivos; *fig.*, associação.

SIM.BÓ.LI.CA, *s.f.*, simbologia, estudo dos símbolos.

SIM.BÓ.LI.CO, *adj.*, próprio do Simbolismo, referente a símbolos, alegórico, figurado, conotativo.

SIM.BO.LIS.MO, *s.m.*, movimento literário que se caracteriza pelo uso de símbolos para traduzir as mensagens, com forte musicalidade e espiritualidade; tudo que se expressa por meio de símbolos; o grande simbolista brasileiro é Cruz e Souza, catarinense.

SIM.BO.LIS.TA, *s. 2 gên.*, pessoa afeiçoada ao Simbolismo, adepto do Simbolismo.

SIM.BO.LÍS.TI.CO, *adj.*, que se refere a símbolos.

SIM.BO.LI.ZA.ÇÃO, *s.f.*, ação ou efeito de simbolizar, conotações, figurações, semântica.

SIM.BO.LI.ZA.DO, *adj.*, figurado, semântico, conotado.

SIM.BO.LI.ZA.DOR, *adj. e s.m.*, conotador, semântico, figurador.

SIM.BO.LI.ZAR, *v.t. e int.*, exprimir, traduzir por símbolo, usar conotações, figuras.

SÍM.BO.LO, *s.m.*, figura, signo, emblema, objeto que representa algo.

SIM.BO.LO.GI.A, *s.f.*, estudo dos símbolos, seu uso e significado.

SIM.BO.LÓ.GI.CO, *adj.*, relativo a simbologia.

SI.ME.TRI.A, *s.f.*, harmonia; traços e linhas que se harmonizam entre si.

SI.MÉ.TRI.CO, *adj.*, harmonioso, que possui simetria.

SI.MI.ES.CO, *adj.*, próprio dos símios, relativo aos macacos.

SÍ.MIL, *adj.*, semelhante, similar.

SI.MI.LAR, *adj.*, semelhante, tal, símile.

SI.MI.LA.RI.DA.DE, s.f., semelhança, similitude.
SÍ.MI.LE, adj., semelhante, análogo, similar.
SI.MI.LI.DÃO, s.f., ant., similaridade, semelhança.
SI.MI.LI.TU.DE, s.f., similaridade, semelhança.
SÍ.MIO, s.m., macaco.
SI.MO.NI.A, s.f., comércio de valores sagrados, espirituais, venda de dons divinos.
SIM.PA.TI.A, s.f., fascínio mútuo, tendência entre duas pessoas de uma gostar da outra, afinidade; uso de chás, bênçãos para obter curas.
SIM.PA.TI.CIS.MO, s.m., Med., nevralgia do simpático.
SIM.PÁ.TI.CO, adj., agradável, atraente, afim, fascinante.
SIM.PA.TIS.MO, s.m., o mesmo que simpatia.
SIM.PA.TI.ZAN.TE, adj., afeiçoado, partidário, amigo.
SIM.PA.TI.ZAR, v.t., ser afim de, gostar de, sentir-se fascinado.
SIM.PLES, adj., mero, comum, regular, normal, único, ingênuo, inocente, humilde.
SIM.PLE.ZA, s.f., simplicidade, naturalidade, inocência.
SIM.PLI.CI.DA.DE, s.f., espontaneidade, humildade, ingenuidade, franqueza.
SIM.PLI.FI.CA.ÇÃO, s.f., ação ou efeito de simplificar, facilitação, racionalização.
SIM.PLI.FI.CA.DO, adj., facilitado, racionalizado.
SIM.PLI.FI.CA.DOR, adj. e s.m., facilitador, racionalizador.
SIM.PLI.FI.CAR, v.t., facilitar, racionalizar, fazer com que fique mais fácil.
SIM.PLIS.MO, s.m., ingenuidade, humildade, total falta de malícia.
SIM.PLIS.TA, adj. e s. 2 gên., ingênuo, quem reduz tudo a pouca coisa.
SIM.PLÓ.RIO, adj., ingênuo, inocente, sem malícia, tolo, idiota.
SIM.PÓ.SIO, s.m., reunião para tratar de assuntos específicos, seminário.
SI.MU.LA.ÇÃO, s.f., dissimulação, disfarce.
SI.MU.LA.CRO, s.m., disfarce, simulação, aparência.
SI.MU.LA.DO, adj., aparentado, disfarçado, aparente.
SI.MU.LA.DOR, adj. e s.m., que(m) simula, aparelho para construir uma realidade fictícia, dissimulador, falso, enganador.
SI.MU.LA.MEN.TO, s.m., o mesmo que simulação.
SI.MU.LAR, v.t. e pron., disfarçar, aparentar, fazer crer.
SI.MU.LA.TÓ.RIO, adj., em que se percebe simulação, que simula.
SI.MUL.TA.NEI.DA.DE, s.f., concomitância, o que ocorre ao mesmo tempo.
SI.MUL.TÂ.NEO, adj., concomitante, contemporâneo.
SI.NA, s.f., destino, vida, sorte, fatalismo.
SI.NA.GO.GA, s.f., templo de oração que reúne os hebreus.
SI.NAL, s.m., signo, símbolo, vestígio, marca, prova; pagamento antecipado para confirmar um negócio; prognóstico, presságio.
SI.NAL DA CRUZ, s.m., persignação, fazer o sinal da cruz na testa, no peito e nos ombros com a mão direita; benzimento.
SI.NA.LAR, v.t., bit. e pron., assinalar, destacar, enfocar.
SI.NA.LE.FA, s.f., fusão da vogal ou consoante do final de uma palavra com a inicial da palavra seguinte.
SI.NA.LEI.RA, s.f., semáforo, sinal para orientar o trânsito.
SI.NA.LEI.RO, s.m., farol; quem dá os sinais nas linhas férreas; semáforo.
SI.NA.LI.ZA.ÇÃO, s.f., conjunto de sinais de tráfego, ato de sinalizar.
SI.NA.LI.ZA.DO, adj., marcado, piquetado, destacado.
SI.NA.LI.ZAR, v.t. e int., colocar sinais de trânsito, pôr sinalização.
SI.NA.PIS.MO, s.m., cataplasma feito com mostarda.
SIN.CE.RI.DA.DE, s.f., condição de quem é sincero, franqueza, autenticidade, verdade.
SIN.CE.RO, adj., fidedigno, franco, autêntico, exato, verdadeiro.
SÍN.CLI.SE, s.f., mesóclise, uso do pronome pessoal átono entre os futuros do presente ou do passado.
SIN.CLÍ.TI.CA, s.f., palavra que se ajunta com outra, perdendo o acento próprio.
SIN.CLÍ.TI.CO, adj., Gram., diz-se do pronome que se intercala num verbo ex.: mandar-se-á.
SIN.CLI.TIS.MO, s.m., as várias regras que regem a colocação dos pronomes átonos na oração.
SIN.CO.PA.DO, adj., que se sincopou; Gram., diz-se de vocábulo em que ocorreu síncope; Mús., em que há síncopes; fortemente marcado.
SIN.CO.PAR, v.t. e int., cortar letra ou sílaba no meio da palavra.
SÍN.CO.PE, s.m., queda de letra ou sílaba no meio de uma palavra; queda das atividades físicas de uma pessoa; desmaio.
SIN.CRÉ.TI.CO, adj., eclético, que se refere ao sincretismo.
SIN.CRE.TIS.MO, s.m., fusão de elementos culturais provindos de várias origens, produzindo elementos de conteúdo diversificado; junção de várias crenças e doutrinas, formando concepções heterogêneas.
SIN.CRE.TIS.TA, s. 2 gên., adepto do sincretismo, seguidor do sincretismo.
SIN.CRE.TÍS.TI.CO, adj., Fil., Rel., relativo ou inerente a sincretismo e a sincretista.
SÍN.CRI.SE, s.f., antítese, oposição, contrariedade, junção de duas vogais em um ditongo.
SIN.CRÍ.TI.CO, adj., relativo a síncrise; sincrético; Med., o mesmo que adstringente.
SIN.CRO.NI.A, s.f., conjunto de fatos, atos que ocorrem ao mesmo tempo, ações simultâneas.
SIN.CRÔ.NI.CO, adj., simultâneo, que ocorre ao mesmo tempo, síncrono.
SIN.CRO.NIS.MO, s.m., ajuste total, simultaneidade.
SIN.CRO.NI.ZA.ÇÃO, s.f., acerto, ajuste, simultaneidade.
SIN.CRO.NI.ZA.DO, adj., ajustado, acertado, posto na mesma posição.
SIN.CRO.NI.ZA.DOR, adj., Mec., diz-se daquele que sincroniza; s.m., Mec., aquilo ou aquele que sincroniza; Fot., dispositivo que sincroniza o flash e a abertura do obturador; regulador para um sistema de relógios.
SIN.CRO.NI.ZAR, v.t., acertar, ajustar, colocar na mesma posição.
SÍN.CRO.NO, adj., sincrônico.
SIN.DÉ.RE.SE, s.f., qualidade natural de uma pessoa, de julgar com justiça, discrição.
SIN.DES.MO.GRA.FI.A, s.f., enfoque dos ligamentos, estudo das ligações.
SIN.DES.MO.GRÁ.FI.CO, adj., relativo a sindesmografia.
SIN.DES.MO.LO.GI.A, s.f., Anat., estudo dos ligamentos e articulações.
SIN.DES.MO.LÓ.GI.CO, adj., Anat., relativo a ou pertencente à sindesmologia.
SIN.DES.MO.SE, s.f., ligação dos ossos por ligamentos, junção dos ossos.
SIN.DÉ.TI.CA, s.f., na análise lógica, é a oração iniciada por uma conjunção coordenativa.

SIN.DÉ.TI.CO, *adj.*, termo de ligação, conectivo, que está ligado.

SIN.DI.CA.ÇÃO, *s.f.*, ato ou efeito de sindicar; sindicância; informação judicial.

SIN.DI.CAL, *adj.*, próprio do sindicato, referente a sindicato.

SIN.DI.CA.LIS.MO, *s.m.*, ideologia social que busca unir os trabalhadores em sindicatos.

SIN.DI.CA.LIS.TA, *s. 2 gên.*, quem participa de um sindicato; dirigente sindical.

SIN.DI.CA.LI.ZA.ÇÃO, *s.f.*, ação ou efeito de sindicalizar, agrupamento com sindicato.

SIN.DI.CA.LI.ZA.DO, *adj.*, associado a um sindicato, ligado a sindicatos.

SIN.DI.CA.LI.ZAR, *v.t. e pron.*, agrupar em sindicato, organizar em sindicato.

SIN.DI.CA.LI.ZÁ.VEL, *adj.*, que deve ou pode sindicalizar-se.

SIN.DI.CÂN.CIA, *s.f.*, busca, investigação, perquirição, verificação de atos.

SIN.DI.CAN.TE, *adj.*, que efetiva uma sindicância, averiguador, investigativo.

SIN.DI.CAR, *v.t. e int.*, realizar uma sindicância, investigar.

SIN.DI.CA.TÁ.RIO, *adj.*, relativo a sindicato; *s.m.*, indivíduo que faz parte de um sindicato.

SIN.DI.CA.TO, *s.m.*, associação de trabalhadores para defesa de interesses comuns da profissão.

SIN.DI.CÁ.VEL, *adj.*, que se pode sindicar.

SÍN.DI.CO, *s.m.*, indivíduo eleito pelos condôminos de um prédio para a administração geral; advogado para administrar a massa de uma falência.

SÍN.DRO.ME, *s.f.*, todos os sinais que indicam uma doença, prostração física, sinal de mal-estar.

SI.NE.CU.RA, *s.f.*, obtenção de um emprego com bom salário, mas que não exige trabalho.

SI.NE.CU.RIS.MO, *s.m.*, sistema burocrático que ampara sinecuras.

SI.NE.CU.RIS.TA, *s. 2 gên.*, adepto ou defensor do sinecurismo.

SINE DIE, *expr. adv.*, sem dia marcado, sem data para ocorrer.

SI.NÉ.DO.QUE, *s.f.*, figura de linguagem similar à metonímia, usando-se uma palavra de sentido amplo por outra de sentido restrito, ou genérico por específico.

SI.NÉ.DRIO, *s.m.*, um tribunal que funcionava na antiga Palestina, de caráter religioso, sujeito ao poder do grupo dominante.

SI.NEI.RA, *s.f.*, parte aberta nas torres, onde se fixam os sinos; pessoa feminina que aciona os sinos.

SI.NEI.RO, *s.m.*, indivíduo encarregado de badalar os sinos; fabricante de sinos.

SI.NÉ.RE.SE, *s.f.*, na pronúncia, contração de duas sílabas, sem afetar o significado das palavras.

SI.NER.GI.A, *s.f.*, ação simultânea, cooperação, atividade conjunta, parceria de empresas para colher resultados melhores do que os obtidos individualmente.

SI.NÉR.GI.CO, *adj.*, que se refere a sinergia.

SÍ.NE.SE, *s.f.*, Gram., construção sintática, a qual atende mais ao sentido do que à rigidez da forma.

SI.NES.TE.SI.A, *s.f.*, Psic., associação de sensações de caráter distinto; Gram., figura de linguagem que consiste em misturar duas imagens ou sensações de natureza distinta.

SI.NE.TA, *s.f.*, pequeno sino, campainha.

SI.NE.TE, *s.m.*, objeto com incrustação de um sinal para selar documentos; marcã, carimbo, chancela, brasão.

SÍN.FI.SE, *s.f.*, Anat., articulação imóvel dos ossos, p.ex., os dois ramos do osso púbico; Med., aderência de dois folhetos do pericárdio, causada por inflamação.

SIN.FO.NI.A, *s.f.*, composição harmônica musical dentro de certas diretrizes; harmonia, música clássica; *fig.*, expressão muito harmoniosa, obra de muito valor sentimental.

SIN.FÔ.NI.CA, *adj.*, próprio de uma sinfonia; *s.f.*, orquestra que toca sinfonias.

SIN.FÔ.NI.CO, *adj.*, relativo a sinfonia; próprio para obras com vários instrumentos; próprio para orquestra; em que há harmonia.

SIN.GE.LEZ, *s.f.*, singeleza, simplicidade, naturalidade.

SIN.GE.LE.ZA, *s.f.*, singelez, simplicidade, inocência, ingenuidade.

SIN.GE.LO, *adj.*, simples, natural, verdadeiro, ingênuo, inocente.

SIN.GRA.DU.RA, *s.f.*, Náut., ato de singrar; rota percorrida por um navio; tempo de navegação, da partida até a chegada.

SIN.GRAN.TE, *adj.*, velejante, navegante, deslizante.

SIN.GRAR, *v.t. e int.*, navegar, velejar, percorrer as águas com barco.

SIN.GU.LAR, *adj.*, único, ser de um apenas, notável, notório, típico, extraordinário, comum, exótico; *s.m.*, na Gramática, indicação de que uma palavra é única; no plural indica diversas variantes.

SIN.GU.LA.RI.DA.DE, *s.f.*, especificidade, tipicismo, extravagância, exotismo.

SIN.GU.LA.RI.ZA.ÇÃO, *s.f.*, tipificação, extravagância, especificação.

SIN.GU.LA.RI.ZA.DO, *adj.*, tipificado, especificado, único.

SIN.GU.LA.RI.ZAR, *v.t. e pron.*, tornar singular, especificar, marcar.

SI.NHÁ, *s.f.*, forma de tratamento usada pelos escravos para as moças e senhoras.

SI.NHÁ-MO.ÇA, *s.f.*, tratamento para as filhas das patroas dos donos de escravos; sinhá-moça.

SI.NHA.ZI.NHA, *s.f.*, bras., dim. de sinhá; o mesmo que sinhá-moça.

SI.NHÔ, *s.m.*, forma de tratamento usada pelos escravos para o senhor dono.

SI.NHÔ-MO.ÇO, *s.m.*, bras., Hist., tratamento dado ao filho do senhor pelos escravos; sinhozinho.

SI.NIS.TRA, *s.f.*, mão esquerda, lado esquerdo.

SI.NIS.TRAR, *v. int.*, sofrer sinistro, acidentar-se.

SI.NIS.TRO, *adj.*, esquerdo, azarento, fúnebre, maldoso; *s.m.*, malefício, acidente, dano.

SI.NIS.TRO.SE, *s.f.*, mania de ver e apregoar muitos sinistros; ideia fixa com sinistros.

SI.NO, *s.m.*, objeto de bronze ou ferro, usado para indicar os horários das atividades religiosas.

SI.NO.DAL, *adj.*, que se refere a sínodo.

SI.NÓ.DI.CO, *adj.*, o mesmo que sinodal; relativo ao sínodo; Astron., relativo à revolução dos planetas; Rel., respeitante às cartas em nome dos concílios aos bispos ausentes; *s.m.*, coleção de decisões sinodais.

SI.NO.DO, *s.m.*, assembleia de padres sob o comando do bispo.

SI.NO.LO.GI.A, *s.f.*, estudos e análises sobre a China.

SI.NO.LÓ.GI.CO, *adj.*, relativo a sinologia.

SI.NÓ.LO.GO, *s.m.*, especialista em Sinologia.

SI.NO.NÍ.MIA, *s.f.*, característica de sinônimo, uso de sinônimos, palavra que detém o mesmo significado ou parecido.

SI.NO.NÍ.MICA, *s.f.*, estudo e análise da sinonímia, conteúdo das palavras.
SI.NO.NÍ.MI.CO, *adj.*, que se refere a sinonímia.
SI.NO.NI.MIS.TA, *adj.* e *s. 2 gên.*, pessoa que se ocupa especialmente do estudo dos sinônimos.
SI.NÔ.NI.MO, *s.m.*, termo que possui sentido igual, parecido com outro.
SI.NOP.SE, *s.f.*, resumo, minuta, síntese.
SI.NÓ.TI.CO, *adj.*, próprio da sinopse, resumido, sintetizado, var., sinóptico.
SÍN.QUI.SE, *s.f.*, inversão da ordem natural das palavras na frase, provocando dificuldades de compreensão.
SIN.TÁ.TI.CO, *adj.*, próprio da sintaxe; que observa as normas da sintaxe.
SIN.TA.XE, *s.f.*, estudo das palavras nas relações entre si dentro da frase.
SIN.TÁ.XI.CO, *adj.*, Gram. Ling., relativo a, ou próprio da sintaxe.
SIN.TE.CO, *s.m.*, verniz usado no revestimento de pisos, assoalhos.
SÍN.TE.SE, *s.f.*, resumo, sinopse, condensação.
SIN.TÉ.TI.CO, *adj.*, resumido; produto artificial.
SIN.TE.TI.ZA.ÇÃO, *s.f.*, ação ou efeito de sintetizar; resumo, condensação.
SIN.TE.TI.ZA.DO, *adj.*, resumido, condensado, sumarizado.
SIN.TE.TI.ZA.DOR, *s.m.*, instrumento eletrônico para reproduzir vários tons e sons.
SIN.TE.TI.ZAR, *v.t.* e *pron.*, resumir, condensar.
SIN.TO.MA, *s.m.*, sinal de que se está com alguma doença, indicação de um mal.
SIN.TO.MÁ.TI.CO, *adj.*, que se refere ao sintoma.
SIN.TO.MA.TIS.MO, *s.m.*, medicina sintomática; sistema medicinal que se limita a combater os sintomas.
SIN.TO.MA.TO.LO.GI.A, *s.f.*, estudo de todos os sintomas, indicação de sintomas, doenças.
SIN.TO.MA.TO.LÓ.GI.CO, *adj.*, que se refere a Sintomatologia.
SIN.TO.MA.TO.LO.GIS.TA, *s. 2 gên.*, especialista em Sintomatologia.
SIN.TO.NI.A, *s.f.*, condição de captar um som; audição; *fig.*, reciprocidade.
SIN.TO.NI.ZA.ÇÃO, *s.f.*, ajuste na execução musical, captação, harmonia.
SIN.TO.NI.ZA.DO, *adj.*, ajustado, harmonizado, captado.
SIN.TO.NI.ZAR, *v.t.*, ajustar a recepção de uma transmissão, captar; *fig.*, entender.
SIN.TO.NI.ZÁ.VEL, *adj. 2 gên.*, que se pode sintonizar; que pode ser sintonizado.
SI.NU.CA, *s.f.*, tipo de jogo de mesa com bolas; *pop.*, problema, dificuldade.
SI.NU.O.SI.DA.DE, *s.f.*, curva, algo cheio de curvas.
SI.NU.O.SO, *adj.*, com muitas curvas, recurvo, recurvado.
SI.NU.SI.TE, *s.f.*, inflamação da cavidade óssea do rosto.
SI.NU.SOI.DAL, *adj.*, relativo a sinusoide; senoidal.
SI.NU.SOI.DE, *s.f.*, Mat., o mesmo que senoide; Biol., espaço ou passagem diminuta, para o sangue, forrado de endotélio, nos tecidos de um órgão; Fís., representação gráfica do movimento vibratório.
SI.O.NIS.MO, *s.m.*, doutrina dos que lutam pelas ideias hebraicas; movimento judeu que lutou pela formação do Estado de Israel.
SI.O.NIS.TA, *s. 2 gên.*, adepto, defensor do sionismo.
SI.O.NÍS.TI.CO, *adj.*, que diz respeito ao sionismo; sionista.
SI.RE.NA, *s.f.*, sirene, buzina.
SI.RE.NE, *s.f.*, buzina de alta intensidade para alertar sobre perigo ou dar avisos.
SI.RI, *s.m.*, tipo de crustáceo com garras e nadadeiras.
SI.RI.GAI.TA, *s.f., pop.*, mulher assanhada, mulher pretensiosa, mulher leviana e exibida.
SÍ.RIO, *adj.* e *s.m.*, próprio da Síria ou habitante.
SI.RI.RI, *s.m.*, tipo de cupim.
SI.RI.RI.CA, *s.f.*, masturbação feminina.
SI.RO.CO, *s.m.*, vento quente que sopra do Saara sobre a Itália.
SIR.VEN.TE, *s.f.*, poesia satírica da escola trovadoresca.
SI.SAL, *s.m.*, planta cujas fibras são usadas para trabalhos têxteis.
SÍS.MI.CO, *adj.*, próprio de sismos, terremotos.
SIS.MO, *s.m.*, terremoto, tremor de terra.
SIS.MO.GRA.FI.A, *s.f.*, estudo sobre sismos, conhecimentos sobre tremores de terra.
SIS.MÓ.GRA.FO, *s.m.*, aparelho usado para medir a intensidade dos sismos.
SIS.MO.LO.GI.A, *s.f.*, estudo dos tremores da terra, dos terremotos.
SIS.MO.LÓ.GI.CO, *adj.*, Geof., relativo a sismologia.
SIS.MO.LO.GIS.TA, *s. 2 gên.*, especialista em Sismologia.
SIS.MÓ.LO.GO, *s.m.*, o mesmo que sismologista.
SIS.MÔ.ME.TRO, *s.m.*, sismógrafo.
SI.SO, *s.m.*, juízo, tino, bom senso.
SIS.SO.MI.A, *s.f.*, duas crianças que nascem com os corpos grudados, xifopagia.
SIS.TE.MA, *s.m.*, grupo de princípios, metodologia, método, modo, forma; conjunto de situações e normas; tudo que classifica e ordena; ordenamento, técnica, forma de governo, corpo doutrinário.
SIS.TE.MÁ.TI.CA, *s.f.*, ciência que estuda a classificação dos seres vivos, sistematização, taxionomia.
SIS.TE.MÁ.TI.CO, *adj.*, organizado, metódico, ordenado, contínuo.
SIS.TE.MA.TI.ZA.ÇÃO, *s.f.*, ação ou efeito de sistematizar, organização, estruturação.
SIS.TE.MA.TI.ZA.DO, *adj.*, estruturado, organizado, fixado, embasado.
SIS.TE.MA.TI.ZA.DOR, *adj.* e *s.m.*, estruturador, fixador, organizador.
SIS.TE.MA.TI.ZAR, *v.t.* e *pron.*, ordenar, organizar, estruturar.
SIS.TE.MA.TO.LO.GI.A, *s.f.*, conjunto de normas e estudo para provocar a sistematização.
SIS.TE.MA.TO.LÓ.GI.CO, *adj.*, relativo ou pertencente à Sistematologia.
SIS.TÊ.MI.CO, *adj.*, que se refere a um sistema, que se refere a todo o corpo.
SIS.TO.LAR, *adj.*, Fisiol., relativo a sístole; sistólico.
SÍS.TO.LE, *s.f.*, Med., estado em que há contração muscular do coração; Gram., figura em que se usa como breve uma sílaba que é longa por natureza.
SIS.TÓ.LI.CO, *adj.*, Fisl., relativo a sístole; sistáltico.
SIS.TO.LIS.MO, *s.m.*, Fisiol., estado do coração e das artérias em sístole.
SI.SU.DEZ, *s.f.*, seriedade, severidade, compenetração.
SI.SU.DO, *adj.*, ajuizado, sério, grave, compenetrado, severo.
SI.TE, *s.m.*, endereço na Internet com textos, temas e informações gerais.

SITIADO

SI.TI.A.DO, *adj. e s.m.*, cercado, fechado, dominado.
SI.TI.A.DOR, *adj. e s.m.*, que(m) sitia, fechador, dominador, que(m) cerca.
SI.TI.AN.TE, *s. 2 gén.*, dono de terreno no sítio, agricultor, colono.
SI.TI.AR, *v.t. e pron.*, cercar, rodear, fechar, dominar.
SI.TI.EI.RO, *s.m.*, SP, aquele que sitia; sitiante.
SÍ.TIO, *s.m.*, local, terreno, terras do interior, propriedade agrícola, zona rural.
SI.TI.O.FO.BI.A, *s.f.*, aversão a alimentos, recusa de alimentar-se.
SI.TI.O.LO.GI.A, *s.f.*, estudo dos alimentos, descrição de alimentos e de como usá-los; Med., estudo da nutrição e dos alimentos.
SI.TI.Ó.LO.GO, *s.m.*, autor de sitiologia, perito em sitiologia.
SI.TI.O.MA.NI.A, *s.f.*, costume de estar sempre comendo, voracidade, gula insaciável.
SI.TI.Ô.MA.NO, *s.m.*, aquele que sofre de sitiomania.
SI.TO, *adj.*, situado, localizado.
SI.TÓ.FA.GO, *adj. e s.m.*, que(m) prefere alimentar-se com produtos de trigo, comedor de trigo.
SI.TO.FO.BI.A, *s.f.*, Psiq., o mesmo que sitiofobia; Ius., aversão especialmente ao trigo, aos cereais, ao pão.
SI.TU.A.ÇÃO, *s.f.*, condição, posição, contexto, organização; partido que domina no governo.
SI.TU.A.CI.O.NIS.MO, *s.m.*, partido dominante no governo.
SI.TU.A.CI.O.NIS.TA, *s. 2 gén.*, adepto do situacionismo, partidário.
SI.TU.A.DO, *adj.*, sito, localizado.
SI.TU.AR, *v.t. e pron.*, colocar, pôr, indicar, estabelecer, sistematizar.
SKATE, *s.m.*, ing., tábua forte com rodas para patinar.
SLIDE, *s.m.*, ing., foto montada em filme para projeções.
SLOGAN, *s.m.*, ing., mote, palavra ou frase para fazer propaganda, marca.
SMOKING, *s.m.*, ing., vestimenta de cerimônia de cor preta, paletó com abas longas, usado com gravata borboleta.
SÓ, *adj.*, solitário, desacompanhado; *adv.*, somente, apenas; *s.m.*, quem está sem companhia.
SO - abreviatura de Sudoeste.
SO.A.BRIR, *v.t. e pron.*, entreabrir, abrir um pouco.
SO.A.DA, *s.f.*, canto, toada, cantiga, ruído, boato, fofoca.
SO.A.DO, *adj.*, que soou, ouvido, notado, festejado, celebrado.
SO.A.LHA, *s.f.*, ação ou efeito de soalhar; efeito produzido pelo sol ou pelo luar; p.ext., o mesmo que soalheira; Mús., cada uma das rodelas metálicas que percutem do pandeiro.
SO.A.LHA.DO, *s.m.*, assoalhado, material para formar o piso.
SO.A.LHAR, *v.t. e int.*, assoalhar.
SO.A.LHEI.RA, *s.f.*, sol intenso, sol forte.
SO.A.LHEI.RO, *adj.*, exposto ao sol; *s.m.*, lugar que está exposto ao sol; reunião de fofoqueiros sentados ao sol; maledicência.
SO.A.LHO, *s.m.*, piso, assoalho, nos cômodos, onde se pisa.
SO.AN.TE, *adj.*, que soa, consoante, sonante.
SO.AR, *v.t. e int.*, produzir sons, ecoar, retumbar, ressoar.
SOB, *prep.*, debaixo de, embaixo de.
SO.BA, *s.m.*, título de chefe de tribo africana.
SO.BE.JAR, *v.t., int. e pron.*, sobrar, ser demais, extravasar.
SO.BE.JI.DÃO, *s.f.*, qualidade do que é sobejo; imensidade; excesso; pujança.
SO.BE.JO, *s.m.*, sobra, resto, sobra; *adj.*, que sobrou, que restou.
SO.BE.RA.NA, *s.f.*, mulher que tem autoridade como rainha ou princesa de um Estado; rainha.
SO.BE.RA.NI.A, *s.f.*, poder, mando, autoridade, situação política de um Estado.
SO.BE.RA.NI.ZA.ÇÃO, *s.f.*, ação ou efeito de soberanizar, dominação, reinado.
SO.BE.RA.NI.ZA.DO, *adj.*, tornado soberano, poderoso, dominador.
SO.BE.RA.NI.ZAR, *v.t.*, tornar soberano, transformar em rei, dar a alguém os poderes de soberano.
SO.BE.RA.NO, *adj.*, mandante, poderoso, autoritário; *s.m.*, rei, governante, dominador.
SO.BER.BA, *s.f.*, altivez, orgulho, arrogância.
SO.BER.BO, *adj.*, vaidoso, arrogante, impositivo; espetacular, especial.
SO.BES.TAR, *v.t.*, inferiorizar, sentir-se inferior, humilhar-se.
SOB.GRA.VE, *adj.*, Mús., que está abaixo do grave.
SOB.POR, *v.bit. e pron.*, pôr embaixo, colocar sob, desprezar.
SO.BRA, *s.f.*, resto, resíduo.
SO.BRA.ÇA.DO, *adj.*, carregado, abraçado com um volume, muito carregado.
SO.BRA.ÇAR, *v.t. e pron.*, carregar debaixo do braço, ajudar, auxiliar.
SO.BRA.DAR, *v.t.*, construir sobrado(s) em; assobradar (imóvel); mesmo que assoalhar.
SO.BRA.DO, *s.m.*, casa com dois pisos; *adj.*, que sobrou, restado, ficado.
SO.BRAN.ÇA.RI.A, *s.f.*, característica de sobranceiro; altivez; ver soberba.
SO.BRAN.CE.AR, *v.t.*, estar nas alturas, estar sobranceiro, estar acima de tudo.
SO.BRAN.CEI.RO, *adj.*, altivo, elevado, orgulhoso.
SO.BRAN.CE.LHA, *s.f.*, supercílio, tira de pelos acima dos olhos no rosto.
SO.BRAR, *v.t. e int.*, restar, sobejar.
SO.BRAS, *s.f., pl.*, restos, sobejos, dejetos.
SO.BRE, *prep.*, por cima de, em cima de, acima de.
SO.BRE.A.BUN.DAR, *v. int.*, superabundar, haver em abundância.
SO.BRE.A.GU.DO, *adj.*, muito agudo, superagudo.
SO.BRE.A.LI.MEN.TAR, *v.t.*, Med., aplicar a sobrealimentação; superalimentar.
SO.BRE.A.PE.LI.DO, *s.m.*, alcunha ou sobrenome junto a outro apelido; segundo apelido.
SO.BRE.A.QUE.CER, *v.t.*, aquecer em excesso; superaquecer.
SO.BRE.A.VA.LI.A.ÇÃO, *s.f.*, avaliação acima do razoável.
SO.BRE.A.VI.SO, *s.m.*, precaução, cautela, cuidado.
SO.BRE.BA.I.NHA, *s.f.*, forro exterior da bainha.
SO.BRE.CA.MA, *s.f., ant.*, colcha.
SO.BRE.CA.PA, *s.f.*, revestimento da capa de um livro, cobertura.
SO.BRE.CAR.GA, *s.f.*, carga extra, carga excessiva.
SO.BRE.CAR.RE.GA.DO, *adj.*, carregado em excesso, muito carregado.
SO.BRE.CAR.RE.GA.MEN.TO, *s.m.*, ato ou efeito de sobrecarregar.
SO.BRE.CAR.RE.GAR, *v.t.*, carregar em excesso, colocar uma carga excessiva.
SO.BRE.CAR.TA, *s.f.*, envelope, carta em apenso.
SO.BRE.CA.SA.CA, *s.f.*, casaco masculino longo até os

joelhos.
SO.BRE.CE.NHO, *s.m.*, aspecto, feição, semblante.
SO.BRE.CÉU, *s.m.*, dossel, cobertura especial.
SO.BRE.CO.MUM, *adj.* e *s.m.*, palavra que possui uma única forma para os dois gêneros.
SO.BRE.COS.TU.RA, *s.f.*, nova costura sobre outra, costura para recosturar duas peças.
SO.BRE.CO.XA, *s.f.*, nas aves, a parte da coxa mais grossa.
SO.BRE.CRÉ.DI.TO, *s.m.*, crédito a mais, carta declaratória de crédito acima do limite.
SO.BRE.CU, *s.m.*, uropígio.
SO.BRE.DI.TO, *adj.* e *s.m.*, dito acima, já referido ou mencionado anteriormente; supradito.
SO.BRE.DI.VI.NO, *adj.*, que é mais que divino; supradivino.
SO.BRE.DOU.RAR, *v.t.*, dourar por cima; envolver com capa dourada; *fig.*, ornar; engrandecer.
SO.BRE-E.DI.FI.CAR, *v.t.*, edificar sobre outra edificação.
SO.BRE-ES.TA.DI.A, *s.f.*, estadia além do previsto, prolongação da parada.
SO.BRE-ES.TAR, *v.t.* e *int.*, ficar além do previsto, sobrestar, colocar por cima, apensar.
SO.BRE-ES.TI.MA.ÇÃO, *s.f.*, ato de sobre-estimar; superestimação.
SO.BRE-ES.TI.MA.DO, *adj.*, que se sobre-estimou; superestimado.
SO.BRE-ES.TI.MAR, SO.BRES.TI.MAR, *v.t.*, estimar excessivamente; superestimar.
SO.BRE-E.XAL.TA.ÇÃO, *s.f.*, grande exaltação.
SO.BRE-E.XAL.TA.DO, *adj.*, excessivamente exaltado.
SO.BRE-E.XAL.TAR, *v.t.*, exaltar muito; superexaltar.
SO.BRE-EX.CE.DEN.TE, *adj.*, sobressalente.
SO.BRE-EX.CE.DER, *v.t.* e *pron.*, exceder além do previsto.
SO.BRE-EX.CE.LEN.TE, *adj.*, que é mais que excelente, que se diferencia pela sobre-excelência.
SO.BRE-EX.CES.SO, *s.m.*, excesso demasiado.
SO.BRE-EX.CI.TA.ÇÃO, *s.f.*, excitação exagerada, exagero de excitação.
SO.BRE-EX.CI.TAN.TE, *adj.*, que sobre-excita, superexcitante.
SO.BRE-EX.CI.TAR, *v.t.*, excitar muito e intensamente.
SO.BRE-E.XIS.TIR, *v.t.* e *int.*, ter garantia de existência, de sobrevivência ou de sobreviver a.
SO.BRE-FA.TU.RAR, *v.t.*, o mesmo que superfaturar.
SO.BRE-HU.MA.NO, *adj.*, além das forças humanas, exagerado; divino.
SO.BREI.RAL, *s.m.*, o mesmo que sobral.
SO.BRE.JA.CEN.TE, *adj.*, que jaz por cima, estendido acima, deitado sobre.
SO.BRE.LE.VAN.TE, *adj.*, que sobreleva; excedente.
SO.BRE.LE.VAR, *v.t.* e *pron.*, alçar, elevar, erguer; destacar, enfatizar.
SO.BRE.LO.JA, *s.f.*, pavimento intermediário entre o piso e o primeiro andar.
SO.BRE.LO.TA.ÇÃO, *s.f.*, carga maior do que aquela que o veículo comporta; lotação excessiva.
SO.BRE.LO.TA.DO, *adj.*, lotado a mais, muito carregado, muito cheio.
SO.BRE.LO.TAR, *v.t.*, lotar em excesso, carregar a mais do que o possível.
SO.BRE.LU.CRO, *s.m.*, Econ., lucro extraordinário ou imprevisto.
SO.BRE.MA.NEI.RA, *adv.*, extraordinariamente, de modo incalculável.
SO.BRE.MÃO, *s.m.*, Vet., tumor que se forma nas patas anteriores das cavalgaduras.
SO.BRE.ME.SA, *s.f.*, iguaria doce, servida no final da refeição.
SO.BRE.MO.DO, *adv.*, ver sobremaneira.
SO.BRE.NA.DAN.TE, *adj. 2 gên.*, que sobrenada.
SO.BRE.NA.DAR, *v. int.*, nadar na superfície, flutuar.
SO.BRE.NA.TU.RAL, *adj.*, extraordinário, acima do natural, anormal; *s.m.*, o que está acima das forças naturais, paranormal.
SO.BRE.NA.TU.RA.LI.DA.DE, *s.f.*, anormalidade maior, forças psíquicas que agem além do normal.
SO.BRE.NO.ME, *s.m.*, o nome seguinte ao prenome; nome de família.
SO.BRE.NO.ME.AR, *v.t.*, colocar sobrenome em alguém, apelidar, alcunhar.
SO.BRE.O.LHAR, *v.t.*, olhar com desprezo, menoscabar, escarnecer.
SO.BRE.PA.GA, *s.f.*, gratificação, gorjeta sobre o pagamento, remuneração maior.
SO.BRE.PAI.RAR, *v.t.*, pairar sobre, esvoaçar por cima.
SO.BRE.PE.LIZ, *s.m.*, vestimenta branca, como uma camisa longa que os sacerdotes vestem sobre a batina.
SO.BRE.PE.SAR, *v.t.* e *int.*, adicionar sobrecarga; distúrbio, infelicitar.
SO.BRE.PE.SO, *s.m.*, sobrecarga, peso demasiado.
SO.BRE.POR, *v.t.* e *pron.*, colocar em cima, juntar, adicionar, acrescentar.
SO.BRE.POR.TA, *s.f.*, Arquit., a parte superior e fixa das portas; bandeira.
SO.BRE.PO.SI.ÇÃO, *s.f.*, superposição, colocação acima.
SO.BRE.POS.TO, *adj.*, colocado sobre, posto em cima, antecipado.
SO.BRE.PO.VO.AR, *v.t.*, povoar a mais, colocar pessoas junto de outras já estabelecidas.
SO.BRE.PU.JA.DO, *adj.*, vencido, excedido, derrotado.
SO.BRE.PU.JA.MEN.TO, *s.m.*, sobrepujança, vitória, excesso, conquista.
SO.BRE.PU.JAN.TE, *adj. 2 gên.*, que sobrepuja; superabundante.
SO.BRE.PU.JAR, *v.t.* e *int.*, vencer, exceder, ser mais, derrotar.
SO.BRES.CRE.VER, *v.t.*, escrever por cima, sobrescritar, colocar algo por cima.
SO.BRES.CRI.TAR, *v.t.*, escrever endereço em correspondência; subscritar.
SO.BRES.CRI.TO, *s.m.*, o que se escreveu por sobre o envelope ou papel.
SO.BRES.PE.RAR, *v.t.* e *int.*, esperar muito; esperar por algo ou alguém por muito tempo.
SO.BRES.SA.IR, *v.t.*, *int.* e *pron.*, despertar a atenção de, destacar, surgir, ser visto.
SO.BRES.SA.LEN.TE, *adj.*, destacado, saliente, reserva, estepe, acessório.
SO.BRES.SAL.TA.DO, *adj.*, assustado, atemorizado, amedrontado.
SO.BRES.SAL.TAR, *v.t.* e *pron.*, assustar, atemorizar, assaltar, conquistar por assalto.
SO.BRES.SAL.TE.AR, *v.t.*, assaltar; acometer traiçoeiramente; sobressaltar; *v.pron.*, sobressaltar-se.
SO.BRES.SAL.TO, *s.m.*, susto, imprevisto, algo inesperado.
SO.BRES.SA.TU.RAR, *v.t.*, supersaturar.

SOBRESSINAL — SOCRÁTICO

SO.BRES.SI.NAL, *s.m.*, sinal sobre as vestes, semelhante à cruz que os cruzados usavam exteriormente.

SO.BRES.SUBS.TAN.CI.AL, *adj.*, substancial, acima da média, muito substancial.

SO.BRES.TAN.TE, *adj.*, sobranceiro.

SO.BRES.TAR, *v.t. e int.*, interromper, parar, segurar.

SO.BRE.TA.XA, *s.f.*, pagamento a maior, acréscimo de custo.

SO.BRE.TA.XA.DO, *adj.*, aumentado, colocado acima da taxa.

SO.BRE.TA.XAR, *v.t.*, colocar sobretaxa, aumentar o pagamento.

SO.BRE.TU.DO, *s.m.*, casacão contra o frio, capote; *adv.*, principalmente.

SO.BRE.VES.TE, *s.f.*, sobretudo, peça que se veste sobre uma outra.

SO.BRE.VES.TIR, *v.t.*, vestir por cima, vestir sobre, colocar por cima.

SO.BRE.VI.DA, *s.f.*, prolongamento da vida, vida mais longa, vida após momento trágico.

SO.BRE.VI.GI.AR, *v.t.*, olhar sobre; vigiar como chefe ou superintendente.

SO.BRE.VIN.DO, *adj.*, vindo, sucedido, chegado, aparecido, ocorrido.

SO.BRE.VIR, *v. int.*, acontecer, suceder, vir algo imprevisto.

SO.BRE.VI.VÊN.CIA, *s.f.*, resistência, sobrevida, existência acima das possibilidades.

SO.BRE.VI.VEN.TE, *adj. e s. 2 gên.*, que escapou da morte certa.

SO.BRE.VI.VER, *v.t. e int.*, continuar com vida, escapar da morte, salvar-se.

SO.BRE.VO.AR, *v.t. e int.*, voar por cima, voar sobre.

SO.BRE.VO.O, *s.m.*, voo por cima, voo nas alturas além.

SO.BRI.E.DA.DE, *s.f.*, simplicidade, moderação, continência.

SO.BRI.NHO, *s.m.*, filho de irmão ou irmã ou cunhados.

SÓ.BRIO, *adj.*, comportado, comedido, moderado, simples.

SO.BRO.LHO, *s.m.*, sobrancelhas.

SO.CA, *s.f.*, cepo, raizame; segunda brotação de plantas, como arroz, cana-de-açúcar, fumo.

SO.CA.DO, *adj.*, amassado, que se socou, atarracado.

SO.CA.DOR, *s.m.*, quem soca, instrumento para socar.

SO.CA.DU.RA, *s.f.*, ação ou efeito de socar, coça, sova, tunda, pancadaria.

SO.ÇAI.TE, *s.f.*, a burguesia endinheirada e que gosta de coluna social.

SO.CAL.CO, *s.m.*, tipo de degrau em um declive, em uma encosta.

SO.CA.PA, *s.f.*, fantasia, disfarce, astúcia; *expr.*, à socapa - disfarçadamente.

SO.CAR, *v.t., int. e pron.*, dar soco em, esmurrar, bater em.

SO.CAR.RÃO, *adj. e s.m.*, velhaco; falseador; intrujão.

SO.CA.TE, *s.m.*, soco leve; empurrão.

SO.CA.VA, *s.f.*, buraco, cova, cavidade subterrânea.

SO.CA.VA.DO, *adj.*, cavado, escavado, cavado por baixo.

SO.CA.VÃO, *s.m.*, gruta, cova grande, buracão.

SO.CA.VAR, *v.t. e int.*, escavar por baixo.

SO.CI.A.BI.LI.DA.DE, *s.f.*, costumes e vivências sociais, polidez, fineza.

SO.CI.A.BI.LI.ZA.ÇÃO, *s.f.*, civilização, aculturamento, educação.

SO.CI.A.BI.LI.ZA.DO, *adj.*, educado, aculturado, civilizado.

SO.CI.A.BI.LI.ZAN.TE, *adj. 2 gên.*, que sociabiliza.

SO.CI.A.BI.LI.ZAR, *v.t. e pron.*, civilizar; tornar sociável, educar para viver em sociedade.

SO.CI.AL, *adj.*, próprio da sociedade, civilizado, educado.

SO.CI.AL-DE.MO.CRA.CI.A, *s.f.*, Pol., conjunto de doutrinas que preconizam uma transição democrática do capitalismo para o socialismo ou tornar o capitalismo mais social.

SO.CI.AL-DE.MO.CRA.TA, *adj. 2 gên.*, Pol., relativo a, ou diz-se de quem é adepto da social-democracia; *s. 2 gên.*, adepto da social-democracia ou membro de um partido social-democrata.

SO.CI.AL-DE.MO.CRÁ.TI.CO, *adj.*, que diz respeito à social-democracia; *s.m.*, membro desse partido.

SO.CI.A.LIS.MO, *s.m.*, ideologia que busca uma vida na qual todos terão os mesmos direitos e deveres com direitos sociais garantidos.

SO.CI.A.LIS.TA, *s. 2 gên.*, quem está ligado ao socialismo, adepto do socialismo.

SO.CI.A.LI.TÁ.RIO, *adj.*, que diz respeito a socialidade.

SO.CI.A.LI.TE, *s.f.*, mulher que frequenta reuniões sociais somente para ser vista e admirada; exibicionista.

SO.CI.A.LI.ZA.ÇÃO, *s.f.*, civilização, associação, agrupamento.

SO.CI.A.LI.ZA.DO, *adj.*, civilizado, associado, agrupado.

SO.CI.A.LI.ZA.DOR, *adj.*, que socializa; capaz de socializar; socializante; *s.m.*, o que socializa.

SO.CI.A.LI.ZAN.TE, *adj. 2 gên.*, que socializa; socializador; que conduz ou tende ao socialismo.

SO.CI.A.LI.ZAR, *v.t.*, tornar social, associar, civilizar, agrupar.

SO.CI.A.LI.ZÁ.VEL, *adj. 2 gên.*, que se pode socializar.

SO.CI.Á.VEL, *adj.*, social, preparado para viver em sociedade, educado.

SO.CI.E.DA.DE, *s.f.*, grupo de pessoas conviventes sob regras próprias; contexto no qual as pessoas vivem; associação, grupo, camada; empresa com vários sócios; sociedade anônima com sete ou mais sócios para compor o quadro societário.

SO.CI.E.TÁ.RIO, *adj.*, que pertence a uma sociedade; *s.m.*, membro de sociedade.

SÓ.CIO, *s.m.*, participante, membro, companheiro, associado.

SO.CI.O.CRA.CI.A, *s.f.*, forma teórica de governo em que o poder é exercido pela sociedade como um todo.

SO.CI.O.E.CO.NÔ.MI.CO, *adj.*, próprio da sociedade e da economia.

SO.CI.O.LO.GI.A, *s.f.*, ciência que estuda os problemas sociais e políticos.

SO.CI.Ó.LO.GO, *s.m.*, especialista em Sociologia.

SO.CO, *s.m.*, pancada com o punho, murro.

SO.CÓ, *s.m.*, tipo de ave comum em nossas várzeas.

SO.ÇO.BRA.DO, *adj.*, afundado, naufragado, ido a pique.

SO.ÇO.BRAR, *v.t., int. e pron.*, naufragar, ir a pique, perder-se, sair do rumo.

SO.ÇO.BRO, *s.m.*, ato de soçobrar; soçobra; soçobramento; Náut., ação de ir ao fundo, de naufragar; *fig.*, estado de quem está sem forças para lutar; desânimo; desalento.

SO.CO-IN.GLÊS, *s.m.*, peça de metal colocada por entre os dedos da mão para dar socos decisivos.

SO.COR.RER, *v.t. e pron.*, ajudar, dar forças, auxiliar.

SO.COR.RI.DO, *adj.*, ajudado, auxiliado, amparado.

SO.COR.RIS.TA, *s. 2 gên.*, pessoa treinada para prestar primeiros socorros; paramédico.

SO.COR.RO, *s.m.*, ajuda, auxílio, atendimento.

SO.CRÁ.TI.CO, *adj.*, que se refere ao filósofo grego, Sócrates

(470-399 a.C.).
SO.DA, *s.f.*, tipo de sal que se dissolve na água; tipo de refrigerante.
SO.DA.LÍ.CIO, *s.m.*, sociedade, agremiação, associação.
SÓ.DI.CO, *adj.*, relativo à soda ou ao sódio; que contém sódio ou soda.
SÓ.DIO, *s.m.*, elemento metálico com o n.º atômico 11.
SO.DO.MI.A, *s.f.*, relação sexual pelo ânus.
SO.DÔ.MI.CO, *adj.*, relativo a Sodoma (cidade destruída por Deus); relativo a sodomia.
SO.DO.MI.TA, *s.m.*, praticante da sodomia.
SO.ER, *v. int.*, acontecer, ser comum, ocorrer.
SO.ER.GUER, *v.t. e pron.*, alçar, levantar, pôr para cima.
SO.ER.GUI.MEN.TO, *s.m.*, levantamento, ato de soerguer, alçamento.
SO.EZ, *adj.*, ordinário, vil, inescrupuloso, vulgar, desavergonhado.
SO.FÁ, *s.m.*, poltrona, cadeira estofada.
SO.FÁ-CA.MA, *s.m.*, sofá que se desdobra para servir como cama.
SO.FIS.MA, *s.m.*, falácia, raciocínio enganoso, logro; raciocínio ilógico.
SO.FIS.MA.DO, *adj.*, feito por sofisma; que encerra sofisma; preparado com logro, dolo ou engano; encaminhado com astúcia.
SO.FIS.MA.DOR, *adj. e s.m.*, que ou o que sofisma.
SO.FIS.MAR, *v. int.*, raciocinar de modo errôneo, enganar, lograr.
SO.FIS.MÁ.TI.CO, *adj.*, o mesmo que sofístico.
SO.FIS.MÁ.VEL, *adj.*, que se pode sofismar.
SO.FIS.TA, *s. 2 gên.*, quem se serve de sofismas para persuadir os interlocutores.
SO.FIS.TA.RI.A, *s.f., pop.*, coleção de sofismas.
SO.FÍS.TI.CA, *s.f.*, Fil., a arte dos sofistas; a parte da lógica que trata da refutação dos sofismas.
SO.FIS.TI.CA.ÇÃO, *s.f.*, artificialização, destaque, requinte.
SO.FIS.TI.CA.DO, *adj.*, destacado, requintado, artificial.
SO.FIS.TI.CAR, *v.t., int. e pron.*, falsificar, artificializar, tornar artificial, destacar, requintar.
SO.FÍS.TI.CO, *adj.*, relativo a sofisma; que é da natureza do sofisma; que é dado a sofisma.
SO.FRE.A.DO, *adj.*, refreado, contido, segurado.
SO.FRE.AR, *v.t. e pron.*, refrear, conter, segurar.
SO.FRE.DOR, *adj. e s.m.*, que(m) sofre, padecente.
SÔ.FRE.GO, *adj.*, ansioso, ambicioso, ávido, nervoso.
SO.FRE.GUI.DÃO, *s.f.*, avidez, impaciência, ânsia.
SO.FRE.NA.ÇO, *s.m., bras., RS*, puxão nas rédeas do cavalo para freá-lo ou recuá-lo; *fig.*, repreensão; reprimenda.
SO.FRE.NAR, *v.t., bras., RS*, frear (o cavalo) com puxão violento das rédeas; sofrear.
SO.FREN.ÇA, *s.f., ant.*, sofrimento.
SO.FREN.TE, *adj. 2 gên. p.us.*, que sofre; sofredor.
SO.FRER, *v.t. e int.*, sentir dores, padecer, suportar adversidades.
SO.FRI.DO, *adj.*, padecido, suportado, sentido.
SO.FRI.MEN.TO, *s.m.*, padecimento, dor, angústia.
SO.FRÍ.VEL, *adj.*, medíocre, médio, regular, suportável.
SOFT, *s.m.*, ing., software; *adj.*, leve, suave.
SOFTWARE, *s.m.*, ing., todos os recursos técnicos que compõem um computador.
SO.GA, *s.f.*, corda grossa, forte, para puxar grandes pesos.
SO.GRA, *s.f.*, mãe de um dos cônjuges em relação ao outro.
SO.GRO, *s.m.*, o pai do outro cônjuge.
SO.Í.DO, *s.m.*, som, ruído.
SO.JA, *s.f.*, tipo de feijão muito rico em substâncias oleosas.
SOL, *s.m.*, estrela que dá luz e calor ao planeta Terra; nota musical; *fig.*, algo brilhante e lindo.
SO.LA, *s.f.*, planta do pé; a parte inferior do sapato que toca o chão.
SO.LA.ÇAR, *v.t.*, consolar.
SO.LA.ÇO, *s.m., bras., pop.*, o mesmo que solão.
SO.LA.DO, *s.m.*, a sola que se coloca no calçado.
SO.LA.NÁ.CEAS, *s.f., pl.*, família vegetal à qual se agregam as batatas, o pimentão e o tomateiro.
SO.LA.PA.DO, *adj.*, minado, arrasado, assolado.
SO.LA.PA.DOR, *adj.*, diz-se de pessoa que solapa; *s.m.*, essa pessoa.
SO.LA.PÃO, *s.m., bras.*, grande solapo.
SO.LA.PAR, *v.t. e pron.*, destruir as bases, minar, arrasar.
SO.LAR, *adj.*, próprio do sol; *s.m.*, casa grande, casa senhoril, palácio.
SO.LAR, *v.t. e int.*, colocar sola em.
SO.LA.REN.GO, *adj.*, próprio do solar, relativo ao solar.
SO.LÁ.RIO, *s.m.*, varanda para pegar sol; ponto para tomar banhos de sol.
SO.LA.VAN.CAR, *v. int.*, pular, balançar, saltar.
SO.LA.VAN.CO, *s.m.*, salto, pulo, balanço; salto imprevisto.
SOL.DA, *s.f.*, ação de ligar metais por fusão de outro metal.
SOL.DA.DA, *s.f.*, soldo, pagamento, remuneração.
SOL.DA.DES.CA, *s.f.*, grupo de soldados, bando de soldados.
SOL.DA.DO, *s.m.*, indivíduo que presta serviço militar, recruta, militar; *adj.*, ligado, unido por solda.
SOL.DA.DOR, *adj. e s.m.*, profissional que usa a solda para trabalhos.
SOL.DA.DU.RA, *s.f.*, ato ou efeito de soldar; ligação de peças por meio de solda; soldagem; parte soldada.
SOL.DA.GEM, *s.f.*, ato ou efeito de soldar; solda; soldadura.
SOL.DAR, *v.t.*, ligar com solda, ligar, unir, ajustar.
SOL.DÁ.VEL, *adj.*, que se pode soldar.
SOL.DO, *s.m.*, remuneração de soldado, militar.
SO.LE.CIS.MO, *s.m.*, erro na sintaxe, erro na construção da frase.
SO.LE.CIS.TA, *s. 2 gên.*, quem comete solecismos.
SO.LE.DA.DE, *s.f.*, lugar solitário, tristeza de que padece quem se sente solitário e longe de todos.
SO.LEI.RA, *s.f.*, peça na qual se assenta a porta, no que toca ao piso.
SO.LE.NE, *adj.*, cerimonioso, elegante, festivo.
SO.LE.NI.DA.DE, *s.f.*, cerimônia, festividade, ritual.
SO.LE.NI.ZA.ÇÃO, *s.f.*, ação ou efeito de solenizar, celebração, ritualização.
SO.LE.NI.ZA.DO, *adj.*, celebrado, ritualizado, tornado festivo.
SO.LE.NI.ZA.DOR, *adj. e s.m.*, que ou o que soleniza.
SO.LE.NI.ZAR, *v.t. e int.*, tornar festivo, celebrar com pompa, ritualizar.
SO.LE.NOI.DE, *s.m.*, bobina, fio próprio, o qual, sofrendo uma corrente elétrica, fica imantado.
SO.LÉR.CIA, *s.f.*, tramoia, sagacidade, ardil, manha, safadeza.
SO.LER.TE, *adj.*, sagaz, espertalhão, ardiloso, manhoso.
SO.LE.TRA.ÇÃO, *s.f.*, ação ou efeito de soletrar, pronunciação, silabação.
SO.LE.TRA.DO, *adj.*, pronunciado, balbuciado, silabado.

SO.LE.TRA.DOR, adj. e s.m., pronunciador, ledor, balbuciador.
SO.LE.TRAR, v.t. e int., ler com dificuldade, pronunciando sílaba por sílaba, ler devagar.
SO.LE.VA.MEN.TO, s.m., ato ou efeito de solevar(-se).
SO.LE.VAN.TAR, v.t. e pron., soerguer, alçar, erguer levemente.
SO.LE.VAR, v.t. e pron., solevantar, soerguer, alçar, erguer.
SOL.FA, s.f., música posta em pauta, música para ser cantada.
SOL.FAR, v.t., o mesmo que solfejar; endireitar as margens que se amassaram ou soltaram em ofício de encadernação.
SOL.FA.TAR, s.f., terreno donde se desenvolvem vapores sulfurosos e onde se deposita o enxofre; cratera de vulcões extintos donde se exalam vapores sulfurosos.
SOL.FE.JAR, v.t. e int., cantar notas musicais, cantarolar.
SOL.FE.JO, s.m., ensaio de canto, exercício com notas musicais.
SOL.FE.RI.NO, adj.; cor intermediária entre o avermelhado e o roxo.
SOL.FIS.TA, s.f., quem solfeja, quem canta.
SO.LHÁ, s.f., Zool., o mesmo que linguado; lus., pop., bofetada.
SO.LHA.DO, adj., o mesmo que assoalhado; s.m., o mesmo que soalho.
SO.LHA.DU.RA, s.f., ação ou efeito de solhar.
SO.LHO, s.m., o mesmo que soalho; Zool., esturjão.
SO.LHO.SO, adj., cheio de sol, solheiro.
SO.LI.CI.TA.ÇÃO, s.f., pedido, súplica.
SO.LI.CI.TA.DO, adj., pedido, suplicado, implorado.
SO.LI.CI.TA.DOR, adj. e s.m., que(m) solicita, peticionário, pedinte.
SO.LI.CI.TAN.TE, adj., pedinte, suplicante.
SO.LI.CI.TAR, v.t., int. e pron., pedir, implorar, suplicar.
SO.LI.CI.TÁ.VEL, adj., que pode ser solicitado, suplicável.
SO.LÍ.CI.TO, adj., atencioso, prestativo, disponível, cuidadoso.
SO.LI.CI.TU.DE, s.f., propriedade de quem é solícito, atenção, disponibilidade.
SO.LI.DÃO, s.f., vivência de quem está sozinho; abandono.
SO.LI.DA.RI.E.DA.DE, s.f., ajuda, auxílio, dependência de membros de um grupo, integração.
SO.LI.DÁ.RIO, adj., que vive a dor alheia, que presta auxílio, socorro.
SO.LI.DA.RI.ZA.ÇÃO, s.f., partilha, parceria, aliança, partilhamento.
SO.LI.DA.RI.ZA.DO, adj., solidário, aliado, que ajuda.
SO.LI.DA.RI.ZAR, v.t. e pron., aliar-se a alguém para ajudar, partilhar com outros.
SO.LI.DÉU, s.m., barrete pequeno, usado no cocuruto da cabeça por padres, rabinos e bispos.
SO.LI.DEZ, s.f., força, vigor, estrutura forte, fortaleza.
SO.LI.DI.FI.CA.ÇÃO, s.f., endurecimento, solidez.
SO.LI.DI.FI.CA.DO, adj., endurecido, sólido.
SO.LI.DI.FI.CA.DOR, adj. e s.m., que ou o que solidifica.
SO.LI.DI.FI.CAR, v.t. e int., tornar sólido, endurecer.
SÓ.LI.DO, adj., duro, resistente, consistente; s.m., todo objeto sólido, corpo.
SO.LI.LO.QUI.AR, v.int., falar solitariamente consigo mesmo; monologar.
SO.LI.LÓ.QUIO, s.m., monólogo, fala de um único ator.
SÓ.LIO, s.m., trono, cadeira do papa.
SO.LÍ.PE.DE, s.m., todo animal que possui apenas um casco em cada pé.
SO.LIP.SIS.MO, s.m., Fil., princípio segundo o qual o eu empírico é a única realidade; p.ext., vida de quem vive na solidão.

SO.LIS.TA, s. 2 gên., pessoa que canta ou declama sozinha.
SO.LI.TÁ.RIA, s.f., tipo de verme parasita que se desenvolve nos intestinos humanos.
SO.LI.TÁ.RIO, adj. e s.m., que vive só, sozinho, abandonado, misantropo.
SO.LI.TU.DE, s.f., solidão, abandono.
SO.LO, s.m., terreno, piso, terra, chão; parte musical executada apenas por uma pessoa.
SO.LO.GÁS.TER, s.m., sologastro.
SO.LO.GAS.TRO, s.m., Zool., gênero de equinodermes.
SOLS.TI.CI.AL, adj., que se refere a solstício.
SOLS.TÍ.CIO, s.m., posição do Sol na linha do Equador, quando os dias e noites ficam quase com a mesma duração, na mudança das estações - outono e primavera.
SOL.TA, s.f., libertação, ação ou efeito de soltar; expr., à solta - livremente.
SOL.TA.ÇÃO, s.f., bras., pop., ato ou efeito de soltar; solta.
SOL.TA.DA, s.f., bras., ação de soltar a matilha para perseguir a caça.
SOL.TA.DO, adj., que se soltou; solto.
SOL.TA.DOR, adj. e s.m., que(m) solta, libertador, liberador.
SOL.TA.MEN.TO, s.m., ato ou efeito de soltar, soltura.
SOL.TAR, v.t. e pron., livrar, liberar, largar, dar liberdade, deixar.
SOL.TEI.RA, s.f., mulher ainda não casada.
SOL.TEI.RÃO, s.m., homem não casado depois de certa idade.
SOL.TEI.RIS.MO, s.m., bras., estado de solteiro; celibato.
SOL.TEI.RO, adj. e s.m., homem ainda não casado.
SOL.TEI.RO.NA, s.f., mulher não casada após certa idade; balzaquiana; pop., tia, titia.
SOL.TO, adj., livre, liberado, libertado, largado, folgado.
SOL.TU.RA, s.f., ação ou efeito de soltar, liberação, libertação.
SO.LU.BI.LI.DA.DE, s.f., solvibilidade, solucionabilidade.
SO.LU.BI.LI.ZA.ÇÃO, s.f., ato ou efeito de solubilizar.
SO.LU.BI.LI.ZAR, v.t., tornar (uma substância) solúvel.
SO.LU.ÇAN.TE, adj. 2 gên., que soluça; choroso.
SO.LU.ÇÃO, s.f., resolução, conclusão, desfecho de um problema; experiência de química.
SO.LU.ÇAR, v.t. e int., chorar, soltar soluços, choramingar.
SO.LU.CI.O.NA.DO, adj., que teve solução; que foi resolvido, explicado.
SO.LU.CI.O.NAR, v.t., resolver, concluir, terminar, dar uma solução.
SO.LU.ÇO, s.m., suspiro, choro, choramingo, choro leve.
SO.LU.TI.VO, adj., que pode ser solucionado, que se resolve.
SO.LU.TO, adj., dissolvido, desmanchado; s.m., em uma solução química, o elemento com menos quantidade do que outro.
SO.LÚ.VEL, adj., resolvível, solvível, que se pode solver.
SOL.VÁ.VEL, adj., solvível, que se pode solver, que se desmancha.
SOL.VÊN.CIA, s.f., ato ou efeito de solver; diluição; liquefação.
SOL.VEN.TE, adj., com condições de pagar as dívidas; substância líquida que dissolve outras.
SOL.VER, v.t., explanar, resolver; pagar dívidas, resolver pendências.
SOL.VI.BI.LI.DA.DE, s.f., qualidade do que é solvível.
SOL.VÍ.VEL, adj. 2 gên., que se pode solver, pagar ou quitar (dívida).
SOM, s.m., tudo que chega aos ouvidos, ruído, voz, música.
SO.MA, s.f., adição, operação de adição, totalidade, quantia.
SO.MA.DO, adj., adicionado, acrescentado, adido.

SO.MA.LI, *adj. e s. 2 gên.*, natural, referente ou habitante da Somália.
SO.MAR, *v.t. e int.*, adicionar, adir, ajuntar quantidades umas às outras, efetuar uma soma, adição.
SO.MÁ.TI.CO, *adj.*, que se refere ao corpo.
SO.MA.TI.ZAR, *v.t.*, transformar em mal físico problemas de ordem psicológica.
SO.MA.TO.LO.GI.A, *s.f.*, compêndio sobre o corpo humano.
SO.MA.TO.LÓ.GI.CO, *adj.*, que se refere a Somatologia.
SO.MA.TÓ.RIO, *adj.*, que mostra uma adição; *s.m.*, o total de somas.
SO.MA.TO.TE.RA.PI.A, *s.f.*, tratamento de doenças mentais a partir de meios físicos, químicos e cirúrgicos.
SOM.BRA, *s.f.*, trevas, falta de luz, escuridão, noite; *fig.*, mácula, mancha; *fig.*, tipo que está sempre atrás de outrem.
SOM.BRA.ÇÃO, *s.f., ant.*, ver assombração.
SOM.BRAL, *s.m.*, lugar sombrio; local à sombra.
SOM.BRAR, *v.t., ant.*, assombrar.
SOM.BRAS, *s.m., pl.*, as trevas, a escuridão.
SOM.BRE.A.ÇÃO, *s.f.*, ação ou efeito de sombrear.
SOM.BRE.A.DO, *adj.*, com sombra; *s.m.*, colocação do contraste entre sombra e luz.
SOM.BRE.A.DOR, *adj.*, que sombreia; que faz sombreado.
SOM.BRE.A.MEN.TO, *s.m.*, ação ou efeito de sombrear; sombreado.
SOM.BRE.AR, *v.t. e pron.*, colocar sombra em, escurecer, tornar escuro.
SOM.BREI.RA, *s.f.*, bandeira de candeeiro ou de vela; pantalha, quebra-luz.
SOM.BREI.RO, *s.m.*, chapéu grande que produz sombra.
SOM.BRE.JAR, *v.t.*, sombrear.
SOM.BRE.JO, *s.m.*, ato ou efeito de sombrejar.
SOM.BRÍ.FE.RO, *adj.*, que produz sombra; umbrífero.
SOM.BRI.NHA, *s.f.*, guarda-chuva feminino; pequeno guarda-chuva.
SOM.BRI.O, *adj.*, triste, escuro, fúnebre, lúgubre.
SOM.BRO.SO, *adj.*, em que há muita sombra, sombreado; umbroso; umbrífero.
SO.ME.NOS, *adj.*, de valor menor, inferior, menor, regular, ordinário.
SO.MEN.TE, *adv.*, apenas, só, tão somente.
SO.MES.TE.SI.A, *s.f.*, Fisiol., conjunto de sensações corporais como tato, dor, etc; consciência corporal.
SO.MES.TÉ.SI.CO, *adj.*, Fisiol., relativo a somestesia.
SO.MÍ.TI.CO, *adj., s.m.*, tipo avarento, avaro, sovina.
SO.NAM.BÚ.LI.CO, *adj.*, relativo a sonâmbulo ou próprio de sonâmbulo.
SO.NAM.BU.LIS.MO, *s.m.*, estado de quem se locomove dormindo e sonhando.
SO.NÂM.BU.LO, *s.m.*, quem sofre de sonambulismo.
SO.NÂN.CIA, *s.f.*, ressonância, música, ruído.
SO.NAN.TE, *adj.*, que soa, que ressoa.
SO.NAR, *s.m.*, instrumento eletrônico que indica objetos submersos e lhes dá a posição e a velocidade.
SO.NA.TA, *s.f.*, pequena música tocada, música agradável.
SO.NA.TI.NA, *s.f.*, pequena sonata.
SON.DA, *s.f.*, instrumento para realizar sondagens, aparelho cirúrgico para introduzir no corpo humano; instrumento para perfurar o solo.
SON.DA.DO, *adj.*, pesquisado, verificado, buscado, diagnosticado.
SON.DA.DOR, *adj. e s.m.*, pesquisador, verificador, diagnosticador.
SON.DA.GEM, *s.f.*, ação de sondar, busca, pesquisa, diagnóstico.
SON.DAR, *v.t. e pron.*, pesquisar, verificar, buscar, analisar, examinar com sonda.
SON.DÁ.VEL, *adj.*, que se pode sondar, pesquisável.
SO.NE.CA, *s.f.*, sono leve e rápido, sesta, dormidela.
SO.NE.GA.ÇÃO, *s.f.*, ação de sonegar, desvio de dinheiro devido, fraude.
SO.NE.GA.DO, *adj.*, desviado, fraudado, omitido, burlado.
SO.NE.GA.DOR, *adj. e s.m.*, fraudador, burlador, raptor.
SO.NE.GA.MEN.TO, *s.m.*, o mesmo que sonegação.
SO.NE.GAN.TE, *adj. 2 gên.*, que sonega; sonegador.
SO.NE.GAR, *v.t. e pron.*, desviar, omitir, fraudar, disfarçar, burlar, não pagar.
SO.NEI.RA, *s.f.*, sonolência, grande desejo de dormir.
SO.NE.TE.AR, *v.t.*, escrever sonetos; cantar em soneto; pôr na forma do soneto.
SO.NE.TI.LHO, *s.m.*, soneto de versos curtos; soneto cujas rimas são variadas.
SO.NE.TIS.TA, *adj. 2 gên. e s. 2 gên.*, diz-se da, ou a pessoa que escreve sonetos.
SO.NE.TO, *s.m.*, composição poética formada por 14 versos, quartetos e dois tercetos.
SON.GA.MON.GA, *s. 2 gên.*, indivíduo tolo, pessoa sonsa, alguém que não sabe fazer as coisas.
SO.NHA.DO, *adj.*, que ocorreu em sonho; que não é real, fictício; desejado; almejado.
SO.NHA.DOR, *s.m.*, quem sonha, pessoa dada a sonhos; idealizador, quem imagina novas vivências.
SO.NHAN.TE, *adj.*, sonhador.
SO.NHAR, *v.t. e int.*, ter sonhos, imaginar, fantasiar, ansiar por, querer muito.
SO.NHÁ.VEL, *adj.*, que se pode sonhar; a que se pode aspirar.
SO.NHO, *s.m.*, representações mentais durante o sono; fantasias, imaginações, desejos; um doce pequeno de massa, geralmente com recheio no meio.
SÔ.NI.CO, *adj.*, próprio do som.
SO.NI.DO, *s.m.*, som, ruído, barulho, estrépito.
SO.NÍ.FE.RO, *adj.*, que traz sono; *s.m.*, material que provoca o sono.
SO.NI.GRA.FI.A, *s.f.*, descrição de sonhos.
SO.NI.GRÁ.FI.CO, *adj.*, que diz respeito a sonigrafia.
SO.NI.GRA.FO, *s.m.*, aquele que descreve sonhos.
SO.NI.LO.QUIA, *s.f.*, a pessoa fala durante o sono, deitada ou encostada.
SO.NO, *s.m.*, tendência a uma pessoa de ficar dormindo, geralmente durante a noite, durante algumas horas; vontade de dormir, necessidade de dormir, sonolência.
SO.NO.LÊN.CIA, *s.f.*, vontade de dormir, soneira, modorra; *fig.*, inércia.
SO.NO.LEN.TO, *adj.*, que tem sono.
SO.NO.ME.TRI.A, *s.f.*, medição de vibrações sonoras.
SO.NO.MÉ.TRI.CO, *adj.*, que se refere a sonometria.
SO.NÔ.ME.TRO, *s.m.*, instrumento para medir o som e suas vibrações.
SO.NO.PLAS.TA, *s. 2 gên.*, quem cuida dos sons; produtor de sons.
SO.NO.PLAS.TI.A, *s.f.*, técnica de dosagem das músicas, sons e ruídos em qualquer espetáculo.

SO.NO.RI.DA.DE, *s.f.,* qualidade do que é sonoro; som harmonioso, nítido, claro; sonoridade textual pela combinação de palavras.
SO.NO.RI.ZA.ÇÃO, *s.f.,* ação ou efeito de sonorizar, harmonização.
SO.NO.RI.ZA.DO, *adj.,* musicado, harmonizado.
SO.NO.RI.ZA.DOR, *adj. e s.m.,* que provoca sons; saliência no leito da rua ou rodovia, para diminuir a velocidade devido a algum obstáculo.
SO.NO.RI.ZAR, *v.t. e int.,* tornar sonoro, provocar sons, harmonizar.
SO.NO.RO, *adj.,* que produz sons, musical, harmonioso.
SO.NO.RO.SO, *adj.,* que tem som harmonioso, melodioso; que soa de maneira estrondosa.
SO.NO.TE.RA.PI.A, *s.f.,* tratamento médico por meio do sono; terapia por meio do sono induzido.
SON.SE.AR, *v.int.,* comportar-se de maneira sonsa.
SON.SI.DA.DE, *s.f.,* qualidade de sonso; sonsice.
SON.SI.CE, *s.f.,* tolice, velhacaria, safadeza.
SON.SI.DÃO, *s.f.,* esperteza dissimulada; sonsice.
SON.SO, *adj.,* tolo, que se disfarça de tolo, velhaco.
SO.PA, *s.f.,* caldo, iguaria feita com muito líquido; *pop.,* algo fácil de fazer.
SO.PA.DA, *s.f., pop.,* grande quantidade ou abundância de sopas.
SO.PÃO, *s.m.,* sopa em muita quantidade, sopa para muitas pessoas.
SO.PA.PE.AR, *v.t.,* dar sopapos, soquear, bater em alguém.
SO.PA.PO, *s.m.,* soco, golpe com a mão fechada, murro, tapa.
SO.PÉ, *s.m.,* o pé de um morro, a parte inferior de uma montanha; fralda.
SO.PE.A.DO, *adj. e s.m.,* que ou o que sopeia; subjugador; *fig.,* reprimido.
SO.PE.A.MEN.TO, *s.m.,* ação ou efeito de sopear, refreamento.
SO.PE.AR, *v.t. e bit.,* desacelarar o movimento, embaraçar, refrear.
SO.PEI.RA, *s.f.,* vasilha para servir a sopa, terrina.
SO.PEI.RO, *adj. e s.m.,* que(m) aprecia sopas, degustador de sopas.
SO.PE.SA.DO, *adj.,* avaliado o peso, sentido, imaginado.
SO.PE.SAR, *v.t. e pron.,* sentir o peso pegando um objeto com a mão; imaginar o peso de algo.
SO.PIS.TA, *adj. e s. 2 gên.,* pessoa amiga de sopas, sopeira.
SO.PI.TA.ÇÃO, *s.f.,* ato ou efeito de sopitar; adormecimento; abrandamento.
SO.PI.TA.DO, *adj.,* acalmado, aquietado, acalentado.
SO.PI.TA.MEN.TO, *s.m.,* ato ou efeito de sopitar; letargia; torpor.
SO.PI.TAR, *v.t.,* aquietar, acalmar, fazer dormir, perder as forças, acalentar.
SO.PI.TÁ.VEL, *adj. 2 gên.,* que se pode sopitar.
SO.PI.TO, *adj.,* o mesmo que sopitado.
SO.POR, *s.m.,* estado de sono profundo, coma, modorra.
SO.PO.RA.DO, *adj.,* soporento, modorrento, que contém sopor.
SO.PO.RA.TI.VO, *adj.,* que serve ou é próprio para adormecer; *fig.,* que aborrece, enfadonho.
SO.PO.RÍ.FE.RO, *adj.,* que produz sono, soporífico, sonífero, tedioso; *s.m.,* substância para dormir.
SO.PO.RÍ.FI.CO, *adj.,* soporífero, sonífero.
SO.POR.TAL, *s.f.,* ato ou efeito de soprar.
SO.PRA.DO, *adj.,* assoprado, expirado o ar, avisado, cochichado.
SO.PRA.DOR, *adj.,* que sopra; *s.m.,* aquele que sopra; *bras.,* p.ext., aparelho próprio para soprar.
SO.PRA.NIS.TA, *s.m., Mús.,* cantor do sexo masculino que pode interpretar partes de soprano, a mais aguda das vozes femininas.
SO.PRA.NO, *s.m.,* a voz aguda de um cantor.
SO.PRAR, *v.t. e int.,* assoprar, jogar ar pela boca, expirar ar com força; dizer baixinho algo, transmitir um aviso.
SO.PRE.SA, *s.f.,* ação de sopresar.
SO.PRE.SAR, *v.t.,* tomar (algo) de surpresa; *fig.,* enganar com falsas aparências; apresar.
SO.PRI.LHO, *s.m.,* certo tipo de seda muito delgada.
SO.PRO, *s.m.,* ar expirado pela boca, jato de ar, hálito.
SO.QUE.AR, *v.t.,* dar socos, dar pancadas em.
SO.QUEI.RA, *s.f.,* raizame de várias plantas; peça usada nos punhos para bater.
SO.QUE.TE, *s.m.,* peça de madeira para socar, bater a terra; peça que se encaixa à lâmpada para receber a energia elétrica; meia curta, tipo de meia.
SOR, *abrev., pop.,* senhor.
SOR.DA, *s.f.,* RS, caldo de carne engrossado com farinha de mandioca com ovos.
SOR.DI.DEZ, *s.f.,* estado de muita sujeira; baixaria, infâmia, vileza, sem-vergonhice, descaramento.
SOR.DI.DE.ZA, *s.f.,* sordidez, vileza, vilania, descaramento.
SÓR.DI.DO, *adj.,* sujo, repelente, nojento, imundo, vil, desprezível, encardido, velhaco.
SOR.GO, *s.m.,* planta usada como alimento do gado, proveniente da família do milho.
SO.RO, *s.m.,* líquido que sobra do leite na coagulação; substância que se injeta na veia de doentes para mantê-los; linfa do sangue.
SO.RO.LO.GI.A, *s.f.,* ramo medicinal que estuda os soros e validades.
SO.RO.NE.GA.TI.VO, *adj., s.m.,* que(m) não está contaminado com o vírus da AIDS.
SO.RON.GO, *s.m., bras., gír.,* baile, dança.
SO.RO.PO.SI.TI.VO, *adj., s.m.,* indivíduo portador do vírus da AIDS.
SO.ROR, *s.f.,* sóror, tratamento para freiras; irmã, religiosa.
SO.RO.RO.CA, *s.f., bras.,* emissão de som ou ruído produzido pelo moribundo; estertor; *Zool.,* peixe teleósteo, da fam. dos escombrídeos (*Scomberomus maculatus*), do Atlântico.
SO.RO.TE.RA.PI.A, *s.f.,* tratamento por meio do soro.
SOR.RA.TEI.RO, *adj.,* que age com disfarce, disfarçado, silencioso.
SOR.REL.FA, *s.f.,* disfarce, truque para enganar os outros; *expr.,* à sorrelfa - às escondidas.
SOR.RI.DEN.TE, *adj.,* que sorri, risonho, alegre, feliz.
SOR.RIR, *v. int. e pron.,* rir suavemente, de leve; concordar, aceitar.
SOR.RI.SO, *s.m.,* riso suave, riso com pequeno movimento labial.
SOR.TE, *s.f.,* destino, sina, fado, fortuna, ser bem-sucedido; fatalismo.
SOR.TE.A.DO, *adj.,* selecionado, escolhido, felizardo, que recebeu a sorte.
SOR.TE.A.DOR, *adj. e s.m.,* que(m) sorteia, selecionador, rifador.
SOR.TE.A.MEN.TO, *s.m.,* o mesmo que sorteio.

SORTEAR — SPINOZISTA

SOR.TE.AR, *v.t. e pron.*, correr a sorte, fazer um sorteio, ver quem recebe.

SOR.TEI.O, *s.m.*, ação de sortear, rifa, seleção, escolha.

SOR.TI.DO, *adj.*, provido, abastecido, com bom sortimento, preparado, com variedade.

SOR.TI.LÉ.GIO, *s.m.*, feitiçaria, azar, bruxaria, agouro.

SOR.TI.MEN.TO, *s.m.*, provisão, estoque, conjunto de mercadorias.

SOR.TIR, *v.t. e pron.*, prover, abastecer, colocar todas as mercadorias, misturar.

SOR.TIS.TA, *s. 2 gên., bras.*, S, cartomante; pessoa que faz bruxarias; feiticeiro.

SOR.TU.DO, *adj. e s.m., pop*, que(m) tem sorte.

SO.RUM.BÁ.TI.CO, *adj.*, triste, tristonho, melancólico, sombrio, lúgubre.

SOR.VA, *s.f.*, a fruta produzida pela árvore de nome sorveira.

SOR.VE.DOU.RO, *s.m.*, abismo, redemoinho de águas que tragam tudo.

SOR.VE.DU.RA, *s.f.*, ato ou efeito de sorver; gole; sorvo.

SOR.VEI.RA, *s.f.*, planta que produz sorva e látex.

SOR.VER, *v.t. e pron.*, chupar, absorver, sugar, consumir aos poucos.

SOR.VE.TE, *s.m.*, doce gelado, doce para ser sorvido.

SOR.VE.TE.AR, *v.int.*, tomar sorvetes.

SOR.VE.TEI.RA, *s.f.*, aparelho para fabricar sorvetes.

SOR.VE.TEI.RO, *s.m.*, quem vende sorvetes.

SOR.VE.TE.RI.A, *s.f.*, fábrica de sorvetes, local em que se vendem sorvetes.

SOR.VI.DO, *adj.*, que se sorveu; bebido aos goles; impregnado; absorvido.

SOR.VÍ.VEL, *adj.*, que se pode sorver.

SOR.VO, *s.m.*, gole, trago, bocado.

SOS, *s.m.*, código usado no mundo todo para pedir socorro por meio de algum sinal.

SÓ.SIA, *s. 2 gên.*, pessoa semelhante a outra; muito parecida.

SOS.LAI.O, *s.m.*, olhada de lado, esguelha; flanco.

SOS.SE.GA.DO, *adj.*, acalmado, tranquilizado, aquietado.

SOS.SE.GA.DOR, *adj. e s.m.*, tranquilizador, acalmador, aquietador.

SOS.SE.GAR, *v.t., int. e pron.*, acalmar, tranquilizar, aquietar, dar sossego.

SOS.SE.GO, *s.m.*, calma, tranquilidade, calmaria.

SOS.SO, *adj.*, pedra livre de argamassa em uma parede.

SO.TA-CA.PI.TÂ.NIA, *s.f., ant.*, nau de guerra que servia de capitânia.

SO.TA-GE.NE.RAL, *s.m.*, adjunto do general; seu substituto.

SO.TAI.NA, *s.f.*, batina, vestimenta oficial de padre.

SÓ.TÃO, *s.m.*, parte da casa entre o teto e o telhado.

SO.TA.QUE, *s.m.*, som diferente na pronúncia, acento estranho na voz.

SO.TA.QUE.AR, *v.t.*, jogar remoque a; motejar de (alguém).

SO.TA.VEN.TAR, *v.t., int. e pron.*, sotaventear.

SO.TA.VEN.TE.AR, *v.t., int. e pron.*, voltar para sota-vento (o navio); ir(-se) de barlavento para sota-vento.

SO.TA.VEN.TO, *s.m.*, parte da embarcação contrária àquela na qual o vento sopra.

SO.TE.RO.PO.LI.TA.NO, *s.m.*, habitante de Salvador, capital da Bahia.

SO.TER.RA.ÇÃO, *s.f.*, ação ou efeito de soterrar, soterramento.

SO.TER.RA.DO, *adj.*, coberto com terra, enterrado, enfiado na terra.

SO.TER.RA.DOR, *adj. e s.m.*, que ou o que soterra.

SO.TER.RA.MEN.TO, *s.m.*, soterração, enterramento.

SO.TER.RAR, *v.t. e pron.*, cobrir com terra, enterrar, enfiar na terra.

SO.TO-GE.NE.RAL, *s.m.*, o mesmo que sota-general.

SO.TO.POR, *v. bit. e pron.*, colocar embaixo, sopor, pôr por baixo.

SO.TO.POS.TO, *adj.*, colocado abaixo, posto embaixo.

SO.TUR.NI.CE, *s.f.*, soturnidade, soturnez.

SO.TUR.NI.DA.DE, *s.f.*, qualidade do que é soturno; melancolia; tristeza.

SO.TUR.NO, *adj.*, sombrio, lúgubre, triste, fúnebre.

SOU.TO, *s.m.*, grupo de árvores, bosque em ribanceira de rio.

SOUVENIR, *s.m., fr.*, ver souvenir.

SO.VA, *s.f.*, surra, tunda, coça.

SO.VA.CO, *s.m.*, axila, região que fica na junção do braço com o corpo.

SO.VA.DO, *adj.*, surrado, batido, preparado.

SO.VA.DOR, *adj. e s.m.*, que ou o que sova, surrador; curtidor.

SO.VA.QUEI.RA, *s.f., bras., pop.*, o mesmo que sovaco; transpiração, odor do sovaco; coldre sob o sovaco.

SO.VAR, *v.t.*, surrar, dar uma tunda, bater.

SO.VE.LA, *s.f.*, instrumento composto por cabo e estilete pontudo e cortante.

SO.VE.LA.DA, *s.f.*, ação ou efeito de sovelar; golpe com a sovela.

SO.VE.LAR, *v.t.*, furar com sovela, abrir algo com sovela.

SO.VE.LEI.RO, *s.m.*, indivíduo que faz ou vende sovelas.

SO.VER.TER, *v. int. e pron.*, soterrar, destruir, fazer desaparecer, fazer sumir, dar sumiço.

SO.VER.TI.DO, *adj.*, enterrado, sumido, destruído.

SO.VI.E.TE, *s.m.*, conselho na Antiga União Soviética, composto por representantes de todas as classes dominantes do regime comunista.

SO.VI.É.TI.CO, *adj.*, pertencente ou referente à antiga URSS; russo.

SO.VI.E.TIS.MO, *s.m.*, sistema político e econômico dos soviéticos.

SO.VI.E.TIS.TA, *s. 2 gên.*, soviético, adepto do sovietismo.

SO.VI.E.TI.ZA.ÇÃO, *s.f.*, ato ou efeito de sovietizar(-se); implantação do regime soviética.

SO.VI.E.TI.ZAR, *v.t. e pron.*, transformar uma sociedade para o sovietismo.

SO.VI.NA, *s. 2 gên.*, avarento, avaro, pão-duro, mesquinho; instrumento perfurante em forma de lima.

SO.VI.NAR, *v.t.*, furar com sovina; fig., incomodar, molestar.

SO.VI.NA.RI.A, *s.f., pop.*, mesquinhez, somiticaria, avareza.

SO.VI.NE.ZA, *s.f.*, sovinaria, sovinice.

SO.VI.NI.CE, *s.f.*, avareza, mesquinhez.

SO.ZI.NHO, *adj.*, só, totalmente só, abandonado.

SP - sigla do Estado de São Paulo.

SPA, *s.m.*, clínica para tratamento de vários males, com ares de hotel; vem do Latim - *salus per aquam* - ou seja, saúde pela água.

SPAGHETTI, *s.m., it., Cul.*, ver espaguete.

SPAM, *s.m., Inform., ing.*, mensagem indesejada, enviada para muitos endereços eletrônicos ao mesmo tempo.

SPC - sigla para indicar Serviço de Proteção ao Crédito.

SPI.NO.ZIS.MO, *s.m.*, sistema filosófico de Spinoza, centrado no panteísmo.

SPI.NO.ZIS.TA, *adj.*, que diz respeito a Spinoza ou à sua doutrina; *s. 2 gên.*, adepto do spinozismo.

SPOT, s.m., ing., refletor, lustre que deixa a lâmpada toda à mostra.
SPRAY, s.m., ing., recipiente, geralmente cilíndrico, com uma bomba e líquido que, impulsionado, asperge um local ou solta tinta para pintar superfícies.
STAFF, s.m., ing., grupo de pessoas que trabalham para um mesmo fim; assessoria, conjunto de auxiliares.
STAND, s.m., ing., estande, armação para expor produtos.
STANDARD, s.m., ing., padrão, modelo, medida, critério.
STATUS, s.m., lat., posição social de alguém, camada social, posição.
STATUS QUO, s.m., lat., a posição momentânea, o contexto.
STENT, s.m., ing., Med., tubo plástico ou metálico, colocado num vaso sanguíneo para permitir o fluxo de sangue.
STRESS, s.m., ver estresse.
STRIP-TEASE, s.m., ing., tirar a roupa com propósito erótico.
SU.A, pron., adj., feminino de seu, pronome possessivo da terceira pessoa.
SU.Ã, s.f., carne encontrada no lombo do porco.
SU.A.DEI.RA, s.f., bras., pop., ação de suar muito; RS, o mesmo que bastos.
SU.A.DO, adj., cheio de suor, molhado; fig., trabalhador.
SU.A.DOR, s.m., quem sua, suadouro.
SU.A.DOU.RO, s.m., suador, o que provoca muito suor, calor muito intenso.
SU.AR, v.t. e int., transpirar, soltar gotas de líquido pelos poros; fig., trabalhar.
SU.A.REN.TO, adj., que sua, que provoca suor, suado.
SU.A.SÃO, s.f., persuasão, convencimento.
SU.A.SI.VO, adj., persuasivo, persuasório, convincente.
SU.A.SÓ.RIO, adj., convincente, persuasivo, que convence.
SU.ÁS.TI.CA, s.f., cruz de origem grega como símbolo religioso, usada pelos nazistas.
SU.A.VE, adj., agradável, macio, aprazível, terno, tenro, afável.
SU.A.VI.DA.DE, s.f., maciez, aprazibilidade, ternura, afabilidade.
SU.A.VI.LO.QUÊN.CIA, s.f., fala mansa, expressão oral suave, fala macia.
SU.A.VI.LO.QUEN.TE, adj., que fala com doçura, que se expressa com maviosidade.
SU.A.VI.ZA.ÇÃO, s.f., amenização, mitigação, abrandamento.
SU.A.VI.ZA.DO, adj., amenizado, abrandado, amaciado.
SU.A.VI.ZA.DOR, adj. e s.m., que ou o que suaviza.
SU.A.VI.ZAN.TE, adj., que suaviza, amaciante.
SU.A.VI.ZAR, v.t., amenizar, mitigar, abrandar, tornar aprazível.
SU.A.ZI, adj. 2 gên., da, ou típico da Suazilândia (Sul da África); s. 2 gên., nascido ou que vive na Suazilândia.
SUB, pref., indica sempre uma situação inferior; sob, abaixo.
SU.BA.É.REO, adj., que se situa abaixo da atmosfera, que está abaixo do plano de voo.
SU.BA.GU.DO, adj., ligeiramente agudo; intermediário ao agudo e ao crônico.
SU.BA.LI.MEN.TA.ÇÃO, s.f., subnutrição, menos alimento do que o necessário para o corpo.
SU.BA.LI.MEN.TA.DO, adj., desnutrido, subnutrido, definhado.
SU.BA.LI.MEN.TAR, v.t. e pron., alimentar(-se) mal.
SU.BAL.TER.NA.ÇÃO, s.f., ação ou efeito de subalternar, estado do subalterno, submissão.
SU.BAL.TER.NA.DO, adj., subordinado, subalterno.
SU.BAL.TER.NAR, v.t. e pron., subordinar(-se), dominar, colocar sob o comando.
SU.BAL.TER.NI.DA.DE, s.f., subalternação, qualidade do que é subalterno.
SU.BAL.TER.NI.ZA.ÇÃO, s.f., ato ou efeito de subalternizar(-se).
SU.BAL.TER.NI.ZAR, v.t. e pron., subalternar.
SU.BAL.TER.NO, adj., subordinado, que está abaixo de outrem.
SU.BA.LU.GA.DO, adj., alugado para um segundo locatário, sublocado.
SU.BA.LU.GAR, v.t., sublocar, o que alugou aluga para outro.
SU.BA.LU.GUEL, s.m., o mesmo que sublocação.
SU.BA.QUÁ.TI.CO, adj., que está sob a água, submerso.
SU.BAR.BÓ.REO, adj., Bot., que está em um meio-termo entre arbusto e árvore.
SU.BAR.BUS.TI.VO, adj., Bot., relativo a subarbusto e que representa suas características.
SU.BAR.BUS.TO, s.m., Bot., planta de altura inferior à do arbusto.
SU.BÁ.REA, s.f., parte de uma área que sofreu divisão, ou destacada de uma área maior.
SU.BAR.REN.DA.MEN.TO, s.m., ato de subarrendar; ação de arrendar a um terceiro área arrendada.
SU.BAR.REN.DAR, v.t., tornar a arrendar.
SU.BAR.REN.DA.TÁ.RIO, s.m., quem subarrendou algo; sublocatário.
SU.BAS.SI.NAR, v.t., assinar em baixo ou no fim.
SU.BA.TI.VI.DA.DE, s.f., atividade que fica subordinada a uma outra; atividade mal remunerada.
SU.BA.TÔ.MI.CO, adj., Fís., que se processa no interior de um átomo; relativo ou próprio das partículas elementares da matéria; de dimensões ínfimas, menores que um átomo.
SU.BA.XI.LAR, adj., Anat., que fica debaixo da axila; Bot., que fica abaixo de uma parte axilar.
SUB-BI.BLI.O.TE.CÁ.RIO, s.m., empregado subordinado ao bibliotecário.
SUB.CA.PI.TA.LI.ZA.DO, adj., diz-se de país ou região que vive em regime econômico de subcapitalismo.
SUB.CA.PÍ.TU.LO, s.m., parte de capítulo que foi subdividido.
SUB.CA.TE.GO.RI.A, s.f., divisão de uma categoria; caráter ou condição do que pertence a uma categoria inferior.
SUB.CHE.FE, s.m., quem está imediatamente sob o chefe.
SUB.CHE.FI.A, s.f., cargo ou função do subchefe.
SUB.CLAS.SE, s.f., classe inferior, divisão em uma classe, classe sem valor social.
SUB.CLAS.SI.FI.CA.ÇÃO, s.f., subdivisão de uma classificação.
SUB.CLAS.SI.FI.CAR, v.t., bubdividir (uma classificação) criando subclasses.
SUB.CO.MIS.SÃO, s.f., cada uma das comissões em que uma comissão se divide.
SUB.CO.MIS.SÁ.RIO, s.m., comissário adjunto, substituto do comissário.
SUB.CON.JUN.TO, s.m., parte separada de um conjunto que apresenta características próprias.
SUB.CONS.CI.ÊN.CIA, s.f., estado psíquico além da consciência.
SUB.CONS.CI.EN.TE, s.m., parte da mente fora dos limites da consciência.
SUB.CON.TI.NEN.TAL, adj., próprio de um subcontinente.
SUB.CON.TI.NEN.TE, s.m., Geog., grande extensão de terra ligada a um continente, porém de menor tamanho.

SUB.CON.TRA.TA.ÇÃO, s.f., ato ou efeito de subcontratar.
SUB.CON.TRA.TA.DO, adj. e s.m., que ou aquele que trabalha por subcontrato.
SUB.CON.TRA.TAR, v.t., firmar contrato com pessoa jurídica ou física para execução de um contrato que deriva de outro firmado anteriormente.
SUB.COS.TAL, adj. 2 gén., Anat., que se localiza abaixo das costelas ou em contato com a parte interna das costelas.
SUB.CRUS.TAL, adj. 2 gén., situado sob uma crosta; Geol., que se localiza abaixo da crosta terrestre.
SUB.CU.TÂ.NEO, adj., que fica sob a pele, debaixo da pele.
SUB.DÉ.CU.PLO, adj., que de dez partes contém uma.
SUB.DE.LE.GA.ÇÃO, s.f., ato ou efeito de subdelegar; função ou repartição de subdelegado; subdelegacia.
SUB.DE.LE.GA.CI.A, s.f., função de subdelegado; local de ofício do subdelegado.
SUB.DE.LE.GA.DO, s.m., substituto legal do delegado.
SUB.DE.LE.GAR, v.t. e bit., retransmitir uma ordem, passar a outrem uma ordem.
SUB.DE.SEN.VOL.VI.DO, adj., que ainda não ficou desenvolvido.
SUB.DE.SEN.VOL.VI.MEN.TO, s.m., desenvolvimento a menor, situação social caótica; falta de crescimento econômico e social.
SUB.DI.A.CO.NA.TO, s.m., função do subdiácono, cargo, exercício.
SUB.DI.Á.CO.NO, s.m., clérigo que recebeu a ordem menor, leigo que pode exercer algumas funções nas igrejas católicas.
SUB.DI.A.LE.TO, s.m., Filol., dialeto que pertence a uma língua ou dialeto mais amplo.
SUB.DI.RE.TOR, s.m., substituto legal do diretor, diretor-adjunto, vice-diretor.
SUB.DI.VI.DI.DO, adj., fracionado, seccionado, que teve subdivisões.
SUB.DI.VI.DIR, v.t. e pron., fracionar, seccionar, fazer subdivisões.
SUB.DI.VI.SÃO, s.f., outra divisão do já dividido; fração.
SUB.DI.VI.SÍ.VEL, adj., que é possível redividir.
SUB.DO.MI.NAN.TE, adj. 2 gén., que domina parcialmente; Mús., diz-se do quarto grau da escala diatônica.
SU.BE.MEN.DA, s.f., nova emenda num projeto.
SU.BEM.PRE.GA.DO, adj., não qualificado, destreinado.
SU.BEM.PRE.GO, s.m., emprego não qualificado, emprego com salário baixo, exploração de mão de obra.
SU.BEN.TEN.DER, v.t. e pron., compreender o que está nas entrelinhas, dominar o tema, captar uma indireta.
SU.BEN.TEN.DI.DO, adj., dominado, captado, aceito, compreendido.
SU.BE.PÍ.GRA.FE, s.f., epígrafe que se segue a outra.
SU.BES.PA.ÇO, s.m., Álg., subconjunto de um espaço vetorial, que, tendo a mesma estrutura deste, tb. é um espaço.
SU.BES.PE.CI.A.LI.DA.DE, s.f., divisão ou parte de uma especialidade.
SU.BES.PÉ.CIE, s.f., divisão dentro da espécie.
SU.BES.TA.ÇÃO, s.f., estação menor entre as grandes na distribuição de energia.
SUB.ES.TI.MA.DO, adj., desprezado, depreciado, menoscabado.
SUB.ES.TI.MAR, v.t., não avaliar com exatidão, desprezar, não valorizar, depreciar, desprezar.
SU.BES.TRU.TU.RA, s.f., a parte inferior de uma estrutura.

SUB.FA.MÍ.LIA, s.f., subdivisão de uma família.
SUB.FA.TU.RA.DO, adj., faturar abaixo do preço normal, vender com valor menor.
SUB.FA.TU.RA.MEN.TO, s.m., preço menor que o fixado, preço abaixo do valor normal.
SUB.FA.TU.RAR, v.t., faturar com preço menor, expor um preço não real.
SUB.FI.LI.AL, s.f., filial que está subordinada a uma outra filial.
SUB.GÊ.NE.RO, s.m., uma das divisões do gênero comum.
SUB.GE.REN.TE, s.m., o substituto do gerente.
SUB.GRU.PO, s.m., as várias divisões ocorrentes em um grupo.
SUB-HU.MA.NO, adj., ver subumano.
SU.BI.DA, s.f., aclive, encosta, ladeira.
SU.BI.DO, adj., elevado, alto, alçado, nobre, excelso.
SU.BI.MEN.TO, s.m., ação ou efeito de subir, ascensão, subida.
SU.BIN.TEN.DEN.TE, s.m., empregado imediato ou substituto do intendente.
SU.BIR, v.t. e int, alçar-se, erguer-se, elevar-se, ascender, galgar, trepar, encarecer; crescer na hierarquia.
SU.BI.TÂ.NEO, adj., súbito, repentino, momentâneo.
SÚ.BI.TO, adj., repentino, inesperado, de improviso, subitâneo.
SUB.JA.CEN.TE, adj., que jaz embaixo, que está por baixo, inferior.
SUB.JE.TI.VI.DA.DE, s.f., posição do subjetivo, qualidade de ser subjetivo, individualismo.
SUB.JE.TI.VIS.MO, s.m., atitude pela qual o indivíduo reduz tudo ao seu modo de ver e pensar; individualismo; pendor para tudo que é do eu.
SUB.JE.TI.VO, adj., próprio do sujeito, pessoal, particular.
SUB.JU.GA.ÇÃO, s.f., dominação, repressão, educação, refreamento.
SUB.JU.GA.DO, adj., dominado, vencido, educado, reprimido, refreado.
SUB.JU.GA.DOR, adj. e s.m., que ou aquele que subjuga.
SUB.JU.GAN.TE, adj., que subjuga; subjugador.
SUB.JU.GAR, v.t. e pron., dominar, vencer, domar, educar, reprimir, refrear.
SUB.JUN.ÇÃO, s.f., ajuntamento imediato de uma coisa a outra.
SUB.JUN.TI.VO, adj., subordinado; s.m., modo verbal indicativo de hipóteses, incertezas, possibilidades.
SUB.LE.VA.ÇÃO, s.f., motim, revolta, desobediência.
SUB.LE.VA.DO, adj., que se sublevou; insurgente; revoltado; amotinado.
SUB.LE.VA.DOR, adj., que subleva; s.m., o que provoca sublevação; amotinador; agitador.
SUB.LE.VAR, v.t. e pron., rebelar, amotinar, desobedecer.
SU.BLI.MA.ÇÃO, s.f., enaltecimento, gloriação, destaque, mudança de rumos.
SU.BLI.MA.DO, adj., destacado, vangloriado, enaltecido, gloriado.
SU.BLI.MAR, v.t. e pron., destacar, vangloriar, enaltecer, gloriar; desvio da vontade sexual para outra área (artística ou religiosa, geralmente).
SU.BLI.MA.TÓ.RIO, adj., Quím., relativo a sublimação; s.m., vaso que serve para recolher os produtos das sublimações.
SU.BLI.MÁ.VEL, adj., que se pode sublimar; purificável.
SU.BLI.ME, adj., nobre, elevado, digno, majestoso, glorioso.
SU.BLI.MI.DA.DE, s.f., estado do que é sublime; condição do que é extraordinário ou está acima do humano.

SUB.LI.MI.NAR, adj., qualquer estímulo retido pelo limiar da consciência.
SUB.LI.NE.AR, adj., que se escreve por baixo das linhas; interlinear; quase reduzido a uma linha.
SUB.LIN.GUAL, adj. 2 gên., situado ou posto sob a língua.
SUB.LI.NHA, s.f., risca traçada sob uma linha, palavra.
SU.BLI.NHA.DO, adj., destacado, grifado, enfatizado.
SUB.LI.NHAR, v.t., destacar, grifar, enfatizar.
SUB.LI.TE.RA.TU.RA, s.f., literatura de má qualidade, produto literário de mau gosto.
SUB.LO.CA.ÇÃO, s.f., contrato que o locatário firma com o sublocatário.
SUB.LO.CA.DO, adj., subalugado, que subloca do locatário.
SUB.LO.CA.DOR, s.m., quem subloca.
SUB.LO.CAR, v.t., subalugar, alugar de novo.
SUB.LO.CA.TÁ.RIO, s.m., quem faz uma sublocação.
SUB.LU.NAR, adj., qualquer espaço ou corpo sito entre a Terra e a Lua.
SUB.MA.RI.NO, adj., que vive sob as águas do mar; s.m., navio que se locomove sob as águas.
SUB.MA.XI.LAR, adj., Anat., que está debaixo das maxilas.
SUB.MER.GIR, v.t., int. e pron., ficar debaixo da água, imergir, afundar.
SUB.MER.GÍ.VEL, adj. 2 gên., que se pode submergir; submersível.
SUB.MER.SÃO, s.f., ato de submergir; estado do que está submerso; fig., alheamento.
SUB.MER.SÍ.VEL, adj. 2 gên., submergível.
SUB.MER.SO, adj., coberto de água, debaixo da água, imerso.
SUB.ME.TER, v.t. e pron., subordinar, colocar sob ordem, subjugar, dominar.
SUB.ME.TI.DO, adj., subordinado, subjugado, dominado.
SUB.ME.TRA.LHA.DO.RA, s.f., metralhadora limitada no poder de fogo.
SUB.MI.NIS.TRA.ÇÃO, s.f., fornecimento, providência, ministração subordinada.
SUB.MI.NIS.TRA.DO, adj., fornecido, subordinado.
SUB.MI.NIS.TRA.DOR, adj. e s.m., que ou o que subministra.
SUB.MI.NIS.TRAR, v.t. e bit., fornecer o essencial, dar a dose devida, aplicar o necessário.
SUB.MIS.SÃO, s.f., dominação, subjugação, domínio, subordinação, colocar sob ordens, dependência.
SUB.MI.SÉ.RIA, s.f., condição de miséria absoluta.
SUB.MIS.SI.O.NÁ.RIO, s.m., missionário que está abaixo de outro; missionário de menor categoria.
SUB.MIS.SÍ.VEL, adj., que se pode submeter.
SUB.MIS.SI.VO, adj., que mostra ou indica submissão.
SUB.MIS.SO, adj., dominado, humilde, obediente, dócil.
SUB.MÚL.TI.PLO, s.m., número inteiro, divisor de outro inteiro.
SUB.MUN.DO, s.m., o mundo dos marginais; a vida dos marginais.
SUB.NU.TRI.ÇÃO, s.f., alimentação insuficiente, pouco alimento, subalimentação.
SUB.NU.TRI.DO, adj., mal-alimentado, esfomeado.
SUB.NU.TRIR, v.t., int. e pron., alimentar com deficiência, não comer o suficiente.
SU.BO.CU.LAR, adj., Anat., situado abaixo dos olhos.
SU.BOR.DEM, s.f., ordem inferior, parcela contida em uma ordem maior, contraordem.
SU.BOR.DI.NA.ÇÃO, s.f., submissão, dependência dos superiores.

SU.BOR.DI.NA.DA, s.f., oração dependente da principal.
SU.BOR.DI.NA.DO, adj., submisso, que deve obedecer a, ligado a outro.
SU.BOR.DI.NA.DOR, adj. e s.m., que ou aquele que impõe a subordinação a outrem; subordinante.
SU.BOR.DI.NAN.TE, adj. 2 gên., que subordina; Gram., diz-se da oração principal; s.f., Gram., oração principal em relação a outra(s), dentro do período.
SU.BOR.DI.NAR, v.t. e pron., subjugar, submeter, mandar em.
SU.BOR.DI.NA.TI.VO, adj., que subordina, que submete, conjunção que liga a oração subordinada.
SU.BOR.NA.ÇÃO, s.f., corrupção, desvirtuamento, suborno.
SU.BOR.NA.DO, adj., corrompido, desvirtuado.
SU.BOR.NA.DOR, adj., que suborna; s.m., aquele que suborna.
SU.BOR.NAR, v.t., corromper, induzir alguém a praticar algo ilícito, dar valores para desvirtuar alguém.
SU.BOR.NÁ.VEL, adj. 2 gên., que se pode subornar.
SU.BOR.NO, s.m., corrupção, promessa de recompensa para praticar algo ilícito.
SUB.PA.RÁ.GRA.FO, s.m., divisão dos parágrafos.
SUB.POR, v.t., pôr por baixo, sotopor.
SUB.PRE.FEI.TO, s.m., vice-prefeito, administrador de subprefeitura.
SUB.PRE.FEI.TU.RA, s.f., desdobramento da prefeitura central.
SUB.PRO.DU.TO, s.m., produto de segunda qualidade, produto obtido de outro produto.
SUB-RA.ÇA, s.f., raça que se julga inferior.
SUB-REI.TOR, s.m., diretor-adjunto, pró-reitor.
SUB-REP.ÇÃO, s.f., corrupção, ilegalidade, ilicitude, ato para corromper alguém.
SUB-REP.TÍ.CIO, adj., ilícito, ilegal, obtido por meios ilegais, corrupto.
SUB-RO.GA.ÇÃO, s.f., substituição de uma pessoa por outra.
SUB-RO.GA.DO, adj., transferido o direito, dado em prol de.
SUB-RO.GA.DOR, adj. e s.m., que ou o que sub-roga; que substitui.
SUB-RO.GAN.TE, adj., que sub-roga.
SUB-RO.GAR, v.t. e pron., pôr em lugar de, ou assumir o lugar de; substituir; subestabelecer; transferir direitos por sub-rogação.
SUBS.CRE.VER, v.t., bit. e pron., escrever embaixo, assinar, firmar, concordar com.
SUBS.CRI.ÇÃO, s.f., ação ou efeito de subscrever, compromisso de contribuir para algum fim, aceite legal para colaborar em prol de uma atividade.
SUBS.CRI.TAR, v.t., subscrever, anuir, concordar, assinar junto de.
SUBS.CRI.TO, adj., firmado, assinado, escrito por baixo.
SUB.SE.ÇÃO, s.f., subdivisão de uma seção.
SUB.SE.CRE.TÁ.RIO, s.m., substituto de um secretário.
SUB.SE.QUÊN.CIA, s.f., qualidade de subsequente; continuação; sequência.
SUB.SE.QUEN.TE, adj., seguinte, posterior, imediato.
SUB.SER.VI.ÊN.CIA, s.f., servilismo, bajulação.
SUB.SER.VI.EN.TE, adj., servil, bajulador.
SUB.SI.DI.A.DO, adj., que recebe subsídio, amparado, mantido.
SUB.SI.DI.AR, v.t., amparar, socorrer, auxiliar.
SUB.SI.DI.Á.RIA, s.f., empresa controlada pela matriz, filial.
SUB.SI.DI.A.RI.E.DA.DE, s.f., caráter ou condição de

subsidiário.
SUB.SI.DI.Á.RIO, *adj.*, que presta subsídio, ajuda; auxiliar.
SUB.SÍ.DIO, *s.m.*, socorro, auxílio; ajuda financeira que o governo presta a certos setores para mantê-los ou cobrir rombos; dados, recursos.
SUB.SI.MI.LAR, *adj.*, um tanto ou quanto similar.
SUB.SÍN.DI.CO, *s.m.*, vice-síndico, auxiliar do síndico.
SUB.SI.NU.O.SO, *adj.*, quase sinuoso.
SUB.SIS.TÊN.CIA, *s.f.*, alimentação, nutrição, sustento.
SUB.SIS.TEN.TE, *adj.*, existente, que subsiste, vivente.
SUB.SIS.TIR, *v.t. e int.*, continuar a existir, viver, estar com vigor, manter-se.
SUB.SO.LA.DOR, *adj. e s.m.*, Agr., diz-se do arado e da charrua especiais para arrotear até o subsolo.
SUB.SO.LA.GEM, *s.f.*, ato ou efeito de subsolar; mobilização do subsolo.
SUB.SO.LO, *s.m.*, camada que fica abaixo do solo.
SUB.SÔ.NI.CO, *adj.*, Fís., diz-se da velocidade inferior à do som ou que viaja a essas velocidades.
SUBS.TA.BE.LE.CER, *v. bit. e int.*, sub-rogar, passar uma procuração para outro.
SUBS.TA.BE.LE.CI.MEN.TO, *s.m.*, sub-rogação, procuração.
SUBS.TÂN.CIA, *s.f.*, a matéria que compõe os corpos, polpa, conteúdo.
SUBS.TAN.CI.AL, *adj.*, que forma a substância, a essência de um corpo; essencial, fundamental, principal, vultoso.
SUBS.TAN.CI.A.LI.DA.DE, *s.f.*, essencialidade, fundamentalidade.
SUBS.TAN.CI.AR, *v.t.*, prover com alimentos essenciais; sintetizar.
SUBS.TAN.CI.O.SO, *adj.*, nutritivo, forte, alimentar.
SUBS.TAN.TI.VA.ÇÃO, *s.f.*, transformação de uma palavra em substantivo.
SUBS.TAN.TI.VA.DO, *adj.*, que se tornou substantivo.
SUBS.TAN.TI.VAR, *v.t.*, tornar substantivo, usar como substantivo.
SUBS.TAN.TI.VO, *s.m.*, termo que nomeia tudo, que dá nomes, apelido.
SUBS.TI.TUI.ÇÃO, *s.f.*, ato ou efeito de substituir(-se); colocação de uma coisa no lugar de outra; troca.
SUBS.TI.TU.Í.DO, *adj.*, trocado, transferido, colocado em outro lugar.
SUBS.TI.TU.IN.TE, *adj.*, que substitui; dentes substituintes; os dentes que vêm ocupar o lugar dos dentes de leite.
SUBS.TI.TU.IR, *v.t. e pron.*, mudar, trocar, colocar outro no lugar, transferir.
SUBS.TI.TU.Í.VEL, *adj.*, que se pode substituir, trocável, cambiável.
SUBS.TI.TU.TI.VO, *adj.*, que ocupa o lugar de outro, que faz às vezes de; *s.m.*, projeto novo para substituir um existente; emenda.
SUBS.TI.TU.TO, *s.m.*, quem fica no lugar de outro.
SUBS.TRA.TO, *s.m.*, essência, resíduos, algo íntimo.
SUB.TAN.GEN.TE, *s.f.*, Geom., parte do eixo de uma curva compreendida entre a ordenada e o ponto de tangência.
SUB.TE.NEN.TE, *s. 2 gên.*, posto militar após o primeiro sargento; quem é quase tenente.
SUB.TEN.SO, *adj.*, Geom., linha que forma a corda de um arco.
SUB.TER.FLU.EN.TE, *adj.*, que corre por baixo.
SUB.TER.FÚ.GIO, *s.m.*, artimanha, ardil, disfarce, pretexto.
SUB.TER.FU.GI.O.SO, *adj.*, em que há ou se nota subterfúgio.

SUB.TER.RÂ.NEO, *adj.*, que fica embaixo da terra, que está no interior da terra.
SUB.TER.RAR, *v.t. e pron.*, o mesmo que soterrar.
SUB.TÉR.REO, *adj.*, que está debaixo da terra; subterrâneo.
SUB.TIL, *adj.*, sutil, fino, tênue.
SUB.TI.LE.ZA, *s.f.*, sutileza, fineza, polidez.
SUB.TI.PO, *s.m.*, Hist. Nat., tipo secundário, subordinado a outro tipo.
SUB.TÍ.TU.LO, *s.m.*, título de menor valor.
SUB.TÔ.NI.CA, *adj. e s.f.*, diz-se da, ou sílaba sobre a qual recai o segundo acento tônico; Mus., diz-se do sétimo grau da escala menor descendente.
SUB.TO.TAL, *s.m.*, total parcial, parcela para chegar ao total.
SUB.TRA.ÇÃO, *s.f.*, diminuição, operação matemática em que um número é diminuído de outro; fraude, desvio de valores, furto.
SUB.TRA.EN.DO, *s.m.*, número que é subtraído de outro.
SUB.TRA.Í.DO, *adj.*, diminuído, tirado, escapado, desviado.
SUB.TRA.I.DOR, *adj. e s.m.*, que ou que subtrai; subtrator.
SUB.TRA.IR, *v.t.*, diminuir, tornar menor, tirar, escapar; furtar, desviar.
SUB.TRA.TI.VO, *adj.*, relativo a subtração; que se há de subtrair ou deduzir de outro.
SUB.TRA.TOR, *adj. e s.m.*, que ou que subtrai; subtrativo.
SUB.TRI.PLO, *adj.*, diz-se de um número contido três vezes noutro.
SUB.TRO.PI.CAL, *adj.*, que está perto dos trópicos, que se situa abaixo dos trópicos.
SU.BU.MA.NO, *adj.*, desumano, abaixo do nível de humanidade, animalizado.
SU.BUM.BI.LI.CAL, *adj.*, Anat., que está situado debaixo do umbigo.
SU.BUN.GUE.AL, *adj.*, que fica debaixo da unha.
SU.BU.NI.DA.DE, *s.f.*, subdivisão de uma unidade.
SU.BUR.BA.NO, *adj.*, morador de periferia, habitante do subúrbio, de pouca formação, bronco.
SU.BÚR.BIO, *s.m.*, arrabalde, cercanias, local fora da cidade; bairro, periferia.
SUB.VA.LO.RI.ZA.DO, *adj.*, diz-se do que teve seu valor diminuído.
SUB.VA.RI.AN.TE, *s.f.*, subdivisão de uma variante; variante de variante.
SUB.VEN.ÇÃO, *s.f.*, quantia financeira que o poder público concede; ajuda, subsídio governamental.
SUB.VEN.CI.O.NA.DO, *adj.*, concedido, pago, auxiliado.
SUB.VEN.CI.O.NA.DOR, *adj. e s.m.*, que ou quem subvenciona.
SUB.VEN.CI.O.NAL, *adj.*, relativo a subvenção; que tem caráter ou natureza de subvenção.
SUB.VEN.CI.O.NAR, *v.t.*, dar subvenção, subsidiar, manter, auxiliar.
SUB.VER.SÃO, *s.f.*, revolta, motim, rebelião.
SUB.VER.SI.VO, *adj. e s.m.*, que(m) subverte, que(m) revoluciona.
SUB.VER.SOR, *adj. e s.m.*, que(m) subverte, revolucionador.
SUB.VER.TE.DOR, *adj. e s.m.*, o mesmo que subversor.
SUB.VER.TER, *v.t. e pron.*, revolucionar, desorganizar, perverter.
SUB.VER.TI.DO, *adj.*, que se subverteu, que foi aniquilado, arruinado, destruído ou dominado.
SUB.VES.PER.TI.NO, *adj. e s.m.*, o mesmo que subvéspero.
SU.CA.TA, *s.f.*, ferro velho, metais inservíveis, resíduos de

SUCATEADO — SUGERÍVEL

metal; *fig.*, tudo que é inservível.
SU.CA.TE.A.DO, *adj.*, *bras.*, que foi transformado em sucata.
SU.CA.TE.A.DOR, *adj.* e *s.m.*, que ou quem transforma algo em sucata.
SU.CA.TE.AR, *v.t.*, tornar sucata, transformar em sucata.
SU.CA.TEI.RO, *adj.* e *s.m.*, que ou aquele que negocia com sucata.
SUC.ÇÃO, *s.f.*, ato de sorver; var., sução.
SU.CE.DÂ.NEO, *adj.*, substitutivo, que pode substituir.
SU.CE.DER, *v.t.* e *int.*, vir após, acontecer, ocorrer; tomar posse no lugar de.
SU.CE.DI.DO, *adj.*, ocorrido, acontecido, efetuado.
SU.CES.SÃO, *s.f.*, vários fatos encadeados; sequência; descendência, continuidade.
SU.CES.SI.BI.LI.DA.DE, *s.f.*, qualidade, caráter de sucessível; direito de suceder; ordem em que se faz a sucessão.
SU.CES.SÍ.VEL, *adj.*, subsequente, encadeado.
SU.CES.SI.VI.DA.DE, *s.f.*, caráter ou condição do que é sucessivo.
SU.CES.SI.VO, *adj.*, seguinte, subsequente, continuado, encadeado.
SU.CES.SO, *s.m.*, êxito, conclusão positiva, vitória.
SU.CES.SOR, *s.m.*, quem sucede a outro.
SU.CES.SÓ.RIO, *adj.*, próprio da sucessão, referente a uma sucessão.
SÚ.CIA, *s.f.*, cambada, corja, malta, grupo de vadios, ladrões.
SU.CI.AR, *v. int.*, ser parte de uma súcia, malandrear, vadiar, bandidar.
SU.CIN.TO, *adj.*, resumido, breve, rápido, conciso.
SÚ.CIO, *s.m.*, aquele que faz parte de súcia; biltre; vagabundo.
SU.CO, *s.m.*, sumo, líquido extraído de frutas, essência; alimento líquido.
SU.CO.SO, *adj.*, que é suculento, que tem muito suco.
SU.CRE, *s.m.*, moeda usada no Equador.
SU.ÇU.A.RA.NA, *s.f.*, felídeo brasileiro de porte avantajado, cor variada, de amarelado a avermelhado; onça, puma; *fig.*, pessoa ruim, tipo de mau gênio.
SU.CU.LÊN.CIA, *s.f.*, que possui muito suco, abundância.
SU.CU.LEN.TO, *adj.*, abundante, sumarento, com muito suco, nutritivo.
SU.CUM.BI.DO, *adj.*, diz-se do que ou de quem sucumbiu; desanimado; desalentado.
SU.CUM.BIR, *v.t.* e *int.*, vergar, cair, desfalecer, morrer, perecer.
SU.CU.PI.RA, *s.f.*, árvore de grande porte, procurada por causa da madeira.
SU.CU.RI, *s.f.*, enorme serpente não venenosa.
SU.CUR.SAL, *adj.*, filial, subsidiária.
SU.DA.ÇÃO, *s.f.*, ato de suar.
SU.DA.NÊS, *adj.* e *s.m.*, natural, referente ou habitante do Sudão.
SU.DÁ.RIO, *s.m.*, pano com o qual teria sido enxugado o rosto de Jesus; mortalha.
SU.DA.TÓ.RIO, *adj.*, o mesmo que sudorífico.
SU.DES.TE, *s.m.*, ponto marcado entre o Sul e o Leste (símb.: SE); região geográfica, vento dessa direção.
SÚ.DI.TO, *s.m.*, vassalo, cidadão em relação ao seu rei, rainha.
SU.DO.ES.TE, *s.m.*, ponto no meio do Sul e do Oeste (símb.: SO ou SW); o vento dessa direção.
SU.DO.RA.ÇÃO, *s.f.*, sudação, grande transpiração, suor excessivo.
SU.DO.RE.SE, *s.f.*, transpiração, secreção de suor, sudação.
SU.DO.RÍ.FE.RO, *adj.*, sudorífico, que faz suar.
SU.DO.RI.FI.CAR, *v.t.* e *pron.*, transformar(-se) em suor.
SU.DO.RÍ. FI.CO, *adj.* e *s.m.*, o mesmo que sudorífero.
SU.DO.RÍ.PA.RO, *adj.*, que segrega suor.
SU.E.CA, *adj.* e *s.f.*, espécie de jogo de cartas; espécie de quadrilha com música e andamentos rápidos.
SU.É.CIA, *s.f.*, instrumento de serralheiro que serve de craveira.
SU.E.CO, *adj.* e *s.m.*, próprio ou habitante da Suécia.
SU.EI.RA, *s.f.*, cansaço, faina, azáfama, trabalho.
SU.ES.TE, *s.m.*, ver Sudeste (SE).
SU.É.TER, *s.m.*, blusa, pulôver, blusa fechada para o frio.
SU.E.TO, *s.m.*, feriado escolar, lazer, repouso, descanso.
SU.FI.CI.ÊN.CIA, *s.f.*, condição de ser suficiente, habilitação, formação plena, conhecimento total.
SU.FI.CI.EN.TE, *adj.*, que satisfaz, bastante, normal, adequado.
SU.FI.XA.ÇÃO, *s.f.*, maneira de formar palavras com o acréscimo de um sufixo.
SU.FI.XAL, *adj.*, que se refere a sufixo.
SU.FI.XAR, *v.t.* e *int.*, colocar sufixo em, pôr apêndice final na palavra.
SU.FI.XO, *s.m.*, partícula acrescida ao final da palavra para formar outra.
SU.FLÊ, *s.m.*, iguaria feita com a massa de legumes ou tubérculos.
SU.FO.CA.ÇÃO, *s.f.*, falta de ar, com poucas condições para respirar.
SU.FO.CA.DO, *adj.*, sufocante, asfixiado.
SU.FO.CA.DOR, *s.m.*, o que sufoca, sufocante.
SU.FO.CA.MEN.TO, *s.m.*, o mesmo que sufocação.
SU.FO.CAN.TE, *adj.*, que sufoca, asfixiante.
SU.FO.CAR, *v.t.* e *pron.*, dificultar a respiração, apertar a garganta, asfixiar.
SU.FO.CA.TI.VO, *adj.*, que sufoca.
SU.FO.CO, *s.m.*, aperto, sufocação; problema, dificuldade.
SU.FRA.GA.DO, *adj.*, que se sufragou; que foi aprovado por sufrágio.
SU.FRA.GAN.TE, *s. 2 gên.*, aquele que sufraga.
SU.FRA.GAR, *v.t.*, votar, eleger, escolher por voto.
SU.FRÁ.GIO, *s.m.*, voto, escolha por eleição, aprovação.
SU.FRA.GIS.MO, *s.m.*, doutrina do sufrágio.
SU.FRA.GIS.TA, *s.2 gên.*, quem sufraga, votante.
SU.FU.MÍ.GIO, *s.f.*, o mesmo que sufumigação.
SU.FU.SÃO, *s.f.*, extravasamento de um líquido que se espalha; Med., extravasamento de líquido orgânico para os tecidos vizinhos ou sob a pele.
SU.GA.ÇÃO, *s.f.*, sucção, ação de sugar, absorção.
SU.GA.DO, *adj.*, absorvido, extraído, chupado.
SU.GA.DOR, *adj.* e *s.m.*, absorvedor, sugante, que(m) suga.
SU.GA.DOU.RO, *s.m.*, aparelho em certos insetos para sugar o néctar; no dentista, aparelho para sugar a saliva, outros aparelhos para sugar líquidos.
SU.GAR, *v.t.*, chupar, absorver, retirar, secar, extrair.
SU.GA.TÓ.RIO, *adj.*, que suga, sugador.
SU.GE.RI.DO, *adj.*, insinuado, aconselhado, lembrado.
SU.GE.RI.DOR, *adj.*, que sugere; que faz sugestões; *s.m.*, aquele que sugere.
SU.GE.RIR, *v.t.*, aconselhar, dar a ideia, insinuar, dar a entender, lembrar.
SU.GE.RÍ.VEL, *adj.*, suscetível de se sugerir.

SU.GES.TÃO, *s.f.*, conselho, ideia, proposta.
SU.GES.TI.BI.LI.DA.DE, *s.f.*, caráter ou qualidade de sugestível; Med., disposição para ser influenciado por uma ideia.
SU.GES.TI.O.NA.DO, *adj.*, sugerido, aconselhado, inspirado, influído.
SU.GES.TI.O.NA.DOR, *adj. e s.m.*, que ou aquele que sugestiona; estimulador.
SU.GES.TI.O.NA.MEN.TO, *s.m.*, ato ou efeito de sugestionar.
SU.GES.TIO.NAR, *v.t. e pron.*, sugerir, aconselhar, dar a ideia, inspirar, influir.
SU.GES.TI.O.NÁ.VEL, *adj. 2 gên.*, que se deixa facilmente sugestionar ou influenciar.
SU.GES.TÍ.VEL, *adj.*, que pode ser sugestionado ou influenciado.
SU.GES.TI.VI.DA.DE, *s.f.*, caráter ou qualidade de sugestivo; capacidade de sugestão.
SU.GES.TI.VO, *adj.*, inspirador, incitante, insinuante.
SU.GES.TOR, *adj. e s.m.*, que ou aquele que sugere.
SU.Í.ÇAS, *s.f., pl.*, costeletas, faixa de barba crescida ao lado das orelhas.
SU.I.CI.DA, *s. 2 gên.*, pessoa que se mata, que se suicida.
SU.I.CI.DAR-SE, *v. pron.*, matar a si mesmo.
SUI.CÍ.DIO, *s.m.*, ação ou efeito de suicidar-se.
SU.Í.ÇO, *adj. e s.m.*, próprio ou habitante da Suíça; helvético, helvécio.
SUI GENERIS, lat., *expr.*, genuíno, que é aquilo mesmo.
SU.I.NA.RI.A, *s.f.*, quantidade de suínos; porcaria.
SU.IN.GAR, *v.int.*, dançar ou tocar o suingue.
SU.IN.GUE, *s.m.*, tipo de jazz dos anos trinta, executado por orquestras famosas.
SU.IN.GUEI.RA, *s.f., bras., pop.*, festa ou comemoração festiva em que predomina música com suingue.
SU.Í.NO, *adj.*, próprio do porco; *s.m.*, porco.
SU.Í.NO.CUL.TOR, *s.m.*, criador de porcos.
SU.I.NO.CUL.TU.RA, *s.f.*, criação de porcos.
SU.I.NO.FA.GI.A, *s.f.*, hábito de comer carne de porco.
SU.I.NO.FÁ.GI.CO, *adj.*, que diz respeito a suinofagia.
SU.I.NO.FO.BI.A, *s.f.*, horror aos porcos.
SU.I.NÓ.FO.BO, *s.m.*, o que tem suinofobia.
SU.Í.TE, *s.f.*, quarto maior com banheiro; composição musical leve.
SU.JA.DO, *adj.*, manchado, maculado, estragado; *fig.*, delatado, safadeado.
SU.JAR, *v.t. e pron.*, manchar, macular, estragar; *fig.*, estragar, fazer safadeza.
SU.JEI.ÇÃO, *s.f.*, ação ou efeito de sujeitar-se; submissão, domínio.
SU.JEI.RA, *s.f.*, imundície, falta de higiene.
SU.JEI.TA.DO, *adj.*, subordinado, subjugado, submetido.
SU.JEI.TA.DOR, *adj. e s.m.*, subordinador, subjugador.
SU.JEI.TAR, *v.t. e pron.*, subordinar, subjugar, submeter, constranger.
SU.JEI.TI.NHO, *s.m., pej.*, indivíduo desprezível, reles, vil.
SU.JEI.TO, *adj.*, submetido, dominado; *s.m.*, termo da oração do qual o predicado declara algo; tipo, indivíduo, pessoa indeterminada.
SU.JI.CE, *s.f.*, qualidade de sujo; sujidade.
SU.JI.DA.DE, *s.f.*, sujeira, imundície, poeira, restos, dejetos, fezes.
SU.JIS.MUN.DO, *adj. e s.m., pej.*, diz-se de, ou o indivíduo sem higiene, que anda sempre sujo.

SU.JO, *adj.*, imundo, manchado, sórdido, anti-higiênico; *fig.*, desonesto, vil.
SUL, *s.m.*, ponto cardeal oposto ao Norte; vento dessa direção, polo austral; região geográfica situada no sul de qualquer território.
SUL-A.FRI.CA.NO, *adj., s.m.*, próprio, habitante ou natural da África do Sul.
SUL-A.ME.RI.CA.NO, *adj. e s.m.*, próprio, natural ou habitante da América do Sul.
SUL.CA.DO, *adj.*, cruzado, navegado, arado, rasgado.
SUL.CA.GEM, *s.f.*, ato ou efeito de sulcar.
SUL.CAR, *v.t. e pron.*, rasgar sulcos; cruzar as águas, navegar; enrugar-se.
SUL.CI.FOR.ME, *adj.*, que tem forma de sulco.
SUL.CO, *s.m.*, rego cavado pelo arado, valeta, prega, ruga.
SUL-CO.RE.A.NO, *s.m.*, natural ou habitante da Coreia do Sul; *adj.*, de Coreia do Sul; típico desse país ou de seu povo.
SUL.FA, *s.f.*, redução da palavra sulfanilamida.
SUL.FA.MI.DA, *s.f.*, Quím., composto que contém o grupo aminossulfona, usado como substituto da ureia.
SUL.FA.NI.LA.MI.DA, *s.f.*, medicamento usado contra infecções bacterianas.
SUL.FA.TAR, *v.t. e int.*, Quím., embeber de sulfato de cobre ou de ferro; sulfatizar(-se).
SUL.FA.TI.ZAR, *v.t.*, transformar em sulfato.
SUL.FA.TO, *s.m.*, indicação geral de sais e ésteres.
SUL.FE.TO, *s.m.*, conjunto de sais e ésteres de ácido sulfídrico e combinações de enxofre.
SUL.FI.TE, *adj.*, tipo de papel para escritório.
SUL.FI.TO, *s.m.*, Quím., sal resultante da combinação do ácido sulforoso com uma base.
SUL.FO.NA, *s.f.*, remédio usado na cura da lepra.
SUL.FO.NA.MI.DA, *v.t.*, Quím., transformar em derivado sulfônico.
SÚL.FUR, *s.m.*, solução de enxofre.
SUL.FU.RA.ÇÃO, *s.f.*, ação ou efeito de sulfurar.
SUL.FU.RA.DO, *adj.*, que contém enxofre ou que é tratado com enxofre.
SUL.FU.RAR, *v.t.*, enxofrar, misturar com enxofre.
SUL.FÚ.REO, *adj.*, sulfuroso, próprio do enxofre.
SUL.FU.RE.TA.ÇÃO, *s.f.*, o mesmo que sulfetação.
SUL.FU.RE.TAR, *v.t.*, combinar com sulfureto.
SUL.FU.RE.TO, *s.m.*, sulfeto.
SUL.FÚ.RI.CO, *adj.*, próprio do enxofre, sulfúreo.
SUL.FU.RI.NO, *adj.*, da cor do enxofre.
SUL.FU.RI.ZAR, *v.t.*, submeter à ação do ácido sulfúrico.
SUL.FU.RO.SO, *adj.*, roforonto ao onxofro, quo tom onxofro.
SU.LI.NO, *adj.*, do sul, sulista.
SU.LIS.TA, *adj. e s. 2 gên.*, próprio da região Sul, originário do sul.
SUL-MA.TO-GROS.SEN.SE, *adj. e s.m.*, próprio ou habitante do Mato Grosso do Sul, sul-mato-grossense.
SUL-RI.O-GRAN.DEN.SE, *adj. e s.m.*, próprio ou habitante do Rio Grande do Sul; gaúcho, sul-rio-grandense.
SUL.TA.NA, *s.f.*, mulher do sultão, companheira do sultão.
SUL.TA.NA.TO, *s.m.*, governo de um sultão, país governado por um sultão; var., sultanado.
SUL.TA.NE.AR, *v.int.*, ter vida de sultão; viver no luxo.
SUL.TA.NES.CO, *adj.*, relativo a sultão; sultânico; *p.ext.*, diz-se de quem é rico, de quem tem vida digna de sultão.
SUL.TA.NI.A, *s.f.*, província que governava um sultão.

SUL.TA.NIS.MO, s.m., vida de sultão ou semelhante à de sultão.
SUL.TÃO, s.m., título de governante árabe, governante maometano; fig., senhor poderoso.
SU.MA, s.f., resumo de uma obra, síntese de um livro.
SU.MA.RÉ, s.m., orquídea que se propaga na terra e abre flores de cor amarela.
SU.MA.REN.TO, adj., cheio de sumo, com muito suco, suculento, abundante.
SU.MA.RI.AN.TE, adj., que sumaria; s.m., bras., juiz que preside ao sumário de culpa.
SU.MA.RI.AR, v.t., resumir, fazer o sumário, sintetizar, condensar.
SU.MÁ.RIO, s.m., resumo, síntese, condensação.
SU.MA.RI.ZA.DO, adj., quem se sumarizou, o mesmo que sumariado.
SU.MA.RI.ZAR, v.t., sumariar.
SU.MÉ.RIO, adj. e s.m., natural, referente ou habitante da Suméria, antigo país da Mesopotâmia.
SU.MI.ÇÃO, s.f., pop., ato ou efeito de sumir; o mesmo que sumiço.
SU.MI.ÇO, s.m., pop., desaparecimento, extravio.
SU.MI.DA.DE, s.f., grande personalidade, sábio; o ponto mais alto, cume.
SU.MI.DI.ÇO, adj., que some, que se extravia, que some facilmente.
SU.MI.DO, adj., desaparecido, que se vê muito pouco, apagado.
SU.MI.DOU.RO, s.m., local por onde se escoam os líquidos; sorvedouro.
SU.MI.DU.RA, s.f., desaparecimento, sumiço.
SU.MIR, v.t. e int., desaparecer, adentrar na terra, escorrer, consumir-se.
SU.MIS.TA, s. 2 gên., pessoa que escreve sumas, resumos ou compêndios.
SU.MO, adj., o mais alto, máximo, extraordinário, sublime, excelso; s.m., cume, cimo; suco; fig., o clímax.
SU.MÔ, s.m., luta corporal nipônica, executada por tipos corpulentos e muito fortes.
SÚ.MU.LA, s.f., resumo, sumário, síntese, relatório de juiz de futebol.
SU.MU.LAR, v.t., fazer a súmula de; resumir.
SU.MU.LIS.TA, s. 2 gên., autor de súmula; aquele que faz súmula.
SUN.DAE, s.m., tipo de sorvete com diversas coberturas.
SUN.GA, s.f., cueca pequena e bem justa.
SUN.GA.DO, adj., bras., puxado para cima, levantado.
SUN.GAR, v.t. e int., suspender o cós da calça ou bermuda.
SUN.TU.Á.RIO, adj., próprio de gastos luxuosos.
SUN.TU.O.SI.DA.DE, s.f., luxuosidade, magnificência.
SUN.TU.O.SO, adj., luxuoso, magnífico, excelente, espetacular.
SU.OR, s.m., líquido que o corpo expele pelos poros da pele, transpiração.
SU.PER, pref., hiper, o máximo; inicia palavras para denotar grande tamanho.
SU.PE.RA.BUN.DÂN.CIA, s.f., muita abundância, fartura, excessiva fartura.
SU.PE.RA.BUN.DAN.TE, adj., muito abundante, copioso, farto, excessivo.
SU.PE.RA.BUN.DAR, v.t. e int., existir muito, ser abundante, ser copioso, sobrar.
SU.PE.RA.ÇÃO, s.f., dominação, vitória, conquista.
SU.PE.RA.CI.DEZ, s.f., qualidade de superácido.
SU.PE.RÁ.CI.DO, adj., que é extraordinariamente ácido.
SU.PE.RA.DO, adj., vencido, conquistado, passado, ultrapassado, obsoleto.
SU.PE.RA.LI.MEN.TA.ÇÃO, s.f., alimentação excessiva, muita nutrição.
SU.PE.RA.LI.MEN.TA.DO, adj., muito alimentado, nutrido em excesso.
SU.PE.RA.LI.MEN.TAR, v.t. e pron., alimentar muito, nutrir em excesso.
SU.PE.RA.QUE.CER, v.t., aquecer em demasia, elevar a temperatura em excesso.
SU.PE.RA.QUE.CI.DO, adj., muito aquecido, muito quente, fervente.
SU.PE.RAR, v.t., vencer, dominar, subjugar, sujeitar, exceder.
SU.PE.RAS.TRO, s.m., artista de fama global, ator de muita fama.
SU.PE.RA.TI.VA.DO, adj., que se superativou; que tem maior atividade.
SU.PE.RA.TI.VAR, v.t., dar atividade maior ou excessiva a.
SU.PE.RA.TI.VI.DA.DE, s.f., grandíssima atividade; Med., atividade exagerada de um órgão.
SU.PER.A.VA.LI.A.ÇÃO, s.f., avaliação de algo acima de seu valor real.
SU.PER.A.VA.LI.AR, v.t., avaliar (algo ou alguém), atribuindo-lhe valor superior a seu real valor.
SU.PE.RÁ.VEL, adj., que pode ser superado, vencível.
SU.PE.RÁ.VIT, s.m., num balanço, valor a mais da despesa, lucro.
SU.PER.CI.LI.AR, adj., relativo a supercílio; fig., arrogante; imperioso; s.m. e adj., diz-se do, ou músculo superciliar.
SU.PER.CÍ.LIO, s.m., sobrancelha.
SU.PER.COM.PU.TA.DOR, s.m., computador com muitos recursos e muita velocidade nos trabalhos científicos para os quais seja destinado.
SU.PER.CON.DU.TI.VI.DA.DE, s.f., Fís., ausência da resistividade elétrica de certas substâncias (metal, liga ou composto) ao serem resfriadas abaixo de determinadas temperaturas.
SU.PER.CON.DU.TOR, s.m., qualquer material que transporte, sem desperdício, a energia.
SU.PER.COS.TAL, adj., o mesmo que supracostal.
SU.PER.DO.SE, s.f., dose excessiva, ger. de tóxico, overdose.
SU.PER.DO.TA.DO, adj., indivíduo que tenha, por nascença, algo acima da média.
SU.PE.RE.GO, s.m., dentre os vários níveis psíquicos, o que tolhe o ego no processo social da educação.
SU.PE.RER.RO.GA.ÇÃO, s.f., excesso; demasia.
SU.PE.RER.RO.GA.TÓ.RIO, adj., que diz respeito à supererrogação; que fica além do que é obrigatório.
SU.PE.RES.CO.LA, s.f., escola superior.
SU.PE.RES.TI.MA, s.f., estima acima do normal, autoestima excessiva.
SU.PE.RES.TI.MA.ÇÃO, s.f., o mesmo que superestima.
SU.PE.RES.TI.MA.DO, adj., estimado além do normal, muito avaliado.
SU.PE.RES.TI.MAR, v.t., dar apreço exagerado, estimar além do normal.
SU.PE.RES.TI.MA.TI.VA, s.f., estimativa exagerada, muito superior àquela que normalmente deveria ser feita.
SU.PE.RES.TRU.TU.RA, s.f., conjunto de ideias e pensamentos que compreende o ápice de uma doutrina; em

construções, o arcabouço total para erguer o projeto.
SU.PE.RE.XAL.TA.DO, *adj.*, muitíssimo exaltado; sobre-
-exaltado.
SU.PE.REX.CI.TAR, *v.t.*, excitar em excesso, excitar a mais.
SU.PE.REX.PO.SI.ÇÃO, *s.f.*, expor em demasia a algo,
expor-se demais ao sol.
SU.PER.FA.TU.RAR, *v.t.*, negociar um produto por um preço
acima do normal, para obter algum lucro extra; sonegar
impostos ou auferir lucros ilegais.
SU.PER.FI.CI.AL, *adj.*, próprio da superfície, rasteiro.
SU.PER.FI.CI.A.LI.DA.DE, *s.f.*, qualidade do que é super-
ficial; superficialismo.
SU.PER.FI.CI.A.LIS.MO, *s.m.*, qualidade do que é superficial,
m. que superficialidade.
SU.PER.FI.CI.A.LI.ZAR, *v.t.*, tornar superficial.
SU.PER.FÍ.CIE, *s.f.*, parte externa dos corpos, dimensão
de uma área.
SU.PER.FI.NI.DA.DE, *s.f.*, qualidade de superfino; requinte.
SU.PER.FI.NO, *adj.*, muito fino, excelente, ótimo; *fig.*, polido,
cortês.
SU.PER.FLU.I.DA.DE, *s.f.*, qualidade do que é supérfluo;
coisa supérflua.
SU.PÉR.FLUO, *adj.*, inútil, desnecessário, em demasia,
excessivo.
SU.PER-HE.RÓI, *s.m.*, herói de capacidades supra-humanas;
figura de poderes inimagináveis.
SU.PER-HO.MEM, *s.m.*, homem que detenha qualidades
superiores à média humana; homem muito forte.
SU.PER-HU.MA.NI.DA.DE, *s.f.*, qualidade de super-humano.
SU.PER-HU.MA.NO, *adj.*, o mesmo que sobre-humano.
SU.PE.RIN.TEN.DÊN.CIA, *s.f.*, função do superintendente,
comando superior.
SU.PE.RIN.TEN.DEN.TE, *s. 2 gên.*, quem dirige uma supe-
rintendência.
SU.PE.RIN.TEN.DER, *v.t.*, dirigir como superintendente,
administrar, fiscalizar.
SU.PE.RI.OR, *adj.*, mais alto que outro, mais elevado, ensino
de terceiro grau; *s.m.*, quem comanda um local, diretor de
um convento.
SU.PE.RI.O.RA, *s.f.*, freira que comanda um convento de
religiosas.
SU.PE.RI.O.RA.TO, *s.m.*, a dignidade ou cargo do superior
ou da superiora dos conventos, etc.
SU.PE.RI.O.RI.DA.DE, *s.f.*, qualidade de quem é superior,
elevação maior, comando.
SU.PE.RI.O.RI.ZAR, *v.t.*, mostrar(-se) superior.
SU.PER.LA.TI.VA.ÇÃO, *s.f.*, ato ou efeito de superlativar.
SU.PER.LA.TI.VAR, *v.t.*, tornar superlativo; dar forma de
superlativo a.
SU.PER.LA.TI.VI.DA.DE, *s.f.*, Gram., qualidade de superlativo.
SU.PER.LA.TI.VO, *adj.*, excelso, ótimo, o melhor de todos;
s.m., adjetivo que é empregado no sentido indicador da
excelência.
SU.PER.LO.TA.ÇÃO, *s.f.*, lotação acima da permitida,
lotação excessiva.
SU.PER.LO.TA.DO, *adj.*, cheio em demasia, muito cheio,
muito lotado.
SU.PER.LO.TAR, *v.t.*, colocar passageiros a mais, exceder
o número.
SU.PER.MER.CA.DO, *s.m.*, grande empreendimento comercial, hipermercado; loja de grandes dimensões para venda
de uma gama imensa de produtos.
SU.PER.NA.TU.RAL, *adj.*, o mesmo que supranatural ou
sobrenatural.
SU.PER.NA.TU.RA.LI.DA.DE, *s.f.*, o mesmo que sobre-
naturalidade.
SU.PER.NA.TU.RA.LIS.MO, *s.m.*, o mesmo que sobrena-
turalismo e supranaturalismo.
SU.PER.NO.VA, *s.f.*, Astron., estrela que surge com brilho
intenso e repentino (causado por sua explosão) para, em
seguida, reduzir pouco a pouco a intensidade.
SU.PE.RO.XI.GE.NA.ÇÃO, *s.f.*, ação ou efeito de supe-
roxigenar.
SU.PE.RO.XI.GE.NA.DO, *adj.*, que contém excesso de
oxigênio.
SU.PE.RO.XI.GE.NAR, *v.t.*, juntar excesso de oxigênio.
SU.PER.PO.PU.LA.ÇÃO, *s.f.*, excesso de população.
SU.PER.POR, *v.t.*, pôr acima, colocar por cima, sobrecolocar.
SU.PER.PO.SI.ÇÃO, *s.f.*, sobreposição, colocação acima.
SU.PER.PO.SI.TI.VO, *adj.*, que diz respeito a superposição;
Bot., que fica superior a outra parte.
SU.PER.POS.TO, *adj.*, colocado acima, posto por cima.
SU.PER.PO.TÊN.CIA, *s.f.*, nação que se destaca pelo poder
econômico e militar.
SU.PER.PO.VO.A.DO, *adj.*, povoado em demasia, povoado
em excesso.
SU.PER.PO.VO.A.MEN.TO, *s.m.*, ato ou efeito de superpo-
voar; superpopulação.
SU.PER.PO.VO.AR, *v.t.*, povoar em demasia, colocar popu-
lação em excesso.
SU.PER.PRO.DU.ÇÃO, *s.f.*, produção em excesso, pro-
dução demasiada.
SU.PER.PRO.TE.ÇÃO, *s.f.*, ato ou efeito de superproteger.
SU.PER.PRO.TE.GER, *v.t.*, proteger mais do que o neces-
sário, paparicar, bajular.
SU.PER.PUR.GA.ÇÃO, *s.f.*, grande purgação, purgação
enorme.
SU.PER.RE.A.LIS.MO, *s.m.*, surrealismo, realismo extremado.
SU.PER.RE.A.LIS.TA, *s. 2 gên.*, surrealista, realista extremado.
SU.PER.RE.QUIN.TA.DO, *adj.*, requintado excessivamente.
SU.PÉR.RI.MO, *adj.*, que é muito superior; supremo.
SU.PER.SA.TU.RA.ÇÃO, *s.f.*, saturação excessiva.
SU.PER.SA.TU.RA.DO, *adj.*, que é muito saturado, saturado
excessivamente.
SU.PER.SA.TU.RAR, *v.t.*, saturar, excedendo ao ponto de
saturação.
SU.PER.SE.CRE.ÇÃO, *s.f.*, Med., secreção excessiva,
exagerada; hipersecreção.
SU.PER.SEN.SÍ.VEL, *adj.*, muito sensível, sensibilíssimo.
SU.PER.SÔ.NI.CO, *adj.*, que voa mais depressa que o som;
s.m., avião com velocidade supersônica.
SU.PERS.TI.ÇÃO, *s.f.*, medo de crendices, crença em
poderes imaginários.
SU.PERS.TI.CI.O.SO, *adj.*, que acredita em crendices, que
se prende a objetos poderosos.
SU.PÉRS.TI.TE, *s. 2 gên.*, sobrevivente, quem sobra de vários.
SU.PER.VA.CÂ.NEO, *adj.*, inútil, baldado, supérfluo.
SU.PER.VÁ.CUO, *adj.*, o mesmo que supervacâneo.
SU.PER.VA.LO.RI.ZA.DO, *adj.*, diz-se do que tem valor
orçado muito acima da média.
SU.PER.VE.NI.ÊN.CIA, *s.f.*, ação ou efeito de sobrevir;
sobrevinda.

SU.PER.VI.SÃO, s.f., ação ou efeito de supervisionar, comando, direção.
SU.PER.VI.SAR, v.t., supervisionar, inspecionar, verificar, examinar.
SU.PER.VI.SI.O.NA.DO, adj., verificado, inspecionado, supervisado.
SU.PER.VI.SI.O.NAR, v.t., supervisar, inspecionar, verificar.
SU.PER.VI.SOR, adj. e s.m., que tem a função de supervisionar determinada atividade, ou o profissional incumbido dessa função.
SU.PE.TÃO, s.m., expr., de supetão - de repente, de chofre.
SU.PIM.PA, adj. e s. 2 gên., ótimo, muito bom, excelente, que tem qualidades ótimas.
SU.PI.NA.ÇÃO, s.f., Anat., movimento em que a palma da mão está voltada para cima; do mesmo modo, a face e o abdome voltados para cima.
SU.PI.NA.DOR, adj., que é us. para fazer supinação; Anat., diz-se de cada um dos dois músculos do antebraço, que servem para fazer supinação.
SU.PI.NO, adj., superior, elevado, alto.
SU.PLAN.TA.ÇÃO, s.f., vencimento, superação, calcamento.
SU.PLAN.TA.DO, adj., que se suplantou; que foi ultrapassado, excedido, superado, vencido.
SU.PLAN.TA.DOR, adj. e s.m., que ou o que suplanta.
SU.PLAN.TAR, v.t., calcar, superar, vencer.
SU.PLAN.TÁ.VEL, adj. 2 gên., que se pode suplantar.
SU.PLE.MEN.TA.ÇÃO, s.f., reforço, recomposição, preenchimento.
SU.PLE.MEN.TAR, v.t., reforçar, recompor, dar suplementos, preencher a falha.
SU.PLE.MEN.TO, s.m., provisão, suprimento, acréscimo; acréscimo nos jornais.
SU.PLÊN.CIA, s.f., função do suplente.
SU.PLEN.TE, adj. e s. 2 gên., substituto, que preenche o lugar de outro.
SU.PLE.TI.VIS.MO, s.m., caráter, qualidade do que é supletivo; que completa.
SU.PLE.TI.VO, s.m., ensino próprio para pessoas que não tenham cursado o primeiro e segundo graus; que supre.
SÚ.PLI.CA, s.f., pedido, solicitação, rogo, oração.
SU.PLI.CA.ÇÃO, s.f., ação ou efeito de suplicar; súplica; tribunal de segunda instância, onde se recorria por agravo ou apelação de certos juízes e das relações em certos casos.
SU.PLI.CA.DO, adj., pedido com humildade ou submissão; s.m., a pessoa contra quem o suplicante requer.
SU.PLI.CA.DOR, adj. e s.m., que ou quem suplica; suplicante.
SU.PLI.CA.MEN.TO, s.m., ato ou efeito de suplicar; súplica.
SU.PLI.CAN.TE, s. 2 gên., requerente, que suplica, pedinte.
SU.PLI.CAR, v.t. e int., solicitar, pedir, implorar, requerer, orar.
SÚ.PLI.CE, adj., suplicante, que suplica.
SU.PLI.CI.A.DO, adj. e s.m., quem padeceu de suplício, castigado.
SU.PLI.CI.A.DOR, adj. e s.m., que ou quem suplicia.
SU.PLI.CI.A.MEN.TO, s.m., ato de supliciar.
SU.PLI.CI.AN.TE, adj. 2 gên., que suplicia.
SU.PLI.CI.AR, v.t., massacrar, afligir com crueldade, punir com rigor.
SU.PLÍ.CIO, s.m., tortura, pena, crueldade, punição.
SU.POR, v.t. e pron., imaginar, achar, conjeturar, colocar uma hipótese.
SU.POR.TA.DO, adj., que se suporta ou suportou; tolerado.
SU.POR.TAR, v.t., sofrer, aguentar.
SU.POR.TÁ.VEL, adj., possível de suportar.
SU.POR.TE, s.m., apoio, sustentáculo, reforço.
SU.PO.SI.ÇÃO, s.f., conjetura, ideia, pensamento, hipótese.
SU.PO.SI.TÓ.RIO, s.m., medicamento introduzido pelo ânus da pessoa.
SU.POS.TO, adj., hipotético, imaginário, pretenso, possível.
SU.PRA, pref., acima, superior, que excede, demasiado.
SU.PRA.CI.TA.DO, adj., citado acima ou antes; que se mencionou mais acima ou anteriormente.
SU.PRA.DI.TO, adj., dito acima, dito antes.
SU.PRA.ES.TRU.TU.RA, s.f., superestrutura.
SU.PRA.EX.CI.TAN.TE, adj., que supraexcita; superexcitante.
SU.PRA.EX.CI.TAR, v.t., o mesmo que sobre-excitar.
SU.PRA.MEN.CI.O.NA.DO, adj., já referido, supracitado.
SU.PRA.NA.CI.O.NAL, adj. 2 gên., que está acima ou além da nação ou da ideia de nação.
SU.PRA.NA.TU.RAL, adj., sobrenatural, que está acima do natural.
SU.PRA.NA.TU.RA.LIS.MO, s.m., ideia que aceita o sobrenaturalismo.
SU.PRA.NA.TU.RA.LIS.TA, s. 2 gên., adepto do supranaturalismo.
SU.PRA.NOR.MAL, adj., que excede o nível normal.
SU.PRA.NOR.MA.TI.VO, adj., que está acima de normas ou regras.
SU.PRA.NU.ME.RA.DO, adj., numerado antes, mais acima ou atrás.
SU.PRA.NU.ME.RÁ.RIO, adj., que excede ou se ajunta ao número estabelecido ou convencionado; s.m., o que está a mais num quadro ou na lista para entrar na vaga de outrem.
SU.PRA.ÓP.TI.CO, adj., localizado acima do nervo óptico.
SU.PRA.PAR.TI.DÁ.RIO, adj. e s.m., que se põe acima de todo interesse de partidos.
SU.PRAR.RA.CI.O.NAL, adj., que está acima da razão, superior ao raciocínio.
SU.PRAR.RE.AL, adj. 2 gên., s.m., p.us., o mesmo que surreal.
SU.PRAR.RE.A.LIS.MO, s.m., o mesmo que surrealismo.
SU.PRAR.RE.A.LIS.TA, adj. 2 gên., p.us. relativo ao suprarrealismo, m. que surrealista.
SU.PRAR.RE.NAL, adj., glândula que está acima dos rins.
SU.PRAS.SEN.SÍ.VEL, adj., que sente intensamente, muito sensível, muito sentimental.
SU.PRAS.SU.MO, s.m., ápice, cume, o melhor, o máximo.
SU.PRA.TEM.PO.RAL, adj. 2 gên., superior ao tempo cronológico; atemporal; Anat., situado acima do osso temporal ou da fossa temporal.
SU.PRE.MA.CI.A, s.f., domínio total, hegemonia, poder absoluto.
SU.PRE.MA.CIS.TA, adj., relativo a supremacia; s. 2 gên., a pessoa supremacista.
SU.PRE.MA.TIS.TA, adj. 2 gên., pl. Art., relativo ao suprematismo; diz-se do artista que é adepto ou praticante do suprematismo; s. 2 gên., esse artista.
SU.PRE.MO, adj., o mais alto, que se situa acima de tudo, próprio de Deus.
SU.PRES.SÃO, s.f., ação ou efeito de suprimir, eliminação.
SU.PRES.SI.VO, adj., que suprime, que extingue.
SU.PRES.SO, adj., p.us.; que se suprimiu, o mesmo que suprimido.
SU.PRES.SOR, adj. e s.m., eliminador, que suprime.

SUPRESSÓRIO — SUSPENSE

SU.PRES.SÓ.RIO, *adj.*, o mesmo que supressivo.
SU.PRI.DOR, *adj. e s.m.*, que(m) supre, provedor, sortidor.
SU.PRI.MEN.TO, *s.m.*, suplemento, provisão, sortimento.
SU.PRI.MI.DO, *adj.*, anulado, cortado, afastado.
SU.PRI.MIR, *v.t.*, anular, retirar, cortar, afastar.
SU.PRI.MÍ.VEL, *adj.*, que se pode suprimir.
SU.PRIR, *v.t. e pron.*, repor o que falta, prover, sortir, refazer o estoque.
SU.PRÍ.VEL, *adj.*, que pode ser suprido, sortível.
SU.PU.RA.ÇÃO, *s.f.*, segregação de pus, expelimento de pus.
SU.PU.RA.DO, *adj.*, segregado, expelido.
SU.PU.RAN.TE, *adj.*, que está em supuração.
SU.PU.RAR, *v.t. e int.*, segregar pus, expelir pus.
SU.PU.RA.TI.VO, *s.m.*, medicamento para agilizar a saída do pus.
SU.PU.TAR, *v.t.*, calcular.
SU.PU.TÁ.VEL, *adj.*, que se pode suputar.
SUR.DEZ, *s.f.*, sem audição, falta de audição.
SUR.DI.MU.TIS.MO, *s.m.*, estado ou qualidade de surdo-mudo.
SUR.DI.NA, *s.f.*, peça usada para abafar os sons dos instrumentos musicais; *expr.*, na surdina, às escondidas.
SUR.DIR, *v.t. e int.*, eclodir, brotar, surgir, aparecer.
SUR.DO, *adj. e s.m.*, que ouve pouco ou nada; sem audição.
SUR.DO-MU.DEZ, *s.f.*, estado ou qualidade de surdo-mudo.
SUR.DO-MU.DO, *adj. e s.m.*, que não ouve, nem fala.
SUR.FAR, *v. int.*, praticar o esporte chamado surfe.
SUR.FE, *s.m.*, esporte no qual uma pessoa fica em pé sobre uma prancha e desliza sobre as ondas do mar.
SUR.FIS.TA, *s. 2 gên.*, quem pratica o surfe.
SUR.GEN.TE, *adj.*, que surge; *s.f.*, o mesmo que nascente.
SUR.GI.DO, *adj.*, aparecido, erguido, ressurgido.
SUR.GI.MEN.TO, *s.m.*, ação de surgimento, aparecimento, ressurreição.
SUR.GIR, *v.t. e int*, aparecer, erguer-se, ressurgir, despontar, brotar.
SU.RI.NA.MÊS, *adj., s.m.*, referente, natural ou habitante do Suriname.
SU.RO, *adj., s.m.*; suru, que não tem cauda, pitoco.
SUR.PRE.EN.DE.DOR, *adj. e s.m.*, que ou o que surpreende.
SUR.PRE.EN.DEN.TE, *adj.*, extraordinário, maravilhoso, envolvente.
SUR.PRE.EN.DER, *v.t., int. e pron.*, maravilhar, vir de surpresa, causar admiração.
SUR.PRE.EN.DI.DO, *adj.*, surpreso, pego de imprevisto, atônito.
SUR.PRE.SA, *s.f.*, algo imprevisto, fato maravilhoso, inesperado.
SUR.PRE.SO, *adj.*, admirado, extasiado, perplexo.
SUR.RA, *s.f., pop.*, sova, tunda, coça.
SUR.RA.DO, *adj.*, batido, sovado.
SUR.RA.DOR, *adj. e s.m.*, que(m) surra, batedor, sovador.
SUR.RA.MEN.TO, *s.m.*, ação ou efeito de surrar.
SUR.RÃO, *s.m.*, tipo de saco, alforje.
SUR.RAR, *v.t. e pron.*, bater, dar uma coça.
SUR.RE.A.LI.DA.DE, *s.f.*, qualidade ou caráter de surreal.
SUR.RE.A.LIS.MO, *s.m.*, movimento artístico que busca relevar as atividades do subconsciente.
SUR.RE.A.LIS.TA, *s. 2 gên.*, adepto do Surrealismo.
SUR.RI.A.DA, *s.f.*, descarga de armas em conjunto ou sequência, vaias prolongadas.
SUR.RI.AR, *v.t.*, fazer surriadas, vaiar, troçar.
SUR.RI.PI.AR, *v.t.*, o mesmo que surrupiar.
SUR.RU.PI.A.ÇÃO, *s.f., pop.*, ato ou efeito de surripiar; surrupiado, furto.
SUR.RU.PI.AR, *v.t., pop.*, surripiar, furtar, roubar.
SUR.RU.PI.O, *s.m.*, ato ou efeito de surrupiar; desvio; escamoteação; roubo; surrupiação.
SUR.SIS, *s.f.*, suspensão de uma pena leve ou protelação de uma ação judicial contra um réu primário.
SUR.TAR, *v. int.*, ser acometido por um surto, sentir-se atacado.
SUR.TI.DA, *s.f.*, investida, acometida, ataque.
SUR.TIR, *v.t. e int.*, trazer efeito, produzir resultado, atuar.
SUR.TO, *s.m.*, explosão, impulso; ancorado, fundeado.
SU.RU, *adj., s.m.*, suro, pitoco, sem cauda ou com pouca, cota da cauda.
SU.RU.BA, *s.f., bras., pop.*, bengala, porrete, cacete; *ch.*, o mesmo que bacanal.
SU.RU.BIM, *s.m.*, surubi, grande peixe de água doce.
SU.RU.CU.CU, *s.f.*, cobra muito grande, tendo a carne apreciada por muitos.
SU.RU.RU, *s.m., pop.*, rixa, confusão.
SUS!, *interj.*, eia, avante, vamos, coragem.
SUS.CE.TI.BI.LI.DA.DE, *s.f.*, sensibilidade, melindre, sentimento fundo.
SUS.CE.TI.BI.LI.ZAN.TE, *adj. 2 gên.*, que suscetibiliza; que fere a suscetibilidade; magoante.
SUS.CE.TI.BI.LI.ZAR, *v.t. e pron.*, provocar melindres, sensibilizar, ofender por ninharia.
SUS.CE.TÍ.VEL, *adj.*, muito melindroso, que se ofende por um nada.
SUS.CI.TA.ÇÃO, *s.f.*, provocação, encorajamento, surgimento.
SUS.CI.TA.DO, *adj.*, provocado, encorajado, surgido.
SUS.CI.TA.DOR, *adj.*, que suscita, capaz de suscitar, provocar; suscitante; *s.m.*, aquele ou aquilo que suscita, que é capaz de suscitar, provocar; suscitante.
SUS.CI.TA.MEN.TO, *s.m.*, o mesmo que suscitação.
SUS.CI.TAN.TE, *adj. e s.2 gên.*, suscitador.
SUS.CI.TAR, *v.t. e pron.*, fazer surgir, provocar, encorajar, surgir.
SUS.CI.TÁ.VEL, *adj.*, provocável, que pode surgir.
SU.SE.RA.NI.A, *s.f.*, o poder do suserano, sobretudo no sistema feudal, governo, mando.
SU.SE.RA.NO, *adj. e s.m.*, senhor, governante, senhor feudal ao qual os vassalos serviam.
SU.SHI, *s.m., Jap.*, comida japonesa com predominância de peixe cru.
SUS.PEI.ÇÃO, *s.f.*, suspeita, desconfiança, temor, medo.
SUS.PEI.TA, *s.f.*, desconfiança, impressão.
SUS.PEI.TA.DOR, *adj. e s.m.*, que ou quem suspeita, que desconfia.
SUS.PEI.TAR, *v.t.*, prever, desconfiar, pressupor, acreditar.
SUS.PEI.TÁ.VEL, *adj. 2 gên.*, de que se pode suspeitar.
SUS.PEI.TO, *adj.*, que infunde dúvidas, duvidoso, possível incriminado.
SUS.PEI.TO.SO, *adj.*, suspeito, cheio de suspeitas, desconfiado.
SUS.PEN.DER, *v.t. e pron.*, colocar no alto, parar algo, interromper, reter, prorrogar.
SUS.PEN.DI.DO, *adj.*, interrompido, retido, prorrogado.
SUS.PEN.SÃO, *s.f.*, interrupção, proibição de frequentar as aulas ou trabalhar; peça no carro para aparar os solavancos.
SUS.PEN.SE, *s.m.*, momento em que o assistente de filme fica tenso; cenas com final imprevisto.

SUS.PEN.SI.VO, adj., que suspende, que proíbe, que corta uma atuação.
SUS.PEN.SO, adj., pendurado, interrompido, que recebeu suspensão.
SUS.PEN.SÓ.RIOS, s.m., pl., tiras que, sobre os ombros, seguram as calças pelo cós.
SUS.PI.CAZ, adj., que suspeita, que traz suspeitas, suspeitoso.
SUS.PI.RA.DO, adj., que tem suspiros, muito ambicionado, almejado, cobiçado.
SUS.PI.RAN.TE, adj. 2 gên., que suspira; suspirador; suspiroso; próprio de quem suspira.
SUS.PI.RAR, v.t. e int., externar com suspiros; estar apaixonado, sentir saudades.
SUS.PI.RO, s.m., respiração acentuada por algum sentimento; tipo de doce à base de ovos batidos.
SUS.PI.RO.SO, adj., que suspira muito.
SUS.SUR.RA.ÇÃO, s.f., o mesmo que sussurro.
SUS.SUR.RA.DO, adj., murmurado, balbuciado.
SUS.SUR.RAN.TE, adj., que sussurra, murmurante.
SUS.SUR.RAR, v.t. e int., murmurar, contar em segredo, falar em voz baixa.
SUS.SUR.RE.AR, v.t. e int., o mesmo que sussurrar.
SUS.SUR.RO, s.m., fala baixa, murmúrio, segredo.
SUS.TA.ÇÃO, s.f., ato ou efeito de sustar, fazer parar, interromper; interrupção.
SUS.TA.DO, adj., interrompido, anulado.
SUS.TAN.ÇA, s.f., pop., o mesmo que sustância.
SUS.TÂN.CIA, s.f., comida que nutre; sustança, vigor.
SUS.TAN.TE, adj. 2 gên., cheio de substância, força, vigor; vigoroso; que dá sustância, energia; substancioso.
SUS.TAR, v.t., int. e pron., fazer parar, interromper, anular.
SUS.TA.TÓ.RIO, adj., usado para sustar.
SUS.TE.DOR, adj., que sustém; que apoia.
SUS.TE.NI.DO, s.m., na pauta musical, sinal que eleva por meio-tom a nota à sua direita.
SUS.TE.NI.ZAR, v.t., Mús., marcar com sustenido ou sustenidos.
SUS.TEN.TA.BI.LI.DA.DE, s.f., qualidade ou condição de sustentável.
SUS.TEN.TA.ÇÃO, s.f., nutrição, alimentação.
SUS.TEN.TÁ.CU.LO, s.m., alicerce, base, fundamento.
SUS.TEN.TA.DO, adj., mantido, amparado, alimentado, protegido.
SUS.TEN.TA.DOR, adj. e s.m., alimentador, mantenedor, protetor.
SUS.TEN.TA.MEN.TO, s.m., o mesmo que sustentação.
SUS.TEN.TAN.TE, adj. e s.m., sustentador, que sustenta.
SUS.TEN.TAR, v.t. e pron., manter, amparar, alimentar, proteger, firmar.
SUS.TEN.TÁ.VEL, adj., que sustenta, nutriente.
SUS.TEN.TO, s.m., alimento, comida, nutrição.
SUS.TER, v.t. e pron., segurar, reter, deter, reprimir, refrear.
SUS.TO, s.m., medo, sobressalto, temor.
SUS.TRO.SO, adj. e s.m., bras., N, assustado, assustadiço.
SU-SU.DO.ES.TE, s.m., Geog., ponto do horizonte a igual distância do sul e do sudoeste (SSO ou SSW); vento que sopra deste lado.
SU-SU.ES.TE, s.m., Geog., ponto do horizonte situado a meia distância do sul do sueste (SSE); vento que sopra deste lado; adj. 2 gên., relativo ao su-sueste.
SU.TA, s.f., instrumento que serve para marcar ângulos num terreno; espécie de esquadro, de peças móveis, para traçar ângulos.
SU.TA.CHE, s.f., adorno de lã, seda ou algodão para costurar em vestidos.
SU.TAR, v.t., justar (uma peça) noutra, com a suta.
SU.TI.Ã, s.m., porta-seios, peça do vestuário feminino íntimo para sustentar os seios.
SU.TIL, adj., delgado, fino, frágil, delicado, astuto, hábil, engenhoso.
SÚ.TIL, adj., cosido, costurado, unido por costura.
SU.TI.LE.ZA, s.f., delicadeza, fineza, argúcia.
SU.TI.LI.DA.DE, s.f., o mesmo que sutileza.
SU.TI.LI.ZA.ÇÃO, s.f., aprimoramento, polidez, fineza.
SU.TI.LI.ZA.DOR, adj. e s.m., que ou o que sutiliza; que inventa sutilezas; que usa de raciocínios sutis.
SU.TI.LI.ZA.DO, adj., polido, civilizado, fino.
SU.TI.LI.ZAR, v.t., int. e pron., tornar sutil, aprimorar, pensar com sutileza.
SU.TU.RA, s.f., costura, ligação de um corte sem deixar vestígios.
SU.TU.RA.DO, adj., costurado, cosido, ligado por costura.
SU.TU.RAR, v.t., ligar, costurar cirurgicamente as bordas de um corte no corpo.
SU.VE.NIR, s.m., presente, recordação, lembrança.

T

T, *s.m.*, vigésima letra do á-bê-cê e décima sexta consoante.
TA, símbolo do tântalo.
TÁ!, *interj.*, basta, acabou, chega, tudo bem, redução de está.
TA.BA, *s.f.*, aldeia indígena, aldeia.
TA.BA.CAL, *s.m.*, plantação de tabaco, terra coberta por pés de tabaco.
TA.BA.CA.RI.A, *s.f.*, local em que se vendem cigarros e fumo, charutaria.
TA.BA.CO, *s.f.*, planta de cujas folhas se obtém o fumo; fumo.
TA.BA.CO.FO.BI.A, *s.f.*, medo ou horror ao tabaco.
TA.BA.CÓ.FO.BO, *adj. e s.m.*, que ou quem tem horror ao tabaco.
TA.BA.CO.LO.GI.A, *s.f.*, estudo; tratado acerca do tabaco.
TA.BA.CO.LÓ.GI.CO, *adj.*, que diz respeito a tabacologia.
TA.BA.CO.MA.NI.A, *s.f.*, hábito que faz que não se possa passar sem o tabaco.
TA.BA.CO.MA.NÍ.A.CO, *adj.*, que diz respeito a tabacomania; *s.m.*, o que tem tabacomania.
TA.BA.CÔ.MA.NO, *adj. e s.m.*, o mesmo que tabacomaníaco.
TA.BA.CU.DO, *adj.*, NE, *pej.*, tapado, ignorante; abestalhado.
TA.BA.GIS.MO, *s.m.*, ato de se consumir cigarros ou outros produtos que contenham tabaco.
TA.BA.GIS.TA, *adj. 2 gén.*, diz-se de pessoa que abusa do tabaco; *s. 2 gén.*, pessoa tabagista.
TA.BA.GÍS.TI.CO, *adj.*, relativo a ou próprio de tabagismo ou tabagista.
TA.BA.JA.RA, *s. 2 gén.*, tipo de índio habitante do Nordeste.
TA.BA.QUE, *s.m.*, tipo de tambor confeccionado com uma madeira oca.
TA.BA.QUE.A.ÇÃO, *s.f.*, ato ou efeito de tabaquear.
TA.BA.QUE.A.DO, *adj.*, que tabaqueou.
TA.BA.QUE.AR, *v.t. e int.*, fumar, pitar, absorver fumo *in natura*.
TA.BA.QUEI.RA, *s.f.*, bolsa ou recipiente para guardar fumo ou rapé.
TA.BA.QUEI.RO, *adj.*, relativo a tabaco; que prepara ou consome tabaco por hábito; *s.m.*, aquele que consome tabaco; *pop.*, nariz de ventas largas.
TA.BA.QUIS.MO, *s.m.*, ver tabagismo.
TA.BA.RÉU, *s.m.*, matuto, caipira, cafona.
TA.BA.RO.A, *s.f.*, matuta, feminino de tabaréu.
TA.BAS.CO, *s.m.*, molho que se obtém com pimenta malagueta.
TA.BA.TIN.GA, *s.f.*, *bras.*, argila mole, branca ou esbranquiçada, argamassa.
TA.BA.TIN.GAL, *s.m.*, terreno onde há muita tabatinga.
TA.BE, *s.f.*, doença que ataca a medula espinhal, oriunda de sífilis.
TA.BE.CA, *s.f.*, *ant.*, forro de madeira do telhado, no qual se pregam as ripas.
TA.BE.FE, *s.m.*, *pop.*, bofetão, pancada com a mão aberta.
TA.BE.LA, *s.f.*, quadro para alinhar avisos, horário; norma geral, lista, relação de jogos.
TA.BE.LA.DO, *adj.*, organizado, controlado, distribuído em gráficos.
TA.BE.LA.MEN.TO, *s.m.*, fixação de preços, controle de algo.
TA.BE.LAR, *v.t.*, colocar em tabela, controlar; organizar.
TA.BE.LI.A.DO, *s.m.*, ofício de tabelião; tabelionado; *ant.*, imposto estadual para tabeliães.
TA.BE.LI.ÃO, *s.m.*, oficial público de registros e notas; notário.
TA.BE.LI.O.A, *s.f.*, feminino de tabelião, propriedade de um tabelionato, jargão usado pelos tabeliães.
TA.BE.LI.O.NA.DO, *s.m.*, tabelionato.
TA.BE.LI.O.NA.TO, *s.m.*, cargo ou função do tabelião; escritório oficial; var., tabelionado.
TA.BER.NA, *s.f.*, local para venda de bebidas no balcão; botequim, taverna.
TA.BER.NÁ.CU.LO, *s.m.*, entre os hebreus, conforme narra a Bíblia, era um receptáculo para proteger a Arca da Aliança; sacrário; nos templos católicos, local em que são guardadas as hóstias consagradas.
TA.BER.NAL, *adj. 2 gén.*, relativo a taberna ou a taberneiro; tabernário; *pej.*, imundo, sujo.
TA.BER.NÁ.RIO, *adj.*, tabernal; *fig.*, próprio dos taberneiros.
TA.BER.NEI.RO, *s.m.*, taverneiro, dono de taberna.
TA.BES.CEN.TE, *adj.*, portador de tabes.
TA.BI.CA.DA, *s.f.*, *bras.*, golpe de tabica; cipoada.
TA.BI.CA.DO, *adj.*, que tem tabique; *s.m.*, forro de telhado feito de tabique.
TA.BI.QUE, *s.m.*, parede divisória; divisória.
TA.BLA.DO, *s.m.*, estrado, palco, parte mais elevada do solo.
TA.BLE.TE, *s.m.*, pastilha, barra de chocolate.
TA.BLOI.DE, *s.m.*, jornal com tamanho menor, em forma quadrada; jornaleco.
TA.BO.CA, *s.f.*, bambu, taquara fina.
TA.BO.CAL, *s.m.*, extensão de terra coberta por tabocas.
TA.BO.NA, *s.f.*, *bras.*, S, espécie de cafeteira.
TA.BO.QUE.A.DOR, *adj. e s.m.*, *bras.*, que ou quem taboqueia, que passa a taboca.
TA.BO.QUE.AR, *v.t. e int.*, *bras.*, enganar; ludibriar; causar decepção a; provocar sentimento de decepção amorosa em; vender por alto preço.
TA.BO.QUEI.RO, *adj.*, *bras.*, careiro; caloteiro; *s.m.*, *pop.*, bodegueiro; BA, aquele que faz ou vende taboca.
TA.BU, *s.m.*, propriedade única de um objeto; algo proibido, coisa sagrada, proibição de cunho social.
TÁ.BUA, *s.f.*, madeira serrada, peça de madeira pronta, para uso comercial; tabela.
TA.BU.A, *s.f.*, vegetação que cresce nos banhados, com haste longa e fina, usada para confeccionar esteiras e outros apetrechos domésticos.
TA.BU.A.DA, *s.f.*, listagem pela qual se decoram as quatro operações.
TA.BU.A.DO, *s.m.*, o conjunto de tábuas que forma o assoalho.
TA.BU.AL, *s.m.*, local em que crescem muitas tabuas.

TA.BU.ÃO, s.m., geralmente feito com a casca da planta, é uma tábua grande e grossa, usada como ponte.

TA.BU.I.NHA, s.f., tábua de madeira.

TÁ.BU.LA, s.f., Lud., pequena peça para ser us. em jogos de tabuleiro; pedra; *ant.*, mesa.

TA.BU.LA.DO, adj. e s.m., assoalho de tábuas, tablado; composto por cifras na máquina ou no computador, por meio de programa próprio.

TA.BU.LA.DOR, s.m., dispositivo, nas máquinas de escrever, para ajustar o papel e a escrita do texto.

TA.BU.LAR, v.t., ajustar a máquina de escrever para dispor a escrita no papel.

TA.BU.LE, s.m., Cul., iguaria árabe feita com trigo-sarraceno, cebola, hortelã, tomate, pepino, azeite e outros condimentos.

TA.BU.LEI.RO, s.m., pequena elevação, colina; quadrado com quadradinhos para o jogo de xadrez.

TA.BU.LE.TA, s.f., peça para dar avisos em locais públicos.

TA.ÇA, s.f., copo, recipiente para tomar líquido, cálice; troféu num campeonato.

TA.CA.CÁ, s.m., AM, PA, Cul., mingau feito da goma da mandioca, temperado com tucupi, camarão, alho, sal, pimenta, etc.

TA.CA.DA, s.f., golpe com o taco; *fig.*, momento de sorte.

TA.CA.NHEZ, s.f., tacanheza, ignorância, falta de visão, incultura.

TA.CA.NHI.CE, s.f., p.us., atitude ou comportamento próprio de tacanho; tacanhez; tacanharia.

TA.CA.NHO, adj., diminuto, reduzido; curto de visão, com pouca formação.

TA.CA.NI.ÇA, s.f., porção de telhado que cobre os lados da casa; Arq., rincão.

TA.CÃO, s.m., o salto de todo calçado; *expr.*, estar sob o tacão - ser oprimido.

TA.CA.PE, s.m., peça forte de madeira que servia como arma para os índios.

TA.CAR, v.t., golpear, dar um golpe.

TA.CA.RÉ, s.m., bras., espécie de mandioca.

TA.CEI.RA, s.f., móvel em que os ourives expõem taças e outros vasos.

TA.CHA, s.f., tipo de prego; brocha, pincel grande; tacho grande, caldeira usada nos engenhos para fazer açúcar.

TA.CHA.DA, s.f., caldeirada, quantidade que se fabrica de uma vez só pelo tacho.

TA.CHA.DO, adj., referido, apelidado, aquecido, manchado.

TA.CHA.DOR, adj. e s.m., que(m) tacha, difamador.

TA.CHÃO, s.m., tacha grande, mancha, caldeirão, tacha grande.

TA.CHAR, v.t., chamar de algo, apelidar, referir a, atribuir, diminuir.

TA.CHE.A.DO, adj., cravado com tachas.

TA.CHE.AR, v.t., pregar com tachas.

TA.CHEI.RO, s.m., nos engenhos de açúcar, é quem cuida do tacho com melado para ser açúcar.

TA.CHIM, s.m., capa ou caixa em que se resguarda um livro de encadernação rica, álbum, etc.

TA.CHI.NHA, s.f., tipo de prego ou tacha pequena.

TA.CHO, s.m., panelão, vasilhame de metal para usos domésticos.

TA.CHO.NAR, v.t. e int., cravar de tachões ou tachas; cobrir de manchas; matizar.

TÁ.CI.TO, adj., calado, silente, silencioso, subentendido.

TA.CI.TUR.NI.DA.DE, s.f., tristeza, misantropia.

TA.CI.TUR.NO, adj., calado, triste, sorumbático, tristonho.

TA.CO, s.m., objeto fino e comprido, feito de madeira, para impulsionar as bolas nos jogos de bilhar e sinuca e outros jogos; tipo de piso.

TA.CÔ.GRA.FO, s.m., aparelho que serve para registrar a velocidade de um veículo.

TA.CÔ.ME.TRO, s.m., instrumento para marcar a velocidade de um veículo.

TÁC.TIL, adj., tátil, sensível, que se sente.

TAC.TI.LI.DA.DE, s.f., qualidade ou condição de táctil.

TAC.TO, s.m., tato, sensibilidade, sensibilidade da pele.

TA.CU.RU, s.m., cupinzeiro; termiteiro.

TU.CU.RU.ZAL, s.m., bras., S, extensão de terreno, em que há tacurus.

TAD.JI.QUE, adj. 2 gên., do Tadjiquistão (Ásia), típico desse país ou de seu povo; s. 2 gên., natural ou habitante do Tadjiquistão.

TA.FE.TÁ, s.m., tecido de seda.

TA.FI.Á, s.f., cachaça feita à base de cana-de-açúcar, aguardente, pinga, cana.

TA.FO.FO.BI.A, s.f., medo terrível de ser sepultado vivo.

TA.FO.FÓ.BI.CO, adj. e s.m., Psiq., relativo a, ou o indivíduo que sofre de tafofobia.

TA.FÓ.FO.BO, adj. e s.m., Psiq., o mesmo que tafofóbico.

TA.FUL, adj., que se veste com exagero; janota; festivo; folgazão; peralta; luxuoso, elegante.

TA.FU.LÃO, s.m., grande taful, sedutor de mulheres; conquistador.

TA.FU.LAR, v.int., agir como um taful; luxar.

TA.FU.LA.RI.A, s.f., vida ou coisa de taful; grupo de tafuis.

TA.FU.LHAR, v.t., ver atafulhar.

TA.FU.LHI.CE, s.f., tafulice.

TA.FU.LI.CE, s.f., o mesmo que tafularia.

TA.FU.LO, adj. e s.m., o mesmo que taful; janota.

TA.GAN.TE, s.m., ant., açoite, azorrague.

TA.GA.RE.LA, s. 2 gên., falador, que fala muito, que não para de falar.

TA.GA.RE.LAR, v.t. e int., falar demais, falar o tempo todo.

TA.GA.RE.LI.CE, s.f., costume de falar muito, falatório.

TAI.FA, s.f., serviçais a bordo de um navio; criadagem que atende as pessoas em um navio.

TAI.FEI.RO, s.m., camareiro de bordo de navio, atendente em navio.

TAI.GA, s.f., floresta de coníferas, própria de locais muito frios na região Norte da Terra.

TAI.LAN.DÊS, adj. e s.m., próprio ou habitante da Tailândia.

TAILLEUR (taiër), s.m., fr., roupa feminina composta de saia e casaco.

TA.Í.NE, s.m. Cul., pasta de gergelim, mesmo que tahine.

TA.I.NHA, s.f., peixe do mar, muito comum no inverno.

TAI.NHEI.RA, s.f., barco para pescar tainha, rede para pescar tainha.

TAI.NHO.TA, s.f., tainha pequena, filhote de tainha.

TAI.O.BA, s.f., tipo de erva cujas folhas são comestíveis.

TAI.O.BAL, s.m., plantação de taiobas.

TAI.PA, s.f., parede divisória, feita de pau a pique; cerca divisória.

TAI.PAL, s.m., o mesmo que taipa; bras., o mesmo que tapume.

TAI.PAR, v.t., montar paredes com taipa, colocar barro na parede de paus trançados.

TAI.PEI.RO, adj. e s.m., que(m) constrói taipas, construtor

TAITIANO

de taipas.

TAI.TI.A.NO, *adj. e s.m.*, próprio ou habitante do Taiti.

TAI.UA.NÊS, *adj. e s.m.*, relativo a, nascido ou habitante de Taiuan ou Taiwan (Ásia); taiwanês.

TA.JA.BEM.BA, *s.f., bras.*, erva medicinal do Amazonas.

TAL, *pron.*, semelhante, qual, parecido; este, aquele, certo, isso; *s. 2 gên.*, alguém muito importante; quem se acha importante.

TA.LA., *s.f.*, torquês de uso em sapatarias; tira de material resistente, pronta ou improvisada, para segurar um membro do corpo humano ou animal, que haja se rompido; chicote pequeno.

TA.LA.BAR.DÃO, *s.m.*, Mar., série de pranchões que ligam os dormentes da tolda com os do castelo de proa.

TA.LA.BAR.TA.RI.A, *s.f., bras.*, RS, loja ou oficina de talabarteiro; selaria; ofício do talabarteiro.

TA.LA.BAR.TE, *s.m.*, boldrié.

TA.LA.BAR.TEI.RO, *s.m., bras.*, RS, pessoa que faz talabartes (em artigos de couro); correeiro.

TA.LA.ÇO, *s.m., bras.*, Sul, surra ou golpe com a tala (chicote).

TA.LA.GA.DA, *s.f., pop.*, gole de bebida tomado de uma só vez.

TA.LA.GAR.ÇA, *s.f.*, tecido criado com fios próprios para quem borda; tecido para ser bordado.

TA.LAL.GI.A, *s.f.*, Med., dor no calcanhar.

TA.LÁL.GI.CO, *adj.*, Med. relativo a talalgia.

TÁ.LA.MO, *s.m.*, leito nupcial, cama, local em que os nubentes dormem; casamento.

TA.LAN.TE, *s.m.*, arbítrio, vontade, livre-arbítrio de cada indivíduo.

TA.LÃO, *s.m.*, a parte traseira do pé; o lado da meia que envolve o calcanhar; bloco de folhas de cheques; qualquer bloco que tenha as folhas destacáveis por linhas perfuradas.

TA.LAR, *adj.*, vestimenta que desce até os calcanhares; *v.t.*, sulcar, cavar valos, escavar regos; destruir plantações.

TA.LAS.SI.A, *s.f.*, enjoo do mar.

TA.LÁS.SI.CO, *adj.*, origem grega; que se refere ao mar.

TA.LAS.SI.TE, *s.m.*, vinho conservado envasilhado e imerso no mar, para envelhecimento.

TA.LAS.SO.CRA.CI.A, *s.f.*, poderio de uma nação baseado no domínio político-econômico das rotas marítimas.

TA.LAS.SO.CRA.TA, *adj. e s. 2 gên.*, que ou quem domina o mar.

TA.LAS.SO.CRÁ.TI.CO, *adj.*, relativo a talassocracia; relativo a talassocrata.

TA.LAS.SO.FI.LI.A, *s.f.*, atração intensa pelo mar.

TA.LAS.SO.FO.BI.A, *s.f.*, medo doentio do mar, fobia de mar, pavor de mar.

TA.LAS.SO.SÓ.FO.BO, *adj. e s.m.*, que sofre de talassofobia.

TA.LAS.SO.GRA.FI.A, *s.m.*, descrição, estudo e conclusões sobre os mares e oceanos.

TA.LAS.SO.GRÁ.FI.CO, *adj.*, que se refere a talassografia.

TA.LAS.SÓ.GRA.FO, *s.m.*, perito em talassografia.

TA.LAS.SO.ME.TRI.A, *s.f.*, sondagem e medição da profundidade do mar com o uso do talassômetro.

TA.LAS.SÔ.ME.TRO, *s.m.*, sonda para medir os níveis e a força da água do mar.

TA.LAS.SOS.FE.RA, *s.f.*, a parte ocupada pelas águas no globo terrestre; hidrosfera.

TA.LAS.SOS.FÉ.RI.CO, *adj.*, relativo a talassosfera.

TA.LAS.SO.TE.RA.PI.A, *s.f.*, uso do clima e das águas do mar para a cura de algumas doenças.

TAL.CO, *s.m.*, mineral reduzido a pó para ser usado na higiene.

TALMUDISTA

TAL.CO.SO, *adj.*, que contém muito talco.

TAL.CO.XIS.TO, *s.m.*, Miner., rocha cinzento-esverdeada, primitiva, que se parte facilmente.

TA.LEI.GA, *s.f.*, saco us. para a condução de cereais para os moinhos.

TA.LEI.GA.DA, *s.f.*, a porção que enche uma taleiga; taleiga cheia.

TA.LEI.GO, *s.m.*, pequeno saco estreito e comprido.

TA.LEN.TO, *s.m.*, inteligência, habilidade, mente evoluída, grande inteligência; moeda do Império Romano.

TA.LEN.TO.SO, *adj.*, inteligente, hábil, habilidoso, evoluído, esclarecido.

TA.LHA, *s.f.*, corte, ação de talhar; tipo de vasilha para água.

TA.LHA.DA, *s.f.*, fatia, pedaço, lasca, naco.

TA.LHA.DÃO, *s.m., bras.*, entrada para uma gruta ou caverna; paredes verticais por entre as quais corre um rio.

TA.LHA.DEI.RA, *s.f.*, máquina para cortar, talhar.

TA.LHA.DI.ÇO, *adj.*, cortável, que se pode talhar.

TA.LHA.DO, *adj.*, cortado, retalhado, coagulado; *s.m.*, trecho de rio entre ribanceiras altas, desfiladeiro.

TA.LHA.DOR, *adj. e s.m.*, que(m) talha, cortador.

TA.LHA.DU.RA, *s.f.*, ação de talhar.

TA.LHA.FRI.O, *s.m.*, Marcen., instrumento de lavrar madeira.

TA.LHA-MAR, *s.m.*, ver quebra-mar; Ornit., ave da família dos rincopídeos, que pesca voando perto da água.

TA.LHA.ME, *s.m.*, Náut., conjunto de talhas que se depositam a bordo.

TA.LHA.MEN.TO, *s.m.*, ação ou efeito de talhar; talhadura; *ant.*, imposto da talha; amputação do membro.

TA.LHÃO, *s.m.*, porção de terreno entre dois sulcos destinados a cultivo; courela; tabuleiro.

TA.LHAR, *v.t., int. e pron.*, cortar, entalhar, decepar, cortar fazenda para confecção.

TA.LHA.RI.A, *s.f.*, grande número de talhas ou de talhos; os talhos de uma marinha de sal.

TA.LHA.RIM, *s.m.*, tipo de macarrão cortado bem fino.

TA.LHA.RO.LA, *s.f.*, aparelho usado no fabrico do veludo, para cortar os fios ou orelhas, que ficam fora da trama.

TA.LHE, *s.m.*, silhueta, feitio, modelo, corte, manequim.

TA.LHER, *s.m.*, o conjunto de faca, colher e garfo.

TA.LHO, *s.m.*, ato de talhar, corte, talhadura, risco.

TA.LI.ÃO, *s.m.*, pena, castigo igual ao crime cometido; *fig.*, lei cruel.

TA.LI.BÃ, *adj. 2 gên.*, relativo a talibã; *s.f.*, milícia fundamentalista islâmica (que governou o Afeganistão de 1996 a 2001); *s. 2 gên.*, membro dessa milícia.

TA.LIM, *s.m.*, correia a tiracolo, para pendurar a espada; boldrié.

TA.LI.NHOS, *s.m., pl.*, espécie de jogo popular.

TÁ.LIO, *s.m.*, elemento metálico parecido com o estanho; número atômico 81; símb.: Tl.

TA.LI.O.SO, *adj.*, Quím., diz-se dos sais e combinações do tálio correspondentes à monovalência do elemento.

TA.LIS.CA, *s.f.*, pequena lasca, cunha diminuta, fenda, fresta na madeira.

TA.LIS.MÃ, *s.m.*, objeto mágico, coisa a que se atribuem poderes extraordinários.

TA.LIS.MÂ.NI.CO, *adj.*, que se refere a talismã.

TAL.MU.DE, *s.m.*, livro sagrado dos hebreus com a lei, costumes e tradições.

TAL.MÚ.DI.CO, *adj.*, relativo ao Talmude.

TAL.MU.DIS.TA, *s. 2 gên.*, especialista no talmude e em suas leis.

TA.LO, *s.m.*, nervura da folha, haste que prende as folhas e as frutas.

TA.LO.FI.BU.LAR, *adj.*, Anat., relativo ao tálus e à fíbula ao mesmo tempo.

TA.LO.NÁ.RIO, *s.m.*, bloco composto de talões, talão de cheques.

TA.LO.NE.AR, *v.t. e int.*, RS, bater com tala; açoitar; chicotear; participar de corrida.

TA.LO.RO, *adj. e s.m.*, relativo a, ou o povo antigo da Lusitânia, os taloros.

TA.LO.SO, *adj.*, relativo a talo ou que possui talo.

TAL.PI.FOR.ME, *adj.*, semelhante a toupeira.

TA.LU.DA.MEN.TO, *s.m., bras.*, ação de taludar.

TA.LU.DAR, *v.t.*, dar inclinação ou talude a (um terreno ou muro); meter (uma linha ou uma superfície) em talude.

TA.LU.DE, *s.m.*, encosta, inclinação, ladeira, escarpa, declive.

TA.LU.DO, *adj.*, forte, vigoroso, corpulento.

TAL.VE.GUE, *s.m.*, no leito de um rio, é o canal mais fundo.

TAL.VEZ, *adv.*, quiçá, oxalá, tomara; quem sabe.

TA.MAN.CA, *s.f.*, tamanco, tamanco mais baixo.

TA.MAN.CA.DA, *s.f.*, golpe com um tamanco, pancada.

TA.MAN.CA.AR, *v.t. e int.*, fazer barulho com tamancos; tamanquear; taroucar.

TA.MAN.CA.RI.A, *s.f.*, lugar em que se fazem ou se vendem tamancos.

TA.MAN.CO, *s.m.*, tipo de chinelo com a sola feita de madeira grossa.

TA.MAN.DU.Á, *s.m.*, mamífero de nossas matas, que se alimenta de formigas; *expr.*, abraço de tamanduá - traição, ardil.

TA.MAN.DU.Á-A.ÇU, *s.m.*, Zool.; ver tamanduá-bandeira (*Myrmecophaga tridactyla*).

TA.MAN.DU.Á-BAN.DEI.RA, *s.m.*, mamífero de porte avantajado; tamanduá-açu.

TA.MA.NHI.NHO, *adj.*, pequenino.

TA.MA.NHO, *s.m.*, dimensão, porte, estatura; *adj.*, grande, avantajado, valoroso.

TA.MAN.QUEI.RA, *s.f., bras.*, árvore da fam. das lauráceas (*Ocotea guyanensis*), de até 20 m de comprimento, nativa da Amazônia.

TA.MA.QUA.RÉ, *s.m., bras.*, nome comum a várias espécies de árvores da fam. das gutíferas, us. em carpintaria e da qual se extrai óleo medicinal da seiva dessas árvores.

TÂ.MA.RA, *s.f.*, produto da tamareira, fruto comestível e servido, também, seco.

TA.MA.RAL, *s.m.*, terreno onde crescem tamareiras.

TA.MA.REI.RA, *s.f.*, palmeira africana que produz as tâmaras.

TA.MA.RIN.DAL, *s.m.*, terreno em que crescem tamareiras.

TA.MA.RIN.DEI.RO, *s.m.*, árvore que produz o tamarindo.

TA.MA.RIN.DO, *s.m.*, fruto do tamarindeiro, usado com água para obter bebida.

TA.MA.RIS.CO, *s.m.*, semente de tamargueira.

TAM.BA.CA, *s.f., ant.*, metal composto de cobre e zinco; mistura fundida de ouro e prata.

TAM.BA.QUI, *s.m.*, nome de peixe da Amazônia.

TAM.BÉM, *conj.*, igualmente, do mesmo modo, outrossim, de fato, assim.

TAM.BE.TÁ, *s.m.*, vaso indígena de cerâmica.

TAM.BOR, *s.m.*, instrumento de percussão, formado por uma caixa cilíndrica; membrana esticada de cada lado, peça de revólver.

TAM.BO.RA.DA, *s.f.*, porção de tambores; grupo de tambores rufando as caixas.

TAM.BO.REI.RO, *s.m.* tocador de tambor.

TAM.BO.RE.JAR, *v.int.*, tocar tambor ou produzir ruído semelhante; tamborilar.

TAM.BO.RE.TE, *s.m.*, banquinho, banco baixinho.

TAM.BO.RE.TO, *s.m., ant.*, tamborete.

TAM.BO.RI, *s.m.*, Bot., árvore da mata atlântica da família das leguminosas (*Enterolobium contortisiliquum*), us. na fabricação de canoas; tamburi; timboúva.

TAM.BO.RIL, *s.m.*, tamborim, tambor pequeno.

TAM.BO.RI.LA.DA, *s.f.*, toque com o tamboril, toque com o tambor.

TAM.BO.RI.LAR, *v.t.*, imitar o toque de tambor, bater com os dedos.

TAM.BO.RI.LEI.RO, *adj. e s.m.*, diz-se da pessoa que toca tamboril.

TAM.BO.RI.LE.TE, *s.m.*, tamboril pequeno.

TAM.BO.RIM, *s.m.*, tambor pequeno.

TAM.BO.RI.NAR, *v.int.*, tocar tamborim; p. ext., tamborilar.

TAM.BO.RI.NEI.RO, *adj. e s.m.*, Mús., que toca ou o tocador de tamborim.

TAM.BU.RI, *s.m.*, Bot., o mesmo que tamborí.

TA.MI.ÇA, *s.f.*, cordel de palmas ou de esparto delgado.

TA.MI.CEI.RA, *s.f.*, a mulher que faz ou vende tamiça.

TA.MIS, *s.m.*, peneira de seda ou de outro tecido macio.

TA.MI.SA.ÇÃO, *s.f.*, ato ou efeito de tamisar.

TA.MI.SAR, *v.t. e pron.*, peneirar, escolher, buscar o melhor.

TA.MO.EI.RO, *s.m.*, madeira que no carro de bois fica entre os animais; apeiro.

TA.MOI.O, *s.m.*, membro da tribo dos índios tamoios.

TAM.PA, *s.f.*, peça própria para fechar recipientes.

TAM.PA.DO, *adj.*, fechado, tapado; cerrado.

TAM.PÃO, *s.m.*, tampa grande, conjunto de algodão e gaze para estancar sangue ou alguma secreção.

TAM.PAR, *v.t.*, fechar com tampa, fechar.

TAM.PI.NHA, *s.f.*, tampa pequena; tampa de garrafa; *fig., pop.*, tipo baixinho.

TAM.PO, *s.m.*, tampa, peça anterior e posterior de alguns instrumentos de corda.

TAM.PO.GRA.FI.A, *s.f.*, Art. Gráf., processo de impressão em superfícies irregulares, podendo ser usada sobre qualquer objeto.

TAM.PO.NA.MEN.TO, *s.m.*, fechamento com tampa.

TAM.PO.NAR, *v.t.*, fechar com tampão, tampar.

TAM.POU.CO, *adv.*, também não, da mesma forma não.

TA.NA.DO, *adj.*, cor de castanha; muito trigueiro.

TA.NA.JU.RA, *s.f.*, fêmea da formiga saúva, içá; *pop.*, mulher de cintura fina e quadris muito grandes.

TA.NA.TO.CRA.CI.A, *s.f.* dominação dos mortos, o governo dos vivos pelos mortos.

TA.NA.TO.FI.LI.A, *s.f.*, Psiq., atração doentia pela morte.

TA.NA.TO.FÍ.LI.CO, *adj. e s.m,*, Psiq., relativo a, ou aquele que apresenta tanatofilia; tanatófilo.

TA.NA.TÓ.FI.LO, *adj. e s.m.*, Psiq., o mesmo que tanatofílico.

TA.NA.TO.FO.BI.A, *s.f.*, medo da morte, aversão a tudo que seja atinente à morte.

TA.NA.TO.FÓ.BI.CO, *adj. e s.m.*, Psiq., relativo a, ou quele que tem tanatofobia; tanatófobo.

TA.NA.TÓ.FO.BO, *adj. e s.m.*, que(m) tem medo da morte.

TA.NA.TO.GÊ.NE.SE, *s.f.*, estudo das origens e causas

da morte.
TA.NA.TO.GE.NÉ.TI.CO, *adj.*, que diz respeito a tanatogênese.
TA.NA.TO.LO.GI.A, *s.f.*, estudo, tratado referente à morte.
TA.NA.TO.LÓ.GI.CO, *adj.*, que diz respeito à tanatologia.
TA.NA.TO.LO.GIS.TA, *s. 2 gên.*, pessoa que se dedica à tanatologia.
TA.NA.TÓ.LO.GO, *s.m.* especialista em qualquer área da tanatologia; *adj.*, diz-se desse profissional.
TA.NA.TO.MA.NI.A, *af.* Psiq., obsessão pela morte; tendência ao suicídio ou ao assassinato.
TA.NA.TO.MA.NÍ.A.CO, *adj.*, Psiq., relativo ou inerente à tanatomania; que sofre de tanatomania; tanatômano; *s.m.*, aquele que padece de tanatomania; tanatômano.
TA.NA.TÔ.MA.NO, *adj. e s.m.*, Psiq., o mesmo que tanatomaníaco.
TA.NA.TO.PRA.XI.A, *s.f.*, toda técnica para conservar os cadáveres intactos.
TÂ.NA.TOS, *s.m.*, pulsão de morte, segundo Sigmund Freud; Mit., deus da morte, na mitologia grega.
TA.NA.TOS.CO.PI.A, *s.f.*, Med., conjunto de métodos para verificar a realidade de uma morte.
TA.NA.TOS.CÓ.PI.CO, *adj.*, relativo a tanatoscopia.
TAN.CA.GEM, *s.f.*, armazenamento de fluidos em tanque; capacidade de armazenamento desse tanque.
TAN.CHÃO, *s.m.*, estaca de árvore que se introduz na terra para reproduzir; tanchoeira; estaca com que se esteiam as parreiras.
TAN.CHOAL, *s.m.*, plantação de tanchões.
TAN.CHO.EI.RA, *s.f.*, o mesmo que tanchão.
TAN.DEM, *s.m.*, bicicleta com dois ou até mais assentos.
TAN.GA, *s.f.*, vestimenta com que os índios cobriam a região das coxas até os quadris; calcinha muito reduzida, vestimenta mínima para a praia.
TAN.GA.DO, *adj.*, cingido de tanga.
TAN.GA.PE.MA, *s.f.*, tacape, arma indígena para a guerra.
TAN.GAR, *v.t.*, cobrir(-se) com tanga; *v.t.*, dançar o tango; tanguear.
TAN.GA.RÁ, *s.m.*, pássaro conhecido pelo canto e pelas danças.
TAN.GE.DOR, *adj. e s.m.*, tocador, condutor, sineiro.
TAN.GÊN.CIA, *s.f.*, ação ou efeito de tangenciar, toque.
TAN.GEN.CI.AL, *adj.*, roçante, que raspa, que tangencia.
TAN.GEN.CI.A.MEN.TO, *s.m.*, ação ou efeito de tangenciar; aproximação, proximidade, semelhança; abordagem superficial ou indireta.
TAN.GEN.CI.AR, *v.t.*, ir pela tangente de, tocar, raspar, roçar.
TAN.GEN.DO, *adj.*, tangível.
TAN.GEN.TE, *s.f.*, que roça, que toca; *s.f.*, linha que cruza outra em um ponto.
TAN.GER, *v.t. e int.*, tocar um instrumento, soar, bimbalhar; conduzir animais; referir-se, relacionar.
TAN.GE.RI.NA, *s.f.*, mexerica, bergamota, formosa.
TAN.GE.RI.NEI.RA, *s.f.*, árvore que produz a tangerina.
TAN.GE.RI.NO, *s.m.*, bras., NE, tangedor que se coloca na retaguarda da manada de gado; vaqueiro.
TAN.GI.MEN.TO, *s.m.*, ato ou efeito de tanger, tocar; tangida.
TAN.GÍ.VEL, *adj.*, palpável, tocável, possível, alcançável.
TAN.GI.VEL.MEN.TE, *adv.*, de uma maneira tangível.
TAN.GLO.MAN.GO, *s.m.*, bras., feitiço; malefício; sortilégio; *pop.*, má sorte; caiporismo.
TAN.GO, *s.m.*, música e dança de origem argentina.

TAN.GUIS.TA, *s. 2 gên.*, quem compõe, toca ou dança tango.
TA.NI.NO, *s.m.*, substância adstringente encontrada na casca de muitas plantas e usada, sobretudo, no curtimento de couros.
TA.NI.NO.SO, *adj.*, que contém tanino, que está com tanino.
TA.NO.A.RI.A, *s.f.*, oficina em que o tanoeiro trabalha.
TA.NO.EI.RO, *s.m.*, quem fabrica ou conserta barris ou peças similares.
TAN.QUE, *s.m.*, local em que se deposita água, líquidos, represa, açude; recipiente usado para lavar roupas; veículo blindado, próprio para a guerra.
TAN.TÃ, *adj.*, tolo, imbecil, idiota, apatetado.
TAN.TÁ.LI.CO, *adj.*, que se refere a Tântalo, figura da Mitologia Grega, condenado a sofrer sede e fome, pois desviou o alimento dos deuses para dá-lo aos seres humanos mortais.
TAN.TA.LI.ZA.ÇÃO, *s.f.*, ato ou efeito de tantalizar.
TAN.TA.LI.ZAN.TE, *adj. 2 gên.*, que tantaliza.
TAN.TA.LI.ZAR, *v.t. e int.*, fazer sofrer, supliciar, castigar, torturar; maravilhar, fascinar.
TÂN.TA.LO, *s.m.*, elemento metálico com ponto alto de fusão; de número atômico 73; símb.: Ta.
TAN.TO, *pron. indef.*, numeroso, grande; *adv.*, em grande quantidade, de tal modo; *s.m.*, quantia, soma, total, dimensão, volume.
TAN.ZA.NI.A.NO, *adj. e s.m.*, natural, referente ou habitante da Tanzânia.
TÃO, *adv.*, tanto, em grau elevado, muito.
TA.O.ÍS.MO, *s.m.*, doutrina filosófica de Tao-Tsé, vivido na China.
TA.O.ÍS.TA, *adj. 2 gên. e s. 2 gên.*, relativo a, que ou aquele que é adepto do taoísmo.
TÃO SO.MEN.TE, *adv.*, tão só, apenas, somente.
TA.PA, *s.f.*, viseira, peça usada nos cavalos e burros para dirigir-lhes os olhos; peça usada para tampar os barris de vinho; *s.m.*, bofetão, pancada com a mão na face de alguém.
TA.PA-BO.CA, *s.m.*, bofetada na boca de falador; censura, proibição de falar algo.
TA.PA-BU.RA.CO, *s. 2 gên.*, quem substitui alguém que faltou.
TA.PA.ÇÃO, *s.f.*, o mesmo que tapamento.
TA.PA.DA, *s.f.*, área cercada de mata destinada à criação e preservação da caça.
TA.PA.DO, *adj.*, tampado, fechado; *fig.*, tolo, ignorante, rústico.
TA.PA.DOR, *adj. e s.m.*, fechador, tampador.
TA.PA.DOU.RO, *s.m.*, tampa, tampo.
TA.PA.DU.RA, *s.f.*, ato de tapar; aquilo que serve para cobrir qualquer vaso; cerrado; tapume, sebe, muro.
TA.PA.GEM, *s.f.*, ato de tapar, barragem, dique.
TA.PA.JÓ, *adj. e s.m.*, próprio dos índios tapajós, pessoa dessa tribo.
TA.PA-LUZ, *s.m.*, pantalha, quebra-luz.
TA.PA.MEN.TO, *s.m.*, ação ou efeito de tapar, fechamento, tamponamento.
TA.PA-NA.RIZ, *s.m.*, tipo de cachecol us. para agasalhar do nariz ao pescoço; tapa-ventas.
TA.PA-NU.CA, *s.m.*, bras., capa adaptada ao boné para proteger o pescoço do sol.
TA.PA-O.LHO, *s.m.*, soco, pancada no olho; bandagem de pano ou gaze para cobrir o olho.
TA.PAR, *v.t. e pron.*, fechar, cerrar, vedar, cercar, erguer muro em torno.
TA.PA-SE.XO, *s.m.*, qualquer roupa de tamanho muito

diminuto, que mal esconde os órgãos sexuais.
TA.PE.A.ÇÃO, s.f., ação de tapear, engano, logro, burla.
TA.PE.A.DO, adj., logrado, enganado, burlado.
TA.PE.A.DOR, adj. e s.m., enganador, burlador, logrador.
TA.PE.A.MEN.TO, s.m., p.us.; ver tapeação.
TA.PE.AR, v.t., lograr, burlar, enganar, iludir.
TA.PE.ÇAR, v.t., o mesmo que atapetar.
TA.PE.ÇA.RI.A, s.f., estofado, arte de fabricar tapetes, tecidos próprios para forrar poltronas, cadeiras.
TA.PE.CEI.RO, s.m., fabricante de tapetes, colocador de tapete ou forração.
TA.PEI.RA, s.f., ant., taça de doce.
TA.PE.JA.RA, s. 2 gên., bras., indivíduo conhecedor de uma região e seus caminhos; pessoa hábil; adj. 2 gên., RS valente, destemido.
TA.PE.RA, s.f., casa velha em ruínas, casa ruim para habitar.
TA.PE.RE.BÁ, s.f., fruta pertencente à família do cajá, de uma árvore dos trópicos.
TA.PE.TÃO, s.m., grande tapete; gír., Fut., resolução jurídica referente ao futebol.
TA.PE.TAR, v.t. e pron., atapetar, colocar tapetes, forrar.
TA.PE.TE, s.m., tecido mais grosso com que se revestem superfícies; peça de tecido para colocar nos assoalhos.
TA.PI.A.RA, adj. 2 gên., SP pop., que trapaceia; s. 2 gên., espertalhão, velhaco.
TA.PI.O.CA, s.f., engenho para processar o aipim e obter a fécula, a farinha; a farinha obtida.
TA.PIR, s.m., anta, mamífero de grande porte.
TA.PI.RA, s.m., bras. Zool., o mesmo que anta (*Tapirus terrestris*).
TA.PI.RI, s.m., AM, abrigo simples para caminheiros, lavradores, etc.; itapiri; var., taperi.
TA.PIZ, s.m., ant., o mesmo que tapete; fig., cobertura de relva ou flores.
TA.PI.ZAR, v.t., ver atapetar.
TA.PO.NA, s.f., bofetada, pancada forte com a mão.
TA.PUI.A, s.f., relativo aos índios tapuias originários de uma região do Estado de Goiás; os próprios índios dessa tribo.
TA.PUI.O, s.m., descendente dos índios tapuias, o povo dessa tribo.
TA.PU.ME, s.m., construção para cercar um terreno; saliência de terra para segurar a água nos arrozeirais; dique.
TA.QUA.RA, s.f., tipo de bambu; planta longa e fina da família das gramíneas; quando rachada, é usada para fazer balaios e cestos.
TA.QUA.RAL, s.m., grupo de taquaras.
TA.QUA.RI, s.m., tipo de taquara fina.
TA.QUE.AR, v.t., revestir um piso com tacos, assentar tacos em um piso.
TA.QUI.CAR.DI.A, s.f., aumento do número de batidas do coração.
TA.QUI.CAR.DÍ.A.CO, adj., que se refere a taquicardia.
TA.QUI.FA.GI.A, s.f., o mau hábito de comer apressadamente, sem mastigar o alimento.
TA.QUI.FÁ.GI.CO, adj., que se refere a taquifagia.
TA.QUI.GRA.FAR, v.t., estenografar, tipo de escrita por código para ser rápida.
TA.QUI.GRA.FI.A, s.f., estenografia, escrita rápida.
TA.QUÍ.GRA.FO, s.m., estenógrafo.
TA.QUI.ME.TRI.A, s.f., medida de velocidades por meio do taquímetro; tacometria.
TA.QUI.MÉ.TRI.CO, adj., que diz respeito a taquimetria.

TA.QUÍ.ME.TRO, s.m., tacômetro, medidor de distâncias e velocidades.
TÁ.QUI.ON, s.m., Fís., partícula hipotética, cuja velocidade ultrapassa a da luz em seu estado natural.
TA.QUIP.NEI.A, s.f., o ato de ter uma respiração curta e rápida.
TA.RA, s.f., peso da embalagem, do invólucro de uma mercadoria; defeito, falha inata, desequilíbrio mental, mania.
TA.RA.DO, adj., s.m., que(m) é propenso a atividades excessivas de sexo; maníaco.
TA.RA.ME.LA, s.f., tramela, peça de madeira para cerrar as portas; fig., tagarela.
TA.RA.ME.LA.GEM, s.f., tagarelice, falação, verborreia, psitacismo.
TA.RA.ME.LAR, v. int., tagarelar, falar muito, falar sem parar, taramelear.
TA.RA.ME.LE.AR, v.int., o mesmo que taramelar.
TA.RA.ME.LI.CE, s.f., ação de taramelar; falatório; tagarelice.
TA.RAM.PAN.TÃO, s.m., voz imitativa do som do tambor.
TA.RAN.TA, s. 2 gên., pessoa aparvalhada ou irresoluta.
TA.RAN.TE.LA, s.f., música e dança rápidas, de origem napolitana.
TA.RÁN.TU.LA, s.f., tipo de aranha venenosa do Sul da Itália; aranha grande.
TA.RAR, v.t. e int., obter o peso líquido; ser levado por desvios mentais.
TA.RA.RA, s.f., tipo de ventilador que limpa o grão do trigo; alimpadeira.
TA.RAS.CO, adj., arisco, áspero, impertinente.
TAR.DA.DA, s.f., delonga, demora.
TAR.DA.DOR, adj. e s.m., que(m) tarda, retardador, atrasador.
TAR.DA.MEN.TO, s.m., demora, mora, atraso, retardamento, tardança.
TAR.DAN.ÇA, s.f., ação de tardar, retardamento.
TAR.DÃO, s.m., o mesmo que tardador.
TAR.DAR, v. int., demorar, atrasar-se, retardar.
TAR.DE, adv., depois da hora marcada, perto da noite; s.f., a parte do dia que começa após o meio-dia e vai até o anoitecer.
TAR.DE.GO, adj., lus., tardio; extemporâneo; atrasado; retardatário; lerdo, vagaroso.
TAR.DEI.RO, adj., diz-se das marés cuja preamar é depois do meio-dia.
TAR.DE.ZA, s.f., disposição que tarda; preguiça.
TAR.DÍ.GRA.DO, adj. e s.m., vagaroso, que anda devagar, atrasado.
TAR.DI.NHA, s.f., fim de tarde; expr., à tardinha - perto da noite.
TAR.DI.O, adj., temporão, fora do tempo, depois da época própria.
TAR.DÍ.VA.GO, adj., que vagueia lentamente.
TAR.DO, adj., tardio, demorado, lento.
TAR.DO.NHO, adj., tardio, tardo; demorado, vagaroso.
TAR.DOZ, s.f., face tosca de uma pedra de cantaria que fica voltada para dentro da parede.
TA.RE.AR, v.t., ver tarar; dar equilíbrio a (carga), em embarcação ou animal de carga.
TA.RE.CO, s.m., cacareco, coisa inútil.
TA.RE.FA, s.f., obrigação, dever, trabalho, dever escolar.
TA.RE.FAR, v.t. e int., distribuir ou dividir tarefa; atarefar; executar como tarefa (algo).
TA.RE.FEI.RO, s.m., quem trabalha por tarefa, empreiteiro.
TA.RI.FA, s.f., tabela de preços, custo, preço de trabalho, preço de transporte.

TARIFAÇÃO ... 785 ... TATU

TA.RI.FA.ÇÃO, *s.f.*, ação ou resultado de tarifar, emprego de tarifa; tabelamento.

TA.RI.FA.ÇO, *s.m.*, grande aumento no preço de taxas de qualquer ordem: serviços, impostos, transportes, combustíveis.

TA.RI.FA.DO, *adj.*, ajustado, colocado o preço.

TA.RI.FA.MEN.TO, *s.m.*, ação ou efeito de tarifar.

TA.RI.FAR, *v.t.*, colocar uma tarifa, ajustar o preço.

TA.RI.FÁ.RIO, *adj.*, que se refere a tarifas.

TA.RI.FI.CA.ÇÃO, *s.f.* o mesmo que tarifação.

TA.RIM.BA, *s.f.*, estrado para dormir em navios e nas casernas; grande experiência.

TA.RIM.BA.DO, *adj.*, experiente, preparado.

TA.RIM.BAR, *v. int.*, ser soldado, adquirir experiência.

TAR.JA, *s.f.*, fita que enfeita a orla de um tecido ou quadro; borda, listra preta.

TAR.JA.DO, *adj.*, bordado, orlado, que tem tarja.

TAR.JÃO, *s.m.*, tarja grande; lápide retangular que contém inscrição.

TAR.JAR, *v.t.*, orlar, bordar, colocar tarja.

TAR.JE.TA, *s.f.*, pequena tarja, peça metálica para fechar portas e janelas.

TAR.LA.TA.NA, *s.f.*, tecido transparente, para confeccionar forros de vestidos.

TA.RÔ, *s.m.*, baralho com figuras diferentes, pelo qual as cartomantes predizem fatos da vida das pessoas.

TA.ROL, *s.m.*, Mús., tambor médio tocado com duas baquetas.

TA.RO.LO.GI.A, *s.f.*, estudo das interpretações e previsões sobre o futuro com as cartas do tarô.

TA.RÓ.LO.GO, *s.m.*, estudioso ou versado em tarologia; quem pratica o tarô.

TA.ROU.CO, *adj.*, lus., pop., apatetado, idiota; caduco; *s.m.*, pedaço, bocado, naco.

TA.ROU.QUI.CE, *s.f.*, parvoíce, idiotice, caduquice.

TAR.RA.CO, *adj. e s.m.*, lus., diz-se de, ou indivíduo atarracado.

TAR.RA.DA, *s.f.*, o conteúdo de um tarro cheio.

TAR.RA.FA, *s.f.*, rede, rede para pescar, peça de fios trançados para pescar.

TAR.RA.FA.DA, *s.f.*, lance de tarrafa; o que se colhe na tarrafa; lus., grande porção.

TAR.RA.FAR, *v. int.*, pescar com tarrafa, tarrafear, pescar.

TAR.RA.FE.A.ÇÃO, *s.f.*, ato ou efeito de tarrafear.

TAR.RA.FE.AR, *v. int.*, pescar com tarrafa, tarrafar.

TAR.RA.FEI.RO, *s.m.*, aquele que pesca com tarrafa, que tarrafeia; tarrafeador.

TAR.RA.FI.A, *s.f.*, pirraça, partida.

TAR.RA.QUI.CE, *s.f.*, estado ou qualidade de tarraço.

TAR.RA.XA, *s.f.*, parafuso, instrumento usado para fazer roscas em peças metálicas.

TAR.RA.XAR, *v.t., int. e pron.*, atarraxar, rosquear.

TAR.RA.XO, *s.m.*, parafuso, prego.

TAR.RO, *s.m.*, vaso, balde para recolher o leite da ordenha.

TAR.SAL, *adj.*, Anat., relativo ao tarso; tarsiano, társico.

TAR.SI.A.NO, *adj.*, Anat., relativo ou pertencente ao tarso; tarsal; társico.

TÁR.SI.CO, *adj.*, Anat., o mesmo que tarsiano.

TAR.SI.TE, *s.f.*, inflamação do tarso.

TAR.SO, *s.m.*, parte posterior dos ossos do pé.

TAR.SO.TO.MI.A, *s.f.*, Med., corte do tarso.

TAR.SO.TÔ.MI.CO, *adj.*, que diz respeito a tarsotomia.

TAR.TA.LHA, *s. 2 gên., ant.*, pessoa tagarela.

TAR.TA.ME.LAR, *v.t. e int.*, tartamelear, tartamudear, gaguejar.

TAR.TA.ME.LO, *s.m.*, tartamudo.

TAR.TA.MU.DE.AR, *v.t. e int.*, gaguejar, balbuciar, falar com dificuldade.

TAR.TA.MU.DEI.O, *s.m.*, ação de tartamudear; caráter de tartamudo; tartamudez.

TAR.TA.MU.DEZ, *s.f.*, gaguez, gagueira.

TAR.TA.MU.DO, *adj. e s.m.*, gago, quem gagueja.

TAR.TA.RA.TO, *s.m.*, Quím., sal ou éster do ácido tartárico, ou ânion dele derivado.

TAR.TA.RE.AR, *v. int.*, tartamudear, balbuciar.

TAR.TA.REI.O, *s.m.*, ação de tartarear, taramelar.

TAR.TÁ.RI.CO, *adj. e s.m.*, ácido que se usa na fabricação de xaropes; que se refere a tártaro.

TAR.TA.RI.ZAR, *v.t.*, Quím., preparar com tártaro (um líquido); dissolver-lhe tártaro.

TÁR.TA.RO, *s.m.*, borra do vinho; crosta que se forma sobre os dentes; próprio da Tartária; povo e idioma dessa terra.

TAR.TA.RO.SO, *adj.*, Quím., que contém tártaro; que é constituído por tártaro.

TAR.TA.RU.GA, *s.f.*, tipo de quelônio com carapaça, que vive na água e procria em terra.

TAR.TU.FI.CAR, *v.t.*, enganar com tartufice.

TAR.TU.FI.CE, *s.f.*, falsa devoção, hipocrisia.

TAR.TU.FIS.MO, *s.m.*, tartufice; hipocrisia.

TAR.TU.FIS.TA, *adj.*, que é próprio de tartufo.

TAR.TU.FI.ZAR, *v.t. e int.*, dar modos de tartufo a, tornar(-se) como tartufo.

TAR.TU.FO, *s.m.*, indivíduo hipócrita, mascarado.

TA.RU.GAR, *v.t.*, Carp., pregar com tarugo.

TA.RU.GO, *s.m.*, objeto para prender duas peças, cavilha.

TAS.CA, *s.f.*, taverna, botequim, bar; *fig.*, surra, tunda.

TAS.CAR, *v.t.*, dar um pedaço de alimento que se tem no prato para alguém degustar; surrar, sovar.

TAS.CO, *s.m., pop.*, pedaço, naco, fatia.

TAS.MA.NI.A.NO, *adj. e s.m.*, natural ou habitante da Tasmânia ou idioma dessa terra.

TAS.QUI.NHAR, *v.t. e int.*, comer, tascar, mastigar.

TAS.SA.LHO, *s.m.*, pedaço, naco, grande fatia, fatacaz.

TA.TA.PO.RAS, *s.f., pl., bras.*, o mesmo que cataporas.

TA.TA.RA.NE.TO, *s.m.*, filho de bisneto ou bisneta; tetraneto.

TA.TA.RA.VÓ, *s.f.*, mãe da bisavó, tetravó.

TA.TA.RA.VÔ, *s.f.*, pai do bisavô ou bisavó, tetravô.

TA.TE.AN.TE, *adj.*, que tateia, que apalpa.

TA.TE.AR, *v.t.*, reconhecer pelo tato, apalpar, tocar, guiar-se pelo tato, sondar, examinar.

TA.TE.Á.VEL, *adj. 2 gên.*, que se pode tatear, apalpar; tátil.

TA.TEI.O, *s.m.*, ato de tatear.

TA.TI.BI.LI.DA.DE, *s.f.*, caráter ou qualidade de tátil.

TA.TI.BI.TA.TE, *adj. 2 gên.*, diz-se ou aquele que fala trocando consoantes; gago; tímido; tonto; pateta.

TÁ.TI.CA, *s.f.*, estratégia, habilidade de conduzir as tropas ou grupos de acordo com um plano preestabelecido; *fig.*, habilidade, perícia.

TÁ.TI.CO, *adj.*, referente a tática, estratégico.

TÁ.TIL, *adj.*, táctil, próprio do tato, sensível.

TA.TI.LI.DA.DE, *s.f.*, sensibilidade, ação de sentir.

TA.TIS.MO, *s.m.*, o mesmo que taxia.

TA.TO, *s.m.*, sentido que traz a sensibilidade do meio pelo ato de apalpar; polidez, diplomacia, habilidade.

TA.TU, *s.m.*, tipo de animal noturno da família dos dasipódideos, com as costas cobertas por uma carapaça, que vive

em tocas escavadas por ele mesmo.
TA.TU.A.DO, *adj.*, que tem tatuagens.
TA.TU.A.DOR, *s.m.*, quem faz tatuagens.
TA.TU.A.GEM, *s.f.*, desenhar sobre a pele das pessoas; desenho no corpo humano.
TA.TU.AR, *v.t.*, fazer tatuagem.
TA.TU-BO.LA, *s.m.*, tatu que se enrola todo, quando se sente atacado pelos inimigos caçadores.
TA.TU-CA.NAS.TRA, *s.m.*, tipo de tatu forte e grande, com unhas compridas.
TA.TU-GA.LI.NHA, *s.m.*, tipo de tatu com carne gostosa e muito caçado.
TA.TU.Í, *s.m.*, crustáceo branco, de dimensões pequenas, que vive nas areias.
TA.TU.PE.BA, *s.m.*, tipo de tatu cuja carne não é comestível.
TA.TU.RA.NA, *s.f.*, lagarta com pelos fortes e brilhantes, que provocam queimaduras na pele humana.
TA.TU.ZI.NHO, *s.m.*, Zool., crustáceo isópode da fam. dos armadilídeos (*Armadillidium vulgare*), que se enrola em forma de bola.
TAU, *s.m.*, a décima nona letra do á-bê-cê grego; cruz adotada por São Francisco de Assis.
TAU.MA.TUR.GI.A, *s.f.*, milagre praticado por taumaturgo.
TAU.MA.TUR.GO, *s.m.*, quem faz milagres.
TÁU.REO, *adj.*, que se refere a touro.
TAU.RI.CÉ.FA.LO, *adj.*, que tem cabeça de touro.
TAU.RI.CÓR.NEO, *adj.*, o mesmo que tauricorne.
TAU.RI.FOR.ME, *adj.*, que tem forma de touro.
TAU.RI.NO, *adj.*, próprio do touro.
TAU.RO.MA.QUI.A, *s.f.*, a habilidade, a arte de conduzir uma tourada, de tourear.
TAU.RO.MÁ.QUI.CO, *adj.*, relativo ou pertencente a tauromaquia.
TAU.TA.CIS.MO, *s.m.*, o mesmo que tautofonia.
TAU.TO.CRO.NIS.MO, *s.m.*, estado ou natureza do que é tautócrono.
TAU.TÓ.CRO.NO, *adj.*, sincrônico, que ocorre ao mesmo tempo.
TAU.TO.FO.NI.A, *s.f.*, repetição interminável do mesmo som.
TAU.TO.FÔ.NI.CO, *adj.*, que se refere a tautofonia.
TAU.TO.LO.GI.A, *s.f.*, vício de linguagem caracterizado pela apresentação da mesma ideia, por meio de linguagem diferente.
TAU.TOS.SI.LÁ.BI.CO, *adj.*, que diz respeito a tautossilabismo.
TAU.TOS.SI.LA.BIS.MO, *s.m.*, duplicação de sílabas idênticas nas palavras informais (Mimi, Lili, Dedé, etc.).
TAU.XI.A, *s.f.*, obra feita de metal duro, com embutidos de ouro e pedras preciosas.
TAU.XI.A.DO, *adj.*, ornado ou lavrado com tauxia; *fig.*, diz-se de estilo floreado.
TAU.XI.AR, *v.t.*, ornar com ouro, adornar com pedras preciosas.
TA.VER.NA, *s.f.*, taberna, bodega, botequim.
TA.VER.NEI.RO, *s.m.*, taberneiro, dono de botequim.
TA.VO.A.DA, *s.f.*, *ant.*, tabuada.
TÁ.VO.LA, *s.f.*, tábua, mesa.
TA.VO.LA.DO, *s.m.*, *ant.*, o mesmo que tabulado ou tablado.
TA.VO.LA.GEM, *s.f.*, jogatina, cassino, bingo, casa de jogos.
TA.VO.LE.TA, *s.f.*, *ant.*, instrumento com que se tomava a altura dos astros.
TA.XA, *s.f.*, tributo, imposto, cobrança oficial por um serviço, percentagem.

TA.XA.ÇÃO, *s.f.*, ação ou efeito de taxar, tributação.
TA.XA.DO, *adj.*, tarifado, tributado, submetido a impostos.
TA.XA.DOR, *adj. e s.m.*, tributador, que(m) taxa, cobrador de impostos.
TA.XAR, *v.t.*, fixar uma taxa, tributar, cobrar um valor, avaliar.
TA.XA.TI.VI.DA.DE, *s.f.*, Jur., sanções disciplinares; tributação sobre serviços, preços, etc.
TA.XA.TI.VO, *adj.*, que impõe taxa, categórico, definitivo.
TÁ.XI, *s.m.*, veículo que transporta passageiros mediante pagamento.
TA.XI.A, *s.f.*, arranjo, disposição, ordem.
TA.XI.AR, *v. int.*, movimento de avião na pista.
TA.XI.DER.MI.A, *s.f.*, a arte de empalhar animais.
TA.XI.DÉR.MI.CO, *adj.*, que se refere a taxidermia.
TA.XI.DER.MIS.TA, *s. 2 gên.*, ver taxiodermista.
TA.XI.LO.GI.A, *s.f.*, ciência das classificações.
TA.XI.LO.GIS.TA, *s. 2 gên.*, o mesmo que taxilogia.
TA.XÍ.ME.TRO, *s.m.*, relógio que indica a quantia a ser paga pelo passageiro de um táxi.
TA.XI.NÔ.MI.CO, *adj.*, relativo às classificações.
TA.XI.O.NO.MI.A, *s.f.*, ciência que trata da classificação dos animais; sistemática.
TA.XIS.TA, *s. 2 gên.*, motorista profissional de táxi.
TA.XO.LO.GI.A, *s.f.*, a parte da ciência que estuda as classificações.
TA.XO.LÓ.GI.CO, *adj.*, taxilógico.
TA.XÓ.LO.GO, *s.m.*, especialista em taxologia, perito em classificações.
TCHÃ, *s.m.*, toque especial, ação de relevo.
TCHAU, *interj.*, do italiano - ciao — olá!, salve!, até mais!, até logo!
TCHE.CO, *adj. e s.m.*, próprio da República Tcheca, seu habitante; idioma desse país.
TCHE.COS.LO.VA.CO, *adj. e s.m.*, da, natural ou habitante da Tchecoslováquia (Europa, existente entre 1918 e 1992); também se dizia Tcheco-Eslováquia.
TE, *pron.*, indica a segunda pessoa do singular, a ti, para ti.
TÊ, *s.m.*, nome da letra *t*.
TE.A.DA, *s.f.*, teia de pano, lençaria.
TE.A.GEM, *s.f.*, tela, tecido, membrana reticular, membrana celular.
TE.AR, *s.m.*, máquina para tecer.
TE.A.TRAL, *adj.*, próprio do teatro; dramático, espalhafatoso.
TE.A.TRA.LI.DA.DE, *s.f.*, ação ou efeito de teatralizar, representatividade teatral.
TE.A.TRA.LIS.MO, *s.m.*, *bras.*, conjunto de efeitos cênicos; teatralidade.
TE.A.TRA.LI.ZA.ÇÃO, *s.f.*, Teat., ato ou efeito de teatralizar; *fig. pej.*, representação fingida, espalhafatosa.
TE.A.TRA.LI.ZA.DO, *adj.*, que se teatralizou; que se adaptou ao teatro ou à cena.
TE.A.TRA.LI.ZAN.TE, *adj.*, que teatraliza; que é capaz de tornar teatral ou cênico.
TE.A.TRA.LI.ZAR, *v.t.*, transformar um texto em teatro; dramatizar.
TE.A.TRO, *s.m.*, casa de espetáculos teatrais e outros; arte cênica de representar.
TE.A.TRO.LO.GI.A, *s.f.*, Teat., conjunto de obras teatrais.
TE.A.TRÓ.LO.GO, *s.m.*, quem escreve peças teatrais, dramaturgo.
TE.BAI.DA, *s.f.*, retiro, local ermo, eremitério.

TE.BA.NO, *adj.* e *s.m.*, natural ou habitante da antiga Tebas, cidade histórica da Grécia e do Egito.

TE.CA, *s.f.*, grande árvore que produz madeira para muitas utilidades e fins.

TE.CAR, *v. int.*, clicar uma bolinha de gude na outra.

TE.CE.DEI.RA, *s.f.*, quem tece tecido, trançadeira.

TE.CE.DOR, *adj.* e *s.m.*, que(m) tece, trançador, tecelão.

TE.CE.DU.RA, *s.f.*, tecitura, ato de tecer, tecelagem.

TE.CE.LA.GEM, *s.f.*, indústria para tecer tecidos.

TE.CE.LÃO, *s.m.*, operário que dirige um ou vários teares.

TE.CER, *v.t.* e *pron.*, trançar, fazer um tecido, tramar, engendrar, criar.

TE.CI.DO, *s.m.*, pano obtido com a trama dos fios no tear.

TE.CI.TU.RA, *s.f.*, trama, tecido, criação de um tecido, entrelaçamento de fios.

TE.CLA, *s.f.*, peça que se bate em instrumentos para tocar música, ou na máquina e micro para escrever.

TE.CLA.DIS.TA, *s. 2 gên.*, quem toca teclado, músico de teclado.

TE.CLA.DO, *s.m.*, conjunto das teclas de um instrumento.

TE.CLAR, *v.t.* e *int.*, movimentar as teclas.

TÉC.NI.CA, *s.f.*, a arte de fazer algo, conhecimento científico e prática de execução; conjunto de conhecimentos intelectuais e práticos profissionais.

TEC.NI.CIS.MO, *s.m.*, uso abusivo da técnica; redução de tudo à técnica.

TÉC.NI.CO, *adj.* e *s.m.*, próprio da técnica; profissional capacitado para o exercício de uma profissão; dirigente esportivo.

TEC.NI.CO.LOR, *adj.*, referente a um tipo de filme feito com várias cores.

TEC.NO.CRA.CI.A, *s.f.*, sistema governamental dominado por técnicos.

TEC.NO.CRA.TA, *s. 2 gên.*, adepto da tecnocracia, administrador propenso a soluções técnicas.

TEC.NO.FO.BI.A, *s.f.*, aversão à técnica, medo da técnica, pavor da técnica.

TEC.NO.GRA.FI.A, *s.f.*, descrição das técnicas e habilidades de saber fazer.

TEC.NO.LO.GI.A, *s.f.*, estudo da maneira de melhor fazer algo; ciência que estuda as técnicas de trabalho; uso de conhecimentos científicos.

TEC.NO.LÓ.GI.CO, *adj.*, relativo, pertencente ou inerente à Tecnologia.

TEC.NO.LO.GIS.TA, *s. 2 gên.* e *adj. 2 gên.*, o mesmo que tecnólogo.

TEC.NÓ.LO.GO, *s.m.*, perito em Tecnologia, especialista em Tecnologia, diplomado em curso superior na área técnica.

TE.CO-TE.CO, *s.m.*, avião monomotor pequeno, para pequenos voos.

TEC.TÔ.NI.CA, *s.f.*, a técnica de construir edifícios, estudo das alterações da posição do solo interior.

TEC.TÔ.NI.CO, *adj.*, relativo ou inerente, ou pertencente à Tectônica; que diz respeito a edifícios.

TEC.TO.NIS.MO, *s.m.*, Geol., movimentos da crosta terrestre que formam continentes, bacias oceânicas, cadeias de montanhosas, etc.; diastrofismo.

TE-DÉUM, *s.m.*, cântico de louvor e ação de graças a Deus, na religião católica.

TÉ.DIO, *s.m.*, aborrecimento, rotina, enfado, desagrado.

TE.DI.O.SO, *adj.*, enfadonho, aborrecido, desagradável.

TE.FLON, *s.m.*, material resistente ao calor, para revestir panelas, a fim de evitar a aderência de alimentos ao fundo e às paredes.

TE.GU.MEN.TAR, *adj. 2 gên.*, relativo a tegumento; tegumentário.

TE.GU.MEN.TO, *s.m.*, o que reveste a parte externa do corpo humano e dos animais, como pele, pelos.

TEI.A, *s.f.*, armadilha que a aranha tece com muitos filamentos; trama, tecido.

TEI.MA, *s.f.*, teimosia, obstinação, oposição, irredutibilidade.

TEI.MAR, *v.t.* e *int.*, obstinar-se, ser irredutível, resistir, opor-se.

TEI.MI.CE, *s.f.*, *fam.*, o mesmo que teimosia.

TEI.MO.SA, *s.f.*, mulher teimosa; cachaça, pinga, cana.

TEI.MO.SI.A, *s.f.*, obstinação, oposição.

TEI.MO.SI.CE, *s.f.*, teima, teimosia; birra.

TEI.MO.SO, *adj.*, obstinado, irredutível, resistente.

TE.ÍS.MO, *s.m.*, doutrina pela qual se confirma que Deus é Criador do mundo e continua a dirigi-lo em todos os detalhes.

TEI.Ú, *s.m.*, grande lagarto, camaleão.

TE.JA.DI.LHO, *s.m.*, teto de veículo.

TE.JU.BI.NA, *s.f. bras.*, CE, certo lagarto pequeno.

TE.LA, *s.f.*, fundo branco para projeções; quadro para ser pintado; tecido pronto para o pintor desenhar; arame entrançado para cercas; o visor frontal do televisor.

TE.LÃO, *s.m.*, tela grande para televisão, mostrando as imagens em vários locais.

TE.LE.CI.NÉ.SIA, *s.f.*, força mental para deslocar objetos, estando distante deles.

TE.LE.CO.MU.NI.CA.ÇÃO, *s.f.*, conjunto de aparelhagens para estabelecer comunicação entre pessoas por telefone e outros.

TE.LE.CON.FE.RÊN.CIA, *s.f.*, conferência proferida em uma estação de televisão e transmitida a muitos locais, sendo que os participantes fazem perguntas pelo telefone.

TE.LE.DI.FU.SÃO, *s.f.*, difusão de programas por meio da televisão.

TE.LE.DI.NA.MI.A, *s.f.*, transmissão para longe por meios mecânicos ou pela eletricidade; transporte de energia.

TE.LE.DI.NÂ.MI.CO, *adj.*, que diz respeito a teledinamia.

TE.LE.DI.RE.ÇÃO, *s.f.*, direção a distância; telecomando.

TE.LE.DI.RI.GI.DO, *adj.*, o mesmo que teleguiado.

TE.LE.DI.RI.GIR, *v.t.*, o mesmo que teleguiar.

TE.LE.DRA.MA.TUR.GI.A, *s.f.*, dramaturgia veiculada por meio da televisão (novelas, minisséries, etc.).

TE.LE.DU.CA.ÇÃO, *s.f.*, ensino a distância; educação a distância.

TE.LE.FÉ.RI.CO, *s.m.*, vagonete equilibrado por um cabo, transportando pessoas e cargas para longe.

TE.LE.FO.NA.DA, *s.f.*, telefonema, ato de telefonar.

TE.LE.FO.NAR, *v.t.* e *int.*, conversar por meio do telefone.

TE.LE.FO.NE, *s.m.*, aparelho que permite às pessoas conversar a distância.

TE.LE.FO.NE.MA, *s.m.*, ligação telefônica; conversa por telefone.

TE.LE.FO.NI.A, *s.f.*, processo do uso do telefone, conversa a distância.

TE.LE.FÔ.NI.CO, *adj.*, relativo a telefonia ou ao telefone; que se faz por meio de telefone.

TE.LE.FO.NIS.TA, *s. 2 gên.*, pessoa que ajuda a efetuar as ligações telefônicas.

TE.LE.FO.TO, *s.f.*, Fot., Telec., fotografia obtida ou transmitida por meio de telefotografia; radiofoto.

TELEFOTOGRAFAR / TEMATOLÓGICO

TE.LE.FO.TO.GRA.FAR, *v.t. e int.*, fazer telefotografia (de).
TE.LE.FO.TO.GRA.FI.A, *s.f.*, Fot., técnica de fotografar a grande distância por meio de teleobjetiva; transmissão de fotografias por meio de radiografia; telefoto.
TE.LE.FO.TO.GRÁ.FI.CO, *adj.*, relativo a telefotografia.
TE.LE.FO.TÓ.GRA.FO, *s.m.*, o que pratica a telefotografia.
TE.LE.FO.TO, *s.f.*, reprodução de fotografia por telefotografia.
TE.LE.GE.NI.A, *s.f.*, capacidade de aparecer bem em frente às câmeras de televisão.
TE.LE.GRA.FA.DO, *adj.*, comunicado por telegrama ou telégrafo.
TE.LE.GRA.FAR, *v.t. e int.*, comunicar por telégrafo, mandar notícias por telégrafo.
TE.LE.GRA.FI.A, *s.f.*, aparelho que manda sinais gráficos a grandes distâncias.
TE.LE.GRÁ.FI.CO, *adj.*, próprio do telégrafo; sucinto, resumido.
TE.LE.GRA.FIS.TA, *s. 2 gên.*, quem trabalha no telégrafo, transmissor de telégrafo.
TE.LE.GRA.FO, *s.m.*, aparelho antigo para transmitir mensagens a distância.
TE.LE.GRA.MA, *s.m.*, mensagem enviada por meio do telégrafo; mensagem sucinta.
TE.LE.GUI.A.DO, *adj.*, guiado a distância, conduzido, manipulado.
TE.LE.GUI.AR, *v.t.*, guiar algum aparelho estando longe dele.
TE.LE.IM.PRES.SOR, *s.m.*, aparelho que reproduz textos e imagens mandadas de longas distâncias.
TE.LE.IN.FOR.MA.ÇÃO, *s.f.*, informação a distância, por meio de televisão ou telefonia.
TE.LE.IN.FOR.MÁ.TI.CA, *s.f.*, Inform., o mesmo que telemática.
TE.LE.JOR.NAL, *s.m.*, jornal de televisão com imagens e cenas ao vivo.
TE.LE.JOR.NA.LIS.MO, *s.m.*, atividade exercida no telejornal.
TELEMARKETING, *s.m.*, ing., uso do telefone e outros meios de comunicação para divulgar e vender produtos às pessoas.
TE.LE.ME.TRI.A, *s.f.*, medição de distâncias com o telêmetro.
TE.LE.MÉ.TRI.CO, *adj.*, que se refere a telemetria.
TE.LE.ME.TRIS.TA, *s. 2 gên.*, especialista no uso do telêmetro.
TE.LÊ.ME.TRO, *s.m.*, aparelho usado para medir distâncias, ficando longe dos pontos medidos.
TE.LE.NO.VE.LA, *s.f.*, representação cênica apresentada na televisão, em trechos diários; história melodramática filmada e posta no ar aos trechos.
TE.LE.OB.JE.TI.VA, *s.f.*, peça de máquina fotográfica que capta cenas ao longe.
TE.LE.O.LO.GI.A, *s.f.*, doutrina que reputa a finalidade como um princípio explanador da realidade.
TE.LE.PA.TA, *s. 2 gên.*, quem domina a telepatia.
TE.LE.PA.TI.A, *s.f.*, capacidade de certas pessoas saberem e verem o que ocorre longe delas.
TE.LE.PÁ.TI.CO, *adj.*, que se refere a telepatia.
TE.LE.PLÁS.TI.CO, *adj.*, que diz respeito a teleplastia.
TELEPROMPTER, *s.m.*, ing., tela rotativa que ostenta o texto que está sendo lido pelos apresentadores, leitores, atores de programas televisivos.
TE.LER.RA.DI.O.FO.NI.A, *s.f.*, sistema telegráfico em que se empregam sinais radiofônicos.
TE.LES.CO.PI.A, *s.f.*, condições de se usar o telescópio.
TE.LES.CÓ.PI.CO, *adj.*, Astron., relativo ou inerente ao telescópio; que se vê com telescópio.
TE.LES.CÓ.PIO, *s.m.*, aparelho óptico próprio para observar astros e objetos a grandes distâncias.
TE.LES.PEC.TA.DOR, *s.m.*, quem vê televisão.
TE.LES.TE.SIA, *s.f.*, percepção a distância; a pessoa constrói conhecimentos estando longe, de forma alucinatória ou simbólica.
TE.LE.TI.PO, *s.m.*, aparelho semelhante à máquina de escrever, que envia textos a distância, e cujo receptor imprime pertamente.
TE.LE.VEN.DA, *s.f.*, vendas efetuadas por meio da televisão, sendo dado um número de telefone para o cliente se comunicar com o vendedor.
TE.LE.VI.SÃO, *s.f.*, aparelhagem que possibilita levar os sons e a imagem a grandes distâncias; televisor.
TE.LE.VI.SAR, *v.t.*, o mesmo que televisionar.
TE.LE.VI.SI.O.NA.DO, *adj.*, que se televisionou ou se transmitiu pela televisão.
TE.LE.VI.SI.O.NAR, *v.t.*, transmitir por meio da televisão.
TE.LE.VI.SI.O.NÁ.VEL, *adj. 2 gên.*, que pode ser transmitido pelos canais de televisão.
TE.LE.VI.SI.VO, *adj.*, relativo a, ou próprio da televisão; apresentado ou que atua na televisão.
TE.LE.VI.SOR, *s.m.*, aparelho que capta os sons e imagens da televisão; tevê.
TE.LE.VI.SO.RA, *s.f.*, estação transmissora de programas televisivos.
TE.LE.VI.SU.AL, *adj.*, televisivo, da televisão.
TE.LEX, *s.m.*, transmissão escrita de uma mensagem com rapidez a grandes distâncias.
TE.LHA, *s.f.*, peça fabricada com barro cozido, para a cobertura de residências.
TE.LHA.DO, *s.m.*, cobertura feita com telhas, cobertura.
TE.LHAL, *s.m.*, forno de cozer telhas.
TE.LHAR, *v.t.*, cobrir com telhas.
TE.LHA-VÃ, *s.f.*, telhado sem forro.
TE.LHEI.RA, *s.f.*, fábrica de telhas; olaria.
TE.LHEI.RO, *s.m.*, toda cobertura de telhas para acolher animais; rancho.
TE.LHU.DO, *adj., pop.*, tonto, que tem telhas, manias; maníaco.
TE.LI.NHA, *s.f.*, tela do televisor.
TE.LÚ.RI.CO, *adj.*, próprio da terra, do solo.
TE.LU.RÍ.DRI.CO, *adj.*, Quím., diz-se de um ácido que resulta da ação do ácido clorídrico sobre o telureto de magnésio.
TE.LÚ.RIO, *s.m.*, Quím., elemento químico de número atômico 52, us. em semicondutores; símb.: Te.
TE.LU.RIS.MO, *s.m.*, influência do solo sobre os moradores da região habitada.
TE.MA, *s.m.*, assunto, argumento, ideia, objetivo; melodia musical repetitiva; radical de um verbo ao qual se acrescenta a vogal de conjugação.
TE.MÁ.RIO, *s.m.*, conjunto de temas.
TE.MÁ.TI.CA, *s.f.*, vários temas, tema essencial.
TE.MÁ.TI.CO, *adj.*, próprio dos temas.
TE.MA.TI.ZA.ÇÃO, *s.f.*, ato ou efeito de tematizar.
TE.MA.TI.ZA.DO, *adj.*, que se tematizou; posto como tema.
TE.MA.TI.ZAR, *v.t.*, colocar, instituir ou abordar como tema.
TE.MA.TO.LO.GI.A, *s.f.*, parte da Morfologia que estuda a forma ou temas das várias classes gramaticais que compõem o discurso oral ou gráfico.
TE.MA.TO.LÓ.GI.CO, *adj.*, que se refere à Tematologia.

TE.MEN.TE, *adj.*, que teme, respeitoso, reverente, piedoso.
TE.MER, *v.t., int. e pron.*, recear, ter medo; venerar, respeitar, reverenciar.
TE.ME.RÁ.RIO, *adj.*, imprudente, precipitado, desajuizado.
TE.ME.RI.DA.DE, *s.f.*, ação ou efeito de quem teme, reverência, ousadia, arrojo.
TE.ME.RO.SO, *adj.*, amedrontado, medroso, que tem medo.
TE.MI.BI.LI.DA.DE, *s.f.*, caráter ou qualidade de temível.
TE.MI.DO, *adj.*, respeitado, que infunde medo, valente.
TE.MI.O.NÁ.RIO, *adj. e s.m.*, que ou quem tem febre terçã.
TE.MÍ.VEL, *adj.*, que deve ser temido, que atemoriza.
TE.MOR, *s.m.*, medo, respeito, reverência.
TE.MO.RI.ZAR, *v.t.*, p.us., atemorizar.
TE.MO.RO.SO, *adj., ant.*, temeroso.
TEM.PÃO, *s.m.*, muito tempo, grande espaço de tempo, tempo longo.
TÊM.PE.RA, *s.f.*, preparo especial que se dá aos metais para torná-los mais resistentes; temperamento.
TEM.PE.RA.DO, *adj.*, metal passado por têmpera; comida com tempero; clima nem quente, nem frio, tépido, ameno.
TEM.PE.RA.DOR, *adj. e s.m.*, que(m) tempera, moderador, condimentador.
TEM.PE.RA.MEN.TAL, *adj.*, próprio do temperamento; *s. 2 gên.*, pessoa que reage com os impulsos do temperamento que tem, geralmente muito forte.
TEM.PE.RA.MEN.TO, *s.m.*, sentimento, emoção, controle das emoções.
TEM.PE.RAN.ÇA, *s.f.*, moderação, comportamento controlado, domínio.
TEM.PE.RAN.TE, *adj. 2 gên.*, que tem temperança, moderação; moderado; sóbrio.
TEM.PE.RAR, *v.t., int. e pron.*, condimentar, colocar tempero em; dar têmpera a um metal.
TEM.PE.RA.TU.RA, *s.f.*, a quantidade de calor em um corpo ou local.
TEM.PE.RA.TU.RAL, *adj.*, relativo a temperatura.
TEM.PE.RO, *s.m.*, condimento, substância que se coloca na comida para dar-lhe sabor.
TEM.PES.TA.DE, *s.f.*, trovoada, furacão, agitação violenta do ar pelo vento, com chuvas fortes e trovões.
TEM.PES.TE.AR, *v.t. e int.*, maltratar, perseguir; fazer barulho como o de tempestade.
TEM.PES.TI.VI.DA.DE, *s.f.*, caráter de tempestivo; oportunidade.
TEM.PES.TI.VO, *adj.*, dentro do tempo marcado, no tempo certo.
TEM.PES.TU.O.SI.DA.DE, *s.f.*, qualidade do que é tempestuoso.
TEM.PES.TU.O.SO, *adj.*, cheio de tempestades, violento, perigoso.
TEM.PLÁ.RIO, *s.m.*, pertencente à Ordem do Templo, fundada em 1118 e exterminada em 1312, a fim de guardar os lugares sagrados da Palestina e proteger os peregrinos de lá.
TEM.PLO, *s.m.*, edifício próprio para ações religiosas.
TEM.PO, *s.m.*, maneira de medir o passar dos dias; lapso, época, era, anos; idade, a situação climática; divisões do compasso musical; flexões do verbo; *expr.*, ter tempo - estar disponível.
TEM.PO-QUEN.TE, *s.m.*, pássaro canoro, nativo de Minas Gerais; *pop.*, dificuldades, problemas, desordens.
TÊM.PO.RA, *s.f.*, cada um dos lados da cabeça, ao lado das orelhas.
TEM.PO.RA.DA, *s.f.*, lapso temporal, época, espaço de tempo.
TEM.PO.RAL, *s.m.*, tempestade, vendaval; osso da cabeça; *adj.*, próprio do tempo, temporário, secular, do mundo, profano, carnal.
TEM.PO.RA.LI.DA.DE, *s.f.*, transitoriedade, duração efêmera, a duração efetiva do tempo.
TEM.PO.RA.LI.ZA.ÇÃO, *s.f.*, ato ou efeito de tornar transitório, temporário; ato ou efeito de tornar secular, leigo, não-religioso.
TEM.PO.RA.LI.ZAR, *v.t.*, tornar temporal ou transitório; tornar leigo, secular.
TEM.PO.RA.NEI.DA.DE, *s.f.*, caráter ou qualidade do que é temporário.
TEM.PO.RÂ.NEO, *adj.*, que dura um curto tempo; temporário.
TEM.PO.RÃO, *adj. e s.m.*, extemporâneo, fora do tempo, criança que nasce com longo intervalo após o irmão anterior.
TEM.PO.RÁ.RIO, *adj.*, momentâneo, provisório, transitório, efêmero.
TÊM.PO.RAS, *s.f.*, Anat., o mesmo que fonte, nas regiões dos ossos temporais; Rel., os três dias de jejum prescritos pela Igreja Católica.
TEM.PO.RI.ZA.ÇÃO, *s.f.*, ação ou efeito de temporizar, contemporização.
TEM.PO.RI.ZA.DO, *adj.*, adiado, prolongado, contemporizado.
TEM.PO.RI.ZA.DOR, *s.m.*, dispositivo eletrônico, cuja função é ligar ou desligar um sistema elétrico.
TEM.PO.RI.ZA.MEN.TO, *s.m.*, o mesmo que temporização.
TEM.PO.RI.ZAR, *v.t.*, adiar, deixar para depois, prolongar, contemporizar; ligar ou desligar.
TE.NA.CI.DA.DE, *s.f.*, persistência, obstinação, resistência, dureza.
TE.NAL.GI.A, *s.f.*, Med., dor num tendão.
TE.NÁL.GI.CO, *adj.*, Med., relativo a ou próprio de tenalgia.
TE.NAZ, *adj.*, coercitivo, forte, teimoso; *s.f.*, instrumento com duas hastes para prender peças metálicas ou apertar peças.
TEN.ÇA, *s.f.*, expressão antiga para indicar algum tipo de pensão temporária para o sustento; bolsa.
TEN.ÇÃO, *s.f.*, intento, intuito, propósito, escopo, pretensão.
TEN.CI.O.NAR, *v.t. e int.*, ter a intenção, planejar, querer, visar a.
TEN.CI.O.NÁ.RIO, *s.m.*, o que recebe tenças.
TEN.ÇO.EI.RO, *adj.*, que traz risa com alguém; pertinaz.
TEN.DA, *s.f.*, barraca, casa desmontável.
TEN.DAL, *s.m.*, local para estender carne; varal.
TEN.DÃO, *s.m.*, conjunto de fibras na ponta dos músculos.
TEN.DE.DEI.RA, *s.f.*, pá longa de madeira, na qual se põe o pão para levá-lo ao forno.
TEN.DEI.RO, *s.m.*, quem vende em tenda, dono de barraquinha.
TEN.DÊN.CIA, *s.f.*, inclinação, vocação, perspectiva, propósito, pendor.
TEN.DEN.CI.AL, *adj. 2 gên.*, que apresenta, ou em que há tendência(s).
TEN.DEN.CI.O.SO, *adj.*, mal-intencionado, propósito danoso, malicioso.
TEN.DEN.TE, *adj.*, inclinável, vocacionado, propenso.
TEN.DER, *v.t. e pron.*, estirar, esticar, inclinar-se por, pender para, aproximar-se.
TÊN.DER, *s.m.*, pernil defumado de carne suína.
TEN.DI.NI.TE, *s.f.*, inflamação do tendão.
TEN.DI.NO.SO, *adj.*, que se refere aos tendões.

TENEBRÁRIO / TEOMANCIA

TE.NE.BRÁ.RIO, *s.m.*, candeeiro aceso durante a Semana Santa.

TE.NE.BRO.SI.DA.DE, *s.f.*, escuridão, sombra; *fig.*, horror, morte.

TE.NE.BRO.SO, *adj.*, sombrio, cheio de trevas, escuro; *fig.*, horrível, funéreo.

TE.NE.DU.RA, *s.f.*, S, excremento de animais selvagens.

TE.NÊN.CIA, *s.f.*, prudência, cautela, precaução, cuidado.

TE.NEN.TE, *s.m.*, graduação na hierarquia militar e da polícia militar, inferior à de capitão.

TE.NEN.TE-BRI.GA.DEI.RO, *s.m.*, na hierarquia da Aeronáutica, é o posto mais alto.

TE.NEN.TE-CO.RO.NEL, *s.m.*, posto no Exército logo abaixo de coronel.

TE.NEN.TE-CO.RO.NEL-A.VI.A.DOR, *s.m.*, patente na Aeronáutica, logo inferior à de coronel-aviador.

TE.NEN.TIS.MO, *s.m.*, Hist., movimentos militares liderados por tenentes das Forças Armadas que levaram à Revolução de 1930 e ao fim da Primeira República.

TE.NEN.TIS.TA, *adj. 2 gén.*, relativo ao tenentismo; diz-se do seguidor do tenentismo; *s. 2 gén.*, indivíduo simpatizante ou que participou do tenentismo.

TE.NES.MO, *s.m.*, sensação dolorida de urinar ou evacuar.

TÊ.NIA, *s.f.*, solitária, parasita que vive nos intestinos humanos.

TE.NÍ.A.SE, *s.f.*, doença trazida pela tênia.

TE.NÍ.FU.GO, *s.m.*, medicamento próprio para combater a tênia.

TE.NI.O.TO, *adj.*, Zool., que tem orelhas estreitas e compridas.

TÊ.NIS, *s.m.*, jogo de mesa ou campo, desenvolvido com uma bola e uma raquete; tipo de calçado feito de materiais plásticos; pingue-pongue.

TE.NIS.TA, *s. 2 gén.*, pessoa que joga tênis.

TE.NÍS.TI.CO, *adj.*, Esp., que diz respeito a tênis.

TE.NOR, *s.m.*, a voz humana mais aguda; quem tem essa voz.

TE.NO.RI.NO, *adj. e s.m.*, tenor com voz em falsete.

TE.NO.RI.ZAN.TE, *adj.*, seco tenor.

TE.NO.RI.ZAR, *v.int.*, cantar com voz de tenor ou semelhante a dela.

TEN.RO, *adj.*, suave, mole, macio, delicado, novo, recente.

TEN.RU.RA, *s.f.*, p.uss., qualidade ou estado de tenro.

TEN.SÃO, *s.m.*, força de compressão, diferença de potência elétrica entre dois pontos, voltagem, esticamento máximo; agitação nervosa, afã.

TEN.SIL, *adj.*, que diz respeito a tensão.

TEN.SI.O.A.TI.VO, *adj.*, ver tensoativo.

TEN.SI.O.NAL, *adj. 2 gén.*, relativo a, ou próprio de tensão.

TEN.SI.O.NAN.TE, *adj. 2 gén.*, que causa tensão.

TEN.SI.O.NAR, *v.t. e int.*, produzir tensão, tornar tenso.

TEN.SI.VO, *adj.*, que causa tensão.

TEN.SO, *adj.*, estirado, esticado, teso; *fig.*, nervoso, muito nervoso.

TEN.SO.A.TI.VO, *adj.*, Quím., diz-se do composto que diminui a tensão superficial do líquido em que esteja dissolvido; tensioativo.

TEN.SOR, *adj. e s.m.*, que estende, que estica, músculo que estende um membro ou órgão.

TEN.TA.ÇÃO, *s.f.*, segundo certas doutrinas, tendência a cometer pecados; pendor para o mal; busca dos prazeres proibidos pela moral.

TEN.TA.CU.LA.DO, *adj.*, que possui tentáculos, tentacular.

TEN.TA.CU.LAR, *adj.*, que possui tentáculos, forte, corpulento.

TEN.TA.CU.LI.FOR.ME, *adj. 2 gén.*, em forma de tentáculo.

TEN.TÁ.CU.LO, *s.m.*, certos órgãos que alguns animais possuem na cabeça e servem como órgão do olfato; força enorme.

TEN.TA.DI.ÇO, *adj.*, que se deixa tentar facilmente.

TEN.TA.DO, *adj.*, seduzido, fascinado, atraído, embevecido.

TEN.TA.DOR, *adj. e s.m.*, que(m) tenta, sedutor, que(m) atrai.

TEN.TA.ME, *s.m.*, tentâmen, tentativa, intento, tenção.

TEN.TA.MEN.TO, *s/m.*, ação ou efeito de tentar; tentativa.

TEN.TAR, *v.t. e pron.*, seduzir, atrair para o mal, experimentar; aventurar-se; buscar.

TEN.TA.TI.VA, *s.f.*, experiência, desejo, ensaio, aventura.

TEN.TA.TI.VO, *adj.*, experimental, tentável; sedutor.

TEN.TÁ.VEL, *adj.*, tentativo, que se pode tentar ou experimentar.

TEN.TE.A.DOR, *adj. e s.m.*, que ou aquele que tenteia.

TEN.TE.AN.TE, *adj. 2 gén.*, o mesmo que tenteador.

TEN.TE.AR, *v.t.*, perscrutar, examinar, sondar, tentar, sentir, apalpar.

TEN.TO, *s.m.*, atenção, prudência, cautela, precaução; ponto marcado, gol.

TEN.TÓ.RIO, *s.m.*, barraca de campanha.

TÊ.NUE, *adj.*, fino, delgado, frágil, fraco, sutil.

TE.NU.I.DA.DE, *s.f.*, fragilidade, sutileza, fraqueza, delgadeza.

TE.O.CÊN.TRI.CO, *adj.*, que tem Deus como centro de todas as coisas.

TE.O.CEN.TRIS.MO, *s.m.*, teoria doutrinária pela qual Deus está no centro de tudo; Deus é o centro de todas as obras do Universo.

TE.O.CRA.CI.A, *s.f.*, sistema de governo teoricamente governado por Deus; governo de sacerdotes.

TE.O.CRA.TA, *s. 2 gén.*, indivíduo que pratica o poder na teocracia.

TE.O.CRÁ.TI.CO, *adj.*, que se refere a teocrata.

TE.O.CRA.TI.ZAR, *v.t.*, transformar um governo em teocracia, suportar ideias teocráticas.

TE.O.DI.CEI.A, *s.f.*, na Teologia, enfoca a justiça de Deus e, na Filosofia, confirma a existência e os predicados de Deus.

TE.O.DO.LI.TO, *s.m.*, instrumento usado para medições exatas de distâncias.

TE.O.FA.NI.A, *s.f.*, aparição divina, surgimento de Deus na vida de uma pessoa.

TE.O.FO.BI.A, *s.f.*, Psiq., horror à divindade, a Deus, às coisas divinas.

TE.O.FÓ.BI.CO, *adj. e s.m.*, Psiq., diz-se de, ou aquele que apresenta teofobia; teófobo.

TE.Ó.FO.BO, *adj. e s.m.*, Psiq., o mesmo que teofóbico.

TE.O.GO.NI.A, *s.f.*, conjunto de deuses e divindades de que se constitui a mitologia de grupos politeístas.

TE.O.GÔ.NI.CO, *adj.*, relativo a teogonia.

TE.O.GO.NIS.TA, *s. 2 gén.*, o que é entendido em teogonia.

TE.O.LO.GAL, *adj.*, próprio da Teologia, relativo às virtudes.

TE.O.LO.GI.A, *s.f.*, estudos sobre Deus e as relações dos homens com o seu criador; doutrina profunda das verdades cristãs.

TE.O.LÓ.GI.CO, *adj.*, próprio da Teologia.

TE.O.LO.GIS.MO, *s.m.*, princípios e normas teologais.

TE.O.LO.GI.ZAR, *v. int.*, falar e expor sobre a Teologia.

TE.O.LO.GO, *s.m.*, especialista em Teologia, quem ensina Teologia.

TE.O.MAN.CI.A, *s.f.*, adivinhação por inspiração divina.

TE.O.MA.NI.A, *s.f.*, distúrbio psíquico em que o indivíduo se acha uma divindade.
TE.O.MA.NÍ.A.CO, *s.m.*, afetado pela teomania.
TE.O.MAN.TE, *s. 2 gén.*, pessoa que pratica a teomancia.
TE.O.NÍ.MIA, *s.f.*, nomenclatura dos deuses.
TE.O.NÍ.MI.CO, *adj.*, que diz respeito a teonimia.
TE.OR, *s.m.*, conteúdo de um documento, substância, conteúdo; *fig.*, modo.
TE.O.RE.MA, *s.m.*, problema que deve ser demonstrado.
TE.O.RÉ.TI.CO, *adj.*, teórico.
TE.O.RI.A, *s.f.*, hipótese, princípio fundamental de qualquer ciência; utopia, fantasia.
TE.O.RI.CIS.MO, *s.m.*, ideias que ficam na teoria, sem aplicação prática.
TE.Ó.RI.CO, *adj. e s.m.*, teorético, quem conhece só a teoria, domina a parte das ideias sem a prática.
TE.O.RI.ZA.ÇÃO, *s.f.*, ação ou efeito de teorizar, idealização, imaginação.
TE.O.RI.ZA.DO, *adj.*, idealizado, imaginado, plasmado.
TE.O.RI.ZAR, *v.t. e int.*, idealizar, fazer teorias, falar sem conhecer a prática.
TE.O.RIS.TA, *s. 2 gén.*, pessoa que conhece os princípios de uma teoria, mas não põe em prática ou não sabe como fazê-lo.
TE.O.SO.FI.A, *s.f.*, toda filosofia que busca conhecer a Deus por esforço espiritual.
TE.O.SÓ.FI.CO, *adj.*, que se refere a teosofia.
TE.O.SO.FIS.MO, *s.m.*, caráter das especulações teosóficas; o conjunto dessas teorias.
TE.O.SO.FIS.TA, *s. 2 gén.*, teósofo, especialista em teosofia.
TE.Ó.SO.FO, *s.m.*, aquele que ensina ou pratica a teosofia.
TE.PI.DEZ, *s.f.*, amenidade, temperatura tépida, tibieza.
TÉ.PI.DO, *adj.*, nem quente nem frio, morno, tíbio, ameno; *fig.*, mole, indeciso.
TE.QUI.LA, *s.f.*, aguardente mexicana feita com milho.
TER, *v.t. e pron.*, possuir, usufruir, dispor, obter, conseguir, suster, segurar, conservar, carregar, perceber, sentir.
TE.RA.PEU.TA, *s. 2 gén.*, quem pratica a terapêutica.
TE.RA.PÊU.TI.CA, *s.f.*, sistema medicinal para aliviar e curar doentes; terapia.
TE.RA.PÊU.TI.CO, *adj.*, que se refere a terapêutica.
TE.RA.PI.A, *s.f.*; sistema medicinal para curar alguém, terapêutica.
TE.RA.TI.A, *s.f.*, deformidade, monstruosidade; teratose.
TE.RA.TO.FO.BI.A, *s.f.*, Psiq., repulsão doentia a um ser monstruoso.
TE.RA.TO.FÓ.BI.CO, *adj. e s.m.*, Psiq., relativo a, que ou aquele que sofre de teratofobia; teratófobo.
TE.RA.TO.GE.NI.A, *s.f.*, formação de monstruosidades.
TE.RA.TO.LO.GI.A, *s.f.*, estudo que busca as monstruosidades orgânicas.
TE.RA.TO.LO.GIS.TA, *s. 2 gén.*, especialista em teratologia, teratólogo.
TE.RA.TÓ.LO.GO, *s.m.*, teratologista.
TE.RA.TO.MA, *s.m.*, Med., tumor formado por uma mistura heterogênea de tecidos.
TE.RA.TO.SE, *s.f.*, anomalia, deformidade.
TÉR.BIO, *s.m.*, Quím., elemento metálico us. na indústria eletroeletrônica, de número atômico 65, dos lantanídeos; símb.: Tb.
TER.ÇA, *s.f.*, a terça parte de um todo, a hora canônica para as orações diárias.

TER.ÇÃ, *s.f.*, tipo de febre que se repete com certos intervalos.
TER.ÇA.DO, *adj. e s.m.*, que se terçou; *pop.*, facão maior.
TER.ÇA.DOR, *adj.*, que ou aquele que terça; que, aquele ou aquilo que desempenha a função de terceiro.
TER.ÇA-FEI.RA, *s.f.*, terça, o terceiro dia da semana.
TER.ÇAR, *v.t.*, lutar, combater, dividir por três, misturar três coisas.
TER.CEI.RA, *s.f.*, marcha de carro.
TER.CEI.RA.NIS.TA, *s. 2 gén.*, pessoa que cursa o terceiro ano de qualquer curso.
TER.CEI.RI.ZA.ÇÃO, *s.f.*, quando a empresa contrata outras empresas para que lhe prestem serviços em todas as áreas possíveis.
TER.CEI.RI.ZA.DO, *adj.* que sofreu terceirização.
TER.CEI.RI.ZAR, *v.t.*, mediante contrato, transferir responsabilidades a terceiros.
TER.CEI.RO, *num.*, ordinal de três, terço; *s.m.*, que detém o terceiro posto.
TER.CE.TO, *s.m.*, estrofe composta por três versos, grupo musical com três vozes ou três músicos.
TER.CI.Á.RIO, *adj. e s.m.*, que fica em terceiro lugar; período da História no qual os continentes teriam assumido a forma atual e os répteis grandes desapareceram; serviço prestado por terceiros.
TER.ÇO, *num.*, terceiro, número fracionário de três; *s.m.*, a terça parte de um conjunto; objeto com sessenta contas para uma oração dirigida a Nossa Senhora, Maria Santíssima.
TER.ÇOL, *s.m.*, pequeno caroço na borda das pálpebras.
TE.RE.BIN.TÁ.CEA, *s.f.*, Bot., espécime das terebintáceas.
TE.RE.BIN.TI.NA, *s.f.*, designação de resinas obtidas de plantas coníferas.
TE.RE.BIN.TI.NA.DO, *adj.*, preparado com terebintina.
TE.RE.BIN.TI.NAR, *v.t.*, preparar ou misturar com terebintina.
TE.RE.BIN.TO, *s.m.*, tipo de pino europeu sempre verde, mesmo no inverno.
TE.RE.BRAR, *v.t.*, furar com térebra ou verruma; furar, perfurar.
TE.RES, *s.m., pl.*, bens, haveres.
TE.RE.SI.NEN.SE, *adj. e s. 2 gén.*, próprio ou habitante de Teresina.
TER.GAL, *s.m.*, tecido sintético para confecções.
TER.GI.VER.SA.ÇÃO, *s.f.*, fuga, evasiva, desculpa, vênia.
TER.GI.VER.SA.DOR, *adj. e s.m.*, que ou aquele que tergiversa.
TER.GI.VER.SAN.TE, *adj.*, o mesmo que tergiversador.
TER.GI.VER.SAR, *v.t. e int.*, desculpar-se, abandonar, ir ao contrário, evadir-se.
TER.GI.VER.SA.TÓ.RIO, *adj.*, que causa ou contém tergiversação.
TER.GI.VER.SÁ.VEL, *adj.*, capaz de tergiversar.
TE.RI.A.GA, *s.f.*, xarope caseiro contra a mordedura de animais peçonhentos; *fam.*, remédio azedo ou amargo.
TER.MA, *s.f.*, ver termas.
TER.MAL, *adj.*, que se refere a termas, que apresenta águas quentes.
TER.MA.LI.DA.DE, *s.f.*, qualidade das águas termais; calor que estas águas apresentam na nascente.
TER.MA.LI.ZA.ÇÃO, *s.f.*, ato ou efeito de termalizar.
TER.MAS, *s.f. e pl.*, águas quentes; local com água mineral própria para a terapia; estância para terapia.
TER.ME.LÉ.TRI.CA, *s.f.*, usina termelétrica; var., termoelétrica.
TER.ME.LE.TRI.CI.DA.DE, *s.f.*, termoeletricidade; obtenção

de eletricidade por meio do calor, com combustão de algum material.

TER.ME.LÉ.TRI.CO, adj., próprio da termeletricidade, termoelétrico.

TER.MES.TE.SI.A, s.f., Neur., sensibilidade do corpo às variações de temperatura.

TER.MI.A, s.f., unidade de calor para elevar a temperatura de um grau em uma tonelada de água.

TER.MI.A.TRI.A, s.f., Med., tratamento terapêutico que se baseia no uso de águas termais.

TER.MI.Á.TRI.CO, adj., Med., que diz respeito a termiatria.

TÉR.MI.CO, adj., relativo ao calor, que retém o calor.

TER.MI.DOR, s.m., décimo primeiro mês do calendário republicano francês.

TER.MI.NA.ÇÃO, s.f., ato ou efeito de terminar; jeito como algo acaba; conclusão, fim, termo; Anat., o fim dos nervos, dos vasos, etc.; extremidade.

TER.MI.NA.DOR, adj. e s.m., diz-se do, ou o que se usa para terminar, marcar ou delimitar.

TER.MI.NAL, adj., que está para morrer, em agonia; s.m., fim, terminação, ponto final de qualquer linha rodoferroviária de transportes.

TER.MI.NA.LI.DA.DE, s.f., estado ou condição do que é terminal.

TER.MI.NAN.TE, adj., peremptório, categórico, decisivo, que termina.

TER.MI.NAR, v.t., int. e pron., acabar, concluir, executar, findar; fig., morrer, desaparecer.

TER.MI.NA.TI.VO, adj., terminante, que termina, que acaba, que encerra.

TÉR.MI.NO, s.m., fim, conclusão, termo, acabamento.

TER.MI.NO.LO.GI.A, s.f., nomenclatura, compêndio sobre termos, nomes.

TER.MI.NO.LÓ.GI.CO, adj., relativo a terminologia.

TER.MI.NO.LO.GIS.TA, s. 2 gên., aquele que se ocupa de terminologia.

TER.MI.Ô.NI.CO, adj., que diz respeito aos fenômenos de termionização numa atmosfera rarefeita em volta de um filamento aquecido.

TÉR.MI.TA, s.f., térmite.

TÉR.MI.TE, s.f., termita, cupim.

TER.MO, s.m., marca, limite, sinal, prazo, razão, motivo; palavra, vocábulo; componentes de uma fração aritmética.

TER.MO.BA.RO.ME.TRI.A, s.f., emprego do termobarômetro.

TER.MO.BA.RÔ.ME.TRO, s.m., Fís., instrumento que informa indicações barométricas e termométricas.

TER.MO.CAU.TÉ.RIO, s.m., Med., platina incandescente us. para cauterizar ou secionar tecidos.

TER.MO.DI.FU.SÃO, s.f., Fís., difusão produzida pelo calor.

TER.MO.DI.NÂ.MI.CA, s.f., estudo das relações do calor com a mecânica.

TER.MO.DI.NÂ.MI.CO, adj., relativo a termodinâmica.

TER.MO.FI.LI.A, s.f., Biol., capacidade que um organismo tem de viver em ambiente muito quente.

TER.MÓ.FI.LO, adj., Biol., diz-se de organismo que vive em temperaturas elevadas.

TER.MO.FO.BI.A, s.f., Psiq., aversão doentia ao calor, à temperatura elevada.

TER.MO.E.LE.TRI.CI.DA.DE, s.f., termeletricidade.

TER.MO.E.LÉ.TRI.CO, adj., termelétrico.

TER.MO.GÊ.NEO, adj., que produz calor; diz-se do algodão-térmico; s.m., aparelho com que se produzir calor.

TER.MO.GÊ.NE.SE, s.f., calor produzido por seres.

TER.MO.GE.NI.A, s.f., produção de calor.

TER.MO.GÊ.NI.CO, adj., que produz calor; diz-se de aparelho que produz calor mecanicamente.

TER.MÓ.GRA.FO, s.m., instrumento que registra as temperaturas.

TER.MO.LO.GI.A, s.f., Fís., parte da física que se dedica ao estudo da energia térmica; estudo acerca do calor.

TER.MO.LÓ.GI.CO, adj., Fís., que diz respeito a termologia.

TER.MO.MAG.NE.TIS.MO, s.m., Fís., magnetismo desenvolvido em função do calor; produção de correntes elétricas por meio de calor.

TER.MO.ME.TRI.A, s.f., aparelho para medir a quantidade de calor.

TER.MO.MÉ.TRI.CO, adj., Fís., relativo a termometria; relativo à medição da energia térmica ou ao termômetro.

TER.MÔ.ME.TRO, s.m., aparelho para medir a temperatura.

TER.MO.MUL.TI.PLI.CA.DOR, s.m., Fís., instrumento que torna sensíveis pequeníssimas quantidades de calor.

TER.MO.NE.BU.LI.ZA.ÇÃO, s.f., técnica de aspersão espacial de um composto químico, esp. de inseticida, empregada em áreas urbanas e criadouros.

TER.MO.NU.CLE.AR, adj., próprio do núcleo atômico, da bomba atômica.

TER.MO.QUÍ.MI.CA, s.f., parte da química que estuda o calor e suas reações na química.

TER.MO.QUÍ.MI.CO, adj., Fís-quím., relativo a termoquímica; relativo à ação ou influência do calor em reações químicas.

TER.MOS, s.m. e pl., vocábulos, modos, maneiras, atitudes.

TER.MOS.CO.PI.A, s.f., medição do calor atmosférico.

TER.MOS.CÓ.PIO, s.m., Fís., espécie de barômetro de ar que serve para estudar o calor radiante.

TER.MOS.SI.FÃO, s.m., aparelho de calefação que aquece por meio de circulação de água quente.

TER.MOS.TA.TO, s.m., dispositivo existente em alguns aparelhos, para manter a temperatura de um ambiente sempre constante.

TER.NÁ.RIO, adj., que é composto no compasso de três tempos.

TER.NO, adj., afetuoso, carinhoso, suave; s.m., conjunto de três objetos; conjunto de vestimenta formado por calça, paletó e colete.

TER.NU.RA, s.f., carinho, afeto, afeição, meiguice, afabilidade.

TER.RA, s.f., parte sólida do planeta; chão, piso, solo, argila, barro; Terra (com maiúscula): terceiro planeta do sistema solar; o nosso mundo, o globo no qual os humanos vivem.

TER.RA A TER.RA, adj., ordinário, trivial, vil, regular.

TER.RA.ÇO, s.m., varanda, parte elevada na casa, mas sem telhado; pedaço de terra elevada e aplainada.

TER.RA.CO.TA, s.f., argila, barro cozido para esculturas.

TER.RAL, adj. e s.m., que vai da terra para o mar; vento que sopra da terra para o mar.

TER.RA-NO.VA, s.m., cão com destaque no pelo e no tamanho, proveniente do Canadá.

TER.RA.PLA.NA.GEM, s.f., ação de aplainar terra.

TER.RA.PLA.NAR, v.t., aplainar, tornar plano.

TER.RA.PLE.NA.GEM, s.f., terraplanagem, ato de escavar terra para aplainar.

TER.RA.PLE.NAR, v.t., aplainar, terraplanar.

TER.RA.PLE.NO, s.m., área com superfície plana ou onde

foi realizada terraplanagem.
TER.RÁ.QUEO, *adj.*, relativo a ou próprio do planeta Terra; terrestre; *s.m.*, o habitante do planeta Terra.
TER.RAR, *v.t.*, lus., cobrir de terra; aterrar.
TER.RÁ.RIO, *s.m.*, lugar próprio para manter animais, como insetos, répteis, aracnídeos, etc., imitando-se o seu hábitat.
TER.RE.AL, *adj. 2 gên.*, relativo à Terra; terrestre; relativo à vida mundana; terreno.
TER.REI.RO, *s.m.*, espaço limpo diante das casas; pátio; local em que se realizam os cultos afro-brasileiros.
TER.RE.MO.TO, *s.m.*, tremor da crosta terrestre, sismo.
TER.RE.NAL, *adj.*, o mesmo que terrestre ou terreal.
TER.RE.NA.LI.DA.DE, *s.f.*, qualidade, estado de terreal.
TER.RE.NHO, *adj.*, próprio da terra, terrestre, mundano.
TER.RE.NO, *adj.*, terrestre, mundano, carnal; *s.m.*, solo, terra, pedaço de terra para construir uma casa; propriedade de terra.
TÉR.REO, *adj.*, terrestre, junto ao solo; *s.m.*, o primeiro piso de um prédio.
TER.RES.TRE, *adj.*, próprio da terra, terreno, térreo; terráqueo.
TER.REU, *s.m.*, o mesmo que baldio.
TER.RI.BI.LI.DA.DE, *s.f.*, terror, horribilidade, pavor.
TER.RÍ.CO.LA, *s. 2 gên.*, todo ser vivo que habita no planeta Terra.
TER.RI.FI.CAN.TE, *adj.*, terrível, horrível, que aterroriza.
TER.RI.FI.CAR, *v.t.*, amedrontar, aterrorizar, apavorar, horrorizar.
TER.RÍ.FI.CO, *adj.*, terrificante, terrível.
TER.RI.NA, *s.f.*, sopeira, vasilhame grande para servir a sopa.
TER.RI.TO.RI.AL, *adj.*, que se refere ao território.
TER.RI.TO.RI.A.LI.DA.DE, *s.f.*, direitos legais de pertencer a um país como território; o direito de existência de um estado de fato e por lei.
TER.RI.TO.RI.A.LIS.MO, *s.m.*, ligação persistente a um determinado território.
TER.RI.TÓ.RIO, *s.m.*, região, pedaço de terra, região de um país; estado, terra.
TER.RÍ.VEL, *adj.*, horroroso, apavorante, que amedronta.
TER.ROR, *s.m.*, pavor, medo enorme, horror.
TER.RO.RÍ.FE.RO, *adj.*, que causa terror; terrificante.
TER.RO.RÍ.FI.CO, *adj.*, o mesmo que terrífico.
TER.RO.RIS.MO, *s.m.*, ações violentas, atos ameaçadores da vida, violência.
TER.RO.RIS.TA, *s. 2 gên.*, quem é adepto do terror, militante da prática de ataques suicidas.
TER.RO.RI.ZAN.TE, *adj.*, que terroriza; aterrador.
TER.RO.RI.ZAR, *v.t.*, apavorar, aterrorizar, amedrontar.
TER.RO.SO, *adj.*, cheio de terra, com aparência de terra, barroso.
TER.SO, *adj.*, puro, brilhante, lustroso.
TER.TÚ.LIA, *s.f.*, reunião literária com alegria, comida e bebida; reunião de amigos.
TE.SÃO, *s.f.*, qualquer coisa excitante, que causa prazer; *ch.*, libido, vontade de sexo.
TE.SAR, *v.t.*, entesar, estender, puxar.
TE.SE, *s.f.*, ideia, proposição que se expõe e defende; hipótese, tema, objeto; trabalho de âmbito universitário, com o fito de obter um título.
TE.SO, *adj.*, estirado, tenso, duro, reto, ereto, empinado, firme.
TE.SOU.RA, *s.f.*, instrumento para cortar, feito com duas lâminas reunidas num eixo; tipo de telhado; tipo de ave; corte de jogador no futebol.
TE.SOU.RA.DA, *s.f.*, pancada com tesoura, golpe de jogador contra o adversário.
TE.SOU.RA.DO, *s.m.*, efeito de tesourar; cone de vestuário.
TE.SOU.RAR, *v.t.*, talhar, cortar, cortar com tesoura; *fig.*, falar mal de alguém.
TE.SOU.RA.RI.A, *s.f.*, seção ou cargo do tesoureiro; local em que se coloca o dinheiro nas repartições.
TE.SOU.REI.RO, *s.m.*, quem comanda a tesouraria, guarda do tesouro.
TE.SOU.RO, *s.m.*, muito dinheiro ou objetos valiosos; repartição do governo para recolher os valores monetários; tudo que é precioso, amado.
TÉS.SE.RA, *s.f.*, peça (de osso, marfim, tabuinha, etc.) que servia de senha entre os antigos romanos; cubo ou dado com certas marcas.
TES.SE.RAL, *adj.*, que diz respeito ou se assemelha a téssera; cúbico.
TES.SI.TU.RA, *s.f.*, adaptação de notas musicais para a execução de uma voz; *fig.*, organização, arranjo.
TES.TA, *s.f.*, fronte, frontispício, parte dianteira da cabeça, cabeça; direção, ser.
TES.TA.BI.LI.DA.DE, *s.f.*, qualidade do que é testável.
TES.TA.DA, *s.f.*, golpe com a testa, parte do terreno que se confronta com a rua.
TES.TA DE FER.RO, *s.m.*, alguém que representa outro num negócio.
TES.TA.DO, *adj.*, experimentado, usado, avaliado.
TES.TA.DOR, *s.m.*, experimentador, que(m) testa, experimenta.
TES.TA.MEN.TAL, *adj.*, que se refere a testamento.
TES.TA.MEN.TÁ.RIO, *adj.*, testamental; *s.m.*, os bens por testamento.
TES.TA.MEN.TEI.RO, *s.m.*, quem executa, quem cumpre um testamento.
TES.TA.MEN.TO, *s.m.*, documento legal pelo qual alguém distribui bens para seus herdeiros, assim que falecer, legado; *fig.*, herança, transferência de bens intelectuais e espirituais.
TES.TAR, *v.t. e int.*, legar, distribuir por testamento; examinar, pôr à prova.
TES.TA.RU.DO, *adj.*, cabeçudo, obstinado, testaçudo.
TES.TÁ.VEL, *adj. 2 gên.*, que pode ser testado, provado.
TES.TE, *s.m.*, prova, exame, colheita de dados; busca de dados para conclusões.
TES.TEI.RA, *s.f.*, frente, frontal, a parte da testa.
TES.TEI.RA.DA, *s.f.*, o que ocupa uma testeira.
TES.TE.MU.NHA, *s.f.*, quem depõe ou testemunha ou negando fatos; depoente; quem afirma ou nega algo diante de autoridade; padrinho.
TES.TE.MU.NHA.DO, *adj.*, afirmado, referido, dito, confirmado.
TES.TE.MU.NHA.DOR, *adj. e s.m.*, confirmador, referidor, testemunha.
TES.TE.MU.NHAL, *adj.*, que se refere a testemunho, próprio do testemunho.
TES.TE.MU.NHAR, *v.t. e int.*, prestar testemunho, afirmar, dizer que é verdade; ver, assistir, ver os fatos.
TES.TE.MU.NHÁ.VEL, *adj.*, que se testemunha, que pode ser verdadeiro.
TES.TE.MU.NHO, *s.m.*, declaração, depoimento, verdade, visão.
TES.TI.CU.LAR, *adj.*, referente ao testículo.
TES.TÍ.CU.LO, *s.m.*, cada glândula produtora do esperma masculino.

TES.TI.FI.CA.ÇÃO, s.f., testemunho, afirmação, declaração.
TES.TI.FI.CA.DO, adj., testemunhado, afirmado, declarado.
TES.TI.FI.CA.DOR, adj. e s.m., testemunha, afirmador, declarador.
TES.TI.FI.CAN.TE, adj. 2 gên., que testifica; s. 2 gên., o que testifica.
TES.TI.FI.CAR, v.t., testemunhar, afirmar, declarar, dizer que é verdadeiro.
TES.TI.LHAN.TE, adj. e s. 2 gên., que testilha, que briga, discute.
TES.TI.LHAR, v.t., lus., andar em testilhas, contendas, discussões.
TES.TI.LHO, s.m., testeira de caixão ou de caixa; cada face interna das laterais da chaminé.
TES.TO, s.m., tampa de vasilha.
TES.TOS.TE.RO.NA, s.f., hormônio sexual masculino.
TES.TU.DA.ÇO, adj., muito testudo; obstinado, testaçudo, testarudo.
TES.TU.DO, adj., cabeça grande, cabeçudo; fig., obstinado, teimoso.
TE.TA, s.f., seio, mama, peito; pop., mojo.
TE.TÂ.NI.CO, adj., que se caracteriza por tétano.
TE.TA.NI.FOR.ME, adj., Med., que tem a aparência do tétano.
TE.TA.NIS.MO, s.m., Med., estado tetânico.
TE.TA.NI.ZAR, v. int., infectar com tétano.
TÉ.TA.NO, s.m., doença infecciosa que se caracteriza pela rigidez dos músculos.
TE.TEI.A, s.f., brinquedinho, mimo, pequeno brinquedo; pessoa mimosa.
TE.TO, s.m., a parte superior interna de uma casa; fig., casa, abrigo; a altura a que um avião pode voar.
TE.TRA.CAM.PE.ÃO, adj. e s.m., toda instituição ou indivíduo campeão quatro vezes.
TE.TRA.CAM.PE.O.NA.TO, s.m., campeonato que é vencido pela quarta vez por um clube.
TE.TRA.COR.DE, s.m. Mús., série de quatro notas (ou sons) consecutivas.
TE.TRA.CÓR.DIO, s.m., Mús., o mesmo que tetracorde.
TE.TRA.DÁC.TI.LO, adj., que tem quatro dedos; var., tetradátilo.
TE.TRA.E.DRO, s.m., poliedro com quatro lados.
TE.TRÁ.GO.NO, s.m., que tem quatro ângulos.
TE.TRA.GRA.MA, s.m., algo com quatro letras, pauta musical com quatro linhas.
TE.TRA.LO.GI.A, s.f., conjunto artístico com quatro peças.
TE.TRA.ME.RO, adj., que está dividido em quatro partes ou que apresenta quatro divisões.
TE.TRÂ.ME.TRO, s.m., Metrif., verso de quatro medidas, que consiste em quatro dipodios (como nos versos: clássico jâmbico, trocaico ou anapéstico) ou em quatro pés.
TE.TRA.NE.TO, s.m., tataraneto.
TE.TRA.PÉ.TA.LO, adj., que se compõe de quatro pétalas.
TE.TRA.PLE.GI.A, s.f., doença que impossibilita a pessoa de mover tanto os membros inferiores como os superiores.
TE.TRÁ.PO.DE, adj., que possui quatro pés, patas.
TE.TRA.PO.LAR, adj., Fís., diz-se do dínamo de quatro polos.
TE.TRAR.CA, s. 2 gên., participante de uma tetrarquia.
TE.TRAR.CA.DO, s.m., cargo ou dignidade de tetrarca.
TE.TRAR.QUI.A, s.f., governo exercido por quatro governantes.
TE.TRAS.SÍ.LA.BO, s.m., verso ou palavra com quatro sílabas.
TE.TRA.VÔ, s.m., pai do trisavô; trisavô.

TÉ.TRI.CO, adj., muito triste, funéreo, taciturno, tristonho, escuro, medonho.
TE.TRO, adj., negro; escuro; manchado; fig. feio; horrível.
TEU, pron., indica posse, de ti, para ti.
TE.UR.GI.A, s.f., ciência do maravilhoso; arte de fazer milagres.
TE.UR.GIS.TA, s.m., instituição e/ou doutrina dos adeptos da teurgia.
TE.UR.GO, s.m., o mesmo que teurgista.
TEU.TÃO, s.m., indivíduo dos antigos povos teutos.
TEU.TO, adj. e s.m., teutônico, germânico, alemão.
TEU.TÔ.NI.CO, adj., que se refere a teutos, próprio dos teutos.
TE.VÊ, s.f., forma reduzida de televisão; TV.
TÊX.TIL, adj., próprio para ser tecido, da tecelagem.
TEX.TI.LI.DA.DE, s.f., qualidade do que é têxtil; propriedade das fibras têxteis.
TEX.TO, s.m., conjunto de palavras escritas com sentido; prosa, escrito.
TEX.TU.AL, adj., próprio do texto, fiel ao texto, igual ao texto.
TEX.TU.A.LI.DA.DE, s.f. característica ou condição do que é textual.
TEX.TU.A.LIS.TA, s. 2 gên. e adj., aquele que se cinge à letra do texto, desprezando comentários, glosas, etc.
TEX.TU.Á.RIO, s.m., livro que contém só o texto, sem notas nem comentários.
TEX.TU.RA, s.f., trama, tecido, confecção.
TEX.TU.RI.ZA.ÇÃO, s.f., ato ou efeito de texturizar.
TEX.TU.RI.ZA.DO, adj., que se texturizou, que adquiriu textura.
TEX.TU.RI.ZAR, v.t., dar ou adquirir determinada textura.
TE.XU.GO, s.m., tipo de mamífero parecido com um urso.
TEZ, s.f., a pele e a cor da face; cútis, pigmentação, cor, epiderme.
TI, pron., variação para tu, usada sempre com preposição.
TI.A, s.f., irmã do pai ou da mãe, para com os filhos destes; esposa do tio; mulher solteirona; tratamento dado pelas crianças às senhoras que trabalham em creches.
TI.A-A.VÓ, s.f., irmã de um dos avós, na relação com os próprios avós.
TI.A.MI.NA, s.f., tipo de vitamina própria para o crescimento.
TI.A.NHA, s.f., bras., pop., teimosia, birra.
TI.A.RA, s.f., mitra do papa, tira para prender o cabelo.
TI.BE.TA.NO, adj. e s.m., próprio, natural ou habitante do Tibete.
TÍ.BI.A, s.f., osso anterior da perna; canela.
TI.BI.AL, adj., que se refere à tíbia.
TI.BI.EZ, s.f., frieza, o que é morno, fraqueza, tibieza.
TÍ.BIO, adj., morno, tépido, meio quente e meio frio; fraco.
TI.BI.OS.SU.RAL, adj., Anat., relativo à sura ou barriga da perna e à tíbia; s.m., o mesmo que astrágalo, por estar este em conexão com a tíbia.
TI.CA.DO, adj., conferido, assinalado, marcado.
TI.ÇÃO, s.m., pedaço de lenha com uma ponta acesa, em brasa; tipo escuro.
TI.CAR, v.t., colocar tique em, marcar, assinalar.
TI.CO, s.m., pequena quantidade de uma coisa, pedacinho, um dedo.
TI.ÇO.A.DA, s.f., pancada, golpe.
TI.CO-TI.CO, s.m., tipo de passarinho; tipo de serra pequena, para serrar pequenos objetos.
TI.DO, adj., possuído, havido.
TI.É, s.m., tipo de pássaro da família dos Traupídeos.
TI.E.TAR, v.int., bras., pop., agir como tiete; admirar incondicionalmente.

TI.E.TE, s.f., pop., fã de artistas, admiradora.
TI.FA, s.f., pop., localidade, região entre dois morros; vale.
TÍ.FI.CO, adj., que se refere a tifo.
TI.FO, s.m., doença infecciosa caracterizada por febres fortes.
TI.FOI.DE, adj., que se parece com tifo, semelhante a tifo.
TI.FO.SO, adj., que tem tifo, que está cheio de tifo.
TI.GE.LA, s.f., vasilhame de barro ou plástico, para uso doméstico; recipiente.
TI.GE.LA.DA, s.f., pancada com uma tigela; a quantidade que uma tigela contém.
TI.GRE, s.m., mamífero carnívoro da família dos felídeos; fig., indivíduo cruel e assassino.
TI.GRE.SA, s.f., fêmea do tigre.
TI.GRI.NO, adj., de ou relativo a tigre; sanguinário como o tigre.
TI.GUE.RA, s.f., milharal colhido e extinto; roça depois da colheita.
TI.JO.LA.DA, s.f., golpe com tijolo, ferida com tijolo.
TI.JO.LA.DO, adj., que se reveste de tijolos, entijolado.
TI.JO.LAR, v.t., revestir, cobrir com tijolos.
TI.JO.LEI.RO, s.m., fabricante ou comerciante de tijolos.
TI.JO.LO, s.m., bloco preparado com barro conforme o molde, cozido e usado para construção.
TI.JU.CAL, s.m., grande atoleiro, lamaçal, banhado, brejo.
TI.JU.CO, s.m., atoleiro, lamaçal, brejo, banhado.
TI.JU.PÁ, s.m., bras., palhoça com duas vertentes que tocam no chão e que abriga trabalhadores; oca pequena (indígena); choupana.
TIL, s.m., sinal gráfico para provocar a nasalação das palavras.
TI.LÁ.PIA, s.f., espécie de peixe de origem africana, reproduzido com facilidade e rapidez em lagoas, açudes e tanques brasileiros, servindo para os pesque-pague.
TÍL.BU.RI, s.m., antigo carro puxado por um único cavalo para levar pessoas.
TÍ.LIA, s.f., planta das zonas temperadas, cultivada pela sombra e flores (que contêm açúcar).
TI.LIN.TAN.TE, adj. 2 gên., que tilinta, que ressoa como sino ou sininho.
TI.LIN.TAR, v.t. e int., soar como metal, soar com estridência, ressoar.
TI.MA.ÇO, s.m., bras., pop., time ou equipe que costuma ganhar sempre.
TI.MÃO, s.m., barra do leme dos navios; direção, rumo, governo; pop., aumentativo de time.
TIM.BA.LÃO, s.m., p.us., caixa de rufo.
TIM.BA.LE, s.m., instrumento de percussão, tambor de cavalaria.
TIM.BA.LE.AR, v.t. e int., tocar timbales; soar ou fazer soar como timbales.
TIM.BA.LEI.RO, s.m., tocador de timbale.
TIM.BA.LE.JAR, v.t. e int., o mesmo que timbalear.
TIM.BA.LE.JO, s.m., ação de timbalejar; timbaleiro.
TIM.BI.RA, s. 2 gên., bras., Etnol., pertencente aos timbiras do MA, PA e GO; s.m., Gloss., idioma falado pelos timbiras; adj. 2 gên., relativo ou pertencente aos timbiras.
TIM.BÓ, s.m., diversos cipós, cujo sumo atordoa ou mata os peixes sem envenenar-lhes a carne.
TIM.BRA.DO, adj., papel que recebeu timbre, selado, marcado.
TIM.BRA.GEM, s.f., ato ou o efeito de timbrar; Artes Gráf., processo de impressão em relevo e sem tinta.
TIM.BRAR, v.t., colocar o timbre, selar, marcar.
TIM.BRE, s.m., sinal colocado nos anéis; escudos para marcar documentos; marca, sinal, sinete, selo, carimbo.
TIM.BRO.SO, adj., que tem timbre; caprichoso, suscetível em pontos de honra.
TI.ME, s.m., conjunto de jogadores, grupo de pessoas que faz uma partida; equipe.
TIMER (táimer), s.m., ing., dispositivo para ligar ou desligar aparelhos elétricos, e que deve manter constante a temperatura ou o funcionamento deles.
TI.MI.DEZ, s.f., acanhamento, medo.
TÍ.MI.DO, adj., acanhado, medroso, timorato; fig., fraco, débil.
TIMING (táiming), s.m., ing., momento, oportunidade de fazer algo.
TI.MO, s.m., glândula endócrina situada na parte inferior do pescoço.
TI.MÓ.CI.TO, s.m., Biol., célula do timo.
TI.MO.NEI.RO, s.m., quem maneja o timão, guia, dirigente.
TI.MO.RA.TO, adj., tímido, medroso, receoso, cheio de pudores.
TI.MO.REN.SE, adj. e s.m., natural, referente ou habitante do Timor.
TIM.PA.NAL, adj. 2 gên., relativo a tímpano; timpânico.
TIM.PÂ.NI.CO, adj., relativo a tímpano; timpanal.
TIM.PA.NIS.MO, s.m., Med., o mesmo que timpanite.
TIM.PA.NI.TE, s.f., Med., intumescência do ventre causada pela acumulação de gases.
TIM.PA.NÍ.TI.CO, adj., relativo a, ou que sofre de timpanite.
TIM.PA.NI.ZA.ÇÃO, s.f., Med., o mesmo que timpanite.
TÍM.PA.NO, s.m., membrana que separa o ouvido médio do externo.
TI.NA, s.f., vasilhame grande para conservar líquidos, banheira.
TÍ.NER, s.m., solvente para adicionar à tinta e torná-la mais solúvel.
TIN.GI.DO, adj., pintado, colorido, tinto.
TIN.GI.DOR, adj. e s.m., que(m) tinge, pintor.
TIN.GI.DU.RA, s.f., ato de tingir; tintura, coloração.
TIN.GI.MEN.TO, s.m., pintura, coloração, tintamento.
TIN.GIR, v.t., pintar, colorir, dar cor.
TIN.GUI, s.m., nome comum a várias plantas, como conambi e cipó-timbó; NE, doença de galináceos.
TI.NHA, s.f., micose, coceira no couro cabeludo.
TI.NHO.RÃO, s.m., folhagem de jardim que embeleza ambientes.
TI.NHO.SO, adj., nojento, diabólico, obstinado.
TI.NI.DO, s.m., som forte de metal.
TI.NI.DOR, adj. e s.m., tilinador, soante, vibrador.
TI.NIR, v.t. e int., soar vibrantemente, tilintar, zunir; fig., estar bem preparado.
TI.NO, s.m., juízo, tirocínio, senso, atenção, prudência, discrição, inteligência.
TI.NO.A.DA, s.f., fantasia, veneta, tineta.
TIN.TA, s.f., líquido feito com várias cores, usado para escrever, pintar, desenhar e outras atividades manuais ou mecânicas.
TIN.TAR, v.t., entintar.
TIN.TEI.RO, s.m., recipiente próprio para colocar tinta.
TIN.TIM, s.m., cumprimento que se faz com os copos, ao tomar uma bebida.
TIN.TI.NA.BU.LAR, v.t., soar ou fazer soar ou ressoar.
TIN.TI.NÁ.BU.LO, s.m., campainha, sineta.
TIN.TI.NAN.TE, adj., que tintina.
TIN.TI.NAR, v. int., tilintar, vibrar como campainha.
TIN.TI.NIR, v.int., o mesmo que tintinar.

TINTO   796   TISANA

TIN.TO, *adj.*, colorido, pintado; vinho de cor vermelha.
TIN.TO.RI.AL, *adj. 2 gên.*, que serve para tingir; relativo a tinturaria.
TIN.TÓ.RIO, *adj.*, o mesmo que tintorial.
TIN.TU.RA, *s.f.*, líquido para tingir cabelos; coloração, pintura.
TIN.TU.RA.RI.A, *s.f.*, local em que se tingem roupas e tecidos.
TIN.TU.REI.RO, *s.m.*, proprietário de uma tinturaria, quem trabalha com tingimento de tecidos.
TI.O, *s.m.*, o irmão do pai ou da mãe para com os filhos dos genitores.
TI.O-A.VÔ, *s.m.*, irmão do avô ou da avó.
TI.PI.CI.DA.DE, *s.f.*, qualidade do que é típico; Jur., propriedade de um fato que possui todos os elementos da definição legal de um delito.
TÍ.PI.CO, *adj.*, modelar, exemplar, próprio, genuíno, natural.
TI.PI.FI.CA.DO, *adj.*, que se tipificou.
TI.PI.FI.CA.DOR, *adj.*, que tipifica ou serve para tipificar.
TI.PI.FI.CAR, *v.t. e pron.*, tornar(-se) típico; caracterizar-se; servir de tipo de.
TI.PI.TI, *s.m.*, tipo de cesto para amassar a farinha de mandioca, tipitim.
TI.PO, *s.m.*, exemplo, modelo, o que serve de modelo, molde, forma, característica, indivíduo, pessoa, letra; alguém malvisto.
TI.PO.CRO.MI.A, *s.f.*, impressão tipográfica em cores.
TI.PO.FO.NI.A, *s.f.*, Mús., processo de marcar a voz ou o compasso.
TI.PO.FÔ.NI.CO, *adj.*, que diz respeito a tipofonia.
TI.PO.GRA.FAR, *v.t.*, p.us., reproduzir por meio de tipografia.
TI.PO.GRA.FI.A, *s.f.*, composição e escrita com tipos; gráfica; impressora.
TI.PO.GRÁ.FI.CO, *adj.*, que se refere a tipografia.
TI.PÓ.GRA.FO, *s.m.*, quem trabalha em tipografia.
TI.POI.A, *s.f.*, tira de pano presa no pescoço para segurar um braço ou mão com problemas de saúde.
TI.PO.LO.GI.A, *s.f.*, total de tipos usados na confecção de trabalho gráfico.
TI.QUE, *s.m.*, cacoete, sestro, careta; visto, sinal, nota feita ao lado.
TI.QUE-TA.QUE, *s.m.*, batidas compassadas, como as do relógio; o pulsar do coração.
TÍ.QUE.TE, *s.m.*, cartão, bilhete; bilhete que permite viajar, comprar.
TI.QUI.NHO, *s.m.*, pedacinho, porção, parte.
TI.RA, *s.f.*, faixa, fita, linha estreita e longa; *pop.*, policial.
TI.RA.CO.LO, *s.m.*, qualquer tira que se prende ao ombro e desce ao longo do tronco para carregar algo.
TI.RA.DA, *s.f.*, sentença, máxima, dito espirituoso.
TI.RA.DEI.RA, *s.f.*, aquilo que tira, correia que prende os bois na canga.
TI.RA.DE.LA, *s.f.*, o mesmo que tiradura.
TI.RA.DO, *adj.*, extraído, puxado, sacado.
TI.RA.DOR, *adj. e s.m.*, que(m) tira, puxador.
TI.RA.DU.RA, *s.f.*, ato ou efeito de tirar.
TI.RA.DÚ.VI.DAS, *adj. e s. 2 gên.*, que(m) explica dúvidas.
TI.RA.GEM, *s.f.*, quantidade de exemplares impressos em uma edição.
TI.RA-GOS.TO, *s.m.*, aperitivo, algo que se come enquanto se bebe; salgadinhos.
TI.RA-LI.NHAS, *s.m. 2 n.*, tipo de instrumento com ponta de metal que traça linhas sobre papel.

TI.RA.MEN.TO, *s.m.*, ato ou efeito de tirar; tirada; *ant.*, arrecadação de impostos ou rendas.
TI.RA.NI.A, *s.f.*, despotismo, autoritarismo, crueldade, opressão.
TI.RA.NI.CI.DA, *s. 2 gên.*, o que matou um tirano.
TI.RA.NI.CÍ.DIO, *s.m.*, assassinato de um tirano.
TI.RÂ.NI.CO, *adj.*, despótico, cruel, antidemocrata.
TI.RA.NI.ZA.DO, *adj.*, massacrado, castigado, governado.
TI.RA.NI.ZA.DOR, *adj. e s.m.*, massacrador, tirano, castigador.
TI.RA.NI.ZAN.TE, *adj.*, que tiraniza, tiranizador.
TI.RA.NI.ZAR, *v.t. e pron.*, governar como tirano, ser despótico, massacrar, castigar.
TI.RA.NO, *s.m.*, déspota, dominador, quem abusa de sua autoridade.
TI.RA-NÓ.DO.AS, *s.m., sing. e pl.*, substância que tira nódoas ou manchas de roupas, assoalhos, etc.
TI.RA.NOS.SAU.RO, *s.m.*, Pal., nome comum aos dinossauros carnívoros do gên. *Tyranossaurus*, do período Cretáceo, cujo representante é o *Tiranosaurus rex*.
TI.RAN.TE, *adj.*, que se aproxima; *s.m.*, viga de edifício, presilha para segurar fios elétricos; *prep.*, exceto, com exceção.
TI.RAR, *v.t. e int.*, extrair, arrancar, extirpar, erradicar, excluir.
TI.RA-TEI.MA, *s.m., pop.*, discussão para finalizar um desencontro de ideias.
TI.RE.OI.DE, *s.f.*, glândula de secreção situada na garganta, tiroide.
TI.RE.OI.DI.A.NO, *adj.*, relativo a tireoide.
TI.RE.OI.DI.TE, *s.f.*, inflamação da tireoide.
TI.RE.O.ME.GA.LI.A, *s.f.*, Med., inchamento da glândula tireoide; bócio.
TI.RE.O.XI.NA, *s.f.*, Fisiol., princípio ativo da tireoide, us. no tramento do hipertireoidismo.
TI.RI.RI.CA, *s.f.*, erva que prejudica as plantações; *expr.*, ficar tiririca - ficar furioso.
TI.RI.TAN.TE, *adj.*, tremente, que sente o frio.
TI.RI.TAR, *v.t. e int.*, tremer de frio, sentir muito frio.
TI.RI.TE.SO, *adj.*, trêmulo, porém decidido.
TI.RI.TIR, *v.int., bras.*, retinir; tilintar.
TI.RO, *s.m.*, ação ou efeito de disparar uma arma; disparo de arma de fogo, disparo, carga, alcance de uma arma de fogo, puxamento de veículo por um animal.
TI.RO.CÍ.NIO, *s.m.*, aprendizagem, conclusão, tino, treinamento.
TI.RO DE GUER.RA, *s.m.*, em outros tempos, treinamento de jovens que o Exército fazia em locais afastados dos quartéis regionais.
TI.ROI.DE, *s.f.*, tireoide.
TI.RO.LÊS, *adj. e s.m.*, natural ou habitante do Tirol, região entre a Itália e a Áustria.
TI.RO.LE.SA, *adj. e s.f.*, feminino de tirolês, dança típica do Tirol.
TI.RO.SI.NA, *s.f.*, Bioq., aminoácido fenólico resultante da hidrólise de proteínas.
TI.RO.SI.NA.SE, *s.f.*, Bioq., enzima que deriva da tirosina existente em certos cogumelos.
TI.RO.TE.A.DO, *adj.*, em que há tiroteio, entremeado de tiros.
TI.RO.TE.AR, *v. int.*, disparar, dar tiros, atirar com arma de fogo.
TI.RO.TEI.O, *s.m.*, conjunto de muitos tiros, sucessão de tiros.
TIR.SO, *s.m.*, Mit., bastão que constituía a insígnia do deus Baco; Bot., inflorescência com aspecto de pirâmide.
TI.SA.NA, *s.f.*, infusão de ervas para medicamento, remédio

TÍSICA

TÍ.SI.CA, *s.f.*, perda das forças, definhamento das forças, tuberculose pulmonar.
TÍ.SI.CO, *adj.*, sofredor de tísica, definhado.
TI.SI.O.LO.GI.A, *s.f.*, o segmento da Medicina dedicado à tísica pulmonar.
TI.SI.O.LÓ.GI.CO, *adj.*, relativo a tisiologia.
TI.SI.O.LO.GIS.TA, *s. 2 gên.*, médico especialista em tísica, tisiólogo.
TI.SI.Ó.LO.GO, *s.m.*, Med., o mesmo que tisiologista.
TIS.NAR, *v.t.*, queimar de leve, enegrecer, chamuscar, queimar, turvar.
TIS.NE, *v.t.*, cor escura que o fogo produz na pele; fuligem.
TIS.SO, *s.m.*, tecido leve e ralo.
TIS.SU.LAR, *adj. 2 gên.*, relativo a tecido orgânico.
TI.TÃ, *s.m.*, consoante a mitologia grega, um grupo de gigantes que se revoltaram contra Júpiter e foram castigados; *fig.*, pessoa de muita força moral.
TI.TA.NA.DO, *adj.*, diz-se do ferro mineral que contém titânio.
TI.TÂ.NI.A, *s.f.*, óxido de titânio, us. como pigmento branco em tintas ou tingimento.
TI.TÂ.NI.CO, *adj.*, gigantesco, muito forte.
TI.TÂ.NIO, *s.m.*, elemento metálico.
TÍ.TE.RE, *s.m.*, marionete, fantoche, indivíduo comandado por outro.
TI.TI.A, *s.f.*, designação familiar para tia.
TI.TI.CA, *s.f.*, *pop.*, excremento, fezes, coisa ruim.
TI.TI.LA.ÇÃO, *s.f.*, ato ou efeito de titilar; leve agitação do corpo; cócegas suaves.
TI.TI.LA.MEN.TO, *s.m.*, titilação.
TI.TI.LAN.TE, *adj. 2 gên.*, que titila; titiloso.
TI.TI.LAR, *v.t. e int.*, fazer cócegas de leve em; *fig.*, afagar, carinhar alguém; palpitar.
TI.TI.LÁ.VEL, *adj.*, suscetível de titilar(-se).
TI.TI.LO.SO, *adj.*, titilante.
TI.TI.O, *s.m.*, tio.
TI.TI.TI, *s.m.*, *pop.*, fofoca, histórias, conversa fiada, falatório.
TI.TU.BE.A.ÇÃO, *s.f.*, titubeio, hesitação.
TI.TU.BE.A.MEN.TO, *s.m.*, o mesmo que titubeação.
TI.TU.BE.AN.TE, *adj.*, vacilante, hesitante, que está indeciso.
TI.TU.BE.AR, *v.t. e int.*, vacilar, hesitar, estar indeciso, não saber o que fazer.
TI.TU.BEI.O, *s.m.*, ato de titubear; hesitação; vacilo.
TI.TU.LA.ÇÃO, *s.f.*, ação ou efeito de titular, título, designação oficial.
TI.TU.LA.DO, *adj.*, que tem título, designado, nomeado, indicado.
TI.TU.LA.GEM, *s.f.*, ato de titular; titulação.
TI.TU.LAR¹, *adj.*, que é dono de título, que é o primeiro de direito; *s.m.*, o ocupante efetivo de um cargo.
TI.TU.LAR², *v.t.*, dar o título, nomear, intitular.
TI.TU.LA.RI.DA.DE, *s.f.*, característica de quem é titular.
TI.TU.LA.TI.VO, *adj.*, que dá título.
TI.TU.LA.TU.RA, *s.f.*, alcunha.
TI.TU.LEI.RO, *s.m.*, *ant.*, inscrição, epitáfio.
TÍ.TU.LO, *s.m.*, denominação, letreiro, epígrafe, nome de um texto.
TI.ZIU, *s.m.*, nome de um pássaro canoro.
TO, sigla do Estado de Tocantins.
TO.A, *s.f.*, corda usada para rebocar navio; *expr.*, estar à toa - sem fazer nada.

TOICINHO

TO.A.DA, *s.f.*, cantiga, canção, som, sons repetidos.
TO.A.LE.TE, *s.f.*, limpeza pessoal, ação de lavar-se, banheiro, sanitário.
TO.A.LHA, *s.f.*, pedaço de tecido preparado para enxugar-se; pano para cobrir a mesa.
TO.A.LHEI.RO, *s.m.*, fabricante de toalhas, peça própria para pendurar toalhas.
TO.AN.TE, *adj. 2 gên.*, que toa; que soa bem.
TO.AR, *v.t. e int.*, entoar, dar um tom, ressoar, retumbar.
TO.BO.GÃ, *s.m.*, pista inclinada para deslizar como diversão.
TO.CA, *s.f.*, buraco para abrigo de certos animais, esconderijo; *fig.*, casa ruim.
TO.CA-DIS.COS, *s.m.*, aparelho para extrair os sons dos discos de vinil.
TO.CA.DO, *adj.*, executado musicalmente, apalpado, contatado.
TO.CA.DU.RA, *s.f.*, ato ou efeito de tocar, tocadela; toque; contusão do animal ao tocar um pé no outro.
TO.CA-FI.TAS, *s.m.*, aparelho para produzir sons com fitas.
TO.CAI.A, *s.f.*, emboscada, armadilha, espera ardilosa.
TO.CAI.AR, *v.t. e int.*, emboscar-se, preparar-se para agredir alguém.
TO.CAI.O, *adj. e s.m.*, *bras.*, RS, xará, homônimo.
TO.CAN.DI.RA, *s.f.*, *bras.*, Zool., grande formiga da Amazônia, de picada dolorosa; tocanera.
TO.CAN.TE, *adj.*, referente, respeitante, concernente.
TO.CAN.TI.NEN.SE, *adj. e s.m.*, próprio ou habitante do Estado do Tocantins.
TO.CAR, *v.t., int. e pron.*, roçar, aproximar-se de; encostar, passar a mão, sentir; enxotar, executar uma música; fazer referências, comover, sensibilizar.
TO.CA.TA, *s.f.*, composição musical de andamento rápido, mais para teclado.
TO.CÁ.VEL, *adj. 2 gên.*, que se pode tocar.
TO.CHA, *s.f.*, archote, utensílio preparado com uma ponta para produzir luz pelas chamas.
TO.CHAR, *v.t. e int.* ver atochar.
TO.CHEI.RO, *s.m.*, armação ou castiçal para tocha; quem carrega tochas.
TO.CO, *s.m.*, cepo, pedaço de um tronco, pedaço final de vela, lápis, etc.
TO.CO.LO.GI.A, *s.f.*, obstetrícia.
TO.CO.LÓ.GI.CO, *adj.*, referente a obstetrícia.
TO.CÓ.LO.GO, *s.m.*, obstetra, parteiro.
TO.DA, *s.f.*, nome de um pássaro; *pron. fem.*, de todo.
TO.DA.VI.A, *conj.*, contudo, entretanto, mas, porém, no entanto.
TO.DO, *adj.*, completo, inteiro, cabal, total; *pron.*, cada, qualquer; *s.m.*, o conjunto; o máximo.
TO.DO-PO.DE.RO.SO, *adj.*, onipotente, potente; *s.m.*, Deus; poder absoluto.
TO.EI.RA, *s.f.*, corda imediata a cada um dos dois bordões da guitarra; SP, corda de viola; SP, estar em dificuldades.
TO.FU, *s.m.*, Cul., queijo à base de pasta de soja, comum entre os japoneses.
TO.GA, *s.f.*, vestimenta dos senadores romanos; beca de juiz ou promotor.
TO.GA.DO, *adj. e s.m.*, que(m) usa toga, magistrado, juiz.
TO.GO.LÊS, *adj. e s.m.*, natural ou habitante da República do Togo.
TOI.CI.NHO, *s.m.*, gordura suína, toucinho, cortada com a pele por cima.

TOI.CI.NHO DO CÉU, s.m., bolo pequeno, muito doce e saboroso.
TO.LA.ÇO, s.m. e adj., toleirão, grande tolo.
TO.LA.RI.A, s.f., tolice; fig., vaidade, imposturice.
TOL.DA, s.f., ato ou efeito de toldar; Náut., parte de ré do convés.
TOL.DA.DO, adj., coberto com tolda, escurecido, entristecido, sujado.
TOL.DA.DOR, adj., que tolda.
TOL.DAR, v.t. e pron., cobrir com tolda, escurecer, sujar, entristecer.
TOL.DO, s.m., armação feita para cobrir um espaço; cobertura.
TO.LEI.RÃO, s.m., muito tolo, atoleimado.
TO.LE.RA.DO, adj., suportado, aguentado, complacente.
TO.LE.RÂN.CIA, s.f., complacência, ação de tolerar, ato de suportar.
TO.LE.RAN.TE, adj., que tolera, complacente, que aceita.
TO.LE.RAN.TIS.MO, s.m., sistema em que o Estado admite todos os cultos.
TO.LE.RAR, v.t. e pron., aguentar, suportar, condescender, relevar.
TO.LE.RÁ.VEL, adj., suportável, condescendente, relevável.
TO.LE.TE, s.m., cada haste que serve de apoio para os remos em um barco; rolo de fumo ou madeira.
TO.LHE.DOR, adj., que tolhe; s.m., aquele ou aquilo que tolhe.
TO.LHE.DU.RA, s.f., excremento das aves de rapina.
TO.LHER, v.t. e pron., cortar, impedir, obstaculizar, criar empecilhos.
TO.LHI.DO, adj., preso, impedido, proibido.
TO.LHI.MEN.TO, s.m., impedimento, embaraço, estorvo.
TO.LI.CE, s.f., qualidade de quem é tolo, bobagem, asneira, ignorância.
TO.LIS.MO, s.m., ação, fala de tolo.
TO.LO, adj., imbecil, idiota, paspalho, de pouca inteligência.
TO.LU.E.NO, s.m. Quím., líquido incolor, derivado do benzeno e semelhante a ele.
TOM, s.m., altura de um som; som, tonalidade, expressão da voz, matiz.
TO.MA, interj., bem feito!; s.f., ato ou efeito de tomar; tomada.
TO.MA.DA, s.f., objeto no qual se engata o fio para ligar aparelhos; ato de tomar.
TO.MA.DOR, s.m., quem é beneficiado pelo saque de um cheque ou de uma nota promissória.
TO.MAR, v.t., pegar, segurar, apreender, raptar, furtar, sorver, beber, retirar de.
TO.MA.RA!, interj., exprime desejo, intenção; oxalá!, quem dera.
TO.MA.RA QUE CAI.A, s.m., vestimenta feminina que não se prende nos ombros.
TO.MA.TE, s.m., usado em saladas e molhos; fruto do tomateiro.
TO.MA.TEI.RO, s.m., planta que produz o tomate, planta das hortas.
TO.MA.TI.NA, s.f., Bioq., alcaloide presente no tomateiro e nos tomates verdes.
TOM.BA.DA, s.f., encosta da montanha, vertente.
TOM.BA.DI.LHO, s.m., a parte superior de um navio.
TOM.BA.DO, adj., derrubado, cortado, caído, declarado de utilidade pública.
TOM.BA.DOR, adj. s.m., que ou aquele que tomba ou faz tombar.
TOM.BA.DOU.RO, s.m., barranco alto que está prestes a cair e causar algum acidente.
TOM.BA.MEN.TO, s.m., tombo, registro de bens, objetos relacionados para a preservação.
TOM.BAN.TE, adj., que tomba.
TOM.BAR, v.t., int. e pron., derrubar, cortar, cair, ir ao chão; o Estado decreta ser de propriedade da sociedade para preservação, devido ao valor histórico.
TOM.BO, s.m., queda, ida ao chão; tombamento, registro de objetos históricos.
TÔM.BO.LA, s.f., rifa efetuada por uma série de números.
TO.MI.LHO, s.m., condimento, erva para temperos.
TO.MIS.MO, s.m., Fil., doutrina teológica e filosófica de Santo Tomás de Aquino (1225-1274).
TO.MIS.TA, adj. 2 gên., relativo a, ou que é adepto do tomismo; s. 2 gên., pessoa adepta do tomismo.
TO.MÍS.TI.CO, adj., relativo a Santo Tomás de Aquino, ou a tomismo ou tomista.
TO.MO, s.m., volume, obra; livro.
TO.MO.GRA.FI.A, s.f., produto do tomógrafo; visão de todos os órgãos do corpo para verificar sua saúde.
TO.MÓ.GRA.FO, s.m., aparelho que produz a tomografia.
TO.NA, s.f., superfície; expr., estar à tona - estar na superfície.
TO.NAL, adj., próprio do som, referente a tom.
TO.NA.LI.DA.DE, s.f., conjunto de sons e tons; altura do som; matiz, nuança.
TO.NA.LI.ZA.ÇÃO, s.f., ato ou efeito de tonalizar.
TO.NA.LI.ZA.DOR, adj. e s.m., que ou aquilo que tonaliza.
TO.NA.LI.ZAR, v.t. e pron., imprimir tons, dar tons, pintar vários tons.
TO.NAN.TE, adj. 2 gên., que trovejea; fig. forte, vibrante.
TO.NAR, v.int., ant., trovejar.
TO.NEL, s.m., barril, pipa, recipiente, volume para líquidos.
TO.NE.LA.DA, s.f., peso de mil quilos; o tanto que contém um grande tonel.
TO.NE.LA.GEM, s.f., a quantidade de carga que um navio ou caminhão pode transportar.
TO.NE.LA.RI.A, s.f., fábrica de tonéis, pipas, ger. de madeira; tanoaria.
TON.GA.NÊS, adj., relativo ao Reino de Tonga, Oceania; s.m., natural ou habitante de Tonga.
TO.NHO, adj., lus., idiota; palerma.
TO.NI.A, s.f., Med., tonicidade, vigor.
TÔ.NI.CA, s.f., vogal ou sílaba forte, acentuada; tema, assunto mais visado.
TO.NI.CI.DA.DE, s.f., o que é tônico, vigor, força, resistência.
TÔ.NI.CO, s.m., remédio; adj., forte, acentuado, de pronúncia mais intensa.
TO.NI.FI.CA.ÇÃO, s.f., fortalecimento, acentuação, vigor.
TO.NI.FI.CA.DO, adj., fortalecido, fortificado, vigoroso.
TO.NI.FI.CA.DOR, adj., que tonifica; tonificante; s.m., aquilo ou aquele que tonifica.
TO.NI.FI.CAR, v.t. e pron., dar mais vigor, fortalecer, acentuar.
TO.NI.TRO.AR, v.int., tonitruar.
TO.NI.TRU.AN.TE, adj., trovejante, que trovejea, atroador.
TO.NI.TRU.AR, v. int., trovejar, atroar.
TO.NO, s.m., tom, toada; ária, tom de voz; disposição; Fisiol., estado normal de firmeza e elasticidade de um tecido; exprime noção de tom ou intensidade.
TON.SAR, v.t. e pron., tosquiar, fazer a tonsura.
TON.SI.LA, s.f., amígdala.

TON.SI.LAR, adj. 2 gên., relativo a tonsila, a amígdala.
TON.SI.LI.TE, s.f., inflamação da amígdala.
TON.SU.RA, s.f., o corte de cabelos em padres e clérigos, deixando apenas uma beirada ao redor da parte baixa da testa, e a parte superior sem nenhum cabelo.
TON.SU.RAR, v.t. e pron., tosquiar, cortar o cabelo bem curto.
TON.TAS, s.f., pl., usado na expressão, às tontas - sem rumo, sem prumo.
TON.TE.AR, v. int., ficar tonto, sentir tonturas, vacilar.
TON.TEI.O, s.m., ato ou efeito de tontear.
TON.TEI.RA, s.f., tontura, vertigem, mal-estar.
TON.TI.CE, s.f., tolice, asneira, demência.
TON.TO, adj., que sofre tonturas, vertigens; tolo, idiota, imbecil.
TON.TU.RA, s.f., tonteira, situação de quem está tonto.
TÔ.NUS, s.m., contração constante de um músculo.
TOP, s.m., ing., bustiê, blusa colante; o que está na ponta mais alta.
TO.PA.DA, s.f., encontro, encontrão, batida com o pé em algum lugar.
TO.PA.DOR, adj. e s.m., diz-se de, ou o animal que tropeça; gír., diz-se de, ou o indivíduo que aceita qualquer desafio ou proposta.
TO.PAR, v.t., dar de encontro com, encontrar, tocar, bater, ir de encontro; aceitar, fechar um negócio.
TO.PA.ZI.NO, adj., relativo a topázio; da cor do topázio.
TO.PÁ.ZIO, s.m., pedra preciosa de cor amarela.
TO.PE, s.m., cume, pico, topo, cimeira.
TO.PE.A.DO, adj., que tem tope, ou de tope guarnecido.
TO.PE.AR, v.int., ir a tope; erguer-se, topetar; subir ao alto.
TO.PE.JAR, v.t., aproximar, unindo-os, os topos de (duas peças).
TO.PE.TA.DA, s.f., batida com a cabeça, golpe com a cabeça.
TO.PE.TAR, v.t., bater com o topete; chegar a (parte mais alta).
TO.PE.TE, s.m., parte alta do cabelo na testa; tufo; fig., coragem, atrevimento.
TO.PE.TEI.RA, s.f., a parte da cabeça que circunda a testa da cavalgadura; testeira.
TO.PE.TU.DO, adj., que tem topete; fig., corajoso, atrevido, temerário.
TO.PI.CA.LI.DA.DE, s.f., qualidade ou característica de topical.
TO.PI.CI.DA.DE, s.f., qualidade ou estado do que é tópico.
TÓ.PI.CO, adj. e s.m., próprio de um lugar; tema, assunto, parte de um todo.
TO.PI.QUIS.TA, s. 2 gên., bras., o que escreve tópicos de jornal.
TOPLESS, s.m., ing., biquíni sem a parte superior.
TO.PO, s.m., cume, cimo, pico, a ponta mais elevada, tope, cimeira.
TO.PO.FO.BI.A, s.f., medo das alturas, medo de estar no topo de montanhas.
TO.PÓ.FO.BO, adj. e s.m., que(m) tem medo de picos montanhosos.
TO.PO.GRA.FI.A, s.f., descrição de um local, visão detalhada de um lugar, posição do relevo.
TO.PO.GRÁ.FI.CO, adj., relativo a topografia.
TO.PÓ.GRA.FO, s.m., pessoa que trabalha com topografia.
TO.PO.LO.GI.A, s.f., topografia; a parte da Gramática que busca expor como colocar as palavras nas orações.
TO.PO.LÓ.GI.CO, adj., relativo a topologia.
TO.PO.NÍ.MI.A, s.f., origem dos topônimos, etimologia dos nomes dos lugares.
TO.PO.NÍ.MI.CO, adj., relativo a toponímia; pertinente a um lugar ou a uma região.
TO.PÔ.NI.MO, s.m., nome de um lugar.
TO.PO.TE.SI.A, s.f., descrição de um lugar imaginário.
TO.QUE, s.m., ação de tocar, aproximação, pancada; som musical, abraço, aperto de mão, sinal, aviso, combinação, telefonema rápido.
TO.RA, s.f., tronco de árvore para ser serrado.
TO.RÁ, s.f., lei sagrada dos judeus, livro que contém os ensinamentos bíblicos para os judeus.
TO.RÁ.CI.CO, adj., próprio do tórax.
TO.RA.CO.CEN.TE.SE, s.f., Med., punção torácica para drenar um derrame pleural.
TO.RA.COS.CO.PI.A, s.f., Med., exame do tórax, com o objetivo de diagnóstico.
TO.RA.CO.TO.MI.A, s.f., Med., incisão cirúrgica no tórax.
TO.RA.CO.TÔ.MI.CO, adj., relativo a toracotomia.
TO.RA.DO, adj., cortado em toros; cortado rente; tosado.
TO.RAN.JA, s.f., fruto grande e cítrico da toranjeira.
TO.RAN.JEI.RA, s.f., planta que produz a toranja.
TO.RAR, v.t. e int., fazer toras, cortar, serrar.
TÓ.RAX, s.m., parte do corpo, do pescoço aos quadris; peito, tronco.
TOR.ÇA, s.f., pedra quadrilonga e esquadriada; verga de porta, padieira.
TOR.ÇAL, s.m., molho de fios torcidos, cordão de tecido, seda com fios dourados.
TOR.ÇÃO, s.f., ato de torcer, torcedura, deslocamento.
TOR.CE.AR, v.t., pôr torça em.
TOR.CE.DE.LA, s.f., ação ou efeito de torcer; torcedura.
TOR.CE.DOR, s.m., partidário de um time; quem torce algo.
TOR.CE.DOU.RA, s.f., aparelho de fiação; torcedor.
TOR.CE.DU.RA, s.f., ação de torcer, torção.
TOR.CER, v.t., int. e pron., girar sobre si para enrolar, contrair-se, dobrar-se, enrolar-se; procurar secar a roupa forçando o tecido; desejar, almejar.
TOR.CI.CO.LO, s.m., torção do pescoço, dor nas vértebras do pescoço.
TOR.CI.DA, adj., que se torce, contraída; s.m., grupo de torcedores.
TOR.CI.DO, adj., que se torceu, contorcido, torto, sinuoso.
TOR.CI.LHÃO, s.m., o mesmo que torção.
TOR.CI.MEN.TO, s.m., ação ou efeito de torcer, torção.
TOR.DI.LHO, s.m., tipo de cavalo, assim chamado por causa da cor do pelo.
TOR.DO, s.m., tipo de pássaro europeu, com plumagem esbranquiçada.
TOR.GA, s.f., lus., Bot., nome comum a plantas da fam. das ericáceas, de Portugal; torgão; torgueira.
TOR.GAL, s.m., terreno em que abunda a torga.
TOR.GO, s.m., o mesmo que torga.
TÓ.RIO, s.m., elemento metálico com o n.º atômico 90; símb.: Th.
TOR.MEN.TA, s.f., tempestade, temporal, procela, vendaval, furacão.
TOR.MEN.TAR, v.t. e int., ver atormentar.
TOR.MEN.TO, s.m., sofrimento, dor, aflição, tortura.
TOR.MEN.TÓ.RIO, adj., que encerra tormentas; onde há tormentas.
TOR.MEN.TO.SO, adj., aflitivo, sofrido, torturante, doloroso.
TOR.NA.DO, s.m., furacão, vento muito forte, vendaval.
TOR.NA.MEN.TO, s.m., ato de tornar; tornada.

TORNAR ··800·· TORVADO

TOR.NAR, *v.t., int. e pron.*, voltar, vir de volta, retornar; devolver, restituir, converter.
TOR.NAS.SOL, *s.m.*, tipo de corante de cor azul, para distinguir ácidos.
TOR.NE.A.DO, *adj.*, preparado no torno, alisado, ajustado.
TOR.NE.A.DOR, *adj.*, que torneia; *s.m.*, quem ou o que torneia; torneiro.
TOR.NE.A.MEN.TO, *s.m.*, ato ou efeito de tornear; torneio.
TOR.NE.AN.TE, *adj.*, que torneia.
TOR.NE.AR, *v.t.*, preparar no torno, tornar redondo, alisar.
TOR.NE.A.RI.A, *s.f.*, arte de torneiro; oficina de torneiro.
TOR.NE.Á.VEL, *adj. 2 gên.*, que se pode tornear.
TOR.NEI.O, *s.m.*, competição esportiva entre diversos concorrentes; disputa.
TOR.NEI.RA, *s.f.*, instrumento terminal de encanamentos para soltar ou prender a água, registro.
TOR.NEI.RO, *s.m.*, profissional do torno, técnico que maneja um torno.
TOR.NE.JA.DO, *adj.*, que tem forma curva, circular ou arredondada.
TOR.NE.JA.MEN.TO, *s.m.*, ação ou efeito de tornejar; curvatura; torneamento.
TOR.NE.JAN.TE, *adj.*, que torneja; torneante.
TOR.NE.JAR, *v.t. e int.*, dar ou adquirir uma forma curva; encurvar(-se); *fig.* esquivar-se; desviar-se.
TOR.NI.QUE.TE, *s.m.*, instrumento para comprimir as artérias e tentar conter a hemorragia; *fig.*, pressão, dificuldade, crise.
TOR.NO, *s.m.*, máquina para trabalhar peças de metal ou madeira, dando-lhe acabamento ou arredondamento.
TOR.NO.ZE.LEI.RA, *s.f.*, peça protetora dos tornozelos nos jogos de futebol, basquete e similares.
TOR.NO.ZE.LO, *s.m.*, órgão saliente na junção da perna com o pé.
TO.RO, *s.m.*, tora, tronco de madeira para ser serrado.
TO.RÓ, *s.m., pop.*, pancada de chuva intensa.
TO.RO.SO, *adj., Bot.*, que tem polpa, vigoroso, carnudo, robusto.
TOR.PE, *adj.*, vil, desprezível, desonesto, nojento, abjeto, obsceno.
TOR.PE.CER, *v.t., int. e pron.*, entorpecer, adormecer.
TOR.PE.DA.GEM, *s.f., bras.*, torpedeamento.
TOR.PE.DE.A.MEN.TO, *s.m.* ato ou efeito de torpedear.
TOR.PE.DE.AR, *v.t.*, atirar torpedo contra; atacar; *fig.*, prejudicar.
TOR.PE.DEI.RO, *s.m.*, navio de guerra próprio para atirar torpedos.
TOR.PE.DO, *s.m.*, bomba que é atirada contra alvos marítimos.
TOR.PEN.TE, *adj.*, que entorpece, entorpecido.
TOR.PE.ZA, *s.f.*, indecência, vilania, baixeza, safadeza, ignomínia.
TOR.POR, *s.m.*, entorpecimento, estupefação, preguiça, indolência.
TOR.PO.RO.SO, *adj.*, cheio de torpor.
TOR.QUE, *s.m.*, característica que um motor detém para se movimentar.
TOR.QUÊS, *s.f.*, tenaz, instrumento com duas hastes que se juntam para fazer pressão ou extrair algo.
TOR.RA, *s.f.*, ação ou efeito de torrar.
TOR.RA.ÇÃO, *s.f.*, ressecamento, chamuscada, muito cozido.
TOR.RA.DA, *s.f.*, pedaço de pão ressecado.
TOR.RA.DEI.RA, *s.f.*, eletrodoméstico próprio para torrar pão.

TOR.RA.DO, *adj.*, ressecado, secado; liquidado, vencido.
TOR.RA.DOR, *adj. e s.m.*, que(m) torra, ressequidor, queimador.
TOR.RA.GEM, *s.f.*, ato ou efeito de torrar; torração.
TOR.RAN.TE, *adj.*, que se eleva como torre.
TOR.RÃO, *s.m.*, pedaço de terra ressequida; terra natal, plaga.
TOR.RAR, *v.t. e int.*, ressecar, ressequir, secar, colocar na torradeira; vender, liquidar, gastar.
TOR.RE, *s.f.*, construção alta junto aos templos para colocar os sinos; poste para energia elétrica; peça no jogo de xadrez.
TOR.RE.A.DO, *adj.*, munido, fortificado com torre.
TOR.RE.ÃO, *s.m.*, torre maior com ameias para a defesa de uma cidade ou castelo; torre no alto de um edifício.
TOR.RE.AR, *v.t.*, fortificar com torres; *v.int. e pron.*, ostentar-se, elevar-se como uma torre.
TOR.RE.FA.ÇÃO, *s.f.*, empresa destinada a torrar café.
TOR.RE.FA.DOR, *adj. e s.m.*, diz-se de, ou pessoa que faz torrefação; diz-se de, ou aparelho para torrefação.
TOR.RE.FA.TO, *adj.*, bem torrado.
TOR.RE.FA.ZER, *v.t.*, torrar, tostar, tornar torrado.
TOR.RE.FEI.TO, *adj.*, torrefato.
TOR.RE.LA, *s.f.*, torre pequena, torreta.
TOR.REN.CI.AL, *adj.*, copioso, abundante, intenso, com muita força.
TOR.REN.TE, *s.f.*, rio que desce de montanhas; rio impetuoso, águas violentas.
TOR.REN.TO.SO, *adj.*, caudaloso, torrencial, agitado, violento.
TOR.RES.MO, *s.m.*, toicinho cortado em pedaços e ressecado por calor.
TÓR.RI.DO, *adj.*, quente, com muito calor; região perto do Equador.
TOR.RI.FI.CA.ÇÃO, *s.f.*, ato de torrificar.
TOR.RI.FI.CA.DO, *adj.*, tostado, torrado.
TOR.RI.FI.CAR, *v.t.*, tostar, torrar.
TOR.RI.NHA, *s.f.*, pequena torre.
TOR.RIS.CA.DO, *adj.*, extremamente torrado (o pão).
TOR.RIS.CAR, *v.t.*, torrar bastante ou em excesso.
TOR.RO.NE, *s.m., Cul.*, doce de amêndoas torradas (ou amendoins), açúcar, mel e clara de ovo.
TOR.SO, *s.m.*, tronco humano, pedaço de estátua que representa o tronco humano.
TOR.TA, *s.f.*, bolo, iguaria feita de várias substâncias, massa com vários ingredientes misturados.
TOR.TO, *adj.*, sinuoso, tortuoso, que não é em linhas retas; errado, defeituoso.
TOR.TI.LHA, *s.f.*, pequena torta.
TOR.TU.LHO, *s.m., Bot.*, nome do cogumelo; *Ius.*, tripas secas e atadas para venda; pessoa atarracada.
TOR.TU.O.SI.DA.DE, *s.f.*, sinuosidade, defeito.
TOR.TU.O.SO, *adj.*, torto, sinuoso, cheio de curvas.
TOR.TU.RA, *s.f.*, suplício, tormento, castigo físico, maus-tratos.
TOR.TU.RA.DO, *adj.*, submetido a tortura; flagelado; supliciado; angustiado; infernizado.
TOR.TU.RA.DOR, *s.m.*, quem tortura, verdugo, carrasco.
TOR.TU.RAN.TE, *adj.*, que tortura, que aflige, massacrante.
TOR.TU.RAR, *v.t.*, supliciar, atormentar, castigar, maltratar.
TÓ.RU.LO, *s.m., Anat. Bot.*, pequena saliência na superfície de certos tecidos; papila; *Zool.*, cavidade mínima na base da antena dos insetos.
TO.RU.LO.SO, *adj.*, que tem tórulos.
TOR.VA.ÇÃO, *s.f.*, confusão, incômodo, perturbação.
TOR.VA.DO, *adj.*, confuso, atrapalhado, perturbado.

TOR.VA.MEN.TO, *s.m.*, torvação, confusão, perturbação.
TOR.VAR, *v.t., int.* e *pron.*, confundir, incomodar, irritar.
TOR.VE.LI.NHAR, *v.t.*, agitar formando torvelinho; *v.int.*, entrar em movimento de torvelinho; redemoinhar.
TOR.VE.LI.NHO, *s.m.*, movimento giratório rápido em espiral; redemoinho; remoinho.
TOR.VO, *adj.*, horrendo, pavoroso, que assusta, irascível, maldoso.
TO.SA, *s.f.*, corte rente dos pelos ou cabelos; tosquia.
TO.SA.DO, *adj.*, tosquiado, cabelos cortados, pelos cortados, lã cortada.
TO.SA.DOR, *adj.* e *s.m.*, tosquiador, cortador, rapador.
TO.SA.DU.RA, *s.f.*, ato ou efeito de tosar; tosamento.
TO.SA.MEN.TO, *s.m.*, o mesmo que tosadura.
TO.SÃO, *s.m.*, velo de carneiro.
TO.SAR, *v.t.*, cortar os pelos ou cabelos; rapar, tosquiar.
TOS.CO, *adj.*, bruto, áspero, irregular, grosseiro, incivilizado, inculto.
TOS.QUI.A, *s.f.*, ação de tosquiar, corte, talhe, tosa.
TOS.QUI.A.DE.LA, *s.f.*, tosquiada, tosa.
TOS.QUI.A.DO, *adj.*, tosado, lã cortada, cabelos cortados.
TOS.QUI.A.DOR, *adj.* e *s.m.*, tosador, cortador.
TOS.QUI.AR, *v.t.* e *pron.*, tosar, rapar os pelos, cortar rente.
TOS.SE, *s.f.*, impulso para expelir à força o ar dos pulmões.
TOS.SI.DA, *s.f.*, expulsão do ar dos pulmões; impulso de tosse.
TOS.SI.DE.LA, *s.f.*, ato ou efeito de tossir rapidamente.
TOS.SI.DO, *s.m.*, mostra de querer dizer ou fazer alguma coisa dando sinal com tosse.
TOS.SIR, *v.t.* e *int.*, ter tosse, expelir o ar dos pulmões com força.
TOS.TA.DE.LA, *s.f.*, ação ou efeito de tostar ligeiramente.
TOS.TA.DO, *adj.*, queimado, ressecado, chamuscado.
TOS.TA.DOR, *adj.* e *s.m.*, queimador, torrador.
TOS.TA.DU.RA, *s.f.*, ação ou efeito de tostar(-se).
TOS.TA.MEN.TO, *s.m.*, o mesmo que tostadura.
TOS.TÃO, *s.m.*, antiga moeda brasileira que valia 100 réis, hoje um centavo; valor muito pequeno.
TOS.TAR, *v.t.* e *pron.*, ressecar, queimar, chamuscar, torrar.
TO.TAL, *adj.*, completo, todo, inteiro, total.
TO.TA.LI.DA.DE, *s.f.*, junção de todas as partes de um todo; maioria.
TO.TA.LI.TÁ.RIO, *adj.*, sistema governamental ditatorial; despótico.
TO.TA.LI.TA.RIS.MO, *s.m.*, característica dos governos ditatoriais.
TO.TA.LI.TA.RIS.TA, *adj. 2 gên.* e *s. 2 gên.*, diz-se de, ou a pessoa que pratica ou apoia o totalitarismo.
TO.TA.LI.ZA.ÇÃO, *s.f.*, soma, cômputo final.
TO.TA.LI.ZA.DO, *adj.*, somado, computado, avaliado, quantificado.
TO.TA.LI.ZA.DOR, *adj.* e *s.m.*, que ou quem totaliza (série de operações).
TO.TA.LI.ZAN.TE, *adj. 2 gên.*, que totaliza; totalizador.
TO.TA.LI.ZAR, *v.t.*, obter todos os totais, avaliar, quantificar, somar.
TO.TEM, *s.m.*, aquilo que se considerava o protetor de um grupo, objeto ou ser sagrado; talismã.
TO.TÊ.MI.CO, *adj.*, relativo a totem ou a totemismo.
TO.TE.MIS.MO, *s.m.*, Antr., crença na existência de uma relação de afinidade do homem com um totem; conjunto dos atos, ritos e interdições ligados a essa suposta relação.
TOU.CA, *s.f.*, peça de tecido ou outro material para cobrir a cabeça.
TOU.ÇA, *s.f.*, moita, grupo de plantas enfeixadas.
TOU.CA.DO, *adj.*, que tem touca; coroado; *s.m.*, adorno que cobre a cabeça (de mulher); penteado.
TOU.CA.DOR, *s.m.*, móvel próprio para as mulheres se arrumarem.
TOU.CAR, *v.t.* e *pron.*, pentear, enfeitar, adornar-se, preparar-se.
TOU.CEI.RA, *s.f.*, moita, feixe de plantas, junção de vários vegetais nas raízes.
TOU.CI.NHO, *s.m.*, toicinho, manta gorda que envolve o corpo de suínos.
TOU.PEI.RA, *s.f.*, mamífero insetívoro que vive em tocas; *fig.*, tipo tolo.
TOU.RA.ÇÃO, *s.f.*, ato de tourar; cobrição.
TOU.RA.DA, *s.f.*, brincadeira com touros, corrida de touros na arena.
TOU.RA.RI.A, *s.f.*, *fam.*, desordens, barulho.
TOU.RE.A.ÇÃO, *s.f.*, *bras.*, S, ato de tourear; toureio.
TOU.RE.A.DOR, *s.m.*, toureiro, quem brinca com o touro.
TOU.RE.AN.DA, *s.f.*, diz-se da vaca destinada a ser coberta pelo touro.
TOU.RE.AR, *v.t.* e *int.*, enfrentar touros nas arenas, para diversão da assistência.
TOU.REI.RO, *s.m.*, profissional de touradas, quem enfrenta os touros.
TOU.RE.JAR, *v.t.* e *int.*, p.us., o mesmo que tourear.
TOU.RO, *s.m.*, boi não castrado, reprodutor; *fig.*, homem robusto; constelação.
TOU.TI.ÇO, *s.m.*, a parte posterior da cabeça; a nuca.
TO.XE.MI.A, *s.f.*, intoxicação do sangue.
TO.XI.CAR, *v.t.*, intoxicar, envenenar.
TO.XI.CI.DA.DE, *s.f.*, toxidez, algo que contém tóxico.
TÓ.XI.CO, *s.m.*, veneno, substância entorpecente; *adj.*, que envenena, venenoso.
TO.XI.CO.DÉR.MI.CO, *adj.*, Med., diz-se de intoxicação que atinge a pele.
TO.XI.CO.FA.GI.A, *s.f.*, hábito de ingerir venenos.
TO.XI.CO.FÁ.GI.CO, *adj.*, que diz respeito a toxicofagia.
TO.XI.CO.FO.BI.A, *s.f.*, Med., medo mórbido dos venenos.
TO.XI.CÓ.FO.RO, *adj.*, que contém tóxico, que produz veneno.
TO.XI.CO.GRA.FI.A, *s.f.*, estudo e descrição dos tóxicos.
TO.XI.CO.GRÁ.FI.CO, *adj.*, relativo a toxicografia.
TO.XI.CÓ.GRA.FO, *s.m.*, o que é entendido em toxicografia.
TO.XI.CO.LO.GI.A, *s.f.*, ciência que estuda os tóxicos e venenos de modo geral.
TO.XI.CO.LÓ.GI.CO, *adj.*, relativo a toxicologia, ou dela própria.
TO.XI.CO.LO.GIS.TA, *s. 2 gên.*, especialista em toxicologia.
TO.XI.CÓ.LO.GO, *s.m.*, especialista em toxicologia, toxicologista.
TO.XI.CO.MA.NI.A, *s.f.*, vício de usar tóxicos.
TO.XI.CO.MA.NÍ.A.CO, *adj.*, *s.m.*, usuário de tóxicos; toxicômano.
TO.XI.CÔ.MA.NO, *s.m.*, quem é viciado em tóxicos, usuário de droga.
TO.XI.CO.SE, *s.f.*, Med., designação comum de intoxicações endógenas.
TO.XI.CO.TE.RA.PI.A, *s.f.*, Med., emprego do veneno na cura de doenças.
TO.XI.DA.DE, *s.f.*, ver toxicidade.
TO.XI.DEZ, *s.f.*, toxidade.

TO.XI.NA, s.f., substância venenosa, tóxica, expelida por vários produtos.
TO.XOI.DE, adj., que tem forma de arco ou de seta; s.m. Biol., produto derivado das toxinas; não sendo mais tóxico, ainda conserva o poder antigênico.
TO.XO.PLAS.MO.SE, s.f., Med., infecção causada pelo parasita *Toxoplasma gondii*, encontrado nas fezes de gatos, cachorros, etc.
TPM - sigla de tensão pré-menstrual; *fig.*, tensão, estresse.
TRA.BA.LHA.DEI.RA, s.f., pop., mulher ativa e que trabalha muito.
TRA.BA.LHA.DO, adj., que se trabalhou; feito com cuidado e arte; trabalhoso; lavrado.
TRA.BA.LHA.DOR, adj. e s.m., quem trabalha, empregado, profissional, operário.
TRA.BA.LHA.DO.RA, s.f., mulher que trabalha, feminino de trabalhador.
TRA.BA.LHÃO, s.m., pop., muito trabalho, grande trabalho.
TRA.BA.LHAR, v.t. e int., exercer um ofício, cumprir os deveres, cansar-se com sua atividade, ser ativo, desenvolver uma atividade.
TRA.BA.LHÁ.VEL, adj. 2 gên., que pode ser trabalhado.
TRA.BA.LHEI.RA, s.f., pop., muito trabalho, afã, afazeres intensos.
TRA.BA.LHIS.MO, s.m., todas as doutrinas e ideias que se centram nas atividades e teses do trabalho.
TRA.BA.LHIS.TA, adj., próprio do trabalho, relativo aos direitos legais de um trabalhador.
TRA.BA.LHO, s.m., todo exercício destinado a obter um retorno; cuidado, tarefa, obrigação, empenho.
TRA.BA.LHO.SO, adj., fatigante, difícil, cansativo.
TRA.BU.CA.DOR, adj. e s.m., que ou aquele que trabuca; que ou aquele que gosta de trabalhar muito.
TRA.BU.CAN.TE, adj., que trabuca.
TRA.BU.CAR, v.t. e int., atirar com trabuco; afundar; perturbação; trabalhar com muita disposição; labutar; produzir barulho, ger. por pancadas em objeto resistente.
TRA.BU.CO, s.m., arma de fogo antiga, com um único cano.
TRA.ÇA, s.f., inseto que corrói papéis e roupas.
TRA.ÇA.DO, adj., projetado, lançado; s.m., linha, plano, planta.
TRA.ÇA.DOR, adj. e s.m., que(m) traça, projetador, desenhista.
TRA.CA.JÁ, s.m., tipo de tartaruga de águas doces da Amazônia.
TRA.CA.LHAZ, s.m., pop., grande pedaço; grande fatia; grande quantidade.
TRA.CAM.BIS.TA, s. 2 gên., bras., biltre; tratante; troca-tintas.
TRA.ÇA.MEN.TO, s.m., ação ou efeito de traçar, esboço, desenho.
TRA.ÇÃO, s.f., ação de puxar, empuxe.
TRA.ÇAR, v.t. e pron., desenhar, esboçar, marcar, riscar uma linha.
TRA.CE.JA.DO, adj., traçado, riscado, planejado.
TRA.CE.JAR, v.t., traçar, riscar, fazer linhas, planejar.
TRA.CI.O.NA.DO, adj., puxado, deslocado, empurrado, carregado.
TRA.CI.O.NA.DOR, adj. e s.m., que ou aquilo que traciona.
TRA.CI.O.NA.MEN.TO, s.m., ato ou efeito de tracionar.
TRA.CI.O.NAR, v.t., puxar, deslocar puxando, empurrar, carregar, levar.
TRA.CIS.TA, adj. 2 gên., que faz traços; s. 2 gên., pessoa que faz planos ou dá alvitres.

TRA.ÇO, s.m., linha, risco, marco, sinal, pegada.
TRA.ÇO DE U.NI.ÃO, s.m., hífen, risco entre duas palavras.
TRA.CO.MA, s.f., doença nos olhos; doença que se manifesta no olho.
TRA.CO.MA.TO.SO, adj., ant., tredor, traidor; velhaco.
TRA.DI.ÇÃO, s.f., transmissão pelas gerações de costumes, cultura e fatos; tudo que se transmite oralmente.
TRA.DI.CI.O.NAL, adj., próprio da tradição, conservador, ligado ao passado.
TRA.DI.CI.O.NA.LI.DA.DE, s.f., qualidade, caráter do que é tradicional.
TRA.DI.CI.O.NA.LIS.MO, s.m., apego a tradições, manutenção e estudo das tradições.
TRA.DI.CI.O.NA.LIS.TA, s. 2 gên., quem está apegado às tradições, conservador.
TRA.DO, s.m., verruma maior de uso na marcenaria e carpintaria.
TRA.DU.ÇÃO, s.f., transcrição de uma língua para outra; versão.
TRA.DU.TOR, s.m., quem traduz; intérprete.
TRA.DU.ZI.DO, adj., vertido, interpretado, representado, simbolizado.
TRA.DU.ZIR, v.t. e pron., verter para outro idioma, manifestar, representar, simbolizar.
TRA.DU.ZÍ.VEL, adj. 2 gên., que pode ser traduzido.
TRA.FE.GA.BI.LI.DA.DE, s.f., característica ou estado do que é trafegável.
TRA.FE.GAR, v. int., locomover-se no tráfego, andar, circular, deslocar-se.
TRA.FE.GÁ.VEL, adj. 2 gên., passível de ser trafegado.
TRÁ.FE.GO, s.m., trânsito, movimento de veículos, locomoção de veículos.
TRA.FI.CÂN.CIA, s.f., ação de traficar, praticar o tráfico.
TRA.FI.CAN.TE, adj. e s. 2 gên., que repassa drogas, contrabandista.
TRA.FI.CAR, v.t.i e int., comerciar ilegalmente, contrabandear, não pagar os impostos, vender drogas.
TRÁ.FI.CO, s.m., comércio ilegal, contrabando, negócio fraudulento.
TRA.GA.DA, s.f., ação de tragar, absorção da fumaça de cigarro.
TRA.GA.DO, adj., absorvido, engolido, ingerido.
TRA.GA.DOR, adj. e s.m., que ou o que traga; devorador.
TRA.GA.DOU.RO, s.m., sorvedouro.
TRA.GA.MEN.TO, s.m., ação ou efeito de tragar.
TRA.GAN.TE, adj., que traga; que se traga.
TRA.GAR, v.t. e int., absorver, engolir, beber, ingerir.
TRA.GÁ.VEL, adj., que se pode tragar.
TRA.GÉ.DIA, s.f., fato que termina em morte, drama teatral com morte no final; desastre, acidente grave.
TRÁ.GI.CO, adj., grave, mortal, sinistro.
TRA.GI.CO.MÉ.DIA, s.f., peça de teatro em que se misturam cenas trágicas e cômicas; melodrama.
TRA.GI.CÔ.MI.CO, adj., relativo a tragicomédia; com características de tragédia e comédia.
TRA.GO, s.m., gole, bocada, ato de tragar.
TRAI.ÇÃO, s.f., ação de trair, infidelidade, abandono, ruptura de um pacto.
TRAI.ÇO.EI.RO, adj., que trai, infiel, desleal.
TRA.Í.DO, adj., que se traiu, que foi objeto de traição; atraiçoado.

TRAIDOR — TRANQUILIZAR

TRA.I.DOR, *s.m.*, quem trai.
TRA.I.DO.RI.A, *s.f.*, SP, *ant.*, ato ou efeito de trair(-se); traição.
TRAILER, *s.m.*, ing., trechos de um filme, para divulgação; veículo, tipo de casa puxada por carro.
TRAINEE, *s. 2 gên.*, ing., profissional que passa por um processo de aprendizado prático.
TRAI.NEI.RA, *s.f.*, embarcação para pesca.
TRA.IR, *v.t., int. e pron.*, ser infiel, atraiçoar, delatar, romper um laço.
TRA.Í.RA, *s.f.*, peixe de água doce.
TRA.I.RA.GEM, *s.f., bras., gír.*, ato ou efeito de trair(-se); ato pérfido de quem entrega alguém que tinha como amigo.
TRA.JA.DO, *adj.*, vestido, revestido, envolto em roupas.
TRA.JAR, *v.t., int. e pron.*, vestir, colocar traje em, envolver, revestir.
TRA.JE, *s.m.*, trajo, vestimenta, roupa, agasalho.
TRA.JE.TO, *s.m.*, rumo, caminho, distância a percorrer, estrada.
TRA.JE.TÓ.RIA, *s.f.*, órbita, rumo, caminho, distância.
TRA.JO, *s.m.*, o mesmo que traje.
TRA.LHA, *s.f., pop.*, objetos de modo geral, coisas de pouco valor.
TRA.LHA.DA, *s.f., bras.*, cacarecos; tralha; caraminguás; quinquilharias.
TRA.LHO.A.DA, *s.f.*, grande quantidade de coisas miúdas; trapalhada, tarecada.
TRA.MA, *s.f.*, tessitura, entrelaçamento de fios, tecido, textura; roteiro de um drama; *fig.*, conspiração.
TRA.MA.ÇÃO, *s.f.*, ação ou efeito de tramar.
TRA.MA.DO, *adj.*, tecido, entretecido, arquitetado; *fig.*, conspirado.
TRA.MA.DOR, *adj. e s.m.*, que(m) trama, tecedor, conspirador.
TRA.MAR, *v.t.*, tecer, entretecer; *fig.*, conspirar, fazer intrigas.
TRAM.BE.CAR, *v.int., bras.*, andar como um bêbado, em ziguezague, aos tropeços.
TRAM.BI.CA.GEM, *s.f.*, fraude, negócio desonesto.
TRAM.BI.CAR, *v.t., int. e pron., pop.*, enganar, fazer negócios desonestos.
TRAM.BI.QUE, *s.m., pop.*, trambicagem, negócio ilegal.
TRAM.BI.QUEI.RO, *s.m.*, quem faz trambicagens, furtador, mentiroso.
TRAM.BO.LHA.DA, *s.f.*, porção de coisas juntas ou atadas.
TRAM.BO.LHAR, *v.int.*, ir ou andar aos trambolhões; cair; falar precipitada e confusamente.
TRAM.BO.LHÃO, *s.m., pop.*, queda, caída.
TRAM.BO.LHO, *s.m., pop.*, obstáculo, dificuldade.
TRA.ME.LA, *s.f.*, taramela, peça de madeira para trancar portas e janelas.
TRA.MI.TA.ÇÃO, *s.f.*, ação de tramitar, andamento, sequência.
TRA.MI.TAR, *v.t. e int.*, seguir, ir adiante pelos trâmites, deslocar-se.
TRÂ.MI.TE, *s.m.*, a via de uma ação legal dentro dos foruns e tribunais; caminho, senda, estrada, rumo.
TRÂ.MI.TES, *s.m., pl.*, Jur., etapas regulares de um processo; via legal.
TRA.MO.ÇO, *s.m., ant. e pop.*, tremoço.
TRA.MOI.A, *s.f.*, armadilha, cilada, traição, engano.
TRA.MO.LHA.DA, *s.f.*, terra lenteira, lameiro, terra úmida.
TRA.MON.TA.NA, *s.f.*, a estrela polar, o norte, o vento que vem do norte; *expr.*, perder a tramontana - perder-se, perder o caminho, o rumo.
TRA.MON.TAR, *v. int.*, ir para além dos horizontes, descambar.
TRA.MO.SO, *adj.*, que é da trama; ordinário, reles.
TRAM.PA, *s.f.*, tramoia, logro, trambicagem.
TRAM.PAR, *v.int., pop.*, o mesmo que trabalhar.
TRAM.PE.AR, *v. int.*, enganar, lograr, ludibriar.
TRAM.PO, *s.m.*, SP, *pop.*, trabalho, emprego remunerado.
TRAM.PO.LIM, *s.m.*, armação nas piscinas para os nadadores pularem na água; artifício que alguém usa para obter os objetivos.
TRAM.PO.LI.NAR, *v.int.*, aplicar-se em trampolinices, falcatruas, patifarias.
TRAM.PO.LI.NEI.RO, *s.m.*, trapaceiro, enganador, safado.
TRAN.CA, *s.f.*, tira de madeira ou de metal, para dar segurança a portas e janelas; peça para dar segurança a veículos.
TRAN.ÇA, *s.f.*, trama de fios, cabelos entrelaçados e amarrados.
TRAN.CA.ÇO, *s.m.*, doença endêmica que ataca a garganta.
TRAN.CA.DA, *s.f.*, pancada com tranca; paulada; estacada que atravessa um rio de lado a lado.
TRAN.ÇA.DEI.RA, *s.f.*, máquina de trançar fios (de diversos tipos); fita para trançar ou prender os cabelos.
TRAN.CA.DO, *adj.*, fechado com tranca; fechado completamente; trancafiado.
TRAN.ÇA.DO, *adj.*, disposto em trança; entrelaçado; entrançado; *s.m.*, trança; trançadeira.
TRAN.ÇA.DOR, *adj., bras.*, que trança, que faz trança(s); *s.m.*, pessoa que faz tranças; máquina ou peça us. para trançar fios.
TRAN.CA.FI.A.DO, *adj.*, preso, aprisionado, encarcerado.
TRAN.CA.FI.A.MEN.TO, *s.m.*, ação de trancafiar.
TRAN.CA.FI.AR, *v.t., pron.*, prender, encarcerar, aprisionar.
TRAN.CA.MEN.TO, *s.m.*, encerramento, parada de uma ação, encarceramento.
TRAN.ÇAN.TE, *adj. e s. 2 gên.*, que trança.
TRAN.CAR, *v.t.*, fechar, cerrar, prender, pôr na cadeia, terminar.
TRAN.ÇAR, *v.t. e int.*, fazer uma trança, entrelaçar, tecer.
TRAN.CA.RI.A, *s.f.*, muitas trancas; monte de toros de madeira ou de lenha graúda.
TRAN.CE.LIM, *s.m.*, cordão fino, dourado; arremate para toalhas, para louça bordado.
TRAN.CI.NHA, *s.f.*, pequena trança; galão estreito, de fios, para bordados e guarnições.
TRAN.CO, *s.m.*, salto, empurrão, corte; *expr.*, aos trancos e barrancos - sem nenhuma ordem.
TRAN.QUE.A.DO, *adj.*, que se tranqueou; atravancado; *s.m.*, Folc., certa dança popular (variedade de coco).
TRAN.QUE.AR, *v.t.*, pôr tranqueira em; entranqueirar, tranqueirar; *v.int.*, puxar as rédeas (o cavalo).
TRAN.QUEI.RA, *s.f.*, galhadas que fecham uma passagem; *fig.*, dificuldades.
TRAN.QUEI.RAR, *v.t.*, pôr tranqueira em; atravancar.
TRAN.QUE.TA, *s.f.*, tranca pequena, trinco, taramela.
TRAN.QUI.A, *s.f.*, o mesmo que tranqueira.
TRAN.QUI.LI.DA.DE, *s.f.*, sossego, calma, paz, calmaria, serenidade.
TRAN.QUI.LI.ZA.ÇÃO, *s.f.*, ato ou efeito de tranquilizar(-se).
TRAN.QUI.LI.ZA.DO, *adj.*, que se tranquilizou; calmo; sossegado; tranquilo.
TRAN.QUI.LI.ZA.DOR, *adj. e s.m.*, tranquilizante, que acalma, calmante.
TRAN.QUI.LI.ZAN.TE, *s.m.*, remédio para acalmar, sedativo.
TRAN.QUI.LI.ZAR, *v.t.*, acalmar, serenar, sossegar, apaziguar.

TRANQUILO   804   TRANSFORMATIVO

TRAN.QUI.LO, adj., calmo, sereno, apaziguado, sossegado.
TRAN.SA, s.f., pop., ch., negócio, acordo, relação sexual.
TRAN.SA.ÇÃO, s.f., ajuste, negócio, acordo, operação de comércio.
TRAN.SA.CI.O.NAL, adj., que transaciona, que negocia.
TRAN.SA.CI.O.NAR, v.t. e int., negociar, efetuar transações.
TRAN.SA.CI.O.NÁ.VEL, adj. 2 gên., que se pode transacionar.
TRAN.SAL.PI.NO, adj., além dos Alpes, do outro lado dos Alpes.
TRAN.SA.MA.ZÔ.NI.CO, adj., que cruza a Amazônia.
TRAN.SAN.DI.NO, adj., que está do outro lado dos Andes.
TRAN.SA.NI.MA.DO, adj., perpassado por alma; visionário, transiluminado.
TRAN.SAN.TE.ON.TEM, adv., no dia anterior ao de ontem.
TRAN.SAR, v.t., int. e pron., pop., gír., relacionar-se sexualmente, efetuar negócios ilegais.
TRAN.SA.SI.Á.TI.CO, adj., que atravessa a Ásia.
TRAN.SA.TLÂN.TI.CO, adj., que vai através do Atlântico; s.m., navio grande.
TRAN.SA.TO, adj., transacto, passado, pretérito, que passou, ido.
TRANS.BOR.DA.MEN.TO, s.m., vasamento, derramamento, inundação.
TRANS.BOR.DAN.TE, adj., vasante, extravasante, que passa por cima das bordas.
TRANS.BOR.DAR, v.t. e int., passar por cima das bordas, derramar, invadir, extravasar.
TRANS.BOR.DO, s.m., transbordamento, transferência de passageiros de um transporte a outro, baldeação.
TRANS.CEN.DÊN.CIA, s.f., o que vai além do físico, sublimação, elevação.
TRANS.CEN.DEN.TAL, adj., que sobe além da parte física, filosófico.
TRANS.CEN.DEN.TA.LIS.MO, s.m., tese doutrinária que defende a supremacia dos valores espirituais, sobretudo da fé, sobre todos os conhecimentos materiais e bens perecíveis mundanos.
TRANS.CEN.DEN.TE, adj., que se eleva, que sobe, superior, sublimado.
TRANS.CEN.DER, v.t., superar a, ultrapassar, subir além de, exceder o normal.
TRANS.CEN.SÃO, s.f., ato ou efeito de transcender; transmigração.
TRANS.CEP.TOR, adj. e s.m., diz-se do, ou o equipamento com capacidade de transmitir e receber sinais.
TRANS.CO.DI.FI.CA.ÇÃO, s.f., ato ou efeito de transcodificar.
TRANS.CO.DI.FI.CA.DO, adj., que passou por transcodificação.
TRANS.CO.DI.FI.CA.DOR, adj. e s.m., diz-se do, ou o aparelho us. para transcodificar.
TRANS.CO.DI.FI.CAR, v.t., converter dados (sinais de mensagens) de uma codificação para outra.
TRANS.CON.TI.NEN.TAL, adj., que atravessa o continente, que vai longe.
TRANS.COR.RÊN.CIA, s.f., ação ou efeito de transcorrer.
TRANS.COR.REN.TE, adj., que transcorre.
TRANS.COR.RER, v. int., correr, passar, escoar, suceder, transpor.
TRANS.COR.RI.DO, adj., passado, escoado, sucedido, corrido.
TRANS.CRE.VER, v.t., registrar, copiar em outro local, reproduzir.
TRANS.CRI.ÇÃO, s.f., cópia, reprodução, nova escritura.
TRANS.CRI.TO, adj., reproduzido, copiado, registrado.
TRANS.CRI.TOR, adj. e s.m., que ou o que transcreve.
TRANS.CU.RAR, v.t., o mesmo que descurar.
TRANS.CU.RÁ.VEL, adj., suscetível de se transcurar; esquecível, preterível.
TRANS.CUR.SAR, v.t., ir além de; transpor; decorrer; transcorrer.
TRANS.CUR.SO, s.m., decurso, passagem, ação de passar, ato de o tempo correr.
TRAN.SE, s.m., momento dificultoso, crise de consciência, acidente; morte, óbito.
TRAN.SE.CU.LAR, adj., que se prolonga através dos séculos.
TRAN.SEP.TAL, adj., relativo ao transepto.
TRAN.SEP.TO, s.m., galeria transversal que separa a nave central do corpo da igreja, formando com ela o desenho de cruz.
TRAN.SER.RA.NO, adj., que está para lá da serra.
TRAN.SES.PA.CI.AL, adj. 2 gên., que fica além ou fora do espaço.
TRAN.SE.UN.TE, adj. e s. 2 gên., que passa, caminhante, pedestre.
TRAN.SE.XU.AL, adj. e s. 2 gên., que é adepto do transexualismo; indivíduo que se submeteu à intervenção cirúrgica para mudar seu sexo pelo oposto.
TRAN.SE.XU.A.LI.DA.DE, s.f., qualidade ou condição de transexual.
TRAN.SE.XU.A.LIS.MO, s.m., sensação pessoal de insatisfação com o próprio sexo e desejo de mudá-lo para o oposto.
TRANS.FE.RÊN.CIA, s.f., mudança, deslocamento.
TRANS.FE.REN.CI.AL, adj. 2 gên., de transferência ou que envolve transferência.
TRANS.FE.RI.DO, adj., que foi transferido ou se transferiu.
TRANS.FE.RI.DOR, adj., que transfere, muda; s.m., utensílio escolar para traçar linhas e ângulos.
TRANS.FE.RIR, v.t. e pron., mudar a sede, remeter para outro local, transportar, adiar.
TRANS.FE.RÍ.VEL, adj., que pode ser transferido, mutável, adiável, transportável.
TRANS.FI.GU.RA.ÇÃO, s.f., mudança da figura, mutação.
TRANS.FI.GU.RA.DO, adj., transformado, transmudado, mudado.
TRANS.FI.GU.RA.DOR, adj., que ou o que transfigura, transforma.
TRANS.FI.GU.RAR, v.t., mudar a figura, transmudar, transformar.
TRANS.FI.GU.RÁ.VEL, adj., que pode ser transfigurado.
TRANS.FIL.TRAR, v.t., fazer passar através de; infiltrar.
TRANS.FI.XA.ÇÃO, s.f., afixação, fixação, pregamento.
TRANS.FI.XA.DO, adj., afixado, fixado, pregado.
TRANS.FI.XAR, v.t., fixar atravessando o corpo, pregar, afixar com firmeza.
TRANS.FOR.MA.ÇÃO, s.f., mudança, transfiguração.
TRANS.FOR.MA.DO, adj., mudado, transfigurado, convertido, dissimulado.
TRANS.FOR.MA.DOR, adj., que muda, transforma; s.m., aparelho que muda a intensidade e a tensão da corrente elétrica nas linhas de transmissão.
TRANS.FOR.MAR, v.t. e pron., mudar, transfigurar, converter, imprimir uma forma nova, disfarçar, dissimular, alterar.
TRANS.FOR.MA.TI.VO, adj., que tem o poder de transformar.

TRANSFORMÁVEL ·· 805 ·· TRANSMUTAR

TRANS.FOR.MÁ.VEL, *adj. 2 gên.*, que pode ser transformado.
TRANS.FOR.MIS.MO, *s.m.*, estudo que ensina que todos os seres derivam de outros, passando por transformações.
TRANS.FOR.MIS.TA, *s. 2 gên.*, adepto do transformismo.
TRANS.FRE.TAR, *v.t.*, transportar em navio, de uma a outra banda do mar.
TRÂNS.FU.GA, *s. 2 gên.*, desertor, traidor, fugitivo.
TRANS.FÚ.GIO, *s.m.*, ação de transfugir; defecção; deserção.
TRANS.FUN.DIR, *v.t. e pron.*, passar um líquido de um recipiente a outro, derramar, espalhar.
TRANS.FU.SÃO, *s.f.*, passagem de um líquido de um recipiente para outro; doação de sangue a alguém.
TRANS.GÊ.NI.CO, *adj.*, Bioq., diz-se de organismo que recebeu genes de outra espécie; *s.m.* Bioq., organismo em que se introduziu material genético suplementar, a fim de provocar o surgimento de novas características.
TRANS.GRE.DI.DO, *adj.*, infringido, quebrado, ultrapassado.
TRANS.GRE.DIR, *v.t.*, quebrar, infringir, ultrapassar os limites.
TRANS.GRES.SÃO, *s.f.*, infração, delito, crime.
TRANS.GRES.SI.VO, *adj.*, que transgride, infringe ou envolve transgressão.
TRANS.GRES.SOR, *adj. e s.m.*, que transgride, infrator, delinquente.
TRAN.SI.BE.RI.A.NO, *adj.*, localizado além da Sibéria; que atravessa a Sibéria.
TRAN.SI.ÇÃO, *s.f.*, passagem para, mudança, intervalo entre mudanças.
TRAN.SI.DO, *adj.*, tolhido, contorcido, crispado.
TRAN.SI.GÊN.CIA, *s.f.*, condescendência, concordância, aceitação, anuência.
TRAN.SI.GEN.TE, *adj.*, tolerante, condescendente.
TRAN.SI.GIR, *v.t. e int.*, concordar, condescender, anuir, compor.
TRAN.SI.GÍ.VEL, *adj. 2 gên.*, sobre o que se pode transigir.
TRAN.SIR, *v.t. e int.*, ir para, invadir, adentrar, penetrar.
TRAN.SIS.TOR, *s.m.*, transistor, peça eletrônica de televisores, rádios e similares, para controlar a corrente elétrica.
TRAN.SIS.TO.RI.ZA.DO, *adj.*, aparelho equipado com transistores.
TRAN.SIS.TO.RI.ZAR, *v.t.*, colocar transístor em.
TRAN.SI.TA.BI.LI.DA.DE, *s.f.*, qualidade do que é transitável.
TRAN.SI.TA.DO, *adj.*, por onde se transita ou transitou.
TRAN.SI.TAN.TE, *adj. 2 gên.*, que transita.
TRAN.SI.TAR, *v. int.*, andar, caminhar, locomover-se, passear, passar.
TRAN.SI.TÁ.VEL, *adj.*, em que se pode andar.
TRAN.SI.TI.VAR, *v.t.*, tornar transitivo (um verbo).
TRAN.SI.TI.VO, *adj. e s.m.*, que passa, que se liga diretamente, transitório, efêmero; verbo que exige objeto direto ou indireto.
TRÂN.SI.TO, *s.m.*, tráfego, movimento de pedestres e veículos, acesso.
TRAN.SI.TO.RI.E.DA.DE, *s.f.*, efemeridade, passagem, que passa rápido.
TRAN.SI.TÓ.RIO, *adj.*, passageiro, efêmero, fugaz, breve, rápido.
TRANS.LA.ÇÃO, *s.f.*, ação de transladar, deslocamento; giro de um astro sobre si mesmo.
TRANS.LA.DA.ÇÃO, *s.f.*, deslocamento, transportação, translado.
TRANS.LA.DA.DO, *adj.*, transportado, levado, deslocado.
TRANS.LA.DAR, *v.t.*, carregar, transportar.

TRANS.LA.DO, *s.m.*, transporte, deslocamento, mudança.
TRANS.LA.TO, *adj.*, copiado, reproduzido, recopiado; figurado, conotativo.
TRANS.LI.TE.RAR, *v.t.*, representar os caracteres de uma palavra pelos de outro idioma, por serem mais familiares a um leitor.
TRANS.LU.CI.DEZ, *s.f.*, transparência, diafanidade, lucidez.
TRANS.LÚ.CI.DO, *adj.*, transparente, diáfano, claro, lúcido; *fig.*, óbvio.
TRANS.LUM.BRAR, *v.t., p.us.*, o mesmo que deslumbrar.
TRANS.LU.ZEN.TE, *adj. 2 gên.*, que transluz; diáfano; translúcido.
TRANS.LU.ZI.MEN.TO, *s.m.*, qualidade do, que transluz; transparência; diafaneidade.
TRANS.LU.ZIR, *v.t., int. e pron.*, brilhar através de; transparecer, luzir.
TRANS.MA.RI.NO, *adj.*, ultramarino, transoceânico, ultramar.
TRANS.ME.DU.LAR, *adj. 2 gên.*, Anat., que ocorre através da medula.
TRANS.ME.MÓ.RIA, *adj. 2 gên.*, que transcende, vai além da memória.
TRANS.MI.GRA.ÇÃO, *s.f.*, ida de um local para outro, mudança de residência.
TRANS.MI.GRA.DO, *adj.*, transferido ou deslocado por meio de migração.
TRANS.MI.GRA.DOR, *adj. e s.m.*, que ou o que transmigra.
TRANS.MI.GRAN.TE, *adj. e s. 2 gên.*, o mesmo que transmigrador.
TRANS.MI.GRAR, *v.t., int. e pron.*, mudar-se, deslocar-se de um local para outro, migrar, passar de um corpo para outro, mudar do estado físico para o espiritual.
TRANS.MI.GRA.TÓ.RIO, *adj., bras.* relativo a transmigração.
TRANS.MIS.SÃO, *s.f.*, repasse, comunicação, passagem, doação.
TRANS.MIS.SI.BI.LI.DA.DE, *s.f.*, mutabilidade, comunicabilidade.
TRANS.MIS.SÍ.VEL, *adj.*, que se pode transmitir, que se pode passar.
TRANS.MIS.SI.VO, *adj.*, que transmite, comunicativo.
TRANS.MIS.SOR, *s.m.*, quem envia mensagens, comunicador, falante.
TRANS.MI.TI.DO, *adj.*, remetido, mandado, propagado, comunicado.
TRANS.MI.TIR, *v.t. e pron.*, remeter, mandar, transportar, propagar, permear, comunicar.
TRANS.MON.TA.NO, *adj.*, que vive além dos montes, que se situa além dos montes.
TRANS.MON.TAR, *v.t., int. e pron.*, passar além dos montes, ultrapassar, exceder.
TRANS.MU.DA.ÇÃO, *s.f.*, ação ou efeito de transmudar.
TRANS.MU.DA.DO, *adj.*, alterado, mudado, transformado.
TRANS.MU.DA.MEN.TO, *s.m.*, o mesmo que transmudação.
TRANS.MU.DAR, *v.t. e pron.*, transmutar, mudar, transformar, alterar, deslocar.
TRANS.MU.TA.BI.LI.DA.DE, *s.f.*, transmutação, transformabilidade.
TRANS.MU.TA.ÇÃO, *s.f.*, nova mutação, transformação, evolução.
TRANS.MU.TA.DO, *adj.*, que se transmutou (var., transmudou).
TRANS.MU.TAR, *v.t.*, transmudar, mudar-se através de, evoluir.

TRANSMUTATIVO ••• 806 ••• TRANSVESTIDO

TRANS.MU.TA.TI.VO, *adj.*, que tem o poder ou a virtude de transmudar.
TRANS.MU.TÁ.VEL, *adj.*, que pode ser transmutado.
TRANS.NA.CI.O.NAL, *adj.*, que abrange vários países, que se refere a várias nações.
TRANS.NA.CI.O.NA.LI.DA.DE, *s.f.*, qualidade de transnacional.
TRANS.NA.CI.O.NA.LI.ZA.ÇÃO, *s.f.*, ação ou processo de tornar(-se) transnacional.
TRANS.NA.CI.O.NA.LI.ZA.DO, *adj.*, que se transnacionalizou.
TRANS.NA.CI.O.NA.LI.ZAR, *v.t. e int.*, imprimir ou adquirir caráter transnacional.
TRANS.NOI.TAR, *v.int.*, passar a noite sem dormir, trasnoitar.
TRANS.NO.MI.NA.ÇÃO, *s.f.*, metonímia.
TRAN.SOB.JE.TI.VO, *adj.*, que vai além do objetivo; *s.m.*, verbo que exige um adjunto para o objeto.
TRAN.SO.CE.Â.NI.CO, *adj.*, que passa através do oceano.
TRANS.PA.RE.CER, *v.t.*, fazer aparecer, dar a impressão, aparecer, mostrar-se.
TRANS.PA.RÊN.CIA, *s.f.*, qualquer coisa através da qual se vê.
TRANS.PA.REN.TAR, *v.t.*, tornar transparente, tornar claro; evidenciar.
TRANS.PA.REN.TE, *adj.*, translúcido, objeto que permite a passagem de luz, diáfano.
TRANS.PA.RI.E.TAL, *adj. 2 gén.*, Med., diz-se de exame, corte, etc., que atravessa a parede abdominal.
TRANS.PAR.TI.DÁ.RI.O, *adj.*, Pol., que abrange mais de um partido.
TRANS.PAS.SA.DO, *adj.*, ultrapassado, transposto.
TRANS.PAS.SAR, *v.t.*, ir além, passar além de, transpor, ultrapassar.
TRANS.PÉL.VI.CO, *adj.*, Med., através da pelve.
TRANS.PES.SO.AL, *adj. 2 gén.*, Psic., que ultrapassa a fronteira pessoal da psique.
TRANS.PI.RA.ÇÃO, *s.f.*, secreção de gotas pelos poros da pele, suor.
TRANS.PI.RAN.TE, *adj. 2 gén.*, que transpira ou que é destinado à transpiração.
TRANS.PI.RAR, *v.t. e int.*, suar, exsudar, expelir suor pelos poros, porejar.
TRANS.PI.RA.TÓ.RIO, *adj.*, da, ou relativo a transpiração.
TRANS.PLAN.TA.ÇÃO, *s.f.*, mudança, transferência, plantação em outro local.
TRANS.PLAN.TA.DO, *adj. e s.m.*, que ou o que se transplantou; que foi objeto de transplantação.
TRANS.PLAN.TA.DOR, *adj. e s.m.*, que ou aquele que transplanta.
TRANS.PLAN.TAR, *v.t. e pron.*, mudar a planta de um ponto para outro, transferir.
TRANS.PLAN.TÁ.VEL, *adj. 2 gén.*, que é passível de ser transplantado.
TRANS.PLAN.TE, *s.m.*, mudança, implante de um órgão de uma pessoa em outra.
TRANS.PO.LAR, *adj. 2 gén.*, diz-se do que se localiza além dos polos.
TRANS.POR, *v.t. e pron.*, passar além, cruzar, ultrapassar, ir a mais, carregar para.
TRANS.POR.TA.ÇÃO, *s.f.*, ação ou efeito de transportar, transporte, carregamento.
TRANS.POR.TA.DO, *adj.*, carregado, levado, mudado.
TRANS.POR.TA.DOR, *adj. e s.m.*, que transporta, carregador.
TRANS.POR.TA.DO.RA, *s.f.*, empresa cuja atividade é o carregamento de mercadorias e tudo o que for deslocado.
TRANS.POR.TA.MEN.TO, *s.m.*, êxtase, transporte, arrebatamento.
TRANS.POR.TAR, *v.t. e pron.*, carregar de um local para outro, levar, deslocar, conduzir, dirigir, animar.
TRANS.POR.TÁ.VEL, *adj. 2 gén.*, passível de ser transportado.
TRANS.POR.TE, *s.m.*, ação de transportar, carregamento, transferência, condução.
TRANS.PO.SI.ÇÃO, *s.f.*, mudança, colocação além.
TRANS.PO.SI.TOR, *adj.*, Mús., que transporta; que opera a transposição de.
TRANS.POS.TO, *adj.*, mudado, levado para outro local, transferido.
TRANS.RA.CI.AL, *adj. 2 gén.*, que resulta do cruzamento entre raças ou etnias.
TRANS.RE.GI.O.NAL, *adj. 2 gén.*, que ultrapassa, transcende os limites regionais.
TRANS.TEX.TU.A.LI.DA.DE, *s.f.*, extrapolação dos limites do que é textual.
TRANS.TOR.NA.DO, *adj.*, perturbado, incomodado, desordenado, confundido, atrapalhado.
TRANS.TOR.NA.DOR, *adj.*, que transtorna.
TRANS.TOR.NAN.TE, *adj. 2 gén.*, que é capaz de transtornar, perturbar; perturbador.
TRANS.TOR.NAR, *v.t. e pron.*, perturbar, incomodar, desordenar, confundir, atrapalhar.
TRANS.TOR.NO, *s.m.*, perturbação, mudança, incômodo, prejuízo.
TRAN.SUBS.TAN.CI.A.ÇÃO, *s.f.*, mudança de uma substância em outra, transformação milagrosa; na Igreja Católica, é a mudança do pão em corpo de Jesus e o vinho em sangue, na hora da consagração.
TRAN.SUBS.TAN.CI.A.DO, *adj.*, transformado ou convertido (pessoa ou coisa) em outra substância.
TRAN.SUBS.TAN.CI.A.DOR, *adj.*, que transubstancia; *s.m.*, partidário da transubstanciação.
TRAN.SUBS.TAN.CI.AR, *v.t.*, transformar uma substância em outra, mudar a essência de algo.
TRAN.SU.DA.ÇÃO, *s.f.*, suor, transpiração, exsudação.
TRAN.SU.DAN.TE, *adj. 2 gén.*, que transuda.
TRAN.SU.DAR, *v.t. e int.*, suar, exsudar, transpirar.
TRAN.SU.MA.NAR, *v.t.*, humanar, humanizar.
TRAN.SU.MA.NO, *adj.*, diz-se de coisa ou ser a que se deu natureza humana; que se transumanou.
TRAN.SU.RÂ.NI.CO, *adj.*, Fís., nome dado aos elementos radioativos de número atômico maior que o do urânio (92), obtidos artificialmente; var., transuraniano.
TRANS.VA.SAR, *v.t.*, derramar, expelir, vasar.
TRANS.VA.ZAR, *v.t. e pron.*, fazer sair um líquido para fora de um recipiente, esvaziar.
TRANS.VER.BE.RAR, *v.t. e int.*, deixar penetrar, passar; transparecer, manifestar(-se), revelar(-se) de maneira clara.
TRANS.VER.SAL, *adj.*, lateral, que está através, que passa através.
TRANS.VER.SA.LI.DA.DE, *s.f.*, qualidade de transversal.
TRANS.VER.SO, *adj.*, oblíquo, lateral, que atravessa além.
TRANS.VER.TER, *v.t.* transtornar; trasladar.
TRANS.VER.TI.DO, *adj.*, transtornado; vertido.
TRANS.VES.TI.DO, *adj.*, transformado; transmudado;

TRANSVESTIR ••• 807 ••• TRASTO

metamorfoseado.
TRANS.VES.TIR, *v.t.*, disfarçar; transformar; metamorfosear.
TRANS.VI.A.DO, *adj.* e *s.m.*, que saiu dos padrões sociais, desatinado.
TRANS.VI.A.MEN.TO, *s.m.*, ato ou efeito de transviar(-se); transvio.
TRANS.VI.AR, *v.t.* e *pron.*, tirar do caminho, desencaminhar, desnortear, perder.
TRANS.VI.O, *s.m.* ato ou efeito de transviar(-se); transviamento.
TRANS.VI.SU.AL, *adj.*, que está para além da visão.
TRA.PA.ÇA, *s.f.*, negócio ilícito, safadeza, fraude, tramoia.
TRA.PA.CE.AR, *v.t.* e *int.*, enganar, lograr, iludir, fraudar.
TRA.PA.ÇA.RI.A, *s.f.*, trapaça, dolo, fraude, embuste.
TRA.PA.CE.A.DO, *adj.*, que é alvo de trapaça.
TRA.PA.CEI.RO, *s.m.*, enganador, fraudador, desonesto.
TRA.PA.GEM, *s.f.*, porção ou montão de trapos.
TRA.PA.LHA.DA, *s.f.*, confusão, baderna, desacerto.
TRA.PA.LHÃO, *adj.* e *s.m.*, desajeitado, confuso, palerma, imbecil.
TRA.PA.LHI.CE, *s.f.*, trapalhada, trapaça, tramoia.
TRA.PA.RI.A, *s.f.* o mesmo que trapagem.
TRA.PEI.RO, *s.m.*, quem recolhe trapos, sucateiro, quem trabalha com trapos.
TRA.PE.ZI.FOR.ME, *adj.*, que tem a forma de trapézio.
TRA.PÉ.ZIO, *s.m.*, figura geométrica que possui dois lados iguais e dois diferentes; aparelho para praticar ginástica.
TRA.PE.ZIS.TA, *s. 2 gên.*, quem trabalha com o trapézio, nos circos.
TRA.PE.ZO.E.DRO, *s.m.*, Mat., sólido de 24 faces, 48 arestas e 26 ângulos.
TRA.PE.ZOI.DE, *adj.*, que detém forma de trapézio.
TRA.PI.CA.LHO, *s.m.*, farrapo; trapo; *fig.*, pessoa desmazelada.
TRA.PI.CHE, *s.m.*, cais, armazém do porto, porto, desembarcadouro de cargas no porto.
TRA.PI.CHEI.RO, *s.m.*, dono, proprietário de um trapiche.
TRA.PIS.TA, *adj.*, *s. 2 gên.*, religioso da ordem da Trapa, membro dessa ordem.
TRA.PO, *s.m.*, resto, fiapo, sucata; *fig.*, pessoa velha e sem valor.
TRA.PU.DO, *adj.*, *pop.*, vestido com trapos, farrapos; esfarrapado; molambento.
TRA.QUE, *s.m.*, tipo de fogo de artifício com estouro leve, ruído; *ch.*, peido.
TRA.QUE.A.DO, *adj.*, Anat., Zool., que possui traqueia.
TRA.QUE.AL, *adj.*, que se refere a traqueia.
TRA.QUEI.A, *s.f.*, conduto que faz a comunicação da laringe com os pulmões.
TRA.QUE.Í.TE, *s.f.*, inflamação da traqueia.
TRA.QUE.JA.DO, *adj.*, perseguido; com traquejo, com experiência; experiente; perito.
TRA.QUE.JAR, *v.t.*, capacitar, preparar, treinar.
TRA.QUE.JO, *s.m.*, prática, capacitação, experiência.
TRA.QUE.OS.TO.MI.A, *s.f.*, incisão na traqueia para introduzir um duto para a respiração; traqueotomia.
TRA.QUE.OS.TÔ.MI.CO, *adj.*, Cir., relativo a traqueostomia.
TRA.QUE.O.TO.MI.A, *s.f.*, intervenção médica para efetivar a comunicação da traqueia com a parte externa do corpo para passagem de ar; traqueostomia.
TRA.QUE.O.TÔ.MI.CO, *adj.*, Cir., relativo a traqueotomia; traqueostômico.

TRA.QUI.NA.DA, *s.f.*, traquinagem; travessura.
TRA.QUI.NA.GEM, *s.f.*, travessura, peraltice, molecagem.
TRA.QUI.NAR, *v. int.*, fazer travessuras, ser barulhento, ser peralta.
TRA.QUI.NAS, *adj.* e *s. 2 gên.*, traquina, peralta, criança irrequieta, travessa.
TRA.QUI.TA.NA, *s.f.*, carruagem com quatro rodas, dois cavalos e dois assentos; carro velho, calhambeque.
TRÁS, *prep.*, atrás, depois de, detrás.
TRA.SAN.TON.TEM, *adj.*, no dia anterior ao de anteontem.
TRAS.BOR.DA.MEN.TO, *s.m.*, ação ou efeito de trasbordar, vasar, transbordar.
TRAS.BOR.DAN.TE, *adj.*, transbordante, vasante.
TRAS.BOR.DAR, *v. int.*, vasar, transbordar, evadir, soltar pelas bordas, expandir.
TRAS.BOR.DO, *s.m.*, transbordo, transbordamento, vasamento, baldeação.
TRA.SEI.RA, *s.f.*, a parte detrás, a parte posterior; *pop.*, a rabeira.
TRA.SEI.RO, *adj.*, situado atrás, posterior; *s.m.*, *pop.*, nádegas, bunda.
TRAS.FE.GA.DOR, *adj.* e *s.m.*, que ou o que trasfega.
TRAS.FE.GA.DU.RA, *s.f.*, ação ou efeito de trasfegar; trasfego.
TRAS.FE.GAR, *v.t.* e *int.*, transferir líquido de um recipiente para outro, procurando eliminar os sedimentos.
TRAS.FE.GO, *s.m.*, ação ou efeito de trasfegar.
TRAS.GO, *s.m.*, aparição fantástica (que muda as coisas da casa de lugar); duende; traquinas.
TRAS.LA.ÇÃO, *s.f.*, o mesmo que translação.
TRAS.LA.DA.ÇÃO, *s.f.*, translado, transferência, transporte.
TRAS.LA.DA.DO, *adj.*, transportado, transferido, reproduzido.
TRAS.LA.DA.DOR, *adj.* e *s.m.*, transportador, transferidor, copiador.
TRAS.LA.DAR, *v.t.* e *pron.*, transportar, transferir de um lugar para outro; copiar.
TRAS.LA.DO, *s.m.*, transporte, reprodução de um modelo, transferência.
TRAS.MON.TA.NO, *v.t.*, passar além de.
TRA.SO.RE.LHO, *s.m.*, Med., Sul, caxumba; Norte, papeira.
TRAS.PAS.SA.ÇÃO, *s.f.*, traspasse, passagem além, ida para mais, ultrapassagem.
TRAS.PAS.SA.DO, *adj.*, transpassado.
TRAS.PAS.SA.DOR, *adj.* e *s.m.*, que ou o que traspassa.
TRAS.PAS.SA.MEN.TO, *s.m.*, ato ou efeito de traspassar; traspassação; atravessamento; demora.
TRAS.PAS.SAN.TE, *s. 2 gên.*, que traspassa; traspassador.
TRAS.PAS.SAR, *v.t.*, transpassar, furar de lado a lado, passar através, ferir, magoar, transpor.
TRAS.PAS.SE, *s.m.*, ação ou efeito de traspassar, sublocação, óbito, morte.
TRAS.PAS.SO, *s.m.*, ato ou efeito de traspassar; dor forte, penetrante.
TRAS.TA.LHÃO, *s.m.*, *pop.*, aum. de traste; grande velhaco.
TRAS.TA.RI.A, *s.f.*, *bras.*, S, grande quantidade de trastes.
TRAS.TE, *s.m.*, qualquer objeto, coisa de pouco valor; *pop.*, indivíduo de pouco valor e maus costumes.
TRAS.TE.JAR, *v.t.* e *int.*, trastear; negociar em trastes; *pop.*, andar de um lado para o outro; ter ações de velhaco; gaguejar ao responder (por hesitação); não andar na linha, vacilar.
TRAS.TO, *s.m.*, filete de metal colocado em instrumentos de corda.

TRASVASAR ··· 808 ··· TREJEITEAR

TRAS.VA.SAR, *v.t.*, transvasar, transbordar.
TRAS.VA.ZA.DO, *adj.*, que se trasvazou.
TRAS.VA.ZAR, *v.t.* e *int.*, desbordar, extravazar, o mesmo que transvazar.
TRAS.VIO, *s.m.*, o mesmo que transvio.
TRA.TA.DIS.TA, *s. 2 gên.*, que compõe, quem escreve tratados.
TRA.TA.DO, *s.m.*, estudo que apresenta os princípios de uma ciência; contrato internacional, quer de comércio ou militar; pacto.
TRA.TA.DOR, *adj.*, quem trata de algo ou de animais.
TRA.TA.MEN.TO, *s.m.*, ação de tratar, maneira de cuidar de alguém doente.
TRA.TAN.TE, *adj.* e *s. 2 gên.*, desleal, infiel, quem não cumpre tratados, acordos.
TRA.TAR, *v.t.* e *pron.*, manipular, cuidar de, prestar assistência a doentes, dar alimento, dar cuidados, discutir, conversar com, purificar.
TRA.TA.TI.VA, *s.f.*, tratado, pacto, trato.
TRA.TÁ.VEL, *adj.*, que se deve tratar, polido, educado, civilizado.
TRA.TE.A.DO, *adj.*, posto a tratos, martirizado.
TRA.TE.A.DOR, *s.m.*, o que dá trato; algoz, carrasco.
TRA.TE.AR, *v.t.*, atormentar, incomodar, afligir.
TRA.TO, *s.m.*, tratamento, cuidado, alimentação, ração; pacto.
TRA.TOR, *s.m.*, veículo motorizado para realizar trabalhos mecânicos nas construções de estradas, na agricultura e outros.
TRA.TO.RI.A, *s.f.*, restaurante especializado em cozinha italiana.
TRA.TO.RIS.TA, *s. 2 gên.*, pessoa que dirige um trator.
TRAU.MA, *s.f.*, sofrimento psíquico, lembrança desagradável.
TRAU.MA.TI.CI.DA.DE, *s.f.*, caráter, qualidade de traumático.
TRAU.MÁ.TI.CO, *adj.*, traumatizante, que causa trauma.
TRAU.MA.TIS.MO, *s.m.*, problema psíquico ou físico de época anterior, choque, sofrimento, mágoa não sanada, estigma.
TRAU.MA.TI.ZA.ÇÃO, *s.f.*, ação ou efeito de traumatizar ou de traumatizar-se.
TRAU.MA.TI.ZA.DO, *adj.*, que se traumatizou; abalado; machucado.
TRAU.MA.TI.ZAN.TE, *adj.*, que traumatiza, que machuca, que estigmatiza.
TRAU.MA.TI.ZAR, *v.t.*, ferir, magoar, estigmatizar, machucar.
TRAU.MA.TO.LO.GI.A, *s.f.*, parte da Medicina que estuda e trata dos ferimentos e contusões.
TRAU.MA.TO.LÓ.GI.CO, *adj.*, que se refere a Traumatologia.
TRAU.MA.TO.LO.GIS.TA, *s. 2 gên.*, Med., médico que se especializou em traumatologia.
TRAU.PÍ.DEOS, *s.m., pl.*, família de aves que contém os gaturamos, a saíra e os sanhaços.
TRAU.TE.AR, *v.t.* e *int.*, cantarolar, fazer soar um canto sem pronunciar as palavras.
TRA.VA, *s.f.*, ação ou efeito de travar, freio de cavalgadura, peça que se põe para segurar portas e janelas.
TRA.VA.ÇÃO, *s.f.*, travamento ou entravamento; travejamento.
TRA.VA.DO, *adj.*, trancado, preso, obstruído.
TRA.VA.DOR, *adj.* e *s.m.*, trançador, estorvador, impedidor.
TRA.VA.DU.RA, *s.f.*, travação; ligação; travamento.
TRA.VA.GEM, *s.f.*, ação ou efeito de travar; travamento.
TRA.VAN.CA, *s.f.*, empecilho, estorvo, impedimento, obstáculo.
TRA.VÃO, *s.m.*, trava, peça usada para parar o movimento de máquinas; segurança em portas.

TRA.VAR, *v.t.* e *pron.*, trancar, colocar trava em; prender, unir, obstruir, sentir gosto adstringente ou semiamargo; segurar.
TRA.VE, *s.m.*, peça de madeira usada na construção dos telhados das casas; armação em que fica o goleiro no jogo de futebol, onde o adversário quer fazer o gol.
TRA.VE.JA.MEN.TO, *s.m.*, conjunto de traves.
TRA.VE.JAR, *v.t.*, colocar traves.
TRA.VÉS, *s.m.*, esguelha, soslaio; *expr.*, de través - de esguelha, de soslaio.
TRA.VES.SA, *s.f.*, ruela que liga duas maiores; recipiente usado para colocar comida à mesa; viga, trave, pente pequeno.
TRA.VES.SÃO, *s.m.*, traço comprido que se usa para intercalar explicações ou destacar diálogos nos textos; sarrafo superior da trave para futebol.
TRA.VES.SAR, *v.t.*, o mesmo que atravessar.
TRA.VES.SEI.RO, *s.m.*, tipo de almofada para recostar a cabeça ao dormir.
TRA.VES.SI.A, *s.f.*, ação ou efeito de atravessar algum lugar, passagem, caminho, caminhada.
TRA.VES.SO, *adj.*, traquinas, peralta, buliçoso, inquieto, barulhento.
TRA.VES.SU.RA, *s.f.*, traquinagem, peraltice, barulho.
TRA.VES.TI, *s. 2 gên.*, pessoa que muda sua condição sexual; ator de teatro, transformista.
TRA.VES.TI.DO, *adj.*, vestido com roupas do sexo oposto; *fig.*, disfarçado para adquirir caráter oposto.
TRA.VES.TI.MEN.TO, *s.m.*, ato ou efeito de travestir.
TRA.VES.TIR, *v.t.* e *pron.*, fantasiar(-se) com roupas do sexo oposto; disfarçar(-se); deturpar, falsificar.
TRA.VES.TIS.MO, *s.m.*, o mesmo que travestimento.
TRA.VO, *s.m.*, travor, gosto amargo, adstringente de fruta, comida ou bebida.
TRA.VOR, *s.m.*, travo, gosto amargo.
TRA.VO.SO, *adj.*, amargoso, que tem gosto amargo, amarguento.
TRA.ZER, *v.t.*, transportar, carregar, conduzir, guiar, levar, ofertar, mostrar.
TRA.ZI.DO, *adj.*, transportado, conduzido, levado, mostrado.
TRE.CEN.TÉ.SI.MO, *num.*, ordinal e fracionário de 300.
TRE.CEN.TIS.TA, *adj. 2 gên.*, relativo ao séc. XIV; diz-se de artista, escritor, etc. que viveu nesse século; *s. 2 gên.*, esse artista, escritor, etc.
TRE.CHO, *s.m.*, excerto, fragmento, pedaço.
TRE.CO, *s.m., pop.*, qualquer coisa, algum objeto sem nome ou sem valor.
TRÊ.FE.GO, *adj.*, travesso, inquieto, irrequieto, peralta.
TRÉ.GUA, *s.f.*, numa luta, intervalo de paz, suspensão da disputa.
TREI.LER, *s.m.*, ing., *trailer*, amostra de um filme com algumas cenas; veículo ligado a um carro e preparado com os confortos de uma casa.
TREI.NA.DO, *adj.*, capacitado, qualificado, preparado.
TREI.NA.DOR, *s.m.*, quem treina, prepara, capacita alguém para uma atividade.
TREI.NA.MEN.TO, *s.m.*, ato de treinar, capacitação.
TREI.NAR, *v.t.* e *int.*, capacitar, preparar, exercitar para um ofício.
TREI.NO, *s.m.*, capacitação, qualificação, exercício.
TRE.JEI.TAR, *v. int.*, macaquear, fazer caretas, fazer esgares.
TRE.JEI.TEAR, *v.t.* e *int.*, o mesmo que trejeitar.

TRE.JEI.TO, *s.m.*, careta, macaquice, gesto cômico, esgar.
TRE.JEI.TO.SO, *adj.*, que faz trejeitos
TRE.LA, *s.f.*, correia para prender o cão de caça; tagarelice, confiança.
TRE.LI.ÇA, *s.f.*, conjunto de ripas e cipós usados para levantar paredes, divisórias em construções.
TREM, *s.m.*, vagões puxados por uma locomotiva, correndo sobre trilhos metálicos; utensílio doméstico de uma casa; bagagem, objetos de modo geral.
TRE.MA, *s.m.*, Gram., sinal formado por dois pontos sobre a semivogal átona u (ü) nas sílabas que / qui e gue / gui até 2012, quando foi abolido da escrita portuguesa.
TRE.ME.DAL, *s.m.*, brejo, pântano, lamaçal.
TRE.ME.DEI.RA, *s.f.*, *pop.*, tremor, situação na qual a pessoa treme muito.
TRE.ME.DOR, *adj.*, que treme.
TRE.ME.LI.CAR, *v. int.*, tremer por um susto.
TRE.ME.LI.CO.SO, *adj.*, trêmulo, que tremelica, hesitante.
TRE.ME.LI.QUES, *s.m., pl.*, nervosismo, tremuras, melindres.
TRE.ME.LU.ZEN.TE, *adj.*, tremulante, que tem luz trêmula.
TRE.ME.LU.ZIR, *v. int.*, luz com brilho fraco e descontínuo.
TRE.MEN.DO, *adj.*, aterrador, apavorante; formidável, extraordinário.
TRE.MEN.TE, *adj. 2 gên.*, que treme; tremedor.
TRE.MER, *v.t. e int.*, arrepiar-se, mexer o corpo todo; luzir, abalar-se.
TRE.MI.DO, *s.m.*, tremor na voz, som vocal com tremor para enfeitar o canto.
TRE.MÍ.VEL, *adj.*, *ant.* trêmulo.
TRE.MO.ÇA.DA, *s.f.*, grande quantidade de tremoços.
TRE.MO.ÇAL, *s.m.*, campo ou plantação de tremoços.
TRE.MO.CEI.RO, *s.m.*, Bot., nome dado a várias plantas do gên. *Lupinus*, da fam. das leguminosas; tremoço.
TRE.MO.ÇO, *s.m.*, grão que se serve como aperitivo.
TRE.MO.NHA, *s.f.*, utensílio de moinho; dorneira; *Ind.*, grande funil por onde passam os grãos; pirâmide oca.
TRE.MOR, *s.m.*, tremedeira, estado do corpo se mexendo todo.
TREM.PE, *s.m.*, armação de ferro com três pés, na qual se fixa a panela que vai ao fogo.
TRE.MU.LA.ÇÃO, *s.f.*, tremor, tremido.
TRE.MU.LAR, *v.t. e int.*, agitar-se com tremor, mexer-se, tremeluzir, brilhar.
TRE.MU.LI.NA, *s.f.*, movimento trêmulo na superfície da água.
TRE.MU.LI.NAR, *v.int.*, manifestar tremulina; tremular.
TRÊ.MU.LO, *adj.*, que treme, indeciso, vacilante, espantado, emocionado.
TRE.MU.LO.SO, *adj.*, o mesmo que trêmulo.
TRE.MU.RA, *s.f.*, tremor, tremedeira.
TRE.NA, *s.f.*, fita usada para medições; peça com medidas impressas.
TRE.NÓ, *s.m.*, veículo para deslizar sobre a neve, puxado por cães ou renas.
TRENS, *s.m., pl.*, trastes, objetos, coisas.
TRE.PA.ÇÃO, *s.f.*, *bras.*, ato de escalar, de subir; *fig.*, crítica; deboche; *ch.*, cópulas.
TRE.PA.DA, *s.f.*, ladeira, encosta; ato ou efeito de trepar; *pop.*, repreensão; *bras.*, *fig.*, cópula.
TRE.PA.DEI.RA, *s.f.*, planta que se desenvolve subindo em paredes ou árvores.
TRE.PA.DOR, *adj. e s.m.*, que, aquele ou aquilo que trepa, que escala; diz-se de ou aquele que fala mal dos outros; *ch.*,

diz-se de ou aquele que pratica ato sexual seguidamente.
TRE.PA.NA.ÇÃO, *s.f.*, Med., ato ou efeito de trepanar; trépano.
TRE.PA.NA.DO, *adj.*, Med., que sofreu trepanação.
TRE.PA.NA.DOR, *s.m.*, Med., cirurgião que pratica a trepanação.
TRE.PA.NAR, *v.t. e int.*, perfurar com o trépano.
TRÉ.PA.NO, *s.m.*, instrumento cirúrgico com que se furam ossos.
TRE.PAN.TE, *adj.*, que trepa, Heráld., diz-se do animal que no escudo mostra-se trepando.
TRE.PAR, *v.t. e int.*, subir, alçar-se, subir, agarrar-se com as mãos; *bras.*, *fig.*, difamar; *ch.*, copular.
TRE.PAS.SE, *s.m.*, traspasse.
TRE.PI.DA.ÇÃO, *s.f.*, movimento vibratório nos veículos ou em outros ambientes.
TRE.PI.DA.DO, *adj.*, tremido, agitado, vibrado.
TRE.PI.DA.DOR, *adj. e s.m.*, vibrador, tremedor, agitador.
TRE.PI.DAN.TE, *adj.*, que trepida, vibrante.
TRE.PI.DAR, *v. int.*, vibrar, causar tremor, agitar.
TRE.PI.DEZ, *s.f.*, qualidade ou condição do que é trépido; temor; medo.
TRÉ.PI.DO, *adj.*, trêmulo por susto, sobressaltado.
TRÉ.PLI.CA, *s.f.*, resposta a uma réplica, discurso-resposta.
TRE.PLI.CAR, *v.t. e int.*, responder, retrucar.
TRE.PO.NE.MA, *s.m.*, micro-organismo causador de doenças como a sífilis.
TRÊS, *num.*, número 3.
TRE.SAN.DAR, *v.t.*, desandar, regredir, voltar; cheirar mal.
TRES.BOR.DAN.TE, *adj.*, o mesmo que transbordante.
TRES.BOR.DAR, *v.t. e int.*, o mesmo que transbordar.
TRES.CA.LAR, *v. int.*, cheirar mal, exalar cheiro forte.
TRES.DO.BRAR, *v.t. e int.*, dobrar três vezes, aumentar por três.
TRES.DO.BRO, *s.m.*, três vezes o dobro.
TRES.LER, *v.t. e int.*, ler mal, ler às avessas, endoidar.
TRES.LOU.CA.DO, *adj.*, louco, doido, desvairado, maluco.
TRES.LOU.CAR, *v.t. e int.*, desvairar, endoidar, endoidecer.
TRES.MA.LHA.DO, *adj.*, dispersado, abandonado, fugido.
TRES.MA.LHAR, *v.t. e int.*, dispersar, perder-se do rebanho, abandonar o grupo, fugir.
TRES.NOI.TA.DO, *adj.*, que não dormiu, que passou noites sem dormir.
TRES.NOI.TAR, *v.t. e int.*, perder o sono, não dormir durante a noite.
TRES.PAS.SA.DO, *adj.*, o mesmo que transpassado.
TRES.PAS.SA.DOR, *adj. e s.m.*, que ou o que trespassa; traspassador.
TRES.PAS.SAR, *v.t., int. e pron.*, traspassar, atravessar.
TRES.PAS.SÁ.VEL, *adj.*, que se pode trespassar.
TRES.PAS.SE, *s.m.*, ação de trespassar.
TRES.VA.RI.A.DO, *adj. e s.m.*, que ou aquele que tresvariou.
TRES.VA.RI.AR, *v.t. e int.*, desvairar, enlouquecer.
TRES.VA.RI.O, *s.m.*, loucura, doidice, endoidamento, desvario.
TRE.TA, *s.f.*, manha, astúcia, encrenca, disputa.
TRE.TAR, *v. int.*, praticar tretas, usar de manhas, encrencas.
TRE.TE.AR, *v.int.*, usar de tretas para negociar, trapacear.
TRE.VAS, *s.f., pl.*, escuridão total, noite, negridão; *fig.*, ignorância, abandono.
TRE.VO, *s.m.*, rotatória, encruzilhada de rodovias ou ruas; tipo de planta.
TRE.VO.SO, *adj.*, que tem trevas; tenebroso.

TRE.ZE, *num.*, algarismo representado pelo número 13.
TRE.ZE.NA, *s.f.*, o grupo de treze dias, treze momentos.
TRE.ZEN.TIS.TA, *adj.* e *s.m*, o mesmo que trecentista.
TRE.ZEN.TOS, *num.*, cardinal de 300.
TRÍ.A.DA, *s.f.*, o mesmo que tríade.
TRÍ.A.DE, *s.f.*, trindade, grupo de três pessoas ou coisas.
TRI.A.GEM, *s.f.*, seleção, vistoria, escolha, busca dos melhores.
TRI.AN.GU.LA.ÇÃO, *s.f.*, divisão por meio de triângulos; situação compreendida por um triângulo.
TRI.AN.GU.LA.DO, *adj.*, que tem forma de triângulo, dividido em triângulos.
TRI.AN.GU.LA.DOR, *adj.* e *s.m.*, quem administra uma triangulação de negócios.
TRI.AN.GU.LAR, *adj.*, com forma de triângulo; *v.t.*, dividir em triângulos, fazer uma triangulação.
TRI.AN.GU.LA.RI.DA.DE, *s.f.*, qualidade, caráter, estado de triangular.
TRI.ÂN.GU.LO, *s.m.*, figura geométrica com três lados e três ângulos; instrumento de percussão.
TRI.AR.CA, *s.m.*, cada um dos integrantes de uma triarquia.
TRI.AR.QUI.A, *s.f.*, governo de três indivíduos; triunvirato.
TRI.ÁS.SI.CO, *adj.* e *s.m.*, Geol., diz-se de, ou o período da era mesozoica (dominada pelos sáurios).
TRI.A.TLE.TA, *s. 2 gên.*, Esp., atleta que pratica o triatlo.
TRI.A.TLO, *s.m.*, disputa esportiva que se compõe de três provas atléticas: natação, corrida de fundo e ciclismo, sendo que a disputa prossegue com as três até o final; var., triátlon.
TRI.BAL, *adj.*, próprio da tribo, restrito, particular de um grupo.
TRI.BA.LI.DA.DE, *s.f.*, qualidade ou característica do que é tribal.
TRI.BA.LIS.MO, *s.m.*, conjunto de características de vida tribais; organização das sociedades tribais.
TRI.BO, *s.f.*, grupo de famílias ligadas a um chefe comum.
TRI.BO.FE, *s.m.*, conchavo, trapaça em qualquer jogo, fraude praticada por jogadores.
TRI.BO.ME.TRI.A, *s.f.*, medição do atrito dos corpos.
TRI.BÔ.METRO, *s.m.*, instrumento que mede a força do atrito.
TRI.BU.LA.ÇÃO, *s.f.*, sofrimento, desgraça, aflição.
TRI.BU.LAR, *v.t., int.* e *pron., ant.*, o mesmo que atribular.
TRI.BU.NA, *s.f.*, móvel para o orador falar do alto e atingir os ouvintes; lugar de destaque em arquibancadas; ponto de luta.
TRI.BU.NAL, *s.m.*, instância superior da Justiça, que funciona nas capitais dos Estados; lugar de julgamento.
TRI.BU.NA.LI.ZAR, *v.t.*, repassar para tribunais.
TRI.BU.NO, *s.m.*, bom orador, pessoa que fala muito bem.
TRI.BU.TA.ÇÃO, *s.f.*, ação ou efeito de tributar(-se); taxação.
TRI.BU.TA.DO, *adj.*, tarifado, que tem de pagar impostos.
TRI.BU.TA.DOR, *adj.* e *s.m.*, que ou aquele que tributa, impõe tributos.
TRI.BU.TAL, *adj.*, relativo a tributos; onerado com tributo ou pensão.
TRI.BU.TAN.DO, *adj.*, que deve ser tributado.
TRI.BU.TAN.TE, *adj. 2 gên.*, que tributa; que pode tributar.
TRI.BU.TAR, *v.t.* e *pron.*, cobrar tributos, exigir impostos; reverenciar, honrar.
TRI.BU.TA.RIS.TA, *adj. 2 gên.* e *s. 2 gên.*, diz-se de, ou o advogado especialista em direito tributário.
TRI.BU.TÁ.RIO, *adj.*, próprio do tributo; rio afluente.
TRI.BU.TIS.TA, *adj.* e *s.m.*, que tributa, impõe tributo.
TRI.BU.TO, *s.m.*, parcela do patrimônio que as pessoas entregam ao Estado em virtude de lei; pagamento que um Estado faz ao outro; *fig.*, homenagem.
TRI.CA, *s.f.*, intriga, mexerico, bagatela, tramoia.
TRI.CAM.PE.ÃO, *s.m.*, pessoa ou entidade que conquista três vezes o campeonato.
TRI.CAM.PEO.NA.TO, *s.m.*, a conquista de três campeonatos seguidos.
TRI.CE.FA.LI.A, *s.f.*, monstruosidade dos tricéfalos.
TRI.CÉ.FA.LO, *adj.* e *s.m.*, diz-se de, ou o monstro que tem três cabeças.
TRI.CE.NAL, *adj.*, que dura trinta anos.
TRI.CEN.TE.NÁ.RIO, *adj.*, com trezentos anos; *s.m.*, festa de trezentos anos.
TRI.CEN.TÉ.SI.MO, *num.* e *s.m.*, trecentésimo.
TRÍ.CEPS, *adj. 2 gên., 2 n.* e *s.m. 2 n.*, ver tricípite.
TRI.CI.CLO, *s.m.*, veículo com três rodas, velocípede.
TRI.CI.PI.TAL, *adj.*, Anat., relativo ao osso tricípite.
TRI.CÍ.PI.TE, *adj. 2 gên.*, que tem três cabeças; diz-se de músculo com três feixes de fibras numa extremidade; tricéfalo; *s.m. 2 n.*, esse músculo.
TRI.CÔ, *s.m.*, habilidade de confeccionar objetos com agulhas e fios entrelaçados.
TRI.COI.DE, *adj.*, que se parece com cabelo.
TRI.CO.LI.NA, *s.f.*, tricolore, tecido fino de algodão.
TRI.CO.LI.NE, *s.f.*, o mesmo que tricolina.
TRI.CO.LO.GI.A, *s.f.*, dissertação sobre pelos ou cabelos.
TRI.CO.LOR, *adj.*, que possui três cores.
TRI.COR.NE, *adj.*, que tem três cornos, bicos ou pontas.
TRI.CÓR.NIO, *s.m.*, chapéu com três bicos.
TRI.CO.TAR, *v. int.*, praticar o tricô.
TRI.CRO.MÁ.TI.CO, *adj.*, que emprega três cores.
TRI.CRO.MI.A, *s.f.*, processo gráfico que reproduz as cores a partir das três cores básicas (vermelho, azul e amarelo); estampa obtida com esse processo.
TRI.CÚS.PI.DE, *adj.*, com três pontas.
TRI.DÁ.TI.LO, *adj.*, que tem três dedos.
TRI.DEN.TA.DO, *adj.*, Bot., que tem três dentes ou divisões em forma de dentes.
TRI.DEN.TE, *s.m.*, qualquer objeto com três dentes.
TRI.DEN.TI.NO, *adj.* e *s.m.*, natural, referente ou habitante de Trento, cidade do Norte da Itália.
TRI.DI.GI.TA.DO, *adj.*, o mesmo que tridáctilo.
TRI.DI.MEN.SI.O.NAL, *adj.*, com as três dimensões: altura, largura e comprimento.
TRÍ.DUO, *s.m.*, período de três dias seguidos; preparação para uma festa durante três dias.
TRI.E.DRO, *s.m.*, figura feita com três planos.
TRI.E.NAL, *adj.*, que ocorre a cada três anos.
TRI.Ê.NIO, *s.m.*, período de três anos; governo com duração de três anos.
TRI.FÁ.SI.CO, *adj.*, corrente elétrica que funciona com três fases.
TRÍ.FI.DO, *adj.*, que tem três partes; dividido em três partes; trigêmino.
TRI.FO.LI.A.DO, *adj.*, com três folhas.
TRI.FÓ.LIO, *s.m.*, trevo, adorno com forma de trevo.
TRI.FOR.ME, *adj.*, que tem três formas.
TRI.FUR.CA.ÇÃO, *s.f.*, divisão em três partes ou três direções.
TRI.FUR.CA.DO, *adj.*, que está dividido em três direções.
TRI.FUR.CAR, *v.t.* e *pron.*, dividir em três direções.
TRI.GAL, *s.m.*, plantação de trigo.

TRI.GA.MI.A, *s.f.*, casamento de uma pessoa com três outras, simultaneamente; condição de trígamo.
TRÍ.GA.MO, *adj. e s.m.*, diz-se do ou o indivíduo que pratica a trigamia.
TRI.GÊ.MEO, *s.m.*, três pessoas nascidas de um único parto.
TRI.GÉ.SI.MO, *num.*, ordinal de 30.
TRI.GLO.TA, *adj.*, escrito ou falado em três idiomas.
TRI.GO, *s.m.*, vegetal da família das gramíneas; grão dessa planta.
TRI.GO.NAL, *adj.*, triangular.
TRI.GO.NO.ME.TRI.A, *s.f.*, parte da Matemática que estuda funções circulares e resoluções ligadas aos triângulos.
TRI.GO.NO.MÉ.TRI.CO, *adj.*, próprio da trigonometria.
TRI.GRA.MA, *s.f.*, palavra de três letras; sinal composto de três caracteres.
TRI.GUEI.RO, *adj.*, da cor do trigo, pronto para a colheita; moreno, bronzeado.
TRI.LAR, *v.t. e int.*, apitar, gorjear, cantar das aves.
TRI.LA.TE.RAL, *adj.*, com três lados.
TRI.LÁ.TE.RO, *adj.*, que tem três lados.
TRI.LHA, *s.f.*, picada, senda, vestígios, pegadas, vereda, estrada, caminho.
TRI.LHA.DO, *adj.*, percorrido, caminhado, locomovido.
TRI.LHA.DOR, *adj. e s.m.*, caminhante, sendeiro, mateiro.
TRI.LHA.DO.RA, *s.f.*, bras., o mesmo que trilhadeira.
TRI.LHA.DU.RA, *s.f.*, ato ou efeito de trilhar.
TRI.LHA.MEN.TO, *s.m.*, caminho, trilha, senda, picada.
TRI.LHÃO, *s.m.*, mil bilhões.
TRI.LHAR, *v.t.*, percorrer, ir, caminhar, locomover-se.
TRI.LHEI.RO, *s.m.*, bras., o mesmo que trilha (caminho, vereda, senda entre a vegetação).
TRI.LHO, *s.m.*, caminho construído por barras de ferro paralelas, sobre as quais deslizam os trens; caminho estreito, picada; normas.
TRI.LÍN.GUE, *adj., s. 2 gên.*, que(m) se expressa em três línguas.
TRI.LI.TE.RAL, *adj.*, o mesmo que trilítero.
TRI.LI.TE.RA.LIS.MO, *s.m.*, Filol., qualidade, caráter das línguas triliterais.
TRI.LÍ.TE.RO, *adj.*, que é composto de três letras; diz-se da língua cujas palavras contêm três consoantes, como sucede nas semíticas.
TRI.LO, *s.m.*, gorjeio, trinado; Mús., articulação rápida e alternada de duas notas musicais que distam um tom ou meio-tom entre si.
TRI.LO.BA.DO, *adj.*, que apresenta três lóbulos.
TRI.LO.GI.A, *s.f.*, conjunto composto de três partes.
TRI.MEM.BRE, *adj.*, dizia-se, na métrica greco-latina, da cesura quando cai no terceiro meio-pé.
TRI.MEN.SAL, *adj.*, que ocorre três vezes por mês.
TRÍ.ME.RO, *adj.*, que possui três divisões; *s.m.*, Quím., composto formado pela união de três moléculas da mesma espécie.
TRI.MES.TRAL, *adj.*, que dura três meses.
TRI.MES.TRA.LI.DA.DE, *s.f.*, fato que ocorre em cada três meses, período de três meses.
TRI.MES.TRA.LI.ZAR, *v.t.*, fixar (cobrança ou compromissos) num período trimestral.
TRI.MES.TRE, *s.m.*, intervalo de tempo com três meses.
TRI.MÉ.TRI.CO, *adj.*, que se refere a três medidas diferentes.
TRI.MOR.FI.A, *s.f.*, o mesmo que trimorfismo.

TRI.MOR.FIS.MO, *s.m.*, Miner., estado ou qualidade de trimorfo.
TRI.MOR.FO, *adj.*, Miner., diz-se de uma substância que se cristaliza de três formas diversas.
TRI.MO.TOR, *s.m.*, aeronave com três motores.
TRI.MÚR.TI, *s.f.*, a trindade indiana, constituída de Brama, Vixnu e Xiva, que simbolizam as três faces da Natureza.
TRI.NA.CI.O.NAL, *adj. 2 gên.*, relativo a três nações; que se realiza entre três nações.
TRI.NA.DO, *s.m.*, canto de pássaro, gorjeio, pipio.
TRI.NAR, *v.t e int.*, cantar das aves, gorjear, pipilar, assobiar.
TRIN.CA, *s.f.*, fenda, rachadura, quebradura; conjunto de três coisas parecidas; três cartas de baralho que se combinam.
TRIN.CA.DO, *adj.*, rachado, fendido, cortado.
TRIN.CA.DU.RA, *s.f.*, rachadura.
TRIN.CA.FI.A.DO, *adj.*, preso, encarcerado, aprisionado.
TRIN.CA.FI.AR, *v.t.*, prender, aprisionar, amarrar.
TRIN.CA.FI.O, *s.m.*, linha de sapateiro; Náut., cabo para amarrar; *fig.*, astúcia.
TRIN.CA.MEN.TO, *s.m.*, ato ou efeito de trincar.
TRIN.CAR, *v.t., int. e pron.*, rachar, fender, cortar com os dentes.
TRIN.CÁ.VEL, *adj., fam.*, que se pode trincar ou comer.
TRIN.CHA, *s.f.*, posta, pedaço; pincel; ferramenta para arrancar pregos.
TRIN.CHA.DO, *adj.*, cortado, despedaçado.
TRIN.CHA.DOR, *adj. e s.m.*, que(m) trincha, cortador, despedaçador.
TRIN.CHAN.TE, *adj.*, que trincha, que corta; *s.f.*, faca grande para cortar.
TRIN.CHAR, *v.t e int.*, cortar em pedaços, em postas.
TRIN.CHEI.RA, *s.f.*, valo cavado na terra para os soldados se protegerem; *fig.*, abrigo contra os inimigos.
TRIN.CHO, *s.m.*, jeito de trinchar; utensílio sobre o qual se trincham carnes.
TRIN.CO, *s.m.*, tranca para travar, fechar janelas e portas.
TRIN.DA.DE, *s.f.*, reunião de três pessoas em uma unidade; grupo de três.
TRI.NE.TO, *s.m.*, filho de bisneto ou bisneta.
TRI.NI.TRA.DO, *adj.*, Quím., diz-se do composto em cuja molécula há três radicais nitro.
TRI.NI.TRI.NA, *s.f.*, explosivo, o mesmo que nitroglicerina.
TRI.NO, *adj.*, formado por três; *s.m.*, canto de pássaro, trinado.
TRI.NÔ.MIO, *s.m.*, expressão que contém três termos ou três valores.
TRIN.QUE, *s.m.*, elegância, apuro; *expr.*, andar nos trinques - estar muito bem vestido, elegante.
TRIN.TA, *num.*, cardinal 30.
TRIN.TÃO, *adj. e s.m.*, trintenário, com trinta anos.
TRIN.TE.NA, *s.f.*, conjunto de trinta unidades.
TRIN.TE.NÁ.RIO, *adj. e s.m.*, com trinta anos, trintão.
TRI.O, *s.m.*, conjunto de três pessoas ou instrumentos musicais; terno.
TRI.PA, *s.f.*, intestino.
TRI.PA.NOS.SO.MÍ.A.SE, *s.f.*, Pat., doença causada por protozoários do gên. *Trypanossoma*.
TRI.PA.NOS.SO.MO, *s.m.*, Zool., gênero de protozoários, parasitas do sangue, e agentes de várias doenças graves.
TRI.PAR.TI.ÇÃO, *s.f.*, divisão em três partes.
TRI.PAR.TI.DO, *adj.*, dividido em três partes.
TRI.PAR.TIR, *v.t. e pron.*, dividir em três partes.
TRI.PAR.TI.TE, *adj. 2 gên.*, que se tripartiu ou que está

TRIPÉ

dividido em três partes.
TRI.PÉ, *s.m.*, suporte com três pés sobre o qual se firma algo (telescópio, máquina fotográfica, etc.).
TRI.PE.ÇA, *s.f.*, banco com três pés; ofício de sapateiro; reunião de três pessoas.
TRI.PEI.RO, *s.m.*, vendedor de tripas, aquele que se alimenta de tripas.
TRI.PÉ.TA.LO, *adj.*, que tem três pétalas.
TRI.PLA.NO, *s.m.*, aeroplano *ant.* com três asas superpostas.
TRI.PLEX, *s.m.*, apartamento construído em três andares.
TRI.PLI.CA.ÇÃO, *s.f.*, aumento, multiplicação por três.
TRI.PLI.CA.DO, *adj.*, multiplicado por três.
TRI.PLI.CAR, *v.t., int.* e *pron.*, multiplicar por três, aumentar, acrescer.
TRI.PLI.CA.TA, *s.f.*, terceira cópia, terceira nota de cobrança.
TRÍ.PLI.CE, *num.*, triplo, *adj.*, formado de três coisas.
TRI.PLO, *num.*, três vezes maior, tríplice.
TRÍ.PO.DE, *adj.*, que tem três pés.
TRIP.SI.NA, *s.f.*, Bioq., enzima produzida pelo pâncreas.
TRÍP.TI.CO, *s.m.*, pintura que envolve três tábuas ou panos, em que duas partes laterais podem se dobrar sobre a do meio; livro de três folhas; composição musical dividida em três partes.
TRI.PU.DI.A.DO, *adj.*, humilhado, rebaixado, vangloriado.
TRI.PU.DI.AN.TE, *adj. 2 gên.* e *s. 2 gên.*, que ou aquele que tripudia.
TRI.PU.DI.AR, *v.t.* e *int.*, humilhar, rebaixar alguém; vangloriar-se da vitória.
TRI.PÚ.DIO, *s.m.* ato ou efeito de tripudiar; humilhação; dança sapateada.
TRI.PU.LA.ÇÃO, *s.f.*, o grupo de pessoas que trabalham em navio ou avião.
TRI.PU.LA.DO, *adj.*, que está provido de tripulação.
TRI.PU.LAN.TE, *s. 2 gên.*, membro da tripulação.
TRI.PU.LAR, *v.t.*, colocar tripulação em, dirigir uma nave ou navio; governar.
TRI.QUÍ.A.SE, *s.f.*, Med., doença que consiste na inversão dos cabelos das pestanas; falangose.
TRI.QUI.NA, *s.f.*, Zool., verme nematódeo (*Trichinella spiralis*) que infecta o intestino de mamíferos, inclusive o homem.
TRI.QUI.NO.SE, *s.f.*, Pat., infecção causada por triquinas que se encontram na carne; triquiníase.
TRI.SA.NU.AL, *adj.*, que dura três anos; que ocorre a cada três anos.
TRI.SA.VÓ, *s.f.*, mãe do bisavô ou da bisavó.
TRI.SA.VÔ, *s.m.*, pai do bisavô ou bisavó.
TRIS.CAR, *v.int.*, brigar, discutir; fazer fogo com pederneira.
TRIS.MO, *s.m.*, Med., contração involuntária que impede a abertura da boca, sintoma do tétano.
TRIS.NE.TO, *s.m.*, filho dos bisnetos.
TRIS.SE.ÇÃO, *s.f.*, trissecção, divisão de um todo em três partes iguais.
TRIS.SE.CAR, *v.t.*, dividir em três partes iguais.
TRIS.SI.LÁ.BI.CO, *adj.*, com três sílabas, trissílabo.
TRIS.SÍ.LA.BO, *adj.*, trissilábico; *s.m.*, palavra com três sílabas.
TRIS.SO, *s.m.*, ato de trissar; canto da andorinha.
TRIS.SUL.CO, *adj.*, que tem três sulcos, canais, fendas ou pontas; trífido.
TRIS.TE, *adj.*, sem alegria, tristonho, acabrunhado, magoado, deprimido, mesquinho.
TRIS.TE.ZA, *s.f.*, mágoa, depressão, falta de alegria, infelicidade.
TRIS.TO.NHO, *adj.*, triste, acabrunhado, taciturno, infeliz.
TRI.TÃO, *s.m.*, animal da família das salamandras.
TRI.TI.CUL.TOR, *s.m.*, plantador, cultivador de trigo.
TRI.TI.CUL.TU.RA, *s.f.*, cultivo do trigo, lavoura de trigo.
TRI.TON.GO, *s.m.*, grupo de uma vogal e duas semivogais em uma única sílaba.
TRI.TU.RA, *s.f.*, trituração, ação ou efeito de triturar, esmagamento.
TRI.TU.RA.ÇÃO, *s.f.*, ato de triturar, esmagamento, moagem.
TRI.TU.RA.DO, *adj.*, esmagado, moído.
TRI.TU.RA.DOR, *adj.* e *s.m.*, que tritura; máquina para moer grãos, carnes.
TRI.TU.RA.MEN.TO, *s.m.*, o mesmo que trituração.
TRI.TU.RAN.TE, *adj. 2 gên.*, que tritura.
TRI.TU.RAR, *v.t.*, moer, reduzir a pó, esmagar.
TRI.TU.RÁ.VEL, *adj.*, que pode ser triturado.
TRI.UN.FA.DO, *adj.*, de que se triunfou, sobre o que se obteve triunfo.
TRI.UN.FA.DOR, *adj.* e *s.m.*, quem triunfa, vencedor, conquistador.
TRI.UN.FAL, *adj.*, que traduz triunfo, glorioso, vitorioso.
TRI.UN.FA.LI.DA.DE, *s.f.*, qualidade ou característica do que é triunfal.
TRI.UN.FA.LIS.MO, *s.m.*, sentimento exagerado de triunfo, de vitória.
TRI.UN.FAN.TE, *adj.*, triunfal, vitorioso, glorioso, alegre, feliz.
TRI.UN.FAR, *v. int.* e *pron.*, conquistar o triunfo, vencer, derrotar o adversário.
TRI.UN.FO, *s.m.*, vitória, sucesso, glória, superioridade.
TRI.UN.VI.RAL, *adj. 2 gên.*, relativo a triúnviro ou a triunvirato.
TRI.UN.VI.RA.TO, *s.m.*, governo gerido por três triúnviros; governo de três, comum na antiga Roma.
TRI.ÚN.VI.RO, *s.m.*, membro de qualquer triunvirato.
TRI.VA.LÊN.CIA, *s.f.*, qualidade do que é trivalente.
TRI.VA.LEN.TE, *adj.*, que detém três valências.
TRÍ.VIA, *s.f.*, brincadeira que se compõe de muitas perguntas sobre temas vários.
TRI.VI.AL, *adj.*, comum, ordinário, vulgar, diário, quotidiano.
TRI.VI.A.LI.DA.DE, *s.f.*, vulgaridade, banalidade.
TRIZ, *expr.*, por um triz - por pouco, por nada.
TRO.A.DA, *s.f.*, estrondo, trovão, ação ou efeito de troar.
TRO.AN.TE, *adj.*, que troa, atroador.
TRO.AR, *v. int.*, estrondear, retumbar, ressoar, trovejar.
TRO.CA, *s.f.*, permuta, escambo, permuta de uma coisa por outra.
TRO.ÇA, *s.f.*, *pop.*, zombaria, pilhéria.
TRO.CA.DI.LHAR, *v.int.*, fazer trocadilho(s).
TRO.CA.DI.LHIS.TA, *s. 2 gên.*, pessoa dada a fazer trocadilhos.
TRO.CA.DI.LHO, *s.m.*, jogo de palavras com sons parecidos, para provocar sentidos bem diversos.
TRO.CA.DO, *adj.*, mudado, permutado, substituído, alterado.
TRO.CA.DOR, *s.m.*, quem troca, cobrador.
TRO.CA.DOS, *s.m., pl.*, moedas, dinheiro miúdo, coisa de pouco valor.
TRO.ÇAN.TE, *adj.*, que troça; trocador, trocista.
TRO.CAR, *v.t.* e *pron.*, permutar, entregar uma coisa por outra, substituir.
TRO.ÇAR, *v.t.*, zombar, ridicularizar, fazer pouco de.
TRO.CÁ.VEL, *adj.*, permutável, substituível, que se pode trocar.
TRO.CIS.TA, *s. 2 gên.*, quem zomba, quem troça, pessoa

TROCISTA

espirituosa e sarcástica.
TRO.CO, s.m., o resto de uma nota maior em compras, restituição do que se pagou a mais; *fig.*, resposta; vingança, devolução de uma ofensa.
TRO.ÇO (Ó), s.m., pop., treco, qualquer coisa.
TRO.ÇO (Ó), s.m., pedaço de madeira, o corpo principal das tropas, grupo.
TRO.FÉU, s.m., objeto dado como confirmação de uma vitória; taça.
TRÓ.FI.CO, adj., relativo a nutrição; que é próprio de alimento ou de alimentação.
TRO.FIS.MO, s.m., Biol., nutrição fundamental que compreende trocas metabólicas dos tecidos.
TRO.GLO.DI.TA, adj. e s. 2 gên., pessoa da pré-história, habitante das cavernas; *fig.*, indivíduo bronco, incivilizado, dinossauro.
TRO.GLO.DÍ.TI.CO, adj., reativo a, ou próprio de troglodita.
TROI.A.NO, adj. e s.m., próprio ou habitante de Troia.
TRO.LE, s.m., carruagem antiga para levar pessoas e cargas.
TRÓ.LE.BUS, s.m., ônibus elétrico.
TRO.LHA, s.f., pá, ferramenta do pedreiro para alisar a argamassa; servente de pedreiro; *fig.*, tipo safado, alguém incompetente e reles.
TROM, s.m., ruído de trovão, barulho de trovões, tiros.
TROM.BA, s.f., prolongamento do nariz de certos animais, órgão de alguns insetos; *fig.*, cara feia, carranca.
TROM.BA.DA, s.f., golpe com a tromba, colisão, choque, batida de carros.
TROM.BA-D'Á.GUA, s.f., grande quantidade de chuva forte, temporal.
TROM.BA.DI.NHA, s. 2 gên., pop., criança ou adolescente que pratica pequenos assaltos; adolescente perigoso, pivete.
TROM.BAR, v.t. e int., colidir, bater de frente em.
TROM.BE.TA, s.f., instrumento de sopro.
TROM.BE.TE.AR, v.t. e int., tocar trombeta, dizer para todos, espalhar uma notícia.
TROM.BE.TEI.RO, s.m., tocador de trombeta; pop., fofoqueiro.
TROM.BO, s.m., Med., coágulo de sangue que produz a trombose.
TROM.BO.NE, s.m., instrumento de sopro, usado nas bandas e nas orquestras; *fig.*, amuo.
TROM.BO.SE, s.f., formação de coágulos dentro da circulação sanguínea.
TROM.BU.DO, adj., com tromba; *fig.*, de cara amarrada, taciturno.
TROM.PA, s.f., instrumento de sopro mais forte que a trombeta; diversos órgãos do corpo humano, como as Trompas de Falópio.
TROM.PA.ÇO, s.m., empurrão, sacudida, tapa, boletão.
TROM.PA.DA, s.f., bras., S., o mesmo que trompaço.
TROM.PAR, v.t. bras., RS, tropeçar em, esbarrar, trompear.
TROM.PE.TE, s.m., tipo de trompa com pistões; s.m., pessoa que toca esse instrumento.
TROM.PIS.TA, s. 2 gên., tocador de trompete.
TRO.NAR, v. int., trovejar, ribombar.
TRON.CHO, adj., mutilado, que não tem um membro; talo de couve; torto.
TRON.CHU.DO, adj., que tem talos fortes e grandes.
TRON.CO, s.m., a parte da árvore da raiz aos galhos; o lenho, a parte central do corpo humano; a parte principal do tronco; estirpe, estrada principal.

TRON.CU.DO, adj., que tem um tronco forte.
TRO.NE.AR, v.int., o mesmo que tronar.
TRO.NE.JAR, v. int., trovejar, tronear, alçar-se.
TRO.NO, s.m., cadeira para assento dos reis; poltrona; *fig.*, poder, realeza.
TRO.PA, s.f., conjunto de soldados; grupo de pessoas, caravana; bando de animais; *fig.*, bando de desordeiros, grupo de arruaceiros.
TRO.PA DE CHO.QUE, s.f., grupo de policiais com qualificação especial para enfrentar rixas, arruaças, grevistas e outros problemas com a paz pública; *fig.*, grupo que enfrenta um problema.
TRO.PE.AR, v. int., levar uma tropa de gado, provocar tropel.
TRO.PE.ÇÃO, s.m., tropeço, colisão com um obstáculo, queda, caída.
TRO.PE.ÇAR, v.t. e int., bater com o pé, sem querer, em um obstáculo; *fig.*, cair.
TRO.PE.ÇO, s.m., tropeção, queda, caída; *fig.*, dificuldade.
TRÓ.PE.GO, adj., que anda com dificuldade, que se arrasta.
TRO.PEI.RA.DA, s.f., grupo de tropeiros.
TRO.PEI.RO, s.m., condutor de uma tropa de gado.
TRO.PEL, s.m., ruído provocado pelos cascos de cavalgaduras, confusão, desordem, balbúrdia.
TRO.PE.LI.A, s.f., barulho, confusão, balbúrdia.
TRO.PI.CAL, adj. e s.m., próprio dos trópicos, de clima quente, muito quente.
TRO.PI.CA.LIS.MO, s.m., qualidade dos trópicos, situação verificada nos trópicos.
TRO.PI.CÃO, s.m., tropeço, tropeçamento.
TRO.PI.CAR, v. int., tropeçar várias vezes, tropeçar com frequência.
TRÓ.PI.CO, s.m., duas linhas imaginárias que dividem o globo terrestre nos dois trópicos; essas regiões.
TRO.PI.LHA, s.f., tropa de cavalos, pequena tropa.
TRO.PIS.MO, s.m., de modo artificial, obrigar uma planta a assumir uma posição em virtude do sol ou outros fatores externos.
TRO.PO, s.m., uso de palavra em seu sentido figurado, conotação.
TRO.PO.LO.GI.A, s.f., a arte de usar palavras em sentido figurado.
TRO.PO.LÓ.GI.CO, adj., relativo a tropologia; diz-se de sentido não literal da palavra, sentido figurado.
TRO.POS.FE.RA, s.f., camada de atmosfera mais próxima da superfície terrestre, com uns 10 km de altura.
TRO.TA.DOR, adj., diz-se do equídeo que trota; trotão; s.m., raça de cavalo caracterizada pelo seu trote; troteador.
TRO.TAR, v. int., trotear, andar a trote com o cavalo.
TRO.TE, s.m., modo de andar de cavalgaduras; *fig.*, zombaria; brincadeira de estudante.
TRO.TE.A.DA, s.f., ação ou efeito de trotear, andada a trote.
TRO.TE.A.DOR, adj. e s.m., que(m) troteia, quem anda a trote.
TRO.TE.AR, v.t. e int., o mesmo que trotar.
TROU.XA, s.f., porção de roupas enroladas; pessoa imbecil.
TRO.VA, s.f., canção, conjunto de quatro versos, poemas.
TRO.VA.DOR, s.m., quem produz trovas, poeta, antigo poeta e cantor na Idade Média.
TRO.VA.DO.RES.CO, adj., que se refere ao trovadorismo, movimento poético medieval.
TRO.VÃO, s.m., estrondo produzido pelos raios, som forte.
TRO.VAR, v.t. e int., compor versos, fazer trovas.

TRO.VE.JAR, *v.t.* e *int.*, estrondear, ribombar, bradar, bramir, berrar.
TRO.VE.JO, *s.m., bras.*, ato de trovejar; trovão; *fig.*, altercação violenta, sonora.
TRO.VIS.CA.DA, *s.f.*, trovisco pisado que se deita ao rio para matar peixe.
TRO.VIS.CAL, *s.m.*, campo onde há muitos troviscos; plantação de troviscos.
TRO.VIS.CO, *s.m.*, ação de troviscar; trovoada.
TRO.VO.A.DA, *s.f.*, temporal, vendaval, muitos trovões e chuva forte.
TRO.VO.AR, *v.t.* e *int.*, trovejar, estrondear.
TRU.A.NI.CE, *s.f.*, truísmo, palhaçada.
TRU.ÃO, *adj.*, bobo, tolo, palhaço.
TRU.CA.DA, *s.f.*, jogada de baralho no truco, lance para ganhar o jogo.
TRU.CAR, *v. int.*, manha no jogo do truco; nas filmagens, truque para disfarçar uma cena, uma realidade.
TRU.CI.DA.ÇÃO, *s.f.*, ato ou efeito de trucidar.
TRU.CI.DA.DO, *adj.*, assassinado, morto.
TRU.CI.DAR, *v.t.*, provocar uma carnificina, assassinar com crueldade.
TRU.CO, *s.m.*, truque, disfarce; jogo com baralho.
TRU.CU.LÊN.CIA, *s.f.*, crueldade, perversidade, maldade, ferocidade.
TRU.CU.LEN.TO, *adj.*, feroz, cruel, desumano, carniceiro.
TRU.FA, *s.f.*, tipo de cogumelo comestível, bombom de chocolate muito saboroso.
TRU.FEI.RA, *s.f.*, terreno onde se encontram trufas.
TRU.FEI.RO, *adj.*, relativo às trufas.
TRU.ÍS.MO, *s.m.*, palhaçada, truanice.
TRUM.BI.CAR, *v. pron.*, dar-se mal, estrepar-se.
TRUN.CA.DO, *adj.*, incompleto, mutilado, falho.
TRUN.CAR, *v.t.* e *pron.*, arrancar do tronco, separar, cortar, decepar, interromper.
TRUN.FAR, *v.int.*, jogar trunfo; levar a melhor; assumir supremacia.
TRUN.FO, *s.m., pop.*, jogo de cartas, vantagem, uma prova forte, um tipo poderoso.
TRU.PE, *s.f.*, grupo teatral que viaja para apresentar os programas.
TRU.QUE, *s.m.*, ardil, artimanha; disfarce para enganar a visão das pessoas.
TRUS.TE, *s.m.*, domínio de várias empresas ligadas entre si quanto ao preço de um produto; *fig.* poder empresarial.
TRU.TA, *s.f.*, tipo de peixe de águas doces e frias; *fig.*, engano, negociata.
TRU.TÍ.FE.RO, *adj.*, que possui trutas, que cria trutas.
TRUZ, *interj.*, para expor um ruído muito forte; *expr.*, de truz - lindo, belo.
TSÉ-TSÉ, *s.f.*, mosca africana, cuja picada provoca a doença do sono.
TSUNAMI, *s.m.*, onda gigante provocada no mar por um maremoto; vagalhão imenso.
TU, *pron.*, segunda pessoa do singular, do caso reto.
TU.A.RE.GUE, *s. 2 gên.*, grupo étnico de origem camita; nômades, habitantes do deserto do Saara; o idioma desse povo nômade.
TU.BA, *s.f.*, instrumento musical de sopro.
TU.BÁ.CEO, *adj.*, que tem forma de tuba.
TU.BA.GEM, *s.f.*, colocação de um tubo em um canal ou cavidade.
TU.BA.Í.NA, *s.f.*, refrigerante muito doce, feito com xarope de várias frutas, das quais leva o nome, com produção em muitos locais do Brasil.
TU.BA.RÃO, *s.m.*, tipo de peixe grande dos mares, muito feroz e voraz.
TÚ.BE.RA, *s.f.*, trufa, tipo de cogumelo que nasce no interior da terra e se destaca pelo buquê.
TU.BER.CU.LA.DO, *adj.*, que possui ou tem forma de tubérculo; tubercular.
TU.BER.CU.LAR, *adj.*, o mesmo que tuberculado.
TU.BER.CU.LÍ.FE.RO, *s.m.*, que contém tubérculo.
TU.BER.CU.LI.FOR.ME, *adj.*, Hist. Nat., que tem a forma de um tubérculo.
TU.BER.CU.LI.NA, *s.f.*, extrato (bacilos de Koch) de uma cultura de tuberculose.
TU.BER.CU.LI.NI.ZAR, *v.t.* Med., aplicar tuberculina a (para fins terapêuticos ou diagnósticos).
TU.BER.CU.LI.ZAR, *v.t.*, causar tubérculos; *v.pron.*, tornar-se tuberculoso.
TU.BÉR.CU.LO, *s.m.*, raízes mais grossas e comestíveis como as batatas; aipins.
TU.BER.CU.LO.SÁ.RIO, *s.m.*, hospital próprio para tratamento de tuberculosos.
TU.BER.CU.LO.SE, *s.f.*, doença infecciosa que ataca o ser humano, principalmente os pulmões; tísica.
TU.BER.CU.LO.SO, *adj.*, que tem tuberculose; tísico.
TU.BE.RO.SI.DA.DE, *s.f.*, excrescência em forma de tubérculo; Anat., protuberância óssea em forma de tubérculo; característica do que apresenta túberas ou tubérculos.
TU.BE.RO.SO, *adj.*, que tem forma de tubérculo, tubiforme.
TU.BÍ.FE.RO, *adj.*, que tem tubos.
TU.BI.FOR.ME, *adj.*, com forma de tubo, tuberoso.
TU.BI.NHO, *s.m.*, pequeno tubo; *bras.*, vestido de corte reto, feito para acompanhar as linhas do corpo.
TU.BO, *s.m.*, corpo com forma cilíndrica e o interior oco; canal.
TU.BU.LA.ÇÃO, *s.f.*, instalação de tubos, rede de tubos.
TU.BU.LA.DO, *adj.*, que tem a forma de um tubo.
TU.BU.LAR, *adj.*, tubulado, tubiforme.
TU.BU.LÁ.RIA, *s.f.*, Bot., gênero de algas diatomáceas, do Atlântico; Zool., gênero de pólipos hidrozoários, tipo dos tubularídeos.
TU.BU.LÍ.FE.RO, *adj.*, Zool., que apresenta grande número de pequenos tubos (com as esponjas, etc.); *s.m., pl.*, família de insetos himenópteros.
TU.BU.LI.FOR.ME, *adj.*, que tem forma de tubo, que se parece com tubo.
TÚ.BU.LO, *s.m.*, pequeno tubo; Anat., cavidade em forma de tubo de dimensões reduzidas.
TU.BU.LO.SO, *adj.*, tubuliforme; que tem a forma de tubo ou que é formado de um tubo.
TU.CA.NO, *s.m.*, nome de um pássaro de penas coloridas e bico muito grande.
TU.CUM, *s.m.*, palmeira com folhas amplas e que produz um coco do qual se extrai um óleo.
TU.CU.MÃ, *s.m.*, palmeira muito alta, de cujos frutos se obtém uma bebida parecida com o vinho.
TU.CU.NA.RÉ, *s.m.*, peixe dos rios amazônicos, muito apreciado pela carne e beleza.
TU.CUN.ZEI.RO, *s.m.*, palmeira que produz o tucum.
TU.CU.PI, *s.m.*, molho de mandioca com pimenta, usado

TUCUXI ••• 815 ••• **TURFA**

no Norte do Brasil.
TU.CU.XI, *s.m., bras.*, Zool., ver boto (*Sotalia fluviatilis*).
TU.DES.CO, *adj.*, que pertence aos antigos germanos; alemão.
TU.DO, *pron.*, a totalidade existente; o todo, a essência.
TU.DO-NA.DA, *s.m.*, algo insignificante, uma ninharia, uma bagatela.
TU.FÃO, *s.m.*, vendaval, furacão, vento muito forte, tornado.
TU.FAR, *v.t., int. e pron.*, ajeitar com forma de tufo, dar a forma de tufo.
TU.FO, *s.m.*, grupo de plantas, pelos; saliência nas penas ou em flores.
TU.GIR, *v.t. e int.*, sussurrar, murmurar, falar baixinho.
TU.GÚ.RIO, *s.m.*, choupana, cabana; *fig.*, abrigo.
TUI.A, *s.f.*, tipo de arbusto cujas folhas estão sempre verdes.
TU.IM, *s.m.*, tipo de periquito pequeno.
TU.ÍS.TE, *s.m.*, dança de origem americana, muito rápida.
TUI.TAR, *v.t., ant.*, defender; proteger.
TU.IU.IÚ, *s.m.*, pássaro da família dos ciconiformes; jaburu.
TU.JU.CA.DA, *s.f.*, o mesmo que tujucal.
TU.JU.CAL, *s.m.*, grande quantidade de lama; lodaçal, pântano; tijucal.
TU.JU.PAR, *s.m.*, o mesmo que tijupá.
TU.LE, *s.m.*, tecido leve e transparente.
TU.LHA, *s.f.*, local para armazenar cereais em grão, celeiro, silo.
TÚ.LIO, *s.m.*, Quím., elemento químico de número atômico 69, dos lantanídeos, us. em tubos de raios-X; símb.: Tm.
TU.LI.PA, *s.f.*, planta que produz uma flor muito bela, do mesmo nome.
TU.LI.PÁ.CEO, *adj.*, que se refere a tulipa.
TUM.BA, *s.f.*, sepultura, cova, túmulo.
TU.ME.FA.ÇÃO, *s.f.*, inchaço, inchação.
TU.ME.FA.CEN.TE, *adj.*, que tumefaz.
TU.ME.FAC.TO, *adj.*, inchado; var., tumefato.
TU.ME.FA.ZER, *v.t. e pron.*, intumescer-se, inchar-se.
TU.ME.FI.CAN.TE, *adj.*, que tumefaz, inchante.
TU.MES.CÊN.CIA, *s.f.*, intumescência.
TU.MES.CEN.TE, *adj.*, intumescente, que incha.
TU.MES.CER, *v.t., int. e pron.*, intumescer, inchar.
TU.MI.DEZ, *s.f.*, inchaço, inchação.
TÚ.MI.DO, *adj.*, inchado, tumefacto.
TU.MOR, *s.m.*, aumento de qualquer parte de um tecido do corpo; inchação de células do corpo.
TU.MO.RA.ÇÃO, *s.f.*, Med. formação ou presença de tumor.
TU.MO.RAL, *adj.*, que se liga a tumor.
TU.MO.RO.SO, *adj.*, que contém tumor.
TU.MU.LAR, *adj.*, próprio do túmulo.
TU.MU.LÁ.RIO, *adj.*, relativo a túmulo, tumular.
TÚ.MU.LO, *s.m.*, sepulcro, sepultura, tumba.
TU.MUL.TO, *s.m.*, desordem, confusão, correria, alvoroço.
TU.MUL.TU.A.DO, *adj.*, agitado, confuso, alvoroçado.
TU.MUL.TU.AR, *v.t. e int.*, agitar, provocar confusão, alvoroçar.
TU.MUL.TU.Á.RIO, *adj.*, desordenado, confuso, badernado.
TU.MUL.TU.O.SO, *adj.*, agitado, desordenado.
TUN.DA, *s.f.*, coça, surra.
TUN.DAR, *v.t.*, surrar, dar tunda em, bater.
TUN.DRA, *s.f.*, planície situada no Hemisfério Norte, com pequena vegetação.
TÚ.NEL, *s.m.*, passagem aberta no meio de uma montanha; caminho subterrâneo.
TUN.GA.DA, *s.f.*, agressão, surra, ataque, logro, engano.

TUN.GA.DOR, *adj. e s.m., bras.*, teimoso; que porfia; que ou quem tunga.
TUN.GAR, *v.t. e int.*, agredir, atacar, surrar, enganar.
TUNGS.TA.TA.DO, *adj.*, que contém tungstênio.
TUNGS.TÊ.NIO, *s.m.*, elemento metálico usado em filamentos elétricos.
TÚ.NI.CA, *s.f.*, capa, vestimenta comprida; capa de uso militar.
TU.NI.CA.DO, *adj.*, Bot., diz-se de órgão vegetal que apresenta túnica(s).
TU.NI.CE.LA, *s.f.*, pequena túnica, tunicazinha.
TU.NI.SI.A.NO, *adj. e s.m.*, natural, habitante da Tunísia ou da cidade de Túnis.
TU.PÃ, *s.m.*, no idioma tupi, designava o trovão; e os missionários passaram a designar Deus.
TU.PI, *adj. e s.m.*, próprio dos tupis, a língua tupi.
TU.PI.A, *s.f.*, máquina usada em marcenaria para desbastar as tábuas.
TÚ.PI.CO, *adj., bras.*, de origem tupi.
TU.PI-GUA.RA.NI, *adj. e s.m.*, próprio dos índios tupi-guaranis e seu idioma.
TU.PI.NAM.BÁ, *adj. e s. 2 gên.*, nome comum a várias tribos indígenas do litoral brasileiro.
TU.PI.NI.QUIM, *adj. e s. 2 gên.*, próprio de índios que viviam na Bahia; ironicamente, designa o brasileiro.
TUR.BA, *s.f.*, multidão de indivíduos, plebe, ralé, escumalha, povo badernento, choldra, patuleia.
TUR.BA.ÇÃO, *s.f.*, turbamento; estado de turvo; falta de limpidez; desordem, confusão, tumulto.
TUR.BA.MUL.TA, *s.f.*, multidão em desordem, choldra.
TUR.BA.MEN.TO, *s.m.*, turbação, conturbação, perturbação, escurecimento.
TUR.BAN.TE, *s.m.*, cobertura para a cabeça, entre os muçulmanos; toucado feminino; *fig.*, poder dos maometanos, guerra dos xiitas.
TUR.BAR, *v.t. e pron.*, escurecer, toldar, sujar a água, anuviar, perturbar.
TUR.BA.TI.VO, *adj.*, perturbativo, que estorva, incomodador.
TÚR.BI.DO, *adj.*, perturbado, turvo, que perturba.
TUR.BI.LHÃO, *s.m.*, furacão, redemoinho, vendaval.
TUR.BI.LHO.NAR, *v. int.*, girar como turbilhão.
TUR.BI.NA, *s.f.*, máquina giratória movida pela energia da água ou outra.
TUR.BI.NA.DO, *adj.*, que se turbinou; que é semelhante a um cone invertido ou pião.
TUR.BI.NA.GEM, *s.f.*, situação na qual uma substância recebe a força centrífuga de uma turbina.
TUR.BI.NI.FOR.ME, *adj.*, que tem forma cônica; turbinado.
TUR.BI.NO.SO, *adj.*, que gira em volta de um centro como um pião.
TUR.BO, *s.m.*, dispositivo que aumenta a velocidade de aparelhos, motores, máquinas.
TUR.BU.LÊN.CIA, *s.f.*, desordem, baderna, confusão, agitação, redemoinho.
TUR.BU.LEN.TO, *adj.*, que provoca desordem; agitado; violento.
TUR.CO, *adj. e s.m.*, próprio da Turquia, seu habitante ou idioma.
TUR.CO.MA.NO, *adj.*, língua túrcica dos turcomanos; *s.m. e pl.*, povos túrcicos que vivem no Irã e Afeganistão.
TUR.DÍ.DEOS, *s.m., pl.*, família de aves que compreende diversos tipos, como o sabiá.
TUR.FA, *s.f.*, material fóssil derivado da madeira dentro da

TURFE

água ou na terra, de boa combustão.
TUR.FE, *s.m.*, esporte que se dedica a corridas de cavalos.
TUR.FEI.RA, *s.f.*, jazida de turfas; escavação de onde se extrai a turfa.
TUR.FIS.TA, *s. 2 gên.*, quem se dedica ao turfe.
TUR.GÊN.CIA, *s.f.*, inchaço, turgidez, intumescência.
TUR.GES.CÊN.CIA, *s.f.*, turgidez, inchaço.
TUR.GES.CEN.TE, *adj.*, inchado, intumescido, túrgido.
TUR.GES.CER, *v.t. int. e pron.*, intumescer, inchar.
TUR.GI.DEZ, *s.f.*, qualidade do que está túrgido; intumescimento; inchação.
TÚR.GI.DO, *adj.*, inchado, cheio.
TU.RI.BU.LAR, *v.t.*, queimar incenso em honra de; adular, lisonjear.
TU.RÍ.BU.LO, *s.m.*, recipiente no qual se queima incenso; peça de metal que se movimenta, contendo brasas acesas sobre as quais se espalham grãos de incenso; incensório.
TU.RI.FE.RÁ.RIO, *s.m.*, pessoa, coroinha que carrega e balança o turíbulo; *fig.*, bajulador, adulador.
TU.RÍ.FE.RO, *adj.*, diz-se de folha, resina, etc. de vegetal aromático us. para produzir incenso.
TU.RI.FI.CA.ÇÃO, *s.f.*, ação ou efeito de turificar, incensação, adulação.
TU.RI.FI.CA.DO, *adj.*, incensado, adulado.
TU.RI.FI.CA.DOR, *adj. e s.m.*, incensador, adulador.
TU.RI.FI.CAR, *v.t.*, incensar, adular, bajular.
TU.RIS.MO, *s.m.*, atividade econômica derivada das pessoas que viajam; prazer de viajar e conhecer outras terras e pessoas.
TU.RIS.TA, *s. 2 gên.*, quem faz turismo.
TU.RÍS.TI.CO, *adj.*, próprio do turismo.
TUR.MA, *s.f.*, grupo, grupo de pessoas, conjunto de pessoas que trabalham no mesmo sistema.
TUR.MA.LI:NA, *s.f.*, pedra semipreciosa de várias cores.
TUR.MEI.RO, *s.m.*, capataz, indivíduo que forma turmas de trabalho.
TUR.NÊ, *s.f.*, viagem de artistas para apresentações de espetáculos.
TUR.NO, *s.m.*, os vários grupos de trabalhadores de acordo com a hora em que começam o trabalho; revezamento.
TUR.QUE.SA, *s.f.*, pedra preciosa de cor azul-celeste ou azul-esverdeado.

TZIGANO

TUR.RA, *s.f.*, obstinação, teimosia.
TUR.RÃO, *s.m.*, teimoso, obstinado, cabeça-dura.
TUR.RAR, *v.t. e int.*, disputar, teimar, resistir.
TUR.RI.FOR.ME, *adj.*, que tem forma de torre.
TUR.TU.RI.NAR, *v.int.*, *bras.*, arrulhar como pombo.
TUR.TU.RI.NO, *adj.*, que se refere ao pássaro rola.
TU.RU.NA, *adj.*, valente, destemido, ótimo.
TUR.VA.ÇÃO, *s.f.*, escurecimento, anuviamento, perturbação, turvamento.
TUR.VA.MEN.TO, *s.m.*, turvação, escurecimento.
TUR.VAR, *v.t. e pron.*, perturbar, turbar, escurecer, sujar a água.
TUR.VE.JAR, *v.int. e pron.*, tornar-se turvo, toldar-se.
TUR.VO, *adj.*, escuro, sujo, toldado, negro, poluído.
TUS.SOR, *s.m.*, tecido delgado de seda.
TU.TA.MEI.A, *s.f.*, bagatela, ninharia.
TU.TA.NO, *s.m.*, *pop.*, medula, substância que existe no vácuo dos ossos.
TU.TE.AR, *v.t.*, usar o tratamento de tu (com alguém ou entre si).
TU.TE.LA, *s.f.*, nomeação legal para alguém proteger um menor ou o direito dele; proteção.
TU.TE.LA.DO, *adj.*, protegido, amparado, salvaguardado.
TU.TE.LAR, *adj.*, próprio da tutela; *v.t.*, proteger, amparar, segurar, salvaguardar.
TU.TOR, *s.m.*, pessoa nomeada para exercer a tutela de alguém.
TU.TO.RI.A, *s.f.*, cargo, função de tutor.
TU.TU, *s.m.*, iguaria feita de feijão cozido e misturado com vários ingredientes; dinheiro, grana.
TU.VA.LU.A.NO, *s.m.*, natural ou habitante das ilhas de Tuvalu, Oceania; língua falada nessa ilha; *adj.*, pertencente a Tuvalu ou de seu povo; relativo à língua ali falada.
TU.XAU.A, *s.m.*, chefe indígena, morubixaba; var., tuxaúa.
TV, abreviação de televisão, televisor.
TWIST, *s.m.*, ing., tuíste, dança rápida americana e com muitos movimentos das pernas e dos quadris.
TZAR, *s.m.*, czar, imperador da Rússia em outros tempos.
TZA.RI.NA, *s.f.*, czarina.
TZA.RIS.MO, *s.m.*, czarismo.
TZA.RIS.TA, *s. 2 gên.*, czarista.
TZI.GA.NO, *adj. e s.m.*, diz-se de, ou o músico cigano, que veste roupas típicas ciganas e executa suas músicas.

U

U, *s.m.*, vigésima primeira letra do á-bê-cê e quinta vogal.
U.A.CA.RI, *s.m.*, macaco de tamanho médio, pelo longo e cauda curta.
UAI!, *interj.*, ué!, expressão de admiração, espanto, surpresa; comum com mineiros.
UAU!, *interj.*, expõe espanto, alegria, admiração.
U.BÁ, *s.f.*, tipo de canoa simples, usada pelos indígenas.
U.BER.DA.DE, *s.f.*, fecundidade, fertilidade, abundância.
Ú.BE.RE, *s.m.*, teta da vaca, glândula mamária; *pop.*, mojo.
U.BE.RO.SI.DA.DE, *s.f.*, fertilidade, abundância, fecundidade.
U.BER.TO.SO, *adj.*, Poét., fecundo, fértil, úbere.
U.BI.QUI.DA.DE, *s.f.*, que está presente em vários locais, bilocação, onipresença.
U.BÍ.QUO, *adj.*, onipresente, que está presente em vários locais.
U.BRE, *adj.*, fértil, abundante; *s.m.*, teta da vaca, mojo.
U.CA, *s.f., gír.*, pinga, cachaça.
U.CAS.SE, *s.m.*, decisão autoritária, arbitrária; decreto do czar (Rússia imperial).
U.CRA.NI.A.NO, *adj.* e *s.m.*, próprio, habitante da Ucrânia, o idioma do país.
U.DÔ.ME.TRO, *s.m.*, o mesmo que pluviômetro.
UÉ!, *interj.*, uail, indica surpresa, espanto.
U.FA!, *interj.*, indica cansaço, aborrecimento, algo desagradável, alívio.
U.FA.NAR, *v.t.* e *pron.*, vangloriar-se, sentir-se orgulhoso da Pátria, gloriar-se.
U.FA.NI.A, *s.f.*, orgulho, glória, satisfação com sua terra.
U.FA.NIS.MO, *s.m.*, otimismo exagerado quanto ao futuro de um país.
U.FA.NIS.TA, *adj.* e *s. 2 gên.*, que(m) é adepto do ufanismo.
U.FA.NO, *adj.*, orgulhoso, vaidoso.
U.FA.NO.SO, *adj.*, que está cheio de ufanismo.
U.GAN.DEN.SE, *s. 2 gên.*, pessoa nascida ou que vive em Uganda, África; *adj. 2 gên.*, de Uganda; típico desse país ou de seu povo.
U.GAN.DÊS, *adj.* e *s.m.*, ugandense, natural ou habitante de Uganda.
UI!, *interj.*, indica medo, susto, contrariedade.
UI.A.RA, *s.f.*, iara, tipo de sereia de água doce.
UI.RA.PU.RU, *s.m.*, nome dado a um pássaro canoro da Amazônia.
U.ÍS.QUE, *s.m.*, bebida destilada, produzida à base de centeio ou do milho.
UI.VA.DA, *s.f.*, latido, ganido, grito de um cão, lobo.
UI.VA.DOR, *adj.* e *s.m.*, latidor, berrador, ganidor.
UI.VAR, *v. int.*, exprime a voz do cão, dar uivos, ganir, latir, berrar.
UI.VO, *s.m.*, ato de uivar, voz de lobos e cães, ganido, berro.
ÚL.CE.RA, *s.f.*, ferida, necrose na pele, machucadura.
UL.CE.RA.ÇÃO, *s.f.*, formação de úlceras, deterioração da pele.
UL.CE.RA.DO, *adj.*, chagado, que tem úlcera.
UL.CE.RAR, *v.t., int.* e *pron.*, provocar a formação de úlceras, surgir uma úlcera.
UL.CE.RA.TI.VO, *adj.*, Med., relativo a ou próprio da úlcera; ulceroso; que causa úlcera.
UL.CE.RO.SO, *adj.*, cheio de úlceras, chagado.
UL.MO, *s.m.*, olmo, olmeira.
UL.NA, *s.f.*, Anat., articulação do braço com o antebraço; cúbito.
UL.TE.RI.OR, *adj.*, que vem depois, posterior, próximo, seguinte.
UL.TI.MA.DO, *adj.*, acabado, terminado, finalizado, findo.
UL.TI.MA.MEN.TE, *adv.*, de último, nestes tempos, nos últimos tempos.
UL.TI.MAR, *v.t., int.* e *pron.*, terminar, acabar, finalizar, encerrar.
ÚL.TI.MAS, *s.f., pl.*, um ponto final, a agonia às portas da morte.
UL.TI.MA.TO, *s.m.*, desafio final, proposta final; ordem para terminar algo.
ÚL.TI.MO, *adj.*, final, derradeiro, extremo; recente, atual; *s.m.*, sobrevivente, o que sobrou.
UL.TRA, *s. 2 gên.*, adepto de ideias radicais e muito avançadas, radical, extremado.
UL.TRA.COR.RE.ÇÃO, *s.f.*, correção excessiva.
UL.TRA.HU.MA.NO, *adj.*, sobre-humano, que está além do humano.
UL.TRA.IN.FER.NAL, *adj.*, que vai além do inferno, que supera o inferno.
UL.TRA.JA.DO, *adj.*, ofendido, magoado, injuriado, envergonhado.
UL.TRA.JA.DOR, *adj.* e *s.m.*, ofensor, magoador, injuriador.
UL.TRA.JAN.TE, *adj.*, que ultraja, ofensivo, injuriador.
UL.TRA.JAR, *v.t.*, ofender, magoar, injuriar, envergonhar.
UL.TRA.JE, *s.m.*, ofensa, injúria, mágoa, calúnia.
UL.TRA.LE.VE, *s.m.*, tipo de avião feito com material leve e pequeno motor.
UL.TRA.MAR, *s.m.*, terra além do mar.
UL.TRA.MA.RI.NO, *adj.*, do outro lado do mar.
UL.TRA.MI.CROS.CÓ.PI.CO, *adj.*, muito pequeno, diminuto.
UL.TRA.MI.CROS.CÓ.PIO, *s.m.*, microscópio muito pequeno.
UL.TRA.MON.TA.NO, *adj.*, que está além dos montes, que vive atrás das montanhas.
UL.TRA.PAS.SA.DO, *adj.*, obsoleto, retrógrado, que está fora de moda.
UL.TRA.PAS.SA.GEM, *s.f.*, passagem além, corrida mais veloz.
UL.TRA.PAS.SAR, *v.t.*, passar além de, correr mais, ser mais veloz, tomar a dianteira.
UL.TRAR.RE.A.LIS.MO, *s.m.*, opinião extremada sobre o realismo, ideia exacerbada sobre realismo.
UL.TRAR.RE.A.LIS.TA, *adj.* e *s. 2 gên.*, adepto do realismo, partidário extremado do realismo.

ULTRARROMÂNTICO ••• 818 ••• UNHADOR

UL.TRAR.RO.MÂN.TI.CO, *adj. e s.m.*, romântico extremado, excessivamente romântico.

UL.TRAS.SEN.SÍ.VEL, *adj.*, muito sensível, exageradamente sensível.

UL.TRAS.SOM, *s.m.*, som muito elevado, além das condições de perceber.

UL.TRAS.SÔ.NI.CO, *adj.*, supersônico, som muito forte.

UL.TRAS.SO.NO.GRA.FI.A, *s.f.*, exame médico com aparelho eletrônico que permite ver o interior do corpo humano, detectando males, problemas e o sexo dos nascituros.

UL.TRA.VI.O.LE.TA, *adj.*, tipo de raio solar muito prejudicial à pele humana.

U.LU.LA.ÇÃO, *s.f.*, ação ou efeito de ulular, ganido, gemido, uivo, bramido.

U.LU.LA.DOR, *adj. e s.m.*, que(m) ulula.

U.LU.LAN.TE, *adj.*, que ulula, que é óbvio.

U.LU.LAR, *v. int.*, ganir, uivar, imitar a voz do cão, gemer, gritar.

U.LU.LO, *s.m.*, ato ou efeito de ulular; ulo; ululação; grito lamentoso; berro; uivo.

UM, *art. indef.*, designativo de um substantivo sem determinação; *adj.*, único; *num.*, número um.

U.MA, *art. indef.*, forma feminina de um.

UM.BAN.DA, *s.f.*, forma cultural de uso das tradições e elementos afro-brasileiros.

UM.BAN.DIS.TA, *s. 2 gên.*, quem é adepto da umbanda.

UM.BE.LA, *s.f.*, sombrinha, guarda-chuva pequeno.

UM.BE.LÍ.FE.RAS, *s.f., pl.*, família de plantas como a das cenouras, salsa, aipo.

UM.BE.LÍ.FE.RO, *adj.*, Bot. diz-se de, com flores dispostas em umbelas; umbelado.

UM.BI.GA.DA, *s.f.*, golpe com o umbigo, barrigada.

UM.BI.GO, *s.m.*, sinal existente na parte externa da barriga, de onde caiu o cordão umbilical.

UM.BI.LI.CA.DO, *adj.*, relativo a umbigo; umbilical; semelhante a, ou que possui umbigo.

UM.BI.LI.CAL, *adj.*, próprio do umbigo.

UM.BRÁ.CU.LO, *s.m.*, grande chapéu de sol; Bot., disco que coroa o pedúnculo de algumas plantas criptogâmicas (por ex.: chapéu do cogumelo).

UM.BRAL, *s.m.*, soleira, limiar, entrada na porta.

UM.BRÁ.TI.CO, *adj.*, relativo a, ou que procura a sombra; Poét., fantástico, quimérico.

UM.BRÍ.CO.LA, *s. 2 gên.*, ser que vive nas sombras.

UM.BRÍ.FE.RO, *adj.*, que tem sombra, que traz sombra.

UM.BRO.SO, *adj.*, que produz sombra, frondoso.

UM.BU, *s.m.*, umbuzeiro.

UM.BU.ZA.DA, *s.f., bras.*, certa iguaria feita de umbu ou imbu; imbuzada.

UM.BU.ZEI.RO, *s.m.*, imbuzeiro, árvore da região seca do Nordeste.

U.MEC.TAN.TE, *adj.*, umedecente, umidificante, que umecta.

U.MEC.TAR, *v.t.*, umedecer, tornar úmido.

U.MEC.TA.TI.VO, *adj.*, umectante.

U.ME.DE.CE.DOR, *adj. e s.m.*, que umedece, que torna úmido.

U.ME.DE.CER, *v. int.*, tornar úmido, umectar.

U.ME.DE.CI.DO, *adj.*, que se umedeceu; que se tornou úmido.

U.ME.DE.CI.MEN.TO, *s.m.*, umidade, umidificação.

UM-E-NO.VEN.TA-E-NO.VE, *s.m.*, loja popular, cujos produtos são vendidos por preço único de R$ 1,99.

U.ME.RAL, *adj.*, que se refere a úmero.

U.ME.RÁ.RIO, *adj.*, relativo ao úmero.

Ú.ME.RO, *s.m.*, osso do braço, do cotovelo ao ombro.

U.MI.DA.DE, *s.f.*, situação de úmido.

Ú.MI.DO, *adj.*, umedecido, umectado, que está um pouco molhado.

U.NÂ.NI.ME, *adj.*, concordante, que possui a mesma opinião, ideia única.

U.NA.NI.MI.DA.DE, *s.f.*, concordância, ideias comuns, opinião única.

UN.ÇÃO, *s.f.*, ação de untar com azeite; sentimento de piedade, carolice.

UN.CI.FOR.ME, *adj. 2 gên.*, Bot., Anat., que tem a forma de gancho; *s.m.*, Anat., o quarto osso da segunda série do carpo.

UN.CI.NA.DO, *adj.*, que tem unha; que termina em garra ou unha, como as garras da ave de rapina.

UN.DÉ.CI.MO, *num.*, ordinal de onze.

UN.DÉ.CU.PLO, *num.*, cuja quantidade foi multiplicada por onze, ou que é maior onze vezes.

UN.DÍ.CO.LA, *s. 2 gên.*, que(m) vive nas águas, aquático.

UN.DÍ.FE.RO, *adj.*, que possui ondas, que forma ondas.

UN.DÍS.SO.NO, *adj.*, Poét., que tem o som das ondas; ondissonante.

UN.DÍ.VA.GO, *adj.*, que anda sobre as ondas.

UN.DO.SO, *adj.*, que tem ondas; ondeante; ondulante; onduloso.

UN.DU.LAR, *v.t. e int.*, ver ondular.

UN.DU.LO.SO, *adj.*, Poét., que faz ondas; onduloso; ondeante; ondulante.

UN.GI.DO, *adj. e s.m.*, untado, escolhido, que recebeu os óleos da extrema-unção, abençoado.

UN.GIR, *v.t. e pron.*, untar, azeitar, passar óleo, receber a extrema-unção, abençoar.

UN.GUE.AL, *adj.*, próprio da unha.

UN.GUEN.TÁ.CEO, *adj.*, Farm., relativo ao unguento; que se assemelha ao unguento.

UN.GUEN.TÁ.RIO, *adj.*, relativo a unguentos; unguentáceo.

UN.GUEN.TO, *s.m.*, pomada, massa pastosa preparada para passar na pele.

UN.GUI.CU.LA.DO, *adj.*, com forma de unha, que termina em unha; ungueado; Bot., que tem as pontas das pétalas semelhantes a unhas; Zool., nome dos mamíferos que têm unhas ou garras.

UN.GUÍ.FE.RO, *adj.*, que tem unha, que tem garras.

UN.GUI.FOR.ME, *adj.*, com forma de unha.

UN.GUI.NAL, *adj.*, o mesmo que ungueal.

UN.GUI.NO.SO, *adj.*, oleoso; que abunda em óleo.

ÚN.GU.LA, *s.f.*, unha, garra; Zool., casco de animal.

UN.GU.LA.DO, *adj. e s.m.*, próprio de quadrúpedes, cujos pés se revestem de cascos.

UN.GU.LAR, *adj.*, ungueal, unguinal.

U.NHA, *s.f.*, lâmina óssea que cobre a extremidade dos dedos, casco.

U.NHA.ÇO, *adj.*, unhada, arranhão com unha.

U.NHA.DA, *s.f.*, machucadura provocada por unha, arranhão.

U.NHA DE FO.ME, *adj. e s. 2 gên.*, avarento, pão-duro, avaro, sovina.

U.NHA-DE-GA.TO, *s.m.*, vegetal rasteiro que possui espinhos recurvos e fortes.

U.NHA.DO, *adj.*, marcado ou ferido com unha.

U.NHA.DOR, *adj. e s.m.*, que ou o que unha.

U.NHA.MEN.TO, *s.m.*, ato ou efeito de unhar; Agric., operação de plantio que se faz ao bacelo (mudas de videiras).
U.NHAR, *v.t. e int.*, ferir, atacar com as unhas, rasgar, arranhar.
U.NHEI.RO, *s.m.*, inflamação sob as unhas.
U.NI.A.LA.DO, *adj.*, que tem uma só asa.
U.NI.AN.GU.LAR, *adj.*, que tem um só ângulo.
U.NI.A.NU.LAR, *adj.*, que tem um anel único.
U.NI.ÃO, *s.f.*, junção, associação, companheirismo, vínculo, concórdia.
U.NI.AR.TI.CU.LA.DO, *adj.*, que só tem uma articulação.
U.NI.AR.TRO.SE, *s.f.*, Anat., artrose em que cada osso apresenta uma faceta articular.
U.NI.A.XI.AL, *adj. 2 gên.*, que se refere a, ou que tem um só eixo.
U.NI.CA.ME.RAL, *adj.*, que tem apenas uma câmara para a representação do legislativo.
U.NI.CAR.PE.LAR, *adj. 2 gên.*, Bot., diz-se de gineceu que tem um único carpelo.
U.NI.CAU.LE, *adj. 2 gên.*, que só tem um caule.
U.NI.CA.VI.TÁ.RIO, *adj.*, Anat., relativo a, ou que pertence a uma cavidade só.
U.NI.CE.LU.LAR, *adj.*, que tem uma única célula.
U.NI.CI.DA.DE, *s.f.*, peculiaridade, unidade, particularidade.
U.NI.CI.LI.AR, *adj.*, que tem um só cílio ou celha.
U.NI.CIS.MO, *s.m.*, Med., ideia ultrapassada de que apenas um medicamento seria capaz de atuar na cura com sintomas e semelhantes.
U.NI.CIS.TA, *s. 2 gên.*, pessoa que é adepta do unicismo; *adj. 2 gên.*, próprio de ou relativo ao unicismo.
Ú.NI.CO, *adj.*, uno, apenas um, peculiar, próprio, extraordinário, máximo.
U.NI.CO.LOR, *adj. 2 gên.*, que tem somente uma cor; monocromo.
U.NI.COR.NE, *adj.*, de um único chifre.
U.NI.CÓR.NEO, *adj.*, o mesmo que unicorne.
U.NI.CÓR.NIO, *s.m.*, tipo de rinoceronte que possui um único chifre.
U.NI.CUL.TU.RA, *s.f.*, Agric., cultura de uma só espécie de planta; monocultura.
U.NI.CUL.TU.RA.LIS.MO, *s.m.*, monoculturalismo.
U.NI.CÚS.PI.DE, *adj.*, que tem só uma ponta.
U.NI.DA.DE, *s.f.*, qualidade de ser um, único; ligação, coesão; o que é um; uniformidade.
U.NI.DEN.TA.DO, *adj.*, que tem um dente só.
U.NI.DI.MEN.SI.O.NAL, *adj. 2 gên.*, que tem ou envolve uma única dimensão.
U.NI.DI.MEN.SI.O.NA.LI.DA.DE, *s.f.*, propriedade ou característico do que é unidimensional.
U.NI.DI.MEN.SI.O.NA.LI.ZA.ÇÃO, *s.f.*, transformação de algo em unidimensional.
U.NI.DI.RE.CI.O.NAL, *adj.*, que vai numa única direção, que percebe o que vem de uma única direção.
U.NI.DIS.CI.PLI.NAR, *adj. 2 gên.*, em que existe uma disciplina apenas.
U.NI.DO, *adj.*, ligado, atado, achegado, próximo.
U.NI.FA.CI.AL, *adj.*, que tem uma face só ou que só a uma face diz respeito.
U.NI.FA.MI.LI.AR, *adj. 2 gên.*, de ou relativo a uma única família.
U.NI.FI.CA.ÇÃO, *s.f.*, ação ou resultado de unificar(-se).
U.NI.FI.CA.DO, *adj.*, reunido, congregado, ajuntado, unido.

U.NI.FI.CA.DOR, *adj. e s.m.*, reunidor, congregador, conciliador.
U.NI.FI.CAR, *v.t. e pron.*, reunir vários em um, reunir, congregar, tornar ligados.
U.NI.FI.CA.TÓ.RIO, *adj.*, com tendência para a unificação.
U.NI.FI.CÁ.VEL, *adj. 2 gên.*, que se pode unificar.
U.NI.FLA.GE.LA.DO, *adj.*, provido de um só flagelo.
U.NI.FLO.RO, *adj.*, Bot., que só tem uma flor.
U.NI.FO.LI.A.DO, *adj.*, Bot., o mesmo que unifólio.
U.NI.FÓ.LIO, *adj.*, de uma única folha.
U.NI.FO.LI.O.LA.DO, *adj.*, Bot., que tem apenas um folíolo.
U.NI.FOR.MA.DOR, *adj.*, que uniforma.
U.NI.FOR.MAR, *v.t. e pron.*, o mesmo que uniformizar.
U.NI.FOR.ME, *adj.*, de uma única forma, invariável; *s.m.*, tipo de vestimenta que as entidades, escolas, especificam como única; farda.
U.NI.FOR.MI.DA.DE, *s.f.*, monotonia, uma única forma ou atitude coerente.
U.NI.FOR.MI.TA.RIS.MO, *s.m.*, Geol., princípio que explica o passado geológico da Terra, o qual teria ocorrido por causas que podem ser observados atualmente.
U.NI.FOR.MI.ZA.ÇÃO, *s.f.*, ação ou efeito de uniformizar, padronização, equalização.
U.NI.FOR.MI.ZA.DO, *adj.*, padronizado, igualado.
U.NI.FOR.MI.ZA.DOR, *adj. e s.m.*, padronizador, igualador.
U.NI.FOR.MI.ZAR, *v.t. e pron.*, padronizar, tornar igual para todos, igualar.
U.NI.GÊ.NI.TO, *adj. e s.m.*, filho único, o único gerado pelos pais.
U.NI.LA.TE.RAL, *adj.*, de um único lado, de uma parte única.
U.NI.LÍN.GUE, *adj.*, de uma única língua.
U.NI.O.NIS.MO, *s.m.*, o princípio da união; sistema que preconiza a união (de indivíduos, doutrinas, partidos, etc.); sistema que prega a união das várias igrejas cristãs.
U.NI.O.NIS.TA, *adj. 2 gên.*, relativo ao unionismo; que segue o unionismo; *s. 2 gên.*, partidário do unionismo.
U.NI.PA.RO, *adj.*, animal que consegue parir apenas uma cria por vez.
U.NI.PES.SO.AL, *adj.*, de uma única pessoa, defectivo.
U.NI.PÉ.TA.LO, *adj.*, Bot., diz-se da corola que tem uma só pétala isolada ou única, como o antúrio.
U.NI.PO.LAR, *adj.*, de um único polo.
U.NIR, *v.t. e pron.*, unificar, reunir, ajuntar, anexar, congregar, casar, harmonizar.
U.NIS.SEX, *adj.*, que é usado pelos dois sexos, algo para uso de ambos os sexos.
U.NIS.SE.XU.A.DO, *adj.*, Bot., que tem somente um sexo (flor); unissexual.
U.NIS.SE.XU.AL, *adj.*, de um único sexo.
U.NIS.SO.NÂN.CIA, *s.f.*, qualidade de uníssono; harmonia.
U.NIS.SO.NAN.TE, *adj. 2 gên.*, que soa em um só tom, harmonicamente; uníssono.
U.NÍS.SO.NO, *adj.*, que tem um único som, dito em uma voz única.
U.NI.TÁ.RIO, *adj.*, feito de uma única unidade, unido.
U.NI.TA.RIS.MO, *s.m.*, doutrina política que propugna pela centralização do poder.
U.NI.TI.VO, *adj.*, que une, especial para unir.
U.NI.VAL.VE, *adj. 2 gên.*, Zool., diz-se de molusco que possui somente uma valva; Bot., diz-se do fruto que se abre só por um lado.

U.NI.VAL.VU.LAR, adj. 2 gên., Bot., que tem uma valva.
U.NI.VER.SAL, adj., que abrange o universo, global, do mundo, mundial.
U.NI.VER.SA.LI.DA.DE, s.f., qualidade do que é universal ou geral; totalidade.
U.NI.VER.SA.LIS.MO, s.m., universalidade; tendência para a universalização, generalização de uma ideia, obra ou doutrina; cosmopolitismo.
U.NI.VER.SA.LIS.TA, adj. 2 gên., relativo ao universalismo; cosmopolita.
U.NI.VER.SA.LI.ZA.ÇÃO, s.f., globalização, mundialização.
U.NI.VER.SA.LI.ZA.DO, adj., globalizado, mundializado.
U.NI.VER.SA.LI.ZAR, v.t. e pron., mundializar, tornar global, globalizar.
U.NI.VER.SI.DA.DE, s.f., o conjunto dos centros e faculdades que formam o todo da universidade; escola superior, curso de terceiro grau.
U.NI.VER.SI.TÁ.RIO, adj., próprio da universidade, o que se refere a uma universidade.
U.NI.VER.SO, s.m., cosmo, o mundo todo, o conjunto de tudo em que vivemos.
U.NÍ.VO.CO, adj., único, que só admite uma interpretação.
U.NO, adj., único, um só, indivisível.
UN.TA.ÇÃO, s.f., ação ou efeito de untar, azeitação, besuntamento, untura.
UN.TA.DE.LA, s.f., untação, untamento, azeitamento.
UN.TA.DO, adj., que se untou, coberto ou revestido por substância gordurosa.
UN.TA.DOR, adj. e s.m., que ou o que unta.
UN.TAR, v.t. e pron., ungir, besuntar, passar óleo ou manteiga, azeitar.
UN.TO, s.m., banha suína, gordura.
UN.TU.O.SI.DA.DE, s.f., qualidade de untuoso.
UN.TU.O.SO, adj., gorduroso, cheio de banha.
UN.TU.RA, s.f., ato ou efeito de untar, gordura; substância que se unta na pele como medicamento; unguento; conhecimento superficial sobre algo.
U.PA!, interj., indica incentivo, alento.
U.RÂ.NIO, s.m., elemento metálico usado para a energia atômica.
U.RA.NIS.CO.PLAS.TI.A, s.f., o mesmo que uranoplastia.
U.RA.NIS.MO, s.m., homossexualidade masculina.
U.RA.NIS.TA, adj. 2 gên. e s. 2 gên., que ou aquele que é homossexual.
U.RA.NO, s.m., planeta do sistema solar.
U.RA.NO.GRA.FI.A, s.f., descrição de fenômenos celestes.
U.RA.NO.GRÁ.FI.CO, adj., Astr., relativo a uranografia.
U.RA.NÓ.GRA.FO, s.m., o mesmo que astrônomo.
U.RA.NO.LO.GI.A, s.f., estudo dos céus; astronomia.
U.RA.NO.LÓ.GI.CO, adj., Astr., que diz respeito a uranologia.
U.RA.NÔ.ME.TRO, s.m., instrumento que serve para medir as distâncias celestes.
U.RA.NO.LO.GIS.TA, adj. 2 gên. e s. 2 gên., Astr., diz-se de, ou aquele que estuda os céus e os astros.
U.RA.NO.PLAS.TI.A, s.f., Med., cirurgia plástica no véu palatino; uraniscoplastia.
U.RA.NO.RA.MA, s.f., visão da esfera celeste; globo móvel com a exposição do sistema planetário.
U.RA.NOS.CO.PI.A, s.f., observação dos fenômenos celestes.
U.RA.NO.SO, adj., Quím., relativo a, ou ao que contém o elemento urânio.
U.RA.TO, s.m., Quím., designação genérica aos sais e ésteres do ácido úrico.
UR.BA.NI.DA.DE, s.f., civilidade, polidez, educação.
UR.BA.NIS.MO, s.m., sistema que zela pela ordem e construção das cidades; educação.
UR.BA.NIS.TA, s. 2 gên., quem trabalha com urbanismo.
UR.BA.NÍS.TI.CO, adj., que se refere a urbano, fino.
UR.BA.NI.ZA.ÇÃO, s.f., ação ou efeito de urbanizar; planejamento de uma cidade ou parte dela que envolve uma série de técnicas e processos; urbanística.
UR.BA.NI.ZA.DO, adj., que passou por processo de urbanização; que se tornou urbano.
UR.BA.NI.ZA.DOR, adj., relativo a urbanização; s.m., especialista em urbanização.
UR.BA.NI.ZAR, v.t. e pron., dar características urbanas a, dar o conforto de uma cidade.
UR.BA.NO, adj., próprio de uma cidade, polido, educado, fino, civilizado.
UR.BE, s.f., cidade.
UR.DI.DEI.RA, s.f., mulher que tece o fio, máquina usada para tecer, urdir o tecido.
UR.DI.DU.RA, s.f., ação ou efeito de urdir.
UR.DI.MEN.TO, s.m., ato ou efeito de urdir; urdidura.
UR.DIR, v.t., colocar fios para obter o tecido; fig., tramar, maquinar.
U.REI.A, s.f., substância eliminada pela urina; tipo de adubo.
U.RE.MI.A, s.f., sintomas que indicam problemas na urina.
U.RÊN.CIA, s.f., ardência, queimadura no ato de urinar.
U.REN.TE, adj., que arde, que queima, ardente, queimante.
U.RE.TER, s.m., cada um dos canais que conduzem a urina dos rins à bexiga.
U.RE.TE.RAL.GI.A, s.f., Med., dor nos ureteres.
U.RE.TÉ.RI.CO, adj., relativo aos ureteres.
U.RE.TE.RI.TE, s.f., Med., inflamação nos ureteres.
U.RE.TE.RO.DI.Á.LI.SE, s.f., Med., rutura de um ureter.
U.RE.TE.RO.LI.TÍ.A.SE, s.f., Med., formação de cálculo nos ureteres.
U.RE.TE.RO.LÍ.TI.CO, adj., que diz respeito a ureterólito.
U.RÉ.TI.CO, adj., o mesmo que diurético; relativo a urina; diz-se de qualquer afecção no aparelho urinário.
U.RE.TRA, s.f., canal final da saída da urina.
U.RE.TRAL, adj., que se refere à uretra.
U.RE.TRAL.GI.A, s.f., dor na uretra.
U.RE.TRÁL.GI.CO, adj., Urol., relativo a uretralgia.
U.RE.TRI.TE, s.f., inflamação da uretra.
U.RE.TROR.RA.GI.A, s.f., expelição de sangue pela uretra.
U.RE.TROR.REI.A, s.f., Urol., corrimento incomum pela uretra.
U.RE.TROS.CO.PI.A, s.f., Urol., exame visual da uretra.
U.RE.TROS.CÓ.PI.CO, adj., Urol., que diz respeito a uretroscopia.
U.RE.TRO.TO.MI.A, s.f. Med., incisão cirúrgica para alargamento do canal da uretra.
UR.GÊN.CIA, s.f., muita pressa, açodamento.
UR.GEN.TE, adj., que precisa ser feito com rapidez, premente, célere.
UR.GIR, v. int., tornar urgente, apressar, que deve ser feito logo, sem demora.
U.RI.CE.MI.A, s.f., Med., presença excessiva e patológica de ácido úrico no sangue.

ÚRICO   821   USUFRUTUAR

Ú.RI.CO, *adj.*, referente à urina humana e animal.
U.RI.NA, *s.f.*, líquido coletado pelos rins e expelido pelos animais.
U.RI.NA.ÇÃO, *s.f.*, ação de urinar, urinada; *pop.*, mijada.
U.RI.NA.DO, *adj.*, mijado, soltada a urina.
U.RI.NAR, *v. int.*, expelir urina, soltar urina.
U.RI.NÁ.RIO, *adj.*, próprio da urina.
U.RI.NOL, *s.m.*, vaso preparado para urinar ou defecar dentro; penico.
U.RI.NO.SO, *adj.*, semelhante a urina; mesmo que urinário.
UR.NA, *s.f.*, caixão de defunto, caixa para colocar objetos, votos.
U.RO.CE.LE, *s.f.*, Med., abscesso causado por infiltração de urina no escroto.
U.RO.DE.LO, *adj.*, Zool., que tem cauda visível; relativo à ordem dos urodelos (salamandras); *s.m.*, espécime dos urodelos.
U.RO.DI.NI.A, *s.f.*, Med., retenção patológica de urina, acompanhada de dor no ato de urinar; disúria.
U.RO.GRA.FI.A, *s.f.*, Med., radiografia no tratamento do aparelho urinário.
U.RO.LI.TO, *s.m.*, Med., cálculo ou pedra formada no aparelho urinário.
U.RO.LO.GI.A, *s.f.*, parte da Medicina que estuda o aparelho urinário.
U.RO.LÓ.GI.CO, *adj.*, Med. relativo a Urologia.
U.RO.LO.GIS.TA, *s. 2 gên.*, quem trabalha com Urologia.
U.RO.PÍ.GIO, *s.m.*, reunião final das vértebras, formando o rabo das aves; mitra.
U.ROS.CO.PI.A, *s.f.*, exame de urina.
UR.RAR, *v. int.*, berrar, dar urros, gritar.
UR.RO, *s.m.*, berro, grito, bramido.
UR.SA, *s.f.*, nome de constelações - Ursa Menor e Ursa Maior.
UR.SA.DA, *s.f.*, traição, safadeza, maldade.
UR.SÍ.DEO, *adj.*, que se refere a urso.
UR.SI.NO, *adj.*, referente a urso, ursídeo.
UR.SO, *s.m.*, quadrúpede mamífero e carnívoro da família dos ursídeos.
UR.SU.LI.NA, *s.f.*, membro da ordem religiosa de Santa Úrsula.
UR.TI.CA.ÇÃO, *s.f.*, ato de urticar; flagelação feita em parte do corpo com urtigas para produzir estimulação no local; desenvolvimento de urticária.
UR.TI.CÁ.CEAS, *s.f., pl.*, família de plantas cujas folhas queimam a pele, como as urtigas.
UR.TI.CAN.TE, *adj.*, que queima a pele, que provoca queimadura.
UR.TI.CAR, *v.t.*, esfregar com urtiga; causar urticação em; urtigar.
UR.TI.CÁ.RIA, *s.f.*, prurido na pele, queimadura leve que surge na pele.
UR.TI.GA, *s.f.*, nome de várias plantas, cujas folhas têm pelos que queimam a pele das pessoas.
UR.TI.GAR, *v. int.*, ferir com urtiga, machucar com urtiga.
U.RU, *s.m.*, tipo de pássaro que vive pelo chão, em bandos.
U.RU.BU, *s.m.*, nome de algumas aves de rapina que se alimentam de carniça.
U.RU.BU-REI, *s.m.*, ave predadora, de plumagem esbranquiçada e bico forte.
U.RU.CU, *s.m.*, urucum, fruto do urucuzeiro; a tinta desse fruto.

U.RU.CU.BA.CA, *s.f., pop.*, azar, caiporismo.
U.RU.CUM, *s.m.*, o mesmo que urutu.
U.RU.CUN.GO, *s.m.*, berimbau.
U.RU.CU.ZEI.RO, *s.m.*, arbusto que produz o urucu.
U.RU.GUAI.O, *adj. e s.m.*, próprio do Uruguai, natural ou habitante desse país.
U.RU.PÊ, *s.m.*, tipo de cogumelo; orelha-de-pau.
U.RU.PE.MA, *s.f.*, urupemba, tipo de peneira.
U.RU.PEM.BA, *s.f., bras.*, o mesmo que urupema.
U.RU.TU, *s. 2 gên.*, cobra cujo veneno é muito forte; veneno mortal.
UR.ZAL, *s.m.*, plantação de urzes.
UR.ZE, *s.f.*, tipo de planta.
U.SA.DO, *adj.*, empregado, habituado, vestido.
U.SAN.ÇA, *s.f.*, hábito, costume, comportamento.
U.SAN.TE, *adj. e s. 2 gên.*, que usa; usuário.
U.SAR, *v.t., int. e pron.*, empregar, fazer uso de, costumar, habituar-se, vestir.
U.SÁ.VEL, *adj.*, que pode ser usado, adequado.
U.SEI.RO, *adj. e s.m.*, que tem o hábito de fazer algo, fazedor, que faz sempre.
U.SI.NA, *s.f.*, indústria própria para grandes produções, empresa para produção de energia elétrica; indústria para produção de açúcar.
U.SI.NA.DO, *adj.*, que se usinou; a que se deu forma.
U.SI.NA.GEM, *s.f.*, ação ou efeito de usinar.
U.SI.NAR, *v.t.*, desbastar, preparar uma peça, adequar às medidas próprias.
U.SI.NEI.RO, *s.m.*, proprietário de uma usina.
U.SI.TAR, *v.t. e pron.*, p.us., servir-se ou usar (de) algo com frequência.
U.SO, *s.m.*, hábito, costume, emprego, modo de ação.
US.TÃO, *s.f.*, ato ou efeito de queimar; combustão; Med., cauterização.
US.TE, *s.f.*, consideração, estima.
US.TÓ.RIO, *adj.*, que serve para queimar; cujo emprego facilita na combustão de alguma coisa.
US.TU.LA.ÇÃO, *s.f.*, Quím., aquecimento do minério de ferro a alta temperatura com presença de ar, para resultar em composto oxigenado; ação de secar ao fogo uma substância úmida.
US.TU.LAR, *v.t.*, Quím., submeter um minério a processo de ustulação; secar (algo) pela ação do calor.
U.SU.AL, *adj.*, costumeiro, comum, tradicional, habitual.
U.SU.A.LI.DA.DE, *s.f.*, caráter do que é usual.
U.SU.Á.RIO, *s.m.*, quem usa algo, quem desfruta de um bem.
U.SU.CA.PI.ÃO, *s.m.*, o uso e desfrute de bens imóveis, adquirido por longa posse e registro legal.
U.SU.CA.PI.EN.TE, *adj. 2 gên.*, diz-se de quem adquiriu o direito de propriedade por usucapião; *s. 2 gên.*, aquele que adquiriu esse direito.
U.SU.CA.PIR, *v.t. e int.*, obter a posse sobre imóvel, terreno, etc., por usucapião.
U.SU.FRU.I.ÇÃO, *s.f.*, ação ou efeito de usufruir.
U.SU.FRU.Í.DO, *adj.*, que foi desfrutado, usado.
U.SU.FRU.I.DOR, *adj. e s.m.*, que ou aquele que usufrui.
U.SU.FRU.IR, *v.t.*, desfrutar, deter o uso, gozo e posse de um bem.
U.SU.FRU.TO, *s.m.*, direito legal de usufruir um bem sem ter a propriedade dele.
U.SU.FRU.TU.AR, *v.t.*, o mesmo que usufruir.

U.SU.FRU.TU.Á.RIO, *adj.*, relativo a usufruto; que usufrui; *s.m.*, aquele que usufrui algo.
U.SU.RA, *s.f.*, avareza, sovinice, ganância.
U.SU.RAR, *v. int.*, emprestar dinheiro a altos juros, exorbitar nos juros.
U.SU.RÁ.RIO, *s.m.*, agiota, avarento, sovina, pão-duro.
U.SUR.PA.ÇÃO, *s.f.*, ação ou efeito de usurpar, esbulho, roubo, apropriação indevida.
U.SUR.PA.DO, *adj.*, tirado, extorquido, arrancado.
U.SUR.PA.DOR, *adj. e s.m.*, esbulhador, ladrão, furtador.
U.SUR.PAR, *v.t.*, pegar algo pela força, apoderar-se de; tirar do dono.
U.TEN.SÍ.LIO, *s.m.*, qualquer objeto, instrumento de trabalho, qualquer objeto da baixela doméstica.
U.TE.RI.NO, *adj.*, que se refere ao útero.
Ú.TE.RO, *s.m.*, órgão feminino musculoso, oco e elástico, no qual se desenvolve o feto.
U.TE.ROR.RA.GI.A, *s.f.*, hemorragia pelo útero.
U.TE.ROS.CO.PI.A, *s.f.*, exame do útero.
U.TE.RO.TO.MI.A, *s.f.*, incisão no útero.
U.TE.RO.TÔ.MI.CO, *adj.*, que diz respeito a uterotomia; histerotômico.
U.TE.RÓ.TO.MO, *s.m.*, instrumento com o qual se faz a uterotomia.
UTI, *s.f.*, sigla de Unidade de Terapia Intensiva.
Ú.TIL, *adj.*, que se pode usar, que serve, proveitoso.
U.TI.LI.DA.DE, *s.f.*, serventia, valor, qualidade para ser usado.
U.TI.LI.TÁ.RIO, *s.m.*, veículo que transporta pequenas cargas e passageiros; caminhonete.
U.TI.LI.TA.RIS.MO, *s.m.*, sistema socioeconômico pelo qual se visa apenas aos bens materiais.
U.TI.LI.TA.RIS.TA, *s. 2 gên.*, adepto do utilitarismo, materialista.
U.TI.LI.ZA.ÇÃO, *s.f.*, uso, serventia, proveito.
U.TI.LI.ZA.DO, *adj.*, usado, servido, aproveitado.
U.TI.LI.ZAR, *v.t. e pron.*, usar, servir-se, ser útil, obter proveito.
U.TI.LI.ZÁ.VEL, *adj.*, que pode ser utilizado, servível.
U.TO.PI.A, *s.f.*, fantasia, irrealidade, quimera, sonho, devaneio.
U.TÓ.PI.CO, *adj.*, relativo a utopia.
U.TO.PIS.TA, *s. 2 gên.*, quem defende utopias, adepto de utopias.
U.TRI.CU.LAR, *adj.*, que se refere ao utrículo.
U.TRI.CU.LA.RI.FOR.ME, *adj.*, o mesmo que utricular.
U.TRÍ.CU.LO, *s.m.*, a maior porção do labirinto membranoso do ouvido.
U.TRI.FOR.ME, *adj.*, que tem a forma de odre.
U.VA, *s.f.*, fruto da videira; *fig.*, mulher muito bonita.
U.VA.DA, *s.f.*, geleia de uva, alimento preparado com uva.
U.VÍ.FE.RO, *adj.*, Poét., que produz frutos semelhantes aos dos cachos de uvas.
U.VI.FOR.ME, *adj.*, que tem a forma do bago de uva.
Ú.VU.LA, *s.f.*, campainha, apêndice no véu palatino.
U.VU.LAR, *adj.*, que se refere à úvula.
U.VU.LÁ.RIO, *adj.*, Anat., o mesmo que uvular.
U.VU.LI.FOR.ME, *adj.*, que tem forma de úvula.
U.VU.LI.TE, *s.f.*, inflamação da úvula.
U.XO.RI.CI.DA, *s.m.*, quem assassina a própria esposa.
U.XO.RI.CÍ.DIO, *s.m.*, assassinato da esposa, pelo marido.
U.XÓ.RIO, *adj.*, próprio da esposa.
UZ.BE.QUE, *s. 2 gên.*, nascido ou que vive no Uzbequistão (Ásia); *adj. 2 gên.*, próprio do Uzbequistão ou de seu povo.

V

V, *s.m.*, a vigésima segunda letra do á-bê-cê; número romano equivalente a 5.
V, símbolo de volt.
VÃ, *adj.*, forma feminina de vão.
VA.CA, *s.f.*, fêmea do touro, do boi; carne de bovino; *fig.*, *pop.*, prostituta, vagabunda.
VA.CA.DA, *s.f.*, manada de vacas, corrida de vacas.
VA.CA-A.TO.LA.DA, *s.f.*, iguaria bem nacional, à base de carne, cozida com aipim, temperos e ambos os ingredientes misturados com bastante molho.
VA.CA-FRI.A, *s.f.*, *expr.*, voltar à vaca-fria: tornar ao mesmo assunto.
VA.CÂN.CI.A, *s.f.*, situação do que ficou vago; lapso no qual algum posto esteve vago, desocupação.
VA.CAN.TE, *adj.*, que está vago, vazio, desocupado.
VA.CAR, *v. int.*, vagar, tornar-se vago, desocupar.
VA.CA.RI.A, *s.f.*, gado, muitas vacas, tropa de gado.
VA.CI.LA.ÇÃO, *s.f.*, hesitação, indecisão, titubeamento.
VA.CI.LA.DA, *s.f.*, *bras.*, bobeada; erro, falha.
VA.CI.LA.DO, *adj.*, hesitado, indeciso, titubeado.
VA.CI.LAN.TE, *adj.*, hesitante, indeciso, pouco firme, titubeante.
VA.CI.LAR, *v.t. e int.*, oscilar, estar inseguro, titubear, hesitar, estar indeciso.
VA.CI.LA.TÓ.RIO, *adj.*, que vacila, titubeante, indeciso.
VA.CI.LO, *s.m.*, hesitação, titubeação, falha, omissão.
VA.CI.NA, *s.f.*, remédio preventivo contra alguma doença aplicado nas pessoas.
VA.CI.NA.ÇÃO, *s.f.*, ação de vacinar, vacina.
VA.CI.NA.DO, *adj.*, imunizado, prevenido, que recebeu a vacina.
VA.CI.NA.DOR, *adj. e s.m.*, que(m) vacina, prevenidor.
VA.CI.NAR, *v.t.*, aplicar um remédio preventivo, injetar vacina.
VA.CI.NÁ.VEL, *adj.*, suscetível de se vacinar.
VA.CI.NE.LA, *s.f.*, Med., erupção vacinal, falsa vacina.
VA.CI.NI.TE, *s.f.*, p.us., erupção vacinal.
VA.CI.NO.TE.RA.PI.A, *s.f.*, parte da terapêutica que trata da aplicação do vacinao.
VA.CUI.DA.DE, *s.f.*, algo vazio, falta, ausência; *fig.*, presunção, altivez.
VA.CUM, *adj. e s.m.*, próprio de todo gado bovino, bovinos.
VÁ.CUO, *adj.*, vazio, sem conteúdo, oco; *s.m.*, espaço totalmente vazio.
VA.CU.O.LA.DO, *adj.*, Biol., que contém vacúolos; provido de vacúolos.
VA.CU.O.LI.ZA.ÇÃO, *s.f.*, processo de formação de vacúolos.
VA.CÚ.O.LO, *s.m.*, pequeníssimo espaço de uma célula, com ar ou algum fluido.
VA.DE.A.ÇÃO, *s.f.*, ação ou resultado de vadear, de passar um rio a vau.
VA.DE.AR, *v.t.*, atravessar um rio a pé, cruzar um rio onde o nível da água é diminuto, atravessar o vau.
VA.DE.Á.VEL, *adj.*, 2 gén., que se pode vadear, que se pode atravessar a vau.
VA.DE-MÉ.CUM, *s.m.*, livro que se pode ter sempre à disposição, com informações gerais sobre temas de alguma disciplina, doutrina, escola.
VA.DI.A.ÇÃO, *s.f.*, vadiagem, malandragem, preguiça, ociosidade.
VA.DI.A.GEM, *s.f.*, ato de vadiar, estar sem fazer nada, vadiação, ociosidade.
VA.DI.AR, *v.t. e int.*, ficar sem nada para fazer, vagabundear.
VA.DI.O, *adj.*, desocupado, ocioso, malandro, vagabundo, preguiçoso.
VA.GA, *s.f.*, onda; lugar vazio, desocupado; lugar para alugar ou trabalhar.
VA.GA.BUN.DA.GEM, *s.f.*, vadiagem, malandragem, ociosidade.
VA.GA.BUN.DAR, *v.int.*, andar à toa; vadiar; vagamundear; passear; viver sem trabalhar.
VA.GA.BUN.DE.AR, *v. int.*, viver na vagabundagem, ociosidade; vadiar.
VA.GA.BUN.DO, *adj.*, vadio, ocioso, malandro, errante, vulgar, vil.
VA.GA.DO, *adj.*, desocupado, liberado, errado.
VA.GA.LHÃO, *s.m.*, onda muito grande, vaga grande, tsunami.
VA.GA-LU.ME, *s.m.*, pirilampo, inseto que acende uma luzinha; vigilante de cinema para mostrar o lugar; lanterninha.
VA.GA.MUN.DE.AR, *v.int.*, o mesmo que vagabundear.
VA.GA.MUN.DO, *adj. e s.m.*, vagabundo, errante, caminhante.
VA.GA.NÃO, *s.m. e adj.*, o mesmo que vadio.
VA.GAN.TE, *adj.*, que vaga, desocupante.
VA.GÃO, *s.m.*, veículo atrelado à locomotiva do trem, para transporte de passageiros e cargas.
VA.GAR, *v.t. e int.*, andar sem rumo, perambular, errar, andar ao léu; desocupar, esvaziar.
VA.GA.RE.ZA, *s.f.*, morosidade, lentidão, lerdeza.
VA.GA.RO.SI.DA.DE, *s.f.*, qualidade, característica, condição do que é vagaroso.
VA.GA.RO.SO, *adj.*, lerdo, demorado, lento, moroso; calmo.
VA.GEM, *s.f.*, invólucro de feijões; recipiente natural da planta para conter as sementes.
VA.GI.DO, *s.m.*, choro de criança recém-nascida, choro de nenê; *fig.*, balido.
VA.GI.FOR.ME, *adj.*, sem forma definida.
VA.GI.NA, *s.f.*, canal do organismo feminino entre a vulva e o útero.
VA.GI.NAL, *adj.*, que se refere a vagina.
VA.GI.NIS.MO, *s.m.*, Med., contração dolorosa da vagina durante o ato sexual.
VA.GI.NI.TE, *s.f.*, inflamação da vagina.
VA.GIR, *v. int.*, emitir vagidos, chorar, balir, chorar fracamente.
VA.GO, *adj.*, desocupado, vazio, incerto, não ocupado, inconstante, indefinido.

VAGONETE · 824 · **VANDALIZAR**

VA.GO.NE.TE, *s.m. e s.f.*, pequeno vagão; trole; var., vagoneta.
VA.GO.TO.MI.A, *s.f.*, Med., procedimento cirúrgico que consiste na seção do nervo vago que inerva o estômago.
VA.GO.TÔ.MI.CO, *adj.*, que diz respeito a vagotomia.
VA.GUE.A.ÇÃO, *s.f.*, vadiagem, devaneio, sonho, imaginação.
VA.GUE.AR, *v.t. e int.*, andar sem rumo, perambular, errar, andar ao léu.
VA.GUE.JAR, *v.int.*, o mesmo que vaguear.
VA.GUI.DA.DE, *s.f.*, qualidade do que é vago, incerto, vagueza.
VAI.A, *s.f.*, manifestação ruidosa de desagrado do público, assuada, apupos.
VAI.A.DO, *adj.*, assuado, apupado, desagradado.
VAI.A.DOR, *adj. e s.m.*, que ou aquele que dá vaias.
VAI.AR, *v.t. e Int.*, dar vaia, assuar, desagradar, apupar.
VAI.DA.DE, *s.f.*, orgulho, soberba, arrogância, presunção.
VAI.DO.SO, *adj.*, orgulhoso, soberbo, arrogante, presunçoso.
VAI.VÉM, *s.m.*, balanço, oscilação, inconstância, insegurança.
VA.LA, *s.f.*, canal para recolher águas, valo, fosso, buraco.
VA.LA CO.MUM, *s.f.*, sepultura na qual são postos vários cadáveres; *fig.*, situação geral para vários.
VA.LA.DA, *s.f.*, região entre montanhas, tifa, vale comprido.
VA.LA.DI.O, *adj.*, em que há valas; cujo telhado é feito de telhas sem argamassa.
VA.LA.DO, *s.m.*, vala pouco funda, vala com tapume, divisória entre propriedades.
VA.LAR, *v.t.*, abrir valas, esburacar; defender com fosso.
VAL.DE.VI.NOS, *s.m.*, tipo vagabundo, boêmio, indivíduo sem rumo.
VA.LE, *s.m.*, parte plana entre dois montes, planura, planície; adiantamento do caixa para alguém; empréstimo em dinheiro a funcionário.
VA.LEI.RA, *s.f.*, vala pequena.
VA.LÊN.CI.A, *s.f.*, Quím., capacidade de ligação de um elemento com o hidrogênio; expressão por um número dessa combinação; valor, validade, valimento.
VA.LEN.TÃO, *adj.*, alguém dado a valentia, briguento, encrenqueiro; *fig., pop.*, barraqueiro.
VA.LEN.TE, *adj.*, destemido, corajoso, denodado.
VA.LEN.TI.A, *s.f.*, coragem, intrepidez, destemor.
VA.LER, *v.t., int. e pron.*, socorrer, auxiliar; ser merecedor, digno; usar, servir-se.
VA.LE.RI.A.NA, *s.f.*, vegetal erbáceo, cujas raízes são usadas como remédio.
VA.LE.TA, *s.f.*, pequeno valo, vala estreita, pequena vala à beira das estradas e ruas para escoar a água.
VA.LE.TE, *s.m.*, carta do baralho com figura, acompanhante de nobres.
VA.LE-TRANS.POR.TE, *s.m.*, benefício concedido a pessoas com subsídio no transporte público, por meio de uma ficha plástica, sendo que o usuário paga apenas 10% do valor e o restante é pago pelo patrão.
VA.LE.TU.DI.NÁ.RIO, *adj. e s.m.*, tipo frágil, alguém dado a doenças, fracote.
VA.LE-TU.DO, *s.m.*, luta corporal na qual os lutadores podem usar de todos os meios e truques; *fig.*, pessoa que não olha os meios, apenas os fins em suas ambições.
VA.LHA.COU.TO, *s.m.*, abrigo, esconderijo, refúgio, local escondido e protegido para bandidos.
VA.LI.A, *s.f.*, valor, quantia, utilidade, serventia.
VA.LI.DA.ÇÃO, *s.f.*, ação ou efeito de validar alguma coisa, confirmação, ratificação, acordo.

VA.LI.DA.DE, *s.f.*, qualidade ou condição do que é válido; período de validade de um produto ou contrato.
VA.LI.DA.DO, *adj.*, legitimado, legalizado, válido.
VA.LI.DAR, *v.t.*, tornar válido, legitimar, legalizar.
VA.LI.DEZ, *s.f.*, valia, validação, validade, valimento.
VA.LI.DIS.MO, *s.m.*, ação, preponderância dos validos; valimento.
VA.LI.DO, *s.m.*, protegido, indivíduo favorito de alguém, protegido do governante.
VÁ.LI.DO, *adj.*, real, legal, certo, justo, valioso, sadio, legítimo.
VA.LI.MEN.TO, *s.m.*, validade, valia, proteção, influência.
VA.LI.O.SO, *adj.*, importante, válido, legítimo, certo, precioso.
VA.LI.SA, *s.f.*, maleta, mala portátil, valise.
VA.LI.SE, *s.f.*, valisa, maleta, mala de mão.
VA.LO, *s.m.*, muro ou parapeito que defende um campo; p. ext., qualquer cerca erigida para a proteção; liça das antigas justas ou torneios; sulco natural ou artificial.
VA.LOR, *s.m.*, quantia, preço, coragem, energia, força; *fig.*, importância, apreço, estima.
VA.LO.RA.ÇÃO, *s.f.*, valorização, importância, validade, apreço.
VA.LO.RA.DO, *adj.*, valorizado, validado, apreciado.
VA.LO.RAR, *v.t.*, emitir julgamento sobre algo, valorizar, atribuir valor a.
VA.LO.RI.ZA.ÇÃO, *s.f.*, valoração, valia, validade.
VA.LO.RI.ZA.DO, *adj.*, valorado, avaliado, validado.
VA.LO.RI.ZA.DOR, *adj. e s.m.*, que(m) avalia, avaliador, calculador.
VA.LO.RI.ZAR, *v.t. e pron.*, atribuir valor, engrandecer, tornar valioso, enobrecer.
VA.LO.RO.SO, *adj.*, valente, intrépido, valioso, corajoso.
VAL.SA, *s.f.*, dança, música e dança.
VAL.SAR, *v. int.*, dançar uma valsa.
VAL.SIS.TA, *s. 2 gên.*, quem dança valsa.
VAL.VA, *s.f.*, cada parte sólida que entra no revestimento do corpo de um molusco, concha.
VAL.VÍ.FE.RO, *adj.*, que contém valvas.
VAL.VI.FOR.ME, *adj. 2 gên.*, que tem a forma de valva ou válvula.
VÁL.VU.LA, *s.f.*, órgão no corpo que intercepta ou deixa fluir líquido; dispositivo para fechar a saída de líquidos ou gás; dispositivo eletrônico em aparelhos.
VÁL.VU.LA DE ES.CA.PE, *s.f.*, todo meio para remediar uma situação difícil, saída para fugir de problemas.
VAL.VU.LA.DO, *adj.*, que tem válvula, que dispõe de válvula.
VAL.VU.LAR, *adj.*, que se refere a válvula.
VAL.VU.LO.PLAS.TI.A, *s.f.*, Med., o mesmo que valvoplastia.
VAM.PI.RIS.MO, *s.m.*, crença imaginária em vampiros, doença.
VAM.PI.RO, *s.m.*, monstro que sairia da sepultura à noite para sugar o sangue de pessoas; *fig.*, quem explora as pessoas, tirando-lhes dinheiro, trabalho ou honra; pequeno morcego que suga sangue.
VAN, *s.f.*, micro-ônibus, camioneta para transportar pessoas, de 8 a 13 lugares.
VA.NÁ.DIO, *s.m.*, elemento químico, metal de símbolo v, número atômico 23.
VAN.DA.LIS.MO, *s.m.*, barbarismo, destruição, incivilidade.
VAN.DA.LI.ZA.ÇÃO, *s.f.*, destruição, incivilização, perda de todos os valores culturais e morais.
VAN.DA.LI.ZA.DO, *adj.*, incivilizado, destruidor, bárbaro.
VAN.DA.LI.ZAR, *v. int. e pron.*, barbarizar, incivilizar, destruir

VÂNDALO

obras de arte.

VÂN.DA.LO, s.m., povo bárbaro da antiga Germânia; *fig.*, destruidor, incivilizado, quem destrói obras de arte e monumentos.

VA.NE.CER, *v. int.*, desvanecer, esmorecer.

VAN.GLÓ.RIA, s.f., autoestima exagerada, vaidade, soberba.

VAN.GLO.RI.AR, *v.t. e pron.*, engrandecer demais, envaidecer, tornar soberbo.

VAN.GLO.RI.O.SO, adj., soberbo, arrogante, envaidecido.

VAN.GUAR.DA, s.f., a parte da frente, a dianteira, o fronte.

VAN.GUAR.DEI.RO, adj., que está na vanguarda, que marcha na frente, que tem visão de futuro.

VAN.GUAR.DIS.TA, *s. 2 gên.*, líder, pessoa que descortina novos horizontes, quem assume novas posições.

VA.NI.LI.NA, s.f., extrato perfumado obtido da baunilha.

VAN.TA.GEM, s.f., superioridade, dianteira, primazia, lucro.

VAN.TA.JO.SO, adj., superior, lucrativo, benéfico.

VAN.TE, s.f., proa, a parte da frente de um navio.

VÃO, adj., inútil, sem valor, fútil, ilusório, frustrado; s.m., intervalo, espaço vazio entre colunas e lances de escada, distância entre os apoios de pontes; *expr.*, em vão - inutilmente.

VA.PO.RA.ÇÃO, s.f., ação ou efeito de vaporar, evaporação.

VA.PO.RA.DO, adj., evaporado, saído, tornado gás.

VA.POR, s.m., líquido em estado gasoso; antigo navio movido a vapor.

VA.PO.RAR, *v.t. e int.*, desprender vapor, evaporar-se.

VA.PO.RÁ.VEL, adj., suscetível de vaporar-se.

VA.PO.RÍ.FE.RO, adj., que conduz ou exala vapores.

VA.PO.RI.ZA.ÇÃO, s.f., evaporação, pulverização.

VA.PO.RI.ZA.DO, adj., evaporado, gaseificado.

VA.PO.RI.ZA.DOR, s.m., aparelho usado para vaporizar um ambiente.

VA.PO.RI.ZAN.TE, *adj. 2 gên.*, que vaporiza; que exala vapor(es).

VA.PO.RI.ZAR, *v.t.*, encher de vapor, tornar vapor, pulverizar.

VA.PO.RI.ZÁ.VEL, adj., que se pode vaporizar; suscetível de evaporação.

VA.PO.RO.SI.DA.DE, s.f., caráter, qualidade de vaporoso.

VA.PO.RO.SO, adj., cheio de vapor, com textura de vapor, leve, volátil, fino.

VAPT-VUPT, interj., ação veloz, rapidez.

VA.QUEI.RA.DA, s.f., grupo de vaqueiros.

VA.QUEI.RO, s.m., quem trabalha com o gado, campeiro; adj., próprio do gado.

VA.QUE.JA.DA, s.f., agrupamento de gado de uma fazenda para diversão.

VA.QUE.JAR, *v. int.*, vaguear, andar à toa.

VA.QUE.TA, s.f., couro macio para forrar objetos.

VA.QUI.NHA, s.f., grupo de indivíduos que se associam para comprar algo ou concorrer a um sorteio em conjunto.

VA.RA, s.f., haste de madeira fina e longa; divisão de função de juiz em um fórum; manada de porcos; pau, bordão, cajado.

VA.RA.ÇÃO, s.f., varadouro, transporte de embarcação por terra, para evitar pontos acidentados, quedas-d'água em um rio.

VA.RA.DA, s.f., golpe com uma vara, pancada.

VA.RA.DO, adj., atravessado, passado, cruzado.

VA.RA.DOR, s.m., indivíduo que mede a capacidade dos tonéis ou pipas com auxílio de uma vara.

VA.RA.DOU.RO, s.m., atravessadouro, local para carregar embarcações para adentrar depois do desnível do rio, lugar para recolher barcos.

VARIZES

VA.RAL, s.m., armação para atrelar o cavalo nas carroças; armação feita de arames para colocar a roupa a secar, textos e poemas expostos.

VA.RA.ME, s.m., porção de varas (de madeira).

VA.RAN.DA, s.f., sacada, balcão, terraço, alpendre.

VA.RAN.DIM, s.m., varanda estreita.

VA.RÃO, s.m., pessoa do sexo masculino, homem honrado.

VA.RA.PAU, s.m., cajado, bordão, pau comprido para atravessar um rio.

VA.RAR, *v.t.*, atravessar, cruzar, ir além, transpor.

VA.RE.DO, s.m., conjunto das vigotas que sustentam o ripado no telhado.

VA.REI.O, s.m., *bras.*, S, *pop.*, ato ou efeito de variar; delírio, desvario; repreensão, sova, susto.

VA.RE.JA, s.f., tipo de mosca, varejeira.

VA.RE.JA.DOR, *adj. e s.m.*, que(m) trabalha no varejo, varejista.

VA.RE.JÃO, s.m., vara comprida, loja para venda de produtos populares, do tipo "um-e-noventa-e-nove".

VA.RE.JAR, *v.t. e int.*, bater com vara em, derrubar frutas das árvores com uma vara, desgastar, atirar.

VA.RE.JEI.RA, s.f., mosca que deposita ovos ou larvas nas feridas ou na carne, trazendo danos à saúde.

VA.RE.JIS.TA, *adj. e s. 2 gên.*, quem vende no varejo, quem vende pequenas porções.

VA.RE.JO, s.m., sistema de vendas em pequenas quantidades.

VA.RE.TA, s.f., uma vara pequena, hastes metálicas finas de vários objetos, vara para carregar armas.

VAR.GE, s.f., *p.us.*, o mesmo que várzea.

VÁR.GEA, s.f., o mesmo que várzea.

VAR.GE.DO, s.m., vargem, várzea extensa, planície longa e larga.

VAR.GEM, s.f., várzea, planície, varge.

VAR.GI.NHA, s.f., uma vargem pequena.

VA.RI.A.BI.LI.DA.DE, s.f., qualidade do que é variável, diversidade, variação.

VA.RI.A.ÇÃO, s.f., variabilidade, ação ou efeito de variar, mudança, variante, inconstância.

VA.RI.A.DO, adj., diferente, diverso, vário, diferenciado.

VA.RI.AN.TE, adj., que varia, que muda, diferente; s.f., as formas variadas de uma palavra, objeto; estrada secundária.

VA.RI.AR, *v.t., int. e pron.*, diferenciar, mudar, tornar-se diferente, modificar, desvairar, enlouquecer.

VA.RI.Á.VEL, adj., mutável, que muda, que sofre transformações, flexível.

VA.RI.CE.LA, s.f., doença, catapora.

VA.RI.CO.SO, adj., sensível a varizes, que tem varizes.

VA.RI.E.DA.DE, s.f., diversidade, variação, instabilidade, mudança.

VA.RI.E.DA.DES, *s.f., pl.*, apresentações em televisão com assuntos diversos.

VA.RI.E.GA.ÇÃO, s.f., ação ou efeito de variegar, matiz, nuança.

VA.RI.E.GA.DO, adj., vário, variado, diverso, diversificado.

VA.RI.E.GAR, *v.t.*, diversificar, variar.

VÁ.RIO, adj., matizado, variegado, diverso, mutável, diferente.

VA.RÍ.O.LA, s.f., doença que ataca a pele, bexiga.

VA.RI.Ó.LI.CO, adj., *Med.*, relativo a varíola; varioloso.

VA.RI.O.LOI.DE, s.f., *Med.*, forma fraca de varíola; *adj. 2 gên.*, *Med.*, semelhante à varíola; varioliforme.

VA.RI.O.LO.SO, adj., variólico, que sofre de varíola.

VA.RI.ZES, s.f., veias dilatadas, sobretudo nas pernas e coxas.

VA.RO.NI.A, *s.f.*, descendência pela linha paterna.
VA.RO.NIL, *adj.*, forte, duro, vigoroso, valente, audaz, ousado.
VA.RO.NI.LI.DA.DE, *s.f.*, virilidade, situação de quem é varonil.
VAR.RÃO, *s.m.*, cachaço, porco macho, porco reprodutor.
VAR.RE.ÇÃO, *s.f.*, varredura, ato de varrer, recolher tudo.
VAR.RE.DE.LA, *s.f.*, pequena varrida, varredura leve.
VAR.RE.DOR, *s.m.*, quem varre, limpador, faxineiro; navio que caça minas submarinas.
VAR.RE.DOU.RO, *s.m.*, tipo de vassoura com que se varrem as cinzas do forno de pão.
VAR.RE.DU.RA, *s.f.*, ação de varrer, limpeza, investigação, rastreamento, faxina total.
VAR.RER, *v.t., int. e pron.*, limpar com a vassoura, despoluir, higienizar; tirar tudo de uma região, arrancar, vasculhar, assolar.
VAR.RI.ÇÃO, *s.f.*, varredura, varreção.
VAR.RI.DO, *adj.*, limpo, despoluído, higienizado; sacudido.
VAR.SO.VI.A.NO, *adj. e s.m.*, natural, referente, habitante de Varsóvia, capital da Polônia.
VÁR.ZE.A, *s.f.*, baixada, planície, planura, superfície plana à margem de rios.
VAR.ZE.A.NO, *adj.*, próprio de várzea, de planície; futebol jogado por amadores.
VAR.ZI.A.NO, *adj.*, relativo a várzea; varzino; *pej.*, suburbano; *bras.*, S, Fut., time de futebol que treina em várzea.
VA.SA, *s.f.*, recipiente na extremidade do monjolo que, enchido de água, movimenta o pilão; recipiente nas casas de sítio para lavar a louça; lodo, lama, borra, sedimento no fundo das águas.
VA.SA.MEN.TO, *s.m.*, transbordamento de líquido, material líquido que escorre de um recipiente.
VA.SAR, *v. int.*, o líquido passa por cima da borda da vasa; *fig.*, sair por canais não oficiais.
VAS.CA, *s.f.*, convulsão, agonia, ataque convulsivo muito forte.
VAS.CO.LE.JA.DO, *adj.*, agitado, mexido.
VAS.CO.LE.JA.DOR, *adj. e s.m.*, agitador, quem vascoleja.
VAS.CO.LE.JA.MEN.TO, *s.m.*, agitação, sacudidela.
VAS.CO.LE.JAR, *v.t.*, agitar um líquido dentro de um vaso.
VAS.CU.LAR, *adj.*, que se refere a vasos sanguíneos.
VAS.CU.LA.RI.DA.DE, *s.f.*, propriedade do que é vascular.
VAS.CU.LA.RI.ZA.ÇÃO, *s.f.*, atuação de vasos vasculares.
VAS.CU.LA.RI.ZA.DO, *adj.*, Anat., Med., em que há vascularização; diz-se de parte do corpo ou tecido provido de muitos vasos.
VAS.CU.LA.RI.ZAR, *v.t.*, Med., promover a irrigação vascular.
VAS.CU.LI.LHA, *s.f.*, investigação, pesquisa, perquirição.
VAS.CU.LHA.DO, *adj.*, que se vasculhou; que se procurou minuciosamente para se achar alguém ou algo.
VAS.CU.LHA.DOR, *s.m.*, vasculho, uma vassoura com cabo longo, para fazer faxinas nos tetos e beirais.
VAS.CU.LHA.MEN.TO, *s.m.*, ato ou efeito de vasculhar, de procurar ou investigar alguém ou algo de modo minucioso.
VAS.CU.LHAR, *v.t.*, investigar, pesquisar, perquirir, varrer, buscar tudo, varrer com vasculho.
VAS.CU.LHO, *s.m.*, vasculhador; vassoura grande e longa.
VAS.CU.LO.CE.RE.BRAL, *adj.*, 2 gên., Anat., relativo aos vasos sanguíneos do cérebro.
VA.SEC.TO.MI.A, *s.f.*, Med., pequena cirurgia médica masculina, visando à esterilização.
VA.SEC.TÔ.MI.CO, *adj.*, Med., relativo a vasectomia.
VA.SEC.TO.MI.ZA.DO, *adj.*, Med., que sofreu vasectomia; *s.m.*, homem que se submeteu a vasectomia.
VA.SE.LI.NA, *s.f.*, tipo de substância gordurosa para lubrificar locais.
VA.SI.LHA, *s.f.*, recipiente para recolher coisas, líquidos; bacia.
VA.SI.LHA.ME, *s.m.*, porção de vasilhas; garrafa vazia, conjunto de recipientes.
VA.SI.NI.BI.DOR, *adj. e s.m.*, que inibe a ação dos nervos vasomotores.
VA.SO, *s.m.*, recipiente comum; recipiente usado para plantar folhagens e flores; urinol, penico, sanitário; órgão do corpo humano.
VA.SO.MO.TOR, *s.m.*, órgão do corpo que provoca a dilatação dos vasos sanguíneos.
VA.SO SA.NI.TÁ.RIO, *s.m.*, utensílio de louça, usado no banheiro para as necessidades básicas das pessoas, urina e dejetos.
VAS.QUE.AR, *v.t. e int.*, tornar-se raro, rarear.
VAS.QUEI.RO, *adj.*, raro, escasso, difícil de encontrar.
VAS.QUE.JAR, *v.t. e int.*, convulsionar-se, ter convulsões.
VAS.QUE.JO, *s.m.*, ação ou resultado de vasquejar; convulsão; oscilação.
VAS.SA.LA.GEM, *s.f.*, situação na qual alguém é vassalo, servo; *fig.*, dependência, subordinação.
VAS.SA.LAR, *v. int.*, tornar vassalo.
VAS.SA.LO, *adj. e s.m.*, quem dependia do senhor feudal; subordinado, que paga tributos a outro; dependente, submisso.
VAS.SOU.RA, *s.f.*, utensílio para varrer, limpar; um tipo de planta comum em nossas capoeiras.
VAS.SOU.RA.DA, *s.f.*, golpe com a vassoura; varrida, varredura.
VAS.SOU.RAL, *s.m.*, terreno coberto de plantas chamadas vassouras.
VAS.SOU.RAR, *v.t. e int.*, varrer, limpar, despoluir.
VAS.SOU.REI.RO, *s.m.*, quem fabrica vassouras, quem vende vassouras.
VAS.SOU.RI.NHA, *s.f.*, pequena vassoura; Bot., nome de várias plantas de diferentes famílias, como a vassoura-d'água, vassoura-do-brejo, etc.
VAS.TA.DOR, *adj. e s.m.*, o mesmo que devastador.
VAS.TAR, *v.t.*, o mesmo que devastar.
VAS.TE.ZA, *s.f.*, o mesmo que vastidão.
VAS.TI.DÃO, *s.f.*, imensidão, grande extensão, algo imenso.
VAS.TO, *adj.*, imenso, muito grande, enorme.
VA.TA.PÁ, *s.m.*, prato da cozinha baiana, feito com farinha de mandioca, pimenta, azeite de dendê, camarão, peixe e leite de coco.
VA.TE, *s.m.*, poeta, profeta, vaticinador.
VA.TI.CA.NO, *s.m.*, local em que reside o papa, dentro de Roma.
VA.TI.CI.NA.ÇÃO, *s.f.*, previsão, profetização, prenúncio.
VA.TI.CI.NA.DO, *adj.*, previsto, profetizado, prenunciado.
VA.TI.CI.NA.DOR, *adj. e s.m.*, profeta, previdente, prenunciador.
VA.TI.CI.NAR, *v.t.*, profetizar, prenunciar, prever, prognosticar.
VA.TI.CÍ.NIO, *s.m.*, profecia, previsão, prognóstico.
VAU, *s.m.*, parte de um rio onde se pode atravessar a pé ou a cavalo.
VA.VAS.SA.LO, *s.m.*, vassalo de vassalo.
VA.ZA, *s.f.*, conjunto de cartas, mão de cartas, jogadas num único lance.
VA.ZA.DO, *adj.*, que (se) vazou.

VAZADOR

VA.ZA.DOR, *s.m.*, instrumento para furar, esburacar.
VA.ZA.DOU.RO, *s.m.*, onde os líquidos escapam, somem; sorvedouro.
VA.ZA.MEN.TO, *s.m.*, local por onde sai líquido.
VA.ZAN.TE, *s.f.*, refluxo, maré baixa; nível de rio muito baixo.
VA.ZÃO, *s.f.*, vazamento, escoamento, o quanto passa de água de um rio, consumo.
VA.ZAR, *v.t., int. e pron.*, esvaziar, tornar vazio, escoar, furar; espalhar notícia, contar.
VA.ZI.A.MEN.TO, *s.m.*, esvaziamento.
VA.ZI.AR, *v.t. e int.*, esvaziar.
VA.ZI.O, *adj.*, oco, sem conteúdo, vago, desocupado, fútil, leviano.
VÊ, *s.m.*, nome da letra v.
VE.A.ÇÃO, *s.f.*, caça de animais selvagens.
VE.A.DEI.RO, *s.m.*, cachorro adestrado para a caça de veados.
VE.A.DO, *s.m.*, animal da família dos cervídeos, cervo.
VE.DA.ÇÃO, *s.f.*, fechamento, tapume, calafetação, proibição.
VE.DA.DO, *adj.*, fechado, cerrado, proibido.
VE.DA.DOR, *adj. e s.m.*, que ou quem veda; que serve para vedar ou o que faz vedar.
VE.DAN.TE, *adj. 2 gên. e s. 2 gên.*, que ou aquilo que veda ou serve para vedar.
VE.DAR, *v.t., int. e pron.*, fechar, encerrar, proibir, tolher.
VE.DÁ.VEL, *adj.*, que se pode vedar.
VE.DAS, *s.m., pl.*, compilação do sistema religioso vigente na Índia, voltado a um modo de vida de profunda meditação, busca de domínio para combater a dor e a doença; remonta há mais de seis mil anos antes de Cristo.
VE.DE.TA, *s.f.*, guarita em fortaleza, no ângulo ou mesmo no quartel.
VE.DE.TE, *s.f.*, vedeta, artista famosa, pessoa do palco com relevo; esnobe.
VE.DE.TIS.MO, *s.m.*, atitude de vedete, esnobismo.
VE.DIS.TA, *s. 2 gên.*, pessoa especialista em Vedas.
VE.EI.RO, *s.m.*, filão, veio.
VE.E.MÊN.CIA, *s.f.*, exaltação, estado de estar veemente.
VE.E.MEN.TE, *adj.*, impetuoso, sem domínio, nervoso, caloroso, vivaz, ousado.
VE.GE.TA.BI.LI.DA.DE, *s.f.*, propriedade do que é vegetal.
VE.GE.TA.ÇÃO, *s.f.*, flora, conjunto de vegetais, cobertura florestal.
VE.GE.TA.CI.O.NAL, *adj. 2 gên.*, relativo ou pertencente aos vegetais.
VE.GE.TAL, *adj. e s.m.*, toda e qualquer planta ou erva; relativo aos vegetais.
VE.GE.TA.LIS.MO, *s.m.*, sistema de vegetalistas; estilo em que predominam formas vegetais; conjunto de vegetais, plantas.
VE.GE.TA.LI.ZAR, *v.t. e pron.*, dar forma de vegetal, tornar vegetal.
VE.GE.TAN.TE, *adj. 2 gên.*, que vegeta; que propicia a vegetação.
VE.GE.TAR, *v.t. e int.*, viver como planta, crescer; viver sem consciência.
VE.GE.TA.RI.A.NO, *adj. e s.m.*, pessoa que come apenas vegetais.
VE.GE.TA.TI.VO, *adj.*, próprio do vegetal, que cresce como vegetal, que vive sem consciência do que faz.
VE.GE.TÁ.VEL, *adj.*, que vegeta, que pode vegetar.
VE.GE.TO.MI.NE.RAL, *adj.*, que tem natureza mineral e vegetal.

VELINO

VEI.A, *s.f.*, vaso capitular que leva o sangue ao coração; tendência, inspiração.
VEI.CU.LA.ÇÃO, *s.f.*, ato ou efeito de veicular; levar (algo ou mensagem) por meio de veículos; p. ext., divulgação.
VE.I.CU.LA.DO, *adj.*, transmitido, referido, divulgado.
VE.I.CU.LA.DOR, *adj.*, que veicula; *s.m.*, aquele que veicula.
VE.I.CU.LAR, *v.t.*, referir, transmitir, propagandear, divulgar.
VE.Í.CU.LO, *s.m.*, carro, automóvel, condução, transporte; meio de comunicação.
VEI.GA, *s.f.*, terra cultivada, plantação.
VEI.O, *s.m.*, camada de terra, de madeira notável pela cor, existência de metal na terra; nascente, fonte, filão.
VEI.RA.DO, *adj.*, Her., diz-se do escudo que tem veiros.
VEI.RO, *s.m.*, Her., cada um dos metais dos brasões, alternando-se em azul e prata; *s.m. e pl.*, pele fina e preciosa como o arminho e a zibelina.
VE.LA, *s.f.*, peça de lona usada para impelir o veleiro com o vento; peça feita de matéria gordurosa com pavio, para iluminar; peça de carro.
VE.LA.ÇÃO, *s.f.*, ação de velar, velamento.
VE.LA.CHO, *s.m.*, vela dos mastros da proa.
VE.LA.DA, *s.f.*, ação de velar; vigília.
VE.LA.DO, *adj.*, que está coberto por véu, oculto, disfarçado.
VE.LA.DOR, *adj. e s.m.*, vigilante, atalaia, vigia.
VE.LA.DU.RA, *s.f.*, ato ou efeito de velar, vigiar; ato ou efeito de velar, cobrir.
VE.LA.ME, *s.m.*, conjunto de velas.
VE.LA.MEN.TO, *s.m.*, ação ou efeito de velar.
VE.LAR, *v.t. e pron.*, ocultar, colocar um véu; vigiar; passar a noite com o cadáver; cuidar de um doente.
VE.LA.RI.ZA.ÇÃO, *s.f.*, Fonét., passagem de um fonema de certa categoria a outro de natureza velar.
VE.LEI.DA.DE, *s.f.*, ilusão, capricho, leviandade.
VE.LEI.RO, *s.m.*, embarcação movida por vela.
VE.LA.RI.ZAR, *v.t. e int.*, Fon., executar ou dar-se o fenômeno da velarização.
VE.LE.JAR, *v.t. e int.*, navegar um barco a vela.
VE.LHA, *s.f.*, mulher idosa; *pop.*, a mamãe, a esposa.
VE.LHA.CA.DA, *s.f.*, ação de velhaco, grupo de velhacos.
VE.LHA.CAR, *v.t. e int.*, ter comportamento ou atitude de velhaco; ludibriar, enganar (alguém).
VE.LHA.CA.RI.A, *s.f.*, safadeza, patifaria, sem-vergonhice.
VE.LHA.CO, *adj.*, trapaceiro, safado, enganador, fraudador, patife.
VE.LHA.CÓ.RIO, *s.m.*, grande velhaco.
VE.LHA.DA, *s.f.*, grupo de velhos.
VE.LHA.QUE.AR, *v. int.*, proceder como velhaco, safadear, furtar, lograr.
VE.LHA.RI.A, *s.f.*, coisa velha e sem valor, traste, algo velho, arcaico.
VE.LHI.CE, *s.f.*, situação de quem está velho, idade avançada, decrepitude.
VE.LHO, *adj.*, idoso, ancião; usado, gasto, ultrapassado, em desuso; *s.m.*, homem ancião; *fam.*, o pai.
VE.LHO.TE, *s.m.*, pessoa mais velha; pessoa velha, mas disposta.
VE.LHUS.CO, *adj. e s.m*, velho, idoso; velhote, velhustro.
VE.LHUS.TRO, *adj. e s.m.*, velhusco.
VE.LI.CA.TI.VO, *adj.*, que punge, que irrita.
VE.LÍ.FE.RO, *adj.*, diz de embarcação que tem velas.
VE.LI.NO, *adj.*, que se assemelha a pergaminho.

VE.LO, *s.m.*, lã de carneiro, ovelha.
VE.LO.CI.DA.DE, *s.f.*, celeridade, rapidez.
VE.LO.CI.ME.TRI.A, *s.f.*, medição da velocidade de algo.
VE.LO.CÍ.ME.TRO, *s.m.*, instrumento para medir a velocidade.
VE.LO.CÍ.NO, *s.m.*, pele, couro de carneiro, ovelha, cordeiro com pelos; na Mitologia, o carneiro de ouro.
VE.LO.CÍ.PE.DE, *s.m.*, triciclo, brinquedo para crianças.
VE.LO.CI.PE.DI.A, *s.f.*, arte de andar em velocípede; ciclismo.
VE.LO.CI.PE.DIS.MO, *s.m.*, o mesmo que velocipedia.
VE.LO.CI.PE.DIS.TA, *s. 2 gên.*, pessoa que guia velocípede.
VE.LO.CIS.TA, *s. 2 gên., bras.* Esp., atleta especializado em corrida de velocidade.
VE.LÓ.DRO.MO, *s.m.*, local com pistas para corridas de bicicletas.
VE.LÓ.RIO, *s.m.*, ação em que as pessoas velam um defunto.
VE.LO.SO, *adj.*, lanoso, felpudo, com pelos longos e macios.
VE.LOZ, *adj.*, ligeiro, célere, rápido.
VE.LU.DI.LHO, *s.m.*, tecido semelhante ao veludo, menos encorpado.
VE.LU.DO, *s.m.*, tecido com um lado peludo e macio.
VE.LU.DO.SO, *adj.*, macio, aconchegante; *fig.*, carinhoso.
VE.NAL, *adj.*, vendível, negociável, valor de mercadoria; *fig.*, corrupto, fraudulento; próprio da veia, venoso.
VE.NA.LI.DA.DE, *s.f.*, corrupção, fraude, atitude de quem se vende por dinheiro.
VE.NA.LI.ZAR, *v.t.*, tornar venal.
VE.NAL.MEN.TE, *adv.*, de modo venal, com venalidade.
VE.NA.TÓ.RIO, *adj.*, próprio da caça, referente à arte da caça.
VEN.CE.DOR, *s.m.*, vitorioso, dominador, quem vence.
VEN.CER, *v.t., int. e pron.*, dominar, subjugar, ganhar o jogo, ser vencedor, destruir.
VEN.CI.DA, *s.f.*, ação ou resultado de vencer ou de ser vencido.
VEN.CI.DO, *adj.*, perdedor, derrotado, dominado, subjugado.
VEN.CI.MEN.TO, *s.m.*, prazo para pagar; fim, término, remuneração.
VEN.CÍ.VEL, *adj.*, que pode ser vencido.
VEN.DA, *s.f.*, ato de vender, vendagem; faixa com que se tapam os olhos.
VEN.DA.DO, *adj.*, tapado, escondido, ocultado.
VEN.DA.GEM, *s.f.*, ação de vender, venda; ato de vender algo.
VEN.DAR, *v.t.*, tapar com venda, esconder com um pano.
VEN.DA.VAL, *s.m.*, trovoada, tempestade, temporal, tufão.
VEN.DÁ.VEL, *adj.*, que se pode vender, negociável, vendível.
VEN.DE.DEI.RA, *s.f.*, mulher que vende pelas ruas, nos mercados, nas feiras, etc.
VEN.DE.DOR, *s.m.*, quem vende, negociante.
VEN.DEI.RO, *s.m.*, proprietário de venda.
VEN.DER, *v.t. e pron.*, entregar um produto mediante pagamento; trocar mercadoria por dinheiro.
VEN.DE.TA, *s.f.*, vingança, desforra.
VEN.DI.ÇÃO, *s.f.*, ação ou efeito de vender, negociação para vender.
VEN.DI.DO, *adj.*, negociado, entregue mediante pagamento; *fig.*, subornado.
VEN.DI.LHÃO, *s.m.*, vendedor ambulante, quem negocia objetos sagrados, simoníaco.
VEN.DÍ.VEL, *adj.*, vendável, negociável.
VEN.DOR, *s.m.*, Econ., tipo de crédito em que a empresa transfere financiamento a uma instituição financeira, que paga o valor à vista do preço do produto, que foi vendido a prestação.

VE.NÉ.FI.CO, *adj.*, venenoso, maléfico, pernicioso.
VE.NE.NÍ.FE.RO, *adj.*, que contém veneno, envenenador.
VE.NE.NO, *s.m.*, tóxico, substância que pode matar ou perturbar o organismo.
VE.NE.NO.SO, *adj.*, cheio de veneno, tóxico, peçonhento, prejudicial.
VE.NE.RA, *s.f.*, condecoração, crachá, identificação.
VE.NE.RA.ÇÃO, *s.f.*, apreciação, respeito, culto, memória.
VE.NE.RA.DO, *adj.*, reverenciado, respeitado, amado, preferido.
VE.NE.RA.DOR, *adj. e s.m.*, reverenciador, respeitador.
VE.NE.RAN.DO, *adj.*, venerável, reverente.
VE.NE.RAR, *v.t.*, reverenciar, respeitar, amar, reter na memória.
VE.NE.RÁ.VEL, *adj.*, digno de ser venerado, respeitável, digno.
VE.NÉ.REO, *adj.*, erótico, relativo ao sexo, referente a Vênus, deusa do amor; que se refere a doenças sexualmente transmissíveis.
VE.NE.RE.O.LO.GI.A, *s.f.*, Med., ramo da medicina responsável pelo estudo das doenças venéreas.
VE.NE.RE.O.LÓ.GI.CO, *adj.*, relativo a venereologia.
VE.NE.RE.O.LO.GIS.TA, *s. 2 gên.*, especialista em venereologia.
VE.NE.TA, *s.f.*, acesso de loucura, impulso, ataque, mania; *expr.*, dar na veneta = fazer à vontade.
VE.NE.ZI.A.NA, *s.f.*, tipo de janela feita com lâminas de madeira, deixando um espaço entre um e outro sarrafo.
VE.NE.ZI.A.NO, *adj. e s.m.*, natural, referente ou habitante de Veneza.
VE.NE.ZU.E.LA.NO, *adj. e s.m.*, próprio da Venezuela ou seu habitante.
VÊ.NIA, *s.f.*, etiqueta, gesto nobre, mesura, reverência; licença, escusa, perdão.
VE.NI.AL, *adj.*, próprio da vênia, desculpável, pecado leve.
VE.NO.SO, *adj.*, referente ao sangue com gás carbônico, que é purificado pelos pulmões.
VEN.TA, *s.f.*, nariz, cada uma das fossas nasais.
VEN.TA.NA, *s.f.*, tipo de janela; lus., abertura na parte superior de uma torre em que estão os sinos; sineira.
VEN.TA.NE.AR, *v.t.*, abanar, ventilar.
VEN.TA.NI.A, *s.f.*, vendaval, vento forte, furacão.
VEN.TA.NI.O, *adj.*, o mesmo que ventoso.
VEN.TAR, *v.t. e int.*, deslocar o ar, soprar o ar.
VEN.TA.RO.LA, *s.f.*, tipo de leque.
VEN.TI.LA.ÇÃO, *s.f.*, passagem de ar num ambiente, troca do ar viciado por puro.
VEN.TI.LA.DO, *adj.*, arejado, despoluído, debatido.
VEN.TI.LA.DOR, *s.m.*, eletrodoméstico movido a eletricidade, para fazer o ar circular.
VEN.TI.LAN.TE, *adj.*, que ventila; que determina a produção de correntes de ar; flutuante.
VEN.TI.LAR, *v.t. e pron.*, arejar, despoluir, fazer o ar deslocar-se; discutir, refletir sobre, trazer para debate.
VEN.TI.LA.TÓ.RIO, *adj.*, que ventila; que auxilia na ventilação (inclusive pulmonar).
VEN.TO, *s.m.*, o ar em movimento, corrente de ar.
VEN.TO.I.NHA, *s.f.*, instrumento pequeno para provocar vento, peça do motor do automóvel, hélice.
VEN.TO.I.NHAR, *v.int.*, andar como ventoinha ou cata-vento, andar rodopiando; doidejar.
VEN.TOR, *s.m.*, cão de faro apurado.
VEN.TO.SA, *s.f.*, objeto usado para fazer o sangue afluir

à superfície.
VEN.TO.SI.AR, v.int., soltar gases, flatulências.
VEN.TO.SI.DA.DE, s.f., flatulência, expulsão barulhenta de gases.
VEN.TO.SO, adj., com vento, vento intenso.
VEN.TRAL, adj., próprio do ventre, do estômago, estomacal.
VEN.TRE, s.m., abdome, barriga; fig., útero.
VEN.TRI.CO.SO, adj., Bot., que tem a parte inferior dilatada.
VEN.TRI.CU.LAR, adj., que se refere ao ventrículo.
VEN.TRI.CU.LI.TE, s.f., inflamação dos ventrículos.
VEN.TRÍ.CU.LO, s.m., pequenas cavidades de alguns órgãos, como as duas do coração.
VEN.TRI.LO.QUI.A, s.f., habilidade de falar pelo ventre.
VEN.TRÍ.LO.QUO, s.m., pessoa que fala sem abrir a boca, dando a impressão de que fala pela barriga.
VEN.TRU.DO, adj., barrigudo, pançudo, ventre volumoso.
VEN.TU.RA, s.f., sorte, fortuna, dita, destino.
VEN.TU.RAN.ÇA, s.f., ant., aventurança, ventura.
VEN.TU.RO.SO, adj., feliz, ditoso, alegre, próspero.
VÊ.NUS, s.f., planeta chamado de estrela da manhã, estrela vésper, estrela do pastor; mulher dotada de grande beleza física.
VE.NU.SI.A.NO, adj., relativo ao planeta Vênus; s.m., suposto habitante deste planeta.
VE.NUS.TO, adj., belíssimo, formoso, belo, magnífico.
VER, v.t., int. e pron., apreciar por meio dos olhos, enxergar, olhar, perceber, notar, distinguir, visitar, conhecer, examinar, calcular, mirar.
VE.RA.CI.DA.DE, s.f., verdade, qualidade do que é veraz.
VE.RA.NE.AR, v. int., passar o verão a passeio; ficar na praia.
VE.RA.NEI.O, s.m., ato de veranear, de aproveitar o verão com lazer e descanso.
VE.RA.NI.CO, s.m., período breve com calor intenso; verão forte, fora de época.
VE.RA.NIL, adj. 2 gên., relativo a, ou próprio de verão; estival.
VE.RA.NIS.TA, s. 2 gên., quem veraneia, turista.
VE.RÃO, s.m., estação do calor, estação quente.
VE.RAZ, adj., verdadeiro, vero, que se refere à verdade, que só fala a verdade.
VER.BA, s.f., cláusula de um contrato, quantia de dinheiro com destinação própria, dinheiro.
VER.BAL, adj., próprio do verbo, falado, oral, dito.
VER.BA.LIS.MO, s.m., expressão somente verbal, predominância de palavras sem ações, culto literário das palavras e expressões, busca de palavras especiais.
VER.BA.LIS.TA, adj. 2 gên., relativo ao verbalismo; que pratica o verbalismo; s. 2 gên., aquele que pratica o verbalismo.
VER.BA.LI.ZA.ÇÃO, s.f., exposição oral, fala oral, referência verbal.
VER.BA.LI.ZA.DO, adj., falado, dito, referido, exposto, proferido.
VER.BA.LI.ZAR, v.t., falar, referir por palavras, expor falando.
VER.BE.NA, s.f., planta com flores belas, usada para obter licor ou infusões.
VER.BE.RA.ÇÃO, s.f., ato ou efeito de verberar; Fís., ant., vibração do ar que produz som.
VER.BE.RA.DOR, adj. e s.m., que ou o que verbera.
VER.BE.RAN.TE, adj. 2 gên. e s. 2 gên., que ou o que verbera; verberador.
VER.BE.RAR, v.t., castigar, penalizar, açoitar, censurar, advertir; brilhar.
VER.BE.RA.TI.VO, adj., próprio para verberar, açoitar.
VER.BE.TE, s.m., nota, dito, conceito, acepção de uma palavra, referência.
VER.BO, s.m., termo, palavra, locução; palavra conjugada que traduz ação, estado ou fenômeno; expressão bíblica para designar Jesus Cristo; fig., soltar o verbo - expressar palavras duras.
VER.BOR.RA.GI.A, s.f., verborreia, falação, discurso longo e sem sentido, psitacismo.
VER.BOR.RÁ.GI.CO, adj., relativo a verborragia; diz-se de quem fala muito sem conteúdo.
VER.BOR.REI.A, s.f., verborragia, falação, discurso longo e enfadonho.
VER.BOR.REI.CO, adj., relativo a verborreia.
VER.BO.SI.DA.DE, s.f., loquacidade, falação, enganação.
VER.BO.SIS.MO, s.m., o mesmo que verbosidade.
VER.BO.SO, adj., loquaz, falador, falastrão, enganador.
VER.DA.CHO, adj., de tom verde ou quase verde; esverdeado; s.m., tinta de tom esverdeado.
VER.DA.DE, s.f., exatidão, justeza, boa fé, o que é real de fato.
VER.DA.DEI.RO, adj., exato, justo, certo, real, verídico, próprio, autêntico.
VER.DAS.CA, s.f., vara fina e flexível para vergastar, açoitar, surrar.
VER.DAS.CA.DA, s.f., pancada com verdasca.
VER.DAS.CAR, v.t., chicotear, surrar, açoitar.
VER.DAS.CO, adj. e s.m., diz-se de, ou uma qualidade de vinho verde ácido e travento.
VER.DE, adj., cor das folhas das plantas, cor derivada da mistura do azul com o amarelo, não maduro; fig., ingênuo, inexperiente.
VER.DE.AL, adj., cuja cor é um tanto verde; Bot., casta de uva tinta e branca do Douro, Portugal.
VER.DE.AR, v.t. e int., verdejar, viçar, reverdecer, verdecer.
VER.DE.CER, v. int., verdejar, reverdecer, viçar.
VER.DE.JAN.TE, adj., muito verde, viçoso.
VER.DE.JAR, v.t. e int., ter cor verde, mostrar o verde, crescer viçosamente.
VER.DO.EN.GO, adj., meio verde, esverdeado.
VER.DO.LEN.GO, adj., o mesmo que verdoengo, ainda não maduro.
VER.DOR, s.m., verde forte, vigor, força, robustez, saúde boa.
VER.DO.SO, adj., verde, muito verde.
VER.DU.GO, s.m., carrasco, algoz; tipo desumano, cruel, malvado.
VER.DU.RA, s.f., hortaliça, vegetal, o verde das plantas, verdor.
VER.DU.REI.RO, s.m., quem vende verduras.
VE.RE.A.DOR, s.m., membro eleito para a câmara de vereadores; edil.
VE.RE.AN.ÇA, s.f., exercício, função de vereador.
VE.RE.AR, v.t. e int., exercer o cargo de vereador; p.us., legislar (o vereador).
VE.RE.DA, s.f., senda, picada, caminho estreito; caminho, rumo.
VE.RE.DEI.RO, s.m., bras., PI, agricultor apegado à lavoura; NE, habitante de vereda.
VE.RE.DI.TO, s.m., sentença judiciária final, decisão; var., veredicto.
VER.GA, s.f., mastro de veleiro para prender uma vela; vara, haste flexível.
VER.GAL, s.f., correia para ligar os animais ao carro, à carroça.

VER.GA.LHA.DA, *s.f.*, golpe com o vergalho, chicotada.
VER.GA.LHÃO, *s.m.*, vara grossa de ferro, para uso em construções.
VER.GA.LHAR, *v.t.*, chicotear, bater, surrar.
VER.GA.LHO, *s.m.*, chicote feito de couro.
VER.GA.MEN.TO, *s.m.*, ação ou resultado de vergar; vergadura.
VER.GA.MO.TA, *s.f.*, bras., SC, RS, o mesmo que tangerina; bergamota.
VER.GÃO, *s.m.*, sinal, marca, cicatriz, chaga.
VER.GAR, *v.t., int. e pron.*, curvar, encurvar; submeter-se, aceitar.
VER.GAS.TA, *s.f.*, chicote, açoite, pequeno chicote, chibata.
VER.GAS.TA.DA, *s.f.*, pancada com a vergasta, chicotada, varada.
VER.GAS.TA.DOR, *adj.*, que vergasta.
VER.GAS.TAR, *v.t.*, chicotear, bater com chicote.
VER.GÁ.VEL, *adj.*, que se pode vergar; dobrável.
VER.GEL, *s.m.*, pomar, bosque de plantas frutíferas.
VER.GO.A.DA, *s.f.*, vergão, equimose, mossa, sinal de surra.
VER.GO.NHA, *s.f.*, respeito, pudor, timidez, ingenuidade, decoro, decência.
VER.GO.NHAR, *v.t. e pron., des.*, o mesmo que envergonhar.
VER.GO.NHEI.RA, *s.f.*, sem-vergonhice, escândalo, despudor.
VER.GO.NHEN.TO, *adj.*, que causa vergonha; vergonhoso.
VER.GO.NHO.SO, *adj.*, cheio de vergonha, tímido; indecoroso; escandaloso.
VER.GÔN.TEA, *s.f.*, broto, ramo ainda não crescido, ramalhete; *fig.*, filharada, prole.
VE.RI.DI.CI.DA.DE, *s.f.*, veracidade, realidade, o que é verdadeiro.
VE.RÍ.DI.CO, *adj.*, verdadeiro, real, veraz, próprio da verdade.
VE.RI.FI.CA.ÇÃO, *s.f.*, investigação, averiguação, busca, exame.
VE.RI.FI.CA.DO, *adj.*, averiguado, investigado, examinado.
VE.RI.FI.CA.DOR, *adj. e s.m.*, que, aquele ou aquilo que verifica.
VE.RI.FI.CAR, *v.t. e pron.*, averiguar, investigar, buscar, perquirir, examinar.
VE.RI.FI.CA.TI.VO, *adj.*, que serve para verificar ou para se verificar algo.
VE.RI.FI.CÁ.VEL, *adj.*, que se pode verificar, investigável.
VER.ME, *s.m.*, animal mole como a minhoca, larva; *fig.*, tipo vil.
VER.ME.LHA.ÇO, *adj.*, bastante vermelho; muito corado; avermelhado.
VER.ME.LHÃO, *s.m.*, substância usada para obter tintas, rubor, cor vermelho-forte.
VER.ME.LHAR, *v.t. e int.*, obter cor vermelha, avermelhar.
VER.ME.LHE.AR, *v.int.*, o mesmo que vermelhejar.
VER.ME.LHE.CER, *v.int.*, que vai se tornando vermelho; envermelhecer.
VER.ME.LHE.JAR, *v.int.*, o mesmo que vermelhear.
VER.ME.LHI.ÇO, *adj.*, avermelhado; vermelhuço.
VER.ME.LHI.DÃO, *s.f.*, qualidade do que é vermelho, rubor, vermelhão.
VER.ME.LHO, *adj.*, escarlate, rubro; com cor vermelha, corado, rosado.
VER.ME.LHU.ÇO, *adj.*, avermelhado, vermelhiço.
VER.ME.LHUS.CO, *adj.*, avermelhado.
VER.MI.CI.DA, *s.f.*, remédio para eliminar vermes, veneno para vermes.
VER.MI.CU.LAR, *adj. 2 gên.*, relativo a verme; que apresenta semelhança com verme.
VER.MÍ.CU.LO, *s.m.*, pequeno verme.
VER.MI.FOR.ME, *adj.*, que tem forma de verme, semelhante a verme.
VER.MÍ.FU.GO, *s.m.*, substância medicinal para eliminar vermes, vermicida.
VÉR.MI.NA, *s.f.*, o mesmo que verminose; parasita, animálculo nocivo; verme.
VER.MI.NA.ÇÃO, *s.f.*, criação exagerada de vermes.
VER.MI.NA.DO, *adj.*, que tem vermes.
VER.MI.NAL, *adj.*, que diz respeito a vermes; verminoso.
VER.MI.NAR, *v. int.*, criar vermes, corromper-se, tornar-se desonesto.
VER.MI.NEI.RA, *s.f.*, criadouro de vermes destinados à alimentação de aves.
VER.MI.NO.SE, *s.f.*, doença em decorrência de vermes.
VER.MÍ.VO.RO, *adj.*, que cria vermes.
VER.MU.TE, *s.m.*, bebida alcoólica doce, de origem italiana.
VER.NA.CU.LI.DA.DE, *s.f.*, a expressão legítima de um idioma, costumes e tradições linguísticas.
VER.NA.CU.LIS.MO, *s.m.*, uso de palavras sem a influência de estrangeirismos; pureza de linguagem.
VER.NA.CU.LIS.TA, *adj. 2 gên.*, Ling., que tem a preocupação de usar o idioma com pureza e correção; *s. 2 gên.*, aquele que tem essa preocupação.
VER.NA.CU.LI.ZA.ÇÃO, *s.f.*, idiomatização.
VER.NA.CU.LI.ZA.DO, *adj.*, que se vernaculizou, que foi expresso em linguagem vernácula.
VER.NA.CU.LI.ZAR, *v.t.*, tornar vernáculo, idiomatizar.
VER.NÁ.CU.LO, *s.m.*, idioma, a língua própria de um povo, língua-mãe, o que é próprio de uma região, de um país, o que vem de um local determinado.
VERNISSAGE, *s.f., fr.*, exposição de obras de arte para vendas.
VER.NIZ, *s.m.*, substância para revestir móveis, madeiras; *fig.*, conhecimento elementar.
VE.RO, *adj.*, verdadeiro, real, exato.
VE.RÔ.NI.CA, *s.f.*, imagem estampada de Jesus em uma tela, em um pano.
VE.ROS.SÍ.MIL, *adj.*, que pode ser verdadeiro, parecido com a verdade, plausível.
VE.ROS.SI.MI.LHAN.ÇA, *s.f.*, plausibilidade, semelhança, que se assemelha.
VER.RI.NA, *s.f.*, diatribe, discurso de censura violenta, discurso contra um argumento.
VER.RU.CO.SO, *adj.*, relativo a, ou que tem verruga(s); que se assemelha a verruga.
VER.RU.GA, *s.f.*, ruga, saliência pequena na pele.
VER.RU.GO.SO, *adj.*, cheio de verrugas, rugoso.
VER.RU.MA, *s.f.*, pua, ferramenta para furar com uma ponta própria.
VER.RU.MAR, *v.t. e int.*, furar, furar com a verruma.
VER.RUS.GA, *s.f., lus.*, o mesmo que ruga.
VER.SA.DO, *adj.*, perito, especialista, preparado, experiente.
VER.SAL, *s.f.*, tipo de letra, tipo de escrita maiúscula, caráter.
VER.SA.LE.TE, *s.m.*, tipo de letra maiúscula, mas do tamanho das minúsculas.
VER.SÃO, *s.f.*, tradução, interpretação, divulgação de um fato, modo de ver.
VER.SAR, *v.t.*, praticar, exercitar, traduzir, interpretar, examinar.
VER.SÁ.TIL, *adj.*, prático, com diversos valores, inconstante,

manejável.
VER.SA.TI.LI.DA.DE, *s.f.*, qualidade do que é versátil, praticidade, maneabilidade.
VER.SE.JAR, *v.t. e int.*, colocar em verso, fazer versos, poetar.
VER.SE.JA.DOR, *adj.*, poetastro, que(m) faz versos mal-inspirados.
VER.SE.TO, *s.m.*, trecho bíblico de poucas palavras, versículo; sinal tipográfico que marca o princípio de cada verseto.
VER.SI.CO.LOR, *adj. 2 gên.*, matizado; mesclado; multicor; que muda de cor.
VER.SÍ.CU.LO, *s.m.*, parte de um capítulo, divisão dada às frases na Bíblia.
VER.SI.FI.CA.ÇÃO, *s.f.*, transformação em versos, dar forma de poema.
VER.SI.FI.CA.DO, *adj.*, que tem forma de versos, que tem forma de poema.
VER.SI.FI.CA.DOR, *adj. e s.m.*, versejador, que(m) escreve versos de pouca inspiração.
VER.SI.FI.CAR, *v.t. e int.*, mudar para versos, modificar a prosa para verso, fazer versos.
VER.SO, *s.m.*, cada linha de um verso, frase poética.
VERSUS, *prep.*, lat., contra, oposto.
VÉR.TE.BRA, *s.f.*, cada ossinho que forma a espinha dorsal dos vertebrados.
VER.TE.BRA.DO, *adj.*, Zool., que tem vértebras; relativo aos vertebrados; *s.m.*, provido de vértebras que formam a coluna vertebral.
VER.TE.BRA.DOS, *s.m., pl.*, animais que têm espinha dorsal; coluna.
VER.TE.BRAL, *adj.*, próprio das vértebras; fundamental.
VER.TE.DOR, *adj. e s.m.*, que(m) verte, local para despejar água.
VER.TE.DOU.RO, *s.m., ant.*, Mar., pá ou escudela us. para retirar água do fundo dos barcos.
VER.TE.DU.RA, *s.f.*, ato ou efeito de verter.
VER.TEN.TE, *s.f.*, encosta, ladeira, parte descendente da montanha, declive, direção, rumo.
VER.TER, *v.t.*, derramar, espalhar, jorrar, cair; traduzir, explicar.
VER.TI.CAL, *adj.*, perpendicular a uma superfície plana, a pino:
VÉR.TI.CE, *s.m.*, cume, ápice, cimo, pináculo; pico, ponto mais elevado, cimeira, clímax.
VER.TI.CI.CLO, *s.m.*, um feixe de flores ou folhas que procedem de um mesmo ponto do caule.
VER.TI.DO, *adj.*, derramado, despejado, traduzido, jorrado, explicado.
VER.TI.GEM, *s.f.*, tontura, mal-estar, incômodo, desmaio.
VER.TI.GI.NO.SO, *adj.*, cheio de vertigens, elevado, célere, precipitado.
VER.VE, *s.f.*, inspiração, vigor, fluência na fala e na escrita, riqueza de expressão.
VE.SÂ.NIA, *s.f.*, todo tipo de perturbação mental.
VE.SA.NO, *adj.*, louco, doido, amalucado.
VES.GO, *adj. e s.m.*, com defeito na visão, estrábico.
VES.GUE.AR, *v.int.*, ser vesgo; olhar de soslaio; enxergar mal.
VES.GUI.CE, *s.f.*, estrabismo.
VE.SI.CAL, *adj.*, próprio da vesícula.
VE.SÍ.CU.LA, *s.f.*, cavidade em que um líquido orgânico se concentra.
VE.SI.CU.LÁ.RIO, *s.m.*, que cuida dos livros do coro.
VES.PA, *s.f.*, inseto provido de um ferrão com que ataca os inimigos.
VES.PEI.RO, *s.m.*, ninho de vespas; *fig.*, lugar perigoso.
VÉS.PER, *s.m.*, o planeta Vênus, ao entardecer.
VÉS.PE.RA, *s.f.*, a parte do dia após o meio-dia; o dia precedente, anterior.
VES.PE.RAL, *s.f.*, qualquer ato feito à tarde.
VÉS.PE.RAS, *s.f., pl.*, oração feita à tarde, fatos do dia anterior.
VES.PER.TI.NO, *adj.*, próprio da tarde.
VES.SA.DE.LA, *s.f.*, ato de vessar.
VES.SA.DO, *adj.*, que se vessou.
VES.SAR, *v.t.*, lavrar profundamente a terra para revolvê-la bem.
VES.TAIS, *s.f., pl.*, o mesmo que vestálias.
VES.TAL, *s.f.*, sacerdotisa romana da deusa vesta, virgem; *fig.*, mulher pura.
VES.TÁ.LI.AS, *s.f., pl.*, festas em honra da deusa Vesta.
VES.TA.LI.DA.DE, *s.f.*, pureza; castidade.
VES.TE, *s.f.*, roupa, vestimenta, parte do vestuário.
VÉS.TIA, *s.f.*, casaco curto, gibão de couro, casaco de couro.
VES.TI.Á.RIO, *s.m.*, local para guardar as roupas.
VES.TI.BU.LAN.DO, *adj. e s.m.*, pessoa que deve prestar vestibular.
VES.TI.BU.LAR, *s.m.*, exame feito pelas universidades para classificar candidatos.
VES.TÍ.BU.LO, *s.m.*, saguão, entrada, entrada central de uma casa.
VES.TI.DO, *s.m.*, vestimenta feminina; *adj.*, com roupas.
VES.TI.DU.RA, *s.f.*, veste, vestimenta, traje, tudo que serve para ser vestido.
VES.TÍ.GIO, *s.m.*, pegada, indício, rastro, sinal.
VES.TI.MEN.TA, *s.f.*, veste, vestido, vestuário.
VES.TI.MEN.TEI.RO, *s.m.*, o que faz vestimentas.
VES.TIR, *v.t., int. e pron.*, envolver o corpo com vestes, trajar-se, cobrir-se.
VES.TU.Á.RIO, *s.m.*, roupas, vestes, vestimenta.
VE.TA.DO, *adj.*, proibido, desautorizado.
VE.TAR, *v.t.*, proibir, não autorizar.
VE.TE.RA.NO, *adj. e s.m.*, membro antigo de um grupo, treinado, velho.
VE.TE.RI.NÁ.RIA, *s.f.*, trabalho médico em prol dos animais.
VE.TE.RI.NÁ.RIO, *s.m.*, quem trabalha com veterinária.
VE.TO, *s.m.*, proibição, impedimento, oposição, voto contrário.
VE.TOR, *s.m.*, segmento derivado de reta; todo ser vivo que pode transmitir algum tipo de vírus.
VE.TO.RI.AL, *adj.*, que se refere a vetor, derivante.
VE.TUS.TEZ, *s.f.*, velhice, decrepitude, senilidade.
VE.TUS.TO, *adj.*, decrépito, muito velho, velhusco.
VÉU, *s.m.*, tecido transparente para cobrir algo, peça do vestuário para cobrir o rosto; qualquer coisa para encobrir algo.
VE.XA.ÇÃO, *s.f.*, ação ou efeito de vexar, vexame, vergonha, humilhação.
VE.XA.DO, *adj.*, envergonhado, desrespeitado, afrontado.
VE.XA.DOR, *adj. e s.m.*, desrespeitador, envergonhador.
VE.XA.ME, *s.m.*, vergonha, escândalo, desrespeito, afronta.
VE.XAR, *v.t. e pron.*, envergonhar, afrontar, incomodar, humilhar.
VE.XA.TÓ.RIO, *adj.*, vexativo, que envergonha, que escandaliza, afrontoso.
VEZ, *s.f.*, momento, ocasião, oportunidade, época.
VE.ZEI.RO, *s.m.*, acostumado, habituado.
VE.ZO, *s.m.*, costume, hábito, mau hábito.
VI.A, *s.f.*, caminho, estrada, rua, rumo, direção, meio, jeito, documento; *prep.*, pelo caminho.

VIABILIDADE

VI.A.BI.LI.DA.DE, s.f., oportunidade, possibilidade, condicionalidade.
VI.A.BI.LI.ZA.DO, adj., tornado possível, possibilitado.
VI.A.BI.LI.ZAR, v.t., tornar viável, dar oportunidade, fazer com que aconteça.
VI.A.ÇÃO, s.f., ato de percorrer uma via; serviço público de transporte.
VI.A.DU.TO, s.m., passagem construída por cima de ruas e estradas.
VI.A.GEI.RO, adj. e s.m., diz-se daquele que vive a viajar; viajante.
VI.A.GEM, s.f., deslocamento de um local a outro, excursão, ida.
VI.A.JA.DO, adj., ido, que viajou, deslocado.
VI.A.JA.DOR, adj. e s.m., p.us., o mesmo que viajante.
VI.A.JAN.TE, s. 2 gên., quem viaja, representante comercial.
VI.A.JAR, v.t. e int., empreender uma viagem, deslocar-se, ir para, andar.
VI.A.JÁ.VEL, adj., em que se pode viajar.
VI.A-LÁC.TEA, s.f., conjunto de constelações nas quais se insere a Terra.
VI.AN.DA, s.f., todo alimento, especialmente a carne.
VI.AN.DAN.TE, s. 2 gên., quem viaja, viajante, transeunte, viajor.
VI.AN.DAR, v.int., viajar, peregrinar.
VI.AN.DEI.RO, adj. e s.m., que ou aquele que gosta de vianda; s.m., ver viandante.
VI.Á.RIO, adj., próprio da viação, referente a via.
VI.A-SA.CRA, s.f., oração que se compõe de 14 estações, representadas por cruzes e Jesus, pelas quais a pessoa vai passando e orando sempre.
VI.Á.TI.CO, s.m., provisão de alimentos para uma viagem, farnel; sacramento da extrema-unção dado aos moribundos, na Igreja Católica.
VI.A.TÓ.RIO, adj., relativo a via, a caminho.
VI.A.TU.RA, s.f., qualquer meio de transporte, veículo.
VI.Á.VEL, adj., propício, que pode ser realizado, factível, realizável.
VÍ.BO.RA, s.f., nome genérico dado às cobras, serpente; fig., pessoa perversa.
VI.BRA.ÇÃO, s.f., ato de vibrar, tremor, tremura; agitação.
VI.BRA.DOR, s.m., aparelho usado para produzir vibrações, agitações.
VI.BRA.FO.NE, s.m., instrumento musical com lâminas de metal, parecido com o xilofone.
VI.BRAN.TE, adj. 2 gên., que vibra; vibrátil; que possui intensidade; sonoro, forte; que tem entusiasmo.
VI.BRAR, v.t. e int., agitar, tremer, palpitar, mover-se; ficar entusiasmado; empolgar(-se).
VI.BRÁ.TIL, adj., que vibra, sensível.
VI.BRA.TI.LI.DA.DE, s.f., sensibilidade, palpitabilidade.
VI.BRA.TÓ.RIO, adj, que causa vibração, que traz vibração.
VI.BRI.ÃO, s.m., o mesmo que vibrio.
VÍ.BRIO, s.m., bactéria do gênero Vibrio, da família das espiriláceas, cuja espécie mais famosa é causadora da cólera asiática (*Vibrio coma*); var., vibrião.
VI.BRIS.SAS, s.f., pl., Anat., pelos das fossas nasais; Zool., pelos táteis na face de alguns mamíferos como gatos, cachorros, etc.
VI.ÇAR, v. int., ter viço, vicejar, crescer com vigor, desenvolver-se.

VICE-REITORIA

VI.CA.RI.A.TO, s.m., cargo ou função do vigário, casa do vigário.
VI.CÁ.RIO, adj., que substitui alguém, que repõe a mesma coisa.
VI.CE-AL.MI.RAN.TA.DO, s.m., grau, dignidade ou cargo de vice-almirante.
VI.CE-AL.MI.RAN.TE, s.m., posto na hierarquia do comando da Marinha.
VI.CE-CAM.PE.ÃO, s.m., atleta ou clube que se classifica em segundo lugar em uma disputa.
VICE-CAM.PE.O.NA.TO, s.m., o segundo lugar de um campeonato.
VI.CE-CHAN.CE.LER, s.m., substituto do chanceler; título de cardeal que preside a cúria romana no despacho das bulas.
VI.CE-CHE.FE, s.m., cargo imediatamente inferior ao de chefe.
VI.CE-CHE.FI.A, s.m., funções de vice-chefe.
VI.CE-CÔN.SUL, s.m., aquele que substitui o cônsul.
VI.CE-CON.SU.LA.DO, s.m., cargo de vice-cônsul; local de trabalho do vice-cônsul; jurisdição do vice-cônsul.
VI.CE-DI.RE.TOR, s.m., aquele que ocupa posto imediatamente abaixo do diretor.
VI.CE-GE.REN.TE, s. 2 gên., aquele que ocupa cargo imediatamente inferior ao do gerente.
VI.CE-GO.VER.NA.DOR, s.m., pessoa imediatamente abaixo do governador, e que pode substituí-lo.
VI.CE.JAN.TE, adj. e s. 2 gên., que(m) viceja, que(m) cresce, que tem viço.
VI.CE.JAR, v.t. e int., viçar, crescer, brotar.
VI.CE.JO, s.m., ato ou processo de vicejar, que tem viço; exuberância; vitalidade.
VI.CE-LE.GA.DO, s.m., pessoa que exerce as funções de legado.
VI.CE-LÍ.DER, s. 2 gên., quem está logo abaixo do líder, quem substitui o líder.
VI.CE-LI.DE.RAN.ÇA, s.f., cargo e função de vice-líder; o conjunto dos vice-líderes.
VI.CE-MI.NIS.TRO, s.m., aquele que exerce funções imediatamente abaixo das de ministro.
VI.CÊ.NIO, s.m., período de 20 anos.
VI.CEN.TI.NO, adj., que se refere a Gil Vicente, escritor e poeta luso, do quinhentismo luso; membro da congregação religiosa de São Vicente.
VI.CE-PRE.FEI.TO, s.m., cargo imediatamente inferior ao de prefeito.
VI.CE-PRE.SI.DÊN.CIA, s.f., quem substitui o presidente.
VI.CE-PRE.SI.DEN.TE, s. 2 gên., cargo imediatamente inferior ao de presidente, e o substitui durante sua ausência, etc.; aquele que ocupa esse cargo.
VI.CE-PRI.MEI.RO-MI.NIS.TRO, s.m., pessoa que tem funções imediatamente abaixo das de primeiro-ministro.
VI.CE-PRO.CU.RA.DOR, s.m., substituto do procurador.
VI.CE-PRO.CU.RA.DO.RI.A, s.m., cargo de vice-procurador.
VI.CE-RA.I.NHA, s.m., mulher ou viúva do vice-rei; mulher que tem autoridade de vice-rei.
VI.CE-REI, s.m., cargo honorífico dado a nobres, antigamente.
VI.CE-REI.NA.DO, s.m., cargo ou dignidade de vice-rei; tempo de duração nesse cargo; jurisdição do vice-rei.
VI.CE-REI.TOR, s.m., cargo imediatamente inferior ao de reitor; aquele que ocupa esse cargo.
VI.CE-REI.TO.RI.A, s.f., cargo de vice-reitor; vice-reitorado; tempo de duração desse cargo; sede onde está estabelecida.

VI.CE-SE.CRE.TA.RI.A, *s.m.*, cargo de vice-secretário; sua repartição; subsecretaria.
VI.CE-SE.CRE.TÁ.RIO, *s.m.*, aquele que substitui o secretário; subsecretário.
VI.CE.SI.MAL, *adj.*, relativo a vigésimo; que tem por base o número 20.
VI.CE-VER.SA, *adv.*, mutuamente, de modo inverso.
VI.CI.A.DO, *adj.*, dominado por um vício.
VI.CI.A.DOR, *adj. e s.m.*, que(m) vicia, corruptor, deturpador.
VI.CI.AN.TE, *adj., 2 gên.*, que vicia; viciador.
VI.CI.AR, *v.t. e pron.*, corromper, deturpar, estragar.
VI.CI.EI.RA, *s.m.*, vício, mania.
VI.CI.NAL, *adj.*, próximo, vizinho, que se refere a estradas secundárias.
VI.CI.NA.LI.DA.DE, *s.m.*, qualidade de um caminho vicinal.
VÍ.CIO, *s.m.*, vezo, defeito, mau costume, depravação.
VI.CI.O.SI.DA.DE, *s.f.*, corrupção, degradação, vileza.
VI.CI.O.SO, *adj.*, viciado, corrompido, degradado, vil.
VI.CIS.SI.TU.DE, *s.f.*, contrariedade, azar, revés.
VI.ÇO, *s.m.*, vigor, força, robustez, exuberância.
VI.ÇO.SO, *adj.*, que viceja, vicejante, forte, robusto.
VI.CU.NHA, *s.f.*, mamífero quadrúpede que produz uma lã finíssima.
VI.DA, *s.f.*, existência, ato de viver, entusiasmo.
VI.DÃO, *s.m., fam.*, vida despreocupada; prazerosa.
VI.DEI.RA, *s.f.*, planta que produz a uva, vide.
VI.DEI.RIS.MO, *s.m.*, qualidade, caráter, estado de videiro.
VI.DEI.RIS.TA, *adj. e s.m.*, o mesmo que videirinho.
VI.DEI.RO, *adj. e s.m., pop.*, diz-se do, ou o homem trabalhador, cuidadoso dos seus interesses.
VI.DÊN.CIA, *s.f.*, previsão, profecia, vaticínio.
VI.DEN.TE, *s. 2 gên.*, vate, profeta, quem prevê o futuro, vaticinador.
VI.DEN.TIS.MO, *s.m.*, estado de vidente; visão.
VÍ.DEO, *s.m.*, parte do televisor em que se veem as imagens.
VI.DE.O.CÂ.MA.RA, *s.f.*, filmadora.
VI.DE.O.CAS.SE.TE, *s.m.*, aparelho eletrônico para reproduzir as imagens gravadas em fitas.
VI.DE.O.CLI.PE, *s.m.*, pequenas cenas para propagandear um tema ou objeto.
VI.DE.O.CLU.BE, *s.m.*, lugar que exibe filmes gravados em vídeo; o mesmo que videolocadora.
VI.DE.O.CON.FE.RÊN.CIA, *s.f.*, conferência na qual os palestrantes e os participantes interagem por meio de monitores e telefones.
VI.DE.O.FIL.ME, *s.m.*, cópia de filme cinematográfico em videoteipe.
VI.DE.O.FO.NE, *s.m.*, telefone com imagem.
VIDEOGAME, *s.m., ing.*, aparelho eletrônico para divertir com jogos.
VI.DE.O.GE.NI.A, *s.f., Fot.*, qualidade de alguém ao se apresentar em vídeo.
VI.DE.O.JO.GO, *s.m.*, o mesmo que videogame.
VI.DE.O.LO.CA.ÇÃO, *s.f.*, ato ou efeito de (se) alugar mídia em vídeo.
VI.DE.O.LO.CA.DO.RA, *s.f.*, local para alugar fitas para videocassete, DVDs.
VI.DE.O.TE.CA, *s.f.*, coleção de fitas de vídeo; local para guardar as fitas.
VI.DE.O.TEI.PE, *s.m.*, gravação de imagens, sons e falas em fitas magnéticas.

VI.DE.O.TEX.TO, *s.m.*, transmissão de falas e imagens para a televisão, por meio de telefone.
VI.DRA.ÇA, *s.f.*, placa de vidro fino, para fechar janelas, portas ou divisórias.
VI.DRA.ÇA.RI.A, *s.f.*, empreendimento para venda de vidro plano.
VI.DRA.CEI.RO, *s.m.*, quem trabalha com vidro plano.
VI.DRA.DO, *adj.*, revestido com vidro; *gír.*, apaixonado.
VI.DRA.DOR, *s.m.*, operário que reveste artefatos de matéria vitrificável.
VI.DRAR, *v.t. e int.*, vitrificar, fechar com vidro, embaciar; *fig.*, fascinar, apaixonar.
VI.DRA.RI.A, *s.f.*, fábrica de vidro; loja ou oficina para vidros.
VI.DREI.RO, *s.m.*, quem trabalha com vidro.
VI.DRA.LHA.DA, *s.f.*, porção ou pedaços de vidro; objetos de vidro; vidraria.
VI.DREN.TO, *adj.*, frágil como o vidro; semelhante ao vidro; *fig.*, suscetível; melindroso; frágil.
VI.DRI.LHO, *s.m.*, pequeno enfeite feito de vidro, vidro colorido.
VI.DRO, *s.m.*, material transparente e duro, obtido com a fusão de várias matérias-primas.
VI.DRO.SO, *adj.*, o mesmo que vidrento; suscetível.
VI.E.LA, *s.f.*, rua pequena, beco, travessa, ruela, estradinha.
VI.E.NEN.SE, *adj. e s. 2 gên.*, natural ou habitante de Viena, capital da Áustria.
VI.ÉS, *s.m.*, rumo oblíquo, de lado; tira de pano cortado obliquamente; erro na observação de algum fato por falha na visão; *expr.*, de viés - obliquamente.
VI.E.SA.DO, *adj., Est.*, que contém viés; tendencioso.
VI.ET.NA.MI.TA, *adj. e s. 2 gên.*, próprio do Vietnã, seu habitante ou idioma.
VI.GA, *s.f.*, barra de concreto ou madeira para sustentar o teto da casa, barrote.
VI.GA.MEN.TO, *s.m.*, o conjunto das vigas de uma casa.
VI.GA.RI.CE, *s.f.*, safadeza, trapaça.
VI.GÁ.RIO, *s.m.*, pároco, cura, padre que comanda uma paróquia.
VI.GA.RIS.TA, *s. 2 gên.*, safado, fraudador, espertalhão.
VI.GÊN.CIA, *s.f.*, lapso de tempo durante o qual algo tem validade, período no qual um documento vale.
VI.GEN.TE, *adj.*, que dura, que está em vigor.
VI.GER, *v. int.*, estar em vigor, existir.
VI.GÉ.SI.MO, *num.*, ordinal de 20.
VI.GI.A, *s. 2 gên.*, sentinela, atalaia, guarda, vigilante; *s.f.*, abertura para a entrada de luz em um ambiente.
VI.GI.A.DO, *adj.*, que está sob vigia.
VI.GI.A.DOR, *adj. e s.m.*, que ou quem vigia.
VI.GI.AN.TE, *adj. e s. 2 gên.*, que ou quem vigia; vigilante.
VI.GI.AR, *v.t. e int.*, estar atento, alerta, pronto, cuidar, observar, espreitar.
VI.GI.EI.RO, *s.m., ant.*, vigia ou guarda de campo.
VI.GIL, *adj.*, que está acordado, em vigília, que vela; que vigia.
VI.GI.LA.DOR, *s.m.*, o que faz vigília; que vela; vigilante.
VI.GI.LÂN.CIA, *s.f.*, prontidão, alerta, espreita, observação, presteza.
VI.GI.LAN.TE, *s. 2 gên.*, sentinela, vigia, atalaia; *adj.*, pronto, desperto, atento.
VI.GI.LAR, *v.t., int. e pron.*, ver vigiar.
VI.GÍ.LIA, *s.f.*, guarda, ato de ser vigilante, ficar de prontidão sem dormir, preparação religiosa do espírito por meio de orações e meditações.

VI.GI.LO, *adj.*, o mesmo que vígil.
VI.GOR, *s.m.*, robustez, força, vitalidade, viço.
VI.GO.RAN.TE, *adj.*, vitalizante, vigoroso, vigente.
VI.GO.RAR, *v.t. e int.*, estar em uso, ter força, vitalizar.
VI.GO.RI.TE, *s.f.*, variedade de explosivo feito com nitroglicerina e clorato de potássio.
VI.GO.RI.ZA.DOR, *adj. e s.m.*, que vigoriza.
VI.GO.RI.ZAR, *v.t.*, dar vigor a, fortalecer, vigorar.
VI.GO.RO.SO, *adj.*, forte, robusto, viril, ativo.
VI.GO.TA, *s.f.*, viga de pequena espessura; sarrafo; vigote.
VI.GO.TE, *s.m.*, o mesmo que vigota.
VIL, *adj.*, desprezível, ordinário, reles, miserável, sem valor, baixo.
VI.LA, *s.f.*, aldeia, localidade, distrito de cidade maior, povoado.
VI.LÃ, *adj. e s.f.*, forma feminina de vilão, maldosa, vil, mesquinha, perversa.
VI.LAN.CE.TE, *s.m.*, composição poética composta de um mote, ger. um terceto, seguido duas ou três estrofes, quase sempre no mesmo número de versos do mote.
VI.LA.NES.CO, *adj.*, relativo ou próprio de vilão.
VI.LA.NI.A, *s.f.*, vileza, mesquinhez, maldade.
VI.LÃO, *adj. e s.m.*, tipo muito vil, maldoso, perverso.
VI.LAR, *s.m.*, p.us., pequena vila ou aldeia; lugarejo.
VI.LA.RE.JO, *s.m.*, vila pequena, povoado, aldeia, localidade com poucos habitantes.
VI.LAS.TRO, *s.m.*, vilarejo, aldeola.
VI.LE.GI.A.TU.RA, *s.f.*, porção das grandes férias que os habitantes de um centro maior passam em praias, no campo, no sítio, nas montanhas, ou em qualquer lugar de lazer.
VI.LE.ZA, *s.f.*, baixeza, baixaria, coisa ignóbil.
VI.LI.PEN.DI.A.DO, *adj.*, desprezado, rebaixado, humilhado.
VI.LI.PEN.DI.AR, *v.t.*, humilhar, desprezar, rebaixar.
VI.LI.PÊN.DIO, *s.m.*, desprezo, baixeza, vileza.
VI.ME, *s.m.*, ramo flexível do vimeiro, usado em artesanato.
VI.MEI.RO, *s.m.*, planta que produz o vime; salgueiro.
VI.NÁ.CEO, *adj.*, feito de vinho; que tem a cor do, ou é misturado com vinho; vinháceo.
VI.NA.GRAR, *v.t. e pron.*, o mesmo que avinagrar.
VI.NA.GRE, *s.m.*, líquido de gosto ácido produzido pela fermentação do vinho ou do caldo de cana-de-açúcar.
VI.NA.GREI.RA, *s.f.*, fábrica que produz vinagre, vasilha para pôr vinagre.
VI.NA.GREI.RO, *s.m.*, o que faz ou vende vinagre.
VI.NA.GRE.TE, *s.m.*, tipo de tempero à base de vinagre.
VI.NAU.RI.A, *s.m.*, o que bebe muito vinho.
VIN.CA.DO, *adj.*, enrugado, dobrado, sulcado.
VIN.CAR, *v.t.*, criar vincos, enrugar, dobrar.
VIN.CEN.DO, *adj.*, que está por vencer, que tem um prazo certo e determinado.
VIN.CO, *s.m.*, sulco, dobra, vergão.
VIN.CU.LA.ÇÃO, *s.f.*, ato ou efeito de vincular(-se).
VIN.CU.LA.DO, *adj.*, ligado ou instituído por vínculo; subordinado a vínculo; fortemente ligado, preso.
VIN.CU.LA.DOR, *adj.*, que ou o que vincula; instituidor de vínculo.
VIN.CU.LAR, *v.t. e pron.*, ligar, reunir, prender, sujeitar, conectar.
VIN.CU.LA.TÓ.RIO, *adj.*, que vincula, que liga.
VÍN.CU.LO, *s.m.*, liame, ligamento, união, nexo, conexão.
VIN.DA, *s.f.*, ação ou resultado de vir; ação ou resultado de chegar; ação ou resultado de regressar, de voltar; volta; regresso.

VIN.DI.CA.ÇÃO, *s.f.*, exigência, reivindicação, postulamento.
VIN.DI.CA.DO, *adj.*, exigido, postulado, reivindicado.
VIN.DI.CA.DOR, *adj. e s.m.*, postulador, reivindicador, que(m) exige.
VIN.DI.CAR, *v.t.*, reivindicar, exigir como direito líquido e certo.
VIN.DI.CA.TI.VO, *adj.*, que se deve vindicar, exigível, que é de direito.
VIN.DÍ.CIA, *s.f.*, ação ou resultado de vindicar; reivindicação.
VIN.DI.ÇO, *adj.*, o mesmo que adventício.
VIN.DI.MA, *s.f.*, colheita da uva.
VIN.DI.MA.DO, *adj.*, colhido, realizada a colheita da uva.
VIN.DI.MA.DOR, *adj. e s.m.*, que ou aquele que vindima.
VIN.DI.MA.DU.RA, *s.m.*, o mesmo que vindima.
VIN.DI.MAL, *adj. 2 gên.*, relativo ou pertencente a vindima; vindimo.
VIN.DI.MAR, *v.t.*, realizar a vindima, colher uva.
VIN.DI.MO, *adj.*, Agr., que vem no tempo da vindima; serôdio; grande cesto de vime; cabano.
VIN.DI.TA, *s.f.*, vingança, desforra, punição, castigo.
VIN.DO, *adj.*, chegado, que está no local de destino.
VIN.DOU.RO, *adj.*, que virá, futuro.
VIN.GAN.ÇA, *s.f.*, punição, desforra, revide, vindita.
VIN.GA.DO, *adj.*, desforrado, revidado, brotado, crescido.
VIN.GA.DOR, *adj. e s.m.*, desforrador, que(m) se vinga, brotador, que(m) cresce.
VIN.GAR, *v.t., int. e pron.*, praticar uma vingança, desforrar, revidar; brotar, crescer.
VIN.GA.TI.VO, *adj.*, que se vinga, rancoroso.
VI.NHA, *s.f.*, grupo de videiras, plantação de vides, videira; *fig.*, local de trabalho.
VI.NHA.ÇA, *s.f.*, vinho ruim, vinho de segunda categoria.
VI.NHÁ.CEO, *adj.*, de ou relativo a vinho; semelhante ao vinho.
VI.NHA.ÇO, *s.m.*, bagaço das uvas, resíduos das uvas.
VI.NHA-D'A.LHOS, *s.f.*, tipo de molho à base de vinagre, alhos, cebolas.
VI.NHAL, *s.m.*, plantação de videiras, vinhedo, parreiral.
VI.NHA.TA.RI.A, *s.f.*, cultura de vinhas; viticultura; fabricação de vinho; vinicultura.
VI.NHA.TEI.RO, *s.m.*, quem planta vinhas, quem produz vinho.
VI.NHE.DO, *s.m.*, vinhal, muitas vinhas, muitas videiras.
VI.NHE.TA, *s.f.*, logotipo, enfeite ao redor das páginas, mensagem sob as imagens da televisão, propaganda.
VI.NHE.TE, *s.m.*, vinho muito fraco.
VI.NHE.TIS.TA, *adj. 2 gên.*, dize-se de quem cria e executa vinhetas; *s. 2 gên.*, aquele que domina essa arte.
VI.NHO, *s.m.*, bebida de baixo teor alcoólico, feita com uva e tendo valores medicinais, quando degustado com moderação; cor do vinho.
VI.NHO.TO, *s.m.*, bebida obtida com a fermentação do álcool de cana.
VI.NÍ.CO.LA, *adj. e s.f.*, estabelecimento que produz vinho, que se refere a vinho.
VI.NI.CUL.TOR, *s.m.*, vinhateiro, plantador de videiras, quem cultiva vinhas.
VI.NI.CUL.TU.RA, *s.f.*, cultivo de videiras para produzir vinho ou vender uvas.
VI.NÍ.FE.RO, *adj.*, que produz vinho, que contém vinho.
VI.NI.FI.CA.ÇÃO, *s.f.*, ato ou efeito de vinificar; processo de tratar os vinhos.
VI.NI.FI.CA.DOR, *s.m.*, aparelho para fabricação do vinho.
VI.NI.FI.CAR, *v.t.*, transformar, converter (as uvas) em vinho.

VI.NIL, *s.m.*, Quím., radical monovalente insaturado (CH_2CH-); substância com que se faziam os discos fonográficos; *Mús.* o disco tipo "LP".
VIN.TE, *num.*, cardinal de 20.
VIN.TE E UM, *s.m.*, jogo de cartas, no qual vence quem atinge vinte e um pontos ou ficar mais perto; quem passa dos 21 perde o jogo.
VIN.TÉM, *s.m.*, moeda antiga, de pequeno valor; algo de pouco valor.
VIN.TE.NA, *s.f.*, grupo de vinte pessoas ou coisas.
VI.O.LA, *s.f.*, instrumento de cordas parecido com o violão.
VI.O.LA.ÇÃO, *s.f.*, ação ou efeito de violar, profanação, desrespeito, estupro, transgressão a uma lei.
VI.O.LÁ.CEAS, *s.f., pl.*, ramo de plantas que inclui a violeta, o amor-perfeito.
VI.O.LÁ.CEO, *adj.*, que tem a cor arroxeada da violeta.
VI.O.LA.DO, *adj.*, desrespeitado, violentado, transgredido, estuprado.
VI.O.LA.DOR, *adj. e s.m.*, desrespeitador, estuprador, transgressor.
VI.O.LÃO, *s.m.*, instrumento com seis cordas, para serem dedilhadas e com som muito agradável.
VI.O.LAR, *v.t.*, desrespeitar, violentar, transgredir uma lei, estuprar, deflorar.
VI.O.LA.TÓ.RIO, *adj.*, que viola; violador.
VI.O.LÁ.VEL, *adj.*, violentável, deflorável, que pode ser violado.
VI.O.LEI.RO, *s.m.*, quem toca viola, violão.
VI.O.LÊN.CIA, *s.f.*, agressão, desrespeito, transgressão de lei.
VI.O.LEN.TA.ÇÃO, *s.f.*, ação ou resultado de violentar.
VI.O.LEN.TA.DO, *adj.*, estuprado, deflorado, agredido, desrespeitado.
VI.O.LEN.TA.DOR, *adj. e s.m.*, estuprador, agressor, violador.
VI.O.LEN.TAR, *v.t. e pron.*, violar, estuprar, deflorar, agredir, desrespeitar.
VI.O.LEN.TO, *adj.*, ilegal, agressivo, subjugador, que faz uso da força.
VI.O.LE.TA, *s.f.*, planta de flores de várias cores; cor roxa; cor de pedras semipreciosas ou preciosas.
VI.O.LE.TEI.RA, *s.f.*, planta que produz violetas, vendedora de violetas.
VI.O.LI.NIS.TA, *s. 2 gén.*, quem toca violino.
VI.O.LI.NO, *s.m.*, instrumento com quatro cordas, tocadas com um arco.
VI.O.LON.CE.LIS.TA, *s. 2 gén.*, quem toca violoncelo.
VI.O.LON.CE.LO, *s.m.*, instrumento de quatro cordas e de grande dimensão, com um som mais grave
VI.O.LO.NIS.TA, *s. 2 gén.*, quem toca violão.
VI.O.LO.NÍS.TI.CO, *adj.*, relativo a, ou próprio para violão.
VIP, *s.m.*, tipo de prestígio sociopolítico, tipo rico e de colunas sociais.
VI.PÉ.REO, *adj.*, o mesmo que viperino.
VI.PE.RI.NO, *adj.*, próprio de víbora, venenoso; *fig.*, maldizente.
VIR, *v. int.*, chegar, aparecer, surgir, provir, proceder, regressar, caminhar, originar.
VI.RA, *s.f.*, tira de couro para reforçar o solado do sapato; dança e música portuguesas.
VI.RA-BOS.TA, *s.m.*, besouro; *pop.*, indivíduo inútil.
VI.RA.BRE.QUIM, *s.m.*, eixo de manivelas, peça do motor de carro para empuxe dos êmbolos.
VI.RA.ÇÃO, *s.f.*, brisa, vento leve, aragem, zéfiro; *pop.*, biscate.
VI.RA-CA.SA.CA, *s. 2 gén.*, quem fica mudando sempre de partido ou ideias.
VI.RA.CEN.TO, *s.m.*, Gram., o mesmo que apóstrofo.
VI.RA.DA, *s.f.*, inversão, reviravolta, volta, retorno.
VI.RA.DE.LA, *s.m.*, ato de virar.
VI.RA.DI.NHO, *s.m., bras.*, Cul., iguaria da cozinha paulista, em cujo preparo entra feijão refogado, torresmos, farinha, linguiça frita, ovos, costeletas de porco, etc.; virado de feijão.
VI.RA.DO, *adj. e s.m.*, retornado, invertido; tipo de comida à base de tutu.
VI.RA.DOU.RO, *s.m.*, local em que se pode fazer a volta de um carro; ou, em um rio, dos barcos.
VI.RA.GEM, *s.f.*, ação ou efeito de virar; viradela; mudança de rumo.
VI.RA.GO, *s.f.*, mulher forte e de modos bruscos, mulherona.
VI.RAL, *adj.*, próprio de vírus, virótico.
VI.RA-LA.TA, *s.m.*, cachorro sem raça definida.
VI.RA.MEN.TO, *s.m.*, ação ou efeito de virar.
VI.RA-MUN.DO, *s.m.*, andarilho, nômade, pessoa sem morada fixa.
VI.RAN.TE, *adj.*, que vira.
VI.RAR, *v.t. e pron.*, inverter, colocar às avessas, tornar, voltar; entornar, despejar.
VI.RA.VOL.TA, *s.f.*, volta total, reviravolta, inversão, mudança de direção.
VI.RA.VOL.TAR, *v.int., bras.*, dar viravoltas.
VI.RA.VOL.TE.AR, *v.int., bras.* o mesmo que viravoltar.
VI.REN.TE, *adj.*, verde, verdejante, viçoso, próspero.
VIR.GEM, *adj. e s.f.*, mulher ou homem intocado sexualmente; casto, puro; o que ainda não foi usado, a sexta constelação do Zodíaco; o sexto signo do Zodíaco; quem nunca teve relação sexual.
VIR.GI.NAL, *adj.*, próprio de virgem, puro, inocente.
VIR.GIN.DA.DE, *s.f.*, pureza, castidade, santidade.
VIR.GÍ.NEO, *adj.*, relativo a ou próprio de virgem; virginal.
VIR.GI.NI.A.NO, *adj.*, que é do signo de Virgem, relativo a esse signo.
VIR.GI.NIS.MO, *s.m.*, o preceito da virgindade.
VIR.GI.NI.ZAR, *v.t.*, dar o caráter de virgem a; purificar.
VIR.GO, *s.m.*, Astrol., Astron., o mesmo que virgem (signo ou constelação); *vul.*, virgindade da mulher.
VÍR.GU.LA, *s.f.*, sinal gráfico usado na pontuação dentro da frase, para destacar pequenas pausas ou enfatizar uma ideia.
VIR.GU.LA.ÇÃO, *s.f.*, colocação de vírgulas, pontuação.
VIR.GU.LA.DO, *adj.*, que tem as vírgulas necessárias, pontuado.
VIR.GU.LAR, *v.t.*, colocar vírgulas.
VI.RI.Á.TI.CO, *adj.*, relativo ao herói lusitano Viriato.
VI.RI.CI.DA, *s. 2 gén.*, veneno para exterminar vírus.
VI.RIL, *adj.*, varonil, duro, enérgico, forte, robusto, másculo.
VI.RI.LHA, *s.f.*, anca, ligação da coxa com o ventre.
VI.RI.LI.DA.DE, *s.f.*, masculinidade, energia, robustez, força.
VI.RI.LIS.MO, *s.m.*, p.us., o mesmo que virilidade.
VI.RI.LI.ZA.DO, *adj.*, tornado viril, forte, varonil.
VI.RI.LI.ZAR, *v.t. e pron.*, tornar viril, masculinizar, fortalecer.
VI.RO.LA, *s.f.*, arco de metal para servir de suporte a algum objeto, podendo ser, também, adorno.
VI.RO.LO.GI.A, *s.f.*, estudo dos vírus.
VI.RO.LÓ.GI.CO, *adj.*, relativo a virologia.
VI.RO.LO.GIS.TA, *adj.*, que se especializou em virologia; *s. 2 gén.*, especialista em virologia; virólogo.
VI.RO.SE, *s.f.*, doença causada por vírus.

VIROSO ··· 836 ··· VITALIZAR

VI.RO.SO, *adj.*, que contém muitos vírus, cheio de vírus.
VI.RÓ.TI.CO, *adj.*, viral, próprio do vírus, virulento.
VIR.TU.AL, *adj.*, o que pode se efetuar, realizável, potencial, possível.
VIR.TU.A.LI.DA.DE, *s.f.*, potencialidade, possibilidade.
VIR.TU.DE, *s.f.*, tendência à prática do bem, busca da perfeição moral.
VIR.TU.O.SE, *s.f.*, artista na música, quem atinge o máximo de valor em qualquer arte.
VIR.TU.O.SI.DA.DE, *s.f.*, predicado superior, qualidade melhor, excelência.
VIR.TU.O.SIS.MO, *s.m.*, virtuosidade, excelência, otimização.
VIR.TU.O.SIS.TA, *adj. 2 gên.*, p.us., o mesmo que virtuosístico.
VIR.TU.O.SO, *adj.*, que possui virtudes, que pratica o bem.
VI.RU.LÊN.CIA, *s.f.*, Med., capacidade de um micro-organismo se multiplicar dentro do organismo, provocando doenças.
VI.RU.LEN.TO, *adj.*, viral, virótico.
VÍ.RUS, *s.m.*, micro-organismos que provocam doenças; certos programas de informática para destruir o que esteja no computador, feitos por indivíduos mal-intencionados.
VI.SA.DA, *s.f.*, ação de visar, vistagem.
VI.SA.DO, *adj.*, pretendido, mirado, colimado.
VI.SA.GEM, *s.f.*, careta, trejeito, momice.
VI.SA.GEN.TO, *s.m.*, Folc., *bras.*, AM, personagem mítico da mata ou da água; protetor da Natureza.
VI.SÃO, *s.f.*, olhos, sentido de ver, modo de sentir, paisagem, perspectiva.
VI.SAR, *v.t.*, mirar, firmar para uma direção, assinalar com visto; almejar.
VÍS.CE.RA, *s.f.*, designação geral de órgãos humanos que estão nas cavidades do corpo; entranhas, intestinos; intimidade, parte essencial.
VIS.CE.RAL, *adj.*, central, íntimo, profundo.
VIS.CE.RA.LIS.MO, *s.m.*, qualidade de visceral.
VIS.CE.RO.SO, *adj.*, o mesmo que visceral.
VIS.CO, *s.m.*, tipo de parasita, suco usado para prender, apanhar aves; isca.
VIS.CON.DA.DO, *s.m.*, título ou dignidade de visconde ou viscondessa; jurisdição de um visconde.
VIS.CON.DE, *s.m.*, título da nobreza; quase conde.
VIS.CON.DES.SA, *s.f.*, forma feminina de visconde, mulher que detém esse título, esposa de visconde.
VIS.CO.SE, *s.f.*, tecido feito com solução viscosa embasada em celulose.
VIS.CO.SI.DA.DE, *s.f.*, qualidade de algo que é viscoso, consistência de uma substância por juntar as moléculas entre si.
VIS.CO.SO, *adj.*, que contém visco; pegajoso, cheio de baba.
VI.SEI.RA, *s.f.*, protetor do rosto com frestas para enxergar; pala de boné para proteger os olhos e o rosto; *fig.*, pessoa que só entende o que lhe mandam entender.
VIS.GO, *s.m.*, visco.
VIS.GUEN.TO, *adj.*, viscoso.
VI.SI.BI.LI.DA.DE, *s.f.*, qualidade do que é visível, percepção, visão.
VI.SI.BI.LI.ZAR, *v. int.*, tornar visível, vislumbrar, descortinar.
VI.SI.GO.DO, *adj. e s.m.*, ramificação do povo godo; povo germânico, que se refere a esse godo; povo que povoou grande parte das terras espanholas.
VI.SI.Ô.ME.TRO, *s.m.*, *ant.*, Ópt., instrumento us. para avaliar as características do globo ocular.
VI.SI.O.NA.ÇÃO, *s.m.*, ato ou efeito de visionar.

VI.SI.O.NA.MEN.TO, *s.m.*, o mesmo que visionação.
VI.SI.O.NAN.TE, *adj.*, que visiona.
VI.SI.O.NAR, *s.m.*, ato ou efeito de visionar.
VI.SI.O.NÁ.RIO, *s.m.*, quem tem fantasia, utopia, fantasioso, crédulo.
VI.SI.O.NI.CE, *s.m.*, visualidade, concepção utópica; fantasia.
VI.SI.O.NIS.MO, *s.m.*, forma de ver particular; visionamento, visionação.
VI.SI.TA, *s.f.*, ação de visitar, comparecer à casa de alguém por amizade, vistoria.
VI.SI.TA.ÇÃO, *s.f.*, ação ou resultado de visitar; visita.
VI.SI.TA.DOR, *adj. e s.m.*, que ou aquele que visita, ou que faz visita a alguém ou a algum lugar.
VI.SI.TAN.TE, *s. 2 gên.*, visitador, quem faz visitas.
VI.SI.TAR, *v.t. e pron.*, ir à casa de alguém para vê-lo, viajar, conhecer outros locais.
VI.SI.TÁ.VEL, *adj.*, que se pode visitar, suscetível de receber visitas.
VI.SÍ.VEL, *adj.*, palpável, nítido, claro, óbvio, declarado.
VIS.LUM.BRA.DO, *adj.*, que (se) vislumbrou; conjecturado.
VIS.LUM.BRAR, *v.t. e int.*, perceber, entrever, imaginar, descobrir aos poucos.
VIS.LUM.BRE, *s.m.*, ideia indefinida, visão imperfeita de algo, olhadela, viso, sinal, semelhança.
VI.SO, *s.m.*, fisionomia, face; paisagem, visão, vislumbre.
VI.SOM, *s.m.*, mamífero cuja pele é usada como vestimenta; casaco feito com essa pele.
VI.SOR, *s.m.*, dispositivo para fixar um objeto a ser filmado ou fotografado.
VÍS.PO.RA, *s.f.*, loto, jogo de azar.
VIS.TA, *s.f.*, visão, o sentido da visão, olhos, paisagem, quadro; intenção, mira.
VIS.TO, *adj.*, enxergado, notado, percebido; *s.m.*, sinal, rubrica, assinatura.
VIS.TO.RI.A, *s.f.*, exame, verificação, inspeção oficial.
VIS.TO.RI.A.DO, *adj.*, verificado, examinado, inspecionado.
VIS.TO.RI.A.DOR, *adj. e s.m.*, que ou o que vistoria.
VIS.TO.RI.AR, *v.t.*, verificar, inspecionar, examinar.
VIS.TO.SO, *adj.*, bem perceptível, visível, belo, fascinante, ostentoso.
VI.SU.AL, *s.m.*, vista, aparência, visão, feitio; *adj.*, que se refere à vista, à visão.
VI.SU.A.LI.DA.DE, *adj. e s.m.*, que ou o que vistoria.
VI.SU.A.LIS.TA, *adj. 2 gên.*, relativo ou inerente a visual.
VI.SU.A.LI.ZA.ÇÃO, *s.f.*, ação ou resultado de visualizar.
VI.SU.A.LI.ZA.DO, *adj.*, imaginado, delineado, percebido, notado.
VI.SU.A.LI.ZA.DOR, *adj. e s.m.*, delineador, que(m) visualiza.
VI.SU.A.LI.ZAR, *v.t.*, ver, delinear, imaginar na mente.
VI.TAL, *adj.*, próprio da vida, existencial, essencial.
VI.TA.LI.CI.E.DA.DE, *s.f.*, perenidade, permanência.
VI.TA.LÍ.CIO, *adj.*, que dura a vida toda, perene.
VI.TA.LI.DA.DE, *s.f.*, vida, vigor, forças vitais.
VI.TA.LIS.MO, *s.m.*, tese doutrinária que apregoa a existência de um princípio superior, responsável por todos os fenômenos físico-químicos do organismo.
VI.TA.LIS.TA, *adj. 2 gên. e s. 2 gên.*, relativo ao, ou que é adepto do vitalismo.
VI.TA.LI.ZA.DO, *adj.*, fortificado, forte, vigorado.
VI.TA.LI.ZA.DOR, *adj. e s.m.*, que dá forças, que vitaliza.
VI.TA.LI.ZAR, *v.t.*, dar forças, proporcionar vida, fortalecer.

VI.TA.MI.NA, *s.f.*, substância para fortalecer o organismo humano, bebida à base de frutas, legumes ou ervas.
VI.TA.MI.NA.DO, *adj.*, fortificado, reforçado.
VI.TA.MI.NAR, *v.t.* e *pron.*, tomar vitaminas, colocar vitaminas em.
VI.TE.LA, *s.f.*, bezerro, carne de bezerro.
VI.TE.LI.NA, *s.f.*, substância nitrogenada contida na gema do ovo; membrana que envolve a gema do ovo das aves.
VI.TE.LI.NO, *adj.*, próprio da gema do ovo; amarelo como a gema.
VI.TE.LO, *s.m.*, bezerro, novilho novo.
VI.TÍ.CO.LA, *adj.*, que se refere a viticultura.
VÍ.TI.CUL.TOR, *s.m.*, cultivador de videiras.
VI.TI.CUL.TU.RA, *s.f.*, cultivo de videiras.
VI.TÍ.FE.RO, *adj.*, que se relaciona a videiras, próprio da cultura da uva.
VI.TI.LI.GEM, *s.f.*, Med., afecção cutânea, o mesmo que vitiligo.
VI.TI.LI.GO, *s.f.*, vitiligem, doença que provoca manchas na pele.
VÍ.TI.MA, *s.f.*, pessoa que sofre acidente, desgraça ou ataque de outro ser; oferenda a algum deus.
VI.TI.MA.ÇÃO, *s.f.*, ato ou efeito de vitimar(-se); redução à condição de vítima.
VI.TI.MA.DO, *adj.*, massacrado, danificado, desgraçado.
VI.TI.MAR, *v.t.*, desgraçar, agredir, massacrar, danificar.
VI.TI.VI.NI.CUL.TOR, *s.m.*, quem cultiva vinhas, produz e fabrica vinho.
VI.TI.VI.NI.CUL.TU.RA, *s.f.*, cultura de vinhas e fabricação de vinho.
VI.TÓ.RIA, *s.f.*, triunfo, conquista, sucesso, êxito.
VI.TÓ.RIA-RÉ.GIA, *s.f.*, planta aquática comum na Amazônia, com folhas muito grandes e belas flores.
VI.TO.RI.EN.SE, *adj.* e *s. 2 gên.*, próprio, referente ou habitante de Vitória.
VI.TO.RI.O.SO, *adj.*, vencedor, que venceu, dominador.
VI.TRAL, *s.m.*, vidraça feita com vidro especial e formando desenhos coloridos.
VÍ.TREO, *adj.*, de vidro, quebradiço, transparente.
VI.TRI.FI.CA.DO, *adj.*, convertido em vidro, transformado em vidro.
VI.TRI.FI.CAR, *v.t.,int.* e *pron.*, transformar em vidro, dar forma de vidro, converter em vidro.
VI.TRI.FI.CÁ.VEL, *adj. 2 gên.*, que se pode vitrificar; vitrescível.
VI.TRI.NA, *s.f.*, vitrine, compartimento de uma loja em que se expõem produtos; local para mostrar produtos; mostruário, exposição.
VI.TRI.NE, *s.f.*, o mesmo que vitrina.
VI.TRI.NIS.TA, *s. 2 gên.*, quem prepara as vitrinas.
VI.TRI.O.LAR, *v.t.*, transformar em vitríolo.
VI.TRI.Ó.LI.CO, Quím., *adj.*, relativo a, próprio, ou da natureza do vitríolo.
VI.TRI.O.LI.ZA.ÇÃO, *s.m.*, ação ou efeito de vitriolizar.
VI.TRI.O.LI.ZA.DO, *adj.*, Quím., que se vitriolizou.
VI.TRÍ.O.LO, *s.m.*, nome dado a alguns sulfatos, esp. o ácido sulfúrico.
VI.TRO.LA, *s.f.*, eletrodoméstico que reproduz os discos de vinil; *pop.*, tagarela.
VI.TU.A.LHAS, *s.f., pl.*, alimentos, víveres, mantimentos, comida.
VI.TU.PE.RA.ÇÃO, *s.f.*, censura, admoestação, repreensão, repreenda.
VI.TU.PE.RA.DO, *adj.*, censurado, admoestado, injuriado.
VI.TU.PE.RA.DOR, *adj.* e *s.m.*, que ou aquele que vitupera.
VI.TU.PE.RAR, *v.t.*, censurar, admoestar, repreender com rigor; injuriar.
VI.TU.PE.RA.TI.VO, *adj.*, que vitupera, injuria; vituperados.
VI.TU.PE.RÁ.VEL, *adj.*, que merece ou inspira vitupério.
VI.TU.PÉ.RIO, *s.m.*, censura, admoestação, repreensão, repreenda.
VI.TU.PE.RI.O.SO, *adj.*, que encerra ou em que há vitupério; ofensivo; ultrajante.
VI.Ú.VA, *s.f.*, mulher cujo marido morreu e não se casou; quem cultua algum artista morto.
VI.Ú.VA-NE.GRA, *s.f.*, tipo de aranha venenosa.
VI.U.VEZ, *s.f.*, situação de quem está viúvo, estado dos viúvos.
VI.Ú.VO, *s.m.*, homem cuja esposa morreu e não se casou de novo.
VI.VA!, *interj.*, bravo, muito bem, grande.
VI.VA.CE, *adv.*, termo italiano para indicar uma música vivaz, rápida e alegre.
VI.VA.CI.DA.DE, *s.f.*, esperteza, perspicácia, vitalidade, energia, sagacidade.
VI.VAL.DI.NO, *adj.* e *s.m., pop.*, espertalhão, trapaceiro.
VI.VAL.MA, *s.f.*, pessoa viva; ser vivo, vivente.
VI.VAZ, *adj.*, ativo, esperto, dinâmico, inteligente, ardente, caloroso.
VI.VEI.RO, *s.m.*, construção própria para criar animais; local para desenvolver plantas.
VI.VÊN.CIA, *s.f.*, existência, modo de viver, ação de viver.
VI.VEN.CI.A.DO, *adj.*, vivido, desenvolvido na vida, experimentado.
VI.VEN.CI.A.MEN.TO, *s.m.*, ação, processo ou resultado de vivenciar.
VI.VEN.CI.AR, *v.t.*, viver, sentir a vida, desenvolver a vida.
VI.VEN.DA, *s.f.*, moradia, morada, mansão, solar.
VI.VEN.TE, *adj.* e *s.m.*, ente, ser vivo, espécime humano, ser.
VI.VER, *v.t.* e *int.*, existir, ter vida, ser vivente, usufruir, residir, alimentar-se, conviver.
VÍ.VE.RES, *s.m., pl.*, alimentos, comida.
VI.VE.ZA, *s.f.*, vivacidade, espontaneidade de vida, vivência.
VI.VI.DEZ, *s.f.*, qualidade, característica do que é vívido.
VI.VI.DO, *adj.*, preparado, experiente, que tem tido vida.
VÍ.VI.DO, *adj.*, fulgurante, vivo, vivaz, de brilho forte.
VI.VI.FI.CA.ÇÃO, *s.f.*, avivamento, avivamento, vivação.
VI.VI.FI.CA.DO, *adj.*, que se vivificou, que recebeu o dom da vida; *fig.*, animado, fecundado.
VI.VI.FI.CA.DOR, *adj.*, que vivifica; vivificante; *s.m.*, aquele ou aquilo que vivifica.
VI.VI.FI.CAN.TE, *adj. 2 gên.*, que vivifica, dá vida ou reanima; que anima, encoraja.
VI.VI.FI.CAR, *v.t., int.* e *pron.*, proporcionar vida, dar vida, avivar, incentivar.
VI.VI.PA.RI.DA.DE, *s.f.*, Bot., Zool., qualidade ou condição de vivíparo.
VI.VÍ.PA.RO, *adj.*, referente a animais que parem os filhos.
VI.VIS.SE.ÇÃO, *s.f.*, intervenção cirúrgica em animal, para estudos e experimentos; var., vivissecção.
VI.VIS.SEC.ÇÃO, *s.f.*, vivisseção.
VI.VIS.SEC.CI.O.NIS.TA, *adj. 2 gên.* e *s. 2 gên.*, vivissecionista.
VI.VIS.SE.CI.O.NIS.TA, *adj. 2 gên.* e *s. 2 gên.*, diz-se de, ou a pessoa que pratica a vivissecção, esp. por interesse científico, var., vivisseccionista.

VIVO ··· 838 ··· **VOLTEADO**

VI.VO, *adj.*, com vida, forte, penetrante, perspicaz, inteligente, ousado.
VI.ZI.NHA.DA, *adj.*, *bras.*, os vizinhos; vizinhança.
VI.ZI.NHAL, *adj.*, relativo a vizinho; vicinal.
VI.ZI.NHAN.ÇA, *s.f.*, pessoas que moram ao redor, vizinhos, arredores, cercanias.
VI.ZI.NHAR, *v.t., int. e pron.*, ser vizinho, achegar-se, aproximar-se.
VI.ZI.NHO, *s.m.*, quem mora perto; *adj.*, próximo, limítrofe; semelhante.
VI.ZIR, *s.m.*, assessor, ministro de sultão.
VI.ZI.RA.DO, *s.m.*, cargo ou dignidade de vizir; vizirato.
VO.A.DOR, *adj.*, que voa, célere, rápido.
VO.AR, *v. int.*, deslocar-se com a ajuda das asas, flutuar; viajar de avião, correr.
VO.CA.BU.LAR, *adj.*, que se refere a vocábulo.
VO.CA.BU.LÁ.RIO, *s.m.*, conjunto de vocábulos, dicionário, léxico; quantidade de palavras que alguém domina.
VO.CA.BU.LA.RIS.TA, *s. 2 gên.*, pessoa que escreve ou compila vocabulários; vocabulista.
VO.CA.BU.LIS.TA, *s. 2 gên.*, o mesmo que vocabularista.
VO.CÁ.BU.LO, *s.m.*, palavra, termo, sinônimo.
VO.CA.ÇÃO, *s.f.*, tendência, inclinação, pendor, capacidade, chamado, apelo superior para uma missão.
VO.CA.CI.O.NAL, *adj.*, que se refere a vocação; profissional.
VO.CAL, *adj.*, próprio da voz.
VO.CÁ.LI.CO, *adj.*, próprio das vogais.
VO.CA.LIS.MO, *s.m.*, Gram., teoria acerca das vogais; Fon., estudo da evolução dos fonemas vocálicos, em sua transição do latim para o português.
VO.CA.LIS.TA, *s. 2 gên.*, cantor de conjunto musical.
VO.CA.LI.ZA.ÇÃO, *s.f.*, transformação em vogal, canto.
VO.CA.LI.ZA.DOR, *adj. e s.m. e s.f.*, que ou aquele que vocaliza.
VO.CA.LI.ZAR, *v.t.*, tornar vogal, cantar uma melodia sem expressar as palavras.
VO.CA.LI.ZO, *s.m.*, exercício de canto sobre uma vogal.
VO.CA.TI.VO, *s.m.*, palavra ou expressão que se usa para chamar alguém; complemento na análise sintática, sempre entre vírgulas, indicando uma chamada.
VO.CÊ, *pron. de tratamento* para dirigir-se à terceira pessoa.
VO.CI.FE.RA.ÇÃO, *s.f.*, gritaria, brados, berração.
VO.CI.FE.RA.DO, *adj.*, bradado, berrado, gritado.
VO.CI.FE.RA.DOR, *adj. e s.m.*, que ou aquele que vocifera; vociferante.
VO.CI.FE.RAN.TE, *adj. 2 gên. e s. 2 gên.*, ver vociferador.
VO.CI.FE.RAR, *v.t. e int.*, berrar, gritar, bradar, dizer em alta voz, dirigir termos ofensivos.
VO.ÇO.RO.CA, *s.f.*, fenda aberta na terra por enxurrada; buracão.
VOD.CA, *s.f.*, bebida alcoólica feita de cereais.
VO.DU, *s.m.*, culto animista, praticado em alguns locais das Antilhas, sobretudo no Haiti.
VO.E.JAN.TE, *adj. 2 gên.*, que voeja, que volita levemente; esvoaçante; volitante.
VO.E.JAR, *v. int.*, esvoaçar, flutuar com as asas, voar de leve, pairar.
VO.E.JO, *s.m.*, ação de voejar; adejo.
VO.GA, *s.f.*, aceitação, fama, propaganda; uso, moda, tendência; ação de remar, remada.
VO.GA.ÇÃO, *s.f.*, ação ou efeito de vogar.
VO.GA.DOR, *adj. e s.m.*, que ou o que voga.

VO.GAL, *adj.*, som das cordas vocais; *s.f.*, som pronunciado com plena voz; *s.m.*, pessoa que acompanha o juiz de trabalho, sem poder decisório; todo membro de júri.
VO.GAN.TE, *adj.*, que voga.
VO.GAR, *v. int.*, navegar, flutuar ao léu, boiar, permanecer à tona da água.
VO.GA.RI.A, *s.f., ant.*, advocacia.
VOILE, *s.m.*, fr., Têxt., tipo de tecido bem fino e vaporoso.
VO.LAN.TE, *adj.*, que voa, que corre; *s.m.*, direção, peça dos carros para guiá-los, folheto para propaganda, folheto para marcar jogos; grupo rápido de policiais.
VO.LA.TE.AN.TE, *adj.*, que volateia; esvoaçante.
VO.LA.TE.AR, *v.int.*, voejar, adejar, esvoaçar.
VO.LÁ.TIL, *adj.*, que se evapora logo, que se desfaz com rapidez, que pode voar.
VO.LA.TI.LI.DA.DE, *s.f.*, qualidade ou condição do que é volátil.
VO.LA.TI.LI.ZAN.TE, *adj. 2 gên. e s. 2 gên.*, que, aquele ou aquilo que se volatiza ou que faz volatilizar.
VO.LA.TI.LI.ZÁ.VEL, *adj. 2 gên.*, ver volatilizante.
VO.LA.TI.ZA.ÇÃO, *s.f.*, volatibilidade, evaporação, eterização.
VO.LA.TI.ZA.DO, *adj.*, vaporizado, etéreo, gaseificado.
VO.LA.TI.ZAR, *v.t., int. e pron.*, tornar volátil, vaporizar, transformar em gás.
VÔ.LEI, *s.m.*, Esp., ver voleibol.
VO.LEI.BOL, *s.m.*, Esp., vôlei, esporte praticado por dois times, separados por uma rede, com os jogadores jogando a bola com as mãos e punhos por sobre a rede; se tocarem o chão do outro, marcam ponto.
VO.LEI.BO.LIS.TA, *s. 2 gên.*, Esp., jogador de voleibol; especialista em voleibol; *adj. 2 gên.*, Esp., relativo a ou que joga voleibol.
VO.LEI.O, *s.m.*, no futebol, chute com o corpo no ar, na horizontal, batendo na bola com o peito do pé.
VO.LE.MI.A, *s.f.*, Fisiol., volume sanguíneo.
VO.LÊ.MI.CO, *adj.*, que diz respeito a volemia.
VOL.FRÂ.MIO, *s.m.*, Quím., ver tungstênio.
VO.LI.ÇÃO, *s.f.*, ato de querer, vontade, determinação da vontade.
VO.LI.TAN.TE, *adj.*, que volita.
VO.LI.TAR, *v.int.*, bater as asas para alçar voo; esvoaçar; voejar.
VO.LI.TI.VO, *adj.*, que quer, desejado, intencionado.
VOLT, *s.m.*, medida para avaliar o poder de tensão da corrente elétrica.
VOL.TA, *s.f.*, retorno, regresso; excursão, caminhada; curva.
VOL.TA.DO, *adj.*, retornado, regressado, virado, volvido.
VOL.TA-FA.CE, *s.f.*, ato de se desdizer ou retratar.
VOL.TA.GEM, *s.f.*, volts suportados por um aparelho elétrico, quantidade de volts.
VOL.TAI.CO, *adj.*, tipo de eletricidade gerada por reação química.
VOL.TÂ.ME.TRO, *s.m.*, Fís., aparelho que mede a eletricidade que passa por um condutor pela produção de eletrólise.
VOL.TAR, *v. int. e pron.*, retornar, vir ao ponto de partida, regressar, devolver.
VOL.TÁ.RIO, *adj.*, que muda de opinião; inconstante; volúvel.
VOL.TE.A.ÇÃO, *s.f.*, ação de voltear, volteio.
VOL.TE.A.DA, *s.f.*, *bras.*, RS, ato de voltear ou gado; cilada, emboscada; oportunidade, ensejo, volta, passeio.
VOL.TE.A.DO, *adj.*, retornado, virado, regressado, devolvido,

VOL.TE.A.DOR, *adj. e s.m.*, que(m) volteia, retornante, regressador.
VOL.TE.A.DU.RA, *s.f.*, ato ou efeito de voltear; volteio.
VOL.TE.AN.TE, *adj. 2 gên.*, que volteia, que dá voltas.
VOL.TE.AR, *v.t. e int.*, caminhar em torno de, contornar, dar voltas.
VOL.TEI.O, *s.m.*, rodopio, retorno, regresso, volta.
VOL.TEI.RO, *adj.*, que dá voltas; instável; diz-se do vinho pouco firme; *ant.*, brigão, rixoso.
VOL.TE.JAR, *v.t. e int.*, voltear, dar voltas, girar em torno de si.
VOL.TÍ.ME.TRO, *s.m.*, aparelho para medir quantos volts correm em uma corrente elétrica; voltômetro.
VOL.TÔ.ME.TRO, *s.m.*, ver voltímetro.
VO.LU.BI.LI.DA.DE, *s.f.*, inconstância, leviandade, fraqueza.
VO.LU.MAR, *v.t., int. e pron.*, o mesmo que avolumar; *adj. 2 gên.*, Geom., relativo a volume.
VO.LU.ME, *s.m.*, dimensão, espaço que um corpo ocupa; embrulho; intensidade de um som.
VO.LU.ME.TRI.A, *s.f.*, Quím., processo de análise quantitativa em que se vai dosando um volume conhecido de uma substância, até que se verifique o término da reação.
VO.LU.MÉ.TRI.CO, *adj.*, relativo a volumetria.
VO.LU.MO.SO, *adj.*, grande, que tem bom volume, intenso, forte.
VO.LUN.TA.RI.A.DO, *s.m.*, grupo de pessoas que trabalham como voluntárias; ato de ser voluntário.
VO.LUN.TA.RI.E.DA.DE, *s.f.*, qualidade de voluntário.
VO.LUN.TA.RIO, *adj.*, que se faz por vontade própria, que adere.
VO.LUN.TA.RI.O.SO, *adj.*, exigente, caprichoso, obstinado.
VO.LÚ.PIA, *s.f.*, desejo, libido, grande prazer erótico, sensualidade exagerada.
VO.LUP.TU.O.SI.DA.DE, *s.f.*, volúpia, luxúria, libidinismo, desejo intenso, ganância.
VO.LUP.TU.O.SO, *adj.*, cheio de volúpia, que busca o prazer, prazeroso, luxurioso; *var.*, volutuoso.
VO.LU.TA, *s.f.*, adorno em forma de espiral, no capitel de uma coluna ou no corrimão da escada.
VO.LU.TE.AR, *v. int.*, girar em torno, voar ao redor.
VO.LÚ.VEL, *adj.*, inconstante, leviano, fraco.
VOL.VER, *v.t., int. e pron.*, tornar, retornar, voltar, regressar, virar.
VOL.VO, *s.m.*, obstrução que ocorre no intestino, por algum defeito.
VÓL.VU.LO, *s.m.*, Med., obstrução no intestino por torção de uma alça intestinal em torno do seu mesentério; volvo.
VÔ.MER, *s.m.*, ossinho que divide as duas fossas nasais na parte posterior.
VO.ME.RI.A.NO, *adj.*, que se refere ao vômer.
VÔ.MI.CO, *adj.*, que provoca vômito.
VO.MI.FI.CO, *adj.*, que faz vomitar; emético; vômico; vomitório.
VO.MI.TA.DO, *s.m.*, vômito, material que foi vomitado.
VO.MI.TA.DOR, *adj. e s.m.*, que ou o que vomita; que expele de si qualquer coisa à maneira de vômito.
VO.MI.TAN.TE, *adj. 2 gên.*, que é capaz de provocar vômitos; *s. 2 gên.*, aquele que vomita, ou o que provoca vômito.
VO.MI.TAR, *v.t. e int.*, expelir comida pela boca, expulsar pela boca.
VO.MI.TI.VO, *adj.*, que faz vomitar.
VÔ.MI.TO, *s.m.*, vomitado, substâncias expelidas pela boca.
VO.MI.TÓ.RIO, *s.m.*, remédio para fazer vomitar.
VÔN.GO.LE, *s.m.*, molusco comestível.
VON.TA.DE, *s.f.*, ânimo, intenção de agir, ato de querer, determinação, decisão, intuito, tendência, necessidade, capricho, zelo, empenho.
VO.O, *s.m.*, locomoção de aves e máquinas que se movimentam no ar, trajeto de uma ave, avião, viagem veloz, corrida.
VO.RA.CI.DA.DE, *s.f.*, avidez, voragem, volúpia, sucção.
VO.RA.GEM, *s.f.*, o que devora, devoração, sucção, redemoinho.
VO.RA.GI.NO.SO, *adj.*, que encerra ou contém voragem; cheio de voragens.
VO.RAZ, *adj.*, devorador, que devora, ávido, que come muito e rápido.
VÓR.MIO, *s.m.*, Anat., cada um dos pequenos ossos que se encontram nos ângulos das suturas cranianas.
VÓR.TI.CE, *s.m.*, redemoinho, voragem.
VOR.TI.CIS.TA, *adj. 2 gên.*, relativo a vorticismo; *s. 2 gên.*, Art., *pl.*, adepto do vorticismo.
VOS, *pron.* pessoal do caso oblíquo da segunda pessoa do plural; funciona como complemento verbal.
VÓS, *pron.* pessoal do caso reto da segunda pessoa do plural; funciona como sujeito.
VO.SE.AR, *v.t.*, tratar por vós.
VOS.ME.CÊ, *pron.*, aglutinação da expressão "vossa mercê".
VOS.SE.ME.CÊ, *pron.*, aglutinação da expressão "vossa mercê".
VOS.SÊN.CIA, *contr.*, de Vossa Excelência.
VOS.SO, *pron.* possessivo, indica a posse para a segunda pessoa do plural.
VO.TA.ÇÃO, *s.f.*, ação ou efeito de votar, escolha, seleção.
VO.TA.DO, *adj.*, sufragado, eleito, escolhido, consagrado.
VO.TA.LHA.DA, *s.f.*, quantidade de votos.
VO.TAN.TE, *adj. e s. 2 gên.*, que vota, eleitor.
VO.TAR, *v.t. e int.*, decidir por voto, eleger, escolher, sufragar, consagrar, sacrificar.
VO.TÁ.VEL, *adj.*, em que se pode votar.
VO.TIS.MO, *s.m.*, influência do voto na medida em que é usado para decidir qualquer assunto.
VO.TI.VO, *adj.*, consagrado, dedicado, oferecido para cumprir promessa.
VO.TO, *s.m.*, juramento, promessa, saudação, cumprimento, sufrágio.
VO.VEN.TE, *adj. e s. 2 gên.*, diz-se de pessoa que faz voto ou promessa.
VO.VÓ, *s.f.*, tratamento familiar para avó.
VO.VÔ, *s.m.*, tratamento familiar para avô.
VOYER, *s. 2 gên.*, pessoa que se satisfaz ao observar a prática de sexo de outros; mixoscopia.
VOZ, *s.f.*, propriedade humana de falar, expressar os pensamentos, fala; maneira como o verbo indica a ação, sugestão interior; consciência, luta em prol de um objetivo.
VO.ZA.RI.A, *s.f.*, o mesmo que vozearia.
VO.ZE.A.DOR, *adj. e s.m.*, que(m) vozeia, falador, berrador.
VO.ZE.A.MEN.TO, *s.m.*, vozearia, vozerio, muitas vozes.
VO.ZE.AR, *v.t., int. e pron.*, falar, expressar pela voz, berrar, gritar, proferir com palavras, oralizar.
VO.ZE.A.RI.A, *s.f.*, muitas vozes, ruído de vozes.
VO.ZEI.O, *s.m.*, falas, vozes, falação.
VO.ZEI.RAN.TE, *adj.*, que vozeira.
VO.ZEI.RÃO, *s.m.*, voz grossa e forte, voz forte.
VO.ZE.RI.O, *s.m.*, muitas vozes, estrépito, rumor.
VO.ZI.DO, *s.m.*, ruído de vozes, clamor, gritaria, vozaria.

VU.DU, s.m., vodu.
VU.DU.ÍS.MO, s.m., relativo à prática religiosa oriunda do Haiti, chamada Vodu ou Vudu; vudu.
VUL.CA.NI.CI.DA.DE, s.f., Geol., a incandescência do centro da Terra; ação dos vulcões.
VUL.CÂ.NI.CO, adj., próprio de vulcão; fig., ardente, impetuoso, indominável.
VUL.CA.NIS.MO, s.m., estudo e atos sobre vulcões.
VUL.CA.NIS.TA, adj. e s. 2 gên., diz-se do indivíduo que é partidário do vulcanismo.
VUL.CA.NI.ZA.ÇÃO, s.f., tratamento dado à borracha, para conserto e uso em pneus e câmaras.
VUL.CA.NI.ZAR, v.t. e pron., preparar a borracha para uso comercial.
VUL.CA.NO.LO.GI.A, s.f., ramo da ciência que estuda os vulcões.
VUL.CA.NI.TE, s.f., borracha vulcanizada, o mesmo que ebonite.
VUL.CA.NI.ZA.ÇÃO, s.f., ato ou efeito de vulcanizar; Quím., processo que deixa a borracha natural mais resistente e flexível.
VUL.CA.NI.ZA.DO, adj., que sofreu vulcanização; fig., inflamado, ardente.
VUL.CA.NI.ZA.DOR, adj., que vulcaniza, que é capaz de vulcanizar; s.m., aquilo ou aquele que vulcaniza.
VUL.CA.NI.ZAR, v.t., submeter à vulcanização; calcinar; abrasar; fig., exaltar(-se), inflamar(-se).
VUL.CA.NO.LO.GI.A, s.f., Geol., parte da geologia que trata dos vulcões.
VUL.CA.NO.LÓ.GI.CO, adj., que diz respeito a Vulcanologia.
VUL.CÃO, s.m., abertura em certos montes com ligação com o centro da Terra, de onde saem lavas e fumaças; fig., pessoa muito ardente e ativa.
VUL.GAR, adj., popular, comum, ordinário, reles, baixo, desaculturado.
VUL.GA.RI.DA.DE, s.f., propriedade de vulgar, o que é vulgar.
VUL.GA.RIS.MO, s.m., a fala e o comportamento próprios do povo; atitudes de plebe.
VUL.GA.RI.ZA.ÇÃO, s.f., popularização, baixeza, desnivelamento social.
VUL.GA.RI.ZA.DO, adj., tornado vulgar, popularizado, rebaixado.
VUL.GA.RI.ZA.DOR, adj., que vulgariza, que contribui para vulgarizar; s.m., aquele ou aquilo que vulgariza.
VUL.GA.RI.ZAR, v.t. e pron., tornar vulgar, popularizar, divulgar.
VUL.GA.TA, s.f., tradução, para o latim, da Bíblia, feita por São Jerônimo e reconhecida como oficial pela Igreja Católica.
VUL.GO, s.m., povo, plebe, raia miúda, gentinha; adv., popularmente, por toda parte.
VUL.NE.RA.BI.LI.DA.DE, s.f., caráter ou qualidade de vulnerável.
VUL.NE.RA.ÇÃO, s.f., ferimento, lesionamento, machucadura.
VUL.NE.RA.DO, adj., ferido, lesionado, machucado.
VUL.NE.RA.DOR, adj., que vulnera; vulnerante; s.m., aquele que vulnera.
VUL.NE.RAN.TE, adj., 2 gên., que vulnera (poder vulnerante); vulnerador.
VUL.NE.RAR, v.t., ferir, lesionar, machucar, furar.
VUL.NE.RÁ.VEL, adj., frágil, machucável, fraco, débil.
VUL.NÍ.FI.CO, adj., que corta; que pode ferir.
VUL.PI.NA, s.f., Quím., substância corante extraída de um líquen.
VUL.PI.NI.TA, s.f., variedade de mármore.
VUL.PI.NO, adj., próprio da raposa; fig., esperto, astuto.
VUL.TO, s.m., figura, imagem, rosto, face, semblante, silhueta, tamanho.
VUL.TO.SO, adj., grande, volumoso, distinto, notório, importante.
VUL.TU.O.SO, adj., inchado, que sofre de vultuosidade.
VUL.TU.O.SI.DA.DE, s.f., inchação e cor avermelhada do rosto por congestão.
VUL.TU.RI.NO, adj., referente a abutre.
VUL.VA, s.f., parte externa do aparelho genital feminino; vagina.
VUL.VAR, adj., 2 gên., Anat., relativo à vulva; vulvário.
VUL.VÁ.RIO, adj., Anat., o mesmo que vulvar.
VUL.VI.FOR.ME, adj. 2 gên., que tem forma de vulva ou a ela se assemelha.
VUL.VI.TE, s.f., inflamação da vulva.
VUR.MO, s.m., pus que escorre das chagas e úlceras.
VUR.MO.SO, adj., purulento, cheio de pus.

W

W, *s.m.*, vigésima terceira letra do alfabeto português, ao qual foi incorporada conforme Acordo Ortográfico assinado entre países de língua portuguesa, em vigor desde 2009.
W, símbolo de watt; símbolo de Oeste.
WAFFLE, *s.m.*, ing., tipo de panqueca aberta, preparada em uma assadeira elétrica.
WAG.NE.RI.A.NA, *s.f.*, coleção de obras, documentos ou objetos relativos ao compositor Richard Wagner.
WAG.NE.RI.A.NO, *adj.*, próprio de Richard Wagner (1813-1883), compositor alemão de ópera.
WAG.NE.RIS.MO, *s.m.*, Mús., o sistema musical (estilo e acervo) do compositor alemão Richard Wagner (1813-1883).
WAG.NE.RIS.TA, *adj. 2 gên.*, Mús., relativo ao compositor alemão Richard Wagner (1813-1883) ou à sua obra; diz-se de quem que é conhecedor de suas obras; *s. 2 gên.*, o conhecedor de suas obras.
WALKIE-TALKIE, *s.m.*, ing., pequeno transmissor e receptor de uso pessoal.
WALKMAN, *s.m.*, ing., aparelho portátil, munido de rádio, toca-fitas e fones de ouvido.
WARRANT, *s.m.*, ing., título bancário que os depositantes de mercadorias em silos e armazéns recebem como garantia.
WATER-CLOSET, *s.m.*, ing., banheiro, abreviação *WC*.
WATT, *s.m.*, medida de potência de energia elétrica.
WATT-HORA, *s.m.* Elet., unidade de medida de energia elétrica, símb.: Wh.
WAT.TÍ.ME.TRO, *s.m.*, aparelho para medir a potência de energia elétrica; var., wattômetro.
WAT.TÔ.ME.TRO, *s.m.*, contador de energia elétrica em watts; ver wattímetro.
WATT-SE.GUN.DO, *s.m.*, Elet., unidade de energia elétrica equivalente a 1 joule; símb.: Ws.
WC, *s.m.*, abrev. de *water-closet*; o mesmo que banheiro.
WEB, *s.f.*, nome dado à rede mundial de computadores.
WESTERN, *s.m.*, faroeste, tipo de filme com lutas, tiros, no velho oeste americano.
WINCHESTER, *s.m.*, disco rígido no computador; tipo de rifle ou fuzil.
WINDOWS, *s.m.*, ing., programa de uso no microcomputador.
WIND.SUR.FE, *s.m.*, ing., esporte aquático praticado por uma só pessoa sobre prancha equipada com vela.
WIND.SUR.FIS.TA, *s. 2 gên.*, quem pratica windsurfe; surfista.
WOL.LAS.TO.NI.TA, *s.f.*, Min., metassilicato natural de cálcio; volastonita.
WORD, *s.m.*, no computador, programa processador de textos.
WORKSHOP, *s.m.*, curso de aprendizagem rápido, com o uso de técnicas rápidas por meio de oficinas.
WUR.ZI.TA, *s.f.*, sulfeto de zinco.

X

X, *s.m.*, vigésima quarta letra do á-be-cê e décima nona consoante; algo desconhecido; na numeração romana equivale a 10.

XÁ, *s.m.*, título dado ao soberano do Irã.

XÁ.CA.RA, *s.f.*, Liter., tipo de romance popular em verso; tipo de narrativa sentimental ibérica cantada ao som de viola; seguidilha.

XA.DOR, *s.m.*, Vest., tipo de traje feminino muçulmano, ger. negro, que cobre todo o corpo.

XA.DREZ, *s.m.*, jogo realizado sobre um tabuleiro com 64 quadrados e com duas partes de 16 peças cada; tecido com quadrados coloridos; *pop.*, cadeia.

XA.DRE.ZAR, *v.t.*, enxadrezar.

XA.DRE.ZIS.TA, *s. 2 gên.*, enxadrista.

XA.FAR.RAZ, *s.m.*, tipo de jogo popular.

XA.FE.TÃO, *s.m.*, Constr., pilar oco em uma construção, por onde passa a fiação elétrica.

XAI.MEL, *s.m.* o mesmo que enxaimel.

XA.IN.XÁ, *s.m.*, nome popular dado ao xá muçulmano, que significa "xá dos xás".

XAI.REL, *s.m.*, cobertura de tecido ou couro us. no lombo do cavalo, por baixo da sela.

XA.LE, *s.m.*, peça do vestuário que se usa no pescoço e nos ombros.

XA.MA.NIS.MO, *s.m.*, conjunto de crenças e práticas associadas às atividades dos xamãs.

XA.MA.NIS.TA, *adj. 2 gên.*, relativo ao xamanismo; diz-se de quem pratica o xamanismo; *s. 2 gên.*, essa pessoa.

XA.MA.NÍS.TI.CO, *adj.*, que diz respeito a xamanismo ou xamanista.

XA.MA.TA, *s.f.*, manto de seda oriental lavrado a ouro.

XAM.BI.O.Á, *s. 2 gên.*, indivíduo dos xambioás, indígena do alto Araguaia (TO); língua desse povo; *adj. 2 gên.*, relativo aos xambioás e sua língua.

XAM.PU, *s.m.*, saponáceo líquido usado para lavar os cabelos.

XAN.GÔ, *s.m.*, orixá, deus do raio e do trovão.

XAN.GO.ZEI.RO, *s.m.*, participante ou frequentador de rituais de umbanda.

XAN.TA.ÇÃO, *s.f.*, Quím., ato ou efeito de xantar.

XAN.TAR, *v.t.*, Quím., converter em um xantato pela redução com dissulfeto de carbono.

XAN.TA.TO, *s.m.*, Quím., sal do ácido xântico.

XÂN.TI.CO, *adj.*, relativo ao amarelo ou amarelado; Quím., diz-se de um tioácido instável, que é oleoso e tem cheiro penetrante.

XAN.TI.NA, *s.f.*, Bioq., substância corante amarela, açucarada e solúvel em água e álcool; (C5 H4 N4 O2).

XAN.TI.NÚ.RIA, *s.f.*, Med., acúmulo de xantina na urina; var., xantinúria.

XAN.TO.CAR.PO, *adj.*, Bot., cujos frutos são amarelos.

XAN.TO.CRO.MI.A, *s.f.*, Med., coloração amarelada, de caráter doentio, que ocorre em hemorragia cerebral ou da medula espinhal.

XAN.TO.CRÔ.MI.CO, *adj.*, relativo a xantocromia.

XAN.TO.DER.MI.A, *s.f.*, Med., coloração amarelada da pele em certos lugares do corpo.

XAN.TO.DÉR.MI.CO, *adj.*, Med., relativo a xantodermia.

XAN.TO.E.RI.TRO.DER.MI.A, *s.f.*, Med., alteração na coloração da pele para um tom vermelho-amarelado.

XAN.TO.FI.LA, *s.f.*, Bioq., substância amarela complexa, próxima da clorofila; filoxantina.

XAN.TO.GÊ.NI.CO, *adj.*, Quím., diz-se do ácido que causa a cor amarela da madeira.

XAN.TOP.SI.A, *s.f.*, Oft., forma de cromatopsia, em que o paciente vê tudo amarelo.

XAN.TÓP.TE.RO, *adj.*, Zool., que tem as asas amarelas.

XAN.TOR.RI.ZO, *adj.*, Bot., que tem raízes amarelas.

XAN.TO.SE, *s.f.*, Med., coloração amarelada ou alaranjada que se observa em tecidos cancerosos.

XAN.TOS.PER.MO, *adj.*, Bot., cujas sementes são amarelas.

XAN.TUN.GUE, *s.m.*, tecido de seda.

XAN.TU.RÊ.NI.CO, *adj.*, Bioq., diz-se de ácido que se forma na urina, de coloração amarelo-esverdeada, por deficiência de vitamina B6.

XAN.TU.RI.A, *s.f.*, ver xantinúria.

XA.RÁ, *s.m.*, pessoa que tem o mesmo nome, homônimo.

XA.RÉU, *s.m.*, *bras.*, N., capa de couro com que os vaqueiros cobrem as ancas do cavalo; *Ictiol.*, nome de vários peixes marinhos; *lus.*, frio intenso.

XA.RO.PA.DA, *s.f.*, quantidade de xarope a se tomar de uma vez; *pop.*, coisa desagradável, algo sem valor.

XA.RO.PAR, *v.t. e int.*, dar xarope a; *bras.*, *pop.*, causar tédio ou desagrado; aborrecer.

XA.RO.PE, *s.m.*, preparado líquido com açúcar e gosto artificial; *pop.*, pessoa que aborrece.

XA.RO.PO.SO, *adj.*, com gosto de xarope; *pop.*, enjoativo.

XAR.RAS.CA, *s.f.*, tipo de aparelho com linha e anzol para pescar peixes de beiços carnudos.

XÁ.TRIA, *s.m.*, membro hindu da segunda casta antiga; das castas superiores em que se dividem os sectários do bramanismo.

XAU.TER, *s.m.*, guia nos desertos da Arábia.

XA.VAN.TE, *adj. e s. 2 gên.*, da tribo dos índios Xavantes do Tocantins.

XA.VE.CA.GEM, *s.f.*, *bras.*, *gír.*, ato ou efeito de xavecar; velhacagem.

XA.VE.CAR, *v.int.*, *bras.*, *pop.*, agir de forma desonesta; velhacaria.

XA.VE.CO, *s.m. pop.*, barco malfeito; *pop.*, pessoa ou coisa sem valor.

XA.XA.DO, *s.m.*, tipo de dança do interior do Nordeste, sobretudo Pernambuco.

XA.XIM, *s.m.*, samambaia arbustiva, cujo tronco é usado

para fabricar vasos para cultivo de flores.
XE.CA.DO, *s.m.*, cargo de xeique; duração desse cargo; jurisdição de xeique.
XEI.QUE, *s.m.*, xeque, governante entre os povos árabes.
XE.LE.LÉU, *s.m.*, *bras.*, RN, *pop.*, bajulador; puxa-saco.
XE.LIM, *s.m.*, moeda inglesa de prata, com o valor da 20ª parte da libra.
XE.NAR.TRO, *s.m.*, Zool., espécime dos xenartros, ordem de mamíferos que inclui as preguiças, tatus e tamanduás; *adj.*, relativo aos xenartros.
XE.NÊN.TE.SE, *s.f.*, Med., inserção, num organismo, de substância estranha a ele.
XÊ.NIA, *s.f.*, Hist., qualidade de estrangeiro na Grécia antiga; presente ofertado aos hóspedes após as refeições ou aos amigos na Grécia antiga; xênio.
XÊ.NIO, *s.m.*, o mesmo que xênia.
XE.NO.FI.LI.A, *s.f.*, predileção por coisas ou pessoas estrangeiras.
XE.NÓ.FI.LO, *adj.* e *s.m.* quem tem xenofilia.
XE.NO.FO.BI.A, *s.f.*, aversão por coisas e pessoas estrangeiras; xenofobismo.
XE.NO.FÓ.BI.CO, *adj.*, que diz respeito a xenofobia; xenófobo.
XE.NO.FO.BIS.MO, *s.m.*, o mesmo que xenofobia.
XE.NÓ.FO.BO, *adj.* e *s.m.*, que ou aquele que tem xenofobia.
XE.NO.FO.NI.A, *s.f.*, pronúncia, sotaque estrangeiro; voz, expressão estranha.
XE.NO.MA.NI.A, *s.f.*, paixão pelo que é estrangeiro; curiosidade intensa para conhecer culturas, lugares e povos estrangeiros.
XE.NÔ.NIO, *s.m.*, Quím., elemento químico de número atômico 54; símb.: Xe.
XE.PA, *s.f. pop.*, comida de soldado, boia; resto, toco de cigarro.
XE.QUE, *s.m.*, xeique; no jogo de xadrez, o jogador que ataca o rei do adversário deve avisar dizendo "xeque"; *fig.*, contratempo, decisão final.
XE.QUE-MA.TE, *s.m.*, lance no xadrez pelo qual o rei é derrotado; final.
XE.RA.SI.A, *s.f.*, Med., doença que resseca os cabelos e impede o seu crescimento.
XE.RE.LE.TE, *s.m.*, Zool., peixe carangídeo; var., xarelete.
XE.RÉM, *s.m.*, lus., farinha de milho moída na mó com que se faz a papa de milho.
XE.REN.GUE, *s.m.*, faca velha sem cabo.
XF.RE.TA, *s. 2 gên.*, bisbilhoteiro, fofoqueiro.
XE.RE.TAR, *v.t.* e *int.*, intrometer-se, bisbilhotar; var., xeretear.
XE.REZ, *s.m.*, tipo de uva vermelha, tipo de vinho.
XE.RI.FE, *s.m.*, chefe; na Inglaterra, encarregado pelo funcionamento de uma região; e nos EUA, chefe policial; *fig.*, delegado.
XE.RO.CAR, *v.t.*, reproduzir um texto por cópia.
XE.RO.CÓ.PIA, *s.f.*, cópia, reprodução.
XE.RO.CO.PI.AR, *v.t.*, reproduzir, xerocar.
XE.RO.FI.LO, *adj.*, próprio de plantas que vivem em climas secos.
XE.ROF.TAL.MI.A, *s.f.*, Oft., ressecamento de córnea e conjuntiva por falta de vitamina A; escleroftalmia.
XE.RO.GRA.FAR, *v.t.*, xerocar, xerocopiar.
XE.RO.GRA.FI.A, *s.f.*, estudo das regiões secas da Terra; reprodução de textos por fotocópia; xerox.

XE.RO.GRÁ.FI.CO, *adj.*, relativo a xerografia ou a xérox.
XE.RÓ.GRA.FO, *s.m.*, o que é versado em xerografia.
XE.RO.MOR.FO, *adj.*, diz-se do órgão vegetal protegido contra a seca excessiva.
XE.RO.SE, *s.f.*, secura demasiada de um tecido humano.
XE.RÓ.TI.CO, *adj.*, Med., relativo a xerose; xerósico.
XE.ROX, XÉROX, *s.f.*, cópia, reprodução, a máquina que faz as cópias xerox.
XE.XE.LEN.TO, *adj.*, *bras.*, *gír.*, desagradável, que possui má aparência; implicante.
XE.XÉU, *s.f.*, ave que imita o canto das outras aves.
XII, *interj.*, expressão de espanto, alegria, surpresa.
XI.BIU, *s.m.*, diamante de pouco valor.
XÍ.CA.RA, *s.f.*, vasilha de louça com uma asa para servir café, chá; chávena.
XI.CA.RA.DA, *s.f.*, o conteúdo de uma xícara.
XI.CRA.DA, *s.f. pop.*, xicarada.
XI.CRI.NHA, *s.f.*, *bras.*, *pop.*, xícara pequena, esp. para servir cafezinho; xicarazinha.
XI.FOI.DE, *adj. 2 gên.*, que tem forma de espada; ensiforme.
XI.FOI.DI.A.NO, *adj.*, Anat., relativo ao apêndice xifoide.
XI.FO.PA.GI.A, *s.f.*, anormalidade de duas pessoas que nascem ligadas desde o apêndice xifoide até o umbigo.
XI.FÓ.PA.GO, *s.m.*, que tem xifopagia.
XI.FO.PA.GO.TO.MI.A, *s.f.*, Med., operação cirúrgica de separação de xifópagos.
XI.FO.PÚ.BI.CO, *adj.* Anat., relativo ao apêndice xifoide e ao púbis, ao mesmo tempo.
XI.IS.MO, *s.m.*, sistema doutrinário dos xiitas.
XI.I.TA, *s. 2 gên.*, ala de adeptos de Maomé mais radicais em suas convicções religiosas; *fig.*, elemento extremado, fanático.
XI.I.TIS.MO, *s.m.*, atitude ou posição extremamente radical, ger. em relação a ideologias.
XI.LAR.MÔ.NI.CA, *s.f.*, Mús., instrumento parecido ao êufono, cujas partes vibrantes são de madeira, em vez de vidro; xilofone.
XI.LAR.MÔ.NI.CO, *s.m.*, Mús., ver xilarmônica.
XI.LIN.DRÓ, *s.m. gír.*, cadeia, prisão.
XI.LO.FA.GI.A, *s.f.*, ato de roer madeira.
XI.LÓ.FA.GO, *adj. s.m.*, Zool., diz-se do, ou o organismo que se alimenta de madeira; lignívoro.
XI.LÓ.FI.LO, *adj.*, que vive na madeira.
XI.LO.FO.NE, *s.m.*, instrumento musical de percussão e lâminas de madeira ou metal; var., xilofono.
XI.LO.FO.NIS.TA, *s. 2 gên.*, aquele que toca xilofone.
XI.LO.GLI.FI.A, *s.f.*, arte de fazer esculturas em madeira.
XI.LO.GRA.FAR, *v.t.*, Artes Gráf., o mesmo que xilogravar.
XI.LO.GRA.FI.A, *s.f.*, gravura em madeira, xilogravura.
XI.LO.GRÁ.FI.CO, *adj.*, Art., relativo ou inerente a xilografia.
XI.LÓ.GRA.FO, *s.m.*, quem grava em madeira, xilogravador.
XI.LO.GRA.VA.DO, *adj.*, Art. Gráf., diz-se de estampa com utilização da técnica de xilogravura; xilogrado.
XI.LO.GRA.VA.DOR, *adj.* e *s.m.*, Art. Gráf., o mesmo que xilógrafo.
XI.LO.GRA.VAR, *v.t.*, gravar em madeira.
XI.LO.GRA.VU.RA, *s.f.*, xilografia.
XI.LO.LO.GI.A, *s.f.*, parte da botânica que estuda a forma, a constituição e a estrutura da madeira.
XI.LO.LÓ.GI.CO, *adj.*, relativo a xilologia.
XI.LO.LO.GIS.TA, *s. 2 gên.*, o mesmo que xilólogo.

XI.LÓ.LO.GO, *s.m.*, aquele que é versado em xilologia.
XI.LO.MA, *s.m.*, Bot., tumor duro e lenhoso do tecido vegetal.
XI.LO.MAN.CI.A, *s.f.*, adivinhação pelo exame das formas das madeiras.
XI.LO.MAN.TE, *s. 2 gên.*, aquele que pratica a xilomancia.
XI.LO.MÂN.TI.CO, *adj.*, que diz respeito a xilomancia.
XI.LO.MI.CE.TE, *adj.*, Bot., diz-se dos cogumelos que se criam e crescem na madeira.
XI.LÓR.GÃO, *s.m.*, Mús., o mesmo que xilarmônico.
XI.LO.TE.RA.PI.A, *s.f.*, uso terapêutico de tipos de madeiras com características curativas.
XI.MAN.GO, *s.m.*, bras., Zool., ave falconiforme (*Milvago chimango*), do sul do Brasil; Zool., ver carrapateiro; RS, tenaz de arame, us. para pegar brasas nos fogões.
XIM.BI.CA, *s.f.*, casa de apostas para corridas de cavalos.
XIN.GA.ÇÃO, *s.f.*, insulto, ofensa, agressão verbal, xingamento.
XIN.GA.DE.LA, *s.f., bras.*, o mesmo que xingamento.
XIN.GA.DOR, *adj. e s.m.*, que ou aquele que xinga.
XIN.GA.MEN.TO, *s.m.*, xingação.
XIN.GAR, *v.t. e int.*, agredir verbalmente, insultar.
XIN.GA.TÓ.RIO, *s.m.*, muitos xingamentos, ofensas inúmeras.
XIN.GO, *s.m.*, ação ou resultado de xingar; xingamento.
XIN.TO.ÍS.MO, *s.m.*, religião oficial do Japão.
XIN.TO.ÍS.TA, *s. 2 gên.*, praticante do xintoísmo.

XIN.XIM, *s.m.*, guisado feito com galinha, camarões e outros ingredientes.
XI.QUE.XI.QUE, *s.m.*, um tipo de cacto do Nordeste.
XI.RI.DÁ.CEO, *adj.*, Bot., relativo às xiridáceas.
XI.RI.RI.CA, *s.f., bras.*, SP, corredeira em trecho de rio, onde as águas correm com violência.
XIS, *s.m.*, nome da letra *x*.
XIS.TO, *s.m.*, tipo de rocha, dentre algumas que contêm petróleo.
XIS.TOI.DE, *adj.*, que tem aspecto, vestígios ou textura de xisto; de aparência xistosa.
XI.XI, *s.m. fam.*, urina.
XÔ!, *interj.*, para espantar animais, espíritos, pessoas.
XO.DÓ, *s.m.*, namoro, namorado; grande estima, afeição.
XON.GAS, *pron. ind., gír.*, coisa nenhuma, "nadica de nada".
XO.RO.RÓ, *s.m., bras.*, nome de certa ave ribeirinha.
XO.XO.TA, *s.f., ch.*, vagina.
XU.Á, *s.m., bras., gír.*, algo fora do comum, maravilhoso, estupendo.
XU.CRI.CE, *s.f.*, braveza, incivilidade, barbarismo, selvageria.
XU.CRIS.MO, *s.m., bras.*, Sul, o mesmo que xucrice.
XU.CRO, *adj.*, não domesticado, bravo, selvagem, incapacitado, despreparado.
XUM.BRE.GA, *adj. 2 gên., bras.*, SE, *pej., pop.*, de qualidade inferior, ordinário.

Y

Y, *s.m.*, vigésima quinta letra do alfabeto português, ao qual foi incorporada conforme Acordo Ortográfico assinado entre países de língua portuguesa, em vigor a partir de 2009; usada principalmente em palavras de origem estrangeira; *Mat.*, em álgebra, representa a segunda incógnita.

YAKISOBA, *s.m.*, prato japonês, feito de macarrão com carne e verduras.

YA.KU.ZA, *s.f.*, organização mafiosa japonesa; *s. 2 gén.*, membro dessa organização.

YANG, *s.m.*, Fil., no taoísmo, princípio celeste, masculino, que contrasta com seu oposto e complementar yin.

YD, símbolo de jarda.

YIN-YANG, *s.m.*, na filosofia oriental chinesa, são os aspectos feminino (yin) e masculino (yang) do ser humano, que se equilibram e se complementam.

YOM KIPPUR, *s.m.*, na religião judaica, o Dia do Perdão, dia dedicado a orações, jejuns, pedindo o perdão divino e perdoando a todos os seres humanos.

Z

Z, *s.m.*, vigésima sexta letra do á-bê-cê e vigésima primeira consoante; *fig.*, fim de tudo.
ZA.BUM.BA, *s.f.*, bumbo, tambor grande; tipo de flor.
ZA.BUM.BAR, *v.t. e int.*, tocar zabumba.
ZA.BUM.BEI.RO, *s.m.*, tocador de zabumba.
ZA.GA, *s.f.*, no futebol, jogadores de defesa.
ZA.GAI.A, *s.f.*, azagaia, lança para arremesso.
ZA.GAI.A.DA, *s.f.*, golpe com a zagaia, arremesso de zagaia.
ZA.GAI.EI.RO, *s.m.*, arremessador de zagaias.
ZA.GAL, *s.m.*, pastor, pegureiro, guardador de rebanhos ovinos.
ZA.GA.LO.TE, *s.m.*, pequena bala de chumbo para carregar espingarda chumbeira.
ZA.GUEI.RO, *s.m.*, jogador da defesa, beque.
ZAI.NO, *adj.*, que é próprio do cavalo castanho-escuro, sem malhas brancas, ou que tem pelos negros mais opacos.
ZAI.REN.SE, *adj. e s.m.*, natural, referente ou habitante do Zaire.
ZAM.BAI.O, *adj. e s.m.*, estrábico.
ZAM.BÊ, *s.m.*, tambor grande.
ZAM.BE.TA, *adj. 2 gén.*, cambaio, zambo; *s.2 gén.*, indivíduo cambaio, zambo.
ZAM.BI, *s.m.*, zumbi.
ZAM.BI.A.NO, *adj. e s.m.*, natural, referente ou habitante da Zâmbia, zambiense.
ZAM.BO, *adj. e s.m.*, mestiço por junção de índio com negro.
ZAM.BRO, *adj. e s.m.*, que(m) tem pernas tortas.
ZA.NA.GA, *s. 2 gén.*, zanagra, estrábico.
ZA.NA.GRA, *adj. e s.m.*, lus., estrábico; o mesmo que zanaga.
ZAN.GA, *s.f.*, aborrecimento, irritação, raiva.
ZAN.GA.DO, *adj.*, aborrecido, incomodado, molestado.
ZAN.GÃO, *s.m.*, macho da abelha-rainha.
ZAN.GAR, *v.t. e pron.*, incomodar, aborrecer, molestar, encolerizar.
ZAN.GAR.RE.AR, *v.t. e int.*, tocar instrumento de corda, de maneira desafinada, medíocre.
ZAN.GAR.REI.RO, *s.m.*, ação de zangarrear.
ZAN.GUI.ZAR.RA, *s.f.*, confusão, balbúrdia; som desagradável e estridente.
ZAN.GUI.ZAR.RE.AR, *v.int., bras.*, produzir clamor, tumulto.
ZAN.ZAR, *v. int.*, perambular, andar ao léu, andar à toa.
ZA.PE, *s.m.*, golpe, pancada; *pop., interj.*, onomatopeia que imita pancada.
ZA.PE.AR, *v.t.*, usando o controle remoto, ficar trocando de canal, na busca de um programa que agrade.
ZA.RA.BA.TA.NA, *s.f.*, canudo comprido para arremessar projéteis contra os inimigos.
ZA.RA.GA.TA, *s.f.*, desordem, algazarra, balbúrdia.
ZA.RA.GA.TEI.RO, *adj. e s.m.*, desordeiro, badernaire.
ZA.RAN.ZA, *adj. e s. 2 gén.*, tipo atrapalhado, doidivanas, desvairado.
ZA.RAN.ZAR, *v.int.*, andar à toa, zanzar; ficar desnorteado, tonto, perturbado.
ZAR.CÃO, *s.m.*, óxido de chumbo usado para proteger metais contra a ferrugem.
ZAR.CO, *adj.*, que tem olhos azul-claros.
ZA.RE.LHAR, *v. int.*, intrometer-se, meter-se, intrigar, infernizar a vida dos outros.
ZAR.GO, *adj. e s.m.*, cavalo que tem os olhos brancos.
ZA.RO.LHO, *adj. e s.m.*, caolho, que tem um olho cego, estrábico.
ZAR.PAR, *v.t. e int.*, largar a partida, partir, saída de navio; *fig.*, fugir.
ZAR.ZU.E.LA, *s.f.*, uma ópera cômica, própria do teatro espanhol.
ZÁS!, *interj.*, indica gesto, movimento rápido, zás-trás!
ZÁS-TRÁS!, *interj.*, zás!
ZÊ, *s.m.*, nome da letra z.
ZE.BRA, *s.f.*, mamífero da família dos equídeos africanos, caracterizado pelo pescoço longo; *fig.*, indivíduo tolo; má sorte, azar.
ZE.BRA.DO, *adj.*, com listras como a zebra.
ZE.BRAL, *adj.*, relativo a zebra; zebrário; zebrino.
ZE.BRAR, *v.t. e bit.*, traçar listras como as da zebra; *fig.*, azarar.
ZE.BROI.DE, *s.m.*, animal bastardo, meio zebra e meio cavalo.
ZE.BRU.NO, *adj.*, de cor baia.
ZE.BU, *s.m.*, boi de origem indiana com giba; tipo de gado vacum.
ZE.BU.EI.RO, *s.m.*, quem cria gado zebu; var., zebuzeiro.
ZE.FIR, *s.m.*, tecido de algodão, leve e transparente.
ZÉ.FI.RO, *s.m.*, aura, vento suave, brisa, aragem.
ZE.LA.DOR, *s.m.*, pessoa encarregada da ordem e limpeza de um prédio ou repartição.
ZE.LAR, *v.t.*, cuidar de, administrar, governar, dirigir, resguardar.
ZE.LO, *s.m.*, cuidado, dedicação, afeição.
ZE.LO.SO, *adj.*, cheio de zelo, cuidadoso, dedicado.
ZE.LO.TE, *adj. e s. 2 gén.*, que(m) estimula o zelo, fanático.
ZÉ-MA.NÉ, *s.m., pej.*, indivíduo de pouca importância, ger. do povo e sem instrução.
ZEN, *s.m.*, variante filosófico-religiosa do budismo.
ZEN-BU.DIS.MO, *s.m.*, Fil., forma de budismo praticada no Japão, cujas características são a busca da iluminação e do autoconhecimento através da meditação e da prática zen.
ZÉ-NIN.GUÉM, *s.m.*, tipo de pouco valor, coitado, infeliz, pobre.
ZE.NIR, *v.int.*, o mesmo que zunir.
ZE.NI.TAL, *adj. 2 gén.*, relativo ao zênite.
ZÊ.NI.TE, *s.m.*, ponto do firmamento em que o sol está a pino, ao contrário do nadir; ponto máximo, cume, pico, ápice.
ZE.PE.LIM, *s.m.*, antigo aeroplano dirigível, com forma alongada.
ZÉ-PO.VI.NHO, *s.m.*, pessoa do povo, zé-ninguém, ralé,